中国公路学会桥梁和结构工程分会

2014年全国桥梁学术会议论文集

主办单位　中国公路学会桥梁和结构工程分会
　　　　　广东省公路学会
支持单位　港珠澳大桥管理局
协办单位　中交公路规划设计院有限公司
　　　　　广东省长大公路工程有限公司
　　　　　中铁山桥集团有限公司
　　　　　镇江蓝舶工程科技有限公司
　　　　　江苏法尔胜缆索有限公司
　　　　　柳州欧维姆机械股份有限公司
　　　　　宁波路宝科技事业集团有限公司
　　　　　中铁宝桥集团有限公司

人民交通出版社股份有限公司
China Communications Press Co.,Ltd.

内 容 提 要

本书为中国公路学会桥梁和结构工程分会2014年全国桥梁学术会议论文集。论文集分为规划与设计；施工与控制；结构分析与试验研究；管理养护、检测与加固四部分。其中包括了我国近年在建、完工的一些有代表性的桥梁所采用的新技术、新方法、新材料，值得业界学者和工程技术人员参考和借鉴。

图书在版编目（CIP）数据

中国公路学会桥梁和结构工程分会2014年全国桥梁学术会议论文集/中国公路学会桥梁和结构工程分会编.——北京：人民交通出版社股份有限公司，2014.11

ISBN 978-7-114-11798-5

Ⅰ.①中… Ⅱ.①中… Ⅲ.①桥梁工程—学术会议—文集 Ⅳ.①U44-53

中国版本图书馆CIP数据核字（2014）第241709号

Zhongguo Gonglu Xuehui Qiaoliang he Jiegou Gongcheng Fenhui
2014 Nian Quanguo Qiaoliang Xueshu Huiyi Lunwenji

书　　名：	中国公路学会桥梁和结构工程分会2014年全国桥梁学术会议论文集
著　作　者：	中国公路学会桥梁和结构工程分会
责任编辑：	张征宇
出版发行：	人民交通出版社股份有限公司
地　　址：	（100011）北京市朝阳区安定门外外馆斜街3号
网　　址：	http://www.ccpress.com.cn
销售电话：	(010)59757973
总　经　销：	人民交通出版社股份有限公司发行部
经　　销：	各地新华书店
印　　刷：	北京市密东印刷有限公司
开　　本：	880×1230　1/16
印　　张：	58.5
字　　数：	1698千
版　　次：	2014年11月　第1版
印　　次：	2014年11月　第1次印刷
书　　号：	ISBN 978-7-114-11798-5
定　　价：	180.00元

（有印刷、装订质量问题的图书由本公司负责调换）

中国公路学会桥梁和结构工程分会

2014年全国桥梁学术会议论文集

编委会

主　　编	张喜刚	陈冠雄	朱永灵
副 主 编	逯一新	苏权科	赵君黎
	柴　瑞	谭昌富	杨志刚
审稿专家	王永珩	曾宪武	
工 作 组	魏巍巍	闫　禹	杨红玲
责任编辑	张征宇	赵瑞琴	

目 录

Ⅰ 规划与设计

1. 港珠澳大桥桥梁工程总体设计及创新技术
   ……………………………… 孟凡超 刘明虎 吴伟胜 张革军 张 梁 常志军(3)
2. 港珠澳大桥青州航道桥设计与创新技术
   ……………………………… 刘明虎 孟凡超 李国亮 于高志 刘 昭 刘 磊(11)
3. 港珠澳大桥青州航道桥索塔设计 ………… 于高志 刘明虎 李国亮 刘 昭 刘 磊(19)
4. 港珠澳大桥江海直达船航道桥设计与创新技术 … 张革军 孟凡超 文 锋 金秀男 赵 磊(26)
5. 港珠澳大桥江海直达船航道桥钢箱梁设计 ……… 赵 磊 张革军 金秀男 文 锋(34)
6. 港珠澳大桥江海直达船航道桥钢索塔设计 ……… 文 锋 张革军 金秀男 赵 磊(38)
7. 港珠澳大桥跨气田管线桥变截面连续钢箱梁设计 ……… 张 梁 孟凡超 赵英策(42)
8. 港珠澳大桥深水区非通航孔桥上部结构创新设计 ……… 张 鹏 吴伟胜 孟凡超 张家锋(51)
9. 港珠澳大桥深水区非通航孔桥下部结构创新设计 ……… 邓 科 吴伟胜 孟凡超 裴铭海(55)
10. 港珠澳大桥浅水区非通航孔桥组合梁技术特点 ……… 罗 扣 张兴志 王东晖 张 强(60)
11. 港珠澳大桥浅水区桥梁设计 ………………………………………… 张 强 王东晖(65)
12. 港珠澳大桥浅水区非通航孔桥下部结构设计 ……… 别业山 王东晖 张 强(77)
13. 港珠澳大桥沉管隧道消防性能化设计 ……… 杨秀军 顾思思 石志刚 金 蕊(84)
14. 中外联合咨询大型桥隧项目的历程与体会 ……………………………… 戴建国 王 毅(91)
15. 我国公路桥梁建设成就和学科发展综述 ……………………………… 魏巍巍 赵君黎(100)
16. 黄河上的桥梁 ……………………………………………………………… 楼庄鸿 郭 佳(108)
17. 深水桥梁基础现状与展望 ……………………………… 龚维明 杨 超 戴国亮(116)
18. 大跨径连续刚构桥梁深水基础设计 ………………………………………… 蒋建军(122)
19. 福州大学旗山校区景观人行桥设计 ……………………………………… 倪政斌(129)
20. 公路桥梁工程预应力技术发展综述 ……………………………… 李会驰 冯 茛(134)
21. 大跨径柔梁矮塔斜拉桥的设计构思 ……………………………… 王 雷 梁立农(135)
22. 东华大桥下承式提篮拱桥设计与施工技术 ……………………………… 陈万里 梁立农(140)
23. 佛陈大桥(扩建)连续钢箱梁的结构与铺装设计 ……… 郑楷柱 何 海 梁立农(144)
24. 广州南沙凤凰三桥方案设计 ……………………………… 梁立农 何 海 魏朝柱 陈万里(148)
25. 榕江大桥总体设计 ……………………………… 王 雷 梁立农 罗新才 杨 钻(157)
26. 基于符号学原理的桥梁景观设计方法 ………………………………………… 龙 涛(163)

II 施工与控制

27. 港珠澳大桥桥梁工程钢结构总拼装技术概况
　　　　　　　　　　　　　　　　　　　　张鸣功　张劲文　刘吉柱　钱叶祥　高文博　朴　泷(171)
28. 港珠澳大桥钢箱梁涂装关键工艺与质量控制　………………　高文博　钱叶祥　张顺善(174)
29. 港珠澳大桥钢箱梁拼装线形及尺寸控制　………………………………　韩小义　王　恒(180)
30. 港珠澳大桥钢箱梁拼装自动化焊接技术研究　……………………………………　李建国(182)
31. 港珠澳大桥信息化焊接数据管理系统　………………………………………………　华　兴(185)
32. 港珠澳大桥CB01标大节段环口部位涂装施工方案及优化　………………………　苏艳慧(188)
33. 港珠澳大桥大节段装船技术与研究　…………………………………………………　孙海权(192)
34. 港珠澳大桥深水区非通航孔桥施工方案创新　……………　吴伟胜　孟凡超　邓科　张鹏(199)
35. 港珠澳大桥江海直达船航道桥钢索塔及深水区非通航孔桥钢箱梁制造线型控制分析
　　　　　　　　　　　　　　　　　　　　　　　　　　　　　　　　　　　　　宋绪明(203)
36. 港珠澳大桥CB02标钢箱梁小节段制造新工艺　…………　阮家顺　胡海清　赫雨玲(209)
37. 港珠澳大桥钢箱梁节段拼装自动化焊接技术　……　张　华　阮家顺　胡海清　黄新明(215)
38. 132.6m长大节段钢箱梁滚装装船技术　…………　阮家顺　陈望民　祝李元　裴建顺　郑慧(220)
39. 钢箱梁疲劳裂纹特征检测技术适用性研究　…　袁周致远　陈雄飞　汪　锋　傅中秋　吉伯海(225)
40. 港珠澳大桥九洲桥钢主梁锚箱单元制作与安装技术　………………………………　路玉荣(230)
41. 港珠澳大桥大节段组合梁钢主梁总拼自动化焊接技术　……　车　平　刘治国　刘雷　李军平(235)
42. 港珠澳大桥九洲航道桥钢塔制造技术　………………………………………………　马增岗(241)
43. 港珠澳大桥跨气田管线桥变截面连续钢箱梁大节段吊装设计　……　赵英策　张梁　孟凡超(247)
44. 港珠澳大桥钢箱梁总拼过程线形控制研究　……………　骆佐龙　宋一凡　闫磊　景强(255)
45. 港珠澳大桥组合梁钢主梁大节段制作关键技术　……………　刘治国　车　平　李军平(260)
46. 港珠澳大桥组合梁钢主梁制作测量控制技术　………………………………………　高斐斐(264)
47. 85m钢—混组合梁架设施工关键技术　………………………………………………　韩阿雷(269)
48. 环氧钢筋的施工质量控制方法　………………………………………　王红芹　万代勇(275)
49. 港珠澳大桥非通航孔桥现浇箱梁支架设计与施工　……　姚辉博　孟庆龙　沈永兴(281)
50. 港珠澳大桥岛隧工程东人工岛结合部非通航孔桥现浇箱梁模板工艺　……　宋奎　刘宇光(285)
51. 港珠澳大桥深水区桥梁施工工艺创新　……………………………　易有森　方燎原(294)
52. 港珠澳大桥基础及下部构造耐久性控制　…………………………　方燎原　柴贺军(301)
53. 港珠澳大桥海工混凝土结构耐久性质量控制措施及施工技术　……　徐振山　杨衍振(308)
54. 防撞套箱和护舷制作及安装质量控制　……………………………　方燎原　吴清发(319)
55. 港珠澳大桥CB04标非通航孔桥桩基础装配式施工平台设计及施工　……　谭一波　何振东(328)
56. 大型构件预制场地规划研究　………………　刘洪胜　韦登超　汤　明　余同奎　申维刚(333)
57. 港珠澳大桥九洲航道桥围堰整体拼装下放浅谈　……………………………………　李　威(337)
58. 港珠澳大桥CB05标九洲航道桥临时墩钢管柱拼装技术　…………………………　朱晓超(342)
59. 钢圆筒围堰海上运输与封固　………………………………………　冯宝强　徐波　王文山(345)
60. 港珠澳大桥桥梁工程移动导向架沉桩施工技术　……………　王文山　孙建波　史虎彬(354)
61. 港珠澳大桥超长钢管复合桩施工风险管理　………………………　卓家超　方燎原(370)
62. 港珠澳大桥岛隧工程东人工岛结合部非通航孔桥整体式钢套箱施工承台工艺
　　　　　　　　　　　　　　　　　　　　　　　　　　　　　　　　　吕艳涛　霍振东(376)
63. 港珠澳大桥非通航孔桥下部预制墩台设计与施工关键技术　………………………　方明山(384)

64. 港珠澳大桥墩身预制裂缝防治施工技术 ……… 孙业发 徐鸿玉 叶建州 白 虹 黎 敏 (394)
65. 港珠澳大桥海中桥梁工程埋置式承台施工工艺对比分析 ……… 景 强 陈东兴 (400)
66. 港珠澳大桥西人工岛非通航孔桥现浇承台温控技术 ……… 孟庆龙 游 川 姚辉博 (406)
67. 干接缝匹配模具的研发及应用
…………… 王海波 叶建州 刘长义 孙业发 宋书东 白 虹 孙 凯 (409)
68. 桥墩预制后浇孔甩筋内模设计与改进
………………………… 陈冲海 孙 凯 孙业发 王海波 刘长义 宋书东 (417)
69. 预制墩台粗钢筋二次张拉现场控制 ……………………… 方燎原 龙国胜 (421)
70. 钢筋斜置对保护层厚度检测精度的影响研究 ……………… 孟文专 吴海兵 华卫兵 (428)
71. 港珠澳大桥混凝土电阻率控制指标探索 …………………… 赵 伟 熊泽佳 温伟标 (431)
72. 硅烷浸渍在跨海大桥墩台施工中的应用 …………………………… 方燎原 冯 浩 (436)
73. 安全风险评估在港珠澳大桥主体工程土建施工图设计阶段的应用 …… 陈 越 闫 禹 (439)
74. 台风对大型跨海桥梁安全管理的影响与对策 …………………… 曹汉江 陈 伟 (445)
75. 港珠澳大桥岛隧工程设计施工总承包成本控制管理体系研究与实践 ……… 王金红 (449)
76. HSE 管理在特大型跨海桥隧工程中的应用研究 ………………… 曹汉江 胡敏涛 (453)
77. 港珠澳大桥主体工程岛隧工程设计施工总承包项目计划管理 ……………… 陶维理 (457)
78. 港珠澳大桥主体工程建设期应急管理需求及对策研究 ……………… 段国钦 胡敏涛 (462)
79. 基于港珠澳大桥沉管隧道管节预制的 HAZOP 施工风险分析方法改进
……………………………………………… 徐三元 刘 坤 胡敏涛 解明浩 (468)
80. 大型跨海桥隧工程通航安全风险与管理对策分析 ……… 段国钦 陈 伟 戴希红 郑向前 (472)
81. 港珠澳大桥岛隧工程特种施工船舶安全风险分析及控制措施 …………… 李金峰 赵立新 (478)
82. 沉管隧道内施工期安全风险评估及管控措施 ………………… 赵立新 李金峰 (484)
83. 工厂法超大断面预制沉管混凝土养护系统开发及应用
………………………… 李进辉 刘可心 黄 俊 焦运攀 徐文冰 (492)
84. 联合体模式的 SWOT 分析 …………………………………… 方燎原 王中平 (500)
85. 监理标准化管理模式的探索 ……………………………………………… 方燎原 (503)
86. 港珠澳大桥跨海三角高程控制测量 ……………………………………… 王国良 (511)
87. 港珠澳大桥主体工程测量控制关键技术 ……………… 吴迪军 熊 伟 熊金海 (515)
88. 港珠澳大桥 GNSS 连续运行参考站系统的建设与应用 ………………… 熊 伟 (521)
89. 港珠澳大桥施工测量管理实践 …………………………………………… 郑 强 (525)
90. 悬索桥索鞍设计制造主要问题及行业标准介绍 ……… 董小亮 叶觉明 李汉梅 (532)
91. 波形钢腹板组合梁桥预制装配化技术 …………………………………… 汤 意 (538)
92. 沿海地区桥梁主墩超大零号块箱梁裂缝控制 ……… 鄢佳佳 房艳伟 刘可心 王文明 (546)
93. 智能张拉系统的设计研究
………………… 肖 云 罗意钟 唐祖文 玉进勇 李建兰 曾世荣 吴松霖 冯达康 (549)
94. 干热河谷地区重力式锚碇机械开挖施工工艺 ……… 付 兵 庄开伟 刘艳灵 周 密 (556)
95. 黏土对聚羧酸减水剂的吸附及其解决措施 ……………… 陈安亮 雷俊卿 王 林 (563)
96. 特殊地质条件下灌注桩旋挖施工工艺探索 ……………………… 金广谦 王明峰 (568)
97. 碗扣式钢管脚手架位移监测系统研制及预警值确定 ……… 张立奎 殷永高 孙敦华 (573)

III 结构分析与试验研究

98. 港珠澳大桥跨境交通控制运作模式研究 …………………………… 刘 谨 孙明玲 (581)

99. 港珠澳大桥江海直达船航道桥约束体系研究与设计
　　　　　　　　　　　　…………………………… 金秀男　冯清海　张革军　赵　磊　文　锋(586)
100. 港珠澳大桥钢箱梁最大悬臂状态可靠度分析 ………… 景　强　骆佐龙　闫　磊　宋一凡(593)
101. 基于ABAQUS的大节段吊装钢箱梁空间应力分析 ……………… 刘　鹏　余　烈　贺拴海(597)
102. 港珠澳大桥青州航道斜拉桥索塔锚固区结构的数值分析
　　　　　　　　　　　　……………………………………………… 王凌波　刘　鹏　贺拴海　余　烈(603)
103. 港珠澳连续钢箱梁桥减隔震设计与分析
　　　　　　　　　　　　…………………………… 孔令俊　陈彦北　何　俊　金　杰　张银喜　郭　强(609)
104. 多功能高阻尼橡胶隔震支座在港珠澳大桥中的应用研究
　　　　　　　　　　　　…………………… 周函宇　宁响亮　孔令俊　庹光忠　郭红锋　姜良广　陈娅玲　陈彦北(613)
105. 港珠澳大桥复合材料防撞护舷数值仿真研究
　　　　　　　　　　　　…………………… 郝红肖　陈彦北　卢瑞林　郭红锋　孔令俊　宋文彪(619)
106. 欧米茄橡胶止水带结构与性能研究 ……… 罗勇欢　冯正林　王三孟　郭红锋　陈娅玲　陈彦北(627)
107. 欧米茄止水带材料寿命研究
　　　　　　　　　　　　…………………… 郭红锋　陈娅玲　冯正林　陈彦北　罗勇欢　王三孟　张保生(633)
108. 斜拉桥索塔竖向裂缝成因分析 ……………………………………………………… 刘　清　肖汝诚(640)
109. 桥梁钢索破损安全理论与技术 ……… 汤国栋　田又强　严　斌　付光奇　陈　兵　刘恩德(647)
110. 钢桁梁斜拉桥运营期构件易损性分析 …………………………… 向中富　罗　君　黄海东(666)
111. 鄂东长江公路大桥索塔钢锚箱受力计算 ………………………… 魏奇芬　叶文海　张晓明(675)
112. 混合梁斜拉桥混凝土梁过渡段抗裂性分析 ……………… 陈　聪　刘玉擎　刘　荣　孙　璇(679)
113. 斜拉桥状态评估系统的信息融合模型研究 …… 刘小玲　黄　侨　任　远　林诗枫　樊叶华(684)
114. 超大跨斜拉桥变形几何非线性效应分析 ………………………… 宋　涛　宋一凡　侯　炜(688)
115. 三塔结合梁斜拉桥黏滞阻尼器参数分析 ………………………… 彭晶蓉　侯　炜　贺拴海(692)
116. 基于悬链线理论的缆索吊装系统解析准确算法
　　　　　　　　　　　　…………………………… 邓亨长　陈良春　张艳丽　卢　伟　唐茂林(698)
117. 高烈度地震区大跨度悬索桥中央扣形式的选择与创新 … 曹发辉　蒋劲松　庄卫林　陶齐宇(705)
118. 对纤维复合材料压毁耗能式桥梁防撞装置的评介 ……………………………………… 陈国虞(713)
119. 基于实测水泥生热率的水化热放热过程分析 …………………… 李毓龙　殷永高　刘　钊(718)
120. 铰支承箱梁桥倾覆机理和判别方法研究 ………………………… 石雪飞　周子杰　阮　欣(722)
121. 温度和湿度耦合作用下混凝土早期裂缝开展的试验研究
　　　　　　　　　　　　…………………………………………… 仲济涛　朱福春　王　凯　张文明(727)
122. 长寿命桥梁结构体系及安全监测与维护技术研究 …………………………… 王春生　段　兰(732)
123. 青岛海湾大桥自锚式悬索桥荷载试验与结构评价 ……………… 李　源　贺拴海　赵小星(737)
124. 特大跨径悬索桥空心桩锚碇的探索 ……………… 李　东　刘洪林　徐立成　石　柱　方　涛(741)
125. 国内桥梁防撞装置的研究与分析 ………………………………………… 蒋　超　刘金涛(748)
126. 悬臂施工中内衬混凝土对波形钢腹板箱梁扭转性能的影响
　　　　　　　　　　　　…………………………………………… 刘　朵　张建东　杨丙文　万　水(752)
127. 剪切变形对波形钢腹板箱梁桥挠度的影响规律研究 ……… 邓文琴　张建东　刘　朵(756)
128. 连续组合梁负弯矩区栓钉剪力键受力性能分析 ……… 张兴志　罗　扣　王东晖　张　强(761)
129. 波纹钢腹板连续梁桥的剪力分布 ……………………………………… 雷　俊　徐　栋(766)
130. 缺陷压浆对预应力混凝土梁抗弯性能影响 …………………… 王　磊　张旭辉　张建仁(770)
131. 预应力次内力在梁格结构的体现 ……………………………………… 谭文韬　徐　栋(777)
132. 既有铁路桥墩横向刚度特性与评价方法探讨 ………………………………………… 刘　楠(781)

133. 箱梁桥转向块受力性能分析 ……………………………………………… 王　伟　徐　栋(788)
134. 刚架拱桥的深入研究与重大改进 ………………………………………………………… 蔡国宏(791)
135. 超大跨径活性粉末混凝土(RPC)拱桥试设计研究
　　　　　　　　………………………… 罗　霞　许春春　黄卿维　陈宝春　韦建刚　吴庆雄(796)
136. 国家工程建设标准《钢管混凝土拱桥技术规范》GB 50923—2013介绍
　　　　　　　　……………………………………………………… 陈宝春　韦建刚　吴庆雄(804)
137. 高墩大跨径连续刚构桥车桥耦合动态响应研究 ……………… 冯　洋　王凌波　宋一凡(809)
138. 冲刷后群桩基础水平承载力计算研究 ………………………… 戴国亮　何泓男　龚维明(813)
139. 高烈度区桥梁抗震性能研究 ……………………………………………………………… 韩　健(818)
140. 混凝土桥梁温度作用模式及效应规律研究 …………………… 梁立农　肖龙峰　肖金梅(821)

Ⅳ　管理养护、检测与加固

141. 港珠澳大桥桥梁工程运营期维养理念与设计
　　　　　　　　………………………… 李国亮　刘明虎　孟凡超　吴伟胜　张革军　张　梁(831)
142. 港珠澳大桥钢箱梁梁外检查车创新设计
　　　　　　　　………………………… 孟凡超　常志军　熊劲松　皇甫维国　刘明虎　张革军(835)
143. 港珠澳大桥钢箱梁梁内检查车创新设计
　　　　　　　　………………………… 常志军　孟凡超　熊劲松　胥　俊　吴伟胜　张　梁(843)
144. 港珠澳大桥浅水区桥梁维养通道系统设计 …………………… 张　强　郑清刚　王东晖(849)
145. 基于干涉雷达的桥梁快速评估方法研究 ……… 任　远　佟兆杰　黄　侨　李连友　汪　淼(853)
146. 圬工拱圈增大截面面积加固承载能力验算方法研究 …………………… 倪　玲　杨　峰(858)
147. 基于模糊数学理论条件下的铁路混凝土桥梁状态评估方法探讨 ……………… 刘　楠(863)
148. 桥梁全寿命周期安全隐患预控探讨 …………………………………… 张小蒌　田海龙(870)
149. 浙江嘉绍大桥机电工程建设与运营实践 ……………………………………… 陶永峰(872)
150. 港珠澳大桥桥梁工程钢结构防腐施工首制件质量控制
　　　　　　　　………………………………… 杨振波　杨海山　师　华　魏九桓　胡立明(876)
151. 四氟型高耐候自洁性氟碳漆在桥梁防护上的应用 ……… 刘　伟　白华栋　商汉章(884)
152. 港珠澳大桥混凝土结构120年使用寿命的耐久性保障体系
　　　　　　　　………………………………… 范志宏　王胜年　李克非　苏权科　董桂洪(888)
153. 外海埋置式全预制桥梁墩台安装止水关键技术 ……………………… 陈儒发　谭　昱(895)
154. BIM技术在桥梁领域中发展的思考 …………………………………… 石雪飞　黄　睿(901)
155. 中外桥梁养护管理制度对比研究 ………… 许国杰　张建东　傅中秋　刘　朵　吉伯海(907)
156. 基于地基变形法的沉管隧道纵向抗震分析方法
　　　　　　　　……………………………………………………… 久保田真　陳復興　滝本孝哉(911)
157. 港珠澳大桥岛隧工程西小岛堆载预压法处理软地基的固结分析 ……………… 肖志海(920)

Ⅰ 规划与设计

1. 港珠澳大桥桥梁工程总体设计及创新技术

孟凡超　刘明虎　吴伟胜　张革军　张　梁　常志军
（中交公路规划设计院有限公司）

摘　要　本文介绍港珠澳大桥的工程概况、建设理念和桥梁工程总体设计方案，文中重点阐述了设计采用的新材料、新技术、新工艺、新设备。基础采用变直径钢管复合桩，钢管与混凝土组成组合截面共同受力；占全桥总量90%的非通航孔桥桥墩基础采用埋床法全预制墩台设计与施工；桥墩墩身采用工厂节段预制，现场采用φ75mm预应力粗钢筋连接；钢箱梁采用耐疲劳大悬臂正交异性钢桥面板构造；占全桥总长65%的钢箱梁采用超大尺度梁段进行制作和安装；斜拉索采用抗拉强度1860MPa平行钢丝索；全桥采用减隔震设计技术，分区分段设计采用不同类型减隔震支座和阻尼装置；深水区非通航孔桥及江海直达船航道桥钢箱梁采用箱内设置调谐质量阻尼器（TMD）涡激共振抑制设计技术；全桥采用全自动、全覆盖的管养装备创新技术；全面采用120年设计使用寿命的耐久性设计保障技术。创新技术的应用，为提高工程品质、确保设计使用寿命提供了坚实基础和有力保障。

关键词　港珠澳大桥　"大型化、工厂化、标准化、装配化"　钢管复合桩　埋床法预制墩台　φ75mm预应力粗钢筋　正交异性钢桥面板　1860MPa斜拉索　120年设计使用寿命

一、概　述

1. 工程概况

港珠澳大桥跨越珠江口伶仃洋海域，是连接香港、珠海、澳门的超级跨海通道，是列入《国家高速公路网规划》的重要交通建设项目，是我国具有国家战略意义的世界级跨海通道。项目西接京港澳高速公路，东接香港大屿山高速公路，是一项"桥、隧、岛"一体化多专业的超大型综合集群工程，包括：主体工程（粤港分界线至珠澳口岸之间区段）、香港界内跨海桥梁、内地和港澳口岸、内地与港澳连接线。主体工程总长29.6km，其中桥梁工程长约22.9km。

2. 主要技术标准

公路等级为双向6车道高速公路；设计行车速度100km/h；建筑限界为桥面标准宽度33.1m，净高5.1m；设计汽车荷载按《公路桥涵设计通用规范》（JTG D60—2004）中规定的汽车荷载提高25%用于设计，并按香港《United Kingdom Highways Agency's Departmental Standard BD37/01》汽车荷载进行复核；抗风设计考虑运营阶段设计重现期120年，施工阶段设计重现期30年；地震设防标准：以重现期表征，工作状态（E1）均为120年，极限状态（E2）通航孔桥为1200年、非通航孔桥为600年，结构完整性状态（E3）均为2400年；设计使用寿命120年。

3. 建设条件

项目地处珠江伶仃洋入海口，属于近海离岸跨海通道工程，海域宽度超过40km。

大桥处于南亚热带海洋性季风气候区，桥位区热带气旋影响十分频繁，气象条件恶劣，台风多，风力大，高温高湿。桥区重现期120年10m高10min平均风速达47.2m/s。实测极端最高气温为38.9℃，极端最低气温－1.8℃。年内各月平均相对湿度均在70%以上。

水文条件复杂，水动力条件差，行洪、纳潮、防淤要求严。海床稳定性好，潮位变化平缓、流速不大。水深介于5～10m，局部最深点可达17m。桥区海域为不规则半日潮海区，潮差不大，平均潮差仅1.24m。实测垂线平均流速为0.5～1m/s，总体上本海区流速不大。

穿越桥区的航道多、航线复杂，通航船型类型众多、船舶通航密度大，通航要求高，航行安全管理要求高。

地震设防水准高。地质条件变化大。桥位处覆盖层较厚,最厚可达89.3m;下伏基岩为花岗岩,岩面及风化厚度差异较大。软土分布范围广、厚度大。海水和地下水均具有较强的腐蚀性。

香港大屿山机场位于大桥东岸登陆点附近,澳门机场位于大桥西岸附近,机场航空限高严。

桥轴线穿越白海豚保护区,环保要求高。

二、设计理念

港珠澳大桥三大目标为:建设世界级的跨海通道;为用户提供优质服务;成为地标性建筑。每个目标均具有丰富和深刻的内涵和要求。

基于并服务于项目建设条件、建设目标和需求,设计提出了项目建设理念和指导方针,即"大型化、工厂化、标准化、装配化"。全面实现"四化"工法是项目的总体设计思想,以适应工程复杂建设条件,保证施工安全和航运安全、确保工程质量品质、减少现场工作量、减少海中作业时间、降低施工风险、保护海洋生物、保障工期。

"四化"理念是项目追求的最高境界,其本质是工业化。

港珠澳大桥是中国交通建设史上规模最大、技术最复杂、标准最高的工程,作为世界级挑战性的通道,它的建设必须采用世界先进技术和方法,以及与之匹配的先进建设理念,必须推行"以需求和建设目标引导设计",推行先进的"四化"建设思想,依靠当代先进的科学技术和国家强大的工业化实力,确保其"新技术、高品质、长寿命"重要目标的实现。相对来说,桥梁建设的工业化水平在港珠澳大桥上达到了空前的高度,"四化"建设理念将引领中国桥梁及交通建设领域的工业化革命,是中国迈向桥梁强国的里程碑项目。

三、桥梁工程总体设计

港珠澳大桥为桥梁工程包括:三座通航孔桥及深/浅水区非通航孔桥五部分。

青州航道桥桥跨布置为110m+236m+458m+236m+110m(图1)的双塔斜拉桥,主梁采用扁平流线型钢箱梁,斜拉索采用扇形空间双索面布置,索塔采用横向H形框架结构,塔柱为钢筋混凝土构件,上联结系采用"中国结"造型的钢结构剪刀撑。

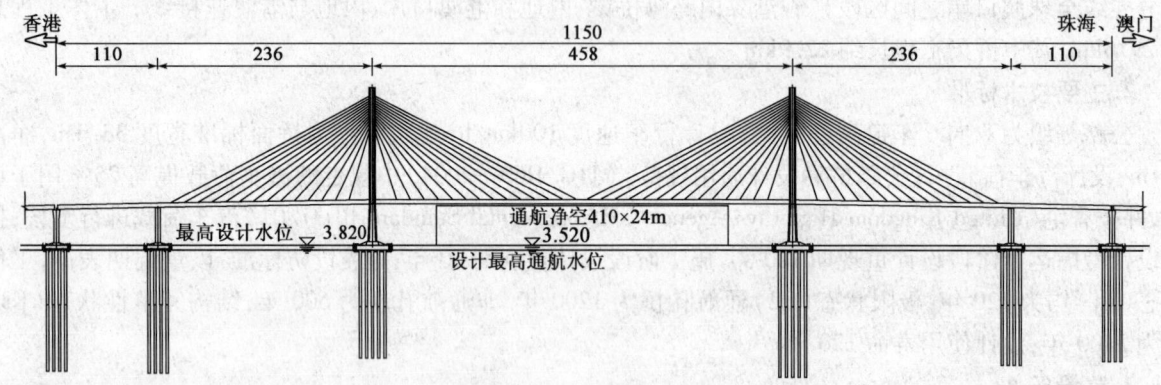

图1 青州航道桥桥型布置(尺寸单位:m)

江海直达船航道桥为桥跨布置为110m+129m+258m+258m+129m+110m(图2)的三塔斜拉桥,主梁采用大悬臂钢箱梁,斜拉索采用竖琴式中央单索面布置,索塔采用"海豚"形钢塔。

九洲航道桥为桥跨布置为85m+127.5m+268m+127.5m+85m(图3)的双塔斜拉桥,主梁采用悬臂钢箱组合梁,斜拉索采用竖琴式中央双索面布置,索塔采用"帆"形钢塔(下塔柱局部为混凝土结构)。

深水区非通航孔桥为110m等跨径等梁高钢箱连续梁桥(图4),钢箱梁采用大悬臂单箱双室结构。为跨越崖13-1气田管线需要,其中一联采用110m+150m+110m变梁高钢箱连续梁桥。浅水区非通航孔桥为85m等跨径等梁高组合连续梁桥,主梁采用分幅布置。

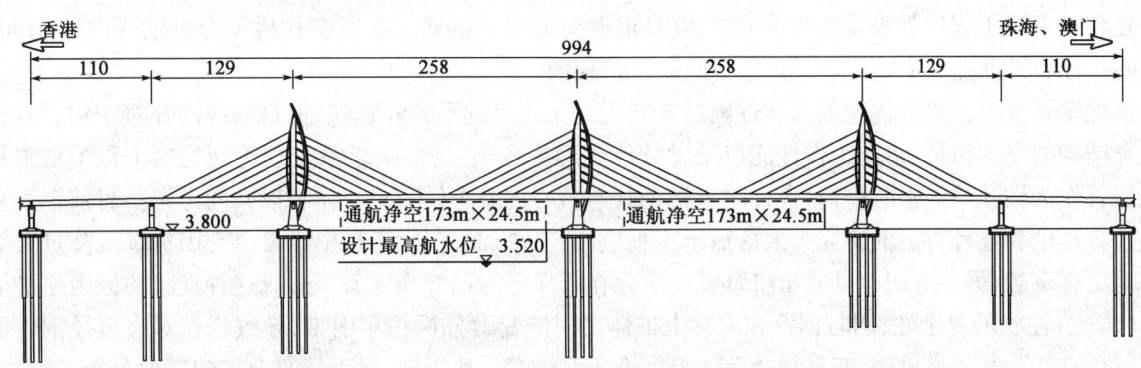

图2 江海直达船航道桥桥型布置(尺寸单位:m)

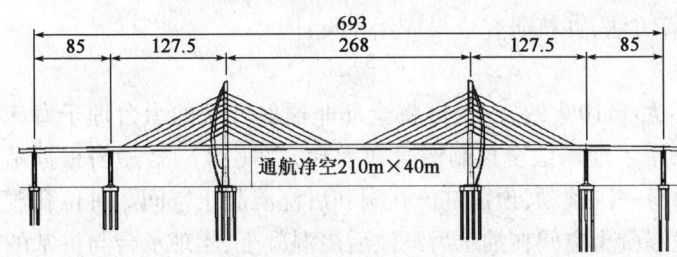

图3 九洲航道桥桥型布置(尺寸单位:m)

图4 深水区非通航孔桥桥型布置效果图

全桥基础采用大直径钢管复合群桩,通航孔桥采用现浇承台,非通航孔桥采用预制承台,全桥桥墩采用预制墩身。

四、桥梁工程创新技术

1. 地标性桥梁建筑景观设计

为建成地标性建筑,设计者进行了长期艰苦卓绝的建筑景观设计。其中,航道桥对全桥景观效果和地标性目标影响至关重要。在全桥桥墩造型、主梁线形协调一致的基础上,作为斜拉桥的索塔的建筑造型则成为控制性因素。基于全桥桥隧组合"珠联璧合"的总体景观设计理念,在对景观文化内涵、桥梁元素特征、视点进行研究分析的基础上,考虑中西、粤港、古今文化交融的地域文化特点,最终从众多套桥梁方案中筛选出以海洋文化元素为基础的"扬帆顺行"组合方案(图5)。三座通航孔桥桥塔造型既有统一的主题元素,又各具特色,体现了设计的原创性,极具可识别性。

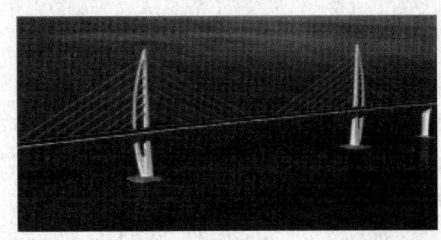  

图5 通航孔桥建筑景观效果图

2. 大型钢管复合桩研究与应用

在广泛吸收国内外跨海桥梁基础建设有益经验的基础上,通过对打入桩、钻孔灌注桩和钢管复合桩综合比选,最终采用钢管复合桩,钢管与钢筋混凝土共同组成桩结构主体。通航孔桥基础采用变直径钢管复合桩。桩身由两部分组成:有钢管段、无钢管段。有钢管段的长度根据地质条件、结构受力、沉桩能力、施工期承载等综合确定。复合桩钢管内径2450mm,钢管壁厚分两种:下部约2m范围壁厚为36mm,其余壁厚为25mm。钢管对接时内壁对齐,采用全熔透对接焊。在顶部一定区段钢管内壁设置多道剪力环。复合桩混凝土强度等级采用水下C35,桩身根据受力配置钢筋。非通航孔桥复合桩钢管内径2150/1950mm,桩身根据受力配置钢筋。其余与通航孔桥相同。

虽然钢管复合桩以其优越的力学性能越来越受到工程界的重视和青睐,但目前国内外对于钢管复合桩复合结构的受力机理、协同工作性能以及设计计算理论还不完善,缺乏系统理论研究。工程上常常只是把钢管作为钻孔桩的临时护筒,设计时未将钢管与核心混凝土作为复合体加以共同考虑。目前钢管复合桩计算理论和设计方法的研究大大落后于工程应用。一方面,实际工程中经常出现因桩基沉降过大等引起的工程事故,另一方面也暴露出桩基设计中存在着保守的趋势和现象。造成这种现状的原因是桩周介质(岩土)性状的复杂性,同时钢管和混凝土桩体之间的受力分析相对困难,导致现在对大直径钢管混凝土复合桩的荷载传递机理、变形规律等还未完全研究清楚。鉴于此,对钢管复合桩的变形分析、承载力计算理论以及桩的合理构造形式等方面开展了系统的理论分析和试验研究(制作了14根钢管复合桩试件开展模型试验),在充分了解其承载特性和受力机理的基础上,获取了大直径钢管复合桩的各项设计参数,提出了钢管复合桩竖向和水平承载能力计算方法,并将研究成果应用于设计。

3. 埋床法全预制墩台设计与施工技术

为使全桥桥隧组合轴线断面阻水率满足不大于10%的要求,需将全部非通航孔桥的承台埋于海床面以下。同时,在项目设计理念指导下,设计采用了埋床法全预制墩身和承台方案(图6)。墩身根据吊装能力分成1~3节预制拼装,承台随同首节墩身一同预制,预留桩位孔洞和后浇混凝土空间。桩位孔洞用以实现止水、桩基与预制承台临时连接;后浇混凝土空间在抽水后浇注后浇混凝土,实现承台与桩基的整体化。预制承台既是承台主体结构,又是实现承台与桩基连接的围堰结构,除附着于预制承台之上的临时周转使用的围堰设施外,承台本身施工不需要额外的围堰结构。下节段墩身及承台整体最大吊装重量约2850t,最大高度约27m。

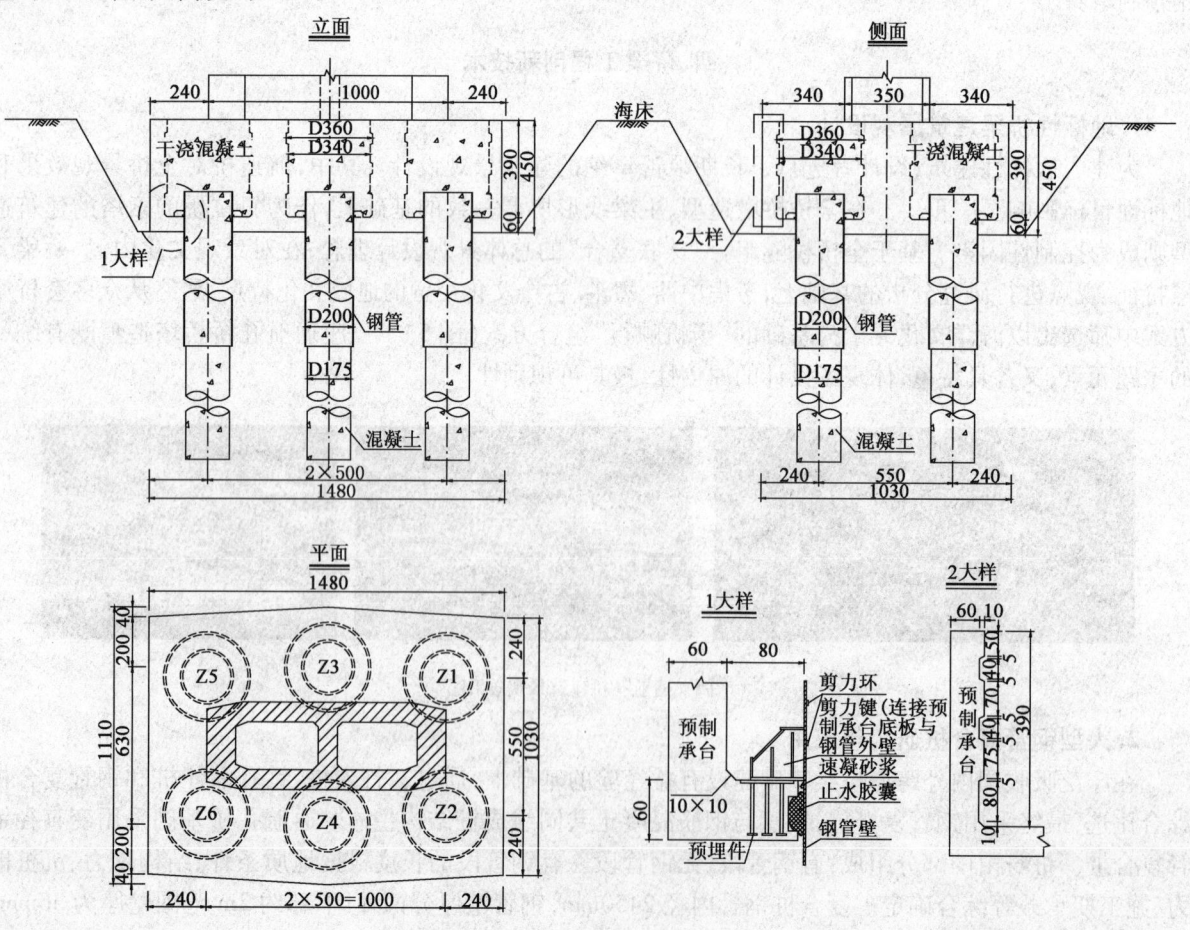

图6 埋床法全预制墩身和承台构造(尺寸单位:cm)

预制承台底板厚0.6m,底板开孔直径2.13m,孔壁设有槽口,用于置入整体式止水胶囊,通过充水后实现止水。需研制新型封堵止水装置及相应工艺解决16m水深处潜水预制承台与钢管复合桩间的止水问题,确保后浇混凝土能够在干作业环境内进行施工。胶囊正常充水压力0.3MPa,极限充水压力1.2MPa,正常情况下可在水下大于16m深处工作。为确保整体式止水胶囊实现止水,设计要求钢管复合桩竖向倾斜不大于1/400~1/320,桩中心平面位置允许绝对误差小于150mm,各桩之间允许相对误差小于50mm。若施工能采取其他可靠措施实现止水和后续工序,也可将上述精度要求降至常规要求。

为确保实现上述施工精度和工期要求,设计提出了以下施工方案和保证措施:

(1)钢管沉桩施工宜采用在定位船上设置的导向架和大功率液压振动锤对钢管进行振动下沉。

(2)三次定位措施:驳船首先采用锚索初定位;再下放四根锚桩将驳船定位;下放钢管,桩底离泥面50cm左右时,通过导向架的液压背板微调钢管平面位置及倾斜率,进行精确定位。

(3)桩基施工采用可拆卸周转使用的整体式装配化钻孔平台(钻机、泥浆池、沉淀池、钻杆和工作房集成一体),以缩短海上作业时间、节约造价、降低风险。

4. 预制墩身连接技术及 ϕ75mm 预应力螺纹粗钢筋研发

全桥桥墩均采用工厂预制、现场安装。其中,青州航道桥、江海直达船航道桥、深水区非通航孔桥的墩身根据吊装能力采用节段预制,并通过预应力筋进行连接(图7),墩身接缝采用干接缝,设置匹配的凹凸剪力键,接缝处涂抹满足技术要求的环氧树脂。经技术经济综合比较,并重点考虑施工的可操作性、寿命保证的可靠性,预应力确定采用全螺纹粗钢筋体系(图8)。由于受力所需及墩身断面限制,粗钢筋直径需达75mm。鉴于《预应力混凝土用螺纹钢筋》(GB/T 20065—2006)最大规格仅50mm,为此,在广泛调研国内外相关技术水平及市场情况的基础上,确定采用 ϕ75mm 预应力螺纹粗钢筋(目前国内已研发成功并应用到本项目中,钢筋屈服强度830MPa,抗拉强度1030MPa)连接墩身节段。要求所采用的精轧螺纹钢筋或滚压连续外螺纹粗钢筋均符合国内外相关规范规定的尺寸、外形及技术性能要求。连接墩身节段的预应力粗钢筋采用"电隔离防护+真空灌浆"措施进行防腐,并进行了详细的防腐构造细节设计。

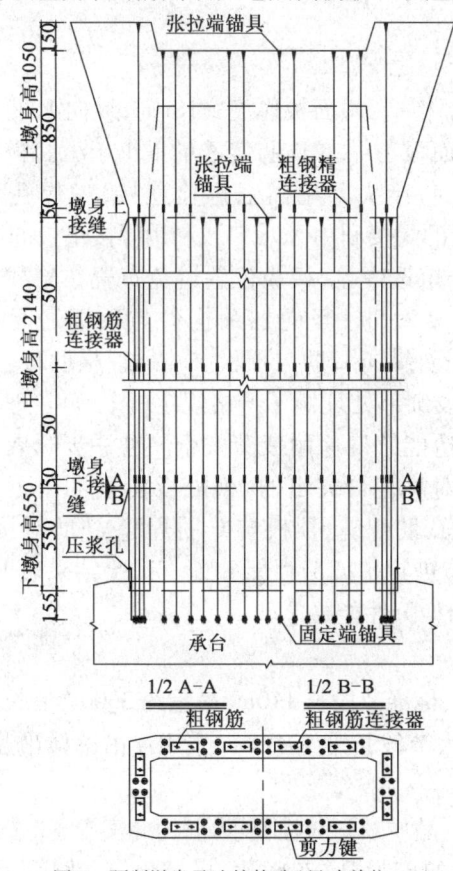

图7 预制墩身及连接构造(尺寸单位:cm)

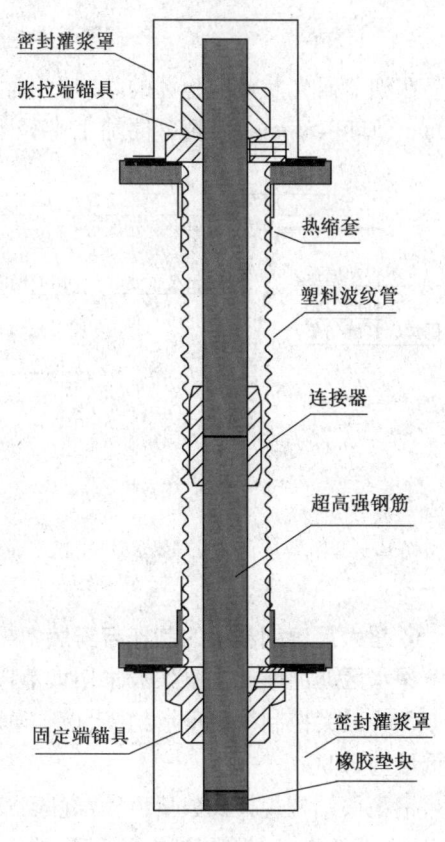

图8 预应力粗钢筋及体系

5. 大悬臂钢箱梁耐疲劳结构设计技术

全桥钢箱梁梁高4.5m；箱梁设置边纵腹板和中纵腹板。中纵腹板采用实腹式，但开设了联通人孔方便出入，并联通箱室内干空气，利于除湿。为使箱室内部更加通透，采用了实腹式横隔板和横肋板交替布设的构造，通航孔桥横隔板间距7.5m，深水区非通航孔桥横隔板间距10m，中间每隔2.5m设置一道横肋板。深水区非通航孔桥钢箱梁横断面见图9。

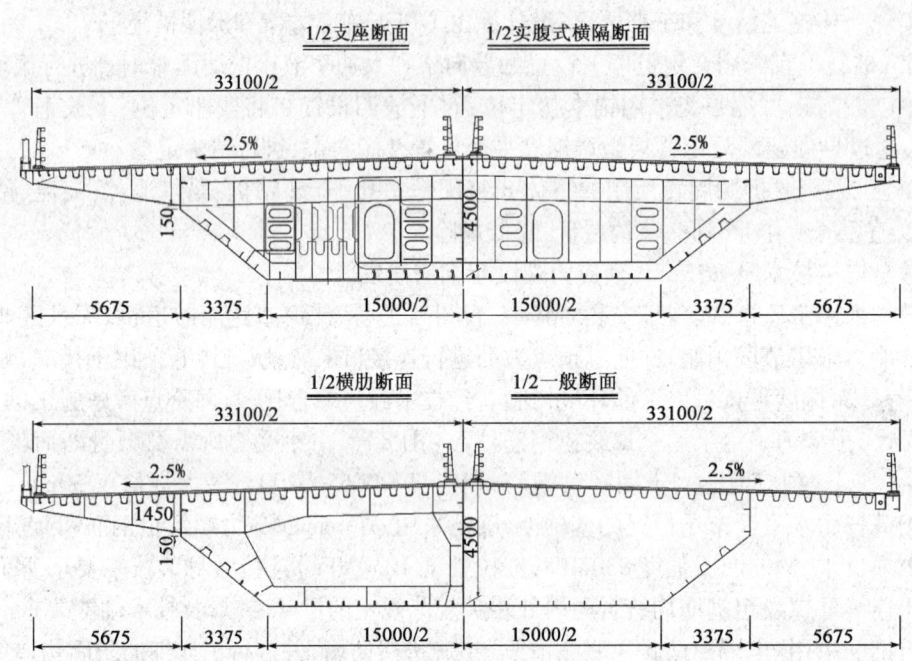

图9 深水区非通航孔桥主梁横断面（尺寸单位：mm）

在细节研究及疲劳验算的基础上，确定了钢桥面板的细部构造：桥面板厚度≥18mm；纵向U肋间隔300mm、厚度≥8mm、内侧弯曲加工半径不小于5倍板厚；桥面板与纵向U肋熔透量不小于纵肋板厚的80%；纵向U肋接头采用高强螺栓连接，过焊孔长度80mm；桥面板的焊接利用X坡口或利用焊接垫板的V形坡口实施完全熔透焊接，接头位置避免布置在轮载正下方；横肋间隔≤2.5m；竖向加劲构件与顶板之间设置35mm的间距；对纵向U肋与顶板、横隔板（横肋板）之间的组装、焊接及细部处理做了严格规定（图10）。理论分析表明，该构造能够确保耐疲劳安全。进一步开展了试件疲劳试验，对病害最突出的"横隔板在U肋附近开槽处、横隔板与U肋焊缝、顶板与U肋焊缝、U肋对接（栓接）"构造细节进行了疲劳性能验证。试验结果表明，构造完全满足耐疲劳性能要求。

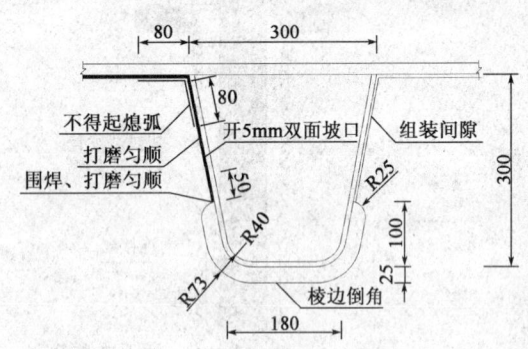

图10 组装、焊接、细部处理要求（尺寸单位：mm）

6. 超大尺度钢箱梁的制作与安装

深水区非通航孔主梁架设采用大节段整孔逐跨吊装方案，标准节段长110m，吊重约2300t，最长节段长133m，最大控制吊装重量约2750t。通航孔桥边跨无索区大节段长度134.5m，采用浮吊整体吊装，吊装重量约3580t。

钢箱梁结构规模及数量巨大，健康、安全、环保、制造标准、品质及耐久性要求高，为此实施了"全新的厂房、尖端的设备、先进的技术、科学的管理"的工作方针，大幅度提升"车间化、机械化、自动化"水平。

通过"全面实现车间化作业、广泛使用机械自动化设备、采用计算机辅助制造技术、世界先进的电弧跟踪自动焊技术、反变形船位施焊技术、U肋焊缝相控阵超声波检测技术及信息化质量控制手段",大幅度提升钢箱梁制造质量水平。

对所有板单元均采用全自动化制造。钢箱梁由板单元制成小节段,然后在工厂车间内整体组装成大节段。小节段及大节段拼装全部在厂房内进行。广泛采用数字化焊机进行施焊。梁段在专业打砂、涂装厂房内完成打砂、涂装。

钢箱梁大节段通过船舶运输至桥位,采用单台或双台浮吊起吊安装。

7. 抗拉强度1860MPa斜拉索研发与应用

江海直达船航道桥采用竖琴式布置的单索面,若采用1670MPa斜拉索,则规格超过《斜拉索热挤聚乙烯高强钢丝拉索技术条件》(GB/T 18365—2001)的最大规格;若采用1770MPa斜拉索,则也要用到《大跨度斜拉桥平行钢丝斜拉索》(JTT 775—2010)的LPES7-547规格。为减轻斜拉索重量,减小索体直径进而减小拉索阻风面积,在广泛调研国内外相关技术水平及市场情况基础上,确定通航孔桥采用抗拉强度1860MPa的斜拉索。斜拉索采用平行钢丝拉索,钢丝采用7mm高强度、低松弛钢丝,其抗拉强度≥1860MPa;屈服强度≥1660MPa;扭转性能≥8次;成品索应力幅为200MPa(少数为250MPa),对应的钢丝疲劳应力为360MPa(410MPa)。钢丝其余技术条件、冷铸锚、内外PE护套的技术条件均应符合《大跨度斜拉桥平行钢丝斜拉索》(JTT 775—2010)及《斜拉索热挤聚乙烯高强钢丝拉索技术条件》(GB/T 18365—2001)的要求。

为进一步提高钢丝表面防腐性能和斜拉索整体使用寿命,经综合比较,确定钢丝采用锌—5%铝混合稀土合金镀层。此外,为减小锚具端钢丝弯曲应力,改善锚口处的疲劳性能,设计要求生产商研发了一种由外部的钢套筒和内置的高阻尼橡胶减震体组成的"弯曲限制器"构造。

8. 桥梁减隔震设计

通航孔桥:对于塔梁非固结的青州航道桥和江海直达船航道桥,以降低结构地震响应为目标,研究选择了主梁动力约束体系。青州航道桥在索塔与主梁间设置了带纵向静力限位功能的阻尼装置,在辅助墩与主梁间设置了横、纵向阻尼装置,在过渡墩与主梁间设置了纵向阻尼装置。江海直达船航道桥在三个索塔和辅助墩、过渡墩与主梁间设置了纵桥向阻尼装置,在中索塔和辅助墩与主梁间设置了横向阻尼装置。以桥梁抗震性能分析为基础,优选了阻尼装置技术参数。

非通航孔桥:由于地震动参数峰值加速度较大,连续梁桥桥墩处设置一般支座难以保证结构的抗震安全性及经济性,为了降低结构的地震反应,确保结构安全,在各个桥墩处设置了减隔震支座,利用其良好的滞回耗能特性和自恢复功能,在强震作用下达到减隔震耗能的效果,使结构的地震反应得到了很好的控制。支座具有常规使用和减隔震功能,同时还具备在罕遇地震作用下防落梁功能;支座设计寿命为60年。进行分区段设计:深水区非通航孔桥的等宽段高墩区采用高阻尼橡胶支座,等宽低墩区采用铅芯橡胶支座及双曲面球型支座,变宽段采用双曲面球形支座。浅水区非通航孔桥全部采用铅芯橡胶支座。

9. 钢箱梁涡激共振抑制技术

根据结构抗风性能试验研究结果,大悬臂钢箱梁在设计风速范围内发生了涡激振动现象,且位移和加速度影响了桥梁结构安全和运营期间的舒适性。

在给定结构设计方案的前提下,涡振抑制措施包括:安装附加的主动或被动控制面(亦称气动措施);增加结构阻尼(亦称机械措施)。经对"栏杆上加导流板、加装风嘴、对护栏进行不同程度封闭、主梁内设置TMD"方案进行同等深度的技术经济综合比选,推荐采用设置TMD方案。

深水区非通航孔桥在每联的次边跨跨中均布置4个TMD,每联共8个。跨崖13-1气田管线桥在中跨跨中布置4个TMD。江海直达船通航孔桥为了制振第一竖向振型,在两主跨的跨中均布置4个TMD,共8个;为了制振第二竖向振型,在两主跨的跨中均布置4个TMD,共8个。

研究提出了TMD的主要技术要求,包括:摆动质量(单个TMD质量)有3000/3750/4000/6250kg四种;质量块最大位移±250mm、±300mm;阻尼比10%;安装TMD后主梁结构的等效阻尼比应大于1%;阻

图11 梁内检查车

尼常数、弹簧刚度、最大速度由制造商分析确定;TMD系统设计寿命要求与桥梁主体结构相同。

10. 全自动、全覆盖的运营管养设计与装备

基于"为用户提供优质服务、需求引导设计、以人为本"的建设目标及设计理念,确定运营管养设施设备的设计原则:①满足各部位"可到达、可检查、可维护、可持续性",尽量做到易检、易修、易维护。对于可更换、需定期养护部件,提供足够的操作空间、操作平台。②管养设施设备做到全自动、全覆盖。

全桥主梁箱外设置检查车,采用7000型航空铝合金,全自动液压控制。梁内设置检查车(图11),采用7000型航空铝合金,内设照明、空调、供氧和工具箱等人性化系统,具有重量轻、速度快、舒适性好等特点。

索塔均设置内外检修通道及平台(设备)。以青州航道桥为例,在索塔下塔柱、中塔柱内设置楼梯,上塔柱设置爬梯,中上塔柱设置升降梯通道。钢结形撑内设置爬梯,设置通道与塔柱内部相通。在下横梁顶板、塔柱与下横梁节点处、桥面处塔柱均设有人孔通道。塔柱顶部设置了顶板,设有人孔,可达塔顶及结形撑顶部。在塔顶设置了预埋件,在结形撑顶设置了轨道,专项采购检修维养设备,在通车前安装并完成试运营。在运营期可实现对塔柱及结形撑外表的检修维养工作。索塔外部检修系统详见图12。

对斜拉索在运营期根据需要购置附着式自动爬升机器人进行斜拉索表面状态全方位检查。在桥墩顶设置有检修平台,从检查车和桥面进入墩顶,实施支座、伸缩缝及阻尼装置的检修和更换。

11. 基于120年设计使用寿命目标的结构耐久性设计

为保证主体结构的120年设计使用寿命,制定了总体保证策略,包括:①设计合理的结构;②采用有利于寿命的高性能材料;③采用"四化"施工方法;④采用提升或者保障耐久性的防护措施;⑤注重并改善利于耐久性的细节构造设计;⑥加强运营期管养、维护维修、更换等的考虑并制订有效措施。

根据工程所处海洋环境确定工程环境分类与作用等级,基于桥梁主体结构120年的设计使用寿命需求,研究制定了各构件设计使用寿命;进而从原材料要求、各构件强度等级及氯离子扩散系数要求、各构件钢筋净保护层厚度、各构件裂缝宽度限制、各构件附加防腐蚀措施等方面开展了详细的混凝土结构耐久性设计;从材料的选择、表面防腐涂装技术措施、内部除湿系统等方面开展了钢结构耐久性设计;对所有附属构件或附属工程同样开展了耐久性设计或提出要求。

耐久性设计是一项系统工作,与结构、材料、工艺设计密切相关,且贯穿于建造、运营维养全过程,集宏观和细节为一体,系统庞大、内容繁杂,以下简介主要耐久性措施:①钢管复合桩采用高性能环氧涂层和牺牲阳极阴极保护联合防护。②预制构件下节段墩身全部钢筋采用高性能双层环氧树脂涂层钢筋,中、上墩身外层钢筋及其拉筋、支座垫石钢筋采用高性能单层环氧树脂涂层钢筋;现浇混凝土构件对索塔下塔柱及下横梁的外层钢筋及其露头的拉筋、各类支座(阻尼装置)垫石采用耐海洋腐蚀不锈钢钢筋。不锈钢筋的绑扎钢丝采用直

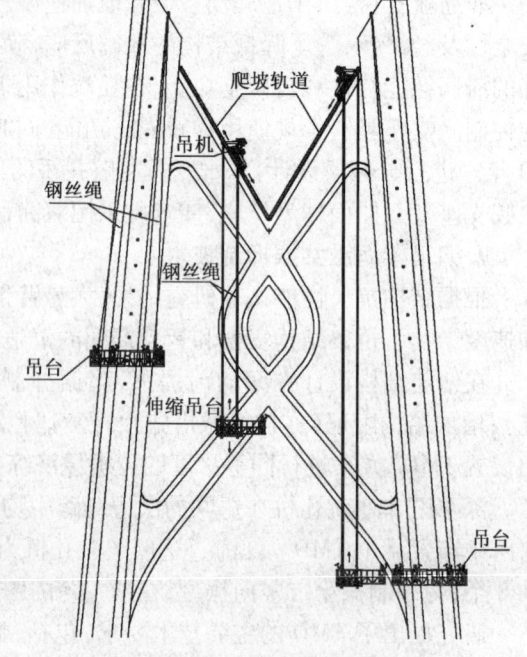

图12 索塔外部检修系统

径1.2mm柔软的不锈钢丝。③预制墩身内外表面、索塔、承台外表面均采用硅烷浸渍。④所有钢结构均进行油漆涂装防腐。其中,钢箱梁外表面采用"环氧富锌底漆+环氧云铁中间漆+氟碳面漆"体系,内表面采用"环氧富锌底漆+环氧厚浆漆+除湿系统"体系。

五、结　语

港珠澳大桥的综合建设技术难度和水平是世界级的。如何建成"景观美、品质高、寿命长"的精品工程,甚至成为里程碑式的经典之作,必须积极主动、因地制宜、实事求是地提升建设理念、践行创新技术、深化细节设计,这是我国桥梁建设水平与发达国家的差距所在,也是我们的努力方向。为此,在总体设计理念指导下,开展了多项技术创新,以期为实现港珠澳大桥的宏伟建设目标奠定坚实基础,并为国内后续桥梁工程提供示范。港珠澳大桥主体工程的桥梁工程于2012年5月开工,目前,项目施工正按计划顺利进行之中。预计2016年底建成通车。

参考文献

[1] 严国敏.现代斜拉桥[M].成都:西南交通大学出版社,1996.
[2] 刘士林,梁智涛.斜拉桥[M].北京:人民交通出版社,2002.
[3] 陈明宪.斜拉桥的建造技术[M].北京:人民交通出版社,2004.
[4] 钟善桐.钢管混凝土中钢管与混凝土的共同工作[J].哈尔滨建筑大学学报,2001,34(1):6-10.
[5] 韩林海,杨有福.现代钢管混凝土结构技术[M].北京:中国建筑工业出版社,2004.
[6] 中交公路规划设计院有限公司联合体,港珠澳大桥初步设计,2009.
[7] 中交公路规划设计院有限公司联合体,港珠澳大桥桥梁DB01标施工图设计,2012
[8] 中铁大桥勘察设计院有限公司联合体,港珠澳大桥桥梁DB02标施工图设计,2012.
[9] Meng Fanchao, Liu Minghu, Wu Weisheng et al ,The design philosophy and bridge's technical innovation of HongKong-Zhuhai-Macao Bridge[J]. engineering sciences,2014,12(3):48-57.

2. 港珠澳大桥青州航道桥设计与创新技术

刘明虎　孟凡超　李国亮　于高志　刘昭　刘磊
(中交公路规划设计院有限公司)

摘　要　本文介绍港珠澳大桥最大跨径通航孔桥——青州航道桥的总体布置、建筑景观、结构构造及耐久性设计,以及特色施工方案及关键技术要求,文中阐述了设计采用的新材料、新技术、新工艺、新设备。

关键词　港珠澳大桥　青州航道桥　设计　创新

一、概　述

港珠澳大桥是我国具有国家战略意义的世界级跨海通道,是一项"桥、隧、岛"一体化多专业综合集群工程,包括:主体工程、香港界内跨海桥梁、内地和港澳口岸、内地与港澳连接线。主体工程桥梁长约22.9km,包括三座通航孔桥及非通航孔桥。青州航道桥为港珠澳大桥中跨径最大的通航孔桥,采用布跨为110m+236m+458m+236m+110m的双塔空间双索面钢箱梁斜拉桥。

二、桥型方案及总体布跨

青州航道的通航净空尺度为410m×42m,根据跨径选择一般性原则,主跨在450m左右为宜,可选桥型有悬索桥、斜拉桥、拱桥等方案。该主跨规模是斜拉桥的经济跨径，且斜拉桥受力合理，设计、建造技术成熟，安全可靠，在减小阻水率、降低施工及运营安全风险等方面优势突出，且与全桥建筑风格统一，综合性能最优。因此，确定采用斜拉桥。

斜拉桥的边跨范围通常均设置斜拉索，只有极少数混凝土梁斜拉桥出于总体布置的需要，"拖带"不设置斜拉索的外边跨。而对于已建钢箱梁斜拉桥则罕见这种布置。本桥最初布跨为110m + 126m + 458m + 126m + 110m，边中跨比0.515（处于钢梁斜拉桥合理边中跨比0.4～0.55范围内），边跨均设置斜拉索，并设置一个辅助墩，以提高刚度，同时需在辅助墩及过渡墩附近的箱梁内进行压重。考虑到相邻非通航孔桥采用110m跨钢箱连续梁，可为青州航道桥边跨提供免费压重，因此，经研究后将布跨优化为现有布置（图1），取消了边跨额外的压重，方便了施工，减少了原有的两个辅助墩及基础，节省造价3300多万元，且为边跨通航预留了空间，减小了辅助墩的船撞风险。经计算，跨中主梁竖向活载挠跨比从1/809仅增大到1/578，满足规范要求且仍有较大富余，景观效果更好，综合优势明显。

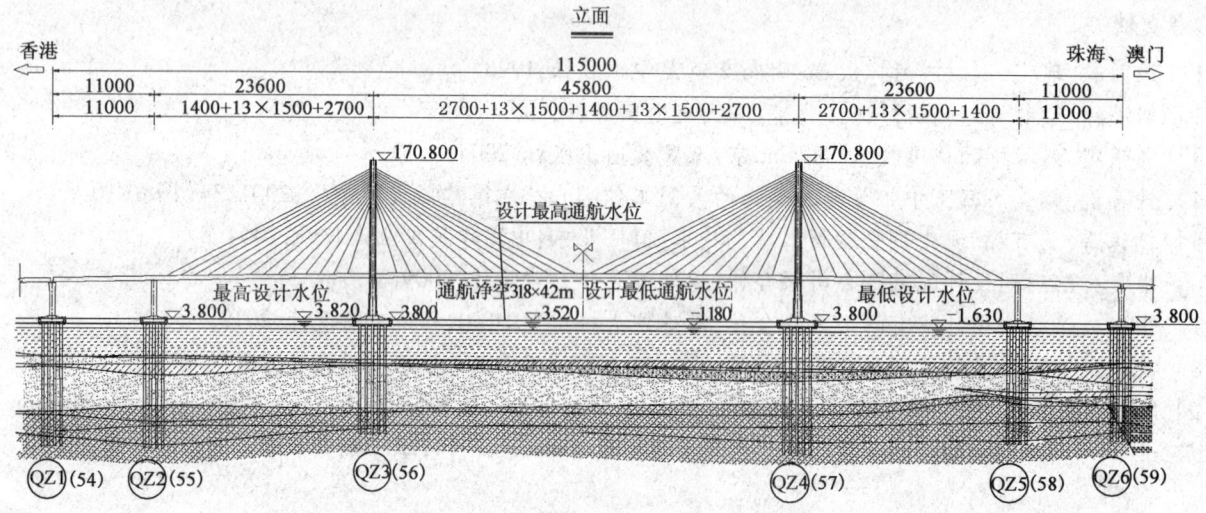

图1　青州航道桥桥型布置（尺寸单位:cm）

三、建 筑 景 观

青州航道桥单体规模最大，桥面及索塔最高，对全桥景观效果和地标性建筑目标影响至关重要。在桥墩造型、主梁线形与全桥取得一致的基础上，作为斜拉桥的索塔的建筑造型则成为控制性因素。基于"珠联璧合"的项目总体景观设计理念，在对景观文化内涵、桥梁元素特征、视点进行研究分析的基础上，考虑中西、粤港、古今文化交融的地域文化特点，最终从众多方案中筛选出以海洋文化元素"帆"、内地与港澳元素"三角"、中国传统文化元素"中国结"的索塔造型进行全桥系统建筑方案比选，最终选定了"中国结"索塔造型，并从外形和艺术角度进一步优化、抽象，形成最终造型，规避了直角造型的生硬，并吸收了另外两座通航孔桥风帆塔的曲线元素，使造型优美而轻巧，与全线的景观元素和风格相一致（图3）。进一步对桥梁色彩、夜景照明、细节造型等进行设计优化，形成了满足全桥景观要求的建筑设计（图2）。

图2　青州航道桥建筑景观效果图

图3　中国结之"吉祥结"及其演变

四、结 构 设 计

1. 主梁及其约束系统

由抗风性能风洞试验确定钢箱梁采用扁平流线型单箱三室断面。为改善主梁的涡激振动性能,优化了风嘴设计,使之较常规变得更加尖锐,同时还在梁底检查车轨道内侧旁设置了导流板(图4)。

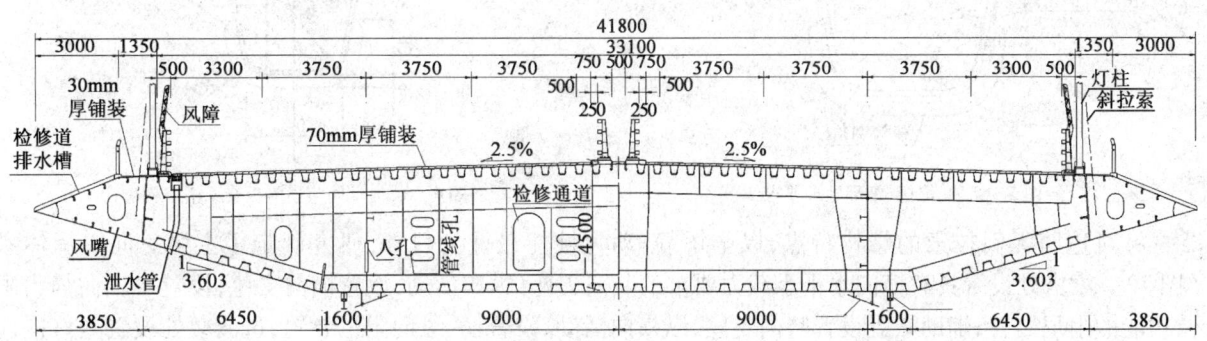

图4 主梁横断面(尺寸单位:mm)

为使全桥主梁纵向线形协调,钢箱梁采用与相邻非通航孔桥相同梁高,为4.5m。不计检修道风嘴顶面宽33.8m,全宽41.8m。箱梁设置边纵腹板和中纵腹板,斜拉索锚固在边纵腹板上。中纵腹板采用实腹式,但开设了联通人孔方便出入,并联通箱室内干空气,利于除湿。为使箱室内部更加通透,采用了实腹式横隔板和横肋板交替布设的构造(图4),横隔板间距7.5m,中间每隔2.5m设置1道横肋板。结构计算表明,钢箱梁第一、二、三体系受力及各局部受力均满足要求。

钢箱梁共划分18种类型、85个梁段。有索区小节段长度10~15m,标准段长度15m。边跨无索区大节段长度134.5m。全桥钢箱梁主体用钢量约27 000t。110m边跨无斜拉索,其受力为连续梁模式,其跨中正弯矩及辅助墩处负弯矩较大,根据受力,边跨跨中70m范围内顶板、底板、斜底板及其加劲采用Q420qD钢材,其余部位均采用Q345qD钢材。斜拉索锚箱采用Q370qD。

根据受力,底板在顺桥向不同区段采用了14/16/20mm厚度。底板U肋厚6/8mm。中腹板在顺桥向不同区段采用了14/16/20/30/40mm厚度,其中30/40mm用于支座区域的局部加强。中跨、次边跨边腹板厚30mm。边跨跨中边腹板厚14/16mm。普通横隔板厚12mm,拉索横隔板厚14mm,支座横隔板厚24mm,端横隔板厚20mm。普通横肋板厚14mm,过渡墩支座横肋板厚20mm。

为改善风嘴内部耐蚀环境,减少运营期养护工作量,经计算研究并充分论证,采用全焊接密封风嘴,一改国内风嘴与主体断开设置(纵向或横向或纵横向)的传统,为首次采用。

在细节研究及疲劳验算的基础上,确定了钢桥面板的细部构造(表1)。对纵向U肋与顶板、横隔板(横肋板)之间的组装、焊接及细部处理做了严格规定(图5)。

钢桥面板的详细构造 表1

厚度	$t \geq 18$mm	厚度	$t \geq 18$mm
纵向U肋间隔	$E = 300$mm	纵向U肋接头	采用高强螺栓连接,过焊孔长度80mm
纵向U肋板厚	≥ 8mm	桥面板的焊接	利用X坡口或利用焊接垫板的V形坡口实施完全熔透焊接。接头位置避免布置在轮载正下方
纵向U肋弯曲加工半径	内侧半径	横肋间隔	≤ 2.5m
桥面板与纵向U肋熔透量	$\geq$纵肋板厚的80%	纵向U肋与横隔板交叉槽口构造	$R = 25、73$mm,$C \geq h/3 = 100$mm(图6)

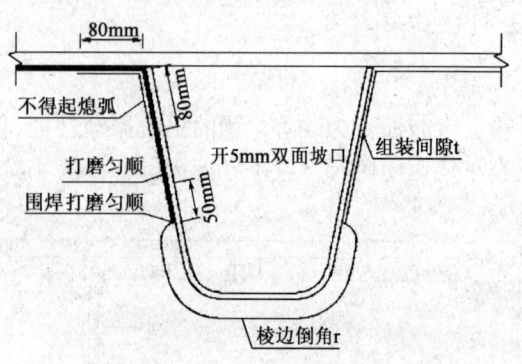

图5　组装、焊接、细部处理要求

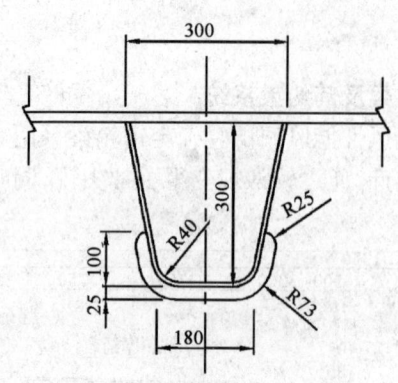

图6　纵向U肋与横隔板交叉槽口构造

针对边跨无斜拉索的结构特点,以全桥静、动力性能最优为目标,研究确定了主梁三向支承体系(图7)。索塔处设置具有横向水平承载力要求的竖向支座、纵向活动,设置横向支座,设置带纵向静力限位功能的阻尼装置;辅助墩处设置竖向支座、纵横向活动,设置横、纵向阻尼装置;过渡墩处设置具有横向水平承载力要求的竖向支座、纵向活动,设置纵向阻尼装置。

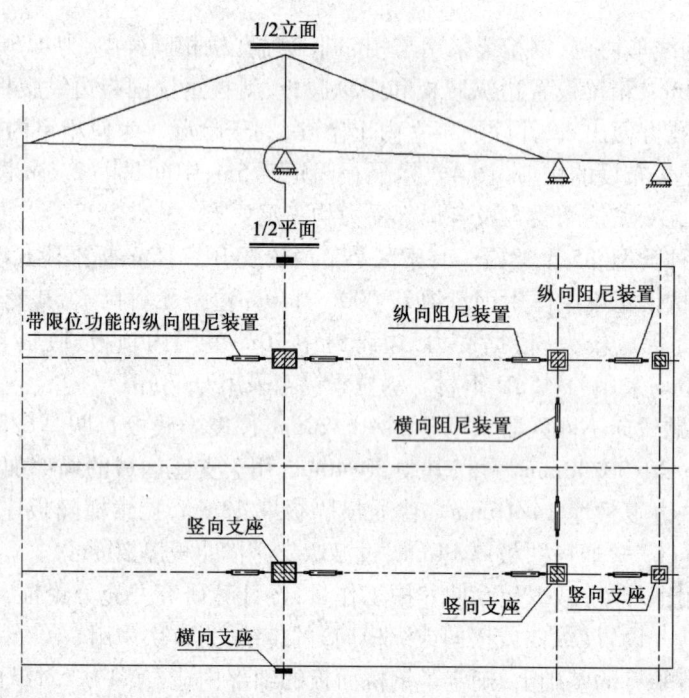

图7　全桥支承体系布置示意

2. 索塔及基础

索塔采用门形框架塔,总高163m;塔柱横桥向侧面的斜率为1/11.2,下塔柱内侧面的斜率为1/29.167。索塔在桥面以上高度约120m,塔底左右塔柱中心间距40.25m。

塔柱为钢筋混凝土构件,混凝土强度等级C50,采用空心单箱单室断面。塔柱根据受力进行配筋。

下横梁采用箱形断面,为全预应力混凝土结构,采用变高度结构。横梁顶面设置支座垫石、阻尼装置垫石及主梁安装所需的临时锚固装置等。

索塔上联结系采用"中国结"造型剪刀撑,杆件倾角大、构造异形、与塔柱连接处曲从化,故采用钢结构(称"钢结形撑",图8),采用Q345qD。采用箱形横断面,宽度4m(顺),高度2.60~4.20m渐变。横断面带有矩形内凹倒角,尺寸0.5m×0.5m。分节段制造安装,节段间栓接。该构造为国内外首次采用。总用钢量约1570t。

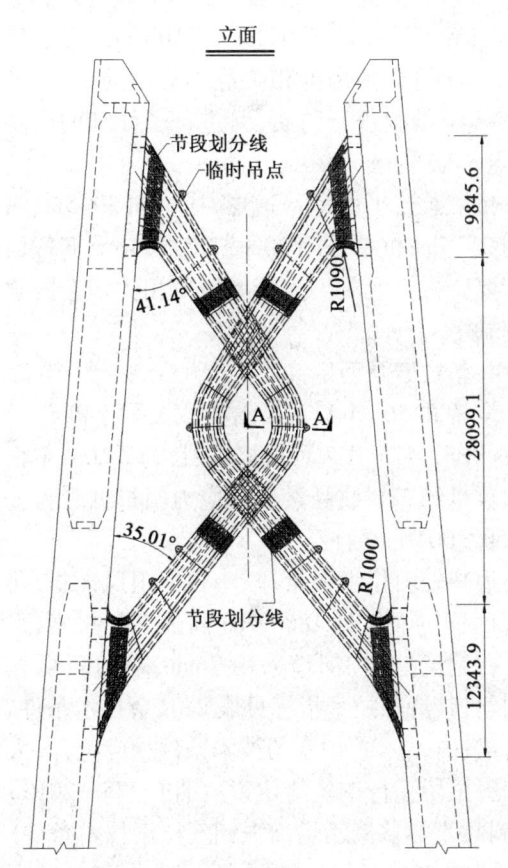 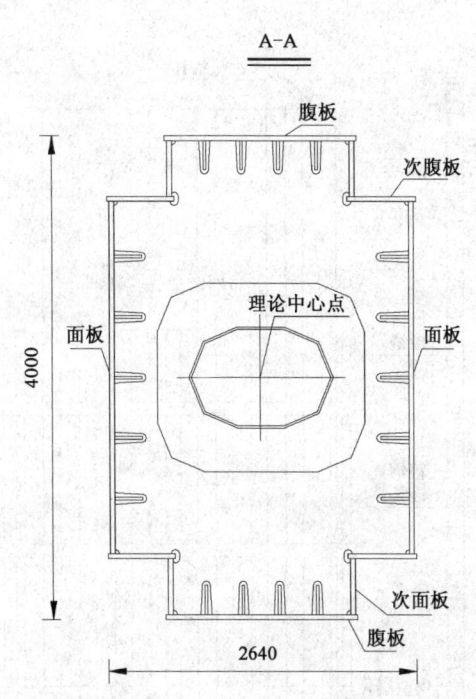

图 8　钢结形撑总体构造及横断面（尺寸单位：mm）

基于钢—混凝土混合结构传力机理的研究及试验成果，钢结形撑与混凝土塔柱连接采用承压—传剪的复合传力模式及构造，通过连接箱实现。连接箱为一个将结形撑与塔柱连接节点范围内的塔壁包裹的箱体，其腹板和面板均开设圆孔，塔柱竖、横向钢筋均穿过圆孔，形成 PBL 剪力键传力，且均开设大的混凝土浇注孔，利于混凝土的浇注流通和形成整体受力。经详细计算分析，该连接构造安全可靠。

承台平面呈哑铃形，由两个分离的 D36.5m 的圆形承台通过系梁连接而成。混凝土强度等级 C45。整个承台平面轮廓尺寸 83.75m（横）、36.5m（顺），系梁宽 15m。通过对打入桩、钻孔灌注桩和钢管复合桩综合比选，最终采用钢管复合桩。每个承台下采用 38 根直径 2.5/2.15m 钢管复合桩，梅花形布置，按支承桩设计。钢管与钢筋混凝土共同组成桩基础结构主体。整个桩身由两部分组成：有钢管段、无钢管段。有钢管段的长度根据地质条件、结构受力和刚度、沉桩能力、施工期承载等综合确定。复合桩钢管内径 2450mm，桩尖约 2m 范围壁厚为 36mm，其余壁厚为 25mm。在顶部一定区段钢管内壁设置多道剪力环。混凝土强度等级采用水下 C35，桩身根据受力配置钢筋。对钢管复合桩的变形分析、承载力计算理论以及桩的合理构造形式等方面开展了系统的理论分析和试验研究，并将研究成果应用于设计。

3. 桥墩及基础

墩身采用矩形空心墩身，混凝土强度等级 C50；辅助墩、过渡墩墩身高度分别为 37.6m、35.4m，其中 0.5m 伸入承台；墩身截面外侧尺寸 15m（横）×5.5m（顺）。

在"四化"方针的指导下，桥墩采用工厂预制、现场安装。受制于预制、吊装能力，墩身分为 3 节，并通过预应力筋进行连接（图 9），墩身接缝采用干接缝，设置匹配的凹凸剪力键，接缝处涂抹满足技术要求的环氧树脂。经技术经济综合比较，并重点考虑施工的可操作性、120 年寿命保证的可靠性，预应力确定采用全螺纹粗钢筋。由于受力所需及墩身断面限制,粗钢筋直径需达 75mm。为此,在广泛调研国内外相关技术水平及市场情况基础上,研发采用 φ75mm 预应力螺纹粗钢筋,屈服强度 830MPa,抗拉强度 1030MPa。要求采用精轧螺纹钢筋或滚压连续外螺纹粗钢筋,均应符合国内外相关标准规定的尺寸、外形及技术性能要求。预应力粗钢筋采用"电隔离防护+真空灌浆"措施进行防腐,并进行了详细的防腐构造细节设计。

桥墩承台平面呈八边形,横桥向 39.5m、纵桥向 27.4m;桩基采用 20 根 2.5/2.15m 变截面钢管复合桩。混凝土强度等级及相关构造同索塔基础。

4. 斜拉索及两端锚固

全桥共 56 对 112 根斜拉索,采用 PES7-121～PES7-475 共 7 种规格,最长约 249m,单根最大重量约 38t,成品索疲劳应力幅根据受力分为 250/200MPa 两种。

为减轻斜拉索重量,减小拉索阻风面积,研发采用抗拉强度见 1860MPa 高强度斜拉索,采用平行钢丝拉索,钢丝采用 7mm 高强度、低松弛钢丝,其特殊技术指标见表 2,其余技术条件、冷铸锚、内、外 PE 护套的技术条件均应符合《大跨度斜拉桥平行钢丝斜拉索》(JTT 775—2010)及《斜拉索热挤聚乙烯高强钢丝拉索技术条件》(GB/T 18365—2001)的要求。

为进一步提高钢丝表面防腐性能和斜拉索整体使用寿命,经比较,确定钢丝采用锌—5%铝混合稀土合金镀层,应满足《锌—5%铝混合稀土合金镀层钢丝、钢绞线》(GB/T 20492-2006)的要求。

采用索体两端套筒内设置高阻尼橡胶阻尼器、梁端索外设置永磁调节式磁流变阻尼器、索体表面设置双螺旋线的综合减振措施。要求拉索振动的允许幅值控制在其长度的 1/1700 以内,拉索在设计风速下的风阻系数 $C_d \leq 0.8$。

斜拉索两端均采用钢锚箱锚固,塔端锚固构造在国内首次设计采用了耐候钢锚箱,不进行涂装,应靠其自身生成稳定的钝化锈层,实现运营年限内的有效防腐。

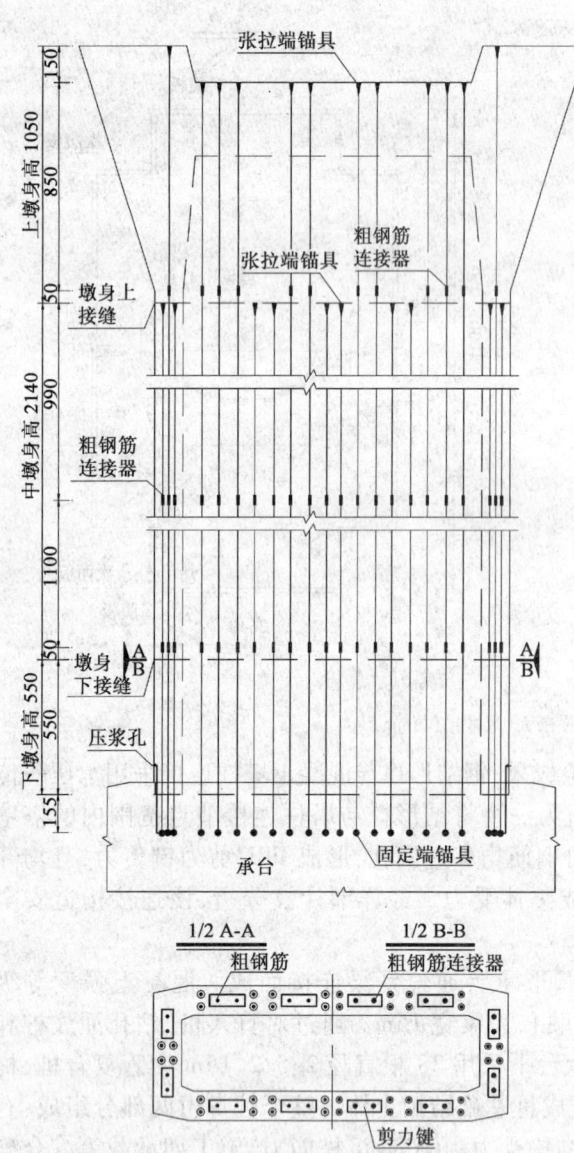

图 9 预制墩身及连接构造系(尺寸单位:mm)

斜拉索钢丝关键技术要求　　　　表 2

项　目	技术指标
抗拉强度	≥1860MPa
屈服强度	≥1660MPa
扭转性能	≥8 次(标距 100D)
疲劳应力	成品索 200/250MPa 应力幅,相应钢丝疲劳应力 360/410MPa

5. 附属结构

索塔、辅助墩、过渡墩处竖向支座的竖向承载力分别为 1200（拉）/15000、20000、12500kN，横向承载力分别为 8500、0、7500kN，纵向位移分别为 ±600、±710、±760mm，辅助墩竖向支座的横向位移为 ±340mm，均采用特制球形钢支座。索塔处横向支座采用弹性抗风盆式橡胶支座，承载力 20000kN。转角均不小于 ±0.02rad。设计使用寿命不小于 60 年。阻尼装置均采用特制黏滞性阻尼装置，阻尼装置允许结构在静力荷载或者动力荷载的静力分量下的慢速变位，在动力作用下具有阻尼耗能作用，其阻尼力与速度之间符合 $F = C_V^\alpha$。技术参数此不详述。阻尼装置的油缸服务寿命要求达到 60 年、可动构件达到 20 年。竖向支座及阻尼装置均要求采用带有 RS485 数据接口功能，接入项目健康监测系统。

伸缩缝采用模数式伸缩装置，伸缩量 1760mm，竖向转角 ±0.02Rad，平面内转角 ±0.01rad，设计使用寿命不小于 20 年。

还设置了施工期塔梁临时固结装置。竖向采用锚固索，纵向采用栓接于主梁边纵腹板的钢牛腿将横向支座垫石嵌固，横向以横向支座限位。

本桥在施工过程中不采用常规的临时墩，而代之以临时抗风索，上端锚固于第 6 对斜拉索下方梁底，下端锚固于索塔承台斜面。上部结构第 6 对索二张完毕后，安装抗风索。对抗风索实施设计张拉力。适时拆除抗风索。

桥面防撞护栏采用金属梁柱式护栏。在桥塔两侧沿顺桥向的有效范围不小于 5 倍的桥塔宽度范围设置了风障，以消除桥塔对桥面风环境产生的突变影响，同时考虑有风障和无风障区的过渡。为利于环保，桥面排水采用边沟收集、集中过滤的方案。

充分利用承台施工钢套箱作为运营期防撞设施。附着于套箱外周壁设置了防船舶撞击缓冲消能护舷，采用复合材料构件。

对交通工程设施、健康监测检测设施、消防、防雷、运营检查检修设施、景观工程、助航设施等均进行了全面的预留预埋设计。

此外，还全面开展了全桥全自动、全覆盖的运营期维养设计。

五、基于 120 年设计使用寿命目标的耐久性设计

为保证主体结构设计使用寿命达到 120 年，制定了总体保证策略，包括：①采用设计合理的结构；②采用有利于寿命的高性能材料；③采用"四化"施工方法；④采用提升或者保障耐久性的防护措施；⑤注重并改善利于耐久性的细节构造设计；⑥加强运营期管养、维护维修、更换等的考虑并制订有效措施。

耐久性设计是一项系统工作，与结构、材料、工艺设计密切相关，且贯穿于建造、运营维养全过程，集宏观和细节为一体，系统庞大、内容繁杂，以下简介主要耐久性措施：①钢管复合桩采用高性能环氧涂层和阴极保护联合防护。②预制构件下节段墩身全部钢筋采用高性能双层环氧树脂涂层钢筋，中、上墩身外层钢筋及其拉筋、支座垫石钢筋采用高性能单层环氧树脂涂层钢筋；现浇混凝土构件对索塔下塔柱及下横梁的外层钢筋及其露头的拉筋、各类支座（阻尼装置）垫石采用耐海洋腐蚀不锈钢钢筋。不锈钢筋的绑扎钢丝采用直径 1.2mm 柔软的不锈钢丝。③预制墩身内外表面、索塔、承台外表面均采用硅烷浸渍。④所有钢结构均进行油漆涂装防腐。其中，钢箱梁外表面采用"环氧富锌底漆 + 环氧云铁中间漆 + 氟碳面漆"体系，内表面采用"环氧富锌底漆 + 环氧厚浆漆 + 除湿系统"体系。

六、施工方案及技术要求

1. 施工方案

钢管复合桩采用搭设钢管桩平台、打入钢管、泥浆护壁钻孔、钢筋混凝土施工等常规施工方案及工艺流程。承台采用有底钢套箱施工，承台混凝土分层现浇施工。

墩身采用工厂节段预制、现场吊装施工，逐段张拉预应力钢筋。墩身单节最大吊重约 2540t。

塔柱采用爬模节段现浇施工，下横梁采用搭设支架现浇施工。塔柱间设置临时横撑。

钢结形撑采用分节段工厂制造、现场吊装施工,最大吊重约249t。

钢箱梁及斜拉索采用工厂制造,现场吊装。主梁边跨无索区大节段采用浮吊吊装,吊重约3510t。索塔区采用大节段浮吊吊装,吊重约1000t,不设置鹰架,直接实现塔梁临时固结后,开始悬臂拼装施工。其余部分采用小节段桥面吊机悬臂拼装,最大吊重约385t。最大双悬臂长度195m,最大单悬臂长度225.2m。在施工过程中不设置临时墩,而代之以临时抗风索(图10)。

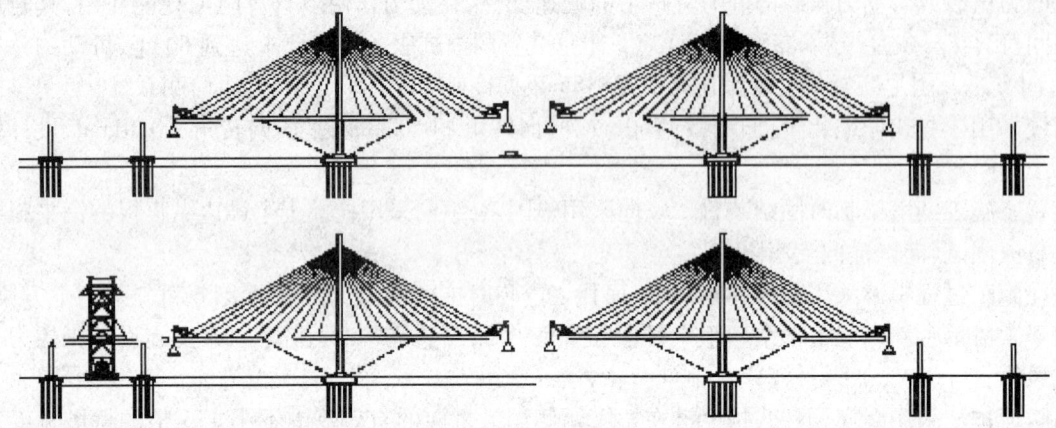

图10 上部结构安装施工流程示意

2. 钢箱梁及钢结形撑制造关键技术要求

要求建立"全新的厂房、尖端的设备、先进的技术、科学的管理"的工作方针,大幅度提升"车间化、机械化、自动化"水平。通过"全面实现车间化作业、广泛使用机械自动化设备、采用计算机辅助制造技术、世界先进的电弧跟踪自动焊技术、反变形船位施焊技术、U肋焊缝相控阵超声波检测技术及信息化质量控制手段",大幅度提升钢箱梁制造质量水平。

对所有板单元均采用全自动化制造,主要体现在:①钢板采用板材预处理自动生产线进行擀平、抛丸、喷漆、烘干。②钢板下料采用空气等离子及火焰数控切割机进行精密切割。③U肋加工:钢板下料后,用双面铣床加工边缘,螺栓孔连接的U肋采用先孔法卡样板制孔;在专用数控铣床上同时加工U肋两侧坡口,钝边尺寸精度达到±0.5mm,坡口角度达到±0.5°,最后在数控折弯机上轧制成型。④板单元组装采用自动机床进行组装和定位焊。⑤U肋板单元和板肋板单元焊接:在反变形胎上焊接,通过自动液压卡具预设双向反变形,用多头机器人焊接系统进行船位焊接。⑥横隔板单元:在平台上用专用焊接机器人系统进行施焊。⑦棱角铣削:板单元焊接后,采用自动倒棱设备对非焊接自由边棱角进行圆角铣削。此外,钢箱梁小节段及大节段拼装要求全部在厂房内进行,梁段在专业打砂、涂装厂房内完成打砂、涂装。在检测方面要求采用相控阵超声波检测技术对U肋焊缝进行全面检测,解决以往检测手段对焊缝熔深及内部质量无法探定的问题。

参考文献

[1] 严国敏.现代斜拉桥[M].成都:西南交通大学出版社,1996.
[2] 刘明虎,孟凡超.港珠,澳大桥青州航道桥结构设计方案研究[J].中外公路,2014(1):148-153.
[3] 刘明虎,孟凡超,李国亮,等.港珠澳大桥青州航道桥设计[J].公路,2014(1):44-51.
[4] 刘明虎,孟凡超,李国亮.港珠澳大桥青州航道桥工程特点及关键技术[J].桥梁建设,2013(4):87-93.
[5] 刘明虎,李贞新,李国亮.港珠澳大桥青州航道桥结构约束体系研究与设计[J].桥梁建设,2013(6):76-81.
[6] 赵传林,刘明虎,孙鹏.港珠澳大桥青州航道桥主塔墩钢套箱设计与施工[J].中国港湾建设,2013(4):1-6.
[7] 冯清海,刘明虎,李国亮.港珠澳大桥青州航道桥塔墩防船撞数值模拟与性能分析[J].武汉理工大

学学报,2014(2):143-146.
[8] 刘明虎.大跨宽幅混合梁斜拉桥关键技术设计综述[C]//中国公路学会桥梁和结构工程分会2009年全国桥梁学术会议论文集.北京:人民交通出版社,2009,107-115.
[9] 刘明虎,谭皓.桥梁钢—混凝土混合结构设计[C],中国公路学会桥梁和结构工程分会2009年全国桥梁学术会议论文集,2009.
[10] Meng Fanchao, Liu Minghu, Wu Weisheng et al ,The design philosophy and bridge's technical innovation of HongKong-Zhuhai-Macao Bridge[J]. engineering sciences,2014,12(3):48-57.

3. 港珠澳大桥青州航道桥索塔设计

于高志 刘明虎 李国亮 刘昭 刘磊
(中交公路规划设计院有限公司)

摘 要 青州航道桥跨径布置为110m+236m+458m+236m+110m,是港珠澳大桥中跨径最大的通航孔桥。基于"珠联璧合"的总体景观思路,青州航道桥的索塔采用了兼具传统韵味及现代气息的"中国结"造型索塔。索塔基础采用哑铃形承台及钢管复合桩基础,钢管与承台之间的连接采用"钢筋等强"法,承台外围设置钢套箱。为改善下塔柱横向受力,在下横梁合龙前施加主动顶推力。上横梁为结形撑,采用钢结构,其与混凝土塔柱采用PBL加栓钉的方式连接。斜拉索锚固采用钢锚箱形式。为确保120年使用寿命,对索塔进行了全面深入的耐久性设计。

关键词 斜拉桥 青州航道桥 索塔 钢管复合桩 结形撑 钢锚箱 耐久性设计

一、概 述

青州航道桥是港珠澳大桥项目中跨径最大的通航孔桥,为双塔空间双索面钢箱梁斜拉桥,桥跨布置为110m+236m+458m+236m+110m(图1)。主梁采用扁平流线型钢箱梁;斜拉索采用双索面扇形式布置;索塔采用横向H形框架结构,塔柱为钢筋混凝土构件,上联结系采用"中国结"造型的钢结构剪刀撑;下部结构采用现浇承台及塔身、预制墩身,基础采用大直径钢管复合群桩。

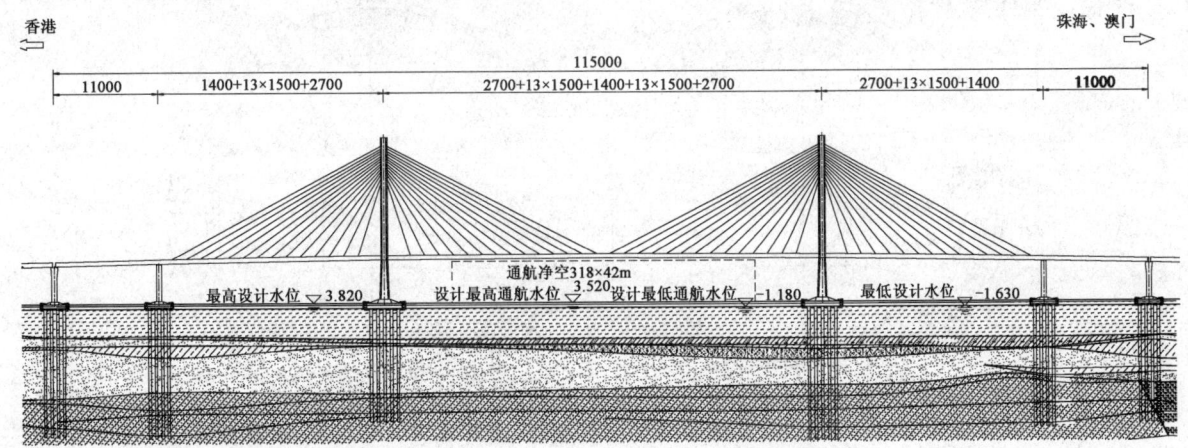

图1 青州航道桥桥型布置(尺寸单位:cm)

二、造 型 方 案

青州航道桥单体规模最大,桥面及索塔最高,对全桥景观效果和地标性目标影响至关重要。在桥墩造型、主梁线形与全桥取得一致的基础上，作为斜拉桥索塔的建筑造型成为控制性因素。在设计过程中对横桥向独柱塔(图 2a)、H 形框架塔(图 2b、e、g、h)进行了结构及造型研究。

从主梁断面、结构受力、总体布置、全桥风格协调性等方面分析研究，舍弃了独柱塔方案。通过对 H 形框架塔多种造型的对比研究，图 2b)的方案采用了抽象的"珠海渔女"造型，从视觉效果上并不十分理想，因此也未采用。

基于"珠联璧合"项目总体景观设计理念，考虑景观文化内涵、桥梁元素特征，最终从众多方案中筛选出以海洋文化元素"帆"(图 2c、d)、内地和港澳地理文化元素"三角"(图 2f)、中国传统文化元素"中国结"(图 2g)的索塔造型进行全桥系统建筑方案比选。最终选定了"中国结"索塔造型，并从外形和艺术角度进一步优化、抽象，形成最终方案(图 2h)。此方案既规避了直角造型的生硬，也吸收了另外两座通航孔桥风帆塔的曲线元素，造型优美而轻巧，与全线的景观元素和风格相一致。

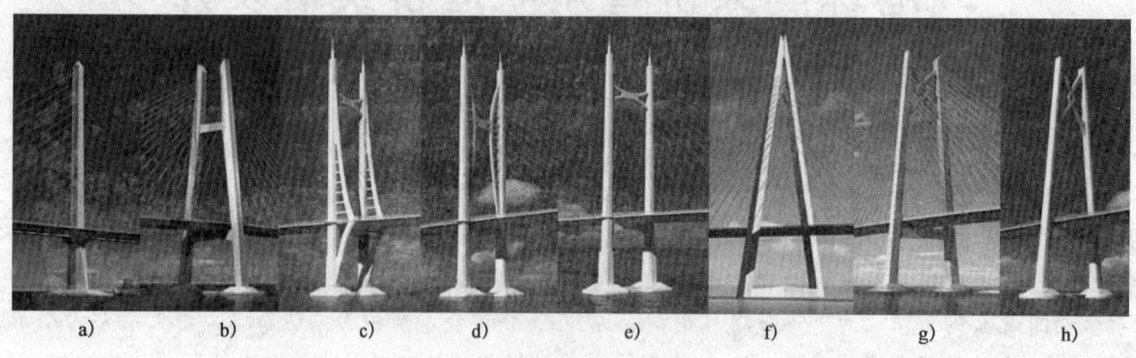

图 2　索塔造型方案

三、结 构 设 计

1. 基础

承台采用哑铃形承台，由两个分离的承台通过系梁连接而成(图 3)。整个承台平面轮廓尺寸横桥向为 83.75m、纵桥向为 36.5m，系梁宽 15m。承台厚度方向分为两级，一级承台厚度为 5m，二级承台厚度为 4m，封底混凝土厚度为 2m。一级承台为圆形，二级承台顶面为矩形、底面为八边形。每个承台下 38 根 2.5/2.15m 变直径钢管复合桩，采用梅花形布置(图 3)。

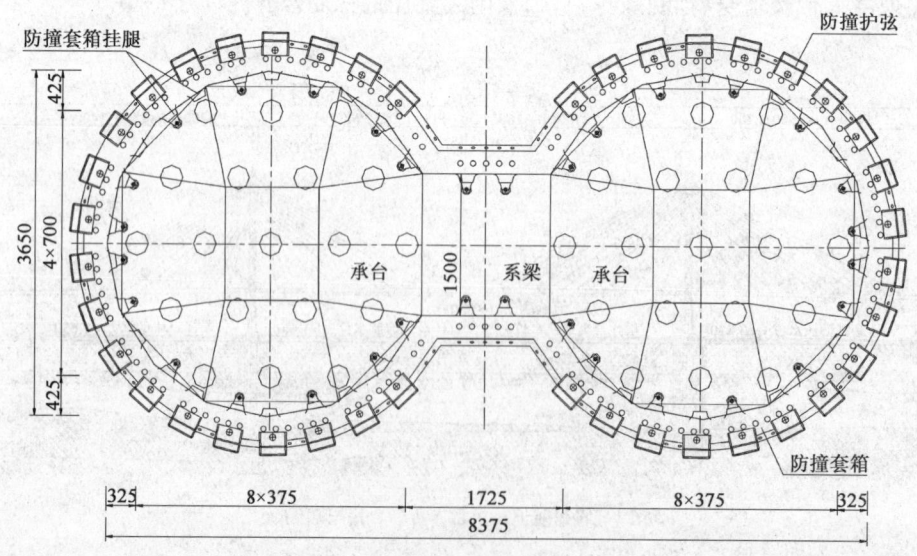

图 3　索塔基础布置(尺寸单位:cm)

钢管复合桩的设计理念为桩身外侧的钢管与混凝土形成整体共同参与桩的受力，钢管的长度覆盖桩身的弯矩范围,即钢管下端在桩身的零弯矩点以下。综合考虑了桩身受力、地质条件、沉桩能力、施工期承载等因素,确定钢管段长度为60m。为了钢管与桩身的钢筋混凝土形成整体共同受力,在钢管顶部一段区域内设置了10道剪力环。钢管壁厚为25mm、材质为Q345C,混凝土采用C35水下混凝土,在混凝土中配置了一定数量的钢筋。

钢管复合桩与现浇承台的连接方式是本桥基础设计的一个难点,既要保证钢管复合桩的钢管和钢筋与承台有可靠的连接,又要保证承台下缘的主筋顺利通过。设计采用了将钢管顶部承台主筋位置的钢管切除,并按等强的原则在剩余钢板条处焊接钢筋补强的方案。这样即能保证承台主筋能顺利通过,也能保证钢管与承台之间连接的可靠(图4)。

图4 钢管复合桩桩头构造

承台钢套箱采用一体两用的设计构思,既作为施工过程中临时设施使用又作为永久结构的防撞设施。套箱作为防撞设施时,设计船型为10000t杂货轮,碰撞速度为4m/s。设计船舶撞击力:横桥向为5200km,顺桥向为2600km。在发生船舶撞击时,套箱通过变形消能后将船舶撞击力减低到70%以下。

2. 塔柱

索塔采用双柱门形框架塔,包括下塔柱、中塔柱、上塔柱、下横梁和上"结形撑"。上塔柱高56.35m,中塔柱高66.65m,下塔柱高40m,索塔总高为163m。塔柱横桥向内侧倾斜,其斜率为1/11.2,下塔柱内侧面的斜率为1/29.167(图5)。

塔柱采用空心单箱单室断面。上塔柱高度范围内为等截面,截面尺寸为7.00m(顺桥向)×4.80m(横桥向),顺桥向壁厚0.90m,横桥向壁厚0.80m,在结形撑上节点处塔壁局部加厚至1.10m。中塔柱高度范围内为等截面,截面尺寸为7.00m(顺桥向)×4.80m(横桥向),顺桥向壁厚1.10m,横桥向壁厚1.00m,在结形撑下节点处局部加厚至1.20m。下塔柱高度范围内为变截面,截面尺寸由7.00m(顺桥向)×4.80m(横桥向)线形变化为10.00m(顺桥向)×7.00m(横桥向),顺桥向壁厚1.30m,横桥向壁厚1.10m。塔底5m范围内为实心段,以利于塔、承台之间的刚度过渡。塔柱的外缘采用半径1.5m的圆弧倒角。根据受力需要,索塔竖向主筋采用双肢直径36mm的束筋。

3. 下横梁

下横梁根据结构受力需要和景观要求设计为上缘水平,底缘为圆弧形的全预应力混凝土结构。下横梁的截面形式为高6.0~9.0m,宽6.40m,顶底板及腹板壁厚均为1.0m,并在永久竖向支座下各设1道厚0.6m的竖向隔板。横梁内共布置42束25ϕ15.20钢绞线,所有预应力锚固点均设在塔柱外侧,采用深埋锚。预应力管道为塑钢复合波纹管,采用真空压浆工艺。钢绞线锚下张拉控制应力采用1395MPa,每束张拉力为4882kN。

为满足塔柱受力的需要,减小下塔柱及塔底的横向弯矩,在下横梁中间设置一个2m的后浇段并在后浇段施工前施加一个4600kN向顶推力,待合龙段施工完成且混凝土强度达到90%后撤销顶推力。

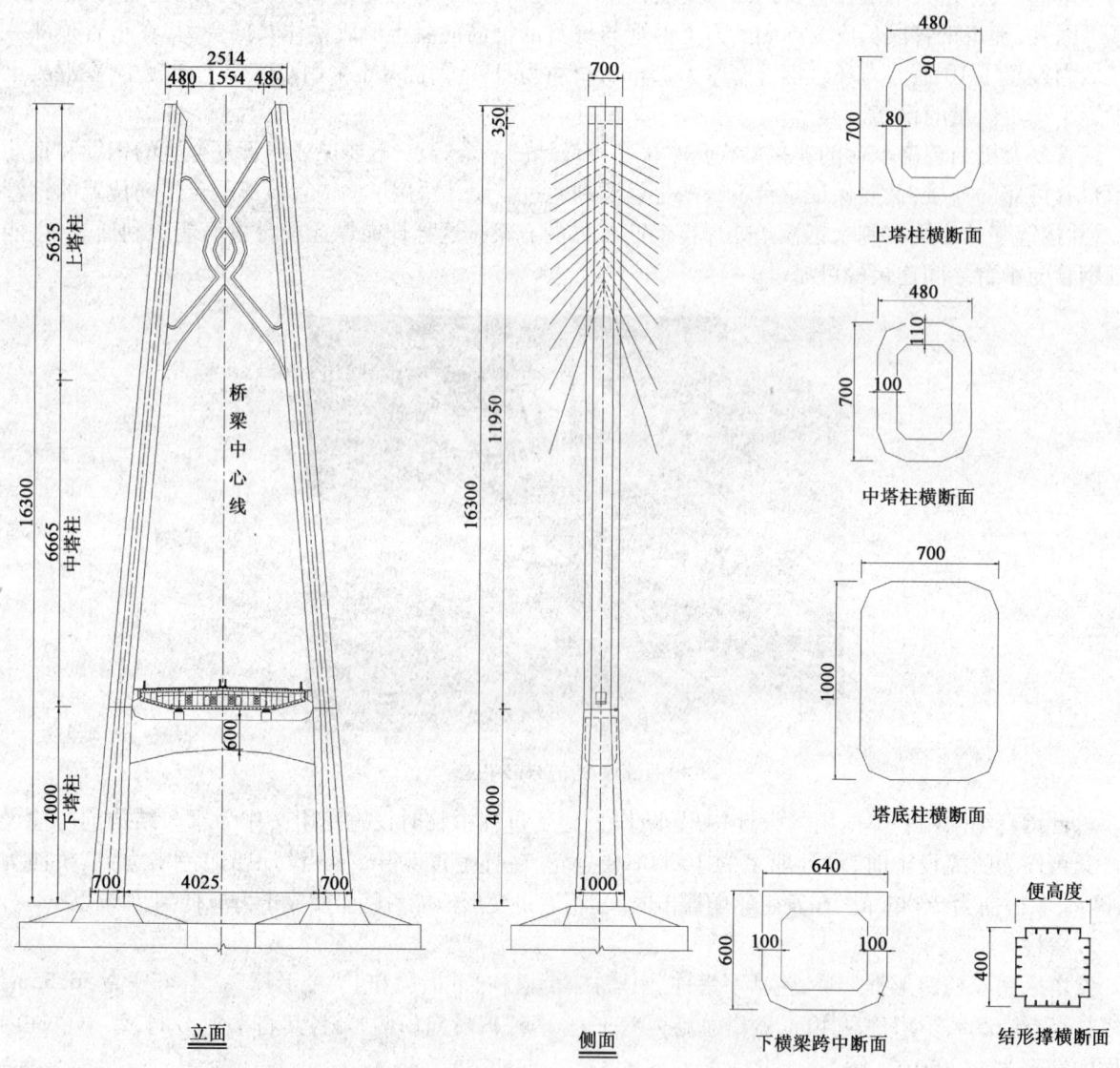

图5 索塔一般构造(尺寸单位:cm)

4."中国结"造型钢剪刀撑

结形撑设置于索塔两上塔柱之间,为索塔横框架受力的上端联系构造,采用"中国结"造型。考虑"中国结"构造异形并结合受力需要,设计采用Q345qD材质的钢结构。结形撑采用钢结构箱形横断面,宽度(顺桥向尺寸)为4m,高度渐变,从2.60~12.344m。横断面带有矩形内凹倒角,尺寸为0.5m×0.5m(图6)。结形撑由上至下分为T1、J1、J2、J3、T2五种节段。其中,T1、T2分别为塔柱与结形撑之间的上、下连接段。T1、T2包括埋入塔柱的连接箱及伸出塔柱的接头段两部分。连接箱由内壁板、外壁板、侧壁板组成。内壁板厚20mm,与塔柱内壁贴合;外壁板厚30mm,与塔柱外壁贴合(图7)。

钢结形撑与混凝土塔壁的连接为设计的难点。基于钢—混凝土混合结构传力机理的研究及试验成果,钢结形撑与混凝土塔柱连接采用承压—传剪的复合传力模式及构造,通过包裹在混凝土塔壁中的连接箱实现。连接箱与塔壁混凝土的传力通过PBL剪力键及剪力钉来实现。连接箱的顶、底板上开设了直径为60mm的圆孔及110×75(mm)的长圆孔,塔柱的竖向钢筋及混凝土从开孔中穿过形成PBL剪力键(图7)。连接箱的腹板上开设了三排直径为60mm的圆孔并布置了两排剪力钉,塔柱的横向钢筋及混凝土从开孔中穿过形成PBL剪力键。在连接箱的顶、底、腹板上开设一排大的长圆孔,使浇注混凝土流通保证连接箱内外混凝土形成整体受力。经详细计算分析,该连接构造安全可靠。

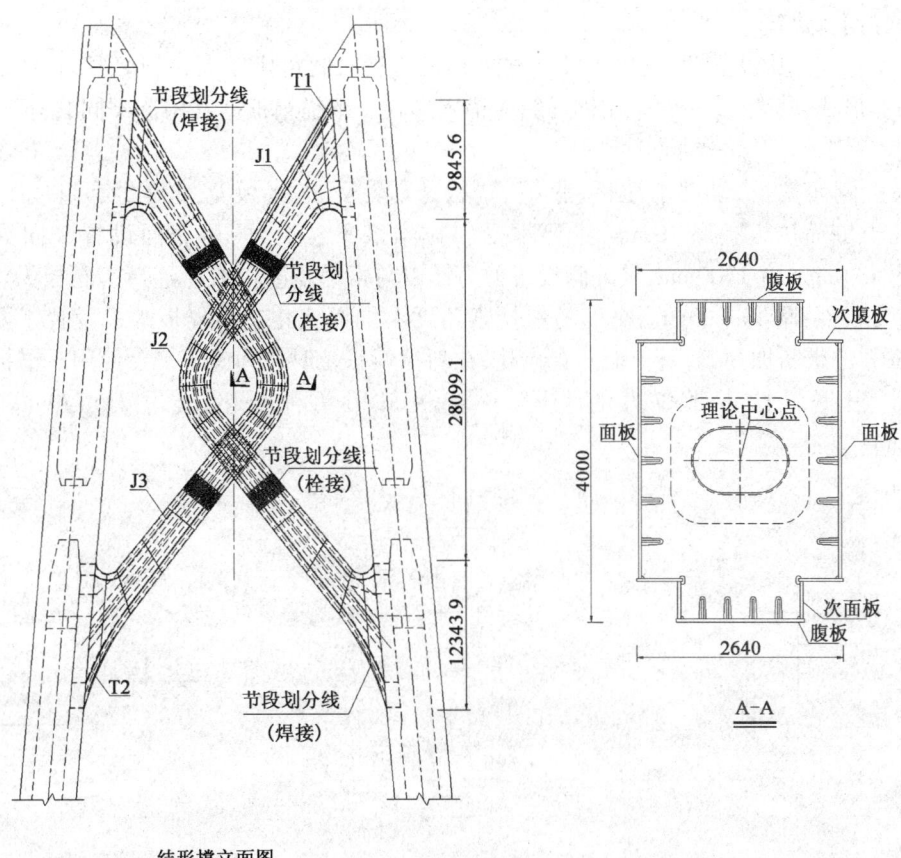

图6 结形撑立面及断面(尺寸单位:cm)

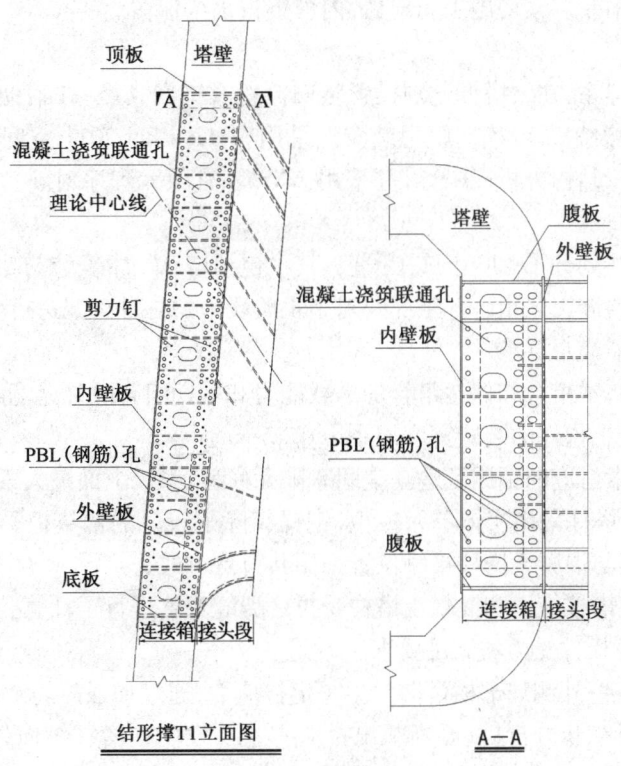

图7 结形撑T1节段连接箱构造(尺寸单位:cm)

5. 斜拉索锚固钢锚箱

塔端斜拉索锚固结构共有两种,由于最下方两对索的竖向倾角比较大,因此采用在塔内设置混凝土锚块直接锚固的形式,其余12对索采用钢锚箱的锚固形式。钢锚箱根据其构造不同共分为A、B、C三种类型。

钢锚箱为由侧面拉板、端部承压板、腹板、锚板、横隔板、连接板及加劲肋等组成的空间箱形结构(图8)。其中侧面拉板板厚40mm,主要承受斜拉索水平拉力,两侧表面设置竖向人孔。钢锚箱的端部承压板厚30mm,宽1300mm,其外侧设置剪力键以与索塔塔壁混凝土连接。腹板为将索力传至侧面拉板上的重要板件,厚40～60mm,高度随斜拉索角度不同而变化。横隔板水平设置于两侧面拉板之间,为厚度16mm的带肋加劲钢板,上面开有人孔,在斜拉索张拉时作为施工平台使用。锚板厚40mm,锚垫板厚80mm,根据斜拉索张拉力的不同,锚垫板采用两种规格,分别是740mm×740mm和640mm×640mm。

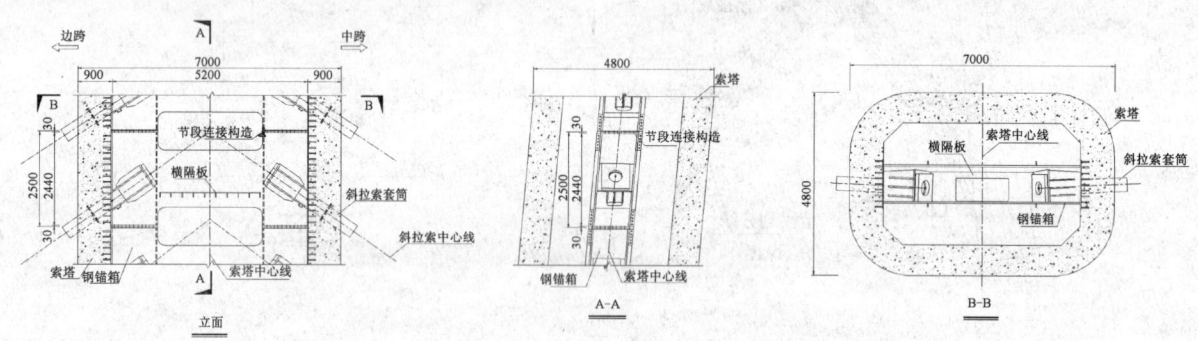

图8 索塔钢锚箱构造(尺寸单位:mm)

为施工方便,同时加强对锚固范围内塔壁混凝土的保护,上塔柱锚固区混凝土内模设计采用钢板,该钢板与钢锚箱一起制造及吊装。索塔施工完成后,内模钢板永久保留。

6. 结构计算分析要点

本桥采用半漂浮支承体系,在索塔处分别设置竖向支座及横向支座,在辅助墩及过渡墩位置设置了竖向支座,在索塔及桥墩处设置了纵横向阻尼装置。采用 Midas Civil 2011 空间杆系有限元程序对索塔各施工阶段和使用阶段进行结构分析(图9),并采用 ANSYS 有限元程序对斜拉索锚固区进行了局部受力分析。

根据实际的施工顺序共划分了120个施工阶段,其中包括塔、梁、索安装与架设、下横梁顶推施工、抗风索的安装与拆除及落梁与施工风组合等工况。对施工阶段中的各种工况进行受力计算和验算,计算结果表明施工阶段的受力均能满足要求。

运营阶段计算分别对基本组合和偶然组合的承载能力和短期组合时裂缝宽度进行计算,经计算承载能力均满足要求,钢筋混凝土构件的裂缝宽度均小于0.15mm。

选取索塔上端的5对索对应的锚固区建立空间有限元模型,以最上面最大索力对应的锚固位置作为研究对象(图10)。混凝土塔柱采用实体单元模拟,钢锚箱除了较厚的锚垫板采用实体单元外其余板件均采用壳单元模拟,钢锚箱与混凝土塔柱接触位置采用共节点方式连接。

对钢锚箱应力、混凝土塔柱应力和混凝土塔柱受拉区裂缝宽度进行了计算和验算,结论如下。

(1)通过计算钢锚箱各板件受力均满足要求。

(2)与桥轴线垂直的塔壁外侧局部横桥向产生一定拉应力,通过加强配筋予以解决。

(3)采用上述模型进行初步分析后,可判断出拉应力主要发生在塔柱纵向外侧,拉应力方向主要为横向。由此,判断出开裂区域,将该区域及附近区域的混凝土单元改用可以模拟开裂行为的实体单元,并采用杆单元模拟开裂区域内的横向钢筋。对修正后的模型进行非线性计算,可提取钢筋拉应力,进而推算出裂缝宽度,经计算得裂缝宽度为0.08mm。

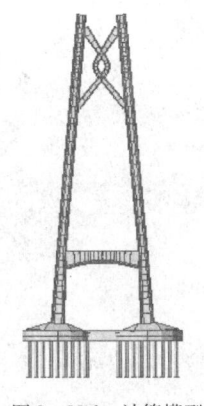

图9 Midas 计算模型

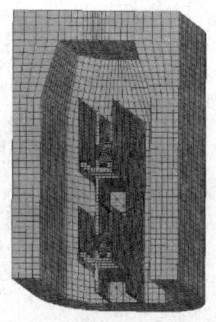

图10 ANSYS 局部分析模型

四、耐久性设计

港珠澳大桥处于恶劣的海洋腐蚀环境中,为确保实现120年的设计使用寿命目标,主要采用如下措施。

1. 混凝土结构

(1)采用高性能海工混凝土,并需要满足其28d最大氯离子扩散系数不大于$6.5\times10^{-12}\mathrm{m^2/s}$,56d最大氯离子扩散系数不大于$4.5\times10^{-12}\mathrm{m^2/s}$。

(2)索塔外侧净保护层厚度为6cm,内侧保护层厚度为5cm。索塔混凝土部分外侧均采用硅烷浸渍。

(3)浪溅区及以上的一定高度内的外层钢筋及拉筋采用不锈钢钢筋。

(4)严格控制混凝土构件的裂缝宽度,塔柱为钢筋混凝土构件其裂缝宽度不得大于0.15mm。下横梁为预应力混凝土构件,不容许出现裂缝。

2. 钢结构

索塔上结形撑采用闭合的箱形结构,其所有构件均为钢构件。各构件的表面预处理为Sa2.5级,采用重防腐涂装以保证其钢结构的耐久性。

钢锚箱位于塔柱内部,为减少或免去后期维护的工作,本桥索塔钢锚箱不进行涂装。综合考虑耐候钢良好的耐候性能及优秀的力学、焊接等使用性能,完全可以满足设计需要。最终确定钢锚箱所有构件均采用耐候钢材料,靠其自身生成稳定的钝化锈层来实现运营年限内的有效防腐。

五、施 工 方 案

塔柱采用常规的施工工艺,除下塔柱起步段外均采用自爬模系统进行分段连续施工。根据结构受力需要,下横梁施工在跨中要求设置厚2m后浇段,在下横梁合龙前对塔柱施加4600kN的横向向外侧的顶推力,待合龙施工完成且合龙段混凝土强度达到90%后撤销顶推力。

综合考虑施工现场的吊装能力与风险及钢结构安装的精度要求,结形撑的安装将是索塔施工过程中一道关键工序。结合设计要求与施工单位实际施工能力,对结形撑安装拟定如下施工方案(图11):

(1)塔柱浇注至结形撑预埋节段T1、T2位置时,利用塔吊吊装T1、T2段并安装就位。待塔柱封顶后在塔顶安装塔顶起吊设备。

(2)确定安装温度并在安装温度下对T2节段接口位置进行观测,根据观测到T2节段接口实际位置得出J3下接口的配切量并进行现场配切。利用塔顶吊机起吊J3节段,并在安装温度下完成J3与T2的安装与焊接。同时应对J3上接口进行可靠的临时连接,保证其位置固定。

(3)起吊J2节段,完成J2与J3节段的栓接。

(4)确定安装温度并在安装温度下对T1节段接口位置进行观测,根据观测到T1节段接口实际位置得出J1上接口的配切量并进行现场配切。利用塔顶吊机起吊J1节段,并在安装温度下完成J1与T2的安装与焊接。

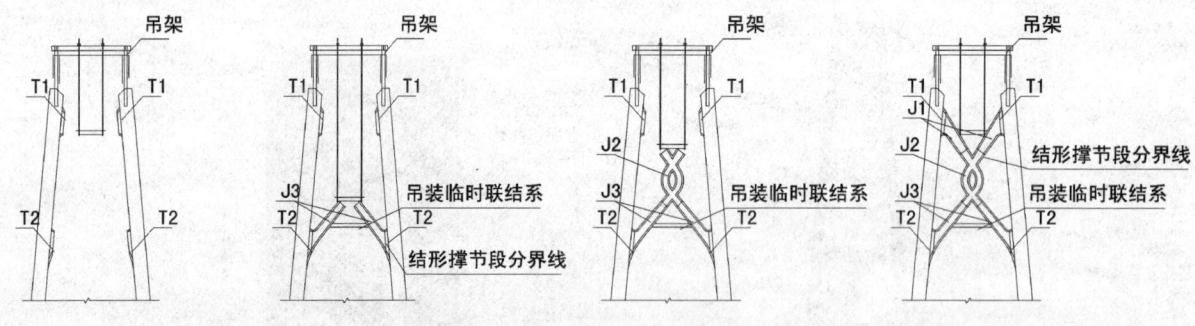

图11 结形撑安装流程示意

参考文献

[1] 严国敏.现代斜拉桥[M].成都:西南交通大学出版社,1996.
[2] 韩林海,杨有福.现代钢管混凝土技术[M].北京:中国建筑工业出版社,2004.
[3] 刘明虎,孟凡超.港珠澳大桥青州航道桥结构设计方案研究[J].中外公路,2014(1):148-153.
[4] 刘明虎,孟凡超,李国亮,等.港珠澳大桥青州航道桥设计[J].公路,2014(1):44-51.
[5] 刘明虎,谭皓.桥梁钢—混凝土混合结构设计[C]//中国公路学会桥梁和结构工程分会2009年全国桥梁学术会议论文集,2009.

4. 港珠澳大桥江海直达船航道桥设计与创新技术

张革军 孟凡超 文 锋 金秀男 赵 磊
(中交公路规划设计院有限公司)

摘 要 港珠澳大桥三个通航孔桥之一的江海直达船航道桥为一座三塔六跨斜拉桥,主梁采用整分结合钢箱梁,索塔采用海豚造型独柱全钢塔,斜拉索采用中央单索面,墩身采用预制,桩基采用钢管复合桩。本文主要介绍江海直达船航道桥的设计要点、施工方案要点和创新技术。

关键词 江海直达船航道桥 海豚造型 钢管复合桩

一、工程概况

港珠澳大桥工程举世瞩目,其跨越珠江口伶仃洋海域,连接香港特别行政区、广东省珠海市、澳门特别行政区,是具有国家战略意义的世界级跨海通道。

港珠澳大桥工程包括三项建设内容:海中桥隧工程,香港、珠海和澳门口岸,香港、珠海和澳门连接线。其中,海中桥隧工程又分为主体工程(粤港分界线至珠海和澳门口岸段)和香港段(香港撒石湾至粤港分界线段)。海中桥隧主体工程由粤港澳共同建设,长近30km,包括一条长约6.7km的海底隧道及其两端的两座人工岛以及长约22.9km的海中桥梁。

海中桥梁包括三座航道桥,由西向东分别是九洲航道桥、江海直达船航道桥和青州航道桥。

本文介绍的江海直达船航道桥位于本工程西侧,距离珠海岸侧约6km。

二、建设条件

1. 气象

工程区域属南亚热带海洋性季风气候区,温暖潮湿,气温年较差不大,降水量多且强度大,桥位区处于热带气旋路径上,登陆和影响桥位的热带气旋十分频繁。设计风速大,重现期120年的基本风速为47.2m/s。

2. 水文、地质

江海直达船航道桥位于珠江河口三角洲前沿海底浅滩,地形变化较小,水下地面高程为-5.70~-4.60m,地势较平坦,地表主要为海相沉积的淤泥、淤泥质黏土。

本桥位区未发现有全新世活动断裂发育的迹象,场地稳定性较好。地基均匀性总体较差,上部地层的稳定性较差,中下部地层稳定性较好,下伏基岩岩质坚硬。基岩面起伏较大。

本桥位区地下水分为松散岩类孔隙潜水、承压水和基岩裂隙水三大类型。地表水及地下水对混凝土均具一定腐蚀性。

3. 航运

要求满足现状5000t级通航要求,设置两个单向通航孔,通航净高在设计最高通航水位上不低于24.5m,净宽不小于173m。

4. 地震

地震基本烈度为Ⅶ度,桥位场地基岩水平加速度峰值见表1。

桥址场地基岩加速度峰值计算结果(单位:gal = cm/s^2)　　　表1

超越概率	120年						60年		
	63%	10%	5%	4%	3%	2%	63%	10%	2%
江海桥	52.3	144.2	186.1	200.7	220.0	249.1	34.2	109.9	201.3

5. 基础冲刷(表2)

300年一遇水文条件下冲刷计算结果　　　表2

位 置	天然泥面高程(m)	冲刷后高程(m)
索塔	-5.0	-19.6
墩	-5.0	-17.4

6. 船撞(表3)

桥梁船舶撞击力标准(单位:MN)　　　表3

桥梁	索塔	墩
江海直达船航道	29.2	20.0

三、主要技术标准

(1)公路等级:高速公路。
(2)设计速度:100km/h。
(3)行车道数:双向六车道。
(4)设计使用寿命:120年。
(5)建筑限界:桥面标准宽度33.1m,净高5.1m。
(6)桥面横坡:2.5%。
(7)设计荷载:按现行《公路桥涵设计通用规范》(JTG D60—2004)第4.3.1条规定的汽车荷载提高25%用于本项目设计计算。按香港《United Kingdom Highways Agency's Departmental Standard BD 37/01》规定的汽车荷载进行计算复核。

四、桥型方案的选择

根据通航宽度173m的要求,本桥适合的桥型有预应力混凝土刚构桥、自锚式悬索桥、拱桥和斜拉桥等。

预应力混凝土刚构桥桥面上无建筑物,不利于减缓长桥行车的视觉疲劳,且景观效果不突出,另外根据国内外工程实践经验,刚构桥的跨径超过200m,其后期的徐变挠度问题较难解决,且混凝土开裂问题较严重,难以满足海洋环境对结构的耐久性要求。

自锚式悬索桥主梁施工需采用满堂支架或设置临时墩,不适合本工程海域航道繁忙的海上施工,且造价较高,经济性较差。

拱桥造价较高,且从全桥来看,与另外两座斜拉桥型的航道桥协调性较差。

因此,最终选定本桥采用经济、美观、工艺成熟的三塔斜拉桥方案。

本桥跨径不大,两主跨加两边跨的四跨设置也可满足刚度要求,但考虑到一方面提高桥梁边跨刚度,另一方面取消压重,节约造价(两侧非通航孔桥采用110m跨径的连续钢箱梁方案),本桥设置了两个压重跨,最终本桥的桥跨布置为110m + 129m + 258m + 258m + 129m + 110m = 994m(图1、图2)。

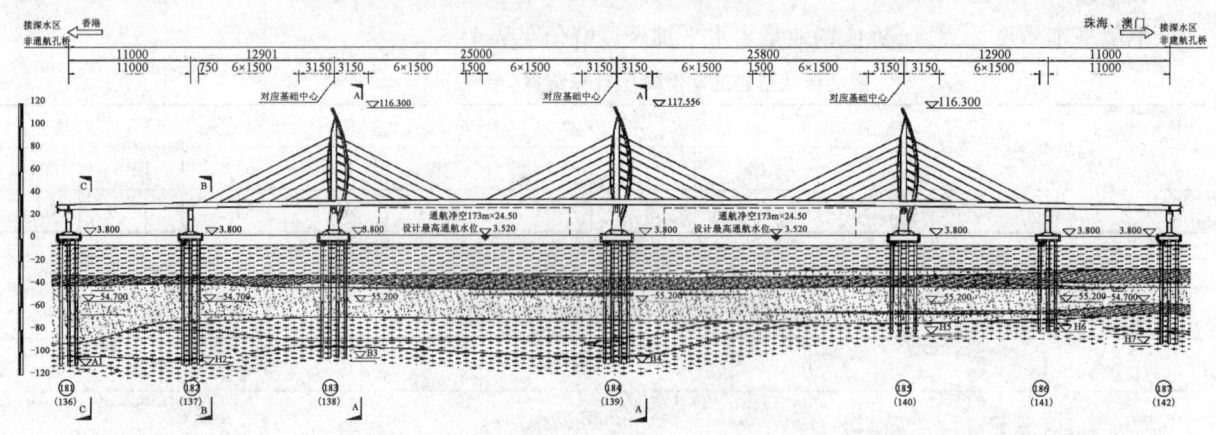

图1 江海直达船航道桥桥型布置(尺寸单位:cm)

图2 江海直达船航道桥效果图

五、全桥约束系统的确定

三塔斜拉桥经常采用中塔处塔梁固结的约束方式,以增加主跨刚度。但本桥跨度不大,刚度要求容易满足,且经过计算,本桥塔墩基础控制工况为地震作用,若中塔塔梁固结,势必导致地震力集中由中塔及其基础承担,从而造成中塔及基础规模过大,景观和经济性都不好。因此,本桥采用六跨连续半漂浮体系,在各塔墩处均设置竖向支座。纵向上,为减少地震所用及其他快速荷载对结构及构件的影响,在各塔墩处均设置了纵向黏滞阻尼装置。设计中对本桥的横向约束系统进行了重点分析和研究,主要比较了横向刚性约束和横向阻尼装置这两种约束方式在三个塔和四个墩之间的设置搭配,分析其各自的静力和地震响应。经综合比选,最终选用的横向约束方式为:两个边索塔和两个过渡墩处设置横向抗风支座,以共同承受横桥向风力作用,在中索塔和两个辅助墩处设置横向阻尼装置,以降低地震响应。

六、结 构 设 计

1. 主塔

初步设计阶段,考虑到经济性,本桥采用了较简洁的独柱形的混凝土索塔,但尚不能达到本桥的建设目标之一"地标性建筑"的要求,因此,在施工图设计,经过若干轮景观优化,最终形成了现在的海豚造型的钢索塔形式(图3、图4)。

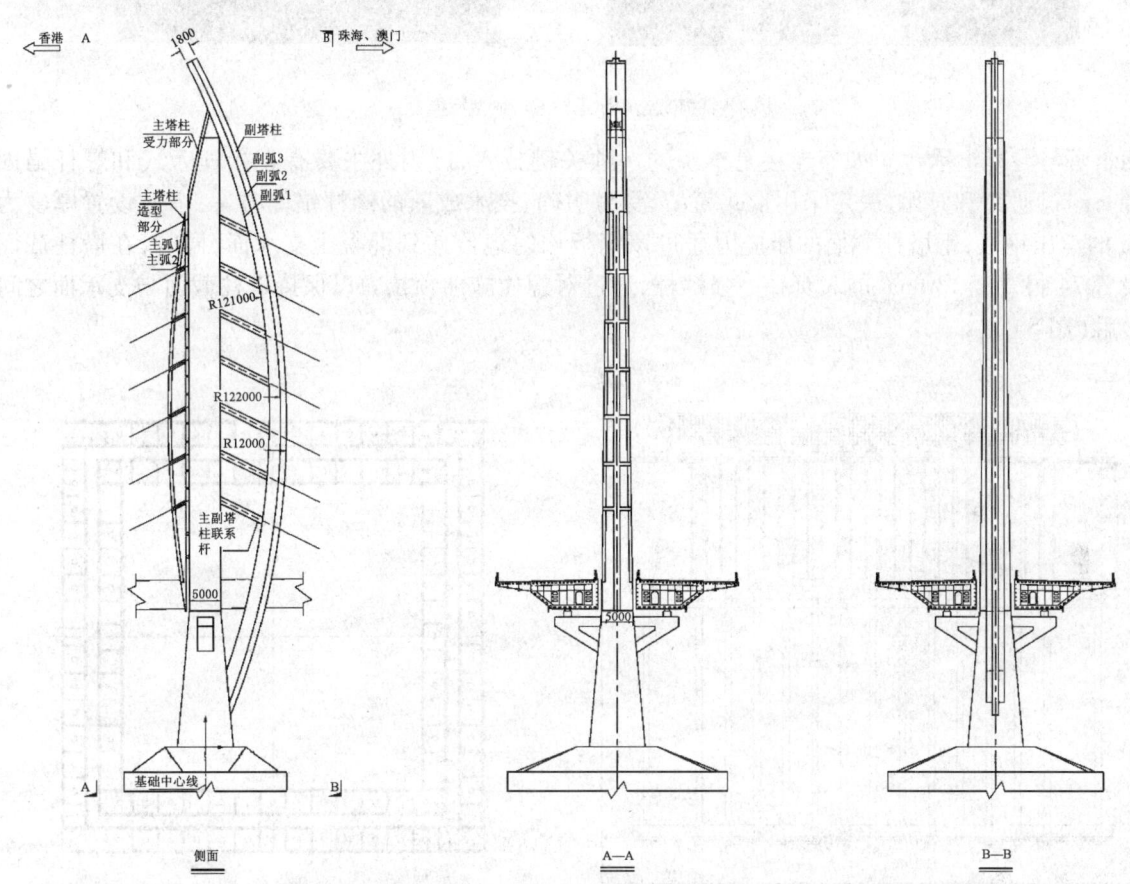

图3 江海直达船航道桥索塔一般构造

索塔塔身高约110m,由主塔柱、副塔柱以及主副塔柱联系杆三部分组成。主塔柱包括直线受力部分和曲线造型部分。

主塔柱受力部分采用矩形断面,底部截面尺寸约9m×9m,顶部截面尺寸为3m×3m。造型部分由七个节段组成,每个节段包含两个相同的装饰块对称布置于索塔的横桥向两侧,经裸塔气弹模型风洞试验,确定装饰块外侧设置50cm的凹槽,以抑制涡振和驰振现象的发生。

副塔柱采用曲线形式,断面为"凸"形,底部截面尺寸为3m×3.2m,顶部截面尺寸为3m×2m。

每个主、副塔柱之间通过7根联系杆进行连接,该联系杆也作为斜拉索通道。联系杆采用边长1m的正方形断面。

图4 江海直达船航道桥索塔造型特征

钢索塔与混凝土承台间如何连接是本桥的一项关键技术,国内外主要有直接埋入式和螺杆锚固式两种。经过研究和对比,决定采用形式简洁、受力明确、技术成熟的螺杆锚固方案:塔底设置厚度为150mm的承压钢板,钢塔柱截面的压应力通过该钢板均匀地传递到混凝土支承面,同时,在塔柱截面四周设置74根直径130mm的大直径高强螺杆,通过对螺栓施加预拉力以保持塔柱截面与支承面之间紧密接触(图5)。

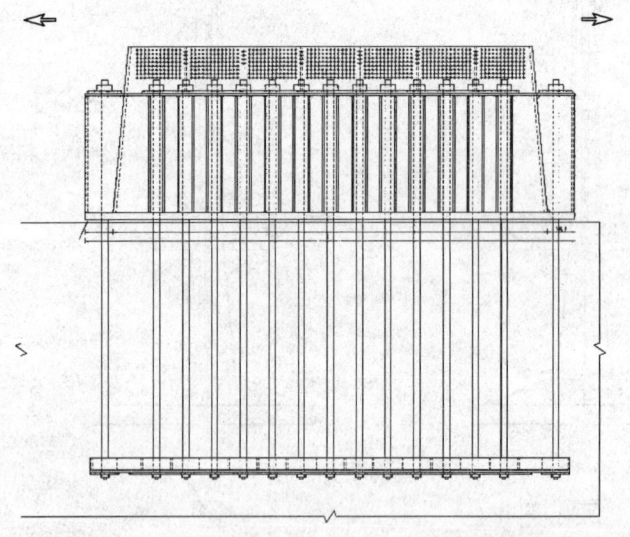 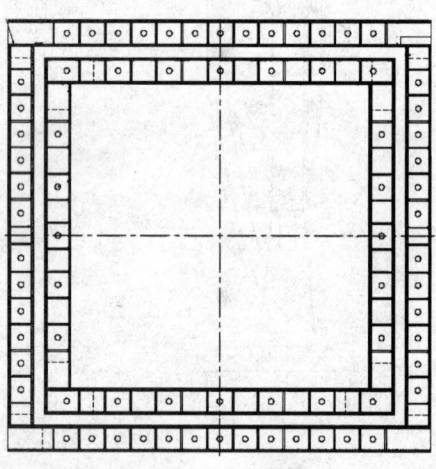

图5 江海直达船航道桥索塔塔底锚固构造

另外,为提供约束系统平台,在塔身下部横桥向两侧设置了三角撑构造。三角撑由水平杆和斜杆组成,水平杆和斜杆均采用宽2.44m、高1.5m的矩形断面。

索塔主要采用Q345qD钢材。

2. 主梁

为与占全桥桥长比重约80%的非通航孔桥在景观上协调一致,本桥主梁采用了带大悬臂的钢箱梁。梁高4.5m,宽38.8m。两个主跨和次边跨为布索区,采用了整箱形式,两个边跨为无索区,为节省钢材,采用了分体箱形式,其间通过连接箱和工字梁加以连接(图6)。

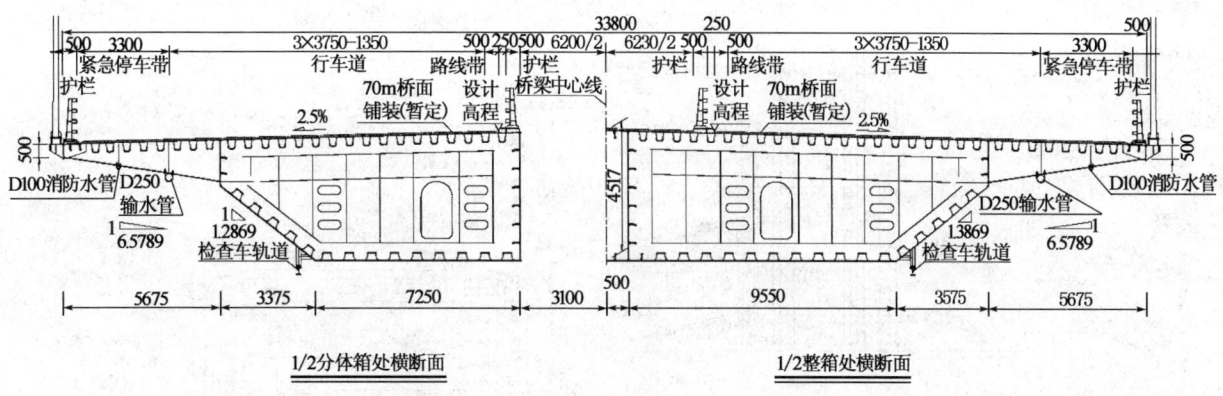

图6 江海直达船航道桥主梁断面(尺寸单位:mm)

相较于以往的钢箱梁构造,本桥采用了一些优化,主要体现在正交异性桥面板方面:顶板厚度最小为18mm,顶板U形加劲肋高300mm、厚8mm,横隔板标准间距为5m,中间加设一道中空的横隔肋。通过这几项措施,可以提高正交异性板的抗疲劳性能,增加钢桥面铺装的使用寿命。

为保证连接质量、避免仰焊、提高结构抗疲劳性能,各梁段间的连接均采用栓焊结合的方式:顶板U肋和加劲扁钢均采用栓接,其余构件均采用焊接。

钢箱梁主体结构大部分采用Q345qD,仅在边跨跨中五个梁段的顶板、底板、斜底板、边腹板、中腹板及其加劲肋由于受力大应力水平高而采用Q420qD。

另外,根据风洞试验结果,本桥主梁会发生较低风速下的涡振现象,为此,在两个主跨跨中设置了TMD(调质阻尼器)。

3. 斜拉索

适应独柱索塔形式,本桥斜拉索布置为中央平行单索面。每个斜拉索均采用511根平行钢丝,抗拉强度在国内首次达到了1860MPa。为抑制拉索的风雨激振和涡激振,采用拉索表面处理的气动措施和拉索两端内置高阻尼橡胶阻尼器并用的综合减振方案。斜拉索采用双层PE护套。

斜拉索在主梁和索塔侧的锚固均采用锚箱式。由于空间所限,斜拉索张拉端设在主梁侧。

4. 墩身

本着"大型化、工厂化、标准化、预制化"的港珠澳大桥设计理念,本桥墩身采用预制构件。墩身为薄壁空心墩,高约20m,分为上、下两个节段,下节段墩身高度均为5.5m,其中0.5m伸入承台。

上下两节预制墩身采用"干接缝"形式连接,即在桥位现场通过剪力键和竖向预应力粗钢筋加以连接:下节段顶部设置剪力键,上节段底部设置剪力槽,通过环氧树脂胶结剂拼装为整体;墩身全截面设置48根直径75mm的预应力粗钢筋,粗钢筋屈服强度830MPa、抗拉强度1030MPa。

预制墩身与现浇承台的连接主要通过三个措施得以保证:一是下节预制墩身嵌入承台50cm;二是预应力粗钢筋下端锚固点伸入承台200cm;三是墩身竖向钢筋伸入承台200cm,承台顶层水平钢筋与墩身一体化(图7)。

5. 基础

本桥基础均采用群桩加承台的形式。桩基均为支承桩,直径2.5m,采用钢管复合桩,即在设计中考虑桩基混凝土及其外包钢管共同受力。为确保钢管和混凝土能够紧密结合、共同受力,经过理论分析和试验研究,在钢管上部约13m范围内设置了10道剪力环。

桩身进入承台40cm。钢管与承台的连接为钢管复合桩与承台连接的重点,设计采取了如下构造措施:将钢管上部约2m范围切割成板条,保证承台内纵、横向钢筋能够通过;每根板条上设置三个矩形锯齿,锯齿长200mm、凸出板条50mm;每根板条上内外侧焊接一根或两根直径36mm的钢筋(图8)。

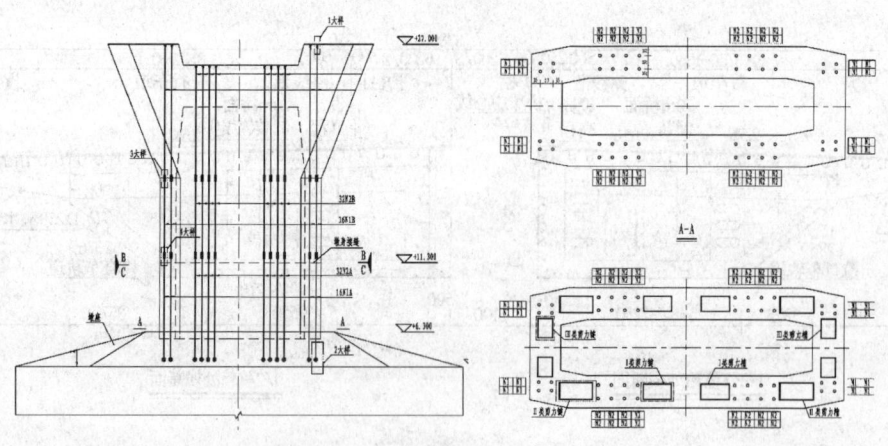

图7 江海直达船航道桥墩身及节段连接构造

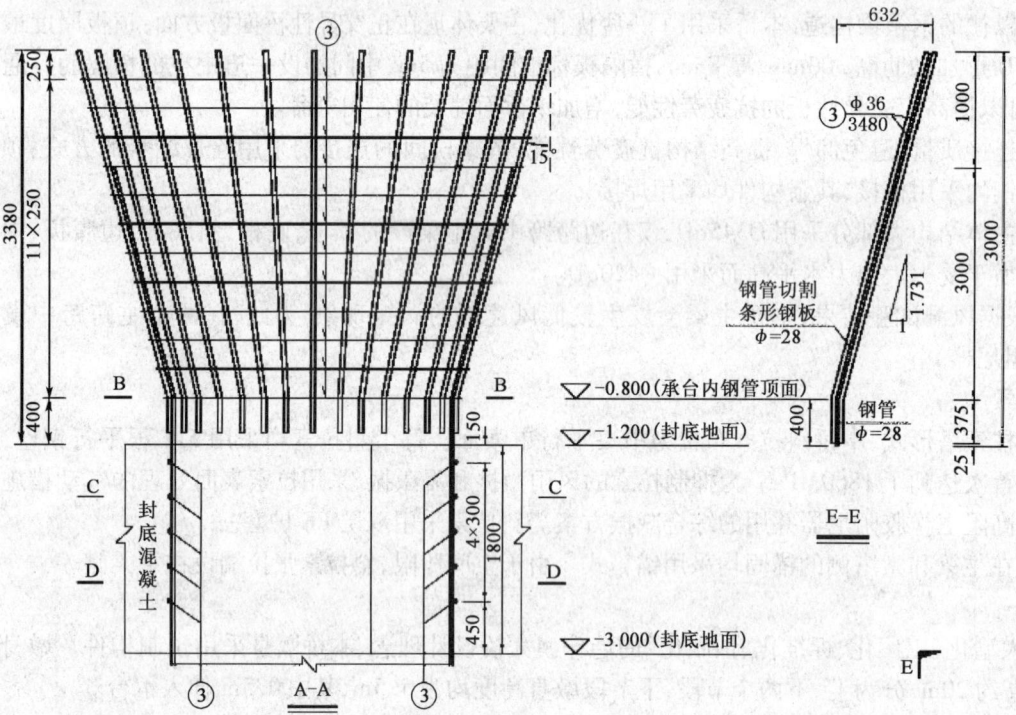

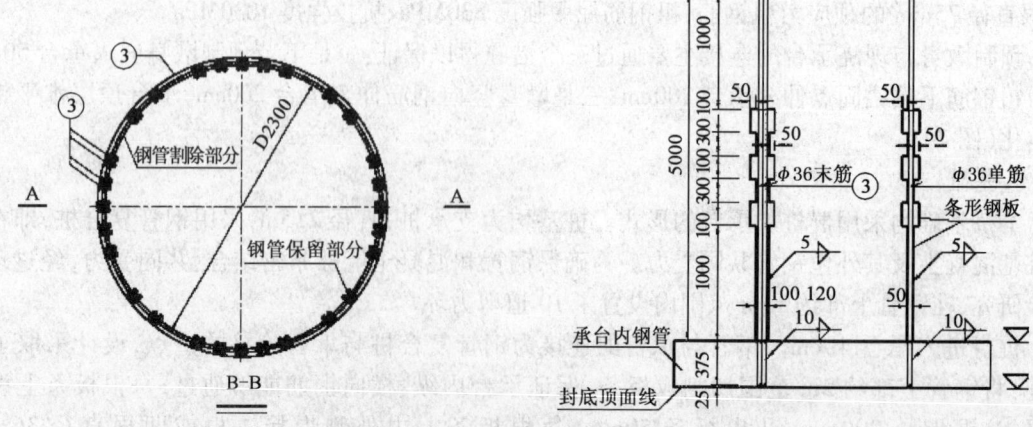

图8 江海直达船航道桥钢管复合桩与承台连接构造(尺寸单位:mm)

因考虑钢管参与受力,因此必须确保钢管的耐久性,设计采用涂层+阴极保护的联合防护方法:使用前对钢管进行工厂化内外壁高性能环氧涂层涂敷,使用后实施牺牲阳极方式的阴极保护。

七、主要施工方案

1. 基础及墩身

钢管复合桩基础施工为成熟工艺,承台采用套箱法施工。本桥基础的施工特点主要体现在墩身部分。墩身预制完后须存放90d以上,一级承台浇筑完成,吊装就位下节段预制墩身,然后浇筑二级承台,再吊装就位上节段预制墩身,最后完成上下节段间的连接,包括张拉预应力粗钢筋。施工中需要注意采取适当措施以确保各构件安装定位的准确性。

2. 钢索塔

钢索塔安装是本桥的一个特点和亮点。整个索塔仅分为两个节段吊装:高约4m的塔底Z0节段和高约106m的索塔大节段,现场通过高强螺栓进行两个节段间的连接(图9)。这样的安装方式,极大地提高了工效、缩短了工期,也降低了常规节段拼装法的现场高空作业风险,景观效果也得以提升。不考虑吊具的索塔大节段重量约2600t,需要吊重及吊高均能胜任的大型浮吊完成此项工作。国内尚无如此规模的索塔大节段吊装。

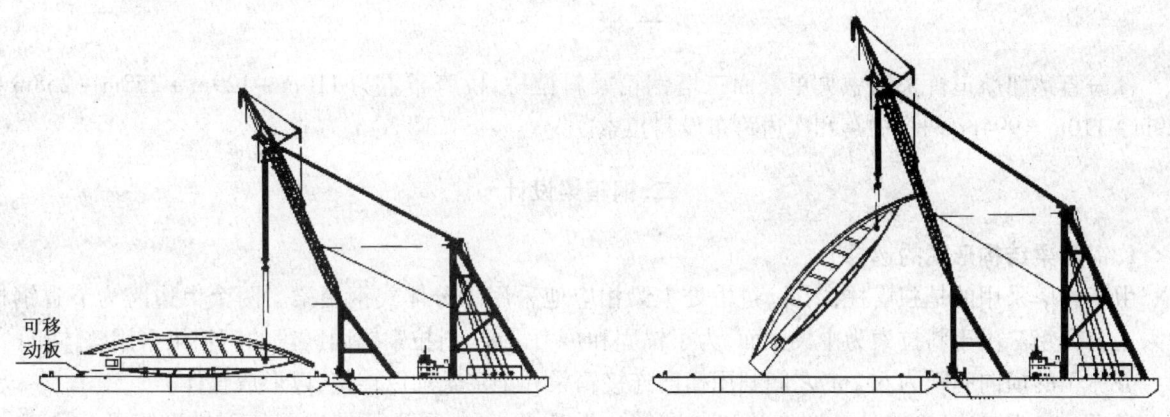

图9　江海直达船航道桥钢索塔大节段吊装示意

3. 主梁及斜拉索

有索区主梁和斜拉索采用常规工艺安装:索塔处搭设支架架设主梁,安装第一根斜拉索后,拆除支架,利用桥面吊机采用悬拼法施工主梁。无索区边跨主梁在组拼场地拼装成一个大节段后,利用大型浮吊一次吊装就位,大节段长约144m,重约3500t(图10)。

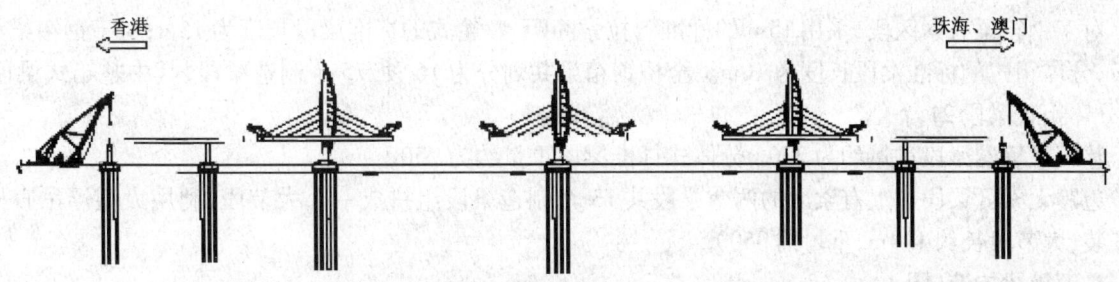

图10　江海直达船航道桥钢上部结构安装示意

八、结　语

我国宋代民族英雄文天祥曾在其著名诗篇《过伶丁洋》中写下了"伶丁洋里叹伶丁"的诗句,表达了诗人在浩瀚无边的伶丁洋里对自己孤苦伶仃的感叹。

而如今,宏伟蓝图早已经画好,港珠澳大桥这一伟大的世纪工程已然拉开大幕,伶丁洋里不再孤独,从珠海澳门到香港岛,到处是钻机轰鸣,彩旗招展,一派如火如荼的繁忙施工景象。

在不远的将来,一条美丽的彩带将横跨伶丁洋,串起珠澳和香港,如珠联璧合,而透着灵性的江海直达船航道桥也将是这条彩带上耀眼的一颗明珠,向世界表达着和谐和友爱。

5. 港珠澳大桥江海直达船航道桥钢箱梁设计

赵 磊 张革军 金秀男 文 锋

(中交公路规划设计院有限公司)

摘 要 江海直达航道桥钢箱梁为大悬臂箱梁,采用整体箱(有索区主跨和次边跨)和分体箱(无索区边跨)相结合的结构。本文介绍了江海直达船航道桥钢箱梁设计和计算要点。

关键词 江海直达船航道桥 钢箱梁 构造 有限元分析 防腐涂装方案

一、概　述

江海直达船航道桥采用中央单索面三塔钢箱梁斜拉桥,桥跨布置为110m + 129m + 258m + 258m + 129m + 110m = 994m,两个中跨和次边跨布设斜拉索。

二、钢箱梁设计

1. 钢箱梁结构形式的选择

由于索塔采用的是独塔柱,因此,过塔处主梁相应地采用了分体式钢箱梁。两个大边跨为节省钢材也采用分离箱。由于斜拉索为中央索面,为了锚固和传力需要,斜拉索锚固区段的钢箱梁采用整体箱。

分体箱的横向间距为6.2m,之间利用横向连接箱梁和工字梁加以连接,以形成整体。

考虑到景观效应,箱梁外轮廓形状和非通航孔桥基本相同,采用了带挑臂的倒梯形箱梁。梁高4.584m,全宽38.8m,在顶板外侧设置挑臂,挑臂宽5.675m。

主梁采用Q345qD钢。

2. 钢箱梁梁段划分

钢箱梁制造梁段的划分须同时考虑斜拉索的受力情况、规格选用以及钢箱梁运输和安装架设时的设备能力。

对于钢箱梁有索区段,采用15m的标准斜拉索间距,整箱式的标准梁段长度为15m;对于钢箱梁无索区段,分体箱式的标准梁段长度为10m。全桥钢箱梁共划分为16种、75个制造梁段,其中整箱式梁段54个,分体箱式梁段21个。

整箱式标准梁段重量约为330t,分体式标准梁段重量约为250t。

边跨无索区梁段加上有索区的两个梁段共13个制造梁段组拼成一个大节段,利用大型浮吊直接起吊安装,大节段长约144m,重量约3500t。

3. 钢箱梁构造(图1)

(1) 顶板

顶板标准厚度为18mm,在受力较大的边跨跨中70m长度范围内,顶板厚度增加到28mm,为保证顶板上的铺装质量,各梁段不同厚度的顶板对接采取上缘(外缘)对齐的形式。

顶板加劲肋采用刚度较大的U肋形式,U肋厚8mm,标准段U肋高300mm,上口宽300mm,下口宽180mm,横桥向标准间距为600mm。顶板厚度变化时,U肋的高度相应变化,U肋下缘保持齐平,U肋两

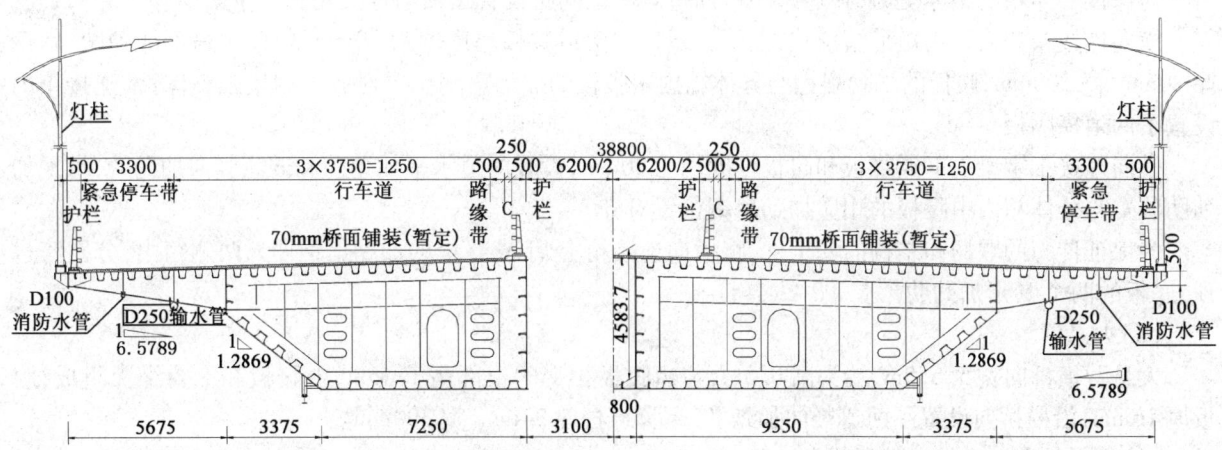

图1 江海直达航道桥钢箱梁构造示意图(左为分离箱,右为整体箱;尺寸单位:mm)

肢斜率保持不变。

(2)底板及斜底板

底板及斜底板的标准厚度为14mm,在受力较大的边跨跨中区段和索塔区段增厚到28mm,另外,考虑到局部受力需要,在索塔处和辅助墩处厚度采用30mm,过渡墩处厚度采用18mm。各梁段不同厚度的底板和斜底板对接均采取上缘(内缘)对齐的形式。

底板及斜底板加劲肋主要采用刚度较大的U肋形式。标准段U肋厚6mm,高260mm,上口宽250mm,下口宽400mm,横桥向标准间距为800mm;厚度为28mm和30mm的底板及斜底板的U肋厚度采用8mm,其与6mm厚的U肋对接时保证内缘对齐。

整箱段钢箱梁的底板在中腹板两侧设置了四道扁钢加劲肋,扁钢厚22mm,高220mm。

(3)边腹板

边腹板厚度全桥一致,均采用20mm,加劲肋采用扁钢形式,扁钢厚20mm,高200mm。

(4)中腹板

钢箱梁全断面设置了两道中腹板,中腹板厚度采用两种规格,对于有索区的主跨和次边跨厚度为30mm,对于无索区的边跨厚度为20mm,加劲肋均采用扁钢形式,扁钢厚24mm,高240mm。

各梁段不同厚度的中腹板对接采取内缘(远离桥梁中心线侧)对齐的形式。

整箱和分体箱的中腹板横桥向布置位置不同,整箱段两道中腹板间距为1.6m,分体箱段两道中腹板间距为6.2m,其间的过渡采用将中腹板斜置的方式。

(5)横隔板及横肋板

本桥横隔采用两种形式:横隔板和横肋板。横隔板顺桥向标准间距为5m,其间设置一道横肋板。

横隔板采取沿高度方向的"两块板"形式,上连接板与下面的大板采用T形接头角焊缝的连接形式。横隔板上设置了三道水平加劲肋(T形构造的翼缘即为其中的一道水平加劲肋)和若干道竖向加劲肋。横隔板上设置了管线孔和梁内检查车孔(或称为人孔)。为保证板件和箱体的刚度,横隔板最小厚度采用12mm,另外根据受力需要,横隔板的厚度最大采用30mm。

横肋板采用T形构造,横肋板的腹板厚16mm,翼缘板厚16mm,宽300mm。在翼缘板折点和长区段中间分别布设了若干竖向或斜向加劲肋。

(6)斜拉索梁端锚固构造

斜拉索梁端锚固构造采用锚箱形式,设置在钢箱梁两道中腹板之间,主要构造为承压板和其下断面呈井字形布置的加劲板。斜拉索索力通过承压板和两道水平板(斜向布置)传递给两道中腹板,再由中腹板传递到整个钢箱梁断面。

(7)横向连接箱及工字梁

为保证分体箱的整体受力,在边跨顺桥向每隔一定间距设置了横向连接箱和工字梁。

横向连接箱断面采用矩形箱形式,上下翼缘板和两道腹板厚度均为20mm,均采用扁钢加劲肋,扁钢厚20mm,高200mm,腹板的加劲扁钢与分体箱内中腹板的加劲扁钢位置对齐。为增强整体性,连接箱内设置了两道横隔板。

横向连接工字梁上下翼缘板和腹板厚度均为20mm,设置两道水平加劲肋和五道竖向加劲肋,水平加劲肋位置与分体箱内中腹板的相应加劲扁钢位置对齐。

为保证传力的顺畅和结构的安全性,将横向连接箱上、下翼缘板的加劲扁钢伸入两侧箱内,分别跨过顶、底板的两个U形加劲肋。

(8)大悬臂

大悬臂横桥向宽5.675m,端头高0.5m,与边腹板相交的根部高1.45m,由腹板和下翼缘板组成,腹板厚16mm,沿横桥向设置了两道竖向加劲肋,下翼缘板厚24mm,宽300mm。

(9)整体箱与分离箱过渡段设计

江海直达航道桥两个边跨,以及过塔处采用分离箱断面,其他区段采用整体箱。采用渐变的方式过渡,分离箱两个中腹部逐渐拉近,过渡为整体箱的中腹部。顶底板横向分离距离逐渐缩小,达到整体箱的距离后,两个中腹部间设置顶底板。该处顶底板倒圆角过渡。

三、钢箱梁计算

1. 标准段受力分析

分别选取整体箱和分离箱标准段,采用ANSYS建立板梁结合有限元模型(图2、图3)。通过全桥整体midas模型判断所选标准段最不利加载工况和影响线,然后将这个工况施加到板梁模型。标准段计算主要是验证正交异性板系统、整体框架、横隔板、底板、腹板等标准构件的结果安全。

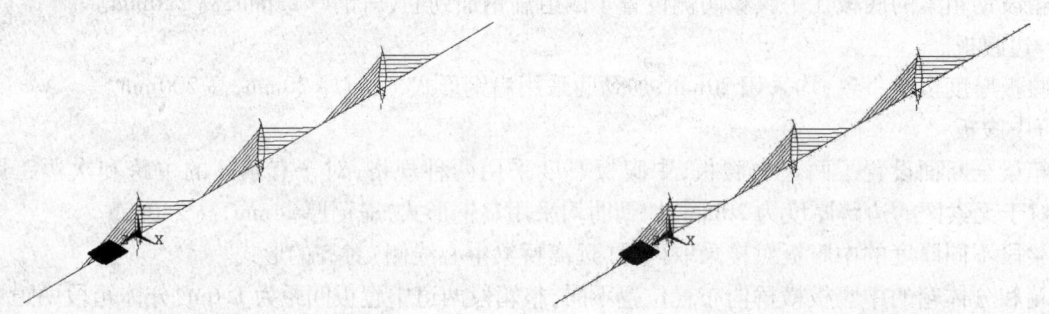

图2 整体箱标准段模型示意图　　图3 分离箱标准段模型示意图

标准段计算板单元部分等效应力云图4、图5所示。

图4 整体箱标准段等效应力云图(MPa)

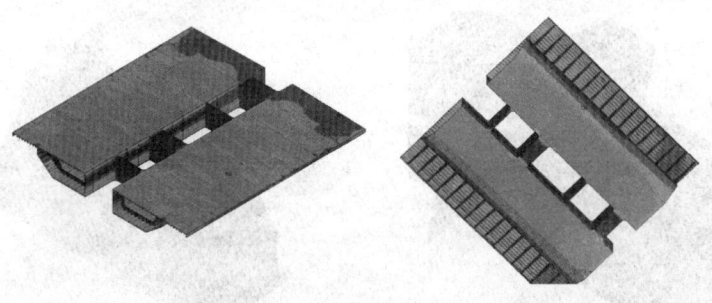

图5　分离箱标准段等效应力云图（MPa）

由图可以看出，两种标准段各板件应力均满足规范要求。

2. 特殊梁段与支座加劲受力分析

同标准段计算，分别建立过渡墩顶节段、整体箱分离箱过渡处、索塔根部、最大拉索索力节段等特殊梁段的板梁有限元模型。对应的各阻尼器牛腿加劲、抗风支座加劲、竖向支座加劲、斜拉索锚固等构造模型也建在上述特殊节段模型中。通过有限元分析，验证各支座加劲，特殊构造以及其相关板件的结构安全。各模型等效应力云图如图6～图13所示。

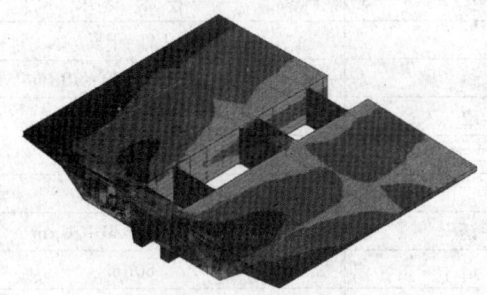

图6　过渡墩顶梁段

图7　分离箱整体箱过渡梁段

图8　塔根部顶梁段

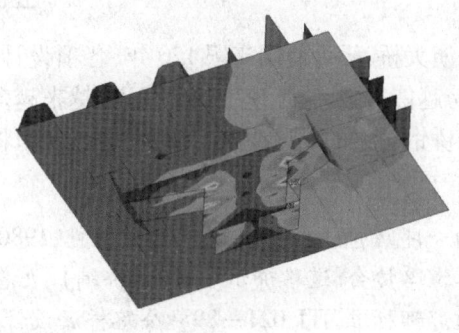

图9　阻尼器牛腿加劲

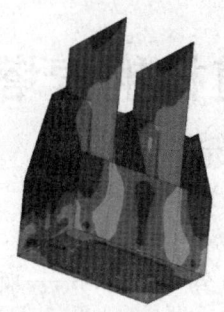

图10　塔根部横向抗风支座加劲

图11　拉索梁上锚固

图12 过渡墩抗风支座加劲

图13 竖向支座加劲

四、耐久性设计

钢箱梁采用涂装加除湿的组合防腐,保证结构耐久性。钢箱梁内除湿系统保持湿度小于45%。采用的涂装方案见表1。

防腐涂装方案　　　　　　　　　　　　　　　表1

部 位	涂装体系及用料	技 术 要 求
钢箱梁外表面	表面净化处理	无油、干燥
	二次表面喷砂除锈	Sa2.5级,Rz30-70μm
	环氧富锌底漆2道	2×50μm
	环氧云铁中间漆2道	2×100μm
	氟碳面漆2道	2×40μm
钢箱梁内表面	二次表面喷砂除锈	Sa2.5级,Rz30-70μm
	环氧富锌底漆1道	80μm
	环氧厚浆漆1道	120μm

五、结　语

港珠澳大桥,设计使用年限120年,各项设计指标取用最高值,设计要求高,施工难度大。钢箱梁以自重轻、跨越能力强、施工速度快等优点,越来越多地被使用。本文介绍了港珠澳大桥通航孔桥中江海直达航道船桥钢箱梁的设计要点,分析内容。希望将对类似桥梁钢箱梁设计提供参考作用。

参考文献

[1] 小西一郎.钢桥.北京:人民交通出版社,1980.
[2] 日本道路协会.道路桥示方书(钢桥编).九善株式会社,2001.
[3] 交通部部标准.JTJ 021—89 公路桥涵设计通用规范[S].北京:人民交通出版社,1989.
[4] 交通部部标准.JTJ 025—86 公路桥涵钢结构及木结构设计规范[S].北京:人民交通出版社,1986.

6. 港珠澳大桥江海直达船航道桥钢索塔设计

文　锋　张革军　金秀男　赵　磊
(中交公路规划设计院有限公司)

摘　要　本文介绍江海直达船航道桥索塔采用的特殊造型的全钢塔结构——顺桥向呈"海豚"造型、横桥向呈独柱的钢索塔的设计要点、创新技术。

关键词　钢索塔设计　主副塔柱联系杆　塔底连接

一、引 言

自世界第一座现代化斜拉桥在1955年面世以来,斜拉桥的钢索塔在欧洲、日本有着非常广泛的应用。我国修建的斜拉桥如南京长江三桥等也是采用钢索塔。钢索塔相对混凝土索塔而言有如下优势:钢索塔对抵抗地震比较好,对索塔基础承载力的要求适当降低,施工要比混凝土索塔方便快捷,钢索塔的寿命要比混凝土结构的长、采用钢结构形式时可以大大缩短施工工期。

二、工 程 概 述

1. 项目概况

港珠澳大桥跨越珠江口伶仃洋海域,是连接香港特别行政区、广东省珠海市、澳门特别行政区的大型跨海通道,是列入《国家高速公路网规划》的重要交通建设项目。建设内容包括:海中主体工程(粤港分界线至珠澳口岸之间区段)、香港界内跨海桥梁、香港口岸、珠澳口岸、香港连接线、珠海连接线及澳门连接桥。

主体工程范围:粤港分界线至珠澳口岸之间区段,总长29.6km,其中桥梁长约22.9km,沉管隧道长5.99km(不含桥隧过渡段),为实现桥隧转换设置两个长度各为625m的隧道人工岛。其中桥梁部分包含三座通航孔桥:青州航道桥——主跨458m双塔双索面钢箱梁斜拉桥,江海直达船航道桥——主跨2×258m三塔中央索面钢箱梁斜拉桥,九州航道桥——主跨268m双塔中央索面叠合梁斜拉桥;非通航孔桥:深水区110m钢箱梁连续梁桥,浅水区85m叠合梁连续梁桥,跨越崖-13管线桥。

2. 设计方案

江海直达船航道桥采用钢箱梁,梁高4.5m。主桥全长994m,桥跨布置为110m+129m+258m+258m+129m+110m,边跨设置辅助墩。斜拉索采用扇形单索面布置形式,在中央分隔带锚固。全桥采用六跨连续半漂浮体系,在索塔、辅助墩、过渡墩处设置球型钢支座,在边索塔、过渡墩处设置横向抗风支座。索塔采用全钢结构,中桥塔高(含塔冠)113.756m,采用箱形截面;外形设计为独特的"海豚"造型(图1)。

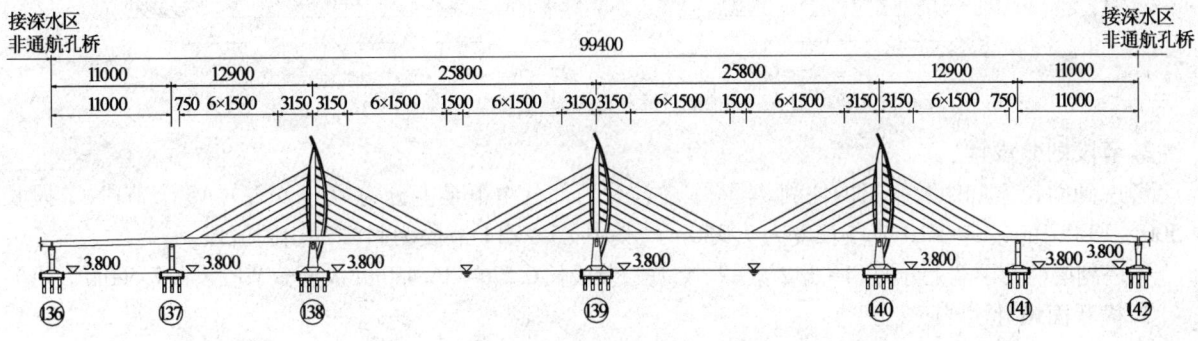

图1 江海直达船航道桥总体布置示意(尺寸单位:cm)

三、钢索塔设计

1. 结构设计

本桥索塔顺桥向呈"海豚"形全钢结构,横桥向采用独柱式,索塔塔身分为主塔柱、副塔柱以及主副塔柱联系杆三部分。主塔柱由两部分组成:直线受力部分和曲线造型部分。两部分通过焊接H型构件采用焊接方式加以连接。副塔柱设计成曲线形式,内、外侧圆曲线半径均为122.0m。

为方便加工制造,根据主梁纵断线形,边索塔和中索塔设计成不同的高度,分别为108.500m和109.756m,相差1.256m。

索塔一般构造如图2所示。

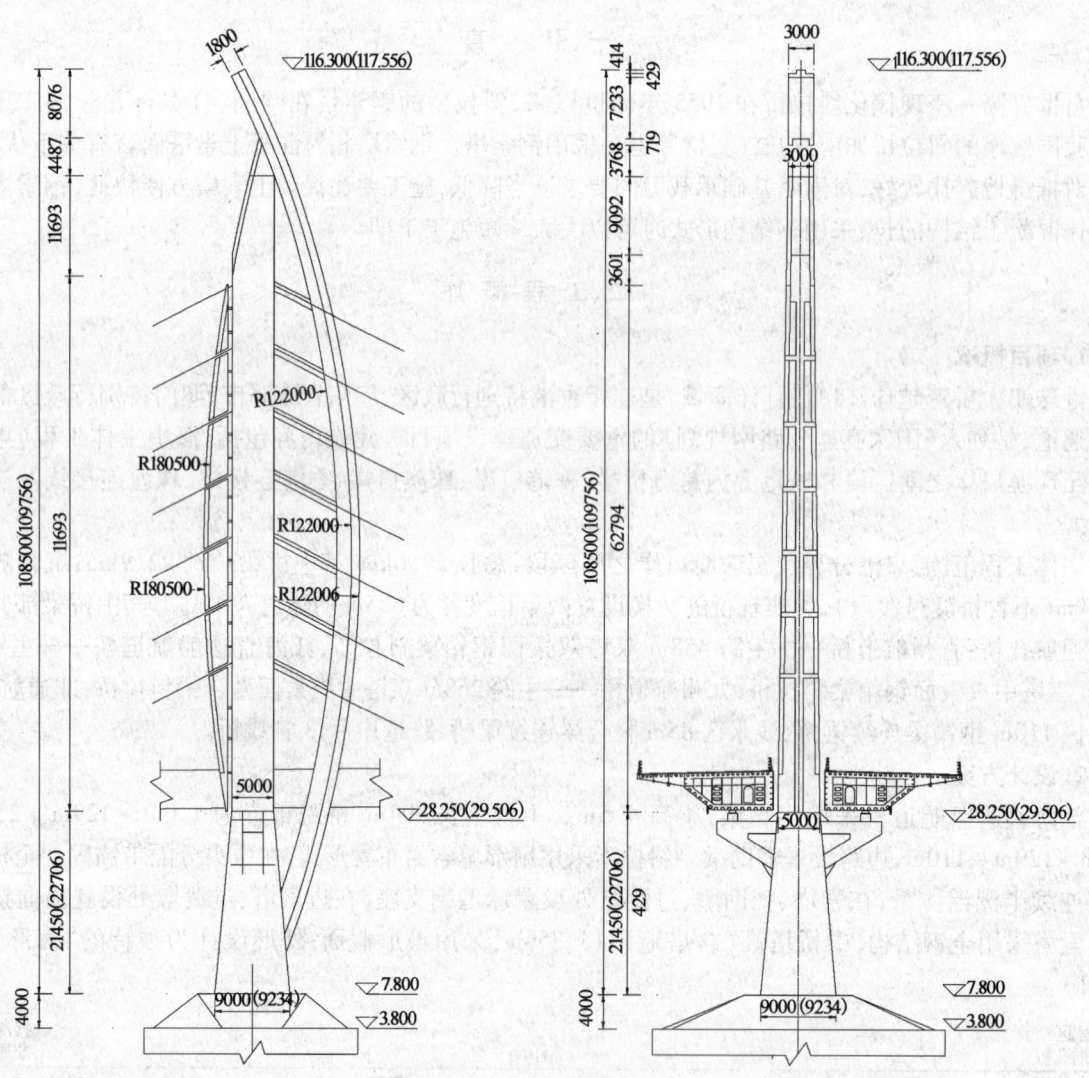

图2 江海直达船航道桥索塔一般构造图（尺寸单位：mm）

2. 节段划分设计

考虑到斜拉索间距及施工的便利，索塔主塔柱受力部分由下至上分为Z0～Z12共13个节段，节段长3.500～13.579m（Z5～Z10节段长度为7.380m），其中Z5～Z11节段为斜拉索锚固区段。

索塔副塔柱由下至上分为F1～F12共12个节段，节段长6.576～16.450m（大部分节段长在7.500m左右）。

3. 横断面设计

索塔主塔柱受力部分采用矩形断面（顶部局部区段在外侧设置了凹角以抑制索塔产生风振），底部截面尺寸分别为：横桥向宽9.000/9.234m，顺桥向长9.000/9.234m（前为边索塔，后为中索塔）；顶部截面尺寸为：横桥向宽3.000m，顺桥向长2.980m。主塔柱受力部分通高设置了两道中腹板，两腹板净距1m，在索塔下塔柱底部附近区域，由于受力较大且复杂，另外增加了两道纵向腹板和两道横向腹板。

为了满足抗风的要求，索塔副塔柱为凸形断面，底部截面尺寸为：横桥向宽3.000m，顺桥向长3.278m；顶部截面尺寸为：横桥向宽3.000m，顺桥向长2.034m。

4. 主副塔柱联系杆设计

每个主、副塔柱之间通过7根联系杆进行连接，该联系杆也作为斜拉索通道。联系杆采用边长1.080m的正方形断面，翼缘板和腹板的厚度均为40mm。

5. 塔底连接设计

1）连接方式的选择

钢索塔塔柱与基础承台的连接方式有铰接方式和固结方式。计算表明,塔柱根部铰接或固结对包括主梁的影响较小,对下塔柱受力有一定影响。如果能够实现塔柱与承台的铰接连接,连接部位塔柱截面没有弯矩,连接的受力因而简单,承台的受力也更加明确,有比较意义。为实现塔柱与承台的铰接连接,最直接的思路是在塔柱根部设置大型钢支座,但面临支座选型和支座更换的困难。

下塔柱与承台采用固结连接,比较符合塔柱根部的受力特点,传力方式明确、维护工作简便易行。因此,江海直达船航道桥设计中将固结作为钢塔与混凝土承台连接所采用的方案。

钢索塔塔柱根部与基础承台之间可选的连接方式包括锚杆锚固法、塔柱埋入法及两种方法的结合。锚杆锚固和埋入法的传力机理不同,锚杆锚固法通过承压板与承台顶面传递压力、锚杆锚固承担由截面弯矩引起的拉力;埋入法通过剪力连接件以混凝土受剪的形式传力。两种连接方法均在大型工程上采用过,也有各自的适用范围。本桥塔柱根部有较大的拉应力传递到混凝土承台,如果采用埋入式连接,容易造成混凝土内部受拉。锚杆锚固则不同,通过锚杆施加预拉力,将塔柱截面的拉应力经由锚固锚杆传递到承台底面,改善承台的受力条件。

对于弯矩的传递,考虑在塔柱底部混凝土内预埋锚固锚杆,并给锚杆施加了预拉力,预拉力的大小,根据工作状态,以塔柱底截面不出现拉力来控制。

2)锚固方式

针对塔柱根部大偏心受压、截面轴向力和弯矩都比较大的特征,设计采用承压板和锚固锚杆结合的方式,实现塔柱与承台的连接。即在塔底的塔座顶面,设置厚度为150mm的承压钢板,该钢板与塔柱根部相焊接,以使钢塔柱截面的压应力通过该钢板均匀地传递到混凝土支承面。同时,在塔柱截面四周设置大直径的高强锚杆,通过对锚杆施加预拉力以保持塔柱截面与支承面之间紧密接触。螺杆一头锚固在Z0节段,另一头锚固在预埋在混凝土承台内的锚碇梁上。

在塔柱承压箱截面的四周设置74根8.5m长40CrNiMoA大直径高强螺杆。螺杆一端锚固在Z0节段的承压箱顶部,另一端锚固在混凝土承台内的锚碇梁之上,埋入混凝土的锚杆部分外表采用有机玻璃纤维缠包与承台内部混凝土脱粘。并通过对螺杆施加预拉力抵御塔底外荷载产生的弯矩,保持钢塔柱底部与支承面之间紧密接触。江海直达船桥每根锚固螺杆张拉预紧力(成桥)均为4000kN,分两次张拉:Z0节段安装就位后进行第一次张拉,张拉力为3500kN;桥面铺装等二期恒载施加后进行第二次张拉,张拉力为4000kN。张拉锚杆时要求对称、均匀进行。

四、钢索塔吊装设计

本桥索塔采用大节段整体吊装方式,综合考虑结构受力和吊装设备的要求,整体大节段采用两吊点形式(适用于整体大节段从卧式到立式的起吊),吊点设置于主塔柱受力部分的顶部附近,吊点构造与塔柱通过高强度螺栓连接。

本桥索塔架设均采用利用浮吊吊装的方式,主塔柱的Z0节段可利用小型浮吊(不考虑吊具的重量560~660t),索塔整体段则需利用大型浮吊(吊高约110m,不考虑吊具的重量约2500t)一次吊装到位。

五、结　语

港珠澳大桥江海直达船航道桥"海豚"形全钢塔结构以及施工一次吊装到位均为国内首创。江海直达船航道桥索塔顺桥向呈"海豚"造型,横桥向呈独柱,为国内建设的首座三钢塔斜拉桥,因三个索塔顺桥向"海豚"嘴均倾向一侧,加上各索塔顺桥向本身的不对称性,导致三个索塔受力复杂。"海豚"造型索塔灵感来源于当地的白海豚,具有桥址区的特色;横桥向呈独柱,斜拉索为中央单索面结构,单根索索力在最不利组合工况下达到1428t,对索塔的整体受力以及局部受力都提出了较高的要求。

斜拉桥全钢索塔国内设计经验尚不多,该桥钢塔的设计,为我国在桥梁钢塔设计领域中积累了宝贵的经验。目前,江海直达船航道桥索塔节段制造已完成,正在进行索塔整体段的组拼工作,并将在2014年8月进行第一个索塔的吊装。

7. 港珠澳大桥跨气田管线桥变截面连续钢箱梁设计

张 梁 孟凡超 赵英策

（中交公路规划设计院有限公司）

摘 要 跨崖13-1气田管线桥采用大悬臂整幅变截面钢箱连续梁桥结构形式。文中对跨崖13-1气田管线桥的跨径布置、结构形式、钢箱梁构造设计、结构受力计算、检修通道、施工方案等设计内容进行了全面介绍。

关键词 变截面 钢箱梁 跨径 构造设计 受力计算 检修通道 施工方案

一、工程概述

1. 总体概况

港珠澳大桥跨越珠江口伶仃洋海域，是连接香港特别行政区、广东省珠海市、澳门特别行政区的大型跨海通道，是列入《国家高速公路网规划》的重要交通建设项目。

崖城13-1气田是中国首个海上天然气田。其主要工程设施包括：井口平台、处理平台、香港输气管线、海南输油气管线、香港终端站和海南终端站。气田产生的天然气大部分处理后由口径为28in、长778km的海底输气管线输往香港，供给香港中华电力龙鼓滩发电厂发电，供气量约$792 \times 10^4 m^3/d$；其余的与凝析油一起由口径为14in、长91km的海底输气管线输往海南，约$141.58 \times 10^4 m^3/d$。

港珠澳大桥全长为49.968km，主体工程"海中桥隧"长35.578km，为世界最长的跨海大桥。作为中国交通建设史上里程最长、投资最多、施工难度最大的跨海桥梁项目，该工程存在以下特点及难点：

(1) 地处外海，气象水文条件复杂。
(2) 航线复杂、流量大，海上安全管理难度大。
(3) 穿越中华白海豚保护区，环保要求高。
(4) 作业工期长，人员多，职业健康管理难度大。

针对上述建设条件的现状及特点，因地制宜地选取合理、可行的桥跨布置及桥型方案将成为跨越崖13-1气田管线桥设计的重点与特点。

2. 设计方案

港珠澳大桥在跨越崖13-1气田管线处，为保证桥梁承台外边缘距离管线中心不小于50m，设计采用110m+150m+110m三跨大悬臂整幅变截面钢箱连续梁桥，桥跨平、立面布置如图1所示。墩身和承台采用预制结构，墩身分为三节预制，其中第一节与承台整体预制，墩身节段之间通过剪力键和预应力粗钢筋连接。基础采用钢管复合桩。

二、跨径布置及结构形式选择

1. 跨径布置

1) 背景

前期在"港珠澳大桥前期工作协调小组办公室"及后期"港珠澳大桥管理局"多次牵头协调下，崖13-1气田管线的所有权单位：中海石油（中国）有限公司崖城作业公司、港珠澳大桥的设计单位：中交公路规划设计院有限公司等相关单位的专家、人员共同商议、讨论，就跨越崖13-1气田管线桥的跨径达成了一致意见。

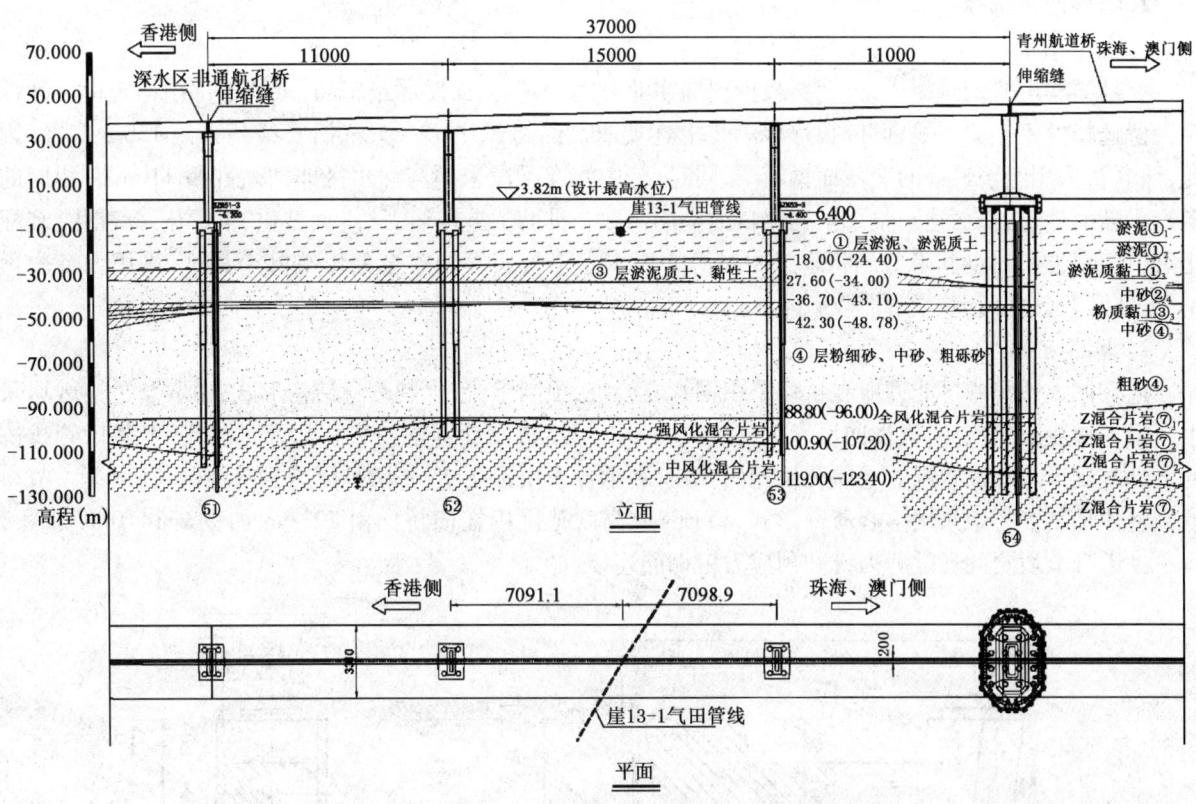

图 1 港珠澳大桥桥跨平、立面布置图(尺寸单位:cm)

2)跨径选定原则

根据中海石油(中国)有限公司崖城作业公司提出的,设计时应充分考虑:国务院2001年颁布的《石油天然气管道保护条例》第十五条第三项规定,禁止在管道中心线两侧50m范围内修筑大型构筑物的建议与要求,为满足上述要求,将跨越崖13-1气田管线桥的跨径,由原110m跨加大至150m跨。

3)联跨布置

因跨越崖13-1气田管线桥的主跨150m位于青州航道桥东侧,为了与青州航道桥顺接,同时考虑到非通航孔桥为110m标准跨径。因此,在青州航道桥东侧,布置110m+150m+110m三跨一联的大悬臂变截面钢箱连续梁桥。在保证主跨为150m的前提下,同时考虑结构受力的合理性,尽量满足边跨与非通航孔桥跨径一致,从而达到功能、结构受力、景观等多方面的协调统一。跨径布置如图2所示。

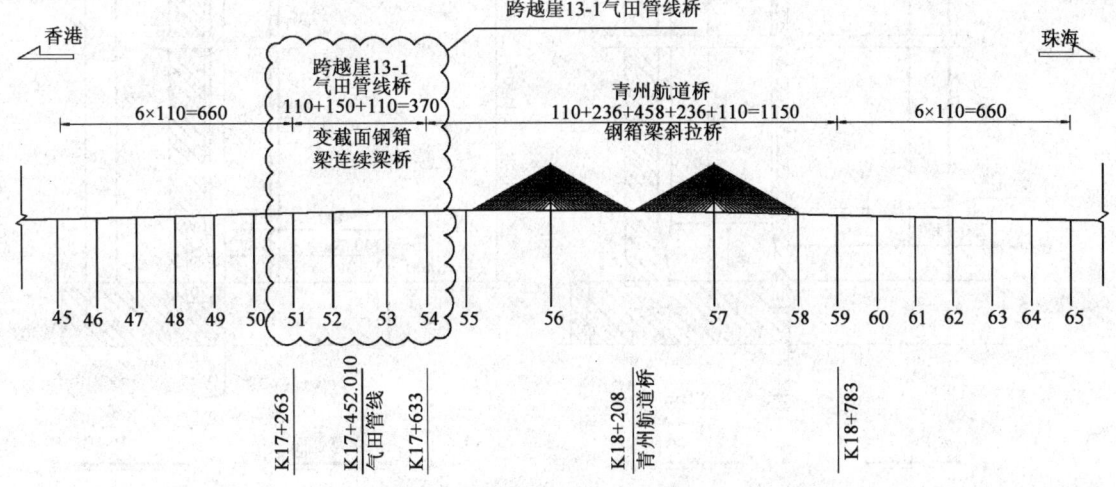

图 2 崖13-1气田管线桥联跨布置(尺寸单位:m)

2. 结构形式选择

1) 上部结构

上部结构形式的选择,一方面要减少现场作业时间,另一方面要尽量轻巧,减少下部结构规模。港珠澳大桥选择的钢箱梁形式,可以很好地满足上述要求。因跨越崖13-1气田管线桥采用150m跨径,因此,该联桥采用经济性好的变截面钢箱梁,同时,跨中标准梁段采用与深水区非通航孔桥110m跨相同的钢箱梁断面外形,从而达到整个工程项目的协调一致。贯彻了港珠澳大桥"大型化、工厂化、标准化、装配化"的设计理念。同时,考虑到将施工中对海中崖13-1气田管线安全的影响降至最低,采用大节段预制、吊装工艺,全联钢箱梁节段仅三段。

2) 下部结构

港珠澳大桥深水区非通航孔桥均采用钢管复合桩、预制承台、预制墩身结构形式,中墩及过渡墩均采用高阻尼橡胶隔震支座,横桥向设置抗震挡块。与上部结构设计方案初衷相似,跨崖13-1气田管线桥的下部基础形式与深水区非通航孔桥相同,墩身和承台采用预制结构,墩身分为三节预制,其中第一节与承台整体预制。桥墩采用空心薄壁形式,墩顶8m高度范围内在横桥向由12.0m加宽至14.0m,如图3所示。墩身节段之间通过剪力键和预应力粗钢筋连接。

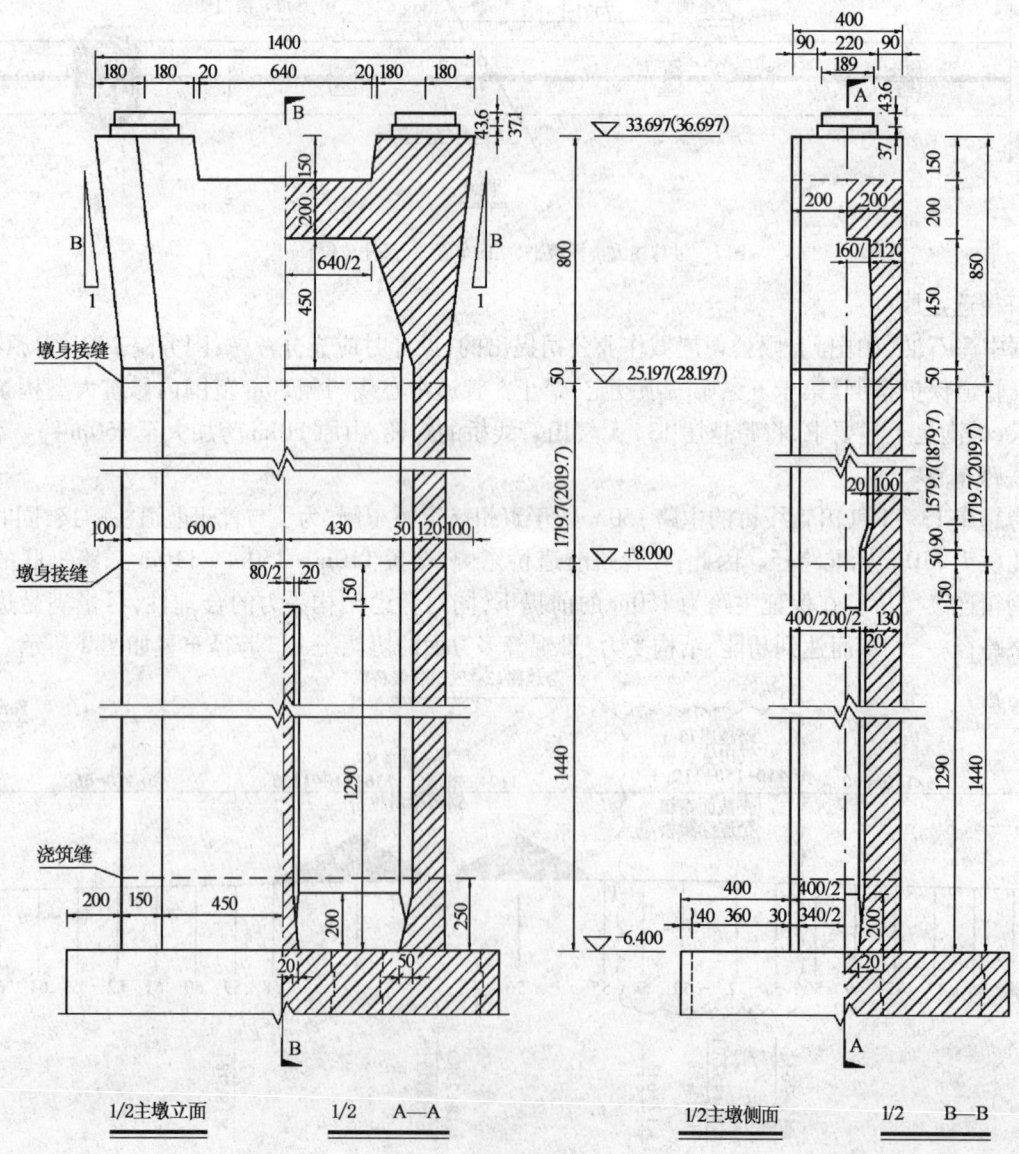

图3 中墩构造(尺寸单位:cm)

基础采用钢管复合桩，钢管壁厚25mm，上段钢管外径220cm，下段无钢管段外径195cm。

三、整幅变截面钢箱连续梁构造设计

1. 钢箱梁构造设计

钢箱梁为整幅大断面，其顶宽达到了33.1m，箱梁两侧设置挑臂，主跨150m，边跨110m，为110m+150m+110m整幅变截面钢箱连续梁体系，中墩墩顶5m区段钢箱梁梁高6.5m，墩顶等高梁段两侧各37.5m区段梁高从6.5m线性变化至4.5m，其余区段梁高为4.5米。上述梁高为箱梁中腹板中心处顶板上缘与底板上缘之间的距离。

钢箱梁主体结构采用Q345qD和Q420qD两种材质的钢板。中跨跨中39m范围内顶板、底板、斜底板、边腹板、中腹板及它们相应的加劲肋钢材材质采用Q420qD，其余钢板材质均为Q345qD。

顶板宽为33.1m，顶板板厚为18mm和22mm两种，其中在中墩墩顶和跨中局部区段采用22mm，其余段均为18mm；顶板以上缘对齐，顶板U肋横向标准间距为600mm。顶板U肋以内轮廓对齐，U肋高300mm，上口宽度为300mm，下口宽度为180mm，板厚8mm；顶板扁钢加劲肋，高200mm，板厚20mm。

底板宽为15.0m。底板在顺桥向不同区段采用16mm、18mm、20mm、24mm、28mm五种板厚，底板采用扁钢加劲肋。

斜底板与水平线夹角约为38°，板厚分为20mm和24mm两种；斜底板加劲肋为扁钢加劲肋和U肋（除湿系统送风通道），U肋高260mm，上口宽度为400mm，下口宽度为250mm，板厚6mm。

边腹板高度跨中处为1.6m，中墩墩顶处为3.6m，板厚分为20mm、22mm、24mm三种，边腹板采用扁钢加劲肋。

中腹板高度跨中处为4.5m，中墩墩顶处高6.5m，板厚分为20mm、22mm、24mm、26mm四种，中腹板采用扁钢加劲肋。

横隔板标准间距10m，两道横隔板之间设置三道横肋，即横肋间距为2.5m，顶板横向挑臂长度5.675m。

横隔板分为普通横隔板、主墩支座处横隔板、过渡墩支座处横隔板和端横隔板。普通横隔板等梁高段板厚均为12mm，变梁高段板厚均为16mm；一个主墩支座处横隔板分为两道，板厚为26mm；一个过渡支座处横隔板为一道，板厚为20mm；端横隔板板厚为16mm。

横肋板在顶板处（在与青州航道桥相接处的顶板横肋加厚至28mm）、中腹板处、边腹板处、斜底板处板厚均为16mm，翼缘宽度除梁端伸缩缝处为160mm外，余均为300mm。横肋板在底板处板厚除梁端处底板支座附近角隅加强处为24mm外，余均为16mm，翼缘对应为300m×24、300m×16mm，横肋在底板处的高度在变梁高段为1050~850mm，等梁高段为750mm。横肋在顶板处的高度为1000mm。

钢箱连续架标准横断面如图4所示。

2. 构造设计中的特点

1）梁高变化

中墩墩顶5m区段钢箱梁梁高6.5m，墩顶等高梁段两侧各37.5m区段梁高从6.5m线性变化至4.5m，其余区段梁高为4.5m。梁高变化时，底板宽度及斜底板外形均不变，仅边腹板及中腹板高度变化，与之相对应，腹板加劲肋及横肋板高度也相应变化。

2）边腹板与底板间加劲

支座横隔板附近，因支座反力较大，底板与斜底板连接部位附近应力较大。因此，在两者之间设置了角隅加劲板，以改善结构受力（图5）。

四、结构受力分析

1. 总体计算

1）结构离散

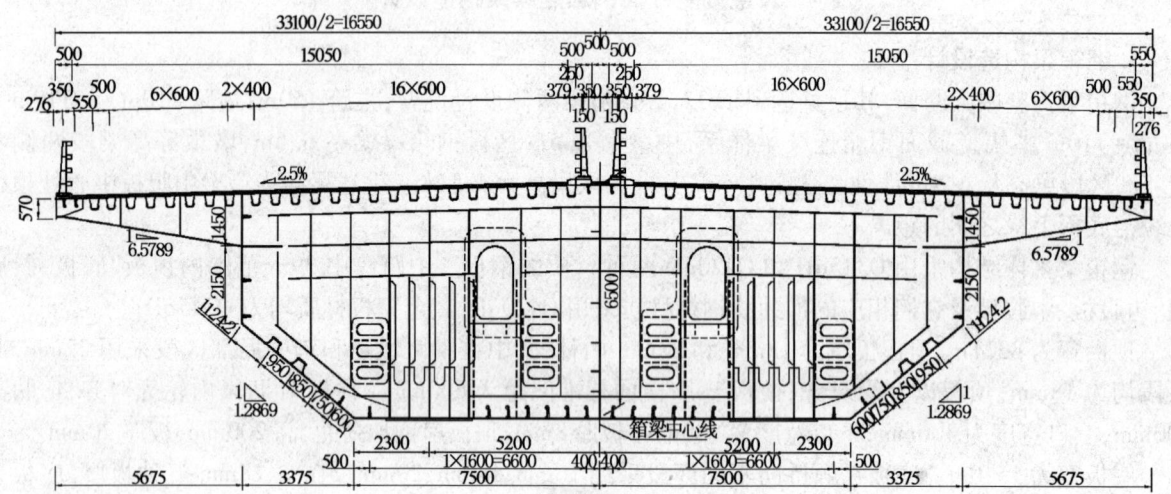

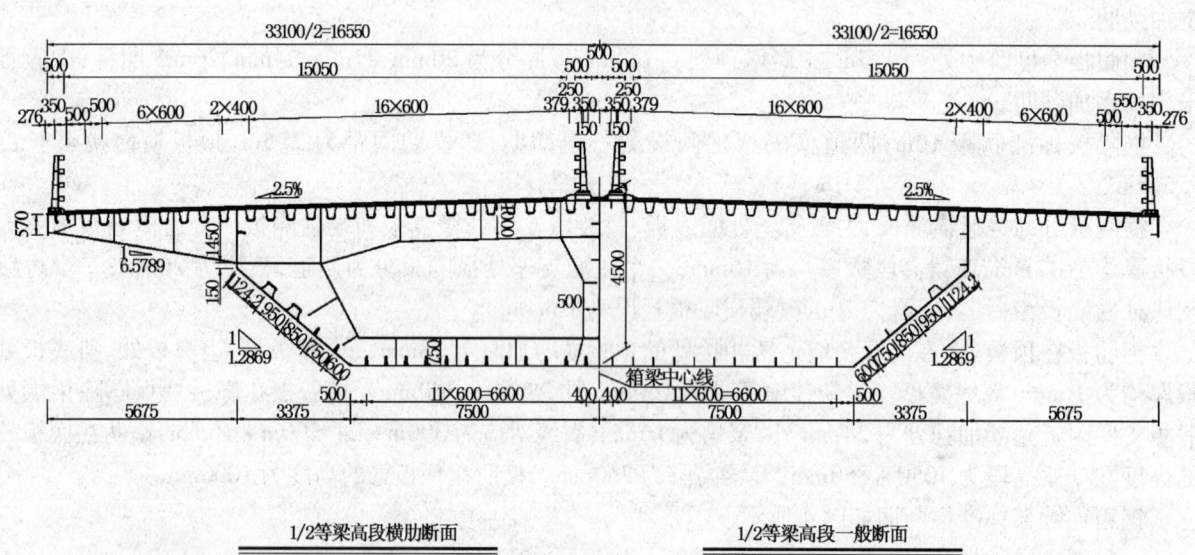

图4 钢箱连续梁标准横断面(尺寸单位:mm)

全桥总体静力计算采用 MIDAS Civil V790 空间有限元软件,按照设计竖曲线进行结构离散。钢主梁采用空间梁单元模拟,共185个节点,184个单元。另外建立4个节点模拟支座位置,主梁节点和支座节点间采用弹性连接中的刚性连接功能模拟。计算模型如图6所示。

2)边界条件

两个过渡墩支座节点施加竖向、横向平动约束和绕纵轴的转动约束,其中一个主墩支座节点施加竖向、横向平动约束和绕纵轴的转动约束,另一个主墩支座节点施加竖向、横向、纵向平动约束和绕纵轴的转动约束,模型边界条件如图7所示。

3)施工节段划分

总体静力计算共分成5个施工阶段,具体施工流程见表1。

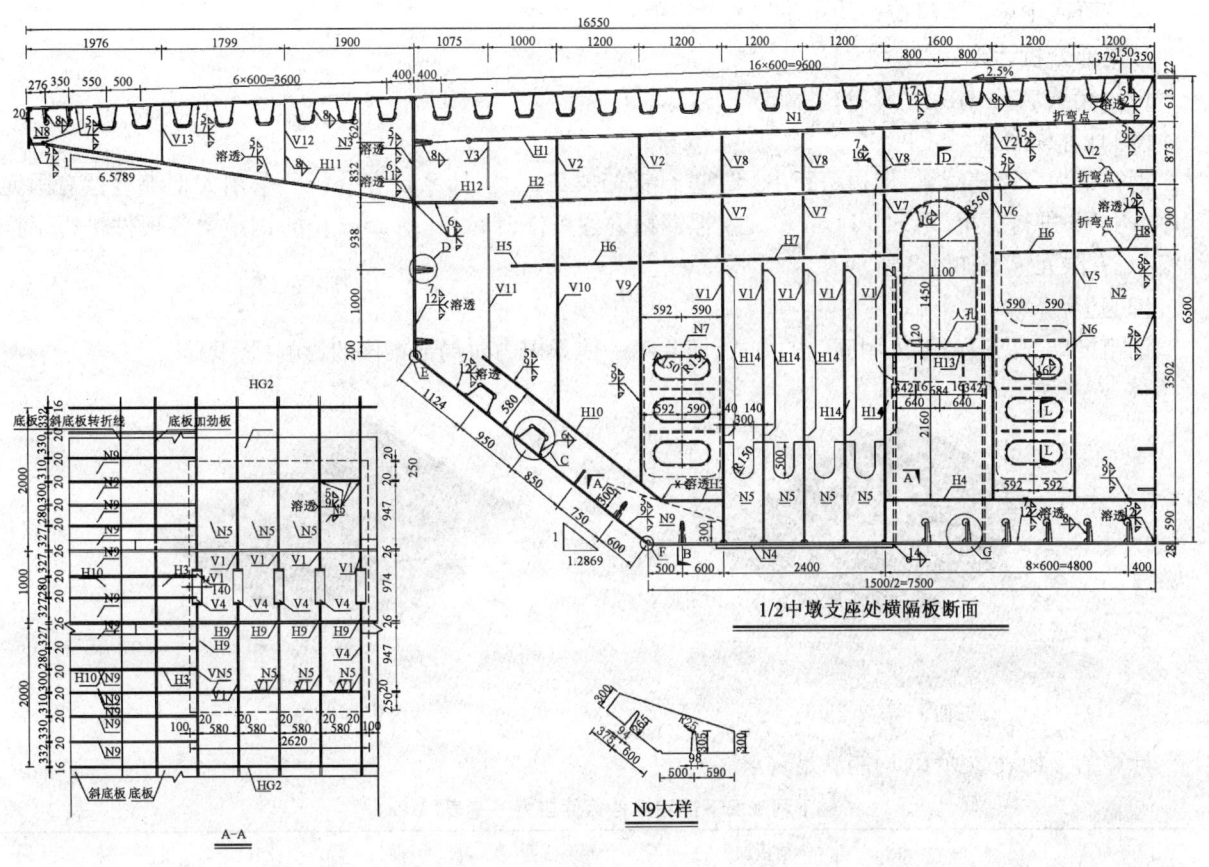

图5 角隅加劲构造（尺寸单位：cm）

图6 计算模型　　　　　图7 模型边界条件

上部结构施工阶段划分　　　　表1

施工阶段	施工阶段主要工作	施工阶段	施工阶段主要工作
CS1	吊装边跨大节段，中墩墩顶临时固定	CS4	解除中墩墩顶临时固定约束
CS2	吊装中跨大节段，中跨节段简支于两侧梁段上	CS5	上桥面铺装及其它二期恒载
CS3	中跨节段与边跨大节段焊接成整体		

4）主要计算结果

施工阶段计算结果，对于Q345qD钢材：钢箱梁顶板最大拉应力为68.2MPa，位于墩顶，最大压应力为-65.4MPa，位于边跨跨中。底板最大拉应力为115.7MPa，位于边跨跨中，最大压应力为-120.2MPa，位于墩顶。对于Q420qD钢材：钢箱梁顶板最大压应力为52.8MPa，位于中跨跨中；底板最大拉应力为76.4MPa，位于中跨跨中。

所有施工阶段中主梁上下缘应力均小于规范容许值，满足要求。

运营阶段计算结果，对于Q345qD钢材：钢箱梁顶板最大拉应力为129.2MPa，位于墩顶，最大压应力为-112.0MPa，位于边跨跨中；底板最大拉应力为166.4MPa，位于边跨跨中，最大压应力为-167.0MPa，位于墩顶。对于Q420qD钢材：钢箱梁顶板最大压应力为140.5MPa，位于中跨跨中；底板最大拉应力为

196.7MPa,位于中跨跨中。

运营阶段主梁上下缘应力均小于规范容许值,满足要求。

2. 局部分析计算

1)钢箱梁二、三体系计算分析

(1)计算模型

钢箱梁为三跨连续梁,取边跨跨中梁段进行钢箱梁第二、三体系计算分析。采用大型综合性有限元程序 ANSYS 进行分析,用 SHELL63 单元模拟钢箱梁各板件,针对其中 25m 长的钢箱梁各板件进行了详细模拟,有限元模型如图 8 所示。

(2)边界条件

钢箱梁局部梁段两端采用固结的方式,消除第一体系内力对局部梁段的影响(图9)。

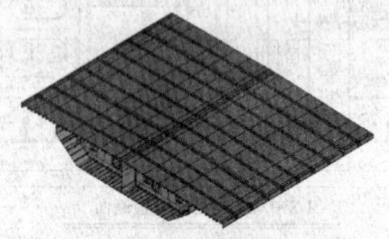
图8 有限元模型

图9 边界条件

计算结果如表 2 所示,均能满足要求。

最不利工况下钢箱梁各板件应力一览表(MPa) 表2

位置	顶板	顶板加劲肋	横肋	横隔	挑臂
应力名称	Sz	Sz	von mises	von mises	von mises
第一体系	-112.0	-112.0	—	—	—
第二、三体系	工况 f -73.2	工况 h/工况 d -87.5/66.9	工况 a 182.0	工况 h 137.0	工况 b/c/d 144.0
一、二、三体系合计	-185.2	-199.5/45.1	182.0	137.0	144.0
容许应力值	-250.0/250.0	-250.0/250.0	328.0	328.0	328.0
是否满足要求	是	是	是	是	是

2)中墩支座加劲及支座横隔板计算分析(图 10 ~ 图 12)

所有钢板材料强度为 345MPa,设计 von Mises 应力容许值为 328MPa。支座横隔板和加劲板的应力均小于容许值。

图10 板壳梁段模型

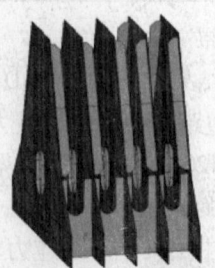
图11 支座加劲模型

3)过渡墩支座加劲及支座横隔板计算分析

所有钢板材料强度为345MPa,设计von Mises应力容许值为328MPa。除个别点应力略大于容许值外(最大点大于容许值7MPa,5%之内),其余均小于容许值,且最大值小于屈服强度345MPa,可以认为结构是安全的。

五、钢箱梁养护通道设计

1. 梁内检修通道、平台

全桥布置两台梁内检查车,分别位于钢箱梁两个人孔内通过。梁内检查车为由车架及行走机构等组成的蓄电池车,该车主要解决维修人员在钢箱梁内徒步行走困难及检修器具运输的问题(图13)。

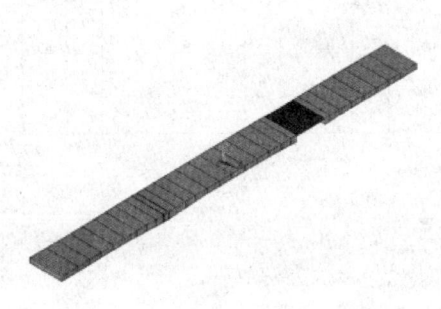

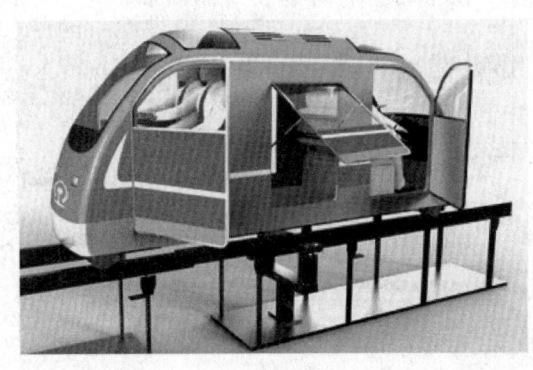

图12　全桥梁板模型　　　　　　　　图13　梁内检查车

梁内检查车设有照明、空调和供氧设施等,具有重量轻、速度快、舒适性好的特点。

过渡墩顶钢箱梁端部装有自动开启式密封门,密封门可通过遥控或者按钮手动开启,断电时可从钢箱梁内外部手动开启。

梁内检查车轨道采用126mm×53mm×5.5mm的槽钢,在轨道的两端头设置固定挡块,以防小车驶出轨道。伸缩缝处设有伸缩轨道,当梁内检查车运行快到密封门时,利用遥控或者横隔板上设置的按钮打开密封门;检查车通过后,利用遥控或者按钮关闭密封门,检查车继续向前运行。

因跨崖13-1气田管线桥为变高梁,变高区段梁高较高,而人孔由于需要通行梁内检查车,因此人孔距离顶板距离是相同的,需要考虑检修工作人员在箱内上下检查车的功能需求,因此设计在变高梁段的相应横隔板位置设置检修平台,其位置如图14、图15所示。

2. 梁外检修通道、平台

钢箱梁利用梁外检查车检查、维护箱梁外表面,进行桥梁的日常检修、维护和保养。

跨越崖13-1气田管线桥设一台梁外检查车。检查车为全自动控制,安全性好,具有直线行走、绕墩、高爬坡、跨越伸缩缝等功能,可对钢箱梁外侧进行全方位、立体式的检测和维护:直线行走可以检测大部分区域;利用横向轨道变轨可对主墩外的直线行走时的盲区进行检查;利用桁架上的升降小车可对箱梁高度方向的腹板和翼缘进行检查;检查车靠近主墩可对支座进行检查。

出入梁外检查车可直接由检修平台进入检查车桁架。

六、施工方案

1. 钢箱梁制造

钢箱梁制造主要分三个阶段:板单元制造、小节段制作、大节段拼装。以上三个阶段均应在厂房中制造、拼装。总体工艺流程如下:

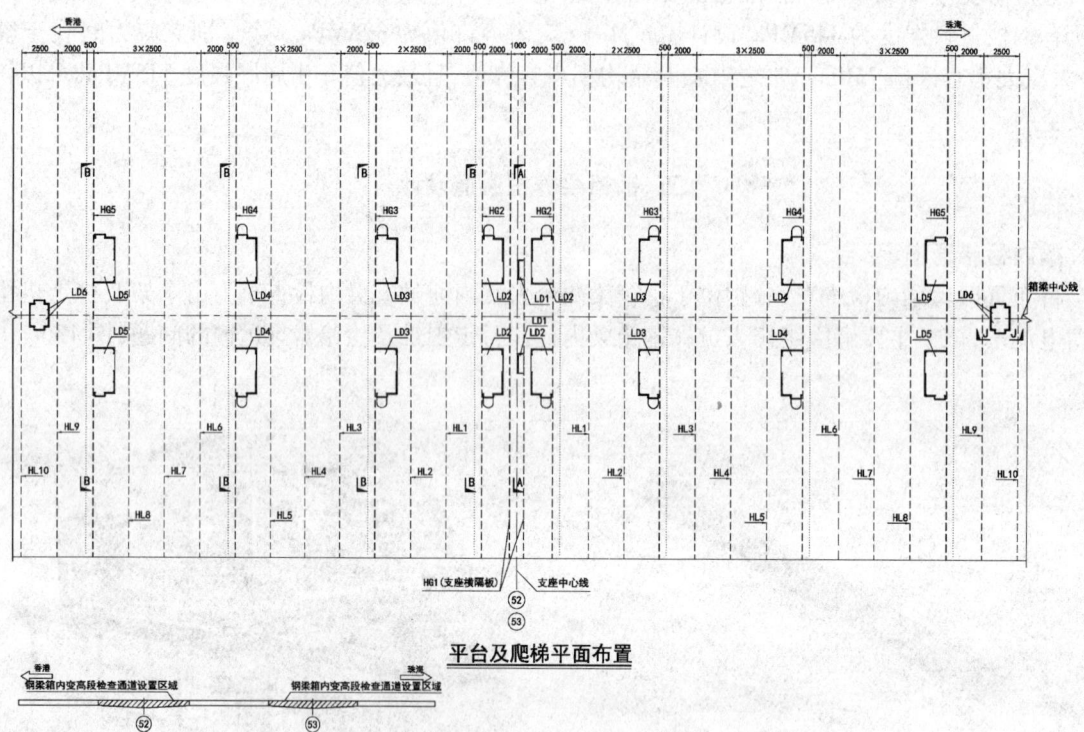

图 14　梁内检修平台平面布置

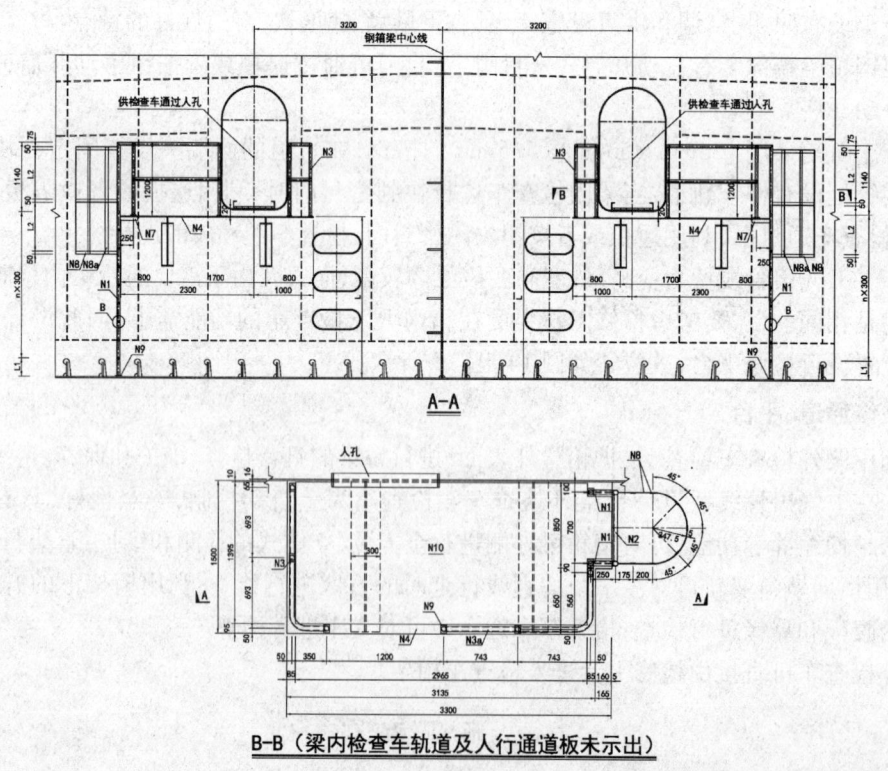

图 15　梁内检修平台构造（尺寸单位：cm）

钢板预处理→下料→U 肋制作→板单元制作→小节段组装及预拼装→小节段除锈、涂装→大节段拼装→补涂装→大节段储存、装船、运输→桥上连接。

首先将钢箱梁划分为若干板单元,包括顶板单元、底板单元、斜底板单元、中腹板单元、边腹板单元、隔板单元、悬臂梁单元等。板单元制造完成后在组装胎架上进行小节段钢梁的组装、焊接、预拼装,后运输至涂装厂房内进行除锈、涂装。在专用胎架上进行大节段的拼装,补涂装。大节段制造完成后,采用浮吊将梁段吊装至运输船上,绑扎固定后安全运输至桥位安装。

2. 大节段吊装方案

为减少现场焊接工作量,加快施工进度,钢箱梁架设采用大节段吊装方案。根据国内已有的加工、运输能力,吊装设备情况,大节段梁段划分方案及施工方案如下:

将钢箱梁划分为三个梁段,边跨梁段长 152.6m,吊装重量约为 3200t,中跨梁段长 64m,吊装重量约为 1350t。就起吊重量而言国内大型浮吊可以满足施工要求。该方案架设过程中不需设置临时墩。

架设方案施工顺序:
(1)浮吊吊装第 1 跨梁段。
(2)浮吊吊装第 3 跨梁段。
(3)浮吊吊装第 2 跨梁段,调整至设计高程,将第 2 跨与第 1、3 跨梁段连接,全桥合龙。

七、结　语

跨越崖 13-1 气田管线桥作为港珠澳大桥深水区非通航孔桥中最重要的一联桥梁,其制造难度、吊装重量、安装要求、管线保护等安全注意事项均为非通航孔桥之最。相信经过设计单位的精心设计、承包商认真施工、监理工程师严把质量关,在建设单位统筹安排下,一定能够将大桥建成一座精品工程,为港珠澳大桥项目添上浓墨重彩的一笔。

参考文献

[1] 吴冲. 现代钢桥(上册)[M]. 北京:人民交通出版社,2006.
[2] 中交公路规划设计院有限公司. 港珠澳大桥主体工程桥梁 DB01 标段施工图设计《第四篇跨越崖 13-1 气田管线桥》[R]. 2012.
[3] 港珠澳大桥管理局,中交公路规划设计院有限公司,海洋石油工程股份有限公司港珠澳大桥主体工程桥梁施工图设计阶段《崖 13-1 天然气海底输气管线安全保护体系及施工安全性研究》[R]. 2012.

8. 港珠澳大桥深水区非通航孔桥上部结构创新设计

张　鹏　吴伟胜　孟凡超　张家锋
(中交公路规划设计院有限公司)

摘　要　本文介绍深水区非通航孔桥上部结构创新设计和施工要点,包括采用的大悬臂断面钢箱梁构造、钢箱梁大节段整孔吊装逐跨施工、实腹式横隔板和框架式横肋组合体系、大悬臂钢箱梁抗风设计构造等。

关键词　深水区非通航孔桥　上部结构设计　大悬臂断面钢箱梁构造　钢箱梁大节段整孔吊装

一、概　述

港珠澳大桥深水区非通航孔桥上部采用钢箱连续梁结构,长约为14km。等宽联采用6×110m = 660m 六跨钢箱连续梁桥,主梁采用整幅等截面钢箱连续梁。变宽联采用5×110m = 550m 五跨钢箱连续梁桥,主梁采用整箱变宽 + 分离箱变宽的结构形式。顶板为正交异性板结构。墩身及承台均采用混凝土预制结构,桩基采用钢管复合桩。

典型联桥型布置如图1所示。

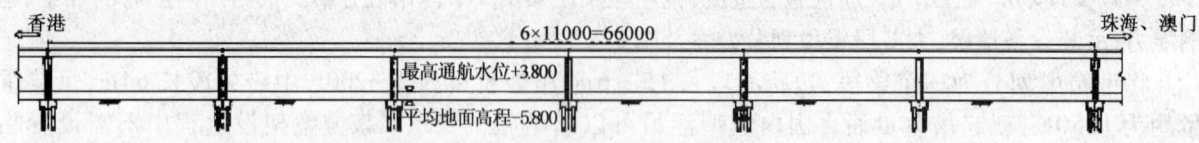

图1　典型联桥型布置(尺寸单位:cm)

二、上部结构简介

1. 结构体系

深水区非通航孔桥上部采用钢箱连续梁结构体系。中间墩一侧设置固定减隔震支座、另一侧设置横向滑动减隔震支座,过渡墩与其余中墩一侧设置纵向滑动减隔震支座、另一侧设置双向滑动减隔震支座。

2. 钢箱梁横断面布置及梁段划分

1) 横断面布置

等宽联钢箱梁梁宽33.1m。钢箱梁梁高4.5m,梁高与跨径比值为1/24.4。悬臂长度5.675m,悬臂根部高1.45m。边腹板高1.6m,与中腹板间距10.875m。平底板长度15m,斜底板水平长度3.375m,按照1:1.2869 设置。

变宽联钢箱梁梁宽由33.1m 以三次抛物线变化为38.8m,采用整箱变宽 + 分离箱变宽的结构形式,分离箱之间设置横向连接箱及横向连接梁。梁高、悬臂尺寸、边腹板尺寸等与等宽段相同(图2)。

2) 梁段划分

根据结构受力要求,考虑加工制造及运输条件限制,等宽联节段设置以下五种典型节段长度,即6m、10m、14m、15m、12.6m。变宽联与等宽联类似,设置六种典型节段长度。

三、大悬臂钢箱梁构造创新设计

与全封闭断面钢箱梁相比,大悬臂断面钢箱梁底板宽度较窄,底板及其加劲肋的面积较小,由于深水区非通航孔桥桥长达到了13.68km,因此能节省大量的用钢量,以减轻钢箱梁吊装重量及降低造价。

1. 钢箱梁的大悬臂构造

1) 大悬臂长度的选取

钢箱梁大悬臂长度的选取主要考虑了以下因素:

(1) 桥面行车道布置。

将紧急停车带全宽布置在紧急停车带上,同时考虑部分慢车道宽度。

(2) 底板宽度和厚度。

底板厚度大部分控制在20mm 以下,墩顶位置最大厚度为28mm。在满足底板受力要求的前提下,底板宽度控制在15m 左右。

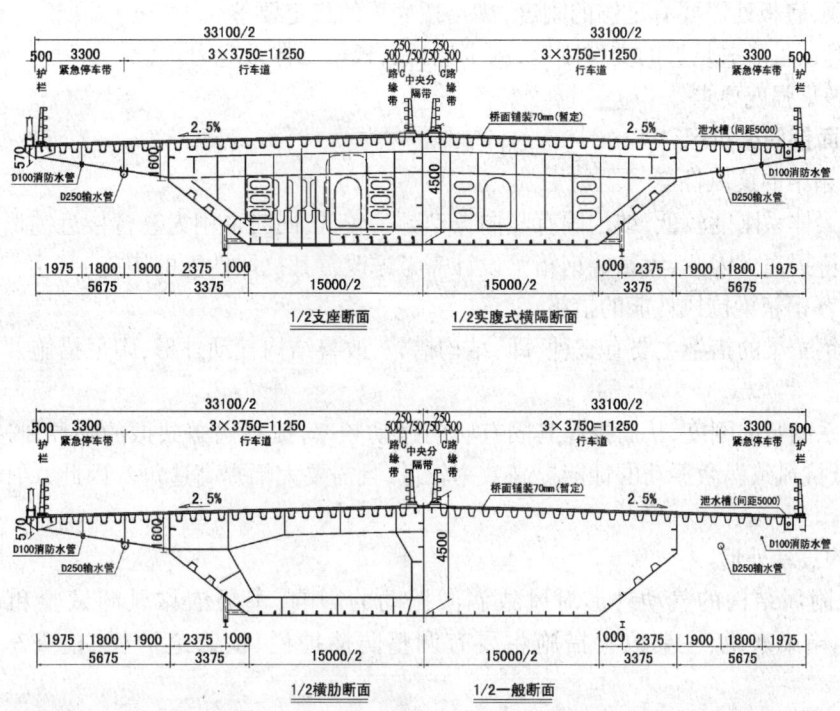

图 2 钢箱梁标准横断面(尺寸单位:mm)

(3)斜底板斜率要求。

为了满足抗风设计要求,斜底板斜率取为1:1.2869。

综合上述因素,钢箱梁大悬臂长度最终取为5.675m。

2)大悬臂构造

钢箱梁大悬臂长5.675m,根部梁高1.45m,端部梁高0.52m,线性变化。在悬臂端部顶板对应护栏立柱底座位置,设置两道横桥向加劲肋。

悬臂梁顶板厚度与梁段顶板相同,顶板设置八道U形加劲肋(以下简称"U肋"),并在悬臂端部设置两道板式加劲肋(以下简称"板肋")。梁端悬臂梁腹板厚20mm,其余悬臂梁腹板厚均为16mm,其上设置竖向加劲肋,并在距离顶板下缘35mm处断开。

梁端悬臂梁翼缘尺寸为30mm×160mm,其余均为24mm×300mm。

3)大悬臂构造与相关构件连接

悬臂腹板与顶板采用部分熔透的双面角焊缝,与顶板U肋、板肋和其竖向加劲肋均采用双面角焊缝连接,与下翼缘采用熔透焊缝。

悬臂腹板及其翼缘与边腹板的连接均采用熔透焊缝。

2. 实腹式和框架式横隔板组合体系

为了提高钢箱梁桥面板的疲劳性能,并综合考虑悬臂处刚度,钢箱梁抵抗畸变和横向弯曲变形的性能要求等因素,横隔板间距取2.5m。

横隔板间距较小,若全部采用实腹式横隔板,钢箱梁内部通透性差,涂装难度大,运营养护条件恶劣,工作量大,因此采用了实腹式横隔板和框架式横肋的组合体系(以下简称"组合体系")。

1)组合体系构造特点

钢箱梁横隔板采用组合体系,内部通透性好,涂装难度小,且工作环境大大改善,有利于提高涂装质量。同时,降低了运营养护工作量。

2)组合体系的设计要点

(1)横肋的刚度较小,因此横隔板间距采用10m,之间均布三道横肋。

(2)横肋在顶、底板处需要有足够的刚度,满足顶底板的稳定要求。

(3)横肋需对顶板形成足够的支撑刚度,减少钢桥面板第二体系应力。

(4)横肋需满足强度要求。

3. 大悬臂断面钢箱梁抗风

1)大悬臂钢箱梁的抗风性能

钢箱梁连续梁体系刚度较低,结构固有竖向振动频率较低,同时采用大悬臂接近钝形断面,抵抗风致涡激振动性能有待提高。因此,大悬臂钢箱梁设计需考虑改善其抗风性能的措施。

2)改善大悬臂钢箱梁抗风性能的措施

改善大悬臂钢箱梁的措施主要有三种,即:结构措施,改善结构气动外形,阻尼措施。

(1)结构措施

提高结构体系的竖向刚度,从而提高其固有竖向振动频率,提高涡激共振的临界风速。由于提高结构竖向刚度,对抵抗风致涡激振动的性能提高效率较低,且需要大幅提高造价。因此,结构竖向刚度主要由静力计算确定。

(2)改善结构气动外形

桥梁主体及附属结构的气动外形对风致涡激振动的影响,主要依靠风洞试验和CFD计算来确定。对大悬臂钢箱梁来说,主要改善措施主要有调整防撞护栏、检修道护栏、检查车轨道气动外形等措施。

(3)阻尼措施

涡激振动对结构阻尼非常敏感,结构阻尼的增大,可以缩短风速锁定区,明显降涡激振动的振幅,有效抑制涡激振动。因此,增设阻尼器是大悬臂钢箱连续梁提高抗涡激振动性能的主要措施。经过综合比选,深水区非通航孔桥采用了调频质量阻尼器(Tuned Mass Damper)。

四、上部结构架设方案

为减少现场焊接工作量,加快施工进度,钢箱梁架设采用大节段逐跨整孔吊装方案。根据国内已有的加工、运输能力,吊装设备情况,将一个等宽联钢箱梁划分为六个梁段,吊装梁段重量最大约为2700t,梁段长度最大为133m。

五、施工质量控制

为了保证钢箱梁施工质量,对钢箱梁制造提出了严格的技术要求,主要体现在以下方面:

(1)梁段板件下料、单元件制作、小节段组装、大节段拼装等作业均需在工厂厂房内完成,禁止露天作业。

(2)钢桥面板加工精度和焊接质量要求严格。

(3)钢箱梁制造焊接自动化程度要求高。

1. 板单元制造

U肋顶板单元制造、底板及斜底板单元制造、边腹板及中腹板单元制造、板单元拼接均采用了自动焊接。横隔板和横肋板制造和其余位置均采用半自动焊。

2. 小节段制造

顶、底板纵向焊缝,采用半自动焊+自动焊的焊接形式。其余位置均采用半自动焊。

3. 大节段制造

相邻两节段间顶、底板的横向对接缝,采用半自动焊+自动焊。其余位置均采用半自动焊。

六、结　语

港珠澳大桥深水区非通航孔桥大悬臂钢箱连续梁结构,较大幅度的节省了钢材用量,减轻了钢箱梁吊装重量,降低了工程造价,为今后类似项目提供了参考与借鉴。

参考文献

[1] 日本道路协会,《道路桥示方书.同解说》(平成8年12月).
[2] 日本本州四国联络桥公团,《钢床版设计要领.同解说》(1989).
[3] 张永涛,周仁忠,高纪兵.崇启大桥大节段整体吊装技术研究[J].公路,2011(10).
[4] 朱斌,许春荣.孔庆凯.崇启大桥钢连续梁桥设计关键参数影响研究[C]//中国公路学会桥梁和结构工程分会2009年全国桥梁学术会议论文集.北京:人民交通出版社,2009.

9. 港珠澳大桥深水区非通航孔桥下部结构创新设计

邓 科 吴伟胜 孟凡超 裴铭海
(中交公路规划设计院有限公司)

摘 要 本文介绍深水区非通航孔桥的下部结构设计,包括采用的多跨钢箱梁减隔震体系、大直径钢管复合桩、混凝土干接缝预应力粗钢筋锚固体系等。深水区非通航孔桥的下部结构设计要点、施工方案要点和创新技术。

关键词 深水区非通航孔桥 下部结构 减隔震体系 钢管复合桩 干接缝粗钢筋

一、概 述

港珠澳大桥主体桥梁工程 DB01 标段深水区非通航孔桥包括 K13+413~K17+263、K18+783~K27+253 和 K28+247~K29+237 三个区段,共计103跨,分为21联。上部结构采用110m跨大悬臂正交异性钢桥面板钢箱连续梁,除与江海直达船航道桥相接的第19、20联为变宽等高钢箱连续梁外,其余均为等截面钢箱连续梁(图1、图2)。下部结构墩身采用预制薄壁空心墩,根据墩高不同,分为整体式、两节式和三节式三种类型,节段之间采用大直径预应力粗钢筋张拉连接为整体;基础形式为群桩承台结构,其中承台与下节段墩身整体预制,桩基采用钢管内填充钢筋混凝土的复合桩。

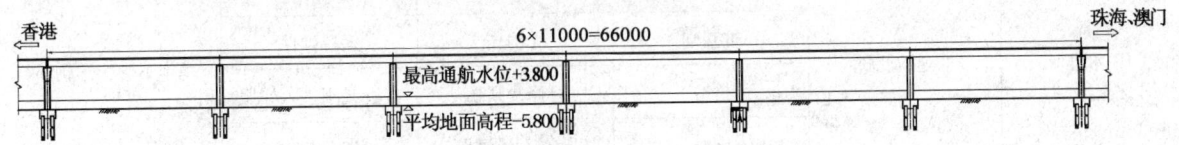

图1 典型联桥型布置(尺寸单位:cm)

二、多跨钢箱梁减隔震体系

港珠澳大桥主体工程桥梁工程确定抗震设防水准如表1所示,抗震设防性能目标如表2所示。相对于国内别的非通航孔桥而言,港珠澳大桥深水区非通航孔桥抗震设防水准较高,如果通过增加结构尺寸提高抗震性能将显得非常不经济,因此需采用减隔震方法进行抗震设计。减隔震支座分为三种类型:摩擦摆支座、铅芯支座和高阻尼支座。

由于摩擦摆减隔震支座初始刚度较小,能够较好的适用于墩高较低的 K22+083~K27+253、K28+247~K29+237 区域,根据抗震专题研究成果高阻尼支座适用于一联墩高差异较大的 K15+943~K17+263、K18+783~K20+103 区域,其余区域则采用铅芯支座。

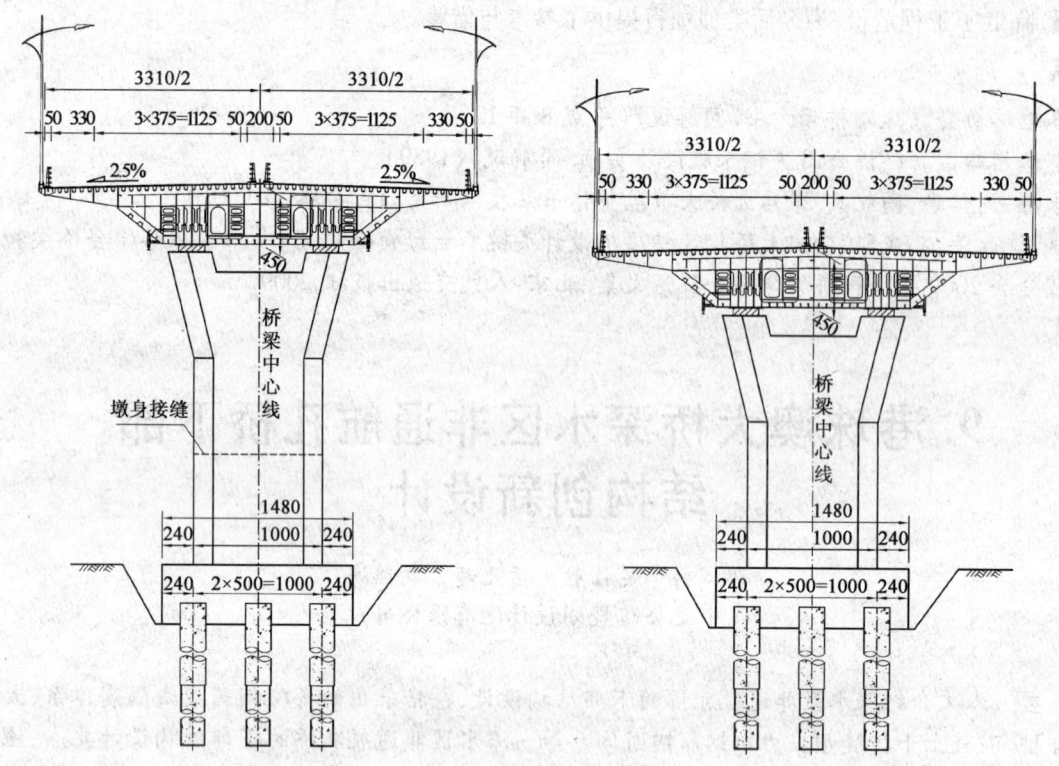

图2　深水区非通航孔桥立面(尺寸单位:cm)

港珠澳大桥桥梁工程抗震设防水准　　　表1

地震水准	超越概率	地震水准	超越概率
水准Ⅰ(P1)	120年超越概率63%(重现期约120年)	水准Ⅲ(P3)	120年超越概率5%(重现期约2400年)
水准Ⅱ(P2)	120年超越概率20%(重现期约600年)		

港珠澳大桥桥梁工程抗震设防性能目标　　　表2

抗震设防水准	桥梁类型	构件类别	结构性能要求	受力状态	功能要求
P1水准	非通航孔桥	所有构件	无损伤	保持弹性	不影响车辆正常通行
P2水准	非通航孔桥	主梁	无损伤	保持弹性	基本不影响车辆通行
		桩基础	无损伤	保持弹性	
		桥墩	可修复损伤	接近或刚进入屈服	
		支座	基本不受损伤	正常工作	
P3水准	非通航孔桥	主梁	无损伤	保持弹性	经临时加固可供应急车辆使用
		桩基础	无损伤	保持弹性	
		桥墩	一定的损伤	可进入延性	
		支座	一定的残留变形	进入非线性	

1. 减隔震铅芯支座

铅芯橡胶支座是在一般板式橡胶支座基础上,在支座中心放入铅芯,以改善橡胶支座的阻尼性能的一种减隔震支座。地震中通过橡胶在水平方向的大位移剪切变形,隔离桥梁上、下部结构的地震运动,延长结构自振周期,减小地震作用力,并提供支座恢复力,通过铅芯在支座剪切过程中的挤压屈服耗散地震能量,从而实现减隔震功能。表3给出了港珠澳大桥深水区非通航孔桥标准联铅芯橡胶支座的主要设计参数。

减隔震铅芯橡胶支座的力学指标　　　　　表3

竖向承载力 (kN)	位移量 (mm)	支座剪应变175%					水平极限剪应变能力 (≥)
		铅芯屈服力 (kN)	屈后刚度 (kN/mm)	屈前刚度 (kN/mm)	等效刚度 (kN/mm)	等价阻尼系数 (%)	
12500	±200	477	6.3	40.1	8.4	15.1	300%
25000	±100/0	1100	7.8	50.4	10.3	14.9	300%
27500	±150	1210	8.5	55.3	11.3	14.6	300%

2. 减隔震高阻尼支座

高阻尼支座减隔震原理与铅芯橡胶支座类似，地震中也是通过橡胶在水平方向的大位移剪切变形，隔离桥梁上、下部结构的地震运动，延长结构自振周期，减小地震作用力，并提供支座恢复力。不同之处在于所采用的橡胶材料自身具有很高的阻尼比，通过橡胶自身的变形耗能来消散地震能量，达到减隔震目的。表4给出了港珠澳大桥深水区非通航孔桥标准联高阻尼支座的主要设计参数。

减隔震高阻尼橡胶支座的力学指标　　　　　表4

竖向承载力 (kN)	位移量 (mm)	支座剪应变175%					水平极限剪应变能力 (≥)
		屈服荷载 (kN)	屈后刚度 (kN/mm)	屈前刚度 (kN/mm)	等效刚度 (kN/mm)	等价阻尼系数 (%)	
12500	±200	686	4.6	47.4	6.4	17.7	300%
25000	±100/0	1257	11.1	116	15.7	17.7	300%
27500	±150	1257	11.1	116	15.7	17.7	300%

3. 减隔震摩擦摆支座

摩擦摆式在正常运营情况下分为多向活动、纵向活动、横向活动和固定四种类型。在地震条件下水平力达到极限值时，支座限位装置破坏，解除支座水平方向约束，同时支座按设计要求的滑动刚度和摩擦系数进行滑移，支座运动滞回曲线。摩擦摆式支座在纵横向应具备在罕遇地震下防落梁功能。表5给出了港珠澳大桥深水区非通航孔桥标准联摩擦摆支座的主要设计参数。

减隔震摩擦摆支座的力学指标　　　　　表5

型号	竖向承载力	水平极限荷载		转角	震后位移		滑移刚度		摩擦系数
		纵向	横向		纵向	横向	纵向	横向	
	kN	kN	kN	rad	mm	mm	kN/mm	kN/mm	
FPB27500GD	27500	—	4125	0.02	±230	±230	5	5	0.02～0.03
FPB27500HX	27500	—	—	0.02	±230	±230	5	5	0.02～0.03
FPB27500ZX	27500	—	4125	0.02	±230	±230	5	5	0.02～0.03
FPB27500DX	27500	—	—	0.02	±230	±230	5	5	0.02～0.03
FPB25000GD	25000	2500	3750	0.02	±230	±230	5	5	0.02～0.03
FPB25000HX	25000	2500	—	0.02	±230	±230	5	5	0.02～0.03
FPB25000ZX	25000	—	3750	0.02	±230	±230	5	5	0.02～0.03
FPB25000DX	25000	—	—	0.02	±230	±230	5	5	0.02～0.03
FPB12500ZX	12500	—	1875	0.02	±260	±240	2	2	0.02～0.03
FPB12500DX	12500	—	—	0.02	±260	±240	2	2	0.02～0.03

三、大直径钢管复合桩

为将港珠澳大桥的阻水比控制在10%以内，基础需埋置在海床以下。由于全线地质条件复杂，大部分区域覆盖层较厚，预制沉箱或沉井方案对不同地质的适应性差，而且下沉较深、规模大、造价高，因此桥梁工程基础采用桩基础方案。

在广泛吸收国内外跨海桥梁基础建设的有益经验的基础上,通过对打入桩、钻孔灌注桩和钢管复合桩综合比选,最终确定采用钢管复合桩,钢管与钢筋混凝土共同组成桩结构主体。

1. 受力机理

大直径钢管复合桩由于具有承载力高、延性好、可靠性好、便于施工、风险可控、费用相对经济等优点,特别是在承受荷载时,"钢管+核心混凝土"桩以复合体形式表现出良好的共同工作性能,使得在深海桩基工程中具有极大的发展前景。钢管混凝土柱的增强机理,在于轴向受压时钢管对核心混凝土产生紧箍作用,使管内混凝土处于三向受压状态,总体承载力和强度将提高。

2. 试验研究

鉴于目前国内外对钢管混凝土结构的研究较多,但绝大部分都集中在钢管混凝土结构极限承载力的研究方面,对于钢管复合桩复合结构的受力机制、协同工作性能、套箍效应以及黏结强度等缺乏系统研究。因此,对钢管桩复合结构的力学性能研究有着重要的理论意义和实用价值。在港珠澳大桥设计过程中,通过试验研究掌握在竖向、水平向、弯矩荷载作用下钢管复合桩结构协同工作性能、应力—应变关系、抗剪切黏结—滑移机制和破坏形态等,获得不同荷载作用下考虑钢管剪力环作用和泥皮/防腐涂装弱化效应的钢管复合桩单桩的荷载分配系数和承载力计算方法(图3)。

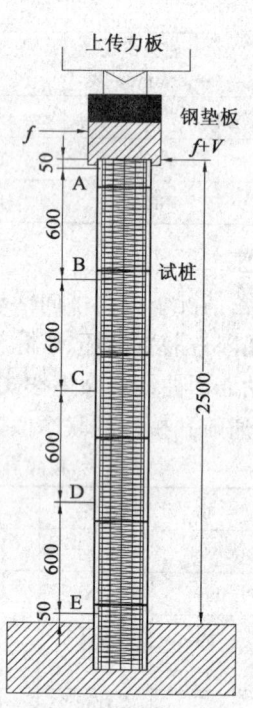

图3　试验加载装置及试件安装(尺寸单位:cm)

3. 构造特点

深水区非通航孔桥钢管复合桩身由上下两段组成,上段为钢管混凝土结构,下段为钢筋混凝土结构。上段桩基钢管外径2m,嵌入承台1.6m,承台以下钢管长度根据施工和运营阶段的结构受力和刚度需求等综合因素确定。下段桩基外径1.75m,桩底嵌入中风化岩石持力层不小于4m,部分桥墩处由于岩面存在较大横向起伏,横向三排下段桩基长度不完全相同。

上段桩基钢管外径2000mm,桩尖2m范围壁厚32mm,其余部分壁厚25mm,钢管对接时外壁对齐,采用全熔透对接焊缝焊接,焊缝质量等级一级。钢管内壁在桩顶12.6m范围设有10道剪力环,第一道剪力环距桩顶0.3m,剪力环中心距为0.3m+4×1m+4×2m。钢管外壁在桩顶设有两道剪力环,第一道剪力环距桩顶0.2m,第二道剪力环与第一道剪力环中心距0.2m。剪力环截面宽50mm,高25mm,顶部有15mm×15mm的倒角。钢管内壁剪力环在钢管加工厂内焊接,外壁剪力环待钢管复合桩与预制承台连接件焊接完毕后现场施焊。

根据结构受力需要,桩基通长配置普通钢筋。纵向主筋采用36根$D28mm$的HRB335钢筋,螺旋箍筋采用$D10mm$的HPB235钢筋。每根桩基均埋设4根超声波检测无缝钢管,外径60mm,壁厚3.5mm。

四、干接缝预应力粗钢筋锚固体系

1. 预制桥墩干接缝方案

国内跨海桥梁预制墩身之间的接缝都以湿接缝为主,港珠澳大桥深水区非通航孔桥预制墩身之间在国内首次率先采用干接缝形式进行连接,避免了现场浇筑混凝土,不仅简化了现场作业工序,缩短施工周期,而且有利于确保结构的工程质量,提高了结构耐久性。

干接缝设置于浪溅区以上,其高程须大于+8m,上节段墩身运至现场后,先进行预对位,通过墩身空腔内的导向架的水平调位顶丝微调平面偏差。预对位后测量墩身倾斜度,然后再起吊上节段墩身,通过填塞不同厚度的镀锌薄铁片调整垂直度,连接上下节段墩身的预应力粗钢筋,并在拼接缝涂抹环氧树脂,再次下放上节段墩身,张拉预应力粗钢筋,28d后复张拉,波纹管压浆,封锚,完成干接缝施工。干接缝的典型构造如图4所示。

2. 预应力粗钢筋体系

大直径高强螺纹钢筋一般采用的是滚压螺纹钢筋,钢筋外形为滚压连续全螺纹,具有强度高、握裹力可靠和锚固回缩小的优点,因其技术成熟为国外Freyssinet、Williams等广泛应用。为满足港珠澳大桥干接缝快速施工的特点,考虑到粗钢筋具有方便施工的特点,决定采用直径为75mm的大直径预应力粗钢筋为干接缝施加预应力。粗钢筋屈服强度830MPa,抗拉强度1030MPa,其技术要求(材料化学成分及力学参数)应符合《预应力混凝土用螺纹钢筋》(GB/T 20065—2006)及《Guideline for European Technical Approval of Post-tensioning Kits for Prestressing of Structures》(ETA-013 2002)的相关要求。

高强螺纹钢筋采用滚压连续全螺纹,提高螺纹钢筋的螺纹面积,降低高强螺纹钢筋的锚具的内缩量,提高锚具的锚固性能,如图5所示。

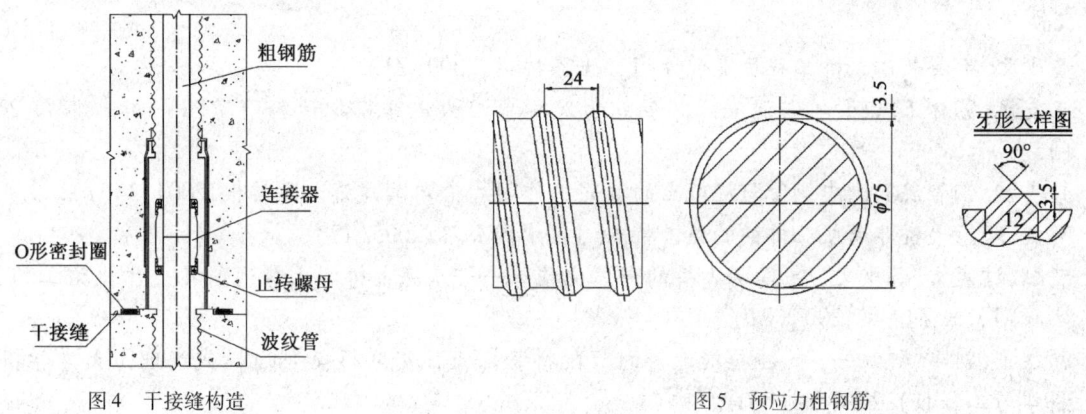

图4 干接缝构造　　　　　　　　　　图5 预应力粗钢筋

为了提高高强螺纹钢筋的耐久性,$\phi75$高强螺纹钢筋锚固体系设计采用真空灌浆防护体系,高强螺纹钢筋锚固体系包括四个部分:张拉端锚固系统、固定端锚固系统、钢筋接长系统、波纹管连接密封系统,如图6所示。

五、结　语

港珠澳大桥线路长、工程量浩大,航行安全要求高,环保要求高,设计使用寿命长(120年)。为满足复杂水文、气象及地质条件下高质量建设,为结构长寿命健康服役提供重要保障,深水区非通航孔桥下部结构设计采用了减隔震体系,大直径钢管复合桩和干接缝预应力粗钢筋锚固体系等多项创新技术,实现了大桥"大型化、工厂化、标准化、装配化"的建设施工理念,为日后超长跨海大桥的建设提供了重要的参考价值。

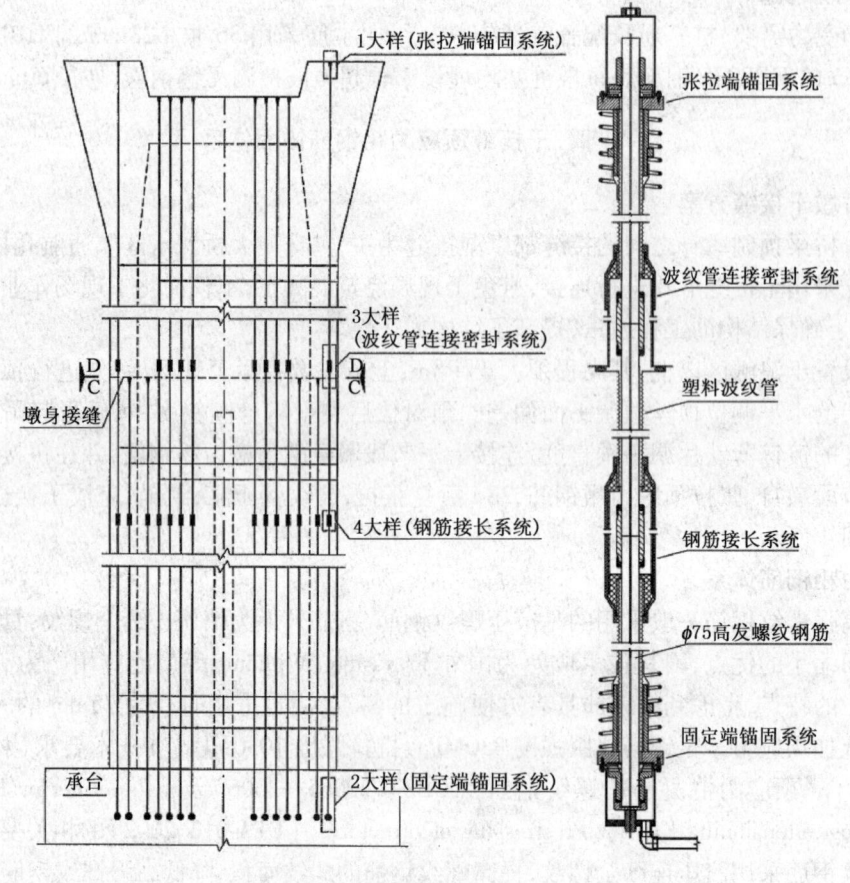

图6 预应力粗钢筋体系

参考文献

[1] 黄少文.上海长江大桥工程抗震设计[J].世界桥梁,2009(Z1).
[2] 王友元,苏林王.钢管桩与混凝土芯黏结力及抗弯应力传递模拟试验研究[J].华南港工,2005,99(15).
[3] 钟善桐.钢管混凝土中钢管与混凝土的共同工作[J].哈尔滨建筑大学学报,2001,34(1).
[4] 贺健.跨海大桥非通航孔桥梁的施工特点[J].中国公路,2005(17).
[5] 黄融,过震文,黄少文,等.跨海大桥的一体化施工——东海大桥海上非通航孔一体化施工的构想及实践[J].世界桥梁,2004(Z1).
[6] 葛继平,刘丰,魏红一,等.铰接缝连接的节段拼装桥墩抗震分析模型[J].武汉理工大学学报(交通科学与工程版),2009.33(5).

10. 港珠澳大桥浅水区非通航孔桥组合梁技术特点

罗 扣 张兴志 王东晖 张 强

(中铁大桥勘测设计院集团有限公司)

摘 要 港珠澳大桥是跨越珠江口伶仃洋海域的大型跨海通道,浅水区非通航孔桥采用85m连续组合梁桥,跨径布置主要采用6×85m和5×85m两种形式。组合梁由钢槽形梁和混凝土桥面板通过剪力钉联结而成,通过对负弯矩区混凝土板的受力、组合梁顺桥向拼接接头位置、组合梁断面形式、桥面板的分块方式、结合面处理、施工方案等技术特点的分析研究,提出了通过支座升降、拼接接头放置在墩顶、在横断面上设置小纵梁、采用可压缩橡胶条、整孔制造吊装架设等对策,有效地解决了以上问题。

关键词 连续组合梁 负弯矩区 剪力连接件

一、概　述

1. 工程概况

港珠澳大桥跨越珠江口伶仃洋海域,大桥东接香港特别行政区,西接广东省(珠海市)和澳门特别行政区,是国家高速公路网规划中珠江三角洲地区环线的重要组成部分和跨越伶仃洋海域、连接珠江东西岸的关键性工程。路线起自香港大屿山撒石湾,经香港水域,沿23DY锚地北侧向西穿越珠江口铜鼓航道、伶仃西航道、青州航道、九洲航道,止于珠海/澳门口岸人工岛,总长约35.6km,其中香港段长约6km,粤港澳共同建设的主体工程长约29.6km;主体工程采用桥隧组合方案,其中隧道约6.7km,桥梁约22.9km,其中浅水区非通航孔桥采用85m连续组合梁桥,全长5440m,共64孔,其中九洲航道桥以东共53孔,其跨径布置为5×85m+8×(6×85m)=4505m,九洲航道桥以西共11孔,其跨径布置为6×85m+5×85m=935m(图1)。

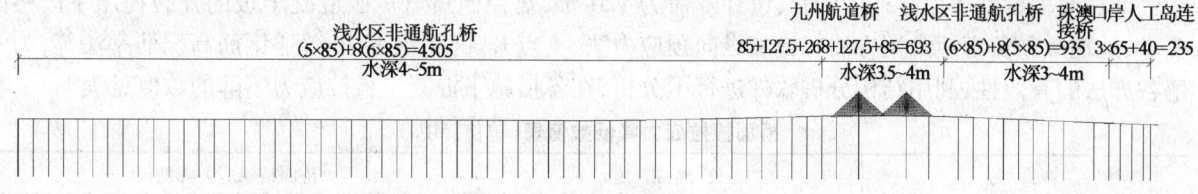

图1　浅水区非通航孔桥桥跨布置(尺寸单位:m)

2. 技术标准

(1)公路等级:高速公路;
(2)设计速度:海中桥梁设计速度为100km/h;
(3)行车道数:双向六车道;
(4)设计使用寿命:120年;
(5)建筑限界:桥面标准宽度33.1m,净高5.1m;
(6)桥面横坡:2.5%,最大纵坡≤3.5%;
(7)设计荷载:将现行交通运输部颁《公路桥涵设计通用规范》(JTG D60—2004)第4.3.1条规定的汽车荷载中规定的汽车荷载(公路—Ⅰ级)提高25%用于本项目设计计算。按香港《United Kingdom Highways Agency's Departmental Standard BD 37/01》规定的汽车荷载进行计算复核。

二、组合梁结构布置

组合梁采用单箱单室分幅等高组合连续梁,单幅桥宽16.3m,截面中心线处梁高4.3m,组合梁采用"开口钢箱梁+混凝土桥面板"的组合结构,两者通过钢梁上翼缘板、小纵梁顶板设置的剪力钉连接结合。组合梁断面如图2所示。

1. 钢主梁

钢主梁设计成倒梯形结构,主要由上翼缘板、腹板、底板、腹板加劲肋、底板加劲肋、小纵梁、横隔板以及横肋板组成。钢主梁在梁中心线处高3.78m,钢主梁顶宽9.3m,底宽6.7m,腹板倾斜设置,倾角约为71°,每孔85m钢主梁由9~10个节段组成,节段长度主要为10m和8m。

2. 混凝土桥面板

预制混凝土桥面板采用C60海工耐久混凝土,桥面宽16.30m,悬臂长度3.50m。桥面板横向整块预

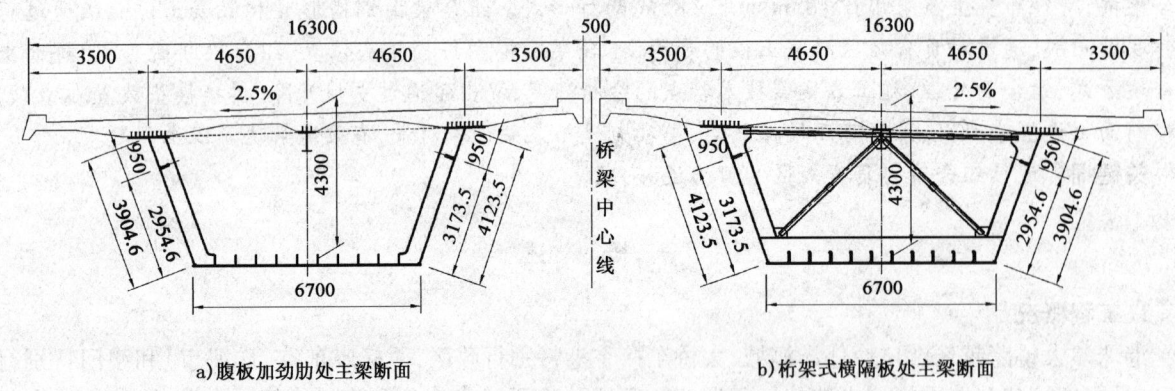

图2 组合梁断面布置图(尺寸单位:mm)

制,在剪力钉群处设置预留槽,桥面板纵桥向分块预制,预制桥面板需存放6个月以上,以减小混凝土收缩徐变的影响。

三、结构技术特点

1. 墩顶负弯矩区

港珠澳大桥处于海洋环境,而其设计寿命为120年,对控制负弯矩区混凝土板的开裂提出了严格的要求,处理墩顶负弯矩常用方法有施加纵向预应力法、支点升降法、压重法、普通钢筋高配筋率法等,为了解各方法的有效性,利用结构分析软件进行了分析,在各措施下混凝土板拉应力下降的数值见表1。

桥面板拉应力降低数值表(单位:MPa)   表1

序 号	处 理 措 施	桥面板拉应力降低值
1	施工方法(简支变连续)	9.0
2	张拉纵向预应力(20-7φ15.2)	3.4
3	支点升降法(升降高度35cm)	6.8

从表1可知,支点升降法及简支变连续的施工方法对减小混凝土板拉应力较为有效,张拉纵向预应力由于钢梁分担了大部分预应力效应而效果较差。基于港珠澳大桥对耐久性设计提出了极高的要求,此处设计综合运用了多种手段,首先采用简支变连续的施工方法,然后通过支点升降法,使其拉应力降低到一个较低的水平,再按钢筋混凝土构件设计,严格控制裂缝宽度δ≤0.15mm;最后施加适量纵向体内预应力钢束作为储备,减小拉应力,使桥面板拉应力小于1.6MPa,做到拉而不裂。

2. 组合梁顺桥向拼接

针对本桥建设条件,整孔架设是最优施工方案,这样就带来整孔架设接头位置选择的问题,连续梁接头位置常有跨度的1/5~1/8处和墩顶处两种形式,如图3、图4所示。

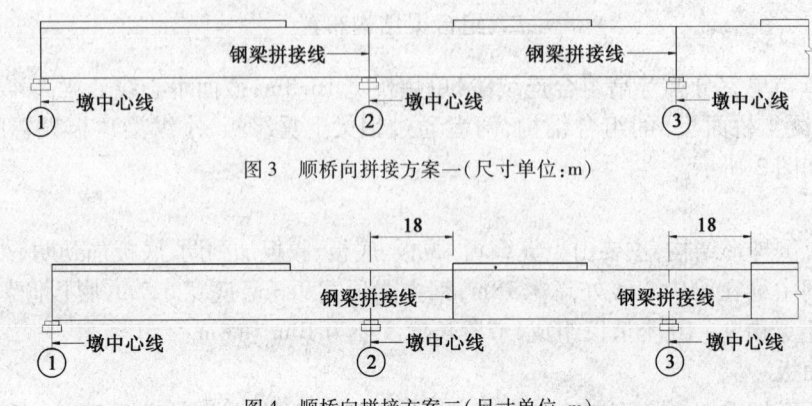

图3 顺桥向拼接方案一(尺寸单位:m)

图4 顺桥向拼接方案二(尺寸单位:m)

我们对这两种纵向接头位置进行了综合分析比较：

（1）从受力角度出发，受力分析计算结果见表2，对于方案二由于拼接接头伸出墩顶18m，安装过程中结构始终呈连续梁状态，跨中正弯矩较小，但是，对于此组合连续梁，主梁架设时墩顶钢箱与桥面板未结合为开口钢箱，墩顶处钢梁顶板拉应力为286MPa，超出规范容许应力；若选择在墩顶处拼接，墩顶处钢梁基本不承担自重弯矩，有利于墩顶钢箱截面的受力，避免了悬臂架设，墩顶处开口钢箱将承担较大自重弯矩产生的较大应力，跨中钢梁应力也在容许范围之内。

钢梁纵向应力比较表（单位：MPa） 表2

施工方案	墩顶钢梁应力		跨中钢梁应力	
	上缘	下缘	上缘	下缘
拼接方案一	0	0	64	132
拼接方案二	-286	-114	38	86

（2）从施工角度出发，接头位置的选择应考虑减少施工措施、降低施工风险，且梁段吊重及长度最好一致。拼接接头放在跨度的1/5~1/8时，需要额外添加吊挂设施，钢梁构造和施工工序均较为复杂，钢梁的焊接连接无法在一个较为稳固的平台上进行操作，质量控制较为困难，而且首孔梁和尾孔梁与其他孔梁长度及吊重均相差较大，不利于标准化施工；拼接接头放在墩顶处，在墩顶时安放临时支座，不需设置次孔吊架，施工方便、安全，钢梁焊接连接质量有保证，施工风险低，而且各孔梁重量与长度均相差不大，有利于主梁制造及运输。

综上分析结果，无论从受力合理还是从施工便捷等方面考虑，均应把此处接头位置设置在墩顶处。

3. 主梁断面布置

由于混凝土桥面板横向跨度为9.3m，横向跨度较大，且车辆荷载要求在规范基础上提高25%，故对混凝土桥面板的横向受力性能提出了较高要求。为了改善桥面板的横向受力性能，对在组合梁中心线不设置小纵梁和设置小纵梁两个横向模型进行了分析研究，模型如图5所示。分析计算了在桥面板悬臂上加车辆荷载、在钢梁腹板之间桥面板加车辆荷载和满布车辆荷载这三种工况下桥面板的受力，分析计算结果见表3。

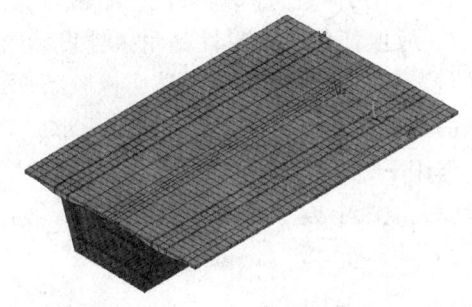
a) 桥面板不设置小纵梁计算模型

b) 桥面板设置小纵梁计算模型

图5 桥面板横向计算分析模型

混凝土桥面板应力比较表（单位：MPa） 表3

桥面板最大横向拉应力	活载加载工况		
	悬臂加载	跨中加载	满载
不加小纵梁	-3.3	-7.4	-9.3
加小纵梁	-3.3	-2.8	-6.0

分析计算结果表明设置小纵梁后，混凝土板最大横向拉应力降低约3.3MPa，改善了混凝土板的横向受力性能，可降低桥面板厚度，提高结构经济性。

4. 桥面板分块方式

钢箱组合梁预制桥面板分块常用做法是：为了密布均匀剪力钉的需要，在钢梁顶板设置通长纵缝，桥面板通常在钢梁顶板处断开，横向分为多块，这样不利于保持桥面板的整体性，不利于横向预应力钢筋以及普通钢筋的通长布置，不利于简化桥面板的施工工序，降低混凝土现浇工作量，减小混凝土收缩徐变。为了实现桥面板的横向作为一个整体，本文提出一种新的剪力钉布置方式——集束式布置，如图 6 所示，这样桥面板横向无需分块，只需在有集束式剪力钉处开槽。

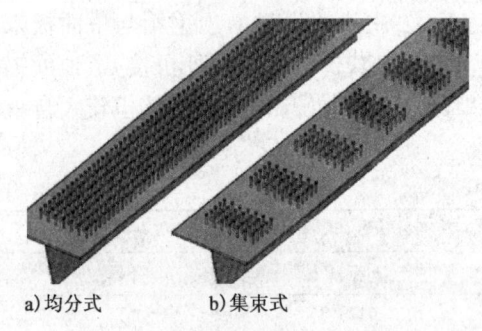

a) 均分式　　　b) 集束式

图 6　剪力钉布置示意图

为了验证这种剪力钉布置方式组合梁的受力性能，通过有限元软件模拟了单跨组合箱梁分别采用这两种不同的剪力钉布置方式下的受力情况。分析结果表明，在荷载作用下，虽然剪力钉采用集束式布置会使剪力钉内力有所增大，桥面板的局部应力略有提高(图 7)，组合梁的竖向位移集束式比均布式略增加约 0.5%，但是剪力钉与桥面板的受力均在容许范围内，且剪力钉的利用率比均布式高，故集束式剪力钉完全能够满足结构受力和使用的需要，简化了桥面板的施工。

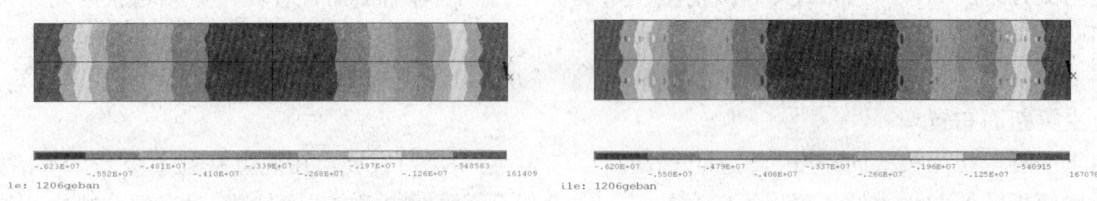

a) 桥面板主压应力—均布式布置　　　　　　b) 桥面板主压应力—集束式布置

图 7　桥面板纵向应力图

5. 钢—混结合面

钢—混结合面的处理不仅关系到钢和混凝土两者的共同受力，而且关系到组合梁的耐久性，由于此结合面构造的特殊性，若处理不当，此结合面容易积灰积水，故保证此处密封性是耐久性设计的关键之一。此结合面处理的方法为：首先在钢梁上翼缘板两侧边缘顺桥向粘贴可压缩的防腐橡胶条，两侧橡胶条之间浇筑环氧砂浆，靠橡胶条的位置砂浆高度与橡胶条的初始高度相同，中部隆起 5mm，形成上拱的弧面。然后吊装和安放混凝土桥面板，在混凝土桥面板自重作用下，橡胶条完全压密封闭，环氧砂浆与上下接触面充分接触，从而实现了结合面的密封性(图 8)。考虑到混凝土板与钢板平整度误差以及活载偏载变形，要求橡胶条压缩率不小于 40%。

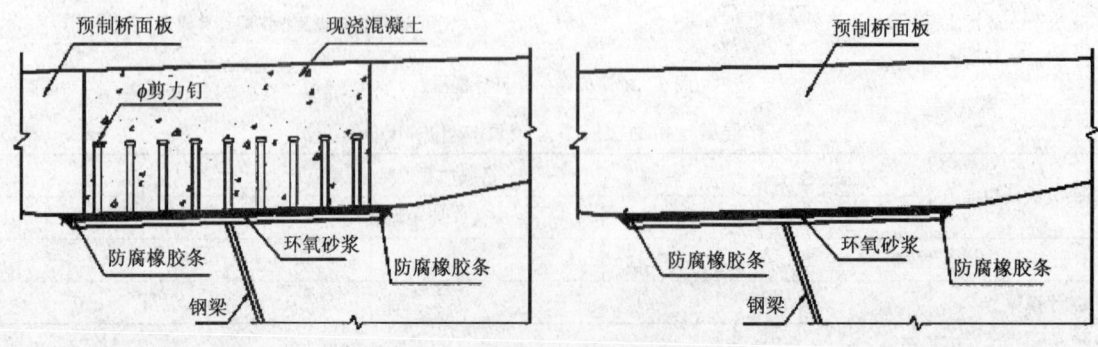

图 8　钢—混结合面处理示意图

6. 施工方案

为适应此处建桥条件，浅水区非通航孔桥85m组合梁采用整孔预制吊装、简支变连续的施工方法。单孔梁外形尺度85m×16.3m×4.38m，单孔构件最大自重约1900t，整孔出运、运输、吊装、逐孔合龙，形成多跨连续梁。

四、结 语

港珠澳大桥浅水区非通航孔桥采用85m连续组合梁桥形式，针对此处建桥条件、设计以及施工中难点，提出了如下技术对策：在组合梁截面设置小纵梁；墩顶负弯矩区混凝土板采用施工工序调整（简支变连续）及支点升降法；将连续梁顺桥向接头设置在墩顶处；整块预制桥面板；主梁整孔安装架设。目前，全桥128片85m主梁顺利安装架设过大半，预计2014年年底完成全部组合梁安装架设工作。

参考文献

[1] 张强,高宝峰.港珠澳大桥非通航孔桥型方案分析[J].桥梁建设,2009,(4):38-41.
[2] 中铁大桥勘测设计院有限公司.港珠澳大桥施工图[Z].武汉:2012.
[3] 张先蓉,胡佳安.武汉二七长江大桥6×90m钢—混组合连续梁设计[J].世界桥梁,2012,(4):11-14.
[4] 刘玉擎.组合结构桥梁[M].北京:人民交通出版社,2005.
[5] 邓淑飞,付坤,付梅珍.钢—混组合连续梁负弯矩区设计方法研究[J].黑龙江科技信息,2012(13):254-255.
[6] 侯文崎,叶梅新.连续结合梁桥负弯矩区混凝土板裂缝宽度控制方法研究[J].铁道学报,25(1):109-112.
[7] 常江.连续组合梁桥负弯矩区受力性能试验研究[D].同济大学,2009.
[8] 邵长宇.主跨105m连续组合箱梁桥的技术特色与创新[J].桥梁建设,2008,(3):33-36.
[9] 陈里平.大跨度钢—混凝土组合箱梁施工技术[J].桥梁建设,2007,(s2):45-48.
[10] 聂建国.钢—混凝土组合结构桥梁[M].北京:人民交通出版社,2011.

11. 港珠澳大桥浅水区桥梁设计

张 强 王东晖

（中铁大桥勘测设计院集团有限公司）

摘 要 港珠澳大桥是粤港澳首次合作共建的超大型基础设施项目，是国家高速公路网规划中珠江三角洲地区环线的重要组成部分和跨越伶仃洋海域、连接珠江东西岸的关键性工程。大桥建桥条件复杂，技术标准要求高。本文从设计角度对港珠澳大桥浅水区的九洲航道桥、非通航孔组合梁桥的技术特点进行了分析，介绍了港珠澳大桥耐久性设计和结构关键部位的设计创新。

关键词 港珠澳大桥 九洲航道桥 浅水区非通航孔桥 耐久性 设计特点

一、工程概况

港珠澳大桥是粤港澳首次合作共建的超大型基础设施项目，大桥东接香港特别行政区，西接广东省（珠海市）和澳门特别行政区，是国家高速公路网规划中珠江三角洲地区环线的重要组成部分和跨越伶仃洋海域、连接珠江东西岸的关键性工程。港珠澳大桥的建设对珠江三角洲地区实现改革和发展的宏伟目标，保持港珠澳的持续繁荣稳定，打造世界级城市群具有重要战略意义。

港珠澳大桥工程包括三项内容：一是海中桥隧工程；二是香港、珠海、澳门口岸；三是香港、珠海、澳门连接线。其中，海中桥隧主体工程（粤港分界线至珠海和澳门口岸段）由粤港澳共同建设；海中桥隧工程香港段（起自香港撒石湾，止于粤港分界线）、内地和港澳口岸以及连接线由各地自建。

海中桥隧工程路线起自香港大屿山撒石湾，接香港口岸，经香港水域，沿23DY锚地北侧向西，穿越珠江口铜鼓航道、伶仃西航道、青州航道、九洲航道，止于珠海/澳门口岸人工岛，全长约35.6km，其中香港段长约6km；广东境内水域长约29.6km。主体工程采用桥隧组合方案，穿越伶仃西航道和铜鼓航道段约6.7km采用隧道方案，其余路段采用桥梁方案，其中浅水区组合梁桥长6.1km，深水区钢箱梁桥长15.9km。为实现桥隧转换和设置通风井，主体工程隧道两端各设置一个海中人工岛，东人工岛东边缘距粤港分界线约150m，西人工岛东边缘距伶仃西航道约1800m，两人工岛最近边缘间距约5250米（图1）。

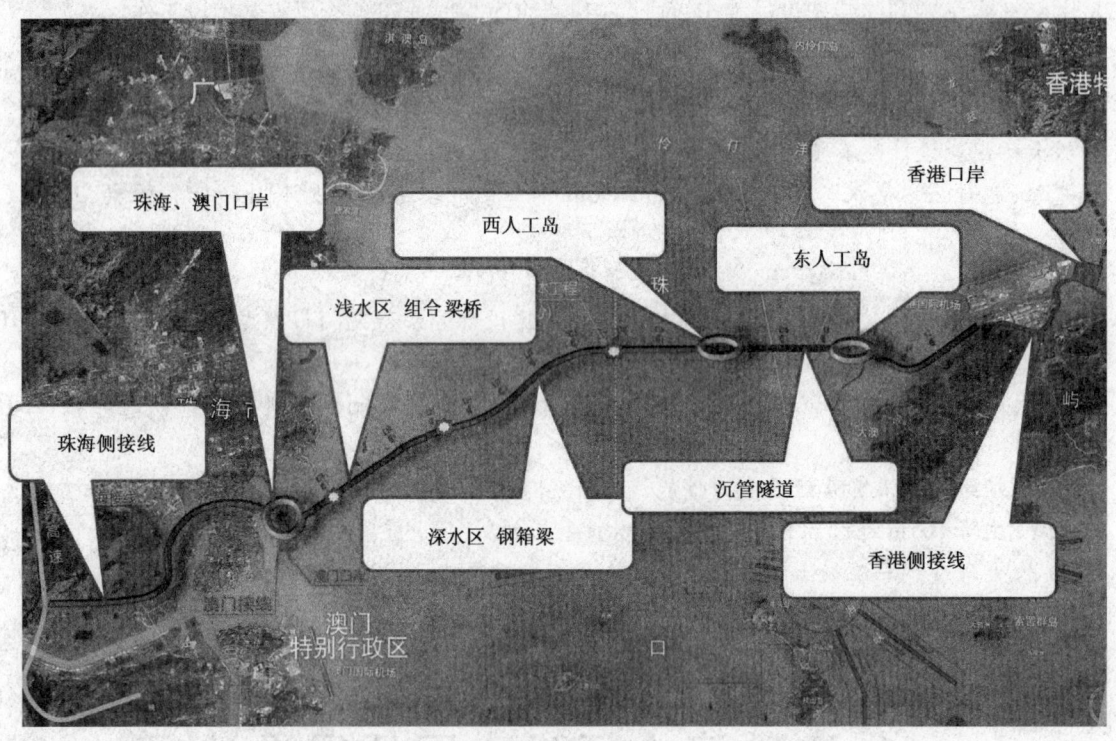

图1 港珠澳大桥平面布置图

二、主要技术标准

海中桥隧主体工程采用双向六车道高速公路标准建设，设计速度为100km/h，桥梁总宽33.1m，隧道宽度为2×14.25m，净高为5.1m。全线桥涵设计汽车荷载等级采用公路—Ⅰ级，同时满足香港《道路及铁路结构设计手册》中规定的活载要求。大桥的设计寿命为120年。

(1) 公路等级：高速公路。
(2) 设计速度：海中桥梁设计速度为100km/h。
(3) 行车道数：双向六车道。
(4) 设计使用寿命：120年。
(5) 建筑限界：桥面标准宽度33.1m，净高5.1m。
(6) 设计荷载：将现行标准《公路桥涵设计通用规范》（JTG D60—2004）第4.3.1条规定的汽车荷载中规定的汽车荷载（公路—Ⅰ级）提高25%用于本项目设计计算。按香港《United Kingdom Highways Aency's Departmental Standard BD 37/01》规定的汽车荷载进行计算复核。
(7) 地震设防标准：地震基本烈度为Ⅶ度。
(8) 设计洪水频率：1/300。

三、建桥条件

拟建工程区域北靠亚洲大陆,南临热带海洋,属南亚热带海洋性季风气候区。桥区天气特点温暖潮湿,气温年较差不大,降水量多且强度大;桥位区处于热带气旋路径上,登陆和影响桥位的热带气旋十分频繁。桥位处,距海平面高度10m高度、120年重现期的10min最大平均风速为47.2m/s。

桥址区水域水流主要为潮流,此外,风生流、波流对水流也有影响。设计流速2.15m/s,设计波高5.38m。

桥址区覆盖层为第四系工程地质层,自上而下依次为淤泥、淤泥质黏土、粉砂、砾砂、粉质黏土等,下伏基岩主要为燕山期花岗岩,基岩面起伏变化较大,埋深11.0～50m,岩面高程为－16～－55m。勘探范围内,基岩全、强、中、微风化均有揭示。中～微风化岩起伏很大,埋深13～108m,高程－17～－111m。

四、桥式布置

我院负责设计的DB02标段主线设计总长度6653m,其中主线桥梁全长6368m,包括主跨为268m的九洲航道桥(钢箱组合梁斜拉桥,全长693m)、85m跨径浅水区非通航孔桥(钢箱组合连续箱梁,全长5440m)及珠澳口岸人工岛连接桥(预应力混凝土连续箱梁,全长为235m),桥跨布置自东向西依次为:

(1)九洲航道桥以东浅水区非通航孔桥:5×85m+8×6×85m=4505m钢—混组合连续梁桥

(2)九洲航道桥:85m+127.5m+268m+127.5m+85m=693m双塔单索面钢—混组合梁斜拉桥

(3)九洲航道桥以西浅水区非通航孔桥:6×85m+5×85m=935m钢—混组合连续梁桥

(4)珠澳口岸连接桥:3×65m+40m=235m预应力混凝土连续箱梁桥

桥跨布置概略图见图1。

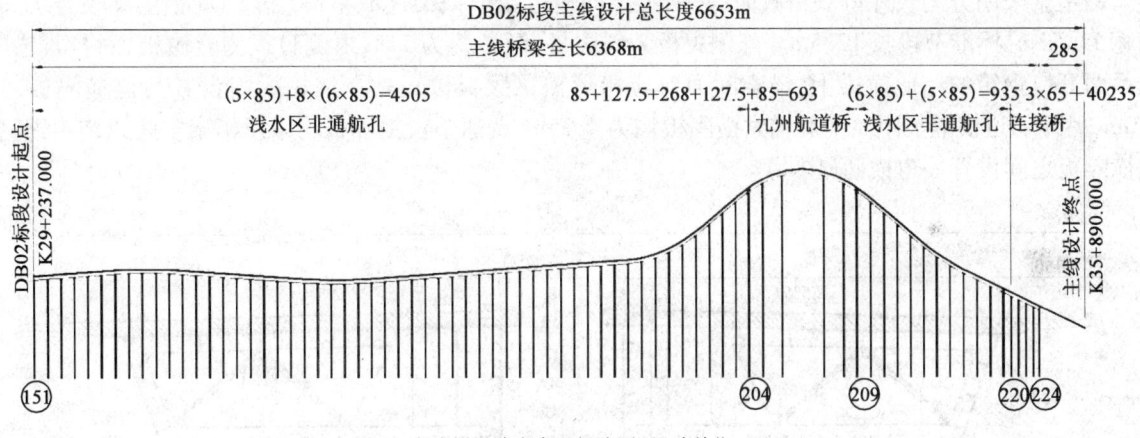

图1　主线桥梁跨度布置概略图(尺寸单位:m)

五、九洲航道桥

1. 总体布置

九洲航道桥采用双塔单索面钢—混组合梁斜拉桥,主跨设单孔双向通航,桥跨布置为85m+127.5m+268m+127.5m+85m,全长693m。边中跨比例为0.476:1,边跨设置主要目的为平衡边墩及辅助墩的负反力。主桥位于半径$R=14500$m的竖曲线上,主跨桥面标准宽度为36.8m,两侧过主塔后渐变至33.1m,桥面设2.5%横坡。九洲航道桥采用塔、梁、墩固结体系。主梁采用分离式开口钢箱+混凝土桥面板的组合截面,主塔采用钢—混结构,"风帆"造型,景观优美。斜拉索采用竖琴形布置,梁上索距12.5m,塔上索距6.1m(图2)。

2. 结构体系

九洲航道桥采用中央索塔,主梁五跨连续,塔梁固结结构体系,辅助墩及过渡墩设置支座。支座具备减隔震性能。

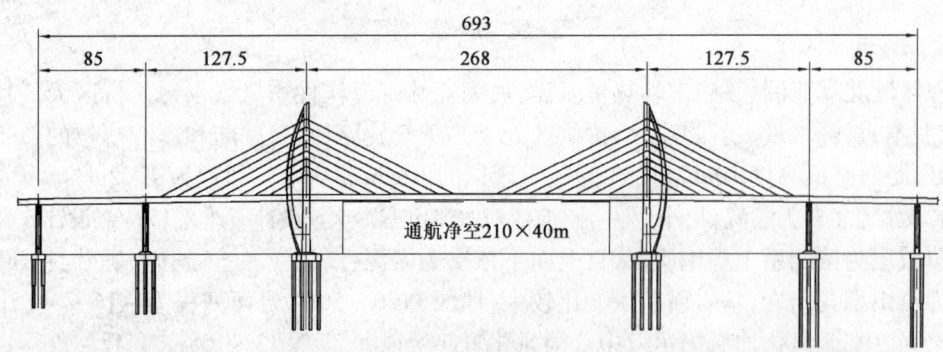

图2 九洲航道桥跨度布置图(尺寸单位:m)

3. 主梁

主梁采用开口钢箱与混凝土桥面板构成的组合结构,采用双分离式钢—混组合梁断面形式,其间采用箱形横梁连接。主桥全长采用统一的截面高度4.485m,与引桥相接的梁端,断面外轮廓与引桥断面保持一致,以追求景观效果的和谐统一;标准节段长12.5m,中跨横截面全宽36.8m,中央带宽5.7m;梁端为与引桥衔接,横截面全宽33.1m,中央分隔带宽2.0m;主梁在边跨、辅助跨范围设置变宽段,变宽段长185m。主梁顶面设2.5%的双向横坡。

钢材材质主要采用Q370qD,部分构件采用Q345C;桥面板材质为C60海工耐久混凝土。

1) 钢主梁

(1) 钢主梁结构形式

钢主梁采用分离式开口双箱截面,两钢主梁间通过箱形横梁连成整体(图3)。钢主梁顶宽12.8m,底宽11.52m,标准节段长12.5m。外侧腹板为斜腹板,倾角约为71°,内侧腹板为直腹板,斜拉索锚固在联系两开口钢箱的箱形横梁上,锚索断面对应箱形横梁腹板位置处在钢箱梁内设置两道横隔板,间距4.0m,另外一道横隔板距离前后锚索横隔板均为4.25m,普通节段横隔板均采用桁架空腹式结构,任意两道横隔板之间设置一道横肋(图4)。

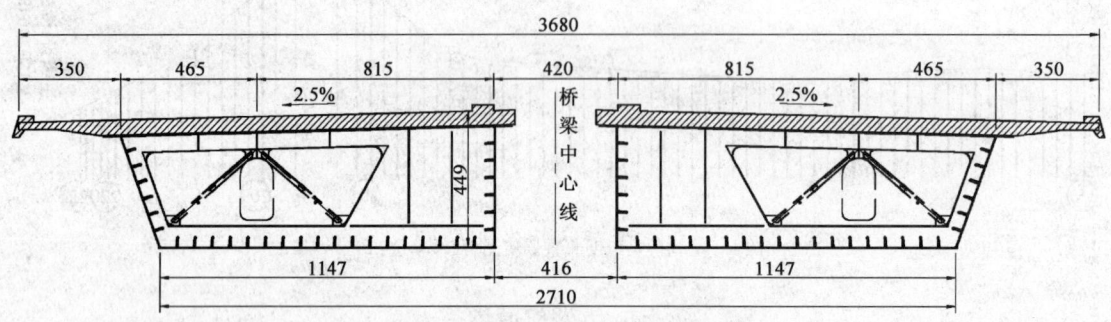

图3 主梁标准横断面图(尺寸单位:cm)

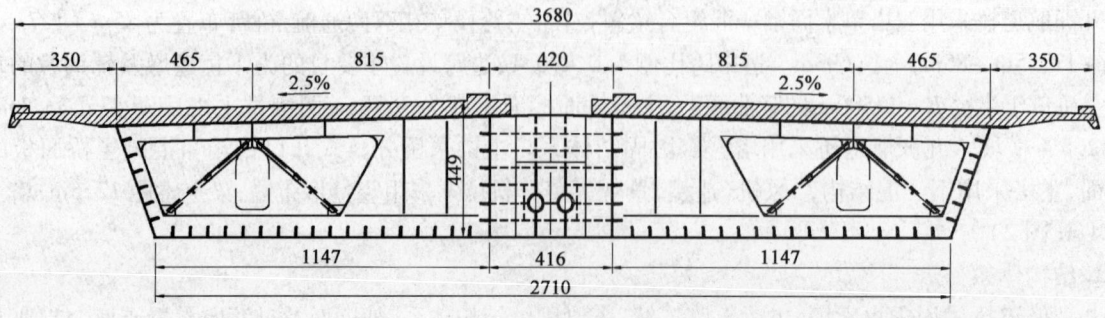

图4 主梁锚索横断面图(尺寸单位:cm)

(2) 斜拉索在主梁上的锚固

斜拉索锚固在联系两分离开口钢梁的横梁上,锚固间距为12.5m。斜拉索索力通过锚导管传给箱形横梁内的纵向腹板,再传至两侧分离式主梁。

(3) 主梁变宽过渡段设计

充分考虑桥面对行车安全影响,在满足技术标准的前提下,在九洲航道桥辅助跨及边跨范围内设置变宽过渡段,采用三次抛物线进行变宽。将变宽段设置在通航孔桥范围内,可使整个非通航孔区段彻底实现标准化,大大方便设计及施工。桥梁变宽公式为:

$$y = [3(x/L)^2 - 2(x/L)^3] \times B \tag{1}$$

式中:L——变宽过渡段长度(m);

B——单侧宽度变化值(m)。

中央分隔带变宽平面示意图见图5。

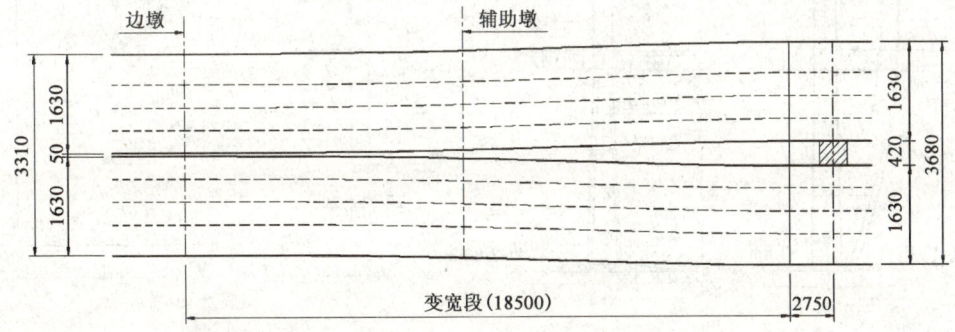

图5 中央分隔带变宽过渡段平面示意图(尺寸单位:cm)

(4) 钢箱梁制造和拼装

主梁标准节段长12.5m,钢结构部分重约为240t,节段吊重约为600t。制造时将梁段分为三个单元梁段,以减小梁段的外形尺寸和制造规模。三个单元梁段间的连接均在工厂采用全焊施工。为了安装方便,也为了提高现场安装进度和安装质量,钢梁节段之间采用焊缝连接。

2) 混凝土桥面板及剪力钉

混凝土桥面板支承在槽形钢梁的上翼缘和横梁及横肋上,为纵向单向板,桥面板厚0.26m,支承位置加厚至0.5m,悬臂长度3.5m。主梁有索区及辅助墩顶设置纵向预应力。

混凝土桥面板与钢梁之间通过布置于钢梁顶板的剪力焊钉连接,剪力焊钉直径22mm,高200mm。剪力钉布置在钢梁上翼缘和横隔板上翼缘板上。钢梁上翼缘的剪力钉采用集束式布置,纵向四排为一个钉群,钉群中心线之间的纵向距离为1000mm。每束钉群中剪力钉横向间距125mm,纵向间距126mm。横梁上翼缘剪力钉采用均匀布置,依剪力大小适当调整间距。

辅助墩墩顶负弯矩区混凝土桥面板设置纵向预应力钢束,规格为$7-\phi^s15.2mm$,钢束极限抗拉强度$R_y^b = 1860MPa$。

桥面板材质为C60海工耐久混凝土,剪力钉材质为ML15。

4. 斜拉索

斜拉索采用中央双索面竖琴形布置,两索面横向间距为1.0m。全桥一共有64根斜拉索。斜拉索梁端采用锚管直接锚固于联系两分离式钢梁的箱形横梁上,纵向索距12.5m;在塔上采用钢锚箱锚固,竖向间距6.1m。

斜拉索采用直径7mm高强度镀锌平行钢丝拉索,钢丝标准强度为1770MPa,采用双层PE护套防护。

5. 主塔

主塔采用钢—混组合结构,由竖直的塔柱和弯曲的曲臂组成,塔高114.7m,塔顶高程为+120.0m。

塔底高程为+5.3m。主塔中心线处桥面高程为+49.244m。塔柱和曲臂在主梁位置设置横梁,塔柱、曲臂和横梁形成稳定的三角形结构。在索锚区沿拉索方向在塔柱和曲臂之间设置连杆。塔柱和曲臂自塔底至塔顶依次为:13.7m混凝土塔柱、3m钢-混结合段和98.0m钢塔柱(图6)。

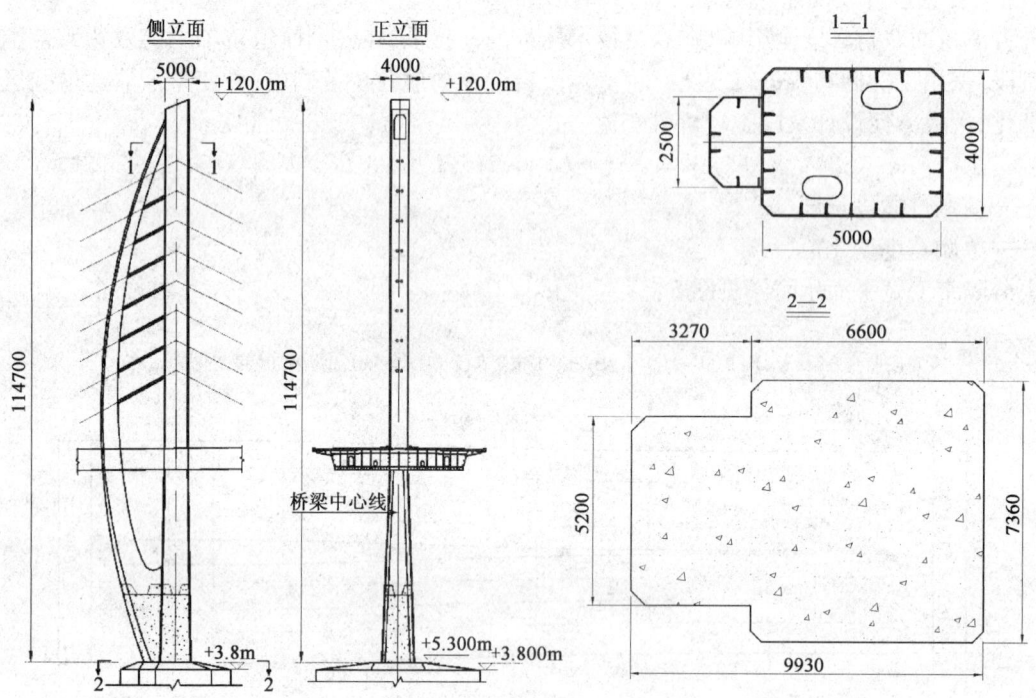

图6 主塔结构示意图(尺寸单位:cm)

钢塔柱材质主要采用Q370qD,仅在塔顶局部区段采用Q345qD,曲臂材质为Q345qD,混凝土塔柱材质为C60。

1) 钢塔柱及钢曲臂

钢塔柱在桥面以上部分采用等截面设计,横向尺寸为4.0m,纵向尺寸为5.0m。钢塔柱在桥面以下部分采用变截面设计,桥面高度处横向宽4.0m,塔底横向宽7.36m;桥面高度处纵向尺寸为5.0m,塔底纵向尺寸为6.66m,其间以直线渐变。

钢塔柱断面采用带倒角的四边形,壁板板厚由受力控制采用不等厚方式,壁板由板肋加劲。横隔板间距根据不同区段的受力性能和构造需要而不同,钢塔柱内隔板最大间距3.55m,布置在有索区,最小间距为2.4m,布置在主塔应力较大的下塔柱,索锚区隔板标准间距为3.05m。

钢曲臂受力较为复杂,为减少设计、施工难度,设计时将其主要功能定义为协同钢塔柱承担二期恒载和活载的作用,不参与结构一期恒载受力,为此钢曲臂需在主梁架设完成后方能与钢塔柱固结;同时为改善结构受力性能和简化结构构造,钢曲臂与主梁间不设任何约束。

钢曲臂在桥面以上部分横向尺寸均为2.5m,曲臂底部横向尺寸为5.2m;曲臂顶端纵向尺寸为2.0m,桥面高度处纵向为4.0m,塔底纵向尺寸为3.27m。钢曲臂采用切角箱形截面,由板肋加劲,曲臂壁板及加劲板厚度均为24mm。钢塔柱和钢曲臂箱内均设横隔板,以改善受力性能。

2) 斜拉索在塔上的锚固

斜拉索在塔端利用具有上拉板的钢锚箱锚固,锚点竖向间距为6.1m。索力竖向分力通过锚箱传给塔壁,水平分力通过上拉板和锚下隔板平衡,结构整体性好,索力作用对主塔的局部应力增加较小,能够满足大索力条件下拉索锚固需要,并能适应斜索断裂而不限制交通的需求。

锚索隔板厚40mm,框架式锚板底缘与隔板熔透焊接,在两片框架式锚板之间增设短锚箱板,短锚箱板两侧与框架式锚板熔透焊接。框架式锚板和短锚箱板板厚均为40mm。斜拉索索力由锚圈经锚垫板传递给框架式锚板和短锚箱板形成的钢锚箱,索力以端部承压的形式传递,焊缝尺寸不控制结构设计,使得锚固结构设计非常紧凑,能够满足景观设计需要(图7)。

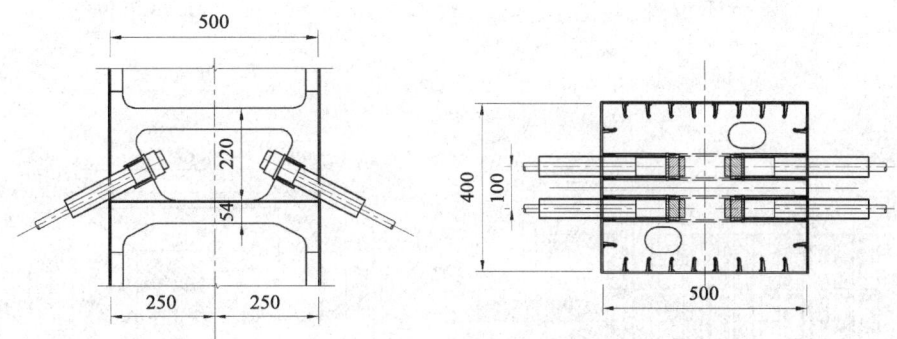

图7　斜拉索塔上锚固(尺寸单位:cm)

3)主塔钢—混结合段

钢主塔结合段采用劲性骨架定位,钢与混凝土之间采用预应力锚杆连接的方式。首先在主塔底节混凝土内埋设劲性骨架预埋件,底节混凝土达到强度以后,安装劲性骨架,以劲性骨架为支撑吊装钢塔结合段到位,通过劲性骨架与钢塔结合段之间的调节装置精确调节结合段位置。浇筑混凝土,待混凝土达到强度后,分批次张拉预应力锚杆,完成结合段施工(图8)。

采用这种结合形式,可以保证结合段钢塔柱精确定位,结合段钢塔柱壁板同时可以作为塔柱混凝土的施工模板。

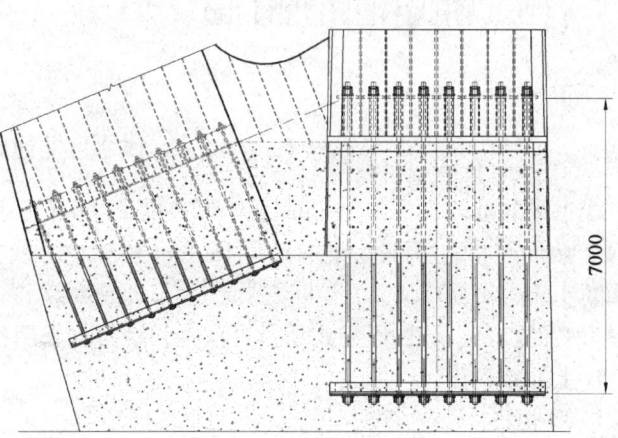

图8　主塔钢—混结合段构造示意图(尺寸单位:cm)

4)塔—梁结合段

主梁与主塔采用刚性固结方案,主塔顺桥向壁板同时作为主梁腹板,与两侧腹板对齐。主塔横桥向壁板同时作为主梁隔板,与主梁内隔板对齐。

主塔施工时,主梁0号段和固结区塔柱作为一个吊装节段,先行安装。待主塔施工完成后,再在0号段主梁两端拼装其余主梁节段(图9)。

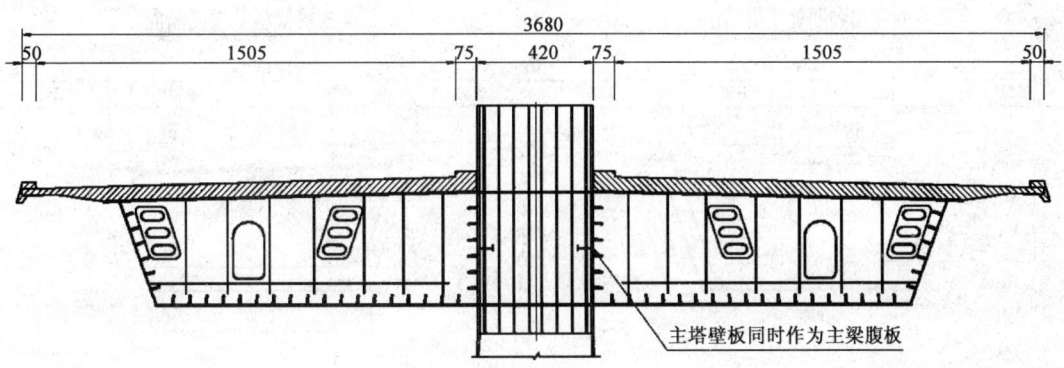

图9　塔梁固结断面(尺寸单位:cm)

6. 主墩基础

主塔基础采用22根钻孔桩,有钢管段直径2.5m,无钢管段直径2.2m,嵌岩桩,行列式布置,桩长分别为86m和85m,桩底持力层为中风化花岗岩。承台为高桩承台,平面尺寸37.3m×23.5m(横桥向×纵桥向)。承台顶高程+3.8m,承台厚5.5m,封底混凝土厚2.5m。承台采用C45混凝土,钻孔桩钢管采用Q345C钢材,桩身采用C35水下混凝土(图10)。

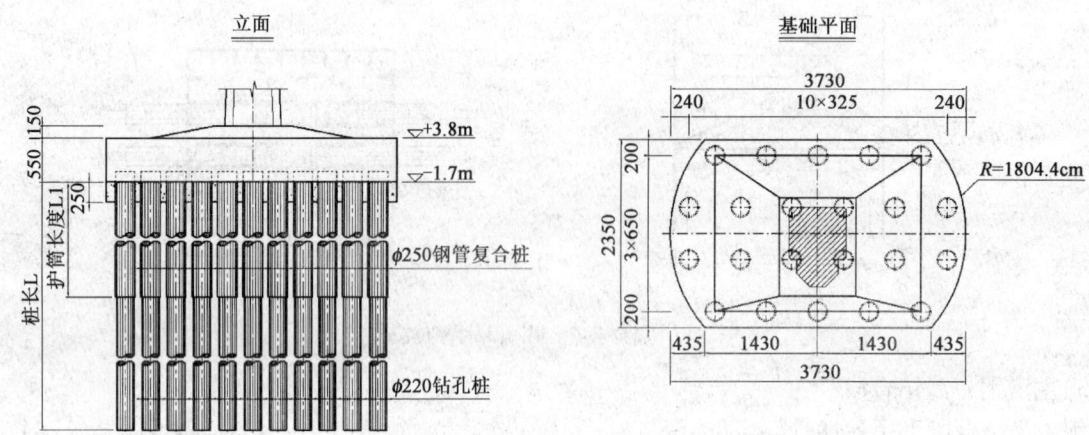

图10　主塔基础构造图(尺寸单位:cm)

六、浅水区非通航孔桥

浅水区非通航孔桥采用85m连续组合梁,5~6孔一联,全长5440m。桥面总宽33.1m,采用整墩分幅组合梁布置形式,两幅主梁中心距16.8m,桥梁中心线处梁缝宽0.5m,单幅桥面宽16.30m,主梁中心处梁高4.3m,桥面横坡2.5%。主梁采用"U形钢梁+混凝土桥面板"的组合结构,下部结构采用整体式布置,钢管复合桩基础,埋置式承台。承台和墩身均采用预制施工。

1. 上部结构设计

1)钢主梁

钢主梁设计成倒梯形结构,钢主梁顶宽9.30m,底宽6.70m,腹板斜置。倒梯形钢梁主要由上翼缘板、腹板、底板、小纵梁、腹板加劲肋、底板加劲肋、横隔板以及横肋板组成。板件根据结构受力情况采用变厚设计以节省材料。除支点横隔板采用实腹式构造外,其余横隔板均采用桁架式构造,间距4m;横肋板均采用框架式构造,间距4m,横隔板与横肋板交替布置。为减小混凝土桥面板跨度,改善其受力性能,设一道小纵梁,支撑于横隔板,小纵梁采用工字型断面。加劲肋均用板式构造。钢箱梁材质采用Q345qD和Q345C钢材(图11)。

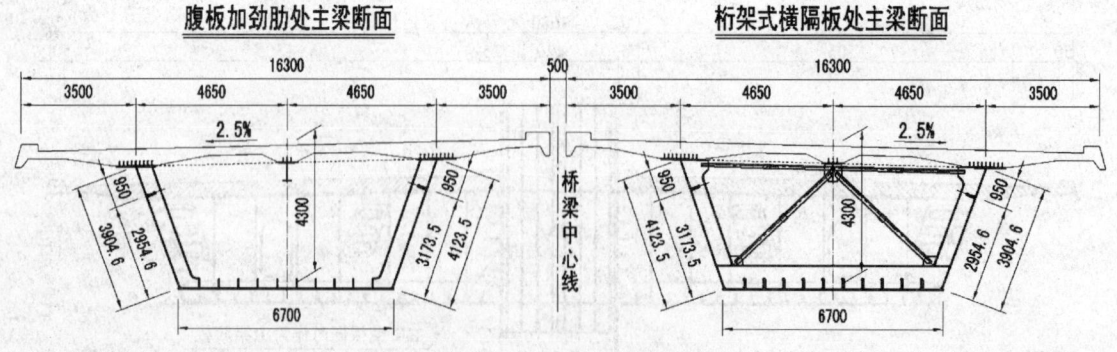

图11　连续组合梁断面图(尺寸单位:cm)

2)桥面板

混凝土桥面板采用C60海工耐久混凝土,宽16.3m,悬臂长度3.50m。横桥向跨中部分厚26cm,钢梁腹板顶处厚50cm,悬臂板端部厚22cm,其间均以梗肋过渡。桥面板纵桥向分块预制,预制桥面板需存放6个月以上,以减小混凝土收缩徐变的影响;桥面板横向整块预制,在钢梁腹板顶间断开孔;现浇缝采用C60微膨胀混凝土。

桥面板横向按A类预应力混凝土构件设计,横向预应力钢筋规格为$5-\phi^s15.2$,通长布置,纵桥向间距50cm。在墩顶负弯矩区适当布置纵向预应力钢绞线,以提高该处混凝土桥面板防裂能力,纵向预应力钢绞线规格为$7-\phi^s15.2$。横向预应力钢束预埋管道采用金属波纹管,纵向预应力钢束预埋管道采用塑料波纹管。

混凝土桥面板纵向按钢筋混凝土结构设计控制裂缝宽度,在支点及跨中处采用不同的配筋率。为保证结构耐久性,钢筋全部采用环氧钢筋。

3)剪力钉

剪力键采用圆头焊钉,材质为ML15。混凝土桥面板与钢梁之间通过布置于钢梁上翼缘板及小纵梁上的焊钉剪力键连接,焊钉剪力键直径22mm,高250mm;纵桥向采用集束式钉群布置,单个钉群纵向布置为四排,焊钉剪力键纵向间距126mm,横向布置2×9根,横向间距125mm;钉群中心线之间的纵向距离为1000mm。

4)桥面板与主梁的结合部

在钢梁上翼缘板两侧边缘顺桥向粘贴可压缩的防腐橡胶条,两侧橡胶条之间浇筑环氧砂浆,靠橡胶条的位置砂浆高度与橡胶条的初始高度相同,中部隆起5mm,形成上拱的弧面。然后吊装和安放混凝土桥面板,在混凝土桥面板自重作用下,橡胶条完全压密封闭,环氧砂浆与上下接粗面充分接触,从而实现了结合面的密封性。

2. 下部结构

浅水区非通航孔桥共62个桥墩,墩高19.143~42.974m,其中墩高≤27m桥墩49个,为低墩区;墩高>27m桥墩13个,为高墩区。

1)高墩区下部结构

高墩区基础采用六根钢管复合桩,按行列式布置。有钢管段直径220cm,无钢管段直径200cm。钢管壁厚22mm,按柱桩设计,桩底持力层为中风化或微风化花岗岩,嵌岩深度不小于4m。钢管长度取值兼顾结构受力、施工荷载及地质情况综合确定。钢管桩复合桩的钢管与混凝土共同参与受力,需对钢管进行防腐,防腐方案采用"预留腐蚀余量+环氧涂层+牺牲阳极阴极保护"的联合防腐方案。

为了确保钢管和混凝土之间能够较好的协同受力,需要确保两者之间的可靠牢固连接,在钢管壁焊接凸起的剪力板,确保混凝土与钢管之间协同受力。即在钢管壁外侧焊接剪力环,同时钢管伸入承台不少于1m,桩基混凝土内的钢筋伸入承台与承台钢筋绑扎在一起,浇筑承台与钢管复合桩间的混凝土。

承台尺寸为16.8m×12.1m×4.5m(横桥向×纵桥向×承台厚度),四周倒以圆角,以利脱模。承台顶埋入海床面;高程+8m以下墩身与承台一起预制,预制承台及其底节墩身重量为2650t(图12)。

桥墩为预制空心墩,墩帽为展翅结构,挑臂长度6.25m;墩底截面尺寸桥墩为预制空心墩,墩帽为展翅结构,挑臂长度6.25m;墩底截面尺寸11m×4m(横桥向×纵桥向),墩顶截面尺寸23.5m×4m,壁厚0.8m。墩身接缝采用湿接缝,高墩区桥墩共设置两道接缝,第一道接缝设置在高程+8m处,位于浪溅区以上,第二道接缝距墩顶8m。为保证结构耐久性,墩身预制部分采用C50混凝土;墩身现浇湿接缝采用微膨胀C50混凝土。承台预制部分采用C45混凝土,现浇部分采用微膨胀C45混凝土,膨胀率同墩身现浇湿接缝混凝土。桩基采用水下C35混凝土。墩身浪溅区及以下(高程+8.0m以下)的外层竖向主筋及外圈箍筋采用不锈钢钢筋。

2)低墩区下部结构

低墩区基础采用六根钢管复合桩,有钢管段直径200cm,无钢管段直径180cm,钢管壁厚22mm。桩基按行列式布置均按柱桩设计,桩底持力层为中风化或微风化花岗岩,嵌岩深度不小于4m。钢管长度取值原则及防腐措施同高墩区。

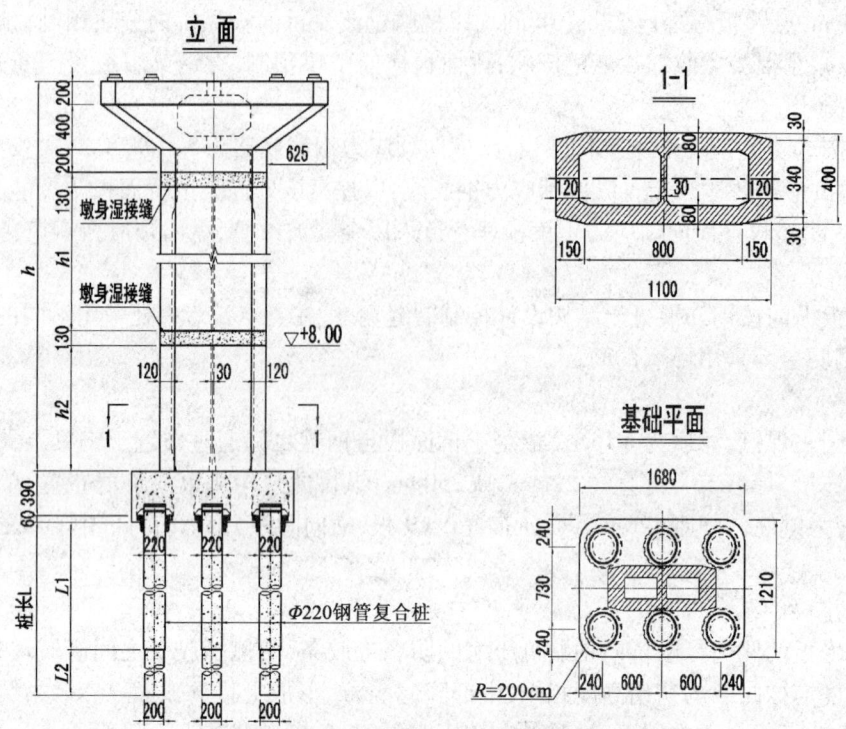

图12 浅水区非通航孔高墩区下部结构图(尺寸单位:cm)

承台尺寸为15.6m×11.4m×4.5m(横桥向×纵桥向×承台厚度),承台顶埋入海床面;高程+8m以下墩身与承台一起预制,预制承台及其底节墩身重量为2350t。承台及钢管复合桩连接构造同高墩区。

桥墩为预制空心墩,墩帽为展翅结构,挑臂长度6.25m;墩底截面尺寸11m×3.5m(横桥向×纵桥向),墩顶截面尺寸23.5m×4m,壁厚0.8m。墩身接缝采用湿接缝,低墩区桥墩共设置一道接缝,设置在高程+8m处,位于浪溅区以上,桥墩及承台耐久性措施同高墩区。

七、耐久性设计

结构和构件的耐久性设计根据结构和构件的设计使用年限、具体环境作用和耐久性极限状态进行。对于不可更换的混凝土构件,通过调查项目处腐蚀环境,重点参考香港地区耐久性规范,结合国外相关方法进行精细研究,得到本项目的耐久性要求;对于钢结构则重点吸纳世界范围内最新经验,选用合适的防腐方案;对可更换构件,按维护、更换构件处理。

耐久性设计与结构施工阶段的施工养护与质量验收要求、使用阶段的维护与检测要求紧密相连,耐久性保证措施除遵照设计文件规定外还需遵照相应的施工和质量验收标准以及营运维护准则,以系统工程的概念保证结构耐久性。

1. 混凝土结构

混凝土结构耐久性以提高混凝土自身品质为根本出发点,设计上重点对混凝土强度等级、氯离子扩散系数、钢筋最小保护层厚度进行控制(表1),并辅以必要的辅助性耐久性措施(表2)。

混凝土构件耐久性控制指标 表1

构 件	环境/部位	最低强度等级	最小混凝土保护层厚 (mm)	NT Build492 氯离子扩散系数($\leq 10^{-12} m^2/s$)	
				28d	56d
箱梁	大气区/外侧	C50	45	6.0	4.0
	大气区/内侧	C50	45		
预制桥面板	大气区/外侧	C60	45	6.0	4.0
	大气区/内侧	C60	45		

续上表

构 件	环境/部位	最低强度等级	最小混凝土保护层厚(mm)	NT Build492 氯离子扩散系数($\leq 10^{-12} m^2/s$)	
				28d	56d
支座垫石	大气区	C50	70	6.5	4.5
桥墩	大气区/外侧	C50	70	5.5	4.0
	大气区/内侧	C50	60		
	浪溅区/外侧	C50	70		
	浪溅区/内侧	C50	60		
桥塔	浪溅区	C60	70	6.5	4.5
承台	浪溅区	C45	80	6.5	4.5
	水下区	C45	65	6.5	4.5
钢管复合桩	浪溅区	C35	60	7.0	5.0
	水下区	C35	60		
钻孔桩	水下区	C35	65	7.0	5.0

混凝土结构各构件附加防腐措施　　表2

区 段	构 件	环 境	外加防腐措施
九洲航道桥	现浇塔身	浪溅区	不锈钢钢筋 + 硅烷浸渍(外表面)
	现浇墩身 +8m以上	大气区	硅烷浸渍(外表面)
	现浇墩身 +8m以下	浪溅区	不锈钢钢筋 + 硅烷浸渍(外表面)
	现浇承台	浪溅区~水下区	不锈钢钢筋 + 硅烷浸渍(顶面)
非通航孔桥	预制墩身 +8m以上	大气区	硅烷浸渍(外表面)
	预制墩身 +8m以下	浪溅区~水下区	不锈钢钢筋 + 硅烷浸渍(内、外表面)
	预制承台	水下区	普通钢筋 + 硅烷浸渍(顶、侧面)
	现浇墩身	浪溅区~大气区	不锈钢钢筋 + 硅烷浸渍(外表面)
	现浇承台	水下区	普通钢筋 + 硅烷浸渍(顶面)
组合梁	桥面板	大气区	环氧钢筋
共用部分	现浇支座垫石、挡块	大气区	普通钢筋 + 硅烷浸渍(外表面)

2. 钢结构

钢结构采用重体系涂装，并辅以内部除湿(表3)。

交叉口初始流量　　表3

部 位	涂装体系及用料	技术要求(最低干膜厚度)	场 地
钢主梁(钢塔)外表面(除顶板结合面)	表面净化处理	无油、干燥	工厂
	二次表面喷砂除锈	Sa2.5级，Rz30~70μm	工厂
	环氧富锌底漆2道	2×50μm	工厂
	环氧云铁中间漆2道	2×100μm	工厂
	(非自清洁)氟碳面漆2道	2×40μm	工厂
	焊缝修补	同上要求	工地
钢主梁上翼缘板顶面	表面喷砂处理	Sa2.5级，Rz30~70μm	工厂
	涂膜镀锌2道	80~120μm	工厂
	焊缝修补	机械打磨除锈St3级后涂上述同部位油漆	工地

续上表

部　位	涂装体系及用料	技术要求(最低干膜厚度)	场　地
钢主梁(钢塔)内表面,钢箱梁内除湿系统保持湿度小于50%	二次表面喷砂除锈	Sa2.5级,Rz30~70μm	工厂
	环氧富锌底漆1道	80μm	工厂
	环氧厚浆漆1道	120μm	工厂
	焊缝修补	机械打磨除锈St3级后涂上述同部位油漆	工地

八、设 计 特 点

1. 负弯矩区桥面板控裂措施

负弯矩区桥面板控裂是组合梁桥设计的难点和重点,在本次设计中采取了以下手段和措施以确保其安全和耐久性。

(1) 提高负弯矩区桥面板局部配筋率,并按钢筋混凝土构件设计,严格控制裂缝宽度 $\delta \leqslant 0.15$ mm。

(2) 采用环氧涂层钢筋,并在桥面板设置防水层,确保耐久性。

(3) 施加适量纵向预应力,控制桥面板拉应力,做到拉而不裂。

(4) 预留无黏结预应力孔道,为后期调整主梁内力提供可实施条件。

(5) 通过起顶再回落钢梁,对组合梁负弯矩区桥面板施加预压应力。

2. 集束式剪力钉布置

剪力钉布置通常有均布式和集束式两种布置方案,通过计算分析表明,当集束式剪力钉群间距选用是当时,集束式与均布式受力特征差异不大,竖向位移相差仅0.5%,采用集束式布置并未显著减小组合梁整体刚度,可以满足设计需要的组合刚度。同时采用集束式布置,具备以下优势:

(1) 桥面板可以有效施加预应力。

(2) 钢梁不会因预应力的施加而产生附加应力。

(3) 减轻干燥收缩对混凝土桥面板的影响。

(4) 可实现桥面板横向整体化,从而避免了桥面板横向分块,使桥面板横向整体性更好,施工更便捷。

3. 桥面板横向整体化

由于采用了集束式剪力钉布置,从而实现了桥面板横向整体化,具有以下优点:

(1) 减少了现浇接缝,提高了耐久性。

(2) 避免了桥面板横向分块,使桥面板横向整体性更好。

(3) 横向预应力钢束通长布置,施加更高效、方便。

(4) 简化了桥面板施工工序,减少了混凝土现浇工作量,节省了安装桥面板时所需搭设的施工支架。

4. 桥面板纵向有效预应力

对组合连续梁墩顶负弯矩区桥面板施加纵向预应力是解决其开裂的一种常规措施,但对于已经形成整体的组合结构,在桥面板上施加预应力,势必将有部分预应力是加到钢主梁上,从而导致桥面板有效预应力下降,严重的可能危及桥面板的耐久性。在常规的总体计算中,难以准确分析桥面板在这种工况下的有效预应力损失,必须采用更为精细化的有限元模型进行分析,计算结果表明:

(1) 预加力作用下,剪力连接键传递的纵向剪力梁端最大,并向跨中逐渐减小;在各级预加力作用下,半跨剪力连接键传递的纵向剪力约占总预加力的20.8%;随着预加力的增大,钢—混界面的滑移量随之增大,而梁端剪力钉传递剪力的增长趋势放缓。

(2) 对比在桥面板结合前和结合后施加预加力两种情况下桥面板的正应力可知,在桥面板结合后施加预应力,桥面板的正应力要比结合前施加预应力小22%。在桥面板与钢梁结合后施加预应力,通过剪力键传递的预加力超过20%。

5. 预制墩身接头连接方式

预制墩身节段之间的连接有干接和湿接两种方式。采用干接方式,效率较高,但也存在一些问题。本项目承台采用预制安装工艺,就施工规范而言,承台和墩身的安装精度不同,要满足墩身的安装精度,势必大幅提高承台的安装精度,给施工带来很大的困难。通过对两种连接方案的综合比选,最终选用湿接方式(图13),具有以下优势:

(1)通过竖向和水平千斤顶调节安装高程、倾斜度和平面位置偏差,提高安装精度。

(2)规避了因采用预应力连接方案时预应力钢束腐蚀或失效的风险。

(3)结构动力性能大大改善。

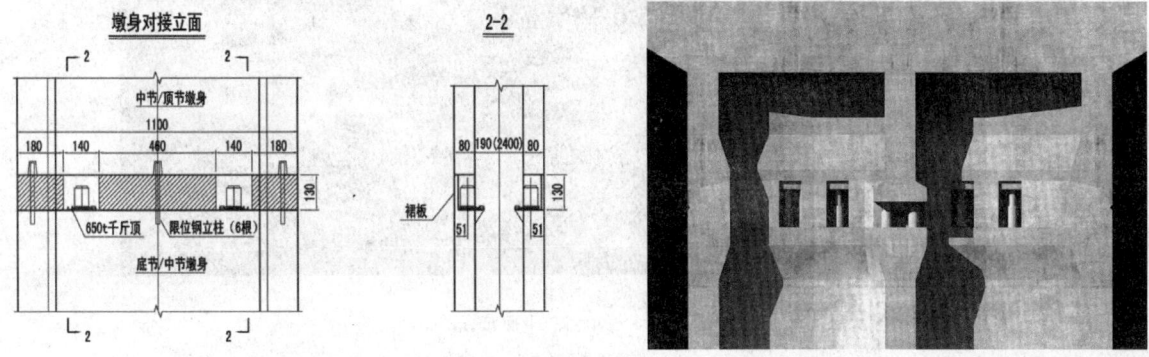

图13 预制墩身节段连接构造示意图

为了解决对湿接方式病垢最多的现浇混凝土和预制混凝土存在的色差问题,本次设计在预制墩身节段上设置裙边,在确保结构安全的前提下,很好地解决的湿接头方式连接的景观问题。

参考文献

[1] 张强,高宝峰.港珠澳大桥非通航孔桥型方案分析[J].桥梁建设,2009,(4):38-41.
[2] 中铁大桥勘测设计院有限公司.港珠澳大桥施工图[Z].武汉:2012.
[3] 聂建国.钢—混凝土组合结构桥梁[M].北京:人民交通出版社,2011.
[4] 强士中.桥梁工程[M].北京:高等教育出版社,2004.
[5] 林元培.斜拉桥[M].北京:人民交通出版社,1993.

12. 港珠澳大桥浅水区非通航孔桥下部结构设计

别业山 王东晖 张 强

(中铁大桥勘测设计院集团有限公司)

摘 要 港珠澳大桥浅水区非通航孔桥下部结构采用钢管复合桩基础,承台和墩身均采用预制构件,通过现场湿接缝连接,体现了"大型化、工厂化、标准化、装配化"的理念。本文详细阐述了基础方案、桥墩方案的由来,以及预制承台与桩基连接、预制墩身之间连接的设计细节,结构耐久性措施等。目前非通航孔桥下部结构施工进展顺利,充分体现了下部结构采用预制安装工艺的优越性。

关键词 港珠澳大桥 浅水区 非通航孔桥 下部结构 设计

一、工程概况

路线起自香港大屿山石散石湾,经香港水域,沿23DY锚地北侧向西穿(越)珠江口铜鼓航道、伶仃西航道、青州航道、九洲航道,止于珠海/澳门口岸人工岛,总长约35.6km,其中香港段长约6km,粤港澳共同建设的主体工程长约29.6km;主体工程采用桥隧组合方案,其中隧道约6.7km,桥梁约22.9km,如图1所示。

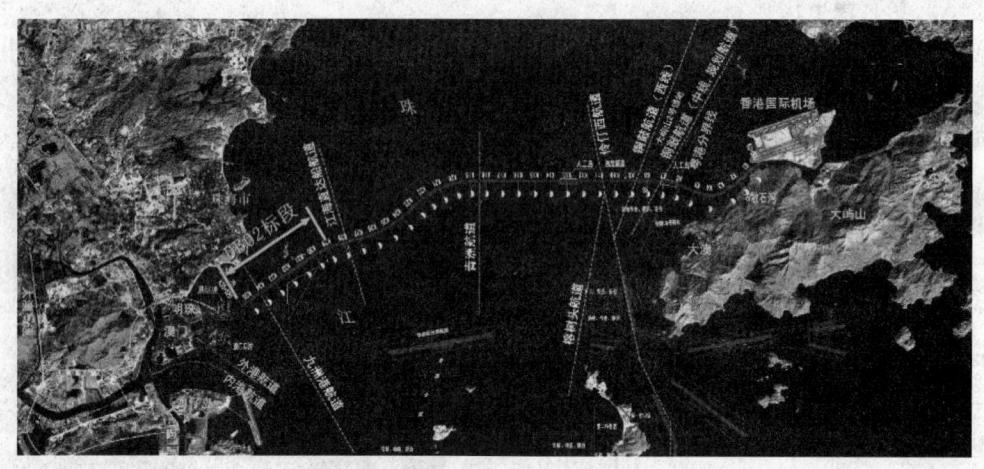

图1 港珠澳大桥项目总平面布置图

DB02标段主线设计总长度6653m,其中主线桥梁全长6368m,包括主跨为268m的九洲航道桥(钢箱组合梁斜拉桥,全长693m)、85m跨径浅水区非通航孔桥(钢箱组合连续箱梁,全长5440m)、珠澳口岸人工岛连接桥(预应力混凝土连续箱梁,全长为235m),收费站暗桥及互通立交。主线桥跨布置自东向西依次为:

(1) 九洲航道桥以东浅水区非通航孔桥:5×85+8(6×85)=4505m 钢—混组合连续梁桥
(2) 九洲航道桥:(85+127.5+268+127.5+85)=693m 双塔单索面钢—混组合梁斜拉桥
(3) 九洲航道桥以西浅水区非通航孔桥:6×85+5×85=935m 钢—混组合连续梁桥
(4) 珠澳口岸连接桥:3×65+40=235m 预应力混凝土连续箱梁桥

主线桥跨度布置如图2所示。

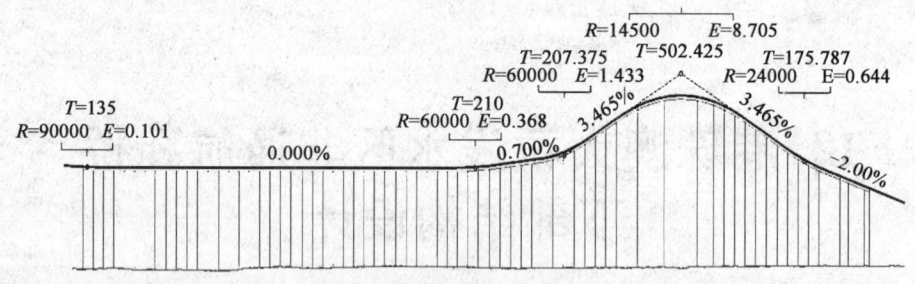

图2 DB02标桥跨布置示意图

本工程公路等级为高速公路,海中桥梁设计时速为100km/h,双向六车道,设计使用寿命120年。设计荷载:将现行交通运输部颁《公路桥梁设计通用规范》(JTG D60—2004)第4.3.1条规定的汽车荷载中规定的汽车荷载(公路—Ⅰ级)提高25%用于本项目设计计算。按香港《United Kingdom Highways Aency's Departmental Standard BD 37/01》规定的汽车荷载进行计算复核。设计最高通航水位:3.52m,设计最低通航水位:-1.18m,设计最高水位:3.82m,设计最低水位:-1.63m。设计通航净空210m×40m,设计洪水频率:1/300。

港珠澳大桥项目的建设目标:采用一流管理、一流理念、现代化技术,将港珠澳大桥建设成为世界一流品质的跨海通道和地标性建筑,为用户提供优质服务;建设理念:"需求引导设计";建设方针:"大型化、工厂化、标准化、装配化"。

二、建桥条件

拟建工程区域北靠亚洲大陆,南临热带海洋,属南亚热带海洋性季风气候区。桥区天气特点温暖潮湿、气温年较差不大,降水量多且强度大;桥位区处于热带气旋路径上,登陆和影响桥位的热带气旋十分频繁。设计基本风速 47.2m/s,100 年一遇波高 4.62m。

根据详勘资料,海床面以下为第四系地层,主要为淤泥、淤泥质黏土和淤泥质黏土夹砂及中密~密实砂类土组成,砂层较薄。下伏基岩主要为燕山期花岗岩,基岩面起伏变化较大,埋深 11.0~50m,岩面高程为 -16~-55m。勘探范围内,基岩全、强、中、微风化均有揭示。中~微风化岩起伏很大,埋深 13~108m,高程 -17~-111m。

依据《岩土工程勘察规范》(GB 50021—2009):海水对混凝土结构及结构中钢筋具中等腐蚀性;地下水对混凝土结构及结构中钢筋具弱~中等腐蚀性。综合判定:海水与地下水对混凝土及钢筋具强腐蚀性。

三、非通航孔桥设计原则

尽量采用标准跨径布置,进行标准化设计,为工厂化预制、安装创造条件,最大限度地提高工效,简化工序,降低施工难度,同时确保工程质量安全和结构耐久性:

(1)桥跨布置及结构选择中应结合施工条件,优先选择大型化、预制化、整体安装方案,并采用绿色工法,缩短海上作业时间,提高作业时效。

(2)将减少对水流流态的影响及减少阻水效应为考虑原则,因此考虑将承台埋于海床以满足水利防洪部门要求。

(3)考虑结构耐久性,结合全寿命期内成本预算,选择最优方案。

(4)重视景观设计,保证通航孔桥与非通航孔桥相互间的协调一致。

为充分体现本桥的建设方针,结合建桥条件,非通航孔桥下部结构采用预制墩台,在工厂预制,利用大型浮吊现场安装施工工艺,提高了工效,减小海上作业量,同时确保工程质量安全和结构耐久性。

四、下部结构方案选择

浅水区非通航孔桥采用 85m 连续组合梁桥,5~6 孔一联,全长 5440m,共 64 孔。分幅布置,桥面总宽 33.1m,两幅主梁中心距 16.8m,标准横断面布置如图3所示。

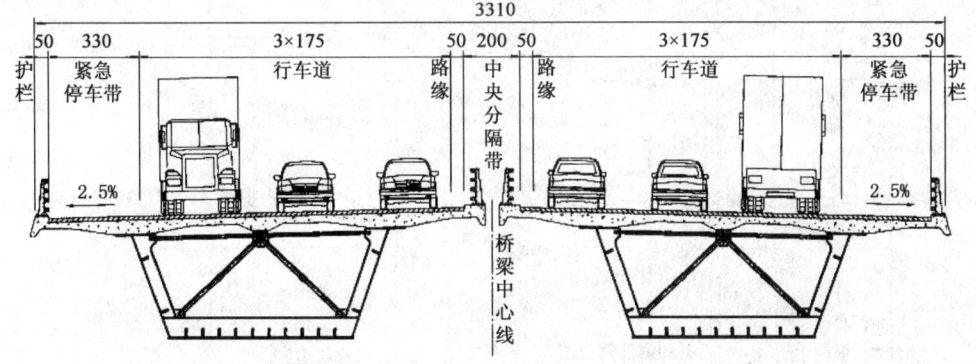

图3 非通航孔桥标准横断面(尺寸单位:cm)

根据 85m 连续组合梁横断面布置,下部结构桥墩可采用整墩(双幅梁采用一个桥墩)和分幅桥墩两种方式。

1. 整幅墩与分幅墩方案选择

国内外已建跨海桥梁工程非通航孔桥桥墩主要形式包括：整幅桥墩及分幅桥墩，如图4、图5所示。

图4　分幅桥墩效果图　　　　　　　　　　图5　整幅桥墩效果图

分幅桥墩、整幅桥墩方案分别具有以下优、缺点，见表1。

分幅桥墩、整幅桥墩方案优、缺点比较　　　　　　　　表1

项目	分幅墩身方案	整幅墩身方案
优点	1. 吊装吨位小，分段少，便于施工； 2. 可以采用预制承台及部分墩身一起吊装施工，现场作业时间短，施工质量及工期有保证，风险小； 3. 对上部结构适应性强	1. 阻水效应小，避免了巷道效应； 2. 视觉通透性好，总体效果较好； 3. 提高了基础抵抗水平力的能力； 4. 可以采用预制承台及部分墩身一起吊装施工，现场作业时间短，施工质量及工期有保证，风险小
缺点	1. 阻水效应较大； 2. 墩身显得凌乱，总体视觉效果稍差。 3. 墩顶可能要加一横过梁以增强抗水平地震作用的能力	1. 运营阶段对下部基础的活载偏载弯矩较大，对于分幅梁，施工时偏载大，控制基础规模； 2. 吊装能力相同的前提下，预制墩身节段较分幅多； 3. 需考虑与通航孔桥的衔接

根据整幅及分幅桥墩的特点，进行结构设计，其结构布置如图6、图7所示，各方案参数比较见表2。

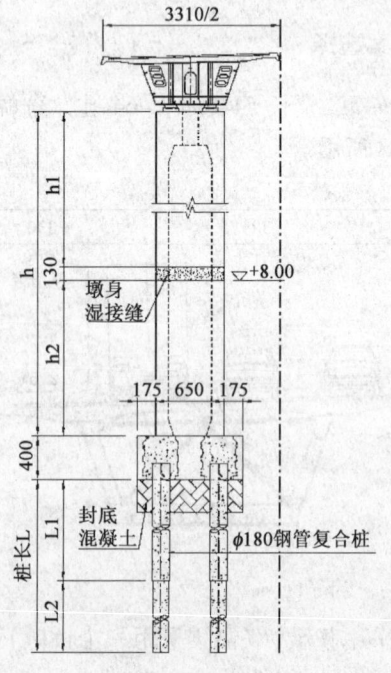
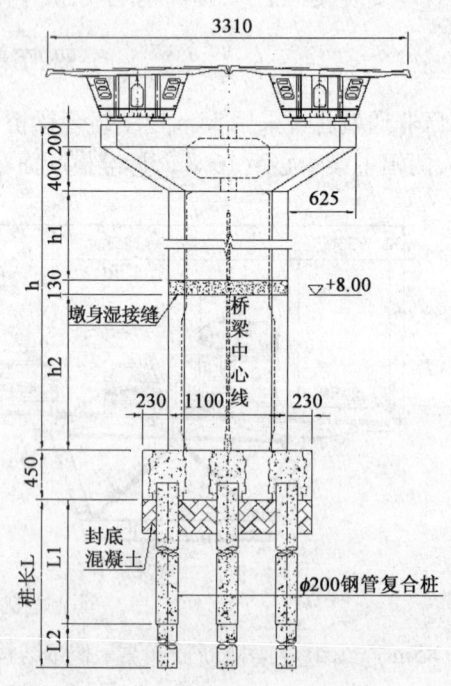

图6　分幅桥墩结构图(尺寸单位：cm)　　　　图7　整幅桥墩结构图(尺寸单位：cm)

浅水区非通航孔桥各方案有关参数比较　　　表2

项　目		分幅桥墩方案	整幅桥墩方案
	墩高(m)	21m	21m
下部结构	墩身(顺×横)	2×(3.0×6.5m)	3.5×11m
	承台(顺×横×厚)	2×(10.5×10×4m)	11.4×15.6×4.5
	钢管复合桩	2×(4φ1.8m)	6φ2.0m
施工	预制墩身+预制承台重量(t)	1532	2350
造价	指标比较	1.21	1

非通航孔桥梁基础从景观及抵抗小船船撞风险方面考虑,应以整幅墩身为首选,由于本工程基础为地震作用控制基础设计,分幅方案基础规模较整幅方案大,从景观及经济性考虑,桥墩采用整幅墩形式。

2. 基础方案选择

根据桥位的建桥条件,可选择的基础形式主要有:钻孔灌注桩基础、钢管复合桩基础、钢管桩基础、预应力混凝土管桩基础(PHC桩)。

1) 预应力混凝土管桩基础(PHC桩)

PHC桩为薄壁预应力混凝土结构,分段预制,现场接桩。在相同承载力条件下,其造价比钢管桩节省许多。它的主要不足在于海上打桩施工困难(含接桩),桩头易破损,补桩工程量大,可检查性差,施工风险高,桩头及薄壁混凝土桩身耐久性差。基于本项目的重要性,工程质量的稳妥可靠性尤为关键,而PHC桩在长大跨海桥梁尚无大范围应用的实例,本项目不选用。

2) 钻孔灌注桩基础

钻孔灌注桩是桥梁基础结构的基本形式之一,施工技术成熟,有成功经验可以借鉴。结合本项目的实际情况,桩基自承台底面至局部冲刷线以下一段长度范围内,由桩身强度控制桩径设计,桩基下段桩径由承载力控制,两种桩径如均采用钻孔灌注桩,上段桩径较下段增加较多,将增加配筋量且给施工带来较大困难。为解决上述问题,本项目采用薄壁钢护筒与混凝土组合受力,发挥钢管对内部混凝土的套箍作用,发挥钢材与混凝土的各自特性,减少桩基上段的桩径同时减少其配筋量,以节省造价。基于上述理由,本项目在钻孔桩基础上,推荐采用钢护筒参与受力的钢管复合桩方案。

3) 钢管桩基础

钢管打入桩为桥梁基础的基本结构形式之一,一般在工厂分节段制作,打桩船插打,为此作业水深应满足打桩船作业的要求。该结构形式具有在长大跨海桥梁非通航孔桥大范围应用的成功实例,施工技术成熟,作业快捷。主要优点是钢管桩具有自重轻的特点,制造、施工技术设备较成熟,吊装和运输方便,抗锤击能力强,沉桩容易,施工速度快,海上作业量少,工期短。主要缺点是费用高,适用性与地层相关,单桩承载力相对低。钢管打入桩属摩擦桩,必须要有颇深的持力层土壤,才可以发挥它的性能。如前所述,本区段的实际土层厚度大部分在20～30m,摩擦力不足,因此不采用。

4) 基础形式比选

基础方案的评估对比见表3。

基础方案的评估对比　　　表3

比较项目	钻孔桩	复合钢管桩	比较项目	钻孔桩	复合钢管桩
技术可行性	成熟	较成熟	适合预制承台	适合	较适合
造价	低	较高	施工速度	较慢	较快
基础适合度	适合	适合	总评价	比较	推荐
环境影响	较大	小			

综上所述,本项目在钻孔桩基础上,采用钢护筒参与受力的钢管复合桩方案。

五、非通航孔桥下部结构设计

浅水区非通航孔桥共62个桥墩,墩高19.143~42.974m,其中墩高≤27m桥墩49个,为低墩区;墩高>27m桥墩13个,为高墩区。高墩区及低墩区下部结构图如图8、图9所示。

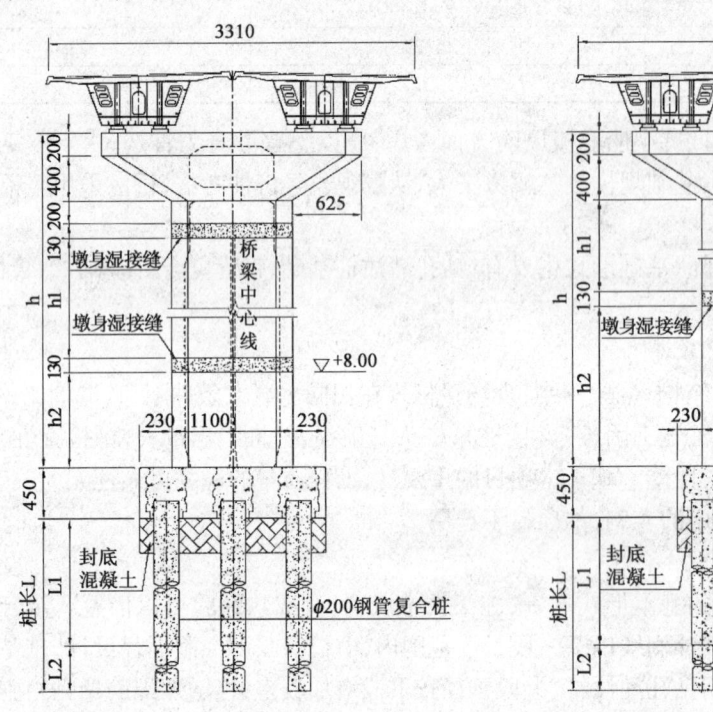
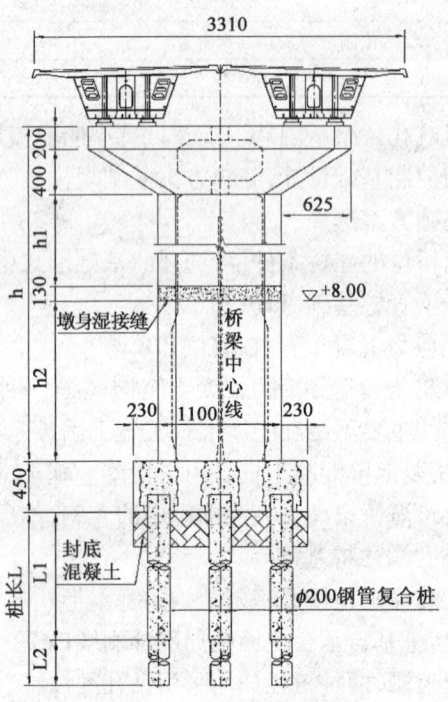

图8 高墩区下部结构图(尺寸单位:cm)　　图9 低墩区下部结构图(尺寸单位:cm)

1)复合桩基础

高墩区基础采用6根钢管复合桩,有钢管段直径220cm,无钢管段直径200cm,钢管长度15~25m,桩长27~78m,桩基按行列式布置。桩底持力层为中风化或微风化花岗岩,嵌岩深度不小于4m。钢管嵌入承台1.6m,钢管壁厚22mm,在钢管顶部设10道剪力环,剪力环采用50mm×25mm扁钢,剪力环与钢护筒采用双面贴角焊,钢管材质为Q345C。桩身采用水下C35混凝土。

低墩区基础采用6根钢管复合桩,有钢管段直径200cm,无钢管段直径180cm,钢管长度4.5~35.5m,桩长12~85m,桩基按行列式布置。其余参数同高墩区基础。

复合桩钢管构造如图10所示。

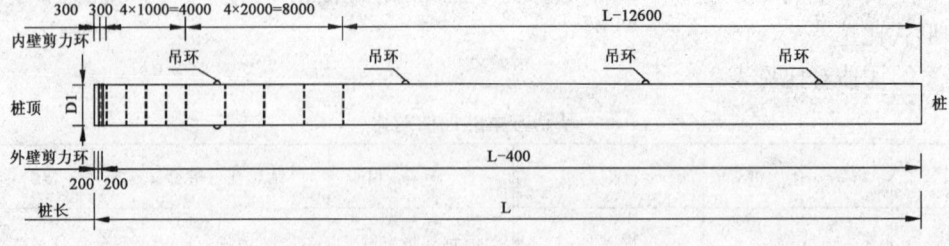

图10 复合桩钢管构造图(尺寸单位:mm)

2)承台

高墩区及低墩区承台尺寸一致,平面尺寸15.6m×11.4m(横桥向×纵桥向),厚4.5m。承台预制部分采用C45混凝土;现浇部分采用微膨胀C45混凝土,底节墩身和承台一起预制,预制承台及其底节墩身最大重量为2350t。

复合桩钢管伸入承台1.6m,在承台预留孔结合面上设置剪力键来保证桩基轴向力的传递。预制承台与钢管复合桩连接构造如图11所示。

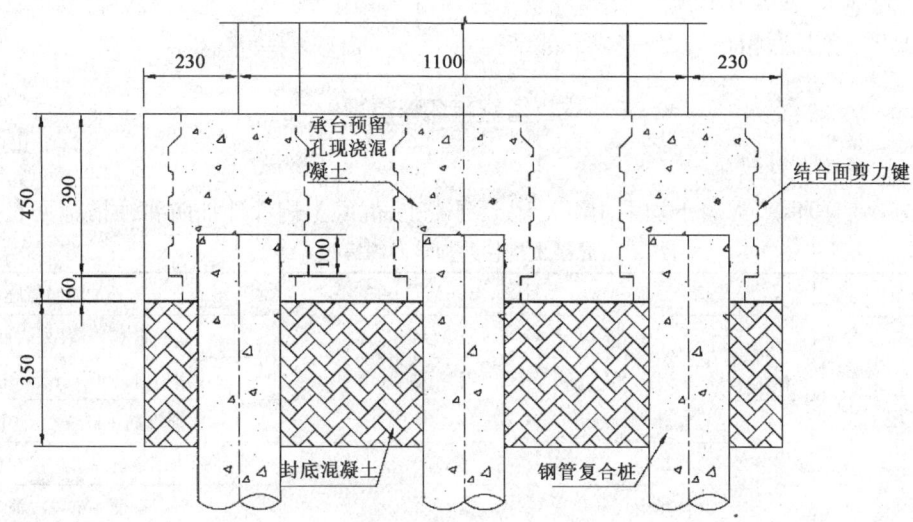

图11 预制承台与钢管复合桩连接构造图(尺寸单位:cm)

3)墩身

高墩区桥墩采用矩形空心墩,内部设纵向腹板1道,墩身四周设倒角。墩底截面尺寸为11m×4.0m(横桥向×纵桥向),顺桥向壁厚0.8m,横桥向壁厚1.20m。为适应上部结构分离式主梁布置,桥墩自墩顶以下6m处横向逐渐加宽至墩顶处的23.5m,构成展翅结构。为满足墩帽结构受力,墩帽横向配置预应力钢束。墩身接缝采用湿接缝,高墩区桥墩共设置两道接缝,第一道接缝设置在高程+8m处,位于浪溅区以上,第二道接缝距墩顶8m。墩身预制部分采用C50混凝土;墩身现浇湿接缝采用微膨胀C50混凝土。

低墩区桥墩外形同高墩区桥墩,墩底截面尺寸为11m×3.5m(横桥向×纵桥向),顺桥向壁厚0.8m,横桥向壁厚1.20m。为适应上部结构分离式主梁布置,桥墩自墩顶以下6m处横向逐渐加宽至墩顶处的23.5m,构成展翅结构。为满足墩帽结构受力,墩帽横向配置预应力钢束。墩身接缝采用湿接缝,低墩区桥墩共设置一道接缝,设置在高程+8m处,位于浪溅区以上。墩身预制部分采用C50混凝土;墩身现浇湿接缝采用微膨胀C50混凝土。

墩身湿接缝钢筋的连接既要保证受力可靠,又要考虑施工安装方便。由于墩身竖向钢筋直径为28mm或32mm,规范不容许进行搭接,按常规做法,只能焊接或机械连接。由于湿接缝钢筋较多,空间狭小,且焊接工作量大,焊接质量不易保证,且工作效率低;若采用机械连接,需保证上下预埋钢筋的位置精度足够,否则套筒无法连接,施工难度较大。因此墩身湿接缝钢筋采用如图12所示的构造措施,在上下预制墩身对应位置预埋U形钢筋,在墩身安装时互不干扰,墩身就位后将闭合环钢筋与U形钢筋进行绑扎,并在闭合环钢筋内部穿入法向钢筋,和混凝土一起起到栓销的作用,保证钢筋拉力的传递。

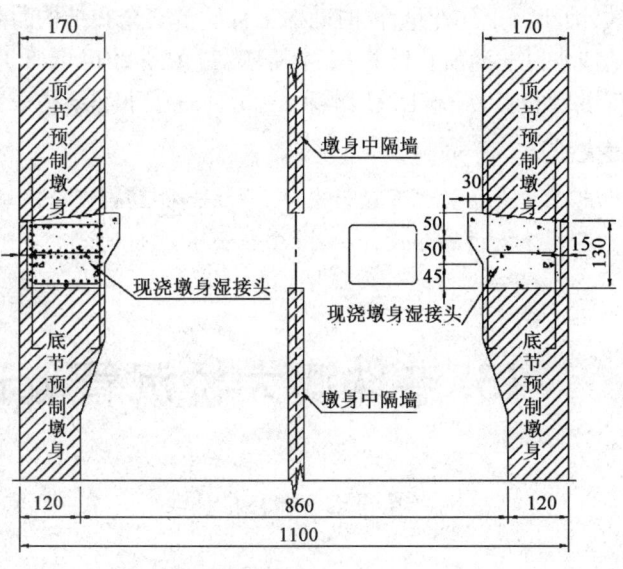

图12 墩身湿接缝连接构造图(尺寸单位:cm)

4) 指导性施工方案

非通航孔桥下部结构施工流程：打设复合桩钢管并进行钻孔，浇筑桩基混凝土→安装围堰，浇筑封底混凝土→围堰内抽水，安装首节预制墩台，浇筑承台预留孔混凝土→安装剩下的预制墩身或墩帽，浇筑墩身湿接缝混凝土→张拉墩帽预应力，完成下部结构施工。

六、结构耐久性措施

1) 混凝土构件耐久性措施

本项目位于海洋环境，混凝土均采用海工耐久混凝土，混凝土构件外加防腐蚀措施见表4。

混凝土构件外加防腐蚀措施　　　　表4

区段	构件		环境	外加防腐措施
非通航孔桥	预制墩身	+8m以上	大气区	硅烷浸渍（外表面）
		+8m以下	浪溅区~水下区	不锈钢钢筋+硅烷浸渍（内、外表面）
	预制承台		水下区	普通钢筋+硅烷浸渍（顶、侧面）
	现浇墩身		浪溅区~大气区	不锈钢钢筋+硅烷浸渍（外表面）
	现浇承台		水下区	普通钢筋+硅烷浸渍（顶面）

2) 复合桩钢管件耐久性措施

钢管桩外壁防腐分别对水中区和泥下区进行设计，即承台以下约20m范围采用高性能复合加强双层熔融结合环氧粉末涂层，内层≥300μm，面层≥700μm，加强双层环氧粉末涂层厚度为≥1000μm。其余部位采用高性能复合普通双层熔融结合环氧粉末涂层，内层≥300μm，面层≥350μm，复合普通双层环氧粉末涂层厚度为≥650μm。内层为耐腐蚀型涂层，面层为抗划伤耐磨涂层。

在涂层保护的基础上，钢桩还考虑采用牺牲阳极阴极保护系统，阳极材料选择高效铝阳极。第一期阴极保护设计寿命为60年，设计更换1次，每次有效期为60年。采用海水中安装牺牲阳极保护泥下区钢管桩的新型阴极保护方式。阴极保护监测系统按平均1套/公里的数量安装，采用智能化数据采集系统及无线网络传输装备将数据传送至控制终端，现场利用太阳能蓄电池供电。

七、结　语

港珠澳大桥浅水区非通航孔桥下部结构根据建桥条件，按照"大型化、工厂化、标准化、装配化"的理念，采用预制安装工艺，底节墩身与承台一起预制，承台与桩、预制墩身之间通过现浇混凝土连接，提高了工效，减小海上作业量，同时确保工程质量安全和结构耐久性。

浅水区非通航孔桥共62个桥墩，截止到2014年8月上旬，钢管复合桩全部施工完毕，已完成54个预制墩台的安装，施工进展顺利，充分体现了下部结构采用预制安装工艺的优越性。

参考文献

[1] 港珠澳大桥施工图设计文件.中铁大桥勘测设计院集团有限公司,2012(05).
[2] 港珠澳大桥初步设计文件.中交公路规划设计院有限公司,2009(12).

13. 港珠澳大桥沉管隧道消防性能化设计

杨秀军　顾思思　石志刚　金　蕊

（交通运输部公路科学研究院　北京交科公路勘察设计研究院）

摘　要　隧道消防系统是隧道运营安全的保障。港珠澳大桥沉管隧道是目前世界上最长的公路沉管隧道,具有工程难度大、运营风险高等突出特点。由于目前国内尚缺乏沉管隧道相关消防规范,给工程设计造成了很大难度。为保证隧道的运营安全性,在项目设计过程中采用消防性能化的理念。利用 Ansys Fluent 对烟雾扩散规律进行研究,利用 Steps 人员疏散软件对人员疏散行为进行了研究,解决了重点排烟系统设计方案可靠性、疏散通道设置合理性等一系列难题。本文主要介绍港珠澳大桥沉管隧道消防救援系统设置情况,以及采用消防性能化设计在设计中的应用情况。本文有助于指导海底沉管隧道的防灾救援系统设计,提高水下隧道设计的合理性。

关键词 沉管隧道 消防救援系统 消防性能化 人员疏散安全性

一、概 述[1-2]

港珠澳大桥项目是在"一国两制"条件下粤港澳首次合作共建的超大型基础设施,大桥东接香港特别行政区,西接广东省(珠海市)和澳门特别行政区,是国家高速公路网规划中珠江三角洲地区环线的组成部分和跨越伶仃洋海域、连接珠江东西岸的关键性工程(图1)。

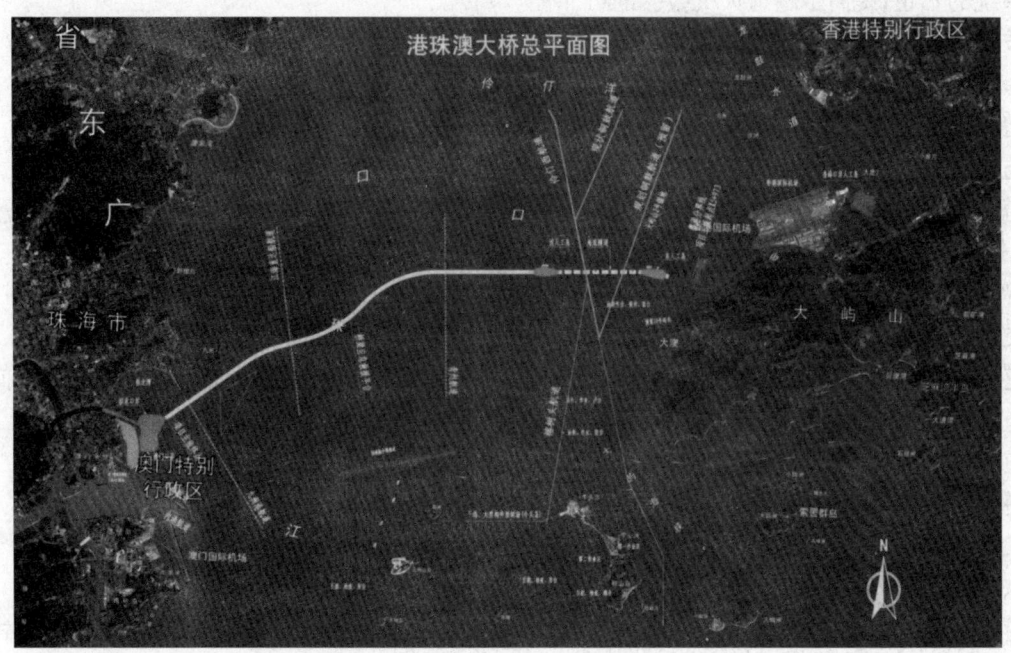

图1 港珠澳大桥总体平面图

港珠澳大桥是由岛、桥、隧组成的跨海交通集群工程,包括三项内容:一是海中桥隧主体工程;二是香港、珠海、澳门口岸;三是香港、珠海、澳门连接线。项目2016年建成通车。

港珠澳大桥沉管隧道属于海中桥隧工程,连接东、西人工岛,采用两孔一管廊设置形式,中间管廊分成排烟道、安全通道和电缆通道。隧道全长6265m,其中沉管段长度5664m,设计时速100km/h,双向六车道(图2)。沉管隧道共分成33个管节,标准管节长度180m,分成8个节段(节段长度22.5m)。

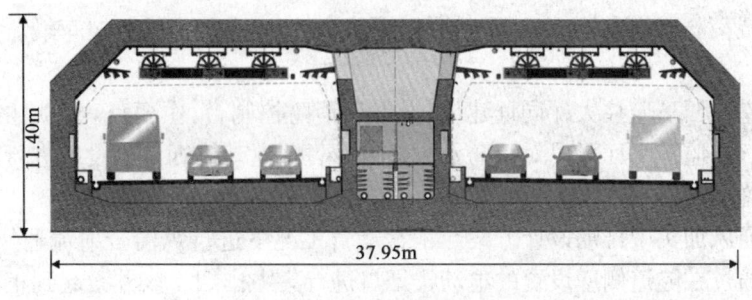

图2 沉管隧道典型横断面图

港珠澳大桥沉管隧道是目前世界上最长的公路沉管隧道,具有交通量大大,运营风险高等突出特点。另外,目前国内尚缺乏沉管隧道消防设计规范的指导,火灾设计当量、排烟量、独立排烟系统设计方案(排烟口设置尺寸与间距,火灾工况下开启方案等)等诸多技术难题都成为制约消防设计的关键。为保证消防救援系统的可靠性以及隧道后期运营的安全性,在消防设计过程中通过消防性能化设计解决了一系列的技术难题,保证了项目的顺利实施。本文将从隧道消防救援系统设计方案、排烟系统有效性分析、人员疏散安全性评价等几方面进行论述。

二、隧道消防救援设施设计[3-8]

港珠澳大桥消防救援系统涵盖火灾检测与报警系统、消防灭火系统、排烟系统、监控系统、供电系统、应急照明与广播系统、人员疏散通道等,下面将对各个系统主要设计方案进行简要介绍。

1. 火灾检测、报警设施

隧道行车洞内设置双波长火灾检测器(含手动报警按钮)、光纤光栅火灾探测器。该方案拟合了两种报警系统的不足,提高了隧道火灾报警的可靠性。

双波长火灾检测器左右行车洞间隔45m布置一处。

隧道安全通道内埋地变位置设置光纤火灾探测器。

隧道电缆通道内设置分布式感温光纤火灾检测器,对电缆进行火灾检测。

2. 监控设施

隧道内全程设置有固定摄像机,摄像机视频可作为视频事件检测视频源,可以对以下交通事件进行检测:停车、交通拥堵、车辆排队超限、行人进入高速公路、车辆逆行、低速车辆检测、交通事故、车辆抛撒物检测等,并且伴有报警信号提示监控值班员。

3. 交通诱导及广播设施

隧道洞外在进入隧道前设置大型可变信息标志。隧道入口前设置交通信号灯。隧道内每间隔两处可变车道控制标志设置一套隧道内可变信息标志,在隧道洞出入口处设置车道控制标志。

隧道行车洞内及中央管廊设置疏散标志和安全门标志。

隧道内每隔约45m在侧壁上设置喇叭,可以在事故工况下及时传达相关信息组织人员疏散。

4. 灭火设施

在东、西人工岛分别设置消防水池及加压泵房为隧道消防系统提供水源。

隧道内侧设置每隔45m设置一处消火栓,固定水成膜灭火装置。隧道内外侧每隔90m交错布设灭火器箱。

隧道内设置泡沫—水喷雾联用灭火系统,22.5m设置一个区段,喷射强度6.5L/min·m²,喷头两侧布置,泡沫喷射时间30min,水喷雾时间30min。

安全通道内设置灭火器箱1套,箱内配置手提式干粉灭火器、手提式水基泡沫灭火器。在安装电气设备处(如变压器等),设置气体灭火装置,用于扑灭可能发生的电气火灾。

5. 救援站

全线共设置三处救援站,分别位于珠澳口岸人工岛、东人工岛、西人工岛。

每处救援站配置消防水罐车、泡沫—干粉联用消防车、清障车等消防救援车辆。

6. 消防控制室

隧道消防控制室与西岛监控大厅同址建设,设专用消防控制台,主要负责海底隧道及大桥的消防报警及设备联动控制。在监控大厅可以对消防水泵、排烟风机、电动排烟口等设备进行远程控制。

7. 通风排烟设施

隧道采用纵向通风加集中排烟设计方案。正常运营工况下进行纵向全射流通风加洞口分流型排放方案。火灾工况下通过在隧道侧壁设置的电动排烟口进行集中排烟。该方案起到正常运营工况节能,火灾工况安全有效的作用。排烟口设置方案及火灾工况下运行方案是系统设计的难点,通过消防性能化设计,解决该技术难题(图3)。

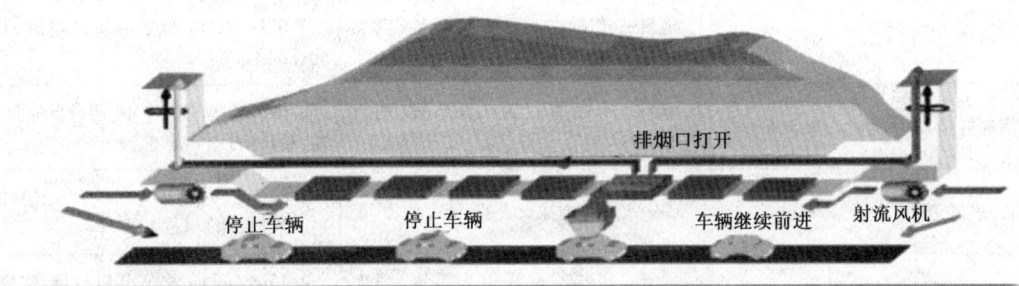

图3 重点排烟系统示意图

8. 安全通道设置

考虑到隧道纵向距离长,从洞口逃生无法满足人员疏散要求。根据沉管隧道结构特点在隧道中间管廊设置了安全通道。隧道每隔135m设置一处安全门,安全门联通安全通道和行车主洞(图4)。疏散通道设置尺寸及间距是能否满足人员疏散需求的关键,通过消防性能化设计,确定了最优设置方案。

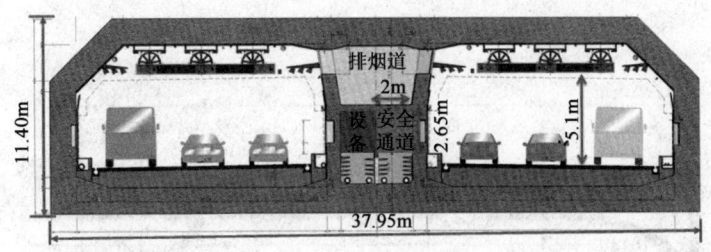

图4 安全通道设置示意图

另外,在隧道两端分别设置逃生楼梯直接通往东、西人工岛。

9. 其他

在电缆通道考虑防火封堵措施,每隔180m设置一扇防火门,防火门平时开启,火灾工况下关闭。

实行危险品运输管制,严禁易燃易爆品进入隧道。隧道两端海关可以对危险品车辆运输进行有效管制。

三、火灾设计当量及排烟量[9-16]

1. 火灾设计当量及排烟量

考虑到港珠澳海底隧道严禁危险品车辆通行,主要事故场景以及泡沫—水喷雾联用灭火系统对火灾的抑制,参考国内外其他水下隧道火灾当量选取标准,港珠澳大桥沉管隧道设计火灾当量选取50MW。

根据上海市工程建设规范《建筑防排烟技术规程》中轴对称烟缕模型得出50MW火灾当量下的排烟量为210m³/s,在设计过程中考虑一些不利因素将设计排烟量进行了适当加大,提高了系统应对火灾的能力。

国内外部分水下隧道采用的火灾标准列于表1。

国内外部分水下隧道采用的火灾标准　　表1

隧道名称	火灾热释放率/MW	灭火系统	隧道特性
上海长江隧道	50	泡沫—水喷雾联用灭火系统、消火栓等	8.95km,双向六车道盾构隧道,设计时速80km/h
南京长江隧道	50	泡沫—水喷雾联用灭火系统、消火栓等	6.04km,双向六车道盾构隧道,设计时速80km/h

续上表

隧道名称	火灾热释放率/MW	灭火系统	隧道特性
武汉长江隧道	50	泡沫—水喷雾联用灭火系统、消火栓等	3.63km,双向四车道盾构隧道,设计时速50km/h
厦门翔安海底隧道	20	泡沫—水喷雾联用灭火系统、消火栓等	8.695km,双向六车道,两行车主洞加服务通道,设计时速80km/h
青岛胶州湾海底隧道	20	固定水成膜泡沫灭火器、消火栓等	7.8km,双向六车道,两行车主洞加服务通道,设计时速80km/h
钱江隧道	50	泡沫—水喷雾联用灭火系统、消火栓等	4.45km,双向六车道盾构隧道,设计时速100km/h
东京湾海底隧道	50	泡沫—水喷雾联用灭火系统、消火栓等	9.5km,双向四车道盾构隧道,设计时速80km/h

2. 温度与时间关系曲线

《建筑设计防火规范》(GB 50016—2006)给出了城市隧道温升曲线如图5所示。港珠澳大桥沉管隧道采用RABT作为设计温升曲线,主体结构耐火性能为1200℃,2h,同时考虑次要结构如排烟道的耐火性能。

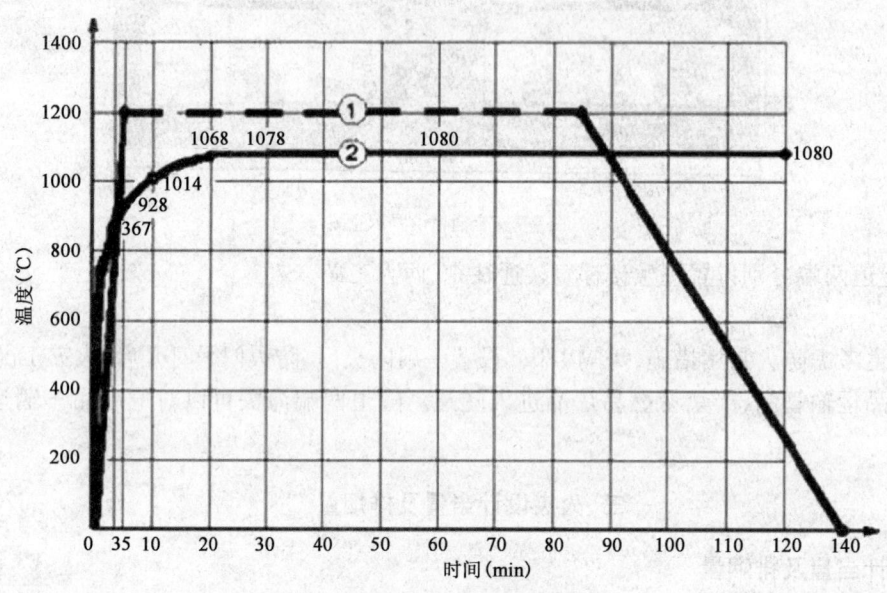

图5 温度与时间关系曲线

四、排烟系统有效性分析[2-4,9-13]

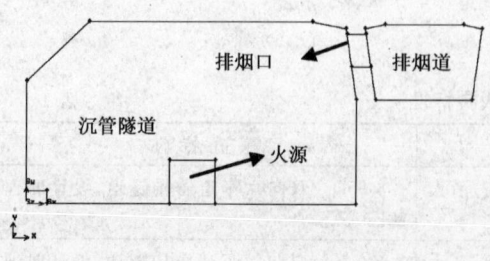

图6 沉管隧道三维数值模型

为评估火灾工况下人员疏散安全性,需要对不同设计工况下烟雾扩散规律进行研究,确定不同时刻隧道内烟雾扩散长度、烟雾层高度以及温度场分布规律,为人员疏散安全性研究提供技术参数。

在设计过程中利用Ansys Fluent软件建立三维数值模型(如图6所示),在电动排烟口不同开启方案情况下温度场、烟雾场的规律进行研究,通过对温度变化规律、能见度变化规律以及有毒气体分布情况的研究,可以评价排烟系统有效性,并可得出不同工况喜爱人员疏散可用时间。

由于沉管隧道在水下受外力较大,在排烟口设置过程中,结构安全是首要考虑的因素。在满足结构安全的前提下,对不同开口尺寸的排烟口设置形式进行排烟效率分析,确定排烟口设置形式为单个排烟口尺寸为 2m 高,1m 宽,3 个一组(两个排烟口内壁之间间距为 1.9m),每组排烟口之间设置间距为 67.5m。

为验证该设置方案是否满足排烟需要,根据火灾工况下烟雾控制方案运用 Ansys Fluent 软件对其进行 1∶1 尺寸的数值模拟。以下为隧道内纵向风速 1.5m/s,开启四组电动排烟口情况下烟雾扩散情况。

$T=420s$ 时刻,隧道内典型断面及检测线烟雾扩散、温度场及能见度变化如图 7~图 9 所示。

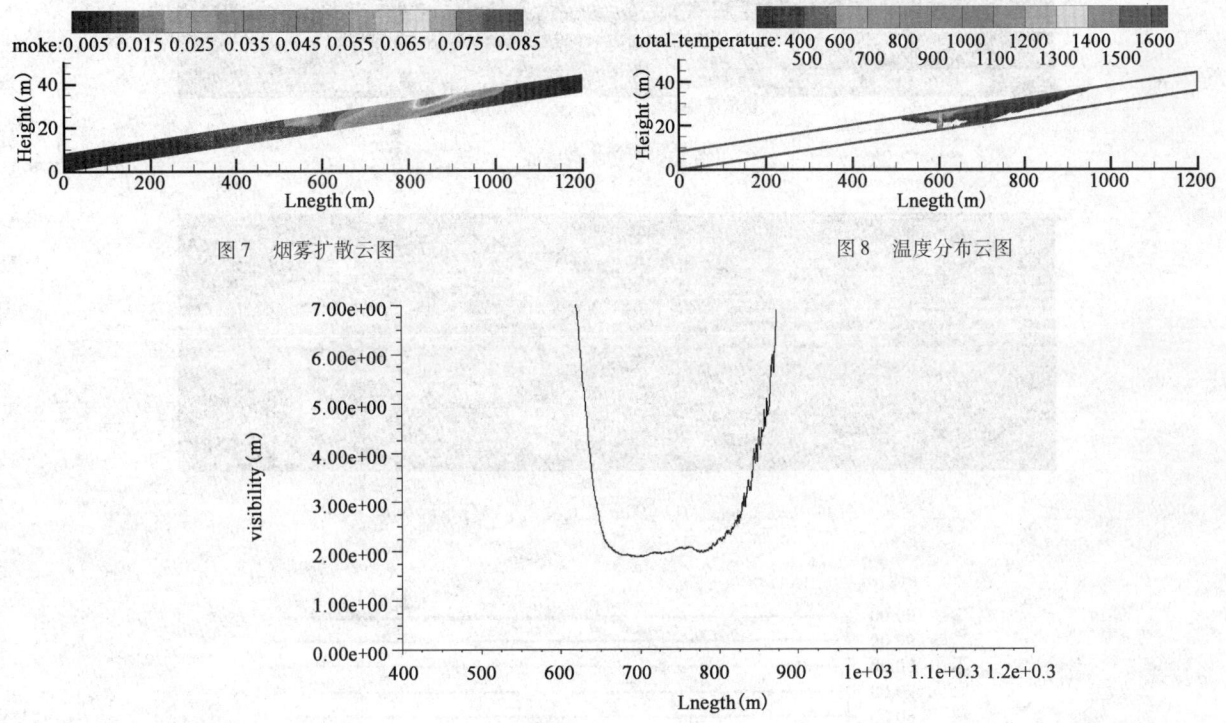

图 7 烟雾扩散云图　　　　　　图 8 温度分布云图

图 9 $X=7.25m, H=2m$ 能见度变化曲线

通过对不同工况下烟雾扩散规律、温度场、能见度的模拟,得出了不同工况下人员可用疏散时间,并为排烟系统关键参数选取提供了依据。

五、人员疏散安全性研究[2,6,14,17-21]

为了评估火灾工况下人员疏散所需时间,通过人员疏散软件—Steps 软件建立人员疏散模型,对人员疏散行为进行研究,确定不同区段人员疏散所需时间。

为评估火灾工况下人员疏散安全性,需要对不同设计工况下烟雾扩散规律进行研究,确定不同时刻隧道内烟雾扩散长度、能见度以及温度场分布规律,为人员疏散安全性研究提供技术参数。

(1)人员维生条件

在本项目中考虑到隧道疏散标志比较完善,并综合考虑国内外的相关技术指标以人员所在高度 2m 处"能见度不小于 5m"、"温度不超过 80℃"以及"当人处在火灾环境的前 6min 内,一氧化碳平均浓度需低于 1500ppm"作为人员疏散的判断标准。

(2)疏散场景设计

在非阻滞工况下发生火灾,火源点上游的车辆无法继续行驶,需要将车辆停在隧道内弃车逃生。火源点下游的车辆可以继续行驶,快速驶离隧道。

交通阻滞及双向交通工况下,假定隧道发生交通阻滞或者实行双向交通,在隧道中部发生火灾。由于双向交通工况下隧道内车辆滞留数量要小于发生交通阻滞工况下的滞留车辆数量,因而只对交通阻滞工况下的疏散进行研究。

(3)人员疏散行为研究

考虑到隧道内阻滞段长度不超过1km,为安全考虑建立疏散模型长度1200m。模型共设置17处安全门。隧道与安全通道之间用逃生楼梯相连接,采用美国NFPA安全门模型(图10~图12)。

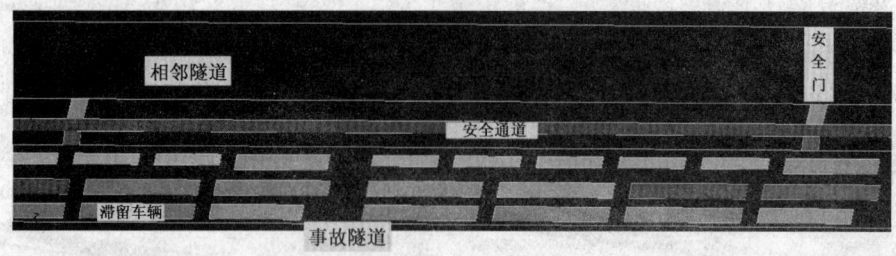

图10　人员疏散模型

图11　火源点上游0~100m段人员及车辆分布示意图

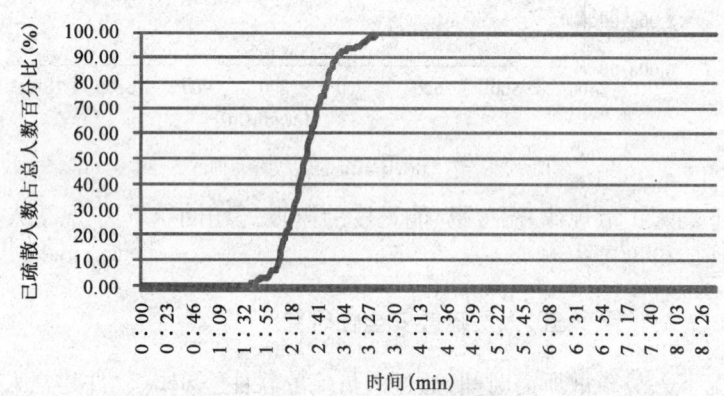

图12　火源点上游50~100m人员疏散与时间关系图

通过研究可以得出不同疏散门设置间距下,人员疏散所需时间。通过对不同方案的研究得出安全门设置间距在135m以内能满足设计火灾当量下人员疏散安全性要求。

六、总　　结

本文介绍了港珠澳大桥沉管隧道消防救援系统的基本设置情况和消防性能化设计的基本情况。由于港珠澳大桥沉管隧道系统复杂,技术难度高,为保证隧道运营安全性,采用消防性能化设计的手段解决了排烟系统可靠性、疏散通道设置以及人员疏散安全性评价关键技术问题,为设计和消防验收提供了依据。

随着我国经济的快速发展,越来越多的水下隧道会被修建,本文可以对沉管隧道消防救援系统的设计和如何解决复杂技术问题提供一定的借鉴。

参考文献

[1] 陈绍章,陈越.沉管隧道设计与施工[M].北京:科学出版社,2002.
[2] 杨秀军,石志刚,颜静仪.沉管隧道防灾救援系统研究[J].地下空间与工程学报.2012(08):1571-1575.
[3] 中华人民共和国交通部.JTG D70/2—2014 公路隧道交通工程设计规范[S].北京:人民交通出版社,2004.
[4] 中华人民共和国交通部.JTJ 026.1—1999 公路隧道通风照明设计规范[S].北京:人民交通出版社,2000.
[5] 中华人民共和国建设部.GB 50016—2006 建筑防火设计规范[S].北京:中国计划出版社,2006.
[6] 曹文宏,申伟强,杨志豪,等.超大特长盾构法隧道工程设计[M].北京:中国建筑工业出版社,2010.
[7] 青岛国信胶州湾交通有限公司.青岛胶州湾隧道工程科研与实践[M].北京:人民交通出版社,2011.
[8] 上海市建设和交通委员会.DG/T J08-2033—2008 道路隧道设计规范[S].上海,2008.
[9] PIARC Committee on Road Tunnels Operation (C3.3). Systems and Equipment for Fire and Smoke Control in Road Tunnel[R]. Art BENDELIUS,France,2007.
[10] PIARC Technical Committee 3.3 Road Tunnel Operation. Road Tunnels:Operational Strategies for Emergency Ventilation[R]. Norman RHODES,France,2011.
[11] PIARC Committee on Road Tunnels(C5). Fire and Smoke Control in Road Tunnels[R]. Didier LACROIX,France,1999.
[12] Technology,1999,Vol.14,NO.1,3-12.
[13] Norman Rhodes, FIT for fire response management[J]. Tunnels & Tunneling International.2005,9,41-43.
[14] National Fire Protection Association. NFPA502 Standard for Road Tunnels,Bridges,and Other Limited Access Highways 2004 Edition. Arthur G..Bendelius,US,2004.
[15] 上海市建设和交通委员会.DGJ 08-88—2008 建筑防排烟技术规程[S].上海,2008.
[16] PIARC Committee on Road Tunnels Operation (C3.3). Systems and Equipment for Fire and Smoke Control in Road Tunnel[R]. Art BENDELIUS,France,2007.
[17] 方正,袁建平,谢丽霖,等.大型城市越江隧道疏散设计探讨—以武汉长江隧道为例[C]//火灾科学与消防工程.中国科技大学出版社.2007:64-70.
[18] Simulex User Manual ,Evacuation Modeling Software(2011). Integrated Environmental Soluations,Inc.(IES).
[19] 冯王碧,冯明静,王晓刚,等.试析国际上通用人员疏散评估软件[C]//火灾科学与消防工程.中国科技大学出版社.2007:82~87.
[20] STEPS User Manual, Simulation of Transient Evacuation And Pedestrian movements Software(2012).
[21] 杨秀军.特长公路沉管隧道人员疏散行为研究[C]//水下隧道建设与管理技术论文集.中国公路.2014:102-108.

14. 中外联合咨询大型桥隧项目的历程与体会

戴建国 王 毅

(上海市政工程设计研究总院(集团)有限公司)

摘 要 港珠澳大桥作为一个大型桥隧组合的跨海通道工程,首次由中外团队组成联合体进行全方位、全过程的设计与施工咨询。在咨询过程中,团队各成员克服困难,取长补短,利用各自在行业内的经验,为港珠澳大桥的建设献计献策,共同谱写了跨海建设的新篇章。本文从咨询团队的组成及架构谈起,回顾咨询工作的历程和内容,以及在咨询过程中碰到的困难和体会,以期对今后类似项目的管理提供借鉴。

关键词 港珠澳大桥 咨询 联合体

一、引 言

2009年6月,以上海市政工程设计研究总院为主办方的咨询联合体与港珠澳大桥前期工作协调小组办公室正式签订了《港珠澳大桥主体工程设计与施工咨询合同》,并紧随业主、设计进驻珠海现场,正式开展港珠澳大桥主体工程全过程咨询工作。

二、项目概况

1. 工程规模

港珠澳大桥跨越珠江口伶仃洋海域,是连接香港特别行政区、广东省珠海市、澳门特别行政区的大型跨海通道,是列入《国家高速公路网规划》的重要交通建设项目。建设内容包括:海中主体工程(粤港分界线至珠澳口岸之间区段)、香港界内跨海桥梁、香港口岸、珠澳口岸、香港连接线、珠海连接线及澳门连接桥。港珠澳大桥项目总平面图、效果图分别如图1、图2所示。

图1 港珠澳大桥项目总平面图

图2 港珠澳大桥效果图

港珠澳大桥路线呈东西走向,起自香港大屿山,向东接香港口岸,向西经香港水域,穿越珠江口、伶仃水道、青州航道、九洲航道,止于珠海/澳门口岸人工岛,总长35.6km,香港段长约6km。

港珠澳大桥项目总长约35.6km,其中主体工程长约29.6km,其中桥梁长约22.9km,沉管隧道长5.99km(不含桥隧过渡段),为实现桥隧转换设置两个长度各为625m的隧道人工岛。

港珠澳大桥是在"一国两制"条件下粤港澳首次合作共建的超大型基础设施项目,作为世界最大桥隧结合工程,工程规模大、建设条件复杂、建设标准要求高、技术覆盖面广、涉及专业多,其管理、设计和施工难度在世界范围内首屈一指。

2. 技术标准

(1)公路等级:高速公路。

(2)主线设计行车速度:100km/h;东西隧道人工岛岛上匝道设计速度采用30km/h,珠澳口岸人工岛互通设计速度采用40km/h。

(3)汽车荷载:按公路-Ⅰ级提高25%,并按香港《United Kingdom Highways Agency's Departmental Standard BD 37/01》规定的汽车荷载进行计算复核。

(4)桥梁设计使用寿命:120年。

(5)设计洪水频率:1/300。

(6)设计安全等级:一级。
(7)结构环境类别:钢管复合桩属Ⅴ类化学腐蚀环境,其余均属Ⅲ类海洋氯化物环境。
(8)抗风设计标准:运营阶段设计重现期120年,施工阶段设计重现期30年。
(9)地震基本烈度为Ⅶ度。
(10)通航标准:桥区通航孔设置以及通航孔净空尺度要求如表1所示。

各通航孔净空尺度表　　表1

通航孔所在航道	通航吨级(t)	通航孔个数	净空高度(m)	净空宽度(m)	备注
青州水道	10000	1	42	318	单孔双向
九洲航道	10000	1	40	210	单孔双向
江海直达船航道	5000	2	24.5	173	单孔单向
各小船航道	500	—	20.0	85	利用边孔

3. 设计、施工团队简介

港珠澳大桥前期研究及初步设计由中交公路规划院联合体实施。桥梁工程施工图设计阶段勘察设计分别由中交公路规划院与日本国株式会社长大组成的联合体(以下简称"DB01")和中铁大桥勘测设计院与英国合乐集团有限公司组成的联合体(以下简称"DB02")完成。岛隧工程采用设计施工总承包的模式由中国交通建设股份有限公司作为总牵头人联合6家成员单位进行。

主体工程桥梁工程钢箱梁采购与制造由中铁山桥集团有限公司(CB01)和武船重型工程股份有限公司(CB02)负责实施;主体工程桥梁工程土建工程施工由中交一航二公局联合体(CB03)、广东省长大公路工程有限公司(CB04),及中铁大桥局股份有限公司(CB05)实施。

三、咨询概况

1. 组织架构

鉴于项目技术难度及全过程咨询周期长等特点,为确保咨询工作质量长期稳定,由上海市政工程设计研究总院(以下简称"SMEDI")作为主办人,联合林同棪国际集团(以下简称"TYLI")、荷兰隧道工程咨询公司(以下简称"TEC")、广州地铁设计研究院有限公司(以下简称"广铁院")组成的咨询联合体在珠海设立了现场咨询项目部,由项目咨询总负责人邵长宇设计大师负责全面管理工作,并结合各咨询阶段的工作特点形成相应的组织架构。咨询团队的组织架构如图3所示。

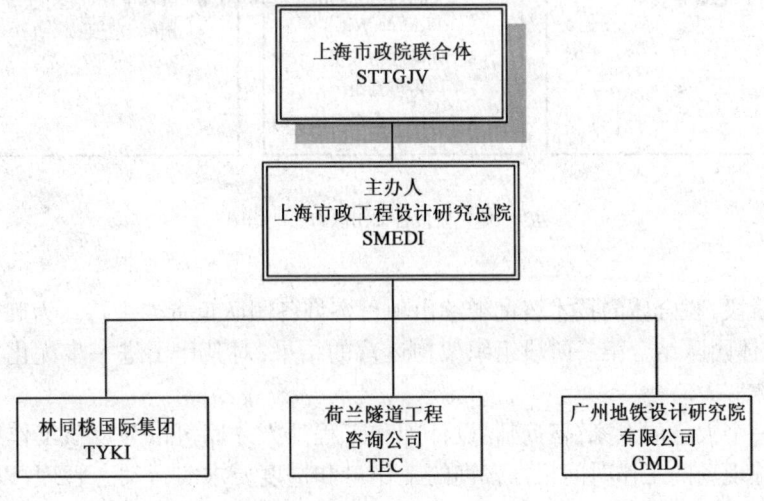

图3　咨询团队组织架构总图

咨询联合体根据本项目的特点,建立了内部质量管理和质量保证措施,包括文件接收、工作分配、成果审核、文件发出点一系列文件。

1)第一阶段

咨询联合体由4家国内外知名的设计/咨询单位组成,为确保咨询工作的顺利实施,联合体的工作以团队的方式进行,工作团队包括桥梁团队、人工岛团队、隧道团队和支持团队。其中,桥梁团队包括SMEDI和TYLI的成员,人工岛团队包括SMEDI和TEC的成员,隧道团队包括TEC和GMDI的成员,支持团队包括每个参与的联合体成员总部的专家或人员。第一阶段咨询团队的组织架构如图4所示。

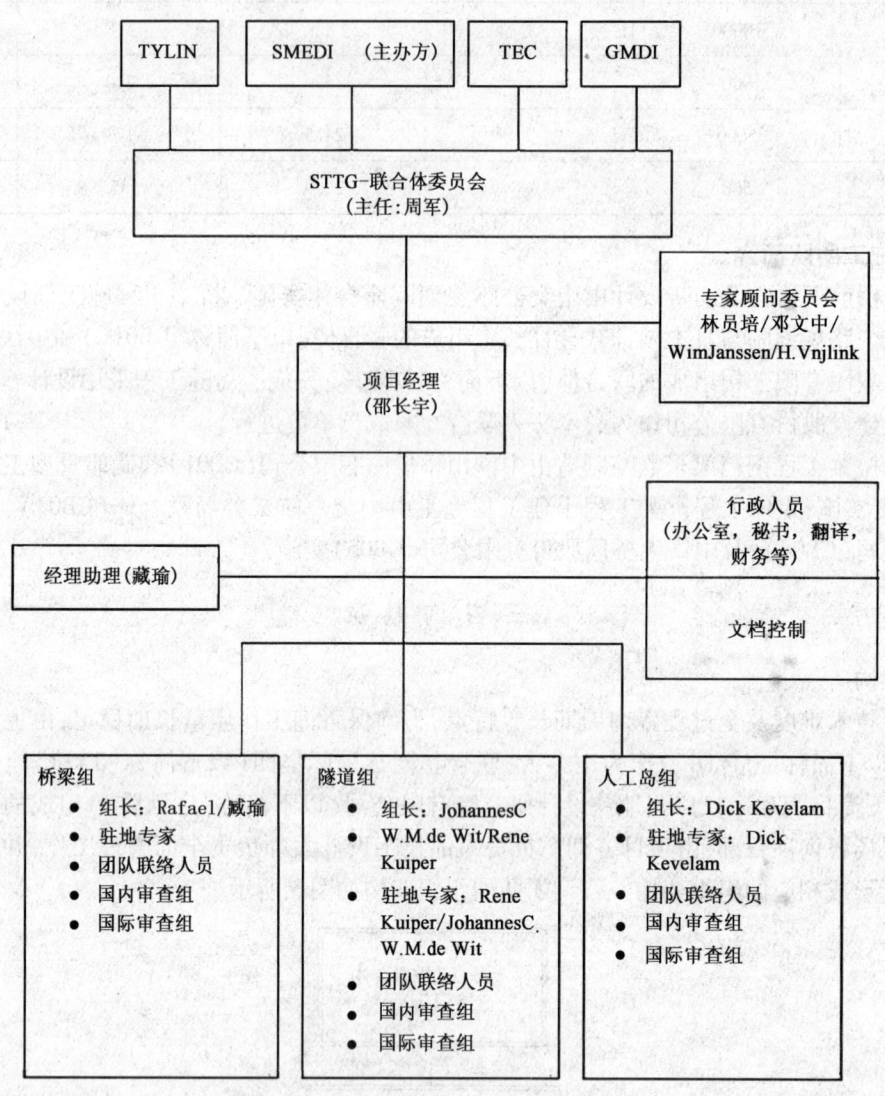

图4 第一阶段咨询团队组织架构图

2)第二阶段

在咨询的第二阶段,联合体的技术咨询继续由项目咨询各团队负责人主持。为确保第二阶段咨询工作的顺利实施,联合体团队结合第一阶段组织架构运营的结果,对其作了进一步优化、细化,增加了项目副经理主管合同工作。

咨询联合体有一个大量的专家、咨询师、设计师和工程师人才库可以为审核工作服务。各咨询专家和有关专业负责人驻现场的工作时间根据咨询的工作量和进度要求实行动态管理,以保质、按时完成咨询任务为目标。

除了技术专家外,联合体继续提供支持人员协助日常的项目管理。这个团队包括文档控制人员,秘书和翻译。

2. 咨询历程

港珠澳大桥主体工程初步设计咨询自2009年6月咨询联合体进驻珠海现场起,到2010年1月中交公路规划设计院有限公司联合体完成港珠澳大桥主体工程初步设计,并于2010年2月港珠澳大桥主体工程初步设计评审会会议结束止,完成了第一阶段即整个初步设计阶段的咨询工作。

咨询联合体于2010年12月2日正式进入第二阶段即施工图设计及施工阶段咨询。2011年东西人工岛设计全面完成并施工成岛,桥梁团队完成了对DB01、DB02标景观方案审查,有效推动了施工图设计和施工招标工作的顺利实施。

2012年,桥梁团队完成了桥梁工程主体结构及附属结构施工图的审查并提交了咨询报告,实施了桥梁工程钢箱梁制造CB01、CB02及土建工程施工CB03、CB04、CB05合同段总体施工组织设计及专题研究的审查工作,配合业主顺利完成了土建工程施工招标工作。由咨询联合体负责编制的《港珠澳大桥主体工程桥梁工程施工及质量验收标准》经评审得以颁布实施。桥梁团队自9月起开始施工阶段咨询工作。岛隧团队完成了隧道总体设计、隧道过渡段基础及E1~E23管节基础施工图、西人工岛隧道暗埋段及E1~E4管节结构施工图、沉管浮运安装施工方案等的审查工作。

2013年,桥梁团队完成了收费站暗桥及珠澳口岸互通立交、东西人工岛结合部非通航孔桥及桥面铺装等施工图设计和所有专题研究的审查工作,标志着桥梁施工图设计阶段工作的顺利完成。在此期间,桥梁团队积极配合管理局完成暂估价项目的招标工作,联合体实施了包括施工巡查、施工专项方案、施工图设计变更等的审查工作。岛隧团队完成了东西岛大部分结构施工图及项目部提交的沉管管节设计、施工文件的审查。

综上,咨询联合体投入了大量人力、物力确保履行咨询职责,及时跟进了工程进度并开展了全方位、大量的咨询工作,提出了独立、客观、合理、有效的审查意见,充分体现了作为业主顾问应有的专业水准。

四、咨询主要内容及成果

1. 咨询的主要内容

港珠澳大桥主体工程咨询工作由第一阶段的初步设计和第二阶段施工图设计及施工期间咨询两个阶段构成。

1)第一阶段咨询

港珠澳大桥主体工程初步设计阶段咨询工作内容主要包括初步设计和招标工作咨询。

(1)港珠澳大桥专用标准体系文件的审核/修编工作

港珠澳大桥专用标准体系文件的审核/修编工作主要包括对《港珠澳大桥专用设计指导准则》、《港珠澳大桥营运及维护准则》送审稿及修改稿的审查,结合业主提供的《港珠澳大桥营运及维护标准》专题研究报告及审查意见,进一步深化并编制详细的《港珠澳大桥专用营运及维护手册》。

(2)初步设计咨询

初步设计咨询工作的内容包含:设计文件提交明细的咨询、采用基础资料的审核、咨询;初测初勘报告的咨询、景观工程咨询、设计中间成果咨询、安全和环保的咨询、工程概算咨询,并按质量、进度要求提交设计成果咨询总报告。

(3)招标工作咨询

招标工作的咨询服务的内容包括编制《港珠澳大桥施工及质量验收标准》的送审稿和报备稿;编制招标文件;提供招标过程的技术服务;编写招标工作咨询总结等。

(4)其他咨询服务工作

其他咨询服务工作的内容包括但不限于设计阶段的培训工作;编写初步设计和招标咨询总报告;按要求参加各种工作会议、专题会议、专家咨询会议;并为业主提供后续技术服务。

(5)各项专题研究咨询工作

专题研究咨询工作内容包括但不限于：

(1) 审查专题研究(科研)工作大纲是否满足专题技术要求，并对不能满足专题技术要求的部分提出修改完善的意见和建议。

(2) 审查专题研究(科研)成果对本工程在技术、节能、环保、经济性、安全性等方面的贡献程度。

(3) 对专题研究(科研)成果中重要技术指标进行核查。

(4) 专题研究(科研)成果与所属领域的国内、外学术前沿的关系，并指明具体差距，对不足之处提出改进完善措施和进一步研究意见。

(5) 协助业主进行专题验收工作，并参加成果验收评审会。

2) 第二阶段咨询

港珠澳大桥主体工程第二阶段咨询工作内容包括施工图设计和施工期咨询，主要由桥梁工程和岛隧工程两大内容组成。咨询任务由联合体中的总体、桥梁、岛隧等工作团队在咨询联合体项目经理的带领下协作完成。主要内容包括以下几个方面：

(1) 对《设计文件提交成果明细》的审查。

(2) 对基础资料的审查。

(3) 对详测、详勘的咨询。

(4) 对专题研究的审查。

(5) 对施工图设计中间成果咨询。

(6) 对景观工程的咨询。

(7) 对环保与节能的咨询。

(8) 对工程预算的咨询。

(9) 对施工图设计最终成果的咨询。

联合体根据初步设计文件批复意见及施工图设计合同要求，审核施工图设计是否满足要求，能否够贯彻设计意图，能否确保设计理念的实现，并对施工阶段的过程控制提出咨询建议：

①审核施工图设计的总体性、全面性、技术接口的正确性与协调性，确保本项目土建和交通工程、机电设施以及其他附属工程施工衔接顺畅。

②审查防火、节能、环保、水保措施等是否落实。

③审核设计接口等细节，保证施工图文件的系统、完整、统一、可靠以及系统工程的接口平衡。

④基于独立建模、平行计算成果编制、提交咨询分析报告。

⑤对施工图设计单位提出的施工方案设计、施工组织设计、施工方法进行咨询并提出审查要求，包括测量监控要求、施工方法的经济合理性、技术可行性和方案优越性等。此外，咨询联合体重点关注了第二阶段进行的施工工艺试验的咨询，对工艺试验的必要性和试验目的，试验内容、工作方案、进度计划，试验承担单位的资质、人员、设备等进行过程咨询和控制，对试验的结果进行咨询审查，确保工艺试验的成果确切的服务于项目的整体施工。

⑥审核各项费用与经济指标的合理性，参考对比类似工程项目并提出合理值建议；分析对比政府批复的初步设计概算，分析增减主要原因并对下阶段造价控制提出可行的具体建议。

(10) 施工期间的咨询

2. 咨询的主要成果

1) 第一阶段

联合体提交的咨询成果包括但不限于如下内容，

(1) 初步设计期间咨询

①《港珠澳大桥专用设计指导准则》(送审稿)咨询报告；

②《港珠澳大桥营运及维护准则》(送审稿)咨询报告；

③"《设计文件提交成果明细》"咨询意见；

④初测、初勘报告咨询报告；
⑤初步设计文件咨询总报告(预审稿和报批稿)；
⑥《港珠澳大桥专用设计指导准则》(修改稿)咨询报告；
⑦《港珠澳大桥营运及维护准则》(修改稿)咨询报告；
⑧第一阶段专题研究(科研)咨询：各专题研究大纲咨询意见，专题咨询报告；
⑨初步设计咨询工作总结。
(2)招标工作咨询
①修编《港珠澳大桥施工及质量验收标准》(送审稿)；
②《港珠澳大桥施工及质量验收标准》(报备稿)；
③编制招标文件；
④招标过程的技术服务；
⑤招标工作咨询工作总结报告。
(3)第一阶段培训与后续服务(图5)
(4)第一阶段月度工作进展情况报告

图5　对业主的培训工作

2)第二阶段
(1)施工图设计咨询(图6)

图6　咨询在设计审查会上宣读咨询意见

①"《设计文件提交成果明细》"咨询意见；
②详测、详勘报告咨询报告；
③施工图设计文件咨询总报告；
④施工图设计期间专题研究(科研)咨询：各专题研究大纲咨询意见；专题咨询报告；
⑤对施工图文件进行逐页核查；

⑥最终交付给施工单位的用于施工的正式图纸逐页签认;
⑦施工图设计期间月度工作进展情况报告;
⑧施工图设计咨询工作总结。

(2)施工期间咨询(图7)

图7 咨询在施工现场巡查

①各标段总体施工组织设计审查、咨询报告;
②专项施工方案审查、咨询报告;
③设计变更的审查、咨询意见;
④月度施工情况监察报告;
⑤交工验收咨询报告;
⑥编制《港珠澳大桥专用营运及维护手册》;
⑦施工期间咨询工作总结报告。

五、咨询管理的难度与体会

1. 咨询管理的难度

咨询联合体在整个咨询过程中,自身也历经谈判、磨合、顺畅等阶段,其中的碰撞与协调也许对类似的工作团队和模式都有一定的借鉴作用。

(1)项目专业繁多,接口复杂

港珠澳大桥作为一个集桥、岛、隧一体的跨海工程,是一个有多种专业组成,多家单位参与建设的大型综合体。

桥、岛、隧结构形式各具特色,又互有连接。再加上交通工程、机电工程、房屋建筑工程等,可谓专业繁多,接口复杂。

咨询联合体仅在专业上大体分为桥梁工程、岛隧工程两个团队,这给工作的分配、接口的衔接的确造成了一定的影响。

(2)项目任务多、时间紧

如前所述,港珠澳大桥结构品种多、专业类别多,因此设计及施工的内容也多。而在设计阶段,由于设计周期本身较短,留给咨询审查的时间通常很短,很多文件几乎要在一两天内完成审查。对于境外专家审查部分,要克服中欧或者中美的时差问题;即使对于境内的专家,也经常涉及到工作安排的难度。

(3)东西方文化差异

咨询联合体由中外设计咨询公司联合组成,这一方面可以参考引进国外先进的设计咨询理念,另一方面也不可避免的带来由于东西方文化差异而带来的碰撞。

随着项目的进展,经常会碰到一些内容相对签约条款是增加的或者变化的,这一部分的咨询工作,有

(4) 东西方项目制度的差异

国内对于大型桥隧项目，基本采用的还是设计、施工分开的建设模式；港珠澳大桥岛隧工程采用设计施工总承包模式，也是带有浓烈中国特色的总承包，与国外施行的设计施工总承包还存在较大的差异。这给咨询与各方的协调和沟通也带来了不少问题，也耗费了很多时间。

2. 咨询管理的体会

(1) 成果与经验

本项目设计咨询最值得借鉴的经验之一是：咨询方采用先进的过程咨询方式，与设计单位及时沟通，在关键问题的把握上对设计起到了积极的推动作用，有效提高了设计、咨询的效率，缩短了周期，很好地实现了业主顾问作用的目标。

另一项值得借鉴的经验是：将咨询方的审查意见提供给评审专家，并在各种评审会上进行咨询意见的汇报，为评审专家在短时间内掌握项目特点、重点与难点并成功开展评审，提供了有价值的资讯与参考。

港珠澳大桥主体工程设计施工咨询合同除了要求咨询单位对设计图纸进行审核并对施工图进行签署外，还明确要求咨询单位在过程中对重点结构和关键技术进行咨询第三方独立的平行复核计算，这给港珠澳大桥项目设计方案的安全、稳妥提供了多重保障，值得借鉴。

通过加大现场巡查的计划性和力度及主动与各标段负责人联系、逐一确认各标段的施工进度等措施，咨询为提高施工质量提供了很好的建议。

(2) 问题与教训

有些设计工作周期太短，设计与咨询工作时间相重叠，留给咨询的时间很短。同时在中间成果的审查中，由于设计不能及时提供英文版文件，境外咨询专家的作用不能充分发挥。

由于设计周期较为紧张，设计文件的提交较为凌乱，各个文件版次和提交程序以及电子版、纸质版等较标准流程有所欠缺。

(3) 管理与体会

在咨询过程中我们发现，不同的设计团队，设计与咨询之间，设计与评审专家组之间，都难免存在不同的意见。当上述情况产生后，需要一个适当的决策机制尽快的果断的做出判断和决策，这将有利于项目的顺利推进。

从咨询管理的角度来说，在项目管理上并没有为咨询预留足够的审查和意见反馈时间，这在一定程度上给咨询工作的开展造成困难，另一方面也影响了咨询成果的质量。

对于中外联合的咨询团队，要求外方团队配备有力的支持团队，是保证沟通顺畅、化解文化差异、推进工作开展的必要条件。

六、结　语

港珠澳大桥的施工正如火如荼，咨询团队作为紧随业主和设计团队进驻现场的一方建设队伍，按照业主"过程咨询"的要求，全程跟踪设计、施工，为项目的顺利进展提供了有力的协助。自全面转入施工期咨询后，咨询团队对施工组织设计、专项施工方案、设计变更进行审查，并且对施工现场进行巡查，为施工质量和施工进度的保证进行了卓有成效的咨询工作。咨询团队将一如既往，继续为建设这一世界级跨海通道献计献策。

参考文献

[1] 港珠澳大桥三地协调办公室. 港珠澳大桥主体工程设计及施工咨询招标文件. 2009.3.
[2] 上海市政工程设计研究总院(集团)有限公司联合体. 港珠澳大桥主体工程第一阶段咨询工作细则. 2009.6.
[3] 上海市政工程设计研究总院(集团)有限公司联合体. 港珠澳大桥主体工程第二阶段咨询工作大纲. 2011.1.

15. 我国公路桥梁建设成就和学科发展综述

魏巍巍　赵君黎

(中交公路规划设计院有限公司)

摘　要　本文在回顾我国公路桥梁建设成就基础上，从桥梁设计技术、新型材料和新产品、施工技术和装备、监测和管养等方面总结我国公路桥梁学科发展现状，对国内外公路桥梁学科的发展进行对比分析，并给出了我国公路桥梁未来发展趋势、研究重点和对策。

关键词　公路桥梁　建设成就　学科发展　对比　发展趋势　研究重点　对策

一、引　言

迈入新世纪后的十余年，我国开展了大规模的桥梁建设，桥梁建设成果不仅遍布了中东部平原地区，还突破了西部崇山峻岭、高山峡谷间桥梁建设瓶颈，实现了东南部沿海跨海、跨江特长、特大跨径桥梁建设的历史跨越。至2013年底，我国公路桥梁总数已达73.53万座，共计3977.80万延米，未来5年还将以每年1万多座的速度继续增长。在这些桥梁工程中，以浙江舟山西堠门跨海大桥（主跨1650m悬索桥）、江苏苏通长江大桥（主跨1088m斜拉桥）、重庆石板坡大桥（主跨330m梁桥）和重庆朝天门大桥（主跨552m拱桥）为代表的公路悬索桥、斜拉桥、梁桥和拱桥四大桥梁的单孔跨径和以全长36km的杭州湾大桥为代表的跨海长桥的建设规模和技术水平均达到了世界领先水平，建设成果和技术成就令世界瞩目，奠定了世界桥梁大国的地位。

桥梁工程的大发展和桥梁学科发展息息相关，其中又以结构理论、材料科学、设计、建造技术、管养监测等几大学科关系最为密切。继传统的钢结构、混凝土结构之后，又发展了组合结构、混合结构、协作结构等；材料上也出现了以高强混凝土、高性能混凝土、高强钢材、钢管混凝土、碳纤维等为代表的新型材料；设计技术则凸现了计算机技术及相关软件的大规模普遍应用，使得桥梁建造和管养全过程都实现了可视化，并在桥梁结构可靠性设计、结构全寿命设计、多灾害抗灾技术、风险评估理论和技术等方面取得实质性突破；建造技术则发展了桩基础、深水基础、整体预制安装、短线、长线大批量预制、拱桥无支架施工、索桥空中纺线和预制束股、火箭、直升机、热汽艇牵引导索、大型吊装船舶预远程运输和外海架桥技术等等；桥梁管养和运营方面则在振动理论、传感技术、测试技术、系统辨识理论、信号分析处理、数据通信、计算机、随机过程和可靠性等多门学科、复杂系统方面开始研究并取得突破。目前，桥梁工程学科已发展成为融规划、环境、节能等综合理论和结构理论基础、设计、施工控制及管理于一体的系统性学科。由于科技的进步，一些相关的学科也渗透到桥梁工程领域中，还发展了新的分支学科，如桥梁抗风、抗震、抗撞、抗火、桥梁CAD、桥梁的施工控制以及桥梁检测技术等。此外，桥梁学科与建筑、艺术、材料、电气化、管理等学科的交叉发展也愈来愈多。

二、我国公路桥梁建设成就

桥梁按其结构形式分为斜拉桥、悬索桥、拱桥和梁桥四类。悬索桥、斜拉桥等大跨径索桥是大跨径、特大跨径和超大跨径桥梁的主要桥型，跨径可达千米以上。为适应我国交通建设向外海、山区发展的需求，索桥技术近年来迅速发展，取得了很大成就。

1. 斜拉桥

斜拉桥作为一种拉索体系，比梁式桥的跨越能力大，具有良好的力学性能和经济指标。近二十多年来，在我国得到充分发展和推广，展现出强大的生命力。1991年建成的上海南浦大桥（主跨423m）开创了我国修建400m以上大跨径斜拉桥的先河,大跨径斜拉桥如雨后春笋般地发展起来。至2013年底,世界建成和在建跨度600m以上的斜拉桥有21座,中国占17座,其中2008年建成的苏通长江大桥(主跨1088m)开创了当时四项世界第一——跨径最大1088m,基础最大、最深(平面尺寸114×48m,深125m),桥塔最高300.4m,斜拉索最长577m。近五年建成的香港昂船洲大桥、湖北鄂东长江大桥、江西九江长江二桥、荆岳长江大桥和福建厦漳大桥分列世界斜拉桥跨径排行榜的3、4、7、8、10名(表1)。

世界跨度600m以上的斜拉桥 表1

序号	桥名	国家	建成年代	跨径(m)	通航净高(m)
1	俄罗斯符拉迪沃斯克大桥	俄罗斯	2012	1104	70
2	苏通长江大桥	中国	2008	1088	62
3	香港昂船洲大桥	中国	2009	1018	73
4	湖北鄂东长江大桥	中国	2010	926	24
5	多多罗大桥	日本	1999	890	42
6	诺曼底桥	法国	1995	856	55
7	江西九江长江二桥	中国	2013	818	
8	荆岳长江大桥	中国	2010	816	18
9	仁川大桥	韩国	2009	800	74
10	福建厦漳大桥	中国	2013	780	74
11	上海长江大桥	中国	2009	730	53
12	贵州北盘江大桥	中国	2015	720	
13	上海闵浦大桥	中国	2010	708	39
14	象山港大桥	中国	2011	688	53
15	南京长江三桥	中国	2005	648	24
16	南京长江二桥	中国	2001	628	24
17	舟山金塘大桥	中国	2009	620	44
18	武汉白沙洲长江大桥	中国	2000	618	18
19	武汉二七长江大桥	中国	2011	616	24
20	福建青洲闽江大桥	中国	2003	605	43
21	上海杨浦大桥	中国	1993	602	46

2. 悬索桥

悬索桥是特大跨径桥梁的主要形式之一,其优美的造型和宏伟的规模,被人们常称为"桥梁皇后"。20世界80年代以来,世界修建悬索桥达到鼎盛时期,时隔十年,我国现代悬索桥建设进入快速发展阶段。1995年率先建成汕头海湾大桥(主跨452m),1997年建成香港青马大桥(主跨1377m),1999年建成江阴长江大桥(主跨1385m)等千米级以上悬索桥。至今,世界建成跨度1000m以上的悬索桥有28座,中国占11座。近五年我国建成的特大悬索桥有舟山西堠门大桥、南京长江四桥、矮寨大桥、贵州坝陵河大桥、泰州长江大桥、马鞍山长江大桥,分列世界悬索桥跨径排行榜的第2、6、15、20、27和28位(表2)。世界目前在建的主跨1000m以上悬索桥有13座,我国占9座(表3)。我国大跨悬索桥近几年发展迅猛,建设速度和规模遥遥领先世界其他国家,建设成就比较突出。

世界跨度千米以上悬索桥 表2

序号	桥名	国家	建成年代	跨径(m)	通航净高(m)
1	明石海峡大桥	日本	1998	1991	65
2	舟山西堠门大桥	中国	2009	1650	49.5
3	大贝尔特桥	丹麦	1998	1624	65

续上表

序号	桥名	国家	建成年代	跨径(m)	通航净高(m)
4	光阳大桥	韩国	2012	1545	
5	润扬长江大桥	中国	2005	1490	50
6	南京长江四桥	中国	2010	1420	50
7	亨伯尔大桥	英国	1981	1410	30
8	江阴长江大桥	中国	1999	1385	50
9	香港青马大桥	中国	1997	1377	62
10	哈当厄大桥	挪威	2013	1310	
11	韦拉扎诺桥	美国	1964	1298	65.8
12	金门大桥	美国	1937	1280	67
13	武汉阳逻长江大桥	中国	2007	1280	24
14	高海岸大桥	瑞典	1997	1210	40
15	湖南吉首矮寨大桥	中国	2012	1176	峡谷
16	麦基纳克桥	美国	1957	1158	45.1
17	广州珠江黄埔大桥	中国	2008	1108	60
18	南备赞大桥	日本	1988	1100	65
19	博斯普鲁斯II桥	土耳其	1988	1090	64
20	贵州坝陵河大桥	中国	2009	1088	峡谷
21	博斯普鲁斯I桥	土耳其	1973	1074	64
22	乔治华盛顿桥	美国	1931	1067	61
23	来岛三桥	日本	1999	1030	65
24	来岛二桥	日本	1999	1020	65
25	4月25日	葡萄牙	1966	1013	70
26	福期公路桥	英国	1964	1006	45.7
27	泰州长江大桥	中国	2012	1080	50
28	马鞍山长江大桥	中国	2013	1080	24

世界在建主跨1000m以上悬索桥   表3

序号	桥名	国家	主跨径(m)	建成年代
1	湖北杨泗港长江大桥	中国	1700	2018
2	虎门二桥坭洲水道桥	中国	1688	2018
3	浙江舟山双山与门大桥	中国	1600	
4	伊兹米特海湾桥	土耳其	1550	2017
5	湖南洞庭湖大桥	中国	1480	2016
6	伊斯坦布尔三桥	土耳其	1408	2015
7	虎门二桥大沙承道桥	中国	1200	2018
8	云南龙江大桥	中国	1196	2015
9	广西龙门大桥	中国	1160	2014
10	蔚山港大桥	韩国	1150	2014
11	哈洛加大桥	挪威	1145	2017
12	贵州清水河大桥	中国	1130	2016
13	重庆驸马长江大桥	中国	1050	2017

3. 拱桥

大跨径拱桥分为混凝土拱桥、钢管混凝土拱桥和钢拱桥。1990年我国首次采用劲性骨架建成宜宾小南门金沙江大桥（主跨240m中承式混凝土拱桥），大跨径混凝土拱桥建设上了一个新台阶。1997年建成重庆万县长江大桥（主跨420m），为世界最大跨径的混凝土拱桥。钢管混凝土拱桥在世界沉寂了半个多世纪后，在中国得到了充分发展，1990年四川率先建成旺苍东河大桥（主跨115m），2004年建成巫山长江大桥（主跨460m），为世界最大跨径钢管混凝土拱桥。我国钢拱桥的建设犹如异军突起，2003年建成上海卢浦大桥（主跨550m中承式钢箱拱桥）和2009年建成的重庆朝天门长江大桥（主跨552m中承式钢桁拱桥），均为世界最大跨径钢拱桥，将钢拱桥的跨径发展到新的高度。世界已建跨度420m以上拱桥有12座，中国占9座（表4）。

世界跨度420m以上的拱桥　　　　表4

序号	桥名	国家	建成年代	主跨径(m)
1	重庆朝天门长江大桥	中国	2009	190+552+190
2	上海卢浦大桥	中国	2003	100+550+100
3	新河桥	美国	1997	518.2
4	贝永桥	美国	1931	504
5	悉尼港桥	澳大利亚	1932	503
6	四川合江长江大桥	中国	建设中	500
7	巫山长江大桥	中国	2004	460
8	宁波甬江大桥	中国	2009	450
9	湖北沪蓉西支井河大桥	中国	2009	430
10	广州新光大桥	中国	2006	177+428+177
11	重庆菜园坝长江大桥	中国	2007	88+102+420+102+88
12	万县长江大桥	中国	1997	420

4. 梁桥

梁桥是以受弯为主的结构，是一种最为经济实用的桥型，1988年建成的广东洛溪大桥（主跨180m）开创了我国修建大跨径预应力混凝土连续刚构桥的先例。2006年建成重庆石板坡长江大桥（主跨330m），为世界最大跨径钢—混组合连续刚构桥。世界已建跨度250m以上预应力混凝土桥梁有20座，中国占12座（表5）。

世界跨度250m以上PC梁桥　　　　表5

序号	桥名	国家	建成年代	跨径(m)
1	重庆石板坡长江大桥	中国	2006	330
2	Stolma桥	挪威	1998	94+301+72
3	Ruftsundet桥	挪威	1998	86+202+298+125
4	虎门大桥辅航道桥	中国	1997	150+270+150
5	苏通长江大桥辅航道桥	中国	2008	268
6	云南红河大桥	中国	2003	265
7	Gateway桥	澳大利亚	1985	145+260+145
8	VarrodII桥	挪威	1994	260
9	福建宁德下白石大桥	中国	2003	260
10	重庆鱼洞长江大桥	中国	2008	252
11	四川泸州长江二桥	中国	2000	252

续上表

序 号	桥 名	国 家	建成年代	跨径(m)
12	重庆嘉华嘉陵江大桥	中国	2007	252
13	江安长江大桥	中国		252
14	Schottwien 桥	奥地利	1989	250
15	Doutor 河桥	葡萄牙	1990	250
16	Confederations 桥	加拿大		250
17	Skye 桥	英国	1995	250
18	重庆黄花园大桥	中国	1999	250
19	重庆马鞍石嘉陵江大桥	中国	2001	250
20	广州海心沙珠江大桥	中国	2004	250

5. 跨海长桥

我国已建成跨海长桥有东海大桥、杭州湾跨海大桥、深圳湾跨海大桥,舟山西堠门大桥与金塘大桥、青岛海湾大桥、嘉绍大桥。杭州湾第二通道、港珠澳大桥等工程建设也在逐步展开,我国跨海桥梁建设正在进入一个新的时代(表6)。

世界排名前 10 位的跨海大桥 表6

序 号	桥 名	国 家	建成年代	总长(km)
1	杭州湾大桥	中国	2008	36
2	港珠澳大桥	中国	在建(2016)	35.6
3	东海大桥	中国	2005	32.5
4	青岛海湾大桥	中国	2011	27
5	King Fahd Causeway	巴林	1986	25
6	舟山大陆连岛工程	中国	2009	25
7	Great Belt Bridge	丹麦	1997	17.5
8	Oresund Strait Bridge	丹麦	2000	16
9	Rio-Niterói Bridge	巴西	1974	13.3
10	杭州湾嘉绍大桥	浙江	2013	10.1

三、我国公路桥梁学科发展现状

近年来,依托大型公路桥梁工程建设,我国公路桥梁学科在设计技术、新型材料和产品、施工技术和装备、桥梁监测和管养等方面开展了众多科研和创新能力建设,学科技术水平不断提升,可持续发展能力不断增强。

1. 设计技术

2008 年建成的苏通大桥以 1088m 的主跨在世界上首次实现斜拉桥的千米突破,代表了当代桥梁建设技术的最高水平。它首创了一种新型桥梁结构体系——静力限位与动力阻尼组合的新型桥梁结构体系,提出并发展了内置式钢锚箱组合索塔锚固和钢混组合变截面桩两项新型结构及特殊设计方法,一举攻克了斜拉桥跨径突破千米的技术瓶颈,为千米级斜拉桥的成功建设提供了强有力的技术支撑。湖北鄂东长江大桥解决了超大跨混合梁斜拉桥钢—混结合部技术难题,全面提升了我国钢—混凝土组合结构桥梁建设水平。

我国大跨悬索桥设计技术近几年突飞猛进,在结构体系、抗风等领域取得了突破性的科技成果。西堠门大桥突破了跨海特大跨径钢箱梁悬索桥结构体系和抗风关键技术;矮寨大桥是世界上最大的峡谷桥梁工程,它创建的塔—梁分离式悬索桥新结构成为一种极具优势的山区桥梁建设方案。泰州大桥和马鞍山大桥突破中间塔效应技术瓶颈,实现了大跨径(千米以上)悬索桥的多塔连续跨越。四渡河大桥攻克了世界首座跨度达900m以上的山区特大悬索桥抗风技术;坝陵河大桥形成了一套确定山区深切峡谷桥梁设计风速的方法。

在信息化高速发展的今天,信息化、智能化水平已成为衡量桥梁建设现代化发展水平的重要标志。桥梁设计利用计算机作为辅助手段,进行有效地快速优化和仿真分析,不仅加快了桥梁的建设速度,也提高了桥梁的受力分析精度。近几年出现的BIM(建筑信息模型)技术为工程界带来了继CAD之后的第二次技术革命,然而BIM技术在我国桥梁领域应用还处于起步阶段,主要是解决桥梁设计的三维建模二维出图、施工模拟,三维可视化与碰撞检测等问题。目前,BIM技术已经在沪昆客专北盘江特大桥、新白沙沱长江大桥、渝黔铁路新线白沙沱长江特大桥等少数桥梁工程得到应用。BIM技术的应用已成为桥梁工程向信息化智能化发展的必然趋势,将推动桥梁工程迈进全过程管理信息化技术的新时代。

2. 新型材料和新产品

开发更高强度的主缆材料是大跨径索桥发展的迫切问题。近几年,我国成功研发了高强度主缆索股,斜拉桥斜拉索的强度已从1770MPa提高到1860MPa,钢丝的镀层从纯锌镀层扩展到锌铝合金镀层,进一步提高了斜拉索的强度和耐久性,为一些正在建设的跨海大跨度斜拉桥建设提供依据。悬索桥主缆用高强度镀锌钢丝从1770MPa提高到1860MPa,为进一步提升悬索桥的跨越能力提供了保障。

随着新材料、新技术的不断出现,一大批拉索产品、支座、伸缩装置、减隔震产品等公路桥梁专用新产品成功研发并面向市场,其中多数是在传统产品基础上的更新换代或适度创新,如抗震支座、减隔震支座、水平力支座和新一代高强拉索、伸缩装置、阻尼装置等。在市场的驱动下,企业开展新产品标准编制的积极性空前高涨,大大推动了我国桥梁技术的进步和产品水平的提高。然而,我国现有的公路桥梁产品标准还远远不能满足桥梁建设领域蓬勃发展和异常旺盛的市场需要,预计未来还将不断有新的产品标准制定需求。

3. 施工技术和装备

近年来,我国的上部结构施工技术在钢桥面铺装、缆索制造、主缆架设、连续钢箱梁桥整孔架设和节段预制拼装短线施工上取得了突破,下部结构在深水基础施工、大尺度基础施工、防水围堰等方面都有所突破、有所创新,丰富了各类桥型结构的施工技术,使得桥梁的跨越能力和施工、管理水平都得到了大幅度提升。

施工装备是保证大型桥梁工程顺利实施的基础。近年来,我国在已有的常规钻机、架桥机基础上,依托大型工程研发了更多、更大规模和吊装能力的桥梁工程装备,如依托杭州湾大桥建设开发的"天一号" 3000t海上运架梁起重机、为港珠澳大桥建设专门打造的"海威951号"95m打桩船、依托新疆果子沟大桥研发的ZQM1000移动滑膜架桥机等,这些新装备的研制并投入实际应用,使新时代的桥梁建设如虎添翼。

4. 监测和管养技术

近年来,桥梁结构的安全监测、管理和养护已成为国内外学术界、工程界的研究热点,各种研究成果已逐步进入实桥应用阶段。香港青马大桥、苏通大桥、虎门大桥、东海大桥等一系列桥梁监测项目中开始迅速地推广运用二维GIS技术。西堠门大桥的结构监测巡检管理系统应用三维GIS技术,开创性地成功研发出集结构监测和巡检养护技术、工业以太网和三维GIS技术于一体的特大跨径悬索桥结构监测巡检管理大型综合软件,极大提升了我国大跨桥梁监管养护信息化水平。除了GIS技术,工业以太网技术、精确时钟同步协议等计算机技术也应用到了桥梁结构监测、管养领域。

四、国内外对比分析

就公路桥梁建设成就而言,如前所述,中国的桥梁数量和规模已经达到了世界第一,在各类桥型的跨径排行榜上,也都取得了令人骄傲的成绩。但和建设成就相比,我国公路桥梁学科还缺乏系统的基础理论创新、技术成果总结。和四年一次升级换代的美国的公路桥梁设计规范(AASHTO)以及欧盟2005年开始推行的欧洲设计规范相比,我国标准规范升级换代缓慢,且缺乏涵盖公路、铁路和市政等行业全国统一的桥梁结构设计规范,更不能提及区域统一的亚洲地区桥梁设计规范或适用全世界的桥梁设计规范。

1. 设计与材料

就桥梁结构设计而言,我国已经能自主设计悬索桥、斜拉桥、梁桥和拱桥等各类桥型,设计基础理论和国际发达国家一样,都采用了基于可靠度理论的极限状态设计法,其中的汽车荷载标准和材料性能标准等基础研究都是基于中国国情统计得到的参数,桥梁各类受力构件的可靠度设置也都处于国际较高水准。但在桥梁抗震、抗风、抗撞、抗爆等单项抗灾和多灾害综合抗灾、防灾技术方面以及2000m以上跨径的桥梁综合结构体系方面,我国还缺少和国际领先国家在技术方面的竞争优势!桥梁结构风险评估、全寿命周期设计等基础理论研究已经开始应用于实际,基于性能的桥梁设计理念在国内也已经开始研究和部分应用,这和国际发展潮流和进展基本一致!

就桥梁结构使用的主要材料而言,我国的混凝土材料强度主要以C30、C40和C50为主,而国际上已经发展到应用C100甚至C150的超高强混凝土;在高性能混凝土方面,我国已在混凝土材料的耐久性、施工性等方面开展了大量研究,但国外已在RPC、ECC等具有高韧性和大变形能力的高性能混凝土的研发和工程应用方面有所突破。在钢材方面,我国主要结构用钢为Q235和Q345(相当于490MPa级),国外目前主要使用490MPa级和590MPa级钢材,780MPa级钢材也正在积极推广应用;钢筋方面,我国已经开始采用HRB500等高强度或更高强度的钢筋,符合世界发展的趋势;在预应力技术方面,我国的预应力材料和锚固技术已经处于国际先进行列,桥梁结构也开始使用体内、体外预应力结合的新型结构,并在二次张拉领域开始突破;在索桥领域常用的斜拉索、大缆等已经开始采用1860MPa的钢材,与国外开始使用的2000MPa的高性能钢材还有一定差距。我国的钢管混凝土结构技术目前处于国际领先;而更高强度的碳纤维材料等的研究和应用,仍处于试验阶段,和世界发展基本同步。

就计算机辅助设计技术而言,我国的复杂桥梁结构设计计算分析软件和辅助绘图设计软件等基于计算机模拟新技术的综合程序发展严重落后于发达国家和桥梁强国,和我国桥梁大国的现状极不相称,这是我们亟需改进的领域之一。

2. 施工和装备

世界范围新建的桥梁数量和规模都不及中国,其施工技术、工法和装备也都在世界范围统一采购。如港珠澳大桥采用的八锤联动打桩设备、深海运梁、起吊、架桥设备等一些特殊的桥梁施工设备等使中国在施工装备上处于世界领先地位。

3. 评估、监测和养护

有关资料表明,美国已经拥有60多万座桥梁,日本13万座桥梁,都是世界上的桥梁大国,其多数桥梁桥龄已达40~50年。为了确保桥梁安全、耐久的服务社会,各国都开展了桥梁承载能力、耐久性等可靠性评估,现状监测/检测、养护、加固设计等工作,其中美国近年来提出的"桥梁长期性能检测(LTBP)"项目令人瞩目,该项目立足美国典型桥梁全面监测、带动所有桥梁的全面检测,并面向世界征求桥梁检测项目、团队和成果,以求建立全球的桥梁长期性能检测数据库和网络,值得我们学习、参与和借鉴。

五、未来发展趋势、研究重点和对策

(1)未来发展趋势

未来几年,我们还将在以港珠澳跨海大桥为引领的长大桥梁建设以及东南部沿海和大江大河、西部深山峡谷等人迹罕至的区域取得更多的桥梁建设成就和丰硕的科技成果,有望在新建桥梁的结构体系、构造、设计理论、分析方法、施工技术、工法标准等方面实现变革或突破;并依托在役的70多万座公路桥梁开展桥梁长期性能检测、可靠性评估,在桥梁安全管理、耐久维护、多灾害防抗技术等领域开展研究和实践,以实现桥梁安全、长久的为社会服务的目标,为实现建设"资源节约型、环境友好型"的"可持续发展"的国家和行业做出更大的贡献。

(2)研究重点和对策

2014年8月,交通运输部发布了"公路水路交通运输主要技术政策(交科技发〔2014〕165号)",给出桥梁设计、施工和养护管理的指导意见:科学选择公路桥梁建设方案,重视桥梁耐久性和全寿命周期设计,提高桥梁使用寿命;推广应用先进成熟的桥梁施工工法和装备,提高桥梁施工能力和水平。重视桥梁结构监测和养护,提高桥梁结构长期使用性能。

未来2~3年,我国公路桥梁标准规范面临着新一轮的升级换代,桥梁结构基础理论研究也将支撑标准规范的修编工作深入开展。

桥梁设计与材料方面,研究重点还应着力在以下几方面:

①设计创新应和基础科研紧密结合,争取取得桥梁建设成果和技术进步的双赢;

②加强桥梁安全管理、安全监测、可靠性评估、长期性能研究、桥梁多灾害防抗和灾后快速恢复技术研究和成果应用;

③加强新一代精细化桥梁设计软件和支持全寿命周期使用的BIM技术的自主研发、推广应用;

④进一步强化桥梁基础数据的调研和获得,强化统计分析,加强科研对标准规范修订的支持;

⑤开展对超出标准规范规定的超强灾害和事故的社会或专业应急救援、保险体系研究;

⑥大力研发和推广一批高强度、高耐久性的桥梁拉索产品和相关材料,如直径7mm、抗拉强度1960MPa的钢丝。

桥梁施工方面,以港珠澳大桥建造外海桥梁、120年耐久年限需要的施工工法和特殊装备将取得系列成果;以中朝鸭绿江丹东界河大桥为依托的寒区桥梁施工和装备有望有所进步;以钢结构、组合结构等桥梁为主的施工和装备有望取得突破;以梁桥预应力二次张拉技术为代表的梁桥施工和装备能弥补现状的不足;以桥梁安全管理、安全监测、长期性能监测和可靠性时变评估、管养、加固、性能设计和多灾害抗防技术为目标的一批科研成果和创新设备将成为未来学科发展的前沿基础。

我国的施工技术和装备虽然已取得了很大成就,但还应意识到施工质量需要进一步提升的问题,应积极主动加强桥梁施工人员的素质和技术提升,提高施工材料的稳定性、施工设备自动化程度,以提高桥梁施工总体质量。

桥梁评估、监测和管养方面,依托全国在役的70多万座桥梁和西部科技项目等开展的桥梁结构可靠性评估技术和长期性能研究、多灾害、多病害抗防技术研究等项目将得到很大的支持和发展;一批边缘学科如信息技术、物联网技术、北斗卫星定位技术等在桥梁工程中的应用将更趋广泛,桥梁状况的评估、安全监测将实现远程控制,养护和加固等工作将得到更多科技成果支持。以桥梁管养、加固为目标的一批科研成果将成为未来学科发展的前沿基础。

到2016年我国将进入"十三五"时期,目前规划的"十三五"桥梁领域有9个专业方向,见表7。

"十三五"规划的桥梁领域9个专业方向

序号	方向与领域	序号	方向与领域
1	桥梁材料:绿色混凝土、高强耐久缆索—新材料	6	鉴定与评估:全面、快速、专业的鉴定与评估
2	桥梁结构:超大跨径协作结构,安全冗余度高的新结构	7	养护与改造:对交通干扰最小、快速的自动监测、养护、改造
3	作用与设计:合理的作用标准、BIM-CAD设计;精细化	8	运营与管理:引入资产运营管理理念
4	施工与装备:先进的工艺、工法、标准、高效综合施工平台	9	产品与制品:标准化、可更换
5	试验与检测:快速试验、检测		

六、结　语

公路桥梁学科的发展是一个不断创新、不断总结、不断提升的过程。以新一轮的代表性大桥建设、70多万座公路桥梁的全方位管养为依托,以国家"十三五"交通发展规划、科技发展规划为引导,全面贯彻综合交通、智慧交通、绿色交通、平安交通理念,以创新驱动、产业化政策覆盖设计、施工、养护、管理全过

参考文献

[1] 交通运输部公路局.全国公路统计资料摘要[R].2013.
[2] 中国公路学会.2011年度公路学科发展研究报告[R].2012.
[3] 中国科学技术协会,中国公路学会.2012—2013道路工程学科发展报告[R].北京:中国科学技术出版社,2014.
[4] 中国公路学会.2008(2009,2010,2011,2012)年度中国公路学会科学技术奖获奖项目集锦[J].2008—2012.
[5] 中国公路学会桥梁和结构工程分会.2008(2009,2010,2011,2012,2013)年全国桥梁学术会议论文集[C].北京,人民交通出版社,2008-2013.
[6] 中国公路学会桥梁和结构工程分会.面向创新的中国现代桥梁[M].北京:人民交通出版社,2009.
[7] 张喜刚.苏通大桥总体设计[M].公路,2004(7):111.
[8] 张喜刚,陈艾荣,等.千米级斜拉桥设计指南[M].北京,人民交通出版社,2010.
[9] 张喜刚,陈艾荣,等.千米级斜拉桥结构体系、性能与设计[M].北京,人民交通出版社,2010.
[10] 张鸿,张喜刚,丁峰,等.短线法节段预制拼装桥梁新技术研究[J].公路,2011(2).
[11] 黄雍,等.《桥梁》装备篇专辑[J].北京:人民交通出版社,2011.
[12] 中铁大桥局集团有限公司、武桥重工集团股份有限公司、《桥梁》杂志社.桥梁工程装备论文集[C].北京:人民交通出版社,2012.
[13] 中国公路建设行业协会.公路工程工法汇编[M].北京,人民交通出版社,2007-2012.
[14] 中华人民共和国交通运输部.行业重点实验室发展报告[R].北京:人民交通出版社,2010.
[15] 项海帆,等.桥梁概念设计[M].北京:人民交通出版社,2011.
[16] 凤懋润.跨越—交通建设的探索与思考[M].北京:人民交通出版社,2009.

16. 黄河上的桥梁

楼庄鸿 郭 佳

(交通运输部公路科学研究院)

摘 要 黄河是我国第二大河,发源于青海,并依次流经四川、甘肃、宁夏、内蒙古、陕西、山西、河南和山东等省区,按照公路桥梁、铁路桥梁及公铁两用桥的分类,分别介绍黄河顺流而下桥梁的名称及其跨径、桥型与宽度,是对黄河上的桥梁一次较为完整的统计和概述。

关键词 黄河 公路桥梁 铁路桥梁 公铁两用桥

黄河,是中华民族的母亲河,是华夏文化的发祥地。这条我国的第二大河,发源于青海省,流经四川、甘肃、宁夏、内蒙古、陕西、山西、河南和山东等省区,汇入渤海。全长5464km,流域面积75.2万km^2。

黄河上到底有多少座桥梁?作者曾于2008年进行了一次整理[2]。这次又重新进行统计,本文列出了223座桥梁的名称及其跨径、桥型与宽度。其中,公路及人行桥176座,见表1;公铁两用桥5座,见表2;铁路桥42座,见表3。黄河上平均每24.5km长河道即有一座桥梁。

从表4可知,截至2006年10月,经黄委审查同意修建的黄河大桥还有5座。这些桥梁估计都已建成或开工,则黄河上的桥梁数将增至228座,平均每24.0km长河道即有一座,较文献[2]增加66座。

本文列出的桥梁中,不包括已核实拆除的桥梁,但是否还有少数桥实际已拆除,而仍列在本文中?很有可能;本文中还可能遗漏一些在建、甚至已建成的黄河大桥,敬请读者批评指正。

黄河上的公路桥梁(顺流而下)　　　　　表1

序号	桥名	建成年	全长(m)	主桥跨径(m),结构	宽度(m)	备注
1	青海玛多黄河桥	1966	86.7	6×12.5 钢筋混凝土简支梁	7	
2	青海雅娘黄河大桥	1986	172.5	13×13 混凝土T梁	4.5	
3	青海达日吉迈黄河大桥	1959	150.48	4×22+3×20 混凝土T梁	8.5	
4	青海达日黄河公路2号大桥	2002	186.54	4×26.5 梁	10	
5	青海果洛州多利多卡黄河大桥	2014	166.16			
6	青海门堂黄河大桥	1996	184.8	9×20 梁		
7	甘肃玛曲齐哈马黄河人行桥	1986	196.05	195.25 双链悬索桥	5	
8	甘肃玛曲黄河大桥	1979	280	3×70 钢筋混凝土拱	7.5	
9	青海拉加寺黄河大桥	1986	220.58	10×20 梁	7	
10	青海苁哈峡水电站黄河大桥	2014	202	50+90+50 混凝土连续刚构	9+2×1.5	
11	青海黄河班多水电站进厂交通桥	2008		3×31.7 钢桁梁		汽-60,挂-220
12	青海卡力岗黄河大桥	2006	157.17	80 箱形拱	6	原85m悬索桥已拆
13	青海鹿圈黄河吊桥	2007	220	220 悬索桥	2.5	
14	青海唐乃亥水文站黄河吊桥	2007	220	220 悬索桥	2.5	
15	青海线南巴滩至河卡山南公路唐乃亥黄河大桥	2015	1390	80+150+80 混凝土连续刚构	12	
16	青海尕马羊曲黄河大桥	1982	133.89	2×65 拱	7	
17	青海龙羊峡水电站黄河吊桥	1963	50	50 悬索桥		
18	青海拉西瓦水电站黄河大桥	2003	203	132 钢管混凝土拱	14.5	
19	青海尼那水电站吊桥	1998	165	悬索桥	5	
20	青海贵德黄河大桥	1976	264.4	16×16 混凝土I型组合梁	8.5	
21	青海贵德黄河吊桥	2009	250	250 悬索桥	2.5	重建
22	青海虎头崖黄河人行桥	1996		70 悬索桥		
23	青海阿什贡黄河公路大桥	2011	427.16	14×30 混凝土梁桥		
24	青海湟贵公路太平大桥	2004	366.08	12×30 预应力混凝土T梁	17	有210m装饰钢管拱
25	青海李家峡水电站黄河大桥	1993	164.93	100 混凝土箱形拱	10	
26	青海阿岱—李家峡高速红旗村黄河大桥	2012	578.5	75+2×120+75 混凝土梁桥	30	
27	青海康隆黄河大桥	1987	167.2	5×30T 梁	8.5	
28	青海尖扎黄河大桥	2004	248	50+90+50 混凝土连续刚构	17	原100m箱形拱因建水库已拆
29	青海隆务黄河大桥	2004	315.89	主跨105 刚构	7.5	原50m石拱因建水库已拆
30	青海泽曲河口大桥	1983		50 悬索桥		
31	青海公伯峡黄河大桥	2004	145	128 中承钢管混凝土拱	12	
32	青海街子黄河大桥	2002	313	2×124 斜靠式下承拱	15	
33	青海伊麻目桥	1970	277.26	2×10+15×15 梁		双车道
34	青海积石峡电站对外公路黄河大桥	2008		36+63+28 混凝土刚构		
35	青海循化积石黄河大桥	2005	518.2	17×30 预应力混凝土箱梁	16	
36	青海积石镇人行桥	1979	140	124 悬索桥	5	

续上表

序号	桥　名	建成年	全长(m)	主桥跨径(m),结构	宽度(m)	备　注
37	青海清(水)关(门)公路1号黄河大桥	2012	356	60+105+60 混凝土连续刚构	8.5	
38	青海清(水)关(门)公路2号黄河大桥	2012	441.1	93.5+170+93.5 混凝土连续刚构	8.5	
39	青海清水黄河人行桥	70年代	95	75 悬索桥	2.5	
40	甘肃积石山黄河人行桥	1974	75	70 悬索桥	4	
41	甘肃大河家黄河大桥	1988	161.12	45+70+45 预应力混凝土梁	9	
42	甘肃刘家峡大桥	2013		150+536+115 钢桁悬索桥	15	门式钢管混凝土桥塔
43	甘肃刘家峡祁家黄河大桥	2009	248.06	180 钢管混凝土拱	12	
44	甘肃永靖小川黄河公路旧桥	1959		75 拱		
45	甘肃永靖小川黄河大桥	1999	130	70 桁架拱	6	
46	甘肃永靖太极黄河吊桥	2002	197.8	190 悬索桥	5	
47	甘肃永靖黄河大桥	2011	614	52+90+52 混凝土梁桥		
48	甘肃焦家川黄河大桥	1975	269.4	8×33 梁桥	9.5	
49	甘肃八盘峡黄河大桥	1983	179	174 悬索桥	5	
50	甘肃兰州新城黄河公路新桥	2003	320	75+110+75 混凝土连续梁	19	
51	甘肃兰州新城黄河大桥	1959	246.27	62.4 混凝土系杆拱	10	
52	甘肃五零四厂黄河大桥	在建		68.8+125+68.8 混凝土梁桥	18	
53	甘肃兰州蛤蟆滩人行桥	1954	180	110 悬索桥	2.5	
54	甘肃兰化输水人行道桥		610	悬索+钢桁	6	
55	甘肃兰州柴家台人行桥	1970	211	150 悬索桥	3.5	
56	甘肃兰州河口大桥	在建	978.5	77+100+360+100+77 组合梁斜拉桥	27.5	
57	甘肃兰州西固黄河大桥	在建		40+122+480+132+70 组合斜拉桥	27.5	
58	甘肃兰州西沙黄河大桥	1974	320	3×32.6 鱼腹式钢桁梁 每侧5×22.16T梁	10	
59	甘肃深安黄河大桥	2014	662	156 下承式蝶形拱	36.5	V形墩
60	甘肃兰州银滩黄河大桥	2001	803.48	2×133 独塔混凝土斜拉桥	25.5	
61	甘肃兰州七里河黄河大桥	1958	276.12	30+3×40+40 悬臂梁	18.4	
62	甘肃兰州小西湖黄河大桥	2003	298.4	81.2+136+81.2 矮塔斜拉桥	27.5	
63	甘肃兰州中山桥	1909	233.5	5×45.6 钢拱梁组合体系	8.36	1954年以拱加固,现已改为人行桥
64	甘肃元通黄河大桥	2013	459	80+150+80 钢管拱桥	26	
65	甘肃兰州城关黄河大桥	1979	307.1	47+3×70+47 混凝土连续梁	21	
66	兰州金雁黄河大桥	2012	410	138 钢拱桥	28	
67	兰州雁滩黄河大桥	2003	816	85+127+85 下承式 钢管混凝土刚架系杆拱桥	31	

续上表

序号	桥名	建成年	全长(m)	主桥跨径(m),结构	宽度(m)	备注
68	兰州天水路黄河大桥		530	5×40 混凝土梁	18	
69	兰州东岗黄河大桥	2003	450	5×80 混凝土梁	21.5	
70	兰州雁白黄河大桥			180 单塔自锚式悬索桥		
71	兰州雁青黄河大桥		3796	混凝土梁桥		
72	兰州青白石黄河吊桥	1989	294.5	186.3 悬索桥	6.7	
73	甘肃榆中桑园子人行桥	1980	140	140 悬索桥	4	
74	甘肃榆中安平黄河大桥	2002	136	136 双链悬索桥	4.5	
75	甘肃小峡水电站黄河索桥	2001	144.5	108.55 索道桥	6.5	
76	甘肃小峡水电站黄河大桥	2001	85	2×40 拱	12	
77	甘肃皋兰什川黄河吊桥	1971	197.8	124 悬索桥	5	
78	甘肃白榆公路黄河大桥	1990	120	120 拱	8	
79	甘肃青城黄河大桥	2011	337.5	4×35+50+4×35 混凝土梁桥	9.5	
80	甘肃靖远平堡黄河吊桥	1970	192.4	133 悬索桥	5.6	
81	甘肃靖远黄河公路大桥	2010	638.2	90 刚构—连续组合梁	12.5	
82	甘肃靖远糜滩黄河吊桥	2001	250	180 双链悬索桥	4.5	
83	甘肃靖远三滩黄河大桥	2000	520	78+140+78 连续刚构	16.5	
84	甘肃靖远新田黄河公路大桥	2006	374	52+3×90+52 连续梁	24.5	
85	宁夏中营高速沙坡头黄河公路大桥	2008	1341.5	2×120 混凝土刚构		
86	宁夏沙坡头黄河人行桥	2004	328	60+208+60 悬索桥	3	
87	宁夏中卫黄河大桥	1997	1116.6	60+2×90+60T 型刚构	14	
88	宁夏中宁黄河大桥	1986	927	23×40 预应力混凝土T梁	15	
89	宁夏青铜峡黄河大桥	1991	735.5	60+3×90+60T 型刚构	13	
90	宁夏古青高速公路青铜峡黄河大桥	2012	1778	65+5x110+65 混凝土梁桥		
91	宁夏石中高速吴忠黄河大桥	2002	1225.4	54+4×90+54 梁	34.5	
92	宁夏吴忠黄河公路大桥	2010	1819.36	92 混凝土梁桥		
93	宁夏叶盛黄河大桥	2016	1388			原双曲拱已拆
94	宁夏永宁黄河公路大桥	2016	3814	斜拉桥	33.5	
95	宁夏银川黄河大桥	2004	1219.9	60+5×90+60T 型刚构	35	对1994年的原桥加宽
96	宁夏银川黄河二桥	2004	1254.43	90 混凝土梁桥		
97	宁夏银川兵沟黄河公路大桥	2015	3722			
98	银古高速辅道黄河大桥	2004	1254.43	60+5×90+60 连续刚构	12	
99	宁夏陶乐黄河大桥(平罗大桥)	2005	1776	60+5×90+60 连续刚构	14	
100	宁夏石嘴山黄河大桥(惠农大桥)	1988	551.82	60+5×90+60T 型刚构	12	
101	内蒙古乌海黄河大桥	2005	607.5	75+130+75 连续梁	26	
102	内蒙古乌海110国道黄河大桥	2013	1739			
103	内蒙古乌海甘德尔黄河大桥	2015	760	80+5×120+80 六塔七跨矮塔斜拉桥	37	

续上表

序号	桥　名	建成年	全长(m)	主桥跨径(m),结构	宽度(m)	备　注
104	110国道内蒙古乌达黄河大桥	1988	531	8×65 连续梁	12	
105	内蒙古三盛公拦河闸黄河大桥	1961	431	18×16 连续梁	8.9	
106	内蒙古磴口黄河大桥	2004	1570	55+3×100+55 连续梁	2×13	
107	临河黄河公路大桥	2012	4188.94	11×100 连续梁		
108	内蒙古刘召公路大桥	2015	4314	(55+10×100+55)+(55+9×100+55)连续梁		
109	内蒙古亿利黄河大桥	2010	1847.01	7×100 连续梁		
110	内蒙古包头黄河公路一号大桥	1983	810	12×65 连续梁	12	
111	内蒙古包头黄河公路二号大桥	2002	831	50+9×80+50 连续梁	12.5	
112	内蒙古德胜泰黄河大桥	2009	6348			
113	内蒙古包树高速公路黄河大桥	2010	5657	85+6×150+85 混凝土梁桥	13.75	
114	内蒙古大城西黄河大桥	2011	1520	60+10×100+60 混凝土梁桥	12	
115	内蒙古巨合滩黄河大桥	2010	939	55+5×100+55 混凝土梁桥	12	
116	内蒙古蒲滩拐(海生不浪)黄河大桥	2006	1665	80+145+80 连续梁	24.5	
117	内蒙古树林召黄河公路大桥		1070	85+6×150+85 预应力混凝土梁	2×13.75	
118	内蒙古喇嘛湾黄河大桥	1985	390	6×65 连续梁	12	
119	荣乌高速小沙湾黄河大桥	2013	1277	160+440+160 混凝土斜拉桥	28.4	
120	109国道内蒙古小沙湾黄河大桥	2009	831.25	80+160+160+80 连续刚构		主墩高108m
121	万家寨黄河大桥	1994	246.8	12×20 混凝土梁	12	
122	黄河万家寨水利枢纽人行索桥	1994	500	500 悬索桥	1.2	改临时桥为永久桥
123	山西龙口黄河大桥	2005	624.08	14×40 预应力梁	12	
124	陕西华莲黄河大桥	2008	827.96	连续刚构 长420.34	13.5	
125	陕西华莲黄河大桥复线桥	2013	827.96		13.25	
126	山西府保黄河大桥	1972	639.08	(30+5×60+30)T构+8×30 双曲拱	9	
127	山西府保黄河公路二号大桥	2000	926.98	50+4×80+50 连续梁	16	
128	山西神府高速公路碛塄黄河大桥	2012	827	61+4×110+61 混凝土连续刚构	32	
129	山西兴神黄河大桥	2000	833.92	5×50T 梁	12	
130	山西太佳高速公路黄河大桥	2013	1593.1	主跨150 连续刚构	13	主墩最高达112m
131	山西佳临黄河大桥	1996	782.83	10×50T 梁	12	
132	山西柳林黄河大桥		501.6	69+3×117+69 预应力混凝土连续梁	27	
133	山西吴堡(军渡)黄河大桥	1969	390.06	36.8+3×55.2+36.8 钢桁梁	8.5	
134	青银高速陕西吴堡黄河大桥	2006	670	45+7×80+45T型刚构	24.5	

续上表

序号	桥　名	建成年	全长(m)	主桥跨径(m),结构	宽度(m)	备　注
135	陕西清石黄河大桥	2012	629	主跨80 连续刚构	12	
136	陕西延水关黄河大桥	2007	508.2	6×50T 梁	11	
137	山西大宁马头关黄河大桥	2007	801.08	16×50T 梁	11	
138	山西壶口黄河大桥	1969	248.39	50.4+70+50.4 钢桁梁	9	
139	青兰高速公路壶口黄河大桥	2012	757	3×175 连续刚构		
140	山西乡韩黄河大桥	1999	543	54+4×90+54 连续刚构	12	
141	山西禹门口(龙门)黄河大桥	1973	245.98	144 悬索桥	10	
142	二连浩特至河口公路禹门口黄河大桥	2006	4566	174+352+174 混凝土斜拉桥,两侧各有一75+2×125+75 矮塔斜拉桥	28	
143	山西临猗黄河大桥	2017	6484			
144	山西风陵渡黄河大桥	1994	1410	87+7×114+87 预应力连续梁	12	
145	运城灵宝高速山西运宝黄河大桥	2013	1933			
146	河南三门峡黄河大桥	1993	1310.09	105+4×160+105 混凝土连续刚构	18.5	
147	河南三门峡坝下公路桥	1958	210	5×40 钢桁梁	8.5	
148	河南南村黄河大桥	2002	1456.36	29×50 预应力 T 梁	7.8	
149	河南小浪底工程专用公路桥	1994	508.26	10×50 预应力 T 梁	16.7	
150	河南南沟黄河大桥	1989		索道桥		
151	河南洛阳吉利黄河大桥		2426.12	48+12×80+48 波形腹板连续梁	2×12.5	
152	河南洛阳黄河大桥	1977	3428.93	67×50 预应力 T 梁	11.5	
153	太澳高速黄河大桥	2005	4011.86	24×50 预应力箱梁	28.98	
154	河南焦作至巩义公路黄河大桥	2001	3010.13	50×50 预应力 T 梁	18.5	
155	武西高速郑州桃花峪黄河大桥	2013	7702.89	160+406+160 自锚式悬索桥		
156	107 国道郑州黄河大桥	1986	5549.86	62×50+47×40 预应力 T 梁	18.5	
157	京珠高速郑州黄河二桥	2004	9848.16	8×100 下承式钢管混凝土系杆拱	42	
158	阿深高速开封黄河二桥	2007	7765.64	85+6×140+85 矮塔斜拉桥	35	
159	106 国道开封黄河大桥	1989	4475.09	77×50 预应力 T 梁	18.5	
160	山东东明黄河大桥	1993	4142.14	75+7×120+75 刚构—连续梁组合体系	18.5	
161	山东鄄城黄河大桥	2010	4819	70+11×120+70 预应力连续梁	27	箱梁用波形钢腹板
162	河南孙口黄河大桥		3544.5	60+16×108.36+60 连续梁 T 构组合	12	
163	山东平阴黄河大桥	1970	963.52	2×(96.8+112+96.8)钢桁梁	9	
164	山东济齐黄河大桥	2015	2316	180+396+180 斜拉桥	27	

续上表

序号	桥 名	建成年	全长(m)	主桥跨径(m),结构	宽度(m)	备 注
165	山东长清黄河公路大桥	2018	7013	6孔变高下承式连续钢桁梁	26	
166	济南建邦黄河大桥	2010	2145	53.5+56.5+2×300+56.5+53.5 三塔斜拉桥	30.5	
167	京台高速公路济南黄河大桥	1999	5750	65+160+210+160+65 刚构连续梁组合体系	35.5	
168	济南黄河公路大桥	1982	2022.8	40+94+220+94+40 混凝土斜拉桥	19.5	
169	济南绕城高速黄河三桥	2009	4473	2×60+160+386 独塔钢斜拉桥	40.5	
170	山东济阳黄河大桥	2008	1165	216 四塔矮塔斜拉桥	21	单索面
171	山东惠青黄河大桥	2006	1548.38	133+220+133 矮塔斜拉桥	25	
172	滨博高速滨州黄河大桥	2004	1698.4	2×42+2×300+2×42 三塔混凝土斜拉桥	30.7	
173	205国道滨州北镇黄河大桥	1972	2932	4×112 钢桁梁	12	
174	山东利津黄河大桥	2001	1350	40+120+310+120+40 混凝土斜拉桥	20.8	
175	山东东营胜利黄河大桥	1987	2817.46	60.5+136.5+288+136.5+60.5 钢斜拉桥	19.5	
176	山东东营黄河大桥	2005	2743.1	116+200+220+200+116 连续刚构	26	

黄河上的公铁两用桥(顺流而下)　　　　　　　　　　　　　　　　　　　表2

序号	桥 名	建成年	全长(m)	主桥跨径(m),结构	线路车道数	备注
1	兰州甘机厂黄河桥	1959		2×67 钢桁梁	单线	专用线
2	甘肃靖远公铁两用桥	1970	350.28	5×64 钢桁梁	单线+2车道	包兰铁路
3	郑州黄河公铁两用桥	2009	9176.6	5×120 连续钢桁组合梁+(120+5×168+120) 矮塔钢桁组合梁斜拉桥	双线+6车道	
4	山东石济客运专线黄河公铁两用大桥	2016	1792	3×180	四线+6车道	
5	山东滨州黄河公铁两用桥	2006	2652.9	120+3×180+120 钢桁梁		

黄河上的铁路桥梁(顺流而下)　　　　　　　　　　　　　　　　　　　　表3

序号	桥 名	建成年	全长(m)	主桥跨径(m),结构	线路数	备注
1	甘肃石咀湾黄河铁路二号大桥			1孔钢桁,其他钢板梁	1	八盘峡水电站到刘家峡水电站专线
2	甘肃上诠黄河铁路一号大桥	1975	877.2	10×64 钢板梁	1	
3	兰青铁路黄河大桥	1975	1044	2跨钢梁	1	
4	兰武二线黄河铁路大桥	2004	1000.4	38.5+4×56+38.5 预应力弯梁	2	
5	兰新铁路黄河大桥	1955	293	24+7×32+24 钢板梁	1	
6	兰州坡底下铁路专用桥	1958	232.61	67.18 钢桁梁		
7	甘肃西固黄河铁路大桥	2016	5837.89	80+2×120+80 混凝土刚构	2	

续上表

序号	桥　名	建成年	全长(m)	主桥跨径(m),结构	线路数	备注
8	兰渝铁路南坡坪黄河大桥	2012	597.78	2×64 混凝土梁桥		
9	兰渝铁路兰州杨家湾黄河大桥		1442	40+2×64+40 混凝土连续梁		
10	包兰线黄河铁路大桥	1956	221.09	3×53 钢筋混凝土肋拱	1	
11	宁夏中卫黄河铁路大桥	1993	1315	2(7×48) 预应力梁	1	宝中线
12	中卫黄河铁路大桥	2007		6×90 钢桁梁		
13	大古铁路吴忠黄河大桥	1994	1576.3	10×48 预应力梁	1	
14	太中银铁路永宁黄河大桥	2008	3942.08	48×32+23×48+13×96 钢桁梁		
15	内蒙古乌达三道坎黄河铁路大桥（新桥）	2000	615.8	64+104+64 预应力连续梁	2	包兰线复线
16	内蒙古乌达三道坎黄河铁路大桥(旧桥)	1958	349.04	3×55 钢桁梁	1	包兰线
17	内蒙古三盛公黄河铁路一号大桥	1958	682.5	12×55 钢桁梁	1	包兰线
18	内蒙古三盛公黄河铁路二号大桥	1999	1123.6	12×54 钢桁梁	1	包兰线复线
19	包西铁路黄河大桥	2007	3912.32	108 钢桁梁		包西铁路
20	包头黄河铁路大桥	1987	848.22	13×64 钢桁梁	2	包神线
21	呼准鄂铁路黄河大桥	2016	4910.36	主桥长 1037.6	2	
22	内蒙古呼准线黄河大桥	2005	2160.9	48+10×80+48 预应力连续梁	1	
23	内蒙古丰准线黄河铁路大桥	1991	634.5	96+132+96 钢桁,中孔以拱加劲	1	
24	神朔铁路黄河大桥	1995	1662	45+8×75+45 预应力连续梁	2	
25	太中银铁路吴堡黄河大桥	2011	850.8	70.9+4×120+70.9 预应力混凝土连续梁	2	
26	山西禹门口(龙门)黄河铁路大桥	1973	400	144 钢桁梁	2	侯西线
27	黄韩侯铁路禹门口黄河大桥	在建	784.46	156 钢桁梁		
28	晋陕高铁黄河大桥	2013	9969	108 钢桁—混凝土刚构		大西线
29	南同蒲线黄河铁路大桥	1970	1180.9	24×48 钢桁梁	2	
30	焦枝铁路黄河大桥	1970	917.62	11×80 钢桁梁	1	
31	焦枝铁路复线黄河大桥	1994	2802.8	51×50 预应力梁	1	
32	郑州黄河铁路大桥	1960	2889.8	71×40.7 钢板梁	2	京广线
33	郑焦城际铁路黄河大桥	2013	9633	100 钢桁梁	4	
34	新荷铁路复线长东黄河大桥	1999	12976	7×108+9×96 钢桁梁	2	
35	新荷铁路长东黄河大桥	1985	10298	7×108+9×96 钢桁梁	2	
36	京九铁路孙口黄河大桥	1995	6829.6	16×108 钢桁梁	2	
37	河南将军渡黄河大桥	2012	9928.66	99.05+10×128 下承式钢桁梁	2	
38	济南津浦铁路黄河新桥	1981	5698.3	112+2×120+112 钢桁梁	2	
39	京沪高速铁路济南黄河大桥	2009	5143.4	112+3×168+112 钢桁拱桥	4	
40	济南泺口黄河铁路大桥	1912	1236	64+7×91.5+128.1+164.7+128.1+91.5 钢桁梁	1	
41	山东东营龙居黄河大桥	2014	8092.74	180 钢桁梁		德大线
42	山东东营黄河铁路大桥	2012	8500	多孔 180 下承式钢桁梁		

2006年10月经黄委审查同意的在建、待建黄河大桥* 表4

序 号	桥 名	主桥最大跨(m)
1	内蒙古锡乌公路独贵特拉黄河大桥	80
2	托电煤运铁路专用线大石窑黄河大桥	104
3	运三高速三门峡黄河大桥	320
4	孟州黄河公路大桥	80
5	黄大铁路黄河大桥	180

* 确定已建成或在建的桥梁已从本表中删除。

参考文献

[1] 刘栓明,等.黄河桥梁.郑州:黄河水利出版社,2006.
[2] 楼庄鸿.黄河上的桥梁,北京建达道桥咨询有限公司2008年度学术论文集,2008.
[3] 韩友续,等.甘肃河口大桥与西固大桥的技术创新//中国公路学会桥梁和结构工程分会2013年全国桥梁学术会议论文集.北京:人民交通出版社,2013.
[4] 宋向荣,等.济南建邦黄河公路大桥中央索面混凝土箱梁支点挂篮施工技术,2010大跨径桥梁创新技术论坛论文集.北京:人民交通出版社,2010.
[5] 王用中,等.波形钢腹板预应力混凝土桥在我国的应用与发展,桥梁,2012(4).
[6] 王琳.刘召黄河公路大桥桥梁方案设计,北京建达道桥咨询有限公司2012年度学术论文集,2012.
[7] 吕敬之.小沙湾黄河特大桥设计介绍,北京建达道桥咨询有限公司2012年度学术论文集,2012.
[8] 李涵军.深安黄河大桥V形墩施工仿真分析,世界桥梁,2013(5).

17. 深水桥梁基础现状与展望

龚维明 杨超 戴国亮

(东南大学土木工程学院)

摘 要 深水桥梁的建造日益增多,复杂的地质情况和恶劣的环境条件给深水桥梁基础的设计带来了巨大的挑战。本文讨论了所涉及到的几个问题:岩土体的时变效应、波流荷载下的耦合振动、波流冲刷的影响与防护和深水桥梁基础的选型。重点介绍了其相关理论和技术,对今后的进一步研究提出了一些看法。

关键词 深水桥梁基础 时变效应 耦合振动 冲刷 基础选型

一、引 言

为适应我国经济的全球化发展的趋势,促进本土与岛屿、沿海城市的交流更加迫切,大型跨海工程成为一种趋势。如中国沿太平洋海岸的南北公路干线—同三线(黑龙江省同江至海南省三亚)上将通过五个跨海工程(自北向南依次为渤海海峡工程、长江口越江工程、杭州湾跨海工程、珠江口伶仃洋跨海工程以及琼州海峡工程)。

这些大跨桥梁多数建于水深、流急的大江河上或环境恶劣的海上,对桥梁基础的设计与施工提出了巨大挑战。在深水条件下,以下四个方面容易被忽视:①岩土体时变效应对深水基础长期承载特性的影响;②波流荷载属于循环荷载,因此深水基础的动力特性问题值得考虑;③跨海大桥对基础周围水流产生影响,引起的冲刷问题需要重视;④基础形式将极大地影响桥梁的经济性、安全性。

针对深水基础面临的上述四个问题,本文归纳总结其相关理论和技术,并对其发展趋势进行了分析与探讨,以期为我国桥梁基础设计提供参考。

二、岩土介质蠕变效应的影响

蠕变特性是土的重要工程特性之一。土体的蠕变是指在常值应力持续作用下,土体的变形随时间而持续增长的过程。土体蠕变性质的研究在土力学中占有重要地位,并且已对我国很多不同土木工程产生巨大影响。

1. 岩土体蠕变效应对桥梁工程的影响

大量研究和工程实践表明,软土地区桥梁变形一般经历的时间都相当长,软土层蠕变特性是导致桥梁较大的后期变形使桥梁损坏的一个主要原因。此外,在桥台台后路基填土、车辆等不平衡竖向荷载下,软土产生水平向的塑性变形,使得台后路基大规模整体下沉、路基两侧及台前土隆起,桥台桩基受到水平向软土蠕变荷载作用而向河的方向倾斜(图1),从而引起各种桥梁病害现象,严重影响桥梁的正常使用[1]。

2. 岩土体蠕变模型

室内试验和现场反演的结果表明,研究岩土体的应力应变特征和变形与时间关系十分重要。在工程实际中考虑土体的流变性质,需要对蠕变变形过程进行合理描述。经过数十年的研究,岩土工程界已经积累了大量的流变模型资料,可将这些模型分为元件模型、屈服面模型、内时模型和经验模型四类[2]。图2给出了部分模型示意图。

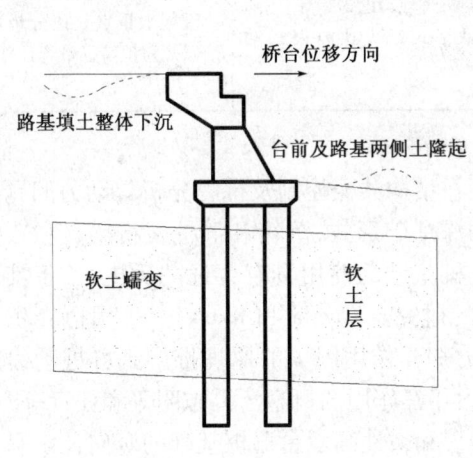

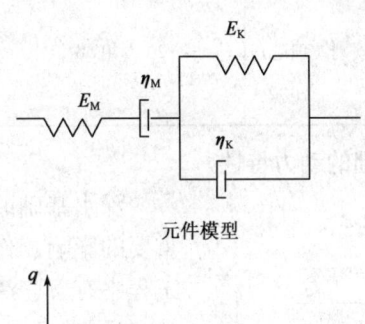

元件模型

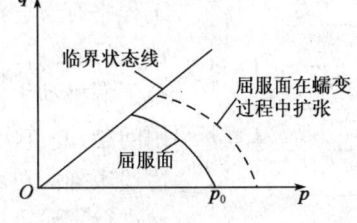

图1 桥台台后软土蠕变作用示意图　　　　图2 典型流变模型

3. 桩基长期沉降计算方法

为解决桩基的长期沉降问题,合理利用已观测到的数据对基础的长期沉降的预测显得尤为重要。传统的沉降预测方法主要有双曲线法、指数方程法、高木俊介法、对数曲线法等,如表1所示[3]。

常用沉降预测模型　　　　表1

预测方法	函数表达式	备注
指数曲线法	$S_t = (1 - Ae^{-Bt})S_m$	易出现反向情况
Asaoka 法	$S_t = \beta_0 + \beta_1 S_{t-1}$	
抛物线法	$S_t = a(\log t)^2 + b\log t + c$	无法预测最终沉降
双曲线法	$S_t = S_0 + \dfrac{t}{a + bt}$	
双曲—指数混合法	$S_t = a - \dfrac{a}{(1+t)^b}$	
Verhulst-Pearl 模型法	$S_t = \dfrac{K}{1 + ce^{-at}}$	参数较难计算

三、波流环境下深水基础的动力特性

波流环境下的深水桥梁基础所处环境复杂,虽然刚度比较大,但是在波浪、波流、地震以及飓风等海上动力荷载作用下容易产生较大的动力响应,在波浪周期与结构的固有周期相近的条件下,容易产生共振现象,造成对桥梁结构的巨大破坏。同时,长期频繁的作用也会导致结构引起疲劳损伤甚至破坏。因此,对深水桥梁基础受到波浪和水流等海洋环境荷载作用下的研究就显得十分重要,对深水桥梁的设计乃至建成后的安全运营都有着重要的现实意义。

1. 波浪理论

波浪对深水桥梁的作用涉及到波浪理论、波浪荷载的理论公式以及波浪荷载对墩柱结构动力响应等几方面的内容,而关于计算作用于墩柱结构上的波浪荷载一直都是国内外学者关注的问题[4]。现行波浪理论的发展、现状和特点如表2所示。

波浪理论的分类　　　　表2

理论名称	起源时间	主要特点	发展现状
水波理论(规则波理论)	19世纪	以流体动力学为指导,用函数形式来表达波浪的运动形式	一直是波浪理论研究热点,由线性理论向非线性理论发展
随机海浪理论(不规则波理论)	20世纪50年代	以随机过程理论为指导,用随机函数形式来表达海浪运动过程	近年来重点是谱分析、随机波浪以及海浪特征量统计分布

2. 群桩基础的动力特性

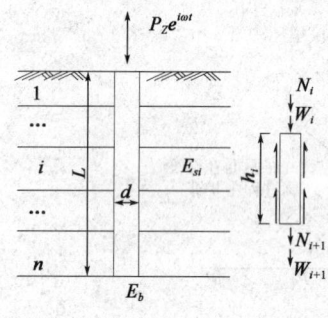

图3 单桩竖向振动计算简图

深水基础的动力特性在结构共振控制及抗震分析等动力问题中具有重要的影响。作为传统的深基础形式,沉箱和群桩在桥梁、建筑、海洋等工程中有着广泛的应用。桩基础的使用具有久远的历史,关于其动力特性,各国学者进行了大量的研究。Kaynia 和 Kausel[5]采用边界积分法求解了群桩动力问题,将静力相互作用因子的原理推广到群桩动力相互作用问题,并首次提出了动力相互作用的概念。吴志明等和任青等[6,7]利用传递矩阵法对刚性承台群桩和柔性高承台群桩基础的竖向及水平振动问题进行了研究(图3)。

3. 沉箱基础的动力特性

由于在抵抗船撞力等突发荷载上的优势,沉箱基础在海洋工程中得到了较多应用。关于沉箱基础动力特性的研究成果不多,Beredugo 和 Novak[8]研究了刚性基础竖向及侧向振动特性,可为沉箱动力问题的研究提供参考。Gerolymos 和 Gazetas[9]提出了沉箱水平—摇摆振动的动力 Winkler 地基模型。Varun 等[10]根据有限元分析结果来确定沉箱振动的动力 Winkler 参数,将成果应用于层状地基中,并研究了沉箱的地震响应问题。

四、波流冲刷对深水基础设计的影响

冲刷是水流冲蚀作用引起河床或海岸剥蚀的一种自然现象,美国、加拿大等国的统计资料表明,超过半数的桥梁破坏与洪水冲刷有关。表3给出了 Smith D W 对全世界发生重大事故的143座桥梁的事故原因和类型的分析和总结,可发现表中一半左右的桥梁重大破坏事故由冲刷引起[11]。

通常情况下,海底泥沙在均匀流作用下将保持平衡状态,跨江、跨海大桥的修建必然会对桥墩基础周围水流产生影响,改变其流速和流态并破坏该地区的泥沙的平衡,从而对桥墩结构产生潜在威胁。

世界桥梁事故分类　　　　　　　　　　　　　　　　表3

破坏类型	破坏数量	备注
洪水冲刷	70	其中66座为洪水冲刷,2座为土壤滑坡,1座为基础迁移
不适合的永久材料	22	
超荷或事故	14	
不合适的安装工序	12	
地震	11	
不适当的永久材料设计	5	
风	4	
疲劳	4	
锈蚀	1	

1. 冲刷类型

影响桥墩冲刷的因素繁多,难以准确预估,且随着水文变化,桥梁的破坏表现出一定的偶然性,这是桥梁设计中最难解决的关键问题,而桥墩基础的局部冲刷又是其中的难点。这是因为冲刷通常主要由普遍冲刷、收缩冲刷和局部冲刷三部分组成,其中局部冲刷深度通常远大于普遍冲刷和收缩冲刷[12]。图4给出了典型河道的桩基冲刷示意图。

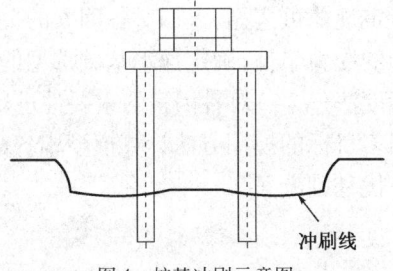

图4　桩基冲刷示意图

2. 冲刷作用下桥梁基础的研究现状

桩基冲刷的问题最早在20世纪60年代末由Palmer[13]提出。目前,对桩基础的水流冲刷作用研究较多,但大多集中在桥梁基础中的水流冲刷作用分析,即主要针对土体被淘空过程中水流与土体或水流与基础结构物之间相互作用的研究。为降低局部冲刷对桥墩基础的影响,一般通过计算确定出局部冲刷的影响。据不完全统计,目前国内外从不同途径研究发表的桥墩局部冲刷深度计算公式有50多个[14]。

3. 深水基础应对冲刷的防护措施

由于桥墩基础的冲刷是不可避免的,因此,采取一定的桥墩基础防冲刷保护措施,对于减小桥墩基础旁冲刷坑的深度、提高结构的安全性和桥梁的稳定性是有显著效果的。我国学者及施工人员先后提出了多种冲刷防护措施,一类是实体抗冲防护措施,指在桥墩周围的床面上放一些实体材料,以提高其抗冲能力,使桥墩免于掏底失稳;另一类是减速不冲防护措施,通过在桥墩周围或前方设置非完全固定的结构或改变桥墩结构,去改变水流,使水流经过防护工程后速度及动能降低,以削弱或抑制水流冲刷能力的措施。近年来,我国学者又对抛石防护、填充混凝土模袋防护等防护措施进行了研究并提出了护圈防护、桥墩开缝防护、淹没翼墙防护等多种防护措施。

国外的冲刷防护措施主要包括减能消冲措施和抛石护底抗冲措施。消能减冲主要在大坝下游消能中获得了较大的成功,在桥墩冲刷防护方面应用较少,国外也处在探索的阶段。迄今为止,使用的消能措施包括[15]:设置基础沉箱、设置上游减冲群桩、设置桥墩开槽、设置水下潜岛等,这些措施都能一定程度的减少波流冲刷的影响。此外,对于抛石护底抗冲措施,国外学者还对抛石护底抗冲的破坏机理以及防护措施的结构进行了研究。

五、深水桥梁的基础选型

随着桥梁工程的不断发展,桥梁的跨径也越来越大。从悬索桥跨越能力来看,其极限跨径可以超过5000m。目前,许多专家也正在研究跨径超过1400m的斜拉桥,选择合适的桥梁深水基础形式就成为了一个重要问题。

一般来说,工程师们应当对多种基础类型的优缺点进行综合比选,挑选出最优方案。国内在基础类型选择体系方面的研究比较薄弱,并且没有针对桥梁基础的选型研究。国外的选型研究常以专家系统为基础,由于国内外在基础设计、施工方法等方面有不同的偏重,因此国外的选型研究只能用作参考,不能套用。

1. 基础选型的方法

基础选型的方法有很多,大致可以分为定性方法和定量方法。定性方法是最常见并简单易行的一类评价方法,只需要发挥参与评价人员的经验、知识和智慧来进行预测。基础选型中常用的定性分析方法有专家调查法、德尔菲法(Delphi,也叫专家评议法)和目标预测法等[16]。定量评价是根据统计数据、检测数据、同类系统和类似系统的数据资料[17],按相关标准应用科学方法构造数学模型进行定量化评价的方法,常用的方法主要有层次分析法、神经网络法和模糊综合评判法。

2. 基础选型方法的新趋势

目前,国外的研究多数以层次分析法为基础,对已有的数据库进行信息统计分类,然后输入需要进行基础选型地区的参数,通过归纳类比法作出决策支持。由于选型不同于变形预测等概念,选型因素并无特定规律可遵循,人们对各因素的关注度也在变化。因此,有学者[18]针对国内基础的选型特点及深水基础的受力条件,确定深水基础选型的指标体系(图5给出了典型大型桥梁深水基础的评价指标),用Satty标度法(表4)对各因素的重要性进行判断,将影响深水基础的各种因子层次化,确定指标体系的权重,选用多目标的模糊方法计算模型中各因素的隶属度,将模糊问题转换成可以计算的非模糊问题,最后得出最优基础方案。

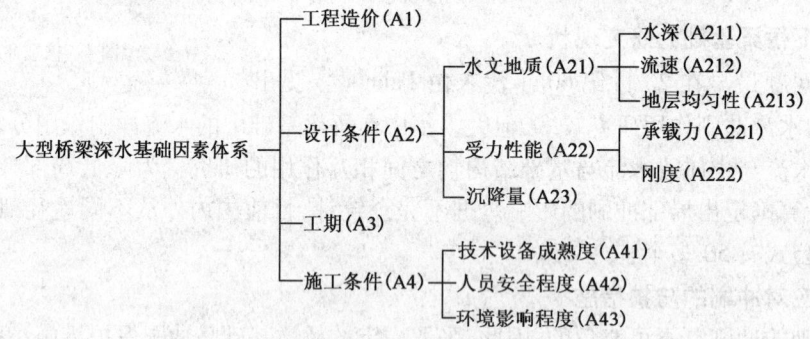

图5 桥梁深水基础评价指标

Satty 标 度 表4

标度数	含 义
1	表示两两因素比较,具有同等重要性
3	表示两两因素比较,一个因素比另一个因素稍微重要
5	表示两两因素比较,一个因素比另一个因素明显重要
7	表示两两因素比较,一个因素比另一个因素强烈重要
9	表示两两因素比较,一个因素比另一个因素极端重要
2,4,6,8	表示上述两相邻判断的中值
倒数	$W_{ij}=1/W_{ji}$表示因素i与因素j比较标度值等于因素j与因素i比较标度值

六、结 语

深水桥梁基础设计涉及问题众多,本文仅对其中的岩土体时变效应、波流荷载下深水基础的动力特性、冲刷影响与防护和深水基础的选型四个问题作了简要的总结和评述。

深水桥梁的基础设计是一个理论性和实践性都很强的复杂课题,必须在理论和实践过程中不断加以完善和发展。结合其中的不足之处,对今后研究提出了几点建议:

(1) 关于土体的蠕变模型以及桩基的长期沉降计算方法已趋于成熟。但由于土体蠕变模型本构方程的复杂性给工程应用带来不便,而施工的扰动和施工期季节气候改变会导致岩土材料流变参数的变化,因此,上述两者还未完全有机结合起来。此外,一些新型基础的出现,如根式沉井等,有效地缩短了基础的长度,因此,软土时变效应对水平力作用下的深水基础的影响日益明显,在这方面的研究也有待进行。

(2) 关于桩基础和沉箱基础的动力特性研究不少,但随着新型组合基础的提出,如桩箱基础是一种在沉箱底部增加桩基而形成的新型基础形式,其目的在于改善沉箱抗震性能的不足。基础形式的变化,必然会改变基础的动力特性,如何在提高抗震和减沉的基础上,保证新型组合基础在波浪荷载下的安全也有待进一步研究。

(3) 国内外学者针对水流冲刷作用下的基础与水流相互作用以及施工完成后的防冲刷技术进行了大量研究,但水流冲刷问题往往是在工程建造时未考虑或者不能准确判断冲刷程度,工程上最关心的问题仍是基础的承载能力问题。因此,关于冲刷前后深水桥梁基础的承载形状及其变化仍有待进一步研究。此外,桥墩桩基础的施工安全及质量也相当重要,因此,研究施工过程中桥墩基础的局部冲刷及其在施工过程中的防冲刷技术意义重大。

(4) 目前关于基础选型的方法大多以层次分析法为主,尽管方法一直在改进,但基础选型是对已提出的基础形式进行选择,影响基础选型的因素并不能完全被考虑,同时,选型结果受主观因素的影响较大,即使选型结果可行,但并不一定最优。同时,不同基础的优化设计也有待能在基础选型中予以考虑。

参考文献

[1] 邵旭东,易笃韬,李立峰,等.软土地基桥台受力分析[J].中南公路工程,2004,29(2):37-40.
[2] 袁静,龚晓南,益德清.岩土流变模型的比较研究[J].岩石力学与工程学报,2001,6:772-779.
[3] 王忠瑾.考虑桩—土相对位移的桩基沉降计算及桩基时效性研究[D].浙江大学,2013.
[4] 左生荣.跨海大桥深水桥墩波浪效应研究[D].武汉理工大学,2013.
[5] Kaynia A M, Kausel E. Dynamic stiffness and seismic response of pile groups[R]. Massachusetts Institute of Technology, 1982.
[6] 吴志明,黄茂松,任青.层状地基中群桩竖向振动及动内力[J].同济大学学报(自然科学版),2007,35(1):21-26.
[7] 任青,黄茂松.分层地基中柔性高承台群桩基础的竖向振动特性[J].土木工程学报,2009,42(4):107-113.
[8] Norak M, Beredugo Y O. Vertical vibration of embedded footings[J]. Journal of Soil Mechanic Foundation Division, ASCE, 1972a, 12: 1291-1310.
[9] Gerolymos N, Gazetas G. Winkler model for lateral response of rigid caisson foundations in linear soil[J]. Soil Dynamics and Earthquake Engineering, 2006, 26: 347-361.
[10] Varun, Assimaki D, Gazetas G. A simplified model for lateral response of large diameter caisson foundations—Linear elastic formulation [J]. Soil Dynamics and Earthquake Engineering, 2009, 29: 268-291.
[11] 高正荣,黄建维,卢中一.长江河口跨江大桥桥墩局部冲刷及防护研究[M].北京:海洋出版社,2005:85-86.
[12] 仲德林,刘建立.埕岛油田海上石油平台基础冲刷研究.海岸工程,2003,22(2):37-43.
[13] Palmer H D. Wave – induced scour on the sea floor [C]//Civil Engineering in the Oceans II. ASCE, 1969: 703-716.
[14] 薛小华.桥墩冲刷的试验研究[D].湖北:武汉大学,2005.
[15] Bertoldi D. Tetrapods as a scour countermeasure [A]. Hydraulic Engineering conference. San Francis-

co: ASCE, 1993, 1385-1390.
[16] Emiroglu M E, Tuna A, Arslan A. Development of an expert system for selection of dam type on alluvium foundations[J]. Engineering with Computers, 2002, 18(1): 24-37.
[17] 罗烯. 基础选型专家系统[J]. 广西土木建筑, 1993, 18(3):129-133.
[18] 贺伟莲. 大型桥梁深水基础选型研究[D]. 上海:同济大学, 2007.

18. 大跨径连续刚构桥梁深水基础设计

蒋建军

(四川省交通运输厅公路规划勘察设计研究院)

摘 要 宣汉龚家明月坝后河大桥的主桥为72m+130m+72m连续刚构桥梁,位于四川省宣汉县江口湖库区。主墩处水深约26m,受排洪和发电需要,江口湖水位落差较大,单月最大落差达15.84m,给设计和施工带来了极大困难。为了节约投资,减少基础施工措施费,主墩基础形式采用高桩承台+群桩基础。介绍了该桥主墩承台底面标高合理取值、主墩抗震计算与设计、主墩抗船撞计算与设计、深水基础指导性施工组织方案,以及桩基、承台和墩柱的耐久性设计。

关键词 大跨径 连续刚构桥梁 深水基础 抗震 船撞 耐久性 设计

一、工程概况

宣汉龚家明月坝后河大桥位于宣汉县后河江口电站库区航道内,通航等级为Ⅶ级。大桥跨越后河,桥位处河面宽约200m,水深一般为10~30m,最大水深约为40m。江口电站正常蓄水位330.00m,设计洪水位$H_{1/100}$ = 330.62m[1]。

大桥孔跨布置为4×30m预应力混凝土简支T梁+(72m+130m+72m)连续刚构+4×30m预应力混凝土简支T梁,主桥长274m,引桥长254m,全桥长528m[1],主桥布置见图1。

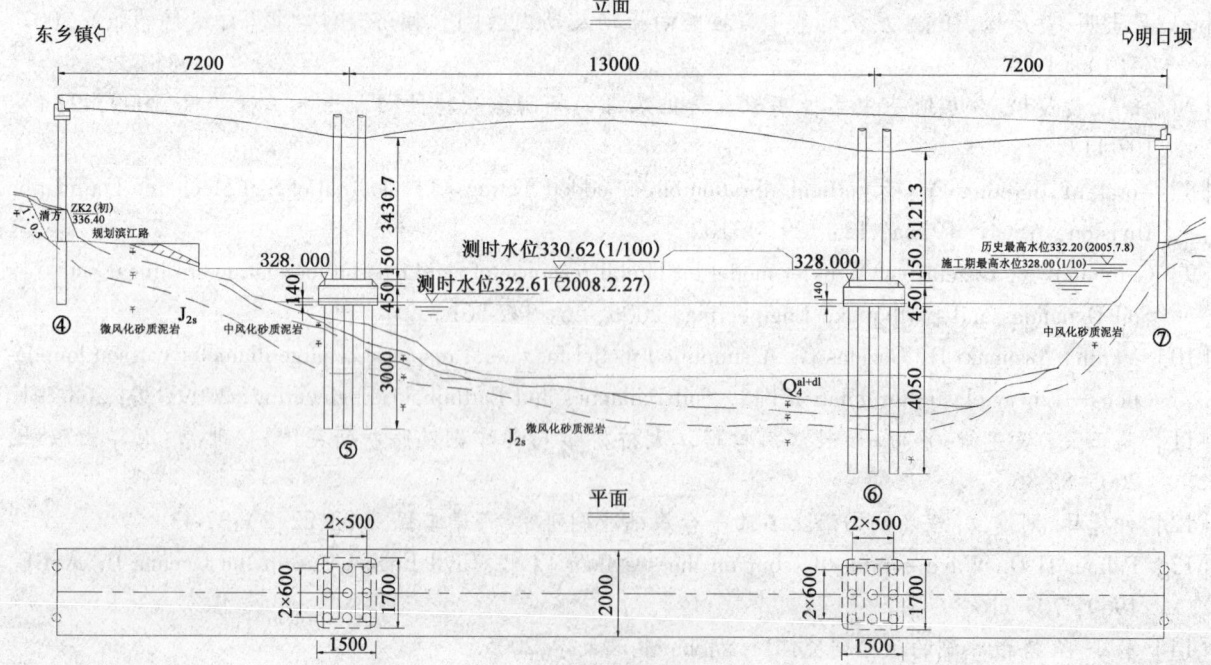

图1 主桥立面和平面布置图(尺寸单位:cm)

主桥采用整幅设计,箱梁顶板宽21m,底板宽12m,两侧悬臂翼缘宽4.5m,箱梁根部梁高为9m,跨中梁高3m。主墩采用双薄壁墩,宽13m,壁厚2m,净距4m,圆端型。主墩基础形式为高桩承台+群桩基础。承台尺寸为宽17m、长15m、高4.6m,每个承台底下设置9根直径2.2m钻孔桩,桩基顺桥向间距为5m,横桥向间距为6m,基础布置见图2。承台封底混凝土厚度为1.4m。

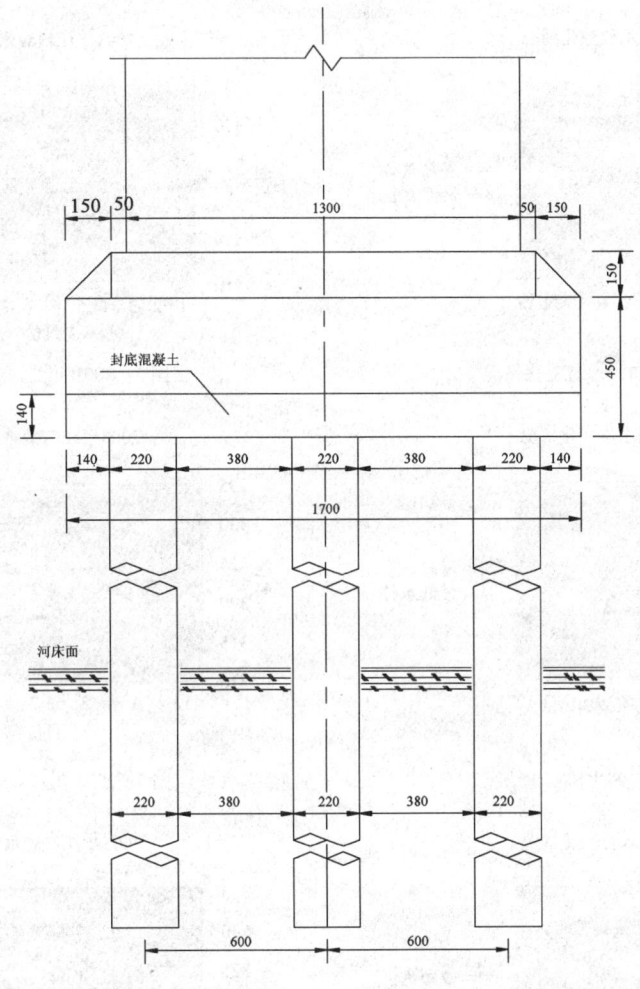

图2　主桥基础立面布置图(尺寸单位:cm)

本项目于2009年6月28日开工建设,于2013年12月建成试通车,通车后现场照片见图3。

图3　大桥通车后照片

二、主墩承台底面标高合理取值分析

江口湖由江口电站蓄水形成。从2000年至2007年，每年4月份至10月份，由于排洪和发电需要，江口湖水位落差较大，单月最大落差达15.84m，全年平均落差为5.42m。2000年至2007年江口湖水位变化情况见图4～图11。

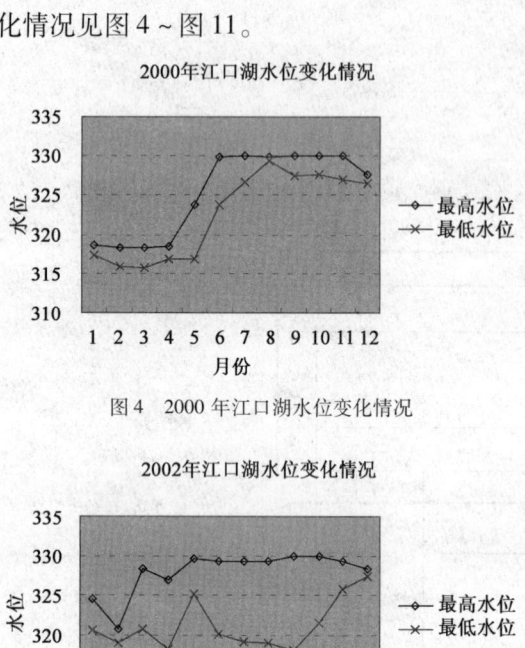

图4　2000年江口湖水位变化情况

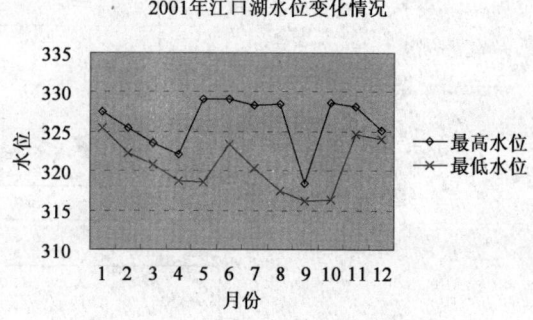

图5　2001年江口湖水位变化情况

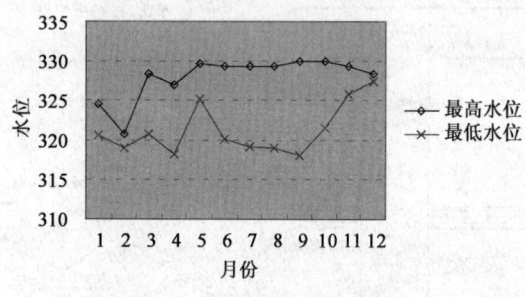

图6　2002年江口湖水位变化情况

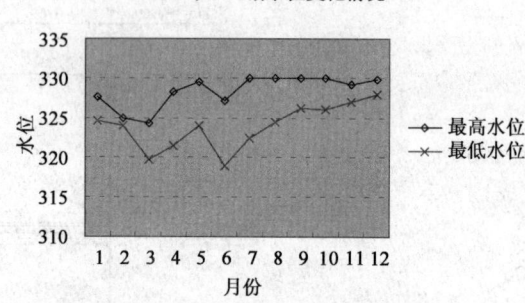

图7　2003年江口湖水位变化情况

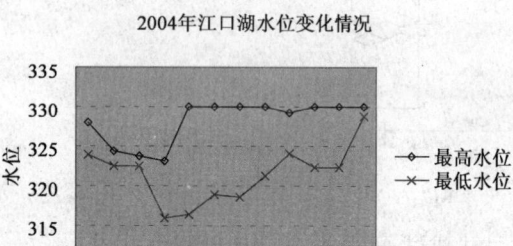
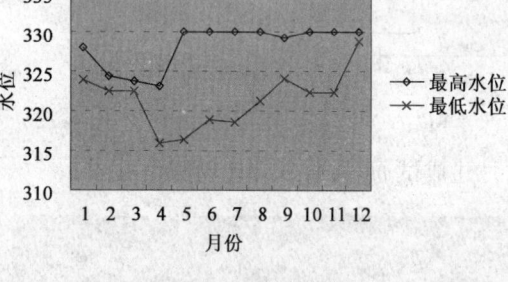

图8　2004年江口湖水位变化情况

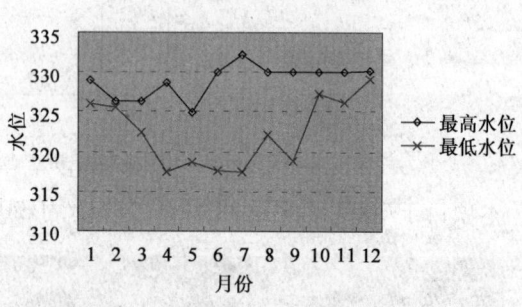

图9　2005年江口湖水位变化情况

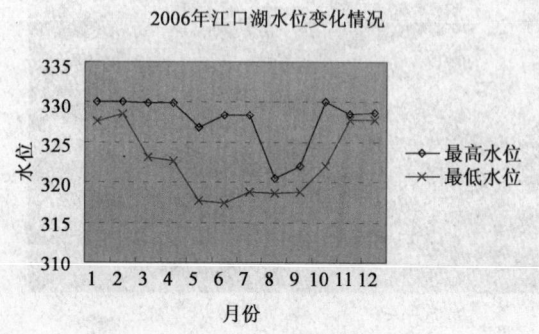

图10　2006年江口湖水位变化情况

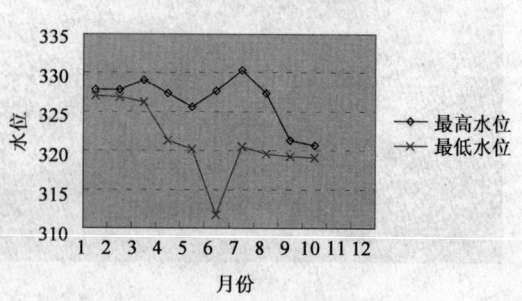

图11　2007年江口湖水位变化情况

针对江口湖库区单月水位落差较大的情况，基础形式和承台底面高程的确定，对施工组织方案、工期及造价影响非常大。设计时对低桩承台方案和高桩承台方案进行了比较。低桩承台方案，就是将承台底面设置在河床面及以下。高桩承台方案，就是将承台大部分露出水面，桩基一部分位于岩土中，另外一部分位于水中。

低桩承台的优点有：①承台和桩基常年均在水面以下，桥梁景观不受水位涨落影响；②施工时，按照最高水位控制钢围堰顶面高程，桩基、承台和墩柱施工受水位涨落影响较小；③桥墩刚度一致，有利于抗震设计。其缺点有：①必须设置高约26m的双壁钢围堰，基础施工措施费高；②位于斜坡位置的主墩处，钢围堰底部难以全部嵌入基岩，围堰止水防漏技术复杂；③桥墩位于水中，受船撞的风险高，且容易出现撞击损伤。

高桩承台的优点有：①桩基础施工仅需要搭设栈桥和钻孔平台，承台施工时设置钢吊箱，施工措施费低；②基础施工工艺成熟，斜坡地段桩基施工时，钢护筒防漏浆较好处理；③承台刚度大，抗船撞能力强，且通过对承台尺寸的优化可以降低船只与承台的损伤程度。其缺点有：①桩基和承台位于水位波动区域，存在桩基外露的问题，当水位较低时影响桥梁景观；②承台施工受水位影响大，若水位较低，则可以在支架上铺设预制封底混凝土板后干处浇筑承台；若水位较高，则必须采用钢吊箱施工承台；③大体积承台位置高，巨大的集中质量在地震作用下产生极大的惯性力，对桩基、墩柱的抗震不利。

通过对两个方案的优缺点进行综合比较，最终选择了高桩承台方案。通过对库区水位进行调查分析，江口湖库区一般在3～5月份时水位最低，是承台施工的最佳时机。承台底面高程的确定需要采用概率分析的理论，确保承台底部在3～5月份位于水面以上的概率不低于80%，这样既能减小钢吊箱的高度，节约造价，又能兼顾桥梁景观。经分析，本桥承台底面高程确定为323.4m，承台顶面高程为328.0m。实际施工时，经过与江口湖电站的协调，在承台施工期库区水位控制在322.5m以下，确保了承台施工的安全。

三、主墩抗震计算与设计

桥位区新构造运动现活动微弱，无灾害地震记载。据GB 18036—2001《中国地震动参数区划图》(1/400万)资料，本区地震动峰值加速度为0.05g，地震反应谱特征周期为0.35s，地震基本烈度为Ⅵ度，属基本稳定区域。在设计阶段，JTG/T B02-01—2008《公路桥梁抗震设计细则》尚未发布与实施，因此抗震设计主要采用JTJ 004—89《公路工程抗震设计规范》。由于桩基、承台和部分墩柱位于水中，开裂后修复处理困难，因此本桥的抗震设计提出了更高要求，即在罕遇地震(50年超越概率2%)作用下，桩基和墩柱不能出现塑性铰。

本桥抗震计算与设计的关键问题在于如何考虑墩—水耦联振动问题。现有研究表明，地震作用下水中结构的运动会引起结构周围水体的辐射波浪运动。由于结构与水的相对运动，水会在结构水下部分作用有动水压力。该动水压力不仅会改变结构的动力特性，还会影响结构的动力响应。深水桥墩在水中震动引起的动水附加惯性力可能会对下部结构乃至全桥的动力特性和内力反应产生较大的影响。通过对桥梁震害的分析，下部结构失效是桥梁震害的主要起因之一。我国的JTJ 004—89《公路工程抗震设计规范》中也规定了"位于常水位水深超过5米的实体桥墩、空心桥墩的抗震设计，应计入地震动水压力"。我国JTG/T B02-01—2008《公路桥梁抗震设计细则》也给出了地震时作用于桥墩上的地震动水压力计算，并按水深h和桥墩宽度b的比值分为3个区域。因此，墩—水耦联振动问题是该桥抗震设计需要考虑的一个重要问题。

墩—水耦联振动的本质为液固耦合问题，现有液固耦合问题的解决方法主要有解析法、数值分析法和混合分析法。解析法适用于齐水面的铅直悬臂圆柱形墩桩。数值分析法受水—结构边界条件处理复杂，带来计算工作量巨大。目前，比较可行的办法是采用混合分析法，也称等效附加质量法，即建立无水情况下的全桥结构有限元分析模型，然后得到各桥墩水下部分的地震动水力的解析解表达式，最后将该动水力的解析式代入全桥有限元模型进行全桥的有水动力响应分析。

本桥抗震计算采用的百年一遇设计水位为330.62m。承台顶面位于水面以下2.62m。从一般冲刷线算起，5号主墩桩基在水中的长度为10m，6号主墩桩基在水中的长度为23m。由于抗震设计规范给出的动水压力计算公式不适用于高桩承台，因此本项目采用等效附加质量法来考虑动水作用。承台和墩柱迎水面为矩形，在纵桥向和横桥向不同，因此等效附加质量在两个方向上是有差异的。桥梁抗震计算采用 Midas Civil 空间有限元程序，桩基、墩柱、主梁均采用梁单元。桩基采用土弹簧约束，其刚度由"m"法根据地勘资料确定。考虑动水压力时，桩基等效附加质量在纵桥向和横桥向每米各设置一个；墩柱和承台的等效附加质量设置在其高度的一半处。空间计算模型见图12。

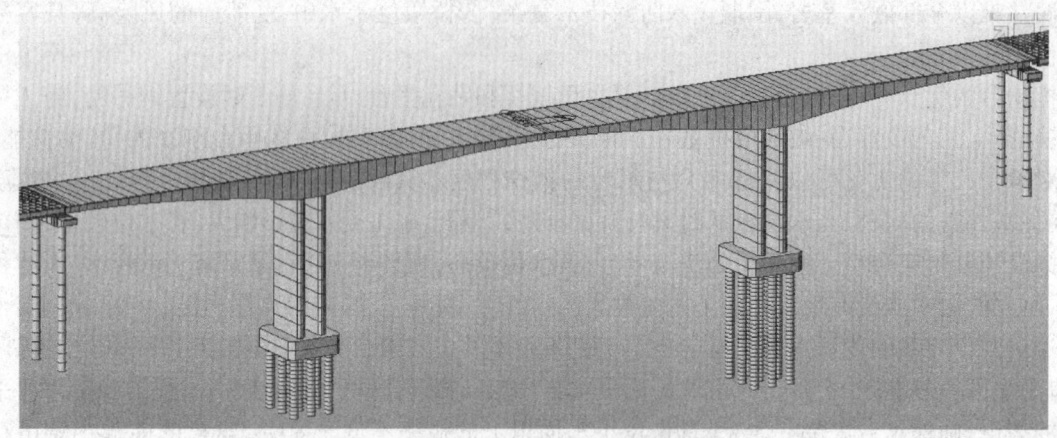

图12 桥梁抗震计算模型

表1给出了是否考虑墩—水耦联振动对结构振型的影响。

是否考虑墩—水耦联振动对结构振型的影响　　　　表1

主桥振型	自振周期(s)		振型描述
	未考虑墩—水耦联作用	考虑墩—水耦联作用	
第一阶	2.515	2.528	纵向振动
第二阶	2.270	2.289	横向反对称振动
第三阶	1.212	1.213	横向对称振动

从表1可以看出，考虑墩—水耦联振动，使得相同振型的自振周期适当延长。

表2给出了采用反应谱法计算的地震作用下是否考虑墩—水耦联振动对墩柱和桩基内力的影响。

地震作用下是否考虑墩—水耦联振动对墩柱和桩基内力的影响　　　　表2

输入方向	6号主墩受力部位		未考虑墩—水耦联作用	考虑墩—水耦联作用	内力增加百分比(%)
纵向地震	墩底	剪力 F_z(kN)	1250	1242	-0.64
		弯矩 M_y(kN·m)	18141	17730	-2.27
	桩顶	剪力 F_z(kN)	327	331	1.22
		弯矩 M_y(kN·m)	4534	4647	2.49
	冲刷线处	剪力 F_z(kN)	344	353	2.62
		弯矩 M_y(kN·m)	2181	2237	2.57
横向地震	墩底	剪力 F_y(kN)	1548	1552	0.26
		弯矩 M_z(kN·m)	46477	45953	-1.13
	桩顶	剪力 F_y(kN)	351	354	0.85
		弯矩 M_z(kN·m)	4904	5015	2.26
	冲刷线处	剪力 F_y(kN)	375	385	2.67
		弯矩 M_z(kN·m)	2362	2422	2.54

从表2可以看出,对于高桩承台,当墩柱只有很小一部分位于水中时,地震作用下墩底内力会有所减小,其原因在于结构自振周期延长,导致上部结构地震力的减小;桩基的剪力和弯矩均有所增加,但幅度有限。等效附加质量相对体积庞大的上部结构而言非常微小,因此其对地震力的贡献也有限,但是动水压力对结构抗震不利,抗震计算时需要考虑。

本项目主桥抗震设计指导原则:主墩墩柱、桩基均采用强度进行验算,要求在罕遇地震作用下,墩柱和桩基均保持为弹性。

四、主墩抗船撞计算与设计

宣汉龚家明月坝后河大桥桥址位于后河江口电站库区航道内,该段航道由微弯向弯曲河段过渡,河面宽阔,河床稳定,枯、中、洪水期水流条件较平稳,大桥通航净空满足《内河通航标准》(GB 50139—2004)中Ⅶ级航道要求。通航净空尺度要求为:净宽32m、净高4.5m、上底宽27m、侧高2.8m。从桥型布置图上可以看出,主桥的桥下净空远远大于通航净空尺度要求。由于6号主墩位于河道中部,即使在运营期合理规划了航线,并在桥位上下游恰当位置设置了明显的通航标志,但是难免发生船只与主墩相撞的事故。

我国JTG D60—2004《公路桥涵设计通用规范》将船舶或漂流物的撞击作用当做偶然作用考虑。对于内河上船舶撞击作用的标准值,根据内河航道等级、船舶吨级,给出了表格供设计使用。对于本项目而言,通航等级为Ⅶ级,对应横桥向撞击力标准值为150kN,顺桥向船舶撞击力标准值为125kN。我国现行的规范基本不考虑桥下船舶的通航密度和船撞桥发生的概率,仅要求桥梁抗力必须满足相应航道标准所能通行船舶的撞击。由于规范中缺少风险分析理念和方法,因此无法评估桥梁抗船撞的安全度。

近年来关于船撞问题的研究主要集中在以下几个方面[2]:①大桥通航安全评估研究现状分析;②船撞事故统计与船桥碰撞概率研究现状分析;③桥梁船撞树脂模拟现状及发展趋势;④桥梁船撞试验研究现状及评价;⑤桥梁船撞防护系统;⑥桥梁船撞设防标准的应用现状及发展趋势。

本项目通航等级低,现状船只主要有运砂船、机动客船、快艇、手摇船,船舶吨位最大为50t。为了安全起见,船舶撞击力采用规范标准值,撞击位置分别取墩柱、桩基进行计算。撞击力采用集中力,作用位置分别为承台顶面以上4.6m(约为正常蓄水位以上2m)和承台底面以下4.0m。船撞墩柱时,在横桥向撞击力作用下,墩柱的最大剪力为75kN,最大弯矩为1712kN·m;在顺桥向撞击力作用下,墩柱的最大剪力为100kN,最大弯矩为329kN·m。船撞撞击时,在横桥向撞击力作用下,桩基的最大剪力为131kN,最大弯矩为230kN·m;在顺桥向撞击力作用下,桩基的最大剪力为107kN,最大弯矩为209kN·m。对于本项目,就墩柱而言,船撞墩柱时,船撞产生的剪力远小于其他作用产生剪力,横向撞击产生的弯矩较大;就桩基而言,船撞墩柱时,对桩基产生的剪力很小,但产生的弯矩不可忽略;船撞桩基时,对桩基产生的剪力和弯矩与其他作用相比,数量相当,不可忽视。

由于本项目通航等级低,船撞力较小,不起控制作用。但是船撞桩基、承台和墩柱必然会造成相互损伤,为了减小船撞桥造成的损失,需要在防护系统上统筹考虑。桥梁船撞防护系统包括主动型和被动型,主动型为助航设施如航标、VTS、AIS、桥区水域视频监控系统、海事应急搜救系统。被动型为弹性变形设施、塑性吸能设施、黏滞性耗能设施,以及浮式、固定式、单层或多层防撞圈的柔性耗能防撞设施。防撞设施对桥梁大都只能提供有限度的保护[2]。

本项目在船撞设计时,重点关注如何减轻船撞桥造成的损伤,采取的技术措施有:①首先,保留桩基施工钻孔平台的钢管桩,防止船舶直接撞击桩基;②适当加厚桩基钢护筒钢板厚度,防撞船撞时伤及桩基混凝土;③加大承台尺寸,防止船舶直接撞击墩柱;④对承台四周进行倒圆处理、上部1.5m高范围四周做成斜坡状并倒圆,防止承台被撞缺;⑤承台四周设置黏滞性耗能防撞圈。

五、深水基础指导性施工组织方案

本项目主墩深水基础施工的主要步骤为:

（1）对于较靠近岸边的 5 号墩，边插打钢管桩，边搭设栈桥，达到 5 号墩位置后，梅花形布置打入钢管桩，搭设钻孔平台，要求钻孔平台顶面位于正常蓄水位以上至少 1m，见图 13。

（2）对于后河中央的 6 号主墩，采用驳船运输打桩设备，打插钢管桩，搭设钻孔平台，见图 14。

图 13　5 号主墩钻孔平台

图 14　6 号主墩钻孔平台及泥浆船

（3）插打桩基钢护筒，定位，采用冲击钻冲孔，泥浆船在附近停靠，对泥浆进行循环使用，不得向库区内排放；对于斜坡地段，先往钢护筒内抛填黄泥、片石等然后冲孔，防止漏浆。

（4）浇筑桩基水下混凝土。

（5）当水位较高，电站难以协调，或库区放水造成的损失较大时，采用钢吊箱逐节下方，浇筑水下封底混凝土，然后绑扎承台钢筋、干处浇筑承台混凝土；当水位较低、电站能够配合放水时，则可利用钻孔平台钢管桩及永久桩基搭设承台底板支撑架，铺装预制混凝土封底板，然后绑扎承台钢筋、干处浇筑承台混凝土。

（6）采用翻模法逐段浇筑墩柱混凝土。

六、桩基、承台和墩柱的耐久性设计

本项目根据地下水赋存条件，区内地下水可分为松散岩类孔隙水和碎屑岩类孔隙裂隙水两类。其中以砂、泥岩孔隙裂隙水为主，其次为松散堆积孔隙水，均以潜水形式不同程度补给河水，受埋藏深度、地层结构、补排条件控制，工程区内无岩溶地下水。根据江口电站建设时对其上游河水所做水质分析及城市用水水源地所做水质分析，水质类型为 HCO_3、SO_4—Ca 型水，矿化度较低，对混凝土无侵蚀作用，可作为施工用水。

本项目桩基顶部约 6m 范围、承台及墩柱下部 3m 范围处于干湿交替状态。根据 JTG/T B07-01—2006《公路工程混凝土结构防腐蚀技术规范》，此范围类的构件作用等级为 C 级。本项目设计基准期 100 年，因此对于表面直接外露的承台和墩柱，混凝土强度等级采用 C40，最大水胶比为 0.45，最小胶凝材料用量为 320kg。并且对于承台大体积混凝土，要求采用高性能混凝土，即采用矿物掺和料与高效减水剂，使得混凝土具有更好的流动性、强度和耐久性。对于桩基，通过加大钢护筒的钢板厚度，确保其在设计基准期内混凝土不外露。对于墩柱，对墩底约 5m 高范围，采用混凝土表面防腐蚀涂装处理，每 10 年重新涂装一次。

另外对于承台、墩柱的混凝土保护层厚度，在 JTG D62—2004《公路钢筋混凝土及预应力混凝土桥涵设计规范》要求的基础上，考虑了施工误差 1cm，又另增加 1cm。为了防止墩柱表面混凝土早期开裂，在墩柱四周表面设置 ϕ6.5 的防裂钢筋网。

七、结　　语

宣汉龚家明月坝后河大桥的主桥为 72m+130m+72m 连续刚构桥梁，位于四川省宣汉县江口湖库区。主墩处水深约 26m，受排洪和发电需要，江口湖水位落差较大，单月最大落差达 15.84m，为了合理确定该桥主墩基础形式及承台底面标高,对2000年至2007年每月最高、最低水位进行了统计分析,并对低桩承台方案和高桩承台方案进行了多方面比较,最终确定深水基础形式为高桩承台+群桩基础,确定承台底面高程为323.4m,承台顶面高程为328.0m。

桥梁抗震计算中,对于高桩承台深水基础,采用了等效附加质量法模拟动水压力的作用,通过空间有限元分析计算,结果表明考虑墩—水耦联振动,使得相同振型的自振周期适当延长。对于采用高桩承台深水基础的大跨径连续刚构桥,当墩柱只有很小一部分位于水中时,地震作用下墩底内力会有所减小,其原因在于结构自振周期延长,导致上部结构地震力的减小;桩基的剪力和弯矩均有所增加,但幅度有限。等效附加质量相对体积庞大的上部结构而言非常微小,因此其对地震力的贡献也有限,但是动水压力对结构抗震不利,抗震计算时需要考虑。

通过对航道等级、船只类型及最大吨位分析,采用空间有限元模型对船撞进行了计算,结果表明:对本项目,就墩柱而言,船撞墩柱时,船撞产生的剪力远小于其他作用产生剪力,横向撞击产生的弯矩较大;就桩基而言,船撞墩柱时,对桩基产生的剪力很小,但产生的弯矩不可忽视;船撞桩基时,对桩基产生的剪力和弯矩与其他作用相比,数量相当,不可忽视。本项目在船撞设计时,重点关注如何减轻船撞桥造成的损伤,采取的技术措施有:①首先,保留桩基施工钻孔平台的钢管桩,防止船舶直接撞击桩基;②适当加厚桩基钢护筒钢板厚度,防撞船舶时伤及桩基混凝土;③加大承台尺寸,防止船舶直接撞击墩柱;④对承台四周进行倒圆处理、上部1.5m高范围四周做成斜坡状并倒圆,防止承台被撞缺;⑤承台四周设置黏滞性耗能防撞圈。

在指导性施工组织方案中,重点对桩基施工方案和承台施工方案进行了细说明。

通过对地下水、自然河流水质分析,判断水质类型为HCO_3、SO_4—Ca型水,矿化度较低,对混凝土无侵蚀作用。本项目桩基顶部约6m范围、承台及墩柱下部3m范围处于干湿交替状态。承台、墩柱采用了C40高性能混凝土。墩底约5m高范围,采用混凝土表面防腐蚀涂装处理。另外,在混凝土保护层厚度、防止混凝土早期开裂等细节方面做了专门设计。

参考文献

[1] 四川省交通厅公路规划勘察设计研究院.宣汉龚家明月坝后河大桥两阶段施工图设计文件[Z].成都:2008.

[2] 王君杰,王福敏,赵君黎,等.桥梁船撞研究与工程应用.[M].北京:人民交通出版社,2011.

19. 福州大学旗山校区景观人行桥设计

倪政斌

(福建省交通规划设计院)

摘　要　福州大学新校区景观人行桥为国内首座悬带拱结构人行桥。通过该桥结构比选及结构设计的实例,对悬带拱结构受力进行分析,计算方法进行介绍,为今后该结构的设计提供参考借鉴。

关键词　悬带拱　桥梁设计　结构分析

一、工程概况

景观人行桥位于福州大学旗山校区内,跨越校园内湖,西侧连接图书馆前景观平台,东侧连接中轴线景观道路,直通校区东大门。桥梁全长35.2m,双幅桥布置,两幅间距16m,单幅桥宽6m,湖面常水位+6.3m,两侧桥头接线标高+7.8m。由于校园水系发达,学校规划将来可用小船作为交通与休闲手段,通达各处。因此,桥下应保证至少2.5m净空以满足湖面泛舟的需求。

根据地勘报告,桥位处距地表5m范围内为表层淤泥及粉质黏土层,之下存在约15m厚淤泥层,淤泥层下为粉质黏土层与卵石层,地基土为软弱土类型。

二、结 构 比 选

由于校园水系发达,桥下有泛舟净空要求,且湖面水位与两侧接线标高接近,梁桥已无法满足美观及湖面泛舟的净空需求,因此拱结构就成为该桥的首选结构。

传统的上承式拱桥桥下净空满足湖面泛舟的需求,但水平推力大,地基要求高。由于该桥址位于软弱地基,因此不适宜修建。下承式系杆拱是一种无推力的拱式组合体系,适合在软弱地基修建,但拱脚之间的水平系杆限制了湖面泛舟这一需求。

通过比选,采用预应力悬带与拱结构相结合的一种新型小推力的拱式组合体系——悬带拱结构[2-3](图1)。

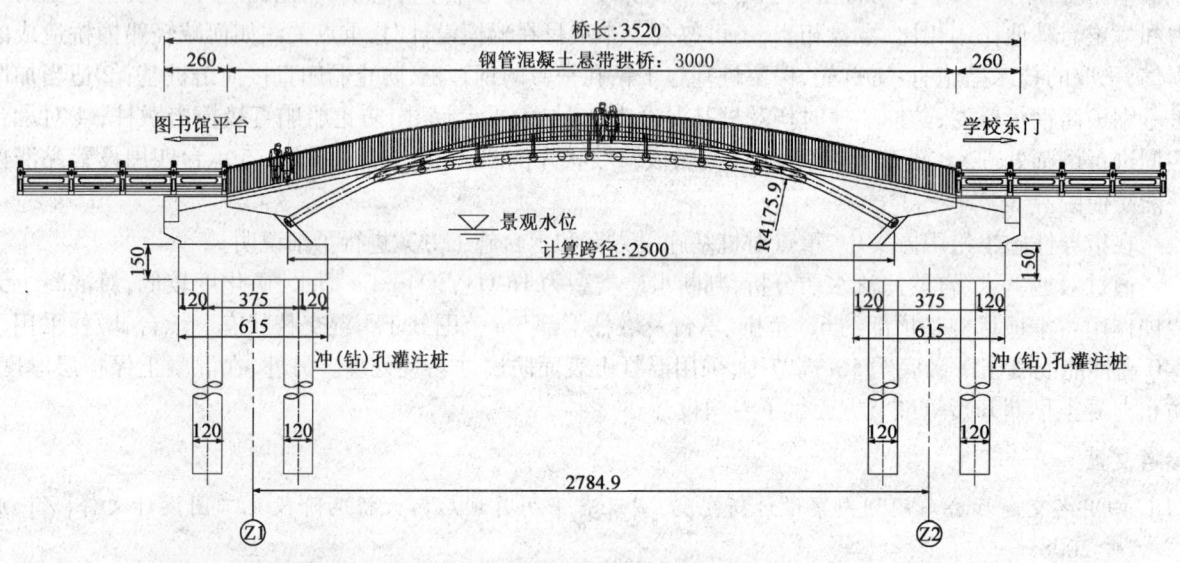

图1 桥型布置立面图(尺寸单位:cm)

拱结构由钢管混凝土主副拱肋、钢管横梁及钢结构刚性吊杆组合而成,呈外倾的蝴蝶拱造型。轻薄的桥面板利用预应力悬带承托,将大大降低结构高度及结构自重。预应力悬带"骑"跨在拱圈横梁上,既起到系杆的作用,又满足了湖面泛舟的净空需求。两侧拱肋与悬带桥面系的双曲线造型犹如翩翩飞舞的蝴蝶显得轻盈柔美,与校园人文环境协调统一,行人站在桥上,校园的美景将一览无余(图2)。

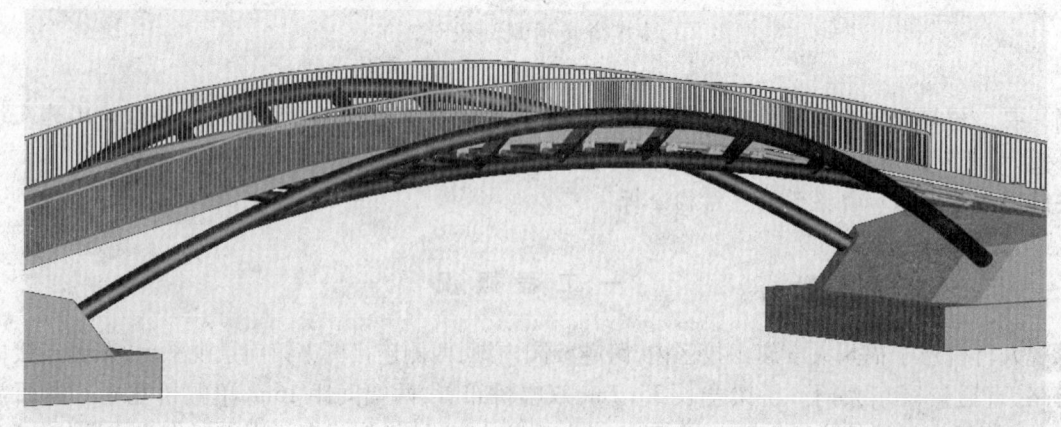

图2 悬带拱效果图

三、结构设计

该桥采用新型悬带拱桥体系,主副拱肋均采用钢管混凝土结构,主拱肋钢管直径42.6cm、壁厚1.6cm,拱轴线采用抛物线,外倾30°,计算跨径 $L=25m$,计算矢高 $F=4.0m$,矢跨比1:6.25;副拱肋钢管直径37.7cm、壁厚1.6cm,拱轴线采用圆曲线,内倾10°,计算跨径 $L=17.98m$,计算矢高 $F=0.975m$,圆曲线半径41.95m。副拱肋拱脚焊接于主拱肋上,主副拱肋钢管内填充C50微膨胀混凝土[4]。主副拱肋之间每隔2.3m设置一根钢结构刚性吊杆,左右两片拱圈通过两副拱肋之间每隔1.15m一道20Mn无缝钢管横梁连接成为整体,共同受力的同时也起到增强拱结构稳定性的作用(图3)。

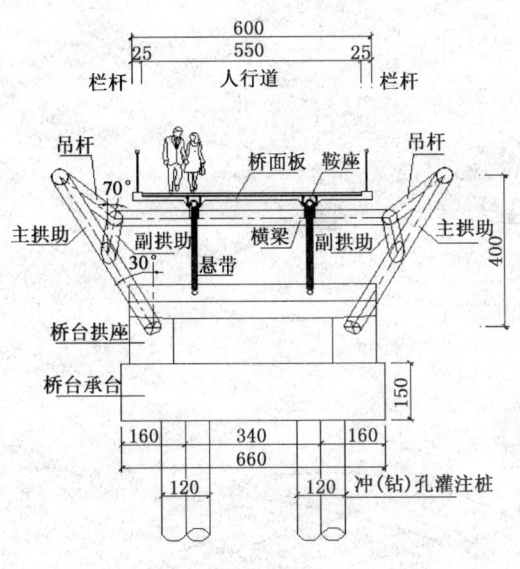

图3 桥型布置侧立面图(尺寸单位:cm)

桥面板为双悬臂板,采用C50钢筋混凝土分节段工厂预制。桥面板宽6m,节段长度1.15m,板厚14cm,索槽间距2.9m,索槽中心处板厚14.4cm。

悬带采用12-φ15.2钢绞线系杆成品索。为保护悬带并实施定位,钢绞线系杆穿入φ152×10mm镀锌钢管,并将它们锚固在桥台端部。垂悬段桥面板通过高强螺栓与扣锁连接,并通过抱箍的方式安装于悬带钢管上。拱顶段桥面板及悬带钢管则由鞍座定位在拱圈横梁上,立面上悬带及桥面板呈上拱的圆弧形。

四、结构分析

1. 受力分析要点

由于悬带在拱顶部分通过鞍座架设在拱圈横梁上,拱圈除了承担一部分上部荷载,还要承担预应力悬带产生的径向力,因此悬带初始张拉力的改变会对拱脚反力造成影响。同时,拱圈的受力变形也会改变悬带的线形,造成悬带拉力的改变。因此,需要经过多次试算,调整悬带张拉力以平衡拱脚推力。

由于张拉端和拱脚位置的不同,悬带拉力与拱脚推力会产生一个额外力矩。这部分额外力矩利用前后两排桩基础的竖向反力差值来平衡,保证了基础以承担竖向荷载为主,并通过调整桥台重心位置、悬带张拉端及拱脚高度、桩基间距等方法,减小悬带拉力与拱脚推力产生的额外力矩,因此悬带拱结构也适用于软弱地基(图4)。

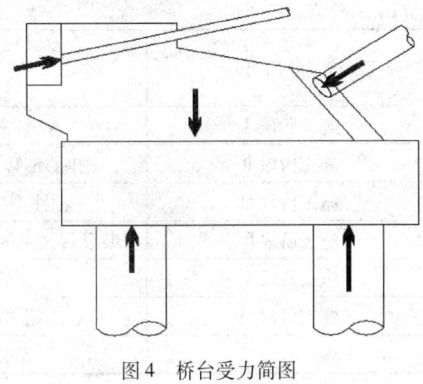

图4 桥台受力简图

2. 计算模型

结构计算采用Midas civil软件进行空间有限元分析。由于悬带拱结构是自锚体系,为便于查看钢管混凝土拱圈及预应力悬带对桥台的作用,模型只建立钢管混凝土拱圈、悬带、悬带定位钢管及桥面板部分(图5)。

拱圈部分钢管混凝土采用"双单元法"建立组合截面,即在同一位置分别建立钢管单元与混凝土单元,两个单元共用节点。利用"双单元法"建立的组合截面性质及受力情况均与程序自带的组合截面相同,而且由于钢管单元和混凝土单元分开建立,便于在不同的施工阶段分别激活,模拟实际施工中先架设钢管再灌填混凝土的工况。拱脚位置对六个自由度均进行约束,模拟拱脚与桥台拱座的刚性连接。

悬带部分也是采用"双单元法"建立组合截面。由于悬带采用预应力钢绞线,只传递轴力,不传递弯矩和剪力,因此悬带部分通过桁架单元模拟。但是由于桥面板与悬带连接,桥面板自重等上部荷载是以剪力的形式传递到悬带上,桁架单元的悬带就无法起到承担剪力,承托桥面板的作用,因此必须将悬带外包的定位钢管考虑进去,通过建立梁单元与悬带的桁架单元形成双单元共同受力,然后再通过弹性连接中的刚性连接将桥面板与悬带单元连接,这样就能利用钢管承担剪力,承托桥面板(图6)。位于拱圈横梁上的悬带节点通过刚性连接与横梁建立主从连接,模拟鞍座(图7)。悬带两端对三个方向位移进行约束,模拟悬带与桥台的连接。

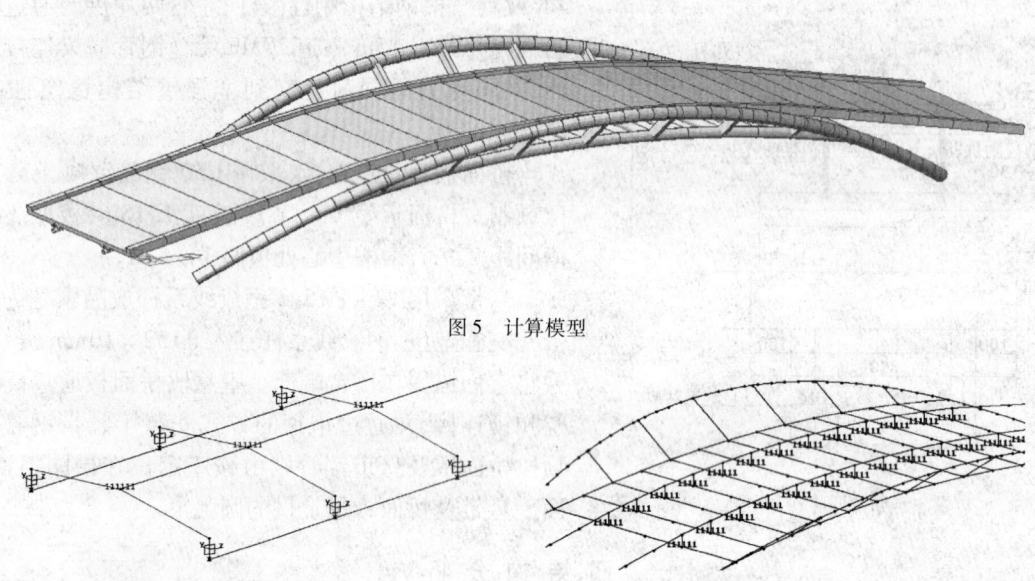

图5 计算模型

图6 桥面板—悬带连接　　　　图7 悬带—横梁连接

各施工阶段划分及对应工况下悬带拉力、拱脚推力大小如表1所示。

各工况下悬带拉力及拱脚推力表　　　　表1

施工阶段	工况	水平作用力(kN)	
		一根悬带端拉力	一个拱脚推力
施工阶段Ⅰ	主拱肋钢管安装	—	21.0
施工阶段Ⅱ	副拱肋钢管安装、横撑安装、吊杆安装	—	113.9
施工阶段Ⅲ	灌注主、副拱肋钢管内混凝土	—	221.9
施工阶段Ⅳ	安装悬带及定位钢管、第一次张拉索力550kN	431.7	435.0
施工阶段Ⅴ	安装横撑范围桥面板	385.1	609.6
施工阶段Ⅵ	第二次张拉索力600kN	908.2	846.4
施工阶段Ⅶ	安装其余范围桥面板	857.7	926.5

拱圈横梁作为上部桥面结构与下部拱圈的受力联系构件,在计算上是一个关键部位。在正常使用极限状态标准效应组合下,横梁正应力计算结果如图8所示,横梁最大正应力位于最外侧两根横梁。

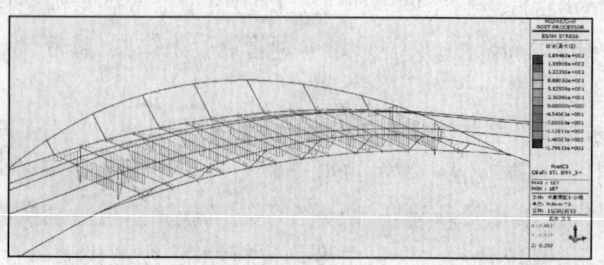

图8 横梁应力图

悬带拱结构结合了悬带结构的柔以及拱结构的刚,因此结构的使用舒适度也是需要考虑的一个方面。如表2所示,第一阶、第二阶振型对应频率分别为1.478212Hz与1.495288Hz,均为悬带部分竖向振动;第三阶振型对应频率为2.095512Hz,为拱圈横向振动。根据上述计算结果可知,悬带拱结构属于偏柔性结构,适用于人行桥,且结构基频大于人步行的平均频率1.2Hz,故人群不易引起结构共振,同时行人也不会产生较严重的不舒适感[5](图9)。

特征值分析表　　　　　　　　　　　　　　　　　　　　　　　表2

模态号	圆频率 (rad/sec)	频率 (Hz)	周期 (sec)
1	9.287883	1.478212	0.676493
2	9.39517	1.495288	0.668768
3	13.16648	2.095512	0.47721

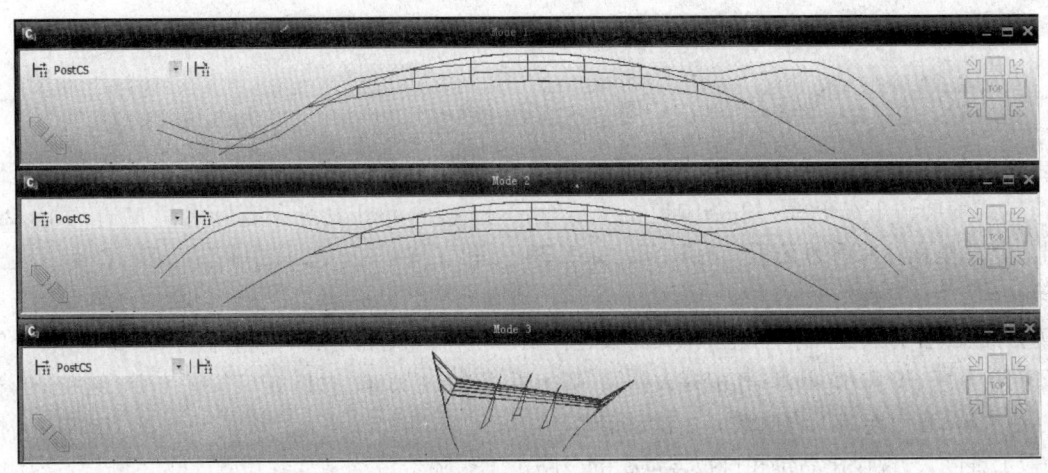

图9　特征值分析前三阶振型模态

五、结　语

(1)悬带拱结构属于偏柔性结构,适用于人行桥,且结构基频大于人步行的平均频率1.2Hz,故人群不易引起结构共振,同时行人也不会产生较严重的不舒适感。

(2)通过对悬带提供初始张拉力来平衡拱圈推力,并通过调整桥台重心位置、悬带张拉端及拱脚高度、桩基间距等方法,减小悬带拉力与拱脚推力产生的额外力矩,因此悬带拱结构也适用于软弱地基。

(3)除桥台及钢管混凝土为现场浇筑外,其余部分均为工厂预制构件,因此悬带拱结构桥梁具有工期短、施工质量高的特点。

(4)悬带拱是一种造型美观的新型拱式组合体系,该桥为国内首座悬带拱人行桥,为今后该结构的设计提供参考借鉴。

参考文献

[1] 中华人民共和国建设部.CJJ 69—95　城市人行天桥与人行地道技术规范[S].北京:中国建筑工业出版社,1996-10.

[2] Strasky, J. 2010. Stress ribbon & arch pedestrian bridges [C]. Proceeding of 6th International Conference on Arch Bridge, Fuzhou, China.

[3] 冯阅,陈宝春.介绍一种新型桥梁——悬带拱桥//中国公路学会桥梁和结构工程学会2010年全国桥梁学术会议论文集[C].北京:人民交通出版社,2010:221-224.

[4] 陈宝春.钢管混凝土拱桥[M].(第二版).北京:人民交通出版社,2007.

[5] 王喜军.人行悬带桥的应用及受力特性分析[D],长安大学,2006.

20. 公路桥梁工程预应力技术发展综述

李会驰　冯苠

(中交公路规划设计院有限公司)

摘　要　在大规模的公路基础设施建设中,作为公路交通网络的控制性工程,桥梁建设经历了一个辉煌的发展时期,相继建成了一大批现代化品位和科技含量高的公路桥梁。伴随桥梁工程建设水平的不断提高,桥梁工程预应力技术也在发生质的变化,形成了预应力材料、预应力体系、预应力施工工艺等方面的技术进步。

关键词　预应力　材料　体系　施工工艺

一、引　言

受国民经济持续高速发展的推动,我国公路基础设施建设发生了历史性突破,高速公路及其他高等级公路跨越式发展,"五纵七横"12 条国道主干线全部建成,西部开发 8 条省际通道贯通;截至 2013 年末,全国公路总里程达 435 万公里,公路密度为 45.38 公里/百平方公里,其中高速公路 10.44 万公里,位居世界第一。

作为公路交通网络的控制性工程,桥梁建设也经历了一个辉煌的发展时期。截至 2013 年末,全国公路桥梁达 73.53 万座、3977.80 万米,其中特大桥梁 3075 座、546.14 万米,大桥 67677 座、1704.34 万米,相继建成了以苏通大桥、舟山连岛工程西堠门大桥、杭州湾大桥、港珠澳大桥等为代表的一大批结构新颖、技术复杂、设计施工难度大、现代化品位和科技含量高的公路桥梁。随着桥梁工程建设水平的不断提高,桥梁工程预应力技术也在发生质的变化,形成了预应力材料、预应力体系、预应力施工工艺等方面的技术进步。

二、公路桥梁工程预应力技术的发展现状

1. 预应力材料

预应力材料的发展是预应力技术革命的先驱。预应力材料的发展经历了冷拉预应力钢筋(强度等级 450~700MPa)、冷拔预应力钢丝(强度等级 600~900MPa)、中高强预应力钢筋(钢丝 1500~1600MPa、钢绞线 1470~1570MPa),目前,已形成高强度低松弛预应力钢丝钢绞线成套技术。预应力材料正在向高强度、大直径和耐腐蚀性三个方面发展。

在高强度方面,预应力混凝土用钢绞线突破了 1860MPa,已研制 1960MPa 钢绞线及配套锚具,形成成套技术供推广应用;针对特大跨径桥梁缆索系统材料的技术难点开展了大量研究,舟山连岛西堠门大桥在 ϕ5.0mm、1770MPa 缆索用高强度镀锌钢丝的基础上进一步研发了 ϕ5.0mm、1860MPa 缆索用高强度镀锌钢丝,港珠澳大桥研发采用了 ϕ7mm、1860MPa 平行钢丝斜拉索,为进一步提升桥梁的跨越能力提供了保障。

在大直径方面,已突破大直径的高强度预应力钢丝和多丝大直径预应力钢绞线生产技术:一方面,1×7 结构的钢绞线向 17.18mm、21.16mm 发展;另一方面,1×19 结构大规格钢绞线(包括直径 22mm 和 28.6mm 等规格)形成工业化生产。另外,港珠澳大桥还成果研发采用了 ϕ75mm、830MPa 高强螺纹钢筋体系,用于预制桥墩的连接,形成了高强螺纹钢筋的滚压生产工艺、锚固及连接技术、永久防护体系等成套技术,其主要性能指标达到国外同类产品要求。

在耐腐蚀性方面,采用涂层镀层技术,解决钢筋的耐腐蚀问题,主要包括两方面:开发了桥梁缆索用热镀 galfan 合金镀层钢丝,研究表明 galfan 合金镀层的防腐能力是纯锌镀层的 2~3 倍;开发了环氧涂层

钢丝,并编制了国家标准《缆索用环氧涂层钢丝》。

2. 预应力体系

预应力体系的创新是预应力技术发展的核心。结合公路桥梁工程建设的实际需要,研发、推广应用了体外预应力体系和二次张拉竖向预应力钢绞线体系。

体外预应力体系布置在混凝土梁截面外,由体外索、锚固系统、转向装置和减震装置构成。体外预应力体系便于混凝土浇筑施工,便于在运营使用期内检测、调整、更换。体外预应力体系主要应用于节段预制整体拼装混凝土梁桥,以适应我国越江跨海通道非通航孔桥和城市桥梁建设,如苏通大桥、集美大桥、嘉绍大桥、厦漳大桥、南京四桥、崇启大桥等引桥工程。目前已形成单根无黏结钢绞线+分丝管转向器+专用锚具的成套技术,实现了钢绞线的单根张拉、单根更换。

大跨径预应力混凝土梁桥普遍存在混凝土开裂问题,尤其是箱梁腹板斜裂缝,严重影响结构的使用性能和可靠性。针对腹板斜裂缝,引入二次张拉钢绞线技术,并研制出低回缩锚固系统。与传统的精轧螺纹钢筋竖向预应力体系相比,采用二次张拉钢绞线技术后,箱梁腹板的即时竖向预应力损失基本可降低至10%以内,远小于精轧螺纹钢筋体系的竖向预应力损失率。

3. 预应力施工工艺

预应力施工工艺的改进是保证预应力短期、长期效应和耐久性的关键手段。

一方面应积极发展预应力智能张拉技术,减少人为因素对施工质量的影响;另一方面改进灌浆技术和设备,提高灌浆质量。通过利用无线传感等新技术,由自动化设备对预应力的施加和大循环灌浆进行控制,实现了对智能张拉伸长量的精确控制,保证了智能压浆注浆管道的密实度和质量,使得梁体预应力能够得到充分发挥,有利于保证梁体预应力稳定工作,提高梁体结构的安全性和耐久性。

三、公路桥梁工程预应力技术的应用展望

1. 高强预应力钢筋的锚固问题

随着预应力钢筋的高强度、大直径发展趋势,预应力钢筋的锚固问题日渐突出。一是对锚具产品的锚固性能提出更高要求,需研发锚固性能良好、质量可靠的系列产品;二是要重视各类锚固区的配筋设计方法,避免锚固区开裂病害。

2. 非金属预应力材料

近年来,对非金属材料的预应力进行了大量的试验研究,并取得了可喜的成果。它们主要是碳纤维预应力筋(CFRP)、玻璃纤维预应力筋(GFRP)、芳纶纤维预应力筋(AFRP)等。应密切关注其发展,必要时可建立生产这些预应力筋的专业生产厂家,以提高产品质量,降低成本。

3. 预应力监测、检测技术

我国已建约73万座公路桥梁,种类多、数量大。参照欧美等国家的桥梁发展情况,我国将面临大规模在役桥梁的使用阶段养护、维修、加固的问题。对桥梁工程中预应力钢筋使用状况、永存预应力状况的监测、检测应格外重视。

4. 预应力技术的标准化

重视预应力技术的标准化工作,及时将新技术、新成果转化为产品标准、行业标准或国家级工法,扫清推广应用的技术障碍,积极推荐预应力的技术进步。

21. 大跨径柔梁矮塔斜拉桥的设计构思

王 雷 梁立农

(广东省公路勘察规划设计院股份有限公司)

摘 要 榕江大桥桥型方案受水利、航道、航空、抗震、抗风以及两岸接线等诸多因素控制,尤其受通

航净空和民航控高两条高程控制线严格限制,设计难度大。梁式桥跨越能力有限,常规斜拉桥塔高受限,可选桥型不多。经过桥型方案比选后,最后推荐主跨380m的柔梁矮塔斜拉桥方案,成功解决了高程限制问题和结构抗风、抗震问题。本文根据柔梁矮塔斜拉桥的结构构造及受力特征,着重论述了本桥设计构思时考虑的主要因素,希望本桥的设计构思能为其他类似桥梁设计提供借鉴。

关键词 榕江大桥 柔梁体系 矮塔斜拉桥 设计构思

一、引 言

矮塔斜拉桥是一种新型的桥梁结构,它既不是梁桥也不是传统的斜拉桥,它的力学行为介于两者之间,也可认为它是一种斜拉桥和梁桥的协作体系。根据主梁与塔的刚度关系,可以将矮塔斜拉桥分为刚性矮塔斜拉桥和柔性矮塔斜拉桥。刚性矮塔斜拉桥主梁的刚度比较大,而塔的刚度相对比较小,塔根及跨中有无索区段,目前日本及国内的矮塔斜拉桥基本上均采用这种结构形式,刚性矮塔斜拉桥的受力特征更接近于梁式桥。柔性矮塔斜拉桥主梁的刚度比较小,而塔的刚度相对比较大,梁上不设无索区段,柔性矮塔斜拉桥的受力特征应更接近于斜拉桥。这类矮塔斜拉桥修建得很少,据了解目前世界上仅Sunniberg桥一座[6],鲜有报道,研究较少。

潮惠高速公路榕江大桥受特殊建设条件的限制,经众多桥型方案比选后,最后推荐采用柔梁矮塔斜拉桥方案,本文以此桥为工程背景进行研究,探讨大跨度柔梁矮塔斜拉桥桥型方案设计时的构思过程。

二、建设条件及桥型方案

榕江大桥是潮惠高速公路的一座特大桥,在揭阳市炮台镇和双溪咀之间跨越榕江,榕江是潮汕地区一条重要的水路运输要道,通航10000t海轮。桥位距新潮汕机场约5km,民航部门要求桥面建筑高度不得超过96.559m,施工期不得超过101m。桥区属南亚热带季节风气候,年平均气温21.9℃,年平均相对湿度79.6%,年平均降水量为1740.7mm,多年平均台风袭击约1~4次,设计基准风速39.4 m/s。

大桥设计主要技术标准如下:双向六车道高速公路;设计荷载公路-Ⅰ级;设计行车速度100km/h;最高设计水位为4.31m,最高设计通航水位为2.89m,最低设计通航水位为-0.64m;通航净空尺度净347×38m,单孔双向通航;主墩横桥向设计船舶撞击力为36MN,辅助墩横桥向设计撞击力为12.7MN,纵桥向防撞力取横桥向50%;地震动峰值加速度0.183g。

榕江大桥受水利、航道、航空、抗震、抗风以及两岸接线等诸多因素控制,尤其受"上压下顶"两条高程控制线严格限制,设计难度大。梁式桥跨越能力有限,常规斜拉桥塔高受限,可选桥型不多。设计阶段先后提出变截面混合梁矮塔斜拉桥方案、自锚式悬索桥方案、地锚式悬索桥方案、桁架梁桥方案以及柔梁体系矮塔斜拉桥方案等5个方案进行比选,最后推荐采用主跨380m的柔梁矮塔斜拉桥方案(如图1),跨径组合为60m+70m+380m+70m+60m五跨连续布置,主梁除边跨60m部分采用混凝土箱梁外,余均采用钢箱梁,如图2和图3所示。结构体系采用半漂浮体系,索塔高度按照民航部门要求布置,有效高跨比为1:8,与普通斜拉桥1:4的高跨比相比矮了一半,从塔高来说是名副其实的矮塔斜拉桥。为了提高斜拉索的支承刚度和使用效率采用了辐射形斜拉索布置形式,斜拉索集中锚固于塔顶。由于采用柔梁密索支承体系,其力学行为表现为类似于常规斜拉桥的受力特征。

三、柔梁矮塔斜拉桥构造及受力特征

柔梁矮塔斜拉桥在布索形式、结构尺寸比例以及受力特性等方面与刚性矮塔斜拉桥有明显的差别,可以认为除索塔较矮外,其结构特征基本上和斜拉桥一样。刚性矮塔斜拉桥刚度比斜拉桥大,边、中跨比值常采用0.52~0.65,主梁承受相当大的弯矩,主梁截面形式与斜拉桥有很大不同,更接近于连续梁。刚性矮塔斜拉桥的斜拉索在梁上一般布置在边跨中及1/3中跨附近,索距多为3~5m,以适应受力及施工要求,主、边跨的索多采用对称于塔布置。柔梁矮塔斜拉桥主梁刚度和斜拉桥一样,斜拉索不再是体外索的概念,而是通过受拉来承受竖向荷载,需采用密索体系,布索区段覆盖全部加劲梁。

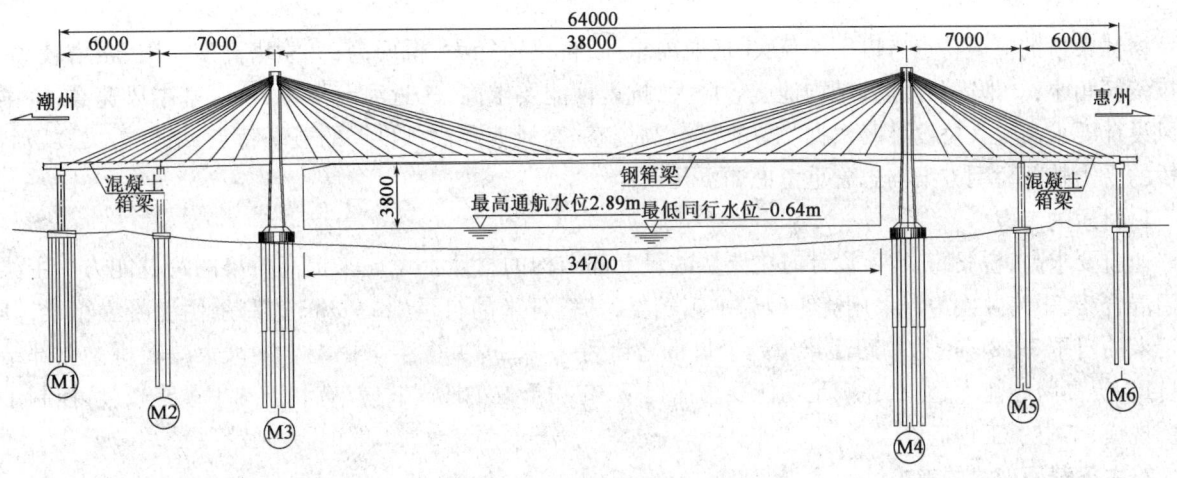

图 1 主桥桥型立面布置(尺寸单位:cm)

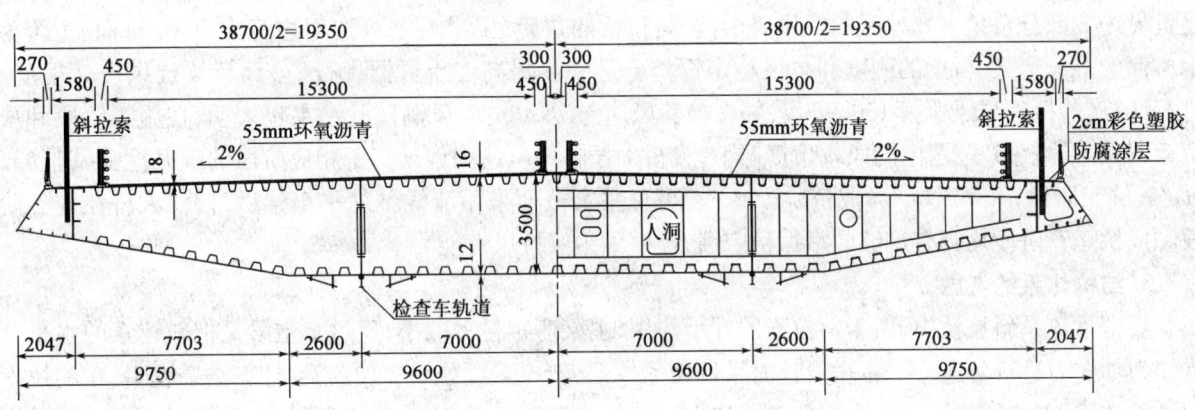

图 2 钢箱梁标准横断面(尺寸单位:mm)

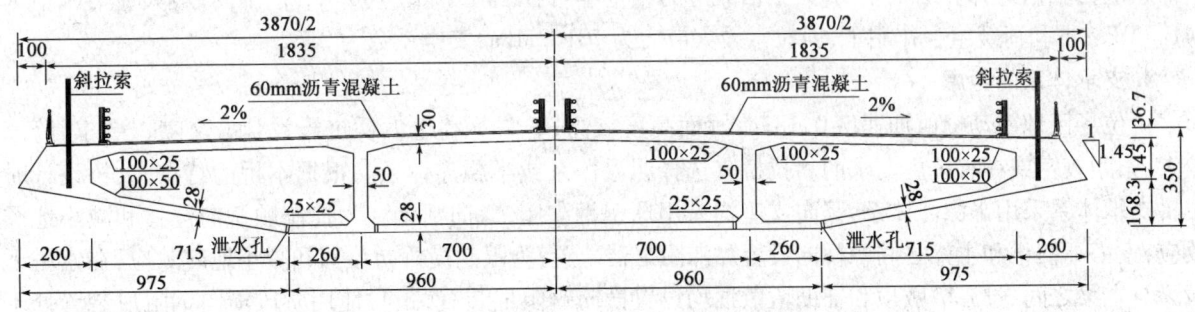

图 3 P.C.箱梁标准横断面(尺寸单位:mm)

在受力特征上,柔梁矮塔斜拉桥是以梁的受压和索的受拉来承受竖向荷载,这点和一般斜拉桥基本一样;刚性矮塔斜拉桥则是以梁的直接受弯、受压、受剪和索的受拉来承受竖向荷载,但主梁则以压弯为主,其斜拉索从受力特征上讲更接近一般 P.C.梁桥的体外索。显然柔梁矮塔斜拉桥不具有这样的特点,主梁刚度小,需强化斜拉索的作用,由斜拉索来承受竖向荷载。因此两者的最大差别在于梁的受力行为不同。

四、榕江大桥的特点及设计构思

榕江大桥的显著特点有以下4点：①通航要求高，桥梁跨径大，桥面高；②索塔高度受限，索塔较矮，斜拉索倾角小；③地震烈度高，结构地震效应大，抗震性能要求高；④近海台风区，桥区基本风速高，桥梁抗风设计要求高。大桥设计时根据"矮塔大跨、高姿态、高风速及高烈度"的显著特点，结合柔梁矮塔斜拉桥的受力特征桥型方案构思着重考虑如下几点：

1. 材质的考虑

通航要求高，桥梁跨径大，设计时主要从减轻上部结构的材质上考虑来提高桥梁的跨越能力。主梁采用混合梁，中跨及次边跨采用流线型扁平钢箱梁，其每延米的自重18.9t/m，边跨采用混凝土箱梁，其每延米的自重79.8t/m，边中跨主梁每延米自重之比为4.22，可见主梁采用混合梁大大减轻桥梁上部结构自重，提高跨越能力，显然在满足功能要求前提下，有利于减小地震效应，有利于减小边跨长度，控制了主桥规模，节省了工程造价。

2. 主梁截面形式的考虑

从桥位所处的风环境可以看出本桥抗风设计要求较高，主梁截面形式在提高桥梁抗风性能方面至关重要。苏通长江大桥研究结果表明，六车道的闭口扁平箱梁的桥面，其临界风速已超过100m/s，能够满足世界绝大部分台风多发地区的抗风要求；若斜拉桥的边跨已上岸，则可选用边跨为P.C.桥面、主跨为钢桥面的混合形式，桥梁的刚度和抗风稳定性将会进一步提高[4]。根据现行《公路桥梁抗风设计规范》进行计算，颤振临界风速为150.9m/s，颤振检验风速为76.0m/s；风洞试验结果也表明，在施工阶段和成桥运营状态时，±3°范围内的风攻角情况下，大桥颤振临界风速均远远高于相应阶段的颤振检验风速63.6m/s(施工阶段)和75.9m/s(成桥阶段)[5]。可见主梁截面采用流线型扁平箱梁后，榕江大桥在施工阶段和成桥运营阶段均具有足够的颤振稳定性，提高了主梁抗风性能。

3. 结构体系的考虑

在密索体系斜拉桥中，由于斜拉索的支承作用，主梁弯矩显著减小，反过来主梁又把斜拉索的水平分量作为轴向力进行传递[3]。本桥设计时采用密索体系，斜拉索覆盖全部加劲梁，计算结果表明，在斜拉索的支承作用下，成桥状态主梁弯矩分布均匀、合理，数值显著减小，由于篇幅有限，这里不再赘述。根据标准横隔板的间距(间距3m)，钢箱梁段标准索距为15m，为控制斜拉索设计吨位，适当减小主跨跨中区段索距，采用12m；边跨混凝土箱梁段标准索距为8m，尾索区段局部采用4m，以提高整体刚度和控制斜拉索活载应力幅值。计算结果表明，拉索活载应力幅基本可控制在100～140MPa范围内，最大应力幅值为141.7MPa；不利荷载组合作用下，斜拉索最大应力为701.2MPa，安全系数为2.52。

4. 支承体系的考虑

桥位场区地震动峰值加速度0.183g，桥面高度较高，非常不利于大桥抗震设计。文献[1]要求，跨度较大、索距较密或在有抗震要求的斜拉桥宜选择飘浮体系或半飘浮体系。根据本桥的特点，大桥设计时主桥支承体系采用半漂浮体系，竖向支座均采用球型钢支座，双向活动。为控制顺桥向位移和减小地震效应，索塔下横梁和主梁之间顺桥向设置黏滞阻尼器装置；为限制横桥向位移和减小地震效应，在索塔下横梁与主梁之间、过渡墩墩顶和辅助墩墩顶均设置横向钢阻尼装置，正常使用阶段横向钢阻尼装置处于弹性状态控制主梁横向变位，满足正常使用要求；地震作用下钢阻尼装置发生弹塑性变形耗能，延长结构振动周期，起到减小地震效应、保护结构的目的。

计算结果表明主桥过渡墩、辅助墩及主塔各控制截面在E2地震作用下均未出现塑性铰，满足抗震设计要求。纵桥向E2地震及恒载作用下，主塔处的纵向阻尼器上的最大反力小于阻尼器设计吨位3000kN，横桥向E2地震及恒载作用下，主塔横向钢阻尼支座最大反力达6794kN>5000kN，过渡墩和辅助墩横向钢阻尼支座最大反力达2650kN>2000kN，均进入屈服状态，起到了耗能作用；主桥支座纵桥向和横桥向变形均满足允许变形量。

5. 索面布置的考虑

根据本桥的特点,斜拉索横桥采用双索面布置,有利于结构横向受力,同时也有利于结构扭转基频的提高,也有利于斜拉桥抗风性能的提高。

斜拉索的纵向布置直接决定主梁受力情况,不同的布置形式主梁受力相差较大。针对本桥密索体系的特点,为研究方便把密索体系简化为索膜,忽略主梁弯矩和剪力影响。从图4易得主梁轴力 N 与所受荷载 q 的关系,即 $dN = \dfrac{qx}{h}dx$,根据几何关系不难求得 $dN = \dfrac{qLx}{2(H_2 - H_1)x + LH_1}dx$,进行积分可确定主梁的轴向力,若直接进行积分显然存在相当难度,为研究方便先考虑以下两种情况:

(1) 当 $H_1 = H_2$ 时,为辐射形索,积分得 $N(x) = \dfrac{q}{2H_2}(\dfrac{L^2}{4} - x^2)$,当 $x = 0$ 时,$N = \dfrac{qL^2}{8H_2}$

(2) 当 $H_1 = 0$ 时,为竖琴形索,积分得 $N(x) = \dfrac{qL}{2H_2}(\dfrac{L}{2} - x)$,当 $x = 0$ 时,$N = \dfrac{qL^2}{4H_2}$

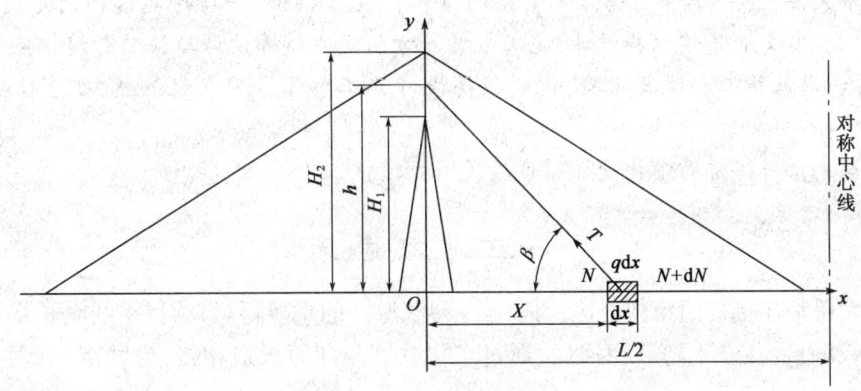

图 4 作用在主梁长度 d_x 上的荷载 qd_x 的传递示意

从主梁轴力的表达式来看,在塔高 H 和主梁所承受的荷载 q 一定的情况下,斜拉索辐射形布置时主梁轴力比竖琴形要小,尤其是索塔处根部主梁轴力辐射形布置时仅为竖琴形布置时的一半,扇形布置主梁轴力显然是介于辐射形和竖琴形之间的。从减小主梁轴力的角度显然采用辐射形是最理想的。对本桥来说,桥面以上桥塔高度仅为正常斜拉桥的一半左右,斜拉索的倾角较小,为减小主梁轴力、提高斜拉索竖向支承刚度,设计时采用辐射形体系,斜拉索在塔顶采用整体钢锚箱进行集中锚固。根据计算成桥状态主梁索塔位置截面轴力为93132.2kN,根据轴力公式计算相应截面轴力为90361.6kN,可见轴力基本吻合,索面选择合理。

五、结　语

榕江大桥建设条件复杂,桥型方案受水利、航道、航空、抗震、抗风以及两岸接线等诸多因素控制,尤其受"上压下顶"两条高程控制线严格限制,设计难度大。梁式桥跨越能力有限,常规斜拉桥塔高受限,可选桥型不多。经过桥型概念设计阶段5个桥型方案的比选后,最后推荐主跨380m的柔梁矮塔斜拉桥方案。作者根据柔梁矮塔斜拉桥的结构构造及受力特征,着重论述了本桥设计构思时考虑的主要因素,计算结果表明结构体系选择和考虑因素正确合理的。希望本桥的设计构思能为其他类似桥梁设计提供参考价值。

参考文献

[1] 中华人民共和国行业标准. JTG/T D65-01—2007　公路斜拉桥设计细则[S]. 北京:人民交通出版社,2007.

[2] 中华人民共和国行业标准. JTG/T D60-01—2004　公路桥梁抗风设计规范[S]. 北京:人民交通出版社,2004.

[3] 尼尔斯 J. 吉姆辛. 缆索支承桥梁—概念与设计[M]. 2版. 北京：人民交通出版社，2002.
[4] 项海帆. 桥梁概念设计[M]. 北京：人民交通出版社，2011.
[5] 同济大学土木工程防灾国家重点实验室. 榕江大桥抗风性能专题报告[R]. 上海，2013.
[6] 瑞士Klosters镇Sunniberg桥[J]. 胡南，译. 国外公路，1997，17(5)：39-41.

22. 东华大桥下承式提篮拱桥设计与施工技术

陈万里 梁立农

（广东省公路勘察规划设计院股份有限公司）

摘 要 东华大桥主桥为跨径118m带副拱的下承式提篮拱桥，一跨跨越江门河水道，采用步履式同步顶推工艺施工。本文从桥梁结构设计、施工方案等方面阐述拱桥设计与施工之间相互配合的创新思路和主要技术特点；通过施工和运营考验，说明该桥设计施工总体方案在经济性、安全性上是相当有优势的。

关键词 提篮式系杆拱桥 结构设计 步履式同步顶推工艺

一、工程概述

江门市东华大桥是连接江门市中心区（蓬江区）和江海区的重要桥梁，项目主线全长0.91km，西侧直接与东华一路主线顺接，往东上跨江门河后，通过东华立交与江海大道相接，为城市Ⅰ级主干道，设计速度60km/h。

二、桥梁总体设计

1. 总体方案

主桥计算跨径为118m带副拱的下承式提篮拱桥，桥长119.3m，主桥桥面全宽34.5m，一跨跨越江门河水道。主拱竖向矢高23.6m，矢跨比1/5；副拱竖向矢高34.6m，矢跨比1/3.41。主桥每片拱肋由主拱和副拱组合而成，除副拱两端在拱脚处直接焊接在主拱肋上之外，其他地方主拱与副拱之间采用横联连接；全桥共设两片组合拱肋，拱肋之间采用五道横撑连接（包括两道K撑），横向两主拱拱脚中心距27.66m，主拱顶中心距16.763m。主拱与竖直面的夹角为内倾13°，副拱以与竖直面的夹角为外倾10°，主拱平面与副拱平面的夹角为23°，整个结构构成一个翩翩起舞的"蝴蝶"造型（详见图1）。

2. 结构体系

由于航道等级不高，通航净空仅为6.0m，同时受两岸接线道路的现有条件限制，主墩处桥面离地面只有不足8.0m，故基础线刚度相对较大，如果采用梁墩固结或拱墩固结的形式，都会造成温度力很大。因此，采用拱梁固结、梁墩分离的结构体系。

3. 拱肋结构

主拱采用钢管混凝土组合结构，钢管直径1500mm，钢管采用Q370qD板材卷制而成，管内等间距设置六条纵向板式加劲肋。拱脚附近的主拱管壁厚40mm，其余位置的主拱壁厚32mm。

副拱采用钢管结构，副拱直径800mm，钢管采用Q345qD板材卷制而成，板厚为16mm。

4. 系杆和桥面系

系杆采用钢箱截面，全桥对应主拱设两根刚性系杆，箱高2000mm，宽1750mm。系杆腹板厚28mm，顶、底板厚28mm，箱形截面顶、底板和腹板均设板式加劲肋。系杆跨中段采用Q345qD钢材，与拱脚相交节段部分采用Q370qD。

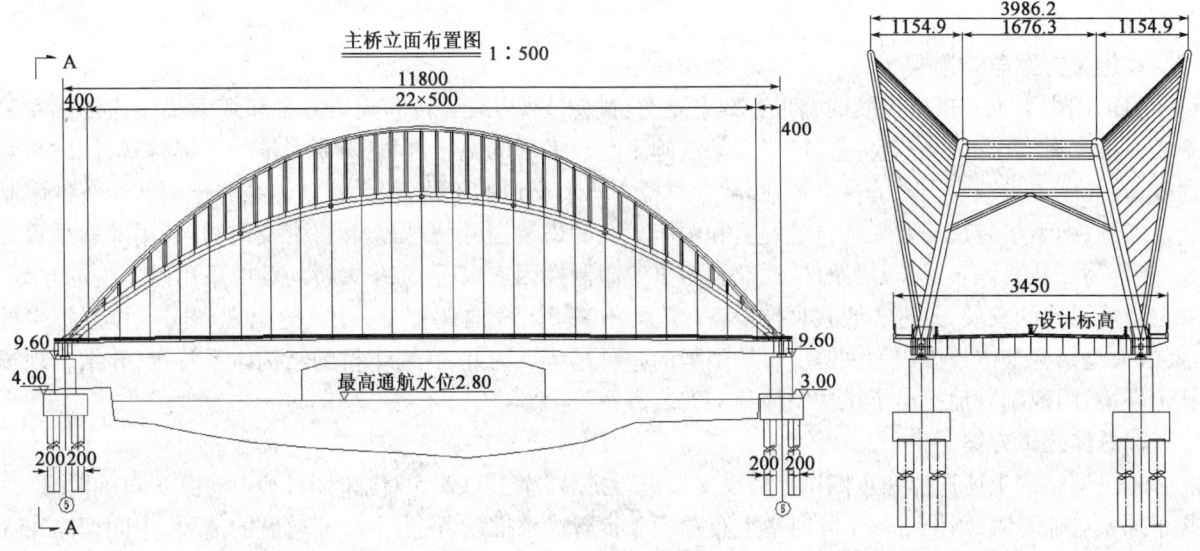

图1 桥梁总体布置图(尺寸单位:cm)

桥面系采用组合结构:由两个系杆箱和若干横梁组成的开口框架梁作钢结构部分,其上再放置预制的组合桥面板,通过湿接缝、剪力钉组合成组合梁结构。

钢横梁间隔2.5m一道,采用工字形截面;端横梁采用箱形截面,横梁与两边系杆箱之间的横隔板节点采用高强度螺栓连接。横梁采用Q345qD钢材。

桥面板采用预制钢混组合钢纤维板,由带PBL剪力键的8mm厚钢板与其结合15-24cm钢纤维混凝土板组合而成,每块桥面板吊重控制在10t以内。桥面板预制部分采用C50混凝土,现浇接缝采用C50微膨钢纤维胀混凝土。

5. 吊杆

吊杆采用环氧喷涂钢绞线整束挤压拉索,下端为叉耳式锚头,与系杆箱顶面的锚拉耳板相连,上端为冷铸镦头锚,吊杆间距为5m。吊杆采用17股φ15.2mm的钢绞线成品拉索,安全系数大于3。

6. 总体结构分析

总体结构分析采用Midas软件进行分析,离散图如图2所示。

通过计算分析,可得出控制断面的计算结果(表1)。

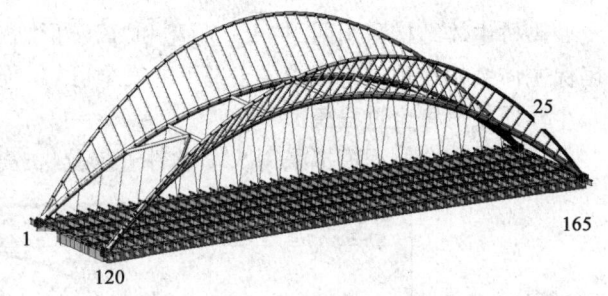

图2 桥梁总体模型图

桥梁各主体主要受力构件计算结果 表1

项 目	内 力			应力(MPa)	备 注
	弯矩(kN·m)	剪力(kN)	轴力(kN)		
主拱	8349	802	28956	194.2(钢管) 10.8(混凝土)	采用Q370qD C50微膨胀混凝土
副拱	331	69	1098	64.5	采用Q345qD
系杆	16101	1872	2229	181.4	采用Q370qD

由上表计算分析结论可知桥梁主体各主要受力构件均满足规范要求。

三、桥梁施工方案

1. 施工方案总体选择

目前国内下承式拱桥拱肋的施工方案主要有：满堂支架方案，转体施工方案和缆索吊装法等。每种施工方案都有自己的优势与劣势，满堂支架法施工是较常规的施工，但是需要大量的支架材料，同时影响通航；转体施工可减少大量的高空作业，减少对桥下水上交通的干扰，但受转动体系的能力和经济性限制难以实施；缆索吊装法需要大吨位的缆机和两座较高的塔架，并设置扣索和背索及地锚，采用缆索吊投入大、造价高。从总体布置、现场条件、通航和海事等限制性因素来看，东华大桥均难以采用以上施工方案。

随着科技的发展，先进步履式顶推设备（集顶升、平移、横向调整于一体）的出现和同步控制技术的增强，大型结构整体顶推成为大跨度拱桥施工的一种趋势。为此，针对本桥的结构体系特点，并结合现场施工环境，因地制宜地提出了拱桥整体顶推安装方案。

2. 总体施工方案

主桥钢结构主体选择在东侧岸上搭设支架进行拼装，岸上布置5对临时墩，水中布置3对临时墩，总共布置8对临时墩，顶推时每个临时墩上布置一套步履式顶推设备；为了保证通航的需要，中间留净45m临时通航孔（详见图3）。

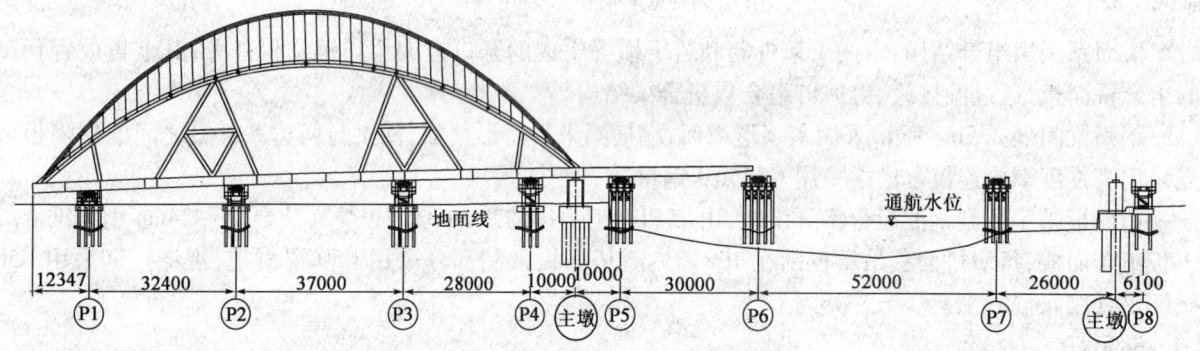

图3 总体施工方案图（尺寸单位：cm）

拱桥主体结构采用两组"A+V"型和"I"字形临时支撑进行加固，并在前段安装37m长的前导梁，以确保主体结构在顶推过程中各工况下的安全可靠。

3. 顶推滑移全过程模拟

顶推滑移全过程模拟采用SAP软件进行分析，离散图如图4所示。

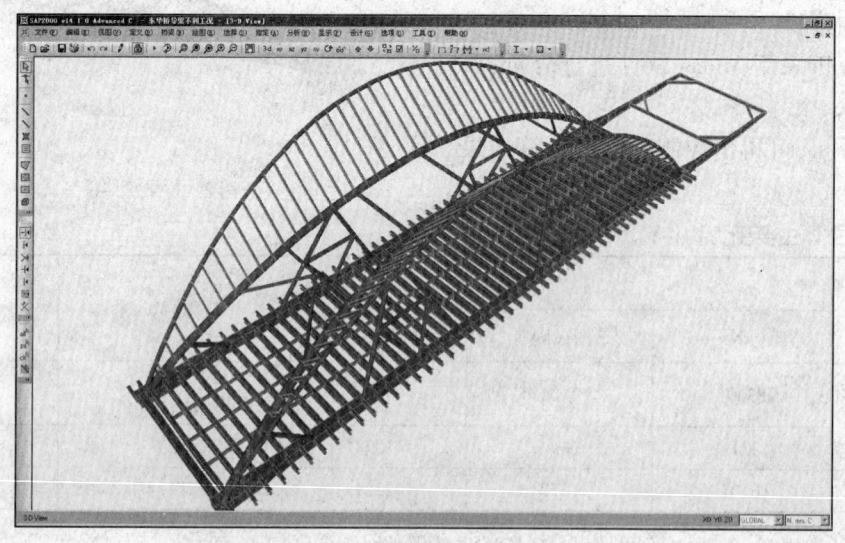

图4 顶推滑移模型图

为了掌握桥梁主体加固体系在顶推滑移全过程中的最不利变形和应力水平,把顶推滑移全过程分为 13 个工况,如下:

工况 1:桥梁主体加固体系位于拼装位置;
工况 2:桥梁主体加固体系向西滑移 11.3m,由 p1~p5 共同承载;
工况 3:桥梁主体加固体系向西滑移 15.1m,由 p1~p6 共同承载;
工况 4:桥梁主体加固体系向西滑移 20.6m,由 p2~p6 共同承载;
工况 5:桥梁主体加固体系向西滑移 42.6m,由 p2~p6 共同承载;
工况 6:桥梁主体加固体系向西滑移 47.6m,由 p3~p6 共同承载;
工况 7:桥梁主体加固体系向西滑移 64.1m,由 p3~p6 共同承载;
工况 8:桥梁主体加固体系向西滑移 67.1m,由 p3~p7 共同承载;
工况 9:桥梁主体加固体系向西滑移 84.1m,由 p4~p7 共同承载;
工况 10:桥梁主体加固体系向西滑移 96.2m,由 p4~p7 共同承载;
工况 11:桥梁主体加固体系向西滑移 99.2m,由 p4~p8 共同承载;
工况 12:桥梁主体加固体系向西滑移 112.6m,由 p5~p8 共同承载;
工况 13:桥梁主体加固体系向西滑移 118m,由 p5~p8 共同承载。

通过模拟计算分析,整个滑移过程中变形最大的位置为导梁前端部,结构最大应力为 183.4MPa,最大支反力为 6737kN,结构的强度和稳定性在顶推滑移施工过程中满足相关规范要求。

四、质量与经济性评价

采用步履式同步顶推施工的下承式刚性系杆提篮拱桥,主体结构在岸上逐节段拼装,主拱线形容易控制、各构件安装操作方便、工期和质量有保障;步履式同步顶推可操作性强,能实现自我纠偏,安装精度高,施工风险小,质量可靠。

五、结　语

该桥通车两年多以来,运行状况良好,收到建设部门和社会各界的广泛好评,项目所在地的摄影协会还以此桥作题,专门举行了一次摄影大赛,如图 5 所示。

图 5　部分获奖作品

综合该桥的设计与施工特点,主要有以下几个结论:

(1)作为下承式拱桥,主梁建筑高度较小,使桥下空间得到充分利用,减少了两侧引桥的长度,不仅主桥造价节省,还节省了引桥的造价。

(2)主拱、副拱、横撑、横联、横梁和刚性系杆形成的主体结构,刚度大,采用步履式同步顶推可行;在岸上拼装钢结构主体,质量和工期容易控制。

(3)副拱与主拱形成组合拱,不仅共同参与结构受力,也使整个桥梁形成了独有的景观特色。

23. 佛陈大桥(扩建)连续钢箱梁的结构与铺装设计

郑楷柱 何 海 梁立农

(广东省公路勘察规划设计院股份有限公司)

摘　要　本文从佛陈大桥(扩建)连续钢箱梁的结构、建造和铺装等方面进行深入研究并精心设计。旧桥为拱桥,在其两侧扩建连续钢箱梁桥,使其融入了桥位所处的环境;采用大节段吊装与工厂机械化施工,满足了施工工期的要求;钢箱梁桥面铺装根据交通量分幅设计,在经济性和使用性能上取得平衡。

关键词　连续钢箱梁　构造特点　铺装

一、工程概述

佛陈大桥(扩建)工程位于佛山市禅城区、顺德区交界处,路线北起魁奇路与南海大道交叉口,向南经东平水道(佛陈桥)、终于碧桂花城正门以南100m处,顺接佛陈路,路线全长约1.363km。现状南海大道和佛陈路为双向八车道城市主干道,佛陈桥为双向四车道,目前佛陈桥交通量非常大,成为交通瓶颈,需要进行扩建。

佛陈大桥大致南北向跨越东平水道,桥位水面宽度约90m。桥位处河道顺直,属常年通航河流,且航运繁忙,桥梁轴线的法线与水流方向基本平行。桥位处为环境优美的大型商住区,且临近陈村花卉之乡,桥梁的景观要求较高。

图1　佛陈大桥(扩建)效果图

根据路网和城市规划,扩建工程在旧桥两侧进行,跨径与旧桥对齐。旧桥主桥为112.8m下承式钢管混凝土系杆拱桥,适应这一跨径又与旧桥协调的桥型有拱桥、变截面连续梁桥,从景观协调性考虑,变截面连续梁桥是适应的,从桥墩对齐的布置原则,扩建新桥的跨径为(58.51+112.8+58.51)m。从景观要求出发,受限于梁高、施工进度、新旧桥桥面高差及远期航道升级等多种因素,主桥采用三跨钢箱连续梁桥,见图1。

二、主要技术标准

道路等级:一级公路(兼顾城市道路功能);

设计速度:80km/h;

扩建桥梁宽度:单幅桥宽15.75m,单幅行车道净宽11.25m;

汽车荷载:公路－Ⅰ级;

航道等级:东平水道为国家内河Ⅱ级航道,设计最高通航水位为5.747m,通航净高为10m,通航净宽孔上底宽90m,下底宽110.3m,侧高7m。

三、主桥结构设计

1. 主桥总体设计

主桥采用 58.51m + 112.8m + 58.51m = 229.82m 三跨钢箱连续梁桥,见图2。

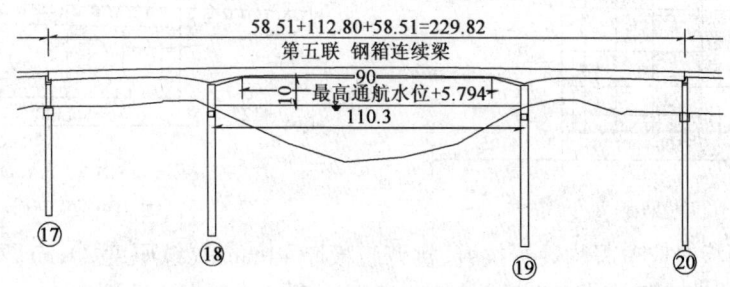

图2 主桥立面布置图(尺寸单位:m)

桥面纵坡北侧为4.0%、南侧为3.6%,全桥均处于 $R=4500m$ 的圆弧竖曲线上。主梁采用双幅变截面直腹板钢箱连续梁,顶板为正交异性钢桥面板结构。下部结构墩身采用混凝土现浇结构,桩基采用钻孔灌注桩,按嵌岩桩设计。

主桥采用连续梁体系,北侧主墩设置一个固定支座、一个单项活动支座;南侧主墩与过渡墩均设置一个单项活动支座(纵向)、一个双项活动支座;同时梁底设置抗震挡块。

箱梁桥面横坡由腹板高度调整,底板保持水平,顶板横向设置2%的横坡。

2. 钢箱梁设计

单幅桥梁宽15.75m。主墩墩顶2m区段钢箱梁梁高5m,主墩顶等高梁段两侧15.4m区段梁高从5m按二次抛物线渐变至2.8m,其余区段梁高为2.8m。根部梁高与中跨跨径比值为1/22.56,跨中梁高与中跨跨径比值为1/40.286。钢箱梁顶板宽15.75m,底板宽7.5m。

(1)顶板

根据受力需要,顶板在顺桥向不同区段采用了16mm、18mm、20mm、22mm四种不同的厚度,主墩墩顶附近板厚最大。钢桥面板顶板底缘保持平齐。

顶板采用U型加劲肋加劲,上口宽285mm,下口宽170mm,间距570mm。U型加劲肋厚度8mm,加劲肋高度280mm。

(2)底板及其加劲肋

根据受力需要,底板在顺桥向不同区段采用了16mm、20mm、24mm、28mm、32mm、36mm、40mm七种不同的板厚。

底板采用板式加劲肋加劲,基本间距400mm。加劲肋厚度根据其所支承底板厚度的不同,在16～28mm之间变化。主墩墩顶梁段底板由水平段及二次抛物线段组成,底板采用压弯成型,同时底板采用T形加劲肋加劲,以改善其受力性能。为便于底板加劲肋加工,底板上缘保持平齐。

在中墩、过渡墩处,受支座加劲影响,板肋局部断开,与支座加劲焊接。

(3)腹板及其加劲肋

根据受力需要,腹板在顺桥向不同区段采用了16mm、18mm、20mm、24mm、28mm五种不同的钢板厚度,腹板内侧保持平齐。

腹板采用板式加劲肋加劲,加劲肋板厚分别为16mm、18mm、20mm及24mm。墩顶附近梁段靠近底板的纵向加劲肋与横向加劲肋焊接,其余部位纵向加劲肋在横向加劲肋处断开。

(4)横隔板及横肋板

横隔板标准间距2.5m,采用实腹式横隔。

横隔板分为普通横隔板、主墩支座处横隔板、过渡墩支座处横隔板和端横隔板见图3和图4。普通横隔板等梁高段板厚均为12mm,变梁高段板厚均为16mm;一个主墩支座处横隔板分为两道,板厚为32mm;过渡墩支座处横隔板为一道,板厚为20mm,端横隔板板厚为20mm。

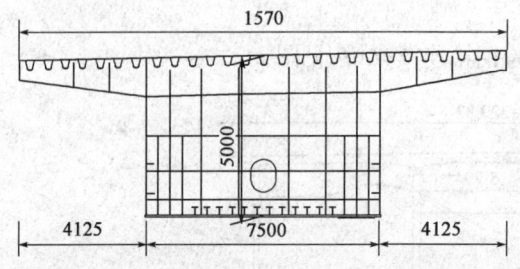

图3 中支点处钢箱梁横断面(尺寸单位:mm)

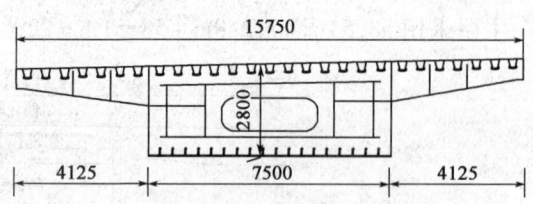

图4 跨中处钢箱梁横断面(尺寸单位:mm)

箱梁外侧与横隔板对应位置均设置挑臂,挑臂腹板厚14mm,翼缘厚度20mm,外侧纵板厚度12mm,水平纵板厚度16mm。竖向设两道加劲肋,加劲肋板厚均为10mm,高度分别为750mm和900mm。

3. 钢箱梁架设

充分考虑东平水道的通行宽度要求,结合施工单位的起吊设备能力以及工期的要求,佛陈大桥主桥钢箱梁架设安装方案采用小节段结合大节段吊装安装方案。主要施工步骤如下(图5)。

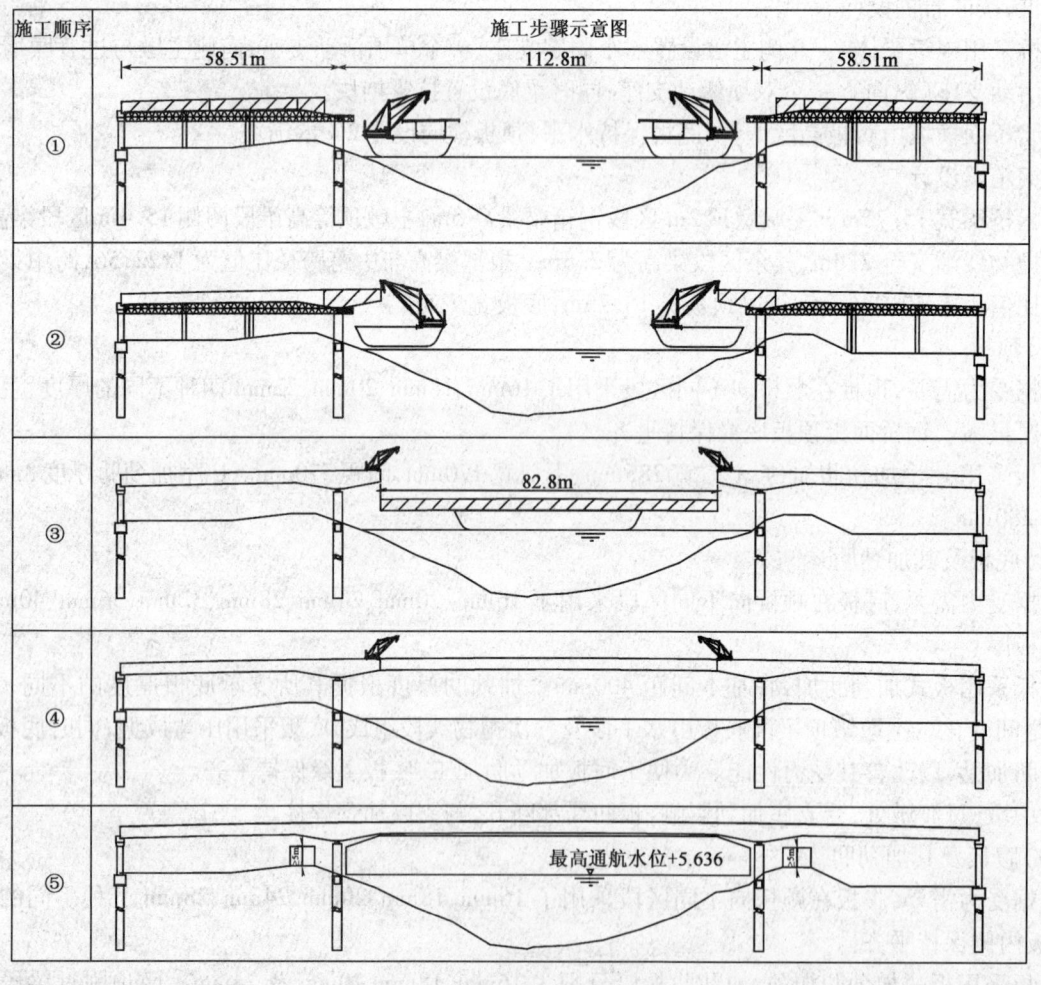

图5 主桥主要施工步骤

(1)施工主桥桥墩钻孔灌注桩基础、桥墩墩身;车间进行钢箱梁节段制作;搭设边跨及主墩顶支架;边跨梁段船运抵现场;船吊分节段吊装并在支架上滑移,组拼边跨梁段;焊接现场接缝,完成边跨钢梁架设。

(2)墩顶梁段运抵现场;适时完成墩顶主梁纵向临时限位装置施工;船吊墩顶梁段,与边跨梁段临时固结;焊接现场接缝。

(3)车间进行主跨大节段钢箱梁(82.8m)制作;主跨大节段钢箱梁运抵现场;临时封航,调整钢箱梁就位,安装临时吊装装置。

(4)主跨大节段钢箱梁吊装;主跨大节段合龙连接;边跨压重段压重。

(5)拆除吊装设备及墩顶主梁纵向临时限位装置;桥面系施工;竣工通车。

四 主桥铺装设计

连续钢箱梁桥与拉索支撑扁平流线型钢箱梁桥相比跨径较小而刚度较大,拉索支撑扁平流线型钢箱梁桥面铺装结构与材料研究成果不完全适用于连续钢箱梁桥面铺装,需要深入开展连续钢箱梁正交异性钢桥面铺装技术研究,寻求适合连续钢箱梁桥的新型桥面铺装材料及铺装结构。针对钢箱连续梁桥正交异性桥面板柔韧性大、易挠曲、传热快,桥面内部纵横加劲肋多,桥面易腐蚀等特性,其铺装层须满足行驶功能及对钢板的防锈保护功能,同时应具有更高的变形能力及高温抗变形能力,以及良好的层间结合力。

根据佛陈大桥旧桥的交通量及轴载调查与预测,该桥左右幅交通量均较大,左幅以小客车居多,轴载较小,右幅以运输钢材的货车为主,轴载大,并存在超载可能。为此根据两幅桥轴载的差异,充分考虑本地区的气候条件、施工水平以及本桥特点,结合目前多种钢桥面铺装的类型,选用适合该桥的铺装结构。主桥钢箱梁桥面铺装如下:

行车道:

左幅采用双层(3.5cm+3.5cm)改性沥青SMA-13铺装;

右幅采用5cm超高韧性混凝土(STC)+2cm沥青磨耗层铺装。

1. 环氧类黏结层+双层高黏度改性沥青SMA铺装

(1)铺装层结构设计

钢桥面行车道铺装层厚度设计,按照各层功能要求的不同综合进行,设计为双层SMA-13结构,防水黏结层与防水抗滑层厚度(含单粒径碎石层)约1.0cm(此厚度计入铺装下层厚度中),铺装下层厚度3.5cm,铺装上层厚度3.5cm。

行车道钢桥面板喷砂除锈达到Sa2.5级后,为防止新鲜的钢板表面迅速锈化,必须紧跟防水黏结层涂刷施工,环氧类防水黏结层厚度0.3~0.5mm。当防水黏结层达到初期强度时(气温>25℃条件下,一般需要48h),在其上进行防水抗滑层施工。防水抗滑层由0.7~0.9mm的环氧黏结剂和其上满铺面积60%~80%的4.75~9.5mm单粒径碎石组成,它们和铺装下面层构成了钢桥面铺装的防水隔离层。铺装层SMA13设计空隙率为3%~4%,具有良好密实性、整体性、热稳性、抗裂性以及变形能力,见图6。

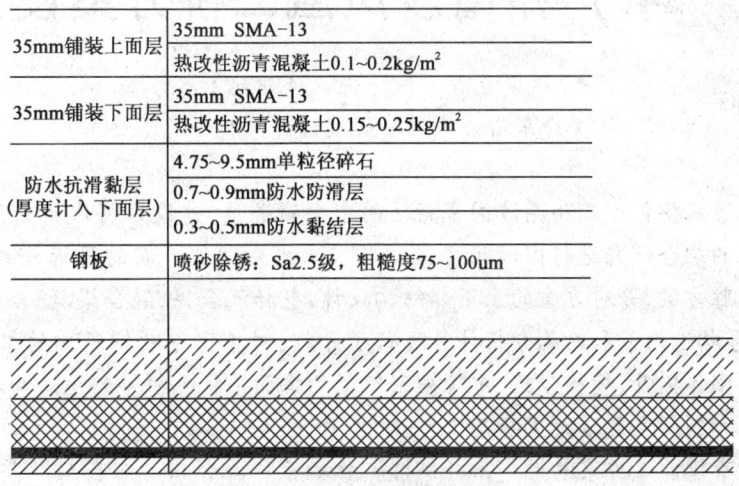

图6 环氧类黏结层+双层高黏度改性沥青SMA铺装结构图

2. 超高韧性混凝土(STC) + 沥青磨耗层铺装

(1) 铺装层结构设计

为综合解决传统大跨径钢桥铺装易损坏和钢桥面疲劳裂纹的问题,佛陈大桥右幅主桥采用超高性能轻型组合连续梁结构。钢桥面铺装方案为:在钢主梁上铺设薄层超高韧性混凝土(Super Toughness Concrete-STC)层,将钢箱梁转变成钢-STC组合连续梁结构,即在钢箱梁上焊剪力钉,再浇筑STC层,然后在其上摊铺沥青混凝土磨耗层。STC层厚为50mm,上面有沥青磨耗层20mm。

行车道钢桥面板整体喷砂除锈,达到Sa2.5级,按照设计图纸中的位置焊接剪力钉(约16个/m^2),进行桥面防腐涂装;施工环氧树脂黏结层,安装钢筋网;现浇STC层,STC表面须整平、糙化,并进行蒸汽高温养护,完全消除STC收缩;最后进行沥青磨耗层铺装,由于较薄,采用Nova Chip产品,见图7。

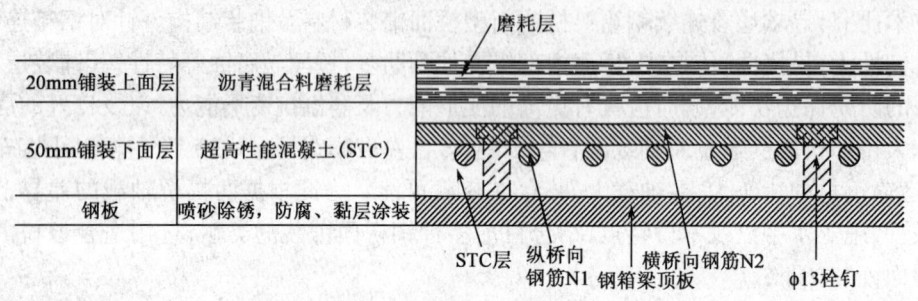

图7 STC+沥青磨耗层的铺装结构图

五、结 语

佛陈大桥(扩建)主桥三跨变高度连续钢箱梁很好地结合了桥位所处的环境,满足了施工工期的要求。无论从钢箱梁结构设计还是钢桥面铺装设计,对于类似的连续钢箱梁设计都具有一定的借鉴意义。

参考文献

[1] 袁毅,彭振华. 九圩港大桥工程连续钢箱梁设计[J]. 钢结构,2009,(5).
[2] 柏平,李淑娥,徐刚,等. 九圩港大桥连续钢箱梁桥面铺装结构设计[J]. 中国市政工程,2012,(5).
[3] 小西一郎. 钢桥[M]. 北京:人民交通出版社,1980.
[4] 日本道路协会. 道路桥示方书·同解说[M]. 东京:神谷印刷株式会社,平成14年.

24. 广州南沙凤凰三桥方案设计

梁立农 何 海 魏朝柱 陈万里

(广东省公路勘察规划设计院股份有限公司)

摘 要 凤凰三桥位于广州南沙国家新区的中央商务区,建设方将城市新区设计与桥梁方案设计,从功能和景观上的综合研究进行国际了方案竞赛。本文介绍这一新的设计模式及主跨308m的中承式系杆提篮拱桥优胜方案,并对方案的上下部结构设计,包括混合拱、混合梁、组合梁、组合板、三角刚架、背拉索、主墩基础等构造细节和结构分析计算进行了介绍;对中跨整孔钢箱拱的工厂拼装、横向顶推出河、排水装船、浮运、整体提升、精确合拢、中跨框架钢梁的桥面吊机悬拼等的施工和施工测控进行了介绍;对其主要技术特点和创新点也进行了分享。

关键词 城市设计 桥梁景观 系杆拱桥 背拉索 混合拱 组合梁 整孔提升 精细计算 施工控制

一、桥 址 概 况

凤凰三桥位于广州南沙国家新区规划建设的内港城市中央商务区。区内规划建设有文化艺术中心、河畔艺术雕塑、中央公园、教育社区、体育场馆、歌剧院、大型商场、高档酒店、游艇码头、办公园区、高尚住宅小区等建筑,是南沙城市建设重点和城市建设的名片,桥梁的景观价值和要求比较高。

中央商务区内有三条通航水道,分别是蕉门水道,上横沥水道和下横沥水道,凤凰三桥跨越下横沥水道,北连横沥岛,南接万顷沙,是南沙中环路凤凰大道上的一座特大桥梁。

桥址处于三角洲冲积平原,前缘河口地带,河水受潮水影响明显,具半日潮、潮时潮差不等的特点。桥位处河道基本顺直,与桥轴线基本正交,两岸地势平坦、开阔,桥位处水面宽约420m。主墩最高通航水位处水深在7~14m之间,水流平缓,最大涨落潮流速在0.7~1.0m/s之间,多年平均潮差为1.414m,最大潮差2.53m,最高潮位:2.243m(珠基),最低潮位: -0.644m,平均潮位:0.825m。咸潮侵入时河水对混凝土有腐蚀性。

桥址区属南亚热带海洋性季风气候,温暖潮湿,雨量充沛,多年平均相对湿度为78%。年均气温21.9°C,1月平均温度13.2°C,7月平均温度28.9°C。年均降水量1625mm,每年5~11月为台风季节,7~9月为其影响的主要月份。平均每年影响本桥的台风为1~4次。台风侵袭时风力一般7~9级,最大12级以上,最大风速可达38.4m/s。

桥址区基岩覆盖层主要为第四系软土及亚黏土,软土及亚黏土层厚12.7~30.6m,全、强风化层厚4.0~21.2m,下伏基岩为燕山三期花岗岩。

为了广纳百川,吸引八方智慧,建设方主办了一次设计招标、一次国内方案竞赛和一次国际方案竞赛,并提出方案设计主要技术标准和功能及景观等要求。

二、主要技术标准

城市道路与城市轨道两用桥,同层铺设

设计洪水频率:1/300;

通航水位:内河Ⅰ级航道,最高通航水位7.46m;

通航净空:净宽220m,净高18m;

设计基本风速:38.4m/s;

地震基本裂度:7度

1. 城市道路部分

道路等级:城市主干道,双向六车道;

设计速度:60km/h;

设计荷载:公路Ⅰ级;城A;

道路行车道净宽:2×12.0m;

人行道净宽:2×2.5m;

横坡:±2%。

2. 城市轨道部分

道路等级:双线轨道;

设计速度:80km/h;

轨距:1435mm;整体道床;

钢轨重:50kg/m;

设计荷载:轨道车辆轴重11t

轨道走廊宽度:双线11m;

轨道车站建筑宽度:20m;

站台长度:70m。

3. 主要功能和景观设计要求

(1)将凤凰一、二、三桥全长约7km和已经规划的其他桥梁及沿线的中央商务区作为一个城市的有机整体来共同规划方案设计,使城市综合交通与城市建筑相互协调,与城市规划融为一体,符合城市交通功能要求。并提出道路与轨道共用断面布置方案;提出轨道交通线位、站点、断面方案;道路交叉口方案。

(2)三座主桥应汇聚三江四岸之灵气,凸显其文化艺术内涵,协调好主桥之间及与引桥、引道、周边建筑、岸线等在形态上的关系,前后呼应,起伏有致,形成一个"动态"的结构风景画,形成一个有美感的整体。桥梁所表述的结构空间语言应展现海滨新城的韵律和美感,富有岭南山水城市的特质,突出南沙临海发展的博大胸怀。

(3)应注重城市景观组织,注重开发利用和生态保护相结合,尊重自然环境、人文环境和社会环境。营造路、桥、水、城一体的城市形态,四者之间和谐共生,相映生辉,具有时代感和地域特征,使三座大桥与城市景观规划设计融为一体;展现城市桥梁美观大方的现代风格;展现地区新形象和发展活力;体现南沙现代化海滨新城的精神风貌;将其建成南沙新区的一个标志性建筑。

(4)桥梁结构细节应充分体现"以人为本"的设计理念,在结构色彩表达、结构便利使用方面,凸现人文关怀,不污染行人的视线。大胆采用新材料、新桥型以及先进的建造技术,使大桥易建、易养、耐久。

(5)通过对该区域城市综合交通和城市建筑在功能和景观上的相互关系研究,进行城市深化设计,提出该区域的用地布局调整建议。

三、方案设计及比选

在这三座大桥的方案设计研究中,建设方首次将一个城市新区的规划设计与三座大桥的综合交通方案设计打包在一起进行方案竞赛,将市政交通和城市规划两方面专家融合在一起进行方案研究,而且进行了三轮次竞赛比选,直到得出满意结果为止。这是一种城市规划建设管理的有益尝试和创新,体现了建设方对国家级新区美好蓝图的向往和事业的追求。三轮次中,第一、二轮分别吸引了国内6家、7家著名设计单位,每一座桥共提出了13个推荐方案和13个比较方案。有双塔部分斜拉桥、双塔斜拉桥、独塔斜拉桥、地锚式悬索桥、自锚式悬索桥、中承式系杆提篮拱桥、中承式钢桁拱桥、下承式钢桁拱桥等8类桥型。有整体式单幅断面和有分离式双幅或三幅断面的三种横断面布置形式,前二轮我院都有幸获得优胜方案,但未有方案获得建设方认可。第三轮吸引了国内外9家著名的设计单位或设计联合体,其中国外5家。每一座桥共提出了9个推荐方案和9个比较方案,有双塔部分斜拉桥、双塔斜拉桥、独塔斜拉桥、中承式系杆提篮拱桥、下承式系杆钢管拱桥等5类桥型,有整体式单幅断面和有分离式双幅或三幅断面的三种横断面布置形式。竞赛评审专家由院士和设计大师等著名专家组成,采用逐轮投票末位淘汰法,每次淘汰一个竞赛联合体的推荐方案,留到最后一个方案即为优胜方案,我院与华南理工大学建筑设计研究院联合体有幸获得此荣誉。

1. 城市总体设计

根据方案国际竞赛要求,将三座桥组成的道路与轨道综合交通系统与沿线城市的中央商务区规划设计作为一个功能和景观的整体来考虑,进行了城市规划设计,包括规划概念、规划结构、土地利用、开放空间、景观形态、滨水景观、建筑形态、综合交通系统、节点设计等多方面内容。城市设计总平面如图1。

城市整体鸟瞰图2。

综合交通系统规划图如图3。

从以上三张图可以看出三座桥沿线城市的概貌以及综合交通系统和城市的关系;可以看出四个轻轨车站与周边建筑物的紧密关系。四个高架轻轨车站可以通过天桥连廊或地下通道与道路两侧重要节点建筑物及人行道无缝连接,平交口渠化、分离立交及掉头车道的设置、灵山半岛、横沥岛的交通组织等都充分考虑沿线城市的需要,而桥梁结构物则和谐地融入到周边的城市建筑群景观中,而这些都可以通过城市节点景观透视去检验。

图1 城市设计总平面图

图2 城市整体鸟瞰图

2. 优胜方案特点

我们联合体的推荐方案是一个中承式系杆提篮拱桥,跨径布置为 65+238+65=368m。横断面采用整幅断面布置,中央布置双线轻轨,两侧各布置三个车道和人行道,总宽44m。拱肋采用混合箱拱结构,提篮式布置,从轨道和道路的分隔带中穿出,活像一个提篮提着整个桥面,拱肋矢跨比1:4.5。主拱采用混合结构,桥面以下拱肋采用钢筋混凝土箱型结构,以利船撞和防腐,桥面以上拱肋采用钢箱结构,以利减轻自重并有利于施工。中边跨拱脚不按常规直接相交于承台的拱座上,而是从承台上设一个墩身并与中边跨拱肋以圆弧交汇,以突出拱肋的力线和减小交汇处体量,突显出拱脚结构美。特殊的拱脚造型与提篮式拱肋的布置配合,使结构显得既轻巧柔美,又雄伟壮观。边跨主梁采

图3 综合交通系统规划图

用预应力混凝土结构,并与桥面以下拱肋刚结成三角刚架,中跨主梁采用组合结构,以减轻自重并有利于桥面铺装。混凝土拱肋及主梁结构采用现浇施工,中跨钢箱拱肋采用工厂预制整体提升安装或缆索吊装,中跨主梁采用桥面吊机安装。效果图如图4、图5。

图4 夜间河堤处效果图

图5 日间俯视效果图

3. 主桥总体设计

在方案竞赛之后,南沙的城市规划根据新的发展需要进行了调整,取消了轻轨高架共线布置方案,桥梁车道数由双向六车道调整为双向八车道,即行车道净宽由 2×12.0m 调整为 2×15.5m。凤凰三桥通航要求根据通航安全论证也进行了调整,通航净宽由双孔双向:净宽 2×90m,净高18m 调整为单孔双向:净宽220m,净高18m。根据这些调整要求,并考虑主墩承台及防撞设施的宽度和几度的斜交角,按308m对称于航道中心布置,边跨由跨越河堤需求取为40m,次边跨长度刚好剩下61m,与中跨之比为约为0.2,边跨与次边跨之比约为0.67,均在结构内力和景观合理布跨的范围之内。主桥分跨布置为 40+61+308+61+40=510m。横断面采用整幅断面布置,中央分隔带宽2m,行车道净宽 2×15.5m,边防撞栏宽 2×0.5m,人行道宽 2×2.9m,净宽 2×2.5m,自来水管架宽 2×1.05m,倾斜的提篮拱肋及系杆占宽 2×4.05m,总宽50m。

根据两岸路线总体设计需求,在跨中设置双向1.8%纵坡,竖曲线半径取为17500m,对于31m行车

道净宽的中承式系杆提篮拱桥来说,布置成整幅式断面在力学上和景观上均是合理的。

边跨和次边跨一直延伸到中跨拱肋的124.2m采用混凝土主梁,布置成双边箱整幅开口断面;中跨钢混组合梁总长261.6m,同样采用双边箱整幅开口断面;两者间设伸缩缝。

桥面以下的中、边跨混凝土箱拱与次边跨混凝土边箱梁刚结,形成三角刚架。在桥面上的每1/4钢拱肋和次边跨混凝土边箱梁间设3束背拉索,即一端锚在边跨三角刚架上部的混凝土边梁上,给其提供竖向弹性支承,以取消传统边拱上的立柱,使结构显得轻巧、通透。另一端锚在拱肋上,等于加大拱脚尺寸,并有调整拱脚内力的功效。

边墩与次边墩在横桥向上下游分离设置,为边跨及次边跨混凝土主梁提供竖向支承,但顺桥向放松,横桥向进行限位。

在两个次边墩墩顶边箱梁顶部及箱内设置系杆锚固块,在成桥恒载状态主墩没有推力。

桥型布置如图6。

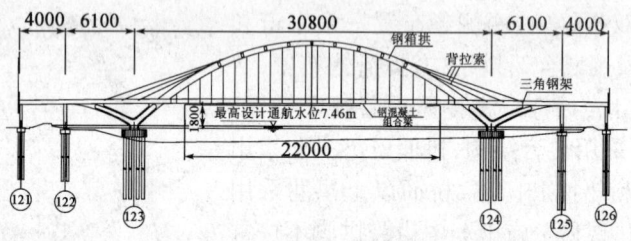

图6 桥型布置图(尺寸单位:cm)

四、主桥结构设计

1. 拱肋

中跨拱肋采用提篮式布置,内倾1:5,从人行道和道路的分隔带中穿出,拱脚处拱肋间距为48.36米,拱顶处拱肋间距为19.1m。拱轴线采用 $m=1.25$ 的悬链线,跨度308m,矢高68.444m,矢跨比1:4.5。拱肋采用混合箱拱结构,桥面以下混凝土拱,桥面以上为钢箱拱,并在桥面处设钢混结合段。

(1)桥面下混凝土拱肋

桥面以下拱肋为C60预应力混凝土箱型结构,以利船撞和防腐,中跨侧拱肋为6×5m的箱型截面,壁厚1m,如图7。边跨侧拱轴线采用半径为130m的圆弧曲线,为变截面箱型截面,高为6.0~3.5m,宽为5m,壁厚1m,如图8。

桥面下拱肋及主墩在高度方向设深20cm的凹槽,以利美观。

(2)桥面上钢拱肋

桥面以上中跨拱肋为钢箱结构,以利减轻自重并有利于施工。钢拱段跨度249.5m,采用变截面,高度为6.0~3.8m,等宽为3m,顶底板厚44~32mm,腹板厚32~24mm,如图9。

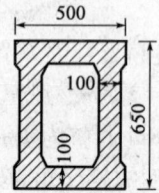

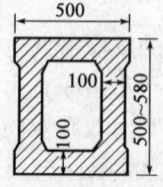

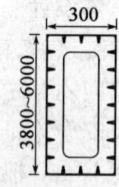

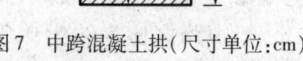

图7 中跨混凝土拱(尺寸单位:cm)　　图8 边跨混凝土拱(尺寸单位:cm)　　图9 中跨钢拱(尺寸单位:cm)

两片拱肋通过9道钢箱横撑连为一体。上下游拱肋沿着桥轴立面内水平线,分为27个节段。其中包括:钢混结合段、标准段(分有横撑及无横撑两类)、合龙段。单肋最重节段为84吨。

标准段水平投影长为9.5m、10.2m两种,吊杆水平间距为10.2m。节段内拱轴线由两段直线夹一段弧线组成。每个节段内设3~6道横隔板,普通隔板厚度为20mm,吊点隔板厚度为30mm。顶底板设三道间距为750mm的纵向加劲肋,高度为300mm,厚度为30～26mm,腹板设7道间距为750～500mm的纵向加劲肋,高度为300mm、厚度在30～26mm。节段内双吊杆吊点以钢箱断面竖向中心线为对称线横向布置。

钢混结合段分为钢结构刚度过渡段及钢包混凝土段,两段以60mm厚承压钢板为分界,钢包混凝土段设置PBL剪力键及预应力筋,使钢拱内力更好地传入混凝土。

节段间主拱箱板采用熔透焊连接,纵向加劲肋为高强度螺栓连接。

箱型横撑与拱肋间设整体节点,整体节点与横撑间箱板为熔透焊连接,加劲肋为高强螺栓拴接。

2. 主梁

主梁采用混合结构,边跨主梁为PC结构,以利压重和降低造价,中跨主梁为钢混组合结构,以减轻自重并有利于桥面铺装。

(1) 边跨混凝土梁

边跨主梁采用C60预应力混凝土结构,为等高度双边箱开口断面,双边箱之间的桥面系梁板结构为了与边箱共同受力以提高结构整体性能,未设计成常规的分离预制结构,如图10。边箱宽度5.5m,高度3m,外侧设2.96m悬臂,总宽50m。边箱顶底板厚50cm,悬臂板厚20～50cm,腹板厚60～110cm。边跨主梁全长2×124.2m。

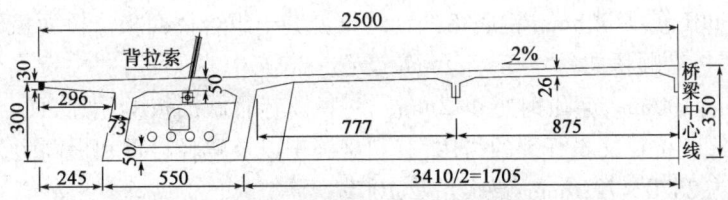

图10 混凝土主梁(尺寸单位:cm)

主梁每隔5m设置一道小横梁,小横梁净跨度33.04m,高度3～3.5m,厚度28～30cm,小横梁上的桥面板厚26cm,设置预应力粗钢筋。横梁间共设3道小纵梁,梁高100cm,腹板厚30cm,间距8.75m。

在边箱与中跨混凝土拱肋相交处设置前横梁,为适应拱肋外形和支撑中跨钢混组合梁,采用带牛腿的六边形单箱单室断面,高度6.9m,宽4.9m,壁厚75cm,在中跨支座处设置横隔板,厚66cm。

在次边墩及边墩顶处设置中横梁和后横梁,采用单箱单室截面,与小横梁同高,壁厚50cm,宽3m。

主梁边箱与中跨及边跨混凝土拱肋相交,形成强大的三角刚架,以锚固系杆,平衡中跨荷载,并提供中跨整孔钢拱肋的提升支架安装平台。相交处以圆弧过渡,刚柔相济,线形简单、力线明快、通透性好,景观优。

(2) 中跨钢混组合梁

中跨主梁采用钢混组合梁,与边跨混凝土主梁外形一致,为等高度双边箱开口断面,如图11。

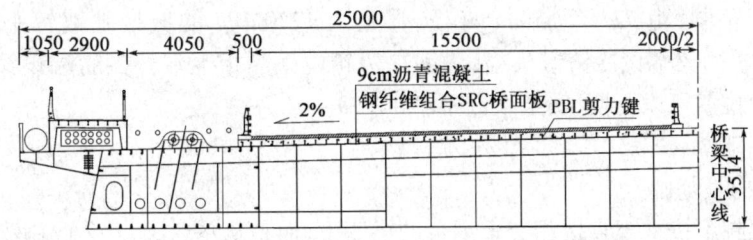

图11 中跨组合梁(尺寸单位:mm)

标准节段总宽50m,总长261.6m。两端支撑于前横梁牛腿上并通过伸缩缝与边跨混凝土主梁相连。主梁纵向共分为26个节段,标准节段22个。

钢混组合梁标准节段由边钢箱梁、钢横梁、小钢纵梁、人行道钢悬臂梁及组合桥面板所组成。

边钢箱梁不直接作用汽车活载,仅起横梁之间的纵向加劲作用,跨度较小,内力也就较小,按构造控制设计即可。边钢箱梁顶宽5.74m,底宽6.3m,内侧腹板垂直设置,高2.937m,顶底板及腹板厚10mm。

顶底板设置纵向加劲肋,加劲肋高140mm、厚12mm。每隔3.4m设置一道横隔板,两道横隔板之间设置两道横向加劲肋。普通隔板厚10mm,吊点隔板厚40～12mm,厚板伸出顶板形成吊杆的吊耳。

钢横梁采用工字形截面,标准节段梁高3.262～2.937m,净跨径32.5m。顶板宽600mm,厚18mm,顶板上设直径25mm剪力钉。底板宽600mm,厚18～24mm,腹板厚12mm,腹板上设置12～14mm的纵向及横向加劲肋。

在钢横梁之间设置三道钢小纵梁。小纵梁间距8.25m,梁高582mm,顶底板宽400mm,厚16mm,腹板厚14mm。顶板上直径22mm剪力钉,小纵梁腹板与横梁加劲肋之间采用高强度螺栓连接。

在边钢箱梁外侧设置人行道变高度工字形钢悬臂梁,每3.4m一道。高300～900mm,顶板宽400mm,厚16mm。底板宽350mm,厚16mm。腹板厚14mm。悬臂梁之间设置T形截面平联,梁高152mm、顶板宽190mm,顶板及腹板厚12mm。悬臂梁与边钢箱梁及平联之间采用高强度螺栓连接。再在其上放置人行道纵梁、水管及其他管线设施,也采用高强度螺栓连接。

B11非标段边钢箱梁顶板及腹板厚12mm,全封闭底板厚10mm,加上组合桥面板后形成单箱5室断面,总宽50m。吊点隔板厚50～16mm。

B12非标段不设边钢箱梁和吊点隔板,设伸缩缝处隔板,全封闭底板厚10～20mm,单箱3室断面,总宽34m。

组合桥面板为带PBL剪力键8mm钢底板的钢纤维混凝土组合桥面板。桥面板厚150mm,采用CF50钢纤维混凝土,在钢底板沿顺桥向每400～430mm设置一道PBL剪力键,剪力键高120mm、厚10mm,钢板开孔直径45mm,间隔100mm,穿孔钢筋ϕ12mm。钢底板有兼做模板的用途,而且靠PBL剪力键与桥面板紧密结合起到下缘既抗拉又不开裂的作用,有利于施工以及减轻自重和提高耐久性。组合桥面板跨径3.4m,预制板尺度为2870×7920mm,最大吊重100kN。

3. 系杆

系杆索分为两组:即布置在边箱上的4根桥面系杆索和边箱内的4根箱内系杆索,错开锚固,可以更换。上下游各布置8根,共16根。系杆索采用工厂预制,两端冷铸镦头锚,由223丝ϕ7mm直径、强度为1860MPa的低松弛环氧喷涂平行钢丝组成,外包HDPE保护层,安全系数不小于2.0。系杆由托架支撑沿桥面纵断面线形布设。

4. 吊杆

吊杆顺桥向间距10.2m,顺桥向采用双侧双吊杆布置,单侧双吊杆中心距670mm。吊杆索采用工厂预制,由19股(边吊杆27股)ϕ15.24mm直径、强度为1860MPa的低松弛环氧喷涂钢绞线组成,外包HDPE保护层。上端设整束挤压式锚,直接锚固在拱箱内横隔板上。下端设叉耳,与桥面边箱吊点隔板伸出顶板的吊耳销铰锚固。吊杆索可以更换,安全系数不小于3.0。

5. 背拉索

背拉索采用工厂预制,由73丝ϕ5mm直径、强度为1770MPa的低松弛镀锌平行钢丝组成,外包HDPE保护层。混凝土边梁端设冷铸镦头锚,锚固在边箱内横隔板上端。拱肋端设叉耳,与拱肋顶板上的耳板销铰锚固。背拉索可以更换,安全系数不小于2.5。

6. 下部结构及基础

(1) 主墩下部结构及基础

桥面下中边跨拱脚不按常规直接相交于承台的拱座上,而是从承台上设一个主墩并与中边跨拱肋以圆弧交汇,以突出拱肋的力线和减小交汇处体量,突显出拱脚结构美。特殊的拱脚造型与提篮式拱肋的布置配合,再加上桥下拱肋上立柱的取消,使结构显得既通透、轻巧柔美,又雄伟壮观。主墩墩身上部与拱脚融合在一起,下部为顺桥向8m,横桥向5m,采用C60混凝土。

主墩承台为哑铃形布置,上下游每个圆形哑铃半径10.8m,厚6m,均匀布置24根D2.5m钻孔灌注桩基础。哑铃之间设9m宽系梁,跨中设两根D1.6m钻孔灌注桩基础。承台布置如图12。

为平衡提篮式拱肋的横桥向水平分力,在系梁内用环氧填充钢绞线施加了预应力。承台为防腐及施加预应力采用C45混凝土。

为防船撞,主墩全部及中边跨拱脚5.3~5.8m做成实心断面,主墩及中边跨拱脚本身即具有防船及船的桅杆撞击能力,为保护船及桥的撞击损伤,设置了防船撞缓冲装置。

对3000t级货轮以8节的速度撞击主墩承台进行了验算,船撞力P在纵桥向取15000kN,横桥向取30000kN,验算结果表明结构满足极限承载能力要求。

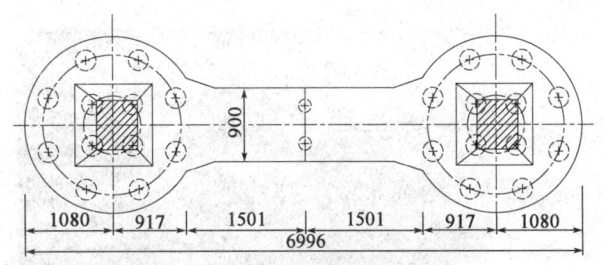

图12 主墩承台布置(尺寸单位:cm)

本桥处于海潮到达之处,因此在浪溅区、水位变动区采用高性能混凝土(HPC)并外掺疏水孔栓化合物防护,保留水中桩基施工用钢护筒,加大混凝土保护层,不使用碱活性材料,严格控制主拉应力大小和温度及收缩裂缝,对预应力管道采用真空辅助压浆技术等等,以确保结构的耐久性。

(2)边墩及次边墩下部结构和基础

次边墩为椭圆端矩形承台,顺桥向8.1m,横桥向13.6m,厚3.5m。采用6根D2.0m钻孔灌注桩基础。墩身采用箱型截面,顺桥向2.5m,壁厚0.6m,横桥向5m,壁厚0.8m,底部设6m实心段以防船撞。

边墩为矩形承台,顺桥向6.8m,横桥向7.2m,厚3m。采用4根D1.6m钻孔灌注桩基础。墩身采用箱型截面,顺桥向2.0m,壁厚0.5m,横桥向4m,壁厚0.7m。

五、结构计算及抗风抗震初步分析

结构计算分静力和动力两部分。静力计算中考虑了各种荷载和作用,分各个施工阶段和使用阶段进行了空间杆系有限元分析计算;进行了一类弹性稳定和二类弹塑性极限稳定分析计算;采用实体和板壳单元进行了结构仿真分析计算。动力部分进行了抗风抗震初步分析;进行了抗风抗震专题研究;进行了节段和全桥风洞试验;进行了全桥抗震试验。计算分析及试验结果表明,结构设计满足有关规范要求。

六、施工及施工控制

主桥水中桩基础采用钢管桩平台配冲孔钻机施工;墩身及桥面下混凝土拱肋和混凝土边梁及前、中、后横梁采用支架现浇,桥面系混凝土小横梁和桥面板采用支承于边梁上的移动吊架逐个施工。中跨231.287m钢箱拱和横撑再配上临时钢绞线系杆及拱脚处的滑靴,采用工厂支架整孔组装,按设计控制索力张拉临时钢绞线系杆后,钢拱脱架,然后横向顶推出河;15000吨驳船用船上支架8个支点借潮水上涨和自身排水装载整孔拱肋;再浮运至桥下,如图13。通过布置在三角刚架前端桥面上的提升支架将4600t的整孔拱肋提升至设计位置,如图14;在整孔拱肋与桥面上的钢混结合段之间设置一个5m下滑段和1m配切合龙段,下滑段为防止提升过程中的几何冲突而设。下滑段先就位于合龙口上方,待整孔拱肋提升至设计位置后再下滑至设计位置与钢混结合段焊接,然后再合龙1m配切段,完成中跨钢拱的施工,如图15。而钢混结合段的事前的安装位置已经根据整孔拱肋的拼装误差而进行了调整,因此最终的合龙精度非常高,达到mm级。

图13 15000吨驳船浮运

图14 整孔箱拱提升

图15 合龙口施工

在完成永久系杆置换中跨临时钢绞线系杆后,对中跨钢混组合梁的钢梁部分采用两岸各两台120t自重的桥面吊机,由边跨向中跨方向逐段悬拼直至合拢,悬拼过程中依次安装和张拉永久系杆,以平衡拱对主墩的推力。

完成中跨钢混组合梁的钢梁安装后,再吊装组合桥面板(预制存放半年以上),绑扎湿接缝钢筋,现浇湿接缝CF50钢纤维混凝土。

完成桥面系附属设施施工,调整吊杆索力,完成桥面铺装和荷载试验,交工验收,通车。

七、主要技术特点和创新点

(1)新的设计模式:在桥梁方案设计研究中,建设方首次将一个城市新区的规划设计与桥梁的综合交通方案设计,从功能和景观上融合在一起进行方案综合设计研究,这是一种城市规划和桥梁建设管理新模式的有益尝试和创新,体现了建设方对国家级新区美好蓝图的向往和事业的追求,体现了桥梁景观对城市的价值,有利于推动设计的创新。

(2)新的拱脚外形结构:中边跨拱脚不按常规直接相交于承台的拱座上,而是从承台上设一个墩身并与中边跨拱肋以圆弧交汇,以突出拱肋的力线和减小交汇处体量,突显出拱脚结构美。

(3)刚柔相济的三角刚架:通过边主梁与桥下边中跨拱肋三者交叉处以圆弧过渡,使得形成的三角刚架既强劲有力,又刚柔相济;通过在三角刚架的桥面主梁与钢拱肋间设3束背拉索,以取消传统边拱上的立柱,使结构显得轻巧、通透。

(4)新颖的公铁提篮式拱桥:对于轻轨与道路两用桥,其提篮式拱肋,从轨道和道路的分隔带中穿出,活像一个提篮提着整个桥面,再配上带圆弧交汇的强劲三角刚架和特殊的拱脚造型与3束背拉索,达到了线形简单、力线明快、通透性好、景观优的效果,使结构显得既轻巧柔美,又雄伟壮观。

(5)根据不同结构部位需求选用不同的材料,大量采用组合结构和混合结构:如拱肋为混合结构,桥面以下为混凝土拱,以利船撞和防腐;桥面以上为钢箱拱,并在桥面处设钢混结合段,以利减轻自重并有利于施工。主梁采用混合结构,边跨主梁为PC结构,以利压重和降低造价;中跨主梁为钢混组合结构,以减轻自重并有利于桥面铺装。中跨桥面板为钢混组合板结构,钢底板兼做模板,依靠PBL剪力键与混凝土桥面板紧密结合起到下缘既抗拉又不开裂的作用,有利于施工和减轻自重并提高耐久性。

(6)取消拱上立柱的背拉索:通过在三角刚架的桥面主梁与钢拱肋间设3束背拉索,给主梁提供竖向弹性支承,以取消传统边拱上的立柱,使结构显得轻巧、通透。另一端锚在拱肋上,等于加大拱脚尺寸,并有调整拱脚内力的功效。

(7)精细计算和设计:采用空间杆系有限元、实体和板壳有限元进行施工阶段和使用阶段的全过程结构仿真分析计算,相互核对和检验。进行了节段和全桥风洞试验、全桥抗震试验等抗风抗震专题研究。确保结构的施工和使用满足规范要求。

(8)新的架拱工艺:中跨整孔钢箱拱,通过工厂组装,横向顶推出河;驳船浮运;再由布置在三角刚架上的提升支架将4600t的整孔钢箱拱提升至设计位置;通过精准控制达到高精度合龙,安全完成了中跨钢拱的施工。由高空焊接转化为工厂焊接,有效控制了钢箱拱的焊接质量,缩短了工期,降低了高空作业的风险,避除了施工期沿海地区的台风袭击,降低了沿海台风软基地区采用缆索吊装的高造价。探索了一种沿海台风软基地区拱桥施工新工法,提高了该地区拱桥的竞争力,实现了施工工厂化、大型化、机械化的架拱新工艺。

(9)新的主梁施工工艺:除了三角刚架现浇外,桥面系梁板结构均采用吊架施工以降低造价。对中跨钢混组合梁的框架钢梁部分未采用常规的拱上斜爬吊机,而采用桥面吊机悬拼的架梁新工艺,以降低造价,节约工期。

(10)精细的施工控制方法:通过空间杆系有限元、实体和板壳有限元的精细计算及参数识别,通过精确测量,对整孔钢箱拱的组拼预拱度、临时系杆的张拉、钢混结合段的精确定位、船运的姿态控制、整孔提升的姿态控制、下滑段的姿态控制、中跨框架钢梁的桥面吊机悬拼、吊杆的一次张拉、系杆对平衡主墩的推力张拉、各阶段的整体和局部稳定都进行了精细的施工参数识别和测控,确保架拱和架梁新工艺的高质量和安全实施。

参考文献

[1] 广东省公路勘察规划设计院股份有限公司. 广州南沙凤凰三桥施工图设计. 2009.
[2] 华南理工大学土木与交通学院. 广州南沙凤凰三桥精细仿真分析. 2011.

25. 榕江大桥总体设计

王 雷 梁立农 罗新才 杨 钻

(广东省公路勘察规划设计院股份有限公司)

摘 要 本文介绍潮惠高速公路榕江大桥主桥总体设计、桥型方案研究及最终实施方案——柔梁矮塔斜拉桥的结构设计等内容。该桥采用双塔混合梁柔梁体系矮塔斜拉桥,斜拉索采用辐射形布置,集中锚固于塔顶,成功解决了航运、航空高程限制问题和结构抗风、抗震问题,为以后同类情况提供借鉴。

关键词 榕江大桥 混合梁 柔梁体系 矮塔斜拉桥设计

一、概 述

榕江大桥是潮惠高速公路的一座特大桥,在揭阳市炮台镇和双溪咀之间跨越榕江,主桥采用柔梁体系矮塔斜拉桥。榕江是潮汕地区一条重要的水路运输要道,物流较为发达,通航10000t海轮。桥址河道顺直微弯,河面宽约510m,平均水深约8.1m,受潮汐影响明显,为不规则半日潮,每天二涨二落,具潮差、潮时不等特征。桥区属南亚热带季节风气候,年平均气温21.9℃,年平均相对湿度79.6%,年平均降水量为1740.7mm,年平均风速为1.8m/s,多年平均台风袭击约1~4次,设计基准风速39.4m/s。桥区地质条件复杂,覆盖层较厚,基岩埋置深度在85m以上;普遍存在淤泥质软土,厚度2.80~24.50m不等,平均厚度为12.43m,平均埋深1.5m。桥址距新潮汕机场约5km,要求桥面建筑高度不得超过96.559m,施工期不得超过101m。

大桥设计主要技术标准如下:双向六车道高速公路;公路-I级设计荷载;设计行车速度100km/h;最高设计水位为4.31m,最高设计通航水位为2.89m,最低设计通航水位为-0.64m;通航净空尺度净347×38m,单孔双向通航;主墩横桥向设计船舶撞击力为36MN,辅助墩横桥向设计撞击力为12.7MN,纵桥向防撞力取横桥向50%;地震动峰值加速度0.183g。

二、桥型方案构思

榕江大桥设计受水利、航运、航空、抗震、抗风等诸多因素控制,设计难度大。主桥上部结构跨径及梁底高度受到通航净空的控制,桥位处于机场起飞爬升面范围内,桥梁建筑高度(桥塔高度)受飞行净空控制。"上压下顶"两条高程控制线严格限制,梁式桥跨越能力有限,常规斜拉桥塔高受限,可选桥型不多。

大桥设计征求了航道主管部门和地方相关单位意见,桥位选择进行了多个桥位的比选,最后结合通航净空、两岸接线控制条件及桥位自然条件等因素确定现有桥位如图1所示,桥轴线与水流交角控制在4°,在推荐桥位满足通航条件的主跨要求不小于380m。

图1 榕江大桥桥位平面

桥型方案概念设计阶段,先后提出变截面混合梁矮塔斜拉桥方案、自锚式悬索桥方案、地锚式悬索桥方案、桁架梁桥方案以及柔梁体系矮塔斜拉桥方案等5个方案进行比选,具体情况如下:

(1)主跨380m的变截面混合梁矮塔斜拉桥方案(如图2)以主梁受力为主,力学行为表现为梁桥梁桥特征,斜拉索基本上起到体外预应力的作用,本方案用在380m的跨径上经济性很差,不推荐采用。

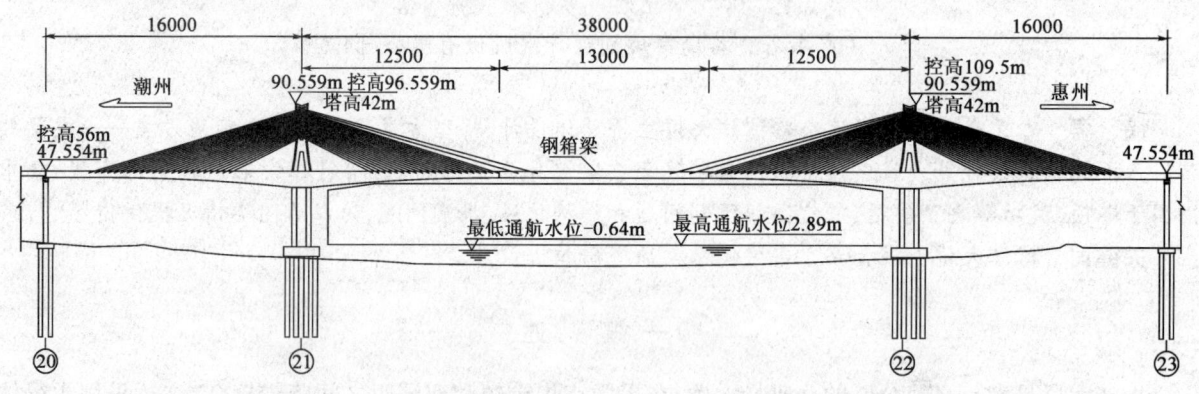

图2 矮塔斜拉桥方案立面布置(尺寸单位:cm)

(2)主跨380m的自锚式悬索桥方案(如图3),按先梁后缆的施工工艺进行施工,施工措施代价很大,没有经济优势,同时结构体系转换复杂,经比选不推荐采用。

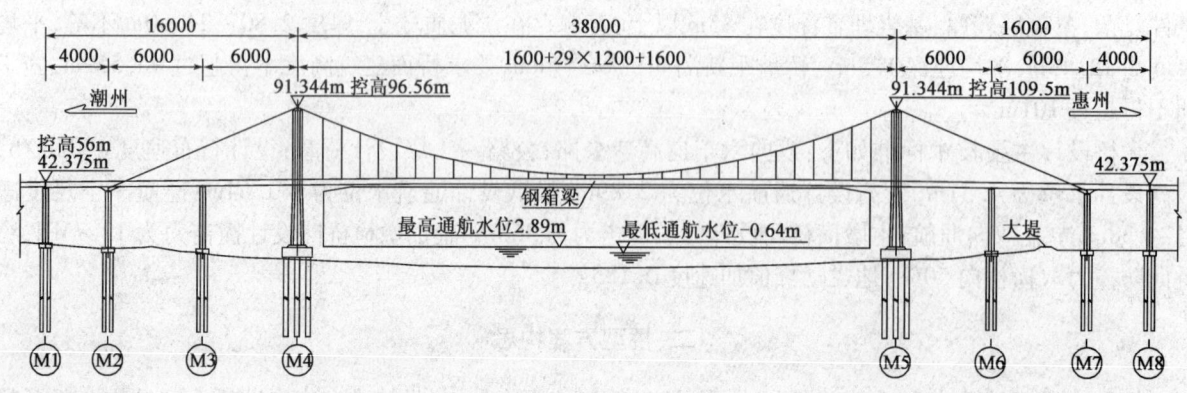

图3 自锚式悬索桥方案立面布置(尺寸单位:cm)

(3)主跨380m的地锚式悬索桥方案(如图4),在此跨径上采用本身就是不具有经济优势,同时由于在软弱地基修建锚碇的高昂代价更加使其失去竞争力。

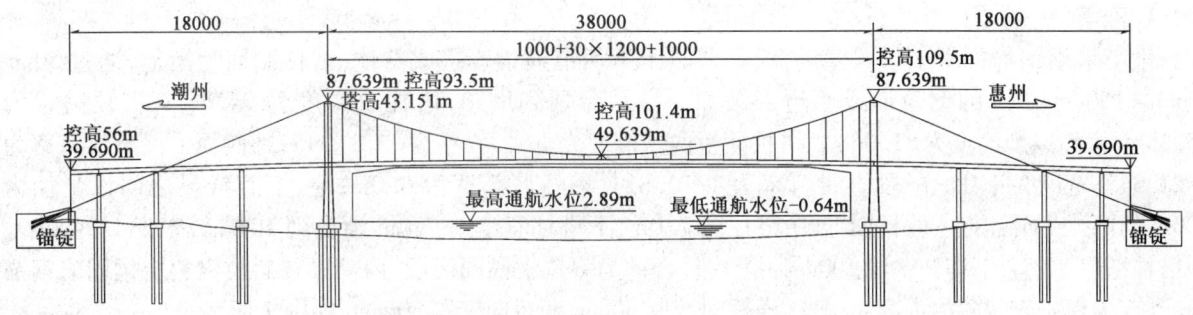

图4 地锚式悬索桥方案立面布置(尺寸单位:cm)

(4)主跨380m的钢桁梁桥方案(如图5)由于跨径大,采用悬拼施工的难度也大,同时造价高,不推荐采用。

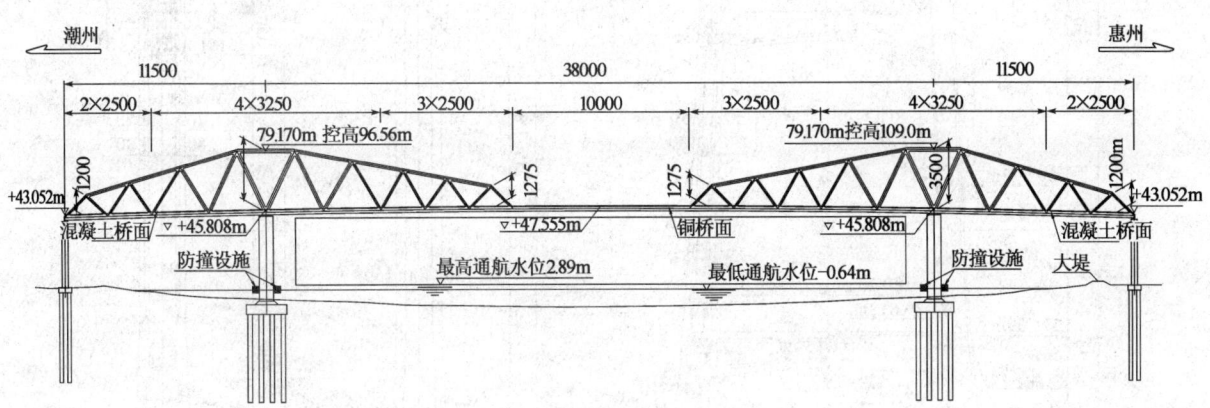

图5 钢桁梁桥方案立面布置(尺寸单位:cm)

(5)主跨380m的柔梁体系矮塔斜拉桥方案,采用60m+70m+380m+70m+60m五跨连续布置,主梁除边跨60m部分采用混凝土箱梁外,余均采用钢箱梁,结构体系采用半漂浮体系,索塔高度按照民航部门要求布置,有效高跨比为1:8,与普通斜拉桥1:4的高跨比相比矮了一半,从塔高来说是名副其实的矮塔斜拉桥,但由于采用柔梁密索支承体系,因此其力学行为表现为类似于常规斜拉桥的受力特征,斜拉索应力幅值和主梁刚度均能满足规范要求,故推荐采用。为了提高斜拉索的支承刚度和使用效率采用了辐射形斜拉索布置形式,斜拉索集中锚固于塔顶,如图6所示。

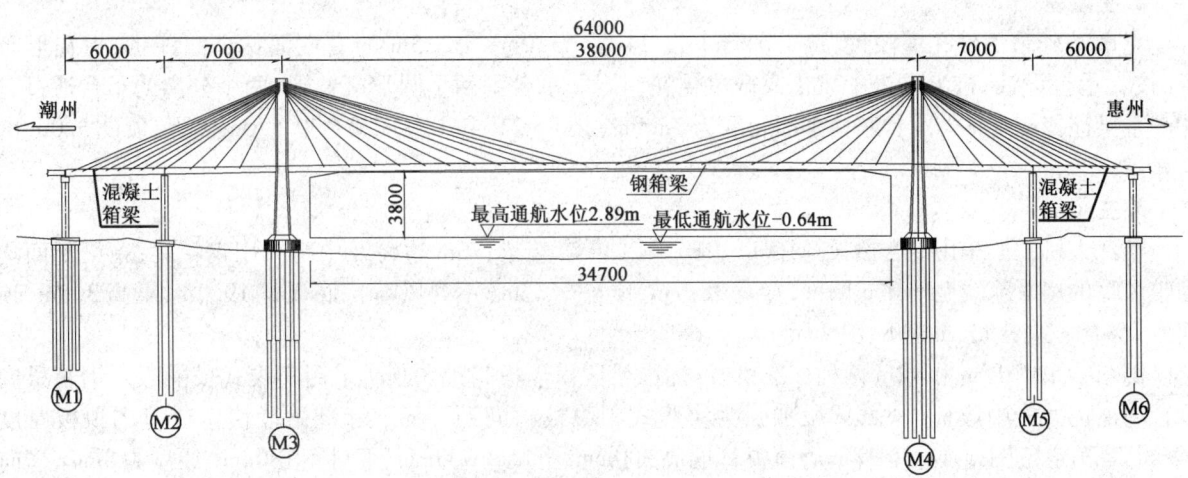

图6 柔梁体系矮塔斜拉桥方案立面布置(尺寸单位:cm)

三、主桥结构设计

1. 索塔

索塔采用钢筋混凝土门式索塔,塔柱通过上下两道横梁连接成整体,塔柱截面为矩形,通过50cm(横)×150cm(顺)的倒角形成八边形断面。自承台顶到塔顶,塔柱总高度为94.35m,塔顶高程为95.85m,桥面以上高度为51.06m。塔柱横桥向内侧面为直线,斜率为1/21.345,外侧面上段直线斜率为1/21.345,宽度为4.0m,下段直线斜率为1/10.814,塔柱底部宽为6.0m,上、下直线段之间以半径为500m的圆弧光滑连接。顺桥向上、中塔柱宽7.0m,下塔柱宽度由7.0m渐变到10m,斜率为1/24.209。中塔柱壁厚80cm,下塔柱壁厚100cm。上塔柱顶部为斜拉索锚固区段,内部设置斜拉索集中锚固的钢锚箱,外部为保护钢锚箱的混凝土塔壁,横桥向壁厚30cm,顺桥向壁厚50cm。如图7所示。

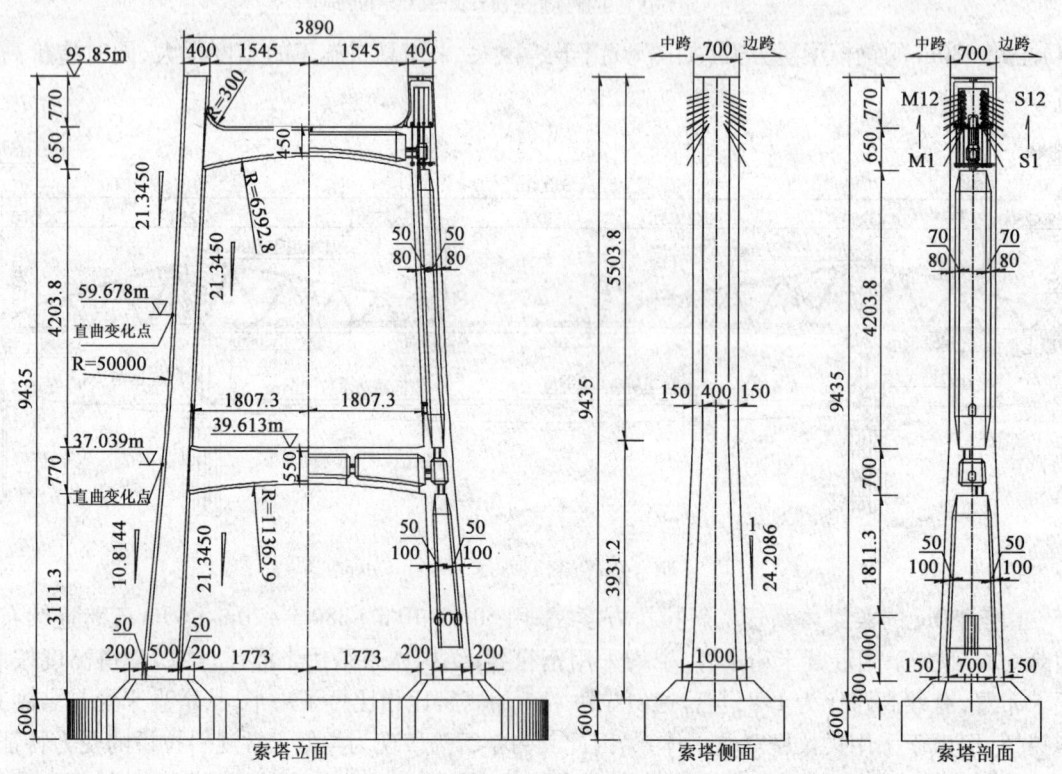

图7 索塔构造图(尺寸单位:cm)

2. 主墩基础

主墩基础采用钻孔灌注桩,每个承台下设24根φ3.0m-φ2.5m的变截面钻孔灌注桩,梅花形布置,按支承桩设计,桩尖进入中风化或微风化花岗岩。承台平面呈圆端哑铃形,两个分离的承台通过宽10m系梁连接成整体。承台整体平面轮廓为73.9m(横)×21.4m(顺),承台厚6.0m,承台顶设3.0m的塔座。

3. 主梁

榕江大桥主梁采用混合梁设计,60m边跨采用P.C.箱梁,70m边跨及中跨采用钢箱梁,箱梁断面均为带风嘴的扁平流线型整体式断面,全宽38.7m,顶宽34.7m(不含风嘴),底板宽19.2m,梁高3.5m,顶面设2%的双向横坡,如图8、图9所示。

钢箱梁采用15m和12m两种标准梁段,标准梁段横隔板间距3.0m,采用实腹式横隔板。钢箱梁内设置2道桁架式中腹板(根部梁段加强为实腹式中腹板),间距14m。标准梁段快车道范围顶板厚度16mm,重车道范围顶板厚度18mm,顶板U肋高300mm、上口宽300mm、下口宽180mm、厚度为8mm,横向标准间距600mm;底板厚度12mm,底板U肋高260mm、上口宽250mm、下口宽400mm、厚度为6mm,横向标准间距800mm。斜拉索锚固在边腹板上,边腹板厚32mm,采用280mm×28mm的加劲肋进行加劲。其他梁段板厚根据受力需要进行加厚。

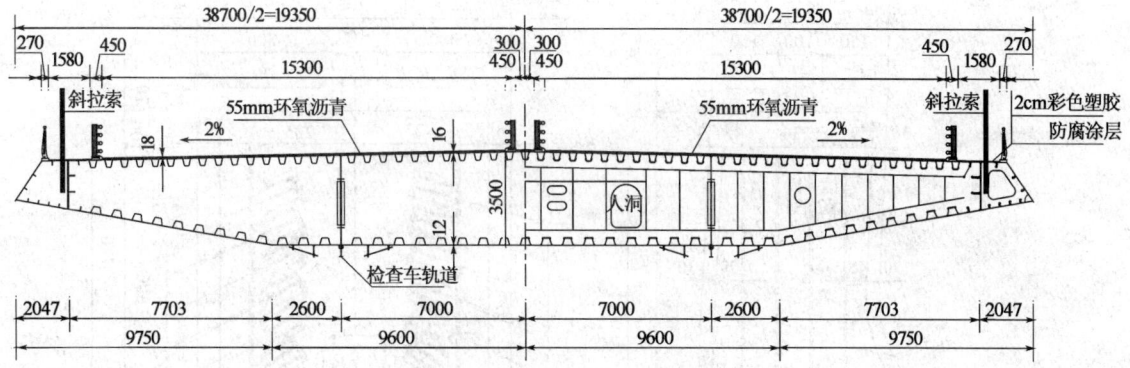

图8 钢箱梁标准横断面(尺寸单位:cm)

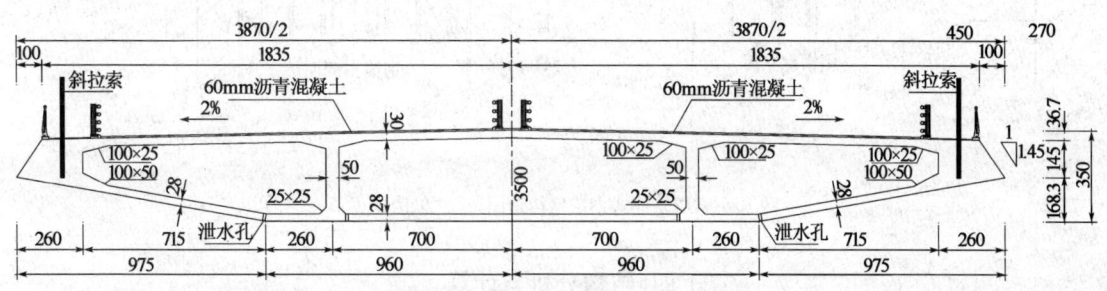

图9 P.C.箱梁标准横断面(尺寸单位:cm)

P.C.箱梁采用单箱三室截面,顶板厚度均采用30cm,底板厚度采用28cm,腹板厚50cm。横隔板纵桥向间距为4m,箱梁中室横隔板壁厚30cm,边室横隔板壁厚30~50cm。过渡墩、辅助墩墩顶(钢混结合段)均设置横梁,其厚度分别为2.0m和2.2m,不仅满足主梁受力需要,也能增加主梁的压重作用。

4. 斜拉索

榕江大桥共设4×12对斜拉索,采用平行钢丝拉索,钢丝强度为1770MPa。为提高斜拉索使用效率和减小主梁轴力,斜拉索采用塔顶集中锚固,钢箱梁上采用钢锚箱锚固,混凝土箱梁上采用齿块锚固。斜拉索倾角较小,索在梁和塔上的锚固构造要求较高,为解决塔上锚固空间,本桥采用整体钢锚箱锚固(如图10所示)。整体钢锚箱设置在上塔柱塔腔内,与塔壁不连,而是通过预应力螺杆锚固在塔柱上。

整体钢锚箱竖向高度6m,横桥向2.36m,顺桥向4.7m;横向设3个锚室,主要有锚室腹板和侧板、斜拉索锚箱、承压板及临时施工平台构成。斜拉索锚箱上下错开焊接在3个锚室的腹板上,每个锚室上下设8个钢锚箱。斜拉索索力通过钢锚箱传递给锚室腹板,并向下传给承压板,由承压板传给塔柱,传力路径明确。根据受力需要,锚室中腹板采用60mm厚钢板,边腹板及侧板采用40mm钢板,承压板采用80mm钢板。

钢箱梁上索距采用15m和12m两种,混凝土箱梁上索距采用8m和4m两种,斜拉索在主梁上的锚固点均与箱梁横隔板对应,索力的水平分量通过边纵梁(边腹板)向顶板进行扩散,竖向分力则依靠横隔板传递到箱梁腹板。

5. 支承体系

全桥采用半漂浮体系,竖向支座均采用球型钢支座,双向活动。为控制顺桥向位移和地震效应,索塔下横梁和主梁之间顺桥向设置黏滞阻尼器装置;为限制横桥向位移和减小地震效应,在索塔下横梁与主梁之间、过渡墩墩顶和辅助墩墩顶均设置横向钢阻尼装置,正常使用阶段横向钢阻尼装置处于弹性状态控制主梁横向变位,满足正常使用要求;地震作用下钢阻尼装置发生弹塑性变形耗能,延长结构振动周期,起到减小地震效应、保护结构的目的。

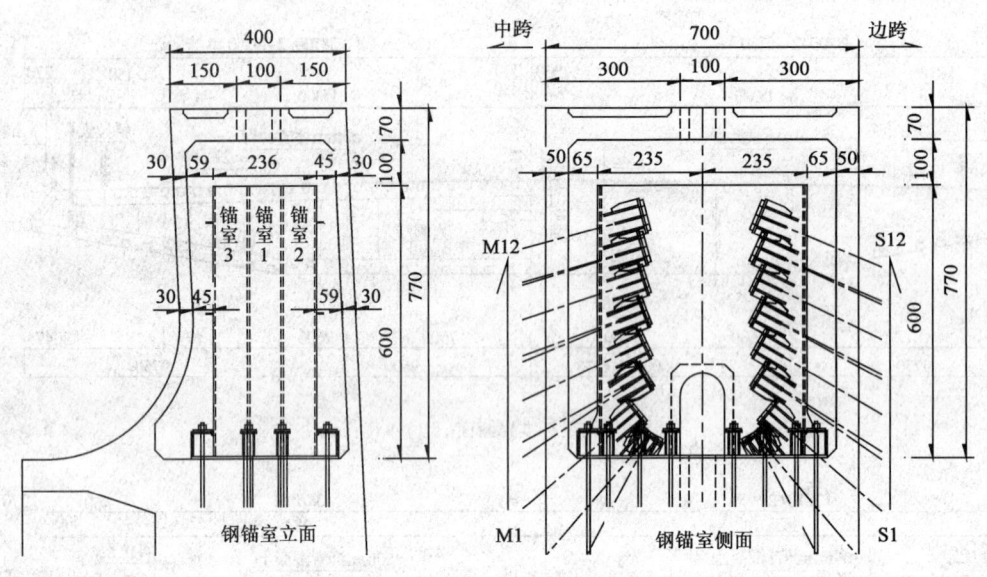

图10 索塔整体式钢锚室构造图(尺寸单位:cm)

四、结构分析与计算

1. 静力计算结果

拉索活载应力幅基本控制在100～140MPa以内,最大应力幅值为141.7MPa。标准组合作用下,斜拉索最大应力为701.2MPa,安全系数为2.52;钢主梁在第一体系标准组合下的顶缘最大应力为68.7MPa,底缘最大应力为102.6MPa;混凝土主梁短期效应组合下,未出现拉应力,最大主拉应力为0.22MPa,小于$0.4f_{tk}=0.4×2.74=1.096$MPa,正截面及斜截面抗裂性满足规范要求;标准组合下受压区混凝土的最大压应力为10.4MPa,最大主压应力为10.4MPa,满足规范要求;加劲梁中跨活载向下挠度为0.609m,挠跨比为$0.609/380=1/624<1/400$,结构刚度满足规范要求。

2. 动力计算结果

结构动力特性分析结果表明:该桥成桥运营状态竖弯和扭转基频分别为0.3698Hz和0.9731Hz,扭弯频率比为2.631;最长单悬臂状态为最不利施工状态,竖弯和扭转基频分别为0.3824Hz和1.0826Hz,扭弯频率比为2.831。

(1)抗震计算

计算结果表明主桥过渡墩、辅助墩及主塔各控制截面在E2地震作用下均未出现塑性铰,满足抗震设计要求。纵桥向E2地震及恒载作用下,主塔处的纵向阻尼器上的最大反力小于阻尼器设计吨位3000kN,横桥向E2地震及恒载作用下,主塔横向钢阻尼支座最大反力达6794kN>5000kN,过渡墩和辅助墩横向钢阻尼支座最大反力达2650kN>2000kN,均进入屈服状态,起到了耗能作用;主桥支座纵桥向和横桥向变形均满足允许变形量。

(2)抗风计算及风洞试验结果

榕江大桥主桥颤振试验表明:在施工和成桥运营状态时,±3°范围内的风攻角情况下,大桥颤振临界风速均远远高于相应阶段的颤振检验风速75.9m/s(成桥阶段)和63.6m/s(施工阶段),因而榕江大桥主桥在成桥运营状态和施工阶段均满足颤振稳定性的要求。

榕江大桥成桥运营状态大比例节段模型格栅紊流场涡激共振试验结果表明:在顺风向紊流强度为

5%的紊流场中,±5°攻角范围内没有观察到明显的竖向及扭转涡激共振。

五、施工方案简介

主塔桩基采用大直径钻孔灌注桩,承台采用钢套箱围堰施工。主塔墩拟采用现浇施工,主塔塔柱采用爬模现浇施工。辅助墩位于漫滩浅水区,可采用板桩围堰法施工,边墩位于岸上施工相对简单、常规。边跨混凝土梁采用搭设支架现浇施工;次边跨及中跨的钢箱梁采用工厂制造,运至桥位悬拼安装。边跨混凝土箱梁段对应斜拉索采用梁端张拉,钢箱梁段对应斜拉索采用塔端张拉。

六、结　语

(1)通过桥型方案的构思比选,柔梁矮塔斜拉桥在特定的条件下,也是一个经济合理的桥型。

(2)榕江大桥采用柔梁矮塔斜拉桥结构形式,成功解决了"上压下顶"的高程控制问题和抗风、抗震问题。填补了大跨度柔梁矮塔斜拉桥的空白,丰富了斜拉桥的结构形式,为以后类似情况提供有效的解决途径。

(3)斜拉索塔上通过整体钢锚箱集中锚固是本桥设计的一大亮点,改善了斜拉索的使用效率和主梁受力,并成功解决斜拉索塔端有效锚固问题。

(4)通过本桥设计,作者认为矮塔斜拉桥采用混合梁跨径突破400m在技术上不存在问题。目前本桥已经开工建设。

参考文献

[1] 何新平.矮塔斜拉桥的设计[J].公路交通科技,2004(4):66-72.
[2] 减华,刘钊.部分斜拉桥的应用和发展[J].中国市政工程,2004(3)29-31.
[3] 陈从春,周海智,肖汝诚.矮塔斜拉桥研究的新进展[J].世界桥梁,2006(1):70-73.
[4] 何红丽,黄侨,郑一峰.部分斜拉桥承载能力的理论研究和数值分析[J].中国公路学会2005年学术年会论文集,2005:262-267.
[5] 王海战.矮塔部分斜拉桥主桥施工技术[J].铁道标准设计,2006(2)71-73.
[6] 李晓莉,肖汝诚.矮塔斜拉桥的力学行为分析与设计实践[J].结构工程师,2006(8):7-8.
[7] 王伯惠.斜拉桥结构发展和中国经验(上册)[M].北京:人民交通出版社,2003.
[8] 严国敏.现代斜拉桥[M].成都:西南交通大学出版社,1996.

26. 基于符号学原理的桥梁景观设计方法

龙　涛

(中铁大桥勘测设计院集团有限公司)

摘　要　符号无处不在,符号学包含符构学、符义学与符用学,已渗透到各学科之中。桥梁可以看作是一个符号或由符号组成的系统,以整体、局部或隐藏的方式展现。设计可借鉴符号学的方法,创造独特的具有标志性的桥梁景观。

关键词　符号学　桥梁符号　桥梁景观

一、符号学概念基础

1. 符号与符号学

符号存在于人们生活工作的各个角落,如各种商标、电器上的播放等众所周知的形状、各种交通标志、约定俗成的手势等。放大到更大的范畴,音乐、绘画、建筑结构、城市格局都带有符号的一些特质,所以也可以归类为某种符号。概括地说,符号是负载和传递信息的中介,是认识事物的一种简化手段,表现为有意义的代码和代码系统。

符号学(Semiotics)是研究符号系统的学问,上世纪初由瑞士语言学家索绪尔提出,美国哲学家皮尔斯加以拓展。前者着重于符号在社会生活的意义,与心理学联系;后者着重于符号的逻辑意义,与逻辑学联系。美国行为学家莫里斯发展了皮尔斯的理论,将符号学分为三部分,即符构学、符义学、符用学。符构学研究符号的组成元素;符义学研究符号本身的含义;符用学研究符号如何被诠释,又如何起作用。三者之间成包含与被包含的关系。莫里斯的符号理论架构是现在较为通行的符号学原理(图1)。

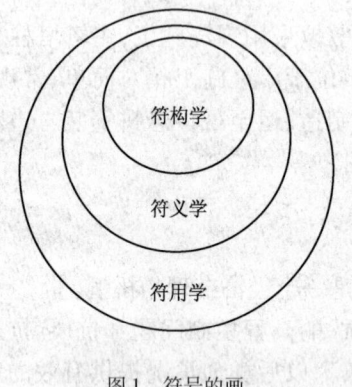

图1 符号的画

符号需要通过思维与联想的过程转化为人可认知和能够理解的意义。

2. 符号的分类

按符号及其代表的事实之间的关系将符号分为三种:

1、图像符号。符号与所代表的事实具有形象相似的特征,如照片和人,地图与城市;

2、指示符号。符号与所代表的事实具有因果关系,如箭头与方向,风标与风向;

3、象征符号。符号与所代表的事实存在约定俗成的关系,如画上叉的骷髅代表着危险。

现在符号学已经成为一项科学研究,其理论成果也已经渗透到其他诸多学科之中。

二、桥梁的符号性特征

凯文·林奇认为城市的印象来自于五个因素的相互作用:道路、边界、区域、节点与标志。桥梁本身是道路的一部分,跨跃了水道(边界),在空间上影响了其邻近的区域,同时它又是道路与区域间的节点,其特别的体量与造型使其成为区域中标志性最强的构筑物。不管桥梁是否醒目,体量是否巨大,每一座桥的建成都是一个地标的产生,不过该地标的影响范围大小不一而已。

从符号的,桥梁可以看作为一种符号或者多个符号组成的系统,通过符号的运用来表达其深层次的意义。如拱桥,其富于张力的拱肋就是一个强烈的符号。斜拉桥的塔索梁组成一个标识性很强的符号系统,而悬索桥则是另一个符号系统。这些符号本身必须具有较为明确的外观形象,传达某些信息。同时这些桥梁的某些构件也可以作为另外一种符号。甚至于桥梁的风格、装饰等也都能成为符号,中国古桥与欧洲古桥的形象具有明显的,也是两种不同文化的外在符号化体现。

三、基于符号学的设计方法

符号呈现形式简单,具有某种代表意义,展现出很强的艺术魅力。一方面它是意义的载体,是精神外化的呈现;另一方面它具有能被感知的客观形式。设计中可以针对桥位所在地的城市理念与地域文化进行深入剖析,寻找具有代表性的文化符号,并将之简化为适用于工程设计的符号应用于桥梁造型设计。

造型符号的产生和意义的表达主要取决于物理因素和文化因素两个方面。物理因素包括营造科学、环境科学、行为科学等内容,其主要任务是解决构成造型实体的物化元素;文化因素包括区域的历史文脉、意识形态和象征意义等内容,其主要任务是解决造型的立意、构思、表达和传递等问题。

对于桥梁而言,符号的表现形式有三种:

(1)桥梁整体的符号体现。桥梁本身就是以符号的形式出现的。在这类桥梁作品中,常常是把几个元素巧妙地组合起来,然后将其简化,得到类似符号的图形,也就是将图形符号化,形成独特的视觉语言。

昂船洲大桥的圆柱式桥塔,与独特的梁型,两者相辅相成,共同形成一座符号化很强的桥梁,一经建成便成为了香港的新地标。英国盖茨黑德千禧桥是一座下承式弧形人行拱桥。由于处在航道之上,需要时,桥梁整体旋转从而让船只通过,因此被称为"闪烁之眼"。独特的结构体系、纤巧的外观形象、精巧的设计理念使其成为众多千禧桥之一最受欢迎的一座,桥址甚至成为当地的著名景点。盖茨黑德千禧桥整体作为一个符号而存在,其细节上的处理都服务于整体(图2)。

图2 千禧桥

(2)桥梁局部的符号展示。在桥梁的局部、关键的景观点上采用符号化的设计,使桥梁展现出更强的标志性与独特性,区别于同类桥梁。拱肋是拱桥之中最为明显的结构,故在拱桥的设计中,设计者多强调拱肋的造型,追求独特的符号表达。而在斜拉桥与悬索桥中,其造型处理的重点则在桥塔之上。

马鞍山长江公路大桥跨度为 $2\times1080\mathrm{m}$,是世界上第二座三塔两跨悬索桥。悬索桥的桥塔,尤其是大跨度桥梁的桥塔,必定是以结构为主导,限制条件较多,给予造型设计的空间大。马鞍山长江大桥的设计者在桥塔之上使用了徽派建筑符号,使大桥在结合地方文化与体现地域特色方面取得了良好的效果(图3)。

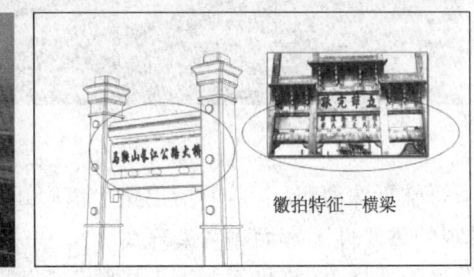

图3 马鞍山长江大桥

(3)桥梁符号的隐喻。并非所有设计中符号都是明显存在的。相反,有许多设计会以更为含蓄的方式传达信息,而符号深层的意义则藏在幕后。

西班牙建筑师卡拉特拉瓦设计了众多的不同类型的桥梁。他以其独创性,通过对构件形体的变化与造型,使各构件更有效地优化组合,形成一座座充满灵性的构筑物。卡拉特拉瓦将运动、机械装置等理念完美地融合到桥梁的造型中,使他的作品仿佛具备了一种基因。这种基因则隐藏在不同桥梁的外在符号之下,但你总能发现它的踪影(图4)。

图4 异形桥

换言之，符号可以是一种态度、一种行为方式、一种文化立场等等，通过有形的、有效的载体表现出来，而寻找这种载体的过程就是设计。实际上，桥梁的符号无法明确地界定出其表现方式。如盖茨黑德千禧桥作为一个符号成为城市的象征，表现出的符号就是形似眼睛的造型。而按照设计者的说法，更深层次的哲学寓意是"一个新时代的清醒"。

四、桥梁景观的符号化表达——以九洲航道桥为例

桥塔是索承结构中最重要的景观因素，其体量巨大，高耸入云，是全桥视觉的中心，本身具有强烈的符号化特征。

1. 港珠澳大桥背景

港珠澳大桥跨越珠江口伶仃洋海域，是连接香港、珠海及澳门的大型跨海通道。工程主体总长29.5km（不含香港建设部分桥梁），由桥梁、隧道及人工岛组成。其中桥梁部分长22.9km，含青州、江海直达船与九洲三座航道桥及非通航孔桥。其中九洲航道桥为主跨268m双塔单索面斜拉桥（图5）。

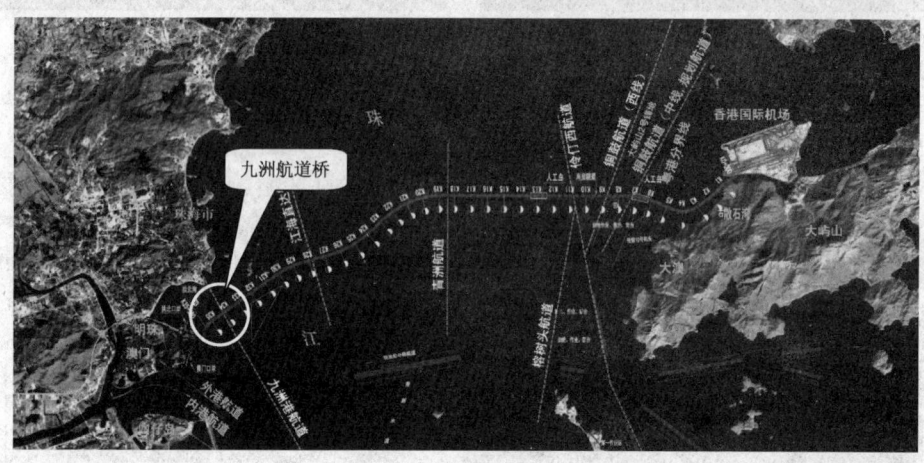

图5 伶仃洋大桥

九洲航道桥临近珠海，从著名的情侣路上清晰可见。从全线景观来看，九洲航道桥是景观的第一个高潮点，其景观的重要性不言而喻。港珠澳大桥是珠海城市文化的一部分，但它同时又是世所瞩目的巨型工程。在符号的选择上，符号不能过于局限于珠海，而应该有一个珠海、广东及至全世界均能正确解释并认可的符号。

2. 符号的选择

符号的选择与文化密切相关。港珠澳大桥联接着三地，三地之间文化存在着相通相融的现象。如海洋文化、女性文化（珠海渔女、妈祖）、岭南文化与宗教文化等。如将桥梁置于更大的地理范畴，港珠澳大桥代表着中国的桥梁建设成就。

在符号的创作中，比较过象征三地联接的三角符号与代表海洋文明的"帆"符号（图6）。

从这两种符号的表现形式来看，三角符号的象征意义是隐含的，需要设计者充分的解释才能被受众所理解。而"帆"符号是放之四海皆能理解的符号，世界上有许多著名的建筑亦采用"帆"作为设计符号，如迪拜帆船酒店，悉尼歌剧院等建筑。帆的形象显而易见，人们很容易将其与海洋文明相联系。因此"帆"符号能够使港珠澳大桥被世界

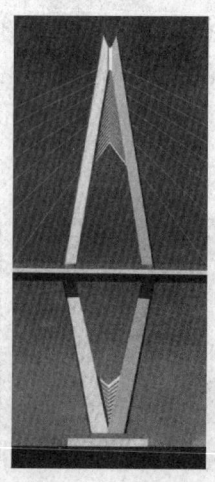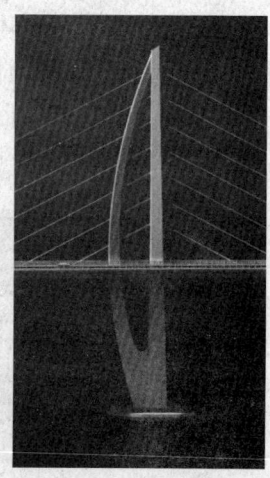

图6 港珠澳大桥桥塔

所认可与熟知,扩大其影响力。

九洲航道桥选择风帆型双塔斜拉桥,具有很强的景观性,同时也充分考虑了珠海情侣路一侧视点的景观形象。在一望无垠的大海上,两点白帆在波浪中隐现,三地海洋文明的特色得以充分展示。方案桥型简洁,特色突出,双塔形似双帆,给大桥增添了动感,曲线的桥塔也凸显出大桥的柔美的另一面(图7)。

图7 港珠澳大桥全景

五、结　语

完整的符号设计的过程包括:作品被赋予意义的过程(创作过程)与意义被解读的过程(欣赏评价过程)。两个过程都需要解读,前者是设计者对设计背景的解读与重构,后者是设计者传达的意义被观赏者解读与复原。因此设计者必须了解受众的意识心理,而不是沉溺于自我意识的表现,不顾符号的意义是否被理解又或者被曲解。

也许,符号学的设计方法并不能解决创作中遇到的所有问题,但在地域性、文化性、传统性和时代性的思考对创作的确有可借鉴。

参考文献

[1] 戴志中,舒波,羊恂,等.建筑创作构思解析:符号·象征·隐喻[M].北京:中国计划出版社,2006.4.
[2] 亚历山大·佐尼斯,圣地亚哥·卡拉特拉瓦.运动的诗篇[M].古红樱,张育南,译.北京:中国建筑工业出版社,2005.10.
[3] 章迎尔.符号理论与建筑的符号性[J].同济大学学报(社会科学版),2000,11(2).
[4] 郝慧敏,赵宇飞.建筑符号学在建筑造型设计中的运用[J].广州石油化工学院学报,2012,22(1).

II 施工与控制

27. 港珠澳大桥桥梁工程钢结构总拼装技术概况

张鸣功　张劲文　刘吉柱　钱叶祥　高文博　朴泷

（港珠澳大桥管理局）

摘　要　介绍港珠澳大桥钢结构工程概况及总拼装技术亮点，引进焊接数据管理系统，首次将数字化焊接机器人、无盲区焊接小车等应用于总拼装阶段，采用有效的焊接变形控制措施和无损拼装工艺，率先实现"车间化"总拼装和防腐涂装作业，并采用大型龙门吊转运和吊装装船，使港珠澳大桥展现出新的亮点。

关键词　港珠澳大桥　钢结构　总拼装　技术创新

一、港珠澳大桥桥梁钢结构工程概况

港珠澳大桥是连接粤港澳，集桥、岛、隧为一体的大型跨海陆路通道，由内地与港澳口岸、内地与港澳连接线和海中桥隧主体工程三部分组成，路线总长约56km，设计使用寿命120年，总投资估算约为1000亿人民币，是举世瞩目、对三地经济社会发展影响巨大的重大工程（图1）。内地与港澳口岸、内地与港澳连接线由内地与港澳政府各自组织建设。海中桥隧主体工程东自粤港分界线，止于珠澳口岸人工岛，长约29.6km，其中隧道长6.7km，桥梁长度22.9km，由粤、港、澳内地与港澳政府组建港珠澳大桥管理局负责建设和运营管理[1-3]。

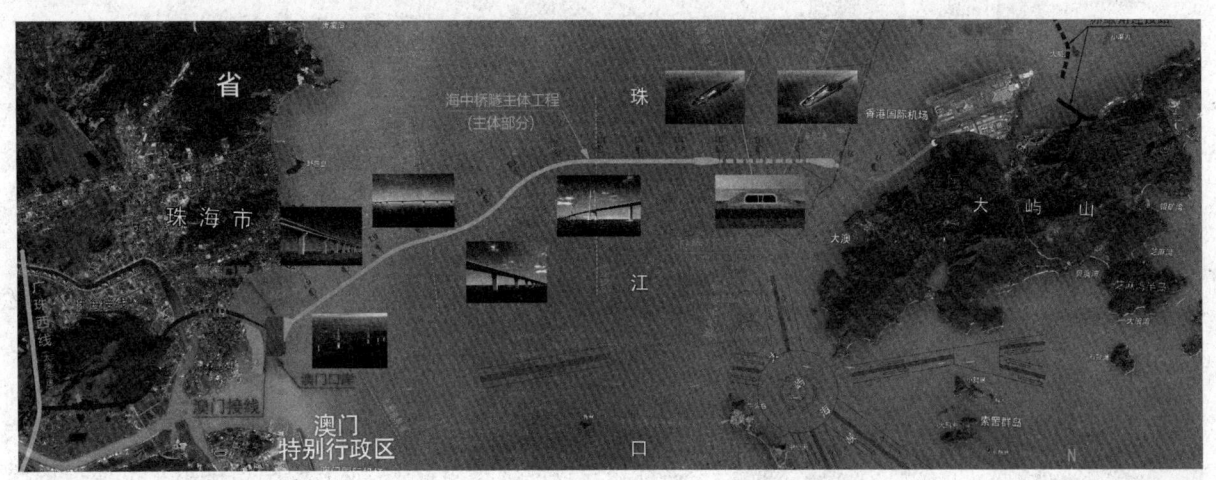

图1　港珠澳大桥总体平面图

港珠澳大桥主体工程中22.9km桥梁上部结构绝大部分采用钢结构制造，其制造规模达42.5万t，相当于12座香港昂船洲大桥钢结构工程量，同时还存在工程难度大、质量标准高、接口众多、系统复杂等系列问题。按照港珠澳大桥"大型化、工厂化、标准化、装配化"的设计理念，针对行业主管部门提出的"打造世界一流精品工程，推动行业技术进步"的总体目标和要求，基于国内桥梁钢结构制造总体技术水平较低、产品质量稳定性受人为因素影响较大的现状，港珠澳大桥管理局提出"提高制造过程的自动化程度和机械化水平"的管理理念，目的是减少人为因素的影响，在紧张的工期内保证超大体量产品的质量稳定性，提升项目整体水平，推动行业技术进步。

二、钢结构总拼装技术亮点

基于以上背景,在港珠澳大桥管理局引领下,承包商通过加大资源投入、深化工艺研究、精心统筹组织等有效措施,在钢结构板单元制造阶段,率先研制了智能化板单元组装和焊接机器人系统;在总拼装方面,引入群控焊接数据管理系统,首次将数字化焊接机器人、无盲区焊接小车等应用于总拼装阶段,采用了有效的焊接变形控制措施和无损拼装工艺,率先实现了"车间化"总拼装和防腐涂装作业,并采用大型龙门吊转运和吊装装船,使港珠澳大桥展现出新的亮点。

1. 群控焊接数据管理系统

为实现对焊接过程的有效控制,确保焊接质量稳定性,承包商采购了全新数字焊机及群控焊接数据管理系统(图2),通过局域网实现焊接全过程监控。焊接参数通过专用输入器输入,除焊接工程师外,其他人无法对焊接参数进行修改,同时对施焊过程的焊接电流、电压、施焊速度等参数实现在线监控和记录,以确保焊接工艺执行到位,使每条焊缝的焊接质量具有永久可追溯性。

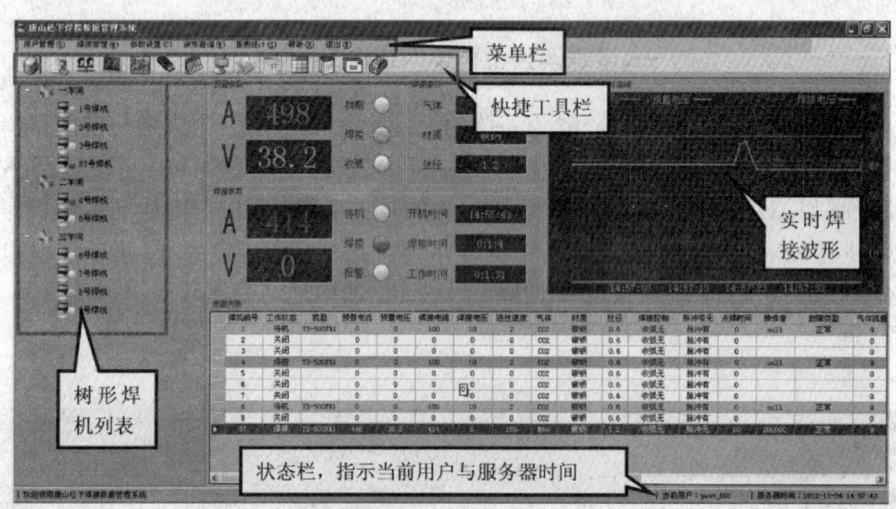

图2 群控焊接数据管理系统

2. 自动化焊接技术

为稳定和提高钢结构焊接质量,港珠澳大桥首次将立位轨道式焊接机器人(图3)、无盲区焊接小车应用于钢结构总拼装阶段。常规项目总拼装阶段关键焊缝采用手工或半自动焊接质量不易保证,港珠澳大桥钢箱梁腹板对接焊缝、环焊缝等重要结构焊缝采用数字化焊接机器人焊接。而组合梁腹板与底板焊缝因构造特点,焊缝不连续易导致焊接接头过多,而无盲区焊接小车可使焊枪旋转270°,基本可覆盖焊缝全长,大大减小了焊接接头数量。无损检测结果表明,采用自动化焊接技术的焊接质量远高于手工或半自动的焊接质量,且焊缝外观成形美观,自动化焊接技术的成功应用是港珠澳大桥耐久性、抗疲劳性的重要保障。

图3 立位轨道式焊接机器人作业

3. 无马装配、无损吊运及无损支撑技术

在常规项目上,装配、组焊、吊运等工序一般都需用到马板马固工艺。为避免母材损伤,实现无损制造的目标,港珠澳大桥改变了国内传统的钢箱梁总拼装工艺模式,针对装焊、翻身、转运、吊装、支撑等过程,承包商设计了一系列的实用工装和吊夹具,基本实现从单元件到总拼装的无损制造,有效地控制焊接变形,形成了一套完整的钢结构无马装配、无损吊运及无损支撑技术,为未来中国钢桥制造工艺优化开拓了新思路。

4. 车间化作业

(1) 车间化总拼装技术

温度、湿度和风力等环境因素是钢结构焊接质量的重要影响因素,常规项目总拼装一般在室外进行,该模式无法适应港珠澳大桥的质量要求和进度目标。港珠澳大桥采用车间化总拼装技术(图4),在有效保证钢结构总拼装质量和线形的基础上,可大大缩短拼装周期,能在45天内完成单个轮次1.2万t连续钢箱梁总拼装作业。

同时,港珠澳大桥首次将组装立体单元工艺大规模运用于总拼装阶段,其原则是在节段匹配制造前,将顶板、底板、腹板、挑臂、横肋等不同单元件先行组焊,形成体量更大的块体单元,然后整体参与钢结构总拼装,以改善焊接工位,避免仰焊,增加作业面,有利于质量控制和生产组织。

图4　车间化钢箱梁总拼装

(2) 车间化涂装技术

常规项目的桥梁防腐涂装一般都露天作业,为适应港珠澳大桥钢结构涂装的质量、进度和安全要求,承包商新建现代化打砂房、涂装房(图5),并配备功能完善的七大系统,即加温除湿系统、动力系统、喷砂系统、通风除尘系统、磨料回收系统、漆雾处理系统、防爆照明系统,有利于涂装质量的总体提升和稳定。港珠澳大桥钢结构涂装追求零伤害、零污染、零事故,在健康、安全与环境管理(HSE)方面达到国际同行业先进水平。

图5　现代化打砂涂装车间

涂装方面重点推行施工、管理的标准化,以涂装首件工程认可制为契机,将桥梁防腐涂装现场施工的行业惯例提升为工厂化、标准化、精细化施工模式,借鉴制造业和造船业先进、完善的涂装5S管理、看板管理等理念,制定了详细的涂装工厂化管理方案,进一步提升港珠澳大桥涂装质量。

5. 大型龙门吊吊装技术

港珠澳大桥体量最大的钢箱梁大节段为3600t,为顺利转运和吊装装船,采用龙门吊吊装方案。承包商在中山总拼装基地新建5000t港池,并配备2台2000t龙门吊,为国内桥梁钢结构领域起重能力之最。与常规的滚装装船相比,采用龙门吊抬吊方案既安全又高效,只要船只的吨位满足运输需要,不必进行特殊的改造,吊装时机也不受潮汐制约,能够实现全天候作业。

三、结　语

港珠澳大桥桥梁钢结构采用群控焊接数据管理系统使焊接质量具备跟踪和溯源等特征；采用现代化焊接机器人使产品质量更稳定可靠；无损制造技术有利于避免母材损伤和焊接变形控制；采用车间化总拼装、涂装技术，可实现全天候作业，环境因素对焊接、涂装质量的影响大大减小，节能环保方面也效果显著；大型龙门吊吊装方案既安全又高效。以上技术的成功应用意味着港珠澳大桥钢结构质量管理体系不再局限于传统的管理措施，已向技术措施迈出重要一步，标志着港珠澳大桥钢结构总拼装实现了"大型化、工厂化、标准化、装配化"设计理念和要求，推动了行业技术进步，也预示着我国由"桥梁大国"向"桥梁强国"又迈出了坚实的一步。

参考文献

[1] 张劲文,朱永灵,高星林,等.港珠澳大桥岛隧工程设计施工总承包模式构建[J].公路,2012(1).
[2] 张劲文,朱永灵.港珠澳大桥主体工程建设项目管理规划[J].公路,2012(03).
[3] 孟凡超,刘晓东,徐国平.港珠澳大桥主体工程总体设计//第十九届全国桥梁学术会议论文集(上册)[C].北京:人民交通出版社,2010.

28. 港珠澳大桥钢箱梁涂装关键工艺与质量控制

高文博　钱叶祥　张顺善
(港珠澳大桥管理局)

摘　要　港珠澳大桥地处南亚热带海洋性季风气候区，属于严重腐蚀环境，钢箱梁防腐采用长效油漆重防腐涂装体系。文章着重介绍了各部位的涂装工艺和质量验收标准，以及相关质量控制措施，实践证明港珠澳大桥涂装技术是可以满足施工要求的，施工质量控制措施是有效的。

关键词　钢箱梁　防腐涂装　施工工艺　质量控制

一、工程概述

港珠澳大桥是由粤港澳共同建设的特大型交通基础设施，连接香港、澳门、珠海。工程包括三项内容：一是海中桥隧工程；二是香港、珠海和澳门口岸；三是香港、珠海、澳门连接线。其中港珠澳大桥主体桥梁工程全长约22.9km，东自西人工岛结合部非通航孔桥与深水区非通航孔桥的分界墩起(K13+413)，西至拱北/明珠附近的海中填筑的珠海/澳门口岸人工岛止(K35+890)，主要包括三座通航孔桥(九洲、江海直达船、青州航道桥)、浅水区非通航孔桥及深水区非通航孔桥三大部分。其中深水区非通航孔桥采用110m跨钢箱连续梁；浅水区非通航孔桥采用85m跨钢混组合连续梁；青州航道桥为双塔钢箱梁斜拉桥；江海直达航道桥为三塔钢箱梁斜拉桥；九洲航道桥为双塔钢混组合梁斜拉桥。钢箱梁、钢桥塔、钢混组合梁总用钢量约43万t。

二、钢箱梁防腐涂装方案

港珠澳大桥地处南亚热带海洋性季风气候区，属于高含盐度海上区域，根据ISO 12944—2:1998对于大气腐蚀性级别的定义，港珠澳大桥钢箱梁的腐蚀环境为C5-I和C50M级，属于严重腐蚀环境。

针对港珠澳大桥的腐蚀环境，依据国内外相关钢箱梁防腐涂装的标准和规范，同时参考了众多国内外类似桥梁的防腐蚀涂装体系的方案和使用效果，结合提前开展的相关钢箱梁防腐涂装方案研究，港珠澳大桥钢箱梁涂装采用长效重防腐体系，见表1。

港珠澳大桥钢箱梁防腐涂装方案　　　　　表1

部　位	涂装体系及用料	干膜厚度	场　地
钢箱梁外表面	表面净化处理	无油、干燥	涂装车间
	二次表面喷砂除锈	Sa2.5级，Rz30-70μm	涂装车间
	环氧富锌底漆2道	2×50μm	涂装车间
	环氧云铁中间漆2道	2×100μm	涂装车间
	氟碳面漆2道	2×40μm	涂装车间
	焊缝补涂	同上要求	车间/工地
钢箱梁内表面，钢箱梁内除湿系统保持湿度小于50%；	二次表面喷砂除锈	Sa2.5级，Rz30-70μm	涂装车间
	环氧富锌底漆1道	80μm	涂装车间
	环氧厚浆漆1道	120μm	涂装车间
	焊缝修补	机械打磨除锈St3级后涂上述同部位涂料	车间/工地
钢桥面临时防护	喷砂除锈	Sa2.5级，Rz25-50μm	涂装车间
	环氧磷酸锌底漆1道	60μm	车间/工地

三、钢箱梁防腐涂装关键工艺

1. 关键施工要求

（1）梁段涂装（底漆到面漆）必须在涂装车间内完成，大节段完成后在拼装车间内进行环缝涂装。喷砂及喷漆厂房配备了4套自动化喷涂系统，包括钢砂自动回收系统、加温除湿系统、通风除尘系统、漆雾处理系统。

（2）严格控制施工作业环境，所有厂房配置除湿温控等专用设备和温湿度检测仪器，满足涂装环境控制要求。环境温度要求在5~38℃，相对湿度要求≤80%，钢板表面温度应高于露点温度3℃以上。

（3）压缩空气必须达到洁净干燥即无油无水无杂质的要求，以防污染磨料，影响涂层质量。喷砂磨料均应保持清洁和干燥，即磨料表面必须清洁、干燥、无油污、无可溶性盐类等。金属磨料技术要求应符合GB/T 18838（ISO11124），非金属磨料技术要求应符合GB/T 17850（ISO11126）的要求，以满足喷砂处理的表面清洁度和表面粗糙度的需要；非金属磨料不允许使用石英砂（表2）。

磨料种类及质量要求　　　　　表2

工况条件	磨料种类	粒度指标要求	配比要求
喷砂车间内施工	轴承钢砂和钢丸的混合磨料	G25钢砂：0.7~1.0mm G40钢砂：0.7~2mm S330钢丸：1.0mm	6:3:1（重量比）
大节段焊缝补涂施工	非金属磨料	0.5~1.5mm	

（4）要求涂料供应商对其所提供涂装材料的质量和质量稳定性负责，并派驻具备涂装专业资格的技术代表提供及时的现场服务。

（5）喷砂除锈合格的工件一般情况下应在4h内进行涂装施工，特殊情况时最长不应超过12h。不管停留多长时间，只要表面出现返锈现象，均需重新除锈。各道涂料之间的最小涂装间隔时间和最长涂装间隔时间应满足涂料说明书要求，超过最长间隔时间应按涂料技服要求进行涂层表面处理后方可进行下道涂层施工。

（6）研发了钢板倒圆角自动化加工设备，在板单元制造对所有外露加劲肋自由边进行R2mm倒圆角加工，钢箱梁节段总拼期间对自由边进行检查，对遗漏的毛刺或尖角情况及时进行处理，保证涂装质量。

2. 防腐涂装工艺与质量标准

（1）表面处理及喷砂除锈

表面处理质量指标包括清洁度、粗糙度两个方面,表面处理质量对于涂层质量至关重要。高质量的表面处理是保证涂层体系防腐年限的基础前提条件。

喷砂作业前应对钢箱梁内外表面、钢桥面进行检测,若盐分检测 $Cl^- > 7\mu g/cm^2$,或有油污等附着物时,则需对表面进行清洗,包括去除油污、可溶性盐分、粉尘及其他附着物,得到无油、无水、无污物的洁净表面。钢箱梁表面清理要求及检测标准详见表3。

钢箱梁表面油污、可溶性盐分及杂物的清理要求与清理方案 表3

类 别	清理要求	清理方法	检测仪器	检验标准、方法
油污	无可见油迹	专用清洗剂清洗(或擦洗)	—	洒水法检验或按 GB/T 13312—91(验油试纸法)检验
可溶性盐分	$Cl^- < 7\mu g/cm^2$,相当于 5.3ms/m,20℃	高压淡水冲洗	盐分测试仪	ISO 8502—9:1998(水溶性盐电导率测量法)
粉笔记号、涂料及粉尘等附着物	无可见杂物	人工清除	放大镜	目测

钢箱梁表面洁净后,采用干法压力式喷砂机对钢箱梁外表面进行喷砂除锈,除去表面全部锈蚀产物和焊渣等溅射物,得到清洁度Sa2.5级、粗糙度Rz30~70μm的清洁粗糙表面,喷砂作业环境需严格满足表4要求,喷砂除锈工艺参数及压缩空气质量要求详见表5、表6。

喷砂、喷漆作业环境要求 表4

项 目	控制要求	检测方法	备 注
空气相对湿度	涂装房内≤80%	干湿球温度计测量再查表换算,或直接用仪器测量空气湿度	涂装房内采用除湿、除尘系统等达到喷砂作业环境要求
钢板表面温度	≥空气露点温度3℃	钢板温度仪测量	
空气露点		露点测试仪或由空气温度和空气相对湿度查表求出	

喷砂除锈工艺参数 表5

项 目	工艺参数	项 目	工艺参数
压缩空气	0.5~0.75MPa	喷角	65~70°(杜绝90°喷砂)
喷距	200~300mm		

压缩空气质量要求 表6

项 目	质量要求	检验方法	备 注
压力	≥0.5MPa	普通压力表测量	全部采用大功率空压机,空气出口压力达0.5MPa以上,以提高喷砂质量和喷砂效率

对于箱梁内部等空间较封闭,无法用喷砂除锈方法的部分改用机械打磨的方法进行除锈。平面使用纸砂盘打磨除锈,焊缝不平处使用钢丝轮打磨除锈,除锈质量达到St3级。

(2)油漆涂装

用压缩空气吹净已喷砂报验合格的钢箱梁外表面的灰尘,对工件的粗糙表面、手工不平整焊缝表面、板边、弯角、流水孔以及喷涂死角等处进行手工预涂,然后使用高压无气喷涂机喷涂底漆、中间漆、面漆涂料。高压无气喷涂法用于大面积的涂装施工,有气喷涂用于无机富锌防锈防滑涂料的喷涂以及面漆的小范围补涂,而对于焊缝及边角的预涂、难以喷涂的死角以及局部修补,可采用刷涂和辊涂。高压无气喷涂时,稀释剂与涂料的体积配比按工艺指导书的规定执行。港珠澳大桥根据以往工程经验,涂料厂家提供的产品说明书配制以及针对性的工艺试验研究,综合确定了各类油漆涂装工艺参数,并形成作业指导书,在施工过程中严格执行,工艺参数详见表7,如需进行调整,则必须进行相关的技术验证,并经监理工程师批准,涂层的质量标准详见表8。

港珠澳大桥防腐涂装工艺参数 表7

名称 指标		环氧富锌底漆	环氧漆GX	环氧磷酸锌底漆	氟碳面漆	通用环氧漆EP-50	通用环氧云铁漆	防锈防滑涂料
理论涂布率(m^2/L)		13.250um	7.3360um	8.1760um	13.7540um	6.34120um	3.8200um	800g/m^2 干膜厚度120um
比例(体积比)		5.7∶1	6.4∶1	3∶1	6.7∶1	5.4∶1	5.4∶1	—
高压无气喷涂机涂料排量		51L/min	空气喷涂	25L/min	25L/min	25L/min	25L/min	空气喷涂
高压无气喷涂机压力比		32∶1	空气喷涂	65∶1	65∶1	65∶1	65∶1	空气喷涂
混合使用期	5℃	16hrs	16hrs	16hrs	5hrs	8hrs	8hrs	适用期≥2h
	10℃	12hrs	—	12hrs	—	—	—	
	20℃	8hrs	8hrs	8hrs	5hrs	6hrs	6hrs	
	30℃	6hrs	6hrs	6hrs	2hrs	3hrs	3hrs	
最小涂装间隔时间	5℃	—	36hrs	—	24hrs	48hrs	48hrs	—
	10℃	5hrs	—	24hrs	—	36hrs	36hrs	
	20℃	2hrs	16hrs	16hrs	24hrs	24hrs	24hrs	
	30℃	1hr	8hrs	12hrs	10hrs	16hrs	16hrs	
	涂装间隔时间可根据现场环境条件实际情况进行适当调整							
适合部位:内外表面、护栏等,桥面、外表面、内表面、外表面、摩擦面								

高强螺栓连接部位摩擦面及拼接板需进行无机富锌防锈防滑涂料涂装,涂装过程中要妥善保护。

涂装施工过程中必须通过检测涂层的湿膜厚度,有效控制涂层的最终干膜厚度,重点关注棱角边缘等部位的遮盖率。

钢箱梁节段涂装结束并经验收合格后应离开地面存放。现场涂装检验合格的产品要采取必要的措施进行保护。湿膜表干前严防触摸、踩踏、碰撞,防止接触水、油等物质,避免造成涂层的损坏、污染和失效。

对在运输、装卸和安装等过程中与涂层接触的部位进行包装保护或加放保护垫块等隔离措施。工地采取措施防止设备油污染钢结构,易污染处用麻袋、土工布围护和积油槽收集。涂装施工质量验收标准见表8。

涂装施工质量验收标准 表8

项　目	质量要求	检验仪器和方法	参照标准
干膜厚度	外表面:双90% 内表面:双85%	磁性测厚仪测厚	GB/T 4956—2003
附着力	涂层≥3MPa	拉拔法	GB/T 5210—2006
	桥面≥6Mpa		
	桥面0级、其他不大于1级	涂层划格仪划格法测试(2mm、3mm)	GB/T 9286—98
外观	目测:漆膜应连续、平整、整齐、颜色与色卡一致,漆膜不得有流挂、漏涂、针孔、气泡、裂纹等表面缺陷		色卡

四、质量控制

俗话说涂装施工质量"三分靠材料、七分靠施工",涂装施工质量的过程控制是确保港珠澳大桥防腐涂装施工质量的重中之重,施工过程中需要明确各工序的质量控制流程,并严格执行。港珠澳大桥涂装工序总体控制流程详见表9,漆膜控制流程详见表10。

涂装工序总体检查表 表9

工序	检测项目	检测方法	检测要求	检测频次	标 准
表面净化处理工序	表面油污和污物	目视法	符合设计要求	每个施工段检查一次,100%检测	GB/T 13312—91
高压淡水冲洗	盐分检测	电导率测定法	表面盐分含量 $Cl^- \leq 7.0 \mu g/cm^2$	每个施工段内外各检测一次	ISO 8502-9:1998
表面处理工序	粗糙度（μm）	目视法,比较样块及粗糙度测试仪	符合设计要求	每个施工段检查一次,100%检测。粗糙度仪:每段检查6点,取平均值,或按设计规定检查	GB/T 13288.1—2008
	清洁度	目视法、图谱对照、样板对照	符合设计要求	每个施工段检查,100%全检	GB/T 8923—1988
涂料涂装工序	外观	目视法	均匀平整,无漏涂、针孔、气泡、裂纹等缺陷,颜色与色卡一致	每个施工段每道涂层检查1次,100%检测	—
	厚度	磁性测厚仪测量	外表面:双90% 内表面:双85%	以 $10 m^2$ 为一个检测单元,取3个基准面,每个基准面采用五点法测量,五点的平均值即为该基准面厚度的测值	GB/T 4956—2003
	附着力	划格法	其他≤1级	涂装结束后监理任意选点测量	GB/T 9286—98
		拉开法	涂层≥3MPa	每个施工段每道涂层检查1次,随机抽检3点	GB/T 5210—06

涂层缺陷预防纠正措施 表10

质量问题	产生缺陷的原因	预防措施
返锈	漏喷,基体锈蚀	涂层喷涂施工完成后,进行自检、互见、专检的三级检查,杜绝喷涂盲区
厚度不匀	喷枪速度和驻点关系不适配	控制喷涂速度、气压,多遍喷涂
裂纹	涂层太厚,干燥过快	施工中严格控制单层涂料的喷涂厚度,采用湿膜测厚仪随时检查喷涂厚度
起泡	基材表面有锈、有水	表面涂装前质检人员对基材表面处理是否彻底进行再确认
表面不光滑	喷涂方法不当	加强工人操作技能培训,并进行技术考核,持证上岗作业
泛黄	涂料材料不合格,施工干燥环境不合适	涂装施工前在总包方、监理共同见证下取样、送检,严格控制涂料质量
脱落	基体表面处理不干净	基层表面处理报检合格后,在涂装施工前质检人员必须对基材表面处理是否彻底进行再确认
流挂	喷枪驻点时间长	严格控制喷枪的行驶速度及一次喷涂厚度
针孔	成雾温度低,喷射速度低	提高温度,改变喷漆设备泵压比
结合强度低	基材表面处理不合格,材质、喷涂工艺、涂装工艺问题	大面积喷涂前,对制定的纠正和预防措施进行工艺评审,小面积或局部涂装,对制定的工艺进行再确认。施工中严格执行工艺文件

1. 停止点设置

在关键工序节点设置了检查停止点。停止点前的工作必须经过全面的检查,经检验合格后才能进入后工序施工。设置的主要停止点为:①表面清理报验;②喷砂除锈、清砂清洁完成后的清洁度和粗糙度报验;③小节段每种涂层喷涂后报验;④小节段涂装总体报验;⑤标记标识和构件防护。

2. 喷砂、喷漆作业环境要求

施工前进行环境检测,确保施工环境的温度和湿度以及钢板表面温度符合施工环境要求;如不符合施工环境要求,使用除湿机、加温设备等进行改善环境控制。喷砂、喷漆开始前开启空压机,同时检测出气口压缩空气清洁度,并将检验结果记录于梁段喷砂除锈及喷漆质量记录表中。

3. 梁段表面清理工序

钢箱梁交接时对钢箱梁结构焊缝及边角清磨情况进行检查,发现影响涂装质量的结构缺陷及时进行处理。

因施工场地地处海边附近,梁段表面可溶性盐分含量较高,采用高压淡水多次冲洗钢结构表面,并在梁段清洗前、梁段清洗后、梁段喷砂除锈后进行盐分测试,确保可溶性盐分含量在规定范围内。

梁段有油污的采用稀释剂对梁段表面的油污进行彻底清理,防止污染磨料而影响涂装质量。

4. 喷砂施工控制措施

喷砂施工顺序遵循先下后上、先里后外、先难后易的原则。焊缝、自由边等部位的喷砂顺序遵循先焊缝后自由边。过焊孔、狭小部位、焊缝等重点区域应适当增加喷砂次数。

5. 喷涂质量控制措施

喷涂施工前对施工人员进行涂料技术参数、调配使用知识等的培训与交底,熟练掌握涂料性能。严格控制喷涂施工环境条件,确保施工质量。喷涂施工时,严格按照作业指导书的配比进行油漆调配;结合现场环境并在现场油漆技服的指导下,确定每道油漆的喷涂间隔,确保喷涂质量。

(1)预涂质量控制

配备小滚筒、小漆刷、自制特种漆刷等预涂工具,预涂时根据具体部位合理选择预涂工具。使用并培养经验丰富、技术娴熟的预涂工人。控制预涂涂层厚度,在不规则焊缝处采用刷涂工艺,使得该部位预涂到位同时避免预涂范围过大。

(2)涂层厚度控制措施

在施工过程中采用湿膜卡随时对涂层进行监测,及时调整,从而控制干膜厚度。施工前根据梁段面积制定涂料定额,喷涂作业时通过控制涂料使用量来辅助控制干膜厚度。

(3)涂层外观控制措施

喷砂前对梁段的飞溅、焊渣、焊缝等处理情况进行检查,发现问题及时处理,避免因结构不平整影响涂层外观的平整、美观。

面漆喷涂时,除喷枪难以喷涂到位的部位进行预涂外,其他部位采取一次喷涂到位,尽量减少刷涂痕迹及面漆层的修补。加强施工人员喷涂工艺施工操作要点的技术培训,避免出现橘皮、针孔、流挂、干喷等缺陷,确保涂层外观质量。

五、港珠澳大桥钢箱梁涂装技术小结

(1)针对国内钢箱梁自由边涂装的质量通病,本项目板单元制造加工期间即考虑后续涂装质量的影响,首次使用板单元自由边 R2 倒角自动化加工设备,降低人工打磨工作量,提高工作效率质量,最大程度减少了自由边毛刺、尖角对涂装质量影响。

(2)钢材预处理除锈清洁度等级调整为 Sa2 级,使得钢材预处理及梁段除锈等级呈阶梯递增趋势,加强了本项目除锈技术标准的合理性,对提高后续梁段喷砂除锈的质量,保证涂层有效厚度和降低涂装施工难度起到积极作用。

(3)港珠澳大桥钢箱梁涂装厂房配备了钢砂自动回收系统、除湿加温系统、通风除尘系统、漆雾过滤系统等成套涂装设备体系,保证了封闭车间内涂装施工的效率和质量。

(4)一般桥梁钢结构防腐涂装时,底漆、中间漆及第一道面漆均在工厂进行涂装,在钢梁吊装到桥址现场以后,对磕碰处及焊缝处进行补涂,最后再进行一次面漆涂覆,以确保最终的涂装质量与效果。由于港珠澳大桥腐蚀环境等级高、质量标准严及环保要求非常苛刻,为了保证涂装质量,并且避免最后一道面漆在涂覆过程中污染相关海域,本项目底、中、面三道涂层均在涂层车间一次完成,钢梁吊装到桥址现场后,仅进行涂层损伤处与焊缝处的补涂,最大程度地减少施工过程中涂料的污染。少了最后一道现场面漆的整体涂覆，虽然牺牲了部分"外在美"，但保护了环境，更保障了钢箱梁涂装的内在质量。

参考文献

[1] 港珠澳大桥管理局.港珠澳大桥主体工程桥梁施工及质量验收标准[R].珠海：2012.
[2] 港珠澳大桥管理局，中交公路规划设计院有限公司，江苏中矿大正表面工程技术有限公司，等.港珠澳大桥主体工程桥梁施工图设计阶段钢箱梁防腐及维护关键技术研究报告[R].珠海：2012.
[3] 杨振波，师华，杨海山，等.港珠澳大桥桥梁工程钢结构防腐涂装关键技术与质量控制[J].涂料技术与文摘，2013，(9)：11-17.
[4] 张建平.广州珠江黄埔大桥钢箱梁涂装技术及质量控制[J].桥梁建设，2009(5)：78-80.
[5] 武峰，张冀蜀，蔡贤桢.武汉阳逻长江公路大桥钢箱梁防腐涂装[J].桥梁建设，2008(3)：63-66.
[6] 马翔宇.港珠澳大桥钢箱梁外表面涂装配套性能研究[J].涂料技术与文摘，2013(9)：18-25.
[7] 沈波，武峰，易大勇.合理地选择钢桥防腐体系[J].桥梁建设，2010(6)：63-65.

29.港珠澳大桥钢箱梁拼装线形及尺寸控制

韩小义　王　恒

（中铁山桥集团有限公司）

摘　要　通过关键板单元制作、长线法拼装技术、大节段拼装技术三个方面，介绍了港珠澳大桥钢箱梁拼装线形及尺寸控制方法，其中重点介绍了长线拼装在线形及精度控制中的优势。

关键词　港珠澳大桥　长线法　自动组装定位机床　焊接机器人系统

港珠澳大桥是一座连接香港、珠海和澳门的巨大桥梁，在促进香港、澳门和珠江三角洲西岸地区经济上的进一步发展具重要的战略意义。其设计标准之高在国内乃至国际均位列前茅，如何在有限的工期内高标准地完成港珠澳大桥，给每一位建设者提出了更高的挑战。

钢箱梁长线法拼装是一种多梁段连续匹配组装、焊接、预拼装、分段内环缝焊接一次性完成的拼装技术。该技术的优点是提高了梁段间的匹配精度和制造线形精度，节约了预拼装的时间，加快了工期进度。港珠澳大桥的大节段吊装，使得长线法拼装技术在提高梁段匹配精度及加快工期进度方面的优势得到了更好的发挥。该技术在钢箱梁拼装线形及尺寸控制方面共包括三部分：关键板单元制作技术、梁段整体长线拼装技术和大节段拼装技术。

一、关键板单元的制作技术

1. 精确计算实现板单元尺寸精度的控制

钢箱梁在设计图到施工图的转化过程中，板单元尺寸需综合考虑以下因素：①焊接收缩量Δ_1；②监控线形Δ_2；③温度影响Δ_3；④梁段纵向压缩量Δ_4；⑤焊接间隙Δ_5；⑥二次配切量Δ_6。因此，板单元制作时的下料尺寸为：

长度下料尺寸：$L = L_1 + \Delta_1 + \Delta_2 + \Delta_3 + \Delta_4 - \Delta_5 + \Delta_6$　　（L_1为设计图纸理论尺寸）

宽度下料尺寸：$B = B_1 + \Delta_1 + \Delta_2 + \Delta_3 - \Delta_5$　　（B_1为设计图纸理论尺寸）

2. 自动组装定位机床对尺寸精度的控制

港珠澳大桥板单元加劲肋的组装首次采用了自动组装定位机床（图1）来完成。该机床具有自动打磨、除尘、液压自动定位、压紧功能，能够精确完成加劲肋的定位。同时该机床的焊接机器人系统采用电弧跟踪技术完成定位焊，弥补了以往光电跟踪和机械跟踪精度差的缺陷，该机床的应用使板单元组装、定位焊技术处于世界领先水平。

3. 板单元反变形船位焊接机器人系统的应用

港珠澳大桥板单元生产采用了板单元反变形船位焊接机器人系统（图2），该系统根据焊接变形的特点，采取焊接前对板单元进行反变形，即把板单元向反方向给予一定的预变形量，使其与焊接产生的热变形互相抵消，焊后板单元能够保证要求的平面度。同时该系统还有选装功能，使U形肋焊接处于船位，有效的保证焊接熔深和成型要求，配以先进的弧跟踪焊接机器人技术，使板单元加劲肋焊缝耐疲劳性能进一步提升。

图1　自动组装定位机床　　　　　　图2　板单元反变形船位焊接机器人系统

上述方法的实施保证了港珠澳大桥板单元的生产精度，为港珠澳大桥线形及尺寸的控制打下了良好的基础。

二、梁段整体长线拼装技术

1. 整体长线拼装技术中分段的应用

为提高梁段间的匹配精度和制造线形精度，港珠澳大桥采用了整体长线拼装技术。同时为减少大节段拼装时的环缝数量，提高转运及拼装效率，梁段整体拼装完成后采用分段下胎的形式。分段就是将两个或三个梁段在整体拼装时组焊在一起，作为一个整体参与下胎、转运、涂装以及大节段拼装等后续工作的节段。分段下胎使钢箱梁在后续的大节段拼装时工作量减小为原来的1/3，同时因线形恢复偏差而造成最终线形产生偏差的概率也减小为原来的1/3，极大地提高了钢箱梁的线形精度。

分段下胎对板单元基准头的要求与普通情况下基准头的要求不同。普通情况下基准头方向要求一致，而分段下胎由于要在整体拼装胎架上焊接分段内部环缝，为加快拼装速度要求环缝两端均为基准端，非基准端留在分段的外侧。对于三个梁段拼成一个分段的情况，要求中间梁段不留配切量，梁段长度的精度依赖于板单元制作时尺寸精度的控制。

2. 整体长线拼装技术中的线形控制方法

分段下胎的长线法拼装工艺：分段下胎前，分段内部已经带有线形，且难以修整甚至不能修整，分段内部的线形完全靠长线法拼装过程中的线形控制；分段之间的环口在拼装完成后，已经进行了匹配并安装了匹配件，大节段拼装只是对长线法拼装线形的恢复，虽然能调整，但调整量不大。因此分段下胎的长线法拼装工艺中，钢箱梁整体拼装是钢箱梁拼装线形及尺寸控制的核心，其线形及尺寸的控制方法如下：①建立测量控制网，在胎架两端设置地样点并安装标志塔，在胎架两侧的厂房立柱上设置高程控制点，测量控制网用于控制拼装过程中的拼装精度；②制作牢固且精确的胎架，胎架作为钢箱梁拼装的外胎，对保证拼装过程钢箱梁外形尺寸及线形控制至关重要。胎架应具有足够的刚度，保证拼装过程中不产生变形，牙板制作过程中高程允许偏差±2mm；③合理的焊接变形控制，控制焊接收缩对线形的影响。大量的实测数据表明，焊接前预留3～4mm的焊接收缩量可以保证焊后尺寸的精度。对钢箱梁横断面的整体尺寸，经过多次实测及调整，港珠澳大桥的胎架制作时横断面最终采用5mm的反变形量；④工艺拼接板的使用进一步保证了拼装过程中的线形精度。

三、大节段拼装技术

大节段拼装是钢箱梁线形及尺寸控制的最后一个环节,其核心就是线形恢复的精度。该阶段钢箱梁线形及尺寸偏差的控制方法如下:①高程测量控制点的建立。大节段拼装时需要在大节段厂房立柱上设置高程测量控制点,并进行实时监测。调梁时严格按照监控线形并结合整体拼装下胎前顶板高程的报验数据进行调整。②合理的焊接顺序。由于港珠澳大桥横断面尺寸较大,且拼装过程提倡无马组装,常规的由中间向两侧对称焊接的方式可能因刚性马固不足造成中心线的偏差。为了避免这种风险,在环缝焊接时首先完同时成中腹板、边腹板对接焊,焊接同时监控桥梁中心线,焊接完成的中腹板与边腹板等同于刚性马固将相邻分段固定,然后按照由中间向两侧对称焊接的顺序进行其它焊缝的焊接。③坚实的支撑基础。大节段拼装时为多点支撑,存在因单点受力较大造成地基的沉降对大节段的最终线形产生影响的隐患。为避免这种隐患在拼装时将支墩放在两排并行的工字钢上,工字钢通过加劲焊接在一起,最后将工字钢焊接在厚度大于30mm的钢板上,并在支墩位置焊接较长的加劲(图3)。④精确的数据测量。大节段拼装时制定了严格的尺寸要求,为防止焊接收缩量的累加偏差对梁段尺寸造成影响,定位最后一道环口时需要通测所有数据(包括顶板纵距、顶板全长、底板全长、梁段高程、支座位置、支座平面度、支座倾斜量等),所有数据均合格后才允许最后一道环缝定位焊接。⑤厂房化生产。港珠澳大桥要求厂房化生产,极大地减小了温差对钢箱梁线形及尺寸的影响,为数据的精确测量提供了条件。

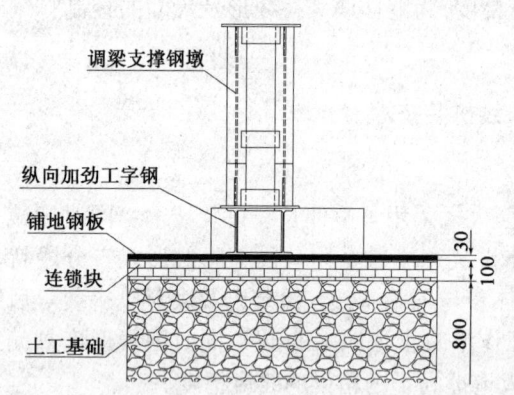 

图3 支撑示意图

正是由于上述方法的实施,才保证了港珠澳大桥已经拼装完成的大节段在线形及尺寸方面完全符合要求,并顺利地完成了桥址的架设及焊接。

30. 港珠澳大桥钢箱梁拼装自动化焊接技术研究

李建国

(中铁山桥集团有限公司)

摘 要 通过焊接机器人等自动化焊接技术在港珠澳大桥钢箱梁拼装中的应用为例,分析了自动化焊接技术在桥梁钢箱梁拼装中的优势,指出了自动化焊接技术在桥梁行业的发展前景。

关键词 港珠澳大桥 焊接机器人 钢箱梁拼装

在钢结构桥梁的焊接生产中,随着劳动力成本的不断上升,对钢结构焊接质量要求越来越高,利用先进的设备和技术提高产品质量和效率、降低成本,是桥梁钢结构制造的必然趋势。焊接自动化技术尤其

一、工程概况

港珠澳大桥是我国继三峡工程、青藏铁路、京沪高铁之后又一世界瞩目的大型工程建设项目,港珠澳大桥总长约36km,全桥上部结构钢箱梁用钢量近40万t。如此大规模地采用钢箱梁桥梁结构在世界上尚属首次。大桥在制造质量上提出满足120年使用寿命的要求,制造标准高。焊接在整个桥梁制造中为主要连接方式,所以保证焊接质量是保证桥梁使用安全性和提高钢梁耐久性的关键工序。

二、自动化焊接技术在港珠澳大桥钢箱梁拼装中的应用

港珠澳大桥钢箱梁拼装焊缝空间位置复杂不同于板单元的制造,不能采用流水线作业的大型自动化焊接机器人设备。目前,只有钢箱梁顶、底板的纵缝和环口焊缝采用埋弧自动化焊接技术,其他焊缝的焊接仍以手工CO_2气体保护焊为主,其操作灵活性高,普遍应用于港珠澳大桥钢箱梁拼装的立对接焊缝,38°斜底板爬坡焊缝。在采用手工焊接工艺的制造过程中,人工控制焊接过程(起弧、收弧、焊接轨迹及参数设置等)的不准确、不稳定导致焊缝成型不好,探伤合格率低。另外,手工焊接工作环境恶劣,焊工工作强度大,对焊工的技术水平要求高。

为提高焊接质量,优化港珠澳大桥的整体质量,我公司引入全自动焊接机器人焊接直长立对接焊缝和爬坡焊焊缝。

1. 机器人全自动焊接

1)焊接机器人简介

MICROBO机器人主要构成包括机器人本体、摆动机构、控制箱、示教器、导轨、焊接电源、送丝装置、送丝电缆、焊枪、电磁开闭器控制转换器、防干扰变压器(220/110V)、连接线缆等。通过示教器输入、采集焊缝参数,并输入电脑,作为计算焊接工艺参数的原始数据。

机器人手臂有4个自由度,将导轨视为基轴,其上下左右前后分别为X、Y、Z轴,机械手臂拥有X平面的旋转自由度。这使得机器人可有更全面的模仿人焊接的动作方式,使其工作范围扩大。

通过图1所示操作界面可以设置焊接形式、坡口形式、焊接参数、衬垫形式等参数,也可调节机器人在全自动、半自动、手动三种模式之间工作。

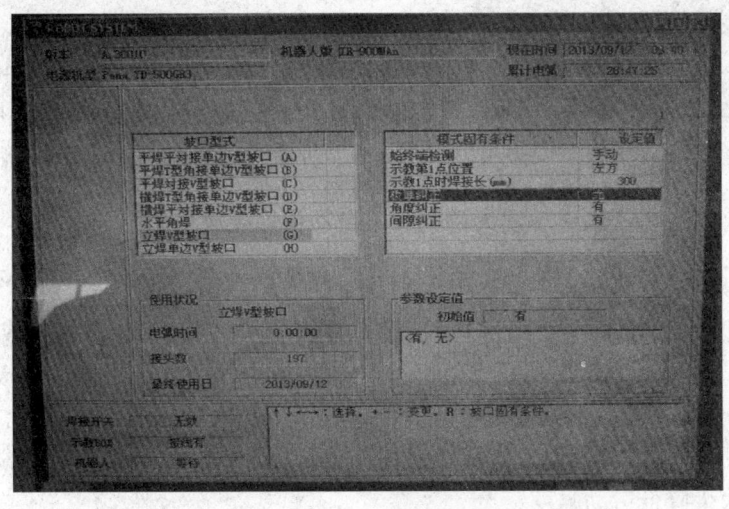

图1 焊接参数设置界面

2)机器人在立对接焊缝中的应用(图2)

优点:采用药芯焊丝在立对接焊缝中,焊接过程稳定,飞溅很小,焊接工人工作强度减小,焊渣连续自

然脱落,焊缝成型美观。

缺点:图2为1.5m立对接焊缝,由于空间位置狭小机器人架设过程耗时近1.5h,焊接过程耗时1h,总体焊接效率低下。在焊缝最上端,由于U肋阻碍,有30mm左右的焊缝无法焊接。

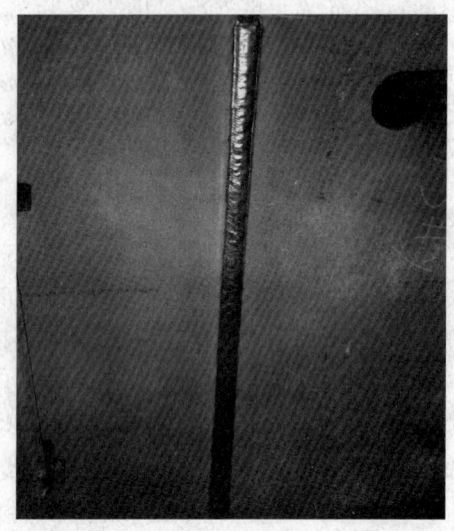 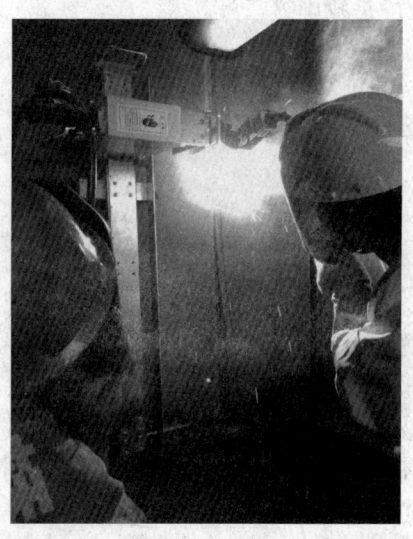

图2 立对接焊缝

可以看出,在短焊缝中,由于机械手臂的局限性,焊接机器人的优势不能充分发挥。

3) 机器人在斜底板爬坡焊缝中的应用

斜底板爬坡焊全长4.28m,斜底板厚度20mm,架设加长轨道,由于U肋阻挡,对机械手臂加装工装,以适应此位置焊接。

通过优化焊接参数,进行单面焊双面成型全自动焊接,焊接电流200A,电压30V左右,填充3层。

图3为机器人爬坡焊,焊接人员只需不定时观察焊接情况,监控熔池是否偏移,电弧是否稳定,通过微调,获得最佳焊接状态。每道焊缝焊接完,机器人将自动返回焊接起始位置,自动焊接下一道,层间不需要打磨,焊接过程十分稳定几乎不需要人为手动操作。

整个焊接过程,安装机器人用时40min,焊接1h50min,共用时2h30min。一名焊工手工完成这道焊缝需用时4h30min。机器人效率远高于手工焊接。

图3 机器人爬坡焊

三、港珠澳大桥钢箱梁自动化焊接应用总结

对上述两种位置的焊缝,机器人焊接与手工CO_2气体保护焊比较如下。

(1) 质量:机器人焊接焊缝鱼鳞纹细密均匀,没有焊接接头,余高1mm左右,成型美观对比如图4。焊缝探伤合格率接近100%。手工焊外观成型相对较差,探伤合格率低于机器人焊接。

(2) 效率:受到焊缝空间位置的限制对于空间位置狭小或长度较短的焊缝,考虑设备的安装时间,焊接机器人效率相对低一些。但对于空间位置好的直长立对接、立角焊、爬坡焊等焊缝机器人的效率要远高于手工焊接,而且大大降低劳动强度。

港珠澳大桥钢箱梁在采用自动化焊接技术的制造过程中,电弧燃烧稳定,连接处成分均匀,焊缝成型好、焊接接头少、填充金属熔敷率高。焊接工艺参数实现了自动化的存储与输出,可以保证工艺参数的准确性。目前,根据港珠澳大桥钢箱梁结构的形式,我们已经优化焊接接头和拼装顺序,成功地将自

动化焊接技术应用于钢箱梁拼装的顶底板水平对接焊缝,中腹板、横隔板立对接焊缝和斜底板的爬坡焊缝。

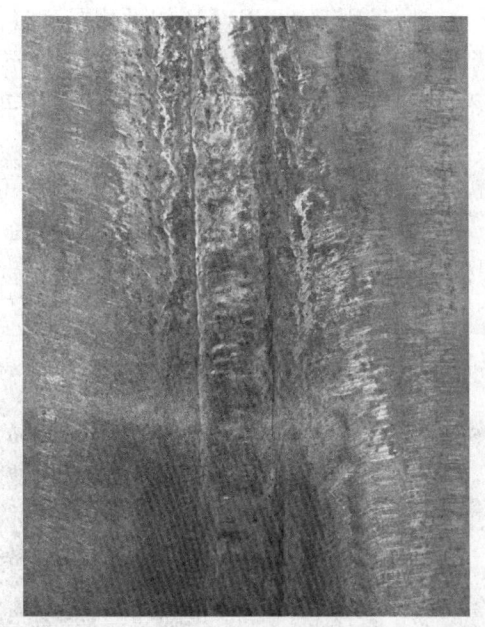
手工立对接焊缝

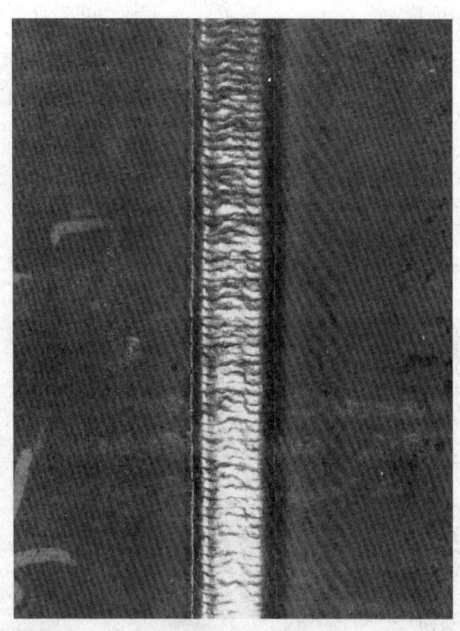
机器人立对接焊缝

图 4　焊缝外观成型对比

四、自动化焊接技术在桥梁钢结构中的发展前景

通过技术革新来优化生产方式,自动化焊接技术为保证港珠澳大桥的质量迈出坚实的一步。同时自动化焊接技术在港珠澳大桥钢箱梁拼装中的普遍应用,也填补了国内桥梁钢结构自动化焊接的多项空白。由于焊接自动化焊接技术在提升产品质量和生产效率等多方面具有优势,自动化焊接将逐步取代手工焊接成为桥梁钢结构焊接加工的主要方法。

31. 港珠澳大桥信息化焊接数据管理系统

华 兴
(中铁山桥集团有限公司)

摘　要　本文简要介绍了港珠澳大桥钢箱梁信息化焊接数据管理系统,并针对该系统的实时数据、质量分析、优化管理等方面作了简要介绍及分析。

关键词　信息化焊接管理系统实时数据质量分析

港珠澳大桥 CB01 标段钢箱梁的制造,正在中铁南方工程装备基地如火如荼地进行,首轮评审已经顺利完成,这标志着整个施工进入了正轨。港珠澳大桥在制造质量上提出了满足 120 年使用寿命以及抵御 16 级大风和 8 级地震的要求,制造标准很高。焊接在整个桥梁制造中为主要连接方式,所以保证焊接质量是保证桥梁使用安全性和提高钢梁耐久性的关键工序之一。

为了确保大桥的制造质量,在港珠澳大桥钢箱梁制造过程中,我们引进了技术先进的数字化焊接设备,并配备了基于数字焊机开发的信息化焊接数据管理系统,进一步保证焊接质量。下面为大家介绍一下信息化焊接数据管理系统。

港珠澳大桥信息化焊接数据管理系统是一套数字焊机焊接数据管理系统。应用计算机通过局域网络对输出电流、输出电压等焊接参数进行纪录。焊接设备通过局域网络、U盘拷贝等方式将焊机工作状态、焊接参数、焊接时间等信息上传至服务器。服务器数据库采用SQLSERVER作为数据存储，接入局域网的PC机通过客户端软件登录到服务器，实现对焊接设备的监控与管理。焊机的参数用波形的形式动态显示出来，能够查询历史波形数据，并将保存的焊接数据进行统计，得到某段时间内的工作时间、材料消耗等。

通过这个系统，管理人员可以第一时间掌握整个拼装场地焊机的实时数据，方便监控所有焊机的工作状态和保证焊接作业在工艺许可的范围内进行。一旦焊机参数超出工艺设定的范围，警报系统就会启动，并可以自动停机，管理者可以马上观察到是哪台焊机参数超出了工艺范围(图1)。

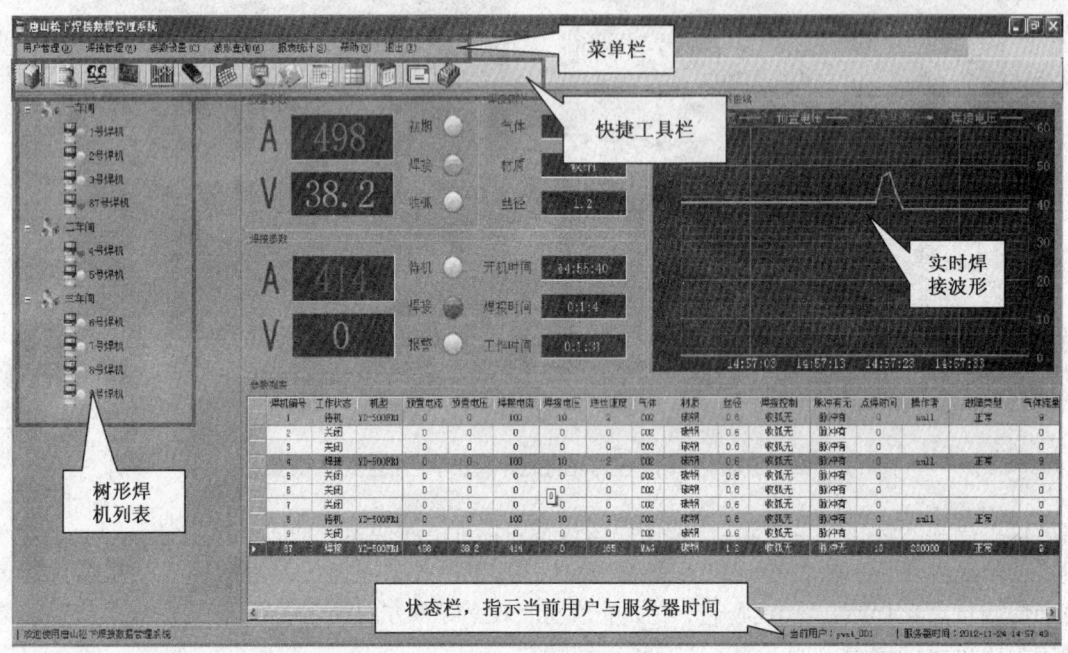

图1　信息化焊接数据管理系统

参数列表详细列出每台焊机具有的焊接参数，其中包括焊机序号、工作状态、焊机型号、预置初期电流、预置初期电压、预置焊接电流、预置焊接电压、预置收弧电流、预置收弧电压、焊接电流、焊接电压、送丝速度、气体、材质、丝径、焊接控制、脉冲有无、点焊时间、操作者、故障类型、工件编号、工件温度、气体流量、瞬时功率、上传时间、开机时间、关机时间、焊接时间、工作时间等参数。实时焊接波形图中绘制每台焊机的实时工作参数，这样可以很方便的观察到每台焊机的实时数据以及参数变化的波形图。

参数列表中背景颜色表示焊机的不同工作状态，红色表示“焊接”，绿色表示“待机”，黄色表示“报警”(图2)。

参数列表

焊机编号	工作状态	机型	预置电流	预置电压	焊接电流	焊接电压	送丝速度	气体	材质	丝径	焊接控制	脉冲有无	点焊时间	操作者	故障类型	气体流量
1	关闭		0	0	0	0	0						0		正常	0
2	焊接	YD-500GR3	100	14	105	14.6	23	CO2	碳钢	0.6	收弧无	脉冲无	0	刘四	正常	9
3	关闭		0	0	0	0	0						0		正常	0
4	关闭	YD-500GR3	0	0	0	0	0						0		正常	0
5	关闭		0	0	0	0	0						0		正常	0
6	待机	YD-500GR3	298	25.4	0	0	0	CO2	碳钢	1.2	收弧无	脉冲无	0	刘七	正常	9
7	关闭		0	0	0	0	0						0		正常	0
8	关闭		0	0	0	0	0						0		正常	0
10	关闭		0	0	0	0	0						0		正常	0
11	关闭		0	0	0	0	0						0		正常	0

图2　参数列表

除了监控焊接参数，该系统还可以根据焊接电流的实际分布对所有联网焊机进行有针对性的宏观质量分析(图2),以及对某一台焊机以焊缝为单位进行微观质量分析(图3)。

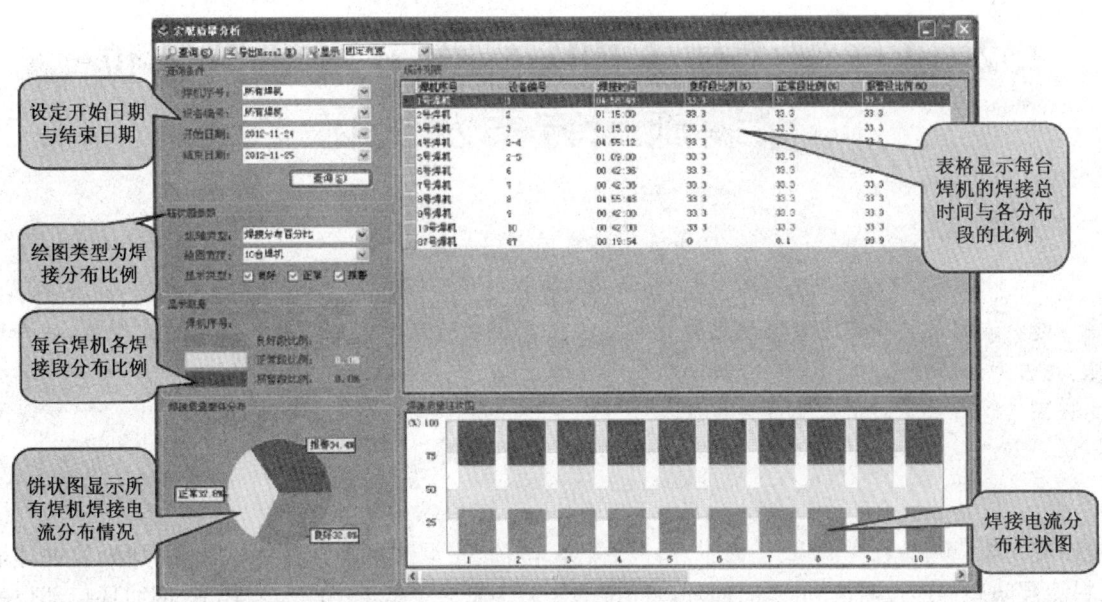

图3 宏观质量分析

在宏观质量分析模式下,通过查询得到每台焊机焊接电流的分布情况,以报表及柱状图的形式显示查询结果;焊接电流良好段、正常段、报警段的界限定义可以在软件设置界面中修改;饼状图体现所有焊机的电流分布的总分布。通过查询得到指定时间段内每台焊机的焊接记录、焊接速度及焊接波形,并以报表的形式体现焊工焊接每条焊缝所用时间及焊接速度,方便工艺部门对焊接质量进行分析。

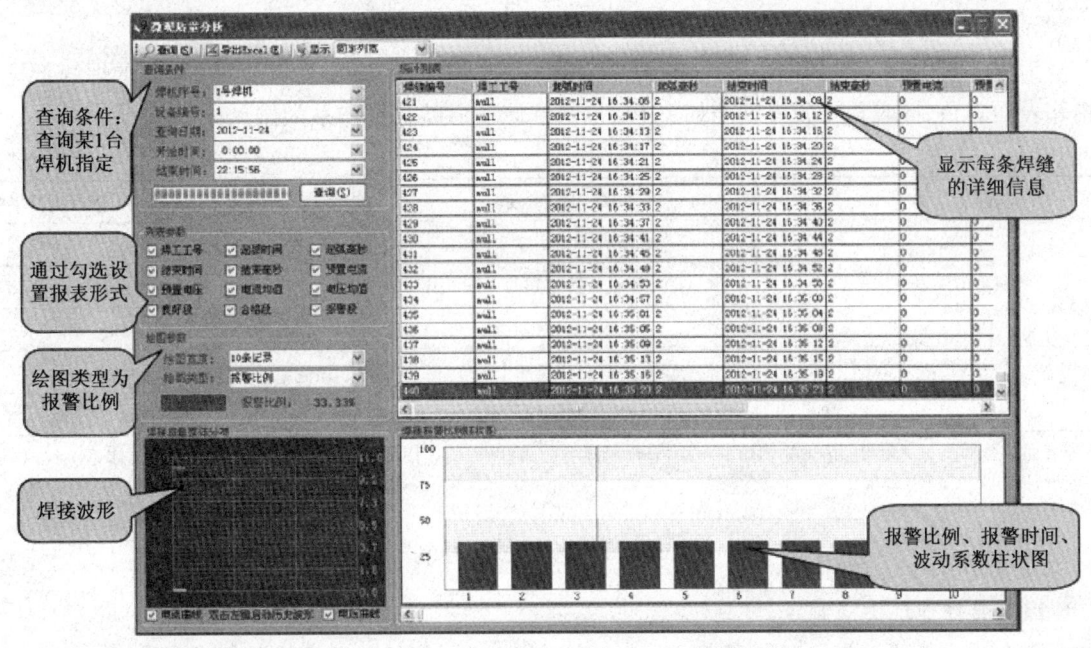

图4 微观质量分析

以往的焊材使用量都需要专人统计,麻烦而且容易出现误差,该系统可以详细记录每台焊机所消耗的焊材量,通过查询得到指定时间段内每台焊机的焊丝消耗、气体消耗、电能消耗,并以报表及柱状图的形式体现,方便采购部门对焊丝的库存管理。

32. 港珠澳大桥 CB01 标大节段环口部位涂装施工方案及优化

苏艳慧

(中铁山桥集团有限公司)

摘　要　本文简要介绍了港珠澳大桥钢箱梁梁段间拼装后厂内环口部位的涂装施工方案,并针对施工工具、施工方法等方面作了简要分析和优化。

关键词　环口涂装施工工具方法优化

一、引　言

港珠澳大桥横跨伶仃洋海域,受海水、海风、盐雾、潮汐、干湿循环等众多因素影响,所处腐蚀环境较强,涂料涂层防腐性能极易遭到破坏,而环口部位的涂装又是涂装施工中的薄弱环节,因而环口部位的处理对钢箱梁整体涂装质量来说是至关重要的。

一直以来,环口部位的涂装施工都存在诸多施工难点。钢箱梁拼接后内部空间相对封闭,通风不好,且与外界的连接管路较长,内外联系不方便。环口 U 肋处高强栓栓接部位拼装后形成的空间狭小,给后期内部螺栓及拼板部位除油、除锈及补涂带来极大困难。另外,环口焊缝部位涂装前需将涂层搭接处原有涂层打磨出梯度,便于后期按照体系逐层补涂,该工序工作量较大,施工难度较高。

下面简要介绍厂内环口部位的涂装施工方案,并做简要分析和优化。

二、涂装体系

本桥为进一步增强环口部位防腐涂装性能,设计环口部位涂层厚度上有所增加,要求焊缝部位的补涂与相邻表面一致,同时总干膜厚度增加 10%;以深水区非通航孔桥体系为例见表1。

表1

部　位	涂装体系	技术要求(最低干膜厚度)
钢箱梁外表面	环氧富锌底漆2 道	2×50 μm
	环氧云铁中间漆2 道	2×100 μm
	氟碳面漆2 道	2×40 μm
钢箱梁内表面	环氧富锌底漆1 道	80 μm
	环氧厚浆漆1 道	120 μm

注:外表面焊缝部位与钢箱梁外表面涂装体系一致,总干膜厚度增加 10%,内表面焊缝部位与钢箱梁内表面涂装体系一致,总干膜厚度增加 10%。

三、环口涂装的过程控制

1. 环口涂装作业环境控制

港珠澳大桥涂装环境要求满足 JT/T 722—2008《公路桥梁钢结构防腐涂装技术条件》。

施工环境温度 5~38℃,空气相对湿度不大于 85%,并且钢材表面温度大于露点 3℃;在有雨、雾、雪、大风和较大灰尘的条件下,禁止户外施工。

2. 涂装材料控制

(1)为满足粗糙度和清洁度的要求,本桥喷砂除锈选用钢砂、钢丸的混合物做磨料,其混合比例为:

G25:S390 = 7:3,喷砂期间因磨料反复使用,根据磨料受到灰尘污染的程度,不定期筛砂,除去其中的灰尘。磨料表面必须清洁、干燥、无油污、可溶性盐类等。

(2)本桥选用佐敦牌涂料,沈阳颜丰牌无机富锌防锈防滑涂料等,各种原材料均有质量证明书,原材料进厂后按照批号进行复检,送往具有检测资格的产品质量监督检测部门进行检测,由检验单位出具检验报告,合格方可投入使用。

3. 技术交底与培训

施工人员需经过上岗前严格、全面的涂装施工技术交底、理论及实际操作培训、安全教育培训等,通过技术交底及培训使施工人员达到熟练掌握技术要求、实际操作方法,在现场能够应急处置施工事故,并经考核合格后持证上岗。

4. 施工方法及施工工具

(1)除油

用抹布蘸取少量除油剂沿着同一方向从油污一侧向另一侧反复擦拭,及时更换抹布,直至表面油污彻底清除。四氯乙烯相对毒性很低,热稳定性好,而且有很强的去油污能力,是首选的高效除油剂。

(2)除锈

除锈通常分为喷砂除锈和打磨除锈两种,应根据工艺要求,不同的施工部位选择不同的除锈方法和适当的除锈工具,常见施工部位及选用工具见表2。

表2

施工部位	施工工具	施工部位	施工工具
主焊缝部位(外表面)	环保自动循环回收式喷砂机	螺栓头、螺母	电动打磨工具配备千叶片
主焊缝部位(内表面)	气动打磨工具配备砂纸磨片	螺纹、垫片	电动钢丝刷
狭小部位焊缝	灵便式小型喷砂枪		

用环保自动循环回收式喷砂机对平面焊缝部位喷砂时,喷砂头罩垂直贴在焊缝部位表面;用灵便式小型喷砂机喷砂时枪嘴距待喷部位表面10~20cm左右,并应注意磨料的回收。用打磨工具对锈蚀区打磨,应将锈蚀区域打磨至金属光泽,达到St3级标准。

以下为本桥涉及到的几种焊缝部位常用的除锈工具,如图1~图6所示。

图1 气动打磨工具配备纸磨片

图2 气动打磨工具配备砂纸

(3)打磨涂层梯度

除锈完成后应用气动打磨工具配备砂纸磨片对焊缝周围涂层进行梯度打磨、分层处理,坡口必须平顺,并规则地分界出底漆、中间漆、面漆(如图7,以外表面焊缝部位为例),以方便后续的涂料施工;梯度打磨结束后,用吸尘器清除表面的灰尘,若过程中有油污等污染须再次除油。

打磨梯度这道工序技术含量相对较高,工作量也较大。本桥环口部位的涂层修补量主要来源于两个方面:一是主焊缝拼接产生,该部位可以通过前期钢箱梁梁段涂装施工时分涂层、分梯度贴胶带纸,预留坡度涂层,拼接后只需对梯度涂层简单打磨平顺即可,工作量相对较少;另外钢箱梁拼接时由于内部环口焊接大量的嵌补段(如U肋嵌补段、板肋嵌补段等),而焊接时的高温会使相应部位涂层大量烧损,修补这部分涂层将造成巨大的打磨坡口工作量,其中中间漆涂层通常设计的较厚,再加上中间漆通常漆膜坚韧,具有良好的附着力、柔韧性、耐磨性和封闭性能等,更加增加了打磨的难度。

图3 电动打磨工具配备千叶片

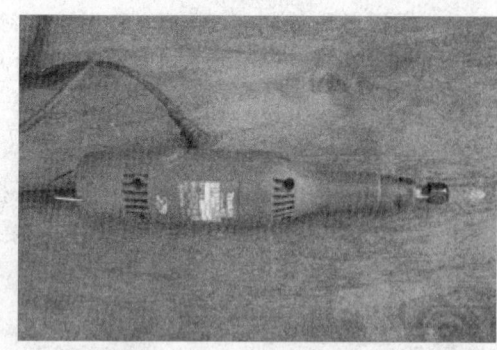
图4 笔形磨机

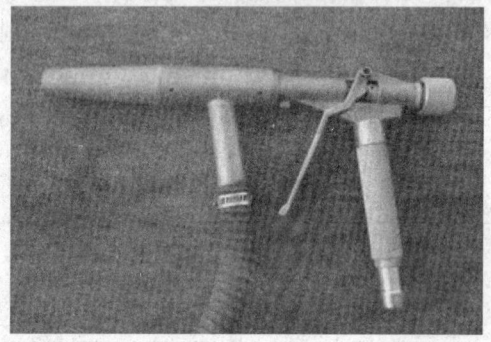
图5 灵便式小型喷砂枪

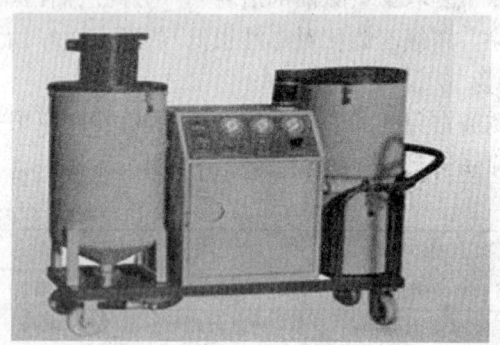
图6 环保自动循环回收式喷砂机

考虑到以上施工难点,在钢箱梁小梁段施工时对环口部位焊缝预留防护做了简要优化。由常规的钢箱梁小梁段施工时靠近环口焊缝处喷砂除锈后贴5~8cm宽胶带保护焊道(图8),其后每种涂层再贴5cm宽胶带区分梯度,优化为钢箱梁小梁段施工时靠近环口焊缝处喷砂除锈后贴5~8cm宽胶带保护焊道,喷涂底漆后将环口部位用40cm宽三合板防护后再进行下道涂层的施工,其后每种涂层再贴5cm宽胶带区分梯度(图9)。这样焊接环口部位嵌补段(嵌补段长度通常在30~50cm)产生的涂层烧损只发生在预留底漆涂层部分,只要将烧损的底漆涂层打磨彻底即可,打磨起来相对省力,既避免了后续涂层(中间漆、面漆)的打磨量,又节约了涂料用量,降低了成本,提高了效率。此种方法后续涂层(中间漆、面漆)的梯度由贴胶带直接形成,只需简单打磨平顺即可(如图10)。

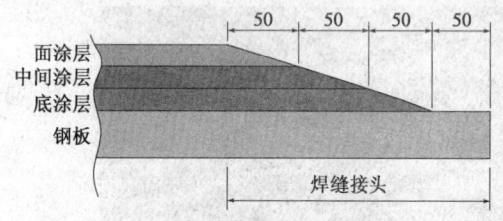
图7 打磨涂层梯度示意图

图8 常规环口拼接处修补

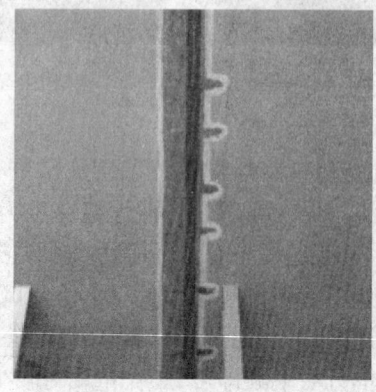
图9 优化前后对比图

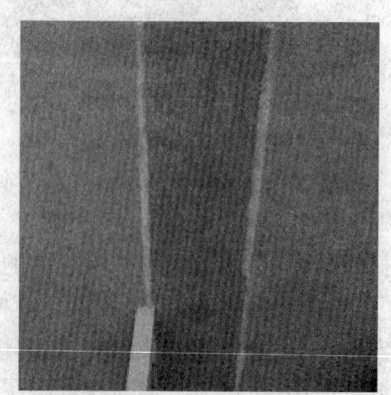
图10 优化后环口拼接处修补

(4) 涂装

本桥环口部位涂装底漆、中间漆时根据实际情况选用辊涂、刷涂或喷涂;面漆涂装时,除空间小、面积小部位采取刷涂外,大面积采取喷涂方式施工,以便于保证涂层外观质量。

通常情况下,环口部位二次表面处理后,应在4h内进行涂装,涂装后4h内不得淋雨。各道涂层之间的重涂间隔应按照涂层配套体系的要求进行,并参照涂料说明书。

涂料调配时用搅拌器搅拌,以保证涂料混合均匀。本桥所用涂料均为双组份涂料,先搅拌主剂至均匀,再按规定比例加入固化剂后,再搅拌主剂、固化剂至均匀;使用时注意油漆的熟化期和混合使用期,达到熟化期才能施工,超过混合使用期的涂料严禁使用。(高压天气喷涂设备见图11,辊涂刷涂用具见图12)。

图11 高压无气喷涂设备

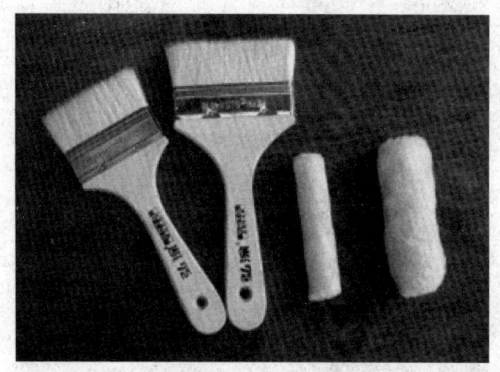

图12 辊涂、刷涂用具

喷涂时随机采用湿膜卡对涂层湿膜厚度测量,达不到规定的湿膜厚度要及时补喷;为控制膜厚,每道涂层施工前,对上道涂层进行测厚并用记号笔标记,作为下道涂层施工膜厚的参考,从而控制总膜厚;当前道涂层在阳光暴晒一段时间再覆涂后道涂层时,必须特别注意前道涂层的表面清洁、打磨拉毛,以保证涂层间的附着力。

(5) 密封胶施工

密封胶用于本桥上主要表现在钢箱梁拼接口焊接和高强度螺栓施拧完成后,处于外表面的U肋接口拼接板缝隙、手孔封板缝隙、U肋过焊孔等部位。且应在需密封孔洞、密封缝隙等部位完成底漆或中间漆涂装及缺陷修补后进行。密封胶施工完成并检验合格后再进行面漆施工。具体施工方法如下:

①密封前对密封缝处及其周边涂层进行清洗,除油除污。

②把缝隙的两边1cm处垂直贴上5cm宽的胶带,以防施工中多余的密封胶污染构件表面。

③将密封胶按说明书要求,充分搅拌均匀,至满足熟化期要求方可使用。

④用刮刀或胶枪将配制好的密封胶嵌入缝道中间。并用刮刀进行表面修整,密封胶表面应略高于密封缝处。

⑤密封胶表干后揭去隔离带,在进行稍微修整即可。

四、验 收 要 求

1. 涂层外观质量

漆膜应平整、均匀,不得有气泡、裂纹、严重流挂、脱落、漏涂等缺陷,面漆颜色与比色卡相一致。当漆膜出现表面缺陷时,应根据不同的情况采取不同的方式进行修补。经修复的涂层必须达到规定的质量标准。

2. 干膜厚度

每道油漆涂装后都应采用磁性测厚仪进行干膜厚度测量图13。测量方法和要求参照设计要求的相应标准进行。外表面部位所测值必须满足90—10规则,即所测量值中必须90%以上的测值达到或超过规定的厚度要求，另 10% 厚度不达标的测值其厚度不得低于规定厚度的 90%；内表面部位所测值必须满足 85—15 规则，即总测量值中必须有 85% 以上的测值达到或超过规定厚度要求，另 15% 厚度不达标的测量值其厚度不得低于规定厚度的 85%。如达不到上述要求，必须进行补喷。直到满足厚度要求。

3. 附着力

涂装结束后应进行涂层附着力测试。常用附着力测试有划格法和拉开法两种：

划格法可参照 GB/T 9286 进行划格评级，拉开法可参照 GB/T 5210。当待测涂层膜厚大于 250μm 时只能选用拉开法，小于 250μm 时两种方法均可。划格法、拉开法均为有损测量方法，因此测量结束后要对涂层破坏的部位按要求进行修复。（108 液压型附着力测试仪见图 14，划格仪见图 15。）

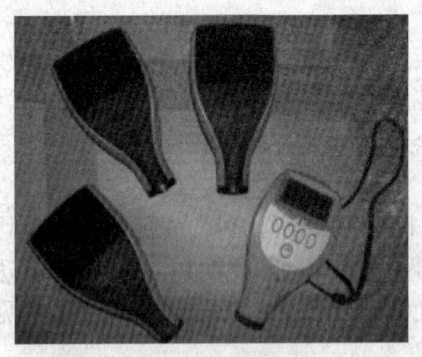

图 13　磁性测厚仪

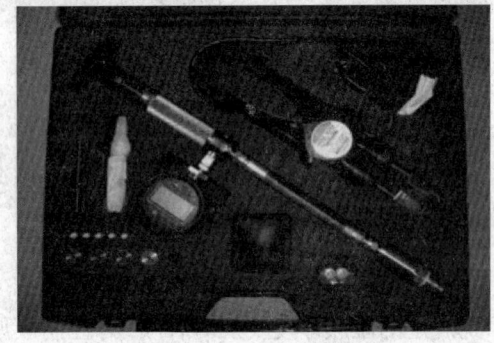

图 14　108 液压型附着力测试仪

图 15　划格仪

五、结　　语

钢箱梁环口部位的涂装施工一直是钢箱梁涂装施工中的一个重点和难点，这一工序也极大的影响着钢箱梁防腐涂装的效果。本文通过理论分析及港珠澳大桥施工实践表明，选用恰当的施工工具、合适的施工方法，既能降低施工成本，提高施工效率，又能保证较好的涂装质量。

33. 港珠澳大桥大节段装船技术与研究

孙海权

（中铁山桥集团有限公司）

摘　要　以港珠澳大桥 CB01 合同段大节段的吊装为例，介绍了吊装装船这种高效、安全的钢箱梁大节段装船的方法，并对其优点、装船过程及技术要求进行了介绍。

关键词　大节段　吊装装船　模块车　龙门吊　关键技术

近些年来，我国桥梁建设事业发展迅猛，在一些特大桥梁的施工中采用了钢构件的大节段吊装方法。对于海上桥梁的施工，应当尽量减少海上施工工期，降低海上施工风险，提高施工方案的经济性，确保桥梁施工的质量。

大节段施工是将钢箱梁梁段划分为比较长的节段，在工厂完成钢箱梁大节段的制造，利用运输船将大节段运输到梁段架设位置，利用大型浮吊将梁段直接吊装到要求位置。这样节省了分段焊接量，大大减少了海上施工作业的时间,降低了施工中的风险,提高了桥梁的施工质量,保证了施工工期。但是,由于大节段的几何尺寸和重量均较常规钢箱梁分段大得多,这种施工方法对钢箱梁大节段制造技术及精度、装船运输技术、吊装施工机具的性能要求均提出了更高的要求。

一、工程概况

港珠澳大桥是在"一国两制"条件下粤港澳三地首次合作共建的超大型基础设施项目,大桥东接香港特别行政区,西接广东省(珠海市)和澳门特别行政区,是国家高速公路网规划中珠江三角洲地区环线的重要组成部分和跨越伶仃洋海域、连接珠江东西岸的关键性工程。其中我公司制造的 CB01 合同段工程范围为部分深水区非通航孔桥 + 青州航道桥,里程为 K13 + 413 ~ K22 + 083,全长 8.670km,包含附属设施,钢结构总重约 18.3 万吨,由 72 个大节段和 55 个小节段组成,大节段长度最大为 152.6m,最大重量达到 3600 余吨。

二、大节段钢箱梁的装船运输流程

CB01 合同段的大节段构件选用的装船方式为吊装方式,目前大构件的装船方式主要有两种:滚装装船和吊装装船(图1)。滚装装船方式较为经济,但是它对场地条件、船身稳定性、装船措施等条件要求较高,尤其是装船时间点受到潮汐限制,并且装船时间需要控制严格,在一定的落潮时间内要完成装船,否则会出现很严重的后果,安全性较差、准备时间长、不宜进行连续装运。吊装装船方式经济性稍差,主要是因为需要装备足够起重量的龙门起重机,但是它对场地条件、装船时间、船身稳定性等方面的要求很低,准备时间短、安全性很高,可以实现全天候作业,如果装备的大型龙门起重机在今后能够得到充分利用,设备的使用成本得到摊销,则吊装装船方式的经济性劣势将得到避免。港珠澳大桥 CB01 合同段共 72 个大节段和 55 个小节段,工期很短、装船密度很高,综合以上因素我们采用了吊装装船的方式,以保证装船时间和装船的安全性(图1)。

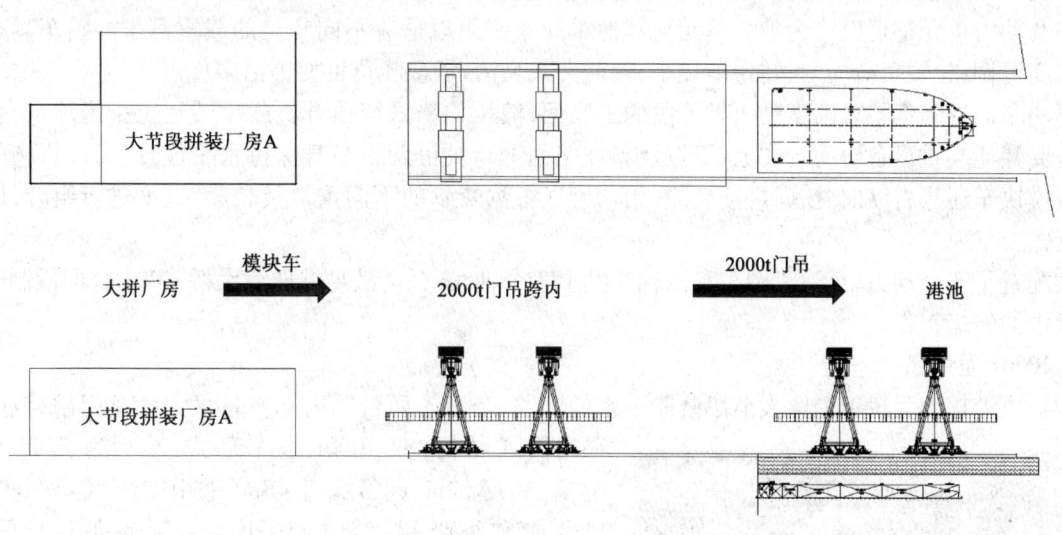

图 1 吊运方式

整个大节段装船的流程如上,在大拼厂房内将钢箱梁分段焊接为大节段,完成检测、涂装工作后由运梁模块车运输到 2000t 龙门吊跨内,再利用两台 2000t 龙门吊将大节段吊装到港池内的运输船上,完成运输船上的大节段临时固定后,将大节段运输到安装位置,利用大型浮吊完成架设工作。

三、场地、设备与运输船介绍

1. 场地

大节段拼装厂房长宽为 162m×50m,厂房内设置有大节段拼装胎架,主要功能是将钢箱梁分段在胎架上组装、焊接形成大节段,并进行涂装和安装附属设施工作,拼装大节段的工作在厂房内进行能有效地避免日照、风、雨的影响,有效地保证施工质量和施工进度。

2000t龙门吊场地长宽为300m×62m,布置有两台额定起重量为2000t的龙门吊,共布置四条龙门吊轨道,场地进行了硬化便于大节段的临时存放。

港池的长宽160m×55m为内嵌式港池,水深6m,可停靠排水量万吨级的驳船。2000t龙门吊的轨道延伸至港池端头,方便进行货物的装卸。

2. 运梁模块车

自行式模块运输车(简称模块车)主要应用于港珠澳大桥各节段梁组拼、移位、转场运输。钢箱梁生产从板单元的卸船、搬运,到分段梁组拼成型,从各分段梁的打砂涂装到最重最长节段梁(重3600t,长153m)的总拼发运,都依靠模块车来实现,见图2。

图2 模块车

每组模块车主要由一个动力单元、若干六轴车和若干四轴车组成,每个轴线承载最大30t,其中每个单元车及动力单元都可以作为独立单元与其他单元车拼组以适应不同吨位的载重需求。整车具有载货平面高度可调、轮轴负荷均匀、转弯半径小、转向方式灵活、承载吨位可变等诸多优点。

模块车通过降低整车高度驶入大节段的下底面,液压均衡系统顶升负载后转运至指定地点,全部过程不需要其他起重设备协助。在上、下坡及斜坡路面上行驶可调整车身保持水平位置,保证货物的平稳运输。模块车还具有纵向、横向拼接功能,用户可以根据货物的不同重量及长度、宽度进行组合,以满足货物运输要求。

共配置了8个动力单元,六轴车和四轴车共132个轴线,完全满足港珠澳大桥CB01合同段制造和装船过程中的转运工作。

3. 2000t龙门吊

为解决港珠澳大桥钢箱梁大节段装船下水的问题,装备了两台国内起重量最大的龙门吊,该起重机

图3 龙门吊

采用门式结构、双1000t小车形式,单台额定起重量为2000t、跨度62m、起升高度45m,采用交流10kV电缆卷盘供电,工作级别A4。起重机采用全变频驱动,运行平稳、可靠性高;采用光缆传输,有效减低噪声干扰、避免误动作,提高整车安全性能;采用PLC控制系统,具有完善的自动控制、故障诊断显示、安全保护等功能,操作方便;大车、小车机构均采用双轨形式,改善主梁受力情况,增加行走机构平稳、稳定性能;可以单台操作也可以两台联动操作,能完全满足大节段的倒运和装船需求(图3)。

4. 运输船

基于需要运输的大节段钢箱梁尺度较大(其中68段的宽度为33.1m,4段的宽度为39m),单件重量

较大(每件1200~3600t)的货物自身特性,选用运输船"港华驳1199"+全回转海拖"湛港拖15"为运输船组,见图4、图5和表1、表2。

图4 港华1199

图5 湛港拖15

驳船"港华1199"基本要素　　　　　　　　　　　　　　　　　　　　　　　　表1

建造年月	2010年12月	型深	7.5m
建造地	连云港	满载吃水	5.2m
船籍港	连云港	载重量	18000t
总长	120.5m	甲板载荷	15t/m²
型宽	43.4m	甲板载货面积	120.5m×43.4m

湛港拖基本要素　　　　　　　　　　　　　　　　　　　　　　　　　　　　表2

船舶	4000HP拖轮	建造时间	2011.8
船舶种类	全回转拖轮	建造地点	上海
船旗	中国	船级	CCS
船体总长(m)	37.6	主机功率(马力)	4000
垂线间长(m)	32	总吨(t)	441
船体型宽(m)	10.5	船体型深(m)	4.8
满载吃水(m)	3.676	甲板层数(层)	2

四、关键技术要点

1. 大节段转运

大节段转运主要是指大节段从拼装厂房胎架转移至龙门吊跨内或者临时存放地的过程。主要有如下关键控制点:

(1)运梁模块车的布置。模块车的主要布置原则遵循:第一,承载能力足够,按照每个轴线承载不大于30t选取轴线总数;第二,承载均匀,各轴线均匀布置使承受荷载基本相等,前后支撑力矩均匀;第三,支撑点选择在钢箱梁横隔板位置,摆放位置偏差不大于3cm,如图6所示。

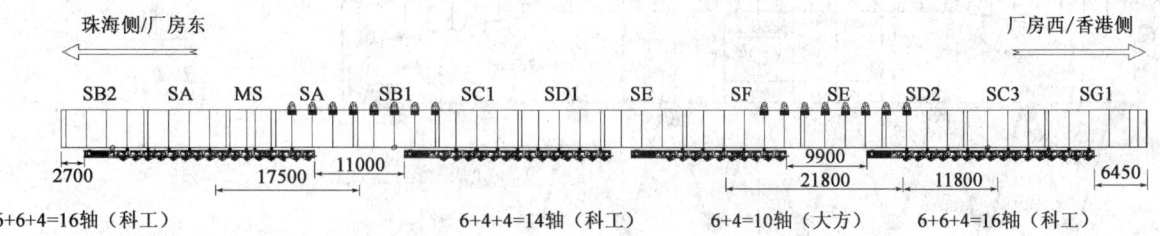

图6 132.6m大节段液压平车纵向布置图一

两组16轴线模块车两组(3号、4号),14轴线模块车两组(5号、6号),10轴线模块车两组(7号、8号),16轴线模块车(1号、2号)。

(2)运梁模块车上垫木的摆放。钢箱梁大节段在胎架上是按照制造线形拼装、组对的,下平面的高差在 300~500mm 之间,厂房内外地面高差为 200mm,运梁模块车的上下顶升距离为 ±300mm,模块车走行时还要有一定的顶升调节量,所以需要在模块车上放置一定高度的垫木来解决。垫木的放置应对应于钢箱梁横隔板,垫木的高度根据主梁的线形计算得出。

(3)运梁模块车控制。大节段转运过程中运梁模块车操作流程如图 7 所示。

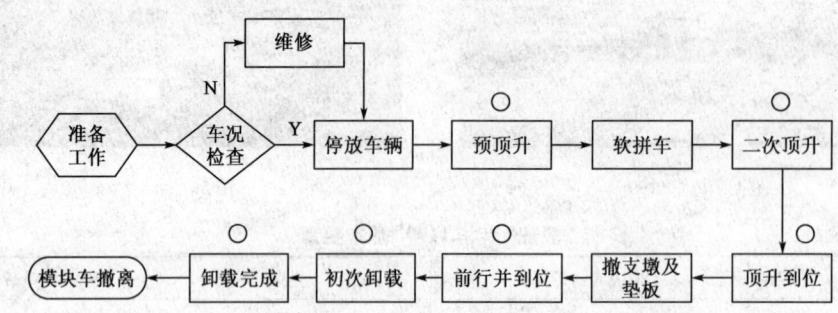

图 7 模块车操作流程

由于转运大节段时需要 6~8 组模块车并联作业,轴线数可达 132 轴,模块车的同步性以及转运过程中的监控都非常重要。另外还有如下要点需注意:第一,停放模块车时前后各轮胎应在两条平行的直线上,以保证两排模块车能够在行走时始终保持平行;第二,各组模块车就位后进行预顶升,顶升压力保持一致,均衡压力至 $60×10^5$Pa;第三,预顶升结束后进行软并车,并车后进行点火测试,保证并车接线无差错;第四,顶升到位后应静止 5~10min,查看模块车的车况;第五、大节段转运到位后的卸载程序应缓慢、分步骤进行。

(4)大节段的摆放。大节段从大拼厂房内转出以后,直接存放在 2000t 龙门吊下或者存放在待发运区内,大节段摆放在数量足够的支墩上,支墩应考虑模块车进出的高度,支墩下的地面进行局部加强。

2. 吊具设计

根据港珠澳大桥 CB01 标段的情况,各大节段分为每组 8 个吊耳和 6 个吊耳的形式(每个大节段共 4 组吊耳),吊耳间距有 2.5m、2m、3m 三种位置(图 8),由此我们设计了以下吊具方案:

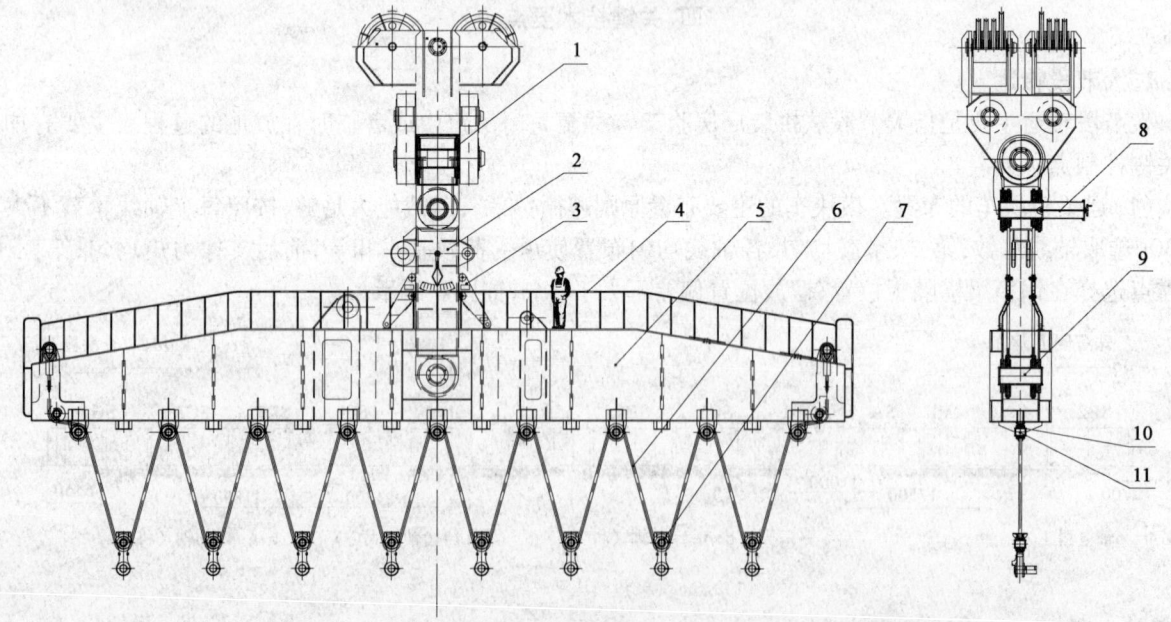

图 8 吊具

1-吊耳组焊;2-吊臂;3-支腿;4-栏杆;5-梁体;6-压制钢丝绳索具;7-可调拉板;8-穿轴器;9-连接轴;10-滑轮;11-滑轮轴

该吊具配于2000t门式起重机2台小车1000t吊具下面,额定起重量1000t,吊具与小车动滑轮组之间采用φ450mm销轴连接,吊排大梁下部均布9个滑轮,滑轮通过φ76mm×65.6m压制钢丝绳索具连接8个可调拉板,单个可调拉板的额定载荷为125t,8个可调拉板全部受力后可承受额定荷载1000t。可调拉板上部为滑轮结构,穿过钢丝绳索具,下部为配备辅助穿轴套筒的销轴,通过穿入销轴与钢箱梁的吊耳连接。吊具具有结构简单、可靠、操作方便、受力均匀、起吊载荷大等特点,并可以灵活挂载8个吊耳或6个吊耳,灵活适应吊耳间距差异问题,如图9所示。

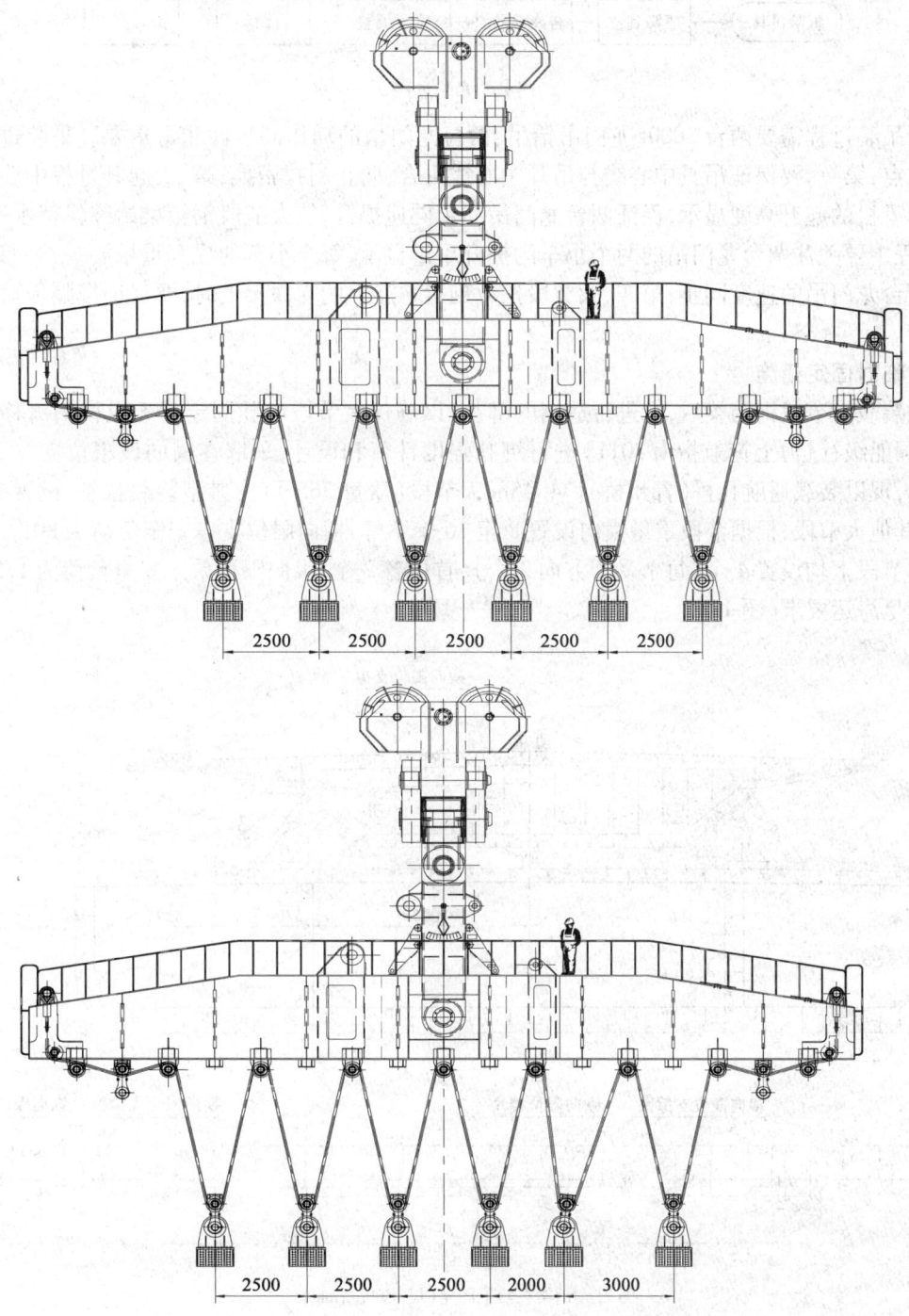

图9 吊具布置(尺寸单位:mm)

3. 大节段吊装

吊装过程如图10所示。

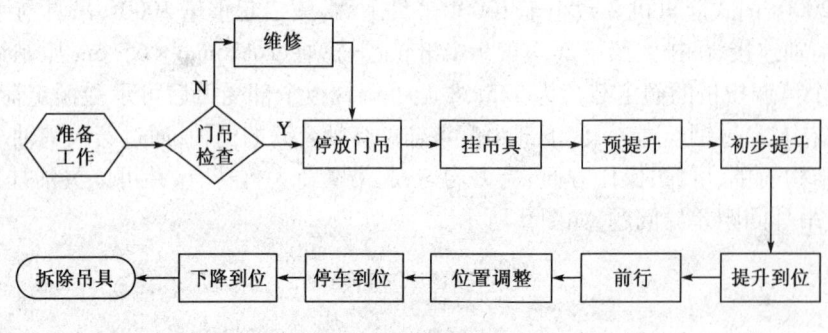

图10 吊装过程

大节段吊装过程需要两台2000t龙门吊抬吊,两台龙门吊的动作同步性非常重要。吊装过程中主要注意以下几点:第一,要保证吊具中心线与吊耳中心线重合,防止斜拉歪拽;第二,起升过程中要密切注视两台龙门起重机的起升高度显示,保证两台龙门吊同步同速提升,使大节段钢箱梁始终保持水平状态;第三,运动过程中要关注两台龙门吊的两个小车的提升重量显示,每个小车的提升重量要基本一致,表示运动过程中两台龙门吊的速度同步;第四,大节段摆放到运输船上的支撑架上时,要保证横隔板对应在支撑架上。

4. 船上临时固定措施

驳船上装载大节段钢箱梁后,应进行适当的绑扎,以确保大节段绑扎固定后无纵横向滑移及横向翻转,现按中国船级社《海上拖航指南2011》进行绑扎强度计算和设计,采取在横向设限位支撑、纵向设限位挡块方式,现以装载通航孔桥(青州桥)134.45m大节段(质量3656t)为典型装载状态,设置16个横向限位支撑,其他大节段,根据节段重量横向设置8至16个不等,横向限位支撑安全负荷为80t。纵向限位挡块在所有节段上均设置4个(每个受力方向2个),首尾各2个,纵向限位单个安全负荷为175t,经校核绑扎强度满足海运要求(图11)。

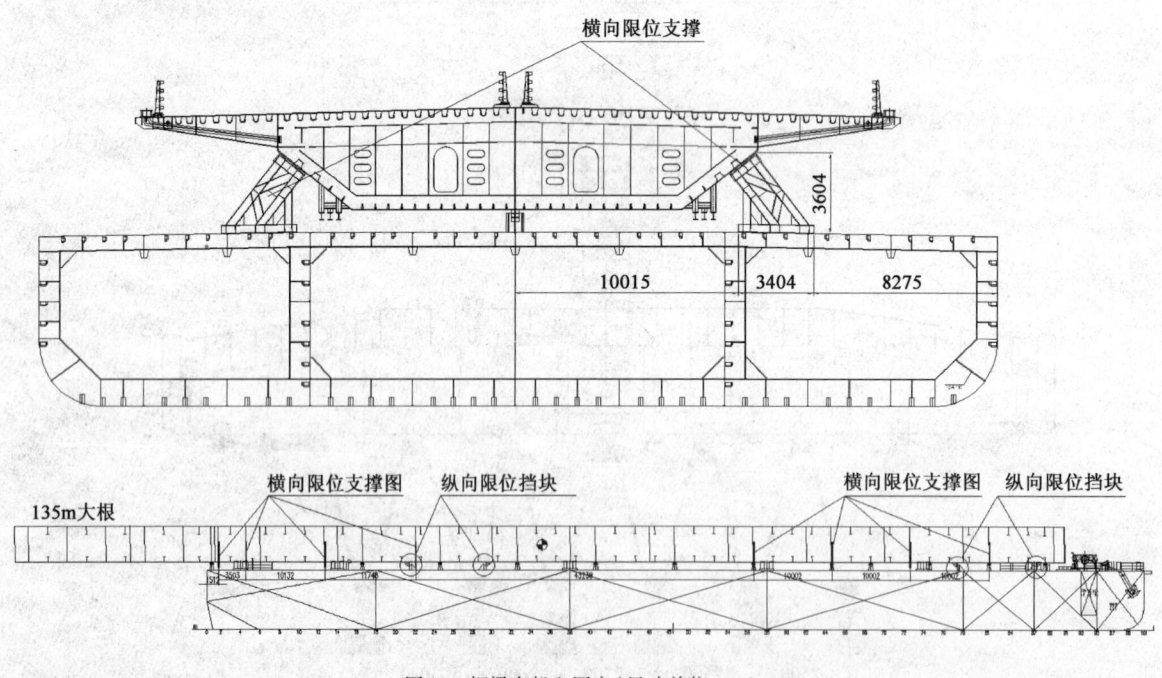

图11 钢梁在船上固定(尺寸单位:mm)

通过多轴线模块运输车、2000t龙门吊的装备,选用了适用于多规格吊点的吊具以及保证大节段转运、吊装和船上临时固定的各种措施,目前我们已经安全、及时地完成了近20个大节段的装船、运输工作,有力地保证了港珠澳大桥的架设需要,并通过此项目大大增强了我公司的装备水平和核心竞争力。

34. 港珠澳大桥深水区非通航孔桥施工方案创新

吴伟胜 孟凡超 邓 科 张 鹏
(中交公路规划设计院有限公司)

摘 要 介绍深水区非通航孔桥全预制墩台埋床法精确施工控制和钢箱梁大节段整孔吊装逐跨施工方案,包括止水方式、临时吊点及耐久性措施等关键设计细节及创新技术。

关键词 深水区非通航孔桥 全预制墩台 埋床法 钢箱梁大节段整孔吊装 关键设计细节

一、概 述

港珠澳大桥主体桥梁工程DB01标段深水区非通航孔桥包括K13+413～K17+263、K18+783～K27+253和K28+247～K29+237三个区段,共计103跨,分为21联。上部结构采用110m跨大悬臂正交异性钢桥面板钢箱连续梁,除与江海直达船航道桥相接的第19、20联为变宽等高钢箱连续梁外,其余均为等截面钢箱连续梁(图1)。下部结构墩身采用预制薄壁空心墩,根据墩高不同,分为整体式、两节式和三节式三种类型,节段之间采用大直径预应力粗钢筋张拉连接为整体;基础形式为群桩承台结构,其中承台与下节段墩身整体预制,桩基采用钢管内填充钢筋混凝土的复合桩(图2)。

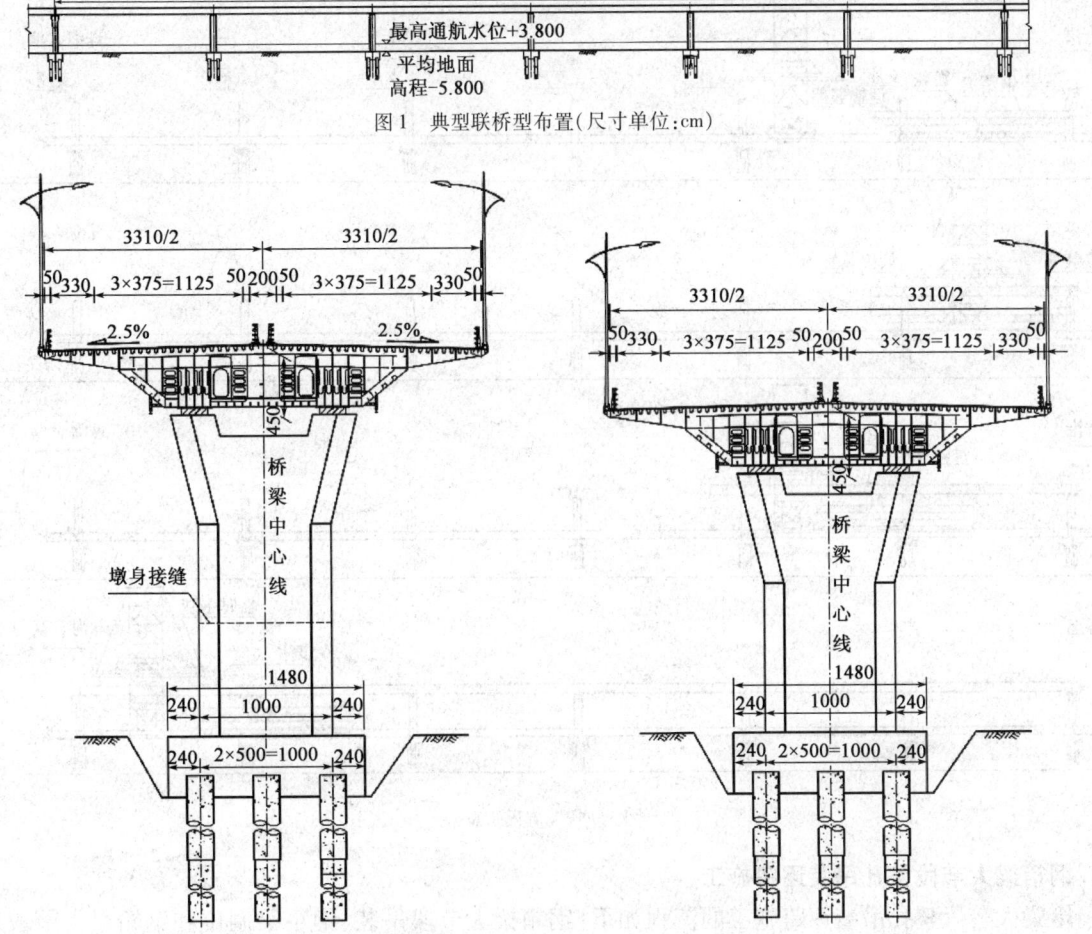

图2 深水区非通航孔桥立面(尺寸单位:cm)

目前,国内外长距离跨海大桥多为预应力混凝土或组合梁结构[1~2],港珠澳大桥经过充分研究表明,钢箱梁方案耐久性能优越,综合经济效益好,在提高桥梁景观效果、减少施工期及降低施工运营期风险、强化项目特点、提升本项目在国内外的地位方面具有突出优势,因此上部结构采用整幅钢箱梁。为加快施工进度,提高下部结构耐久性,国内外跨海桥梁下部结构多采用预制结构,在桥位现场采用湿接缝拼装[3],港珠澳大桥为降低阻水比,将承台埋置于海床面以下,同时将墩台整体预制,现场中上节段与下节段整体墩台之间采用干接缝结合预应力粗钢棒进行连接,减少现场作业量,极大地提升了结构的施工质量和耐久性。

二、钢箱梁大节段整孔吊装逐跨施工

为减少现场焊接工作量,加快施工进度,钢箱梁架设采用大节段逐跨整孔吊装方案。根据国内已有的加工、运输能力,吊装设备情况,将一个等宽联钢箱梁划分为6个梁段,吊装梁段重量最大约为2700t,1号跨梁段长132.6m、2号跨~5号跨梁段长110m、6号跨梁段梁长86.6m。

1. 架设施工顺序

钢箱梁大节段逐跨整孔吊装施工顺序(图3)如下:
(1)浮吊吊装第1跨。
(2)浮吊吊装第2跨梁段,调整梁段位置,并与已就位的第1跨梁段连接。
(3)依次浮吊吊装第3、4、5跨梁段,调整梁段位置,并与已就位的前一跨梁段连接。
(4)浮吊吊装第6跨梁段,第5跨梁段与相邻梁段连接,一联钢箱梁合拢。

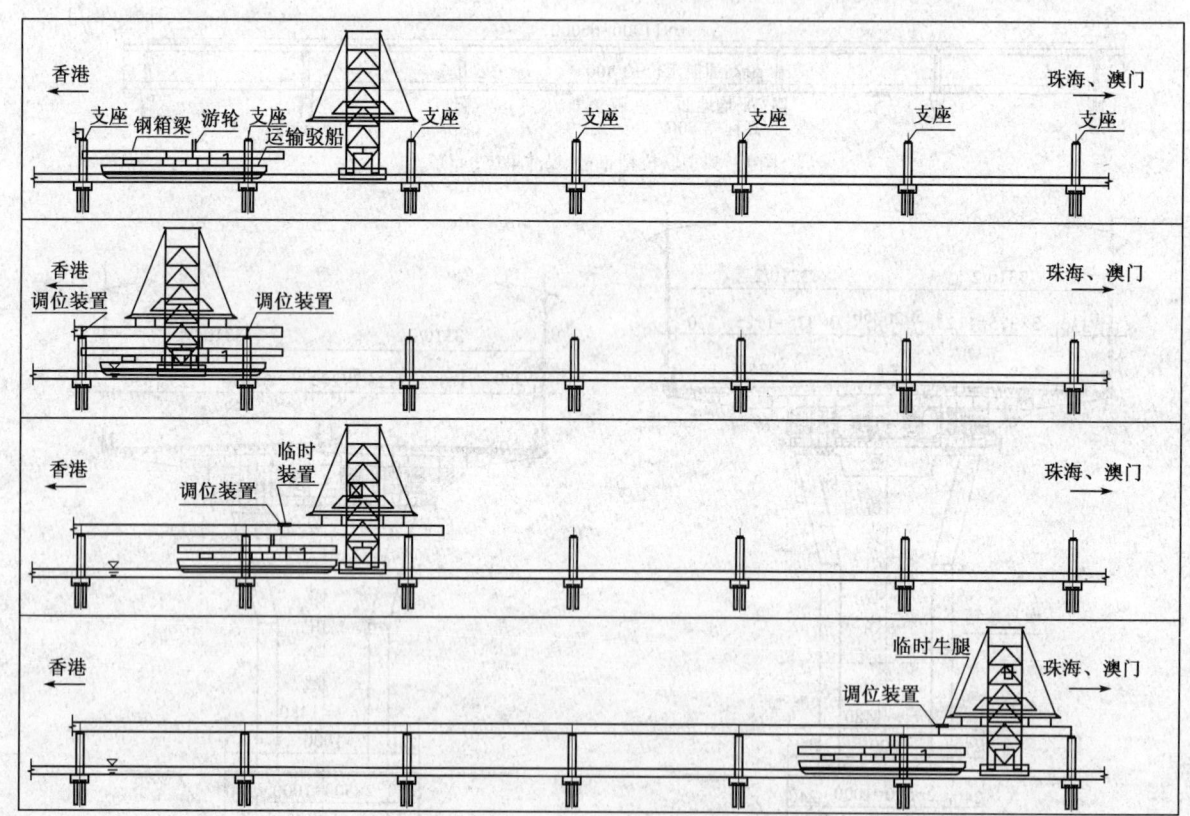

图3 施工流程示意

2. 钢箱梁大节段整孔吊装逐跨施工

钢箱梁大节段整孔吊装逐跨施工的流程如下:钢箱梁大节段吊装、钢箱梁调位和钢箱梁大节段现场连接。

(1)钢箱梁大节段吊装。根据国内现有起重船的起重能力,等宽段钢箱梁采用大型浮吊起吊。

大节段梁段在起吊前完成线形坡度调整,吊装时采用同坡度起吊,通过导向装置及牵引装置落位于临时支座上。除每联首节大节段钢箱梁支撑在两个桥墩上外,其余梁段均一端支撑在主墩上,另一端则通过梁端牛腿和支撑在已就位梁段的临时支座上。

(2)钢箱梁调位。梁段起吊至墩顶上方,通过初调位装置引导落位至临时支座。然后通过墩顶精调位系统以及牛腿调位系统对梁的高程以及水平位置进行调整,直至梁段安装线形符合设计线形。

(3)钢箱梁大节段现场连接。待钢箱梁大节段吊至设计位置后,与已架设的相邻梁段采用牛腿搭接;在合适的温度时段,焊接定位马板,完成顶板对接焊缝,再完成腹板、底板的对接焊接,最后拧紧箱梁顶板U肋的高强度螺栓,完成箱梁外顶板U肋对接焊接。

3. 施工技术要求

鉴于大桥钢箱梁大节段整孔吊装逐跨施工的技术特点,强调了以下技术要求:

(1)吊装前根据当地水文资料及浮吊参数(最大倾角、吊高、吃水深度),对吊高进行核算,确保吊装时钢箱梁底部与支座有1m的富余量。

(2)正式吊装前,在相同潮位情况下,至少应在桥位区进行一次船舶抛锚定位、浮吊移动及各船舶协同指挥的模拟吊装试验。

(3)每块大节段钢箱梁吊装时,应进行预吊。

(4)大节段钢箱梁起吊过程中,需实时监测其倾角。

大节段吊装过程中对各钢丝绳拉力和构件局部应力进行实时监测。

三、下部结构施工方案创新

港珠澳大桥深水区非通航孔桥预制墩台施工有两个特点有别于国内以往海中桥梁预制桥墩结构。首先,国内桥梁预制桥墩基础均为高桩承台,承台顶面即墩身底部位于最低水位以上;港珠澳大桥深水区非通航孔桥为降低阻水比,承台均埋入海床内,因此墩身底部均浸泡于海水之中,耐久性问题尤为突出,为降低施工费用,提高结构耐久性,港珠澳大桥深水区非通航孔桥下部结构采用墩台整体预制,在对应桩基位置处预留后浇孔,待桩基施工完毕后,现场沉放预制墩台,采用止水工艺形成干作业环境浇筑后浇孔,使桩基与预制墩台形成整体。其次,国内桥梁预制桥墩节段间采用的接缝形式均为湿接缝,即是墩台预制时在连接处预留伸出钢筋,现场搭接或焊接后浇筑接缝混凝土;港珠澳大桥深水区非通航孔桥预制墩身节段之间采用的则是匹配预制,现场在结合面上涂覆环氧树脂后直接连接的干接缝,通过张拉粗钢筋施加预应力将节段拼接为整体。下面对下部结构施工方案的关键点进行详细介绍。

1. 埋床法预制墩台吊装沉放安装

预制墩台吊装沉放安装的具体过程为:

(1)浮吊初步下放墩台。用浮吊将承台整体从驳船吊至安装位置上方,选择海水低潮期,缓慢下放承台整体,准确定位,最后将吊具桁架梁下弦搁置在桩帽位置使四根钢管同时均匀受力,如图4所示。

(2)吊具精确下放承台。设置于钢管复合桩顶上调位装置应具有高程、平面各向的调节功能,利用其调整承台及墩身的平面位置和垂直度。利用桩帽顶部调位装置控制好承台及墩身的设计姿态,将承台下放到设计标高,如图5所示。

(3)连接预制承台与复合桩。承台就位后,利用止水胶囊对承台底部止水,低潮位时抽干承台钢套箱内的水,向承台与钢管之间的缝隙(止水胶囊之上)灌筑速凝砂浆封堵。焊接预制承台底板与钢管外壁之间的剪力键,检查每道焊缝,确保焊缝强度,如图6所示。

(4)体系转换前期准备。拆除位于桥轴线上的Z3和Z4桩基预留孔钢管替打段,连接Z3和Z4预留孔钢筋并浇筑承台后浇孔混凝土,如图7所示。

(5)浇筑后浇孔混凝土。拆除悬挂系统,完成体系转换。拆除四个角点处处的Z1、Z2、Z5和Z6预留孔钢管替打段。连接承台预留孔钢筋并浇筑承台 Z1、Z2、Z5 和 Z6 预留孔混凝土,如图8 所示。

(6)拆除钢套箱。向钢套箱内部充水。拆除钢套箱,完成预制承台与钢管复合桩的连接施工,如图9所示。

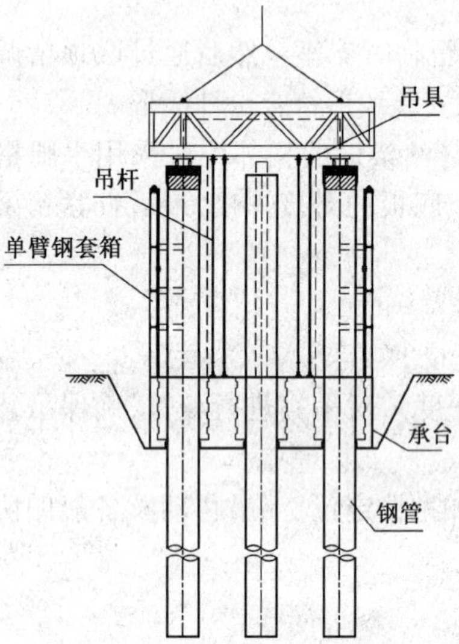

图4 浮吊初步下放墩台 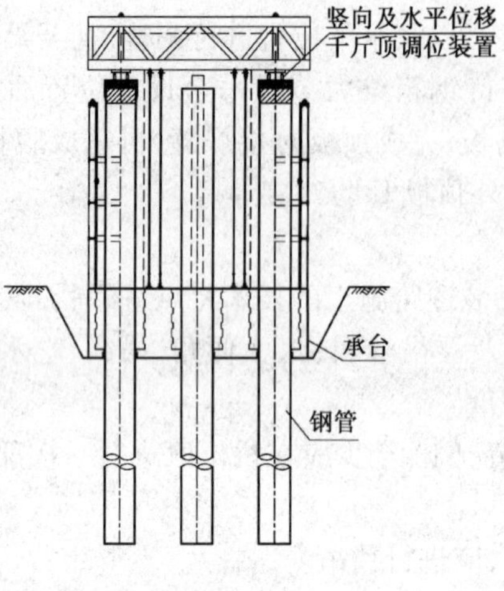　　图5 吊具精确下放墩台 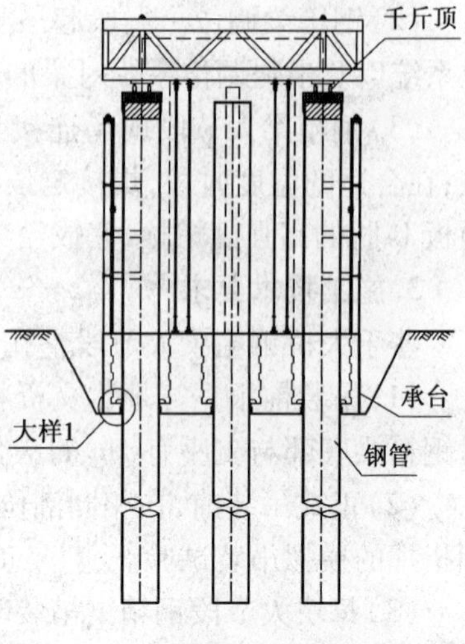　　图6 连接墩台与复合桩

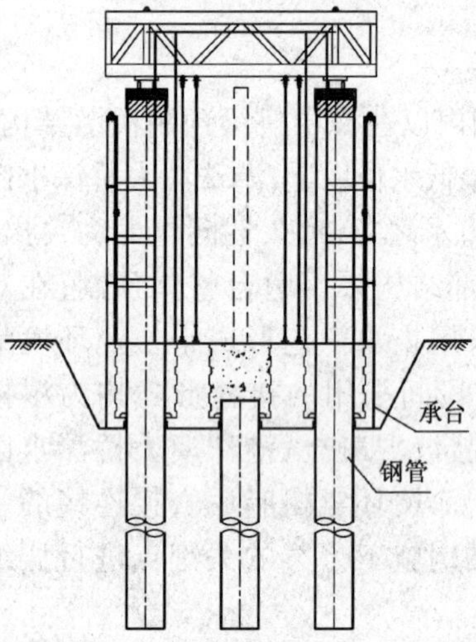

图7 体系转换前期准备 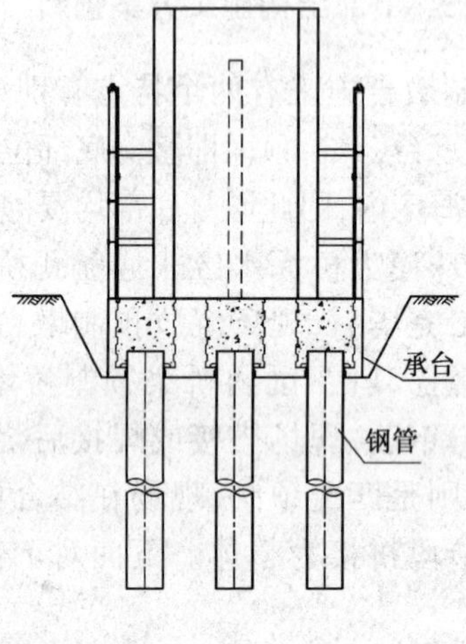　　图8 浇筑后浇孔混凝土 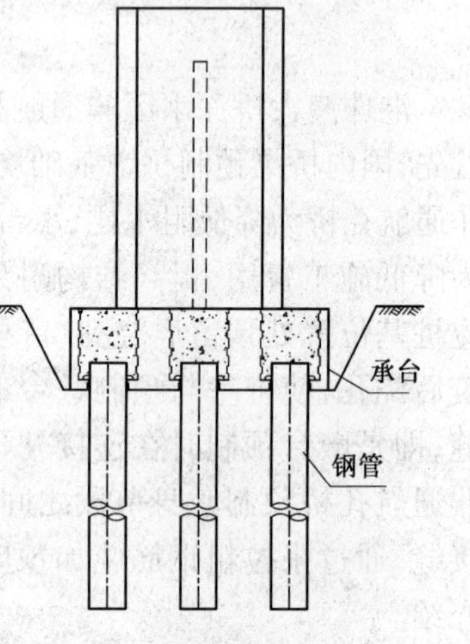　　图9 拆除钢套箱

2. 预制墩台止水工艺

承台预制并在桩基对应位置留有后浇孔,后浇孔侧壁设有抗剪槽,待桩基施工完毕后将预制承台吊装沉放,通过胶囊止水结构加压止水后在承台后浇孔内形成干作业环境。然后焊接桩基与预制承台之间的剪力键将两者固定,并将预制承台后浇孔内主筋接长,绑扎构造钢筋,浇筑混凝土,如图10所示。其中胶囊能在水下16m以上深度实现止水功能。

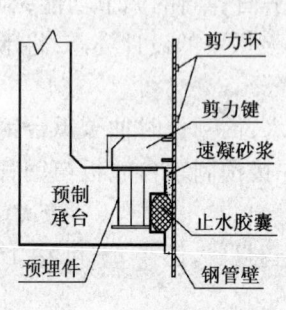

图10 胶囊止水结构

3. 预制墩身节段干接缝连接施工工艺

深水区非通航孔桥预制墩身之间在国内首次率先采用干接缝形式进行连接,避免了现场浇筑混凝土,不仅简化了现场作业工序,缩短施工周期,而且有利于确保结构的工程质量,提高了结构耐久性。

干接缝具体施工过程:

(1)下节段墩身安装完毕后,墩身内预埋粗钢筋顶部露出混凝土顶面50cm,将连接器、下止旋螺母安装至粗钢筋顶面;上节段墩身预制时预埋粗钢筋,将上端止旋螺母安装在设计位置并固定。起吊上节段墩身至现场,落放在置于下节段墩顶的75cm高临时垫块上,如图11所示。

(2)下放上节段墩身内粗钢筋,与下节段墩身内粗钢筋对接,如图12所示。

(3)将连接器上旋至上端止转螺母处,连接粗钢筋,如图13所示。

(4)上移固定下端止转螺母,如图14所示。

(5)涂刷上下墩身结合面的环氧树脂,安装固定粗钢筋连接处O形密封圈,起吊上节段墩身,拆除临时垫块,下放上节段墩身,张拉粗钢筋,压浆封锚,完成墩身干接缝施工,如图15所示。

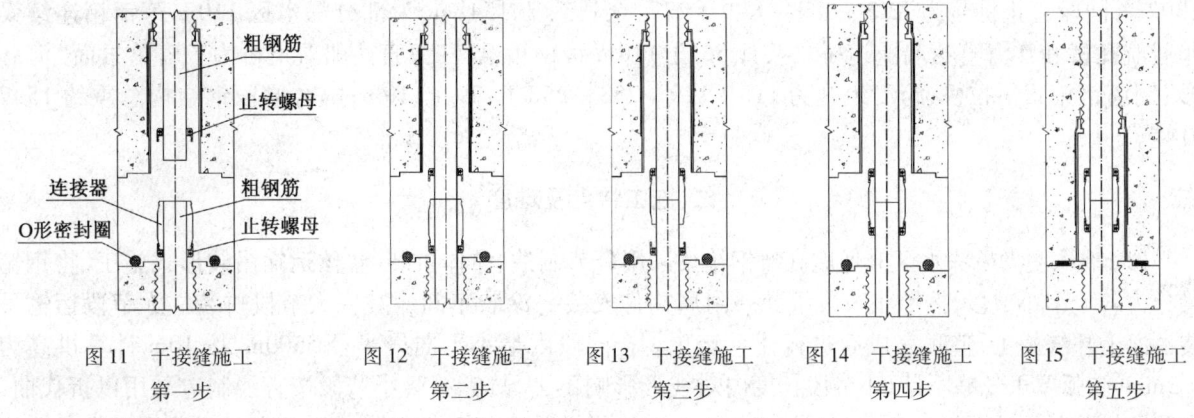

图11 干接缝施工第一步　　图12 干接缝施工第二步　　图13 干接缝施工第三步　　图14 干接缝施工第四步　　图15 干接缝施工第五步

四、结语与展望

港珠澳大桥桥线路长、工程量浩大,航行安全要求高,环保要求高,设计使用寿命长(120年)。为满足复杂水文、气象及地质条件下高质量建设,为结构长寿命健康服役提供重要保障,深水区非通航孔桥上部结构采用大节段整孔吊装,下部结构采用埋床法全预制墩台及精确控制工艺,实现了大桥"大型化、工厂化、标准化、装配化"的建设施工理念,为日后超长跨海大桥的建设提供了重要的参考价值。

参考文献

[1] 贺健.跨海大桥非通航孔桥梁的施工特点[J],中国公路,2005(17).
[2] 李剑,乔仕奇,房浩.跨海大桥非通航孔上部结构施工关键技术研究[J],科技信息,2006(04).
[3] 黄融,过震文,黄少文,等.跨海大桥的一体化施工——东海大桥海上非通航孔一体化施工的构想及实践[J],世界桥梁,2004(Z1).

35. 港珠澳大桥江海直达船航道桥钢索塔及深水区非通航孔桥钢箱梁制造线型控制分析

宋绪明

(武汉桥梁建筑工程监理有限公司 武汉)

摘　要　港珠澳大桥主体桥梁工程江海直达船航道桥为三塔单索面"海豚形"钢塔钢箱梁斜拉桥,桥跨布置为110+129+258+258+129+110=994m。深水区非通航孔桥采用连续钢箱梁体系,标准联采用6×110=660m六跨钢箱连续梁桥,所采用平曲线半径$R=5500m$及$R=6500m$,最大纵坡3%,钢索塔、钢箱梁均采用分节制造、整体拼装、整体运输吊装形式施工。钢索塔高,钢箱梁跨度大,受影响因素多,要求标准高,为实现钢箱梁及钢索塔制造精度及线形,现场采用多种测量方法配合监测,确保成桥线形流畅满足设计要求。

关键词 港珠澳大桥 钢箱梁 钢索塔 斜拉桥 线形控制 测量监测

一、工程概况

港珠澳大桥的建设目标是建设世界级跨海通道,为用户提供优质服务,成为地标性建筑。在标准采用方面,要求同时满足内地、香港、澳门建设标准要求,设计使用寿命120年,建设目标宏大,规范、标准要求相对较高,设计使用寿命长,安全环保要求高。港珠澳大桥主体桥梁工程全长约22.9km,SB02合同段起止桩号为K22+083～K29+237,全长约7.154km,为部分深水区110m跨钢箱连续梁非通航孔桥和江海直达船航道桥。共计56孔110m跨钢箱梁;江海直达船航道桥为三塔单索面"海豚形"钢塔钢箱梁斜拉桥,跨度组合为110+129+258+258+129+110m;本合同段钢结构总重约15.7万吨。

二、施工特点及难度

(1)港珠澳大桥深水区非通航孔桥钢箱梁采用分节制造、整体拼装、整体运输吊装形式施工,将钢箱梁分为若干个小节段,按照小节段组装→附属构件安装→涂装车间涂装→大节段拼装→大节段运输吊装→海上环缝施工,整联完成后进行体系转化。合同段内最小平曲线半径5500m,按10m计算拱高为2.3mm,弦弧差可忽略不计,小节段长度内对线形影响不大,故钢箱梁小节段按直线制造采用以折代曲,大节段拼装时再按照设计平曲线线形组拼。竖曲线同样采用以折直代曲,小节段制造时不再考虑竖曲线影响。

(2)江海直达船航道桥钢索塔同样采用分节制造、整体拼装、整体吊装形式施工,根据设计线形将主塔、副塔、装饰塔分为若干个小节段,按照小节段组拼(匹配预拼装)→主塔卧拼装→副塔卧拼装(联系杆安装)→主塔、副塔整体提升→装饰塔拼装→整体运输吊装,根据监控指令钢索塔制造时仅考虑塔高压缩变形量13mm,其他按设计线形制造。

(3)钢箱梁、钢索塔采用车间化生产施工,组拼场地位于广东省中山市珠江横门水道入海口南侧,具有良好的拼装资源及发运条件。但由于拼装场地回填土而成、自然沉降时间短(3年)、地基稳定性差;车间生产线施工需建立独立相对坐标系;生产线现场测量受到厂房及胎架遮挡通视条件差、测量仰角大,常规测量方法无法施测;钢箱梁跨度大温度及挠度变形对梁长、竖曲线影响大,海上吊装施工温度与设计标准温度不一致;钢索塔塔身高、结构复杂,主塔高度及副塔拱度测量无法摆设棱镜及水准测量,结构之间相互遮挡;测量方案现场难以实施,施工中需根据现场情况采用多种测量方法配合使用。由于制造要求精度高,所有测量均采用反射片标板,未能摆设标板位置在拼装前将反射片直接贴于监控点上(副塔锚管套筒除外),从而避免传统测量方法棱镜杆的对点误差,所有测量选择日出之前或日落之后当天温度较低时进行,并测量现场温度进行温度修正,提高测量精度。

三、钢箱梁小节段线形控制

钢箱梁小节段组拼时不考虑平竖曲线影响按水平直线制造,节段两端均留有配切余量,组拼完成后采用全站仪放样监控点根据监控点刻画出相应端口检查线及切割线,主要控制在于底板、面板中轴线,半宽控制以及监控点布设准确性。

(1)施工前根据钢箱梁横截面及焊接收缩计算出横桥向定位坐标线,采用全站仪建立平面坐标系将各地标点放样后做好标识,再将地标点相互连接成地标线,桥梁底板中轴线采用地标点吊线锤初步定位后用全站仪检查精确调整轴线偏差控制在1mm内,将定位底板与胎架用模板连接固定,其余各控制线采用吊线锤对位地标线定位。

(2)面板中轴线控制因场地限制,测量塔与坐标系控制点无法通视,车间内无稳固立柱引申坐标系,根据现场施工情况,两端头梁段中腹板与定位顶板整体安装时采用吊线锤使上下中轴线重合,将中腹板与底板焊接固定,用吊线、全站仪校核无误后两端头面板上直接打样冲设立控制点,成功将坐标体系转换到面板上,面板其他中轴线采用新设立控制点后方交会测量调整吊线锤校核检验,轴线偏差控制在1mm内后定位焊接。

(3)监控点布设在面板上,每个小节段布设6个监控点,监控点是端口检查线、切割线及大节段拼装定位的依据,也是钢箱梁线形控制成败关键,监控点以面板控制点做基准采用全站仪放样,误差控制在2mm范围内。验收合格后每个监控点纵横打5个样冲做标识,采取透明覆盖保护(图1)。

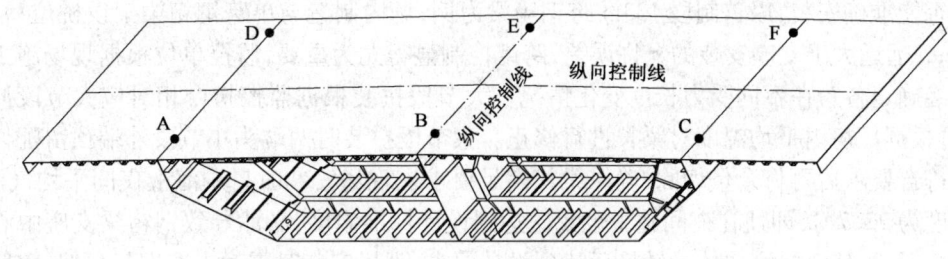

图1 监控点布置

(4)端口检查线及切割线通过监控单位提供小节段切割角度值及监控点到中轴线宽度计算出相应点到监控点的纵向距离直接拉尺刻画后切割,实现直曲转换过渡。

四、钢箱梁大节段拼装线形控制

钢箱梁大节段拼装是钢箱梁线形控制的关键,是小节段转换成曲线的过程,影响钢箱梁拼装因素多,如气温变化、焊接收缩、钢箱梁挠度变形、体系转换等。主要控制钢箱梁平曲线、竖曲线及支座垫板偏位、梁长跨度。

(1)钢箱梁平曲线、支座控制。大节段施工前根据设计线形建模设立相对平面坐标系,将小节段监控点坐标直接转换成新坐标系坐标,因平曲线半径大,温度变化及焊接收缩对横桥向影响非常小,故平曲线定位只考虑纵桥向影响不再考虑横桥向影响。由于地基稳定性差,场地周围无稳固位置布置平面控制点,原测量方案难以实施,而钢箱梁大节段拼装节段支撑在打桩支墩上相对较为稳定,根据现场实际情况确定将坐标系直接建立在钢箱梁顶板上,采用全站仪放样将小节段中轴线刻画于厂房场地上,先将中间两个小节段按相应位置摆放,用吊线锤初步定位使箱梁上下中轴线与地标线重合,将全站仪仪器架设在顶板上以中轴线两外端监控点做控制点精确调整,横桥向按计算坐标定位,纵桥向按计算坐标加放5mm焊接收缩量定位,第一道环缝焊接完成全部检验合格后以定位时使用的监控点修正纵桥向值后作为后续节段施工控制点,从而实现梁面坐标系建立。为减小测量误差实现长边控短边,当拼装完成4~5个梁段时还需再进行一次坐标系控制点转换,采用原控制点其中一点加完成梁段外端横桥向偏差较小的监控点作为新的控制点,控制点转换后复测已完工节段监控坐标确保在合格范围内,剩余节段按新控制点测量定位,焊接完成后纵桥向如有偏差通过焊缝间隙调整。每次建站时均得对控制点间距进行测量修正纵桥向坐标值,建站完成后测量已焊接完成节段中轴线监控点进行测量,确保建站的可靠性及节段间的相对位置准确性。支座垫板则通过全站仪直接测量垫板中心进行调整,实践证明此方法可以有效控制钢箱梁中轴线偏位,保证了钢箱梁的平曲线线形。

(2)钢箱梁竖曲线控制。大跨度钢箱梁竖曲线控制是钢箱梁控制的一大难点,受气温变化、挠度变形、支撑体系转换、二期荷载作用等多方面影响,标高变化复杂且不确定性。施工前由监控单位根据设计竖曲线综合各项影响因素建模分析计算出无应力状态下每个节段标高预拱度,施工时按监控预拱度+施工预拱度值作为定位控制,整跨钢箱梁采用同一标高控制基准,确保各监控点相对高程准确性(表1)。

各跨不同施工工况下受力后累计长度变化情况（单位:mm）（考虑3%超重）　　　　表1

工况描述	吊第1跨	吊第2跨	吊第3跨	吊第4跨	二恒
第1跨	42.2	21.0	27.9	25.9	31.1
第2跨		21.6	0.6	7.1	6.1
第3跨			19.6	-1.2	-0.7
第4跨				22.2	25.2

（3）钢箱梁跨度大，气温变化、挠度变形、支撑体系转换对梁长及跨度综合影响大，跨度控制决定钢箱梁现场是否能准确安装，以首制段133m跨钢箱梁为例，场内制造与单跨钢箱梁架设桥位后，支座间跨度增加约5cm，远远大于支座安装的允许误差，跨度控制显得尤为重要，监控单位根据现场施工过程模拟建立模型最终确定各跨在不同受力长度变化情况。大节段拼装根据监控指令相对应大节段伸长值确定拼装梁长，再根据厂房内平均温度对梁长进行修正。大节段拼装时两端头小节段外端预留配切余量在精确测量梁长符合要求后再将余量切除，确保梁长满足要求。现场安装时夏季海上夜间平均气温约30℃，设计标准温度为22.7℃，即使在夜间施工也无法达到设计标准温度，必然导致钢箱梁支座中心与桥墩支座中心偏位情况，为使整联完成体系转换后达到设计要求，现场安装时需对支座进行预偏，由监控根据施工进度预测安装时温度计算出预偏值，支座制造单位根据预偏值对支座进行预偏。钢箱梁完工后进行整体完工测量验收，测量结果各种控制指标均在合格范围内，最终完成后线形满足设计要求（表2）。

150号、151号墩支座预偏量设置　　　　表2

墩号	支座	预偏量(mm)	墩号	支座	预偏量(mm)
151号	FPB12500ZX±150	20	151号	FPB27500ZX±100	10
	FPB12500DX±150	20		FPB27500DX±100	10

注：表中数据以向珠海侧（大桩号侧）为正。

五、钢索塔制造拼装线形控制

江海直达船航道桥根据索塔钢结构塔身结构特点，将塔身小节段的匹配组装分为主塔柱Z0节段、主塔柱上部节段、副塔柱节段、主塔柱装饰块和三角撑共五部分，主要施工包含小节段匹配组装、匹配预拼装、主塔卧拼装、副塔卧拼装（联系杆安装）、装饰塔拼装、整体运输吊装。索塔钢塔柱节段断面大、精度要求高、焊缝密集、制造难度大（图2）。

1. 小节段匹配组装、匹配预拼装

主塔以Z1节段为基准匹配组装主塔柱Z1~Z12节段；副塔柱节段单独进行匹配组装；小节段线形控制与钢箱梁小节段类似，副塔及装饰塔节段采用带拱度线形制造，主要控制四周壁板轴线、拱度及截面尺寸的制造精度，小节段完工验收后将各小节段监控点放样于壁板轴线上做样冲标识并保护，刻画出端口检查线。主塔小节段制造时，塔内封闭后锚箱无法直接测量，在制造时将交点引与壁板外侧打样冲标识，作为锚箱纵向位置控制点，总拼时直接测量该点坐标控制锚箱位置。小节段监控点位置采用全站仪放样，允许误差控制在1mm内。小节段完工后匹配节段进行预拼装，检查焊缝间隙和错边量。Z0、Z1节段端面采用大型数控（数显）铣镗床进行端平面

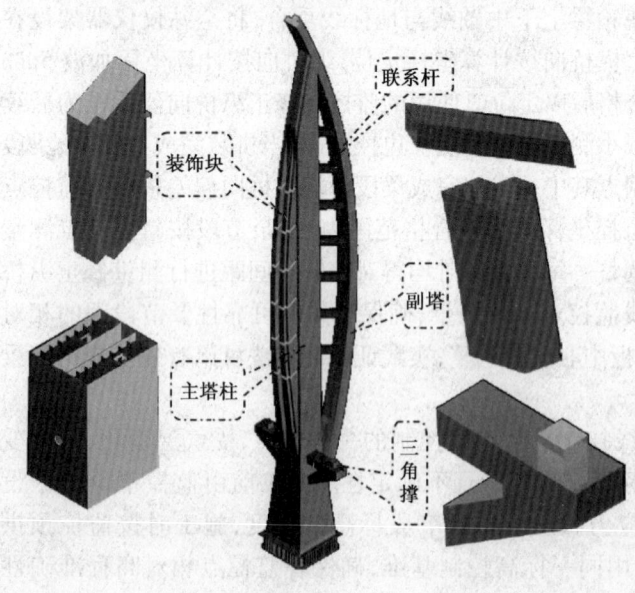

图2　索塔钢结构塔身节段构造示意图

加工,保证其端面精度,定位时确保切削面与节段轴线垂直度;机加工完毕后对Z0和Z1立式匹配预拼装,检查端口间密贴度、垂直度、线形等。

主塔节段监控测量点布置示意图如图3所示。

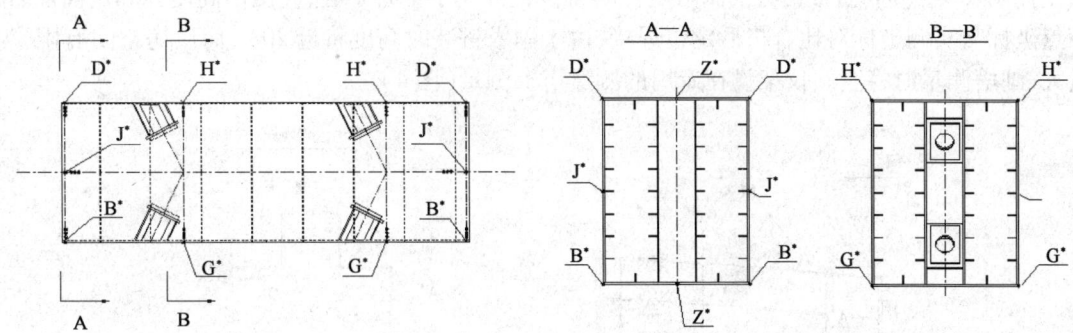

图3 测点布置图

注:D点和B点为节段端口控制点,J点为节段横轴线控制点,Z点为纵轴线控制点,H点与G点为锚箱纵向控制点。

2. 主塔柱卧拼线形控制

(1)主塔柱卧拼施工前,根据钢索塔结构特点建立坐标系,计算各节段监控点在坐标系中的三维坐标,钢塔总拼车间根据拼装图对地基进行打桩处理,拼装胎架支撑全部布设在打桩基础上,确保胎架稳定性,拼装胎架制作完成后用水准仪器测量各支承座标高允许偏差2mm,使支承座在同一水平面上保证受力均匀;拼装场地确定主塔中轴线及坐标系方向,建立测量控制坐标系,坐标系控制点设置在两侧厂房立柱上相对稳固位置,依据"主塔总拼制造地标图",地面上利用全站仪放样,设置了主塔平面线型控制地标点,作为主塔节段定位基准。主塔节段定位前,检查节段端口检查线、壁板级腹板中心线、锚箱中心线等标记是否清晰,并按要求在相应位置贴好反射片,以便全站仪测量时使用。

(2)主塔Z3-Z8、Z9-Z12分别采用两两双拼然后再拼装成2个大节段,定位时先根据地标点吊线使上下轴线与地标点重合,然后用全站仪利用平面控制点建站直接测量各监控点三维坐标与计算理论坐标比较差值,逐步进行微调,检查四侧壁板轴线、拼装后长度均满足要求后(纵横轴线误差小于2mm,拼装后长度误差小于4mm)进行组装和焊接,焊接完成后再次进行复测。钢塔拼装高度较高许多部位无法用水准仪测量标高,整个钢塔拼装不再使用水准仪,采取全站仪正倒镜取平均值来测定各监控点的三维坐标,由于钢塔小节段存在尺寸制造误差,上下壁板监控点以轴线坐标为主标高为辅助校核控制纵向轴线及塔高向高度,两侧壁板监控点以标高为主轴线坐标作为辅助校核控制横向轴线,从而确保纵横向轴线符合要求。有锚管小节段定位时用全站仪测量锚箱控制点坐标与理论值对比,锚箱纵向位置、相邻间距作为测量主控项目,确保锚箱位置正确。

(3)主塔Z1-Z2双拼线形控制首先调整Z1端底面(机加工面)垂直度,确保满足要求后将Z1节段固定,其余控制与Z3-Z12相同,Z1-Z2双拼完成检验合格后,以Z1-Z2为基准节段将Z3-Z12拼装完成的2个大节段顶升,用全站仪直接测量相应监控点三维坐标与计算理论值对比调整与小节段拼装相同,满足要求后组装和焊接,整个主塔焊接完成后进行主塔验收。

(4)厂房内场地空间有限主塔卧拼时仍然较高,由于控制点设置厂房立柱上,施工过程中厂房立柱会跟随地基下沉,必然导致控制点坐标变化,施工中先测量主塔上壁板将全站仪直接架设在主塔上壁板轴线原点监控点以远处上壁板轴线上另一监控点后视建站,确保上壁板轴线在同一直线上,然后测量厂房立柱上原控制点进行坐标修正。测量主塔下壁板与侧壁板时,直接将全站仪架设在地面上后交修正过的控制点建站测量。

3. 副塔柱卧拼线形控制

主塔拼装验收合格后,以主塔上壁板中轴线原点监控点与远处上壁板中轴线上另一监控点作为副塔线形控制点,原厂房立柱上控制点作为临时控制点,每次测量时以上壁板控制点建站测量临时控制点坐标,再以临时控制点坐标建站测量副塔上各监控点坐标。副塔下壁板监控点以轴线坐标为主高程作为辅助校核控制纵向轴线,两侧壁板监控点以标高及塔高向坐标为主轴线坐标作为辅助校核控制横向轴线、塔高向高度及副塔拱度,副塔定位测量与主塔相同,定位时轴线误差小于3mm、塔高误差小于5mm,拱度高度误差控制0～+5mm。带锚管的副塔定位时将棱镜杆立于锚管中心,先测出高度并利用高度、角度反算出该点坐标与实测坐标对比合格后定位焊接,由于副塔拼装时高度将近20m,而厂房空间有限,为避免仰角过大,副塔测量时将全站仪架设在专用的测量塔上测量(图4)。

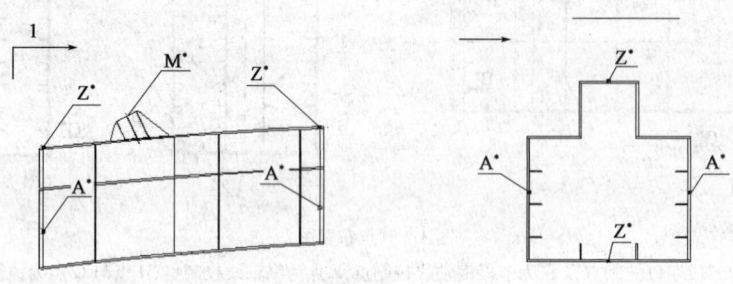

图4 测点布置

注：A点为节段横轴线及端口控制点,Z点为纵轴线控制点,M点为锚管控制点。

联系杆在主塔完工后,下口与主塔上壁板锚管中心双向轴线对齐定位,上口侧面轴线上贴反射片,用全站仪测量三维坐标反算出联系杆角度,角度调整合格后先施焊下口,待副塔施工时再焊上口,主塔、副塔、联系杆全部完成后,对整体进行验收,验收合格后在主塔下壁板放样出装饰塔控制线并根据监控单位提交监控点布设图将监控点放样于相应位置,作为海上吊装时钢索塔调整控制点。全部工作完成后对拼装完成的塔身进行提升,提升后将不再精确调整塔身三维坐标,装饰塔利用事先放样的控制线控制轴线与塔高相对位置,利用直角尺控制装饰塔与主塔的垂直度。

JH5钢索塔整体完工后对整体线形进行验收测量,各监控点测量结果统计如表3。

测量结果控制点 表3

序号	项目		允许偏差(mm)	最大负偏差(mm)	最大正偏差(mm)
1	主塔节段轴线	纵向	±5	-2	+3
		横向		-3	+2
2	副塔节段轴线	纵向	±5	-3	+4
		横向		-5	+3
3	副塔柱拱度线形		≤5	-5	+1
4	钢索塔塔身高		±20	-9	
5	两侧三角撑垫石间距		±6mm		+4
6	锚箱间距	相邻锚箱	±5	-2	+1
		极边锚箱	±10		+4
7	锚管角度		≤0.15°	-0.09	0

其余各项验收指标均在合格范围内,满足设计及制造验收规则要求,施工线形控制达到了预期效果。

六、结 语

江海直达船航道桥首制JH5钢索塔塔高105.016m,主塔、副塔、系杆、装饰塔、三角撑整塔在车间拼装完成,非通航孔桥钢箱梁最大梁长133m,对此类大体积、大跨径钢结构在车间整体拼装,受场地限制通视条件差、地基下沉、常规方法无法测量等复杂情况下如何保证测量精度控制制造线形,具有参考和借鉴意义。

36. 港珠澳大桥 CB02 标钢箱梁小节段制造新工艺

阮家顺　胡海清　赫雨玲

（武船重型工程股份有限公司）

摘　要　港珠澳大桥桥梁工程设计使用寿命长达120年，在施工中采用大板块、无损制造等新工艺，有效提高了钢箱梁小节段的制造质量。

关键词　钢箱梁　120年　大板块制造　无损制造　新工艺

一、引　言

主梁为正交异性钢桥面钢箱梁的结构形式因其优良的受力性能和经济性能，已成为现代大跨径桥梁加劲梁的主要结构形式，如江阴长江大桥、厦门海沧跨海大桥、杭州湾跨海大桥、苏通长江大桥、嘉绍大桥等主梁均采用了这种结构形式。钢箱梁的加工制造工艺经过10余年的发展相对比较成熟，工艺流程为零件下料加工、单元件制作、梁段匹配制造等。单元件一般宽度在2.5m左右，顶板单元件通常带有4根U肋[1]。梁段匹配制造一般采用以底板为基面、以横隔板为内胎的正造工艺。单元件吊装上胎一般采用焊接吊耳进行吊装，装配施工常采用马板定位，撑杆直接焊接在钢箱梁的母材上。这种工艺工人施工较为方便，但容易伤及母材，后期的切割打磨工作量也较大。港珠澳大桥设计使用寿命120年，质量标准严。为了保证制造质量满足设计及规范要求，港珠澳大桥钢箱梁的制造工艺进行了全面的创新，形成了大板块、无损制造新工艺。本文将围绕这些新工艺进行介绍。

二、工程概况

港珠澳大桥桥梁工程是其主体工程重要组成部分，全长22.9km。CB02合同段包括深水区非通航孔桥钢箱梁、江海直达船航道桥钢箱梁和钢索塔的制造，全长7.154km，工程总量约16.4万吨。

CB02合同段深水区非通航孔桥采用钢箱梁连续梁。其中等宽段标准联桥跨布置为6×110m，共7联；与江海直达船航道桥衔接变宽段桥跨布置为5×110m，共2联；与浅水区非通航孔桥相接联桥跨布置为4×110m，共1联。江海直达船航道桥为中央平行单索面三塔钢箱梁斜拉桥，桥跨布置为：

$$110m + 129m + 258m + 258m + 129m + 110m = 994m$$

非通航孔桥采用每跨一个大节段进行吊装的施工方式，标准联6×110m分为1个133m、4个110m和1个87m 6个吊装大节段，桥型布置见图1。一个大节段由若干个长度不一的小节段组成，墩顶处小节段长6m，其他节段长为10~15m，1个110m的大节段分为10个小节段。钢箱梁梁段间连接除顶板U形肋采用高强度螺栓连接外，其余板件均采用熔透对接焊的连接形式。

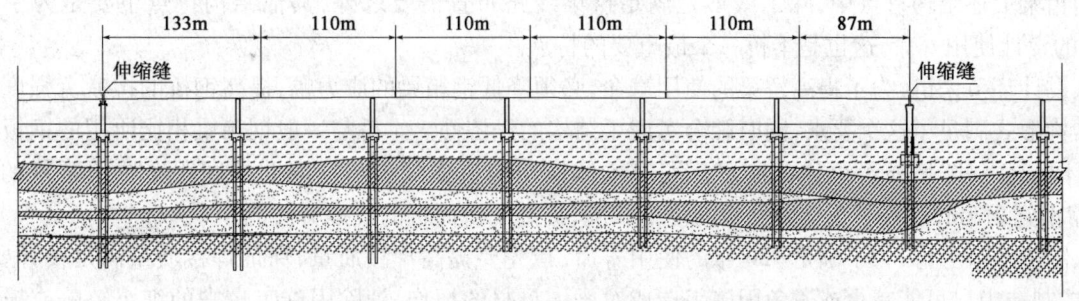

图1　非通航孔桥（第十四联）6×110m＝660m 六跨钢箱连续梁桥型布置图

等宽段标准联钢箱梁为带长悬臂翼缘的整体式正交异性钢桥面钢箱梁,梁宽33.1m,梁高4.5m,梁高与跨径比值为1/24.4。钢箱梁顶板厚18~24mm,顶板U肋加劲厚8mm,标准间距600mm。底板采用14mm、16mm、20mm、24mm、28mm五种不同的板厚,底板板肋加劲板厚与底板相同,标准间距600mm。斜底板采用16mm、20mm、22mm三种板厚。中腹板采用20mm、22mm、24mm三种板厚,边腹板采用了20mm和22mm两种板厚。横隔板标准间距10m,两道横隔板之间设置三道横肋板,横肋板间距2.5m。横隔板板厚有12mm、20mm、24mm三种,横隔肋板厚有16mm、28mm两种,翼缘有300mm×16mm和500mm×28mm两种。钢箱梁除部分受力较大区域的底板、斜底板及其加劲为Q420qD外,其他均为Q345qD[2]。结构示意见图2(以等宽段为例)。

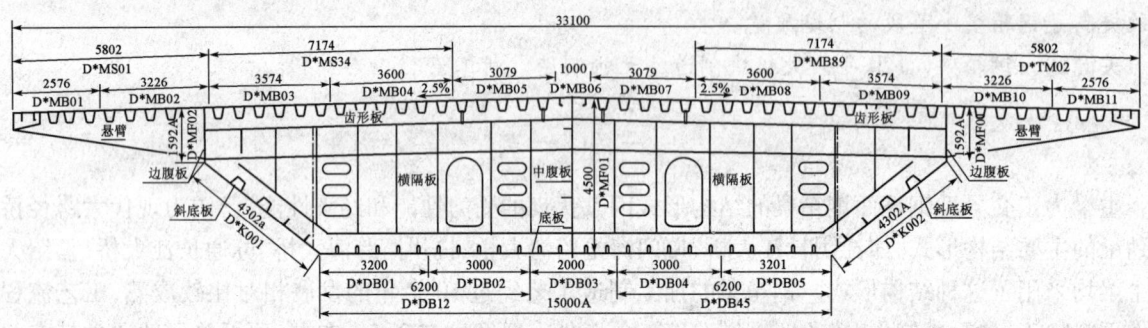

图2 等宽段钢箱梁结构示意与单元件划分图(尺寸单位:mm)

非通航孔桥钢箱梁的制造分为单元件制造、小节段匹配制造和大节段拼装三个大的工艺流程。下文以非通航孔桥等宽段标准联为例进行介绍钢箱梁小节段制造新工艺。

三、结构特点及工艺措施

1. 结构特点

港珠澳大桥钢箱梁结构有如下几个特点:

(1)长悬臂。钢箱梁两侧带5.7m宽大悬臂,受力较为复杂,易引起疲劳缺陷。

(2)高净空。一般钢桥主梁梁高为3~3.5m,本桥钢箱梁梁高达4.5m,梁段制造时横隔板与顶板的支撑需要更加稳固。

(3)大间距。横隔板间距达10m,梁段制造时不能够完全依靠横隔板作为内胎。

(4)线形复杂。除了竖曲线外,钢箱梁还叠加有5500m或6500m的平曲线。

(5)标准严。钢箱梁的焊接质量要求高,焊缝以熔透焊缝、坡口焊缝为主。其主要焊缝包括边腹板、中腹板、顶板、底板及斜底板之间的焊接接头,全部为熔透焊缝。悬臂横肋与边腹板之间焊缝、支座区域的横隔板、横隔肋等焊缝也为熔透焊缝。16mm以上厚度的加劲与梁体间全为熔透深度80%以上的坡口焊缝。

2. 工艺措施

钢箱梁上述结构特点中,除了线形是满足桥梁线路布置需要之外,其他结构特点主要是为了满足120年的设计使用寿命,这也是本桥一个最重要的特点。

从设计环节来讲,为了提高桥梁的使用寿命,必须降低钢箱梁的应力幅,提高钢桥的抗疲劳强度。本桥的结构形式满足了这个要求,同时综合考虑了结构的经济性。本桥与一般钢箱梁相比所用的钢板厚一些,梁体也高一些,增强了梁体的刚度。同时梁体横向构造横隔板与横隔肋的间距布置由常规的3~3.5m缩小到2.5m,改善了正交异性板的受力状况,提高了桥面板的抗疲劳性能。

从制造环节考虑,为了满足120年的使用寿命,首先要提高焊接质量,保证焊接质量满足设计要求。同时,在制造中尽可能减少或避免因施工造成对梁体母材的损伤,消除因施工带来的细小缺陷或损伤而降低钢箱梁的抗疲劳性能。遵循这一思路,港珠澳大桥钢箱梁小节段的制造采用如下新工艺:

(1)大板块工艺。该工艺能够明显减少焊接工作量,改善施工环境,降低焊接难度,这是保证焊接质量最直接有效的手段。

(2)无损制造工艺。该工艺在分析钢箱梁装配、吊运及支撑施工中易造成梁体的损伤而被人忽视的传统施工模式基础上,设计专用工装,采用新的施工方法。

四、大板块工艺

1. 宽幅单元工艺

单元件划分的方案设计,除顶板拼缝要避开轮压外,尽可能采用大板块宽幅单元件,减少拼缝。单元件划分方案如图2所示。

钢箱梁顶板共分为11块单元件,顶板单元件宽度达3600mm,带有6根U肋。底板分为5块单元件,板单元的宽度达3200mm,带有5根肋。中腹板和斜底板均采用整块单元件。

顶板、底板、中腹板、斜底板等单元件的宽度大都超过3.5m,其中斜底板和中腹板的宽度都在4m以上。采用大板块划分形式减少了26.3%的板单元件对接拼缝,减少焊接工作量的同时,有利于提高制作精度和质量。

2. 组合立体单元工艺

在小节段匹配制造前,将顶、底板等不同单元件和横肋部件等进行组焊,形成体量更大的中间产品,这样可以改善工位,增加作业面,分散焊接,有利于生产组织和质量的控制。

(1)顶、底板双拼单元。根据结构特点,部分顶、底板单元件先进行双拼焊接,然后再装焊上面的横肋板。顶板有TM01、TM02、MB34和MB89共4块组合单元件,底板有DB12和DB45共两块组合单元件,如图3所示。

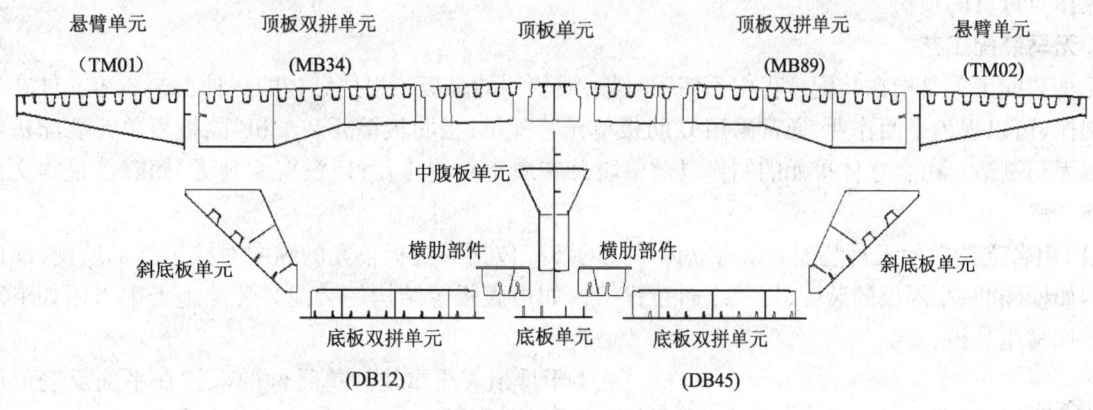

图3 等宽段钢箱梁大板块工艺示意图

双拼单元的制造减少了横肋部件对接缝数量,横肋部件的整体性更好,并将所有横肋部件和齿形板的仰角焊接改为平位焊接,降低施工难度,非常有利于焊接质量的保证,有效提高了正交异形板构造的可靠性,为解决钢箱梁最易出现疲劳病害这一隐患提供保障条件。

(2)悬臂立体单元。悬臂立体单元是在顶板双拼单元的基础上,将边腹板单元和吊檐板组合成一整体,如图4所示。悬臂立体单元主要解决了如下两个问题:

其一,避免了总拼时散装边腹板单元件,将原本边腹板单元件与顶板单元件的仰位焊接改为平位焊接,变高空作业为平面作业,使大悬臂这种构造最关键的焊缝边腹板与顶板和边腹板与横肋的熔透角焊缝处于最佳的施工工位。

其二,将吊檐板及该处的小隔板零件都改在总成前制作

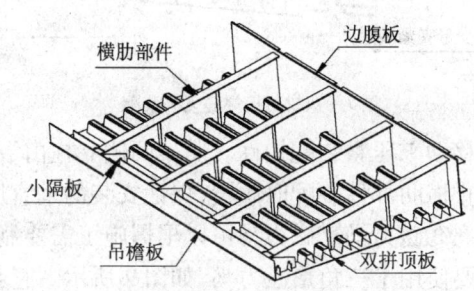

图4 悬臂立体单元件结构示意

悬臂单元件时装焊,同样改善了装配和焊接工位,降低了小隔板狭小空间施工的困难。

(3)斜底板组合隔板单元。结构如图5所示,两者组合在一起主要解决了小隔板在箱梁总装时吊装与定位困难,更容易实现小隔板的无损制造。

(4)中腹板组合顶板单元。中腹板与中间顶板单元组合,装配工位如图6所示,中腹板水平放置在胎架上,中间顶板垂直中腹板安装。这种工位最大的好处是将中腹板与定位顶板的仰角接熔透焊缝调整到平角接位置,且方便无马装配和顶板下面齿形板的装焊施工。

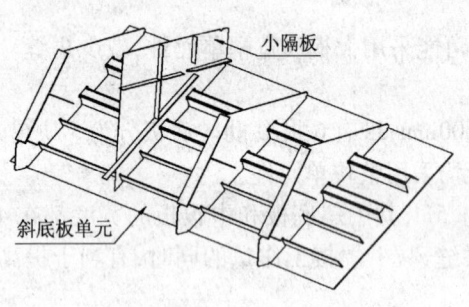

图5 斜底板组合隔板单元示意

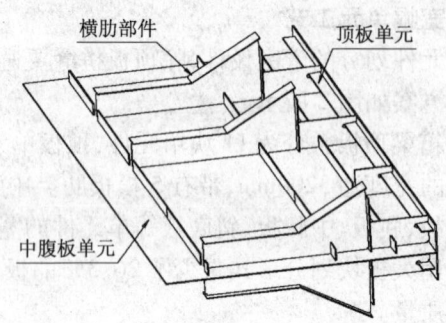

图6 中腹板与中间顶板组合单元件制造

五、无损制造工艺

在钢箱梁制造中,用平吊夹、垂吊夹和焊接吊耳吊装,用马板拼缝,以及用花兰螺丝与角钢制作成的撑杆直接焊接在箱体母材上固定横隔板等,这些常规的施工模式对钢箱梁都会造成一定的损伤,影响其抗疲劳性能。无损制造工艺,就是通过一些新的工装工法,改变上述传统做法,避免钢箱梁制造过程中人为的操作对母材的损伤。

1. 无马装配工艺

无马装配工艺是指在装配过程中不使用马板,或使用的马板不损伤结构的一种工艺。单元件在生产线上制作,可以视为平面作业,通常采用U肋板单元装配机、板肋板单元装配机、隔板板单元装配机等设备实现无马制造。组合立体单元的制作以及梁段总装属于立体作业,还没有实现无马装配,是本文探讨的重点。

(1)组合立体单元无马装配。组合立体单元的装配包括双拼板单元的纵向对接焊缝的装配,横向布置结构如横隔肋、小隔板的装配,以及纵向布置结构如边腹板等结构的装配。装配施工中采用如下几个方式替代常用马板:

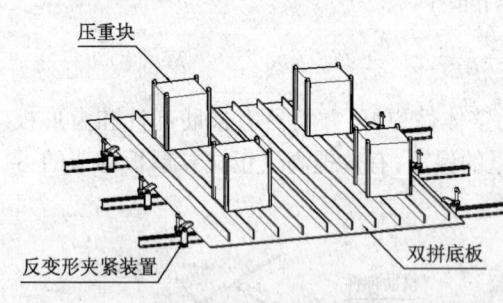

图7 双拼对接焊缝无马装配

①千斤顶+压重块。单元件的双拼在平面反变形胎架上完成,通过在胎架反面设置千斤顶来调节对接坡口的平整度,上面放置压重块保证单元件的稳定,如图7所示,两端头的引熄弧板也能起到马板的作用。

②装配机。它可以很好地取代马板来完成组合立体单元上纵横向布置构造的装配作业,如悬臂单元装配机。该装配机由门架、电动推杆和行走驱动机构组成,它可以在平面胎架两侧的轨道上进行纵向行走,电动推杆可以在门架上进行横向移动,这样电动推杆可以覆盖整个胎架平面,通过上下移动来压紧装配构件。胎架两侧立柱由于定位悬臂两侧的边腹板和吊檐板,立柱上设置活动马板用以防止横肋部件装配时倾覆,保证安装的垂直度。装配机构造如下图8所示。

③磁力马。磁力马可以根据施工需要制作成样式各异的无损马板,组合立体单元件上横肋板的装配主要使用了三角形磁力马,如图9所示。它是将磁铁栓接固定在三角形的钢支架上,磁铁和钢支架的大小可根据施工需要进行调整。若横隔肋在装配时与单元件底板贴合有间隙时可以配合磁力压重块(或利

用磁力吊）进行压紧。

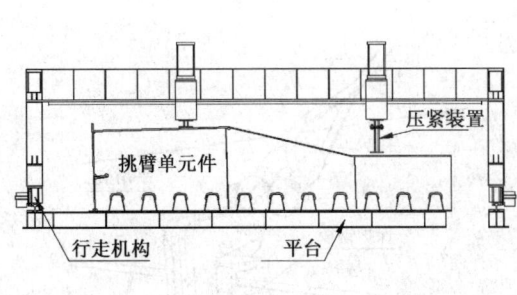

图8　悬臂单元装配机

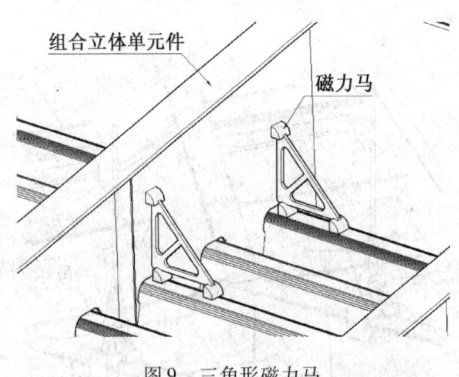

图9　三角形磁力马

（2）总拼无马装配。在采用了大板块工艺之后，钢箱梁小节段的总拼装配工作大幅减少，只剩下2条底板拼缝、6条顶板拼缝、两块斜底板与底板、边腹板的拼缝和两块横隔板的装配等工作，横肋的装配只剩下局部的嵌补工作。

千斤顶+压重块在拼装中依然是主要的焊缝调平方式，底板纵缝、顶板纵缝，以及中腹板与底板焊缝，均采用这种手段。节段拼装属于立体作业，千斤顶需配合撑杆使用，撑杆根据作业空间来调整高度。

加劲板厚度方向设置马板，这是在小节段拼装中另一种装配形式，它应用于斜底板与底板和边腹板等部位的焊缝装配。如下图10所示，在靠近缝口两侧的纵向加劲高度方向安装两块小板，用角钢连接起来，然后将马板焊接在角钢上面。这种构造提供了反力支撑的作用，千斤顶借助它就可以调节焊缝两侧的错边量。焊缝调平、打底焊接后，板肋加劲上面的两块小板采用焰切方式拆除，对加劲的连接处进行打磨即可。这种调缝方式避免了直接在箱体壁板上施焊，起到了对壁板的保护，拆除打磨后看不到马板使用的痕迹，不影响箱体的涂装表面质量。

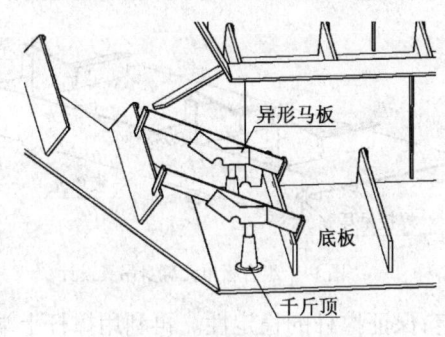

图10　总拼时平底板无马装焊

工艺设计时，钢箱梁小节段两端均留有配切余量，在此区域装焊马板或者是引熄弧板对母材的损伤不会带到钢箱梁成品中，是梁段无马装配一个补充手段。

2. 无损吊运工艺

（1）无损翻身。单元件或双拼单元件的翻身，设计了如下图11所示专用吊具，采用单吊钩落地滚翻方式，保证了单元件翻身时母材不受损伤。

悬臂单元翻身设计了抱箍式吊耳，两个吊耳分别安装在两道横肋板的翼缘上。翻身前，一个吊钩与两个抱箍式吊耳相连，另一个吊钩与两个安装在悬臂单元件的吊檐板上的平吊夹相连，然后采用空翻的方式进行翻身，专用吊具如下图12所示。

（2）无损吊装。顶、底板单元件和悬臂等单元件的吊装采用平吊夹，平吊夹与单元件接触区域加垫保护钢板，如图13所示，防止夹具夹伤母材。

横隔板单元件利用吊带穿过管线孔进行吊装，避免通常使用的垂吊夹而夹伤母材。

斜底板与小隔板的组合单元件，以及中腹板与顶板的组合单元件，这类单元件的吊装，采用了焊接吊耳，但吊耳

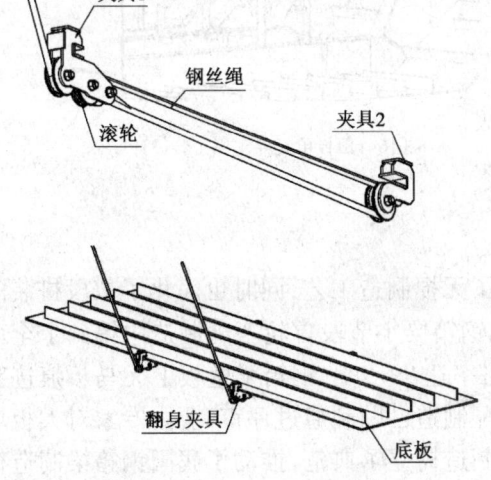

图11　双拼单元件翻身装置

布置在立体单元件两端有配切余量的端头,如图14所示。使用后可以直接切除掉而避免伤及主体构造母材。

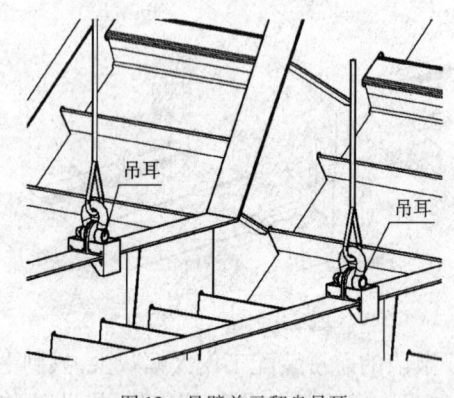

图12 悬臂单元翻身吊耳

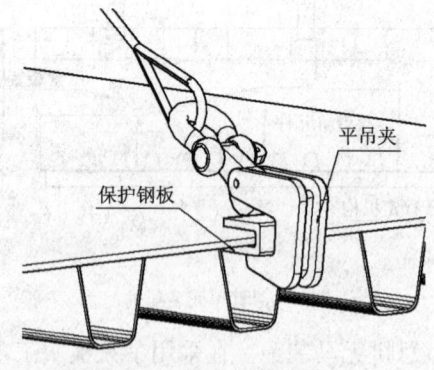

图13 吊装保护措施

3. 无损支撑工艺

(1)横隔板与中腹板无损支撑。横隔板在小节段拼装定位时的支撑工装,利用了底板横肋部件和横隔板上的管线孔加强圈作为支点,通过撑杆上的花兰螺丝来调节横隔板的垂直度,同时还起到支撑横隔板的作用。由于在两端的支点位置都是卡接的方式,改变以往将花兰螺栓直接焊接在横隔板上的传统做法,从而达到无损支撑的目的。结构形式见图15。

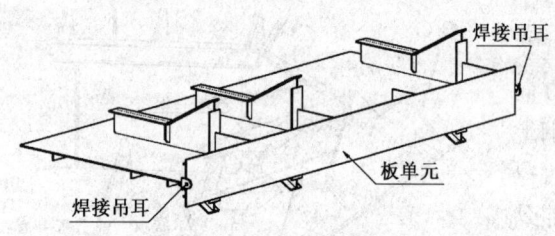

图14 组合板单元翻身吊具设计

(2)顶板无损支撑。由于两横隔板间距10m,顶板单元件不能完全依靠横隔板作为内胎进行定位,需要临时支撑。顶板支撑工装同样是采取撑杆卡固在底板横肋部件上,然后用夹具将撑杆与底板的横肋翼缘板固定,保证撑杆的稳定性。再利用撑杆上端的千斤顶,调节顶板单元件的标高,而非将撑杆焊接在主体结构上,即可达到支撑和调节的作用。结构形式见图16。

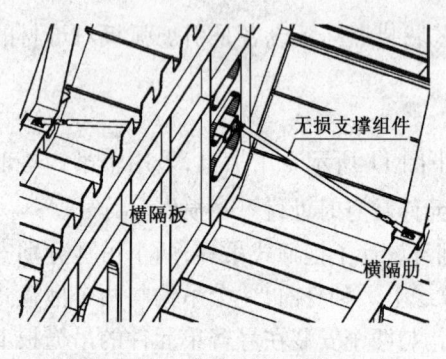

图15 横隔板无损支撑

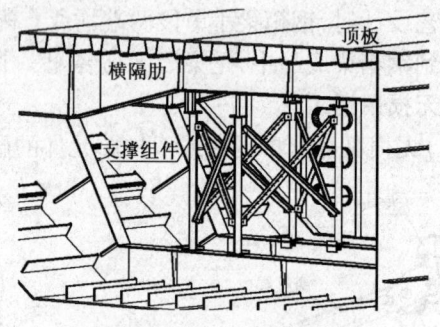

图16 顶板单元件支撑工装设计

六、结　语

大板块与无损制造是相互支撑的工艺,大板块制造贯彻了无损制造工艺,同时也简化了节段拼装的实施难度。大板块、无损制造新工艺,在港珠澳大桥CB02标钢箱梁小节段首轮匹配制造中得到了全面的贯彻与实施。钢箱梁首轮小节段焊缝超声波探伤一次合格率达99.9%,钢箱梁壁板上无马板痕迹和夹具等损伤缺陷,充分验证了新工艺的效果。首轮小节段匹配制造已顺利通过评审,业内专家对大板块和无损制造新工艺给予了高度评价,认为新工艺为钢箱梁的制造树立了典范,推动了我国钢箱梁制造行业的发展,将对钢箱梁制造行业和后续工程建设项目将产生广泛而长期的示范性影响。

参考文献

[1] 戴永宁. 南京长江第三大桥主桥技术总结[M]. 北京：人民交通出版社, 2005.
[2] 中交公路规划设计院有限公司, 日本株式会社长大. 港珠澳大桥主体工程桥梁DB01标段施工图设计文件[Z]. 2012.

37. 港珠澳大桥钢箱梁节段拼装自动化焊接技术

张 华 阮家顺 胡海清 黄新明

（武船重型工程股份有限公司）

摘 要 为全面提升港珠澳大桥钢箱梁制造的机械化、自动化水平，进行了钢箱梁节段拼装自动化焊接技术试验研究。文中分析了钢箱梁节段拼装实现自动化焊接的技术特点与技术需求，采用模拟试件焊接、无损检测、理化试验分析等手段进行了相关试验研究，主要取得以下研究成果，一是，建立了全位置自动焊接小车焊枪运行参数与焊缝成形间的数学关系，为自动焊焊缝成形的控制提供理论依据；二是，针对各种焊接接头形式与施焊工位，优化了焊接参数，获得良好的焊缝外观成形与内部质量，对钢箱梁节段拼装自动化焊接技术的实际应用具有借鉴意义。

关键词 港珠澳大桥 钢箱梁节段拼装 自动化焊接 全位置自动焊接小车

一、引 言

港珠澳大桥钢箱梁制造总体上分为三个阶段：板单元制造、小节段拼装、大节段拼装，其中随着钢箱梁板单元自动化生产线的顺利投产，借助板单元自动装配机、多头龙门焊机、焊接机器人等自动化装备，已基本实现了板单元的机械化、自动化制造，质量控制逐渐从对操作工人技能水平与质量意识的高度依赖性中解放出来，焊接质量水平得到了大幅度提高。然而相对于板单元制造，小节段与大节段拼装制造由于其结构特点的不同，实现自动化焊接需要有截然不同的方式，以及由此带来新的技术问题，两者主要区别归纳为以下几个方面：

（1）由平面作业方式转换为立体空间作业方式，节段拼装时整体结构难以翻身，焊接位置更加多样化，自动化焊接需要适应全位置焊接需求。

（2）箱梁节段结构尺寸更加庞大，板单元的横向尺寸约3~4m，而箱梁节段的横向尺寸可达30~40m，采用门式焊接操作机方式实现自动化焊接变得不切实际。

（3）板单元焊接多为角接接头形式，焊接位置为平角焊位，焊枪直线行走即可满足焊道成形要求，而箱梁节段制造焊接接头形式更加复杂多样，含对接、全熔透角接、部分熔透角接等接头形式，常采用多层多道焊工艺，要求自动化焊接设备对焊枪摆幅与每层焊缝厚度能进行有效控制，适应不同板厚与熔宽的需求。

（4）对于板单元件结构，其加劲肋要求顶紧装配，装配精度相对容易保证，而箱梁节段制造由于受板单元的制造及定位精度的影响，装配精度不易控制，焊接坡口尺寸的一致性难以得到保证，要求自动化焊接设备对其有更强的适应能力。

鉴于上述几方面的特点，钢箱梁节段拼装自动化焊接研究项目将面临新的技术挑战，提出将板单元自动化焊接中"以大制小"的制造模式转换为"以小制大"的制造模式，自然而然，"全位置自动焊接小车"将成为实现节段拼装自动化焊接的主要装备与手段。就国内目前的节段拼装焊接技术而言，除了部分平焊位采用埋弧自动焊，大量采用的气保焊工艺基本以手工操作方式焊接，自动化程度很低，为全面提升钢箱梁焊接机械化、自动化水平，提高焊接质量水平及焊接生产效率，进行节段拼装节段的焊接自动化技术的研究与应用。

二、试验条件及试验方案

1. 试验条件

全位置自动焊接小车一台,该设备的产品品牌为 KOWELD,配合 CO_2 气体保护焊焊接电源来完成焊缝的焊接,主要特点有:

(1)可以实施平位、立位对接焊缝的焊接。

(2)模拟人工操作,焊枪具有左右摆动功能,实现不同要求的焊接。

(3)焊接速度、摆动速度、各部位停留时间、摆幅大小、摆动中心线和操作角度等均可根据实际焊接需要进行调整。

(4)实现焊接所需要的基本摆动方式。

(5)小车附带永磁铁吸附在工件表面,通过轨道控制行走方向,移动、拆卸较方便。

母材:采用港珠澳大桥钢板材质 Q345qD,化学成分及力学性能见表1,试件尺寸 20mm × 600mm × 2000mm,主要焊接接头形式见图1,对接接头的坡口角度为50°,部分熔透的角接接头坡口角度为45°。

钢板的化学成分与力学性能　　　　表1

材质	化学成分(质量分数%)							力学性能			
	C	Mn	Si	S	P	Al	Nb	$R_{eL}(N/mm^2)$	$R_m(N/mm^2)$	$A(\%)$	冲击功(-20℃)(J)
Q345qD	0.114	1.45	0.230	0.015	0.007	0.037	0.023	395	515	33.0	263262267

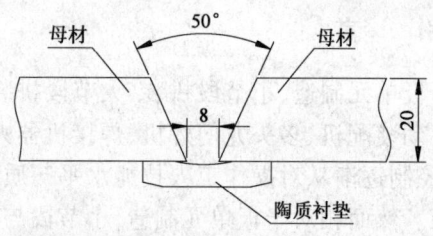 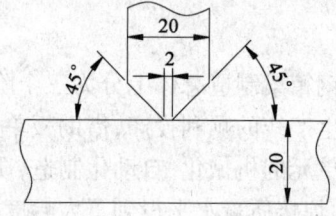

图1　焊接接头形式(尺寸单位:mm)

药芯焊丝:型号 E501T-1(牌号 TWE-711),直径 φ1.2mm,化学成分见表2。实心焊丝:型号 ER50-6(牌号 RM-52),直径 φ1.2mm,化学成分见表3,陶质衬垫:牌号 TG-1.0。

药芯焊丝化学成分与力学性能　　　　表2

牌号	化学成分(质量分数%)							力 学 性 能			
	C	Mn	Si	S	P	Cr	Ni	$R_{eL}(N/mm^2)$	$R_m(N/mm^2)$	$A(\%)$	冲击功(-20℃)(J)
TWE-711	0.035	1.431	0.483	0.012	0.015	0.031	0.010	510	585	22.0	130107113

实心焊丝化学成分与力学性能　　　　表3

牌号	化学成分(质量分数%)							力 学 性 能			
	C	Mn	Si	S	P	Cr	Ni	$R_{eL}(N/mm^2)$	$R_m(N/mm^2)$	$A(\%)$	冲击功(-20℃)(J)
RM-52	0.08	1.52	0.88	0.015	0.020	0.020	0.021	430	550	30.0	1029598

2. 试验方案

在节段拼装中,由于节段不便于翻身,对于板单元间的对接焊缝,采用陶质衬垫单面焊双面成形工艺,焊接坡口需留有一定的间隙,试验时打底、填充、盖面均采用自动焊,对于板单元间的角接接头,由于焊缝根部操作空间小,打底焊操作难度大,采用手工焊,盖面焊道采用自动焊工艺。

模拟人工操作时对熔池形态的控制与处理方式,试验在自动化焊接条件下不同的焊接工位、不同焊层时采用的焊接工艺参数,包括焊接电参数、焊枪摆动方式、摆幅、摆速、停留时间等,保证焊缝内部熔合质量,改善焊缝外观成形。同时通过宏观断面分析、无损检测以及力学性能分析等手段考察焊缝性能,以全面满足相关规范对焊缝性能的要求。

三、试验结果与分析

1. 自动焊接小车焊枪运行参数与焊缝尺寸的关系

自动焊接小车控制面板界面如图2所示,主要调节参数有"小车摆动方式"、"小车运行速度"、"摆动两侧停留时间"、"摆动幅度"、"摆动速度"、"摆动中心线"等,面对一条待焊的焊缝坡口,首要的任务是合理选择焊接参数以焊制出所要求的焊缝成形,其中最主要的控制要素是焊缝的厚度,我们试图通过数学模型方式找出小车焊接参数与焊缝尺寸间的关系,便于指导实际操作时焊接参数的选择。

以"锯齿形"摆动轨迹为例(图3)。

图2 自动焊接小车控制面板界面

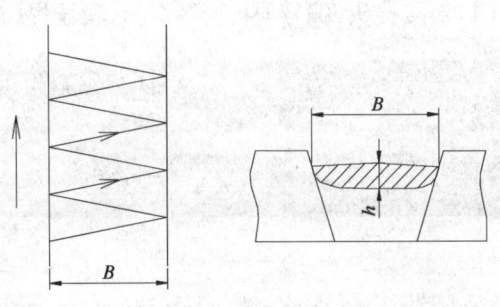

图3 焊枪行走模式与焊缝成形示意图

设 B 代表摆动幅度,h 代表焊层高度,摆动两侧停留时间为 t,摆动速度为 v_1,小车运行速度为 v_2。令单位时间内焊缝金属的填充量为 $f(I, U)$,其中 I 为焊接电流,U 为电弧电压,那么经过推导,存在以下数学关系式:

$$h = \frac{f(I, U) \cdot \left(1 + \dfrac{v_1 \cdot t}{B}\right)}{v_2} \cdot k$$

式中 K 为常数,从式中可以看出,当焊接电流、电压一定时,焊层高度随着焊枪摆动速度、两侧停留时间的增大而增大,随着摆动幅度、小车运行速度的增加而减小(图4)。

图4 全位置自动焊小车焊接现场

2. 焊缝外观成形与焊接参数

图5~图13,为经优化后的各接头的焊缝外观成形。

(1)对接接头,编号D1,药芯焊丝,平焊位,外观成形与宏观断面见图5。

图5 平焊位外观成形与宏观断面

(2)对接接头,编号D2,药芯焊丝,立焊,外观成形与宏观断面见图6。

(3)对接接头,编号D3,药芯焊丝,爬坡焊(38°),单道盖面,外观成形与宏观断面见图7。

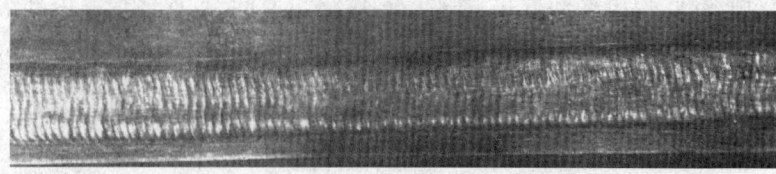 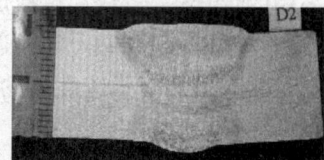

图 6　立焊外观成形与宏观断面

 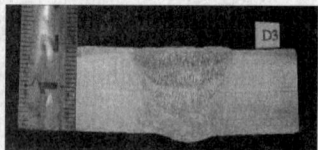

图 7　单道盖面外观成形与宏观断面

（4）对接接头，编号 D4，药芯焊丝，爬坡焊（38°），分道盖面，外观成形与宏观断面见图 8。

 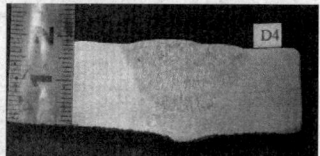

图 8　分道盖面外观成形与宏观断面

（5）对接接头，编号 D5，实心焊丝，平焊，外观成形与宏观断面见图 9。

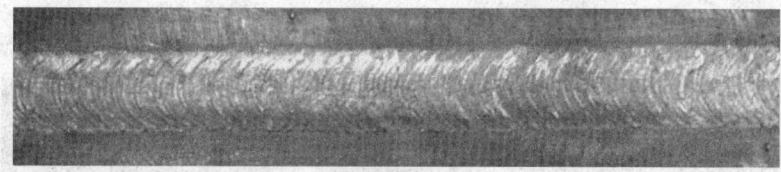 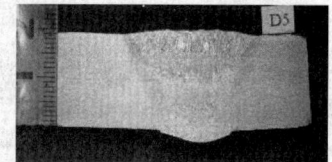

图 9　平焊外观成形与宏观断面

（6）角接接头，编号 J1，开坡口，药芯焊丝，立焊，外观成形与宏观断面见图 10。

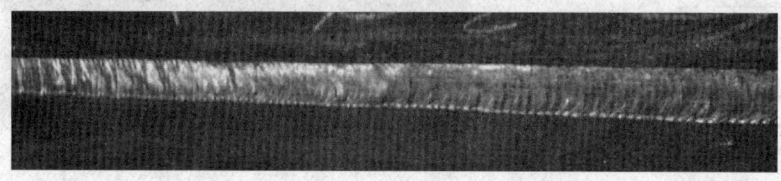 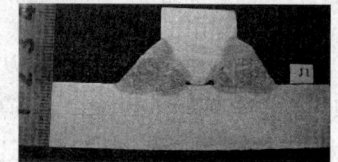

图 10　立焊外观成形与宏观断面

（7）角接接头，编号 J2，不开坡口，药芯焊丝，立焊，外观成形与宏观断面见图 11。

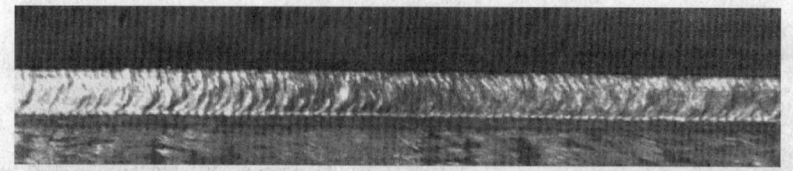 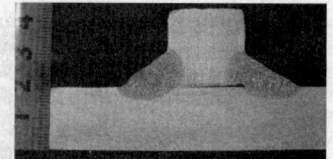

图 11　立焊外观成形与宏观断面

（8）对接接头，编号 D2，药芯焊丝，立焊，陶质衬垫背面成形见图 12。
（9）对接接头，编号 D5，实心焊丝，平焊，陶质衬垫背面成形见图 13。

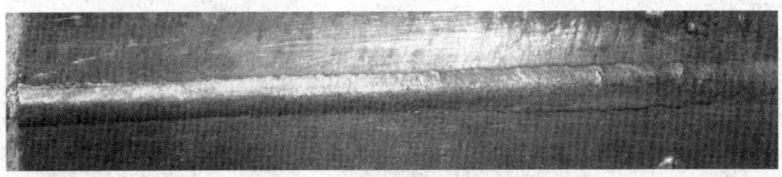

图 12　立焊陶质衬垫背面成形

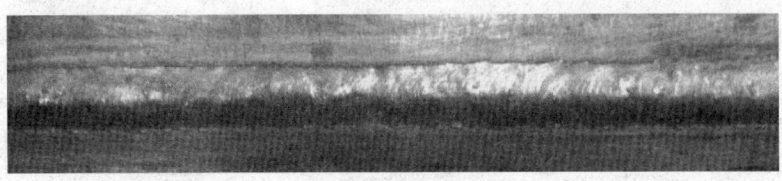

图 13　平焊陶质衬垫背面成形

在试验中发现,爬坡焊及立焊位陶质衬垫焊打底时,需要焊枪采用"月牙形"摆动方式,而非采用"锯齿形"摆动方式,这样可以避免因焊丝行进过快而与陶质衬垫直接碰撞。在其余位置,均采用"锯齿形"摆动方式,这样可以避免焊层厚度过大。

对接接头坡口焊中的盖面焊道,平焊位预留的坡口深度约2mm为宜,立焊位预留的坡口深度约为3mm为宜,有利于焊缝余高的控制。

焊枪在焊缝两侧的停留时间对焊缝成形有显著影响,盖面焊道两侧停留时间需短一些(0.1~0.2s),其他焊道两侧停留时间较长些(0.3s~0.5s),停留时间稍长,可形成凹形焊道,但同时会增加焊缝厚度,可根据实际需要,焊缝两侧选择不同的停留时间。

焊枪摆动速度对焊缝外观成形有较明显的影响,如图14所示,左侧摆动速度为"12",右侧摆动速度为"18",可见摆动速度较快者,焊缝外观纹路较细密。

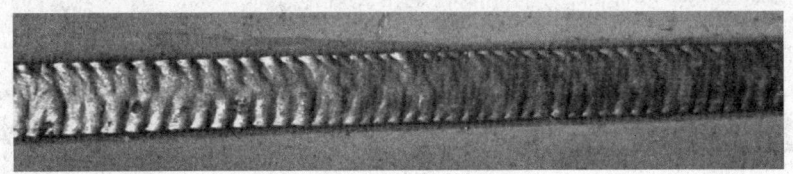

图 14　摆动速度对焊缝外观成形的影响

典型焊接接头的焊接参数见表4。

典型焊接接头的焊接参数　　　　表4

接头编号	自动焊接小车参数				焊枪焊接电参数	
	两侧停止时间 t (s)	摆动幅度 B	摆动速度 v_1	小车运行速度 v_2 (mm/min)	焊接电流 I (A)	电弧电压 U (V)
D1	盖面0.2 其余0.3~0.5	35~85	25~35	200~350	200~260	28~33
D2	盖面0.2 其余0.3~0.5	40~80	10~20	80~150	160~200	23~26
D5	盖面0.2 其余0.3~0.5	40~80	20~30	120~200	180~240	28~33
J1	0.3	40~45	16~20	110~130	200~220	28~30

注:摆动幅度、摆动速度值为焊接小车控制箱上的显示值,没有对应具体量纲。

3. 焊缝无损检测

对于节段拼装焊接试件进行超声波探伤,对接接头焊缝,B级检测,Ⅰ级合格,部分熔透角接接头焊缝,B级检测,Ⅱ级合格,执行标准为TB 10212—2009。探伤结果显示,在合适的焊接参数条件下,自动焊焊缝内部质量良好,无超标焊接缺陷。

4. 焊缝力学性能

焊接试板经过超声波探伤后,选取有代表性的接头进行力学性能试验,试验结果见表5。

焊接接头力学性能　　　　　　表5

编号	焊接方式	板厚(mm)	焊缝金属拉伸			冲击功 kV₂/J/-20℃		接头侧弯
			R_{eL} N/mm²	R_m N/mm²	A %	焊缝中心	热影响区	$D=2a$, $\theta=180°$
			≥345	≥470	≥22	≥47	≥47	—
D1	药芯焊丝平焊位	20	500	575	23.8	786862	16662143	完好
D2	药芯焊丝立焊位	20	500	585	25.6	625863	57117138	完好
D5	实心焊丝平焊位	20	380	495	31.0	785767	1525988	完好
J1	药芯焊丝立焊位	20	550	620	25.0	—	—	—

从表5中可以看出,采用自动焊接小车焊接的焊缝力学性能满足相关规范要求,且具有一定的富余量。

四、结　语

(1)较为系统地进行了钢箱梁节段拼装自动化焊接技术的试验研究,通过全位置自动焊接小车,可实现节段拼装各部位焊接接头的自动化焊接要求。

(2)建立了自动焊接小车焊枪运行参数与焊缝成形间的数学关系,为自动焊焊缝成形的控制提供理论依据,有助于指导操作焊工根据焊接坡口尺寸对焊接参数实施有效调节。

(3)试验研究了在自动化焊接条件下焊接参数对焊缝成形的影响,优化了相关工艺参数,相比半自动焊,焊缝外观成形质量大幅度提高,力学性能满足相关规范要求。

38. 132.6m长大节段钢箱梁滚装装船技术

阮家顺　陈望民　祝李元　裴建顺　郑　慧
(武船重工股份有限公司)

摘　要　针对港珠澳大桥非通航孔桥大节段钢箱梁制造场地施工条件、码头及水文情况,提出了采用自行式集控模块运输车,在低平潮通过驳船压载调节系统,将钢箱梁大节段从发运区域滚装至重载甲板驳船的装船施工工艺。

关键词　港珠澳大桥　大节段钢箱梁　滚装装船

一、概　述

1. 工程概况

港珠澳大桥桥梁工程长约22.9km,CB02合同段全长7.154km,包括非通航孔桥、江海直达航道桥钢箱梁和钢索塔的制造,共有钢箱梁大节段58节、小节段49节和钢索塔3节。

CB02合同段钢箱梁大节段包含4种典型梁段,对应梁段外形尺寸为132.6m/110m/86.6m×33.1m×4.5m和143.35m×38.8m×4.5m,吊重分别为2920t/2415t/1947t/3800t。钢索塔整体节段最大外形尺寸为106.256m×19.7m×19.011m,吊装重量2650t。钢箱梁大节段和钢索塔整体节段的制造位于在中山市火炬开发区临海工业园,制造完工后水路运输至港珠澳大桥桥址,全程约28海里。大节段装船是本标段非常重要的一个工序,本文以132.6m钢箱梁大节段为例介绍钢箱梁大节段装船技术。

2. 码头及水文情况

钢箱梁大节段制造厂区位于横门东水道右岸。码头泊位长度148m,结构按照5000t级设计,码头两端各设25m过渡段与护岸衔接。码头顶面高程为2.8m,后方厂区陆域高程3.556m,码头区与厂区连接段以1.6%坡度过渡。码头前沿水域宽50m,码头前沿停泊水域底高程-7.98~-10.1m,回旋水域底高程-7.76~-10.0m。

横门水道周边区域属于不规则半日潮流,平均潮差0.85~1.7m,最大潮差在2.3~3.2m之间。

二、大节段装船方案及其关键技术

1. 大节段装船方案

重大件货物装船一般有吊装装船和滚装装船两种方法。吊装分为浮吊和门吊吊装,随着重大件货物的尺寸和重量越来越大,吊装设备的投入成本将迅速增加,滚装作业就越来越有优势。本标段大节段制造厂区没有大型门吊和浮吊,综合比选之后,钢箱梁大节段和钢索塔整体节段均采用滚装装船方案。在滚装作业时,对重大件运输船舶、滚装车辆和装船时机的选择就是其中比较关键的问题。

2. 运输船舶选型

滚装用运输船的选型主要考虑三个方面,其一满足大节段的装载,其二能够与码头相匹配,其三能够满足滚装作业。基于这三点,运输船舶配备为驳船"幸运海"+拖轮"宁海拖2001"+2200HP锚艇运输船组。驳船"幸运海"为艉驾非机动重载甲板驳船,总长125m,型宽35m,型深7.5m,满载吃水5m,载重量18000t,甲板荷载150kN/m²,甲板载荷面积117m×35m,调载能力2000m³/h。

运输船甲板载货面积完全满足110m标准大节段的装载,对于最大节段(外形尺寸为143m×38.8m×4.5m),长度方向通过悬出尾端甲板解决,宽度方向通过横向偏载解决船舶帮拖空间不够的矛盾。驳船7.5m的型深,可保证安全停靠码头的同时,驳船甲板可保持与码头平齐。甲板荷载150kN/m²,可满足滚装施工的要求。

3. 滚装用车的选型与配置

钢箱梁节段总拼下胎、转运和大节段滚装上船全部采用自行式模块运输车。自行式模块运输车是在液压组合挂车基础上衍生出的高端产品,无需牵引车牵引,可实现自行功能。它由带驱动的轴线模块运输车及动力模块单元(PPU)组成。自行式模块运输车既可单车使用,也可横向和纵向拼接使用,拼接时各模块之间既可机械地连接在一起;也可采取自由定位。模块车组合和分组后具有集中操控、原地旋转和任意半径转向功能。

本工程选用模块车车体宽度2430mm,纵向/横向轴距为1400mm/1450mm,升降行程1500mm±350mm,额度净轴载360kN。132.6m大节段由4个390PPU与100轴模块车进行转运和滚装上船。模块车的布置需要考虑大节段的重量分布和大节段滚装上船落墩装载位置综合考虑,具体布置如图1所示。

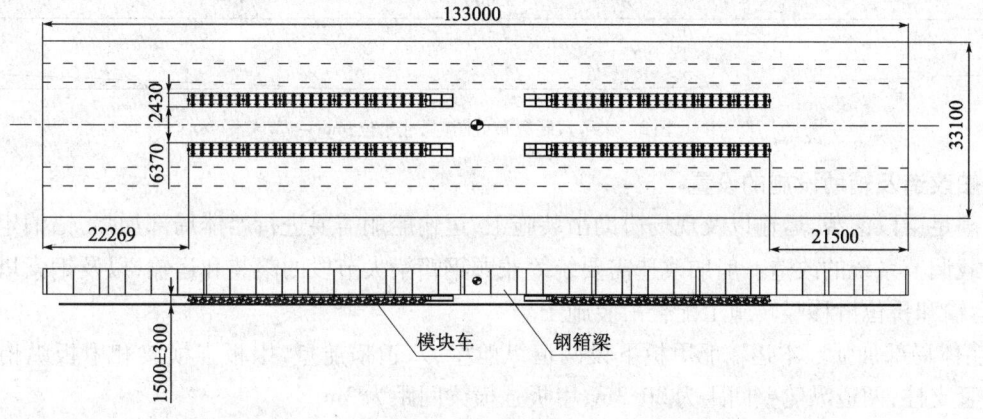

图1 大节段转运及装船布车图(尺寸单位:mm)

4. 上船时机的选择

大节段滚装上船要保证运输船甲板与码头平面齐平，上船时机的选择涉及潮汐大小、运输船吃水和码头标高这三个因素。码头潮水在 0.21~3.08m 之间，装载大节段后吃水可以在 2~5m 之间变化（可通过压载水来调节）。无论涨落潮，只要潮位在 -0.225~1.75m 之间，都能满足装船所要求的潮汐。装船时机选择在低平潮时进行，以减少装船作业时对运输船的浮态调节。

5. 大节段装载布置

大节段装载布置应遵循如下三点：

（1）尽量保持船舶均匀受载，包括船长和船宽两个方向。
（2）大节段和船体构造不发生变形等损伤。
（3）大节段滚装等施工通道与支撑体系等不发生干涉现象。

大节段在船宽方向居中布置，纵向因长出甲板，因此留有安全通道的前提下尽可能靠近艏部驾驶楼布置，另一端伸出甲板处于悬臂状态。钢箱梁在甲板上采用多点支撑，支点均设置在大节段横隔板或横隔肋对应区域。大节段在甲板尾部悬臂支点选择在大节段支座横隔板区域，这个状态与海上安装施工钢箱梁大节段悬拼姿态一样，因此大节段悬臂运输其结构是安全的，不需要额外加强。

本工程 58 个大节段和三个钢索塔整体节段共用一艘运输驳船，除周边布置甲板机械外，甲板上需统筹布置四种典型钢箱梁滚装通道、钢塔滚装通道和钢索塔滑移竖转轨道，以及大节段和钢塔支点布置。大节段装载布置如图 2 所示，甲板上功能区域布置如图 3 所示，支点纵向间距为 5m，横向间距为 14m。

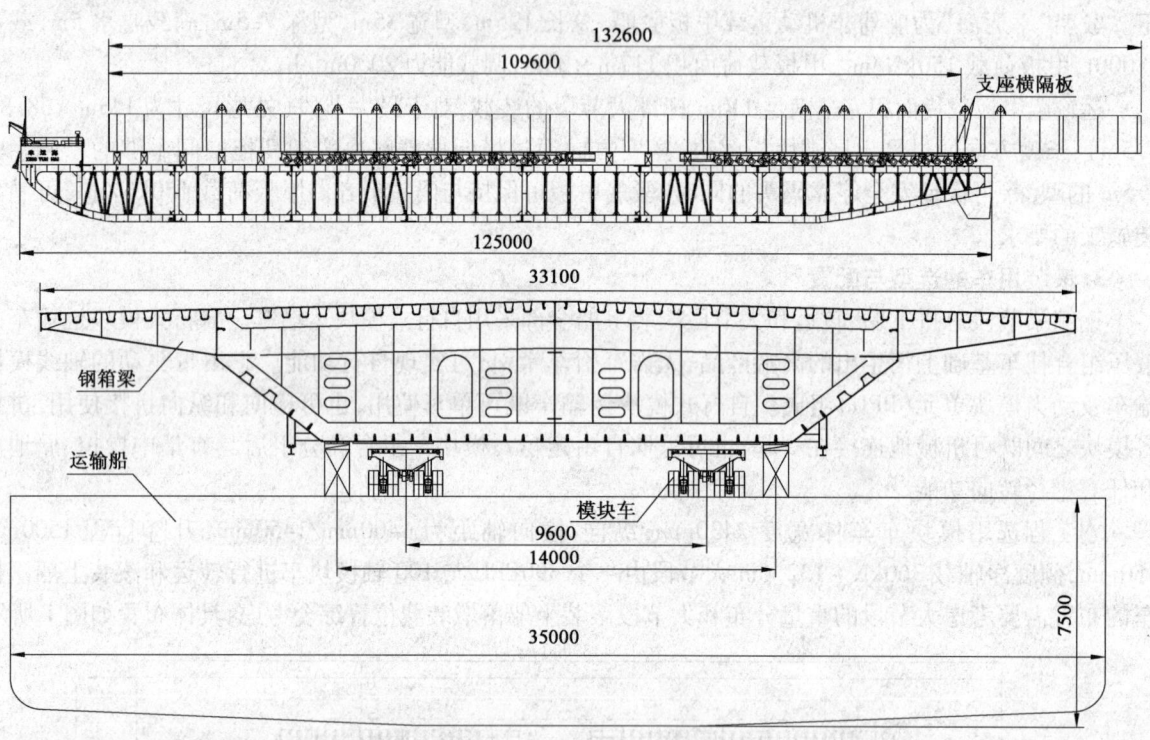

图 2 大节段装载布置图（尺寸单位：mm）

6. 船舶改造及辅助设施的设置

为了满足梁段滚装、运输以及现场协助吊装施工，运输船舶需要进行船体局部加强、锚泊定位系统的改造和压载调节系统的改造。船舶改造需要统筹兼顾钢箱梁大节段的滚装和运输，以及钢索塔整体节段的滚装、运输和桥位滑移竖转施工配合吊装施工。

（1）船体局部加强。本运输船甲板下设两道纵舱壁，八道横舱壁，甲板强横梁和甲板纵桁交错的位置下设钢管支柱，两道纵舱壁间距为 20.3m，甲板强横梁间距为 3m。

根据大节段支墩布置图，以装载最大重量大节段为典型段，并考虑运输过程中垂向加速度产生的动荷载,确定支墩承受载荷大小,在运输船局部进行加强。大节段装船后伸出船尾约30m,运输船船尾受力较大,对该部位也需要进行加强。甲板局部强度和总纵强度通过有限元建模,依照CCS规范进行校核。

(2)运输船的抛锚定位系泊设备配置。根据中国船级社《海上拖航指南2011》进行计算后,配置以下设备:
①德尔泰锚,4只,每只锚重8t。
②电动卷扬车,4台,工作负荷30t,ϕ46mm钢丝绳,容绳量500m。
③400kW发电机组,2套。
甲板设施加装及改造布置见图3。

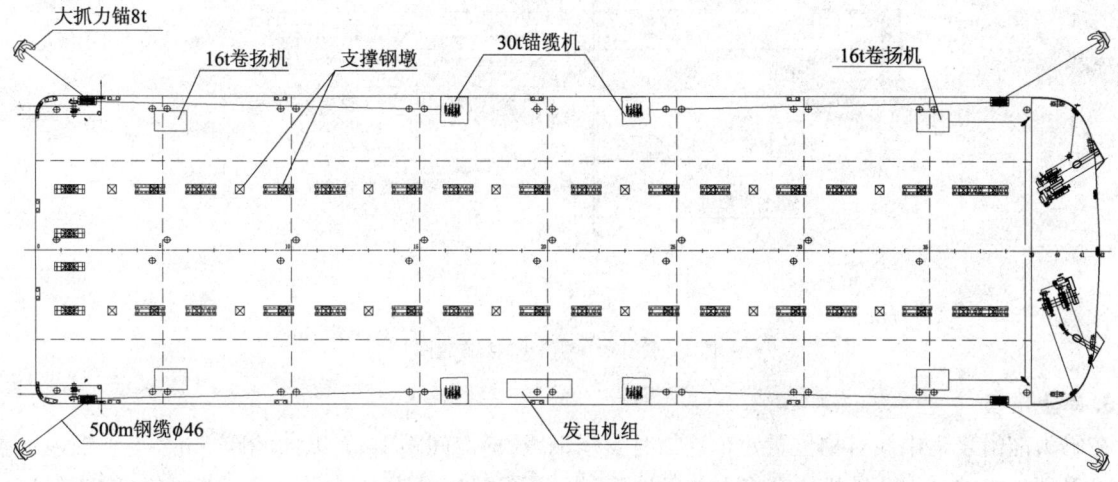

图3　甲板设施加装及改造布置图

(3)运输船的压载调节系统的改造。本水域潮汐相对平稳,正常情况下,大节段滚装时驳船需要向外排水,大节段滚装到位后仍处于涨潮阶段,模块车撤离时驳船需要压水才能保证甲板面与码头平齐。运输船的压载调节系统必须可以完全平衡涨落潮与加载对船舶吃水的共同影响,保持船舶甲板相对码头标高基本平齐,高差不差过150mm。滚装作业最为不利的工况是模块车一组在船上另一组在岸上时出现故障而不能及时修复,这时要求运输船的压载调节能力完全能够消除潮汐的影响而保持甲板高程基本不变。为了满足上述条件,运输船增设了26台油浸式潜水泵,一半安置在压载舱内,一半安置在船舷外侧,每台潜水泵流量为100m³/h。

(4)过桥板的设置。驳船甲板与码头之间因潮水影响,存在高低差。码头侧面布置有SA500H、SA250L橡胶护舷,船甲板与码头之间有500mm的间隙。在甲板与码头之间的滚装通道上搭设过桥板,可以消除甲板与码头之间的高低差和间隙,保证模块车从码头顺利行驶到甲板上。过桥板规格为3000mm×10000mm,由20mm×3000mm×2000mm、40mm×3000mm×6000mm、20mm×3000mm×2000mm三块钢板拼接而成,这种构造能保证在甲板与码头间间隙处有足够刚度,又能保证两端有一定柔性,与甲板、码头连接处平顺过渡。过桥板7000mm铺设在码头上,3000mm铺设在驳船上。

三、大节段滚装施工

1. 驳船滚装前的准备

驳船甲板上画出行车轨迹线和中轴线,对行车轨迹线范围内的甲板进行彻底清理。根据支墩布置图将支墩布置到相应位置,在支墩上敷设枕木。对运输船发电机组和压载泵维护和试运转,使其处于良好的运转状态。按照装载计划确定的装船时间潮位以及滚装调载计算书预先确定各舱压载水状态,通过驳船压载调节系统对船舶浮态进行初步调整。

2. 驳船靠泊与码头连接

运输船由拖轮协助由顺靠码头转为船尾顶靠边码头,然后再调节驳船缆绳,初步将船中线对准码头发运中线,在装船前1h精准定位好船中线与码头发运中线,铺好码头与甲板之间的过桥板,拖轮协助运输船靠泊好后,撤出在外侧处于守护待命状态,见图4所示。

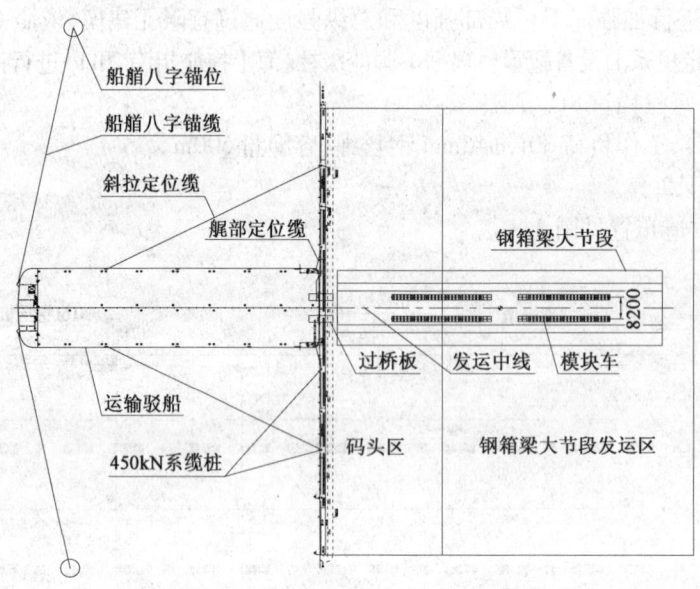

图4 驳船靠泊与码头连接布置图

3. 岸上准备

在码头前沿发运中线对称位置处布置临时支承钢墩,横向间距14m,纵向间距5m。支承钢墩上敷设枕木。采用4组共计100轴模块车将大节段转运到码头发运区。大节段在发运区落墩时,需要保证中线与发运中线对准。

4. 大节段滚装上船

在低平潮前半小时,采用4组共计100轴模块车并顶起大节段脱离支承钢墩,同时向运输船运行。滚装作业控制重点如下:

(1)平板车应平稳低速前行,保持2m/min匀速,行驶方向始终与甲板中轴线平行,偏差小于100mm。

(2)保持驳船尾部甲板面与码头顶面基本平齐。当驳船尾部甲板面比码头平面高出150mm,开始滚装上船。在装船过程中如高度差超过±150mm,应停止滚装进行调载,将高度差调整到±150mm以内,再继续进行滚装。

在模块组合车开始从码头前沿前进通过码头前端所铺的钢板时,船体受力有一个突变过程,注意观测过桥板受力状态及驳船甲板面上的测点高程变化情况,及时调整浮态。

(3)当第一组模块车全部上船,第二组模块车前进至码头上的过桥板时,船体受力由尾部逐步转移到首部,船艉处于上翘状态,应加强观测并通过调载使船尾甲板面与码头面高度差不大于±150mm,以满足后一组模块车的装船要求。大节段滚装上船过程如图5所示。

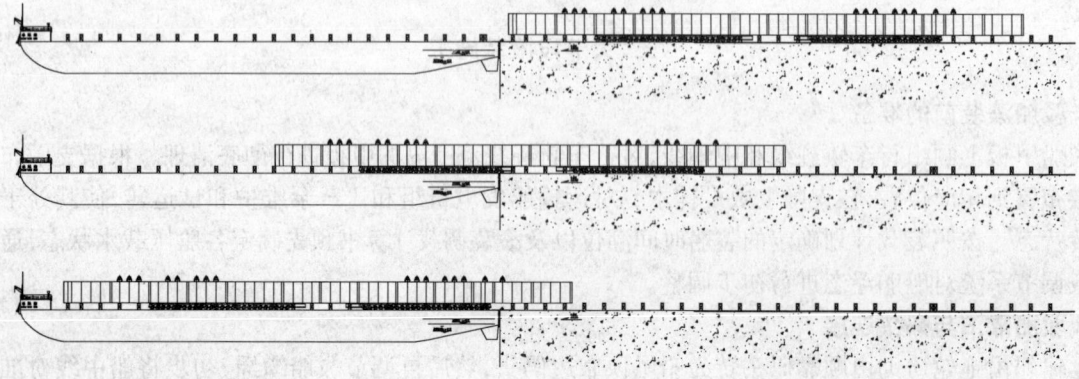

图5 大节段滚装上船过程示意

5. 大节段落墩

模块车将大节段运到指定位置,纵横向偏差控制在不大于±50mm,通过自身液压升降系统将大节段徐徐下放,离最外两端钢墩顶面约300mm时停止。钢墩上铺设枕木,最上层设置橡胶垫。模块车再次下降直至大节段接触橡胶垫,对刹每个钢墩上的斜枕木使之与钢箱梁密贴,模块车下降操作直至钢墩承受节段80%(通过模块车支承压力表读数进行折算)的重量,静置5min,检查并确认甲板、支墩和钢箱梁等无异常后,继续下降车板至节段的全部重量由支墩承受为止。

6. 模块车撤离

大节段在船上落放平稳,各支承点受力均匀并检查无误后,模块车退出。从开始滚装到模块车退出估算时间为3个小时,此时潮水仍在涨潮时段,甲板面仍由调载系统进行调节,保持与码头面持平,误差不超过±300mm。模块车全部退出后,拆除过桥板。

7. 大节段绑扎

水上运输过程中,为防止在运输过程中风、浪、涌等荷载引起钢箱梁纵、横向平移或翻转,必须对其进行绑扎加固以抵抗外荷载作用。为避免绑扎损伤大节段梁体,绑扎加固采用软绑扎,并充分利用梁检车轨道支架进行纵、横向的加固,加固构造与支架之间设置橡胶垫来保护涂层,具体构造见图6。在支撑钢箱梁悬臂区域的船体尾端,采用硬绑扎进行加固,具体构造如图7。绑扎强度根据中国船级社《海上拖航指南2011》,按照缺省的运动标准工况9进行验算。

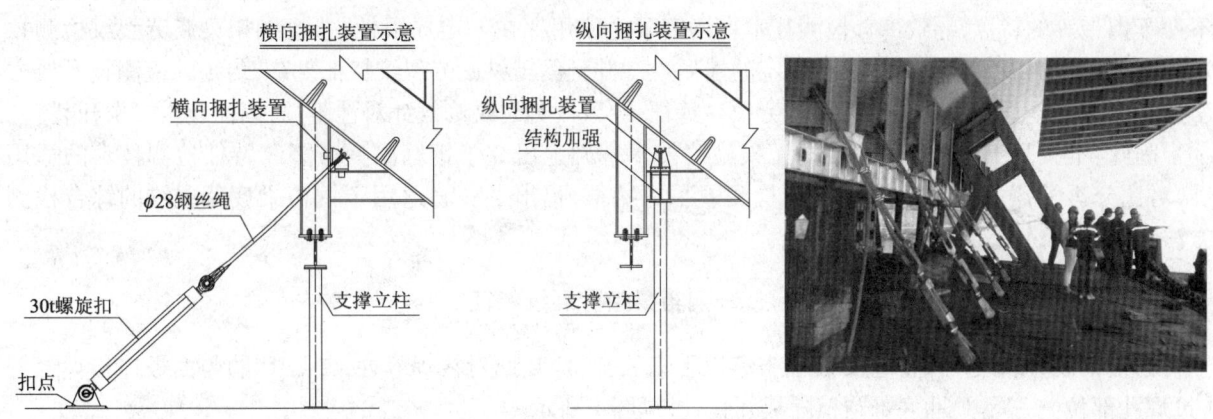

图6 大节段绑扎进行加固图　　　　图7 大节段船尾悬臂硬绑扎图

四、结　语

在滚装设计中,充分考虑了四种典型钢箱梁滚装与运输,以及三个钢索塔的滚装装船和滑移竖转施工,是本工程最重要的一个特点。2014年4月,港珠澳大桥桥梁工程CB02标首片大节段顺利滚装上船、运输、架设完成,整个过程非常顺利,滚装重量创造了桥梁工程的世界第一。该桥的滚装上船为后续江海直达航道桥海豚形钢索塔的装船以及类似工程提供一定的参考。

39. 钢箱梁疲劳裂纹特征检测技术适用性研究

袁周致远[1]　陈雄飞[2]　汪　锋[2]　傅中秋[1]　吉伯海[1]

(1. 河海大学土木与交通学院;2. 江苏扬子大桥股份有限公司)

摘　要　依据钢箱梁疲劳裂纹产生的主要部位,通过疲劳裂纹试件的断面分析了钢箱梁疲劳裂纹的主要特征。在传统疲劳裂纹无损检测基础上,考虑钢箱梁的具体构造细节及现场检测环境,结合现场检测试验,针对钢箱梁疲劳裂纹的具体特征,分析了钢箱梁疲劳裂纹特征检测技术的适用性,并对渗透、磁粉、超声波、声发射检测技术的特点、局限性等特征进行了对比,提出了一套适用于钢箱梁疲劳裂纹的综合检测技术。

关键词 钢箱梁 疲劳裂纹 检测技术 现场检测

一、引言

钢材具有强度高、塑性韧性好、自重轻、制作安装便捷等优点,在桥梁建设中得到了广泛的应用[1]。大跨径桥梁为了减轻桥梁自重,主梁往往采用以扁平钢箱梁为主的截面形式,随着我国交通量的逐年增长以及桥梁服役年限的增加,钢箱梁的病害[2-4]逐步呈现,其中以疲劳裂纹[4]最为严重。由于钢箱梁构造复杂,在反复的车辆荷载作用下,局部应力集中部位或初始缺陷部位极易产生疲劳裂纹并不断扩展,导致钢箱梁局部受力性能下降,严重时会产生钢材断裂破坏,影响桥梁安全性。

随着我国社会经济发展,桥梁大规模建设已过高峰,逐渐进入桥梁维护阶段[5]。但由于起步较晚,桥梁后期维护技术相对落后,导致钢箱梁疲劳裂纹的检测与修复问题逐渐变得严峻。为了避免疲劳裂纹萌生与扩展对桥梁安全产生影响,须定期对在役期间的大跨径桥梁进行疲劳裂纹检测,以便及时发现并进行修复处理。常见的疲劳裂纹无损检测方法[6-7]主要有射线检测、渗透检测[8]、磁粉检测[9-10]、超声波检测[11-12]、涡流检测和声发射检测技术[13-15]。由于钢箱梁复杂的构造,以及部分检测设备笨重、操作复杂、不便于携带等的特点,导致部分检测技术在钢箱梁内使用存在一定局限性,造成钢箱梁疲劳裂纹检测技术与其他领域的裂纹检测相比存在一定的滞后性。并且钢箱梁疲劳裂纹特征复杂,传统的检测技术或方法未必能够完全识别不同构造下的疲劳裂纹特征,导致疲劳裂纹修复针对性不强,因而产生二次开裂。

因此,本文基于上述现状在常规无损检测技术基础上研究了钢箱梁疲劳裂纹特征检测技术的适用性,对比分析了各个检测技术的特点、检测效果等特征,提出了一套适用于钢箱梁疲劳裂纹的综合检测方法。

二、钢箱梁疲劳裂纹特征

钢箱梁疲劳裂纹产生的主要部位[4]有以下三处:一是U肋对接焊缝处,二是U肋与面板连接焊缝处(过焊孔部位),三是U肋底部与横隔板开孔处,见图1所示。

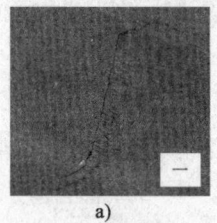 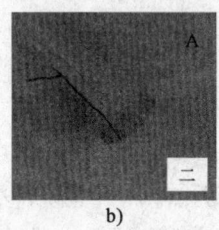 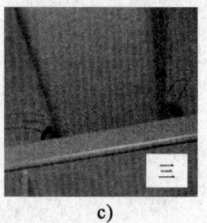

a) b) c)

图1 钢箱梁疲劳裂纹产生的主要部位

依据目前实桥钢箱梁疲劳裂纹统计结果分析,U肋与面板连接焊缝处的疲劳裂纹占了总疲劳裂纹数量的90%以上。该部位(图1b)构造复杂,焊缝数量多,与其他部位相比裂纹更容易在此处萌生。图2给出了模拟钢箱梁顶板竖向加劲肋构造部位的疲劳裂纹特征断面细节,该疲劳裂纹特征与U肋与面板连接焊缝处的A部位(图1b)的疲劳裂纹特征近似。

从图2中可以看出,此类裂纹起裂于N_{toe}处,沿着角焊缝的边缘逐渐向两边的N_b位置扩展,越过N_b后沿垂直于焊缝的方向发展,大致呈倒"Ω"形。由于受焊接的影响,N_b之间的裂纹在深度方向并非竖向开裂,而是存在一定的倾斜角度。裂纹的整体扩展断面为近似的半椭圆形,符合表面裂纹的开裂特征。

钢箱梁疲劳裂纹特征包括裂纹位置、长度、宽度、深度、角度等,为了更好地对钢箱梁疲劳裂纹进行检测,除了提高各个检测技术外,检测人员需进一步了解钢箱梁疲劳裂纹的特征,针对每个具体特征采取有针对性地检测方法,才能提高钢箱梁疲劳裂纹的检测效率。

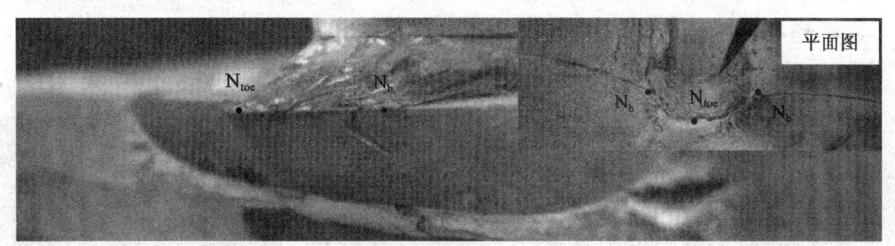

图2 箱梁顶板竖向加劲肋处试件疲劳裂纹细节

三、疲劳裂纹检测技术适用性分析

在传统疲劳裂纹无损检测基础上,考虑钢箱梁的具体构造细节及现场检测环境,结合室内及现场检测试验,研究了钢箱梁疲劳裂纹特征检测技术的适用性及其局限性。

1. 渗透检测技术

渗透检测是以毛细作用原理为基础的检测技术,用于金属或非金属部件的表面开口裂纹。检测时,将溶有荧光染料或着色染料的渗透液施加到零部件表面,一段时间后去除多余渗透液,经干燥处理再施加显像剂既而形成缺陷显示。

渗透检测技术所采用的渗透液通常为水溶性渗透液,其流淌性大,在钢箱梁顶板处进行渗透检测时受到重力作用,渗透液会向下流淌,导致渗透液难以附着在被检部位,降低了渗透效率和显像效果,因此不建议在现场检测中使用。而在室内疲劳试验中,由于试件是水平的,渗透液能够很好地保留在被检表面,具有良好的渗透效果,并且带有染色剂的渗透液进入裂纹内部后,会对裂纹深度方向的断面进行着色(图3),可进行后期疲劳裂纹扩展规律及断面分析。

图3 渗透检测技术室内疲劳试验应用

2. 磁粉检测技术

将被检部位磁化后,通过磁粉在缺陷附近漏磁场中的堆积以检测铁磁性材料表面或近表面处缺陷的一种方法。钢箱梁磁粉检测技术所需要的设备包括便携式磁粉探伤仪、磁悬液、反差增强剂、标准试片或试块,为了避免对钢材造成锈蚀,通常采用油性磁悬液。钢箱梁磁粉的操作步骤可以借鉴其他领域内的磁粉探伤步骤,但由于磁粉探伤的部位位于钢箱梁的顶板,跟渗透检测存在的问题一样,磁悬液也会沿着U肋向下流淌,因此在选择磁粉检测方法时,为了提高检测效率,宜采用连续法磁粉检测,即在磁化的同时施加磁粉并检验,如图4所示。

图5给出了钢箱梁内U肋过焊孔处的磁粉检测效果,从图中可以看出裂纹部位的磁痕比无裂纹部位更加浓密,能够通过近距离观察分辨出来,但在焊缝的无裂纹部位也会聚集一定的磁粉,这是由于在钢箱梁焊接过程中焊缝表面存在小凹坑,导致喷涂后的磁悬液聚集在凹坑内,无法在磁力作用下产生流动,严重时会对检测结果产生干扰。图6为室内疲劳裂纹试件的磁粉检测效果,相比于现场磁粉检测,在磁悬液不产生流淌的情况下磁痕更加清晰,检测效果更加明显。

3. 超声波检测技术

超声波检测是利用超声波在异质界面边缘发生反射的特点来检查缺陷的一种方法。当声波遇到缺陷界面或工件表面时就分别产生反射,在荧光屏上形成脉冲波形,根据脉冲波形的特征及参数来判断缺陷位置和大小。虽然超声波检测技术在船舶、机械制造等领域应用比较成熟,但在实桥钢箱梁内进行超声波检测时受到钢箱梁构造特征的影响,其检测效率和精度有一定程度的降低。

 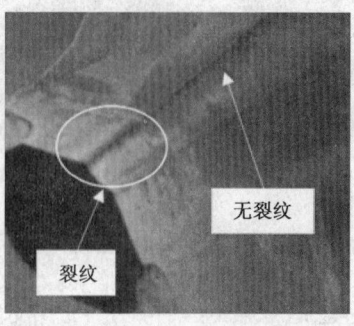 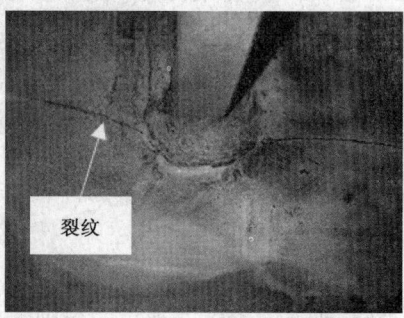

图4　实桥顶板磁粉检测　　　图5　过焊孔磁粉检测磁痕对比　　　图6　试件磁粉检测

钢箱梁现场超声波检测的设备包括便携式超声波探伤仪、斜探头、耦合剂、钢尺。由于钢箱梁的板厚通常较薄,为了得到较高的检测精度,在选择探头时宜选择晶片尺寸小、频率较高的斜探头;耦合剂也应选用声耦合性能好、流淌性低、价格便宜的化学浆糊,能够将探头"吸附"在被检部位的底面,如图7所示。由于超声波能够透入材料内部,相比于渗透、磁粉检测,超声波检测技术能够发现内部疲劳裂纹,并通过分析缺陷回波波形及计算缺陷回波参数可以近似判断疲劳裂纹的长度、深度、角度(图8)等特征。

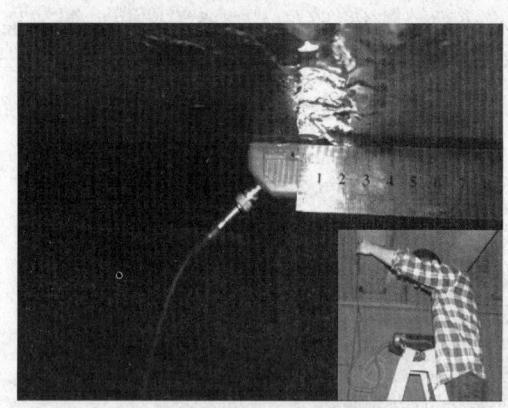 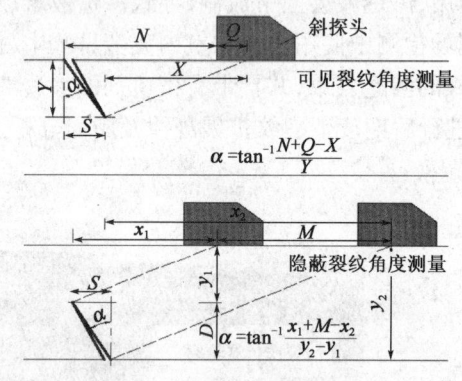

图7　钢箱梁超声波检测　　　　图8　裂纹角度超声波检测方法

4. 声发射检测技术

物体在外界条件作用下,缺陷或物体异常会因应力集中而产生变形或断裂,并以弹性波(AE信号)形式释放出应变能,通过相关设备采集AE信号,并判断缺陷产生的部位。声发射技术因其能够实现动态检测,在材料试验、结构损伤监测等领域得到了广泛的应用,但检测中的背景噪声会对检测结果产生干扰。目前常用的处理方法是采集一定时间内的背景噪声信号作为标准分析数据,然后再进行声发射检测,在后期的信号处理中剔除噪声信号,获得由缺陷产生的信号[14]。

但在实桥疲劳裂纹检测或监测中,由于车辆行使产生的噪声信号是随机的,导致采集的噪声信号不具代表性,在后期信号处理分析中会产生一定的误差,降低了声发射检测精度。因此,声发射在实桥疲劳裂纹监测中的应用还有待进一步研究。而在室内进行疲劳试验时,由疲劳试验机产生的噪声相对稳定,可以采用上述方法进行室内试验的疲劳裂纹开裂检测。

四、钢箱梁疲劳裂纹综合检测技术

1. 钢箱梁检测技术对比分析

通过分析钢箱梁疲劳裂纹检测技术的特征,结合现场疲劳裂纹检测试验,针对各个检测技术的特点、适用性、检测效果、检测特征作了对比分析和评价,见表1所示。

钢箱梁疲劳裂纹特征检测技术对比

表1

检测技术	渗透检测	磁粉检测	超声波检测	声发射检测
特点	采用喷涂法施加渗透剂,检测范围大	磁化的同时施加磁悬液,检测范围大	使用斜探头和耦合剂,检测范围小	采集AE信号,检测范围大,抗干扰力差
适用性	室内构件疲劳试验裂纹开裂检测	现场疲劳裂纹检测	现场疲劳裂纹检测适用于局部范围	室内构件疲劳试验裂纹开裂或扩展监测
检测效果	检测速度慢,显像明显	检测速度快,检测效果比较明显	检测速度快,缺陷回波明显,精度高	检测速度快,效果明显,实时反馈
检测特征	判断裂纹位置和长度,分析扩展规律	判断裂纹位置和长度	判断裂纹的长度、深度和角度	判断裂纹位置,分析扩展规律

从表1中可以看出,渗透、磁粉检测的范围较大,可通过大范围的检测初步判断疲劳裂纹产生的主要部位,但磁粉检测的速度比渗透更快,因此相比于渗透检测,磁粉检测在现场得到了广泛的应用。而超声波检测由于其检测设备的特点以及操作性的要求,只能够对局部范围内的重点部位的进行,并且注重疲劳裂纹的长度、深度、角度等特征的检测,根据检测结果分析疲劳裂纹的断面特征,进行更加针对性的修复。声发射检测技术最大的特点是进行动态检测,但受运营期间桥梁车辆随机噪声的影响,信号干扰程度离散性大,现场检测效果并不理想,更多地应用于室内构件的疲劳试验。

2. 疲劳裂纹综合检测技术

针对钢箱梁疲劳裂纹检测技术的特点、适用性等特征,考虑钢箱梁疲劳裂纹特征检测的必要性,充分利用各个检测技术的优点,提出了一套适用于钢箱梁疲劳裂纹检测的综合技术,见图9所示。

图9 钢箱梁疲劳裂纹综合检测技术

具体步骤如下:①在检测前通过数值模拟或基于以往检测资料的统计,首先确定重点检测部位,然后在该部位的纵向和横向进行初步的目测检测,确定大致的疲劳裂纹位置。②进行磁粉探伤,判断是否为疲劳裂纹,如果是则标记并拍照,并测量疲劳裂纹长度。③对发现疲劳裂纹的部位进行超声波检测,以确定疲劳裂纹的深度、角度等其他特征。④根据疲劳裂纹特征检测结果,通过CAD软件进行断面分析(图10)。

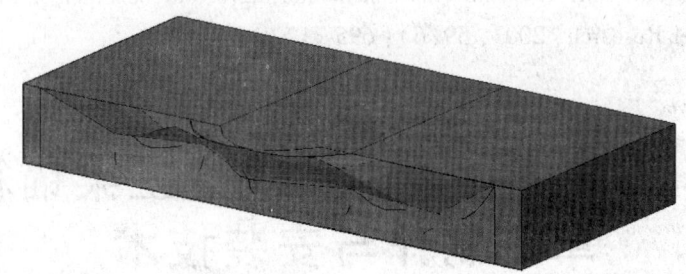

图10 疲劳裂纹断面分析

通过以上四个主要步骤,分析了钢箱梁疲劳裂纹产生的主要部位,并结合目测、磁粉、超声波检测技术,测量了疲劳裂纹的具体特征,给出了每条裂纹的断面特征图,然后根据具体的疲劳裂纹断面特征图即可制订有针对性地维护方案,提高了钢箱梁疲劳裂纹检测和维护的效率。

五、结 语

通过分析钢箱梁疲劳裂纹特征,基于传统的无损检测技术,研究了适用于钢箱梁疲劳裂纹的检测技术,并对比了各个检测技术的特点及适用性,得到结论如下:

（1）钢箱梁疲劳裂纹产生的主要位置有U肋对接焊缝处、U肋与面板连接焊缝处（过焊孔部位）、U肋底部与横隔板开孔三个部位；钢箱梁疲劳裂纹特征包括裂纹位置、长度、宽度、深度、角度。

（2）渗透检测和声发射检测在室内构件疲劳试验中具有较好的应用条件，并且可对疲劳裂纹的扩展规律进行分析；而磁粉检测、超声波检测由于其较好的便携性、可操作性以及较快的检测速度，能够适应现场检测环境，对裂纹的位置、长度、深度、角度等特征进行检测。

（3）钢箱梁疲劳裂纹综合检测技术结合各个检测技术的特点，通过测量疲劳裂纹的特征进行断面分析，制订有针对性的维护方案，能够提高钢箱梁疲劳裂纹的检测和维护效率。

参考文献

[1] 吴冲.现代钢桥[M].北京：人民交通出版社，2006.
[2] 张陕锋.正交异性板扁平钢箱梁若干问题研究[D].南京：东南大学，2006.
[3] 姜竹生，瞿涛，吕磊，等.钢箱梁典型病害分析及其检测与维护技术研究[J].防灾减灾工程学报，2011，31(5)：572-577.
[4] 曾志斌.正交异性钢桥面板典型疲劳裂纹分类及其原因分析[J].钢结构，2011，26(143)：9-15.
[5] 江阴大桥管理中心.大型桥梁养护管理[M].人民交通出版社，2001.
[6] 于凤坤，赵晓顺，王希望，等.无损检测技术在焊接裂纹检测中的应用[J].无损检测，2007，29(6)：353-355.
[7] 刘贵民，马丽丽.无损检测技术（第2版）[M].国防工业出版社，2010.
[8] 马艳华，周月红.铝合金试件裂纹深度渗透检测试验研究[J].无损检测，2002，24(12)：532-533.
[9] GB BSI.钢铸件.磁粉探伤[S]2010.
[10] BowlerJ R, Bowler N. Evaluation of the magnetic field near a crack with application to magnetic particle inspection[J]. Journal of Physics D: Applied Physics, 2002, 35(18): 2237.
[11] JG/T 203—2007,《钢结构超声波探伤及质量分级法》[S].
[12] Mi B, Michaels J E, Michaels T E. An ultrasonic method for dynamic monitoring of fatigue crack initiation and growth[J]. The Journal of the Acoustical Society of America, 2006, 119(1): 74-85.
[13] 骆志高，李举，王祥.声发射技术在疲劳裂纹检测中的应用[J].制造技术与机床，2008，10：050.
[14] 田亚团，蒋仕良，李杰，等.声发射技术在高噪声背景下的检测应用[J].无损检测，2013，35(8)：32-35.
[15] Roberts T M, Talebzadeh M. Acoustic emission monitoring of fatigue crack propagation[J]. Journal of Constructional Steel Research, 2003, 59(6): 695-712.

40.港珠澳大桥九洲桥钢主梁锚箱单元制作与安装技术

路玉荣

（中铁宝桥集团有限公司）

摘要 简要介绍了九洲航道桥钢主梁的总体结构形式和关键承力构件之锚箱单元的结构特点，分析了锚箱单元的制造及总拼安装的难点。重点对锚箱单元制作和总拼安装的工艺及质量控制措施进行研究，解决了锚箱单元的锚管组装精度、箱口匹配精度以及总拼安装锚箱单元空间位置精度控制等技术难题，确保了九洲桥钢主梁大节段的制作质量。

关键词 钢主梁大节段 锚箱单元 精度控制 安装

一、工 程 概 况

九洲航道桥采用双塔单索面钢－混组合梁5跨连续斜拉桥,桥跨布置为85m+127.5m+268m+127.5m+85m,全长693m。九洲航道桥采用塔、梁、墩固结的结构体系,结构简洁线条流畅。主塔采用钢—混结构,"风帆"造型,景观优美。主梁采用分离式开口钢主梁+混凝土桥面板组合截面。斜拉索采用竖琴形布置,梁上索距12.5m,塔上索距6.1m。作为斜拉桥结构,钢主梁锚箱单元的制作及总拼安装技术直接关系到锚箱单元的制作及安装精度以及成桥后锚索角度是否符合设计要求,直接影响成桥后的大桥安全性、可靠性。九洲航道桥布置示意图见图1。

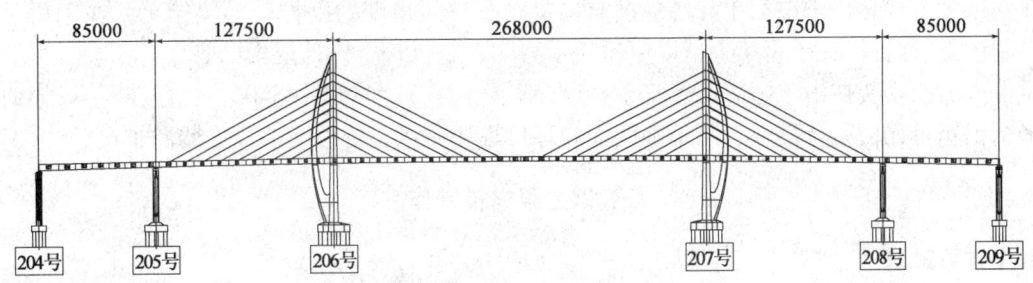

图1 九洲航道桥布置示意图(尺寸单位:mm)

二、结构特点及制作安装难点

1. 结构特点

港珠澳大桥九洲航道桥为单索面斜拉桥结构,斜拉索锚固在联系两分离口钢梁的锚箱腹板上,纵向两斜拉索锚固点间距为12.5m。斜拉索索力通过锚索导管传给锚箱处隔板,再由锚箱单元传至两侧钢主梁,因此,其锚箱单元是斜拉索传递桥面荷载的主承力构件。九洲航道桥钢主梁立体示意图见图2。

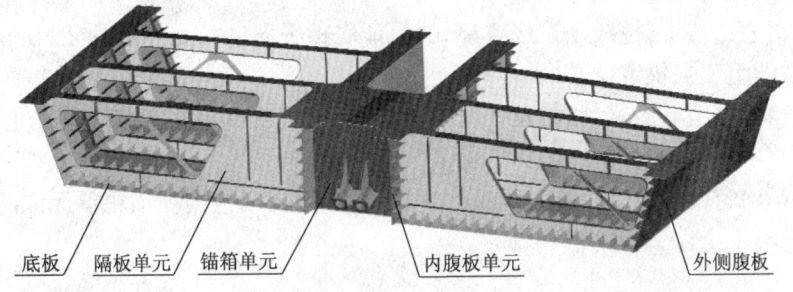

图2 九洲航道桥钢主梁立体示意图

其中锚箱单元由底板、上下隔板、锚管、锚垫板、前后腹板及加劲板等零部件组成。根据设计图、相关规范以及工艺安排,锚箱单元在分割时锚箱的底板与腹板在同一分割面上,顶板与腹板及底板的分割位置错开200mm。九洲航道桥锚箱单元立体示意图见图3。

图3 九洲航道桥锚箱单元整体和分割块体立体示意图

2. 制作及安装难点

（1）制作环节的难点

①锚管的组装精度。由于锚箱单元制作中存在大量焊缝，尤其是锚管与锚箱上下隔板间是熔透焊缝，焊接变形较大，确保锚管的组装精度是锚箱单元制作中的难点。

②锚箱单元左右分割块体箱口匹配精度。为了便于大节段桥位架设，在大节段总拼中，大节段整幅以桥轴线分割形成左右幅，所以单个锚箱单元被分割成了左右块体，在制作中锚箱横梁分割环口的匹配精度达到验收标准要求是后续大节段安装中顺利进行的关键。

（2）安装环节难点

①在钢梁大节段总拼中锚箱单元的纵横向位置以及空间角度精度控制是锚箱单元在钢梁总拼环节的关键控制项点，这直接关乎钢梁大节段成桥后承力状态是否符合设计要求。

②桥位大节段安装在由于施工工况复杂，且在钢梁叠合转运过程中存在必然存在变形，如何确保大节段内多个锚箱单元横梁分割环口的精确匹配和环口焊接质量是桥位大节段安装的难点。

三、钢主梁锚箱制作

1. 制作方案策划

根据钢主梁制作工艺，锚箱单元制作时，先将前后腹板单元从中间切割制作（一分为二），顶、底板单元整体下料加工，然后整体制作形成整体锚箱单元，在整体锚箱单元检测合格后，按照施工图组装焊接临时匹配件，最后切割顶、底板单元，形成锚箱单元。

2. 钢主梁锚箱制作工艺

根据方案部署，锚箱单元的具体制作流程为：锚箱底板→下隔板→前、后腹板→锚管→上隔板→锚管端部垫板及加劲板→锚箱盖板→整体锚箱单元→修整和检测→验收→安装临时匹配件→锚箱切割→锚箱单元→包装、发运。

（1）锚箱单元具体制作中的工艺要点：

①在锚箱单元组装工装上，按线定位底板单元，保证底板平面度满足要求，同时在底板上精确布设定位纵横基准线，为后续组装提供定位基准。

②依次组装锚箱下隔板、锚箱后腹板及锚箱前腹板，保证各件组装的间隙、垂直度要求，确保后续锚管安装的角度精确。

③前后腹板在精确定位后即采用临时匹配件进行约束，而顶底板则在锚箱单元成品验收后再行安装临时匹配件（图4）。

图4 锚箱整体组装中腹板匹配约束示意图

④对锚箱单元整体组装尺寸进行全面检测，检测尺寸合格后，在角接焊缝部位设置直角马板以约束焊接过程中的变形，确保锚箱整体尺寸符合工艺要求。

⑤焊接时应注意严格执行焊接工艺参数、焊接次序、焊接方向。焊缝质量检测合格后,解除临时约束,采用热矫正措施修整焊接变形。

(2)锚箱单元关键项点及控制措施。锚箱单元组成零件多、构造复杂、焊缝集中,其制作精度直接关系到后续钢主梁的拼装精度。为此,对锚箱单元关键项点采取严格的控制措施,以确保整体制作质量满足标准要求。

①锚管孔制作精度控制:在锚箱单元前后隔板下料时,先切割出工艺孔,再采用数控铣床加工斜坡过渡区,保证锚管孔的尺寸及角度要求。

②锚管组装角度控制:锚箱上下纵隔板斜边采用机加工保证精度,锚管以加工边为基准组装。

3. 钢主梁锚箱单元安装

在钢梁大节段总拼中对锚箱单元组装的合理控制,确保其纵向里程、锚箱角度、箱口匹配精度。在钢梁总拼中采用先完成除锚箱单元部分外的钢主梁大节段总拼,再组装锚箱单元的思路。具体组装定位控制示意图见图5,关键的控制项点及措施有:

(1)锚箱纵横向位置精度的控制。在钢梁总拼中,通过精确控制钢梁的纵基线和节段横基线,再利用其与锚箱单元上基线的尺寸关系间接的来保证锚箱相对于钢梁大节段的纵向位置精度。具体是通过在各个环节约束和修整左右幅的节段横基线和纵基线,保证钢梁大节段左右幅横基线共面、纵基线平行,且保证纵、横基线间间距满足验收标准。待除锚箱单元部分外的钢主梁大节段总拼完成后,再以修整后的钢梁纵横基线为基准精确定位锚箱单元。这样既保证了锚箱单元的分割块体间环口的匹配,也保证了锚箱单元间纵向间距。另外,定位中利用钢梁纵基线做出位于锚管中心纵断面的辅助纵基线,通过经纬仪在锚箱单元纵向前后侧扫视检测,也使得钢梁单侧所有锚管达到了纵向共面,实现设计要求。

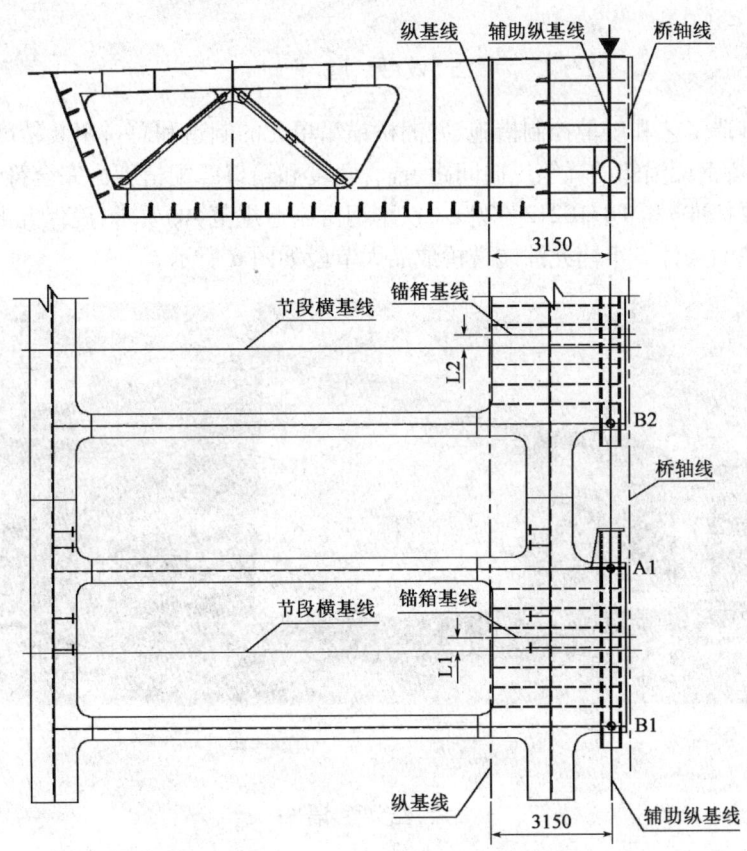

图5 锚箱单元定位控制示意图(尺寸单位:mm)

(2)锚箱角度的控制。通过CAD软件模拟放样,得到在监控给定钢梁大节段线形下的锚箱单元锚管角度和前后锚腹板位于顶板上表面交点 A_i、B_i ($i=1,2,3\cdots$)两点处相对于钢梁参考测点的标高值。在锚箱定位中,通过水准仪测量标高来调整锚箱整体姿态和钢梁整体线形的匹配,同时利用便携式测斜仪检测锚管实际角度来复核定位精度,以确保锚箱的钢梁大节段中的姿态满足设计要求。

(3)锚箱箱口匹配精度控制。经过这两个环节精确定位锚箱单元后,修整箱口,检测锚箱箱口匹配精度,满足要求后使用临时匹配件约束左右块体,采用对称施焊使焊接应力尽量互相抵消,避免焊接应力引起的变形对箱口匹配精度造成影响。

4. 焊接质量及变形的控制

为确保钢锚箱的焊接质量,制定专项焊接工艺,选用技术水平高的焊工进行焊接施工,焊前对焊工进行详尽的工艺技术交底,焊接过程安排专人进行跟踪,确保工艺的贯彻执行。具体采取工艺措施有:

(1)所有焊缝尽量采用对称施焊,防止扭转变形;
(2)熔透焊缝焊接时两侧焊缝交错焊接,减小焊接变形;
(3)组装中使用吊具翻身,尽量使所有焊缝处于俯位施焊;
(4)适当增加弹性约束、调整焊接顺序等方法,控制焊接变形。

四、桥 位 安 装

待钢梁大节段左右幅基本吊装到位,采用液压千斤顶配合纵横向微调设备对钢梁大节段整体空间位置精确调整到位后,利用临时匹配件、错台调整工装等对钢梁在转运、叠合等环节引起的箱口变形进行修整、微调,待变形、错边调整到位后使用临时匹配件完全约束环口,再行焊接。

由于桥位存在多风多雨的不可控恶劣气候,焊接作业采取防风、防雨等保护措施。按照焊接工艺要求,对焊接位置进行除锈,湿度超过80%时要求除湿,控制锚箱横梁环口以及大节段对接环口环缝焊接质量。

五、效 果 验 证

通过采取以上制造工艺和质量控制措施,九洲桥锚箱单元的制造和总拼组装精度质量得到了有效保证,经检测九洲航道桥钢梁锚箱的锚箱纵向间距、锚管角度和箱口匹配精度均完全符合《港珠澳大桥桥梁工程施工及质量验收标准》和 TB 10212—2009《铁路钢桥制造规范》的要求,确保九洲桥钢主梁大节段具备在桥位的顺利安装的条件。半幅九洲航道桥成品大节段如图6所示。

图6 九洲航道桥成品大节段(半幅)

六、结 语

九洲航道桥钢主梁锚箱单元的制作和安装因采用有效工艺措施,保证了产品质量,提高了生产效率,为该桥大节段的桥位安装提供了有力保障,最重要的是为后续类似结构的钢梁制造中锚箱单元的位置、箱口、锚箱角度等的精度控制提供了可供借鉴的依据。

41. 港珠澳大桥大节段组合梁钢主梁总拼自动化焊接技术

车 平 刘治国 刘 雷 李军平

(中铁宝桥集团有限公司)

摘 要 本文以港珠澳大大节段组合梁钢主梁制造为载体,根据制造方案及焊接工艺,率先在钢主梁总拼制造中开发应用了无盲区自动焊接、数字化焊接机器人焊接、焊机联网控制技术等先进技术,取得了很好的效果,为同类钢主梁大节段制造的自动化方案提供了借鉴,为我国钢桥梁制造的自动化水平作出了贡献。

关键词 钢主梁 大节段制造 机械化 自动化

一、项目概况

港珠澳大桥是由隧、岛、桥组成的跨海交通集群工程,是中国交通建设史上技术最复杂、环保要求最高、建设标准及要求最高的工程之一,大桥全长36km,其中22.42km长的上部结构采用钢结构,全桥用钢量达40万吨。

港珠澳大桥浅水区非通航孔桥组合梁采用整墩分幅布置,桥面总宽33.1m,主梁采用单箱单室分幅等高组合连续梁,单幅桥宽16.3m,截面中心线处梁高4.3m(图1)。

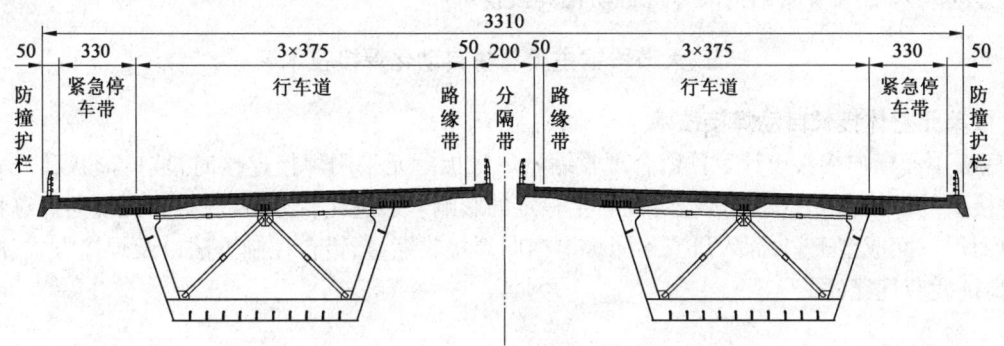

图1 浅水区非通航孔桥断面图(尺寸单位:cm)

钢主梁(混凝土板以下)为开口槽形结构,由上翼缘板、腹板、底板、横隔板及加劲肋组成。钢主梁在梁中心线处高3.78m,顶宽9.3m,底宽6.7m,腹板倾斜设置,钢主梁节段采用桁架式空腹横隔板,永久支座和临时支座位置采用实腹式横隔板,任意两道横隔板之间设置一道横肋。

港珠澳大桥CB05-G2合同段包括主跨为268m的九洲航道桥、85m跨径浅水区非通航孔桥,处于K32+722~K35+370桩号段,全长2648m,钢结构总工程量约39939.4t。

对于跨海大桥工程如此大规模的采用钢结构桥梁在世界范围内属于首次,如何能够保证钢桥梁制造的质量稳定性是所有建设者必须考虑的优先问题,在中国公路交通事业大建设、大发展的背景下,更是我国桥梁工程建设者必须认真面对并急需不断认识、总结、提升的一个全新技术领域。

二、大节段钢主梁总拼制作工艺及自动化焊接方案

1. 大节段总拼制作工艺

为了确保大节段钢主梁的制造质量,根据钢主梁的结构特点,结合国内外先进的钢桥梁制造科研成

果,采用长大节段整孔制作技术。由于大节段钢主梁具有开口槽型结构、长高比大、线形控制难度大等特点。因此,确定了"板单元组焊→钢主梁小节段组焊→钢主梁大节段组焊→预拼装"的施工方案(图2)。

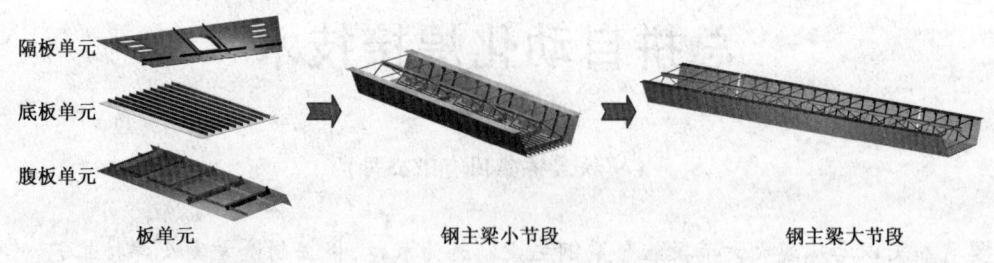

图2 钢主梁大节段制作工艺过程

2. 大节段钢主梁总拼自动化焊接方案

近年来,随着公路、铁路及城市交通工程的快速发展,国内建设了大量的桥梁,这为提高国内钢结构制造水平提供了很好的舞台,各制造企业集团在先进工艺、设备及计算机应用上有了很大进步,但仍然摆脱不了传统钢结构的制造模式。

由于桥梁结构的特殊性,每一座桥都有其自己的设计图纸,一座桥一个样,各不相同,与机械、飞机、汽车相比,钢桥是典型的品种多、定型化、批量少的产品。这与传统的钢结构制造与飞机、汽车制造业相比,在工艺流程的合理化、在加工的自动化、数控(NC)化、机器人智能焊接及全过程连贯计算机信息处理系统等方面有相当差距,甚至在引进先进技术方面比船舶制造业也差距很大。

为了提升钢主梁总拼的机械化、自动化水平,中铁宝桥作为港珠澳大桥钢梁参建单位之一,率先开发应用了无盲区自动焊接技术、数字化焊接机器人技术、焊机联网控制技术等先进技术,本文主要介绍了港珠澳大桥CB05-G2标大节段钢主梁总拼自动化焊接技术。

三、大节段钢主梁总拼自动化焊接技术

1. 底板单元整体接长自动焊接技术

(1)底板单元横向接头设计及预留合理收缩量。底板单元采用焊接连接时,坡口形状和尺寸的加工精度会对接头的焊接质量和焊接的经济性产生一定的影响。通过比较分析,底板单元横向焊缝拟采用陶瓷衬垫单面焊双面成型工艺,深入研究不同板厚横向焊接收缩量、错台控制方法以及焊接方式,减小应力集中,提高抗疲劳性能(图3)。

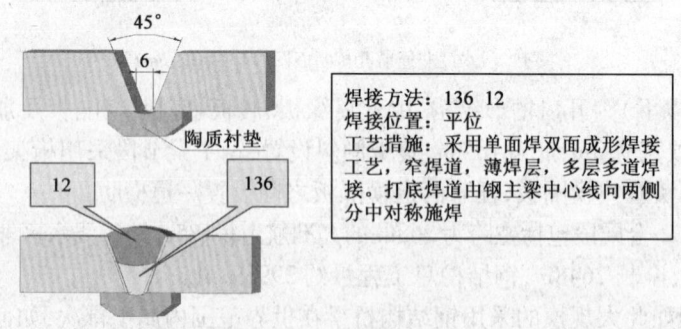

图3 底板单元焊接工艺

预留合理的焊接收缩量,横向对接焊缝引起的收缩量可归纳为焊缝断面积、板厚和坡口根部间隙的函数:

$$\Delta = a \times A_w/t + b \times G$$

式中:Δ——焊接横向收缩量;

A_w——焊缝断面积,坡口断面积加焊缝余高面积,余高按3mm的等腰三角形断面积计。

根据焊接原理及工程经验,钢主梁大节段底板采用一次接长工艺,将9、10块底板单元接长为整体。根据焊接收缩量统计及以往经验,相邻底板单元间预留6~8mm焊接收缩量,通过预留焊接收缩量及合理的工艺措施,底板长度得到了控制。

(2)单面焊双面成型技术。采用陶质衬垫强制成型单面焊,施焊方便,背面成型良好,焊接质量稳定、可靠。采用背面贴陶制衬垫的根部留6mm间隙坡口,即底层焊缝用药芯焊丝半自动焊接,填充盖面焊缝采用埋弧自动焊焊接,见图4。

a)底板横向焊接预变形　　　　　　　　　b)底板横向对接配重措施

图4　底板对接预变形及配重措施

3. 腹板单元与底板单元无盲区焊接技术

(1)焊接接头及焊接工艺设计。在总拼胎架上完成腹板与底板单元的焊接,该焊缝为熔透焊接,接头设计为不对称的双面K形坡口,为了确保焊缝的外观质量和减少人为因素的影响,钝角侧填充、盖面焊缝采用CO_2保护小车焊接,锐角侧因胎架干涉清根后采用CO_2半自动焊接,接头设计及工艺见图5。

对于腹板与底板钝角侧采用自动小车进行焊接,由于腹板与底板焊缝被横隔板分隔为2m的分段,采用常规焊接小车时两端500mm范围无法施焊,导致焊接接头过多(图6)。为了能够减少横隔板(横肋)的干涉影响,需要开发一种能够全覆盖整条焊缝的焊接设备以满足焊缝的整体外观。

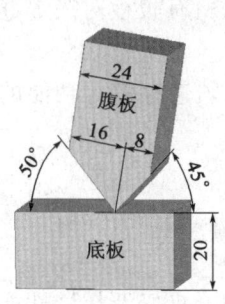 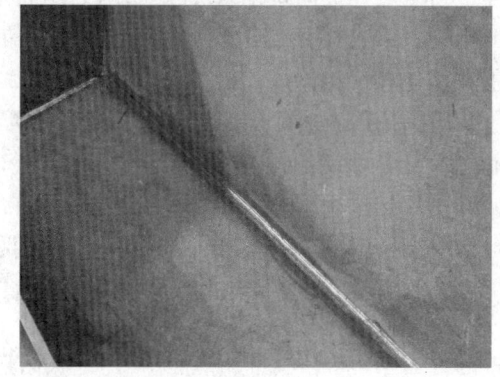

图5　腹板单元与底板接头设计及工艺措施　　　　图6　腹板与底板焊接焊缝

(2)无盲区自动焊接小车工作原理(图7)。

①按下启动开关滑块移动(从左到右)→小车行走→任何金属接近接近开关时→停止行走及焊接→滑块返回到原始位置;

②按下启动开关小车行走,滑块始终不滑动→任何金属接近接近开关时→停止行走及焊接;

③按下启动开关,滑块滑到车体中间→小车行走→任何金属接近接近开关时→小车停止行走→滑块

滑动车体右边→滑块返回到原始位置。

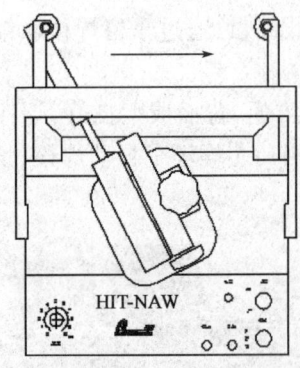 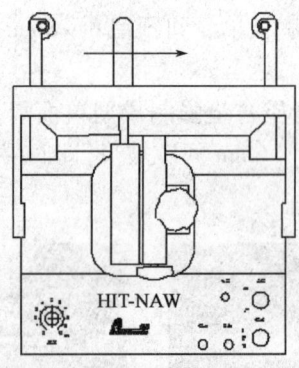 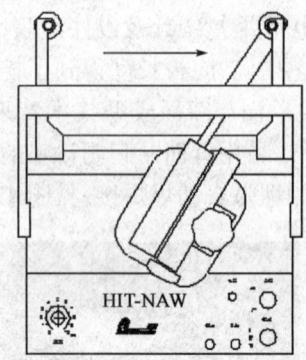

图7 无盲区自动焊接小车工作原理

（3）应用及效果。由于无盲区焊接小车可使焊枪旋转270°，基本可覆盖焊缝全长，大大减小了焊接接头，提高了焊缝质量，也使焊缝外观成型更加美观，见图8。

 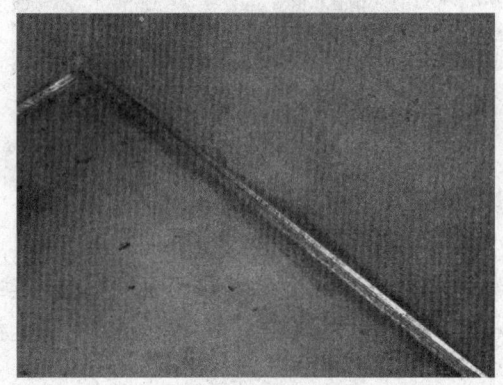

图8 无盲区焊接小车焊接及焊缝外观质量

4. 腹板立位数字化焊接机器人焊接技术

为稳定和提高钢主梁焊接质量，首次将数字化焊接机器人、无盲区焊接小车应用于钢桥梁总拼场地。由于钢主梁腹板对接焊缝长约4m，且为立位焊接，采用人工焊接质量不易保证，故所有腹板对接焊缝采用数字化焊接机器人焊接。

（1）数字化焊接机器人。数字化焊接机器人是一种具有参数记忆、坡口规划、轨迹存储等功能的智能化焊接专用设备，配置直轨道可实现厚板直缝的横焊、立焊。具体功能如下：

①焊接过程工艺参数智能化控制，具有参数跟踪及记忆功能；

②能够适应焊缝根部间隙的变化，适用板厚范围宽，厚板多层多道焊接坡口的排道自动排列；

③具有在线试教的功能，可实现焊缝轨迹自动跟踪；

④摆幅满足±20mm，摆动方式可满足"点之、直线"方式，以满足根部焊缝的熔合良好及焊缝性能满足设计要求。

（2）试验研究。针对数字化焊接机器人应用进行了大量的试验，见图9。依据相关标准要求及钢板板厚，分别选择单面V形坡口（$P=6mm$）立位焊接接头、双面V形坡口立位焊接接头，进行严格的焊接工艺评定。试板焊接完成后，分别进行外观检查及超声波探伤，一次探伤合格率均为100%；从力学性能试验结果来看，焊缝强度、塑性、弯曲及冲击韧性等均满足评定标准要求，且裕量较大。

（3）焊接工艺。

①焊接接头设计。采用单面焊双面成型背面贴陶制衬垫的焊接工艺，接头设计见图10。

  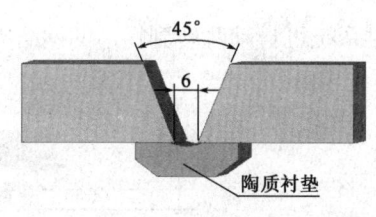

图9 数字化焊接机器人试验研究　　　　　　　图10 腹板立位对接焊缝的坡口设计

②焊接工艺参数。经过大量的焊接工艺性试验,制定满足焊接质量的工艺参数,见表1。

数字化焊接机器人焊接工艺参数　　　　　　　表1

坡口形式与尺寸	焊接材料	焊道	电流(A)	电压(V)	摆幅(mm)	摆速(m/min)	焊速(cm/min)
	E501T-9L (ϕ1.2) CO_2	1	190	24	7	100	5
		2~3	210~220	26~27	15~18	110~120	9~11
		4	215	28	20	110	10
		5~6	190~210	26~27	13	110~120	15~18

(4)应用及效果。以浅水区非通航孔桥为例,大节段钢主梁制造约792条腹板立位焊缝,采用焊接机器人焊接,总体一次探伤合格率99.89%,其中674条焊缝一次探伤合格率达到100%,占焊缝条数的85%,焊缝内部质量取得了很好的效果;其次,焊缝的外观成形美观、一致性好,焊接总效率较手工焊接大幅提高(图11);另外,由于采用数字化焊接机器人施焊立位焊缝,以前焊接同类焊缝需优秀的焊工完成的工作,现在只需一般的焊机操作工即可完成,人力成本大幅降低。

图11 钢主梁腹板立位焊接及焊缝外观质量

5. 焊接工艺参数实时监控系统

对于受结构形式和施焊空间等条件制约的焊缝,无法应用机械化、自动化的设备,特别一些联系焊缝仍需要采用手工半自动焊工艺。为此,我们与山东大学联合开发该系统,采购50台数字化焊接电源及配套的群控管理系统,实现对焊接过程的电流、电压及焊接速度的有效控制,确保了焊接质量的稳定性

(图12)。

(1)焊机联网群控技术方案。奥太无线群控采用16信道无线跳频技术,在某个频段的通讯发生阻塞时系统可自动跳转到畅通的网络频段,可保证数据的实时传输。

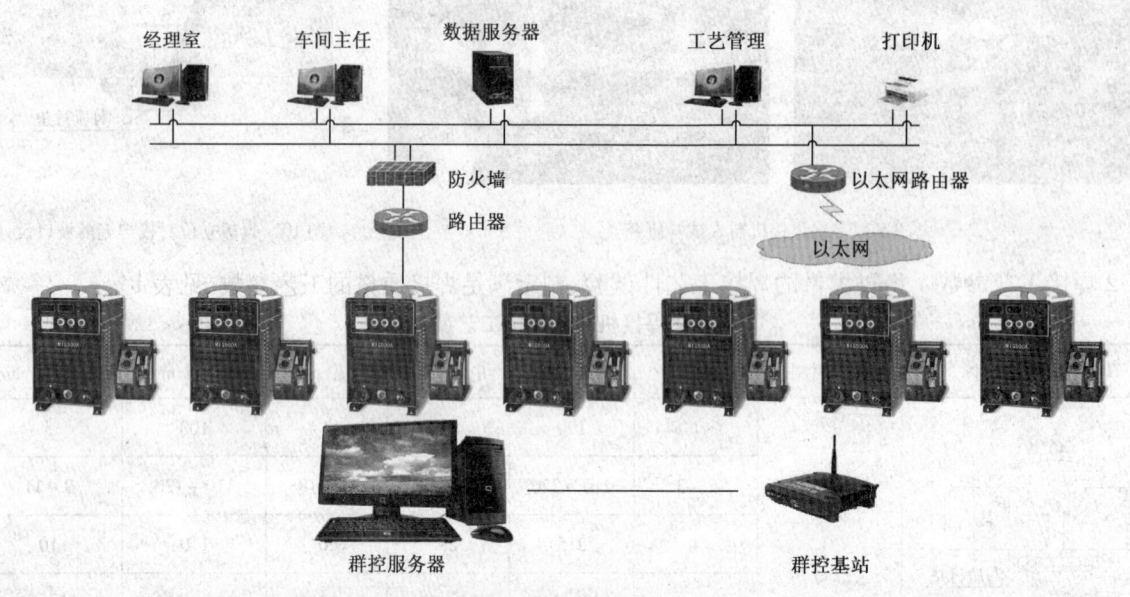

图12 焊接数字化群控控制原理

(2)主要功能:

①焊接规范管理。可在电脑上针对每台焊机单独设置多套焊接规范,相同规范的焊机之间可以快速复制焊接规范。

②信息监控。可以实时监控任何车间班组下的所有焊机信息,包括焊机的状态,工作焊机最新焊接数据,焊机最近一段时间内的电流电压曲线图,设置焊机的受控状态。

③历史数据追溯。显示选定时间段内的数据并以曲线形式展示,用户通过分析数据曲线,可轻松了解历史焊接参数。

④报警管理。以列表形式显示焊机的报警信息,并针对实际报警情况给出解决建议。

(3)应用效果。通过焊机联网控制技术的应用,整个焊机设备控制系统投入使用后,在生产中能实现对施焊过程的焊接电流、电压、施焊速度等参数实现在线监控(图13),确保焊缝焊接质量的可控性、可追溯性。

图13 焊接群控控制室

四、结 语

先进自动化焊接技术在钢主梁大节段制造的成功应用,减少了人为因素对焊接质量的影响,焊缝一次探伤合格率达到99.89%,减少了返修;同时,节约了人力成本,最终确保了85m大节段钢主梁的制造线形和几何尺寸控制。由于我公司率先开发自动化技术应用并成功应用,获得了港珠澳大桥管理局、质量顾问及项目驻地监理等的一致好评,成为钢主梁大节段制造场地的一个技术亮点,先后吸引了多方来项目部进行参观、学习,促进了自动焊工艺在钢桥梁总拼制造中推广,对于提升钢桥梁总拼的自动焊接技术水平具有重要意义,必将带动行业自动化水平的快速提高。

42. 港珠澳大桥九洲航道桥钢塔制造技术

马增岗

(中铁宝桥(扬州)有限公司)

摘 要 本文介绍了港珠澳大桥九洲航道桥钢塔制造工艺,主要包括:板单元、钢塔节段以及钢塔整体大节段制造的关键工艺和控制措施。为实现设计目标,施工中不断创新,运用了一系列新技术,取得了良好的成效,为今后钢塔制造指出了发展方向,具有极其重要的参考价值。

关键词 港珠澳大桥 钢塔 整体大节段 制造技术

一、工程概况

港珠澳大桥是连接香港、珠海、澳门的大型跨海通道,是中国乃至当今世界规模最大、标准最高、最具有挑战性的桥梁交通工程。九洲航道桥采用双塔单索面斜拉桥,主塔采用"风帆"造型,景观优美(图1)。钢塔总高101.047m,由竖直的塔柱和弯曲的曲臂组成。主要材质为Q345qD、Q370qD,总重量约4400t。

图1 九洲航道桥概貌

二、钢塔制造技术

根据钢塔为全焊结构,构造复杂,焊缝密集,焊接工作量大,焊接变形和残余应力较大。为控制结构尺寸和焊接变形,保证质量,拟采用"**钢板→板单元→钢塔节段→钢塔制造分段→钢塔大节段→整体水平预拼装→整体大节段**"的方式生产,即先制造板单元,然后组焊成钢塔小节段、再接长成制造分段、大节段,最后将钢塔与曲臂、锚管组焊成整体大节段。

1. 钢塔板单元制作技术

板单元是组成钢塔节段的基本单元,本着方便施工和减小焊接变形的原则,将其划分为内、外壁板单元、侧壁板单元、角壁板单元、隔板单元等,分块方案如图2示意。

板单元由面板和纵肋组成,宽2~3.6m,长6.1~14.5m,板厚度为36~80mm,加劲肋厚度为28~60mm。焊接难度大,精度控制要求高。制造工艺流程见图3。

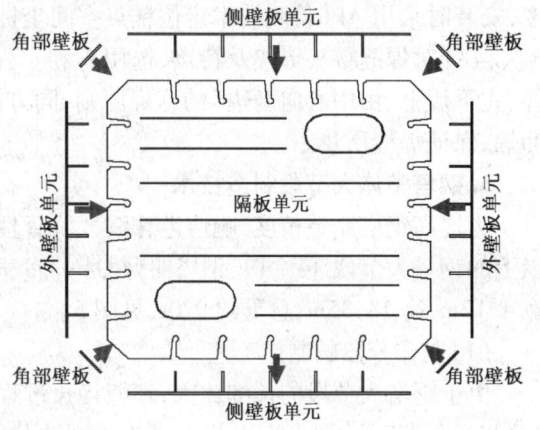

图2 钢塔板单元分块示意图

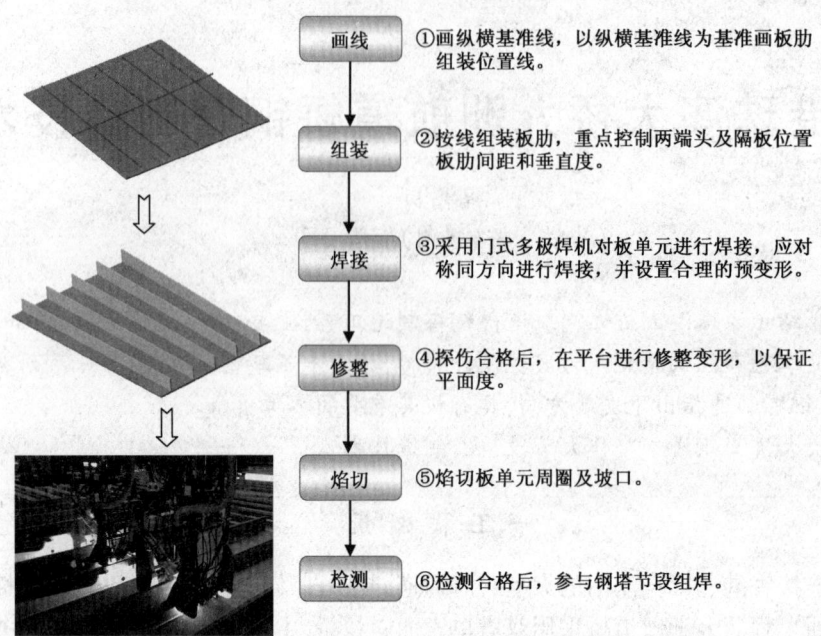

图3　钢塔板单元制作工艺流程图

2. 钢塔小节段制造技术

钢塔节段是由板单元拼装而成的细长箱形结构,断面为带切角的四边形,厂内制造共划分为10个节段,长度6.1~14.5m,箱口断面,纵向4.0~6.12m,横向5.0~6.2m。为控制焊接变形,保证几何精度,设计制作了专用组焊胎架,以胎架为外胎,隔板为内胎,采用"正装法"依次交替组装而成,制造工艺流程见图4。

(1)制造工艺流程见图4。

(2)关键控制措施:

①组装胎架作为钢塔节段组装控制的外胎,是保证钢塔节段组装精度的关键,使用前需认真检测,确认合格后方可使用。胎架上要设置必要的支撑装置,便于组装中对单元件进行施顶对位。胎架端部须设置测量基点,便于组装过程中能随时测量监控。

②隔板单元作为钢塔组装的内胎,是保证节段几何精度和控制扭曲变形的重要部件,故采用组焊完成后再整体机加工四周边及坡口的方法来控制其几何精度。

③锚箱单元精确定位是箱体制作的关键点和难点。根据其结构特点,通过胎型定位和采用小线能量的焊接工艺减小焊接变形,保证锚箱结构尺寸精度,并对锚腹板和支撑板进行整体机加工,保证锚箱角度,安装时采用API检测技术定位锚点空间坐标。

④针对焊缝接头形式及特点,选用有利于保证焊接质量及控制变形的焊接工艺方法,遵循"先内后外、先下后上、由中心向两边"的施焊原则,同方向对称施焊棱角焊缝,然后整体翻身焊接其余焊缝,避免仰焊,保证焊缝质量。

3. 钢塔整体大节段制造技术

为提高钢塔制造精度,响应港珠澳大桥管理局提出的"大型化、工厂化、装配化"的施工理念,将桥面以上的钢塔大节段T4~T9、钢塔曲臂Q4~Q8大节段及锚管在厂内连接制作成整体大节段,总长67.9m,宽4.12m,高18.35m,总重约970t,见图5。

(1)制作分段的制作工艺

由于钢塔大节段的长细比大,环缝接长过程中扭曲、旁弯、线形控制难度较大,因此制造过程中采用"分步接长"工艺,即先将小节段接长为制造分段,然后再整体接长。根据钢塔结构特点及实际工况条件,形成T4~T6、T7~T9、Q4~Q6、Q7~Q8四个制造分段,制作工艺流程如下:

Ⅱ 施工与控制

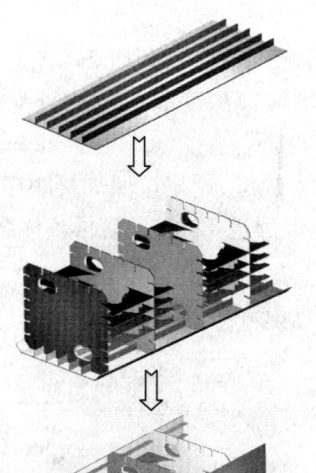

a. 定位侧壁板单元：在节段组焊胎架上，将侧壁板单元与胎架卡固，防止组装、焊接过程中发生偏移。

b. 组装隔板、锚箱单元：按线组装内部隔板，保证隔板的组装位置、垂直度；然后组装锚箱单元，并做好支撑、防护，重点控制锚箱位置精度

c. 装内外壁板单元：依靠胎架两侧的丝杠使两侧的壁板与隔板密贴，保证壁板垂直度和组装间隙。

d. 组装侧壁板、焊接：组装另一侧壁板单元并精确检测箱口尺寸后开始焊接。

e. 端面加工：为保证接口间隙匀顺，制作时在钢塔节段长度方向预留机加工量，待节段焊接修整完毕后，精确画线，利用落地镗铣床加工钢塔节段端面，保证拼装线形及断面精度。

图 4　钢塔节段制作工艺流程图

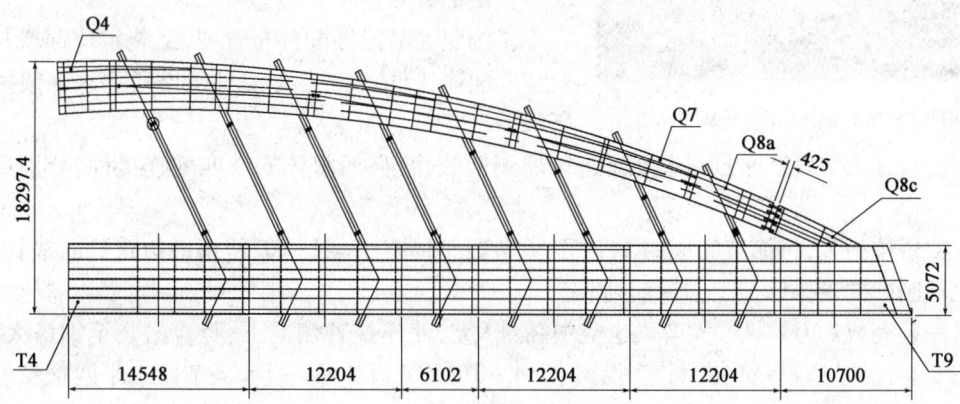

图 5　九洲航道桥钢塔整体大节段示意图（尺寸单位：mm）

①将机加工完成的钢塔节段吊入拼装胎架，用液压千斤顶精确调整钢塔姿态，经过反复检测与调整，实现节段精确对位匹配。精确对位时，应考虑精度累积管令，修正节段间的轴线偏移、垂直度、扭转以及

壁板错边等,确认最佳姿态。

②环缝坡口设计如图6所示,即上塔柱下端口设计不对称K形坡口,预留2mm钝边,焊接时先焊内侧大坡口深度的1/3,然后外侧气刨清根,保证熔透,再焊接外侧坡口深度的1/3,内外交替对称焊接完成,降低焊接变形。

③采用CO_2气体保护焊小线能量、多层多道对称焊接所有焊缝,严格按照焊接顺序焊接,焊接顺序及方向如图7所示,即先焊接焊道1~3,然后整体翻转180°,施焊焊道4~5,最后再整体翻身180°完成焊道6的焊接,所有焊缝避免仰焊。

④接口环缝焊接完成并检验合格后,再组焊接口板肋嵌补段焊缝及预留过渡焊缝(图7)。

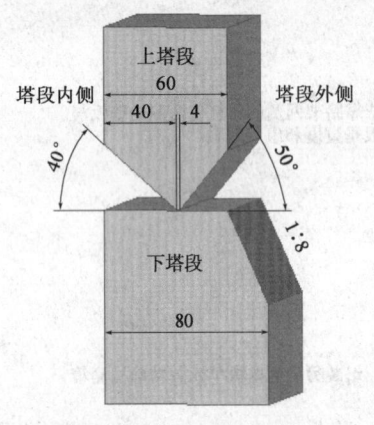

图6 环缝对接坡口示意图(尺寸单位:mm)

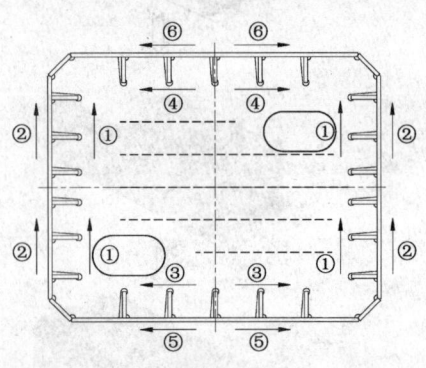

图7 环缝焊接顺序及方向示意图

(2)整体大节段制作工艺

①在制造场地放出塔段摆放位置线及预拼装纵横基线,在塔段隔板下方布置支撑块并在支墩上放置聚四氟板,通过垫片将水平调整到1mm以内。在支墩旁边设置液压千斤顶,以便精调钢塔姿态。

图8 整体大节段水平预拼装

②将钢塔制造分段T4~T6、T7~T9、Q4~Q6、Q7~Q8吊入摆放到预先布设的支撑墩上,用液压千斤顶调整,经过反复检测与调整,实现节段精确对位,确认最佳姿态后,完成塔段的接长,形成钢塔T4~T9大节段、钢塔曲臂Q4~Q8大节段。

③按图纸及工艺要求安装锚管和导线管,同时在支撑状态下安装连接管,保证两管的同心度。检验锚管角度符合要求后焊接锚管和连接管。

④按照大节段匹配件布置图,组装定位钢塔与曲臂间的安装匹配连接件,完成钢塔整体大节段的水平预拼装,如图8所示。

⑤对钢塔整体大节段水平预拼装状态进行检测验收,合格后解体安装匹配连接件,分别进行表面除锈、涂装。

⑥为方便桥位吊装,将涂装完成的T4~T9大节段整体空中翻身90°使钢塔边跨侧的锚管向上,整体放置在船上预制好的支撑胎架上,并临时固定。

⑦再将涂装完成的Q4~Q8大节段也空中翻身90°,使连接管侧向下,竖直吊装至钢塔大节段上方,缓慢放置在安装位置,通过精确微调,实现钢塔T4~T9大节段和Q4~Q8大节段水平匹配精度的准确复位,并连接匹配连接件,如图9所示。

⑧整体绑扎,船运至桥位安装。

(3)关键工艺控制措施

①因钢结构对温度变化比较敏感,因此钢塔拼装接长必须在室内完成,避免日照温差带来的影响。

制造过程中不断监测拼装场地的温度变化,并在温度稳定时段(凌晨3:00~5:00点)进行最终检测,最终检测时确保内外壁板温差在2℃以内。

②为确保钢塔大节段在水平预拼装与立式复位后线形一致,利用有限元分析法对钢塔大节段在两种状态下的受力进行分析,确定立位支撑位置和状态,确保大节段在平放和立放两种状态下线形变化最小,保证桥位顺利吊装。

③为减小因温度应力引起的线形变化,环缝焊前必须采用履带式电阻加热垫对焊缝进行预热,预热温度不低于100℃。如室外温度较低,可采取一侧焊接一侧加热的方法来保证焊缝温度。焊后要进行保温处理,保温时间不少于8小时。

图9　整体大节段立位拼装复位

④为控制焊接变形,防止产生扭曲、旁弯。需遵循对称施焊的原则,尽量采用轨道式焊接机器人进行焊接,减少人为因素对焊接影响,避免返工。

⑤为监控线形变化,利用测量监控系统,即时监测焊接变形,及时调整焊接顺序。

⑥为保证整体大节段长途海运安全,针对钢塔大节段超重、超大细长、异形的结构特点,通过计算验证其在运输中的稳定性。根据船舶在海运中的纵、横向的摇周期和最大横摇角,计算出钢塔大节段在船上纵向、横向的受力大小,采用支撑托架、钢丝绳和花兰螺丝等将钢塔与船体进行硬性加固和软连接,确保运输过程中不会发生失稳。

三、钢塔施工技术创新

围绕钢塔制造关键点和难点,研发了无码组焊技术、轨道式焊接机器人技术、整体大节段制造技术等多项新技术,这些新技术的成功应用,有力地保障了钢塔制造质量,取得的主要技术创新点及成果如下:

1. 无码组焊技术

为坚决贯彻港珠澳大桥的质量寿命120年的要求,在钢塔制造过程中采用"无码组装"的新方法,通过丝杠和千斤顶约束和卡箍,实现了钢塔节段箱口尺寸精度和焊接变形的控制。该技术实现了钢塔母材的完整性和无修补特性,在保证钢塔尺寸精度和焊接变形的同时,不降低周边母材的任何物理特性,从根本上避免了母材的焊接修补和火焰校正的再次热输入,取得了良好的质量和经济效益,被广泛推广使用。

2. 门式多电极自动焊接技术

针对板单元纵肋坡口焊缝数量多,变形控制难度大的特点,为提高焊接质量和效率,利用"门式多电极焊接设备"采用先进的双丝MAG焊新技术,配备的机械式焊缝跟踪传感系统,实现了对焊缝根部位置的自动对位和智能化跟踪。焊接时板单元通过平位预变形后,门式多电极自动焊机在平位状态同步、同向焊接板单元的多个板肋,见图10。该技术具有工艺性能好、焊缝质量稳定、成型美观、焊接速度快、效率高且焊接变形小的优点。

3. 轨道式焊接机器人技术

针对钢塔大多为厚板,焊接工作量大,焊缝位置和形式多样的特点,为提高效率,保证质量,大胆创新,与厂家联合研发了轨道式焊接机器人施焊设备,广泛运用于钢塔棱角焊缝及大节段对接焊缝中,见图11。该设备具有焊缝轨迹示教功能,可实现多种焊缝摆动控制方式,实现了钢塔立位、横位棱角焊缝自动化焊接,生产效率高,焊接质量稳定、外观匀顺美观,避免了人工操作的不稳定性,较好的保证了钢塔焊缝质量。

　　图10　门式多电极焊机　　　　　　　　　图11　轨道式焊接机器人

4. 整体翻身技术

为控制扭曲变形,保证焊缝质量,避免仰焊。根据钢塔结构特点,通过建立模型,分析计算节段重心位置,研发制作了大型铰式L形吊具,利用起重设备配合扁担梁实现对钢塔节段的整体空中翻身,见图12、图13。该技术安全的实现了钢塔小节段、大节段的无损伤空中翻身,不仅有效的避免了仰焊,实现了所有焊缝对称施焊的工艺要求,且具有成本投入少,生产效率高的优点。

　　图12　钢塔小节段空中翻身　　　　　　　图13　制造分段空中翻身

5. 整体大节段制造技术

为减少桥位安装误差对钢塔柱整体精度的影响,发挥工厂内生产制造工况好,质量高,成本低等优势,研发了整体大节段制造技术。通过对钢塔节段分步接长,整体水平预拼装,最终立式安装复位,形成整体大节段整体进行运输和安装。该技术实现了钢塔制造的"大型化、工厂化、装配化"要求,大幅度缩减了桥位施工内容和周期,较好的保证施工质量,降低了成本,是对中国桥梁制造业技术的一次革新,也是今后钢塔发展的方向。

四、结　语

港珠澳大桥九洲航道桥钢塔目前已全部制作完成,并开始桥位安装架设。各项检测结果表明钢塔制造质量满足设计及规范要求,验证了施工工艺合理可行,质量控制措施有效。钢塔生产制造施工中成功运用了无码组焊、门式多电极自动焊接、轨道式机器人焊接、L型吊具整体翻身以及整体大节段制造等多项新技术,取得了良好的成效,尤其是整体大节段制造技术更是国内首创,避免了桥位恶劣工况施工,缩短了施工周期,提高了施工质量,是对中国桥梁制造业的一次革新,为以后桥梁钢塔加工制造指出了方向,具有极其重要的参考价值。

43. 港珠澳大桥跨气田管线桥变截面连续钢箱梁大节段吊装设计

赵英策 张 梁 孟凡超

(中交公路规划设计院有限公司)

摘 要 跨崖 13-1 气田管线桥采用大节段整体吊装架设方法。由于钢箱梁大节段超长、超宽、超重,需两台大型浮吊进行抬吊安装。根据现场水文环境条件,对吊装设备进行选型研究,对吊重、吊高和吊幅进行核算,吊装中采用桁架式吊具结构形式,确保各吊点受力均匀。为了增加钢箱梁的整体刚度,防止钢箱梁在起吊、调位时出现较大变形,在钢箱梁内部受力薄弱环节增设了加劲措施。对钢箱梁大节段吊装过程,采用 Ansys 有限元软件建模,进行三维空间仿真分析,确保钢箱梁受力处于安全状态。

关键词 变截面 钢箱梁 大节段 吊装 仿真分析

一、引 言

港珠澳大桥东接香港特别行政区,西接广东省珠海市和澳门特别行政区,是国家高速公路网规划中珠江三角洲地区环线的组成部分和跨越伶仃洋海域的关键性工程。

跨崖 13-1 气田管线桥为港珠澳大桥主体工程桥梁工程深水区非通航孔桥中最重要的一联桥,大桥跨越崖 13-1 海底管道,该海底管道将崖城 13-1 气田海上平台生产的天然气输送给香港中华电力龙鼓滩发电厂发电。

跨崖 13-1 气田管线桥紧邻青州航道桥,位于其东侧,毗邻珠江入海口,常年大风天气较多,台风影响严重,传统施工方法难以满足施工工期要求,且海上施工风险大。大节段吊装架设方法能够大幅缩短工期,将恶劣施工环境的影响降至最低,因此该工法在港珠澳大桥建设中被广泛采用。

跨崖 13-1 气田管线桥大节段长度达 152.6m,吊重约 3200t,梁宽 33.1m,其吊装规模国内罕见,国际上也位居前列,如图 1 所示。

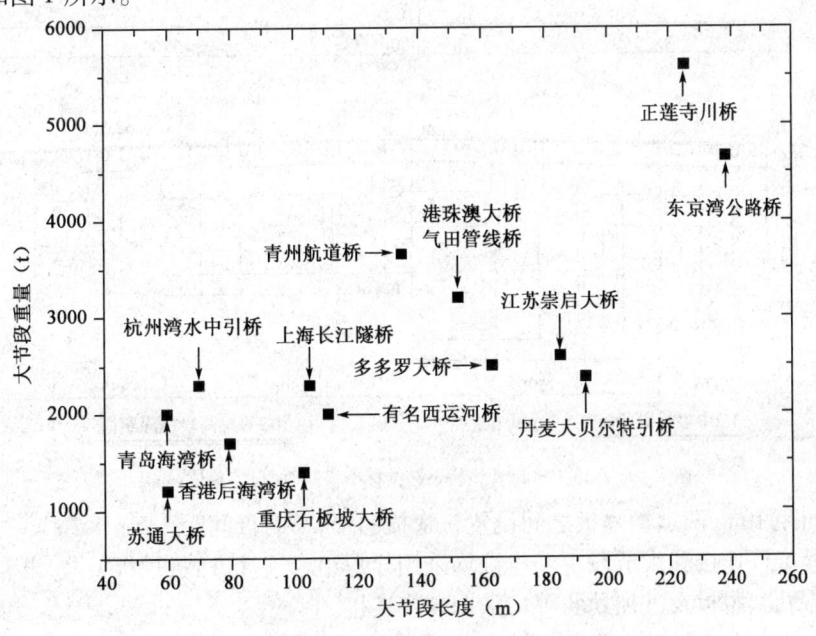

图 1 国内外采用大节段吊装法施工的桥梁

本文以跨崖13-1气田管线桥大节段吊装为例，着重介绍了钢箱梁大节段划分、起重船选型、吊架设计、吊点设计、钢箱梁内部加劲构造等关键技术；对钢箱梁吊装过程进行了三维空间仿真分析，确保钢箱梁在整个吊装过程中结构受力处于安全状态，并总结相关经验为今后类似工程实践提供有益参考。

二、工程概述

1. 总体概况

港珠澳大桥桥梁主体工程跨崖13-1气田管线桥采用连续梁体系，中墩及过渡墩均采用高阻尼橡胶隔震支座，支座横桥向设置抗震挡块。联跨布置采用110m+150m+110m=370m三跨变截面钢箱连续梁桥，如图2所示。

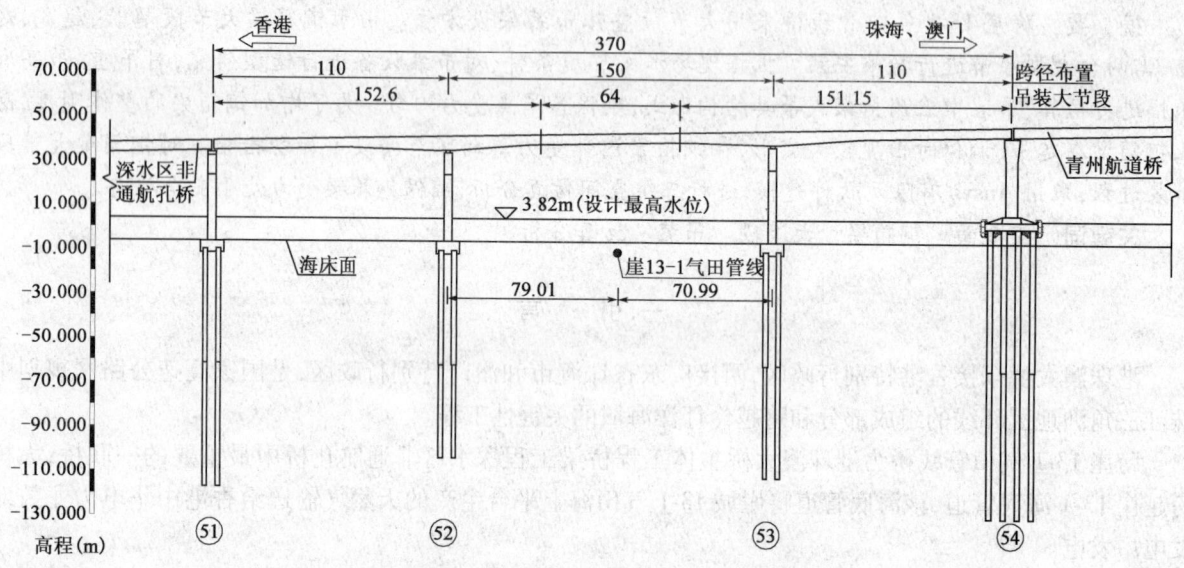

图2 跨崖13-1气田管线桥总体布置示意（尺寸单位：m）

主梁采用整幅变截面钢箱连续梁，如图3所示，顶板为正交异性钢桥面板结构，钢箱梁梁宽33.1m。中墩墩顶5m区段钢箱梁梁高6.5m，墩顶等高梁段两侧各37.5m区段梁高从6.5m线性变化至4.5m，其余区段梁高为4.5m。跨中梁高与跨径比值为1/33.3，中墩支点梁高与跨径比值为1/23.1。

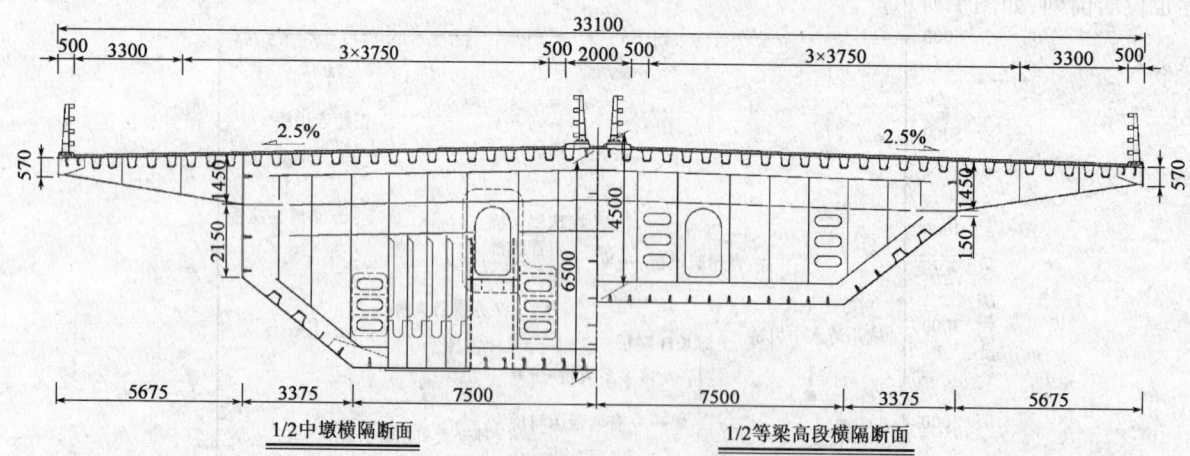

图3 跨崖13-1气田管线桥钢箱梁标准横断面（尺寸单位：mm）

横隔板标准间距10m，两道横隔板之间设置三道横肋板，横肋板间距2.5m。

钢箱梁小节段工厂连接和大节段现场连接均采用栓焊组合连接方式：顶板U肋、板肋采用栓接连接，顶板、底板及其加劲肋、腹板及其加劲肋等均采用焊接连接。

钢箱梁架设采用大节段吊装方案，全桥共分三个大节段，架设顺序为：

步骤一:浮吊吊装第1跨152.6m长梁段;

步骤二:浮吊吊装第3跨151.15m长梁段;

步骤三:浮吊吊装中间第2跨64m长梁段,调整至设计高程,将第2跨与第1、3跨梁段连接,全桥合龙。

2. 施工方案

大节段整体吊装法安装钢箱梁需要经历小节段制造、大节段拼装、装船运输、吊装架设和梁段安装五个节段,具体施工流程如图4所示。对于大节段钢箱梁制造细分三个阶段:板单元制造、小节段组装、大节段拼装。

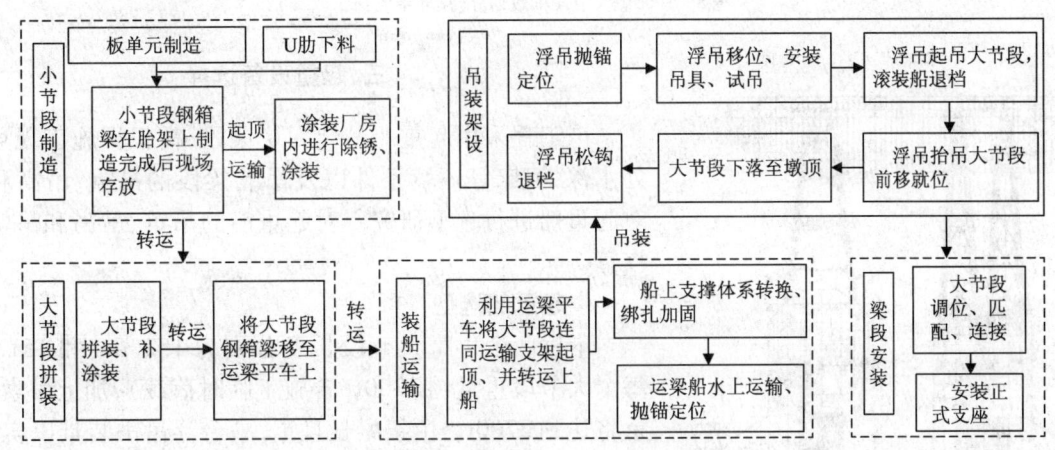

图4 大节段钢箱梁架设流程

根据构造和主梁受力要求,全桥钢箱梁划分为33个小节段,小节段在工厂制作并焊接成长度为152.6m、64m、151.15m三个大节段,大节段接缝位置选择在恒载弯矩零点附近。主梁大节段划分如图5所示。大节段梁段划分如图6~图8所示。

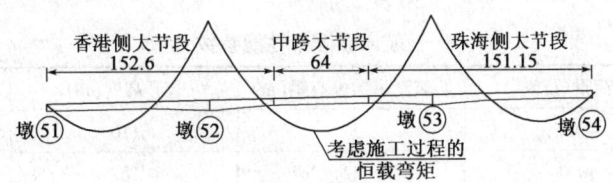

图5 大节段划分(尺寸单位:m)

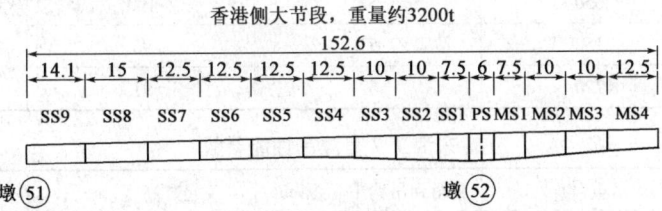

图6 香港侧大节段梁段划分(尺寸单位:m)

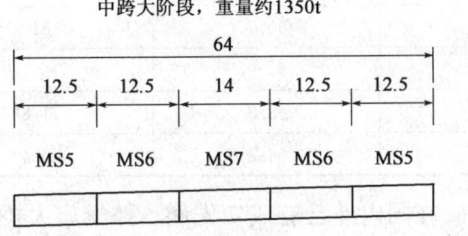

图7 中跨大节段梁段划分(尺寸单位:m)

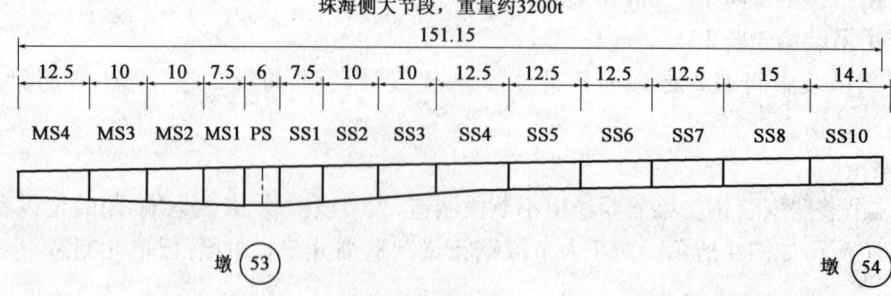

图8 珠海侧大节段梁段划分(尺寸单位:m)

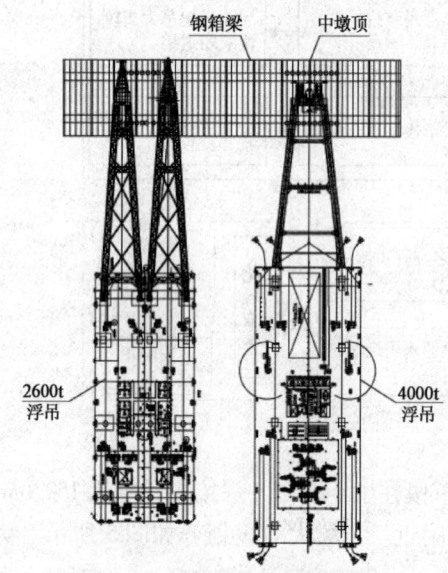

图9 边跨大节段双浮吊抬吊示意图

三、起重设备选择

该工程采用起重船吊装大块梁段,需根据施工现场桥位处水深、河床等环境条件以及吊装梁段的吊重、吊高和吊幅对起重船进行选型研究。对起重船的吊重、吊高和吊幅进行核算。

1. 起重船选型

本桥两个边跨大节段长度分别为152.6m和151.15m,每个大节段重量约3200t(含施工临时荷载),加上吊索具,吊重将达到3700t。由于梁长且重,一台浮吊吊装难以实现,为保证梁段吊装过程中的安全性和受力均匀性,需要采用双浮吊抬吊。选用4000t浮吊"一航津泰"与2600t浮吊"东海工7号"进行抬吊安装作业,如图9所示。中跨梁段长64m,吊重约1350t,采用4000t浮吊单独起吊。浮吊性能参数见表1和表2。

一航津泰浮吊性能参数　　　　表1

吊臂仰角(deg)	荷重(t)	船舷到吊钩中心距(m)	起升高度(m)	规格尺寸
65.6	4000	37	110	
62	4000	42	107	
58.4	3250	47	104	120m(长)×48m(宽)×8m(深),设计吃水5m
54.6	2650	52	100	
50.5	2150	57	96	
46.2	1720	62	91	

东海工7号浮吊性能参数　　　　表2

吊臂仰角(°)	吊重(t)	船舷到吊钩中心距(m)	起升高度(m)	规格尺寸
70	2600	33.1	90	
65	2600	40.1	84.8	
60	2000	46.7	81	108m(长)×44.6m(宽×7.8m(深),设计吃水5.1m
55	1600	52.9	76.7	
50	1200	58.8	71.8	
45	800	64.2	66.4	

利用两台浮吊进行抬吊作业,在国内外已有成功先例。如崇启大桥,最大吊重为2600t,最大节段为185m,采用2200t和1600t起重船抬吊;日本的正莲寺桥,最大吊重为5608t,最长节段为224.9m,采用

4100t 和 3600t 起重船抬吊。两台浮吊抬吊过程的关键是要确保两台浮吊的协调同步性。

本桥位处水深约 7m,能够满足 4000t 浮吊和 2600t 浮吊吃水深度要求。双浮吊抬吊方案可行。

2. 吊重核算

取 152.6m 大节段进行吊重核算,总起吊重 G 应小于起重船额定荷载 W,额定荷载 W 取起重船最大起吊荷载的 0.8 倍。梁段总重为 3200t,加上吊具重量 500t,总重为 3700t。梁段重心至吊钩的距离、起吊重量、额定吊载如表 3 所示。

吊 重 核 算 表　　　　表 3

起 重 船	一航津泰(4000t)	东海工 7 号(2600t)	起 重 船	一航津泰(4000t)	东海工 7 号(2600t)
梁段重心至吊钩的距离(m)	36.58	38.42	额定吊重(t)	3200	2080
起吊重量(t)	1895	1805	吊重富裕量(t)	1305	275

由表 3 可知,两台浮吊的起吊荷载均小于其额定荷载,并有一定的富裕量,4000t 和 2600t 组合浮吊单机起吊能力满足吊重要求。

3. 吊高核算

本桥钢箱梁为变截面,梁高为 4.5~6.5m,桥墩顶高程为 33.597~41m,桥面高程为 38.954~46.354m。

双浮吊抬吊,吊具整体高度较单浮吊起吊吊具高度小,吊高便于调节。现以 4000t 浮吊单船起吊最不利工况分析,4000t 浮吊最大起吊高度为 102m(有效起吊高度)。

(1)箱梁整套吊具高度为 45m;

(2)钢箱梁体高度 4.5m;

(3)从平均水面到浮吊甲板表面按 3.5m 考虑;

(4)钢箱梁与吊架连接空隙高度约为 3.3m。

则钢箱梁可提升高度为 102m - 45m - 3.3m - 4.5m - 3.5m = 45.7m,从水面至墩台顶部最大高度为 +38.8m,可调节范围 6.5m,可满足吊高要求(图 10)。

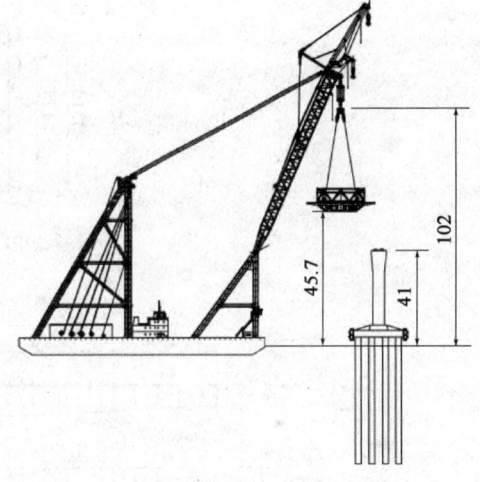

图 10　墩—梁—浮吊三者关系示意图(尺寸单位:m)

4. 吊幅核算

浮吊船艏距离主钩中心水平距离为 37m,钢箱梁体宽度 33.1m,钢箱梁从运梁驳表面提升至 45m 高度范围内,钢箱梁可顺利起吊,不会与浮吊吊臂产生干扰。

四、吊索具和吊点设计

1. 吊索具设计

由于港珠澳大桥深水区非通航孔桥主梁均采用大节段吊装方案,且大节段梁段结构复杂、规格多、重量大,梁段起吊需采用专用吊架进行。为最大限度的减少吊具拆装次数,同时又满足多种规格钢箱梁的吊装,吊具整体方案采用单层桁架梁形式,桁架梁本身承受弯矩。

钢箱梁吊具主要由桁架主梁、支撑桁架梁、过渡梁、垫架、钢丝绳索具、滑轮装置等组成。桁架主梁与支撑梁通过销轴栓接,可方便拆卸。

2. 吊点设计

本桥两个边跨大节段长度分别为 152.6m 和 151.15m,布置 4 组吊点群,在横桥向与顺桥向均对称,每组吊点群包括 10 个吊耳,共 40 个吊耳。中跨合龙段布置 4 组吊点群,在横桥向与顺桥向均对称,每组吊点群包含 4 个吊耳,共 16 个吊耳。大节段吊点布置见图 11~图 13。

吊耳中心位于边腹板与横隔板(或横肋板)的交线上。耳板与钢箱梁顶板采用螺栓连接,对应钢箱梁内部加劲亦采用栓接。吊耳的加工及拼焊在钢箱梁制造厂完成。

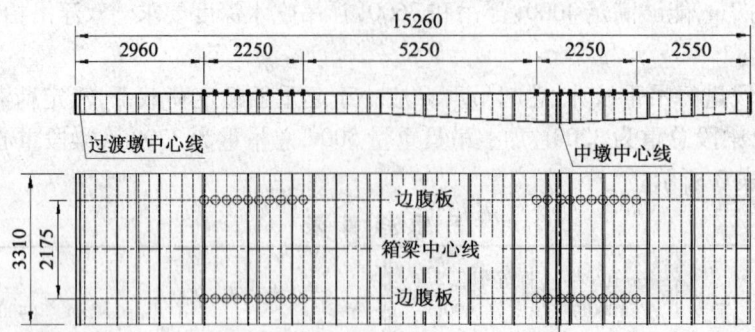

图11 香港侧大节段吊点布置(尺寸单位：cm)

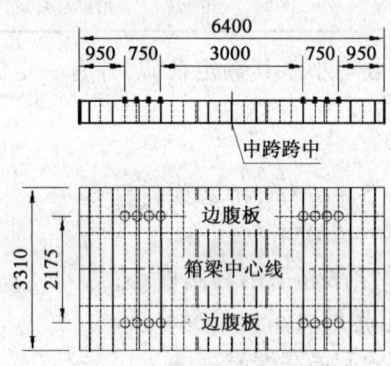

图12 中跨大节段吊点布置(尺寸单位：cm)

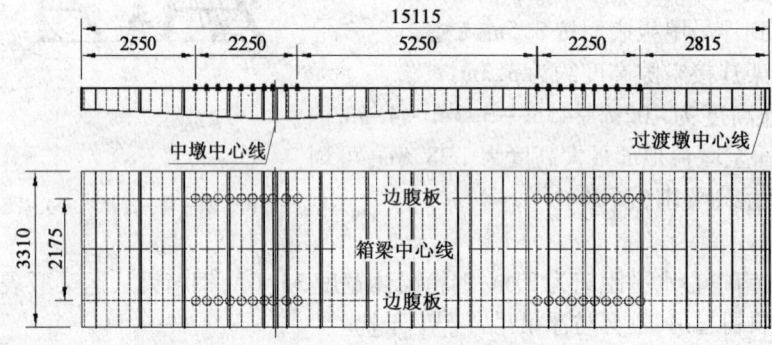

图13 珠海侧大节段吊点布置(尺寸单位：cm)

五、钢箱梁内部加劲设计

为了增加钢箱梁的整体刚度，防止钢箱梁在起吊、调位时出现较大变形，在钢箱梁内部受力薄弱环节增设加劲措施，保证钢箱梁在起吊阶段、墩顶调位和牛腿调位过程中钢箱梁的整体受力性能处于良好的状态。

1. 临时吊点内部加劲

临时吊点位于横隔板（或横肋板）与边腹板的交线位置，为保证钢箱梁在起吊过程中的安全以及起吊线形，在吊耳位置对应钢箱梁内部进行了结构加强（图14）。

单个吊耳最大受力按照3000kN计算，耳板和螺栓受力验算均满足规范要求。

2. 墩顶调位处内部加劲

钢箱梁起顶操作时，整个梁段重量由数个千斤顶临时支撑，调位时，整个重量通过梁底滑移支座支撑在临时支座内,支撑位置应力较大,为使调位操作可顺利进行,避免钢箱梁下底板表面发生严重变形,在临时支座和千斤顶支撑位置对应钢箱梁内部结构需设置加劲构造(图15)。

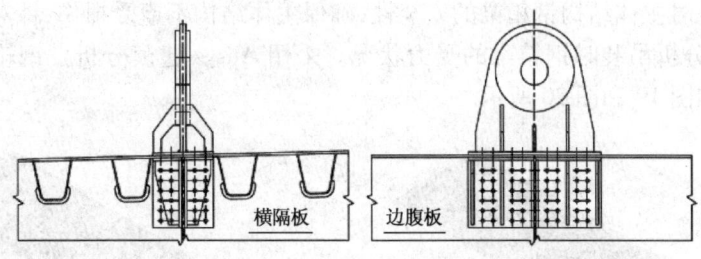

图14　吊耳处钢箱梁内部加劲

经 Ansys 三维仿真分析,墩顶调位处钢箱梁最大应力为 245MPa,出现在中墩顶,如图16所示,应力小于容许值,主梁结构受力安全。

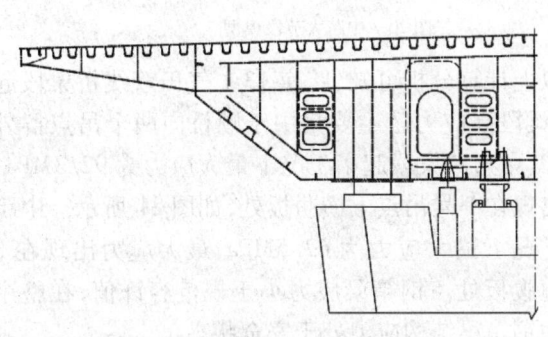

图15　墩顶调位处钢箱梁内部加劲

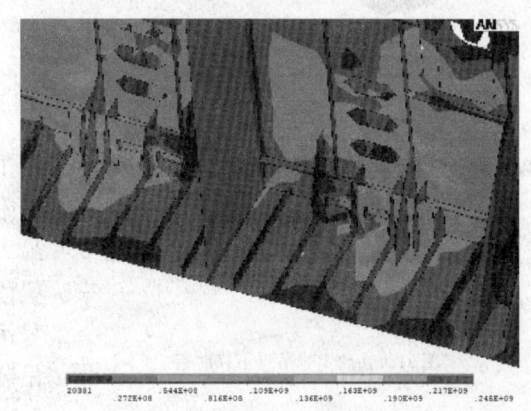

图16　中墩顶调位处钢箱梁应力

3. 牛腿调位处内部加劲

牛腿调位时,待装钢箱梁通过临时牛腿悬挂在已装钢箱梁上,牛腿受力复杂,为了保证牛腿调位顺利进行,同时避免钢箱梁顶板表面发生严重变形,在牛腿端部、耳板、尾部支座对应钢箱梁内部结构均需设置加劲构造(图17)。

经 Ansys 三维仿真分析,牛腿调位处钢箱梁最大应力为 124MPa,出现在牛腿吊耳和尾部之间的中腹板,如图18所示,应力小于容许值,主梁结构受力安全。

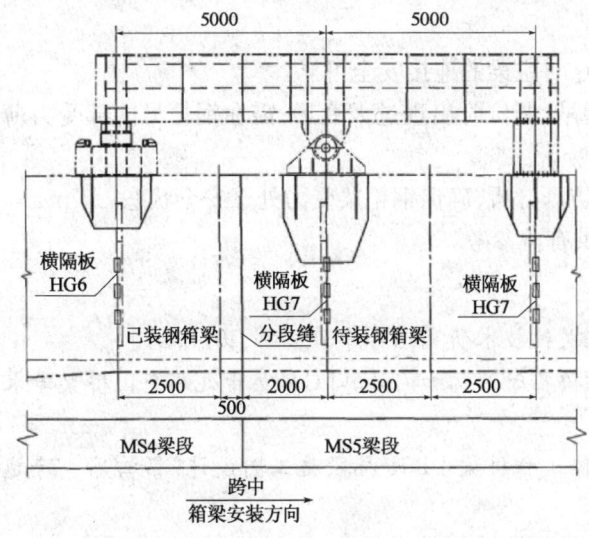

图17　牛腿调位处钢箱梁内部加劲(尺寸单位:mm)

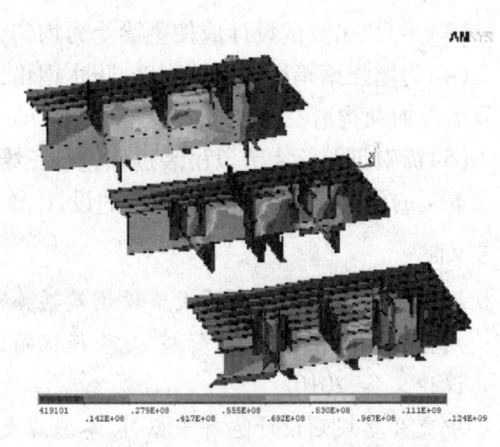

图18　牛腿调位处钢箱梁应力

六、大节段钢箱梁吊装过程仿真分析

为验证大节段吊装时主体结构钢箱梁的安全性,确保主体结构不遭受损伤,针对大节段钢箱梁吊装,建立实体有限元模型,分析吊装时钢箱梁的受力状况。采用 Ansys 建模分析。钢箱梁采用 Shell63 壳单元模拟。有限元模型如图 19 和图 20 所示。

图 19　边跨大节段模型

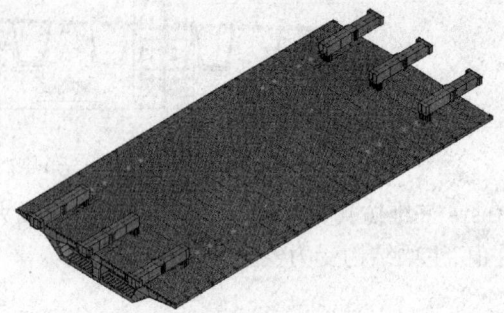

图 20　中跨大节段模型

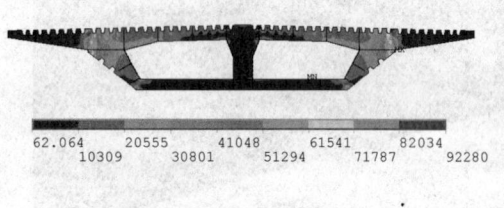

图 21　边跨 1 号吊点下横肋板

通过以上计算分析可知,跨崖 13-1 气田管线桥梁段起吊工况下,梁段高应力区主要集中于顺桥向两个吊点群外缘附近处,其中边跨梁段起吊工况下最大应力为 92.3MPa,最大应力出现在 1 号吊点下横肋板处,如图 21 所示。中跨梁段起吊工况下最大应力为 67.5MPa,最大应力出现在 8 号吊点下边腹板处。钢箱梁应力小于规范容许值,在整个吊装过程中钢箱梁结构应力处于安全状态。

七、结　　语

国内,采用大节段吊装方案进行箱梁施工的桥梁已有多个成功案例,但外海环境下超长、超宽、超重钢箱梁的双浮吊抬吊架设方案,工程案例较少,本文依托港珠澳大桥跨崖 13-1 气田管线桥,对超长、超宽、超重钢箱梁采用双浮吊抬吊架设方案进行了详细研究,得出以下几点结论:

(1)钢箱梁大节段接缝位置需考虑施工过程,设置在成桥恒载弯矩零点附近,并结合箱梁构造要求最终确定。

(2)根据现场水文环境条件进行起吊设备选型,并严格核算起吊设备的吊重、吊高和吊幅,确保起吊方案可行。

(3)吊具、吊点的设计应使主梁受力均匀,使吊点与主梁的连接安全可靠。

(4)为增强钢箱梁的整体刚度,防止钢箱梁在起吊、调位时出现过大变形,需在钢箱梁内部受力薄弱环节增设加劲构造。

(5)需对钢箱梁大节段吊装过程进行三维空间仿真分析,确保钢箱梁受力处于安全状态。

本文的研究成果可为同类桥梁的设计、施工提供有益参考。

参考文献

[1] 顾雨辉,朱浩.崇启大桥大节段钢箱梁施工监控关键技术研究[J].中外公路,2011(2).

[2] 周仁忠,郭劲,曾健,王紫超.大跨径钢箱连续梁桥临时结构加固计算[C].第十九届全国桥梁学术会议论文集,2010.

[3] 中交公路规划设计院有限公司.港珠澳大桥主体工程桥梁 DB01 标段施工图设计《第四篇　跨越崖 13-1 气田管线桥》[R].2012.

[4] 张永涛,周仁忠,高纪兵.崇启大桥大节段整体吊装技术研究[J].中外公路,2010(6).

44. 港珠澳大桥钢箱梁总拼过程线形控制研究

骆佐龙 宋一凡 闫 磊 景 强

(长安大学旧桥检测预加固技术交通行业重点实验室)

摘 要 港珠澳大桥主体工程 DB01 标段非通航孔桥包括等截面钢箱连续梁桥及跨越崖 13-1 气田管线桥。跨越崖 13-1 气田管线桥为三跨变截面钢箱连续梁桥,跨径组合为(110m + 150m + 110m),采用大节段拼装及大节段整体吊装的施工工艺,最长拼装节段为 152.6m,最大吊装重量约为 3200t。为使总拼过程拼装精度满足规范要求且钢箱梁架设后线形误差满足控制精度,采用无应力状态控制法对钢箱梁小节段下料长度进行控制。为使钢箱梁总拼效率最大化,提出三种配切方案对小节段拼接过程进行控制。

关键词 连续梁桥 钢箱梁 无应力状态控制 总拼 配切

一、工程概况

跨越崖 13-1 气田管线桥采用连续梁体系,联跨布置为 110m + 150m + 110m = 370m 三跨变截面钢箱连续梁桥,桥型布置见图 1。主梁采用整幅变截面钢箱连续梁,顶板为正交异形板结构。钢箱梁梁宽 33.1m,中墩墩顶 5m 区段钢箱梁梁高 6.5m,墩顶等高梁段两侧各 37.5m 区段梁高从 6.5m 线形变化至 4.5m,其余区段梁高为 4.5m。钢箱梁架设采用以下施工工艺:

(1)浮吊吊装第一跨梁段。

(2)浮吊吊装第三跨梁段。

(3)浮吊吊装第二跨梁段,调整至设计高程,将第二跨与第一、三跨梁段连接,全桥合龙。

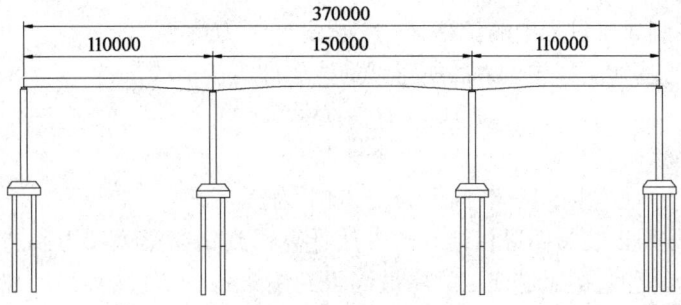

图 1 跨越崖 13-1 气田管线桥立面布置(尺寸单位:mm)

二、钢箱梁线形控制要点

跨越崖 13-1 气田管线桥拼装节段长、吊装重量大,其线形控制复杂。并且随着结构体系转换,临时荷载卸除,主梁线形会发生多次变化,因此需要对关键工况的主梁线形进行计算。钢箱梁线形控制要点如下:

1. 工厂组拼阶段

钢箱梁在拼装胎架进行组拼,钢箱梁处于无应力[1~3]状态,拼装线形为钢箱梁的无应力制造线形。

2. 主梁架设阶段

主梁通过浮吊架设至桥位处,由于边界条件的改变及自身重力的施加,钢箱梁产生挠曲变形,此时钢箱梁的线形为架设线形。

3. 临时匹配阶段

中跨合龙节段吊装采用临时牛腿匹配的方法,即:在待装梁段接口顶板上设置牛腿,在已就位梁段接口顶板处设置临时支座,吊装时牛腿搭接在临时支座上,起到支撑及精确调位的作用。此过程对主梁竖向位移影响较大,需要对临时牛腿重量及其刚度进行准确模拟。

4. 中跨合龙阶段

在中跨合龙节段临时匹配结束后,在合适的温度时段,完成中跨合龙节段与相邻节段的焊接,临时牛腿随之撤除,体系转换完成。

5. 二期铺装阶段

中跨合龙完成后,进行二期铺装施工,铺装完成后的主梁线形即为设计成桥线形。

通常主梁设计成桥线形为已知,需要通过倒退分析得到钢箱梁各个阶段的理想线形。在得到钢箱梁制造阶段的无应力线形[4]后,可以按照与实际施工过程相同的顺序进行正装计算,获得各个施工阶段主梁的构型。因此,钢箱梁的无应力制造线形[5]决定着钢箱梁各个施工阶段构型的准确与否,只有保证钢箱梁无应力制造线形与计算相一致,才能使钢箱梁经过若干施工过程最终达到设计成桥线形。钢箱梁无应力线形通常采用正装与到退相结合的方法进行计算,通常一次计算并不能得到准确的结果,需要经过3~5次迭代计算才能保证结果收敛。

三、钢箱梁无应力制造线形

钢箱梁无应力制造线形是钢箱梁在某种状态下将全部内力释放后对应的线形[6]。目前用于求解无应力制造线形的方法有:零位移法、切线初始位移法、结构解体法[7]等。考虑到跨越崖13-1气田管线桥架设工艺(先架设两边跨大节段,再进行中跨大节段和龙安装),本文选用零位移法进行制造线形的计算。

首先计算该桥安装线形[8]:

$$D_e = D_c - D \tag{1}$$

式中:D_e——钢箱梁安装线形;
D_c——钢箱梁成桥线形;
D——钢箱梁自安装到成桥过程中的位移,向上为正,向下为负。

将钢箱梁在安装线形的基础上释放重力后所得到的线形即为制造线形:

$$D_f = D_e + D_g \tag{2}$$

式中:D_f——钢箱梁制造线形;
D_g——钢箱梁释放重力后产生的位移,向上为正,向下为负。

采用有限元分析软件按照正装与倒退相结合的方法计算得到钢箱梁无应力制造线形。首先按照成桥设计线形建立全桥有限元模型,按照逆施工顺序最终得到主梁各个节段的无应力制造线形,并以钢箱梁各个节段制造线形坐标为基准,更新有限元模型,按照实际施工顺序进行正装分析,考察钢箱梁成桥线形与设计线形是否相吻合。

钢箱梁为薄壁结构,剪切变形不容忽视,为了考虑剪切变形对钢箱梁无应力线形的影响,采用板单元[9]建立全桥有限元模型,并同时建立考虑剪切变形的梁单元有限元模型作为验证。图2、图3分别为板单元模型与梁单元模型示意。

图2 板单元有限元模型

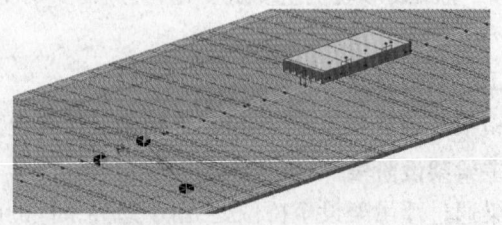

图3 梁单元有限元模型

经过迭代计算,可以得到钢箱梁的无应力制造线形即钢箱梁制造预拱度[10]。有了钢箱梁制造预拱度,便可根据几何关系进行钢箱梁小节段配切控制。

四、钢箱梁小节段配切控制

钢箱梁无应力制作时采用"以直代曲",且为"长线法"施工制作工艺。即小节段按直线制造,在拼装时会使梁段间存在一个夹角[5],如图4所示。在计算板单元无应力下料长度时需要考虑。

为提高施工效率,以下给出三种配切方案。

方案一:以截面中性轴为基准,进行节段配切。

该方案以截面中性轴为基准,在小节段配切过程中需要分别对小节段顶板与底板进行配切,配切工作量较大。但若不考虑施工误差,在总拼之后,不需要再进行大节段顶、底板长度修正,见图5。

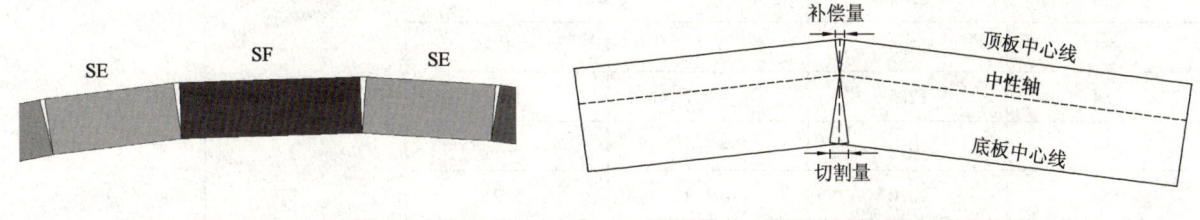

图4 钢箱梁梁段间夹角示意　　　　　　图5 以中性轴为基准配切示意

方案二:以截面底面为基准,进行节段配切。该方案以截面底面为基准,在小节段配切过程中只需对顶板进行配切,底板按设计长度下料,配切工作量较小。但在总拼之后,需要进行大节段顶、底板长度修正,见图6。

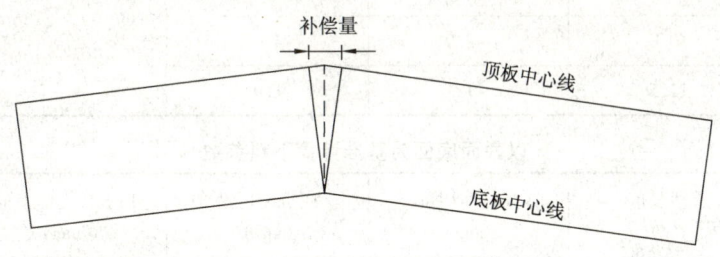

图6 以底板为基准配切示意

方案三:以截面顶面为基准,进行节段配切。该方案以顶面为基准,在小节段配切过程中只需对底板进行配切,顶板按设计长度下料。配切工作量较小。但在总拼之后,需要进行大节段顶、底板长度修正,见图7。

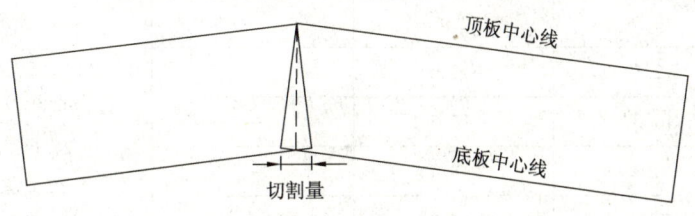

图7 以顶板为基准配切示意

表1～表3为跨越崖13-1气田管线桥采用上述3种配切方案得到的钢箱梁下料参数(一跨)。

从表1～表3可以看出:钢箱梁下料采用不同的配切方案,顶、底板配切量不同。以截面中性轴为基准,在小节段组拼时最大嵌补长度为6.5mm,位于底板,最大切割长度为4.6mm,位于顶班,并且在小节段总拼大节段后不需要进行顶、底板长度修正。以截面底面为基准,在小节段组拼时仅需对顶板进行配切,最大嵌补长度为7.8mm,最大切割长度为11mm,在小节段总拼大节段后还需进行顶、底板长度修正。

本例中,顶、底板长度均需增加24.1mm。以截面顶面为基准,在小节段组拼时仅需对顶板进行配切,最大嵌补长度为11mm,最大切割长度为7.8mm,在小节段总拼大节段后也需进行顶、底板长度修正。本例中,顶、底板长度均需切割24.1mm。

以截面中性轴为基准计算下料参数　　　　　表1

节段编号	节段长度（m）	顶板配切量（mm）	底板配切量（mm）	顶板长度修正量（mm）	底板长度修正量（mm）
SS9	14.1	1.6	−3.0		
SS8	15.0	2.7	−4.8		
SS7	12.5	2.9	−5.0		
SS6	12.5	2.3	−3.9		
SS5	12.5	1.1	−1.8		
SS4	12.5	−0.7	1.3		
SS3	10.0	−2.4	4.1	—	—
SS2	10.0	−3.2	5.2		
SS1	7.5	−4.0	5.9		
PS	6.0	−4.6	6.5		
MS1	7.5	−4.2	6.2		
MS2	10.0	−3.7	5.9		
MS3	10.0	−2.9	4.9		
MS4	12.5	−1.1	1.9		

以截面底面为基准计算下料参数　　　　　表2

节段编号	节段长度（m）	顶板配切量（mm）	底板配切量（mm）	顶板长度修正量（mm）	底板长度修正量（mm）
SS9	14.1	3.4	—		
SS8	15.0	7.5	—		
SS7	12.5	7.8	—		
SS6	12.5	6.1	—		
SS5	12.5	2.9	—		
SS4	12.5	−2.0	—		
SS3	10.0	−6.5	—	24.1	24.1
SS2	10.0	−8.4	—		
SS1	7.5	−9.8	—		
PS	6.0	−11.0	—		
MS1	7.5	−10.4	—		
MS2	10.0	−9.6	—		
MS3	10.0	−7.9	—		
MS4	12.5	−3.1	—		

以截面顶面为基准计算下料参数 表3

节 段 编 号	节段长度（m）	顶板配切量（mm）	底板配切量（mm）	顶板长度修正量（mm）	底板长度修正量（mm）
SS9	14.1	—	−3.4	−24.1	−24.1
SS8	15.0	—	−7.5		
SS7	12.5	—	−7.8		
SS6	12.5	—	−6.1		
SS5	12.5	—	−2.9		
SS4	12.5	—	2.0		
SS3	10.0	—	6.5		
SS2	10.0	—	8.4		
SS1	7.5	—	9.8		
PS	6.0	—	11.0		
MS1	7.5	—	10.4		
MS2	10.0	—	9.6		
MS3	10.0	—	7.9		
MS4	12.5	—	3.1		

注：下料参数表格中，正数表示在小节段设计长度基础上需要增加的长度；负数表示需要切割的长度。

五、结　语

（1）对于薄壁钢箱梁无应力线形的计算，需要考虑剪切变形的影响。对于本例，考虑剪切变形与不考虑剪切变形，二者误差在100mm以内。

（2）以截面中性轴为基准计算下料参数，在总拼之后不需要对大节段梁长进行修正，梁长控制准确，但在小节段下料时需要对顶、底板分别配切，工作量较大；以截面顶/底板为基准计算下料参数，在总拼之后需要对大节段梁长进行修正，但在小节段下料时仅需对底/顶板进行配切，工作量较小。

（3）对于配切方案的选择，既要满足精度要求，又要便于制造组拼，还需要考虑现场实际情况，比如：节段预留配切量较小，在总拼之后再进行长度修正会使配切量太大，这时可以考虑以中性轴为基准进行下料参数控制。

参考文献

[1] 秦顺全.桥梁施工控制—无应力状态法理论与实践[M].北京：人民交通出版社，2006.
[2] 秦顺全.分阶段施工桥梁的无应力状态控制法[J].桥梁建设，2008，（1）：8-14.
[3] 黄晓航，高宗余.无应力状态控制法综[J].桥梁建设，2010（1）：71-74.
[4] 秦顺全.无应力状态控制法斜拉桥安装计算的应用[J].桥梁建设，2008（2）：13-16.
[5] 余昆，李景成.基于无应力状态法的悬臂拼装斜拉桥的线形控制[J].桥梁建设，2012（3）：45-46.
[6] 卜一之，孙才志.大跨度结合梁斜拉桥制造线形控制与分析[J].重庆交通大学学报（自然科学版），2011（5）：916-920.
[7] 李乔，唐亮.悬臂拼装桥梁制造与安装线形的确定[C]//第十六届全国桥梁学术会议论文集.北京：人民交通出版社，2004：304-309.
[8] 孙立山.大跨度混合梁斜拉桥几何控制计算方法（硕士学位论文）[D].成都：西南交通大学，2010.
[9] 庄茁.基于ABAQUS的有限元分析和应用[M].北京：清华大学出版社，2009.
[10] 吴运宏，岳青，江湧，等.基于无应力状态法的钢箱梁斜拉桥成桥目标线形的实现[J].桥梁建设，2012，（5）：64-65.

[11] 谭康荣,余昆.四线曲线钢箱梁斜拉桥施工控制技术[J].桥梁建设,2013,(4):117-118.

45. 港珠澳大桥组合梁钢主梁大节段制作关键技术

刘治国　车　平　李军平
（中铁宝桥集团有限公司）

摘　要　简要介绍了港珠澳大桥浅水区非通航孔桥组合梁的工程概况,分析了组合梁钢主梁大节段制作的关键技术,重点介绍了钢主梁大节段整孔制作方案、线形控制、梁段长度及端面夹角的控制措施,同时对钢主梁总拼自动化焊接技术进行了介绍,并对工程实际应用效果进行了分析,解决了组合梁钢主梁制作线形控制等难题。

关键词　组合梁钢主梁　大节段制作　线形控制　梁段长度　焊接技术

一、工程概况

港珠澳大桥全线总长约56.5km,其中浅水区非通航孔桥长5.44km,采用连续组合梁桥,单幅桥宽16.3m,截面中心线高4.3m,桥面横坡2.5%,主梁采用"槽形钢主梁+混凝土桥面板"的组合结构(图1),单组合梁最大重量约1900t,采用整孔制作、架设的方案。

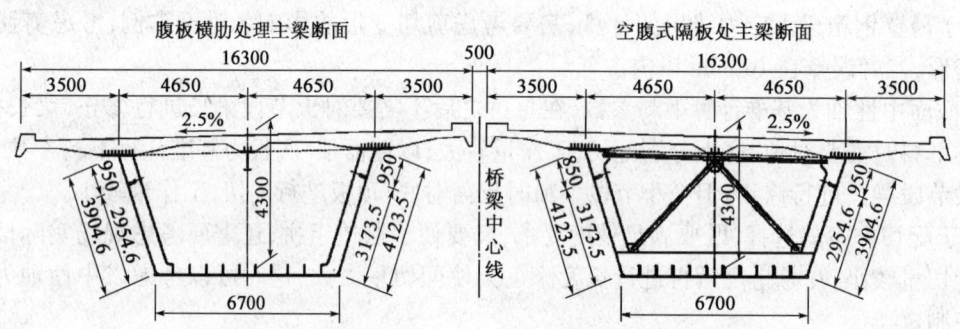

图1　浅水区非通航孔桥组合梁横断面图（尺寸单位:mm）

钢主梁为开口槽型结构,由顶板、腹板、底板、横隔板等组成。钢主梁中心线处高3.78m、顶宽9.3m、底宽6.7m,腹板倾斜设置,空腹式横隔板与横肋间隔布置间距2m,永久支座和临时支座位置采用实腹式横隔板,主体结构采用Q345qD,浅水区非通航孔桥总重约6.4万吨。

二、钢主梁制作关键技术

组合梁以其优越的经济性、简便的施工技术,已成为桥梁的发展新趋势,但我国大型组合梁钢主梁制作技术还处于发展阶段。根据港珠澳大桥组合梁钢主梁的结构特点,分析后认为大型组合梁钢主梁制作的关键技术主要有：

(1)钢主梁为开口槽形的结构,标准节段长85m,由9~10个小节段组成,根据其结构特点采用了较为科学的钢主梁整孔制作方案。

(2)钢主梁为长大构件,且长宽比大,场内制造竖曲线达到300mm,加之焊接收缩变形复杂,故其制造线形和梁长控制较为关键。

(3)钢主梁大节段为焊接结构,采用先进的焊接技术和设备,解决腹板4m立位对接焊缝、底板与腹板熔透角焊缝是提高钢主梁制造质量的关键所在。

三、钢主梁整孔制作技术

为确保钢主梁的制造质量,根据港珠澳大桥钢主梁的结构特点,结合国内外先进的钢桥梁制造技术,实施了钢主梁大节段整孔制作技术,即钢主梁制造分段、预拼装及钢主梁组焊成大节段均在一个胎架上依次完成。由于钢主梁大节段具有:开口槽形结构、长高比大、线形控制难度大等特点,因此,采用了"底板单元依次接长→组焊腹板单元(制造分段内)→组焊K形撑及小纵梁→焊接制造分段间的环缝→预拼装"的施工方案(图2)。

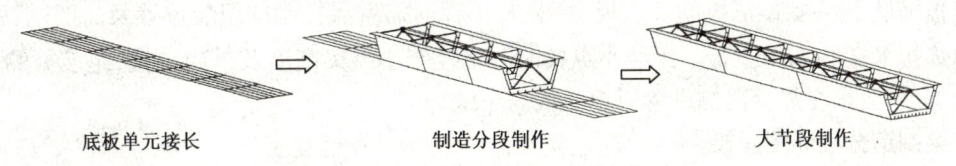

底板单元接长　　　制造分段制作　　　大节段制作

图2　钢主梁大节段制作过程

1. 底板单元组焊

(1)以中间测量塔以及中间梁段底板单元横基线为基准,定位其余节段底板单元,要求相邻节段底板单元的间的横基线间距为"设计值 $+\delta$"($\delta = 7 \sim 8mm$)。底板单元定位采用实芯焊丝打底定位,定位焊缝的长度为200mm,间距为700mm,同时每块底板单元两侧设置3对限位挡块,以防止底板单元的焊接变形(图3)。

(2)底板单元对接缝采用CO_2气体保护焊(ER50-6实芯焊丝)打底、填充,焊接时需分中对称施焊,最后采用埋弧自动焊进行盖面。

(3)底板单元焊接完成之后,对所有焊缝全长进行超声波探伤,按10%的比例对焊缝中间250~300mm进行射线探伤。

(4)修正底板单元接长后的底板单元纵横基线,将小节段底板单元间横基线间距控制为"设计值+2mm"。

2. 腹板单元组焊

(1)采用专用无损吊具将腹板单元吊装在组装位置上,为便于底板横肋组装,需将腹板单元垫高300mm。以底板单元的纵横横基线为基准画出腹板内皮组装位置线,再通过边测量塔控制腹板单元上口的位置线(图4)。

图3　底板单元组焊

图4　腹板单元组焊

(2)同方向、对称焊接腹板与底板间熔透角焊缝,采用无盲区焊接小车焊接腹板与底板内侧的角焊缝,横肋过焊孔处采用手工焊接;采用CO_2气体保护焊焊接腹板与底板外侧角焊缝;对腹板与底板焊接完成后,按100%比例对焊缝两端及中间各1m超声波检测。

(3)腹板对接焊缝施焊之前将腹板对接缝两侧的错台调整在2mm以内后,采用"打底定位焊"的工艺将两个小节段的腹板连接成整体;焊接前利用腹板对接缝外侧的胎架上的顶具,将两侧腹板顶紧,以控制焊接变形;利用轨道式焊接机器人焊接腹板对接焊缝,焊接完成之后进行无损检测。

(4)采用CO_2气体保护焊焊接顶板对接焊缝,在无损检测合格后,将焊缝打磨平顺。

3. 横肋组焊

以修正后的小节段底板单元横基线为基准,画横隔板组装位置线,吊装底板横肋,采用专用工装防止横肋倾倒,然后焊接横肋与底板的角焊缝;组装横隔板单元时,保证横隔板单元纵横向位置和垂直度等项点满足标准要求。

4. K形横撑及小纵梁组焊

先在腹板横肋上焊接K形撑的节点板,组装K形撑时需重点控制的组装位置及高度,然后采用CO_2气体保护焊焊接K形撑与节点板。组装小纵梁时严格控制小纵梁高度及纵向位置,组装检测合格后,焊接两端连接焊缝,要求在焊缝两侧设置引熄弧板。

5. 钢主梁制造分段环缝焊接

根据钢主梁节段间受力状况及焊接原理,采用先对称焊接底板间的焊缝,钢主梁小节段间横向对接焊缝,按照先腹板、后顶板的顺序施焊(图5)。

6. 钢主梁大节段预拼装

为确保钢主梁大节段接口连接的质量,采用"大节段 + 小节段"的连续匹配方案,即第 N 个大节段钢主梁制作完成后,将第 $N+1$ 个大节段的首个设计梁段与第 N 个大节段进行连续匹配,以保证梁段接口的连接错台。

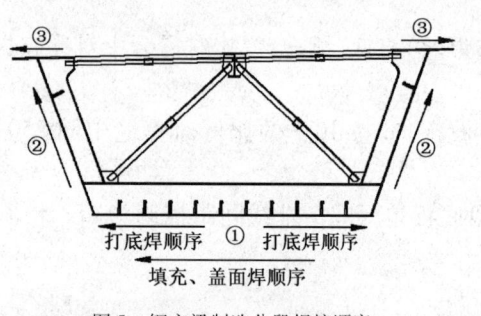

图5 钢主梁制造分段焊接顺序

(1)在大节段总拼胎架上,制作第 N 个大节段,同时在其他胎架上进行第 $N+1$ 个大节段的首个设计梁段的制作。

(2)在总拼胎架一端设置6个钢支墩,然后将第 $N+1$ 个大节段的首个设计梁段置于钢支墩上,与第 N 个大节段进行连续匹配。

(3)进行"大节段 + 小节段"连续匹配时,对底板、腹板、顶板及小纵梁的连接错台进行检测。

四、钢主梁线形控制技术

成桥线形的控制是大桥整体制造质量的关键,直接影响桥面行车的舒适度。通过对国内外组合梁制造技术的研究,结合港珠澳大桥组合梁钢主梁的结构特点,确定了大节段钢主梁制造线形控制措施。

1. 钢主梁制造线形的确定

在组合梁钢主梁理论线形计算时,需考虑上部混凝土道板自重力、施工荷载、安装过程中体系转换、成桥荷载等因素,本项目钢主梁的理论预拱度为"恒载 + 1/2 活载"产生的挠度反向值。为了保证与主桥顺畅连接,部分梁段位于半径 $R = 14500$ m 竖曲线上,通过计算圆弧竖曲线对梁段线形的最大影响值约为 35mm。为使组合梁钢主梁安装后的线形与成桥线形更为接近,故钢主梁的制造线形应为"理论预拱度 + 成桥竖曲线"的叠加线形。

钢主梁的制造线形主要通过顶底板的长度来控制实现,即调节钢主梁节段顶板、底板伸缩量设置拱度。通过分析在梁段中性轴处为钢主梁节段的理论长度,腹板的上下端长度分别与顶板和底板相同(图6)。

2. 钢主梁线形控制措施

钢主梁在总拼胎架上一次制作完成,且钢主梁为开口槽型结构、长宽比大、结构刚性较小,因而钢主梁竖向线形控制难度较大。

(1)根据钢主梁的制造线形,设计制作与钢主梁竖向线形一致的总拼胎架,同时在拼装胎架两端设置高程测点及纵向基准点,以精确控制钢主梁竖向线形。

(2)为便于调整钢主梁的制造线形,钢主梁节段之间底板纵肋上的嵌补段在制造分段焊接完成之后进行。

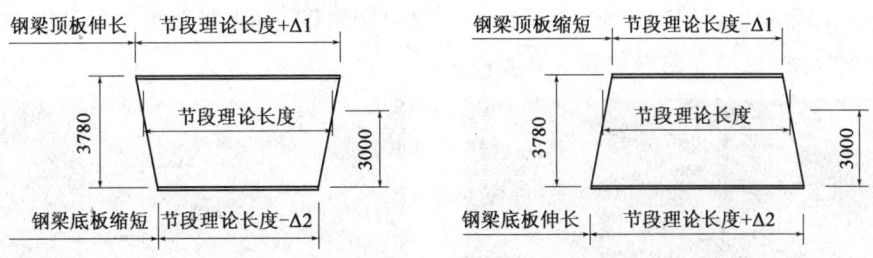

图6 钢主梁制造线形设置(尺寸单位:mm)

(3)为控制腹板单元焊接对钢主梁线形的影响采用"压重+反变形"的方案,即将腹板对接焊缝处的顶板顶起8mm,同时在腹板另一端放置压重块。

(4)钢主梁制造分段腹板及顶板对接焊缝焊接时,采用支撑工装将腹板对接焊缝处顶起10mm,相应位置对称均布配重块,焊缝背面使用千斤顶顶紧(图7),两侧腹板对称施焊,防止接缝两侧梁段翘起、腹板平面度超差和扭曲变形。

图7 钢主梁线形控制

(5)为更好控制钢主梁的制造线形,确定了底板单元接长线形控制、小节段线形控制、制造分段线形控制、大节段线形控制等关键控制过程。

五、钢主梁长度及端面转角控制

钢主梁总拼是在均布支撑的状态下,其制造拱度约为300mm,桥位架设后是在两端支撑的状态下,其竖向拱度约为20mm,由于组合梁中性轴在距离底板3m处,故会使梁段底板拉伸,顶板缩短。由于温度变化,钢主梁会以钢的线膨胀系数1.2×10^{-6}伸长或缩短,温度每变化1℃,85m钢主梁长度将变化1mm。在钢主梁起拱后,钢主梁端面与铅垂线产生α夹角,同时由于每个梁段的重量偏差、长度、拱度、内应力的不同,都会对梁段端面α夹角产生影响,故在钢主梁配切时也需进行考虑。由于影响梁段长度因素较多,故钢主梁大节段制作时可在梁段一端预留50mm的配切量,根据实测长度进行配切,从而确保钢主梁大节段长度及端面转角。

六、钢桥梁总拼焊接技术

为稳定和提高钢主梁焊接质量,首次将数字化焊接机器人、无盲区焊接小车应用于钢桥梁总拼,使钢主梁总拼90%的焊缝实现了自动化焊接。

1. 腹板立位轨道式焊接机器人技术

由于钢主梁腹板对接焊缝长约4m,且为立位焊接,采用人工焊接质量不易保证,故所有腹板对接焊缝采用数字化焊接机器人焊接(图8),无损检测结果表明数字化焊接机器人的焊接质量远高于人工焊接质量,且焊缝外观成形美观。

2. 无盲区自动小车焊接技术

由于腹板与底板焊缝被横隔板分隔为 2m 的分段,采用常规焊接小车时两端 500mm 范围无法施焊,导致焊接接头过多,而无盲区焊接小车可使焊枪旋转 270°(图9),基本可覆盖焊缝全长,大大减小了焊接接头,提高了焊缝质量,也使焊缝外观成型更加美观。

图8 轨道式机器人焊接

图9 无盲区自动小车焊接

七、制作质量分析

通过上述关键技术的实施,有效保证了钢主梁的制造质量,其检测结果(表1)各主要项点均满足设计标准要求,尤其是制造线形、梁长、断面尺寸已达到了《港珠澳大桥桥梁工程施工及质量验收标准》的制造要求,表明钢主梁整孔制作技术合理可行。

钢主梁检测结果　　表1

序号	检测项目	设计允许偏差(mm)	检测点数	合格点数	合格率(%)	数据偏差分析 max	数据偏差分析 min	评定
1	梁长	±20	100	100	100	+5	−3	合格
2	梁高	±4	100	100	100	+3	−3	合格
3	竖曲线	+10.0 / −5.0	100	100	100	+9	−2	合格
4	断面对角线差	≤6	50	50	100	4	0	合格
5	旁弯	3+0.1L,最大12	50	50	100	5	0	合格

八、结　语

在对钢主梁制作关键技术分析研究的基础上,成功应用了"钢主梁大节段整孔制作"技术,提高了梁段制作精度,有效控制了几何尺寸精度及钢主梁大节段制造线形;首次在钢主梁总拼中使用了焊接机器人,提高了钢主梁的焊接质量,达到了"高标准、高质量"港珠澳大桥的建设目标,促进了我国钢桥梁制造技术的进步,亦为以后类似组合梁钢主梁制造提供了借鉴依据。

46. 港珠澳大桥组合梁钢主梁制作测量控制技术

高斐斐

(中铁宝桥(扬州)有限公司)

摘　要　简要的介绍了港珠澳大桥桥梁工程钢主梁组合梁的总体设计工程概况及现阶段测量学的

发展应用状况。针对这类钢主梁组合梁桥梁制作时的测量点布控和测量线形控制进行详细论述，分析了制作测量控制过程中的重点和难点。着重阐述了钢主梁组合梁制作时由于运输、吊装、组装、焊接等工序而引起的局部变形对桥梁整体测量线形控制的影响，以及如何有效的控制局部变形保证测量精度、保证桥梁的整体质量而采取的控制措施和先进的测量工艺。并分析了这些措施、工艺、方案对其组合梁制作测量控制产生的实际作用效果，解决了组合梁制作中测量线形控制的难题。

关键词 钢主梁 组合梁 测量点布控 线形控制 局部变形

一、工 程 概 况

港珠澳大桥跨越珠江口伶仃洋海域，是连接香港、珠海、澳门的大型跨海通道，全桥总长约35.6km，是继三峡工程、青藏铁路、南水北调、京沪高铁后又一重大工程，是中国乃至当今世界规模最大、标准最高、最具有挑战性的桥、岛、隧一体化的交通集群工程项目。整体桥梁结构首次采用钢主梁大节段设计方案，其线形的复杂性和制作测量控制难度均为最大。

二、工程测量控制技术的发展及特点

现代工程测量已经远远突破了仅仅为工程建设服务的概念，它不仅涉及工程的静态、动态几何与物理量测定，而且包括对测量结果的分析，甚至对物体发展变化的趋势预报。工程测量学科是一门应用学科。近年来，工程测量技术越来越发展，并取得很大的成就。

20世纪80年代以来出现许多先进的地面测量仪器，为工程测量提供了先进的技术工具和手段，如：光电测距仪、精密测距仪、电子经纬仪、全站仪、电子水准仪、数字水准仪、激光准直仪、激光扫平仪等，为工程测量向现代化、自动化、数字化方向发展创造了有利的条件，改变了传统的工程控制网布网、地形测量、道路测量和施工测量等的作业方法。电子经纬仪和全站仪的应用，是地面测量技术进步的重要标志之一，电子经纬仪具有自动记录、自动改正仪器轴系统差，自动归化计算、角度测量自动扫描、消除度盘分划误差和偏心差等优点。全站仪测量可以利用电子手簿把野外测量数据自动记录下来，通过接口设备传输到计算机，利用"人机交互"方式进行测量数据的自动数据处理和图形编辑。激光水准仪、全自动数字水准仪、记录式精密补偿水准仪等仪器的出现，实现了在几何水准测量中自动安平、自动读数记录，自动检核测量数据等功能，使几何水准测量向自动化、数字化方向迈进。

三、大节段钢主梁组合梁制作测量控制的基本过程及难点分析

港珠澳大桥大节段钢主梁总拼制作线形控制是大节段钢主梁制造过程控制的关键，为控制钢主梁的制造线形，采用纵向测量塔控制直线度，通过永久固定水准点控制梁段的竖向曲线。首先是在永久预埋基础上布置测量控制点，做出地样标志，布设纵横基线，根据大节段钢主梁的线形特点，设置横梁支撑调整板的高程，制作总拼胎架。

钢主梁制造过程中的测量控制是影响钢主梁整体线形控制的重中之重，为了准确、方便的进行测量控制，总拼胎架两端各设置测量标志塔，在钢主梁中心轴线偏移600mm两端M、N处设有永久的地标(此地标设立在独立的基础上，以减小周围地基沉降的影响)，以M为基准点，N为目标点，利用全站仪采用倒镜定点的方法放出复测点A、B。每轮总拼前，利用复测点A或复测点B，对M、N基准点进行复核，确保胎架的直线度。按照图纸尺寸，做出腹板与顶板纵向轴线的垂直投影地样线MN直线，以便总拼时对腹板单元摆放位置进行初定位(图1)。

1. 高程控制网设置

为控制总拼胎架的高程，在胎架周边布置高程基准点以形成高程测量控制网(图2)。高程基准点H_1、H_2(为钢管桩基础)布置在总拼胎架一端，标高复测点H_3、H_4布置总拼厂房立柱的预埋基础上，纵向间距不大，且坚实可靠，最大沉降不大于2mm，当沉降量大于2mm时，对标高基准点进行修正。进行控制测量时，要求测得的控制网闭合差不大于2mm(控制网的水准测量最好为偶数测站，应该对控制网多进

行几次测量,直至能给出准确数据为止)。标高控制网内各标高基点标高数据应当记录成册,并定期进行检验。

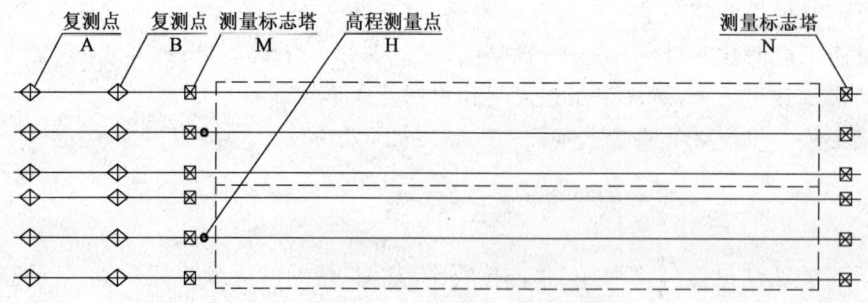

图1 测量标志塔及复测点布置示意图

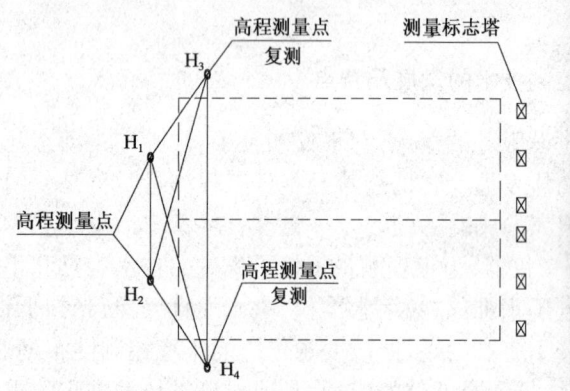 

图2 高程控制网示意图及胎架结构线形测量

2. 胎架纵、横基准线设置及梁段总拼整体线形测量

胎架纵向基准线设于地面预埋钢板之上,并用样冲做好标记,每轮胎架改造时需进行重新校准;横向基准线设于地面预埋钢板上。顶板与腹板胎架位置处的边上,设立一根平行于上翼缘板与腹板纵向中轴线的钢丝。胎架的纵、横向基准线仅用于节段制造过程中结构的初步定位,结构的精确定位则依据梁段两端的测量标志塔上标尺配合经纬仪或全站仪进行。

(1)总拼胎架线形测量控制,首先利用经纬仪或全站仪设置总拼胎架纵、横基线,并且保证纵、横基线互相垂直,然后利用水准仪和排尺测量总拼胎架整体线形及纵、横向尺寸。注意标高测量控制点的保护,更好的保证后续施工线形的准确性。并做好胎架沉降观测值的记录,监控胎架承重前后的状态变化,确保总拼梁段整体线形的准确。

(2)底板单元定位测量控制。底板单元吊装上胎架根据总拼胎架首节段横向定位基准线及纵向测量塔首先进行粗定位,然后利用经纬仪或全站仪测量角度将总拼胎架上的纵、横向定位线相应对位底板单元纵横基线,进行精确定位。重复上述操作及利用排尺测量纵横基线间距,检查焊接收缩量设加值,确保梁段底板总长度,从而精确定位组装后续底板单元。调整焊缝的间隙,完成焊接。底板铺设及接长接宽完成后,整体修整梁段底板,并利用水准仪和全站仪测量底板整体线形、纵横基线偏移量及底板总长度。

(3)腹板单元吊装上胎测量定位。利用经纬仪或全站仪及两端的测量标志塔精确对位腹板单元纵横基线来控制横向尺寸的变化,并测量腹板单元横基线间距,保证各个腹板单元的纵向间距,调整焊缝间隙的设加量,从而精确定位腹板单元。随后测量定位K形撑及小纵梁,保证安装精度,进行梁段修整,布设梁段测量线形控制点,按照监控、设计制造线形指令的要求,水准测量控制点要牢固、可靠、具有稳定性。所以一般将水准点布置在小节段底板及上翼缘板端部靠近隔板的部位。从而避免梁段局部变形,造成水准点的偏差,影响其整体线形控制精度。腹板单元定位完成后,进行钢锚箱吊装、定位、组焊。利用经纬仪或全站仪校准钢锚箱纵横基线与主体梁段进行精确定位,用钢排尺测量锚箱纵横基线的尺寸,保证锚箱纵横向尺寸,调整锚管角度达到设计值。最后按照布置的水准点精确测量腹板、底板线形、纵横基线偏移量及梁高。

④每个大节段钢主梁整体总拼完成后,利用水准仪配合水准尺测量梁端整体线形,运用全站仪配合棱镜测量梁段总长、纵横基线垂直度、轴线偏移、梁段的旁弯。用钢排尺测量检查梁段的箱口尺寸,对角线,等结构尺寸(图3)。利用高精度的电子角度自动测量仪,准确检测钢锚箱的锚管角度。先进测量仪器的使用及合理高效的测量工艺的实施,更好的保证产品质量。

图3 板单元定位及梁段线形测量

经过首轮总拼制作的过程,认真总结了测量方面的有关问题,优化了测量方案,更加细化了测量的过程,分析了测量控制的重点和难点,具体总结分析结果如下:

通过强度测试及受力分析,总拼胎架各方面性能均能满足钢主梁大节段总拼生产的需要。然后对总拼胎架沉降量进行分时段测量监控,并计算其沉降对梁段整体线形的影响,结合理论制造线形加强测量控制。设置合理的线形调整板,以保证梁段整体线形。

钢主梁板单元在存放、运输及吊装过程中引起的板单元局部变形对钢主梁总拼制作的线形影响较大。总拼制造过程中线形测量控制难度大,容易形成误差。由于大节段钢主梁梁高比较大,接近水准测量水准尺的极限值,在测量过程中容易形成测量读数误差,从而也影响梁端的整体线形。现场作业环境复杂,施工作业引起的震动较大,影响测量的精度。还有就是总拼胎架的沉降引起整体线形拱度的变化,累积一定的偏差影响线形控制精度,增加了线形控制难度。

四、针对制作测量控制的难点设计的无损伤工装及采取的措施

港珠澳大桥板单元在吊装、运输过程中为了避免对其表面划伤及造成局部变形,我们自行研究设计了专供该项目使用的各类无损伤吊具、大型构件空中翻身工装、大型起重吊装设备。购置了大型运梁平车,存放运输加垫木和橡胶垫等措施;并编制了单独的吊装方案、梁段存放支撑方案、大节段的运输方案。大节段钢塔预拼装均采用空中翻身,避免了触碰地面对其部分构件造成损伤。总拼整体采用无马组装技术,拼装调整时千斤顶加垫顶推,及设置压重块控制等避免直接伤及母材的措施。现场测量时,为克服现场复杂的作业环境,我们采用磁铁固定三脚架,防止振动过大。并及时更换水准尺,避免测量读数误差,提高了测量的准确性,有效的控制梁段的整体线形(图4)。

五、利用先进的测量仪器及合理测量工艺提高测量精度

港珠澳大桥钢主梁总拼现场主要使用的测量仪器为二台索佳SET1130全站仪,二台苏州一光自动安平水准仪,电子角度自动测量仪,电子扫平仪。全站仪较经纬仪灵敏、精确度高,但受外界因素影响较大,维护要求严格,主要用于放纵、横基线并验证纵、横基线的垂直关系;水准仪则主要用于测平及胎架制造拱度设置。电子角度自动测量仪主要用于钢锚箱锚管角度的测量。电子扫平仪主要测量顶、底板、隔

板平面度的测量。水准仪、经纬仪、全站仪,电子角度自动测量仪、电子扫平仪等高精度的测量仪器和先进工艺的引用大大提高了钢主梁线形测量的精度,避免测量方面的不足,更好更精确的控制整体梁段预设线形,保证了产品的质量(图5)。

图4 磁铁固定三脚架测量及无损伤吊装

图5 精密的水准仪、经纬仪、全站仪使用

六、局部无损伤变形控制措施及合理测量工艺实施产生的作用效果总结

设计制作的吊具,用于港珠澳大桥钢主梁总拼生产,简单实用,满足了港珠澳大桥自动化、结构化的要求,确保了大件吊装过程中的安全可靠。不仅提高了现场材料的利用率,而且节约了购买吊具的高额费用,极大地降低了项目成本。首次攻克了大重件吊装过程中对母材损伤的难题,保证了产品质量,满足了业主的要求,同时利用主副钩空中吊装翻转解决了场房受限的难题,缩短了生产工期,更重要的是有利于梁段线形测量控制。高精密测量仪器的使用,提高了测量控制的精度。合理的测量工艺实施,提高了测量的效率。在保证安全、节约成本的前提下,满足了生产的需要,提高了梁段整体制作线形测量控制的准确性,更好地保证了钢主梁大节段总拼质量。产生了巨大的经济效益,同时也满足了测量线形控制的要求,保证了产品质量,为港珠澳大桥120年的寿命奠定了坚实的基础。

七、结 语

在对大节段钢主梁制造线形测量控制关键技术难点分析的基础上,制定切实可行的制造工艺方案,设计制作多种专业吊具,制订了专门的存放支撑方案,减少了钢梁板单元的局部变形。针对现场的复杂作业环境,设计了固定工装。解决了测量控制中的难题,确保了钢梁线形控制的准确性,保证了产品质量,为以后大节段钢主梁制造线形测量控制工作提供了借鉴依据。

47.85m 钢—混组合梁架设施工关键技术

韩阿雷

(中铁大桥局集团第四工程有限公司)

摘　要　港珠澳大桥CB05标非通航孔桥截面形式为混凝土桥面板+钢主梁结构,结构间采用湿接缝微膨胀混凝土及剪力钉连接。本文结合组合梁架设施工实践,重点介绍85m钢—混组合梁桥架设的施工工艺流程以及施工过程中的关键技术,总结出施工中难点,供类似桥梁施工参考。

关键词　钢—混组合梁　架设施工　关键技术

一、工程概况

港珠澳大桥起自香港大屿山石散石湾,止于珠海/澳门口岸人工岛,总长约35.6km。CB05合同段起点里程K29+237,终点里程K35+890,主线设计总长度6653m,其中主线桥梁全长6368m,桥跨布置自东向西依次为:浅水区非通航孔桥(钢混组合连续梁桥)、九洲航道桥(双塔单索面钢混组合梁斜拉桥)、珠澳口岸连接桥(预应力混凝土连续箱梁桥)。主线桥梁跨度布置图、组合梁标准横断面图如图1、图2所示。

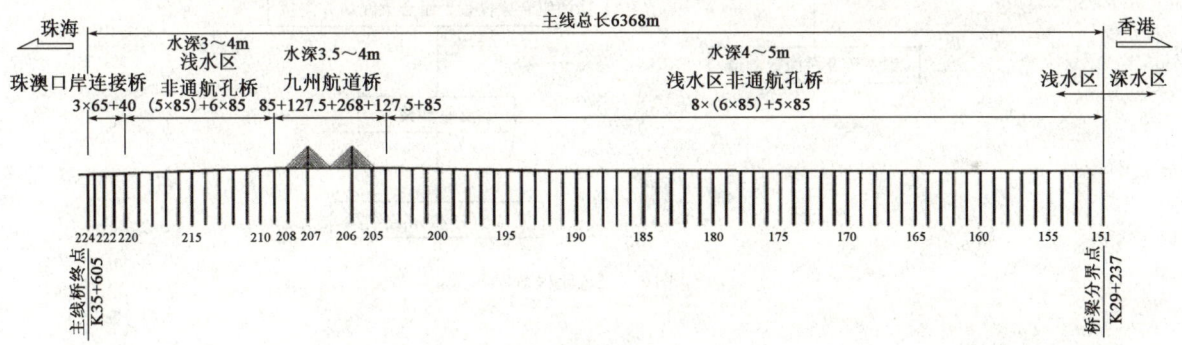

图1　桥梁跨度布置图(尺寸单位:m)

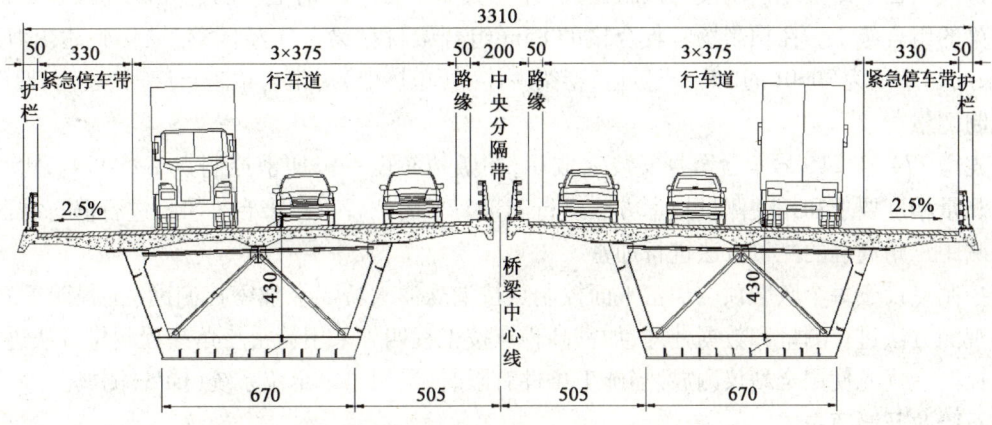

图2　浅水区非通航孔桥85m组合梁标准横断面图(尺寸单位:cm)

1. 钢主梁

钢主梁为倒梯形结构，主要由上翼缘板、腹板、底板、腹板加劲肋、底板加劲肋、横隔板以及横肋板组成。钢主梁在梁中心线处高3.78m，钢主梁顶宽9.3m，底宽6.7m，腹板倾斜设置，倾角约为71°，每孔钢主梁由9~10个节段组成，节段长度主要为10m和8m，节段最大吊装重量约93t。

2. 桥面板

桥面板纵桥向分块预制，横向整块预制。预制桥面板在剪力钉所在的位置挖空形成预留槽，钢梁腹板顶处预留槽横向尺寸为110cm，纵向为50cm，小纵梁顶处预留槽横向尺寸为40cm，纵向为50cm。桥面板湿接缝纵向宽50cm，主梁两侧设置后浇带。

根据结构尺寸和配筋的不同，预制桥面板在直线段和曲线段各有13种类型，全桥128片梁共2516块桥面板，其中直线段2084块，曲线段共432块。板块纵桥向长度分4.0m、4.15m和3.0m三种，单块预制桥面板的最大重量为76.7t。

二、施工工艺流程

85m钢—混组合梁架设工艺流程主要包括：组合梁运输、架设，组合梁位置精调、配切、焊接，支座灌浆等。工艺流程如图3所示。

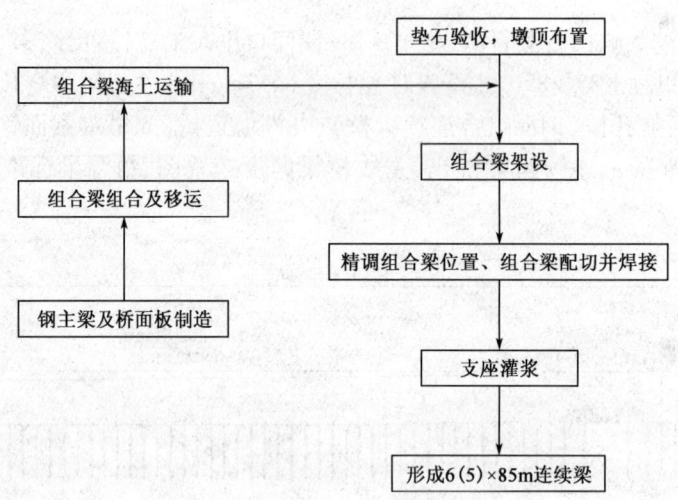

图3 工艺流程图

三、施工过程中的关键技术

预制桥面板在中山基地预制板场预制完成，并存放6个月。待钢主梁制造完成并验收合格后，即可进行组合梁的组合施工。在预制场验收合格的85m组合梁自存梁台座经横移、纵移到达出海码头起吊位置后，采用起重量为3000t的"天一"号运、架梁一体船（单体船）对组合梁进行起吊、运输、架设施工。

1. 控制测量

在优先墩174号、216号承台墩身安装完成后，在墩顶布设一级加密控制点JM5-174、JM5-216，按工程三等的测量精度要求和相关测量技术方法进行测量。平面位置采用多台GNSS进行静态观测，高程采用高精度测距三角高程的测量方法进行加密。

加密控制点设于每个墩墩顶。加密平面控制点按港珠澳大桥二级加密控制网（工程四等）的测量精度要求和观测方法进行测量和数据处理；加密高程点按工程四等采用精密三角高程测量方法进行测量。

加密控制点优先使用全站仪测放，当施工条件有限时，采用全球定位系统（GPS）测放。

2. 垫石验收及墩顶布置

（1）垫石验收。按规范要求，对墩顶支座垫石进行验收，保证预留孔位置及偏差满足规范要求，验收合格并做好交接手续,并用墨线弹出十字线。

(2)临时支座安装。根据组合梁配切、焊接施工要求,组合梁需要三向调节,故在墩顶布置临时支座,作为临时支撑点和三向调节装置。临时支座由滑移副和千斤顶配合完成,滑移副由上滑移和下滑移组成。下滑移上铺设 3mm 厚镜面不锈钢板,上滑移下铺设 MGB 板作为滑移面,并在 MGB 板下涂抹黄油,减少摩擦,使之较易进行纵横移。由于组合梁调节精度要求较高(轴线偏位 10mm),为了便于组合梁调节,设计 A、B、C 三种临时支座。临时支座 B 纵、横向可调节 15cm,用于架设的第一片梁;临时支座 A 与临时支座 C 纵向可调节 30cm、横向可调节 15cm,其中临时支座 A 布置 1 台 600t 千斤顶,临时支座 C 布置 2 台 600t 千斤顶,用于单联内剩余梁段架设。

为保证组合梁架设时临时支座受力位置的准确性和调梁时有据可依,布置之前在墩顶放出滑移副十字线,将滑移副精确摆放在相应位置上,然后安放钢板及硬质橡胶板,量测好临时支座标高,以便能正常抽出钢板及拆除临时支座。临时支座布置图如图4所示。

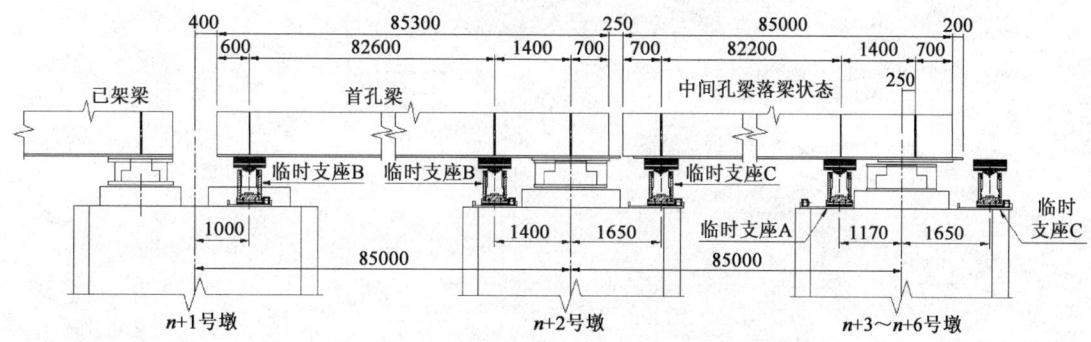

图 4 临时支座布置图(尺寸单位:mm)

(3)支座安装。浅水区非通航孔 85m 组合梁桥支座有"铅芯隔震橡胶支座"和"高阻尼橡胶支座"两种。支座在架设之前布置在垫石上,并明显标示支座中心,以便精确确定支座的平面位置。

3. 组合梁海上运输

(1)组合梁码头取梁、海上运输。

①运架一体船码头取梁。85m 组合梁预制、拼装场布置于中山基地,将组合好的 85m 组合梁经轨道移至出海码头起吊位置后等待"天一"号运架一体船驶入栈桥指定位置,通过绞锚绳,使船准确对位,松吊梁扁担,安装吊具,起吊组合梁并提升一定高度后将船退出栈桥,箱梁起吊时确保各吊点受力均匀、起落同步。"天一"号运架一体船驶出栈桥后将组合梁缓缓落在船体上的临时支点上。

运架一体船行驶至箱梁出海栈桥附近,抛锚并将运架一体船的前缆绳系于出海码头的系缆柱上,即可通过绞锚绳使运架一体船缓慢平稳的进入出海码头。运架一体船码头取梁抛锚就位如图5所示。

②组合梁的固定与监控。

a. 组合梁固定过程:组合梁起吊至安全高度,"天一"号解缆起锚,退出码头后进行船体与组合梁的绑扎固定工作,基本固定过程如下:

启动液压系统竖立起船上支承垫块,组合梁下落,根据"天一"号上称重系统的数据,当临时支承垫块四点承载力达到约 800t 时,停止落梁。人工操作机械顶,横向顶紧组合梁。

进行船上的保险拉索预紧,每根钢绞线预拉 2t,每索合计 48t 预紧力(各梁对称布置共 4 索)。完成船上固定后的运输状态如图 6、图 7 所示。

b. 临时拉索保险措施:为保证"天一"号的航行安全和运输过程中船体与梁体不会发生相对滑移,将组合梁落位后用 100t 横向千斤顶夹紧,并在船甲板上还将进行临时拉索保险预紧措施。临时绑扎措施采用组焊件和钢绞线相结合的形式组成,用拉索将组合梁与船体主甲板进行连接。在梁体横向中心线两侧对称设置共 $2 \times (2 \times 24) = 96$ 根 1860MPa 钢绞线。

c. "天一"号运架船竖向支承及辅助夹持定位:根据"天一"号船体结构特点和组合梁体结构特点,作为竖向支承承载点的2点承载力约800t;同时由液压夹持装置对梁体形成夹持状态。

d. 组合梁临时固定作业监控措施:船舶取完梁,退出栈桥后开始进入组合梁固定作业。

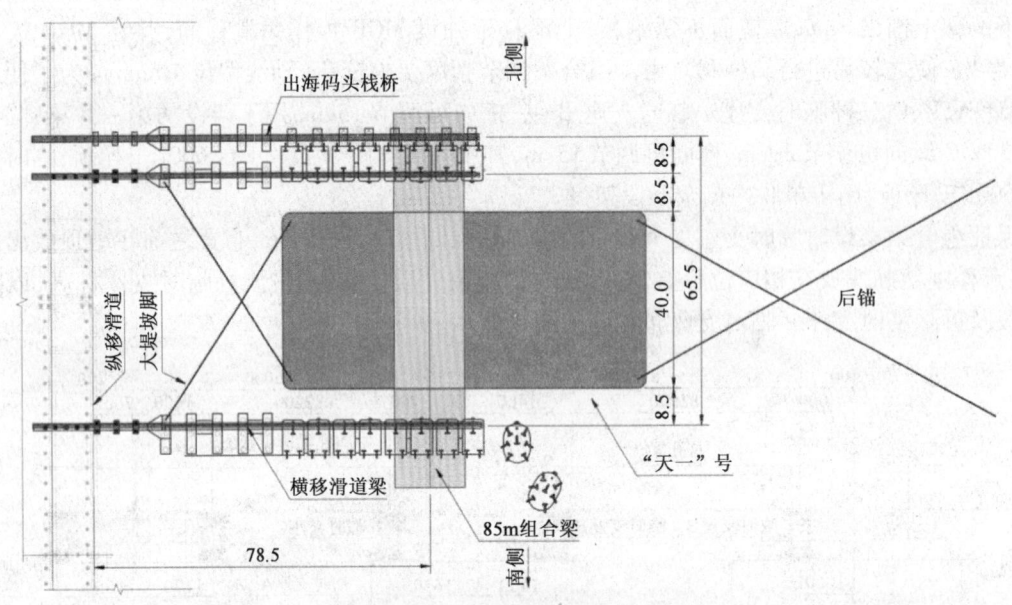

图5 运架一体船码头取梁抛锚就位图(尺寸单位:m)

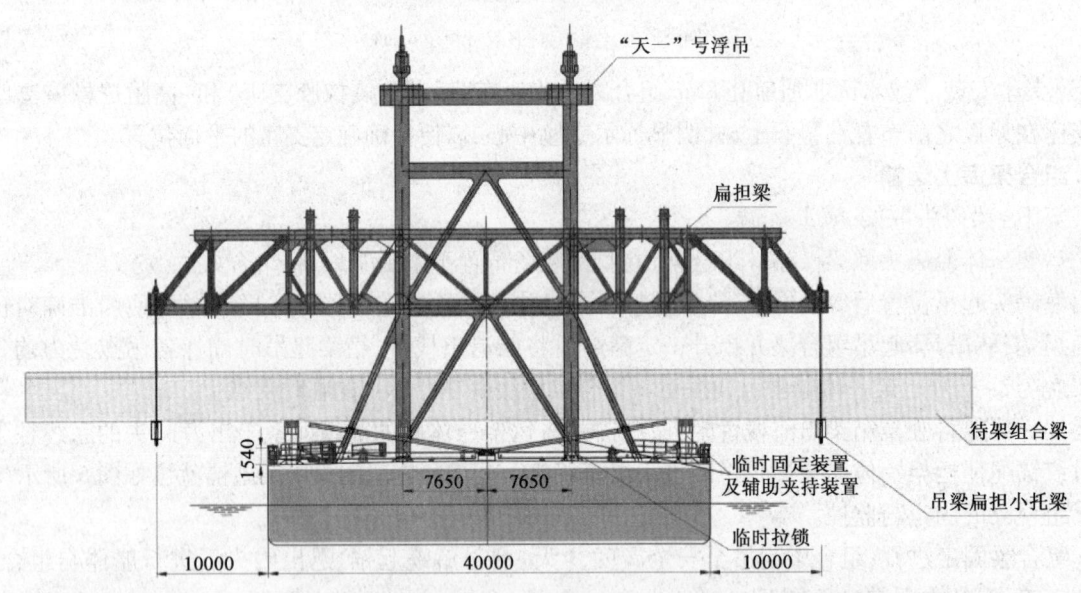

图6 组合梁运输固定状态示意图(一)(尺寸单位:mm)

③海上载梁航行。运架一体梁船航行时,需事先收听气象预报,掌握海上流速和波浪情况,了解风力、风向,以便正常航行。航行中需控制航速,且注意瞭望,以确保航行安全。

结合"天一"号运架一体船超宽的特点,航行时将特别谨慎操作,一般不宜采取大舵角转向或避让船舶的措施(除应急情况外),以尽量减轻因大舵角改变航向而导致船舶横摇。航行中必须充分考虑到横流横风等对船舶的影响,及早采取措施,保持船舶在计划航线上航行。载梁航行航线如图8所示。

(2)"天一"号运架一体船桥位抛锚定位

"天一"号运架一体船桥位抛锚定位施工步骤如下:

步骤一:当运架船行至待架梁孔前约250m时抛自救锚稳住船体后利用抛锚艇抛锚。

步骤二:运架船在帮拖帮助下行至桥中线内海侧,距待架桥墩孔约250m左右时,利用抛锚艇抛三个艉锚(当无法保证在一个潮水架完梁时要求抛上四个锚)及三个艏锚(当潮位过大时也要求抛四个艏锚)。当运架一体船在水流较大区域及急流区航行时,根据流速情况以及运架船性能可用拖轮帮拖。

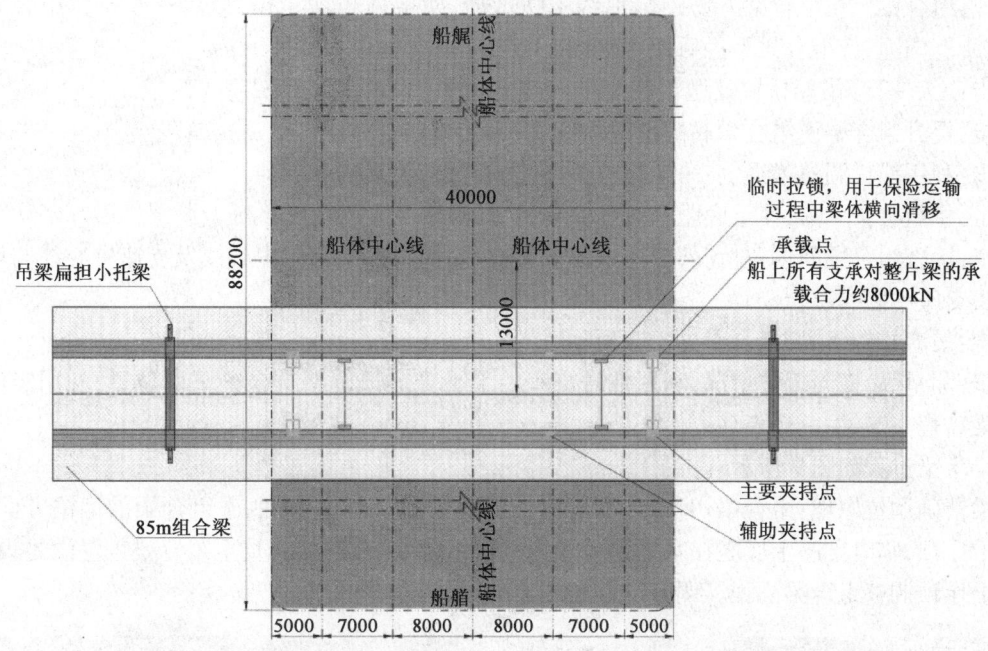

图7 组合梁运输固定状态示意图(二)(尺寸单位:mm)

图8 载梁航行航线示意图

为便于调位靠船体的艏锚必须成交叉状态抛出,靠船体中线的艏锚和艉锚应顺待架梁孔横桥中线方向抛出。艏锚或尾锚的两锚间夹角约65°~70°,锚绳长300m。为了尽快抛锚定位,拟配置多艘抛锚船进行抛锚作业。

步骤三:前后左右6(8)个锚完全抛好后,将箱梁提升至架设需要的高度,利用绞锚机将运架一体船绞进桥孔位置。

步骤四:调整艏锚、尾锚锚绳,船体对位,对中落梁。在组合梁架设完成后,运架一体船退出桥孔位置,松落吊具,按照与抛锚顺序相反的顺序起锚,吊船沿航线返回组合梁出海码头。

4. 组合梁架设

由于施工海域风浪大、组合梁较重(约1900t),架设时起伏较大,且组合梁初步就位纵横向偏差要求均为5cm,要求高,故采用"天一"号运架一体船架设组合梁,并通过调节绞、松锚的速度,控制偏位。待"天一"号运架一体船进入桥孔后,墩顶施工人员观察组合梁偏位尺寸并通知船上指挥人员调整船位。船体对位时,绞、松锚不宜过大,以免引起组合梁太大的晃动。大致对位后,将所有锚绳收紧,并关掉锚机,然后下落组合梁。在组合梁下落距墩顶约100cm时,对船体再次定位,以进一步调整组合梁平面位置,并收紧所有锚绳,待组合梁平稳后即可落梁。组合梁初步就位步骤如下:

第一步:"天一"号吊船桥位处抛锚就位。

第二步:提升组合梁使组合梁底高出墩顶约2~2.5m。

第三步:利用锚机调整锚绳,使吊船移进桥跨精确对位,收紧锚绳。

第四步:将组合梁下落,使梁底距临时支座顶约20cm。

第五步:检查组合梁的偏位情况,指挥吊船调整锚绳,使组合梁纵向中心线及支座中心线与墩顶上纵向中心线及支座中心线吻合。

第六步:吊船松钩落梁,组合梁落于墩顶临时支座上。

第七步:测量纵、横向偏位情况,利用临时支座的水平千斤顶调整组合梁平面位置,利用竖向千斤顶调整组合梁高程。

组合梁落梁过程如图9所示。

组合梁精确调位原理:组合梁初步定位后,检查组合梁的平面位置,根据组合梁的偏位方向,开动相应的水平千斤顶,临时支座上底座在水平顶力作用下与组合梁一起移动,直至组合梁位置满足设计要求。利用竖向千斤顶调整组合梁高程。调整过程如图10所示。

图9 组合梁落梁过程示意图　　　　　　　图10 组合梁横纵移示意图

5. 墩顶组合梁拼接缝对接焊接

由专业分包单位实施组合梁对接焊接及现场涂装工作。

焊接作业严格按照监控单位发出的监控指令实施。焊接前全面检查相邻组合梁腹板和底板的吻合程度、间隙尺寸及接头坡口尺寸。在符合工艺的条件下,方可进行焊接。

钢梁现场涂装按照《涂装前钢梁表面的锈蚀等级和除锈等级》(GB/T 8923—2008)规定的St3级、表面粗糙度达到Rz30~70μm的要求对钢梁现场焊缝部位及焊缝两侧各20mm宽范围,采用手工和机械工具除锈,然后用压缩空气清除顶面灰尘残渣,实施与钢梁同部位相同的涂装方案。

6. 支座灌浆

支座灌浆采用重力式灌浆工艺,支座灌浆料采用西卡水泥基收缩补偿自流平灌浆料。

支座灌浆工艺流程:模板安装→浆体搅拌→支座灌浆→浆体层养护→拆模。

灌浆分两种情况:

(1)首孔梁小里程侧。在组合梁架设完成后即可进行对应支座灌浆。灌浆前,按规范要求调整支座平面位置,安装支座上摆螺栓,使支座和组合梁固定。在支座调到设计标高后,将临时支座底部用钢板锁定,即可进行支承垫石预留锚栓孔和找平层灌浆。

(2)中间孔小里程侧支座及尾孔梁大小里程侧支座。组合梁架设完成后,先进行组合梁横纵移,并与前孔梁配切、焊接作业。然后用预偏工装调节支座下摆位置,使支座下摆中心与垫石十字线重合,保证支座平面位置精确,即可灌注对应支座。

7. 临时支座拆除

根据浆体性能,在支座灌浆完毕3天后,临时支座内的千斤顶落顶,使梁体落于永久支座上,拆除临时支座。

8. 施工监控

钢梁的制造阶段钢梁一端预留100mm的现场配切量,对于每个钢梁在匹配焊接前均需要进行现场的配切,因此为了确定梁端配切量,需要对架设完成后梁端的几何尺寸进行监测,监测时考虑温度效应的影响。根据现场监测的梁端几何尺寸,发布现场配切指令,进行现场配切。

四、结　语

港珠澳大桥CB05标85m钢—混组合梁桥架设施工采用先进的施工工艺和一系列措施解决了在海浪较大情况下组合梁的吊装、位置精调等施工难点,保证设计要求的精度,同时大大节约了施工成本,满足使用功能。

参考文献

[1] 刘俊,胡勇,陈理平.上海崇明越江通道大跨度叠合梁施工技术[J].桥梁建设,2007(2):40-44.
[2] 聂建国,刘明,叶列平.钢—混凝土组合结构[M].北京:中国建筑工业出版社,2005.
[3] 范立础.桥梁工程[M].北京:人民交通出版社,1987.

48. 环氧钢筋的施工质量控制方法

王红芹　万代勇

(港珠澳大桥SB04标总监办)

摘　要　钢筋的腐蚀是影响钢筋混凝土结构耐久性的主要条件之一。如何防止钢筋不被腐蚀,保证混凝土结构的稳定,环氧钢筋是预防钢筋腐蚀的一种较为直接有效的方法。如何确保环氧钢筋能在钢筋混凝土结构中发挥其作用,结合港珠澳大桥85m组合梁预制桥面板的施工过程,笔者认为可以从几方面加以预防、控制。

关键词　钢筋混凝土　钢筋腐蚀　环氧钢筋　耐久性　预防措施

一、引　言

近年来,随着国民经济及交通事业的发展,国内外桥梁结构发展很快。跨江跨海工程日益增多,桥梁建设向"更长、更高、更轻"的趋势发展,结构越来越复杂,新材料的应用日益增多,施工技术越来越先进。桥梁结构的这种大发展,对结构耐久性也提出了更高的要求。

二、钢筋混凝土结构破坏原理

在钢筋混凝土中,最能影响其耐久性的因素莫过于钢筋的腐蚀,由于钢筋的腐蚀而引起的混凝土耐久性的降低在钢筋混凝土中占有相当的比重。由于钢筋本身为铁合金,当金属与电解质溶液接触时,由于金属与杂质的电位不同,在金属表面形成许多微小的原电池。大部分钢筋的腐蚀都是溶解在水中的氧气获得电子成为钢筋腐蚀的共轭阴极,发生氧化还原反应。钢筋腐蚀在其表面形成络合物,使钢筋混凝土体积剧增,钢筋与混凝土之间内应力增大,导致保护层混凝土开裂,有害物质顺着裂缝进入,到达钢筋表面时,尽管它一般不改变钢筋周围的碱性环境,但是它降低了钢筋作为阳极反应的活化能,进一步加剧了钢筋的腐蚀,恶性循环,最后导致混凝土结构崩溃。

三、钢筋混凝土结构防腐蚀措施

在国内外因钢筋腐蚀引起的桥梁结构破坏造成的损失十分惊人,因此必须采取措施提高混凝土结构耐久性。提高混凝土结构耐久性除了改善混凝土密实性和增加保护层厚度等常规手段外,还可以使用环氧树脂涂层钢筋(以下简称环氧钢筋)、钢筋阻锈剂、混凝土表面涂层、混凝土防腐面层和阴极保护等附加防腐措施。

港珠澳大桥桥梁工程CB05标非通航孔桥85m组合梁预制桥面板采用了环氧钢筋(A类)这种较为直接有效地防止钢筋锈蚀的措施,这在国内外大量使用环氧钢筋还是史无前例的。

四、环氧钢筋分类、特点及其工作原理

1. 环氧钢筋的分类

环氧钢筋是在工厂生产条件下,用普通带肋钢筋和普通光圆钢筋采用环氧树脂粉末以静电喷涂方法生产的环氧树脂涂层钢筋,按涂层特性分为A类和B类。A类在涂覆后可进行加工,B类在涂覆后不应进行再加工。

2. 环氧钢筋的特点

(1)优点:由于环氧涂层在混凝土与钢筋间有抗氧离子、氯离子和水分子渗透的作用以及涂层与钢筋之间的强结合力使得在混凝土中的环氧钢筋具有良好的抗腐蚀作用。

(2)缺点:一旦环氧钢筋破损形成点腐蚀,氯离子对钢筋的腐蚀速度将更加快。由于环氧钢筋表面光滑与混凝土的摩阻力小,环氧钢筋比普通钢筋与混凝土之间的黏结强度下降,受拉钢筋的绑扎搭接长度是普通钢筋的1.5倍且不小于375mm,受压钢筋是1.0倍且不小于250mm。

3. 环氧钢筋的工作原理

基于环氧材料具有极佳的化学抗腐蚀性能,形成后的涂层与金属粘着力高、干缩小、延性大,能有效阻隔环氧钢筋基材与混凝土接触,抵抗混凝土与钢筋间的氧离子、氯离子和水分子渗透。涂层在钢筋表面形成了电绝缘层,缺乏电连续性,保护钢筋免受氯离子的侵蚀。

五、环氧钢筋在施工中的通病

虽然环氧钢筋优点较为突出,但是在施工过程中,也会产生一些质量通病,常见的有:

(1)环氧涂层的褪色、老化:环氧钢筋涂层经过日晒雨淋或其本身的一些因素导致环氧涂层褪色、老化。

(2)环氧涂层的碰、擦伤:环氧钢筋在运输及施工过程中,使环氧钢筋与金属等硬质物品碰撞、摩擦或一些人为因素等,造成涂层的损坏。

六、质量控制措施

基于环氧钢筋的工作原理,确保环氧钢筋涂层性能是环氧钢筋有效工作的必要条件。以A类环氧钢筋为例,可以从以下几方面加以控制:

1. 环氧钢筋加工原材

为确保环氧钢筋工作性能,需从源头对产品质量进行控制。从原材料的选择来说,应注意以下几点:

(1)环氧钢筋母材要使用没有尖角、毛刺、横肋与纵肋角度平缓的合格钢筋,并应避免与油、脂或漆

等接触,以防污染。如果少面积污染,一般用酸性洗涤液进行清洗或用磨光机进行除污;若污染严重,严禁使用,以免影响涂层与钢筋间的黏附力;另外环氧钢筋母材还应尽量使用定尺钢筋,减少截断,保证环氧钢筋的连续性。

(2)环氧粉末材料必须采用专业生产厂家的合格产品。

(3)环氧修补材料应采用专业生产厂家的合格产品,并与熔融结合环氧涂层有相容性,在混凝土中具有惰性。

2. 环氧钢筋的生产工艺

(1)在制作环氧钢筋涂层前,先将普通钢筋表面进行除锈、打毛等净化处理,其质量达到 GB 8923—88 规定的目视评定除锈等级 Sa21/2 级外,还应使用专门的设备对净化后的钢筋表面质量进行检验,使钢筋表面不得附着有氯化物,表面清洁度不应低于 95%,并且其表面应具有适当的粗糙度,波峰至波谷间的幅值应控制在 0.04~0.10mm 之间,满足要求的钢筋方可用于涂层制作。

(2)净化处理后的钢筋应尽快加热到 230℃ 的高温,再将带电的环氧树脂粉末喷射到钢筋表面,由于粉末颗粒带有电荷,便吸附在钢筋表面,并与其熔融结合。钢筋净化处理后与制作涂层时的间隔时间不宜超过 3h,且钢筋表面不得有肉眼可见的氧化现象出现。

(3)涂覆后的钢筋涂层应根据涂层材料生产厂家的建议对其涂层给予充分养护,养护固化后便形成一层完整、连续、包裹住整个钢筋表面的环氧树脂薄膜保护层(图1)。

a)钢筋除锈前　　　　　　　　　　b)钢筋除锈后

c)涂层的加工　　　　　　　　　　d)涂层的养护

图 1　环氧钢筋制作

3. 环氧钢筋运输及加工

环氧钢筋的运输、加工是保证其质量的重要环节之一。为了减少环氧钢筋在运输和加工期间的损坏,应从以下方面加以控制:

(1)环氧钢筋产品的包装应采用具有抗紫外线照射性能的塑料布,以避免环氧钢筋涂层因紫外线照射引起涂层褪色、老化,并且包装用的塑料布厚度不能过薄,过薄会在运输途中使钢筋涂层摩擦受损。

(2) 环氧钢筋在吊装过程中,应采用高强度的尼龙绳为吊索,严禁使用钢丝绳吊装环氧钢筋,以避免吊索与钢筋之间挤压、摩擦造成涂层破损。并且采用多吊点支撑,防止钢筋两端因过大垂落造成钢筋之间的摩擦与碰撞或捆与捆之间滚动碰撞,使环氧钢筋涂层损坏、钢筋变形。

(3) 环氧钢筋在运输途中,要尽量选用平整的线路,采用平板车进行运输,减少车辆与环氧钢筋及环氧钢筋间相互磨损、碰伤。

(4) 环氧钢筋应尽量一次运输到位,避免多次倒运造成涂层破坏;堆放时钢筋与地面之间、捆与捆之间应用方木隔开,且保证足够支点和间距,防止钢筋涂层的破坏。

(5) 到场后的环氧钢筋应严格按照规范验收,应检验运输过程中是否对环氧钢筋造成损伤,如不满足要求应拒绝该批材料进场。验收合格的钢筋应存放于室内且不能与普通钢筋,另外应根据工程进度分阶段进场,尽量避免长期储存,且按先到先用原则使用。

(6) 环氧钢筋在加工前,由于涂覆工艺的限制,应将钢筋端部出现的约 200mm 的不完全的涂覆段进行切除或在后续加工中进行修补。

(7) 环氧钢筋在加工过程中,应以水平方式搬运,严禁拖、拉、抛、拽,保证环氧钢筋涂层不被磨损。

(8) 环氧钢筋在进行弯曲加工时,环境温度不低于 5℃;钢筋弯曲机的心轴应套用专用套管以规范要求的速率进行弯曲;加工平台用表面应铺以布毡垫层,避免环氧钢筋涂层在加工时与金属物直接接触挤压或碰撞造成损坏。

(9) 加工过程中,如需对钢筋切断时,应采用钢筋切断机对涂层钢筋进行切断冷加工,切断加工时,在直接接触涂层钢筋的部位,应垫以缓冲材料;严禁采用气割的方法进行切断加工,并且应在 2h 内对切断的钢筋端头进行修补。

(10) 在环氧钢筋笼加工过程中,操作工人应尽量减少在钢筋笼上行走,穿胶底鞋,减少人为因素对涂层的破坏。另外绑扎应采用专用的包胶铅丝,保证环氧钢筋的绑扎连接的牢固和不损坏涂层;

(11) 环氧钢筋要即拆即用,防止环氧钢筋半成品堆放过久造成涂层碰伤破坏(图2)。

4. 环氧钢筋混凝土施工及构件储存

在混凝土模板的装卸、混凝土施工及环氧钢筋构件的储存过程中,也是对环氧钢筋涂层损坏的重点防护之一,应注意以下几点:

(1) 环氧钢筋与无涂层钢筋不得有电连接。防止氯离子过多侵入时加速对钢筋的腐蚀,严重影响其性能。

(2) A类环氧钢筋(先静电喷涂热熔粘环氧涂层,然后再加工、组装成笼的钢筋)不得与阴极保护联合使用,防止电子互换,发生电化学反应,加快对钢筋的腐蚀。

(3) 对于湿接缝预留钢筋位置,模板开口应留有足够尺寸,且应在安装、拆卸模板时注意对涂层的保护,防止安装、拆卸模板时损坏环氧钢筋涂层。

(4) 在浇筑混凝土前应再次检查环氧钢筋,确保环氧钢筋质量。如有破损,应按有关要求及时修补,修补后应对涂层修补材料进行养护,待涂层固化后方可进行混凝土施工。

(5) 环氧钢筋混凝土在浇筑时宜采用附着式振捣器。若采用插入式振捣棒振捣,应在金属振捣棒外套以橡胶套或采用专用的非金属振捣棒进行施工,防止金属振捣棒与环氧钢筋碰撞造成环氧涂层损伤。

(6) 在混凝土凿毛过程中,应避免金属物品与环氧钢筋碰撞造成涂层损坏。

(7) 环氧钢筋骨架在存储过程中,应派专人对其进行检查(应加强对大直径钢筋弯曲内测以及钢筋小弯曲直径外侧的涂层进行检测),及时对受损涂层钢筋进行修补。

(8) 环氧钢筋构件(如桥面板等)如需长时间存放,应对其暴露于混凝土之外的环氧钢筋用黑色帆布进行遮盖防护,保证环氧钢筋不受紫外线照射造成伤害(图3)。

5. 环氧钢筋修补

由于环氧钢筋在运输及施工过程中,不可避免的会受到损伤,为了保证其质量,应及时进行修补。

(1)环氧钢筋的修补应派专人对环氧钢筋原材、构件以及施工前成品的涂层进行检查,做到及时修补。但要注意不要将修补材料过多的涂在完好的涂层上,因大面积的厚涂层对小直径的钢筋将引起黏结强度的下降。

a) 环氧钢筋的吊装及捆扎

b) 环氧钢筋的堆放

c) 钢筋端头受损严重

d) 运输途中涂层磨损

e) 包裹层过薄造成涂层破损

f) 钢筋切割端头未及时修补

图 2　环氧钢筋的保护

(2)对目视可见的涂层损伤,应采用专业修补材料,按照修补材料的使用说明书规定的掺配比例进行调试。若因环境因素使修补剂比较黏稠,应加适当的石蜡水进行稀释,调好比例,按照使用说明书进行修补。在修补前,应通过适当的方法除去受损部位所有的铁锈。修补后的涂层应符合规范要求,受损部位的涂层厚度应不少于 $180\mu m$(图 4)。

(3)当环氧钢筋涂层出现以下任一情况时,环氧钢筋不可以修补,应直接弃用。

①一点上面积大于 $25mm^2$,或长度大于 $50mm$ 时,其中不包括钢筋剪切端头的修补面积;

②$1m$ 长度内有 3 个点以上时,即使每个点的面积小于 $25mm^2$ 或长度小于 $50mm$;

③环氧涂层钢筋切下并弯曲的一段上,涂层有 6 个点以上的损失。

图 3　环氧钢筋构件的养护

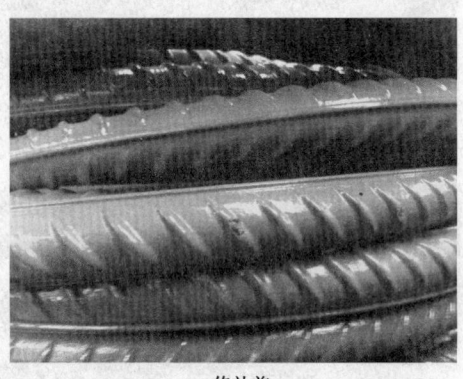
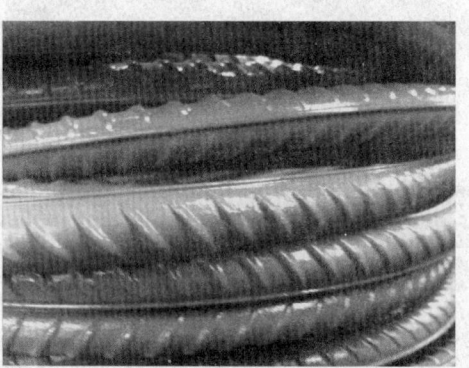

修补前　　　　　　　　　　　　　　　　修补后

图 4　环氧钢筋修补

七、结　语

总之，对于环氧钢筋这种特殊材料，要保证其质量，首先应提高施工技能；其次重点防护，及时修补，做到细化到点、责任到人，以"防"、"修"相结合的方式进行控制。

"防"就是在施工中要有效地防止环氧钢筋涂层不被损坏，确保环氧钢筋更好的发挥其抗腐防锈功能。

"修"就是及时修补。用专业环氧修补材料按照规定的掺配比例进行修补，保证足够的涂层厚度，这样才能确保环氧钢筋的工作性能。

参考文献

[1] 钢筋混凝土用环氧涂层钢筋(GB/T 25826—2010).北京:中国标准出版社发行,2011.
[2] 环氧树脂涂层钢筋(JC 3042—1997).北京:中国标准出版社,1997.
[3] 公路工程混凝土结构防腐蚀技术规范.北京:人民交通出版社,2006.
[4] 陈爱英,陈旭庆.钢筋混凝土中钢筋腐蚀原理的研究.城市道桥与防洪,2005(1).

49. 港珠澳大桥非通航孔桥现浇箱梁支架设计与施工

姚辉博[1]　孟庆龙[1]　沈永兴[2]

(1. 中国交建股份联合体港珠澳大桥岛隧工程项目总经理部；
2. 中国交建股份联合体港珠澳大桥岛隧工程第Ⅱ工区项目经理部)

摘　要　港珠澳大桥岛隧工程非通航孔桥现浇箱梁施工，属于外海水上作业，工程地质复杂。施工过程中需解决支架整体稳定和不均匀沉降等问题，对支架的刚度和稳定性提出更高要求。文中结合工程实际，从支架设计、支架施工和预压监测等方面深入分析，提出施工控制重点，可为同类工程提供参考。

关键词　现浇箱梁　支架设计　施工　预压监测

一、工程概况

港珠澳大桥岛隧工程非通航孔桥桥梁全长386.25m(含桥台)，全桥跨径布置为4×55m+3×55m。主梁为预应力混凝土连续梁，分两幅两联设计，分别为单箱双室和单箱三室断面，见图1和图2。

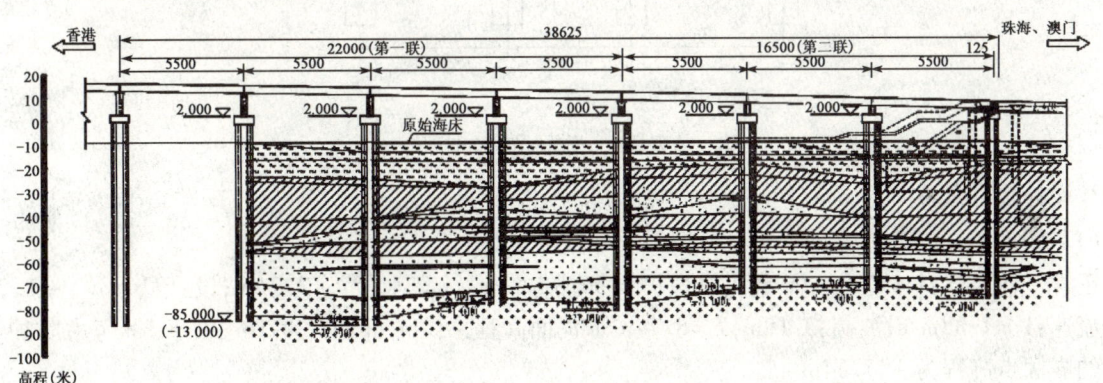

图1　非通航孔桥立面图(尺寸单位：cm)

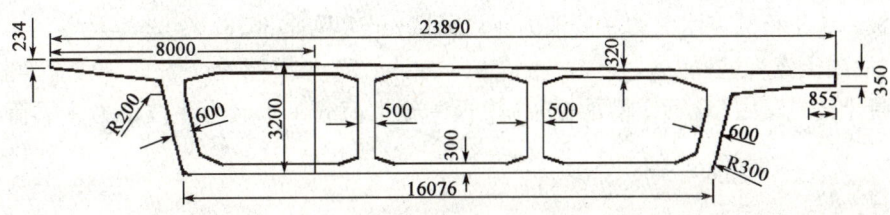

图2　箱梁典型断面图(尺寸单位：mm)

该工程位于珠江口伶仃洋海域，施工区域平均水深在-9.5m左右，为外海施工环境，受风浪流的影响较大。工程地质从上到下依次为淤泥、淤泥质土、粉质黏土夹砂、砂夹黏土、黏土夹砂、砂与黏土互层、中砂、粗砾砂、强风化混合花岗岩、中风化混合花岗岩。基岩层基本在-70m以下，软弱层较厚。

二、支架设计计算

1. 总体设计

箱梁跨距55m,每跨在两端墩台之间设置3个排架,排架间距约12m,每排架采用3根或4根 $\phi1000mm \times 16mm$ 的钢管桩作为支撑。钢管桩之间布置 $\phi600mm \times 8mm$ 的钢管作为平联,并用[25槽钢做斜撑进行加固,钢管桩打入粗砂层作为持力层。钢管桩上布置3根 $900 \times 300H$ 型钢作主横梁,采用贝雷梁作纵向主梁。纵向主梁上搭设横向分配梁I14工字钢,间距为750mm。支架设计典型断面图如图3所示。

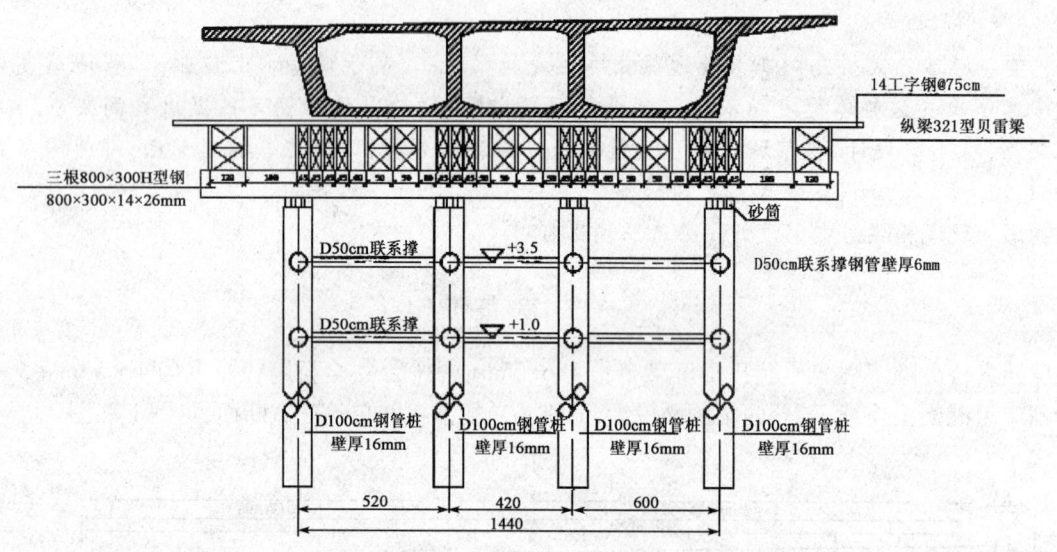

图3 支架设计典型断面图(尺寸单位:cm)

2. 设计边界条件

(1)主要设计参数

正常工作风速:$V = 17.1m/s$;最大风速:$V = 36.8m/s$;设计高水位:$+2.74m$;设计低水位:$-1.27m$;水流流速:$V = 1.88m/s$;波高:$3.15m$,$T = 8.7s$。取泥面高程$-10m$,冲刷深度$1m$(大于$1m$考虑防护),钢管桩的嵌固点高程为$-17.34m$。

(2)工况和荷载组合。工况分两种情况,每种工况荷载组合又分基本组合和标准组合分别计算。

①工况一:支架搭设完成,未浇筑。

自重+模板+施工荷载+水流力+波浪力+风荷载(最大风速36.8m/s)。

②工况二:混凝土浇筑过程中。

自重+混凝土浇筑重力(含管线槽承板)+模板+施工荷载+水流力+波浪力+风荷载(工作风速17.1m/s)。

3. 结构计算

(1)主要构件计算:

Q235钢材的强度设计值:弯曲应力为215MPa;剪应力为125MPa。

分配梁、贝雷梁、主横梁为常规力学计算,详细计算过程不再叙述。计算结果表明,最大弯曲应力和最大剪应力均出现在主横梁上。主横梁跨中最大挠度10.8mm,悬臂最大挠度8.7mm。

(2)整体位移见表1。

整体位移表			表1
位 移	工 况 一		工 况 二
竖向位移(mm)	2.76		9.14
横桥向位移(mm)	41.3		25.7
顺桥向位移(mm)	5.4		3

(3)钢管桩强度计算见表2。

钢管桩强度计算表			表2
构 件	类 型	工 况 一	工 况 二
钢管桩 $\phi1000\text{mm} \times 16\text{mm}$	组合应力(MPa)	96.0	135.9
	弯矩(kN·m)	855.0	548.5
	轴力(kN)	1217.4	4458.6

(4)桩基承载力计算。钢管桩最大桩顶荷载标准值 $P=3482.5\text{kN}$。

桩基计算采用《公路桥涵地基与基础设计规范》(JTG D63—2007),桩的承载力容许值

$$[R_a] = \frac{1}{2}(u\sum_{i=1}^{n}\alpha_i l_i q_{ik} + \alpha_r A_p q'_{rk})$$

计算结果表明钢管桩满足承载力要求。

(5)钢管桩稳定性计算。工况二时,最不利内力组合:$N=4458.6\text{kN}$,$M=548.5\text{kN·m}$。两端按铰接考虑,计算长度按 $l_0=21800\text{mm}$,$\lambda=63$。

①弯矩作用平面内稳定计算:

$$\sigma = \frac{N}{\phi_x A} + \frac{\beta_{mx}M_x}{\gamma_x W_{1x}(1-0.8N/N'_{EX})}[f]$$

$$\sigma = 161.4\text{MPa} < [\sigma] = 215\text{MPa}$$

②弯矩作用平面外稳定计算:

$$\sigma = \frac{N}{\phi_y A} + \eta\frac{\beta_{tx}M_x}{\phi_b W_{1x}}[f]$$

$$\sigma = 171.9\text{MPa} < [\sigma] = 215\text{MPa}$$

钢管桩稳定性验算满足要求。

三、支架施工控制重点

为保证支架整体稳定,施工时对钢管桩振沉、桩间平联斜撑、贝雷梁安装等提出详细具体的要求,见图4。

1. 钢管桩振沉

钢管桩进场前,对钢管桩原材料质量进行复检,并做好防腐处理。

钢管桩沉桩时采用大型起重船吊 DZJ-90 型振动锤打设,沉桩过程中实时检查钢管桩的倾斜度,发现倾斜及时采取措施调整,必要时停止下沉,采取其他措施进行纠正。钢管桩振沉应一次到位,中途不得有较长时间的停顿,造成沉桩困难。

钢管桩振沉以桩尖高程控制为主,施工中应确保钢管桩的入土深度,并可视设计桩尖处的贯入度适当调整钢管桩桩底高程。钢管桩下沉过程中,随时观察其贯入度,当贯入度小于 5cm/min 时停振分析原因,或用其他辅助方法下沉,禁

图4 支架施工照片

止强振久振。

对于部分钢管桩因地质条件复杂未打设至设计高程,另行安排30t液压锤进行复打,并委托有资质的检测单位对未达高程的桩基进行了高应变检测。

2. 桩间平联、斜撑施工

钢管桩施工后,根据钢管桩出水高度,用$\phi 600mm \times 8mm$的钢管做了多层平联,加强了排架横向刚度,减小支架横向位移。同时采用[25槽钢做剪刀撑进行加固。施工中重点控制平联、斜撑的焊接质量,并在工后对平联、斜撑焊接质量进行了专项检查验收,确保支架整体稳定及安全。

3. 贝雷梁安装

贝雷桁架吊装前应仔细检查贝雷片数量及销子连接情况。提前在横向主梁上测量放样,准确定位,保证体系轴线不偏移。

为保证贝雷桁架的横向稳定性,在桩顶H型钢梁处贝雷桁下弦设置限位槽钢,对贝雷桁架进行横向限位。当一组贝雷桁架准确就位后在主梁上焊接横向、竖向限位器。安装平行的另一组贝雷桁架后,与已安装好的一组贝雷用支撑架进行连接,贝雷两组之间支撑架按顺桥向3m一个布置(图4)。

四、支架预压监测分析

为严格控制现浇箱梁施工支架的基础沉降量和支架变形,合理设置支架预拱度,在铺设梁底模之前,采用等同于110%箱梁自重的荷载对支架进行预压,以消除其不可恢复变形及地基沉降,加载时按40%、75%和110%的箱梁自重分三级加载。测点主要布置在支架桩、主梁和贝雷梁上,预压沉降及卸载回弹监测数据见表3。

预压沉降及卸载回弹监测数据(单位:mm)　　　　表3

构件	满载			卸载后			卸载回弹量
	平均值	最大值	最小值	平均值	最大值	最小值	均值
支架桩	6.2	10	3	-7.9	-14	-2	-14.1
主横梁	7.1	12	4	-10.3	-17	-5	-17.4
贝雷梁	7.4	11	5	-22.5	-36	-7	-29.9

注:表中数据沉降向下为正,回弹向上为负。

从监测结果分析,沉降及回弹值在设计预期范围内,对箱梁施工的影响可通过设置预拱度予以消减。实际箱梁施工时跨中最大预拱度取值35mm,并按线性向支座两端递减。最终箱梁实体检测结果满足设计与规范要求,证明支架预压监测数据翔实可信,预拱度设置合理可靠。

五、结　语

本文针对港珠澳大桥岛隧工程非通航孔桥的现浇箱梁支架开展了设计、施工及预压监测工作,经工程实践表明:

(1)本工程支架设计施工方案是切实可行的,满足现浇箱梁施工要求。

(2)针对外海厚软基施工特点,重点控制钢管桩振沉深度和偏位、桩间平联斜撑的焊接质量、贝雷梁的布设与连接检查、进行支架预压监测是非常有必要的。

(3)支架设计计算、施工方案、预压监测体系在现浇箱梁支架成功实施,保障了港珠澳大桥岛隧工程非通航孔桥现浇箱梁的顺利施工。

对于外海现浇箱梁支架的设计与施工有一定的参考意义。

参考文献

[1] 叶代成.水上现浇箱梁支架搭设施工技术[J].交通科技与经济,2008,10(2):31-33.

[2] 刘山林,等.钢管桩和贝雷片在现浇箱梁施工中的应用[J].石家庄铁道学院学报,2003:62~64.

[3] 高安荣,等.鄂东长江大桥超宽箱梁现浇支架设计与施工[J].桥梁建设,2009,S1:23-26.

50. 港珠澳大桥岛隧工程东人工岛结合部非通航孔桥现浇箱梁模板工艺

宋 奎　刘宇光

（港珠澳大桥岛隧工程第Ⅱ工区项目经理部）

摘　要　本文针对港珠澳大桥岛隧工程东人工岛结合部非通航孔桥现浇箱梁模板施工的关键技术进行分析，包括在少支架体系中新型模板的设计及受力分析，模板的拼装，模板的加固，模板的拆除以及现浇箱梁两次改一次浇筑等，对类似工程施工有很强的参考价值。

关键词　港珠澳大桥　现浇箱梁　新型模板工艺　木工字梁　施工技术

一、工程概况

1. 箱梁结构

港珠澳大桥主体工程岛隧工程东人工岛结合部非通航孔桥全长 386.25m（含桥台），采用公路-Ⅰ级并提高25%荷载设计，设计使用寿命为120年。主梁按两幅两联设计的预应力混凝土连续箱梁，跨径布置为 4×55m+3×55m，东与香港侧接线相接，西在桥台位置和人工岛相连，里程桩号为 K5+962.454～K6+347.454。

全桥处于半径为5500m的平曲线上，纵坡2.98%，单向横坡2.5%，由于上下岛加减速需要，主梁截面沿顺桥向变宽且幅度较大，箱梁全宽 16.15～27.373m 不等，且左右幅箱梁不对称。主梁横断面上距设计线8.0m处梁高3.2m，箱梁横桥向其他各处梁高随梁宽和横坡影响而变化。

桥型布置如图1所示，典型箱梁截面如图2、图3所示。

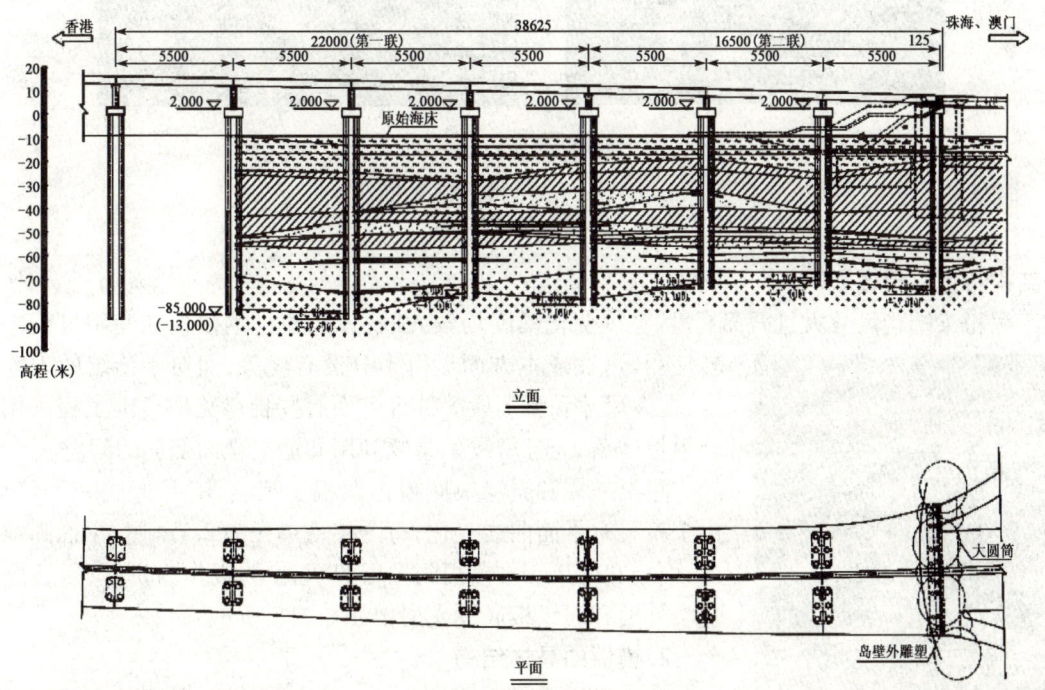

图1　东人工岛非通航孔桥桥型布置图（尺寸单位：cm）

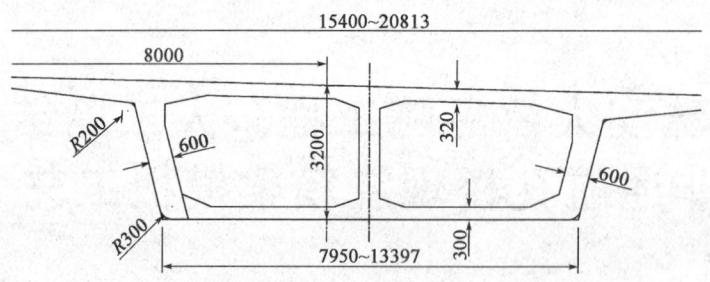

图2 单箱双室箱梁典型截面示意图(尺寸单位:mm)

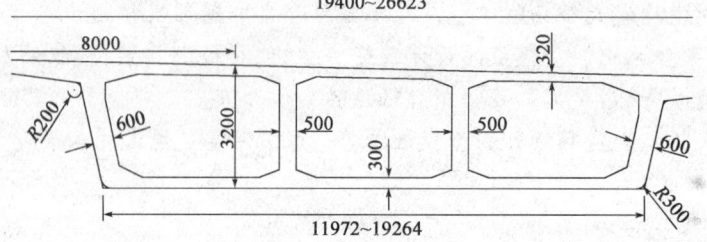

图3 单箱三室箱梁典型截面示意图(尺寸单位:mm)

2. 少支架支撑体系

东人工岛结合部非通航孔桥现浇箱梁采用少支架支撑体系,支架按从下而上的施工顺序进行,依次是沉桩(承台上支撑管安装)→测量放线→桩间支撑加固→砂箱安放→横向主梁安装→纵向贝雷片安装→横向分配梁安装→纵向方木铺设。支架安装如图4所示。

图4 支架安装图

二、模板设计

1. 结构特点对模板影响

本工程箱梁结构尺寸大且截面高度、宽度变化幅度均较大的特点,使得钢模板在使用过程中无法周转使用,这在成本方面显得十分没有优势,而对于传统的木模体系而言,在大尺寸和弧形段等处理方面有些捉襟见肘。本工程采用钢木组合模板体系,充分解决了重复利用和适应截面变化的问题。

箱梁外模和翼缘板底模由两榀支架支撑,并形成一个移动单元,由于箱梁有平面曲线变化,每个移动单元为2.7m宽,平面弧线以直代曲,面板宽度2.4m,模板间预留300mm的板作为拼缝,以适应弧线变化。外模和翼缘板底模支架单元如图5所示。

2. 模板的具体结构

图5 外模和翼缘板底模支架单元图

箱梁底模模板采用100mm×100mm的方木铺设,间距300mm,方木上铺设16mm防水胶合板。箱梁侧模和腹板模板采用工字梁钢木结合的大模板施工。侧模支撑采用整体桁架式整体移动支架,滚轮用于顺桥向移动支架单元,可调托座用于调节单元高度,木梁连接爪用于联接木工字梁与侧斜梁,斜撑一用于调节侧斜梁与底梁角度以适应箱梁结构线,斜撑二用于调节顶梁高程,外侧跳板和护栏用于施工时临时通道,其具体组成如图6所示。

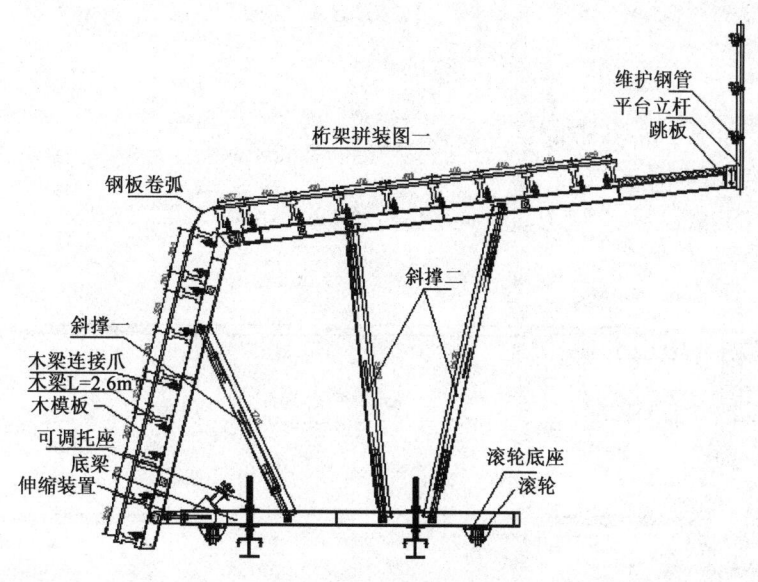

图6 箱梁外侧模板移动支架单元图

支架单元组成的各构件编号如图7所示。材料组成如表1所示。

平面桁架体系构件材料表　　　　　　　　　　　　　　　　表1

构 件 号	型　　号	材料强度	备　　注
1	][12 双槽钢	Q235	
2	][12 双槽钢	Q235	
3	][16 双槽钢	Q235	
4	钢管 φ75mm×4mm	Q345	
5	钢管 φ75mm×4mm	Q345	
6	钢管 φ75mm×4mm	Q345	

腹板模板骨架为适应横桥向箱梁高度的变化,外侧斜腹板的内模骨架由三部分(上部背楞、直芯带和下部背楞)组成,使用芯带调节高度。腹板间采用可调支撑对顶固定,既能固定箱梁腹板侧模,又能轻松适应箱梁空腔宽度变化。其具体如图8所示。

顶板模板采用木工字梁为次龙骨散支散拆,支撑架为十字盘脚手架。箱梁模板支架整体立面图如图9所示,腹板模板平面图如图10所示,底板模板、腹板模板剖面图如图11所示,顶板模板支撑剖面图如图12所示。

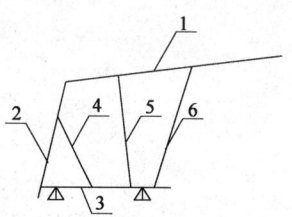

图7 平面桁架体系构件编号

3. 模板的受力计算

(1)荷载计算与组合。

①荷载标准值:

a. 模板及其支架自重力标准值:木模及其支架取值为 $0.75kN/m^2$;

b. 新浇筑混凝土自重力标准值:高性能混凝土根据实际测量,取值为 $25kN/m^3$;

c. 钢筋自重标准值:钢筋自重标准值根据设计图纸确定为 $1kN/m^3$;

d. 人员设备荷载标准值:模板计算取 $2.5kN/m^2$,其他支承结构时取 $1.0kN/m^2$;

e. 振捣混凝土时产生的荷载标准值:振捣混凝土时产生的荷载标准值对水平模板可取为 $2.0kN/m^2$,

在对垂直面模板时可取为 4.0kN/m^2；

f. 新浇筑混凝土对模板侧面的压力标准值：新浇筑混凝土的最大侧压力按下列二式计算，并取最小值：

$$F = 0.22\gamma_c t_0 \beta_1 \beta_2 V^{1/2}$$

或

$$F = \gamma c H$$

取两者中较小值，即 $F = 46.5 \text{kN/m}^2$。

再计算混凝土有效压头高度：

$$H = F/\gamma c = 46.5/25 = 1.86 \text{m}$$

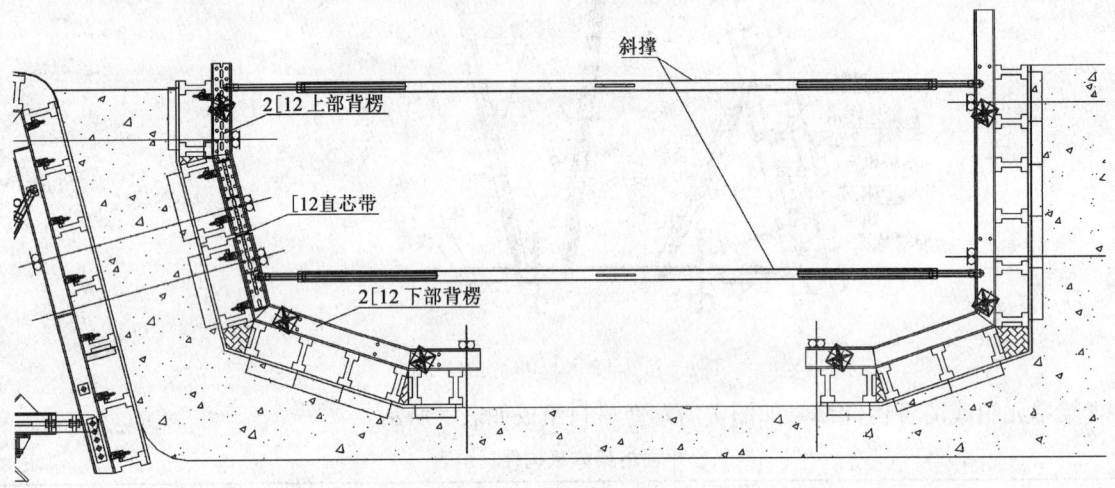

图 8　箱梁腹板内模与可调对撑详图

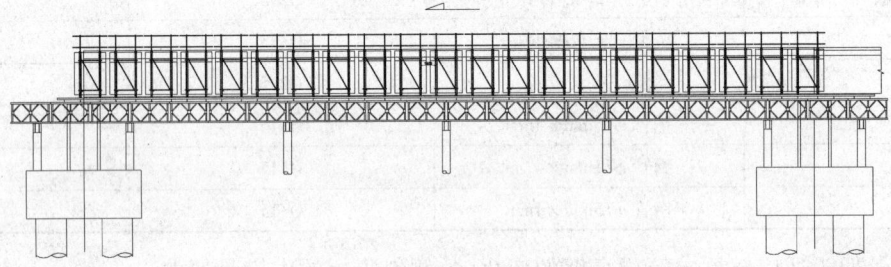

图 9　箱梁模板支架整体立面图

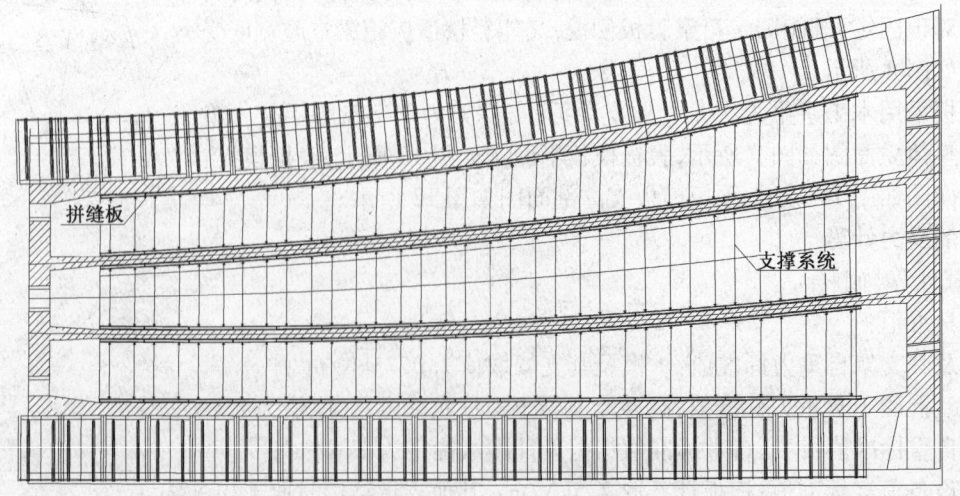

图 10　腹板模板平面图

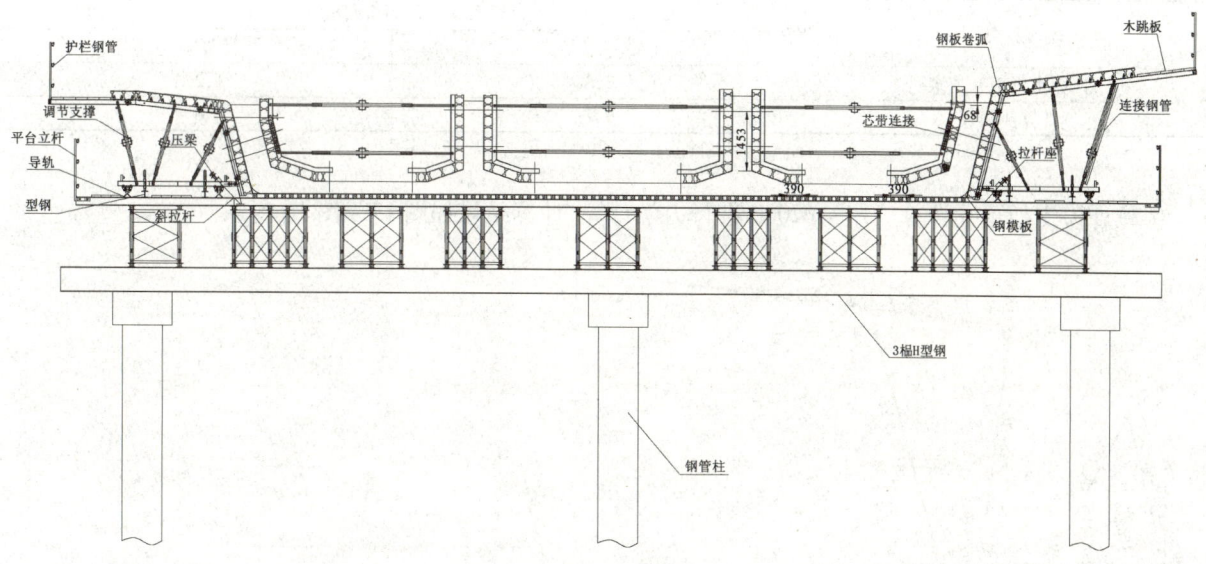

图 11　底板模板、腹板模板剖面图

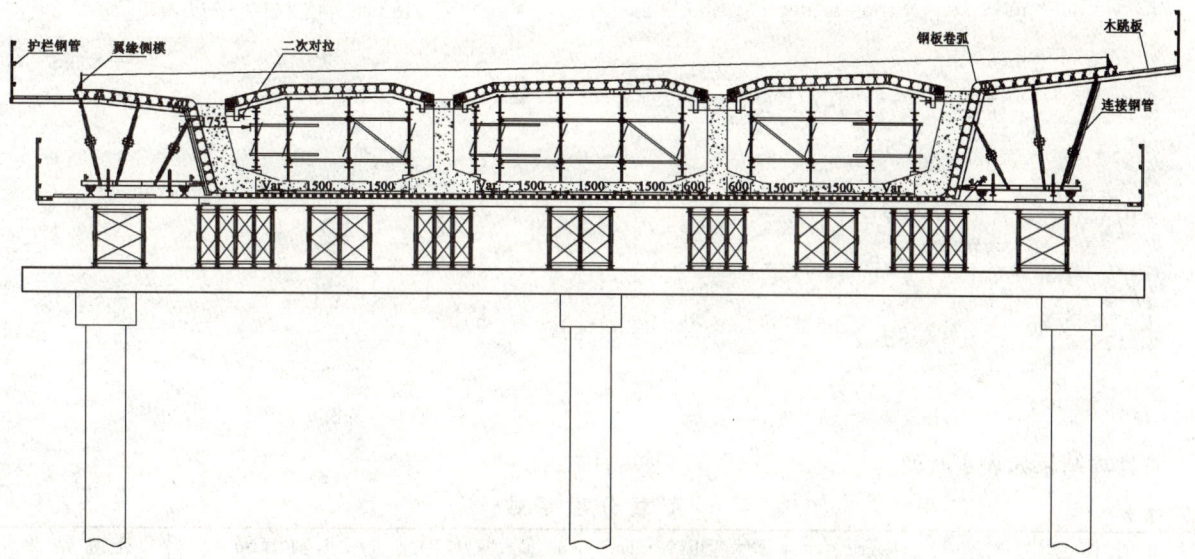

图 12　顶板模板支撑剖面图

g. 倾倒混凝土产生的荷载标准值：采用泵车通过导管泵送产生的荷载标准值，取为 $2.0 kN/m^2$。

② 计算模板及其支架时的荷载分项系数。计算模板及其支架时的荷载设计值，采用荷载标准值乘以相应的荷载分项系数求得，荷载分项系数按表 2 采用。

荷载分项系数　　　　　　　　　　　　　表 2

项　次	荷　载　类　别	r_i	项　次	荷　载　类　别	r_i
1	模板及其支架自重	1.2	5	振捣混凝土时产生的荷载	1.4
2	新浇筑混凝土自重	1.2	6	新浇筑混凝土对模板侧面的压力	1.2
3	钢筋自重	1.2	7	倾倒混凝土时产生的荷载	1.4
4	施工人员及施工设备荷载	1.4			

③ 模板及其支架设计计算时荷载的组合。计算支架时，参与模板及其支架荷载效应组合的各项荷载可按表 3 采用。

参与模板及其支架荷载效应组合的各项荷载 表3

模板类别	参与组合的荷载项	
	计算承载能力	计算刚度
计算水平板和支架	1,2,3,4	1,2,3
计算侧模板	6,7	6

(2)外模支架单元计算。用sap2000进行力学计算,计算结果如图13~图16所示。

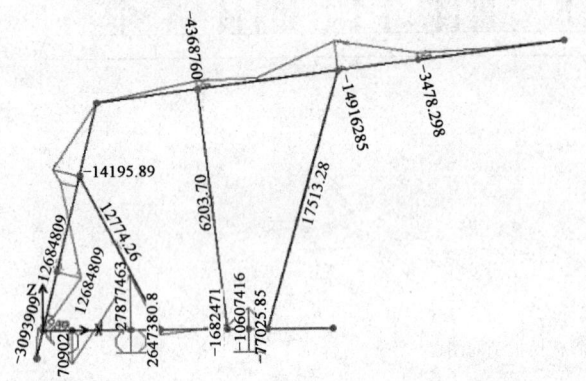

图13 外模支架单元弯矩图

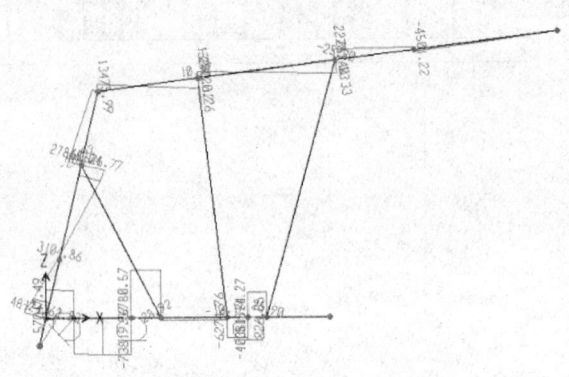

图14 外模支架单元剪力图

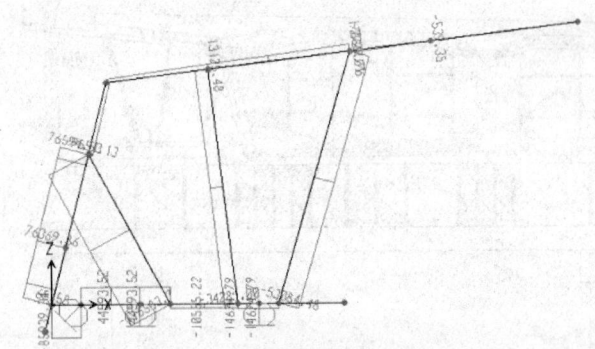

图15 外模支架单元轴力图

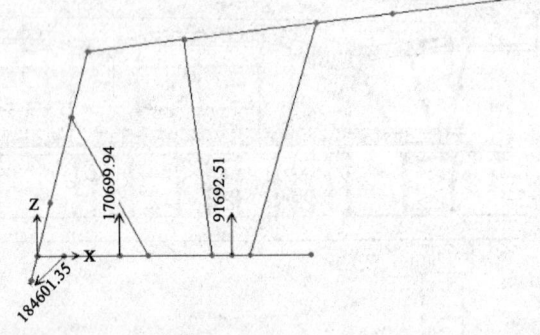

图16 外模支架单元支座反力图

计算结果如表4所列。

荷 载 分 项 系 数 表4

杆件号	主体截面	最大弯矩(N·mm)	最大剪力(N)	轴力(N)	计 算 结 果
1	][12 双槽钢	14916205	25940	17888	满足要求
2	][12 双槽钢	14195189	50526	76595	满足要求
3	][16 双槽钢	278774534	96781	85939	满足要求
4	钢管 $\phi 75mm \times 4mm$			116584	满足要求
5	钢管 $\phi 75mm \times 4mm$			34281	满足要求

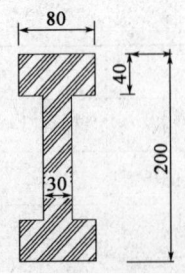

图17 木工字梁断面尺寸图
(尺寸单位:mm)

(3)木工字梁分析。模板体系中的横档为主要为受弯构件,构件的横断面形式决定了构件受力是否合理。本模板体系的横档采用木工字梁,根据材料力学的知识,将其与常用的横档材料如方木及型钢等进行技术和经济上的对比。

①截面特性。木工字梁的横断面尺寸如图17所示。木材受弯正应力取13MPa,木材密度取$0.54g/cm^3$。截面面积:$A=100cm^2$,对中性轴的截面惯性矩:$I=461.33cm^4$,截面模量:$W=46.13cm^3$。

②常规材料对比。

a.10cm×10cm木方:木方截面面积$A=100cm^2$,截面惯性矩$I=83.33cm^4$,

截面模量 $W = 16.67\text{cm}^3$。

由此可见，所采用的木工字梁截面面积与 10cm×10cm 木方相等，但是截面模量是 10cm×10cm 木方的 2.76 倍，即在材料用量相等的情况下，采用木工字梁其受弯性能比木方提高了 2.5 倍以上。

b.[10 号槽钢：取木材的强度 13MPa，计算得木工字梁的受弯性能与[10 号槽钢相当，[10 号槽钢质量为 10kg/m；木材的密度取 0.54g/cm³，计算得木工字梁质量为 5.4kg/m，由此可见，使用木工字梁比使用型钢重量减轻了 46%。

由以上分析可知，采用木工字梁及节约了材料，又减轻了模板体系的重量。

三、模板的施工

模板施工工艺流程如图 18 所示。

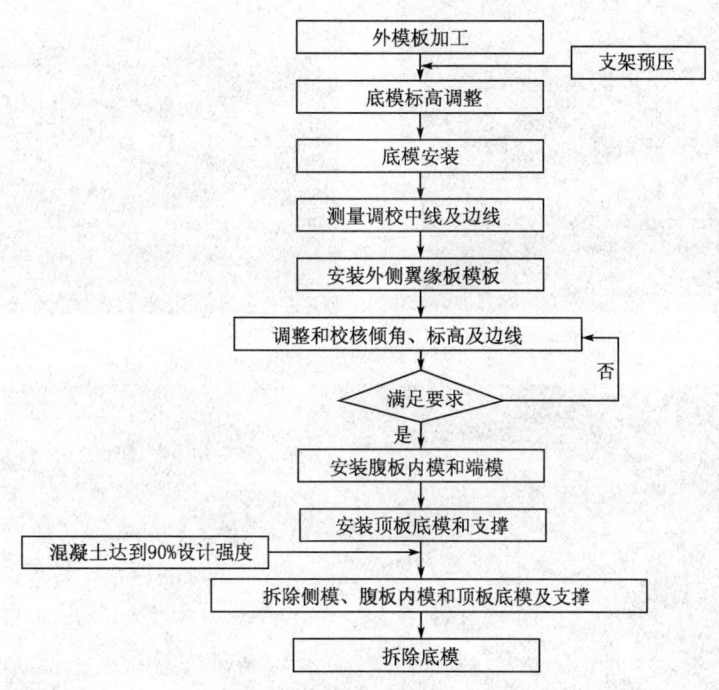

图 18　模板施工工艺流程图

1. 模板的预拼与安装

箱梁底板完成后，根据在底板上测放的边线及起始点，逐块吊装单元支架，单元支架定位后，利用定制的木架模具（按单元支架 1∶1 的比例制作）校核单元支架的仰角，使得翼缘板的角度满足设计要求。安装面板时，先安装圆弧倒角（钢模），再安装侧面及顶面面板，通过在面板与木工字梁间支垫木条使倒角处平滑过渡，圆弧钢板与侧模面板、翼缘底板的错台均不大于 2mm。面板用铆钉与木工字梁固定后，利用水平靠尺及塞尺检测单元模块间的拼缝、错台，平整度不大于 3mm，错台不大于 2mm。木板间的接缝同样用白色硅胶封堵。模具如图 19 所示。

混凝土浇筑后平整度及线型均符合设计要求，成品如图 20 所示。

侧模板先在内场进行单元拼装，然后在钢筋绑扎完成后吊装到位，采用对拉螺栓加固，在同一箱室内设置水平支撑，箱梁内模安装见图 21。

腹板与翼缘板之间的圆弧形倒角模板采用钢模板，定为每 1.2m 一段，同时加工部分圆弧倒角钢板接头（每段 300mm），以方便现场灵活使用，如图 22 所示。

架设顶板底模支架采用四根立杆组合成一个稳定体单元，再用水平横杆将相邻单元连成整体。调节支撑杆高度至设计高程，然后安装托座，再安装横向槽钢，最后铺设木工字梁和底模，如图 23 所示。

图19　翼缘板木架调节模具图

图20　右幅首跨箱梁成品图

图21　箱梁内模安装图

图22　箱梁侧模圆弧倒角安装图

图23　箱梁顶板底模安装图

2. 模板的加固

外侧模板单元间用钢联管连接并设置剪刀撑,顶板底模支架单元间亦设置纵向钢联管将支架连成整体,以保证模板体系的整体稳定性。外侧模板连接面板处外侧安装 10cm×10cm 的木方,确保浇筑过程中拼缝处不变形。每块单元支架下倒角处两侧安装横托杆及焊接斜拉杆进行加固。外模板加固如图 24 所示。

图 24　外模和翼板底模板支撑加固图

3. 模板拆除

拆除箱梁外模和翼缘板顶模时,先调低支撑杆,使其与翼缘板混凝土底面脱开,然后松开侧面拉杆,降低支架下部的顶托,使其落到作为轨道的角钢上,恢复成可移动的单元后,用卷扬机沿角钢轨道拉出,详见图 25。

图 25　箱梁外模和翼缘板顶模拆除

4. 二次改一次的方案变更

为了满足箱梁施工总体进度要求,更好地提高施工工序控制质量,工区对施工方案进行梳理、优化及改进,主要改进方向是将箱梁混凝土二次浇筑成型改为一次整体浇筑,内模一次安装完成。一次性浇筑典型截面整体模板如图 26 所示。

方案改进主要的难点在于顶板底模骨架与腹板模板骨架在空间接缝处如何处理,顺桥向错开布置,需纵桥向设置夹条(2 榀[12)。箱梁上部倒角模板大样如图 27 所示。

四、结　语

在大尺寸、大幅度变截面箱梁结构施工中,钢木组合模板设计的优势是显而易见的,在本工程施工应用过程中,充分展现了其质轻、受力性能好、易周转、易拆卸等特点,希望本文所阐述的模板施工工艺能为类似工程提供有益参考。

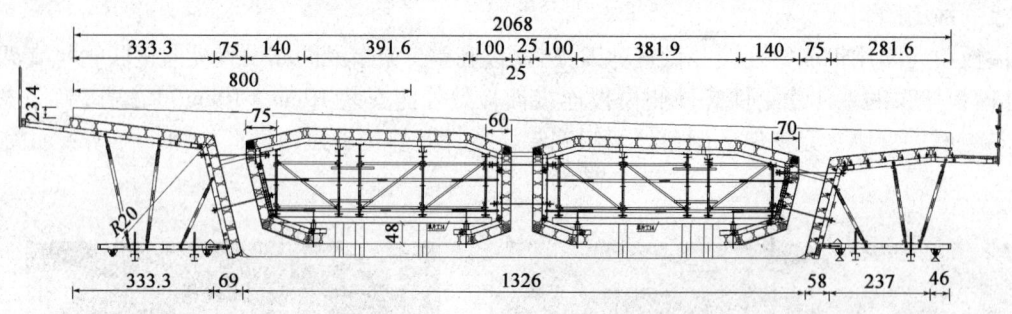

图26 典型箱梁截面模板剖面图(尺寸单位：cm)

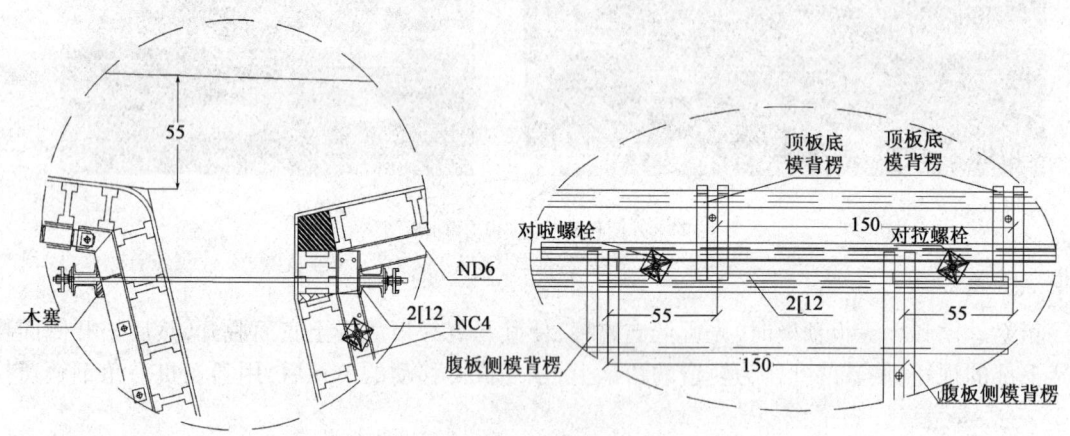

图27 箱梁上部倒角模板大样图(尺寸单位：mm)

51. 港珠澳大桥深水区桥梁施工工艺创新

易有淼[1] 方燎原[2]

(1. 铁四院(湖北)工程监理咨询有限公司；2. 广州南华工程管理有限公司)

摘 要 港珠澳大桥深水区桥梁在设计创新的基础上，根据现场条件和资源配置，对施工工艺进一步创新，从而确保了优质、高效、经济目标的实现。

关键词 设计创新 施工工艺创新 优质 高效 经济

一、工程概况

港珠澳大桥设计综合采用了欧美日和香港地区的技术标准，有些高于国内现行标准；使用年限为120年，超越了国内建筑业的常规。长距离测量定位精度的控制，超长、超大的6根组合钢管桩的打入，长达130m的钻孔灌注桩施工，埋置式预制承台与墩身、连续钢箱梁的安装等，很多已突破了传统的现有施工工艺，在施工过程中需要先行实施、相关研究及明确有关参数后，制定出最佳的施工工艺和控制方法，确保按照专项标准和设计要求的实现。

二、桩基础施工工艺

港珠澳大桥深水区桥梁包括深水区非通航孔桥、跨崖13-1气田管线桥、青州航道桥、江海直达船航道桥，桩号里程为K13+413～K29+237，全长15.824km。划分为CB03、CB04两个施工标段，对应墩号为16号~89号和90号~151号。

深水区桥梁基础全部采用钢管复合桩,其中非通航孔桥每墩6根,青州航道桥主墩、边辅墩分别为38根、20根、20根,江海直达船航道桥主墩、边辅墩分别为20根、13根、13根,共1006根桩。

1. 设计要求

非通航孔桥梁采用埋床法全预制墩台,对钢管复合桩的定位、墩台预制和安装的精度要求很高。设计要求钢管复合桩平面位置偏差应小于150mm,钢管之间的相对偏差小于50mm,倾斜度小于1/400(对于底部进入全/强风化岩层的钢管,倾斜度小于1/320)。

(1)桥墩设计位置处需先进行开挖,开挖深度和放坡尺寸需根据水流速度和回淤观测确定,确保预制承台能够沉放至设计位置。

(2)钢管沉桩宜采用在定位船上设置的整体式导向架和大功率液压锤进行6根桩基同时振动下沉,以确保沉桩施工的总体精度和高效率,也有利于节约造价。在土层分布极不均匀的情况下,在同时插打后可根据需要对单桩进行后期补充插打。沉桩时可采用桩内取土等助沉措施。

(3)建议安装2~3道钢管定位架。施工中应根据潮汐水位确定钢管(含替打段)顶部高程。

(4)6根钢管插打完毕后,采用三维激光扫描系统测量桩顶平面坐标和倾斜度参数,供墩台预制时调整承台中心与墩身中心偏差及倾斜等几何关系使用。非通航孔桥钢管沉桩施工流程如表1。

非通航孔桥钢管沉桩施工流程　　　　表1

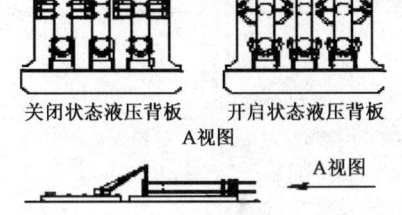

1. 开挖桥墩基坑;将6根带有替打段的钢管桩组拼成整体

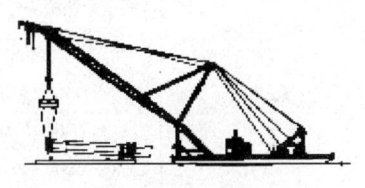

2. 定位驳采用4只定位锚进行初定位;起重船将6根钢管桩整体翻转立起

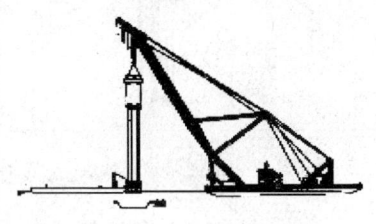

3. 整体立起后,将桩底提离水面,浮式限位架浮移至桩位正下方

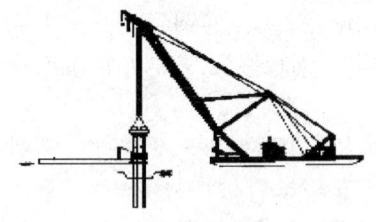

4. 下落六根钢管桩穿过浮式限位架,使桩底离泥面50cm左右,进行精确就位;钢管桩自沉,自沉结束后,同时将六根钢管桩振动下沉,直至达到振动锤的停锤标准

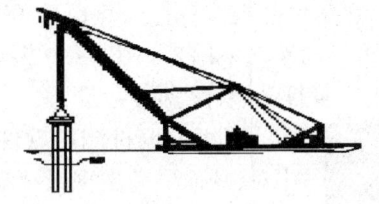

5. 打开所有液压背板,退出定位船;松开顶部钢架及振动锤与钢管桩间的连接螺栓,起重船吊离顶部刚架及振动锤,转入下一墩台桩基施工

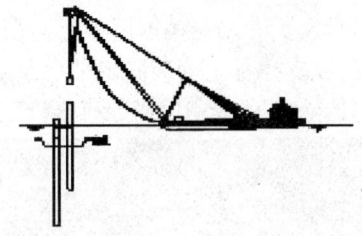

6. 如个别群桩振沉未达设计高程,则采用起重船用液压冲击锤,依次单桩吊打钢管桩至设计高程。钢管锤打完毕后,采用三维激光扫描系统测量桩顶平面坐标和倾斜度

(5)采用可拆卸周转使用的整体式装配化钻孔平台作为操作平台,钻孔平台将钻机、泥浆池、沉淀池和工作房集成一体化。

(6)应根据桥区地质条件合理选择成孔方法。桩底嵌入中风化层不小于4/5m或1.5D。

(7)钻孔桩施工时采用轻质环保化学泥浆,应重视对周边环境保护要求。严格控制孔内泥浆含砂率及孔壁泥皮厚度。

(8)基础相邻两根不得同时成孔或浇筑混凝土,以免扰动孔壁,发生串孔、断桩事故。

(9)为了检测钻孔的质量,每根桩均埋设4根超声波检测无缝钢管。借鉴香港经验,港珠澳大桥管理局规定每根桩均需预埋抽芯管,并按规定的数量进行桩基抽芯检测。

非通航孔桥钢管复合桩整体装配式平台构造及钻孔成桩流程如表2。

非通航孔桥钢管复合桩整体装配式平台构造及钻孔成桩流程　　　　表2

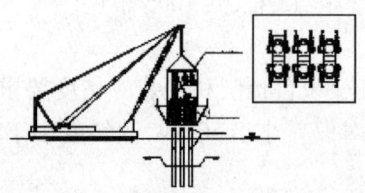	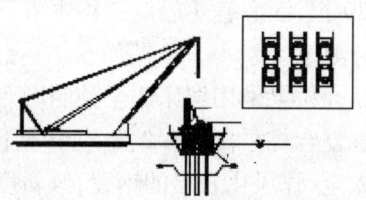
1. 钢管沉桩期间,进行一体化施工平台的制造加工;钢管沉桩施工完毕后,将一体化钻孔平台运输至施工现场,起重船将一体化平台吊出,起吊平台采用专用铁扁担吊具,以便使平台四个吊点承受垂直竖向拉力,防止吊绳扭结;起重船吊装一体化平台,移至已插打完毕的钢管位置的上方,打开液压夹具,对准桩位缓慢下降,直至一体化平台坐落至安装线,以顶面安装控制线为准	2. 精确调整平台位置后,关闭上下两层液压夹具,上层6个液压夹具,下层6个液压夹具;液压夹具能保证平台在规定的位置上准确的定位和牢固的夹紧,当遭遇恶劣天气和台风季节,为了增强其安全性能,在平台的顶层液压夹具下增设牛腿或钢抱箍;在确认关闭液压夹具后,松开起重船吊绳,一体化平台安装稳定,再安装顶层液压夹具下增设的一层牛腿或钢抱箍,确保增强其安全性能
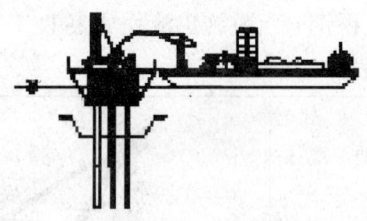	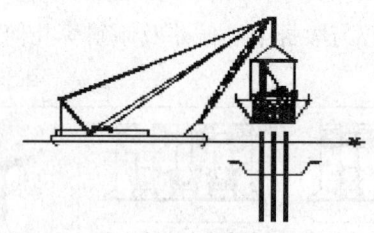
3. 采用轻质化学泥浆护壁成孔,下放钢筋笼、浇桩,完成复合桩施工	4. 复合桩完工后,先拆除在顶层液压夹具下的钢抱箍或牛腿;起重船就位,使一体化平台与起重船吊绳连接,完成体系转换,后松开液压夹具,移除平台;移至下一桥墩

2. CB03标非通航孔桥钢管打设施工工艺改进

CB03标基本沿用了设计建议的钢管打设施工工艺。为保证打入桩垂直度1/400的设计要求,项目部研发了专用高精度沉桩导向系统。在承台基坑位置打入6根长48.5m、直径2.0m的钢管支撑桩为基础,在支撑桩上安装固定平台及高精度导向架。采用2×APE-400振动锤进行钢管振沉,若遇到振沉困难的特殊情况,采用MHU800S液压冲击锤复打至设计高程,见图1。

图1　CB03标导桩架+振动锤钢管打设工艺

采用的沉桩测量软件与本桥采用的GISS系统进行实时比对,从而避免出现系统误差。6根钢管桩插打完毕后,采用三维激光扫描系统测量桩顶平面坐标和倾斜度参数。

通过首件施工总结,在以下方面进一步工艺改进:

(1)振沉方式为"天威号"船舶定位、"起重27号"船舶喂桩、振沉。使用"起重27号"上动力柜连接天威上的振动锤及油管。每次振沉都需要有一个接管、拆管的工序,且每次接管和拆管都需要一个多小时,操作时间长,沉桩效率低。后续沉桩使用"天威号"船舶上动力柜,油管连接好放置在"天威号"船舶上的锤组后,"起重27号"船舶直接吊锤振沉,单根沉桩时间由最初的10小时缩短至4小时。

(2)由于抱桩臂只通过销轴与底座连接,抱桩臂的悬臂端较大,入桩过程中抱桩器要将钢管桩抱紧进行定位限制,钢管桩对抱桩器的冲击力较大,容易对抱桩臂的销轴端造成破坏。后续采用抱桩臂进行改进,在移动导向架的抱桩臂上使用吊杆等连接方式,从抱桩臂的上方对抱桩臂悬臂端做连接加固,提高抱桩臂悬臂端的刚度。

(3)钢管打设过程中,起初GPS控制软件不够稳定,有时出现死机故障,项目部立即进行了调整,从而避免影响施工进度及测量精度。

(4)起初使用的 APE400 桩锤沉桩,不能一次性振沉钢管桩至设计高程,需使用液压冲击锤二次复打。项目部及时安排了大能量的液压冲击锤进场。

3. CB04 标钢管打设施工工艺改进

CB04 标采用"长大海基"100m 打桩船,配备 BSPCGL370 液压锤进行钢管插打。

打桩船主副吊索同步上升,使钢管桩升至满足移船高度;打桩船离开运桩船后,开始立桩;微调抱桩架使桩锤中心与抱桩架中心一致;立桩完成后根据"海上打桩 GPS-RTK 定位系统"初定位;插桩前,测量复核桩位平面位置和垂直度;锤压插桩、稳桩;启动液压锤,锤击沉桩;上吊索下至抱桩器位置时,解除上吊索,再次启动液压锤,继续锤击沉桩,直至桩底达到设计高程,见图 2。

部分桩基遇到振沉困难的特殊情况,采用 600kJ 液压锤复打,见图 3。

图 2　CB04 标打桩船 + 液压锤钢管打设工艺

图 3　600KJ 液压锤复打

(1)首批钢管打设过程中,通过打桩船的海上打桩定位系统与全站仪辅助控制相结合,钢管打设的平面偏位及垂直度均满足设计要求,验证了使用打桩船进行钢管插打工艺可行。

(2)技术与工艺方面,打桩船由于自身安装的 GPS 定位系统、桩身倾斜仪以及新安装的桩架倾斜仪与全站仪辅助控制措施相结合,保证了在复杂海域条件下打桩精度要求的顺利实现。

(3)打桩船插打钢管桩,在国内多个跨海、跨江大桥成功应用过,该技术已达到了厘米级的精度,积累了宝贵的施工经验,技术比较成熟,工作效率较高,值得推广应用。

(4)合理的将几种类型的钢管替打设计为一体,能够节约时间,提高工效。

4. 钢管沉桩工艺的探讨

基于墩台与桩基的连接、墩台预制和安装的精度要求,港珠澳大桥钢管复合桩的平面和倾斜度控制精度要求显然比以往跨海大桥的要高很多。由于港珠澳大桥采用 GISS 系统,从系统精度上得到保证,从而进一步提高了沉桩平面控制精度。

对于钢管桩倾斜度控制,在沉桩过程中,倾斜度不是一层不变的,是动态的不断变化的。

(1)对于直桩而言,桩架 92m,钢管桩长度约 60m,在钢管桩的自重作用下保证了钢管桩吊装时的垂直度。

(2)在桩架上设置上下限位器或抱箍。上下限位器或抱箍间距不能太短,2/3 桩长以上较合适,否则起不了控制作用;上下限位器或抱箍应处于同一铅垂线上,否则会矫枉过正。由于桩架有足够的高度,钢管桩在自重作用下保持了垂直度,就位时限位器的作用是在自然状态下保证平面精度。此时,设置在桩架顶部和底部的传感器可以测得钢管桩的倾斜度。

(3)本区域水深 6~8m,软土层近 40m,采用液压锤重锤轻击,钢管桩基本上处于自沉状态,对倾斜度的影响不大。

(4)其下进入砂层,仍采用液压锤重锤轻击法,由于阻塞效应,钢管桩倾斜度会有一定的变化。由于采用了实时监控系统,可以根据监控结果,及时进行调整,从而确保最终的沉桩倾斜度精度。

(5)当钢管桩进入到砂层或硬土层一定深度后,倾斜度基本保持稳定。

(6)沉桩完成后,由于水深 6~8m,钢管桩露出水面,钢管桩的自由端约 10m,在波浪和潮汐的作用下,处于自由端的钢管桩会产生轻微的晃动,很难精确测量钢管桩平面位置,倾斜度的测量也缺乏代表性。以往工程必须采用夹桩方式。

(7)需要测量整根钢管桩的倾斜度,而不是仅测量露出水面部分的倾斜度。因此,同济大学开发的倾斜度控制系统符合施工的要求,也起到了实时监控的作用。钢管桩倾斜度的纠偏也只能在沉桩过程中实现。

三、墩台安装

承台和墩身采用全预制结构,在海上拼装连接。以非通航孔为例,预制承台与钢管复合桩连接施工流程见表3。

非通航孔预制承台与钢管复合桩连接施工流程　　　表3

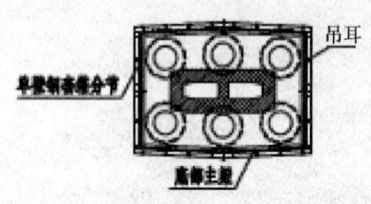	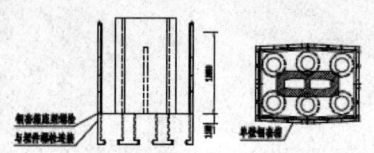	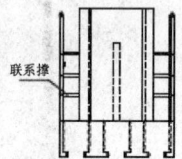 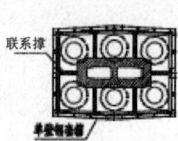
1. 承台墩身预制及钢套箱制作。钢管插打完毕后采用三维激光扫描系统测量桩顶平面坐标和倾斜度参数,据此调整承台中心与墩身中心及倾斜度等几何关系,采用调整后的几何参数进行承台墩身预制;承台预制时在承台周边设置钢套箱预埋件;同步进行钢套箱制作	2. 钢套箱吊装。将钢套箱预埋件精确定位后与承台一起预制浇筑,承台预制完成后,将钢套箱分块进行安装;将钢套箱分块吊至承台边缘,精确定位后将套箱与周边预埋件进行栓接。缝隙设置橡胶止水垫进行防水;施工结束后其承台预埋件槽口应采用速凝砂浆封填	3. 钢套箱横撑安装。钢套箱壁体与承台拼装完成后,将三层联系撑与墩身连接,逐次安装到位;钢套箱安装完成后,应对各连接及橡胶止水垫的密水性进行检测,确保深水达15m时的密水性
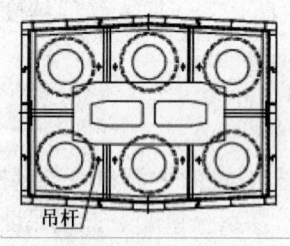	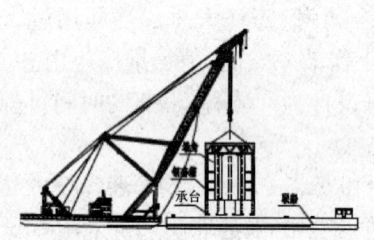	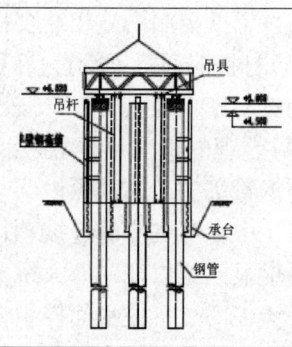
4. 吊具制作及安装。承台及钢套箱预制期间,进行悬挂系统吊具制作;在吊具桁架梁下弦底部设置8个吊耳,通过8根吊杆与承台顶部吊点连接	5. 整体吊装承台。吊具就位,用吊杆将承台和吊具连成一个整体,浮吊连接吊具,将承台、墩身及钢套箱整体吊至驳船上;驳船浮运预制承台至安装位置	6. 浮吊初步下放承台。用浮吊将承台整体从驳船吊至安装位置上方;选择低潮期,缓慢下放承台整体,准确定位,最后将吊具桁架梁下弦搁置在桩帽位置使四根钢管同时均匀受力
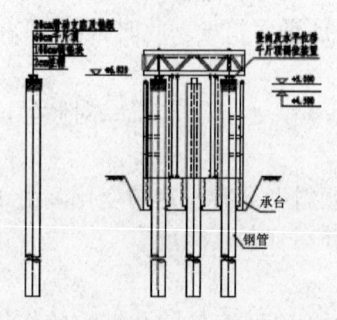	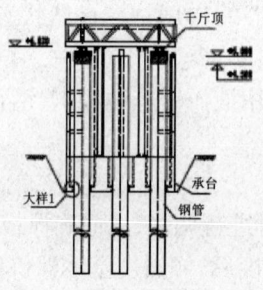	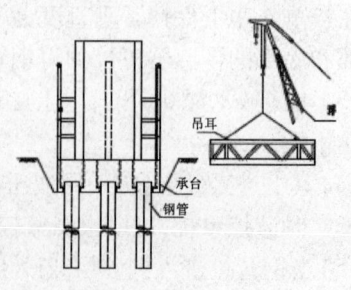

续上表

7. 吊具精确下放承台。设置于钢管复合桩顶上调位装置应具有高程、平面各向的调节功能,利用其调整墩台的平面位置和垂直度。利用桩帽顶部调位装置控制好承台及墩身的设计姿态,将承台下放到设计高程	8. 连接预制承台与复合桩。承台就位后,利用止水胶囊对承台底部止水,低潮位时抽干承台钢套箱内的水,向承台与钢管之间的缝隙灌注速凝砂浆封堵。焊接预制承台底板与钢管外壁之间的剪力键	9. 体系转换前期准备。拆除 Z3 和 Z4 预留孔钢管替打段,连接 Z3 和 Z4 预留孔钢筋并浇筑承台后浇孔混凝土
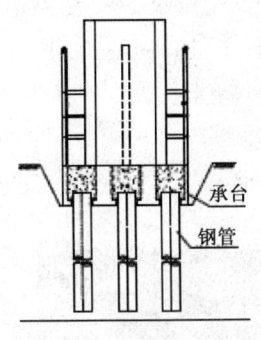	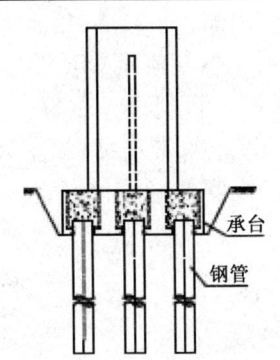	
10. 浇筑后浇混凝土。拆除悬挂系统,完成体系转换,拆除 Z1、Z2、Z5、Z6 钢管替打段;连接承台预留孔钢筋并浇筑承台 Z1、Z2、Z5、Z6 混凝土	11. 拆除钢套箱。向钢套箱内部充水;拆除钢套箱,完成预制承台与钢管复合桩的连接施工	

1. CB03 标预制墩台干法安装工艺创新

预制墩台安装工艺(湿法安装工艺)虽经过前期现场试验,但暴露出止水风险大、墩台止摆难、安装精度难保证、桩容易受到较大的内应力等诸多难题,上述难题会带来实际施工周期长、后浇孔质量隐患大、风险点多等不确定风险。同时,墩台后浇孔和钢桩间采用胶囊止水工艺,由于受到胶囊材料的限制,后浇孔底板混凝土和钢桩间的缝隙只能预留 6cm,为保证墩台预留后浇孔能套入钢桩成功安装到位,对沉桩精确度也提出了非常高的要求。采用固定平台沉桩工艺,施工流程繁琐,船舶干扰大,难以保证 100% 合格率,施工风险很高。

为此,CB03 标提出了钢圆筒围堰干法施工工艺,利用近 40m 的软土层作为隔水层。

总体思路为:钢圆筒围堰施工—墩台安装施工—钢圆筒围堰拔出。桩基灌注桩施工完毕后,在桩基位置采用八锤同步液压振动锤组,振沉钢圆筒围堰,对钢圆筒围堰进行加固、筒内挖泥抽水后,形成墩台安装干施工环境,进行墩台整体吊装。墩台安装施工完成后,整体拔出钢圆筒围堰,运至下一个墩台位置周转使用。

钢圆筒直径 22m,壁厚 18mm,顶部和底部加强段壁厚 25mm,高 45m,重约 643t。钢圆筒围堰试验阶段设计钢圆筒高 39m,根据钢圆筒试验期间的应力应变监测结构优化了钢圆筒内部支撑桁架结构。

干法安装工艺的优势:

(1)由于取消了胶囊,对沉桩偏位要求可适当降低。

(2)钢圆筒围堰提供了较宽阔的海上干施工区域,实现了从预制承台及首节墩身安装开始,所有施工工序均为干施工,支撑体系可灵活调整。

(3)钢圆筒围堰整体性好,止水性强,支撑体系可灵活调整。

(4)可在筒内提前进行钢管桩截除及灌注桩混凝土凿除工作,作业空间大,可利用施工设备提高效率。

（5）承台及首节墩身安装可根据实测偏位进行强制对中就位，避免采取用悬挂装置和进行体系转换，提高安装精度。

（6）钢圆筒振沉至设计高程后，与预制墩台相对独立，墩台后浇孔浇筑后不受风浪影响，混凝土质量有保证，见图4。

2. CB04标分离式胶囊柔性止水安装工艺改进

CB04标在消化设计方案的基础上，对止水方案进行了改进。

止水采用分离式胶囊柔性止水方案。与设计方案主要区别是钢管复合桩与墩台之间的止水，采用分离式止水结构。

分离式胶囊止水结构主要由环形托盘、内侧止水胶囊、顶面GINA止水带及张拉收紧装置组成。

承台吊装前，将（环形托盘+内侧止水胶囊+顶面GINA止水带）下放至承台底面以下20cm，通过张拉杆悬挂于钢管复合桩管壁上；然后下放承台到设计位置，安装钢管复合桩上牛腿，将张拉杆锚固于牛腿上，张拉到设计值；张拉吊杆使GINA止水带压缩，填塞环形托盘与承台之间的缝隙；再向胶囊中充气、膨胀，填塞环形托盘与钢管复合桩之间的缝隙；最后将承台内的水抽干，实现承台预留孔处止水，见图5。

图4　钢圆筒围堰墩台安装干法施工工艺　　　　　图5　分离式胶囊柔性止水墩台安装工艺

原设计文件中钢管复合桩与承台之间的止水为预留孔胶囊止水方案，为保证墩台顺利安装及止水胶囊发挥作用，需要求承台与钢管复合桩外壁的间隙为6.5cm，同时要求钢管桩的沉桩精度较高；本方案为分离式胶囊柔性止水方案，承台预留孔不需安装止水胶囊，可适当加大预留孔与钢管复合桩壁的间隙，以降低对钢管桩沉桩精度的要求。

根据《港珠澳大桥主体工程桥梁工程土建工程施工（CB03、CB04合同段）招标文件第4号补遗书》，若能保证承台的顺利安装，钢管桩倾斜度可降低至1/200，因此将钢管桩沉桩精度控制在倾斜度≤1/250，平面位置偏差≤±10cm。

（1）为满足1/250的倾斜度要求，需要预留孔的富余量（半径）≥(5+10.76)/250×100≈6.3cm。

（2）为满足平面位置精度要求，需要预留孔的富余量（半径）≥10cm。

则需要预留孔的富余量（半径）≥6.3+10=16.3cm，考虑施工过程中需安装导向结构，预留孔的富余量（半径）取20cm。

分离式胶囊止水墩台安装工艺首件总结后，主要从以下两个方面花大力气进一步完善。

（1）严格按照批复的施工方案落实各项止摆措施，并对止摆结果进行检测。不得随意取消墩身与钢管桩之间加设钢楔块等止摆辅助措施。

（2）针对胶囊可能失效需采用水下速凝砂浆止水备选方案特殊情况，对水下速凝砂浆止水工艺进行优化完善，并编制止水胶囊失效后采用水下速凝砂浆止水的施工预案。

七、结　语

在深水区桥梁施工过程中,施工工艺的改进或创新还有很多,限于篇幅不一一列举。

港珠澳大桥奉行"大型化、工厂化、标准化、装配化"的建设理念,建设难度极高,建设者在深化创新设计的基础上,针对施工现场的复杂条件和自身的资源配置,充分发挥主观能动性,对施工工艺进一步创新,从而确保了优质、高效、经济目标的实现。

参考文献

[1] 中交公路规划设计院有限公司联合体.港珠澳大桥主体工程桥梁 DB01 标段施工图设计[R]. 2012.5.

[2] 中交一航局二公局联合体.港珠澳大桥主体工程桥梁工程 CB03 标段施工组织设计[R].2012.10.

[3] 广东省长大公路工程有限公司.港珠澳大桥主体工程桥梁工程 CB04 标段施工组织设计[R]. 2012.11.

52. 港珠澳大桥基础及下部构造耐久性控制

方燎原　柴贺军

(广州南华工程管理有限公司)

摘　要　混凝土和钢结构耐久性是一个非常复杂的系统工程,要使混凝土和钢结构建筑物能在设计要求的期限内安全运行,无论是勘测设计、原材料的选择、混凝土配合比、施工质量控制、施工组织管理、施工监理、业主等都要紧密配合,做好设计工作,对施工的每道工序都必须严格控制。

关键词　高性能混凝土　钢结构　耐久性

一、工程概况

港珠澳大桥设计寿命为 120 年,超越了国内建筑业的常规。在海洋环境中采用大直径钢管桩、大体积钢筋混凝土、钢塔和钢箱梁,对钢结构和混凝土的耐久性是一个严峻的考验,需要突破更多的技术难题。

二、钢管桩防腐

1. 钢管制作施工工艺

港珠澳大桥采用直径 2.0m、2.2m、2.5m 的钢管复合桩基础,顶部壁厚 28mm,下部约 2m 范围壁厚约 36mm,中部壁厚 25mm。钢管防腐采用"预留腐蚀量+外壁双层环氧粉末涂层+内壁无溶剂液体环氧涂层+牺牲阳极阴极保护"的联合防腐方案。

钢管外壁涂层体系为:

(1)泥下区:耐磨耐蚀加强级双层环氧粉末涂层,底层厚≥300μm,面层厚≥500μm,总厚度≥800μm。

(2)水下区:加强级双层环氧粉末涂层,底层厚≥300μm,面层厚≥500μm,总厚度≥800μm。

(3)浪溅区/潮差区:特加强级三层环氧粉末涂层,底层厚≥300μm,中层厚≥500μm,面层厚≥200μm,总厚度≥1000μm。

设计中采用预留后 50 年腐蚀厚度,非通航孔桥按 0.06mm/年预留,通航孔桥按 0.2mm/年预留。

钢管桩涂层工艺须严格按照相关技术施工规范进行,采用的涂敷系统及涂层物理性能应分别进行工艺试验和测试。其技术指标见表 1、表 2。

钢管外壁防腐内层、面层环氧粉末涂料的性能　　表1

序号	实验项目		内层环氧粉末质量要求	面层环氧粉末质量要求	试验方法
1	胶化时间(s)		230℃,≥12,或满足买方的要求	230℃,≥12,或满足买方的要求	Q/CNPC38 附录A
2	固化时间(min)		230℃,≤3.0,或满足买方的要求	230℃,≤3.0,或满足买方的要求	SY/T0315 附录A
3	挥发份含量(%)		≤0.4	≤0.4	Q/CNPC38 附录B
4	粒度分布(%)		150μm,≤3.0	150μm,≤3.0	Q/CNPC38 附录C
			250μm 筛上粉末,≤0.2	250μm 筛上粉末,≤0.2	
5	密度(g/cm³)		1.3～1.6	1.3～1.6	GB/T 4472
6	磁性物化合物(%)		≤0.0020	≤0.0020	JB/T 6570
7	热特性	≥45	≥45	≥45	SY/T 0315 附录B
		Tg2(℃)	≥100	≥100	

外涂层钢管桩的工艺性试验和型式检验项目及验收指标　　表2

试验项目	质量指标	试验方法
△Tg	≤4℃	SY/T 0315 附录B
24 或 48h 阴极剥离	≤4mm	SY/T 0315 附录C
底层断面孔隙率	1级～2级	SY/T 0315 附录E
底层黏结面孔隙率	1级～2级	
15天90℃附着力	1级～2级	SY/T 0315 附录H
0℃,抗2°弯曲(普通级涂层厚度)	无裂纹	QCNPC38 附录D
0℃,抗1.5°弯曲(加强级涂层厚度)	无裂纹	
抗10J 冲击(普通级涂层厚度)	无针孔	QCNPC38 附录E
抗15J 冲击(加强级涂层厚度)	无针孔	
30kg 耐划伤性(普通级涂层厚度)	划伤深度≤350μm 无漏点	QCNPC38 附录F
50kg 耐划伤性(加强级涂层厚度)	划伤深度≤500μm 无漏点	

（1）涂敷前对涂装件表面进行处理，表面处理达到 Sa2.5 级以上，清洁度达到 90% 以上，在清理后 3～8h 内进行涂敷，禁止户外施工。对加工过程中除油、喷砂（抛丸）、涂层分工序进行检查。其中喷砂后检查清洁度和粗糙度，涂层要检查漆膜厚度、结合力和外观检查，检查指标应符合《技术规范》及国家相关标准要求。

（2）涂装前对待涂件要进行预热，在完成前一道涂敷后，其厚度经检查合格后方可进行下一道涂敷，每层厚度达不到要求，不准复涂，必须重涂。施工环境温度 5～38℃，空气相对湿度不大于 85%，并且钢材表面温度大于露点3℃。防腐涂装完成后用砂轮机磨出吊耳焊接位置，焊接完成后对吊耳焊接部位进行液体环氧防腐涂装，嵌入承台部分钢管桩顶部1m范围内不进行涂装。

（3）涂层厚度、附着力检查，涂层验收。

（4）由于顶部1m范围不需进行防腐涂装，应采取措施避免钢管在制造、运输和预制承台与钢管复合桩连接前发生腐蚀。

（5）检查钢管堆放、出运及打设过程中涂层破损情况，及时采用厂家提供的专门修补液进行补涂。涂装质量控制要点见表3。

涂装质量控制要点　　　　表3

序号	项　目	控　制　要　点
1	构件外观	构件表面无焊渣、起鳞、焊孔等缺陷,无油等污物,锐边、尖角(R≤2mm)及毛刺打磨圆顺
2	喷砂磨料	喷砂所用的磨料符合相关标准规定的钢砂、钢丸或使用无盐分无污染的石英砂。选用的磨料粒度应保证喷砂除锈等级,磨料烘干
3	涂装工艺	采用高压无气喷涂工艺。局部预涂保涂层厚度
4	涂装设备	控制空压机的空气压力。提供无油无水的清洁压缩空气
5	涂装材料	油漆检验:黏度、密度、附着力等项点符合相应标准。油漆出厂超过质保期后不得使用
6	涂装人员	油漆工必须持证上岗,当发现涂装质量不稳定时,立即下岗培训。作业人员不得疲劳作业
7	施工过程	控制喷砂角度;喷砂除锈等级达到要求,对于分段对接处和喷砂达到St3;涂装前钢材表面的粗糙度达到规范要求,喷砂后4h内进行涂装;油漆未熟化前和超过混合使用期后均不得使用。控制油漆中稀释剂比例≤5%
8	作业环境	环境温度5~38℃;相对湿度高于80%时,在条件许可时可进行初步喷砂,但涂装前扫砂处理至达标控制作业环境空气的清洁度。作业照明要求清晰、均匀、无阴影
9	涂装检查	外观:漆膜连续平整,无流挂、针孔、气泡裂纹,颜色按色卡;内部:干膜厚度、附着力;检验前必须对测厚仪器进行校准,保证仪器正常使用

2. 防腐性能

钢管的使用寿命在很大程度上取决于钢管的防腐方法,采用良好的涂敷材料和涂敷方法可以使钢管使用寿命达到几十年或更长。20世纪50年代以前,防腐涂层采用的材料主要是煤焦油瓷漆等材料,因存在很多缺点,应用范围受到一定的限制,直到50年代末重防腐熔结粉末涂料的推出,使钢管防护技术产生了飞跃。美国一家油气运输公司根据几十年的经验对几种防腐材料的评价和对比,证明熔结粉末涂料无论从技术角度还是经济角度都是其他材料不可比拟的。

双层环氧粉末涂料涂层具有以下特性:作为双层环氧粉末涂层系统的外涂层,直接涂敷在提供防腐保护的单层(底层)上,给底层在运输和打设过程中以最大限度的机械保护,并具有良好的防腐性能;具有优异的抗磨、耐冲刷、抗冲击性能,因而具有良好的保护能力,可有效防止钢管在运输及打桩过程中的碰损和擦伤;涂敷过程外层与底层交错进行,即在静电喷涂底层达到设计要求后,即进行外层涂敷。在线形直管生产线涂敷作业时,应在底层涂层胶化前涂敷外层。底层涂层温度必须大于230℃,以确保其层间附着力。

三层环氧粉末涂料涂层的特性:除具有单层、双层环氧粉末涂料涂层特性外,具有抵御大气中H_2S、CO_2、O_2、酸、碱、盐、有机物等物质的化学腐蚀;三层涂层的最外层具有优异的耐候性,紫外线照射不粉化;三层涂层的最外层具有可复涂性。

通过在同一钢管桩上按照需要连续喷涂不同层数、不同性能涂层的先进工艺,使整根钢管桩具有抗海水腐蚀、抗泥砂冲刷、抗海生物附着、抗紫外线辐射等优点,同时确保了整体经济性。采用目前较先进的防护涂层,即单层重防腐环氧粉末涂料、双层重防腐环氧粉末涂料及三层重防腐环氧粉末涂料防腐结构相结合,最大限度地保护钢管桩,阻缓钢管桩腐蚀,科学地对钢管进行防护。

三、钢管的牺牲阳极阴极保护

根据被保护的钢管复合桩工作海域的水质情况,选用Al-Zn-In-Mg-Ti高效铝合金牺牲阳极进行阴极保护。在阳极有效防腐蚀年限内,被保护钢管复合桩的保护电位始终控制在最佳保护电位范围,即-0.85~$-1.10V$(相对于Cu/饱和$CuSO_4$参比电极);阳极电化学性能应符合GB/T 4948—2002各项技术要求;在阳极有效保护期内,钢管复合桩表面无明显锈蚀,保护度大于90%;阳极材质不污染环境;阳极预埋件、电性导通、焊装质量等应全面满足设计要求。

非通航孔桥钢管复合桩钢管全部处于泥下区，阳极块更换相对不便，因此施工时一次安装，阳极块消耗量按70年设计；对于通航孔桥钢管复合桩钢管处于水下区的部分，阳极块消耗量按25年设计，按期更换。

阴极保护施工工艺：

(1) 对阳极块材料进行检查、抽检化学成分、电化学性能和重量、尺寸抽检。高效铝合金牺牲阳极熔炼浇铸生产过程中，一律选用高纯铝锭（Fe含量低于0.10%）作为原材料，严格按照内控最佳配方生产制造，严格控制熔炼浇铸温度，严禁合金元素的烧损和有害杂质的混入；每批牺牲阳极进场时，严格进行产品质量检验。

(2) 牺牲阳极安装应严格按牺牲阳极施工技术规程和设计要求进行，需保证电连接性能和足够的安装强度。牺牲阳极安置于最低潮位下300mm处。用优质的仿英的SRETS208水下湿法焊接专用焊条进行水下焊接；采用水下摄像技术检验阳极块焊缝长度、高度及连续性，检查数量应为总数的5%以上。发现缺陷及时给予修补。

(3) 牺牲阳极安装前应测量钢管桩的自然电位，待牺牲阳极全部安装完成后，测定阴极保护的效果，进行钢管桩的保护电位焊接前、焊接后、一星期后的检测，保护电位须满足要求。

(4) 测定保护电位时，测点应尽量靠近被测钢管桩表面，并远离阳极位置。承台内钢管桩已相连通时，应以一个承台为测量单位，钢管桩间不相连通时应对每根钢管桩进行测量。参比电极必须安装在合适的位置，以确保参比电极不会被阳极消耗产物污染。安装牺牲阳装置过程中，不得损伤钢管桩的保护涂层。施工过程中每项施工环节均测定电性导通情况，尤其是在承台预埋钢板与钢管复合桩电性连接后，认真测量钢管桩与阳极间的电性导通情况，如发现问题，及时采取补救措施。

(5) 按照设计牺牲阳极阴极保护方案埋设阳极材料和电缆，预留监控系统预埋件。阳极保护检测系统应符合设计要求，并具有完整的安装和使用维护说明。检测系统须正常运转，可自动采集和记录钢管桩阴极保护电位，可绘制保护电位—时间曲线，能评估阴极保护状态。

四、高性能混凝土

1. 混凝土结构的耐久性

混凝土构筑物在使用期间常常受到腐蚀介质的侵蚀，滨海（Ⅱ类）环境和海水（Ⅲ类）环境是混凝土结构所处的最恶劣的外部环境之一。海水中的化学成分能引起混凝土溶蚀破坏、碱-骨料反应，海浪及悬浮物对混凝土结构会造成机械磨损和冲击作用，海水或海风中的氯离子能引起钢筋腐蚀。国内外大量调查表明：海洋恶劣环境下的混凝土构筑物经常过早损坏，寿命一般在20~30年，远达不到要求的使用寿命。

混凝土结构的耐久性是指混凝土抵抗周围不利因素长期作用的性能。结构耐久性问题主要表现为：混凝土损伤；钢筋的锈蚀、脆化、疲劳、应力腐蚀；以及钢筋与混凝土之间黏结锚固作用的削弱等三个方面。从短期效果而言，这些问题影响结构的外观和使用功能；从长远看，则为降低结构安全度，成为发生事故的隐患，影响结构的使用寿命。

桥址区年平均相对湿度在78%~80%之间，但季节变化明显，春夏季相对湿度可达100%，冬季最小相对湿度只有10%，因为空气中存在一定浓度的CO_2，且75%左右湿度是发生碳化的适宜湿度，因此需考虑钢筋混凝土的碳化；工程区年平均气温在22.3℃~23.0℃之间，因此可不考虑混凝土结构由于冻融循环产生的破坏及相应的除冰盐引起的钢筋锈蚀；海洋是氯离子的主要来源，海水中通常含有3%的盐，其中主要是氯离子。根据海水水质分析结果，海水中氯离子含量达到10759.9mg/L。

2. 氯离子对钢筋锈蚀机理

Cl^-进入混凝土中通常有两种途径：其一是"混入"，如掺用含氯离子外加剂、使用海砂、施工用水含氯离子、在含盐环境中拌制浇注混凝土等；其二是"渗入"，环境中的氯离子通过混凝土的宏观、微观缺陷渗入到混凝土中，并到达钢筋表面。"混入"现象大都是施工管理的问题；而"渗入"现象则是综合技术的问题，与混凝土材料多孔性、密实性、工程质量、钢筋表面混凝土层厚度等多种因素有关。

(1) 破坏钝化膜。水泥水化的高碱性使混凝土内钢筋表面产生一层致密的钝化膜。钝化膜只有在高碱性环境中才是稳定的，当 pH < 11.5 时，就开始不稳定，当 pH < 9.88 时该钝化膜生成困难或已经生存的钝化膜逐渐破坏。Cl^- 是极强的去钝化剂，Cl^- 进入混凝土到达钢筋表面吸附于局部钝化膜处时，可使该处的 pH 值迅速降低，可使钢筋表面 pH 值降低到 4 以下，从而破坏钢筋表面的钝化膜。

(2) 形成腐蚀电池。如果在大面积的钢筋表面上具有高浓度氯化物，则氯化物所引起的腐蚀可能是均匀腐蚀，但是在不均质的混凝土中，常见的是局部腐蚀。腐蚀电池作用的结果是，在钢筋表面产生蚀坑，由于大阴极对应于小阴极，蚀坑发展十分迅速。

(3) 去极化作用。Cl^- 不仅促成钢筋表面的腐蚀电池，而且加速了电池作用。通常把使阳极过程受阻称作阳极极化作用，加速阳极极化作用称作去极化作用，Cl^- 正是发挥了阳极去极化作用。

(4) 导电作用。混凝土中 Cl^- 的存在强化了离子道路，降低了阴阳极之间的欧姆电阻，提高了腐蚀电池的效率，从而加速了电化学腐蚀过程。

pH 值对临界氯离子浓度有比较大的影响，钢筋开始腐蚀时的氯离子浓度均值与模拟液的 pH 值呈指数关系；钢筋开始腐蚀时的氯离子浓度均值的对数与钢筋电位呈线性关系。

3. 混凝土结构耐久性控制技术措施

(1) 细化结构设计。

①结构选型和细部设计。频繁地干湿交替会加剧钢筋锈蚀，应限制混凝土表面、接缝和密封处积水，加强排水，尽量减少受潮和溅湿的表面积。港珠澳大桥混凝土构件采用全封闭结构避免侵蚀环境介质渗入，力戒单薄、复杂和多棱角，并考虑对预计腐蚀破坏严重的构件便于检测、维护和更换。

②控制裂缝。不可控制的裂缝包括混凝土塑性收缩、沉降或过载造成的裂缝，常为较宽的裂缝，应针对成因采取措施预防开裂。港珠澳大桥设计按结构几何尺寸与荷载合理预防和控制裂缝。如采用埋置式承台，尽可能减少在潮汐往复作用下对产生墩台裂缝，承台与桩基的连接采用内置式后浇孔和表层硅烷浸渍避免 Cl^- 的渗入。在施工过程中，采取高性能混凝土配合比设计、冷却水循环、保温保湿养护等措施，严格控制温度裂缝的产生。

③改进结构设计。结构的选型、布置和构造有利于减轻环境因素对结构的作用。港珠澳大桥在非通航孔桥墩台全部采用高性能环氧涂层钢筋，在通航孔桥承台和索塔塔柱采用不锈钢筋；加强构造配筋，控制裂缝发展；加大混凝土保护层厚度等。

(2) 合理选择混凝土结构的组成材料。混凝土各组成材料及钢筋的选用满足材料的耐久性质量要求，按规范规定对进场原材料进行严格的质量检验。同时合理改善颗粒级配，提高混凝土的密实性，从而提高耐久性。研究结果表明：

①石灰石粉对水泥基材料的抗硫酸盐性有严重的影响，它们使水泥基材料在硫酸盐环境中的强度急剧下降并导致水泥基材料产生较大体积膨胀，引起开裂。掺石灰石粉的水泥基材料主要因形成大量较大尺寸的石膏晶体而膨胀开裂。石膏的形成导致硫酸盐侵蚀水泥基材料产生膨胀开裂。因此，在硫酸盐侵蚀环境下，不宜采用含石灰石粉的复合水泥或将石灰石粉作为矿物掺合料制备的混凝土。

②碎石比河卵石混凝土强度提高 10%，河卵石的比表面积约为碎石的 80%，因此碎石混凝土要比河卵石混凝土多用胶凝材料。

③集料的母岩湿抗压强度要为混凝土配合比强度的 1.5 倍和大于 60MPa。

④混凝土集料中，如有活性成分，它与碱和水起作用，使混凝土胀裂。有关资料称，碱硅活性反应，其反应物的尺寸，要比反应前的 SiO_2 原有尺寸增大 24%。

⑤水胶比相同(0.45)粉煤灰掺量分别为 20% 和 30%，28d 的抗压强度掺 30% 和煤灰试件抗压强度只有掺 20% 粉煤灰试件强度的 86.9%；90d 龄期的强度两者持平，180d 龄期至 5 年的龄期，掺 30% 粉煤灰的试件强度比掺 20% 粉煤灰试件的强度高约 9.6%。混凝土掺粉煤灰抗压强度的试验表明，长龄期

(两年)混凝土的抗压强度,当掺量超过60%时,对强度有影响,而掺50%粉煤灰,两年龄期的抗压强度仍高于不掺粉煤灰混凝土试件强度的11%。

⑥为了保证混凝土的强度和耐久性,必须严格控制水胶比<0.50。美国ACI建议:暴露在淡水中混凝土的水灰比≥0.48,暴露在海水中混凝土的水灰比≥0.44。

⑦复合腐蚀下,C30的自由氯离子含量是C50的2倍左右;氯离子扩散系数为C50的1.7~1.95倍;混凝土相对动弹性模量先上升后下降。矿物掺合料提高了混凝土抗氯离子渗透和抗硫酸盐损伤能力,硫酸盐降低了混凝土抗氯离子腐蚀能力,氯盐减缓了硫酸盐对混凝土的损伤速度。

⑧如果混凝土的抗渗指标低(或渗透系数大),由于水的渗透,将混凝土中的$Ca(OH)_2$(以CaO量计算)被溶出25%时,混凝土的抗压强度就要下降50%,当溶出超过33%时,混凝土将完全失去强度而松散破坏。美国规定:对于有耐久性要求的水工混凝土建筑物,它的混凝土渗透系数$K<1.5\times10^{-9}$cm/s,相当于我国抗渗指标W12。

⑨碳化可使锈蚀的钢筋体积增大2~4倍,使混凝土胀裂。

在原材料的优选试验中,以坍落度评价混凝土的工作性,以抗压强度等评价混凝土的物理力学性能,以混凝土的电通量和氯离子扩散系数(自然扩散法)试验结果评价混凝土的抗氯离子渗透性能,并以耐久性能为首要要求。

(3)提高混凝土的密实性。控制混凝土的最大水灰比和最小水泥用量,改善混凝土的施工工艺,搅拌均匀、充分振捣,加强养护,严格控制施工质量。除了选择及配良好的集料和精心施工保证混凝土充分捣实和水泥充分水化外,水灰比是影响混凝土密实性的最重要的条件,故《桥规》(JTG D62)中规定了各类环境条件下满足混凝土耐久性要求的最大水灰比和最小水泥用量值。同时适当掺用外加剂,如掺用减水剂或引气剂,可改善混凝土的孔隙结构,提高混凝土的密实性。

对存在酸性腐蚀条件的介质,基础混凝土工程应采取以下预防措施:

①混凝土的密实度和抗渗性是防止腐蚀的关键,提高基础混凝土的设计强度,合理选用水泥型号,使用高标号水泥,并适当掺用高效减水剂(缓凝型除外),降低水灰比。

②加强混凝土施工中的现场管理,严格控制施工质量,确保混凝土按规程振捣,确保混凝土的密实度,表面必须抹光压实。

③施工前要制定混凝土养护方案,科学地进行养护。

④适当增加钢筋保护层的厚度,厚度应大于50mm,并在施工中严格控制。⑤对完成的混凝土结构采用密封剂进行防护,使用前对混凝土表面进行清理。

(4)采用高强混凝土以提高结构物的耐久性。高强度混凝土的配制特点就是低水灰比,加外加剂,掺用超细活性掺合料,它的研制和应用解决的核心问题之一就是保证耐久性。由于高强混凝土的密实性能好,抗渗、抗冻和耐腐蚀性能均优于普通混凝土。港珠澳大桥深水区高性能混凝土配合比设计见表4。

桩基、预制墩台、索塔混凝土配合比 表4

序号	设计标号	使用部位	设计坍落度(mm)	每立方混凝土原材料用量(kg/m³)								7d/28d抗压强度
				水	水泥	粉煤灰	矿渣粉	砂	小碎石	大碎石	外加剂	膨胀剂	
1	C35	灌注桩	200±20	155	221	133	89	745	404	606	3.1	—	40.7/62.0
2	C45	现浇承台	200±20	147	216	130	86	765	415	622	3.89	—	50.0/67.1
3	C45	后浇孔	200±20	145	220	96	88	749	424	635	4.39	35	49.9/65
4	C50	支座垫石	200±20	148	262	134	81	730	1031		4.77		47/65.4
5	C50	墩身预制	200±20	147	213	119	142	714	311	725	3.79		50.4/61.1
6	C50	主塔塔身	200±20	148	262	134	81	730	412	619	4.77		54.7/76.2

(5)提高混凝土保护层厚度。这是提高海洋工程钢筋混凝土使用寿命的最为直接、简单而且经济有效的方法。但是保护层厚度并不能不受限制的任意增加。当保护层厚度过厚时,由于混凝土材料本身的

脆性和收缩会导致混凝土保护层出现裂缝反而削弱其对钢筋的保护作用。

(6)加强混凝土的养护。混凝土试件在空气中养护是收缩的,特别是在湿度<50%的更甚,而在潮湿状态下养护是呈膨胀状态。试验表明:在空气中养护的混凝土试件的抗压强度只有在潮湿状态养护试件抗压强度的50%~70%。混凝土浇筑完的初凝后即进行养护是非常重要的,即要保持混凝土表面潮湿状态。

(7)加强结构使用阶段的维护与检测。提高混凝土结构耐久性措施主要包括两大类:基本措施和补充措施。基本措施是通过仔细设计与施工,最大限度地提高混凝土本身的耐久性,在使用中保持低渗透性,以限制环境侵蚀介质渗透混凝土,从而预防钢筋锈蚀。补充措施是指环境侵蚀作用特别严重时,或设计、施工不当,单靠上述基本措施还不能保护混凝土结构必要的耐久性时,需要另外增加的其他防护措施。包括采用耐腐蚀钢筋、对混凝土进行表面处理、混凝土中掺加阻锈剂、电化学保护。港珠澳大桥建立了全桥耐久性健康监测系统。对混凝土结构应做定期检查,尽早发现问题,制订合理维修方案,对延长工程寿命有显著效果。

五、混凝土硅烷浸渍施工

港珠澳大桥桥梁构筑物所有外露面均采用硅烷浸渍表面防护。

用于混凝土结构表面浸渍的硅烷宜采用异丁基三乙氧基液体硅烷作为硅烷浸渍材料。浸渍硅烷前应进行喷涂试验。试验区面积应为1~5m²。完成试验区的喷涂工作后,在试验区随机钻取六个芯样,并各取两个芯样分别进行吸水率、硅烷浸渍深度和氯化物吸收量的降低效果测试。当测试结果符合规定的合格判定标准时,方可在结构上浸渍硅烷。

浸渍硅烷质量的验收应以每500m²浸渍面积为一个浸渍质量的验收批。浸渍硅烷工作完成后,按规定的方法各取两个芯样进行吸水率、硅烷浸渍深度、氯化物吸收量的降低效果的测试。

六、钢结构防腐

1. 防撞套箱

钢套箱耐久性要求内、外表面涂装防腐寿命不小于20年。防撞套箱防腐涂装,内表面选用底漆环氧富锌底漆,中间漆环氧云铁中间漆,面漆铁红环氧内舱漆;外表面选用底漆环氧富锌底漆,中间漆环氧云铁中间漆,面漆丙烯酸聚氨酯。涂装技术指标见表5。

防撞套箱防腐涂装技术指标 表5

部 位	工 序	要 求	道 数	干膜厚度(μm)
钢套箱内表面	表面处理	喷砂除锈Sa2.5级		
	底漆	低表面处理树脂漆	2	100
	中间漆	低表面处理树脂漆	2	300
	面漆	低表面处理树脂漆	2	100
	小计		6	500
钢套箱外表面	表面处理	喷砂除锈Sa2.5级		
	底漆	低表面处理树脂漆	2	100
	中间漆	低表面处理树脂漆	2	300
	面漆	聚氨酯面漆	2	150
	小计		6	550

2. 钢箱梁和钢索塔

港珠澳大桥钢箱梁(外侧)和钢索塔防腐设计采用金属热喷涂方法,即电弧喷涂Zn-Al合金体系(体积比1:1),预计防护寿命≥25年~30年,钢梁箱内设置抽湿机,保持箱内湿度小于50%。

3. 钢锚箱

耐候钢是指可在表面形成保护性锈层，耐大气腐蚀，可用于制造车辆、桥梁、塔架、集装箱等钢结构的低合金结构钢。与普碳钢相比，耐候钢在大气中具有更优良的抗蚀性能。但由于耐候钢的锈层稳定化过程受钢材的化学成分、使用环境、构造细节的滞水积尘和机械磨损等条件的影响，如果使用不当，破坏了稳定保护性锈层的生成条件，耐候钢也会产生严重腐蚀。

锚固钢锚梁和钢锚箱采用耐候钢。耐候钢需经双层氧化铁—磷酸盐系处理。

七、结　语

港珠澳大桥作为集群标志性世纪工程，混凝土和钢结构耐久性是一个非常复杂的系统工程，要使混凝土和钢结构建筑物能在设计要求的期限内安全运行，无论是勘测设计，原材料的选择、混凝土配合比、施工质量控制、施工组织管理、施工监理、业主等都要紧密配合，而其中最重要的是做好设计工作，设计是工程的龙头，对施工的每道工序都必须严格控制，严格遵守施工规范，才能确保工程质量满足规范和设计各项指标要求。

参考文献

[1] 孟凡超,吴伟胜,刘明虎,等.港珠澳大桥桥梁耐久性设计创新[J].预应力技术.2010(6).

53. 港珠澳大桥海工混凝土结构耐久性质量控制措施及施工技术

徐振山　杨衍振

（中铁大桥局港珠澳大桥 CB05 标项目经理部）

摘　要　港珠澳大桥岛隧工程和桥梁工程是世界级跨海超级工程，各种构件累计使用不同强度等级的混凝土总量达 300 多万立方米。港珠澳大桥是国内首次按 120 年使用年限设计，包含沉管隧道、人工岛和海中桥梁等，结构形式复杂，工程建设的规模和难度大，腐蚀环境恶劣，对工程质量和耐久性要求更高。为严格控制本工程混凝土结构的施工质量，确保工程耐久性目标要求，针对本工程的特点，制定系统的海工混凝土耐久性质量控制技术措施。其成功的经验可对类似工程施工起到参考和借鉴作用。

关键词　海工混凝土　耐久性措施　施工技术

一、工程概况

港珠澳大桥工程是我国继三峡大坝、青藏铁路、南水北调、西气东输、京沪高铁之后又一特大型基础建设工程项目，建成后将成为世界级跨海通道、岭南地区地标性建筑。这座连接香港、珠海和澳门的跨海大桥全长接近 55km，主体工程长度约 36km，包含离岸人工岛、海底隧道、非通航孔桥及三座通航孔斜拉桥，于 2009 年 12 月 15 日正式动工。海底隧道采用两孔一管廊截面形式，是迄今为止世界上埋深最深、规模最大、单节管道最长的海底公路沉管。大桥的设计寿命为 120 年，预计于 2016 年底完工。大桥落成后，将会是世界上最长的六线行车沉管隧道及世界上跨海距离最长的桥隧组合公路。港珠澳大桥建设目标为：建设世界级跨海通道；为用户提供优质服务；成为地标性建筑。

二、混凝土结构耐久性技术要求

国内外根据大量工程经验与研究成果的总结，提出了一系列耐久性施工控制措施，制定了相应的标准规范,对于提高混凝土结构的耐久性发挥了重要作用。港珠澳大桥在国内首次按120年使用年限设计,包含沉管隧道、人工岛和海中桥梁等;工程总体结构形式复杂,工程建设的规模和难度大,腐蚀环境恶劣,对工程质量和耐久性提出了区别于一般工程的更高要求。为了严格控制本工程混凝土结构的施工质量,确保工程质量满足设计的耐久性目标要求,必须针对本工程的特点,制定系统的耐久性施工质量控制措施,以使混凝土结构具有符合设计要求的力学性能和良好的耐久性能,做到技术先进、经济合理、确保质量和便于施工。在参考国内外相关技术标准、先进技术及类似工程经验下,针对港珠澳大桥主体工程不同混凝土结构的特点,系统研究并制定了混凝土耐久性质量控制技术措施,主要包括:原材料遴选、配合比设计、混凝土耐久性指标——氯离子扩散系数控制、施工质量控制、附加防腐蚀辅助措施、耐久性监测等内容,通过以下几个方面的技术措施来确保工程设计使用寿命。

三、混凝土构件质量控制措施

1. 海工混凝土技术要求

(1)海工混凝土耐久性设计。混凝土耐久性设计包括工程结构设计使用年限组成分析及构件耐久性质量控制指标值,同一构件,按照最恶劣的环境作用等级设计混凝土的最大氯离子扩散系数,环境作用的差异通过最小保护层厚度取值来体现。海工混凝土耐久性主要包括抗氯离子渗透性指标和抗渗性能指标,抗氯离子渗透性能用氯离子扩散系数表达,即描述混凝土孔隙水中氯离子从高浓度区向低浓度区扩散过程的参数。本项目测定混凝土中氯离子非稳态快速迁移的扩散系数,参照德国Aachen工业大学建筑材料研究所(ibac)采用的氯离子电子迁移快速试验方法——ibactest及北欧标准测试方法——NTBuild492方法,按我国国家标准《普通混凝土长期性和耐久性试验方法标准》(GB/T 50082—2009)中的混凝土抗氯离子渗透性能方法检测,相对评价混凝土密实性和抗侵入性,从而间接评价混凝土的耐久性。当混凝土水胶比较大时,氯离子扩散系数值就大;反之,氯离子扩散系数值相对就小。可见,氯离子扩散系数确实可以很好地用来相对比较混凝土的密实性和抗渗性。此方法适用于最大集料不大于25mm的混凝土结构。混凝土试件可通过实验室制作或从实体构件取芯获得,试验数据可以用于氯离子侵蚀环境耐久混凝土的配合比设计和质量评价指导参数,详见表1和表2。

港珠澳大桥工程结构设计使用年限组成分析　　　　表1

结　构	构　件	混凝土强度等级	环境作用等级	耐久性极限状态	设计使用年限(年)
非通航孔桥	组合梁桥面板	C60	Ⅲ-D	(a)	120
	箱梁	C60	Ⅲ-F	(a)	120
	桥墩	C50	Ⅲ-C,E,F	(a)	120
	承台	C45	Ⅲ-C,F	(a)	120
	桩基础(钢管复合桩)	C35	Ⅲ-C	(a)	120
	桩基础(钻孔桩)	C35	Ⅲ-C	(a)	120
通航孔桥	主塔	C60	Ⅲ-D,E,F	(a)	120
	桥墩(辅助墩)	C50	Ⅲ-E,F	(a)	120
	承台	C45	Ⅲ-F	(a)	120
	桩基础(钢管复合桩)	C35	Ⅲ-C	(a)	120
	桩基础(钻孔桩)	C35	Ⅲ-C	(a)	120
隧道	沉管	C45	Ⅲ-F	(a)	120

注:①海洋氯化物环境,Ⅲ-C中度、Ⅲ-D严重、Ⅲ-E非常严重、Ⅲ-F极端严重。
②(a)表示钢筋开始发生锈蚀,允许腐蚀介质侵入混凝土内部,但不允许钢筋发生锈蚀。

港珠澳大桥混凝土构件耐久性质量控制指标值　　　　表2

构件名称	部位/环境	混凝土强度等级	最小保护层厚度(mm)	最大氯离子扩散系数(10^{-12} m²/s) 28d	56d
组合梁桥面板	大气区	C60	45	7.5	4.5
箱梁	内侧/大气区	C60	45	6.0	4.0
	外侧/浪溅区		75		
桥墩	内侧/大气区	C50	50	6.5	4.5
	外侧/大气区		50		
	浪溅区		80		
承台	浪溅区	C45	80	6.5	4.5
	水下区		65	7.0	5.0
钢管复合桩	水下区	C35	60	7.0	5.0
钻孔灌注桩	水下区	C35	65	7.0	5.0
通航孔桥主塔	大气区	C60	50	7.5	5.5
	浪溅区		80	6.5	4.5
沉管	大气区	C45	50	6.5	4.5
	浪溅区		70		

注:组合梁桥面板在设计图上离子扩散系数28d不大于6.0×10^{-12} m²/s,56d不大于4.0×10^{-12} m²/s。

(2)耐久性混凝土配合比设计。海工混凝土配合比耐久性设计是确保混凝土耐久性最关键的环节之一,以往设计混凝土配合比,首先按强度等级计算出水灰比;如今按耐久性要求设计混凝土配合比,首先根据构件所处环境类别和强度等级确定混凝土的最大水胶比和最小胶凝材料用量。在条件许可的情况下,尽量降低水胶比,减少单方用水量和胶凝材料用量,有利于提高混凝土的密实性,降低混凝土的渗透性并减少收缩量,对提高混凝土的耐久性非常有利。降低水胶比是发挥矿物掺和料对混凝土强度贡献的重要条件,提出混凝土最大水胶比、最小胶凝材料用量限值是有效而可行的措施。控制好混凝土中材料总碱含量、总氯离子含量及总三氧化硫含量是保证混凝土耐久性的前提。

港珠澳大桥工程设计采用的是120年海工混凝土,根据《港珠澳大桥混凝土结构耐久性设计指南》《港珠澳大桥混凝土耐久性质量控制技术规程》要求,海工混凝土采用硅酸盐水泥,混掺矿物掺和料总量占胶凝材料质量百分比可为45%~70%。在满足混凝土单位体积胶凝材料最低用量要求的前提下,尽可能降低硅酸盐水泥的用量,使用大量粉煤灰、矿渣粉,以降低混凝土水化热温升、提高混凝土抗氯离子渗透性。根据不同结构部位的施工要求,加入不同性能的聚羧酸系高性能减水剂;特殊工程部位,如桥面板负弯矩区及湿接缝加入仿钢纤维、增韧剂或膨胀剂等。双掺时,Ⅰ级粉煤灰掺量不大于30%,S95级矿渣粉掺量不大于45%;混凝土水胶比一般不大于0.36;混凝土拌和物的总碱含量不大于3.0kg/m³(以Na_2O当量计)、氯离子含量不大于0.06%胶凝材料总量及三氧化硫含量不大于4%胶凝材料总量。通过掺加高性能减水剂,配制坍落度为200mm±20mm的混凝土,用水量在140~155kg/m³之间。

2. 复合钢管桩制作及防腐涂装

港珠澳大桥工程处于恶劣海洋腐蚀环境,为保护好桩基混凝土不受氯盐腐蚀过早遭到破坏,桩基础采用的是复合钢管桩,能有效保护混凝土提高其寿命,而对复合钢管桩涂层的保护又是一个难题。复合钢管桩施工包括:螺旋钢管焊接加工制作、钢管内外防腐涂装、钢管打设、在钢管处进行钻孔桩施工、钢筋笼安设及灌注水下混凝土等。复合钢管桩位于海水区及泥下区,为永久性钢管桩,使用寿命按120年设计。

3. 牺牲阳极保护及监测

港珠澳大桥复合钢管桩除有环氧防腐涂装外,另附加防腐蚀措施——牺牲阳极,即采取外加电流阴极保护,完全控制腐蚀及阻止点蚀。在施工阶段对所有钢管桩、承台与墩身浪溅区普通钢筋进行电连接,以备后期可实施牺牲阳极保护,采用交流阻抗表测量任意两点钢筋得到的电阻值应小于1Ω。港珠澳大桥工程混凝土结构的耐久性设计以氯离子侵入混凝土导致钢筋锈蚀的耐久性过程为主要对象,使用考虑设计变量统计规律的近似概率法进行耐久性设计,耐久性可靠指标定为 $\beta = 1.3$;采用我国华南地区长期暴露试验数据和工程调查数据,对各耐久性设计变量进行概率统计分析;针对具体设计函数,得到耐久性设计关键参数的分布函数与分项系数,结合耐久性极限状态和设计使用年限要求,利用氯离子侵蚀过程的混凝土结构寿命预测模型计算得出满足120年耐久性要求的理论控制指标。再根据设计参数理论值与实验室快速试验测试值之间的相关关系,提出混凝土耐久性质量控制值。处于海水中的混凝土遭遇高浓度的氯盐侵蚀,氯离子带负电荷加速钢筋锈蚀。因此采用带正电荷的铝、锌、铟、镁、钛合金块——牺牲阳极,安装在墩身上,保证全天候浸泡于海水中,通过墩身、承台混凝土中预埋的铜芯电缆与海泥下的钢管桩连接。除此之外,还必须对钢管桩腐蚀及牺牲阳极合金块消逝情况进行监测,根据腐蚀情况及时更换合金块。

4. 混凝土表面硅烷浸渍涂装

港珠澳大桥主体工程不可更换的主受力构件处于严酷腐蚀环境,具有潜在腐蚀风险的部位为耐久性防护的关键部位。为保证不可更换的主体构件在120年使用寿命周期内保持良好的耐久性,应采取必要的附加防腐蚀涂装措施。对处于大气区和海水区承台、墩身混凝土构件采用硅烷浸渍防腐涂装。

5. 墩身不锈钢钢筋(英标 BS6744:2001 + A2:2009、牌号 1.4362)

本工程桥梁工程处于浪溅区与水位变动区混凝土构件,采取外层不锈钢钢筋和内层普通钢筋及表面硅烷浸渍涂装。从现场施工质量控制与成本分析,浪溅区和水位变动区的现浇构件采用外层不锈钢钢筋的外加防腐措施,浪溅区和水位变动区的预制构件采用环氧涂层钢筋加硅烷浸渍联合的外加防腐措施。

6. 环氧钢筋

港珠澳大桥桥梁工程 CB05 合同段主要工程包括九洲航道桥、非通航孔桥、珠澳口岸人工岛接线桥,处于海洋环境大气盐雾区。九洲航道桥为钢混组合梁斜拉桥,非通航孔桥为85m钢混组合梁桥,接线桥为连续箱梁,桥面板钢筋全部采用普通环氧钢筋;CB03 合同段主要工程是青州航道桥及非通航孔桥、CB04 合同段主要工程是江海直达航道桥及非通航孔桥,其墩台采用高性能环氧钢筋和不锈钢钢筋。

7. 沉管混凝土防腐涂装

港珠澳大桥海底隧道采用两孔一管廊截面形式,是迄今为止世界上埋深最深、规模最大、单节管道最长的海底公路沉管。港珠澳大桥沉管隧道海中段外侧属于一侧临海水、另外一侧接触空气的情况,应按海水环境浪溅区划分;内侧受到高浓度 CO_2 作用和与外界连通的海洋大气作用,应按海洋环境大气区划分。如进一步考虑管段接头处海水的渗入以及其他对内侧钢筋不利的作用因素时,可适当提高内侧的保护层厚度;岛隧连接的隧道敞开段和暗埋段,内侧与外侧均有可能直接接触海水,按照浪溅区设计。为保证沉管混凝土120年防腐设计,需要对混凝土表面进行多层防腐涂装。

8. 结构混凝土保护层厚度设计

《港珠澳大桥混凝土结构耐久性设计指南》《港珠澳大桥混凝土耐久性质量控制技术规程》规定,港珠澳大桥处于海水浪溅区的承台、墩身,其保护层厚度达到80mm,其他构件混凝土保护层厚度也达到45~75mm。荷载作用下的钢筋混凝土构件的表面裂缝最大宽度计算值,对于无干湿交替的构件应不超过0.30mm,对于处于干湿交替环境钢筋保护层应不超过0.20mm。沉管隧道的内侧和外侧按照有干湿交替作用考虑,构件表面最大裂缝宽度应不大于0.20mm。

9. 混凝土结构耐久性健康专项监测

为保证港珠澳大桥满足120年的设计使用寿命要求,需对大桥主体混凝土结构耐久性状况进行监测,以制定科学合理的维护方案。耐久性专项监测系统要求能定量监测混凝土内氯离子的浓度分布、钢筋腐蚀速率和混凝土电阻率,从而掌握影响大桥主体混凝土结构的耐久性健康状况的关键参数并定量预测其耐久性剩余使用寿命,为后期的管理维护和耐久性再设计提供数据支撑。

10. 混凝土结构耐久性再设计

（1）施工阶段耐久性评估及再设计。对于沉管、主塔及桥墩等主要混凝土结构，施工期将耐久性监测传感器布设入构件内，以及时掌握运营期钢筋混凝土的耐久性状况，对耐久性发展趋势进行预测，耐久性监测传感器可即时测量钢筋的腐蚀动态及锈蚀速率、测量混凝土的电阻率、测试混凝土的氯离子含量或反映氯离子侵蚀过程。耐久性监测系统的布置充分考虑到覆盖除水下区的所有混凝土构件、处于不同腐蚀环境选择腐蚀最严重的混凝土构件、不同腐蚀环境不同保护层厚度混凝土构件。针对港珠澳大桥混凝土构件施工阶段由于材料离散性、工艺以及实际的使用条件等原因造成的实际耐久性降低情况，提出补救方案。主要利用现场施工过程中获得的混凝土试验、测试、检验数据，通过概率分析，评估耐久性设计目标在实际构件的实现程度，并分析离散性变化的原因，从而完善耐久性质量控制措施。根据施工阶段混凝土构件的耐久性评估结果，针对耐久性质量不达标或者局部不达标的混凝土构件开展耐久性再设计工作，主要指保护层、氯离子扩散系数不满足要求，且偏差超过5%；耐久性可靠指标评估值低于1.3。在设计阶段针对施工期的耐久性再设计预留补强方案，增加必要的附加防腐措施，加强维护管理。

（2）运营阶段耐久性维护再设计。工程交付使用前应进行混凝土结构与构件的耐久性评估，使用耐久性设计阶段、施工阶段以及暴露试验数据对不同暴露环境中的混凝土构件进行耐久性全概率评估，得到的耐久性可靠性指标作为结构运营的耐久性起点状态。结构运营期间，针对混凝土结构和构件建立耐久性检测制度。检测制度应根据不同需要分别建立验收检测、日常检测、定期检测、特殊检测以及终期检测的检测项目、频次以及相应的档案管理制度。及时采集混凝土结构耐久性监测系统数据，实时定量评估混凝土结构和构件的耐久性状态。当构件氯离子渗透深度超过预期，或钢筋提前进入脱钝状态，耐久性可靠指标评估值低于。

（3）应及时增加防腐附加措施并加强维护管理。

四、混凝土构件施工技术

1. 海工混凝土组成材料及质量控制

（1）水泥。选用硅酸盐水泥，混合材为矿渣粉或粉煤灰。本项目选用"华润"牌 P.Ⅱ 42.5 和 P.Ⅱ 52.5 级硅酸盐水泥，水泥比表面积为 300～380m²/kg；水泥熟料中 C_3A 含量≤8.0%，过高将导致水泥的水化速度过快，水化热过于集中释放，内外温差偏大，抗裂性下降；严格控制烧失量和游离氧化钙含量及生烧熟料进入水泥中，影响水泥体积安定性；水泥中的碱含量不超过 0.6%，过高容易引发混凝土的碱集料反应，增加混凝土的开裂倾向；氯离子含量不大于 0.03%；搅拌混凝土时水泥温度不宜高于 55℃。

（2）细集料。选用级配合理、质地均匀坚固、吸水率低、空隙率小的洁净天然中砂，细度模数在 2.6～3.0 之间（表3）。严禁使用海砂，严禁使用具有潜在碱集料反应活性的集料，采用快速碱—硅酸反应测试 14d 膨胀率检测结果小于 0.1%。

西江河砂主要技术指标 表3

检测项目	细度模数	含泥量（%）	泥块含量（%）	氯离子含量（%）	云母含量（%）	轻物质含量（%）
实测值	3.0	0.4	0.0	0.0005	0.26	0.18
技术要求	2.6～3.0	≤2.0	≤0.5	≤0.02	≤0.5	≤0.5

（3）粗集料。粗集料不得使用吸水率高的砂岩和热膨胀系数大的石英岩，选用经反击破工艺生产的级配合理、粒形良好、质地均匀坚固、线胀系数小的洁净碎石。粗集料最大公称粒径不大于25mm，为确保骨料级配良好，采用多级配碎石掺配技术。港珠澳大桥使用的是 5～16mm 和 16～25mm 的二级配碎石配制 C50 及以下级别的混凝土，而 C60 混凝土用 5～16mm 和 10～20mm 的二级配碎石；粗集料松散堆积密度大于 1500kg/m³，紧密空隙率小于 40%，吸水率小于 2%；粗集料的岩石抗压强度与混凝土强度等级之比不小于 2.0。通过对粗集料实行分级采购、分级存储、分级计量，以使集料具有尽可能小的空隙率，从而降低混凝土的胶凝材料用量，增加混凝土密实度（表4）。水分、混凝土中的碱含量、碱活性集料是发

生碱集料反应的三个必要条件,缺一不可,为预防混凝土发生碱集料反应,选用非碱活性集料。

新会白水带碎石主要技术指标 表4

检测项目	表观密度(kg/m³)	含泥量(%)	泥块含量(%)	氯离子含量(%)	坚固性(%)	硫酸盐及硫化物含量(%)
实测值	2670	0.2	0.1	0.0001	4	0.29
技术要求	≥2600	≤0.5	≤0.2	≤0.02	≤5	≤0.5

(4)矿物掺和料。华南长期暴露试验数据分析证明,混掺粉煤灰、粒化高炉矿渣粉的混凝土具有最优的抗氯离子渗透性能。混凝土实体采用矿粉与粉煤灰双掺技术,充分利用二者的细度和活性差异可使二者起到互补作用,共同改善提高海工混凝土耐久性。

严格控制粉煤灰的烧失量指标,使用烧失量大的粉煤灰配制的混凝土工作性差、需水量增大、坍落度损失大、不易捣实、外观色差大、耐久性差;粉煤灰主要技术指标:细度不大于12%,需水量比不大于100%,烧失量不大于5%,游离氧化钙不大于1.0%;氯离子含量不大于0.02%。

矿渣粉能改善混凝土和易性与耐久性,矿渣粉细度越大,活性越高,收缩亦变大,所以矿渣粉细度过大过小均不合理,从减少混凝土收缩开裂的角度出发,矿渣粉的比表面积宜控制在 400~500m²/kg,大体积混凝土不超过450m²/kg,本工程选用的 S95 级矿渣粉比表面积在 420~450m²/kg 之间;密度不小于2.8g/cm³;烧失量不大于3.0%;氯离子含量不大于0.02%;玻璃体含量不小于85%;放射性符合要求。

(5)外加剂。外加剂对混凝土具有良好的改性作用,掺用外加剂是制备高性能海工混凝土的关键技术之一,它可以有效地控制混凝土的凝结时间和早期硬化能力。采用减水率高、坍落度损失小、适量引气、能明显提高混凝土耐久性且质量稳定的产品,且与水泥之间有良好相溶性能。本工程配制高性能海工耐久性混凝土采用聚羧酸系高性能液态减水剂,品质符合现行国家标准《混凝土外加剂》(GB 8076—2008)、《混凝土外加剂应用技术规范》(GB 50119—2013)和行业标准《聚羧酸系高性能减水剂》(JG/T 223—2007),使用的聚羧酸系高性能液态减水剂其减水率可达到30%以上,含气量在2%~4%之间,氯离子含量符合要求。

(6)拌和水。港珠澳大桥混凝土全部采用自来水搅拌。拌和水的碱含量是新增要求指标,主要是为了控制混凝土的可溶性总碱含量,水中氯离子含量不大于200mg/L,硫酸盐含量不大于500mg/L。

(7)仿钢纤维。港珠澳大桥桥梁工程 CB05 合同段主梁是钢—混组合梁。国内外主要通过掺加钢纤维或有机聚合物纤维提高混凝土的抗裂性能,效果最好的为钢纤维,但钢纤维易锈蚀,不适合应用于港珠澳大桥海洋环境,镀铜纤维价格过高,不适合大量应用于工程。目前有机聚合物纤维的抗拉强度和弹性模量难以解决港珠澳大桥组合连续梁桥面板的抗裂性能。通过研究比对,工程设计在组合梁负弯矩区桥面板混凝土中掺加一定数量的仿钢纤维,以增加混凝土的韧性及反复荷载作用下的抗裂性能。仿钢纤维技术指标:抗拉强度大于500MPa、断裂伸长率15%~18%。

(8)增韧材料(液态增韧剂)。为保证本工程项目120年的设计使用年限,根据有关科学研究成果,首次采用在工程实体混凝土中掺加减缩增韧剂的施工技术方案。减缩增韧剂实质是在基体材料中引入一种具有超长分子链的聚合物,利用这种聚合物的超长分子链在基体中相互缠结形成的网络状骨架结构,为材料提供机械强度。当材料受到外力作用时,通过这种网络状骨架结构的形变、吸收和传递来自基体的冲击能量,起到增韧作用,从而提高混凝土的断裂韧性。本项目在负弯矩区桥面板及湿接缝C60混凝土中,每立方混凝土掺加江苏博特新材料有限公司生产的 SBT-ITM 原位增韧材料0.5%(以胶凝材料总量计),测试性能指标符合设计要求。SBT-ITM 增韧材料主要技术指标:28天抗压强度比大于95%、断裂能耗比大于170%、抗冲击耗能次数比大于180%。

(9)膨胀剂。港珠澳大桥桥梁工程设置了很多施工湿接缝,须在桥面板组合、墩台安装、墩身对接、塔墩固结等施工中按微膨胀混凝土施工湿接缝。主要掺加 UEA 型混凝土补偿收缩膨胀剂,严格控制好混凝土的限制膨胀率,使混凝土结构更加致密、耐久,C60 微膨胀混凝土抗裂等级评价可以达到 L-Ⅳ 级。UEA 型混凝土膨胀剂主要技术指标:总碱量不大于0.75%,21天限制膨胀率不小于-0.01%。

2. 混凝土配合比设计案例

(1) 本工程负弯矩区桥面板 C60 纤维增韧混凝土第一套配合比列于表 5 ~ 表 7。

混凝土试配比对数据 (kg/m³)　　　　表 5

编号	水胶比	水泥	粉煤灰	矿渣粉	砂	碎石	水	外加剂	增韧剂	仿钢纤维	砂率
S1-01	0.28	338	78	104	664	1084	146	5.21	2.60	1	38%
S1-02	0.30	317	73	91	695	1087	146	4.87	2.44	1	39%
S1-03	0.32	296	69	91	725	1088	146	4.56	2.28	1	40%

混凝土拌和物性能　　　　表 6

编号	坍落度 (mm)	扩展度 (mm)	含气量 (%)	表观密度 (kg/m³)	泌水率 (%)	初凝时间 (h:min)	坍损 T1h (mm)
S1-01	195	490	2.1	2430	0.0	15:30	5
S1-02	200	510	2.2	2420	0.0	15:05	10
S1-03	200	500	2.6	2420	0.2	16:00	10

混凝土力学及耐久性指标　　　　表 7

编号	R_5 抗压 (MPa)	R_{28} 抗压 (MPa)	R_{28} 抗折 (MPa)	R_{28} 劈拉 (MPa)	R_{28} 弹模 (MPa)	氯离子扩散系数 (10^{-12} m²/s)	
						28d	56d
S1-01	62.3	79.5	8.90	6.42	42100	4.9	2.2
S1-02	61.2	80.6	8.80	5.86	41000	5.3	2.8
S1-03	57.6	70.2	8.31	5.47	40400	6.0	3.4

根据表 5、表 6、表 7 数据分析,确定编号 S1-02 为实验室 C60 负弯矩区桥面板纤维增韧混凝土理论配合比(图 1、图 2)。

图 1　混凝土配合比试配试件

图 2　混凝土配合比设计抗裂比对试件

(2) 几种材料设计配合比氯离子扩散系数结果比对如表 8、图 3。

混凝土试配比对数据 (kg/m³)　　　　表 8

编号	强度等级	水泥 P.II52.5	粉煤灰	矿渣粉① 膨胀剂②	砂	碎石	拌和水	外加剂	增韧剂	仿钢纤维	28d 氯离子扩散系数 (10^{-12} m²/s)
S1-02	C60	317	73	91①	695	1087	146	4.87	2.44	1	5.3
S4-02	C60	292	146	49②	709	1063	146	4.87	2.44	1	9.7
S4-03	C50	264	146	46②	703	1100	146	4.56	—	—	10.9

表 8 数据反映,在不掺加矿渣粉的情况下,S4-02、S4-03 混凝土实测 28 天氯离子扩散系数值均超过了设计要求。

3. 混凝土拌和站认证制度

港珠澳大桥主体工程推行"大型化、工厂化、标准化、装配化"的施工管理方法。为加强混凝土的质量管理，建设单位按照香港、澳门、英标和欧盟标准的相关管理模式，对用于港珠澳大桥主体工程的混凝土实行产品质量认证制度。主要认证内容包括：混凝土拌和站质量管理控制体系的建立、机械设备配置、组织机构及人员配备、原材料质量、混凝土拌和物性能质量及耐久性指标等；用于本工程主体工程施工的混凝土拌和站全部需要通过澳门土木工程实验室的质量管理体系审核、型式检验、中间核查。

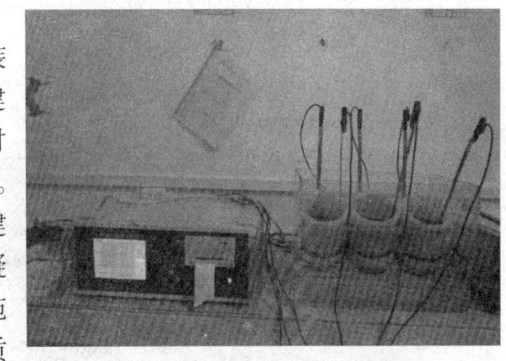

图3 混凝土配合比设计氯离子扩散系数测试比对

4. 新拌混凝土温度控制

《港珠澳大桥混凝土耐久性质量控制技术规程》及《港珠澳大桥混凝土认证细则》规定，本工程项目主体工程所有混凝土的出机温度不得高于28℃，在浇筑时温度一般控制在10℃～28℃之间。港珠澳大桥所处地理位置是南方潮湿闷热的海洋环境，因此，在混凝土搅拌站都必须配备制冰机或冷水机组。本工程选用"SNOWKEY"品牌制冰机和冷水机组，制冰机每小时可生产2t冰屑，冰库还可以提前制备储存32t冰屑，夏季一般每立方混凝土加入50～60kg冰屑置换拌和水；冷水机组每小时可产生1.5℃冷水20t，并带有一个可以储存30t冷水箱，经计量后直接加入搅拌机，见图4。

5. 混凝土结构浇筑与养护

现在工程施工大力推进"工厂化、机械化"建设，在港珠澳大桥CB05标中山预制场设有大型现代化混凝土生产设备，搅拌能力为两条180m³/h和两条120m³/h生产线。配有6台9m³搅拌运输车和TB90型汽车泵三台，确保混凝土生产浇注连续不间断。强化新浇混凝土的养护工作，对初凝后的混凝土即开始进行顶面蓄水养护，拆模后立即用帆布罩覆盖保湿保温养护，详见图5～图7。

图4 混凝土搅拌站配置的制冰机组

图5 中山预制场预制墩帽混凝土浇筑

图6 中山预制场预制墩台一体化混凝土浇筑

图7 中山预制场墩台混凝土养护

6. 复合钢管桩钢管制作及防腐涂装

港珠澳大桥为提高钢管桩的耐久性,分别在钢管桩的内外进行环氧防腐涂装处理,外层防腐涂装三层,厚度≥1000μm,内层防腐涂装二层,厚度≥650μm。此外还对钢管桩进行牺牲阳极设计并对其进行耐久性监测,监控其受腐蚀变化情况,以便及早采取其他防腐措施,钢管桩制作及涂层检测见图8、图9。

图8 钢管桩制作(环焊缝自动焊接)　　　　图9 钢管桩防腐涂层厚度检测

7. 复合钢管桩牺牲阳极保护及耐久性监测

本项目采用的牺牲阳极保护材料为铝—锌—铟—镁—钛合金,根据钢管桩钢材的重量不同,设置的牺牲阳极合金材料重量也不同,主要有126.8kg、138kg、198kg几种。连接方式为双铁脚焊接式,埋置在海水面以下3m处,进场及安装的阳极装置见图10、图11。

图10 准备安装的牺牲阳极装置　　　　图11 已安装的牺牲阳极装置

8. 墩台身混凝土表面硅烷浸渍涂装

在混凝土浇筑养护28天后,对混凝土表面进行清洁处理,喷涂硅烷——异丁基三乙氧基硅烷两次,前后两次间隔24小时,总消耗量不少于480mL。硅烷技术要求如下:

(1)异丁基三乙氧基硅烷含量不应小于98.9%。
(2)硅氧烷含量不应大于0.3%。
(3)可水解的氯化物含量不应大于1/10000。
(4)密度(温度25度)应为0.88g/cm^3。
(5)折射率为1.3998~1.4002。
(6)活性应为100%,不得以溶剂或其他液体稀释。

在混凝土结构和构件硅烷喷涂施工后至少7天,钻取芯样,测试硅烷试件的吸水率、浸渍深度、氯化物吸收量等,经测试合格的构件方可接触海水。对于现浇混凝土构件,则尽可能延长接触海水的时间,且现浇浪溅区及以下的混凝土构件强度在达到设计强度70%前,不得受海水侵袭。钢筋在混凝土中锈蚀的临界氯离子浓度与混凝土的保护层厚度、胶凝材料品种、水胶比、环境的通氧条件及相对湿度等因素有关,因此,本工程要求混凝土构件应养护42天后才能接触海水,墩身喷涂硅烷见图12。

9. 浪溅区墩身不锈钢钢筋（英标 BS6744:2001 + A2:2009、牌号 1.4362）

本工程桥梁工程处于浪溅区与水位变动区混凝土构件，在构件中采取外层不锈钢钢筋和内层普通钢筋及表面硅烷浸渍涂装。从现场施工质量控制与成本分析，浪溅区和水位变动区的现浇构件采用外层不锈钢钢筋的外加防腐措施，浪溅区和水位变动区的预制构件采用环氧涂层钢筋加硅烷浸渍联合的外加防腐措施。在本工程中大量采用的是按英标 BS6744:2001 + A2:2009 生产、牌号 1.4362、屈服强度不小于 500MPa 的双相不锈钢钢筋。所有不锈钢钢筋委托北京国家金属实验室按英标 BS6744:2001 + A2:2009 标准进行化学成分分析、力学性能、夏比冲击、晶间腐蚀试验等指标测试，指标均符合要求。不锈钢钢筋绑扎及接头丝头加工见图 13、图 14。

图 12　预制墩身喷涂硅烷

图 13　预制墩身不锈钢钢筋绑扎

图 14　预制墩身不锈钢钢筋接头镦粗连接加工

10. 环氧钢筋（高性能环氧、普通环氧）

港珠澳大桥 CB05 合同段主要工程包括九洲航道桥、非通航孔桥、珠澳口岸人工岛接线桥，处于海洋环境大气盐雾区。其中九洲航道桥为钢混组合梁斜拉桥，非通航孔桥为 85m 钢混组合梁桥，桥面板全部采用普通环氧钢筋和预应力钢绞线。其他合同段主要工程是青州航道桥、东西人工岛连接桥、江海直达航道桥及非通航孔桥，其墩台采用高性能环氧钢筋。本工程用环氧钢筋主要是 HRB335、HRB400 级螺纹钢筋，环氧涂层厚度控制在 $220 \sim 400 \mu m$。主要检测项目包括：涂层厚度、涂层连续性、涂层可弯性等，在首次使用前，还进行了环氧钢筋型式检验，包括：抗化学腐蚀、阴极剥离盐雾试验、氯化物渗透性、涂层钢筋的黏结强度、耐磨性、冲击试验，构件中的环氧钢筋见图 15。

11. 沉管混凝土聚脲防水涂料及水基渗透结晶型防水材料涂装

港珠澳大桥沉管隧道，科研及设计人员经过大量试验研究，决定对沉管防腐蚀措施采取在沉管外壁喷涂聚脲防水涂料，厚度不小于 1.5mm；对于底面内壁，采取喷涂水基渗透结晶型防水材料，按三遍喷涂，两次时间间隔 24 小时，三遍总用量为 $370ml/m^2$；喷涂环境温度 $4 \sim 35℃$，相对湿度 $10\% \sim 90\%$。

a) 组合梁湿接缝待浇筑混凝土　　　　　　　b) 预制桥面板存放6个月

图15　构件中的环氧钢筋

聚脲防水涂料主要性能：固体含量＞98%、拉伸强度＞16MPa、断裂伸长率＞450%、黏结强度＞2.5MPa。除对聚脲防水涂料进行产品性能检测外，需要对混凝土结构和构件进行表面涂层性能测试，主要有耐碱性试验、抗氯离子渗透试验、黏结力试验等（图16）。

a) 预制沉管待组拼　　　　　　　　　　　b) 沉管接头聚脲防水喷涂施工

图16　沉管接头处理

12. 大体积沉管、承台混凝土结构浇筑时采用冷却水管控制温升技术

本工程大体积混凝土结构很多，如沉管、承台、墩身等，混凝土入模后最高温度不高于70℃；对于预制或现浇大体积混凝土其浇筑温度应满足温度控制要求。除搅拌站配置有制冰机组或冷水机组，采用拌和水与冰屑或冷水共同加入搅拌机来严格控制混凝土出机温度外，为控制新浇混凝土入模后因水化热温升过高，采用传统的布设冷却水管的方法，利用循环水降低大体积混凝土结构内部过高的温度，以保证结构不因温差过大而产生温度裂缝，循环水温温差控制在20℃以内。混凝土施工时尽量减少暴露的工作面，混凝土浇筑1～2h内，使用塑料布覆盖进入养护阶段。在养护期间保持混凝土表面一直处于湿润状态，潮湿养护时间不低于15天。

13. 结构混凝土保护层厚度要求与控制

为保证钢筋的混凝土保护层厚度的均匀性及控制构件表面最大裂缝宽度，根据研究专题的阶段研究成果，对垫块布置间距进行了适当从严的要求，要求受检构件的混凝土保护层厚度的允许偏差为－5～+18mm，合格点率达到90%以上。为确保结构混凝土不出现开裂现象，对混凝土施工质量控制和混凝土配合比设计等环节提出了更高要求。通过六次试验块的浇注结果，并认真分析总结，归纳了施工操作要领，确保混凝土构件裂纹可控（图17）。

14. 混凝土结构耐久性健康专项监测

港珠澳大桥主体混凝土结构耐久性监测涵盖港珠澳大桥三座通航孔桥、非通航孔桥、东西人工岛、珠澳口岸人工岛连接桥和沉管隧道。耐久性监测传感器系统包括监测传感器、电缆、数据采集与传输系统、防干扰机箱以及监测操作软件。此类传感器系统可以对钢筋腐蚀速率、氯离子浓度和混凝土电阻率进行定量监测分析。埋设的传感器材料主要有防静电的 VALOX™ 塑料外壳,混凝土电阻率探针为 316 不锈钢,参比电极为 MnO_2 或 $Ag/AgCl$,钢筋电极为普通碳钢钢筋,辅助电极为 316 不锈钢。

图 17　钢筋保护层比对试验及预制墩台保护层实体检测

在施工阶段,监控工作内容主要通过埋设应力应变传感器搜集数据,进行监控计算、施工监测、状态分析等,确保墩台身、钢-混组合梁受力变形可控;对大体积承台混凝土内外部温度监测,调节冷却管通水流量及时间,保证混凝土不会因为内外温差过大而开裂。成桥后的耐久性监测,通过预埋传感器实时监测氯离子浓度、钢筋腐蚀电位及速率、混凝土电阻率和温度,进行数据采集与传输、分析与整理来间接评价混凝土结构耐久性状况。

五、成　果

通过采取以上多项海工混凝土施工工艺技术及结构耐久性控制技术,港珠澳大桥工程通过借鉴和探索,总结出一套切实可行的保证措施,目前工程推进顺利,施工技术可行,结构质量可靠,各项技术指标满足设计使用寿命 120 年的要求,也为今后类似工程施工提供了可借鉴的宝贵经验。

六　结　语

作为中国建设史上里程最长、投资最多、施工难度最大的跨海桥梁项目,大桥建设方对于桥梁工程质量有着非常高的要求。通过多项智能化技术实现了精确施工、规范操作,确保桥梁结构质量、安全性能和耐久性能。港珠澳大桥跨越珠江口伶仃洋海域,它的建成将连起世界最具活力的经济区,开辟香港、澳门、珠海"三小时经济圈",对港珠澳三地经济社会一体化意义深远。

目前,港珠澳大桥工程已经完成过半,所有结构部位的工程都已开始施工或已施工完毕,通过研究并采取以上耐久性保证措施,工程结构达到预期效果。但同时,一些措施在国内还是首次采用,有许多需要继续研究和探讨的内容;而实际工程中还应用有其他技术措施,由于水平有限,故对已知的几项耐久性措施加以分析阐述,以期得到同行业专家的指导和关注。

54. 防撞套箱和护舷制作及安装质量控制

方燎原[1]　吴清发[2]

(1. 广州南华工程管理有限公司;2. 港珠澳大桥管理局)

摘　要　港珠澳大桥青州航道桥主墩防撞套箱呈哑铃形,重量和面积大,制作工艺复杂,运输及安装难度大,本文针对工艺特点,提出验收标准修订建议。采用平板橡胶、纤维增强复合材料防撞护舷,可有效减轻船只撞桥带来的破坏力,提高航运安全性,将成为港珠澳大桥的"防护服"。

关键词 青州航道桥 防撞套箱 平板橡胶 防撞护舷

一、工 程 概 况

1. 青州航道桥主墩承台防撞钢套箱

青州航道桥采用五跨连续双塔双索面钢箱梁斜拉桥,主跨458m,全长1150m。主墩承台防撞钢套箱总长约226.5m(内围壁),平面长度90.99m、宽度43.74m,高度8.5m,承台套箱宽度为3.3m,中间系梁套箱宽度为3.1m。为方便施工及安装,主墩承台防撞钢套箱共分为26个节段,其中A节段20个,节段长度10.541m,质量41.6t,B节段4个,节段长度3.955m,质量27.587t,C节段2个,节段长度8m,质量35.24t。

防撞钢套箱顶面高出一级承台表面1.5m,套箱顶部设置挂腿,通过板式橡胶支座支撑于表面局部凸起的连接座上。为抵抗可能出现的上浮力,部分挂腿设置钢支架,通过粗钢筋锚固于连接座内。防撞钢套箱内侧外壁与承台外壁之间设置20mm厚平板橡胶,平板橡胶高度为7.8m。防撞钢套箱外周围设置H80固定式复合材料防撞护舷。主墩承台防撞钢套箱总体布置如图1、图2所示。

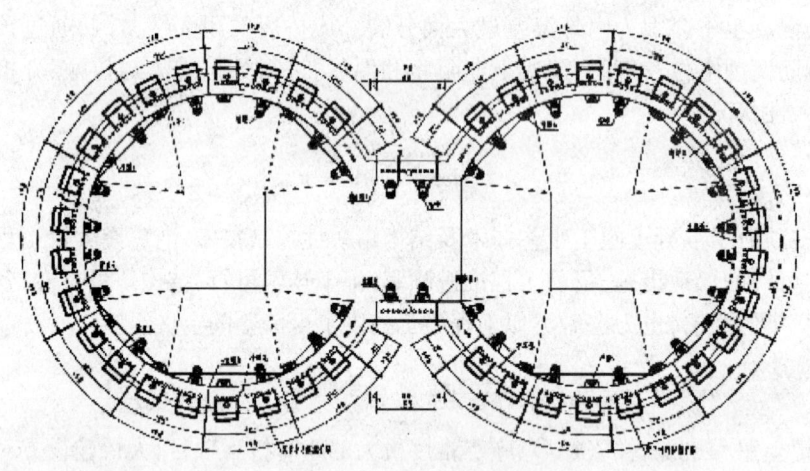

图1 主墩防撞钢套箱总体平面布置

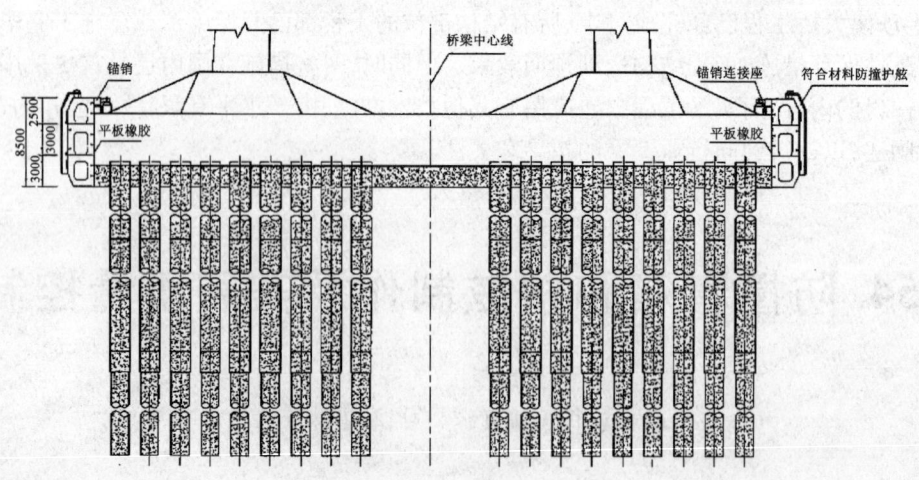

图2 主墩承台防撞钢套箱立面布置图

2. 青州航道桥边辅墩承台防撞钢套箱

青州航道桥边辅墩承台防撞钢套箱总长约110m（内围壁），套箱平面长度为45.14m，宽度为29.04m，高度为8.0m，套箱顺桥向两侧宽度为2.2m，横桥向宽度为2.5m。钢套箱共分为26个节段，单个节段长度为4～11m，质量约25～36t，节段之间采用高强螺栓连接。

边辅墩防撞钢套箱顶部设计有挂腿，通过板式橡胶支座支撑于表面局部凸起的连接座上，部分挂腿设置了钢支架，通过粗钢筋锚固于连接座内。套箱内侧外壁与承台外壁之间设置20mm厚平板橡胶，平板橡胶高度为7.3m。防撞钢套箱外周围设置H80固定式复合材料防撞护舷如图3、图4所示。

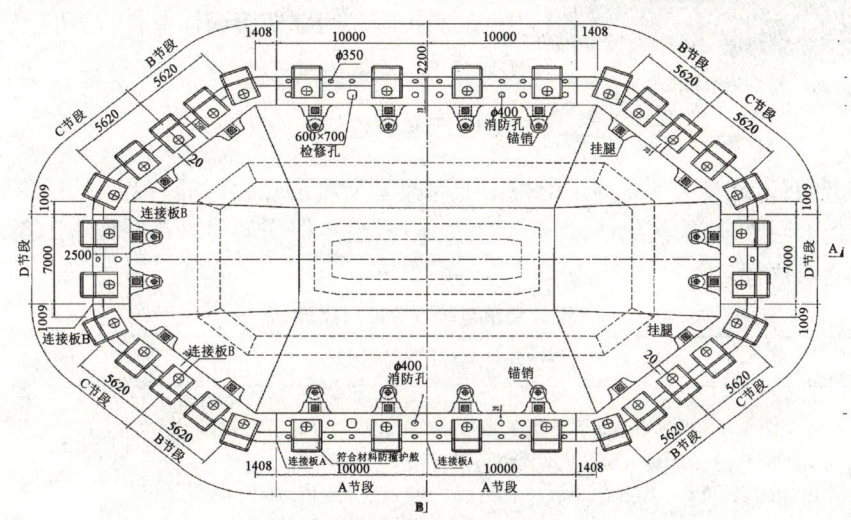

图3 边辅墩承台防撞钢套箱平面布置图

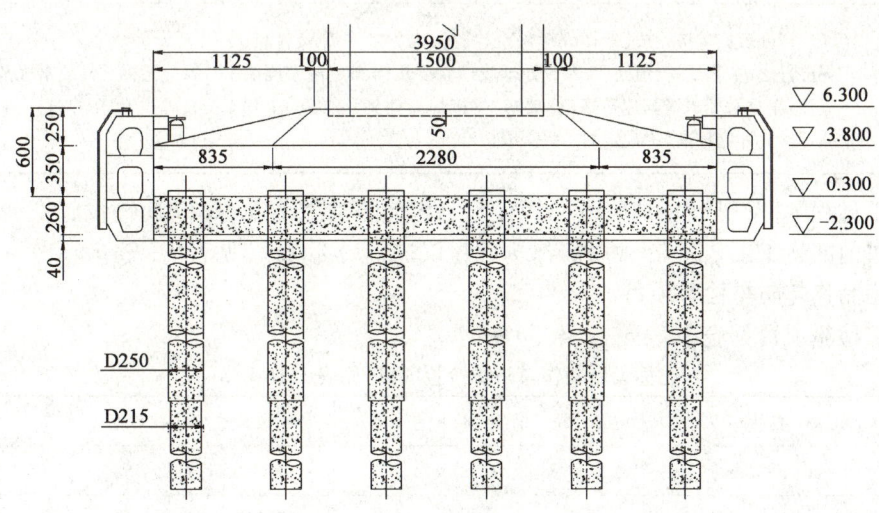

图4 边辅墩承台防撞钢套箱立面布置图

为延长防撞套箱的使用寿命，设计采用防蚀涂料对防撞套箱侧板的内外表面及其钢构件的表面进行防腐涂层处理。防撞套箱侧板外表面和内表面及构件涂装设计要求防腐期限为20年。

采用的钢材和焊接材料的规格、化学成分及力学性能必须符合设计施工图和技术规范要求，必须有完整的材料质量证明书。钢结构构件表面无凹陷、明显划痕、焊疤、电弧擦伤，边缘无毛刺。

防护涂装材料的品种规格、技术性能指标必须符合设计施工图和技术规范的要求，具有完整的出厂质量合格证明书。涂料附着力应满足设计要求。钢结构构件涂层无破损、气泡、裂纹、麻点、流挂和皱皮。

3. 二次设计

根据设计要求，承包人对防撞套箱底板、壁板、挂腿、内支撑开展了二次设计。主墩钢套箱底板由面板、纵向支撑主梁、横向次梁及加劲梁组成；壁板为双壁结构形式；防撞钢套箱通过设置挂腿作为套箱安装时的临时承重结构，挂腿设置在钢套箱顶部；主墩钢套箱内支撑采用φ800×12mm螺旋焊管，设置在钢套箱顶口，主墩钢套箱底板设置加劲桁架及吊杆。

4. 吊装

主墩防撞套箱现场平面面积约4000㎡，重达1700t，采用两台大型浮吊进行吊装作业。吊装期间，海上风力达到9~10级，利用阵风间歇期协调作业，历时两个半小时安全完成吊装任务，见图5。

图5 主墩承台防撞钢套箱安装

二、验收标准的修订

对照设计图纸和《港珠澳大桥主体工程桥梁工程施工及质量验收标准》（以下简称"验收标准"），通航孔桥防撞设施的涂层厚度、二次除锈、焊缝尺寸及外观、超声探伤的要求存在如表1所示差异，我们建议按照设计图纸要求执行。

设计要求与验收标准对照表　　　　　　　　　　　　　　　　　　　　　　　　　　　　　表1

项　目	设计图纸要求	验收标准要求
涂层厚度	允许有15%的读数可低于规定值，但每一单独读数不得低于规定值的85%；重点防腐工程的厚度要求采用"90—10"规则，即允许有10%的读数可低于规定值，但每一单独读数不得低于规定值的90%	90%以上测点达到或超过规定涂层厚度，其余10%不得低于固定值的90%
二次除锈	喷砂表面达到Sa2.5	二次除锈规定值Sa3
焊缝尺寸及外观、超声探伤	焊缝外表质量检验按《船体焊缝外观检验标准》执行；焊接材料、焊接方法、工艺规程、预处理、焊后处理及检验要求需满足按中国船级社《钢质海船入级与建造规范》要求；拼接焊缝达到《钢结构工程质量检验评定标准》中规定的二级焊缝标准	符合招标文件技术规范及《公路桥涵施工技术规范》（JTJ/T F50—2011）

我们在施工过程中，发现"表3.16-16 防撞设施制作与防护""表3.16-17 防撞设施安装"两张实测项目表的内容与目前的施工工艺存在一些差异，为此建议进行局部修改，见表2~表5。

1. 防撞设施制作与防护检验项目

防撞和防护检验项目见表2、表3。

防撞设施制作与防护检验项目（原表3.16-16）　　　　　　　　　　　　　　　　　　　表2

序号	检查项目		规定值或允许偏差	检查方法和频率	权值
1	节间平面长度(mm)		±2	尺量，量每节间	1
2	节间宽度(mm)		±2	尺量，量每节间	1
3	节间高度(mm)		±2	尺量，量每节间	1
4	节段长度(mm)		±5	尺量，量每节段内外弧长	1
5△	节段平面弯曲度(mm)		±5	用样板检查内外弧	1
6△	焊接	焊缝尺寸及外观	符合技术规范及《公路桥涵施工技术规范》（JTJ/T F50—2011）要求	样板尺，目测全部	3
		超声探伤		按设计规定或20%	
7△	二次除锈		Sa3	用样板目测	2
8△	总干膜厚度(μm)		满足设计要求	测厚仪，每杆件2~3点	2

防撞设施制作与防护检验项目(建议表 3.16-16)　　　　　　　　　　　　　　　　　表 3

序号	检测项目		规定值或允许偏差	检验方法	权值
1	总长度(mm)		±10	尺量	1
2	总宽度(mm)		±10	尺量	1
3	高度(mm)		±5	尺量	1
4	端口对角线差(mm)		±5	尺量	1
5	肋板隔板	位置(mm)	±2	尺量	1
		垂直度(mm)	2	尺量	
6	节段平面弯曲度(mm)		±5	用样板规检查	1
7	扭曲(mm)		≤5	吊锤,尺量	1
8△	焊接	焊缝尺寸及外观	《船体焊缝外观检验标准》	样板尺,目测全部	3
		超声探伤	Ⅱ级	按设计规定或20%	
9	二次除锈		Sa2.5	用样板目测	2
10	总干膜厚度(μm)		满足设计要求	测厚仪,每杆件测2~3点	2
11△	高强螺栓孔	内、外侧板拴接孔通孔率	100%	较设计孔径小1mm试孔器	1
		纵横隔板拴接孔通孔率	100%	较设计孔径小1mm试孔器	1

2. 防撞设施安装检验项目

安装检验项目见表4、表5。

防撞设施安装检验项目(原表 3.16-17)　　　　　　　　　　　　　　　　　　表 4

序号	检查项目		规定值或允许偏差	检查方法和频率	权值
1	节段平面位置(mm)		25	尺量每节段与墩的连接点	1
2	节段高程(mm)		±10	水准仪测与墩的连接点	1
3△	竖杆垂直度(mm)		单层20,双层30	垂球和尺测,每节段2~4处	2
4△	连接	焊缝尺寸及外观	符合招标文件技术规范及《公路桥涵施工技术规范》(JTJ/T F50—2011)要求	样板尺,目测全部	3
		超声探伤		抽查按设计规定或20%	

防撞设施安装检验项目(建议表 3.16-17)　　　　　　　　　　　　　　　　　表 5

序号	检测项目		规定值或允许偏差	检验方法	权值
1	平面长度(mm)		±10	尺量	1
2	平面宽度(mm)		±10	尺量	1
3	高度(mm)		±5	尺量	1
4	节段间错台(mm)		±5	尺量,量每节间	1
5	顶面中心偏位(mm)	顺桥向	±25	全站仪或经纬仪:测围堰两轴线交点,纵横各检查两点	1
		横桥向	±25		1
6	顶面高程		满足设计要求	水准仪:测4处	1
7△	连接高强螺栓扭矩		±10%	测力扳手:检查5%,且不少于2个	3

在"3.16.11.1 基本要求"中规定按照3.9节钢结构制造的相关规定验收合格后才可进行下一道工序。为了表式的统一,我们将参照钢箱梁现场记录表式。

三、平板橡胶

在以钢套箱为主防撞结构的基础上,在其外设置缓冲护舷,起到辅助防撞作用。通过套箱与承台之间设置20mm厚平板橡胶变形耗能,进一步降低船撞力,保护桥梁结构(表6)。

平板橡胶技术要求　　　　表6

技术指标		氯丁橡胶
硬度(邵氏A)		55±3
拉伸强度(MPa)		≥16.0
扯断伸长率(%)		≥400
橡胶与钢板的黏结剥离强度(kN/m)		>7
脆性温度(℃)		≤-40
恒定压缩永久变形(70℃×22h)		≤20
耐酸碱质量变化率(%)	5% HCL、NaCl,23℃×48h	≤20
	2% NaOH,23℃×48h	≤20
耐臭氧老化(25~50pphm,20%伸长,40℃×96h)		无龟裂
热空气老化试验	试验条件(℃×h)	100×70
	拉伸强度降低率(%)	<15
	扯断伸长率降低率(%)	<40
	硬度变化(IRHD)	<+15
耐油污性(一号标准油,23℃×168h)	体积变化(%)	5~+10
	硬度变化(IRHD)	10~+5

根据主墩套箱内壁平板橡胶高度、各边长度,综合考虑平板橡胶生产及运输能力,索塔套箱平板橡胶生产三种规格尺寸:5800mm×1500mm×20mm、5800mm×897mm×20mm、5800mm×976mm×20mm,并根据固定螺栓位置,开好螺栓孔。

(1)钢套箱节段连接板之间安装平板橡胶条,目的在于防撞护舷、防撞套箱和平板橡胶共同作用,消能缓冲,减少撞击对承台的影响。因此,平板橡胶应安装牢固,不影响承台永久结构的质量。

(2)平板橡胶表面不得有裂口、碰伤、刮伤及影响耐久性和使用性能的缺陷。

(3)目前尚无平板橡胶及防撞护舷安装质量验收标准,建议编制相应验收标准。

四、防撞护舷

复合材料消能护舷是一种复合材料结构,其主要构成有玻璃纤维外壳、内填充聚氨酯泡沫塑料及中间消能肋三部分组成。

青州航道桥防撞护舷规格为:$D = 2000mm$,外形尺寸7300mm×2000mm×800mm,单件最大质量2000kg,48件;$D = 3000mm$,外形尺寸7800mm×3000mm×800mm,单件最大质量3000kg,24件。

1. 防撞护舷技术指标

作为新型复合材料,还没有专门的技术规范,港珠澳大桥在综合研究的基础上,确定如下复合材料防撞护舷技术指标。

(1)纤维增强复合材料。技术指标:

①迎撞面复合材料拉伸强度≥300MPa,拉伸模量≥18GPa;

②复合材料格构腹板拉伸强度≥250MPa,拉伸模量≥10Gpa;

③复合材料弯曲强度≥200MPa;

④复合材料压缩强度≥200MPa;

⑤复合材料面内剪切强度≥50MPa;

⑥复合材料断裂延伸率≥1.8%;

⑦海水腐蚀加速试验(饱和NaCl溶液、温度75℃、浸泡时间1年),复合材料拉伸强度下降率

<10%,弹性模量下降率<20%;

⑧紫外老化加速试验($550\mu W/cm^2$,2000h),复合材料拉伸强度下降率<15%,弹性模量下降率<10%;

⑨复合材料吸水率<2%;

⑩采用耐海水专用树脂,不得添加填料,其含量45%~55%;

⑪外壳巴氏硬度≥45。

检测标准:

①《纤维增强塑料性能测试方法总汇》(GB 1446—2005);

②《纤维增强复合材料建设工程应有技术规范》(GB 50608—2010);

③《纤维增强塑料拉伸性能试验方法》(GB/T 1447—2005);

④《纤维增强塑料压缩性能试验方法》(GB 1448—2005);

⑤《纤维增强塑料弯曲性能试验方法》(GB 1449—2005);

⑥《纤维增强塑料纵横剪切试验方法》(GB/T 3355—2005);

⑦ASTM D5528-01(2007)Standard Test Method for Mode I Interlaminar Fracture Toughness of Unidirectional Fiber-Reinforced Polymer Matrix Composites;

⑧玻璃纤维增强热固性塑料耐化学介质性能》(GB/T 3857—2005);

⑨《耐气候性能测试—玻璃钢自然暴晒老化试验》(GB 2573—81);

⑩纤维增强塑料密度和相对密度试验方法》(GB/T 1463—2005);

⑪《玻璃纤维增强塑料树脂含量试验方法》(GB/T 2577—2005);

⑫《增强塑料巴柯尔硬度试验方法》(GB/T 3854—2005)。

(2)聚氨酯闭孔芯材。

技术指标:

①吸水率<2%;

②剪切强度≥0.15MPa;

③平压强度≥0.15MPa,平压弹性模量≥6MPa。

检测标准:

①《硬质泡沫塑料吸水率的测定》(GB/T 8810—2005);

②《硬质泡沫塑料剪切强度试验方法》(GB/T 10007—2008);

③夹层结构或芯子平压性能试验方法》(GB/T 1453—2005)。

(3)复合材料护舷整体性能。

技术指标:

①压缩刚度≥$80MN/m^3$;

②压缩变形50%时,单位面积(m^2)吸能量500kN·m;

③单位面积(m^2)承载力≥2.5MN;

④颜色:交通红 RAL3020(RAL工业国际标准色卡);

⑤外观尺寸:±2cm;

⑥耐久性使用年限:30年;

⑦3000t级及以下吨位船舶撞击时,复合材料护舷整体发生弹性变形,无明显破损;3000t级以上船舶撞击时,复合材料护舷发生耗能。

(4)现场验收标准。

技术指标:

①现场监理需对应相关的施工图纸,对护舷外观尺寸、颜色、安装位置进行检测,保证按图施工,误差需在允许范围内;复合材料护舷产品供应商需提供材料强度等技术指标检测报告。

②复合材料护舷与钢箱之间的连接定位桩、连接钢板、侧向限位角钢,要求所有焊缝必须满焊,无虚焊,所有钢结构配件必须满足防腐涂层要求。

(5) 其他。

技术指标：

①复合材料护舷面层、格构腹板与泡沫芯材采用一次整体成型以保证其整体结构受力性能，内部格构不能采用填入式格栅板。

②防撞护舷与钢套箱的连接方式及具体构造的详细设计由供货商完成并向施工单位提供并经设计同意后实施。施工图设计图纸连接构造仅供参考，护舷供货商应对连接构造进行详细设计确保其在设计潮流及波浪力作用下不被击垮脱落。

③鉴于钢套箱安装完毕后，会有牡蛎等海生物附着于钢套箱表面，同时考虑到复合材料防撞护舷的安装便捷性及护舷预埋钢板与钢套箱焊接连接处的防腐处理，因此复合材料防撞护舷宜在岸上提前安装于钢套箱上，之后随钢套箱一同吊装就位。

2. 防撞护舷制作

护舷制作采用的纤维增强复合材料、聚氨酯闭孔芯材料的拉压强度、抗弯剪强度、断裂延伸率、腐蚀、老化、吸水率、硬度，以及抗冲击性能等技术指标必须符合技术规范要求，并具有完整的材料试验报告，护舷船撞数值模拟计算报告，复合材料护舷压缩吸能测试报告及产品出厂检验合格证明书（图6）。

复合材料护舷面层、格构腹板与聚氨酯闭孔泡沫芯材采用一次整体成型以保证其整体结构受力性能，内部格构不得采用填入式格栅板。

护舷产品内部结构尺寸（含格构腹板布置、连接措施等）应满足设计图纸要求。

图6 防撞护舷制作

护舷力学性能试验：组批应按每座桥梁分类，以同一品种、同一类型为一批，每批抽取一个产品进行试验，如检验不合格时，应取双倍试样进行复检，如复检仍有一个不合格，则该批次产品应逐个检验。

护舷与钢套箱框架应尽可能保持密贴，连接牢固。

除非设计另有要求，护舷连接件防腐涂层应与钢套箱涂层体系一致。

港珠澳大桥防撞护舷材料及成品工艺试验结果见表7～表12。

纤维增强复合材料检验报告　　表7

检验项目		试验方法	测定值	
			平均值	变异系数 5
迎撞面复合材料	拉伸强度(MPa)	GB/T 1447—2005	426	2.8
	拉伸弹性模量(GPa)		22.5	2.4
	断裂伸长率(%)		2.28	4.8
复合材料格构腹板	拉伸强度(MPa)	GB/T 1447—2005	422	5.2
	拉伸弹性模量(GPa)		23.7	3.2
	断裂伸长率(%)		2.15	6.0
压缩强度(MPa)		GB/T 1448—2005	368	4.6
弯曲强度(MPa)		GB/T 1449—2005	704	1.9
剪切强度(MPa)		GB/T 3355—2005	71.1	1.4
巴氏硬度		GB/T 3854—2005	70	3.1
吸水率(%)		GB/T 1462—2005	0.14	—
树脂含量(%)		GB/T 2577—2005	47.5	—

MFE 764BVP 环氧乙烯基脂树脂检验报告　　　　　　　　　　　　　　　　表8

检验项目	指标范围	检验结果
外观	紫红色透明	紫红色透明
黏度(25℃ Pa·s)	0.1~0.2	0.18
凝胶时间(25℃·min)	80.0~100.0	89'00"
酸值(mgKOH/g)	—	12.5
固体含量(%)	—	57.0
结论	合格	合格

乙烯基胶衣交通红 RAL3020 质量保证书　　　　　　　　　　　　　　　　表9

项目	技术指标	检验方法	备注
黏度(25℃Pa·s)	1500~2500	GB/T 7193.1	2300
胶凝时间(25℃min)	5~18	GB/T 7193.6	18.0
触变指数	≥4.0	JISK 6901	5.96
色差(△E)	≤0.5	JISZ 8729	

聚氨酯闭孔芯材检验报告　　　　　　　　　　　　　　　　表10

检验项目		检验结果
剪切强度(MPa)		0.20
吸水率(%)		1.9
平压性能	平压强度(MPa)	0.28
	平压弹性模量(MPa)	6.08

聚氨酯闭孔泡沫塑料技术性能　　　　　　　　　　　　　　　　表11

项目	密度(kg/m³)	剪切强度(MPa)	平压强度(MPa)	平压弹性模量(MPa)	吸水率(%)
标准数值	45	>0.15	>0.15	>6	<2
实测数据	45.5	0.16	0.16	6.5	1.85

防撞护舷制作与安装检验项目　　　　　　　　　　　　　　　　表12

序号	检查项目	规定值或允许偏差	检查方法和频率	权值
1△	整体力学性能	压缩刚度≥80MN/m³;压缩变形50%时,吸能量500kN·m/m²;承载力≥2.5MN/m²	GB/T 1453—2005	3
2	形状尺寸(长、宽、高)	±20mm	尺量	1
3	螺栓孔径	±2mm	尺量	1
4	螺栓孔中心距离	±4mm	尺量	1
5	平面位置	±20mm	尺量,每段与钢套箱连接点	1
6	顶面高程	±10mm	水准仪	1
7	垂直度	10mm	垂球和尺测,每段2~4处	1
8△	连接高强螺栓扭矩	±10%	测力扳手:检查5%,且不少于2个	3

3. 防撞护舷运输及安装

在运输、安装、使用过程中应注意：

(1)属于易燃物品,储运时应做好防火防护工作。

(2)出厂时采用棉毡包覆、捆扎固定包装。

(3)运输吊装时应吊放平稳,不得与周围物体碰撞;应尽量避免采用钢丝绳。

(4)施工时严禁直接动用明火。

(5)安装时采用厂家提供的专用吊装夹具及专用绳索。严格按照安全操作规程作业。

(6)护舷应在明显位置标注:型号、规格、生产日期及检查印记,颜色符合设计要求。不得有碰伤、刮伤,表面不得有酸、碱、油等有害物质。

(7)钢套箱上不得随意施焊,必须施焊的临时或永久连接件须经监理人审查批准。

(8)定位、连接、限位钢构件连接牢固,焊缝无虚焊,涂装无破损。

五、结　语

港珠澳大桥青州航道桥主墩防撞套箱呈哑铃形,现场平面面积约4000㎡,重达1700t,制作工艺复杂,运输、安装难度大,制作采取专业化、工厂化的方式进行,安装采用两台大型浮吊进行。与港珠澳大桥的质量理念一致。

港珠澳大桥所处海域每天有5000多艘船只穿行,桥墩防撞技术成为大桥设计的重中之重。采用平板橡胶、纤维增强复合材料防撞护舷,可有效减轻船只撞桥带来的破坏力,提高航运安全性,将成为港珠澳大桥的"防护服"。

参考文献

[1] 中交一航局二公局联合体.青州航道桥防撞钢套箱制作方案[R].2013.4.

55. 港珠澳大桥CB04标非通航孔桥桩基础装配式施工平台设计及施工

谭一波　何振东

(广东省长大公路工程有限公司)

摘　要　根据桥梁工程施工的发展方向,港珠澳大桥推行大型化、工厂化、标准化及装配化的建设理念。把"建造"变为"制造",制定标准的施工作业流程,达到保证工程质量、控制安全风险、缓解环保压力等多种目的。非通航孔桥桩基础施工平台采用装配式平台,平台在岸上加工成型、在海上整体安装,大大缩短了施工时间、降低了海上施工风险、节约施工成本。本文针对桩基础装配式平台的设计、施工以及平台设备设施等配置进行了详细的阐述。

关键词　装配式　桩基平台　设计　施工

港珠澳大桥全长36km,工程线路长,航道繁忙,非通航孔桥桥墩数量大,且全部采用钻孔灌注桩基础,因此桩基础施工平台不同于国内其他项目,无法采用常规的栈桥施工方法,均需采用独立平台进行基础施工。

一、工程概况

港珠澳大桥CB04标非通航孔桥采用110m跨钢箱连续梁桥,以通航孔桥为界,东侧非通航孔桥里程桩号为K22+083~K27+253,跨径组合7×(6×110m)+(5×110m)=5170m,西侧非通航孔桥里程桩号:K28+247~K29+237,跨径组合:5×110m+4×110m=990m。

非通航孔桥共55个墩,桩基础采用钢管复合桩(图1)。钢管桩外径分$\phi 2.0$m及$\phi 2.2$m两种,最长桩长达到76m,最大质量约100t。钻孔灌注桩直径分$\phi 1.75$m及$\phi 1.95$m两种,最长桩长达到140m以上。

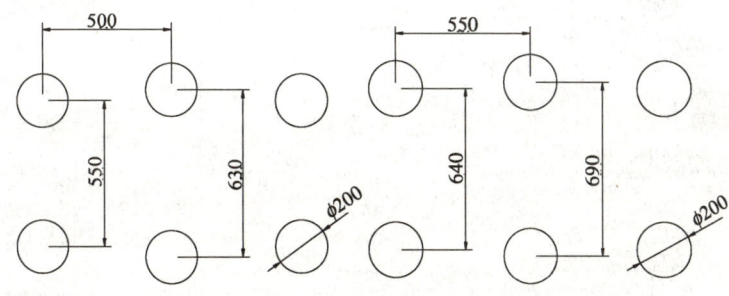

图1 钢管复合桩平面布置图(尺寸单位:cm)

二、装配式平台总体设计情况

装配式平台平面尺寸为32.8m×20m,总质量约140t(图2)。

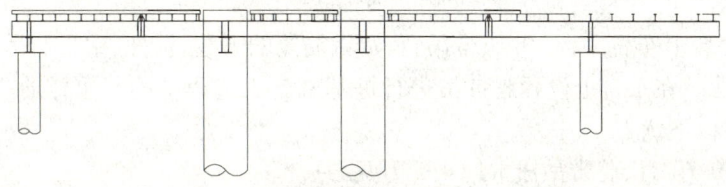

图2 装配式平台立面图

平台由6根主体钢管桩及6根临时支撑桩支撑,桩基础施工重型构件(如钻机、钻杆及履带吊等)的吊装由浮吊完成,其余构件吊装(如钢筋笼下放、提钻头、钻渣等)由平台上的50t履带吊完成。

三、平台高程的确定

单个平台的施工周期约为5个月,时间较短,主要进行桩基础成孔、钢筋笼下放、混凝土浇筑等施工作业工序,平台顶设计高程为+5.0m。

参考珠海九州港码头(高程为+3.064m),珠海情侣路(高程为+4.331m),港珠澳大桥2号临时码头(高程为+3.819m),同时结合由我公司施工的广深沿江高速公路(深圳段)第三合同段海上施工平台设计(高程为+4.5m),已施工三年多,经历了多次台风考验,完全满足施工要求。另查水文资料知本工程海域设计高水位(高潮累计频率10%)为+1.65m,平均高潮位为+1.05m;根据九澳站1986~2001年波浪观测结果统计,实测最大有效波高为+2.86m(出现在1989年7月18日8908号台风期间),则平台最低高程需达到1.65+2.86=4.51m,故平台高程取整为+5.0m。

四、平台功能设计

平台主要满足钻机钻孔施工、起重吊装、供电设施及作业工人生活等功能,见图3。

平台主要分为生产区、生活区、供电区及靠船区4个区域:

A. 生产区:满足两台钻机同时开钻,同时每台钻机均配置1台泥浆处理器、20m³空压机;

B. 供电区:平台上共布置2台600kW发电机。

C. 生活区:单台钻机配置6~7人,同时考虑机修及电工2人,因此作业工人生活按16人进行配置。管理人员考虑1~2人,同时考虑下放钢筋笼、浇筑混凝土过程中监理的住宿、休息,因此按4人进行配置,合计20人。

配置3个6m×3m的集装箱,其中2个作为作业工人的住宿(单个集装箱考虑8人),1个作为管理人员简易办公室及住宿。

配置2个2.4m×3m的集装箱,其中1个作为盥洗室与厕所,1个作为厨房。

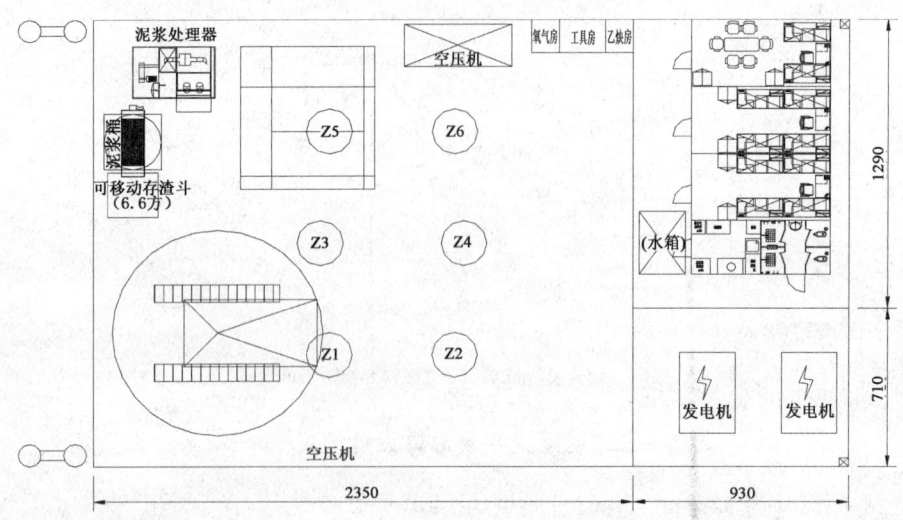

图3 平台功能设计布置图(尺寸单位:cm)

D. 起重设备:在平台上布置一台50t履带吊,负责钢筋笼的下放、钻杆、钻头的吊装、钻渣的清理及其他零星构件的吊装作业。在平台上设置履带吊进行桩基础施工过程中的起重作业(图4)。相比采用浮吊进行施工作业,具有以下优点:

(1)浮吊成本约50万/月,履带吊成本约4.5万元/月。

(2)浮吊下放钢筋笼过程中受风浪影响,钢筋笼连接非常困难,需借助专门的下放架才能实现,操作复杂,且下放时间长,对孔壁的稳定性不利。

在桩孔位置设置等强度的盖板,使履带吊能在桩孔位置行走及起重,可使履带吊作业范围大大增加;同时也加强了平台的安全及文明施工(图5)。

图4 履带吊布置图

图5 履带吊行走盖板图

五、平台上部结构设计

平台上部结构的设计,采用型钢焊接组拼而成平面结构(图6)。

根据各功能区荷载大小,对生产区及生活区结构进行分开设计。生产区主梁采用2H582×300mm×12mm×17mm型钢,分配梁采用25号工字钢(间距约为60~80cm),次分配梁采用12.6号工字钢(间距约为30cm),面板为6mm花纹钢板。

生活区及供电区主梁采用H582×300mm×12mm×17mm型钢,分配梁采用25号工字钢(间距为100cm),面板为6mm花纹钢板。

各种型钢布置为上下叠放,在翼板位置进行焊接而成。

六、平台下部结构设计

平台由6根主体钢管桩及6根临时支撑桩支撑,见图6。

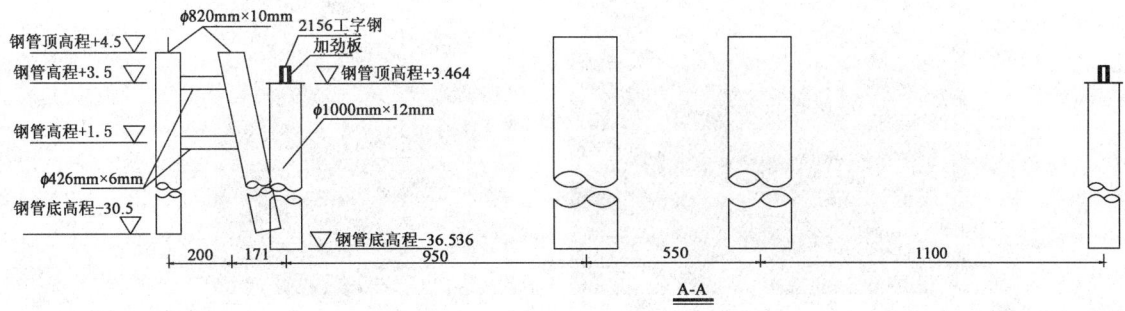

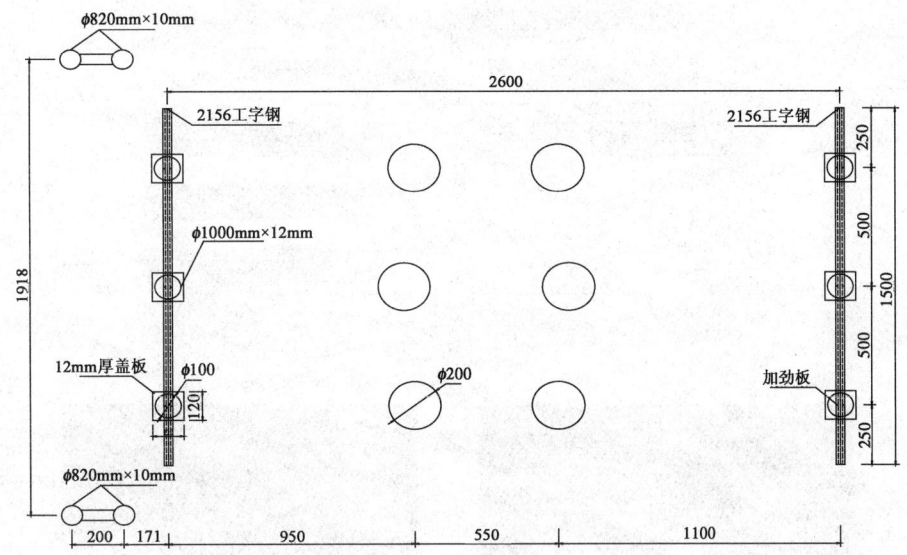

图 6　平台下部结构设计图

七、平台 HSE 功能设计

采取了在平台四周安装装配式护栏,护栏上绑救生圈,在平台四角安装太阳能警示灯;在平台生活区安装环保厕所等 HSE 措施,见图 7。

八、平台整体吊装设计

平台吊具由主梁、横向联系、上吊索及下吊索组成,见图 8。

平台主体结构重量约为 140t。采用全回转浮吊大臂固定作业的方式进行吊装,见图 9。

九、平 台 施 工

先利用打桩船插打 6 根桩基础的钢管及 6 根临时支撑钢管桩,并抄平钢管桩,在临时支撑钢管桩上安装型钢连系梁,在桩基础钢管侧壁焊接平台支撑牛腿。然后利用全回转浮吊吊装平台就位并固定。平台吊装到位后进行平台设施的安装,主要包括集装箱、发电机、油箱、钻机、钻杆、50t 履带吊、空压机、泥浆处理器、水箱、移动存渣斗、工具房及生活污水处理装置等。平台施工流程如图 10。

十、结　语

根据两年来的使用效果并经历几次强台风的考验,平台顶面的高度能满足使用要求,平台结构及功能设计满足施工要求,同时具有以下优点:

图 7 平台功能

图 8 装配式平台吊具示意图

图 9 平台吊装图

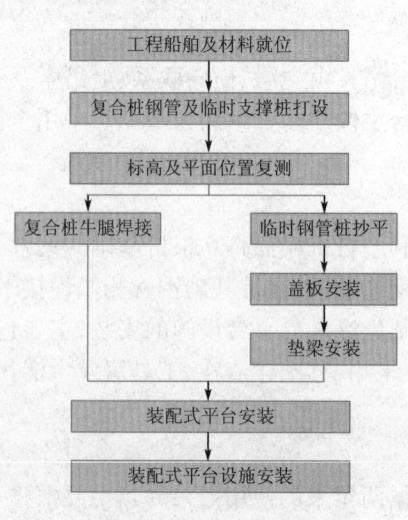

图 10 平台施工流程图

（1）常规海上平台搭设时间需约20天左右，拆除时间需约10天左右，且受海上风浪条件影响较大；装配式平台采用250t浮吊整体吊装，安装及拆除时间仅各1天，大大节约工期及施工成本。

（2）平台采用平面结构，相比桁架式结构高度较低，可大大降低平台的顶面高程，从而可节省钢管复合桩及临时支撑桩的成本；同时平面结构可大大增加平台材料的二次利用率，从而间接节约施工成本。

（3）在平台上设置履带吊进行桩基础施工过程中的起重作业，相比采用浮吊进行施工作业，受风浪影响小，施工效率高，同时大大节约成本，降低桩基础施工的风险。

采用该设计方案工艺原理清晰、结构简单、操作方便，保证了操作的安全、快捷，节省施工成本，保证了施工质量，节省了施工工期，为总体工期的实施提供了有力的帮助，取得了良好的社会效益。

56. 大型构件预制场地规划研究

刘洪胜 韦登超 汤 明 余同奎 申维刚

（广东省长大公路工程有限公司）

摘 要 桥梁结构采用预制安装形式越来越多样化，构件预制重量越来越大，难度越来越大，针对大型构件预制的场地设计显得十分重要，场地规划不但要满足使用要求，兼顾标准化等方面的要求，还更需要节省成本。

关键词 大型构件 预制 场地设计

一、项目工程概况

随着桥梁设计及施工技术的提高，大量桥梁在设计时越来越多采用了构件预制安装的结构形式。采用桥梁部分构筑物进行预制安装的方案有多方面好处：一方面，构件集中预制有利于项目进行标准化施工管理，项目施工的安全、质量管理难度降低，项目可控程度得到很好的提高，能够建设出更加高品质的桥梁；另一方面，构件在桥梁其余部位施工的同时可以同步施工，减短项目的施工工期，节约建设成本；另外还有桥梁后期维护方便等多方面优点。基于以上优点，越来越多的桥梁建设项目采用了这种设计，同时由桥梁上部结构的预制逐步开始进入下部构造的设计，桥梁构件预制领域越来越大，涉及种类越来越多，且工程量越来越大。

港珠澳大桥主体工程桥梁工程的设计及建设采用了"大型化、工厂化、标准化、装配化"的理念，桥梁除了桩基部分，其余下部构造及上部构造均采用集中预制安装的设计。构件预制领域进一步扩大，且构件预制重量、难度都大大增加。

港珠澳大桥包括主体桥梁工程、海底隧道工程、三地（香港、珠海、澳门）口岸、三地大桥连接线等工程，其中主体桥隧工程长约35.6km。其中CB04标合同段里程桩号为K22+083~K29+237，全长7154m，除3个主墩外，引桥59个墩中55个墩的下部承台及墩身及4个墩的墩身部分结构设计为预制安装形式。该合同段负责预制的构件，包括两种：一种为承台+墩身（+墩帽）预制构件；一种为墩身（+墩帽）预制构件，共75个。其中承台+底节（或整体）墩身预制构件55个（90号~135号、143号~151号）；顶节墩身预制件20个（通航孔桥辅助墩、过渡墩8个，非通航孔桥12个)，详见表1。

预制构件分类统计表 表1

承台构件种类		数量(个)	最大质量(t)
I		43	2837
II		12	2629

墩身构件种类		数量(个)	最大质量(t)
I		4	477.6
II		16	2064

二、依托项目工程重点及难点

港珠澳大桥是集桥、岛、隧为一体的超大型跨海交通工程,具有工程复杂性、环境敏感性及技术标准高等特点。预制构件具有重量大,高度高,荷载集中等特点,因此要比较好地实现该预制构件的施工,对预制场场地建设方面提出了更高的要求。结合实际情况,预制场场地建设主要包括以下几个方面的难点:

(1)由于大桥构件预制处于珠江三角洲位置,场地多为淤泥质地质,而预制构件质量达到2864t,构件高度大,构件底面积小,荷载集中,在国内施工为首次,因此对预制场场地地基处理要求十分高,场地处理需满足预制构件的生产、存储、运输等功能要求。

（2）由于该类型预制构件为国内首次施工，施工工艺先进，要实现工厂化作业流程的高要求，场地建设不但要满足预制构件的生产、兼备存放、运输等功能，同时由于该工艺在国内为首次采用，工程关注程度相当高，场地建设的标准化、美观都是在场地建设过程需要考虑的重点问题。

（3）由于该类型桥梁为大型跨海桥梁，在设计上采用下部构造预制安装的形式具有得天独厚的条件，但在内陆上应用比较少，因此，在考虑预制场的建设时需考虑到该预制场的一次投入成本，控制预制场场地建设成本也是该项目的一个重点。

三、场地规划设计及施工研究

根据以上项目的重点难点情况，在场地规划设计及施工方面提出了以下原则：

（1）场地需要满足预制构件的生产、存放、运输的功能。

（2）需有配套的生产设施（拌和站、钢筋棚、实验室等），各功能分区明显且适用。

（3）场地需在规范化、标准化方面满足相关标准化建设规定的要求，使整个预制在功能上满足生产计划，具有使用方便，同时又具有大气、美观、整齐的特点。

四、预制场场地规划设计

结合本项目预制构件的数量、型号，以及本项目总体工期要求等情况首先进行预制场的总体部署设计，最终确定预制场配置4条承台+墩身预制构件生产线，2条独立墩身预制构件生产线，承台+墩身预制构件生产线及独立墩身预制构件生产线各配置1套外模，在几条生产线之间进行周转施工，其余模板进行配套配置。

根据图纸设计要求，构件浇筑完混凝土后需在3个月后方可吊装，因此每条生产线的设置为：承台预制区设置1个钢筋绑扎台座+1个混凝土浇筑台座+3个成品存放台座；墩身预制区设置1个预制构件生产台座+3个成品存放台座。在每条承台预制区及墩身预制区的生产线之间设置一个转换台座，以适用于构件在场地内纵移及横移。

根据预制场生产能力，在预制场配备钢筋骨架成型系统、模板系统、混凝土生产浇筑系统、场内预制构件运输系统、构件出海系统以及其他配套设施（包括预制场排水系统、临时用电布置）等。

同时根据标准化施工要求在预制场配置相应的临时驻地建设，建设标准也要求均符合双标要求。根据以上设置，确定预制场布置为长约340m，宽约192m，总占地面积约为61979m²。预制厂按照功能分区为：办公生活区、预制件生产区、拌和站区、实验室、钢筋加工厂、材料堆放区等。同时于预制场北边临近河道处，设置预制件出水码头，以满足预制件运输要求。

预制场总体设计图如图1~图5所示。

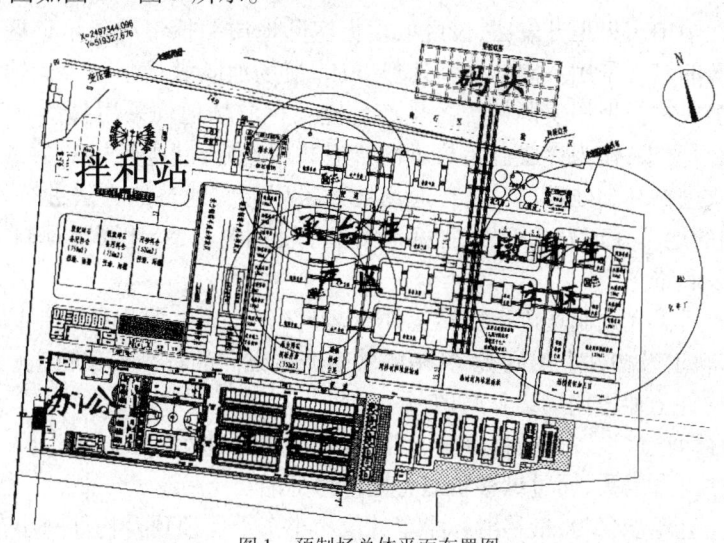

图1　预制场总体平面布置图

图2 预制场总体平面效果图

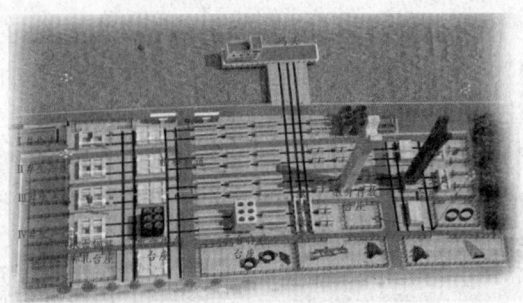
图3 预制场生产区平面效果图

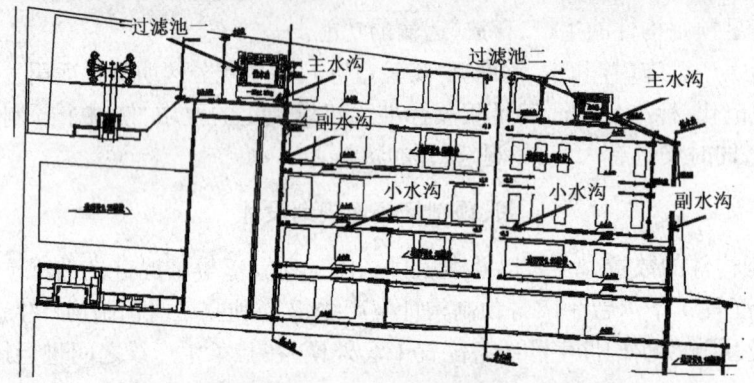
图4 预制场排水系统布置图

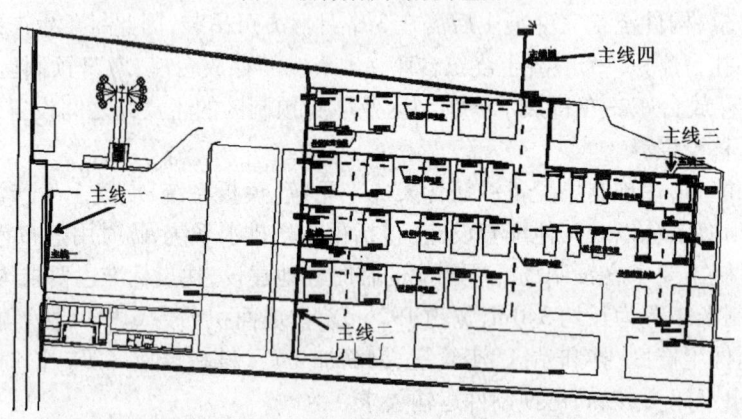
图5 预制场供电系统布置图

由于预制场选址在中山市火炬开发区，该区域根据实际地质钻探情况显示该区域淤泥层较厚，因此针对预制场不同功能区的设置采用不同的地基处理方法，使场地既满足生产及运输时的承载力要求，又要最大可能地节约施工成本。根据实际情况各生产台座及存放场地均采用打设PHC500管桩进行地基加固，以满足地基承载力要求，作为存放台座与运输轨道共用基础，减少管桩的数量；对于场地运输道路则采用换填片石的方法进行基础处理。对于普通场地则采用夯实地基的方法进行处理。通过实际应用检验，本预制场所采用的地基处理方式可靠，很好地满足了使用要求，相比同类预制场节约了大量成本。

图6为办公生活区实景。

预制构件施工完成后需在预制场内进行转运并出运到码头，为方便大型预制构件在场地内的运输，在场地内设置纵、横移轨道及构件上船码头，其中顺着生产线方向的称为横移轨道（具体参照预制场生产区平面效果图），预制构件上船方向为纵移轨道（图7）。

构件在场地内的移运通过设置纵横移小车，通过地面设置纵、横移轨道，实现构件在场地内移运。在预制场河堤边设置构件出海码头，通过纵移轨道将构件移上船。

构件在场内运输及上船步骤为：横移滑移小车就位→小车千斤顶顶升构件→小车托构件横移至纵移轨道转换台座处定位→小车千斤顶将构件下方到转换台座上→更换纵移小车就位→小车千斤顶顶升构

图6 办公生活区照片

件→小车托构件纵移至码头(在此之前将驳船定位,并将驳船上轨道与码头纵移轨道对接)→构件移至驳船轨道上→将构件在船上定位→小车千斤顶将构件下放在驳船上定位→退出运输小车,完成构件场内运输及上船。

五、结 语

通过对港珠澳大桥大型预制构件的预制场进行研究,取得了一定的社会效益和经济效益。

(1)社会效益。通过对该大型预制场所做的一系列研究,形成了许多成果,在大型预制场场地建设方面,实现以最小的成本达到实用目的,场地处理相当成功。

(2)经济效益。通过在场地建设设计、自动化控制模板设计、构件运输小车设计方面进行优化,实现预制场不配置大型起吊设备就能实现大型构件的预制,场地处理因地制宜采用不同的处理方案,与相同项目相比大大节约成本。

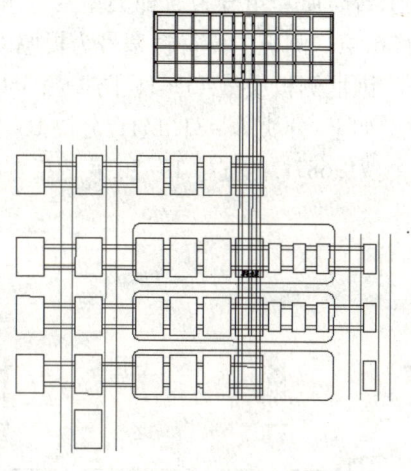

图7 预制场横纵移布置图

(3)推广应用前景。根据国内外项目的建设前景,采用"三集中"方式的项目越来越多,且预制构件越来越大型化,通过依托该项目进行各项关键技术的研究,总结出相关的内容,对今后同类项目的建设具有良好的借鉴意义。

57. 港珠澳大桥九洲航道桥围堰整体拼装下放浅谈

李 威

(中铁大桥局港珠澳大桥项目部)

摘 要 港珠澳大桥九洲航道桥围堰安装在工厂内采取分节段制造,节段防腐喷涂,完成后船运至墩位处组拼成整体,工地利用吊挂系统进行整体下放。该方案减少了海上施工时间,节约施工成本,满足通航要求,速度快,降低了海上施工安全风险,确保了工程质量,缩短了施工工期。

关键词 钢套箱围堰制作 钢套箱围堰节段拼装 吊挂系统安装 整体下放

一、工程概况

港珠澳大桥主体工程桥梁工程 CB05 标九洲航道桥为双塔斜拉桥,共 6 个承台,为 204～209 号墩。其中 206、207 号墩为主墩。承台为圆端形,尺寸为 37.3m×23.5m×5.5m,承台底高程为 -1.7m;205 号、208 号墩为辅助墩,承台为圆端形,尺寸为 36.5m×17m×5m,承台底高程为 -1.2m;204、209 号墩为边墩,承台为长方形,尺寸为 18m×11m×4.5m,承台底高程为 -0.7m。九洲航道桥主塔墩、辅助墩和边墩基础均采取先平台后围堰的施工方案,防撞套箱围堰施工承台,围堰在中山浙新、武桥重工钢结构车间内制造,钢围堰分块制造完成后由吊机运往码头装船,并运往桥位处,在桥墩处龙骨上拼装成整体,安装吊挂系统之后,进行整体下放。

1. 钢套箱围堰结构形式

206 号、207 号主墩承台钢围堰由底板及龙骨、侧板、内支撑、吊挂系统等组成,围堰侧板防撞套箱采用双壁结构,总长度为 43.3m,宽度 28.7m,高度 8.8m,壁体宽度 2.5m、2.9m。为了施工及安装方便,主墩承台防撞套箱分为 3 种类型共计 12 个节段,连接面采用不锈钢螺栓连接,节段最大长度 11.375m,重约 36.4t。侧板主要材料型号为板厚 10mm、26mm 钢板以及∟140mm×90mm×10mm 角钢。

围堰侧板质量 432.1t(防撞箱 386t,连接板 46.1t),按照设计图纸分为 12 块制造,螺栓拼装,各分块质量如下:分块 A-31.141t,分块 B-29.474t,分块 C-35.591t。底板系统总质量 277t(龙骨 169.677t,底板 71.687t,内支撑 13.7t,底侧板连接及限位结构 22.4t)。主塔墩围堰结构见图 1。

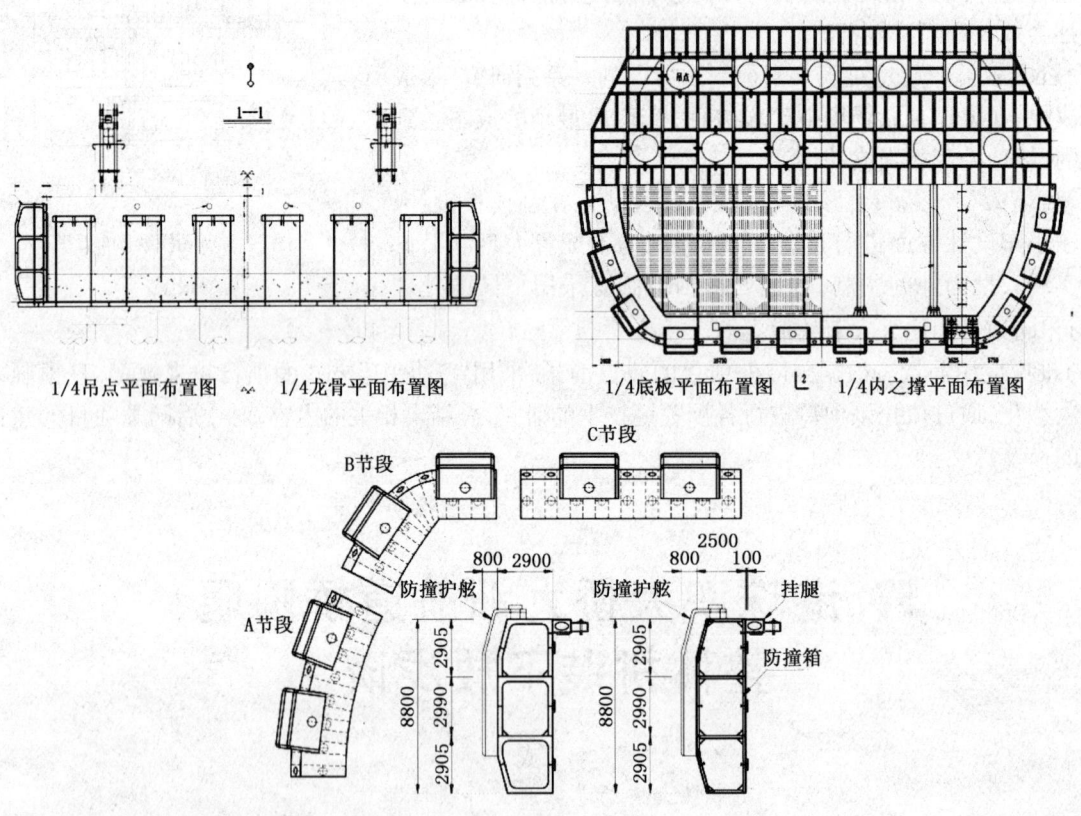

图 1 主塔墩围堰结构图(尺寸单位:cm)

2. 钢套箱围堰分块制造

主塔墩围堰底板及龙骨在钢结构车间分块制造,运输至码头后,在平板驳上将制造成的小块组拼成 3 大块,其中外侧分块尺寸为 28.25m×14.2m,质量约为 74.7t,中间分块尺寸为 28.25m×14.15m,质量约为70.9t。

3. 钢套箱围堰内支撑

主墩、辅助墩及边墩钢吊箱均只在顶口设置了一道内支撑,主墩围堰内支撑采用 $\phi 630mm \times 8mm$ 的钢管,中心高程为 +3.895m。

4. 钢套箱围堰限位结构制造

围堰下放就位后,为防止封底混凝土灌注后围堰产生的受波浪影响导致的摆动,影响封底混凝土与护筒黏结,在封底混凝土浇筑前,需将围堰底板龙骨与桩基钢护筒进行限位,使围堰不发生位置变动。

围堰底板龙骨限位设置在1号、3号、5号、18号、20号、22号护筒处,通过在钢护筒四周设置四个限位点,在围堰下放到位后,插入型钢制造的楔形钢结构,将龙骨与护筒间间隙填塞顶紧,通过钻孔桩钢护筒固定围堰位置,防止围堰发生摆动。

5. 钢套箱围堰吊挂梁及吊挂

为承受围堰自重和封底混凝土重量,在每个钢护筒四周设4个吊点,在钢护筒顶设置I 56b十字形吊挂梁,吊挂采用 $\phi 32mm$ 精轧螺纹钢。

九洲航道桥吊挂梁部分采用十字形吊挂梁,吊挂梁结构见图2。

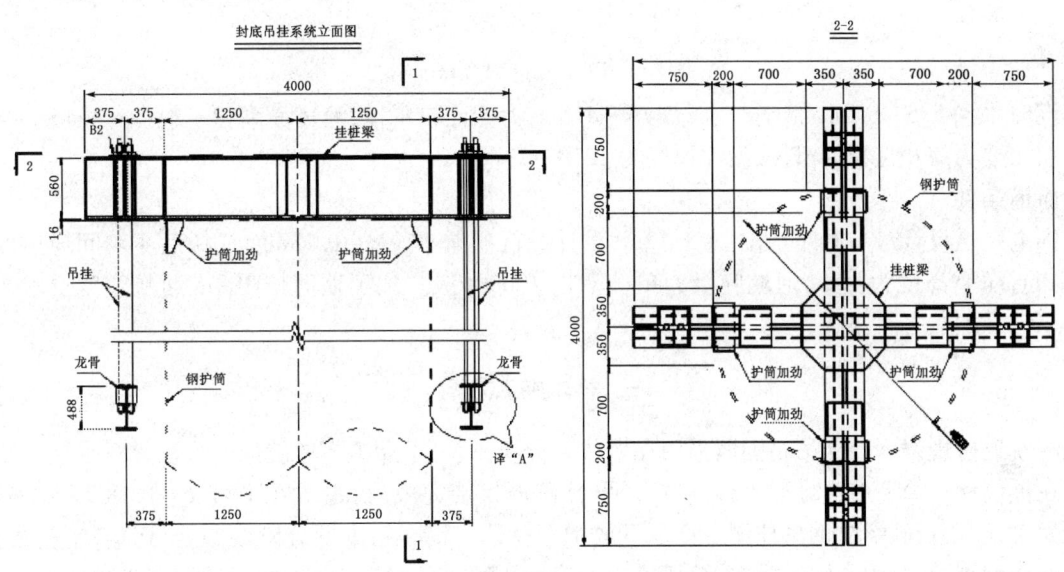

图2 十字形吊挂(尺寸单位:mm)

四个接高角护筒采用一字形吊挂梁,吊挂梁布置及结构见图3。

6. 护筒周边堵漏结构

由于围堰与钢护筒之间存在空隙,为防止封底时水下混凝土流失,需事先在钢护筒和围堰底板之间空隙进行封堵,封堵的方法如下:

围堰入水前,将事先分块制造的围堰堵漏环板(每个护筒环板分为4块,内径比钢管复合桩外径大60mm)套进各钢管复合桩,然后在围堰底板上焊接限位角钢,下放围堰就位后,在潜水员清理护筒周边时,调整环板与护筒间隙,将环板与护筒尽量密贴后,临时固定环板,以达到堵漏目的。

二、主要施工条件

1. 水文地质条件

施工区潮汐类型属于不规则的半日潮混合潮型,呈现往复流运动形式。潮差也有由外海向珠江口内逐渐增大的趋势。水文测验期间各站实测最大潮差2.25~2.51m,最小潮差0.04~0.13m,平均潮差1.06~1.16m,属于弱潮海湾。

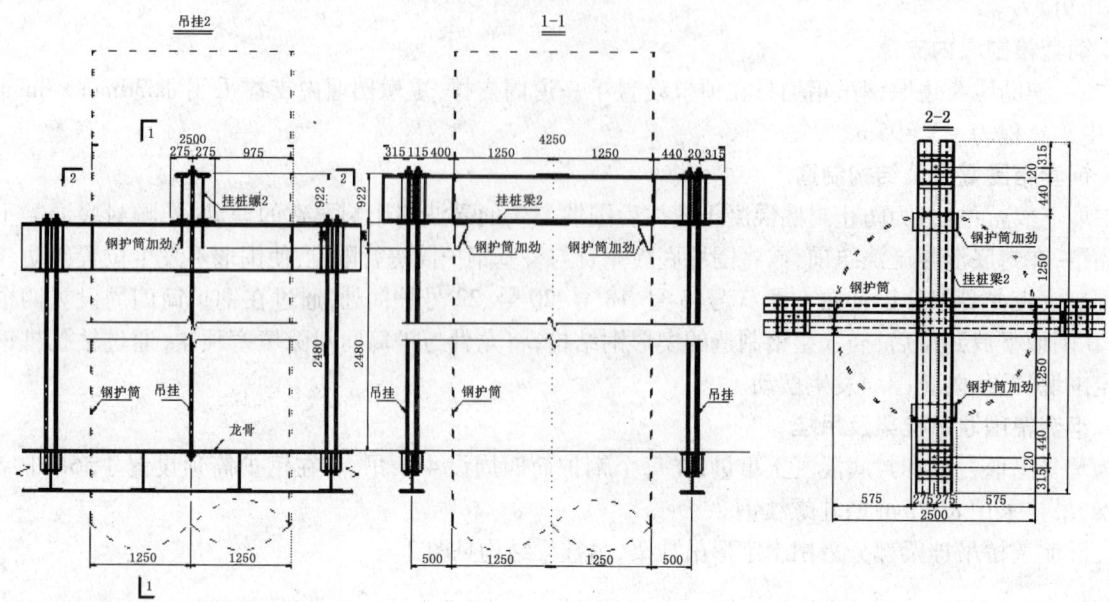

图 3 一字形吊挂(尺寸单位:mm)

高潮时水深 5.5~6.5m,低潮时水深 3.5~4.5m,海床面较平坦,海床面高程一般在 -3.4~-4.4m,海底表层主要为海相沉积的淤泥,淤泥厚度为 12.0~19.0m。

2. 航道条件

九洲港航道设计最高通航水位:+3.52m;设计最低通航水位:-1.18m。成桥后主跨间通航净空宽度为 210m,净空高度为 40m,通航吨级为单孔双向 10000t 级。施工期间按 108m 通航宽度要求布置在 206 号、207 号主墩之间,航道等级 3000t 级。

三、总体施工方案

九洲航道桥现浇承台钢吊箱围堰采用在墩位处分块拼装、千斤顶下放就位的方法进行安装。拼装平台利用在桩位钢护筒上放置分配梁形成拼装平台,围堰拼装完成后,主墩在 1 号、5 号、18 号、22 号护筒布置分配梁,利用精轧螺纹钢吊挂侧板逐步下放围堰就位。钢套箱围堰分阶段制造、运输、组拼成型、整体下放安装的方案,节约了施工成本,缩短了施工工期,降低海上施工安全风险,确保了工程质量。

四、防撞套箱围堰施工

1. 防撞套箱围堰制作

防撞套箱围堰主要由围堰侧板、龙骨、底板、内支撑及吊挂五大部分组成。

钢围堰侧板制造加工基地分别位于珠海高栏港以及江门新会区,204~206 号墩的钢围堰侧板在位于珠海高栏港的中铁武桥重工珠海分公司进行加工制造,207~209 号墩的钢围堰侧板在位于江门新会区的江门市泽星钢结构有限公司进行加工制造。围堰龙骨、底板、内支撑及吊挂等在唐家堆场的钢结构车间进行制造。

2. 防撞套箱围堰拼装与下放

(1) 主墩围堰拼装及下放步骤:

①步骤一:桩基施工完成,超声波检测、取芯及注浆完成后,接高 1 号、5 号、18 号、22 号桩钢护筒至 +14.0m 高程,将其他钢护筒切割至高程 +3.0m,拆除部分钻孔桩施工平台,开挖海床面至 -5.7m 高程。

②步骤二:围堰基坑开挖完成后,测量检查海床高程满足围堰下放高度要求后,在各桩钢护筒顶布置支撑分配梁,如图 4 所示。

③步骤三:利用WD120桅杆吊机吊装底板及龙骨分块1,质量约70.9t,如图5所示。

④步骤四:利用WD120桅杆吊机吊装底板及龙骨分块2、3,分块质量约74.7t,调整龙骨高程、平面位置及轴线偏差后,将龙骨焊接为整体,如图6所示。

⑤步骤五:利用WD120桅杆吊机安装龙骨焊缝处桥面板,分块吊装侧板1~12。各分块质量:分块4、5、10、11重31.141t,分块3、6、9、12重29.474t,分块1、2、7、8重35.591t。各分块安装顺序为分块1、2→分块7、8→分块3、12→分块6、9→分块5、10→分块11→分块4,合龙围堰侧板,如图7所示。

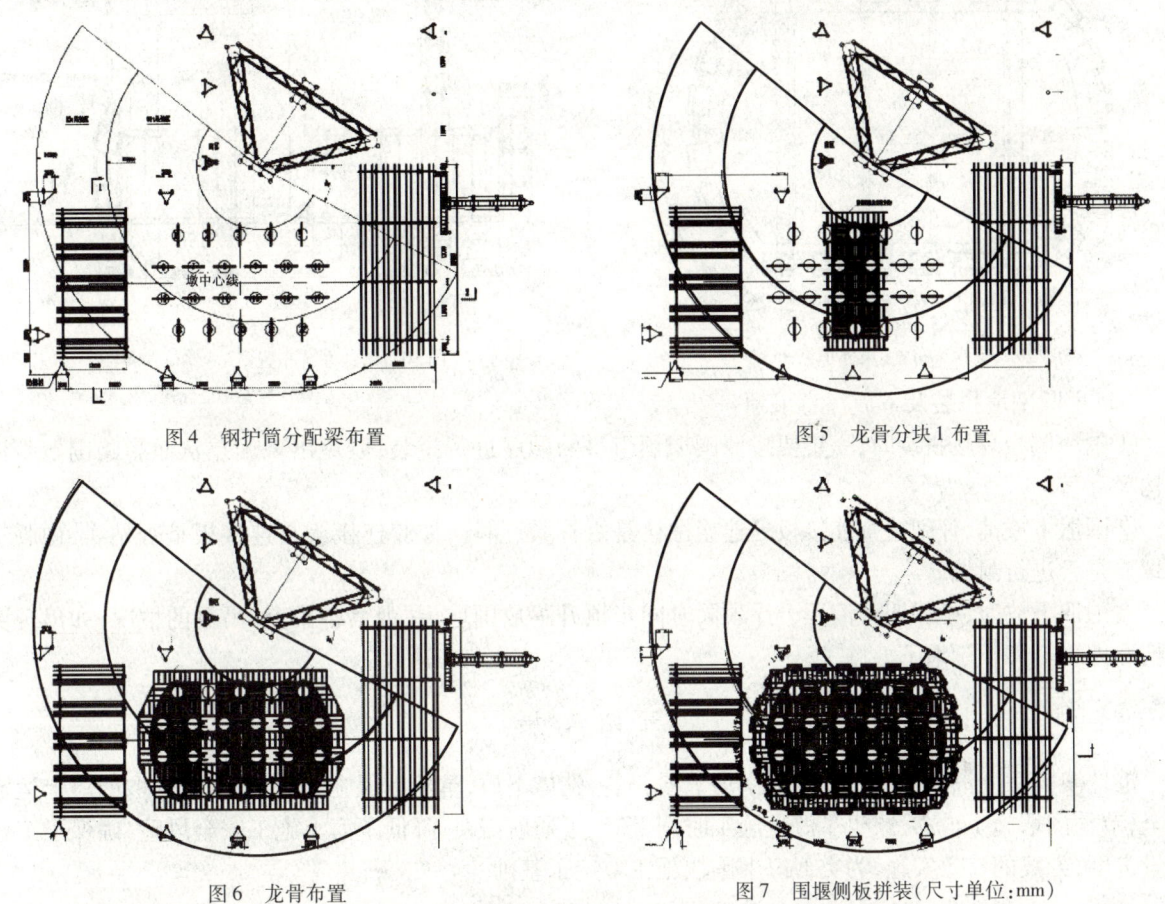

图4 钢护筒分配梁布置　　　　　图5 龙骨分块1布置

图6 龙骨布置　　　　　图7 围堰侧板拼装(尺寸单位:mm)

围堰侧板拼装过程中,为保持稳定,设置临时支撑结构,临时支撑与围堰侧板通过氯丁橡胶件螺丝孔连接,单块侧板安装好后,下端与底板焊接,如图8所示。

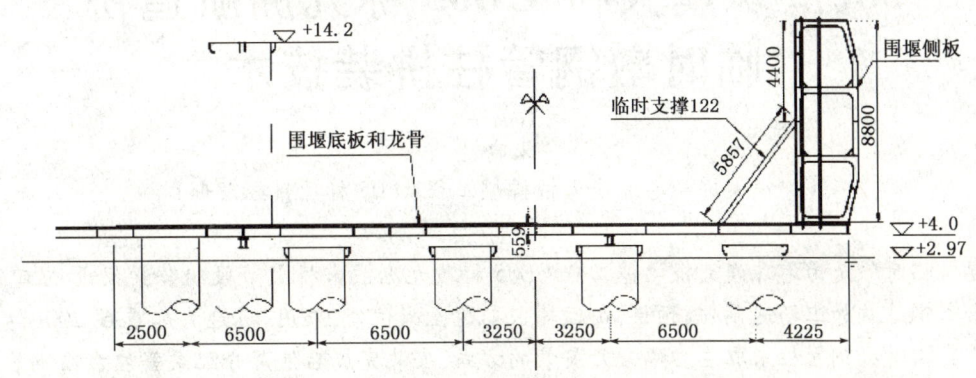

图8 临时支撑布置(尺寸单位:mm)

⑥步骤六:在接高的4个角护筒上安装吊挂分配梁(吊挂分配梁采用柳州维义大桥钢梁1400mm×836mm临时杆件改制)。在吊挂梁上每端对称设2个吊点(每个吊点采用4根精轧螺纹钢),每个吊点布

置一台600t液压千斤顶,四点同时顶升下放围堰。整体抬升围堰5cm,检查各吊点情况;继续抬升围堰50cm,拆除护筒上支撑梁,如图9所示。

⑦步骤七:护筒顶支撑梁拆除完毕后,各点同步缓慢下放围堰至+2.5m高程,安装护筒顶吊挂十字梁及围堰底板吊挂,继续下放围堰到设计高程后,将围堰底板吊挂锚固,如图10所示。

⑧清理护筒外壁附着的海生物和泥皮,布置封底平台、导管及灌注架,进行封底混凝土施工。

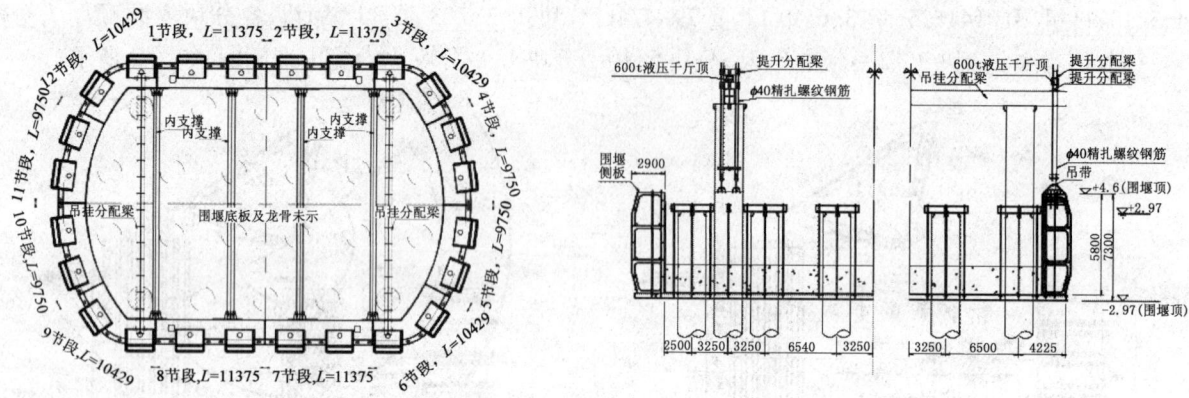

图9　支撑梁布置(尺寸单位:mm)　　　　　图10　吊挂系统布置(尺寸单位:mm)

(2)主墩围堰拼装及下放注意事项:

①围堰侧板现场拼装时,一定要按照围堰预组拼的顺序进行拼装,以免出现偏差从而影响围堰整体结构尺寸。

②围堰下放前,仔细检查连接板处连接螺栓是否拧紧、漏拧,橡胶连接板与连接板是否贴实,橡胶垫处螺栓是否进行封堵。

③围堰下放时,确保四台液压千斤顶同时同步顶升下放围堰,并观察各吊点、吊具的情况,如出现突发情况即立刻停止围堰下放施工。

五、结　语

港珠澳大桥九洲航道桥防撞套箱围堰节段拼装,整体下放,革新围堰施工工艺,保障围堰的海上运输安全,节约围堰施工成本,减少了海上施工时间,满足了通航需要,降低了海上施工安全风险,确保了工程质量进度,方案的有效实施,为类似海上围堰施工奠定了基础。

58. 港珠澳大桥 CB05 标九洲航道桥临时墩钢管柱拼装技术

朱晓超

(中铁大桥局港珠澳大桥桥梁工程 CB05 标项目经理部)

摘　要　临时墩是为港珠澳大桥主体工程 CB05 标段九洲航道桥大节段组合梁架设施工而设计的。临时墩在唐家钢结构加工场地制作、预拼,由运输驳船运至墩位处,采用"苏连海起重6"200t浮吊进行多层整体吊装。临时墩钢管柱采取左右幅分开安装的方式,安装完成后使用分配梁将左右幅钢管柱连接成整体,保证其受力稳定。该方案减少了海上施工时间,满足通航、航空需要,速度快,降低了海上施工安全风险,确保了工程质量,缩短了施工工期。

关键词　钢管柱　多层整体吊装　左右幅分开拼装　海上吊装

一、临时墩钢管柱概况

九洲航道桥单个临时墩由四部分组成:插打段钢管桩、倒用段钢管柱(以下称钢管柱)、分配梁段和三向调整装置。

单个临时墩由80根 $\phi1000mm \times 5960mm$(直径×高度)钢管柱节段叠加而立,上下分为五层,钢管柱总高31.03m。平面由16根钢管柱组成,其中8个钢管柱对称排列构成上部结构钢管柱柱脚。左右幅各由"$8\phi1.0m$ 钢管+型钢连接系"组成格构式受压结构,见图1。

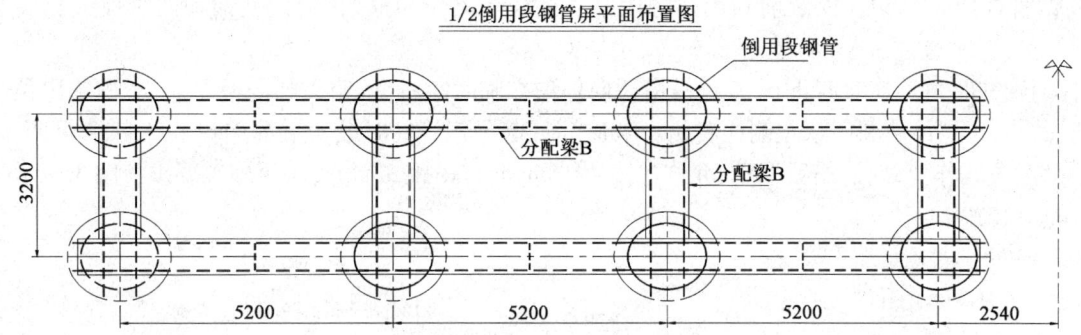

图1 倒用段钢管平面布置图(尺寸单位:mm)

钢管柱采用焊接螺旋钢管,材料为Q345B。钢管柱节段壁厚$\delta20$。节段长度均为标准节段5960mm。全桥临时墩共320个钢管柱节段,钢管柱节段之间采用连接系上下、左右、前后构成整体。上下钢管柱节段之间通过法兰盘来连接,法兰盘间采用24个8.8级M27螺栓栓接,见图2。

钢管柱水平连接系是由新制杆件(截面为H形)、新制节点板组成。连接系与立柱钢管的连接方式为:立柱钢管中每隔2m焊接一组横向接头,包括T形接头和水平连接板。立面连接系通过"T"形节点板与"T"形接头连接。平面连接系通过节点板与水平连接板连接。连接系、节点板与钢管横向接头之间均为8.8级普通螺栓连接。

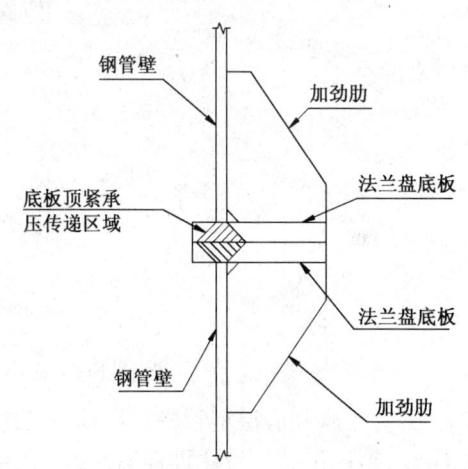

图2 上下钢管法兰盘顶紧传递竖向荷载示意图

二、主要施工条件

1. 水文地质条件

施工区潮汐类型属于不规则的半日潮混合潮型,呈现往复流运动形式。潮差也有由外海向珠江口内逐渐增大的趋势。水文测验期间各站实测最大潮差2.25~2.51m,最小潮差0.04~0.13m,平均潮差1.06~1.16m,属于弱潮海湾。

高潮时水深5.5~6.5m,低潮时水深3.5~4.5m,海床面较平坦,海床面高程一般在-3.4~-4.4m,海底表层主要为海相沉积的淤泥,淤泥厚度为12.0~19.0m。

2. 航道条件

九洲港航道设计最高通航水位:+3.52m;设计最低通航水位:-1.18m。成桥后主跨间通航净空宽度为210m,净空高度为40m,通航吨级为单孔双向10000t级。施工期间按108m通航宽度要求布置在206号、207号主墩之间,航道等级3000t级,与九洲航道桥桥轴线夹角约87°。临时墩安装施工、钢管柱吊装期间,现有航道在临时航道之间需进行2次转换。

三、总体施工方案

钢管柱在唐家堆场钢结构加工车间进行加工,加工完成后,在唐家堆场进行预拼,检查合格后拆卸。

单个临时墩的钢管柱拆卸为10个节段(左右幅各5节),并分别标示出节段编号,分节段采用驳船运输至墩位处。为减少施工难度及施工风险,现场采用200t浮吊作为临时拼装平台,先拼装左幅钢管桩第一、二节为整体,由200t浮吊安装至设计位置,再拼装第三、四节,由200t浮吊运输至设计位置并与已安装一、二节连接,最后第五节吊装至设计位置并与第四节连接,依次类推,完成整幅钢管柱的吊装。

四、钢管柱的吊装

钢管柱由驳船运至临时墩位处,采用"苏连海起重6"号200t浮吊起吊安装。单根标准节段5960mm钢管柱质量2.9t。安装前利用插打段钢管桩分配梁作为框架,铺设型钢和波纹板形成底节拼装平台。

吊装钢管柱时,"苏连海起重6"号浮吊横桥向停泊在临时墩右侧,船头朝向桥位左侧,抛锚定位。吊装时分层吊装,每层吊装顺序从左侧往右侧。"苏连海"起吊钢管柱时最大吊重91t,吊高41m,吊距31m;选择臂角55°主钩作业,允许吊重120t,允许吊高48.6m,允许吊距33.8m,满足施工要求。图3所示为临时墩L3的吊装施工。

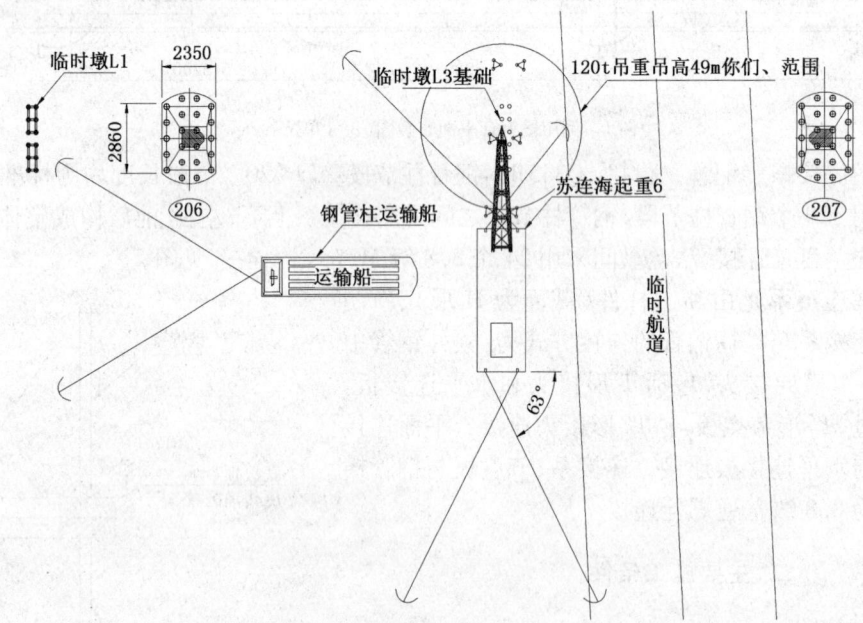

图3 临时墩L3钢管柱吊装示意图(尺寸单位:mm)

钢管柱脚和底层钢管柱在后场按图纸要求整体加工完成,运至现场。测量精确定位,弹出钢管柱脚十字线,整体吊装钢管柱脚和第一、二层钢管柱。第一吊钢管柱安装好后对整个8根钢管立柱进行测量,测量允许偏差见表1。如偏差过大应进行相应调整,调整好后进行第二吊钢管柱安装,依次类推完成5层钢管柱的安装。吊装时先安装钢管柱,再安装斜撑、横撑等杆件。

钢管柱安装允许偏差(mm)　　　　表1

项　目	允许偏差(mm)	项　目	允许偏差(mm)
单元总长L	±5.0	法兰盘错位	2.0
单元弯曲矢高	10.0		

钢管柱在每一吊完成后,应由测量人员对立柱的垂直度、柱顶位移、柱身侧向弯曲、柱与柱之间的距离及横、斜撑挠度等指标进行测量。确认各项指标符合要求后方可继续拼装,以确保临时墩空间位置的准确。

钢管柱累计拼装4层时,经测量检查并作调整后应对此4层内各节点的螺栓进行一次全面检查,补拧,以消除管柱因拼装而产生的过大变形,并将结构的非弹性变形降低到最低限度。图4所示为临时墩现场采用浮吊吊装图。

钢管柱拼装完成后,应进行全面系统的检查验收工作。检查的主要项目内容为:

(1)全部杆件与节点拼装是否正确;
(2)螺栓是否上满拧紧;
(3)立柱根部锚固点焊接情况;
(4)立柱倾斜及总体偏位是否符合要求。

钢管柱拼装完成后,按图纸要求安装钢管柱头。

五、钢管柱拼装的控制要点

1. 线形、精度控制

钢管柱安装垂直度控制在1/1000(30mm)以内。

2. 连接质量控制

(1)焊接。现场安装的部分主要是钢管柱脚与钢管柱和插打段分配梁的焊接。应在天气良好时施焊,焊接前对接缝区域除污,焊接时不得烧伤主材,焊后应自然冷却后再清除焊渣,然后及时涂装防腐。严格按安装设计图纸要求施焊与检查。

(2)法兰盘。法兰连接用气动扳手按十字交叉顺序安装,保证法兰盘受力平衡,施工时不得用力过猛,一般分三次拧紧。拧紧后上、下法兰应密贴接触,不得有楔缝。若同层的钢管有高度差时用3~5mm厚的法兰垫片调整统一。每个螺栓配一个垫片。

图4 临时墩钢管柱吊装图

六、结　语

港珠澳大桥九洲航道桥临时墩钢管柱施工,通过制定整体吊装工艺,配置专业化、现代化的大型海上机具设备,形成了大型化、工厂化、标准化、装备化的施工方法,加快了施工进度,满足了通航、需要,降低了海上施工安全风险,确保了工程质量。方案的有效实施,为类似海上施工作业提供了借鉴。

59. 钢圆筒围堰海上运输与封固

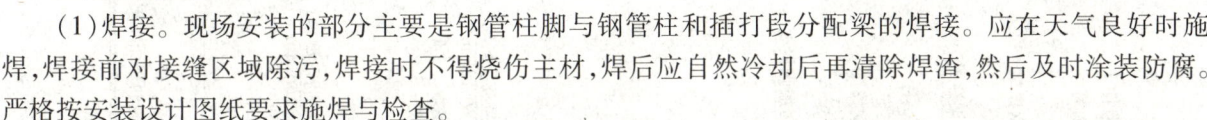

冯宝强　徐　波　王文山
(港珠澳大桥桥梁项目部)

摘　要　本文介绍了港珠澳大桥桥梁工程CB03标非通航孔桥预制墩台干法安装施工使用的钢圆筒围堰运输和加固工艺,并对钢圆筒运输方驳的稳定性和绑扎封固强度进行计算校核,为以后类似工程提供借鉴。

关键词　钢圆筒　运输　封固　校核

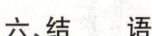

一、工　程　概　况

港珠澳大桥是粤、港、澳首次合作共建的具有国家战略意义的世界级跨海通道,起于香港大屿山散石湾,在澳门明珠和珠海拱北登陆,全长35km,是集桥、岛、隧为一体的超级交通集群工程。

桥梁工程非通航孔桥采用埋床式全预制墩台结构,分为整体墩台、下节墩台(承台加下节墩身)、中节墩身和上节墩身四种类型,整体式墩台和下节墩台采用钢圆筒围堰干法安装工艺(图1)。钢圆筒在钢结构加工厂制作完成后,使用方驳运至施工现场。

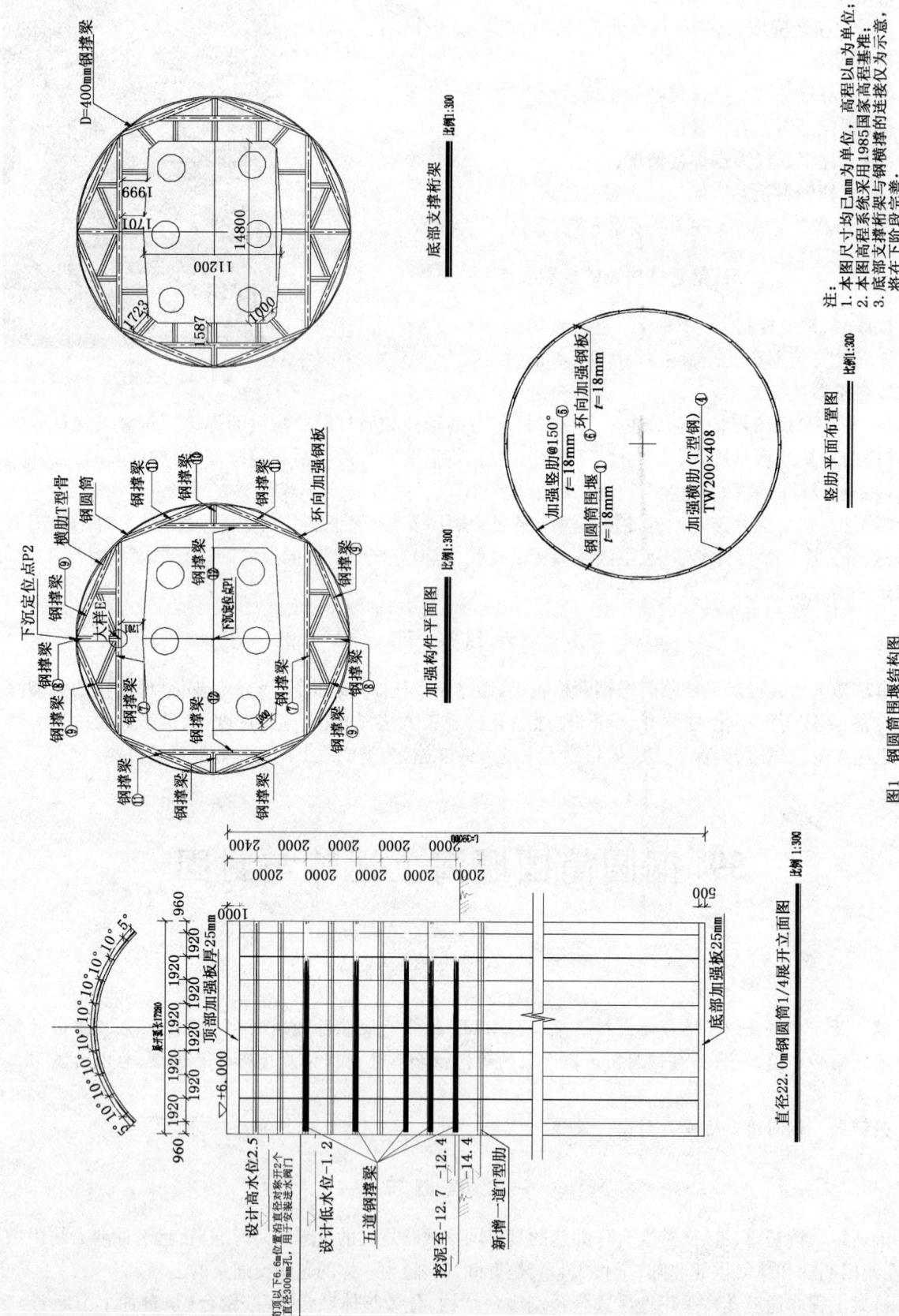

图1 钢圆筒围堰结构图

二、钢圆筒围堰概况

1. 钢圆筒设计

委托中交第四航务工程勘察设计院进行钢圆筒的结构设计及稳性验算。

钢圆筒直径为22m,高度为39m,壁厚为18mm,自重为650t。为满足钢圆筒振沉、上拔和在大水头作用下结构的强度要求,对薄壁钢圆筒采用以下加固措施:

(1)圆筒顶部1.0m和底部0.5m高度范围采用厚度25mm钢板。

(2)焊接横向加强肋,横向加强肋采用焊接T型钢,竖向间距2.0m,共10道。

(3)沿圆周向间隔10°设置18.0mm厚钢板纵向加强肋,共36条,肋高218mm。

(4)采用钢撑梁桁架做内撑,共5道,竖向间距自上而下分别为4.0m、4.0m、2.0m和2.0m。钢撑梁直径400mm,壁厚15mm,与钢圆筒上的横肋(T形钢)焊接。

钢圆筒围堰结构图如图1所示。

2. 钢圆筒围堰制作

钢圆筒围堰委托专业钢结构加工单位采用分段拼装法制造。采购定尺寸钢板卷制成22m的单元筒节,再由若干筒节分别在制作胎架上组拼成5个中拼筒节,然后将第一段中拼筒节采用2台450t轮胎式汽车吊吊装至2台并行放置的平板车上,平移运至码头前沿的总装台座附近,再由2台汽车吊抬吊准确落在总装台座上。调整好底节筒节的整体垂直度及圆度后,采用同样的方法吊装焊接其余四节,完成钢圆筒的总装。筒体分段图如图2所示。

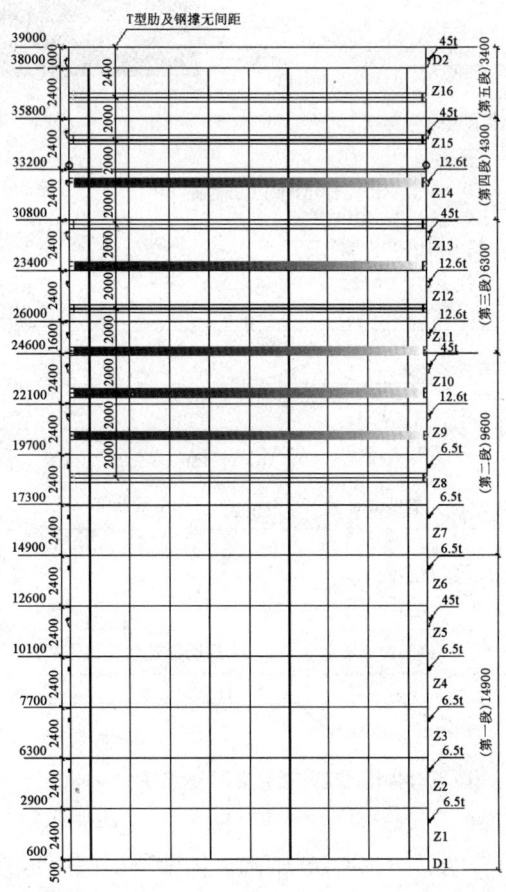

图2 筒体分段图(尺寸单位:mm)

三、钢圆筒围堰运输

直径22m的钢圆筒采用型宽32m的7000t级甲板驳运载,由1600t浮吊起吊八锤联动振动锤组从出运码头总装台座上夹持钢圆筒,安放于甲板驳的找平台座上。钢圆筒围堰装船驻位示意图如图3所示,钢圆筒装船如图3和图4所示。

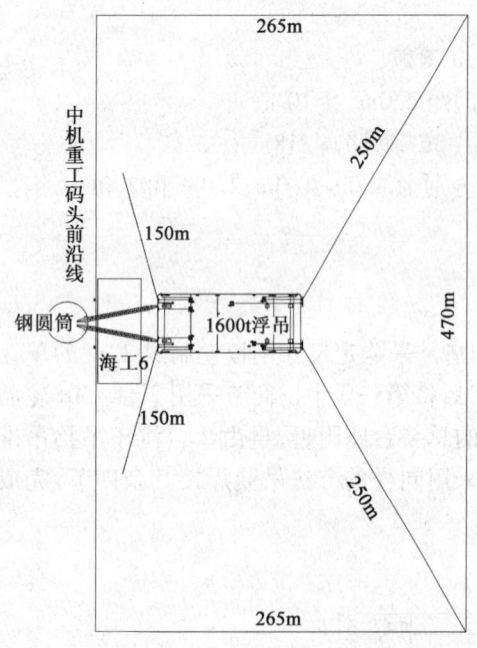

图3 钢圆筒围堰装船驻位示意图

图4 起重船吊起钢圆筒

四、钢圆筒运输封固

钢圆筒装船平立面位置图如图5和图6所示。

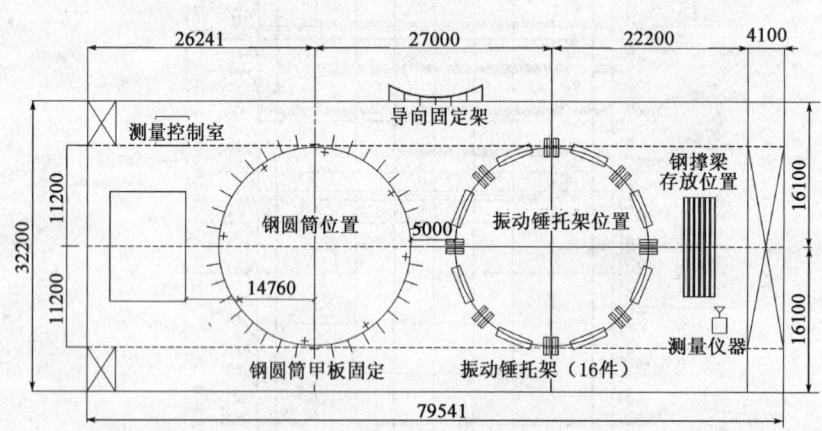

图5 钢圆筒装船平面位置图(尺寸单位:mm)

1. 甲板舶找平台座设置

钢圆筒装船找平台座平面位置图如图7所示,钢圆筒固定槽的竖向板、平面板、加劲板尺寸如图8所示,竖向板高度根据实际高度船面找平高程而定。固定槽在绑扎板处断开,间距为300mm,共加工36件。钢圆筒固定槽局部细图如图9所示。

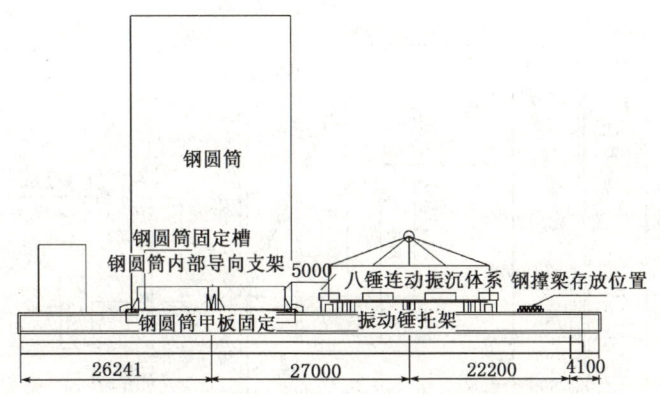

图6 钢圆筒装船立面图(尺寸单位:mm)

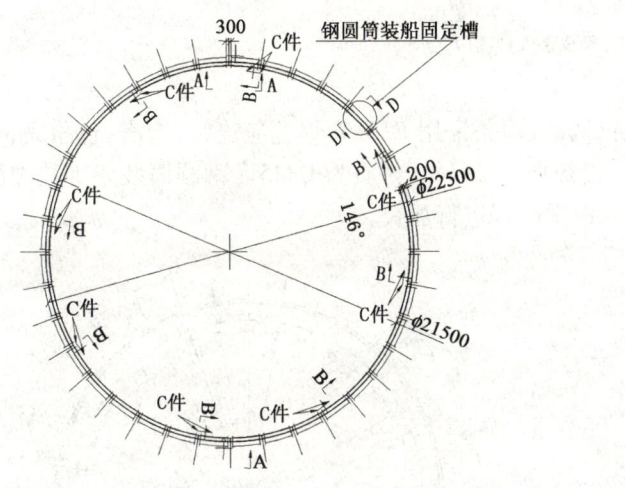

图7 找平台座平面位置图(尺寸单位:mm)

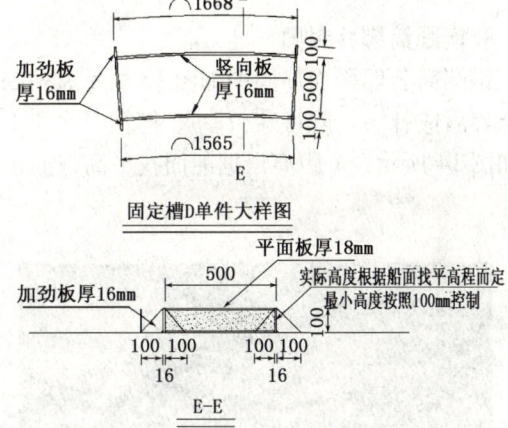

图8 找平台座大样图(尺寸单位:mm)

2. 钢圆筒吊装导向装置

在甲板舱上与钢圆筒筒壁的0°和180°线对应处,设置钢圆筒安装导向结构,如图10~图12所示。

图9 找平台座局部细图

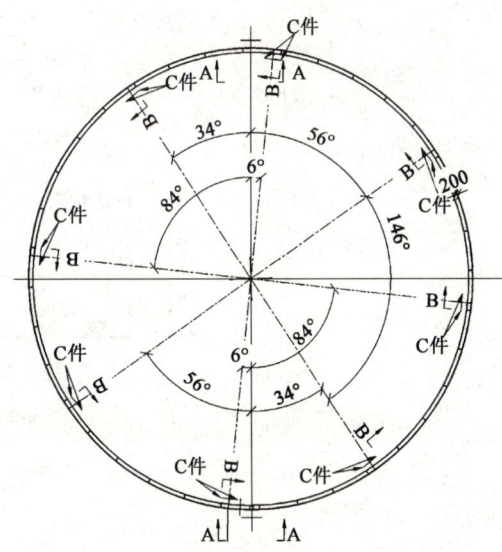

图10 钢圆筒导向结构平面图

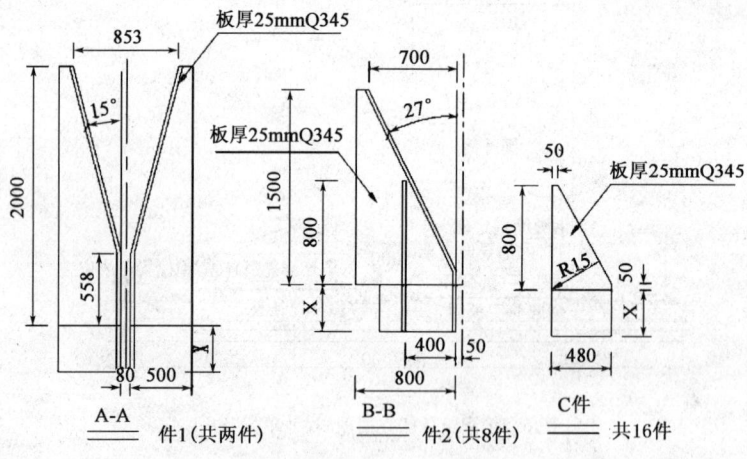

图 11　钢圆筒导向支架安装大样图(尺寸单位:mm)

3. 钢圆筒绑扎封固

钢圆筒装船平面加固图如图 13 所示,焊接钢构件,焊条采用 E5015,焊缝应连续,饱满,包角完整,现场装焊后应补漆。除特殊板厚尺寸外,其余绑扎板板厚为 25mm,材质为 Q345。钢圆筒装船绑扎加固详图如图 14 所示。X 距离根据船面找平高程而定,根据高程进行加长。

图 12　导向支架局部细图

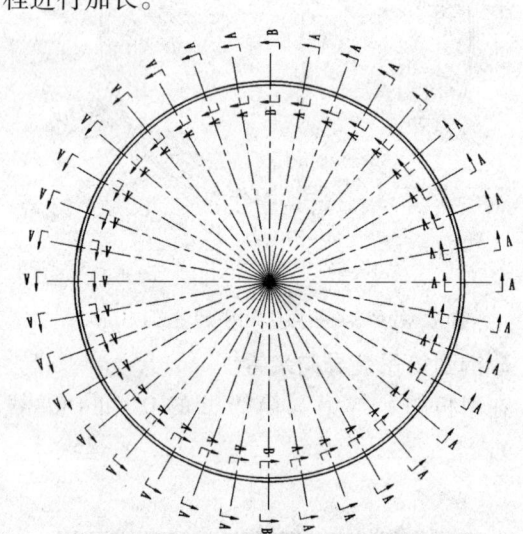

图 13　钢圆筒装船平面加固图

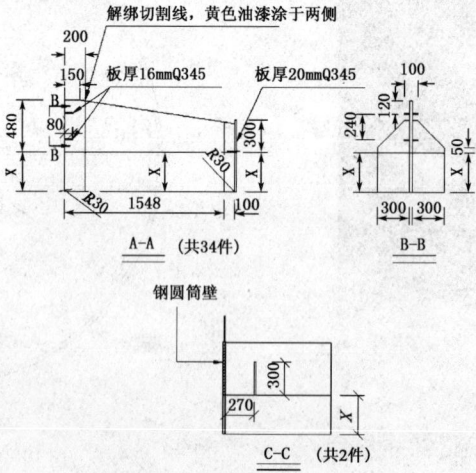

图 14　钢圆筒装船绑扎加固详图(尺寸单位:mm)

4. 钢圆筒海上运输

钢圆筒加工出运码头位于横门水道,采用5000HP和4000HP拖轮两侧帮拖的方式拖带,出运运输线路如图15所示。

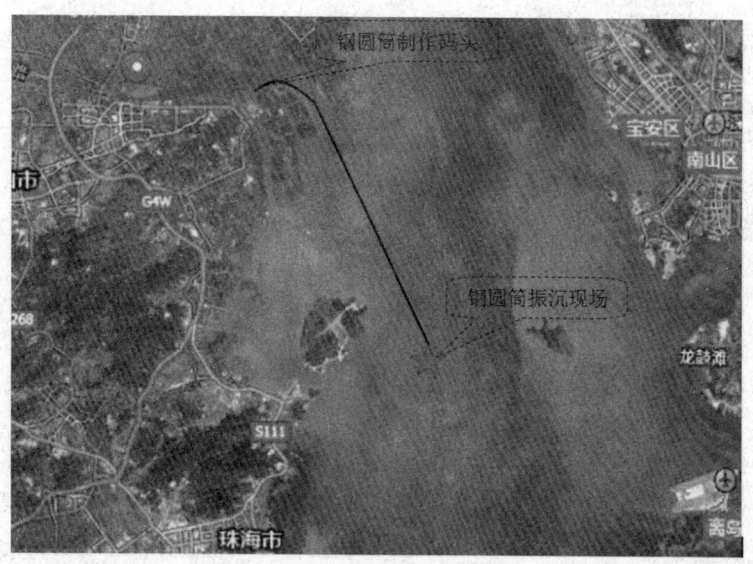

图15 钢圆筒存放码头及运输线路示意图

五、钢圆筒运输船舶绑扎强度计算校核

钢圆筒运输方驳的甲板强度校核、船体强度校核、绑扎强度计算和船舶运输稳性经计算和校核,满足各项运输强度安全要求。本文只对运输方驳上的钢圆筒进行绑扎强度进行校核计算。

1. 有限元模型

(1) 坐标系及有限元模型范围

①坐标系:

原点:主甲板平面,中线面以及FR30横剖面交点;

X-轴:沿船长方向,以指向船艏为正;

Y-轴:沿船宽方向,以指向左舷为正;

Z-轴:沿型深方向,以指向上为正。

②有限元模型范围如图16和图17所示。

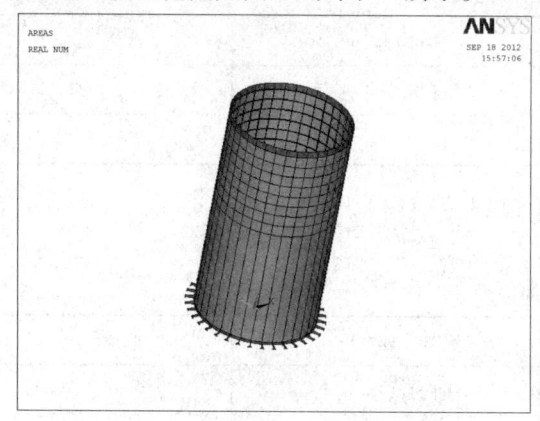

图16 几何模型——立体视图

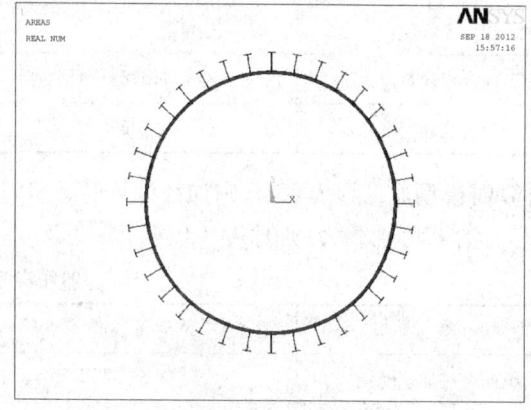

图17 几何模型——俯视图

(2) 构件尺寸及材料参数

①构件尺寸见表1。

主要构件规格及尺寸(单位:mm)　　　　　　　　　表1

构件名称	构件尺寸
钢圆筒	18
	25
卡板结构	25

②材料参数

船用钢材的物理参数：

杨氏模量　　　　　　　　　$E = 2.06 \times 10^5 (N/mm^2)$

泊松比　　　　　　　　　　$\mu = 0.3$

密度　　　　　　　　　　　$\rho = 7.85 \times 10^{-9} (t/mm^3)$

钢材材料参数：

屈服极限　　　　　　　　　$\sigma_s = 235 (N/mm^2)$（暂定）

(3)边界条件。在卡板的下边界施加全约束，见图18。

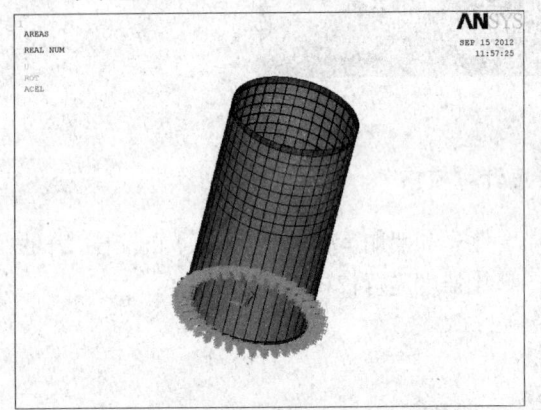

图18　几何模型边界条件

(4)单元选择。计算中建立的有限元模型共选用两种单元，分别为shell63板壳单元以及link8单元：

①Shell181板壳单元。模型卡板结构、钢圆筒及钢圆筒内垂向加强筋构件、水平加强筋腹板采用4节点shell63板壳单元模拟。

②Link8单元。钢圆筒内水平加强筋面板采用link8单元模拟，自由划分网格。

2. 计算荷载

(1)风载：

$F = AqC_f = A \times 0.613 \times V^2 \times C_f$

$F = 22 \times 39 \times 0.613 \times 26^2 \times 0.6 = 213.317 kN$

$a_F = F/M = 213.317/650 = 0.33 m/s^2$（计算实取 $a_F = 0.41 m/s^2$）

(2)相对加速度：

选取加速度取自《运输方驳甲板构件校核计算》(计算过程略述)"船舶相对运动加速度"，见表2。

船舶相对运动加速度　　　　　　　　　表2

加速度	单位(m/s^2)	加速度	单位(m/s^2)
纵向合成加速度	1.578	垂向合成加速度	3.431
横向合成加速度	4.788		

计算时模型质量约为458t，则加载计算时，上述加速度乘以1.42的系数，见表3。

(3)计算实际加载为(加速度+风载)。

船舶实际加速度　　　　　　　　　表3

加速度	单位(m/s^2)	加速度	单位(m/s^2)
纵向合成加速度	2.651	垂向合成加速度	19.210
横向合成加速度	7.209		

3. 计算结果

$\sigma_{x\ max}(\sigma_{y\ max}, \sigma_{z\ max})$ = 板单元在$X(Y/Z)$方向正应力绝对值的最大值，"+"表示拉应力，"-"表示压

应力,单位为:N/mm²;

$\tau_{xy\,max}$ ($\tau_{xy\,max}$/$\tau_{xy\,max}$) = 板单元剪应力绝对值的最大值,"+、-"表示应力的方向,单位为:N/mm²;

$\sigma_{e\,max}$ = 单元相当应力,单位为:N/mm²。

应力、位移计算结果见图19~图22和表4。

计算应力结果   表4

项 目	单元正应力 (N/mm²)			单元剪应力 (N/mm²)			单元相当应力 (N/mm²)	位移 (mm)
	σ_x	σ_y	σ_z	τ_{xy}	τ_{xz}	τ_{yz}	σ_e	u
钢圆筒	-48.544	-49.792	-88.202	-24.138	-22.032	-20.437	76.542	3.661
卡板结构	-72.877	-107.36	-105.146	-54.866	-68.405	-97.023	201.962	0.151

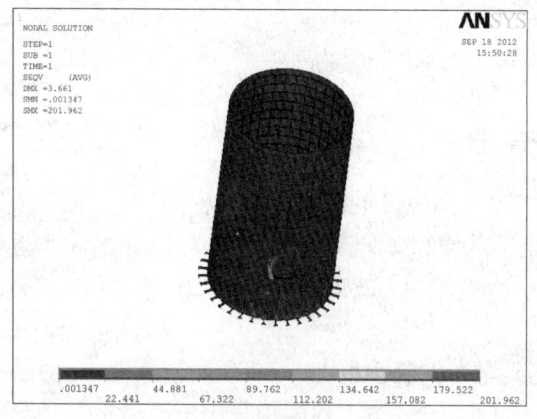

图19　结构整体组合应力分布图

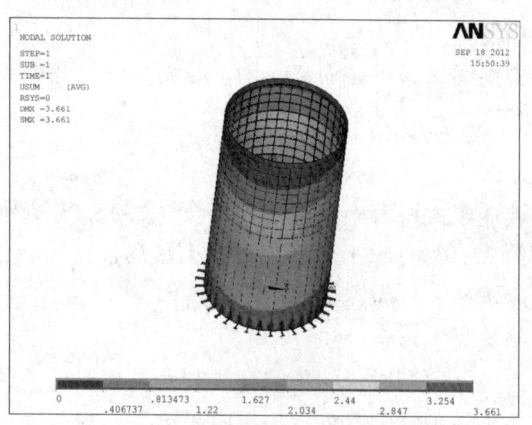

图20　结构整体位移云图

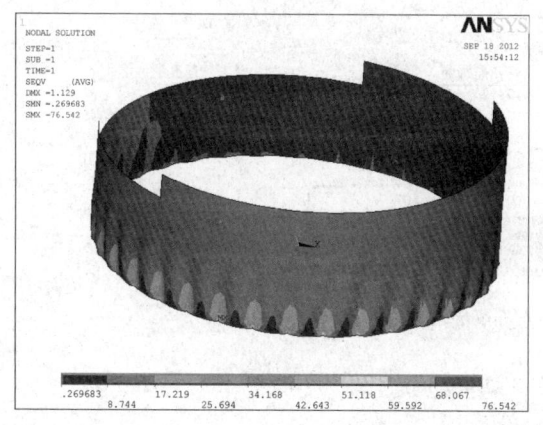

图21　钢圆筒相当应力分布图

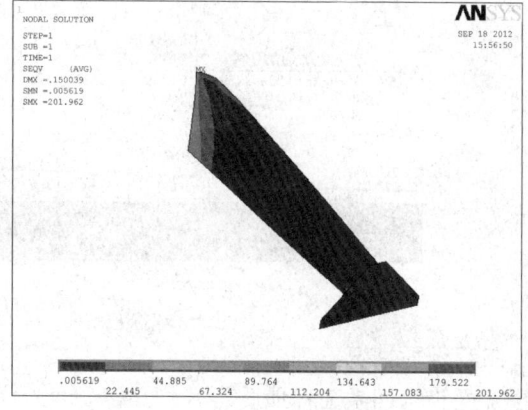

图22　卡板结构相当应力分布图

4. 结构强度校核结论

由表4所列的结构有限元计算结果看,计算所得应力值均不超过235N/mm²的许用应力范围,结构强度满足规范要求,满足安全运输钢圆筒的强度要求。

六　结　语

通过对钢圆筒装船、拖带出运及绑扎封固的全过程策划与实施,顺利完成钢圆筒的加工并安全运抵施工现场,为如期完成钢圆筒围堰工艺试验奠定了坚实基础,积累了大型构件海上运输的经验,可为类似工程提供一定的借鉴。

60. 港珠澳大桥桥梁工程移动导向架沉桩施工技术

王文山　孙建波　史虎彬

(中交一航局二公局联合体港珠澳大桥桥梁工程CB03标项目经理部)

摘　要　移动导向架沉桩是通过研制打桩导向架布置在天威起重船侧面,作为打桩定位船,利用液压振动锤初打与液压冲击锤复打的形式,替代传统的打桩船打桩工艺,确保满足平面位置偏差不大于10cm,垂直度偏差不大于1/250的高精度沉桩要求,合理利用了公司现有船机资源,解决了本工程的重大技术难题。

关键词　移动导向架　测量控制系统　高精度

一、工程背景

港珠澳大桥海中桥隧工程总长约为35.6km,主体工程分为桥梁工程和岛隧工程两部分,其中桥梁工程长约22.9km,起于岛隧工程西人工岛连接桥西端,止于珠澳口岸人工岛。CB03标段深水区非通航孔桥长度7.52km,为连续钢箱梁桥结构,基础采用钢管复合桩,单桩承载力30000kN,桩径2.0m和2.2m,全预制混凝土承台、墩身方案。

为确保预制墩台的预留孔顺利套入6根桩基础,达到墩台安装垂直度 $h/3000$ 的精度要求,对桥梁工程第一步施工的钢管桩打设提出了更高要求。通过施工前期论证,本工程沉桩采用了高精度移动导向架的沉桩方式。桥型布置、桥梁典型断面及基础桩基布置形式见图1~图3所示。

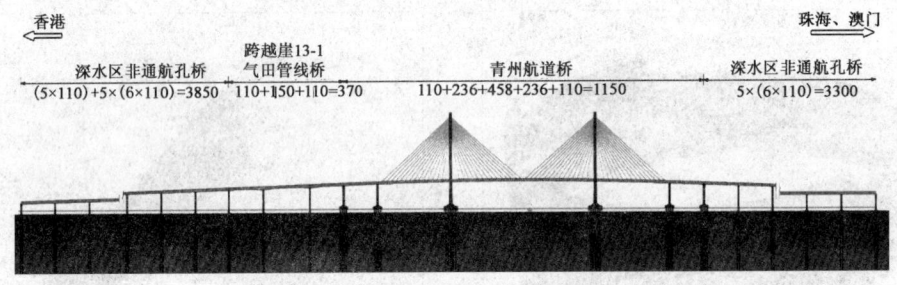

图1　桥型布置图(尺寸单位:m)

1. 工程地质情况

桥址区为第四系工程地质层。

(1)层为全新统海相沉积物,其岩性为淤泥、淤泥质黏土和淤泥质黏土夹砂。

(2)层为晚更新统晚期陆相沉积物,其岩性主要为软~可塑状黏土,其下部多分布有薄层松散~中密状的粉砂~砾砂,局部夹有透镜体状的圆砾土。

(3)层为晚更新统中期海相冲积物,其岩性主要为淤泥质粉质黏土、淤泥质黏土和软~可塑状黏土,夹有粉砂~中砂透镜体。

(4)层为晚更新统早期河流相冲积物,主要由中密~密实砂类土组成,总体自上而下变粗,夹有透镜体状的软~可塑状粉质黏土。

(5)层为基岩风化残积物,呈硬塑砂质黏性土状。

桥位区下伏基岩主要为燕山期花岗岩,基岩面起伏变化较大,埋深11~50m,基岩全、强、中、微风化

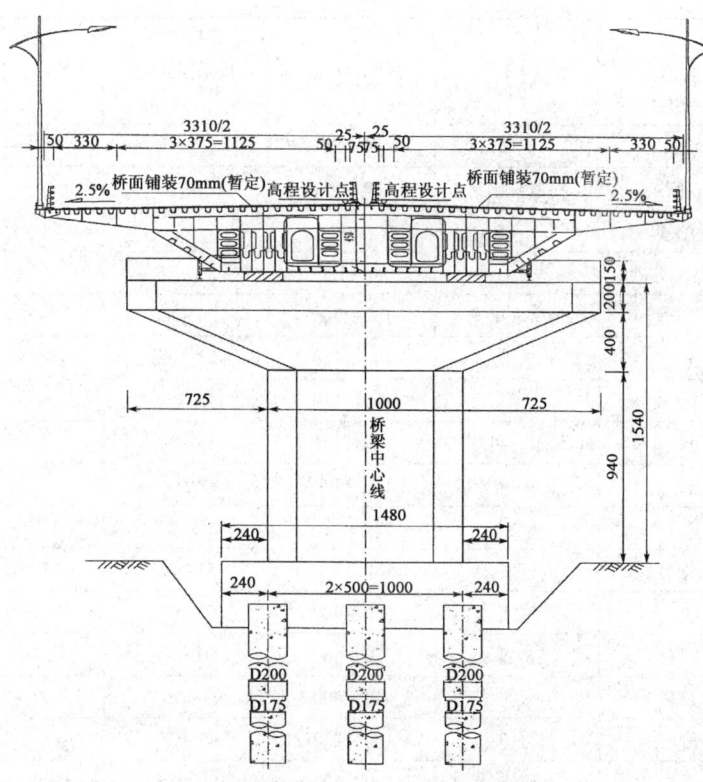

图2 桥梁典型断面图(尺寸单位:cm)

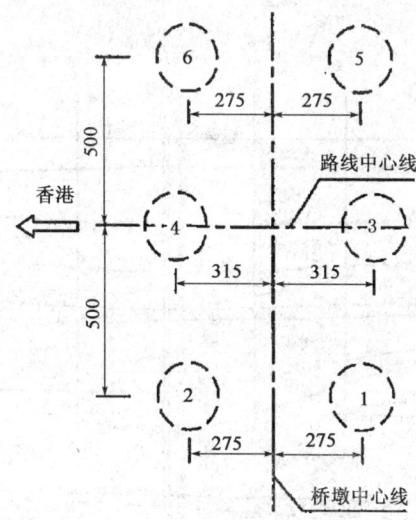

图3 墩台桩基布置图(尺寸单位:cm)

均有揭示。桥梁采用钢管复合桩基础,以中风化或微风化岩作为持力层。桥址区地层参数值见表1,地质纵断面图见图4。

土层地基承载力基本容许值及桩基参数推荐值一览表　　表1

时代成因	地层编号	地层名称	密实度或状态	承载力基本容许值$[f_{a0}]$（kPa）	钻孔桩桩侧土极限摩阻力q_{ik}（kPa）	沉桩桩端土极限端阻力q_{rk}（kPa）	沉桩桩侧土极限侧阻力q_{ik}（kPa）
Q_4^m	①1	淤泥	流塑	40~50	10~12	—	9~12
	①2	淤泥	流塑	45~60	11~15	—	11~15

续上表

时代成因	地层编号	地层名称	密实度或状态	承载力基本容许值[f_{a0}]（kPa）	钻孔桩桩侧土极限摩阻力 q_{ik}（kPa）	沉桩桩端土极限端阻力 q_{rk}（kPa）	沉桩桩侧土极限侧阻力 q_{ik}（kPa）
Q_4^{al}	①3	淤泥	流塑	60~75	13~18	—	13~18
Q_3^{al+pl}	②2	粉砂、细砂	松散~稍密	80~95	20~30	—	25~35
	②3	粉砂、细砂	中密	130	35	—	40
Q_3^{al+m}	③2	淤泥质黏土夹砂	流塑	90~120	20~35	—	17~35
	③3	粉砂、细砂	稍密~中密	180~350	50~80	—	35~80
	③31	黏土	软塑	100~130	25~35	—	20~40
	③4	黏土	可塑	160~170	45~50	—	45~50
	③5	黏土	软塑~可塑	120~135	35~37	—	35~40
	③51	粉土	很湿、稍密	110~130	30	—	30~35
Q_3^{al}	④1	粉砂	中密	130~180	35~55	—	40~60
	④2	粉砂、细砂	密实	180~290	55~65	—	60~70
	④3	中砂	密实	330~400	50~75	—	60~85
	④4	粗砂、砾砂	密实	370~460	60~95	—	70~95
	④5	粗砂、砾砂	密实	410~500	90~105	6000~7000	90~110
	④51	粉质黏土	可塑	160~220	43~55	—	47~60
	④6	圆砾	密实	500~600	120~150	4500~8000	110~170
$Q_1^{Q\frac{1}{3}}$	⑤	残积土	可塑~硬塑	180~200	55~60	—	60~65

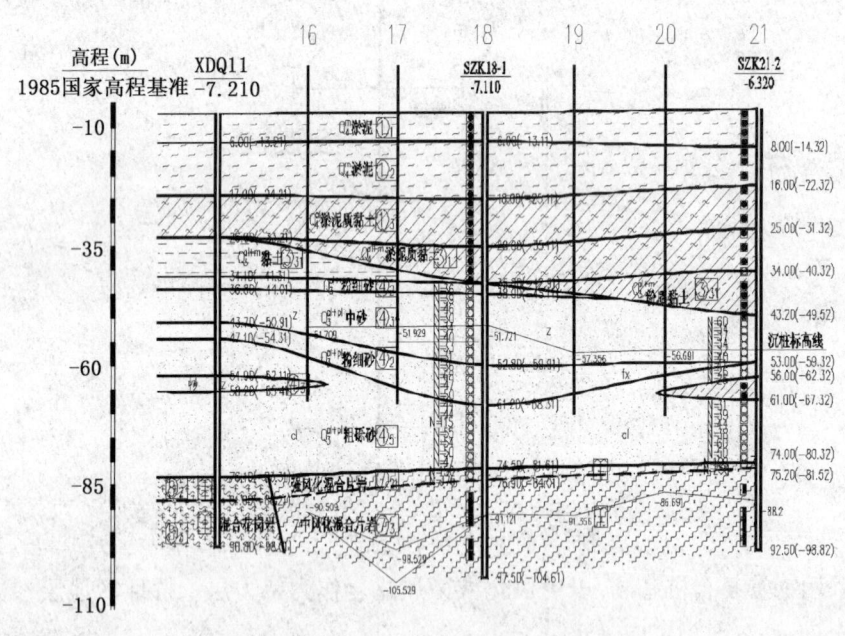

图4 地质纵断面图

2. 施工特点及技术难点

港珠澳大桥桥梁工程施工采用国内首座埋置式承台方案，桥址位于伶仃洋与外海连接的喇叭口处，受潮流、降水和热带气旋的影响大，呈现"水深、波长、浪高、涌大、雨量频繁、台风多"等特点，且工程水域通航环境复杂，并穿越中华白海豚保护区，施工的安全管理难度大和环保要求高，沉桩施工具有以下特点：

(1)《港口工程质量检验评定标准》(JTJ 221—98)中规定：在无掩护的离岸水域钢管桩沉桩允许偏差为平面位置不大于250mm，垂直度小于1/100；本工程原设计在采用固定平台导向架施工方案时沉桩精度要求为钢管之间相对偏差小于50mm，倾斜度小于1/400，圆筒围堰专项试验成功后，沉桩控制标准变更为垂直度小于1/250，平面位置偏差不大于10cm，沉桩精度高，施工难度大。

(2)传统钢护筒在灌注桩施工中只起到护壁和造浆的作用，护筒长度一般较短，本工程钢护筒长度大、质量大(最大桩长78.2m，最大质量103t)，钢管桩不仅满足护壁作用，并与钢筋混凝土灌注桩形成钢管复合桩，对打桩设备提出较高要求。由于局内的打桩船不能满足钢桩打设的挑高和吊重要求，故研发了移动导向架打桩定位船。

(3)由于钢护筒较长，需打入砂层，在沉桩中存在卷边和变形的风险，应根据不同地质掌握打设锤击能量和贯入度，避免能量过大，造成钢桩下口卷边或变形，影响后期灌注桩施工。

(4)在外海无掩护条件下，常规测量系统无法满足高精度的沉桩要求，需采用精度更高，操作更便捷的测量系统。

(5)桥址区为第四系工程地质层，软弱覆盖层和砂层厚且夹杂可塑性黏土和砾砂混卵石层等特殊地质，基岩埋深较大、岩面起伏变化大，在地质中存在零星的孤石、树根等沉积物，个别墩台出现与地质资料不符的遗留钻杆、铁件等障碍物，复杂的地质环境对钢管桩打设造成较大影响。

二、施工设备及船舶选用

1. 施工船舶

(1)"天威号"移动导向架定位船。导向架定位船由天威号起重船进行改装，其主要功能在于对钢管桩打设过程的定位和扶正。导向架设在天威左侧船舷，避开吊机旋转半径、带缆桩和绞锚机等甲板面设施的影响范围。主体结构为钢质桁架结构，长15.3m，宽度14.85m(其中船舷外悬挑宽度8.85m)，高18.65m；导向架分为上下两层，两层之间高度为12m，共布置3组液压抱桩器，上下液压抱桩器的垂向中心线位于同一垂向位置，从而保证钢桩打设精度。导向架通过传力梁与天威号甲板面焊接，与船体形成稳固的整体。移动导向架平面及侧面图见图5，移动导向架定位船见图6。

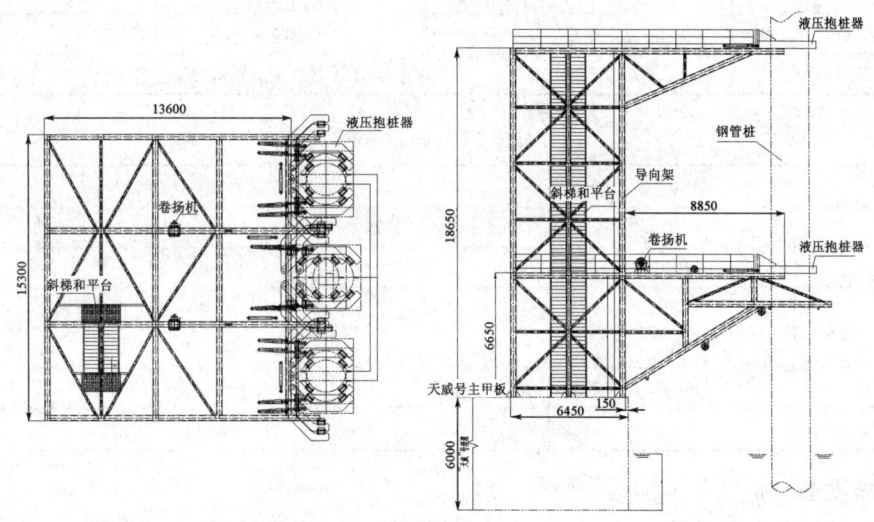

图5 移动导向架平面及侧面图(尺寸单位:mm)

(2)浮吊选型

①吊重要求

$$最大吊重 = (最大桩重 + 振沉系统重量) \times 振动系数$$
$$吊重 = (105 + 47) \times 1.3 = 197.6t$$

图6 移动导向架定位船

② 吊高要求

$$水上最大吊高 = 最大桩长 + 吊具高度 + 富裕高度$$
$$吊高 = 78.2 + 9 + 0.5 = 87.7 \text{m}$$

③ 跨距要求

$$最大跨距 = 最大舷外距 + 富裕距离$$
$$跨距 = 20 + 1 = 21 \text{m}$$

选用起重27,采用双主勾吊桩,其有效吊重1600t,有效吊高95m,有效吊距43m,故可满足安全使用要求。

(3) 主要船型参数和起重参数见表2、表3。

天威船型参数　　　　　　　　　　　　　　　　　　　表2

船舶名称	天威号	船舶名称	起重27号
总长(m)	80	总长(m)	94
型宽(m)	32	型宽(m)	36
型深(m)	6	型深(m)	6.8
起重能力(t)	700	起重能力(t)	700
满载吃水(m)	3.2	作业吃水(m)	4.1
最大吊重	700t	甲板以上最大起重高度(m)	95

起重27号起重参数　　　　　　　　　　　　　　　　　表3

名称	单位	主钩	副钩	锁具钩
额定负载	t	2×800 – 2×150	150	2×15
变幅角度	DEG	63 – 25	63 – 25	63 – 25
幅度	m	43 – 85	46 – 95	46 – 92
甲板以上	m	95	110	105
起升速度	m/min	2/7	16	30
水面上全高	m	71(min)—127(max)		

2. 施工机械设备

钢管桩初打采用两台联动的APE400液压振动锤振沉,液压振动锤锤型参数见表4,液压振动锤见图7。

APE400液压振动锤锤型参数　　　　　　　　　　　　表4

振动锤参数	APE400	振动锤参数	APE400
最大激振力	3203kN	最大输出功率	728kW
频率	400~1400r/min	最大振动频率	23.3Hz

高程要求的钢管桩,采用MHU800S液压冲击锤复打至设计高程,MHU800S液压冲击锤锤型参数见表5,MHU800S液压冲击锤见图8。

MHU800S 液压冲击锤锤型参数 表5

最小击打能量	75kJ	锤芯质量	45.4t
最大水上击打能量	820kJ	锤重	79.6t
平均工作压力	$250 \times 10^5 Pa$	锤长	13m

图7　2×APE-400振动锤组

图8　MHU800S液压冲击

三、施工工艺及方法

1. 固定平台导向架试验方案简介

固定平台导向架沉桩特点在于不需定位船,采用打桩船施打6根支撑桩基础,搭设固定平台,安装导向架,采用起重船吊打的形式完成工程桩的打设。

(1)工艺流程见图9。

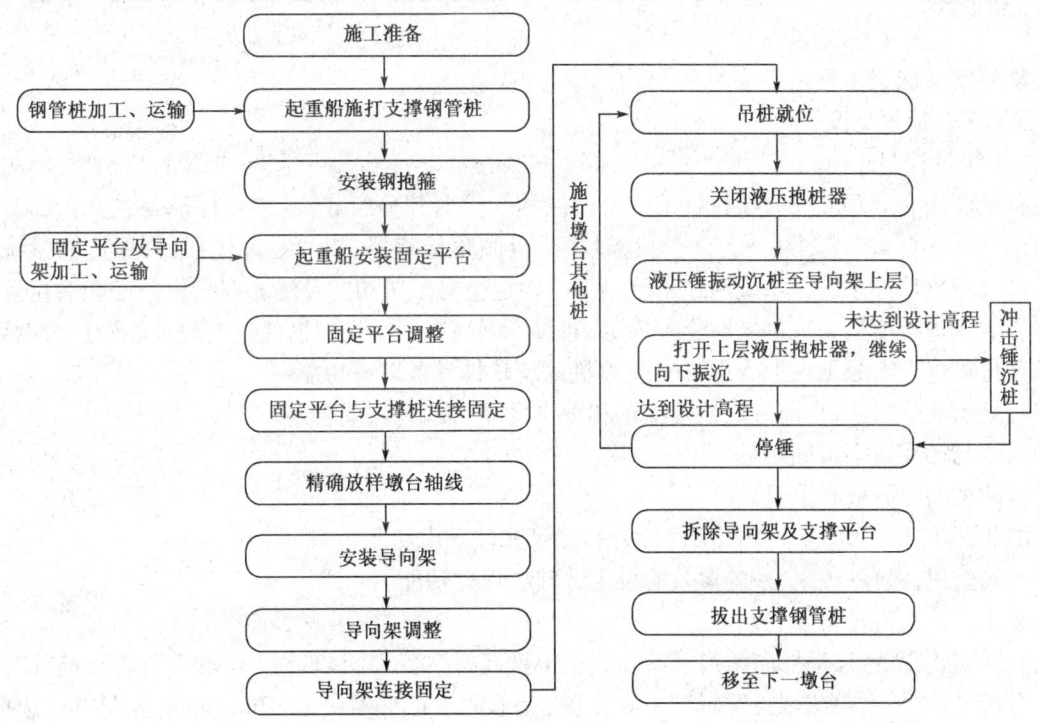

图9　固定平台导向架施工工艺流程图

(2) 施工组织及试验效果

为响应投标文件和开工后阶段性节点工期要求,项目部于2012年6月28日至11月6日期间,在历时131天的时间里,组织了首个墩台31号墩固定平台导向架沉桩方案的实施。主要施工工序见图10~图13。

图10 支撑桩打设

图11 钢抱箍安装

图12 固定平台安装

图13 固定平台导向架沉桩

2. 移动导向架施工工艺及方法

(1) 施工工艺流程见图14。

(2) 施工测量控制。

①打桩系统简介。移动导向架打桩系统由硬件和软件两部分组成,其中硬件设备包括:天威号打桩船、移动导向架、三台GPS接收、三台激光扫描仪、两台倾角传感器,软件系统包括:数据传输系统、计算机控制系统及打桩软件系统。系统通过GPS(RTK)确定绝对位置功能及激光扫描仪确定相对位置功能,依靠船体参数项进行衔接完成桩平面位置确定,通过不同高度的激光扫描仪扫描的桩心坐标及两台扫描仪的高差获得桩垂直度数据(图15、图16)。打桩系统软件具备以下功能:

a. 实时显示船位状态,当前桩位偏差指示和垂直度显示;

b. 当前桩与已完成多桩间距显示;

c. 任意两个高程面桩心坐标显示;

d. CAD图形和EXCEL类型数据文件导入和记录文件导出功能;

e. 项目的新建、保存、关闭,系统参数的设定、修改、保存功能。

②移动导向架测量设备安装。

a. 抱桩器安装测量:移动导向架抱桩器安装在中铁武桥重工集团(珠海)有限公司码头进行,首先对导向架进行调平,调平后检测抱桩臂转轴中心位置,上下两层抱桩器高差12m。在抱桩器附近选择两点建立坐标系,使用全站仪对抱桩臂转轴中心位置进行测量,通过测量指导安装人员移动抱桩器托架,精确定位后进行抱桩臂与导向架的连接固定。通过调整,单组抱桩器垂直度可达到1/1000。

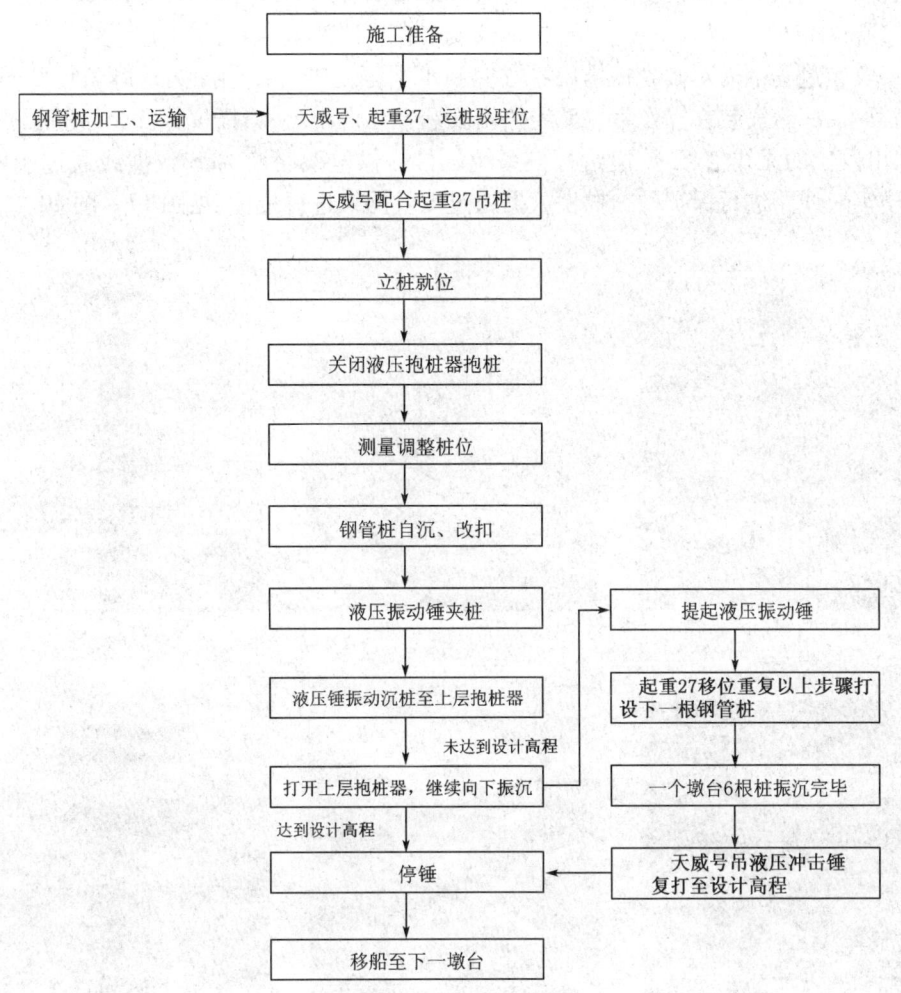

图14 移动导向架沉桩工艺流程图

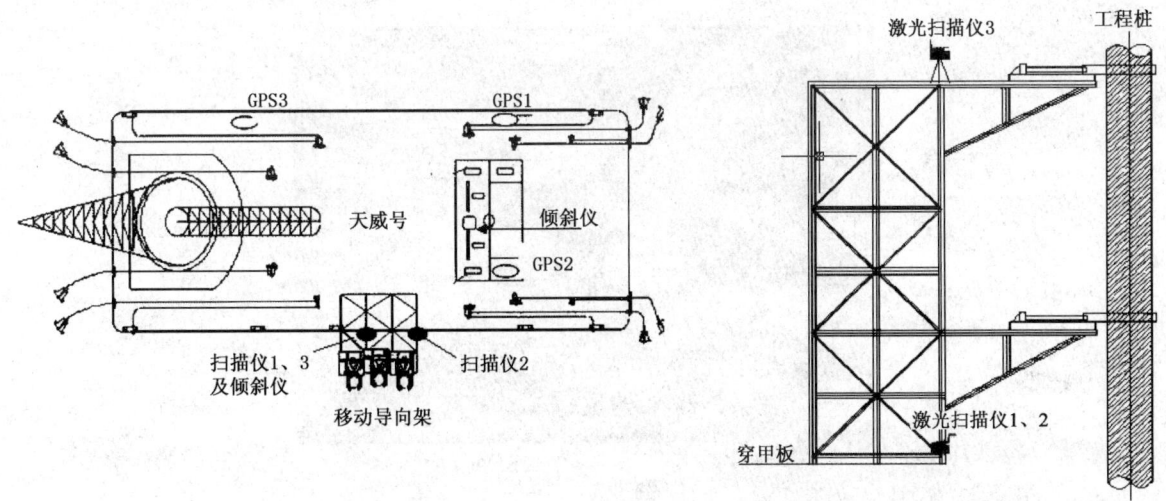

图15 天威号打桩船定位设备平面布置图

图16 移动导向架上激光扫描仪布置

b. 导向架上船安装：导向架整体在码头拼装结束后,准备上船安装,安装前利用天威号调水仓调水将天威号调平,使用全站仪对船甲板上柱脚安装位置进行测量,测出所有点高差,统一到一个高程面,使导向架与天威号船体呈垂直状态。

c. 测量系统硬件安装：GPS 天线高出船甲板面 14.6m，三台 GPS 天线高度基本统一，接收天线安装在打桩船操控室顶部。激光扫描仪安装：三台扫描仪安装在导向架上，导向架下层左右各一台，导向架顶部右侧安装一台，安装过程中需对激光扫描仪零方向和水平程度进行控制。两台倾角传感器，一台安装在导向架中层横梁上，一台安装在操作室。无线路由安装在导向架上，扫描仪数安装在船舶操作室，通过无线网络接收路由发出的无线信号，传递给打桩系统软件。供电线路及 GPS 数据线通过船甲板面进行连接，上部焊接槽钢对线路进行保护。扫描仪数据通过无线网络进行传输，见图17~图20。

图17　GPS 布置

图18　扫描仪布置

图19　桩架倾角传感器

③打桩定位。

a. 初定位：三台 GPS（RTK）实时坐标可以确定船的位置和方向，通过导向架中间一组抱桩器中心位置坐标和船体实时扭角完成一次定位。每个墩台打桩船驻位两次，每次完成三根桩的初定位。初定位时要求与设计坐标偏差小于5cm。

图 20　无线路由天线及控制台

b. 下桩后定位：初定位完成后开始入桩，工程桩进入抱桩器，扫描仪即获得数据，桩位实际坐标由扫描仪实时测量获得，首先将抱桩器抱紧，使桩与打桩船形成整体性，根据打桩系统显示数据指导打桩船位置的微调整以及桩垂直度的调整。第一根桩在绝对位置和垂直度均满足设计要求的情况下下桩，从开始下桩到打桩结束整个过程中打桩系统全程监控，遇情况随时进行调整。第一根桩完成后的其余5根桩在满足绝对位置和垂直度要求情况下，必须要考虑相对位置偏差，打桩系统根据激光扫描仪扫描的数据提供桩相对位置偏差数据表，根据数据情况指导桩位调整，有效保障绝对和相对位置的设计要求（图21、图22）。

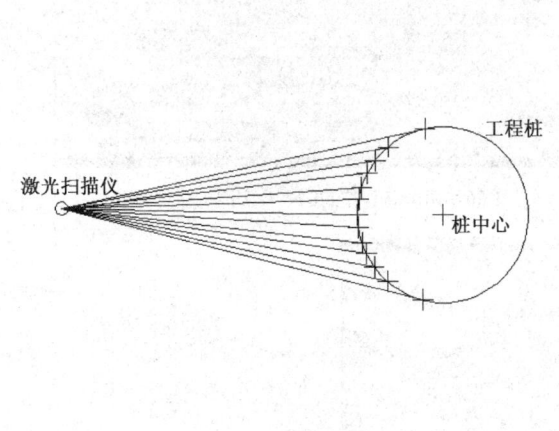 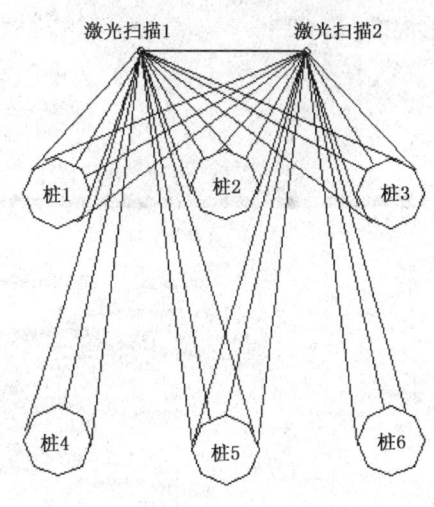

图 21　单桩扫描　　　　　　　　　　图 22　群桩扫描

c. 垂直度的获取及调整。桩垂直度的获取依靠激光扫描仪扫描数据完成，示意图如图23。

三台扫描仪分别布置在导向架上下两层，激光扫描仪1、2确定出三根桩上部的桩中心坐标，激光扫描仪3可以确定出三根桩的下部桩中心坐标，根据同一根桩上下两个平面的差距和两个扫描仪的高差，可以确定出每根桩的垂直度。垂直度调整通过两个方向调整，顺船向通过抱装器调整，横船向通过调节船压载水调整。

d. 高程控制。打桩系统高程控制是在激光扫描仪下方安装三个红外激光头，分别指向三个桩中心位置，桩入抱桩器时红外光点打在桩上，通过前期调平工作，使激光束与船体平面保持平行，激光点高程变化与GPS高程同步，打桩时通过桩架上安装的视频监控装置对红外点指示的桩刻度线进行观测，将只是刻度线读数输入打桩软件中，软件通过与桩顶刻度数反算，即可完成桩顶高程的控制（图24）。

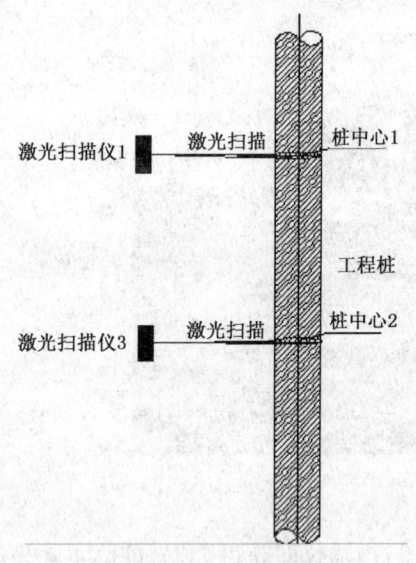

图23 垂直度控制示意图

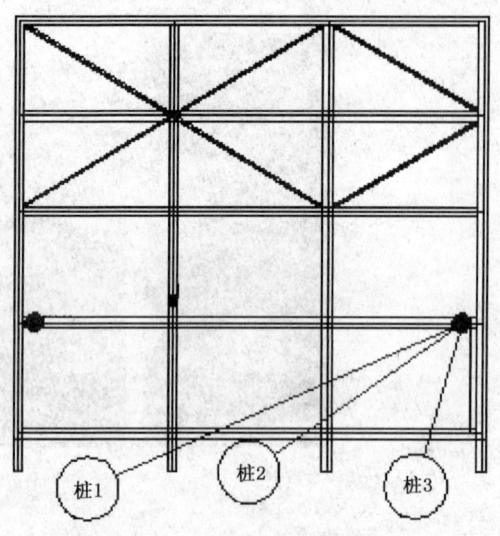

图24 高程控制示意图

e. 打桩软件界面见图25~图27。

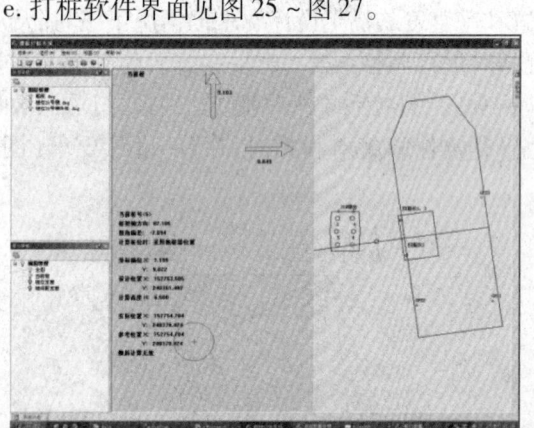

图25 打桩主界面

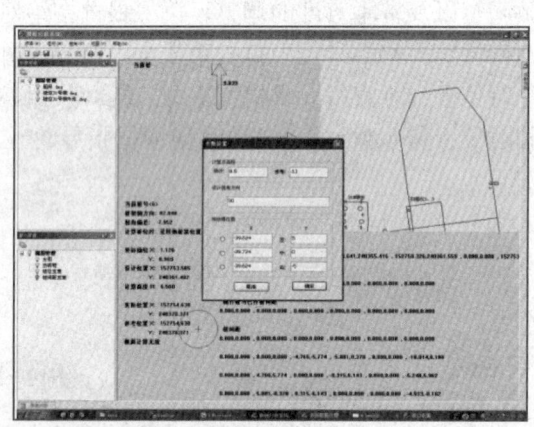

图26 两个高程控制输入及实测桩相对关系

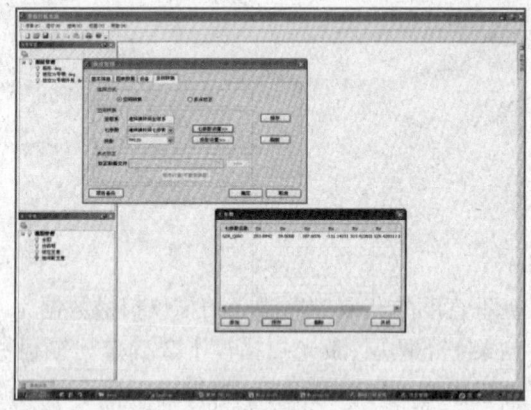

图27 参数输入界面

（3）钢管桩的装船、运输。钢管桩加工、防腐涂装完成经检验合格后，由车间运往码头装船。采用 100t×30m 回转式悬臂吊机装驳，起吊采用的吊具为长4m，自重2.6t 的两个吊点的扁担梁，钢丝绳表面缠绕麻绳保护钢管桩表面涂层，起吊过程中钢管桩两端系缆风绳，根据风力大小每边安排 2~3 人拉缆风绳，以减小钢管桩的转动。钢管桩应按照"供桩顺序表"规定的顺序按序装船，做到先沉的钢管桩放在上层，减少倒桩次数（图28）。

 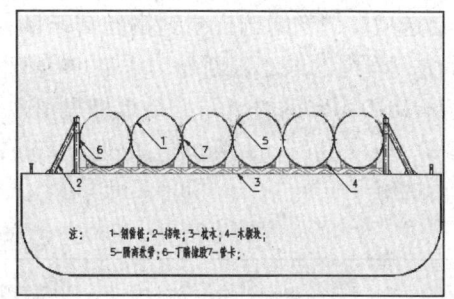

图28 钢桩装驳布置图

钢管桩采用货船运输,选型时,需根据所运输钢管桩的外形尺寸和船体构造确定好装船方案。现场钢管桩运输船舶(鑫民919)主要参数见表6。

钢管运输船主要参数表　　　表6

船　长	型　宽	型　深	总　吨　位	净　吨　位	载货量
78m	16m	3.2m	3700t	700t	3000t

钢管桩运到施工地点后,项目部技术人员会同现场监理对钢管桩的型号、桩长及桩径进行核对,并且对钢管桩的涂层进行检查(图29)。涂层如有破损即刻安排工人使用环氧液体油漆对破损处进行人工补涂。补涂后使用涂层磁性测厚仪测量补涂厚度,保证水中区内层≥300μm,面层≥700μm,泥下区内层≥300μm,面层≥350μm。

图29 防腐涂层保护及现场检查

(4)船舶驻位。

定位船、起重船、运桩驳到达指定位置后,在起锚艇配合下分别抛锚驻位,定位船与运桩驳同向布置,起重27号沿桩基施工方向顺桥向布置,以减小水流、波浪对定位船的影响,保证沉桩精度。详见图30。

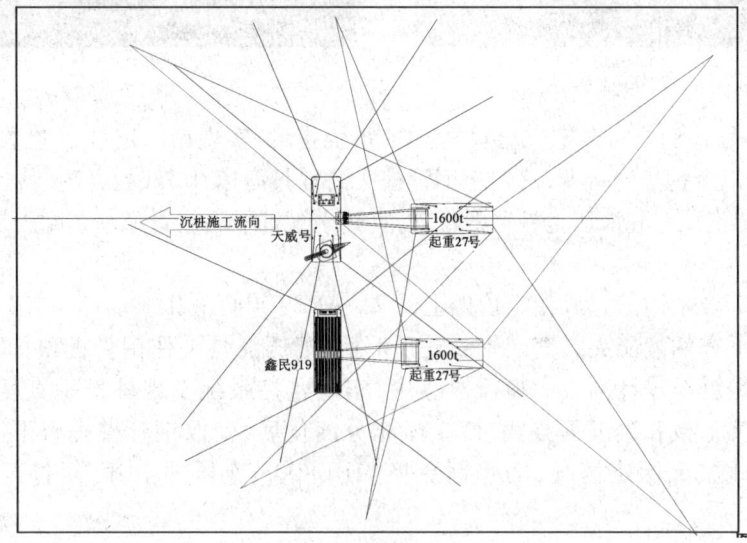

图30 打桩船锚位布置示意图

(5)沉桩。

a. 吊桩锁具选型。钢丝绳选择根据钢丝绳破断拉力的公式 $F = K \times D^2 \times R/9800$ 计算,其中:D 为钢丝绳的直径,K 为钢丝绳的最小破断拉力系数(6×37 钢芯钢丝绳 $K = 0.356$),R 为钢丝绳公称抗拉强度(本工程选用 $R = 1870$ MPa 钢丝绳);按最重桩重103t,采用四点吊,以单个吊点吊重51.5t,取6倍安全系数为例,通过计算,拟采用71mm钢丝绳,单根长50m;卸扣,采用2个55t卸扣;其他种类钢丝绳计算方式同上。吊桩索具选择详见表7。

吊桩锁具表 表7

序号	物资名称	规格	数量	备注
1	钢丝绳(桩顶处过轮)	71mm	50m	按吊重110t,6倍安全系数考虑
2	钢丝绳(桩尖处过轮)	56mm	44m	按吊重70t,6倍安全系数考虑
3	钢丝绳(柄子)	52mm	15m	按吊重110t,6倍安全系数考虑
4	钢丝绳(柄子)	44mm	15m	按吊重70t,6倍安全系数考虑
5	钢丝绳(翻身扣)	64mm	30m	按吊重80t,6倍安全系数考虑
6	滑轮	120t	1个	
7	滑轮	80t	1个	
8	卡环	55t	5个	带外螺母

b. 吊桩。钢管桩采用4点吊,为保证下桩同步,起重27号两个主钩连接桩顶两个吊点和翻身扣,天威副勾起吊钢管桩下吊点,并配合起重27号立桩,立桩完天威号解脱与钢管桩下吊点连接的卡环,起重27号两个主钩立桩(图31、图32)。

图31 吊桩

图32 立桩

c. 自沉。"天威"号移动导向架定位船根据GPS系统指示,实现精确定位;"起重27"立桩后移船定位,送桩进入导向架,液压抱桩臂合龙,落勾至钢管桩底高程具海床0.5m处,停止落勾;在打桩定位系统的指导下,调整导向架定位船和液压抱桩臂的位置,直到钢管桩平面位置和垂直度满足设计要求;下桩自沉,见图33、图34。

d. 沉桩。起重27号副钩吊起放在定位船上的 $2 \times APE-400$ 液压振动锤组,移至钢管桩正上方缓慢下落,待振动锤组下方的液压夹具套入钢管桩顶部后,液压夹具夹住钢管桩顶部,开启振动锤,对钢管桩进行振沉,直至振沉至设计高程。振沉过程中,实时监控系统发现桩身垂直度偏差过大时,应采取延长留振时间、交替上拔和振沉等方式,使土体充分液化后,确保钢管桩垂直下沉。若振沉过程中遇到地质较硬,振动锤振沉困难情况,则停锤更换MHU800S液压冲击锤,复打至设计高程(图35、图36)。

图33 钢管桩定位

图34 钢管桩自沉

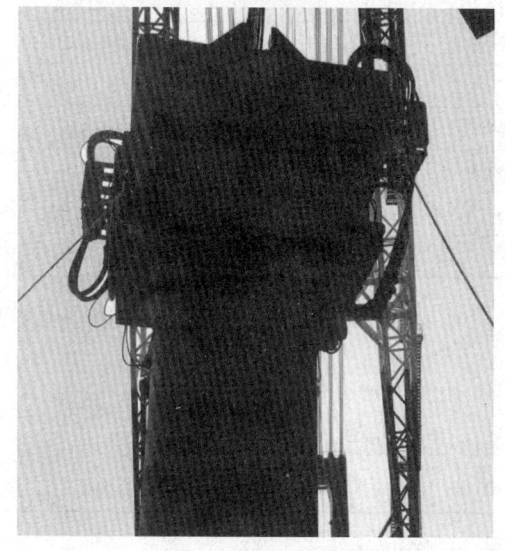

图35 液压振动锤沉桩

图36 液压冲击锤复打

四、施工分析及经验总结

1. 施工效率分析

（1）移动导向架沉桩。本工程在2012.12.8～2013.9.10期间施工，共历时276天，采用移动导向架沉桩施工方案，共打设钢管桩264根（44个墩台），由于前期施工处于磨合阶段，工艺改进的地方较多，导致总体平均沉桩效率较低，约1根/天。经过工艺优化，按有效作业天施工效率统计：单个墩台（6根桩）沉桩需3天时间，其中：船舶驻位需0.5天，钢管桩打设需2天（含冲击锤复打），测量平台倒运、桩内抽水和偏位测量需0.5天。根据该地区自然条件统计，每月有效作业天按21天计算，并考虑不良地质条件影响率按5%计算，则现在的沉桩效率为1.3根/天。由以上统计数据可知，由于钢管桩打设精度的提高，导致移动导向架定位船沉桩效率较以往常规打桩船沉桩效率低很多。

（2）固定导向架沉桩。固定导向架沉桩工序繁琐，使用的船机设备多，干扰大，沉桩效率低，从首件施工效率分析，正常施工时，每个墩台打桩时间至少达1个月。

2. 施工质量分析

（1）移动导向架沉桩。以50号墩台为例，导向架定位船沉桩质量能够满足设计要求和规范规定，见表8。

沉桩质量实测值统计表　　　　　　　　　　　　　　　　表8

桩　号	设计桩尖高程(m)	实测桩尖高程(m)	平面位置偏差(mm)	垂　直　度
50-1	-71.41	-71.442	34	1/1065
50-2	-71.41	-71.42	78	1/269
50-3	-71.41	-71.416	7	1/260
50-4	-71.41	-71.418	10	1/697
50-5	-71.41	-64.11	85	1/567
50-6	-71.41	-71.418	57	1/265

（2）固定导向架沉桩结果统计见表9。

固定平台导向架沉桩结果统计表　　　　　　　　　　　　　　　　表9

坐标 桩号	设计坐标		复测坐标		偏　差　值				垂直度
	X	Y	X	Y	ΔX(cm)	ΔY(cm)	ΔS(cm)	相对偏差 mm	
3_{1-1}	152763.492	240355.901	152763.422	240355.917	-11.5	0.8	11.5	1#—2#:39	1/679
3_{1-2}	152763.492	240361.401	152763.479	240361.399	1.1	-3.2	3.4	1#—2#:-211	1/339
3_{1-3}	152758.492	240355.501	152758.517	24033.452	10.2	-5.0	11.4	2#—4#:-130	1/244
3_{1-4}	152758.492	240351.501	152758.499	340361.752	-1.3	-7.6	7.7	3#—4#:25	1/255
3_{1-5}	152753.492	240355.901	152753.525	340355.997	7.4	15.8	17.4	3#—5#:49	1/255
3_{1-5}	152753.492	240351.401	152753.499	240361.319	0.4	-2.9	2.9	4#—5#:-20	1/240
								5#—6#:-157	

固定平台导向架沉桩的过程组织和试验结果表明：受地质情况影响，工程桩打设的垂直度和相对位置偏差很难满足设计要求。

（3）液压振动锤和冲击锤可打性分析

①以50号墩台为例，对振动沉桩和冲击沉桩效果进行可打性分析打桩记录见表10。

打　桩　记　录　表　　　　　　　　　　　　　　　　表10

桩号	设计桩长 (m)	设计桩顶高程 (m)	设计桩尖高程 (m)	自沉高程 (m)	振动锤振沉 高程(m)	冲击锤复打 最终贯入度 (mm/击)	备　注
50-1	77.91	+6.5	-71.41	-39.11	-66.41	5.8	振动锤能量 1450rpm 1850psi
50-2	77.91	+6.5	-71.41	-37.81	-66.11	6.0	
50-3	77.91	+6.5	-71.41	-39.31	-66.41	6.5	
50-4	77.91	+6.5	-71.41	-40.51	-61.11	6.2	冲击锤能量 300KJ
50-5	77.91	+6.5	-71.41	-39.01	-42.51	5.0	
50-6	77.91	+6.5	-71.41	-41.71	-66.61	5.7	

②振动沉桩可打性分析。

a. 采用两台APE400型液压振动锤联动沉桩，设备提供的最大激振力6406kN、偏心力矩3.34kN·m、最大输出功率1476kW、最大振动频率23.3Hz。

桩侧摩阻力及端阻力取值按照地质勘查报告中推荐的土阻力参数设置。根据港珠澳大桥钢圆筒振动下沉计算经验中参数的取值，土体摩阻力降低系数在0.19~0.23之间。本次计算取桩侧摩阻力降低系数0.25，桩端阻力降低系数0.5。

b. 激振力计算。振动体系的振幅A_0大于桩下沉过程中所需要的振幅A，桩可下沉至设计要求深度。根据欧美国家计算振幅的公式认为振动体系的工作振幅可按照下式计算：

$$A_0 = \frac{2 \times 偏心力矩}{振动质量} = \frac{2 \times M}{Q_0}$$

同时,美国ICE公司认为,各类型土质对最小振幅要求有所不同,在砂质土壤中,振动液化程度较高,所以振幅要求比较小,用ICE振动锤只需要3.0mm,在黏土里,由于土壤能跟随桩壁运动,振幅要求达到6mm才能摆脱土壤。在非常理想情况下,如在水下的砂质土壤,2.0mm就足够。

法国PTC公司根据30年的经验用于评估沉桩的最小振幅见表11。

法国PTC公司振动下沉最小振幅要求　　　　表11

标准贯入度(SPT)(击)	在非黏聚性土壤中干振时最小振幅A(mm)	在黏聚性土壤中干振时,最小振幅A(mm)	在有水的情况或借助于其他方法时的非黏聚性土壤中的最小振幅A(mm)
0~5	2	3	1
5~10	2.25	3.25	1.50
10~15	3	3.50	2.0
15~30	3.50	3.75	2.50
30~40	4	4.25	2.75
40~50	4.5	4.75	3.75
>50	≥5	≥5.75	≥4

注:借助于其他方法可以将筒内的土挖出或辅以冲水。

50号墩钢管桩直径2.2m,壁厚25mm,长度约70m,钢管桩底部2m范围内壁厚32mm,则钢管桩总重95t。2台APE400及支撑架体系重约47t,则可以求出2台APE400振动锤所能提供的最大振幅为:

2台APE400:$A_0 = 0.0047\text{m} = 4.7\text{mm}$

根据以上计算结果可以得出,当标贯击数大于50击时,激振体系提供的振幅大于沉桩所需要的最小振幅(图37)。

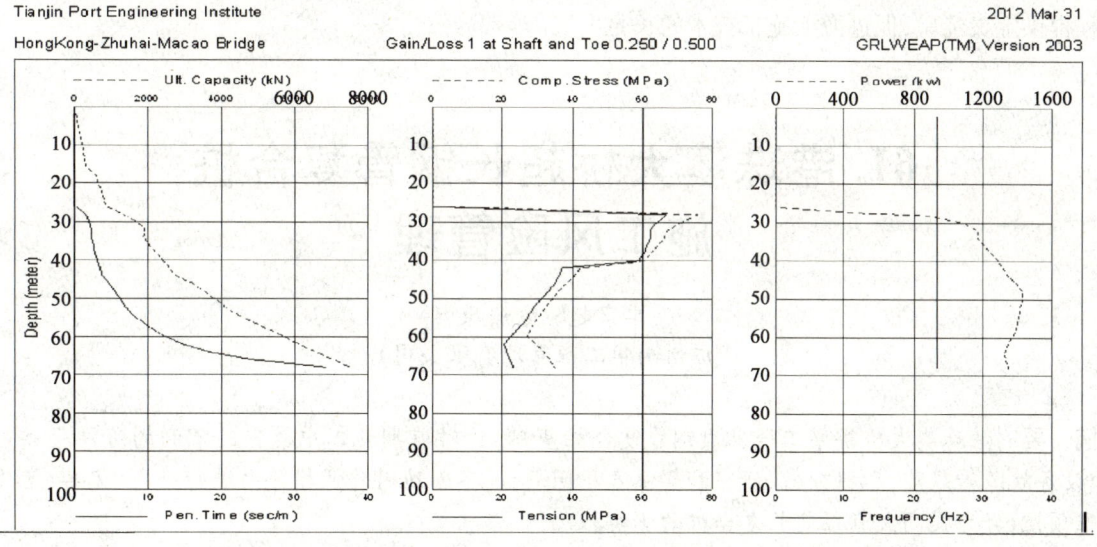

图37　50号墩钢管桩2台APE400振动下沉计算结果

以上计算结果显示,2台APE400锤联动可以将50号墩台钢管桩振沉至设计桩底高程。但是实际施工情况与计算数据存在较大差异,实际结果显示采用2台APE400联动沉桩,50号墩台6根钢管桩在最大激振力下均不能振沉到位,桩尖高程较设计高程4.8~28.9m不等。由此可见,当桩长较长,地层分布复杂时,振动锤的激振力随桩长增加逐渐衰减,不能满足理论沉桩需要。

③锤击沉桩可打性分析。50号墩台6根钢管桩采用两台APE400振动锤组不能振沉到位后,利用

MHU800S液压冲击锤进行了复打。为避免锤击过程中出现钢管桩卷边和变形的情况,项目部借鉴了中交二公局和广东省长大公路工程有限公司的施工经验,最终确定复打控制标准为:锤击能量不大于300kJ,最终贯入度不大于5mm/击。沉桩结果显示5根钢管桩振沉到位,1根钢管桩桩尖高程较设计高程高7.3m,经与监理工程师、设计代表的沟通,可以停锤,作变更处理。

3. 导向架沉桩过程的工艺改进

(1)钢结构桁架的加固。由于导向架在船舷外悬臂较大(宽度8.85m),且起重船入桩过程中会与抱桩臂发生碰撞,可能导致桁架的整体变形。为解决该问题,我们以上下层平台为中轴线,增加了上下对称的支撑体系,并在抱桩器底座上增加竖向轴板加劲,从而使抱桩臂、底座、悬挑梁和主桁架形成了稳固的整体,提高了结构的刚度和稳定性,确保了沉桩定位的精确。

(2)将"起重27"单独吊桩改为"起重27"与"天威号"定位船配合吊桩的形式,从而解决了"起重27"主钩和副钩不能同步下桩的问题,提高了打设精度。

(3)在移动导向架下层液压抱桩器平台增设一组扫描仪,当桩顶通过上层液压抱桩器后,下层液压抱桩器平台扫描仪与"天威号"甲板处扫描仪仍可对桩身垂直度进行实时监控。

(4)由于振动锤具备拔桩功能,如果在振沉过程中发现,钢管桩沉桩精度超出设计要求值,应立即停锤,并将钢管桩拔出,进行地址资料核对和原因分析后,再次插打,直至满足设计要求。

(5)将振动锤组和液压油管全部放置在"天威号"定位船上,钢管桩自沉后,"起重27"直接吊锤即可进行振沉施工,提高了施工效率。

(6)在气象条件允许的情况下,根据地质情况,如果钢管桩自沉入泥深度能够达到桩长的1/2以上,可采用连续插桩(一次3根),一次吊锤振沉的作业方式,以提高施工效率。

五、结 语

在局、公司专家、领导的大力支持和指导下,港珠澳大桥桥梁工程钢管桩打设采用移动导向架定位船替代传统意义上的打桩船的沉桩工艺取得了成功,实现了钢桩平面位置偏差不大于10cm,垂直度偏差不大于1/250的高精度打设要求,合理利用了公司现有资源,是一项重要创新,通过不断总结完善,可为类似工程提供宝贵经验,促进海上施工技术的长足发展。

61. 港珠澳大桥超长钢管复合桩施工风险管理

卓家超 方燎原

(广州南华工程管理有限公司)

摘 要 港珠澳大桥桥梁工程采用钢管复合桩基础,针对前期施工中暴露的不利的海洋气候条件、塌孔、设备故障等风险,积极分析、研究和解决各种问题,并不断地对作业指导书进行补充、完善、优化,重视过程预控,努力提高大直径超长复合桩的Ⅰ类桩比例。

关键词 钢管复合桩 复杂的海洋条件 施工风险 积极分析 研究和解决问题

一、工程概况

港珠澳大桥主体工程桥梁工程,全长22.9km。其中深水区桥梁约15.824km,包括青州航道桥、崖13-1气田管线桥、江海直达船航道桥和深水区非通航孔桥,均采用钢管复合桩。深水区桥梁包含136个墩台、1006根桩基,见表1。

深水区桥梁桩基数量表　　　　　表1

标段	非通航孔桥				通航孔桥		合　计			
	等宽段		变宽段							
	墩台数	桩基数	墩台数	桩基数	墩台数	桩基数	墩台数	桩基数	墩台数	桩基数
CB03	55	330	13	78	6	156	74	564	136	1006
CB04	47	282	8	48	7	112	62	442		

非通航孔桥等宽段低墩区 $\phi175/200cm$，嵌入中风化岩石持力层不小于4m；等宽段高墩区及变宽段 $\phi195/220cm$，嵌入中风化岩石持力层不小于5m。通航孔桥 $\phi215/250cm$，桩底高程嵌入中风化岩深度不小于1.5倍桩径[1]（3.225m）。桩顶高程为 -8 ~ -10m，钢管长度 40 ~ 60m，钢管复合桩平均桩长约103m，最大桩长129.7m，最大混凝土设计方量558.1m³。

钢管复合桩是指以钢管桩、钢管桩中的混凝土、钢管端部和四周的水泥加固体所结成的复合桩体。虽然钢管复合桩以其优越的力学性能越来越受到工程界的重视和青睐，但目前国内外对于钢管复合桩复合结构的受力机理、协同工作性能以及设计计算理论还不完善，缺乏系统理论研究。工程上常常只是把钢管作为钻孔桩的临时护筒，设计时未将钢管与核心混凝土作为复合体加以共同考虑。目前钢管复合桩计算理论和设计方法的研究大大落后于工程应用。

桩基是整个桥梁的命脉所在，是桥梁施工的关键环节，必须认真与工程实际情况相结合，按照设计文件与施工规范的要求，选用合理的施工方案、工艺流程，坚持以预防为主、风险预控相结合的原则，采取有效的措施进行施工控制。

二、设计技术要求

钢管桩竖向荷载主要承载施工期荷载，绝大部分桩端进入砂层，部分墩进入强风化岩。对于砂层，可以满足打到设计高程的要求；对于含砾较多或碎块状强风化岩，依据锤重、钢管长度及地质资料，经设计验算同意后，以最后贯入度作为终孔标准；在沉桩过程中，应严格控制各桩的相对平面位置，避免与承台连接困难，桩顶平面位置允许偏差小于100mm，倾斜度小于1/250，以保证钻孔桩和墩台垂直度。避免贯入度连续小于4mm，避免桩底卷边影响钻孔桩施工。

三、工程地质概况

每个墩位至少有2个钻孔，揭示地层如下：

①层：淤泥、淤泥质土，厚度29.8 ~ 35.4m；②层：粉细砂、中粗砂，厚度 0 ~ 8.3m；③层：粉质黏土，中间夹砂，夹软弱土，厚度 0 ~ 18.0m；④层：密实砂类土，正韵律，中下部夹透镜体状软土，厚度 127.4 ~ 47.0m；⑤层：混合片岩，厚度 10.2 ~ 52.4m；⑥层：混合花岗岩，厚度 0 ~ 27m；⑦层：构造破碎带和角砾夹泥等。

中风化花岗岩，饱和抗压强度18.9 ~ 71.9MPa，平均43.27MPa；中风化混合片岩，饱和抗压强度17.1 ~ 69.0MPa，平均39.93MPa；中风化混合花岗岩，饱和抗压强度17.6 ~ 67.6MPa，平均43.46MPa。

全桥基本为支承桩，仅个别墩台为摩擦桩。基岩面、中风化层顶面有一定的起伏，少量钻孔揭露花岗岩球状风化现象，应注意持力层坡度较大处的基础稳定性。部分墩中风化岩面坡度大于50% ~ 100%，甚至大于200% ~ 300%，在施工时应予以充分重视，采取必要措施。必要时应进行施工勘察。

四、钢管复合桩施工质量控制重点和难点

桥址区是典型的珠江三角洲沉积带。地质条件基本上为软土 + 黏性土 + 砂层 + 基岩的四层结构，或软土 + 砂层 + 基岩的三层结构，基底为混合花岗岩或混合片岩，岩面起伏大，花岗岩具有球状风化的特征。对于钢管桩和钻孔灌注桩组合的复合桩来说，各有各的难点。

此外，青州航道桥附近存在 F3 断裂带，还存在跨崖 13-1 气田管线、海底军用电缆、勘察遗留的钻具、浅层气等风险。

钢管沉桩时，应防止起吊不当、发生溜桩事故和对防腐涂层造成破坏；避免桩锤、替打、桩三者不在同一轴线上引起的精度偏差。

钻进过程中维持护筒内的水头高度，及时补充泥浆量，经常检查泥浆的比重、黏度、含砂率、pH 值和泥皮厚度等指标，保证孔壁稳定，防止卡钻、掉钻、坍孔，保证钻进效率，确保成孔安全；钻孔过程中泥浆循环系统及泥浆的净化处理符合环保要求；保证钻孔的桩长、孔径、垂直度、沉渣厚度满足设计和规范要求的允许偏差；合理确定海上搅拌船混凝土供应能力，保证混凝土连续灌注，防止出现夹层和断桩；合理确定单桩混凝土浇注时间及混凝土初凝时间，灌注时间不得长于首批混凝土初凝时间，防止桩基钢筋笼上浮，合理控制灌注桩的桩顶高程，保证桩头无松散层是确保成桩质量；采取可靠的非金属保护层垫块，防止钢筋笼和钢管桩接触成为腐蚀通道。施工工艺见表 2。

钢管复合桩施工工艺图表　　表 2

钢管打设	施工平台	钻孔桩施工	混凝土浇筑

五、风险分析

1. 安全环保风险分析

跨崖 13-1 管线桥若出现事故是灾难性的；遭遇台风、浓雾、突风、雷暴、强降雨、烈日、大浪等恶劣气候；每天通过该海域的船舶达 5000 艘，易发生海上碰撞事故；涉及临边、临水、高空作业，易发生意外坠落事故；施工平台狭小，孤悬于海中，防止碰撞、局部失稳或垮塌；人员落水、用电隐患。存在海底管线、地下障碍物；避免施工船舶撞击白海豚。避免施工噪声对白海豚繁殖的影响；禁止泥浆、油污、生活垃圾排放海域。防止沉船、原材料或构件坠落海中对海洋的污染。

2. 质量风险分析

影响施工质量的为 4M1E，即施工人员、施工船舶及设备、施工材料、施工方法和施工环境。用层次分析法进行风险因素排序，在风险排序的基础上运用模糊综合法进行整体风险评价，钻孔桩施工风险因素排序前 15 位的分别是：

（1）钢筋笼安装时间过长；

（2）人员技术素质不足；

（3）施工管理和协调不足；

（4）不利的海洋气候条件；

（5）混凝土生产灌注能力不足；

（6）清孔不彻底与孔底沉淀厚度大；

（7）泥浆控制不当；

（8）断桩、夹泥等桩身质量问题；

（9）钻进出现塌孔、扩孔、缩孔现象；

（10）钻杆折断、卡钻、埋钻、掉钻头现象；

(11) 设备故障、不稳定的供电；
(12) 地质勘察不足；
(13) 护筒埋设位置、高度深度不合理；
(14) 钻架安装不平稳；
(15) 钢管桩施工缺陷。

3. 施工质量风险评估

钻孔灌注桩是一项很成熟的施工工艺,在跨海大桥上得到广泛的应用。

本项目钻孔桩的特点是长度大,最深129m。主要特点是所有桥墩均采用钻孔桩,钻孔桩数量大,因此,虽然技术风险影响水平低,但风险发生的概率大,风险还是很大。

Ⅱ类桩不宜超过10%,一旦出现Ⅲ类桩,由于桩位是唯一的,危害大。

主要技术风险来自混凝土灌注、清孔、钻孔工艺;而起决定作用的是人员风险,特别是机长和作业人员的技术水平,因此要对员工加强技术培训与指导,各工种应选择专业化水平高、操作熟练的工人。

对一些典型风险因素,可以通过适当增加投入和加强管理来降低风险。

4. 钢管复合桩的施工风险管理

按照招标技术规范,施工方法的全部细节,应符合设计要求,报监理审批,其中包括材料和全部设备、钻孔平台的说明。任一钻孔工作开始前都应得到监理的书面批准。

应保存每根桩基的全部施工记录,作为工程资料给予妥善保存。自行拟定记录格式时,记录格式应经监理批准。

跨越崖13-1气田管线桥施工时,应在基础工程施工期与天然气管线公司保持联系并取得管线与桥位相交的准确位置及坐标,并应在桥梁施工开始前实地确定管线确切位置,完成专题研究要求的防护措施或防护工程,在施工过程中确保施工安全距离,制定相关应急预案。施工工作计划应同时报监理及天然气管线公司审批。

地质补勘问题:对同一墩位岩面倾斜较大的桩基,应尽量保证逐孔都有地质钻孔资料。

终孔的判断问题:原则上在地质资料的基础上,以进尺速度及渣样强度作为判断入岩及终孔的标准,从程序上特别强调监理对入岩的判断。

桩基加深及提前终孔的程序管理问题:原则上不允许桩基提前终孔,尽量减少加深。对于桩基提前终孔的情况,因涉及结构受力,此问题应由施工单位、现场监理及设计代表、甲方代表四方共同确定。

变更管理的问题:对于可能出现的桩基加深及提前终孔,均需办理相关变更手续。管理局终孔管理办法明确:在设计高程0~50cm范围内,由监理确认。超过范围需会同设计和管理局。

需要增加桩长的,变更长度由设计确定。桩基应在进行无损检测验收合格后才能进行承台安装施工或浇注施工。

泥浆及钻渣不得直接注入海中,应经净化达到排放要求后,至指定的区域排放,以免造成环境污染。

六、前期暴露的问题

(1) 钢管桩护筒底部变形、卷边。如146-5桩,145-1,2,6桩,143-2,3,6桩,138-3桩。对于出现含砾多的砂层、碎块状强风化层、球状风化现象、海底残留物或障碍物时可能会出现钢管底部卷边机率大,应在沉桩过程中及时妥善地处理,在进行水下切割时要确保潜水员的安全万无一失,利用片石和冲锤要掌握好力度。

(2) 钢管桩护筒下沉、倾斜。如119-3桩。该桩在钻孔至-105m时,钢管桩护筒下沉1.2m,钢护筒顶面有所变化,钻头提至护筒底后难以提出来。由于地质原因所致,处理起来较麻烦,最后下钻头导向装置才能把钻头取出来。

(3) 塌孔。从现状分析,为泥浆浓度和比重不足所致。也反映出技术经验不足。存在钢管桩端部不能形成很好的泥浆护壁、几乎同时施工的两根钻孔桩之间的相互影响。

(4)孔内弃物。目前在孔内丢弃钻头、钻具的发生概率较大,虽对质量影响不大,但对工期的影响很大。反映出对工前对钻具丝扣的检查不足,操作程序不当。

(5)沉渣过大。客观原因是砂层厚度大且非均质,孔深达100m,钢筋笼安装时间长,重点是提高二清质量。

(6)混凝土塌落度过小、堵管[2]。塌落度宜按220~230mm控制,应确保混凝土的和易性和流动性。

(7)浇筑管爆裂。钢筋笼安放和混凝土浇筑两者工序很紧凑,应合理安排。浇筑前应认真检查。由于非通航孔每根方量为200~300,浇筑7~13小时,通航孔桥方量为500,混凝土浇筑时间过长,应确保浇筑过程的连续性,避免故障。

(8)钻杆折断、掉钻头。加强设备的维修和检查,控制好岩层的钻进速度。

七、常见问题分析及防治措施探讨

1. 钢管桩底部卷边

原因:地质因素和沉桩锤击能量过大。因多出现于$\phi2.2m$的桩,也可能是桩尖壁厚不够($\phi2.0m$、$\phi2.2m$的桩尖壁厚均为32mm,$\phi2.5$的桩尖壁厚为36mm)。

防范措施:出现含砾多的砂层、碎块状强风化层、球状风化现象、海底残留物或障碍物时钢管底部产生卷边几率大,在沉桩过程中控制好沉桩锤击能量和贯入度。如出现钢管桩底部卷边,在水深允许的情况下可进行潜水员水下切割,但安全风险比较大;主要是利用片石和冲锤扩孔,并采用冲击锤成孔的措施(138-3号、143-6号桩已使用冲锤)。

2. 桩底沉渣量过多[3]

造成原因:开始因船运供应淡水不足,清孔泥浆中存在有海水,泥浆性能指标差或由于海水造浆而加速沉渣沉淀;提起钻头前的清孔不干净,提起钻头时间过长;钢筋笼开始安装时工人操作不熟练,钢筋笼安装时须安装多根检测管和取芯管,安装时间较长;导管的安装也因受到施工平台和施工设备的限制而需花费不少时间。等到安好导管具备二次清孔时,孔底的沉渣已沉积很多并且比较密实,使得二次清孔比较困难。

防治措施:加强淡水供应,杜绝海水造浆,控制好泥浆性能必须满足规定要求;成孔后,一清清孔要到位,采取有效措施加快提钻和安装钢筋笼速度,缩短一清到二清之间的停顿时间,从而减少沉渣沉积。利用导管进行二次清孔时,采用导管管口多点触底清孔,直到孔底沉渣厚度满足规定要求。开始灌注混凝土时,再利用剪球的混凝土巨大冲击力溅除孔底少量沉渣,以达到清除孔底沉渣、解决桩底沉渣过多的目的。

3. 塌孔

造成原因:泥浆稠度小,护壁效果差,出现漏水;泥浆水头高度不够,对孔壁压力减少;泥浆相对密度过小,致使水头对孔壁的压力较小;在松软砂层中钻孔时进尺过快,泥浆护壁形成较慢,并孔壁渗水;钻进时未连续作业,中途停钻时间较长而未进行泥浆循环;操作不当,提升钻头或吊放钢筋笼时碰撞孔壁;钻孔附近有大型船机设备作业时产生振动;清孔后未及时浇注混凝土,放置时间过长。

预防措施:在钻孔附近禁止有大型船机设备作业;钢护筒打设时,应根据地质资料,将护筒沉穿淤泥及透水层,护筒之间的接头要密封好,防止漏水;应根据地质勘探资料,根据地质情况的不同,选用适宜的泥浆比重、泥浆黏度有不同的钻进速度。如在砂层中钻孔时,应加大泥浆稠度,选用较好的造浆材料,提高泥浆的黏度以加强护壁,并适当降低进尺速度;当汛期或潮汐地区水位变化较大时,应采取升高护筒,增加水头或用虹吸管等措施保证水头压力相对稳定;钻孔时要连续作业,无特殊情况中途不得停钻;提升钻头、下放钢筋笼时应保持垂直,尽量不要碰撞孔壁;若浇筑准备工作不充分,暂时不要进行清孔并保持泥浆循环,清孔合格后要及时浇筑混凝土。

4. 断桩

造成原因:主要是在混凝土浇注过程中,混凝土浇注中途中断,不能一次浇注完成,或因搅拌船设备、供电设备出现故障而使混凝土浇注不能连续;或因导管漏水;或因导管提漏而进行二次下球;或因混凝土浇注时出现串孔而不得不中断混凝土浇注。另外,还可能是混凝土生产能力不足,使得混凝土浇注时间过长,孔内的混凝土面层已接近初凝,形成硬壳,造成混凝土继续浇注极为困难,以致堵管或导管难以提拔上来,引发断桩事故。

防治措施:在混凝土浇注前认真做好搅拌船等设备维修保养工作,认真检查安装浇注导管的水密性,确保混凝土浇注的连贯性;在混凝土浇注时,尽量提高混凝土的浇注速度,并经常测量浇注导管的埋深,提升导管要准确,保证导管埋深在 4~10m 之间。在混凝土灌注过程中,如果出现堵管或其他原因而不得不中断浇注,可以利用导管及时清除已浇注的混凝土,清孔干净后再重新开盘浇注,以避免断桩的发生;如果中断混凝土灌注的位置在钢护筒内,过后能保证把钢护筒内的泥浆水抽干,可以对发生的断桩进行干接桩施工处理。

5. 钻孔倾斜

造成原因:海上施工平台重心高、刚性小、稳定性差,施工平台常常受到风浪、船舶靠泊、船舶碰撞的影响,安装就位在平台上的钻机稳定性较差,钻机作业时不稳所致;钻孔地质中夹有大的孤石或遗留钻杆或其他硬物或岩面倾斜等情形。

防治措施:加强海上施工平台的整体刚性,提高施工平台的稳定性,在施工平台外侧打设独立的靠船桩,避免施工船舶直接靠碰到施工平台;安装钻机时要求转盘中心与钻架上起吊滑轮在同一轴线,钻杆位置偏差不大于 15cm。采用自重大、钻杆刚度大的钻机,并安装有导正装置。在地质中夹有大的孤石或遗留钻杆或其他硬物或岩面倾斜等情形钻进时,采用慢档钻速。在出现钻孔倾斜时,可提起钻头到倾斜处进行修孔,如修孔效果不大,且孔斜位置在岩层处,则应于孔中浇注水泥砂浆至斜孔处以上,等待水泥砂浆达到一定强度后再重新钻进;或者是回填块石后采用冲击锤冲孔。

6. 钻杆折断、掉钻头

造成原因:钻杆老旧,维修保养不到位;岩层坚硬,难以钻进;钻孔偏斜,出现卡钻。

防治措施:加强钻机等设备的维修和检查,保证在钻进时设备牌良好状态;控制好岩层的钻进速度;出现钻孔偏斜时,及时进行纠偏,并放慢钻进速度,避免卡钻情况出现。

八、桩基质量的检测情况

目前,港珠澳大桥深水区桥梁钢管复合桩施工已接近尾声,从桩基声波透射法检测结果统计来看,桩径 φ250cm 的通航孔桥的 I 类桩比例较低,一般在 80% 左右。非通航孔桥的桩长越短、桩径越小的 I 类桩比例较高。从目前的情况来看,港珠澳大桥钢管复合桩的超长桩(桩长≥90m)的 I 类桩比例难以达到 90% 以上。因此,必须认真对待 II 类桩,分析原因,总结经验,提高后续钻孔灌注桩施工的 I 类桩比例,以使 I 类桩的总体比例达到 90% 以上的创优目标。

检测单位进行了基桩钻孔取芯法检测,从检测报告结果看到:桩身混凝土芯样连续、完整,芯样表面光滑、粗、细集料分布均匀、胶结良好。桩底无沉渣或沉渣厚度均满足质量验收标准要求,混凝土芯样抗压强度满足设计要求。

九、结　语

经过不断的施工探索、总结经验,港珠澳大桥钢管打设施工工艺成熟可靠,施工质量的掌控满足设计和验收的高标准要求,钻孔灌注桩的 I 类桩比例有所提升。但是,还需深刻认识到钻孔灌注桩的施工复杂性,干扰因素多,超长桩的施工难度大。在后续的大量施工中,需根据施工现场出现的问题,积极分析、研究、解决问题,并不断的对作业指导书进行补充、完善、优化,重视过程预控,才能保质保量地完成港珠澳大桥钢管复合桩的施工任务。

参考文献

[1] 中交公路规划设计院有限公司联合体.港珠澳大桥主体工程桥梁 DB01 标段施工图设计[R].

2012.5.

[2] 马亚芩,户相洛. 钻孔灌注桩基础施工的常见问题及处理方法[J]. 技术与市场,2010(8).

[3] 王海晔,户相洛. 钻孔灌注桩施工过程常见问题及防治措施[J]. 陕西建筑,2013(4).

62. 港珠澳大桥岛隧工程东人工岛结合部非通航孔桥整体式钢套箱施工承台工艺

吕艳涛 霍振东

(中国交通建设股份有限公司联合体港珠澳大桥岛隧工程项目总经理部)

摘 要 港珠澳大桥岛隧工程东人工岛结合部非通航孔桥承台施工采用整体式钢套箱施工承台工艺。本文详细分析了该施工工艺的选择原因,承台施工过程中钢套箱的拼装、吊运、安装,封底混凝土的计算及浇筑,承台下桩基的桩头凿除,承台钢筋绑扎、高性能混凝土浇筑以及大体积混凝土的温度控制等施工技术。本文详细介绍该施工工艺在本桥中的运用,可供有关工程技术人员参考。

关键词 整体式钢套箱 封底混凝土 高性能混凝土 温度控制

一、工程概况

1. 承台结构

港珠澳大桥主体工程岛隧工程东人工岛结合部非通航孔桥全长 386.25m(含桥台),全桥跨径布置为 4×55m+3×55m。全桥处于半径为5500m的平曲线上,由于上下岛加减速需要,主梁为变宽,且左右幅不对称。主梁分两幅两联设计,为预应力混凝土连续梁,第一联和香港侧接线相接,界面墩位于粤港分界线以东10m处;第二联和东人工岛相接。桥型布置如图1所示。

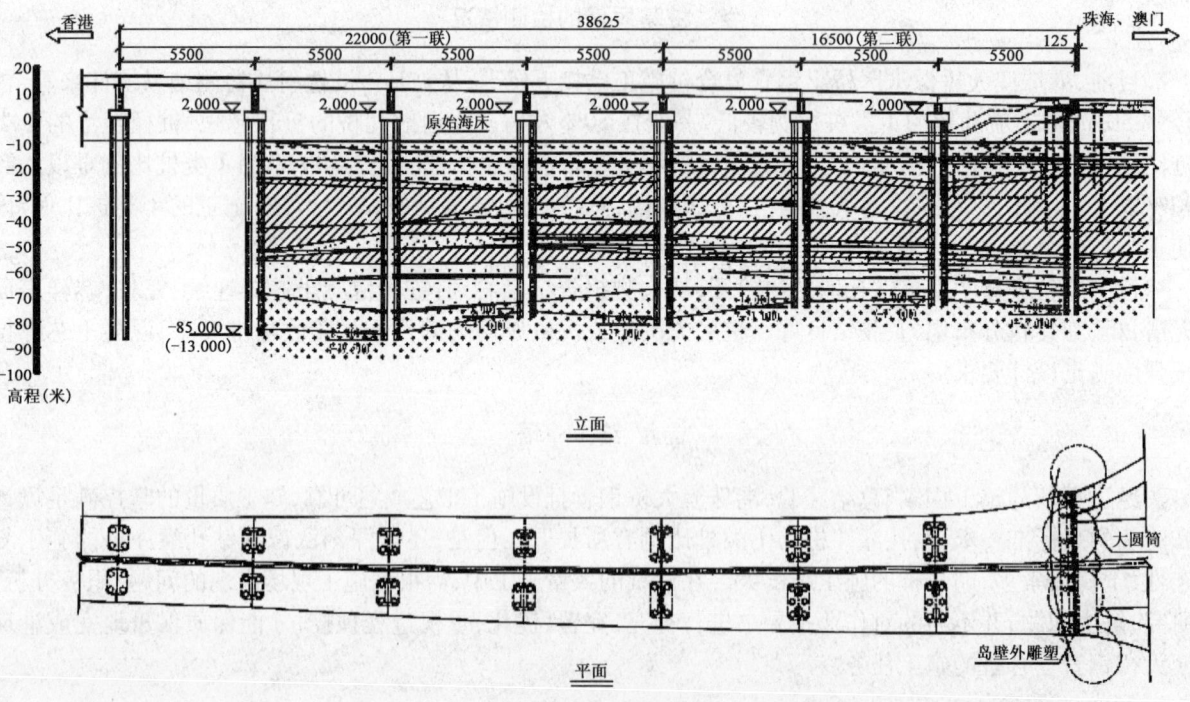

图1 东人工岛非通航孔桥桥型布置图(尺寸单位:cm)

东人工岛结合部非通航孔桥承台下桩基布置如下:2~4号墩每个承台下采用4根$\phi 2.3m/\phi 2.0m$的钻孔灌注桩,5号墩每个承台下采用5根$\phi 2.3m/\phi 2.0m$的钻孔灌注桩,6~7号墩每个承台下采用6根$\phi 2.3m/\phi 2.0m$的钻孔灌注桩。

东人工岛结合部非通航孔桥承台平面为矩形,角点采用圆弧倒角过渡,承台厚3.5m,承台顺桥向宽度均为8.7m,2~4号墩承台横桥向长度为10.2m,5~6号墩承台横桥向长度为13.7m,7号墩承台横桥向长度为15.2m。根据设计防腐的要求,承台钢筋构造中所有外层钢筋均采用不锈钢钢筋,里层钢筋采用普通钢筋。

2. 水文条件

(1)设计水位:本工程所取的设计水位与大桥主体工程相同,其中施工期参考值见表1(85黄海基面起算)。

设 计 水 位   表1

重现期(年)	高水位(m)	低水位(m)	重现期(年)	高水位(m)	低水位(m)
100	3.47	−1.51	10	2.74	−1.27
50	3.26	−1.44	5	2.51	−1.2
20	2.97	−1.35	2	2.15	−1.08
平均水位	0.54m				
高潮累积频率10%	1.65m				
低潮累积频率90%	−0.78m				

(2)潮流:设计工况下的设计流速应取用重现期100年一遇的流速,东人工岛区域为180cm/s;极端工况下的设计流速应取用300年一遇的潮流流速,东人工岛区域为183cm/s。

3. 施工特点

(1)港珠澳大桥是国家级的重点工程,且为粤港澳三地共管;质量要求高,使用年限要求120年;环保要求高,地处海洋生态保护区。

(2)由于施工区域流速较大,采用现场拼装型钢套箱施工的难度及危险性较大,而采用整体性钢套箱整体吊装安装的可靠性更高。

(3)由于承台桩基数量、平面布置及承台外形尺寸有多种形式,施工时需要解决钢套箱及扁担梁等的通用性,以便于周转使用。

二、钢套箱设计与计算

1. 钢套箱高度的确定

本工程承台底高程为−1.5m,顶高程为+2.0m,高3.5m。由于承台底高程始终低于设计低水位,因此我们采用带底钢套箱方案施工承台。经过计算后,封底混凝土设计高度1.5m,则钢套箱底高程为−3.0m;钢套箱顶高程考虑重现期5年的设计高水位2.5m+1.5m波高,则顶高程为+4.0m,因此钢套箱总高为7.0m,并且扁担梁的安装高程为+2.8m。平面上,钢套箱为圆角矩形结构,和承台的平面外形尺寸相符。表2为各墩的承台钢套箱(模板)尺寸参数表。

钢套箱(模板)尺寸参数表   表2

墩号	钢套箱规格(cm)	圆角半径R(cm)	底高程(m)	顶高程(m)	质量(t)
7号墩	1520×870×700	150	−3.0	+4.0	137.3
6号墩	1370×870×700	150	−3.0	+4.0	129.5
5号墩	1370×870×700	150	−3.0	+4.0	128
4号墩	1020×870×700	150	−3.0	+4.0	102
3号墩	1020×870×700	150	−3.0	+4.0	102
2号墩	1020×870×700	150	−3.0	+4.0	102

2. 如何解决通用性问题

钢套箱结构示意图如图2所示。

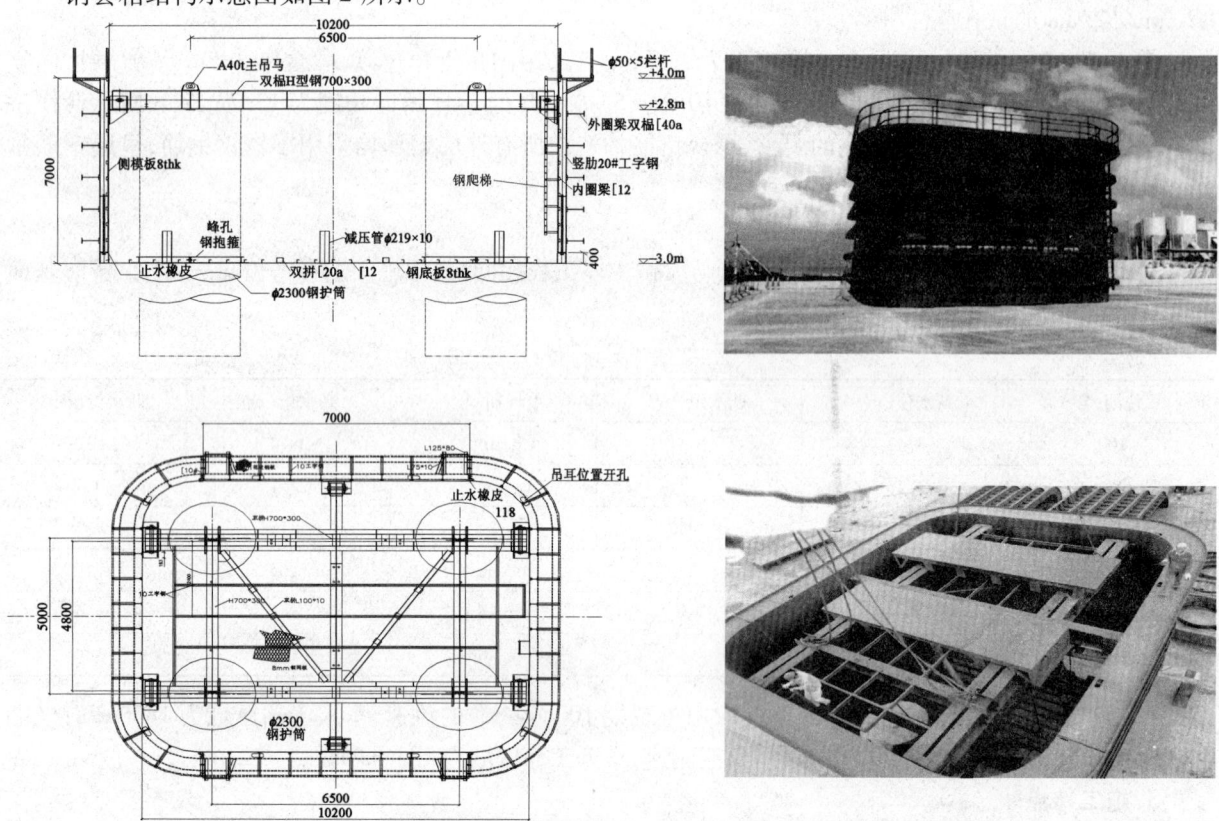

图2 钢套箱结构示意图(尺寸单位:mm)

(1)钢底板:钢套箱底板一次性消耗,不能周转。底板上设置4个连通管,在封底混凝土达到强度前,保证钢套箱内外水位平衡。连通管顶高出底板1.1m,管口设法兰连接。底板与侧模间采用长2.26m $\phi25$mm 的螺栓连接,间距为300mm,因此底板上带了一圈高度40cm的侧模,侧模顶设置连接板,板上预留螺栓孔与侧模底部的连接板螺栓孔相对应。

(2)侧模:钢套箱侧模横桥向长10.2m的钢套箱侧模在平面上分为两端带圆角的"["段和中间直线段,共4片,分片间采用螺栓连接。横桥向长13.7m和15.2m的侧模是在10.2m的基础上,对称地在直线段两侧各加一片长度为1.75m或2.5m的直线段,可周转使用。各分块板缝间采用橡胶止水条止水,钢套箱的分块如图3所示。

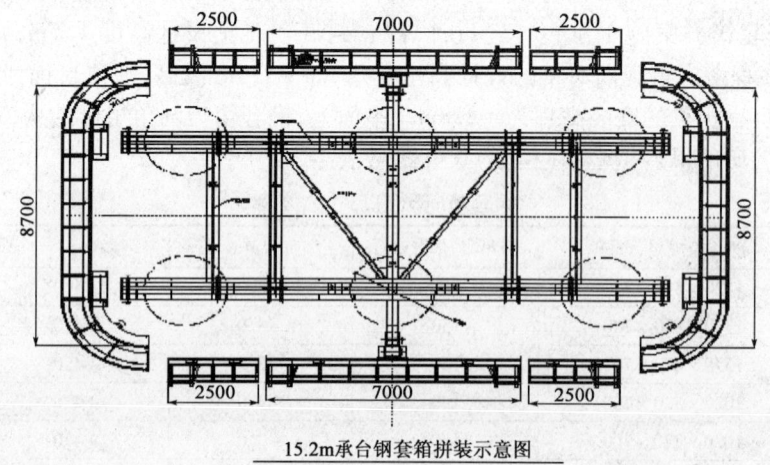

15.2m承台钢套箱拼装示意图

图3 7号墩钢套箱分块示意图(尺寸单位:mm)

(3)扁担梁:每个套箱设两根主梁,主梁方向为横桥向。主梁与钢套箱侧模采用牛腿搁置,螺栓对穿的方式连接,方便拆装,也可以周转使用。垂直于主梁设三根次梁,中间一根次梁同样与钢套箱侧模采用牛腿搁置,螺栓对穿的方式连接。另外主梁与次梁间还设双榀L100×10的等边角钢作水平连系,加强整体性。在长梁上对应于短套箱的位置增加了和梁端端板一致的钢板,施工短套箱时,割除多余位置就可以直接周转。钢套箱的扁担梁如图3所示。

(4)吊筋:底板与扁担梁间采用直径36mm的吊筋相连,主要承受封底混凝土的重力。

3. 各工况下钢套箱安全计算

(1)主要参数。以结构尺寸15.2m×8.7m×3.5m的7号承台为例,主要结构参数和水文参数如下:

钢套箱自重G_1:137.30t;钢扁担自重G_5:24.40t;钢套箱底高程H:-3.0m;

承台平面面积S:130.31m²;钢护筒直径ϕ:2.30m;

设计最高水位H_{WL}:+3.82m;设计最低水位L_{WL}:-1.63m;

设计平均水位M_{WL}:+0.54m;水下封底混凝土与钢护筒握裹力系数f_1:170kN/m²;

干浇封底混凝土与钢护筒握裹力系数f_2:250kN/m²。

(2)工况验算。

①工况一:水下封底混凝土达到强度,抽水,但未拆除扁担梁,设计最高水位时,验算抗浮。

经验算,封底混凝土和钢护筒间的握裹力大于钢套箱所受的浮力,满足抗浮的要求。

②工况二:水下封底混凝土达到强度,抽水,拆除扁担梁,干浇0.5m厚封底混凝土,设计最低水位时,验算抗沉。

经验算,封底混凝土和钢护筒间的握裹力大于钢套箱及混凝土的重力,满足抗沉的要求。

③工况三:浇筑3.5m厚承台混凝土,设计最低水位时,验算抗沉。

经验算,封底混凝土和钢护筒间的握裹力小于钢套箱、封底混凝土及承台混凝土的重力,不能满足抗沉的要求,则反算浇筑承台混凝土结束时要求的最低水位:$H_H = -0.36$m,即浇筑承台混凝土结束时要求水位不低于-0.36m,可满足抗沉。

(3)结论。根据以上对封底混凝土的承载力验算,一次浇筑3.5m厚承台混凝土的工况是最危险的工况,需要考虑浇筑时最低水位不低于-0.36m,最好的解决办法就是增加封底混凝土的承载力。故将封底混凝土分为两次浇筑,第一次为水下封底1.0m厚度,第二次为干浇0.5m厚,其目的就是为了在第二次干浇时可以在这一层混凝土内采取在钢护筒上焊接锚固筋的方式以增加护筒和封底混凝土之间的握裹力,确保承台混凝土浇筑时不会发生钢套箱脱落的事故。

4. 钢套箱结构受力的建模计算结果

采用有限元软件MIDAS进行建模分析,模板主要构件模型类型及参数见表3。有限元分析模型见图4,钢护筒底固定约束,内支撑梁与侧板铰接连接。泥面高程-10.0m,采用假想嵌固点法计算,嵌固点高程为-20.0m。

主要构件模型参数表 表3

序 号	体系名称	构件名称	材 料	构件规格	单元类型
1	底板体系	钢底板	Q235	厚8mm	板壳
		底板主梁	Q235	2[20a	梁
		底板次梁	Q235	[12.6	梁
2	侧板体系	钢侧板	Q235	厚8mm	板壳
		竖梁	Q235	[20a	梁

续上表

序 号	体系名称	构件名称	材 料	构件规格	单元类型
2	侧板体系	内圈梁	Q235	[12.6	梁
		外圈梁	Q235	I40a	梁
3	内支撑体系	挑梁	Q235	H700×300×13/24 2H700×300×13/24	梁
		水平连系	Q235	2∟100×10	梁
		吊筋	Q235	φ36	梁
4		封底混凝土	C30		实体
5		钢护筒	Q235	Φ2000×20	梁

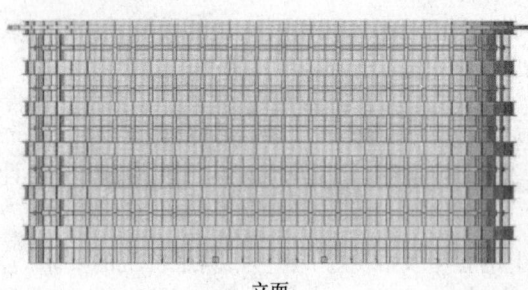
立面

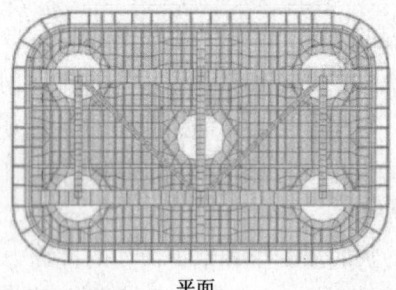
平面

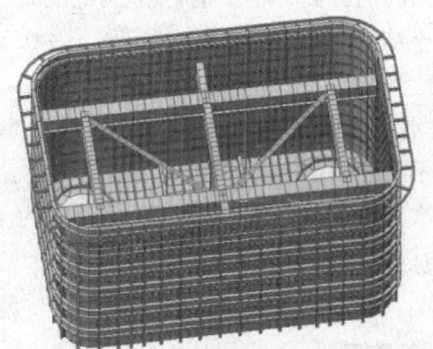

图 4 有限元模型图

经有限元建模分析后得出的结论为:各工况下的承载力、强度、最大变形均满足设计及规范要求。

三、施 工 方 法

1. 钢套箱拼装、安装和加固

(1)钢套箱制作与拼装。钢套箱由专业的钢结构加工厂制作,现场拼装完成后,经业主、监理和项目部对模板的外形尺寸、倾斜度、平整度、焊缝等进行质量验收,合格后方可使用。

钢套箱拼装顺序为:钢底板安放→侧模分片拼装→扁担梁安装→吊筋安装→栏杆爬梯安装。

在承台桩基完成后,用全站仪测出钢护筒中心坐标,再测出桩身倾斜度和方向。根据中心坐标及倾斜度,计算出钢套箱底板高程 -3.0m 处的桩中心坐标,根据实测桩位调整钢套箱底板开孔位置。钢套箱内、外构造如图 5 所示。

图5 钢套箱内、外部构造图

(2)现场准备工作。

①施工平台拆除。

②钢护筒顶部限位。根据扁担梁与钢套箱实际平面和高程相对位置,测放扁担梁在钢护筒顶的安装边线和高程+2.8m,电焊工按放样点切割出扁担梁边线在钢护筒上的梯形限位(开槽),限位与安装边线预留1cm的空隙以便安装时精确调整钢套箱位置。

(3)钢套箱吊运。东人工岛非通航孔桥最大的钢套箱质量为137.3t,使用扒杆式起重船秦航工65号进行整体安装,经计算选择直径72mm,公称抗拉强度为1550MPa的6×61钢丝绳作吊索,并配置相应大小的卡环吊运钢套箱。

(4)钢套箱安装。东人工岛非通航孔桥钢套箱的安装工艺如图6所示。

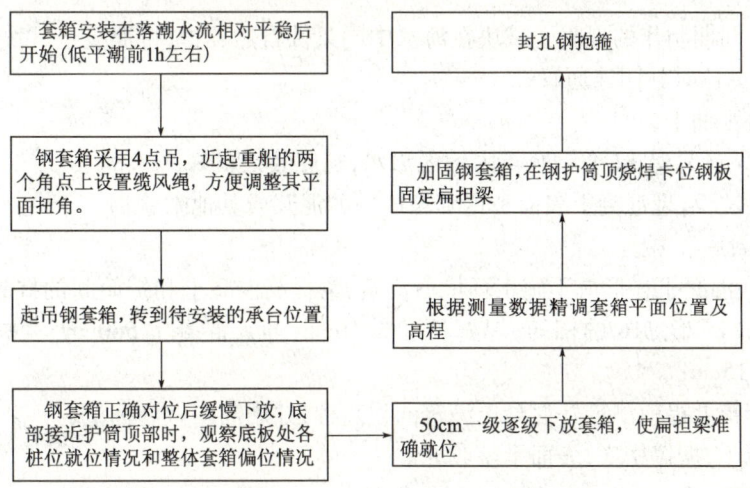

图6 钢套箱安装工艺流程

钢套箱的安装测量定位如图7所示。

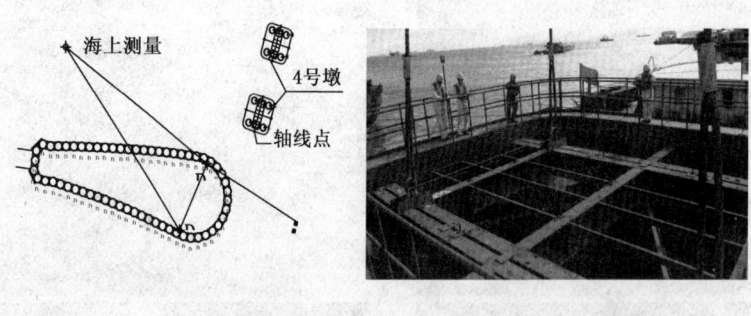

a) 钢套箱测安装测量定位示意　　　b) 钢套箱内测量作业

图7　钢套箱安装测量定位图

2. 封底混凝土

（1）水下封底混凝土

①封底前的准备工作。在对钢套箱封底之前，由潜水员下水检查套箱底板封孔的情况，并由潜水员清理钢护筒上的附着物，以增加混凝土和钢护筒间的握裹力。

②封底混凝土浇注。封底过程中钢套箱底板上的连通器应保持打开，保证钢套箱内外水位基本一致，保证封底混凝土不受水头压力作用而破坏。水下封底混凝土的浇注顺序如图8所示。

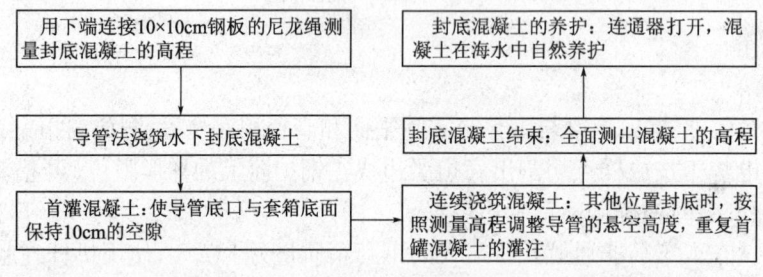

图8　封底混凝土浇注顺序

（2）干浇50cm厚封底混凝土

①抽水

a. 和封底混凝土同期制作的混凝土试块在海水中同条件自然养护，待混凝土试块抗压强度达到设计强度的90%后，在低潮位时封闭连通管；

b. 采用潜水泵将水抽干；

c. 抽水完成后，2~7号墩12个钢套箱内均无渗水，封底效果良好；

d. 用高压水枪冲洗，清理混凝土表面和钢套箱内壁的泥浆或其他附着物。

②干浇50cm厚封底混凝土

a. 50cm厚的封底混凝土在形成干施工环境后浇筑，为提高混凝土和护筒间的握裹力，在护筒外壁上焊锚固筋。锚固筋为"L"形$\phi 16$的钢筋，焊缝长度为16cm，伸入混凝土560cm，沿护筒四周布置，间距30cm，距混凝土顶面15cm；

b. 在护筒和钢套箱上提前测量好混凝土浇筑的顶高程，并用油漆做好标记；

c. 现浇C30混凝土，振捣密实，表面平整收光。

3. 结构施工前准备

在封底混凝土强度达到要求后，拆除扁担梁，当拆除完成后，进行桩头凿除。

4. 结构施工

根据设计防腐的要求,承台钢筋构造中所有外层钢筋均采用不锈钢钢筋、里层钢筋采用普通钢筋。承台钢筋绑扎前,先对承台深度范围内的钢套箱进行除锈,再涂一层机油作为脱模剂,然后进行承台钢筋绑扎。承台钢筋绑扎完成后,开始浇筑承台混凝土。承台混凝土采用C45高性能混凝土,由于承台混凝土均为一次浇筑成型,是典型大体积混凝土结构。

实测承台混凝土的温度,绘制温度变化曲线,以承台平面中心点各层温度变化曲线(截取首7天的时间段,如图9为例,混凝土内部最高温度出现在混凝土浇筑完成后第3天出现,最高值达到67℃,之后温度值逐渐降低;混凝土内外温差始终不大于25℃。

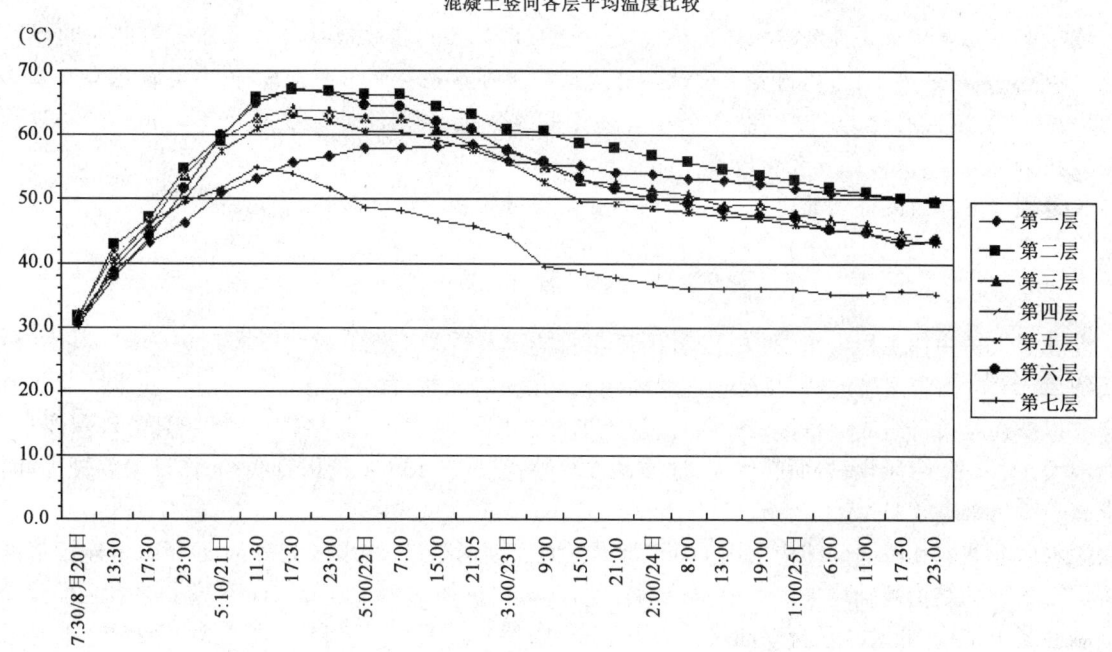

图9 4号墩左幅承台混凝土温度曲线变化图(平面中心点)

5. 墩身施工

墩身施工的施工顺序如下:

处理完墩身和承台之间的施工缝之后进行墩身钢筋施工,然后施工墩身模板,墩身模板施工完成后浇筑墩身混凝土。

6. 钢套箱拆除

当混凝土强度达到设计强度的75%且墩身混凝土浇筑完成后,进行钢套箱的拆除施工。钢套箱按加工时的分块逐一拆除,对每一块侧模分块来说,先拧下相邻侧模间的螺栓,留上口两个螺栓暂不解除,再拧下该分块侧模与底板侧模间的螺栓(水下部分的螺栓拆除由潜水员施工),然后吊机挂钩,最后拧下剩余的螺栓,吊车将分块吊到驳船或其他平台上,整修后用于其余承台施工。

剩余的钢套箱底板高程低,极端低水位也不会露出水面,所以不用拆除。

四、结 语

港珠澳大桥东人工岛非通航孔桥承台钢套箱施工工艺、封底混凝土的两次浇注、高性能混凝土的应用、大体积混凝土的温度控制和监测等一系列技术和工艺创新,为确保东人工岛非通航孔桥工程高效、优质、安全、文明地完成起了决定性的作用。希望通过对港珠澳大桥岛隧工程东人工岛结合部非通航孔桥整体式钢套箱施工承台方法的介绍为类似工程提供一些有益的参考。

63. 港珠澳大桥非通航孔桥下部预制墩台设计与施工关键技术

方明山

（港珠澳大桥管理局）

摘　要　正在实施建设的港珠澳大桥桥梁备受业内关注。其非通航桥工程下部结构采用整体预制墩台、现场整体组装方案，为国内首次尝试。非通航桥下部结构共有3个土建标，各标段结合自身装备特点，提出了各自不同的施工方法。结合个人工程实践体会，系统阐述非通航孔桥下部预制结构设计与施工关键技术特点，以供同行参考和借鉴。

关键词　港珠澳大桥　非通航孔　预制墩台　围堰结构　设计与施工　关键技术

一、工程概况

港珠澳大桥主体工程由东、西人工岛、海底沉管隧道及桥梁工程组成，总长约29.9km。其中，桥梁工程长约22.5km，由青州航道桥、江海直达船航道桥、九洲航道桥、深水区非通航孔桥、浅水区非通航孔桥及珠澳口岸连接桥等组成。桥区建设条件复杂，航线多船行密度大，需穿越环境敏感区，环保要求高；水域涌浪大、大风多、台风频；岩面起伏大，地质条件较差；需越崖13-1气田管线；海洋环境腐蚀强，耐久性要求高。

深水区非通航孔桥上部结构采用110m跨等截面连续钢箱梁，浅水区为等截面85m跨连续钢混叠合梁桥。桥梁下部结构基础均采用6根变径钢管复合群桩，桩径1.75m至2.2m不等。深水区承台为六边形预制混凝土结构，低墩区承台平面尺寸为10.3m（顺桥）×14.8m（横桥），高4.5m；高墩区承台平面尺寸为11.2m（顺桥）×16.0m（横桥），高5.0m；在桩基对应位置，承台设有预留后浇孔，孔径3.8m，侧壁设有环向剪力齿；预留孔底板厚0.6m，底板开孔2.13m/2.33m；墩身为薄壁空心箱形结构，尺寸为3.5m/4.0m（顺桥）×10m/12.0m（横桥），墩身壁厚顺桥向1.2m/1.2m（低墩/高墩）、横桥向0.8m/1.2m（低墩/高墩）；承台与墩身均为预制构件，根据墩身高度，预制墩台分为三类，Ⅰ类为墩身与承台整体预制，Ⅱ为墩身分上下两节，Ⅲ类墩身分上中下三节预制，下节墩身与承台一起预制，墩身连接采用剪力键+预应力粗钢筋。预制墩台重量2019~3380t，预制墩高18.5~26.95m，整体墩高15.4~44.887m。标准墩断面见图1、图2。

浅水区下部结构与深水区方案基本相同。共11联62个桥墩，整体墩高19.143~42.974m。预制墩台重量2287~2560t，分为高墩区与低墩区：高墩区：墩高>27m，共13个；低墩区：墩高≤27m，共49个。与深水区不同的是，墩身接头采用湿接头，接头高1.3m，接头采用C50微膨胀混凝土。高墩区共有两道湿接缝，第一道设于高程+8.0m，位于浪溅区以上，第二道距墩顶8m。高墩区承台尺寸为尺寸16.8m×12.1m×4.5m；预制矩形空心墩尺寸11m×4m，壁厚纵向0.8m，横向1.2m；低墩区承台尺寸为尺寸15.6m×11.4m×4.5m；预制矩形空心墩尺寸11m×3.5m，壁厚纵向0.8m，横向1.2m。

二、设计标准与原则

1. 主要设计标准

港珠澳大桥主体工程按时速100km/h、双向六车道内地高速公路标准设计，设计使用寿命为120年，汽车荷载按《公路桥涵设计通用规范》（JTG D60—2004）汽车荷载提高25%用于设计计算，并按香港

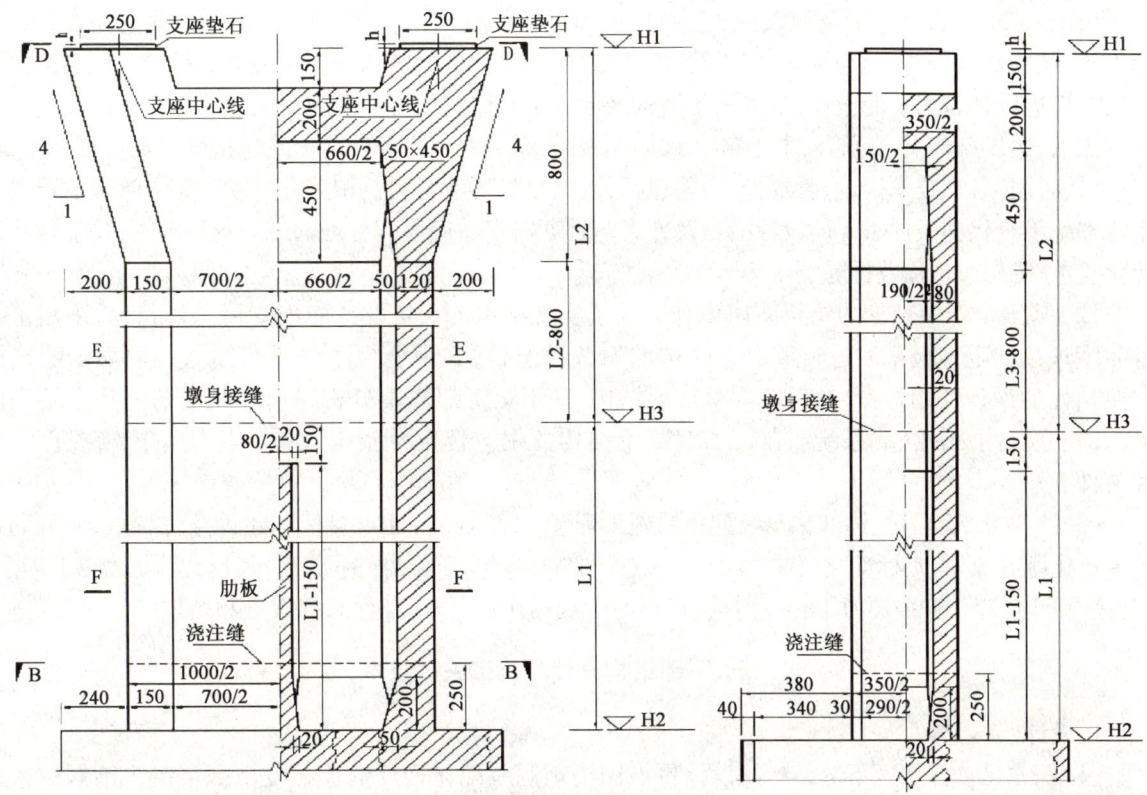

图 1 标准墩剖面图(尺寸单位:cm)

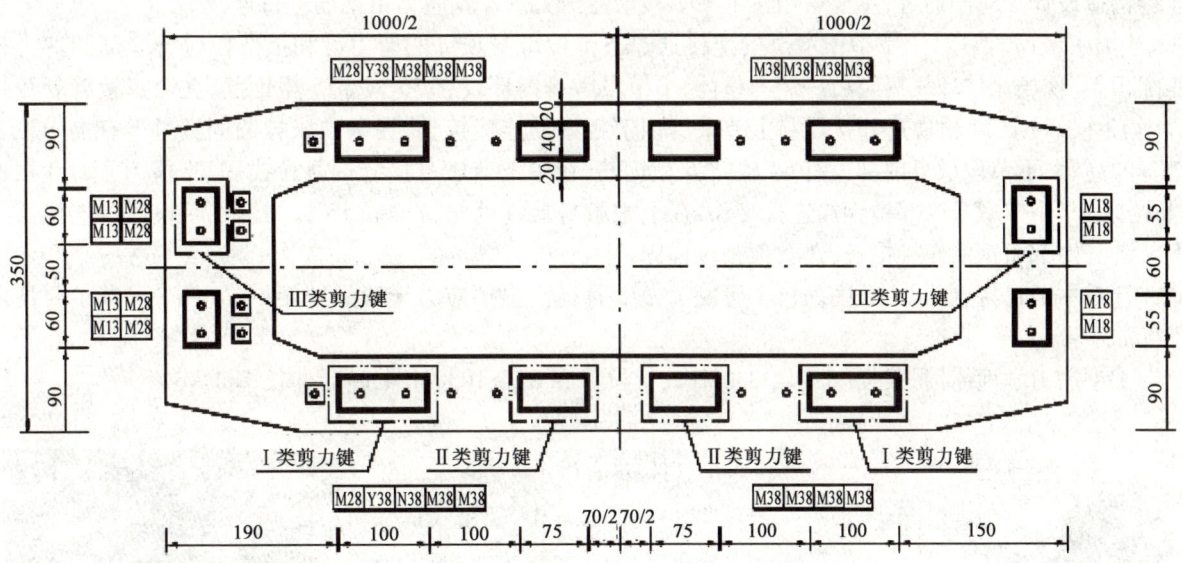

图 2 标准墩干接头断面图(尺寸单位:cm)

《UnitedKingdom Highways Agency's Departmental Standard BD 37/01》汽车荷载进行复核;其抗风设计标准:运营阶段设计重现期120年,施工期重现期30年;地震设防标准:地震基本烈度为Ⅶ度,采用如下的抗震设防标准(重现期):

工作状态:120年

极限状态:非通航孔桥600年

结构完整性状态:2400年

2. 主要设计原则

港珠澳大桥非通航孔桥的设计主要遵循了以下基本原则。

(1) 需求引导设计。港珠澳大桥从工可阶段即倡导"需求引导设计"的理念,这一理念是在总结杭州湾大桥"施工决定设计"理念基础上,结合 IT 行业做法,采用先做需求分析再做方案设计。这种方式由传统注重性能设计转向功能设计,从以满足结构安全为主向以满足需求发展为主。需求分析主要包括项目基本需求、边界条件需求、施工过程需求、远期发展需求,其中边界条件需求除包括项目的接口要求,即空间接口、时间接口、技术接口、管理接口;还包括社会、自然环境及利益相关方需求。施工过程需求是指满足合理施工六化和条件需要的设计措施及方案。远期需求适应运营管理的规划预测要求,功能的提高或转化要求、维修改造以及拆除要求等。

(2) 基于全寿命理论的结构防腐设计。为了实现结构 120 年设计使用寿命总体目标,采用了基于可靠度理论的近似概率法进行混凝土结构的耐久性设计,并用全概率法进行耐久性验算。明确了各主要构件的设计使用寿命,针对不同部位的结构,基于全寿命成本分析提出了相应的混凝土结构防腐措施,建立了耐久性监测系统。制订了混凝土结构的耐久性设计指南及耐久性质量控制规程等指导性文件。

(3) 大型化、工厂化、标准化及装配化的施工理念。结合项目建设目标和建设条件特点,充分利用我国工业化既有成果,走标准化路线,全面、大力推行"大型化、工厂化、标准化、装配化"设计施工理念,将"建造"变"制造",并缩短海上作业时间,提高海上现场作业工效,确保工程质量和结构耐久性。

三、下部结构设计与施工关键技术

1. 设计

(1) 深水区。深水区下部结构的设计重点围绕预制装配化构件的连接及下部混凝土结构耐久性的设计上。装配化构件的连接是一大难点,一是墩身构件的现场对接设计;二是钢管复合桩与承台的嵌入连接构造设计。对于前者,主要采用了上下节段墩身剪力键及预应力粗钢筋进行连接。

I 类中墩(过渡墩)上下节段墩身的连接通过下节段墩身顶部的剪力键和上节段墩身底部的剪力槽匹配预制,现场涂抹环氧树脂后拼装为整体,下节段墩身内部设有 36 根 $\phi75$ 粗钢筋,在墩身接缝处张拉锚固 12 根,其余 24 根通过连接器与上节墩身内部粗钢筋连接接长,在墩顶张拉锚固。对于有上中下节墩身的高墩,下节段墩身内部设有 64 根 $\phi75$ 粗钢筋,在中下节墩身接缝处张拉锚固 24 根,其余 40 根通过连接器与中节墩身内部粗钢筋连接接长,在上中墩身接缝处张拉锚固 16 根,其余 24 根通过连接器与上节墩身内部粗钢筋连接接长,在墩顶张拉锚固。

针对本项目特点和要求,国内自主研发了 $\phi75$ 直径高强预应力滚压螺纹粗钢筋(图 3),其主要技术指标如下:

① 钢筋力学性能:屈服强度 $R_el \geqslant 830\text{MPa}$,抗拉强度 $R_m \geqslant 1030\text{MPa}$,断后伸长率 $A \geqslant 6\%$。

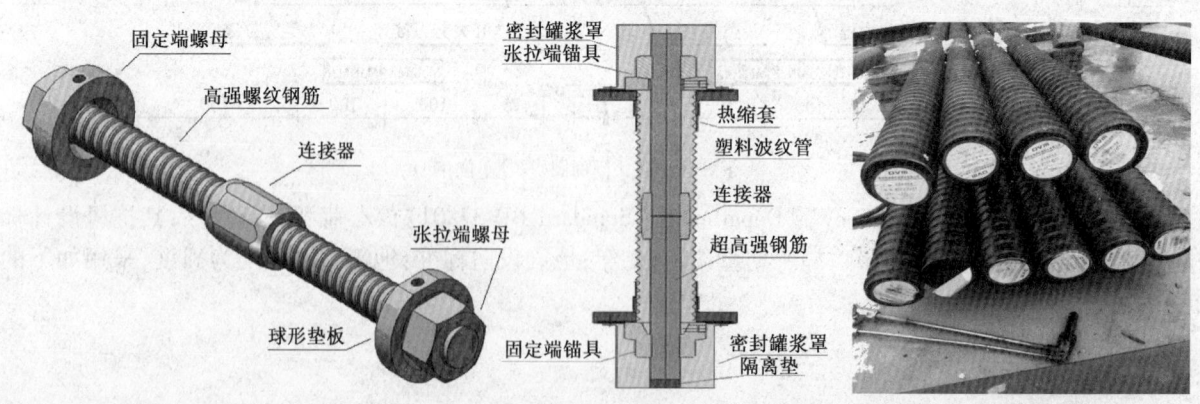

图 3　粗钢筋

②钢筋的应力松弛性能：初始应力为 $0.8R_{eL}$，1000h 后的应力松弛率 $V_r \leq 3\%$。

对于钢管复合桩与承台的嵌入连接构造设计，采取了以下主要措施：

一是钢管桩嵌入承台 1.6m，钢管内壁在顶部 12.6m 范围内设有 10 道剪力环、外部设有 2 道剪力环，剪力环截面宽 50mm、高 25mm，顶部有 15mm×15mm 的倒角，内壁剪力环在钢管加工工厂焊接，外壁剪力环为现场后焊。工程实施情况看，现场存在一些因钢管桩沉桩标高难以到位需要进行截桩，导致需要现场重新增加内壁剪力环的问题，现场剪力环焊接较困难且质量不易保障。

二是承台预留孔直径 3.6m，侧壁设有环向剪力齿，齿高 0.1m，预留孔底板厚 0.6m，底板开孔直径 2.13m，孔壁设有槽口，槽口高度 0.34m，深 0.1m；用于植入止水胶囊。在承台底部、桩顶和中部设有 D40mm 的 HRB400 钢筋作为受力主筋。该方案已经施工单位做了优化，将原整体式止水方案改为在承台底板设置托盘的分离式止水方案。

三是预制墩台沉放到位并止水抽水后与钢管复合桩通过连接件进行临时连接，每桩沿环向等间距设有 12 个连接件，连接件为工字形梁。连接件虽为临时构件，同时也是设计的一种安全储备。考虑现场连接件焊接量大、作业条件有限，经施工单位优化，数量由 12 个减少为 8 个。

对于下部结构混凝土耐久性设计保障方面，一是根据混凝土结构耐久性计算，采用足够的保护层厚度；二是钢筋全部采用高抗弯曲性、高抗冲击性和高抗耐磨性的高性能环氧钢筋。根据中科院金属所的研究成果，针对港珠澳大桥工程环境条件和工程需求，提出了满足耐久性 120 年要求的高性能环氧涂层钢筋性能指标，与杭州湾跨海大桥采用的普通环氧钢筋相比，在涂层的厚度、破损率及针孔率等关键性指标方面有了极大改善，并对涂层的耐脱层性能方面有了明确要求，增强了涂层的抗脱层能力，其综合耐久性能得以明显改善，详见表 1 所列。

高性能环氧涂层钢筋与普通涂层钢筋的主要技术特性区别　　　表 1

编号	指标内容	高性能环氧涂层钢筋（HPECR）	普通环氧涂层钢筋（ECR）
1	涂层厚度	单层：220～350μm 双层：250～400μm	180～300μm
2	破损率	<0.5%	<1%
3	针孔	0.5 个/m	3 个/m
4	湿附着力	90℃，>15d 或 >45d	未要求

(2) 浅水区。与深水区不同的是，浅水区下部结构墩身连接采用了湿接法，并且为了改善外观，提高接头部位混凝土耐久性，在湿接头部位墩身外侧设置了厚 15cm 侧墙，同时兼顾湿接头施工时外模使用。湿接法在长江桥隧工程获得应用（图 4、图 5）。

图 4　墩身现场对接安装效果图

图 5　港珠澳大桥 CB05 墩身接头作业现场

从受力性能、适应性、耐久性及施工质量控制等发面,对干接法与湿接法进行比较,如表2所列。

干接法与湿接法方案分析比较　　　　　　　　　　　　　　　　　　　　　　　表2

比选因素 \ 拼接方案	干 接 法	湿 接 法
受力性能	接缝处通过环氧树脂涂层和施加预应力粗钢筋完成节段拼接,在各种工况作用下,接缝处均有压应力储备,抗弯承载力大、延性较小。 接缝处通过剪力键和环氧树脂涂层的黏结力提供抗剪强度,由于结合面存在较大压应力,抗剪承载力大。 另外,由于非通航孔桥均采用了减隔震支座,下部结构采用弹性设计,因此接缝的延性需求相应降低	接缝处通过钢筋连接并浇筑混凝土完成节段拼接,在各种工况作用下,接缝处允许出现拉应力,抗弯承载力较小、延性较好。 接缝处通过钢筋和混凝土提供抗剪强度,抗剪承载力可以满足要求
适应能力	干接缝施工中可以通过三次调整来确保支座的准确位置,满足施工精度的要求: A. 在一个承台下面的6根钢管插打完毕后,采用三维激光扫描系统测量桩顶平面坐标及倾斜度,根据测量数据调整承台中心与墩身中心等几何关系后,再进行预制墩身、承台,确保墩身的精度要求。 B. 通过调整墩身节段预制尺寸或墩身之间干接缝中的涂抹环氧树脂砂浆厚度,进行调整上节段墩身的倾斜度,确保墩顶的中心位置。 C. 通过微调墩顶支座垫石,确保支座的中心位置及高程精度要求	施工误差适应能力较好,能满足施工精度的要求
耐久性能	接缝处无拉应力,同时具有环氧树脂涂层封闭,而且无现场钢筋接长或混凝土浇筑作业,质量可靠,耐久性能较好	接缝处允许出现拉应力,在超过混凝土抗拉强度时容易出现裂缝,但可以通过控制钢筋应力来限制裂缝开展以满足耐久性要求;现场有一定工作量,通过一定措施可保证其耐久性
施工质量	墩身节段为工厂化制造,可保证质量,现场快速作业完成拼接,施工效率高、风险低、周期短,符合"四化"要求。 可通过环氧树脂砂浆厚度调整节段拼接误差,施工质量可靠性高	采用在预制墩身周边设置裙摆的方式,解决了现浇湿接头与预制墩身混凝土间存在色差问题。 墩身节段在预制场制造,可保证质量,海上有一定作业量,施工效率略低,但能满足工期要求

从工程实施情况看,干接法存在墩身匹配精度要求高、预应力粗钢筋需要二次张拉,张拉施工间隔周期需28天,且需要进行压浆,现场压浆质量控制难度大等问题;而湿接法主要存在现场接缝钢筋绑扎作业空间小、接缝混凝土浇筑及养护困难,养护周期要求14天,混凝土质量缺陷不易检查和修复等问题。总之,两种方法在技术上均可行,但均需在质量控制和精细化施工方面进一步强化。

对于承台与桩基连接,与深水区略有不同,其构造处理相对简单。一是取消了钢桩与承台间临时连接件;二是承台预留孔内水平主筋直径由$\phi40$改为$\phi20$,且由顶部、中部及底部三层改为顶部及底部设置;三是顶部环向剪力齿高由0.1m改为0.3m,增强顶部预制混凝土环向约束力;四是止水方案采用了钢漏斗形式,承台底部与桩基间隙由深水区6.5cm增大至38cm,使得桩基垂直度由深水区1/400降低为1/250,钢桩沉桩要求大大降低,工程实施过程中该方案又被钢套箱围堰+封底混凝土法所取代。

耐久性措施方面,与深水区不同的是,浅水区墩身外侧主筋在高程+8.0以下采用$\phi32$的不锈钢钢筋,以上采用$\phi32$的HRB335钢筋;内侧采用$\phi20$的HRB335钢筋。外侧箍筋在高程+8.0以下采用$\phi16$的不锈钢钢筋,+8.0以上采用$\phi16$的HRB335钢筋。

2. 施工安装

(1)主要措施。港珠澳大桥主体桥梁工程预制墩台共计185座,其中CB03标68座、CB04标55座、CB05标62座。土建施工单位根据各自标段的施工装备及建桥条件,提出了各自的预制墩台安装方案。

CB03标采用钢圆筒围堰干法施工安装方案,CB04标采用分离式胶囊柔性止水方案,CB05标采用双壁锁口钢围堰封底安装方案。其中,CB03与CB05标均采用了分离式围堰,即先进行围堰沉放,后抽干围堰内的积水形成较为干燥的作业空间,再利用大型浮吊将预制墩台吊入围堰。两者略微不同的是,前者围堰入土深,筒底进入淤泥质粉质黏土夹粉砂层,围堰内部无渗水问题;后者受施工装备能力限制,围堰采用了矩形且尺寸仅比承台略大,围堰高度小,围堰入土浅,其底部需借助厚达3m的封底混凝土防渗。而CB04标采用了设计推荐的围堰与承台一体化安装施工方案,即在预制墩台安装前,将围堰固定于预制承台顶面四周形成整体结构,随预制墩台一起吊装安放;预制墩台需在水中下放套入桩基,下放到位后进行承台预留孔内止水作业。目前,三种方法均已进入大规模工程应用阶段(图6)。

CB03钢筒围堰

CB05双壁锁口钢围堰

CB04钢套箱

图6 典型围堰施工图

①钢圆筒围堰干法施工。CB03采用的钢圆筒直径为22m,壁厚为18mm。钢圆筒顶高程+6m,筒底高程-33.0m,总高度为39m,整体重量约620t,采用Q345C钢材。CB03干法作业的关键是钢圆筒的振沉与拔出能否顺利实施。为此,钢圆筒围堰振沉采用了8台APE-600型液压振动锤联动振沉系统起吊、振沉。桥梁使用的钢圆筒围堰直径同东西人工岛,人工岛桶底标高最深为-47m,桥梁为-33m,桥梁钢圆筒入土深度虽然较浅,但有两层桁架内撑需振沉入土,桥梁钢圆筒围堰也基本可在10分钟内振沉到位。

钢圆筒振沉至底高程为-33.0m,泥面高程为-5.5m左右,入泥深度为27.5m。根据计算,其动侧摩阻力约为780t(安全系数取2.0),振沉体系+钢圆筒自重1120t(安全系数取1.2),则要求起重船起吊能力不小于(780×2.0+1120×1.2)=2904t。为此,采用"一航津泰号"4000t起重船及振动锤组可满足要求。经实施,钢圆筒拔出耗时约2个小时。

首件墩台安装全过程历时72天,其中钢圆筒围堰内吸泥13天(沉桩前已部分挖泥),具体时间如表3所列。

首件墩台安装施工时间统计表 表3

分项名称	开始时间	结束时间	实际天数	备注
钢圆筒围堰振沉	2013年5月12日	2013年5月13日	2	13日撤船
钢圆筒围堰内施工	2013年5月13日	2013年6月19日	37	吸泥13天
墩台吊装	2013年6月20日	2013年6月20日	1	
承台后浇孔施工	2013年6月21日	2013年7月22日	32	含养护
钢圆筒围堰振拔	2013年7月23日	2013年7月23日	1	
合计			72	

②双壁锁口钢套箱围堰施工。CB05标墩台采用新型无内支撑的围堰设计成可拆装式结构,平面分为八块,各分块之间采用锁口与螺栓组合方式进行连接,结构尺寸17.5m×13.4m×23.2m。海床底高程最低-6.0m,围堰底高程-17.2m,围堰厚度750mm,高度23.2m,重838t,承台与围堰内壁间距250mm(图7)。

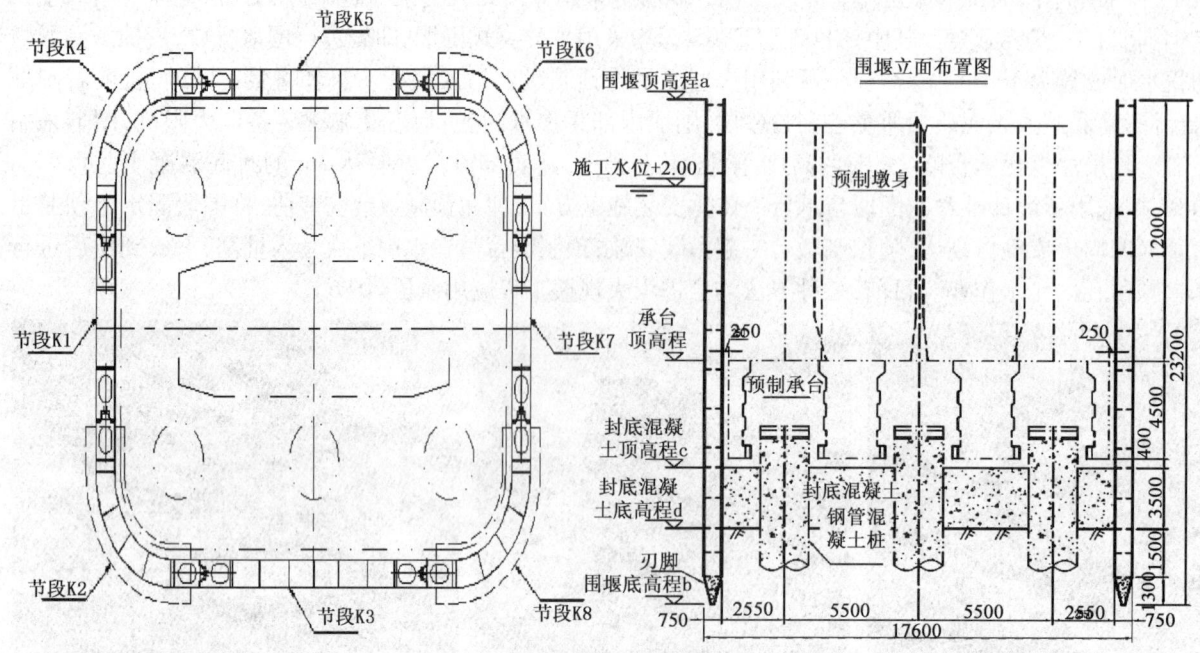

图 7　双壁锁口钢套箱围堰

该围堰需借助导向架进行安装(图8),在围堰运输至墩位前,将导向架安装到钢管复合桩上,在导向架上定出测量基准面,确定围堰控制点。拼装钢围堰时,围堰的上下口均以此控制点进行放样和校核。

图 8　围堰导向架

围堰拆分成单块运输至临时围堰预拼场,将围堰拼装成整体;围堰拼装完成后,安装吊具,采用起重船将围堰整体运输至安装墩位。利用浮吊起吊整体围堰,安装到墩位处,并套入导向支架,调节围堰的平面位置与垂直度,达到设计要求(图9、图10)。

图 9　围堰整体吊装　　　　　　　　图 10　围堰套入导向架

围堰压重下沉到设计位置后,清理围堰内浮泥、清基、整平后,进行 3m 封底混凝土施工,围堰封底后,利用泥巴配砂作为填充料,对围堰锁口进行封堵止水,振捣密实,达到止水效果。

承台套入钢管复合桩后,焊接剪力环,预留孔混凝土(6 孔)分两次浇注,第一次浇注 1.6m,混凝土等强,拆除吊挂系统,浇注第二次混凝土(2.9m)。

混凝土养护达到要求后,向围堰内注水,利用围堰内外水头差破坏围堰与封底混凝土之间黏结力,利用"华尔辰"起重船整体吊装围堰至下一个墩位施工。一个典型预制墩台施工安装周期如表 4 所列,约需时 50 天。

非通航孔桥围堰安装施工周期表 表 4

1	导向安装	2d	7	承台吊装并后挂桩	2d
2	围堰插打,并连接螺栓	6d	8	浇注第一次混凝土	7d
3	围堰封底	7d	9	拆除吊挂	2d
4	围堰内挖泥	7d	10	绑钢筋、施工孔洞混凝土	7d
5	围堰抽水并清基	3d	11	拆除围堰、重新组拼	5d
6	切除工具桩,安装钢立柱	2d			

③分离式胶囊柔性止水施工。CB04 标采用了分离式胶囊止水施工法,需重点关注的技术问题:一是钢套箱与承台间的止水设计;二是承台预留孔内与钢管复合桩间隙的止水设计;其三是墩台止摆措施。

根据承台结构尺寸的不同,钢套箱设计分为两种,即 16×12m 及 14.8m×11.2m 两种(图 11)。钢套箱内边比承台每边大 2cm。其中 16m×12m 类型套箱的重量为 141.265t,14.8m×11.2m 类型套箱的重量为 136.131t。墩台吊装并精确调整到位、抽水后,将套箱壁与钢管桩进行连接。连接杆采用 $\phi 426mm \times 6mm$ 螺旋钢管,与钢管复合桩连接采用哈佛接头。

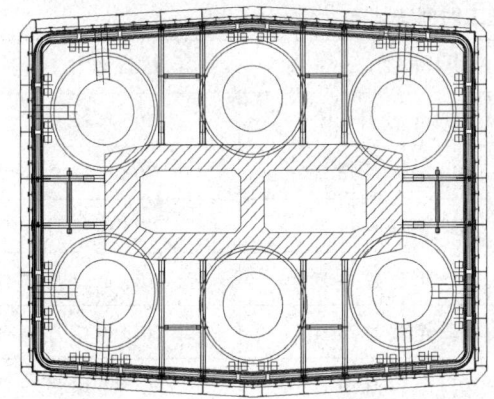 

图 11 钢套箱构造图

钢套箱与承台间通过 GINA 止水橡胶与侧面橡胶条的压缩实现止水。GINA 止水橡胶通过压梁固定在套箱牛腿底部,沿牛腿底板布置一周,与钢套箱同步安装。GINA 止水带压缩完成后,通过楔形块将其锁紧,同时将套箱与混凝土块拉紧,形成稳固体系(图 12、图 13)。

承台预留孔内与钢管复合桩间隙的止水采用了分离式胶囊止水结构,主要由环形托盘、内侧止水胶囊、顶面 GINA 止水带及张拉收紧装置组成。承台与钢管复合桩止水原理示意见图 13。

墩台(含钢套箱)在水流、波浪等荷载作用下,可能会与钢管桩之间发生摆动,从而影响后浇孔混凝土的浇筑质量。为此,采取以下措施:

a. 下吊具与墩身通过千斤顶抱紧、下吊具与钢管桩通过千斤顶抱紧,从而将墩台顶面与钢管桩形成固定体系。

b. 承台预留孔内设置 12 个水平千斤顶并锁定,从而将墩台底面与钢管桩形成固定体系。

c. 在墩身与钢管桩之间设置钢楔块,从而将墩台中部与钢管桩形成固定体系。

d. 承台顶面设置混凝土块,通过张拉螺栓收紧钢套箱。

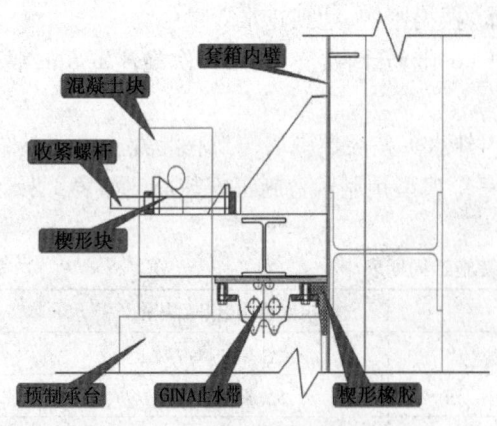
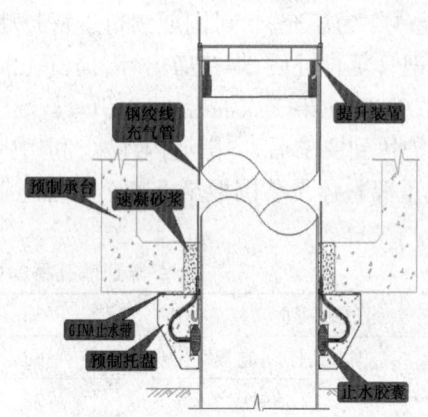

图12 承台与钢套箱之间止水结构图　　图13 分离式胶囊止水结构

e. 承台底部四个角位预留孔每孔布置10个剪力键,中间预留孔每孔布置8个剪力键,共计56个剪力键。

通过采取以上措施,对结构进行动力分析计算。结果表明,沿波流动荷载作用方向,前排后浇孔相对位移小于0.12mm,后排后浇孔两者相对位移小于0.14mm;最大功率谱对应频率为0.00195Hz,远小于波浪动载频率0.1Hz以及墩台结构二阶主振型频率0.0845Hz。结果显示墩台与钢管桩之间的相对位移极小,不会对后浇孔混凝土造成影响。

首件墩台安装施工周期统计,如表5所列。

首件预制墩台安装施工时间统计表　　表5

1	构件吊装	2013年12月5日	2013年12月5日
2	加固、精确调整	2013年12月6日	2013年12月12日
3	抽水	2013年12月13日	2013年12月13日
4	浇筑速凝砂浆	2013年12月13日	2013年12月13日
5	Z3、Z4孔剪力键焊接	2013年12月14日	2013年12月23日
6	Z3、Z4孔1米范围内混凝土浇筑	2013年12月23日	2013年12月23日
7	Z1、Z2、Z5、Z6孔剪力键焊接	2013年12月24日	2013年12月29日
8	Z1、Z2、Z5、Z6孔1米范围内及Z3、Z4预留孔混凝土浇筑	2013年12月30日	2013年12月30日
9	Z3、Z4预留孔混凝土等强	2013年12月31日	2014年1月10日
10	Z1、Z2、Z5、Z6孔混凝土浇筑	2013年1月15日	2013年1月15日

从构件吊装至预留孔混凝土浇筑完成的时间为40天,加上混凝土等强时间14天,套箱拆除1天,因此单个承台的施工周期约55天。

(2)方案比较。为便于对三种预制墩台施工方案进行比较,现对其经济指标统计对比如表6、表7所列。

从表6、表7可知,单纯从投标或概算价来看,深水区CB03比CB04略高,而浅水区CB05标单价仅为深水区一半还不到。事实情况并非如此,从目前工程实施来看,下部结构工程单价远高于投标价。深水区每个墩台预计至少要超出500万元,浅水区要超1000万元。这样,深水区单价约为1500万元左右,浅水区单价约1300万元左右,两者单价基本相当。

深水区预制墩台经济技术指标统计表（CB03 标 72 个/CB04 标 55 个）　　　　表6

标　段	部　位	混凝土用量（m³）	钢筋用量（t）	投标综合价（万元/个）	概算价（万元/个）
CB03 标	承台	682	124t 182kg/m³	971	1085
	墩身	641	109t 170kg/m³		
CB04 标	承台	709	130t 183kg/m³	823	1129
	墩身	584	100t 171kg/m³		

浅水区预制墩台经济技术指标统计表（CB05 标 62 个）　　　　表7

部　位	混凝土用量（m³）	钢筋用量	综合投标价（万元）	概算价（万元）
承台	778	180t 231kg/m³	365	640
墩身	813	141t 173kg/m³	387	564

从施工难易程度比较，三种方案中 CB04 标采用的分离式止水方案实施起来难度最大，其工序多、体系转换复杂、围堰内作业空间较小，止水难度大；而 CB03 钢圆筒方案施工相对简便，CB05 标双壁锁口钢套箱围堰次之。

从施工质量控制，CB04 方案因其预制承台后浇孔混凝土浇筑受波流力影响，浇筑质量控制难度大，而 CB03 与 CB05 标因采用独立于墩台之外的围护结构，承台后浇孔混凝土浇筑完全不受波流力作用，施工质量可控。

从施工周期角度，CB04 与 CB05 方案基本相当，约需两个月；而 CB03 方案，由于需要实施钢圆筒内清淤作业，需多耗时半个月，总的时间约三个半月，相对较长。

从施工设备要求角度，CB03 需要钢圆筒沉放及拔出的特种设备，一般施工单位不具备条件，如采用租赁方式，其施工成本将大为提高，此法将不具经济优势；CB04 及 CB05 对施工设备要求相对较低，一般单位均可操作。

从施工风险角度，CB03 因采用深埋围堰结构，圆筒内渗水风险低；CB05 采用封底混凝土及双壁围堰结构，其渗水风险较低；而 CB04 存在围堰及止水失效较大风险。

综合以上分析看，CB05 的双壁围堰方案综合性能最优；而 CB03 钢圆筒方案存在特种设备及围堰内清淤量大制约，其适应性不足；而 CB04 分离式止水方案存在工序多、施工质量控制难度大、止水失效风险高等诸多问题。

四、结　语

港珠澳大桥主体桥梁工程已于 2013 年全面开工建设，目前工程建设已进入关键阶段。由于设计与施工采用了诸多的新理念和新方法，工程实施过程中不同程度遇到了不少难题。以上是笔者结合自身参与本项目的体会，对其非通航孔桥预制墩台设计及施工关键技术进行了梳理、总结，敬请批评指正。

64. 港珠澳大桥墩身预制裂缝防治施工技术

孙业发　徐鸿玉　叶建州　白　虹　黎　敏

（中交一航局第五工程有限公司）

摘　要　大型预制桥墩通常需要设置水平施工缝分段浇筑，容易在施工缝上方产生裂缝。结合工程实际，通过分析墩身裂缝产生的原因，采取了具有针对性的裂缝防治措施，取得了明显的效果。

关键词　港珠澳大桥　墩身　裂缝防治

一、工程概况

港珠澳大桥是我国交通建设史上技术最复杂、标准最高的跨海大桥工程，也是我国首座120年设计使用寿命的大桥。在桥墩预制过程中，由于桥墩体积大、结构形式复杂、施工工艺复杂，容易导致裂缝产生。

港珠澳大桥CB03标段共需预制整体式桥墩44座，采用直立式整体预制，墩身设2处施工缝，分承台及下节2.5m墩身、接高墩身、墩帽3次浇筑混凝土，见图1～图3。墩身混凝土设计等级为C50，为海工高性能混凝土。

图1　"承台+2.5m墩身"浇筑　　图2　接高墩身浇筑　　图3　墩帽浇筑

初期施工的整体式桥墩，在墩身、墩帽施工缝上方混凝土两侧外表面出现规律性裂缝，裂缝情况见图4。模板拆除时已存在裂缝，裂缝宽度小于0.15mm。对发现的裂缝进行定期观测，裂缝无明显变化。

二、裂缝成因分析

1. 裂缝原理分析

混凝土逐渐散热和硬化的过程中会发生收缩变形，混凝土收缩过程中如遇到约束条件，会产生较大的收缩应力，当混凝土表面收缩应力超过混凝土极限抗拉强度时，会在混凝土表面产生裂缝。裂缝产生的主要影响因素是混凝土约束及混凝土抗裂性。

（1）混凝土约束分析。新浇筑混凝土受到的约束分为自身约束和下层混凝土约束。自身约束包含混凝土构件的结构形式、钢筋及劲性骨架的结构形式等因素。混凝土内表温差及降温速率会引起混凝土内部及表面收缩不同步，产生自身约束。下层混凝土约束主要由施工缝处混凝土存在浇筑间隔时间，下层混凝土随着水化反应已有一定的收缩变形，对上层混凝土收缩起到约束作用。另外伸向上层混凝土的钢筋及劲性骨架也会对混凝土的收缩起到约束作用。

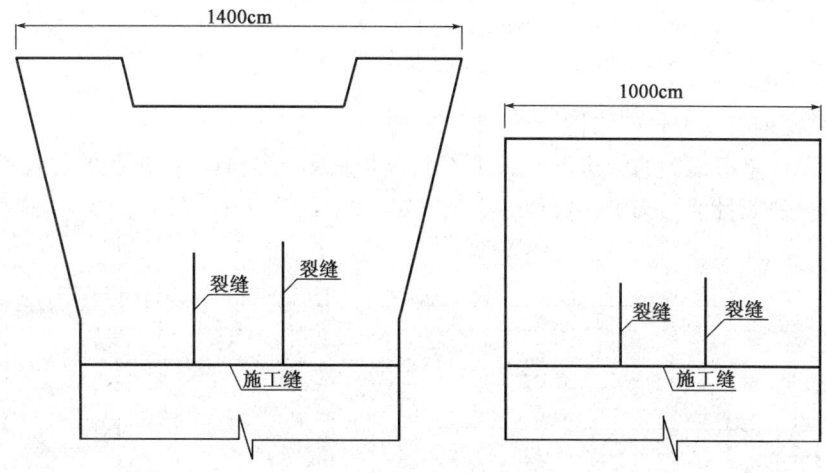

图4 裂缝位置示意图

(2)混凝土抗裂性分析。胶凝材料性能、水胶比、砂率、粗集料粒径对混凝土抗裂性有一定影响。胶凝材料水化热大、水胶比大、砂率大、粗集料粒径小会增加抗裂难度。

2. 可能导致桥墩开裂的影响因素

(1)预制桥墩为厚壁空心墩结构,墩身墙壁最小厚度为0.8m,胶凝材料用量大,属于大体积混凝土,抗裂难度大。

(2)整体式桥墩墩身墩帽采用钢筋整体吊装对接的施工工艺,钢筋劲性骨架为整体结构,刚度大,对混凝土自身收缩产生约束。劲性骨架格构柱外侧是混凝土抗拉薄弱部位。施工缝上方裂缝具有一定规律性,基本在中轴线两侧对称分布,大多数出现在距离中轴线1.4m或2.1m处,是钢筋劲性骨架竖向格构柱的对应位置,见图5中标记所示。

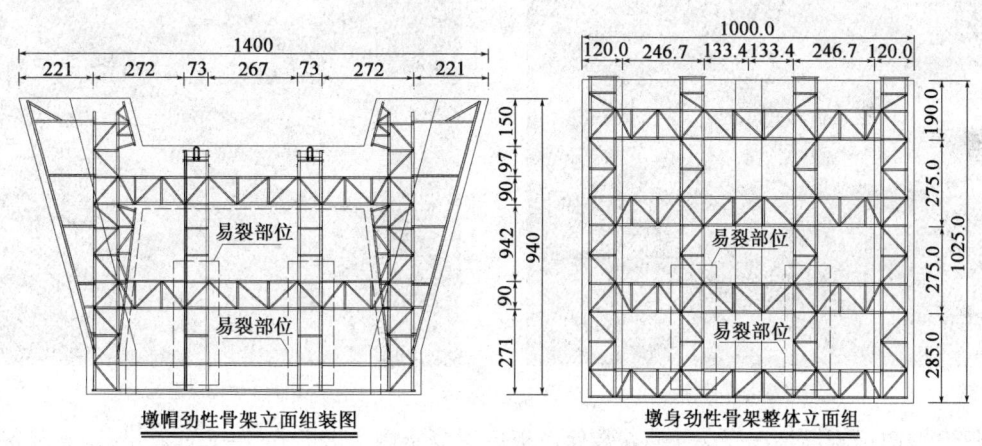

图5 优化前墩帽、墩身钢筋劲性骨架结构形式(尺寸单位:cm)

(3)混凝土浇筑龄期差对裂缝有一定影响。下层混凝土已完成一定收缩变形,与上层混凝土不能同步收缩,会限制新浇筑混凝土的收缩变形。

(4)整体式桥墩墩身外侧净保护层厚度为7cm(7cm为拉结筋外侧的保护层,拉结筋水平间距60cm、竖向间距30cm,梅花形布置),水平钢筋保护层厚度达到9.5cm。桥墩的钢筋保护层厚度大,内部混凝土受到钢筋及劲性骨架的限制作用,与保护层混凝土不能同步收缩,易产生应力裂缝。

3. 裂缝防治工艺试验选择

通过对桥墩裂缝进行分析,确定在钢筋劲性骨架形式及混凝土温控养护方面进行优化,并加强混凝土施工过程控制。

三、工艺优化情况

1. 优化墩身墩帽钢筋劲性骨架结构

如图6所示,采用单根槽钢的结构形式取代了部分水平及竖向格构柱,裂缝的位置规律性降低,裂缝情况得到一定改善,说明骨架结构确实对裂缝产生一定影响。

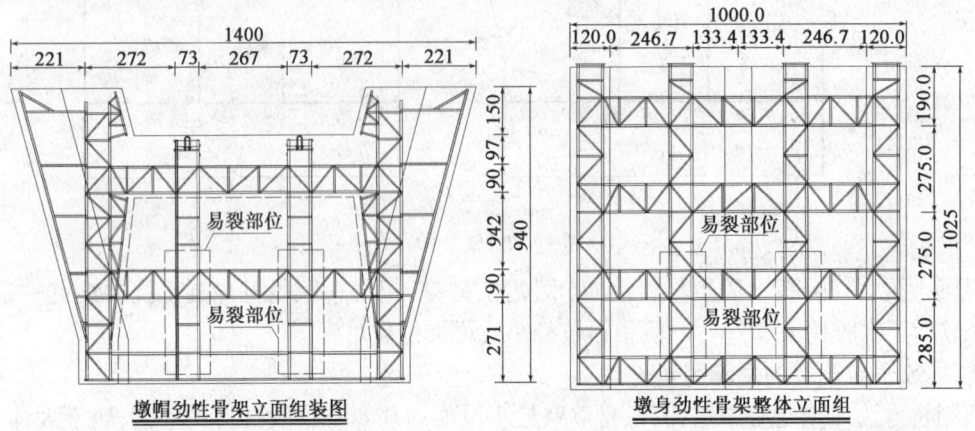

图6 优化前墩帽、墩身槽钢劲性骨架结构形式(尺寸单位:cm)

2. 保温板工艺试验

为减小混凝土内表温差及降温速度,在墩帽及墩身模板外侧安装阻燃型保温板,如图7、图8所示。

图7 墩身保温板

图8 墩帽保温板

安装保温板前后测温情况见表1。安装保温板后混凝土内表温差在5~8℃之间,比安装保温板前减小2~5℃;峰值过后24h降温梯度在3~5℃之间,比安装保温板前减小1~3℃;混凝土侧面内部温度在66~67℃之间,比安装保温板前升高2~4℃。裂缝情况在安装保温板后并没有得到解决。如表1所示,墩帽侧面最高温度超过60℃,经分析产生裂缝还可能与墩帽侧面温度较高有一定关系,考虑进行通水降温。

墩帽测温情况统计表　　　　　　　　　　表1

浇筑日期	墩号及部位	保温措施	侧面最高温度(℃)	侧面内表温差(℃)	峰值时间(h)	24h降温速度(℃)	混凝土出机温度(℃)
7月12日	28号墩帽	棉被	64.3	9	35	5.8	25
7月21日	29号墩帽	棉被	63.8	10.3	32	5.1	24
8月3日	32号墩帽	棉被	62.8	9	36	6.5	25

续上表

浇筑日期	墩号及部位	保温措施	侧面最高温度（℃）	侧面内表温差（℃）	峰值时间（h）	24h降温速度（℃）	混凝土出机温度（℃）
8月10日	33号墩帽	保温板	66.6	6.4	37	3.1	26
8月24日	34号墩帽	保温板	66.5	7.7	35	4.3	23
8月30日	35号墩帽	保温板	66.9	6.6	41	4.5	24

3. 桥墩侧面通水冷却试验

针对墩帽侧面温度较高的情况，从26号墩帽开始，在墩帽施工缝上方长面2m区段安装冷却水管，冷却水管采用DN25镀锌钢管。安排专人负责冷却通水，根据测温情况调节进水温度及通水流量。26号墩帽、36号墩帽未发现裂缝后，从39号墩身开始，在墩身施工缝上方增加与墩帽结构相同的冷却水管，通水降温效果明显，见图9和表2。

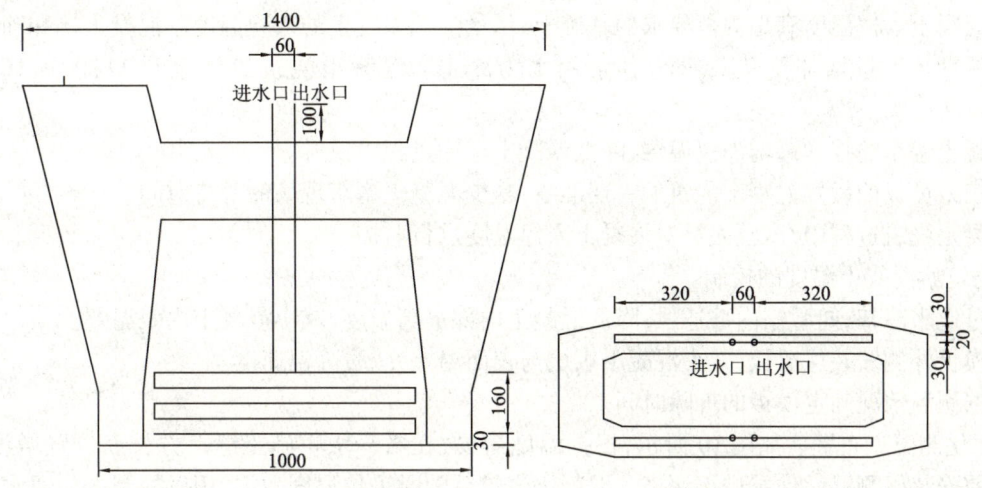

图9　墩帽长面冷却水管立面图（左）、平面图（右）（尺寸单位：cm）

桥墩侧面通水冷却试验数据统计表　　　表2

日期	部位	保温措施	冷却水管安装	劲性骨架优化	侧面最高温度（℃）	侧面内表温差（℃）	峰值时间（h）	24h降温梯度（℃）	混凝土出机温度（℃）	裂缝情况
9月9日	26号墩帽	保温板	是	是	54.8	5.9	36	6.4	24	无
9月16日	36号墩帽	保温板	是	是	55.9	4.9	34	4.4	24	无
9月28日	37号墩帽	保温板	是	是	55.6	5.1	41	6.3	23	无
10月8日	38号墩帽	保温板	是	是	52.8	7.2	31	5.8	24	无
10月16日	39号墩帽	保温板	是	是	57.7	6.2	35	7.8	25	有
10月20日	17号墩帽	保温板	是	是	54.3	5.2	34	—	27	无
10月27日	18号墩帽	保温板	是	是	52.5	8.6	37	2.3	22	无
11月5日	19号墩帽	保温板	是	是	51.5	5.5	27	5.5	22	无
11月11日	20号墩帽	保温板	是	是	52.3	6.8	37	—	18	无
10月7日	39号墩身	保温板	是	是	48.9	5.8	39	4.4	25	无
10月12日	17号墩身	无	是	是	52.6	8.7	35	6.1	25	无
10月21日	18号墩身	保温板	是	是	51.8	5.9	29	4.5	26	无
10月30日	19号墩身	无	是	是	50.7	8.4	25	5.2	25	无
11月7日	20号墩身	保温板	是	是	52.3	5.4	32	4.1	25	无

从表2可看出：

（1）通水冷却后墩帽侧面最高温度在54℃左右，墩身侧面最高温度在51℃左右，比侧面未进行冷却通水的桥墩降约10℃，侧面内表温差在7℃左右。部分桥墩侧面峰值过后24小时降温梯度略大于5℃，与温度峰值过后继续通水有一定关系。桥墩侧面峰值过后24小时降温梯度可控制在3～5℃，已采取模板外侧安装保温板及墩帽内部通风降温措施，进一步减小降温梯度有一定难度。

（2）39号墩帽长面出现裂缝可能与峰值过后24小时降温梯度偏大有一定关系。

四、做好混凝土温控、浇筑、养护工作

1. 做好混凝土温控工作

（1）混凝土入模温度控制。通过以下温控措施，将混凝土入模温度控制在10～28℃。

①采取延长胶凝材料的存放时间、将集料存放在料仓内避免阳光直射、拌和用水使用碎冰及冷水，降低混凝土原材料温度。

②在混凝土入模温度满足规范要求的基础上，尽量降低混凝土的入模温度。混凝土拌和前期加冰量60kg/m³，后期加冰量增加至70kg/m³，其余用水为冷水。混凝土浇筑尽量避开11:00～16:00高温区段。

③混凝土罐车的拌和罐增加保温层，降低混凝土运输过程中温升。

④施工人员提前做好混凝土浇筑的一切准备，减少混凝土罐车现场的等待时间。

⑤混凝土浇筑过程中，试验人员对混凝土入模温度进行监控。

（2）浇筑后混凝土温度的控制。

①通过通水冷却、向墩帽内部通风，降低混凝土内部最高温度，减小混凝土内表温差。

②在模板外侧安装保温板，减小混凝土表层与表面温差，减缓降温速度。

③根据测温情况确定模板的拆除时间。

（3）优化测温点布置。如图10所示，根据温度需要，在墩身墩帽施工缝上方长面位置增设测温点。模板支立前安装好测温元件并进行调试。混凝土浇筑后随时采集温度数据，用以控制冷却通水及确定拆模时间。

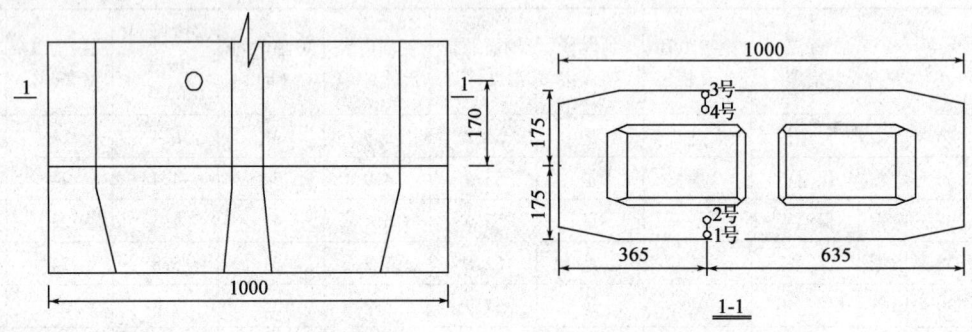

图10　墩身、墩帽长面测温点布置（尺寸单位：cm）

2. 混凝土浇筑过程控制

做好混凝土浇筑过程控制，保证混凝土浇筑的连续性及均匀性，具体措施如下：

（1）使用钢串筒浇筑，严格控制下灰高度。混凝土浇筑过程中不飞溅模板，保证了混凝土的均匀性，避免局部出现石子或水泥浆集中的情况（图11、图12）。

（2）严格控制分层厚度，避免出现骨料、灰浆分离现象。

（3）现场技术员及作业班组长对振捣过程全程监控，作业人员佩戴强光头灯观察振捣效果，避免出现漏振、过振。

图11　钢串筒

图12　使用钢串筒浇筑

3. 加强养护工作

施工缝凿毛后蓄水养护，始终处于湿润状态，减少施工缝下方的混凝土前期收缩（图13）。模板拆除后立即围裹塑料布并向塑料布内补水，养护效果较好（图14）。

图13　施工缝蓄水养护

图14　墩帽围裹塑料布养护

五、效　果

混凝土裂缝防治问题是大体积混凝土施工的难点，通过分析裂缝产生的原理找出可能导致开裂的各种因素并开展了相关工艺试验，桥墩混凝土防裂工作取得了明显成效，基本解决了裂缝问题。现对桥墩混凝土裂缝防治情况总结如下：

（1）通过优化钢筋劲性骨架结构，使用单根槽钢结构代替施工缝上方长面的竖向及横向劲性骨架格构柱，减弱了原劲性骨架格构柱对混凝土的约束作用。

（2）通过采取降低混凝土入模温度、在易裂部位通水降温、安装保温板及墩帽内部通风等措施，降低了易裂部位混凝土内部最高温度、减小了内表温差及降温梯度，预制桥墩控裂效果明显，对今后预制桥墩的防裂工作具有指导意义。

（3）通过采取施工缝蓄水及表面包裹塑料布养护措施，避免了拆模后混凝土表面失水过快。

六、结　语

目前，跨海大桥"大节段、大块件桥梁结构工厂预制或加工，大吨位吊船现场快速安装"工艺日趋成熟，对混凝土耐久性也提出了更高的要求，对混凝土抗裂要求更为严格。混凝土裂缝作为一个不可避免的问题，需要施工技术人员不断总结施工经验，分析裂缝产生的原因，采取有效的防裂措施，保证混凝土的耐久性。

65. 港珠澳大桥海中桥梁工程埋置式承台施工工艺对比分析

景 强　陈东兴

（港珠澳大桥管理局）

摘　要　港珠澳大桥海中桥梁工程非通航孔桥承台采用预制安装工艺，承台顶标高位于海床面以下，属于国内罕见的埋床式承台施工，是港珠澳大桥桥梁施工中的难点之一。各承包人根据自身的技术力量、设备状况、管理水平、科技成果及施工经验，采用了三种不同的施工工艺，取得了良好的效果。本文结合港珠澳大桥海中桥梁工程的建设实际，对三种施工工艺进行了对比分析，总结出各施工工艺的特点及适用条件，为今后类似跨海工程项目的施工工艺选择提供参考。

关键词　港珠澳大桥　埋置式承台　施工工艺

一、概　述

港珠澳大桥是粤、港、澳首次合作共建的具有国家战略意义的世界级跨海通道，分为海中桥隧主体工程、香港及珠澳口岸工程、粤港澳接线工程。其中，港珠澳大桥海中主体桥隧工程采用"大型化、工厂化、标准化、装配化"的建设理念，具有规模大、难度高，标准高的特点。其中，长约23km的海中桥梁工程包括三座通航孔桥（九洲航道桥、江海直达船航道桥、青州航道桥）及深、浅水区非通航孔桥。

深水区非通航孔桥水域水深6~8m，水下地形平坦，分布有10~40m厚的淤泥、淤泥质土和软塑状黏性土，岩层埋藏较深、分布较均匀，采用110m跨整墩整幅钢箱梁连续梁桥方案（长约14km），总体示意详见图1；浅水区非通航孔桥水域水深3~4m，覆盖层薄，岩层埋藏浅，分布不均匀，岩面起伏大，存在大量的孤石、探头石等情况，地质条件较为复杂，采用85m跨整墩分幅组合梁连续梁桥方案（长约5.4km），总体示意详见图2。

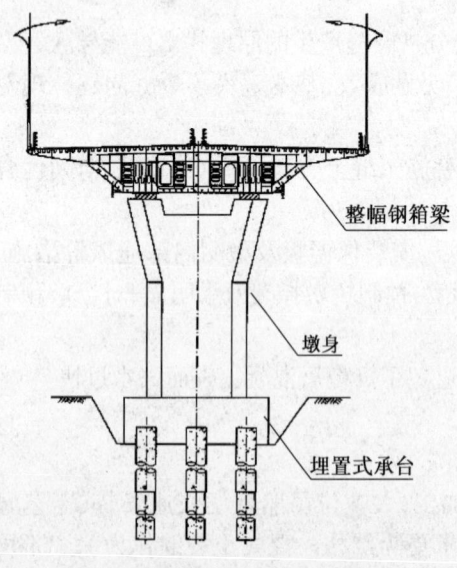

图1　深水区非通航孔桥总体示意图

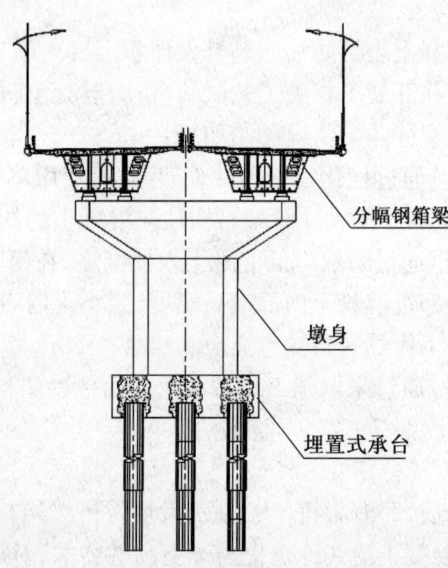

图2　浅水区非通航孔桥总体示意图

为了减少基础的阻水率,非通航孔桥承台采用埋床式设计,承台顶标高位于海床面以下。承台施工采用预制安装工艺,承台在预制场预制完成后,运输到桥位进行海上安装,承台与桩基之间采用混凝土后浇的方式连接。整个预制安装工艺的关键在于如何克服水深、波浪、地质环境的影响,为后浇孔混凝土创造安全、可靠的干施工环境。此外,海上施工周期长、设备使用效率低、抗风浪要求高等亦是本工程埋置承台施工过程需要克服的难点。

为解决上述难题,承包人根据自身的技术力量、设备状况、管理水平、科技成果及施工经验,本着最大限度应用自身材料、设备的原则,提出了适应各自施工海况及地质情况的埋置式承台施工方案,最低限度降低了海洋环境对施工的影响。

二、埋置式承台施工方案简介

港珠澳大桥海中桥梁工程采用了三种埋置式承台海上施工工艺:包括大圆筒干法安装方案、分离式胶囊柔性止水方案和无内支撑结构双壁锁口钢套箱围堰施工方案。各施工方案简介如下。

1. 大圆筒干法安装方案

该施工方案总体施工步骤为:桩基灌注桩施工完毕后,在桩基位置采用八锤同步液压振动锤组,振沉大圆筒围堰至不透水层,以达到止水的目的。振沉完毕后,对大圆筒围堰进行加固,筒内挖泥抽水,形成墩台安装的干施工环境,然后进行墩台整体安装及后浇孔混凝土施工,混凝土后浇孔施工完成并达到养护龄期后,整体拔出大圆筒围堰,运至下一个墩台位置周转使用。该方案的主要工序为大圆筒围堰震拔施工,具体施工流程详见图3,施工示意图见图4,大圆筒围堰现场施工见图5,承台吊装现场施工见图6。

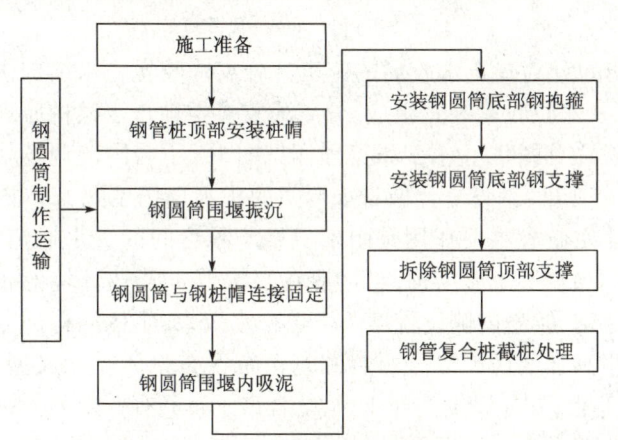

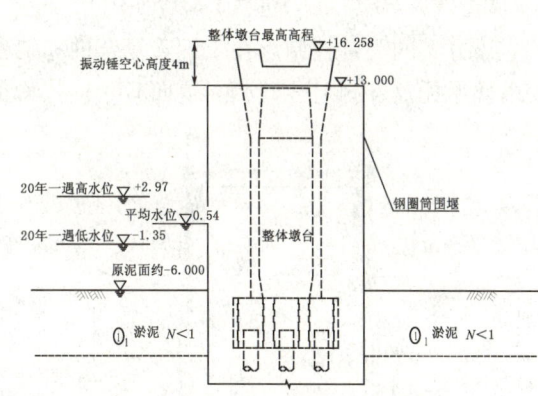

图3 大圆筒围堰施工流程图　　　　　图4 大圆筒围堰施工示意图

图5 大圆筒围堰现场施工　　　　　图6 承台吊装现场施工

该方案围堰施工过程中需依赖大型先进设备组(大圆筒＋八锤同步液压振动锤组)的配合,该设备组是承包单位根据自身的技术装备力量及科技成果,在西人工岛施工的基础上自主研发,工法技术先进性及设备集成性非常高。

2. 分离式胶囊柔性止水方案

该方案总体施工步骤为:钻孔灌注桩施工完成后,进行基坑开挖,安装承台面止水围堰,然后进行墩台整体安装,精确调整到位后,进行钢管复合桩与承台间的止水,然后进行围堰内抽水,形成干施工作业环境后进行后浇孔混凝土施工。混凝土后浇孔施工完成并达到养护龄期后,拆除钢套箱周转至下一墩台施工使用。分离式胶囊柔性止水方案示意详见图7,钢套箱围堰现场安装见图8。

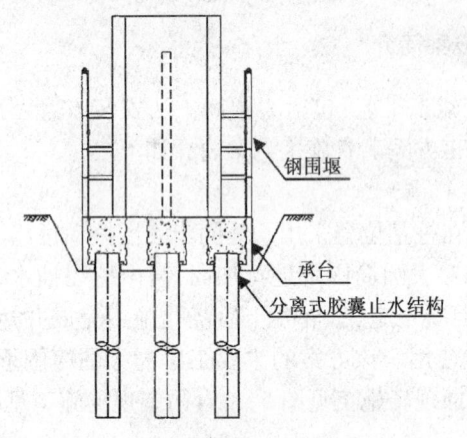

图7 分离式胶囊柔性止水方案示意图

图8 钢套箱围堰现场安装

该方案的关键控制点在于钢管复合桩和承台间的分离式止水胶囊的施工。分离式胶囊止水结构主要由环形托盘、内侧止水胶囊、顶面GINA止水带以及张拉收紧装置组成,分离式胶囊柔性止水结构原理示意详见图9,止水工作流程详见图10,承台围堰现场吊装见图11,钢管复合桩与承台间的止水现场见图12。内侧止水胶囊主要作用是阻断桩壁与承台间的进水通道,采用圆端形矩形结构,可适应在水深16m作业环境的止水要求,胶囊内侧设置襟条增强止水效果,主体结构部分采用高强度橡胶复合材料和复合帘子布整体硫化成型,能满足2MPa以上内部压力,复合帘子布具有一定的伸张和收缩能力。顶面GINA止水带采用定型工业产品,其作用是阻断托盘与承台间的进水通道。

此外,围堰抽水后,钢套箱围堰与承台形成整体围水结构,直接与海水接触,受波浪、水流影响,在墩台与桩基间形成可靠固定前,相对摆动较大,会对后浇孔混凝土施工的质量控制造成不利影响,因此阻止承台与桩基间相对摆动的止摆工艺亦是该方案的重要质量保证措施。

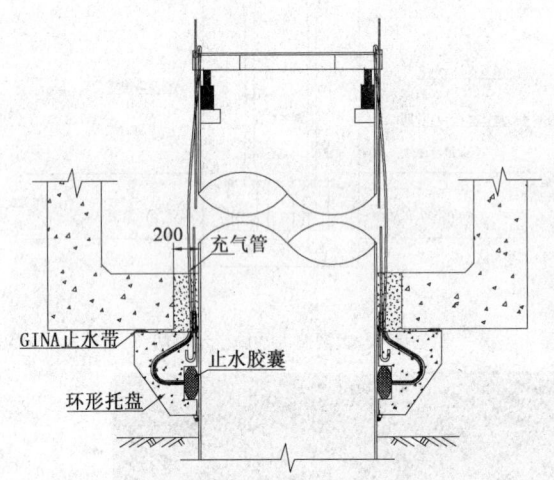

图9 分离式胶囊柔性止水结构原理示意图

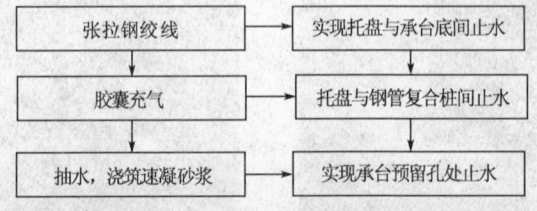

图10 分离式胶囊柔性止水工作流程图

图 11 承台围堰现场吊装

图 12 钢管复合桩与承台间的止水现场

3. 无内支撑结构双壁锁口钢套箱围堰方案

该方案的总体施工步骤为:钻孔灌注桩施工完成后,进行基坑开挖,首个施工阶段,需在桩基位置进行围堰分块拼装,然后利用浮吊进行整体下沉,下沉到位后,进行水下封底混凝土施工,封底混凝土达到龄期后,进行围堰内挖泥抽水,形成墩台安装的干施工环境,然后开始墩台整体安装及后浇孔混凝土施工,混凝土后浇孔施工完成并达到养护龄期后,利用浮吊整体拆除围堰,运至下一个墩台位置整体下沉使用。其主要工序施工流程如图13,钢套箱围堰吊装现场见图14,承台吊装现场见图15。

双壁锁口钢套箱围堰采用分块拼装,整体下沉、整体拆除的工艺。整个双壁钢围堰水平方向分成8块,壁板在竖向为整块结构,块与块之间在上部采用螺栓连接成整体,中部、底部采用榫头式插入连接。内外壁板主要是通过水平环板、竖向肋板连接成整体,水平方向以角钢焊接加强,单块双壁围堰的刚度很大。围堰止水采用竖向连续的锁口,通过设置水囊或者灌注砂浆阻断水流路径。由于采用锁口拼接,因此对钢套箱平面尺寸及结构间连接分块的精度要求非常高。钢套箱分块示意详见图16,围堰立面图详见图17。

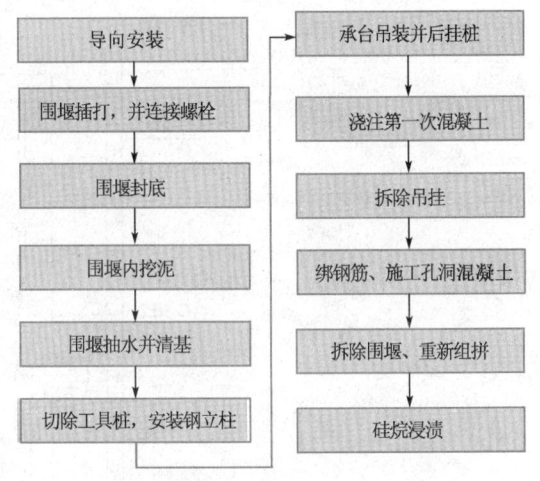
图 13 无内支撑结构双壁锁口钢套箱围堰施工流程图

图 14 钢套箱围堰吊装现场

图 15 承台吊装现场

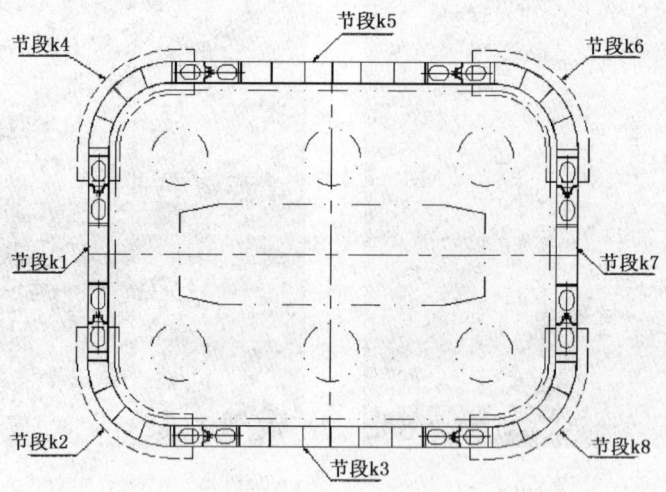

图 16　钢套箱分块示意图

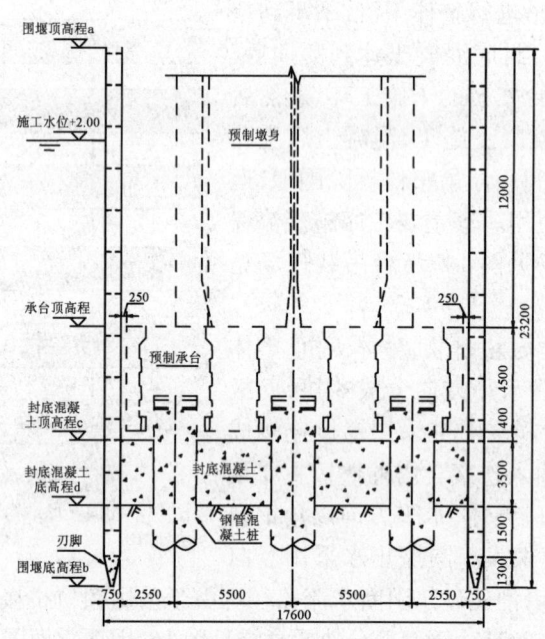

图 17　无内支撑结构双壁钢套箱围堰立面图(尺寸单位:mm)

三、埋置式承台施工工艺对比分析

从港珠澳大桥海中桥梁工程已完成的埋置式承台施工效果看,上述三种施工方案均能较好的克服恶劣海况影响,有较好的适应性和施工效益,能在预定时间内完成承台施工任务。经过近一年的总结对比,分析得出各工法的优缺点如表 1 所示。

综上分析,大圆筒干法安装方案适用于已具备海上大型浮吊及大功率液压振动锤组等设备的承包人,否则经济性优势不大;分离式胶囊柔性止水方案在实施过程中,工序烦琐,止水风险大,止摆难度大,承包人曾花将近半年的时间摸索完善方案,对承包人的现场管理水平有较高要求,故适用于技术实力好、施工现场管理水平高,但没有现成海上大型打拔设备的承包人;无内支撑结构双壁锁口钢套箱围堰方案对机械设备及施工现场管理水平的要求介乎于大圆筒干法安装方案及分离式胶囊柔性止水方案之间,其优势主要体现在可以适用于浅海区潮差浪涌较大、水下地质情况不均匀（岩面起伏大、覆盖层薄或无覆盖层情况较多）、工期较紧的情况。

方案优缺点分析汇总表　　　　　　　　　　　　　　　　表1

方案	优点	缺点
大圆筒干法安装方案	• 能提供较宽阔的海上干施工区域,作业空间大； • 整体性、独立性强,止水性好； • 支撑体系可灵活调整,筒内施工设备利用效率高； • 与传统围堰施工方法相比,减少了封底施工的步骤,施工周期短； • 大圆筒能周转使用,具有较好的经济效益	• 大圆筒的打拔需要大型浮吊及大功率液压震动锤组的配合施工,对大型设备组的可靠性及技术性能提出很高的要求； • 施工水域水深需满足大型机械船舶设备的吃水要求； • 大圆筒的打拔对地质的要求较高,地层需均匀分布,且岩面埋藏较深,上覆土层需有一定厚度的不透水层,以满足隔水、止水的需求
分离式胶囊柔性止水方案	• 不需进行围堰等附加止水结构的施工； • 承台顶面以下范围不需要围堰,施工较为方便； • 对大型机械施工设备的依赖性相对较小,经济性比较好	• 钢套箱围堰与承台形成整体围水结构,直接与海水接触,在海水作用下发生相对摆动,施工过程墩台止摆难度大； • 分离式胶囊止水结构的构造复杂,施工工序繁琐,操作环节多,易发生渗漏水情况； • 对止水胶囊的质量要求较高,具有一定的不确定因素及风险
无内支撑结构双壁锁口钢套箱围堰方案	• 技术相对成熟,能很好地借鉴类似的采用双壁钢围堰施工的工程经验； • 对地质适应性较强,适用于水下地质情况复杂,岩面起伏大、覆盖层薄或无覆盖层的情况； • 围堰内侧无支撑,既能省力又安拆方便,施工周期短、成本投入小、耗材量少、重复倒用次数高、可全部回收利用、安全可靠	• 需浇筑一定厚度的海上封底混凝土； • 钢套箱围堰分8块施工,对加工精度及施工精度提出了较高的要求； • 采用竖向连续的锁扣设置水囊或者灌注砂浆止水,止水效果较难控制

四、结　语

目前,国内尚无埋置式预制承台施工的先例,港珠澳大桥海中桥梁施工过程中,承包人创新性的采用大圆筒干法安装方案、分离式胶囊柔性止水方案、无内支撑结构双壁锁口钢套箱围堰方案三种工艺,成功地为承台与桩基之间的后浇混凝土创造了干施工环境,在比较短的时间完成规模宏大的非通航孔桥埋置式承台海上施工,各项控制指标均达成了预期效果。本文针对三种施工工艺作了对比分析,总结出了各种施工工艺的特点,明确了施工中的主要控制难点,为类似跨海工程的施工提供了参考。

参考文献

[1] 姜言泉,侯福金,李术才,等.特大跨海桥梁水下无封底混凝土套箱关键技术.公路.2009(09).
[2] 腾龙.预制墩台整体吊装止水设计与实施—港珠澳大桥桥梁工程CB04标.科技与企业.2014(02).
[3] 马新安.竖向分条双壁钢围堰止水工艺.中国港湾建设.2008(06).
[4] 孔令键.杭州湾跨海大桥双壁钢围堰设计与施工.铁道勘察.2009(05).
[5] 瞿振华.跨海大桥下部结构设计与施工技术研究.同济大学.2007.
[6] 米长江,宋来东,白丽锋,等.青岛海湾大桥非通航孔桥承台混凝土吊箱围堰施工技术.桥梁建设.2009(S1).

66. 港珠澳大桥西人工岛非通航孔桥现浇承台温控技术

孟庆龙　游　川　姚辉博

（港珠澳大桥岛隧工程项目总经理部）

摘　要　本文针对港珠澳大桥岛隧工程西人工岛非通航孔桥的工程特点，进行了混凝土温度裂缝主要成因分析及承台混凝土温控仿真计算分析，结合温控实际成果，总结提出了外海承台墩身等大体积现浇混凝土的温控控制要点。

关键词　港珠澳　承台　温控　控制要点

港珠澳大桥作为具有国家战略意义的世界级跨海通道，社会影响及社会关注度极高。西人工岛非通航孔桥是连接沉管隧道与桥梁的过渡性工程，桥梁标高低，处于浪溅区域；地处外海，自然条件恶劣；设计工作年限120年的，对桥梁的耐久性要求较高。做好基础承台混凝土温控，是保证基础承台质量的关键。

一、工程概况

港珠澳大桥岛隧工程西人工岛结合部非通航孔桥位于西人工岛与桥梁主体CB03标段的交接处，为跨径布置5×49.8m、全长253.5m、左右两幅分离的一联现浇预应力混凝土连续箱梁（图1）。水中的12～15号墩承台（共8个）为矩形，13～15号承台平面尺寸10.2m×8.7m（方量：304m^3），12号墩承台平面尺寸为13.7m×8.7m（方量410m^3）。混凝土标号C45。承台均采用有底钢套箱施工，一次性浇筑，施工时间范围为4～10月，采用制冷水拌和混凝土。

二、大体积混凝土温控分析

1. 混凝土裂缝的成因分析

（1）水泥水化热的影响。硬化后期，水泥水化速度减慢，其发热量小于散热量时，混凝土温度开始下降，开始产生温度应力（拉应力），当混凝土的抗拉强度不足以抵抗这种拉应力时，便容易出现温度裂缝。

（2）外界气温变化的影响。混凝土内部温度是水化热的绝热温升、浇筑温度和结构的散热温度等各种温度的叠加，当气温骤降，会大大增加外层混凝土与内部混凝土的温度梯度，形成"冷击"。内外温差越大，温度应力也越大，也就越容易出现裂缝。

（3）混凝土收缩变形的影响。混凝土的收缩变形主要有浇筑初期（终凝前）的凝缩变形、硬化混凝土的干燥收缩变形、自生收缩变形、温度下降引起的冷缩变形以及碳化引起的碳化收缩变形等五种。混凝土的收缩变形越大，收缩变形的分布越不均匀，产生的应力也越大。

（4）约束条件的影响。混凝土结构在变形变化中，必然受到一定的约束，阻碍其自由变形。这种约束分外约束和内约束（自约束）。外约束指结构的边界条件，如基础或其他外界因素对结构变形的约束；内约束指结构内部非均匀的温度及收缩分布，各质点变形不均匀而产生的相互约束。混凝土的收缩变形因受到约束而产生拉应力，当拉应力超过其相应龄期的抗拉强度时，便引起开裂。

2. 温控的必要性

大体积混凝土工程施工过程中，在内部因素（温度收缩、水化收缩、弹性模量增长、抗拉强度增长）、外部环境条件（气温变化、风速、湿度）、基础约束条件及施工工艺的共同影响下，可能产生三类裂缝：表面裂缝、深层裂缝及贯穿裂缝。为确保大体积混凝土结构施工质量，必须根据工程的实际情况，准确进行温度预测,详尽地进行温度应力分析,合理地制定温控方案,才能避免、防止裂缝的产生。

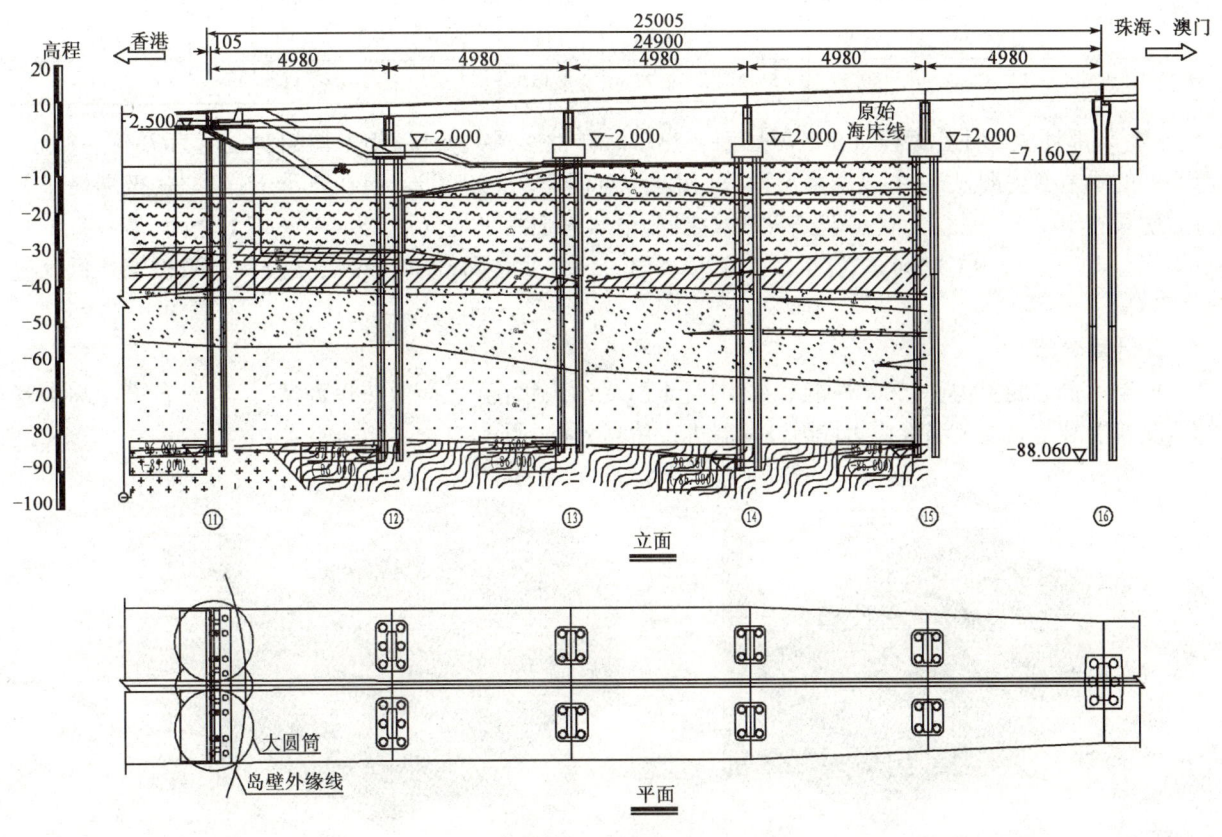

图1 本桥纵坡面图和平面图(尺寸单位:cm)

三、温控仿真计算分析

根据结构对称性,取承台混凝土1/4进行建模分析,计算模型网格剖分图见图2。

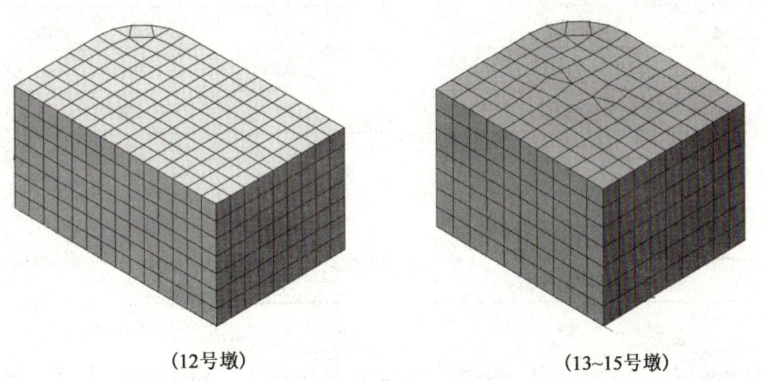

图2 混凝土1/4结构剖分图

1. 模拟条件参数

(1)混凝土配合比参数。承台混凝土设计强度等级C45,配合比参数见表1,混凝土性能见表2。

承台混凝土配合比 表1

项目	胶材总量(kg/m^3)	水胶比	水泥	粉煤灰	矿粉	砂率	外加剂
基准配比	420	0.36	40%/168kg	30%/126kg	30%/126kg	45%	0.9%

混凝土主要力学和热学性能　　表2

参数	抗压强度(MPa)			劈拉强度(MPa)			弹性模量(GPa)	绝热温升(℃)
	3d	7d	28d	3d	7d	28d		
基准配比	26.7	40.5	55.2	2.72	3.15	3.95	42	45

(2)外部环境条件。工程所在区域属南亚热带海洋性季风气候区,年平均相对湿度为78%~80%,但湿度的季节变化明显,在春夏季高湿季节,相对湿度时常可达100%,但在冬季干燥季节,极端最小相对湿度只有10%;年平均气温在22.3~23℃之间,最热月7月平均气温28.4~28.7℃之间,最冷月1月平均气温14.8~15.9℃之间,气温年较差在12.8.3~13.7℃之间;极端最高气温38.9℃,极端最低气温-1.8℃。

2. 计算分析

根据承台混凝土物理、热学性能参数、混凝土所受约束情况、表面散热保温情况、考虑布设冷却水管的工况对混凝土温度及温度应力(表3)发展进行仿真分析(图3)。

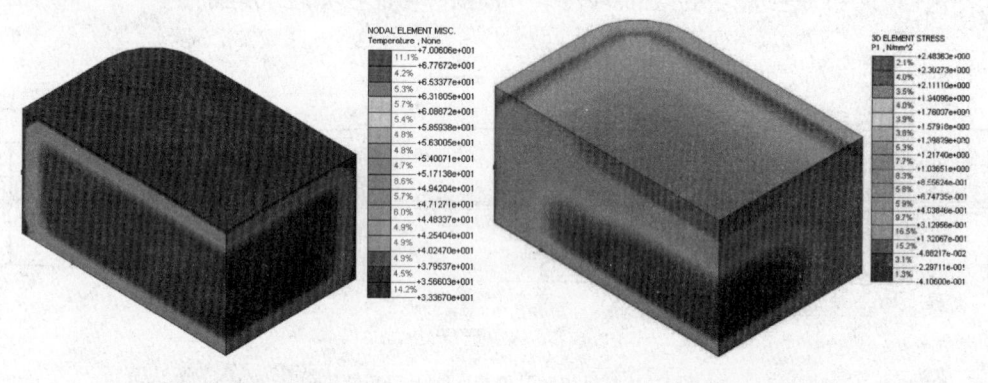

a) 混凝土最高温度包络图　　b) 温度稳定后应力场分布图

图3　12号墩仿真分析结果

承台仿真模拟温度应力计算结果　　表3

墩台位	龄期	3d	7d	28d	180d
12号墩承台	温度应力(MPa)	2.05	1.96	1.68	2.71
	混凝土劈裂抗拉强度参考值	2.72	3.15	3.95	3.95
	最小安全系数	1.33	1.61	2.35	1.46
13~15号墩承台	温度应力(MPa)	2.05	1.96	1.68	2.71
	混凝土劈裂抗拉强度参考值	2.72	3.15	3.95	3.95
	最小安全系数	1.33	1.61	2.35	1.46

3. 温控标准

温度控制的方法和制度需根据气温、混凝土配合比、结构尺寸、约束情况等具体条件确定。根据本工程的实际情况,对混凝土浇筑温度、内部最高温度、最大内表温差、冷却水进出水口温差、降温速率等制定温控标准,见表4。

各构件温控标准　　表4

构件	浇筑温度(℃)	内部温度(℃)	内表温差(℃)	冷却水进出水温差(℃)	降温速率(℃/d)
12号墩承台	≤30	≤70	≤25	≤15	≤2.5
13~15号墩承台		≤70			

4. 制订现场温控措施

在混凝土施工中,将从混凝土的原材料选择、配比设计以及混凝土的拌和、运输、浇筑、振捣到通水、养护、保温等全过程进行控制,具体措施如下:

(1) 加强原材料质量控制。
(2) 优选绝热温升低、收缩小、抗拉强度高、施工性能好的配合比。
(3) 要求混凝土入模温度不宜大于25℃。
(4) 混凝土按规定厚度、顺序和方向浇筑。
(5) 按照层距0.9m,间距0.8m布置冷却水管。
(6) 冷却水的进水温度以15~25℃为宜;冷却水管入水口水温与出水口水温之差≤15℃。
(7) 进行蓄水养护,蓄水深度大于15cm。

四、温 控 总 结

列举13号墩右幅承台温控数据,如图4所示,最高温度62℃、内表温差最大24.6℃,发生在混凝土浇筑结束后49小时,各方面温度数据都符合规范要求。

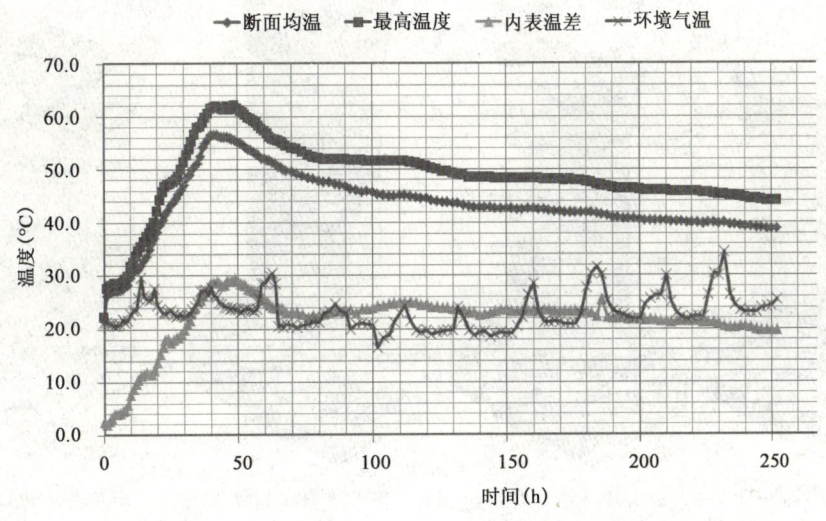

图4 13号墩右幅承台混凝土温度监测数据统计表

根据现场仿真模拟计算及现场监测数据,对温控抗裂安全系数分析:控裂的危险期在早期,需要注意早期内表温差的控制和湿养护,采取内保外散的措施,表面覆盖保温保湿,内部通水降温。总体看来,安全系数早龄期应大于1.3,后期大于1.4。

本工程施工的所有承台,在混凝土实体成型后的检查中未发现有裂纹情况,温控效果良好,为承台结构的耐久性提供了保障。

67. 干接缝匹配模具的研发及应用

王海波 叶建州 刘长义 孙业发 宋书东 白 虹 孙 凯
(中交一航局第五工程有限公司)

摘 要 通过分析分节式墩身干接缝竖向匹配工艺特点及难点,研发一种应用在干接缝处的匹配性模具,实现上下节段的干接缝界面密贴、剪力键/槽完全匹配和预应力精确定位。

关键词 干接缝工艺 模具研发 干接缝界面匹配 预应力精确定位

一、概　况

港珠澳大桥是粤、港、澳首次合作共建的具有国家战略意义的世界级跨海通道,是继三峡工程、青藏铁路、南水北调、西气东输、京沪高铁之后的又一超大型基础设施项目。港珠澳大桥要争创詹天佑、鲁班工程大奖。

1. 桥墩预制概况

我公司承建的港珠澳大桥CB03标段的预制桥墩共72座(合计117件),其中整体式44座,分节式28座(含两节式和三节式,合计73件),下部承台为六边形结构,设有预留后浇孔,采用C45海工高性能混凝土,上部墩身为薄壁空心结构,C50海工高性能混凝土。桥墩结构种类如图1所示。桥墩采用直立整体或分段预制,混凝土8.85万立方米,环氧钢筋1.7万吨,预应力粗钢筋1500t。为了预制桥墩,公司专门在东莞市洪梅镇建设了一个大型桥墩预制厂,海上利用大型起重船吊装桥墩进行对接安装。

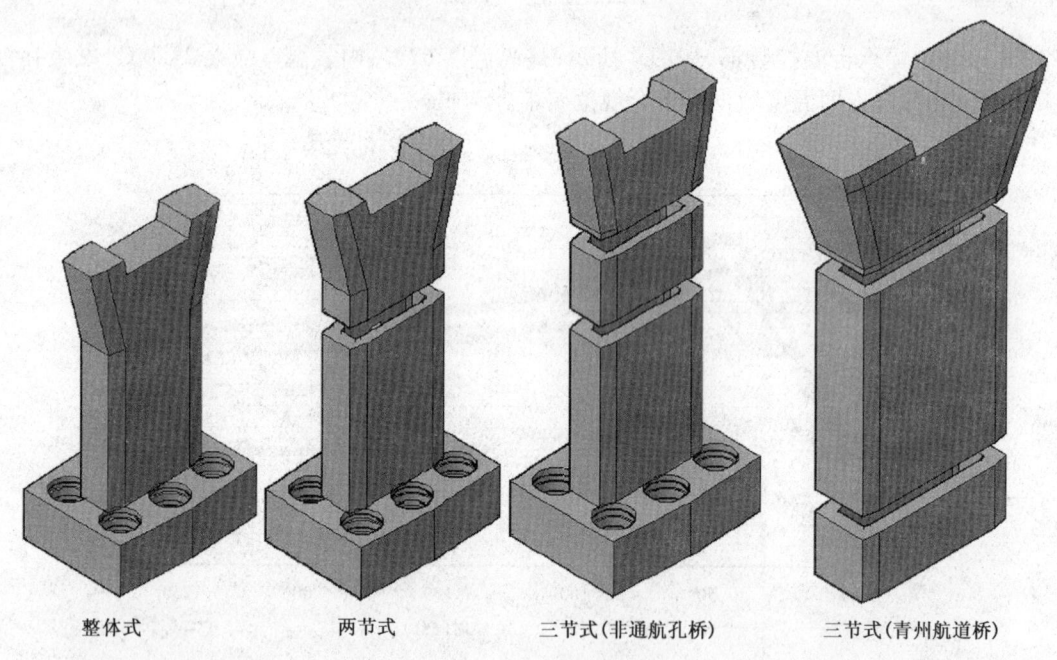

图1　桥墩结构种类

2. 干接缝工艺简述

分节式的上下节墩身设计为干接缝工艺,通过剪力键(槽)匹配、预应力粗钢筋连接及环氧树脂涂层黏结,在海上将上下节段对接成一体。见图2和图3。

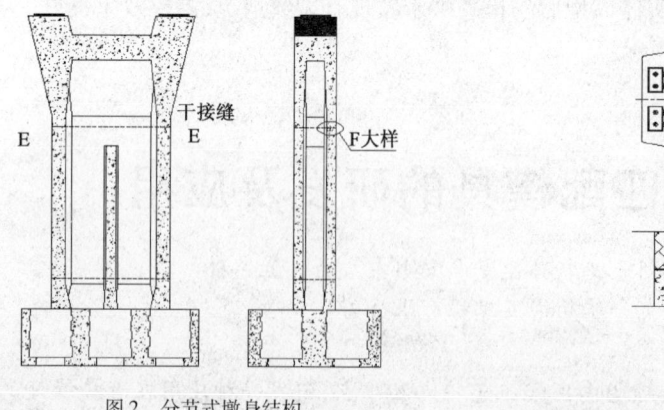

图2　分节式墩身结构

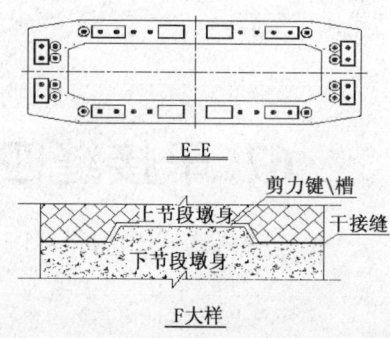

图3　干接缝剖面、剪力键匹配

二、干接缝施工难点

对比其他项目,绝大多数桥梁的节段拼装为干接缝横向匹配工艺,而本项目的干接缝为竖向匹配工艺,此工艺在国内尚属首例,预制精度高,安装难度大。

(1)单节最高墩身为21.787m,设计规定竖向垂直度为$H/3000$[1],这要求模板安装精度要高,干接缝水平度要高。

(2)干接缝界面必须密贴、剪力键(槽)匹配精度高、预应力粗钢筋定位精度高[1]。

针对干接缝工艺特点,决定研发一种应用在干接缝处的匹配性模具,来预制高精度的、超水平的、完全匹配的干接缝,另外,模具还要满足精确定位预应力粗钢筋的功能,确保在海上进行上下节墩身安装时顺利对接。

三、干接缝匹配模具设计

干接缝匹配模具需要设计两种:一种应用在下节段顶口干接缝的印模模具,另一种应用在上节段底口的承重底模模具。

1. 模具方案确定

(1)模具的结构考虑三种方案:全钢、钢混和全混结构,其中钢混和全混结构不能够保证干接缝施工精度且需克服脱模时大气压力和干接缝界面被破坏的可能性,而全钢模具能够克服以上缺点且能满足精度要求,最终决定选用全钢结构模具的设计方案。

(2)为了保证模具变形要求,其断面设计为箱形抗弯构件。选用不同厚度的钢板进行受力分析,通过受力计算满足整件模板长度方向变形量在1mm之内,最终选定最经济的板材:顶、底板采用20mm厚钢板,立向结构板及筋板为12mm厚钢板。

(3)为了实现干接缝匹配精度,控制模具加工的精度,主要精度指标包括模具尺寸、工作面平面度、剪力键匹配度及预应力定位孔槽等。通过对刨床、铣床等机加工设备的考察,最终确定选用能满足精度要求的大型龙门铣床,见图4。

图4 大型龙门铣床

2. 模具设计思路

研发的模具依据工艺特点及使用功能从以下三个方面考虑细节设计。

(1)模具操作性设计

①印模模具和承重底模均依据墩身干接缝界面结构尺寸设计为箱形结构的钢构件,见图5、图6和图7。

②考虑预应力精确定位:在印模底板上开圆孔;在底模顶板上钻圆凹槽,并单独加工特制的橡胶圈,用于定位预应力。

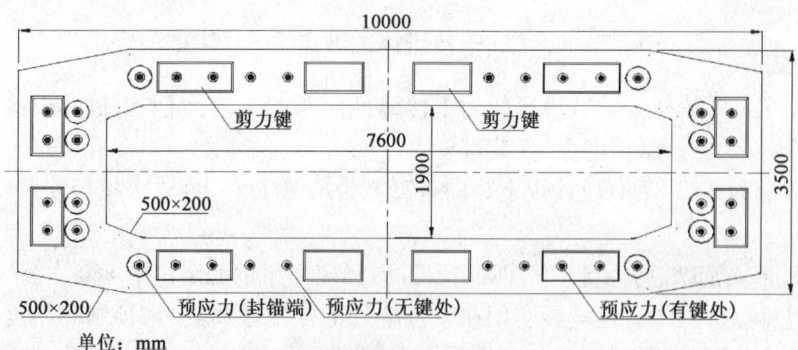

图5 分节式墩身截面结构尺寸

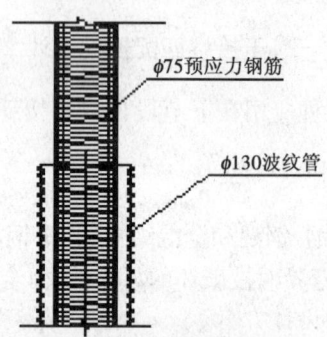

图6 预应力粗钢筋大样

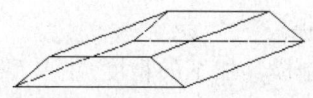

图7 剪力键形状大样

③考虑模具安装时需要精调平,在印模外侧设置4根竖向可调的螺旋支撑丝杆,顶板设置调平测量观测面4处;在底模内侧焊接4个吊耳,外侧设置4个凹槽,凹槽内安装用于精调平的液压千斤顶,见图8和图9。

图8 印模外侧竖向丝杆

图9 底模外侧凹槽

(2)模具匹配性设计

①上下节段墩身干接缝界面必须密贴,剪力键和剪力槽必须匹配,且形成的剪力键(槽)要留有匹配的间隙量及安装偏差量,见图10。

②模具剪力键\槽加工留量,侧面预留间隙量5mm,顶面3mm,见图11。

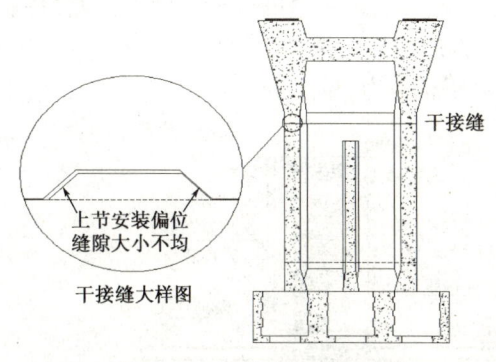

图10 上下节墩身安装偏位模拟

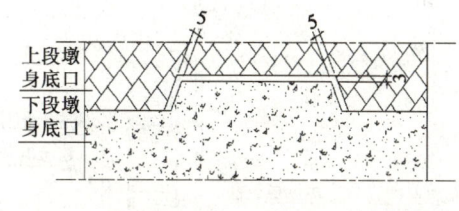

图11 印、底模设计时预留间隙量

③模具的工作面（形成干接缝的面）均采用大型龙门铣床进行铣面处理，整件的平面度≤0.4mm（即控制精度40s[2]），形成了高精度、超水平、相互匹配的干接缝印模模具和承重底模。设计用于定位预应力的孔、槽必须位置准确，因此开孔也采用数控设备放样开孔。开孔精度≤0.4mm。

④印模安装方式为卧入墩身内外侧模板型腔内，印制干接缝界面，为了顺利下卧10mm，将印模工作面的外边线均缩尺2mm，见图12。

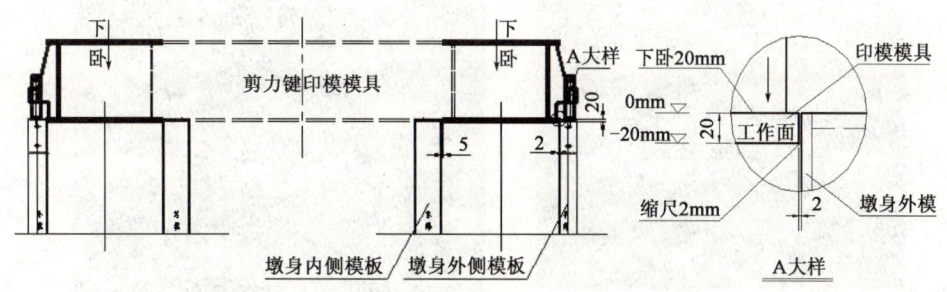

图12 印模下卧安装及模具缩尺（尺寸单位：mm）

(3) 模具定位性设计

①干接缝顶面外露的预应力粗钢筋存在以下三种形式：

a.通过干接缝剪力键处的预应力采用加工独立的圆台进行定位加固，圆形凹槽上焊接钢管+加固用的螺栓，从而形成一套独立的圆台形模具，预应力通过圆台及密封的橡胶圈定位，见图13。

b.干接缝无剪力键处的预应力粗钢筋，在印模底板下表面焊接一个圆盘，采用40mm钢板机加工，预应力从圆盘中的孔及橡胶圈穿过后定位，见图14。

c.除以上两种形式外，其余封锚的预应力也需要定位加固，在模具底板上开孔，预应力的张拉端头上安装底部带有钢圈的PVC管形成封锚端的锚穴，PVC管的钢圈和张拉端头定位点焊即可，见图15。

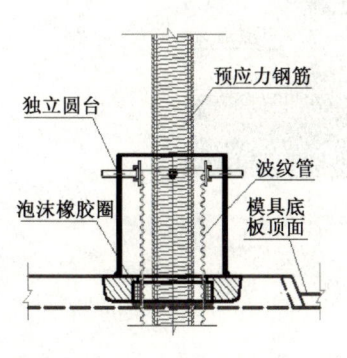

图13 圆台（键处）定位预应力

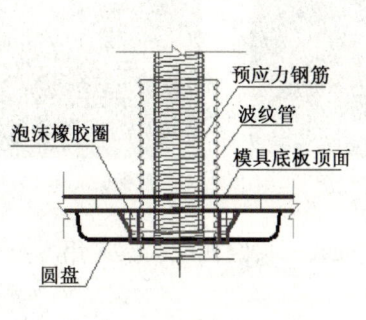

图14 圆盘（无键处）定位预应力

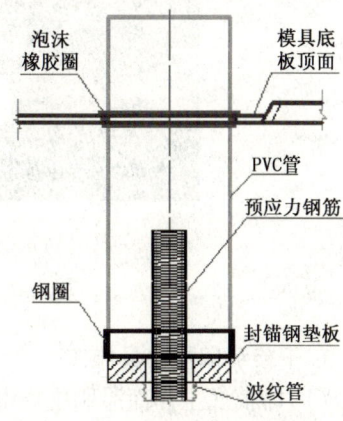

图15 PVC管定位封锚端预应力

②预应力粗钢筋定位在干接缝底模上存在两种形式：底模上对应预应力的位置开圆形凹槽，特制橡胶圈卧入凹槽内，然后预应力外的连接套筒插入橡胶圈外径，预应力插入橡胶圈内径，利用橡胶圈的内外壁定位，可谓"一举两用"，橡胶圈既起到密封作用又定位加固了预应力，见图16。

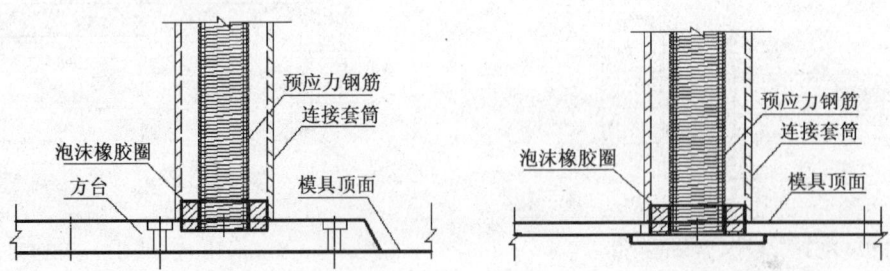

图16　底模上的橡胶圈定位预应力

3. 干接缝匹配模具加工

绘制干接缝匹配模具的 CAD 图纸，委托专业厂家加工制造。加工成型的干接缝印模模具和底模具如图17所示。

图17　干接缝印模、底模模具

四、干接缝匹配模具应用

1. 干接缝印模模具施工

（1）印模底工作面涂刷脱模剂后，将其插入墩身模板型腔内，模具调平。
（2）橡胶圈密封定位预应力，经测量定位精度满足要求，见图18。

(3) 拆除橡胶圈及印模，拆除时不磕碰已经加固牢固的预应力端头。

(4) 待墩身混凝土浇筑至顶时，将印模正式安装，测量复核标高及平面度均满足了要求。待混凝土终凝后，将印模模具拆除，见图19。

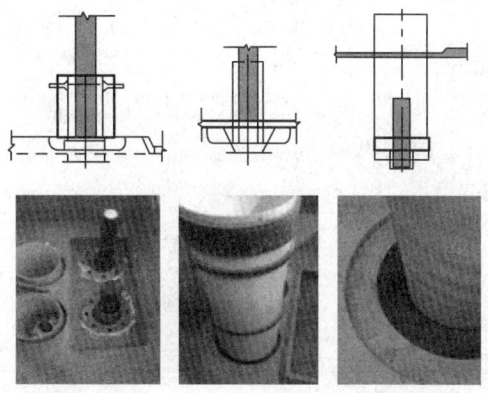

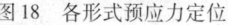
图18　各形式预应力定位　　　　　　　　　图19　干接缝顶面及整件墩身

(5) 干接缝印模拆除后，顶面处理符合要求，测量干接缝顶面平面度、剪力键尺寸精度、预应力定位精度，经检测均符合要求。复核数据见图20。

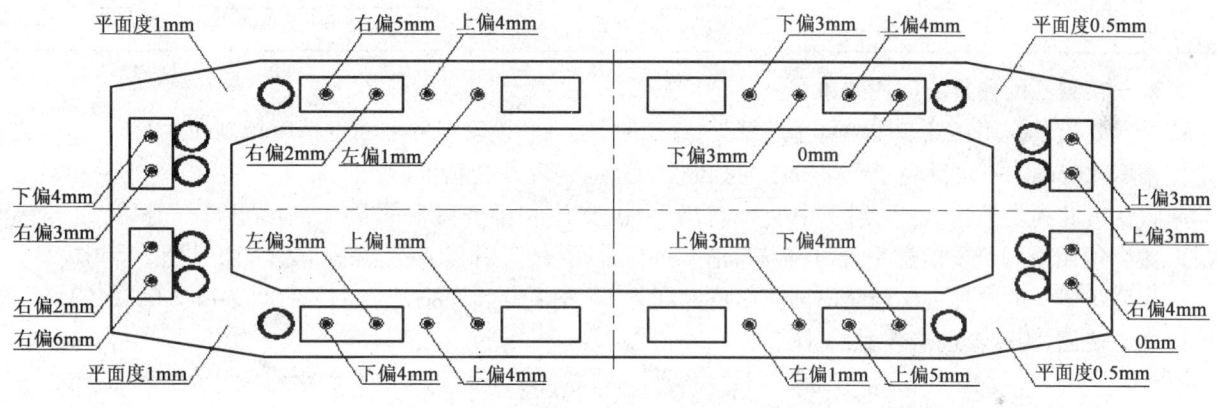

孙凯　　　测量时间2013.12.07

图20　干接缝顶面测量数据

2. 干接缝承重底模施工

(1) 承重底模翻转360°，将模具空腔内灌注满混凝土，然后再翻转安装在钢平台上，调整模具的整个平面度，调平精度高差为1mm即可。

(2) 模具底部的缝隙采用M20水泥砂浆填充，待砂浆强度达到100%待用。橡胶圈定位预应力和波纹管，定位精度在3mm之内（图21）。

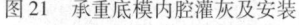
图21　承重底模内腔灌灰及安装

五、产生效益及应用效果

1. 干接缝匹配模具的经济效益

干接缝模具设计合理、选材经济适中、加工精度满足要求、体系牢固稳定。利用模具进行干接缝匹配施工，预制精度一次合格，不返工，大大减少了工后大量修补所必须的了工、料、机投入，节约了成本。

干接缝模具匹配和常规的湿接缝海上施工对比，干接缝在预制厂内一次预制成型，省去了海上二次湿接缝的工序。下面按"72件墩身施工"来进行经济效益对比计算，见表1。

干接缝匹配施工与湿接缝施工费用对比　　　　　　　　　　　　表1

工艺对比	干接缝匹配施工			湿接缝海上施工		
施工地点	陆上预制场			海上现场		
投入资源	模具投入	吊车配备	人工	模板投入	浮吊	人工
费用计算	200万元	2500元×1天×72件=18万元	200元/人×6人×1天×72件=8.64万元	500元×72件=3.6万元	50000元×1天×72件=360万元	230元/人×6人×1天×72件=9.94万元
费用合计	226.64万元			373.54万元		
费用对比	干接缝匹配施工比湿接缝海上施工节省了146.9万元					

2. 干接缝匹配模具的应用效果

干接缝模具应用在分节段墩身干接缝处，施工时印模、底模安装的平面度精度控制在≤2mm；预应力定位精度≤6mm。不仅满足了干接缝匹配预制精度，也实现了高精度的海上完美对接，得到业主和监理的一致认可和高度赞扬，也受到了中交一航局、中国交建和国务院国资委的高度重视，局网站、《筑港报》、集团网站及国资委信息平台纷纷发布消息进行全面报道，引起了社会的广泛关注，见图22和图23。

我公司研发的模具去年已经向国家申请专利，并颁发了专利证书，"专利号：ZL 2013 2 0676693.7"，期待推广使用，为社会创造效益，见图24。

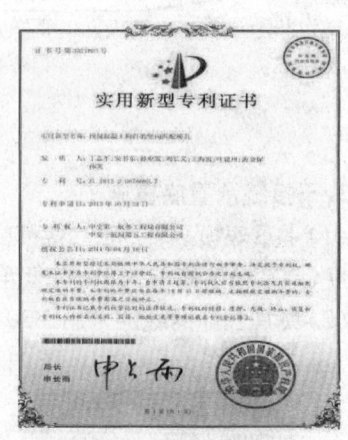

图22　业主方莅临检查　　　图23　上下节海上对接　　　图24　干接缝专利证书

六、结　语

干接缝匹配模具的研发及投入使用，取得了良好的效果，但也存在不足，印模的调平功能及精度控制施工时人为干预因素过多，底模需要翻转内部充填混凝土，增加施工难度且工序繁琐，有待改进。

参考文献

[1] 港珠澳大桥管理局主编.港珠澳大桥主体工程桥梁工程施工及质量验收标准.2012.
[2] 陈宏钧主编.机加工工艺手册.机械工业出版社出版,2008.

68. 桥墩预制后浇孔甩筋内模设计与改进

陈冲海 孙 凯 孙业发 王海波 刘长义 宋书东
(中交一航局第五工程有限公司)

摘 要 每座预制桥墩的承台内预留6个带甩筋的后浇孔,桥墩安装完成后要对预留钢筋进行对接,并且施加预紧力。在承台预制时,通过内芯模对甩筋进行精确定位,保证对接钢筋具有较高的同心度,使后浇孔内的钢筋实现顺利对接,满足结构受力要求。

关键词 桥墩预制 后浇孔 钢筋对接 甩筋内模

一、工 程 概 况

随着跨海大桥对工期、质量及环保要求的不断提高,桥墩在工场内预制、海上运输安装的施工方法已成为跨海大桥发展的必然趋势。在建工程港珠澳大桥主体工程桥梁工程CB03标段采用该施工方法。为了使预制桥墩与混凝土钢管桩基础牢固结合,在预制桥墩承台中对应桩基位置预留了6个后浇孔,后浇孔直径3.6m,侧壁设有环向剪力齿。钢管桩与后浇孔底部剪力键连接后,采用直螺纹套筒连接后浇孔内的水平钢筋,再浇注后浇孔,实现预制桥墩与钢管桩的整体承载条件。

在承台预制施工中后浇孔采用甩筋内模,在对接钢筋对应位置开孔,保证环氧钢筋精确定位,同心度满足对接要求。承台结构及后浇孔钢筋布置见图1。

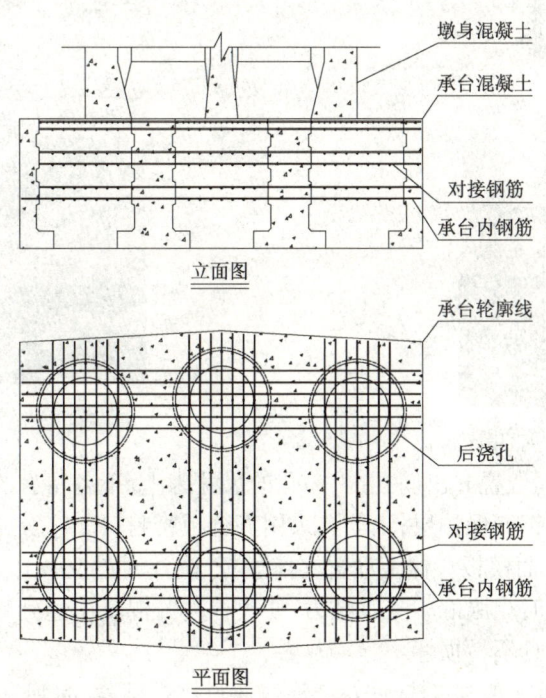

图1 承台结构及后浇孔钢筋布置图

二、后浇孔内模设计思路及结构形式

1. 模板设计思路

（1）模板结构设计考虑常规的混凝土浇筑工艺、浇筑侧压力、模板刚度、强度、稳定性及使用寿命等诸多因素。

（2）为防止浇筑过程钢筋移位，在浇筑前要对后浇孔内钢筋预连接，模板设计时考虑连接钢筋与模板横竖肋及支撑构件相对位置不发生冲突，以及对环氧钢筋涂层的保护。

2. 后浇孔内模结构形式

后浇孔内模主要由中心桁架、2片大面模板、2片小面模板、支撑丝杆、连接杆、密封系统组成。后浇孔内模断面见图2。

（1）中心桁架：主要作用支撑整体模板，在浇筑时平衡模板所承受的混凝土的侧压力，保证模板刚度。

（2）大面模板、小面板面：根据钢筋位置及整体脱模要求，对整圆模板分成四块模板，顺桥方向的两块模板为大面模板，横桥方向的两块模板为小面模板。为保证模板刚度，大面模板设四道竖向背楞，小面模板设有两道竖背楞。背楞上有调节支撑丝杆与中心桁架连接，浇注时起支撑作用。大面模板中间背楞设有支撑杆。大面模板与小面模板采用斜口连接，便于脱模（图3）。

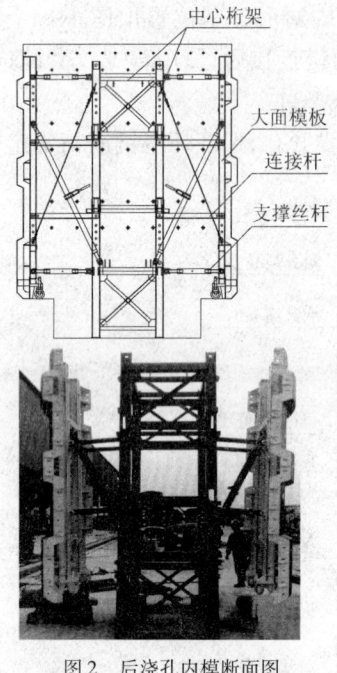

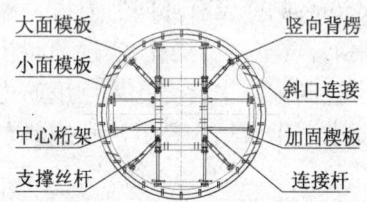

图2　后浇孔内模断面图　　　　　图3　后浇孔内模平面图

模板面板根据钢筋的不同位置开出筋孔，出筋孔的尺寸为上、下各留有30mm，左、右各留有50mm的穿筋空间，保证穿筋时不磕碰钢筋保护层；出筋孔采用五合板密封（图4）。

（3）支撑丝杆：在大面、小面模板背楞上设置支撑丝杆，浇注时起支撑作用，保证模板刚度，承担混凝土对模板产生的侧压力；脱模时克服混凝土黏结力，使模板离开混凝土达到顺利脱模的目的；所有支撑丝杆均采用梯形螺纹，便于操作且不易损坏。

（4）连接杆：连接模板与中心桁架的杆件。浇注时通过楔板锁紧，起到支撑模板的作用（图5）。

（5）密封系统：出筋孔采用胶合板密封，楔板锁紧。胶合板采用5mm厚的五合板，保证不漏浆，操作简单、方便；胶合板为木质结构，在与钢筋发生碰撞时，不会破坏钢筋环氧涂层，对钢筋起到保护作用。胶合板与钢筋间隙采用发泡胶进行封堵（图6）。

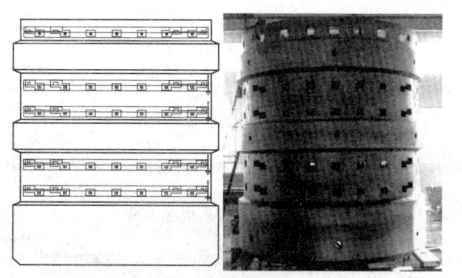

图4 后浇孔内模立面图

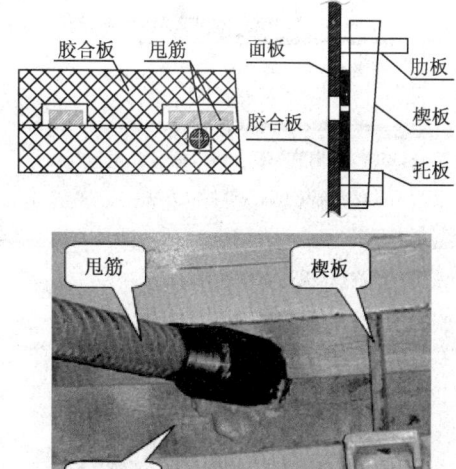

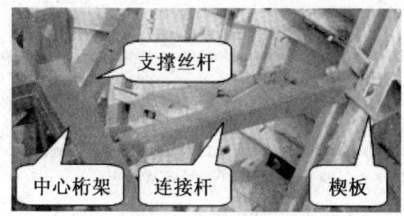

图5 后浇孔内模支撑连接杆

图6 后浇孔内模甩筋封孔

三、施工存在问题及改进措施

1. 工艺流程

支立模板：预制区外组装内模→承台底板钢筋绑扎→安装后浇孔内模→承台内横、纵钢筋穿筋→随穿筋封堵出筋孔→验收→浇筑混凝土。

拆卸模板：拆卸后浇孔对接钢筋→通过调整丝杆脱模→吊出中心桁架→大小板面分片吊出。

2. 存在问题

(1)大面模板脱模困难,造成这一现象主要有以下原因：

①板面与混凝土脱离前需要先将孔内160根预连接钢筋分层拆除,由于钢筋数量较多,拆卸时间较长,拆内模时混凝土与模板黏结力较大。

②后浇孔设有3层梯形断面的环向剪力齿,混凝土与模板之间存在较大的约束力。

③钢筋连接套筒设置在板面内侧,浇筑振捣过程,部分钢筋移位后,拆模时套筒或螺纹钢筋卡住模板,导致脱模困难。

(2)穿筋孔太大,钢筋绑扎过程本身的施工误差及浇筑振捣过程对钢筋位置的影响,造成部分钢筋发生移位,造成一定程度的偏心,在给拆除、对接钢筋造成困难。

3. 改进措施

(1)大面模板一分为二,模板由四片改为六片,减小大片模板与混凝土接触面积,方便拆模(图7)。

(2)将钢筋套筒设置在混凝土内部,减少钢筋移位对拆模造成的困难。图8为套筒设置在混凝土外部时对接钢筋安装示意图,图9为套筒设置在混凝土内部时对接钢筋安装示意图。两种套筒设置方式效果见图10。

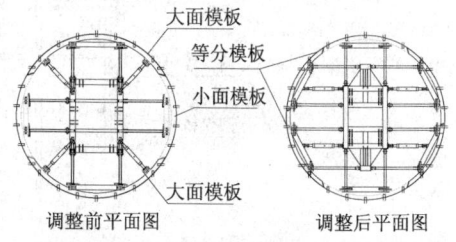

图7 板面尺寸调整前后对比图

后浇孔套筒设置在混凝土内部,由于钢筋制作本身误差,部分套筒未能保证完全紧贴模板板面,混凝土浇筑时,将钢筋丝扣包裹,在脱模板前拆卸预连接钢筋时,存在很大困难。后期在现浇后浇孔混凝土前对接钢筋,套筒被混凝土包裹,仅依靠旋转钢筋进行对接安装,对环氧涂层破坏严重,套筒为固定端,就要求更为严格的同心度控制,较大的施工误差就不能保证丝扣完全伸入套筒。另外设置在内部的工艺要求连接时采用长套筒,造价较高。经讨论仍采用套筒设置在混凝土外部工艺,后浇孔采用钢木模板结合方式。

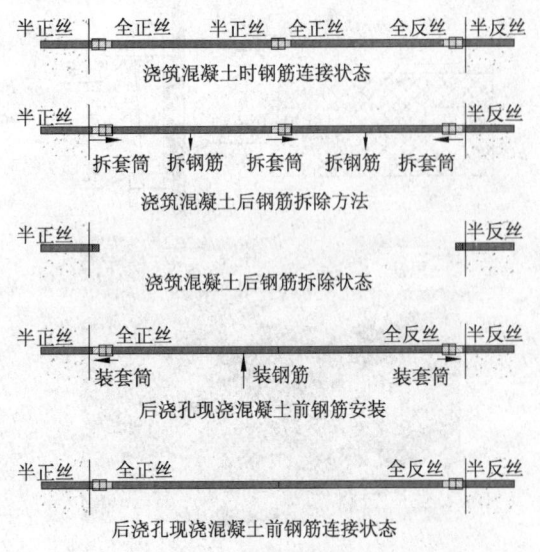
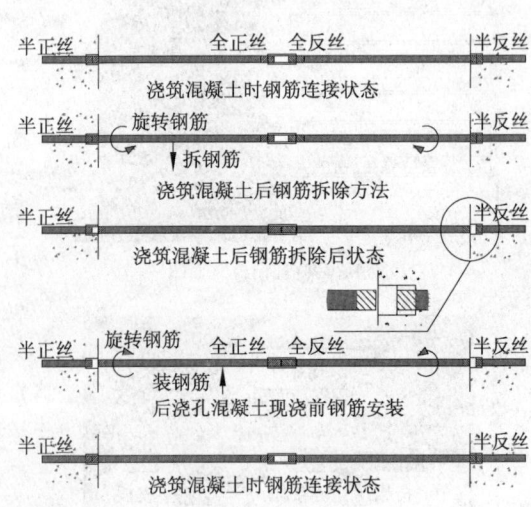

图8 后浇孔钢筋套筒混凝土外部设置示意图　　图9 后浇孔钢筋套筒混凝土内部设置示意图

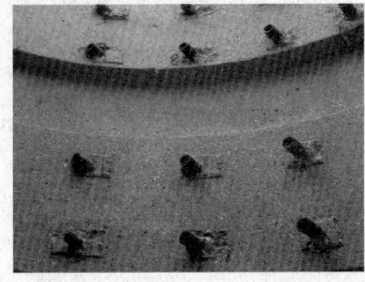

图10 两种套筒设置方式效果图

（3）采用钢木模板结合工艺。在穿筋孔位置采用环形木模板工艺，其余部位仍采用钢模板（见图11）。环形木模板做成分块圆弧形，按照钢筋设计位置采用电钻精确开孔，开孔尺寸较钢筋扩大10mm，保证钢筋更为精确。封孔时，通过制作两半圆形胶合板夹片，上下夹住钢筋，通过射钉固定在环形模板上，由于夹片较小，容易调整，能更准确牢固固定钢筋，防止浇筑振捣时对钢筋的影响。拆模时先拆除钢结构模板，由于钢模板外伸钢筋及套筒与钢板面之间有足够大的间隙，可以保证钢模板顺利脱模，环形木模板依然附着在混凝土表面，最后单独拆除（图11）。

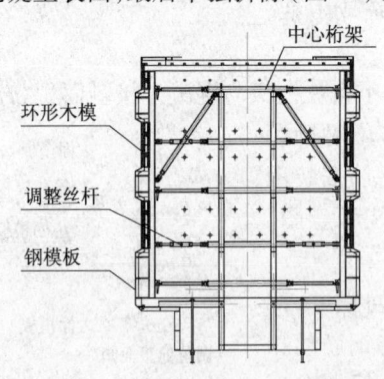

图11 钢木模板后浇孔内模断面图及实物图

4. 实施效果

通过缩小板面尺寸，由四片改为六片，减小了约束力和混凝土黏结力，施工效率明显提升。在穿筋孔位置采用环形木模板工艺后，钢筋位置较之前更加准确，已施工完成的桥墩在出运安装前进行后浇孔钢筋预连接均能满足要求。

四、结　语

传统的甩筋模板一般采用免拆模板网或木模板。采用模板网,大直径钢筋无法直接穿过,而且无法约束钢筋的位置,难以达到预期的精度要求,影响后续钢筋对接工作;此外,根据港珠澳大桥耐久性的要求,免拆模板网在混凝土内部会形成一个锈蚀通道,影响其使用寿命。采用木模板虽然可以解决穿筋问题,但是无法多次周转,只能一次性使用,由于本项目预制构件的数量较大,需要制作大量的木模板,耗费大量的时间和木材。

采用钢木混合结构的模板形式,对甩出钢筋位置有精度要求的类似工程的模板设计,具有较大的参考意义。钢木混合结构的模板形式也可用于其他难度较大的异形混凝土结构施工。

69. 预制墩台粗钢筋二次张拉现场控制

方燎原[1]　龙国胜[2]

(1. 广州南华工程管理有限公司;2. 铁四院(湖北)工程监理咨询有限公司)

摘　要　预应力粗钢筋的有效预应力不仅是刚接缝及墩底截面安全性、耐久性的重要保证,也是确保干接缝处承载能力满足规范要求的关键措施,应严格控制影响有效预应力的各种因素。综合考虑项目质量、安全和进度因素,在充分论证的基础上可对张拉工艺进行调整。

关键词　预应力粗钢筋　安全性　耐久性　工艺调整

一、工程概况

港珠澳大桥推崇"大型化、工厂化、标准化、装配化"的建设理念,深水区非通航孔桥采用埋床法全预制墩台,通航孔桥除56号、57号墩索塔采用现浇外其余墩台均采用预制结构。根据墩台高度不同分节段预制。非通航孔桥下节段墩身与承台一起预制,中、上节段独立预制,在海上通过干接缝拼接为一体,并通过预应力粗钢筋张拉施加预应力,使分节式预制墩台成为预应力混凝土结构。

较之于国内以往跨海大桥采用高桩现浇承台+预制墩身结构,港珠澳大桥深水区非通航孔桥预制墩身节段之间采用匹配预制,现场在结合面上涂覆环氧树脂后直接连接的干接缝,由于环氧树脂本身的抗拉强度有限,因此接缝处的承载能力由粗钢筋的抗拉强度和接缝的抗压强度来提供,同时粗钢筋的有效预应力是确保干接缝及粗钢筋自身耐久性的重要保证,另外如果粗钢筋预应力失效会加大接缝处的转动变形,P-Δ效应增加附加弯矩,降低墩身承载能力的安全储备;为了降低阻水比,承台均埋入海床内,墩身底部均浸泡于海水之中,耐久性问题尤为突出,因此对于分节式墩身,采用粗钢筋使其成为预应力混凝土结构,在正常运营状况墩身底部均不得出现拉应力。

二、预应力粗钢筋

1. 粗钢筋技术要求

(1) 预应力粗钢筋及其锚固体系的规格、技术性能和使用要求应符合《预应力混凝土用预应力粗钢筋》(GB/T 20065—2006)、《预应力筋用锚具、夹具和连接器》(GB/T 14370—2007)、《Standard Specification for Uncoated High-Strength Steel Bars for Prestressing Concrete》(A722/A722M-2007)、《Post-tensioning kits for prestressing of structures》(ETAG013-2002)等标准。

(2) 要有在相关工程结构中应用的实例,并提交满足技术规定要求的所有型式检验报告。

(3) 预应力粗钢筋及其锚具、连接器的原材料应具有机械性能和化学成分合格证明书、质量保证书,原材料牌号、化学成分及各项技术性能应符合《合金结构钢》(GB/T 3077)的规定,预应力粗钢筋成品化学成分分析允许偏差应符合《钢的成品化学成分允许偏差》(GB/T 222)的规定。

(4) 预应力粗钢筋尺寸规格及表面防腐:公称有效直径为75mm,公称有效截面面积为4418mm²;长度允许偏差为0~+20mm;实际重量与理论重量的允许偏差应不大于±4%;钢筋每米弯曲度不应大于4mm,总弯曲度不大于钢筋总长度的0.15%;钢筋表面防腐为涂抹水溶性防锈油或发黑处理。

(5) 预应力粗钢筋的力学性能:钢筋力学性能:屈服强度 $R_{eL} \geqslant 830$MPa,抗拉强度 Rm$\geqslant 1030$MPa,断后伸长率 $A \geqslant 6\%$;钢筋的应力松弛性能:初始应力为 $0.8R_{eL}$,1000h 后的应力松弛率 $V_r \leqslant 3\%$。

(6) 预应力粗钢筋锚具、连接器和锚下垫板的基本性能要求:预应力粗钢筋锚具分为张拉端锚具和带有止转功能的固定端锚具,预应力粗钢筋的接长应采用带有止转功能的连接器,其外形和尺寸应符合设计要求。连接器及锚具由成品预应力粗钢筋生产厂统一配套提供,锚具和连接器应具有可靠的锚固性能、足够的承载能力和良好的适用性,以保证充分发挥预应力粗钢筋的强度,并安全地实现预应力张拉作业。预应力粗钢筋锚具和连接器的制造工艺应符合《预应力筋用锚具、夹具和连接器》(GB/T 14370—2007)的规定。

(7) 预应力管道:采用塑钢复合波纹管成孔,塑料层壁厚不小于3mm,钢带厚度0.5mm。塑料层采用高密度聚乙烯,严禁使用再生塑料,塑料材料应符合《桥梁缆索用高密度聚乙烯护套料》(CJ/T 297—2008)的规定,并附有合格证或质量保证书。塑钢波纹管中间层钢带材料应符合《碳素结构钢冷轧钢带》(GB/T 2518—2008)的要求。塑钢复合波纹管工作温度范围为 −45~100℃,工作压力不小于0.6MPa。螺旋或环形波纹的间距、波高、波宽、环刚度等技术参数不低于《预应力混凝土桥梁用塑料波纹管》(JT/T 529—2004)的规定。波纹管接头应经试验证明具有优良的水密性能。

(8) 灌浆料:在工地试验室对灌浆料进行试配,各种材料的称量(均以质量计)应精确到±1%,浆液的流动度、抗压强度、抗折强度及泌水率等各技术指标应符合《公路桥涵施工技术规范》(JTG/T F50—2011)的规定,合格后方可使用。

(9) 其他:预应力粗钢筋及其他配套部件在存放、搬运及使用期间均应妥善防护,避免锈蚀、沾污、遭受机械损伤、混淆和散失,但临时性的防护措施应不影响其安装和永久性防腐的实施;波纹管在搬运对应采用非金属绳捆扎,或采用专用框架装载,不得抛摔或在地面上拖拉。波纹管在存放时应远离热源及可能遭受各种腐蚀性气体、介质影响的地方,存放时间不宜超过6个月,在室外存放时不得直接堆于地面,应支垫并遮盖;灌浆料产品应存放于通风干燥处,避免阳光直射及受潮。

2. 预应力粗钢筋的张拉

(1) 张拉用的机具设备和仪表应符合下列规定:

张拉千斤顶的额定张拉力宜为所需张拉力的1.5倍,且不得小于1.2倍。与千斤顶配套使用的压力表应选用防振型产品,其最大读数成为张拉力的1.5~2.0倍,标定精度应不低于1.0级。张拉用的千斤顶与压力表应配套标定、配套使用,标定应在经国家授权的法定计量技术机构定期进行,标定时千斤顶活塞的运行方向应与实际张拉工作状态一致。当处于下列情况之一时,应重新进行标定:

①使用时间超过6个月;
②张拉次数超过300次;
③使用过程中千斤顶或压力表出现异常情况;
④千斤顶检修或更换配件后。

(2) 张拉之前,施工现场的准备工作及结构或构件需达到的要求应符合下列规定:

施工现场已具备经批准的张拉顺序、张拉程序和作业指导书,经培训掌握预应力施工知识和正确操作的施工人员,以及能保证操作人员和设备安全的防护措施。待施加预应力的结构或构件混凝土的强度应不低于设计强度等级值的80%,弹性模量应不低于混凝土28天弹性模量的80%。

(3) 施加预应力时,应符合下列规定:

①预制承台或墩身预应力粗钢筋的张拉时,先安装球形垫板和旋紧张拉端螺母,然后安装连接螺母

和张拉千斤顶装置,当用张拉杆旋紧连接螺母后,再旋紧张拉螺母至千斤顶张拉槽口端面,准备张拉。

②张拉时,应先张拉至初应力 σ_0,初应力宜为张拉控制应力 σ_{con} 的 10% ~ 20%,伸长值应从初应力时开始量测。

③单根预应力粗钢筋的张拉程序按设计规定进行。

④所有预应力粗钢筋的张拉采用张拉力与伸长值双控,预应力粗钢筋张拉达到设计吨位时,其实际张拉伸长值与理论伸长值之间的允许误差控制在 ±6% 之内。锚固后预应力粗钢筋的内缩值控制在 2mm 以内。千斤顶缓慢卸载后,张拉结束。拆卸张拉千斤顶装置各组件,做好下一根预应力粗钢筋的张拉准备。

⑤预应力粗钢筋张拉、锚固及卸载时,均应填写施工记录。

3. 孔道压浆

(1)预制承台及墩身预应力粗钢筋张拉后,将过长的预应力粗钢筋用砂轮切割机切除。按要求安装保护罩及灌浆连接件,用压缩空气或高压水试通整个孔道,清除预应力管道内杂质,准备注浆用设备及材料。

(2)采用压浆材料配置的浆液,其性能应符合《公路桥涵施工技术规范》(JTG/T F50—2011)表 7.9.3 的规定。

(3)预应力粗钢筋的孔道注浆通过固定端锚固系统的保护罩注浆连接管采用从孔道底部向上注浆的真空辅助压浆方式。安装好灌浆连接件后,先用真空泵通过张拉端保护罩注浆连接管把整个孔道抽真空,当真空度达到 -0.06 ~ -0.1MPa 并保持稳定后,启动注浆泵,当注浆泵输出浆体达到要求的稠度时,将泵的输送管接到张拉端保护罩注浆连接管的引出管上,开始灌浆。当张拉端保护罩注浆连接管流出相同稠度的浆体时,关闭张拉端保护罩注浆连接管引出管的阀门,打开储浆筒下端的阀门,注浆泵继续工作,待浆体上升至储浆筒的标示位置时,关闭注浆泵及灌浆端阀门,结束灌浆。待储浆筒内浆体初凝时,移除储浆筒,旋紧张拉端保护罩螺堵。及时清理储浆筒内浆体,准备在下一个孔道灌浆中使用。在灌浆过程中,取搅拌好的水泥浆料做试块,作为质量检验使用。

(4)孔道压浆应填写施工记录。记录项自应包括:原浆材料、配合比、压浆日期、搅拌时间、出机初始流动度、浆液温度、环境湿度、真空度、稳压压力及时间。

4. 封锚及其他

封锚按设计要求在张拉槽口回填混凝土,并震捣密实。

预应力粗钢筋复张拉、压浆完成后,由粗钢筋制造厂家检查安装是否符合工厂安装的技术要求,并提供书面检查意见。

在灌浆前应采取防腐措施,防止预应力粗钢筋锈蚀、腐蚀或受到损伤。

压浆时流出的浆体应集中收集、集中处理,不得直接排入海中、排水管或墩身内。

三、混凝土第一次张拉及复张的龄期要求

一次预应力张拉就是在构件中提前加力来应对混凝土结构本身所受到的荷载,包括桥梁自身重量的荷载、风荷载、地震荷载作用等等。一般张拉用到粗钢筋或钢绞线、千斤顶、锚板、夹片等。在结构构件承受外荷载之前对受拉混凝土施加预压应力,可提高构件的刚度,推迟裂缝出现的时间,增加构件的耐久性。二次张拉则是在一次张拉的基础上再进行一次张拉。

预应力粗钢筋在张拉后将由多种因素产生预应力损失,这包括管道摩阻、锚具变形、回缩、接缝压缩、混凝土弹性压缩,粗钢筋应力松弛,混凝土收缩和徐变等等。其中管道摩阻、锚具变形、回缩、接缝压缩造成的预应力损失,将受粗钢筋产品加工、张拉工艺及超张拉、现场混凝土构件预制等因素控制,须由现场加强施工管理、精心施工予以保证。降低混凝土弹性压缩损失、粗钢筋应力松弛、混凝土收缩和徐变造成的预应力损失则需要严格控制混凝土预制构件的第一次张拉及第二次复张的龄期来实现。

1. 混凝土弹性压缩

混凝土弹性压缩损失是由于分批张拉预应力粗钢筋,后张的预应力粗钢筋会压缩混凝土构件造成先期张拉的预应力粗钢筋预应力损失,主要由后期张拉时混凝土构件的弹性模量决定,混凝土弹性模量越大,弹性压缩损失越小。通常情况下,在强度形成初期,随着龄期的增加,弹性模量逐渐增大,混凝土弹性模量在龄期90天后趋于稳定,其后模量随龄期的增加不如初期明显。

参照日本混凝土设计规范绘制弹性模量随龄期变化的曲线,混凝土强度等级C50,抗压强度随时间发展关系为 $f_t = [t/(4.5 + 0.95t)] \times 1.11 \times 50 (MPa)$,弹性模量 $E_t = 4700 \times f_t^{0.5}$。可以看到90天龄期时,混凝土弹性模量为终极值97.5%。由此可知,为降低先期张拉的预应力粗钢筋的混凝土弹性压缩损失,复张时混凝土构件的龄期应不少于90天。

2. 粗钢筋应力松弛

根据《公路钢筋混凝土及预应力混凝土桥涵设计规范》(JTG D62—2004)附录F.3可知,当加载40天后,预应力钢筋的松弛值达到终极值;加载30天时,松弛损失中间值为终极值的87%。因此,复张时混凝土构件的加载龄期(即是距第一次张拉的时间)不宜小于30天。

3. 混凝土的收缩和徐变

影响混凝土徐变的因素,大体上可以分为四个方面:
(1)混凝土的弹性模量越高,徐变就越小,这主要与加载时混凝土的龄期有关。
(2)混凝土的含水量愈高,水分迁移就愈容易,徐变量就愈大,这主要与水灰比有关。
(3)应力越高、持荷时间越长,徐变量就越大。
(4)环境温度高,徐变就大。

混凝土的收缩徐变分析计算方法有多种,如迪辛格法、扩展迪辛格法、初应变法等。

随着加载龄期的增加,混凝土徐变引起的预应力损失将不断减小。

4. 第一张拉及复张龄期确定

随着第一次加载龄期的增加,预应力钢筋的松弛和混凝土结构的徐变引起的预应力损失都将大大降低,复张的混凝土龄期宜大于90天,复张距第一次张拉的时间不宜小于30天。另外,考虑到龄期增加,胶凝材料水化更充分,微观孔结构得到更好改善,可大大降低氯离子渗透系数,鉴于深水区非通航孔桥墩身底部长期浸泡于海水中,耐久性问题十分严峻。

因此,港珠澳大桥深水区非通航孔桥下节段墩身预制完毕后,需在预制场存放两个月后方可进行预应力粗钢筋张拉,预应力粗钢筋在第一次张拉完成28天后,再进行二次复张拉。

四、后续工期分析

1. 施工现状

以CB03标为例,预制场共有台座36个,其中预制台座8个,存放台座16个,纵移台座12个。

截至2014年8月底,44个整体式墩台安装完成30个,剩余14个;11个两节段墩身已安装完成4个,剩余7个;17个三节段墩身还没有开始预制和安装,见表1。

墩台预制安装完成情况 表1

项 目	钢筋绑扎	混凝土浇筑	出运	整体式安装	分节安装	钢箱梁安装
工程总件数	72	72	72	44	28	68
上周完成件数	1	1	3	2	0.3	0
开累完成件数	44.05	44.05	33.7	30	3.7	15

墩台预制情况:钢筋绑扎及混凝土浇筑按每月4节段计算,占用预制台座,目前占用存放台座10个。

按照设计要求,墩台预制完成后在预制场内2个月才能进行第一次张拉,然后海上存放1个月后第二次张拉。

2. 进度分析

(1) 从2014年9月开始,剩余14个整体式墩台预制需要4个月,占用台座14个。场内存放2个月后第一次张拉,然后海上存放1个月后第二次张拉。考虑预制时间,整体式墩台于2015年3月中旬完成第一次张拉、2015年4月底完成第二次张拉。

(2) 两节段首节从2014年11月开始预制,剩余7个节段预制需要2个月,占用台座7个。场内存放2个月后第一次张拉,然后海上存放1个月后第二次张拉。两节段首节于2015年3月初完成第一次张拉、2015年4月中旬完成第二次张拉。

(3) 两节段二节从2014年12月开始预制,剩余11个节段预制需要3个月,占用台座11个。场内存放2个月后第一次张拉,然后海上存放1个月后第二次张拉。两节段二节于2015年5月初完成第一次张拉、2015年6月中旬完成第二次张拉。

(4) 三节段首节从2015年2月开始预制,17节段有4节海上现浇,剩余13个节段预制需要3.5个月,占用台座13个。场内存放2个月后第一次张拉,然后海上存放1个月后第二次张拉。三节段首节于2015年6月底完成第一次张拉、2015年8月初完成第二次张拉。

(5) 三节段二节从2015年4月开始预制,17个节段预制需要4.5个月,占用台座17个。场内存放2个月后第一次张拉,然后海上存放1个月后第二次张拉。三节段首节于2015年9月中旬完成第一次张拉、2015年10月底完成第二次张拉。

(6) 三节段三节从2015年6月开始预制,17个节段预制需要4.5个月,占用台座17个。场内存放2个月后第一次张拉,然后海上存放1个月后第二次张拉。三节段首节于2015年11月中旬完成第一次张拉、2015年12月底完成第二次张拉。

(7) 钢箱梁共68片,已安装15片,剩余53片。不考虑目前由于墩身的原因不具备钢箱梁安装条件的制约,按每月3片的进度,需18个月;按每月4片的进度,需14个月。也就是说,钢箱梁安装按照每月4片的进度需要到2015年11月才能完成。而全部墩身完成的时间是2015年12月底,那么全部钢箱梁安装完成时间要到2016年1月。显然,目前的施工进度不能满足要求。

为此,承包人提出建议墩台预制完成后在预制场内存放1个月,然后在海上存放1个月后进行第一次张拉,然后海上存放14天后第二次张拉。

3. 调整后进度分析

(1) 从2014年9月开始,剩余14个整体式墩台预制需要4个月,占用台座14个。场内存放1个月、海上存放1个月后第一次张拉,然后海上存放0.5个月后第二次张拉。考虑预制时间,整体式墩台于2015年2月初完成第一次张拉、2015年2月底完成第二次张拉。

(2) 两节段首节从2014年11月开始预制,剩余7个节段预制需要2个月,占用台座7个。场内存放1个月、海上存放1个月后第一次张拉,然后海上存放1个月后第二次张拉。两节段首节于2015年2月初完成第一次张拉、2015年2月中旬完成第二次张拉。

(3) 两节段二节从2014年12月开始预制,剩余11个节段预制需要3个月,占用台座11个。场内存放1个月、海上存放1个月后第一次张拉,然后海上存放1个月后第二次张拉。两节段二节于2015年4月初完成第一次张拉、2015年4月中旬完成第二次张拉。

(4) 三节段首节从2015年1月开始预制,17节段有4节海上现浇,剩余13个节段预制需要3.5个月,占用台座13个。场内存放1个月、海上存放1个月后第一次张拉,然后海上存放1个月后第二次张拉。三节段首节于2015年4月底完成第一次张拉、2015年5月中旬完成第二次张拉。

(5) 三节段二节从2015年2月开始预制,17个节段预制需要4.5个月,占用台座17个。场内存放1个月、海上存放1个月后第一次张拉,然后海上存放1个月后第二次张拉。三节段首节于2015年6月中旬完成第一次张拉、2015年7月底完成第二次张拉。

(6) 三节段三节从2015年3月开始预制,17个节段预制需要4.5个月,占用台座17个。场内存放2个月后第一次张拉,然后海上存放1个月后第二次张拉。三节段首节于2015年7月中旬完成第一次张拉、2015年8月底完成第二次张拉。

（7）钢箱梁共68片,已安装15片,剩余53片。不考虑目前由于墩身的原因不具备钢箱梁安装条件的制约,按每月3片的进度,需18个月;按每月4片的进度,需14个月。也就是说,钢箱梁安装按照每月4片的进度需要到2015年11月才能完成。而全部墩身完成的时间是2015年8月底,满足钢箱梁安装的条件,同时钢箱梁安装可以在2015年9月底前全部完成。

五、预应力粗钢筋二次张拉伸长值及分析

深水区非通航孔桥上节墩身安装完成,预应力粗钢筋一次张拉完成28天后,再进行二次复张拉。在此期间,桥墩处于海水浸泡中,环境比较恶劣,水、气对管道中的预应力粗钢筋锈蚀非常严重,特别是在张拉后高应力状态下,会加速腐蚀。

1. 墩身预制及预应力施工时间

以147号墩为例,147号上墩身预制完成时间为2013年11月4日;上墩身粗钢筋一张时间为2014年1月19日下午至1月20日上午（预制完成超过2个月后）,张拉力为$1.05\sigma_{con}$（$\sigma_{con}=3300kN$）;上墩身粗钢筋二张时间为2014年3月4日（一张完成28d后）,张拉力仍为$1.05\sigma_{con}$（$\sigma_{con}=3300kN$）。

预应力粗钢筋平面布置如图1,钢筋伸长量见表2。

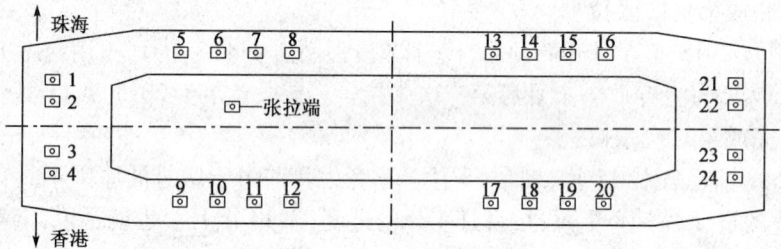

图1 预应力管道平面布置图

预应力粗钢筋二次张拉伸长量及对应张拉力值 表2

钢束编号	螺纹外露长度(mm)		二次张拉后增长值(mm)	预应力筋长度(mm)	理论伸长值(3300kN)(mm)	超张1.05增加伸长值(mm)	第一次张拉时实际伸长值(mm)	二次张拉提高力值(kN)	允许实际伸长值与理论伸长值的差值±6%(mm)
	二张前	二张后							
1	243	247	3	24198	90.4	4.5	86	109.54	5.4
2	197	200	3	24198	90.4	4.5	90	109.54	5.4
3	223	229	6	24198	90.4	4.5	87	219.09	5.4
4	221	226	5	24198	90.4	4.5	91	182.57	5.4
21	182	186	4	24198	90.4	4.5	88	146.06	5.4
22	235	240	5	24198	90.4	4.5	85	182.57	5.4
23	199	205	6	24198	90.4	4.5	86	219.09	5.4
24	188	194	6	24198	90.4	4.5	85	219.09	5.4
5	240	245	5	22698	84.8	4.2	81	194.64	5.1
6	221	224	3	22698	84.8	4.2	86	116.78	5.1
7	207	211	4	22698	84.8	4.2	85	155.71	5.1
8	202	205	3	22698	84.8	4.2	86	116.78	5.1
9	187	191	4	22698	84.8	4.2	89	155.71	5.1
10	206	209	3	22698	84.8	4.2	81	116.78	5.1
11	223	228	5	22698	84.8	4.2	86	194.64	5.1

续上表

钢束编号	螺纹外露长度（mm）		二次张拉后增长值（mm）	预应力筋长度（mm）	理论伸长值（3300kN）（mm）	超张1.05增加伸长值（mm）	第一次张拉时实际伸长值（mm）	二次张拉提高力值（kN）	允许实际伸长值与理论伸长值的差值±6%（mm）
	二张前	二张后							
12	204	207	3	22698	84.8	4.2	86	116.78	5.1
13	206	210	4	22698	84.8	4.2	85	155.71	5.1
14	245	251	6	22698	84.8	4.2	86	233.57	5.1
15	202	205	3	22698	84.8	4.2	82	116.78	5.1
16	230	232	2	22698	84.8	4.2	87	77.86	5.1
17	206	210	4	22698	84.8	4.2	83	155.71	5.1
18	246	252	6	22698	84.8	4.2	83	233.57	5.1
19	185	190	5	22698	84.8	4.2	85	194.64	5.1
20	211	213	2	22698	84.8	4.2	81	77.86	5.1

2. 预应力粗钢筋二次张拉伸长量

对147号墩进行二次张拉的实测数据进行分析，通过表2中数据可知，二次张拉后预应力粗钢筋伸长值在2~6mm范围内，根据规范规定，张拉时实际伸长值与理论伸长值的差值允许为±6%，经计算最大值达±5.4mm。由于混凝土结构已浇筑时间较长，强度和弹模均已稳定，第一次张拉后，混凝土弹性压缩引起的损失也很小，预应力值已基本稳定。因此，间隔28天后进行第二次张拉的作用不大，可以在第一次张拉时进行精确控制来保证预应力体系的有效预应力。

综上所述，承包人建议取消预制场内及海上施工现场的二次张拉。

为了提高墩身的刚度，推迟裂缝出现的时间，增加墩身的耐久性，设计可以根据工程需要，在墩身承受外荷载之前施加竖向预压应力，实施一、二次张拉。

桥墩受海水浸泡，应采取其他相应的措施，而不是取消二次张拉的理由。

六、关于预应力粗钢筋的第一次张拉

鉴于CB03标预制墩台安装采用大围堰方案，墩台安装过程中不与海水接触，下节段墩台在预制场存放一个月后可运往现场安装，粗钢筋一次张拉的混凝土龄期二个月的原设计要求保持不变。

七、关于预应力粗钢筋的第二次张拉

据厂家试验资料表明，预应力钢筋张拉后14天内大部分应力松弛已完成。CB03和CB04的底节张拉测试数据表明，二次张拉后，粗钢筋较一次张拉的伸长量增长在2~6mm之间，鉴于上述情况，综合考虑项目质量、安全和进度因素，高墩区各节段的预应力粗钢筋在第一次张拉完成14天后，可进行第二次复拉，复拉在原设计5%超张拉的基础上再考虑3%的超张拉。第二次张拉完成后应在24小时内完成预应力压浆工作。

为适应新增3%的超张拉，粗钢筋屈服强度由830MPa提高至930MPa，抗拉强度由1030MPa提高至1100MPa。对于使用已进场或即将进场按原设计强度指标生产的粗钢筋，其预制件的二次张拉龄期应按28天后进行二次复拉的原设计要求不变。

CB03标提供海工耐久混凝土收缩徐变和弹性模量的时间效应分析及预应力粗钢筋的相关试验数据作为支撑。

八、结　语

预应力粗钢筋的有效预应力不仅是刚接缝及墩底截面安全性、耐久性的重要保证，也是确保干接缝处承载能力满足规范要求的关键措施,应严格控制影响有效预应力的各种因素。综合考虑项目质量、安全和进度因素,在充分论证的基础上可对张拉工艺进行调整。

参考文献

[1] 中交公路规划设计院有限公司联合体.关于对施工中几个技术质量问题意见的函(设计服务[2014]016号).2014.8.

[2] 港珠澳大桥管理局.港珠澳大桥主体工程桥梁工程深水区预制墩台施工及预应力粗钢筋技术研讨会会议纪要.2014.8.

70. 钢筋斜置对保护层厚度检测精度的影响研究

孟文专[1,2] 吴海兵[1,2] 华卫兵[1,2]

(1.港珠澳大桥试验检测中心;2.江苏省交通科学研究院股份有限公司)

摘 要 钢筋保护层作为混凝土结构中的特殊部位,对结构耐久性有着至关重要作用,特别是对于沿海及近海地区的混凝土结构。钢筋保护层过薄、密实性差、碳化或者受到侵蚀物质的腐蚀,都可能加速钢筋锈蚀,进而使结构承载力降低,影响其使用寿命。本文通过雷达法和电磁法探究了钢筋斜置对保护层厚度检测精度的影响情况,结果表明:在不同的保护层厚度范围内电磁法的检测精度波动较大,而雷达法的检测精度较为稳定;在保证检测精度的条件下,钢筋斜置不影响雷达法和电磁法的检测精度。

关键词 钢筋保护层 斜置 雷达法 电磁法 检测精度

一、引 言

我国工程结构大多数使用钢筋混凝土结构[1],钢筋保护层起着非常重要的作用。合适的保护层厚度既能保证混凝土有良好的耐久性,又可以充分发挥钢筋的力学性能,保证构件的承载能力。然而,从目前的施工现状看,较普遍地存在着保护层的质量问题,因此从根本上解决保护层的质量控制问题,保证建筑物的安全和使用寿命,已成为工程施工迫切需要解决的问题。钢筋保护层的无损检测主要是电磁感应法和雷达法[2-4],而在实际工程使用中电磁感应法应用较为广泛[5-7],雷达法则更多的应用于科研教学,偶尔也应用于一些大型的对保护层控制要求较高的工程,如港珠澳大桥。近些年随着工程建设对混凝土耐久性的要求越来越高,保护层厚度也大幅增加了,雷达仪也越来越多的应用于钢筋混凝土保护层厚度的检测中[8-11]。本文通过雷达法和电磁法探究了钢筋斜置对保护层厚度检测精度的影响情况,并对雷达法和电磁法检测精度进行了系统的分析。

二、实 验 部 分

1. 主要的试验仪器

电磁法所使用的仪器:瑞士生产的 PROFOMETER 5 钢筋探测仪,其工作原理是基于电磁场理论,探头作为磁偶极子,扫描开始时,它向外界辐射出电磁场,钢筋作为电偶极子,它接收外界电场,从而产生大小沿钢筋分布的感应电流,钢筋的感应电流又重新向外界辐射出电磁场(即二次场),使原激励线圈(探头)产生感生电动势,从而使线圈的输出电压产生变化,当探头移动到钢筋的正上方时,线圈的输出电压受钢筋所产生的二次磁场的影响最大,可以自动锁定这个受影响最大的点,即信号值最大的点,再根据保护层厚度和信号之间的对应关系得出厚度值。

雷达法所使用的仪器:日本 JRC 公司生产的 NJJ-95B 型手持式雷达仪,其工作原理:雷达仪将高频电磁波以宽频带脉冲形式,通过发射器经天线被定向送入检测体(本文中为混凝土)内,经存在电性差异的目标体(本文中为钢筋)反射后返回结构体的表面被接受天线接收。根据雷达主机记录的电磁波发射至反射回来所需的时间以及光速,可计算出目标体的深度,即为保护层的厚度。

2. 钢筋混凝土试块

试验用的混凝土所用原材料见表 1,其配合比组成见表 2,所用的钢筋为 HRB400 的钢筋,直径均为 32mm,间距均为 140mm。

试块所用的混凝土的原材料　　　　　　　　　　　　　表1

名称及等级	产　　地	名称及等级	产　　地
P·Ⅱ42.5 水泥	华润平南	中砂	西江上游
Ⅰ级粉煤灰	谏壁电厂(镇江华源)	5~20mm 碎石	新会白水带
S95 矿粉	首钢盾石(唐山盾石)	聚羧酸外加剂	江苏苏伯特

试块所用的混凝土的材料用量(kg/m^3)　　　　　　　　　　　　表2

水胶比	砂率(%)	水泥	水	粉煤灰	矿粉	碎石(大)	碎石(小)	砂	外加剂
0.35	43	189	147	105	126	733	314	775	4.2

3. 保护层厚度检测

选取混凝土试块的一个侧面作为测试面,该测试面的钢筋分布示意图见图1,图中5根钢筋(分别为钢筋 a、b、c、d、e)均斜置,钢筋上下端的带下划线数字为试块测试面上下端钢筋露出处的保护层厚度值,测试面上由上而下的5条等间距虚线为试验中的5条测试轨迹线,测试线的轨道高度依次为 10cm、20cm、30cm、40cm、50cm,测试面总高度为65cm。

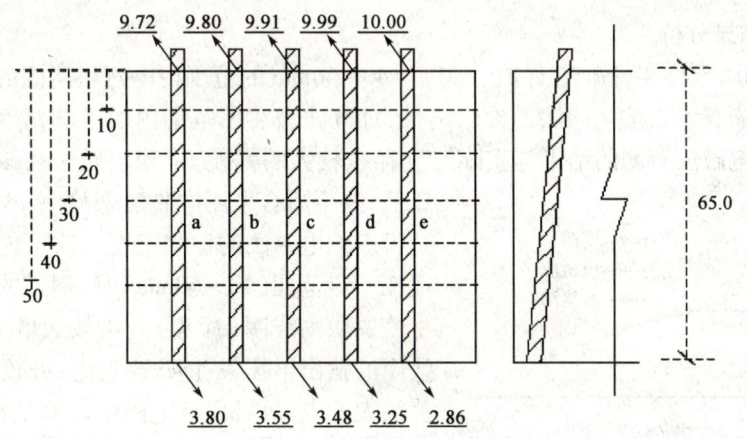

图1　测试面示意图(尺寸单位:cm)

检测过程中,分别采用钢筋探测仪和手持式雷达仪在混凝土试块测试面依次沿着5条测试轨迹线进行保护层厚度检测。

三、结果与讨论

1. 绘制曲线图

将上述测得的保护层厚度数据整理汇总成曲线图,图2~图4分别为钢筋 a、b、c、d、e 在不同轨道高度的保护层厚度曲线图。

2. 雷达法检测结果分析

从图2至图4可知,在保护层厚度为40~90mm 的范围内雷达法所测的结果与实际厚度较为一致,由此可推断:雷达法在该范围内的检测精度较高,且钢筋斜置不影响雷达法的检测精度。这是因为雷达仪发出电磁波是高频电磁波,在40~90mm的保护层内往返传播能量损失较少,很容易接收到反射波,故可保证雷达法较高的检测精度;同时,雷达仪发出的电磁波碰到钢筋后反射可认为是以点反射的,无论钢筋斜置与否,电磁波在钢筋表面的入射点到混凝土表面的距离(即保护层厚度)都保持不变,故不影响雷达法的检测精度。

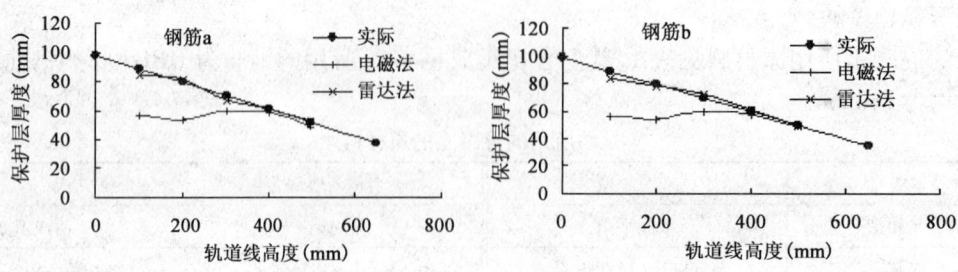

图2 钢筋a和b在不同轨道高度的保护层厚度

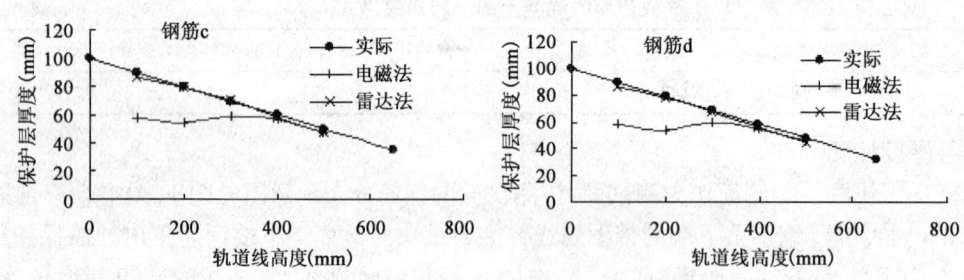

图3 钢筋c和d在不同轨道高度的保护层厚度

3. 电磁法检测结果分析

对于电磁法,从图2至图4可知,在保护层厚度为40~60mm的范围内电磁法所测的结果与实际厚度较为一致,可推测钢筋斜置不影响电磁法的检测结果,且电磁法在该范围内的检测精度较高。当保护层厚度为大于60mm时,电磁法所测的结果与实际厚度存在较大的偏差,可知电磁法在该范围内的检测精度较低,故不适合采用电磁法来检测,也无法确定钢筋斜置是否影响电磁法的检测精度。这可能是由于当保护层厚度在一定范围(40~60mm)时,钢筋的感应电流的二次场可使原激励线圈(探头)产生较大的感生电动势,从而使线圈的输出电压发生明显变化,可较为容易的锁定信号值最大的点,故可保证电磁法较高的检测精度,所以钢筋斜置不影响电磁法的检测精度;随着保护层厚度的增大(大于60mm),钢筋的感应电流的二次场无法使原激励线圈(探头)产生较大的感生电动势,导致线圈的输出电压无明显变化,也无法锁定信号值最大的点,故不能保证电磁法较高的检测精度。这也表明:电磁法的检测精度在不同保护层厚度范围内波动较大。

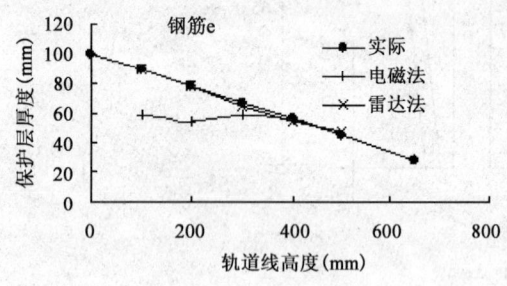

图4 钢筋e在不同轨道高度的保护层厚度

四、结 语

(1)雷达法在保护层厚度为40~90mm范围内的检测精度较高,且钢筋斜置不影响雷达法的检测精度。

(2)电磁法的检测精度在不同保护层厚度范围内波动较大。电磁法在保护层厚度为40~60mm范围的检测精度较高,且钢筋斜置不影响其检测精度;当保护层厚度为大于60mm时,电磁法的检测精度较低,无法确定钢筋斜置是否影响电磁法的检测精度。

参考文献

[1] 黄德强.混凝土结构钢筋保护层厚度控制研究[D].青岛:青岛理工大学,2012.
[2] 周道传.地质雷达检测混凝土结构性能的试验研究及应用[D].郑州:郑州大学,2006.
[3] 唐钰昇.探地雷达法进行预应力管道定位检测的模型试验研究[D].重庆:重庆交通大学,2009.
[4] 王正成.混凝土雷达在结构无损检测的应用技术物[J].探与化探,2009,33(4).
[5] 吴晓明,赵辉,刘冠国,等.电磁感应钢筋探测仪对混凝土保护层检测精度的研究[C].江苏省公路学会优秀论文集(2006-2008).
[6] 张启明.钢筋保护层厚度的测试及主要影响因素分析[J].河南科学,2010,28(2).
[7] 陈斌,倪鸿.雷达仪和钢筋扫描仪在工程检测中的应用[J].福建建设科技,2004(3).
[8] 李传勇,李永强,齐相军,等.杭州湾跨海大桥70m预应力混凝土箱形梁钢筋保护层厚度的控制与检测[J].铁道建筑,2006(11).
[9] 王艳波.探地雷达探测精度影响因素研究[J].科技创新导报,2011(33).
[10] 谢雄耀,李永盛,黄新才.地质雷达检测在保护性建筑结构加固中的应用[J].同济大学学报,2000,2(28/1).
[11] 韩云燕,李强.NJJ-95A雷达仪测试混凝土梁构件的试验研究[J].工程建设与设计,2010(11).

71. 港珠澳大桥混凝土电阻率控制指标探索

赵 伟[1,2] 熊泽佳[1,2] 温伟标[1,2]

(1.广东华路交通科技有限公司;2.港珠澳大桥主体工程试验检测中心)

摘 要 目前抗氯离子渗透性常用测试方法无法直接评价工程实际混凝土耐久性,采用原位检测表面电阻率可快速评定混凝土结构抗氯离子渗透性。通过快速氯离子迁移系数法测试氯离子扩散系数与混凝土电阻率试验,建立了两者的相关关系。根据港珠澳大桥主要施工部位的混凝土耐久性质量指标要求,得出了桩基和箱梁电阻率应分别不小于 $250\Omega \cdot m$ 和 $310\Omega \cdot m$,其他部位电阻率应不小于 $280\Omega \cdot m$ 的控制指标要求。

关键词 港珠澳大桥 耐久性 氯离子扩散系数 电阻率 控制指标

一、引 言

在海洋侵蚀环境中,氯离子侵入到钢筋表面并富集,达到临界浓度后钢筋发生锈蚀膨胀是造成钢筋混凝土结构破坏的主要原因,抗氯离子渗透性是评价混凝土耐久性的重要指标。目前测试评价混凝土抗氯离子渗透性的方法有自然渗透法、电通量法、快速氯离子迁移系数法和NEL法等,但均无法直接评价实际工程构件的混凝土抗氯离子渗透性。混凝土的电阻率是近些年才得到重视的,主要应用于钢筋混凝土的电化学研究,文献[1]曾给出了电阻率与钢筋锈蚀速度的关系,但是该定性评价指标不能满足工程实际需求。本文简要分析了混凝土的导电原理、电阻率的测试方法、影响因素及与耐久性的关系,通过试验建立了电阻率与混凝土氯离子扩散系数的相互关系,并提出了港珠澳大桥主要施工部位的原位检测电阻率控制指标。

二、混凝土电阻率

1. 混凝土导电原理

一般按导电机制不同,导体可以分为两类,一为电子导体,即自由电子作定向移动而导电,二为离子导体。混凝土是非金属材料,其自由电子较少,由自由电子定向移动产生的电流较小;空穴导电或者电子通过电子-空穴效应移动导电一般发生在锗、硅半导体材料中,两者在混凝土中产生的电流也较小。则混凝土导电原理是基于离子在混凝土结构中的传输[2],即在外加电压作用下,混凝土空隙中的Ca^{2+}、Na^+、K^+、OH^+等离子定向移动产生电流而导电。

2. 电阻率测试方法

按测量方式不同,混凝土电阻率测量方法可分为接触式和非接触式[3]。接触式包括二电极法和四电极法,非接触式包括无电极电阻率测试方法和交流阻抗法,后两者多见于研究水泥混凝土凝结时间、水化历程及混凝土电阻率室内研究。二电极法是在试件两端施加一定电压,电压为直流电压或高频交流电压,测量通过试块的电流,根据欧姆定律推导公式(1),计算混凝土电阻率。

$$\rho = \frac{US}{IL} \tag{1}$$

四电极法是采用呈一字型排列的间距为50mm的四个探头,通过测量两端探头电流与内部两个探头测电位差计算混凝土电阻率,计算公式见式(2),其中 a 为电极间的距离。

$$\rho = 2\pi a R \tag{2}$$

国内工程中多采用国产4000型系列(如上海雷韵RT-4000、北京斯创尔SR-4000等)、瑞士Proceq公司产Resipod系列和美国RAILEY公司产CRT系列混凝土电阻率测定仪测定。由于二电极法易产生极化效应、电容阻抗效应及电极试件接触不紧密等影响,导致两种方法测出的电阻率值存在差异。

3. 混凝土电阻率的影响因素

(1)水胶比的影响。水胶比对混凝土强度和密实性有重要影响,配制高强混凝土与高耐久性混凝土主要通过降低混凝土水胶比的手段实现。水胶比越小,混凝土内部的游离水减少,胶凝材料水化后混凝土内部孔径和孔隙率也减小,离子定向移动通道减少和难度增加,使混凝土电阻率明显增大,混凝土的电阻率和扩散系数本质上都与混凝土内的空隙率相关。赵恒宝[4]等研究表明,水胶比降低0.1,混凝土的电阻率会增加80%以上。

(2)混凝土组分的影响。水泥化学成分不同,水化产物间所占比例有差异,高铝水泥或硫铝酸盐水泥C_3A含量高,水化CH产量降低,其所配制混凝土较普通硅酸盐水泥混凝土电阻率大[5]。赵恒宝[4]等通过研究不同水泥用量对混凝土电阻率的影响表明,水泥用量越大,混凝土电阻率越小。导致混凝土电阻率降低的原因与CH产量大小没有关系,因为CH溶解度较小,在混凝土内部大多以片状结晶方式存在,水泥用量大小与孔溶液CH离子浓度无关系,但是水泥用量越大,所引入的Na^+、K^+离子也多,增加孔了溶液离子浓度,可提高混凝土导电性而降低混凝土电阻率。粉煤灰、矿渣粉、硅灰与偏高岭土等活性矿物掺合料中含有Al_2O_3、SiO_2等能与水泥水化产物CH发生二次水化反应,降低孔溶液pH值,一定程度上降低孔溶液离子浓度,并细化孔结构与提高混凝土密实性,从而明显提增大混凝土电阻率。

(3)温度和湿度的影响。混凝土温度升高,孔溶液黏度降低,溶液中Ca^{2+}、Na^+、K^+、OH^+等导电离子活性增强,混凝土电阻与电阻率随之降低。《水运工程混凝土试验规程》(JTJ 270—1998)混凝土抗氯离子渗透快速试验中给出的混凝土电导C的温度校正公式见式3,其中$C=1/R$,系数a为2130,将式(3)温度与电导关系式转换为温度与电阻的关系公式见式(4)。

$$C_{20} = e^{a(1/T_i - 1/T_{20})} C_i \tag{3}$$

$$R_i = e^{a(1/T_i - 1/T_{20})} R_{20} \tag{4}$$

式(4)表明随温度T增加,混凝土电阻减小,即混凝土电阻率减小。温度每增加1℃,混凝土电阻较20℃下降低2.4%。Hope[6]对不同水胶比混凝土试件在不同温度下的电阻率进行了测试,得出的电阻率与温度也满足上式关系,但系数a值约为2889。湿度是影响混凝土电阻最直接也是最主要的因素,环境湿度越高,混凝土孔结构中所含的游离水越多,导电离子越容易定向移动,混凝土电阻率明显降低。李美利[7]等研究表明不同养护条件下28d龄期混凝土表层的电阻率差异非常大,自然养护试件较标准养护下混凝土电阻率增加十几倍。

4. 电阻率与混凝土耐久性的关系

抗氯离子渗透性是评价混凝土耐久性的有效方法和重要指标,对混凝土抵抗氯离子渗透能力的判断尤为重要,目前测试评价混凝土抗氯离子渗透性的方法有自然渗透法和加速渗透法[8],其中加速渗透法包括电通量法、快速氯离子迁移系数法(RCM法)和NEL法等。海洋腐蚀环境下混凝土结构使用寿命预测主要根据多种因素作用下的氯离子扩散理论模型,结合钢筋保护层厚度、氯离子扩散系数及混凝土内外氯离子初始浓度进行计算。目前国内主要采用快速氯离子迁移系数法测试混凝土氯离子扩散系数。

根据 Nernst – Einstein 方程式(5),其中,σ 为电导率,即电阻率的倒数,D 为离子扩散系数,k 为波尔兹曼常数,T 为绝对热力学温度。

$$\sigma = D \frac{nq^2}{kT} \tag{5}$$

可得出混凝土中的氯离子扩散系数与其电导率之间成正比。吴烨[9]等人研究掺合料混凝土氯离子扩散系数和电阻率相关性时取得了较好的线性关系式,为现场评价混凝土抗氯离子渗透性提供了依据。魏小胜[10]等人通过研究也认为电阻率是简捷快速评定混凝土耐久性的有效方法。随之混凝土孔结构细化和孔隙率降低,混凝土电阻率增大,混凝土抵抗氯离子侵蚀的能力也增强;同时钢筋混凝土在发生电化学锈蚀时,混凝土电阻是锈蚀电流最重要的决定因素,在一定条件下,混凝土电阻率越大,电化学回路的锈蚀电流越小,钢筋锈蚀速度减缓。电阻率和混凝土中钢筋锈蚀速度的关系见表1所示[1]。但是该混凝土电阻率指标也不满足工程实际需要,应进一步量化。

电阻率和混凝土中钢筋锈蚀速度的关系 表1

电阻率($\Omega \cdot m$)	<50	50~100	100~200	>200
锈蚀速度	非常高	高	一般	低

三、原材料与试验方法

1. 原材料

为了研究电阻率与混凝土氯离子扩散系数的关系,选取港珠澳大桥主体工程中桩基(C35)、承台(C45)、墩身(C50)、箱梁(C60)及沉管管节(C45)混凝土的施工配合比,水胶比范围为0.30~0.36,砂率范围为40%~44%,坍落度为200mm±20mm。原材料为:华润P·II42.5水泥(箱梁采用华润P·II52.5水泥),镇江华源谏壁电厂产I级粉煤灰,唐山曹妃甸盾石产S95级矿渣粉,西江河砂,新会白水带石场,江苏苏博特PCA-I或山东华伟NOF-AS高性能减水剂。

2. 试验方法

氯离子扩散系数试验按《普通混凝土长期性能合耐久性能试验方法标准》(GB/T 50082—2009)快速氯离子迁移系数法测定;混凝土电阻率采用CRT-1000混凝土电阻率测定仪测定,将标准养护的混凝土试件取出,放置在恒温的试验室内,200目砂纸轻微打磨表层后用湿毛巾擦干试件表面,稍停2min,测试试件对立侧面电阻率。

四、结果与分析

1. 氯离子扩散系数与名义电导率的相关性

唐路平提出的"氯离子在混凝土中的渗透浓度测试技术"(RCM法)是评价混凝土抗氯离子渗透性的重要方法,已被写入中国国家标准和北欧标准。RCM法试验主要经过试件加工、真空饱水、外加电流加速氯离子渗透和剖开测渗透深度等过程,通电测试时间在6h~96h之间,初始电流越小,调整后电压增大与测试时间越长,氯离子扩散系数值也越小,表明调整后电压和电流与扩散系数存在一定的关系,Feldman R. F.[11]等人曾采用3V电压测试混凝土试件初始电流,并以初始电流值评价混凝土的抗氯离子渗透性。名义电阻率是指根据RCM法试验调整后电压、电流和试件尺寸按欧姆定律推导式1计算得到的,其中试件尺寸一般为高度50mm±1mm和直径100mm±0.5mm,为便于计算高度取值50mm,直径取值

100mm。名义电导率与名义电阻率互为倒数。

图1为氯离子扩散系数与混凝土名义电导率的关系。从图1可以看出,两者有较好的线性关系,氯离子扩散系数随名义电导率的增加而增大,两者的线性拟合关系式为 $y = 0.73x + 0.693$,相关系数 r 为 0.92,远大于 $r(n = 135, \alpha = 1\%)$ 临界值 0.22,说明氯离子扩散系数与名义电导率高度线性相关。从图1还可以看出,个别点离散较大,分析原因有:

(1)混凝土的电阻率与温度密切相关,在测试氯离子扩散系数时,阳极溶液温度与试验环境温度在20℃~26℃范围内波动,而电导率计算并未考虑温度波动所带来的影响。

(2)GB/T 50082规范中快速氯离子迁移系数法规定试件尺寸为 φ100mm × 100mm,该尺寸较小,体积仅有0.8L,成型时取样不均匀或不同浆体/粗集料比等对混凝土电阻率影响较大。

(3)取样现场环境差(如在施工船上取样),试件振捣不密实使试件内部存在缺陷等导致氯离子扩散系数测试结果偏大。

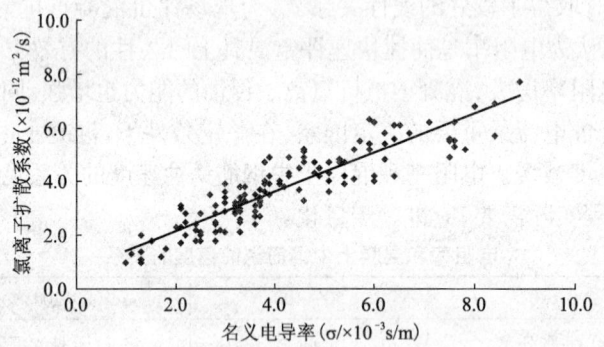

图1 氯离子扩散系数和混凝土名义电导率的关系

图2为氯离子扩散系数实测值与拟合值差值的频率图。从图2看以看出,差值波动范围为 $-1.3 \sim 1.4 \times 10^{-12} m^2/s$,差值绝大多数落在 $\pm 0.7 \times 10^{-12} m^2/s$ 范围内,涵盖频率达到85%以上,对于混凝土构件28d氯离子扩散系数设计要求为 $7.0 \times 10^{-12} m^2/s$ 的情况下,相对误差在10%范围以内,这种拟合结果是可以接受的。

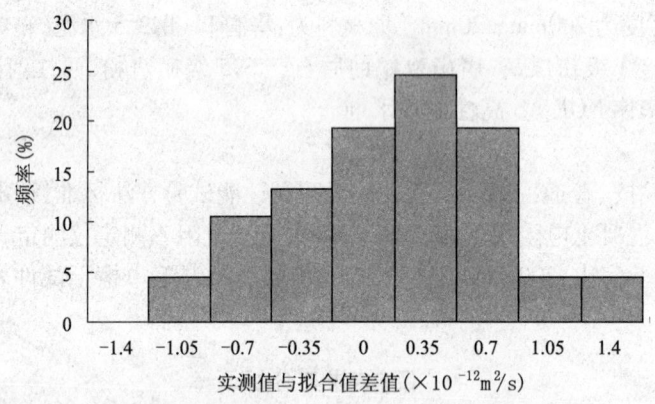

图2 氯离子扩散系数实测值与拟合值差值的频率

2. 电阻率与名义电阻率的相关性及电阻率控制指标

李美利[7]等在研究不同养护条件、不同测试深度的混凝电阻率时,表明在标准养护条件下,混凝土电阻率随距表面深度变化不明显,因此,可认为在混凝土试件在得到充分养护的情况下内外电阻率相同。在电阻率室内测试结束后,抽芯并按快速氯离子渗透试验方法测试,读取调整后电压和电流计算混凝土名义电阻率。

四极法电阻率与名义电阻率的相互关系见图3,从图3可以看出混凝土电阻率越大,名义电阻也越大,两者线性相关,拟合直线方程为 $y = 0.42x + 20.7$,相关系数 r 为0.98。根据两个拟合关系式可以得出氯离子扩散系数与混凝土电阻率的相互关系式为:$y = 0.73 \times 10^3/(0.42x + 20.7) + 0.693$,式中 x 为电阻率,y 为氯离子扩散系数。

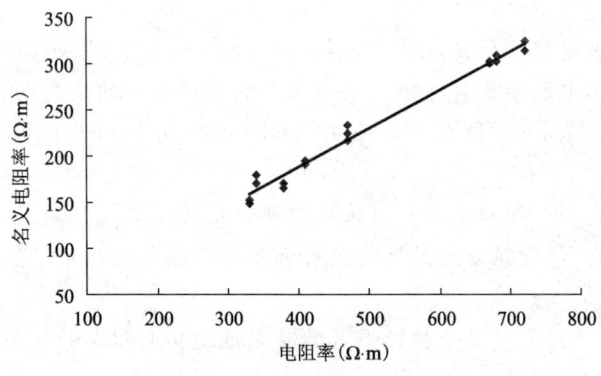

图 3　电阻率与名义电阻率的关系

港珠澳大桥桩基、承台、墩身及沉管等施工部位设计使用寿命为 120 年,对混凝土 28d 氯离子扩散系数提出了明确要求。对各施工部位混凝土氯离子扩散系数的控制主要通过浇筑时取样进行室内检测,除桩基外,其他部位均不允许抽芯检测混凝土氯离子扩散系数,因此无法现场评价混凝土构件的耐久性。为了评价施工构件混凝土耐久性,根据氯离子扩散系数设计值和上述拟合关系,可得出电阻率的要求值,同时考虑拟合误差和保证混凝土施工质量,将电阻率计算值提高 1.1 倍,得出了原位检测混凝土电阻率的控制指标,见表 2。

混凝土电阻率控制指标　　　　　　表 2

编　号	施工部位	28d 氯离子扩散系数设计值($\times 10^{-12} m^2/s$)	电阻率计算值($\Omega \cdot m$)	安全系数	电阻率控制指标($\Omega \cdot m$)
1	桩基	≤7.0	≥230	1.1	≥250
2	承台	≤6.5	≥250		≥280
3	墩身	≤6.5	≥250		≥280
4	沉管	≤6.5	≥250		≥280
5	箱梁	≤6.0	≥280		≥310

从表 2 可以看出,28d 氯离子扩散系数要求越严格,电阻率控制指标值越大,桩基 28d 电阻率控制指标值应不小于 250Ω·m,箱梁 28d 电阻率控制指标值应不小于 310Ω·m,其他施工部位应不小于 280Ω·m。同时根据表 1 可知,混凝土电阻率虽然大于 200Ω·m,钢筋锈蚀速度评价为低,但并不能满足施工设计要求。

五、结　语

快速氯离子迁移系数法所测氯离子扩散系数与调整后电压和电流密切相关,与其电导率有较好的线性关系,电导率越小,即电阻率越大,混凝土氯离子扩散系数越小。混凝土电阻率可以反映氯离子扩散系数的大小,两者的拟合关系式为 $y = 0.73 \times 10^3/(0.42x + 20.7) + 0.693$,其中 x 为电阻率,y 为氯离子扩散系数。根据港珠澳大桥主要施工部位的混凝土耐久性质量指标要求,提出桩基和箱梁电阻率分别应不小于 250Ω·m 和 310Ω·m,其他部位电阻率应不小于 280Ω·m 的控制指标要求。但是国内对混凝土电阻率的设计要求研究比较少,目前的电阻率测试方法也还存在缺陷,所获得的电阻率控制指标用于控制施工质量需进一步研究和完善。

参考文献

[1] Whtting D. A., Nagi M. A. Electrical resistivity of concrete[J]. A literature Review by PCA R & D Serial, 2003(2457):7.

[2] 李化建,谢永江,易忠来,等.混凝土电阻率的研究进展[J].混凝土,2011(6).
[3] 钱觉时,徐珊珊,李美利,等.混凝土电阻率测量方法与应用[J].山东科技大学学报(自然科学版),2010,29(1).
[4] 赵恒宝,赵尚传.混凝土电阻率研究现状与进展[J].公路交通科技,2010(3).
[5] 刘志勇,詹镇峰.混凝土电阻率及其在钢筋混凝土耐久性评价中的应用研究[J].混凝土,2006(10).
[6] Hope B. B., Ip A. K., Manning D. G. Corrosion and electrical impedance in concrete[J]. Cement and Concrete Research, 1985,15(3).
[7] 李美利,钱觉时,王立霞,等.混凝土养护效果电阻率评价法探索[J].建筑材料学报,2011,14(4).
[8] 巴恒静,张武满,邓宏卫.评价混凝土高性能混凝土耐久性综合指标—抗氯离子渗透性及其研究现状[J].混凝土,2006(3).
[9] 吴烨,朱雅仙,蔡伟成.混凝土氯离子扩散系数的时变性及其电阻率的相关性[C].福州:中国科学技术协会学会,2011.
[10] 魏小胜,夏玉英,王延伟.用电阻率评定混凝土的氯离子渗透[J].华中科技大学学报(城市科学版),2008(6).
[11] Feldman R. F., Chan G. W., Brousseau R. J.,et al. Investigation of the rapid chloride permeability test[J]. ACI materials, 1994, 91(2):246-255.

72. 硅烷浸渍在跨海大桥墩台施工中的应用

方燎原[1]　冯浩[2]

(1.广州南华工程管理有限公司;2.铁四院(湖北)工程监理咨询有限公司)

摘　要　硅烷浸渍混凝土是目前最有效的抗氯离子渗透的表面处理方法。从120年的耐久性考虑,港珠澳大桥所有混凝土结构表面均进行硅烷浸渍。

关键词　硅烷浸渍　抗氯离子渗透　表面处理

一、工程概况

港珠澳大桥设计寿命为120年,混凝土的耐久性十分重要。混凝土因氯离子等原因遭到破坏的概率占80%,硅烷浸渍混凝土是目前最有效的抗氯离子渗透的表面处理方法。从120年的耐久性考虑,港珠澳大桥除埋入土中的桩基外,所有混凝土结构表面均进行硅烷浸渍。

1. 预制墩台

港珠澳大桥推崇"大型化、工厂化、标准化、装配化"的建设理念,非通航孔桥梁采用埋床法全预制墩台,通航孔桥除56号、57号墩采用混凝土索塔外,其余墩台均采用预制结构。根据墩台高度不同分节段预制,见表1。

深水区预制混凝土构件数量　　　表1

标段	墩身(个)		非通航孔桥墩台(个)		墩台总数(个)	预制节段(节)			预制节段总数(节)
	通航孔桥	等宽段	变宽段			整体	两节段	三节段	
CB03 标	6	55	13	74		44	11	17	72
CB04 标	7	47	8	62		43	12	16	71

承台采用埋置式预制承台,平面尺寸分为11.1×14.8m和12×16m两种,承台高度分4.5m、5.0m和5.5m三种,承台底高程为-11.93~-9.94m,混凝土强度等级为C45。

预制墩身分为下节墩身、中节墩身和上节墩身,其中下节墩身与承台整体预制以便安装后露出水面一定高度。混凝土强度等级为C50。

整体预制墩台最高26.95m(41号墩),最重3320.2t(16号墩);两节段预制墩台最高48.407m,最重3450t;三节段预制墩台最高49.887m,最重5498t。中节段单体最高21.787m(60号),最重1497t(53号);上节加顶帽单体最高19.307m(65号),最重1397t(65号)。

2. 海上现浇混凝土结构

非通航孔桥承台后浇孔、通航孔桥承台、青州航道桥塔柱采用海上现浇结构,见表2。

深水区海上现浇混凝土构件数量　　　　　表2

标　段	结构物	对应墩号	平面轮廓尺寸(m)	高　度
CB03标	主墩承台	56号、57号,哑铃形	83.75×36.5×11	二级承台4m
	边辅墩承台	54-55号、58-59号	39.5×27.4×9	二级承台2.5m
	塔柱	56号、57号		高163m
	横梁	56号、57号		高6~9m,宽6.4m
CB04标	主墩承台	138号、139号、140号	35×26×9	二级承台4m
	边辅墩承台	136-137号、141-142号	33×19×7.5	二级承台2.5m
非通航孔桥后浇孔		16-151号	承台内部	

二、硅烷浸渍材料

港珠澳大桥混凝土结构表面浸渍的硅烷采用异丁基三乙氧基液体硅烷作为硅烷浸渍材料。

异丁基三乙氧基液体硅烷质量应满足下列要求:

(1)异丁基三乙氧基硅烷含量不应小于98.9%。

(2)硅氧烷含量不应大于0.3%。

(3)可水解的氯化物含量不应大于1/10000。

(4)密度(温度25℃)应为0.88g/cm^3。

(5)折射率为1.3998~1.4002。

(6)活性应为100%,不得以溶剂或其他液体稀释。

三、工艺试验

浸渍硅烷前应进行喷涂试验。试验区面积应为1~5m^2。完成试验区的喷涂工作后,应按规定的方法,在试验区随机钻取六个芯样,并各取两个芯样分别进行吸水率、硅烷浸渍深度和氯化物吸收量的降低效果测试。当测试结果符合规定的合格判定标准时,方可在结构上浸渍硅烷。

四、表面处理

验收标准规定,硅烷浸渍前应对混凝土的表面进行如下处理:

(1)混凝土表面应满足混凝土表面等级要求。

(2)表面的不利于硅烷浸渍的灰尘、碎屑、油污等有害物及不牢固的附着物应清除干净。

(3)对硅烷浸渍有影响的脱模剂或养护剂的残余物应予充分清除。

(4)提前用淡水冲洗,经自然干燥后混凝土的表面应为干燥状态。

关于表面处理,硅烷浸渍工艺对构件裂缝宽度要求高,如使用过程中混凝土构件开裂,硅烷就失去了防水作用,宜采取措施控制构件在使用荷载下裂缝的发生。

对混凝土表观缺陷,承包人不得随意进行修补,应参照"港珠澳大桥混凝土裂缝及缺陷修补技术规程"进行修补。

表面过湿会影响渗透深度,可采用喷灯、烤灯等烘干方式,加速混凝土干燥及硅烷固化过程。

五、硅烷浸渍施工

验收标准规定:

(1)硅烷浸渍施工时,混凝土表面温度宜在5~40℃之间。下雨或有强风或强烈阳光直射时不得喷涂硅烷。

(2)硅烷浸渍施工应采用硅烷喷涂设备,不得采用滚轴、刷抹或浇淋的方法。

(3)浸渍材料应原罐密封,阴凉干燥保存。启封后应在72h内用完。

(4)施工现场附近应无明火,操作人员应使用必要的安全保护设施。

(5)浸渍硅烷应自下向上连续喷涂,喷涂遍数不宜少于2遍,每遍喷涂量宜为$180-240mL/m^2$,每遍之间的时间间隔不应少于4h。

关于施工环境要求,当作业环境温度低于4℃、高于45℃,或是表干前(约10h)可能下雨、风力大于5级以上时,不能施工。

关于喷涂遍数、间隔时间,验收标准规定了喷涂遍数不宜少于2遍,一般来说,3遍是合适的。每遍喷涂量为$300ml/m^2$,间隔时间至少为6h。

关于养护期,大气区施工后24h内不湿水自然风干,3天完全固化即可产生最佳的防水防腐护效果,7天后可钻芯取样。如有潮差区部位施工,潮差区取样时间应在14天以后。

由于硅烷浸渍的质量检验方法采用取芯法,应对取芯后的孔洞按照同等强度以上的混凝土砂浆进行填补,并采取必要的耐久性控制措施。

关于后浇孔、墩身内表面喷涂中作业人员的健康安全,硅烷固化反应过程中会释放乙醇,应注意安全预防措施。施工现场需保持通风良好,施工人员施工过程中要按要求穿戴护目镜和防护手套。如不慎吸入,应立即移到有新鲜空气的地方。如接触到皮肤,立即用水清洗15min;不慎接触到眼睛后,立即用水清洗15min,并脱下受污染的衣服、鞋子及时就医。

硅烷浸渍的存放,须远离火源,并安排专人保管使用。

硅烷浸渍施工作业面较高,还应完善高空作业安全措施及应急措施,安排专人对现场进行安全监督,确保施工安全。高处作业吊篮还需配备安全带、保险绳、防护围栏和警示标志等,根据不同的高处作业等级标明警示或禁止标识。

采用挂篮施工方式,应避免漏涂或涂刷不均匀,应做好标记。建立硅烷浸渍施工台账,注明施工部位,施工记录有可追溯性。

严格按照《高处作业吊篮》(GB 19155—2003)要求施工,并做好吊篮安装、试验、检查、操作、维护和拆卸记录。当吊车作为必要的补充形式时,应做好安全防护措施。

海上进行硅烷浸渍时,应考虑潮汐的影响。

六、质 量 检 验

浸渍硅烷质量的验收应以每$500m^2$浸渍面积为一个浸渍质量的验收批。浸渍硅烷工作完成后,按《海港工程混凝土结构防腐蚀技术规范》(JTJ 275—2000)的规定,各取两个芯样进行吸水率、硅烷浸渍深度、氯化物吸收量的降低效果的测试。其质量应符合表3的规定。

关于混凝土强度与浸渍深度的关系,对于C45混凝土,浸渍深度要求达到3~4mm;对于C50混凝土,浸渍深度要求达到2~3mm。目前的混凝土强度普遍高于设计强度,不可避免地会影响浸渍深度。浸渍深度跟混凝土强度成反比,必要时需改变硅烷喷涂方式。需要通过工艺试验结果采取适当的喷涂方式,如低压喷涂方式。

混凝土构件浸渍表面实测检验标准　　　　表3

项　次	实测项目		规定值或允许偏差	检查方法和频率	权　值
1△	吸水率平均值		不大于0.01mm/min$^{1/2}$	每500m^{2}面积取两个芯样	1
2△	浸渍深度(mm)	≤C45	3~4		2
		>C45	2~3		
3△	氯化物吸收量的降低效果平均值		不小于90%		3

关于现场检查手段，在受限的空间里，对于喷涂质量很难得到控制，可以采用染料示踪法，在硅烷喷涂前，加入"诺丹明B"临时染料，以便监理能够进行现场目测检验。

关于现场评价方法，《海港工程混凝土结构防腐蚀技术规范》规定了评价硅烷防腐蚀的三项指标：吸水率系数、渗透深度、氯离子吸收量的降低值。这些试验方法所要求的试样均必须是现场钻芯取样或试验室成型制样，不仅试验测试时间较长，且现场钻芯取样需对工程结构产生一定程度的破坏，这往往不是所期望的。尽管这些方法详细地规定了表面密封剂的各项质量指标，然而这些方法主要是试验室内部评价，很难在现场对硅烷浸渍效果进行评价。可以利用Karsten量瓶测试混凝土表面吸水率的现场评价方法，快速、简易、准确地评价混凝土表面硅烷浸渍后的效果。

七、工　期

(1) 在工期方面，CB03标墩台安装的施工周期在3个月以上，包括从钢圆筒振沉、吸泥、墩台运输及吊装就位、剪力键焊接、后浇孔钢筋加工安装、混凝土浇筑、硅烷浸渍、钢圆筒拔除。4000t起重船是墩台安装和钢箱梁吊装的关键设备，其效率是能否实现总工期目标的关键。因此，应从该设备的使用情况展开进行工期分析，此外还应进行单个墩台安装的功效分析，以提高效率。

(2) 关于喷涂硅烷的混凝土龄期，《港珠澳大桥主体工程桥梁工程施工及质量验收标准》规定：混凝土表面硅烷浸渍应在混凝土养护超过28天后方可实施。《海港工程混凝土结构防腐蚀技术规范》(JTJ 275—2000)附录E"混凝土硅烷浸渍施工工艺及测试方法"规定：喷涂硅烷的混凝土龄期应不少于28d，或混凝土修补后应不少于14d。

(3) 设计文件规定：后浇孔混凝土在浇筑后14天内或混凝土强度达到70%以前不受海水侵蚀。后浇孔混凝土的设计强度为C45。即在正常养护的条件下，混凝土强度随龄期的增长而不断发展，最初7~14d内强度发展较快，以后逐渐缓慢，28d达到设计强度，并根据28d抗压强度确定混凝土的强度等级。按照强度和龄期的关系，7~14d达到设计强度是可能的。通过试验，"增加后浇孔顶面混凝土保护层厚度14cm代替硅烷浸渍"的防护效果一致。

八、结　语

硅烷浸渍混凝土防护既是一种具有良好渗透性、耐久性、环保型的有机硅防水、防腐剂，又是一种性能优良的混凝土表面密封剂，广泛应用于很多混凝土构件，特别是海洋混凝土构筑物。此种方法比较传统防腐措施具有对需处理的基材表面要求不高、操作简便易、用途广泛的特点。

73. 安全风险评估在港珠澳大桥主体工程土建施工图设计阶段的应用

陈　越　闫　禹

(港珠澳大桥管理局)

摘　要　港珠澳大桥主体工程建设条件复杂，技术难度高，项目实施面临诸多风险。在项目设计阶段实行安全风险评估,是保证工程建设方案安全,降低事故概率,减少经济损失的重要举措。本文重点分析了港珠澳大桥主体工程土建施工图设计阶段安全风险评估实施方案及工作成果,并对具体实践经验进行了总结,旨在为类似工程项目实施风险评估工作提供参考。

关键词 港珠澳大桥　施工图设计阶段　安全风险评估

公路桥梁和隧道工程安全与地质、水文等自然条件,工程设计、施工组织方案,建设管理经验及交通、通航等使用环境有关,安全风险在设计、建设、运营等各阶段、各环节都不同程度存在。针对港珠澳大桥主体工程这样一项高难度的大型跨海集群工程,在确定工程具体实施方案的施工图设计阶段实行安全风险评估,对提升工程施工及营运阶段风险管理水平具有重要意义。

一、安全风险评估工作背景

我国公路桥隧工程安全风险评估起步较晚,相关工作仍在不断完善改进。2009年,交通运输部在部分地区选定了具有典型代表性的桥梁与隧道工程项目开展了风险评估试点工作;2010年4月,交通运输部发布了《关于在初步设计阶段实行公路桥梁和隧道工程安全风险评估制度的通知(交公路发〔2010〕175号)》,风险评估制度开始在公路桥梁和隧道工程的初步设计阶段试行;2011年5月,交通运输部发布了《关于开展公路桥梁和隧道工程施工安全风险评估试行工作的通知(交质监发〔2011〕217号)》,对施工阶段实行公路桥梁和隧道工程安全风险评估制度提出了明确要求。

就目前各省根据以上评估制度,已经实施的公路桥隧工程安全风险评估效果来看,此项工作的开展非常必要,取得了明显成绩:行业风险意识得到增强,风险事故发生率总体下降,逐步形成了系统的安全风险评估工作思路,并对新建工程采取了一系列建设安全相关的系统性和针对性措施,在短时间内遏制了工程建设事故频发的事态[1]。但另一方面,在评估工作实施过程中也发现确实存在若干亟待改进的问题[1]。

按照交通运输部评估制度要求,港珠澳大桥主体工程在初步设计、施工图设计及施工阶段均进行了安全风险评估工作,各阶段侧重点及具体方法不同,但前后相互衔接呼应,构成项目安全风险评估体系。

二、工程概况及技术挑战

港珠澳大桥主体工程全长29.6km,采用桥岛隧组合方案,其中约6.7km为沉管隧道,其余22.9km为跨海桥梁。为实现桥隧转换,隧道两端各设置一个海中人工岛。

工程主体结构物处于深厚软弱地层上,地层分布差异大,基岩埋藏在海床面下50~110m,穿越中华白海豚保护区,并处在珠江航运最繁忙区段,通航安全要求高。项目设计使用寿命120年,对工程品质和结构耐久性提出了更高要求。工程涉及专业种类多,技术覆盖面广,建设期间需破解海洋环境下厚软基大回淤超长沉管隧道设计与施工、厚软基桥隧转换人工岛设计与施工、海上装配化桥梁建设、跨海集群工程混凝土结构120年使用寿命保障、跨境隧—岛—桥集群工程防灾减灾及节能环保等技术难题,每项关键技术都具有世界级难度。

三、土建施工图设计阶段安全风险评估工作方案

1. 评估目的和内容

根据工程特点,港珠澳大桥主体工程土建施工图设计阶段安全风险评估的主要目的是:
(1)辨识设计、施工期及营运维护阶段工程可能存在的潜在风险。
(2)分析与评估各潜在风险的影响范围和影响程度,并确定其风险等级。
(3)针对重大风险研究并提出风险控制的建议措施,为进一步降低工程风险提供技术支撑。

评估工作在初步设计阶段安全风险评估成果基础上开展,主要针对土建施工图设计文件开展(含桥梁、隧道、人工岛工程),从建设条件、结构设计、施工技术和运营管理四个方面,对风险源进

行风险归类和评估,并侧重于施工图设计阶段结构方案、施工技术以及营运维护阶段可能存在的安全风险。

2. 评估方法和流程

评估工作按以下步骤开展:

第一步,按照工程结构实体划分(图1),构建工程风险辨识树状图(图2)。

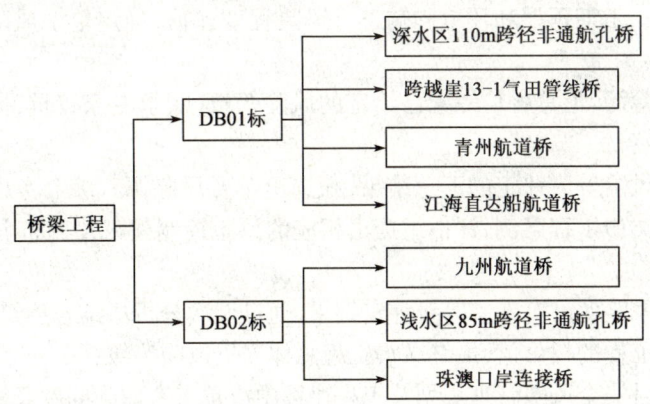

图1 工程结构实体划分图(以桥梁工程为例)

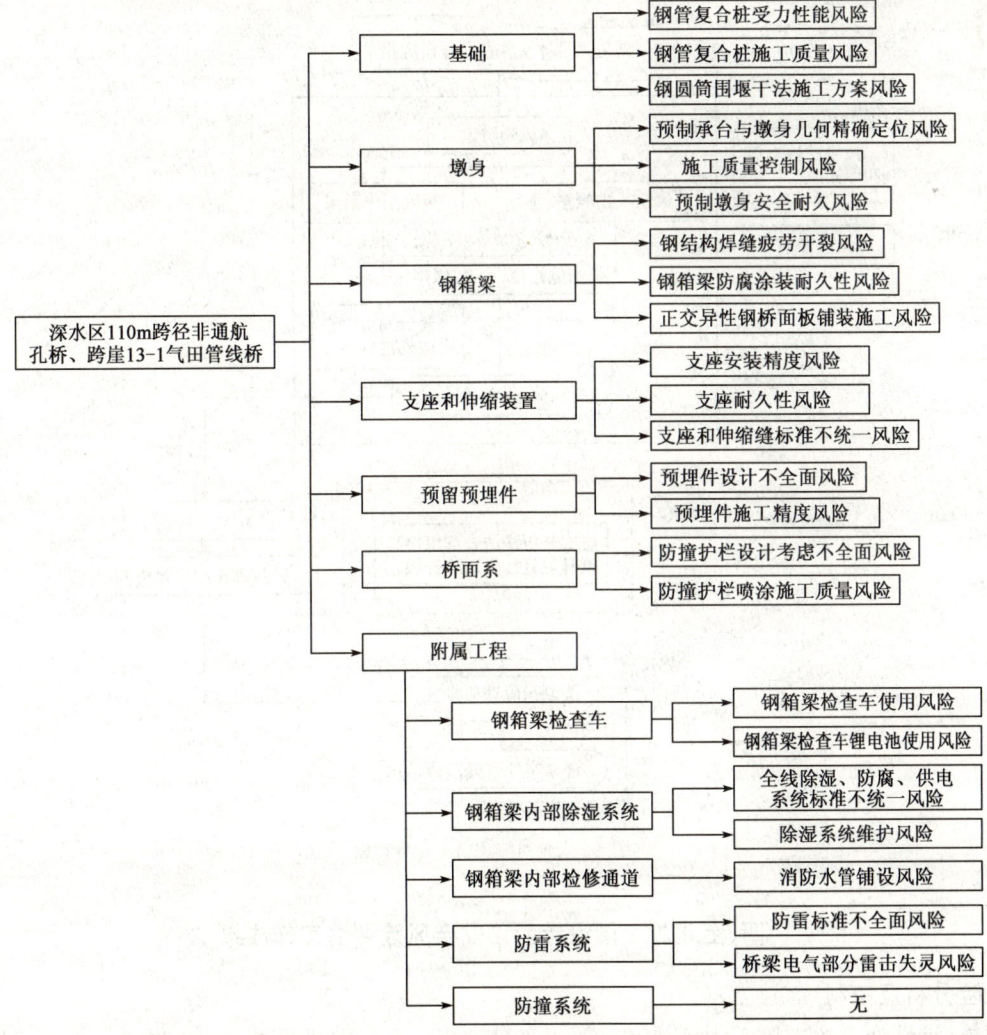

图2 风险辨识树状图(以桥梁工程深水区非同航孔桥部分风险源为示例)

第二步,基于工程风险辨识树状图,采用检查表法分部分项对风险源进行详尽辨识,尽可能地列出潜在的风险事件和风险源,确立各种典型风险事态,推测各典型事态的可能结果,进行风险归类;

第三步,根据施工图设计文件及相关资料,找出针对各风险源已采取的风险控制处理措施;

第四步,组织专家讨论,并与设计、施工、监理和咨询等参建单位进行沟通交流,在充分理解设计意图和专家意见基础上,采用专家调查法针对各风险源在施工图设计阶段采取风险规避措施处理前后的发生概率、人员伤亡、经济损失、工期延误和环境影响进行风险程度评估,确定单个风险源的初始和残余风险等级;

第五步,针对单个风险源,汇总各位专家已给定的风险等级,赋予专家权重,通过权重计算确定该风险源初始和残余风险等级;

第六步,根据各专家风险等级评定的汇总结果,筛选出主要风险源。综合考虑各参建单位前期已采取的风险处理措施,结合类似工程案例,评估组提出相应的风险控制建议措施(对于Ⅱ级以上风险源,一一提出风险控制建议措施);

第七步,基于工程各风险源已有专家等级评定结果,通过层次分析法结合群组决策,依次分层计算出风险源、分部工程和单位工程的权重值,最终求得工程总体安全风险等级;

最后,提出下阶段项目安全风险管理规划及工程建设中应重点考虑的问题及建议(图3)。

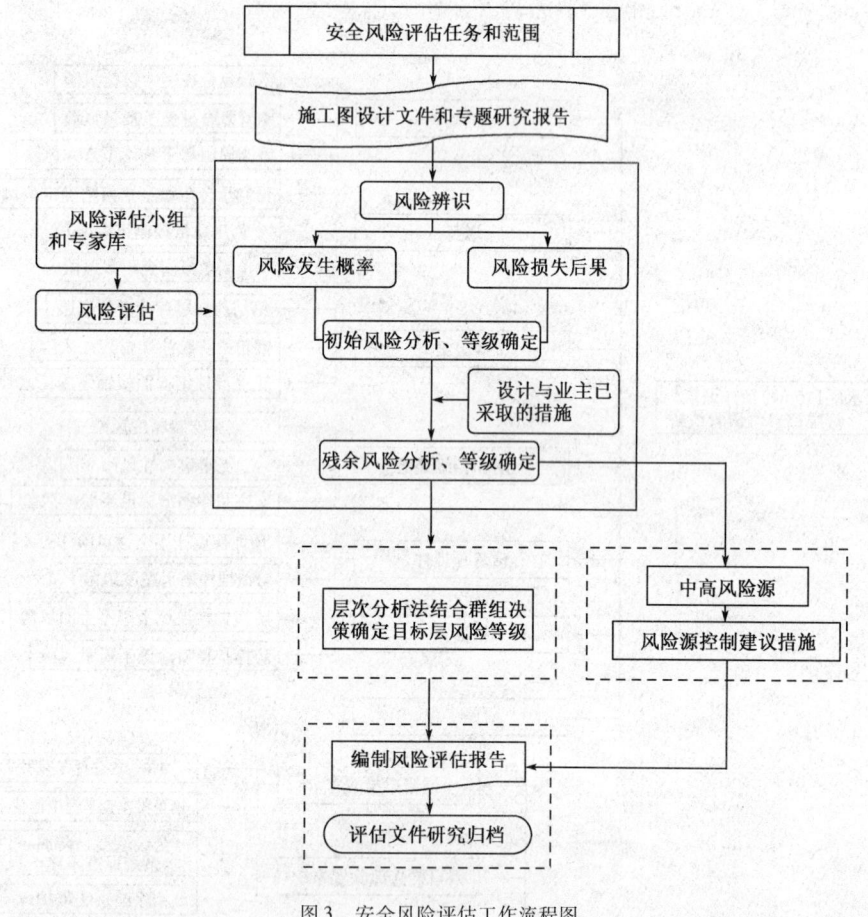

图3 安全风险评估工作流程图

四、土建施工图设计阶段安全风险评估工作成果

1. 风险分析及控制

经评估,港珠澳大桥主体工程桥梁、隧道、人工岛工程安全风险水平处于可控状态。

以桥梁工程为例,其主要风险源(Ⅱ、Ⅲ级风险源)及相应控制措施如表1所列。

风险源管理 表1

类型	风险源		风险控制建议措施
运营管理	工程养护	整幅钢箱梁正交异性钢桥面铺装维养风险	设计方:应考虑桥面铺装更换施工对钢桥面板可能造成的板厚损失及钢桥面板自身防腐能力。考虑铺装与桥面板黏接不紧密的风险。 施工方:在桥面铺装施工前应编制详细施工组织设计、施工工艺及计划,并严格按照施工组织、施工工艺及计划的要求进行桥面铺装的施工
建设条件	地质条件	海水腐蚀风险	各参建方:鉴于港珠澳大桥所处环境为具有强腐蚀性的海洋环境,建议参建方制定一套针对整个项目的工后防腐蚀监测系统,确保在运营期间及时掌握项目各个结构的腐蚀状况以便采取进一步防腐措施
建设条件	气候条件	极端天气带来的安全风险	施工方:应建立异常气候信息收集、传递的长效机制;制定应急预案,充实救援力量;定期进行应急演习和操练,并对演习效果进行评价
建设条件	通航	施工期间恶劣天气引起船撞风险	施工方:要在航管部门支持下充分发挥监控和管理功能,及时发现偏离航线船舶并进行提醒与引导;适当加大航标设置密度和长度,从航标导航方面尽量减少施工船舶与交通船舶碰撞的可能性
建设条件	施工环境	施工影响中华白海豚生存环境风险	施工方:应制定合理的施工计划,缩短海上施工时间,严格控制多船同时作业,尽量避开中华白海豚繁殖高峰期进行高密度作业。应采用声学保护技术对中华白海豚进行监测和驱赶
运营管理	耐久性	钢结构焊缝疲劳开裂带来桥梁安全和耐久性风险	设计方:在结构设计中尽可能降低细节的应力集中程度,提高结构的疲劳抗力;详细说明设计细节的制造质量要求;准确预测整个设计寿命期间完整的车辆荷载谱;合理考虑环境因素对构件疲劳强度的影响。 施工方:应严格遵守焊接工艺,不得随意改变焊接参数;避免高装配应力和残余应力,减少冷加工,严格控制受拉构件的冷弯、冷剪工艺;在容易产生裂缝缺口的位置采用喷丸锤击法、单点锤击法或超声波冲击法预制残余压应力;焊接材料应通过焊接工艺评定试验进行选择,所采用的焊条、焊剂、焊丝均应符合相应的国家标准;避免因材料不连续或焊接缺陷、机械损伤形成的刻痕和擦痕等缺陷
运营管理	耐久性	混凝土桥面板与钢箱梁连接构造的耐久性风险	施工方:应切实注意各种预留孔、预埋件不误留、不漏埋,认真核准预留孔、预埋件的位置、数量和尺寸。所有焊接必须牢固,无虚焊,预埋件均采用与桥梁相同的防腐处理
运营管理	耐久性	钢箱梁防腐涂装体系耐久性风险	设计方:应开展钢箱梁防腐体系失效机理、有效维养方法及防护寿命的研究;研究钢箱梁内部除湿控制系统和设备要求;研究在交通营运条件下及海洋环境中的钢箱梁再涂装技术,并提出专用、高效,并满足环境保护要求的检测维修配套设备及再涂装施工设备。 施工方:应在大型钢箱梁结构涂装施工前应编制详细施工组织设计、施工工艺及计划,并严格按照施工组织、施工工艺及计划的要求进行施工

2. 项目风险管理加强措施

基于施工图设计阶段安全风险评估成果,港珠澳大桥主体工程在项目风险管理上采取了加强措施,并取得了实效,项目开工建设至今已三年半时间,尚未出现重大质量安全事故。

主要加强措施如下:

(1)针对极端天气带来的安全风险,开展专项研究论证及配套物理模型试验,对存在重大安全隐患的工程部位进行设计复核并采取结构加强措施。

(2)进一步完善项目专用技术标准体系,结合当前国内外设计、施工水平和经济性,在满足工程质量的前提下确定合理的容错值。

(3)加大力度开展基于可靠度理论的耐久性设计方法研究,桥、隧、岛等不同结构形式的混凝土结构施工过程耐久性质量控制与监测技术研究,以及基于实际环境荷载的实体结构耐久性评估与再设计技术研究,不断完善跨海集群工程120年使用寿命技术保障体系。

(4)对预制墩台安装定位、钢结构防腐涂装施工、沉管隧道管节浮运安装等各项关键工序加大督查力度,合理优化施工工期安排、完善施工组织设计、施工工艺,确保质量安全管控到位,以免出现重大安全风险。

(5)结合项目跨境合建的特点,推动建立三地营运管理信息交换体系、跨境救援联动机制、预案以及跨境交通控制管理程序,完善交通基建HSE管理体系的研究和建设,完善隧、岛、桥集群工程建设防灾减灾与施工安全保障体系。

五、施工图设计阶段安全风险评估工作要点

结合港珠澳大桥主体工程的评估经验,对施工图设计安全风险评估工作要点进行了初步探讨:

(1)施工图设计阶段安全风险评估,应结合初步设计审查意见对初步设计阶段的安全风险评估进行细化,重点是对上一阶段的残留风险,以及对施工方案、施工工法、结构方案可能存在的安全风险进行有效评估,并提出相应的安全应对措施。当风险产生的后果可能为突发性事件(倾覆、压溃、倒塌等)时,施工图设计阶段应明确施工方案、施工工艺、注意事项、监控要求等,并进行有效的风险管理[6]。

(2)为使评估成果更具针对性,应采用"动态评估"方法,即:

①以初步设计阶段安全风险评估成果为基础,紧密结合当前工程建设进展,对已规避的风险源进行删除,及时纳入新增的风险源;

②对进行重大修改或变更的方案,应进行重点评估。

(3)为使评估成果更具客观性,宜充分利用定量方法,可综合采用概率分析、专家调查等方法。同时,在专家调查法中,为降低专家经验估计的主观性,应尽可能扩大风险源调研有效样本数,主要邀请具有丰富经验的专家,并且工程各参建单位——项目业主、设计施工、监理咨询等均应派负责人参与咨询调查。所咨询调查的专家宜选择:

①直接参与工程的参建单位专家;

②了解工程建设情况的行业资深专家;

③评估小组内的专家。

(4)确保评估报告编制质量及实用性,应分别给出不同典型安全事件的概率等级、损失等级和风险等级评估结果;并对风险事件和风险源按重要性进行排序,确定风险措施实施的重点,优化成本;安全风险控制措施主要包括构造设计的合理性、建设条件、施工方案以及结构风险等方面的重要风险控制预案。

(5)对Ⅲ级(高度)风险,参建单位应重点关注,制定应急预案,并在施工阶段加强风险监控;在专项风险控制研究的基础上,加强对施工单位关键施工程序的督查工作,确保专项施工方案严格按照施工规范执行。

六、结　语

实践证明,港珠澳大桥主体工程施工图设计阶段安全风险评估是强化安全风险意识,保证工程建设方案安全,降低事故概率,减少经济损失的重要措施,对提升工程建设风险管理水平发挥了重要作用。施工图设计阶段是确定工程具体实施方案的阶段,是工程安全管控的重要环节。对于建设条件复杂、技术难度大的交通建设项目,在该阶段实施安全风险评估有助于降低工程实施风险,提高风险管理水平。

参考文献

[1] 尼玛卓玛,张杰,赵君黎.公路桥隧工程设计安全风险评估指南试行现状和问题[J].公路交通科技(应用技术版).2011(12).

[2] 张喜刚,徐国平,刘高,等.公路桥隧工程风险评估[J].公路交通科技.2010(11).

[3] 黄宏伟,彭铭,胡群芳.上海长江隧道工程风险评估研究[J].地下空间与工程学报.2009(01).

[4] 王燕,黄宏伟,李术才.海底隧道施工风险辨识及其控制[J].地下空间与工程学报.2007(S1).

[5] 张鲲,聂会星.某长江公路大桥基于专家经验法的安全风险评估方法研究[J].工程与建设.2013(01).

[6] 中华人民共和国交通运输部.关于在初步设计阶段实行公路桥梁和隧道工程安全风险评估制度的通知(交公路发[2010]175号).2010.

74. 台风对大型跨海桥梁安全管理的影响与对策

曹汉江 陈 伟

(港珠澳大桥管理局)

摘 要 台风是一种极其危险的天气系统,可带来狂风、暴雨、巨浪和风暴潮,对大型跨海桥梁施工和营运安全管理均会带来不利影响。如果不提前做好防台管理的准备工作,台风将可能会造成极其严重的人员伤亡和船机设备、桥梁工程损毁等后果。为确保跨海桥梁施工和营运防台安全,有必要对台风可能带来的危害进行系统地、深入地分析,并研究相关对策。

关键词 台风 大型跨海桥梁 安全影响 对策

一、引 言

进入21世纪以来,随着科技水平和建造技术的发展,我国一批具有世界水平的跨海桥梁如东海大桥、杭州湾跨海大桥、苏通长江大桥、青岛海湾大桥等已逐步建成;同时,更具有挑战性的大型跨海桥梁,如港珠澳大桥、琼州海峡通道、深中跨海通道、渤海湾跨海通道等正在建设和规划部署中。

大型跨海桥梁往往位于气象环境复杂、台风多发的海域,桥梁施工和营运均容易受到台风的影响,而且台风的影响具有极高的风险和不确定性。笔者结合多年的防台管理工作经验,对大型跨海桥梁受台风的影响与对策进行了分析、探讨,希望能够为大型跨海桥梁建设和营运的防台管理工作提供参考。

二、台风(热带气旋)简述

1. 定义

台风是发生于太平洋西部和我国沿海一带并影响亚洲东部的热带低气压。

2. 分类

根据国际规定,"中心最大风力在34km/h以下的称为热带低气压,中心最大风力在34~63km/h之间的称为热带风暴,中心最大风力在64km/h以上的,就被称为台风",但各国又有自己的标准。例如:日本将风速在34nm/h以上的热带低气压都称为台风;我国气象部门把热带气旋分为三类:

(1)最大风力6~7级的称为热带低压。

(2)最大风力8~11级的称为台风。

(3)最大风力12级以上的称为强台风。

台风只在我国和东亚、东南亚一带被称为台风,在同样受台风影响的菲律宾则被称为巴加峨斯,在加勒比海、墨西哥湾及西印度群岛和美国被称为飓风,在其他多数海域和地区被称为气旋。

台风的主要分类见表1。

台风主要分类 　　　　表1

种类	风速(m/s)	中心附近最大风力(级)	种类	风速(m/s)	中心附近最大风力(级)
热带低压	13.9～17.1	7	热带风暴	17.2～24.4	8～9
强热带风暴	24.5～32.6	10～11	台风	32.7～41.4	12～13
强台风	41.5～50.9	14～15	超强台风	≥51.0	≥16

3. 形成机理

在海洋面温度超过26.5℃以上的热带或副热带海洋上，由于近洋面气温高，大量空气膨胀上升，使近洋面气压降低，外围空气源源不断地补充流入上升。受地转偏向力的影响，上升的空气旋转起来，并在上升过程中膨胀变冷，其中的水汽冷却凝结形成水滴时，要放出热量，又促使低层空气不断上升。这样近洋面气压下降得更低，空气旋转得更加猛烈，最后形成台风(热带气旋)。

台风形成的基本和必要条件：

(1)要有足够广阔的热带洋面，这个洋面不仅要求海水表面温度要高于26.5℃，而且在60m深的一层海水里，水温都要超过这个数值。

(2)在台风形成之前，预先要有一个弱的热带涡旋存在。

(3)要有足够大的地球自转偏向力(北半球作逆时针方向旋转，南半球反之)。

(4)在弱低压上方，高低空之间的风向风速差别要小。

台风不是单纯的低压气旋，而是高低压复合系统，是低压环绕高压的系统(高压环绕低压的系统是龙卷风)。

4. 路径特点

(1)基本路径。由于副热带高压的形状、位置、强度变化以及其他因素的影响，致台风移动路径的规律并非一致，而且变得多种多样。西北太平洋西部地区台风路径基本路径大体有以下3中类型：

①西进型：台风自菲律宾以东一直向西移动，经过南海最后在中国海南岛、广西或越南北部地区登陆，这种路线多发生在北半球冬、春两季。当时北半球副高偏南，所以台风生成纬度较低，路径偏南，一般只在北纬16°以南进入南海，最后在越南登陆，波及泰、柬、缅等国，甚至进入孟加拉湾。

②登陆型：台风向西北方向移动，先在台湾岛登陆，然后穿过台湾海峡，在中国广东、福建、浙江沿海再次登陆，并逐渐减弱为热带低压。

③抛物线型：台风先向西北方向移动，当接近中国东部沿海地区时，不登陆而转向东北，向日本附近转去，路径呈抛物线形状，这种路径多发生在5～6月和9～11月。最终大多变性为温带气旋。

(2)异常路径。有些热带气旋因外围引导气流不明，或受另一热带气旋影响(如藤原效应)，路径出现打转、停滞等。

当台风所处的环境形势变化很快，或是海上有多个台风相互影响时，台风的移动路径会变得比较怪异，这就像陀螺在旋转时受到外力的影响，中心将作气旋式圆弧运动。当这种运动正好和原运动的方向相反时，就会导致台风的停滞和打转，如果所受到的外力作用不平衡，便会左右摇摆，像一条运动的蛇一样。这样的移动路径很复杂，也更难以预测，所以更容易成灾。

在西太平洋沿岸国家中，登陆我国的台风平均每年有7个左右，占这一地区登陆台风总数的35%。台风给登陆地区带来的影响是十分巨大的。

我国华南地区受台风影响最为频繁，其中广东、海南最为严重，有的年份登陆以上两省的台风可多达14个。此外，台湾、福建、浙江、上海、江苏等也是受台风影响较频繁的省市。有些台风从我国沿海登陆后还会深入到内陆。

5. 危害概述

台风的破坏力主要由强风、暴雨和风暴潮三个因素引起。

（1）强风：台风是一个巨大的能量库，据测，当风力达到 12 级（风速 32.7m/s 以上）时，垂直于风向平面上每平方米风压可达 2.3kN。

（2）暴雨：台风是非常强的降雨系统。一次台风登陆，降雨中心一天之中可降下 100~300mm 的大暴雨，甚至可达 500~800mm。台风暴雨造成的洪涝灾害，是最具危险性的灾害，具有强度大、洪水出现频率高、波及范围广、来势凶猛、破坏性极大等特点。

（3）风暴潮：就是当台风移向陆地时，由于台风的强风和低气压的作用，使海水向海岸方向强力堆积，潮位猛涨，水浪排山倒海般向海岸压去。强台风的风暴潮能使沿海水位上升 5~6m。风暴潮与天文大潮高潮位相遇，产生高频率的潮位，导致潮水漫溢，海堤溃决，冲毁房屋和各类建筑设施，淹没城镇和农田，造成大量人员伤亡和财产损失。风暴潮还会造成海岸侵蚀，海水倒灌造成土地盐渍化等灾害。

据世界气象组织的报告，全球每年死于热带风暴的人数约为 2000~3000 人。据有关资料，西太平洋沿岸国家平均每年因台风造成的经济损失约 40 亿美元。

三、防台风管理概述

为做好公共突发事件管控工作，国家印发了《国家突发公共事件总体应急预案》，并在国务院、各级地方政府设立了相应的三防（包括防风）管理机构，建立了防灾、减灾的应急管理体系。各级管理机构按照职责分工总体负责防台管理工作，桥梁营运管理单位、建设单位、施工单位负责落实各级政府防台管理相关要求，做好防台应急各项具体工作。

目前，已有一些地区或城市建立了面向公众的台风预警、发布系统，公众可以直接登陆 Internet 查询台风强度、预测路径等信息。同时，各地气象部门也会在 Internet 发布气象预警信息，相关信息也是公众可以查询到的。另外，经过多年的经验总结，我国政府管理部门已建立了完善的防台工作会商、应急信息发布、指令下达、防风应急响应情况跟进、应急抢险救助、事故问责等管理机制。

按照现行防台管理工作的分工，国务院、各级地方政府的三防管理机构对防风工作总体负责，其他相关职能部门负责配合做好防台工作。在防台应急时，各级三防管理机构负责发布应急响应信息及相关撤离指令；对于施工船舶的撤离指令，则由海事部门负责发布。

桥梁营运管理单位、建设单位、施工单位负责编制防台管理预案、措施，做好预案的演练和日常准备，并在台风来临前组织人力、物力落实各级政府的防台管理要求。

四、大型跨海桥梁特点

大型跨海桥梁特点可归纳为如下方面：

（1）技术难度高，施工周期长。大型跨海桥梁往往需要持续 6 年左右，甚至 10 年的时间。

（2）工程内容复杂，现场施工点多，临建设施设备多。大型跨海桥梁工程内容包括海中桥梁、海中人工岛、海底隧道等，往往需要建设大量的海上临时施工平台，材料堆放平台，大型拌和站、材料堆场、加工棚等设施设备。施工人员和设施设备往往分散在各个施工平台和临建点。

（3）工程规模大，现场施工人员和船、机设备数量众多。大型跨海桥梁工程长度较长，往往超过30km，施工高峰期需要投入成千上万的施工人员，高峰期参与施工的塔吊、起重船舶、工程车辆数、施工船舶都是数百辆（艘）计，需要搭设的脚手架、支撑数量更是巨大，而且，无动力的大型特种船舶占用相当大的比重。例如，据不完全统计，港珠澳大桥主体工程施工高峰期时，投入现场施工人员约 8000 人，各类塔吊、起重设备约 50 部、参与施工的工程车辆约 300 辆，施工现场船舶约 260 艘，其中就有约 60 艘为无动力大型特种船舶。

五、台风对大型跨海桥梁安全管理的影响

大型跨海桥梁施工的质量、安全、进度、造价等指标均容易受到台风造成的不利影响；在运营期，台风往往会对大型跨海桥梁自身结构安全和车辆通行安全造成不利影响。本文主要从安全管理方面，来分析

台风造成的不利影响。

1. 台风对施工安全的影响

大型跨海桥梁工程施工过程中如果遭遇台风，为保证人员和设施、设备安全，在台风来临前，需要组织人员、船舶撤离，机械设备、临建设施绑扎加固等大量的工作。上述防台应急响应工作如果执行不到位，最不利的后果，则可能导致人员伤亡、财产损失等安全事故。例如：海中人工岛、海上平台、箱梁等处的施工人员未及时撤离，将可能产生人员伤亡的不利后果；施工船舶未及时进入安全区域锚泊，将可能产生人员伤亡、船舶翻沉的不利后果；施工船舶走锚，将可能产生人员伤亡、船舶翻沉的不利后果；台风可能导致桥梁工程附近锚泊船走锚，漂入施工区域，碰撞桥梁结构物及临时设施。

另外，如果对一些异常路径的台风走向判断失误，导致防台应急响应不及时，也容易造成人员、船舶等设施设备的伤亡和财产损失。

2. 台风对于运营安全的影响

台风带来的巨大风力和风暴潮增水，会对大型跨海桥梁结构造成巨大的冲击，甚至影响桥梁结构安全，进而为营运安全带来隐患；另外，台风会造成大型跨海桥梁交通设施设备不同程度的损坏，如果不及时修复，将影响车辆通行安全。

台风来临前，如果不及时采取交通管理措施，将可能造成车辆交通安全问题。在大型跨海桥梁附近水域，台风一旦造成船舶失控的情况，则可能会危及桥梁结构安全，并造成财产损失。

六、对 策 分 析

本文站在大型跨海桥梁施工单位、建设单位、营运管理单位的角度，从技术和管理两个方面提出如下对策建议。

1. 技术对策

（1）在桥梁设计阶段，应充分考虑台风可能造成的不利影响，高度重视桥梁结构、桥梁交通工程等方面的防风能力设计审查，加强对桥梁结构健康状态的检测、监控系统设计，确保从源头上减少台风可能带来的不利影响，减少桥梁在施工期间和营运期间防台工作的风险。应充分考虑船舶因台风产生走锚，可能对桥梁造成的危害，在设计时，将桥梁的线位与船舶防台锚地保持一定的安全距离。

（2）充分利用现代化的科技手段，实现对人员、船机设备、桥梁及构筑物的全方位、全过程监控，其实做到"看得见、指挥得了、措施能够落实"。

①在施工期，应建立高清无线视频监控系统，将施工现场的画面实时传送至施工单位、建设单位的防台应急指挥中心。应运用现代化的定位手段和技术，对每一个施工人员的动态和位置能够充分掌握，并显示在控制终端上。应引入船舶 AIS 管理系统，实时掌握施工船舶动态。应建立台风预警发布平台，保证能及时将气象信息和预警信息发布至现场施工人员和船舶。应建立指挥、通信、调度系统，保证能够随时和现场负责人及船舶保持联系。应在应急指挥中心建立应急工作办公系统，全过程记录防台工作。应根据工程特点和作业现场的实际情况，配备完善、可靠的应急响应设施、设备，包括但不限于：应急抢险物质、急救物品、应急生存物质、紧急避难场所、应急联络设施。

②在营运期间，应建立桥梁全段高清视频监控系统（含红外线夜视功能），将监控画面实时传入防台应急指挥中心。应充分考虑台风可能引发的风暴潮的不利影响，建立应急排水系统。应建立防台应急指挥、引导、疏散系统，保证能够及时疏散人群和车辆。应建立应急抢险系统，保证能够应对应台风引起的一切次生灾害。

2. 管理对策

（1）应及时发布防台应急预案，建立防台应急响应管理机制和管理流程，明确防台工作责任机制。防台应急预案应经过相关主管部门的审查和备案。防台应急预案在响应级别及管理要求上，应在充分考虑海上作业人员、船机设备安全撤离的前提下，保持和各级主管部门的预案一致，并在管理流程上保持紧密衔接。

(2) 应建立防台工作布置、检查、整改、复核、提高的安全管理责任制。

(3) 应加强和省、市三防主管部门的沟通联系。例如，在台风来临前，参与防台会商；防台过程中，及时落实省、市各级领导和管理机构的工作要求；如遇紧急情况，及时向三防部门请求应急救援。如涉及海上交通方面的险情，还应及时和海上搜救指挥中心联系。

(4) 应加强与救助单位、高速客船公司等相关单位的联系，建立桥梁附近水域的应急资源分布资料库和应急救援紧急联系机制，力求增强应急抢险能力。

(5) 应建立正确的防台工作指导思想，以"领导重视"为核心，以"以人为本"为宗旨，遵从政府指令；应针对防台应急决策与指令具有"渐进决策"的特点，建立完善的内部会商与决策、执行机制。这一点在桥梁施工期的防台应急响应实施过程中尤为重要。一个好的内部会商与决策、执行机制必须具备以下三个特点：一是能够严格遵从国家防总、省市三防部门指令和目标宗旨；二是能够根据工程现状、自身防台能力和台风进展情况在准备阶段、分步实施阶段渐进完成各项防台响应工作；三是能够游刃有余的面对突发事件和突发恶劣情况，即在发生任何突发、意外情况下，均能够指挥、调度后续资源储备完成防台处置工作。

七 结 语

目前，全球气象情况复杂，极端天气频发，台风作为一种不可小视的自然力量，对大型跨海桥梁的施工和营运均会产生不利影响，如果不提前考虑，充分准备，台风将可能会造成极其严重的人员伤亡，船机设备、桥梁结构损毁等巨大损失。唯有高度重视，充分利用现有技术手段和管理手段，落实防台管理各项工作要求，才能让桥梁建设、营运与台风和谐相处。

75. 港珠澳大桥岛隧工程设计施工总承包成本控制管理体系研究与实践

王金红

(中国交通建设股份有限公司联合体港珠澳大桥岛隧工程项目总经理部财务部)

摘 要 针对港珠澳大桥岛隧工程设计施工总承包模式下项目成本控制管理手段、方法、理论对比等，阐述了成本控制管理体系具体措施，以期指导今后同类工程项目科学有效地进行成本控制管理。

关键词 设计施工总承包 成本控制 管理体系 措施

一、引 言

港珠澳大桥岛隧工程是目前世界范围内综合难度和规模最大的沉管隧道，面临的技术难题多，工程建设具有极大的挑战性，备受国内外建筑业界瞩目。因其施工区域通航频繁、海洋环境复杂、地质结构多变、质量要求高、混凝土预制沉管超大、施工工期紧等情况构成为当今世界上综合难度和规模最大的外海工程，在世界范围内也无成熟的经验可以借鉴，且在国内重大交通基础设施项目中第一次采用设计施工总承包模式。成本控制管理采取项目总部成立财务中心，对各项成本费用支出实行严格监督管理模式。项目总部财务中心是对整个工程项目各项成本控制的核心组织，对整个工程的进展起到了监督和规范的作用。

二、工程建设项目成本控制管理体系基本理论

1. 项目成本的内涵

工程建设项目成本是指项目在建设过程的各阶段，包括招投标阶段、启动阶段、计划和预算阶段、施

工阶段、竣工阶段等所消耗的人力、物力、财力等全部资源。

2. 项目成本的构成

根据成本所处的项目建设阶段的不同划分,项目成本包括项目启动成本、项目实施成本和项目完工成本。项目启动成本是在项目的启动阶段发生的各项费用,包括项目开展前的市场调查费用、实地走访了解征地拆迁情况的费用、为了评价项目的可行性花费的工程勘测和规划设计费用等;项目实施成本是在项目具体实施过程中发生的各项费用,包括人工费、材料费、机械使用费、其他直接费和施工管理费等;项目完成成本是在项目竣工阶段发生的各项费用,主要包括竣工验收费、评估费等。

3. 项目成本控制

成本控制也称费用控制,是在既定工期、质量、安全的条件下,把工程实际成本控制在计划范围内。成本控制要通过目标分解、阶段性目标的提出、动态分析、跟踪管理、实施中的反馈与决策来实施。以直接费的监测为成本控制中心,不断对工程项目中各分项实务工程量的收入,对比支付的生产费用,发现超支趋势,及时采取补救措施。

4. 项目成本控制的原则

(1)以人为本,全员参与原则。工程项目成本工作是一项系统工程,项目施工的进度、质量、安全、施工技术、物资管理、劳务管理、计划统计、财务管理等一系列管理工作都关系到项目施工成本。因此,工程项目成本管理项目施工管理的核心工作,必须让全体人员共同参与。只有这样才能保证整体工程项目的顺利进行。

(2)目标分解、责任明确的原则。工程项目的成本管理的工作业绩最终要转化为定量指标,而这些指标的完成是要通过各级各个岗位的工作实现的。为明确各级各岗位的成本目标和责任,就必须进行指标分解。把总指标进行层层分解,落实到每一个人,通过每个指标的完成保证总目标的实现。

(3)工程项目成本控制的动态性、及时性、准确性原则。动态性:由于施工项目成本的构成是随着工程施工的进展而不断变化的,进行施工项目成本控制的过程就是不断地调整项目施工成本支出与计划目标的偏差,使施工成本支出与目标保持一致,就需要进行项目成本的动态控制。它决定了项目施工成本控制不是一次性的工作,而是项目实施全过程时时刻刻都在进行的工作。

及时性:项目施工成本控制需要及时、准确地提供成本核算信息,不断反馈,为上级部门或项目经理进行项目施工成本控制提供科学的决策依据。如果信息严重滞后,就起不到及时纠偏的作用。

准确性:项目施工成本控制所编制的各种成本计划、消耗量计划,统计的各项消耗和各项费用支出,必须是准确的。如果计划的编制就不准确,各项成本控制就失去了基准。如果各项统计不准确,成本核算就反应不真实,出现虚盈或虚亏,只能导致决策失误。

项目施工成本控制的动态性、及时性、准确性是项目施工成本控制的灵魂。

(4)过程控制和系统控制的原则。项目施工成本是由施工过程的各个环节消耗形成的,因此,项目施工成本的控制必须采取过程控制的方法。分析每一个过程影响成本的因素,制定工作程序,使之时时处于受控状态。项目施工成本形成的每一个过程又与其他过程互相关联的。一个过程成本的降低,可能会引起关联过程成本的提高。因此,项目施工成本的控制,必须遵循系统控制的原则,进行系统分析,必须从全局利益出发,不能由于局部利益,损害整体利益。

三、港珠澳大桥岛隧工程设计施工总承包项目案例分析

1. 港珠澳大桥岛隧工程设计施工总承包项目情况介绍

港珠澳大桥主体工程岛隧工程起于粤港分界线,止于西人工岛结合部非通航孔桥西段,全长7440m,包含东西人工岛、沉管隧道、结合部非通航孔桥、岛上建筑及附属设施、沉管预制工厂和总营地建设。设计施工总承包管理模式为:业主提供初步设计方案和有具体组建要求的联合体设计施工总承包模式。与传统的"设计——招标——建造"项目管理模式相比,该模式能有效控制风险,缩短建设周期,提高项目的管理效率。

中交股份联合体承担了岛隧工程的设计施工总承包任务,中国交通建设股份有限公司作为联合体的总牵头人和施工牵头人,成立了中国交通建设股份有限公司联合体港珠澳大桥岛隧工程项目总经理部(以下简称"总部"),负责项目建设的指挥、监督、协调、服务职能,工程施工由中国交建所属的5家子公司组成工区项目经理部负责实施。

联合体授权总牵头人负责计量和支付工作,对联合体成员当期完成的工作量进行费用分配和支付,总牵头人代表联合体向业主提交履约担保,联合体授权项目总经理部负责本项目的财务管理。

2. 港珠澳大桥岛隧工程设计施工总承包成本控制管理系统模式

(1)项目总部成立财务中心,对项目总的成本进行有效控制。项目总部财务中心是对整个工程项目各项成本控制的核心组织,对整个工程的进展起到了监督和规范的作用,其主要成本控制管理模式见表1。

财务中心成本控制管理模式　　　　　　　　　　表1

序号	岗位	所属单位	职责	工作细分
1	财务预算岗	总部财务中心	负责项目预算的编制、调整、执行及分析	财务中心对工区项目会计报表,经中交股份公司批准,各工区项目部的上级主管单位授权财务中心查阅工区项目部的久其会计报表,并在相关报表体系中获取相关数据资料
2	报表稽核编制岗	总部财务中心	负责总部及工区项目会计报表的稽核工作,编制项目的合并会计报表,定期对项目的经济活动作出分析报告	财务中心对工区项目预算的管理,经中交股份公司批准,各工区项目部的上级主管单位授权财务中心查阅工区项目部的预算报表体系,并在相关报表体系中获取相关数据资料。项目实行预算管理制度,财务中心组织总部计划合同部及相关部门做好合同总收入、合同总成本预算的编制、调整工作,并定期对成本费用预算进行调整,成本费用预算应分解到各工区项目部。财务中心每年年末编制次年项目的全面预算报告,并定期对全面预算执行情况进行分析
3	资金管理岗	总部财务中心	负责对工区项目大额资金支付的审批,并传递给开户银行按照审批的内容办理资金的支付手续	财务中心对工区项目大额资金支付的管理,利用项目总部的管理信息系统办公软件中的资金管理窗口,将大额经济业务支付信息上报财务中心,由财务中心审批后发送给开户银行办理相关业务。项目资金支付实行资金监管模式,项目总部的资金支付接受业主单位的监管,工区项目部的资金支付接受项目总部的监管,同时接受业主不定期对资金支付情况的检查
4	成本费用管理岗	总部财务中心	负责对工区项目大额成本费用的审核	财务中心对工区项目大额成本费用的审核管理,经中交股份公司批准,各工区项目部的上级主管单位授权财务中心使用各工区的浪潮财务软件,在其账套中使用查询权限及对部分会计科目的审批权限,审核其大额的成本费用开支

(2)实施行之有效的全过程成本控制管理。成本的管理程序按照成本预测、成本计划、成本控制、成本核算、成本分析、成本考核程序进行,见图1。

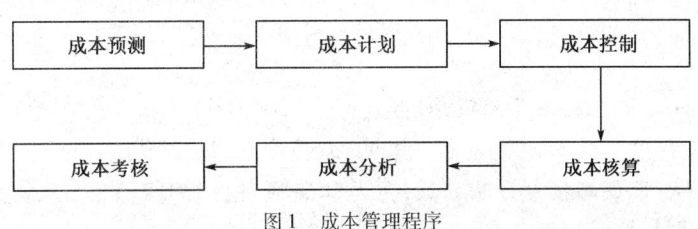

图1　成本管理程序

①成本预测:项目中标后,根据现有的施工图纸和施工方案,结合初步设计施工图,进行市场调查,按照各工区的分配任务及投入的资源情况,结合项目的实际情况,对项目的总体成本进行预测的管理,是成本目标确定的主要依据,在项目实施过程中可根据实际情况进行调整。

②成本计划:对成本目标的任务分解,按照工程单元、分部分项工程的划分和工程进度,合理制定成

本计划。

③成本控制:成本控制原则,是在确保工程的安全、质量和进度的基础上,制定合理的成本控制措施。

成本控制的措施:

第一,方案优化。根据设计图纸,进行多种方案的经济性比较,选择合理的施工方案,节约措施材料用量或节约工程工期,以减少费用,控制成本。

第二,材料和船机设备管理。成本中的材料管理应从源头抓起,材料的采购按照相关管理办法进行招标或比选,遵循"质量保证""价格优惠"的选择方式,材料的使用或再加工使用在入库、库存、领用、场内运输、施工等过程中严格控制材料的损耗,节约材料使用成本。船机设备应进行自购与租赁使用方式的经济性分析,选择经济合理的使用方式,在编制施工方案时,应对船机设备进行合理的配置,应考虑尽量减少设备的闲置,更应避免设备的低效甚至无效工作时间。

第三,分包管理。制定合理的标底标价,并按相关规定在招标、比选或直接委托的过程中严格控制,并在合同的履行过程中加强管理,防止分包费用超过该分包项目的成本目标费用。

第四,现场管理费。应在办公费用、生活费用、差旅费用、车船使用费用、业务费用的使用中注重节约,节省开支。

④成本核算:财务部门按照财务的相关规定对发生的实际成本进行成本核算。

⑤成本分析:在成本核算的基础上,按照一定的成本分析方法,评价成本计划、成本控制的执行情况,揭示成本升降的原因,正确地查明影响成本高低的各种因素及其原因,寻求进一步降低成本的途径和方法。

⑥成本考核:对成本预测工作、成本计划工作、成本核算工作、成本控制工作及成本分析工作的全面考核。

对成本预测的考核,检查成本预测报告的编制是否真实合理,制定的或调整后的成本目标是否受控或实现;对成本计划的考核,检查成本计划的编制是否合理全面,计划的落实是够及时有效,按照成本计划制定的成本目标是否实现;对成本控制的考核,检查成本控制报告的内容,核实和评估成本控制措施的效果;对于成本核算的考核,按照财务制度进行;对于成本分析的考核,检查成本分析的报告的合理性、真实性、有效性,评价成本分析的结果及反馈的意见。

四、结　语

工程项目成本控制管理的最终目的是以最少的成本投入,而获得最大的利润。项目成本控制贯穿于项目建设的全过程中,涉及全员的参与、配合、协调,共同的努力。如果有一方出现问题,牵一发而动全身,影响巨大。工程项目在正确运用成本控制的同时,还要时刻关注成本控制工具的运用是否合乎要求,是否适应整个工程项目的使用。本文对港珠澳大桥岛隧工程设计施工总承包项目成本控制进行了案例解析,介绍了这一工程项目总体概况特点,针对这一项目分析了设计施工总承包模式下成本控制管理措施及取得的经济效益成果,达到了以最小的成本投入,取得了最大的利润指标的目的,为企业树立了良好的企业信誉和形象。

参考文献

[1] 张伟强.对工程项目成本控制的几点设想.华夏星火,2005(6).
[2] 倪训松.于承志.工程项目成本控制的方法探讨.山西建筑,2012(9).
[3] 王茜.赵丽萍.工程项目成本控制方法研究.黑龙江交通科技,2012(11).
[4] 李鹏飞.工程项目成本控制问题研究.商场现代化,2012(10).
[5] 陈为秦.工程项目成本控制与管理探讨.监理与管理,2013(5).
[6] 李双志.工程项目管理进程中问题分析.四川地质学报,2013(6).
[7] 任碧宇.关于工程项目成本控制的思考.经营管理与论坛.安徽建筑,2004(3).
[8] 刘和生.关于工程项目成本全过程控制.工程管理,2013(10).

[9] 陆少霞.关于施工企业项目成本管理的几点思考.项目管理.2013(5).
[10] 范绍福.建设工程项目成本控制和方法探讨(中国会议).2005(1).
[11] 周静.我国建筑工程项目成本控制现状分析.科技信息(专题论述),2009(8).
[12] 邓君.杜立祥.孟中.工程项目成本管理的问题以及成本控制研究.改革与开放.2011(5).
[13] 王长川.工程项目成本控制的分析与研究.大连理工大学,2002(9).
[14] 港珠澳大桥岛隧工程项目管理计划.中交股份联合体港珠澳大桥岛隧工程项目总经理部.2011.1.

76. HSE管理在特大型跨海桥隧工程中的应用研究

曹汉江　胡敏涛

(港珠澳大桥管理局)

摘　要　结合特大型跨海桥隧工程特点,对工程项目中如何建立HSE管理体系进行了分析和研究,重点对各参建单位HSE管理职责进行了分析。将HSE管理应用到特大型跨海桥隧工程中对于统一职业健康、安全、环保管理模式,提升工程建设的整体管理水平,推动HSE相关法律法规的贯彻落实和加强事故的预防控制具有重要的现实意义。

关键词　HSE　工程建设　跨海　桥隧

一、引　言

近年来随着我国经济发展,对交通建设的发展需求不断增加,特大型跨海(江)桥(隧)工程已成为经济发展不可或缺的连接通道。苏通大桥、泰州大桥、杭州湾大桥、港珠澳大桥等举世瞩目的特大型跨海(江)桥(隧)工程等相继建成投入使用或正在建设中,对于这些特大型桥隧工程的建设,由于所处的环境比较特殊,其安全、职业健康、环境保护管理难度较大,需要进行较为深入的研究。

二、HSE管理体系介绍

HSE管理体系(Health Safety and Environment Management System)是健康、安全与环境管理体系的简称,是近些年国际石油天然气工业最早开始实施且通行的管理体系[1]。它集各国同行管理经验之大成,突出了预防为主、领导承诺、全员参与、持续改进的科学管理思想。HSE管理体系的形成和发展是多年管理工作经验积累的成果,它体现了完整的一体化管理思想。

1. HSE管理体系要素

HSE管理遵循基于"策划-实施-检查-改进"(PDCA)的"戴明循环"原理,HSE管理体系由"领导和承诺,健康、安全与环境方针,策划,组织机构、资源和文件,实施与运行,检查和纠正,审核与管理评审"7个关键要素组成,各要素相关性如图1所示。

2. HSE管理体系理念

(1)注重领导承诺的理念。是组织对社会、对员工的承诺,领导对实施HSE管理资源保证和法律责任的承诺,是HSE管理体系顺利实施的前提。承诺要传递到组织内部和外部相关各方,并逐渐形成一种自主承诺、改善条件、提高管理水平的组织思维方式和文化。

(2)体现以人为本的理念。组织在开展各项工作和管理活动过程中,始终贯穿着以人为本的思想,把保护人的生命放在首位,HSE管理要求在生产过程中不能以牺牲人的生命和健康为代价来达到生产的目的。

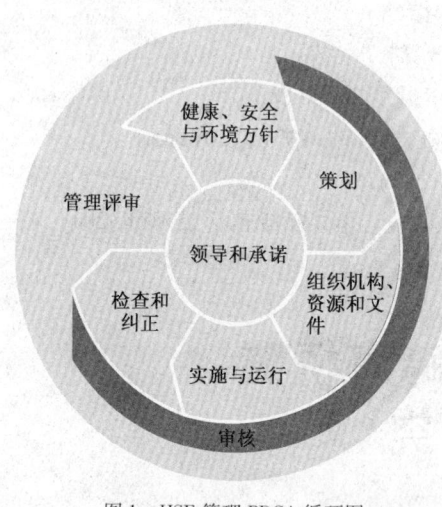

图 1 HSE 管理 PDCA 循环图

(3)体现预防为主、事故是可以预防的理念。我国安全生产的方针是"安全第一,预防为主",HSE 管理体系始终贯穿了对各项工作事前预防的理念,贯穿了所有事故都是可以预防的理念。

(4)体现全员参与的理念。HSE 管理强调"谁主管,谁负责"、"管生产必须管安全",对不同岗位的 HSE 职责予以明确,在进行危害辨识、人员培训、审核与评审时均要求全员参与。通过广泛的参与,形成组织的 HSE 文化,使 HSE 理念深入到每一个员工的思想深处,并转化为每一个员工的日常行为[3]。

(5)贯穿持续改进的理念。HSE 管理体系建立了定期审核和评审的机制。每次审核要对不符合项目实施改进,不断完善。这样,使体系始终处于持续改进的趋势,不断改正不足,坚持和发扬好的做法,按 PDCA 循环模式运行,实现可持续发展。

三、特大型跨海桥隧工程 HSE 管理分析

1. 工程 HSE 管理特点

(1)工程规模大,技术复杂。特大型海上桥隧施工涉及专业多,各项施工工艺复杂,挑战性大。

(2)穿越航道,施工区域通航情况复杂。工程建设一般跨区域或是国家,需要穿越通航航道,过往船舶等情况复杂,通航安全管理难度大。

(3)地理环境特殊,工程条件复杂。所处施工区域地理环境和自然条件复杂,对结构的耐久性要求高。而且,工程涉及陆地环境和海洋环境保护,海域使用和渔业资源保护要求高、难度大。

(4)参建单位多,人员管理难度大。由于涉及桥梁、隧道、桥隧转换连接(人工岛)等不同领域的施工,所参与的参建单位和施工队伍多,各单位管理模式不统一,而且由于在海上施工,人员的心理压力大,对参建人员的管理难度非常大。

2. HSE 管理体系建立的重点分析

(1)建立组织机构,明确各方 HSE 管理职责[2]。首先要建立组织机构,确定建设单位的最高管理者是 HSE 管理的第一责任人,各参建单位(参与本项目建设的相关单位)最高管理者为本单位的 HSE 管理第一责任人,对于各部门、参建单位的 HSE 职责要明确到位。下面以港珠澳大桥建设项目为例,其组织机构(图2)和各参建单位职责如下:

①建设单位。建设单位负责将有关 HSE 方面的法律法规传达给各参建单位,组织制定 HSE 政策、管理方针和目标,组织制定重大 HSE 事故应急救援预案,监督、指导其他各参建单位 HSE 管理体系(制度)的建立和运行,提供必要的资源保障,审定 HSE 年度工作目标、部署和规划,参与重大 HSE 专项方案的审查并监督其执行情况,对各参建单位 HSE 管理工作进行综合监督等。

②承包人。承包人是建设项目 HSE 管理实施最重要的责任主体,承包人负责开展本合同段风险辨识,组织制定各自 HSE 管理体系,制定、落实各项 HSE 技术措施和 HSE 作业计划书并执行,制定现场 HSE 应急处置程序,负责 HSE 管理体系与"平安工地"建设的结合落实等,确保 HSE 管理体系的有效运行和持续改进。

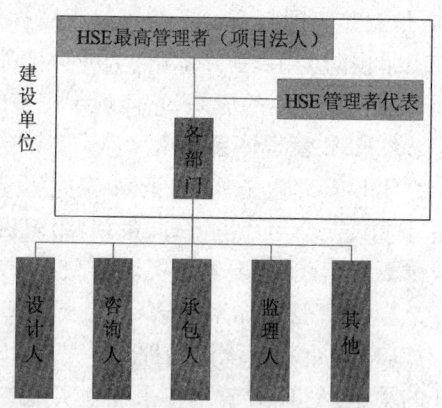

图 2 港珠澳大桥主体工程 HSE 组织结构图

③监理人。监理人是 HSE 监管的具体执行者,在建设单位的授权范围内履行工程施工 HSE 监督职责,负责对承包人 HSE 技术措施、HSE 作业计划书、HSE 专项方案进行审查(批)等。

④其他参建单位。其他参建单位(包括设计人、咨询人等)按照项目建设特点和工程管理需求设置项目 HSE 管理机构,明确组织构架内各职能部门及人员 HSE 职责和权限。

(2) HSE 管理运行控制。各参建单位在编制 HSE 管理体系文件时,要按照建设单位的 HSE 管理体系和有关要求进行对接,按照工程情况逐层建立 HSE 管理体系,形成 HSE 管理体系文件结构。同时,各施工标段针对单项的施工过程,要对 HSE 管理体系进一步细化。

根据相关法律法规的有关要求,明确各参建单位 HSE 管理职责,按照"谁主管,谁负责"的原则,层层落实和监管。按照 HSE 管理体系文件各个程序、办法和制度进行 HSE 管理交流和控制,做到运行控制有据可依、有序开展。

(3)实现 HSE 管理目标的关键点[4]。为满足 HSE 体系运行要求,实现 HSE 管理目标,要落实以下关键点:

①创建 HSE 文化氛围,强化"领导重视"和"全员参与"理念,实现"由要我安全、到我要安全、我会安全、让他人感到安全"的转变。

②以"顶层设计"理念为指导,统筹规划,科学合理的进行组织架构设计、流程设计,建立"责、权、利"统一的管理职能系统。

③建立完整、规范的 HSE 体系文件和严格的培训、过程监督、检查、评估、持续改进机制。

④制定客观、科学、合理的风险评判和预防措施,以及及时、高效的重大风险事故应急处置预案。

⑤保障必要的 HSE 资金投入和有效监管机制。

⑥保障 HSE 信息的及时、准确传递。

四、港珠澳大桥主体工程建设 HSE 管理的应用研究

1. HSE 管理体系建立的背景

港珠澳大桥工程包括三项内容:一是海中桥隧工程;二是香港、珠海和澳门三地口岸;三是香港、珠海、澳门三地连接线。主体工程长约29.6km,采用桥隧结合方案,穿越伶仃西航道和铜鼓航道段约6.7km 采用隧道方案,其余路段约22.9km 采用桥梁方案。为实现桥隧转换和设置通风井,主体工程隧道两端各设置一个海中人工岛。

2. HSE 管理体系的建立

(1)建设单位 HSE 管理体系的建立。港珠澳大桥管理局作为港珠澳大桥主体工程的建设单位,在经过策划后参照 GB/T 24001—2004 环境管理体系和 GB/T 28001—2001 职业健康安全管理体系规范,并借鉴石油石化系统 HSE 管理体系及相关的制度,结合本工程项目的特点制定了 HSE 管理方针,并明确了建设单位各部门、岗位人员的职责及各参建单位的 HSE 管理职责(图3)。

HSE 管理体系的建立分为三个层次,HSE 管理导则、HSE 程序文件、HSE 管理制度。其中程序文件、制度文件需要根据工程特点来分类。港珠澳大桥主体工程建设 HSE 管理体系建立后经过运行与修订,目前共包括21个程序文件、38个管理制度。

(2)各参建单位 HSE 管理体系的建立。各参建单位在进场后,按照建设单位 HSE 管理体系的要求编制各自的 HSE 管理体系或制度,对各自 HSE 管理的主要方面进行细化。

3. HSE 管理的重点内容

为确保主体工程的建设实现"安全、环保、优质、高效"的管理目标和建设目标,根据 HSE 管理体系运行的总体要求,港珠澳大桥主体工程实施 HSE 管理的重点工作包括六个方面,具体为:

(1)构建 HSE 组织保障体系,充分发挥其对工程建设 HSE 管理的协调指导作用。港珠澳大桥主体工程建立了以"建设单位—监理人—承包人"为主线的 HSE 管理构架,将 HSE 管理职责细化。

(2)构建 HSE 制度保障体系,大力推进岗位责任制的深化完善。自上而下建立 HSE 管理体系及各项 HSE 管理制度。管理局首先结合本工程总的情况建立了建设单位 HSE 管理体系,要求其他各参建单位结合各自标段的工程特点重点编制各自的 HSE 管理体系(制度)。

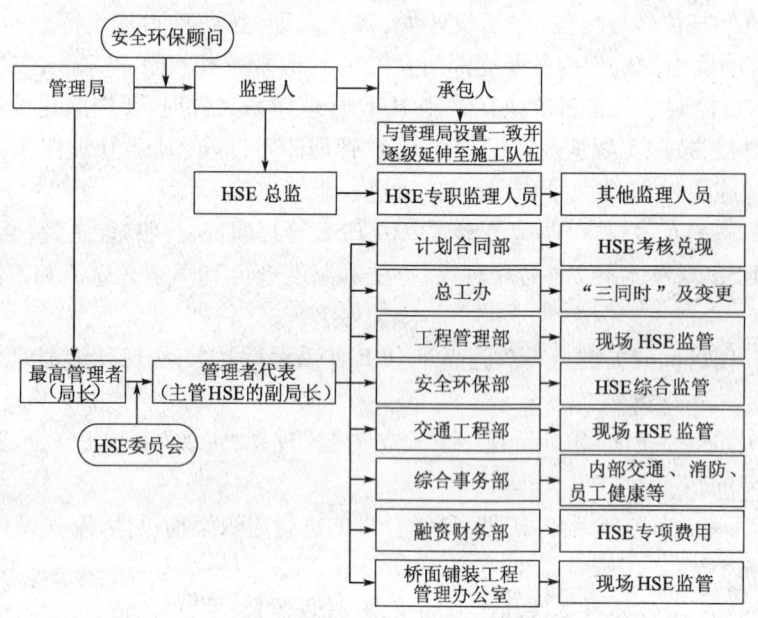

图3　HSE港珠澳大桥主体工程HSE管理职责分布图

(3) 构建HSE培训教育体系,积极营造具有项目特色的HSE文化氛围。本工程建立了多层次的HSE培训,构建HSE培训网络,主要包括:能力、培训和意识要素。通过进行全员HSE能力和意识培训,根据所需把有限的资源合理进行分配。对领导层进行HSE管理知识和意识培训;对管理层进行HSE管理知识和技能培训;对操作层进行HSE管理制度和操作技能培训;对新上岗人员进行安全"三级教育";对特种作业人员进行取证培训;对进行风险较大作业的岗位人员进行操作前HSE技术措施交底和培训。

(4) 构建HSE预控防范体系,牢牢把握工程建设HSE工作的主动权。本项目对施工现场起重作业、高处作业、潜水作业、爆破作业、进入受限空间作业、动火作业等多项具有重大风险的施工作业实施进行作业许可管理,根据现场实际情况进行风险辨识、防范措施制定和作业前交底,做好预控防范措施。

(5) 构建HSE检查考核体系,努力将各类事故隐患消除在萌芽状态。按要求严格制定了监督检查管理办法,并编制了15项监督检查标准(1项综合标准、14项专项标准),各承包人在此基础上结合各自标段实际情况编制各自的HSE综合检查标准、专项检查标准、巡回检查标准(根据工艺流程或施工区域划分)。根据施工情况建设、监理、承包单位采取定期和不定期、综合和专项检查结合,自上而下采取多层次的检查考核,有效对施工过程进行HSE监督管理。

(6) 构建事故应急预案体系,强化应对突发事件的快速处置和保障能力。建设单位委托具有资质的咨询单位编制了HSE应急预案,针对可能发生的重大事故制定了应急响应措施,各承包人在此基础上编制各自HSE应急预案和现场处置程序,建立事故应急预案体系。

4. HSE管理体系建立现状

主体工程建设HSE管理体系运行4年多来,通过构建HSE组织保障体系、HSE制度保障体系、HSE培训教育体系、HSE预控防范体系、HSE检查考核体系、事故应急预案体系"六位一体"为重点的HSE管理体系,并在各参建单位的严格执行下,逐步形成了较为稳定的HSE标准化管理体系,工程建设安全、环保、职业健康管理开展顺利,为大桥建设提供了有力的保障。

五、结　语

特大型跨海桥隧工程建设过程中引进HSE管理体系进行管理,这在整个交通建设行业都是一种探索和尝试。本文结合港珠澳大桥主体工程建设HSE管理应用的情况进行了简要的分析,发现在HSE管理体系在特大型跨海桥隧工程建设中的应用具有较广阔的前景。

（1）规范和统一了职业健康、安全、环保管理模式，有利于自上而下加强对施工过程中职业健康、安全、环保管理的控制。

（2）在跨境海域实施工程建设过程中，实行HSE管理有助于各建设单位在职业健康、安全、环保管理要求方面快速达成一致意见。

（3）有助于加强对事故和海洋环境污染的控制管理，降低和减少事故，有效保护海洋环境和渔业资源。

（4）有助于推动HSE相关法律法规的贯彻落实，提升工程建设的整体管理水平。

HSE管理体系引入特大型跨海桥隧工程建设项目中只是一个开始，还需要在实践中进行深入的探索和研究，通过不断持续改进，更好地为工程建设服务。

参考文献

［1］ 辛平.大型石化工程建设项目引入HSE专业管理团队的必要性［J］.安全、健康和环境，2010，06.
［2］ 刘小勇，晓明.特大工程建设项目引入职业健康安全管理体系的研究与应用［J］.中国安全科学学报，2009，05.
［3］ 许丽，李迁，姜天鹏.大型交通工程建设安全管理体系分析与实践［J］.建筑安全，2006（11）.
［4］ 孙泽新.建设单位在工程施工中的安全管理［J］.建筑安全，2007，（08）.

77. 港珠澳大桥主体工程岛隧工程设计施工总承包项目计划管理

陶维理

（中交第一航务工程局有限公司）

摘　要　文章介绍了港珠澳大桥主体工程岛隧工程设计施工总承包项目计划管理的特点和工程前期计划执行情况，并与国内常规工程项目计划管理进行了比较，说明了三地政府共管项目对计划管理的要求和特点，并阐述了该工程项目计划管理所采取的方法。

关键词　港珠澳大桥　岛隧工程　设计施工总承包　计划管理

一、工　程　概　况

港珠澳大桥工程包括三项内容：一是海中桥隧工程；二是香港、珠海和澳门口岸；三是香港、珠海、澳门连接线（图1）。

港珠澳大桥主体工程岛隧工程包括东、西人工岛、海底隧道及东、西人工岛非通航孔连接桥等。

其中，海底隧道采用沉管方案，起讫桩号为K6+406~K13+106，全长6700m，为目前世界上规模最大的沉管隧道。隧道分为东、西人工岛岛上段及沉管段，其中，东、西人工岛岛上段长均为518m，包括敞开段、减光段及暗埋段；沉管段长5664m，共分33个管节，标准管节单节长180m。

东人工岛起讫桩号为K6+339~K6+964，全长625m，最宽处约215m，面积约10.2万平方米。西人工岛起讫桩号为K12+548~K13+173，全长625m，最宽处约215m，面积约9.8万平方米。东人工岛非通航孔连接桥起讫桩号为K5+962.454~K6+347.454，全长385m；西人工岛非通航孔连接桥起讫桩号为K13+164~K13+413，全长249m。

图1 港珠澳大桥总平面图

二、本工程计划管理的特点

港珠澳大桥主体工程岛隧工程建设资金来自香港特别行政区政府、广东省人民政府、澳门特别行政区政府(以下简称内地与港澳政府)。港珠澳大桥管理局(以下简称"管理局")是港珠澳大桥主体工程的项目法人,由广东省牵头、粤港澳共同组建,负责港珠澳大桥主体工程的具体实施和运营管理。

鉴于岛隧工程建设资金来自于内地与港澳政府,所以,岛隧工程总体(年度)计划(包括投资计划和施工计划)均需经过内地与港澳政府审批通过后才能执行,总体计划编制和进度控制应满足交通运输部初步设计批复的工期要求。

三、合同工期要求

1. 总工期要求

岛隧工程采用设计施工总承包模式,于2010年12月21日开工建设,2016年3月底前,岛隧工程(包括东西人工岛结合部非通航孔桥)全部完工,2016年12月31日交工。

2. 主要合同节点

(1) 2012年7月底前完成(E1~E2管节)第一批管节的预制。
(2) 2012年10月底前,完成岛隧结合部施工,满足第一节沉管管节沉放对接条件。
(3) 2012年12月底前,开始安装第一个沉管隧道管节。
(4) 2014年9月30日,西人工岛岛上房建工程全部完工。
(5) 2015年5月31日,东人工岛岛上房建工程全部完工。
(6) 2016年3月底前,岛隧工程(含结合部桥梁、沥青摊铺)全部完工。

四、计划分级管理

1. 项目组织管理架构

岛隧工程以中国交通建设股份有限公司为联合体牵头人,联合体各单位共同参与组建了岛隧工程项目总经理部(即联合体指挥部),下设一个设计分部和五个施工工区,统筹协调各联合体成员单位的资源,协调设计与施工的联动,实现计划统一管理(图2)。

2. 计划分级管理

岛隧工程实行多级计划管理体系,共分为三级:总体计划(一级),年度/季度计划(二级),月度/专项计划(三级)。总体计划由岛隧工程项目总经理部按照合同总工期要求统筹制定,并报管理局审批通过后执行。岛隧工程项目总经理部会同设计分部、各施工工区对一级计划进行展开和细化,编制二级计划,并根据经管理局批准下发的二级计划进一步展开和细化,编制三级计划,见图 3。

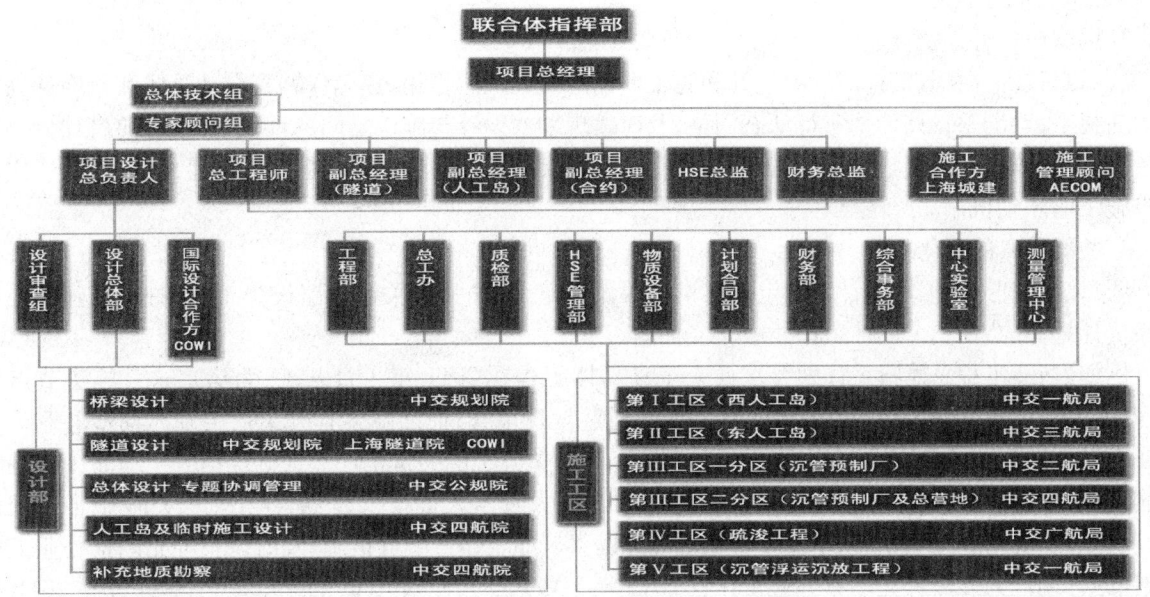

图 2　项目组织管理架构图

岛隧工程项目总经理部作为合同计划履行的主体,负责与管理局进行沟通,了解管理局的计划需求,编制计划网络图和横道图,确定关键线路和关键施工工序,在计划执行过程中,对设计计划和施工计划进行监督和协调,及时发现计划执行偏差并进行修正。

3. 对计划实行信息化管理

建立工期信息化网络管理系统,将投资计划、施工计划、资源配置、船机动态等纳入信息化管理,提高生产效率,加快施工进度。与业主、监理建立同步信息共享平台,准确高效地接受和反馈信息,动态编制并调整计划。

五、勘察设计计划管理

1. 勘察设计计划编制审批

岛隧工程勘察设计主办人为中交公路规划设计院有限公司,参与勘察设计的联合体成员单位包括中交第四航务工程勘察设计院有限公司、上海市隧道工程轨道交通设计研究院、丹麦科威(COWI A/S)国际咨询公司。以上四家设计单位共同组成了岛隧工程项目总经理部的设计分部(详见图 2),负责岛隧工程勘察设计工作。

岛隧工程设计施工总承包的管理原则是"设计施工联动,施工驱动设计",项目实施过程中,勘察设计计划与施工计划之间的关系密不可分、互相影响。勘察设计计划编制的主要内容包括四大部分:总体设计计划、外业勘察计划、施工图设计计划和专题研究计划。

项目总经理部根据合同工期节点要求,结合施工进度计划,制定勘察设计总体节点目标,由勘察设计各成员单位编制勘察设计总体计划和年度计划,项目总经理部根据据此编制勘察设计总体和年度投资计划,报管理局和三地

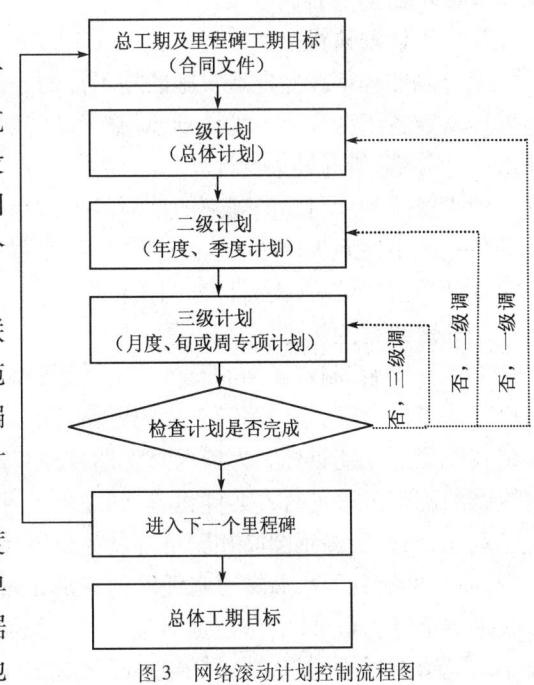

图 3　网络滚动计划控制流程图

政府审核批准后执行。

为满足项目施工需要,编制的勘察设计计划包括:勘察设计总体计划、勘察设计外业进度计划、施工图需求计划、施工图出图计划。

2. 勘察设计计划执行

项目总经理部充分发挥对勘察设计和施工联动的协调统筹作用,在确保勘察设计总体和年度计划完成的前提下,对勘察设计计划实行动态调整,及时发现勘察设计与施工之间的计划偏差,并向设计分部发出指令,设计分部根据调整后的施工计划编制、调整季度、月度勘察设计计划,使其满足施工需要,形成设计与施工的联动机制。

3. 关键线路的优化

项目总经理部根据总体计划确定勘察设计关键线路,并加强对关键线路设计工作的控制,确保关键线路按计划完成,使整个设计工作处于受控状态。

例如:岛隧工程总体施工计划要求西人工岛岛体工程在2011年4月开工,为满足这一施工节点要求,西人工岛岛体勘察设计必须在开工前完成并通过设计审查,而岛隧工程开工后的补充勘察外业工作正处于整个项目的关键线路上,也成为制约西人工岛岛体开工的关键工序。为确保西人工岛岛体施工图提前完成,并充分预留施工图设计审查时间,采取了加大技术人员投入、增加补充勘察外业施工机械设备、调整施工现场施工顺序、减小疏浚工程对补充勘察外业工作影响等措施,及时调整补充勘察外业工作计划(原计划西人工岛补充勘察外业工作在2011年3月完成),使西人工岛补充勘察外业工作在2011年2月完成,缩短该项关键工序2个月,为设计分部施工图出图和设计审查工作争取了宝贵时间。

六、施工计划管理

1. 施工计划编制审批

岛隧工程施工计划是项目总体计划完成的基础,发挥了对勘察设计计划的指导和驱动作用,与勘察设计计划形成互动。主要内容包括六个部分:桥梁工程、隧道工程、东人工岛工程、西人工岛工程、交通及附属设施、临时工程。

项目总经理部按照合同总工期要求和合同节点工期目标,结合自然条件、工程特点、施工技术难度、施工组织方案、施工周期、资源配置、施工经验等因素,编制施工总体计划和年度计划,报管理局和内地与港澳政府审核批准后执行。

2. 施工计划执行

项目总经理部按照批准实施的施工计划进行层层分解,编制季度、月度、周、日计划,下达至各工区,指导并监督各工区完成各级计划,对施工计划实行动态调整,发现偏差及时调整,将计划调整信息迅速反馈给设计分部,指导勘察设计计划的调整。

各工区接到项目总经理部的计划指令,再对计划进行细化和分解,向施工作业班组下达施工任务书,明确各施工工序施工顺序、施工工艺、资源配置、安全质量环保目标和保证措施、施工工期等,在施工组织上保证计划落实到位,提高计划的执行力。

3. 关键线路的优化

工程开工后,制定详细的总体施工计划,确定关键线路。在施工计划实施过程中,按照保证重点、突出里程碑工期目标、强调关键工序的思路,以合同节点工期保里程碑工期、以里程碑工期保关键线路、以关键线路保总工期目标。为确保总工期目标实现,按照积极可靠、适当超前、留有余地的原则,对处于关键线路的施工工序进行方案优化,达到缩短关键线路工期的目的。

例如:西人工岛钢圆筒和副格打设为总体计划关键线路中的关键施工工序,不仅影响到西人工岛的工期,而且影响到西小岛隧道暗埋段的完成工期。为确保能够按照总体计划节点要求,并在2012年11月底提供沉管隧道E1管节沉放对接条件,就必须缩短西人工岛钢圆筒维护结构施工工期,从而为西人工岛小岛隧道暗埋段的施工争取更充分的施工时间,创造施工条件。基于以上原因,在西人工岛开工后,项目总经理部通过对关键工序工效分析,合理配置各种施工资源,对西人工岛钢圆筒和副格打设开工、完工时间进行了调整,如表1。

西人工岛钢圆筒和副格打设工期调整表　　　表1

项目＼工期	计划工期		实际完工工期	
	计划开工日期	计划完工日期	实际开工日期	实际完工日期
西人工岛钢圆筒和副格打设	2011年6月21日	2011年12月31日	2011年5月15日	2011年9月11日

从表1可以看出,西人工岛钢圆筒和副格打设实际开工日期比计划开工日期提前36日历天,实际完工日期比计划完工日期提前110日历天,为西人工岛小岛隧道暗埋段的施工争取了更多的施工时间。

七、投资计划管理

1. 投资计划编制审批

岛隧工程投资计划也分为三级进行管理,即:总体投资计划(一级),年度投资/季度投资计划(二级),月度投资/专项投资计划(三级)。总体投资计划和年度投资计划由岛隧工程项目总经理部编制后,报管理局和内地与港澳政府审核批准后执行。内地与港澳政府将按照总体计划和年度计划批准的资金额度为项目总经理部准备开工预付款和每一年所需的工程资金,这就要求项目总经理部编制准确的投资计划(表2)。

岛隧工程2011～2014年投资计划表(单位:万元人民币)　　　表2

项目＼年度	2011年	2012年	2013年	2014年
投资计划	235953	242514	202300	172205

2. 投资计划执行

三地政府对投资计划执行要求非常严格,虽然在整个施工期内是动态调整的,但是每年年初制定并经过审批的年度投资计划必须较为准确的完成,从而确保投资计划的准确性和严肃性。

为确保年度投资计划的完成,项目总经理部按照季度、月度投资计划完成情况,计算出投资计划完成的偏差,并在后续投资计划编制中进行纠偏,对季度和月度投资计划进行动态控制。项目总经理部通过投资计划的控制来协调设计和施工工作内容,发挥宏观统筹的作用。

截至2014年8月份,各年合同额产值完成情况见图4。

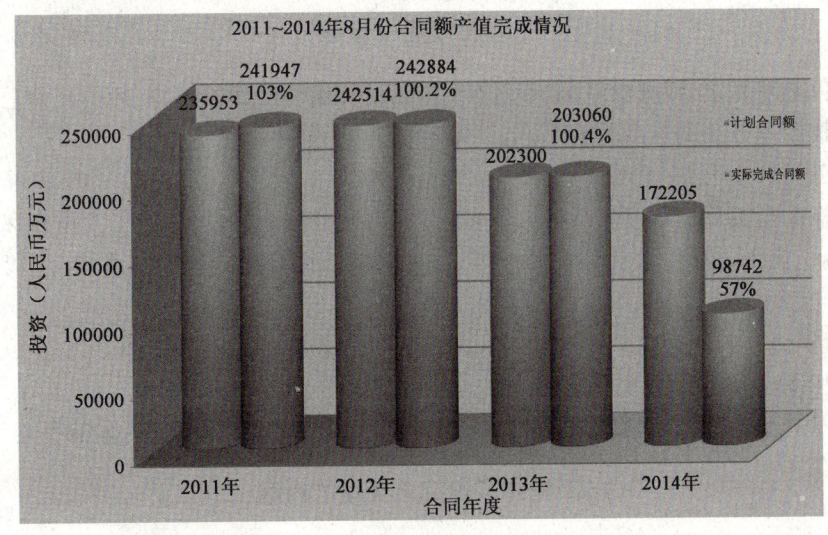

图4　投资完成情况图

八、结　语

设计施工总承包项目计划管理一般包括设计方的计划管理和施工方的计划管理,而港珠澳大桥主体工程岛隧工程由于项目自身的特点和内地与港澳政府的管理需求,计划管理包括投资计划管理、勘察设计计划管理和施工计划管理等方面。从开工至今,岛隧工程计划管理合理有序,投资计划、勘察设计计划和施工计划各节点均顺利完成,说明计划管理所采取的方法和措施到位,对类似设计施工总承包项目具有一定借鉴意义。

要实现合同计划科学管理,必须建立完善的工期保证体系和工期管理组织机构,从技术、资源、质量安全保证、工期风险预控等方面制定工期保证措施,编制科学、合理的施工计划网络图、横道图,通过信息化网络管理系统,以关键线路为控制主线,对计划实行动态控制,确保合同总工期和节点工期目标的实现。

78. 港珠澳大桥主体工程建设期应急管理需求及对策研究

段国钦 胡敏涛
(港珠澳大桥管理局)

摘　要　基于港珠澳大桥特大型跨海桥隧工程特点,提出主体工程应急管理总体需求层次模型,并结合建设期工程管理特点,从应急预案体系、应急监控系统、应急保障系统等方面出发,就建立综合应急管理体系及实施对策进行了分析研究。

关键词　桥梁工程　建设　应急管理　对策　探讨

港珠澳大桥主体工程项目具有生产流动性、施工多样性、综合协调性和劳动密集型特点,而且受海上环境所限,其建设具有极高的风险和不确定性,应从风险管理和应急管理的角度出发,减少其不确定性,将工程建设的不利影响或因素降到最低[1]。本文结合港珠澳大桥主体工程建设应急管理实际,分析项目应急管理需求特点,对建设期施工安全风险管理和对策进行研究,并就建立综合应急管理体系及实施对策进行了分析研究。

一、主体工程建设管理特点

主体工程项目工程复杂,科技含量高,设计使用寿命长,建设周期长,和一般的高速公路项目相比,在安全、环保、应急救援等方面的难度更大[2]。其特点可归纳为如下两个方面:

(1)工程施工特点:工程规模大(包括海中桥梁、海中人工岛、海底隧道等),技术难度高,施工周期长、难度大;海上施工船舶/设备众多,特种设备多,且多为大型化船机设备;施工人员众多,施工后勤保障难度大(交通、通讯、供水、供电、饮食等);海洋环境敏感,施工废弃物处理难度大;衔接粤港澳三地,管理协调难度大。

(2)工程环境特点:海洋气候多变(热带风暴、气旋、季候风),地质水文条件复杂,海上通航环境复杂,海洋环境保护要求高,环境敏感区域多。

上述特点和因素,决定了出现突发事件时,受条件与环境所限,应急救援工作难度大。

二、主体工程应急管理的内容

1. 应急管理的内涵

应急管理是指政府及其他公共机构在突发事件的事前预防、事发应对、事中处置和善后恢复过程中,通过建立必要的应对机制,采取一系列必要措施,应用科学、技术、规划与管理等手段,保障公众生命、健康和财产安全;促进社会和谐健康发展的有关活动[3]。项目应急管理是针对项目突发事件的应急管理,按照突发事件产生的起因,可分为"技术上的突发事件、自然上的突发事件、社会上的突发事件及组织上的突发事件"四种类型。

主体工程项目在建设期存在上述风险,且由于其涉及面广、影响程度大而备受关注,因此必须在实施全过程风险管理的前提下,统筹规划,制定系统的应急管理对策。主体工程应急管理包括预警和应急管理两方面内容,其中预警管理包括信息采集、报警及预控等,应急管理主要指突发事件发生后的应急响应、救援、处理措施。

2. 应急管理的内容

主体工程应急管理的主体为建设单位(港珠澳大桥管理局,以下简称管理局)及各参建单位,实施的对象是从事施工活动的人和船机设备、环境等,内容主要为应急管理制度规定的建立与执行、应急管理组织机构的建立与运行、应急管理资源的配套与维护及应急管理机制的有效运作、应急管理效能的评估与改进等。

3. 应急管理需求关系模型

根据主体工程建设管理各阶段需求特点,构建了应急管理需求关系模型如图1所示。

该需求关系模型分为四个层次。

管理需求层面:遵循"以人为本"的科学发展理念,为最大限度的降低突发事件的后果,工程属地政府监管部门、行业管理部门及与工程参建各方在管理要求分解、管理责任分担、管理政策制度的制定及管理接口的衔接方面的需求集成。应急管理各相关方在管理目标需求上的定性和量化,是指导制定应急管理措施的主要推动力。

管理过程层面:管理过程即实施应急管理工作的系统谋划、体系建设与运行过程。应急管理过程同样应遵循"戴明循环"控制理论,按照"计划→执行→检查与评估→提升与改进"稳定运行,实现闭环管理,并在管理效能上实现持续提升。应急管理体系的建设和运行是应急管理的核心环节,是实现应急管理目标的手段。[4]

管理目标层面:通过对海上桥隧工程建设特点和风险分析,确定实施应急管理的目标就是最大限度的杜绝个体/群体伤亡事件的发生及减小影响范围,最大限度的降低对工程结构物/船机设备的灾害损失,最大限度的减轻工程施工及突发事件对海洋环境生态的破坏及影响。在工程建设过程实现"零事故、零伤亡、零污染"的目标是应急管理的最终目标。

管理因素层面:管理因素也是管理对象的分解因素。主体工程建设内容复杂,涉及桥梁、隧道、人工岛施工,每一项单项工程的建设过程均涉及到众多的特种设备/船机机械、施工工法等,从工程预制构件的制造、运输、安装,从海上工程的地质勘探、桩基施工、地基处理、吊装沉放,从交通工程附属设施的预留埋、安装调试及试运行等,风险因素众多,可能发生的事故囊括所有事故类型,而且再加上特殊的海洋施工环境、灾害性气候都将造成不利影响。

三、主体工程应急管理框架模型

根据前述分析,可构筑主体工程应急管理框架模型如图2所示。

主体工程应急管理框架主要包括应急组织管理体系、预警/预控体系、应急预案体系、应急保障体系、外部应急组织管理及救援体系等模块。

1. 应急组织管理体系

应急组织管理体系包括建设单位、设计咨询单位、监理单位及承包人(含下属工区)等组织架构、责任分工等。其中,管理局为管理核心,设计咨询单位和监理单位主要受管理局委托,在应急组织管理中为辅助角色,承包人及下属各工区为实施应急管理的核心执行层。考虑到工程的特殊性,需在管理局和承包人应急组织管理中设置应急指挥中心,统一进行信息采集、决策及指令传达,应急指挥中心在平时应和工程现场管理调度中心相结合。同时应急组织管理体系需和外部(属地政府/行业主管部门应急组织管理及救援体系)相衔接,并接受其领导、指导。

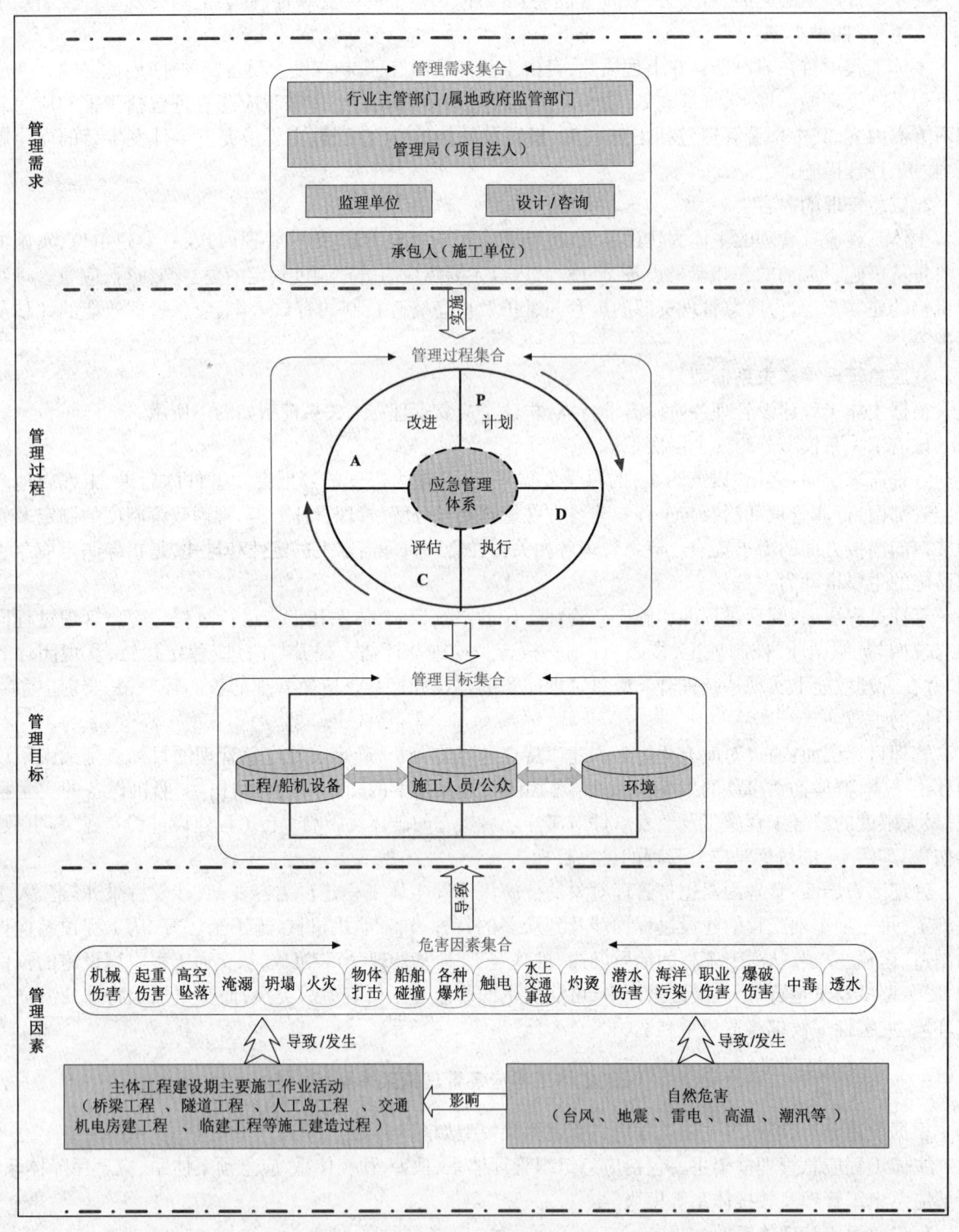

图1 主体工程建设期应急管理需求关系模型

2. 应急预案体系

应急预案体系是应急管理的核心,是应急管理活动的纲领性文件和实施应急反应、处置活动的操作性文件。[5] 应急预案体系的编制应从风险分析、组织机构、应急管理各方面流程及运行机制等方面出发,编制过程中,一是确保有效落实法律法规和属地政府、行业主管部门有关应急管理各项要求,二是能够有效维系项目各参建单位实施应急活动水平。[6]

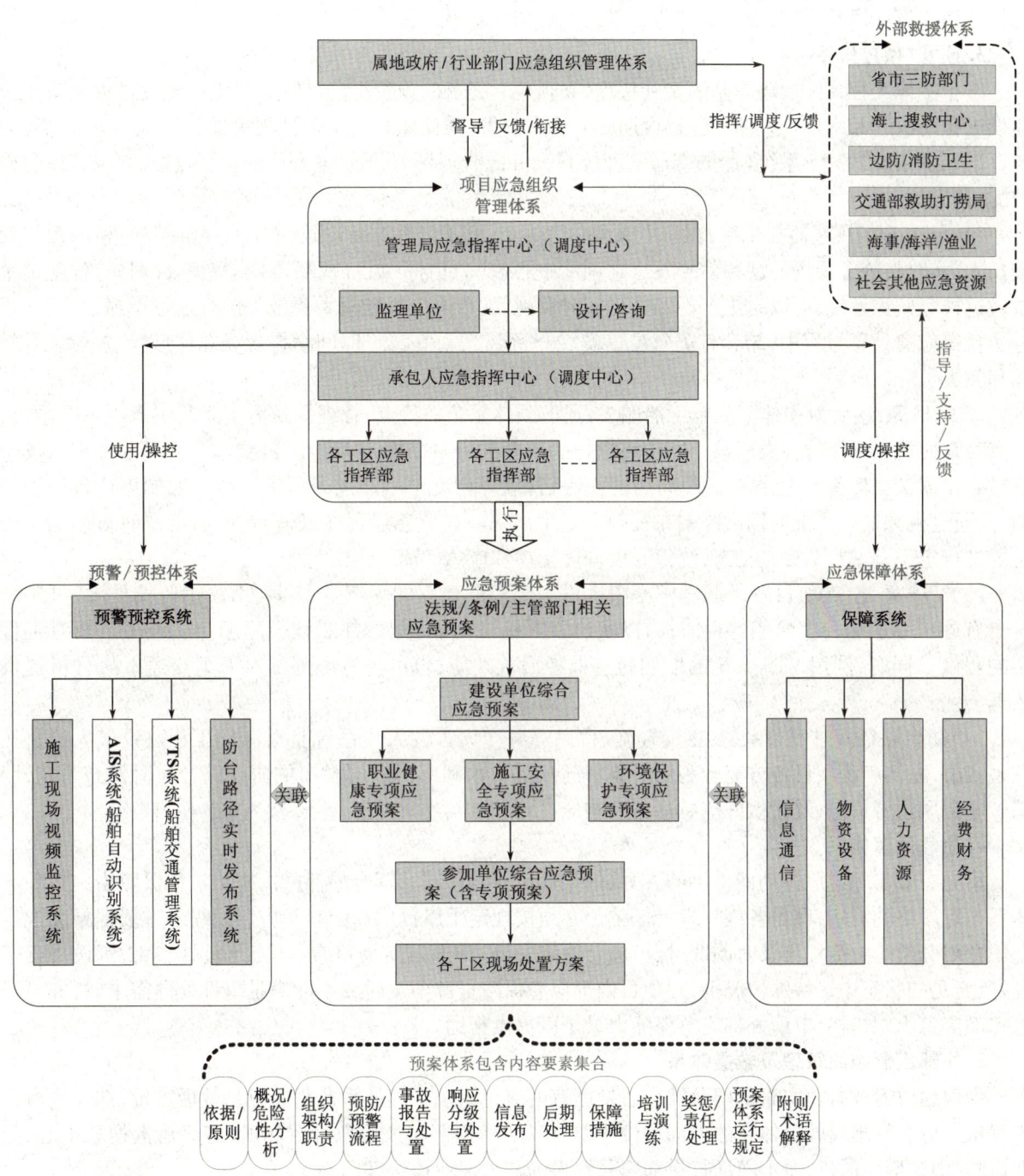

图 2　主体工程应急管理框架模型

主体工程建设期应急预案体系分两个层次。第一层次为整个主体工程建设期应急预案,由管理局负责制定,包括综合预案和专项预案,综合应急预案主要是从整个项目的层面进行风险分析、构建组织机构、明确应急管理的流程等,并与政府主管部门预案进行了有效衔接;专项预案分为职业健康、生产安全、环保专项应急预案三类。第二层次为各参建单位应急预案,由施工单位在进场施工时负责制定,包括综合预案、专项预案及工区层面的现场处置方案,在组织机构建设、事故上报等方面与管理局预案相衔接,并详细制定施工现场各类应急处置的方案和措施。这样逐层建立应急预案,形成了项目建设期应急预案体系[7](图2)。

项目相关各方通过颁布及运行应急预案体系,利用预警/预控系统和应急保障体系,第一时间从源头把控和消除潜在风险,降低突发事件所造成的人员伤亡和财产损失。

3. 预警/预控体系

鉴于主体工程建设远离岸基的实施特点,必须建立完善的预警/预控体系,对工程建设过程风险源及建设工程情况适时掌控。主体工程建设期应急管理预警/预控体系主要包括视频监控系统、AIS系统(船舶自动识别系统)、VTS系统(船舶交通管理统)等,并配合现场HSE管理人员的直接监控,实现其应急监控的目的。

(1)施工现场视频监控系统:在海上重要施工平台、船舶、人工岛建筑布置视频监控点,利用无线视频技术,实时将施工现场的视频信号发送到调度中心(应急指挥中心)视频监控平台。管理局、各施工单位通过视频监控系统,可以对施工现场进行实时监视,配合通信系统对重要施工进行远程指挥,尤其在进行防台等应急处置过程中,结合各类气象信息、AIS系统等可在第一时间掌握现场总体形势,进行统筹指挥和救援。

(2)AIS系统:针对主体工程施工船舶多、通航条件复杂的特点,管理局从海事系统引入了AIS系统,以实时掌握施工区域的各类船只动态。在招标阶段要求船舶加装AIS系统,并要求各类船舶办理入场手续时必须安装AIS系统并备案管理局调度中心,管理局调度中心通过录入AIS码对船舶进行备注和识别,并通过视频监控系统的输出终端在视频上显示出来。在应急过程尤其防台期间,能及时对船舶所处位置进行定位、监视,掌握其动态,统筹开展调度指挥和应急撤离。

(3)VTS系统:在项目各级调度中心引入海事部门所建立的VTS系统,利用雷达监控技术,可实现对自有施工船舶和社会船舶远程监控,以实时掌握施工船舶动态,判断社会船舶穿越施工区域对工程影响程度。同时,利用VTS系统的船舶轨迹监控回放功能,也可为海事部门对海上交通事故分析提供依据。

(4)防台路径实时发布系统:热带气旋、台风等海洋灾害性天气系统是对海洋工程建设最大的自然灾害威胁,主体工程项目各方充分利用气象、三防部门、水利部门官网发布的防台路径实时发布系统,跟踪了解台风预警信息,及时做好应急准备及响应。

4. 应急保障体系

指为有效实施应急行动而提供的人力、信息通信、物资设备、资金的保障措施。这些保障措施在预案体系中有严格的规定,项目各级管理责任单位必须按规定予以提供和配套。应急组织各方依据预案规定的职责划分及应急流程可及时调度/操控应急保障资源,并通过定期检查、补充,确保应急物资设备处于良好、充足的状态中。特殊情况下,在项目内部应急保障资源不足时或不能满足事件处理需求时,亦可通过外部应急组织机构,申请外部应急保障力量予以提供帮助。

5. 外部应急组织管理及救援体系

为属地政府或行业主管部门及社会力量已有的应急组织管理体系及相应应急救援力量,涉及到海洋工程水上应急管理及救援体系的外部单位主要有三防指挥部门及应急处置场所、各级海上搜救中心、海上边防/消防应急队伍、海上救助打捞部门及海事、海洋、渔业执法部门等。

四、主体工程应急管理实施对策分析

如何做好主体工程应急管理,应切实结合工程建设特点,把握如下原则:

(1)结合工程特点,开展全过程风险管理,以"顶层设计"理念为指导,统筹规划,分步实施。在工程准备阶段利用设计阶段安全风险评估的成果厘清了建设期各阶段的风险因素,通过广泛调研和资料收集掌握了周边应急管理资源,编制了工程建设期应急管理总体规划方案和实施计划,并以此为依托,重点围绕"应急预案系统"的编制和运行,开展各项应急准备工作。

(2)构建各级应急组织机构,完善各项应急管理制度。以管理局为管理核心建立整个项目应急指挥中心,统一进行信息采集、决策及指令传达,对达到相应级别的应急事件进行响应;承包人及下属各工区作为核心执行层建立各自标段的应急指挥机构,按照分级响应的原则负责各标段的应急管理工作。

(3)建立各级应急联动机制,充分利用科技手段,提升应急信息采集、处理及反馈效能。主体工程建设在项目内部及同外部应急管理机构(气象、三防、海事、边防、海洋、环保等)之间均建立了各层级联动机制,并在应急预案中明确了联络沟通机制及外部救援力量分布等,通过共享应急信息,提升沟通协作能力,做到及时、有效、科学的处置各类应急事件。

(4)强化应急培训教育,开展各种应急演练工作。主体工程建设通过加强应急知识方面培训教育,提升参建员工应急技能素质,检验应急管理各模块体系运作效能。

(5)建立应急专家咨询团队,提升应急管理水平。成立了由工程技术、安全、环保、海事等方面专家组成的专家咨询团队,在发生重大事故险情时,根据需要邀请相关的应急专家现场进行指导、支持,提出决策建议。

(6)建立应急物资台账,确保应急救援物资的齐备及完好。对各参建单位应急物资进行统筹,建立了详细的应急物资台账,在应急响应过程中能及时进行调配。同时,根据施工进程及环境季节特点,定期对应急救援物资进行清点、检查、补充,确保救援物资齐备完好。

五、阶段性总结及展望

目前主体工程建设土建施工已全面展开,管理局及各参建单位通过加强与应急、三防、边防、海上搜救等主管部门的沟通,加强应急物资配备、应急管理检查、应急培训与演练,做好应急准备与响应工作。自项目开工以来,在管理局应急指挥中心的领导下,认真执行应急预案要求和应急响应流程,应急管理工作开展较为顺利。尤其在防台应急方面,共组织开展了15次防台应急响应工作,成功防御了"韦森特"、"尤特"等台风袭击,防台期间未造成人员伤亡。

2013年,通过总结前期应急管理工作经验,并结合桥梁工程土建施工实际情况,管理局组织对应急预案进行了修订、完善。随着钢箱梁/组合梁运输与安装、桥面铺装工作的全面开展,安全风险面更广,存在的风险更多,应急管理难度有增无减。如何做好后续的应急管理工作,在执行应急管理流程过程中要认真总结、利用前期应急管理工作经验,并加强以下几个方面的工作:

(1)与主管部门、外部救援力量建立更加稳固的应急联动机制,及时掌握最新的应急信息。

(2)对施工风险仔细辨识,在施工前制定详细的应急处置措施和应急保障方案。

(3)把握好天气窗口合理安排施工计划,谨慎决策,掌握好台风来临海上人员、船舶的撤离时机。

(4)加强人员、船机等的应急调度管理,对于远离陆地的海上施工,统一、合理的调度能有效节省应急响应的过程时间。

参考文献

[1] 王海玲.完善城市桥梁应急管理体系建设的几点思考[J].山西建筑,2011(12).
[2] 段国钦,苏权科,周伟.特大型跨海桥隧工程营运服务水平评价指标体系研究[J].公路交通科技,2011,28(5).
[3] 陈安,赵燕.我国应急管理的进展与趋势[J].安全,2007.3.
[4] 段国钦.大型交通建设项目管理信息集成理论与应用研究[D].北京:北京工业大学,2011.
[5] 中国安全生产协会注册安全工程师工作委员会.安全生产管理知识[M].2011.
[6] 魏志刚,刘方来.水运企业安全生产事故应急预案编制探讨[J].武汉船舶职业技术学院学报,2008(04).
[7] 李乐.建筑企业安全事故应急管理体系的探讨[J].知识经济,2010(04).
[8] 港珠澳大桥管理局.港珠澳大桥主体工程建设期HSE综合应急预案(内部资料).2011.
[9] 谭之敏,王广胜,曾广杰.海事部门在船舶撞击桥梁事故中的监管对策及应急处置措施研究[J].珠江水运,2011(8).

[10] 齐二石,王嵩.国际工程项目突发事件应急管理系统的构建研究[J].国际经济合作,2008(5).
[11] 鲍蕾,任宏,张显忠.基于工程建设项目突发事件的应急管理初探[J].现代管理科学,2006(6).

79. 基于港珠澳大桥沉管隧道管节预制的 HAZOP 施工风险分析方法改进

徐三元[1] 刘 坤[1] 胡敏涛[2] 解明浩[1]
(1.广东省安全生产技术中心;2.港珠澳大桥管理局)

摘 要 本文根据港珠澳大桥主体工程海底沉管隧道管节预制的施工特点,在传统的 HAZOP(危险与可操作性)分析方法的基础上,改进原有分析方法的部分内容,能更为精确地识别大型构件的预制过程中所存在的风险,并综合分析事故原因,集成团队集体智慧,得出有效的消除和控制风险的对策及方案。从对策方案的现场接纳程度和实施效果来看,该分析方法改进后系统性和结构性得到有效加强,能有效地辨识出施工过程的各类安全风险。

关键词 港珠澳大桥 沉管隧道 分析模型 HAZOP分析方法

一、港珠澳大桥沉管隧道工程概况

港珠澳大桥岛隧工程海底沉管隧道总长度为5664m,是迄今为止世界上规模最大的海上沉管岛隧工程,隧址穿越伶仃西航道和规划30万吨油轮航道,最大水下深度达46m。海底隧道沉管由33个管节组成,其中直线段管节28个,曲线段管节5个,曲率半径5000m。采用两孔一管廊截面形式,宽3795cm,高1140cm,底板厚150cm,侧墙及顶板厚150cm,中隔墙厚80cm。沉管混凝土28d强度等级为C45,56d强度等级为C50,采用全断面浇筑工艺施工,单节段(22.5m)混凝土方量约3413m^3,总量约87万立方米,单节段钢筋最重约900t。

二、隧道沉管管节预制与HAZOP分析方法简介

1. 管节预制施工工法简介

港珠澳大桥沉管隧道管节预制是指按照流水式预制生产线进行工艺布置,所有预制作业在厂房内24h连续进行:180m长管节分为8个节段,每个节段长22.5m,节段在固定的台座上浇筑、养护达顶推强度要求后,向前顶推22.5m,空出浇筑台座,下一节段与刚顶出的节段相邻匹配预制(图1)。如此逐段预制逐段顶推,直至完成全部8个节段浇筑后,整体向前顶推至浅坞(顶推距离约132m)。钢筋笼绑扎施工、模板施工、混凝土浇筑施工具有施工规模大、预制精度高、作业难度大等特点,施工高峰期作业人员达到500多人,因此施工现场存在作业安全风险点多、安全监管难以全面覆盖、交叉作业区域多、整改难度大等特点,给安全监管带来了诸多不便[1]。

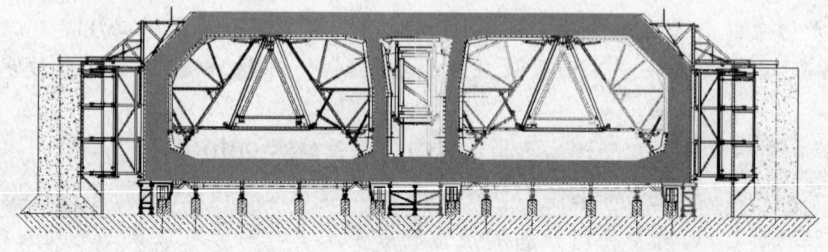

图1 沉管隧道管节效果图

2. HAZOP分析方法介绍

危险与可操作性研究(hazard and operability study,以下简称HAZOP)是英国帝国化学工程公司(ICI)于20世纪60年代开发的风险分析方法。HAZOP是基于这样一个基本概念[2],即各个专业具有不同知识背景的人员所组成的分析组一起工作比他们独自工作更具有创造性和系统性,能识别更多的问题。现在欧洲和美国已将其广泛地应用于各类工艺过程和项目的风险评估工作中,甚至立法强制要求实施。HAZOP通过确定工艺过程中存在的危害及操作问题,利用其良好的指向性可以系统地检查工艺过程,包括对原设计条件和意图发生的种种偏差,确定偏差可能导致危害或引起操作问题,为项目的风险管理提供依据[3]。

三、传统HAZOP分析方法在大型构件预制施工应用的局限性

相比较HAZOP分析方法应用较广的石油化工行业,工程建设大型构件预制施工安全风险分析的难点主要有:

(1)风险主要集中在人的不安全行为。
(2)事故的突发性和不可预测性大。
(3)使用设备多,设备的不安全因素和潜在风险多而杂。
(4)事故多,容易导致风险分析出现遗漏和缺失。
(5)现场情况特殊,很难有。

因此传统的HAZOP分析方法存在以下几种局限:

1. 传统的HAZOP风险分析方法难以准确地描述工程施工安全设计意图

HAZOP分析结果的质量取决于设计描述的完整性、充分性和准确性。工艺、工法、间歇或连续作业模式的设计意图在HAZOP分析中均是通过各种参数和要素来进行表征。参数是要素定性或定量的性质,而要素是指构成因素,用于风险分析中识别对象的基本特性,取决于具体的应用。在大型构件如沉管隧道管节的预制过程中,由于具体的应用差异,要素选取十分困难,更无法使用准确的参数来定义要素,因此很难精准地描述分析对象单元的设计意图。此外,传统的分析方法对设计意图的描述多局限于正常运行条件下系统的基本功能和参数,而在工程建设实际中,非正常运行条件和恶劣环境以及不利的活动是最需要加以考虑和辨识的,因此传统的HAZOP分析方法很难准确地描述施工过程的设计意图。

2. 传统的HAZOP风险分析方法的节点划分标准不适用于大型构件预制施工过程

被分析对象/系统的节点划分方法是否科学将直接影响分析结果是否能准确地反映出系统复杂性和风险的严重程度。对于沉管隧道管节预制过程复杂的工艺流程来说,节点划分考虑的因素太多,有设计意图的变化、施工环境变化、体系转化、物料变化等等。同时工艺流程的顺序也相对复杂,对于连续的操作过程,HAZOP分析节点可能是工艺单元;对于间歇施工过程来说,HAZOP分析节点可能就是操作步骤。采用传统的HAZOP分析方法的节点划分标准会导致单元划分范围过大或过小,范围过大将导致分析团队陷入困境,忽视生产危险剧情的重要原因;范围过小则可能把时间浪费在为参数或要素重复引用引导词上。

3. 传统的HAZOP风险分析方法的引导词难以准确地描述施工过程的操作行为

在传统的HAZOP风险分析方法中,分析对象主要集中在固定设备上,其正常操作运行的参数和要素相对来说是比较容易赋予标准值的。而根据调研比对,大型构件预制过程的人的不安全行为危险程度所带来的风险并不少于物的不安全状态,因此传统的引导词+参数/要素可能导致分析中没有实际意义,不能系统和全面地识别各种异常工况,也无法综合地分析各种事故剧情。

四、HAZOP分析方法改进措施研究

1. 节点划分改进

港珠澳大桥沉管隧道管节的工厂化生产可以视作一个重复性的物料组合的空间移动过程。在调研

的基础上整合专家意见后,形成了对大型预制构件施工过程分析的主要节点划分标准。有了明确的节点划分标准,能有利于分析工作的深入、完善。

(1) 节点划分原则。在综合考虑了HAZOP分析的目的、合理的边界切割点、划分方法需保持一致的基础上,节点划分的原则为:

①在节点划分出来的单元中,过程参数变化范围不宜过大;
②节点范围内单元的目的和功能要保持一致;
③作业物料变化较大时进行节点划分来切割;
④施工体系转换等较大设计意图变化是进行节点划分;
⑤关键设备使用需进行节点划分;
⑥作业空间改变需进行节点划分;
⑦工艺条件、作业环境重大变化时需要进行节点划分。

(2) 沉管隧道管节预制的主要分析节点类型见表1。

大型预制构件常见节点类型 表1

序号	节点类型	节点名称
1	空间转换	钢筋加工区、钢筋绑扎区、浇筑区
2	物料变换	混凝土拌和、混凝土浇筑、止水带安装
3	作业空间改变	底部钢筋绑扎区、侧墙钢筋绑扎区、顶部钢筋绑扎区
4	大型设备使用	侧墙支架、模板支架、模板使用、起重设备使用
5	工艺条件变换	一次舾装、二次舾装

2. 安全设计意图表征内容改进

在节点划定后,需要用参数和要素来表征设计意图,体现该节点的基本特性。沉管隧道管节施工过程安全设计意图主要针对对象是设备(工艺装置)以及作业人员,其参数和要素以及表征对象之间的关系见表2。

安全设计意图表征 表2

序号	要素	参数	类型	安全设计意图
1	作业物料	物料名称、性质	物的不安全状态	是否保证本质安全度
2	至险因素	外来物理、化学因素	人的不安全行为	减少作业人员出错的频率
3	使用设备	本质安全程度	物的不安全状态	是否保证本质安全度,是否采取限制和控制措施、预防性保护措施和减缓性保护措施
4	安全附件	附件名称、材质	物的不安全状态	是否采取限制和控制措施、预防性保护措施和减缓性保护措施
5	作业空间、作业环境	作业区域空间大小、人员聚集程度、环境评价因素	物的不安全状态	是否采取限制和控制措施、预防性保护措施和减缓性保护措施
6	个体防护	个体防护名称	人的不安全行为	缓减操作人员出错的后果
7	连锁、保护装置	装置名称	物的不安全状态	是否采取限制和控制措施、预防性保护措施和减缓性保护措施

3. 描述偏差的引导词改进

在根据沉管隧道管节预制施工过程的表征安全设计意图的要素和参数确定后,就应该设计针对性的引导词来分析作业过程中参数和要素的变动(即偏离)。这些偏离通过引导词和参数/要素组合产生,具体参见表3。

沉管隧道管节预制过程引导词及含义 表3

序 号	引导词	引导词含义
1	缺失(missing)	作业过程中重点强调的步骤或警示预防被疏漏(如用电设备缺少接地线)
2	无(no)	该步骤被完全跳跃或说明的意图没有被执行(焊接人员没有佩戴护目镜等)
3	部分(part of)	只有设计意图的部分被执行(起重设备操作需要有资质的操作人员、司索人员和指挥人员,但是现场只有操作人员,没有其他)
4	执行超限(more)	作业活动或使用器具超出了应执行的限制(如手持电动工具安全电压超过标准值)
5	执行不达标(less)	作业活动或使用器具执行(量、时间)太少或者执行得太慢(如受限作业空间内氧气浓度太低)
6	伴随(as well as)	除了合规的作业活动外,发生了其他事件或者操作人员执行了其他活动(如边作业边抽烟)
7	规程打乱(out of sequence)	没有按照要求的执行步骤来进行作业活动(如未试吊便擅自进行吊装作业、未取得审批擅自进行危险作业)
8	误操作(other than)	选错了设备或操作设备失误

五、改进后效果分析

为了验证采取改进措施后的HAZOP风险分析方法其有效性和适应性,本文作者对改进后HAZOP方法得出的分析结果与改进前得出的分析结果,港珠澳大桥岛隧工程沉管预制安全风险评估报告结果,以及结合自2011年9月开始的各级单位27次检查177个隐患进行了对比,得出的对比结果见表4。

改进后的HAZOP分析方法对比结果 表4

类 别	改进后分析结果	改进前分析结果	结果对比	与风险评估报告、检查报告比对结果
节点划分个数	21	20	增加1个	—
偏差描述次数	51	40	增加27.5%	相对于改进前分析结果,改进后分析的偏差描述在检查报告中出现频次增加了18.7%
事故剧情风险评估结论	51	40	增加27.5%(事故剧情对应)	—
安全建议措施分析	126	101	增加24.7%	改进后的分析结果提出来的对策措施,在风险评估报告和检查报告出现的频次增加了7.1%
评估的风险等级	17	14	增加21.4%	与风险评估报告相比,I级风险相似率77.7%,II级风险相似率66.7%,III级风险相似率100%

如表4所示,在运用改进的HAZOP风险分析方法对沉管管节预制施工过程分析后,分析结果的准确程度有了明显的改善,而与现场实际检查结果相比,其分析的适应性也有了显著的提高。由此可见,改进HAZOP风险分析方法是具有实际操作价值和意义的。

六、结 语

通过上述的分析和研究,可以得出以下结论:

(1)虽然HAZOP风险分析技术在各个行业中进行了广泛应用,但是在具有其专属特点的施工建设领域中,其应用还存在一定的局限性和不适应性。

(2)通过改进安全设计意图表征,推行合乎沉管管节预制的节点划分标准,采取侧重于人的不安全行为的引导词描述偏差等来改进HAZOP分析方法,其分析结果明显更有价值也更为高效,能更好地应用与指导现场施工作业的安全管理工作。

(3)要进一步将改进后的HAZOP风险分析方法应用推广到整个交通工程大型构件预制之中,

需要在不断实践当中对分析方法持续改进,使 HAZOP 分析结果能得到现场实际工程更加细致的验证。

80. 大型跨海桥隧工程通航安全风险与管理对策分析

段国钦　陈　伟　戴希红　郑向前
(港珠澳大桥管理局)

摘　要　大型跨海桥隧工程规模大、施工周期长、工艺复杂,社会关注度高,尤其是当大型跨海桥隧工程位于通航水域时,其施工和运营阶段涉及的通航安全风险大,管理工作内容复杂,涉及的相关责任单位多。只有对相关通航安全风险及管理对策等内容进行系统地、深入地考虑,并建立良好的管理架构,才能实现工程本身安全及通航安全的目标。

一、引　言

进入 21 世纪以来,随着科技水平和建造技术的发展,我国一批具有世界水平的跨海桥梁及隧道工程,如东海大桥、杭州湾跨海大桥、金塘大桥、青岛海湾大桥、上海长江桥隧工程等已逐步建成;同时,更具有挑战性的特大型跨海桥隧工程,如港珠澳大桥、琼州海峡通道、渤海湾跨海通道等正在建设和规划部署中。

大型跨海桥隧工程往往位于通航环境复杂的海域或内河入海口,工程所处区域环境复杂,工程所涉及通航安全管理要求高,安全管理相关责任单位多,工作任务重,本文结合大型跨海桥隧工程自身特点,对其施工和运营阶段通航安全风险进行定性分析,提出大型跨海桥隧工程通航安全管理需求及对策。

二、大型跨海桥隧工程特点

大型跨海桥隧工程往往位于通航环境复杂的海域或内河入海口,为经济发达地区交通网络的重要通道,工程所处区域环境复杂,工程建设、运营(维护)管理本身也具有诸多特点。

1. 工程建设特点

(1)工程建设规模大,施工船舶投入种类多(包括打桩船、浮吊船、耙吸船、抓斗船、起重船、搅拌船、整平船、货船、沙石运输船等)。

(2)沙石运输船等辅助船舶进出施工区域频繁,管理难度大。

(3)海上施工内容复杂,工程建设涉及桥梁承台、桥梁墩身、箱梁、沉管隧道管节等大型构件运输次数多,运输难度大。

(4)工程建设涉及航道转换、封航以及临时航道建设、开通等工作,水上交通组织工作量大。

(5)海上施工作业点多,施工范围广,施工船组流动性强。

(6)海上施工周期长,海上施工人员众多,职业健康安全管理难度大;施工后勤保障(交通、通信、供水、供电、饮食等)难度大,交通船、供水、油、菜船等航行频繁。

(7)大型施工船舶锚泊要求高,防台管理难度大。

(8)影响原有锚地(如有)使用的,需要对新建锚地进行选址。

(9)工程往往跨越多个海事管理机构管辖水域,管理协调难度大。

2. 工程运营(维护)管理特点

(1)大型跨海桥隧工程建成,改变了原有通航环境,船舶航行和作业习惯需改变或受到严格限制,需要布设桥梁警示标志和航道引导标志,需对过往船舶的航行进行指导。工程附近水域范围的通航安全管理规定亦需进行相应调整。

(2)工程对原有桥区水域 VTS 雷达覆盖可能有不同程度的不良影响,运营期间需利用 VTS 及 CCTV 视频监控等系统对桥区水域交通情况进行 24 小时不间断监控。

(3)需要对桥区水域附近的水流、风、雾等自然环境因素进行监测,并由水上交通管理部门指导船舶安全航行。

(4)工程附近水域进行水上水下活动(船舶锚泊、采砂、航道疏浚、挖砂、采矿、抛泥、捕捞、养殖等)的,需要进行严格限制,如果不加限制,则有可能会影响到工程运营安全。

(5)工程维护期间的水上施工作业的,需要进行通航维护和管理。

三、通航安全风险分析

1. 通航环境因素

从系统理论的角度分析,通航环境可以看成是由自然环境、水域环境、水上交通环境、管理状况组成的一个体系。其中,自然环境主要包括风、浪、流、能见度;水域环境主要包括航道的水深条件、航道的宽度、弯曲度、水中构筑物及碍航物等;水上交通环境主要包括船舶的流量大小、助航标志、VTS 管理、交通法规等;管理状况主要包括海事监管机构设置、船舶适航管理、船员适任管理、通航秩序及通航环境维护等。

2. 建设期通航安全风险分析

(1)大型跨海桥隧工程建设期在施工通航安全方面的风险主要集中在如下 9 个方面:

①可能存在施工船舶船况不良,关键导助航设施配置不齐全,船员不熟悉施工水域环境,船舶管理不严格等原因而导致船舶搁浅、火灾、碰撞、翻沉等风险。

②可能存在供油船舶、工作驳板由于供油管理不严格,气瓶、气焊、气割作业管理不到位造成火灾、爆炸的风险。

③可能存在施工船舶频繁移动,而发生相互碰撞、翻沉等风险。

④可能存在大型运输作业(包括桩基础运输、桥梁大型构件运输、大型沉管运输等)造成施工船舶搁浅、碰撞,以及大型构件掉入水中的风险。

⑤可能存在施工船舶在主要航道附近施工,与过往船舶碰撞风险。

⑥可能存在施工船舶在主要航道附近施工时,受大型施工船舶船行波影响翻沉的风险。

⑦可能存在违章施工而导致施工船舶搁浅、火灾、碰撞、翻沉等风险。

⑧可能存在施工船舶受大风、雾、雷雨等极端天气影响,而发生碰撞、翻沉等风险。

⑨其他施工通航安全风险。

(2)大型跨海桥隧工程建设期在公共通航安全方面的风险主要集中在如下 8 个方面:

①可能存在施工区域警示标志、警戒船设置不齐全、不合理等导致过往船舶误入施工区域,发生碰撞、翻沉等风险。

②可能存在桥梁桩基础、试桩平台、桥墩、箱梁等水中构筑物警示标志不齐全、不合理等导致过往船舶碰撞水中构筑,甚至发生船舶翻沉的风险。

③可能存在桥梁施工区域临时航道(路)频繁调整,相关航路图发布、航行通告发布不到位等导致过往船舶未能及时适应新设航道(路),误入施工区域,而发生碰撞、翻沉等风险。

④可能存在过往船舶失控误入施工区域,发生碰撞、翻沉等风险。

⑤可能存在施工船舶在航道(路)附近搁浅、翻沉,或者重大构建落入航道(路),而影响过往船舶正常航行等风险。

⑥可能存在施工船舶在施工区域外违规锚泊,发生碰撞、翻沉等风险。

⑦可能存在施工船舶未按规定锚泊以及未正确悬挂号灯号型,发生碰撞、翻沉等风险。

⑧其他公共通航安全风险。

（3）大型跨海桥隧工程建成后，成为所在水域通航环境因素之一，在通航安全方面主要存在如下7个方面的风险：

①可能存在过往船舶未能适应新的通航环境，误入非通航区域，造成碰撞桥墩、箱梁的风险。
②可能存在附近锚泊船舶走锚而在人工岛附近搁浅，或者碰撞桥墩、箱梁的风险。
③可能存在过往船舶非法穿越非通航区域，碰撞桥墩、箱梁的风险。
④可能存在过往船舶在桥梁区域违法追越、对遇等，而发生船舶碰撞、翻沉的风险。
⑤可能存在由于船舶污染物泄露或者船舶碰撞，造成桥梁结构不稳定等风险。
⑥可能存在桥上构件、车辆、污染物落入海中，造成过往船舶发生火灾、爆炸、翻沉等风险。
⑦其他通航安全风险。

四、大型跨海桥隧工程通航安全管理目标

（1）确保在工程建设期实现人员、船舶零伤害、零事故。
（2）确保在运营（维护）期工程安全，相关水域通航环境良好。

五、大型跨海桥隧工程通航安全管理内容

大型跨海桥隧工程通航安全管理工作主要涉及海事管理部门、项目建设单位（业主）、科研单位、监理单位、施工单位等，按照内容可分为海事行政许可、项目"三同时"工程实施、施工现场水上水下活动通航安全管控、桥区水域通航安全管控、通航应急管理等。因工作内容不同，在不同阶段，需要各单位开展的工作也有所不同，见图1。

1. 工程立项阶段

主要涉及海事管理部门、项目建设单位（业主）、科研单位，需要开展的主要工作包括如下3个方面：

（1）开展通航安全影响论证。
（2）视工程具体情况，可能还需要开展桥梁通航净空尺度和技术要求论证研究。
（3）对港口生产和锚地使用会造成严重影响的，还需要开展对港口生产、锚地使用等开展专项影响论证研究。

2. 工程勘察设计阶段

主要涉及海事管理部门、项目建设单位（业主）、科研单位、岩土勘察外业施工单位，需要开展的主要工作包括如下4个方面：

（1）根据通航安全影响论证等专题研究成果和意见，开展勘察设计阶段的通航安全评估研究、大桥桥区导助航设施和安全监管设施设计、施工及运营期船舶交通管理系统研究（统称：通航安全保障研究）等工作。
（2）制定通航安全监督管理顶层方案等纲领性的文件，以指导后续现场通航安全监管等工作的开展。
（3）需建立安全生产管理体系，建立通航安全管理系统（含船舶AIS数据）等工作。
（4）需审批勘察外业许可，对勘察外业施工船舶进行签证管理、安检管理。需要发布航行通（警）告发布、航标动态发布、现场巡航与监管、安排现场警戒船、航路调整及航道转换、运泥船动态管理、船舶动态预警管理等。

3. 工程施工阶段（含招标阶段）

主要涉及海事管理部门、项目建设单位（业主）、科研单位、监理单位、施工单位，需要开展的主要工作包括如下11个方面：

（1）需要明确项目招标文件中通航安全管理要求。

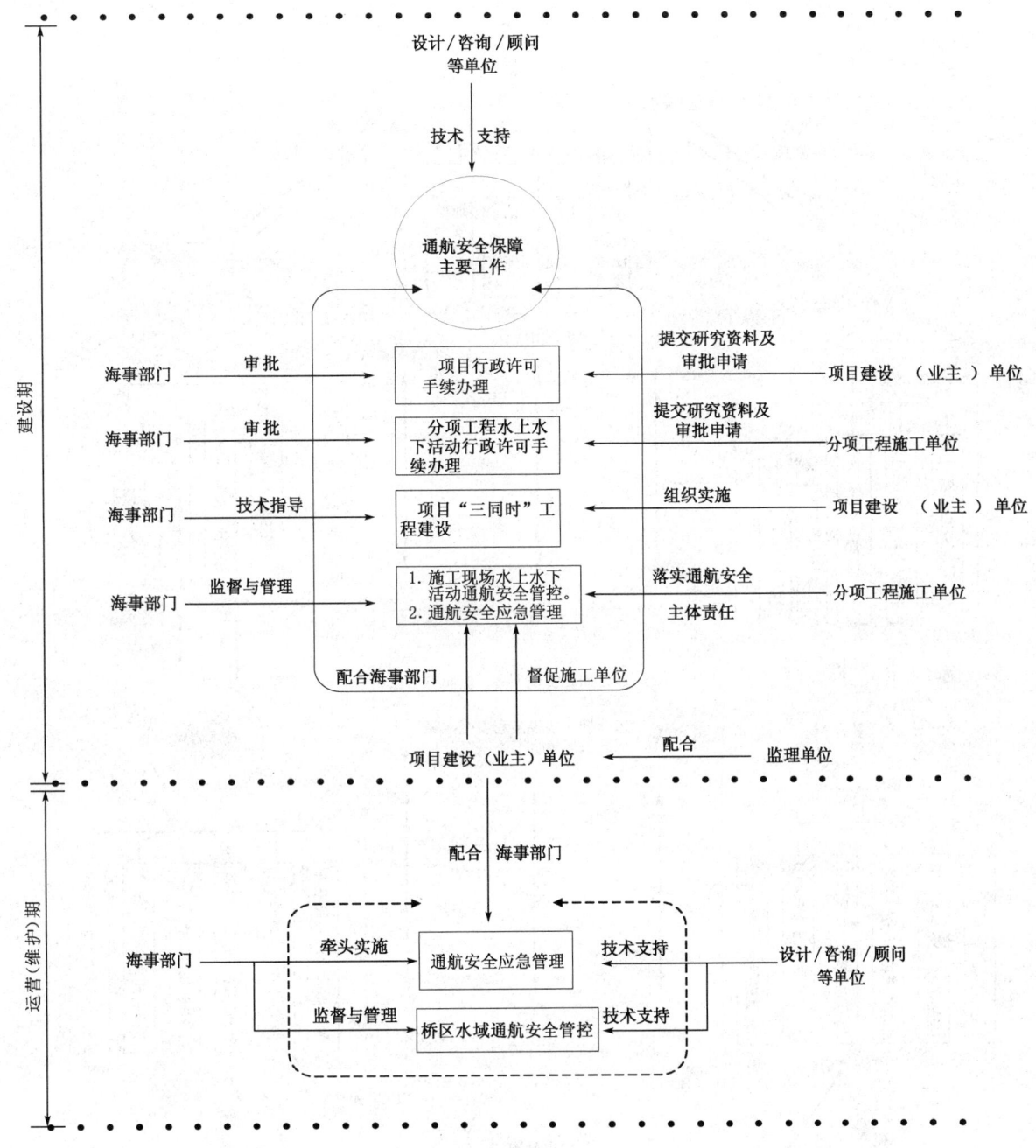

图1 通航安全管理内容

(2)需审批分项工程水上水下活动施工方案(含桥梁土建施工、隧道施工、人工岛施工、大型构件拖带等)并发放许可证,对现场通航安全进行监督与管理;需要对施工船舶实施签证管理、安检管理。

(3)需要发布航行通(警)告发布、航标动态等。

(4)需实施现场巡航与监管、运泥船动态管理、船舶动态预警管理等。

(5)需实施航路调整及航道转换、桥梁、隧道大型构件运输、通航安全管理等工作。

(6)需开展施工船舶防台等应急管理工作。

(7)需开展通航安全管理宣传与宣贯,通航安全知识培训、教育等工作。

(8)需实施导助航工程、锚地工程等工作。

(9)需开展施工期船舶航路规划及通航管理,施工船舶防台规划管理等工作。

(10)需开展通航安全管理协调,明确海事部门与业主等相关方的管理责任和工作分工。

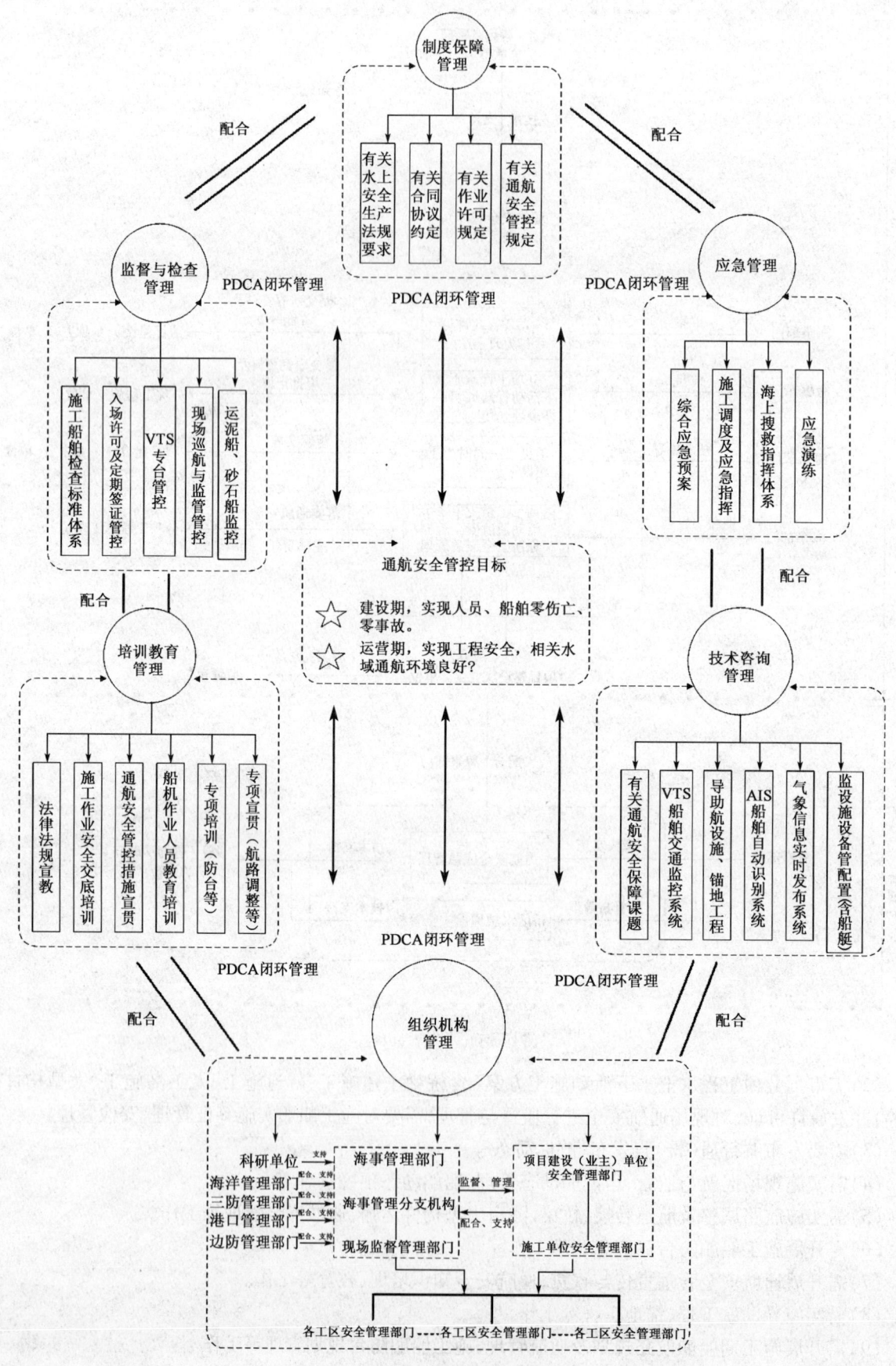

图2 通航安全管理架构示意图

(11)协调各方开展通航安全保障相关方案编制,专题研究等工作。

4. 工程运营(维护)阶段

主要涉及海事管理部门、项目运营(维护)单位、科研单位等,需要开展的主要工作包括如下6个方面:

(1)需要开展工程投入运营期的通航安全核查工作。

(2)需要发布相关通航安全管理规定、办法。

(3)需要做好桥隧工程配套建设的导助航工程移交、接收等工作。

(4)需要发布桥梁净空尺度、水文、气象等信息。

(5)需要发布桥区水域附近临时锚泊区。

(6)需要建立通航安全保障协调机制,有效组织各相关单位共同做好相关工作。

六、大型跨海桥隧工程通航安全管理架构

通航安全管理工作内容繁多,涉及海事管理部门、工程建设(业主)单位、施工单位等多家单位,因此,建立一个良好的通航安全管理架构,形成一个系统的管理体系。

以通航安全管理目标为导向,建立包括"组织机构管理"、"制度保障管理"、"培训教育管理"、"技术咨询管理"、"监督与检查管理"、"应急管理"等六位一体的管理架构,在每个模块管理中都遵循"戴明循环"控制理论,按照"计划→执行→检查与评估→提升与改进"(即:P-D-C-A)思路运行,实现闭环管理,必将能够实现管理效能的持续提升,见图2。

七、大型跨海桥隧工程通航安全管理实施对策分析

以管理目标为导向,提出通航安全管理实施对策如下:

(1)大型跨海桥隧工程通航安全管理关注度高,管理目标贯穿于建设期和运营(维护)期,应系统地、深入地研究各个阶段的管理需求,尤其是涉及费用的工作,应提前谋划。

(2)海事部门在通航安全管理工作中扮演者重要的角色,工作量大,而且贯穿于大型跨海桥隧工程各个不同阶段。为保证通航安全管理工作连续性,需要海事管理部门指定专门机构或者专人负责通航安全管理工作。

(3)目前,对海事管理部门与项目建设(业主)单位之间的工作内容和费用划分并没有明确的规定,在费用来源及使用方面还存在着模糊地带,为避免模糊地带最后成为安全管理的盲区,尽早开展对工作及费用模式的研究或者协商非常有必要。

八、结 语

本文结合大型跨海桥隧工程特点,提出了通航管理目标;并以管理目标为导向,对桥隧工程通航安全管理风险进行了分析,对通航安全保障工作内容进行了分析,并提出了管理架构和对策。本文的研究成果希望能对大型跨海桥隧工程通航安全管理工作提供参考和借鉴。

参考文献

[1] 中华人民共和国安全生产法.

[2] 中华人民共和国内河交通安全管理条例.

[3] 中华人民共和国水上水下活动通航安全管理规定,2011.

[4] 戴厚兴,杨善利,卢剑松,等.《中华人民共和国水上水下活动通航安全管理规定》释义[M].大连:大连海事大学出版社,2011.

[5] 段国钦,苏权科,周伟.特大型跨海桥隧工程营运服务水平评价指标体系研究[J].公路交通科技,2011,28(5).

[6] 段国钦.大型交通建设项目管理信息集成理论与应用研究[D].北京:北京工业大学,2011.

[7] 中国安全生产协会注册安全工程师工作委员会. 安全生产管理知识[M]. 2011.
[8] 武汉理工大学. 港珠澳大桥主体工程初步设计阶段通航管理评估报告. 2010.
[9] 上海船舶运输科学研究院. 港珠澳大桥主体工程初步设计阶段航标、助航设施及安全管理研究报告. 2010.

81. 港珠澳大桥岛隧工程特种施工船舶安全风险分析及控制措施

李金峰　赵立新

(中交股份联合体　港珠澳大桥岛隧工程项目)

摘　要　港珠澳大桥为粤港澳政府首次合作共建的世界级跨海通道,是我国又一重大基础设施项目。岛隧工程为港珠澳大桥主体工程的控制性工程,是世界唯一深埋沉管隧道工程。岛隧工程参与施工的特种船舶多,安全风险大,管理要求高,本文结合港珠澳大桥岛隧工程施工船舶安全风险因素分析情况,在岛隧工程施工管理实践基础上提出特种施工船舶安全控制措施。

关键词　岛隧工程　特种施工船舶　风险分析　控制措施

一、引　言

港珠澳大桥是一座连接香港、珠海和澳门的大型桥梁,东起香港大屿山,西接太澳高速,横跨珠江口水域。其中港珠澳大桥岛隧工程西人工岛、东人工岛、隧道基槽、沉管浮运安装施工等需要多艘特种施工船舶参与施工。建设周期长、工程量大、施工水域环境复杂,特种施工船舶安全监管面临严峻的考验。

二、港珠澳大桥岛隧工程施工船舶的作业环境和总体状况

1. 作业环境

施工水域通航环境复杂,航线交错。既有国际大型船舶航线,又有港澳高速客轮和珠三角各港口中小型船舶航线,还有渔船和小型船舶无固定航线。施工水域常年船舶流量巨大,年平均交通流量约250万艘次,日均流量超6700次。工程附近水域航道图见图1。

季节性气候变化明显。施工水域属于亚热带季风气候,常年盛行东南偏东以及东风。年初到5月为雾季,进入4月雷雨大风对流天气多发,6月至9月份为台风季节,11月至次年2月受寒潮大风影响明显。

这些环境因素对岛隧工程施工船舶作业增加了不稳定性。

2. 施工船舶状况

作为世界最长、建设技术最难的跨海桥梁,港珠澳大桥建设需要种类众多的船舶提供水上作业。岛隧工程长期在场船舶多达70余艘。特种船舶主要包括安装船、清淤船、整平船、抛石夯平船等。本文选择具有代表性的五艘特种施工船舶进行研究,其船舶基本情况如下:

(1) 清淤船。非自航船,船长72.1m,船宽14.9m,型深4.25m,总吨位1384t,见图2。

(2) 抛石整平船。非自航船,船长88.8m,船宽46.0m,型深5.5m,总吨位3784t,见图3。

(3) 安装船。均为非自航船,尺寸相同,船长42.41m,船宽56.4m,型深8.99m,总吨位3455t,见图4、图5。

(4) 抛石夯平船。非自航船,船长82m,船宽28m,型深7.6m,总吨位5044t,见图6。

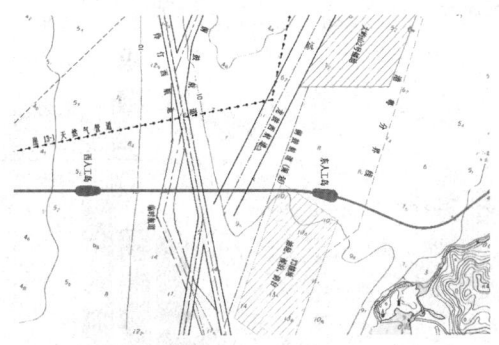

图 1　工程附近水域航道简图

图 2　清淤船"捷龙"

图 3　抛石整平船"津平 1"

图 4　安装船"津安 2"

图 5　安装船"津安 3"

图 6　抛石夯平船"振驳 28"

三、港珠澳大桥岛隧工程特种施工船舶安全风险因素

1. 内部风险因素

岛隧工程特种施工船舶技术要求高,部分是针对工程专门建造的新船,这类船舶具有唯一性,施工期间损坏、老化的配件无法及时供应。

2. 外部风险因素

（1）气象。在珠江口水域,热带气旋和雾对施工船舶影响最大。防台锚地为船舶防抗热带气旋天气提供理想水域,但珠江口水域防台锚地本来就少,大桥开建以来,数量庞大的施工船加剧了防台锚地紧张的状况。

珠江口年平均雾日近 30 天,雾给海上施工船舶带来的最大影响是能见度下降,造成船舶瞭望、陆标定位困难,从而引发船舶触礁、碰撞事故。浓雾不仅影响港珠澳大桥岛隧工程的施工作业进度,而且对施工船舶及桥墩等施工建筑平台的安全产生威胁,是引发海上交通事故的主要原因。

据统计,1949~2008 年 60 年间影响珠江口海区的热带气旋总共有 92 个,平均每年有 1.53 个,年最多 5 个(1964 年),热带气旋影响珠江口海区主要集中在 7~9 月。根据历史台风灾害分析,在广东中部的阳江~惠东沿海地区登陆的热带气旋,均可穿过或严重影响港珠澳大桥桥位附近水域。因此,岛隧工程受热带气旋影响很大。1949~2008年影响研究区域的热带气旋的路径图见图7,1949~2008年热带气旋影响研究区域的频次在不同月份的分布图见图8。

图7　1949~2008年影响研究区域的热带气旋的路径图

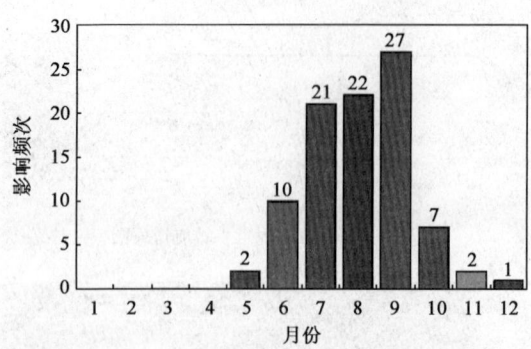

图8　1949~2008年热带气旋影响研究区域的频次在不同月份的分布图

(2)水体。将施工船与水体的关系归结为船舶防污染问题,风险因素包括施工船舶向水体排放油污和生活、建筑垃圾。另一个风险因素涉及水域物种及生态保护,就是施工船舶对中华白海豚保护的影响。

(3)施工水域。来源于施工水域的风险因素主要衍生于水面,相对于水体来说属于动态风险,主要包括船-船碰撞、船-桥(在建桥梁)碰撞以及失控船舶等,是海上施工作业安全最大风险源之一。港珠澳大桥穿跨九洲、青州、伶仃等多条主航道,涉及施工区通航密度大,间接增加了船舶会遇的频率。

一般来说,这类风险在其他因素积累下诱发,具有突发性和难受控性。诸如风浪流等综合因素易使施工船特别是一些拖带施工船舶失去舵向,航向偏移。

(4)人员。人员的风险因素归根到底就是安全教育培训的问题。

3.法律风险因素

目前港珠澳大桥施工船舶的管理首先要根据《中华人民共和国水上水下施工作业通航安全管理规定》和《中华人民共和国海上交通安全法》,还有《中华人民共和国船舶最低安全配员规则》、《珠江口水域船舶安全航行规定》等为数不多的法规,这些法律依据未对施工船舶管理提出明确要求,甚至某些船舶检验技术规范对施工船的技术标准要求也不是很明确。其次,现行体系缺乏一部专门针对施工船舶安全监管的法规,导致管理不统一。再次,法律法规的修改进度跟不上施工船舶更新换代速度。现在施工船舶种类和功能不断增多,新型设备尤其是非传统施工设备的检查还不能得到法律法规的支持与授权。

四、降低特种施工船舶安全风险的控制措施

1.船舶通用安全控制措施

(1)推行船舶准入。投入施工的特种船舶的设备配置和证书必须符合海部门要求,满足工程所在地海区适航要求,进场前统一接受检查。

(2)进行HSE交底。船舶进入施工区作业前,由施工单位进行HSE技术交底,将施工区附近的水域环境、本工程的水域交通状况、施工生产要求等以书面形式向施工船舶进行交底。

(3)设置助航标志。在施工水域上、下游各设置2个浮筒(航标处已放设完毕),所有施工船舶均处于规定施工水域内作业,船舶所抛的锚全部设置锚标。施工完成后将这些助航、警示标志撤除。

(4)建立协调机制。保持与海事管理部门的密切联系,及时沟通。

(5)航行避让管控措施:

①施工船舶作业时,按规定开启或悬挂号灯和号型。

②严格执行海上交通安全规章制度和操作规程,保障船舶航行、停泊和作业的安全。

③调度和施工船舶高频电话保持 24 小时收听,保持联络畅通。施工船舶与过往船舶加强联系。

④进入作业区的船舶车舵结合进行有效避让,做到早让、宽让;航行船舶主动避让作业船舶,机动船主动避让非机动船。参与本工程施工的船舶主动避让航行于伶仃航道的大型船舶和高速客运船。

(6)能见度不良情况下控制措施。在能见度不良情况下施工,航行船舶船长必须亲临驾驶台,派人加强瞭望,使用安全航速,谨慎操作,还需充分有效地利用各种助航仪器,服从调度的指挥,做好应急措施的准备工作;注意倾听周围声号,保持驾驶台安静,严禁喧哗,以免扰乱驾驶人员的听觉;当班值轮机员应坚守岗位,以便在紧急情况下能随时倒车。在能见度小于 1000m 时,应停止航行锚泊待命。

(7)碰撞应急处理措施。一旦发生碰撞,涉及的施工船舶按规定做好事故发生地点、时间、当时海况、双方损毁情况、人员受伤或海域污染情况等记录,并于第一时间报告海事部门和当地政府主管部门;如果危及本船安全,及时发出警报;迅速做好船舶进水、人员落水或受伤、海域污染、船舶搁浅等方面的自救工作;拟写事故报告,协助海事部门做好事故调查。

2. 特种船舶针对性的安全风险控制措施

(1)清淤船"捷龙"。因具有很长的排泥管线,"捷龙"的管理重点在于对排泥管线的管理:

①在管线上每隔 50m 设有 1.5m 高的自亮浮灯;自亮浮灯旁设有颜色鲜明的旗帜,分别用于夜间、白天警示。

②加强对排泥管线的检查,防止泥浆漏出排入海水,影响生态环境。

③管线上锚漂较一般的大,防止浪大时管线下沉,碰触其他船舶螺旋桨。

④排泥管上的流量计测量管下方含有密封放射源,为保障安全,进行统一管理,附近不得堆放易燃易爆、腐蚀性物品,并在显眼处设置电离辐射标志。源闸由船长指派专人负责开关的钥匙,进行操作时需佩戴个人剂量测量仪。

(2)抛石整平船"津平 1":

①整平船就位前详细勘测地质情况,根据地质情况下放桩腿。

②整平船下放桩腿时对抬升负荷等重要参数进行仔细核算,插桩前对地质条件进行详细调查,防止出现穿刺现象。

③研究船行波的影响范围及影响大小,限制航速。

④加强吊笼日常维护保养和管理。

⑤编制清淤方案,开发清淤设备,一旦发现回淤马上进行清淤作业。

(3)安装船"津安 2"、"津安 3":"津安 2"、"津安 3"为岛隧工程沉管浮运安装专用船,沉管浮运安装施工技术难度大,安全风险高。沉管浮运安装期间,指挥操作人员、船员及领导、专家、媒体等外来登船人员人数众多,甲板上绞车缆绳密集,操作室设备仪器精密,机舱内易燃带电物品较多,临水作业、交叉作业、潜水作业、夜间作业等危险性大。

①明确登船人员安全须知,包括注意事项、严禁事项、媒体朋友采访拍摄和休息区、友情提示四个部分,制作登船人员安全风险告知牌、登船人员安全须知卡,提醒登船人员做好安全防护,维持安全秩序,确保行为安全和人身安全。

②安装船指挥室、甲板及管节上实施区域化安全管理,根据工作需要划分为采访和拍摄区、潜水作业区、克令吊作业区、管上作业区等不同区域。指挥室操控台设置标准化隔离带,甲板设置安全通道,危险部位设置安全警示标识,每个区域设置安全值班人员,明确安全值班人员岗位职责,安全值班人员佩戴袖标,做好现场安全监督和值守。

"津安 3"相关平面布置图见图图 9、图 10。"津安 2"相关平面布置图见图 11、图 12。

(4)抛石夯平船"振驳 28":

①缆系众多,加强警示及对缆系的维护。

②因船舶作业性质影响,船舶部分临边未设置护栏,加强相关的警示和安全管理。

③加强对船上起重设备的维修保养。

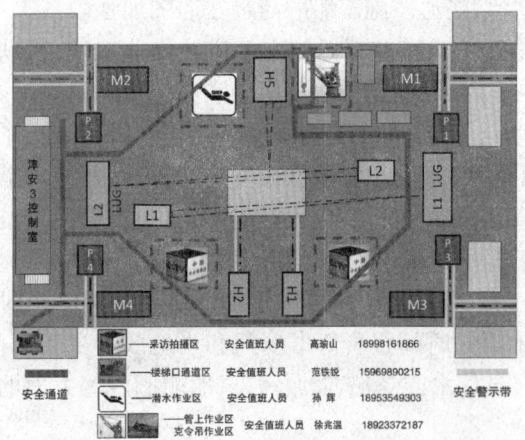

图9 "津安3"甲板安全平面示意图

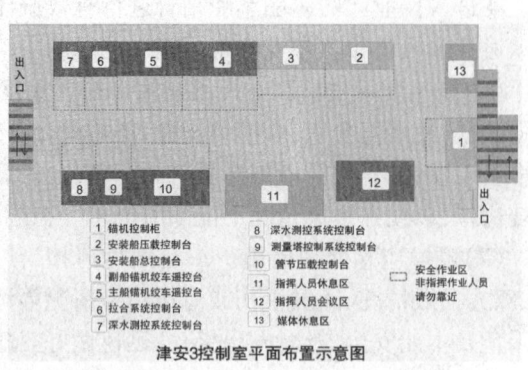

图10 "津安3"控制室平面布置图

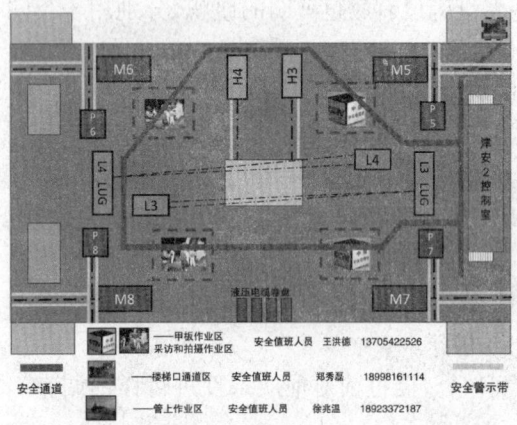

图11 "津安2"甲板安全平面示意图

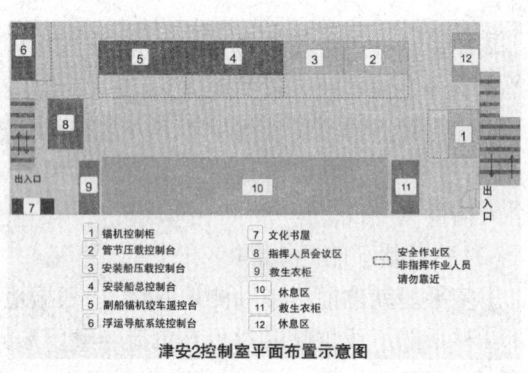

图12 "津安2"控制室平面布置图

3. 做好船舶日常管理及监督

（1）AIS实时监控系统。岛隧工程在项目总经理部设置一套工作站，对施工海域船舶实施AIS实时监控功能。AIS实时监控系统见图13。

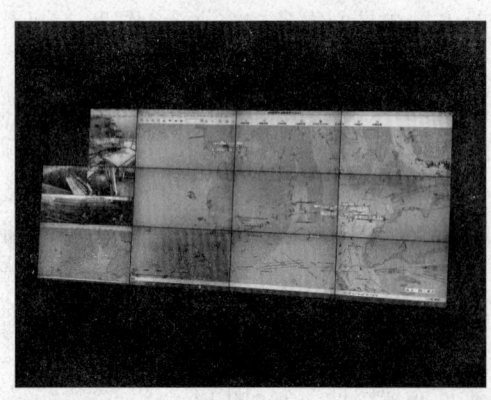

图13 AIS实时监控系统

AIS实时监控系统主要功能包括：

①电子海图显示：电子海图采用了交通运输部海事局认可的EP5电子海图平台，支持海事局EP5格式和国际标准的S57格式。

②AIS船舶跟踪显示：在电子海图平台上实时跟踪显示AIS船舶各种符号，用户可以自定义显示内容，如颜色、大小、字体、转向线、速度矢量线、轨迹线等。

③AIS船舶动静态信息查询：包括基本查询、区域查询、分类查询、条件查询等各种查询方式，方便地查到AIS船舶，显示其动静态信息。

④方案设计：为用户自行在电子海图上增加文字、符号、线段和区域所设计的功能，可用于航标布设、航道规划、文本标示等。文字、符号、线段和区域都可由用户自行设计存储，增加海图中的显示内容。

⑤船舶分组：用户可以根据需要将某些船舶分成船组。自行定义船组名称（例如运输船队、挖泥船队

等等），即可将目标船只加入到分组中。加入方式有两种：一种是从电子海图上选中船舶，将船加入分组；另一种方式是人工输入 MMSI 号，将船加入目标组。加入分组的船舶上均标有明显的船组名称标牌。需要时可以在电子海图上只显示该组船舶。

⑥历史信息回放：当需要回顾历史航行状态时，软件可再现选定历史时刻的现场。例如事故发生后，利用此模块可以直接从服务器下载数据快速回放。可以根据事故发生时间、地点、船舶等信息快速回放事故当时情况，并且可以控制回放速度，快进以及倒退。这对于事故当时情况的再现，事故原因的分析提供了很大的帮助。

⑦多窗口显示：系统可以开设多窗口来跟踪显示重点船舶或区域（最多 6 个多窗口），方便用户同时关注多条船或多个地点。

AIS 实时监控系统对船舶实施监控的前提为，现场船舶必须配有 AIS 船舶自动识别系统。施工单位在船舶进场前要求各施工船舶必须配有 AIS 船舶自动识别系统，并在船舶进场后对船舶进行检查，由施工单位统一组织未配备 AIS 船舶自动识别系统的施工船舶进行安装。

（2）落实规定。严格遵守国家的法律、法规、当地海事部门的各项管理规定，均做到船舶证书齐全。船舶的救生、消防、通信等设备、船舶定位系统完好，认真落实船长为船舶第一负责人，认真填写工作日志及交通船运载情况，做到有据可查。

（3）入场教育。对新进场船员进行安全教育。同时也根据现场施工情况的改变进行重新的交底。施工单位每月进行船舶安全检查，同时要求各类船舶做好自查自检工作，保证船舶处于完好适航状态，坚决服从现场调度的安排。

（4）服从指挥，统一调度。各施工船舶做到服从命令听从指挥，积极、主动配合完成好施工生产任务。没有调度人员指令，不得随便私自动船或进行其他与本工程无关的工作。

同时，各施工船舶在每次完成任务后，要将自己所处状态通知现场调度，以保证调度指挥船舶有序，并确保发生意外事件能够及时得到救助，把损失降到最低。

（5）重点做好雨、雾、季风的船舶防护工作。

①雨天施工的船舶安全。在雨季施工来临前施工单位组织相关人员对船舶的安全用电进行了检查，并对安全隐患落实到专人，限期整改，由 HSE 管理部和物设部对整改完成情况进行督促落实。

加强用电安全巡视，做好船舶用电设备的安装，导线敷设严格采用三相五线制，严格区分工作接零和保护接零。电气设备外壳一律采用保护接零或保护接地措施。

加强了雨季施工前的安全教育工作（主要针对：安全用电、防滑、防跌、防坠落），并在施工安排时尽量避免雨天作业，所有操作人员均统一穿戴穿防滑鞋、戴绝缘手套，雨天施工期船舶人员均处于安全可控的状态，施工生产安全有序。

②雾天施工的船舶安全。在雾季天气来临前，施工单位已对各施工船舶的信号灯、警示灯进行了检查。并在施工期间加强了望，按规定鸣放雾号，保障施工水域船舶航行安全和施工作业安全。在雾天拖航时，船长亲自上驾驶室，轮机长到机舱指挥，并派水手了望，按规定鸣放雾号，保持安全航速航行，必要时尽早择地锚泊，无侥幸冒险航行现象发生。在雾天的施工过程中，所有参与施工船舶设备均处于有效状态，无任何事故和影响通航现象的发生。

③季风天气的船舶安全。季风具有不可预见性和短时性，破坏力大等特点。施工单位加强和提高对施工人员的应急处置能力的培训，对船舶配备了足够的备用锚系和加固设备，保证了一旦出现情况，能立即进行就地加固处理，把灾害造成的损失降至最低程度。

防季风工作作为施工期日常安全生产管理的一项重点工作，施工单位能够做到指令畅通，执行高效，无蛮干，拒绝执行指令现象的发生。

考虑到季风的突发性，在施工船舶驻位时做到尽可能远离航道或驻在水流下游方向，避免因船舶走锚而影响通航造成事故。

五、结　语

本文通过对岛隧工程特种施工船舶安全风险分析,结合施工实践提出了具有操作性的风险控制措施,经几年的运行,有效保障了岛隧工程各相关施工的顺利实施,为国内相关的特种施工船舶管理提供了借鉴,对国内类似的水工项目也具有指导意义。

参考文献

[1] 唐坤,卢玲玲.建筑工程项目风险与全面风险管理[J].建筑经济,2004(4).
[2] 戴雯杰,沈辉,袁大祥.大型建设工程项目的风险分析[J].科学与管理,2007(4).
[3] 杨颖涛.港珠澳大桥桥区通航安全风险评估.珠江口海事安全论坛组委会 2011珠江口海事安全论坛论文集.大连:大连海事大学出版社,2011.
[4] 中华人民共和国海事局.港珠澳大桥建设水上交通安全监督管理总预案.2009.
[5] 曹善鹏.应强化对施工船舶的安全检查.中国水运,2008(9).
[6] 曹彩虹.水工作业涉及的通航安全问题及对策.中国水运(上半月),2010(8).
[7] 孔思平.恶劣天气对船舶航行安全的影响及对策.中国水运,2010(5).
[8] 潘放.通航桥梁船撞风险分析与规避措施研究.广州:华南理工大学博士学位论文,2010.

82. 沉管隧道内施工期安全风险评估及管控措施

赵立新　李金峰
(中交股份联合体港珠澳大桥岛隧工程项目)

摘　要　结合港珠澳大桥沉管隧道施工实践,本文前半部分使用《公路桥梁和隧道工程施工安全风险评估指南》作为评估方法,系统进行隧道内施工安全风险辨识、评价,评估出重大风险源与一般风险源;论文后半部分主要从门禁管理、"四通"管理、协调作业管理、止水带保护、应急处置等五大方面全面落实管控措施,达到安全生产的目的。

关键词　沉管隧道　安全风险评估　管控措施

一、引　言

港珠澳大桥沉管隧道(含暗埋段)全长5990m。隧道内施工具有施工技术难度大、施工周期长、参与施工单位(人员)多、安全风险突出的特点。为了确保沉管隧道建设目标的实现,对隧道内进行施工安全风险评估,并依据评估结果完善管控措施有着重要的意义。下面笔者将结合参与施工以来的实际经验展开论述。

二、总体风险评估

沉管隧道施工安全总体风险评估主要考虑隧道建设规模、地质条件、气候与地形条件、管节断面、通航等级、施工工艺成熟度等评估指标,参见表1。

沉管隧道总体风险评估指标体系　　　　表1

评估指标	分　类	分值	取值
建设规模 (A_1)	1. 特长(3000m以上)	6~8	7
	2. 长(大于1000m,小于3000m)	3~5	
	3. 中(大于500m,小于1000m)	1~2	
	4. 短(小于500m)	0~1	

续上表

评估指标	分 类	分值	取值
地质条件 (A_2)	不良地质灾害多发区域(包括岩溶、滑坡、泥石流、采空区、强震区、雪崩区、水库坍岸区等)	4~6	
	存在不良地质灾害,但不频发或存在特殊性岩土,影响施工安全进度	1~3	2
	地质条件较好,基本不影响施工安全因素	0~1	
气候环境条件 (A_3)	极端气候条件多发区域(洪水、强风、强暴雪、台风等)	4~6	
	气候环境条件一般,可能影响施工安全,但不显著	2~3	3
	气候条件良好,基本不影响施工安全	0~1	
管节断面 (A_4)	特大断面(单洞四车道)	5~6	
	大断面(单洞三车道)	3~4	4
	中断面(单洞双车道)	1~2	
	小断面(单洞单车道)	0~1	
通航等级 (A_5)	通航等级大于50000t	4~6	
	通航等级3000t~50000t	2~3	3
	通航等级小于3000t	0~1	
施工工艺成熟度 (A_6)	新技术、新工艺、新设备国内首次应用	2~3	2
	施工工艺较成熟,国内有相关应用	0~1	

沉管隧道施工安全总体风险大小为:$R = A_1 + A_2 + A_3 + A_4 + A_5 + A_6 = 21$,港珠澳大桥岛隧工程沉管隧道施工总体风险等级为Ⅳ级(极高风险),需要开展专项风险评估。

三、专项风险评估

风险估测主要采用定性方法。事故严重程度和事故可能性的估测都采用专家调查法,结合矩阵法进行分析。

(1)将隧道内施工进行作业程序分解,如表2。

作业程序分解表(简要) 表2

序 号	分部分项作业	主要工序
1	舾装件拆除	钢封门拆除
2		压载水箱拆除
3	混凝土浇筑及封堵	压舱混凝土浇筑
4	安装和维护	大OMEGA止水带安装

(2)结合作业程序分解表,通过调查、讨论及专家咨询,分析评估单元中可能发生的典型事故类型,形成表3。

风险源普查清单 表3

分部分项作业	主要工序	风险源	判断依据
舾装件拆除	钢封门拆除	1.透水(止水带破坏引起); 2.中毒及窒息	1.易燃易爆气体密度超标,止水带及管内装饰物未进行有效防护,作业人员管内吸烟及违规气焊、气割及电焊作业,未设置灭火器材等。 2.电气焊、气割产生烟尘,通风不良,人员无防护用品
	压载水箱拆除	淹溺	作业人员未按要求穿戴救生衣、未设临水作业警示标志、临边防护,作业人员未按要求进行作业

续上表

分部分项作业	主要工序	风险源	判断依据
混凝土浇筑及封堵	压舱混凝土浇筑	1.触电；2.车辆伤害	1.设备、电线老化，未实行"一机一箱一闸一漏保"，线路无防护。2.车辆刹车失灵、超速，司机无证、注意力不集中，载运物料码放不好
安装和维护	大OMEGA止水带安装	高处坠落	作业人员未系安全带、防护栏杆、扶手等设施缺乏或有缺陷、脚手架搭设不规范

（3）风险分析结果见表4。

风险源风险分析表　　　表4

单位作业内容	主要工序	潜在事故类型	致险因子	受伤害人员类型	伤害程度
舾装件拆除	钢封门拆除	透水	违规电气焊作业，气瓶安全装置失灵、间距不够，物理伤害	作业人员	死亡
		中毒及窒息	碳弧气刨产生的气体烟尘，防护用品不到位	作业人员	重伤
	压载水箱拆除	淹溺	水箱临边防护不到位，防护用品不到位	作业人员	死亡
混凝土浇筑及封堵	压舱混凝土浇筑	触电	潮湿环境设备未接地、线路老化，未严格执行"一机一闸一漏保"	作业人员	死亡
		车辆伤害	车辆性能不好，司机违章操作	作业人员	重伤
安装和维护	大OMEGA止水带安装	高处坠落	不合规脚手架，防护用品不到位	作业人员	重伤

（4）风险估测是采用定性或定量方法对风险事故发生的可能性及严重程度进行数量估算：

风险大小 = 事故发生的可能性 × 事故严重程度

结合表4完成沉管隧道内施工安全风险估测汇总表，见表5。

沉管隧道内施工安全风险估测汇总表　　　表5

编号	风险源			风险估测				风险等级
	施工项目单位作业	主要工序	潜在事故类型	严重程度		可能性	风险大小	
				人员伤亡	经济损失			
1	舾装件拆除	钢封门拆除	火灾或物理伤害止水带后导致透水	4	2	1	4	高度Ⅲ级
			中毒及窒息	1	1	3	3	中度Ⅱ级
2		压载水箱拆除	淹溺	1	1	2	2	中度Ⅱ级
3	混凝土浇筑及封堵	压舱混凝土浇筑	触电					中度Ⅱ级
4			车辆伤害	1	1	2	2	中度Ⅱ级
5	安装和维护	大OMEGA止水带安装	高处坠落	1	1	2	2	中度Ⅱ级

四、重大风险源估测

重大风险源指相对比较复杂、存在较大的不可预见性、引发的事故严重性较大的风险源。结合前文专项风险评估的结果，决定将钢封门拆除施工作为沉管隧道内的重大风险源。估测过程中采用定性与定量相结合方法,事故严重程度的估测方法采用专家调查法,事故可能性的估测方法采用指标体系法。

(1)安全管理评估指标:按照实际建立人的因素及施工管理引发的事故可能性评估指标体系见表6,将评估指标分值通过公式 $M=A+B+C+D+E+F+G+H$ 进行计算等于1。根据分值对照表,找出折减系数 $\gamma=0.8$。根据表7可知,钢封门拆除施工事故可能性数值为 $P=R\times\gamma=7\times0.8=5.6$。对照典型重大风险源事故可能性标准等级标准表可知,钢封门拆除施工事故可能性等级为2级。

钢封门拆除施工安全管理评估指标体系   表6

评估指标	分类	分值	取值
总包企业资质 A	三级	3	
	二级	2	
	一级	1	
	特级	0	0
专业及劳务分包企业资质 B	无资质	1	
	有资质	0	0
历史事故情况 C	发生过重大事故	3	
	发生过较大事故	2	
	发生过一般事故	1	
	未发生过事故	0	0
作业人员经验 D	无经验	2	
	经验不足	1	
	经验丰富	0	0
安全管理人员配备 E	不足	2	
	基本符合规定	1	
	符合规定	0	0
安全投入 F	不足	2	
	基本符合规定	1	1
	符合规定	0	
机械设备配置及管理 G	不符合合同要求	2	
	基本符合合同要求	1	
	符合合同要求	0	0
专项施工方案 H	可操作性较差	2	
	可操作性一般	1	
	可操作性强	0	0

钢封门拆除作业事故可能性评估指标   表7

序号	评估指标	分类	分值	取值
1	气候环境条件	极端气候事件(地震、台风)多发区域	3~5	
		气候环境条件一般,对施工安全有影响,但不显著	2~3	
		气候环境较好,对施工安全基本无影响	0~1	1
2	施工期	汛期、高温等季节	2~3	
		施工期适宜,基本不影响施工安全	0~1	1
3	施工方案	采用以往经验施工方案	2~3	2
		采用经专家讨论、专业验证的施工方案	0~1	

续上表

序号	评估指标	分类	分值	取值
4	应急处置经验	1. 无经验	3	
		2. 有经验,但不丰富	2	
		3. 经验丰富	0~1	1
5	人员教育情况	1. 意识较强	2~3	2
		2. 意识不强	0~1	
6		合计(R值)		7

(2)根据以上分析并汇总,填写重大风险源风险等级汇总表,见表8。

重大风险源风险等级汇总表　　　　　　表8

重大风险源	事故可能性等级	严重程度等级		风险等级
		人员伤亡	财产损失	
钢封门拆除	2	4	2	Ⅲ级

五、风险接受准则

根据施工安全风险评估结果,按照风险接受准则,提出风险控制措施。施工安全风险接受准则如表9所示。

施工安全风险接受准则　　　　　　表9

风险等级	接受准则	处理措施
低度Ⅰ	可忽略	不需采取风险处理措施和监测
中度Ⅱ	可接受	一般不需采取风险处理措施,但需予以监测
高度Ⅲ	不期望	必须采取风险处理措施降低风险且加强监测,且满足降低风险的成本不高于风险发生后的损失
极高Ⅳ	不可接受	必须高度重视,采取切实可行的规避措施并加强监测,否则要不惜代价将风险至少降低到不期望的程度

为更好地落实沉管隧道内安全管理各项措施,项目部建立管内分部负责隧道内管理,下设安全保卫组、动力保障组、生产协调组、文明施工组负责相关工作,按需配备人员。

六、一般施工安全风险源控制措施

针对日常施工常见的安全风险如中毒与窒息、淹溺、触电、高处坠落、车辆伤害、物体打击、机械伤害等,控制措施根据有关技术标准、安全管理要求来制定,主要涵盖出入门禁管理、通风、通电、监控及通信、施工协调、通用措施等方面的内容。

1. 出入门禁管理

(1)隧道口设置中管廊、行车道大门,实行封闭式管理,任何单位、个人、车辆未经批准严禁出入(图1、图2)。

(2)对于进入(离开)隧道内人员及车辆,门禁处实行严格的登记备案制度。

(3)门禁人员负责隧道两侧通风机的开关与维护,禁止他人私自动用风机。

2. 通风管理

(1)做好风机的安装调试及风管日常使用维护管理。

(2)风机前后5m范围内不得堆放杂物,施工设备靠近风管时应避免刮碰风管。

(3)风机处设置防烟帘,尽量减少停机次数,发挥风机连续运转性能(图3)。

(4)安排专人每日对风机设备的运行状态进行检查、对隧道内部进行空气检测。

图1 隧道入口

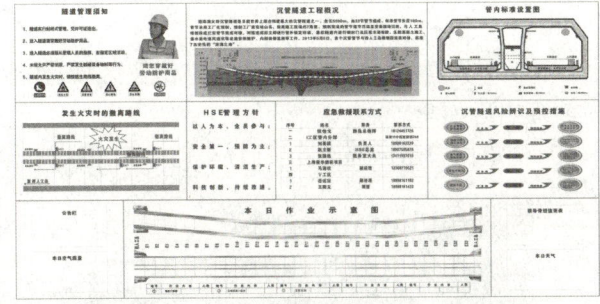

图2 入口告知牌

3. 通电管理

(1)供电采用外部发电机统一集中供电,分级接入管道内的方式进行。采用 TN-S 系统,依照规范要求实行三级控制、两级保护。

(2)电气工作人员每日对现场配电箱、配电线路进行巡查,并填写检查记录(图4)。

(3)各施工队伍用电、断电应填报《用电审批表》,由动力保障组统一协调。

4. 监控及通信管理

(1)沉管隧道内配置视频监控系统、手机信号覆盖、固话通信系统及对讲机通信系统(图5)。

图3 通风机及防烟帘

(2)动力保障组做好视频监控及通信系统设备的日常使用维护管理。

(3)安排专人每日对监控及通信设施进行检查,填写检查记录,安排专人在值班室内24小时值守,通过视频监控和固话通信系统监督隧道内施工管理情况。

图4 用电专项检查

图5 视频监控

5. 施工协调管理

(1)施工作业前3天,各队伍到生产协调组办理施工准入和开工手续。

(2)按照所办理证件资料组织施工人员、设备进场。

(3)施工完成后要做到"工完、料净、场地清",交接好工作面。

6. 文明施工管理

(1)组织清扫队伍对于公共区域进行卫生清扫,设置洒水车、吸尘器、清扫车、可移动垃圾箱配合清扫。

（2）设电瓶车用于进入隧道人员的运输，并设专人维护保养（图6）。

（3）车辆必须停放在申请的作业区域内。规划北行车道为生产车辆专用通道，南行车道为人员进出通道，做到人车分流（图7）。

（4）所有队伍在施工前需申请划定作业区域、作业时间。区域内物资要码放整齐，每天废旧物资要及时清理出运。

（5）隧道内警示标牌设置按照《公路水运工程施工安全标准化指南》执行。

图6　交通运输　　　　　　　　　　　　图7　人行道

7. 通用措施

（1）在沉管隧道内进行施工时，靠近海水端应至少保留三道端封门。

（2）作业人员在洞内必须走安全通道，并注意来往车辆，禁止随意搭乘车辆。

（3）特种作业的工人，必须经专门培训，经考试合格取得操作证，方可上岗作业。

（4）上下交叉作业有危险的出入口，须搭设防护棚或其他隔离措施。高处作业必须设置防护栏杆、挡板或安全网。

（5）施工现场的脚手架、防护设施、安全标志、警示牌，不准擅自拆动。

（6）长期从事有腐蚀、粉尘、有毒有害作业人员，必须按规定佩戴防护用品，并进行岗前、岗中、岗后体检存档备查。

（7）不准在没有安全防护设施屋架的上弦、支撑、桁条、挑架的挑梁和未固定的构件上行走或作业。

（8）暴雨、台风后，要认真检查施工现场的临时设施、脚手架、机电设备、临时用电线路、施工机械的安全状况，发现隐患，应及时处理（图8）。

（9）施工期间面临雨季及台风季节的考验，为防止过量降雨造成沉管内积水，在西人工岛暗埋段CW1钢封门枕梁处安装固定水泵进行排水，并安装防淹门。

（10）暑季施工，合理调整工人的作息时间，减少工人高温作业时间，备足饮用水、藿香正气水等防暑用品，开展专门安全教育培训。各队伍安全管理人员加强巡视和检查力度，预防和避免事故的发生（图9）。

（11）搭设脚手架必须按照规范并经过监理验收方能投入使用。

图8　上级领导检查　　　　　　　　　　图9　厕所及休息区

七、重大施工风险源控制措施

针对钢封门拆除施工可能引起的透水安全风险,制定《沉管内作业管理制度汇编》明确管理责任,编制《港珠澳大桥岛隧工程沉管内施工期管理办法》上报监理、业主审核,具体措施主要由防火、止水带保护组成。

1. 防火措施

(1) 隧道内不得存放汽油、柴油、油漆等易燃易爆物品。

(2) 管节内组建10人编制的义务消防队,作业区域设置有效、足够的消防器材(图10)。

(3) 大量气瓶在大岛集中建库存放,作业时如需使用按照吊篮大小倒运至隧道口临时存放点,作业时由叉车倒运所需气瓶到作业点。

(4) 拆除作业前检查周围环境、电气焊设备及电闸箱的完好,作业完毕需清理现场、不遗留杂物,交接并落实好止水带保护措施。

(5) 管内未经允许严禁明火。进入管内人员将香烟和打火机存放在隧道口处。

(6) 止水带及沉管内装修装饰等易燃物体前安装警示标识牌(图11)。

图10 灭火器布置　　　　　　　　　　图11 止水带保护

2. 止水带保护措施

(1) 管节接头底板GINA、OMEGA止水带保护措施:钢封门拆除前,将GINA止水带表面的海水及杂物清除完毕后,在底板端钢壳上外扣32#槽钢。为防止钢封门拆除期间高空坠落物砸击造成槽钢位移,采用8#铅丝将槽钢与端钢壳上螺栓进行固定;管节接头处OMEGA止水带安装完成后,直接在止水带上外扣32#槽钢,槽钢固定形式与GINA止水带保护方式相同。具体布置形式如图12所示。

(2) 管节接头侧墙GINA、OMEGA止水带保护措施:采用在侧墙混凝土上安装2mm镀锌钢板进行保护(图13)。

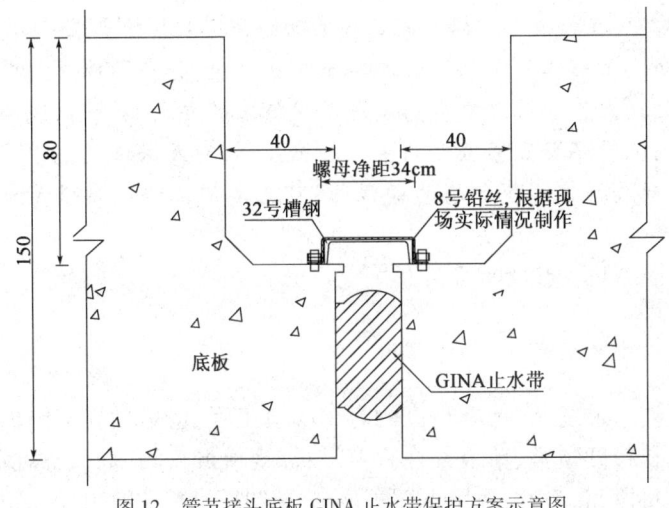 

图12 管节接头底板GINA止水带保护方案示意图　　　图13 管节接头侧墙止水带保护

(3)节段接头 OMEGA 止水带保护措施:按照关于防火隔断的相关设计进行保护。

3. 应急管理措施

(1)根据沉管隧道内施工环境和特点,主要应急管理分别为:通风应急管理、供电应急管理、消防应急管理、台风等恶劣海况应急管理、触电事故应急管理、人身伤害事故应急管理、高处坠落应急管理、落水应急管理。

(2)紧急事故发生后,由现场管理人员直接上报至管内分部负责人。负责人在接到汇报后,第一时间通知项目经理为首的应急抢险小组,同时根据现场事故等级及伤亡情况立即对现场进行处置,主要包括动用现场应急储备物资进行抢救、伤员就地治疗及送医院治疗、抢救、现场保护、上报等。抢险结束后,制定恢复生产措施及时恢复生产,组织善后处理并进行全面总结。应急信息上报流程如图14所示。

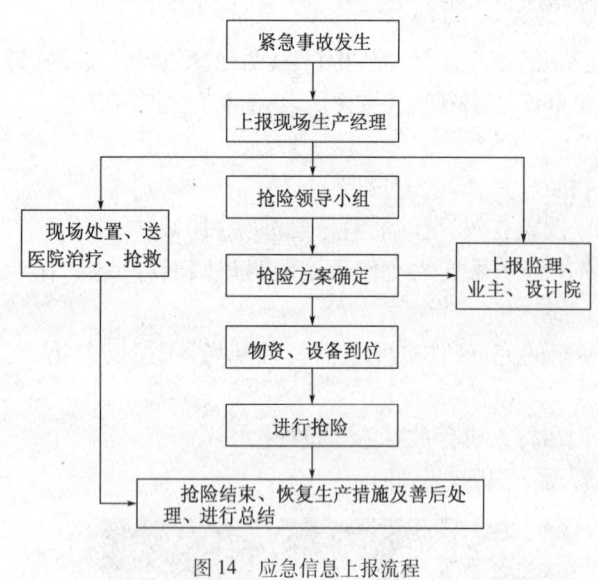

图14 应急信息上报流程

八、结　语

本文基于港珠澳大桥沉管隧道内部安全生产的实际工作,系统说明了沉管隧道内部施工的安全风险,践行了切实可行的管控措施,完善了施工组织管理,有助于沉管隧道内部施工的顺利开展,也有助于国内今后类似工程的施工生产。

83. 工厂法超大断面预制沉管混凝土养护系统开发及应用

李进辉[1,2]　刘可心[1,2]　黄　俊[1,2]　焦运攀[1,2]　徐文冰[1,2]

(1.中交武汉港湾工程设计研究院有限公司;2.长大桥梁建设施工技术交通行业重点实验室)

摘　要　港珠澳大桥超大断面预制沉管采用工厂法预制,混凝土控裂要求高、难度大,对混凝土保温、控温养护提出了极高的要求。为解决上述难题,在控裂专题研究的基础上确定混凝土养护要求,研发出集温湿度监测、报警及自行调节环境温湿度功能于一体的预制沉管混凝土养护系统,并在港珠澳大桥预制沉管中进行了应用。现场应用效果表明,混凝土各项监测参数均满足养护标准的要求;养护系统与沉管工厂化预制的自动化需求相匹配,实现预制沉管混凝土温湿度的半自动化控制,有效保证避免了混凝土出现危害性裂缝,为港珠澳大桥预制沉管耐久性实现提供有力的保障,可为类似工程提供借鉴和参考。

关键词　工厂法　预制沉管　混凝土　养护系统　控裂　应用

一、引　言

港珠澳大桥岛隧工程是我国交通建设史上技术最复杂、标准最高的海中隧道工程,也是世界范围内已建和在建沉管隧道中长度最长、埋置最深、单孔跨度最宽、单节柔性管节最长、规模最大的海底公路沉管隧道,其沉管标准管节长180m,分8段预制(每段22.5m),采用工厂法预制,预制厂设在珠海市桂山镇

牛头岛。岛隧工程设计使用年限为120年,其沉管结构具有以下特点:

(1)沉管结构处于Ⅰ类碳化和Ⅲ类海洋氯化物腐蚀环境条件下,海洋氯化物腐蚀环境作用为控制因素,其作用等级为严重(D级)至非常严重(E级),腐蚀环境非常严酷,一旦出现裂缝会加速氯盐侵蚀危害。

(2)沉管结构在海平面以下40多米深度,在长期水压条件下,表面裂缝可能连通、延伸,成为渗水通道,导致其自身抗渗能力降低,加速氯盐侵蚀。

(3)沉管混凝结构长埋于水下,结构无法修复,一旦出现腐蚀将极大影响结构使用寿命。

(4)沉管结构采用自防水设计,无外包防水,对防裂防渗要求非常严格。

此外,作为具有国家战略意义的世界级跨海通道,其社会影响和受关注度极高,预制沉管混凝土不允许出现危害性裂缝[1-2]。

港珠澳大桥沉管管节采用工厂法预制的方法进行生产,在沉管混凝土浇筑养护过程中,养护不到位容易出现温度及收缩裂缝,对混凝土耐久性造成不利影响[3-4]。目前,混凝土结构常用的养护方法为洒水、喷涂养护剂等,此类方法不能实现保湿、控温的功能,对于本工程工厂法预制的超大断面管节管段并不适用;此外本工程预制沉管属于海上孤岛施工,淡水资源缺乏,养护需考虑采用淡水并节约用水。为了防止混凝土出现危害性裂缝,根据大体积混凝土仿真分析和足尺模型试验验证的成果,对预制管节混凝土提出了极高的养护要求[5-6]。针对沉管预制工厂化施工的特点,借助于沉管预制厂房的有利条件,设计开发具有保湿、控温功能的喷雾养护系统对控制沉管裂缝具有重要的意义,填补我国交通行业工厂法预制构件养护工艺研究领域空白,可为类似工程提供借鉴和参考。

二、养护系统开发总体构思

1. 养护要求

在前期控裂专题研究基础上,为防止预制沉管出现危害性裂缝,对预制沉管养护提出的要求[5-6]:

(1)浇筑区采用仓面喷雾,保证相对湿度不低于80%。

(2)浇筑完后所有裸露面覆盖土工布,并保持湿润。

(3)拆模后进入养护棚喷雾养护,养护区相对湿度控制在85%以上。

(4)通过调整喷雾水温度控制内表温差≤25℃。

(5)养护水温度与混凝土表面温度差≤15℃。

(6)预制沉管拆模后湿养护时间不少于14d。

(7)出棚后覆盖保湿养护。

2. 养护系统设计思路

港珠澳大桥工厂法预制沉管采用两条平行独立的生产线,对两条生产线分别设计1套相同的养护系统[7-9](图1):

(1)管节在浇筑台座区浇筑完后所有裸露面覆盖土工布保湿养护,拆模顶推后在厂房内采用活动棚喷雾养护、厂房外采用固定养护棚喷雾养护,管节管廊内利用针形梁喷雾养护。

(2)养护棚包括活动养护棚和固定养护棚两部分。养护棚覆盖三个管段,厂外设计为固定式,厂内设计可伸缩式移动养护棚,可收拢于固定养护棚内。

(3)活动棚采取整体移动式活动吊轨方案,可收拢于固定养护棚内。活动棚顶面和两个侧面覆盖轻质、抗撕、防水的棚布以实现养护功能。

(4)固定养护棚采用轻钢结构,按彩钢板围护结构考虑,

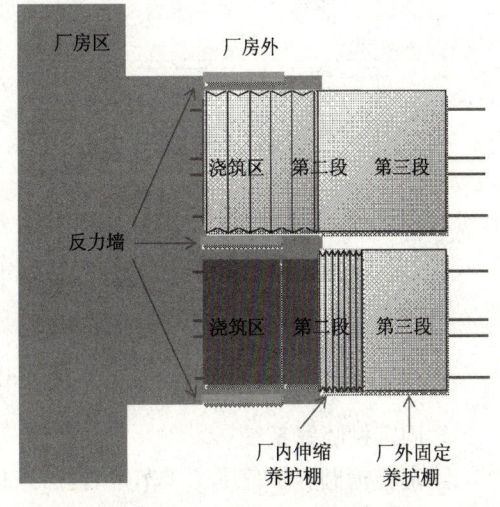

图1 养护系统示意图

结构设计考虑珠海地区的防台要求,出厂端面设置帆布卷帘门。

(5)为实现预制管段间以及预制管段推出固定棚后的隔离,单独设置的可移动伸缩式防风墙。

(6)在固定棚和活动棚分别布设喷嘴,覆盖全部养护区(管段底板下表面除外),不留死角,喷头的间距设置可保证养护棚内湿度均匀。

(7)设计喷雾控制系统,根据温湿度监测结果和养护要求,通过人工设置喷雾时间间隔实现半自动化养护,保证不同区域间可独立地养护或循环养护。

三、养护系统开发

1. 浇筑台座区养护系统

浇筑台座区养护系统提供两种功能:浇筑时的仓面喷雾功能(图2)和浇筑后3d(拆模前)的暴露面覆盖洒水养护。混凝土浇筑时,利用钢筋吊架来回走动喷雾降低仓面温度,喷雾头1m间距布置一只(约40只),采用制冷水造雾,在浇筑仓面形成雾氛,见图1蓝色线区。浇筑后3d(拆模前)的暴露面所有裸露面覆盖土工布,并保持湿润。

2. 活动棚喷雾系统

活动棚养护范围为1节半管段,由可伸缩的活动机构、棚布、水路管线以及喷水装置等组成,采用棚布覆盖形成密闭空间以实现养护功能(图3)。活动棚采取整体移动式活动吊轨方案,可收拢于固定养护棚内;活动棚在整体移动式活动吊轨和管节顶面上移动实现管节养护;活动吊轨及活动养护棚依靠钢筋笼吊架提供动力。活动棚行走机构由上悬吊轮、行走轨道、下悬吊轮、伸缩架和行走轮组成,伸缩架通过上行走机构和行走轮实现收缩和张开(图4)。

图2 利用钢筋吊架仓面喷雾　　　　图3 活动棚的截面图

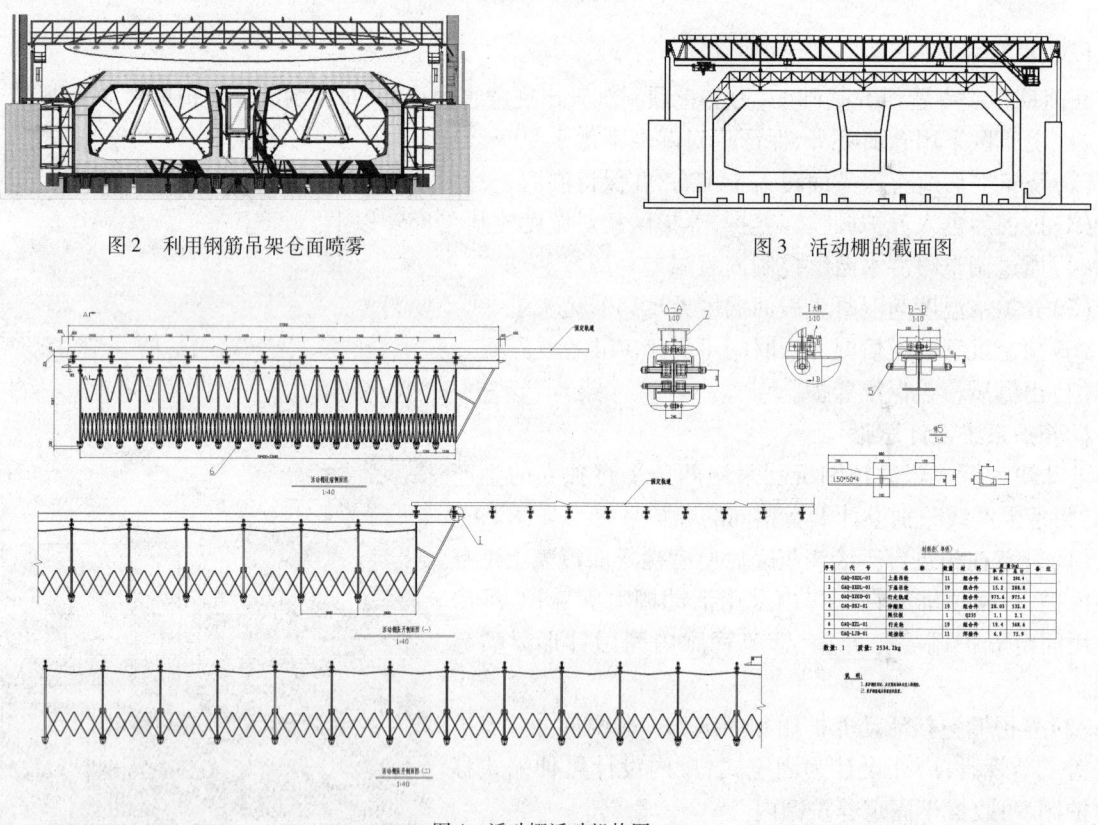

图4 活动棚活动机构图

3. 固定棚喷雾系统

固定养护棚养护范围为1节半管段,采用条形基础,顶标高不高于+1.6m,满足锚杆埋置深度要求,考虑设置不高于地面50cm的钢筋混凝土柱基。固定棚采用轻钢结构,按彩钢板围护结构考虑,结构设计考虑珠海地区的防台要求;为加强固定棚端头的抗风稳定性,固定棚出厂端面设置帆布卷帘门。固定棚立面图见图5,侧视图见图6。

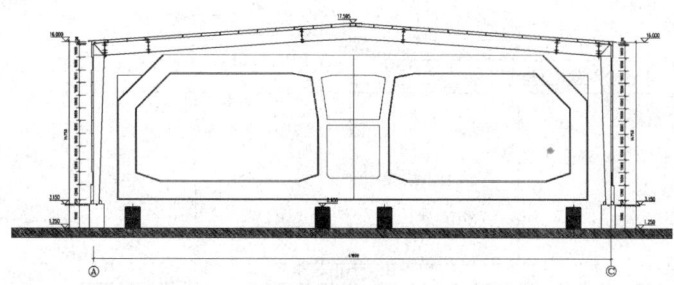

图5 固定棚立面

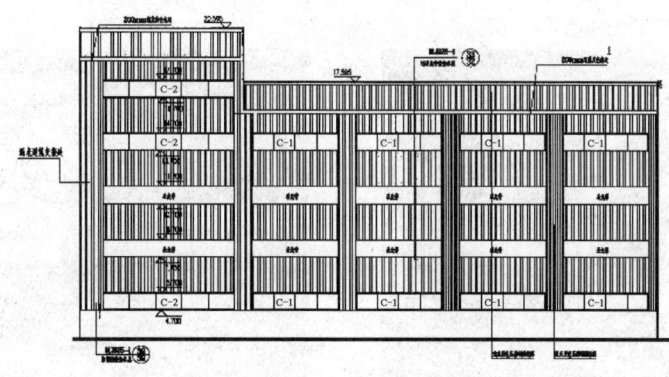

图6 固定棚侧视面

4. 管廊内防风墙

为实现混凝土预制构件间以及混凝土预制构件推出固定棚后的隔离,单独设置的可移动伸缩式防风墙,防风墙支撑在混凝土预制构件两端的开口处。防风墙主要由H型钢焊接而成,其底部设置有四个车轮和两条行走轨道,四周设置可伸缩式的槽钢,其挡风面采用PVC防水帆布(图7)。使用时,选择风速较小时,收缩四周槽钢,移动防风墙至指定位置后,固定车轮,延伸四周的槽钢至预制构件的开口处。

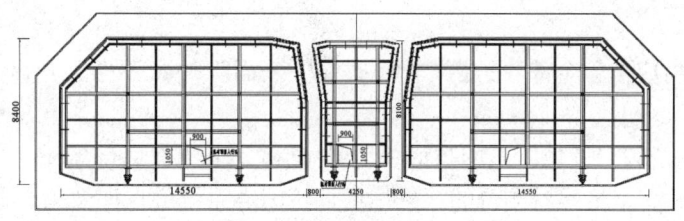

图7 防风墙立面(尺寸单位:mm)

5. 喷雾及控制系统

为实现预制管节的养护功能,对喷雾及控制系统的设计如下:

(1)系统的总体设计原则:经济合理、留有余量,保证活动棚喷雾系统的稳定性。

(2)按养护功能需求分6个不同养护区(图8),包括:①区域——位置一浇筑台座区;②区域——第二管段前半段区域(活动棚内);③区域——第二管段后半段区域(固定棚内);④区域——位置三区域(固定棚内);⑤区域——位置一以及位置二的管廊区;⑥区域——钢筋吊架区。

(3)不同区域间通过电磁阀进行独立控制,同一区域的不同支路应考虑可独立检修。

(4)①、②、③、⑤、⑥区域采用二流体喷雾系统,④区域采用低压喷雾系统,喷雾系统示意图见图9和图10。二流体系统采用双头空气雾化喷嘴,单个喷嘴液体压力为4×10^5Pa,空气流量约为42L/min,液体流量为6.1L/h;低压系统采用单头3号铜质双头喷嘴,单个喷嘴流量为0.145L/min。

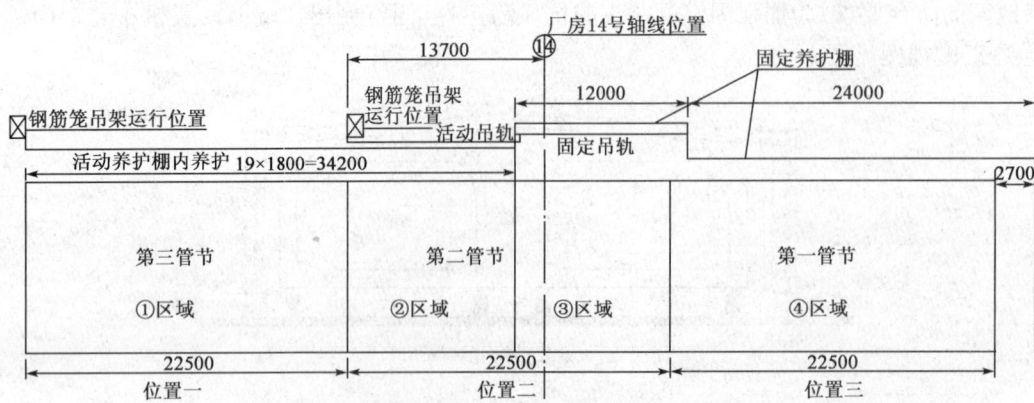

图8 养护棚分区示意图（尺寸单位：mm）

图9 二流体喷雾系统示意图

图10 低压喷雾系统示意图

（5）每条生产线配置一个供气系统，空压机产能为15m³/min，压力为1.0MPa。系统设置1个主供气管对不同分区进行供气；每个分区设置1个主供水管，每个区域设置水箱为喷雾水管供水，水箱设置热水与自来水混合进口实现水温的调节控制。

（6）设计喷雾控制系统，通过人工设置喷雾时间间隔实现半自动化养护，保证不同区域间可独立地养护或循环养护。

（7）喷嘴的喷雾距离应覆盖全部养护区（管段底板下表面除外），不留死角，保证养护区相对湿度控制在85%以上。

（8）分别在位置一、位置二及位置三的顶面、2个端面和2个侧面底部的中心点布设湿度传感器（由甲方布设），共13个；以13个传感器测得的最低湿度评价喷雾系统的保湿效果。通过养护棚内的温湿度监测成果指导不同区域的喷雾养护系统，监测结果超过养护要求时发出警报；通过人工对喷雾系统的时间间隔进行设置，实现半自动化的养护。

6. 养护棚棚布设计

活动棚表面应覆盖棚布；活动棚端头、活动棚和固定棚、管段接头间应采用帆布隔离以实现养护功能。棚布的颜色为灰白色，与预制场钢结构厂房相同。

（1）活动棚棚布要求。活动棚棚布采用轻质、抗撕、防水型尼龙布，每个标准块尺寸与2单个活动式结构尺寸相匹配，底部可卷起。每块之间通过拉链连接，并固定于可活动式结构间。

（2）管段接头及管廊内密封棚布要求。活动棚端头、活动棚和固定棚、管段接头间密封棚布采用帆布，并设置与针形梁或管段形状相同的活动口，并通过粘扣带连接，底板可卷起，类似窗帘。

7. 养护水温控制

为控制沉管混凝土内表温差，喷雾系统喷水温度要控制与管段混凝土内部温度状况相匹配，见

图11。

(1) 高温季节浇筑前利用钢筋吊架仓面喷雾降低环境温度。
(2) 浇筑完毕采用常温水养护。
(3) 3d 后,第二管段养护区采用温水喷雾降低混凝土内外温差。
(4) 10d 后,进入第三管段养护区,内部温度接近环境温度,采用常温水养护。

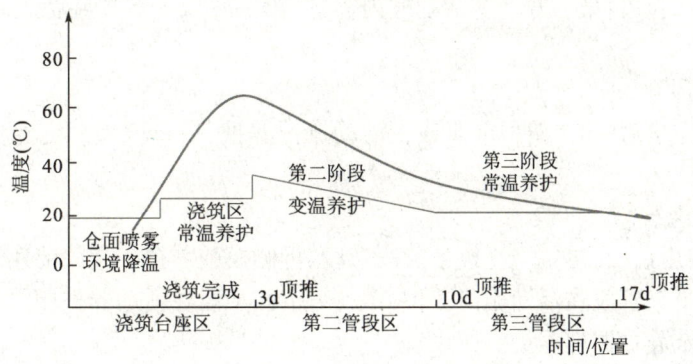

图11 养护水温控制

养护水质要求如下:
(1) 养护水不得采用海水和终水。
(2) 采用低压喷雾系统时,不得采用硬水,水中颗粒最大粒径不得超过 0.1mm。
(3) 采用二流体喷雾系统时,水中颗粒最大粒径不得超过 0.5mm。

四、养护工艺设计

港珠澳大桥管节采用工厂法预制,分两条独立生产线,采用设计的喷雾养护系统对预制管节进行养护。其养护工艺示意图见图12,每条独立生产线养护工艺如下:

(1) 浇筑第一段管节(未拆侧模前)

在浇筑坑处浇筑第一段管段,浇筑区采用仓面喷雾,保证相对湿度不低于 80%;浇筑完至侧模拆除前,所有裸露面覆盖土工布,并保持湿润。采用常温水并控制水量。

(2) 第一段管段拆侧模后

设置活动吊轨,可移动棚伸展至第一段管段,对其进行养护,管内利用针形梁喷雾养护,采用常温水并控制水量。

(3) 顶推第一段管段

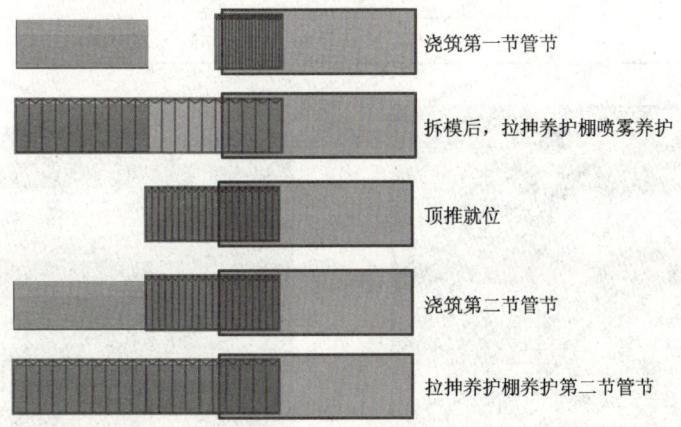

图12 养护工艺示意图

顶推第一段管段的过程中采用活动棚实现养护，顶推完毕后，前半段采用活动棚进行养护，后半段采用固定养护棚进行养护，此阶段管段已经拆模并处于降温期，需要考虑内表温差的控制，采用雾化喷头喷雾形成雾氛，并调节喷雾水温。

（4）在浇筑坑继续浇筑第二段管段

第一段管段位置腾出后，在浇筑坑处浇筑第二段管段，拆侧模前，养护工艺与第一管段相同。拆侧模后，活动支架伸展至第二管段，第二管段在活动棚内养护；第一管段前半段在活动棚内养护，后半段在固定棚内养护。

（5）顶推第二段管段

顶推第二段管段，完毕后，第二管段前半段在活动棚内养护，后半段在固定养护棚内养护；第一管段在固定棚内养护。

（6）在浇筑坑继续浇筑第三管段

第二段管段位置腾出后，在浇筑坑浇筑第三段管段，拆侧模前养护工艺同前述管段。拆侧模后，活动棚伸展至第三管段前，第三管段在活动棚内养护；第二管节前半段在活动养护棚内养护，后半段在固定棚内养护；第一管段在固定养护棚内养护。

（7）在沉管推出固定棚后采用在沉管管段的两端分别设置防风墙以实现沉管内部与外界的隔离。推出固定棚后暴露面采用覆盖洒水养护，保证湿养护时间14d以上。

五、工 程 应 用

采用设计的养护系统对港珠澳大桥预制管节实施养护，混凝土湿养护时间为14d以上。管节在浇筑台座区裸露面覆盖土工布保湿养护见图13，管节养护棚喷雾养护见图14，混凝土拆模后外观见图15。采用研发的可视化温控监测预警系统对港珠澳大桥预制管节养护效果实施现场监控[5-6]，其中首两个管节监测结果见表1。

首两个管节温湿度情况汇总表　　　　表1

部位	E1-S5	E1-S4	E1-S3	E1-S2	E1-S1	E2-S5	E2-S4	E2-S3	E2-S2	E2-S1
日期	8.9	9.2	9.16	10.2	10.20	8.5	8.29	9.13	9.27	10.18
历时(h)	47	41	37	35	37	51	46	33	35	31
环境温度(℃)	30.0	28.8	27.4	27.0	26.1	30.3	29.8	27.7	26.5	25.3
浇筑温度(℃)	25.7	25.1	22.6	23.0	22.3	26.0	25.9	25.1	24.7	22.5
最高温度(℃)	68.8	68.5	66.9	68.1	64.1	69.7	70.0	69.7	70.0	67.1
内表温差(℃)	23.9	24.8	25.0	21.9	18.8	24.4	18.4	25.0	25.0	23.0
养护区湿度(%)	90	91	92	91	90	92	91	90	89	88
浇筑区湿度(%)	85	86	86	87	86	85	86	85	86	85

图13　覆盖洒水养护

图14　喷雾养护系统

图 15　预制沉管管节拆模后外观

从表1中监测结果和预制沉管拆模后外观可以看出:采用设计的养护系统对预制管节养护实施养护后,混凝土各项监测参数均满足养护标准的要求,预制沉管管节没有出现裂缝;养护系统与沉管工厂化预制的自动化需求相匹配,实现预制沉管混凝土温湿度的半自动化控制,有效保证避免了混凝土出现危害性裂缝,为港珠澳大桥预制沉管耐久性实现提供了有力的保障。

六　结　语

(1)基于前期控裂专题研究成果,确定了预制沉管混凝土养护要求,包括温度、湿度、温差和养护时间等要求。依据养护要求,针对港珠澳大桥沉管预制工厂化和海上孤岛施工的特点,借助于沉管预制厂房的有利条件,设计开发具有保湿、控温功能的半自动化喷雾养护系统。

(2)养护系统由钢筋吊架喷雾系统、活动棚及固定棚喷雾系统、喷雾及控制系统、养护棚棚布和管廊内防风墙等构成;喷雾系统喷水温度控制与管段混凝土内部温度状况相匹配;采用无线温度、湿度传感器监测管段实体和环境的温湿度,通过监测结果指导喷雾系统的工作,并设置工业冷暖主机对循环水进行加热和制冷,对管段的养护温湿度进行调节。

(3)设计出满足工厂法预制条件的养护工艺流程,实现对每条生产线上3个管段的养护。在浇筑坑处浇筑第一段管段,浇筑区采用仓面喷雾;浇筑完至侧模拆除前,浇筑完后所有裸露面覆盖土工布洒水养护;拆模顶推后采用活动棚和固定棚共同进行喷雾养护,管节管廊内利用针形梁喷雾养护。

(4)将设计的养护系统应用于港珠海澳大桥预制管节混凝土养护,混凝土各项监测参数均满足养护标准的要求;养护系统与沉管工厂化预制的自动化需求相匹配,实现预制沉管混凝土温湿度的半自动化控制,有效保证避免了混凝土出现危害性裂缝,为港珠澳大桥预制沉管耐久性实现提供了有力的保障。

(5)研发出的预制沉管混凝土半自动化养护系统,集温湿度监测、报警及自行调节环境温湿度功能于一体;养护棚喷雾养护系统可提供密闭养护条件,实现对预制构件实现保温、保湿养护;采用的养护全自动循环水系统喷雾养护,养护效果好,可以节约用水,适用于淡水资源缺乏的海洋工程。本养护系统对提升我国类似工程的施工技术水平具有十分重要的现实意义和社会效益。

参考文献

[1] 刘晓东.港珠澳大桥总体设计与技术挑战[C].第十五届中国海洋(岸)工程学术讨论会论文集.北京:海洋出版社,2011.
[2] 李英,陈越.港珠澳大桥岛隧工程的意义及技术难点[J].工程力学,2011,28(S2).
[3] 王迎春,频金娥等.不同养护条件下混凝土耐久性的研究[J].人民长江,2008,39(1).
[4] 李美利,钱觉时等.养护条件对混凝土表面层性能的影响[J].建筑材料学报,2009,12(6).
[5] 港珠澳大桥主体工程岛隧工程预制沉管混凝土配制和控裂方案研究[R].2012.
[6] 港珠澳大桥主体工程岛隧工程沉管节段足尺模型试验研究[R].2013.
[7] 朱伯芳.大体积混凝土温度应力与温度控制[M].北京:中国电力出版社,1999.

[8] 王铁梦.工程结构裂缝控制[M].北京:中国建筑工业出版社,2004.
[9] 张明雷,李进辉,刘可心.大体积混凝土现场温控措施比较分析[J].施工技术,2013,S1.

84. 联合体模式的 SWOT 分析

方燎原　王中平
(广州南华工程管理有限公司)

摘　要　联合体是企业生存和发展的战略性选择,有很多优点和优势,但也存在一些不足。应有统一的认识,采用统一的行为规范和一致的工作规则和统一的沟通协调机制。

关键词　联合体　统一行为规范　一致的工作规则　沟通协调机制

一、引　言

港珠澳大桥是中国乃至世界交通发展史上的一项伟大工程,是我国继三峡工程、青藏铁路后又一超级工程,科学技术含量高,高标准,复杂的地理、水文、通航、气象、地质条件,其技术难度达到了当今同类型世界级项目之最。这需要集中当今中国建设领域的精兵强将,共同奋斗,充分发挥聪明才智,才能得以实现宏伟目标。因此,港珠澳大桥从科研、勘察、设计、咨询到施工、建造、监理、检测和监测大多采用联合体方式共同参与。

二、联合体投标

所谓联合体投标,就是由几家单位通过协议方式联合起来,对整个项目进行共同投标。一般情况下,大型复杂项目,不但工程量大,而且涉及的工程类别也多。从目前承包企业的资质状况和施工能力来看,只有少数集团性企业才能具备多类别资质和独立承包这类工程的实力,而更多的施工单位虽然主营类别实力很强,也只能承包整个项目的部分工程量和工程类别。因此,为了满足承包工程的特点和招标文件的要求,施工企业结合各自的实力状况,自愿地联合起来,互相取长补短,形成一个联合体投标。

1. 联合体投标的法律规定

根据《投标招标法》第三十一条和《建筑法》第二十七条的规定:

(1)"联合体各方应具备承担招标项目的相应能力。国家有关规定或招标文件对投标人资格条件有规定的,联合体各方均应当具备规定的相应资格条件,由同一专业的单位组成的联合体,按照资质等级较低的单位确定联合体资质等级"。

(2)"联合体各方应当签订共同投标协议,明确约定各方拟承包的工作和责任,连同投标文件一并提交招标人"。"联合体中标的,联合体各方应当共同与招标人签订合同,就中标项目向招标人承担连带责任"。这就是联合体承包合同区别于总承包和平行承包合同的重要标志。由此看来,联合体投标各方的法律地位是平等的,所以承担的法律责任具有连带性。

(3)联合体投标协议必须是各方自愿订立的合同条款。

2. 联合体投标的特点

根据以上内容,可以发现,联合体投标、承包模式有以下特点:

(1)对于招标人而言,可以大范围地择优选择各承包人。而与平行承包模式比较,可以大大减少合同管理工作量和界面协调工作量。对承包方的违约责任,不但可以追究当事人的直接责任,还可以追究其他成员的连带责任,从而维护自己的合法权益。

(2)对于联合体说来,提供了参与投标承包大型复杂工程的机会。联合体各方"强强联合、互利共赢"。联合体协议是联合体投标文件的重要组成部分，它既是联合体成员之间的法律行为的约定，也是对招标人的共同承诺。

3. 联合体承包模式的合同管理

目前，我国建设工程施工合同采用统一的示范文本，为施工合同的签订和管理提供了基本模式和思路。对于联合体承包模式，它既有与其他承包模式相似之处，也存在原则上的区别，主要体现在以下几个方面：

(1) 承包人的共同责任。一般情况下，联合体在投标实务中，虽然他们共同参与，但在开标时，必须推荐一个代表（牵头人）陈述投标文件。所有联合体的工作以他为中心，但他本质仅仅是联合体投标的一个成员。在签订合同的时候，联合体各方共同构成承包人的主体，各方共同承担连带责任。不能片面地理解为哪一方，否则，会影响承包人主体的完整性和合同体系含义的一致性原则。

(2) 联合体协议的完善。联合体协议的内容，不但要明确各方工作内容和责任，而且它本身是投标文件的组成部分，是对招标人的共同承诺，必须将它列入合同管理的范围。联合体中标进场后，应向监理人提供包括联合体协议在内的完整的投标文件，监理人根据协议内容和投标承诺督促承包人履行相关工作。

就联合体协议而言，对投标工作来说，满足了招标人的要求，但到了施工阶段，会出现许多未尽事宜需要解决，如施工组织设计、总体进度计划的编制、HSE 管理等方面的问题，特别是承包人各方之间的大量配合、协调和统一工作。因此，联合体各方成员应根据现场具体情况及时补充和完善相关协议，依据联合体协议的约定处理相关问题。在联合体成员当中，牵头人组织各方成员共同做好现场管理工作，使工程建设正常有序进行。

(3) 工程分包问题。一般情况下，联合体承包模式，无论哪个成员提出需要对某项工作进行分包，必须经过联合体其他成员的同意，以联合体的名义进行分包。分包单位的资格审查必须满足分包合同的相关要求。所有分包必须经过业主同意，将相关材料报备业主和监理人备案。

三、建筑企业 SWOT 方法分析

SWOT 分析法又称态势分析法，是一种能够较客观而准确地分析和研究一个企业现实情况的方法。SWOT 四个英文字母分别代表：优势（Strength）、劣势（Weakness）、机会（Opportunity）、威胁（Threat）。

目前的中国是桥梁大国，还不是桥梁强国。作为世界级超级工程，港珠澳大桥无疑是给科研、勘察、设计、咨询、施工、建造、监理、检测和监测企业带来构建建筑业"航母"的契机。

(1) 优势。人才开发是构建建筑业"航母"的动力源泉，科技创新是构建建筑业"航母"的重要支柱。港珠澳大桥参建单位一般都是行业的翘楚，拥有人才、科技的品牌优势。通过港珠澳大桥的建设，能够更加提升企业的知名度和实力。

(2) 劣势。企业文化建设不足，品牌管理不强。很多建筑企业并没有深刻理解企业文化的内涵，更没有重视企业文化的建设，只注重传统的口号宣传，缺乏创造性和凝聚力，导致企业中每位员工、每个部门难以产生共同的战略目标，不能形成持久的奋斗精神与动力。无法形成强大的品牌效益。在技术和管理上，我国建筑企业与国际先进水平还存在一定差距。

此外，很多建筑企业多元经营战略、"走出去"战略、集团经营战略还处于探索阶段。

(3) 机遇。在国内，基础设施投资有增无减，无论是基础设施投资，还是建筑转型方面都为建筑企业提供了广阔的发展空间。在国外，金融危机过后的世界经济呈现增长趋势，投资与贸易自由化，资本、技术、劳动力等生产要素出现跨国流动趋势，有利于我国建筑企业海外项目投资，增强国际竞争力，同时我国政府大力支持建筑企业实施"走出去"战略，并颁布了相应的政策、法规以鼓励、扶持建筑企业进行国际化项目投资。

(4) 威胁。我国建筑业正处于转型的关键时期，建筑市场风险不断增加，不确定性、不稳定性不断提高，建筑企业正面临着巨大的生存与发展的挑战。

①针对能源日益紧张的问题，很有可能国家制定新能源、新材料的重新定价政策，执行更严格的环保法规，建设成本随之上升对企业来说是个不小的挑战。

②建筑工程的科技含量与管理日益复杂化，诸多采用新技术和现代化管理手段的大型国际建筑企业正逐渐进入我国建筑市场，企业高耗能建设模式、项目管理水平、人员素质现状、企业之间的不当竞争不利于建筑企业应对国际冲击。

③金融危机过后，部分国家或区域政局动荡，能源供应紧张，国际承包项目建设成本上涨，各国采取的贸易保护仍未消除，国外一些规模较大、周期较长的总承包项目面临很大风险。

④国内基建项目投资趋于多元化，众多建筑企业的竞争白热化，利润空间进一步压缩。

因此，联合体是企业生存和发展的战略性选择。通过联合体模式，可以强强联合、发挥更大的优势；可以取长补短、弥补不足和抵御劣势；可以抓住机遇、一荣俱荣；可以合作共赢、抵御威胁。

四、联合体的优势

建筑企业联合体目前在国内不时的出现，特别是一些大型项目，由于大型项目涵盖的专业很广泛，而各建筑企业又各有所长，为充分发挥各自的专业优势和地域优势，所以组成联合体很有必要。

参建单位都具有丰富的经验和教训，并具有先进的建设管理理念和严谨、认真的工作作风，可以帮助我们提高建设管理水平和促进国内建设水平的提高。

港珠澳大桥采用一些国外规范，聘请国外质量顾问，引进吸收外国的先进经验，缩短了与国际接轨的时间，提高了从业人员的职业化素质和业务能力。

联合体领导人原则上每季度召开联席会议，沟通、协调处理项目资源配置、主要人员调整等重大事项。

五、联合体的劣势

（1）企业文化上的差异。一个现存的独立的企业必定有着独立鲜明的企业文化，联合体内部在具体的操作方面难免存在文化、风格、方式、方法上的差异和冲突。

（2）地域文化与思维的差异。地域文化与思维在许多方面存在很大差异，在技术上是相通的，但在管理上，习惯及理解障碍会给协调带来诸多困难。

（3）员工薪酬的差异。联合体成员由于原有隶属关系不变，接受联合体的统一领导和安排，实际上，这就造成了联合体管理有效性的缺位，在这种暂时性的组织中，个人的集体感、归属感也十分脆弱。致使个人不能像在原先工作岗位中那样自觉接受管理，管理者也不能像管理自己的员工那样进行布置工作，这样就不能充分发挥每个成员的作用，因而有必要研究建立一种有效的操作性强的激励机制，最大限度地调动个人的积极性。

六、联合体的机遇

（1）是技术和管理交流的平台。港珠澳大桥由国内外专业设计团体联合设计、聘请了国际技术顾问、采用国际技术规范，所有参加企业均为国内行业的佼佼者。所有这些为我们拓宽了视野、提供了了解国际桥梁技术的窗口，也是行业技术交流的最佳平台。

（2）是打破行业垄断壁垒的一个契机。经过30多年的经济高速发展，现有的体制局部成为深化改革的瓶颈，各行业日益严格和细化的规定限制了外来者的冲击。只有打破利益集团和行业的垄断，才能实现建设市场的壮大和蓬勃发展。

（3）有利于建立完善的质量管理体系。国内大多数企业虽然建立了ISO质量体系，但在实践中多流于形式或执行效果不佳。而港澳地区和国外却能卓有成效地运用这一体系进行管理。通过质量体系PDCA循环不断地持续改进，可以提高企业技术管理水平和竞争力。

七、联合体的威胁

(1) 竞争优势的可能丧失。同行业的企业在此前和此后都是竞争对手,由于利益的驱使和机缘的巧合组成了联合体。往往担心对方在合作过程中窃取自己的专利、核心技术、独有资源或商业机密,很难以开放的姿态深度合作。有时候甚至极力阻碍彼此的合作。

(2) 有时候阻碍外部关系的协调。联合体是一个临时性组织,不具有法人资格。受各自利益的驱使,在对外关系的处理上,不一定达成共识,有时会贻误或不能顺利完成外部关系协调。有时也会为了自己所代表的企业的利益,自作主张作出的决定侵害其他联合体成员的利益。

(3) 联合体内部错综复杂的矛盾。联合体的组成是"可以组成",也可以不组成。联合体对外"以一个投标人的身份共同投标",即"联合体各方""共同与招标人签订合同",联合体内部之间权利、义务、责任的承担以联合体各方订立的合同为依据。由于项目部职能机构由不同企业的人员担任,项目经理的权威和号召力很难形成,容易发生相互推诿、执行力差、效率低下等情况,每人的权利、义务、责任很难界定。

在联合体中,参建者来自不同的公司,大家为了一个共同的目标而聚在了一起。每个公司都有自己的运作模式,因此在合作中难免出现一些矛盾。

八、结　语

联合体是企业生存和发展的战略性选择,有很多优点和优势,但也存在一些不足。为了充分发挥联合体优势和各自的主观能动性,应有统一的认识,置身于国家和世界交通发展的历史坐标系中思考问题、审视问题;联合体各方组织、管理、协调、利益分配要采用统一的行为规范和一致的工作规则。此外应建立和健全协调机制,统一与业主及外界的联络和沟通。

85. 监理标准化管理模式的探索

方燎原

(广州南华工程管理有限公司)

摘　要　项目标准化建设是一项长期而艰巨的任务。就监理企业而言,标准化管理既是履行监理合同、保证服务质量的有效途径,也是监理企业提升综合能力、做强做大的必由之路。

关键词　监理企业　标准化管理　提升综合能力

一、引　言

从桥梁工程角度来看,港珠澳大桥在中国交通建设发展史上是承上启下、继往开来并作为中国由桥梁大国向桥梁强国迈进的里程碑和标志性项目。为此,建设港珠澳大桥已不能再沿用过去传统的理念和技术,必须在继承中突出发展和创新管理。

为了加快推行现代工程管理,促进工程施工管理的标准化、规范化、精细化,交通运输部编制了《公路工程施工标准化指南系列》,并对全国在建高速公路项目进行施工标准化检查评比。

在监理企业管理实践中,监理企业以现场监理机构为重点,以质量和HSE管理体系为载体,积极探索现场监理机构标准化管理的新方法、新途径,全员推进标准化管理,从而全面履行监理合同规定的权利和义务。

二、管理制度标准化

构建结构清晰、职责分明、重点突出的监理管理制度和体系,从而做到工作有规范、操作有程序、过程有控制、结果有考核。

依据监理企业的标准化管理制度和港珠澳大桥管理局的建设项目管理制度,我们建立和完善了监理工作制度体系,制定了综合管理制度、质量管理制度、HSE管理制度、进度管理制度、投资管理制度、行政管理制度等6大类共计50项管理制度,并在实践中探索联合体管理之路。

三、工地建设标准化

依据监理合同和规范,按照施工现场岗位设置,配备满足要求的、具有相应技能、能力和知识结构的监理人员。定期组织培训,不断提高监理人员的素质和水平。

1. 监理驻地建设

监理驻地的选址,应符合安全和便于管理的要求。硬件设施应满足招标文件的要求。监理驻地建设完成后,报建设单位验收。

按照标准配置办公室设施、设备、通信设施、交通工具,对监理驻地建设标准化标识,并严格执行监理驻地建设标准化管理检查标准。

2. 监理机构设置

为了实现"机构精干、专业配套、人员达标、设备充足"的目标,现场监理机构根据工程建设规模、项目专业内容、管理层次与跨度设定监理机构的组织形式,既便于公司推行标准化管理,又减少了新建机构和成员变动的适应周期。

监理按权限和职能分为两级机构、三个管理层次的管理,即总监办、驻地办;决策层、职能层及执行层。

决策层的主要职能是对重大问题与事项做出决策,下发各种指令与文件,对监理的"五控两管一协调"总负责,并与建设单位、设计单位、质监站、安监站等相关部门保持工作联系。

职能层由5个专业部门组成,各自负责相应职能的计划、工作,对驻地办的检查、指导,是履行总监办管理职责的主要职能部门。职能层按职责完成各部门的工作,对决策层负责,职能层各部门间的工作接口(界面)由总监在监理规划中确定。

执行层由4个驻地办组成,各驻地办负责相应工作范围内的监理工作。执行层的主要职能是执行决策层通过总监办公室传达的各种指令,按照各种技术规范、监理规范及计算机网络化管理、监理实施细则开展工作,并及时、准确、全面地向总监办反映工程实施过程中的各种信息。

3. 人员管理

(1)监理人员配备。监理人员的数量和结构,根据监理内容、工程规模、合同工期、工程条件和施工阶段等因素,按保证对工程实施有效监理的原则确定。

监理人员配备根据投标承诺并及时到位。在基本配备的基础上,根据工程实际进展情况,经建设单位批准,实行人员合理调配。

监理机构建立人员培训、考核机制,在促进在岗工作人员的技术业务素养提高的同时,加强企业文化建设、思想文化引导、廉政建设及团队意识建设,按照"严格监理、优质服务、公正科学、廉洁自律"的监理工作方针开展工作。

严格人员招用门槛,"用合格的人,做合格的事"。对总监的要求是"熟练专业技能,讲究工作方法,善于内外沟通,精明洞察全局";对监理人员的要求是"有德、有才、有证"。工作中,坚持"四不用"原则,即无监理执业资格证书者不用、职业道德差的人员不用、业务能力弱的人员不用、未从事过相关工作的不用。通过外招和自培提高人员素质,充实骨干队伍。鼓励员工考研、考证,对高学历人员和具有国家注册监理工程师、造价工程师、结构工程师的人员优先使用,重点培养,增加薪酬,委以重任,真正体现"不分新老亲疏,只看德能勤绩"的用人理念。

全面推行专业分工。术业有专攻。打破传统监理人员按里程分工的模式,全面实行按专业分工。与此配套的是人员分专业培训、聘用,使监理人员集中精力掌握一项专业知识和技能,实现从"万金油"向

"专业型"的转变,这也促使专业人员能够在长期的专一工作中深入研究、发现问题、找出办法,从而提高监理水平。

(2) 人员变更管理。监理机构按照监理服务合同承诺配备的监理人员,一般不得更换;因特殊原因或根据工程进展情况,确需变更监理人员的,变更后的人员职称、资格不得低于监理合同承诺的人员等级,并报经建设单位同意。未经建设单位同意,原监理人员不得离开施工现场。监理单位必须按照监理计划严格执行监理人员进退场计划。

项目主要监理人员非以下原因不得变更:身体原因不能胜任工作的;调离原单位的;建设单位对监理工程师不满意要求变更的;监理工程师需长期脱产学习的;不再具备从业资格的;因受行政处罚等原因不能继续履行职责的;因建设项目不能正常开工建设或停工6个月以上的。

(3) 组织培训。岗前培训:对监理人员进行上岗前培训,使每个监理人员上岗前了解监理单位管理体系、合同内容、有关法律法规,熟悉标准规范,掌握监理工作程序和方法,确保监理工作质量。

在岗培训:根据岗位职责的要求,以更新知识为主要内容的定期培训。重点内容包括:结合工作岗位突出实用性的安全生产及环境保护法律法规、要求;工程情况、工程图纸与规范、各工序的施工工艺和质量控制与检测方法;作业场所和工作岗位存在的危险因素、防范措施及事故应急措施;学习事故案例,观看事故案例视频;新技术、新工艺、新设备、新材料的实施和应用;试验管理方面的法规宣贯及施工技术知识、廉政建设等培训,以保证现场监理工作正常有序进行。

四、过程控制标准化

1. 施工准备阶段的监理工作

包括参加设计交底,审批施工组织设计,检查保证体系,审核工地试验室,审批复测结果,审批工程划分,确认场地占用计划,核算工程量清单,签发开工预付款支付证书,召开监理交底会,召开第一次工地会议,签发合同工程开工令。

2. 施工阶段监理工作

(1) 质量监理

①工作要求:

a. 以施工技术规范、质量检验评定标准、合同文件等为依据,督促施工单位全面实现工程项目合同约定的质量目标。

b. 对工程项目施工实施全过程质量控制,以质量预控为重点。

c. 对工程项目的人、机、料等因素进行全面的监控,监督施工单位的质量保证体系落实到位。

d. 坚持不合格的建筑材料、构配件和设备不准在工程上使用。

e. 坚持工序质量不合格或未进行验收签认,下一道工序不得施工。

f. 首件工程认可制度。立足于"预防为主、首件先行"的原则,对首件工程的各项质量指标进行综合评价,旨在对施工组织及工艺存在的不足,分析原因,提出改进措施,预防后续施工可能产生的各项质量问题,指导后续施工。

严格按照监理规范中的质量控制流程进行管理。流程管理是监理企业从粗放型管理过渡到规范化管理直至精细化管理的重要手段,利用流程化管理可大幅缩短流程周期和降低成本并可改善工作质量和固化企业流程、实现流程自动化、促进团队合作以及优化企业流程,最终实现职能的统一和集中、职能的合并、职能的转换,让企业负责人不用担心有令不行、执行不力,让中层管理人员不用事事请示、相互推诿,让所有的员工懂得企业的所有事务工作分别由谁做、怎么做以及如何做好的标准清楚明了、一目了然,使企业管理标准化和程序化,见图1。

②质量控制重点:港珠澳大桥设计按照粤港澳标准就高不就低的原则,并综合采用了欧美日和中国香港地区的技术标准,有些高于目前国内现行标准;使用年限为120年,超越了国内建筑业的常规。在海洋环境中采用大直径钢管桩、大体积钢筋混凝土、钢塔和钢箱梁,对钢结构和混凝土的耐久性和防腐是个严峻

的考验,对于全桥采用钢箱梁还需突破更多的技术难题。在施工过程中需要先行实施,相关研究及明确有关参数后,制定出最佳的施工工艺和控制方法,确保按照专项标准和设计要求的实现。

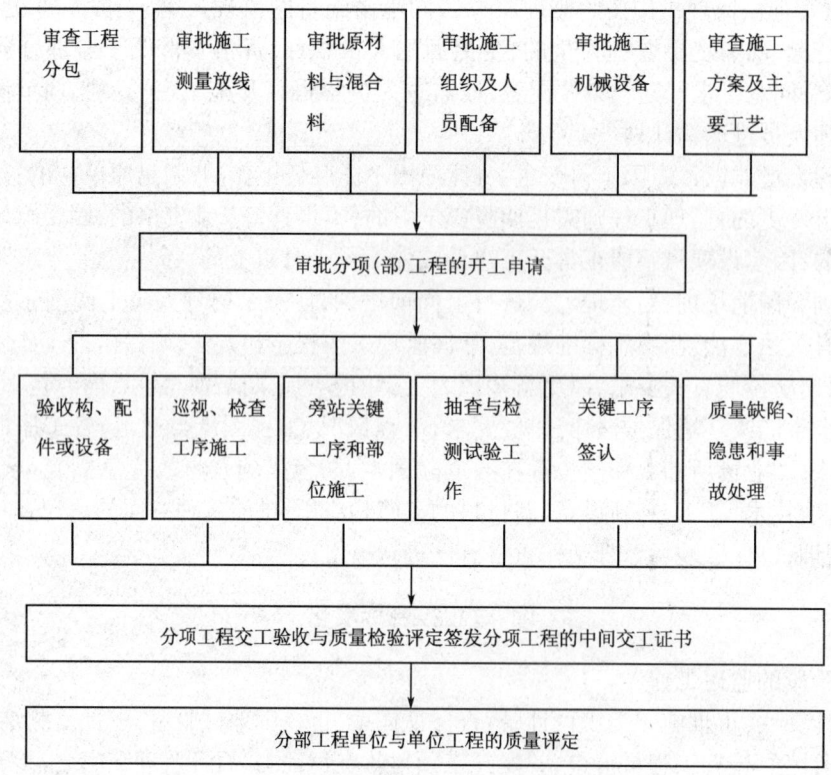

图1　质量控制流程图

(2)进度监理:

①工作要求:

a.督促施工单位完成建设单位分阶段的指导计划,确保按合同工期要求完成所有合同工程施工。

b.进度监理应在确保质量和安全的基础上,以计划控制位为主线进行。

c.监理工程师应要求施工单位按时提交进度计划,严格进度计划审批,及时收集、整理、分析进度信息,发现问题及时按照合同规定纠正。

d.监理工程师应该采用主动控制(事前)与被动控制(事中、事后)相结合的方法控制进度,强化事前主动控制。

②进度风险分析及控制措施:

a.进度计划制订不科学对计划实施的风险。措施:监理工程师通过自身的经验和知识技术对施工单位编制的计划对照承包合同进行审批,对项目的情况进行全面的了解和掌握,使经监理审批的施工进度计划既能代表建设单位又能满足施工合同的要求,确保计划制订的科学性和周密性。

b.施工单位管理人员的现场总体协调能力对进度的风险。措施:监理应当对施工单位的现场管理体制能力进行详细的分析和观察,及时对其管理人员的能力进行评估,并在进度控制中充分地考虑此因素可能造成的影响,当其管理能力成为影响进度的一个主要矛盾时,就要采取相关的措施进行纠偏。

c.设计图纸变更频繁对预期实现进度目标造成的风险。措施:监理工程师应该充分地考虑到图纸设计的变更所可能引起的工程进度的延期,应积极、及时的处理和解决现场问题,并在相关的事件上与设计单位达到及时的沟通和事先的预控。

d.建设单位对施工周边环境协调不利,造成影响施工进度的风险。措施:监理应对由于周围环境、外部协调等因素可能造成的对进度的影响程度作仔细排查核对,并以合适的方式提供给建设单位,要求建设单位按合同落实。

e. 涉及参建各方及时配合方面对进度目标的风险。措施：监理在进入施工现场后要编制一个现场管理办法将监理与建设单位、施工单位之间的工作程序、工作步骤以书面的形式固定下来。监理工程师应严格按照监理合同及有关规定办事，尽量避免判断及指令错误影响合同工期。监理机构应做好相关协调工作，避免影响工期。由于施工单位自身原因造成工程进度延误，在监理工程师签发监理指令后施工单位未有明显改进，致使合同工程在合同工期内难以完成时，监理工程师应及时向建设单位提交书面报告，并按合同规定处理。建设单位或施工单位提出工程进度重大调整时，应按合同或签订的补充合同执行。

f. 季节气候的变化对施工进度形成的风险。措施：监理在工作中应充分地考虑到季节性的气候和非正常性的气候变化对工程进度目标的影响。在现场协调上、工作安排上、方案及计划的审批上都应引起足够的重视。做到提前策划，避免或减少气候影响。

③本项目进度风险：

本项目工程所处的施工环境相当复杂。每年春季为多雾天气；每年4~8月，为中华白海豚繁殖期，严重影响施工效率；每年6~10月，为热带风暴多发期；每年冬季，盛行季风，大于8级以上风力的天数每月达10天以上。有效作业时间少。因此，工期十分紧迫。

(3) 费用控制

①工作要求：

a. 监理工程师必须按合同文件，并在其授权范围内，从事施工费用监理工作。

b. 监理工程师应站在客观、公正的立场上，合理地处理工程中所发生的费用及有关纠纷，并及时地进行有关凭证的签认工作。

c. 监理工程师应把质量合格作为工程计量与支付的先决条件，任何有缺陷的工程，均不予计量与支付。

d. 满足合同条款是计量支付的基本要求，以工程量清单、说明、合同图纸、技术规范等对计量支付程序和方法上的要求，作为工程计量与支付的必要条件。

e. 监理工程师要确保所有费用在计算上的正确性与准确性，支付内容上无遗漏、无重复。

②费用风险分析及控制措施：

a. 设计变更风险措施。监理工程师在过程中坚持工程变更程序化，注意整理收集反映工程状况的资料，包括变更前、后的设计文件、资料、图纸以及有关各方面的意见、信函；评估工程变更费用；审慎地确定变更单价（报建设单位批准），做到变更依据准确，变更条件清晰。

b. 各种索赔风险措施。监理工程师应预防延期和费用索赔的发生，施工单位与总监应积极配合建设单位解决有关问题，减少进度障碍。总监要充分重视施工单位的工程进度计划，及时发现有可能引起延误的项目或工点，提醒施工单位局部修改，以避开可能延误或条件尚不具备的工点。同时，如果此类问题发生，要合理调整计划和现场布局，减少影响工程延期的因素，一旦出现延期或费用索赔，要严格按监理程序执行和审查。

监理工程师应预防由于建设单位提供的地勘报告或地表以下资料实质性有误致使施工单位不得不实质性改变依据该文件而设定的施工方案并由此产生返工、返修、加固和工期延误的发生。监理工程师应积极组织施工单位对地质及地下管线进行调查，及时发现与资料不一致的位置，拟订方案报建设单位批准后实施。

c. 合同管理对费用目标的风险措施。监理工程师应准确运用合同条款对各项目进行控制，特别注意有些项目涵盖内容较多，不可重复计量或套错项目号。

监理机构应根据设计文件计算出合同中各项目的总数量并与工程量清单对照，数量有偏差时履行变更手续，这项工作必须在工程量清单中子项目完成前完毕，有效控制工程造价。

监理工程师应建立计量台账，统一计量管理，条理清晰。

(4) 施工安全监理

①工作要求。负责工程建设的现场安全监理，并承担相应的安全监理责任。总监对工程建设现场安

全监理负总责。

本着"安全第一、预防为主、综合治理"的方针,按照有关安全生产法律法规和工程建设强制性标准及建设主管部门有关要求实施监理,切实履行监理单位安全职责。

应对依法分包的工程加强检查,并督促施工单位按照分包合同要求对分包单位的安全生产工作进行统一管理。

按照危险因素识别、风险评价和风险控制策划程序,消除或减少监理、施工人员及其他相关方可能面临的安全风险。

②工作程序。安全施工监理工作的任务主要是贯彻落实国家安全生产方针政策,督促施工单位按照施工安全生产和文明施工规范和标准组织施工,消除施工中的冒险性、盲目性和随意性,落实各项安全生产技术措施,有效地杜绝各类安全隐患,杜绝、控制和减少各类伤亡事故,实现安全生产。

控制生产人员的不安全行为、生产物资与设备的不安全状态以及管理缺陷,就可以预防安全事故的发生。

编制工程常见的安全风险一览表。

③危险大的分部分项工程监理措施。针对安全风险源,编制公路工程危险性较大工程范围表,监理机构督促施工单位开展危险性较大工程安全专项施工方案编制、专家论证和报批工作。涉及需第三方复核的项目,主办单位应提供合法的计算书,同时监理机构应针对危险性较大工程范围所列内容编制专项安全实施细则。编制危险性较大分部分项工程措施表。

④本项目安全风险。在复杂自然条件的海上施工,且跨越7条航道,来往船舶相当频繁,每天多达5000艘,施工船舶跨越航道危险性大;其次,施工船舶众多,不可避免地会存在相互的施工干扰,外海作业涉及人员、船机设备、工程结构安全的隐患很多;此外,本合同工程还存在跨崖13-1气田管线、海底军用电缆、勘察遗留钻具、浅层气等风险。

(5)环保控制

①工作要求:

a. 建立健全环境监理组织机构,并协助建立包括建设单位、监理单位、施工单位三方在内的工程建设项目环境保护管理体系。

b. 对环保专项设施的设计、建设、运行及其维护管理进行监理,根据合同要求对监理项目施工过程中的环保工作进行有效管理。

c. 负责专项环保设施设计方案的审查;管理环境监理工作过程资料。

d. 制定环保检查制度,对施工现场的环保工作进行监督和指导,开展定期和不定期的现场检查,对不符合环保要求的行为和方法,及时提出工作建议或发出整改指令。

e. 定期召开环保工作例会,根据现场具体情况必要时召开专题会议,研究解决现场存在的环保问题。公路施工环境保护监理包括两部分内容:一是监理公路主体工程的施工过程应符合环保要求,如噪声、废气、污水等污染排放应达标,减少水土流失和生态环境破坏;二是对保护营运和施工期的环境而建设的包括水处理设施、声屏障、绿化工程等配套环境保护设施进行监理。

f. 从事工程环境保护监理活动,应当遵循守法、诚信、公正、科学的准则。应当将环境监理和建设单位的环境管理、政府部门的环境监督执法严格区分开来,为建设单位的环境管理和政府部门的环境监督服务。

②环境保护监理风险分析及控制措施:

a. 自然及生态环境保护和水土保持措施不到位,引起的环境破坏风险。措施:开工前监理工程师应督促施工单位详细规划施工便道、取弃土场和施工营地等的临时用地,用地计划报经监理工程师批准同意后,施工单位方可向当地政府土地管理部门申请并办理租用手续。监理工程师应严格划定施工范围和人员、车辆行走路线,对场地和人员活动范围进行界定,不得随意超出规定范围,并设置标语牌、界碑牌等标志,防止对施工生产、生活范围之外区域的植被造成破坏。完工后督促施工单位拆除临时建(构)筑物,掘除硬化地面,将弃渣、废物运走,同时对清理后的场地进行植被恢复。

b. 大气环境、噪声及粉尘的防治不到位,造成环境污染风险。措施:督促施工单位在运输水泥、石灰、粉煤灰等粉状材料和沥青混合料时,进行严密的遮盖。对施工现场和临时便道进行洒水湿润,防止尘土飞扬,减少空气中的固体颗粒。尽量减少夜间作业,减少对居民噪声的干扰。

c. 固体废弃物未按要求乱堆乱放引起环境污染风险。措施:监理工程师应监督施工中的废弃物,运到当地环境保护部门指定的场地进行处理。施工营地和施工现场的生活垃圾,应集中堆放,定时清运。

d. 水资源环境保护措施不到位,引起的水污染风险。措施:督促施工单位做好生活营地的生活污水、混凝土搅拌站、路面冷热拌和场、预制场等生产污水的处理,须经沉淀或处理达标后方能排放。督促施工单位做好沥青、油料、化学物品等堆放场地的选择。并应采取措施,防止雨水冲刷进入水体。

③本项目环保重点:本项目所在海域具有较多的环境敏感点,其中以珠江口中华白海豚国家级自然保护区最为敏感,桥梁工程的部分深水区非通航孔桥处于中华白海豚保护区缓冲区和试验、青州航道桥整体处于缓冲区。中华白海豚保护工作对桥梁施工过程提出了如瞭望观察、监视、噪音及水污染监测与控制等严格的要求。

(6)合同其他事项管理

①工作要求:按施工合同规定的变更范围,对工程或其任何部分的形式、质量、数量及任何工程施工程序做出变更的决定,确定变更工程的单价和价格,经建设单位同意下达变更令。

施工单位提出的竣工期的延长或费用索赔,应就其中申述的理由,查清全部情况,并根据合同规定程序审定延长工期或索赔的款项,经建设单位批准后发出通知。相关变更的审批,原则上应有设计单位参加研究及签署意见。

审查施工单位的任何分包人的资格和分包工程的类型、数量,按合同规定程序和权限审批。

监督施工单位进入本工程的主要技术、管理人员的构成、数量与合同所列名单是否相符;对不称职的主要技术、监理人员,监理工程师有权提出更换要求。

对施工单位的主要施工机械设备的数量、规格、性能按合同要求进行监督、检查。由于施工机械设备的原因影响工程的工期、质量的,监理工程师有权提出更换或停止支付。

②工程变更:任何工程的形式、质量、数量和内容上的变动,必须由监理工程师签发工程变更令,并由监理工程师监督施工单位实施。

监理工程师认为有必要根据合同有关规定变更工程时,应经建设单位同意。

建设单位提出变更时,监理工程师应根据合同有关规定办理。

施工单位请求变更时,监理工程师必须审查,报建设单位同意后,根据合同有关规定办理。

监理工程师应就颁布工程变更令而引起的费用增减,与建设单位和施工单位进行协商,确定变更费用。

③违约:按"承包人主要违约行为及违约金标准一览表"执行。

(7)界面协调

①监理机构内部的组织协调。项目总监要根据工作的特点,根据每位监理人员的专业技术、工作经验,进行合理分工,充分发挥组织中每个监理人员的主观能动性。

要明确各部门之间的相互关系。总监应根据监理计划和工程专业特点,协调统一各部门之间的相互关系。

总监应根据本工程的特点,本监理机构的组织和人员情况,制定具体的、有针对性的、行之有效的管理制度。

②施工总布置的组织协调。以批准的施工总布置图为依据,控制协调好各合同项目施工单位的生产生活营地、施工道路、备料场、水、电管线敷设等施工布置,同时协调好各施工单位对施工场地、道路等设施的使用,减少施工过程的相互干扰。

③施工进度的组织协调。根据工程总体进度计划的要求,协调好施工单位(包括分包单位)间的年、

季、月实施计划的安排。时刻关注关键线路上的工程进展情况,保证各合同项目的进度有序衔接。

建立进度协调例会制度,定期组织召开各合同项目之间的进度协调例会,以检查、落实各施工单位计划进度的执行情况,协调处理进度控制中存在的有关问题,确保各衔接标段、项目、工序的施工安排能够按总体进度控制目标协调一致。

施工过程中,严格检查督促各施工单位按合同施工、安全施工、文明施工,及时协调解决产生的相互干扰问题,以排除或减少各种可能影响施工进度的不利因素。

④施工质量的组织协调。对合同项目施工质量的协调工作要坚持四个统一,即统一施工质量标准、统一质量检测试验手段、统一各种质量评定标准、统一质量检查验收程序和签证制度。

组织并主持定期或不定期的质量分析会,分析、通报各合同项目的施工质量情况,协调有关单位的施工活动以消除影响质量的各种外部干扰因素。

按规定组织和主持已完成的各合同项目内的分项工程以及分部工程的验收签证工作,并及时对各合同项目间的工作面或工序的质量确认和交接工作进行组织协调。

⑤施工安全组织协调。严格审查各合同项目的施工组织设计和施工方法,认真研究相互间的安全影响,不允许任何合同项目的施工对其他合同项目构成不安全因素或潜在不安全因素。

督促检查各合同项目的施工单位建立、健全安全管理工作体系和安全管理制度,认真执行国家有关部门颁发的安全生产法规和规定,定期组织所监理工程项目内的安全生产大检查活动,及时处理安全隐患。

对相互之间存在有水上和陆路交叉作业等不利施工条件的合同项目,在工程开工前必须协调各有关施工单位针对以上作业制定可靠的安全技术措施和防护措施,协调作业程序、作业时间等。当某一合同项目施工对其他项目造成安全事故时,应及时到现场进行调查研究分析事故原因,协调各方关系。对重大人身伤亡事故,必须及时报告建设单位,并积极协助建设单位和地方政府劳动部门公正、合理的处理好安全事故。

⑥监理机构的外部协调。对建设单位本着尊重、征询、热情服务的原则,主动沟通,意见不一致时,耐心解释,以规范、标准、合同条款为依据争取建设单位信任、理解和支持。

对施工单位本着客观、公正、公平、监帮结合的原则规范施工行为,对错误操作、违章操作及时纠正,对待施工单位和建设单位之间的矛盾要以合同条款和建设标准为准则,耐心协调,公平合理解决矛盾所在。

勘察设计单位的协调以设计合同为依据,检查督促设计单位按供图协议要求供图,并协调图纸供应与施工要求之间的矛盾;组织好设计交底,协调设计单位对施工中出现的设计问题的及时处理,协调处理好在施工过程中施工单位提出的有关设计的意见和建议,组织设计变更的审查。

设备、材料供应单位的协调。督促施工单位建立完善的设备材料采购比选机制,协调施工单位和设备、材料供应单位的关系,保证材料供应及时。

配合交通主管部门的检查指导,认真落实有关检查通报的整改。

督促施工单位办理海事、边防、城管、消防、环保等相关手续,接受相关部门的检查,对存在问题落实整改措施。

重大质量、安全事故,在施工单位采取急救、补救措施的同时,应督促施工单位立即向政府有关部门报告情况,接受检查和处理。

⑦项目其他监理机构的协调。以实现总进度计划和合同工期为目标,做好各合同项目间的进度协调,注意并保证相邻施工标的进度衔接,控制不必要的进度提前,并尽力避免关键线路上关键项目的拖延。

以工程的施工总布置为依据,控制协调好各合同项目的施工布置,控制协调好各施工单位对施工场地、施工道路的使用。

做好各合同项目间的质量协调,并严格组织进行各合同项目间的工作面、工序间的检查验收和交接。

⑧本项目界面协调重点。本合同工程施工现场离岸最远超过20km,现场情况的掌握和处理突发事件的难度大;钢管桩等钢构件制作、混凝土预制点分散,且距离海域现场作业区和项目部营地较远,在时

间和空间上分布范围大,给施工管理提出了极高的要求。

为适应恶劣的海上环境及确保施工安全,管理局制定了项目建设调度监督管理办法,明确大型船机设备采用准入制、施工作业人员岗前培训制和定期检查制度,投入的大型施工船舶必须按办法要求,必要时加大锚缆系统,随时做好抗风、抗流和防台准备。对施工计划与船舶调度要做到考虑周全、共同协调等工作,避免出现混乱状况。

对港珠澳大桥主体工程桥梁工程施工各方工作进行界面划分。

3. 照管期、交工验收与缺陷责任期阶段

督促承包人完成合同约定的全部工程内容,且经施工自检和监理检验评定均合格后,提出合同段交工验收申请报总监办审查。

总监办根据工程实际情况、抽检资料以及对合同段工程质量评定结果,对承包人交工验收申请及其所附资料进行审查并签署意见。

各合同段设计、施工、总监办参加交工验收工作,由项目法人负责组织。

成立缺陷责任期工作检查小组,对承包人缺陷责任期全部工作做评议。

五、现场管理标准化

通过规范监理工作标准,对现场资源进行有效整合以达到"五控二管一协调"的监理目标。总监办的现场管理工作内容要具体化、定量化,把施工现场布置要求、检查内容和检查方法等归纳、升华为监理工作标准,做到有序管理、规范操作、文明施工。

以分项工程为单元,按照一般要求、施工方法、工艺特点、过程检查要求、控制重点、监理要点等罗列。

六、资料管理标准化

根据《中华人民共和国档案法》、《国家重大建设项目文件归档要求与档案整理规范》、交通运输部《公路工程竣工验收办法》、《公路工程竣工文件材料立卷归档管理办法》,竣工文件编制遵循"谁形成,谁编制"的原则。建设、设计、施工、监理等单位,根据各自的职责以施工、监理合同段为单位分别编制竣工文件。

施工文件和竣工图表、竣(交)工验收文件由承包人编制,总监办负责检查审核。

监理文件由总监办负责编制,并负责监督、检查项目建设中文件收集、积累的完整、准确情况。

明确主要文件审批时限表、主要监理用表签字用语一览表。

建立监理工作标准台账。

建立监理日志、分项工程旁站记录、巡视记录、分项工程监理核验记录表标准样式。

七、结 语

项目标准化建设是一项长期而艰巨的任务,需要监理人员不断提升对标准化的认识,在工程建设中深化细化,在工作成果中巩固提高,全面系统地开展监理标准化建设。

就监理企业而言,标准化管理既是履行监理合同、保证服务质量的有效途径,也是监理企业提升综合能力、做强做大的必由之路。

86. 港珠澳大桥跨海三角高程控制测量

王国良

(港珠澳大桥 SB04 标总监办)

摘 要 跨海高程控制测量是现代大型桥梁工程测量的难点,本文结合港珠澳大桥 6.3km 的跨海三角高程测量过程,阐述了长距离跨海三角高程的测量方法及注意事项。

关键词 跨海 三角高程 控制测量

一、工 程 简 介

港珠澳大桥路线起自香港大屿山石散石湾,经香港水域,沿23DY锚地北侧向西穿(越)珠江口铜鼓航道、伶仃西航道、青州航道、九洲航道,止于珠海/澳门口岸人工岛,总长约35.6km,其中香港段长约6km,粤港澳三地共同建设的主体工程长约29.6km;主体工程采用桥隧组合方案,其中隧道约6.7km,桥梁约22.9km,如图1所示。

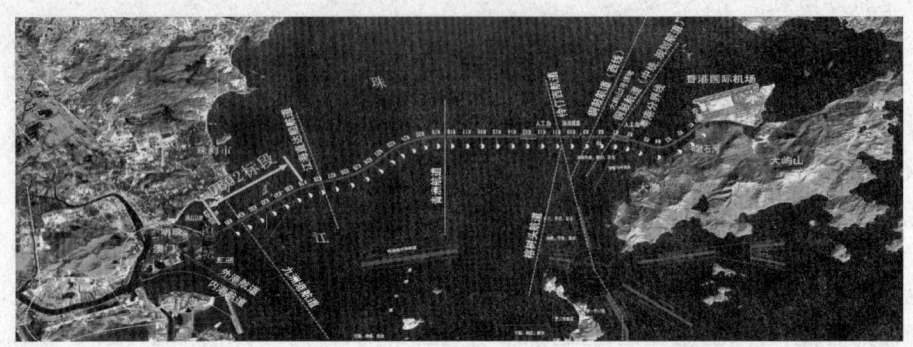

图1 港珠澳大桥项目总平面布置图

SB04标所监工程设计总长度6653m,其中主线桥梁全长6368m,包括主跨为268m的九洲航道桥(钢箱组合梁斜拉桥,全长693m)、85m跨径浅水区非通航孔桥(钢箱组合连续箱梁,全长5440m)及珠澳口岸人工岛连接桥(预应力混凝土连续箱梁,全长为235m),桥跨布置自东向西依次为:

九洲航道桥以东浅水区非通航孔桥:5×85m+8(6×85)m=4505m,钢—混组合连续梁桥;

九洲航道桥:85m+127.5m+268m+127.5m+85m=693m,双塔单索面钢—混组合梁斜拉桥;

九洲航道桥以西浅水区非通航孔桥:6×85m+5×85m=935m,钢—混组合连续梁桥;

珠澳口岸连接桥:3×65m+40m=235m,预应力混凝土连续箱梁桥。

二、跨海三角高程测量

1. 坐标系统与高程系统

(1)坐标系统。施工测量采用桥梁工程坐标系(BCS2010),参考椭球及投影类型:WGS84椭球,高斯正形投影;中央子午线经度:113°44′,投影面高程:正常高35米(1985国家高程基准),具体的椭球参数为:长半轴$a=6378137m$,扁率$f=1/298.257222101$。

(2)高程系统。统一采用1985国家高程基准。

2. 跨海高程测量线路

首级加密高程控制网由GBJYD、GZA06、S011、K33测量平台全站仪观测墩SJM05、K27测量平台全站仪观测墩SJM06共5个控制点组成,本次测量线路为:从海上K33测量平台SJM05到海上K27测量平台SJM06约6.3km的二等跨海三角高程测量。线路及测量平台见图2、图3。

3. 二等水准主要技术要求(表1)

测量精度及限差 表1

水准测量等级	每千米水准测量偶然中误差 M_Δ	每千米水准测量全中误差 M_W	限 差 (mm)			
			检测已测段高差之差	往返测不符值	附合路线或环线闭合差	左右路线高差不符值
二等水准	≤1.0	≤2.0	$6\sqrt{L}$	$4\sqrt{L}$	$4\sqrt{L}$	—

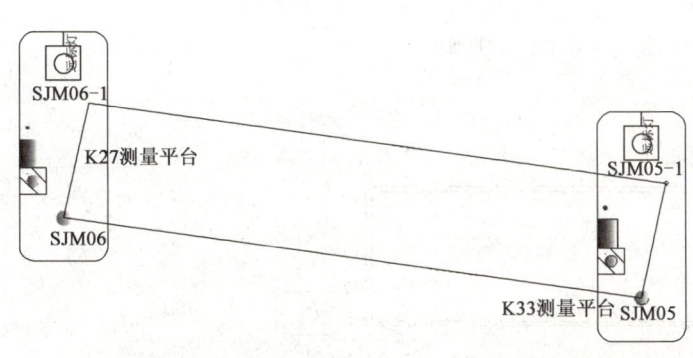

图 2　SJM05-SJM06 跨海三角高程

图 3　测量平台

4. 二等跨海三角高程测量的技术要求

K33 测量平台（SJM05）到 K27 测量平台（SJM06）的跨海高程测量距离约 6.3km，用 2 台高精度全站仪 TM30 和 2 个特制标灯，采用同时对向观测垂直角的方法进行观测，两跨海高差点间距离由 TM30 与 RTK 分别观测进行距离对比。跨海三角高程观测技术要求见表 2。

远岸标志垂直角观测的主要技术要求　　　　表 2

等　级	跨距(km)	测回数	环数	组数	照准次数	读数次数
二等	6.3	96	48	12	1	20~60

三、跨海二等三角高程测量

1. 海上 K33 测量平台 SJM05 到海上 K27 测量平台 SJM06

为保证跨海三角高程测量精度满足设计要求，采用两台高精度的 Leica TM30（±0.5″，±(0.6mm + 1ppm·D)）全站仪（图 4），按精密测距三角高程测量法进行该跨海段高程测量。借助为本项目专门开发的机载"跨海高程测量"软件，充分发挥仪器自带长距离 ATR 自动照准技术，用两台仪器同时对向观测竖角和斜距的方法进行观测。所有观测选择在大气状况相对稳定的夜间进行，每段跨海高程测量均组成四边环，便于进行环闭合差检验。各个时段之间变换仪器高，且仪器必须进行等数量的调岸观测；观测方式分别为两岸由近~远、再由远~近的顺序进行观测。

标灯

TM30全站仪

图 4　全站仪

具体观测程序为：

(1) 在 SJM05(B_2)、C_1 点安置仪器，测定仪器及标灯的高差；尔后同步观测对 C_2 或 B_1 点上的远标灯，测定 $\alpha_{B_2C_2}$、$\alpha_{C_1B_1}$。

(2)将 SJM05(B_2)和 B_1、C_1 和 C_2 上的标灯和仪器位置互换,即仪器换至 B_1 点和 C_2 点,标灯换至 SJM05(B_2)和 C_1 点上,同步观测对岸远标志 $\alpha_{B_1C_1}$、$\alpha_{C_2B_2}$,而后测定仪器及标灯的高度。

(3)至此一个仪器位置的观测结束,两台仪器共完成两个单测回。

仪器与标灯的安置如图5所示。

图5 仪器和标灯的布设

(4)测完半数测回后仪器与标灯相互调岸,进行其余剩下的测回观测。

(5)仪器及标灯(棱镜)的高度量测:强制归心观测墩上量测仪器及标灯(棱镜)至观测墩顶的垂高;三脚架上则量测仪器及标灯(棱镜)至水准钉的斜高,再归算为垂高。观测远标志:在盘左位置用望远镜中丝精确照准远标灯(棱镜)读数,读数按要求执行;纵转望远镜,在盘右位置按盘左的方法同样进行照准和读数。以上观测为一组垂直角观测,按垂直角组数要求完成一测回的垂直角观测。

(6)单测回间跨海高差互差限差为:

$$dH = 4M_\Delta \sqrt{NS}$$

式中:M_Δ——每千米水准测量偶然中误差限值(mm);
  N——单测回的测回数;
  S——跨海视线长度(km)。

(7)环闭合差限差为:

$$W_{限} = 9M_W \sqrt{S}$$

式中:M_W——每千米水准测量全中误差限值(mm);
  S——跨海视线长度(km)。

2. 跨海高程测量外业观测的注意事项

(1)跨海三角高程测量的观测宜在平潮时段、风力微和的夜间进行,减小风浪对平台晃动的影响;观测前应先收集近期的潮汐表,选择平潮时刻前后约1h的时段编制观测时刻表;另外观测时的湿度不宜太大,避免大气折射变化对垂直角观测值的影响。

(2)观测开始前30min,应先将仪器置于露天,使仪器与外界气温趋于一致。

(3)每天作业前或作业后,可先固定全站仪记录100个连续的垂直角数据,供分析垂直角变化情况使用。

(4)标灯采用基座安装在强制对中观测墩或三脚架上,并经常注意使圆水准器的气泡居中。

(5)仪器调岸时,标灯亦应随同调岸。

(6)一测回的观测完成后,应间歇15min左右,再开始下一测回的观测。

(7)两台仪器对向观测时,应使用对讲机进行通信,使两岸同一测回的观测,做到同时开始与结束。

(8)外业垂直角数据记录将采用仪器记录模式,手工记录观测点名称、观测时间等信息。

(9)每天观测的外业垂直角数据应及时整理,保存仪器观测的原始记录文件,并按要求采用EXCEL编辑为固定格式的表格。

3. 海上 SJM05 到 SJM06 跨海测量数据处理及结果

通过对82个跨海单测回高差互差限差($4M_\Delta\sqrt{NS}=98$mm)和环闭合差限差($9M_W\sqrt{S}=45$mm)进行

比较和分析,除31个环的单测回高差互差超过限差或环闭合差超过限差要求外,其余51个环均在限差范围内,满足该段跨海高程复测设计书中48个环的要求。

取48个合格环进行计算,其最终总闭合差为:-5.36mm,将环闭合差分配后,按交桩高程点SJM05 = 9.2392m为准,计算SJM06的高程为:9.2354m,与交桩高程点SJM06 = 9.2504m差值为-14.99mm。具体计算结果见表3和图6。

SJM05~SJM06(6.3km)跨海段高程计算　　　　表3

点名	高差(m)	改正后高差(m)	计算高程计算高程(m)	交桩高程交桩高程(m)	差值(mm)	备注
SJM05(B_2)	-1.3085	-1.3085		9.2392		SJM05~SJM06跨海距离约为:$K=6.3$km,闭合差限差为:$4×\sqrt{K}=10.03$mm,实测闭合差为-5.36mm,符合规范限差要求。实测跨海点高差不符值-14.99mm,小于检测已知测段高差限差:$6×\sqrt{K}=15.05$mm的要求,该段跨海高程满足二等水准测量限差要求
B_1			7.9307			
C_1	-0.0003	-0.0024	7.9283			
C_2	0.0229	-0.0229	7.9512			
SJM06	1.2842	1.2842	9.2354	9.2504	-14.99	

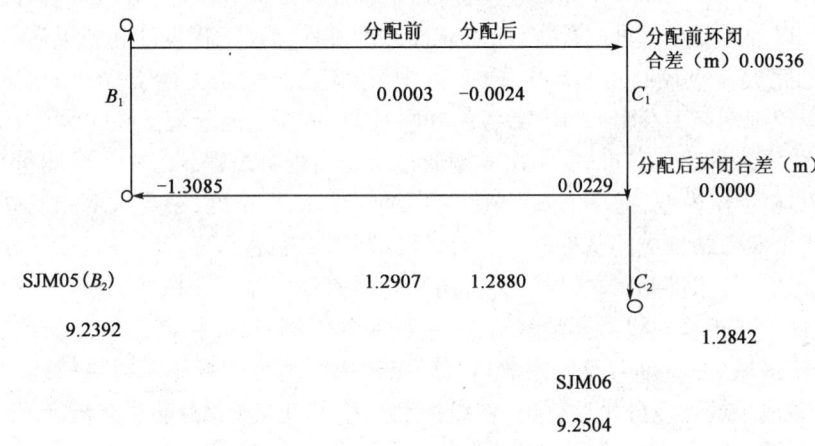

图6　SJM05~SJM06(6.3km)跨海段高程测量示意图

四、结　语

本次二等水准复测跨海段6.3km。从上述首级加密网高程成果对照表可以看出,高差均在检测已测测段限差$±6\sqrt{K}$以内,满足《国家一、二等水准测量规范》要求。

87. 港珠澳大桥主体工程测量控制关键技术

吴迪军[1]　熊　伟[1]　熊金海[2]

(1. 中铁大桥勘测设计院集团有限公司;2. 港珠澳大桥管理局)

摘　要　简要介绍港珠澳大桥主体工程建设期间由测量控制中心负责完成的五大测量控制关键技术,包括港珠澳大桥主体工程高精度测量基准的建立与维护、GNSS连续运行参考站系统、长距离跨海高程传递测量、测绘信息管理系统和施工测量管理制度。这些测控关键技术成果,可在其他类似跨海桥隧工程建设中推广应用。

关键词 港珠澳大桥 测量基准 CORS 跨海高程传递 测绘信息管理系统 测量管理制度

一、引 言

港珠澳大桥具有跨海距离长（直线跨距超过30km）、工程规模大、建设条件复杂、建设标准高、结构型式多样、技术难度大、参建单位多、施工周期长及地理位置特殊等突出特点，大桥建设期间的测量工作面临任务重、内容多、精度高及难度大的困难与挑战，诸如高精度测量基准的建立与维护、参建单位测量行为的规范、海量测量数据及资料的采集及管理、关键结构部位的精确定位与对接、跨境测量及衔接测量的实施与监管等测量控制技术，都是影响和制约全桥测量工作的关键技术。作为大桥建设期间业主测量管理的执行部门，港珠澳大桥主体工程测量控制中心（以下简称"测控中心"），在测量基准建立与维护、测量管理制度的建立与施行、现场测量管理与协调等方面进行了大量有益的探索和实践。

本文重点介绍港珠澳大桥首级控制网、港珠澳大桥GNSS连续运行参考站系统（HZMB-CORS）、长距离跨海高程传递测量、测绘信息管理系统（HZMB-SMIS）和施工测量管理制度等五大测量控制关键技术。

二、港珠澳大桥首级控制网的建立与维护

港珠澳大桥首级控制网是港珠澳大桥的基础控制网，它是主体工程测量基准的核心，也是本项目最高等级的测量控制网。该网于2008年完成建网测量，工程建设期间，测控中心负责对首级控制网进行一年一次的定期复测，以确保测量基准的稳定性、可靠性和准确性满足工程设计和施工的需要[1]。

到目前为止，已完成首级控制网的6次复测，其中，第3次复测是主体工程开工前的第1次全面复测，本次复测将首级控制网与HZMB-CORS参考站并网观测，建立了港珠澳大桥工程坐标系，为后续工程勘察设计和施工提供统一的坐标基准；第4次复测通过跨海高程测量得到海中3个测量平台控制点的高程，优化海中区域RTK定位模型，提高了海上施工的实时定位高程精度；第5次复测确立了由野狸岛、洋环、虎山及小冷水4个参考站构成的基准网，作为首级控制网的起算基准，同时通过二等跨海高程测量及珠海、香港区域的陆地一等水准测量，实现了大桥两岸高程的直接连测和精确贯通。

各期控制网复测均与工程建设需要紧密结合，从第四次复测开始，控制网复测的重心逐渐由内地与港澳陆域向海中施工区域（测量平台及优先墩）转移，以便更好地为现场施工提供精确、便捷的测量基准服务。通过多期复测成果的比较分析后得出：首级控制点稳定性良好，测量基准精确、稳固，满足本工程长周期、高精度施工的需要。

首级控制网集成了GNSS卫星定位、精密水准测量、高精度跨海三角高程测量、现代重力场、精化大地水准面及工程坐标系等测绘及相关学科的先进技术和方法，是长距离跨海桥隧工程高精度控制网的典型范例。主要的关键技术成果如下：

（1）首级GPS平面控制网由分布在香港、珠海、澳门陆域的14个首级GPS控制点和3个GNSS连续运行参考站构成，按国家B级GPS网精度施测，采用科学先进的数据处理方法，获得了高精度的坐标成果，统一了港、珠、澳的坐标基准。

（2）首级高程控制网由59个一等水准点和52个二等水准点构成，一等水准路线总长约260km，二等水准路线总长约100km，实施了多处跨江（海）高程传递测量，获得了高精度的高程成果，统一了港、珠、澳的高程基准。

（3）设计和建立了满足主体工程建设要求的港珠澳大桥工程坐标系（包括桥梁工程坐标系和隧道工程坐标系），主体工程施工区域内投影长度变形值小于5mm/km[2]。研究和确立了工程坐标系与WGS-84坐标系、1954年北京坐标系、1983年珠海坐标系、香港1980方格网及澳门方格网之间精确的坐标转换模型，实现了主体工程与香港、珠澳连接工程之间测量基准及设计中线的精确对接。

（4）依据最新的地球重力场理论和方法，建立了高精度的港珠澳大桥地区的局部重力似大地水准面，与GPS水准联合求解后，获得了高精度的似大地水准面成果。

（5）利用海中6个测量平台扩展了首级控制网和首级加密网,将跨海控制点间距由原来的30km以上缩短至4～6km,提高了海中测量基准传递的精度及其可靠性,为实现海上工程施工应用传统地面测量技术提供了基本条件。

（6）通过多期复测成果的比较分析,制定了科学合理的控制点稳定性评价标准,适用于其他类似跨海桥隧工程建设。

三、港珠澳大桥 GNSS 连续运行参考站系统[3]

港珠澳大桥 GNSS 连续运行参考站系统由4个参考站、1个监测站和1个数据中心构成,参考站网示意图如图1所示。系统具有网络 RTK、电台单基站 RTK、事后精密定位及实时监控等多种功能,主要为港珠澳大桥建设和营运各阶段的导航、地形测绘、工程勘察定位、施工放样以及变形监测等各种导航和测量定位提供24小时连续不间断的 GNSS 差分定位服务,有利于统一大桥工程测量基准,确保不同标段、不同施工部位的测量定位精度符合工程要求,有利于节约测量成本、提高工作效率。该系统自2010年3月开工建设,同年11月12日通过验收并投入正式运行。

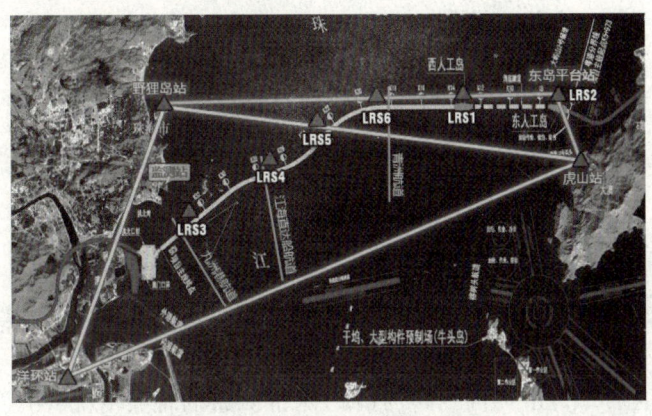

图1　HZMB-CORS 参考站网示意图

HZMB-CORS 系统由参考站网子系统、数据中心子系统、数据通信子系统、用户服务子系统和实时监测子系统共5个子系统组成。参考站的 GNSS 观测数据首先通过专线通信网汇集到数据中心,在中心服务器上使用 GPSNet 软件进行数据统一解算和原始数据存储,并通过 GPRS/CDMA 网络向流动站用户 GNSS 接收机发送差分数据,提供厘米级的实时定位服务。同时,在珠海野狸岛、香港虎山及东岛平台站三个参考站上架设无线电台,发送传统的差分信号,作为网络 RTK 的一种辅助方式,为流动站用户提供常规 RTK 定位服务。

港珠澳大桥 GNSS 连续运行参考站系统是我国首个基于 VRS 的工程 CORS,也是首个用于工程施工的跨境 CORS。系统集成了卫星导航定位技术、测绘技术、计算机技术与现代通信技术等先进技术,系统建设期间研究和解决了一系列关键技术难题。主要技术成果如下:

（1）系统设计合理,使用了先进的仪器设备和参考站网系统软件,其性能稳定、可靠。网络 RTK 定位精度：平面优于±2cm,高程优于±3cm。

（2）采用高精度 GPS 数据处理软件,优化数据处理方法,应用精化大地水准面模型,有效地提高了系统实时定位的高程精度。

（3）建立了系统监测站,研发了专门的系统监测软件,实现了对系统精度和可靠性的实时监控。

（4）系统具有数据自动采集和传输、远程监控和报警等自动化功能,系统的数据安全性能良好。

（5）建立了基于 HZMB-CORS 参考站的工程坐标基准,确定了 WGS-84 坐标系到1954年北京坐标系、桥梁工程坐标系和隧道工程坐标系的实时定位坐标转换模型。

（6）利用海中测量平台,建立多个海中临时参考站,如图1所示,提供电台单基站实时定位服务,将电台单基站定位距离缩短至3km 以内,有效提高了单基站实时定位的精度及其可靠性。

四、长距离跨海高程传递测量技术与应用

首级控制网通过香港至珠海间陆地绕行一等水准连测，实现了两岸陆地高程的间接贯通，统一了大桥的高程基准，但由于主体工程全部位于海中，跨海距离超过30km，且海底隧道及海中桥梁等结构物的高程定位精度要求高，而现行规范仅对3.5km以内的跨河水准测量技术方法进行了规定，因此，如何将陆地高程基准精确传递到海中，以实现海中结构物高程的精确测定，实现跨海高程的直接贯通，是本项目测量控制的技术难题之一。在目前技术水平和海上测量条件下，解决海中高程精确定位的总体思路是：根据施工实际情况、精度需求及海上测量条件，综合运用传统跨河水准测量、GNSS和精化大地水准面等方法和技术，分阶段、按精度等级由低至高逐步实施跨海高程传递，以满足不同精度要求的结构物施工的需要，逐步实现主体工程的高程精确贯通及其与香港侧工程、珠澳口岸工程的精确对接。大致按三阶段实施：

第一阶段，以首级控制网为基础，综合运用重力测量和GPS水准成果，建立工程区域内的局部精化似大地水准面模型，加载到HZMB-CORS中，为工程勘察、地形测绘及人工岛筑岛施工等提供优于±5cm精度的RTK定位服务。

第二阶段，利用海中试桩工程等建立6个测量平台，将海上高程控制点间距缩短至4~6km。采用传统的三角高程测量方法，将首级控制网高程基准按二等精度传递到海上测量平台，优化局部似大地水准面模型，进一步提高海上RTK定位精度，为海上桥梁、隧道基础施工提供优于±3cm甚至更高精度的定位服务。

第三阶段，对于岛隧工程，在东人工岛岛上隧道段施工之前完成东、西人工岛测量平台之间的高程贯通测量；对于桥梁工程，在测量平台之间优先施工7个桥墩（简称"优先墩"），并在这些优先墩上设立控制点、连测高程，进一步将海中测量控制点的间距缩短至2km左右，为桥梁工程采用常规测量技术进行精确施工提供高精度的高程基准。

针对现行规范仅适用于3.5km以内的跨河（海）水准测量的现实情况，测控中心以港珠澳大桥工程项目为依托，开展了长距离跨海高程传递测量技术的应用研究，重点研究了全站仪三角高程法和GNSS高程拟合法两种方法，并在港珠澳大桥等跨海工程现场进行了观测实验及计算分析，验证了技术方法的精度及其可靠性，成功地解决了3~20km跨距跨海高程传递测量的技术难题，制定了相关技术标准。取得的关键性技术成果及主要创新点如下：

（1）研究全站仪三角高程法跨海测量的基本原理与方法，针对跨海工程特点及应用需求，对现行规范中的技术方法进行了优化和改进，包括：对跨海高程测量图形、垂直角观测方法及观测程序进行了优化设计，提出了单标三角高程法及新的限差验算标准[4-6]。

（2）研制了长距离跨海高程测量专用观测标灯、适合高观测墩高程传递中使用的倒尺安置器，并已获得国家专利局技术专利授权。

（3）开展了3~20km长距离、超长距离三角高程法跨海高程测量实验研究，成果精度达到国家二等水准测量标准。

（4）开展了全站仪三角高程跨海高程自动测量系统的专项研究，设计了海上测量平台晃动条件下的垂直角观测方法，开发了外业观测自动记录及内业计算处理软件。

（5）进行了GNSS高程拟合方法的技术研究，研制了高程拟合计算与分析软件。提出了一种基于EGM2008模型和地形变化的影响，并结合二次曲面函数来进行GPS高程拟合的方法，通过港珠澳大桥工程的实测数据验证了该方法的GPS高程拟合精度。

五、港珠澳大桥测绘信息管理系统[7]

近10余年来，一些工程建设项目进行了测绘信息（管理）系统建设的尝试，如杭州湾大桥、江苏润扬长江大桥工程建设中建立了测绘信息系统[8-9]。然而，这些系统多为单机版的（非网络版），且系统功能

仅限于测绘数据存储、查询管理等最基本功能,缺少测量业务管理等功能。

港珠澳大桥主体工程建设期间产生的测绘资料(信息)形式多样、内容丰富、信息量较大,参建单位多,施工测量协调和管理难度大,为了提高施工测量管理的效率和质量,测控中心负责建立了一个具备测绘信息管理、测量业务流转、测量计算及统计分析功能的工程测绘信息管理系统——港珠澳大桥测绘信息管理系统(HZMB-SMIS)。

(1)总体功能结构。如图2所示,HZMB-SMIS由五大功能模块组成。信息管理模块能够安全、有序、集中地保存施工测量资料,使复杂、庞大的测量数据不丢失、不被闲置,实现测绘资料的信息化管理;查询统计模块用于对测绘数据的及时分析和高效处理,辅以各类统计图形、报表的可视化输出,满足工程使用的需要;电子公务模块是对测量信息的传递、报送、抽查、审批等现实工作流程的信息化模拟,也是实现无纸化办公的重要途径;运算分析模块针对测量放样、竣工检测和变形监测数据,按照一定模型进行分析预测,以辅助管理者决策;系统管理模块是系统角色权限指配、数据备份恢复、日志查询等系统管理工作的工具,保障系统的正常和安全运行。

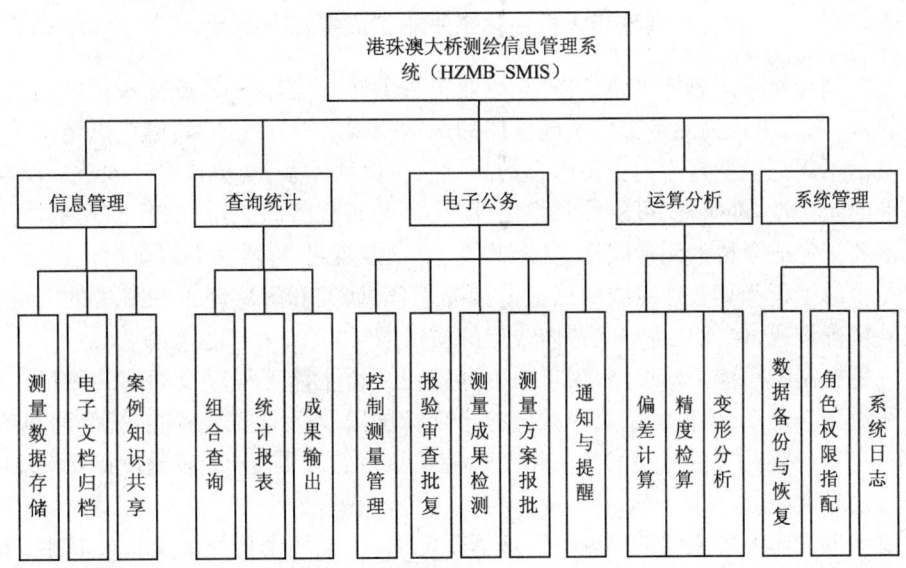

图2　HZMB-SMIS的总体功能结构

(2)总体组织结构。HZMB-SMIS的总体组织结构如图3所示。

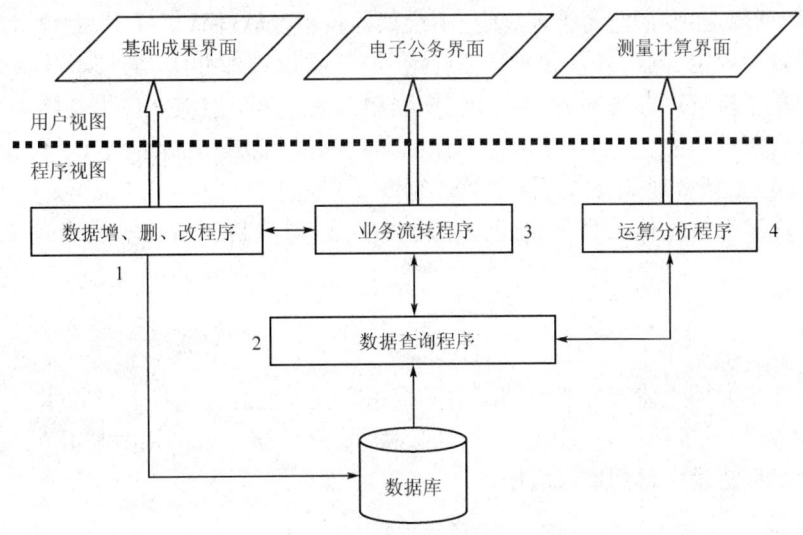

图3　HZMB-SMIS的总体组织结构

(3)系统研发关键技术。该系统中采用的关键技术主要包括：基于工作流引擎的流程控制技术、基于 MVC 的系统设计模式和基于活动目录的用户身份认证系统。

工作流引擎是本系统实现测绘信息管理的核心组成部分，根据系统的角色、分工和业务规则等决定测绘信息的传递路由、决定报验、抽检、审批等业务的互操作解决方案。HZMB-SMIS 的工作流引擎主要实现施工、监理、测控中心管理等过程定义工具及工作流客户调用功能。

基于 MVC(Model-View-Controller)模式具有功能耦合分离的特点，该系统在 B/S 体系结构中引入了新的思想——MVC 设计模式，以实现前端页面显示与后台数据的分离。通过这种模式，可以开发出具有伸缩性、便于扩展、便于整个流程维护的平台。

活动目录(Active Directory)是一种分布式数据库，用于存储与网络资源有关的信息，便用于查询和管理。活动目录中的每一个用户对象都有一个访问控制表(ACL)，通过活动目录，本系统将网络资源的使用权限和网络的安全性通过登录身份验证以及目录对象的访问控制集成在一起，经过授权的网络用户可以访问网络指定位置的资源。

六、港珠澳大桥主体工程施工测量管理制度

本项目测量控制与管理的总体思路是：建立以业主为主导，测控中心实施全桥整体测量监控管理，监理单位分标段管理，施工单位为测量工作实施主体的测量控制组织管理体系；健全以精细管理为主线，以技术标准化和整治不规范测量行为为主要内容的测量质量保证体系；维护并保证大桥建设期间各参建单位采用测量基准的统一性、准确性、可靠性和稳定性，协调与督促各施工单位、各监理单位及第三方监测单位按相关规范要求完成全桥的测量放样、变形监测、第三方监测、标段间的测量衔接以及与香港、珠海/澳门口岸人工岛填海工程和相关连接线的测量衔接等工作，研究和解决施工测量中的关键性技术难题，实现全桥工程的精确贯通，保证全桥空间整体线形的质量[10]。

围绕上述测量控制的总体工作思路，为了规范港珠澳大桥主体工程建设期间的测量工作，协调各参建单位之间的测量工作关系，确保测量工作质量符合现行国家及行业技术标准、规范和本项目建设的实际需要，测控中心负责制订了《港珠澳大桥主体工程施工测量管理制度》。该制度已于 2011 年 3 月由港珠澳大桥管理局发布实施。

该制度主要为港珠澳大桥主体工程测量管理体系的第一、二两个层级的文件。其中，第一层级文件为《港珠澳大桥主体工程测量总体实施方案》，是本项目测量管理的纲领性文件；第二层级文件以第一层级文件为基础编制，主要用于协调、管理和规范各参建单位的测量工作行为，包括港珠澳大桥工程坐标系维护和使用管理规定、控制测量管理规定、全球定位系统(GPS)测量规程、GNSS 连续运行参考站系统管理规定、施工测量管理规定、变形监测管理规定、测绘仪器设备及软件管理规定、测绘资料档案管理规定、测绘信息管理系统管理规定、测绘成果保密管理规定、测量质量管理办法、测量事故管理办法、测量安全生产管理办法和测量考核管理办法共 14 个规定、规程和办法。第三层级文件由各施工单位、监理单位和第三方监测单位结合所承担的合同工程内容、工程方案对测量的实际需求制定，主要包括所承担合同工程的测量实施方案、施工测量细则及内部测量管理制度。

本制度已在港珠澳大桥主体工程项目建设中得到实施，对项目测量技术及管理工作发挥了重要的作用。

七、结　语

重点介绍了港珠澳大桥主体工程建设期间由测控中心完成的五大测控关键技术，总结了所取得的关键技术成果，其中大部分成果已在马鞍山公路长江大桥、平潭海峡公铁两用大桥及沪通长江铁路大桥等其他类似大型桥梁工程建设中得到推广应用。

参考文献

[1] 吴迪军,熊伟,郑强.港珠澳大桥首级控制网复测方法研究[J].工程勘察,2011(9).

[2] 吴迪军,熊伟.港珠澳大桥工程坐标系设计[J].测绘通报,2012(1).
[3] 吴迪军,熊伟,周瑞祥,何婵军.港珠澳大桥GNSS连续运行参考站系统设计与实现[J].测绘科学,2013(2).
[4] 吴迪军,熊伟,李剑坤.精密三角高程跨河水准测量的改进方法[J].测绘通报,2010(3).
[5] 吴迪军.单标三角高程法跨河水准测量设计与实验分析[J].地理空间信息,2012,10(4).
[6] 吴迪军,许提多,罗苏.关于三角高程跨河水准测量限差的探讨[J].地理空间信息,2012,10(5).
[7] 姚静,吴迪军,赵前胜.桥梁工程测绘信息管理系统的设计与开发.桥梁建设,2010,(5).
[8] 岳建平,刘军.大型桥梁施工测量信息管理系统研制[J].测绘通报,2004,(8).
[9] 葛世超.大型桥梁施工测量信息管理系统中信息可视化的实现[J].黑龙江工程学院学报(自然科学版),2004,18(4).
[10] 吴迪军,熊金海,熊伟.大型桥梁施工测量监控与管理方法研究[J].工程勘察,2012,40(1).

88. 港珠澳大桥GNSS连续运行参考站系统的建设与应用

熊 伟

(中铁大桥勘测设计院集团有限公司)

摘 要 结合港珠澳大桥特点和工程需要,详细阐述了系统的特点、结构及功能,分析了系统建设过程中重点考虑的关键点,并提出了几个在系统应用中需要关注的问题。系统在大桥建设期间经受了近4年的检验,实现了定位精度平面±2cm、高程±3cm的设计指标。

关键词 港珠澳大桥 连续运行参考站 建设 应用

一、引 言

港珠澳大桥海中桥隧工程总长约35.6km,桥位处跨海距离超过32km,海底隧道施工定位精度要求高,海中工程施工无法使用常规测量方法完成定位,必须采用卫星定位技术。为此,在工程开工前建立了工程专用的GNSS连续运行参考站系统(简称为HZMB-CORS)。

与国内外已建成的区域CORS[1-2]和其它工程CORS[3]相比,HZMB-CORS的建设难度更大,需要解决的技术问题更多、更复杂。

(1)定位精度要求高:水平方向优于2cm,垂直方向优于3cm。我国已建成的省级、城市级区域CORS及工程CORS的实时定位精度一般为:水平≤3cm,垂直≤5cm,本系统的精度要求明显高于其他已建CORS系统。

(2)跨境协调难度大。HZMB-CORS跨越香港、珠海、澳门,需要解决参考站建设、网络通信、无线电台频率申请审批及坐标系统转换等一系列跨境技术难题。

(3)系统稳定性和可靠性要求高。工程施工期间,系统必须提供24小时连续不间断的实时差分定位服务。

(4)卫星定位环境恶劣。大桥处于低纬度地区,工程区域内电离层十分活跃,山峦起伏,植被覆盖率高,海面水域宽阔,施工中信号干扰较大,导致对流层延迟、电离层延迟、多路径效应等各类卫星定位误差影响突出,严重制约系统定位精度的提高。

近10余年来,省级、城市级区域CORS在我国得到了空前的发展[4-6],但工程CORS在我国仍处于起步阶段,尚无完整意义上的工程CORS系统用于工程施工。长距离、超长距离跨海桥隧工程的快速发展,给工程 CORS 系统带来了良好的发展机遇和挑战。本文以港珠澳大桥为依托,介绍了系统结构、基本功能及系统建设关键点,并对系统使用中需要关注的几个问题进行阐述。

二、系统结构及功能

HZMB-CORS 系统由分布在珠海、香港两地及海中的 4 个连续运行参考站、1 个数据中心和 1 个监测站组成,见图 1。

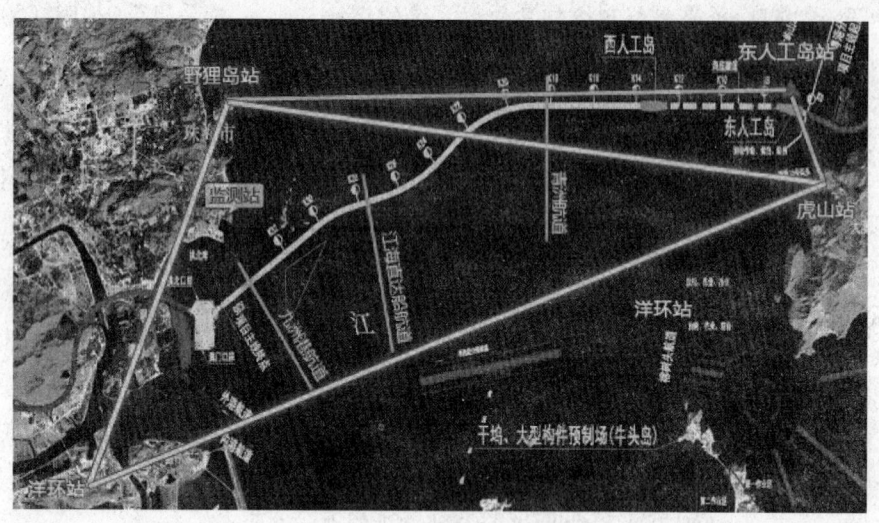

图 1　HZMB-CORS 参考站网分布图

HZMB-CORS 由参考站网子系统、数据中心子系统、数据通信子系统、用户服务子系统和实时监测子系统 5 大子系统组成,见图 2。参考站网子系统(Reference Station Sub-System)简称 RSS,参考站简称 RS;数据中心子系统(System Monitoring and Analysis Center)简称 SMAC;数据通信子系统(Data Transfers Sub-System)简称 DTS;用户服务子系统(User Application Sub-System)简称 UAS;实时监测子系统(Real Time Monitoring Sub-System)简称 RTMS。参考站的 GNSS 观测数据首先通过专线通信网汇集到数据中心,在中心服务器上使用 GPSNet 软件进行数据统一解算和原始数据存储,并通过 GPRS/CDMA 网络向流动站用户 GNSS 接收机发送差分数据,提供厘米级的实时定位服务。同时,在珠海野狸岛、香港虎山及东人工岛参考站上分别架设无线电台,发送传统的差分信号,作为网络 RTK 的一种辅助方式,为流动站用户提供常规 RTK 定位服务。

三、系统建设关键点

与一般的城市 CORS 相比,工程 CORS 具有站间距小、覆盖范围小、定位精度高、系统稳定性要求高等特点。同时,HZMB-CORS 还是一个跨境 CORS,内地与香港的协调难度大。系统建设主要参考参考站网建设规范[7]等国家现行标准,并充分考虑到工程需求及场地条件,力求在每个关键及细节上做到精益求精,全面实现"先进性、高精度、可靠性、稳定性、实用性"的建设目标。系统建设中的关键点主要体现在以下方面:

(1)参考站选址与测试。根据规范中对参考站址处依托条件、地质条件、环境条件的要求,以及系统对参考站数量及分布的要求,经过仔细分析和实地踏勘,选定珠海野狸岛(YELI)、洋环(YNHN)、香港虎山(HUSN)站和海中东人工岛站(LRS2)站址。站址初步选定后,进行了选址测试,测试内容包括:无线电信号测试、网络通信接收 GDCORS 信号测试和参考站处静态数据测试三个部分[8]。实地测试结果表明:无线电台信号可完全覆盖港珠澳大桥主体工程施工区域,虎山、野狸岛、洋环和东人工岛 4 个参考站处信号接收状况良好,满足设计要求。

(2)观测墩建设。观测墩的设计和建造均根据站址地形地质条件进行设计和施工,要求各参考站控

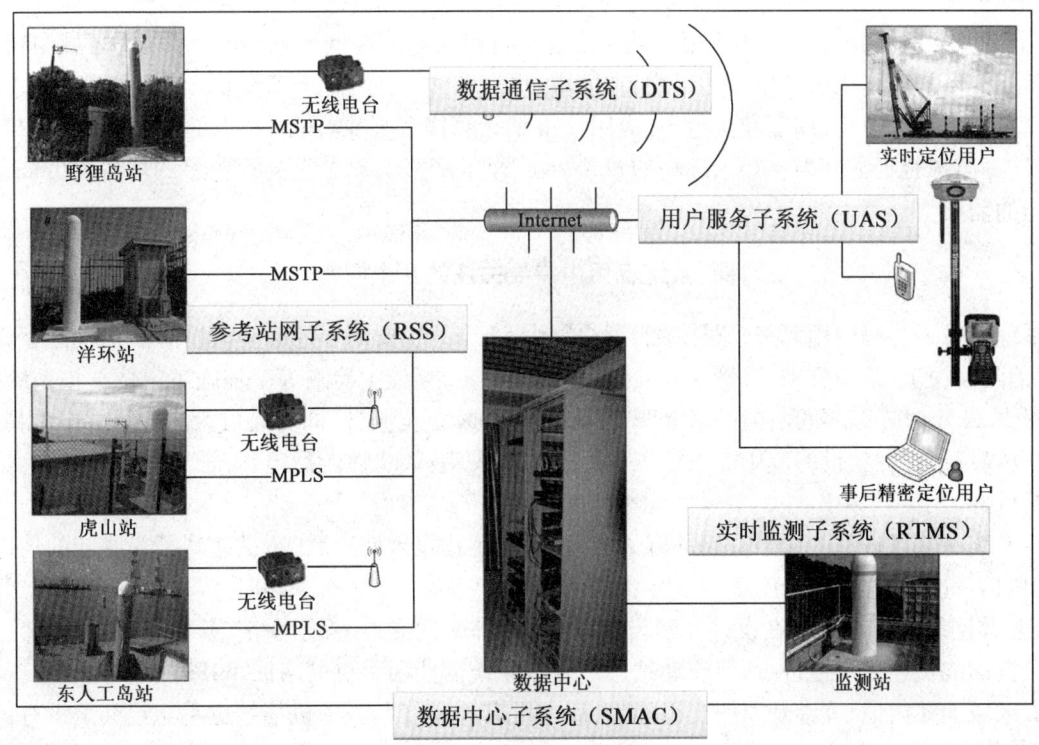

图 2 系统总体结构设计图

制点年最大位移量在 ±2mm 以内,确保其稳定性满足高精度定位的需要。野狸岛参考站观测墩建造在稳固的岩石基础上,观测墩基础嵌入岩面以下 1.4m。洋环参考站观测墩基座为钢筋混凝土结构,基座嵌入岩面以下 0.3m。虎山参考站建造在坚硬土层上,观测墩地基土表层为花岗岩残积层,底部为花岗岩中等风化层,底部土层承载力大于 1500kPa,远高于设计图要求的 200kPa。东人工岛参考站建造在稳固的海中测量平台上。

(3) 网络通信。网络通信是 CORS 的重要组成部分,其传输速率与稳定性直接影响系统运行。野狸岛、洋环及东人工岛 3 个站点各使用 2M 的 MSTP 专线方式与数据中心相连;香港虎山采用 1M MPLS 方式与数据中心相连,同时数据中心通过 1M 光纤专线连接 Internet 网络,通过固定 IP 向流动站用户提供差分改正数据。在系统运行过程中,参考站至数据中心的网络延时基本稳定在 0.3s 以内,系统初始化速度快,运行稳定。

(4) 防雷。HZMB-CORS 参考站均建于地势开阔的野外,更容易遭受雷电的破坏,因此在防雷措施方面也进行了严格把关。直击雷防护工程主要包括避雷针的安装、接地网的安装以及设备等电位接地处理。经过接地电阻测试,野狸岛站、洋环站及虎山站的接地网竣工实测接地电阻分别为 3.2Ω、2.4Ω 及 3.4Ω,均达到设计要求(接地电阻不大于 4Ω)。电涌防护可以分为电力线、通信线、射频线防护等几方面,采用加装电涌防护设备的措施来实现。

(5) 监测站。为实时了解系统运行的稳定性、可靠性及可用性,专门设计和建立了一个监测站对系统运行状况进行连续不间断的实时监测,并开发了配套的监测软件,除实时反映系统运行的连续与精度情况外,还能存储监测数据,以便对系统定位精度进行后期分析并指导施工定位。

(6) 参考站坐标与高程联测。将 HZMB-CORS 参考站及监测站与先期建立的港珠澳大桥首级控制网[9]进行坐标和高程联测,将首级控制网测量基准精确传递到 HZMB-CORS 参考站网上,建立港珠澳大桥工程坐标系[10],为后续工程勘察设计和施工提供统一的坐标基准。通过联测得到参考站的 ITRF2005 框架坐标、桥梁工程坐标及隧道工程坐标、1954 年北京坐标、香港坐标以及澳门坐标,并确定各坐标系统之间的转换关系。

（7）精化似大地水准面模型的应用。港珠澳大桥首级控制网建网期间，建立了大桥区域高精度局部大地水准面模型。为了检验该模型的精度，在香港、珠海和澳门三地选择27个已知水准点，通过GPS静态观测测定各点的大地经、纬度和大地高，应用该模型计算高程异常，得到各点的拟合高程，再与已知高程比较，计算出拟合正常高与已知水准高的较差。测试结果显示：测试点高程较差的均值为6mm，满足本系统应用的需要。

四、系统应用中需要关注的几个问题

该系统已投入工程应用以来，累计注册用户数为55个。主要用于港珠澳大桥海上工程勘察、水下地形测绘、钢圆筒振沉、基槽整平、沉管浮运安装、桥梁试桩定位、施工检测等工程施工定位。该系统能为工程施工提供24小时连续不间断的网络RTK及单基站RTK定位服务，同时还可为用户提供事后精密定位服务，完全满足本工程建设的应用需求。工程应用验证表明：系统性能稳定、安全、精度可靠，全面实现了系统建设目标。

尽管系统在建设过程中从多方面进行了考虑，但在正式投入使用后，还是遇到了一些新的情况，目前系统应用中需重点注意的两个问题如下：

（1）公共网络通信。系统在设计及建设过程中，全部采用光纤专线网络，使系统内部交换数据及对外发布数据均能快速稳定地进行，但流动站用户登陆系统需使用手机网络或WIFI网络，由于港珠澳大桥海中施工区域地处内地、香港及澳门交界地带，海中没有WIFI网络，手机信号也不稳定甚至没有信号，使网络RTK定位无法正常进行。目前已通过在海中建立电信基站、加强海中电信信号以及在海中测量平台建设临时参考站播发电台信号的方式进行改善，因此在施工使用过程中应以网络方式为主、电台方式为辅，在海中多个临时参考站中选择距离及位置最合适的电台进行RTK定位，并注意多种定位方式之间的对比、校核。

（2）电离层误差影响。电离层误差是目前卫星导航定位最大的误差源，它会影响卫星的导航定位，甚至导致信号的失锁。港珠澳大桥施工区域位于低纬度地区的海中，电离层较为活跃，而且近两年是太阳活动最活跃的时期，对2013年GPSNet软件中计算的电离层指数进行了统计，得到每月电离层指数平均值及最大值变化的示意图，见图3。

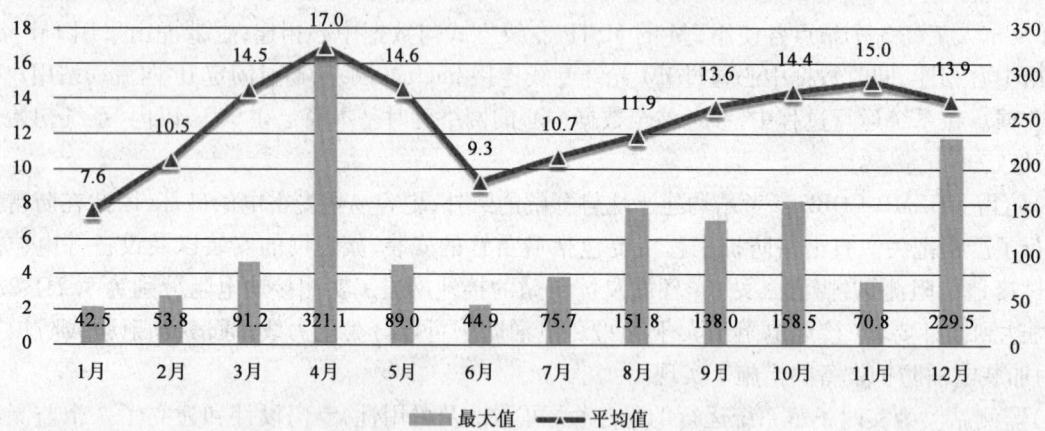

图3 2013年电离层指数平均值及最大值变化示意图
（右边纵轴表示电离层指数平均值，左边纵轴表示电离层指数最大值）

根据GPSNet软件中给出的指标，电离层指数为2时表示未受干扰（undisturbed ionosphere），4表示中度干扰（medium），8表示严重干扰（high disturbance）。由图3可知，2013年全年的电离层均高出了正常指标，并且在3、4、5月及10、11、12月出现了两个小高峰，也可说明港珠澳大桥施工区域电离层的活跃性。通常每天电离层最活跃的时间出现在夜间,严重时可能会造成流动站定位不稳定甚至无法得到固定解。

因此,针对本项目工程区域内电离层异常活跃的实际情况,流动站用户在应用过程中应高度重视电离层活动对 GNSS 定位的不利影响,结合日常卫星定位的实际情况,合理安排施工定位时间,并加强对比检核,避免出现定位粗差或错误。

五、结　语

港珠澳大桥 GNSS 连续运行参考站系统是国内首个独立的基于 VRS 的工程 CORS,也是首个跨境工程 CORS。系统采用目前世界上先进的 GNSS 参考站设备和系统软件,建立了高效的光纤专线网络及安全性高的防雷设施,系统运行稳定性及可靠性高;提供多种定位方式,系统定位服务范围可覆盖港珠澳大桥主体工程建设区域;将精化大地水准面模型应用到系统中,提高了系统实时定位的高程精度;建立了系统监测站,开发了相应的监测软件,设计并实现了工程 CORS 系统的实时监测子系统。

系统自 2010 年 11 月投入正式运行以来,已在大桥建设期间经受住了检验,总体上讲,系统本身运行情况良好,全面实现了系统的设计功能和性能指标。作为国内首个直接用于施工的工程 CORS,无类似的工程应用经验可供借鉴,因此,面对各种复杂环境和施工条件,会出现许多新的困难,需要在使用过程中不断摸索并加以解决,不断对系统进行完善和改进,提高系统性能,使其更好地为工程建设提供定位服务。

参考文献

[1] 张西军,唐卫明,曾广鸿,等. 广州市 CORS 系统实时动态定位精度测试[J]. 测绘信息与工程,2008.
[2] 马建平,高星伟,程鹏飞,等. 浙江省连续运行卫星定位服务系统技术设计与试验[J]. 测绘科学,2008.
[3] 韩守信,赖增先,王新文,等. 青岛海湾大桥 GPS 参考网站的设计与实施[J]. 山东科技大学学报·自然科学版,2007.
[4] 过静珺,王丽,张鹏. 国内外连续运行基准站网新进展和应用展望[J]. 全球定位系统,2008,(1).
[5] 陈俊勇,党亚民. 全球导航卫星系统的进展及建设 CORS 的思考[J]. 地理空间信息,2009,7(3).
[6] 汪伟,史廷玉,张志全. CORS 系统的应用发展及展望[J]. 城市勘测,2010,(3).
[7] CH/T 2008—2005,全球导航卫星系统连续运行参考站网建设规范[S].
[8] 刘喜. CORS 站址选择及测试数据分析方法的研究[J]. 测绘与空间地理信息,2010,33(6).
[9] 吴迪军,熊伟,郑强. 港珠澳大桥首级控制网复测方法研究[J]. 工程勘察,2011,(9).
[10] 吴迪军,熊伟. 港珠澳大桥工程坐标系设计[J]. 测绘通报,2012,(1).

89. 港珠澳大桥施工测量管理实践

郑　强

(中铁大桥勘测设计院集团有限公司)

摘　要　针对目前工程项目施工测量管理存在的不足和问题,结合港珠澳大桥施工测量管理实践所取得的经验,总结施工测量管理工作中需要特别注意的内容,由此形成一套大型基础工程建设项目完备、细致的施工测量管理模式、管理思路。

关键词 施工测量 管理 实践

一、引 言

施工测量是指在工程施工阶段所实施的测量工作,是工程测量的重要内容,所包含的工作涉及施工控制网建立、结构物放样、竣工测量、施工期间变形观测等内容。随着我国高速铁路、大型及超大型基础交通工程的日益增多,工程项目呈现规模大、建设周期长、结构复杂、综合性强等特点,施工测量随之面对精度要求高、施测环境复杂、测量方法受约束、测量协调难度高、施工指导意义重大等难题,作为工程建设的基础与质量保障,施工测量贯穿工程建设始末,工作重要性日益彰显。

二、施工测量管理现状

目前,施工测量管理现状已不能适应及满足工程项目规模、等级、质量等各方面的飞速发展与要求,主要问题与矛盾体现在以下几方面:

(1)工程施工单位中对测量工作的重要性认识不足,对项目测量工作如何开展没有全面、细致的规划,在项目建设过程中缺少对测量工作的有效投入。

(2)施工及监理单位测量人员专业素质有限,绝大部分单位测量专业技术人员偏少,辅助测量人员水平参差不齐,导致不同施工单位间施工测量水平差距加大,难于管理。

(3)高精度测量仪器设备的使用率偏低,虽然近年测量仪器设备制造水平、测量精度不断提高,但是该类仪器设备一般价格较高,因此该类高精度仪器设备在工程测量单位中的普及率偏低。

(4)随着卫星技术、计算机技术、网络通信技术等的不断发展,测量技术已经不仅仅局限于以往独立、单纯的测量工作,随着技术融合与无缝对接,测量正在向多元化、网络化发展,但是施工测量在技术融合及先进性方面相对滞后。

(5)施工测量管理缺少一套完整、详尽的管理方法、模式与制度,对施工测量所涉及的管理、技术、资料、安全等进行制度化,通过制度约束各方的行为、工作内容,明确各方的责任和义务,使管理层次清晰、明确。

三、港珠澳大桥施工测量管理

1. 项目背景

港珠澳大桥工程包括三项内容:一是海中桥隧工程;二是香港、珠海和澳门口岸;三是香港、珠海、澳门连接线。港珠澳大桥海中桥隧工程采用石散石湾—拱北/明珠的线位方案,路线起自香港大屿山石散石湾,接香港口岸,经香港水域,沿23DY锚地北侧向西,穿(跨)越珠江口铜鼓航道、伶仃西航道、青州航道、九洲航道,止于珠海/澳门口岸人工岛,全长约35.6km。主体工程采用桥隧结合方案,穿越伶仃西航道和铜鼓航道段约6.7km采用隧道方案,其余路段约22.9km采用桥梁方案。为实现桥隧转换和设置通风井,主体工程隧道两端各设置一个海中人工岛。预计港珠澳大桥通车后,香港至珠海的公路交通将由三个小时缩短至半个小时,对密切珠江西岸地区与香港地区的经济社会联系,促进珠江两岸经济社会协调发展,提升珠江三角洲地区的综合竞争能力,保持港澳地区的持续繁荣稳定,都具有划时代的意义。

2. 港珠澳大桥测量管理体系

测量工作是港珠澳大桥工程建设中一项重要的基础性工作,更是贯穿工程施工全过程的关键工序之一,对确保工程施工质量、工期和投资目标的实现,提升大桥营运水平都具有十分重要的意义。在港珠澳大桥如此规模庞大、意义特殊的工程项目面前,测量管理工作面临着工程结构复杂、参建单位众多、建设条件恶劣、精度要求严格等一系列困难,鉴于港珠澳大桥工程的技术复杂性和特殊性,建立了一套完整、严密的施工测量管理体系,其中工作主体包括业主、测量控制中心、监理单位、施工单位和第三方监测单位。其中,业主主要负责对测量控制工作提出总体要求,并实施垂直管理;测量控制中心负责施工期间全桥测量控制工作的整体监控管理,是项目测量控制管理的具体执行部门;监理单位负责对施工单位的测量管理和作业程序实施过程监管;施工单位是各合同段内测量放样工作的具体实施者,其测量工作须服从测量控制中心和监理单位的监管;第三方监测单位独立于施工单位和监理单位,对本项目关键工程部位、重要结构变形进行监测(图1)。

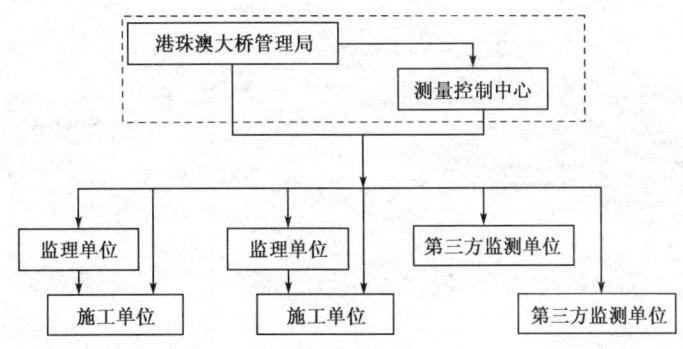

图1 港珠澳大桥测量管理体系示意图

3. 施工测量管理

港珠澳大桥位于珠江口海域,现场环境条件特殊、复杂,考虑到主体工程与香港、澳门均有结构物衔接,对工程衔接测量工作提出了很高要求,而且由于工程建设周期长、规模庞大、工程结构复杂,对施工控制网的科学性、稳定性均提出了极高的要求,同时由于参建单位众多、施工工艺不同、测量精度要求高等特点,施工测量管理工作具有点多、面广、技术难度大等一系列问题。通过对港珠澳大桥施工测量管理工作的梳理与总结,对港珠澳大桥施工测量管理的重要工作内容进行了明确,主要有以下5点:

(1)测量基准建立与维护。港珠澳大桥项目自施工图勘察设计阶段即建立了大桥桥梁工程坐标系,并在此坐标基准下开展现场勘察、图纸设计工作,施工阶段现场测量同样采用桥梁工程坐标系,由此确保了图纸与现场施工采用统一基准的原则。同时,针对岛隧工程特点,在桥梁工程坐标系的基础上建立了岛隧工程坐标系,该坐标系统更适用于岛隧工程海下沉管对接及配套施工。根据港珠澳大桥与香港、澳门间存在跨境衔接的特殊情况,对桥梁工程坐标系、岛隧工程坐标系、1954年北京坐标、香港坐标系、澳门坐标系间均建立了严密的坐标转换关系,在确保测量基准一致的同时,保证了各坐标系之间的科学、严密转换。基准建立后,需要确保工程建设期间基准的稳定、可靠、不变,大桥首级控制网位于内地与港澳,自控制网建立以来始终遵循每年对控制网进行一次复测的原则,截至目前共完成首级控制网复测工作六次,通过各期成果比较,说明控制网点位稳定、成果可靠,大桥测量基准稳固(图2、图3)。随着海上施工的不断推进,测量基准维护复测也将海上部分控制点纳入控制网,以满足海上现场施工基准的精度应用需要。

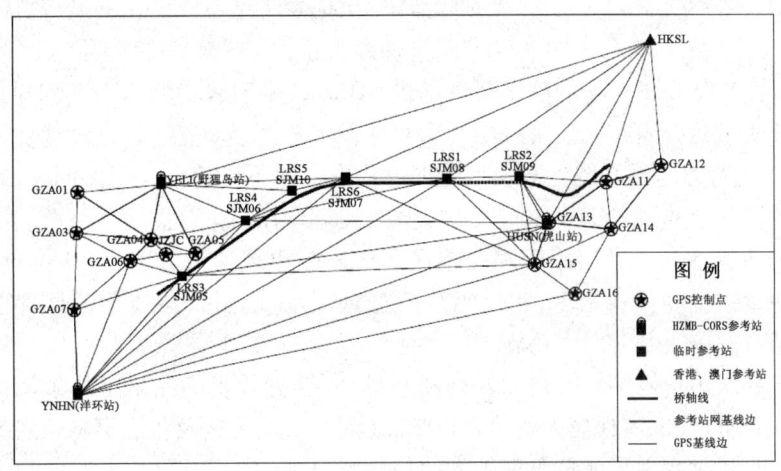

图2 平面控制网第六次复测示意图

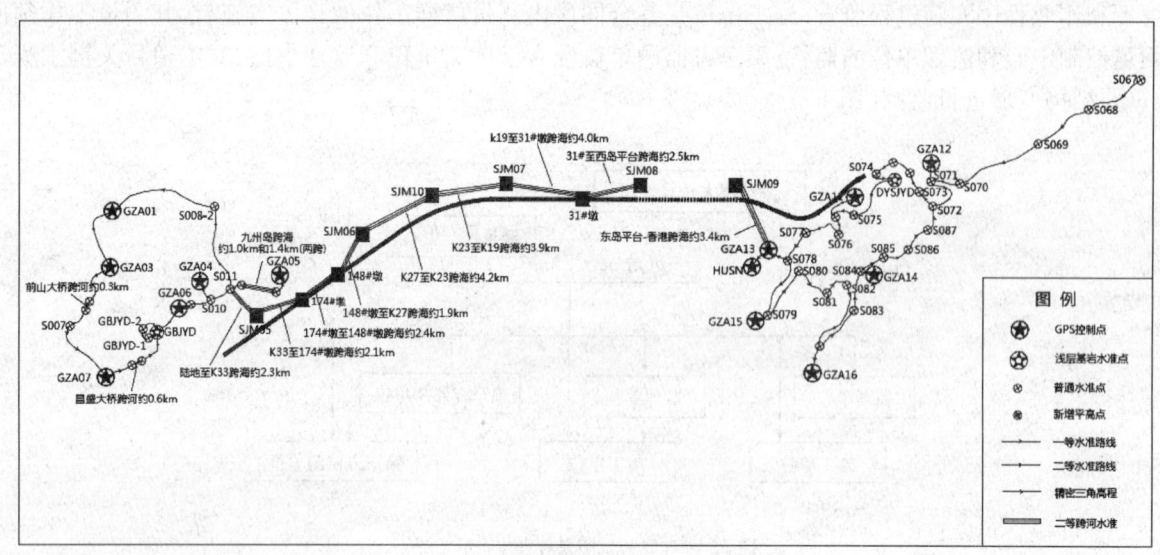

图3　高程控制网第六次复测示意图

（2）工程CORS的建立及应用管理。港珠澳大桥为多标段施工，各施工单位和监理单位众多，建立一个统一的、为多种测绘工作服务的GNSS连续运行参考站系统，能最大限度地利用共享资源，提高测量质量和工作效率，同时能有效解决项目施工之初海域无控制点的难题，满足主体工程基础施工精度及全天候应用需要。

港珠澳大桥GNSS连续运行参考站系统（HZMB-CORS）由四个参考站和一个控制中心构成（图4），采用GPRS/CDMA通信技术和UHF无线电台广播两种方式24小时不间断发送差分信号，保证在全桥施工区域的任何地方能同时收到两个参考站的信号，各单位可随时在现场进行实时动态测量；并通过FTP方式提供参考站的观测数据，提供精密的事后卫星定位。另在珠海海洋大酒店楼顶架设系统监测站，使用Trimble R7 GNSS接收机与Zephyr Geodetic 2天线，接收机主机置于HZMB-CORS控制中心机房内，并开发监测软件，用于检查与评定HZMB-CORS系统的性能。监控中心定期联合4个参考站和IGS站的数据求解，并求解工程坐标系的转换参数，以保证坐标系统的准确性、可靠性、稳定性和统一性。指派专人对参考站系统定期进行维护，对突发情况进行处理，排除故障，保证参考站系统的正常运行。

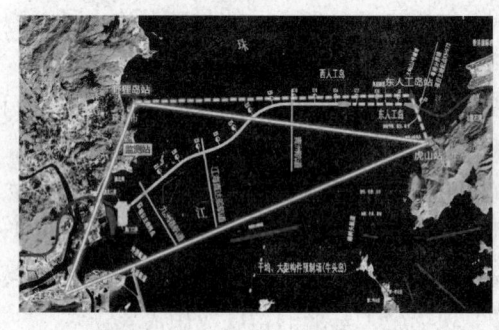

图4　HZMB-CORS参考站站址分布图

港珠澳大桥GNSS连续运行参考站系统是国内首个独立的基于VRS技术的工程CORS，他的使用开创了将CORS技术引入大型基础工程建设的先河。通过工程项目成功应用，证明了该技术在大型跨海工程项目中具有技术先进性、设备优越性和精度保障性。港珠澳大桥GNSS连续运行参考站系统在本项目建设过程中发挥不可替代作用的同时，在大桥建成通车后的健康监测、运行阶段变形监测等工作中同样可以继续发挥作用（图5）。

（3）测绘信息管理系统建立及应用管理。港珠澳大桥工程规模巨大、参建单位众多，并且各单位办公驻地分散，各种测量数据和资料繁多，建立测绘信息管理系统，引入科技化信息管理方式具有重要意义。通过测绘信息管理系统，及时对大桥施工中各种数据进行整理、录入、保存，实现科学、高效、快捷的信息化管理，便于各层次用户对测绘资料的查询和共享，能够有效提高测量工作效率。所研发的港珠澳大桥测绘信息管理系统自投入港珠澳大桥建设以来，在测量数据传输及各类资料信息共享、保存、管理等方面发挥了重要作用，同时实现了测量管理工作的信息化、电子化、远程化，更好地为大桥建设测量工作提供快捷、便利的服务（图6、图7）。

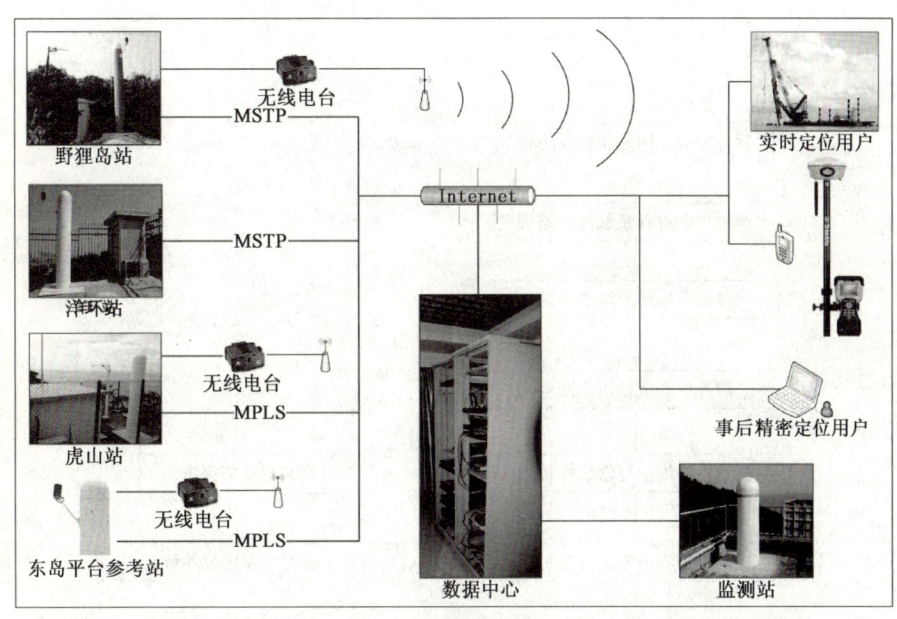

图5 HZMB-CORS系统总体结构示意图

图6 港珠澳大桥测绘信息管理系统

(4)管理制度的建立及执行。针对港珠澳大桥建设特点及施工测量工作需要,结合测量管理工作内容及组织架构,为了规范港珠澳大桥主体工程建设期间的测量工作,协调各参建单位之间的测量工作关系,确保测量工作质量符合现行国家及行业技术标准、规范和本项目建设的实际需要,针对本项目编制了《港珠澳大桥主体工程测量管理制度》。

该管理制度依据港珠澳大桥主体工程建设项目管理制度、专用施工及质量验收标准等相关文件编制,主要为港珠澳大桥主体工程测量管理体系的第一、二两个层级的文件。其中,第一层级文件为《港珠澳大桥主体工程测量总体实施方案》,是本项目测量管理的纲领性文件;第二层级文件以第一层级文件为基础编制,主要用于协调、管理和规范各参建单位的测量工作行为(包括14个规定、规程和办法)。第三层级文件由各施工单位、监理单位和第三方监测(施工监控)单位结合所承担的合同工程内容、工程方案对测量的实际需求制定,主要包括所承担合同工程的测量实施方案、施工测量细则及内部测量管理制度。

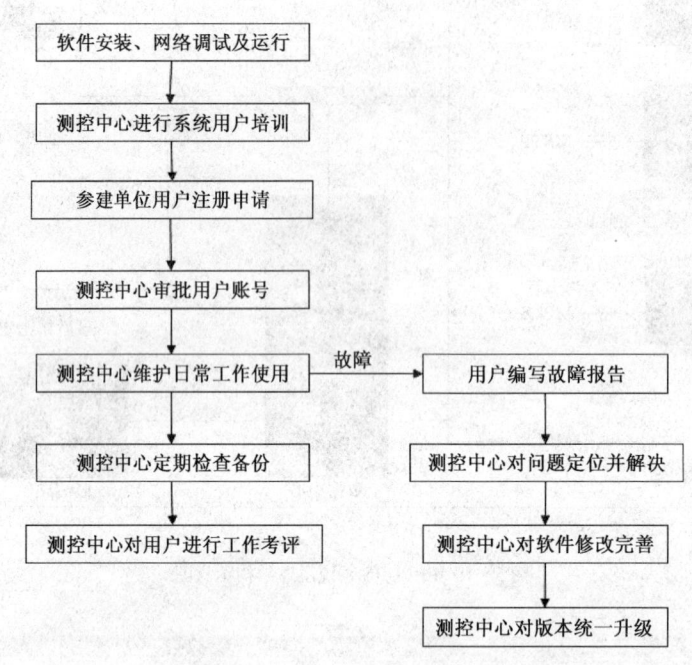

图7 测绘信息管理系统运行管理流程图

《港珠澳大桥主体工程测量管理制度》涵盖了港珠澳大桥施工过程所有测量工作内容及相关管理办法,对规范各参建单位测量工作标准、统一工作思路、协调各测量单位间的工作关系、明确各单位工作职责等发挥了重要作用,是确保港珠澳大桥施工测量管理工作制度化、规范化的重要依据。

(5)施工测量全面监管。针对港珠澳大桥制定详细、清晰的测量工作组织架构及管理层次后,在施工整个阶段测量工作中也已明确了业主、测量控制中心、监理单位、施工单位等单位的工作职责和主要工作。对参与港珠澳大桥建设的各单位测量人员、仪器设备、专项测量技术方案、测量技术成果、施工放样测量、工程衔接测量及贯通测量等工作内容均进行自下而上的全方位管理,实行严格的审查、审批制度,对参与大桥建设的主要测量人员进行专业技术培训,对投入项目使用的仪器设备进行定期检查,监理、测控中心不仅定期、不定期对现场施工测量工作规范性、合法性进行检查,而且按比例要求进行抽测检查,对于重要工点、关键节点更是全过程监管,以确保测量成果质量满足要求。在加强测量工作全面监管的同时,考虑到项目多标段施工及与港澳存在跨界衔接的实际情况,逐层明确工程项目衔接测量协调工作职责,确保主体工程标段间及与香港、澳门境内工程的顺利对接。

港珠澳大桥施工测量管理已经形成了层次清晰、职责明确、内容明了的管理架构,所涉及监督管理内容全面、细致,通过工程项目管理实践,也对其中不适之处及时进行了修改、完善,整体施工测量管理执行效果明显。

四、施工测量管理实践总结

港珠澳大桥施工测量工作始终秉承"世纪大桥、测量先行"的管理理念,在确保测量基准稳定、CORS定位系统精度可靠及测绘资料信息高效率传输的基础上,港珠澳大桥施工测量管理严格执行行业规范标准及本项目专项管理制度,通过细致、全面、深入的管理,达到了对港珠澳大桥施工测量管理工作的预定目标,与常规施工测量管理相比较有较大优势,见表1。

SORS 定位测量与常规测量比较表 表1

序号	现状	港珠澳大桥所采用措施	成效
1	测量工作的重要性认识不足,对项目测量工作缺少全面、细致的规划	业主、测控中心具有清晰的测量管理思路,并督促参建单位高度认识测量工作重要性	测量工作重要性得到认可,测量工作执行力度较高,整体工作思路清晰
2	测量人员专业素质有限,水平参差不齐	采取进场审查制度,并对主要技术人员有针对性地进行专业技术培训	参建测量人员专业技术水平有了明显提高,满足项目建设需要
3	高精度仪器设备投入不同	针对项目特点,从招标开始即提出设备要求,同时采取进场审查制度,并随时对仪器使用情况进行监管	各参建单位仪器投入情况良好,分层监督管理到位,满足项目建设需要
4	多技术融合及先进性方面滞后	建立了国内首个基于 VRS 技术的 CORS 系统,研发了测绘信息管理系统	CORS 系统有效解决了前期海上施工控制点不足的难题,测绘信息管理系统有效提高测量成果及资料的信息传输与办公效率
5	缺少一套完整、详尽的施工测量管理方法、模式与制度	针对项目特点编制了《港珠澳大桥主体工程测量管理制度》	编制的制度内容全面、职责清晰,具有较强的可执行性,是项目测量管理工作的重要依据

通过港珠澳大桥施工测量管理工作实践,并且针对目前施工测量在工程建设中的重要性与管理现状及存在问题间相冲突的实际情况,从管理思路、管理模式、新技术引入等多方面完善施工测量管理工作,在今后的工作中必须着重注意以下方面:

(1) 从项目规划之初就应对测量工作进行统一规划,从测量基准的建立、测量管理组织体系的设置、重要技术难点等多方面进行统筹,将测量管理思路与项目建设目标、质量要求统一接轨,从上而下形成对测量工作重要性的认识,在招投标文件、合同约定中有所体现。

(2) 针对工程建设项目需要结合实际情况构建清晰、明了的施工测量管理体系,明确各管理层次的工作内容和工作职责,采取逐层管理的工作模式,切忌出现多方领导、多方管理的混乱情况。同时,随着工程项目规模、周期、难度、精度的不断提升,在工程建设中引入专业测量队伍筹建测控中心对施工测量进行全面管理的重要性日显重要,能够从测量专业角度对施工测量技术、管理进行全方面的掌控,为项目顺利建设提供有效测量工作保障。

(3) 各参建单位在工程建设中必须遵循合同规定的条款,在此基础上须针对施工测量编制施工测量管理制度,统一施工测量标准、规范施工测量行为,以此作为各单位施工测量工作的依据和标准,做到项目施工测量管理工作有据可依,对提高项目施工测量管理水平具有明显作用。

(4) 加强对参建单位测量人员、仪器设备的管理,测量工作始终是人和仪器相互配合完成工作的过程,测量人员专业素质的高低、工作态度的认真、细节方面的掌控均能对测量工作的优劣有所影响,同样仪器设备的定期检定、工作状态的保证、维护保养、正确使用也会直接影响测量结果的输出,因此需要建立人员、仪器设备进退场的审批制度,建立动态管理台账。

(5) 加强施工测量技术管理工作,对施工测量专项方案、加密控制点施测方案及成果均需进行审批,同时对施工现场测量工作操作的规范性、方法的合理性、成果的可靠性也需进行必要的监督管理,对于工程建设中施工测量遇到的重点、难点技术问题,需要各参建单位统一筹划、协调解决,重视测量技术管理在施工测量过程控制中的重要性。

(6) 将测量领域新技术、新设备适时引入施工测量行业,将对有效提高工程建设测量工作效率、精度具有非常重要的作用,尤其是在大型、长距离、参建单位众多、重要工点精度要求极高的工程项目中,测量新技术、新设备对于改善施工测量工作模式、工作思路有所提升和帮助。

参考文献

[1] 杨海霞. 工程施工测量管理现状分析及对策研究[J]. 科技情报开发与经济, 2009(06).
[2] 凌志军. 广州地铁施工测量的科学管理[J]. 隧道建设, 2005(S1).

[3] 李尉民. 公路工程施工测量与测量管理[J]. 交通世界, 2010年, 08期.
[4] 周铖. 浅谈工程测量在施工质量管理中的重要性[J]. 黑龙江科技信息, 2012年, 10期.
[5] 港珠澳大桥主体工程测量控制中心. 港珠澳大桥主体工程测量管理制度[R]. 地名: 中铁大桥勘测设计院集团有限公司, 2013.

90. 悬索桥索鞍设计制造主要问题及行业标准介绍

董小亮[1]　叶觉明[2]　李汉梅[1]

(1. 武汉船用机械有限责任公司; 2. 中铁大桥局武汉桥梁科学研究院)

摘　要　索鞍是悬索桥主缆系的重要受力构件，索鞍主要分为主索鞍和散索鞍两种。由于结构和功能特点，索鞍结构较为复杂，一般分为鞍头和底座两部分。分为全铸、全焊和铸焊结合几种形式，特大索鞍一般采用铸焊型。特大型悬索桥因主缆承载力大，索鞍结构体积大、质量重也非常大，造成索鞍铸造、组拼焊接、机加工诸多困难。结合南京四桥索鞍制造过程和交通运输行业标准《悬索桥索鞍索夹》(JT/T 903—2014)，讨论特大悬索桥索鞍结构特点，探讨其制造加工的主要技术工艺重难点问题，以及这些问题的处理经验，介绍索鞍行业标准应该重视的一些条款的具体内容。

关键词　悬索桥　主索鞍　散索鞍　制造　焊接　机加工　行业标准

一、引　言

索鞍是悬索桥主缆系的主要受力传力构件，特大悬索桥索鞍主要分为主索鞍和散索鞍两种，索鞍的主要作用是支承主缆、平顺改变主缆线形并将主缆的载荷传递到主塔和支撑[1]。和悬索桥主缆结构一样，索鞍结构是不可更换的，目前悬索桥主缆和索鞍设计安全使用寿命一般在100年以上。特大悬索桥索鞍有体积大、质量重，结构较复杂的特点，索鞍制造涉及铸造、组拼焊接、机加工等过程，制造加工比较困难[2]，本文结合南京四桥索鞍制造过程和交通运输行业标准《悬索桥索鞍索夹》(JT/T 903—2014)，针对索鞍的结构特点进行分析，探讨悬索桥索鞍结构设计和制造技术工艺问题，介绍索鞍行业标准。

二、既有悬索桥索鞍设计制造

20年前，我国从汕头大桥开始现代悬索桥的设计和建造，至今国内悬索桥索鞍设计主要是参考中交公路规划设计院主编的《公路悬索桥设计规范》(报批稿)、日本本四联络公团的《上部结构设计标准.同解说》和《钢桥、混凝土桥及结合桥》(英 BS5400)等规范进行。

主索鞍一般由预埋格栅及反力架、上承板、下承板、拉杆和鞍体组成，散索鞍一般由底板、底座、上承板、下承板和鞍体组成，鞍体为主体结构。鞍体结构传力方式主要有肋板间接传力和外壳直接传力两种结构形式，前者主要用于混凝土索塔，后者主要用于钢结构索塔[3]。索鞍鞍体一般有铸焊式和全铸式两种结构形式，铸焊式结构索鞍鞍头是采用铸钢铸造，而鞍座部分采用钢板焊接而成。特大桥索鞍结构承受压力非常大，因此这类索鞍鞍座部分支撑钢板非常厚，实际用到120mm厚板。由于特大索鞍的鞍头和鞍座的连接板厚，造成索鞍焊接难度非常大，通常需要整体预热和保温焊接，焊接过程中还需要进行多次退火处理，以消除焊接应力。

主索鞍在施工过程中有滑移要求，为此主索鞍一般设置有滑移结构，常规形式主要由不锈钢板和聚四氟乙烯板组成。在工地主索鞍顶推过程中，普遍存在顶推力较大的问题。针对一些项目的经验教训研讨和改进，目前聚四氟乙烯板形式摩擦副技术相对比较成熟。

中铁大桥勘测设计院近年设计了一种简化形式的主索鞍滑动摩擦副，主索鞍鞍体与预埋板之间直接采用减磨材料滑动，这种形式摩擦副结构较简单，制造难度较小，但目前减磨材料尚处于探索阶段。

散索鞍在应用过程中有适应摆动的要求，为此散索鞍一般采用摆轴式结构，散索鞍借助上承板和下承板之间圆弧面而构成摆动轴，适应散索鞍结构的微量摆动。近年中铁大桥勘测设计院设计一种支座形式的散索鞍，散索鞍鞍体底面与柱面支座连接，柱面支座与预埋底板连接，通过柱面支座间设置的圆柱和平面滑动副实现其微量摆动功能。

采用摆轴式的特大散索鞍鞍体一般为铸焊结构，为减小摆轴面的接触应力，一般鞍体鞍槽到摆轴处接触面的高度较高，可达4m以上，制造过程中鞍体底面到鞍槽的曲线角度和垂直度控制难度较大，早期曾有过先将散索鞍鞍头精加工，待焊接底座部分后再精加工底槽的工法，但因焊接变形和装配校正误差等，较难达到加工精度要求，目前限定为要求焊接后整体精加工鞍头和底槽部分。

曾经出现过索鞍因铸造和组拼焊接不合格而报废的案例，索鞍报废的经济损失较大。现场还存在因制止和保护原因，构件锈蚀、限位约束等问题，出现过主索鞍顶推困难和散索鞍摆动等问题。索鞍结构的安全可靠性非常重要，制造加工设备能力要求较高，报废成本较大，制造难度较大，由于这些原因，国内较早加工悬索桥索鞍的三家大企业都选择了退出市场，目前国内特大悬索桥索鞍制造单位主要有两家。

三、索鞍设计制造的主要问题及处理情况

南京长江四桥为中国首座三跨悬索桥，主跨跨度为(576 + 1418 + 482)m，南京四桥主索鞍为铸焊式结构鞍体，分两半制造，通过高强螺栓连接而成，由上下承板间的不锈钢和聚四氟乙烯板组成滑移摩擦副；散索鞍为传统铸焊摆轴式结构，鞍体为铸造焊接结构，鞍体与底座之间由上下承板组成微动摆动副。

由于索鞍制造一直缺少统一标准规范，长期存在一些加工技术工艺的争议。该项目开始制造时，项目设计、制造和监理单位开始探讨索鞍制造技术规范问题，主要探讨以下几个方面的问题：

1. 主索鞍鞍体整体加工问题

随着悬索桥跨度和负载的逐渐增大，主索鞍尺寸和质量也越来越大，为便于吊装，大型悬索桥主索鞍鞍体一般纵向分块。由此产生了分体加工问题，为保证索鞍鞍槽和底平面的光顺平整，一般要求分体加工后，组合整体加工主索鞍的鞍槽和底面，但特大型悬索桥主索鞍体积和质量的进一步增大，机加工和吊装设备能力都受到限制。在这样条件下如继续采用整体加工方法，将存在如下问题（南京四桥主索鞍为例）：

（1）工件质量较重（南京四桥两半鞍体锁合后质量超过120t）、外形尺寸大（长宽高尺寸均超过3m），加工时起吊、装夹、校正非常困难，鞍座图形见图1。

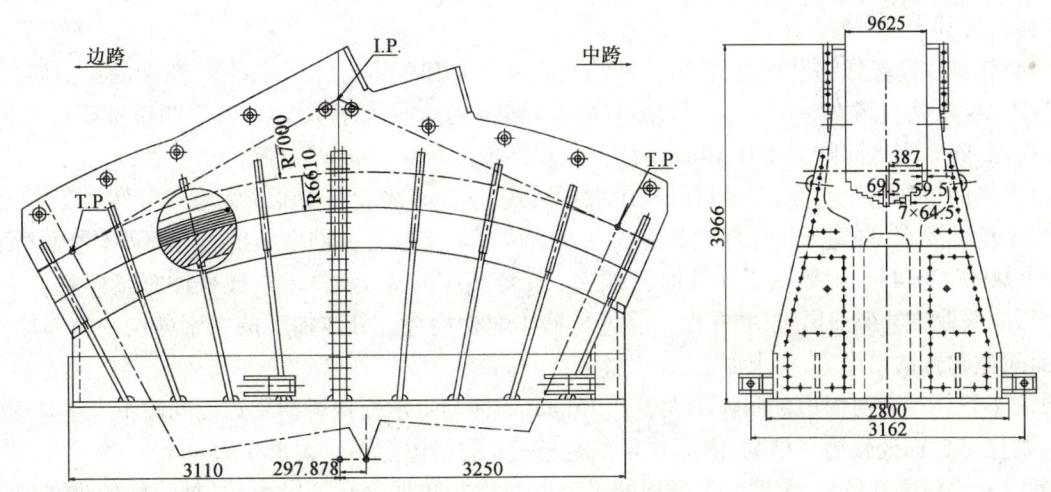

图1　南京四桥主索鞍鞍体结构图

(2)边、中跨鞍体锁合成整体后,鞍槽较长,相对较深,加工鞍槽时机床主轴方向行程较大,使得机床主轴悬伸较长,刚性差,会大大降低工件的加工精度和加工效率。

(3)因工作台承重能力限制,鞍体锁合后无法放在回转工作台上加工,因此整体加工鞍体底面及鞍槽内表面需采取二次装夹,工件两次装夹、校正不仅耗时较长,而且装夹校正的误差将直接影响鞍体的尺寸及形位精度。

(4)将边、中跨鞍体组装为整体加工,由于边、中跨鞍体施工的不同步,存在边、中跨鞍体相互等待的问题,延长了制造周期。

针对以上问题,借用其他大型结构机加工的制造经验,在确保加工质量的前提下,确定了分体机加工、整体组拼检查的加工工艺。充分发挥高性能设备资源的优势,利用高精度数控设备功能,采用分体加工的方式加工主索鞍鞍体,即将边、中跨鞍体分开加工。依靠设备精度和回转工作台减少装夹定位偏差,提高分体机加工精度控制标准,加工完成后在大型检验平台进行对拼检查,确保整体符合设计图纸要求。

图2 主索鞍一半鞍体机加工

分体加工的优势主要是鞍体分开后,各部分重量较轻,可以利用数控设备的回转工作台,在一次装夹的状态下完成单件鞍体的底平面、中分面、鞍槽的加工,减少由多次装夹、校正带来的误差,保证各个加工面之间的位置精度,主索鞍一半鞍体机加工实况见图2。

为保证主索鞍边、中跨鞍体分体加工后再对接组装能满足图纸设计尺寸精度要求。在鞍体加工过程中采取了如下措施:

(1)数控设备严格控制边、中跨鞍体结合面上 2-ϕ50H7 定位销的加工精度,提高对接精度。

(2)调整分体加工制造公差要求。提高鞍槽实际加工时槽宽、槽深、底面到中心索槽底的尺寸公差要求,以保证对接后整体满足原设计要求。

(3)统一加工基准。为减小加工误差,鞍体加工时尽量采用同一基准。加工鞍体中间鞍槽、结合面连接孔及销孔、与上承板的连接销孔采用同一侧面为加工基准;加工鞍体中间鞍槽底面、拉杆孔均以鞍体底平面为基准。

(4)试装配检查、精修磨过渡。主索鞍边、中跨鞍体加工完成后,在车间大型检验平台上将边、中跨鞍体进行对拼试装配检查。在对接定位销锁合的情况下,检查边、中跨鞍体对合间隙,检查索鞍底座底平面与底板的平面配合精度,检查鞍槽及侧面各台阶的对齐情况。即使发现如有微小错位,可通过钳工精修错位台阶,使其光滑过渡。

边跨鞍体和中跨鞍体组装锁合检验,主要检查鞍体之间和鞍体与底板的间隙,鞍槽的对应匹配等,鞍体间隙检查,要求共检测 40~60 个点,间隙小于 0.15mm 的点数大于 70%。南京四桥按要求共检测 60 个点,经检测,除个别点间隙大于 0.15mm 外,其余点间隙均在 0.10mm 以内。

经过南京四桥的试验研究,并经过马鞍山大桥实践,这一方法能够保证特大索鞍分体加工后,满足整体设计加工精度要求,得到了设计部门和验收专家的认可。交通运输部发布的行业标准《悬索桥索鞍索夹》(JT/T 903—2014)已原则接受这种加工方法。规范相应的规定是"主索鞍鞍体宜整体机加工,如分体机加工,应采取工艺保证措施,并在加工后进行鞍体配合检查。分体加工的主索鞍两半鞍体应锁合检查接触面间隙和鞍槽错边值,要求如下:

(1)两半鞍体结合面周边处间隙不大于 0.15mm,鞍体与上承板接触面周边处间隙不大于 0.50mm;

(2)鞍体结合面处鞍槽在槽宽、槽深方向和侧壁三处的错边值不应大于 0.15mm。

因考虑上承板刚性较差,大型装配场地的平整度对检验数据存在一定影响,且一般较难在理想的平台上拼装,在规范中规定对鞍体与上承板的间隙调整为了 0.5mm。

采用分体加工方法可以转到鞍体角度,减小机床主轴悬长,采用小直径刀具,加工精度相应提高,因此采用分体加工方法加工主索鞍比较合适。

2. 主索鞍滑动摩擦副及加工制造问题

在悬索桥上部结构安装施工期间,为适应钢梁安装控制需要,主索鞍需要进行预偏和顶推滑移,调整主缆线形和两跨之间的不均匀载荷,实现安全施工。传统的主索鞍摩擦副有滚轴滚动型和不锈钢、四氟板滑动型,其中滚轴滚动型摩擦副因结构尺寸空间较大,已经很少采用。目前使用较为广泛的摩擦副形式为不锈钢板与聚四氟乙烯板摩擦形式,该形式在主索鞍上承板及下承板之间分别设置有不锈钢板和聚四氟乙烯板,形成摩阻较小的滑动面,该种形式的主索鞍摩擦副已成功应用于许多座特大型悬索桥,国内大部分悬索桥主索鞍都是采用该种形式的摩擦副。

在国内研究机构的聚四氟乙烯和不锈钢板的摩擦系数试验中,不加润滑剂的情况下摩擦系数最低可达到 0.1 左右,而加入硅脂润滑剂后摩擦系数最低可达 0.01 左右,并且随着承受正压力负载的增大其摩擦系数反而相应减小[4],因此聚四氟乙烯板作为主索鞍摩擦副润滑材料非常合适。

不锈钢板通过焊接的方式与上承板结合,因不锈钢板面积较大,厚度较薄,机加工、起吊、焊接等过程容易引起变形,因此不锈钢板与上承板的焊接结合是一个技术工艺重点。为了保证不锈钢板与上承板的良好结合,需要采用角焊缝和塞焊缝相结合的焊接方式,焊接后还需要整体机加工,保证平面度和摩擦面不锈钢板厚度同时符合要求,达到良好的滑动性能。这种方法需要增大不锈钢板厚度,增大焊接和机加工成本。如果是将较薄的不锈钢板,直接通过角焊环焊在上承板钢板表面,会大大降低成本,但这种工艺方案会使不锈钢板存在层间间隙,达不到平整度要求,会影响滑动摩擦效果。《悬索桥索鞍索夹》(JT/T 903—2014)[5]规范明确规定:"主索鞍滑动副不锈钢板焊接和聚四氟乙烯板黏接应采取可靠技术工艺保证措施。不锈钢板与上承板焊接后应整体机加工不锈钢板滑动面。"

目前主索鞍摩擦副的聚四氟乙烯板主要采用黏接方式与安装板钢板结合,具体有大块板材整体黏接和多块小圆片板黏接两种形式,小块黏接方式黏接工艺相对大块黏接简单,并且黏接后表面方便进行机加工,因此表面平整度状况较大块黏接好。国内曾经有过索鞍顶推时推力超设计值,造成索鞍定位销剪断的事例。其中原因之一可能是由于不锈钢板表面与 PTFE 表面长期处于在索鞍重压状态下,使得两接触面紧密贴合,在润滑油脂的作用下形成了"吸附效应",对鞍座的顶推施工造成了较大的负面影响。南京四桥主索鞍采用大块黏接聚四氟乙烯板,因黏合剂及黏接时的高温作用导致 PTFE 表面产生的局部波形结构,可以减少形成"吸附效应"的可能性,实际应用顶推效果良好。南京四桥主索鞍见图3。

图3 南京四桥主索鞍

由于悬索桥跨度增加,索鞍体积增大、质量增加,近年来也在探索新型滑动摩擦副,减少索鞍顶推力。马鞍山长江公路大桥设计采用了一种在主索鞍鞍体与底板之间添加减磨材料的摩擦副形式,这种结构形式省去了传统的上、下承板结构和不锈钢板与聚四氟乙烯板结构,大大简化了索鞍滑动结构。但实际应用效果还需要时间检验,行业规范中目前尚未包括这种方法。

3. 索鞍槽加工问题

1) 主索鞍鞍槽加工

主索鞍鞍槽一般为二维曲面结构,国内制造的主索鞍鞍槽的加工方法有回转车削法、仿形加工法、数控加工法和人工修磨法等四种方法[6]。近年随着国内装备水平的提高,机加工能力和精度提高很快。目前鞍槽主要采用回转车削法及数控加工法两种方法,回转车削法在加工质量、效率、操作复杂性等方面具有优势,但超大型悬索桥主索鞍鞍座回转直径一般超过重型立车的加工范围,因此目前超大型主索鞍鞍体需要选择数控镗铣床加工鞍槽和其他表面。

加工时将索鞍侧放,鞍槽正对机床,鞍槽每侧的侧壁及相近的四个鞍槽因滑枕干涉,采用万能铣头加工。中间的几个鞍槽用铣头加工容易造成干涉,如果直接用主轴伸出加工,因主轴伸出长度太长,加工效率较低,加工尺寸精度及表面粗糙度无法保证,因此加工时将滑枕同时伸入鞍槽,加工时采用90°的立铣刀,见图4。

加工过程中要检查和控制两半鞍体结合面上鞍槽相对底面的高度尺寸,并严格控制各鞍槽的高度和槽宽度尺寸,以保证两半鞍体的鞍槽锁合在一起后,整体错边量控制在规定范围内。

要真正实现全部鞍槽加工到位,还需采用机床的 X、Z 轴及机床的回转工作台参与旋转的联动配合,使机床的主轴方向始终为鞍槽底弧的径向,方能将鞍槽槽内的全部余量通过铣削的方式去除。但大型悬索桥索鞍质量非常大,目前一般设备没有配备能承受如此重大零件的数控联动工作台,这样鞍槽加工后一般会存在残留,需通过人工修磨的方法进行加工,人工补充修磨可以通过样板检查控制尺寸精度。

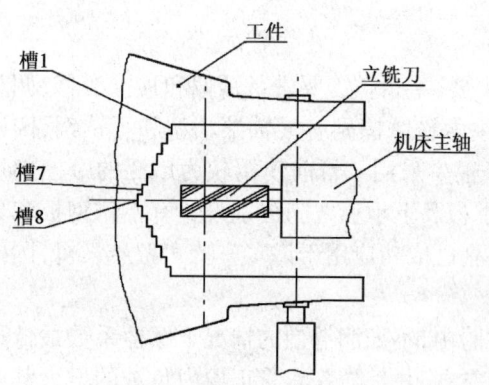

图4　用主轴加工加工中间鞍槽

2) 散索鞍鞍槽加工

散索鞍鞍槽为三维曲面结构,比主索鞍索槽加工更加复杂,目前国内制造的散索鞍鞍槽的加工方法均主要采用数控加工法。

鞍槽的数控加工程序加工前采用数控编程软件 UG 建模,并通过 UG 软件的 CAM 功能,通过后处理生成机床刀具轨迹,满足悬索桥主缆线形跨越散索鞍槽曲线要求。散索鞍槽加工也存在主索鞍槽加工的类似残留问题,鞍槽加工设备一般未配置能承载特大散索鞍重量的数控联动工作台,鞍槽加工后一般存在残留,也需通过人工修磨的方法进行加工,通过样板控制尺寸精度。散索鞍鞍槽线形影响主缆结构受力,对人工修磨提出了较高的要求,在行业规范中对散索鞍鞍槽提出了形位公差要求,加强了鞍槽线形的控制。

3) 索鞍隔板组件制造

隔板主要起定位主缆索股,并增加索股摩擦力的作用,主索鞍隔板目前国内设计一般较薄,厚度5mm,为保证隔板平面度,需要控制变形,一般同组隔板设计通过凸、凹槽连接,由于隔板的外形不加工,工艺要求隔板外形通过水下等离子切割机数控下料成形,为满足装配要求,将同一组隔板一次排料切割成形。

底层隔板需要组焊在索鞍内,组焊时需要保证隔板间距,实际操作时需要设计并制作等距块,通过大量的等距块来保证每组隔板的间距,并通过量规检测间距,见图5。为控制隔板的焊接变形,隔板焊缝采用间断焊接,为保证隔板在安装现场能顺利装配,在底层隔板未与鞍体焊接前,每一组隔板均在平台上进行预拼装,在拼装合格后对隔板进行标记确认,保证每一隔板均有唯一的编号。

散索鞍隔板是变宽度,呈弧线形,实用一般由直线、弧线和斜线段组成,同组隔板设计为通过凸、凹槽连接。变宽度隔板制造过程中如采用整体下料加工,会因板厚相差较大,造成材料浪

图5　用量规检查隔板间距

费较大,在制造过程中一般采用两段或多段分开制造,直线段采用钢板直接下料,斜线段的斜度采用铣削加工成形,加工完后焊接成整体,满足散索鞍隔板边宽度的弧线要求。

4. 大型铸件铸造和铸件、厚板组焊问题

南京四桥主索鞍鞍体采用铸焊式结构,鞍体上半部分为固定主缆的索槽部分,形状较复杂,采用铸钢件铸造,材质为ZG275-485H(该材质在2010年GB/T 7659修版时改为ZG270-480H)的焊接结构用铸钢

材料,鞍体下半部分座体为钢板组焊结构,选用材质为 Q345R(GB/T 713—2008)的钢板材料。目前国内特大悬索桥一般也是采用同类材料。

鞍体组焊从结构和材料方面均存在较大难度,主要难点如下:

(1)虽经过材料选择,但由于铸造组织特点及冷裂纹敏感指数较高,并且是大坡口焊缝焊接,鞍座结构焊后易产生冷裂纹。

(2)鞍体组焊钢板与铸件之间、钢板之间间距小,焊接操作空间小,给焊接作业带来困难。

(3)肋板与鞍头和底板为封闭格字形大坡口全熔透对接和 T 接焊缝,又是厚板焊接,结构刚性非常大,应力集中,容易造成层状撕裂[7]。

在行业规范中强调了铸件钢水要进行精炼,在焊前整体进炉进行预热,减小焊接接头加热时温度梯度,焊接过程要进行多次退火处理,适当延长焊缝的冷却时间,控制冷却速度,从而减少淬硬组织,控制焊接应力及变形,有利于焊缝中氢的逸出,同时降低了冷裂纹敏感性,有效地防止冷裂纹的产生[8]。行业规范中规定如下:

(1)铸钢件:

①钢水应充分精炼,冶炼时应尽量减少钢水中气体和非金属夹杂物。

②铸钢件清砂后,应进行整体退火处理,以消除铸造应力。

(2)焊接:

①焊接应在室内进行,环境温度不低于5℃,相对湿度小于80%。

②鞍体焊前应进行整体预热,并进行保温焊接,预热和保温温度应通过焊接性能试验和焊接工艺评定确定。

③鞍体构件制作过程中,根据组装、焊接顺序应进行两次以上中间消除应力处理,焊后应在退火炉中进行整体退火处理。

图 6　主索鞍鞍体焊接

能较好满足这一焊接条件,必须要有吊装能力和特大热处理炉作为基本保证。图6为满足上述焊接条件的索鞍组焊实例。

5. 其他注意事项及规范规定

为了满足索鞍使用功能,给施工期间主索鞍顶推提供参考,主索鞍出厂前需要进行顶推试验,测试摩擦副的摩擦系数;为检查散索鞍摆动副的摆动情况,散索鞍出厂前需进行摆动副的微动摆动试验。因散索鞍尺寸及质量较大,工厂摆动试验操作较为复杂,危险较大。可改为在工厂进行上、下承板用销轴进行锁合检验,在工地进行微动摆动试验。相对较易操作,南京四桥主索鞍在出厂前进行了顶推试验,散索鞍在工地进行了摆动试验,测试摆动角度。南京四桥的经验在行业标准《悬索桥索鞍索夹》(JT/T 903—2014)形成如下规定:

(1)主索鞍试装配检验合格后应进行顶推试验,计算滑动副静摩擦系数。静摩擦系数应符合设计要求。

(2)摆轴式散索鞍上、下承板机加工后应使用销轴进行锁合检查。

(3)摆轴式散索鞍试装配合格后,应按设计图要求做偏摆试验,计算偏摆角度。试验测得偏摆角度应符合设计图要求。经产品使用单位和设计单位同意可在出厂前进行摆轴适配检验,在工地安装时进行偏摆试验。

紧固件作为索鞍和索夹的主要受力构件,防腐问题一直是一个重点和难点问题,锈蚀问题不仅影响索鞍外观,而且影响构件的安全使用。在南京四桥制造过程中委托沈阳航达科技公司对索夹拉杆进行了防腐试验[9],试验包括拉杆达克罗和锌铝基涂料防腐,达到了较好的防腐效果,该成果未能在南京四桥全面应用,但部分成果得到应用,南京四桥拉杆在出厂前喷涂了沈阳航达科技公司的锌铝基涂料防护,一直保持到施工全部完成,除局部破坏外,栏杆没有锈蚀。南京四桥的拉杆和其他附件及细部防护成果得到了设计的重视和认可,在本行业规范中规定了拉杆等紧固件要进行涂装或镀锌防腐。

四、结　语

在国内悬索桥索鞍制造经验的基础上,通过南京四桥项目实施过程中的实际数据收集、整理、研究和总结,编写的《悬索桥索鞍索夹》标准作为该产品的行业标准目前已经发布,实施。统一行业规范对索鞍的设计和制造,对该产品的市场规范和引导将起到一个积极的作用。

本规范集中了国内悬索桥索鞍制造的经验和教训,经历了南京四桥的全程试验研究。标准的正式公布规范了国内悬索桥索鞍制造行为,削弱了客观存在的索鞍制造不规范的差价竞争,推进了行业在相同工艺技术、质量条件下同等竞争,共同提高索鞍质量。南京四桥是规范形成的基础和第一个成功案例,南京四桥业主、设计、制造、监理严格执行合同文件和本规范的草案条文,特别重视了铸造、组焊、机加工三大加工环节质量控制。通过全面对鞍头铸件加工检查和抽样性能近试验,表明索鞍铸件质量非常优秀;外观和无损检测,表明组焊焊缝质量优良;索鞍机加工前专门标定设备,应用大型联动工作台一次装夹加工,主索鞍对拼检查尺寸精度全部符合整体加工设计要求;工地安装使用效果好,全面实现了目前国内索鞍质量的一次综合提升,也证明了行业标准《悬索桥索鞍索夹》(JT/T 903—2014)的先进性和可操作性。

参考文献

[1] 钱冬生,陈仁福.大跨悬索桥的设计与施工[M].西南交通大学出版社.1999.
[2] 钟建驰.润扬长江公路大桥建设 第三册 悬索桥[M].人民交通出版社.2006.
[3] 常志军,张克.西堠门大桥主索鞍座设计[J].公路,2009(1):81-85.
[4] 董小亮,叶觉明.特大悬索桥主索鞍摩擦副制造技术,2012年全国桥梁学术会议论文集[C].2012:621-626.
[5] 中华人民共和国行业标准.JT/T 903—2014 悬索桥索鞍索夹[S].北京:人民交通出版社,2014.
[6] 杨冬.悬索桥鞍座的制造工艺形式及其槽道的加工方法[J].桥梁建设,1995(4):31-35.
[7] 董小亮,叶觉明.特大悬索桥主索鞍鞍体制造技术[J].钢结构.2013,28(6):57-63.
[8] 张者昌.焊接应力变形原理若干问题的探讨(二)[J].焊接学报,2008,29(7):69-72.
[9] 董小亮,叶觉明.特大悬索桥索鞍索夹表面防护方案的实践和探讨[J].现代涂料与涂装,2012,(4):63-66.

91.波形钢腹板组合梁桥预制装配化技术

汤　意

(河南省交通规划勘察设计院有限责任公司)

摘　要　目前波形钢腹板组合梁桥主要采用现浇形式。本文通过采用横向预制拼装技术,可实现波形钢腹板组合梁桥的装配化、标准化、工厂化施工。并首次将先张法工艺应用到预制波形钢腹板组合梁结构中,简化了施工工艺,有利于提高工程质量和耐久性,降低工程造价。并在此基础上,为适应城市高架桥的建设特点,调整了相应的技术方案。

关键词　横向预制拼装　预制波形钢腹板工字梁　混合型连接件

一、引　言

我国公路桥梁中占绝大多数的中、小型桥梁为预应力混凝土桥,由于设计理念、施工质量控制和汽车超载等原因,预应力混凝土梁桥普遍存在着混凝土腹板开裂、梁体混凝土开裂导致跨中挠度增大等病害,给桥梁安全运营带来隐患。

钢—混凝土组合结构桥梁既能克服钢桥和混凝土桥梁的弱点,又能发挥各自优点,近二十年来得到了飞速的发展。根据法国1990~1993年所建桥梁上部结构的统计,公路组合结构桥梁在跨径30~110m范围内最有竞争力,在60~80m跨径范围内占有率达85%,有明显优势。在桥梁建设造价上,跨径40~80m范围内,钢—混组合梁比混凝土梁更经济,具有显著的推广应用价值[1]。

波形钢腹板预应力混凝土箱梁桥(以下简称波形钢腹板PC箱梁桥)是用波形钢板代替混凝土腹板形成的一种组合结构,与传统混凝土箱梁相比,波形钢腹板PC箱梁自重减轻15%~25%[2],它充分发挥了钢—混组合结构的优势,在我国已有多座波形钢腹板PC箱梁桥建成通车。但目前30~60m跨径波形钢腹板组合箱梁桥主要采用支架现浇的形式,影响了其经济性和推广应用。

针对这一状况,我公司研发出横向预制拼装波形钢腹板组合梁通用图,实现了中等跨径波形钢腹板组合梁桥的无支架、工厂化、标准化施工。

二、横向预制拼装波形钢腹板组合箱梁

1. 技术方案

通过将波形钢腹板PC箱梁截面先"化整为零"为两个波形钢腹板PC工字梁单元[3],再将预制的两两波形钢腹板PC工字梁单元通过湿接缝横向连接,"化零为整"拼装形成波形钢腹板PC连续箱梁(图1)。具体实现流程为:工厂化预制波形钢腹板PC工字梁→架设波形钢腹板PC工字梁→浇筑顶、底板混凝土湿接缝形成组合梁(或仅浇筑顶板湿接缝)→浇筑各跨间的墩顶横梁→张拉墩顶负弯矩钢束或体外索形成连续箱梁[4]。(图2)

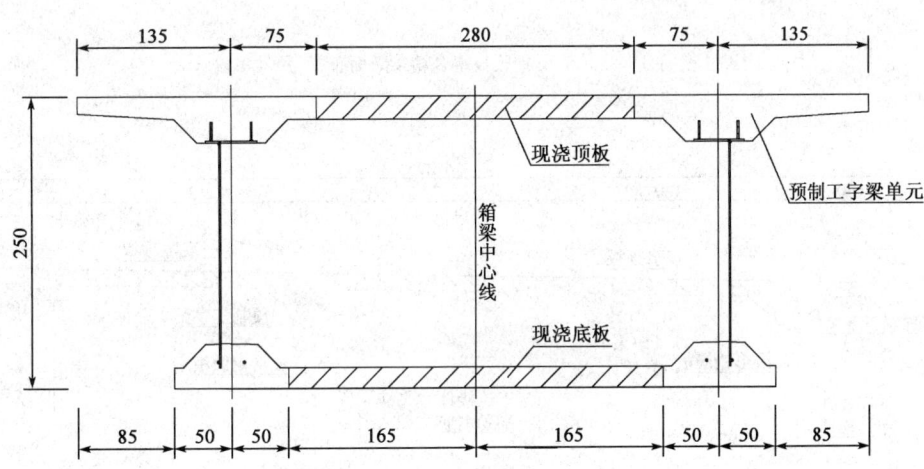

图1 横向两个波形钢腹板PC工字梁单元连接形成箱梁(尺寸单位:cm)

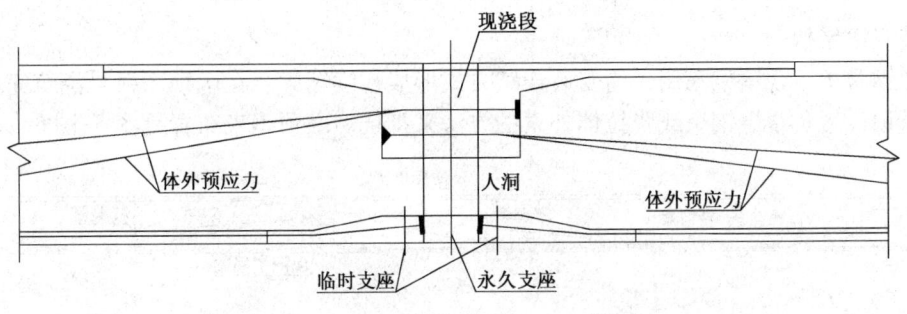

图2 现浇混凝土纵梁形成连续箱梁

2. 技术特点

（1）预制的波形钢腹板 PC 工字梁单元经过纵、横向现浇混凝土连接，形成连续箱梁。实现了将波形钢腹板组合箱梁化整为零施工，扩大了预制安装施工方法的应用范围，利于工厂化、标准化加工，有效保证了施工质量，加快了施工进度。

（2）波形钢腹板组合箱梁桥的二期恒载和活载由形成的箱梁承担，预制的波形钢腹板 PC 工字梁仅承担结构自重和施工荷载，故每片预制的工字梁截面尺寸可减小，安装重量减轻，常规施工设备就能满足安装要求。相应地扩大了波形钢腹板组合箱梁跨径适用范围，具有独特的结构优势。

（3）预制波形钢腹板 PC 工字梁除采用后张法预应力体系，根据预制梁的规模和场地条件，还可采用生产效率高、耐久性好、造价节省的先张法体系[5]。

3. 断面组成

以单幅桥宽 12.75m 为例，40m 以上跨径采用图 3 所示的波形钢腹板组合箱梁布置形式，40m 以下跨径采用图 4 所示波形钢腹板组合 T 梁布置形式[6]。

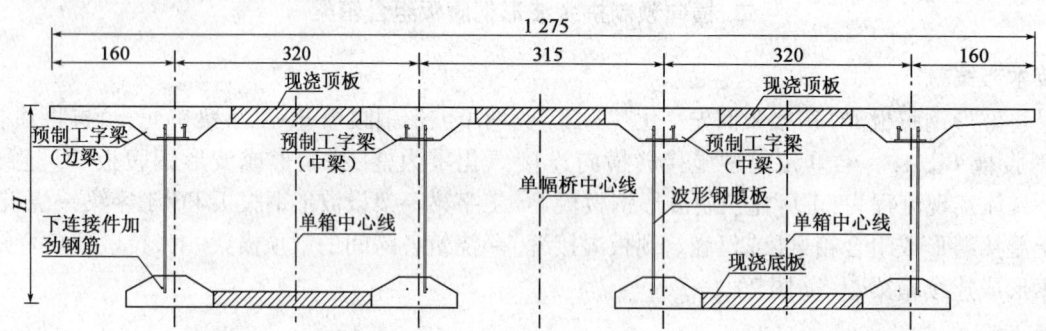

图 3　横向预制拼装波形钢腹板组合箱梁断面布置（尺寸单位：cm）

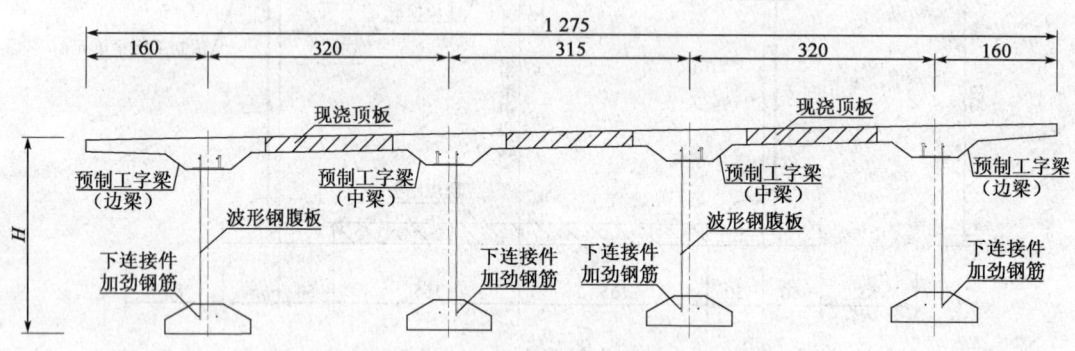

图 4　横向预制拼装波形钢腹板组合 T 梁断面布置（尺寸单位：cm）

4. 简支转连续结构

各跨波形钢腹板组合箱梁采用先简支后连续方式形成连续箱梁。在墩顶中横梁浇筑完成后，墩顶负弯矩可采用墩顶设置负弯矩钢束或张拉体外索的方法来抵抗。墩顶钢束布置见图 5、图 6。

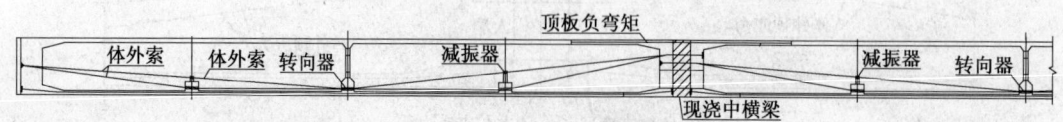

图 5　体外预应力和墩顶负弯矩立面布置图

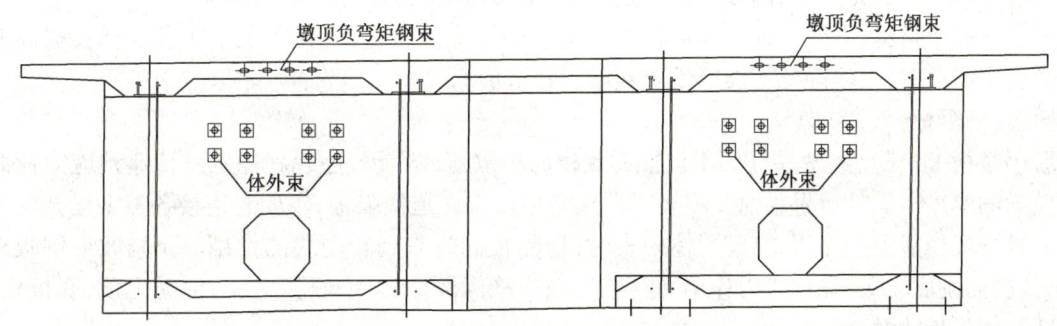

图6 体外预应力和墩顶负弯矩断面布置图

三、波形钢腹板 PC 工字梁

1. 截面设计

波形钢腹板 PC 工字梁因腹板重量减轻,改变了混凝土梁相对钢桥自重过大的缺点,使 30~60m 成为经济适用跨径。与采用混凝土 T 梁相比,波形钢腹板 PC 工字梁预制构件尺寸可加大,相应地减少主梁片数。以 12.75m 桥宽为例,30m、40m 和 50m 跨径混凝土 T 梁需 6 片,而对应的波形钢腹板 PC 工字梁只需 4 片,且单片工字梁吊装重量小于混凝土 T 梁,见表 1。

表1

上部结构	12.75m 桥宽预制梁片数	单片预制构件最大吊装质量(1000kg)
30m 跨径波形钢腹板 PC 工字梁	4	91.8
30m 跨径 PC 组合小箱梁	4	94.4
40m 跨径波形钢腹板 PC 工字梁	4	125.6
40m 跨径 T 梁	6	134.0
50m 跨径波形钢腹板 PC 工字梁	4	149.6
50m 跨径 T 梁	6	158.6

预制波形钢腹板 PC 工字梁外形尺寸均在我国公路运输限界范围内。在净空不受影响的地区,还可适当增大梁高,以提高材料使用效率。保持混凝土数量基本不增加的情况下,如波形钢腹板高度增加 1.2 倍,梁截面抗弯强度可提高近 2 倍(图 7)。故应用到运输条件不受限制的特大型桥梁的引桥,其适用范围还可以扩展到 60m 以上跨径。

2. 波形钢腹板

波形钢腹板常用的 Q345 钢的抗剪设计强度为 180MPa,约是混凝土抗剪设计强度的 100 倍,可以有效解决混凝土箱梁腹板开裂等问题。跨径 30m、40m、50m 工字梁的波形钢腹板均采用 1600 型[7]。波形钢腹板的形状尺寸是按照剪切屈服前不发生剪切屈曲、极限荷载作用时不能发生剪切屈曲两个条件设计的,同时考虑桥梁横向刚度等综合因素[8]。

2011 年 5 月,中国工程建设标准化协会发布了《波纹腹板钢结构应用技术规程》(CECS290:2011),建筑用波纹腹板建成了大批自动化生产线。60m 跨径以下工字梁的波形钢腹板高度都小于 3.0m、腹板厚度都小于 14mm,故其作为等高度的薄钢板,可利用建筑用波纹腹板自动化生产线生产。且由于设计采用混合型连接件[10](本文后有详述),波形钢腹板的所有焊缝均可采用全自动装备焊接。工厂加工完成的波形钢腹板节段运到预制

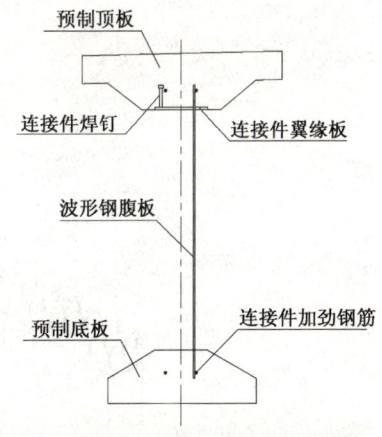

图7 波形钢腹板 PC 工字梁断面布置图

场以后,节段与节段间通过采用高强螺栓连接,保证了在预制现场没有焊接作业。

通过采取以上措施,有效保证了波形钢腹板工字梁的施工质量,简化了施工工艺。通过提高波形钢腹板的加工生产效率,大幅降低了波形钢腹板的工程造价。

3. 横梁、横隔板

波形钢腹板PC工字梁的端横梁不仅能起到横向扩散荷载作用,还起到稳定及传递预应力荷载的作用。中横梁的厚度需满足放置临时支座要求。梁跨中设置三道横隔板,主要起连接各工字梁共同受力和增加工字梁抗失稳能力的作用,当配置体外索时,横隔板同时起到转向块的作用。预制波形钢腹板工字梁,由于其侧向刚度较弱,在预应力作用下存在压屈失稳问题。其侧向稳定性与混凝土顶、底板宽度、端横梁厚度及横隔板数量有关。

4. 预应力体系

波形钢腹板表观模量很小,经实验和计算得出其轴向表观弹性模量为钢板的弹性模量的几百至几千分之一,设计时可认为波形钢腹板不承受轴向力(波形钢腹板的褶皱效应),近似认为波形钢腹板不抵抗正弯矩[9]。预应力能有效地施加在混凝土顶、底板上,有效提高了预应力钢材的效率。

预制波形钢腹板工字梁标准图除采用后张法外,还设计了先张法体系供选择采用。30m、40m跨径波形钢腹板组合箱梁仅需设置体内预应力和墩顶负弯矩钢束。50m以上跨径,设计采用体内预应力和体外预应力混合体系,体外预应力束在墩顶横梁位置形成交叉锚固。

5. 波形钢腹板连接件

1) 常规连接件形式

波形钢腹板与混凝土顶、底板的结合部构造直接关系到桥梁承载能力,是波形钢腹板梁的最关键部位。结合部构造需能抵抗结构中钢材和混凝土材料两者间的水平剪切力,确保组合结构受力时,两种不同材料之间不会产生相对位移。

波形钢腹板与混凝土顶、底板的连接方式主要有嵌入型和翼缘型两种形式(图8)。

嵌入型连接件:在波形钢腹板上开孔穿过贯穿钢筋,并在钢板端部沿纵向焊接结合筋,埋入到混凝土板中[图8a)]。

翼缘型连接件:在波形钢腹板端部沿纵向焊接翼缘板并配置剪力连接件,伸入到混凝土板中。翼缘型连接件分为焊钉连接件、开孔钢板连接件(PBL连接件)[图8b)、图8c)]和型钢连接件等。

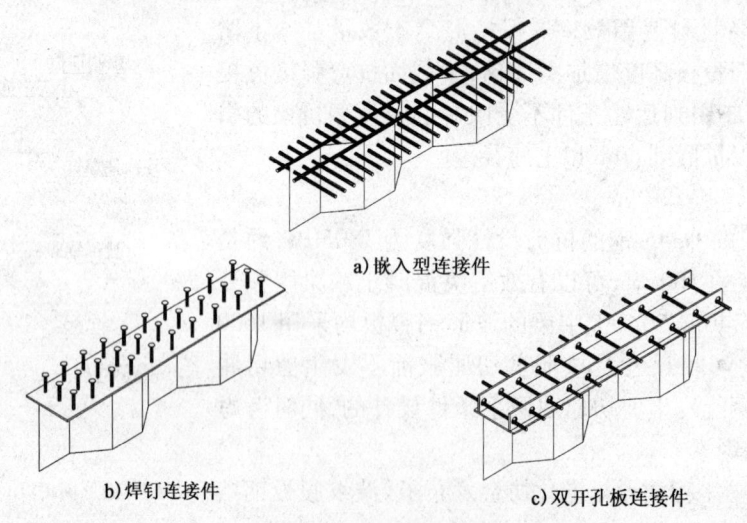

a) 嵌入型连接件

b) 焊钉连接件   c) 双开孔板连接件

图8 连接件形式

2) 标准图采用的连接件形式

嵌入型和翼缘型连接件各有特点:嵌入型连接件构造施工简单,焊接工作量小,抗疲劳性能好,用钢量小,经济性好。为了防止水的浸入造成腐蚀,在波形板和混凝土的连接面要进行密封处理,同时要采用在波形钢板的空隙间填充橡胶以防止混凝土漏出。翼缘型连接件的抗剪切承载力高,连接部分刚度大,但用钢量增加,焊缝多,构造和施工相对复杂。

波形钢腹板与混凝土底板的连接采用嵌入型连接件[图8a]。

波形钢腹板与混凝土顶板的连接设计了一种混合型连接件[10],其构造是在嵌入型连接件的基础上,在与混凝土顶板的结合面位置上纵向焊接两块翼缘板(图9)。该种连接件兼具嵌入型连接件和翼缘型连接件的优点,连接部位的刚度提高,能满足混凝土顶板承受和传递车辆荷载的作用,具有便于施工,耐久性好的特点。其次这种混合型连接件比双 PBL 连接件能节省30%的钢材,按连接件用钢量占波形钢腹板用钢量的20%计,通过采用这种混合型连接件,波形钢腹板用钢量能降低5%以上。

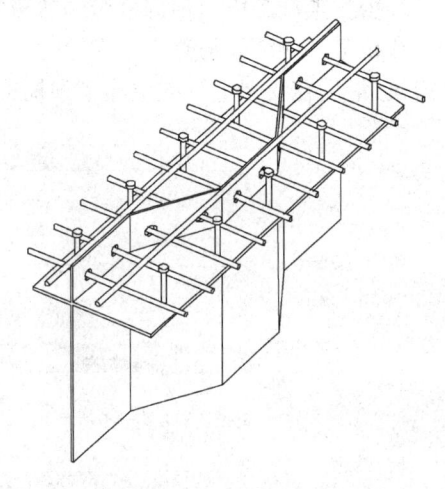

图9　与顶板连接采用混合型连接件

四、技 术 指 标

跨径30m、40m、50m 相应的每平方米桥梁上部材料用量指标(不含护栏和铺装)见表2~表4。

表2

上部结构形式	混凝土(m³)	预应力钢材(kg)	普通钢筋(kg)	波形钢腹板(kg)
30m 波形钢腹板组合 T 梁	0.396	11.3	82.0	62.6
30m 混凝土组合小箱梁	0.420	17.1	87.0	0
波形钢腹板组合 T 梁节省值	0.024	5.8	5.0	-62.6

波形钢腹板组合 T 梁自重略有减少

表3

上 部 结 构	混凝土(m³)	预应力钢材(kg)	普通钢筋(kg)	波形钢腹板(kg)
40m 波形钢腹板组合箱梁	0.520	13.7	131.3	72.6
40m 混凝土 T 梁	0.788	23.8	150.3	0
波形钢腹板组合箱梁节省值	0.268	10.1	19.0	-72.6

波形钢腹板组合箱梁自重减轻624kg,占比30.5%

表4

| 上 部 结 构 | 混凝土(m³) | 预应力钢材(kg) | | 普通钢筋(kg) | 波形钢腹板(kg) |
		体内	体外		
50m 波形钢腹板组合箱梁	0.534	10.9	8.7	113.1	86.9
50m 混凝土 T 梁	0.668	31.9	0	194.9	0
波形钢腹板组合箱梁节省值	0.134	21.0	-8.7	81.8	-86.9

波形钢腹板组合箱梁自重减轻262 kg,占比15.8%

由对比可知:横向预制拼装波形钢腹板组合梁桥材料用量指标均优于其他三种常规预制混凝土结构桥梁。

五、适应城市高架桥建设特点的技术调整方案

城市高架桥施工场地和运输条件受限,要求快速化施工,同时要减少对既有道路正常通行的影响,对桥梁外观要求也比公路桥梁高。针对城市高架桥的建设特点对横向预制拼装波形钢腹板组合箱梁进行了技术方案调整。

1. 少支架施工横向预制拼装的波形钢腹板组合箱梁[11]

在桥墩外侧搭设临时支架支撑预制的波形钢腹板工字梁(图10),再浇筑顶、底板湿接缝横向拼装形成箱梁,最后在支架上纵向浇注墩顶横梁或安装预制的墩顶横梁,形成多跨连续梁或连续刚构(图11)。

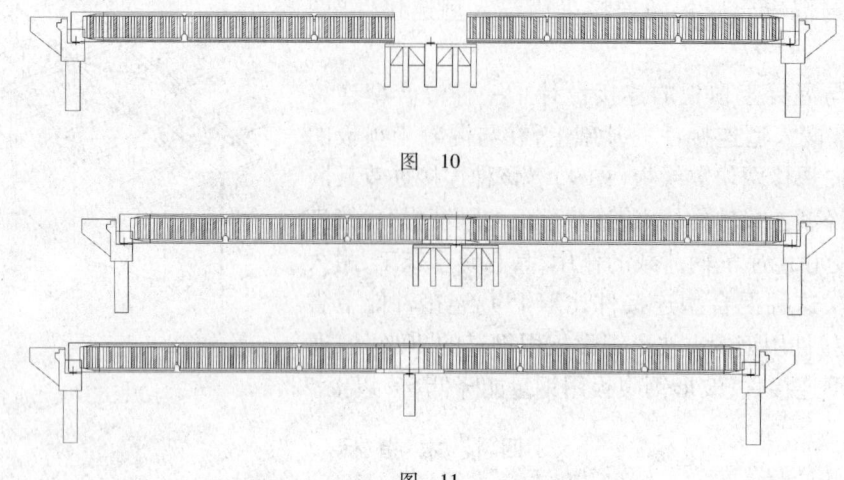

图 10

图 11

本方法预制的波形钢腹板工字梁通过桥墩上部横梁连接成整体,减少了预制波形钢腹板工字梁的长度,方便了运输和吊装工作,又能保证施工中桥下道路不断行。桥墩采用隐形盖梁,上部横梁和墩身作为单独构件可设计成所需要的造型进行预制或现浇,以满足城市桥梁景观的需要。

2. 采用波形钢腹板的预制钢—混凝土组合 T 梁[12]

通过将波形钢腹板工字梁的混凝土底板替换为钢板,根据施工场地和运输条件进行分段预制,搭设临时支架,支撑预制的各段波形钢腹板工字梁单元(图12),相邻梁段单元通过连接钢板和浇筑混凝土湿接缝横向拼装形成整体(图13)。

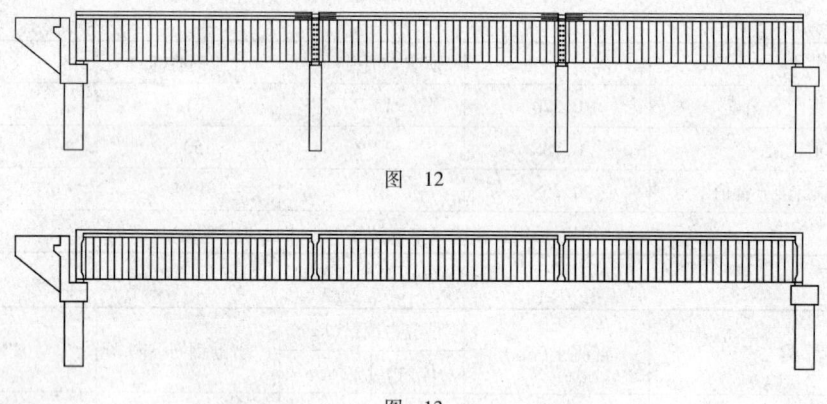

图 12

图 13

本方法具有以下优点:

(1)梁段构造简单,尺寸标准统一,易于工厂标准化预制,符合常规运输要求,避免了梁体过长过宽带来的施工和运输问题,可实施性得到提高;

(2)底板受拉区域采用钢结构,顶板受压区域采用混凝土结构,腹板易失稳区域采用波形钢板结构,充分利用了多种材料或结构的特性,材料利用率高,抗屈曲能力显著提高;

(3)梁体重量轻,采用小型机械设备就能完成吊装施工,配合少支架施工方法的连接部可多点并行施工,工序少,现场施工工作量小,施工架设速度快,少支架对地面占用面积小,对原有交通影响小。

六、结　语

横向预制拼装波形钢腹板组合箱梁桥充分发挥了波形腹板 PC 箱梁的结构优势,符合"安全、适用、经济、美观、耐久、环保"的设计原则。河南内乡至邓州高速公路张庄分离式立交桥,上部设计采用2孔40m跨径横向预制拼装波形钢腹板组合箱梁(图14)。与预应力混凝土梁相比,具有吊装工作量少、构件轻、整体刚度大、抗震性能好等一系列优点,具有更好的经济性与施工便易性,应成为我国公路和城市高架桥30~60m跨常用的推荐桥式。

图14 张庄分离式立交桥

参考文献

[1] 史永吉,等.复合结构技术的发展及其在桥梁上的应用[J].桥梁,2010/NO.6.
[2] 陈宜言,王用中.波形钢腹板预应力混凝土桥设计与施工[M].北京:人民交通出版社,2009.
[3] 汤意,李宏瑾,等.一种波形钢腹板预应力混凝土工字梁.实用新型专利(ZL 2011 2 0098202.6), 2011.10.
[4] 汤意,李宏瑾,等.一种波形钢腹板预应力混凝土连续箱梁及施工方法.发明专利(ZL 2011 1 0085548.7),2011.10.
[5] 汤意,李宏瑾,等.一种波形钢腹板先张法预应力混凝土工字梁.实用新型专利(ZL 2012 2 0298283.9),2012.12.

[6] 汤意,吴继峰,等.一种横向拼装波形钢腹板组合T梁及施工方法.发明专利(ZL 201410013725.4),2014.03.

[7] 孙天明,陈宜言,等.组合结构桥梁用波形钢腹板[M].北京:人民交通出版社,2010.9.

[8] 徐强等.公路波形钢腹板预应力混凝土箱梁桥设计规范[M].北京:人民交通出版社,2010.10.

[9] 徐君兰,孙淑红.钢桥(第二版)[M].北京:人民交通出版社,2011.4.

[10] 汤意,万水.一种钢—混凝土混合型抗剪连接件.实用新型专利(ZL 201220560678.1),2012.10.

[11] 汤意,李华强,等.一种少支架横向拼装波形钢腹板组合箱梁及施工方法.发明专利(ZL 201410013842.0),2014.04.

[12] 汤意,李斐然,等.采用波形钢腹板的预制钢—混凝土组合T梁及施工方法.发明专利(ZL 201410189813.X),2014.07.

92. 沿海地区桥梁主墩超大零号块箱梁裂缝控制

鄢佳佳[1,2]　房艳伟[1,2]　刘可心[1,2]　王文明[1,2]

(1.中交二航武汉港湾新材料有限公司;2.中交武汉港湾工程设计研究院有限公司)

摘　要　针对汕头外砂河大桥主墩超大零号块箱梁结构截面尺寸大,混凝土胶凝材料用量多,收缩大,施工过程中处理不当极易出现裂缝的特点,在混凝土配合比优化设计的基础上,依据温度场及温度应力场仿真计算结果制定相应温控标准,并通过原材料温度控制、混凝土掺加碎冰拌和、液氮预冷混凝土、埋设冷却水管通水冷却等措施,零号块箱梁未出现有害温度裂缝,达到了预期的温度控制效果。

关键词　沿海地区　超大　零号块箱梁　裂缝控制

一、引　言

外砂河大桥为汕头东部城市经济带沿海快速通道滨海大道的重要组成部分,大桥长1286m,主桥采用三跨梁拱组合式桥(61+108+61)m。其主墩零号块箱梁为单箱四室结构,长13m,宽44.5m,高6.5m,边腹板厚度约4m,中间实心段厚度约8m,单幅中腹板厚度为55cm,采用C55混凝土浇筑,总方量约2369m³,一次性浇筑成型,其体积之大在国内同类结构中实属罕见。结构截面尺寸大,混凝土胶凝材料用量多,水胶比低,施工中处理不当极易造成较大的温度应力和自收缩应力,同时受干湿循环、温度因素影响,混凝土结构容易出现裂缝,且桥梁位于沿海地带,混凝土一旦开裂,致使外界侵蚀介质侵入极易穿过混凝土表面渗透到钢筋,导致钢筋截面减小、混凝土胀裂剥落,危及建筑物的正常运行[1-3]。

为有效避免外砂河大桥主墩超大零号块箱梁产生有害温度裂缝,确保大桥在沿海环境下的使用寿命,针对零号块箱梁大体积混凝土进行温度场及温度应力场仿真分析,依据计算结果制定了相应的温度控制标准,继而通过混凝土配合比优化设计、原材料温度控制、混凝土入模温度控制及施工质量控制等措施,以保证外砂河大桥主墩超大零号块箱梁的结构质量。

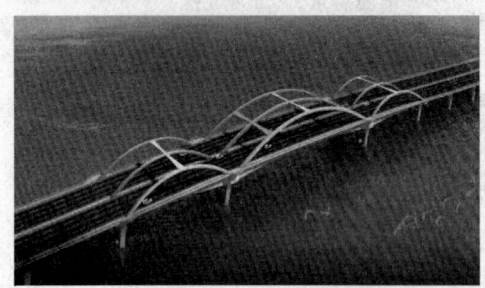

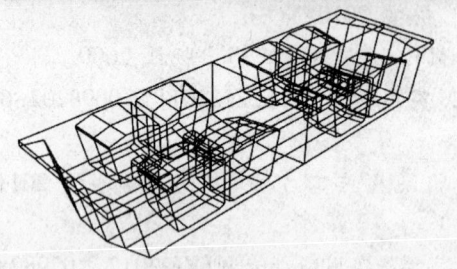

图1　外砂河大桥零号块箱梁构造图

二、混凝土配合比优化设计

原材料的优劣直接影响到混凝土抗裂性能的好坏,原材料的品质亦是保证混凝土耐久性的重要基础,同时混凝土内部温度变化是产生温度应力的根本原因,而水泥用量直接影响到混凝土的水化热温升,所以混凝土配合比设计的原则为在满足混凝土施工要求的基础上尽量降低水泥用量,控制水化热温升,利用矿物掺合料大掺量复掺技术,用粉煤灰和矿粉取代部分水泥,以降低混凝土的水化热温升,有效地防止温度裂缝。通过大量的试验优选出零号块箱梁混凝土用原材料及配合比[4-5],如表1所示。

外砂河大桥主墩零号块箱梁用混凝土配合比　　　表1

结构部位	强度等级	配合比参数			原材料用量(kg·m⁻³)						
		水胶比	胶材用量	砂率	水泥	粉煤灰	矿粉	砂	碎石	水	减水剂
					塔牌 P·Ⅱ42.5	厦门益材 Ⅰ级	国鑫 S95	韩江中砂	潮州凤山 5~20mm	自来水	二航港湾
箱梁	C55	0.29	520	42%	360	60	100	734	1014	147	5.98

注:混凝土配合比中用水量不包含减水剂中带入的水量,水胶比计算时将减水剂带入的水量计算至总用水量中。

外砂河大桥主墩零号块箱梁用混凝土性能　　　表2

结构部位	混凝土性能										
	坍落度		扩展度		容重	泌水率	初凝时间		抗压强度(MPa)		
	初始	1h	初始	1h			室内	室外	3d	7d	28d
箱梁	220mm	200mm	520mm	490mm	2450kg/m³	0%	23h	12~16h	44.2	57.2	71.2

三、结构温度场及温度应力场仿真分析

结合零号块箱梁的结构特点,同时考虑施工期间大气温度、养护方式、冷却水管降温、环境温度变化、外部约束条件以及混凝土收缩、徐变等复杂因素环境,依据实际工况确定相关计算参数,采用大型有限元分析软件对零号块箱梁结构施工期间的温度及温度应力场进行仿真计算,结构施工期间内部温度包络图及温度应力仿真计算结果分别见图2及图3。分析可知:早期在零号块箱梁中部上表面和侧面,出现表面裂缝的几率较大;后期在零号块顺桥向和横桥向对称面内靠桥面区域,出现深层裂缝的几率较高。依据温度场及温度应力场仿真计算结果,结合相关规范要求及以往工程经验,制定出混凝土不产生有害温度裂缝的温控标准,其内容如下:①混凝土浇筑温度不宜高于28℃;②混凝土内部最高温度≤75℃;③混凝土内表温差不超过25℃;④混凝土降温速率不应大于3.0℃/d。

图2　零号块箱梁温度包络图

图3　零号块箱梁温度应力包络图

四、混凝土温度控制

1. 原材料温度控制

零号块箱梁混凝土施工处于8月高温季节,日最高气温达34℃,现场测试各原材料温度,经热工计算得到混凝土浇筑温度约为37℃,严重超出温控标准要求,故施工过程中对原材料温度进行了严格控制。具体措施为:砂、石骨料堆场采用土工布覆盖,并洒水湿润;水泥通过中间仓储存转运,尽量延长水泥降温时间,使水泥温度降至70℃以下;浇筑前向拌和水池中投放块冰,使拌和水温度降至10℃以下。尽量在夜间低温

时段浇筑,加快运输和入仓速度,减少混凝土在运输和浇筑过程中的温度回升;避免模板和新浇筑混凝土受阳光直射,通过设置喷淋系统保证入模前的模板与钢筋温度以及附近的局部气温不超过40℃。

2. 混凝土加碎冰拌和

资料显示:1kg碎冰融化为水,约吸收335kJ热量,考虑到搅拌过程中的冷量损失,经计算每加入10kg的碎冰至少可使新拌混凝土温度降低1℃,同时试验结果表明:混凝土掺加碎冰拌和,除降低混凝土出机温度外,对混凝土工作性、抗压强度等无负面影响。而为保证混凝土拌和效率,同时单方混凝土理论用水量扣除砂石含水外,还需要有一定的自由水保证混凝土的顺利拌和,故碎冰掺加量亦有限值。经室内及现场拌和楼验证试验,最终确定零号块箱梁每方混凝土拌和时掺加35kg碎冰,拌和时间延长至150s。零号块箱梁施工时,采用两台碎冰机将80cm×40cm×10cm块冰破碎为5~20mm冰屑,人工称量后从骨料输送皮带机位置送至混凝土搅拌机,如图4所示。

3. 混凝土液氮冷却

液氮即液态的氮气,常压下液氮的温度为-196℃,汽化潜热为5.56kJ/mol,因其为无毒的惰性气体,常作为工业用深度制冷剂。在目前所用的各种冷媒中,液氮的沸点最低,使物体冷却的速度最迅速,将液氮直接投入混凝土拌和物中,能在最短的时间里使混凝土冷却下来。液氮预冷混凝土工艺早在20世纪70年代美国和澳大利亚已在工程中大量应用,日本在某些工程中也采用液氮冷却混凝土。为尽量降低混凝土入模温度,零号块箱梁施工过程中,采用液氮对混凝土拌和物进行冷却,具体流程为:依据混凝土运输罐车高度搭设操作平台,将液氮喷枪固定于罐车受料口,以0.4MPa的喷射压力向罐车内喷射液氮,喷射时间为15min,在高温时段可适当延长喷射液氮时间。温度测定结果显示,罐车内部混凝土温度预冷均匀,均在28℃以下。

图4 混凝土加冰拌和　　　　　　　　　图5 液氮冷却混凝土

4. 通水冷却

为有效降低零号块箱梁混凝土内部温度,内部埋设冷却水管进行通水冷却,冷却水管采用直径为$\phi48×2.8mm$、具有一定强度、导热性能好的钢管制作,其水平间距为0.8m,冷却水管布置如图6所示。

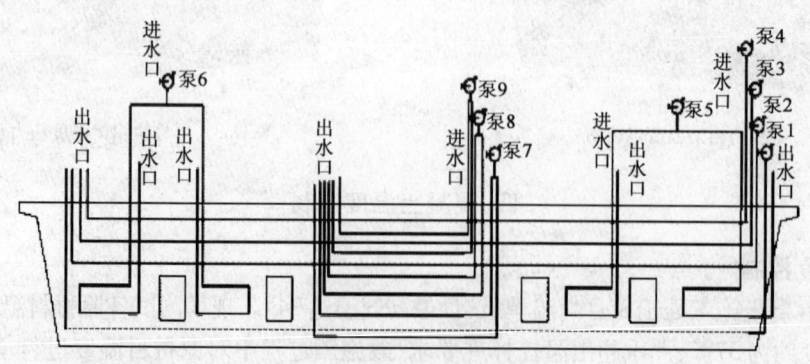

图6 冷却水管布置图

冷却水采用后场自来水,水温恒定,约为20℃左右。进出水口集中布置,每层冷却水管设置一个分水器,以利于统一管理,分水器设置相应数量的独立水阀以控制各套水管冷却水流量。委派专人管理调节每套冷却水管的流量,以控制不同部位的降温速率,防止温度梯度过大。混凝土浇筑前确保进行不少于半个小时的通水试验,查看水流量大小是否合适,发现管道漏水、阻水现象要及时修补至可正常工作。

五、结语

在外砂河大桥主墩超大零号块箱梁施工过程中,进行混凝土配合比优化设计,针对零号块箱梁大体积混凝土进行温度场及温度应力场仿真分析,依据计算结果制定相应温度控制标准,继而通过原材料温度控制、混凝土加碎冰拌和、液氮冷却混凝土等措施,确保了混凝土各项温控指标满足温控标准要求,防止其出现有害裂缝,达到了预期的控制效果。

参考文献

[1] 朱伯芳. 大体积混凝土温度应力与温度控制[M]. 北京:中国电力出版社,1999.
[2] 王铁梦. 工程结构裂缝控制[M]. 北京:中国建筑工业出版社,2004.
[3] 龚召熊. 水工混凝土的温控与防裂[M]. 北京:中国水利水电出版社,1999.
[4] 杨碧华,李惠强. 早龄期大体积混凝土温度应力与裂缝的关系[J]. 华中科技大学学报,2002,19(4):76-77.
[5] 施志勇,李欣然,陈德伟. 鄂东长江大桥主塔下塔柱连接段温控分析[J]. 结构工程师,2009,25(2):62-66.

93. 智能张拉系统的设计研究

肖 云　罗意钟　唐祖文　玉进勇　李建兰　曾世荣　吴松霖　冯达康
(柳州黔桥工程材料有限公司)

摘　要　预应力张拉是预应力施工的关键工序之一,直接关系到预应力结构或构件的安全性和耐久性。针对传统张拉工艺和设备的诸多弊端,提出智能张拉系统的设计思路和方案,并进一步开发出可用于多种工况的智能张拉系统。该系统由智能泵站、智能千斤顶及计算机控制中心组成,采用以应力值控制为主,伸长量校核的双控模式。应用结果表明:该智能张拉系统张拉力、伸长值控制精度高,同步性好,质量可控,施工快捷,安全性高,经济性好。

关键词　预应力　智能张拉　设计　应用

一、引　言

预应力技术是土木工程建设施工中最为关键的技术,预应力施工质量的好坏直接关系到预应力结构或构件的安全性和耐久性。自2007年以来,我国有近40座桥梁垮塌,导致数百人伤亡,经济损失巨大,究其原因,除设计缺陷、超载超限、运营期管理不善等因素外,很重要的一点,是施工质量问题造成的。通过对大量的预应力桥梁的调查和检测,发现相当部分的预应力桥梁质量隐患来源于预应力张拉施工不规范和缺乏有效的质量控制手段。

二、传统张拉工艺的弊端

传统的预应力张拉设备和施工方法均采用人工操作,其弊端在于:
(1)传统张拉施工采用最多ZB4-500(或ZB4-630)型油泵及YCW(或YDC)系列千斤顶,配套压力表的精度一般为1.6级,压力表最小刻度1MPa,小数点后面的数只能人工估读,由于振动很大,导致压力表指针摆动,无法准确读出数据。

(2) 预应力张拉施工过程为人工操作油泵的手轮控制控制流量,荷载施加的速度因个人的经验和习惯差别较大,保压时间则随意取消,人为因素不可控,使得预应筋张拉不同步;构件局部变形加剧。

(3) 两端千斤顶的回归方程不一样,油泵的供油量不一致人工无法控制加载速度导致伸长值一端过长或过短。

(4) 钢绞线的伸长值测量使用钢尺或卷尺进行,无法准确张拉到初应力停顿点,有的工程因赶进度或质量监管不到,根本不测量钢绞线的伸长值,快速地将张拉力施加到设计值,无法实现相关施工规范所要求的双控,施工质量根本无法保证。

(5) 张拉记录报表人工填写,张拉数据极易人为造假,施工过程及结果无法追溯。

(6) 业主、监理、施工单位管理控制张拉关键工序的途径只是到现场才能看到量测,看到张拉的过程和结果,对于全线的张拉时势控制需要很多的人力物力。

(7) 预制空心板梁、小箱梁、现浇连续梁及大跨度连续刚构桥的预应力施工,工人为省事,采取单束单边张拉,导致结构局部应力过于集中产生梁体侧弯开裂;特别是需要多次倒张的大跨度箱梁及刚构桥,因每次行程都需要重新安装千斤顶及工具锚,劳动强度及安全隐患极大。

(8) 放张速度过快,易导致预应力损失过大,瞬时放张,回缩时对夹片的冲击力大,极易滑丝断丝造成安全事故。

三、智能张拉系统的设计

1. 智能张拉系统的设计思路

为解决传统张拉工艺的弊端,针对预应力张拉工艺的特点,智能张拉系统的依据施工规范设计需达到功能应该有:

(1) 全程无人工干预,实现平稳精准加载,及多顶的同步性。

(2) 流量控制不同阶段加载速度不一样,特别是接近终张时应可也自动调节加载速度。

(3) 严格按工艺要求,张拉顺序,分级张拉,可保压补压,超压保护。

(4) 把张拉过程力及位移伸长值同步记录数据及生成相对应的压力时间位移曲线可重现张拉过程。

(5) 数据可储存在控制中心或移动硬盘且不可修改保证数据的真实性。

2. 智能张拉系统的基本设计方案

根据上述思路,确定基本设计方案为:整个系统包智能泵站、智能千斤顶及计算机控制中心,三者通过高压油管、数据传输线缆及控制元件有机地结合在一起,共同完成张拉工序。

1) 智能泵站

智能泵站是整个系统的动力源,主要完成泵站的起动、调压、卸荷及故障报警等功能。智能泵站系统主要包括操作系统、电机泵组、溢流阀、集成阀块等。

2) 智能千斤顶

智能液压千斤顶主要由YCW系列液压千斤顶、位移传感器组件等组成,整个系统的张拉控制力全部由该千斤顶的动作来完成。

3) 计算机控制中心

计算机控制中心主要由触摸屏(或工业电脑)、安装智能泵站上分控制柜、压力传感器、位移传感器以及相关控制线缆组成。分控柜内安装CPU控制单元、开关量、模拟量采集模块,负责开关量、模拟量采集并根据采集到的信息实时反馈控制中心,实现电磁阀动作控制及泵站的流量控制,并把相关信息数据上传上位计算机,且受上位机的控制。触摸屏(或工业电脑),完成参数设置、控制操作、生成报表等功能并支持Internet远程监控。主副机之间通过无线蓝牙实时信息交换,实现同步张拉。

3. 智能张拉系统的细化设计方案

由于桥梁结构的多样性，不同的结构和工况对张拉有不同的要求，因此对上述智能张拉系统的基本设计方案进一步研究、细化，形成不同的方案，以满足不同结构、不同工况的要求。

1）二泵二顶配置方案

二泵二顶配置适用于T梁及单端张拉。特点是单束两端对称张拉，一般预应力束较短，张拉一个行程内即可达到设计控制荷载。前述的基本设计方案可满足此类结构的张拉要求。二泵二顶配置方案见图1。

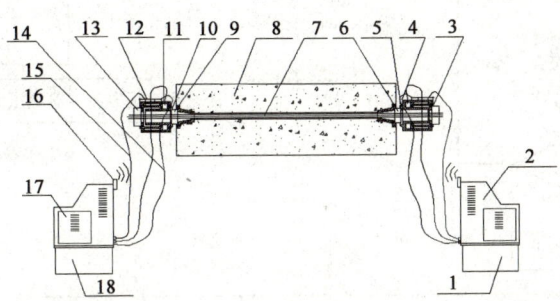

1. 泵站系统（主）；2. 主控制柜；3. 工具锚；4. 千斤顶；5. 限位板；6. 工作锚；7. 钢绞线；8. 预应力结构；9. 工作锚；
10. 限位板；11. 千斤顶；12. 位移传感器；13. 工具锚；14. 数据线；15. 油管；16. 蓝牙天线；17. 分控制柜；18. 泵站系统（副）

图1 智能张拉系统基本方案安装结构示意图

2）二泵四顶配置方案

在小箱梁、连续刚构梁及大跨度现浇箱梁中，均应沿中轴线对称张拉，有时还因预应力束的长度大，要两个或多个行程的张拉才能达到设计控制荷载，为此对上述基本方案进行进一步的研究，形成如图2所示的方案，该方案为二泵四顶配置，主、副泵站均各有两组集成阀组，分别驱动两台千斤顶，实现同时对两束预应力筋进行对称张拉；长索可配有自动工具锚，每张拉完一个行程后，千斤顶、工具锚可自动回程到位，而无需人工重新安装，实现长索的连续张拉。

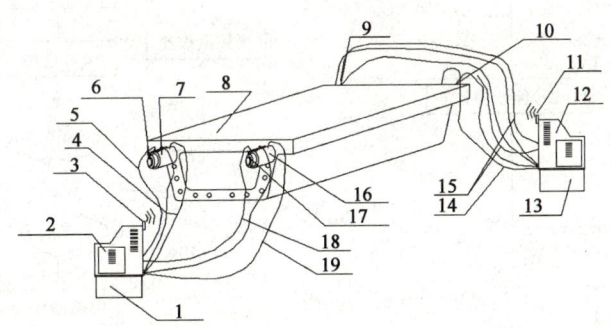

1. 泵站系统；2. 主控制柜；3. 蓝牙天线；4. 油管；5. 数据线；6.（自动）工具锚；7. 1号千斤顶；8. 连续钢构梁；9. 3号千斤顶；
10. 4号千斤顶；11. 蓝牙天线；12. 分控制柜；13. 泵站系统；14. 油管；15. 数据线；16. 2号千斤顶；17.（自动）工具锚；
18. 数据线；19. 油管

图2 二泵四顶配置安装结构示意图

4. 智能张拉系统的工作流程

采用上述设计方案，操作人员只需在安装好设备后输入各级张拉力、持荷时间等相关参数，启动，即可自动完成整个张拉过程，中间不需要人工干预，精确、稳定、可控、自动、快捷、安全。图3～图6为自动张拉的工作流程（以二泵二顶配置为例）。

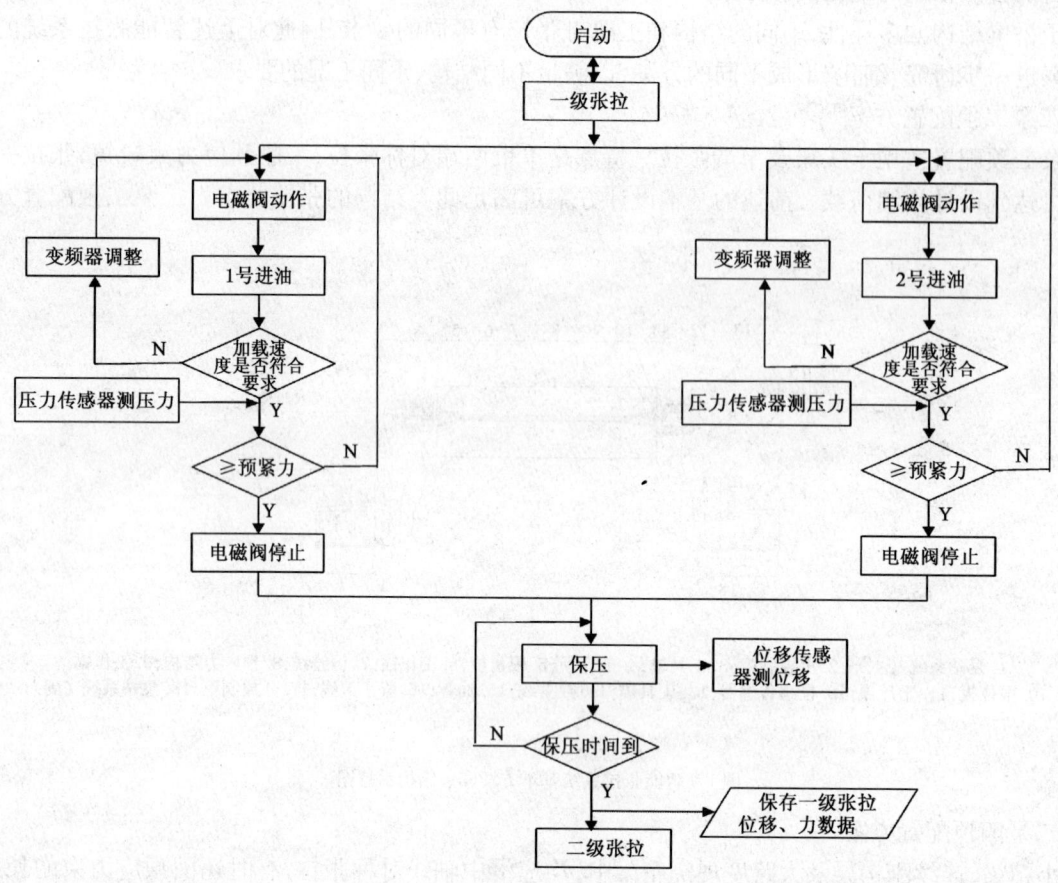

图3 一级张拉工作流程图

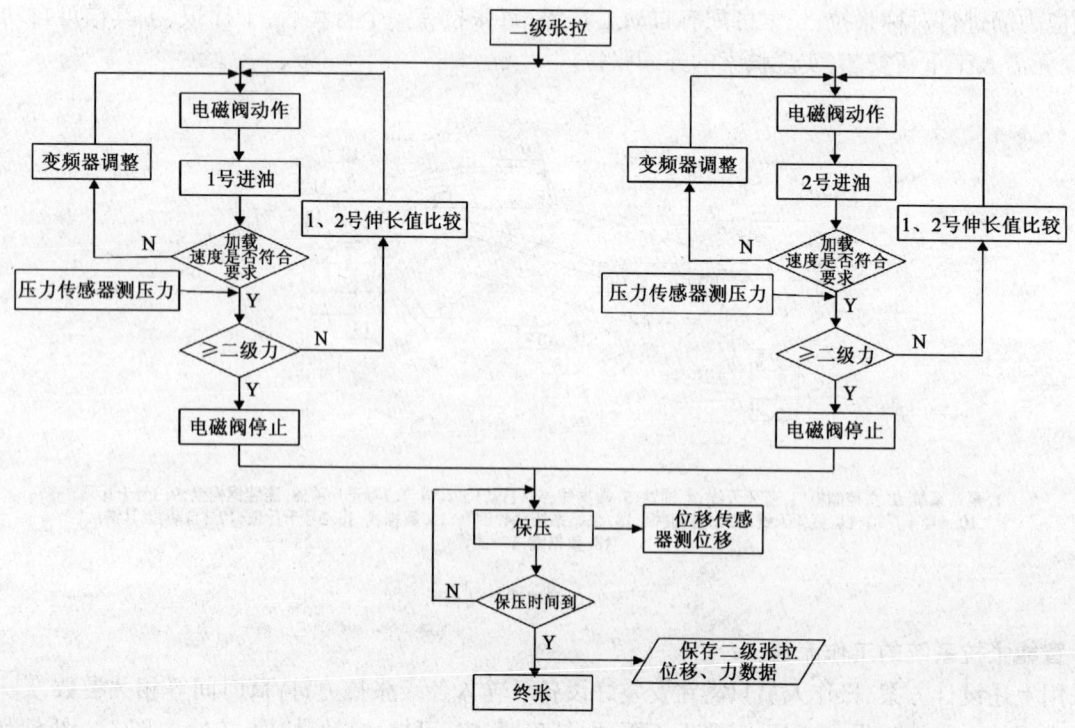

图4 二级张拉工作流程图

Ⅱ 施工与控制

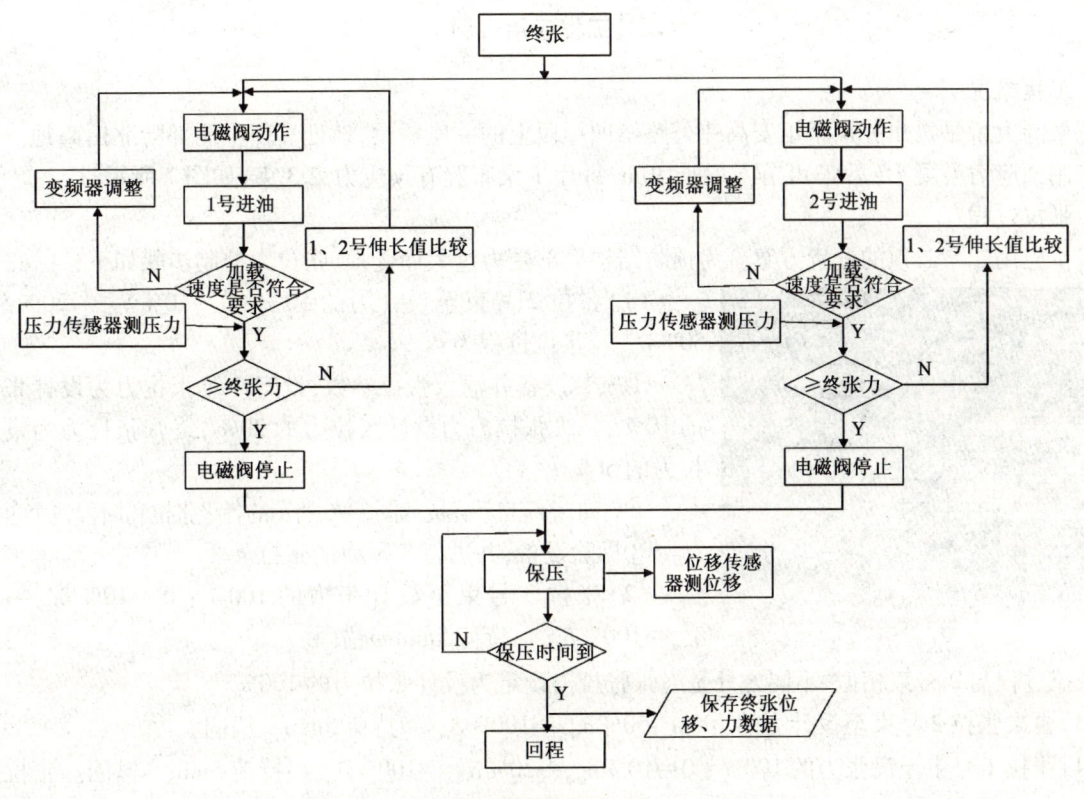

图5 终张工作流程图

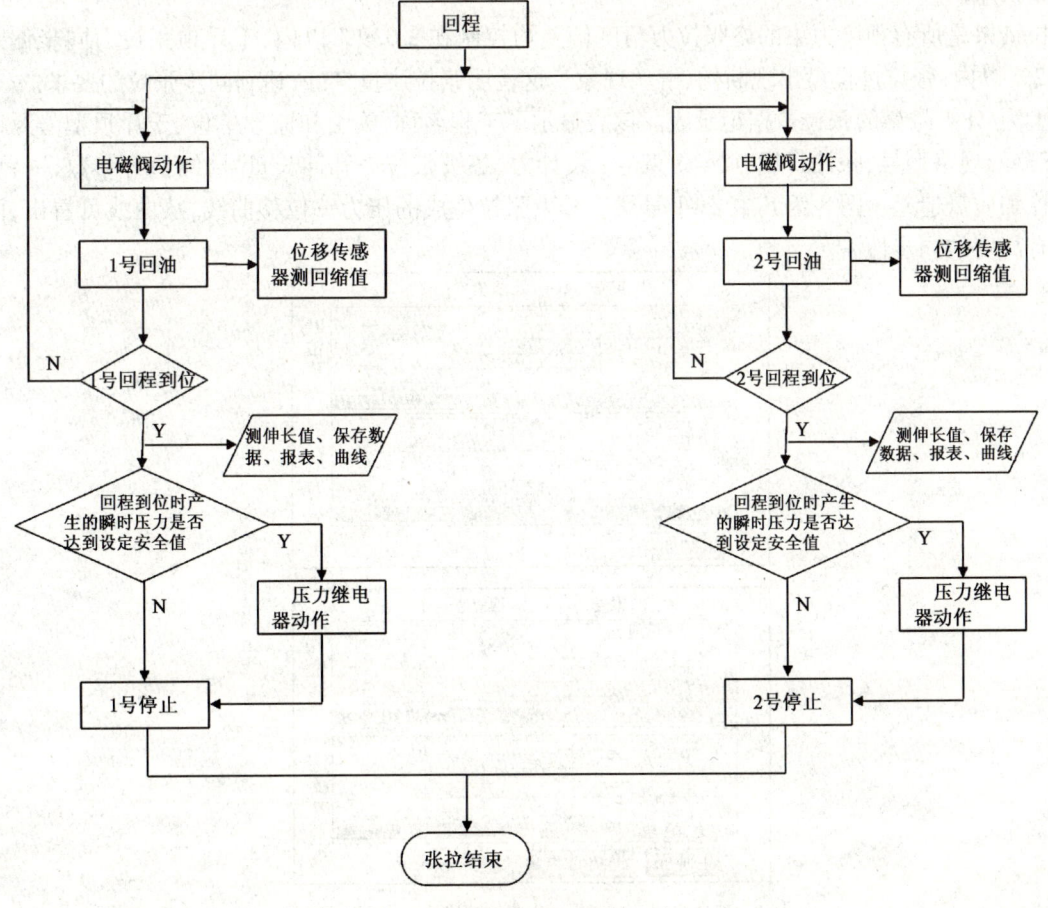

图6 回程工作流程图

四、工程应用实例

1. 工程概况

龙泉寺大桥是贵州务川至正安高速公路第四标段上的一座桥梁,地处贵州中北部黔北山高地。上部结构采用预应力混凝土(后张)T梁,梁长30m,每片T梁布置有预应力束3束,如图7所示。

2. 张拉过程

该桥应用二泵二顶的配置方案。为预防结构局部受力过大而受损,张拉力控制步骤如下:

图7 T梁预应力束布置

(1)张拉2号束至设计力的50%:$0 \to 10\%\delta_{con} \to 20\%\delta_{con} \to 50\%\delta_{con}$。张拉过程为:

①安装设备并输入张拉参数,设定一级张拉力为设计张拉力的10%,二级张拉力为设计张拉力的20%,终张张拉力为设计张拉力的50%;

②启动,系统自动完成如图3~6所示的各级张拉和回程整个过程;

③拆除设备,并进行3号束的张拉。

(2)张拉3号束至设计张力的100%:$0 \to 10\%\delta_{con} \to 20\%\delta_{con} \to 100\%\delta_{con} \to$ 持荷5min→锚固。

张拉过程与2号束相似,不同之处是终张张拉力设定为设计张拉力的100%。

(3)再次张拉2号束至设计力的100%:$50\%\delta_{con} \to 100\%\delta_{con} \to$ 持荷5min→锚固。

(4)张拉1号束至设张力的100%:$0 \to 10\%\delta_{con} \to 20\%\delta_{con} \to 100\%\delta_{con} \to$ 持荷5min→锚固。张拉过程同2号束。

3. 张拉效果

张拉结果是所有预应力束的终张拉力精度偏差均控制在±0.9%以内,千斤顶张拉力同步偏差均控制在1.2%以内,张拉过程没出现断丝、滑丝现象。这说明张拉质量良好,达到同步张拉的要求。

表1为Z1-1号梁的张拉数据记录表。该表显示了工程名称、施工和监理单位、千斤顶型号及回归方程、传感器的规格型号、张拉日期、梁号、束号、设计力、各级张拉力和伸长量、回缩值等参数,一目了然,便于监控和质量追溯。图8为其中Z1-1号梁1号束张拉生成的压力—位移曲线,从曲线可看出,两个千斤顶具有高度的同步性。

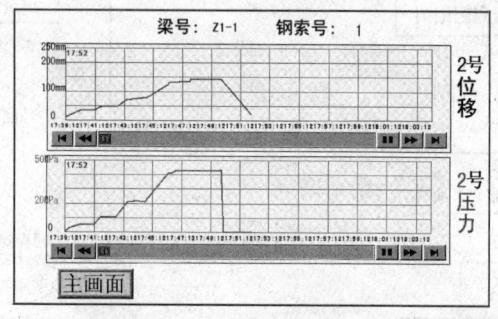

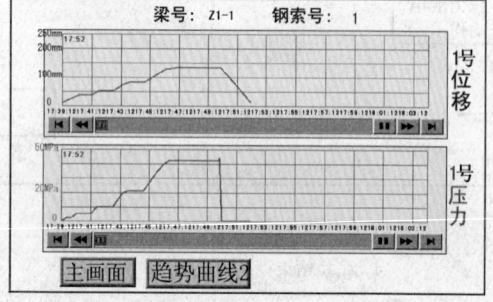

图8 Z1-1号梁1号预应力束张拉生成的压力-位移曲线

表 1

预应力张拉（后张法）记录表

钢绞线编号	张拉断面	千斤顶/油表编号	初应力 油表读数(MPa)	初应力 张拉力(kN)	初应力 伸长量(mm)	2倍初应力 油表读数(MPa)	2倍初应力 张拉力(kN)	2倍初应力 伸长量(mm)	50%张拉力 油表读数(MPa)	50%张拉力 张拉力(kN)	50%张拉力 伸长量(mm)	100%张拉力 油表读数(MPa)	100%张拉力 张拉力(kN)	100%张拉力 伸长量(mm)	100%张拉力回油到初应力 油表读数(MPa)	100%张拉力回油到初应力 张拉力(kN)	100%张拉力回油到初应力 伸长量(mm)	力筋回缩量(mm)	工具锚内缩量(mm)	设计张拉力(kN)	张拉长度(mm)	理论伸长量(mm)	总伸长量(mm)	伸长率误差(%)
2	Z1-1	1	5.7	260	35	11.2	510	48	21.4	970	75	42.9	1942	130				4.3	3.5	1939				
2	Z1-1	2	5.9	255	35	11.3	504	50	21.8	987	77	43.1	1949	136				1.3	3.5	1939				
3	Z1-1	1	5.6	257	38	11.2	510	51				42.9	1944	78			8	4.6	3.5	1939	29.44	206	199	3.39
3	Z1-1	2	5.9	257	39	11.4	506	56				42.8	1938	79			5	1.7	3.5	1939				
2	Z1-1	1							21.4	970	24	42.9	1942	135			8	4.2	3.5	1939	29.46	203	198	2.46
2	Z1-1	2							21.5	967	25						5		3.5	1939				
1	Z1-1	1	5.2	239	38	10.2	465	52				42.9	1942	143			7	3.2	3.5	1939	29.38	205	208	1.46
1	Z1-1	2	5.5	238	36	10.5	466	48											3.5	1939				

五、结　语

实际工程的应用结果表明，本文研究的智能张拉系统的设计思路正确，设计方案先进可行。与传统的张拉设备相比，该系统具有如下优点：

(1) 张拉力、伸长值控制精度高，同步性好，可保证张拉质量满足 JTG/T F50—2011《公路桥涵施工技术规范》及其他相关标准、规范的要求。

(2) 施工方便、快捷：根据不同预应力束长度及荷载大小，选择相应张拉程序，调整相应的控制参数，在各设备安装到位后，启动张拉按钮，即可自动完成预应力束的整个张拉过程。

(3) 质量可控、可追溯：张拉施工过程中，系统可直接显示各张拉千斤顶的对应压力、荷载及钢绞线伸长值，并自动采集数据，记录在主控中心的电脑内，该数据只可用于打印、监控调用及复制而不可修改造假。

(4) 对于连续刚构桥及大跨度箱梁预应力束的张拉，根据相应设备及程序，实现千斤顶多行程自动张拉，不需要每次行程后都要重新安装千斤顶及工具锚，直至荷载到达设定值。

综上，本文研究的智能张拉系解决了传统方式张拉时荷载损失大，实际张拉力不准确、质量不可控的问题，极大地提高了构件质量，减轻工人劳动强度，减少施工安全风险，提高了经济效益和社会效益。

参考文献

[1] 肖云,罗意钟,唐祖文,等.多顶同步数控智能张拉系统研究报告[R].柳州黔桥工程材料有限公司,2012.
[2] 中华人民共和国行业标准.JTG/T F50—2011 公路桥涵施工技术规范[S].北京:人民交通出版社,2011.
[3] 钱厚亮,贾艳敏,林锦国,等.新型智能预应力张拉设备的研制[J].自动化仪表,2009,30(12):49-51.
[4] 吉伯海,傅中秋.近年国内桥梁倒塌事故原因分析[J].土木工程学报,2010,43:495-498.

94. 干热河谷地区重力式锚碇机械开挖施工工艺

付　兵　庄开伟　刘艳灵　周　密
(四川公路桥梁建设集团有限公司)

摘　要　葫芦口大桥横跨金沙江，连接四川、云南两省，位于金沙江干热河谷地区，是一座主跨656m的简支钢桁梁悬索桥。两岸锚碇均采用重力式，基础持力层为强风化和中风化粉砂岩，本文主要介绍了该桥锚碇开挖施工方法，并进行总结和探讨，可为同类地区的施工提供参考。

关键词　干热河谷　锚碇　破碎锤　开挖　施工

一、工程概况

葫芦口大桥是金沙江白鹤滩水电站进场专用公路的一部分，起到联通 S212、S310、S303 和进场专用公路的作用，以保证水电站物资运输通道的便捷和畅通。

葫芦口大桥由主桥和引桥组成，主桥采用158m+656m+145m单跨双铰钢桁加劲悬索桥，引桥采用1联2×25m连续箱梁和2联2×20m连续箱梁。

两岸锚碇均采用重力式。葫芦口侧锚碇基础为明挖扩大基础，基础持力层为强风化和中风化粉砂岩,锚碇基面高程为+866.5m,锚碇长42m,宽38m,高33.7m,最大开挖深度73.5m,开挖方量7.56万m^3。巧家侧锚碇基础为立面呈倒L形的明挖嵌岩基础,基础持力层为中风化粉砂岩,锚碇基面高程为+826m,锚碇长41m,宽32m,高32.3m,最大开挖深度为33.5m,开挖方量2.67万m^3。

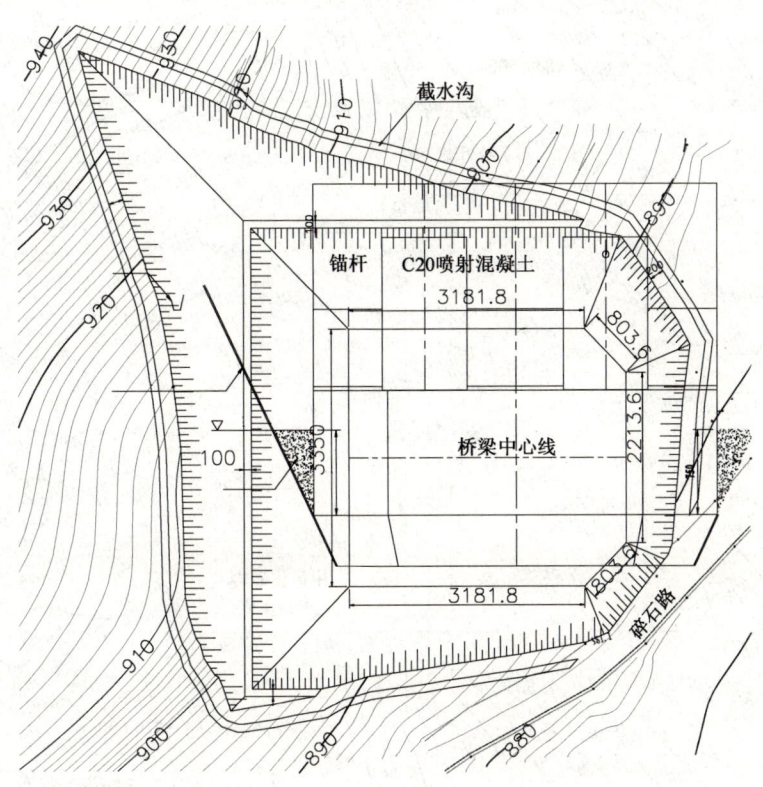

图1 葫芦口侧锚碇开挖平面图(尺寸单位:cm)

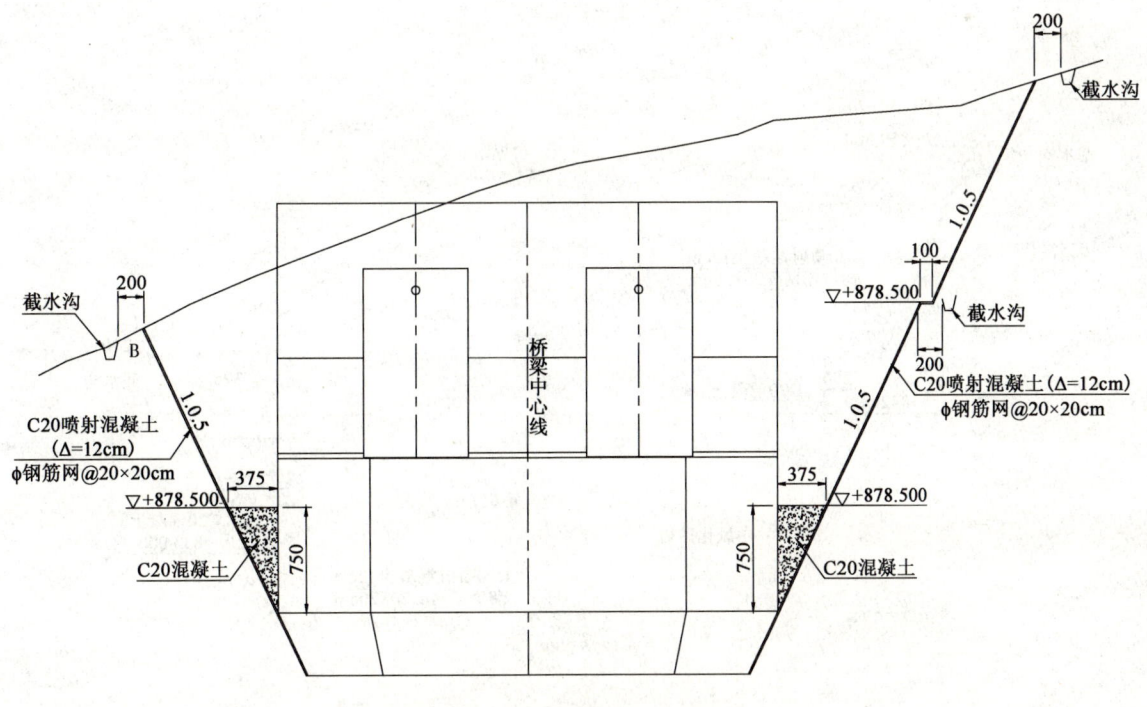

图2 葫芦口侧锚碇开断面图

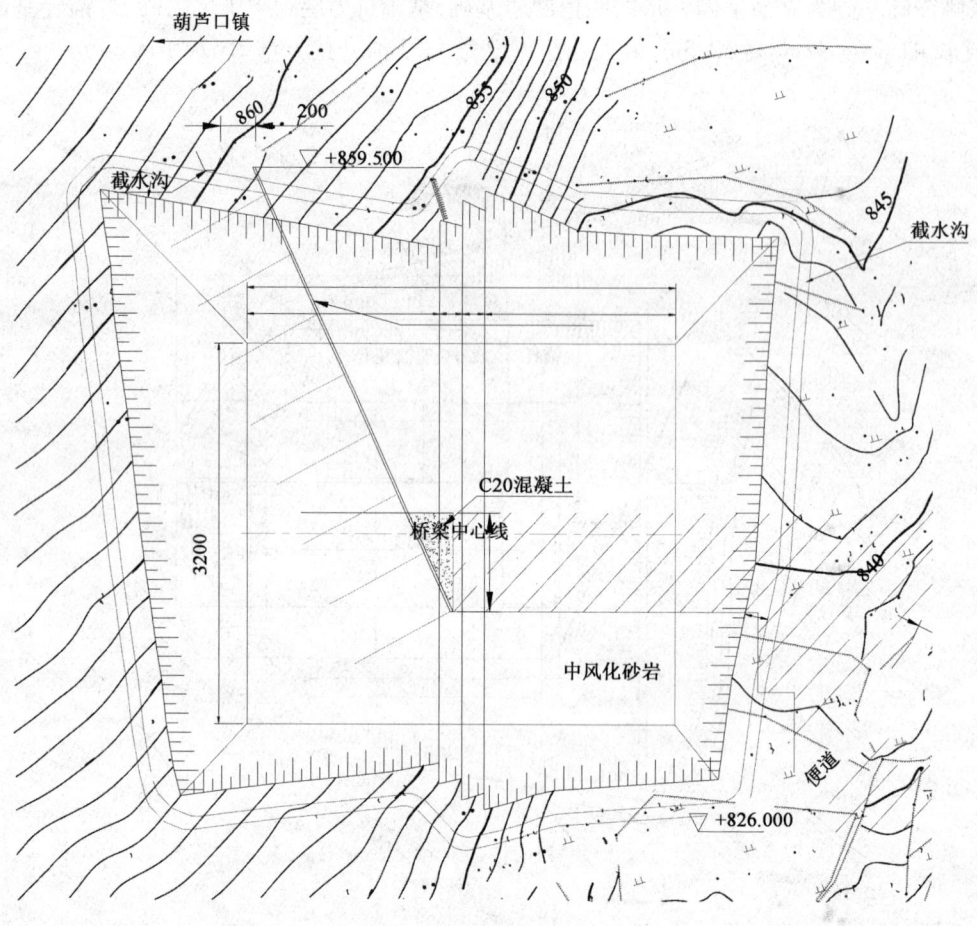

图 3 巧家侧锚碇开挖平面图(尺寸单位:cm)

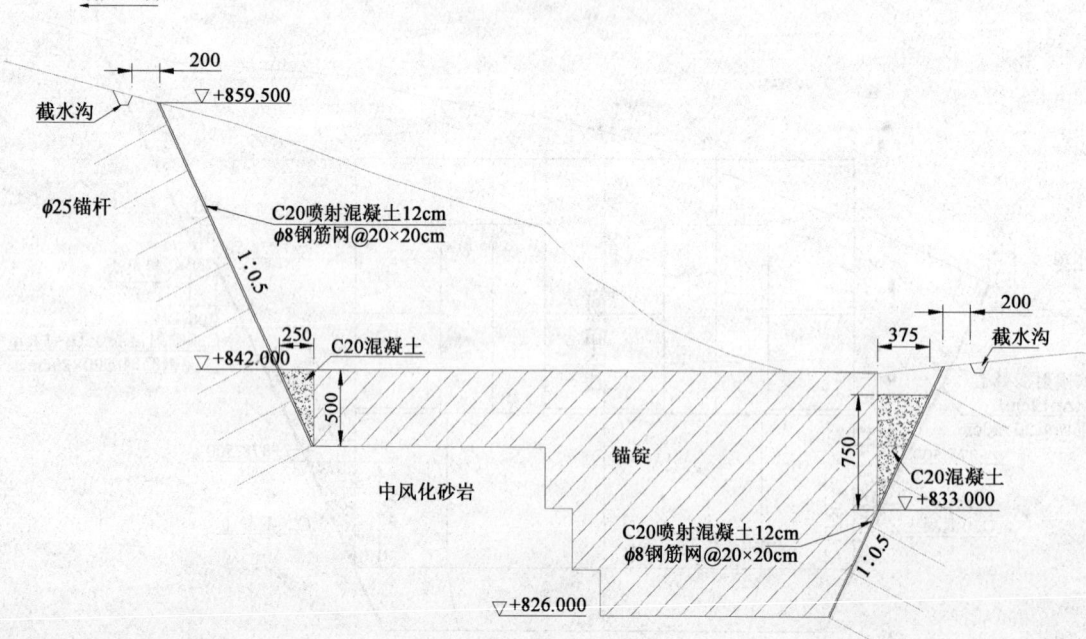

图 4 巧家侧锚碇开挖断面图(尺寸单位:cm)

二、地质地貌

1. 地质情况复杂

葫芦口大桥位于金沙江流域,具有干热河谷典型的地质特点,地质复杂,覆盖层较厚,岩层侵蚀。地质勘探资料显示,两岸临江岸坡以岩质岸坡为主,第四系松散堆积物零星分布于缓坡地带,残坡积层和崩坡积层为主。工程区分布的岩层为古生界寒武系下统浅海、滨海相碳酸盐岩、碎屑岩夹泥质碎屑岩。

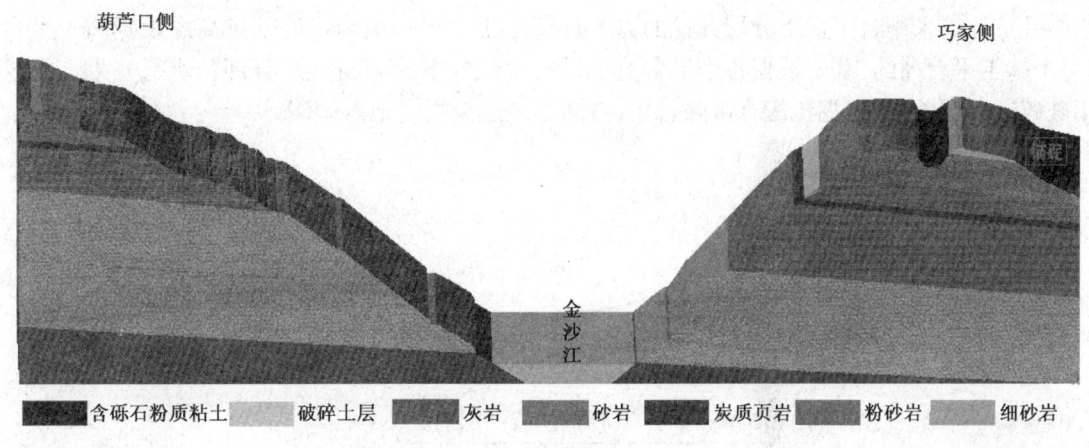

图 5 地质分区示意图

2. 岩层起伏较大

桥址区位于葫芦口倒转向斜东翼,呈单斜构造,岩层倾向总体上呈 SSN 或 SSW 向,即倾向上游偏右岸,岩层倾角介于 10°~30°。在桥轴线左岸锚碇处,岩层倾向 190°~200°,倾角 26°~28°,右岸岩层倾向 190°左右,倾角 22°~24°。在高程 870 以上桥轴线上下游 0.5km 以外,岩层产状变化范围为岩层倾向 190°~220°,倾角 20°~35°。

三、锚碇开挖方案比选

锚碇开挖目前最常用的施工方法为钻孔爆破开挖,但根据现场岩层情况及施工条件,初步拟选了两种锚碇开挖施工方案:传统的钻爆开挖、机械开挖。

1. 传统的钻爆开挖

工艺流程:放样—钻孔—装药—警戒—起爆—排险—挖运弃渣。

(1)安全:①锚碇周边存在乡村道路、民房、施工现场等诸多不利因素,爆破干扰大;②爆破施工本身安全风险较大。

(2)质量:①对锚碇周边基岩扰动较大;②基坑成型尺寸不易控制。

(3)成本:①雷管、炸材采购、施爆必须由专业民爆公司实施,价格高;②锚碇处岩层松散,爆破开挖易造成较大超挖,增加锚碇基坑回填砼方量;③钻孔、装药、爆破周期长,人员、机械闲置,增加施工成本。

(4)进度:①锚碇施工区域相对紧促,无法分区域实施爆破;②专业民爆公司施爆,通常不及时,现场停工待爆现象严重;③受恶劣天气情况影响较大。

2. 机械开挖

工艺流程:放样—破碎—挖运弃渣。

(1)安全:对周边环境影响小,操作安全。

(2)成本:①可根据现场情况安排平行、流水作业,合理调配人员、机械,减少人员、机械闲置;②超挖量小。

(3)质量:①相对扰动较小;②成型尺寸精确。

(4)进度：①受恶劣天气影响小；②可安排24小时平行、流水作业；③施工进度与岩石坚硬程度有关，具有不确定性。

经综合比较，在干热河谷等岩层相对较破碎地区，机械开挖比传统的钻爆开挖优势明显，因此本工程选用机械开挖施工方案。

四、锚碇机械开挖施工工艺

1. 施工技术要点

锚碇基坑开挖采用自上而下分层开挖的方式进行施工。根据两岸锚碇基坑高度设置施工平台进行开挖，每个施工平台高约10m，根据各个平台宽度进行机械配置，平行作业，分部位进行开挖。开挖时岩层采用破碎锤分层破碎，挖掘机配合清除岩块，自卸车装运至指定地点倾倒。

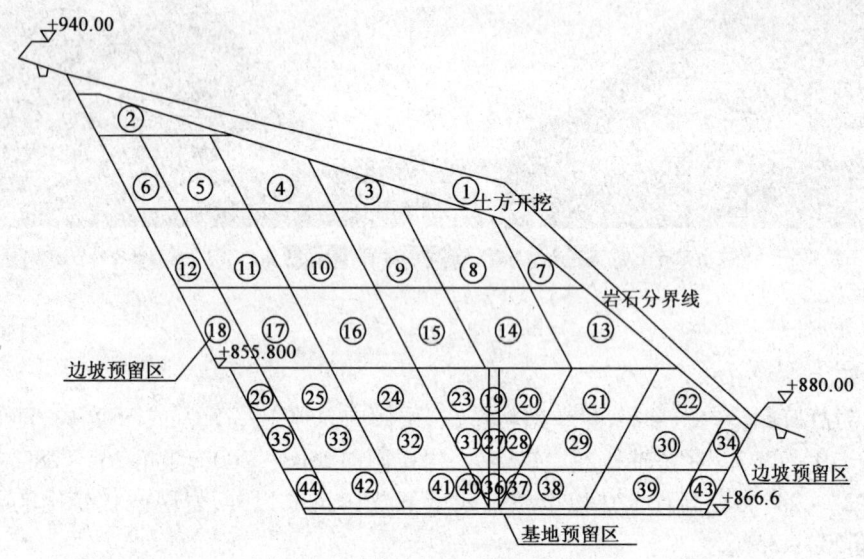

图6 葫芦口侧开挖顺序划分示意图

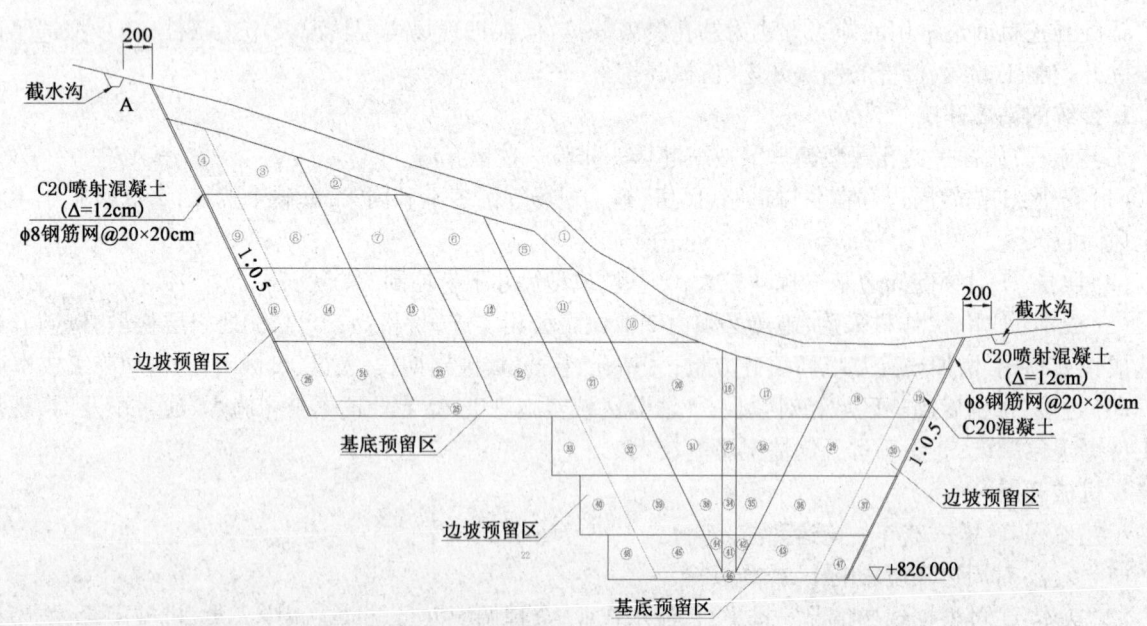

图7 巧家侧开挖顺序划分示意图(尺寸单位：cm)

1）测量放线

利用施工测量控制网，采用全站仪进行施工测量控制。根据设计坡比精确放样出锚碇基坑边坡开挖轮廓线，用白石灰画出轮廓线。在开挖过程中每循环结束后，对边坡坡度进行复核测量，及时纠偏，避免超挖、欠挖，边坡控制放样精度不大于±1cm。

2）基坑开挖

（1）首先挖掘机修筑便道爬到坡顶，坡度控制为1:0.75，清除表土，将所要破碎的石方露出；

（2）现场安排施工人员根据实际地形采用红油漆进行画圈布点，布点间距为30cm，破碎锤根据布置好的红油漆点进行破碎。破碎施工时，将破碎锤的钎杆压在岩石上，并保持一定的压力后开动破碎锤，利用破碎锤的冲击力，将岩石破碎；

（3）基坑开挖分平台、分部位进行施工。破碎岩体时必须严格按照坡比进行，不允许出现亏坡或坡比过大的情况。破碎距设计坡面50cm左右时，停止破碎，采用挖掘机修面。第一级施工平台上的岩层破碎到位并用挖掘机修面完成后，进入下一级施工平台施工。开挖距基底50cm左右时，停止开挖，采用人工开挖，以减少对基底岩层的扰动；

（4）破碎锤破碎后，挖掘机配合清除破碎岩体，并用自卸车装运至指定地点倾倒。

图8　侧施工现场

图9　葫芦口侧施工现场

3）机械选用及配置

根据本工程特点及现场试验，常规配置即1台挖掘机+1台破碎锤+自卸车为一个工作面，机械使用效率低。由于工作面狭窄，破碎锤破碎时，挖掘机、自卸车基本闲置，挖掘机、自卸车配合装运时，破碎锤也基本没有工作面。因此，我部选用带破碎锤的挖掘机，每次破碎完毕后，将破碎锤更换为挖斗，时间约1个小时，再进行开挖作业，如此循环反复，极大地提高了机械的使用效率。另共配置6台20t自卸车调配使用，基本能满足各个工作面的石方装运。在机械台班的配合上，采用破碎锤1个台班+挖掘机2个台班的方式进行。

2. 施工安全注意事项

（1）操作前检查螺栓和连接头是否松动，以及液压管路是否有泄漏现象。

（2）不得在液压缸全伸的活塞杆全伸或全缩状况下操作破碎器。

（3）当液压软管出现激烈振动时应停止破碎器的操作，并检查蓄能器的压力。

（4）液压破碎器工作时的最佳液压油温度为50°～60°，最高不得超过80°。若超过80°，需停止作业，待温度降低后再进行作业。

图10　带液压破碎锤挖掘机

(5) 使用时,液压破碎锤及钎杆应垂直于工作面,以不产生径向力为原则。被破碎对象已出现破裂或开始产生裂纹时,应立即停止破碎器的冲击,以免出现有害的"空打"。

(6) 破碎锤施工时,现场人员远离施工机械,防止开挖施工时飞溅的石渣伤人。

(7) 边坡松动岩石必须及时清除,以防滚落发生危险。

(8) 靠近高压线时,需时刻注意锤头及挖掘机动臂与高压线的安全距离。

(9) 必须定期进行设备维护检修,防止因机械损耗而造成安全事故。

五、锚碇机械开挖成果分析

因地制宜的选用机械开挖工艺进行大方量石方开挖,经现场试验效果良好。

(1) 通过机械开挖工艺的应用,规避了爆破施工风险,减小了对周边环境的影响。

(2) 减小了对锚碇周边岩层的扰动,保证了基坑成型质量。边坡坡度一次性验收合格率100%,平整度控制在2cm以内。

图11 巧家岸锚碇基坑开挖成型

图12 葫芦口岸锚碇基坑开挖成型

(3) 与传统钻爆开挖施工工艺比较,减少超挖量5%,节约基坑回填混凝土133m^3,节约机械台班76个,提高机械利用率37.5%,累计节约成本143万元。

与传统钻爆开挖成本对比表　　　　　　　　　　　　　　　　表1

钻爆施工成本预算(按2000m^3计算)			机械开挖实际成本(按2000m^3计算)		
使用机械/材料	台班数/用量	费用(元)	使用机械	台班数	费用(元)
30m^3空压机	1	1000	360带破碎挖掘机	3	6000
潜孔钻机	1	200	360挖掘机	3	5400
360挖掘机	2	3600	自卸车	18	14400
自卸车	12	9600			
炸药	2.72吨	39440			
每1m^3直接成本费用(元)		26.92	每1m^3直接成本费用(元)		12.9

(4) 受恶劣天气影响小,可根据需要安排24小时全天候作业,缩短了流水作业每循环施工时间,葫芦口岸锚碇历时开挖92天,平均每天出渣约760m^3,节约工期51天;巧家岸锚碇开挖历时36天,平均每天出渣约730m^3,节约工期14天。

六、结　语

施工证明,葫芦口大桥锚碇机械开挖施工方案是成功的,有部分控制要点需在以后类似工程施工中特别注意,也存在一些不足之处,需在以后类似工程施工中加以改进。

(1) 探明地质情况是大方量石方开挖是否选用机械开挖施工工艺的关键,若岩质坚硬,机械开挖将效率低下,得不偿失,施工单位在方案比选时应对地质情况给予足够的重视。

(2) 对于少部分较坚硬的岩层,建议采用静态破碎剂与机械开挖配合,效果更好。

95. 黏土对聚羧酸减水剂的吸附及其解决措施

陈安亮[1]　雷俊卿[1]　王林[2]
(1. 北京交通大学;2. 北京建筑大学)

摘　要　砂石中所含的泥土对聚羧酸减水剂有很强的吸附作用,泥土的主要成分是各种黏性土,黏性土包括高岭土、膨润土等。黏土对聚羧酸减水剂的吸附能力远远超过了水泥对聚羧酸减水剂的吸附,且黏土本身吸水膨胀能力也很强,所以黏土严重影响掺用聚羧酸减水剂的混凝土的和易性。因此,有必要深入研究黏土对聚羧酸减水剂性能的影响进而找到解决的措施。本文通过实验,验证了黏土对聚羧酸减水剂的吸附作用,并通过实验提出了减轻黏土对聚羧酸减水剂吸附作用的措施。

关键词　黏土　聚羧酸减水剂　砂浆　流动度

一、概　述

资源短缺已成为当今社会人们关注的焦点,土木工程行业同样面临着这个问题。我国绝大多数城市都面临着土木工程原材料匮乏的问题,所用砂、石等集料质量越来越差,很多地区所用的砂石含泥量都在5%以上,北京有的搅拌站和构件厂所用砂中含泥量更是高达10%,即使这样,砂石原料还是供不应求。目前商品混凝土中由于砂石含泥量高,而造成混凝土施工性能不良及耐久性差进而而引起土木工程质量事故时有发生[1]。聚羧酸减水剂作为提高混凝土施工性能的主要外加剂,越来越广泛的应用于商品混凝土中。当混凝土体系中的含泥量较高时,聚羧酸减水剂表现出减水率不足、坍落度损失大等现象[2]。

聚羧酸减水剂要想得到广泛应用,并最终取代目前大量使用的萘系减水剂,就必须重视和解决好黏土对其吸附的问题,因此研究黏土对聚羧酸减水剂性能的影响,找到解决措施显得迫切而必要。

二、实验材料

实验中所用的水泥为金隅P·O42.5普通硅酸盐水泥;所用聚羧酸减水剂的酸酯比为3:5:1,质量浓度20%,减水率为40%;高岭土是由天津市光复精细化工研究所生产,筛分土是从北京地区河砂里通过0.075的筛,筛分出来的土;实验中所用到的砂,全部为标准砂(即中国ISO标准砂),所用砂由厦门艾思标准砂有限公司按照GB/T 17671—1999生产。

三、黏土对聚羧酸减水剂的吸附作用

本实验首先通过调整用水量使不掺聚羧酸减水剂的砂浆与掺用聚羧酸减水剂的砂浆都达到相同的扩展度220mm,然后掺入2%、4%、6%的高岭土或筛分土,测定砂浆掺入黏土后的扩展度。

本次实验的配合比设计见表1,实验结果见图1、图2。

黏土对是否使用减水剂砂浆扩展度影响配合比　　表1

水泥用量(g)	标准砂用量(g)	水的用量(g)	减水剂用量(g)	黏土用量(g)	黏土种类
300	300	190	0	0	空白
300	300	140	1.5	0	空白
300	300	190	0	6	筛分土
300	300	140	1.5	6	筛分土
300	300	190	0	6	高岭土

续上表

水泥用量(g)	标准砂用量(g)	水的用量(g)	减水剂用量(g)	黏土用量(g)	黏土种类
300	300	140	1.5	6	高岭土
300	300	190	0	12	筛分土
300	300	140	1.5	12	筛分土
300	300	190	0	12	高岭土
300	300	140	1.5	12	高岭土
300	300	190	0	18	筛分土
300	300	140	1.5	18	筛分土
300	300	190	0	18	高岭土
300	300	140	1.5	18	高岭土

图1、图2，表明在相同用水量的前提下，无论砂浆是否使用聚羧酸减水剂，黏土都会使其扩展度减小，并且黏土对掺用聚羧酸减水剂的砂浆的扩展度的影响大于对不掺用聚羧酸减水剂的砂浆扩展度的影响。高岭土对砂浆扩展度的影响大于筛分土的影响。

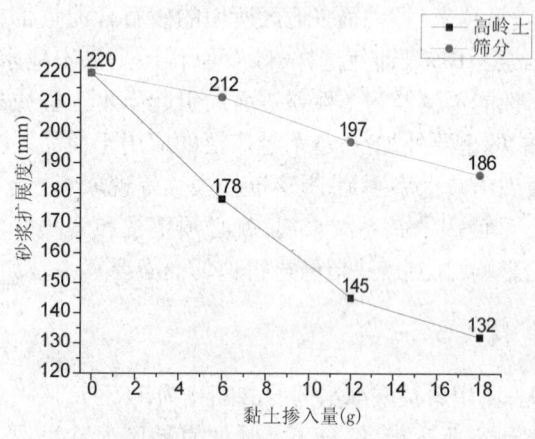

图1 不掺用聚羧酸减水剂砂浆扩展度　　　　图2 掺用聚羧酸减水剂砂浆扩展度

出现上述结果的原因在于，黏土本身对水有不同程度的吸附作用[3]，并且黏土对聚羧酸减水剂也进行了吸附，但吸附能力有较大的差别，高岭土的吸附作用高于筛分土。

黏土与聚羧酸减水剂的作用机理在于以下几个方面：

（1）静电作用。黏土晶格内离子的类质同晶置换造成电价不平衡使之板面上带负电，黏土内这些因同晶替代产生的负电荷，大部分存在于层状铝硅酸盐表面（垂直C轴），所以实际中可见黏土表面依靠静电引力吸附一些阳离子以达平衡。

（2）黏土自身的吸附性与聚羧酸疏水基的定向吸附共同作用。具体说来，黏土具有较大的表面能，有通过吸附分子态物质，降低其表面能保持其分散系统稳定性的趋势，这是黏土胶体对分子态物质或螯合物吸附的重要机理之一；聚羧酸属于表面活性剂，其疏水基从周围水溶液中逃逸出来，从而使体系能降低，这样有利于黏土对聚羧酸的吸附。黏土具有吸附性，而聚羧酸减水剂疏水基向固液面跃迁，双方共同作用，有利于黏土在范德华力作用下吸附对聚羧酸。

（3）黏土中的金属离子与聚羧酸的螯合作用，黏土吸附的阳离子如Ca^{2+}可与$RCOO^-$形成难溶于水的络合物，从而消耗掉部分聚羧酸减水剂，影响砂浆的流动性[4]。

四、减轻黏土对聚羧酸减水剂吸附作用的措施

1. 增加聚羧酸减水剂的用量减轻黏土的影响

黏土吸附聚羧酸减水剂使其作用不能充分发挥,如果增加减水剂的用量,把被黏土吸附的聚羧酸减水剂给补充上来,那么砂浆的扩展度就会增大;另一方面,黏土对水有较强的吸附性,增大减水剂的用量,显然可以对这种情况起到缓解的作用[5]。

实验通过增加聚羧酸减水剂的用量,来使得掺有不同量的筛分土和高岭土的砂浆都达到相同的扩展度220mm。黏土采用外掺法,分别掺砂量的3%、6%、9%,具体配比情况见表2,而达到220mm的扩展度所用聚羧酸减水剂的用量见图3。

掺不同量的黏土的砂浆都达220mm扩展度的配合比　　　　　表2

水泥用量(g)	标准砂用量(g)	黏土用量(g)	黏土种类	水的用量(g)
300	300	0	空白	140
300	291	9	筛分土	140
300	282	18	筛分土	140
300	273	27	筛分土	140
300	291	9	高岭土	140
300	282	18	高岭土	140
300	273	27	高岭土	140

图3表明,尽管黏土的掺入,会对砂浆的扩展度产生较大的影响,使得砂浆的扩展度大幅度下降,但是通过增加聚羧酸减水剂的用量,黏土所导致的砂浆流动度减小的情况,是可以被消除掉的。黏土的掺入量越大,达到同样的砂浆扩展度需要掺入的聚羧酸减水剂也就越多。同等掺量下,掺入高岭土的砂浆达到220mm扩展度,所需的聚羧酸减水剂的量要高于掺入筛分土的砂浆达到220mm扩展度的需求量。

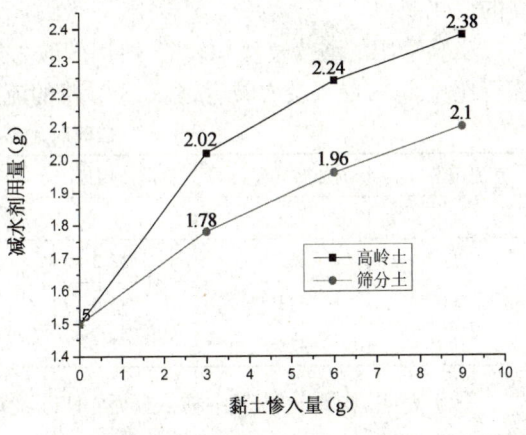

图3　砂浆扩展度都达220mm聚羧酸减水剂用量

出现上述结果的原因在于黏土的掺入量越大,黏土对聚羧酸减水剂和水分吸附量越大,相应的砂浆对聚羧酸减水剂和水的吸收量相对减少,所以达到同样的砂浆扩展度需要更多的聚羧酸减水剂。高岭土对聚羧酸减水剂的吸附能力要强于筛分土对聚羧酸减水剂的吸附能力。

虽然通过增加聚羧酸减水剂的用量,可以消除因黏土对聚羧酸的吸附所带来的聚羧酸减水率不足的问题,但是在实际生产中,这样做是十分不经济的,不具有实际可操作性。

2. 盐类环境对黏土吸附聚羧酸减水剂的影响

实验选取了氯化钠、磷酸钠、硅酸钠三种盐,称取这三种盐各自2g掺入到含有黏土的砂浆中,测量砂浆的扩展度,观察这三种盐对含黏土砂浆扩展度的影响。

本次实验选用的黏土为高岭土,采用内掺法,高岭土的掺量为砂的5%,实验单一的变量:盐的种类。具体配比见表3。盐对含黏土的砂浆扩展度的影响的结果,见图4。

图4表明,三种盐对含黏土砂浆流动度的影响存在着较大的区别:氯化钠对含黏土砂浆的流动度几乎没有影响,而另外两种盐,有促进的作用,硅酸钠的作用非常明显且大于磷酸钠的促进作用。

出现上述结果的原因在于硅酸钠对黏土具有良好的分散作用,尤其是对高岭土含量很高的黏土浆体具有非常好的分散效果。事实上,在陶瓷工业领域,无机分散剂是适用范围最广的一类传统分散剂。硅

酸钠与黏土泥浆中的絮凝离子钙离子、镁离子进行交换，生成不溶性或溶解度极小的盐类，将钙离子、镁离子原来吸附的水膜释放出来形成自由水，水化度大的钠离子使扩散增大、水化膜加厚，需水量减少。此外，掺入这类电解质会使浆体进一步趋于碱性，使颗粒带负电荷，除中和正电荷外，剩余负电荷使颗粒间相互斥力加大，电位增高，促进泥浆稀释。硅酸钠提供钠离子进行阳离子交换，聚合的硅酸根还能和有机阴离子一样，部分与黏土吸附的钙离子、镁离子，形成稳定的络合物，部分吸附在黏土颗粒断裂的界面上，加强胶粒的净电荷。

盐对含黏土砂浆扩展度的影响配合比 表3

水泥用量(g)	标准砂用量(g)	高岭土用量(g)	水的用量(g)	减水剂用量(g)	盐的用量(g)	盐的种类(g)
300	422.5	22.5	180	1.8	0	空白
300	422.5	22.5	180	1.8	2	氯化钠
300	422.5	22.5	180	1.8	2	磷酸三钠
300	422.5	22.5	180	1.8	2	硅酸钠

磷酸钠是一种pH调节剂，由于它本身为强碱弱酸盐，可与浆体中的有机酸发生皂化，提高分散和润滑能力[7]。磷酸钠主要使有机物质胶体离解，离解后的钠离子和磷酸根离子均能促使浆体解凝。

硅酸钠与磷酸钠的作用机理不同，且硅酸钠相对磷酸钠而言，对黏土颗粒分散作用更强，故硅酸钠抑制黏土吸附聚羧酸的效果要优于磷酸钠。

3. 酸碱对黏土吸附聚羧酸的影响

砂浆呈碱性，通过改变砂浆的酸碱度，观察含黏土砂浆的扩展度，探究黏土吸附聚羧酸减水剂随酸碱度的变化规律。

实验采用的酸为草酸和磷酸，所用的碱为氢氧化钠，黏土采用高岭土，内掺法，掺量为砂的5%，具体配合比见表4，掺入酸或碱后，含黏土砂浆的流动度的变化具体见图5。

酸碱对含黏土砂浆流动度影响配合比 表4

水泥用量(g)	标准砂用量(g)	高岭土用量(g)	水用量(g)	减水剂用量(g)	酸或碱用量(g)	所加酸或碱种类
300	422.5	22.5	180	1.8	0	空白
300	422.5	22.5	180	1.8	2	草酸
300	422.5	22.5	180	1.8	2	磷酸
300	422.5	22.5	180	1.8	2	氢氧化钠

图5表明，含黏土砂浆中掺入碱后，其砂浆扩展度将会增大；掺入酸后，砂浆的扩展度将会减小，且所加酸的酸性越强，砂浆扩展度下降得越多。因此，可以通过提高砂浆的碱性，来减小黏土对砂浆扩展度的影响。

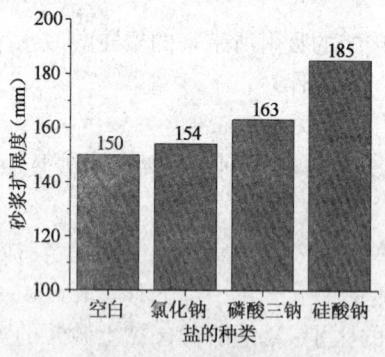

图4 盐对含黏土砂浆流动度的影响

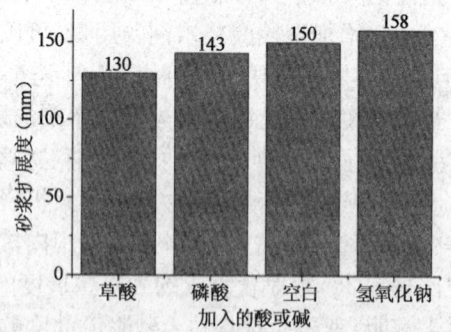

图5 加酸或碱后含黏土砂浆的流动度

高碱性条件下含黏土砂浆的流动度增大，是因为在高碱性条件下，黏土表面带负电，对聚羧酸的吸附能力减弱。另外，提高混凝土的碱性，利于防止钢筋锈蚀，提高混凝土抗碳化能力，增强耐久性。

4. 阳离子表面活性剂 X 对含黏土砂浆流动度的促进作用

聚羧酸减水剂是一种表面活性剂，在砂浆中掺入另外一种阳离子表面活性剂 X，如果黏土对阳离子表面活性剂 X 的吸附性大于对聚羧酸减水剂的吸附性，那么黏土就会优先吸附阳离子表面活性剂 X，从而黏土对聚羧酸减水剂的吸附就会相对减少，进而提高砂浆的流动度。

本实验所用黏土为高岭土，采用内掺法，掺量为砂的5%，掺入阳离子表面活性剂 X 为0、1.5g、3.0g、4.5g、6.0g。实验的具体配合比见表5。阳离子表面活性剂对含黏土砂浆流动度的影响，具体结果见图6。

掺阳离子表面活性剂 X 含黏土砂浆配合比　　表5

水泥用量(g)	标准砂用量(g)	高岭土用量(g)	水的用量(g)	聚羧酸减水剂用量(g)	阳离子表面活性剂 X 用量(g)
300	422.5	22.5	180	1.8	0
300	422.5	22.5	180	1.8	1.5
300	422.5	22.5	180	1.8	3.0
300	422.5	22.5	180	1.8	4.5
300	422.5	22.5	180	1.8	6.0

图6表明阳离子表面活性剂 X 能够显著抑制黏土对砂浆流动度的影响。阳离子表面活性剂 X 在很小掺量的情况下，能显著提高含黏土砂浆的流动度。

阳离子表面活性剂 X 的作用机理在于它能够屏蔽或阻隔黏土对聚羧酸减水剂的吸附，这很可能是黏土对阳离子表面活性剂剂有更强或更快的吸附作用所致，亦即黏土会选择性地优先吸附阳离子表面活性剂，形成空间位阻，从而减少了对聚羧酸减水剂的吸附，其作用机理见图7。

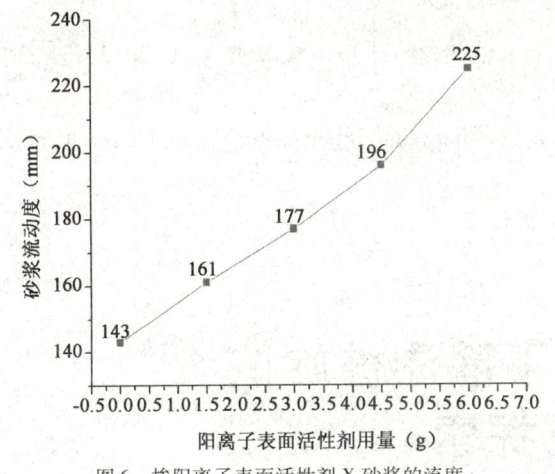

图6　掺阳离子表面活性剂 X 砂浆的流度　　　　图7　阳离子离子表面活性剂作用机理图示

由于阳离子表面活性剂 X 相对于聚羧酸减水剂的价格要便宜很多，所以将阳离子表面活性剂 X 与聚羧酸减水剂配成复合溶液，用于含泥率较高的砂石，生产砂浆和混凝土将会带来理想的经济效益，工程实践中很值得尝试。

五、结论与展望

1. 结论

（1）黏土对水分和聚羧酸减水剂都有很强的吸附性，严重影响聚羧酸减水剂的作用效果。

（2）黏土对聚羧酸减水剂的不利影响，可以通过增大聚羧酸减水剂的用量来克服，但是这样会使成本增加。

（3）掺入某些盐类，比如说硅酸钠，可以减轻黏土对聚羧酸减水剂的吸附作用。

（4）高碱性可以减弱黏土对聚羧酸减水剂分子的吸附能力。

（5）黏土对阳离子表面活性剂的吸附性远大于对聚羧酸减水剂的吸附性，两者混合使用，可以提高在黏土存在的条件下聚羧酸减水剂的性能。

2. 展望

(1) 聚羧酸减水剂具有低掺量、高减水率、低收缩、环保等优点,因此在拌制混凝土和砂浆中应用十分广泛,市场前景很大。但是近年以来,随着我国土木工程行业的快速发展,好的砂石集料越来越紧缺,一些地方砂石的含泥率严重超标。黏土对聚羧酸减水剂的影响日益凸显,有必要就黏土对聚羧酸减水剂的吸附做出进一步的深入研究。

(2) 黏土对阳离子表面活性剂 X 的吸附能力强于对聚羧酸减水剂的吸附能力,用阳离子表面活性剂 X 和聚羧酸减水剂配成复合溶液,可以增强聚羧酸减水剂在含黏土集料中的性能,有必要进行深入的进一步研究。另一方面,阳离子表面活性剂 X 的价格远远低于聚羧酸减水剂,因此在工程实践中也是很值得尝试的。

(3) 鉴于笔者的能力和试样设备的限制,对黏土与聚羧酸减水剂的作用机理,没有进行深入的研究,将在后续的工作中,做进一步的探索。

参考文献

[1] 马保国,杨虎,谭洪波. 黏土和石粉含量对聚羧酸减水剂的影响研究[J]. 混凝土,2012,5:60-63.

[2] 苗翠珍,张宝民. 含泥量对掺聚羧酸混凝土性能的影响[J]. 山西建筑,2011,37(33):114-116.

[3] S. Ng, J. Plank. Interaction mechanisms between Na montmorillonite and MPEG-based polycarboxylate superplasticizers[J]. Cement and Concrete Research,2012.42:847-854.

[4] 王应,刘川,贾兴文,王智. 泥对掺聚羧酸减水剂混凝土性能的影响及机理[C]. 深圳:特种混凝土与沥青混凝土新技术及工程应用,2012:64-68.

[5] 王应,王智,胡倩文. 集料中黏土质泥及其对混凝土性能的影响[J]. 硅酸盐学报,2012,31(3):599-603.

[6] Daiki Atarashi, Etsuo Sakai, Masaki Daimon. Interaction between Superplasticizer and Clay Minarals[C]. Xian:PEOPLES R CHINA2008:1560-1566.

[7] 沈一丁,李小瑞. 陶瓷添加剂[M]. 北京:化学工业出版社,2006:85-120.

96. 特殊地质条件下灌注桩旋挖施工工艺探索

金广谦[1]　王明峰[2]

(1. 解放军理工大学;2. 南京重大路桥建设有限公司)

摘　要　本文以南京某交通工程桩基础施工为例,针对泥岩钻进打滑、粉砂易塌孔等特殊地质条件,开展旋挖施工如何提高钻孔灌注桩成桩质量的工艺探索。通过采取钻头优化、旋挖与反循环工艺相结合等措施,有效提高灌注桩的成桩速度和质量。实践表明,上述措施对克服复杂地质条件提高桩基施工速度和质量行之有效,对其他类似工程亦具有指导意义和参考价值。

关键词　钻孔灌注桩　旋挖施工　特殊地质

某交通工程系××到××和县的连接线,全长12km,其中土建××标段接新梗街站2号盾构井出地面U形槽端头,分别跨越规划天保路、南河、方村、南三桥连接线、板桥汽渡连接线、下穿京沪高铁,直至生态科技园—朱石路站区间江南段结束。沿线包括两站三区间,其中生态科技园站为地上三层高架车站,位于龙藏大道与板桥汽渡连接线交界处的西侧。

生态科技园站为地上高架三层岛式车站,首层布置设备用房,地上二层为站厅层,地上三层为站台层,总长120m,车站主体建筑面积5794 m²,标准段宽度18.6m,基础采用桩基承台,设置2个进出站天桥,建筑面积520 m²。

一、地质水文条件

本标段所处地貌均为长江高漫滩平原。场区地形较平坦,地面标高在7.00~8.00m,覆盖层组成物主要为第四系全新统的淤泥质粉质黏土、粉质黏土、粉砂等,基岩表层为卵砾石层;岩土体结构特征相对较稳定,工程地质较复杂;下伏基岩为白垩系上统浦口组,岩性均为棕褐色、棕红色的泥质粉砂岩,岩层倾向南东,属河湖相沉积,以岩性软弱为特征,具水平层理,地层倾角为10~30°。

1 工程地质特征

(1)①-2—素填土:灰黄色、灰色,松散~稍密,分布于场区表层,以黏性土为主,平均层底标高5.56m,平均厚度1.96m,工程地质性差,对工程影响不大。

(2)②-1a2—黏土:灰黄色、黄褐色,软塑~可塑,局部硬塑,含少量铁锰质结核,局部夹粉砂、粉土薄层,平均层顶埋深0.75m,平均层底埋深4.78m,平均厚度2.9m,工程地质性较差。

(3)②-2d4—粉砂:灰褐色,流塑,具水平层理,平均层顶埋深3.35m,平均层底标高-1.36m,平均厚度5.55m,工程地质性较差。

(4)②-2b4—淤泥质粉质黏土夹粉砂:灰色,流塑,场区连续分布,局部厚度变化大,具水平层理,平均层顶埋深11.00m,平均层底标高-13.30m,平均厚度10.96m,本层具有高压缩性、为软弱土层,工程地质性极差,在基坑开挖时可能坑壁失稳。

(5)②-2d3—粉砂夹粉质黏土:灰色、青灰色,饱和,稍密~中密,分布于②-2b4层中,以石英、长石为主,平均层顶埋深14.40m,平均层底标高-14.32m,平均厚度4.9m,工程地质性能一般。

(6)②-4d2—粉砂:灰色、青灰色,饱和,中密,以石英、长石为主,级配一般,平均层顶埋深33.14m,平均层底标高-37.03m,平均厚度11.69m,工程地质性能较好。

(7)②-4b3—粉质黏土:灰褐色,软塑~可塑,土质不均,具水平层理,平均层顶埋深39.10m,平均层底标高-32.99m,平均厚度1.2m,工程地质性能一般。

(8)②-5d1—粉砂:灰色、青灰色,饱和,密实,见云母及贝壳碎石,级配一般,平均层顶埋深36.65m,平均层底标高-42.93m,平均厚度14.85m,工程地质性能较好。

(9)②-5b2—粉质黏土:青灰色,可塑,土质不均,具水平层理,平均层顶埋深47.90m,平均层底标高-42.40m,平均厚度1.6m,工程地质性能较好。

(10)④-4e1—卵石、圆砾:杂色,以灰色为主,饱和,密实,该层场区连续分布,颗粒级配好,平均层顶埋深50.59m,平均层底标高-47.34m,平均厚度4.73m,工程地质性能较好。

(11)K2p-2—强风化(砂质)泥岩:棕红色,该层场区连续分布,泥、砂质结构,块状构造,泥质胶结,胶结程度低,岩芯风化呈密实砂土状,质软,灰刀可切割,干钻不易进尺,平均层顶埋深55.31m,平均层底标高-49.00m,平均厚度1.66m,工程地质条件好。

(12)K2p-3—中风化(砂质)泥岩:棕红色,该层场区连续分布,层状或块状构造,泥质胶结,胶结程度低,岩芯呈柱状,质软,灰刀可切割,敲击易碎,锤击声哑,遇水易软化,干钻不易进尺,平均层顶埋深56.98m,平均层底标高-57.03m,平均厚度8.03m,工程地质条件好。

2. 工程气象与水文

(1)气象:南京属北亚热带季风气候区,四季分明,雨水充沛,光能资源充足,年平均温度为15.7℃,最热月平均温度28.1℃,最冷月平均气温-2.1℃。年平均降雨117天,降雨量1106.5mm,最大平均湿度81%。最大风速19.5m/s。土壤最大冻结深度0.09m。夏季主导风向为东南、东风,冬季主导风向为东北、东风。无霜期237天。每年6月下旬到7月中旬为梅雨季节。

(2)水文条件:本标段内跨南河、距离秦淮新河约1.3km,按Ⅱ类环境类型,地表水对混凝土结构具有微腐蚀性;按A类强透水层地层渗透性,地表水对钢筋混凝土结构中的钢筋均具有微腐蚀性。

地下水孔隙潜水稳定水位平均埋深1.99m;平均标高5.99m,年变幅一般在1.5~2.0m;孔隙承压水稳定水位平均埋深1.01m;平均标高5.14m;由于本标段揭露泥岩风化裂隙发育程度较差,且多闭合,一般被视为弱含水层或不透水层。

二、旋挖机施工工艺

根据全线桩基工程的规模,结合绿色环保施工环境要求、工期、成本和临时用电情况,方案选用旋挖机械成孔,泥浆护壁,浇筑水下混凝土的施工工艺。旋挖机械成孔快,施工效率高,相同条件下,它是反循环钻机的4倍左右,但对遇到软弱地质层应采取特殊工艺,以防塌孔。

1. 旋挖钻机工作原理

旋挖钻机又称钻斗钻成孔法,它是利用钻杆和钻头的旋转及重力使土屑进入钻斗,土屑装满钻斗后,提升钻头出土,这样通过钻斗的旋转、削土、提升和出土,多次反复而成孔。按照钻进工艺又分为套管钻进法和稳定液护壁的无套管钻进法。

2. 旋挖钻机组成

旋挖钻机主要由操作系统、动力系统、行走系统和钻进系统(导向柱、钻杆、钻筒、长短螺旋杆)组成。其操作系统主要由电脑控制、液压传动,动力系统由柴油机提供钻进、行走动力,采用履带式行走系统(一般利用挖掘机行走系统改装)。钻机配有竖向及横向调平系统,确保成孔的垂直度,并能随时显示钻筒的深度,随时掌握钻孔的状况。该钻机适用面广、效率较高。

钻进系统由钻头和钻杆组成,钻头由螺旋钻和掏渣桶组成,形式多样,可根据不同的地质条件更换不同的钻头。钻杆采用抽芯片式带动钻头旋转传递钻头钻进所需压力和扭矩。

a)旋挖机及钻具　　　　b)钻头齿形　　　　c)出土状态　　　　d)钻头全景

图1　旋挖机钻桩施工

3. 旋挖施工程序

旋挖钻机施工程序类似于反循环施工。区别在于反循环钻机成孔施工中渣是通过泥浆泵吸出打入沉淀池,沉淀后泥浆回收再流入护筒内循环使用。而旋挖施工的渣样是通过旋挖机的渣筒提出护筒外倾倒出去,钻头与渣筒连为一体,旋挖施工中,钻杆和钻头沿轨道反复下放、旋挖、提升、倒渣循环,同时用泥浆护壁。其主要施工要点如下:

1)施工准备

(1)开钻前根据地层岩性等地质条件、技术要求确定钻进方法和选用合适的钻具。

(2)全面检查钻机的各部位状态,保证其良好运转工作。

(3)规划施工场地,合理布置临时设施。

(4)开孔时,起吊钻具对位,找出桩位中心后将钢护筒压入土中正确对位。

(5)开孔时,采用短钻具、低钻速、轻压慢进。

2)钻进施工

(1)钻进施工时,再次将钻头、钻杆、钢丝绳等进行全面检查。

(2)采用旋挖钻机成孔施工时,开启钻机对中,先将钻头慢慢导入孔内,匀速下至作业面,然后加压旋转钻进。按轻压慢钻的原则缓缓钻进,同时向孔内注泥浆;钻渣通过进渣口进入钻筒,提升钻杆带动钻筒至井口后,利用液压系统将筒门打开排渣,如此反复直至设计标高。

(3)成孔后,更换清底钻头,进行清底,并测定孔深。

(4)钻进中发现有塌孔、斜孔时及时处理。发现缩径时,经常提动钻具上下反复修扩孔壁。

(5)每次钻进深度以不超过0.5m为宜。

3)护壁

(1)旋挖成孔采用泥浆护壁。

(2)选用膨润土造浆,其具有相对密度低、黏度低、含砂量少、失水量少、泥皮薄、稳定性强、固壁能力高等优点。泥浆比重1.1~1.3,根据不同的地质情况选择不同的泥浆比重。同样按不同的土质选用不同黏度指标,如淤泥质土,黏度取20左右;对砂性土,黏度应取23以上。

(3)根据地层情况及时调整泥浆指标,保证成孔速度和质量,施工中随着孔深的增加及时向孔内补充泥浆,维持护筒内应有的水头,防止塌孔。提钻接近孔口时应缓慢,防止泥浆外溢。

4)钻进施工控制

施工过程中可以通过钻机本身的三向垂直控制系统反复检查成孔的垂直度,确保成孔质量。该钻机最大的特点是采用液压系统,根据地质情况随意控制钻进速度。

4. 钻头选择

旋挖钻机施工适用于填土层、黏土、粉土、淤泥层、砂土层及短螺旋不宜钻进的含有部分卵石、碎石的地层。施工时应根据不同的地质层配置不同的钻头:

(1)黄土较多的地层可使用长钻筒,加快钻进速度。

(2)对砂卵石含量较大的地层可使用短钻筒,配置泥浆护壁,控制钻速。

(3)对含孤石、漂石及较软岩石地层可更换短螺旋头进行处理,松动后更换长螺旋筒继续钻进。

(4)钻头种类有20多种,常用的有:锅底式钻头(一般土层),多刃切削式钻头(多用于卵石或密实砂砾层)、双底钻头(松软砂土及砂砾石层)、S型锥底钻头(黏土层)、清底钻头(排除沉碴)。

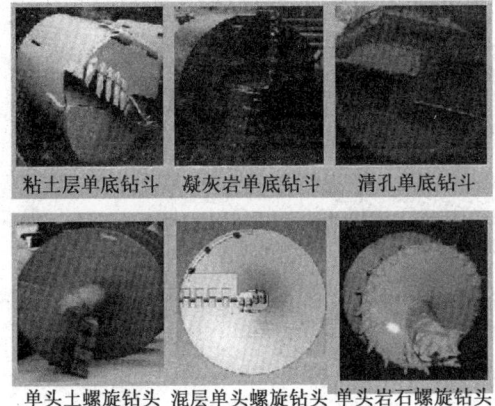

a) 单底钻头

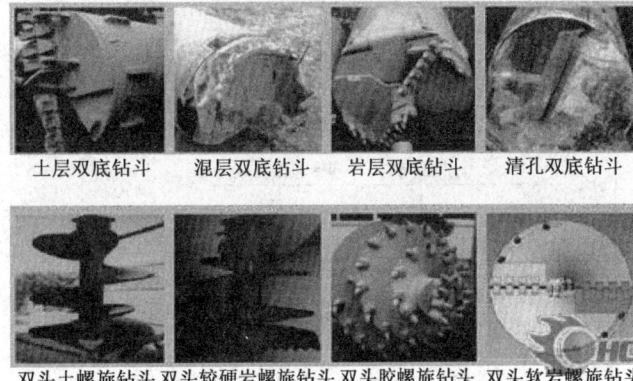

b) 双底钻头

图2 各式钻头

三、特殊地质施工工艺探索

1. 克服(砂质)泥岩施工工艺

遇到强度不高的砂质泥岩,一般采用反循环钻机施工,但由于钻头打滑,工期长,成一根桩至少要7天时间。采用旋挖机施工工期短,但克服此地质层速度慢,起初用SR280R旋挖机旋挖进尺同样缓慢,后换三一重工的SR250旋挖机仍无法有效钻进。经过多方调研、探索改进,采用带方齿的八字形钻头,进尺速度明显加快,有效克服强度不高但采用一般钻头钻进打滑的泥岩,如图3所示。

a) 泥岩钻具齿形　　　　　　　　b) 泥岩钻具提出　　　　　　　　c) 泥岩钻具倒土

图 3　克服泥岩打滑的钻头

2. 克服粉砂或流砂易塌孔的施工工艺

本工程在标高 -40.0m 附近遇到饱和粉砂层,层厚在 10 多米,旋挖施工极易塌孔。当遇到粉砂或流砂等不良地质层时,一般宜选用反循环钻机施工,但对此复杂地质层选用单一反循环钻机或多种型号钻机组合施工会受到工期、场地、临时用电等条件的限制。因此,为了克服局部软弱地质层易塌孔的困难,兼顾砂质泥岩的地质条件,本工程选择采用旋挖钻机与反循环工艺相结合的施工工艺。

(1) 护筒应埋设在不透水坚实土层中,保证底部不漏浆。

(2) 针对此软弱地质条件,关键是泥浆护壁,泥浆比重加大,其次条件时提高水头亦有效果。

(3) 当遇到饱和粉砂等软弱地质层不稳时,应提前减慢进尺,边钻边抛黄黏土护壁,提高泥浆比重,同时利用离心力把砂层段护壁镗厚,保证成桩前不塌孔。

(4) 当遇到流砂时,除减慢进尺,黄土护壁外,还可抛少量石子效果更好。

图 4 和图 5 分别为不增加和增加黄土护壁后灌注桩混凝土浇筑充盈系数沿深度的变化曲线;从图中可以看出,黄土护壁对保证成孔和成桩质量具有明显效果。实践证明,在粉砂及流砂的不良地质层增加黄黏土护壁的措施是有效的。但应注意泥皮不能太厚,否则将影响摩擦桩的桩侧摩阻力。

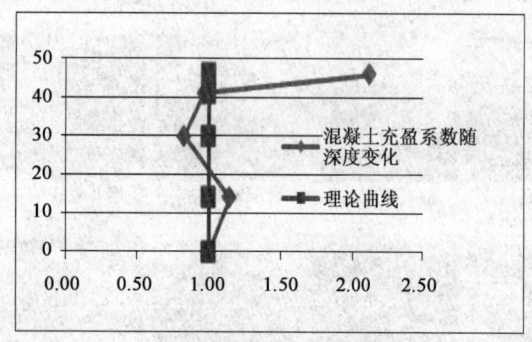 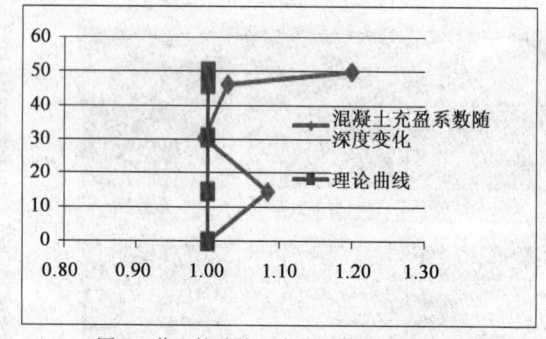

图 4　一般工艺施工充盈系数变化曲线　　　　　　图 5　黄土护壁施工充盈系数的变化曲线

四、结　语

针对某交通工程施工中遇到的强度不高但钻进打滑的泥岩以及饱和粉砂等软弱夹层易塌孔等复杂地质条件,开展采用旋挖钻机进行钻孔灌注桩施工的工艺探索,通过分别采取钻头改进、旋挖施工配合反循环工艺等措施,既解决了旋挖机的工作效率,又能有效防止软弱地质造成塌孔、缩颈等因素对成桩质量的不利影响,使工程施工能保质保量的顺利进行。实践表明,上述措施对本工程中克服复杂地质条件提高桩基施工速度和质量是行之有效的,对其他类似工程亦具有指导意义和参考价值。

参考文献

[1] 范立础. 桥梁工程[M]. 北京:人民交通出版社,2004.

[2] 中华人民共和国行业标准. JTG T F50—2011　公路桥涵施工技术规范[S]. 北京:人民交通出版社,2011.7.

97. 碗扣式钢管脚手架位移监测系统研制及预警值确定

张立奎 殷永高 孙敦华

(安徽省高速公路控股集团有限公司)

摘 要 为有效防范施工中的钢管脚手架倒塌，最大限度地减小人员伤亡和财产损失，介绍一种新型碗扣式钢管脚手架位移监测系统的研制原理及组成。以马鞍山长江公路大桥施工中的碗扣式脚手架为实际工程背景，为临时支撑40米跨度整体式箱梁的钢管脚手架设置施工过程中的位移监控系统。通过提取脚手架临时结构的第一阶屈曲模态，考虑初始缺陷的影响，进行几何非线性全过程分析和设计荷载位移计算，给出碗扣式钢管脚手架位移监测系统所需分级预警值。通过在碗扣式钢管脚手架关键部位布设激光发射器，求取激光发射器所发射激光投射在固定参考坐标系内轨迹的变化，获得碗扣式钢管脚手架关键部位的水平方向和竖直方向位移，该系统可通过无线网络将信号传递至管控中心的 PC 终端。研究表明，新型碗扣式钢管脚手架位移监测系统为支架工程的倒塌预警工作提供了一种可行的方案，且具有操作简单、成本可控之优点。

关键词 碗扣式 脚手架 施工预警 监测 激光发射器

一、引 言

钢管脚手架是交通、土木特别是桥梁工程建设中重要的临时支撑结构，使用范围广。其中碗扣式钢管脚手架在近年来是近年来最为常见的一种脚手架形式。作为施工中的临时结构，钢管脚手架往往不能引起业主、设计者甚至施工方等的重视，导致其安全储备低、施工质量差，因此钢管脚手架的破坏是桥梁建设过程中最常见的安全生产事故之一，容易造成巨大的经济损失和恶劣的社会影响。影响碗扣式钢管脚手架承载能力的主要因素有：①钢管间的步距；②支架的侧向及斜向支撑；③支架的初始缺陷；④支架载荷类型；⑤支架的基础状况；⑥支架底座、U 形托及碗扣节点的连接状况等。

前人针对钢管脚手架的力学行为及分析开展了成果丰硕的理论和实验研究。Kao 等(1981)探讨了钢管脚手架的安全性；Chan 等(1988)提出利用最小残余位移法求解支架几何非线性和材料非线性问题，为计算钢管脚手架提供了可供参考的依据。美国普渡大学 Peng 等(1994a)(1994b)的研究成果较具代表性，较为系统地研究了低挑空和高挑空脚手架的承载能力及失效模式，建立相应的设计准则，得出了合理步距和有效侧向支撑能提供足够承载力的结论。Zhang(2010)应用蒙特卡洛方法，从概率的角度阐述了碗扣式钢管脚手架极限强度的统计学意义，揭示了脚手架安全受力问题的复杂性和离散型特征。实验方面，颜聪等(1994)进行了一系列探寻不均匀荷载及架体侧向位移对脚手架影响的实验；Weesner 和 Jones(2001)通过实验获取了四种不同形式支架的极限承载力并与有限元计算结果对比，证明通过有限元计算可以较好地预测支架承载力的上限值；Peng(2007)通过大量实验得出了不同荷载布置、不同支架布置以及不同支架层数对脚手架承载力的影响；辛克贵等(2009)开展了连续立杆和碗扣刚度对双排碗扣式钢管脚手架承载力影响的定量分析，初步探讨了其承载力计算公式。

分析已有的研究，较为偏重于钢管脚手架承载力的理论计算和实验验证，对施工现场脚手架状态监测和倒塌预警的研究则相对缺乏。受施工中多种因素干扰，实际工程中的钢管脚手架与理论模型或实验室模型相差较大，为了有效防范施工中的脚手架倒塌，最大限度减小人员伤亡和财产损失，进行施工过程中的脚手架工程的在线监测与预警具有重要意义。钢管脚手架的在线安全监测方法具有实用价值的目前主要有两种：其一是对架体关键部位的位移或应变进行监测的技术方法，如运用摄影测量技术；其二是利用支架自振频率随外力增加而下降之趋势,通过捕捉架体振动特性,掌握架体的几何非线性特征。测量支架位移或应变变化值的在线监测方法较为直观,但对于大跨径桥梁结构的钢管脚手架,应用摄影测量法难以解决曲率矫正与焦距调节间的矛盾,且成本较高;振动测量法易于实现,却与其他动力指纹法所面临的困境相同,即复杂结构的可能损伤对其频率变化的影响并不明显。

本文所研发之新型脚手架监测系统可直接对架体关键部位位移进行测量,且拥有操作简单、成本可控等特点,此外本文通过对脚手架的稳定承载力计算分析,给出了监测系统所需的支架分级、分目标预警值,为碗扣式钢管脚手架工程的倒塌预警工作提供了一种可行的方案。

二、监测系统原理及组成

本文阐述的新型碗扣式钢管脚手架位移监测系统实现之主要手段为:在脚手架可能发生较大位移的关键部位布设激光发射器,应用激光发射器所发射激光投射在固定参考坐标系(如桥墩侧壁、临时面墙等)内轨迹的变化情况,求取碗扣式钢管脚手架关键部位的水平方向和竖直方向位移,如图1所示。

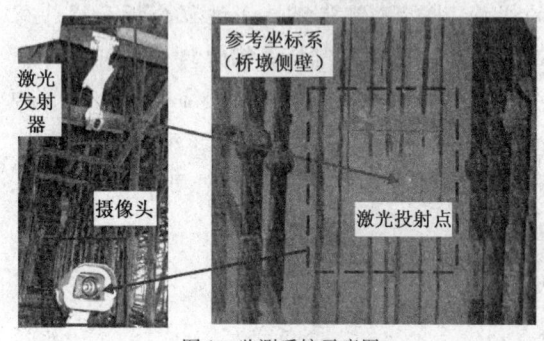

图1 监测系统示意图

由于激光具有定性发射的特性,在激光发射器仅平动而不参与转动的情况下,激光投射点位移严格等价于激光发射点位移,故无需对激光发射器进行调平或换算。同一参考坐标系内可容纳多个激光投射点,也就实现了位移监测系统的多点测量。

采用摄像机实时追踪激光投射点运动轨迹,并通过无线网络将视频信号传递至管控中心的监测预警系统内,根据参考坐标系,在PC终端通过手动位移量测方法或研发相应自动位移识别软件即可获取脚手架关键部位的位移情况,并与钢管脚手架稳定承载力计算分析所得参考预警值进行对比,从而实现钢管脚手架的动态监测与倒塌预警。

三、工程概况及位移监测预警值确定

1. 工程概况

马鞍山长江公路大桥南引桥40m跨整体箱梁跨径组合从Z9号墩至Z43号墩为(7×40+7×40+7×40+7×40+6×40)m,左右幅共10联68跨,全长1360m。桥梁双幅布置,单幅桥面宽16m,中间为1.0m分隔带,全桥宽33m。引桥箱梁为现浇预应力混凝土连续箱梁,箱梁采用C50混凝土。Z27号墩~Z43号墩箱梁施工采用碗扣式钢管脚手架,基础采用灰土地基+混凝土面层。

碗扣式钢管脚手架部分立杆采用WDJ多功能碗扣式钢管支架。钢管两端均安装60cm高可调节顶托,顶托上安装上分配梁和模板系统。剪刀撑通长设置,每道剪刀撑宽度不小于4道立杆,长度不小于6m,与地面成45°~60°角。纵桥向布置7排,即支架外侧设置1排,腹板下方支架两侧各布置1排,箱梁底板中间设置1排;横桥向桥墩处必须设置1排,沿纵桥向每隔4跨设置1排。平面上剪刀撑设置4层,顶、底各一层,中间每隔4步设置一排。

2. 有限元模型建立

40m跨碗扣式钢管脚手架每根竖杆、横杆及剪刀撑均采用外径$\phi 48mm$,壁厚3.5mm的圆环截面。材料选取弹性模量为205000MPa,泊松比为0.3,密度为$7850kg/m^3$,抗拉强度设计值为205MPa的Q235钢材。选用梁单元对碗扣式钢管脚手架进行建模。在考虑边界条件时,由于应用支架节点刚接理论及铰接理论所得计算结果可能差异较大,故同时建立碗扣式钢管脚手架节点刚接模型和节点铰接模型。由于节点铰接模型计算结果较为保守,故本监测方案制定以铰接模型计算结果作为主要参考依据,节点刚接模型则用于参照对比。节点铰接模型即假设支架竖杆间采用刚接点连接,横杆、剪刀撑与支架竖杆间采用铰接点连接。40米跨碗扣式钢管脚手架有限元模型共包含17694个节点及43987个单元。

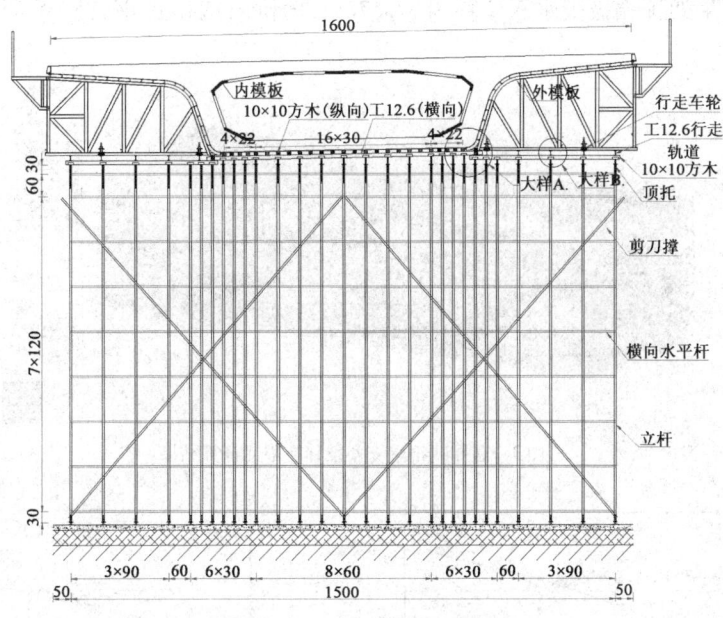

图2 碗扣式钢管脚手架横断面图

根据箱梁的结构形式,将箱梁顺桥向划分为三个区段,取其中三个区段中具有代表性的截面作为支架承载力计算的依据,箱梁混凝土密度取 $26kN/m^3$。一跨模板自重(含内模、侧模及桁架)为147.82t,一跨碗扣式钢管脚手架共有立杆1421根,则每根立杆承受的模板荷载为:

$$1478.2kN \div 1421 = 1.04kN \tag{1}$$

施工活载为 $1kN/m^2$,则每根立杆承受的施工活载荷载为:

$$(1kN/m^2 \times 40m \times 16m) \div 1421 = 0.45kN \tag{2}$$

考虑支架钢管自重。

根据箱梁实际施工流程,箱梁浇筑即将完成时支架的受到的作用力最大,采用的荷载组合:$q = 1.2 \times$(混凝土重 + 模板重 + 支架重) + $1.4 \times$ 施工活载。

工程所用碗扣式钢管脚手架产生初始缺陷的原因有两个:①出厂制造误差;②因经历多次拆装而产生杆件弯曲、破损及结点扭转等。本文根据碗扣式钢管脚手架屈曲分析得到的临界荷载大小和结构的屈曲模态,找到结构最低阶屈曲模态的屈曲向量,为整体结构设计荷载分析和极限承载力分析提供初始缺陷的施加模式。

3. 稳定承载力分析

经有限元特征值屈曲分析求解可知,整跨碗扣式钢管脚手架结构整体稳定系数约为2.74,屈曲模态主要表现为纵桥向箱梁腹板以下碗扣式钢管脚手架水平位移过大失稳,提取结构最低阶屈曲模态的屈曲向量后,考虑整体跨度1/500的初始缺陷(80mm)进行结构几何非线性全过程分析和设计荷载位移及应力响应计算。几何非线性分析考虑结构在变形前后不同而造成的非线性效应,与线性分析最大不同在于其力的平衡方程建立在结构变形后的位置,这对于容易发生大位移大转角的钢管脚手架来说尤为重要。结构几何非线性分析选用 Newton-Raphson 方法。

通过有限元计算可得:

(1)整跨碗扣式钢管脚手架在设计荷载组合下,最大竖向位移约为1.51 mm,纵桥向最大水平位移为18.93 mm,水平最大位移位于箱梁腹板以下碗扣式钢管脚手架沿整跨纵桥向。最大压应力为58.88 MPa,满足强度和刚度验算要求,其受力后位移如图3所示。由于整跨碗扣式钢管脚手架钢管搭设紧凑,设计步距合理,故支架应力分布较为均匀,整跨支架无明显应力突变。

(2)结构几何非线性全过程分析显示(图4、图5),碗扣式钢管脚手架架体整体极限承载力约 $35kN/mm^2$,

纵桥向碗扣式钢管脚手架顶端极限水平位移为37.57mm,横桥向碗扣式钢管脚手架顶端极限水平位移为23.51mm。

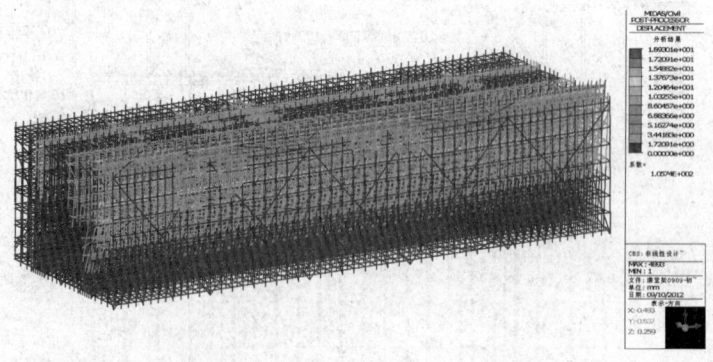

图3 碗扣式钢管支架位移有限元计算结果

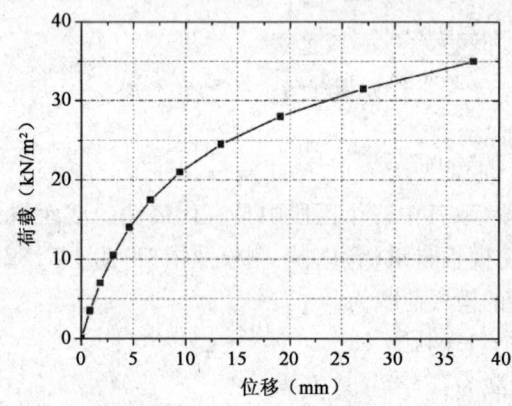

图4 纵桥向碗扣式钢管脚手架顶端荷载—位移图

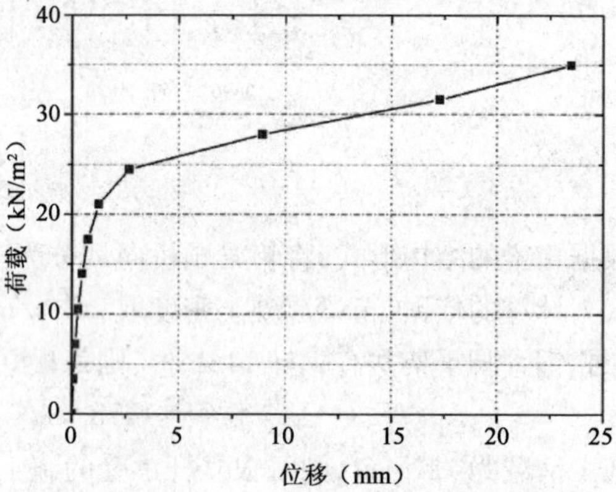

图5 横桥向碗扣式钢管脚手架顶端荷载—位移图

4. 监测预警值的确定

本文将碗扣式钢管脚手架监测系统进行位移分级、分目标预警,即进行沿纵桥向和横桥向分目标监测预警,对于每一监测方向,采用分级预警的方式。一级预警值设立原则为碗扣式钢管脚手架所承受荷载超出支架设计荷载10%,二级预警值设立原则为碗扣式钢管脚手架所承受荷载达到支架极限荷载90%。根据有限元计算结果,以上临界荷载值所对应的碗扣式钢管脚手架纵向、横向位移(位移预警值)如表1所示。

碗扣式钢管脚手架预警值 表1

位移方向	一级预警值(mm)	临界荷载(kN/mm^2)	二级预警值(mm)	临界荷载(kN/mm^2)
纵向	20	29	25	31.5
横向	9		15	

四、监测系统实现

1. 监测系统现场布置

如图6所示,以桥墩侧壁为参考坐标系,根据支架稳定承载力计算结果,选取马鞍山长江公路大桥南引桥40m整体箱梁碗扣式钢管脚手架近顶端1处竖直钢管和2处水平钢管安装激光发射器,3处位移监测点均位于箱梁腹板以下位置。摄像头安装于沿纵桥向靠近桥墩处位置。

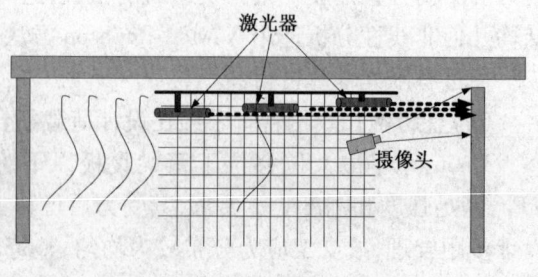

图6 监测系统纵桥向正视图

2. 监测系统的传输

由于布设钢管脚手架位移监测系统的施工标段距马鞍山长江大桥指挥部较远,故需先将监测系统所获视频信号通过无线网桥接入已建成的马鞍山长江公路大桥 MIWAVE 无线传输系统中,经该系统将视频信号汇总至管控中心的"马鞍山长江公路大桥施工进程重大危险源动态监控预警系统",从而方便施工安全管理人员实时动态查看碗扣式钢管脚手架关键部位的位移状况。

如图 7 所示,钢管脚手架位移监测系统视频信号传递路径为:摄像头采集视频信号→信号发射端网桥→信号接收端网桥→MIWAVE 无线传输系统中的无线基站→管控中心 PC 终端。

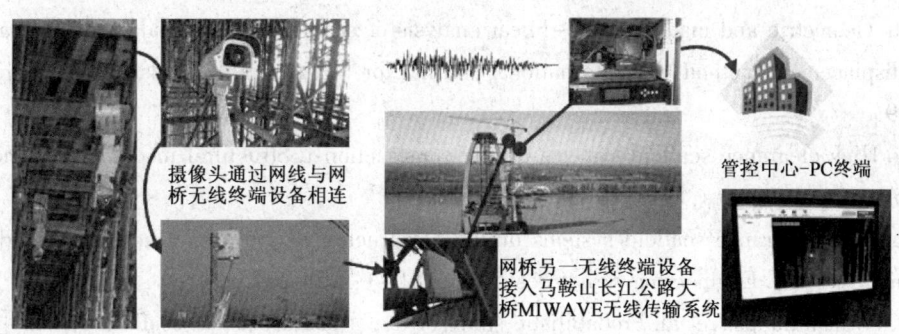

图 7 碗扣式钢管脚手架位移监测系统视频信号传递路径

3. 位移识别

由于碗扣式钢管脚手架位移监测系统尚属测试阶段,相关图像处理软件的开发还不完善,本系统采用 AutoCAD 手动测量激光点位移的方法获取马鞍山长江公路大桥南引桥 40m 整体箱梁碗扣式钢管脚手架关键部位水平与竖直方向的位移,即在激光所投射桥墩侧壁设立"标靶"(图 8),给定间距为 1mm 的标准网格,在 PC 终端采用 AutoCAD 手动实时量取激光点偏离原中心的水平方向和竖直方向位移,若激光点不处于标靶横纵轴线交点处,则可采用内差方法获取位移。

五、结论与建议

本文以马鞍山长江公路大桥南引桥 40m 整体箱梁碗扣式钢管脚手架为实际工程背景,研发了一套新型碗扣式钢管脚手架位移监测系统,并通过碗扣式钢管脚手架稳定承载力分析,给出了系统所需的位移分级、分目标预警值,本文所得结论及建议如下:

(1)碗扣式钢管脚手架整体稳定承载力分析过程中应考虑脚手架初始缺陷的影响,可通过提取结构最低阶屈曲模态的屈曲向量,并考虑整体跨度 1/500 的初始缺陷进行结构几何非线性全过程分析和设计荷载位移响应计算。

(2)本位移监测系统对碗扣式钢管脚手架关键部位沿纵桥向和横桥向两个方向分目标监测预警,对于每一监测方向,分级预警值设立原则为:一级预警值为碗扣式钢管脚手架承受荷载超出支架设计荷载 10% 所对应的位移值,二级预警值为碗扣式钢管脚手架承受荷载达到支架极限荷载 90% 所对应的位移值。

(3)新型碗扣式钢管脚手架位移监测系统主要通过在脚手架可能发生较大位移的关键部位布设激光发射器,应用激光发射器所发射激光投射在固定参考坐标系内轨迹的变化情况,求取碗扣式钢管脚手架关键部位位移,该系统已应用于实际工程中,且具有操作简单、成本可控之优点。

(4)位移监测系统可通过无线网络将视频信号传递至管

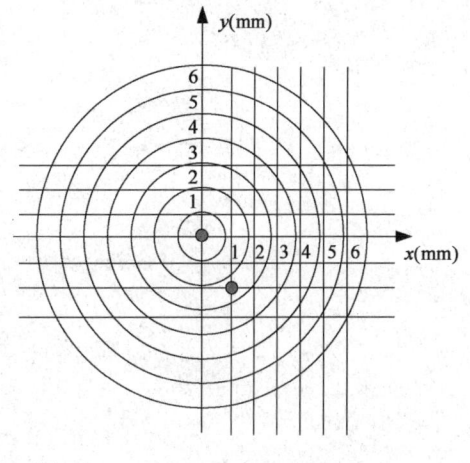

图 8 系统位移识别标靶

控中心的 PC 终端,并通过手动位移量测方法实现位移的识别,下一步工作重点应侧重于位移自动识别软件的研发,从而实现钢管脚手架动态监测与倒塌预警的自动化。

参考文献

[1] G. Cattledge, S. Hendricks, et al. Fatal occupational falls in the U.S. construction industry[J]. Accid. Anal. And Prev., 1996, 28(5): 647-654.

[2] C. C. Kao. Analysis of safety behavior for steel scaffold and vertical shore[R]. Taiwan: National Taiwan University, 1981.

[3] S. L. Chan. Geometric and material non–linear analysis of beam–columns and frames using the minimum residual displacement method[J]. International Journal for Mumerical Methods in Engineering, 1988, 26: 2657-2669.

[4] J. L. Peng. High clearance scaffold systems during construction-I. Structural modeling and modes of failure[J]. Engineering Structures, 1996, 18(3): 247-257.

[5] J. L. Peng. High clearance scaffold systems during construction-II. Structural analysis and development of design guidelines[J]. Engineering Structures, 1996, 18(3): 258-267.

[6] H. Zhang, T. Chandrangsu, et al. Probabilistic study of the strength of steel scaffold systems[J]. Structural Safety, 2010, 32: 393-401.

[7] 颜聪. 模板支撑倒塌预警系统-钢管架支撑承受非规则荷重之研究[R]. 台湾: 行政院劳委会劳工安全卫生研究所, 1994.

[8] L. B. Weesner, H. L. Jones. Experimental and analytical capacity of frame scaffolding[J]. Engineering Structures, 2001, 23: 592-599.

[9] J. L. Peng, S. L. Chan, et al. Effects of geometrical shape and incremental loads on scaffold systems[J]. Journal of Constructional Steel Research, 2007, 63: 448-459.

[10] 易桂香, 辛克贵. 双排碗扣式钢管脚手架稳定承载力分析[J]. 工业建筑, 2009, 39: 1130–1133, 1093.

[11] 赵文成. 营造支撑群组位移监测及倒塌防止研究[R]. 台湾: 行政院劳委会劳工安全卫生研究所, 2002.

[12] 颜聪. 模板支撑倒塌预警系统-预警讯号之分析与研判技术[R]. 台湾: 行政院劳委会劳工安全卫生研究所, 1996.

III 结构分析与试验研究

98. 港珠澳大桥跨境交通控制运作模式研究

刘 谨[1] 孙明玲[2]

(1. 港珠澳大桥管理局 2. 交通运输部公路科学研究所，
北京交科公路勘察设计研究院有限公司)

摘 要 港珠澳大桥作为连接内地与港澳的大型跨界交通基础设施，由于不同的制度规范、管理模式使其在跨境交通管理方面具有鲜明的特点和独特的需求。在分析跨境交通控制组织架构与相关部门的基础上，提出设置联络员岗位，制定联络机制的运作体系，依据事件发生的位置、严重性、交通流影响程度以及交通控制范围建立分层级的跨境交通控制运作模式。

关键词 港珠澳大桥 交通控制 组织架构 运作模式

一、引 言

港珠澳大桥跨越珠江口伶仃洋海域，是连接香港特别行政区、广东省珠海市、澳门特别行政区的大型跨海通道，是世界上第一座连接不同制度和管理模式的三个地域的跨境集群工程，而且港珠澳大桥是集桥岛隧一体化的大型交通基础设施。由于港珠澳大桥连接内地与港澳一国两制的特殊情况，在法律制度、管理模式、组织部门等方面存在差异性，必然导致港珠澳大桥交通控制过程中出现需要协调和协助的各种问题。为了更好地实现大桥通车后对车流统一化的控制管理，建立结构清晰、职责明确、联动协调、配合有序的跨境交通控制运作体系与运作模式十分必要。

二、跨境交通控制范围与分段控制理念

港珠澳大桥营运期，跨境交通控制范围包括香港口岸、香港连接线、港珠澳大桥主体工程(起自粤港分界线，止于珠海/澳门口岸人工岛)、珠海口岸与连接线、澳门口岸与连接线。

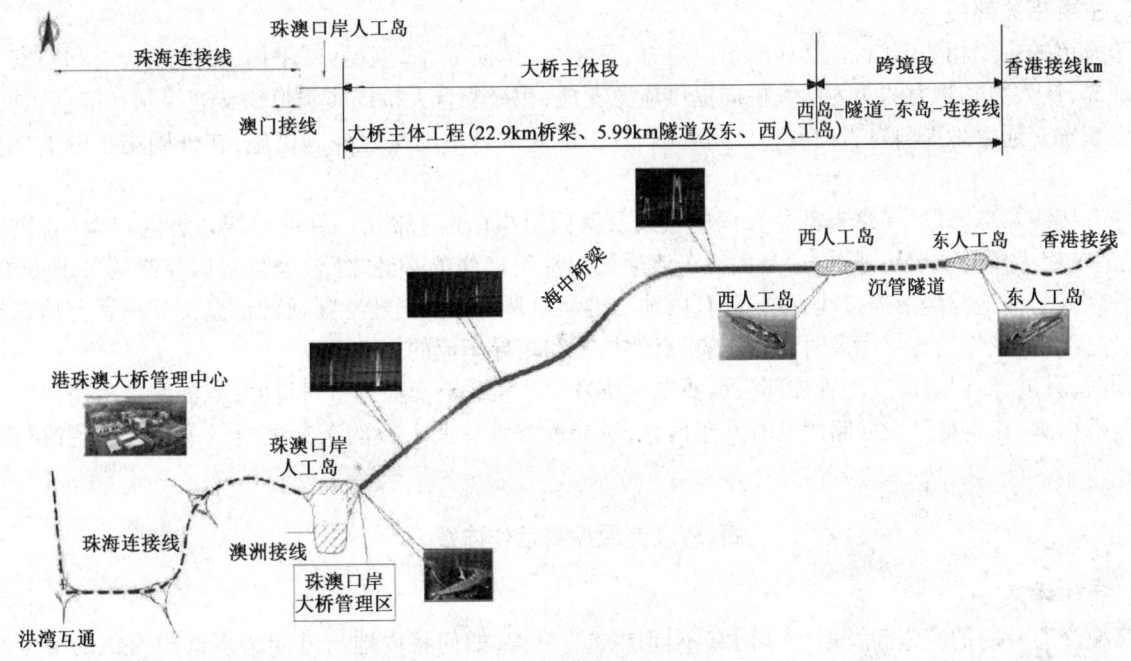

图 1 跨境交通分段控制示意

港珠澳大桥从粤港分界线至珠澳口岸人工岛总长29.6km,东人工岛、海底隧道、西人工岛和大桥主体均位于粤港分界线西侧,东人工岛的隧道出口距粤港分界线约1km,粤港分界线东侧为香港连接线。为了实现港珠澳大桥主体工程与香港连接线跨境车流的平滑过渡控制,最大限度降低跨境交通控制措施差异带给驾驶员的影响,满足香港连接线与港珠澳大桥交通控制匹配需求,将跨境交通分为两段进行控制;一是将大桥桥梁主体段(约22km)作为桥梁段进行控制;二是将西岛—隧道—东岛与香港连接线衔接段作为跨境段进行交通控制。此分段控制理念,既符合港珠澳大桥自身结构特点、气候特点,又可根据异常事件发生的位置、影响范围、香港方联合控制交通匹配需求,判断交通控制参与的相关部门,有利于跨境交通控制体系的建立。

三、跨境交通控制组织体系

1. 跨境交通控制组织架构

港珠澳大桥营运期的安全通行面临诸多因素的影响,灾害天气、交通事故、群体事件、恐怖袭击、船舶撞桥等事件将改变大桥安全行车环境,导致道路中断、车流拥堵、出现排队等。港珠澳大桥跨境交通控制涉及大桥管理局、内地与连接线、港澳口岸、珠海市、广东省、香港特别行政区、澳门特别行政区等多个行政区域和部门机构。由于港珠澳大桥地理位置的特殊性,主体工程、连接线、口岸等各部分管理机构和体制的差异性,大桥管理局、连接线管理部门、口岸管理部门、内地与港澳交通管理部门及其他相关单位建立以多部门为支撑,以信息交互为基础,以跨境协作为关键的一体的跨境交通控制组织架构,可以实现事件发生后大桥的通行效率在最短时间内得到恢复,避免行车环境的进步恶化。

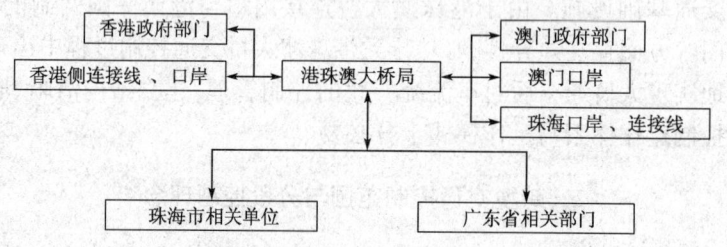

图2 港珠澳大桥局跨境交通控制组织架构

2. 主要相关部门

珠海市的主要相关部门,包括珠海市应急办、气象局、消防局、海事局、口岸局、交通运输局和公安交通管理局,从人力和物力的角度向大桥局提供应急支援,积极配合大桥局实施道路交通控制和信息通报。

广东省交通管理部门对省内高速公路或国、省干道采取合适的交通控制措施,在外围主干网诱导分流交通。

珠海接线及珠海口岸(珠海部分)、澳门接线及澳门口岸(澳门部分)、香港接线及香港口岸(香港部分)是港珠澳大桥的重要组成部分,是大桥车流通往内地与港澳的必经之路,也是交通控制的关键点段。大桥管理局与内地与港澳连接线管理部门、内地与港澳口岸管理部门建立畅通的信息交互体系与协调机制,是保证事件发生后各部门及时做出响应,有效控制和疏导车流的关键。

同时,香港、澳门地区交通管控部门也要在大桥发生严重影响交通运行事件时,积极配合大桥局实施交通管控措施,在本地区主要路网及时发布信息,诱导前往港珠澳大桥的车流更换行车路线或更改行车日期。

四、跨境交通控制运作体系

1. 运作体系

跨境交通控制的实施涉及多个部门和不同层级的机构,如何将内地与港澳诸多部门有机的整合起来,形成具有层次清晰的运作体系,在事件发生时能够有效地沟通、联络,减少信息发布目标的庞大,减少不同地区间信息传送的交织、重复，尽快发挥跨境控制措施的实施效果，进而提高跨境交通控制的效率。借鉴深圳湾大桥应急组织体系的成功经验，港珠澳大桥跨境交通控制体系中设置联络员岗位，制定联络机制，负责重特大事件情况下的组织协调工作，保证对多部门参与的重大事件交通疏导能够顺利进行。

但对某些频繁发生的一般事件的控制，仍涉及内地与港澳交通管控部门。此时，通过内地与港澳交通管控主管部门层级的需求传达及响应耗时耗力，并且信息经过多层传达容易失真。而大桥与香港侧接线及珠海交通警察支队的联系密切，因此，建立大桥与香港侧接线及珠海交通警察支队的专线联系十分必要。

此外，对一些响应触发条件明显，响应措施对大桥交通影响程度低的事件（例如限速措施），无需进行人为的信息确认，可以以信息平台为基础，实现信息共享，通过预案触发条件的设立，进行自动响应。

港珠澳大桥跨境交通控制与应急救援运作体系如图3所示。

图中：(1)紫色线表示内地与港澳间需要通过工作小组联络员与三地委工作组协调解决的情况，主要针对高等级事件；

(2)红色线表示内地与港澳间可通过联络员相互沟通解决的情况，主要针对较高等级事件；

(3)蓝色线表示日常或低等级交通控制与应急情况下的信息交互与交通协调控制；

(4)绿色线表示日常或低等级交通控制与应急情况下的信息通报或交互；

(5)黑色线表示体系组成部分。

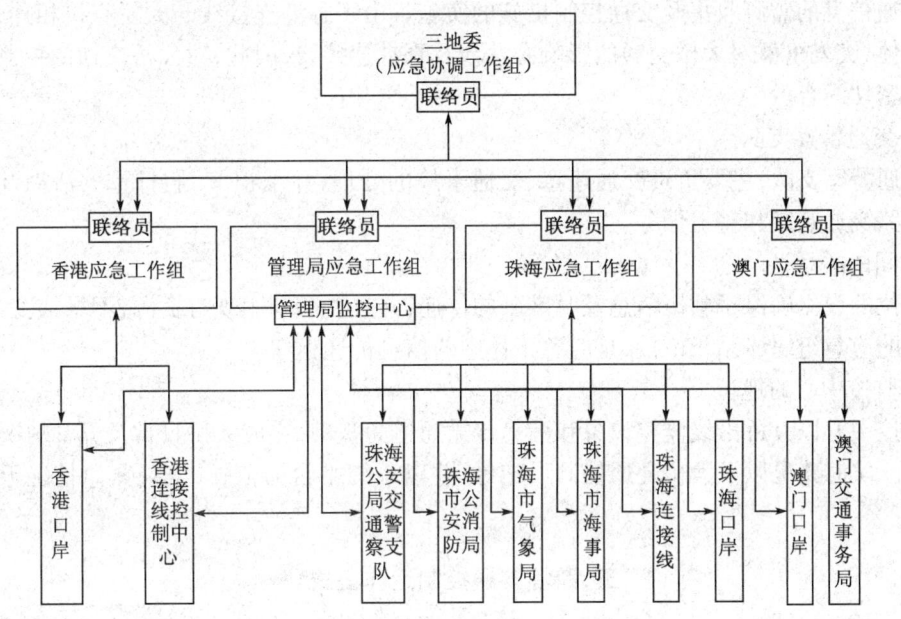

图3　交通控制与应急救援运作体系

2. 机构职责

1) 应急协调工作组

由于大桥连接香港、澳门和珠海，大桥的管理涉及三方，而且还要使内地与港澳和大桥局之间进行信息交互。不同的地区政策和做法不尽相同，因此在对于事件的处理方面存在差异。当管理局及内地与港澳应急工作组在重大事件应急救援工作中存在争议时，应急协调工作组，负责协调各方面的意见，使内地与港澳相关部门的意见协调统一，便于事件发生时的统一指挥和应急预案的及时实施。

2) 应急工作组

对于需内地与港澳联动救援的事件，大桥局及内地与港澳需设立应急主管机构，对各自救援力量进行组织协调，因此，大桥局及内地与港澳分别设立应急工作组是必需的。

此外，设立联络员岗位，保证应急需求的快速传递及应急命令的及时下达。

由此，三个应急工作组设组长及联络员，组长负责突发事件处理过程中关键问题的决策，联络员负责与大桥应急指挥中心的双向联络。

需由内地与港澳应急工作组参与救援的事件主要为：

(1) 桥梁坍塌事故。

(2) 因交通管制（领导参观、军事占用）造成大桥双向封闭的事件。

(3) 路面全部损坏的事件。

(4) 因隧道坍塌、隧道水灾、火灾或隧道突发自然灾害造成人员伤亡并严重影响大桥正常运营。

(5) 海上船舶碰撞桥墩桥台，造成桥梁主体结构失去承载力，随时可能出现坍塌，必须立即采取封桥措施。

(6) 12小时内可能或者已经受台风影响，平均风力可达12级以上，或者已达12级以上并可能持续，造成或可能造成桥面通行连续中断，超过24小时无法恢复正常通行。

(7) 能见度低于50m的强浓雾。

(8) 因人为恶意破坏事件导致大桥主体结构失去承载力，随时可能出现坍塌，必须封桥断路，导致大桥双向交通中断。

(9) 因恐怖袭击事件导致大桥主体结构失去承载力，必须封桥断路，导致大桥双向交通中断。

3) 香港连接线控制中心

香港连接线控制中心，在整个应急组织体系中从属于香港交通控制与应急工作组，主要负责对香港连接线部分交通信息的监测收集及交通控制措施的实施。由于香港连接线与大桥直接相连，大桥与连接线交通融为一体，突发事件对大桥交通的影响必然涉及香港连接线，因此，对大桥交通的控制需要香港连接线控制中心密切配合。

4) 珠海市交通警察支队

珠海市交通警察支队，主要负责交通违章、交通事故的处理，并承担节、假日重大活动及突发事件等特殊任务的道路交通管制和警卫任务。

5) 联络员间的关系

联络员岗位的设立确保了救援信息及时准确的传递，并且能够利用现有资源，不增加冗余职位，与内地与港澳目前的应急组织体系相衔接，是应急工作中的信息传递枢纽。

6) 管理局监控中心的地位

管理局监控中心以大桥沿线监控设备和信息传输通道为基础，完成大桥日常及异常情况下的信息采集，如天气情况、实时路况以及大桥交通控制设施等，并以系统平台为依托，实现紧急情况下信息的处理及自动响应。

五、跨境交通控制运作模式

港珠澳大桥完善的交通控制设施设备，包括交通流信息采集设备、事件监测设备、控制信息发布设备及其他控制设备是实现跨境交通控制的基础。明确的岗位分工、清晰的职责分配，协调的内地与港澳交通控制体系与机制是实现跨境交通控制的保障。高效、快捷、有序的运作模式是实现跨境交通控制的关键。

根据事件发生的地点，所属的管理部门不同，控制策略执行主体不同，将港珠澳大桥跨境交通控制运作模式从宏观上分为两类。

第一类，事件发生在大桥主体工程大桥局管理范围内（以下简称大桥事件），大桥管理局为交通控制管理的主要执行单位；

第二类，事件发生在港珠澳大桥的各连接线、各口岸或其他位置，大桥管理局为交通控制管理的配合单位。

1. 事件发生在大桥主体工程

由于大桥事件的严重性不同，对道路通行能力和交通流的扰动程度是不一样的，相应的控制范围、采取的控制措施和涉及的协调控制部门也不相同。一般的轻微碰撞、剐蹭等事件大桥局依靠自身的力量即可解决；较大事件时大桥局需联合香港连接线对车流进行控制；重大事件时道路通行能力明显下降，需要口岸配合大桥局限制通关流量；特大事件发生时，大桥封闭，此时广东省、珠海市、香港特别行政区、澳门特别行政区相关部门需立即做出反应，诱导疏散外围路网车流。

因此，依据事件严重性、交通流影响程度以及交通控制范围、涉及的相关部门将跨境交通控制运作模式分为四个层级，其中Ⅰ~Ⅲ级为跨境交通控制。

跨境交通控制运作模式　　　　　　表1

层级	交通影响程度	主要控制措施	相关部门	方　　式
Ⅰ	特大	封桥	应急协调工作组、内地与港澳应急工作组及相关单位、大桥管理局	联络员、信息平台
Ⅱ	重大	限流	三地应急工作组及相关单位、大桥管理局	联络员、信息平台
Ⅲ	较大	全线限速	大桥管理局、香港连接线	值班员、信息平台
Ⅳ	一般	局部限速	大桥管理局	值班员、信息平台

1）第Ⅰ级

第Ⅰ级适用于事件（事故）、恶劣天气事件、设施结构损坏事件等对交通有特大影响，道路通行能力极低或无法通行，此时口岸应立即封闭，桥上车辆在诱导设施的指引下利用最近的中央分隔带开口调头返回。

第Ⅰ级跨境交通控制范围不仅包括大桥主体工程和各方连接线与口岸，还包括珠海市、香港特别行政区、澳门特别行政区的地方道路网，以及广东省临近港珠澳大桥的高速公路与主干路。

2）第Ⅱ级

第Ⅱ级适用于重大事件（事故）、较恶劣天气事件、设施结构损坏较严重事件等对交通有重大影响，道路通行能力降低明显，车流发生拥挤，出现排队现象。此时大桥局应根据交通流检测设备实时监测的交通流参数，控制大桥上的车流速度，同时各连接线也要利用可变信息板对大桥事故动态进行告知，相关口岸限制通关流量。大桥局监控中心根据事故发生的车道和影响范围，对车道进行关闭控制，在特殊情况下，诱导车流在中分带开口处转向借用对向车道通行。

第Ⅱ级跨境交通控制范围，包括大桥主体工程和各方连接线与口岸。

3）第Ⅲ级

第Ⅲ级适用于较大事件对交通有较大影响，道路通行能力有一定程度的降低，车流稍有拥挤，偶尔发生排队现象。此时大桥局通过交通流检测设备实时监测的交通流参数进行分析判断，对车流速度进行严格限制，同时香港连接线配合管理局采取相应的限速控制措施，并利用可变信息板对大桥的道路状况进行动态告知。

第Ⅲ级跨境交通控制范围，包括大桥主体工程和香港连接线。

4）第Ⅳ级

第Ⅳ级适用事件对交通影响较小，道路通行能力略有降低，车流无或稍有拥挤，无排队现象。此时大桥局仅对事故路段的车速进行限制，局部控制车速。

第Ⅳ级跨境交通控制范围为大桥主体工程。

2. 事件发生在连接线、口岸

当事件发生在连接线或口岸，大桥管理局主要是配合口岸或连接线实施交通控制措施，对过往车流进行有效控制。大桥局在跨境交通控制中作为中间平台，将内地与港澳间的事故信息与控制措施发布给其他相关部门。

六、结　语

港珠澳大桥跨境交通控制涉及内地与港澳口岸、连接线与周边路网,需要联系的部门繁多,尤其在发生重特大事件情况下,将这些部门有机地统一起来,建立快速的沟通与协调机制,在最短的时间内处理事件,恢复通行是跨境交通控制的主要目标。本文提出设置联络员岗位的运作体系,确保信息及时准确的传递,以及内地与港澳之间的相互协调。依据事件严重性、交通流影响程度以及交通控制范围将跨境交通控制的运作模式分为四个层级。从I级到IV级事件严重程度减弱,影响范围减小,涉及的相关部门数量减少,层次清晰,部门明确,便于实际操作。由于目前可以借鉴的跨境工程案例较少,提出的运作体系与模式存在不完善之处,在港珠澳大桥开通后将根据实际的运营经验不断调整与完善。

参考文献

[1] 杨晓光. 基于ITS的高速公路紧急救援管理系统研究(J). 上海公路,2002 (1).
[2] 杨晓光. 高速公路交通事故预防与紧急救援系统. 公路交通科技,1998(12).
[3] 戢晓峰,刘澜,吴其刚. 区域路网交通信息提取方法(J). 西南交通大学学报,2008,43(3):422-426.
[4] 刘智勇,吴今培,万百五.高速公路智能交通控制系统的建模及多层描述(J). 公路交通科技,1998,15(1):39-44.
[5] 许宏科. 高速公路隧道安全运营管理及其综合评价研究(D). 西安:长安大学,2006.
[6] 施炜. 交通应急模型及其算法研究(D). 杭州:浙江大学计算机科学与技术学院,2009.
[7] 彭雅芳. 交通事件视频检测系统中图像处理算法的研究(D). 武汉:武汉理工大学,2009.
[8] 廖志高. 高速公路隧道运营安全管理对策研究(D). 上海:同济大学交通运输工程学院,2008.
[9] 覃频频.基于信息融合的高速公路事件检测建模与仿真(D). 重庆:西南交通大学,2007.
[10] 王晓飞. 灾变条件下通道路网运营安全管理及应急处置研究(D). 上海:同济大学交通运输工程学院,2008.

99. 港珠澳大桥江海直达船航道桥约束体系研究与设计

金秀男　冯清海　张革军　赵　磊　文　锋
(中交公路规划设计院有限公司)

摘　要　江海直达船航道桥为110+129+258+258+129+110=994m的中央单索面三塔六跨钢箱梁斜拉桥,两个中跨和次边跨布设斜拉索。本文着重介绍了江海直达船航道桥全桥约束体系的设置以及选定过程,针对该桥抗震设防水准高、多塔且为钢塔的结构形式、外边跨未设置斜拉索且外边跨为钢主梁的建设条件及结构特点,通过进行相应的理论计算及对比分析,最终确定了该桥纵横向约束体系,提出了各项约束装置的功能及要求,并确定了相关的技术参数。

关键词　斜拉桥　多塔　钢塔　钢箱梁　抗震　约束体系　理论计算

一、概　述

江海直达船航道桥采用中央单索面三塔钢箱梁斜拉桥,桥跨布置为110+129+258+258+129+110=994(m)(图1),两个中跨和次边跨布设斜拉索。主梁采用带大悬臂的钢箱梁,梁高4.5m,梁宽38.8m;索塔为全钢索塔,其造型立面呈风帆、海豚造型,横向呈独柱造型;斜拉索采用扇形中央单索面布置。

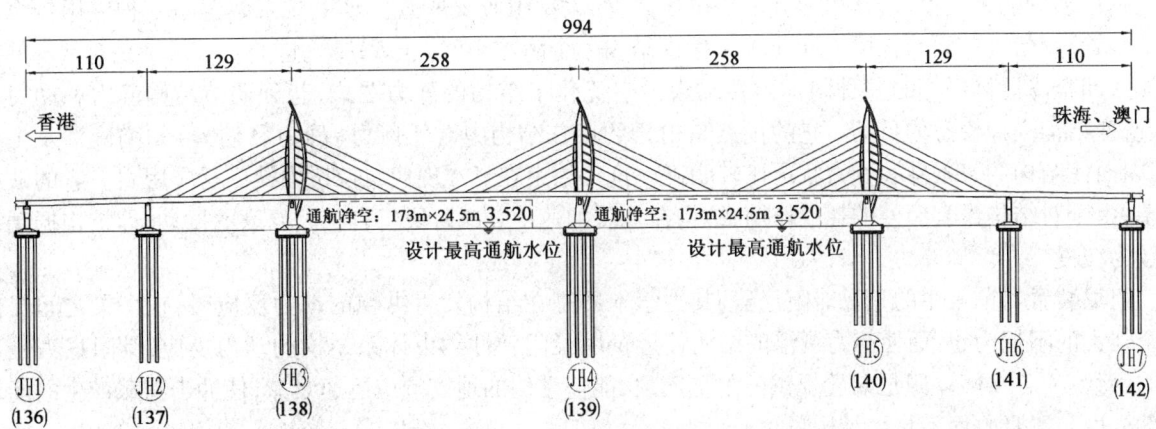

图 1　江海直达船航道桥桥型布置（尺寸单位：m）

桥梁的主要技术标准及建设条件为：公路等级为双向 6 车道高速公路，设计速度 100km/h；大桥的设计使用寿命为 120 年；汽车荷载按《公路桥涵设计通用规范》（JTG D60—2004）中规定的汽车荷载提高 25%；抗风设计标准为运营阶段、施工阶段设计重现期分别为 120 年、30 年，桥区重现期 120 年 10m 高度处 10min 平均风速为 42.7m/s；抗震设防标准以重现期表征，工作状态为 120 年（基准期 120 年超越概率 63%），极限状态为 1200 年（$P2$）（基准期 120 年超越概率 10% 的场地基岩加速度峰值为 147gal，地表加速度峰值为 185gal），结构完整性状态为 2400 年（$P3$）（基准期 120 年超越概率 5% 的场地基岩加速度峰值为 190gal，地表加速度峰值为 235gal）。

斜拉桥结构约束体系包括竖、纵、横 3 个方向。纵向约束体系对桥梁整体结构受力行为影响很大，是结构约束体系的主要特征；竖向约束体系则仅影响到主梁局部区域受力（因为主梁为多点弹性支承）；而横向约束体系则对桥梁横向受力有直接影响。结构约束体系研究的目的就是改善结构在极限风、地震等作用下的内力和位移反应，减小伸缩装置、支座等的位移量和动力磨损，增加桥梁在极限静、动力作用下的安全度[1]。本文针对江海直达船航道桥的结构特点及根据相关的计算结果，对其结构约束体系进行研究与设计。

二、结构约束体系研究

1. 竖向约束体系

斜拉桥常用的结构体系有：漂浮体系，支承体系（包括半漂浮体系），塔梁固结体系，刚构体系。一般而言，对于跨度较大，索距较密或在有抗震要求的地区修建的斜拉桥以及多塔斜拉桥宜选用漂浮体系或半漂浮体系；支承体系宜用于跨度较小的斜拉桥；独塔或双塔高墩和变形要求较高的斜拉桥宜选择刚构体系；塔梁固结体系宜用于塔根弯矩小和温度内力小的斜拉桥[2]。

经相关分析及研究，并综合考虑近塔区索距布置、主梁塔区范围受力、施工期塔梁临时固结、结构构造等因素，最终确定江海直达船航道桥竖向采用常规设计，即在索塔、辅助墩及过渡墩处均采用竖向刚性约束（即所谓纵向半漂浮体系）。

2. 纵向约束体系

1）纵向约束设置

随着大跨径悬索桥、斜拉桥、拱桥和其他一些新型索结构桥梁的建设，及高强度材料的应用，桥梁构件变得越来越柔，一方面，难以依靠构件自身的强度、弹性、变形甚至局部塑性来消耗强大的地震、风致振动等动力反应能量，另一方面，各种静荷载产生的结构变形难以满足正常使用功能。这样，就从动力和静力两方面都提出了利用附加装置改善大跨径桥梁柔性结构性能的需要。一般而言，附加装置可以分为提高结构刚度的弹性装置和提高桥梁阻尼比的阻尼装置两大类。

弹性装置的种类很多，常用的有水平拉索装置、大型橡胶支座等。水平拉索装置是一种应用较多的弹性装置，它依靠拉索的长度 L 和面积 A 提供结构一个附加刚度 $K=EA/L$。这类约束通常是对常规的结构体系如全漂浮体系等的一种附加弹性约束。它优化了结构的静力图式，起到调节结构静力和动力反应、改变结构失稳模态的目的。它的优点是由于约束在结构中对任何力（静力和动力）的响应都发生作用，因而使结构约束条件和受力状况比较明确。这类约束在日本现代斜拉桥中被广泛应用[3]。它的缺点在于，由于对结构没有额外的耗能作用，结构在地震加速度衰减阶段仍有较大幅度的振动，即结构振动衰减较为缓慢。

阻尼装置目前常用的是黏滞阻尼器，其力学本质是在结构发生纵飘的动力反应时，在塔梁之间提供一个强大的阻尼力，从而使静力漂浮的结构接近于塔梁间弹性约束体系结构的动力反应，其阻尼力是速度的函数：$F=CV^{\xi}$。阻尼装置提供的附加阻尼，能使结构的地震响应迅速衰减，使冲击荷载产生的能量大部分由装置吸收而不是由结构吸收。

一般情况下，普通阻尼装置仅具有动力阻尼约束作用，即对脉动风、刹车和地震引起的动荷载具有阻尼耗能作用，不能限制静风荷载、温度等引起的缓慢位移。若要达到提高结构刚度、减小梁端位移的目的，还需要限制阻尼装置的行程，即当由静风、温度和汽车引起的塔梁相对纵向位移在阻尼器设计行程以内时，不约束主梁运动；超出行程时，对主梁运动产生刚性固定作用[4]。

江海直达船航道桥抗震设防水准高，地震作用对下部结构设计起控制作用，弹性约束装置适用性较差。因此，为改善结构的动力反应，减少地震力对下部结构的影响，同时在一定程度上改善结构的静力反应，并综合考虑结构特点、施工方便性、运营期管养维护容易，该桥纵桥向索塔及桥墩处设计采用带刚性限位的阻尼装置。

2) 纵向阻尼参数

采用有限元分析软件 SAP2000 建立包括非通航孔桥在内的江海直达船航道桥动力计算模型，对相关阻尼参数进行研究。模型中，主梁、索塔、桥墩均采用空间梁单元模拟；斜拉索采用空间桁架单元模拟，考虑拉索的垂度效应，并修正拉索弹性模量；群桩基础对应的边界条件取最低冲刷高程，土质资料根据 m 法确定，在承台底采用六弹簧模拟桩基和桩土共同作用。

一般情况下，阻尼参数 C、ξ 取值不同，对结构响应的影响也不同。工程应用中一般取阻尼指数 $\xi=0.2\sim0.5$，在此范围内可根据对位移的减震目标和结构受力，选择合适的阻尼器参数。经比选，阻尼指数 ξ 在塔梁连接处取 0.5、桥墩处取 0.2 较为合理。

另外，有关研究表明：若结构的减震体系合理，随着阻尼系数 C 从无到有地增大，结构的减震效果会越来越明显；但当阻尼系数 C 达到一定数值后其变化对减震效果的影响则不再明显；若阻尼系数 C 超过这一稳定范围后继续增加，结构的减震效果反而会降低；当阻尼系数 C 达到理论无穷大时，阻尼器相当于一个锁定装置，失去减震作用[5]。

比选中，在塔梁连接处、桥墩处阻尼指数 ξ 确定的情况下，以 P3 水准"纵向 + 竖向"地震波输入为例，对中塔的纵向阻尼系数 C 进行了比选，见表 1。

P3 地震作用下纵向阻尼系数 C 比选 表1

墩（塔）	方案1（纵向阻尼参数）		方案2（纵向阻尼参数）	
	C	ξ	C	ξ
过渡墩	2000	0.2	2000	0.2
辅助墩	2000	0.2	2000	0.2
边塔	3000	0.5	3000	0.5
中塔	2000	0.5	3000	0.5

2 种方案的结构关键截面地震响应结果见表2。由表2可知，方案2相比于方案1，边塔承台底顺桥向弯矩、中塔承台底顺桥向弯矩及剪力呈较明显减小趋势。

P3 地震作用下关键截面内力 表2

位置	轴力(kN)			顺桥向剪力(kN)			顺桥向弯矩(kN·m)		
	方案1	方案2	变化率	方案1	方案2	变化率	方案1	方案2	变化率
过渡墩承台底	67659	67263	−0.6%	42225	42296	+0.2%	502582	502090	−0.1%
辅助墩承台底	60132	59270	−1.4%	41401	41451	+0.1%	519448	518396	−0.2%
边塔承台底	60584	60758	+0.3%	54891	54746	−0.3%	829027	806058	−2.8%
中塔承台底	58804	58585	−0.4%	63770	56505	−11.4%	866318	833922	−3.7%

注:表中的变化率正号代表增加,负号代表减小。

因此,综合考虑索塔及桥墩的剪力和弯矩等随阻尼参数的变化情况,关键位置位移及阻尼力情况,江海直达船航道桥纵向阻尼参数取为:过渡墩、辅助墩处 $C=2000\mathrm{kN}/(\mathrm{m/s})^{0.4}$,$\xi=0.2$;边塔、中塔处 $C=3000\mathrm{kN}/(\mathrm{m/s})^{0.4}$,$\xi=0.5$。

3) 纵向阻尼器限位量

一般情况下,阻尼器纵向额定限位行程应保证在温度荷载作用下,主梁可以自由位移;另外,在正常运营状态下,遇地震时,阻尼装置应保证可正常工作。

控制额定限位行程量的荷载组合及相关计算见表3。

装置的额定行程量确定 表3

位置	各荷载工况下的行程量(mm)			额定行程量(mm)
	温度	活载+温度	正常运营+地震作用	
过渡墩处主梁	±195	±233	±376	±400
辅助墩处主梁	±155	±190	±344	±350
边塔处主梁	±105	±140	±267	±300
中塔处主梁	±5	±42	±168	±200

3. 横向约束体系

1) 横向约束设置

在斜拉桥的横桥向,一般采用抗风支座约束主梁与索塔的相对运动,采用横向限位装置来制约主梁与桥墩的相对运动。这种"刚性"的约束体系通常会使得斜拉桥的横桥向地震响应非常大。对于江海直达船航道桥而言,其抗震设防水准高,横桥向地震力对下部结构受力影响显著,对下部结构的设计起主要控制作用。为提高索塔、桥墩横桥向的抗震性能,尽量减小索塔及桥墩的内力反应,同时将塔(墩)、梁间的相对位移限制在合理的范围内,主要针对3种横向约束体系进行了研究。

体系1:中塔、边塔及过渡墩处采用支座刚性约束,辅助墩处采用阻尼约束(即全桥横桥向设置2点阻尼约束);体系2:边塔、过渡墩处采用支座刚性约束,中塔、辅助墩处采用阻尼约束(即全桥横桥向设置3点阻尼约束);体系3:中塔、过渡墩处采用支座刚性约束,边塔、辅助墩处采用阻尼约束(即全桥横桥向设置4点阻尼约束)。

采用时程分析法初步拟定各体系的横向阻尼参数后,对比分析各体系下结构的地震响应。以P3水准"横向+竖向"地震波输入为例,地震作用下关键截面内力对比结果见表4及图2、图3。

P3 地震作用下关键截面内力 表4

位置	轴力(kN)			横桥向剪力(kN)			横桥向弯矩(kN·m)		
	体系1	体系2	体系3	体系1	体系2	体系3	体系1	体系2	体系3
过渡墩承台底部	63702	63067	62954	51314	39088	67844	802073	711113	906311
辅助墩承台底部	25555	25512	25515	28516	30028	21082	484838	498710	368341
边塔承台底部	89895	89941	89895	108777	78802	79728	1811337	1382535	852607
中塔承台底部	89994	89719	90109	101429	84478	66097	2248229	827237	1276420

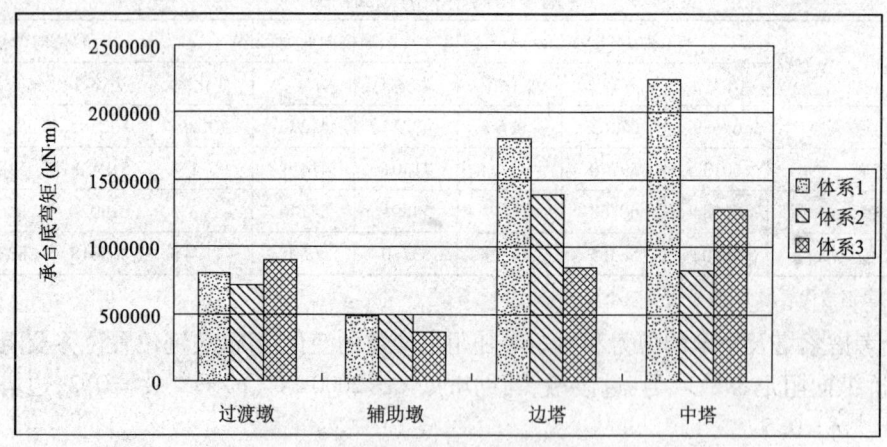

图 2　3 种横向约束体系的承台底弯矩

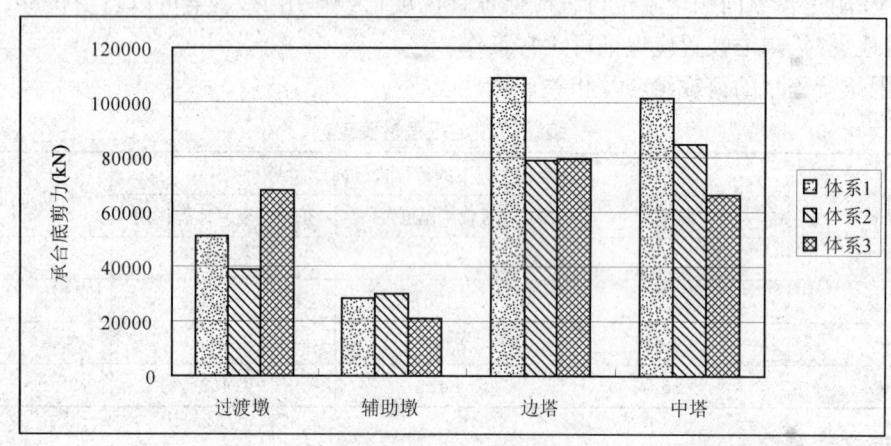

图 3　3 种横向约束体系的承台底剪力

根据表 4 和图 2、图 3 可知：①体系 2、体系 3 与体系 1 相比，明显改善了边塔、中塔基础的受力；②体系 2 与体系 3 相比，边塔、中塔基础受力的改善程度基本一致，但体系 2 中辅助墩与过渡墩的受力情况趋于协调，且过渡墩基础的受力较体系 1、体系 3 相比有一定程度的改善。

在提高边塔及中塔基础的横桥向抗震性能的前提下，对横向约束体系 2 与体系 3 中结构的抗风受力及变形情况进行了分析。在主梁横桥向百年风荷载作用下，对比分析 2 种体系下结构的反应，对比结果见表 5。

主梁横桥向百年风荷载作用下 2 种体系的结构反应　　　　表 5

位　置	横向抗风支座反力(kN)		塔(墩)底横桥向弯矩(kN·m)		主梁横桥向位移(mm)	
	体系 2	体系 3	体系 2	体系 3	体系 2	体系 3
过渡墩	1128	4487	27974	111278	0	0
辅助墩	—	—	—	—	4	150
边塔	10829	—	350378	—	34	211
中塔	—	14650	—	498015	216	48

由表 5 可知：①体系 2 与体系 3 相比，过渡墩处横向抗风支座反力减小约 75%，索塔处减小约 26%；②体系 2 与体系 3 相比，过渡墩处的弯矩减小约 75%，索塔处的弯矩减小约 29.7%；③体系 2 与体系 3 相比，边塔处与中塔处的主梁横桥向最大位移值基本一致，但在辅助墩位置处，体系 2 的主梁横桥向最大位移值明显小于体系 3 中的最大位移值。

因此，综合 3 种横向约束体系下的结构的地震响应情况与结构的横向抗风受力及变形情况，最终选择体系 2 作为横向约束体系,即在该桥辅助墩与中塔位置处设计采用带刚性限位的横向阻尼约束,过渡墩与 2 个边塔位置处采用支座刚性约束。

2)横向阻尼参数及限位量

为了分析横向阻尼参数对江海直达船航道桥横向地震反应的影响,以 $P3$ 水准"横向 + 竖向"地震波输入为例,进行了地震反应分析,对阻尼系数 C 与阻尼指数 ξ 进行了比选。图4、图5及表6、表7有代表性地列举了不同阻尼参数下的辅助墩承台底内力以及边塔、中塔承台底内力的对比情况。

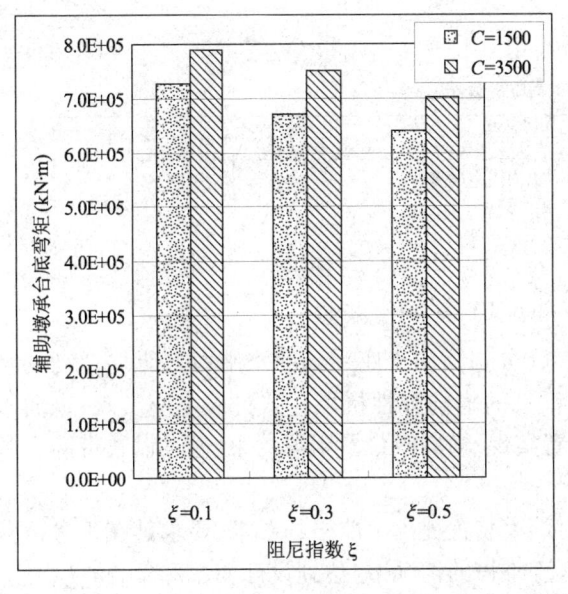
图 4　辅助墩承台底弯矩

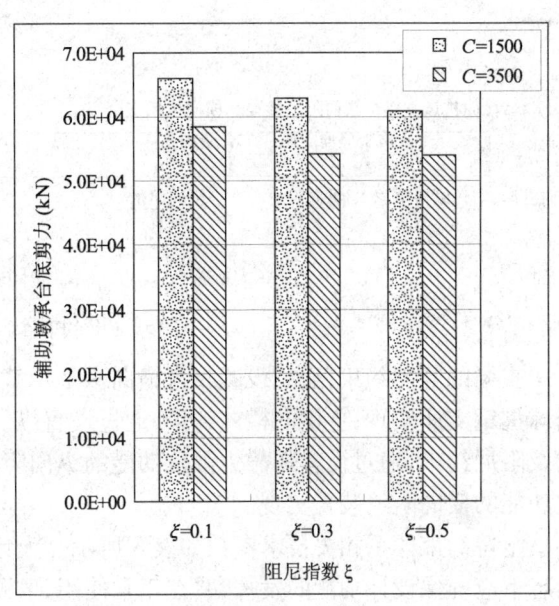
图 5　辅助墩承台底剪力

$P3$ 地震作用下索塔关键截面内力(阻尼参数 C 不变,ξ 变化)　　　表6

参　数	承台底横桥向弯矩(kN·m)		承台底横桥向剪力(kN)	
	中塔	边塔	中塔	边塔
$C = 3500, \xi = 0.1$	882779	1592765	62833	69364
$C = 3500, \xi = 0.3$	843225	1586333	65525	68490
$C = 3500, \xi = 0.5$	828062	1572555	67640	67627

$P3$ 地震作用下索塔关键截面内力(阻尼参数 ξ 不变,C 变化)　　　表7

参　数	承台底横桥向弯矩(kN·m)		承台底横桥向剪力(kN)	
	中塔	边塔	中塔	边塔
$C = 1500, \xi = 0.5$	808194	1557299	80177	65224
$C = 3500, \xi = 0.5$	828062	1572555	67640	67627
$C = 5000, \xi = 0.5$	845728	1610776	60996	70262

根据计算分析结果,并综合考虑阻尼器位移及阻尼力、主梁位移、桥墩及索塔内力随阻尼参数的变化情况,江海直达船航道桥横向阻尼参数取为:辅助墩处 $C = 3500 \text{kN}/(\text{m/s})^{0.4}, \xi = 0.5$;中塔处 $C = 3500 \text{kN}/(\text{m/s})^{0.4}, \xi = 0.5$。

根据抗震分析计算结果以及静力分析计算结果,横向阻尼器额定限位行程量为:辅助墩处限位量为 $\pm 250 \text{mm}$,中塔处限位量为 $\pm 400 \text{mm}$。

三、结构约束体系设计

根据前述研究结论,设计了全桥主梁三向约束体系,约束体系的功能主要通过支座和阻尼限位装置得以实现,全桥约束体系布置如图6示。

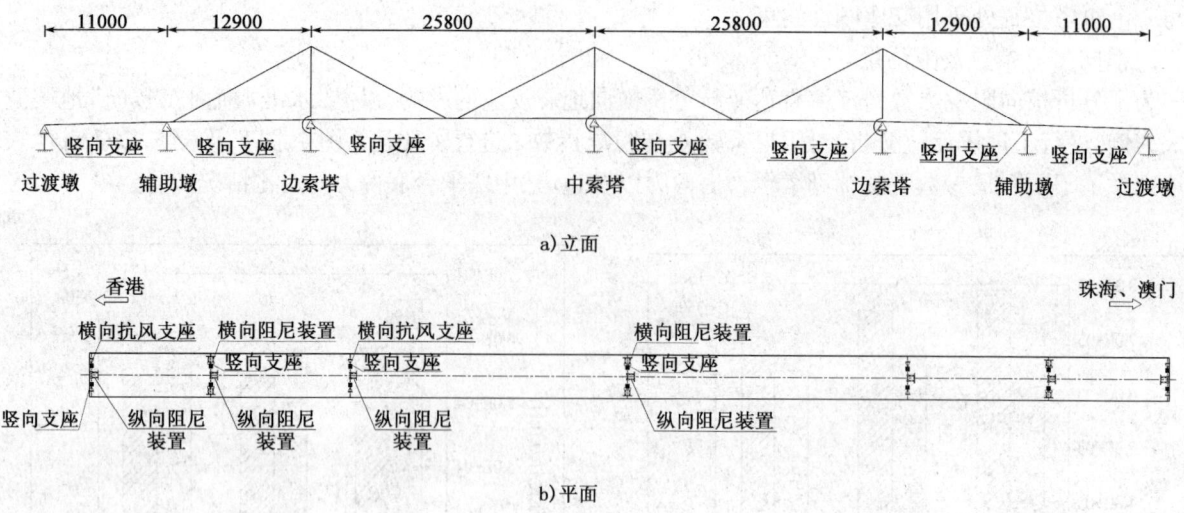

a) 立面

b) 平面

图6 全桥约束体系布置示意(尺寸单位:cm)

主梁的竖向约束,通过设置具有横向水平承载力要求(分担横向支座受到的水平力)、纵向活动的竖向球型钢支座实现;主梁的横向约束,通过设置纵、竖向活动的横向弹性抗风盆式橡胶支座实现;纵向限位及阻尼约束,通过设置带静力限位功能的纵向阻尼装置实现;横向限位及阻尼约束,通过设置带静力限位功能的横向阻尼装置实现。

全桥约束体系相关技术参数如表8所示。设计时对约束装置提出了严格的要求,要求其在正常运营状态下应确保设计功能的发挥,并在正常使用、监测和合理维护的情况下,达到设计使用寿命。

表8 江海直达船航道桥全桥约束体系技术参数[6]

约束装置	设置装置	全桥数量	规格	位移要求				
				顺桥向平移 dx	横桥向平移 dy	竖向平移 dz	顺桥向转角 θy	顺桥向转角 θz
竖向支座	过渡墩处	2×2=4	15000kN 球形钢支座	±400mm			±0.02	
	辅助墩处	2×2=4	22500kN 球形钢支座	±350mm	±250mm		±0.02	
	边索塔处	2×2=4	22500kN 球形钢支座	±300mm			±0.02	
	中索塔处	2	22500kN 球形钢支座	±200mm	±400mm		±0.02	
横向抗风支座	过渡墩处	2×2=4	12500kN 盆式橡胶支座	±400mm		±100mm		±0.02
	过索塔处	2×2=4	27500kN 盆式橡胶支座	±300mm		±100mm		±0.02
阻尼装置 纵向	过渡墩处	2×2=4	$C=2000, \xi=0.2, F=2000kN$, 自由行程±400mm					
	辅助墩处	2×2=4	$C=2000, \xi=0.2, F=2000kN$, 自由行程±350mm		±250mm			
	过索塔处	2×2=4	$C=3000, \xi=0.5, F=3000kN$, 自由行程±300mm					
	中索塔处	2	$C=3000, \xi=0.5, F=3000kN$, 自由行程±200mm		±400mm			
横向	辅助墩处	2×2=8	$C=1750, \xi=0.5, F=2250kN$, 自由行程±250mm	±350mm				
	中索塔处	4	$C=1750, \xi=0.5, F=2000kN$, 自由行程±400mm	±200mm				

四、结　语

通过对港珠澳大桥江海直达船航道桥约束体系的研究,得出以下几点结论:

(1)通过在塔墩处设置带刚性限位的阻尼装置,在改善结构动力反应的同时,在一定程度上也可以改善结构的静力反应。

(2)通过对比分析3种横桥向约束体系对斜拉桥横桥向抗震性能与抗风性能的影响,在全桥采用设置3点横向阻尼约束的方案(即在2个辅助墩与中塔位置处采用带刚性限位的横向阻尼约束,2个过渡墩与2个边塔位置处采用支座刚性约束),效果相对较好。

(3)根据斜拉桥结构的静力、动力特点,可以通过结构静、动力分析和阻尼参数分析,选择合适的阻尼装置以达到设计者的意图。

(4)设计时为满足结构约束体系要求而采用的支座、阻尼限位装置的各项技术参数指标,可为相关工程提供借鉴与参考。

参考文献

[1] 徐利平,张喜刚,裴岷山,等.苏通大桥主桥结构体系研究//中国公路学会桥梁和结构工程分会2004年全国桥梁学术会议论文集[C].北京:人民交通出版社,2004:40-47.

[2] 中华人民共和国行业标准.JTG/T D65-01—2007 公路斜拉桥设计细则[S].北京:人民交通出版社,2007:7-8.

[3] 徐利平.超大跨径斜拉桥的结构体系分析[J].同济大学学报,2003(4):400-403.

[4] 朱斌,林道锦.大跨径斜拉桥结构体系研究[J].公路,2006(6):97-100.

[5] 徐秀丽,刘伟庆,李龙安,等.斜拉桥结构减震设计优化研究[J].地震工程与工程振动,2006(4):119-123.

[6] 中交公路规划设计院,日本株式会社长大.港珠澳大桥主体工程桥梁DB01标段施工图设计,2012年.

100. 港珠澳大桥钢箱梁最大悬臂状态可靠度分析

景　强[1]　骆佐龙[2]　闫　磊[2]　宋一凡[2]

(1.港珠澳大桥管理局;2.长安大学　旧桥检测预加固技术交通行业重点实验室)

摘　要　针对港珠澳大桥跨越崖13-1气田管线桥钢箱梁架设过程中处于最大悬臂状态时可能出现的抗倾覆稳定性问题,进行可靠度分析。作用效应考虑了施工阶段恒荷载以及重现期为10年的施工阶段风荷载。对钢箱梁架设过程中最大悬臂状态建立稳定性极限状态功能函数,通过有限元程序的到功能函数中有关参数的确定性计算结果,最后采用一次二阶矩法编制相关程序得到可靠指标计算计算。结果表明,钢箱梁最大悬臂状态抗倾覆稳定性可靠指标在规范规定的施工期目标可靠指标范围内,结构处于安全、稳定的状态。

关键词　钢箱梁　极限状态　可靠指标　有限元　一次二阶矩

一、引　言

钢箱连续梁桥以其架设周期短,施工进度快已成为目前大跨度桥梁广泛采用的一种桥型。对于三跨钢箱连续梁桥,通常采用先架设两个边跨,再进行中跨合龙的施工工艺。为了提高体系转换后结构的受力性能,一般将反弯点位置处截面作为两个大节段的焊接截面,这样可能会导致钢箱梁架设过程中悬臂长度过大,结构的抗倾覆稳定性不足。因此需要对钢箱梁桥架设过程中的最大悬臂状态的抗倾覆稳定性可靠度进行验算,以策安全。

二、实桥资料

跨越崖13-1气田管线桥采用连续梁体系,联跨布置为(110 + 150 + 110)m = 370m,为三跨变截面钢箱连续梁桥,桥型布置见图1。钢箱梁顶面宽33.1m,中墩墩顶5m区段钢箱梁高6.5m,墩顶等高梁段两侧各37.5m区段梁高从6.5m线形变化至4.5m,其余区段梁高为4.5m。

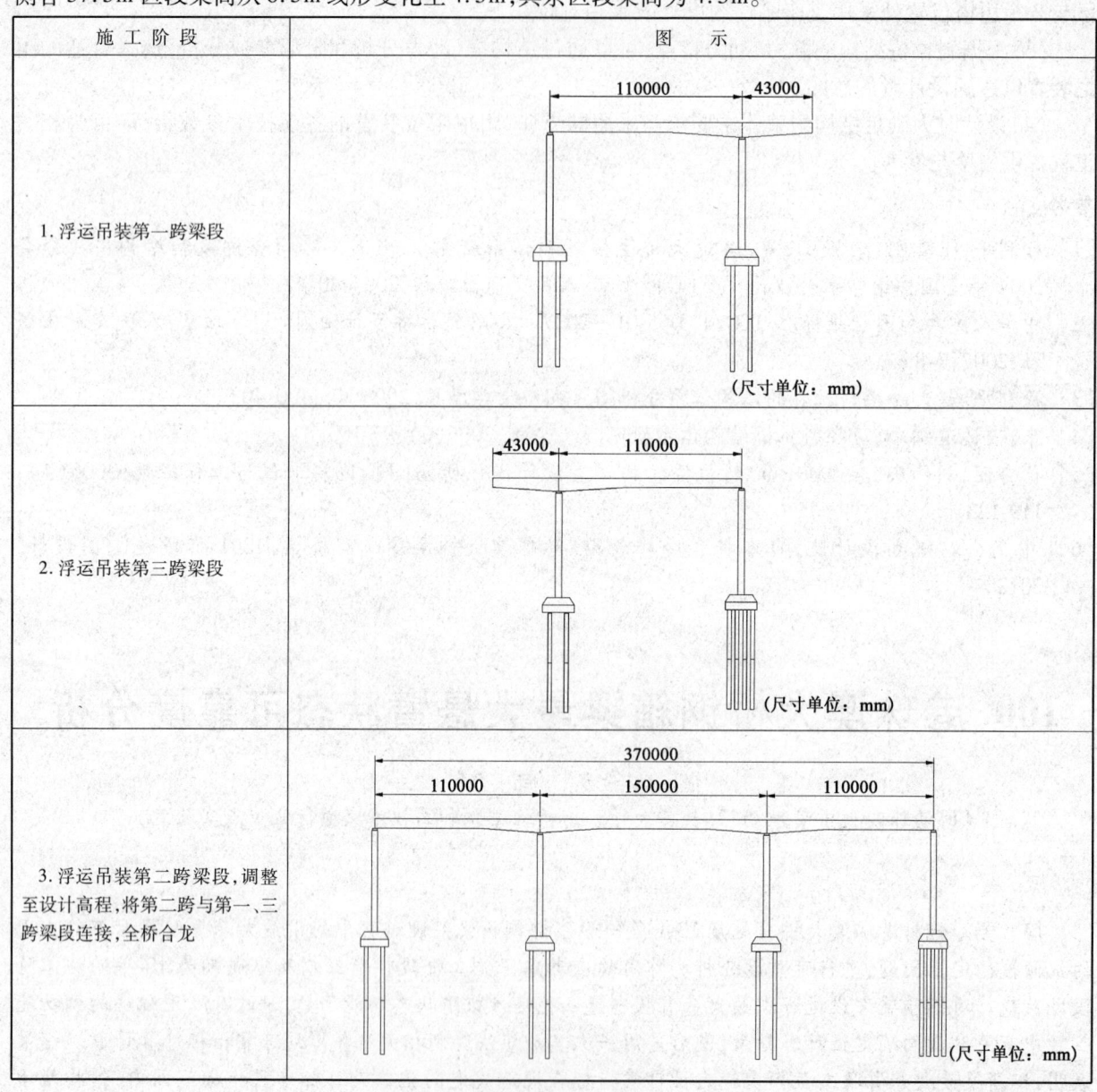

图1 钢箱梁架设施工工艺

三、可靠度分析模型

由于跨越崖13-1气田管线桥采用先架设两个边跨后中跨合龙的施工顺序,并且两个边跨的悬臂长度为43m,悬臂长度较长,在边梁架设阶段(即浮吊吊装架设第一跨梁段),整个梁体有发生倾覆的危险,可能会出现倾覆稳定极限状态。因此,需要建立可靠度分析模型对钢箱梁最大悬臂状态的抗倾覆稳定性进行分析,确保施工过程安全。

桥跨结构在施工架设时应保证结构的抗倾覆稳定性,稳定系数应不小于 1.3[1]。由此可得到倾覆稳定应的可靠度模型为:

$$R \geq 1.3S$$

式中:R——抵抗力矩;

S——倾覆力矩。

由于跨越崖 13-1 气田管线桥钢箱梁采用工厂预制、现场整体吊装的施工工艺,因此,施工过程中的活载影响较小,可以略去不计。又由于桥位位于伶仃洋海域,受风荷载的影响较大。因此,本文主要考虑施工过程中的恒荷载及风荷载对梁体倾覆稳定性的影响。

施工过程中的恒荷载主要为梁体自重及吊点、临时施工平台、机具等的自重,施工阶段风荷载的施加参照平衡悬臂施工阶段的加载不对称方式[2]:风荷载在左边跨施加向上的风荷载集度 $F_H = 25.65 \text{kN/m}$,悬臂部分施加向上的风荷载集度 $0.5F_H = 12.82 \text{kN/m}$。抗力及荷载统计参数[3-7]见表 1。

荷载及抗力统计参数　　　　　　　　　　表 1

		分布类型	均值	标准差	变异系数
荷载	恒荷载	正态分布	1.0148	0.0437	0.0431
	风荷载	极值 I 型分布	1.171	0.190	0.162
抗力		正态分布	1.0148	1.0148	0.0431

1. 抗倾覆稳定性可靠指标计算

根据前述的可靠度模型可建立起该桥倾覆稳定极限状态功能函数:

$$g = R - 1.3(S_1 + S_2)$$

式中:R——抗倾覆弯矩(主要由重力产生);

S_1——重力产生的倾覆弯矩;

S_2——风荷载产生的倾覆弯矩。

根据有限元分析结果,确定性计算结果见表 2。

有限元确定性计算结果　　　　　　　　　　表 2

R	S_1	S_2
1088238.6kN·m	202637.1kN·m	143535.35kN·m

对于主梁在吊装架设施工阶段的抗倾覆稳定性可靠指标,根据一次二阶矩法[5-6]可采用 MATLAB 程序[8]编程计算得到,计算的可靠指标计算结果为 4.2505。程序片段如下所示。

```
clear;clc;
muX = [1.0148;1.0148;0.171];
sigmaX = [0.0437;0.0437;0.190];
aEv = sqrt(6) * sigmaX(3)/pi;uEv = - psi(1) * aEv - muX(3);
muX1 = muX;sigmaX1 = sigmaX;
x = muX;normX = eps;
while abs(norm(x) - normX)/normX > 1e - 6;
normX = norm(x);
……
```

2. 目标可靠指标

目前,施工期的目标可靠指标在我国规范中并没有明确规定,国外规范中,加拿大 ONTARIO 公路桥梁设计规范[9]和美国 AASHTO 规程[11]中均把构件可靠指标定为 3.5,而欧洲规范[10]建议可靠指标在 4~5。由此可见,跨越崖 13-1 气田管线桥钢箱梁架设期间,抗倾覆稳定性可靠指标在目标可靠指标范围之内。

四、参数敏感性分析

为了明确对可靠指标影响最大的随机变量,需要对极限状态方程中的各个随机变量进行参数敏感性分析,以便在钢箱梁制造阶段有针对性地对影响可靠指标较大的参数进行控制。

由于本例中主要考虑施工阶段恒荷载及风荷载的影响,因此,对以上两个荷载随机变量进行参数敏感性分析。分别计算得到施工阶段恒荷载及风荷载的变异系数取值范围为:0.043~0.02以及0.162~0.35,为了方便比较参数对可靠指标的敏感程度,取0.162~0.02范围内的5个变异系数进行计算。具体操作为:改变一个随机变量的变异系数,另一个保持不变,观察结构可靠指标的变化,进而找出对结构倾覆稳定性影响最大的随机变量。参数敏感性分析计算结果如表3所示。

不同变异系数对应的可靠指标　　　　　表3

变异系数	可靠指标	
	施工阶段恒荷载	风荷载
0.162	3.5387	4.2505
0.17	3.4983	4.1964
0.18	3.4427	4.1332
0.19	3.3894	4.0758
0.20	3.3371	4.0235

从表3及图2可知,施工阶段恒荷载及风荷载随着变异系数的增大,可靠指标均逐渐减小,且二者对可靠指标的影响程度相差不大。因此,一方面需要在钢箱梁工厂预制阶段保证一定的制造精度,使钢箱梁自重偏差最小;另一方面,在钢箱梁现场架设时,尽量选择风速较小的时间段进行施工,使风荷载对结构倾覆稳定性的影响降到最低。

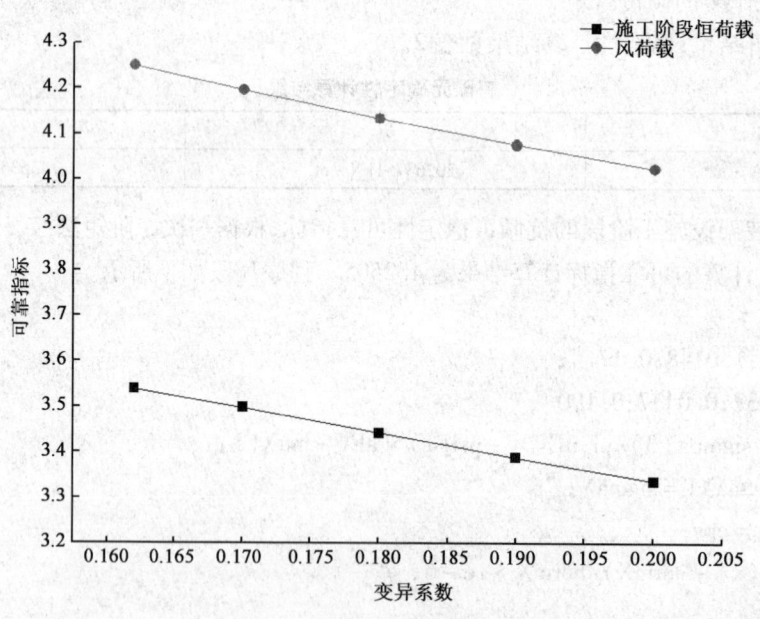

图2　变异系数对可靠指标的影响

五、结　语

(1)采用逐段架设法施工且悬臂较长的大跨度钢箱连续梁桥,需要进行抗倾覆稳定性可靠度分析,确保结构施工过程安全。

(2)我国规范并没有明确结构施工期目标可靠指标的具体取值范围,这里借用欧洲规范的目标可靠指标范围为 4~5,如何提出适用于我国具体工程实际的施工期目标可靠指标是今后需要研究的问题。

(3) 由于结构可靠度分析是基于概率论与数理统计方法对结构进行安全性能的评估,因此,需要进行参数敏感性分析以确定对结构可靠指标影响较大的随机变量,进而对其进行控制。

参考文献

[1] 中华人民共和国行业标准. JTJ 025—86 公路桥涵钢结构及木结构设计规范[S]. 北京:人民交通出版社,1988.
[2] 中华人民共和国行业标准. JTG/T D60-1—2004 公路桥梁抗风计规范[S]. 北京:人民交通出版社,2004.
[3] 李扬海,鲍卫刚,郭修武,等. 公路桥梁结构可靠度与概率极限状态设计[M]. 北京:人民交通出版社,1997.
[4] 中华人民共和国国家标准. GB/T 50283—1999 公路工程结构可靠度设计统一标准[S]. 北京:中国计划出版社,1999.
[5] 张建仁,刘扬,徐福友,等. 结构可靠度理论及其在桥梁工程中的应用[M]. 北京:人民交通出版社,2003.
[6] 赵国藩. 结构可靠度理论[M]. 北京:中国建筑工业出版社,2000.
[7] 中华人民共和国国家标准. GB 50153—92 工程结构可靠度设计统一标准[M]. 北京:中国计划出版社,1992.
[8] 张明. 结构可靠度分析—方法与程序[M]. 北京:科学出版社,2009.
[9] The Canadian highway bridge design specification (CHBDC),1979.
[10] fib Model Code 2010, First Complete Draft,2010.
[11] AASHTO. AASHTO LRFD bridge design specifications, SI Units. 5th ed. American Association of State Highway and Transportation Officials: Washington USA, 2010.

101. 基于 ABAQUS 的大节段吊装钢箱梁空间应力分析

刘 鹏[1] 余 烈[2] 贺拴海[1]

(1. 长安大学 旧桥检测与加固技术交通行业重点实验室;2. 港珠澳大桥管理局)

摘 要 青州航道桥边跨和连接线深水区通航孔桥采用大节段整体吊装架设方法。针对钢箱梁大节段吊装工序,利用 ABAQUS 接触非线性分析功能,研究了钢箱梁大节段吊装中最不利荷载作用下吊耳、钢箱梁和加劲件处的局部应力,探讨了吊耳处不同加载方式对钢箱梁各部件应力状态和分布特点的影响,确保大节段吊装期间局部受力可控。研究结果表明:采用直接加载方式与销轴与吊耳耦合连接受力形式,所计算吊耳应力状态与考虑接触非线性时相差较大,计入销轴与吊耳之间接触非线性能够反映吊耳处实际受力状态;大节段吊装中吊耳及局部加劲件受力明确,钢箱梁局部应力水平低且扩散速度快,结构受力处于安全状态。所得结论可供同类型工程参考。

关键词 大节段 钢箱梁 吊装 接触非线性

一、引 言

青州航道桥为港珠澳大桥主体工程三个通航孔桥之一。青州航道桥及附近深水区通航孔桥位于伶伶仃洋海域繁忙海运航道之上,毗邻珠江入海口,常年大风天气较多,台风影响严重,传统施工方法难以满足施工工期要求。大节段吊装架设方法能够大幅缩短工期,减小恶劣施工环境的影响,因此该方法在港珠澳大桥建设上应用广泛。

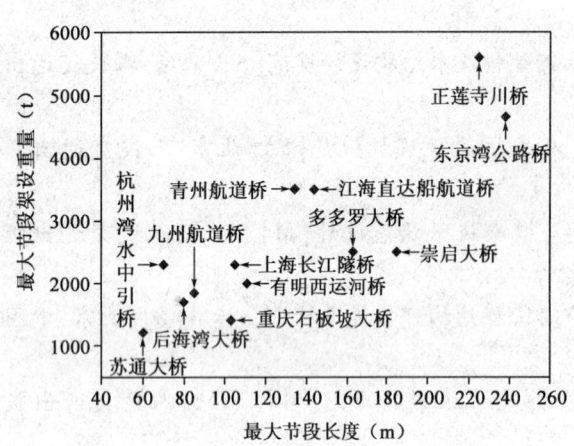

图1 国内外采用大节段钢箱梁吊装法施工的桥梁

青州航道桥及附近深水区通航孔桥共有72个梁段采用大节段吊装方法进行架设,其中以青州航道桥边跨大节段长134.45m,梁宽41.8m,梁重约为3656吨,重量为各梁段之首,其制造、吊装规模在国内罕见[1-3](见图1)。边跨大节段区段吊装法架设中局部受力的安全性是青州航道桥施工中的关键环节:其中销轴与吊耳为大节段吊装关键传力构件,二者之间存在复杂非线性接触关系,须作重点分析计算。

本文以青州航道桥边跨大节段海上吊装为例,利用ABAQUS接触非线性分析功能研究了钢箱梁大节段吊装中最不利荷载作用下吊耳、钢箱梁和加劲件处的局部应力,分析了吊耳处不同加载方式对钢箱梁各部件应力状态和分布特点的影响,确保大节段吊装期间局部受力可控,并总结相关经验为今后类似工程实践提供有益参考。

二、工程概述

1. 总体概况

青州航道桥为双塔双索面钢箱梁斜拉桥,如图2所示,全桥采用半漂浮体系。桥跨布置为110 + 236 + 458 + 236 + 110 = 1150(m)。仅在中跨和次边跨布设斜拉索,标准索距为15m。主梁采用流线型扁平钢箱梁,如图3所示。主梁采用带风嘴的扁平流线型截面,主体结构除边跨跨中处梁段采用Q420qD外,其余均为Q345qD。钢箱梁梁顶宽33.8m(不计风嘴),底板宽21.2m,梁高4.5m,风嘴长度为2.6m。

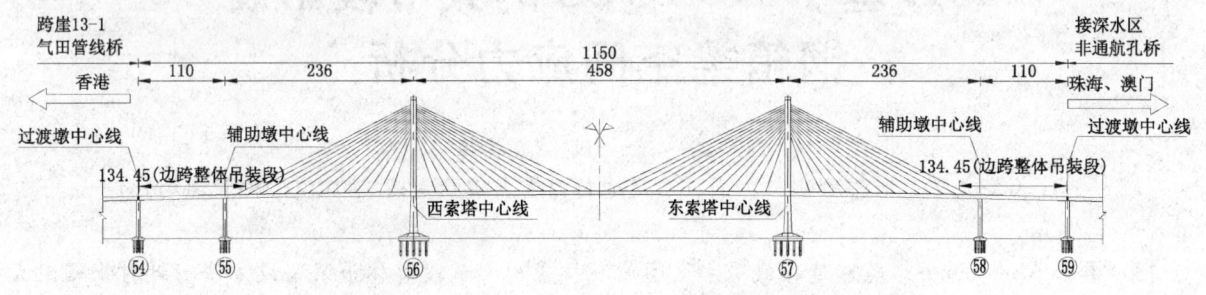

图2 青州航道桥总体布置示意(尺寸单位:m)

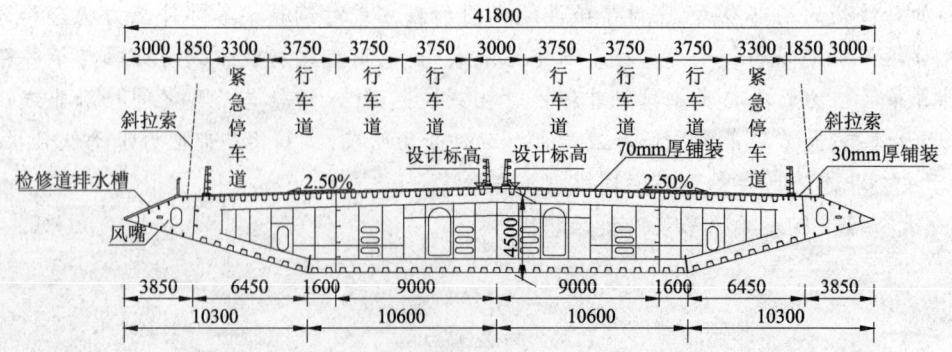

图3 青州航道桥钢箱梁标准断面(尺寸单位:mm)

2. 施工方案

大节段整体吊装法安装钢箱梁需要经历小节段制造、大节段拼装、装船运输、吊装架设和梁段安装五个阶段，具体施工流程见图4所示。

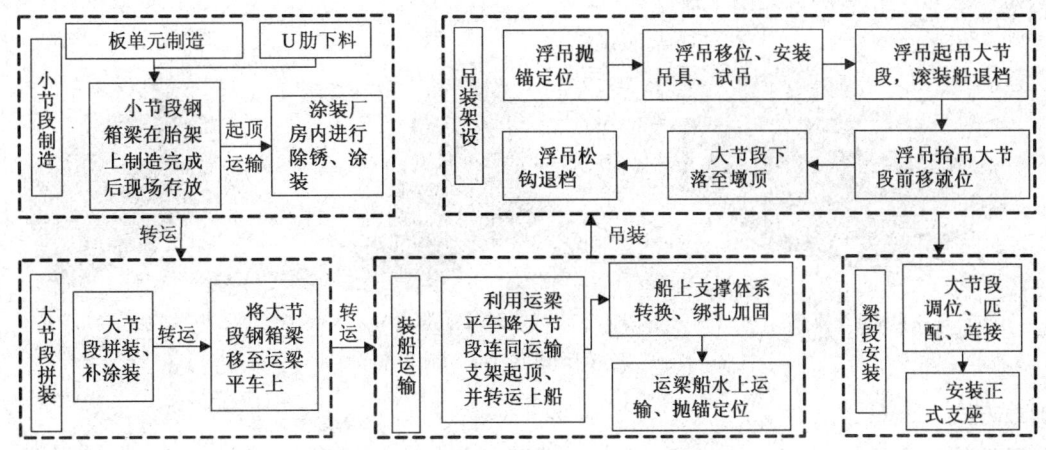

图4 大节段钢箱梁架设流程

根据构造，青州航道桥全桥钢箱梁划分 A～S 共 18 种类型、85 个梁段，索区梁段采用悬臂拼装法安装，索塔塔区节段和边跨区梁段安装采用大节段整体吊装法架设，图5所示为青州航道桥大节段梁段划分示意。ES14～ES25、WS14～WS25 梁段为边跨整体吊装梁段，长度 134.45m，重约 3656t，使用 4000t 和 2600t 浮吊抬吊安装。根据浮吊吊装能力不同，2600t 浮吊和 4000t 浮吊处各设置 20 个吊点。梁段临时吊点布置于纵、横隔板交点处。临时吊点对应的钢箱梁处设有内部加劲件。钢箱梁抬吊时，两组吊具均独立工作，此种状态不受钢箱梁重心位置的影响，可根据实际需要调整两浮吊吊钩高度以满足箱梁坡度要求。双浮吊抬吊作业示意如图6所示。

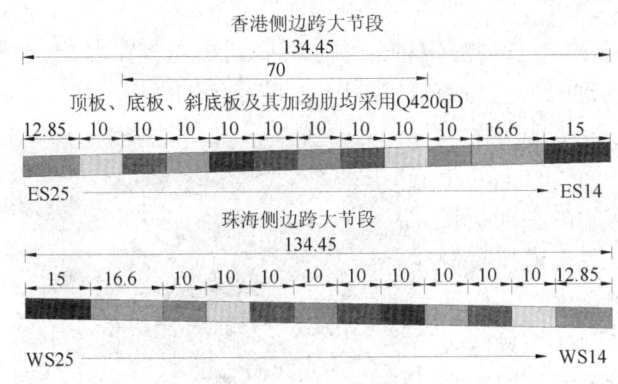

图5 青州航道桥边跨大节段划分示意（尺寸单位：m）

图6 双浮吊抬吊作业示意

三、吊装局部仿真分析

由于青州航道桥边跨节段长度超长，重量最大，因此施工过程中最不利的情况出现在边跨大节段起吊的环节中。为保证结构的安全性，需对吊装阶段进行精细分析，以确保大节段吊装施工安全、高效进行。为分析大节段钢箱梁起吊过程中各板件的应力分布状态，大节段吊装仿真分析采用通用有限元软件 ABAQUS 进行。

1. 几何模型建立

在有限元几何模型严格按照实际结构的尺寸和板件的相对几何关系建立。统筹考虑结构几何模型与网格划分的关系:模型建立过程中简化处理较小的开洞和倒角;加劲件与钢箱梁横隔板、纵隔板和顶板之间采用绑定(*tie)约束,而不采用共用节点连接,如此即能确保仿真分析模型贴近结构真实状况,又降低了结构几何模型拓扑的复杂程度,提高了网格划分质量,保证网格划分时不出现歪扭、奇异单元。吊点处钢箱梁二分之一几何模型如图7所示。

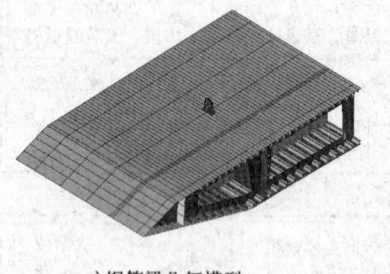
a) 钢箱梁几何模型

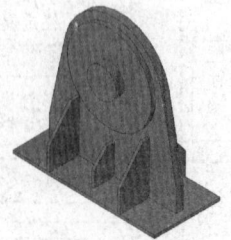
b) 吊耳几何模型

c) 加劲件几何模型

图7 钢箱梁、吊耳和加劲件的几何模型示意

2. 加载方式

大节段钢箱梁吊装时,钢箱梁自重通过吊耳与销轴的连接向上部吊具结构传递。在对钢箱梁进行局部受力分析,如何模拟销轴处的受力至关重要。在模拟销轴处受力有三种方式:

(1) 接触方式:考虑销轴与吊耳之间的非线性接触关系,将上部吊具受力作用于销轴上,通过销轴向吊耳传力。

(2) 直接加载方式:在销孔中心建立参考点,通过参考点与销孔内壁上部相耦合连接,通过从整体分析模型中提取吊具内力,以集中力的形式作用于参考点之上。

(3) 销轴与吊耳绑定连接方式:通过销轴外壁上部与销孔内部上部绑定连接,吊具作用施加于销轴之上。方式(1)在建模处理中较为复杂,方式(2)、方式(3)在计算分析中较为常用,但其计算精度有待于进一步验证。

3. 接触问题处理

在大节段钢箱梁吊装仿真分析时存在非线性问题:吊具通过销轴与钢箱梁临时吊点的吊耳之间连接,二者之间为复杂的接触关系,如图8所示。此外,通过构造措施将销轴固定,防止销轴滑脱。

进行大节段吊装钢箱梁空间应力分析时,须通过接触关系考虑吊装荷载在销轴接触面上的传递机制。在ABAQUS/Standard中接触模拟为基于表面的方法:通过创建接触对,确定接触主面与接触从面,并定义控制接触面之间相互作用的本构模型来模拟接触非线性行为。本文中两种接触行为的本构关系接触行为在法向采用"硬"接触,切向行为定义为库仑摩擦。"硬"接触可模拟接触表面之间的至密贴合关系,库仑摩擦可反映二者之间接触面切向带摩擦下的滑动行为。ABAQUS软件在分析接触非线性行为时提供了强健的算法,保证了计算结果的精度:ABAQUS/Standard求解器的接触算法采用Newton-Raphson方法进行非线性迭代,在每个增量步中判断主面与从面之间的接触作用关系来更新有限元计算的构形,最终达到接触非线性分析收敛。

图8 吊耳与销轴之间的接触关系

在定义接触相互作用时,须确定相对滑动的量级是小滑动还是有限滑动,有限滑动理论适用更为普遍:小滑动理论在模拟开始时就建立了从面节点与主控表面之间的关系,在增量步中迭代计算中不会改变主面部分与从面接点的相互作用关系;但在有限滑动接触公式计算中每个计算步中都需要确定与从面的每个节点接触的主面区域。本文在接触分析中,采用有限滑动理论来求解接触应力。

4. 网格划分和单元选择

网格划分采用中性轴算法(Medial Axis)易得到单元形状规则的网格,从而减小钢箱梁局部复杂构造引起的网格质量较差引起的结构处局部应力计算失真问题,网格划分如图9所示。除在吊耳等几何模型较为复杂的小部分区域采用四面单元外,钢箱梁和内部加劲件采用四边形板壳单元和六面体实体等参单元网格划分能有效避免三角形壳单元和四面体实体单元仿真分析精度不足。

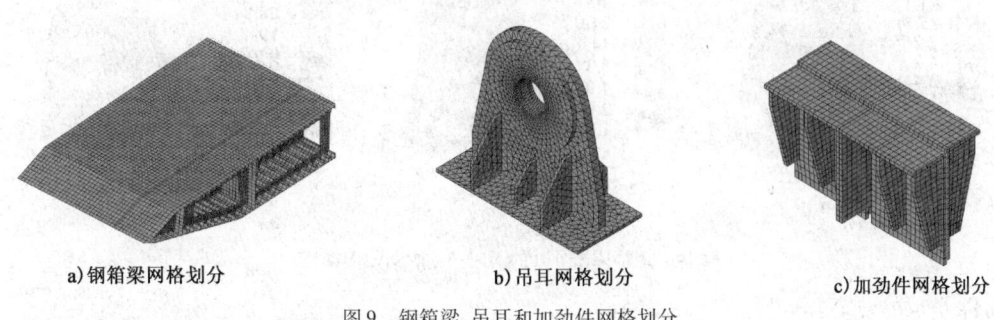

a) 钢箱梁网格划分　　b) 吊耳网格划分　　c) 加劲件网格划分

图9　钢箱梁、吊耳和加劲件网格划分

利用 ABAQUS/Standard 求解器进行基于表面接触非线性分析时,接触对的从面应尽量采用低阶单元,而不宜采用高阶板壳或实体单元:由于接触算法的关键在于确定作用在从面节点上的力,在接触分析中一阶单元的等效节点力的符号和量值总是保持一致性,高阶单位由于插值函数的复杂,计算等效节点力时更容易引起符号和量值的改变,从而使得接触算法难以正确实施[4-5]。

本文进行仿真分析时采用以下单元类型:

(1)钢箱梁板件采用 S4 壳单元,网格尺寸为 300mm。

(2)钢箱梁吊装吊耳采用 10 节点六面体非协调 C3D10 实体等参单元,网格尺寸为 100mm。

(3)钢箱梁内部加劲件采用 8 节点六面体非协调 C3D20R 实体等参单元,网格尺寸为 100mm。

5. 边界条件

分为外部边界和内部边界两种。

(1)外部边界:采用空间杆系有限元模型分析大节段吊最不利工况下的每个临时吊点受力,将内力结果前述三种不同加载方式作为力学边界施加,大节段吊装期间最不利荷载考虑梁段自重、部分二期恒载,并考虑吊具起吊动力系数为 1.4。

(2)内部边界主要包括:销轴与吊耳销孔内壁的非线性接触边界(*contact);钢箱梁内部加劲件与钢箱梁横隔板、中腹板和顶板之间采用绑定(*tie)。

四、局部受力分析

以青州航道桥大节段吊装为背景,通过分析钢箱梁大节段吊装中最不利荷载作用下吊耳、钢箱梁板件和内部加劲件的局部应力,探讨了吊耳处不同加载方式对钢箱梁各部件应力状态和分布特点的影响,确保大节段吊装期间局部受力可控。

1. 吊耳

为考察大节段钢箱梁吊装过程中在临时吊点吊耳处的局部受力,采用接触方式、直接加载方式和销轴与吊耳绑定连接方式分析吊耳处应力状态和分布特点,计算结果如图10所示。采用接触非线性方式模拟销轴与吊耳销孔相互作用计算所得吊耳处 Mises 应力最大值为 106.3MPa,应力最大值发生与吊耳销孔上部,在吊耳销孔上部有应力集中区域,但应力集中区域面积较小,应力速度扩散速度较快,满足容许应力要求,结构处于安全状态。采用直接加载方式将吊具受力施加于吊耳销孔处时,计算所得 Mises 应力最大值为 117.6MPa,其最大值发生生在销孔侧壁位置处。采用销轴与销孔上部接触面耦合连接的形式计算所得吊耳处 Mises 应力最大值为 155.3MPa,其最大值发生在销孔上部。

对比三种不同方式模拟销孔应力分布状况可知:采用直接加载方式所得 Mises 应力最大值比采用接触非线性模拟大 10.6%,但两者局部应力分布状态有较大差别。在采用直接加载形式计算吊耳受力时,其应力状态出现失真现象。采用销轴与吊耳绑定连接方式所得 Mises 应力分布较为一致,但前者 Mises 应力最大值较后者大 46.1%。可见采用直接加载方式与销轴与吊耳耦合连接受力形式所计算吊耳应力状态与考虑接触非线性时相差较大,计入销轴与吊耳之间接触非线性能够反映吊耳处实际受力状态。

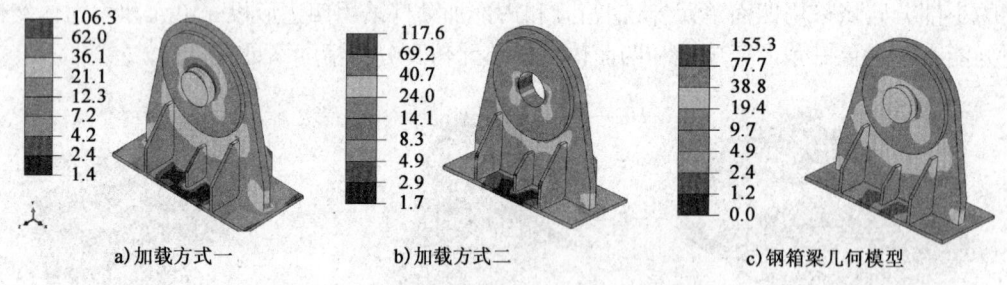

图 10 钢箱梁吊耳处的 Mises 应力云图(MPa)

2. 加劲件

在大节段吊装钢箱梁临时吊点对应的钢箱梁处设有内部加劲件。为考察大节段钢箱梁吊装过程中在钢箱梁内部加劲件的局部受力,采用接触方式、直接加载方式和销轴与吊耳绑定连接方式分析钢箱梁加劲件处应力状态和分布特点,计算结果如图 1 所示。采用接触非线性方式模拟销轴与吊耳销孔相互作用计算所得钢箱梁内部加劲件处 Mises 应力最大值为 52.0MPa;采用直接加载方式将吊具受力施加于吊耳销孔处时,计算所得 Mises 应力最大值为 52.4MPa;采用销轴与销孔上部接触面耦合连接的形式计算所得吊耳处 Mises 应力最大值为 52.5MPa。三种加载方式中钢箱梁内部加劲件的应力最大值发生在加劲与中腹部相交的焊缝区域。由于内部加劲件采用 Q345D 钢材,其应力水平远小于容许应力要求,结构处于安全状态。

对比三种不同加载方式下的应力分布状态可知:加载方式的不同对远离吊耳处的钢箱梁内部加劲件应力状态和分布特点影响较小,可以忽略不计。

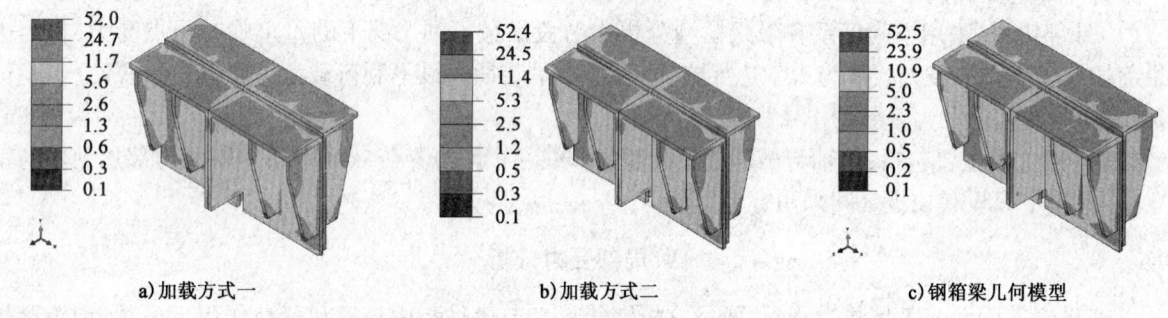

图 11 钢箱梁加劲件 Mises 应力云图(MPa)

3. 钢箱梁

由于加载方式对远离吊耳区域的部件应力状态影响较小。在分析钢箱梁板件受力时,不考虑加载方式的影响。梁段临时吊点布置于纵、横隔板交点处,为分析钢箱梁各板件在大节段吊装中的局部应力状态,将各板件的应力计算结果列于图 12 ~ 图 14。中腹板处 Mises 应力云图如图 12 所示。在中腹板与横隔板相交处的上部有应力集中区域,Mises 应力最大值为 29.1MPa。应力集中区域面积较小,应力速度扩散速度较快,满足容许应力要求,结构处于安全状态。此外,由中腹板受力云图还可以看出,大节段吊装过程中,钢箱梁内部加劲件的存在较好的分散了中腹板的局部应力。

横隔板处 Mises 应力云图如图 13 所示。在横隔板与中腹板相交处的上部有应力集中区域,Mises 应力最大值为28.4MPa。应

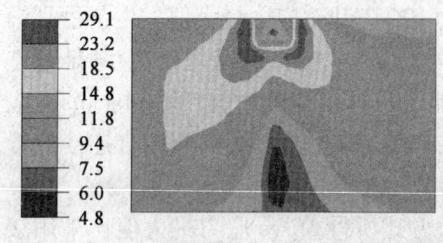

图 12 中腹板处 Mises 应力云图(MPa)

力水平较低,满足容许应力要求,结构处于安全状态。

顶板处 Mises 应力云图如图 14 所示。在顶板与中腹板、横隔板相交处的上部有应力集中区域,Mises 应力最大值为 15.6MPa。应力水平较低,满足容许应力要求。

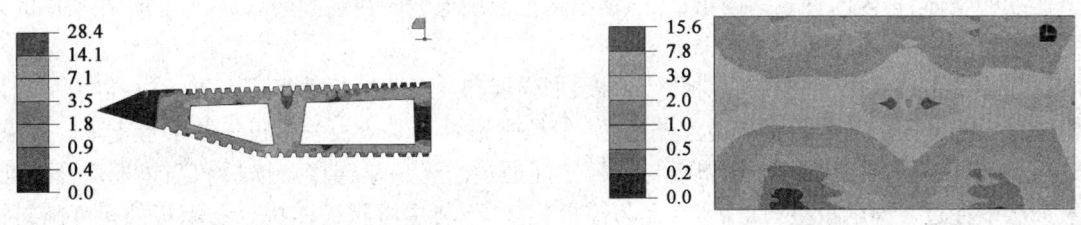

图 13 横隔板处 Mises 应力云图(MPa)　　图 14 顶板处 Mises 应力云图(MPa)

五、结　语

针对钢箱梁大节段吊装工序,利用 ABAQUS 接触非线性分析功能,研究了钢箱梁大节段吊装中最不利荷载作用下吊耳、钢箱梁和加劲件处的局部应力,研究了吊耳处不同加载方式对钢箱梁各部件应力状态和分布特点的影响,得到以下结论:

(1)采用直接加载方式与销轴与吊耳耦合连接受力形式所计算吊耳应力状态与考虑接触非线性时相差较大,计入销轴与吊耳之间接触非线性能够反映吊耳处实际受力状态。

(2)大节段吊装中吊耳及局部加劲件受力明确,钢箱梁局部应力水平低且扩散速度快,结构受力处于安全状态。

参考文献

[1] 顾雨辉,朱浩. 崇启大桥大节段钢箱梁施工监控关键技术研究[J]. 中外公路,2011(2),84-88.

[2] 周仁忠,郭劲,曾健,等. 大跨径钢箱连续梁桥临时结构加固计算. 第十九届全国桥梁学术会议论文集[C],2010.

[3] 高纪兵,朱浩,董勤军. 崇启大桥大节段钢箱梁施工技术研究. 第十九届全国桥梁学术会议论文集[C],2010.

[4] 石亦平,周玉蓉. ABAQUS 有限元分析实例详解[M]. 北京:机械工业出版社,2006.7.

[5] 庄茁,张帆,岑松. ABAQUS 非线性有限元分析与实例[M]. 北京:科学出版社,2005.3.

102. 港珠澳大桥青州航道斜拉桥索塔锚固区结构的数值分析

王凌波　刘　鹏　贺拴海　余　烈

(长安大学旧桥检测预加固技术交通行业重点实验室)

摘　要　混凝土索塔钢锚箱的结构形式由于其受力方式明确、施工方便等优点,已开始广泛应用在大跨度斜拉桥中。塔锚固区承受强大的索力集中荷载,是设计的关键部位之一。本文在论述索塔锚固构造的基础上,针对港珠澳大桥青州航道斜拉桥主塔钢锚箱结构进行分析,提出了分析设计要点和结构构造的注意问题,供同类结构设计时参考。

关键词　桥梁工程 索塔锚固区 钢锚箱 数值模拟 Mises 应力

一、引　言

工程上常用的两种混凝土索塔钢锚箱结构形式,一是钢锚箱放置在索塔混凝土的内部,混凝土索塔是一个连续的整体,称为内置式钢锚箱;二是钢锚箱把混凝土索塔在锚固区分成两部分,在索塔的外侧能够看到钢锚箱的一部分,称为外露式钢锚箱。

索塔钢锚箱由锚垫板、锚板、支承板、传力板、加强板和加劲肋等板件组成。支承板、传力板和加强板共同构成锚板的井字形支承。索力传递路线为:斜拉索锚具—锚垫板—锚板—井字形支承—主塔腹板。斜拉索通过锚具锚固在锚垫板上,锚垫板与锚板之间通过磨光顶紧连接。锚板和锚垫板均开有圆孔,斜拉索索头从中穿过。支承板呈三角形状,上与锚板连接,下与主塔腹板连接。支承板的角度随斜拉索角度变化而变化。传力板与相邻两侧腹板焊接,既与支承板和加强板一起共同传递索力,同时也增强了腹板的刚度。此外在腹板外侧还设置有加劲肋板,增加腹板的稳定性,减小其变形。钢锚箱之间与混凝土塔柱之间采用剪力键连接,钢锚箱节段间全部连接而且底节钢锚箱和混凝土上的钢垫板紧密结合。

二、索塔钢锚箱计算方法

1. 总体分析思路

在初步设计阶段计算索塔钢锚箱受力时,可以通过简化方法对混凝土塔壁和钢锚箱抗拉刚度的分析推导各构件拉力分配公式,根据分配公式快速分析拉索水平分力和竖向分力在混凝土塔壁与钢锚箱中的分配比例。根据实桥计算数据可知,钢锚箱所承担的斜拉索水平分力占75%~85%。

在施工图设计阶段,须对索塔钢锚箱进行精细分析。可采用空间有限元分析方法,建立实体或板壳单元有限元模型,对索塔锚固区钢锚箱结构的应力状态和应力分布规律进行仿真分析。此外,采用空间有限元分析与节段足尺模型试验相结合的方法是研究索梁、索塔锚固结构区应力分布的有效手段。

在采用空间有限元精细分析斜拉桥索塔钢锚箱及塔柱时,这种复杂空间结构会遇到建模方法、单元选择、网格划分和模型尺寸选取范围等问题。

2. 索塔钢锚箱的数值模拟

采用空间有限元分析方法对索塔钢锚箱进行精细分析时,较为常用的方法有子模型法和混合网格法。子模型法是将索塔钢锚箱模型看作从全桥整体模型上切下来的一部分,通过设置驱动变量(driven variable),利用全桥整体模型在子模型边界处的位移结果作为边界条件引入子模型,再进行局部精细分析。混合网格法是对钢锚箱塔柱节段范围用较细的网格或精度较高的单元模拟,混凝土塔柱和钢锚箱分别采用空间实体单元和板壳单元进行网格离散,远离此区域用简单单元模拟如梁单元,在二者的联结处单元自由度不协调,需要采用Coupling进行耦合处理,如图1所示。

3. 单元选择与网格划分

单元类型的选择及网格的划分的合理与否,直接影响到分析结果的正确性、精度及工作量。对索塔钢锚箱进行精细数值分析宜选用三维实体单元或板壳单元。对于板壳单元,三角形单元比四边形收敛困难,而且会加大结构的刚度,计算结果往往不如四边形单元,一般只有复杂外形的结构才采用三角形单元,或者是在结构中不需要获取精确解的部分用三角形单元划分。建议尽量通过手动或专用程序调整有限元模型网格划分质量,尽量避免采用三角形网格。对于实体单元,六面体单元也比四面体单元具有更好的精度。

图1　索塔混合网格法计算模型

对复杂结构进行三维板壳及实体精细分析时,为精确得到结构的应力,建模中的关键是网格划分质量。有限元计算的精度取决于网格质量,再精确的计算求解器如果模型网格质量不好,计算的精度也不会好。由于索塔钢锚箱构造复杂,板件较多,横隔板和腹板又有孔洞,混凝土塔柱和钢锚箱通过剪力键相连接,属于极不规则的实体与板壳的组合结构,对其进行精细空间分析时,网格划分既是精细化分析的重点也是难点。

通用有限元程序在网格划分时提供了结构化网格、扫掠网格和自由网格等网格划分技术。对于复杂结构的角隅和孔道等处网格质量须引起关注。如图2所示,未经优化的圆孔处网格四边形和三角形单元混杂,局部网格中长宽比和歪斜度较大,求解的精度不高。可采用专用程序如 hypermesh 进行网格调整,经过优化后的网格在开孔处均由四边形单元组成,计算精度较高。此外,索塔钢锚箱模型的局部细小改动并不特别影响模型总的分析结果,可忽略模型中的局部细小特征,如导角、开孔、开槽等,这样在进行网格划分时能形成质量较好的网格,提高计算精度。

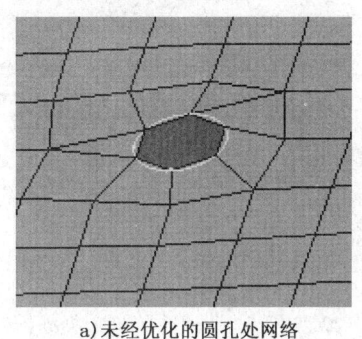

a) 未经优化的圆孔处网络　　b) 优化后的圆孔处网络

图2　圆孔处网格划分

4. 模型尺寸

模型网格划分数量,即尺寸的大小与计算时间、计算精度有关。单元较小,即数量较多时,虽然计算精度高但计算开销无法接受;单元较大,即数量较少时,有可能不能满足计算精度要求。单元尺寸的大小一般应由对比细化单元前后的分析结果误差来进行收敛性分析。在对索塔钢锚箱进行建模分析时,对索塔锚固区和区部承压分析等的单元尺寸宜控制在 0.5m 以内。

三、青州航道斜拉桥索塔锚固构造

该桥为双塔双索面钢箱梁斜拉桥,全桥采用半漂浮体系。桥跨布置为 110 + 236 + 458 + 236 + 110 = 1150(m)。基础设计为钢管复合桩,索塔采用 H 形框架结构混凝土塔,上横联采用"中国结"造型的钢结构剪刀撑。仅在中跨和次边跨布设斜拉索,标准索距为 15m。主梁采用带风嘴的扁平流线型截面,主体结构除边跨跨中处梁段采用 Q420qD 外,其余均为 Q345qD。钢箱梁梁顶宽 33.8m(不计风嘴),底板宽 21.2m,梁高 4.5m,风嘴长度为 2.6m。箱梁截面内设置 2 道实腹式中腹板间距为 10m。

斜拉索在塔身的锚固形式,包括混凝土锚固及钢锚箱锚固两种,第 1~2 对斜拉索由于与竖向角度较大,因此直接锚固在混凝土底座上;第 3~14 对斜拉索锚固在钢锚箱上,设置与上塔柱中。钢锚箱根据构造不同分为 A、B、C 三类钢锚箱,共分 12 节。最下一节钢锚箱为 3 号钢锚箱,其底面支承在混凝土底座上,钢锚箱总高度为 30.5m。单节钢锚箱长 5.2m,宽 1m,A、B 类钢锚箱高 2.5m,C 类钢锚箱高 3m。索塔钢锚箱阶段划分示意如图 3 所示。钢锚箱横截面和立面截面如图 4 和图 5 所示。

钢锚箱为由端部承压板、锚板、支承板、传力板、侧面拉板、横隔板、连接板及加劲肋等组成的空间箱形结构,其中端部承压板厚 30mm,宽 1300mm,其外侧设置剪力键以与索塔塔壁混凝土连接。传力板为将索力传至拉板的重要板件,厚 40~60mm,高度随斜拉索角度不同而变化,支承板的两侧设置加劲肋。侧面拉板主要承受斜拉索水平拉力,板厚 40mm,外侧设置兼作连接板的竖向加劲肋。横隔板水平设置于两侧面拉板之间,为 16mm 的带肋加劲板,锚板厚 40mm,锚垫板厚 80mm。钢锚箱与索塔混凝土壁之间的连接构件采用剪力键方案,即在钢锚箱端部承载板上设置剪力键,与塔柱混凝土结合。剪力键为直径 22mm 的圆柱头焊钉,长 200mm。钢锚箱主体结构、横隔板、节段连接板及临时吊耳等设计采用 Q355NHD 耐候钢。

斜拉索塔筒分两段制造,预留段在工厂中与钢锚箱焊接,另一段在工地采用高强度螺栓与预留段连接。钢锚箱现场连接包括两类,一类为在两个相邻阶段的交界处设置水平连接板,采用高强螺栓连接;另一类为两个相邻节段的侧面拉板竖向加劲肋上,通过竖向连接板及高强螺栓连接。

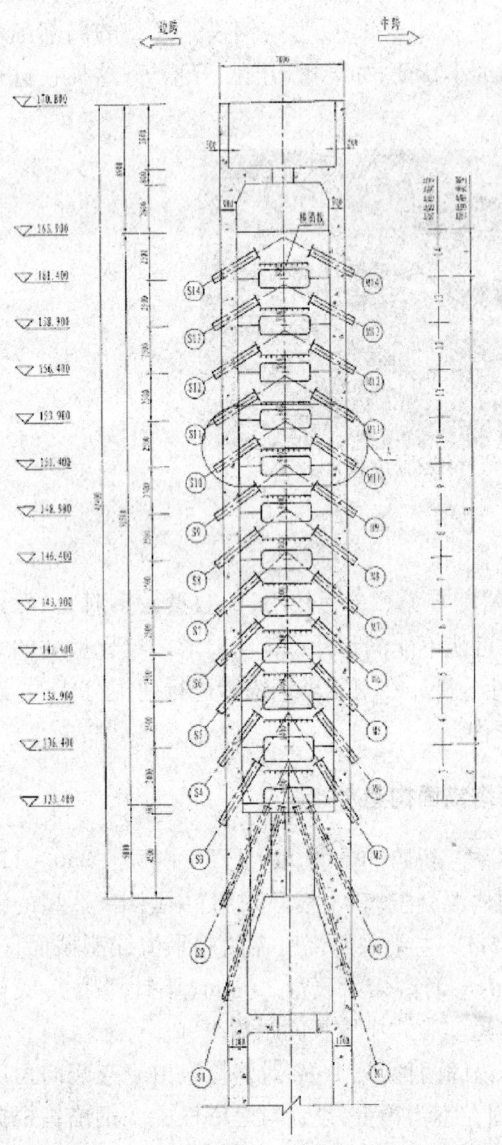

图3 索塔钢锚箱阶段划分示意

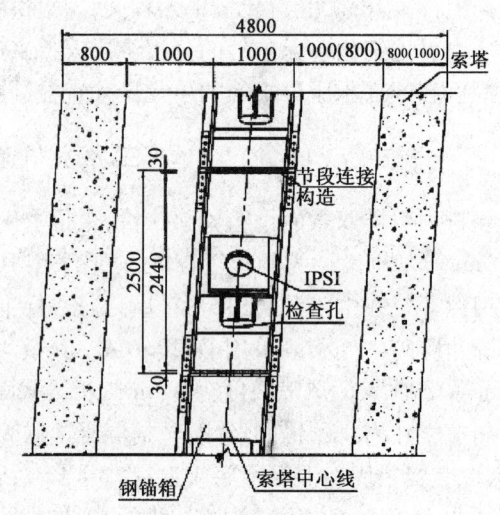

图4 索塔钢锚箱横截面图(尺寸单位:mm)

图5 索塔钢锚箱立面剖面图(尺寸单位:mm)

四、索塔钢锚箱结构数值分析

选取底节索塔钢锚箱进行具体分析,建立索塔锚固区局部结构的空间仿真计算模型。考虑索塔钢锚箱运营期间承受各类荷载的组合作用,包括结构自重荷载、索力荷载、风荷载、收缩徐变荷载、汽车荷载、长期温差荷载、日照温差荷载、支座变位荷载等。计算时假定所有材料为理想弹性,混凝土与钢锚箱之间的连接可靠,能够保证二者共同工作。塔柱混凝土弹性模量 $E=3.45\times10^4$ MPa,泊松比 $\mu=0.1667$,钢材弹性模量 $E=2.01\times10^5$ MPa,泊松比 $\mu=0.3$。钢锚箱采用8节点板壳单元,混凝土塔柱采用20节段空间实体缩减积分单元。模型共划分单元23963个,节点18802个,几何模型和网格划分如图6和图7所示。通过数值分析,可得到正常使用极限状态工况下锚固区结构的应力值,分析其受力规律。

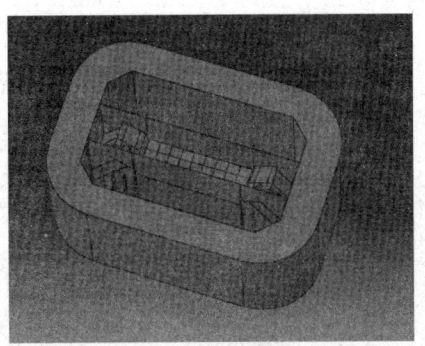
a) 塔柱与钢锚箱几何模型

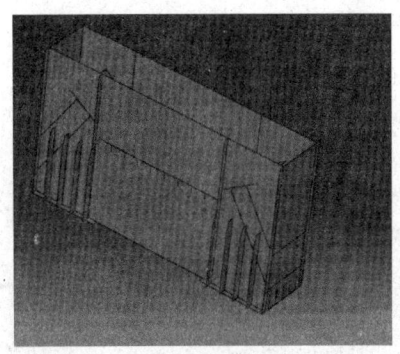
b) 索塔钢锚箱几何模型

图 6　索塔钢锚箱及塔柱有限元模型

a) 索塔塔柱实体单元网格划分

b) 索塔钢锚箱板壳单元网格划分

图 7　索塔钢锚箱及塔柱有限元模型网格划分

通过计算可以得到底节混凝土区段的混凝土和钢锚箱中各块板件较详细的应力结果。通过分析钢锚箱各部件的 Von Mises 等效应力分布情况和幅值,可评价钢锚箱的承载能力。索塔钢锚箱在最不利荷载组合作用下,索塔塔柱应力最大处发生在腹板的中下部区域,如图 8 所示。钢锚箱最大应力发生在井字形支承板末端与锚板连接区域,相连接部位出现明显的应力分布不均匀和应力集中现象,如图 9 所示。

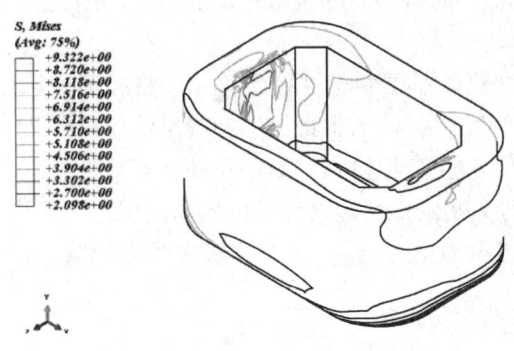

图 8　混凝土索塔塔柱处 Mises 应力

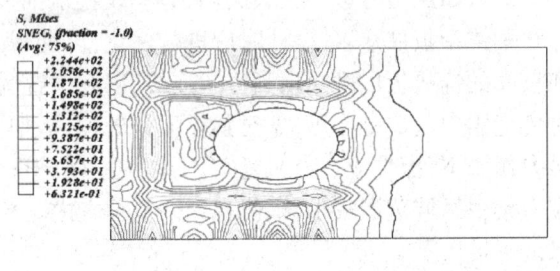

图 9　锚板处 Mises 应力

图 10 和图 11 给出了支撑板和其加劲肋处的应力云图。在支承板和其加劲肋末端与锚板连接区域出现应力分布不均匀现象,但应力扩散较快,且支板应力水平小于支承加劲板。

图 12 和图 13 给出了传力板和侧面拉板处的应力云图,在支承板端部和传力板、侧面拉板连接区域出现应力分布不均匀现象,其余位置应力较为均匀,且侧面拉板为索塔钢锚箱承受斜拉索水平力的主要板件。

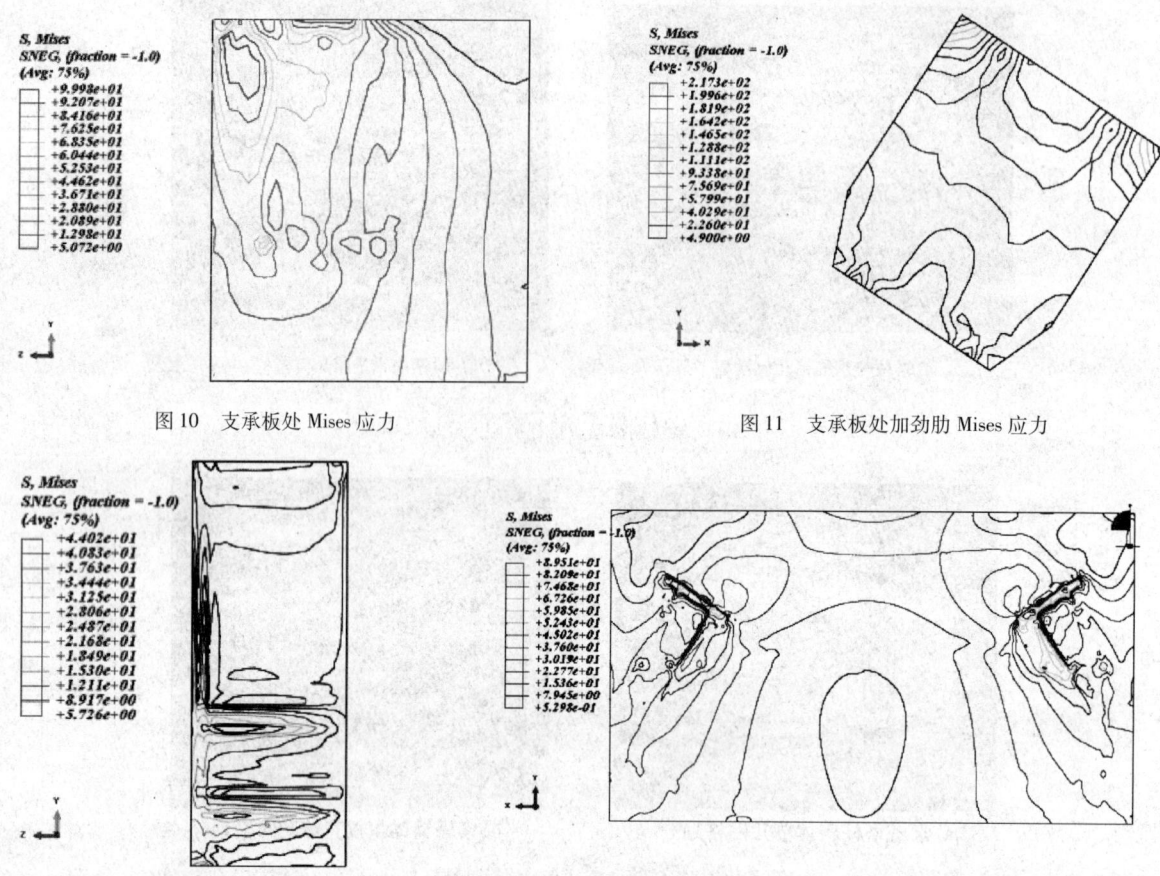

图10 支承板处 Mises 应力　　　　图11 支承板处加劲肋 Mises 应力

图12 传力板处 Mises 应力　　　　图13 侧面拉板处 Mises 应力

五、结　语

在进行钢锚箱设计时，采用较厚的锚垫板，抗弯刚度大，应力幅值较小。锚板较柔，承受由锚垫板传来的巨大索力，设计时应引起注意。

锚垫板的作用不可忽视。锚垫板既和锚板一起参与抗弯，同时二者的接触把加载螺母作用在较小面积上的分布压力分散到较大的面积上，改善了锚板的受力。

钢锚箱板件众多，设计时应进行优化，以期得到合理的板件厚度和相互位置关系。将较薄的承压板和较厚的锚垫板以磨光顶紧方式连接，以利于锚固区受力，也方便施工，保证钢锚箱的整体质量。支承板对传递索力起关键作用，需对其作加劲处理，增加其稳定性，防止变形过大。钢锚箱井字支承板在斜拉索索力作用下，板件应力分布复杂，不均匀程度严重。在几何突变位置和传力焊缝区域均出现应力集中，但应力集中区域范围较小，幅值在允许范围之内。此外，钢锚箱为全焊结构，多条焊缝为受力焊缝，应严格保证焊接质量。

参考文献

[1] 汪昕,吕志涛.斜向索力下钢—混凝土组合索塔锚固区荷载传递与分配关系分析[J].东南大学学报（自然科学版）,2006年04期.

[2] 苏庆田,曾明根,吴冲.上海长江大桥索塔钢锚箱模型试验研究[J].工程力学,2008年10期.

[3] 马俊,陈彦江,盛洪飞,等.斜拉桥桥塔锚固区足尺寸模型试验与理论研究[J].公路交通科技,2007年01期.

[4] 白光亮,蒲黔辉,夏招广.大跨度斜拉桥混凝土索塔钢锚箱空间有限元分析研究[J].0公路交通科技,2008年08期.

[5] 周立平. 斜拉桥索塔锚固区应力分析[D]. 长安大学,2005年.
[6] 杨涛. 斜拉桥钢—混凝土组合结构索塔锚固区受力研究[D]. 湖南大学,2008年2.

103. 港珠澳连续钢箱梁桥减隔震设计与分析

孔令俊　陈彦北　何　俊　金　杰　张银喜　郭　强
（株洲时代新材料科技股份有限公司）

摘　要　本文对港珠澳大桥K18+783～K19+443标段等宽高墩区标准联6×110m桥梁进行了减隔震设计与分析,该联桥共设置了14个高阻尼减隔震支座,其中最大竖向承载力达到了27500kN,为目前国内最大的竖向承载力的高阻尼支座。通过对桥梁减隔震设计与计算分析,得到了桥梁内力的地震响应及高阻尼支座的地震响应。结果表明:设置高阻尼支座后,高阻尼支座耗散了地震能量,发挥了较好的耗能作用;对高阻尼支座的水平力和位移进行验算,满足减隔震设计的要求;桥梁的地震响应减小明显,保护了桥梁主体结构。

关键词　港珠澳大桥　高阻尼支座　减隔震　地震响应

一、引　言

桥梁支座是连接桥梁上部结构和下部结构的重要部件,其功能是将上部结构承受的各种荷载(静、动及冲击载荷)传递给墩台,并能适应上部结构由于荷载、温度变化、混凝土收缩等产生的变形,使上部结构的实际受力情况符合设计要求。同时,桥梁支座可减缓桥梁因载荷作用产生的振动,具有减震性能[1]。1976年新西兰Bill Robinson博士发明了橡胶隔震垫技术,自此,隔震技术在多个国家逐步展开[2]。日本早期的隔震系统都是由天然橡胶隔震支座或者铅芯橡胶隔震支座组成,大成建设株式会社开发出由叠层橡胶支座和摩擦滑移支座共同组成的混合基础隔震系统[3]。美国也对隔震技术进行了大量研究,1986年在美国科学基金的支持下,完成了首栋采用叠层橡胶隔震支座的建筑南加州秋镇司法实务中心大楼[4]。我国隔震技术也紧跟世界前列,唐家祥和周锡元等对隔震器力学性能、叠层橡胶支座设计、隔震结构设计、橡胶支座体系进行了大量的理论和试验研究[5]。目前,土木工程中,最常用的橡胶隔震装置是铅芯叠层橡胶隔震支座和高阻尼支座[6]。但是试验研究证明铅芯叠层橡胶支座,在低温下存在迅速硬化的现象,在温度和交通荷载作用下支座中的铅芯易产生疲劳剪切破坏,使支座的阻尼性能大幅度降低,5000次水平小位移低周期反复加载后其阻尼大致降低25%[7]。同时铅芯叠层橡胶隔震支座在生产和使用过程中,铅将对环境造成无法弥补的污染。相比之下,高阻尼橡胶支座,具有既能有效地保证工程结构的安全,又可以避免对生态环境污染的性能,已广泛应用于各工程实际中。图1为高阻尼橡胶支座结构图。

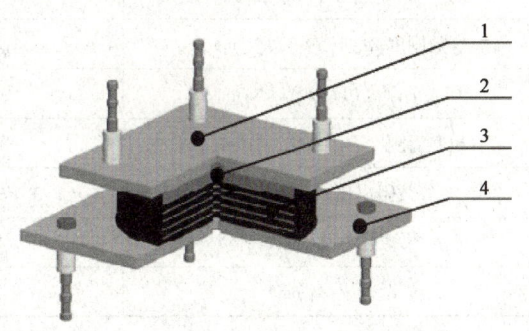

图1　高阻尼橡胶支座
1-上预埋板 2-卡榫 3-橡胶垫 4-下预埋板

二、桥梁概况

该桥为港珠澳大桥K18+783～K19+443标段等宽高墩区标准联连续钢梁桥,跨度为6×110m,全长660m。桥址区地震抗震设防烈度为Ⅶ度,设计基本地震加速度值为0.15g,120年超越概率为5%的设计水平向地震动参数为235gal。桥梁公路等级为公路Ⅰ级，行车道数为双向六车道，设计使用寿命120年，桥梁标准宽度为33.1m，主梁为等截面钢箱梁。桥梁设计荷载按现行的《公路桥涵设计通用规范》（JTG D60—2004）进行设计并对部分荷载进行提高。图2所示为该桥的计算模型，桥墩为深水区非通航孔高桥墩，高度从22.54m到33.91m。该联桥每个墩设置2个高阻尼支座，全联桥共设置14个高阻尼支座，各墩墩底均为固结。支座布置及高阻尼支座参数，如图3和表1所示。

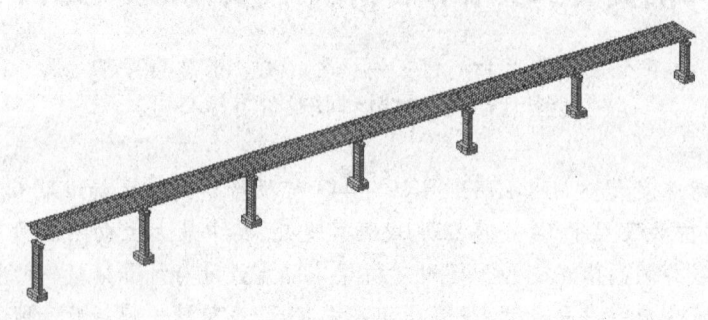

图2 钢梁桥计算模型

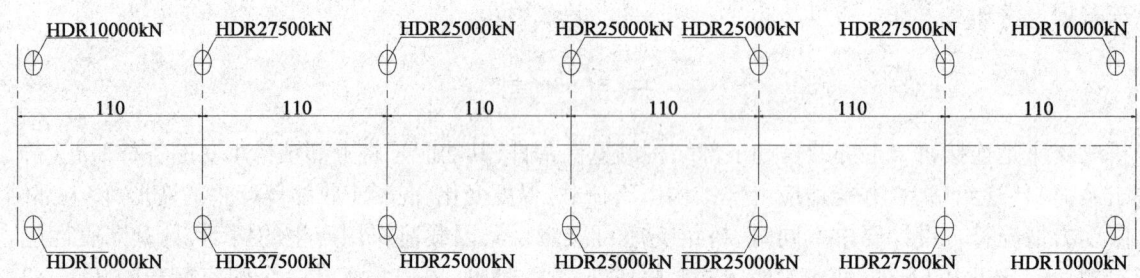

图3 高阻尼支座布置图（尺寸单位：m）

高阻尼支座的计算参数　　　　　　　表1

型　号	HDR(27500kN)	HDR(25000kN)	HDR(10000kN)
屈服力(kN)	1080.0	1080.0	450.0
等效刚度 Kh(175%)(kN/mm)	12.673	12.673	6.400
屈服前刚度(175%)(kN/mm)	94.0	94.0	47.4
屈服后刚度 $r=175\%$(kN/mm)	8.999	8.999	4.600
等效阻尼比 $r=175(\%)$	17.7%	17.7%	17.7%
橡胶总厚(mm)	168	168	150
设计位移(mm)	420	420	375

根据《公路桥梁抗震设计细则》（JTG/T B02-01—2008）规定，该联桥属于B类非规则桥梁，应该采用非线性时程分析方法对其进行顺桥向和横桥向地震反应分析。根据当地地震局提供的地震安全性评价报告，取三条地震波进行地震分析，结果取E2地震作用和恒载效应组合后的最大值。

三、计算结果及分析

1. 桥梁墩底和承台底内力

对减隔震桥梁输入顺桥向和横桥向地震作用进行时程分析，得到顺桥向和横桥向的各墩墩底和承台底内力，如表2和表3。

E2 地震作用下桥梁墩底内力

表 2

墩 号	顺桥向			横桥向	
	轴力(kN)	剪力(kN)	弯矩(kN·m)	剪力(kN)	弯矩(kN·m)
1	-32964.74	5232.23	121363.11	5792.78	131177.15
2	-53276.97	5923.64	144348.43	6772.15	180435.44
3	-48220.12	5732.73	129927.37	6367.46	165145.63
4	-48681.77	5830.28	123355.51	6189.48	148893.16
5	-45921.23	5748.72	113738.17	5986.71	143226.03
6	-48763.13	5862.22	111504.22	6048.39	138421.30
7	-26140.71	4932.86	76047.86	4309.27	76037.75

E2 地震作用下桥梁承台底内力

表 3

墩 号	顺桥向			横桥向	
	轴力(kN)	剪力(kN)	弯矩(kN·m)	剪力(kN)	弯矩(kN·m)
1	-49535.89	7493.96	144074.18	8709.45	158064.57
2	-69673.34	7630.83	169913.42	9735.59	207201.78
3	-64589.71	7879.89	152105.29	9385.78	190292.00
4	-65051.28	7922.94	147890.41	9055.72	173096.43
5	-62290.62	8127.39	138281.31	8844.90	167681.34
6	-65132.38	7954.52	136762.27	8659.34	163339.22
7	-42671.37	7701.04	98690.15	7326.70	95633.35

由表 2 可知，在 E2 地震作用下，桥梁顺桥向和横桥向最大墩底剪力分别为 5923.64kN 和 6772.15kN，小于桥梁顺桥向和横桥向设计剪力 2×10^4kN。桥梁顺桥向和横桥向最大墩底弯矩分别为 144348.43kN·m 和 180435.44kN·m，均小于桥梁顺桥向和横桥向设计弯矩 3.5×10^5kN·m。E2 地震作用下，桥梁顺桥向和横桥向墩底剪力最小减震率分别为 70.4% 和 66.1%；顺桥向和横桥向墩底弯矩最小减震率分别为 58.7% 和 48.5%。

由表 3 可知，在 E2 地震作用下，桥梁顺桥向和横桥向承台底最大剪力分别为 8127.39kN 和 9735.59kN，小于桥梁顺桥向和横桥向设计剪力 2.7×10^4kN。桥梁顺桥向和横桥向承台底最大弯矩分别为 169913.42kN·m 和 207201.78kN·m，均小于桥梁顺桥向和横桥向设计弯矩 6.0×10^5kN·m。E2 地震作用下，桥梁顺桥向和横桥向承台底剪力最小减震率分别为 69.9% 和 63.9%；顺桥向和横桥向墩底弯矩最小减震率分别为 71.7% 和 65.5%。从墩底和承台底内力可以看出，高阻尼支座很好的减小了桥梁的地震响应，起到了保护桥梁主体结构的作用。

2. 桥梁墩顶位移

E2 地震作用下，对减隔震桥梁输入顺桥向和横桥向地震波进行时程分析，得到桥梁顺桥向和横桥向的墩顶位移，如图 4 和图 5 所示。

从图 4 可以看出，在 E2 地震作用下，桥梁顺桥向墩顶位移最大发生在 1 号和 2 号墩，最大墩顶位移分别为 4.23cm 和 4.24cm，满足公路桥梁规范要求。图 5 表明，桥梁横桥向墩顶位移最大发生在 2 号墩，最大墩顶位移为 0.9cm，小于墩顶允许位移 5cm。

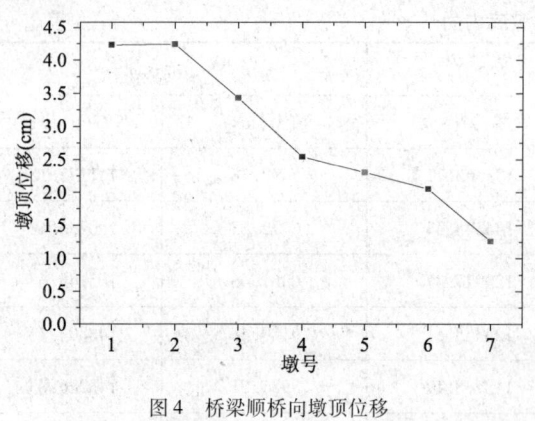

图 4 桥梁顺桥向墩顶位移

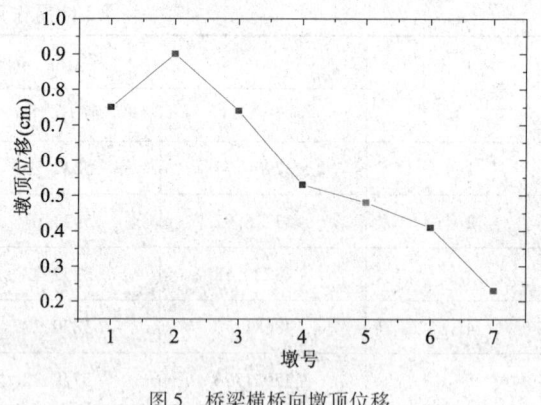

图 5 桥梁横桥向墩顶位移

3. 高阻尼支座滞回耗能

桥梁在 E2 地震作用下,4 号墩上顺桥向和横桥向的高阻尼支座滞回曲线如图 6 和图 7。从图 6 和图 7 可以看出,高阻尼支座顺桥向最大变形达到了 96.42mm,横桥向最大达到了 91.44mm;E2 地震作用下,随着地震力的增大,高阻尼支座形成了较大的滞回环,耗散了大量地震能量。

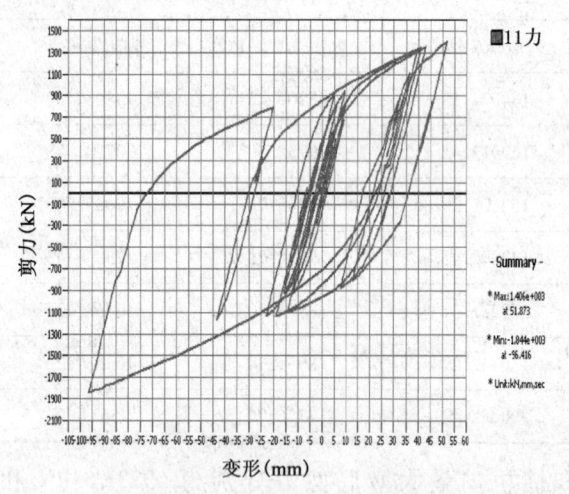

图 6 桥梁顺桥向高阻尼支座滞回曲线

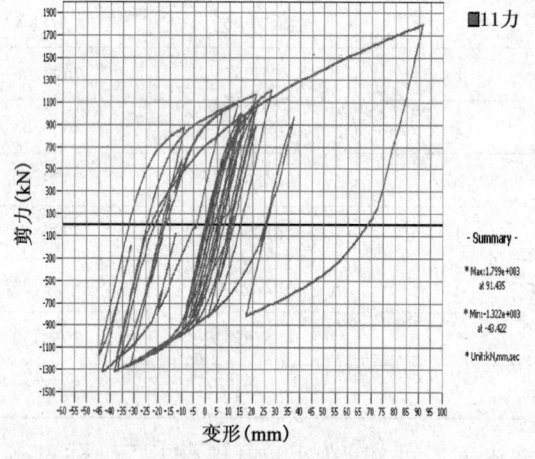

图 7 桥梁横桥向高阻尼支座滞回曲线

对高阻尼各支座进行水平力和位移结果校核验算,地震作用下高阻尼支座最大响应如下表 4 所示。

地震作用下高阻尼支座最大响应包络值　　　　表 4

墩　号	水　平　力（kN）			位　移（mm）		
	纵桥向	横桥向	允许值	纵桥向	横桥向	允许值
1	565.75	533.18	585	133.58	82.17	375
2	1202.41	1323.36	1404	80.69	94.14	420
3	1317.16	1332.11	1404	93.46	95.12	420
4	1343.86	1389.09	1404	96.42	91.44	420
5	1359.58	1301.44	1404	98.16	91.73	420
6	1390.06	1386.25	1404	112.66	90.02	420
7	572.18	524.58	585	139.41	76.35	375

从表 4 可以看出,最大水平力为 1390.09kN,小于支座允许值 1404kN;最大水平位移为 139.41mm,小于规范允许值 375mm。

四、结　语

对设置高阻尼支座的港珠澳大桥 K18+783～K19+443 标段等宽高墩区标准联连续钢梁桥进行地震作用分析,得到以下结论:

(1)高阻尼支座的应用减小了桥梁的地震响应,桥梁墩底内力和承台底内力均减小50%以上,高阻尼支座发挥了较好的耗能作用。

(2)对高阻尼支座承受的水平力和位移进行了验算,选用的高阻尼支座型号和参数能够完全满足该桥的减隔震设计要求。

参考文献

[1] 范立础.桥梁减隔震设计[M].北京:人民交通出版社,2001.
[2] 朱昆.高阻尼橡胶支座力学性能及其隔震效果分析研究[D].北京:华中科技大学,2009.
[3] 赵斌,梅占馨.日本建筑隔震技术的研究现状与发展[J].西北建筑工程学报,1998,(2):26-30.
[4] 王开领.隔震技术的发展应用研究[J].国外建材科技,2007,28(2):118-121.
[5] 唐家祥,刘再华.建筑基础隔震[M].武汉:华中理工大学出版社,1993.
[6] 袁涌,朱昆,等.高阻尼橡胶隔震支座的力学性能及隔震效果研究[J].工程抗震与加固改造,2008,30(3):15-20.
[7] 袁涌,青木一彦,山本吉久.关于高阻尼橡胶隔震支座动力特性的研究[A].日本构造工学论文集[C],2005,Vol.51A.

104. 多功能高阻尼橡胶隔震支座在港珠澳大桥中的应用研究

周函宇　宁响亮　孔令俊　庾光忠　郭红锋　姜良广　陈娅玲　陈彦北
(株洲时代新材料科技股份有限公司)

摘　要　本文详细介绍了港珠澳大桥用的多功能高阻尼橡胶隔震支座的设计过程,并通过试验结果来验证支座设计的合理性;通过建立非线性动力分析模型,具体结合港珠澳大桥的实际工况,模拟支座在地震时的隔震效果,并验证港珠澳大桥高阻尼支座能够起到有效隔震的作用。

关键词　高阻尼橡胶隔震支座　限位装置　防落梁　非线性动力分析

一、引　言

港珠澳大桥,是我国继三峡工程、青藏铁路、京沪高铁后,又一项超级工程;是当今世界上规模最大、标准最高、技术最复杂的桥、岛、隧一体化的集群工程[1]。对于建造在海水中的桥梁,桥梁的抗震安全性至关重要,桥墩在罕遇地震作用下很可能进入塑性状态,即使没有导致垮塌,桥墩也会产生裂缝,此后海水对钢筋的腐蚀也将导致桥墩承载力的降低,产生严重的安全隐患。为减小地震引起桥梁结构的破坏,各国学者对桥梁结构的抗震技术进行了广泛、深入的研究,并取得了大量的研究成果。研究成果表明,对于桥梁结构比较容易实现和有效的减震方法主要是采用抗震装置,并形成了相应的标准,主要产品类型有隔震橡胶支座、摩擦摆支座、阻尼器、速度锁定装置等,其中隔震橡胶支座又分为天然橡胶支座、铅芯橡胶支座、高阻尼橡胶支座。对于港珠澳大桥,从减震效果、环境保护、使用寿命要求等方面考虑,经过抗震专项研究,采用高阻尼橡胶支座成为优选方案。

高阻尼橡胶支座与普通盆式支座、球型钢支座一样,须至少具备以下三个功能,即:足够的承载能力——将竖向和水平向荷载可靠的传递至墩台,足够的位移能力——实现横桥与纵桥向的位移,足够的转角能力——适应梁体的转动。此外,此类构件最重要的功能是能通过自身变形来延长结构振动周期,减小墩身受力或结构的地震响应。在横桥向,通常采用约束支座横向位移的方式来避免管线、伸缩缝在支座大变形时受损以及防止落梁,实际上限制了隔震支座的横向隔震功能。在风荷载以及中小地震作用下,横桥向的桥墩和基础具有足够的承载力,但在罕遇地震作用下水平作用力也大,有可能会导致桥墩或者基础的损伤。1995年神户地震、2008年汶川地震中,桥梁防震挡块在一定程度上防止了桥梁横向落梁,但桥墩、挡块自身受损严重。因此,有必要开发一种在风荷载以及中小地震作用下横向为固定,罕遇地震作用下可发挥水平双向隔震功能以及限制墩梁位移的多功能高阻尼支座。

本文主要研究内容分为两部分:

(1) 支座设计与性能试验。对多功能高阻尼支座的基本结构、设计计算方法进行了阐述,给出了部分试验结果。

(2) 隔震效果分析。建立了有限元分析模型进行非线性动力时程分析,给出了隔震前后动力响应结果。所有研究结果可为相关设计、研究人员提供一定参考。

二、隔震支座设计与性能试验

1. 隔震支座设计

如图1所示,港珠澳大桥用多功能高阻尼橡胶隔震支座,由高阻尼叠层橡胶支座、横向限位装置、防落梁装置以及附属连接装置等组成;

其中高阻尼叠层橡胶支座设计依据主要是 GB 20688.2—2006《橡胶支座 第2部分:桥梁隔震橡胶支座》;本文将分别介绍高阻尼叠层橡胶支座、横向限位装置以及防落梁装置的设计,并将以 HDR10000kN 支座为实例,介绍其具体的结构设计方法。

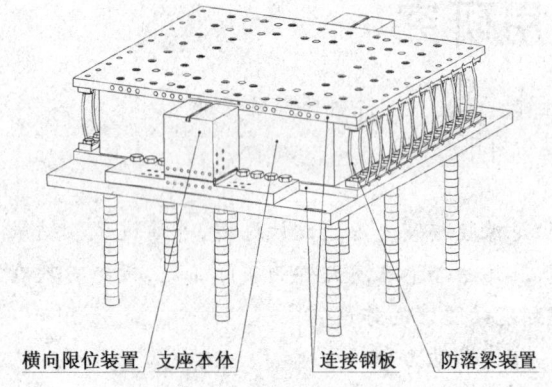
图1 多功能高阻尼橡胶隔震支座结构图

图2 支座本体实物图

1) 支座技术性能参数

(1) 高阻尼叠层橡胶支座形状与性能指标满足设计要求;

(2) 横向限位装置的横向抗剪力为支座设计垂向荷载的10%,误差±15%。

(3) 支座具备防落梁功能,且防落梁力不低于支座竖向承载力的20%。

2) 高阻尼叠层橡胶支座设计依据

高阻尼叠层橡胶支座设计过程相对复杂,本文仅列出其中较为重要的几个计算公式供参考。

竖向压缩刚度 K_v 和水平等效刚度 K_h 可分别按下式计算:

$$K_v = \frac{45 \cdot S_1 \cdot G \cdot A}{T_r} \quad (1)$$

$$K_h = G \frac{A}{T_r} \tag{2}$$

式中:G——橡胶的剪切模量;

A——高阻尼叠层橡胶支座的有效面积;

T_r——支座橡胶层总厚度;

S_1——支座第一形状系数。

若考虑剪应变对橡胶剪切模量的影响,水平等效刚度 K_h 可按式(3)计算:

$$K_h = G_{eq}(\gamma) \cdot \frac{A}{T_r} \tag{3}$$

式中:$G_{eq}(\gamma)$——剪应变为 γ 时的等效剪切模量,根据试验确定。

等效阻尼比 h_{eq} 可按式(4)计算:

$$h_{eq}(\gamma) = \frac{1}{2\pi} \cdot \frac{W_d}{K_h \cdot (T_r\gamma)^2} \tag{4}$$

式中:W_d——剪力—剪切位移滞回曲线的包络面积,即每加载循环所消耗的能量,单位为(N·mm),由试验确定。

3)横向限位装置以及防落梁装置结构设计依据

(1)横向限位装置以及防落梁装置主要材料及力学性能

横向限位装置主体采用的材料为 Q355GNH,Q355GNH 的物理机械性能满足 GB/T 4171—2008《耐候结构钢》;横向限位装置其原理是利用结构的应力集中来实现特定荷载下结构断裂,当荷载小于特定荷载时,可限制支座横向的位移。

防落梁装置采用环形不锈钢丝绳,通过压条扣压环形不锈钢丝绳的两头于上下连接板来实现防落梁功能。不锈钢丝绳技术要求满足 GB/T 9944—2002《不锈钢丝绳》。

(2)横向限位装置结构设计依据

横向限位装置是基于水平荷载 H 达到垂向荷载的 10% 时,限位装置发生断裂的基础上进行的设计。数学分析模型如图3。

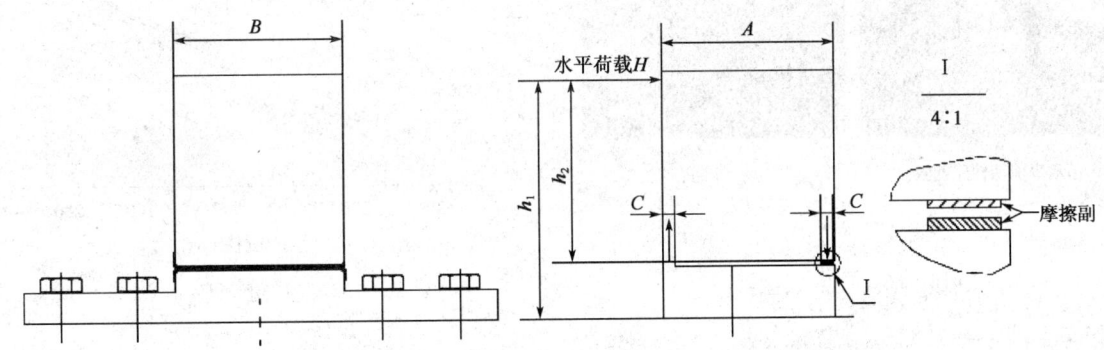

图3 横向限位装置数学模型

横向限位装置需满足如下公式[3]:

$$\sigma_c = \sigma_{tl} = \frac{Hh_2}{(A-C)BC} \leqslant \sigma_y \tag{5}$$

$$\tau = \frac{H(A-C-\mu h_2)}{(A-C)BC} = \tau_\mu = \frac{\sigma_\mu}{\sqrt{3}} \tag{6}$$

式中:μ——摩擦副的静摩擦系数,取值 0.03;

σ_y——Q355GNH 的屈服强度;

σ_μ——Q355GNH 的拉伸强度。

对于HDR10000kN支座,当水平荷载H达到1000kN时,限位装置断裂。

经计算,A=225mm、B=219mm、C=15mm、h_2=245mm时,满足式(5)与式(6)。

(3)防落梁装置设计依据

根据设计要求,支座防落梁装置需承担水平力不低于支座垂向设计承载力的20%。

图4是不锈钢丝绳结构受力分析简图:单根不锈钢丝绳受力需满足如下公式:

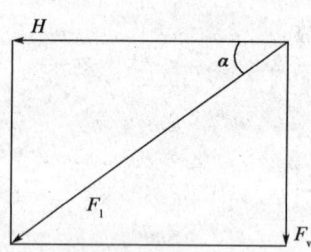

$$F_1 = \frac{H}{Z\left(\frac{S}{\sqrt{h^2+S^2}}\right)} \times 1.3 \leqslant F \tag{7}$$

式中:H——防落梁装置承担的水平力;

h——支座高度(含连接钢板厚度);

S——防落梁装置发挥作用时的支座允许剪切位移量;

Z——单颗支座不锈钢丝绳数量;

F_1——单根不锈钢丝绳承受拉力;

F——单根不锈钢丝绳最小破断拉力。

图4 防落梁装置受力分析简图

对于HDR10 000kN支座,支座防落梁装置需承担最小水平力H=2000kN,单根不锈钢丝绳最小破断拉力满足GB/T 9944—2002《不锈钢丝绳》。

2. 性能试验

1)支座隔震性能试验(图5)

为验证支座的性能,我们按照GB 20688.2—2006的相关要求,在国内某权威机构的竖向3000t、水平400t的试验机上进行了压剪试验,试验曲线见图6。

a)水平剪切性能试验

b)压缩性能试验

图5 HDR30000kN支座试验图片

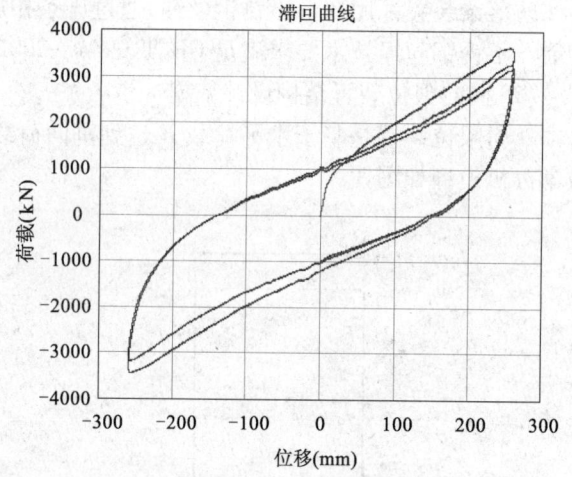

图6 HDR30000kN试验滞回曲线

支座性能参数及测试结果见表1。

HDR30000kN支座性能参数　　表1

样品规格	测试值与偏差	K_v (kN/mm)	压缩位移量 (mm)	100%剪应变	
				K_h (kN/mm)	H_{eq} (%)
HDR30000kN	设计值	4324	≥5.36	8.619	17.7
	实测值	4892	5.62	10.12	18.7
	偏差	13.14%	—	17.4%	5.65%

满足GB 20688.2—2006《橡胶支座 第2部分:桥梁隔震橡胶支座》中规定的垂向刚度允许偏差±30%、压缩位移量大于转动位移量、水平等效刚度允许偏差±20%的要求。

2）支座横向限位装置试验

断裂点为验证横向限位装置的设计，选取 HDR10000kN 支座的横向限位装置进行试验（图7），并模拟横向限位装置在实际使用过程中的受力点，对装置施加荷载直至装置发生断裂。经实测，实际断裂时荷载为912kN，较设计值偏差 -8.8%，满足误差 ±15% 的要求。（试验曲线见图8）

图7 HDR10000kN 支座横向限位装置试验

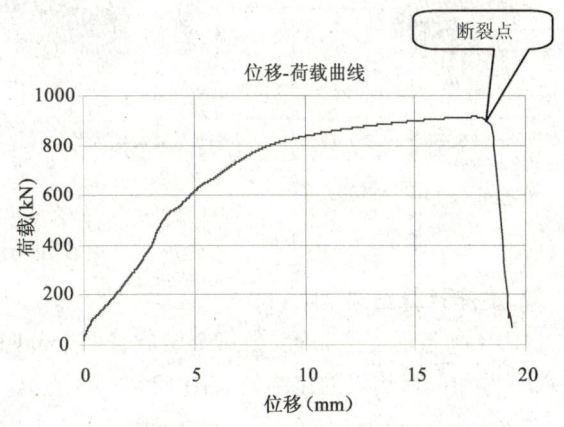

图8 HDR10000kN 支座横向限位装置试验曲线

三、隔震效果分析

1. 分析概况

本文选择港珠澳大桥"跨越崖13-1气田管线桥"作为隔震效果分析实例，本联桥为110m + 150m + 110m 连续梁，桥梁标准宽度为33.1m，主梁为钢箱梁，设计荷载按现行的《公路桥涵设计通用规范》（JTG D60—2004）进行设计并对部分荷载进行提高。桥址区地震抗震设防烈度为Ⅶ度，设计基本地震加速度值为0.15g，120年超越概率为5%的设计水平向地震动参数为235gal。

支座布置形式如图9所示。

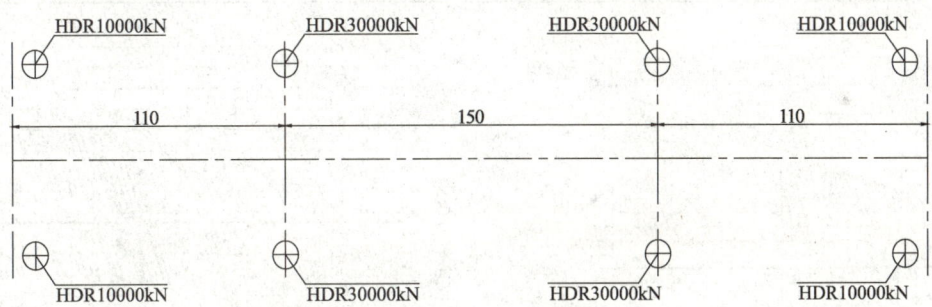

图9 跨越崖13-1气田管线桥支座布置示意图（尺寸单位:m）

本文对该桥进行了 P3(120a5%) 水准下桥梁三维地震响应分析，对该水准下六条地震波进行了相应的计算，所得结果为六条地震波和永久荷载组合的包络值。由于 X、Y、Z 三方向有18条地震波，本文不一一列出，仅列出 X 向六条波（图10、图11）。

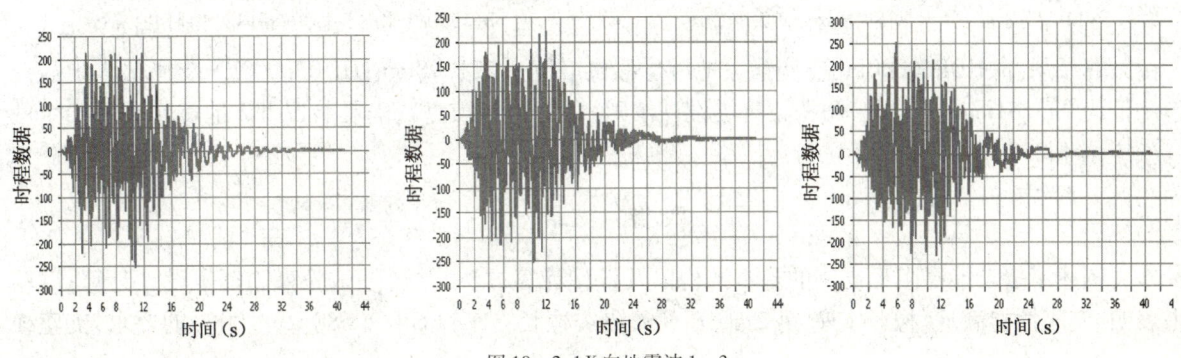

图10 2.1 X 向地震波 1-3

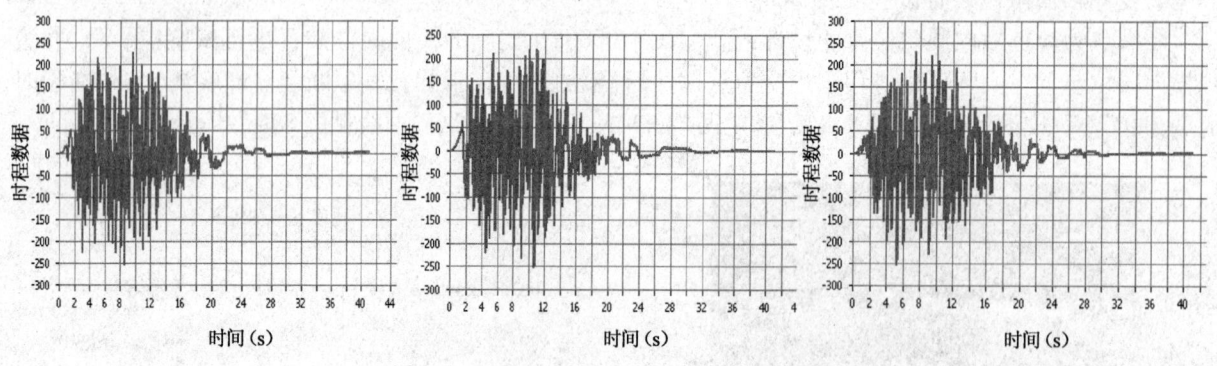

图 11　2.2 X 向地震波 4—6

2. 支座计算结果

HDR 高阻尼支座布置，为每个墩放置两个高阻尼支座，表 2 给出了六条地震波作用下每个支座的最大水平力和位移响应的包络值。图 12、图 13 为纵、横向支座滞回曲线。

六条地震波作用下高阻尼支座最大响应包络值　　　　　　　　　　表 2

墩 号		轴 力 （kN）	水 平 力 （kN）		位 移 （mm）	
			纵桥向	横桥向	纵桥向	横桥向
1 号墩	支座 1	-5334.85	1034.44	723.83	221.98	122.17
	支座 2	-5334.85	1034.44	723.83	221.98	122.17
2 号墩	支座 1	-22173.61	2123.63	1749.00	211.10	145.01
	支座 2	-22173.61	2123.63	1749.00	211.10	145.01
3 号墩	支座 1	-20775.84	2251.28	2044.27	233.61	197.09
	支座 2	-20775.84	2251.28	2044.25	233.61	197.09

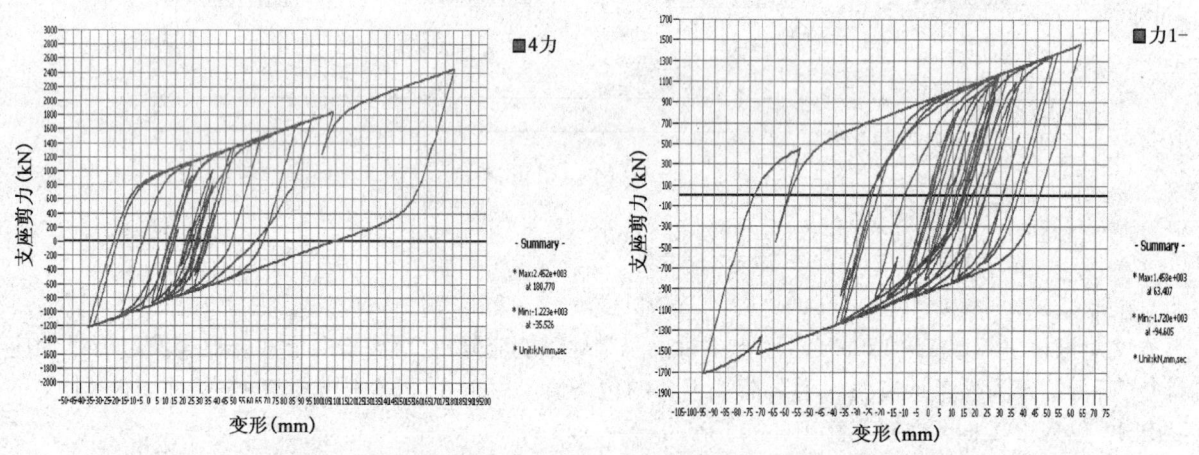

图 12　$P3$ 水准下边墩纵桥向支座滞回曲线　　　　图 13　$P3$ 水准下中墩横桥向支座滞回曲线

由计算结果知，HDR10000kN 支座最大地震位移包络值为 221.98mm；HDR30000kN 支座最大地震位移包络值为 233.61mm，满足《公路桥梁抗震设计细则》中对于橡胶型减隔震装置，E2 地震作用下产生的剪应变应小于 250％ 的要求。

四、结　语

本文阐述了多功能高阻尼支座的基本结构以及设计计算方法，并通过试验来验证了设计计算；试验结果表明，支座性能满足《橡胶支座 第 2 部分：桥梁隔震橡胶支座》（GB 20688.2—2006）的要求，支座横向限位装置的横向抗剪力满足误差±15%的要求;以上计算可为多功能高阻尼支座的设计提供一定的参考价值。

通过非线性动力时程分析,验证HDR10000kN与HDR30000kN支座的选型参数是合理可靠的,能够有效地发挥隔震效果;分析结果满足《公路桥梁抗震设计细则》(JTG/T B02-01—2008)。

参考文献

[1] 孟凡超,刘晓东,徐国平.港珠澳大桥主体工程总体设计//第十九届全国桥梁学术会议论文集[M].北京:人民交通出版社,2010.

[2] 王东升,王吉英,孙治国,等.汶川大地震简支梁桥路桥震害与设计对策[J].防灾减灾工程学报,2011年10月,第31卷第5期.

[3] Dynamic response of bridge system with kNocking-off members[J]. Matsumura Masahide, Masahiko Yoshida, Nobuhito Ochi. 2010 IABSE Symposium.

[4] 中华人民共和国国家标准.GB 20688.2—2006 橡胶支座 第2部分:桥梁隔震橡胶支座[S].北京:中国标准出版社,2007:6-14.

[5] 中华人民共和国行业标准.JTG/T B02-01—2008 公路桥梁抗震设计细则[S].北京:人民交通出版社,2008.

[6] 中华人民共和国行业标准.JTG D60—2004 公路桥涵设计通用规范[S].北京:人民交通出版社,2004.

105. 港珠澳大桥复合材料防撞护舷数值仿真研究

郝红肖 陈彦北 卢瑞林 郭红锋 孔令俊 宋文彪

(株洲时代新材料科技股份有限公司)

摘 要 基于数值仿真计算方法,利用ABAQUS有限元软件,对港珠澳大桥复合材料防撞护舷进行了数值仿真分析。通过计算护舷的压缩刚度、承载力、吸能情况,对结构几何尺寸、格构和铺层工艺进行了优化设计。结果表明,减少格构数量和几何厚度,可有效降低压缩刚度;格构腹板在横向与纵向交接区域应力集中,应增强此处腹板的黏结性能;铺层工艺对结构的刚度、强度有较大影响,三轴布交叉铺层可改善压缩应力和面内剪切应力分布。

关键词 防撞护舷 复合材料 数值仿真 ABAQUS 港珠澳大桥

一、概 述

随着交通运输事业的蓬勃发展,跨海和通航江河的大型桥梁日益增多,船桥碰撞事故的风险大大增加,一旦发生船桥碰撞,很可能造成桥梁垮塌、船毁人亡、环境污染等系列严重后果。因此,多种形式桥梁防撞装置不断出现[1-2],目的在于防止桥梁遇船舶撞击力而发生结构毁坏,同时尽可能地保护船舶,将损失减少到最低程度[3-4]。

港珠澳大桥,是我国继三峡工程、青藏铁路之后,又一重大基础设施项目;是具有国家战略意义的世界级跨海通道。作为世界跨海距离最长桥隧组合公路,港珠澳大桥地处中国最为发达的珠江三角洲,它不仅将成为陆路交通要道,还横跨全球最重要的贸易航道,每天有4000多艘船只穿行在这片航道密集的海域上。因此,桥墩防撞技术也成为大桥设计的重中之重。要解决"通航船舶吨位大(万吨级海轮)且航行速度快"、"海水腐蚀性强"等棘手问题,港珠澳大桥的防撞装置就必须具有极好的缓冲吸能作用、极高的耐候性和较大的产品尺寸,而这也成为技术攻关的头号难题。

二、复合材料防撞护舷的防撞原理

为解决上述技术难题,港珠澳大桥采用复合材料防撞护舷作为大桥的防撞装置,护舷整体呈"7"字形,如图1所示,外壳采用耐腐蚀性能强、弹性性能好的纤维增强复合材料,内填空间格构腹板增强的聚氨酯耗能闭孔泡沫材料,其中纤维增强复合材料耐腐蚀性能极佳,使用寿命长,能长达几十年,耐受雨水、海水等各种恶劣环境中的腐蚀。复合材料护舷通过钢管定位柱与钢套箱固定,如图2所示,当船舶撞击桥墩时,船舶首先与复合材料防撞护舷发生接触,防撞护舷利用自身弹性减缓船舶撞击,其内部的芯材泡沫同时发生破坏,吸收一部分的撞击能量,进而减少桥墩承受的撞击力,还能起到保护撞桥船只安全的作用。当护舷承受撞击遭到破坏后可进行更换,这种可拆换设计相比桥墩重建或修复无疑更具便利性、可行性和经济性。

图1 复合材料防撞护舷

图2 防撞护舷整体构造图

三、数值仿真模型

为了研究复合材料防撞护舷结构的受力情况,本文采用ABAQUS6.10软件[5]对防撞护舷进行数值仿真计算。由于在撞击时,护舷上端弯曲部分变形较小,对整体性能影响较小,因此计算时选取4.1m×2m×0.8m直线段区域进行分析,计算模型如图3所示。复合材料防撞护舷主要由迎撞面板、格构腹板和聚氨酯闭孔芯材组成。网格采用C3D8R单元,划分52168个单元,划分的网格如图4所示。

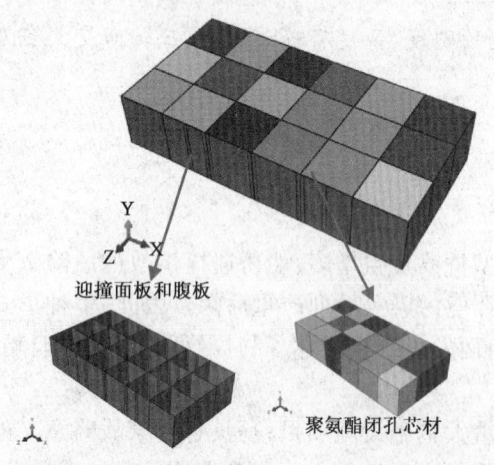

图3 计算模型

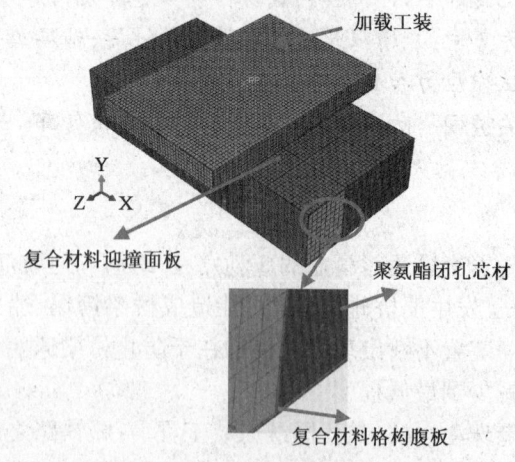

图4 复合材料防撞护舷网格划分

分析中加载区域为中间2m×2m区域,采用位移加载控制模式,底部边界固定,铺层采用三轴布对称铺层。计算所采用的材料参数均符合设计要求中材料性能要求,复合材料和聚氨酯闭孔芯材的材料力学特性分别如表1、表2所示。

防撞护舷复合材料材料三轴布力学特性   表1

名　　称	符　　号	数　值（MPa）
0°方向拉伸模量	$E1$	28500
90°方向拉伸模量	$E2$	10400
z方向拉伸模量	$E3$	8920
泊松比	ν_{12}	0.4
剪切模量	$G12$	6700
	$G23$	4100
	$G13$	4100
0°方向拉伸强度	σ_{M1}	600
0°方向压缩强度	σ_{cM1}	-500
90°方向拉伸强度	σ_{M2}	110
90°方向压缩强度	σ_{cM2}	-170
面内剪切强度	τ_{M12}	65

防撞护舷聚氨酯闭孔芯材材料力学特性   表2

材料	弹性模量（MPa）	泊松比	平压强度（MPa）	面内剪切强度（MPa）
聚氨酯闭孔芯材	12	0.3	0.48	0.308

四、结果与讨论

1. 承载力

（1）纵向格构优化

由于横向格构（数量为3）数量不多，减少数量会减小其横向刚度，影响结构的不稳定性，所以横向格构数量不做优化。仅对纵向结构格构数量进行优化，优化结构如表3所示。

不同纵向格构模型   表3

序　号	腹板格构	厚度（层）	
		迎撞面板	腹板
1	6×3	14	10
2	5×3	14	10
3	4×3	14	10
4	3×3	14	10

结构承载力对应满足技术要求时，其应力云图见图5～图12，数值见表4。从表中可以看出，(1)迎撞面板应力集中发生在与工装接触的四个边角处，实际生产时会设置倒角，可减小应力集中；而格构腹板应力集中发生在横、纵向交接处，应增强此处腹板的黏结性能。(2)迎面撞板和格构腹板拉、压应力均满足材料性能要求，闭孔芯材平压强度和剪切强度也满足材料性能要求。通过比较，结构4×3-14P-10P闭孔芯材应力分布比较均匀，其数值相对其他几种结构较小。

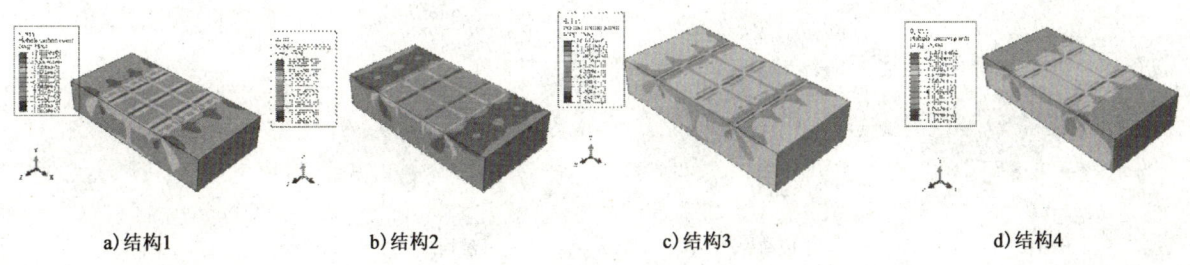

a)结构1　　　　b)结构2　　　　c)结构3　　　　d)结构4

图5　迎撞面板沿纤维方向应力云图

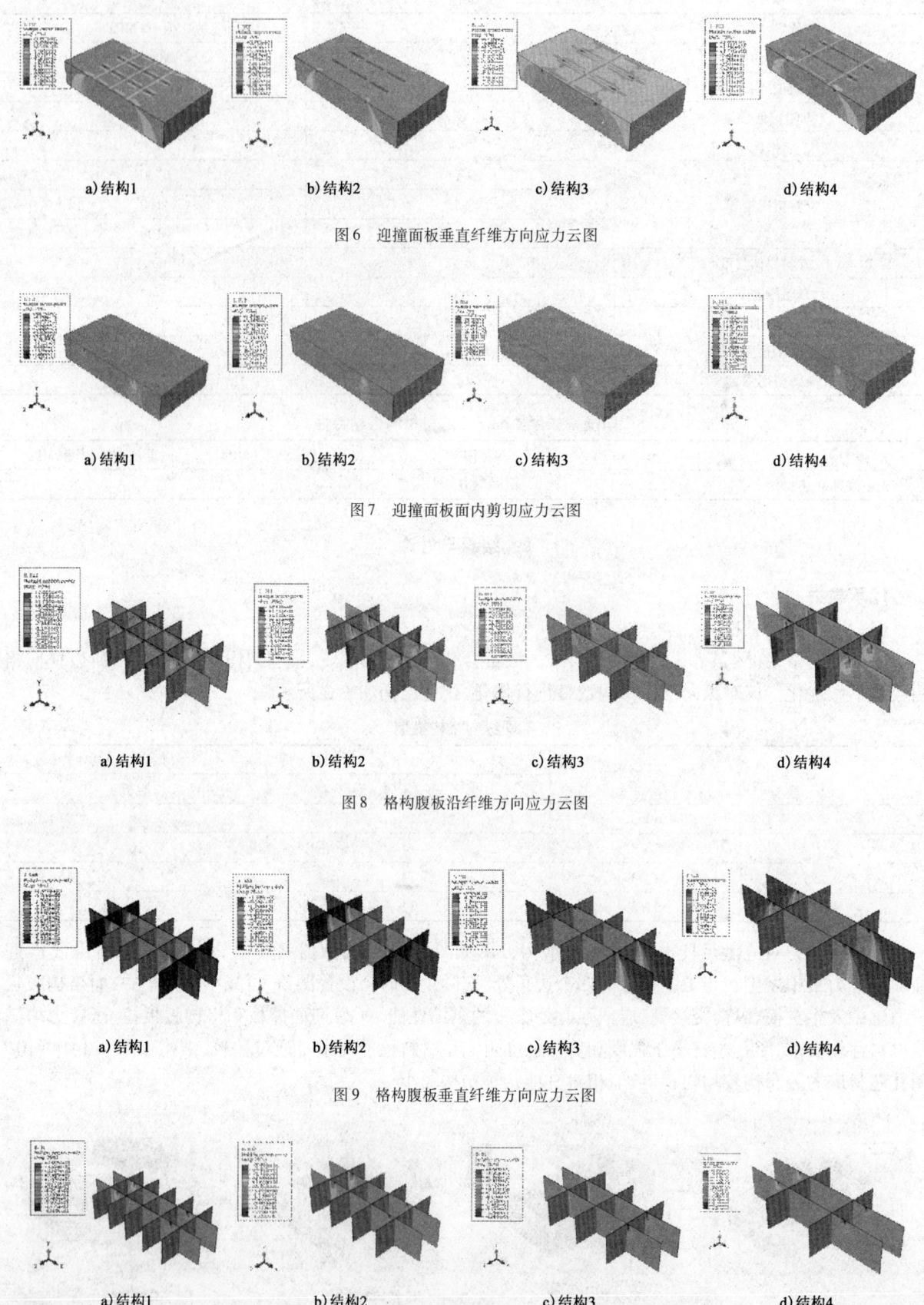

a)结构1　　b)结构2　　c)结构3　　d)结构4

图6　迎撞面板垂直纤维方向应力云图

a)结构1　　b)结构2　　c)结构3　　d)结构4

图7　迎撞面板面内剪切应力云图

a)结构1　　b)结构2　　c)结构3　　d)结构4

图8　格构腹板沿纤维方向应力云图

a)结构1　　b)结构2　　c)结构3　　d)结构4

图9　格构腹板垂直纤维方向应力云图

a)结构1　　b)结构2　　c)结构3　　d)结构4

图10　格构腹板面内剪切应力云图

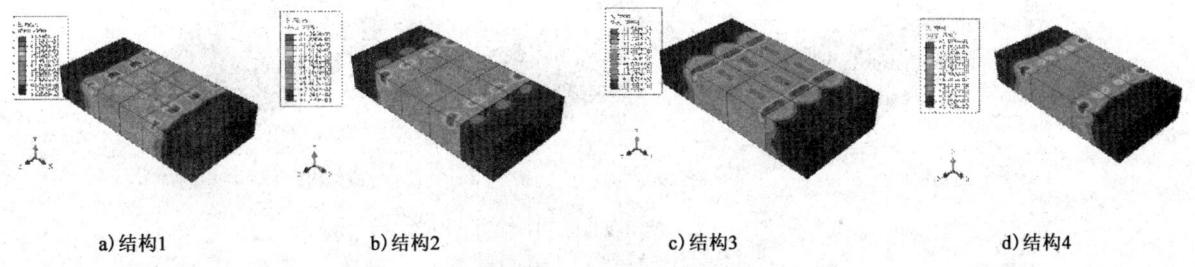

a) 结构1　　　　b) 结构2　　　　c) 结构3　　　　d) 结构4

图11　聚氨酯闭孔芯材Mise应力云图

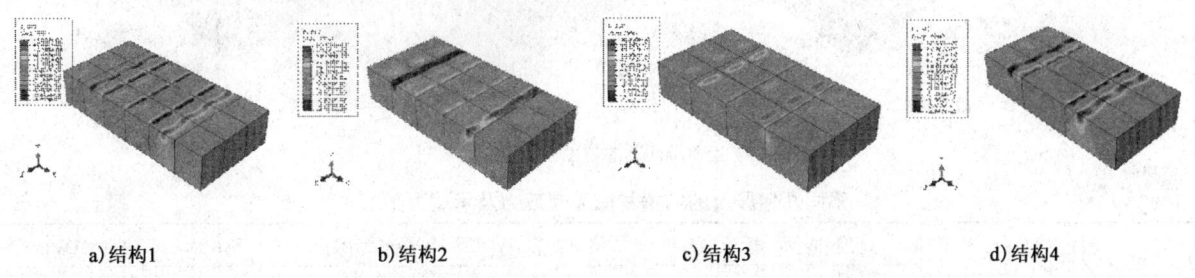

a) 结构1　　　　b) 结构2　　　　c) 结构3　　　　d) 结构4

图12　聚氨酯闭孔芯材面内剪切应力云图

不同纵向格构的防撞护舷装置应力及承载力数值　　表4

	最大应力 (MPa)	迎撞面板			格构腹板			聚氨酯闭孔芯材		单位面积承载力(MN/m²)	
		S11	S22	S12	S11	S22	S12	S	S12	计算值	技术要求值
结构1	拉应力	38.1	28.9	48.7	20.7	1.5	49.6	0.14	0.004	2.504	
	压应力	156.2	93.7	48.6	28.2	97.5	49.6		0.004		
结构2	拉应力	39.5	27.9	68.9	20.3	1.4	58.6	0.14	0.004	2.507	≥2.5
	压应力	190.6	108	69.1	34.4	112.4	68.3		0.004		
结构3	拉应力	50.8	43.7	56.7	34.3	1.0	48.7	0.16	0.06	2.507	
	压应力	136.8	90.7	56.7	43.7	83.1	48.7		0.06		
结构4	拉应力	42.7	28.1	60.3	17.7	1.0	62.0	0.14	0.03	2.51	
	压应力	134.1	93.8	60.3	34.5	95.6	62.0		0.03		

(2) 几何厚度优化

根据前面计算结果,几何厚度优化选取4×3格构模型,模型结构设计见表5,聚氨酯闭孔芯材的应力云图如图13、图14所示,复合材料结构最大应力值见表6,可以看出,聚氨酯闭孔芯材平压强度和剪切强度均材料性能要求,而结构3迎撞面板和格构腹板剪切应力较大,其他两种的应力值均满足要求。综合比较,结构4×3-10P-10P闭孔芯材应力分布比较均匀,其数值相对较小。

不同几何厚度模型　　表5

序号	腹板格构	厚度（层）	
		迎撞面板	腹板
1	4×3	14	10
2	4×3	10	10
3	4×3	10	8

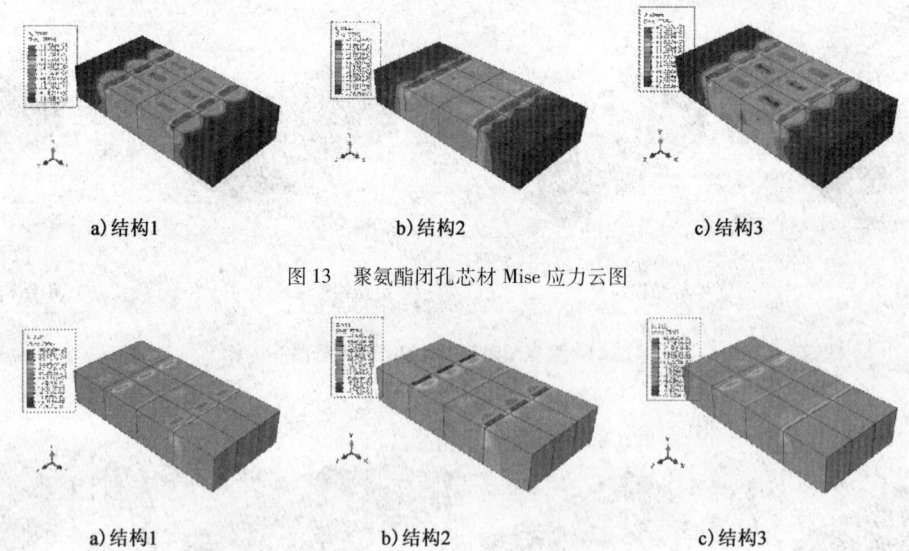

a) 结构1　　　　b) 结构2　　　　c) 结构3

图 13　聚氨酯闭孔芯材 Mise 应力云图

a) 结构1　　　　b) 结构2　　　　c) 结构3

图 14　聚氨酯闭孔芯材面内剪切应力云图

不同几何厚度的防撞护舷装置应力及承载力数值　　　表6

	最大应力(MPa)	迎撞面板			格构腹板			聚氨酯闭孔芯材		单位面积承载力(MN/m²)	
		S11	S22	S12	S11	S22	S12	S	S12	计算值	技术要求值
结构1	拉应力	50.8	43.7	56.7	34.3	1.0	48.7	0.16	0.06	2.504	2.5
	压应力	136.8	90.7	56.7	43.7	83.1	48.7		0.06		
结构2	拉应力	56.3	47.9	65	34.1	1.5	56.2	0.14	0.05	2.505	
	压应力	114.1	98.4	65	41.9	79.7	56.2		0.05		
结构3	拉应力	111.7	80.6	73.3	57	2.9	76.1	0.24	0.09	2.511	
	压应力	183.9	125.5	92.4	61.8	111.3	66.6		0.09		

（3）铺层设计优化

为了改善垂直纤维方向及面内剪切方向的应力分布,将三轴布进行0°和90°交叉对称铺层布置,模型见表5。闭孔芯材的应力云图见图15、图16,复合材料结构最大应力值见表7,从中可以看出,结构1、2应力均满足材料性能要求,结构3的面内剪切应力不满足材料性能要求。与表6相比,垂向应力与面内剪切应力数值明显改善,说明交叉铺层可有效降低垂向应力和剪切应力,且结构垂向应力对面内剪切应力影响较大。

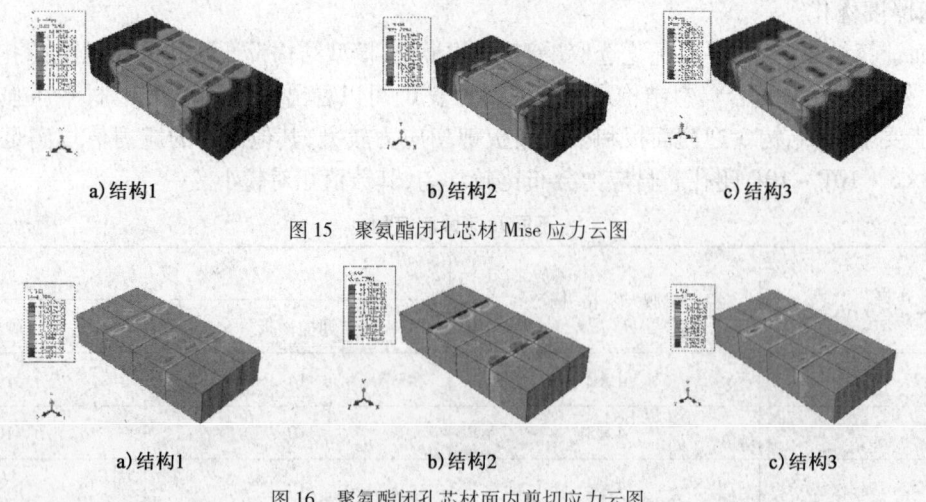

a) 结构1　　　　b) 结构2　　　　c) 结构3

图 15　聚氨酯闭孔芯材 Mise 应力云图

a) 结构1　　　　b) 结构2　　　　c) 结构3

图 16　聚氨酯闭孔芯材面内剪切应力云图

三轴布交叉铺层的防撞护舷装置应力及承载力数值   表7

最大应力(MPa)		迎撞面板			格构腹板			聚氨酯闭孔芯材		单位面积承载力(MN/m²)	
		S11	S22	S12	S11	S22	S12	S	S12	计算值	技术要求值
结构1	拉应力	59.3	40.9	55.4	34.2	1.69	47.4	0.16	0.06	2.64	≥2.5
	压应力	142.5	81.7	55.1	43.3	77.3	47.4		0.06		
结构2	拉应力	61.7	44.3	61.5	32.5	1.2	53.2	0.14	0.05	2.55	
	压应力	120.1	87.0	61.5	40.0	70.7	53.2		0.05		
结构3	拉应力	112.6	65.89	67.5	59.7	3.27	70.6	0.22	0.08	2.54	
	压应力	178	107.3	84.7	57.9	97.1	60.3		0.08		

2. 压缩刚度

护舷结构的载荷位移曲线如图17、图18所示,压缩刚度见表8,均大于技术要求值80 MN/m³。从表中还可以看出:

(1) 6×3格构和4×3格构的结构压缩刚度较大,其原因是工装边缘接触部位位于横向格构腹板附近,致使变形困难,刚度较大;而5×3格构和3×3格构的结构刚度稍小,其原因是工装边缘接触部位位于格构腹板中间区域,致使结构容易变形,刚度稍小。

(2) 结构压缩刚度随厚度的减小而变小。

(3) 纤维取向对结构的刚度影响较大,改变工艺后虽然面内剪切应力有所改善,但刚度较大。通过比较发现,减少格构数量即增加单个格构尺寸,同时减小迎撞面板和格构腹板厚度,可有效降低压缩刚度,同时纤维取向越趋近于压缩方向刚度越大。

不同格构、不同厚度和不同工艺下的结构压缩刚度比较   表8

序号	格构	厚度(层)		三轴布铺层	压缩刚度(MN/m³)	技术要求值
		迎撞面板	格构腹板			
1	6×3	14	10	0°	756.3	≥80 MN/m³
2	5×3	14	10	0°	680.6	
3	4×3	14	10	0°	711.5	
4	3×3	14	10	0°	683.0	
5	4×3	14	10	0°	711.5	
6	4×3	14	10	0°/90°交叉	790.5	
7	4×3	10	10	0°	659.4	
8	4×3	10	10	0°/90°交叉	747.7	
9	4×3	10	8	0°	557.7	
10	4×3	10	8	0°/90°交叉	639.8	

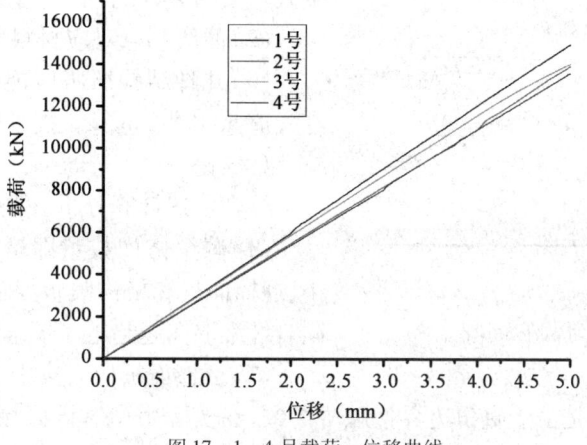

图17 1-4号载荷—位移曲线

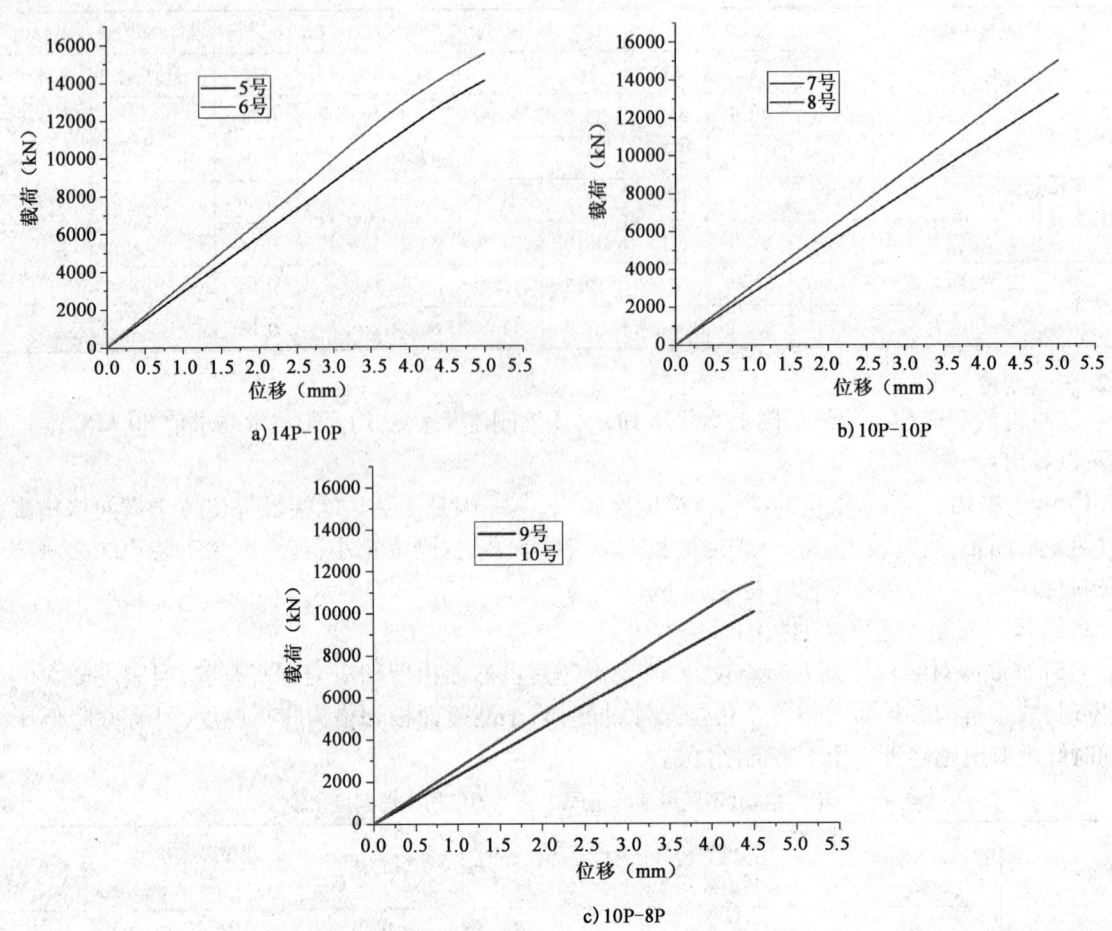

图 18　5~10号载荷—位移曲线

3. 能量吸收

由于护舷结构主体为复合材料,属于弹性结构,在结构不断被压缩过程中,大量撞击能量转化成变形能被储存,从而减小撞击力对桥墩混凝土承台的损伤和破坏。在变形过程中所吸收的能量与压缩比例关系曲线如图19所示,由图可知:

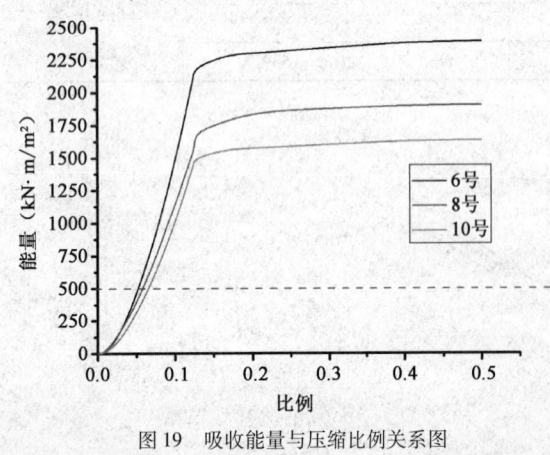

图 19　吸收能量与压缩比例关系图

（1）随着结构的压缩变形增大,变形能不断增大,当结构应力达到或超过强度要求时,部分材料开始发生破坏或断裂,此后能量增加将趋于平缓。

（2）曲线拐点对应材料开始发生破坏或断裂点。

（3）几种结构所吸收能量均超过了图19中所示红线值500kN·m/m²（技术要求值）,符合技术要求。

4. 结论

综合上述计算分析,得出以下结论:

（1）减少格构数量即增加单个格构尺寸,同时减小、迎撞面板和格构腹板厚度,可有效降低压缩刚度,同时纤维取向越趋近于压缩方向结构刚度越大。

（2）迎撞面板应力集中区域发生在工装与撞板接触的四个边角处,区域较小,是由于直角边界接触所导致,在实际生产时该区域会设置倒角,以减小应力集中;而格构腹板应力集中区域发生在横向与纵向交接区域,应增强此处腹板的黏结性能,可避免应力集中。

(3)铺层工艺对结构的刚度、强度有较大影响,应采取三轴布交叉铺层工艺,其原因是交叉铺层可改善压缩应力和剪切应力分布,从而降低其数值大小。

五、结　语

本文通过对港珠澳大桥防撞护舷的压缩刚度、承载力、吸能情况计算,实现了结构几何尺寸、格构和铺层工艺优化设计,为结构设计和工艺生产提供指导作用。

参考文献

[1] 曾克俭. 桥墩防撞设施及其应用综述[J]. 中国公路工程,1996, 21(4).
[2] 尹锡军. 船桥碰撞及桥墩防撞设施研究[D]. 大连:大连海事大学,2009.
[3] 潘晋,吴卫国,王德禹,等. 船—桥墩防护装置碰撞中的影响因素研究[J]. 武汉理工大学学报,2004(4).
[4] 巫祖烈,徐东丰. 桥墩防撞装置评述[J]. 重庆交通学院学报,2006(6).
[5] 美国 ABAQUS 有限元软件 6.4 版入门指南[M]. 北京:清华大学出版社,2004.

106. 欧米茄橡胶止水带结构与性能研究

罗勇欢　冯正林　王三孟　郭红锋　陈娅玲　陈彦北
(株洲时代新材料科技股份有限公司)

摘　要　研究了一种适用于港珠澳大桥沉管隧道用欧米茄(OMEGA)橡胶止水带。通过对沉管隧道用接头的介绍,结合 OMEGA 橡胶止水带的工作原理,对该橡胶止水带的基本结构和安装设计进行了概述;建立相关模型,结合实际工况,应用有限元方法对 OMEGA 橡胶止水带工作状态和水密封特性进行分析,并对水密封特性进行了试验验证,表明 OMEGA 橡胶止水带能很好地满足港珠澳大桥项目沉管隧道的实际需求。

关键词　欧米茄　止水带　沉管隧道　水密封　有限元分析　试验

一、概　述

自 1910 年世界上第一条沉管隧道——跨越美国与加拿大之间的底特律河铁路隧道建成以来,美国、欧洲以及后来的亚洲开始了沉管隧道的广泛研究与推广。

沉管隧道的每一个管段都是一个预制件,在管段之间和管段与通风塔之间存在接头。管段接头是沉管隧道的重要部位,同时也是薄弱部位,其结构强度和刚度相对混凝土而言都显得非常脆弱。接头一般分为两种形式:一种接头具有与其连接管段相似的断面刚度和强度——刚性接头;另一种接头则允许在三个主轴方向上有相对位移——柔性接头。

1942 年荷兰修建的 Mass 河隧道,截面图见图 1 所示,管节之间首次采用 GINA 橡胶止水带作为初始密封,OMEGA 橡胶止水带作为永久性密封的柔性止水方式。该柔性接头方式不但能够适应管节各方向的不均匀沉降,同时止水效果明显、使用寿命长,因此"GINA + OMEGA"组合的柔性接头已经成为最普遍、最安全的接头方式。此后,这种施工方法得到了极大的简化和优化,并在现今大多数隧道工程中被广泛使用。

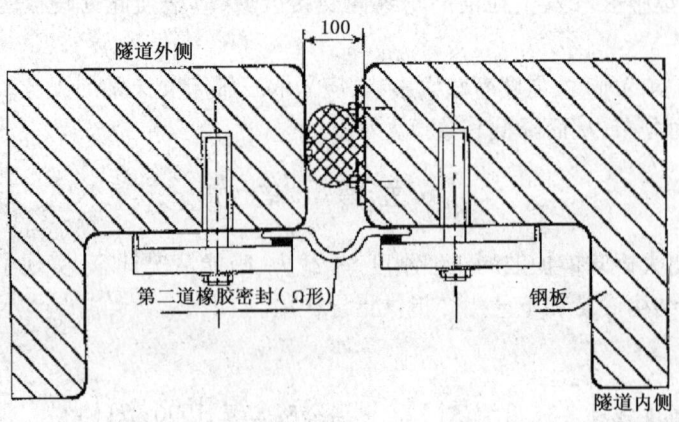

图1 管节接头结构断面图(尺寸单位:mm)

二、OMEGA 橡胶止水带的结构设计

1. OMEGA 橡胶止水带结构形式

如图2所示,OMEGA橡胶止水带主体材料为橡胶,中间加设纤维层(帘布)以提高其耐水压能力,端头呈凸缘状,其内设有硬质胶条以确保在高水压下橡胶止水带不会发生滑移、内缩。此外,在止水带底边设有三排密封唇,使接触为线接触,从而提高止水带与混凝土等接触面的局部压应力,更好地满足压密止水功效。

2. OMEGA 橡胶止水带安装设计

根据管节接缝的构造设计沉管隧道OMEGA橡胶止水带产品安装结构(图3所示),通过螺纹连接将压板与安装面内埋的套筒将OMEGA橡胶止水带固定在沉管管节缝隙处,利用杠杆原理和橡胶高弹性,将OMEGA橡胶止水带压板一端定位,拧紧螺母(扭矩根据实际需要设定),螺母推动压板的另一端将止水带压紧,利用杠杆原理将压力作用在沉管隧道止水带的两翼,压紧底部的3道密封唇,达到密封止水效果。

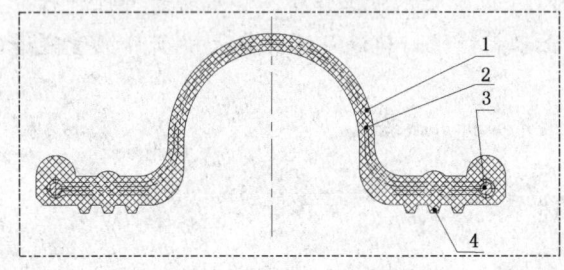

图2 OMEGA橡胶止水带结构示意图
1-主体;2-帘布;3-硬质胶条;4-密封唇

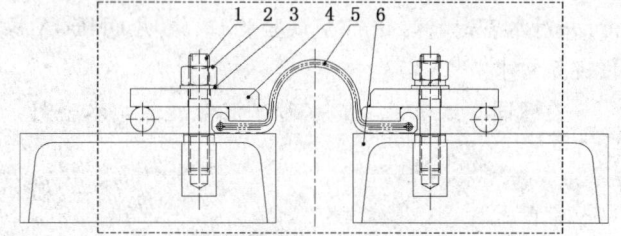

图3 OMEGA橡胶止水带安装示意图
1-螺杆;2-螺母;3-垫片;4-压板;5-OMEGA橡胶止水带;6-安装台

三、模 拟 分 析

为了合理确定OMEGA橡胶止水带的结构,对于OMEGA橡胶止水带在几种重要工况下的受力和变形情况进行了有限元仿真计算和分析。

1. 计算工况

(1)确定螺栓设计预紧力:①压平三道密封唇;②接触应力3MPa。取二者接触应力较大者作为螺栓预紧力设计依据。

(2)考虑地震等极限载荷作用,在工况(2)下施加竖向错位量50mm。

(3)本工况取止水带长度为50mm,在压板竖向位移4mm(压平凸台)和工作水压0.55MPa下,施加

5mm 的纵向错位位移。

2. 工况一分析结果

通过不断调整压板竖向位移,当压板竖向位移为 7.5mm 时,止水带三道密封唇刚好被压平。第一道密封唇最大接触应力为 4.09MPa,第二道密封唇最大接触应力为 5.48MPa,第三道密封唇最大接触应力为 4.03MPa,均大于工作水压 0.55MPa。止水带系统整体应力分布如图 4 所示,最大应力为 33.87MPa,出现在帘布上,止水带最大主应力为 0.86MPa;

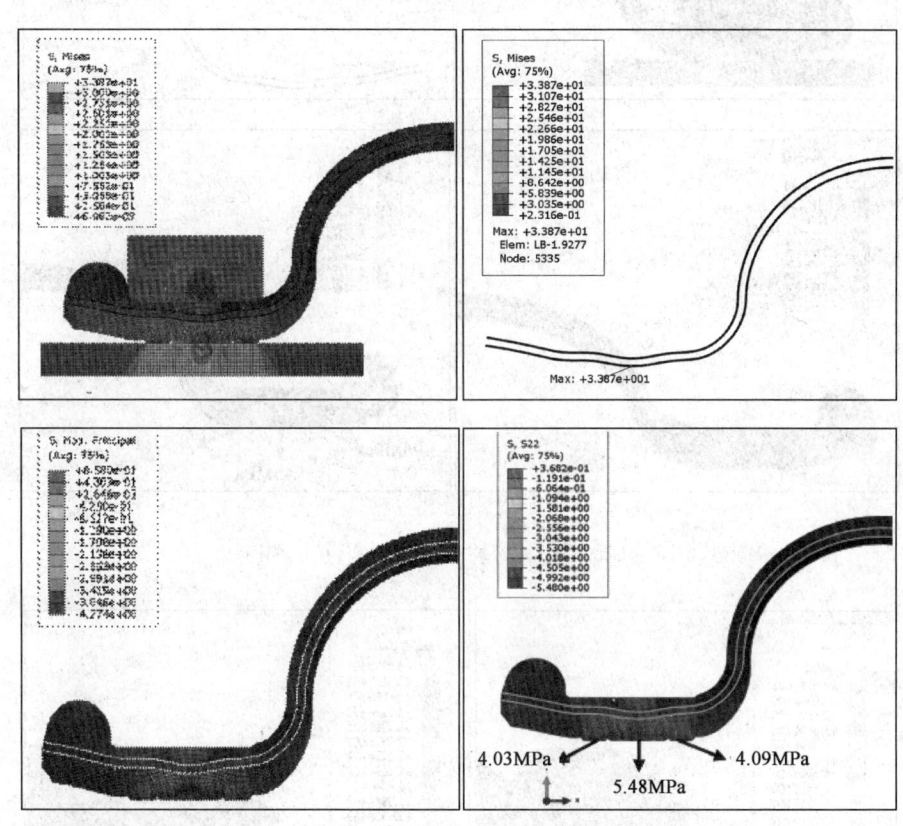

图 4 工况一下止水带最大主应力分布(单位:MPa)

3. 工况二分析结果

在地震等极限载荷作用下,施加水平张拉量 50mm,压板竖向位移 7.5mm,工作水压 0.55MPa,止水带系统整体应力分布如图 5 所示,最大应力为 31.48MPa,出现在帘布上;止水带最大主应力为 0.87MPa;止水带与钢板接触第一道密封唇最大接触应力为 3.83MPa,第二道密封唇最大接触应力为 5.45MPa,第三道密封唇最大接触应力为 3.96MPa,均大于工作水压 0.55MPa。

4. 工况三分析结果

本工况取止水带长度为 50mm,在压板竖向位移 4mm(压平凸台)和工作水压 0.55MPa 下,施加 5mm 的纵向错位位移。

止水带系统整体应力分布如图 6 所示,最大应力为 43.27MPa,出现在帘布上;止水带最大主应力为 0.34MPa;止水带与钢板接触第一道密封唇最大接触应力为 2.10MPa,第二道密封唇最大接触应力为 3.04MPa,第三道密封唇最大接触应力为 1.83MPa,均大于工作水压 0.55MPa。

从以上分析可知:①在各工况下,帘布的最大应力为 43.27MPa,远小于其试验断裂强度值 134MPa,能够保证帘布的安全;②止水带最大主应力为 0.87MPa,可以保证止水带长期使用的安全性;③在各工况下,各道密封唇的接触应力均大于工作水压 0.55MPa,能够保证该止水带的水密性要求。

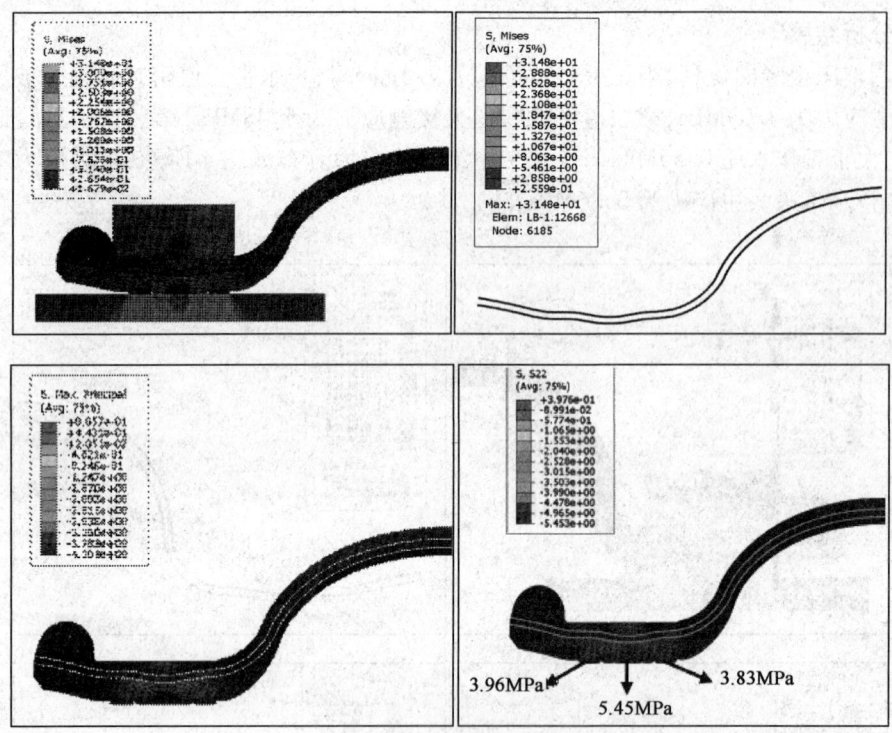

图 5　工况二下止水带最大主应力分布(单位:MPa)

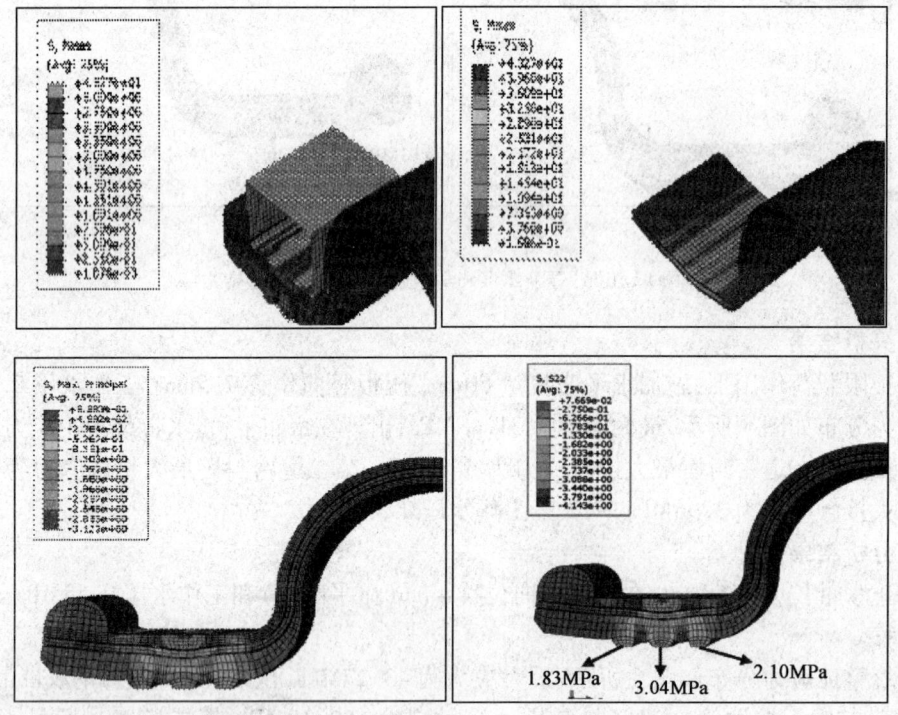

图 6　工况三下止水带最大主应力分布(单位:MPa)

5. 螺栓预紧力

工况一下的加压工装竖向力与竖向位移曲线(注:负值仅表示方向,加载起点在(0,0)位置)如图 7 所示:

螺栓设计预紧力确定方法：取下列工况中接触应力值较大者作为螺栓设计预紧力，设计依据：①压平三道密封唇；②接触应力 3MPa。

通过仿真分析，得出当压板竖向位移为 7.5mm 时，三道密封唇刚好被压平（参见图6），此时止水带与预埋钢板接触应力远大于 3MPa（参见图6）。因此，取压板竖向位移为 7.5mm 时的受力状况作为设计依据。此时对应的最大约束反力为 66.2N，压板的长 L 和宽 B 分别为 1mm 和 42.14mm，因此在压板上需要施加的面压为：

$$\sigma = \frac{F}{LB} = \frac{66.2}{1 \times 42.14} = 1.57 \text{MPa}$$

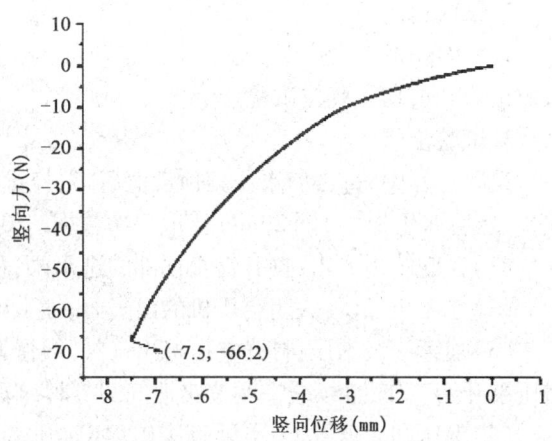

图7　工况一下加压工装竖向力与竖向位移曲线

其中压板的长度 L' 为 220mm，因此所需总的螺栓设计预紧力为：

$$P = \frac{F}{LB}L'B = \frac{FL'}{L} = 66.2 \times 220 = 14564 \text{N} = 14.6 \text{kN}$$

类似地，可以确定螺栓临界预紧力：压缩量为 2.8mm 时，止水带三道密封唇最大接触应力的最小值刚好大于工作水压 0.55MPa，试验中所需总的临界预紧力为：

$$P = \frac{FL'}{L} = 8.65 \times 220 = 1903 \text{N} = 1.90 \text{kN}$$

通过分析讨论表明：①当压板竖向位移为 2.8mm 时，止水带三道密封唇最大接触应力最小值刚好大于工作水压 0.55MPa，针对当前的试验工装需要施加的总的螺栓临界预紧力为 1.90kN。②当压板竖向位移为 7.5mm 时，刚好压平三道密封唇，止水带与钢板的接触应力值大于 3MPa，需取压板竖向位移为 7.5mm 时的受力状况作为螺栓设计预紧力的设计依据。针对当前的试验工装需要施加的总的螺栓设计预紧力为 14.6kN。

四、水密封试验验证

1. 试验装置

试验模型（见图8）分为对称两块，通过变形缝连接形成一个近似长方体，长×宽×高分别为 900mm，1000mm 和 1000mm。模型采用钢箱结构与截面比例为 1∶1 的止水带相结合，通过内腔加水压来模拟止水带在实际工况下的水压力。试验通过机械装置调整两个钢箱的位置，能准确模拟钢箱的相对位移，从而保证试验能达到验证不同张开量及横向剪切下止水带的水密封性能。

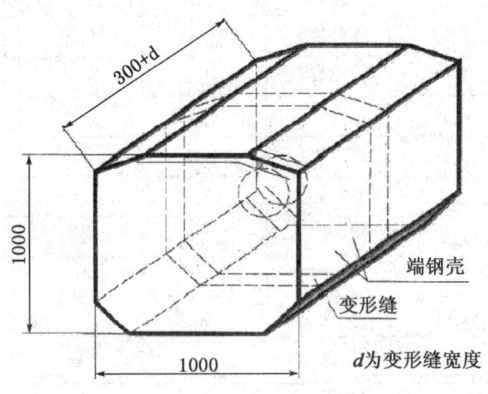 

图8　水密封试验装置示意图（尺寸单位：mm）

2. 试验目的

检验OMEGA橡胶止水带在不同张开量,不同水压力和一定剪切量下的水密封性能。主要包括为纯张拉试验和剪切—张拉试验。

3. 试验步骤

试验过程中,每当加水压到预设值后,先静置0.5h,如果有压降就补充加压,以消除应力释放带来的误差,然后保压2h,每隔20min读取一次数据。具体试验步骤描述如下:

(1)往钢箱内充水:打开钢箱顶部的进水阀,往密闭钢箱内充水。
(2)空压机加压:关闭空压机的出气阀,插上电源,让空压机工作。
(3)加第一级水压:打开空压机出气阀,缓慢调节驱动气调节阀,使驱动气压慢慢升高到0.1MPa时,增压泵开始工作,继续缓慢调节驱动气调节阀,当压力达到需要压力时,停止调节驱动气。
(4)保压和读取数据:本试验从0.5MPa开始,加水压到预设值开始,保压2h,每隔20min读取一次数据,并认真填写试验原始记录。
(5)加下一级水压:打开高压截止阀,打开驱动气开关,继续(3)操作。
(6)继续进行下一个张开量下的试验,直到试验结束。

4. 试验结果

纯张拉水密封试验评判结果见表1,剪切—张拉水密封试验评判结果见表2。

纯张拉工况下水密封试验判断结果 表1

张开量(mm) \ 水压(MPa)	0.5	0.7	0.8	0.9	1.0	1.1	1.2
35	完好	完好	完好	完好	完好	完好	完好
40	完好	完好	完好	完好	完好	N	N
45	完好	完好	完好	完好	N	N	N
55	完好	完好	完好	N	N	N	N
65	完好	完好	完好	N	N	N	N
75	完好	完好	完好	N	N	N	N
80	完好	完好	完好	N	N	N	N
85	完好	完好	完好	N	N	N	N

完好表示水密封试验符合要求,N表示不需要测试

10mm剪切—张拉工况下水密封试验判断结果 表2

张开量(mm) \ 水压(MPa)	0.5	0.7	0.8	0.9	1.0	1.1	1.2
5	完好	完好	完好	完好	完好	完好	完好
15	完好	完好	完好	完好	完好	完好	完好
20	完好	完好	完好	完好	完好	完好	完好
35	完好	完好	完好	完好	完好	完好	完好
40	完好	完好	完好	完好	完好	N	N
45	完好	完好	完好	完好	N	N	N
55	完好	完好	完好	N	N	N	N
65	完好	完好	完好	N	N	N	N
75	完好	完好	完好	N	N	N	N
80	完好	完好	完好	N	N	N	N
85	完好	完好	完好	N	N	N	N

完好表示水密封试验符合要求,N表示不需要测试

从 OMEGA 橡胶止水带的试验结果可以看出：

(1) 在纯张拉试验工况下，止水带样品的水密封性能良好。

(2) 在 10mm 剪切量的剪切—张拉试验工况下，止水带样品的水密封性能良好。

(3) 止水带样品试验中和试验后未发现明显的鼓包、裂痕及破损现象(图9)。

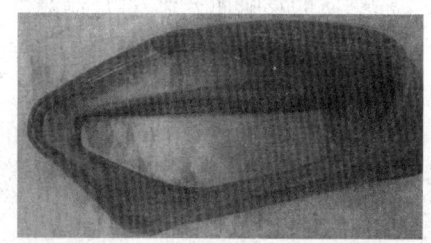

图9 试验后止水带外观状况图

五、结　语

随着对柔性接头技术研究的不断深入，以及大量的工程应用验证，采用 OMEGA 橡胶止水带已成为解决沉管隧道密封止水问题的有效方法，特别是采用 OMEGA 橡胶止水带和 GINA 橡胶止水带相组合的柔性止水方式。本文通过对 OMEGA 橡胶止水带在压缩及压缩剪切共同作用下的模拟计算，以及按照实际工况进行的水密封试验，验证了 OMEGA 橡胶止水带的结构形式和水密封特性均满足设计要求，可以很好地满足港珠澳大桥项目沉管隧道混凝土构件密封防水工程的需要。由于港珠澳大桥使用寿命 120 年，水深 47m，工况要求高，开创国内外先例，因此 OMEGA 橡胶止水带的使用中的检测与分析也是非常重要的，因此还应继续丰富 OMEGA 橡胶止水带的使用状况检测方法以及产品使用过程中的相关控制研究分析等。

参考文献

[1] 王兴铎. 水下沉管隧道的发展和施工技术[J]. 中国铁路, 2001(5): 48-50.

[2] 陈心茹, 邵臻. 外环隧道 OMEGA 止水装置、注浆带及拉索防腐蚀设计[J]. 地下工程与隧道, 2003(10): 34-38.

[3] 王吉云. 港珠澳大桥岛隧工程沉管隧道施工新技术介绍[J]. 地下工程与隧道, 2011(1): 22-26.

[4] 陈绍章. 沉管隧道设计与施工[M]. 科学出版社, 2002.

[5] 王艳宁, 熊刚. 沉管隧道技术的应用与现状分析[J]. 现代隧道技术, 2007, 44(04).

[6] 上海隧道股份有限公司. 杭州湾海底沉管隧道施工关键技术研究——技术鉴定资料[R]. 上海隧道股份有限公司, 上海, 2004.

[7] The Fixed Link across the Oresund: Tunnel Section under the Drogden [J]. W P S Janssen, Steen Lykke. Tunneling and Underground Space Technology, 1997, 12(1): 5-14.

107. 欧米茄止水带材料寿命研究

郭红锋　陈娅玲　冯正林　陈彦北　罗勇欢　王三孟　张保生

(株洲时代新材料科技股份有限公司)

摘　要　本文通过研究沉管隧道用欧米茄(OMEGA)橡胶止水带胶料氯丁橡胶的理化性能，全面的分析橡胶材料的应力松弛老化过程，根据氯丁橡胶的红外光谱分析，并对其加速老化试验数据进行处理，采用 WLF 方程方法对其室温下的寿命进行预测，并判断采用氯丁橡胶的 OMEGA 止水带能满足 120 年的设计寿命要求。

关键词　氯丁橡胶　寿命预测　老化　光谱分析

一、概　述

独具高弹性的橡胶，广泛地应用于密封领域。橡胶及其制品在储存和使用过程中，受到热、氧、应力及其工作介质的影响而老化,造成制品性能失效。橡胶密封件通常处于关键部位,往往又是产品的薄弱环节,密封件的破坏将会导致整个工程崩溃。因此如何有效地预测橡胶制品的老化寿命,对橡胶的选择有着十分重要的意义[1]。

港珠澳大桥是连接香港、珠海、澳门的隧—岛—桥集群的大型跨海通道工程,其主体海底隧道是目前世界上最长的沉管隧道,设计寿命120年[2]。

二、材料寿命预测

1. 老化类型分析

高聚物材料的老化原因,分为内因和外因。内因主要是指构成高分子材料的基本成分——高聚物本身的结构状态和高分子材料体系内部各组分的性质、比例等。外因是指外界的环境因素,包括物理因素、化学因素和生物因素等。老化由内因引起,外因则通过内因促进了老化的发生和发展。材料内部的物理和化学变化导致材料的性能劣化,使材料发生老化,因此可将老化分成化学老化和物理老化两类。

其中化学老化主要包括聚合物的降解和交联。降解反应、一般分主链断裂反应和链分解反应两类。第一类是主链断裂反应。主链的断裂也可分两种情况:一种是产生含有若干个链节的小分子,另一种是产生单体。产生单体的反应等于是聚合反应的逆反应,所以也称为解聚反应,如聚甲醛等的热解聚。第二类是聚合度不变,链发生分解反应,如聚氯乙烯分解氯化氢的反应。而交联反应就是大分子与大分子相连,产生网状结构或体型结构。降解和交联反应往往在同一高分子材料的老化过程中同时存在,其相对速率决定于聚合物的结构及反应条件。例如聚乙烯、聚甲醛、丁基橡胶、天然橡胶等的老化,一般以降解为主。而聚苯醚、丁苯橡胶、顺丁橡胶、丁腈橡胶等则以交联为主。结合不同的应用环境,发生老化的方式主要有:热氧老化、光氧老化、湿热老化等。物理老化则是聚合物特有的分子链松弛造成了其压缩应力的下降,其过程中不牵扯到化学反应。

2. 试验方法

热空气加速橡胶老化实质上是一种化学反应行为,并且该化学反应随着温度的升高而加快。因此将橡胶样品放置于逐渐升高的温度环境中,可以得到温度与橡胶老化反应速率的关系。通过外推法可以得到在固定温度、固定时间下材料性能的老化程度,或者是固定温度下达到一定老化程度时所需的时间,即寿命预测。

目前,国内外关于对橡胶的老化寿命预测基本采用烘箱加速老化试验获取老化数据,然后运用 WLF 方程、阿伦尼乌斯方程或三元模型等来预测橡胶制品的寿命。其过程如下:一般选取所测试样品的性能最大临界值或最终使用性能的老化程度为该材料的临界值,通常可选择当性能降低到初始值的50%时为其失效临界值。对于密封件,一般通常选用应力松弛至50%和压缩应变(压变)达到50%时为其临界值。

本研究将尝试采用修正的阿伦尼乌斯方程方法与 WLF 方程方法进行比较,较为全面的分析氯丁橡胶的应力松弛老化过程,预测其老化寿命。

3. Arrhenius 方程

反应速率与温度的关系遵循 Arrhenius 方程。在一个给定温度下,反应速率可以通过不同老化时间下的一系列性能值的变化而获得。反应速率表示为在达到某性能的特定老化程度时的时间,当性能和温度的关系较复杂时这种测量方法是比较适宜的。Arrhenius 方法较适用于化学老化反应,对于不能轻易区分物理(黏弹性)变化与化学变化时,该方法难以获得准确的结果。

Arrhenius 关系式可以表示为:

$$\ln K(T) = B - \frac{E}{RT} \tag{1}$$

式中:$K(T)$——反应速率($\min^{-1}$);
B——一个常数;

T——绝对温度（K）；
E——反应活化能（J/mol）；
R——气体常数（8.314J/molK）。

反应所到达的阶段可以表述为：

$$F_x(t) = K(T) * t \qquad (2)$$

式中：$F_x(t)$——表述反应所到达某个阶段的方程；
t——反应时间（min）。

不同的反应速率条件下 $K(T)$，相对应不同的温度 T。在任何一个老化温度条件下，做性能与时间的关系图，可得到对应的反应速率，如图 1 所示。通过计算某性能到达临界值时的时间可获得反应速率。

值得注意的是，反应速率的理想测量结果应保持性能与时间谱图为一条倾斜的曲线，但通常很难满足直线（也就是 $F_x(T)$ 很少是线性）。因此我们需要对数据进行拟合，获得较为准确的数学关系，或是通过使用对数坐标来获得明确的曲线关系。

反应速率的对数（$\ln K(T)$）与绝对温度的倒数（$1/T$）作图，如图 2 所示，可以通过统计方法建立试验点来构建一条线性直线，然后通过将曲线外推至使用温度来估计寿命。在该温度下的反应速率是到达一个性能临界值时的时间。

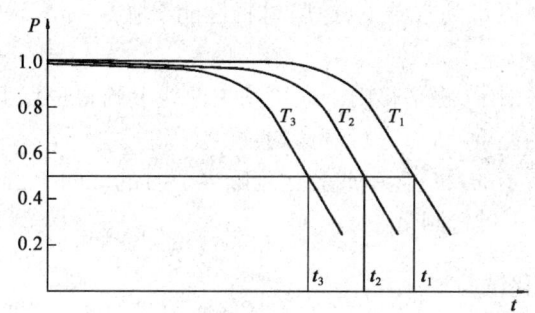

图 1 性能随时间变化的关系图
P-特价值（相对初始值的比值）；t-时间；T-开尔文温度

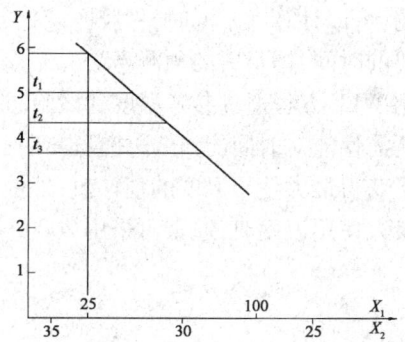

图 2 Arrhenius 曲线（时间对温度倒数的变化关系图）
X_1-温度 $T(℃)$；X_2-$\frac{1}{r} \times 10^4$；r-时间

4. WLF 方程

对于橡胶材料来说，还可以采用 WLF 方程进行材料寿命预测试验。该方程描述了温度—时间的转换关系（即时温等效原理），并且对于在任何温度下，时间和性能的关系无需采用其他假设。因此，WLF 方程也适用于物理性能的变化，包括压缩、松弛，或者一些性能与时间关系较为复杂的情况下进行材料的使用寿命预测。

WLF 方程可表述为：

$$\log a_T = \frac{-C_1(T - T_g)}{C_2 + (T - T_g)} \qquad (3)$$

式中：a_T——平移因子；
T_g——玻璃化转变温度；
C_1、C_2——常数，由材料的特性决定，常取 $C_1 = 17.44$，$C_2 = 51.6$。

在每一个老化温度条件下，性能变化值做时间的函数图，时间轴需要使用对数 $\log(\text{time})$ 形式。

设定一个参考温度，相对应的每一个其他温度的曲线在 x 轴方向水平移动，直到获得在参考温度下曲线的最佳重合的曲线，如图 3 所示。通过这种方式可以得到

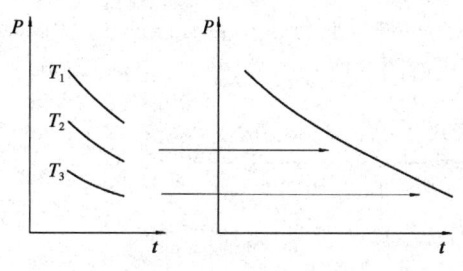

图 3 主曲线建立示意图
P-特征值（相对于初始值的比例）；t-时间；
T-开尔文温度

在某个参考温度下的主曲线,这个曲线可以模拟材料在较宽的时间(温度)范围下的行为,而这么宽的温度(时间)范围很难通过直接的试验方法来获得。每一个非参考温度下的曲线移动的总量(在正方向的向长时间移动,在负方向的向短时间移动)是平移因子 a_T(或者如果 x 轴是对数坐标,则取平移因子的对数)。

图 4 为不同温度条件时的平移因子 a_T 图、在图中每一个温度都有相对参考温度的 $\log a_T$ 值。

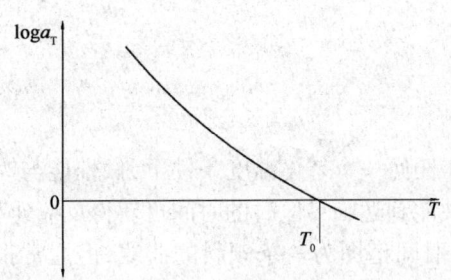 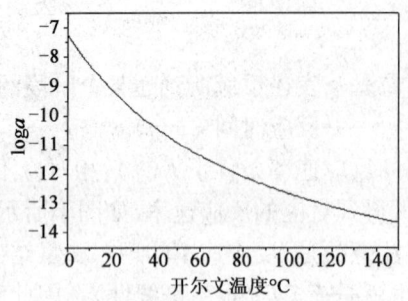

图 4　不同温度条件时的平移因子 a_T 图　　　　图 5　参考温度为常温的平移因子谱图

a_T-平移因子;T-开尔文温度;T_0-参考开尔文温度

若主曲线所对应温度不为玻璃化转变温度时,则平移因子可采用下式计算:

$$a_{T-R} = t/t_R = (t/t_g)(t_g/t_R) = a_T/a_R \tag{4}$$

根据公式(4)可以得到参考温度为常温时(20℃)的 WLF 方程,并且得到平移因子谱图。根据所得到的谱图,可以计算在常温时,橡胶的老化数据图,从而可以得到常温下,橡胶材料性能下降到临界50%时所需要的时间,即材料的预测寿命。

使用 WLF 方程通过参考温度到试验温度来获得平移因子,将平移因子应用到主曲线上的每一点上,来获得所需性能对时间的曲线,并且得到到达临界值时的温度,从而进行寿命的预测。

为了获得最大使用温度的估计值,外推曲线到一个特定的反应速率或者达到临界值时的时间。当建立一个最大使用温度时,通常可采用 20000 h 作为临界值来进行测量。

三、橡胶热氧老化试验

老化温度的选择要参考所测试的材料的近似老化特征。如果之前不了解材料的信息,则可以采用外推法。根据寿命预测测试标准要求,测试样品的老化试验应该不少于三个温度,并且这三个温度应该覆盖一个范围,在该范围内可以通过外推法足够去建立准确的寿命预测。最低老化温度应该选择在所到达临界值所需的时间至少是 1000h。同样的,最高温度应该选择在到达临界值所需的时间不短于 100h。温度的选择应该较好地符合测试温度标准 ISO 471。对氯丁橡胶来说,玻璃化转变温度 T_g 为 -45 ~ -39℃,结晶熔点在 44℃ 左右,因此选择的老化温度为 55、65、75、85、100℃。同时采用其红外、核磁等测试微观结构,观察其老化过程中的结构变化,以确定用何种模式做寿命预测更为适宜。

1. 试验原料

氯丁橡胶(CR)是由氯丁二烯做单体乳液聚合而成的聚合体。这种橡胶分子中含有氯原子,所以与其他通用橡胶相比它具有优良的抗氧、抗臭氧性。氯丁橡胶结构式如图 6 所示。

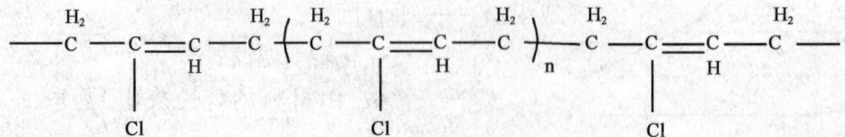

图 6　氯丁橡胶(CR)结构式

2. 氯丁橡胶性能测试结果分析

1)DSC 热分析

采用瑞士 METTLER-TOLEDO 公司的 DSC-1 型示差扫描量热仪,升温速率设定为 10℃/min,测试温度范围定为-100~200℃,样品用量约5mg左右,该热分析方法主要为确定样品的玻璃化转变温度及变化。

从试验可得出氯丁橡胶在25℃条件下的玻璃化温度是-36.61℃;在55℃条件下,老化846h后,其玻璃温度为-36.17℃;在65℃老化804h后,其玻璃化转变温度为-36.41℃;在75℃老化672h后,其玻璃化转变温度为-36.60℃。在100℃条件下,氯丁橡胶老化168h后,其玻璃化转变温度为-36.49℃。表明在不同老化温度条件下样品的玻璃化转变温度没有发生明显改变。

2) 红外光谱分析

采用德国 BRUKER 公司的 TENSOR27 型的红外分析仪,扫描波段从600~4000cm^{-1},分辨率为4cm^{-1},扫描次数为32次,该实验主要为观察氯丁橡胶老化前后的微观结构变化,确定其是否出现了较强的化学老化现象。

从图7a)、b)、c)中可看出,氯丁橡胶在55℃、65℃和75℃下老化不同时间后的红外谱图随着老化时间的增加,其红外谱图基本没有发生变化,包括1640cm^{-1}范围的氯丁橡胶的双键峰及780cm^{-1}范围的氯丁橡胶中的C-Cl峰,随着老化时间的增加,橡胶的红外谱图基本没有发生变化。

从图7d)、e)中可看出,氯丁橡胶在85℃下老化不同时间后的红外谱图,随着老化时间的增加,红外谱图发生了一定的变化。主要是1640cm^{-1}范围的氯丁橡胶的双键峰,随着老化时间的增加,橡胶的红外谱图发生微小变化。在100℃下老化不同时间后的红外谱图,随着老化时间的增加,红外谱图还是发生了一定的变化。780cm^{-1}范围的峰为氯丁橡胶中的C-Cl峰,而1640cm^{-1}范围的是氯丁橡胶的双键峰,可以看到在老化120h后材料的红外谱图发生了一定的变化。

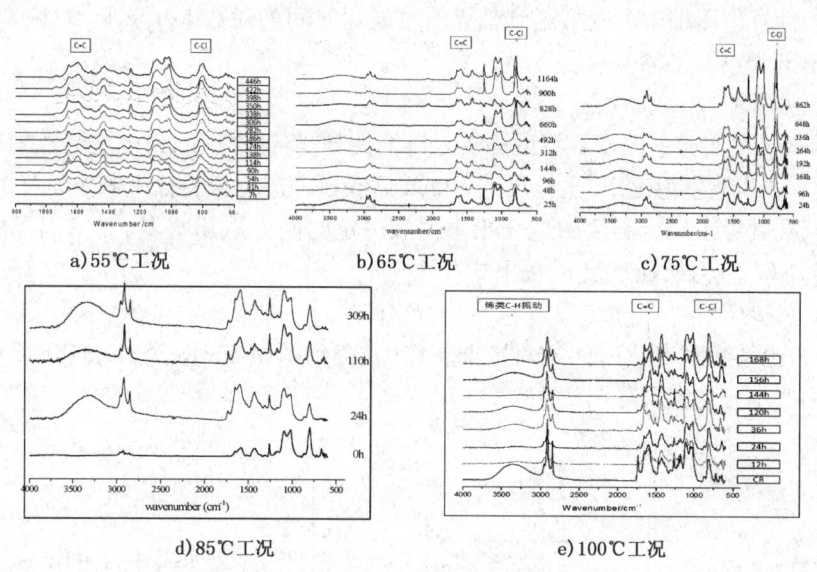

图7 氯丁橡胶在不同温度下老化后的红外图

表1为不同温度条件下不同老化时间时的氯丁橡胶的红外谱图结果分析,在较高温时,橡胶老化时有可能C=C键断裂,为氧化反应。而在较低温度条件下,例如为55~75℃,氯丁橡胶主要发生的是物理老化。表明氯丁橡胶在较高温条件下与低温条件下发生的反应类型有少许差别。

不同温度条件下不同老化时间时的氯丁橡胶的红外谱图结果分析　　表1

温度(℃)	C=C双键	C—Cl键	结　论
100	随着温度变化,有较小的变化	无变化	1. C=C双键在高温短时发生断裂; 2. C—Cl键在高温短时没有发生破坏
85	随着温度变化,有较小的变化	无变化	同100℃
75	无变化	随着温度的升高 C—Cl峰增强	1. 在该温度条件下,C=C没有发生变化; 2. C—Cl随着时间的增长发生变化

续上表

温度(℃)	C=C 双键	C—Cl 键	结　论
65	无变化	随着温度的升高 C—Cl 键有变化	同 75℃
55	无变化	无变化	在低温下,氯丁橡胶中的 C=C 键和 C—Cl 键随着老化时间的增加没有发生变化

同时根据 DSC 数据分析,氯丁橡胶在老化过程中没有小分子释放,材料的网络结构没有大的破坏。因此,在老化过程中,氯丁橡胶发生的主要是物理老化,WLF 方程将成为其寿命预测首选方法,而采用 Arrhenius 方程预测存在误差。

3) 压缩永久变形试验

在实验室条件下将试样放入压缩夹具,限制器厚度为 9mm 即为 h_s。在室温条件下,测定样品的厚度 h_0。将样品放入压缩永久变形磨具中,室温下半个小时后放入烘箱中。测定不同温度下,老化不同时间后的样品的厚度 h_1。压缩永久变形保持率 $1-\varepsilon$,其计算公式如下:

$$1 - \varepsilon = 1 - (h_0 - h_1)/(h_0 - h_s) \tag{5}$$

用氯丁橡胶压缩永久变形率对老化时间的对数 $\log t$ 作图,得到图中 373K、358K、348K、338K、328K 老化温度下的散点图,用波尔兹曼拟合得图 8。

根据拟合曲线,计算出压缩永久变形达到临界值时老化时间的对数 $\log t_{100}$、$\log t_{85}$、$\log t_{75}$、$\log t_{65}$、$\log t_{55}$ 分别为 2.53、2.966、3.30、3.42、3.54。

4) 压缩应力松弛实验

按照 GB 1685—82 在实验室温度下将试样放入压缩夹具,将试样压缩到规定的压缩率 25%,在整个试验期间保持不变。在实验室温度下,试样压缩 30min 后在压缩应力松弛仪上测定试样的初始压缩应力 F_0,然后将试样连同夹具置于规定温度的老化箱中恒温一定时间 t,取出夹具,在室温下冷却 0.5h,再次测定试样的压缩应力 F_t,应力松弛系数 K_c 按下式计算:

$$K_c = F_t/F_0 \tag{6}$$

氯丁橡胶应力松弛系数对老化时间的对数 $\log t$ 作图,得到图中 373K、358K、348K、338K、328K、老化温度下的散点图,用波尔兹曼拟合得图 9。

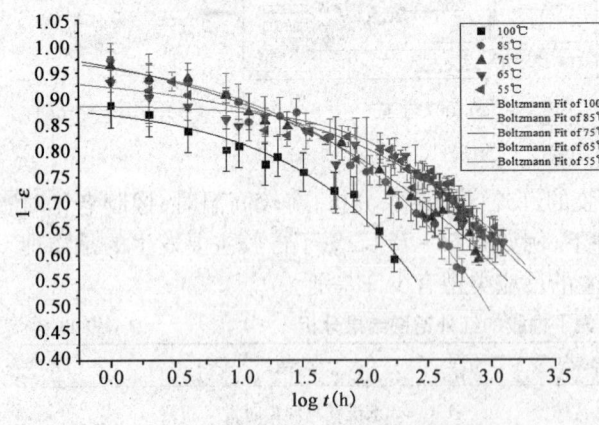
图 8　压缩永久变形数据基础拟合波尔兹曼曲线

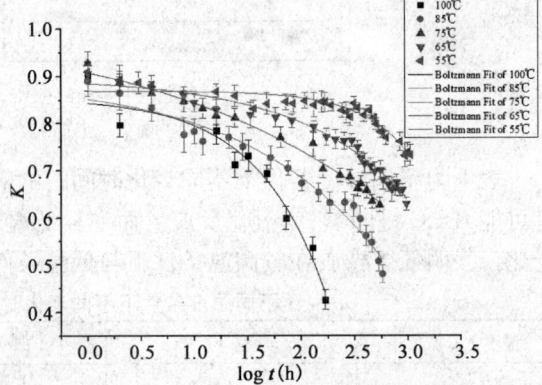
图 9　应力松弛数据基础拟合波尔兹曼曲线

根据拟合曲线,计算出经过加速老化试验后,应力松弛达到临界值时老化时间的对数 $\log t_{100}$、$\log t_{85}$、$\log t_{75}$、$\log t_{65}$、$\log t_{55}$ 分别为 2.53、2.79、3.35、3.42、3.46。

3. 试验数据处理

根据 WLF 方程(式3)和平移因子方程(式4),可得出不同温度下的平移因子,见表 2 所示。

不同温度下的平移因子					表 2
T (K)	328	338	348	358	373
$\mathrm{Log}a_T$	-2.031	-2.440	-2.800	-3.111	-3.531

根据图 10、图 11，对不同温度条件下氯丁橡胶的压缩永久变形率和应力松弛系数与时间的数据得出的曲线进行平移(参考温度为常温20℃)，可以得到平移后在常温时氯丁橡胶的压缩永久变形率和应力松弛系数与时间的曲线，将所得的曲线进行波尔兹曼拟合，如图 12、图 13 所示，可以求得在温度为 20℃，氯丁橡胶压缩永久变形率达到 50% 时需要的时间。

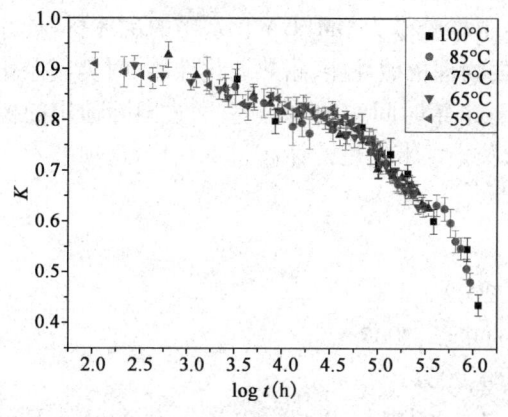

图 10　平移后压缩永久变形数据点

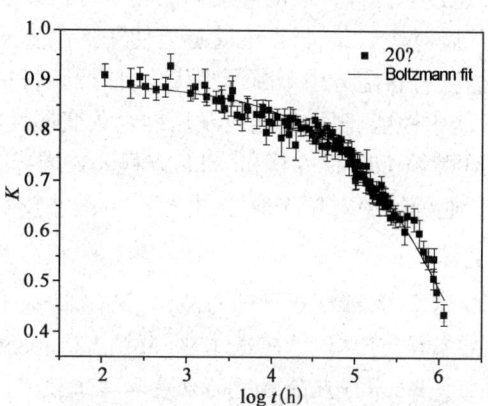

图 11　压缩永久变形 WLF 平移后拟合曲线

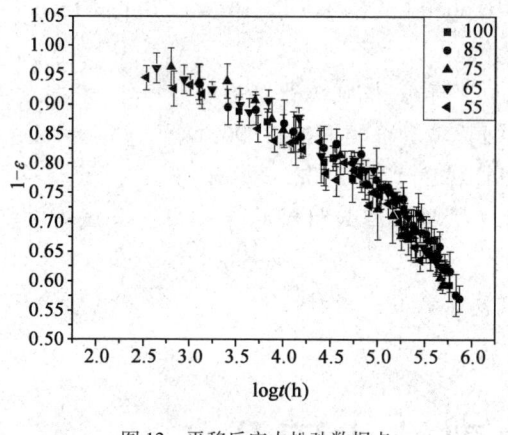

图 12　平移后应力松弛数据点

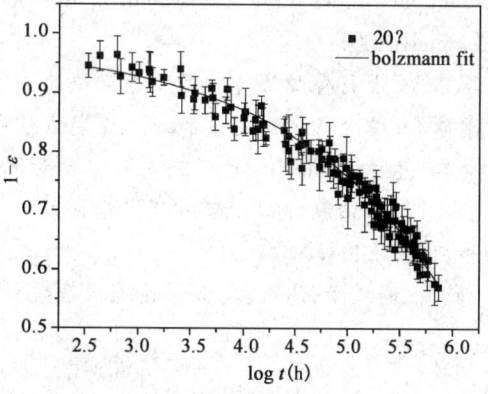

图 13　应力松弛 WLF 平移后拟合曲线

根据波尔兹曼拟合参数，计算氯丁橡胶在常温 20℃ 时的使用寿命。当 $Y=0.5$ 时，$\log t = 6.06$，即 $t = 131$ 年，即根据材料应力松弛寿命预测实验，其理论寿命达 131 年。其中拟合曲线的标准变差为 0.967，拟合度较高。

根据波尔兹曼拟合参数，计算氯丁橡胶在常温 20℃ 时的使用寿命。当 $Y=0.5$ 时，$\log t = 6.11$，即 $t = 147$ 年。即根据材料压缩永久变形寿命预测实验，其理论寿命达 147 年。其中拟合曲线的标准变差为 0.968，拟合度较高。

4. 结论分析

(1) 根据 DSC 和红外分析可知，氯丁橡胶在温和的温度条件下老化一定时间后没有发生明显的链段破坏，其玻璃化转变温度无变化。

(2) 在高温老化较短时间时，氯丁橡胶主要发生的是高分子链的断裂，WLF 方程将成为其寿命预测首选方法，而 Arrhenius 方程存在误差。

(3) Arrhenius 预测寿命的方法通常适合于发生化学降解反应的材料，而对于物理性能的变化(黏弹性)变化不能够与化学变化分开的材料来说,采用该方法进行寿命预测有可能给出错误的结果。

(4)根据WLF方程预测氯丁橡胶材料的应力松弛和压缩永久变形寿命分别为131年与147年。因此根据两种试验结果,氯丁橡胶在压缩状态下的使用寿命为131年到147年之间,均大于项目要求的使用年数120年,符合项目设计要求。

四、结　语

随着时代的发展,产品的飞速更新,新材料与新技术的交融不断推动着社会的不断进步。株洲时代新材,通过对国外样品的同类产品化学分析以及在橡胶行业的丰富经验和技术储备,对各种橡胶材料,及配方开展对比试验,根据沉管隧道使用工况要求,筛选了氯丁橡胶作为OMEGA止水带的主体材料,并在氯丁橡胶材料配方中不断调整优化,使橡胶材料具备优良的物理机械性能、耐热老化性能、耐臭氧老化性能、耐盐水性能、阻燃性能以及压缩永久变形性能等,通过近半年时间的试验研究,通过国际通用的橡胶寿命预测Arrhenius方程和WLF方程公式推导,OMEGA橡胶止水带使用寿命超过120年,这项技术在国内同行业处于绝对领先地位,并打破了国外技术的长期垄断。

参考文献

[1] 陈绍章.沉管隧道设计与施工[M].北京:科学出版社,2002.
[2] 朱家祥.外环沉管隧道工程[M].上海:上海科学技术出版社,2005.
[3] 王兴铎.水下沉管隧道的发展和施工技术[J].中国铁路,2001.
[4] Hawley. Aging of Rubber-Accelerated Heat Ageing Test Results[M]. R. P. Brown, T. Butler, S. W. Rapra Technology Limited,2001.
[5] Practical Guide to the Assessment of the Useful Life of Rubbers[M]. R. P. Brown. Rapra Technology Limited,2001.
[6] 李咏今.现行橡胶及其制品贮存期快速测定方法的可靠性研究.橡胶工业,1994.
[7] 李咏今.橡胶热老化定量和定性评定方法研究的进展[J].特种橡胶制品,1996.
[8] 易军.基于Arrhenius修正公式的橡胶老化寿命预测[J].橡胶工业,2008.
[9] 袁立明,顾伯勤,陈晔.应用老化损伤因子评估纤维增强橡胶基密封材料的寿命[J].合成材料老化和应用. 2004.
[10] 盛骤,谢式千,潘承毅.概率论与数理统计[M].北京:高等教育出版社,2001.

108. 斜拉桥索塔竖向裂缝成因分析

刘　清　肖汝诚

(同济大学桥梁工程系)

摘　要　本文针对斜拉桥混凝土索塔竖向裂缝,以某主跨为816m的斜拉桥为例,通过对混凝土索塔在各荷载工况以及水化热、日照温度等变形荷载作用下的数值仿真计算,探究索塔混凝土竖向裂缝产生的机理,并使用扩展有限元方法研究了裂缝的扩展状态,提出混凝土索塔结构的防裂措施。

关键词　斜拉桥索塔　混凝土开裂　扩展有限元　水化热

一、引　言

斜拉桥因其结构刚度大、施工方便、经济性好等优点,在200~1000m的跨径内极具竞争力,已经成为跨越江海大河的主要桥型。我国自改革开放以来,已建成斜拉桥400余百座。斜拉桥索塔作为整个斜拉桥重要的承重构件,受力复杂,在桥梁整个寿命期内不可替换,从某种意义上讲,索塔寿命决定了斜拉桥的寿命。

经大量的调查与观测发现,已建成斜拉桥混凝土索塔大部分在施工或运营阶段出现了竖向裂缝,导致结构的安全性和耐久性大打折扣。目前国内外相关研究尚未完整认识开裂的原因和机理,规范也无相应条文防止该类裂缝的发生。为此,探明斜拉桥索塔竖向开裂及裂纹发展机理,以及对已开裂索塔提出行之有效的加固措施,成为工程界亟需解决的问题。

为了探索桥塔混凝土索塔竖向裂缝产生机理、扩展状态,笔者以长江上某主跨为816m的斜拉桥为例,通过对混凝土索塔在各荷载工况以及水化热、日照温度等变形荷载作用下的数值仿真计算,分析混凝土索塔结构的开裂成因,并提出防裂措施。

二、工程背景

某一双塔不对称混合梁斜拉桥,主跨跨径为816m,总体布置如图1所示。索塔采用"H"形钢筋混凝土结构。上、中塔柱为单箱单室D形截面,尺寸8.8m×5.8m,壁厚1.0m×1.2m,下塔柱为单箱双室D形截面,外轮廓尺寸渐变至13.0m×12.0m。

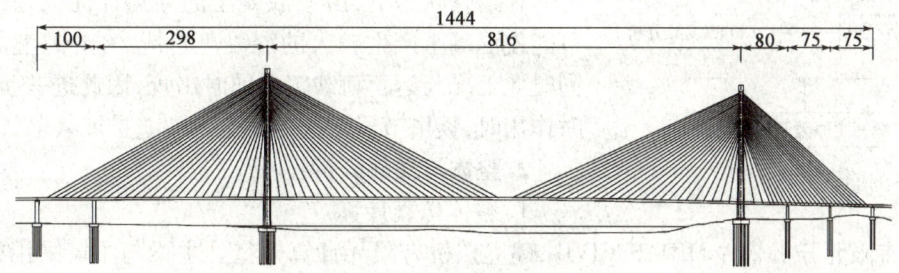

图1 斜拉桥总体布置(尺寸单位:m)

为提高混凝土表面抗裂性能,在塔柱钢筋外加设一层ϕ6mm,间距为10cm的网状带肋钢筋网(防裂钢筋网)。但在成桥检查中发现,南、北索塔4根中塔柱0~40m范围内,周身各侧面均存在较多竖向裂缝,初步估算约150条,长度集中在2m左右,最长达10余米,最大缝宽0.11mm,对北塔上游塔柱裂缝深度进行取芯检测,芯样长度为43mm(混凝土保护层设有防裂钢筋网),裂缝深度大于43mm。南塔柱裂缝情况如图2所示。

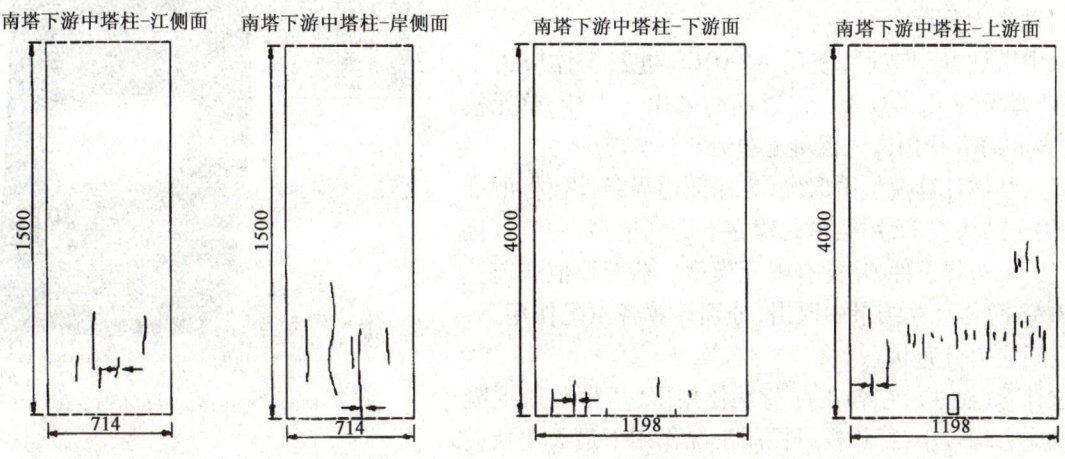

图2 南塔柱裂缝分布图(尺寸单位:cm)

三、数值分析计算

1. 索塔开裂分析

本文基于 ABAQUS 扩展有限元混凝土开裂分析、热应力耦合分析以及混凝土水化热分析，在已有检测数据的基础上，建立索塔开裂仿真分析流程，以判断索塔混凝土开裂时间、原因，及其裂缝发展状态，以提出合理的防止混凝土开裂的措施。研究思路如图 3 所示。

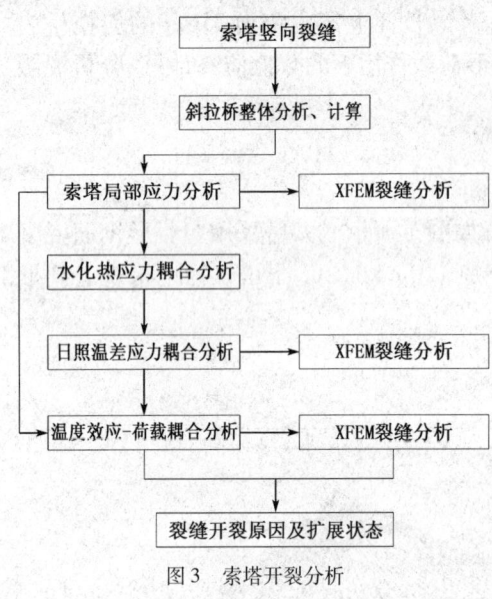

图 3 索塔开裂分析

在此分析思路中，首先进行斜拉桥成桥状态整体受力的计算，以验证该桥设计的合理性。然后取出索塔开裂的节段，进行空间局部仿真分析，得到其局部应力状态。若其主拉应力大于混凝土的开裂应力，则可认为荷载因素导致了索塔的开裂，并进行扩展有限单元法的开裂分析。若其主拉应力较小，则可分析该节段的裂缝扩展状态。

在施工阶段，混凝土浇筑过程中会产生大量水化热，使外表面混凝土受拉，因此进一步验证索塔节段在施工过程中的水化热作用下，是否会引起混凝土的开裂。

在运营状态下，由于混凝土的导热性能较差，日照温差也可能使混凝土产生较大的混凝土自应力，导致混凝土的开裂。同时此工况与运营荷载工况同时出现，因此进一步计算两者同时作用时，索塔节段的应力状态及裂缝扩展状态。

2. 整体与局部分析

1）整体仿真计算

采用桥梁有限元分析软件 MIDAS/CIVIL，建立该桥有限元计算模型。主梁与主塔采用梁单元模拟，主塔材料为 C50 混凝土，主梁跨中及北边跨为钢箱梁，南边跨为 C50 混凝土箱梁。斜拉索采用只受拉桁架单元模拟。主塔塔底为固结，边跨辅助墩处约束竖向位移、扭转位移，以及绕桥梁轴线方向的转角。采用单主梁模型，主梁中点通过刚性连接与斜拉索连接。斜拉桥为全漂浮体系，主塔与主梁采用释放梁端约束，塔、梁的节点采用侧向和扭转的同位移约束。

通过斜拉桥的整体计算分析，可以发现在实际检测中发现的中塔柱裂缝区域，均为压应力，且满足规范要求，不会引起混凝土的开裂，需要通过更精细的空间实体模型进行分析、验证。

2）局部应力分析

选取中塔柱开裂节段，使用 ABAQUS 进行实体应力分析，混凝土单元采用 C3D8R，普通钢筋采用 T2D3R 单元模拟，通过 Embeded 作用嵌入混凝土单元。

荷载从整体计算模型中取出，为保证边界条件模拟的准确性，采用子结构技术，用梁单元建立下塔柱模型，用节点耦合的方式约束边界条件，建立有限元模型。荷载取值从前一部分 MIDAS 总体计算结果中取出，分别计算各工况作用下，该模型空间应力分布状态。

经过计算（图4），在各工况荷载作用下，塔柱节段混凝土的主拉应力均较小，百年横风控制工况作用下最大主拉应力为 1.193MPa，小于 C50 混凝土开裂应力 2.64MPa。在荷载作用下，索塔混凝土一般不会开裂。

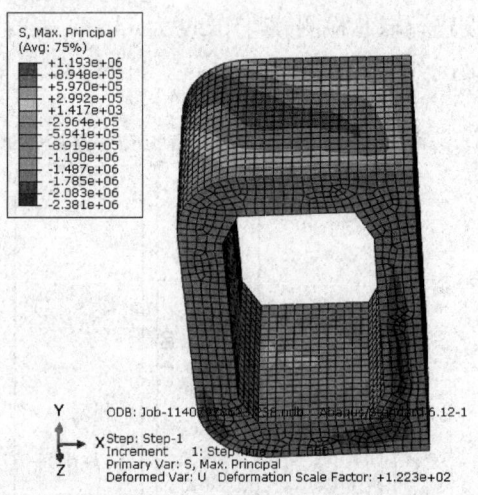

图 4 恒载＋百年横风组合下应力状态

3）索塔节段裂缝扩展分析

我们进而研究,在已经存在索塔裂缝的情况下,荷载作用是否会引起裂缝的扩展与结构应力状态的改变。采用扩展有限元方法[1],在索塔节段应力较大的部分随机引入几条初始裂缝,在荷载作用下,计算其开裂状态。

扩展有限元采用 Hillerborg 黏聚裂纹模型[2],在常规有限元的位移模式中引入加强函数,来反应裂纹的不连续性,使用水平集法追踪裂纹的发展。本构关系采用最大主应力开裂准则,以及基于能量的线性软化损伤模型。

从上图 5、图 6 计算结果可以看出,裂缝对原拉应力较大区域的应力具有释放作用,裂尖处应力较大。但在各荷载工况下,引入的初始裂缝不会扩展,裂缝不会对索塔的受力产生很大影响。

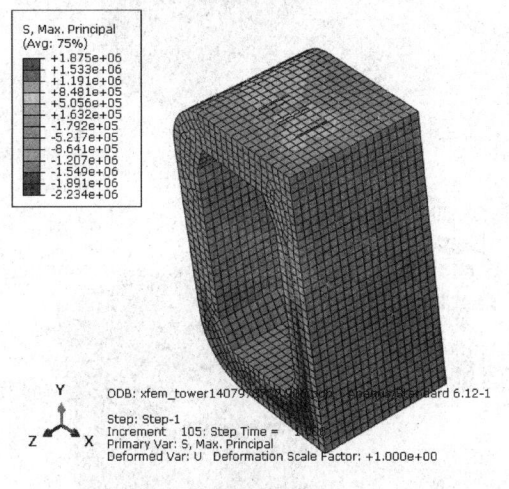
图 5 带裂缝节段应力图

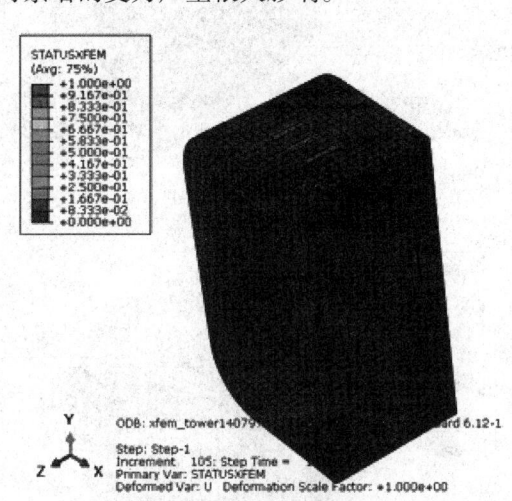
图 6 裂缝扩展情况

综合以上整体分析与局部分析的结果,索塔在设计荷载工况作用下,一般不会产生裂缝,也验证了结构设计的合理性。但在桥梁实际运营过程中,仍有很多难以量化计算的因素作用(如疲劳、环境侵蚀等),可能引起混凝土结构性能的退化,而产生耐久性问题。

3. 索塔水化热应力分析

斜拉桥索塔属于大体积混凝土,在混凝土浇筑的硬化过程中,水泥水化产生大量的水化热。大量的水化热聚积在混凝土内部,导致内部温度急剧上升。而混凝土表面散热较快,使得混凝土结构内外出现较大温差,造成内部与外部产生温度自应力,导致混凝土表面产生裂缝。

本文以 ABAQUS 为平台,使用 FORTRAN 语言二次开发实现大体积混凝土水化热温度应力计算。二次开发主要涉及 2 个子程序:HETVAL、UMAT[4]。其中:HETVAL 可用于模拟混凝土水化热随龄期变化[5];UMAT 可用于定义混凝土弹性模量与水化时间的关系。

采用 ABAQUS 进行顺序耦合热应力分析,热分析单元采用 C3D20 热传导单元,进行瞬态热传导分析,在材料中引入 HETVAL 子程序产生热量。散热边界条件考虑第三类边界条件,即混凝土边缘与空气存在对流,进行温度场的计算,再将结果导入结构分析场中,并用子程序 UMAT 模拟混凝土弹性模量随时间的变化,温度场计算结果如图 7、图 8 所示。

从图 7、图 8 的分析结果可以看出,水化热引起索塔内部温度升高较大,在边界处由于和外界的对流换热效应,温度升高较小,从内部到外部呈梯度分布。随着时间的推移,外部逐渐恢复外界气温。

根据索塔断面温度场的分析结果,采用间接耦合分析的方法,得出对应温度场的温度应力分布如图 9、图 10 所示。

从计算所得应力场可以看出,在温度升高阶段,索塔节段产生较大温度应力,此时混凝土还没有完全形成强度时,容易引起开裂。但在温度下降阶段,由于已浇注节段的约束作用,在节段底部产生较大拉应力,是导致混凝土开裂的主要原因。

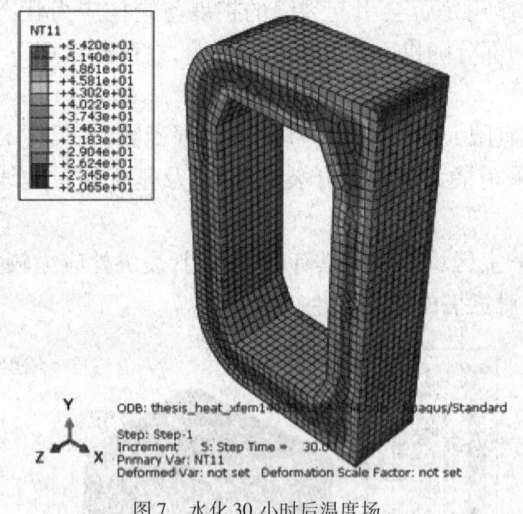
图7 水化30小时后温度场

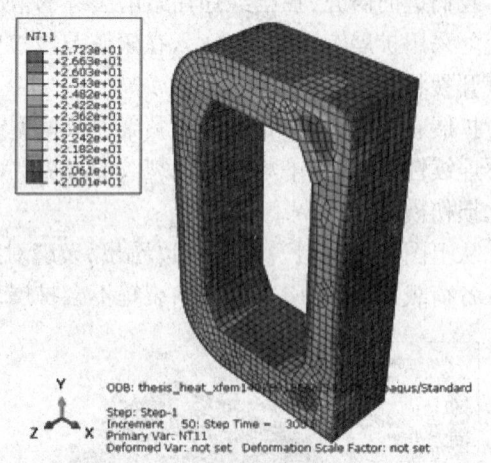
图8 水化300小时后温度场

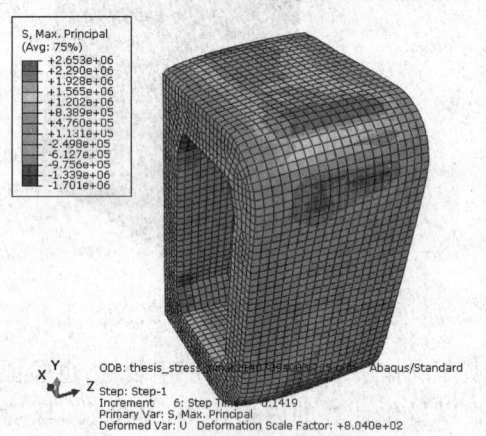
图9 温度升高阶段应力

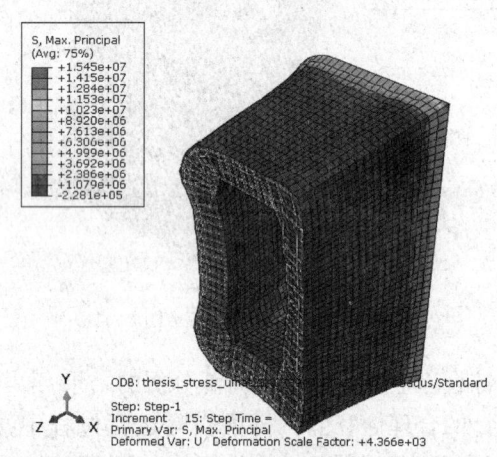
图10 温度下降阶段应力

4. 索塔日照温度应力分析

由于混凝土的热传导性能差,其周围环境气温变化以及日照辐射等因素,使其表面迅速升温或降温,混凝土内部的热量需要经历较长的时间才能达到平衡,因此索塔内部温度场是随时间变化的。截面内瞬态温度场会产生较大的温度自约束应力,使混凝土结构产生开裂。

本文采用文献[5]中提出的方法,将太阳辐射与气温折算成综合温度的方法,分析索塔在日照温度作用下,随太阳入射角变化而变化的索塔断面温度场。根据当地7月31日的气象资料,可以得出夏季白天塔壁的综合温度及当量温度如图11～图14所示。

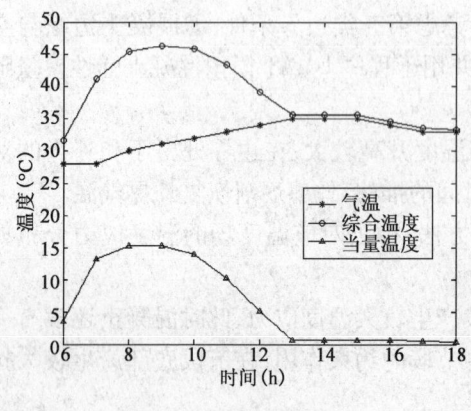
图11 东南塔壁夏季温度

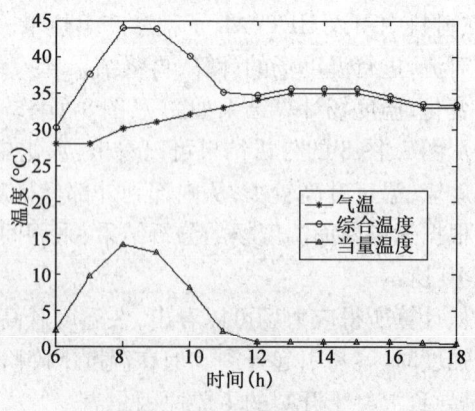
图12 东北塔壁夏季温度

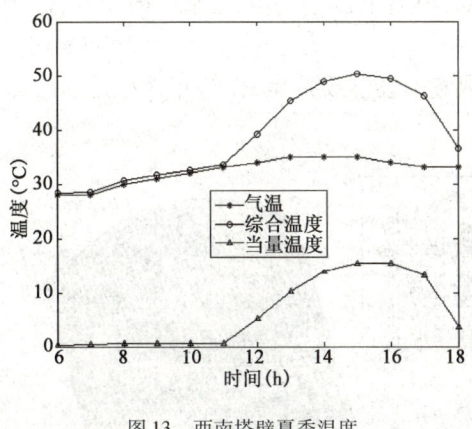
图13　西南塔壁夏季温度

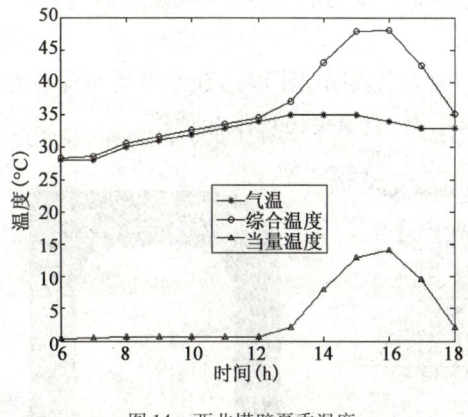
图14　西北塔壁夏季温度

根据温度随时间变化的曲线,可以得出不同方向的塔壁最不利温度分布的时刻:东南塔壁出现在8～9点,东北塔壁出现在8点左右,西南塔壁出现在15～16点,西北塔壁出现在16点左右。在瞬态温度场计算中,计算时间取4h。

根据索塔断面温度场的分析结果,采用间接耦合分析的方法,得出对应温度场的温度应力分布如图15、图16所示:

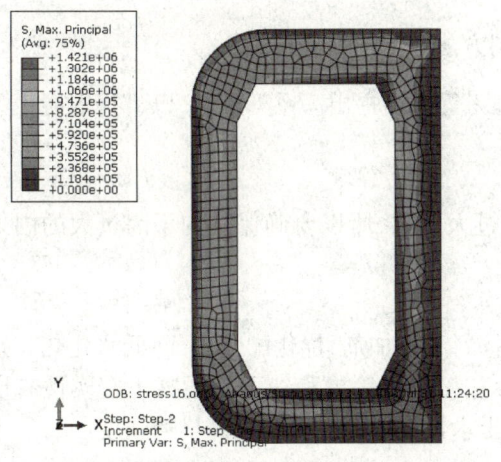
图15　索塔断面9点应力场

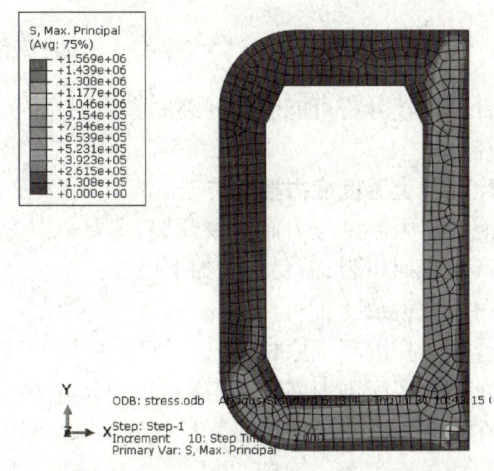
图16　索塔断面16点应力场

由图15、图16计算结果可知,在夏季日照温度场的作用下,由温度产生的自应力使索塔外围处于受压状态,内部处于受拉状态。大部分拉应力为1MPa左右,最大拉应力不超过1.5MPa,一般不会引起混凝土开裂。

同理可得冬季索塔截面温度梯度范围也较小,索塔外表面受压,内外面受拉,拉应力为1Mpa左右,一般不会引起索塔混凝土开裂。

在索塔节段三维模型中,施加寒潮时的温度场,并同时考虑恒载及百年横风荷载,计算索塔节段受力情况。寒潮持续时间一般较长,瞬态温度场的计算,考虑了传热24h后的温度场分布。

图17、图18计算结果表明,在考虑了荷载效应以及温度效应同时作用时,索塔节段混凝土主拉应力不会超过极限抗拉强度,因而一般不会产生混凝土裂缝。

我们进一步研究,索塔裂缝在荷载效应以及温度效应同

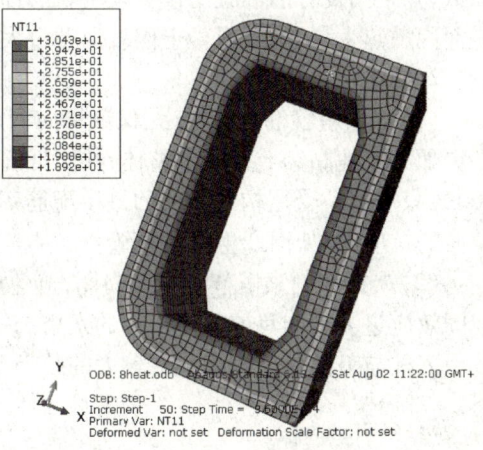
图17　寒潮索塔节段温度场

时作用对索塔受力状态的影响,以及裂缝的扩展情况。在原有模型中,随机引入数条竖向裂缝,进行扩展有限元分析。

分析结果表明(图19),在温度场与荷载作用下的索塔裂缝不会继续扩展,保持相对稳定状态。在拉应力作用下,裂缝会出现张开现象。

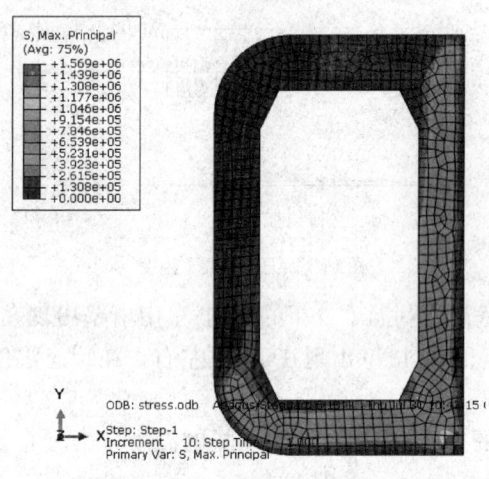
图18　寒潮索塔节段应力场

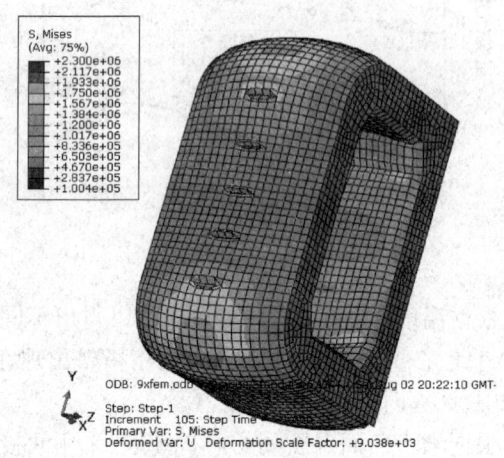
图19　荷载与温度作用下索塔开裂分析

四、索塔裂缝控制方法

针对前述分析可能引起开裂的一系列原因,从设计、施工等方面提出一系列措施,以进行混凝土裂缝的防控。

1. 混凝土温度应力控制方法[6]

混凝土因温度应力而导致开裂,主要是因为内表温差过大所致,所以要确保结构不因过大的内外温差而产生表面拉裂,需要采取如下措施:

1)优化混凝土配合比

合理选择混凝土原材料,选择级配良好的砂、石料,外掺料和外加剂,优化配合比,降低水化热。选用低水化热水泥配制混凝土,以达到降低水化热的目的。掺和粉煤灰等掺和料可使混凝土密实性有所提高。在混凝土配比中使用缓凝早强外加剂,可以推迟混凝土水化热峰值时间和提高早期强度。

2)浇筑后混凝土温度控制

在浇筑混凝土后,要加强养护措施,及时做好隔热和保温处理,防止混凝土表面产生较大的骤降温差。由于混凝土的水化作用,混凝土浇筑后将经历升温期、降温期两个阶段。应尽量降低结构表面放热系数,如采用良好的混凝土模板系统,在升温期防止因外界温度过高导致热量倒灌,在降温期避免混凝土表面因散热太快,导致混凝土内表温差过大。

2. 结构优化设计

(1)对索塔箍筋进行加密,保证横向钢筋最小配筋率,以及设置外层防裂钢筋网,可以使钢筋与混凝土更加有效地黏结成为一个整体,共同抵抗开裂荷载的作用。目前《混凝土结构设计规范》(GB 50010—2002)只规定了受压构件纵筋的最小配筋率,但针对横向荷载效应较大的索塔结构,横向配筋不足以抵抗横向的拉应力,从而产生竖裂缝。

(2)严格控制索塔节段施工周期,避免施工过程中交接面间歇时间过长而导致新、老混凝土之间的嵌固效应过大。如目前普遍采用的索塔与下横梁异步施工(即施工完下横梁再继续中塔柱施工),会导致中塔柱与节段与下横梁存在较大的龄期差,容易引起中塔柱的开裂。

五、结　语

本文对背景工程桥塔竖向开裂进行了分析、计算,并提出应对的措施。主要结论如下:

（1）正常运营荷载作用一般不会引起索塔开裂,也不会引起裂缝的发展。

（2）施工阶段,索塔节段在混凝土水化热作用下,存在较大的温度梯度,容易引起混凝土开裂；中塔柱与下横梁节段存在较大的龄期、刚度差,会引起较大的拉应力,是导致混凝土开裂的主要原因,应当采取适当措施进行控制。

（3）索塔在日照温度、寒潮温度场与荷载效应叠加作用下,混凝土主拉应力没有超过开裂应力,已存在的竖向裂缝会张开,但不会扩展。

（4）优化混凝土配合比、控制混凝土浇筑的温度等措施,可以减小引起索塔结构开裂的广义荷载效应；加密箍筋,保证横向钢筋最小配筋率,以及控制索塔节段施工周期等方式,是提高索塔混凝土抗裂性的有效措施。

参考文献

[1] Moes N, Dolbow J, Belytschko T. A finite element method for crack growth without remeshing[J]. Int. J. Numer. Meth. Engng, 1999, 46(1): 131-150.

[2] Hillerborg A, Modeer M, Peterson E. Analysis of crack propagation and crack growth in concrete by means of fracture mechanics and finite elements [J]. Cement and Concrete Research, 1976, 6(6): 773-782.

[3] Hibbitt, Karlsson& Sorensen, INC.. ABAQUS User Subroutines Reference Manual. ABAQUS Version 6.6 Document. 2006.

[4] 朱伯芳. 大体积混凝土温度应力与温度控制[M]. 北京：中国电力出版社, 1999.

[5] 唐红元. 斜拉桥预应力混凝土索塔关键问题研究[D]. 南京：东南大学, 2006.

[6] 陈骑彪. 斜拉桥索塔混凝土防止开裂的控制方法研究[D]. 重庆交通大学, 2010.

109. 桥梁钢索破损安全理论与技术

汤国栋[1]　田又强[2]　严　斌[3]　付光奇[2]　陈　兵[1]　刘恩德[1]

（1. 四川大学 建筑及环境学院；2. 南澳大桥建设总公司；3. Mott MacDonald）

摘　要　桥梁钢索破损安全问题,历经十余年的研究、试验与应用。现将在讨论桥梁钢索的破断机制、损伤检测、骤断毁桥和拆换修复的基础上；基于疲劳断裂的失效分析,探讨了桥梁钢索的破损安全理论与技术,通过示例阐明其应用,目标在于排除钢索骤断毁桥的危险。

关键词　桥梁钢索　损伤检测　疲劳断裂　腐蚀疲劳　剩余寿命　破断机制　破损安全　全寿命服务

索结构桥梁,多为百米以上乃至上千米跨径的大型或超大型桥梁。地处交通要隘,为干线或城市交通的枢纽。

一、桥梁钢索的技术现状——钢索骤断毁桥未能排除

桥梁钢索的破断寿命统计,为3~16年,很少超过20年；何时破断不可预知,以致骤断未能避免。

钢索拆换一次的费用,与桥梁兴建当年的全桥总造价的金额相当。

关于桥梁钢索的破断,众说纷纭：短吊杆先断、锈蚀致断、温变致断、机械疲劳等等,充斥业界；进而,提出了双吊杆乃至多吊杆作法。

分析和断索事实表明：上述诸论,未必成立；对于应力水平相等或相近的双吊杆或多吊杆,将同时破断,视其有利,为危险的误导。

桥梁钢索的内力与其损伤、断丝之间,不存在唯一对应的关系,因此,现行的某些钢索检测技术,其理论正确性,值得商榷。

桥梁钢索管养,采取事实上的疑断拆换,不能也没有排除其骤断的危险,这是问题的性质所决定了的。

迄今的桥梁钢索设计、服役管养等,没有排除其骤断毁桥的危险;钢索骤断、毁桥还将发生。

1. 桥梁钢索的服役状况

桥梁钢索的破断寿命统计为 3～16 年,很少超过 20 年。

(1) 拱桥吊杆钢索的服役寿命,统计表明,拱桥吊杆的服役情况:

平均寿命　　　　　　　　　　$T_m \approx 10$ 年;
最短寿命　　　　　　　　　　$T_{min} = 3$ 年;
最长寿命　　　　　　　　　　$T_{max} = 16$ 年;
寿命分散性　　　　　　　　　$T_{max}/T_{min} > 5$ 倍;
服役寿命 $T < 10$ 年者,达 43%。

(2) 斜拉桥缆索的服役寿命。

平均寿命　　　　　　　　　　$T_m \approx 13$ 年;
最短寿命　　　　　　　　　　$T_{min} = 6$ 年;
最长寿命　　　　　　　　　　$T_{max} = 22$ 年;
寿命的分散性　　　　　　　　$T_{max}/T_{min} \approx 4$ 倍;
服役寿命 $T < 10$ 年者,占 18%。

可见,在桥梁的服役期(100 年或以上)内,基于目前的技术水平,钢索将多次破断或拆换。

(3) 钢索的安全维护,在我国,截至 2013 年的统计,拱桥和斜拉桥钢索骤断或疑断拆换,总计达 60 座以上;

有的桥梁,20 年不到,钢索拆换或断索修复了 2 次;2011 年里 3 个月,断索毁桥 2 座。

2. 桥梁钢索破断诸论

桥梁钢索破断,是怎样发生的?其条件、原因,破断进行机制是怎样的?众说纷纭,提出了诸如:短吊杆先断、锈蚀致断、温变致断等等;进而,产生了双吊杆乃至 3～5 根的多吊杆技术;更有建桥墩代替钢索,弃用钢索方案之类。

然而,研究[7]、分析和断索的实例等,对上述诸论,明确地表达了否定。

择要讨论如次。

(1) 短吊杆未必先断,拱桥最短吊杆,可能受力最小、有时甚至受压[7],最短吊杆没有理由一定先断;事实也表明其未必先断,举例:

其一,新疆孔雀河大桥,最先破断的为次短吊杆。最短吊杆既未先断,也未后断,一直未断。

其二,攀枝花倮果大桥,唯一破断的为跨中最长吊杆(图 1);最短吊杆,一直未断;以下的研究、分析认为:吊杆破断并非因其长、短。

a) 孔雀河大桥

b) 倮果大桥

图 1　唯一破断的是跨中长吊杆

(2) 不存在单纯的腐蚀及单纯的疲劳破断,桥梁钢索,一开始就在随机的载荷及随机环境介质的共同或耦合作用下服役;不存在单纯的介质腐蚀或单纯的机械疲劳等单一工况。因此,不可能发生单纯的腐蚀破断和单纯的无介质参与的机械疲劳破断等,简单行为。

简单、表象,缺乏科学分析的论断,不能揭示钢索破断的行为本质,以致双吊杆之类的技术措施不可能排除骤断毁桥。

(3) 温变未必能致最短吊杆破断,温变致断说,认为温变致最短吊杆发生反复弯曲而破断。

计算表明,宜宾小南门桥因温差导致最短吊杆的弯曲最大应力,远非人们所想象的大;更何况由于混凝土的热传导能力差,使桥道整体由上至下、由外及里均达到设计的温变值,需要多长的时间?

设计的最大温差,多长的时间出现一次;一年能出现几次?

在四川洪雅地区,数年跟踪实检混凝土桥道的温差伸缩,表明:其最大伸缩值仅为设计估算值的 1/5 左右。

单纯的温变作用,不可能导致最短吊杆反复弯曲而破断,实例表明:有的最短吊杆,外露长度仅 30cm 左右,迄今已服役 15 年未断。

综上可知,服役钢索,既不存在单纯的介质腐蚀,也不存在单纯的机械疲劳;其破断取决腐蚀介质及载荷环境的共同作用。

3. 桥梁钢索的损伤检测

结构健康,即结构的强度、刚度、适应性、耐久性等。健康检测,在于查明结构的损伤、性能蜕变等;进而诊断其剩余强度,回答继续服役的可能、安全性及管养建议等。

桥梁钢索的检测与监测,桥梁界广为应用:3 年(或 2 年)一检测,解决了什么问题? 川西某桥,钢索一直在检测、监测中;20 年不到,2 次断索毁桥。

(1) 桥梁钢索的索力检测,桥梁钢索,多屏蔽于 PE 防护套内,其损伤、断丝之类,无法直接目测。

目前,国内普遍采用的技术,是以索力改变,判断钢索损伤的检测原理和技术。即通过检测钢索的振频,据以计算其内力;进而与理论值或设计值比较,得到钢索的内力改变,用以此判断钢索的损伤、断丝。

其可置疑处,在于:

其一,索力改变未必断丝,结构理论认为,在服役过程中,可以导致结构内力(或应力)改变的因素很多。诸如:系统(或局部)的变形(如混凝土徐变等)、损伤、载荷、环境的作用及其变化等,均可能导致结构或构件的内力(或应力)变化。

亦即,钢索的内力改变与损伤(断丝)之间,不存在唯一对应的因果关系;钢索的内力改变化,也可能为损伤、断丝以外的,其他某一种或几种作用的结果。

总之,桥梁钢索的内力改变,不是其损伤或断丝唯一引起。

其二,断丝未必改变索力,此前,国内的中、下承式拱桥,较多采用桥道纵向简支的构造[图 2a)]。如图 2b)所示,此为静定问题。这时吊杆的索力 S_0 将如下式:

$$S_0 = R_i + R_{i+1} + Q \tag{1}$$

对于图 2a)、b)、c)所示的情况,式(1)表明:无论钢索是否断丝,也无论其断了多少丝,钢索的内力,都将是不变的。

(2) 钢索内力表达式问题,对于图 2d)所示,二端固结的钢索,可以导出人们所熟知的内力(S)简化表达式:

$$S = 4\rho\tau^2 f_n^2 / n^2 \tag{2}$$

式中:ρ——钢索单位长度的质量;

τ——计算长度;

f——钢索的 n 阶频率。

可是,对于图 2 中 a)、b)和 c)所示桥道纵向简支的情况,吊杆钢索的下端并非固结约束,其约束刚度 C,并非 $C \to \infty$;其索力的表达式为式(1),而不是式(2)。

若以图 2a)的检测振频 f_i 代入式(2),计算图 2a)所示吊杆的索力 S,就是张冠李戴的概念错误,而不是精度问题了,因为 $S_0 \neq S$。

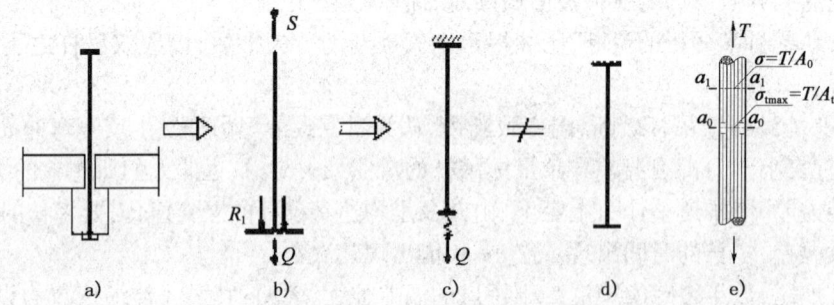

图 2 拱桥吊杆的分析模型

(3)决定钢索破断的是热点应力而非内力,考查桥梁钢索的真实破断,可以看出,钢索中每根钢丝的破断截面的位置、方向,行为特征多不相同:表明决定钢索破断的是损伤热点的应力,而非内力。

现行的检测,应该检测钢索的何处:哪一个截面?哪一点;检测什么——应力、应变?

工程力学及材料失效分析(所谓材料诊断学)认为,钢索的损伤断裂,发生于应力热点处。决定钢丝破断的,是热点应力(张量),而非钢索的内力或据此计算的名义应力。

现行的检测,能够回答钢索将在何时、何处,怎样破断吗?检测能够排除钢索骤断、垮桥吗?迄今,有过一项成功预测、判断的实例吗?

这样的检测,有何意义?

对此,有资历的学者认为,桥梁钢索的损伤检测,迄今尚缺乏可靠的技术,甚至在相当长的时间内,都将一直是个难题,对其大量投入是不明智的[12]。

国内外(尤其是国内)热衷于大型桥梁健康监测,这在很大程度上是过高地预期了监测系统的能力。

(4)技术垃圾,没有永恒的技术。然而某些被国外淘汰或不成立、不成熟或弃用的技术垃圾,却渗入我国推销、谋利,误我国民。

例如,芳伦纤维及类似的高强纤维补桥,钢索损伤扫描之类。

某些原料的供应国、技术推销者,在其本国或仅作探索,或根本不用;却到我国推销、泛滥。科学界中国人,良心、自尊何在?

4. 桥梁钢索的剩余寿命预测

检测的目的,在于诊断:确定其剩余寿命,回答钢索还能服役多久及其安全性等问题。

对此,迄今大多应用 Palmgren-Mianer 累积损伤理论[13],作剩余寿命分析。其准则表达式为:

$$D = \sum (n_i/N_i) = a \; (i = 1,2,\cdots,k) \tag{3}$$

式中:N_i——在 i 状态扰动下的疲劳;

n_i——在 i 状态下已扰动次数;

n_i/N_i——定义为经 n_i 扰动后的损伤率;

D——损伤度。

式(3)的含义是,当累积损伤达到准则的极限损伤度(a)时,即破断失效。考查准则可知:

Palmgren-Mianer 准则,系随机作用的统计概括,为非确定性的统计理论:其成果为非确定性的统计量;其中损伤线性迭加等假定,某些情况未必真实,进而产生了数以十计的新的理论。

关于 Palmgren-Mianer 准则式(3)之临界损伤判据 a,可取为 0.25~4.0,或者 0.10~10[10];最大最小值之间,相差达 16 乃至 100 倍。其取定又缺乏确定性的条件,怎能用以预测桥梁钢索的寿命。

临界损伤判据 a 的取值,可达两个数量级,其计算成果,对于技术上的寿命的分析,有实用价值吗?

5. 确定疲劳寿命的方法

随机作用下的疲劳断裂寿命,理论上不可能确定地预测;考查结构工程的其他领域,则采取的是试验确定方法或试验分析确定法,研究结构的疲劳破断寿命。

6. 桥梁钢索的拆换

桥梁吊杆的拆换,涉及检测、诊断及评估决策等。

(1)拆换决策无准则,目前,桥梁钢索的服役或拆换的决策,主要依靠检测和评估。如上所述,由于作用的随机性及检测的局限性,钢索拆换寿命确定,无定量准则;以致,桥梁钢索的拆换,事实上采取了疑断拆换、换则全(或成批)换,没有科学、定量的判据。

2001年,在我国,现代拱桥吊杆骤断毁桥,较早的发生者,宜宾小南门大桥,其吊杆的破断寿命为11年,成为此后决策的参照。

统计表明[11]:其后吊杆疑断拆换或修复的寿命,接近11年者,占50%;在11年以下者,达90%左右。

(2)钢索拆换的费用,与大桥兴建当年的全桥总造价相当,桥梁兴建时,其中钢索项目的造价,一般为全桥总造价的10%左右;而钢索一次拆换的费用,可达新建时钢索成本的10倍左右,亦即与桥梁兴建当年,全桥的总造价可比拟:钢索拆换一次的费用,若不计价差,几乎相当于当年新建一座同样的桥梁[9]。

按文献[11]的估计,在桥梁全寿命期($\approx$100年)内,钢索的服役拆换成本,平均(按5次计)相当于当年兴建5座同样的桥梁。

钢索骤断毁桥的修复费用更高。

(3)钢索拆换,需经数以十计的管理环节,桥梁钢索更换,规范JTG H11—2014要求按改建工程进行,其间大的环节有检测、评估、设计、施工、验收等;而设计、施工等,多需招标、投标以及施工监理、监控等数十计的管理环节;凡此种种,一次般耗时常在2~3年。其交通干扰,安全输导,费用不菲。

(4)拆换未必能排除钢索骤断的危险,如前所述,桥梁钢索的服役寿命分布离散,几乎不存在规律——任何时候都有可能破断,以致拆换以后的桥梁钢索,再度骤断的可能,依然存在,攀枝花市倮果大桥,20年不到,钢索拆换2次或以上的,非只一例。

钢索质量改进,寿命可望延长,但不能改变其随机破断的属性;更不可能指望其破断与桥梁的服役寿命相同。简言之,拆换并未排除桥梁钢索骤断的危险;采取"三年一检测,十年一拆换",并不能解决了钢索骤断问题。

7. 桥梁钢索的设计及技术

桥梁钢索的设计,涉及钢索及其系统的布置及安全性等。

(1)现行的设计承认钢索骤断的可能,现行桥梁钢索按可靠度设计,承认其存在骤断失效的可能(概率)。亦即并未排除钢索骤断的危险。

为此,在工程结构的诸如制造业、飞机结构等领域,研究、发展或应用了疲劳设计、损伤容限以及破损安全等。

(2)现行的多吊杆将同时破断,面对断索毁桥的现状,产生了如图3及图4所示的,在同一吊点上,设置应力水平相近或相同的双吊杆乃至多吊杆技术。

图3 在桥道横梁端部沿横梁纵向设置双吊杆之实例

此类多吊杆,稍加分析和实验均表明,将同时破断;与截面等于多吊杆之和的单杆的安全功能无异;罔然增加工程量、增加骤断的可能;误导安全,潜伏危险。

面对桥梁钢索的骤断,更有建桥墩代替钢索之类。

理论认识没有厘清,技术方案自然未必得当。

图 4　沿横梁的横向在梁端设置多吊杆之实例

(3)钢索构造,关于桥梁钢索的构造,也颇多类型:以钢绞线代替平行钢丝、夹片锚代替冷铸锚、钢索两端设钢棒等,多有值得斟酌处。

试验表明:钢绞线夹片锚,因其锚固是以咬伤钢绞线为前提的;其试验破断的70%~90%,发生于夹片外端咬痕处。

综上所述,断索毁桥还会发生;甚至在同一座桥上重复发生。因为现行的设计与维护等,不能也没有排除断索毁桥的危险。这是问题的性质所确定的。

二、桥梁钢索的破断机制——腐蚀疲劳控制破断

桥梁钢索承受的作用,主要为随机载荷与随机环境介质。其特点是作用的共同性、耦合性及协合效应。

基于失效分析(材料诊断学),认为桥梁钢索的破断:为随机载荷与随机介质共同或耦合作用下:活载的腐蚀疲劳、恒载的应力腐蚀以及氢脆等,导致其剩余强度下降;同时损伤热点的应力状态恶化。当二者失去平衡时,发生破断。

其中腐蚀疲劳,无疲劳极限,破断与材料强度无关,腐蚀控制破断。因此,腐蚀疲劳决定桥梁钢索破断的规律与结果,以致桥梁钢索的破断寿命是不确定的。

此为《桥梁钢索破损安全技术》项目研究的立足点和出发点。

钢索的破断,与其承受的作用相关。因此,首先需要阐明其承受的作用及其特征;进而,研究作用行为、破断机制,分析致断的肇因等。

1.桥梁钢索承受的作用

众所熟知,桥梁钢索承受的主要作用,包括:

(1)载荷作用,主要为通常熟知的静力恒载及可动的活载。

(2)环境作用,这里主要关注环境介质的化学或电化学的作用。

(3)作用的共同性、耦合性,载荷与介质等多因素的共同或耦合作用及其协合效应等,即几乎不存在单一的载荷或介质作用,为桥梁钢索问题的另一特征。

图 5 表达了桥梁钢索承受的载荷和介质等的共同、组合关系。

桥梁钢索从一开始服役,就是在多种外界的载荷及介质的共同作用下的,几乎不存在单一的作用。

以下将要讨论的腐蚀疲劳,为机械力扰动与介质腐蚀共同作用的行为。可是,腐蚀疲劳所产生的强度下降,大于机械疲劳与腐蚀单独作用的强度下降之和,此即所谓的耦合作用;若为二者之线性迭加,谓之组合,或共同作用。

(4)协合效应,共同或耦合作用,存在作用因素间的分量比重问题:当这种组合比例不同时,其行为效果,也将有所不同,谓之协合效应(synergestic effect)[1]。

譬如,在机械力与腐蚀介质同时作用下的腐蚀疲劳,两者好似竞争:当机械力作用占有比例强势时,则其断裂,将接近于机械疲劳,断口呈蚌壳状特征;反之,当腐蚀作用占强势时,其断裂接近于应力腐蚀,断口的蚌壳状特征减弱或没有,破断将有腐蚀伴生物溢出。

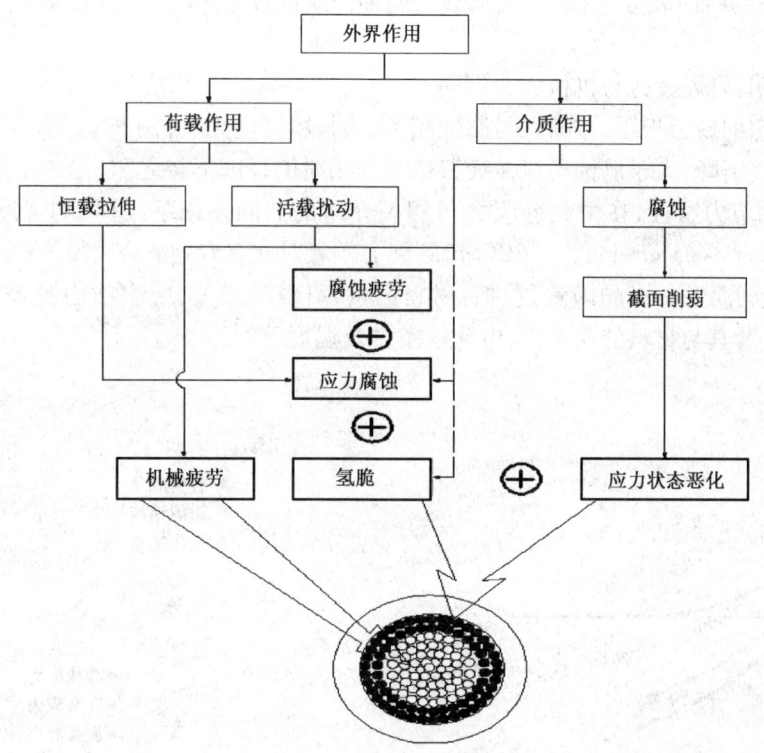

图 5 桥梁钢索承受的作用及其行为

钢索的破断,基于作用因素的共同性、耦合性和协合效应等,以致其断裂失效行为,将是复杂、多样的,非单一、孤立因素决定的。

因为不存在单独的载荷作用,也不存在单纯的介质作用。因此,认为桥梁钢索仅为静力强度破断、单纯的机械疲劳、单纯的锈蚀破断等的过于简单、表象、片面的意断,其值得商榷处,就不言自明了;也无法解释钢索的真实破断。

2. 桥梁钢索的服役行为

在外部因素的共同或耦合同作用下(图5),阐明桥梁钢索的响应行为及其特征、规律等,作为研究其破断问题的基础。

(1)机械疲劳,所谓疲劳,ASTM(美国材料与试验协会)等的定义[4]:为波动应力或应变作用下,结构局部产生永久形变,经足够多次的作用后,形成裂纹、扩展,直至断裂的过程。

这里,仅涉及机械力的波动作用,称机械疲劳(图5),譬如,一般实验室的材料疲劳强度试验之类,应视为机械疲劳。

对此,需要阐明:

其一,疲劳—断裂,为波动不定的应力或应变作用下,结构变形—损伤的发生—发展的过程,亦即其剩余强度的消耗过程,断裂为其结果。

其二,工程结构承受的作用是随机的:包括应力水平和作用频率。通常的等幅对称循环(如 R. R. Moore 的旋转弯曲试验、通常的 S-N 曲线等)为其特例。

持续静态应力作用下的断裂,称静态疲劳;

其三,当疲劳与腐蚀介质共同(或耦合)作用时,材料的损伤—断裂行为,与机械疲劳,既相关联又差异(过程和结果)很大。

疲劳失效的特点,为低应力脆断,即在远低于材料静力强度,甚至低于屈服极限下的脆性断裂[1]。

金属材料的疲劳强度,试验统计为静力强度的 $0.45 \sim 0.50$ 倍[5]。

统计表明,动力扰动下的工程结构,80% ~90% 为疲劳失效。

(2)活载作用下的腐蚀疲劳,如图5,当活载与腐蚀介质耦合作用时,材料的强度降低乃至破断,为腐蚀疲劳。

图6的比较表明:腐蚀疲劳与机械疲劳不同。

腐蚀疲劳无确定的疲劳极限;破断只与腐蚀相关,与材料强度无关(图6)。

腐蚀疲劳的强度下降,大于腐蚀与机械疲劳单独作用时的强度下降之和。

(3)恒载作用的应力腐蚀,在恒载静应力与相关介质的共同作用下,材料的强度下降直至断裂,称'应力腐蚀'(stress corrosion cracking = SCC),断裂力学等对此有专题研究[3,4]。

如图7所示,应力腐蚀的影响因素,包括:材料因素,材料的成分、组织结构及表面状态等。环境因素,环境介质的成分及其与材料的相关性,电化学条件及温度等[1]。

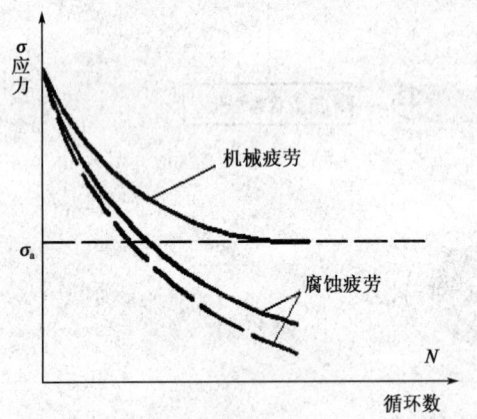

图6 腐蚀疲劳与机械疲劳

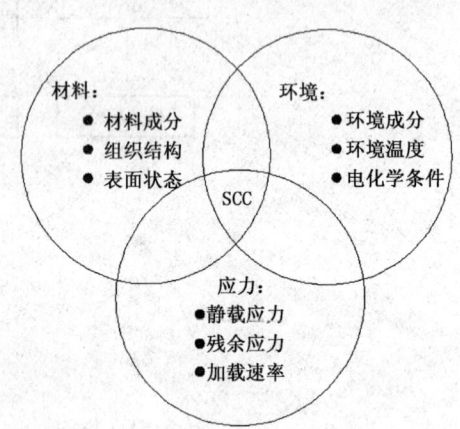

图7 应力腐蚀的影响因素

应力因素,导致应力腐蚀的,主要为:外部作用的静应力、残余应力,其作用速度等均有影响。需知,应力腐蚀为静力行为,同时具有低应力脆断的特征,因此有亦有称此为静疲劳的。

(3)其他行为,尚有氢脆、碳脆、氮脆等等,损伤断裂行为。

3. 桥梁钢索的破断机制

材料失效分析(failure analysis),在对损伤、破断的观察、检测、理论(材料学、断裂力学、疲劳理论)分析之后,研究材料失效的进行机制:破断的条件、过程、特征、肇因、表象等。

基于此,认为桥梁钢索的破断,如图8所表达的:为载荷与环境介质共同或耦合作用下的腐蚀疲劳、应力腐蚀以及氢脆等,导致其剩余强度(w_t)下降;同时,钢索损伤热点的应力状态(σ_{maxt})恶化。当二者失去平衡时,发生破断。

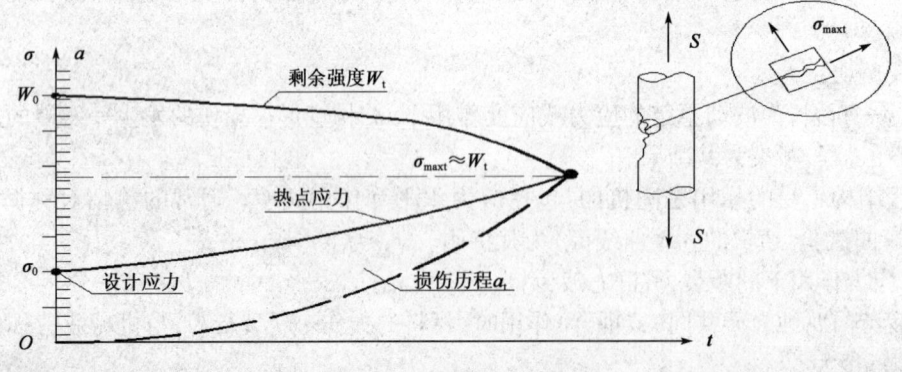

图8 钢索破断的进行机制

注意到,其中腐蚀疲劳无疲劳限、破断与材料强度无关、只与腐蚀条件相关的特点。因此,腐蚀疲劳,强烈地影响着桥梁钢索的破断的规律与结果。

换言之,桥梁钢索的破断,环境介质的腐蚀,起着重要的作用;而腐蚀与活载均是随机的,以故桥梁钢索何时、在何处破断,在怎样的条件下破断,均是不确定的。

短吊杆先断、温差致断、多吊杆技术之类的论断,缺乏理论依据。

4. 桥梁钢索破断实例的机制诠释

现以新疆孔雀河大桥,2号横梁两端吊杆钢索破断的断口为对象,对其进行破断机制的诠释(图9):研究其行为特征、破断发生、发展,进行及肇因。

图9 a)为大桥上游次短吊杆钢索,服役十余年来,其剩余强度消耗,不足以平衡载荷作用导致的损伤热点应力,而发生破断。

当大桥的2号横梁上游端吊杆破断,横梁在此失去支撑而下落时,其下游端(图9 b)的吊杆钢索,承受拉—弯冲击,使其中心部分的钢丝,发生瞬时强度断裂。

(1)外层钢丝[A]的破断,其破断进行特征,是:

外层先断,外层钢索,因腐蚀最为强烈、受力艰巨,腐蚀疲劳和应力腐蚀等,导致其剩余强度 W_l 下降最为迅速,以故在同一钢索的同一截面上,破断多从外层钢丝开始,如图9及图10所示,外层钢丝为陈旧性断口。

脆性断裂,破断几乎沿横截面发生,断口平直,无明显的残余变形,呈脆性断裂特征。

低应力破断,其破断发生时的应力水平,肯定低于中、里层钢丝,也远低于名义设计应力、设计强度,甚至低于材料的屈服强度,为低应力破断。

腐蚀残积物,如图10所显示的,基于协合效应,外层钢丝受腐蚀的作用较内层强烈,其断口处存在腐蚀伴生的残积物。

(2)中层钢丝[B]的破断,在图10中,钢索的中层钢丝,其介质的作用程度,较外层逐渐减弱,相应地腐蚀疲劳及应力腐蚀响应,逐渐缓减,以故滞后破断。

(3)核心部分钢丝[C]的破断,核心部分钢丝的破断,沿斜截面发生,与Mises准则关于拉弯失效的特征相吻合。亦即为,机械疲劳及拉—弯瞬时强度的破断。

以上破断规律,在图9 a)中,依然存在;只是图9 b),更为典型、清晰而已。

a)最先破断的横梁上游端吊杆断口　　b)后破断的2号横梁下游端吊杆断口

图9　孔雀河大桥2号横梁两端吊杆破断断口图

5. 桥梁钢索破断的基本规律

个体反映一般,分析钢索的破断实例,从中似可获得以下关于桥梁钢索破断的某些共有的特征。

(1)破断的部位不尽相同,桥梁钢索的破断,随着环境介质、载荷的作用形式、内容、数量及其组合比例(协合效应)的不同而不同:钢索的不同截面、同一截面的里外不同的钢丝,其破断部位、特征,是不尽相同的,如图9及图10所示。

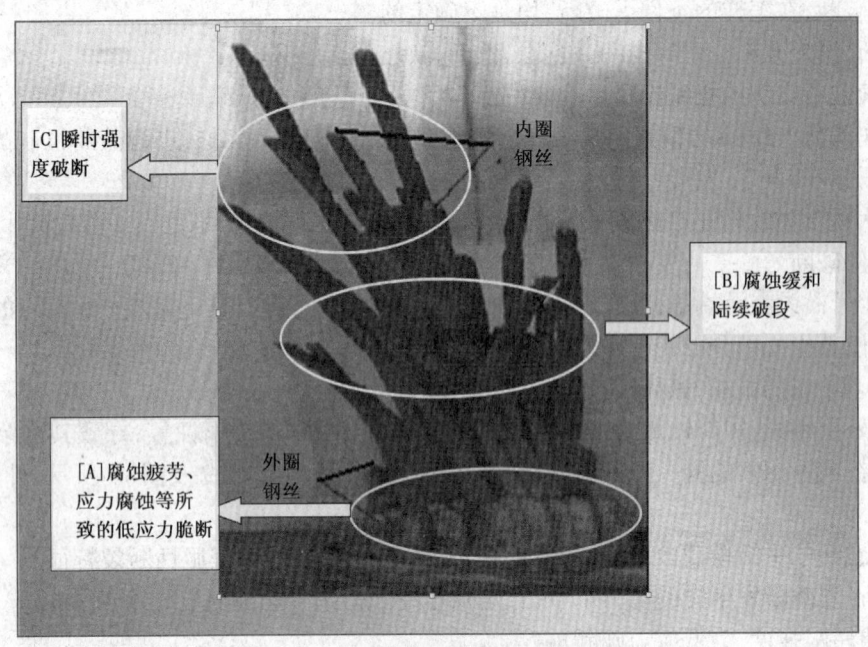

图10 孔雀河大桥钢索破断断口图

(2)破断的寿命不尽相同,基于上述原因,在同一座桥上,每一根钢索的破断寿命不尽相同;在同一钢索上,其不同的截面,同一截面不同层级的钢丝,其破断寿命均未必相同。

(3)介质腐蚀为钢索破断的控制因素,桥梁钢索的破断机制分析,阐明了钢索破断的行为特征及其影响因素:控制钢索破断规律和结果的为腐蚀疲劳,亦即为介质腐蚀作用,断索实例(图9)证实了这见解。

总之,钢索破断的表象多不尽相同,这就表明其破断影响的复杂性,无法简单地以温变、吊杆长短来概括。

6. 桥梁钢索问题的基本特征

桥梁钢索服役,在其承载、构造、破断以及安全维护等方面,均有其特点;厘清问题的特征,对于钢索研究、设计与检测(测什么,检何处),安全维护、服役管养等,都是十分必要的。

(1)问题的随机性,桥梁钢索承受的载荷及环境介质作用的随机性,为问题的最基本特征,它将强烈地影响、控制钢索的破断、管养,设计、制造等等。

所谓随机性,是指钢索承受的作用,无时、无地不在变化着;以致其服役行为:如损伤、强度、寿命等,也随时、随地不同。图9提供了这种变化的形象例证。

(2)破断不能确定,骤断不能排除,基于桥梁钢索承受的作用,无法给出确定的数学表达,致其安全、设计、研究等,沿确定性的定量分析,是行不通的。

桥梁钢索的剩余强度是随机的,其剩余强度、剩余寿命,则为非确定性的统计量,何时破断,不可能确定[4,7]。

(3)现行检测技术的思考,譬如孔雀河大桥,若在其断索之前,进行检测,其钢索破断将在哪一吊杆、哪一截面、哪一点发生;破断的控制因素是什么等等,清楚吗?

于是,钢索的检测:测什么? 测何处? 目的是什么? 回答什么问题?

通常,对此往往并不细究,概然论之,以致检测并不解决问题,断索毁桥,屡屡发生;甚至同一座桥一再发生,今后还将发生。

三、桥梁钢索破损安全技术——目标：排除钢索骤断毁桥的危险

关于随机作用下，失效寿命不能确定的结构安全问题，断裂力学提出了破损安全理论。其要点是：结构的损伤不可避免，要求其剩余强度，不得小于维持功能的最小值。

基于此，《桥梁钢索破损安全技术》提出了寿命差准则：对于多路传力的钢索或钢索系统（如双吊杆），在其单元（索或钢丝）间，构建寿命差，实现先后破断：先断警示，排除其骤断的危险。

现行的钢索设计，依赖单一安全系数控制，不能排除钢索骤断的可能（概率）；钢索破损安全技术，以钢索单元（F与S）间，始终保持的安全系数差，实现寿命差，破损——安全。

项目研究，建立了技术准则；提出了服役、损伤和拆换等三工况设计；研究了破损安全钢索系统，研发了破损安全钢索FSCM以及钢索损伤信号控制等技术。并以示例，阐明其设计应用。

十余年来，经过实验、应用，考查了研究结论的正确性和可靠性。

对于随机作用的结构安全问题，断裂力学[4]提出了"破损安全"理论；飞机结构研究和应用了"破损安全设计"。《桥梁破损安全钢索技术》研发，将以此为基础，进行钢索破损安全技术的理论与方法研究。

现就其要点概述于次。

1. 破损安全理论

（1）破损安全，断裂力学关于破损安全，认为：结构损伤不可避免，要求其剩余强度，不得小于维持功能的最小值。

此最小剩余强度，称为破损安全强度。

（2）技术的核心——寿命差，破损安全钢索技术的核心，为以钢丝或钢索单元间的寿命差，实现先后破断：先断者警示，未断者在一定时间内不致破断，立即拆换，排除整索骤断毁桥的危险，实现破损——安全。

（3）寿命差分析，钢索单元间的寿命差分析[1-2]：

分析的基础，钢索的寿命差分析，以钢索破断机制的认识与疲劳断裂理论的剩余强度理论为基础。

寿命差分析的条件是：在相同的载荷环境与介质环境下；材料特性等物理参数相同或相近。

分析方法，对于桥梁钢索的剩余强度或剩余寿命，一般应用疲劳断裂理论的方法进行分析建议：以设计强度表达，则寿命差，转变为安全系数差，与现行规范相衔接。

于是，对于钢索的服役、破断、修复拆换等工况的安全性，则分别以安全系数表述。

2. 钢索破损安全技术

容易理解，桥梁钢索破损安全技术，寿命差为其技术核心；也是实现破损安全的技术关键和基础。

（1）技术准则，基于寿命差准则，提出了应用实施的技术准则：

技术准则Ⅰ，在相同的载荷及介质环境下，以钢索的应力差实现寿命差；

技术准则Ⅱ，在相同的载荷及介质环境下，以材料的强度差实现寿命差。

（2）技术应用，据此准则，研究其设计及应用：

三工况设计，建立了钢索服役、钢索损伤及断后拆换等三工况设计方法；

破损安全钢索FSCM，研发了破损安全钢索（FSCM）产品，及其损伤信号控制技术FSADS；

钢索的服役安全，关于桥梁破损安全钢索的服役维护，除了日常的巡视观察外，其损伤拆换为重要环节，将在本文作进一步的阐述。

3. 技术准则Ⅰ的应用

基于技术准则Ⅰ：以钢索的应力差实现寿命差的工程应用实例。

（1）构建应力差，图11a），为对称布置的双吊杆，现$\theta_1 = \theta_2$，通常取钢索截面$A_1 = A_2$；当其内力$T_1 = T_2$时，则二者的应力$\sigma_{A1} = \sigma_{A2}$，如前所述，此双吊杆，将同时破断。

基于"寿命差"的技术思想，对于交叉双吊杆图11 b），使二吊杆（A_S与A_F）具备以下条件：

材料相同，即取A_S与A_F索为相同的钢材，则其强度（$W_{AF} = W_{AS}$）及力学参数等均相同；

应力不同,当两钢索的截面面积分别为 A_F 和 A_S,且 $A_F < A_S$,二者内力相等时,将构成钢索 F 与 S 的工作应力差。

$$\sigma_{F0} > \sigma_{S0} \tag{4}$$

在相同的环境介质环境中,于是,有破断寿命(t_{cr})。

$$t_{crF} < t_{crS} \tag{5}$$

亦即,钢索 A_F 将较 A_S 先断,实现寿命差。

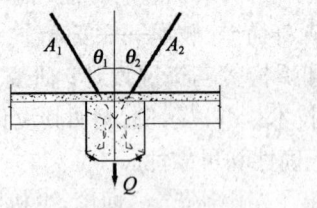
a) 通常的交叉双吊杆

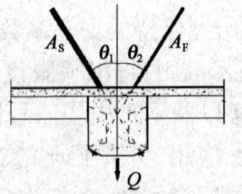
b) 破损安全双吊杆

图 11 交叉双吊杆

(2)实现寿命差,取图 3.3.2 的横坐标为服役寿命 t;纵坐标左侧为钢索的热点应力 σ_{maxt},纵坐标右侧为钢索的剩余强度 W_t。则为钢索 F 与 S 的剩余强度与热点应力的服役历程曲线的组合。

在式(4)的初始设定基础上,图 11b)的交叉双吊杆 A_F 和 A_S 处于相同的活载环境与相同的介质环境中;随着服役寿命 t 的增长:钢索 F 因工作应力水平较 S 高,则热点应力 σ_{Fmaxt} 增长后,与 S 间始终保持着差值,如式(6)。

$$\sigma_{Fmaxt} > \sigma_{Smaxt} \tag{6}$$
$$\text{和}\quad W_{Ft} < W_{St} \tag{7}$$

同时,F 与 S 索的剩余强度,则因 F 的工作应力水平较 S 高,基于协合效应其剩余强度 W_{tF} 的下降,也较 W_{tS} 快,如式7。因此,如图 12 所表达的,F 将率先破断,S 后断。

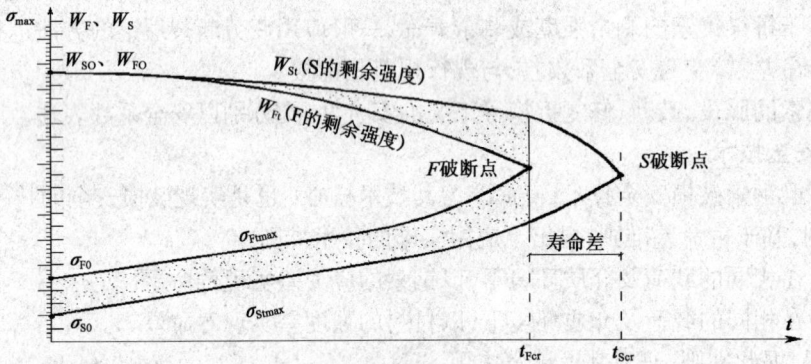

图 12 基于应力差的破损安全钢索 安全机制

(3)准则 I 的破损安全机制,破损安全交叉双吊杆,在的服役过程中,如式(6) 和式(7) 所示,亦如图 12 中竖线阴影所表达的:F 与 S 始终保持着剩余强度和热点应力的差值,不致逾越:保证了 F 一定先于 S 破断;并以其(S)剩余强度,维持桥梁节点的支撑功能。

图 12 中的钢索 S 与 F 的破断点间的时间差 $t_{crS} - t_{crF}$,亦即 F 与 S 的寿命差;也是 F 索破断以后,S 单独承载、提供的等待修复时间。

容易理解,与现行钢索按单一安全系数设计,存在失效概率不同:破损安全钢索系统,始终保持安全系数差,不存在逾越:保证了 F 必定先于 S 破断的安全警示功能。

实验证实了上述构想的成立。其应用,如示例 1、示例 3 及示例 4 等。

4. 技术准则 II 的应用

以图 13 的平行双吊杆为例,讨论基于技术准则 I:以钢索材料的强度差,实现寿命差的,技术实现及安全机制。

图 13a)为通常的平行双吊杆,前已提及,因该双吊杆应力相等,即:

$$\sigma_{Ft} \cong \sigma_{St} \tag{8}$$

以故两者将同时破断。

现研究对其实现破损安全的技术措施。

(1) 取定强度差,对于图 13 b)所示的双吊杆 S 与 F,基于寿命差的思想,取定以下方式:

应力相等,因钢索 S 与 F,处于相同的载荷环境与介质环境中;二者平行、位置相近,以故其应力水平相同或相近,如式(8)。

强度不同,取钢索 S 与 F 的破断强度分别为 W_{S0} 和 W_{F0} 的不同钢材,满足:

$$W_{S0} > W_{F0} \tag{9}$$

则如图 14 所示:系统在服役过程中,无论任何时刻(t),S 与 F 均将维持,且一直维持着式(9)所示的剩余强度(W_t)差,即:

$$W_{St} > W_{Ft} \tag{10}$$

以保证 F 索先于 S 破断。

在图 14 所示的破损安全平行双吊杆的服役历程图中:破断点间的时间差 $t_{SCR} - t_{FCR}$,即为二者的寿命差;也是 F 索破断后,S 提供的等待修复的时间。

(2) 准则 II 的破损安全机制,在图 14 中:横坐标为钢索服役寿命 t,纵坐标左侧表示热点应力 σ_{maxt},纵坐标右侧为剩余强度 W。

因 F 与 S 处于相同的的介质环境中,即腐蚀条件相同,且随时均承受着相同的恒载(大小)及相同的活载(大小和规律)。

如图 14 所示:因 F 索的材料强度较低,则其剩余强度下降,将较 S 索快;同时,F 与 S 的热点损伤 a_{Ft} 及 a_{St},及其相应的热点应力 σ_{maxt} 的增长速度,视为相同,则 F 将首先达到破断点。

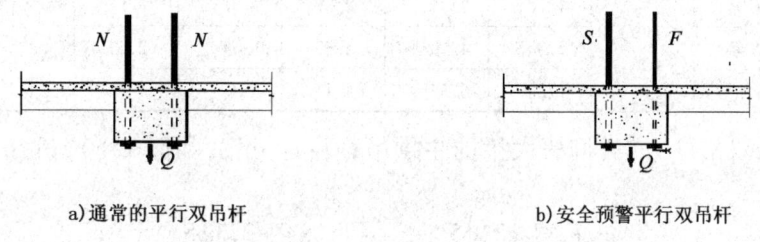

a) 通常的平行双吊杆　　b) 安全预警平行双吊杆

图 13　平行双吊杆

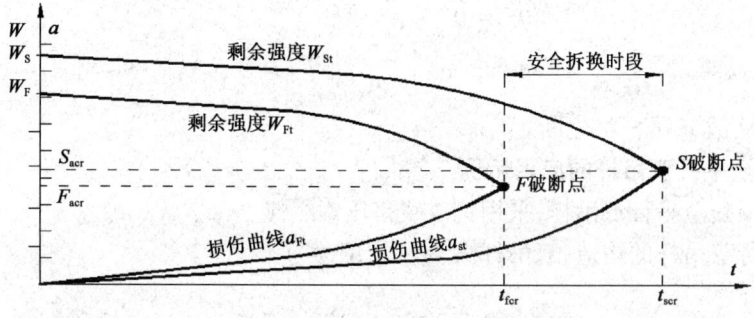

图 14　基于强度差准则的破损安全机制

图中,破断点 S 与 F 间的时差 $t_{crS} - t_{crF}$,即为二者的寿命差,亦即 F 索破断后,S 索单独承载,所提供的等待修复时间。

由图14可以看出：在相同的腐蚀环境与相同的载荷环境中，钢索F与S始终保持着剩余强度差（图中竖线阴影所示），保证了位于同一吊点的双吊杆，实现损伤(F)之后(S)仍然安全。

(3) 以安全系数差实现寿命差，对图(4)，亦可以理解为，因F与S具有相同的腐蚀条件；承受了相同的载荷（恒载与活载），产生相同应力。但其材料强度不同，以故其安全系数不同。

此准则Ⅱ之寿命差，对于工程设计而言，实为始终保持安全系数差（$k_F < k_S$）。

四、破损安全钢索系统——实现：断索不毁桥

基于技术准则Ⅰ：以应力差实现寿命差，研究了由现行成品钢索构建的破损安全钢索系统，譬如前述破损安全双吊杆、图19等所示叶脉状钢索系统等，并研究其在不同桥型上的应用：实现断索不毁桥，钢索损一换一，随损随换；无需检测。

将以示例阐述其设计方法、工况分析、制造工艺等；

关于此类钢索系统，通过结构疲劳破断实验考查其可靠性和可行性，证实其是可信耐的；进而实现了工程应用。

所谓破损安全钢索系统，即以现行成品钢索为基础，构建的具有破损安全功能的多索系统，如破损安全双吊杆、叶脉状钢索系统等。

[示例1] 破损安全交叉双吊杆在拉萨柳梧大桥的应用

西藏 拉萨市 柳梧大桥，主跨 $L = 130\text{m}$，为 Barcelona 体系组合提篮拱结构。

大桥的吊杆钢索，按破损安全设计：由成品钢索组成破损安全交叉双吊杆系统（图15b），以钢索 A_S 和 A_F 间的应力差（$\sigma_{AF} > \sigma_{AS}$），使两者先后破断；先断者警示，实现断索不毁桥，无需检测。

基于剩余寿命差的破损安全三工况设计，确定其中 A_F 破断时和断后的条件，以确实保证 A_S 不致破断，并提供安全修复拆换的时间。

拉萨柳梧大桥破损安全交叉双吊杆设计分析　　　　　　　　　　　　表1

序号	钢索类型	钢索名称	钢索内力	截面形式	截面面积 (mm^2)	各工况安全系数			说　明
						服役(A)	断索(B)	断后(C)	
1	破损安全	F索	1371 /kN		121ϕ5	2376[1]	2.89	0	0	[1] 两者用钢量相等。 [2] 不小于1.923。 [3] 不小于2.5
2		S索			223ϕ5	4379[1]	5.33	2.03[2]	2.67	
3	通常的设计				172ϕ7	6755[1]	4.11	0		

破损安全交叉双吊杆方案，柳梧大桥的主拱吊杆设计方案，如图15b)，吊杆钢索采用平行钢丝索，即：

$$F 索：121\phi5 ； \qquad S 索：223\phi5。$$

图15b)所示破损安全交叉双吊杆，钢索F与S对称布置：

即　　　　　　　　　　　$\theta_1 = \theta_2;$

但取　　　　　　　　　　$A_F < A_S,$

则有 $\sigma_F > \sigma_S$，故F吊杆将先断。

[示例2] 破损安全平行双吊杆的应用示例

图16 b)所示破损安全平行双吊杆，采用钢绞线挤压索组成。

(1) 破损安全平行双吊杆的构造，双吊杆F与S的钢铰为：

$$(F) 13 - 7\phi5 ; (S) 20 - 7\phi5$$

(2) 索力调整，在恒载状态下，对F与S进行调索，使其恒载应力，达到设计的差。

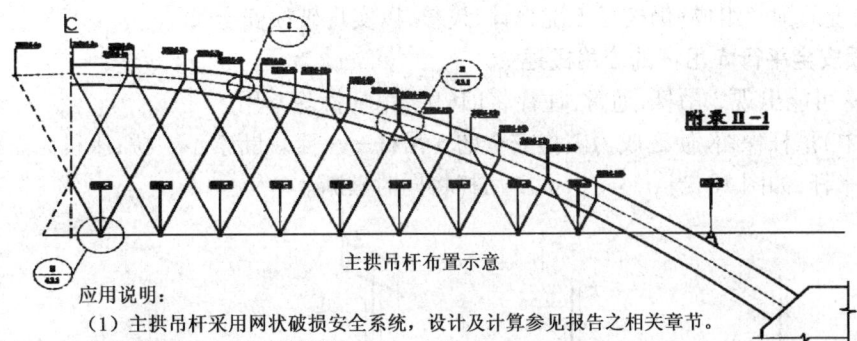

应用说明：
(1) 主拱吊杆采用网状破损安全系统，设计及计算参见报告之相关章节。
(2) 吊杆构造，见柳梧设计图。
(3) Ⅱ型见报告之图4.3.1；Ⅰ型即通常之单杆锚固构造。
(4) 杆间结点构造，见本桥2004年施工图S5006.1.3

西藏自治区拉萨市柳梧大桥

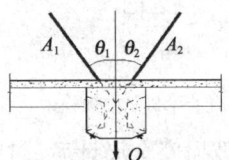

a) 通常双吊杆 $\sigma_{A1}=\sigma_{A2}$

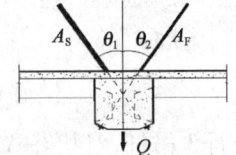

b) 破损安全 双吊杆 $\sigma_{AF} > \sigma_{AS}$

图15　西藏 拉萨市柳梧大桥破损安全双吊杆

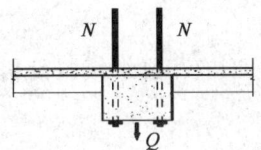

a) 通常的平行双吊杆

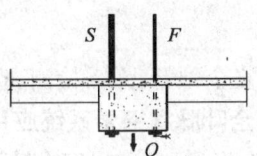

b) 破损安全平行双吊杆

图16　平行双吊杆

图17　平行双吊杆的应用

破损安全双吊杆的设计分析　　　　　表2

序号	拉索类型	功能	恒载	活载	截面形式	截面面积 (mm²)	各工况安全系数			
							调索	运营	F破断时	F破断后
1	破损安全	F	574	212	9−7Φ5	1260	4.09	2.73	0	0
2		S	862		19−7Φ5	2520	5.44	4.10	2.03	2.52
3	原设计	N	718		61Φ7	2348	[恒十活] 4.22			

(3) 设计分析，钢索方案及布置、分析如示例2。

(4)方案之二,对于图16b)的双吊杆,因其应力水相同或相近,还可应用准则Ⅱ:对其中的 F 和 S 分别采用不同破断强度的钢丝组成;仍按三工况设计、校核,以实现破损安全。

[示例3] 破损安全平行3吊杆的应用概述

钢索拆换时,常可能出现3吊杆,通常,往往将旧(中)吊杆拆除不用。

现简述将旧(中)吊杆保留,使之成为破损安全的3吊杆——实现断索不毁桥;服役无需检测。

(1)通常的3吊杆,如图18,当 $\sigma_s = \sigma_F$,则3吊杆将同时破断。

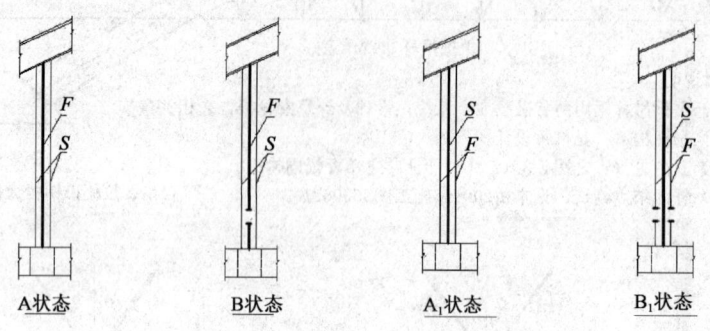

图18 破损安全三吊杆安全机制分析

(2)破损安全平行3吊杆,对状态A之 F,在进行破损安全设计后,对中吊杆超张拉,使 $\sigma_s < \sigma_F$,则构成破损安全的3吊杆。

A 状态 取 $\sigma_F > \sigma_S$,则 F 吊杆将先断(如 B 状态),设计保证,这时二 S 索能安全承载。

A1 状态 拆换中索,并取其中 $\sigma_F > \sigma_S$,即这时 F 与 S 较 A 状态交换了位置,此 F 吊杆(两边吊杆)将先断,S 肯定不断!

(3)方案的特点,安全预警,无需检测、省略检测桁车之类;旧有吊杆继续服役利用。

[示例4] 破损安全叶脉状钢索系统应用示例

作为应用的一种方案,简介破损安全叶脉状钢索系统方案另详。

(1)破损安全叶脉状斜缆方案,如图19所示。

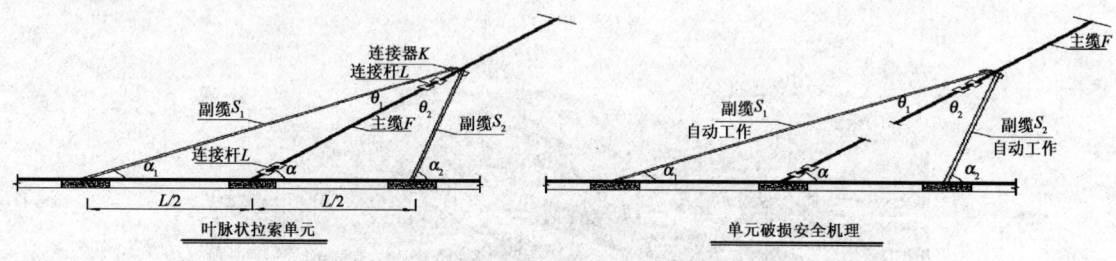

图19 破损安全叶脉状斜缆单元

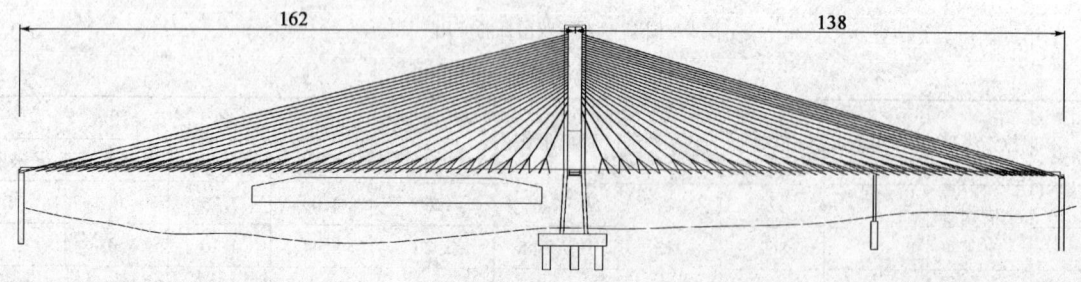

图20 破损安全叶脉状斜缆(尺寸单位:m)

(2)破损安全叶脉状吊杆方案,如图21所示。

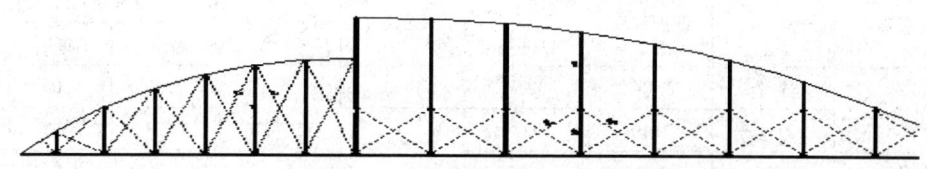

图21 破损安全叶脉状拱桥吊杆方案

五、破损安全钢索——实现:断"丝"不断索

基于技术准则Ⅱ,以强度差实现寿命差,研发由不同破断强度钢丝(或钢绞线)构成的破损安全钢索FSCM:实现"断丝不断索"——破损安全;设计其钢丝先后破断,安全警示。配套研发了钢索损伤信号控制系统FSADS,信号实时、自动采集、网络传输、定量显示;与通常检测不同,不用传感器。

平行钢丝构成的FSCM,已在响水沟大桥应用;钢绞线构成的FSCM,已在广东汕头南澳大桥上应用。

基于技术准则Ⅱ,研究了破损安全钢索(称FSCM)。

在图22上部的钢索中,取两种不同破断强度的钢丝(F与S)组成:其中,黄色的F钢丝破断强度较低,且布设于外层;灰色的S钢丝(或钢绞线)破断强度较高,置于钢索的内部;二者的数量,设计确定。

在同一根钢索内,在应力水平和腐蚀条件相同的情况下:外层钢丝将最先破断;通过设计,确保二者具有一定数量的剩余寿命差;当F全断后,S将肯定不断;进而,拆换该钢索,排除断索毁桥的危险。

研发了与此钢索配套的,钢索损伤信号控制系统FSADS。自动、实时采集钢丝损伤信号、无线传输,不用传感器;其应用如示例5。

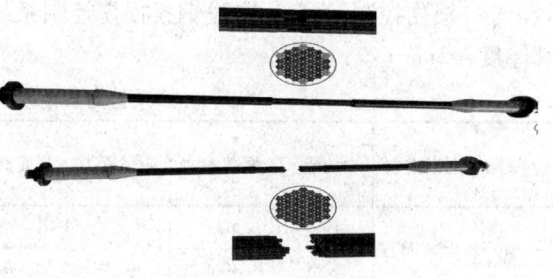

图22 FSCM构造示意

[示例5] 破损安全钢索FSCM在响水沟大桥的应用

(1)钢索FSCM的构造:

NⅠ型:$[109\phi 7] = 24\phi 7 [F, 1670] + 85\phi 7 [S, 1860]$;

NⅡ型:$[91\phi 7] = 21\phi 7 [F, 1670] + 70\phi 7 [S, 1860]$。

FSCM的锚固、防护以及制造、检验等,均与现行钢索相同。

(2)应用布置,在图23中:N1~N4号吊杆采用NⅠ型钢索;跨中N5~N9号吊杆,则用NⅡ型钢索。

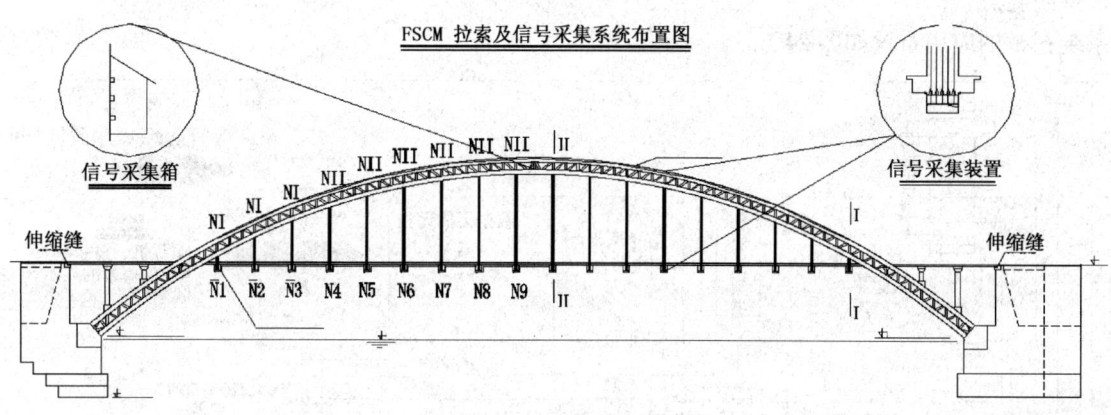

图23 响水沟大桥布置图

响水沟大桥 NⅠ型钢索各工况的安全性分析　　　　表3

序号	钢索名称	钢索类型	截面规格	截面面积（mm²）	钢丝强度	设计内力	FSCM各工况安全系数 服役	FSCM各工况安全系数 F断时	FSCM各工况安全系数 F破断后
1	FSCM/NⅠ	S丝	85Φ7	3271	1960	1107.26	7.39	5.06	5.76
2	FSCM/NⅠ	F丝	24Φ7	924	1960	1107.26	6.33	0	0
3	通常设计	平行丝	109Φ7	4195	1670		6.33		
4	原设计	内侧	73Φ7	2809	1670	631.31	7.40		
5	原设计	外侧	61Φ7	2348	1670	475.95	8.23		

(3) 设计计算,钢索各工况安全性分析如表3。
(4) 损伤控制,钢索服役,将应用 FSADS 系统采集其损伤、断丝信号。

[示例6] 破损安全钢绞线组合索在南澳大桥的应用

广东汕头市,南澳大桥为矮塔斜拉桥。
(1) 构造方案, $37 \times 7\phi 5 = F[6 \times 7\phi 5] + S[31 \times 7\phi 5]$。
(2) 束力调整,恒载状态下对 F 束及 S 束按表值调索,进行内力张控制。
(3) 设计分析,如表4。
(4) 损伤控制,为日后布设钢索损伤控制系统之需要,斜缆安装时,在螺母与垫板间,粘贴 SMC 垫层,其厚度≈2mm。

广东省汕头南澳大桥破损安全斜缆设计分析　　　　表4

序号	钢索类型	功能	恒载索力	活载索力	截面形式	截面面积（mm²）	各工况的安全系数 恒载	各工况的安全系数 服役	各工况的安全系数 F断时	各工况的安全系数 F断后
1	FSCM	F束	873	360	6-7φ5	840	1.79	1.68	0	0
2	FSCM	S束	3967	360	31-7φ5	4340	2.03	1.89	1.46	1.55/1.67
3	通常	N索	4840	360	37-7φ5	5180	1.85			

六、钢索损伤信号控制系统 FSADS——信号自动、实时采集 无线传输 不用传感器

对于[示例5]等,所应用的破损安全钢索 FSCM,其钢丝或钢绞线,屏蔽于 PE 套内,断丝损伤,无法目测。为此,基于电磁耦合理论,研发了《钢索损伤断丝信号控制系统》(FSADS)。

系统将实时、自动、直接采集损伤断丝信号,网络传输,无需传感器。其建设成本相当于现行钢索检测 2~3 次的费用。

1. 系统要点

系统在桥的应用布置如图24。

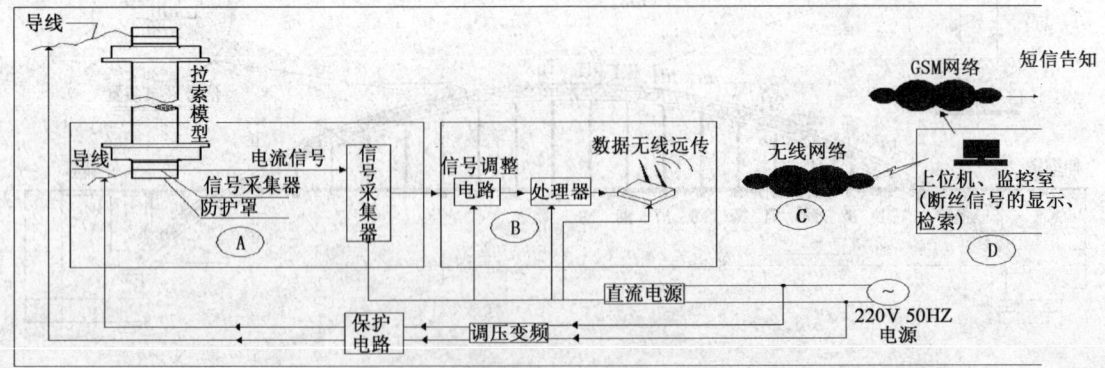

图24　钢索断丝信号控制系统 FSADS

2. 系统功能

全截面所有钢丝、全长度,自动、实时检索、发输监控,不用传感器,勿需专人定时操作。

七、桥梁全寿命的钢索安全服务——全新的安全维护

现行的桥梁钢索的安全维护:三年一检测,十年左右一拆换;一换或全换;拆换按改造工程管理,需经检测、评估、设计;施工、监理、监控及其招标、投标等数十个烦冗环节。

一次拆换,从筹划到完成,耗时2年以上,,则桥梁服役寿命的1/7(按100年计),在钢索的拆索或筹备中。

拆换一次的费用,几乎与大桥兴建时的全桥总造价金额相当。

破损安全钢索的服役维护:损伤预警、随损随换、损一换一。拆换(一根索)一天以内完成。

实行专业的特种安全技术承包服务,可最大限度地简化责任管理:钢索损伤信息网络化,无需定期检测;拆换几可以不断交通。

破损安全钢索的服役维护,可由特种技术公司承包,以最大限度落实责任管理;其维护成本,保守估计,较现行钢索节省60%~70%。

如前所述,现行桥梁钢索服役安全,包括检测、诊断,拆换、维护等;维护费用高、耗时长、环节多、影响大、责任大。还未能排除钢索骤断毁桥的危险。

1. 现行桥梁钢索的安全维护

现行桥梁钢索的服役管理要点如次:

维护方式,目前桥梁钢索的安全维护,按规定或常例,大致是三年一检测、十年一拆换;疑断拆换、换则全换。

维护管理,钢索拆换,规范规定按改造工程管理,其检测、评估、设计;施工、监理、监控及其招标、投标等,达数十个环节。

维护费用,每一检测,其费用常在数十万乃至更高;然而,钢索一次拆换的费用,达新建时钢索成本的10倍以上,与兴建当年全桥总造价金额相当。

维护耗时,拆换准备工作,一般达1年以上;拆换施工直至验收,往往也需1年左右。即拆换1次,通常约需2年,此间将干扰甚至中断交通。

按文献[11]估计,在100年的桥梁服役寿命期内,将有1/7左右的时间在拆换修复及其筹备中。

骤断未除,问题还在于,上述工作,并未排除桥钢索骤断毁桥的危险;在同一座桥上,钢索一断再断,不乏其例。

2. 桥梁破损安全钢索的维护

桥梁破损安全钢索的维护,目标:在于排除钢索骤断毁桥的危险。

维护方式:损伤警示、损一换一、随损随换,无需检测。

损伤管理:破损安全钢索,将建立损伤信号自动管理系统FSADS,损伤信号实时、自动采集,网络传输,定量显示。

维护管理,桥梁破损安全钢索的安全维护,可由专业的特种技术公司长期乃至桥梁全寿命地承包。此特种技术公司,具有破损安全钢索的设计、安装、调试能力;与制索厂有稳定的供求协议。

拆换耗时,钢索损伤信号,公司在第一时间内获得,损换(一根索)的现场作业时间,一般为8h左右,几乎可以不断交通。

维护成本,其安全维护成本,较现行钢索,将可节省60%~70%。

参考文献

[1] 庄东汉. 材料失效分析[M]. 上海:华东理工大学出版社,2009.
[2] 汤国栋,等. 破损安全桥梁拉索及其系统研究[J]. 四川大学学报 工程科学版. 2007(6):14-20.
[3] D. Brock. 工程断裂力学基础[M]. 北京:科学出版社,1980:294-304.

[4] 周传月,等. MSC.Fatigus疲劳分析应用与实例[M]. 北京:科学出版社,2005:1-49.
[5] 姚卫星. 结构疲劳寿命分析[M]. 北京:国防工业出版社,2003:1-103.
[6] 汤国栋,等. 拱桥吊杆问题与安全预警技术[J]. 桥梁. 2013,(1):058-063.
[7] 小西一郎. 钢桥(2、4)[M]. 北京:人民铁道出版社,1980:75-89.
[8] Niels J. Gimsing. 缆索支承桥梁[M]. 北京:人民交通出版社,2013,1,:1-18.
[9] 平安. 材料疲劳性能变化规律与剩余寿命预测[J]. 东北大学学报,1994,3:6-12.
[10] 龚志刚. 奥尔顿克拉克大桥斜拉索的疲劳强度[J]. 国外桥梁,1997,1:9-16.
[11] 张劲泉,等. 桥梁拉索与吊索[M]. 北京:人民交通出版社,2013,1.
[12] 张启伟. 屡检屡过的大桥垮塌背后[J]. 科学时报,2007,8.24.
[13] 杨玉玥. 材料力学行为[M]. 北京:化学工业出版社,2009,9.

110. 钢桁梁斜拉桥运营期构件易损性分析

向中富[1] 罗君[2] 黄海东[1]

(1.重庆交通大学土木建筑学院;2.重庆交通专业技术学院)

摘要 以某单索面双桁片桁架主梁斜拉桥为研究对象,采用有限元模型,利用桥梁结构易损性评价指标,对钢桁架主梁和斜拉索两大构件进行易损性分析,寻找结构的易损构件及部位,为桥梁结构的运营风险评估、状态监测对象(部位)及管理提供依据。

关键词 单索面双桁片桁架 斜拉桥 构件 易损性 分析

一、引言

易损性(Vulnerability)的一般定义是:物体易受损伤或伤害的程度,易损性体现了事物在危险条件下的脆弱性。对于工程项目结构,易损性体现了结构的承载能力储备情况大小,如果安全储备较少,构件就易损伤,易损性也就越大。国外学者也特别研究过区域灾害的易损性[1],认为承灾体的易损性与灾害因子共同作用造成了灾害。某个区域灾害损失程度并非与其风险发育程度呈线性正比关系,灾害损失很大程度上依赖于承灾体的易损性大小。而在这二者选择上,想要改变致灾因子是非常困难的,因此,减少自然灾害损失的关键就成了如何降低承灾体的易损性,最终以达到增强承灾体承受能力的目的。同样,对工程结构降低事故造成的结构损失问题的关键就是怎样降低结构的易损性,从而提高结构的承载能力。

对于桥梁结构,在正常运营期间,结构处于各种不利的环境中(如温度、腐蚀等),并长期承受静力和动力荷载的交替作用,其承载能力与其他性能随着服役时间的增加而会不断退化,部分结构由于其自身的特性使其与主体结构具有不同等的寿命,这些易受腐蚀、损伤的构件称为易损件。易损构件损伤逐渐加剧,损伤程度越大,结构的整体安全状态受到的影响也会越严重。

桥梁运营期的易损性分析是指通过对桥梁结构在正常使用状态下结构的静力及动力特性进行分析,找出整个桥梁结构的易受损伤部位或者易受损伤构件,以便为桥梁结构运营期安全风险预测分析及运营期安全控制与管理预案研究、桥梁健康监测提供指导。

二、桥梁结构易损性评价依据

1. 钢主梁易损性评价依据

车辆荷载通过桥面结构传递至钢桁架主梁,钢主梁作为斜拉桥的直接承重构件,其结构性能必须满足强度、稳定及耐久性方面的要求。找寻钢桁架主梁结构的易损构件,即可通过对结构这三方面的性能指标评价入手，对于强度储备系数[2]较低，疲劳应力幅较大的构件应重点计算分析。

1）强度

主桁各构件在最不利荷载工况作用下均应满足材料的容许应力要求，对于应力储备较低，即安全系数较低的杆件可作为易损部位重点分析，表1列举了本文研究的某单索面双桁片桁架主梁斜拉桥主要用钢Q345q、Q420q钢在不同厚度下的容许应力值。

材料容许应力（MPa） 表1

钢材牌号	厚度（mm）	轴向应力[σ]（MPa）	弯曲应力[σw]（MPa）	剪应力[τ]（MPa）	端部承压（磨光顶紧）应力（MPa）
Q345q	≤16	200.0	210	120	300
	>16~35	191.2	200	115	287
	>35~50	185.3	195	111	278
	>50~60	179.4	188	108	269
Q420q	≤16	230.0	240	140	345
	>16~35	225.0	235	135	338
	>35~50	218.0	225	131	327
	>50~60	213.0	220	128	320

2）稳定性

对于主桁构件中的各类受压构件，根据规范要求应进行压杆的总体稳定及局部稳定性验算。考虑杆件局部稳定性时，杆件容许最大长细比λ应满足《铁路桥梁钢结构设计规范》（TB 10002.2—2005）[3]第5.2.1条规定；结构构件的总体稳定性应按上述规范4.2.2条规定的公式计算。

3）疲劳计算

对于钢桁主梁斜拉桥，其钢主梁结构的主要缺点是钢结构易产生疲劳破坏，要找寻主梁结构的易损构件，需找出服役过程中应力幅较大的构件，作为重点研究对象。根据规范《钢结构设计规范》（GB 50017—2003 6.13）条规定[4]，疲劳计算采用容许应力幅法，应力按弹性状态计算，材料容许应力幅按构件的连接类别以及应力循环次数来确定，在应力循环中不出现拉应力的部位可不进行疲劳计算。《铁路桥梁钢结构设计规范》（TB 10002.2—2005）对各种构件或连接的疲劳容许应力幅值做出了规定，其连接形式及应力幅类别参见规范中表3.2.7-2构件或连接基本形式及疲劳容许应力幅类别。本文针对的桥梁主桁结构，主桁各杆件疲劳容许应力幅类别按Ⅺ类计算，容许应力幅值为60.2MPa。

此处钢桁架主梁的易损性评价依据为：在最不利荷载工况组合下，以钢主梁最大组合应力的安全储备，以及受拉杆件的应力幅值大小、轴向受压杆件的长细比和换算强度等为指标。从力学角度来看，安全储备系数越小，结构就越易受损伤，因此可通过计算对比分析可找出主梁的易损构件或易损部位。

2. 斜拉索易损性评价依据

斜拉索的设计使用寿命一般只有20~25年，但实际上，很多拉索在未达到设计使用寿命就需要更换，究其原因，大致可以分为两类：拉索腐蚀疲劳破坏[5]、振动激励破坏[6]。

1）拉索疲劳破坏

斜拉索作为斜拉桥的主要支承构件，在桥梁正常运营期间，外部活载的激励会使斜拉索产生沿拉索轴线的应力变化，即产生循环的变幅活载，斜拉索长期在这种变幅活载效应作用下会发生疲劳破坏。斜拉索应同时满足静力强度要求以及活载引起的疲劳强度要求。我国斜拉桥规范《公路斜拉桥设计细则》（JTG\T D65-01—2007）[7]规定斜拉索的容许应力强度须满足式（1）：

$$[\sigma] \leqslant 0.40 R^b \tag{1}$$

式中：$[\sigma]$——斜拉索容许应力，MPa；

R^b——斜拉索的标准抗拉强度，MPa。

即取2.5倍安全系数,一些国外规范中拉索的静力强度安全系数取2.0～2.5之间[8]。在恒载和基本可变荷载组合下,也可用$0.45 R^b$作为斜拉索容许应力;再加上其他可变荷载的组合,容许应力也可用到$0.5 R^b$。规范还要求:斜拉索在200万次循环荷载作用下,疲劳强度要大于200MPa。

评估斜拉索的重要指标一个是其静力强度指标,另一个就是拉索的耐疲劳性。斜拉桥由于其刚度较小,在风雨荷载、汽车荷载等作用下,很容易产生结构振动,斜拉索的端头锚固区在这样频繁的剧烈振动下会使得套筒积水、锚头锈蚀并产生裂纹,进而斜拉索的抗疲劳性能将会下降。因此在这里斜拉索的易损性评价可以其应力幅值和索力变幅值为指标,在最不利荷载工况下,如果某处斜拉索的应力幅值或索力变幅值相对较大,那么这些斜拉索比起其他拉索来说就更容易发生损伤,是易损斜拉索。

2）拉索振动破坏

斜拉索具有质量轻、阻尼小、柔性大的特性,在外界荷载激励下容易发生大幅振动现象。随着斜拉桥的大跨径化,拉索的长度也不断被加大,由斜拉索大幅度振动所引起的各种危害也加重了。斜拉索在人为因素和自然因素作用下会有不同机制的振动现象发生,主要有人为因素引起的抖振、受自然因素引起的风雨激振、风致振动、和参数共振等。

其中参数共振是由影响振动系统动力特征的某些参数周期性变化引起的一种自激振动。斜拉索的两端分别与桥塔和桥面连接,斜拉桥在脉动风荷载作用下会发生抖振现象,桥梁的振动会通过两端锚固结构传递给斜拉索,引起斜拉索的索力发生周期性的变化。当斜拉索的固有频率刚好等于主梁其中某阶模态频率的1/2时,拉索即会出现参数共振现象[9]。此时主梁的小幅度振动也会引起拉索的大幅振动。在整个斜拉桥中,拉索一般较多,每根拉索的拉力、倾角以及长度等参数都不相同,因此某根斜拉索的频率极有可能等于桥梁某阶模态自振频率的一半,因此该斜拉索就可能会发生参数振动现象。

故斜拉桥拉索易损性评价的依据还有:通过计算斜拉索的固有频率,找出可能发生参数共振的拉索,这些拉索在服役期间一定条件下会发生大幅度振动,是易损构件。

三、有限元模型的建立及计算

1. 工程概况

某单索面双桁片桁架主梁斜拉桥采用双塔单索面部分斜拉桥的形式,为双层桥面结构,上层为双向四车道汽车通道(城市次干道),下层为双线轨道交通。大桥为双塔单索面部分斜拉双层钢桁斜拉桥,主梁采用正交异性桥面板钢桁梁结构。桥塔采用混凝土结构,全桥采用半漂浮体系,南岸侧桥塔纵向约束,另一侧桥塔采用纵向自由,两岸边支点纵向均是自由。全桥桥跨布置为22.5m+445m+190.5m=858m,桥跨布置和典型横断面如图1、图2所示。

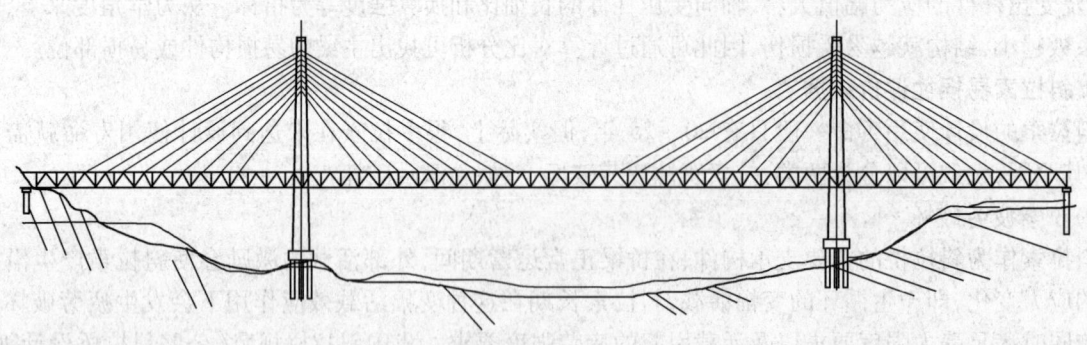

图1 主桥桥型布置图

2. 建立桥梁有限元模型

采用大型桥梁有限元分析软件midas civil进行全桥静力计算分析,采用ANSYS软件进行斜拉索的固有频率分析。全桥midas civil有限元模型如图3所示,结构模型中包括了塔、梁、索等所有桥梁构件。全

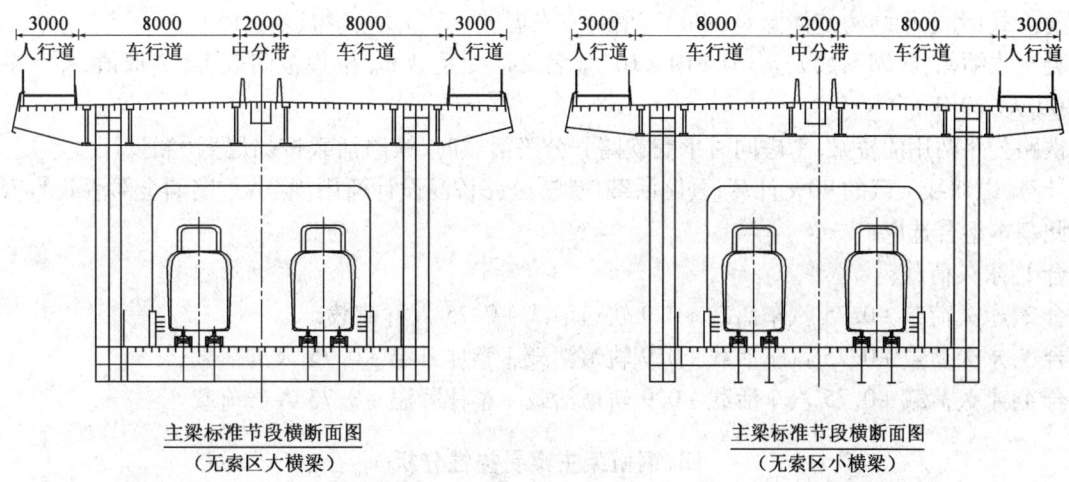

图 2 主梁横截面布置图

桥模型共有节点 487 个,单元 969 个。

1)材料

主塔:C50 混凝土。轴心标准抗压强度 $R_a = 32.4$ MPa,轴心标准抗拉强度 $R_l = 2.65$ MPa,弹模 $E = 3.45 \times 10^4$ MPa。

钢桁梁:Q345qD 钢、Q420qD 钢。钢材弹模 $E = 2.1 \times 10^5$ MPa,剪切模量 8.08×10^4 MPa,泊松比 0.3,线膨胀系数 $1.2 \times 10^{-5}/℃$,容重为 78.5 kN/m³。

斜拉索:采用镀锌 $\phi 15.2$ 钢绞线,标准强度 1860 MPa、弹模 $E = 2.00 \times 10^5$ MPa。

2)模型单元

主塔单元的选取:主塔及其横梁在模型中采用梁单元模拟,按照结构实际尺寸,模型建立时分为主塔实心段和主塔空心段及横梁。

斜拉索单元的选取:在整体计算中,斜拉索采用桁架单元模拟,即不考虑单元的抗弯刚度,仅考虑其轴向的拉伸刚度。

钢桁梁单元的选取:对于钢主梁的主要杆件包括上弦杆、下弦杆、腹杆,以及各部位的横撑、横梁则全部采用梁单元进行模拟。其截面特性按照结构实际尺寸定义在相应的截面上。

图 3 全桥静力分析模型

桥面板单元的模拟:为简化模型计算,将上桥面板以及轨道桥面板的重量分别均匀分布到中纵梁及轨道纵梁上,对于板单元的厚度考虑到 U 肋及板肋参与,实际受力采用等效刚度换算法,将板的重量换算成中纵梁及轨道纵梁的厚度,其几何中心位置均在桥梁中心线位置。

3)荷载及荷载组合

在对桥梁结构进行有限元分析时,考虑了以下荷载的作用:

结构自重:混凝土容重按 25 kN/m³;钢结构自重 $\gamma = 78.5$ kN/m³。

二期恒载:主桥上层二期恒载每延米重 = 43.8 kN/m,下层整体式道床桥面以 $q = 78.1$ kN/m 控制设计。

汽车荷载:双向 4 车道布置(公路-Ⅰ级);车道均布荷载标准值 $q_k = 10.5$ kN/m;集中荷载标准值 $P_k = 360$ kN。计算剪力效应时,集中荷载标准值 $P_k = 1.2 \times 360 = 432$ kN。$L_0 > 150$ m 时考虑汽车荷载的纵向折减系数,本文桥梁纵向折减系数为 0.96。

轨道车辆设计荷载:六辆标准车编组总长 112.4 m,轴重 140 kN。

人群荷载:标准值取 $1.15 \times 2.5 = 2.875$ kN/m²,每侧人行道宽 3 m。

冲击系数:$1 + \mu = 1.0454$,计算疲劳时,$1 + \mu_f = 1.0371$。

温度荷载：考虑钢结构整体温差±30℃，塔身左右温差±5℃，塔、索温差±15℃。

混凝土收缩徐：收缩系数$\varepsilon_{cs0}=0.310\times10^{-3}$，名义徐变系数$\phi_0$按规范附表F2.2取值，徐变龄期计算至7300天（20年）。

对铁路公路两用的桥梁，考虑同时承受铁路和公路活载时，铁路活载按《铁路桥涵设计基本规范》有关规定计算，以双线活载的90%计算，公路活载应按《公路桥涵设计通用规范》规定的全部活载的75%计算。因此基本组合选取：

组合1：永久荷载；

组合2：永久荷载+0.75汽车活载+0.9轨道活载+0.75人群荷载；

组合3：永久荷载+0.75汽车活载+0.9轨道活载+整体升温+0.75人群荷载；

组合4：永久荷载+0.75汽车活载+0.9轨道活载+整体降温+0.75人群荷载。

四、钢桁架主梁易损性分析

此处主要从材料强度方面考虑，主梁各杆件在最不利荷载工况作用下的组合应力图如图4所示。

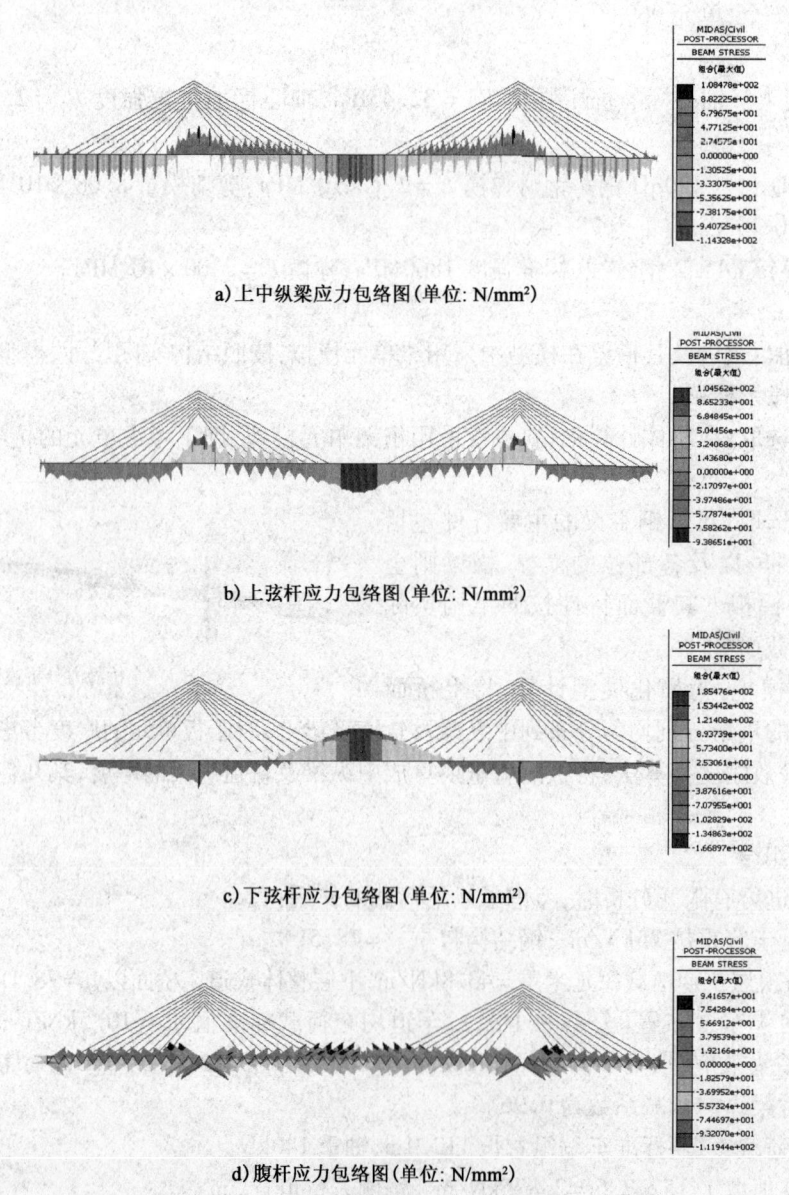

a) 上中纵梁应力包络图（单位：N/mm²）

b) 上弦杆应力包络图（单位：N/mm²）

c) 下弦杆应力包络图（单位：N/mm²）

d) 腹杆应力包络图（单位：N/mm²）

图4 最不利荷载工况作用下主桁应力图

将以上分析结果统计于表2,分别得出主桁杆件在四种荷载工况下的最大拉应力与最大压应力值(正值为拉,负值为压)。

各工况下主桁构件应力最大最小值(MPa) 表2

工况杆件	荷载工况				最小应力储备(%)	应力幅
	Ⅰ	Ⅱ	Ⅲ	Ⅳ		
上中纵梁	51.23	78.05	49.81	108.47	45.76	58.66
	-97.6003	-133.74	-153.23	-114.32	23.38	
上弦杆	47.50	70.33	88.54	104.56	53.32	57.06
	-84.804	-109.84	-125.82	-93.86	37.09	
下弦杆	133.97	149.28	173.09	185.47	7.26	51.5
	-135.204	-178.02	-189.15	-166.89	14.02	
斜腹杆	61.90	82.50	75.80	94.16	52.92	32.26
	-69.208	-101.47	-90.98	-111.94	50.24	

从应力图上可知上中纵梁的最大组合拉应力在跨中节段,其值为108.47MPa(此处杆件材料为Q345q,板厚32cm,安全储备为45.76%),最大组合压应力为-153.23MPa,在跨中截面处上水平板(此处杆件材料为Q345q,板厚32cm,安全储备为23.38%)。

上弦杆的最大组合拉应力在塔梁连接处节段上水平板,其值为104.56MPa(此处杆件材料为Q420q,板厚50cm,安全储备为53.52%),最大组合压应力为-125.82MPa,在跨中截面处上水平板(此处杆件材料为Q345q,板厚24cm,安全储备为37.09%)。

下弦杆最大组合拉应力为185.47MPa,在跨中截面处下水平板(此处杆件材料为Q345q,板厚24cm,安全储备为7.26%),最大组合压应力为-189.15MPa,在塔梁固结处节段下水平板(此处杆件材料为Q420q,板厚60cm,安全储备为14.02%)。

斜腹杆最大组合拉应力为94.16MPa,最大组合压应力为-111.94MPa,分别为桥塔处对称于索塔中心线的两对斜腹杆,其拉杆对应材料为Q345q,板厚30cm,安全储备为52.92%,其压杆对应材料为Q420q,板厚36cm,安全储备为50.24%。

根据以上结果可以得出上中纵梁、上下弦杆和斜腹杆受拉杆件的应力幅值分别为58.66MPa、57.06MPa、51.5MPa、32.26MPa。

由以上分析结果可以看出,主梁各杆件的应力幅值相对于规范《铁路桥梁钢结构设计规范》(TB 10002.2—2005)规定的容许应力幅值60.2MPa均满足规范要求,因此此处可不考虑主梁的疲劳破坏。

由表2可以得出应力储备较小的为下弦杆跨中节段和塔梁固结处节段,故应将其作为主梁的易损构件重点分析考虑。

五、斜拉索易损性分析

1. 疲劳分析

由易损性评价依据可知找寻斜拉索的易损部位,可以通过数值模型计算在最不利荷载工况下斜拉索的应力幅和索力变幅值(其值是相对斜拉索在成桥状态下的初始应力而言),其中应力幅或索力变幅值最大的拉索为易损拉索。

$$应力幅 = 荷载组合下最大应力 - 初始状态应力$$

$$索力变幅 = \frac{荷载组合下的最大应力 - 初始状态应力}{初始状态下应力} \times 100\%$$

桥梁斜拉索编号如图5所示,斜拉索的成桥索力及最不利荷载组合下的索力值以及应力值如表3所示。

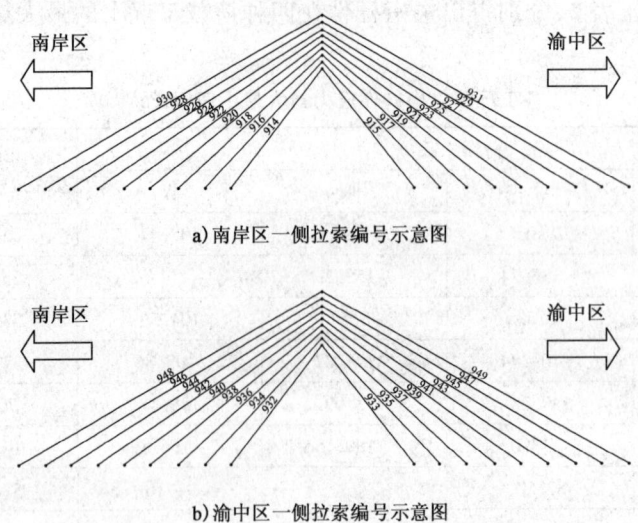

a) 南岸区一侧拉索编号示意图

b) 渝中区一侧拉索编号示意图

图5 斜拉索编号示意图

在最不利荷载组合下,斜拉索的应力幅值图如图6所示,拉索索力的变幅图如图7所示。

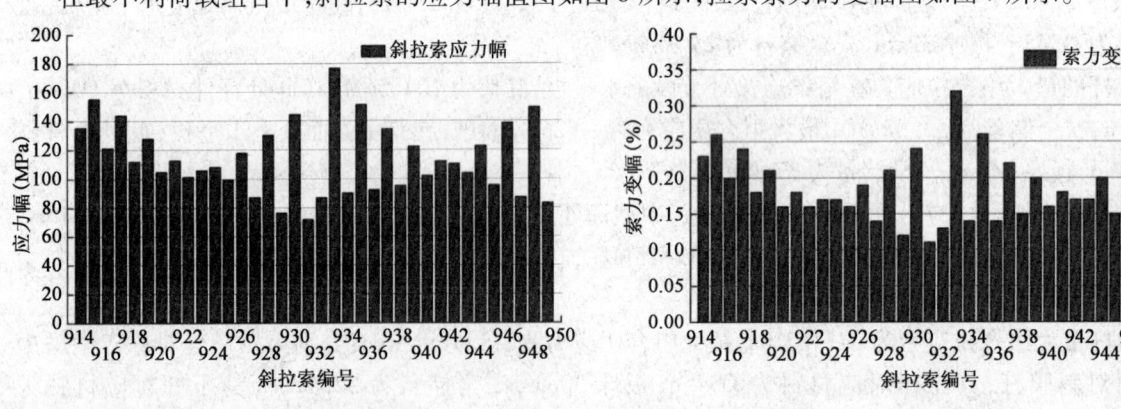

图6 斜拉索应力幅值图　　　　　　　　图7 斜拉索索力变幅图

图6、图7显示:南岸区边跨斜拉索914号、928号、930号,中跨斜拉索915号、917号、919号、946号、948号,渝中区933号、935号、937号的应力幅值和索力变幅均较大,应力幅超过了125MPa,索力变幅超过了20%。综合这两种因素的影响,将最容易发生损伤的斜拉索列于表3所示,易损拉索的位置示意图如图8所示。

易损斜拉索列表　　　　　　　　　　　　　　　　表3

斜拉索号	单元号	最不利组合最大应力(MPa)	应力幅值(MPa)	索力变幅(%)
NB1	914	734.23	135.56	22.64
NB8	928	747.46	130.23	21.10
NB9	930	745.15	144.36	24.03
NZ1	915	743.75	155.23	26.38
NZ2	917	744.01	143.94	23.99
NZ3	919	739.95	127.89	20.89
YZ8	946	750.47	138.77	22.69
YZ9	948	750.48	149.56	24.89
YB1	933	734.95	176.84	31.69
YB2	935	732.76	151.37	26.04
YB3	937	734.66	134.42	22.39

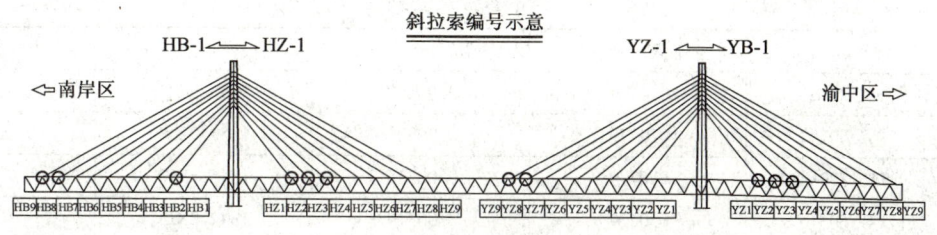

图 8 易损拉索位置示意图

2. 拉索振动分析

由斜拉索易损性评价依据可知,参数共振是桥梁结构的一种固有特性,当斜拉索的固有频率刚好等于主梁其中某阶模态频率的 1/2 时,拉索即会出现参数共振现象,这时斜拉桥的小幅度振动也会引起斜拉索大幅振动。

利用 midas civil 有限元软件的特征值分析模块计算桥梁结构模态频率。

计算结果取可能诱发斜拉索发生参数振动和主共振的前二十阶模态。计算模态频率及特征描述如表 4 所示。

全桥频率与振型特征分析   表 4

阶 次	周期（s）	频率（Hz）	振型特征描述
1	1.4104	0.7090	主梁 1 阶对称横向弯曲
2	1.0117	0.9885	主梁 1 阶对称竖向弯曲
3	0.6069	1.6478	主梁 1 阶反对称竖向弯曲
4	0.5598	1.7863	主梁 1 阶反对称横向弯曲
5	0.5180	1.9306	主梁 2 阶反对称竖向弯曲
6	0.4372	2.2872	主梁 1 阶反对称横向弯曲
7	0.4283	2.3348	主梁 3 阶反对称竖向弯曲
8	0.4105	2.4360	主梁边跨横向弯曲
9	0.3497	2.8599	主梁 1 阶边跨竖向弯曲
10	0.3365	2.9717	主梁 1 阶中跨扭转
11	0.2863	3.4934	主梁 2 阶对称竖向弯曲
12	0.2683	3.7274	主梁 2 阶中跨扭转
13	0.2244	4.4554	主梁 4 阶反对称竖向弯曲
14	0.2164	4.6221	主梁 3 阶对称竖向弯曲
15	0.2066	4.8404	主梁 1 阶扭转
16	0.2064	4.8457	主梁 1 阶边跨扭转
17	0.1922	5.2028	主梁 2 阶边跨竖向弯曲
18	0.1898	5.2685	主梁 2 阶扭转
19	0.1787	5.5964	主梁 3 阶边跨竖向弯曲
20	0.1763	5.6737	主梁 3 阶扭转

斜拉索的非线性特性以及外荷载作用导致的拉索端部运动会使斜拉索的内力发生变化。当外部因素激励的频率与拉索的固有频率相等时,即 ($\omega_2 = \omega_1$),斜拉索将会出现强迫振动下的主共振现象;参数激励的频率等于拉索的 2 倍固有频率时,即 ($\omega_2 = 2\omega_1$),斜拉索将会出现参数共振现象。

利用有限元软件 ANSYS 建立桥梁单根斜拉索的模型,计算得到拉索的固有频率,与主桥的基频对照,找出可能出现参数共振或主共振的斜拉索,表 5 为各斜拉索的参数及基频值。

斜拉索的参数及基频值　　　　　　　　　　　表5

拉索编号	拉索长度(m)	面积(m²)	初应变	单位长度重量(kN/m)	固有频率
NB1	89.103	0.0779	0.00299	1855.5627	2.7810
NB2	102.507	0.0779	0.00308	1850.2268	2.4572
NB3	116.809	0.0779	0.00315	1845.8860	2.1806
NB4	131.695	0.0779	0.00319	1842.3873	1.9504
NB5	146.904	0.0779	0.00322	1839.5231	1.7569
NB6	162.429	0.0779	0.00319	1837.1639	1.5830
NB7	178.151	0.0779	0.00315	1835.1892	1.4344
NB8	193.871	0.0779	0.00309	1833.5445	1.3056
NB9	209.856	0.0779	0.00300	1832.1130	1.1904
NZ1	89.086	0.0779	0.00294	1855.5553	2.7576
NZ2	102.484	0.0779	0.00300	1850.2449	2.4241
NZ3	116.781	0.0779	0.00306	1845.8953	2.1511
NZ4	131.662	0.0779	0.00311	1842.3828	1.9256
NZ5	146.864	0.0779	0.00314	1839.5379	1.7366
NZ6	162.383	0.0779	0.00317	1837.1720	1.5780
NZ7	178.098	0.0779	0.00321	1835.2025	1.4499
NZ8	193.813	0.0779	0.00325	1833.5463	1.3411
NZ9	209.790	0.0779	0.00327	1832.1250	1.2423
YZ1	88.999	0.0779	0.00326	1855.6085	2.9049
YZ2	102.406	0.0779	0.00327	1850.2549	2.5318
YZ3	116.708	0.0779	0.00328	1845.9266	2.2272
YZ4	131.595	0.0779	0.00327	1842.4028	1.9748
YZ5	146.802	0.0779	0.00324	1839.5471	1.7636
YZ6	162.324	0.0779	0.00320	1837.1855	1.5862
YZ7	178.042	0.0779	0.00314	1835.2108	1.4328
YZ8	193.759	0.0779	0.00306	1833.5504	1.3005
YZ9	209.740	0.0779	0.00300	1832.1293	1.1912
YB1	89.633	0.0779	0.00279	1855.3200	2.7323
YB2	103.216	0.0779	0.00291	1849.9777	2.4324
YB3	117.683	0.0779	0.00300	1845.6693	2.1745
YB4	132.715	0.0779	0.00306	1842.1738	1.9502
YB5	148.055	0.0779	0.00310	1839.3340	1.7623
YB6	163.699	0.0779	0.00313	1836.9935	1.6040
YB7	179.532	0.0779	0.00316	1835.0333	1.4703
YB8	195.356	0.0779	0.00319	1833.3990	1.3562
YB9	211.441	0.0779	0.00319	1831.9872	1.2534

由表5可以得到如下结论：拉索NZ4号可能出现主共振；拉索NB5号、NB7号、NZ5号、YZ3号、YZ7号可能会出现参数共振；拉索NZ2号、YB2号可能出现参数共振也有可能出现主共振。在外界一定条件的激励下，共振一旦发生，这些拉索将会产生很大的振幅，对整个桥梁结构的安全也会造成严重影响。

六、结　语

(1)结构易损性分析作为运营期桥梁风险评估的准备工作,需结合运营期典型风险场景,考虑结构的离散性因素,分别从力学特性和特定风险场景两个方面找到结构易损性大的构件或者部位。本文旨在阐述一种评价此类桥梁结构易损性的方法。

(2)文中开展了单索面双桁片主梁斜拉桥运营期构件易损性分析,从力学特性方面找寻出了结构易损性大的构件或者部位,为桥梁结构的运营风险评估、状态监测对象(部位)及管理提供了依据。

参考文献

[1] H. Hwang,刘晶波.地震作用下钢筋混凝土桥梁结构易损性分析[J].土木工程学报,2004,37(6):47-51.
[2] 熊涛,张育智.泸州泰安大桥主梁易损性分析[J].四川建筑,2009,第29卷第5期.
[3] (TB 10002.2—2005)铁路桥梁钢结构设计规范[S]北京:人民交通出版社,2005.
[4] 中华人民共和国行业标准.GB 50017—20036.13.钢结构设计规范[S].北京:人民交通出版社,2003.
[5] 童乐为.桥面板纵肋现场对焊接头的疲劳性能[J].同济大学学报,1998,Vol26.130-133.
[6] 陈水生.大跨度斜拉桥拉索的振动及被动、半主动控制[D]:[博士学位论文],浙江:浙江大学.2002.
[7] 中华人民共和国行业标准.JTG\T D65-01—2007.公路斜拉桥设计细则,北京:人民交通出版社,2007.
[8] 党志杰.斜拉索的疲劳抗力[J].桥梁建设.1999,4(3):18-21.
[9] 杨素哲,陈艾荣.超长斜拉索的参数振动[J].同济大学学报,2005,33卷第10期.

111. 鄂东长江公路大桥索塔钢锚箱受力计算

魏奇芬[1]　叶文海[2]　张晓明[1]

(1.湖北省交通规划设计院;2.湖北省交通职业技术学院)

摘　要　索塔锚固区承受拉索的巨大集中力,构造复杂,锚固区各构件处于复杂的应力状态,是特大桥设计中的重点和难点之一。鄂东长江公路大桥主跨926m,索塔锚固区采用钢锚箱结构。钢—混凝土组合索塔在一定程度上利用了钢和混凝土各自的材料特性,提高了索塔的整体安全性能。根据有限元计算模型及结果,进一步分析了钢锚箱的力学特性,并通过增加横向预应力对锚固区的结构进行了优化,为特大桥设计及施工的提供有益的参考。

关键词　斜拉桥　索塔　钢锚箱　有限元

一、工程概况

鄂东长江公路大桥主桥采用桥跨布置为(3×67.5 +72.5 +926 +72.5 +3×67.5)m 的九跨连续半漂浮双塔混合梁斜拉桥,边跨设置3个辅助墩和一个过渡墩,主桥长1476m,其桥型布置见图1。

索塔拉索锚固区是斜拉桥中的关键部位,拉索的局部集中力将通过这一部位安全、均匀地传递到塔柱中。由于拉索的局部强大集中力、预应力筋的锚固力以及孔洞削弱等因素影响使该区域受力状态十分复杂。

鄂东桥项目组在设计阶技术设计阶段和施工图阶段项目组对主桥的索塔锚固区及构造形式作了多项研究,并取得了阶段性的成果。结合国内外权威机构(日本长大株式会社、武汉桥研院、中铁大桥勘测设计院等)的咨询、审查、相关专题及试验研究,索塔锚固区最终确定为内置式钢锚箱 + 部分横向预应力的结构形式。

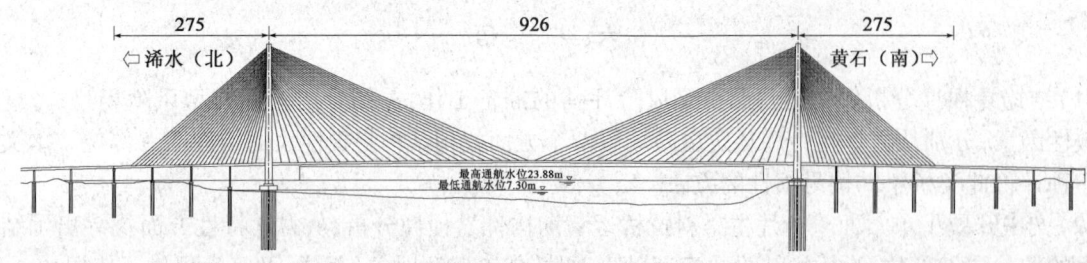

图 1 桥型布置图（尺寸单位:m）

二、钢锚箱的发展及受力特性

早期的钢锚箱结构较为简单,斜拉索锚于顺桥向两块垂直钢板之间,穿过一对焊在垂直钢板上的具有拉索纵向斜度的横向斜板(也称为腹板、百叶板)。钢箱用某种简便的连接与混凝土塔的两侧结合在一起。索力的水平分力通过垂直钢板由主孔传递到后拉索,而索力的垂直分力则通过连接件传送到混凝土。索塔塔壁为混凝土,索塔锚固区采用钢结构,这种具有1个或2个垂直索面的组合体系对桥梁来说是传统的,如比利时的邦纳安(Ben Ahin)桥和旺德尔(Wandre)桥、希腊的埃夫里波斯(Evri—pos)桥和法国的沙隆(Chalon)桥。

20世纪90年代以来,日本、欧洲、中国(包括香港)等地相继建成许多大跨度斜拉桥。钢锚箱这种结构形式由于其受力方式明确、锚固点定位准确、施工方便等优点已在多座大跨度斜拉桥中得到应用。对于混凝土索塔,主要有内置式和外露式两种钢锚箱形式,以苏通大桥和诺曼底(Normandie)桥为代表。对于钢索塔,钢锚箱与钢塔壁等钢构件成一整体,以南京三桥和多多罗(Tatara)桥为代表。

内置式钢锚箱设置在混凝土塔柱的内部,在索塔的外侧不能看到钢锚箱。钢锚箱为箱形结构(见图2),由侧板、腹板、锚板、锚垫板、横隔板、加劲板、端板等构件组成。索力通过腹板传递至端板上,腹板两侧焊有加劲板;侧板间设置开有人孔的横隔板,可作为张拉斜拉索的施工平台。

内置式钢锚箱的传力途径:斜拉索的拉力→锚垫板→拉板。拉板承担大部分斜拉索拉力在顺桥方向的分力,其余索力沿索塔高度方向的分力传给混凝土索塔,由混凝土承担。钢锚箱承受了较大的拉力,混凝土承受了较大的压力和较少的拉力,充分发挥了钢材抗拉强度高和混凝土能承受较大压应力的优点,克服了钢材承受较大压应力容易失稳和混凝土承受较大拉应力容易开裂的缺点。

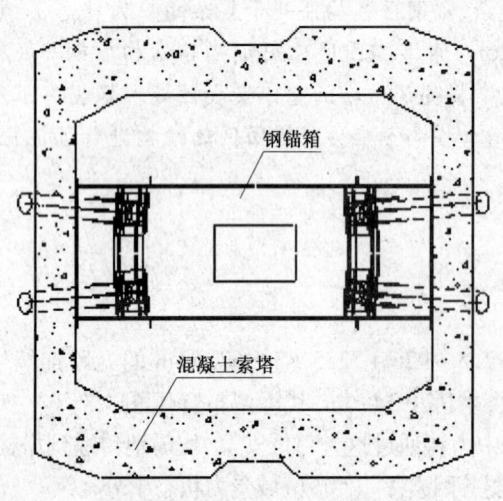

图2 苏通大桥钢锚箱平面布置示意图

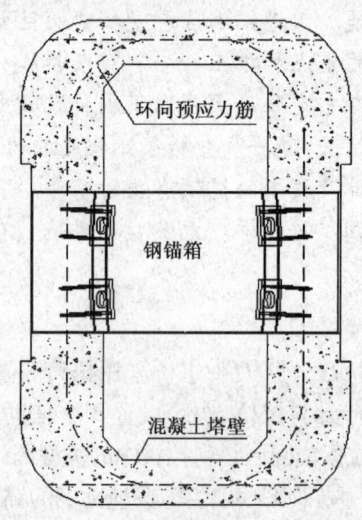

图3 杭州湾跨海大桥钢锚箱平面布置示意图

三、钢锚箱计算内容及方法综述

对于斜拉桥索塔锚固区的分析,通常是先对全桥结构作杆系有限元分析,得出索塔断面的组合内力,并按规范进行荷载组合验算后,再取适当的局部区段进行三维实体有限元分析或进行足尺模型试验。

笔者归纳了目前钢锚箱计算的主要内容:

(1)多节段索塔锚固区传力机理分析。
(2)对钢—混锚固形式的剪力键受力性能分析。
(3)预应力钢筋作用分析(含预应力损失对索塔结构影响分析)。
(4)拉索水平力和竖向力的传力机理和分配比例分析研究。
(5)索塔锚固区构造各参数影响分析。
(6)材料收缩、徐变对结构的影响分析。
(7)锚固区安全、可靠及耐久性能研究。

在计算方法上,冯凌云等人提出了索塔锚固区三种计算方法:

(1)平面框架的简化计算模型,可以手工计算得到混凝土塔壁在水平方向的应力。
(2)单位高度的简化实体模型,忽略钢锚箱刚度对结果的影响,得到单节段的内力值。
(3)n 节段实体模型,一般 n 取 8,可以保证计算结果的精度和可靠性。

多节段索塔锚固区仿真分析是进行锚固区研究的主要手段之一,特大桥梁理论计算研究都需要建立多节段有限元模型。

在钢锚箱类型的比较上,苏庆田等人对两种常用的混凝土索塔钢锚箱锚固区结构形式进行了介绍和计算分析,指出内置式和外露式钢锚箱主要区别在于:内置式钢锚箱的剪力钉主要传递索塔和钢锚箱间沿索塔高度方向的剪力,与钢锚箱相连的混凝土索塔内部直接承受钢锚箱传来的斜拉索部分水平分力,而外露式钢锚箱的剪力钉既要传递索塔和钢锚箱之间沿索塔高度方向的剪力,又要传递索塔和钢锚箱之间沿顺桥方向的剪力。郑舟军对内置式钢锚箱圆形和矩形索塔锚固区的结构受力性能进行对比分析,结果表明矩形索塔略优于圆形索塔。

在钢—混组合结构简化分析上,华新通过对斜拉桥索塔的拉索锚固区混凝土塔壁和钢锚箱抗拉刚度的分析,推导了各构件拉力分配公式,可以分析出拉索水平分力在混凝土塔壁与钢锚箱的分配比例,为及时修改锚固区结构方案提供参考。杨允表引入了连续化的分析方法推导了体现组合结构竖向受力特性的基本微分方程,利用有限元方法的基本理论得到单元刚度矩阵与荷载矩阵。通过工程实例将简化有限元方法与三维空间有限元进行比较,计算结果除在边界上有些差别外,总体上非常接近,能够真实反映钢—混凝土索塔锚固区组合结构的力学性能。郑舟军根据变形协调关系对斜拉索竖向力和水平力在索塔锚固区上的分配,得出对于内置钢锚箱索塔锚固区,钢锚箱承担的斜拉索水平分力约为 70%,混凝土塔壁承担的水平分力约为 30% 的结论。

在钢混结构剪力连接件的研究上,周青等人在考虑剪力钉剪切柔度的基础上对钢锚箱竖向应力分布及剪力钉竖向受力进行了分析,并用简化方法对剪力钉横向水平受力进行了分析。余锋等人从剪力连接件的受力机理及索力在混凝土塔壁和钢锚箱之间的分配关系两个方面,对内置式钢锚箱索塔的锚固区受力性能进行了阐述。

四、钢锚箱计算分析

限于篇幅,钢锚箱计算的主要内容为内置式和外露式钢锚箱三节段受力特性分析。

1. 有限元模型

采用 Ansys 程序建立空间实体有限元模型进行计算,计算时假定:

(1)所有材料为理想弹性。
(2)混凝土与钢锚箱之间的连接可靠,能够保证两者共同工作。

索塔混凝土采用 SOLID65 单元,钢锚箱采用 SHELL63 单元,预应力筋采用 LINK10 单元。模型模拟了实际的斜拉索锚固区形状,不考虑普通钢筋的作用。由于最上面一对拉索塔壁混凝土受上部无拉索段的混凝土约束作用明显,因此取第二对拉索节段进行分析。考虑到底部约束的影响,三节段建模,取中间节段进行分析。钢板与混凝土塔壁的连接采用节点共用,通过节点耦合的方式达到钢锚箱和混凝土作为组合构件共同受力的效果。有限元模型的整体坐标系以顺桥向为 X 轴,竖向为 Y 轴,横桥向为 Z 轴。计算为线弹性分析。

内置式钢锚箱仅考虑斜拉索单独作用时的顶推力(两侧索力分别为5700kN 和5000kN);外露式钢锚箱考虑了顶推力和环向预应力筋的共同作用,模型见图4、图5,颜色较深的为钢锚箱。

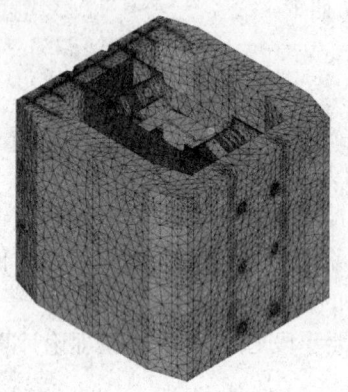 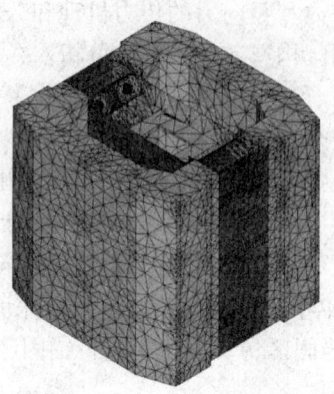

图4 内置式钢锚箱模型三维视图　　　　图5 外露式钢锚箱模型三维视图

2. 计算结果

主要计算结论如下:

(1)混凝土塔壁会产生应力集中(见图6),主要出现在预应力筋锚固点,斜套筒孔口及混凝土塔壁转角处,混凝土最大拉应力小于4MPa。参考英国规范 CP110,控制局部混凝土裂缝宽度不超过0.1mm,即名义主拉应力峰值按照4.8MPa控制,混凝土结构是满足要求的。

(2)预应力筋作用下的混凝土塔壁受力均匀(见图7)。混凝土塔壁内侧转角处、环向预应力筋交汇处及横桥向塔壁上、下角落处有明显拉应力。与钢锚箱相接触的混凝土部分要承受钢锚箱传递的部分水平力和体外预应力筋的预压力,横桥向塔壁角落处的拉应力最为明显。排除环向预应力筋交汇处和横桥向塔壁角落处的应力集中,混凝土塔壁的主拉应力在2MPa以内,主压应力为2.12MPa,整体受力均匀。

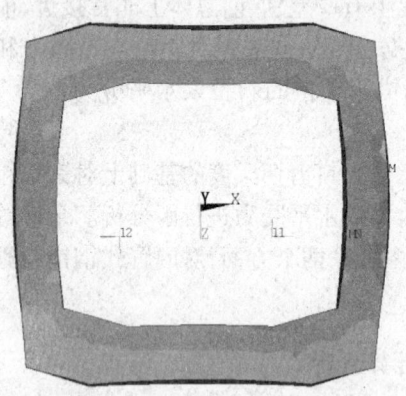 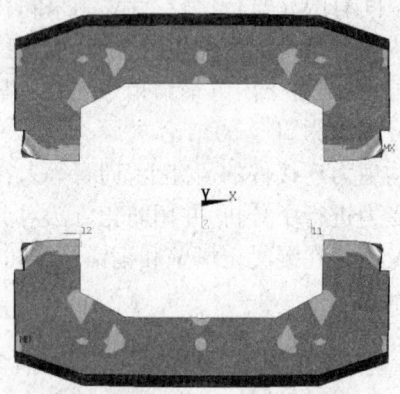

图6 塔壁受力平面视图(内置式)　　　　图7 方塔壁受力平面视图(外露式)

(3)内置式钢锚箱最大主拉应力出现在锚板与侧面拉板连接的焊缝处,计算值最大约有108.17MPa,整个钢锚箱 SEQVmax = 103.38MPa;外露式钢锚箱应力最大处计算值最大约有178.66MPa,整个钢锚箱 SEQVmax = 174.82MPa,均满足规范要求。

外露式钢锚箱所需钢板材料的工程数量、焊接工艺的难度及防腐工艺要比内置式钢锚箱有所增加。通过综合比较,鄂东桥确定采用内置式钢锚箱。钢锚箱分26节,宽2.4m,高2.5~3.6m。索塔锚固区第一节钢锚箱底面支撑锚固在混凝土底座上,底面高程177.60m,最上一节钢锚箱顶面高程250.50m,钢锚箱总高72.9m,钢锚箱节段之间采用高强螺栓连接。钢锚箱与索塔混凝土壁之间的连接构件采用剪力钉,剪力钉为直径 22mm 的圆柱头焊钉,长 200mm,水平间距 200mm 和 100mm,竖向间距 150mm。

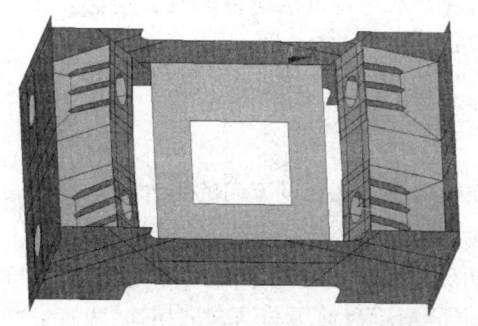

图8　钢锚箱模型三维视图

图9　鄂东桥钢锚箱照片

根据有限元计算结果、咨询意见及索塔锚固区足尺试验的相关数据,对鄂东桥锚固区结构进行了如下优化:

(1)在索塔锚固区横桥向增设了横向预应力筋,控制了混凝土塔壁在成桥状态的裂缝。

(2)由于应力集中部位容易出现裂缝,甚至出现局部混凝土压碎的情况。设计中在这些部位进行补强,如加钢片,塔壁转角处合理布筋等。

鄂东长江公路大桥 2006 年开工,2010 年建成通车,2014 年 1 月通过竣工验收,目前运营良好。

参考文献

[1] 周孟波.斜拉桥手册[M].北京:人民交通出版社,2004.
[2] 湖北省交通规划设计院.鄂东长江公路大桥技术设计之索塔锚固区构造研究报告[R].2007.
[3] 魏奇芬,叶文海,范史文,等.混凝土斜拉桥索塔锚固区理论与设计的研究进展综述[J].现代交通技术,2010(6):45-48.
[4] 苏庆田,曾明根.斜拉桥混凝土索塔钢锚箱受力计算[J].结构工程师,2005,21(6):27,29-32.
[5] 郑舟军,童智洋.内置式钢锚箱索塔锚固区受力与参数分析[J].桥梁建设,2009,增刊(2):61-66.
[6] 冯凌云,苏庆田,吴冲.大跨度斜拉桥混凝土索塔钢锚箱的计算模型研究[J].现代交通技术,2005(4):26-29.
[7] 华新.斜拉桥索塔钢锚箱与塔壁混凝土拉力分配简化分析[J].现代交通技术,2006(3):26-29.
[8] 杨允表,吕忠达.大跨度斜拉桥索塔锚固区钢—混凝土结构竖向受力机理的有限元法[J].工程力学,2008,25(12):153-161.
[9] 郑舟军,田晓彬,余俊林,等.内置式钢锚箱索塔锚固区受力机理分析[J].中国公路学报.2010(5):84-89.
[10] 周青,戴捷.钢锚箱竖向应力分布及剪力钉受力分析[J].现代交通技术,2006(2):37-39,62.
[11] 余锋,姚清涛,游新鹏.斜拉桥索塔锚固区受力性能数值模拟及分析[J].中外公路,2011(2):103-107.

112. 混合梁斜拉桥混凝土梁过渡段抗裂性分析

陈聪[1]　刘玉擎[1]　刘荣[2]　孙璇[3]

(1.同济大学桥梁工程系;2.河海大学土木与交通学院;
3.湖南省交通规划勘察设计院)

摘　要　为研究混合梁混凝土加强过渡段开裂机理,探究提高混凝土抗裂性的加强过渡段构造,通过建立混合梁三维实体—板壳有限元模型,研究过渡段混凝土结构内力作用下易开裂位置和拉应力产生原因,并通过改变过渡段构造尺寸,研究其对过渡段混凝土抗裂性能的影响。结果表明:过渡段混凝土由于体积变形受约束导致其横梁和纵腹板容易开裂，减小横梁厚度、在纵腹板处增加竖向预应力能有效减小其拉应力，增加过渡段桥面板厚度能够改善纵腹板的受拉状态并有利于桥面板长期抗裂性。

关键词 混合梁 混凝土梁过渡段 抗裂性 有限元法

一、引 言

混合梁是钢梁与混凝土梁通过连接件、承压板及预应力筋等在长度方向的组合[1]。混合梁由于能较好地发挥两种材料各自的优势，改善了体系的受力性能，具有较强的经济性而得到广泛的应用[2]。目前混合梁这种结构形式不仅在斜拉桥主梁中得到较多的应用，还逐渐运用于斜拉桥混合塔、拱桥混合拱肋及连续梁、连续刚构桥、悬索桥的主梁中[3]。混合梁中混凝土梁过渡段与结合部相连，两侧主梁刚度变化大，其变形受结合部约束，部分已建桥梁过渡段混凝土出现裂缝，其抗裂性成为影响结合段耐久性的显著因素。以往的研究主要从混凝土材料性能和施工工艺方面考虑过渡段混凝土的抗裂性能，较少从受力机理和构造角度研究混凝土加强过渡的抗裂性能。

本文以某斜拉桥混合梁为工程实例，建立考虑钢—混凝土间相对滑移和接触的实体—板壳有限元计算模型，从受力角度研究过渡段混凝土易开裂位置和开裂机理，通过变化结构尺寸参数，研究有利于过渡段混凝土抗裂性的构造。

二、混凝土梁过渡段构造特点

在混合梁结合部与普通混凝土梁连接处，主梁材料和截面积均改变，为使混合梁与普通混凝土梁间传力平顺并变形平缓，避免产生应力集中和折角，一般在混合梁结合段中设置混凝土梁过渡段[4]。加强过渡段和结合部一般采用抗拉性能更好的纤维混凝土进行浇筑。混凝土梁过渡段由过渡段横梁、顶底板、纵腹板及预应力筋组成。加强过渡段横梁厚度在不同桥梁中差别较大，有的结合段甚至不设混凝土横梁，如桃夭门大桥。过渡段横梁一般伸入结合部内并与结合部混凝土连接成整体，荆岳大桥则将横梁全部设在过渡段中，钢—混凝土结合部与PC箱梁段采用预制拼装方式，通过在拼接面预留剪力块连接，以降低收缩、徐变作用下混凝土因拉应力过大而产生裂缝。为使结合部和普通混凝土梁间的刚度平稳过渡，在混凝土梁过渡段顶板、底板和腹板处设置斜率较小的长倒角。

图1、图2分别为某桥钢—混结合段纵剖面、横断面，钢混结合段总长8.15m，其中钢梁加劲过渡段4.15m，结合部2m，混凝土梁过渡段2m；梁高3.6m，箱梁中设置纵腹板，采用外形一致的单箱三室流线型箱梁。

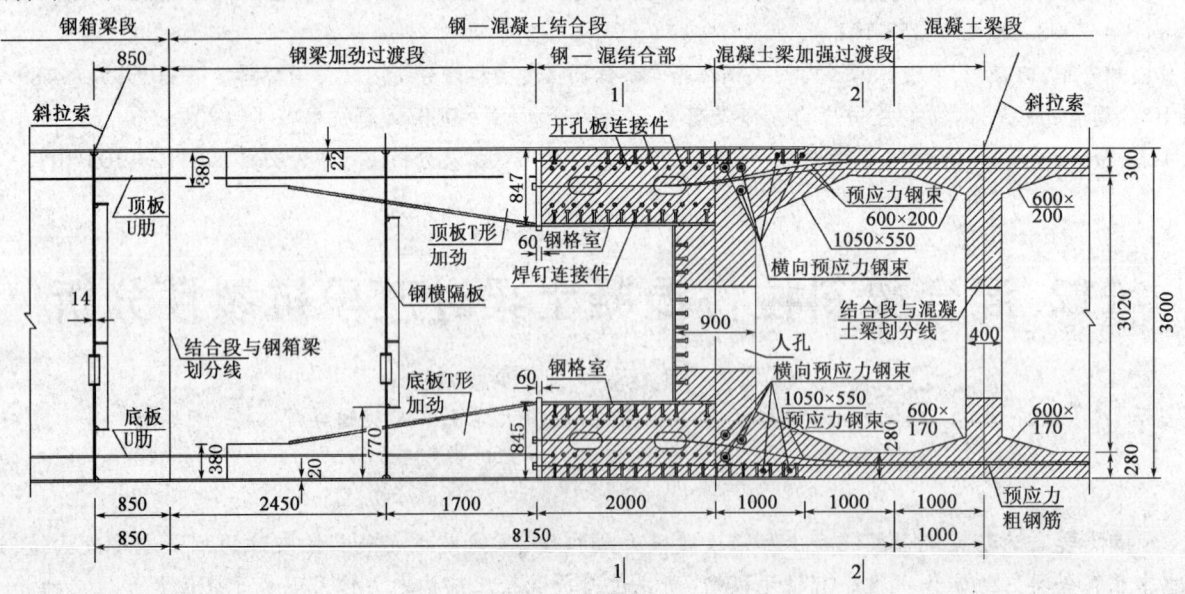

图1 钢—混结合段纵剖面图(尺寸单位：mm)

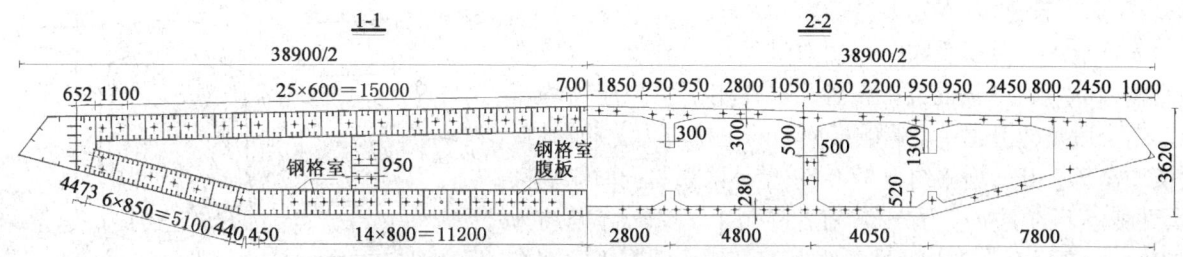

图 2 钢—混结合段混凝土梁横断面图(尺寸单位:mm)

该桥混凝土梁过渡段设置 0.9m 厚横梁,横梁延伸至结合部上下格室之间,并在横梁表面设置与钢格室相连的钢横梁,钢横梁上布置焊钉连接件与横梁相结合,使横梁处于多向约束状况,改善过渡段横梁的受力性能。结合部钢格室顶板伸入过渡段混凝土桥面板中并通过焊钉连接件连接。过渡段混凝土设计纵向、横向预应力筋。钢梁加劲过渡段采用 U 肋内插变高度 T 肋的构造形式对钢梁刚度进行过渡。结合部采用有格室后承压板式构造形式,在钢梁过渡段端部布置 60mm 厚的后承压板,并在结合部上下钢板间内插钢腹板形成钢格室。在格室顶底板上布置焊钉连接件,在格室腹板上开孔并贯穿钢筋与格室内混凝土形成开孔板连接件。

三、有限元模型建立

图 3 为结合段有限元计算模型。根据主梁结合段构造和受力的对称性,选取半幅主梁建立三维实体—板壳有限元模型。模型总长 29.8m,包含整个钢—混结合段及两侧主梁,以消除边界条件的影响。模型中钢板用壳单元模拟,混凝土用实体单元模拟,预应力钢筋用杆单元模拟,焊钉和开孔板连接件用三维弹簧元单元模拟,弹簧两端节点分别于钢板和混凝土单元耦合,其刚度通过连接件推出试验得到。钢与混凝土间设置接触单元,模拟钢与混凝土间接触传压和相对剥离,并忽略接触面间的摩阻力。

在模型边界条件中,约束混凝土梁端部截面节点各个方向自由度,约束主梁中纵对称面节点的横桥向对称面的自由度,来模拟过渡段混凝土实际的边界情况。在钢梁端部截面形心处建立节点并施加截面内力,加载节点与钢梁端部节点用刚域进行连接,截面内力主要考虑纵桥向轴力、纵桥向弯矩和竖桥向剪力,在索梁锚固处混凝土节点施加相应的斜拉索索力,并考虑节段梁的自重作用,荷载大小通过空间杆系整体模型计算得到。以恒载 + 活载最不利弯矩工况进行混凝土梁过渡段段的抗裂性研究,并同时考察温度、收缩作用的影响。升温作用考虑混凝土梁升温 27℃,钢梁升温 27℃;降温作用考虑混凝土梁降温 -28℃,钢梁降温 -37℃。根据《公路钢筋混凝土及预应力混凝土桥涵设计规范》(JTG D62—2004)的规定,计算混凝土从成桥后至成桥 10 年期间的收缩应变,采用降温模拟收缩效应,即混凝土降温 6.15℃。

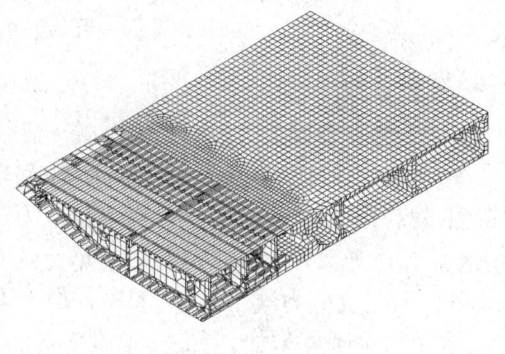

图 3 有限元模型

四、过渡段主拉应力分布及开裂机理

1. 主拉应力分布

图 4 给出了过渡段混凝土在恒载 + 活载工况下主拉应力分布。过渡段混凝土大部分范围拉应力较小,拉应力较大的区域主要集中在横梁钢梁侧上部、混凝土梁侧下部,及过渡段纵腹板顶部靠近桥面板位置;横梁上最大主拉应力约为 1.6MPa,纵腹板上最大主拉应力约为 1.7MPa。结合部混凝土受格室钢板

包裹,拉应力较小,基本处于多向受压状态。

表1给出了温度及收缩作用对过渡段混凝土主拉应力的影响,其中顶、底板混凝土在各工况作用下主拉应力均较小。结合段整体升温主要影响横梁上的主拉应力分布,其最大值增至2.2MPa,增幅约为37.5%;整体降温将同时影响横梁、纵腹板上的主拉应力分布,前者降至1.2MPa,降幅约为25.0%,后者增至2.1MPa,增幅约为23.5%。混凝土收缩作用主要影响横梁上的主拉应力分布,其最大值增至2.0MPa,增幅约为25.0%。

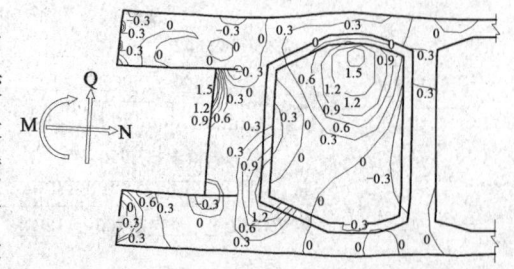

图4 混合梁主拉应力和受力变形(MPa)

不同工况下混凝土过渡段各部位最大主拉应力(MPa)　　　表1

工况	顶板	底板	横梁	纵腹板
恒载+活载	0.2	0.2	1.6	1.7
恒载+活载+升温	0.2	0.3	2.2	1.8
恒载+活载+降温	0.3	0.2	1.2	2.1
恒载+活载+收缩	0.3	0.3	2.0	1.6

2. 开裂机理

图4同时示出了过渡段混凝土在内力作用下的变形。弯矩和剪力的共同作用下,横梁钢梁侧的顶底板混凝土向上抬升,横梁混凝土梁侧的顶底板向下变形;另一方面,由于混凝土横梁的刚度较大,顶底板变形受到约束,顶板与横梁在钢梁侧的倒角、底板与横梁在混凝土梁侧的倒角均有扩大的趋势,使得这两个区域出现了较大的拉应力。

巨大轴力作用下,由于结合段主梁刚度突变,位于横梁混凝土梁侧的空腔顶底板有向外鼓出的趋势;弯矩同时作用时,主梁偏心受压,空腔顶板将会受到更大的轴力,加剧顶板的外鼓。设置的纵腹板能够约束桥面板的外鼓,也同时导致靠近桥面板位置的纵腹板产生了较大拉应力。

过渡段混凝土受温差引起热胀冷缩和收缩变形,产生的体积变形由于受到约束,其内部产生拉应力,横梁和纵腹板在温度和收缩作用下,其拉应力将进一步增大,因此需采取相应的构造措施提高结构抗裂性。

五、过渡段构造对抗裂性影响分析

1. 横梁厚度

图5为在横梁受力最不利的恒载+活载+升温工况下,不同厚度横梁沿截面厚度方向最大主拉应力分布,横梁主拉应力在横梁两侧较大,中间较小。在横梁右侧,随着横梁厚度增加,该侧横梁拉应力逐渐增大。将该侧将横梁厚度增加0.3m,拉应力增大约0.3MPa,厚度减小0.3m,拉应力减小约0.3MPa。增大混凝土横梁厚度,导致横梁刚度增加,使横梁难以变形协调,增大了横梁拉应力,同时过厚横梁增大了大体积混凝土的现场浇筑难度,容易因浇筑温差和干缩等导致混凝土拉应力进一步增大。因此在减小横梁厚度不太影响过渡段受力的情况下,横梁厚度不宜太厚,以降低横梁表面拉应力,提高过渡段抗裂性。

图6横梁最大拉应力纵向分布在恒载+活载工况下为不同横梁厚度顶板剪力滞系数分布,将0.9m设计横梁

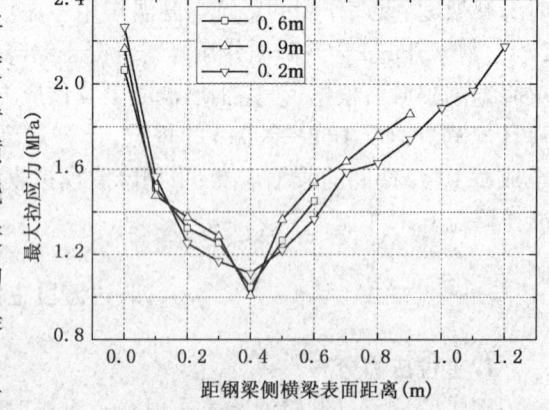

图5 横梁最大拉应力纵向分布

厚度增加或减少0.3m,过渡段混凝土顶板剪力滞系数分布影响较小,剪力滞系数均在0.8~1.2范围内,

靠近纵腹板位置处顶板剪力滞系数剪力最大。一般横梁设置能加强主梁翼缘的刚度,使横截面正应力分布均匀,避免剪滞效应造成桥面板局部压应力过大。过渡段混凝土顶板厚度和刚度较大,横梁对箱梁的正应力分配作用有限,设置过厚的横梁对改善剪力滞效应,改善过渡段受力不明显。

2. 预应力筋布置

图7为在纵腹板受力最不利的恒载+活载+降温工况下,有无竖向预应力筋加强过渡段纵腹板主拉应力沿梁高方向分布,实桥纵腹板沿梁高方向,主拉应力逐渐增大,在靠近桥面顶板位置,主拉应力最大达到约2.1MPa,在过渡段箱梁纵腹板处增加两列竖向纵向间距50cm,直径为32mm,屈服强度为1080MPa的精轧螺纹钢,此时纵腹板拉应力减小至0MPa左右,拉应力基本消失。在过渡段纵腹板增加竖向预应力,降低了腹板的主拉应力,有效防止了腹板开裂。

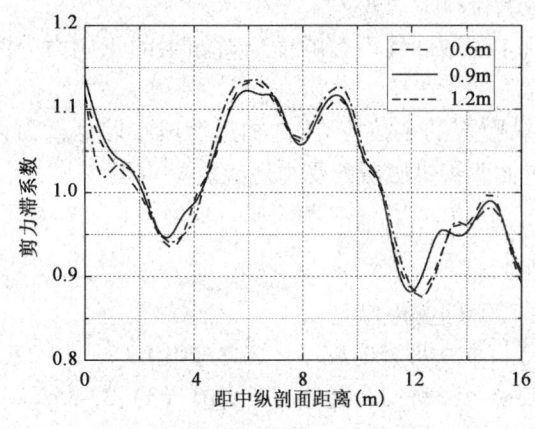

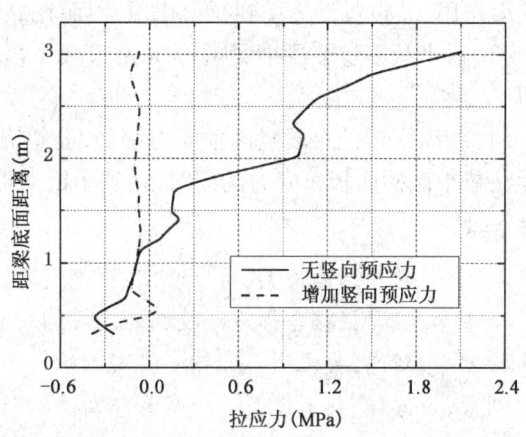

图6　不同厚度横梁的主梁剪力滞分布　　　　　　　图7　纵腹板拉应力竖向分布

3. 桥面板厚度

图8为在恒载+活载工况下桥面板压应力纵桥向分布。结合部通过端部承压板承压和连接件受剪将内力逐渐传递格室内混凝土顶板,格室内混凝土压应力逐渐增大,内力传递过渡段混凝土,由于设置倒角顶板面积逐渐减小,桥面板压应力继续增大,在距承压板约4m,即过渡段箱梁空腔中部,设计厚度(30cm)桥面板压应力最大,最大约为16.0MPa,将过渡段空腔处桥面板加厚10cm,该位置桥面板整体压应力有较大程度减小,最大压应力减小到约11.5MPa。

图9给出了桥面板厚度变化时纵腹板沿高度方向的主拉应力分布。桥面板加厚10cm,纵腹板靠近桥面板附近的区域主拉应力明显减小,最大值降低约0.6MPa。桥面板加厚使其刚度增加、压应力减小,使得过渡段空腔外鼓得到缓解,纵腹板对桥面板的约束力减少,因而纵腹板靠近桥面板区域的主拉应力有所减小,进而改善了纵腹板的抗裂性。

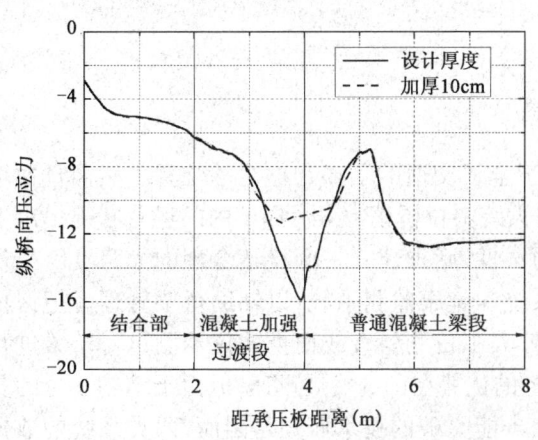

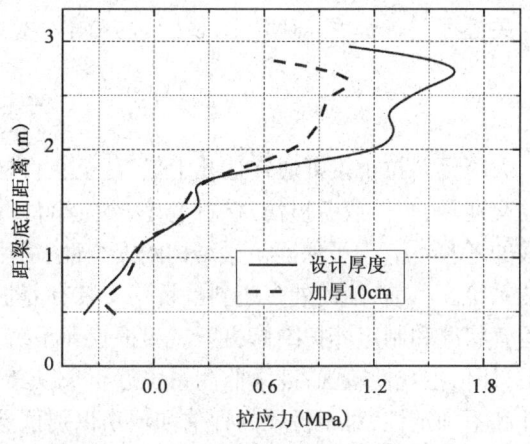

图8　不同厚度桥面板压应力纵桥向分布　　　　　　图9　不同厚度桥面板的纵腹板拉应力分布

同时,如果过渡段桥面板长期处于较大压应力的状况下,日益增加的重型车辆在过渡段空腔桥面板处容易产生较大的冲击力,将不利于桥面板的长期抗裂性能。

六、结 语

(1)通过建立实桥混合梁有限元模型,分析了过渡段混凝土受力变形和主拉应力分布,在恒载+活载最不利弯矩工况下横梁出现约 1.6MPa、纵腹板出现约 1.7MPa 的主拉应力,温度、收缩作用下进一步增加。

(2)结构内力作用下主梁弯曲变形受到横梁约束,使得主梁顶板与横梁钢梁侧倒角、底板与横梁混凝土梁侧倒角均有扩大的趋势,导致该区域产生较大的拉应力;纵腹板对过渡段空腔桥面板的外鼓有竖向约束作用,纵腹板反之受到拉力作用,因而在靠近桥面板部位拉应力较大。

(3)适当减小过渡段横梁的厚度能够减小横梁上的主拉应力,且不影响横梁对箱梁的正应力分配作用。

(4)在纵腹板处布设竖向预应力钢筋,能够有效减小纵腹板的主拉应力;增加过渡段空腔处桥面板厚度在减小该桥面板压应力的同时,缓解了桥面板外鼓,进而改善纵腹板的受力性能。

参考文献

[1] 刘玉擎.组合结构桥梁[M].北京:人民交通出版社,2005.
[2] 刘玉擎.混合梁接合部设计技术的发展[J].世界桥梁 2005(4):9-12.
[3] 徐国平,刘高,吴文明,等.钢—混凝土结合部在桥梁结构中应用新进展[J].公路,2010,(2):18-22.
[4] 刘荣,余俊林,刘玉擎,等.鄂东长江大桥混合梁结合段受力分析[J].桥梁建设,2011(3):33-35.

113. 斜拉桥状态评估系统的信息融合模型研究

刘小玲[1] 黄侨[1] 任远[1] 林诗枫[1] 樊叶华[2]

(1.东南大学交通学院;2.南京长江第三大桥有限责任公司)

摘 要 大跨度斜拉桥状态评估的有效性很大程度上取决于数据源的准确性和可靠性。但目前人工检查和健康监测的数据均存在各自的弊端,因而将人工巡检系统和健康监测系统进行信息融合对于斜拉桥的评估具有重要意义和实践价值。本文以南京长江第三大桥为例,建立并阐释了斜拉桥状态评估系统的修正 JDL 信息融合功能模型和集散式的体系结构,其研究成果可为进一步的综合状态评估提供框架基础,也可为其他大型桥梁的评估提供参考。

关键词 斜拉桥 评估系统 信息融合 体系结构

一、引 言

大跨径斜拉桥投资通常达几十亿、甚至上百亿,且处于全线交通的咽喉和枢纽的位置。然而日益增长的交通量、构件疲劳损伤、材料老化、突发事件等因素对大跨斜拉桥正常寿命周期内的运营状况提出了严峻的考验[1]。为了保证桥梁结构的安全性、适用性和耐久性,亟须建立一个科学合理的大跨度斜拉桥评估系统。目前,国内外多座斜拉桥均安装有养护管理系统和健康监测系统,以辅助桥梁管理者把握桥梁运营状况和制定养护维修决策。养护管理系统主要依赖人工目测检查或便携式仪器测量对桥梁进行评估,评估主观性较强;健康监测系统近年来以其实时监控的优势在国内发展迅速,但由于结构本身的复杂性和不确定性,对于桥梁的评估和损伤识别依然是一个未能突破的技术瓶颈。因而,两类系统的数据均难以独立成为桥梁状态评估的理想数据源。信息融合技术[2]的出现为桥梁状态评估提供了新的思路,它作为一种智能化信息处理技术,已在工业过程、环境系统、金融系统等复杂系统的状态监测与诊断维护等领域得到广泛应用,也使得两类系统的融合成为可能。实施信息融合的基础是建立一套完善的融合功能模型和体系结构,以描述系统中各组件的功能、相互关系以及数据流向。近年来数据融合框架模型和算法在桥梁评估中的应用对象涉及单一的健康监测系统、桥面板的无损检测、索力精准测量等[3],然而尚无具体的针对养护管理系统和健康监测系统的融合模型。本文以南京长江三桥的养护管理为工程背景,集成两类系统的数据信息,对斜拉桥状态评估系统中的信息融合功能模型和体系结构做相应的设计,其成果亦可为其他类型的大跨度桥梁提供参考。

二、南京长江三桥的系统运营现状

南京长江三桥(以下简称南京三桥)为国内首座双塔双索面钢塔钢箱梁斜拉桥,采用半漂浮结构体系,于 2005 年 10 月建成通车,其跨径布置为 63 + 257 + 648 + 257 + 63 = 1288m。目前,南京三桥的日常管理主要基于健康监测系统和 Scanprint 人工巡检系统。下面分别介绍两类系统的运营状况。

1. 健康监测系统

南京三桥健康监测系统于 2006 年 5 月安装使用。与大多数桥梁结构健康监测系统类似,南京三桥健康监测系统主要由传感器子系统、数据采集子系统、数据处理与控制子系统和数据可视化子系统四部分组成。其中传感器类型有 9 种,共计 600 余个,监测种类较为丰富,可以监测结构的静态特性、动态特性以及环境特性,例如,梁塔应力、桥梁几何线形,索力,梁塔振动响应,温度、湿度和风特性等。

南京三桥健康监测系统运营至今已有 8 年,目前主要存在以下现象和问题:

(1)由于原始采集数据频率为 10Hz,每小时的数据约为 4GB,对数据不间断传输及存储带来了较大的压力。

(2)因为主梁几何线形监测结果偏差很大,南京三桥管理单位于 2011 年更换了一批传感器设备。

(3)目前较多传感器存在数据失真的问题,表现形式也呈现千差万别。甚至有些传感器已经损坏,损坏率约 20%,增加了提取反映结构损伤指标的难度。

(4)健康监测系统中存储的与结构内力相关的数据已实现可视化,但详细的评估需要具备专门知识的人员进行分析,尚缺乏实时性和可操作性。

2. Scanprint 人工巡检系统

Scanprint 人工巡检系统是法国 Adtivam 公司针对结构物日常巡检的数字化管理所开发的一套数据库系统。南京三桥全线建成、通车后系统投入使用。该系统主要包括基本数据管理子系统、人工巡检管理子系统、人工巡检子系统、巡检报告与分析子系统。Scanprint 系统通过其基本数据管理子系统中预设的大桥的详细信息,根据巡检人员的需求生成包含巡检路径和部位的人工巡检电子表格指导管理人员进行工作,管理人员可将人工巡检的结果(包括图片、数字、矢量描述等)录入到电子表格中,系统根据表格内容对大桥的人工巡检管理系统数据库中的信息进行更新,从而实现对大桥的日常巡检管理。

从目前的使用情况来看,Scanprint 人工巡检系统主要存在以下问题:

(1)系统中主要巡检指标及其概念与国内行业规范及习惯存在一定差异。

(2)系统中缺少合理的评价指标、体系及桥梁技术状态的评估方法。

(3)Scanprint 人工巡检系统是一款商业软件,和健康监测系统一样均为独立运行的系统,两者无法实现数据共享。

(4)系统缺乏相应的技术维护和升级。

综上所述,人工巡检系统和健康监测系统均为独立系统,两者间的信息融合对于斜拉桥的状态评估具有重要意义,本文将搭建斜拉桥状态评估系统的功能模型和体系结构,为进一步的融合评估奠定框架基础。

三、信息融合系统功能模型的建立

信息融合系统的功能模型是融合系统设计的基础。其作用主要是从融合过程出发,描述信息融合包括哪些主要功能、数据库，以及进行信息融合时系统各组成部分之间的相互作用。

近年来人们提出和应用的模型很多，例如情报环，美国三军组织——实验室理事联合会提出的JDL（Joint Directors of Laboratories）模型，John Boyd 提出的 Boyd 控制环，Dasarathy 提出的融合模型，Bedworth 等提出的瀑布模型、混合模型等。虽然各种模型的目的都是为了在信息融合中进行多级处理，但每种信息融合模型都各有其特点。典型功能模型的特点如表1所示。

典型功能模型的特点　　　　　　　　　　　　表1

功能模型	分级描述	特点
情报环	(1)采集；(2)整理；(3)评估；(4)分发	涵盖了所有处理级别，但是并没有详细描述
JDL 模型	(1)目标优化、定位和识别目标；(2)态势评估；(3)影响评估；(4)过程优化	对中层功能划分清楚。已成为美国国防信息融合系统的一种实际标准
Boyd 控制环	(1)观测；(2)定向；(3)决策；(4)执行环	具有反馈迭代特性。决策和执行阶段对 Boyd 控制环的其他阶段影响能力欠缺
Dasarathy 模型	(1)数据级融合；(2)特征选择和特征提取；(3)特征级融合；(4)模式识别和模式处理；(5)决策级融合	有效地描述各级融合行为

由表1可知，情报环模型稍显粗糙，Boyd 控制环模型不能较好地反映评估结果对基础数据的影响，Dasarathy 模型有效地描述了各级融合行为，但是欠缺对系统融合目的的描述，而 JDL 模型按目标分级，且应用最为广泛，因而本文采用 JDL 模型，并引入反馈机制，如图1所示。

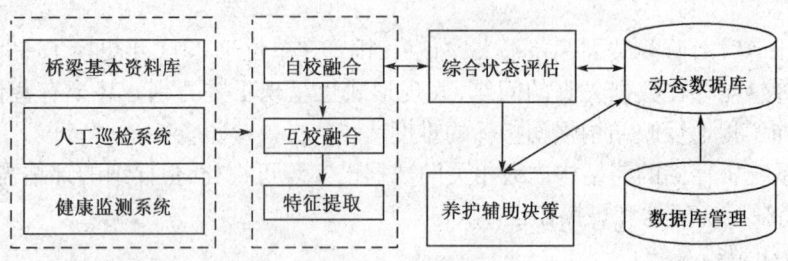

图1　斜拉桥状态评估系统功能模型

本文建立的修正 JDL 模型共包含四级。

第一级：自校融合、互校融合、特征提取。这一级别主要针对多种信息源进行融合处理，纠正不一致、虚假的数据，并进行特征抽取，建立具有一致性、全面性的斜拉桥评估指标体系。信息源包含：健康监测系统中传感器监测到的环境特性数据、结构响应数据；巡检养护系统中人工检查到的几何外观缺损、材料退化、裂缝等信息；基于设计、施工、竣工资料建立起来的基准有限元模型计算值。

第二级：综合状态评估。在层次化指标体系的基础上，对各个指标的权重和评估标准予以确认，最终采用适合的算法对斜拉桥的综合技术状况进行评估。

第三级：养护辅助决策。根据评估结果，对斜拉桥的运营状况做更加详细的说明，并总结斜拉桥目前存在的性能缺陷和病害，为后期养护提供相关建议。

第四级：过程优化。将桥梁技术状态评估和养护辅助决策信息保存到统一的数据库中管理，通过动态数据库的链接实现优化和数据反馈，可调整第一级中的信息源参数、优化传感器管理和优化数据处理等，通过反馈自适应，提高系统的融合效果。

由上述可见，采用修正的 JDL 模型很好的描述斜拉桥状态评估系统的各个组成部分的功能，而且通过数据库更新实现了信息反馈，进而为信息融合及传感器管理的优化提供数据平台。

四、信息融合体系的结构设计

信息融合功能模型的实现依赖于相应的融合体系结构，该结构明确系统组件的安排管理、它们之间相互关系以及数据流向。信息融合体系的结构设计要考虑多种因素,如特定的应用场合、传感器配置与性能、可以利用的信息处理资源等。本文从信息处理层次的角度出发将信息融合结构划分为三个层次:数据级、特征级和决策级[4]。以下分别阐述三个层次的信息融合结构,最后构建整个系统的融合体系结构。

1. 数据级融合

数据级中需要对传感器采集到的数据进行预处理。在健康监测系统中,数据级的任务主要是尽量消除干扰对数据的影响,从而恢复数据的真实值。根据传感器检测数据的方式不同,适用于数据级的结构有分散式结构、并行式结构、串行结构、树状结构和带反馈的并行结构。

南京三桥评估系统数据源包含健康监测点(六百余个)和人工检查项(近80种)两类,具有数据类别少,数据传输量大的特点,因而适合于并行结构,可以有效地减小传输负荷,且尽量包含了底层冗余信息。该桥监测传感器运行至今,已出现较多故障,后期将面临传感器改进、更换等任务,建立了一种带反馈的并行结构,如图2所示。

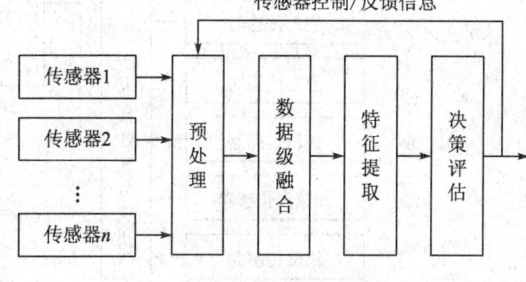

图2 分布式数据级融合结构

2. 特征级融合

特征级融合对预处理后的数据进行特征抽取,形成特征矢量。特征级融合中系统结构模型主要有集中式、分布式和多级式三种。

南京三桥的评估体系是一个多层次指标结构,每个指标按照一定的规则提取出特征值,这样的架构和算法决定了特征级融合的分布式结构,如图3所示。分布式结构虽然信息损失量较大,但具有局部和全局的评价能力,通信负荷较小,系统容错性、鲁棒性较好。

3. 决策级融合

决策级融合是对特征级融合的结果进行综合分析处理。在斜拉桥评估系统中就是根据相应的评估理论对桥梁的综合状态进行评定,从而辅助桥梁管理者进行维护决策。决策级融合的结构形式比较简单,在层次化指标体系基础上,本文建立决策级融合结构,如图4所示。在图4中的决策级融合一项中,模糊综合、证据理论等融合算法在此得到实现。

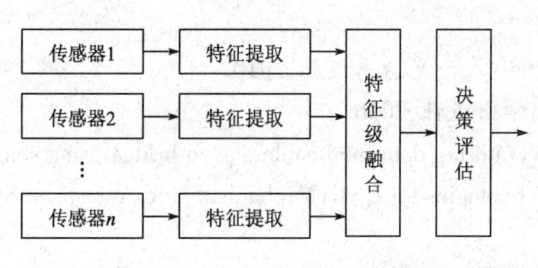

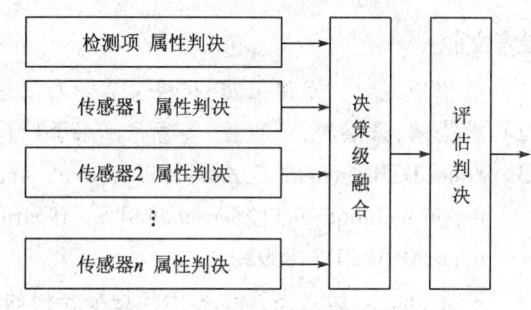

图3 分布式特征级融合结构　　　　　图4 决策级融合结构

4. 信息融合体系结构设计

信息融合系统的结构可以抽象分为集中式和分布式两种。而分布式又可以根据融合单元的位置和数量、融合算法本身的特点以及融合是否存在反馈分为多种结构,如分层结构、树状结构、完全分散式结构、并行分散式结构、带反馈分散式结构、无反馈分散式结构等形式。

本文以层次化指标体系的架构为基础,结合三个层次的融合结构剖析,将信息融合系统设计为一个集散式的信息融合体系结构,即分布式结构和集中式结构相结合的混合结构,如图5所示。

图5中的体系结构以集中式的层次化指标体系为支撑,在各个节点的融合上采用分布式,并将融合结果反馈给数据级,达到了反馈控制的目的。这种结构结合了集中式和分布式的优点,系统既保留了尽量多的底层信息,又具有较好的可扩展性。具体的说:

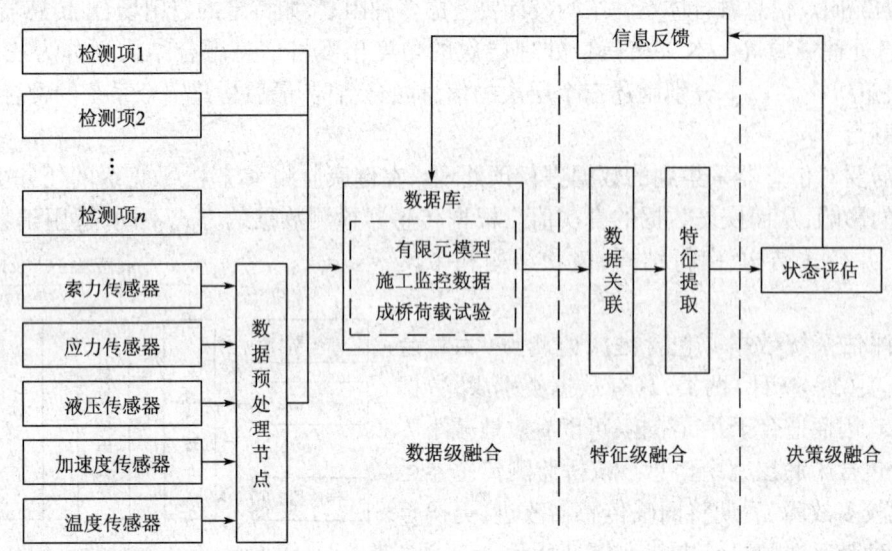

图5 斜拉桥状态评估系统的信息融合体系结构

（1）从数据级融合结构来看，分布式结构保证了系统的兼容性，传感器可根据需要增减，数据传输能力也较快。

（2）从特征级融合结构来看，分布式结构便于灵活地采用不同算法进行特征融合处理。

（3）整个集散式的信息融合结构采用闭环控制，将决策级的状态评估结果反馈给数据级融合和传感器管理层，使信息融合系统能够根据态势评估的结果来指导养护管理的相应工作和完成传感器管理工作。

五、结　语

斜拉桥的状态评估是一个复杂的系统工程。本文在以往研究的基础上，分析了南京长江三桥的养护管理系统和健康监测系统的运营现状，进而基于两个系统的信息融合提出了斜拉桥状态评估系统的融合模型，包括修正的 JDL 功能模型和集散式的体系结构。该框架可为后续的数据融合、状态评估研究奠定理论基础。

参考文献

[1] 陈惟珍,徐俊,龙佩恒.现代桥梁养护与管理[M].北京:人民交通出版社,2010.

[2] 韩崇昭,朱洪艳,段战胜.多源信息融合[M].清华大学出版社,2006.

[3] Zonta D, Bruschetta F, Zandonini R, et al. Analysis of monitoring data from cable-stayed bridge using sensor fusion techniques[J]. Sensors and Smart Structures Technologies for Civil, Mechanical, and Aerospace Systems 2013. 2013, 8692.

[4] 孙尧,朱林,徐兴杰,等.基于数据融合树的 C^3I 信息融合系统体系结构设计[J].航空学报,2006,27(2):305-309.

114. 超大跨斜拉桥变形几何非线性效应分析

宋涛　宋一凡　侯炜

（长安大学旧桥检测预加固技术交通行业重点实验室）

摘　要　为了考虑几何非线性的影响，以主跨为 780m 的超大跨斜拉桥为背景，考虑主梁的初始安装线形，按线性、不计入拉索垂度效应的部分几何非线性和计入拉索垂度效应的完全非线性3种计算模式,计算了结构的阶段全过程的主梁几何非线性影响。结果分析表明,随着斜拉索和悬臂长度的增加,结构的几何非线性显著增加,但主梁合龙后结构的索垂度引起的几何非线性略有下降。

关键词 桥梁工程 斜拉索 变形 几何非线性 垂度效应

一、引 言

近年来,随着计算理论和计算手段的进步、新材料的出现及新的施工方法的出现,可以修建超大跨度斜拉桥。随着斜拉桥的跨度不断增大,结构的刚度随之降低,尤其是几何非线性问题尤为突出,并随着跨径不断增大而增大。超大跨度斜拉桥的显著特点是索长、结构柔、变形量大,在设计、施工中必须计入几何非线性的影响。

二、几何非线性分析方法

在桥梁结构中的非线性问题主要有材料非线性和几何非线性。引起材料非线性的因素主要是混凝土的收缩、徐变;引起斜拉桥非线性的主要因素有:索的垂度、梁柱效应和大位移效应。对于索的垂度效应,采用弹性悬链线单元或多段杆单元模拟斜拉索可精确地计算其效应;对于梁柱效应,可采用引入稳定函数或几何刚度矩阵计入其影响;对于大位移效应,可以采用大位移刚度矩阵或基于 U.L 列式的有限位移理论。

1. 几何非线性分析的有限元

任意应力—应变关系与几何运动方程,单元的平衡方程可由虚功原理推导得到:

$$\int_V B^T \sigma \mathrm{d}V - f = 0 \tag{1}$$

在有限位移情况下 B 是位移 δ 的函数。B 矩阵可分解为与杆端位移无关的部分 B_0 和与杆端位移有关的部分 B_L 两部分,即:

$$B = B_0 + B_L \tag{2}$$

在实际计算中,常采用增量列式法。故将式(1)进行求导,得到:

$$\int_V \mathrm{d}(B^T \sigma) \mathrm{d}V - \mathrm{d}f = 0 \tag{3}$$

或

$$\int_V \mathrm{d}B^T \sigma \mathrm{d}V + \int_V B^T \mathrm{d}\sigma \mathrm{d}V = \mathrm{d}f \tag{4}$$

根据式(2)和式(4)等式左边第一项可表示成:

$$\int_V \mathrm{d}B^T \sigma \mathrm{d}V = \int_V \mathrm{d}B_L^T \sigma \mathrm{d}V = {}^0K_\sigma \mathrm{d}\delta \tag{5}$$

另一方面,单元的应力—应变增量关系可表示成:

$$\mathrm{d}\sigma = D\mathrm{d}\varepsilon \tag{6}$$

若材料满足线弹性时:

$$\sigma = D(\varepsilon - \varepsilon_0) + \sigma_0 \tag{7}$$

将式(2)代入式(6)得到:

$$\mathrm{d}\sigma = D(B_0 + B_L)\mathrm{d}\delta \tag{8}$$

于是式(4)第二项可表示为:

$$\int_V B_L^T \mathrm{d}\sigma \mathrm{d}V = \left(\int B_0^T D B_0 \mathrm{d}V + B_0^T D B_L \mathrm{d}V + B_L^T D B_0 \mathrm{d}V + B_L^T D B_L \mathrm{d}V\right)\mathrm{d}\delta \tag{9}$$

令

$${}^0K_0 = \int B_0^T D B_0 \mathrm{d}V \tag{10}$$

$${}^LK_L = \int B_0^T DB_L dV + B_L^T DB_0 dV + B_L^T DB_L dV \qquad (11)$$

则式(4)可表达为:

$$({}^0K_0 + {}^LK_L + {}^0K_\sigma)d\delta = {}^0K_T d\delta = f \qquad (12)$$

其中 ${}^0K_0$ 与单元节点位移无关,是单元弹性刚度矩阵;

${}^0K_L$ 为单元大位移刚度矩阵,是由大位移引起的结构刚度变化;

${}^0K_\sigma$ 为初应力刚度矩阵,是由初应力引起的单元刚度矩阵。

2. 非线性方程组的求解

非线性方程组求解的常用方法是 Newton-Raphson 法,简称 N-R 法。单自由度非线性刚度方程一般形式以及求解 δ 相应的迭代公式分别为:

$$\begin{cases} k(\delta)\delta = R \\ k_T \Delta \delta_{n+1} = R - F(\delta_n) = \Delta R_n \\ \delta_{n+1} = \delta_n + \Delta \delta_{n+1} \end{cases} \qquad (13)$$

式中:ΔR_n ——不平衡力。

式(13)即为 N-R 法求解结构非线性问题的最简单的形式,对于多自由度体系可以得到相应的迭代公式:

$$\begin{cases} \{K(\delta_n)_T\}\{\delta_{n+1}\} = R - F(\delta_n) = \Delta R_n \\ \{\delta_{n+1}\} = \{\delta_n\} + \{\Delta \delta_{n+1}\} \end{cases} \qquad (14)$$

这就是求解非线性平衡方程的 N-R 法。N-R 法求解过程中每次迭代后都要重新形成新的刚度矩阵 $[K]_T$,如果采用相同的切线刚度矩阵,计算效率将得到提高,即为修正的 Newton-Raphson 法,简称 M-N-R 法。

三、计 算 模 型

某超大跨度斜拉桥的立面布置如图1。结构采用混凝土索塔、扁平流线型钢箱梁、空间双索面斜拉索布置,全桥共有 4×25 对斜拉索,边跨设有 2 个辅助墩。在该模型中,主梁、桥塔及辅助墩和过渡墩均采用梁单元模拟;斜拉索分别采用等效桁架单元和多段杆单元模拟;桥塔、辅助墩及过渡墩的墩底均采用完全固结。

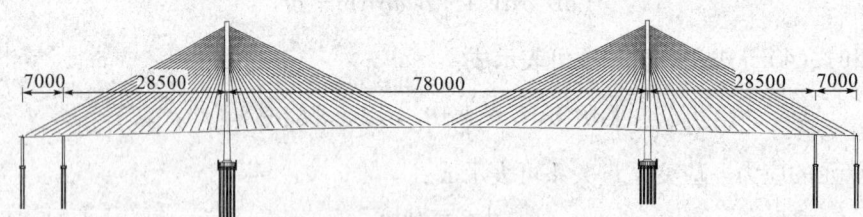

图 1 立面布置(尺寸单位:mm)

四、计算结果分析

按线性、不计入斜拉索垂度效应的部分几何非线性、计入拉索非线性的完全几何非线性 3 中计算模式,按照施工阶段计算上述计算模式对应的结构响应。

1. 悬臂施工阶段主梁变形

根据斜拉索的不同长度等级,选取 4 个代表性的梁段——5 号、14 号、21 号、24 号梁段,经计算分析其主梁变形特点,上述 4 个梁段相应的拉索长度及悬臂长度见表1。

代表性梁段相应的斜拉索及悬臂长度   表1

梁 段	斜拉索长度(m)	悬臂长度(m)	梁 段	斜拉索长度(m)	悬臂长度(m)
5 号	137.40	102	21 号	350.86	342
13 号	237.99	222	25 号	409.19	387

为便于分析,将线性、部分非线性的计算结果与完全非线性的计算结果进行比较,定义如下计算公式:

部分非线性 $\qquad \lambda_{\text{partially}} = \dfrac{\delta_{\text{partially}} - \delta_{\text{fully}}}{\delta_{\text{fully}}} \qquad (15)$

完全非线性 $\qquad \lambda_{\text{fully}} = \dfrac{\delta_{\text{linearity}} - \delta_{\text{fully}}}{\delta_{\text{fully}}} \qquad (16)$

$\lambda_{\text{partially}}$:不考虑拉索垂度效应的部分非线性影响系数;

λ_{fully}:完全非线性影响系数;

$\delta_{\text{linearity}}$:线性分析的竖向变形计算值;

$\delta_{\text{partially}}$:部分非线性分析的竖向变形计算值;

δ_{fully}:完全线性分析的竖向计算值。

由图2可见。

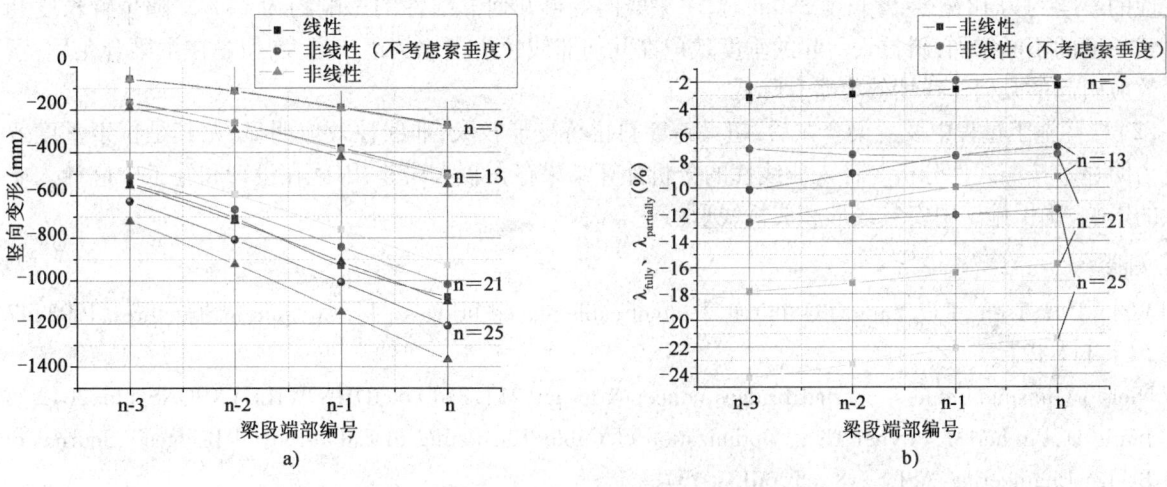

图2 不同梁段悬臂施工时的变形及几何非线性效应

(1)5 号梁段悬臂施工时的几何非线性影响约在3%以下;13 号梁段吊装时主梁竖向变形的非线性效应约为13%以下;21 号梁段吊装时主梁竖向变形的非线性效应约为18%以下;25 号梁段吊装时主梁竖向变形的非线性效应约为24%以下。25 号梁段悬臂施工变形的非线性效应约为13 号梁段的2 倍,此时相应的斜拉索长度前者为后者的1.72 倍,前者的悬臂长度为后者的1.74 倍。

(2)5 号梁段悬臂施工过程变形的非线性效应影响中,索垂度效应的贡献几乎为0;13 号梁段悬臂施工过程变形的非线性效应影响中,索垂度效应的贡献仅为22%;21 号梁段悬臂施工过程变形的非线性效应影响中,索垂度效应的贡献约为57%;25 号梁段悬臂施工过程变形的非线性效应影响中,索垂度效应的贡献约为48%,此时由于主梁合龙后,由于结构的刚度增大,主梁变形的非线性影响量有所减小。

2. 二期恒载后主梁竖向变形

跨中主梁合龙后,在二期荷载作用下,主梁的竖向变形及非线性影响如图3所示。

从图3可见,在二期恒载作用下,主梁变形较大,非线性变形量为约1700mm,线性变形量约为1500mm。由于主梁合龙后,结构的刚度增大,主梁变形的非线性影响减小,跨中减小约13%,主要因拉索的垂度效应引起的。

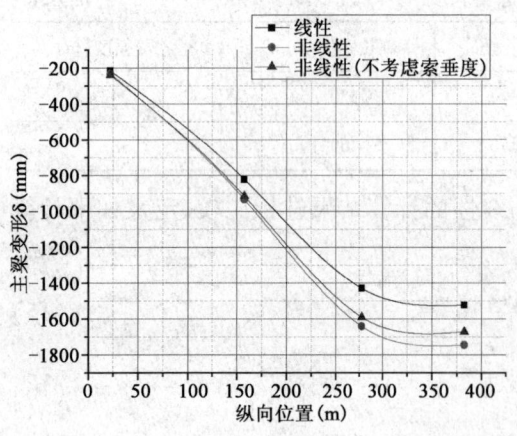 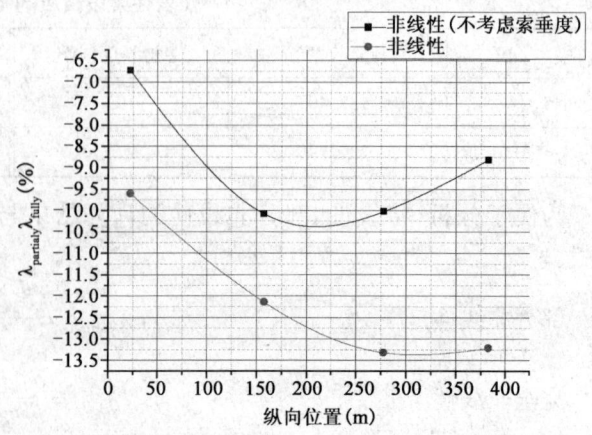

图3 二期恒载作用下主梁变形及几何非线性效应

五、结 语

根据以上研究,可以得到以下结论:

(1)在斜拉桥悬臂施工中,悬臂长度在100m时,主梁的竖向变形几何非线性影响约为3%左右;悬臂长度在220m时,主梁的竖向变形几何非线性影响约为13%左右;悬臂长度340m时,主梁竖向变形几何非线性的影响约为18%;悬臂长度390m时,主梁竖向变形几何非线性的影响约为24%。随悬臂长度和斜拉索长度的不断增加,斜拉索引起的垂度效应在几何非线性所占比例逐步增大,但是在主梁合龙后,索垂度效应引起的几何非线性效应略有降低。

(2)悬臂施工过程中及主梁合龙后,超大跨度斜拉桥变形较大,非线性效应明显,尤其是拉索垂度效应更为明显。按照线性分析与计入非线性的分析计算结果存在较大误差,因此在设计和施工中应计入非线性的影响,确保施工中安装线形和成桥线形。

参考文献

[1] Wang P H,Tseng T C,Yang C G. Initial shape of cable-stayed bridges[J]. Computer&Structures,1993,47(1):111-123.

[2] Niels J Gimsing. Cable supported bridges concept&design[M]. 3rd ed. JOHN WILEY&SONS Ltd,2012

[3] Janjic D,Pircher M,Pircher H.,"Optimization of Cable Tensioning in Cable-Stayed Bridges",Journal of Bridge Engineering,ASCE,v8,n3,pp131-137.

[4] J. F. Fleming. Nonlinear static analysis of cable-cable stayed bridges[J] Computer&Structures,1979,10:621-635

[5] 杨兴旺.大跨度斜拉桥施工全过程非线性行为研究[D].成都:西南交通大学,2007(Yang Xingwang. Research on the nonlinear behavior of long-span cable-stayed bridge considering overall construction progress[D]. Chengdu:Southwest Jiaotong University,2007)

115. 三塔结合梁斜拉桥黏滞阻尼器参数分析

彭晶蓉　侯炜　贺拴海

(长安大学旧桥检测预加固技术交通行业重点实验室)

摘　要　以某跨长江的三塔结合梁斜拉桥为背景,研究了不同参数下非线性黏滞阻尼器对该桥抗震性能的影响。基于桥梁专用软件MIDAS/Civil,采用非线性动力时程分析方法,对不同参数的黏滞阻尼器在该桥中的地震响应进行了比较。分析结果表明:在主桥纵桥向设置非线性黏滞阻尼器后,可以有效降低结构在地震作用下关键部位的受力和位移;并通过对不同黏滞阻尼器的参数的比较,对该长江大桥黏滞阻尼器的参数选择提供了建议。

关键词 斜拉桥 黏滞阻尼器 阻尼参数 抗震分析

一、引　言

近年来,世界各地地震频发,每次震害对桥梁结构所造成的直接和间接经济损失都非常巨大,因此,人们对桥梁抗震性能的要求也越来越高,尤其是大跨度桥梁。近年来,通过引入减隔震装置来提高桥梁的抗震性能也正在成为一个研究和应用的热点。在各种耗能减隔震技术中,阻尼减震技术因其能够大幅度提高结构阻尼,减震效果明显,从而得到广泛应用。

目前,在大跨度桥梁中,使用较为普遍的即为液体黏滞阻尼器。表1列出了目前世界上几座大跨度桥梁使用的黏滞阻尼器的详细参数。

部分大跨度桥使用液体黏滞阻尼器的主要参数　　表1

桥　名	主跨 (m)	阻尼器 总数量	最大阻尼力 (kN)	最大冲程 (mm)	阻尼系数 C $[kN/(m/s)^{\xi}]$	速度指数 ξ
南京长江三桥	648	54	1500	±120	1000	0.3
苏通大桥	1088	8	3025/6580	±850	3750	0.4
江阴大桥	1385	4	1000	±1000	1522	0.3
美国海湾桥	565	100	3115	178	3793	0.3
			2450	584	1911.8	0.3
			2000	483	1591.2	0.3
美国 Richmond 桥	56	28	2225	508	1060.4	0.3
			1000	965	184.4	0.5

在大跨度桥梁的阻尼器设计中,其参数的选取一般由场地安评得到的地震波通过全桥模型的非线性时程分析得到的。本文在此基础上,从抗震角度对某长江大桥拟安装的液黏粘滞阻尼器进行详细的参数分析,对阻尼器参数的确定提出指导意见,其中得到的参数变化规律可供工程应用参考。

二、工程概况

该长江大桥为三塔结合梁斜拉桥,跨径布置为(90 + 160 + 616 + 616 + 160 + 90)m,全长1732m,桥宽30.5m。主梁高3.5m,主梁两边跨90m段为混凝土主梁,其余梁段为钢—混结合梁,靠结合梁侧边跨内4.5m处为混凝土梁与结合梁的结合段。桥塔为花瓶型,塔高209m。全桥共264根斜拉索,采用平行钢绞线呈双索面布置。

该桥在主塔与主梁之间设置纵桥向阻尼器,分别在主塔与边塔塔下横梁两侧分别安装2个阻尼器,使塔下横梁与主梁相连。全桥共安装6个黏滞阻尼器。

三、分析模型

计算采用桥梁专业有限元分析软件 MIDAS/Civil,塔座、承台、桥塔、主梁,及桥墩均采用梁单元模拟,桥面板采用板单元模拟。斜拉索采用空间桁架单元模拟,通过 Ernst 公式修正拉索弹性模量,以考虑斜拉索的垂度效应。

黏滞阻尼器采用 MIDAS/Civil 中一般连接的黏性消能器进行模拟,阻尼类型选用 Maxwell 模型。采用非线性直接积分法同时考虑结构的几何非线性和边界非线性进行计算。MIDAS/Civil 建立全桥有限元分析模型如图1所示。

图1 MIDAS/Civil 全桥有限元模型示意图

四、主要参数范围的选定

非线性黏滞阻尼器的基本构造由活塞、油缸及节流孔组成。这类装置是利用活塞前后压力差使油流过节流孔产生阻尼力。当阻尼力与相对变形的速度成比例时是线性的,当阻尼力与速度不成比例时,是非线性的,其关系可表达为:

$$F = Cv^\xi \tag{1}$$

式中:F——阻尼力;

C——阻尼系数;

v——速度;

ξ——速度指数。

从式(1)可知,黏滞阻尼器参数 C、ξ 选取的不同,黏滞阻尼器对结构响应的影响也不同。因此,需对结构引入黏滞阻尼器的情况进行结构响应分析,主要考虑阻尼器参数 C、ξ 等参数变化对结构响应影响的变化规律,为黏滞阻尼器设计参数的确定提供依据。

黏滞阻尼器的工作特性与其速度指数有很大关系。一般来说,速度指数 ξ 值越小,滞回耗能效率越高。同时小的速度指数能够在结构速度响应较小的情况下得到更大的阻尼力。通常在工程中使用到的黏滞阻尼器的速度指数介于 0.3~1.0 之间。速度指数小于0.3,大于1.0 的阻尼器,在工程中采用的亦较少。本文选择阻尼器的速度指数范围在 0.3~1.0 之间。

根据常用阻尼器的阻尼系数,参考国内外大桥上已经使用的阻尼器的参数,选择阻尼系数的范围为 1000~5000kN/(m/s)$^\xi$,另外选择阻尼系数为 10000kN/(m/s)$^\xi$ 作为补充分析。

根据选择的参数范围,采用不同的参数组合,计算如表2所示的各种参数组合进行全桥结构的非线性地震时程分析,对比分析结果以确定最适合某长江大桥的阻尼器参数。

阻尼器参数组合　　　　表2

	阻尼系数 C [kN/(m/s)$^\xi$]	速度指数 ξ		阻尼系数 C (kN/(m/s)$^\xi$)	速度指数 ξ
组合1	1000	0.3	组合7	5000	0.5
组合2	3000	0.3	组合8	10000	0.5
组合3	5000	0.3	组合9	1000	1
组合4	10000	0.3	组合10	3000	1
组合5	1000	0.5	组合11	5000	1
组合6	3000	0.5	组合12	10000	1

五、计算结果及分析

1. 计算结果

通过非线性时程分析,对未设置阻尼器以及设置不同参数的阻尼器后结构关键部位的地震响应:桥塔内力、梁端位移、阻尼力、支座反力等进行分析比较。图2~图8给出了不同参数组合下的计算结果,其中，由于两边塔相对于中塔对称，因此只给出一侧边塔的计算结果。

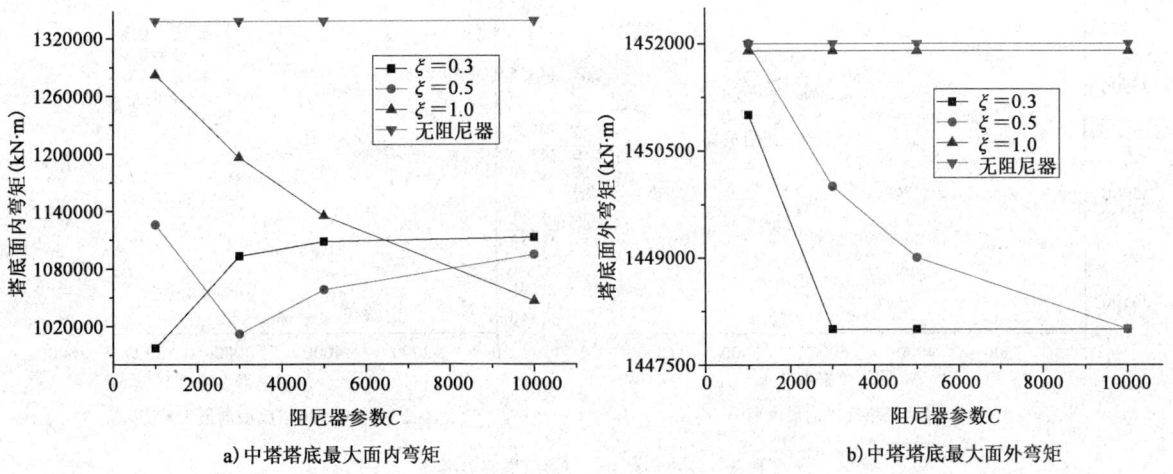

a) 中塔塔底最大面内弯矩　　　　　　　b) 中塔塔底最大面外弯矩

图 2　各种参数组合下中塔塔底最大弯矩

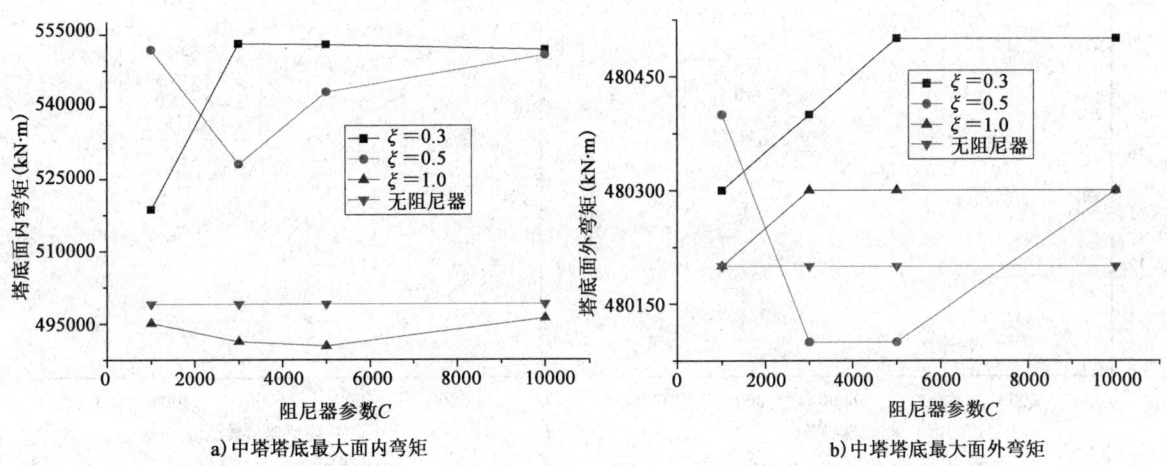

a) 中塔塔底最大面内弯矩　　　　　　　b) 中塔塔底最大面外弯矩

图 3　各种参数组合下边塔塔底最大弯矩

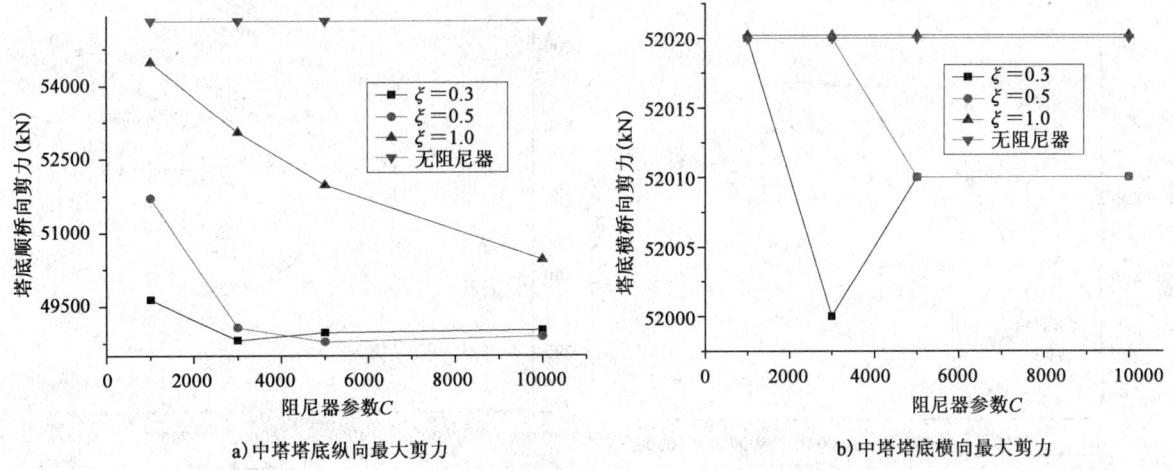

a) 中塔塔底纵向最大剪力　　　　　　　b) 中塔塔底横向最大剪力

图 4　各种参数组合下中塔塔底剪力

由图 2 可知，安装阻尼器后，中塔的面内、外弯矩均有所减小。在各种计算参数组合下，当 $\xi=0.3$，$C=1000$ 时，中塔的面内弯矩值最小；当 $\xi=0.3$，$C=3000$ 时，面外弯矩值最小。由图 3 可知，安装阻尼器对边塔弯矩值的减小效果并不明显，$\xi=0.3$ 和 0.5 时，塔底面内弯矩值均大于无阻尼器的弯矩值，$\xi=0.5$ 和 1.0 时，塔底面外弯矩值均大于无阻尼器的弯矩值。在各种计算参数组合下，当 $\xi=1$，$C=5000$ 时，边

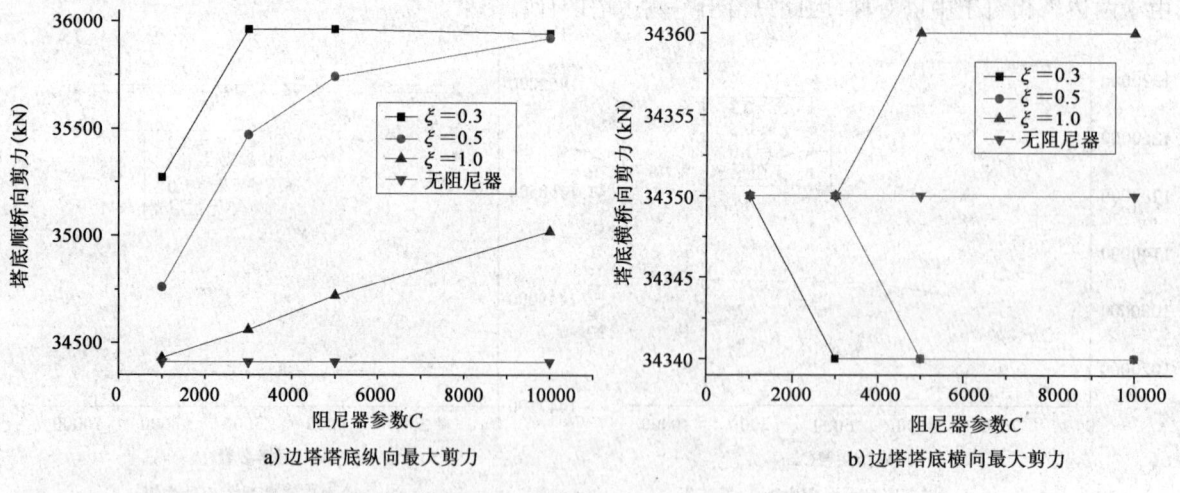

图5 各种参数组合下边塔塔底剪力

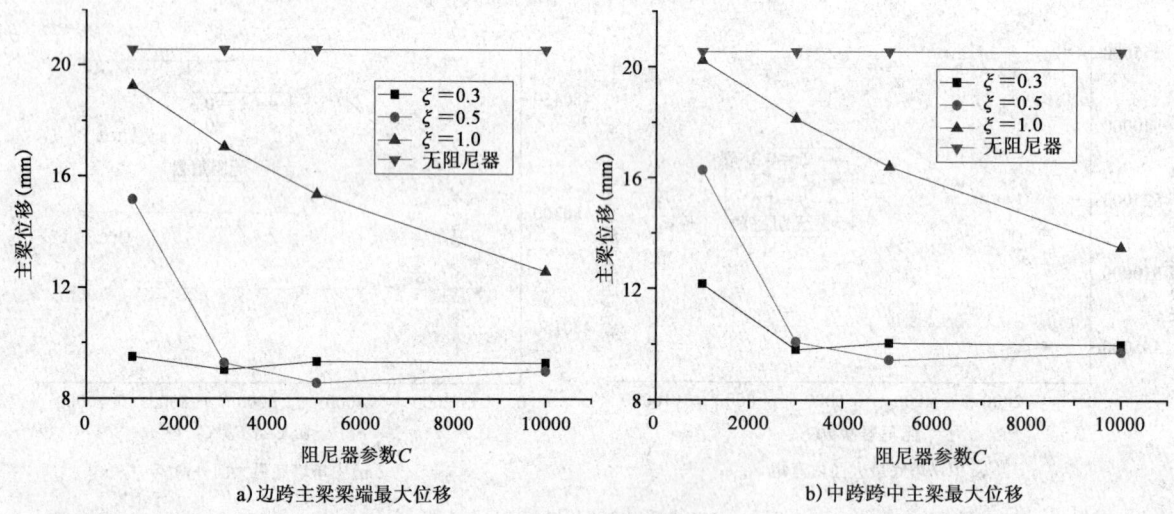

图6 各种参数组合下主梁最大位移

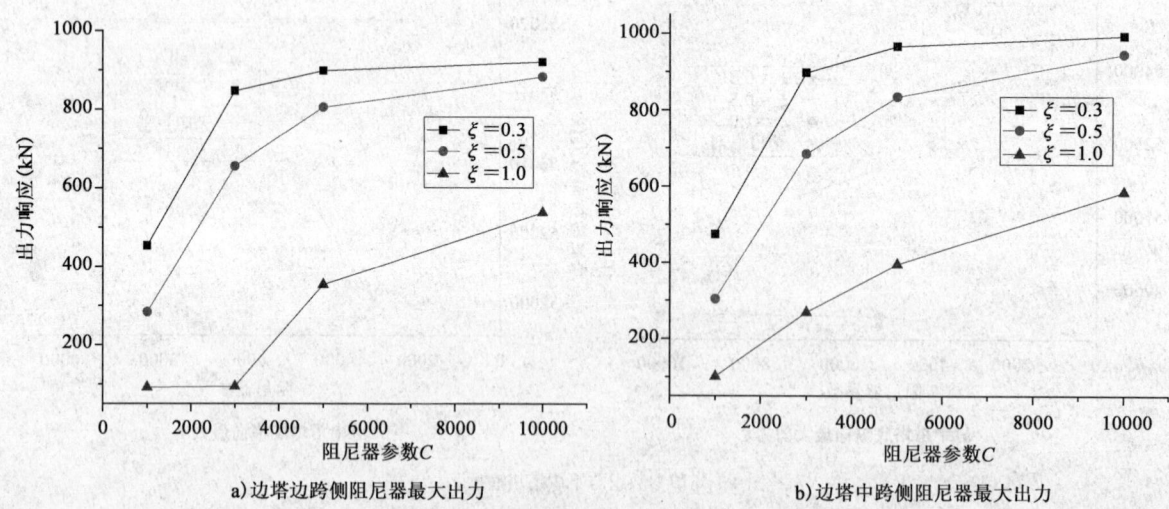

图7 各种参数组合下阻尼器最大出力

塔塔底面内弯矩值最小,当 $\xi=0.5$,$C=5000$ 时,面外弯矩值最小。

由图4可知,阻尼器使中塔纵向和横向剪力值减小,当速度指数 ξ 分别为0.3和0.5时,纵向剪力随

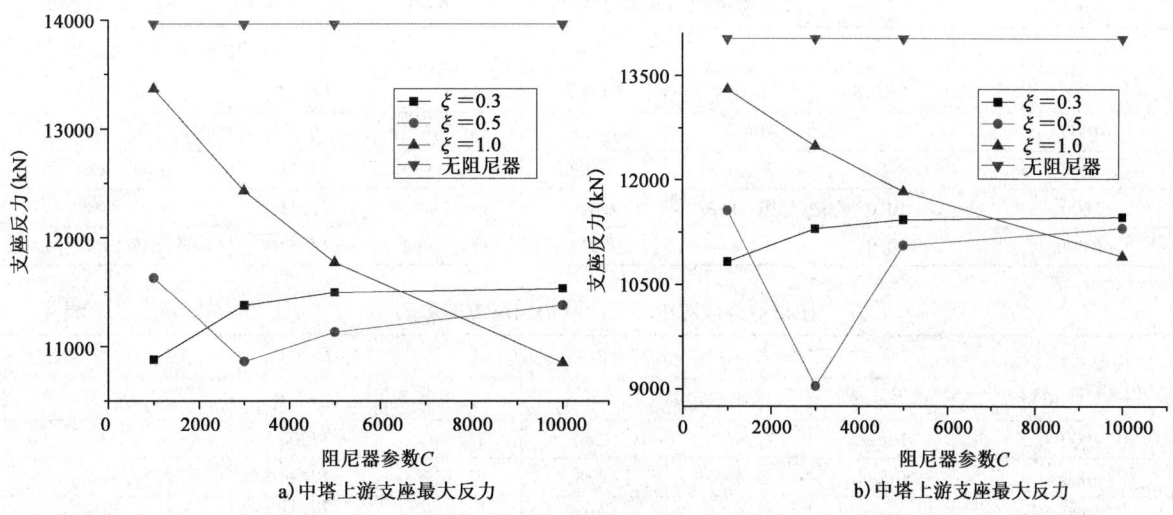

a) 中塔上游支座最大反力   b) 中塔上游支座最大反力

图8 中塔支座顺桥向最大支反力

着阻尼系数 C 的增大而减小,在 C 大于3000时减小趋势趋于平缓。在各种计算参数组合下,当 $\xi = 0.3$, $C = 3000$ 时,中塔塔底纵、横向剪力值最小。由图5可知,阻尼器使边塔纵向剪力增大,且速度指数 ξ 越小边塔纵向剪力越大;横向剪力随阻尼器参数变化既有增大也有减小。

由图6可知,阻尼器使主梁的相对位移值得到有效控制。速度指数 ξ 越小,主梁的相对位移量越小。主梁的相对位移随着阻尼系数 C 的增大而减小,当 C 大于3000时减小趋势趋于平缓。在各种计算参数组合下,当 $\xi = 0.5, C = 5000$ 时主梁的相对位移量最小。

由图7可知,不同参数的阻尼器在地震作用下的阻尼出力不同。速度指数 ξ 越小,阻尼器的出力越大;且在相同的速度指数下,随着阻尼系数 C 的增大阻尼出力增大。

由图8可知阻尼器均可减小地震作用下的支座反力。当 $\xi = 0.3$ 时,支反力随阻尼系数 C 的增加而增加;当 $\xi = 1.0$ 时,支反力随阻尼系数 C 的增加而减小;当 $\xi = 0.5$ 时,支反力随阻尼系数 C 的增加呈先减小后增加的趋势。各种参数组合下,当 $\xi = 0.5, C = 3000$ 时支反力最小。

2. 参数选定

根据以上分析可知阻尼器对中塔的减震效果明显,选取阻尼器对桥梁结构影响较为明显的结果进行对比,各种参数下阻尼器减震效果如表3~表6所示。

阻尼器参数对中塔塔底面内弯矩的影响　　　　表3

阻尼系数 C $[kN/(m/s)^\xi]$	中塔底顺桥向弯矩(kN·m)						无阻尼器为1338000
	$\xi = 0.3$	减小率	$\xi = 0.5$	减小率	$\xi = 1.0$	减小率	
1000	997400	25.46%	1126000	15.84%	1282000	4.19%	
3000	1093000	24.56%	1012000	28.95%	1196000	-11.08%	
5000	1108000	21.04%	1058000	27.67%	1135000	16.97%	
10000	1112000	20.40%	1094000	23.06%	1046000	25.73%	

阻尼器参数对中塔塔底纵向剪力的影响　　　　表4

阻尼系数 C $[kN/(m/s)^\xi]$	中塔纵向剪力(kN)						无阻尼器为55320
	$\xi = 0.3$	减小率	$\xi = 0.5$	减小率	$\xi = 1.0$	减小率	
1000	49640	10.27%	51710	6.53%	54480	1.52%	
3000	48810	13.11%	49070	12.09%	53050	4.17%	
5000	48970	13.01%	48780	13.33%	51980	6.30%	
10000	49020	12.87%	48890	13.18%	50460	9.35%	

阻尼器参数对边跨主梁梁端位移的影响　　　　　　　　　　　表5

阻尼系数 C $[kN/(m/s)^\xi]$	相对位移量(mm)						无阻尼器为20.55
	$\xi=0.3$	减小率	$\xi=0.5$	减小率	$\xi=1.0$	减小率	
1000	12.17	40.78%	16.28	20.78%	20.23	1.56%	
3000	9.803	88.31%	10.08	64.31%	18.13	11.96%	
5000	10.05	107.11%	9.444	110.18%	16.41	22.84%	
10000	10.01	104.88%	9.737	114.50%	13.52	42.84%	

阻尼器参数对中塔支座顺桥向反力的影响　　　　　　　　　　表6

阻尼系数 C $[kN/(m/s)^\xi]$	中塔支座顺桥向最大反力(kN)						无阻尼器为14027
	$\xi=0.3$	减小率	$\xi=0.5$	减小率	$\xi=1.0$	减小率	
1000	10828	22.81%	11561	17.58%	13300	5.18%	
3000	11299	25.19%	9038	43.15%	12488	11.57%	
5000	11428	23.00%	11059	32.84%	11831	17.58%	
10000	11467	22.40%	11309	24.58%	10904	26.40%	

经过以上各种参数下阻尼器减震效果的比较发现,当$\xi=0.3$或$\xi=0.5$时的减震效果比$\xi=1$时明显要好。阻尼参数选择两者的最优组合。综合分析结果,建议某长江大桥的阻尼器主要参数为：速度指数$\xi=0.3$,阻尼系数$C=1000[kN/(m/s)^\xi]$或者$\xi=0.5$,阻尼系数$C=3000[kN/(m/s)^\xi]$。

六、结　语

通过对某长江大桥进行黏滞阻尼器的参数分析,可以得到如下结论：

(1)在主桥纵桥向设置黏滞阻尼器,对桥梁结构关键部位纵桥向的受力及变位,如塔底内力、主梁位移、支座反力等有很好的改善,对横桥向的改善效果不明显。

(2)通过计算比较,可以确定该桥黏滞阻尼器的参数建议取为,速度指数$\xi=0.3$,阻尼系数$C=1000[kN/(m/s)^\xi]$或者$\xi=0.5$,阻尼系数$C=3000[kN/(m/s)^\xi]$。

参考文献

[1] 顾安邦,范立础.桥梁工程[M].北京:人民交通出版社,2002.
[2] 林元培.斜拉桥[M].北京:人民交通出版社,2004.
[3] 贾斌,等.黏滞阻尼器对空间结构的振动控制效应[J].地震工程学报,2014,36(1):39-46.
[4] 狄生奎,等.黏滞阻尼结构的随机地震响应分析[J].甘肃科学学报 2014,,26(1):126-129.
[5] 李海鹰,等.重庆石忠高速公路忠县长江大桥黏滞阻尼器参数分析[J].公路交通技术,2007,6(3):81-85.
[6] 王伯惠.斜拉桥结构发展和中国经验[M].北京:人民交通出版社,2003.
[7] 王志强,胡世德,范立础.东海大桥黏滞阻尼器参数研究[J].中国公路学报,2005,18(7):37-42.
[8] 殷海军,等.连续梁桥设置阻尼器参数分析[J].同济大学学报,2004,32(11):1437-1441.

116. 基于悬链线理论的缆索吊装系统解析准确算法

邓亨长[1]　陈良春[2]　张艳丽[2]　卢伟[2]　唐茂林[3]

(1.四川路桥华东建设有限责任公司；2.四川公路桥梁建设集团有限公司；3.西南交通大学)

摘　要　缆索吊机以承重索跨中重载垂度作为控制设计的重要依据。介绍了以跨中重载垂度为起始条件,基于悬链线方程,采用分段悬链线的数值迭代算法进行缆索吊机重载线形的计算方法；并在索的无应力长度已知的基础上,介绍了采用索力连续算法,进行缆索吊机的空载线形和施工阶段计算的方法。编制了缆索吊装程序验证了计算方法的可靠性和正确性。

关键词 缆索吊装 悬链线 线形 施工阶段计算 数值迭代法 索力连续算法

缆索吊装系统承重索是一根连续索,索力满足在塔顶索鞍两侧索力相等的连续条件,文献[1~3]分别提出了一种通过调整索鞍两侧索长而使索力连续的算法。在缆索吊装精确计算方面,文献[4,5]提供了一种基于有限元分析的索—滑轮的平面3节点单元,单元可以模拟缆索吊装系统承重索在索鞍和荷重跑车处的滑动,文献[6]利用此单元进行了实桥吊装计算分析。采用索—轮单元进行缆索吊装计算,考虑了滑轮效率和轮径的影响,是一种准确高效的算法;但由于索结构的复杂性,这种分析方法依然存在一定局限,其一,计算需要的索无应力长度参数是未知的,其二,对于多吊点吊装,其使用受到限制。

缆索吊装系统最基本的计算内容是:已知重载作用下承重索跨中垂度求出空载承重索的跨中垂度;在已知索无应力长度的情况下,进行施工阶段的计算,求出荷载在跨内移动时承重索线形、内力,吊装系统牵引力等。本文回归基于悬链线方程的思路,提出了采用分段悬链线数值迭代法[7]和塔顶索力连续算法,进行缆索吊装系统重载线形和施工阶段精确计算的方法。

一、基 本 假 定

在缆索吊装系统计算中,忽略滑轮直径和滑轮摩擦力的影响。承重索的自重恒载沿索为恒量,承重索在自重作用下呈悬链线,且满足线性应力应变关系,其基本计算假定见相关文献。

二、基本方程的引用[7]

1. 悬链线方程(见图1)

自重作用下的柔性索曲线可表示为左端水平力 H、左端竖向力 V 分量和无应力索长 S_0 的方程。

$$X = \frac{HS_0}{EA} + \frac{H}{W}[\ln(V + \sqrt{V^2 + H^2}) - \ln(V - WS_0 + \sqrt{(V - WS_0)^2 + H^2})] \tag{1}$$

$$Y = \frac{S_0^2 - 2VS_0}{2EA} - \frac{1}{W}(\sqrt{V^2 + H^2} - \sqrt{(V - WS_0)^2 + H^2}) \tag{2}$$

式中:EA——索的抗拉刚度;

W——索的每延米自重;

X——两支点跨度;

Y——支点高差;

V——索右端竖向力。

2. 缆索吊装系统承重索线形计算公式推导(见图2)

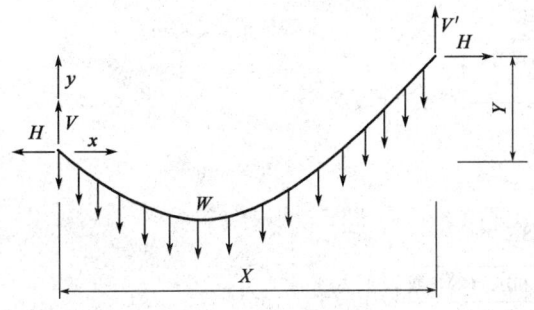

图1 自重作用下的索段单元

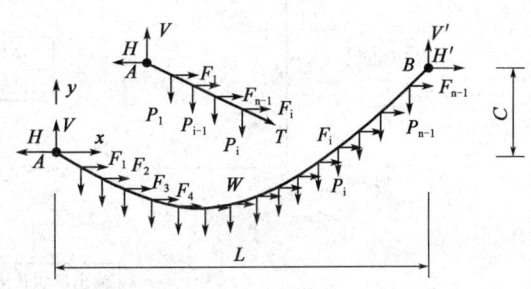

图2 集中荷载作用下的柔索

缆索吊装系统承重索相当于 N 个索段相连,并在连接点作用 $N-1$ 个竖向集中荷载 P_i 和横向集中荷载 F_i。竖向集中荷载 P_i 用于模拟缆索吊装系统中的吊点竖向荷载,水平集中荷载 F_i 用于模拟吊点纵向荷载。

$$V_i = V_{i-1} - P_i - WS_{0i-1} \tag{3}$$

$$H_i = H_{i-1} - F_i \tag{4}$$

$$X_i = X_{i-1} - \frac{H_{i-1}S_{0i-1}}{EA} + \frac{H_{i-1}}{W}[\ln(V_{i-1} + \sqrt{V_{i-1}^2 + H_{i-1}^2}) - \ln(V_{i-1} - WS_{0i-1} + \sqrt{(V_{i-1} - WS_{0i-1})^2 + H_{i-1}^2})] \tag{5}$$

$$Y_i = Y_{i-1} - \frac{WS_{0i-1}^2 - 2V_{i-1}S_{0i-1}}{2EA} - \frac{1}{W}(\sqrt{V_{i-1}^2 + H_{i-1}^2} - \sqrt{(V_{i-1} - WS_{0i-1})^2 + H_{i-1}^2}) \tag{6}$$

V_i 为承重索 i 连接点右侧索段起点的竖向张力，$V_0 = V$；H_i 为承重索 i 连接点右侧索段的水平张力，$H_0 = H$；S_{0i} 为 i 连接点右侧索段的无应力长度。

三、缆索吊装系统承重索重载作用下的线形计算

1. 缆索吊装中跨重载线形计算（见图3）

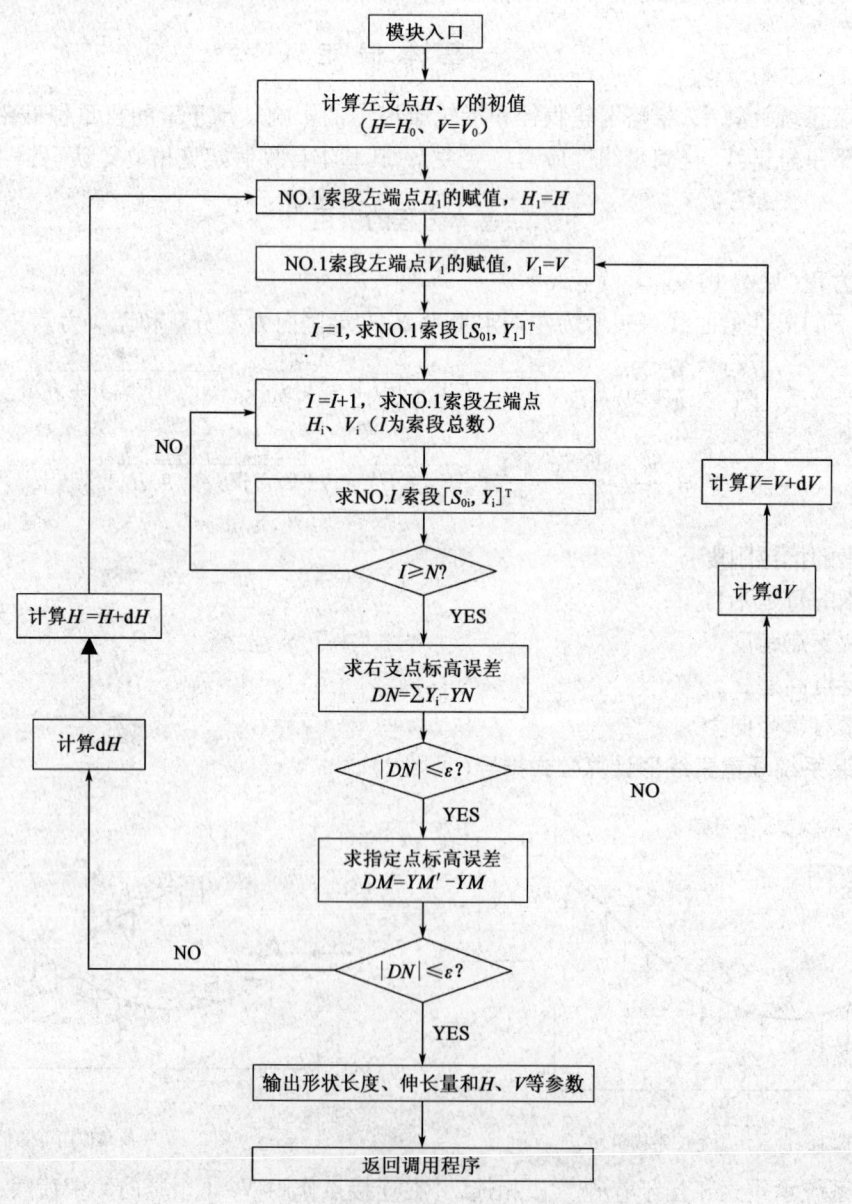

图3 中跨重载承重索的线形和内力计算流程图

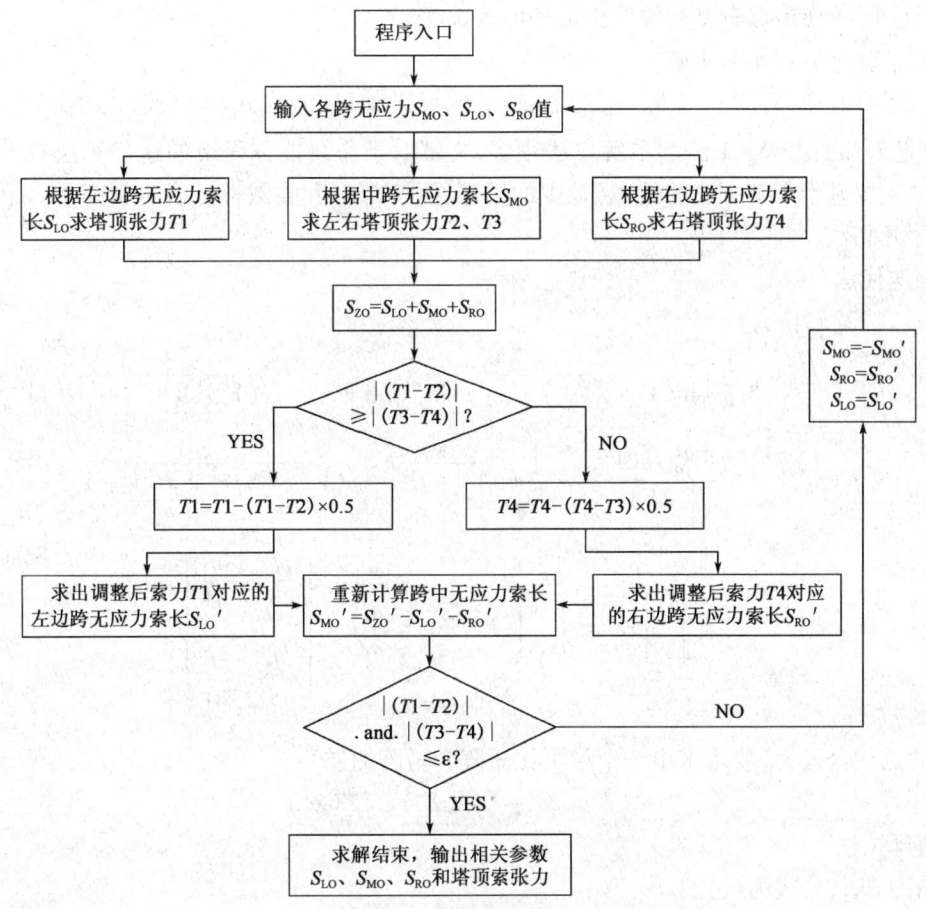

图4 空载承重索的线形和内力调整计算流程图

从式(1)、式(2)可以看出,一条悬索由各索段的无应力长度 S_0,左端点的 H、V 三个参数确定。在缆索吊装初始线形计算中,索的无应力长度 S_0 是未知的,各索段的 X 值和跨中垂度、左右端点高差值(即跨中点和右端点的 Y)是已知的。缆索吊装系统承重索由多段悬索组成,其线形的计算,实质就是通过修正左端点 H_0、V_0,联立式(1)、式(2)和式(5)、式(6)依次对各索段进行求解,使索线形通过跨中点和右支点,最终求得各索段的 H、V、S_0。

对于给定的一组 H_0、V_0,吊装系统承重索存在一个唯一线形与之对应。左端第一段索的 $[S_{00}, Y_0]^T$ 值,根据给定 H_0、V_0 值采用式(1)和式(2)求得;其他索段按照从左到右的顺序,先采用式(3)、式(4)代入前一索段求得的 S_{0i-1} 值计算出左端 H_i、V_i,然后通过式(5)、式(6)依次求出对应索段的 $[S_{0i}, Y_i]^T$ 值。

初始给定的 H_0、V_0 求得的 $[S_{0i}, Y_i]^T$ 值并不满足吊装线形通过跨中点和右端点的要求,必须对 H_0、V_0 的值不断进行修正,直到右端点高差和跨中点垂度(即相应的 Y 坐标)的容差足够小。H_0、V_0 的修正对应两层循环迭代过程,在内层循环中,修正左端竖向力 $V_0 = V_0 + dV$ 使其线形通过右端点,在外层循环中,修正左端点水平力 $H_0 = H_0 + dH$,使主索线形通过跨中点。通过两层嵌套循环计算,当计算线形同时满足通过跨中点和右端点时,其线形就是所需的承重索线形,此时的 H_0、V_0 值,就是求得的承重索左支点水平力和竖向力 H、V。H、V 一经确定,整个悬索线形就完全确定。

2. 悬链线线形长度的计算

悬索的线形长度在吊装线形计算中不是必须的,其计算公式如下:

$$\alpha = V_{i-1}\sqrt{V_{i-1}^2 + H_{i-1}^2} - (V_{i-1} - WS_{0i-1})\sqrt{(V_{i-1} - WS_{0i-1})^2 + H_{i-1}^2} \tag{7}$$

$$\beta = \ln(V_{i-1} + \sqrt{V_{i-1}^2 + H_{i-1}^2}) - \ln(V_{i-1} - WS_{0i-1} + \sqrt{(V_{i-1} - WS_{0i-1})^2 + H_{i-1}^2}) \tag{8}$$

$$dS_0 = \frac{1}{2EAW}(\alpha + H_{i-1}^2\beta); \quad S_i = S_{0i} + dS_i \tag{9}$$

dS_{0i}、S_i 分别为 i 连接点右侧索段伸长量和形状长度。

3. 悬链线非线性方程组的求解[8]

在悬索线形计算中,对应一组 H_0、V_0 的值,荷载位置 X 值已知,在式(1)、式(2)的联立方程组中,只有 S_0,Y 的值是未知的。$[S_0,Y]^T$ 的求解方法很多,文献对于非线性方程组的迭代算法有大量论述。求解方法的选取主要基于求解方法的效率(较少的循环迭代次数)和收敛性综合进行考虑。下面介绍牛顿迭代法和数值延拓法。

(1) 牛顿迭代法

将式(1)、式(2)转换为:

$$\left.\begin{aligned} f_1(S_0,Y) &= \frac{HS_0}{EA} + \frac{H}{W}[\ln(V + \sqrt{V^2 + H^2}) - \ln(V - WS_0 + \sqrt{(V - WS_0)^2 + H^2})] - X \\ f_2(S_0,Y) &= \frac{WS_0^2 - 2VS_0}{2EA} - \frac{1}{W}(\sqrt{V^2 + H^2} - \sqrt{(V - WS_0)^2 + H^2}) - Y \end{aligned}\right\} \quad (10)$$

$$F = \begin{bmatrix} f_1 \\ f_2 \end{bmatrix}; Z = \begin{bmatrix} S_0 \\ Y \end{bmatrix}; F'(Z) = \frac{\partial F}{\partial Z} = \begin{bmatrix} \frac{\partial f_1}{\partial S_0} & \frac{\partial f_1}{\partial Y} \\ \frac{\partial f_2}{\partial S_0} & \frac{\partial f_2}{\partial Y} \end{bmatrix}$$

牛顿法的迭代公式为(要求求出一个雅可比矩阵和矩阵的逆):

$$Z^{n+1} = Z^n - [F'(Z^n)]^{-1} F(Z^n) \quad (11)$$

(2) 数值延拓法

数值延拓法迭代公式为:

$$Z^{k+1} = Z^k - (F'(Z^k))^{-1}\left[F(Z^k) - \left(1 - \frac{k}{N}\right)F(Z^0)\right], (k = 0,1,\cdots,N-1)$$
$$Z^{k+1} = Z^k - (F'(Z^k))^{-1} F(Z^k), (k = N, N+1, \cdots) \quad (12)$$

它本质上就是牛顿法,前面 N 步只是为了求得解 Z 的一个足够近似 Z_N,数值延拓法可以克服用牛顿法求解时的局部收敛的缺陷,是一种大范围收敛的算法,对初值没有严格的限制。

4. 左端 H_0、V_0 值的修正

由于 H_0、V_0 是通过比较悬索 Y 坐标的值进行修正的,H_0、V_0 的修正值 dH、dV 和高差变化量 dY 之间的关系可由式(2)推导求出。由式(2)求 Y 对 H、V 的偏微分:

$$dY = \frac{\partial Y}{\partial V} dV; dY = \frac{\partial Y}{\partial H} dH \quad (13)$$

由此可知:

$$dH = dY / \left(\frac{\partial Y}{\partial H}\right); dV = dY / \left(\frac{\partial Y}{\partial V}\right) \quad (14)$$

由于悬索的高度非线性,实际计算中引入了 K_1、K_2 修正系数,$H_0 = H_0 + K_1 \cdot dH$,$V_0 = V_0 + K_2 \cdot dV$ ($0 < K_1$、$K_2 \leq 1$),避免在计算中不收敛的情况出现。

为避免出现计算不收敛的问题,也可采用其他方法进行 H_0、V_0 的修正。比如采用二分法,这时需先估计一个 H_0、V_0 的上、下限范围。

5. 缆索吊装系统边跨承重索线形计算

前面缆索吊机承重索中跨线形的计算,已给出承重索塔顶中跨的水平力和竖向力,即给出了悬索在塔顶的索力 T。吊装系统边跨的计算,需满足索力在塔顶连续的条件。将公式(10)中 H 用 T、V 进行代换构建 $f(S_0,V)$ 一组非线性程组。

$$\left.\begin{aligned}f_3(S_0,V) &= \frac{\sqrt{T^2-V^2}S_0}{EA} + \frac{\sqrt{T^2-V^2}}{W}[\ln(V+T) - \ln(V-WS_0+\sqrt{(V-WS_0)^2+(T^2-V^2)})] - X = 0 \\ f_4(S_0,V) &= \frac{WS_0^2-2VS_0}{2EA} - \frac{1}{W}(T-\sqrt{(V-WS_0)^2+(T^2-V^2)}) - Y = 0\end{aligned}\right\}$$

(15)

方程中只有两个未知数$[S_0,V]^T$，其实质就是一个非线性方程组求解的问题。当然，也可用将公式中的V用T、H代换构建方程组，求解$[S_0,H]^T$。

通过上述分析，缆索吊装系统重载作用下中、边跨承重索线形各项参数全部求出，中、边跨塔顶水平力可推算出塔顶不平衡力，塔顶不平衡力作为设置索塔抗风绳的依据。

四、缆索吊机承重索空载线形的计算

1. 缆索吊机承重索空载线形的计算

跨中空索垂度是缆索吊机安装线形的一个重要控制指标。在缆索吊装重载线形的计算中，承重索线形边、中跨的无应力长度已经求出。此处需要在总无应力索长不变的情况下，求出承重索在空载下塔顶满足索力连续条件的最终索张力。本文流程图(见图4)说明了，采用二分法进行塔顶索力调整，并最终使塔顶索端张力在索鞍两侧相差足够小的一种循环迭代算法的计算过程。

已知塔顶索力求索无应力长度可通过式(15)与变换求解$[S_0,V]^T$，已知索无应力长度求塔顶索张力采用式(15)变换未知数求$[T,V]^T$。

2. 缆索吊机承重索跨中空载垂度的计算

由于承重索空载线形$[T,V]^T$值已知，即中跨H值已知，由于H、V和跨中点X坐标已知，采用式(1)可计算出左支点到跨中的S_0，将S_0代入式(2)就可求出跨中点的Y坐标，跨中点的垂度就可以推算出来了。

五、施工阶段计算

施工阶段计算是在已知索无应力长度的基础上进行的，其实质是在分跨计算上基础上满足承重索在塔顶索力连续的条件，其索力调整方法与承重索空载线形计算相同。不同的是此处考虑了施工荷载作用，施工荷载作用跨需采用分段悬链线数值迭代法求解。对应每一次循环计算，此处承重跨无应力索长和跨径已知，而跨中垂度未知，水平力修正比较变量由跨中垂度变为索无应力长，H_0、V_0的值修正，直到右端点高差和无应力索长的容差足够小为止。施工阶段计算占用的计算资源将大大增加。

施工阶段计算的分段悬链线法，可以方便地进行水平荷载施加，可以模拟吊点有偏拉力的情况。在双吊点或多吊点分析中，滑轮在索上的爬升角可以准确给出，吊点的牵引力也可以准确求得。在下例双吊点吊装算例中，前吊点距塔顶10m吊机满载起吊时，两个双轮跑车吊点计算总牵引力为63.79kN，两个单轮跑车吊点计算总牵引力为77.46kN。如采用单吊点模拟，两个吊点荷载折算到一个吊点荷载，单轮跑车满载距塔顶15m时，经精确计算，吊点牵引力为93.61kN(爬坡斜率0.576)，与实际施工中多采用的两个双轮跑车吊点相比，牵引力差值超过46.7%，已远远超出工程可接受的范围。这也说明了吊点牵引力的计算，模拟方法的不当，会造成重大偏差。

六、算例(见图5)

春晓大桥为主跨336m的下承式钢桁拱桥，拱肋采用缆索吊装法施工。缆索吊机的跨径布置为(224+336+224)m，采用各跨连续布置，中间转点支撑于塔顶的索鞍上，两端锚固在锚碇装置上，鞍座顶与锚碇的竖直距离为126m，主索在施工中的最大垂度垂跨比为1/13(25.8m)。主索分两组，每组由8φ56满充钢丝绳组成。缆索吊机的设计吊重为4×75t。平均到每根单索，索截面面积$A = 1667 \times 10^{-6} m^2$，索自重$W = 14.98 kg/m$，集中荷载为$2 \times 9.375t$(吊点纵向间距，$a = 10m$)，钢绳的弹性模量$E = 130GPa$，钢绳的线

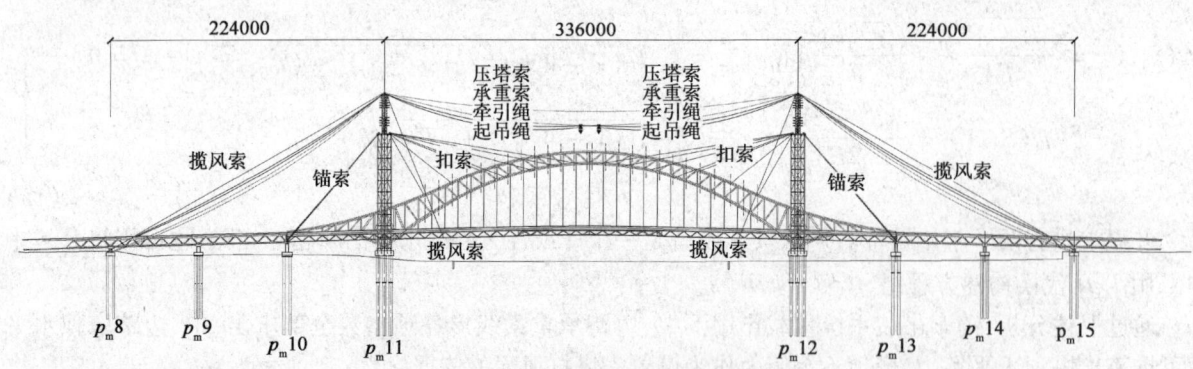

图5 春晓大桥缆索吊机(尺寸单位:mm)

膨胀系数 $\alpha = 0.000012$。

表1列出了施工重载、试验荷载、温度荷载、近塔处施工荷载作用下及空缆线形计算成果的各项参数。温度荷载的施加,通过改变索的无应力总长 S_{z0} 和自重荷载集度 W 来实现。无应力总索长计算值为 $S_{z0} = 851.473$ m。

春晓大桥缆索吊机计算成果表　　　　　　表1

线形及受力	工作状态	100%重跨中	空索安装	120%重跨中	50%重跨中	100%重跨中温升20℃	100%重 $X=10$m	100%重 $X=20$m	100%重 $X=10$m, 2.5kN 偏拉力
中跨	跨中垂度 f(m)	25.8	12.348	26.919	22.226	26.285			
	左塔水平力(10kN)	67.479	17.137	76.033	43.933	66.236	33.389	40.549	32.508
	右塔水平力(10kN)	67.479	17.137	76.033	43.933	66.236	33.389	40.549	35.008
	左塔竖向力(10kN)	11.914	2.524	13.791	7.222	11.915	20.46	19.905	20.402
	右塔竖向力(10kN)	11.914	2.524	13.791	7.222	11.915	3.355	3.913	3.413
	无应力索长(m)	339.007	336.939	339.223	338.366	339.180	338.104	338.318	338.121
左边跨	塔顶水平力(10kN)	58.881	14.184	66.511	37.95	57.814	33.27	38.515	32.59
	塔顶竖向力(10kN)	35.049	9.943	39.339	23.282	34.448	20.653	21.426	20.27
	无应力索长(m)	256.233	257.267	256.124	256.554	256..249	256.636	256.544	256.649
右边跨	塔顶水平力(10kN)	58.881	14.184	66.511	37.95	57.814	28.381	34.647	29.792
	塔顶竖向力(10kN)	35.049	9.943	39.339	23.282	34..448	17.906	21.426	18.698
	无应力索长(m)	256.233	257.267	256.124	256.554	256.249	256.733	256.611	256.704
索张力	左塔顶张力(10kN)	68.523	17.322	77.274	44.523	67.299	39.159	45.171	38.379
	右塔顶张力(10kN)	68.523	17.322	77.274	44.523	67.299	33.557	40.737	35.174
单轮跑车	前/后轮牵引力						4.868/2.878	4.075/2.292	4.953/2.934
	前/后轮爬坡斜率						0.608/0.323	0.483/0.252	0.622/0.330
双轮跑车间距0.5m	前跑车前/后轮牵引力						2.436/2.002	2.039/1.647	2.392/1.963
	前跑车前/后轮爬坡斜率						0.608/0.472	0.483/0.375	0.593/0.461
	后跑车前/后轮牵引力						1.441/0.86	1.148/0.650	1.412/0.844
	后跑车前/后轮爬坡斜率						0.323/0.187	0.252/0.140	0.316/0.183

注:1. 表中牵引力方向沿滑轮与承重索切线方向给出。实际施工中,牵引力需根据牵引绳的实际布设角度进行调整。

2. 表中 X 值表示距索塔最近吊点到塔顶滑轮中线的水平距离。

七、结　语

本文基于悬链线方程，采用分段悬链线数值迭代算法、塔顶索力连续算法，进行缆索吊机承重索线形和施工阶段计算的方法，除在缆索吊装系统计算中忽略滑轮直径和滑轮摩擦力的影响外，由于在索结构分析中采用了较精确的假定，其计算结果具有较为满意的精度；本方法荷载施加方便，对于多吊点吊装，存在吊点偏拉力以及有承索器荷载的缆索吊机计算具有良好的适用性；以前吊点牵引力的近似处理方法，求出的牵引力有较大的差异，本方法吊点处承重索线形真实地反映了实际线形，牵引力计算准确，弥补了近似方法的缺陷。

参考文献

［1］聂建国.多跨连续长索在支座处存在滑移的非线性静力分析［J］.计算力学学报,2003.20(3)：320-324.
［2］郭彦林.滑动索系结构的统一分析方法——冷冻升温法［J］.工程力学,2003,20(4):156-160.
［3］魏建东.索结构分析的滑移索单元法［J］.工程力学,2004,21(6):172-176.
［4］魏建东.缆索吊装系统有限元分析中的滑轮单元［J］.力学与实践,2007,29(1):58-63.
［5］魏建东.滑轮在索上滑行分析的索-轮单元法［J］.力学学报,2005,37(3):322-328.
［6］韩玉.缆索吊机承载索几何非线性计算方法［J］.公路,2013,4:26-30.
［7］唐茂林.悬索桥成桥主缆线形计算的分段悬链线法［J］.铁道学报.2003,25(1):87-91.
［8］龚纯.MATLAB语言常用数值算法集［M］.北京:电子工业出版社,2008.

117. 高烈度地震区大跨度悬索桥中央扣形式的选择与创新

曹发辉　蒋劲松　庄卫林　陶齐宇
(四川省交通运输厅公路规划勘察设计研究院)

摘　要　以雅康高速公路泸定大渡河特大桥为研究背景，建立该桥的空间动力计算模型，采用非线性时程分析方法研究了刚性中央扣、柔性中央扣和耗能中央扣3种形式对结构抗震性能的影响。耗能中央扣首次将防屈曲耗能钢支撑构件应用于悬索桥，利用钢材良好的滞回耗能性能消耗地震输入能量，保护桥梁主体结构免遭破坏。研究结果表明耗能中央扣的综合性能大大优于传统的刚性中央扣和柔性中央扣，是适用于高烈度地震区大跨度悬索桥的一种理想的中央扣形式。

关键词　悬索桥　耗能中央扣　防屈曲支撑　延性抗震　减震设计　非线性时程分析

一、引　言

悬索桥是一种柔性结构，在车辆、地震及风载等各种荷载作用下，主缆和加劲梁纵横向都会产生较大的位移，如果缆梁位移不同步，将会使吊索产生弯折损伤，特别是跨中处短吊索，从根本上改善这一问题的重要途径是在主跨跨中设置中央扣，使两者在跨中处相对固定。中央扣除了能改善短吊索的弯折疲劳外，还能减小地震力及制动力作用下加劲梁的位移，提高结构的反对称抗扭刚度从而提高全桥的抗风稳定性[1]，设置中央扣已成为提高悬索桥刚度的有效措施之一[2]。

虽然中央扣在许多悬索桥中已广泛应用，但对于其在地震激励下的动力响应问题却鲜有文献报道，而高烈度地震区如何合理地选择中央扣的形式更是未见相关报道。本文以雅康高速公路泸定大渡河特大桥为研究对象,建立该桥的空间动力模型,研究3种中央扣模式下的动力响应问题,寻求一种合理的中央扣形式,旨在为今后高烈度地震区的悬索桥设计提供参考。

二、工程背景

泸定大渡河特大桥是雅安至康定高速公路上跨越大渡河的一座特大型桥梁,主桥为1100m单跨钢桁梁悬索桥,成桥状态下中跨矢跨比为1/9,主缆横向中心距为27.0m,纵向吊索间距为10.0m。加劲钢桁梁采用带竖腹杆的华伦式结构,主梁桁宽27.0m、桁高8.2m。主塔采用钢筋混凝土门式框架结构,两岸塔高均为188m。结构布置图见图1。

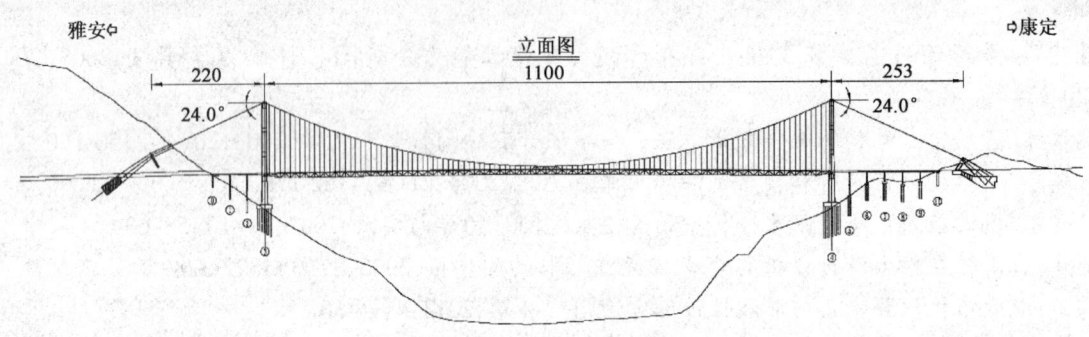

图1 主桥桥跨布置图(尺寸单位:m)

该桥的典型建设条件是所处风环境和地震环境复杂,抗风、抗震问题突出。风攻角达到-7°,地震基本烈度Ⅷ度,50年超越概率10%(E1地震)的设计峰值加速度为275gal,50年超越概率2%(E2地震)的设计峰值加速度为490gal。

三、中央扣形式

自从1950年Tacoma新桥上首次使用中央扣以来,已发展有3种设置方式[1]:

(1)刚性中央扣,用刚性三角桁架将主缆与加劲梁联结,使缆、梁在跨中处相对固定,它由连接主缆的中央扣索夹、连接加劲梁的斜(竖)杆及跨中加劲梁段组成,见图2所示。我国润扬长江大桥、南溪长江大桥采用了刚性中央扣。

(2)柔性中央扣,即在跨中加设一对或多对斜吊索来增加缆梁纵向约束体系,见图3所示。我国坝陵河大桥、四渡河大桥采用了柔性中央扣。

(3)在跨中将主缆直接与加劲梁相联结,此联结方式采用较少。

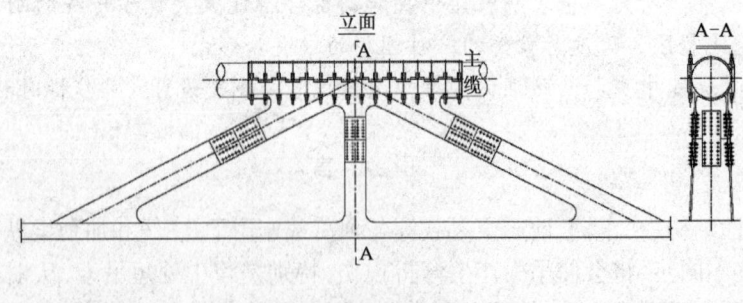

图2 刚性中央扣

设置中央扣后加强了加劲梁—主缆—主塔的动力耦合作用[1],在高烈度地震区中央扣的受力可能会大大增加,直至构件屈服。目前桥梁抗震普遍采用能力设计方法进行延性抗震设计,即将结构构件区分成延性构件和能力保护构件,在两者之间建立强度安全等级差异,以确保结构不会发生脆性的破坏模式,与常规的强度设计方法相比,采用能力设计方法设计的抗震结构具有明显的优势。结构延性抗震设计的

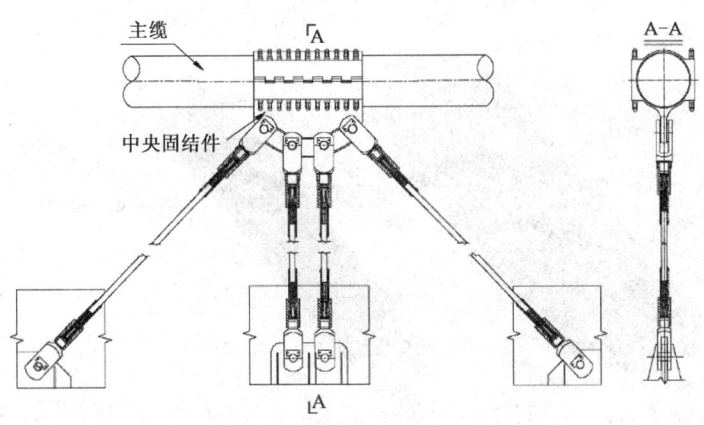

图 3　柔性中央扣

基本原理是将结构部分构件设计成具有较好的滞回延性,在预期的地震动作用下,通过延性构件发生的反复弹塑性变形循环耗散掉大量的地震输入能量,从而保证结构的抗震安全。本文即从能力设计的角度出发,探讨一种可以屈服耗能的中央扣,即防屈曲钢支撑。此类中央扣也可看作是一种刚性的中央扣,但与普通的刚性中央扣和缆梁之间固结的特点不同,它的两端以铰结形式与缆、梁连接,只承受轴向力,而不产生弯矩,因此可称为铰结的刚性中央扣。

四、防屈曲钢支撑

基于延性的抗震设计理念,本桥拟采用防屈曲钢支撑作为中央扣杆件,防屈曲钢支撑是一种位移相关型消能器,主要性能特性是其在受拉受压时都能达到全截面屈服,支撑受压承载力与受拉承载力相当,从而充分发挥钢材的滞回耗能作用,滞回曲线稳定饱满(见图4)。设计目标是在静力荷载和E1地震作用下处于弹性状态,向主体结构提供足够刚度,从而保证结构满足正常作用要求;在E2地震作用下,防屈曲钢支撑率先进入耗能状态,产生较大的阻尼,耗散地震中大部分的能量,并迅速衰减结构动力反应(位移、速度、加速度等),而使主体结构不出现明显塑性,从而确保其在强震作用下安全性和正常使用性。

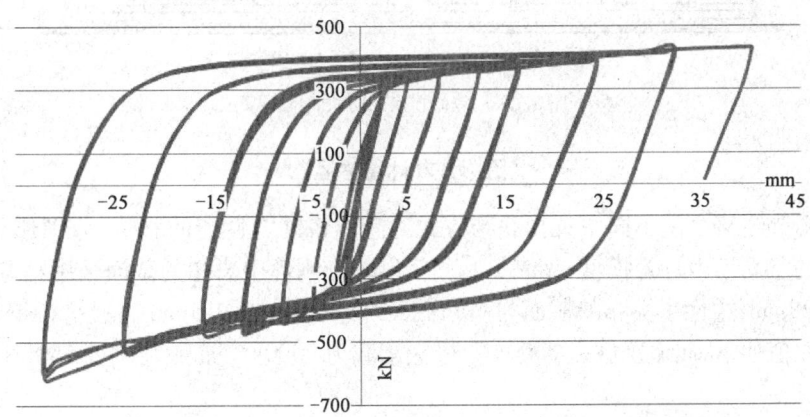

图 4　防屈曲钢支撑滞回性能曲线

图5为典型的防屈曲钢支撑构造,从单元构成来看,防屈曲支撑分为3个部分:核心单元、滑动机制单元及约束单元[3]。

核心单元通过承受外来拉压作用而屈服耗能,是支撑的关键构件,一般由低屈服点钢材制成,保证在大震下先于其他主体结构而进入塑性阶段,吸收振动能量,减轻结构震害,常见的截面形式有一字形、十字形、工字形、双T形等。约束单元主要作用是提供防屈曲支撑抗侧弯刚度,约束核心单元使之始终近似

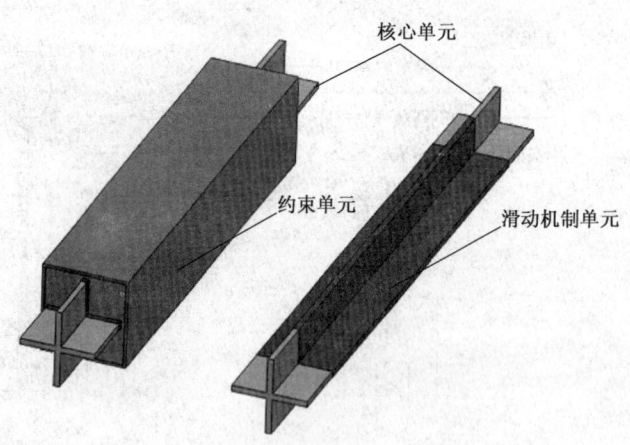

图5 防屈曲钢支撑结构

处于轴向受拉受压状态,增强支撑的耗能能力,这也是防屈曲支撑区别于普通支撑的显著特征。从工作机理来说,"防屈曲"的实质是防止支撑发生构件的整体屈曲和局部屈曲破坏,从而实现多波屈曲耗能减震的目的。常见的约束单元材料为纯钢管或钢筋混凝土与钢管混凝土约束等。滑动机制单元在核心单元与约束单元之间提供了一定的滑动界面和空间,从而使内芯钢材在受拉与受压时尽可能地有相似的力学性能,同时保证核心钢材发生高阶多波微幅屈曲时,有适当的变形空间,避免核心单元因受压膨胀后与约束单元间产生摩擦力而造成过大的压力。

防屈曲支撑可有固接与铰接两种连接方式,试验证实了铰接比固接方法可以更好地减小防屈曲支撑对主体结构框架节点的偶然偏心[4],从而避免产生较大的面外弯矩。本桥采用了铰结连接的防屈曲钢支撑作为中央扣构件(图6),中央扣横桥向摆动角度远大于纵桥向,因此铰结方向设为横向,纵桥向的摆角依靠关节轴承的转角来实现,从而使得两个方向均为铰结以达到只承受轴向力的目的。防屈曲钢支撑两端的销铰连接构造以及上端索夹、下端加劲梁耳板均按能力保护构件进行设计,安全系数大于支撑件本身,确保支撑件延性能力的充分发挥。

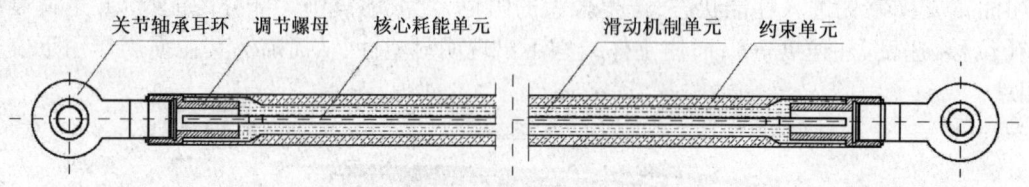

图6 采用铰结连接的防屈曲钢支撑

五、动力计算模型

为了对比主缆和主梁之间不同中央扣联结方式对悬索桥动力性能的影响,分别建立了无中央扣和3种中央扣模式下的空间动力计算模型,见表1和图7所示。刚性中央扣的截面采用箱型截面,高度0.8m,宽度0.7m,板厚28mm;柔性中央扣的截面与吊索截面一致,为2根φ15mm高强平行钢丝;耗能中央扣参数经对比优化后取值如下:屈服承载力6000kN,极限承载力9000kN,屈服前刚度550kN/mm,屈服后刚度16.5kN/mm。

四种缆梁联结模式的计算模型　　表1

模　型	联结方式	中央扣构造
A	无中央扣	—
B	刚性中央扣	刚性三角桁架
C	柔性中央扣	三对斜吊索
D	耗能中央扣	三对防屈曲钢支撑

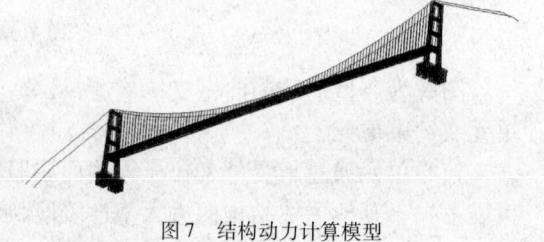

图7 结构动力计算模型

有限元模型中,主梁和桥塔离散为空间梁单元,采用考虑剪切变形的铁木辛柯梁单元模拟,主缆、吊索采用只受拉索单元。计算采用有限位移理论,NR迭代方式求解,计算中计入结构大位移效应、荷载非线性与$P\sim\Delta$效应、索的垂度效应、索单元的应力刚化、接触非线性等几何非线性因素,并纳入悬索桥各构件,尤其是主缆的恒载内力对结构特性的影响,桥塔、主缆和吊索均考虑恒载引起的几何刚度的影响。为准确考虑基础的影响,建立考虑桩-土-结构相互作用的计算模型,如图7所示。

计算分析采用非线性时程分析方法进行,柔性中央扣考虑其受压时会退出工作的实际情况,采用具有铰链功能的钩单元模拟;耗能中央扣模型计算采用动力弹塑性的非线性时程方法,防屈曲钢支撑滞回模型利用双线性恢复力模型来模拟,见图8所示,其中K_1为屈服前刚度,K_2为屈服后刚度,割线刚度$K_{eff} = \frac{|F^-|+|F^+|}{|D^-|+|D^+|}$,有效阻尼比$\xi_a = \frac{W_c}{4\pi W_s}$,$W_c$为所有消能部件在结构预期位移下往复一周所消耗的能量,W_s为设置消能部件的结构在预期位移下的总应变能。

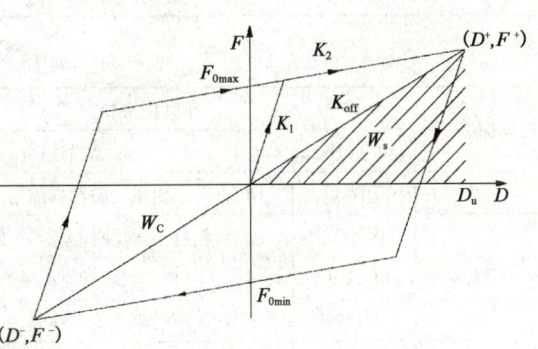

图8 防屈曲钢支撑双线性恢复力模型

六、动力反应分析

本文选取3条工程场地地震安全性评价报告提供的地震动时程进行分析,地震反应结果取3条波结果的包络值。由于中央扣仅对纵向地震响应有影响,地震动输入采用纵向+2/3竖向的组合方式。

1. 动力特性分析

分析和认识大跨度桥梁的动力特性是进行地震反应分析和抗震设计的基础。动力特性计算采用多重Ritz向量法,前15阶振型见表2和表3所示。

前15阶结构自振特性(一)　　　表2

振型	无中央扣		刚性中央扣	
	频率(Hz)	振型描述	频率(Hz)	振型描述
1	0.0530	桁梁一阶对称侧弯	0.0534	桁梁一阶对称侧弯
2	0.0874	桁梁一阶反对称竖弯+纵飘	0.1024	桁梁一阶反对称竖弯+纵飘
3	0.1241	桁梁二阶反对称侧弯	0.1304	桁梁二阶反对称侧弯
4	0.1253	桁梁二阶反对称竖弯	0.1489	桁梁二阶对称竖弯
5	0.1491	桁梁三阶对称竖弯	0.2065	桁梁三阶对称竖弯
6	0.2065	桁梁四阶对称竖弯	0.2318	桁梁四阶反对称竖弯
7	0.2354	桁梁四阶反对称竖弯	0.2362	桁梁一阶对称扭转+对称侧弯
8	0.2361	桁梁一阶对称扭转+对称侧弯	0.2896	主缆一阶横摆
9	0.2754	主缆一阶横摆	0.2970	主缆二阶横摆+桁梁对称扭转
10	0.2906	主缆二阶横摆+桁梁对称扭转	0.2980	主缆横摆
11	0.2970	主缆横摆	0.2985	主缆横摆
12	0.2980	主缆横摆	0.3151	桁梁对称竖弯

续上表

振型	无中央扣		刚性中央扣	
	频率(Hz)	振型描述	频率(Hz)	振型描述
13	0.3153	桁梁对称竖弯	0.3336	桁梁对称扭转
14	0.3277	桁梁对称扭转	0.3546	桁梁反对称竖弯+纵飘
15	0.3579	桁梁一阶反对称扭转	0.3858	桁梁一阶反对称扭转

前15阶结构自振特性(二)　　表3

振型	柔性中央扣		耗能中央扣	
	频率(Hz)	振型描述	频率(Hz)	振型描述
1	0.0530	桁梁一阶对称侧弯	0.0531	桁梁一阶对称侧弯
2	0.1023	桁梁一阶反对称竖弯+纵飘	0.1025	桁梁一阶反对称竖弯+纵飘
3	0.1291	桁梁二阶反对称侧弯	0.1312	桁梁二阶反对称侧弯
4	0.1493	桁梁二阶对称竖弯	0.1498	桁梁二阶对称竖弯
5	0.2066	桁梁三阶对称竖弯	0.2067	桁梁三阶对称竖弯
6	0.2316	桁梁四阶反对称竖弯	0.2322	桁梁四阶反对称竖弯
7	0.2364	桁梁一阶对称扭转+对称侧弯	0.2370	桁梁一阶对称扭转+对称侧弯
8	0.2754	主缆一阶横摆	0.2754	主缆一阶横摆
9	0.2907	主缆二阶横摆+桁梁对称扭转	0.2908	主缆二阶横摆+桁梁对称扭转
10	0.2970	主缆横摆	0.2970	主缆横摆
11	0.2980	主缆横摆	0.2980	主缆横摆
12	0.3162	桁梁对称竖弯	0.3183	桁梁对称竖弯
13	0.3278	桁梁对称扭转	0.3282	桁梁对称扭转
14	0.3370	桁梁反对称竖弯+纵飘	0.3733	桁梁反对称竖弯+纵飘
15	0.3837	桁梁一阶反对称扭转	0.3865	桁梁一阶反对称扭转

对比上述4种模型的动力特性可知：

(1)设置中央扣后,悬索桥整体刚度有所增加,相应地各阶频率有所增大。

(2)3种中央扣模型纵飘的一阶振型(均在相应模型中的第二阶振型出现)的频率提高分别为17.16%、17.04%和17.25%,提高幅度相近。可见中央扣使得悬索桥纵飘刚度得到较大的提高,这主要是由于中央扣增大主缆与加劲梁之间的纵向相互约束,在一定程度上限制了其纵飘特性,从而约束和降低了地震激励下加劲梁端部纵向位移。

(3)中央扣可提高悬索桥反对称抗扭刚度,3种中央扣模型使一阶反对称扭转自振频率分别提高了7.78%、7.20%、7.99%,这表明设置中央扣可提高全桥抗风稳定性,与大家以前对中央扣的认识相一致。耗能中央扣模型对一阶反对称扭转频率改善最大,其次是刚性中央扣和柔性中央扣,这表明在改善抗风稳定性上耗能中央扣最优。

2. 桥塔地震响应分析

经过大量的地震响应计算分析后发现,桥塔地震作用下的关键控制截面位于上塔柱中部和塔底,本桥作为特大跨度桥梁和雅康高速公路的重要控制性工程,桥塔在E2地震作用下也应基本保持弹性,不允许进入塑性,因此直接给出4种工况的E2地震作用的计算结果。

表4、表5和图9、图10列出了E2地震作用下桥塔关键截面的弯矩和剪力时程计算结果,可看出设置中央扣后桥塔各关键控制截面的内力相对于不设置中央扣的工况均有改善,而以耗能中央扣模式改善幅度最大。以雅安侧桥塔塔底为例,设置刚性、柔性和耗能3种中央扣模式相对于无中央扣模式对弯矩

的改善程度分别为 9.32%、8.43% 和 16.95%,对剪力的改善程度分别为 19.99%、17.40% 和 20.51%。

桥塔关键截面 E2 地震弯矩时程分析结果比较(kN·m) 表4

部位	截面位置	无中央扣	刚性中央扣	柔性中央扣	耗能中央扣
雅安侧	上塔柱中部	1383871	1159451	1247821	1062315
	塔底	3274713	2969433	3015219	2719658
康定侧	上塔柱中部	1304562	1063043	1152995	976681
	塔底	3098730	2699087	2934361	2464764

桥塔关键截面 E2 地震剪力时程分析结果比较(kN) 表5

部位	截面位置	无中央扣	刚性中央扣	柔性中央扣	耗能中央扣
雅安侧	塔顶	39342	30643	34304	28037
	塔底	64592	51679	53596	51347
康定侧	塔顶	37994	28616	32398	25480
	塔底	65766	50324	52611	49757

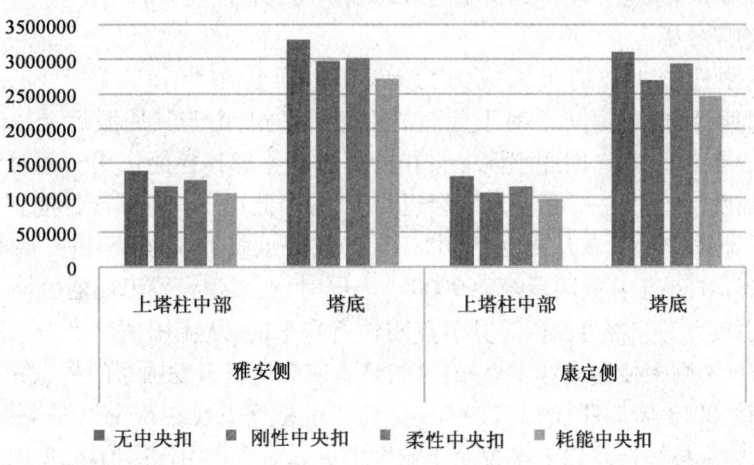

图9 桥塔关键截面 E2 地震弯矩结果比较(kN·m)

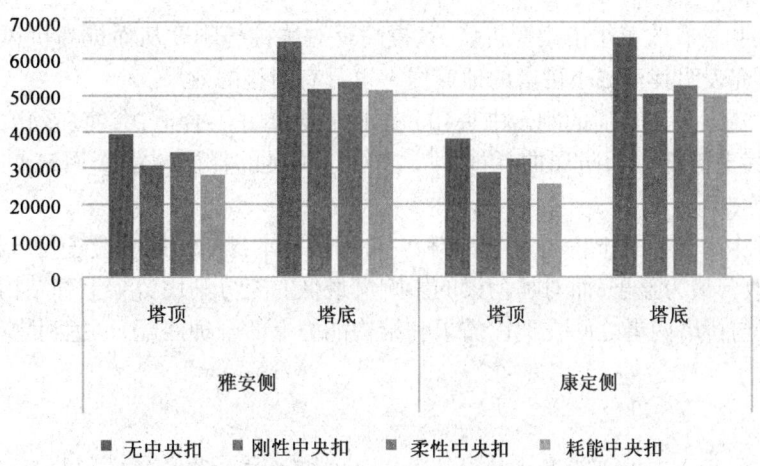

图10 桥塔关键截面 E2 地震剪力结果比较(kN)

3. 钢桁梁地震响应分析

钢桁梁在 E2 地震作用下的抗震性能目标是不屈服，即应力计算结果小于其屈服强度 345MPa。

E2 地震作用下钢桁梁的应力和位移响应见表 6 所示，可看出中央扣对限制纵向位移效果显著，但由此导致结构地震应力响应的显著增加。无中央扣时最大应力为 162MPa，设置中央扣后钢桁梁应力大幅度增加，各种中央扣工况的钢桁梁超过屈服应力的区段主要集中于跨中中央扣附近区域约 100～200m 范围不等，峰值应力集中于跨中中央扣位置，以刚性中央扣的应力最大，柔性中央扣次之，耗能中央扣最小，这充分说明了防屈曲钢支撑中央扣的屈服耗能具有较大的优势。本文在计算分析时为便于说明问题，在跨中区段的钢桁梁截面特性取值与标准梁段截面一致，未进行特别加强。在实际应用时此区段的截面应相对于标准梁段进行适当加大。从位移响应比较情况来看，设置中央扣后可极大地改善加劲梁梁端纵向位移，减小伸缩缝的规模，而 3 种中央扣模式中仍以耗能中央扣为最优。

钢桁梁 E2 地震时程分析结果比较　　　　　　　　　　　　　　　　　　　　　　　　　表 6

	无中央扣	刚性中央扣	柔性中央扣	耗能中央扣
最大应力(MPa)	162	734	399	398
纵向位移(mm)	2461	898	864	819

分析桥塔、钢桁梁的计算结果，可得出以下结论：充分利用无中央扣时钢桁梁地震作用下受力富裕的特性，设置中央扣后通过对钢桁梁与桥塔两者之间在地震需求和结构能力上的合理匹配，可达到既能改善桥塔地震下的内力响应，又避免使得钢桁梁进入屈服状态的目的。

4. 中央扣地震响应分析

E2 地震作用下刚性中央扣的最大应力为 602MPa，柔性中央扣的最大应力为 4558MPa（轴力 16287kN），远远超过两者的承载能力。对于普通的刚性中央扣，由于其屈服后受压时会产生失稳屈曲，其滞回耗能作用无法准确地衡量，因此刚性中央扣计算时不考虑其耗能作用。而对于柔性中央扣，一方面由于其材质为高强度钢丝，另一方面受压时会退出工作，因此也不具备耗能性能。

耗能中央扣 E1 地震作用下最大轴力为 6028kN，与屈服承载力 6000kN 相比基本满足要求；E2 地震作用下最大轴力 8787kN，小于其极限承载力 9000kN。同时，在梁端设置阻尼器后轴力还会有所降低。

刚性中央扣应力较大的一部分原因是其节点刚性所带来的，从应用情况来看，欧美的悬索桥较多地使用刚性中央扣，而日本则多使用柔性中央扣，这与日本属于地震多发国家的特点相适应。而《公路悬索桥设计细则》（总校稿，2013 年 7 月）的 5.2.9 条也指出"可根据需要在跨中设置中央扣构造。地震烈度较高时，可采用柔性中央扣构造。"以上都说明了刚性中央扣不适合用于高烈度地震区。

七、结　　语

（1）悬索桥中央扣具有改善短吊索弯折疲劳、提高反对称抗扭刚度从而提高抗风稳定性及减小梁端位移的作用，本文研究表明其对减小桥塔的地震内力也具有明显的效果。

（2）在高烈度地震区采用普通的刚性中央扣和柔性中央扣并不合适，会使加劲梁应力及中央扣构件本身应力大幅增加甚至破坏。而防屈曲耗能钢支撑由于优良的耗能减震作用自然成为理想的中央扣形式。

（3）通过对 3 种中央扣模式下桥塔、钢桁梁和中央扣构件本身的地震响应进行分析，表明耗能中央扣对桥塔的抗震性能改善最为显著，而对加劲梁的影响又最低。充分利用桥梁上部结构受地震影响较小的特点，通过对钢桁梁与桥塔两者之间在地震需求和结构能力上的合理匹配，可达到物尽其用、经济合理的目的。

参考文献

[1] 徐勋,强士中,等. 中央扣对大跨悬索桥动力特性和地震响应的影响研究[J]. 铁道学报,2010.
[2] GimsingNJ. Cable Supported Bridges[M]. 2thed. England:John Wiley&Sons,1997.

[3] 周云. 防屈曲耗能支撑结构设计与应用[M]. 北京:中国建筑工业出版社,2009.
[4] 张腾龙. 防屈曲支撑框架结构设计及消能减震效果分析研究[J]. 北京:北京工业大学,2009.
[5] 孟凡超,等. 悬索桥[M]. 北京:人民交通出版社,2011.

118. 对纤维复合材料压毁耗能式桥梁防撞装置的评介

陈国虞

(上海海洋钢结构研究所)

摘　要　纤维增强树脂复合材料密度小,比强度高,耐腐蚀。历来被推荐用于冷却器的壳体和叶片等场合;高强纤维增强的复合材料用于飞机构件和风力发电机的大叶片等场合。由于纤维增强树脂复合材料变形过程中弹性极限到断裂的阶段很小,变形耗能很少,因此不适合应用于依靠消耗能量起作用的桥梁防船撞装置。

关键词　钢构耗能防撞装置　外加功　变形功　动能　拨开船头

一、引　言

直接式桥梁防船撞用的防撞装置,指的是当船舶撞上防撞装置时,桥墩支撑着防撞装置,所以桥墩是受力的(因防撞装置类型不同,受力有大小)。除了最近中国建造的具有外钢围的柔性防撞装置"它能够拨开船头,使船舶回到航线继续前进"之外,通常用的是钢结构压毁变形耗能防撞装置,因为钢结构在受载变形直至破坏的过程中,能够吸收很多外加功(消耗很多能量),所以在20世纪晚期设计的一些防撞装置采用钢板格子耗能结构。比较知名的有:日本名古屋港中央大桥和中国的黄石长江公路桥(双薄壁墩)的钢结构压毁变形耗能防撞装置。当船舶的动能被钢材变形消耗掉,船舶便停止了。如果钢板格子防撞装置结构足够大,船舶停在桥墩前面,防撞装置便成功了。

工程设计人员设计钢结构压毁变形耗能防撞装置时,设计人计算认为有足够大的钢结构,与船头(参与变形)一起,用钢材变形耗掉足够多的船舶动能,使船停下来,这时船头碰不到桥墩和桩,保护了桥梁;由于防撞装置消耗了部分动能,船头破坏少了,航线上通过的船舶便得到保护;由于船头破坏少了,泄漏就少了,避免了大规模污染或沉船。

二、来撞船舶具有的能量

撞击桥梁的船舶质量较大、速度较大,因此力和能量都比较大。归纳其参数特征如表1、表2所示,表2所列的是船舶中比较小的、在长江中下游航行的船舶的动能。

从船撞桥的参数特征　　　　　表1

船舶质量(kg)	航速(m/s)	尺度(m)	动能(MJ)	撞击时间(s)
$10^6 \sim 10^8$	10^0	10^2	10^2	10^0

典型船舶能量对比　　　　　表2

序号	名　称	载重(t)	排水量(t)	船速(m/s)	动能(kJ)
1	1600t 川江货船	1600	2200	5	27500
2	同上	1600	2200	6	38000

续上表

序号	名 称	载重(t)	排水量(t)	船速(m/s)	动能(kJ)
3	5000t 级油船	5263	7235	4	57880
4	5000t 级沿海散货船	6399	8670	4	69360
5	7000t 级远洋干货船	7228	10904	4	87232
6	10000t 级油船	9927	12548	4	100384
7	12000t 级江海直达货船	12000	20998	4	167982

根据需要防御对象(船舶)的大小,进行防撞装置的设计。

同时根据直接式防撞装置的类型,决定吸收能量的多少。现有的两种类型的撞击过程如图1所示;两种类型防撞装置的能量吸收时程曲线如图2所示。

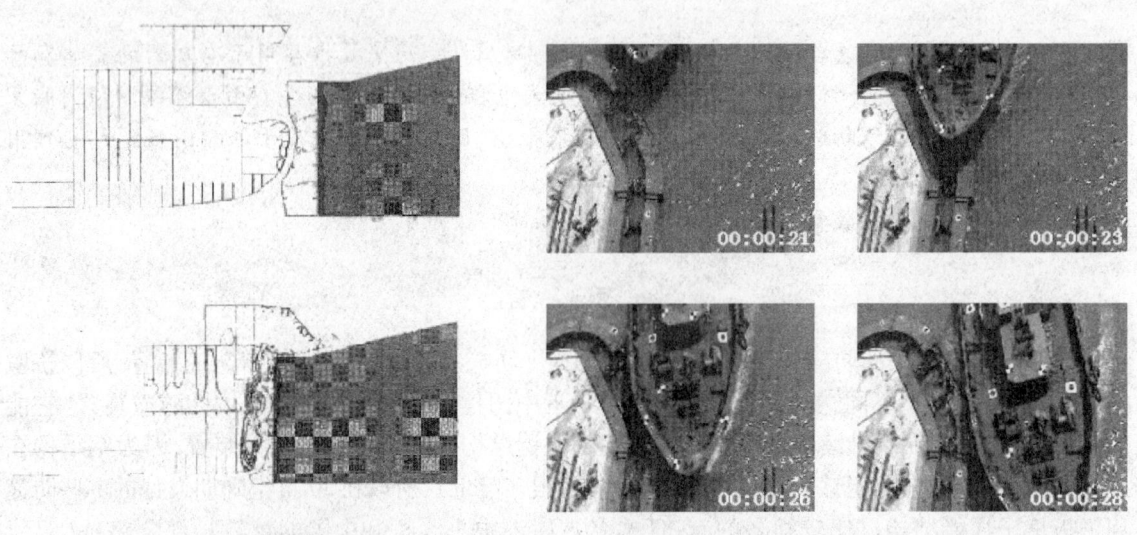

a) 船撞后完全停止型防撞装置示意图
(同济大学孙振作仿真图)

b) 船撞后拨正船头继续前进型防撞装置实船撞击录像
(宁波大学等单位:杨黎明、董新龙、徐爱敏等)

图1 两种类型的撞击过程

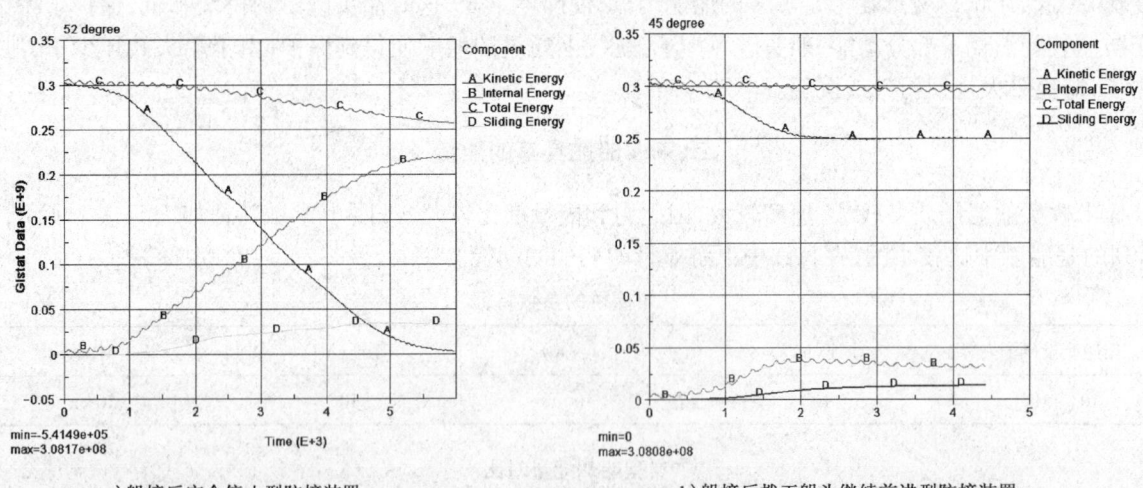

a) 船撞后完全停止型防撞装置

b) 船撞后拨正船头继续前进型防撞装置

(图中 A 为动能,B 为内能,C 为总能)

图2 两种类型防撞装置的能量吸收时程曲线

钢结构压毁变形耗能防撞装置按照计算可以用钢结构压毁变形耗能的方法吸收全部的船舶动能,使船在桥墩前面停下来,从而保护桥墩,同时船头的毁损也会减轻。但因为船舶动能较大,用这种方法设计的钢结构较大,建造价格较高。

保留承台施工用的双壁钢模板,是不能作为防撞装置的,有人加强双壁钢模板其结果会增加撞击力,计算的结果证明它不能保护通过该航线的全部船舶,有的实例放弃防御通过航线的大船,缩小保护范围,只保护小船。

这样,一种只吸收部分动能的、拨开船头使船回到航线继续前进(大部分动能保留在船上)的防撞装置(柔性防撞装置)便在中国诞生了[10-13],并获得推广应用。

三、玻璃钢防撞装置的力学特征(吸能能力及其数值分析)

1. 脆性材料和弹塑性材料的吸能能力比较

脆性材料从受力到断裂吸收的能是很少的(图3)。塑性材料有很长的变形段,吸收很多能,达到最大拉力后还有下降段;脆性材料在达到最大拉力后便断了没有下降段(图3a)。如在没有达到最大拉力前卸载,可以画出卸载曲线,加载和卸载两曲线包围的面积就是吸收的能量,从图3b)可求出它的吸能值。

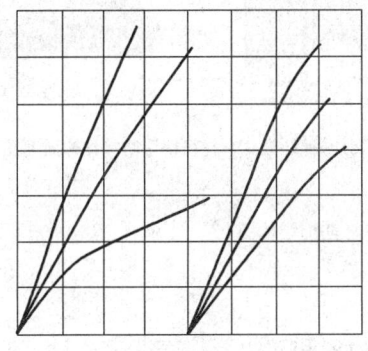
a) 平衡型和单向E42环氧玻璃钢拉伸和压缩的应力应变曲线图

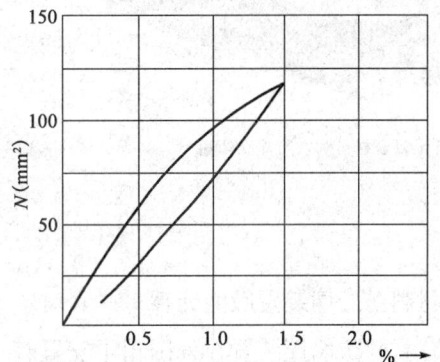
b) E42环氧玻璃钢纬向拉"加载-退载"图(根据[42])

图3 脆性材料的应力应变图和吸能曲线

按图3使用的材料数据(14,351)与普碳钢的标准平均值(22,425),模化地画出两种材料的吸能面积(图4),两面积之比约为10,(9.6～10.4)。

讨论:玻璃钢做成六角形或小格子,钢格子压溃吸能式防撞装置也是做成小格子,受压时局部变形、弯曲。

根据对材料性质的分析可以得到下面几点:

如图4所示。

钢与玻璃钢单位体积吸收能量的能力之比为10。

玻璃钢的容重为1.5～1.9t/m³ 取其中间值为1.7t/m³;与钢的容重7.85t/m³ 的比值为4.62倍。两条相抵,可知:每吨材料吸收能量的能力之比为10/4.62 = 2.4 倍。

聚酯树脂每吨约15000～16000元,做成玻璃钢构件的出厂价约为25000元/t;钢材每吨约4000～4500元,做成钢构件的出厂价约为8300元/t;吨价比为3倍。

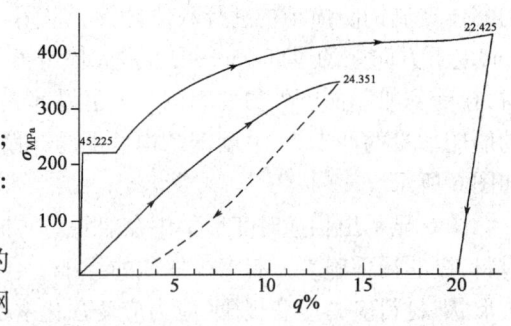
图4 玻璃钢与低碳钢拉力-卸载曲线的面积比

这样,可以归纳出:

(1) 为了达到同样的能量吸收,玻璃钢的成本比钢贵:3×2.4=7.2倍
(2) 如果不计成本,为了达到同样的能量吸收玻璃钢的体积比钢大10倍

综合:建造压溃耗能式防撞装置,如果改用玻璃钢与原来用钢相比,是既花钱又体积大(多占航道)。

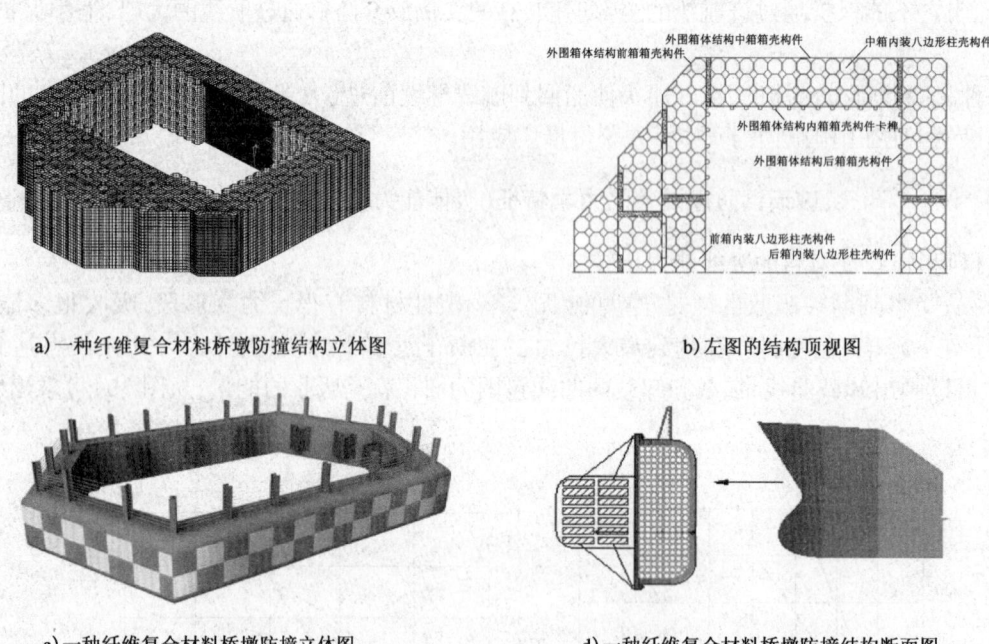

图5 几种纤维复合材料桥墩防撞结构图

2. 纤维复合材料防船撞装置吸能元件

有的纤维复合材料防船撞装置在外围箱中安置有八边形和四边形柱壳薄壁构件,利用各个构件相互之间的挤压、摩擦、溃散实现耗能。有的柔性防撞装置利用壳体内部填充材料:横向布置的毛竹、聚氨酯泡沫、泡沫铝或橡胶粒等挤压、摩擦、变形压溃实现耗能。

从[15]工程结构试件尺寸为2.67m×2.01m,从试件压缩冲击力和位移曲线看出,位移仅有30mm,该试件弯曲吸能36kJ。若但仅用该类试件作为耗能元件,参考表5中装置需要吸收的能量,则需要该类元件约1000个同时起作用,可以想象该装置的必定硕大无比。因此采用此类材料的防撞装置需论证:如何让成千个元件同时起作用,用什么方式转化能量,用什么方式耗散能量等。

3. 玻璃纤维复合材料防船撞装置进行数值计算

为了说明玻璃钢防撞装置受冲击载荷时,变形的局域性,显示出吸能能力不足的现象,选取一个较大的整体玻璃钢防撞结构进行数值计算。采用丰水期某桥的通航船舶和流速。复合材料结构水平宽度为5m,上下方向上的厚度4m。设若最大撞击力:38MN时。由于玻璃钢的刚度(弹性模量)大幅度地小于钢材,在受到船舶撞击处的玻璃钢产生了局部大变形,结构发生凹陷,造成船头被陷住而难以滑动,在巨大的船舶动量的冲击下,玻璃钢结构发生局部塌陷,阻碍船头沿侧面滑动,导致撞击力增大。受撞后其变形如图6所示。

图6显示出相撞时变形集中在船头与防撞装置接触的部位,应力急剧升高,而纤维复合材料是脆性材料,极易局部脆裂。有多少体积的纤维复合材料在该次船撞的过程中参与变形吸能,要看撞击速度,船头形状,材料应力应变规律(应力应变强化率及该强化率受冲击速度的影响),这些都需要通过数值计算或试验加以验证。

 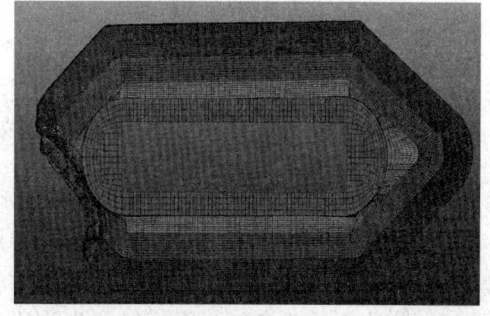

a) 玻璃钢防撞装置产生局部变形立面图　　　　b) 玻璃钢防撞装置产生局部变形平面图

图 6　玻璃钢防船撞装置数值计算

四、结　语

现在工程实用的直接式桥梁防船撞装置使用两种不同的原理:一种是滑开船头,尽量少交换船的动能;另一种是使用在变形过程中能够大量消耗能量的钢结构,将船的动能消耗掉,让船停在桥墩的前面而不撞到桥墩,纤维增强树脂(玻璃钢)防撞装置属于后者。文中用数值仿真计算说明:现有的一些纤维增强树脂(玻璃钢)耗能式防撞装置既不能滑开船头亦不能消耗足够的船舶动能。所以不适合用于桥梁防船撞装置。

参考文献

[1] 张耀宏,顾金钧.名港中央大桥桥墩防撞结构的设计,[J].国外桥梁.1999,(1):61-65.

[2] 史元熹,金允龙,等.黄石长江大桥主墩防撞设施设计[R].船撞桥论文集上海海洋钢结构研究所 2000,75-81.

[3] 上海船舶运输科学研究所.苏通长江公路大桥基础防撞结构研究[R].2003-09 上海.

[4] 许宏亮,曾平喜,周玉娟,等.金塘大桥主墩防撞钢套箱设计[J].交通工程建设,2007(1).

[5] 许宏亮,宋华清,曾平喜,等.金塘大桥主墩防撞钢套箱设计//中国公路学会桥梁及结构工程分会 2008 年全国桥梁会议论文集[M]北京:人民交通出版社,2008.

[6] 邱建英,郑献章,舟山市大陆连岛工程中的跨海桥梁简介//中国土木工程学会桥梁及结构工程学会 2008 年第十四届全国桥梁会议论文集[M].北京:人民交通出版社,2008.

[7] 周良.闵浦二桥工程[M]北京:中国建筑工业出版社,2012.

[8] 周良,宋杰,彭俊,等.上海闵浦二桥主塔基础的防船撞分析//中国土木工程学会桥梁及结构工程学会 2010 年第十九届全国桥梁会议论文集[M].北京:人民交通出版社,2010.

[9] 陆宗林,陈国虞.对双壁钢围堰兼做防撞设施功能的探讨//中国土木工程学会桥梁及结构工程分会第十九届全国桥梁学术会议论文集[M].北京:人民交通出版社,2010.

[10] 陈国虞,王礼立.船撞桥及其防御[M].北京:中国铁道出版社,2006.

[11] 陈国虞,王礼立,杨黎明,等.桥梁防撞理论和防撞装置设计[M].北京:人民交通出版社,2013.

[12] 曹映泓.湛江海湾大桥[M].北京:人民交通出版社,2008.

[13] 曹映泓.柔性消能防撞不再是梦想——湛江海湾大桥主墩柔性消能防撞设施研究实践[J].桥梁,2007(2).

[14] 上海耀华玻璃厂研究所.玻璃钢基本性能 1973-05.
　　The Institute of Yaohua Glass Factory,The Base performance of glass fiber reinforced plastics

[15] 张锡祥.重庆黄花园嘉陵江大桥桥墩防撞浮箱工程结构模型冲击试验报告重庆交通大学,2012.

119. 基于实测水泥生热率的水化热放热过程分析

李毓龙[1] 殷永高[2] 刘钊[1]

(1.东南大学土木工程学院;2.安徽省高速公路控股集团有限公司)

摘 要 水泥的品种及其组分影响到水化热的放热过程,从而影响到混凝土构件的早期裂缝及成型质量。本文进行了普通硅酸盐水泥及粉煤灰水泥试样的水化生热率实测试验,发现它与由指数形式的水泥累积放热量公式得到的生热率曲线相差较大。然后基于普通硅酸盐水泥及粉煤灰水泥试样水化反应实测生热率,进行曲线拟合,得到能够反映水化生热率早期变化的表达式。该拟合表达式优于传统指数型求导所得的生热率公式。

关键词 水化热 生热率 水泥累积放热量 生热率实测试验

一、问题的提出

在混凝土早期硬化过程中,水化热规律受水泥组分比例、细度等影响。大家知道,硅酸盐水泥是多组分材料,主要组分 C3S、C2S、C3A、C4AF 比例不一样,导致每一时刻,水化热的生热率不一样[1],且不同的生热率对混凝土构件的早期裂缝生成及成型质量影响很大。

长期以来,我国工程界在进行混凝土水化热计算时,一般采用指数形式表达水泥的累积放热量(图1),其计算公式为[2]:

$$Q_\tau = Q_0(1 - e^{-m\tau}) \tag{1}$$

式中:Q_τ —— τ 时刻(d)的累计水化热;

Q_0 —— 单位体积水泥的最终水化热;

m —— 水化系数,一般由绝热温升试验测定。

对式(1)进行求导,可得水化反应生热率公式:

$$\frac{\partial Q_\tau}{\partial \tau} = Q_0 \cdot m \cdot e^{-m\tau} \tag{2}$$

此式反映了任意时刻水化热生热速率,见图2。

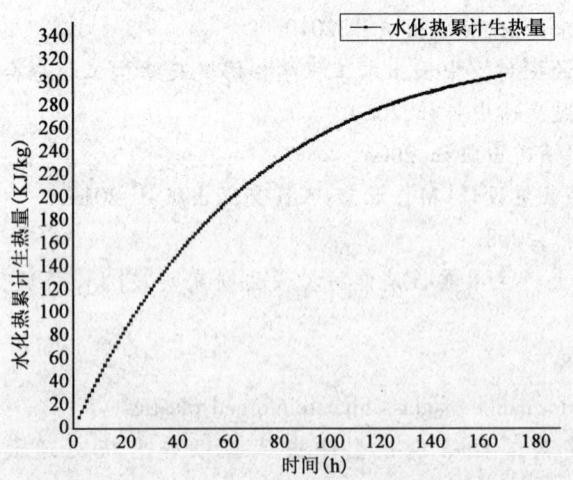

图1 指数型公式累计放热量曲线

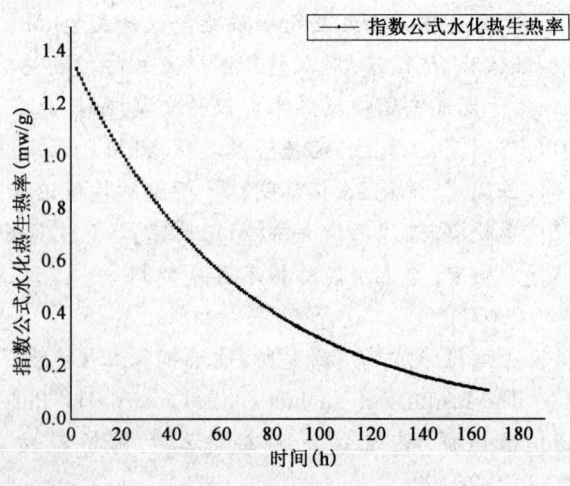

图2 指数型公式生热速率曲线

然而,指数型公式(2)的生热率曲线与试样实测的生热率曲线并不一致,在水化热反应早期,差别明显。实测的生热率曲线具有升降过程,而指数型公式求导所得的生热率曲线为单调递减趋势。指数型公式(2)的生热率曲线与试样实测的生热率曲线对比见图3,其中,方块标记点曲线代表指数型公式(2)的生热率,圆点标记的曲线为普通硅酸盐水泥试样实测的生热率。

由上图可见,传统水化热公式的生热率在水化热反应刚开始就达最大,而后随着反应的进行,生热率慢慢下降。而在试验实测中,水化热反应起始时,生热率较小;而后随着反应进行,生热率增加并快速达到最大值;然后生热率以较快速度降低,才进入缓和的后期下降段。经过对比可以发现,传统的水化热公式可以反映水化热后期生热率的变化,但难以准确反映生热率早期的上升下降段,也不能体现出生热率快速增加然后减少的趋势。

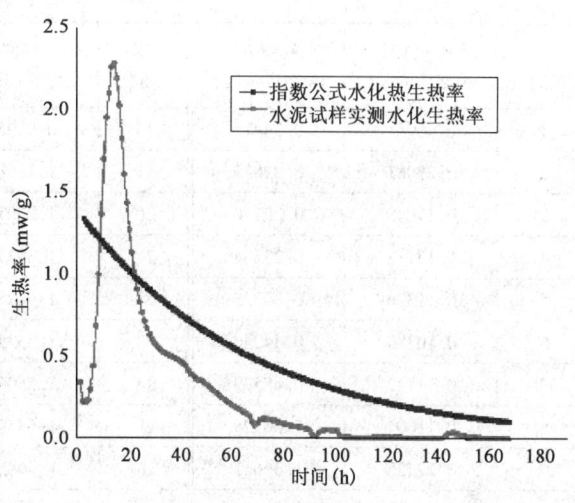

图3 指数型公式生热率与实测对比

生热率对早期混凝土水化热温度场及温度应力分布影响较大,需要提出一种可以反映生热率早期变化规律的公式。

二、水泥水化生热率测定试验

分别选择了添加粉煤灰水泥及不添加粉煤灰水泥,进行水化热生热率曲线测定试验。试验试样成分如表1。

试样成分及水胶比　　　　　　　　　　　　　表1

试验总重(g)	水(g)	胶凝材料		水胶比
		水泥(g)	粉煤灰(g)	
20.68	5.09	13.73	1.86	0.326
19.97	4.91	15.06	—	0.326

水泥水化热放热曲线测试试验在东南大学材料试验室进行,所用方法为溶解热测试法[3],即在热量计周围温度一定的条件下,用未水化的水泥与水化一定龄期的水泥分别在一定浓度的标准酸中溶解,测得溶解热之差,即为该水泥在规定龄期内所放出的水化热[4]。试验所用仪器设备见图4和图5。

图4 数据测量及记录设备

图5 整套水化热曲线测试设备

试验测试了前168h的水泥水化热生热率数据,选取部分数据列于表2,根据实测数据作图6。

水泥水化热生热率实测值　　　　　　　　　　　　　　　　　　　　　　　　　表2

时间(h)	普通硅酸盐水泥(mw/g)	粉煤灰水泥(mw/g)	时间(h)	普通硅酸盐水泥(mw/g)	粉煤灰水泥(mw/g)	时间(h)	普通硅酸盐水泥(mw/g)	粉煤灰水泥(mw/g)
1	0.46961	0.34415	18	0.93954	1.60733	35	0.76269	0.51367
2	0.23081	0.22871	19	1.11689	1.43375	36	0.69237	0.50620
3	0.17048	0.22170	20	1.27071	1.27283	37	0.62804	0.49838
4	0.13173	0.23664	21	1.39393	1.13510	38	0.57326	0.49047
5	0.11326	0.30233	22	1.48281	1.01418	39	0.52574	0.48137
6	0.10380	0.44240	23	1.53375	0.91139	40	0.48409	0.47150
7	0.11122	0.68579	24	1.55066	0.83204	55	0.25440	0.26443
8	0.11604	1.00128	25	1.53590	0.76768	70	0.21163	0.09736
9	0.12425	1.36661	26	1.49459	0.71718	85	0.17395	0.07643
10	0.13698	1.69929	27	1.43384	0.67212	100	0.13077	0.05563
11	0.15542	1.95468	28	1.36291	0.63556	115	0.09812	0.00907
12	0.18375	2.10099	29	1.27995	0.60516	130	0.07546	0.00206
13	0.22680	2.26112	30	1.19271	0.57975	145	0.06035	0.03856
14	0.29656	2.28142	31	1.10285	0.55954	160	0.04956	0.00200
15	0.40622	2.18948	32	1.01271	0.54356	168	0.04394	0.00008
16	0.56406	2.02852	33	0.92337	0.53143			
17	0.74745	1.82553	34	0.84066	0.52150			

图6中,方块标记的曲线为普通硅酸盐水泥试样实测的生热率,圆点标记的为粉煤灰水泥试样实测生热率。

由图6可见,水泥水化热生热率曲线在水化热过程开始后陡然升高,在约20h后达到最大,随后在约30h时进入缓慢降低的过程。对比添粉煤灰水泥和未添粉煤灰水泥的水化热曲线,可知添加粉煤灰后,水化热生热率峰值明显降低,且生热更加平缓。说明施工中采用添加粉煤灰水泥,可抑制早期水化热造成的不利影响。

三、基于实测的生热率曲线拟合

为避免每次进行水泥试样水化热生热率测定试验,可以对实测生热率进行曲线拟合[5],得到曲线公式,描述生热率的早期变化。

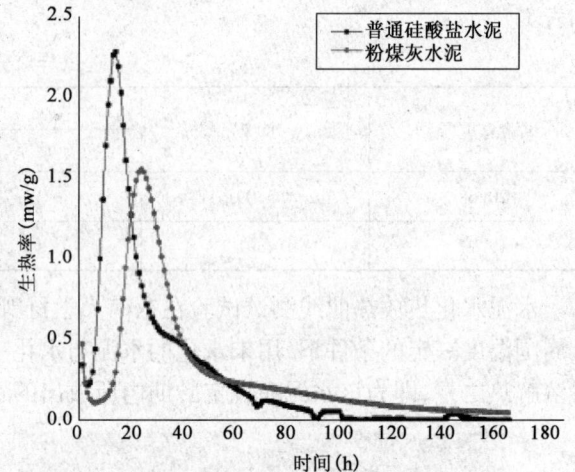

图6　试验实测水泥试样和粉煤灰试样生热率

本文对实测的水泥试样、粉煤灰水泥试样生热率数据进行处理,拟合生热率曲线公式。该曲线趋势与实测数据对比,能很好地反应水化热生热率前期及后期的变化。

根据实测水化放热速率的偏态上升与下降规律,可以采用对数正态分布函数进行拟合。对数正态分布的概率密度函数为:

$$f(x;\mu,\sigma) = \frac{1}{x\sigma\sqrt{2\pi}}e^{-(\ln x-\mu)^2/2\sigma^2} \tag{3}$$

(1)水泥水化热生热率曲线拟合

根据表2中的实测值及式(3)的函数表达式,根据实测数据进行曲线及其表达式拟合,可以得到实测水泥(未添加粉煤灰)水化生热率的拟合公式:

$$R_t = y_0 + \frac{A}{\sqrt{2\pi}wt}e^{\frac{-[\ln(t/x_c)]^2}{2w^2}} \tag{4}$$

其中,$y_0 = 0.00$;$x_c = 19.00$;$w = 0.50$;$A = 48.28$。

将拟合参数值代入式(4),得到简化的公式:

$$R_t = \frac{96.56}{\sqrt{2\pi}t}e^{-2[\ln(t/19)]^2} \tag{5}$$

图7为水泥的水化热过程生热率曲线及拟合的对数正态分布曲线,点线为实测数据,实线为拟合的曲线。由图可见拟合曲线与实测值符合良好,准确反映了水化生热率的前期上升下降的变化。

(2)粉煤灰水泥水化热生热率曲线拟合

根据表2中的实测值及式(3)的函数表达式,根据实测数据进行曲线及其公式拟合,可以得到实测粉煤灰水泥水化生热率的拟合公式:

$$R_t = y_0 + \frac{A}{\sqrt{2\pi}wt}e^{\frac{-[\ln(t/x_c)]^2}{2w^2}} \tag{6}$$

其中,$y_0 = 0.00$;$x_c = 27.00$;$w = 0.30$;$A = 30.34$。

将拟合参数值代入式(6),得到简化的公式:

$$R_t = \frac{101.13}{\sqrt{2\pi}t}e^{-5.56[\ln(t/27.00)]^2} \tag{7}$$

图8为粉煤灰水泥的实测水化热过程生热率曲线及拟合的曲线,点线为实测数据,实线为拟合的生热率曲线。由图可知,拟合的曲线准确反应了生热率的上升及下降段,与实测值吻合良好。

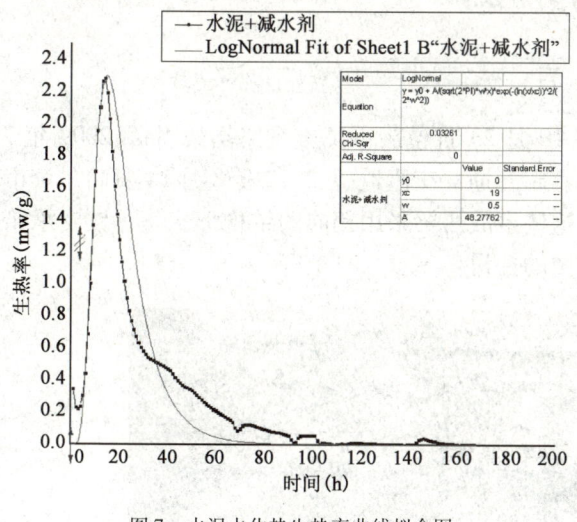

图7 水泥水化热生热率曲线拟合图

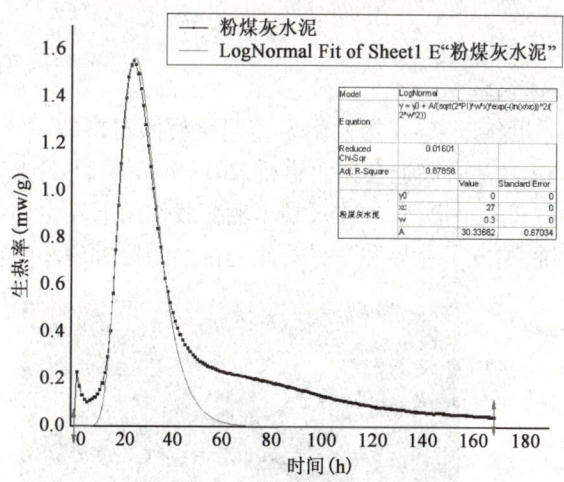

图8 粉煤灰水泥水化热生热率曲线拟合

四、结　语

(1)由指数函数表达的累积水化热的单调递增曲线,通过求导得到的生热率曲线呈现单调下降的过程。实际上,实测水化热的生热速率是一个先升后降的过程,而不是简单的随时间单调下降。

(2)通过对某水泥及粉煤灰水泥样本的实测生热率数据进行分析,提出用对数正态分布来拟合实测水化热的生热速率。分析还表明,适当添加粉煤灰后可降低水化热生热率峰值,从而抑制早期水化热造成的不利影响。

本课题研究得到交通运输部建设科技项目(2013318J14360)的支持,特致谢意!

参考文献

[1] Tydlitát Vratislav, Zákoutský Jan, Volfová Petra1, Cerný Robert. Hydration heat development in blended cements containing fine-ground ceramics[S]. Thermo chimica Acta, September 10, 2012.
[2] 朱伯芳. 大体积混凝土温度应力与温度控制[M]. 北京：中国电力出版社, 1999.
[3] 董继红, 李占印. GB/T 12959—2008《水泥水化热测定方法》中两种方法的联合应用[S]. 水泥, 2010年第5卷.
[4] 代光富, 黄明清, 刘莲芝. 溶解热法测定水泥水化热[S]. 水泥, 2001年第12期.
[5] 董继红, 李占印. 粉煤灰混合水泥体系的水化放热模型[S]. 粉煤灰, 2010年第6期.

120. 铰支承箱梁桥倾覆机理和判别方法研究

石雪飞　周子杰　阮　欣
（同济大学桥梁工程系）

摘　要　铰支承箱梁桥近年来的倾覆事故引发对该类型桥梁倾覆机理和判别方法的探讨。研究以倾覆事故桥梁分析为基础，讨论以支座脱空为临界状态的倾覆判别方法和以倾覆轴为概念的倾覆稳定系数判别方法的合理性和适用性。结合理论分析和有限元验证，提出考虑几何非线性效应的倾覆机理假说。研究总结铰支承箱梁桥可能的倾覆破坏历程，提出包含结构整体稳定验算和构件强度验算的倾覆判别方法，并认为倾覆验算过程中必须考虑几何非线性效应。

关键词　铰支承　箱梁桥　横向稳定　倾覆机理　判别方法

一、引　言

近年以来，我国发生了多起梁桥倾覆事故：2007年10月23日包头市民族东路高架引桥、2009年7月15日津晋高速公路匝道桥、2011年2月21日上虞市春晖互通立交匝道桥、2012年8月24日哈尔滨市群力高架匝道桥，均在极端车辆荷载作用下发生倾覆。这些事故桥梁采用相同的结构形式——铰支承箱梁桥，引发了业界和学界对此类桥梁倾覆机理和判定方法的探讨。

图1　倾覆事故现场

在铰支承箱梁桥倾覆机理和判定方法研究方面，部分学者围绕"倾覆轴"概念对结构的横向稳定性进行分析[2000年，高伟等][2008年，袁摄桢等][2013年，姜爱国等][2013年，周子杰等][2014年，曹景等]，部分学者以"支座脱空"为判别梁体倾覆的临界条件[2011年，李洁等][2013年，孙全胜等]，或者综合两类概念进行分析和判断[2012年，李盼到等]。

"倾覆轴"概念假定结构在倾覆过程中发生近似刚体的整体转动，倾覆原因是车辆荷载产生的倾覆力矩大于结构自重形成的抗倾覆力矩，发生结构整体失稳，但部分事故桥梁验算结果却有悖于这一理论

[2014年,庄东利]。"支座脱空"判定条件保守地认为结构只要现支座脱空就会发生倾覆或者偏危险地采用支座脱空到只剩两个支座时结构发生倾覆。但支座脱空指标并没有直接反映倾覆破坏的机理,计算表明支座脱空与实际结构是否发生倾覆之间并没有很好的应关系。

研究针对铰支承箱梁桥的倾覆问题,通过对事故桥梁的有限元模拟,探讨不同倾覆破坏机理和对应的倾覆判定方法的合理性和适用性。结合理论分析,提出建立考虑结构几何非线性效应的倾覆破坏假说,阐述倾覆破坏原因。最后给出铰支承梁桥倾覆破坏历程,对此类结构的倾覆判别方法给出建议。

二、实 例 分 析

事故桥梁1为钢混组合连续梁桥(图2),跨径布置为(36+50+36)m,桥面宽度9m,设计为两车道。支座布置形式为中间点铰支座,梁端双点铰支座,端部支座间距为2.6m。事故发生时,共有4辆车行驶在结构上,质量依次为18.2t、153.3t、163.6t、149.7t。事故桥梁2为等截面钢筋混凝土连续箱梁(图3),桥跨布置为6×20m。桥宽8m,箱梁高1.3m,箱梁底宽4m。联端为双支座设置,支座中心间距为2.8m,中间墩均为独柱墩单支座设置。事故发生时,共有4辆车行驶在桥梁结构上,重量依次为124.44t,28.52t,125.6t,110.73t。

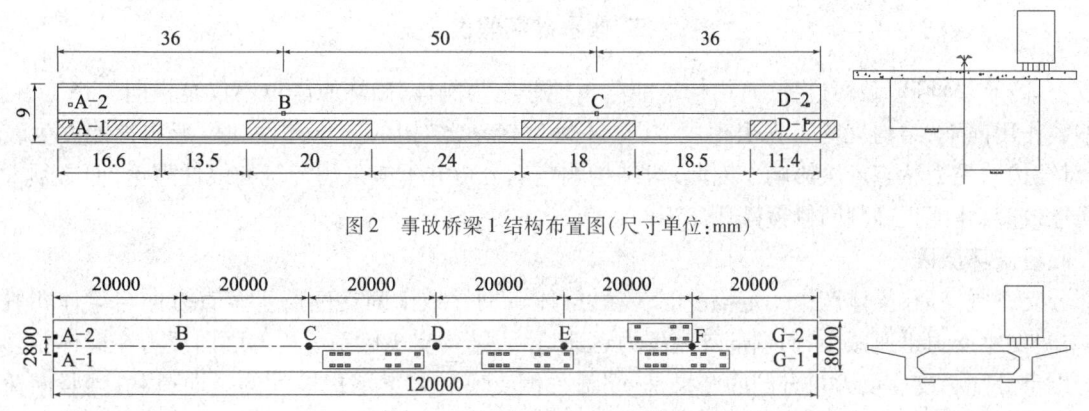

图2 事故桥梁1结构布置图(尺寸单位:mm)

图3 事故桥梁2结构布置图(尺寸单位:mm)

1."支座脱空"判定

为保证上部结构的稳定,铰支承箱梁桥结构的支座数量均大于等于4,单个支座脱空以后,上部结构仍然可以保证基本的静定支承体系,从稳定的角度分析,结构是安全的。因此,支座脱空即判定结构倾覆的标准是偏保守的。另一种支座脱空判定方法认为当支座脱空到仅剩两个支座时,上部结构成为机构,发生倾覆。研究分析事故桥梁1支座脱空数量和对应的车辆荷载集度,有限元计算结果如表1所示。

事故桥梁不同支座脱空情况及其对应车辆荷载　　　　　表1

结构编号	支座脱空数	车辆荷载(t)	荷载/事故荷载	支座总数
事故桥梁1	1	198	0.51	6
	2	225	0.58	
	3	2373	6.1	

计算结果表明,事故桥梁1在0.51倍实际事故车辆荷载作用下,端部一侧支座首先出现脱空,此时结构仍然有五个支座处于承压状态,当车辆荷载达到0.58倍事故车辆荷载时,主梁另一端同侧支座出现脱空,但此后荷载增加过程中剩余的4个支座一直保持受压状态,直到6.1倍实际事故车辆荷载时,第三个支座才出现脱空,而此时结构上仍然有3个支座处于受压状态,按照只剩2个支座脱空判定结构失效的方法,此时结构将被判定为没有倾覆,与实际情况相违背。因此,支座脱空到只剩2个支座受压作为结构倾覆临界的判别指标是不恰当的。

根据以上分析可知,支座脱空是倾覆发生的必要非充分条件,支座脱空数量和剩余支座数量与结构是否发生倾覆并未呈现良好的对应关系。因此。采用支座脱空对铰支承箱梁桥倾覆进行判定的方法还有待进一步研究。

2. 倾覆稳定系数判定

以倾覆过程结构刚体转动假定为前提，基于倾覆轴概念对结构倾覆稳定性进行验算，分别考虑车辆荷载为规范车道荷载和实际车辆荷载，其中，车道荷载考虑1.3倍的冲击系数，验算结果如表2。

事故桥梁倾覆稳定系数验算结果　　　　　　　　　　　　　　　　　　　　　　　　表2

结构编号	规范车道荷载(kN)	实际车辆荷载(t)	规范荷载倾覆稳定系数	实际倾覆稳定系数
事故桥梁1	1641	389	13.7	7.5
事故桥梁2	1500	485	9.7	3.9

验算结果表明，即使在超过设计荷载3倍以上的极端车辆荷载作用下，两座事故桥梁结构整体的倾覆稳定系数仍然有7.5和3.9，结构自重能够提供足够的抗倾覆力矩抵抗车辆荷载的偏载作用，结构不会直接被车辆荷载压翻。而实际结构仍然发生倾覆，这表明结构刚体转动为假定的倾覆机理并不能完全解释铰支承箱梁桥倾覆破坏的原因，基于该机理的倾覆稳定系数判别方法的适用性有待商榷。

三、倾覆破坏假说

铰支承箱梁桥倾覆破坏过程中，结构不能简单地假定为刚体，破坏原因也不仅是横向失稳。事实上，极端偏载作用向下，结构支座首先出现脱空，梁体发生转动，结构的支承条件和位形都可能发生较大变化，并对结构的受力状态产生影响。因此，对结构响应的分析并不能采用传统的线性理论，而必须考虑几何非线性效应，才能正确判断倾覆破坏原因。

1. 倾覆破坏原因

部分支座脱空后，梁体产生一定幅度的转动，梁体转动导致中间支座产生竖直方向与梁体相脱离的趋势，中间支座反力迅速减小，而端部支座反力迅速增大，结构支座体系承担的竖向反力在梁体位移的影响下产生重分配。支座反力重分配的结果是：端部一侧支座和盖梁承担极大的竖向荷载，当竖向荷载超过支座和盖梁的强度时，支座、盖梁发生强度破坏，上部结构失去支承而发生倾覆。

另一方面，当梁体发生一定幅度的转动，由于箱梁截面两个正交方向的抗弯刚度不同，在结构自重和外荷载作用下，梁体不仅会发生竖向位移，还会产生水平位移。而主梁的这种水平位移将受到桥墩的阻碍，导致主梁和桥墩之间产生相互水平作用力。墩梁间相互水平作用力的结果是：桥墩承担设计中不曾考虑的水平方向作用力，当水平作用力超过一定数值，桥墩墩顶产生较大的水平位移甚至被推倒，上部结构失去支承而发生倾覆。一般情况下，桥梁轴线中间位置的水平位移趋势较大，中间桥墩被推倒的可能性较高。

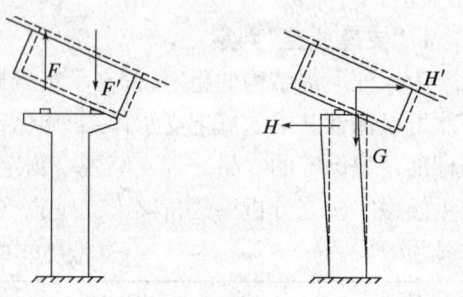

图4　几何非线性影响示意图

表2给出了事故桥梁1在实际车辆荷载作用下的支座反力计算结果。在边墩一侧支座脱空的情况下，线性计算反映结构支座仍然是中墩分担荷载大、边墩分担荷载小的特点，但几何非线性计算结果得出了与之相反的结论：在极端荷载作用下，中间桥墩承担的竖向荷载减小，边墩非脱空一侧的支座承担了最多的竖向荷载，在倾覆过程中是最不利的，该处的支座和盖梁极可能发生强度破坏。

表3给出了不同计算模式下，事故桥梁2在实际车辆荷载作用下的墩梁间相互水平作用力的估算结果。模式1采用传统的二维梁单元计算模式，支座约束于主梁形心位置，在偏心荷载作用下，不会产生水平力。模式2采用刚臂模拟约束的实际位移，为三维梁单元计算模型，线性计算仅得到极小的水平力。模式3采用考虑几何非线性效应的三维梁单元模型，计算结果表明实际结构梁体转动后，墩梁之间存在较大的相互水平作用力。

事故桥梁1支座反力计算结果 表3

支座编号	A-1	A-2	B	C	D-1	D-2
线性计算结果(kN)	3978	0	7038	6545	2965	0
非线性计算结果(kN)	9176	0	1810	1416	8124	0
非线性/线性	2.3	—	0.26	0.22	2.7	—

需要说明的是,水平力是通过约束主梁支座位置的水平位移估算得到的。实际结构中,桥墩自身存在抗推刚度,且主梁和桥墩之间可能存在相对水平滑移,因此实际墩梁水平作用力比模式2非线性计算结果要小。

事故桥梁2墩梁水平力计算结果 表4

支座编号	A-1	B	C	D	E	F	G-1
模式1线性计算结果(kN)	0	0	0	0	0	0	0
模式2线性计算结果(kN)	-9	65	-19	-39	5	-86	83
模式2非线性计算结果(kN)	-3406	6857	-3441	-48	-3519	7093	-3537

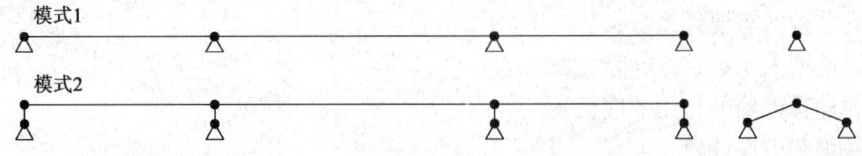

图5　计算模式图示

2. 倾覆过程

倾覆破坏原因的分析表明,铰支承箱梁桥倾覆不仅包含稳定问题,还包含强度问题。对于不同的结构、不同的极端荷载条件,结构破坏历程可能是不同的。

对于少数桥长短(自重轻)、挑臂长(偏载产生的倾覆力矩大)的铰支承箱梁桥,箱梁截面的短跨径结构自身的抗弯刚度和抗扭刚度都极大,结构形变基本满足刚体假定。在极端偏载作用下,车辆荷载产生的倾覆力矩可能大于结构自重形成的抗倾覆力矩,此时,结构整体将绕着支座连线发生整体转动倾翻。这类结构的倾覆属于纯稳定问题。

对于大多数铰支承箱梁桥,倾覆过程结构刚性假定并不满足,稳定问题是诱发结构倾覆的原因,但强度问题才是最终导致结构倾覆的原因。极端偏载作用下,随着支座的脱空,梁体的支承条件发生变化,结构发生转动,结构约束条件和自身的形变极大地影响结构自身的受力状态和结构响应。

对于部分端部盖梁设计比较薄弱的结构,梁体转动引起的支座竖向反力重分布可能使得端部盖梁和桥墩承受超过自身设计强度的竖向荷载,导致端部盖梁破坏,最终导致上部结构塌落。

对于部分中间桥墩设计比较薄弱的结构,比如采用多跨独柱支承的结构,梁体转动引起的墩梁之间的相互水平作用力可能使得桥墩侧向推倒而导致上部结构塌落。

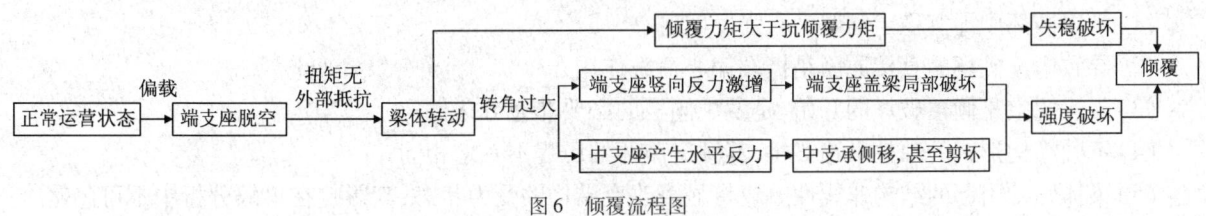

图6　倾覆流程图

四、倾覆判定方法

根据铰支承箱梁桥典型的倾覆过程可知,部分结构可能出现直接被极端车辆荷载压翻的"跷跷板"式破坏,对此,采用以"倾覆轴"为概念的倾覆稳定系数进行结构验算,即可对结构是否出现此类情况进行判断。但对于大部分桥梁结构,由于倾覆并非是"跷跷板"式破坏,而是由于结构转动导致构件破坏的强度问题。采用以"倾覆轴"概念的倾覆稳定系数进行验算并不能保证结构的安。

研究建议对铰支承箱梁桥结构横向安全验算应包括整体稳定验算和构件强度验算两部分内容。其中，整体稳定验算可采用以"倾覆轴"为概念的倾覆稳定系数进行。而构件强度验算必须考虑结构几何非线性效应。考虑设计过程中非线性计算的烦琐，实用验算方法可采用线性计算结果乘以非线性放大系数，非线性系数取值需要根据大量计算给出的数据表格查取。

桥梁结构整体稳定验算应满足下列表达式：

$$\gamma_{qf} = \frac{S_{bk}}{S_{sk}} > K$$

式中：γ_{qf}——倾覆稳定系数；

S_{bk}——抗倾覆力矩；

S_{sk}——倾覆力矩；

K——倾覆稳定安全系数。

桥梁构件强度验算，即承载能力验算，应满足下列表达式：

$$\gamma_0 \gamma_1 S_0 \leqslant R$$

式中：γ_0——桥梁结构的重要性系数；

γ_1——非线性增大系数；

S_0——线性计算得到的作用效应值；

R——构件承载力设计值。

桥梁结构横向稳定强度验算需要验算：

（1）上部结构抗弯、抗剪承载力；

（2）中间支座的剪切承载力；

（3）盖梁根部的抗弯、抗剪承载力；

（4）中间桥墩在墩梁水平力作用下的抗弯、抗剪承载力，局部抗压承载力。桥墩布局承压验算时，考虑支座在极端荷载作用下变形后，竖向支承反力并非均匀施加在桥墩上，应当将计算得到支座竖向力乘以偏载系数作为验算用的设计值。为验算桥墩的侧向抗推强度，需要计算墩梁之间的水平相互作用力。建议采用结构实际约束通过刚臂与主梁形心相联，计算模式如图7所示。

图7 计算模式图示

五、结　语

研究通过理论分析和倾覆事故实例验算，提出考虑结构几何非线性效应的铰支承箱梁桥倾覆破坏假说，对倾覆机理有如下结论：

（1）倾覆破坏中即有稳定问题又有强度问题；

（2）导致倾覆破坏的直接原因是极端偏心荷载作用；

（3）支座脱空是倾覆破坏的开始，是发生倾覆的必要非充分条件；

（4）不同结构形式的独柱墩箱梁桥，其倾覆破坏的历程不一定相同；

（5）梁体转动引起的结构非线性效应将显著改变结构的受力状态，其影响在事故分析中不可忽略。

研究基于倾覆破坏机理和倾覆破坏历程，对铰支承箱梁桥的倾覆稳定验算有如下建议：

（1）验算应包括整体稳定验算和构件强度验算；

（2）构件强度验算需要包括支座、盖梁和桥墩构件的强度验算；

（3）构件强度验算中，必须考虑非线性效应的影响；

（4）在实际验算中，非线性效应可用非线性放大系数予以考虑，非线性放大系数应通过大量线性和非线性计算对比形成。

参考文献

[1] 高伟,许克宾,刘俊伏,等.平板橡胶支座上梁体横向倾覆稳定性的计算特点[J].铁道工程学报,2000,(4):47-49.
[2] 袁摄桢,戴公连,吴建武,等.单柱宽幅连续梁桥横向倾覆稳定性探讨[J].中外建筑,2008,(7):154-157.
[3] 姜爱国,杨志.独柱墩曲线梁桥倾覆轴线研究[J].世界桥梁,2013,04:58-61.
[4] 曹景,刘志才,冯希训.箱形截面直线桥及曲线桥抗倾覆稳定性分析[J].桥梁建设,2014,03:69-74.
[5] 李洁,李国平.曲线连续箱梁桥侧倾和支座脱空原因分析[J].上海公路,2011,(4):47-50.
[6] 孙全胜,高红帅,张冬久.小半径曲线钢箱梁独柱墩匝道桥抗倾覆分析[J].中外公路,2013,05:114-118.
[7] 周子杰,阮欣,石雪飞.梁桥横向稳定验算中倾覆轴的选取[J].重庆交通大学学报(自然科学版),2013,(5):907-910.
[8] 李盼到,张京,王美.独柱支承梁式桥倾覆稳定性验算方法研究[J].世界桥梁,2012,06:52-56.
[9] 庄冬利.偏载作用下箱梁桥抗倾覆稳定问题的探讨[J].桥梁建设,2014,02:27-31.

121. 温度和湿度耦合作用下混凝土早期裂缝开展的试验研究

仲济涛[1] 朱福春[2] 王 凯[1] 张文明[1]

(1. 东南大学土木工程学院;2. 安徽省高速公路控股集团有限公司大桥建设管理部)

摘 要 结合马鞍山长江公路大桥高品质混凝土成形工艺研究,开展了温湿度耦合作用对早期混凝土裂缝开展影响的试验研究。制作了3组缩尺桥墩,分别置于3种不同的温湿度环境中,并通过预设温湿度传感器实时监测,并考察温湿度耦合作用对早期混凝土表面裂缝开展的影响。研究认为,在混凝土早期成型及强度发展阶段,为防止出现表面裂缝,相对于温度因素,湿度养护起着更重要的作用;混凝土早期裂缝主要出现在拆模后,表面失水迅速、水化热反应剧烈的时期。温湿度耦合作用的影响大于单一因素的影响;早期混凝土表面温湿型裂缝分布特征具有较高的离散性,裂缝形态以横向裂缝为主。

关键词 桥梁 混凝土 温度 湿度 早期裂缝 试验

一、引 言

混凝土作为一种广泛应用的大宗建筑材料,受材料自身特性、施工工艺及所处环境等影响,在其表面或内部常出现不同程度的裂缝。这些早期裂缝不但影响到外表质量,而且也会成为结构后期破坏的初始缺陷,裂缝的扩展是结构物破坏的初始阶段[1]。

导致混凝土早期开裂的因素众多,其中温度和湿度因素对混凝土成型及强度发展阶段的早期裂缝开展有着重要影响。目前对此开展了一些研究,例如,王亚斌通过试验测试了混凝土徐变及裂缝等因素与温度效应之间的关系[2]。金贤玉与田野等基于微观尺度分别研究了普通混凝土与高性能混凝土成型过程的时变温度场[3],分析了早期裂缝成因机理,提出了裂缝开展的预测和控制方法。Trabelsi 与 Hamami 等提出一种评估混凝土内部相对湿度分布规律的方法,其中的相关参数通过多阶段干燥试验来确定[4]。高原与张君等针对混凝土内部相对湿度及收缩变形进行了一系列试验研究[5,6],总结了混凝土内部相对湿度变化规律。

目前针对混凝土早期开裂的试验研究,通常只考虑单一因素(温度或湿度)对裂缝开展的影响,同时考虑温度和湿度耦合作用对混凝土早期开裂影响的试验研究很少。本文试验以马鞍山长江公路大桥工程为背景，制作了3组大体积钢筋混凝土构件，分别置于3种不同的温湿度环境中，同时预埋置温湿度传感器，用以实时跟踪混凝土内部的温湿度变化情况，并考察温湿度耦合作用对早期混凝土表面裂缝开展的影响。

二、试　验

1. 大体积混凝土构件

根据公路桥涵施工技术规范，大体积混凝土是指最小几何尺寸不小于1m的大体量混凝土[7]。本试验包含3组构件，构件尺寸为1500mm×1200mm×1600mm，如图1所示。混凝土强度等级为C40，配合比如表1所示。构件中箍筋采用光圆钢筋，直径为12mm。主筋采用螺纹钢筋，直径分别为20mm与32mm。

混凝土配合比　　　　　　　表1

混凝土强度等级	水灰比(m_w/m_c)	水泥	水	砂	石子
C40	0.35	429	150	703	1148

3组构件编号分别为A1,A2,A3。其中A1放置于标准养护室内，通过BYS-3型标准养护恒温恒湿控制仪控制室内温湿度。构件A2与A3置于室外，其中A2采用土工布围挡，人工洒水等方式正常养护，A3无任何养护措施。

2. 试验方法

为跟踪监测构件内部的温湿度随时间的变化情况，试验中使用了温湿度数据采集系统，如图2所示。系统主要包括转换器、数据采集模块与温湿度传感器（图3）。系统使用前需先组装并调试，连接线路如图4所示。

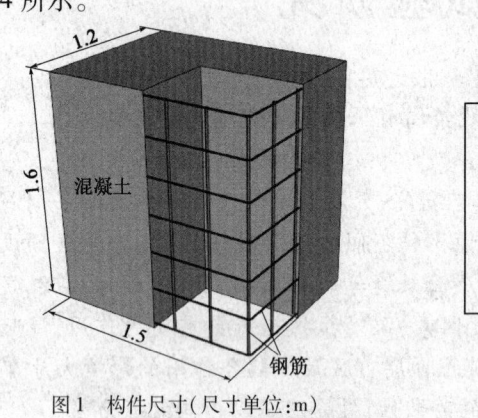

图1　构件尺寸（尺寸单位:m）

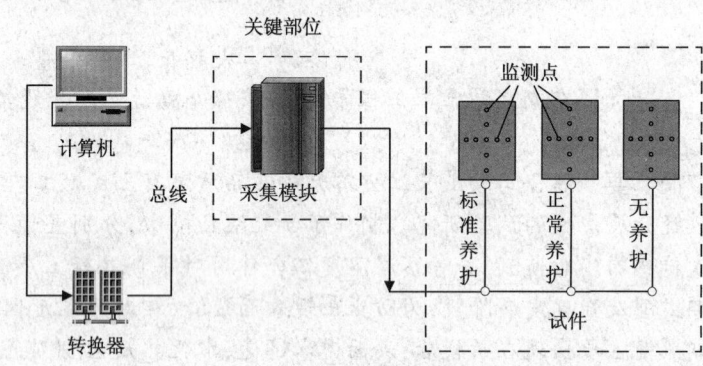

图2　温湿度数据采集系统

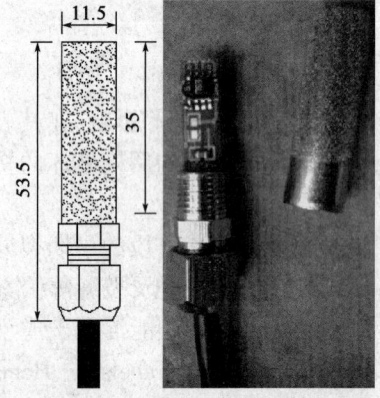

图3　温湿度传感器（尺寸单位:mm）

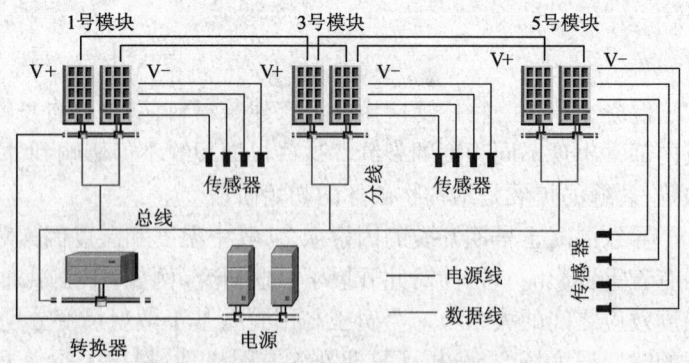

图4　连接线路图

为便于安装温湿度传感器，构件浇筑前需按传感器布置要求预埋设PVC管以形成监测孔，直径为16mm。监测孔布置参数如图5和表2所示。混凝土初凝之后即可安装温湿度传感器。将传感器沿PVC

管伸至规定位置,其上加塞棉花。为避免雨水等侵入,PVC 管顶端用石蜡封闭。安装完毕后等待 30 分钟,传感器即可正确反映混凝土内部测点处的温湿度变化情况。同时在图 2 所示的电路中的电脑客户端安装温湿度数据采集随机软件,即可及时显示混凝土内部温湿度随时间的变化情况。传感器安装完毕后的构件 A3 如图 6 所示。

监 测 孔 参 数　　　　　　　　　　　　　　　　　　表2

序号	1	2	3	4	5	6	7	8	9	10	11	12	13
孔深(mm)	800	800	800	800	800	800	800	800	800	300	550	1050	1300
距离(mm)						$d_h = 300, d_v = 250, d_{h1} = d_{v1} = 100$							

标准养护室内 A1 构件环境湿度设置为95%,温度控制在20℃±2℃。室外构件 A2 使用土工布围护并通过人工定时洒水进行正常养护。室外构件 A3 不采取任何养护措施。混凝土构件浇筑并初凝后开始采集温湿度数据。前72h 内每隔2小时采集一次,往后逐渐延长间隔时间。为及时观察早期混凝土表面裂缝开展情况,浇筑后15h 拆除钢模板。模板拆除后在构件侧面用墨线打格子以便描述裂缝位置及分布。从钢模拆除开始每隔6h 观察一次混凝土表面裂缝开展情况,并用记号笔标记裂缝长度和位置。

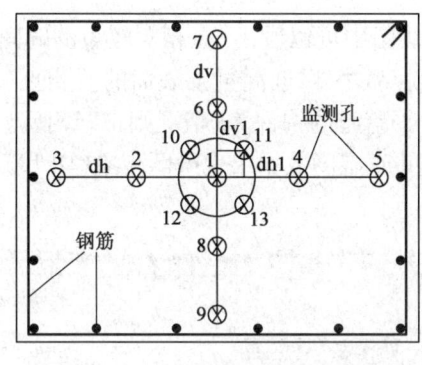

图 5　监测孔布置

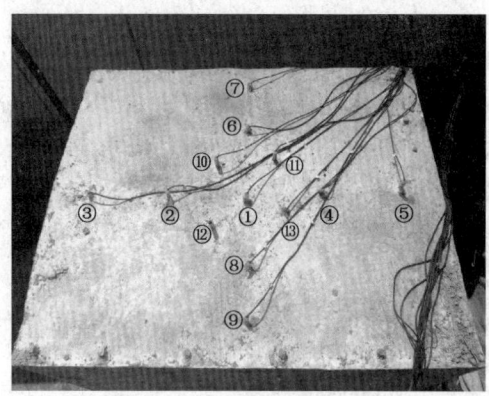

图 6　构件 A3 传感器安装

三、试验结果及分析

1. 数据标定

为保证读取数据的准确性,数据采集过程中对温湿度传感器进行了标定。首先,在试验室放置1台室内用高灵敏温湿度计,用以读取周围环境温湿度;然后,同时将一根与试验同型号的传感器与高灵敏温湿度计并排放置,如图7所示。理论上传感器读取的温湿度数据与高灵敏温湿度计显示数据是一致的。对于两者之间出现的读数误差,以高灵敏温湿度计为标准,对传感器进行标定。

2. 温湿度曲线

温度数据的采集频率采用先密后疏的原则。三组构件浇筑完毕后,混凝土内部监测点温度持续上升($o'b'$段/$o''b''$段/$o'''b'''$段),如图 8~图 10 所示。约在22h 后,温度

图 7　数据标定

达到最大值72.6℃。高温持续约15h($b'c'$段/$b''c''$段/$b'''c'''$段),之后温度开始下降。进入 d_e 段后,温度逐渐平稳。从图8可以看出,室内标准养护构件 A1 在 $d'e'$段(浇筑后15d),各测点温度趋于一致,维持在20℃~22℃,说明温度场基本均匀。需要说明的是,在试验过程中,部分传感器线路烧掉或者存在数据提取不完整等问题。同时考虑到数据繁多,以简洁清晰为原则,仅列出部分数据完整、代表性强的监测点进行曲线绘制。

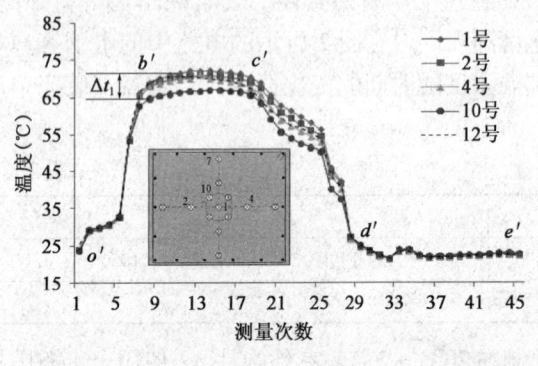
图8 构件A1温度曲线

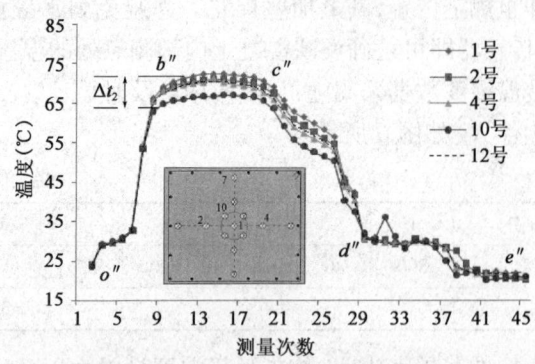
图9 构件A2温度曲线

温度绝对值并不影响大体积混凝土的开裂,是否开裂与混凝土内部温度梯度有关[8]。温度梯度越大,混凝土开裂风险越高。如图8~图10所示,以水化热反应最剧烈的 bc 段为例,在某次测量中,Δt_1~Δt_3 分别代表了同一时刻3组混凝土构件内部各监测点温度之间的差异。其中,以构件A3中差异最大,$\Delta t_3 = 10.5 ℃$。说明没有任何养护措施的构件开裂风险更高。

图11~图13为混凝土内部部分监测点的湿度变化曲线,从图中可以看出,在相对较短的时间内(本试验为20d),构件内部湿度变化非常缓慢。标准养护室内构件A1中靠近混凝土表面的监测点(5号、7号)湿度略大于远离表面的监测点(6号)湿度。室外无任何养护措施的构件A3情况则正好相反。而且,在构件A3中,由于连续3d阴雨天气,5号与7号监测点在第9d时湿度数据出现阶跃现象(图13)。

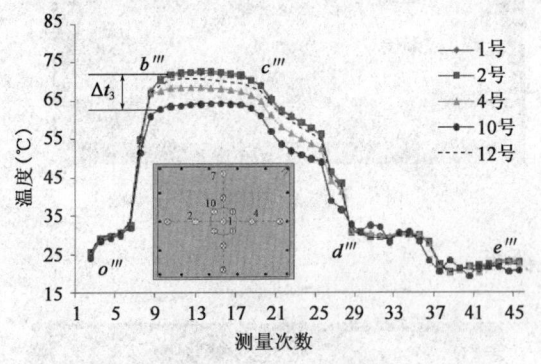
图10 构件A3温度曲线

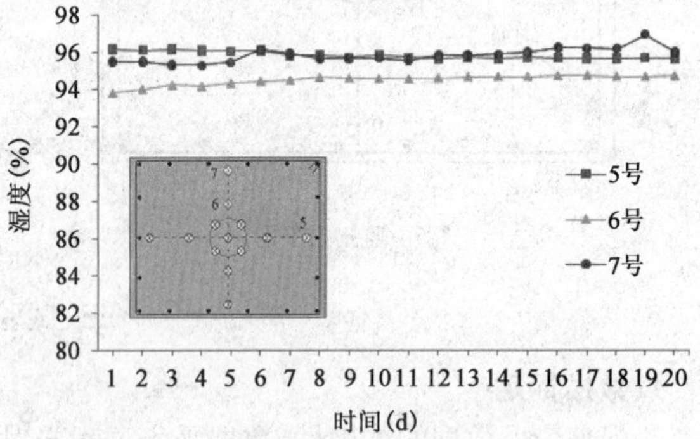

图11 构件A1湿度曲线

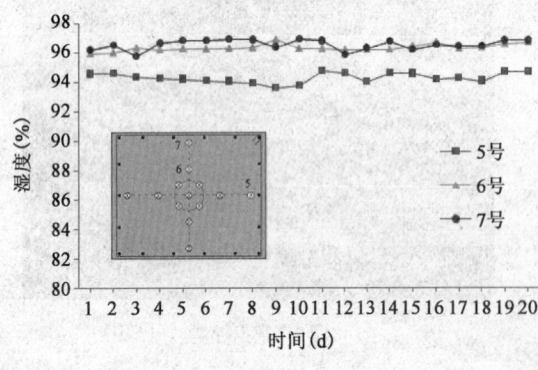
图12 构件A2湿度曲线

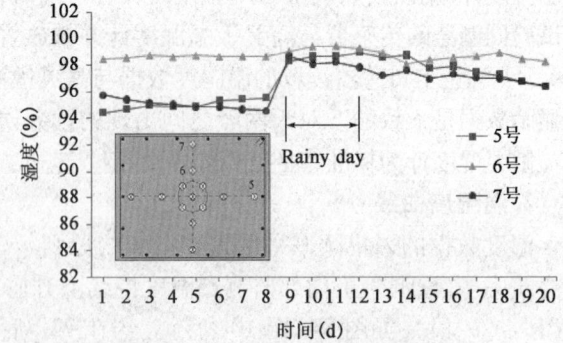
图13 构件A3湿度曲线

目前还没有较好的方法准确确定混凝土表面湿度的变化情况。但在试验过程中发现(以构件A3为例),受周围风、日照等因素影响,混凝土表面湿度变化大,干燥较快,从而使表面至一定深度范围内形成较大的湿度梯度,致使混凝土表面早期开裂风险增加。

3. 裂缝分布

试验的关注点是早期混凝土表面的裂缝开展情况。早龄期的概念,对于不同研究对象、不同研究目的,研究者会有各自的要求。本试验重点考察浇筑后 20d 内表面裂缝的开展情况。3 组构件以缩尺形式近似模拟桥墩结构,因此重点观察每个构件 4 个侧立面的裂缝扩展情况,而忽略顶面和底面。观察现象如下:

(1) 试验过程中,标准养护构件 A1 与正常养护构件 A2 侧表面均无裂缝出现;

(2) 无养护措施构件 A3 侧表面有裂缝出现,时间主要集中在钢模板拆除后的 1~6d,其中以第 1~2d 裂缝出现数量最多。之后无新增裂缝;

(3) 裂缝分布特征有较高的离散性,裂缝形态以横向裂缝为主,裂缝长度为 1~8cm。绝大部分已经标记的裂缝在当前未承受外荷载的情况下没有进一步扩展;

(4) 处于阳面的 S 面裂缝数量多于处于阴面的 N 面;

(5) 在构件高度方向上,上半部分裂缝数量明显多于下半部分。

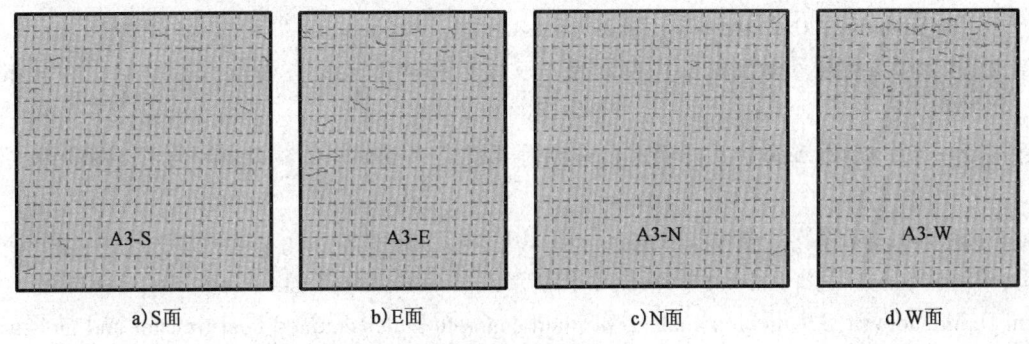

图 14 构件 A3 四个侧面

针对上述观察结果,分析如下:

(1) 在湿度养护方面,标准养护构件 A1 采用自动喷淋系统,正常养护构件 A2 采用人工洒水,两者可认为近似一致;在温度养护方面,构件 A1 为恒温养护,构件 A2 无专门温度养护。通过试验观察发现,两组构件均无裂缝出现。说明为防止早期裂缝出现,混凝土成型期湿度养护比温度养护更重要;

(2) 根据获取的温度曲线可知,浇筑后 1~2d 是混凝土内部水化热反应最剧烈的时期,在此期间构件内外易形成较大的温度梯度;本试验在浇筑后 15h 拆模,拆模后的混凝土(室外)受日照、风等环境因素的影响,表面湿度由理论上的 100% 出现较快的下降,从而在表面及一定的深度范围内形成较大的湿度梯度。两种梯度模式的耦合作用大大提高了表面裂缝出现的风险;

(3) 横向形态裂缝的出现受多物理场分布直接影响。通过进一步的耦合场仿真分析可以得出进一步的结论,具体方法参考文献[9,10];

(4) 处于阳面的 S 面与阴面 N 湿度扩散系数相同,不同的是阴面 N 受日照温度的影响要小于阳面 S。可见温度作用在导致"S 面裂缝多于 N 面"现象中起主导作用;

(5) 构件底部接近地面,与顶面和侧面不同,受日照、空气流动等因素影响小,温湿度变化缓慢,温湿度场梯度小,由此引起的构件下半部分温湿度应力较小,从而出现构件下半部分裂缝较少的现象。

四、结　语

本文以马鞍山长江公路大桥工程为依托,开展了温湿度耦合作用对早期混凝土裂缝开展影响的试验研究,主要结论如下:

(1) 在混凝土早期成型及强度发展阶段,为防止出现表面裂缝,相对于温度因素,湿度养护起着更重要的作用。

(2) 混凝土早期裂缝主要出现在拆模后,表面失水迅速、水化热反应剧烈的时期。温湿度耦合作用的影响大于单一因素的影响。

(3) 早期混凝土表面温湿型裂缝分布特征具有较高的离散性,裂缝形态以横向裂缝为主。在未承受外部荷载的前提下,裂缝开展,应力释放后,裂缝较稳定,一般不会持续扩展。

(4) 温湿度边界条件(如向阳面,向阴面,结构与土体接触等)对裂缝的形成位置和整体分布有着重要影响。边界条件中影响裂缝开展的主导因素,有时是温度或湿度单一因素,有时是温湿度两者的耦合作用。

本课题研究得到交通运输部建设科技项目(2013318J14360)的支持,特致谢意!

参考文献

[1] 谢和平.岩石混凝土损伤力学[M].徐州:中国矿业大学出版社,1998.
[2] 王亚斌.钢筋混凝土构件中温度裂缝的试验研究[J].国外桥梁,1998,(4):43-50.
[3] 金贤玉,田野,金南国.混凝土早龄期性能与裂缝控制[J].建筑结构学报,2010,31(6):204-212.
[4] Trabelsi, A., Hamami, A, Belarbi, R, et al., Assessment of the variability of moisture transfer properties of high performance concrete from a multi-stage drying experiment[J]. European Journal of Environmental and Civil Engineering,2012,16(3-4):352-363.
[5] 高原,张君,孙伟.密封养护混凝土内部湿度与收缩的一体化试验与模拟[J].建筑材料学报,2013,16(2):203-231.
[6] 高原,张君,韩宇栋.干湿交替下混凝土内部相对湿度变化规律[J].建筑材料学报,2013,16(3):375-381.
[7] JTG/T F50-2011,公路桥涵施工技术规范[S],2011.
[8] 栾尧,阎培渝,杨耀辉,等.大体积混凝土水化热温度场的数值计算[J].2008,38(2):81-85.
[9] Chen, D, Mahadevan, S. Cracking analysis of plain concrete under coupled heat transfer and moisture transport processes[J]. Journal of structural engineering,2007,133(3):p.400-410.
[10] 唐世斌.混凝土温湿型裂缝开裂过程细观数值模型研究[C].大连:大连理工大学,2009.

122. 长寿命桥梁结构体系及安全监测与维护技术研究

王春生[1,2] 段兰[1,2]

(1. 长安大学公路学院公路大型结构安全教育部工程研究中心;2. 长安大学公路学院桥梁工程研究所)

摘要 东部沿海、高原高海拔、西部山区等地区的将是我国新世纪交通基础设施建设的重要区域,本文提出长寿命桥梁结构体系,并从性能化设计、最大化装配施工、监测与维护三个方面展开讨论。在设计方面,从新材料、新构件、耐久性、抗风抗震等方面讨论桥梁的性能化设计研究进展;在施工方面,提出满足特殊地区环境要求的最大装配化施工技术;在监测与维护方面,提倡智能化桥梁维护管理模式的建立。长寿命桥梁结构具有安全、耐久、长寿命、低碳节能、经济环保的技术特色,可满足我国特殊地区交通基础设施建设需求。

关键词 长寿命桥梁 性能化设计 耐久性 高性能钢 装配化施工 监测与维护

一、引 言

高寒、高海拔和西南山区、西北沙漠戈壁,以及跨越海峡等特殊区域修建桥梁结构,其工程建设与维护管理技术难度大、风险高、系统复杂,是特殊区域公路建设的技术瓶颈。我国幅员辽阔、地质气候环境多变,亟需开展崇山峻岭、跨江越海和高原高寒等特殊地区的桥梁建设。目前,我国在东南部沿海、跨海、跨江区域的特大跨桥梁建设已取得了显著的成绩,成功建设了十多座千米以上跨径的桥梁。例如,浙江舟山西堠门跨海大桥是主跨1650m的悬索桥,其钢箱梁全长位居世界第一(图1),2012年通车的泰州大桥为我国首座三塔两主跨悬索桥,主桥跨径布置为390m+1080m+1080m+390m;2008年通车的苏通大桥为双塔双索面钢箱梁斜拉桥,以1088m的主跨跨径跃居世界斜拉桥跨径第一(图2),重庆朝天门大桥为主跨552m拱桥(图3),全长36km的杭州湾大桥体现了我国跨海长桥的建设规模和技术水平(图4),正在建设的港珠澳大桥以56km的隧、岛、桥特长超大集群工程雄踞世界第一,标志着我国已经成为名副其实的桥梁大国,并正在向桥梁强国稳步发展。

图1 西堠门大桥

图2 苏通大桥—斜拉桥

图3 重庆朝天门大桥—拱桥

图4 杭州湾大桥—跨海湾长桥

通过技术攻关,我国已经在一般地区的桥梁规划、设计、建设、养护与维护技术上建立了系统的方法,并取得了丰富的经验。然而,针对严冬酷暑、高原高海拔、崇山峻岭、跨江越海、干旱风沙等地区的公路大通道建设与维护仍需研究探索。例如,国家高速公路网规划建设的青藏高速公路处于高寒冻土及大温差等特殊地区,桥梁建设需克服高原缺氧、冻土失稳、生态脆弱等重大难题;跨江越海特大桥梁面临水深谷幽,强风高寒,低温多冰的特殊建设环境,需要研究多物理场灾变机理,工程耐久性与可靠性系统评价技术;穿越黄土、寒区、岩溶区等特殊区域山岭隧道以及特大型跨江跨海通道的建设与运营管理技术等领域的施工技术研究尚不成熟,甚至处于起步阶段,没有系统和标准的成套技术。

本文从新材料、新结构、耐久性、抗风抗震、快速施工技术、监测与维护等多个方面介绍了满足特殊地区建设需求的长寿命桥梁设计、施工、监测与维护研究新进展。

二、长寿命高性能桥梁结构体系

长寿命高性能桥梁结构体系综合考虑了结构安全、耐久、易于养护与维护的重要理念。

1. 新型材料

在新型桥梁建筑材料方面,为达到延长结构寿命目标,国内外已展开包括高性能钢(HPS)(高强、高韧性、耐候)、高性能混凝土、高韧性纤维混凝土(UHPFRC)、超高强主缆等新材料的材料特性及新建造工艺研究。这些新材料的运用可有效增强桥梁的耐候性、抗疲劳断裂性能,新工艺也降低了运用这些新材料进行桥梁构件制造或更换的难度,使构件便于维护,可有效降低桥梁全寿命费用。

(1) 高性能钢

近几年来,世界各国致力于提高桥梁用钢品质,研发出具有强度高、韧性高、可焊性好、疲劳裂纹扩展耐受能力强、耐候、抗脆断和高温蠕变性能好等优越的高性能钢(HPS)。美国 AASHTO 2003 版规范中已规定可采用高性能钢建造桥梁,截至 2004 年美国已有 200 多座高性能钢桥[1-3]。日本的桥梁用高性能钢(BHS)包含 BHS500(屈服强度为 500MPa)和 BHS700(屈服强度为 700MPa)[4]。据 1999 年的统计数据,日本高性能钢已经占所有桥梁用钢量的 22%。我国大型钢铁企业陆续研制出国产高性能钢,如鞍钢研制出高性能桥梁用系列钢种 Q345qE(NH)、Q370qE(NH)、Q420qE(NH)、Q500qE(NH)、Q690qE(NH),其中 6300 余吨 Q420q 用于重庆朝天门长江大桥主桁结构;南京大胜关长江大桥采用了武汉钢厂生产的高性能 Q420q 钢 1.3 万余吨;舞阳钢厂研发的 A709M-HPS 485W 高性能钢板成功应用于美国旧金山新海湾大桥的建设[5-7]。具有优越材料性能的 HPS 是实现特殊地区桥梁建设的基础保障;HPS 的高强度特性增大了结构的跨越能力,实现了结构的纤细美观;HPS 可焊性好,降低了桥梁制造过程中对预热的要求,改善了工作条件,提高了制造质量;HPS 韧性高,提高了高性能钢桥忍受大裂纹的能力,为疲劳裂纹的探测、结构加固赢取充裕时间,这对确保桥梁使用安全具有重要意义;基于混合设计的理念,由普通结构钢和高性能钢组成的混合截面梁的设计更为经济、合理[8,9]。可见,HPS 是满足特殊地区桥梁建设要求的理想材料。

(2) 新型混凝土材料

混凝土材料经过了传统混凝土、高强度混凝土、高性能混凝土、超高性能混凝土、钢纤维混凝土和超高性能纤维混凝土的发展趋势。在钢纤维混凝土及其特定结构的设计理论和工程应用方面,我国已进行了长达 13 年的研究,系统研发了钢纤维混凝土特定结构的计算理论、设计方法和关键技术,已在部分桥梁结构工程中推广应用。超高性能纤维混凝土(ultra-high-performance fiber-reinforced concrete,简称 UHPFRC)的材料开发与研究起源于丹麦和法国。通过调整 UHPFRC 的化学成分与含量,制备出满足结构性能要求的 UHPFRC。UHPFRC 主要由高强度钢纤维、水泥和其他添加材料(如高炉矿渣)等组成。与传统混凝土相比,UHPFRC 不仅具有优越的抗压强度,而且具有优越的抗拉强度(抗拉弹性极限强度范围为 7~10MPa)[10]。此外,UHPFRC 还具有优越的延性、密实性、流动性和更低的徐变系数。UHPFRC 具有优越的材料性能,这些材料优势可满足超大跨桥梁的受力要求,是结构全寿命周期内技术与经济性的重要保障。

(3) 高强度主缆材料

主缆材料强度决定了悬索桥的理论极限跨径。随着悬索桥跨径的不断增大,高强度主缆材料的开发已成为促使悬索桥发展的关键问题。现阶段,悬索桥主缆采用 1770MPa 级的高强镀锌钢丝。为了满足我国特大跨径悬索桥的建设需求,我国研发了 $\phi 5.0$ mm 系列 1860MPa 悬索桥主缆用高强度镀锌钢丝,为进一步提升悬索桥的跨越能力提供了支撑。

2. 创新结构

基于新型材料,提出高性能钢梁、高性能管翼缘组合梁、UHPFRC 组合钢桥面系、高性能组合塔墩等创新结构构件形式,并开展创新构件的受力性能研究,为桥梁性能化设计方法的更新奠定研究基础[11-14]。通过对高性能钢梁开展抗弯性能和抗剪性能研究,提出高性能钢桥设计建议。管翼缘组合梁指将传统工字钢—混凝土组合梁中的平钢板翼缘用钢管混凝土替代的组合结构。与传统钢板翼缘组合梁相比,管翼缘组合梁具有显著的受力优势:降低了腹板高度低,减少了加劲肋与横向联结系数量;管翼缘组合梁内填微膨胀混凝土,可以提高受压翼板的局部稳定性;管翼缘组合梁扭转刚度远大于钢板翼缘组合梁、横向稳定性好、施工方便。既有研究表明,高性能管翼缘组合梁的抗弯、抗剪承载能力高于钢板翼缘组合梁,安全储备大。为了提高大跨桥梁桥面系的耐久性,提出超高性能纤维混凝土与钢盖板的组合设计方法,降低钢桥面板疲劳细节的应力幅,改善沥青铺装施工与使用条件,实现正交异性钢桥面板的长寿命设计。已开展的 UHPFRC 组合桥面系研究表明:UHPFRC 与钢板之间的组合设计是影响正交异性钢桥面板盖板应力幅的关键因素;UHPFRC 强度高、流动性强、密实性好等材料优势保证了 UHPFRC 桥面板组合层的耐久性。

3. 耐久性设计

特殊区域的高寒、高海拔、不良地质、多灾害耦合作用等特殊建设环境,以及交通荷载的高速、重载使这些重大工程对桥梁结构提出了更高的安全性能、耐久性能、使用性能、经济性能、低碳节能性能、再生利用性能和环保性能要求,已对一些关键工程提出120~150年更长使用寿命的要求,传统的桥梁结构已不能很好满足这些要求,因此研发长寿命桥梁结构已是必然[15-18]。

在氯盐、强风、高寒、碳化、冻融等诸多因素的耦合作用下,桥梁结构的材料性能、构件性能和结构性能均发生退化,亟需开展桥梁结构的耐久性研究。在材料层面,考虑多因素作用,对高性能混凝土力学性能演变规律研究,对钢筋、预应力筋和高性能钢材开展锈蚀及其力学性能退化研究,对耐候钢材开展锈层稳定性研究。在构件层面,考虑多因素作用,对结构钢及连接部位进行疲劳裂纹萌生与扩展机理研究,对桥梁的吊杆、拉索、钢梁连接节点等关键构件进行锈蚀与疲劳研究。在结构层面,对悬索桥、斜拉桥、拱桥等不同桥型建立时空多尺度模型,开展不同尺度层次上的结构性能退化分析,研究多因素作用下桥梁性能的演化特征。

4. 多灾害耦合机理与控制

随着跨径的不断刷新,斜拉桥和悬索桥的抗风和抗震性能成为桥梁能否安全建设与运营的控制要点。自然灾害往往数灾并发,强震后的泥石流、滑坡塌方、洪水,强风卷积雪,风吹沙石等都属多灾耦合。利用特殊环境桥梁灾变机理,根据强震多发、多灾并发特点,研发适用该地区的桥梁减隔震技术或产品。结合特殊环境地区沟深谷幽,强风高寒,低温多冰,质量输运能力强特点,研发高寒冰雪地区拉索减振技术、大跨桥梁风致振动主动及被动控制技术,大跨桥梁防强风腐蚀技术与措施,大跨高墩桥梁桥面行车安全技术。

为了保证结构安全,应选择典型地区,设置实测站点,研究强震、强风等多灾耦合作用的特征参数(地震的频谱特性,强风时空特性、质量搬运能力等,海啸海浪以及潮汐的特性及破坏力),并在实验室内进行模拟,掌握灾害特征参数及其变化规律。利用掌握的耦合灾害特征参数,选择代表性的桥梁,通过实地观测和模型试验研究强震、强风引起桥梁结构动力响应,建立强震、强风等灾害特征参数与桥梁动力响应间联系,探索桥梁灾变的机理,建立可供统一调度指挥的实时桥梁灾害预警及桥面行车安全预报系统,减小灾害对公路桥梁及公路交通的影响,降低人员伤亡率及经济财产损失。

三、特殊地区桥梁结构施工技术

随着西部公路建设的纵深发展,高寒盐湖地区、高原荒漠地区、地质灾害地区、震害频繁地区以及西部山区桥梁建设已逐步进行,但是这些地区环境恶劣,使用条件极端,不仅前期桥梁建设难度大,传统施工方法也面临着环境的重新审视。因此,针对我国公路桥梁建设的纵深发展需要,开展安全可行的施工方法以及管养策略研究具有重要意义。

装配式桥梁是中小跨径桥梁中常见的结构形式,采用装配式的施工方法,可以节约大量模板支架,缩短施工期限,加快建桥速度。常应用于桥梁上部结构施工,有时也应用在桥梁桥墩的施工之中。由于装配式桥梁采用的连接较多,结构的整体性相对较弱。目前装配式桥梁的研究主要集中:①空间受力性能;②合理横向分布;③车桥耦合作用;④设计优化等方面,考虑特殊区域影响的合理装配化施工问题则未见报道。高原冻土区空气稀薄、含氧量低,人工日效和机器效率低,而且年可施工期短,因此,该地区桥梁最大装配化施工技术,可最大程度的提高施工效率,保证施工工期,保障施工质量。

四、安全监测与维护技术

我国桥梁工程将在西部山区跨越高原沟谷、东中部跨越大江大河、东部跨越海湾海峡3条战线上全面铺开,桥梁建设面临着更复杂的建设条件和更高的技术要求,也面临着桥梁结构后期易维护、少维护的新要求。目前的桥梁监测与维护研究主要针对一般环境下的桥梁结构,传统监测与维护技术对特殊地域的桥梁结构可能失效。应针对特殊地区的环境特点，开展环境时变作用模型、损伤识别方法、结构模型修正的理论与方法和评估理论等方面研究，致力于建立智能化桥梁管理模式。

智能化桥梁管理模式的主要任务是结构性能监测及评估（包括状态监测和趋势评估）。桥梁管理系统及健康监测系统在这两方面各有自己的优势。桥梁管理系统作为网络级桥梁管理的重要手段，其优势在于世界各国都普遍采取的是以桥梁构件损伤状况为基础的评估方法，其缺点在于依靠定期的外观检测信息，无法准确反映桥梁实际工作状态。而健康监测系统针对单一的桥梁结构，采用先进的传感技术，实现了桥梁荷载及响应的实时量化采集，但是数据的分析处理及状态评估仍然没有很好地解决，而且也无法对辖区内桥梁的管养提供足够的技术支持。因此，智能化桥梁管理模式的发展方向应该是桥梁管理系统与桥梁健康监测系统的有机结合。

五、结　语

近年来，我国公路建设突飞猛进，但由于严酷的气候环境、特殊的地质条件以及复杂的地形地貌，多年冻土、高海拔、高寒等特殊环境以及崇山峻岭、江河湖海区域的桥梁建设与养护技术仍存在诸多技术瓶颈，在很大程度上制约着国家经济与国防事业的发展，可见，在特殊环境区域建设安全、长寿命、施工可行、易维护少维护的高性能桥梁结构势在必行。本文开展特殊区域长寿命桥梁体系及安全监测与维护技术研究，从新型材料、创新桥梁构件、桥梁长期性能、抗风抗震、施工技术、监测与检测等方面介绍了对长寿命桥梁在设计、建造、监测与维护三方面的研究新进展，致力于提高特殊区域公路大通道的通行与服务能力。

感谢国家自然科学基金项目"新型管翼缘组合梁桥受力性能与设计方法研究"（51378070）和交通运输部应用基础研究项目"长寿命高性能钢桥结构性能与设计方法研究"（2014319812080）对本文研究工作的资助。

参考文献

[1] 王春生,段兰.高性能钢桥设计指南[J].世界桥梁,2007,(1):60-67.
[2] International Association for Bridge and Structural Engineering(IABSE). Use and Application of High Performance Steels for Steel Structures[R]. Structural Engineering Documents 8,2005.
[3] AASHTO[S]. Guide Specification for Highway Bridge Fabrication with HPS 70W(HPS 485W)Steel,2nd Edition,2003.
[4] Miki C., Homma K., Tominaga T. High strength and high-performance steels and their use in bridge structures[J]. Journal of Constructional Steel Research,2002,58:3-20.
[5] 侯华兴,杨颖,张哲,等.鞍钢高性能桥梁用钢系列钢种开发[C].中国钢结构协会桥梁钢结构分会中国铁道学会桥梁工程委员会,2010:232-238.
[6] 刘榴,沈大明.美国新海湾大桥焊接工艺评定纪实[C].全国钢结构学术年会论文集,2008:133-143.
[7] 郭桐,韦明,刘利香.新型耐候桥梁钢 A709M-HPS485W 的开发[J].钢结构,2009,24(5):17-20.
[8] 王春生,段兰,郑丽,等.桥梁高性能钢 HPS 485W 疲劳裂纹扩展速率试验研究[J].工程力学,2013,30(6):212-216.
[9] 王春生,段兰,胡景雨,等.桥梁高性能钢 HPS 485W 断裂韧性试验研究[J].工程力学,2013,30(8):54-59.
[10] Makita T., Brühwiler E. Tensile fatigue behavior of ultra-high performance fiber reinforced concrete(UHPFRC)[J]. Materials and Structures. 2013,Published online.
[11] 王春生,段兰,王继明,等.基于混合设计的高性能钢梁抗弯性能及延性实验研究[J].中国公路学报,2012,25(2):81-89.
[12] 段兰,张亮,王春生,等.高强度工字钢梁抗弯性能试验研究[J].长安大学学报,2012,32(6):52-58.
[13] 王春生,段兰,朱经纬,等.创新型高性能钢桥与管翼缘组合梁桥研究//第一届全国桥梁维护与安全

[14] 王春生,王茜,王欣欣,等.钢-高性能混凝土组合桥塔受力性能试验研究[J].长安大学学报(自然科学版),2011,31(1):51-58.
[15] 赵君黎,李文杰,冯苡.基于性能的公路桥梁结构设计规范研究//中国土木工程学会桥梁和结构工程分会2012年全国桥梁学术会议论文集[M].北京:人民交通出版社,2012.
[16] 陈艾荣.基于给定结构寿命的桥梁设计过程[M].北京:人民交通出版社,2009.
[17] Ge Y. J., Xiang H. F. Concept and Requirements of Sustainable Development in Bridge Engineering[J]. Frontiers of Architecture and Civil Engineering in China,2011,5(4):432-450.
[18] 邵旭东,彭建新,晏班夫.桥梁全寿命设计方法框架性研究[J].公路,2006,1,44-49.

123. 青岛海湾大桥自锚式悬索桥荷载试验与结构评价

李 源 贺拴海 赵小星

(长安大学旧桥检测与加固技术交通行业重点实验室)

摘 要 针对跨海大桥自锚式悬索桥荷载试验与结构评价研究实例较少的情况,介绍青岛海湾大桥大沽河航道桥荷载试验情况,针对成桥静力性能、荷载试验内容、方法、荷载分级、测点布置、试验结果与有限元计算结果对比,评价结构整体性能,同时针对大跨径悬索桥试验工况多的特点,提出荷载试验工况合并建议及处理方法。研究分析及荷载试验结果表明:主桥在成桥运营阶段,结构的内力变化与外荷载基本呈线性关系,在设计荷载作用下,结构处于弹性受力状态,施工质量、施工控制达到了较高的水平。

关键词 桥梁工程 自锚式悬索桥 荷载试验 有限元分析 成桥静力特性

一、引 言

青岛海湾大桥全长36.48km,该桥于2006年12月开工,2011年6月建成通车,是我国自行设计、施工、建造的特大跨海大桥,大桥全桥设立3座通航孔桥、2座互通立交,其中大沽河航道桥为主跨260m的独塔钢箱梁自锚式悬索桥,其结构体系复杂,设计、施工难度较大。对青岛海湾大桥大沽河航道桥进行荷载试验[1,6],不但可以检验设计、施工质量,确定工程的可靠性,直接了解桥跨结构在试验荷载下的实际工作状态,判断实际承载能力,评价其在设计使用荷载下的工作性能;通过动载试验还可以了解桥跨结构的固有振动特性以及在长期使用荷载阶段的动载性能,为论证其抗风、抗震性能提供依据;也检验了健康监测测试元件的完好性,为长期健康监测分别提供初始数据。

目前,公路桥梁荷载试验规范尚未出台,针对大跨径自锚式悬索桥成桥静力性能及荷载试验的资料也相对较少,因此,本文对大沽河航道桥在恒载作用下工作性能、荷载试验内容、试验方法、试验结果及结构评定等进行介绍,为该类桥梁设计及荷载试验提供参考。

二、桥梁概况

青岛海湾大沽河航道桥跨径布置为80m+190m+260m+80m,主跨及边跨为悬吊结构;塔身为独柱型塔,截面采用哑铃形;索塔塔座为多面体结构,长37.5m,宽18.75m,高3m;索塔基础为群桩基础,采用24根钻孔灌注桩,行列式布置,按摩擦桩设计;加劲梁采用分离式双箱断面,两个封闭钢箱梁之间用横向连接箱连接,横向连接箱顺桥向间距为12m,宽度为3m。该桥设计荷载:城市-A级,公路-I级;设计行车速度:80km/h。桥型布置如图1所示。

三、结构工作状态检测与评价

根据桥梁结构形式,采用桥梁结构分析专用程序对青岛海湾大桥大沽河航道桥进行结构静力分析。主缆与吊索均离散为空间只受拉单元,加劲梁与索塔均离散为空间梁单元。计算模型全桥共计661个节点;378个只受拉单元,246个梁单元,总计624个单元。全桥模型通过非线性有限元法即采用循环前进分析法[4]计算悬索桥空缆线形的方法,事先假设悬索桥的主缆、吊索、索塔、加劲梁等构件的无应力长度及鞍座、索夹的预偏量等。有限元计算流程如图2所示、有限元模型如图3所示。

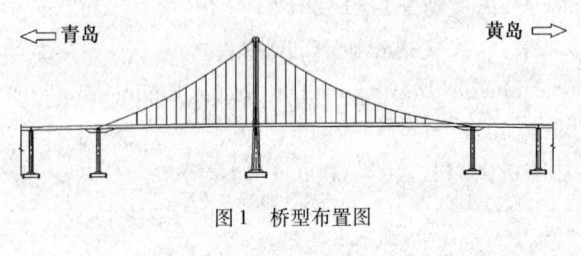

图1 桥型布置图

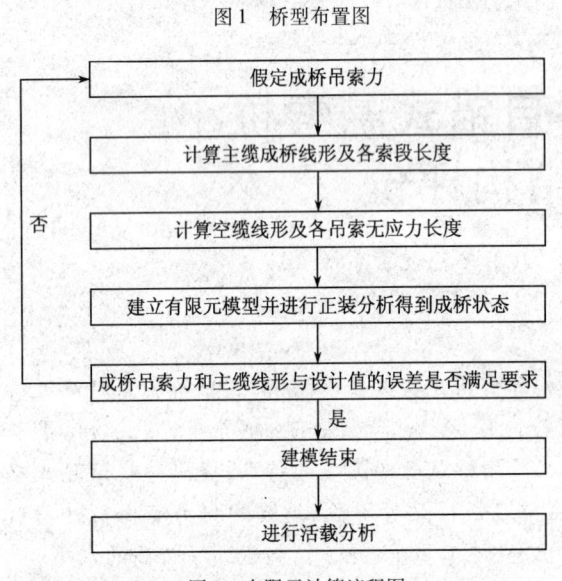

图2 有限元计算流程图

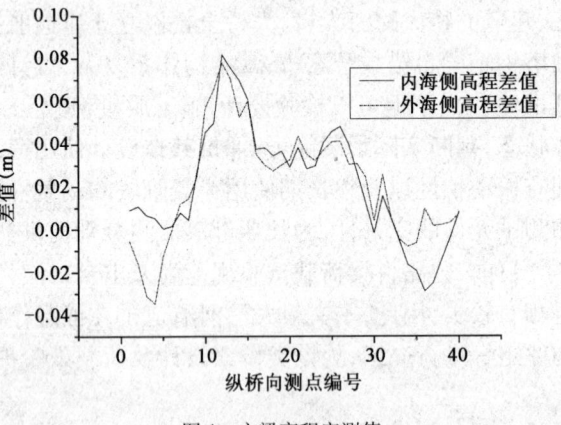

图3 结构有限元模型

对于已完工的结构几何状态测量,主缆索夹空间几何位置测量等,可利用桥梁施工时的空间坐标控制网以及高程控制网,观测时应用Leica ts30全站仪按照三角测回观测法进行四测回观测,桥面线形采用高精度水准仪主梁设计高程点(路缘石边缘)进行测量。成桥吊杆力及主缆散索索力采用振动频率测试法进行。

通过现场结构初始几何状态、索力的测量可知,加劲梁左右侧道路中心实测高程(测量温度为16℃,风速:0.5m/s)与设计高程误差在允许范围内,实测高程略高于设计高程,其偏差绝对值与同类桥型相比较低(图4)。主缆线形较设计值略高,其偏差绝对值与同类桥型相比较低。索塔塔顶三维坐标均满足设计要求,主缆力设计值与理论值误差在3%以内,恒载作用下吊索索力沿纵桥向的分布规律与理论计算结果相同,索力实测值与理论值较为接近,同一位置内海外海侧索力基本相同。

图4 主梁高程实测值

四、荷载试验

1. 试验内容

桥梁静力荷载试验,主要是通过测量桥梁结构在静力试验荷载作用下的变形和内力,用以确定桥梁结构的实际工作状态与设计期望值是否相符[3-4]。它是检验桥梁结构实际工作性能,如结构的强度、刚度

等的最直接和最有效的手段和方法。试验荷载相当于设计活载作用下的结构响应,主要内容有:

(1)钢箱梁挠度及应变。选择主桥青岛侧辅跨2分点、4分点、中跨2分点、4分点、边跨2分点、4分点等截面作为应变及挠度测试点。

(2)索塔塔顶最不利活载作用下三维变位。在索塔顶部安装棱镜进行索塔偏位工况测量。

(3)索力增量及影响区测定,活载作用下的吊杆力增量工况采用索力仪进行测试。

(4)正交异性桥面板局部轮压作用下的局部应力及分离式钢箱梁横梁局部应力测定。

(5)索塔三角撑局部应力测定。

2. 工况分级加载

为了获得结构试验荷载与变位关系的连续曲线和防止结构意外损伤,就某一检验项目而言,其静力试验荷载宜分成多级加载,加载方式为单次逐级加载到最大荷载,然后逐级卸到零级荷载[6]。

静力试验荷载的加载分级主要依据加载车在某一加载试验项目对应的控制截面内力和变位影响面内纵横向位置的不同以及加载车数量的多少,大约分成设计标准活荷载产生该加载试项目对应的控制截面内力或变位的最不利效应值的40%、70%、90%、100%或40%、70%、80%、90%、100%。索塔偏位加载工况的荷载分级及荷载效率系数见表1,索塔偏位工况车辆布置如图5所示。

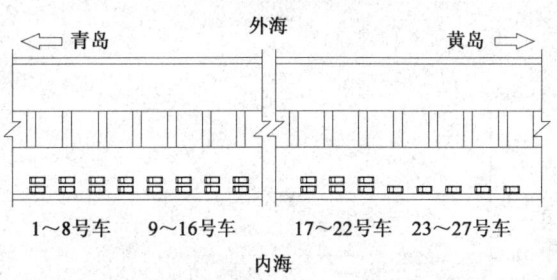

图5 索塔偏位工况车辆位置

索塔最大偏位工况的荷载分级及效率系数 表1

荷载分级	加 载 车	索 塔 塔 顶		加 载 效 率
		理论偏位(mm)	最大偏位理论值(mm)	
1	内海侧1~8号车	32	68	0.47
2	内海侧1~16号车	45		0.66
3	内海侧1~22号车	56		0.82
4	内海侧1~27号车	64		0.94
5	卸载1~16号车			
6	卸载17~27号车			

五、试验结果与分析

1. 索塔偏位

索塔塔顶偏位实测值与设计荷载作用下理论值对比见图6,索塔塔顶偏位实测值与理论值偏差较小且规律一致,索塔偏位残余值较小,这一结果说明索塔施工质量良好,在设计活载作用下,索塔处于弹性工作状态,其强度、刚度满足设计要求。

2. 主梁挠度

主梁挠度是反映结构工作性能的基本测试指标,部分主梁挠度各级加(卸)载挠度实测值与理论值见图7~图10,由图7~图10可知,主梁挠度实测值与理论值偏差较小,规律一致,钢箱梁挠度与荷载基本呈线性关系且主梁挠度残余值较小,说明钢箱梁强度、刚度达到设计要求,钢箱梁在设计活载作用下处于弹性工作状态。

3. 主梁应变

部分工况钢箱梁截面应变如图11~图14所示,由图中可以得出,由于钢箱梁较宽以及应变测试本身的离散型[6],截面底板应变测点实测值在同一截面高度存在一定差异,但总体应变实测值与理论值差别较小、规律一致且残余值较小,综合分析可知,钢箱梁的施工质量达到设计要求,在设计活载作用下处于弹性工作状态,且钢箱梁应变符合平截面假定。

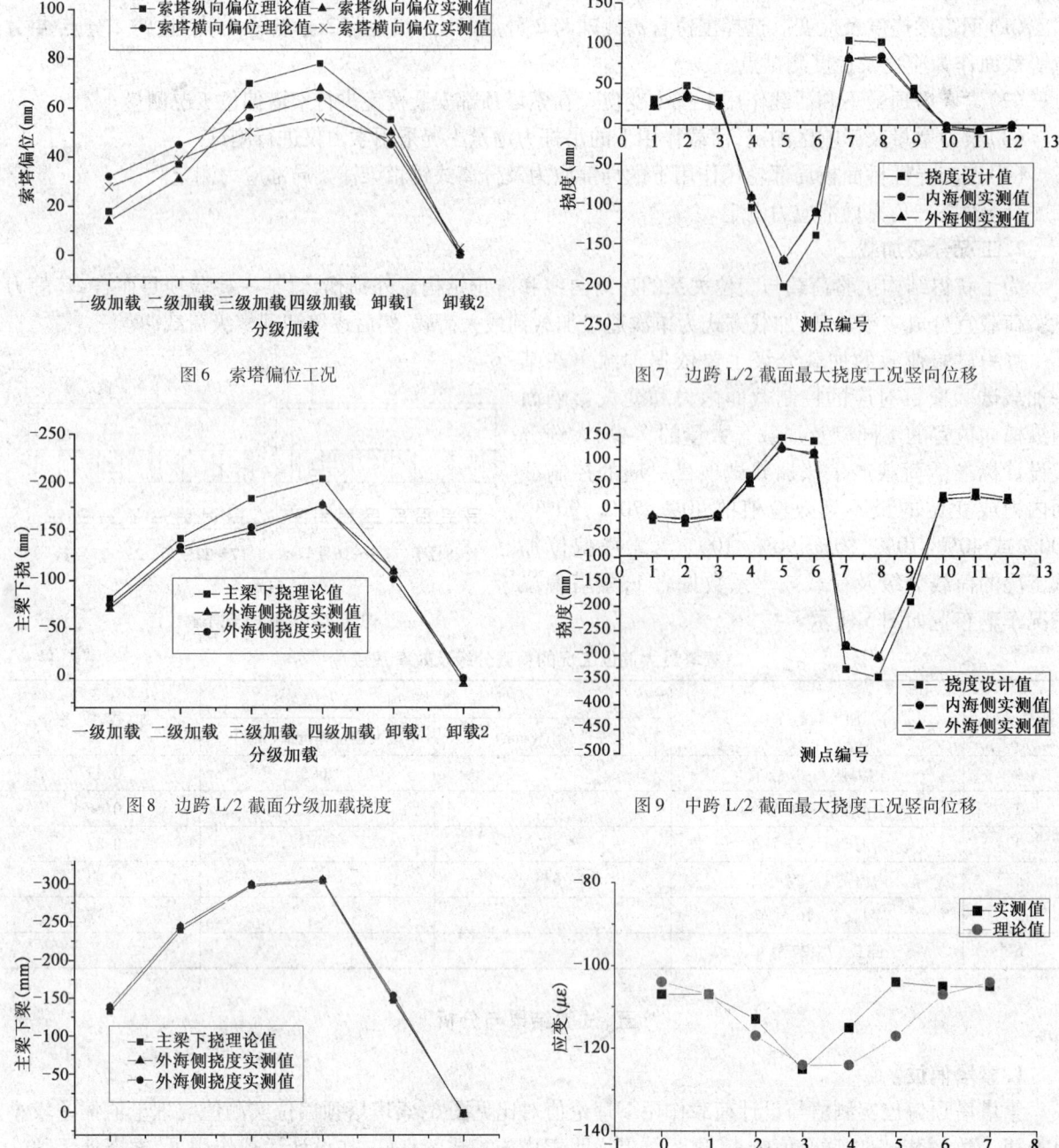

图6 索塔偏位工况

图7 边跨 L/2 截面最大挠度工况竖向位移

图8 边跨 L/2 截面分级加载挠度

图9 中跨 L/2 截面最大挠度工况竖向位移

图10 边跨 L/2 截面分级加载挠度

图11 工况一顶板测点应变实测值

4. 索力增量及箱梁扭转

索力增量工况试验结果校验系数多数处于 0.70~0.97 之间(表2),说明结构在设计活载作用下吊索工作状态良好,箱梁扭转工况试验结果校验系数为 0.71,分级加载时箱梁扭转基本呈线性,说明箱梁抗扭刚度满足设计要求。

六、结　语

本文介绍了青岛海湾大桥大沽河航道桥成桥后的结构特性及荷载试验情况,并对试验结果进行了分析。成桥运营阶段,结构在设计活载引起的内力及线形变化与所受活载基本呈线性关系,各工况静载试验结果实测值与理论值基本一致,结构残余变形、残余应变均较小,这表明已完工的青岛海湾大桥大沽河航道桥的强度、刚度达到了设计要求,施工质量、施工控制达到了较高的水平。自锚式悬索桥工况较多,进行荷载试验时其中多个工况可进行合并,如索塔偏位与主梁最大扭矩进行合并、索塔塔底弯矩工况与主梁某截面最大挠度工况进行合并等。

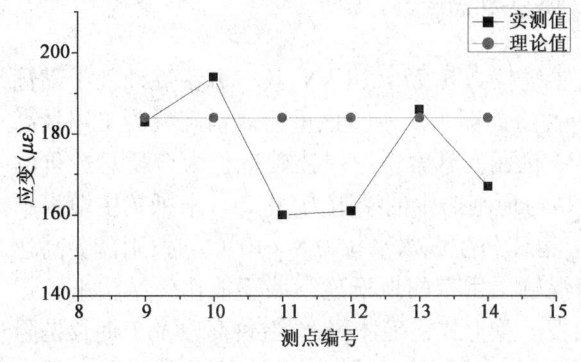

图12 工况一底板测点应变实测值

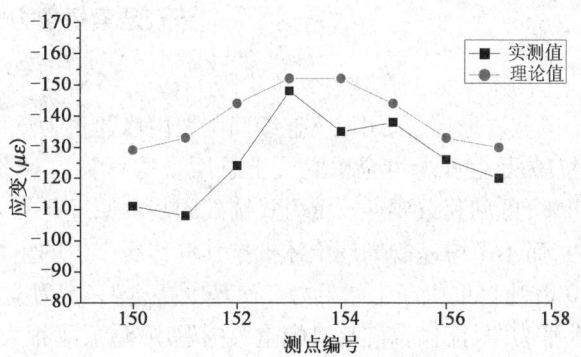

图13 工况十三顶板测点应变实测值

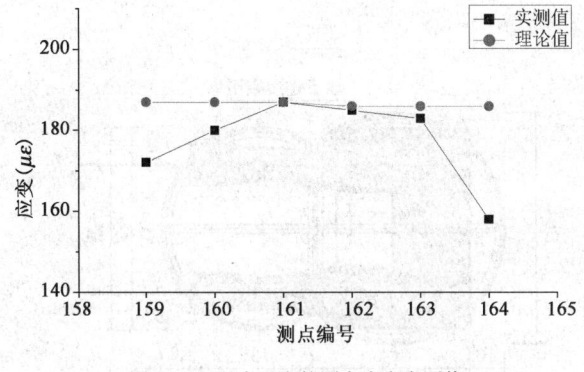

图14 工况十三底板测点应变实测值

索力增量工况试验结果　　　表2

吊索编号	索力实测值(kN)	索力实测值(kN)	比值
Z7-Q	66	68	0.97
Z7-H	56	68	0.83
Z8-Q	50	69	0.72
Z8-H	59	69	0.85
Z9-Q	47	67	0.70
Z9-H	37	67	0.56

参考文献

[1] 谌润水,胡钊芳.公路桥梁荷载试验[M].北京:人民交通出版社,2003.
[2] 张劲泉,赵仲华,花迎春.虎门悬索桥交工验收静力荷载试验与评价[J].公路交通科技,2000,17(5):31-34.
[3] 吉林,冯兆祥.江阴大桥动静载试验与分析[J].华东公路,2001(1):36-39.
[4] 许汉铮,黄平明,杨炳成.大跨径悬索桥静载试验研究[J].公路,2003(9):1-7.
[5] 李传习.混合梁悬索桥非线性精细化计算理论研究[D].长沙:湖南大学,2006.
[6] 宋一凡.公路桥梁荷载试验与结构评定[M].北京:人民交通出版社,2002.

124. 特大跨径悬索桥空心桩锚碇的探索

李 东[1]　刘洪林[2]　徐立成[3]　石 柱[4]　方 涛[1]
(1.华东交通大学;2.河北益通金属制品有限责任公司;
3.湖南省公路设计有限公司;4.湖南路桥建设集团公司)

摘　要　在自主创新方针指导下,我国大直径桩基结构和工艺有很多重大突破。例如湖南 $\phi 4m$ 钻埋预制空心桩、安徽 $\phi(8+5) = \phi 13m$ 沉井根键桩、江西 $\phi 15m$ 波纹钢围堰挖孔空心桩等。安徽提出用承台将数根大直径桩顶部固结形成刚架就能承担很大的水平力,为悬索桥桩式锚碇创造了条件。本文介绍

12根ϕ15m波纹钢围堰挖孔空心桩形成1480m悬索桥锚碇的新构思和技术上所做的一些探索,供同仁们参考。

关键词 波纹钢围堰 挖孔空心桩 锚碇新结构

一、悬索桥重力式锚碇存在的问题

湖南某大型在建悬索桥主跨1480m,桥面宽33.5m,主缆拉力8.75×10^5kN,其一侧锚碇地处于黏性土风化岩地层,采用地下连续墙围堰内修建重力式锚碇,构造如图1所示。该重力式锚碇混凝土用量高达16万立方米占全桥混凝土总用量的90%。造价1.73亿元。悬索桥两岸锚碇造价为全桥总造价的14%,可见其重要性。重力式锚碇的基本原理是靠自重G与地基产生的摩阻力($0.2G$)来抵抗主缆水平力,而不考虑基础周围土体抵抗其滑移所产生的土抗力。悬索桥主缆水平拉力8×10^5kN时,则需要高达40万吨自重所产生摩阻力。而其中高达1.75万立方米混凝土用量的地下连续墙不能作为结构来承担水平力,只能做锚碇自身配重及围堰用,造成了很大的浪费。重力式锚碇体积大、造价高以及工期长是阻碍平原地区悬索桥推广的一个主要原因,也是21世纪桥梁界亟待解决的难题。如何利用锚碇基础的土抗力来减少重力锚碇的体积是本文主要的研究和探索对象。

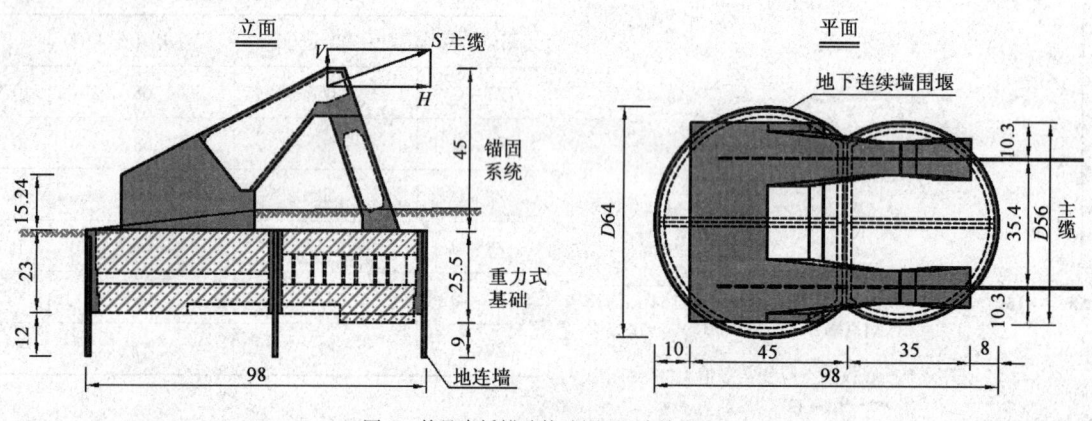

图1 某悬索桥锚碇构造图(尺寸单位:m)

二、悬索桥根式锚碇的科研成果

在长江中下游建造桥梁时,航运和水利部门都要求尽量减少水中桥墩,因此特大跨径悬索桥往往成为最佳方案。然而平原地区土层厚、岩层深,造成重力式锚碇需要巨大的体积和高昂的造价。悬索桥要降低锚碇造价就必须要充分考虑桩基型式来利用土抗力。安徽省高速公路总公司在2007年提出根式锚碇新构思如图2所示,其特点是通过刚性承台将多个根式沉井连接成整体而形成桩式锚碇基础。设计将承台、根式沉井和土体三者相互作用共同承担主缆荷载,从而大大地减少重力式锚碇体积和造价,使悬索桥在平原地区有了新的竞争力。根式桩基础的特点是在沉井壁中预留顶推孔,待沉井下沉到设计高程后,再将预制好的根键顶推至土层中,使桩径增大5~6m,从而大大提高了其抗拔力和水平抗力,如图3所示。直径6m、埋深39m有无根键沉井分别进行了竖向和水平静载实验,对比结果表明:有根键沉井的竖向承载力提高75%、侧摩阻力提高210%、水平承载力则提高达60%,充分显示了根键桩新结构的生命力。安徽省高速公路总公司在马鞍山长江公路大桥(三塔悬索桥)工程中将根式锚碇与沉井锚碇方案进行比较,根式锚碇造价可节约25%、工期节省40%,并且其在施工过程中还体现施工质量易控制、施工安全、对环境影响小等优势[1]。在此期间还组织了多家科研单位成立部省联合攻关课题组,进行分析和试验,先后在中外核心期刊发表12篇论文,获得2项发明专利和6项实用新型专利;并于2011年通过了专家验收和技术鉴定。这是中国桥梁界对传统悬索桥锚碇设计概念的一个重大突破,也是21世纪悬索桥中国梦的一个良好开端。

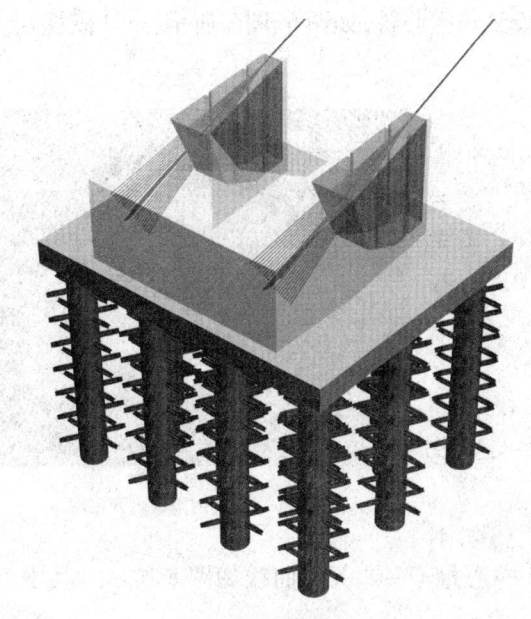

图 2 根式锚碇构造图

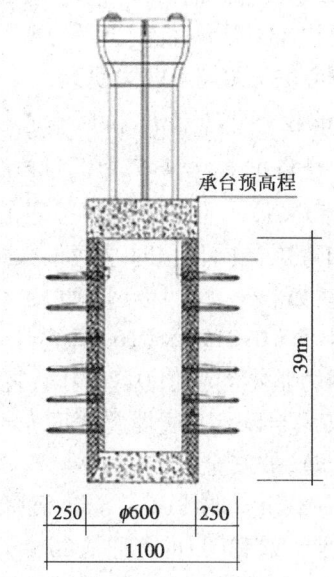

图 3 根式沉井构造图(尺寸单位:cm)

三、波纹钢围堰挖孔空心桩的实践

1. 案设计

吉安市井冈山经济开发区深圳大桥是一座跨三条铁道的城市立交桥。其中井吉铁路基础下方是岩溶发育地区,开工后经地质钻探和雷达波复查发现,原 L1 桥墩下方达 80 余米深串珠式溶洞,找不到厚度至少为 4m 的完整基岩作为桩支承。部分钻孔桩开钻后,出现溶洞漏水突然塌孔和钻头掉进溶洞的现象,危及铁路安全,被迫停工。经过一年来反复研究都苦无良策。在危难之中华东交通大学上官兴教授引进河北益通金属制品有限责任公司在大广高速建成的波纹钢渗水井工艺[2],如图 4 所示,提出在溶洞上方设计 $\phi15m$ 波纹钢围堰挖孔空心桩如图 5 所示,并研究出相应沉降计算方法。该方案相继得到上海城建设计院和中交四航设计院的支持,并在深圳大桥中得到应用,现已做成了 $\phi14-\phi15m$ 挖孔空心桩 6 根。移位后的 L1 和 L2 墩挖孔空心桩基础深 16m,在 20m 覆盖层厚度内,可不进入岩溶层,从而避免了溶洞桩基础施工的种种问题。应南昌铁路局提出挖孔空心桩下面溶洞也要保证百年安全的要求,设计在空心桩施工完成后再在桩周钻孔 60m,压注水泥浆封闭溶洞(注浆量达 0.9 万立方米)。

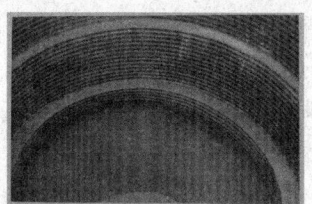

图 4 波纹钢渗水井

2. 挖孔空心桩施工

L_1-L_2 桥墩 $\phi15m$ 波纹钢围堰挖孔空心桩深 16m,上下分 4 层,每层高 4m;采用小型挖掘机施工,进度甚快,每天可挖 4m。在施工中边挖边拼装波纹钢做围堰以保证施工安全。钢围堰和土壁之间浇筑混凝土护壁,这样与原状土黏结产生巨大的摩阻力(比沉井和钻孔桩的摩阻力都大),这是挖孔桩优势之一。接着缩径 1m 继续第二层施工;第三层、第四层均按同上工序完成施

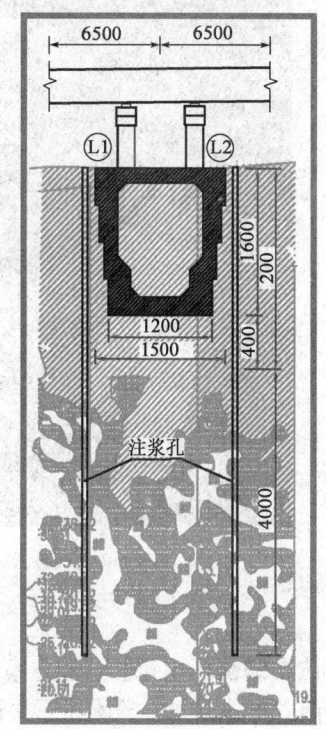

图 5 L_1-L_2 桥墩空心桩设计图(尺寸单位:mm)

工,历时共8天。封底后,再架设钢筋采用波纹钢做内模浇筑空心桩,如图6、图7所示,设计概算L_1和L_2桥墩费用约234万元,混凝土平均造价1320元/立方米。

3. 空心桩沉降与承载力研究

(1)承载力。L_1和L_2桥墩空心桩设计荷载$P = 3.5 \times 10^4$(kN),桩身自重$G_{桩} = 4.57 \times 10^4$(kN),桩侧极限摩阻力$N_{max} = 4.75 \times 10^4$(kN)。垂直力作用基底的应力$\sigma_c = 0.3$MPa,考虑水平力和弯矩共同作用时基底最大应力$\sigma_{max} = 0.55$MPa。基底允许应力$[\sigma_{ah}] = [\sigma_c] + k_1 r_1 (b-2) + k_2 r_2 (h-3) = 0.200 + 1.5 \times 0.0197 \times (16-3) = 0.58$(MPa),式中$\sigma_c$为粉黏土承载力基本容许值$0.20$MPa,宽度修正系数$k_1 = 0$,深度修正系数$k_2 = 1.5$,基底埋置深度$h = 16$(m)。$[\sigma_n] = 0.58 > 0.55$(MPa),故安全。

图6 波纹钢围堰内开挖图

(2)荷载沉降曲线($Q-S$)。沉降计算是空心桩的关键,本文按照文献[3]和[4]的苏通法($\sigma-y$)公式推出$\phi 15$m空心桩$Q-S$沉降曲线如图8所示。其中$Q-S$曲线可分成三阶段来说明其特性:

①弹性阶段,一半极限摩阻力时$Q_I = 88163$(kN),相应沉降$S_I = 2.7$(cm)
②极限摩阻阶段,$Q_{II} = 111910$(kN),相应沉降$S_{II} = 6.9$(cm)
③刺入阶段,桩顶垂直荷载$Q_{III} = 130273$(kN),相应沉降$S_I = 15$(cm)

(3)沉降量计算。利用线性插值法对图8沉降曲线可以得到空心桩、桥墩的荷载$Q_1 = 51000$(kN)对应的沉降位移$S_1 = 1.57$cm,通车运营后桩顶垂直荷载$Q_2 = 75480$(kN)对应的沉降位移$S_2 = 2.3$cm,两种沉降量之差$\Delta = 2.3 - 1.57 = 0.73$cm,是跨径$L = 65$m的万分之一,可见空心桩桩径大沉降量甚小,在土基上是安全可靠的。

图7 $\phi15/\phi12$挖孔桩施工

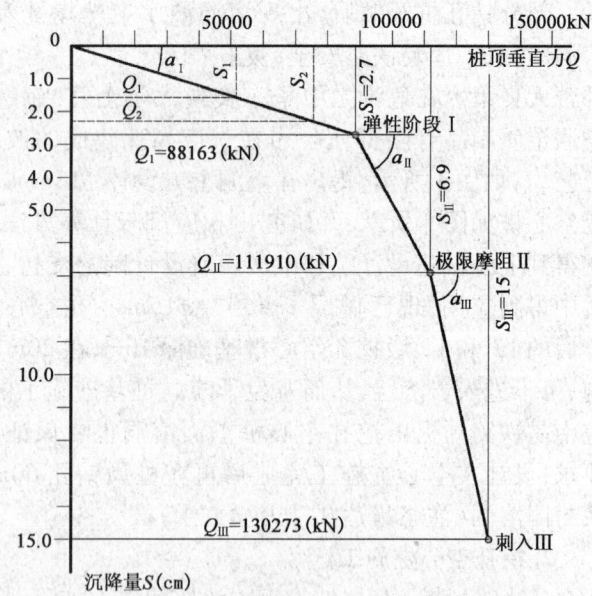

图8 荷载沉降($Q-S$)关系曲线

四、超大直径挖孔桩锚碇

1. 波纹钢围堰挖孔桩锚碇方案来由

湖南省筹建1480m悬索桥东岸锚碇在堤内,坐落的地层自上而下是更新纪黏土、全风化、中风化、微风化板岩,系地下水渗水甚小的黏性土层。在这种特定情况下,华东交通大学上官兴教授2012年率先提出用$\phi15$m超大直径波纹钢围堰机械挖孔空心桩来替代根键式沉井,以此进一步探索特大跨径悬索桥桩式锚碇基础的可行性。该创意得到湖南省公路设计公司、中水集团中南勘测设计研究院、中科院武汉岩土力学研究所、四川大学水利学院和中南大学铁道学院等单位的支持[5-7]，经过一年多的反复研讨提出挖孔空心桩锚碇方案设计，如图9所示。

2. 空心桩锚碇构造

如图10所示，锚碇承台长宽厚（$100m \times 56m \times 8m$）、体积 $V_1 = 4.48$ 万立方米，其下有 $3 \times 4 = 12$ 根（$\phi15/\phi14/\phi13/\phi12m$）变截面挖孔空心桩、体积 $V_2 = 3.26$ 万立方米。挖孔空心桩构造尺寸如图11所示。空心桩上端壁厚2.5m有利于嵌固在8m厚的承台中，形成固结端约束桩顶水平位移。若不挖空，桩径15m要满足固定端要求则承台厚度需22m。

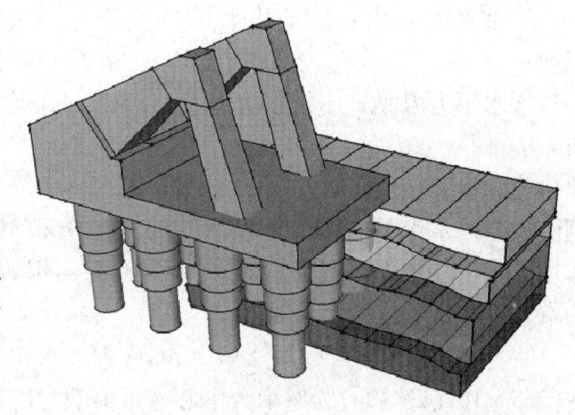

图9 挖孔桩基锚碇效果图

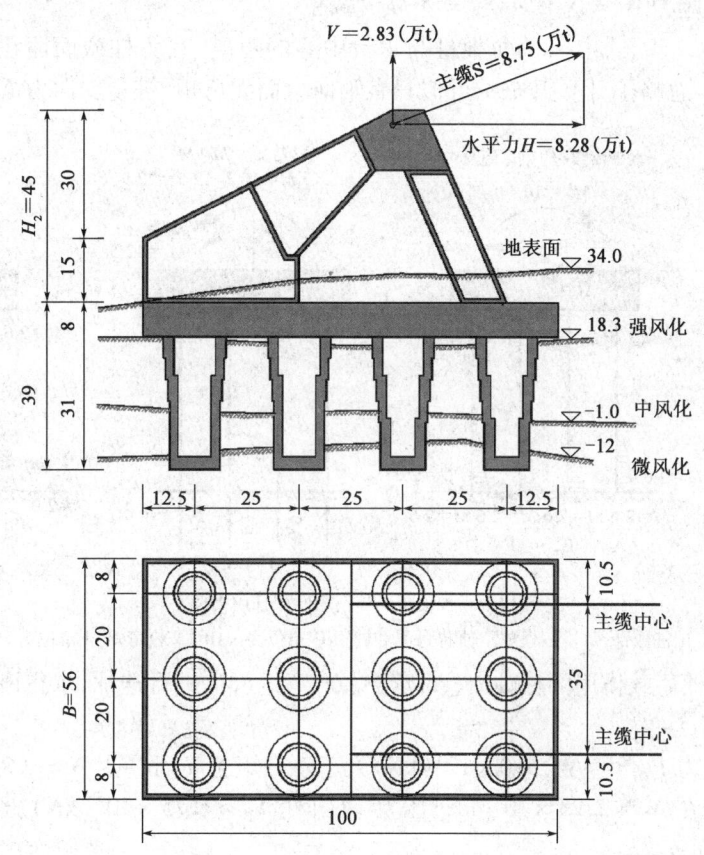

图10 挖孔桩锚碇结构图（尺寸单位：m）

3. "管柱刚架法"的简化计算法

1955年武汉长江大桥水中基础工程中采用了苏联专家西林提出的管柱法圆满解决了深水嵌岩的难题。其管柱计算采用了刚架法：它结构概念清晰、计算方法简明，用于初步设计十分优异。经过电算证明，由于超大直径波纹钢围堰挖孔空心桩锚碇有足够的刚度，因此也可以用"刚架法进行近似计算"，且精度在工程允许范围之内。计算步骤如图12所示。

（1）计算假定：挖孔空心桩上端嵌固在8m厚的承台中，下端空心桩嵌固在强度 $R(30\sim50)$ 的中风化层（嵌岩深度6m），桩长25m形成一个刚架。承台底中心共有垂直力（P）、水平力（H）和弯矩（M_0）三种，当8m承台相对2.5m厚的空心桩刚度为∞时，三种荷载单独作用在刚架上可求得相应内力。

(2) 分项计算如下：

① 垂直力 P 由各桩平均承担，$N_i = P/m$ 式中 m 为根数；

② 水平力 H 所产生桩顶剪力 Q，由各根桩平均承担，$Q_i = H/m$；

③ 为保证桩顶固结，在附加约束弯矩 $M' = H \cdot L/2$ 后，则刚架只产生水平位移 Δ 而没有转动。在 H 和 M' 共同作用下每根柱上下端产生弯矩 M_i 相同（$M_i = M'/m$），柱两端只产生水平位移而无轴力。

④ 承台中心的总弯矩 $\sum M = M_0 + M'$，式中 $M_0 = -12.5 \times 10^6 (kN \cdot m)$ 为原承台中心弯矩荷载，M' 为不产生转动所需要附加弯矩（与水平力作用所增加的约束弯矩相抵消）。其中柱顶应力 $\sigma_i = \sum M \cdot y_i / J = \sum M / W$，柱顶面的惯性矩 $\sum J = \sum y_i^2 \cdot A_i$，式中 y_i 为每根桩与承台中心的距离，A_i 为柱截面面积，抗弯截面系数 $W = \sum J / y_i$（桩身承受弯矩可忽略不计），其桩身近似只有轴向力而无弯矩，桩顶轴向力 $N_i = \sigma_i \cdot A_i$。

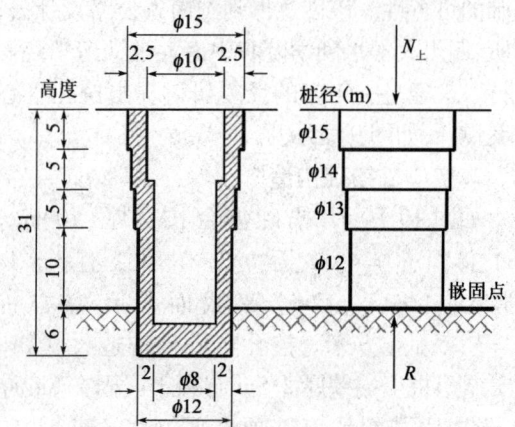

图 11 空心桩尺寸图（尺寸单位：m）

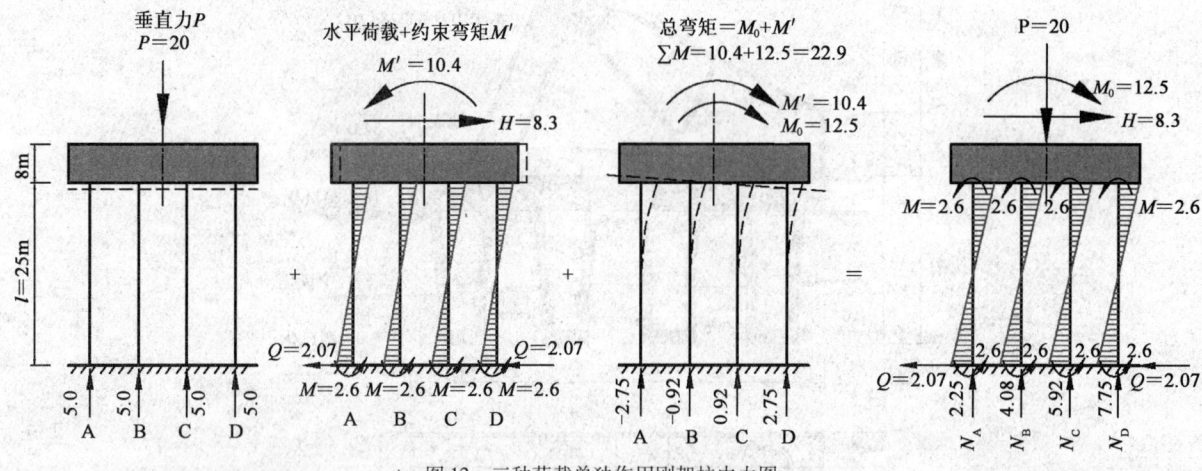

图 12 三种荷载单独作用刚架柱内力图

说明：图中内力按排桩计，每排三根桩。轴向力 V 和剪力 Q 单位为 $\times 10^5 (kN)$ 弯矩 M 单位为 $\times 10^6 (kN \cdot m)$

(3) 内力叠加将三种荷载作用的柱轴力（N）剪力（Q）弯矩（M）进行迭加，求得刚架法每排柱内力，每排柱横向有三根桩。

① 轴向力 N。垂直力 P 产生 $N = 5.0 \times 10^5 (kN)$ 大于总弯矩 $\sum M$ 所产生 $N = \pm 2.75 \times 10^5 (kN)$，因此 A 排柱受拉后并仍然存在 $N_A = 2.25 \times 10^5 (kN)$ 压力，外排柱 $N_D = 7.75 \times 10^5 (kN)$ 压力，中间 B、C 两排柱轴向力在 A、D 排柱之间；

② 桩顶剪力 $Q_上 = 2.07 \times 10^5 (kN) =$ 桩底剪力 $Q_下 = 2.07 \times 10^5 (kN)$；

③ 桩端弯矩 $M = \pm 2.6 \times 10^6 (kN \cdot m)$。

(4) 文献[5]和[6]利用 FLAC 3D 数值分析软件对本文波纹钢挖孔空心桩进行了详细的计算分析。他们研究表明：对于特大直径挖孔桩锚碇因水平位移过大使得传统 m 和 k 法都不适合，而刚架法反而更接近。比较结果表明：刚架法简化计算中柱的轴向力 V 偏小，柱身弯矩 M_i 偏大，但误差均在 10% 以内，能满足工程需要。

五、悬索桥桩式锚碇的发展前景

(1) 波形钢围堰挖孔空心桩锚碇的工程量，由表 1 可见，与重力式锚碇（地下连续墙围堰）相比，桩式锚碇混凝土体积节省近 4 万立方米，钢结构用量基本相当。总概算费用约低 20%，其经济效益十分显著。

研究工作的阶段成果表明:在黏性渗水量特别小的情况下,特大直径波纹钢围堰挖孔空心桩锚碇和根式锚碇一样,具有美好的应用前景。根键锚桩和波纹钢挖孔桩两项科研表明:中国悬索桥工程技术已从引进、吸收、仿制发展进入到自主创新时代。在振兴中华、实现 21 世纪中国梦的进程中,我们还要不断努力探索,继续攻克悬索桥大直径桩式锚碇的实施难关。

锚碇工程数量比较表　　　　　　　　　　　　　　　表1

项目		比较	混凝土体积 V（万立方米）	钢结构重量（t）	含筋率	概算（亿元）
A	挖孔空心桩基锚碇	挖孔桩	3.29	钢筋 1530 波纹钢围堰 1150	0.58%	1.10(80%)
		承台	4.48	1792		
		小计	7.77(66%)	4472(101%)		
B	地下连续墙围堰重力式锚碇基础		11.74(100%)	4432(100%)	0.38%	1.37(100%)

(2) 与地连墙相结合的超大直径空心桩锚碇。为了充分发挥地下连续墙的作用,可设想将它由单一围堰功能转变成超大直径空心桩,参加结构受力,如图 13 所示。在西岸浅滩有水地域 26m 覆盖层范围内,设计采用地下连续墙方法施工的三根($\phi40 + 2\phi30$)空心桩,在进入不透水的中风化岩层后(约 14m 深),则采用波纹钢围堰挖孔空心桩。这两种不同工艺组合的特点是:一是克服了地连墙钻机嵌岩进度慢的缺点,二是发挥了波纹钢变截面挖孔桩在不透水层进度快的优势。波形钢围堰当外模与新鲜孔壁之间

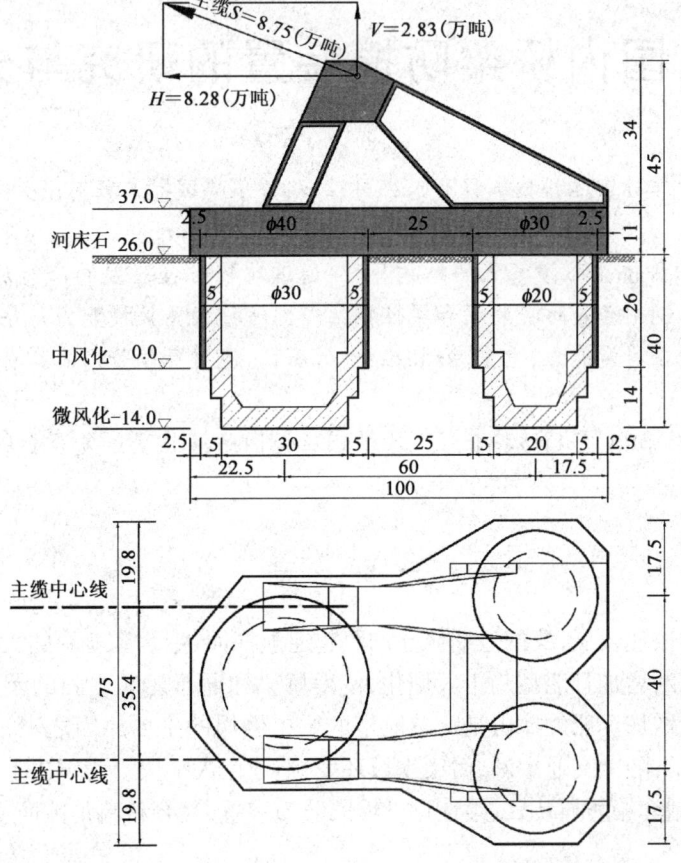

图 13　连续墙围堰与波纹钢围堰组合施工的超大直径空心桩锚碇(尺寸单位:m)

干浇混凝土,与岩石密切接触后能充分利用土抗力,来平衡主缆的巨大水平力。

应当指出图13与图14相比较,空心桩直径又增大2.7倍(由φ15增加到φ40),而桩数却减少4倍。这样桩式锚碇受力更明确、施工更快速。考虑到承台要保证足够刚度,将其底面升高到河床表面、厚度加大到11m是空心桩壁厚5m的2.2倍。为了减少承台混凝土用量,11m厚承台可以做成框架空心结构。

(3)综上所叙,采用超大直径空心桩所构成的刚架结构来承担悬索桥巨大的水平力,使锚碇结构进入一个新的发展阶段。这充分说明工艺进步可以改变结构的观念。在地下工程中如何精确计算锚碇容许位移所产生的相应土抗力,是推动锚碇技术进步的关键所在。本文的创意仅仅是超大直径空心桩锚碇研究的开始,希望得到大家的支持和帮助,为实现中国的桥梁强国梦而努力。

参考文献

[1] 殷永高. 根式基础研究与应用. 安徽省高速公路控股集团有限公司. 2012.
[2] 刘洪林. 金属波纹钢桥涵. 河北益通金属制品有限责任公司. 2011.
[3] 蒋伟,上官兴. 钻孔桩 $\sigma - y$ 沉降曲线计算法在工程中的应用[C]//中国公路学会桥梁和结构工程分会2006年全国公路桥梁学术会议论文集. 2006.
[4] 陈光林. 超大直径波纹钢空心桩的开发研究[C]//中国公路学会桥梁和结构工程分会2006年全国公路桥梁学术会议论文集. 2012.
[5] 彭文轩,李列列,等. 悬索桥桩式锚碇数值分析报告[J]. 中南大学铁道学院. 2013.
[6] 徐立成,等. 大直径群桩锚碇基础计算分析报告[R]. 湖南省公路设计有限公司. 中国水电顾问集团中南勘测设计研究院. 中国科学院岩土武汉研究所. 2013.

125. 国内桥梁防撞装置的研究与分析

蒋 超[1] 刘金涛[2]

(1. 江苏宏远科技工程有限公司;2. 路桥华祥国际工程有限公司)

摘 要 介绍了四种桥梁防撞装置的结构原理,通过比较防撞装置的消能原理、安装方式、后期维护、耐腐蚀性能,得出了钢制套箱防撞装置和柔性钢丝绳圈防撞装置抗撞能力与导向性具有一定的优势,复合材料消能防撞装置在消能能力、重量、安装维护、耐腐蚀、使用寿命等方面具有优势,橡胶护舷在前期投入、耐腐蚀上具有特点。

关键词 船桥碰撞 钢制套箱防撞装置 柔性钢丝绳圈防撞装置 复合材料消能防撞装置 橡胶护舷

一、引 言

随着交通运输业的快速发展,我国近期修建的跨越通航江河、港区和海峡的大型桥梁数量逐步增多,而航道上船舶数量也不断增加且船型趋于大型化,使得桥梁和通行船舶之间的矛盾日趋突出,因此船舶撞击桥墩的事故亦不断增加。船舶撞击是跨越航道的桥梁倒塌的主要原因之一,产生的后果极其严重:桥毁船沉人亡、航道受阻、陆上交通中断、污染水域环境,造成巨大损失。为解决上述问题,我国现行主流的桥墩防撞装置有:钢制套箱防撞装置、柔性钢丝绳圈防撞装置、复合材料消能防撞装置和橡胶护舷防撞装置。

2014年,首届国际船桥相撞研讨会在我国召开,与会专家一致认为桥梁防撞装置应当在保护桥梁的同时也应该保护船舶和环境,防撞装置的设计应该着眼于"三不坏"的防撞设计理念。

二、四种防撞装置的结构原理

1. 钢制套箱防撞装置

图1所示为钢制套箱防撞装置,该防撞装置主要由内外两层结构组成:其中内部结构是由多个板梁结构的密封舱室、桁架支撑结构,以及与桥墩表面接触处安装有多个缓冲吸能阻尼元件构成;外部结构是由阻尼吸能元件与钢结构共同联系在一起组成的第一层防撞结构。该防撞设施由两套防撞体组成,内层由板梁结构组成固定式钢结构,外层钢结构和阻尼吸能元件负责减少船撞时结构之间摩擦力,减少结构碰撞损伤。

图2所示,当船舶撞击防撞设施时,船舶首先接触第一层防撞结构,结构发生大的变形吸收了大量碰撞能量,并且延长了接触时间,使撞击力峰值得以降低,同时由于结构变形和相互作用,从而拨动船头方向,减少了船舶与结构间的能量交换;当碰撞过程继续进行时,内部与桥墩接触处的缓冲吸能阻尼元件进一步变形、吸能,再次改变船头航向,再次降低船撞力。由于此装置由两层吸能结构组成,较传统的防撞设施,有一定吸能防撞和拨动船头航向的能力。

图1 录安洲化工管线桥防撞钢套箱　　　　图2 福建魁歧大桥防撞装置

2. 柔性钢丝绳圈防撞装置

图3所示为柔性钢丝绳圈防撞装置,主要由外钢围、内钢围和钢丝绳圈组成。其缓冲、耗能、消减撞击力的作用主要由介于内外两个钢围之内的钢丝绳圈来实现。外钢围三角形结构具有引导功能,当船舶撞击防撞装置时,可以使船舶大部分的动能保留在船上。

图4所示有内外钢围和钢丝绳圈组成的防撞装置的设计应当建立在如下的科学设计观念上:①低波阻抗意义上的冲击柔性;②缓冲撞击过程意义上黏性耗能;③防撞装置可以及早发挥整体作用,化集中撞击力为分布载荷,以及让船舶滑离防撞装置而带走剩余能量。

图3 白墩港柔性钢丝绳圈防撞装置试验　　　　图4 湛江海湾大桥柔性钢丝绳圈防撞装置

3. 复合材料消能防撞装置

图5、图6所示为复合材料消能防撞装置,复合材料消能防撞装置是一种缓冲吸能型增强复合材料防撞装置,其结构由复合材料面层、消能柱、增强联结板以及填充在构件体之间的耗能闭孔材料组成。复合

材料消能防撞装置截面形式有矩形、D字形和圆形，此装置采用工厂节段制造，分为固定式与自浮式两种形式。复合材料具有优异的耐腐蚀性能和优良的耐候性，复合材料结构作为能量吸收元件要比常用的金属材料结构具有更高的能量吸收能力，并且压溃载荷分布均匀。在船桥碰撞过程中，复合材料消能防撞装置有较大变形，通过变形耗能的形式吸收了绝大部分碰撞能量，复合材料消能防撞装置通过自身结构变形吸收碰撞能量，不仅削减了传递到桥墩上的冲击力，同时对撞击船起到一定程度的保护作用。

图5　清水河大桥自浮式复合材料消能防撞装置　　图6　港珠澳大桥固定式复合材料消能防撞装置

复合材料消能防撞装置具备柔性防撞装置的一切性能，此装置充分利用了复合材料抗拉强度高、比重轻、弹性模量低、耐腐蚀、耐候性好、抗疲劳性能优异的特性来达到防撞装置的缓冲吸能，并且此装置在受到中小船舶撞击后变形可恢复，也具备在撞击瞬间改变撞击力的方向和船体位移方向，同时利用水流的作用，将船舶推离桥墩，沿防撞装置外侧滑走，从而带走船舶大部分动能，大大降低了"船—桥"撞击过程中的能量交换。

4. 橡胶护舷防撞装置

图7所示为橡胶护舷防撞装置，通过橡胶这种缓冲材料的变形吸收部分撞击能量，从而降低船舶撞击力，起到保护船舶及桥梁目的。但此装置吸收能量有限，只能降低船舶撞击力的10%左右，防撞性能比较一般。选择橡胶护舷，要求桥墩结构设计的自身抗力比较高。

图7　橡胶护舷防撞装置

三、四种防撞装置的性能比较

当船的质量和航速一定时，船桥相撞时撞击能量可以确定。由能量守恒定理可知，能量不会凭空消失，能量只会从一种形式转变成另一种形式。船舶的动能会有相当一大部分转化为防撞装置的变形能、内能和摩擦能。性能优良的防撞装置在两方面应对船舶撞击能量：在船桥撞击瞬间改变船头的行驶方向，让船的动能尽量保留在船上，二者尽量少的进行能量交换；防撞装置吸收船舶的动能必需尽量的转变为本体的变形能、内能和摩擦能，防撞装置不能仅仅作为能量交换的对象和工具。

1. 消能原理比较

（1）钢制套箱防撞装置消能原理

钢制套箱防撞装置在其内侧均有多个阻尼元件，增加了结构的柔性降低桥墩撞击损伤；在船撞事故发生时，能整体受力，相撞部分间利用钢材塑性变形破损吸收碰撞能量；同时还能拨动船头，让船舶保留更多的动能，该装置可以很好地保护桥墩的安全。

（2）柔性钢丝绳圈防撞装置消能原理

柔性钢丝绳圈防撞装置通过设置在内外钢围间的钢丝绳圈实现缓冲吸能，此装置最大的特点在于防撞圈的协同性，即在船桥撞击过程中外钢围整体位移，促使分布在防撞圈各部位的钢丝绳圈均产生变形耗能，从而保护桥梁和船舶。

(3) 复合材料消能防撞装置消能原理

复合材料消能防撞装置利用撞击作用区域的复合材料外壳弹性大变形 + 复合材料耗能芯材、摩擦和破坏实现变形耗能缓冲耗能,远离防撞区域的装置完好无损。设计合理的防撞装置截面形状可以迎船撞击方向制作成导向尖角,达到二者撞击时拨动船头,改变船舶运动方向,更好的保护桥梁和船舶。

(4) 橡胶护舷防撞装置消能原理

橡胶护舷防撞装置利用橡胶材料的缓冲变形延缓撞击时间,从而减小船舶撞击力。此装置可以削减小船的撞击力,但削减大船撞击力有限,对大船基本无效果。

2. 安装及后期维护比较(表1~表3)

四种防撞装置安装方式比较　　　　　　　　　　　　　　表1

防撞装置名称	安装施工难易
钢制套箱防撞装置	工厂焊接预制成单个箱体,采用内法兰螺栓连接,但由于箱体重量大,水上施工难度大
柔性钢丝绳圈防撞装置	工厂分阶段制造,但箱体大,重量大,浮运至桥墩处拼装
复合材料消能装置	在工厂成形大型复合材料耗能节段,在现场连接成防撞圈,重量轻,运输施工方便
橡胶护舷	需金属预埋件,固定防撞方式定位有难度

四种防撞装置后期维护比较　　　　　　　　　　　　　　表2

防撞装置名称	后期维护
钢制套箱防撞装置	采用金属材料制造,承受船舶撞击时,易产生不可恢复的塑性变形,需更换钢套箱。自浮式钢箱破损后进水,影响防腐及自浮。防腐涂装污染水环境
柔性钢丝绳圈防撞装置	中大船撞击后发生局部破损,影响自浮,需要局部焊接修整、维修施工困难。防腐涂装污染水环境
复合材料消能装置	无须防腐涂装,基本不用维护。承受中小船撞击时,变形可恢复;遭受大船撞击时,复合材料防撞节段维修更换方面,时间短
橡胶护舷	耗能低,使用寿命短,基本不用维护。可以承受多次碰撞,但不能修复

四种防撞装置耐腐蚀性能比较　　　　　　　　　　　　　　表3

防撞装置名称	耐腐蚀性能
钢制套箱防撞装置	长期在水环境中易被腐蚀,使用寿命约15年
柔性钢丝绳圈防撞装置	长期在水环境中易被腐蚀,使用寿命约15年
复合材料消能装置	耐酸、碱及海水腐蚀,使用寿命30年以上
橡胶护舷	橡胶制品在紫外光与干湿交替环境耦合作用下,较易发生老化,使用寿命约5~10年,且固定金件易腐蚀

四、建议及结论

(1) 钢制套箱防撞装置与柔性钢丝绳圈防撞装置消能作用小、防撞性能较好,但二者重量大,安装、后期维护困难,防腐蚀方面很难解决。

(2) 复合材料消能防撞装置充分发挥了其材料特点,消能效果好,安装维护方便,耐腐蚀性、耐候性好。但需提高防撞装置外部的刚度,降低脆性,顺利实现导向船头的方向。

(3) 橡胶护舷在小吨位船舶行驶的河道可以充分发挥其性能,全寿命周期考虑工程造价也较上述三种防撞装置低,但需提高其耐候性,特别是气候变化大的区域不建议选用此类装置。

参考文献

[1] 肖波,李军. 船桥碰撞中桥墩防撞装置性能研究[J]. 水运工程,2010:17-20.
[2] 陈国虞、王礼立,等. 桥梁防撞理论和防撞装置设计[M]北京:人民交通出版社,2013.
[3] 陈国虞,王礼立. 船撞桥及其防御[M]. 北京:中国铁道出版社,2006.

[4] 刘伟庆,庄勇,方海,等.复合材料桥梁防撞装置:中国,CN20153978[P]2010-8.
[5] 王君杰,王福敏,赵君黎,等.桥梁船撞研究与工程应用[M].北京:人民交通出版社,2011.
[6] 孙振.桥梁防船撞设施的比较研究[D].上海:同济大学,2007.
[7] 岩井聪,庄司邦昭.关于船舶对桥梁的安全措施[J].中国航海,1986,(12):153-164.

126. 悬臂施工中内衬混凝土对波形钢腹板箱梁扭转性能的影响

刘 朵[1] 张建东[1] 杨丙文[2] 万 水[2]

(1.江苏省交通科学研究院股份有限公司;2.东南大学交通学院)

摘　要　由于波形钢腹板较薄,面外刚度较小,抗扭转性能较弱,而墩顶附近的内衬混凝土将有助于增大箱梁截面的抗扭刚度,有利于抵抗悬臂施工过程中因不平衡荷载产生的较大扭转。通过有限元方法对含有内衬混凝土的钢混组合腹板和不含内衬混凝土的波形钢腹板在偏载作用下的受力状况进行了分析,研究了不同截面形式及内衬混凝土厚度对滁河大桥抗扭性能的影响,为设计提供参考。

关键词　波形钢腹板　内衬混凝土　偏载作用　抗扭性能　翘曲应力

一、引　言

当波形钢腹板组合桥梁的跨径较大时,箱梁根部截面高度相应较高,一般在墩顶附近波形钢腹板内侧浇注混凝土以形成组合腹板结构,这部分混凝土被称为"内衬混凝土"。设计中所考虑的目的主要用于提高波形钢腹板组合桥梁的抗屈曲性能,同时可以有效地把腹板承受的剪力传递至下部结构,而忽略了内衬混凝土对结构抗扭性能的影响。

目前国内已建成的几座波形钢腹板组合桥梁中根部截面高度达到6m以上的基本上都采取了这一措施,即在距离根部一定范围浇筑内衬混凝土,波形钢腹板与内衬混凝土之间的连接是波形钢腹板箱梁桥的关键构造部位之一,常见的连接方式为栓钉连接、开孔钢板连接以及型钢连接等,如图1所示。国内部分波形钢腹板组合桥梁内衬混凝土构造如表1所示。

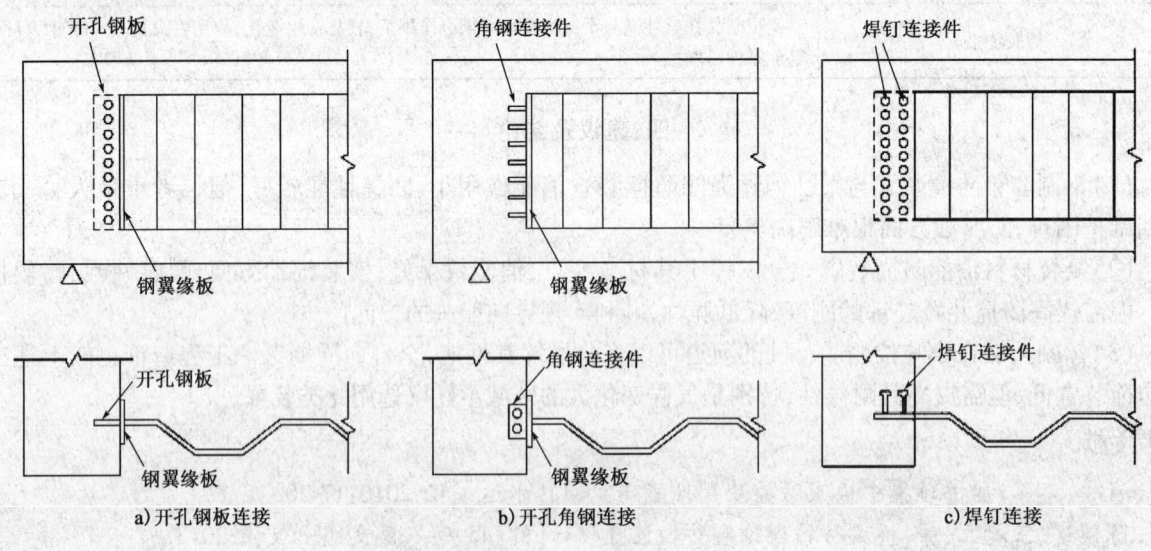

图1　波形钢腹板与内衬混凝土的连接构造

国内部分波形钢腹板组合桥梁内衬混凝土构造 表1

桥 名	最大跨径 L(m)	梁 高 h(m)		内衬混凝土	
		根部	跨中	总长(m)	厚度 t(cm)
港珠澳前山河特大桥	160	9.5	4.0	16.0	26.5~96.5
鄄城黄河大桥	120	7.0	3.5	7.2	21.5~58.5
桃花峪黄河大桥	135	7.5	3.5	6.4	29~61
南水北调桥	120	7.5	3.5	6.4	30~80
紫荆大桥	156	9.0	4.2	12	24~76
南京滁河大桥	96	6.5	3.0	5.6	30~50

二、工程背景

滁河大桥为南京长江第四大桥北接线,上部结构为主跨96m的三跨波形钢腹板预应力混凝土连续箱梁桥,跨径布置为53m+96m+53m,总长202m,如图2所示。主梁采用单箱单室截面,箱梁顶板宽度为16.55m,底板宽度为8.00m。梁高和底板厚度均以1.6次抛物线的形式由跨中向根部变化,墩顶梁高6.5m,跨中梁高3.00m、底板厚28cm,根部梁高6.50m、底板厚130cm,如图3所示,箱梁采用纵、横向预应力,纵向预应力采用体内束与体外束相结合的预应力体系。

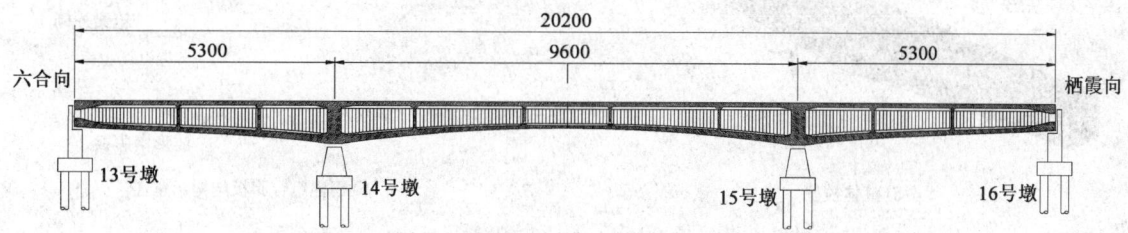

图2 滁河大桥结构布置图(尺寸单位:cm)

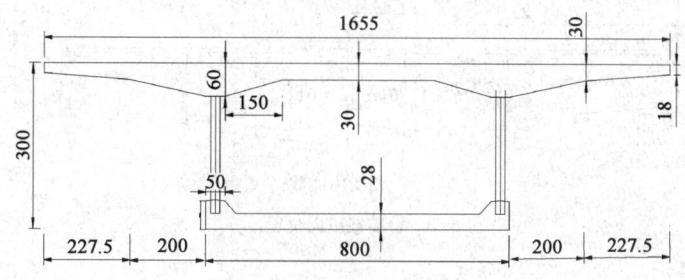

图3 跨中截面(尺寸单位:cm)

波形钢腹板波长1.6m,波高0.22m,水平面板宽0.43m,水平折叠角度为30.7°,弯折半径为15t(t为波形钢腹板厚度)。波形钢腹板厚度采用10mm、14mm、16mm和18mm四种型号。波形钢腹板与顶板采用双PBL件加贯穿钢筋的连接形式,与底板采用嵌入式的连接形式。在箱梁根部设置长l=4.1m,厚度t分别为44cm、66cm的内衬混凝土,如图4所示。

三、悬臂施工期的扭转性能

假设波形钢腹板与混凝土顶、底板完全连接,不产生相对滑移或剪切破坏;波形钢腹板具有足够的屈曲强度,不发生任何形式的屈曲破坏;不考虑钢筋以及混凝土非线性的影响。采用三维实体单元模拟混凝土、壳单元模拟波形钢腹板、杆单元模拟钢绞线,建立滁河大桥的悬臂施工期有限元模型如图5所示。

以主梁施工至第7块段为例,距离墩顶中心线为23.0m处,偏载力在第7块段端部,偏载力为30t,设偏载力作用在腹板的顶端如图6a)所示,不考虑箱梁的自重和预应力钢筋的影响;为了与悬臂施工过程相一致,边界条件为墩底节点的三个自由度全约束。其中,翘曲应力为图6b)所示的偏载产生截面的正应力减去图6c)所示的对称荷载产生的截面的正应力。而弯曲应力为图6c)所示的对称荷载产生的截面的正应力。

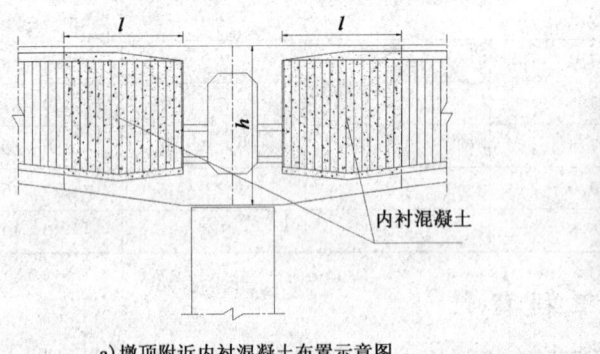

图4 箱梁根部内衬混凝土图

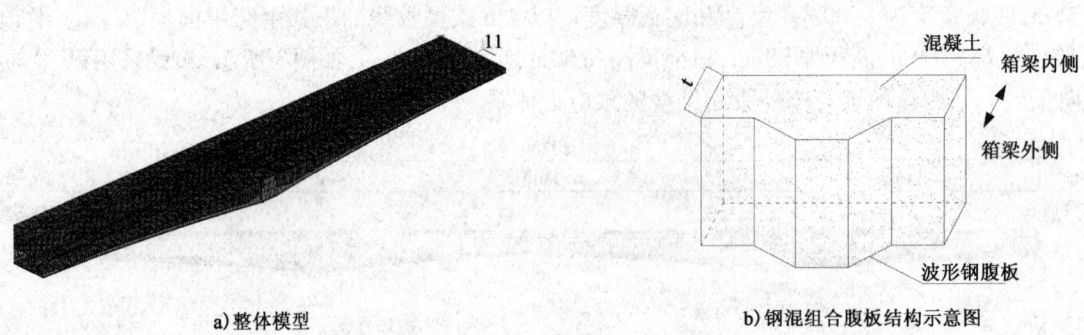

图5 悬臂施工期滁河大桥有限元模型

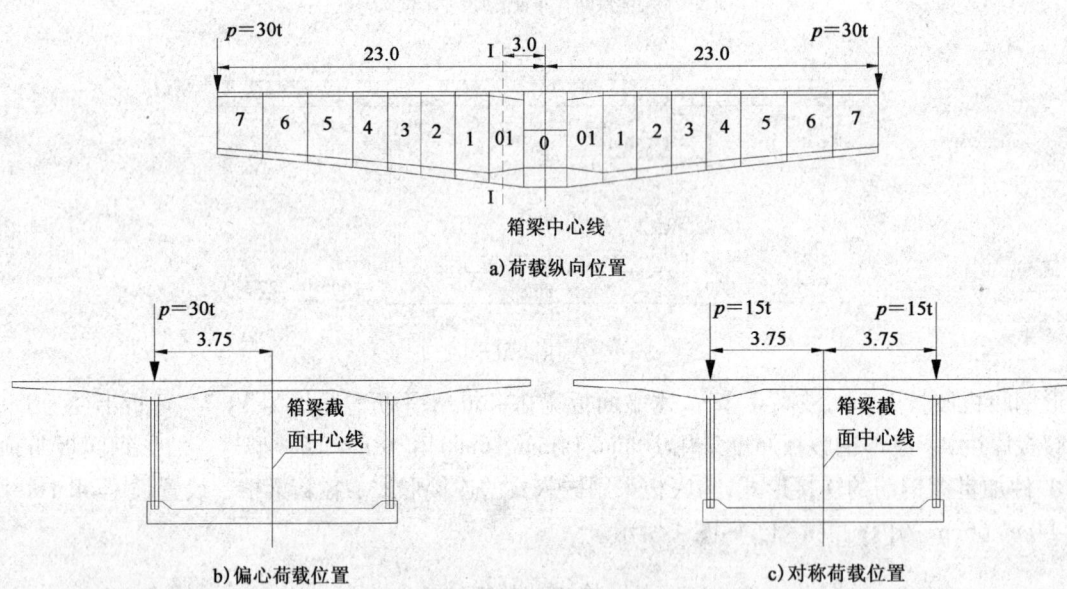

图6 荷载作用示意图(尺寸单位:m)

以距墩顶中心点距离3m处I-I截面为例,分别提取箱梁顶板和底板的弯曲应力和翘曲应力,计算结果如图7、图8所示。其中,正为拉应力,负为压应力。

从图7、图8中可以看出,I-I截面顶板最大翘曲应力是弯曲应力的0.53倍,底板最大翘曲应力是弯曲应力的0.71倍。

分别针对以下三种工况,研究内衬混凝土的厚度对滁河大桥悬臂施工期I-I截面扭转性能的影响,

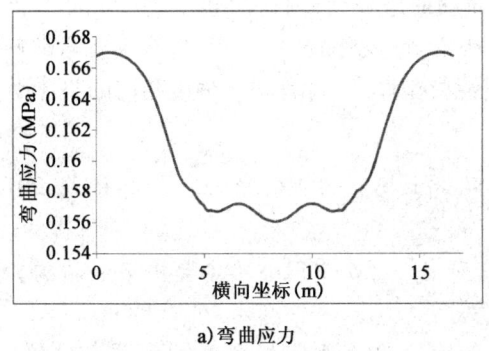
a) 弯曲应力

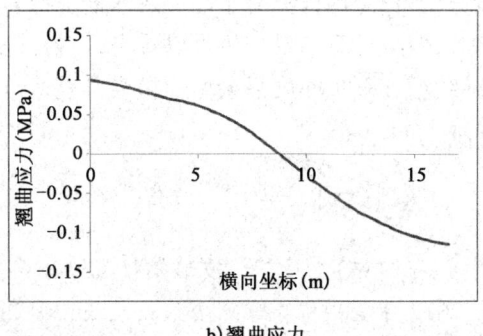
b) 翘曲应力

图7 顶板应力分布图

计算结果如图9所示。

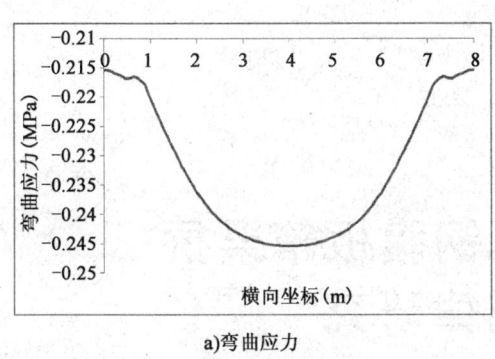
a) 弯曲应力

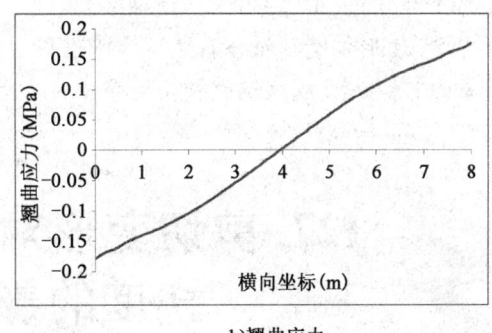
b) 翘曲应力

图8 底板应力分布图

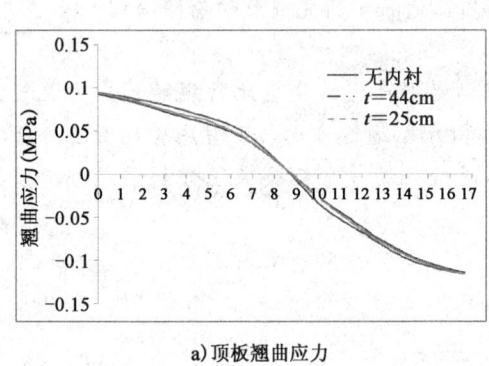
a) 顶板翘曲应力

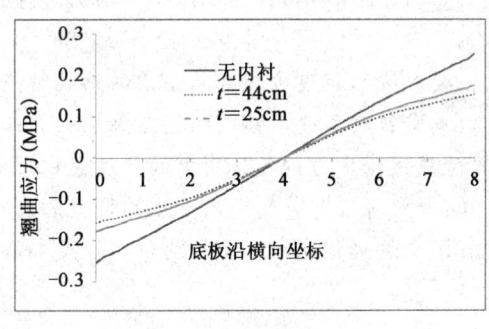
b) 底板翘曲应力

图9 截面翘曲应力分布图

工况一:不含内衬混凝土,只有钢腹板;
工况二:钢腹板和内衬混凝土共同作用,内衬混凝土厚度 $t=44cm$(本桥采用的厚度);
工况三:钢腹板和内衬混凝土共同作用,内衬混凝土厚度 $t=25cm$。

从图9中可以看出,有无内衬混凝土对顶板的翘曲应力影响不大,但对底板的翘曲应力影响较大,工况一底板的最大翘曲应力为0.255MPa,工况二底板的最大翘曲应力为0.157MPa,工况一底板最大翘曲应力是工况二底板最大翘曲应力的1.624倍,而工况三底板的最大翘曲应力为0.178MPa,与工况二较为接近,内衬混凝土的厚度从25cm变化到44cm,对于箱梁截面的翘曲应力影响不大,但从无内衬混凝土到内衬混凝土厚度为25cm,对箱梁底板的翘曲应力变化较为明显。

四、结 语

由于波形钢腹板组合箱梁的腹板较薄,截面的抗扭惯性矩较小,通过对滁河大桥墩顶附近截面的抗扭性能分析可知,内衬混凝土能有效地抵抗扭转产生的截面翘曲应力,且内衬混凝土越厚截面的抗扭惯性矩越大;但从计算结果分析可以看出,内衬混凝土厚度 t 从 25cm 变化到 44cm,对翘曲应力的影响变化较小,继续增加腹板厚度只会增加箱梁自重,合理设置内衬混凝土厚度,将有利于桥梁结构的整体受力。

参考文献

[1] 刘朵,杨丙文,张建东,等.波形钢腹板组合桥梁内衬混凝土抗剪性能研究[J].世界桥梁,2013,41(6):pp72-75.

[2] 刘芳,张建东,艾军,等.波形钢腹板组合梁桥应用调查研究[C]//中国公路学会桥梁和结构工程分会2012年全国桥梁学术会议论文集,2012:109-116.

[3] 李淑琴,陈建兵,万水,等.我国几座波形钢腹板组合箱梁桥的设计与建造[J].工程力学,2009(A01):115-118.

[4] 万水,李淑琴,马磊.波形钢腹板预应力混凝土组合箱梁结构在中国桥梁工程中的应用[J].建筑科学与工程学报,2009,26(2):15-20.

[5] 朱万勇.波形钢腹板组合箱梁设计理论与方法研究[D].西安:长安大学,2003.

[6] 黄卿维,陈宝春.波纹钢腹板箱梁桥应用综述[J].公路.2005(7):45-53.

127. 剪切变形对波形钢腹板箱梁桥挠度的影响规律研究

邓文琴[1] 张建东[2] 刘朵[2]

(1.华中科技大学土木工程与力学学院;2.江苏省交通科学研究院股份有限公司)

摘 要 波形钢腹板组合箱梁桥的结构特点决定其剪切变形产生的挠度比常规的预应力混凝土箱梁更大。本文针对某波形钢腹板连续梁桥的施工阶段及成桥阶段,通过考虑与不考虑剪切变形分析其自重、挂篮荷载及预应力荷载作用下的挠度变化规律,并对不同跨径的波形钢腹板组合箱梁成桥阶段挠度进行计算,分析跨径对剪切变形产生的挠度的影响。

关键词 波形钢腹板 剪切变形 挠度 跨径

一、引 言

波形钢腹板组合箱梁结构是以波形钢板代替混凝土作为箱梁的腹板的一种新型的钢-预应力混凝土组合结构,用波形钢腹板承受剪力,可避免预应力混凝土箱梁常见的腹板开裂问题。此外,与预应力混凝土箱梁相比,波形钢腹板箱梁桥还具有许多优点,如自重轻、现场作业少、造型美观等。因此波形钢腹板组合箱梁桥20世纪80年代出现后很快便得到了广泛应用,以日本和法国居多。

波形钢腹板组合箱梁结构特点决定剪力主要由波形钢腹板承担。钢板的剪切模量虽比混凝土大,但由于钢板提供的抗剪面积少,且腹板呈折叠形状,其抗剪刚度要在钢板剪切模量基础上进行折减,而剪力几乎全部由腹板来承担。因此,波形钢腹板箱梁结构中剪切变形产生的挠度比常规的混凝土箱梁更大。本文利用有限元软件对某波形钢腹板连续箱梁桥建立杆系结构模型,分析其各施工阶段自重、挂篮及预应力作用下剪切变形对结构挠度的影响,且针对其最大悬臂阶段及成桥阶段各荷载工况下进行挠度分析,最后针对不同跨径的波形钢腹板组合箱梁成桥阶段挠度进行计算,分析跨径对剪切变形产生的挠度的影响。

二、工程概况

本文针对某三跨波形钢腹板预应力混凝土连续箱梁桥进行研究分析,其跨径布置为90m+160m+90m,

总长340m,如图1所示。跨中梁高为4.0m,墩顶梁高为9.5m,如图2、图3所示,采用体内、体外预应力相结合的设计,施工方法采用节段悬臂现浇施工,是目前国内跨径最大的波形钢腹板组合连续箱梁结构。

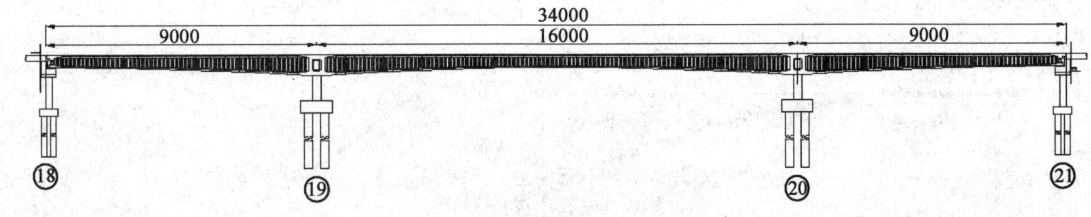

图1 结构布置图(尺寸单位:cm)

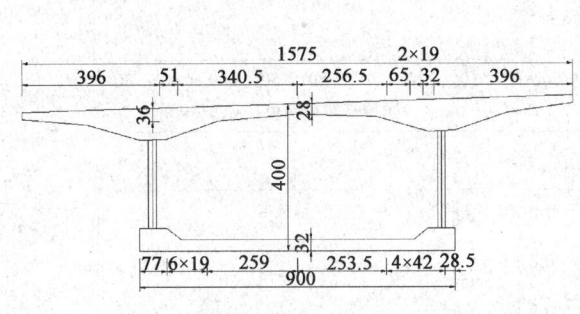

图2 主跨跨中断面图(尺寸单位:cm)

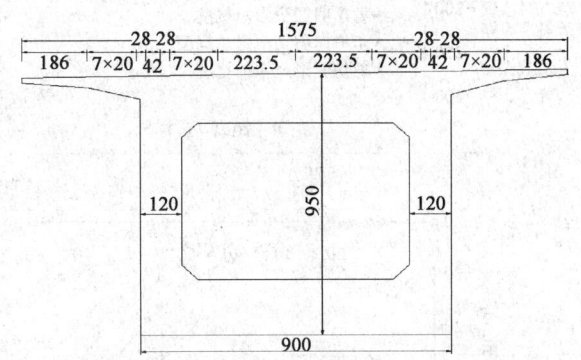

图3 主梁墩顶断面图(尺寸单位:cm)

三、有限元分析

本文建立了该波形钢腹板组合梁桥模型(图4),分析了各个悬臂施工阶段自重、挂篮及预应力作用下剪切变形产生的挠度变化规律;并选取最大悬臂阶段及成桥阶段,分别考虑与不考虑结构剪切变形,研究自重、挂篮及预应力作用下结构的挠度变化。

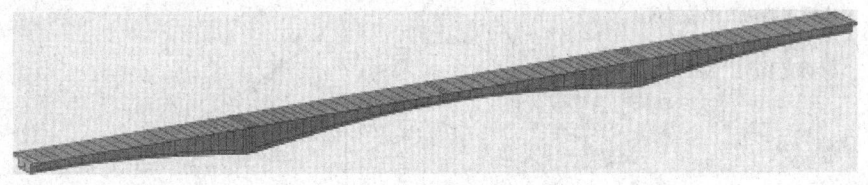

图4 整体模型

1. 各施工悬臂节段

通过考虑与不考虑结构剪切变形,对该波形钢腹板组合梁桥各施工阶段进行分析,分别计算了自重作用、挂篮荷载及预应力作用下剪切变形产生的挠度,分析了施工期剪切变形产生的挠度变形规律,结果见图5所示。

上述分析结果表明,0号~11号节段施工时,三种荷载工况作用下挠度值变化均比较缓慢,11号~17号阶段施工时,各荷载工况下挠度增加比较快。随之悬臂施工节段不断的推进,自重、挂篮荷载及体内预应力作用下剪切变形产生的挠度值也不断增加,但剪切变形产生的挠度占总挠度的比值随着施工的推进逐渐减少。

2. 最大悬臂施工阶段

在连续梁桥施工过程中,最大悬臂状结构体系的受力及挠度情况比较复杂,在最大悬臂状态其结构自重处于连续梁施工过程中静定结构的最大状态,各荷载工况在该阶段产生的挠度值亦最大,属于施工过程中结构受力最不利阶段。针对该波形钢腹板组合梁桥最大悬臂阶段计算自重、挂篮及体内预应力作用下结构挠度变化规律,分析结果见图6及表1所示。

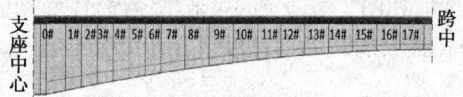
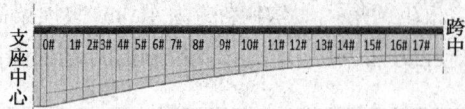
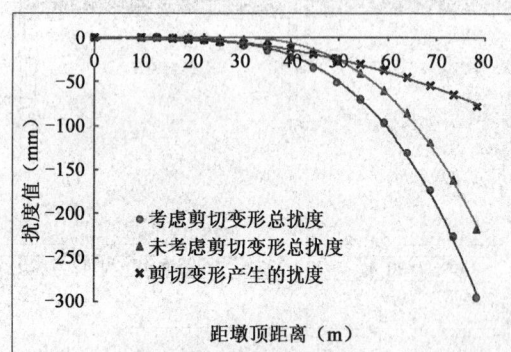
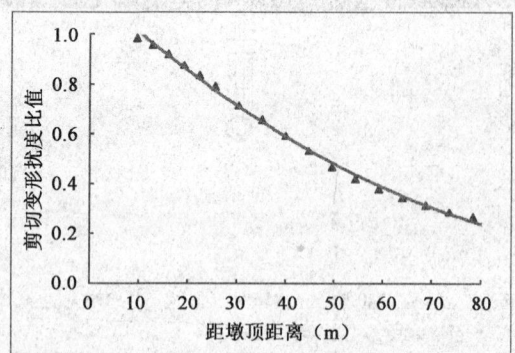

a) 自重作用

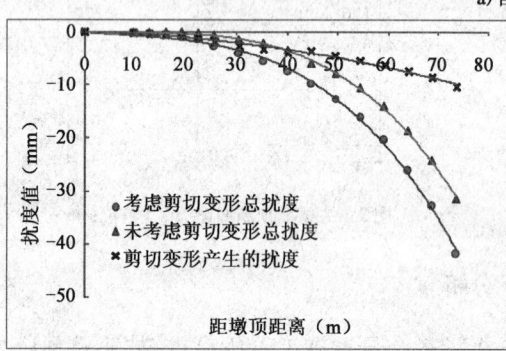
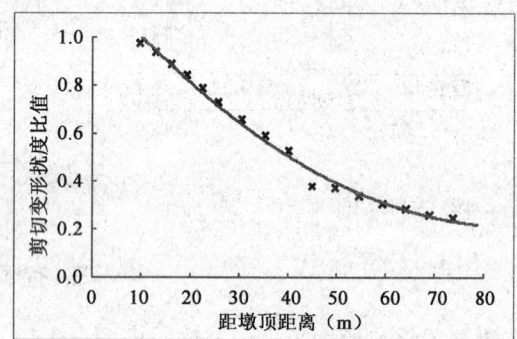

b) 挂篮荷载作用

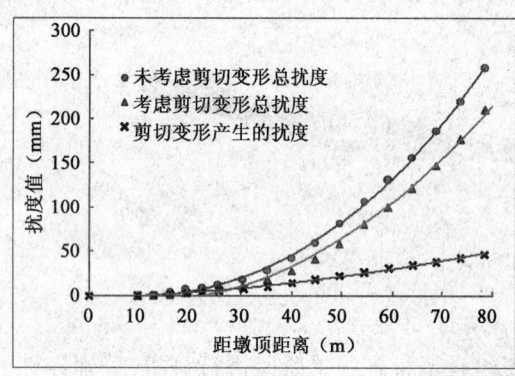
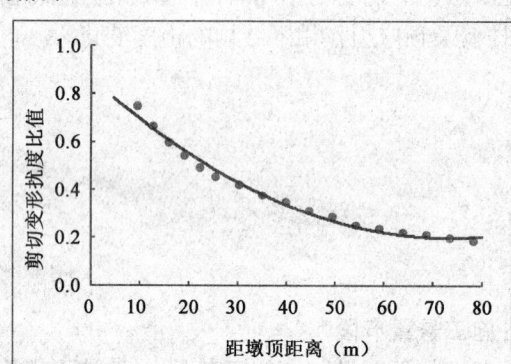

c) 体内预应力作用

图 5　各悬臂施工阶段剪切变形对总挠度的影响

最大悬臂阶段挠度对比　　　　　　　　　　　　　　　　　表1

计算工况	边跨侧			中跨侧		
	自重	挂篮	预应力	自重	挂篮	预应力
考虑剪切变形①(mm)	-295.03	-41.76	257.18	-295.47	41.81	257.07
未考虑剪切变形②(mm)	-212.41	-30.89	208.29	-217.45	31.45	210.12
(①-②)/①(%)	28.0	26.0	19.0	26.4	24.8	18.3

　　最大悬臂阶段分析结果表明,自重及挂篮荷载作用下边跨及中跨剪切变形对挠度的影响基本相同,占总挠度的25%~28%左右;预应力作用下边跨及中跨剪切变形对挠度的影响也基本相同,占总挠度的18%~19%左右。

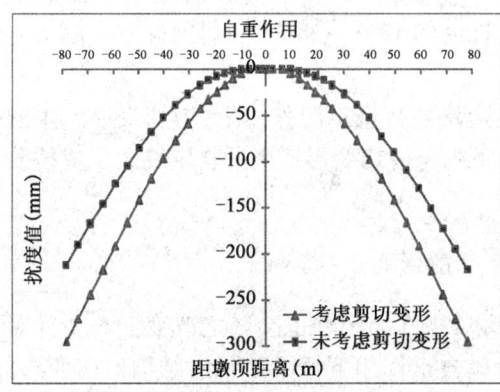
a) 自重作用

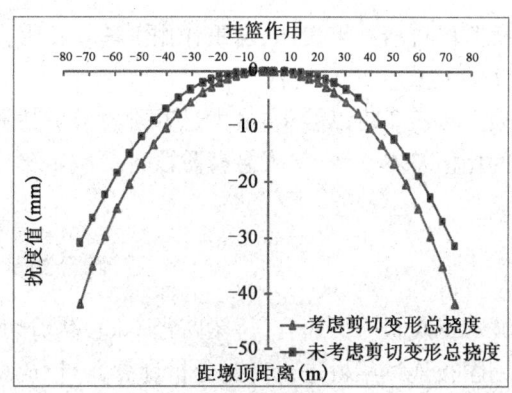
b) 挂篮荷载作用

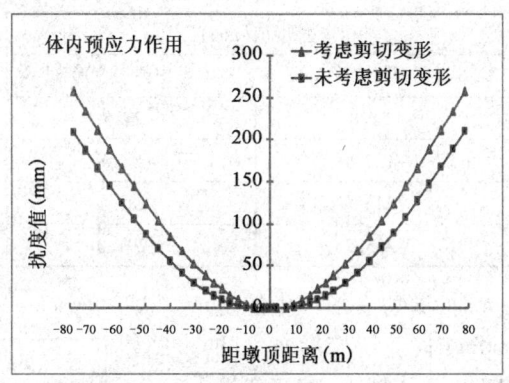
c) 体内预应力作用

图 6　最大悬臂阶段各荷载工况作用下挠度值

3. 成桥阶段

成桥阶段结构体系发生转变,挠度值也将随之改变。针对成桥阶段计算考虑与不考虑剪切变形自重及预应力作用下结构挠度值,分析结果见图 7 及表 2 所示。

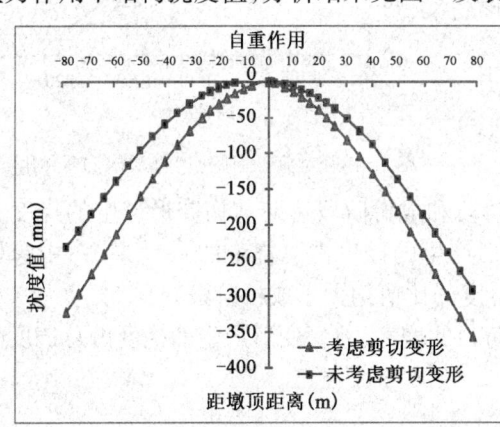
a) 自重作用

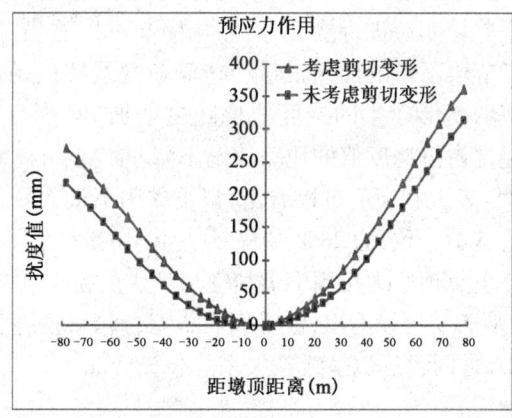
b) 体内+体外预应力作用

图 7　成桥阶段各荷载工况作用下挠度值

成桥阶段挠度对比　　　　表 2

工　况	边 跨 侧		中 跨 侧	
	自重	预应力	自重	预应力
考虑剪切变形①(mm)	-321.65	271.77	-355.67	361.86
未考虑剪切变形②(mm)	-231.23	218.64	-291.01	314.32
((①-②)/①(%)	28.1	19.5	18.2	13.1

成桥阶段分析结果表明,自重作用下剪切变形占总挠度的18%~28%左右;预应力作用下剪切变形占总挠度的13%~20%左右。

从表1和表2可以看出,最大悬臂阶段及成桥阶段边跨各荷载工况作用下,剪切变形产生的挠度占总挠度的比值基本一致,最大悬臂阶段各荷载工况作用下中跨剪切变形产生的挠度要大于成桥阶段引起的挠度。

四、跨径对剪切变形的影响

对波形钢腹板箱梁而言,桥梁跨径不同,其剪切变形对挠度的影响也会随之改变。本文针对不同跨径波形钢腹板连续梁桥进行对比分析计算,分析成桥阶段自重作用下桥梁跨径对结构剪切变形的影响,分析结果见表3和图8所示。

跨径对剪切变形挠度的影响　　　　　表3

桥梁编号	跨径 L(m)	挠度值(mm)		剪切变形产生的挠度比值 $\alpha(\delta_1-\delta_2)/\delta_1$(%)
		考虑剪切变形 δ_1	不考虑剪切变形 δ_2	
A桥	40	-21.8	-11.8	45.9
B桥	96	-132.4	-88.0	33.5
C桥	135	-243.4	-189.1	22.3
D桥	160	-355.7	-291.0	18.2

从表3可以看出,跨径为40m时,剪切变形产生的挠度占总挠度的45.9%,跨径为160m时,剪切变形产生的挠度占总挠度的18.2%。结果表明,跨径越大,剪切变形占总挠度的比值越小,且跨径与剪切变形产生的挠度近似呈线性关系。

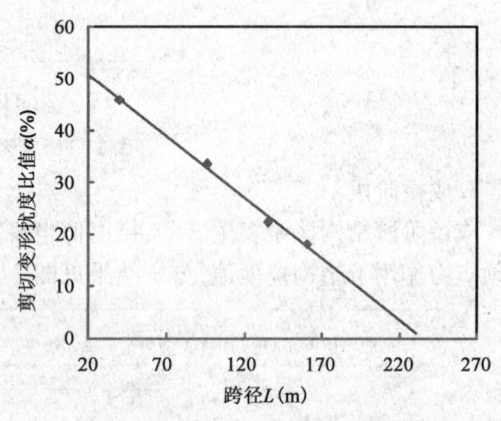

图8　跨径对剪切变形挠度的影响(自重作用下)

五、结　语

(1)本文针对某三跨波形钢腹板组合梁桥施工阶段是否考虑剪切变形进行挠度分析,从图6可以看出,随之悬臂施工节段不断的推进,自重、挂篮荷载及体内预应力作用下剪切变形产生的挠度值也随之增加,但剪切变形产生的挠度占总挠度值的比率逐渐下降。

(2)从表1和表2可以看出,自重作用下最大悬臂阶段和成桥阶段边跨剪切变形产生的挠度占总挠度的比值基本一致,为28%左右,预应力作用下剪切变形产生的挠度占总挠度的19%左右;中跨最大悬臂阶段自重及预应力作用下剪切变形产生的挠度占总挠度的比值均大于成桥阶段。

(3)从表3可以看出,波形钢腹板组合箱梁桥随着跨径的增大,剪切变形产生的挠度占总挠度的比值逐渐减小,且两者近似呈线性关系。

参考文献

[1] 王卫,张建东,段鸿杰,等.国外波形钢腹板组合桥梁的发展与现状[J].现代交通技术,2011,6:pp31-33.

[2] 苏俭,刘钊.波形钢腹板箱梁桥考虑剪切变形影响的挠度计算方法[J].中外公路,2010,30(3):143-147.

[3] 李宏江,叶见曙,万水.剪切变形对波形钢腹板箱梁挠度的影响[J].交通运输工程学报,2002,2(4):17-20.

[4] Robert G. Driver, M. ASCE, Hassan H. Abbas, A. M. ASCE, Richard Sause, M. ASCE. Shear Behavior of

- [5] 刘哲圆. 剪切变形对波纹钢腹板组合箱梁挠度影响研究[M]. 长安大学, 2010.
- [6] A. El Metwall, R. E. Loovy. Corrugated steel webs for prestressed concrete girders. Materials and Structures/Materiaux et Constructions, Vol. 36, March 2003, pp 127-134.

128. 连续组合梁负弯矩区栓钉剪力键受力性能分析

张兴志　罗扣　王东晖　张强

(中铁大桥勘测设计院集团有限公司)

摘　要　本文通过空间有限元分析软件 ANSYS 建立组合梁模型，通过在简支梁跨中施加竖向集中力模拟组合梁负弯矩区的受力模式，施加纵向预应力，考虑剪力键的滑移效应，分析结合梁负弯矩区栓钉剪力键的受力性能。

关键词　连续组合梁　负弯矩区　剪力键

组合梁桥依靠剪力钉进行钢梁与混凝土板之间的力传递。对于组合连续梁墩顶负弯矩区段，混凝土桥面板处于受拉状态，需要采取一定的措施防止桥面板开裂。主要的措施有局部施加纵向预应力、支座顶升等。本文拟通过空间有限元分析软件 ANSYS 建立一组合梁模型，通过在简支梁跨中施加竖向集中力模拟组合梁负弯矩区的受力模式，模拟在施加预应力状况下，考虑剪力键的滑移效应，分析结合梁负弯矩区栓钉剪力键的受力性能。

一、有限元模型的简介

仿真分析模型为一跨度16m的组合梁，梁高4.28m。钢梁为工形截面，梁高4.0m，上下翼缘宽均为1.2m，顶板厚48mm，底板厚32mm，腹板厚22mm。混凝土板宽8.1m，板厚0.28m。剪力连接键采用22×220mm的圆柱头焊钉，纵横向间距均为0.15m。沿横向布置4道纵向预应力钢束，钢束规格为 $7-\phi^s15.2$。有限元模型如图1所示。

1. 结构剪力钉模拟

混凝土桥面板采用实体单元 SOLID65 模拟；钢梁采用空间板壳单元 SHELL63 模拟；忽略钢梁与混凝土桥面板之间的黏结力和摩擦力的作用，假定仅有剪力钉抵抗界面相对滑移和掀起作用，采用 COMBIN39 单元模拟剪力钉的剪切滑移效应。

剪力钉竖向抗拔刚度及剪切滑移刚度采用下列公式计算[1]：

竖向抗拔刚度　　$k_{sd}=\dfrac{E_{sd}A_d}{h}$

剪切滑移刚度　　$Q=Q_u(1-e^{-0.702s})^{0.4}$

其中，Q_u 为剪力钉的极限承载力[2]，$Q_u=0.43A_d\leq0.7A_d\gamma f$；

式中：E_{sd}——剪力钉弹模，2.1×10^5MPa；

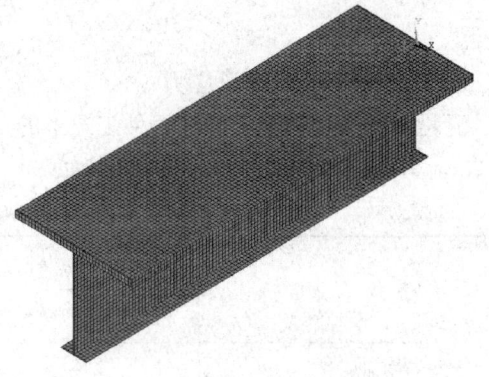

图1　有限元模型图

A_d——剪力钉截面积,直径22mm的剪力钉;
h——剪力钉长度,200mm;S为滑移量;
E_c、f_c——混凝土的弹性模量和抗压强度,分别为 $3.60 \times e^4$ MPa 和 26.5MPa;
f——剪力钉抗拉强度设计值;
γ——栓钉抗拉强度最小值和屈服强度比值。

焊钉剪力连接键的剪切滑移刚度曲线如图2所示。

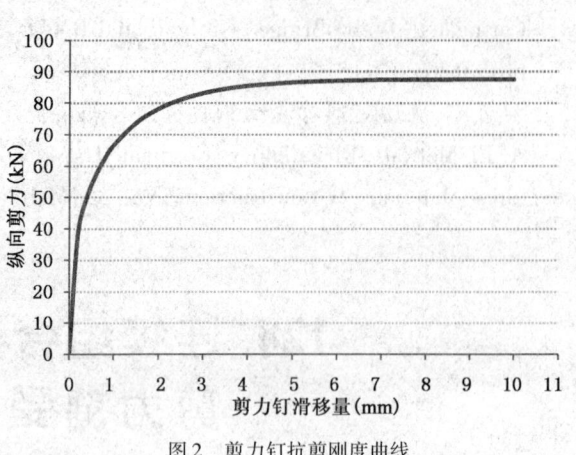

图2 剪力钉抗剪刚度曲线

2. 预应力布置

不考虑自重,仅考虑预应力荷载,预应力每束7-ϕ^s15.2,有效张拉应力按1094MPa计算,每束有效张拉力为1072.1kN,横断面共布置了4束预应力钢束,其布置见图3。

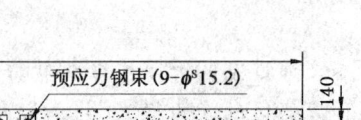

图3 预应力钢束布置断面图(尺寸单位:mm)

3. 剪力钉布置方式

剪力钉布置方式分为均布式,纵横间距为0.15m。

4. 分析工况

为了使模型和结合梁负弯矩区的受力情况相符,通过在跨中施加反向集中力的方式来实现。根据总体计算的初步结果,分幅结合梁在中支点处得负弯矩为10万kN·m,在本模型中,以此推出跨中施加集中力为12500kN,见图4。在此基础上施加预应力,预应力以集中力形式施加。

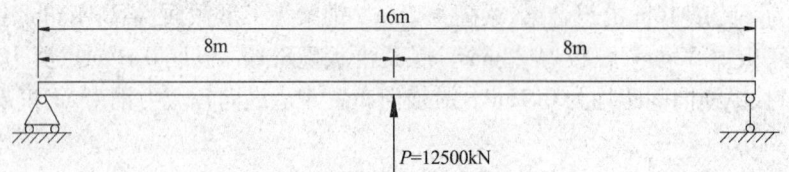

图4 跨中加集中力示意图

二、结果分析

1. 混凝土桥面板、钢梁应力

混凝土桥面板和钢梁的在两种工况下的正应力统计见表1。混凝土桥面板和钢梁的正应力见图5、图6。应力图表中均以受拉为正,受压为负。

混凝土桥面板、钢梁应力统计表　　　　　表1

荷载工况	桥面板应力(MPa)		钢梁应力(MPa)	
	max	min	max	min
跨中加集中力	6.9	-0.99	49.0	-204.0
跨中加集中力+预应力	5.28	-6.51	40.8	-203.0

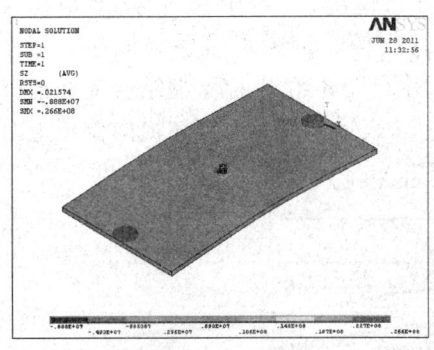
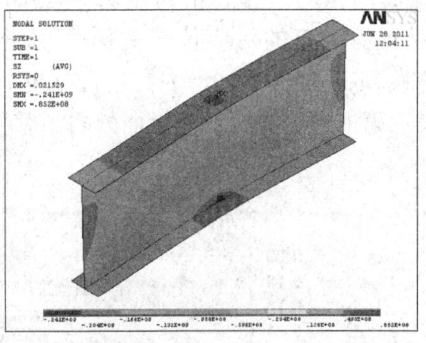

a) 桥面板应力分布图　　　　　b) 钢梁应力分布图

图 5　跨中加集中力工况,桥面板及钢梁应力分布图(尺寸单位:N/m²)

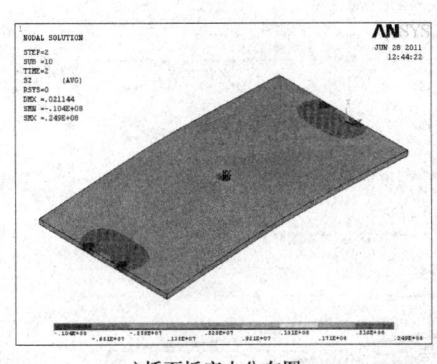
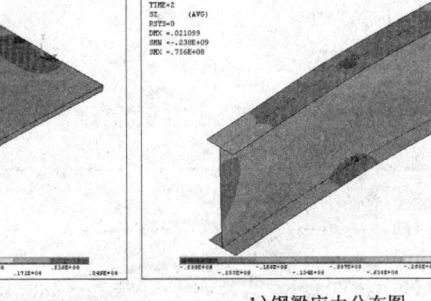

a) 桥面板应力分布图　　　　　b) 钢梁应力分布图

图 6　跨中集中力 + 预加力工况,桥面板及钢梁应力分布图(尺寸单位:N/m²)

由表 1 可知,随着预加力的施加,混凝土桥面板的最大拉应力减小,压应力增加,钢梁的拉应力减小,压应力增大。混凝土桥面板跨中截面在施加预应力后,拉应力减小了 1.56MPa。混凝土板在结合前施加预加力,跨中截面产生的压应力为:$\sigma = N/A = 1.89$MPa。与结合前施加预应力相比,结合后张拉预应力在跨中混凝土桥面板产生的压应力为结合前的 82%。

2. 结构变形

混凝土桥面板和钢梁顶板的竖向变形和纵向变形见表 2,变形值向上为正。

结 构 变 形 表　　　　　　　　　　　　　　　表 2

荷载工况	桥面板		钢梁	
	竖向变形(mm)	纵向变形(mm)	竖向变形(mm)	纵向变形(mm)
跨中集中力	10.3	0.7	10.2	0.9
跨中集中力 + 预应力	9.9	0.5	9.9	0.9

3. 焊钉剪力键剪力和钢-混结合面相对滑移

各种工况下,剪力键的最大剪力和钢-混结合界面上的最大相对滑移量见表 3。在两种工况作用下,剪力键的最大剪力均未发生屈服,预应力作用下,剪力键的最大剪力有所增大。由表 3 可知,钢-混结合面的最大滑移量在两种工况下都很小,施加预应力后,界面滑移量随之增大。

剪力键最大剪力和钢 - 混结合界面上最大滑移量　　　　　表 3

荷载工况	最大剪力(kN)	界面最大滑移(mm)
跨中加集中力	34.9	0.179
跨中加集中力 + 预应力	36.2	0.186

为了考察界面的相对滑移在沿跨度方向上的分布情况,以跨中为对称面,取出半跨界面分析,界面滑移值取设置剪力钉的对应位置的滑移值进行比较。钢梁顶沿桥梁纵向布置了9列剪力钉,根据受力的对称性,取一侧的5列剪力钉进行分析。图7、图8给出了钢-混结合界面滑移沿梁跨方向分布图,图中δ_1表示第1列剪力钉对应界面处得滑移值,δ表示5列剪力钉在横向位置上对应界面的滑移平均值。

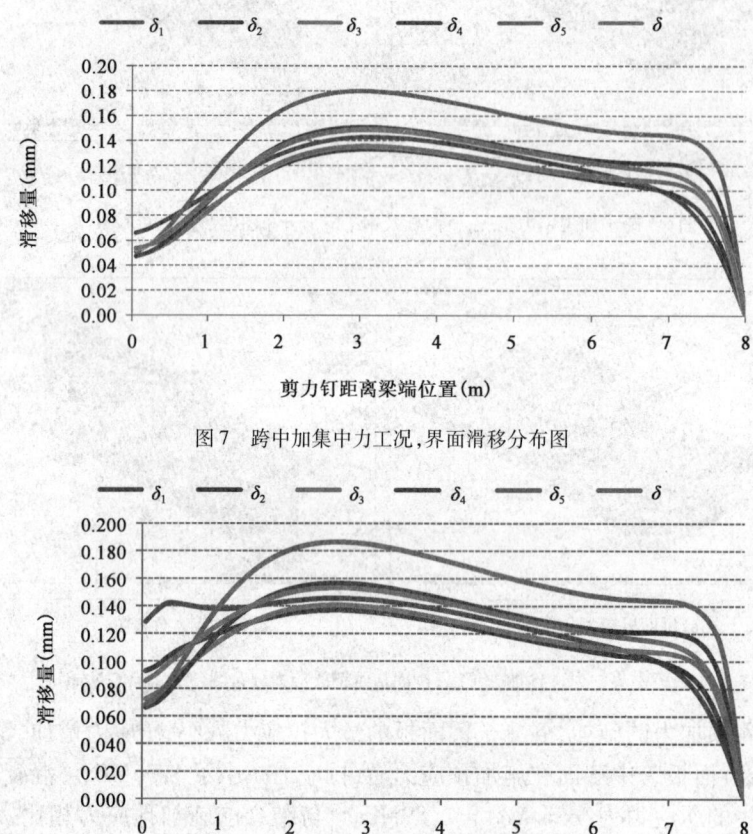

图7 跨中加集中力工况,界面滑移分布图

图8 跨中集中力+预加力工况,界面滑移分布图

由图7和图8可知,两种工况作用下,界面的滑移量沿梁跨方向的分布规律是相同的,最大滑移发生在1/8跨到1/4跨附近,跨中界面最小。界面滑移在横断面上的分布规律除了在梁端界面处由于受到预应力的影响有所变化外,总体上没有差异。

图9和图10给出了剪力钉沿跨度方向的纵向剪力分布情况。图中,Q_1为最外侧一列剪力钉的剪力,依次类推,Q_5为最中间一列剪力钉的剪力。Q为横向相同位置的5个剪力钉的纵向剪力的平均值。

由图9和图10可知,在两种荷载工况作用下,剪力钉纵向剪力总体分布规律相同,每一列剪力钉最大剪力发生在1/8跨到1/4跨附近,跨中最小。由于受到预应力的影响,梁端附近外侧剪力钉剪力有较大差异。比较图9和图10,随着预应力的施加,1/4跨附近区段的剪力钉所受纵向剪力变化不大,梁端剪力有较大幅度增大。

三、结　语

本文在不考虑钢梁和混凝土非线性情况下,通过数值模拟的方法,利用简支梁跨中施加竖向集中力的方法模拟连续梁负弯矩区的受力特性,在此基础上,分析了预应力作用下,其剪力连接键的传力性能。分析模型考虑了钢混界面的滑移。通过计算分析可知:

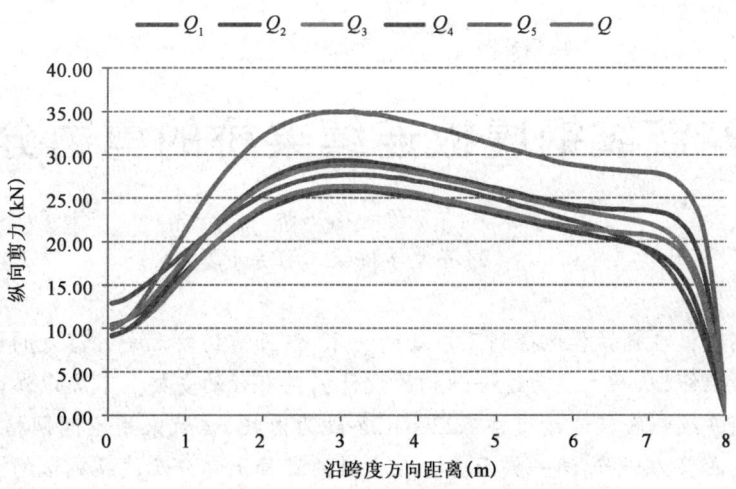

图9　跨中加集中力工况剪力钉沿跨度方向剪力分布图

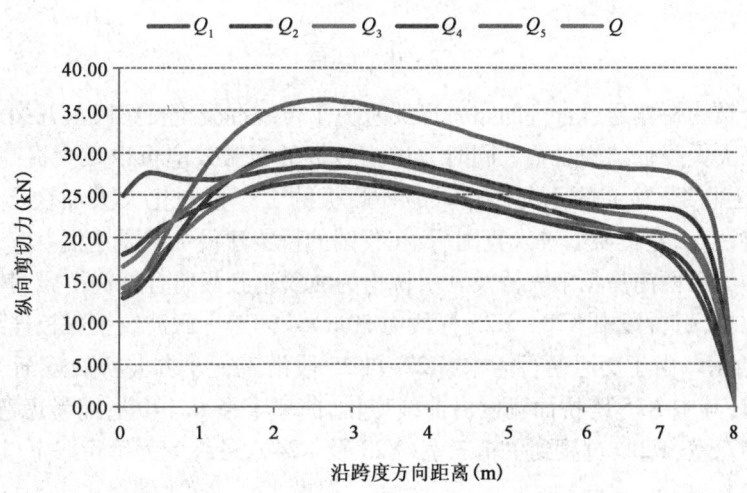

图10　跨中集中力+预加力工况剪力钉沿跨度方向剪力分布图

（1）在跨中施加集中力的情况下，随着预应力的施加，混凝土桥面板的拉应力减小，压应力增加，钢梁的拉应力减小，压应力增大。

（2）与结合前施加预应力相比，结合后张拉预应力在跨中混凝土桥面板产生的压应力为结合前的82%。

（3）施加集中力时，钢-混结合面的最大滑移量很小，施加预加力后，界面滑移量随之增大；在两种荷载工况作用下，界面的滑移量沿梁跨方向的分布规律是相同的，最大滑移发生在1/8跨到1/4跨附近，跨中界面最小。

（4）在两种荷载工况作用下，剪力键的最大剪力均未发生屈服，剪力钉纵向剪力总体分布规律相同，每一列剪力钉最大剪力发生在1/8跨到1/4跨附近，跨中最小；预应力作用下，剪力键的最大剪力有所增大。

参考文献

[1] 王春生,宋天诣,冯亚成,等.高强钢—混凝土组合梁受力性能分析[J].交通运输工程学报,2008,8(2):27-33.
[2] 中华人民共和国国家标准.GB 50017—2003　钢结构设计规范[S].北京:中国计划出版社,2003.

129. 波纹钢腹板连续梁桥的剪力分布

雷 俊 徐 栋

(同济大学桥梁工程系)

摘 要 波纹钢腹板在世界各地得到了广泛的应用,但目前仍缺乏一种有效的计算方法分析波纹钢腹板桥梁的整体受力性能,从而无法为这一结构的设计提供有效的支持。本文以江西省朝阳市朝阳大桥引桥中位于变宽段的波纹钢腹板连续梁桥 K22~K25 段为依托,尝试采用空间网格模型分析这类结构,以恒载下不同腹板间的剪力分布、同一截面剪力在腹板的混凝土部分及波纹钢板间的分配及活载作用下剪力包络值分布规律为出发点,研究了其空间受力性能。

关键词 波纹钢腹板 组合结构桥梁 空间网格模型 剪力分配

一、引 言

波纹钢腹板组合结构桥梁通过合理的布置形式避免了传统混凝土桥梁腹板开裂下挠的问题,采用波纹钢板充当腹板可以大大降低结构自重。同时波纹钢腹板的褶皱效应可以大大提高预应力在结构中的施加效率,减小混凝土收缩、徐变的不利影响。另外腹板的工厂预制化大大加快了这类桥梁的施工进度[1]。由于以上种种优点,这类桥型进入我国后,在我国的桥梁建设中发展迅猛。

目前正在建设中的江西南昌朝阳大桥及其引桥均为波纹钢腹板组合结构桥梁,其主桥为六塔七孔单索面波纹钢腹板斜拉桥,引桥段中 K22~K25 标段为 50m×4 四跨一联波纹钢腹板连续梁桥,其平立面布置分别如图 1、图 2 所示。由于交通通行需求,K22~K25 段沿着行车方向桥面逐渐变宽,行车道由四车道最终过渡到六车道,其中 K25 跨桥面宽度沿曲线变化,曲率半径 $R=70m$,需考虑弯桥受力特点。结构的截面形式也由单箱双室(K22)过渡到单箱三室(K23 及 K24),最终变为单箱四室(K25),如图 3 所示。

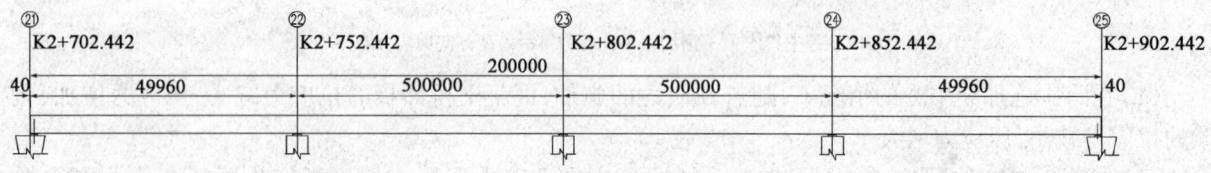

图 1 结构立面图(尺寸单位:mm)

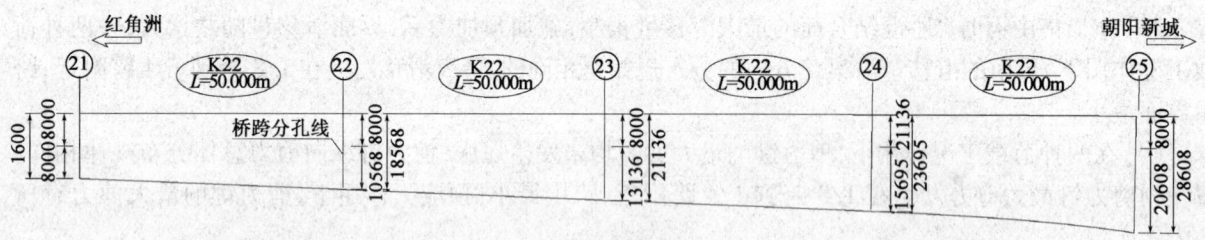

图 2 结构平面图(尺寸单位:mm)

二、分析方法

传统的结构分析软件在分析桥梁结构时通常采用单梁模型,这一模型在考虑弯桥的弯扭耦合效应时存在明显的不足,而梁格模型在分析变宽桥梁时目前仍无法计算不同材料在截面上的组合。空间网格方法将箱梁离散为一块块由均一材料组成的板件,用十字正交的梁格去模拟每一块板在结构中的作用,网格中位于不同方向上的梁体反映了板在对应方向上的刚度。每块板中的梁体可以采用不同的材料特性以模拟混凝土板或者钢板,使得空间网格模型可以计算混凝土桥、钢桥以及组合桥。因此,在分析波纹钢腹板连续梁桥时,可以采用空间网格模型对其进行空间效应分析。

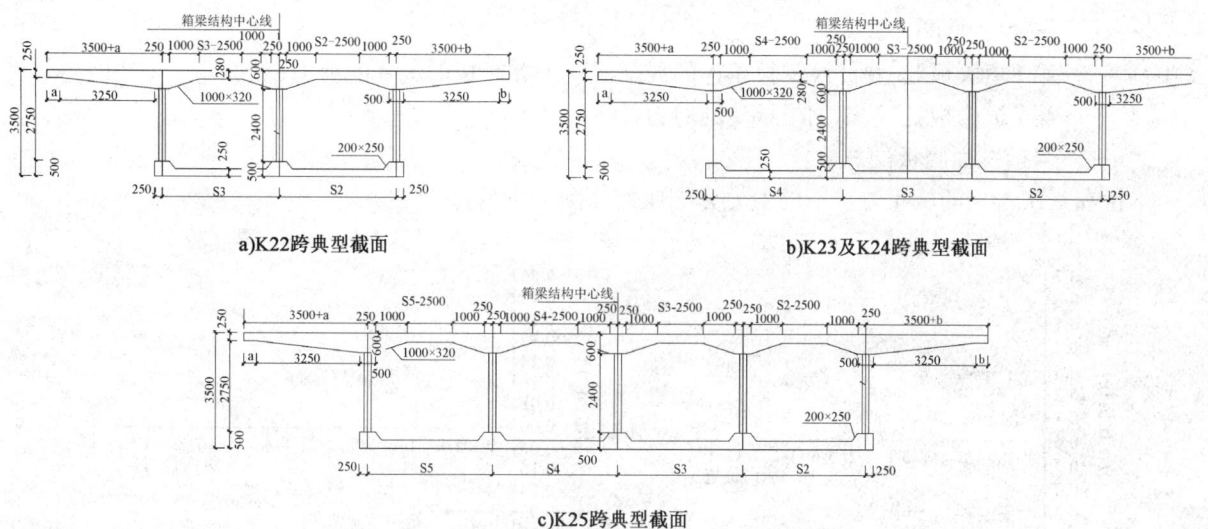

图3 主梁典型截面(尺寸单位:mm)

在采用空间网格模拟波纹钢腹板时,区别于模拟直钢腹板的地方在于需要对钢腹板的纵向受力性能及竖向受力性能进行修正[2-4]。对于纵向轴向刚度,应当修正波纹钢腹板纵向弹性模量 E_0,采用有效弹性模量 E_x 保证将波纹钢腹板等效为等高度的平面钢腹板时,在相同轴力作用下,两者轴向变形相同。对于纵向弯曲刚度以及竖向弯曲刚度,采用参数分析的方法,将模拟波纹钢腹板的纵杆和竖杆单元抗弯刚度扩大10倍后,使得空间网格模型的剪力效应与Ansys实体分析结果一致。同时,为保证分析结果的精确性,建模时将每道波纹钢腹板在竖向划分为三个小的腹板,以K22跨单箱双室截面为例,截面的整体划分见图4。最终网格模型节段及整体分别如图5、图6所示。

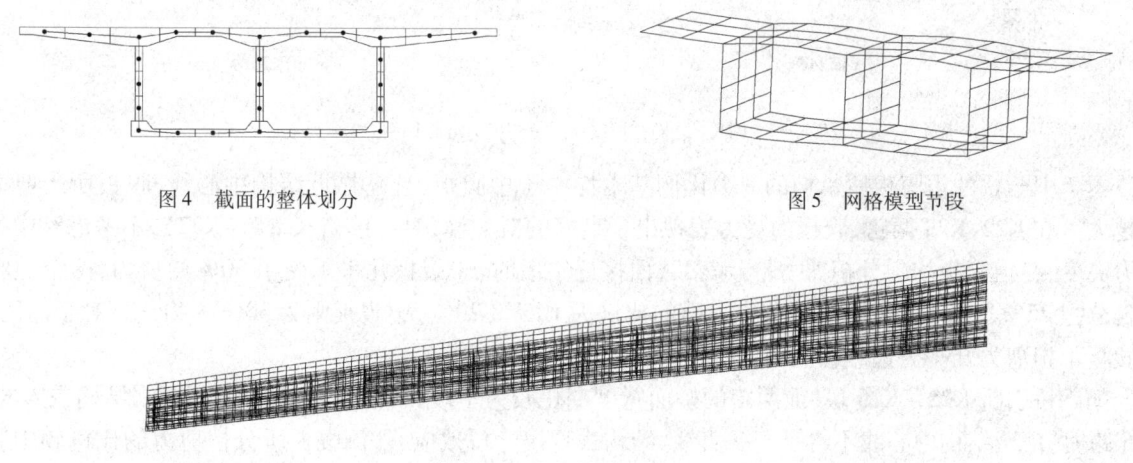

图4 截面的整体划分　　图5 网格模型节段

图6 整体网格模型

三、计算结果与分析

对于变宽波纹钢腹板连续梁桥,在计算其空间效应时,我们主要关注在不同跨内,恒载剪力在每道腹板之间的分配情况,同一道腹板上波纹钢腹板与上下混凝土翼缘对剪力的分担比例和活载作用下每道腹板的最大剪力包络值的分布规律。

对于连续梁中的每一跨,选取八分点为参考位置,只考虑波纹钢腹板及与之相连的局部混凝土翼缘板的抗剪贡献,由每一道腹板承担的剪力及截面承担的总剪力可以得出每道腹板承担剪力的比例 η_i,η_i 的计算公式如下:

$$\eta_i = \frac{V_{ci} + V_{si}}{\sum_{i=1}^{n} |V_{ci} + V_{si}|}$$

式中:V_{ci}——第 i 道腹板处,与波纹钢板相连的局部混凝土翼缘板的承受的剪力;

V_{si}——第 i 道腹板处,波纹钢板承受的剪力;

n——当前截面腹板的总数。

本桥在一次落架的施工方法下的剪力分配比例如图 7 所示。

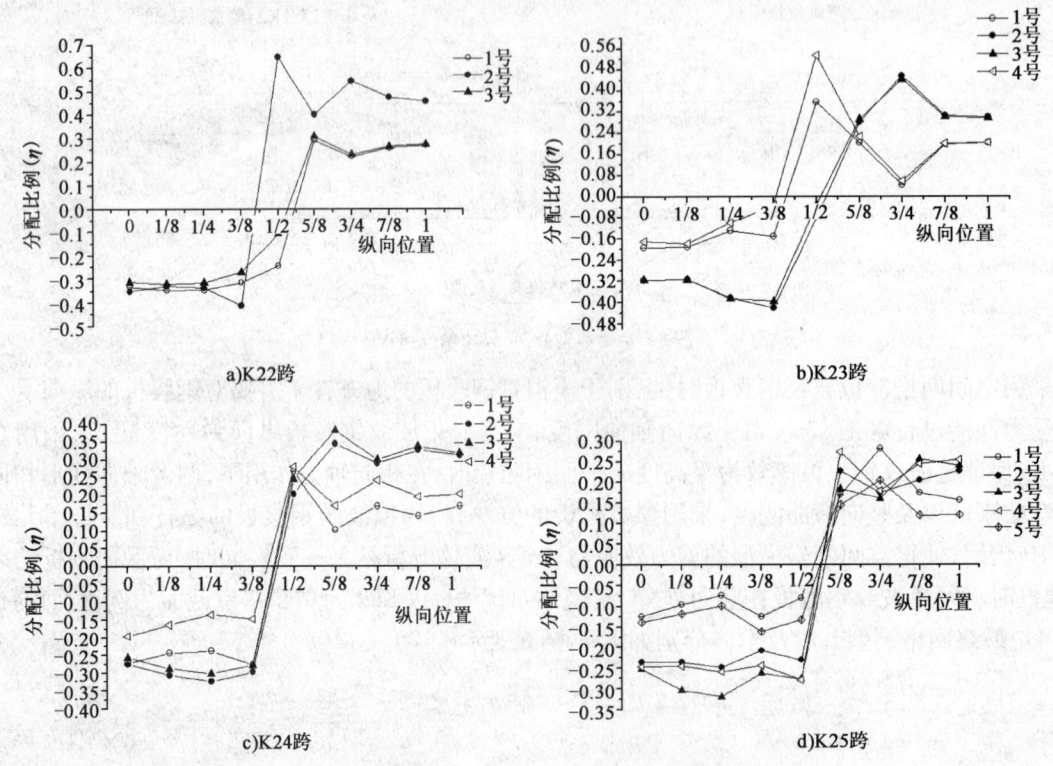

图 7　结构在恒载作用下的剪力分配比例

图 7 中全桥的边腹板所承担的剪力比例基本均小于中腹板,且越靠近结构中心线,腹板所受剪力比例越大。在 K22、K23 两跨,腹板的受力表现出了良好的对称性,对于单箱双室跨(K22),不考虑跨中处的剪力突变,三道腹板均匀分担剪力,当考察截面接近中墩时,中腹板几乎承受了 50% 的剪力,两个边腹板各自分担 25%。K23 跨外边腹板分担剪力的比例为 10% ~ 20%,中腹板则为 30% ~ 40%。对于前两跨,中腹板承担剪力几乎为边腹板的两倍。

朝阳桥引桥 K22 ~ K25 段,前两跨的桥面宽度变化较为平缓,结构受力在横向对称,当结构进入 K24、K25 跨时,由于结构中心线不再是一条直线,结构表现出弯桥效应,外侧腹板所分担剪力的比例较中心线对称处腹板更大,但是仍然是中腹板所分担的剪力最大。这一结论与传统的混凝土箱梁结构相一致[5]。

通常在计算波纹钢腹板组合结构桥梁时假定剪力全部由波纹钢腹板承担,在空间网格模型中,可以精细地计算腹板位置处波纹钢板及与波纹钢板相连的混凝土翼缘板所受剪力。为了明确两者承担剪力的效率,考虑到结构支点处波折钢腹板内侧设有内衬混凝土以及结构在跨中处剪力符号的突变,在表 1 给出的剪力在混凝土翼缘板与波纹钢板间的分配比例中并未包含支点与跨中这两种位置。从表中可知,波纹钢腹板在承受剪力时所占到总的比例不低于 70%,这一数据,为这类桥梁的设计可以提供参考依据。

剪力在顶底板与腹板间的分配比例　　　　表1

截面位置	K22 波纹钢腹板承担剪力(kN)	K22 百分比	K23 波纹钢腹板承担剪力(kN)	K23 百分比	K24 波纹钢腹板承担剪力(kN)	K24 百分比	K25 波纹钢腹板承担剪力(kN)	K25 百分比
1/8	-2989.3	82%	-3281	83%	-3585.6	82%	-6485.7	82%
1/4	-2046.5	85%	-1757.47	88%	-2967.6	85%	-5641.6	83%
3/8	-956.15	83%	-562.14	102%	-1969.4	84%	-3048.1	79%
5/8	2088.3	72%	1112.71	65%	413.54	51%	256.771	47%
3/4	2615.5	75%	1189.07	73%	2589.9	70%	2001.41	67%
7/8	4102.4	79%	4016	70%	3805.5	75%	4963.1	77%
均值	—	79%	—	80%	—	74%	—	72%

考虑作用在结构上的活载时,使用动态加载法沿结构纵向进行车道荷载加载,将八分点处每道腹板承受剪力的最大包络值绘制为柱状图,如图8所示。

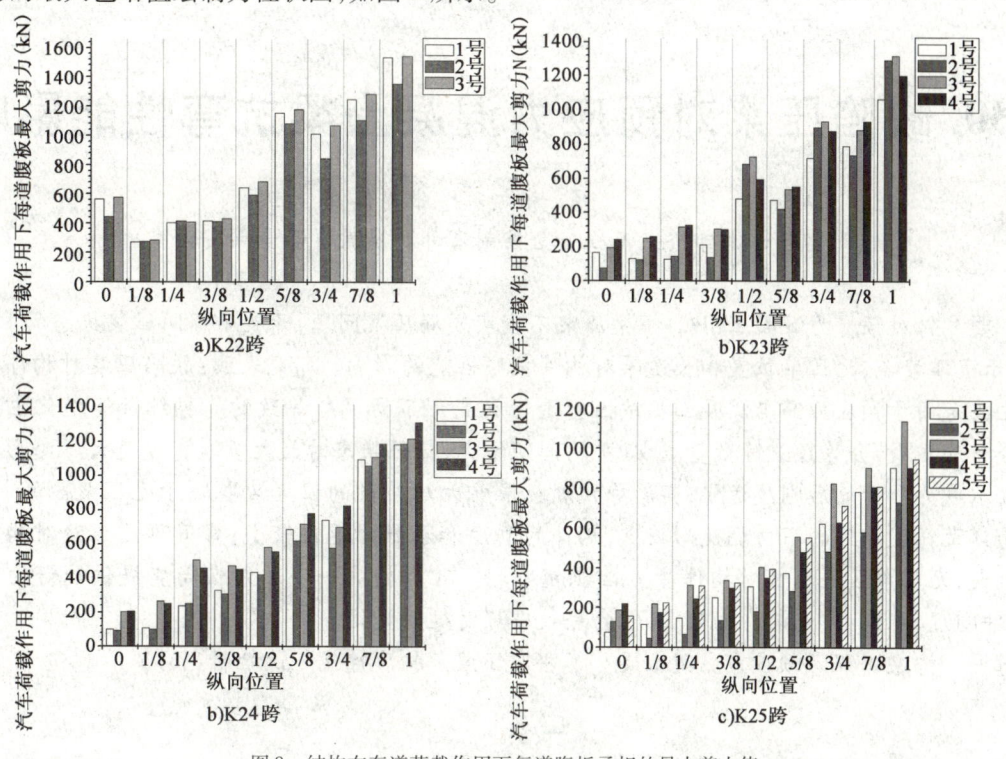

图8　结构在车道荷载作用下每道腹板承担的最大剪力值

K22跨在活载作用下各道腹板受到的剪力包络值与恒载下的剪力分布呈相反趋势,两个边腹板的最大剪力值相当,均略大于中腹板对应的最大剪力值,但两者差值不超过160kN,仍不足以抵消恒载引起的剪力差值。K23及K24跨的剪力分布规律类似,均为靠近道路中心线侧腹板(3号及4号)的剪力要大于远侧腹板剪力。不同于K22跨,K23及K24两跨在活载作用下产生的剪力差值在跨中与四分点处足以抵消恒载剪力差值。K25跨沿纵向在活载作用下的最大剪力均发生在3号腹板处,该腹板也是恒载下分配剪力最多的腹板,其剪力组合值远大于其他腹板,对腹板的设计起控制作用。

四、结　语

(1)对于单箱多室的波纹钢腹板组合结构桥梁,在一次落架施工方法下,中腹板分担的剪力将较大程度地大于边腹板所分担的剪力,在某些区域前者为后者的2倍。

(2)在无内衬混凝土区域节段中,根据空间网格模型计算的结果,波纹钢板所分担的剪力占到截面总剪力的70%以上。

(3)利用动态规划法对结构进行纵向加载,每道腹板在活载作用下产生的最大剪力包络值的分布规律不同于恒载产生的分布规律。与恒载叠加时,既有可能抵消后者产生的剪力差值,也有可能增大差距,需要根据实际受力情况进行分析。

参考文献

［1］贺君. 波折钢腹板组合桥梁力学性能与设计方法研究［D］. 同济大学,2011.

［2］Bryan,E.,and EI-Dakhakhni,W. M. M.. Shear flexibility and strength of corrugated decks.［J］. Journal of the Structural Division-ASCE,1968,94(11),2549-2580.

［3］Hussain,M. I.,and Libove,C.. Stiffness tests of trapezoidally corrugated shear webs.［J］. Journal of the Structural Division-ASCE,1977,103(5),971-987.

［4］Huang,L.,Hikosaka,H.,and Komine,K.. Simulation of accordion effect in corrugated steel web with concrete flanges.［J］. Computers and Structures,2004,82:2061-2067

［5］丁强. 箱梁抗剪承载力与腹板剪力分配规律的研究［D］. 长安大学,2012.

130. 缺陷压浆对预应力混凝土梁抗弯性能影响

王 磊　张旭辉　张建仁

(长沙理工大学桥梁工程安全控制省部共建教育部重点实验室)

摘　要　针对预应力混凝土(PC)桥梁压浆不密实或漏压浆问题,开展了不同压浆状态的PC梁静载试验,揭示了压浆率、无压浆位置和长度等对构件抗弯性能的影响。研究表明:缺陷压浆对构件抗弯性能的影响主要是由于预应力筋与混凝土黏结性能退化和变形不协调所导致的。黏结性能退化主要影响构件裂缝分布和扩展,会导致裂缝数量减少、平均间距增大、极限状态时最大裂缝宽度变大。变形不协调会导致构件承载力和开裂后刚度退化,其影响程度既依靠无压浆段的位置又取决于无压浆段的长度;跨中纯弯段局部无压浆导致的不协调变形较少,构件的刚度和承载力退化较小;弯剪段无压浆对构件抗弯性能影响较大,无压浆区域越长对构件受力性能越不利。孔道横向一半压浆在尚能提供较好的黏结情况下,对构件刚度、承载力、开裂影响较小,但会导致破坏时延性退化。

关键词　桥梁工程　预应力混凝土梁　不密实压浆　抗弯性能　试验研究

一、引　言

不良施工质量与多因素共同作用下,近年来,一些预应力混凝土(PC)桥梁的病害问题日渐显现。尤其对于后张预应力混凝土桥梁,其施工工艺要求,张拉后需进行孔道压浆。由于早期施工水平较低,泌水、残留空气以及施工缺陷等因素影响下,预应力筋孔道入口、出口、曲线凸段和排气孔附近等容易出现大片的压浆不实(不饱满)或漏压浆的现象[1],严重时,甚至通长孔道无压浆。典型情况如图1所示。

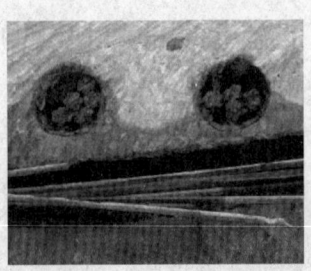  

图1　预应力混凝土桥梁中孔道压浆不实和漏压浆

世界范围内,在早期建设的桥梁中,孔道压浆不密实的问题曾较为突出。Woodward 等[2]调查了英国281 座后张预应力桥梁,发现13% 的孔道存在压浆不实问题。我国学者刘其伟等[3]抽检了一座桥梁12个断面的867 个孔道,压浆饱满率仅为73.3%。朱坤宁等[4]针对连续箱梁桥,发现梁体纵向预应力筋孔道密实压浆截面仅占调查数量的39.77%,横向预应力筋孔道密实压浆截面占调查数量的25.16%。吴文清[5]的调查结果显示:某箱梁纵向预应力筋孔道50% 以上压浆不饱满,箱梁横向预应力筋孔道甚至超过70%。施工中孔道压浆不实问题受到高度的重视,英国曾在1992 年暂停后张预应力混凝土桥梁建设,直到改进了压浆标准才予以恢复,我国孔道压浆不实问题也曾被交通部列为十大质量通病之一予以改进[5-6]。目前,压浆技术方法和压浆质量评估方法[7-12]等方面是卓有成效的。然而,压浆不密实对结构性能的影响尚缺乏系统的针对性研究。

孔道压浆不实危害主要体现在两个方面:一是降低了预应力筋和混凝土的协同工作性,削减了构件的截面尺寸;二是降低了对预应力筋保护作用,使空气、水和其他腐蚀物质入侵而极易导致钢绞线腐蚀。美国学者 Pillai 等[13-15]针对压浆不密实对预应力筋腐蚀的影响,分析了压浆不实引起预应力筋锈蚀影响下的结构时变可靠性。日本学者 Minh 等[16,17]强调压浆不实对预应力孔道金属波纹管锈蚀的影响,分析了其引起锈胀裂缝对构件抗弯性能退化的影响。文献调研表明,目前,专门针对不密实压浆结构抗弯性能的研究尚未见报道。

本文旨在研究孔道局部无压浆 PC 构件抗弯性能,通过自制试验梁,模拟不同的压浆类型,探究不密实压浆类型、位置、长度等对构件抗弯性能的影响,明确压浆缺陷下混凝土梁的抗弯机理。

二、试 验 设 计

1. 构件尺寸

本试验共设计5 片试验梁,分别考虑不同的压浆状态,编号分别为 B1,B2,B3,B4 和 B5。试验梁长均为2.0m,横截面尺寸为150mm×220mm。采用 ϕ15.2(1×7)1860 级钢绞线,其重心至梁下边缘距离为60mm。预留孔洞采用拉拔钢管成型,预留孔道直径为32mm。普通受拉钢筋采用2ϕ8 R235 钢筋,架立钢筋采用2ϕ12 HRB335 钢筋,箍筋采用ϕ8 R235 钢筋,箍筋间距为90mm。混凝土保护层厚度为20mm。试验梁截面尺寸和钢筋具体布置见图2 所示。

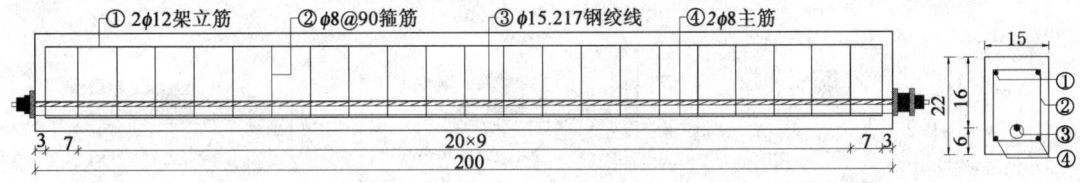

图2 试验梁尺寸(尺寸单位:cm)

钢绞线控制张拉应力为1395MPa,即0.75 倍钢绞线标准抗拉强度。钢绞线的实测屈服强度为1830MPa,弹性模量为 $1.95×10^5$MPa。混凝土配合比为水泥:水:砂:碎石 =1∶0.45∶1.65∶2.65。试验梁混凝土强度基本相同,经测试混凝土28 天立方体抗压强度:B1,B2,B3 和 B4 均为34.12MPa,B5 为34.28MPa。

2. 压浆类型

为对比压浆情况对构件抗弯性能的影响,5 片试验梁均设置不同的压浆类型:B1 作为对比梁,模拟完全密实压浆;B2 无压浆;B3 为孔道横截面一半压浆;B4 纵向长度一半压浆;B5 为跨中范围局部无压浆。具体的压浆情况和尺寸详见图3。

为有效模拟压浆状况,提高压浆体的流动性,在水泥浆体中添加减水剂,同时添加膨胀剂,保证凝结过程中微膨胀。水泥浆体从梁底部预留孔中注入。B3 横截面一半压浆的情况,控制注入水泥浆体积,并将试验梁水平静置,依靠浆体自重成型。对于局部无压浆的 B4 和 B5,在无压浆区域两侧布置橡胶塞,阻止水泥浆通过,达到局部无压浆的效果。加载试验结束后,对各试验梁进行了检查,其压浆效果良好,与设计基本一致。

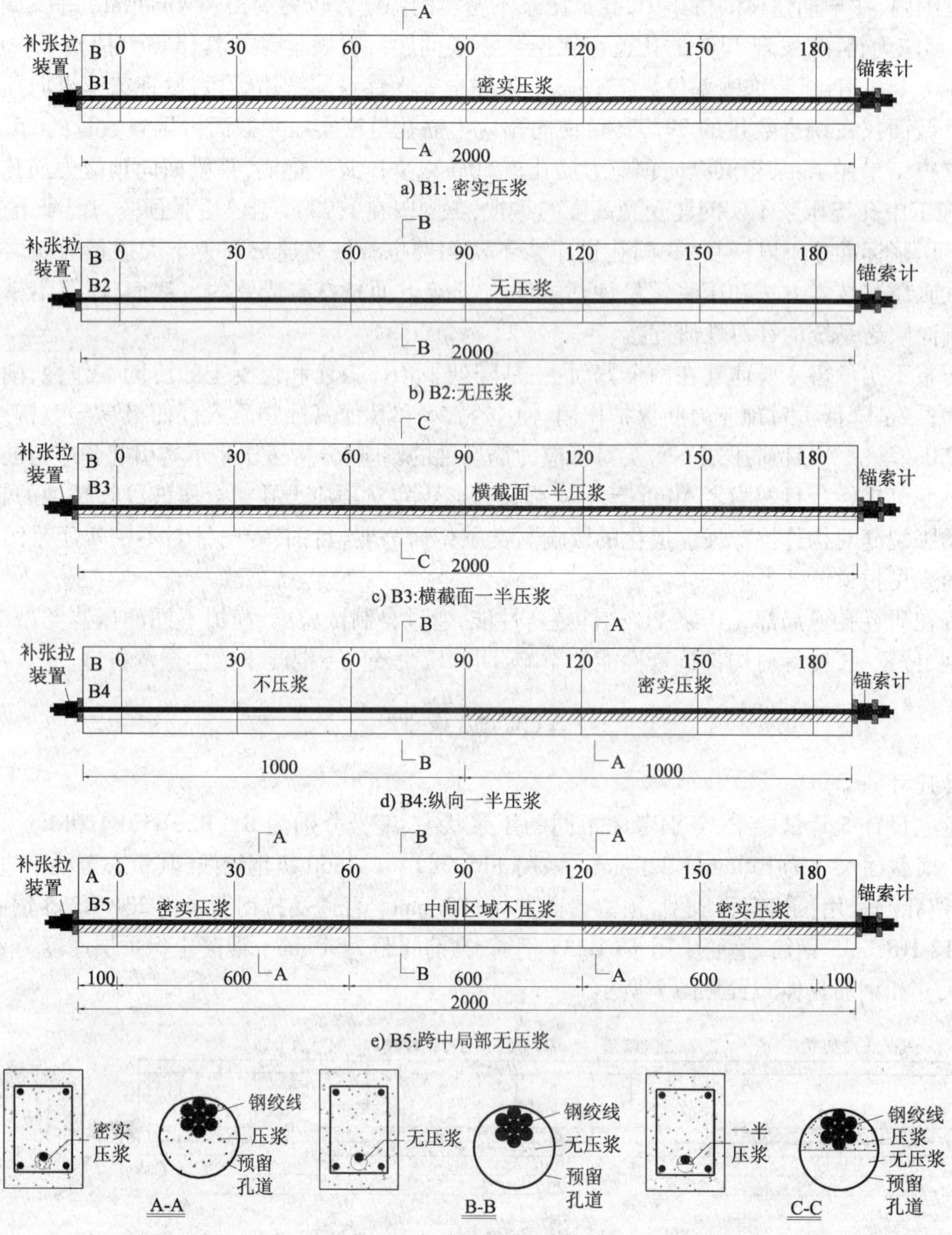

补张拉装置
锚索计
密实压浆
2000
a) B1: 密实压浆
无压浆
b) B2:无压浆
横截面一半压浆
c) B3:横截面一半压浆
不压浆
1000
d) B4:纵向一半压浆
中间区域不压浆
100
600
e) B5:跨中局部无压浆
钢绞线
压浆
预留孔道
无压浆
一半压浆
A-A
B-B
C-C
f) 横断面

图3 试件压浆类型(尺寸单位:cm)

3. 静载试验装置

试验梁简支,支座间净距为1.8m,采用三分点加载,加载装置和具体尺寸布置如图4所示。加载每

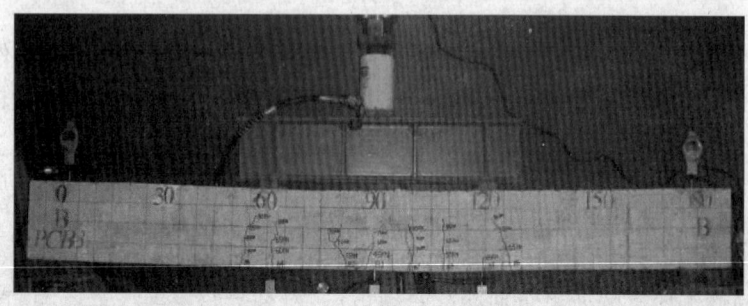

图4 加载布置(尺寸单位:mm)

级 5kN，接近开裂时，减少每级荷载增量，监测开裂荷载，达到极限荷载后，按挠度进行控制，每级 2mm，直至变形超限或裂缝宽度过宽。

加载试验前，在试验梁两侧面标定间隔，划分 5.5cm×5cm 的网格，以便观测裂缝的分布和开展。在支点、加载点和跨中分别布置 5 个百分表对挠度进行测量。在跨中截面沿梁高等布置 6 个混凝土应变片，并通过自动采集系统对跨中截面混凝土应变进行测量。

三、试验结果与分析

分别从裂缝的扩展、挠度变形、跨中混凝土应变、极限荷载和破坏特征等方面，分析不密实压浆对构件抗弯性能的影响，具体讨论如下。

1. 裂缝开展

各试验梁的开裂荷载如表 1 所示。可以发现，与 B1 相比，B3 和 B5 开裂荷载基本不变，B2 和 B4 的开裂荷载有一定的降低。这表明横截面一半压浆、跨中局部无压浆并不导致开裂荷载的降低，孔道无压浆及纵向一半无压浆导致试验梁提前开裂。

裂 缝 统 计　　　　表1

编号	开裂荷载(kN)	裂缝数量	数量减少(%)	平均间距(cm)	间距增加(%)	增大宽度(mm)	宽度增加(%)
B1	60	7	NA	12.2	NA	0.73	NA
B2	50	5	29	16.3	34	1.98	171
B3	60	7	0	12.8	5	0.91	25
B4	58	6	14	13.2	8	1.51	106
B5	60	6	14	17.4	43	1.56	114

试验梁极限状态时的裂缝分布如图 5 所示，具体的统计数据如表 2 所示。对比可以发现，B3 的裂缝数量、平均间距以及极限状态时的最大裂缝间距与 B1 均比较接近。而 B2、B4 和 B5 的裂缝分布和扩展均发生了不同程度的改变。与 B1 相比，B2、B4 和 B5 的裂缝数量分别减少 29%、14% 和 14%，平均间距分别增加 34%、8% 和 43%，极限状态时的最大裂缝宽度分别增加 171%、106% 和 114%。

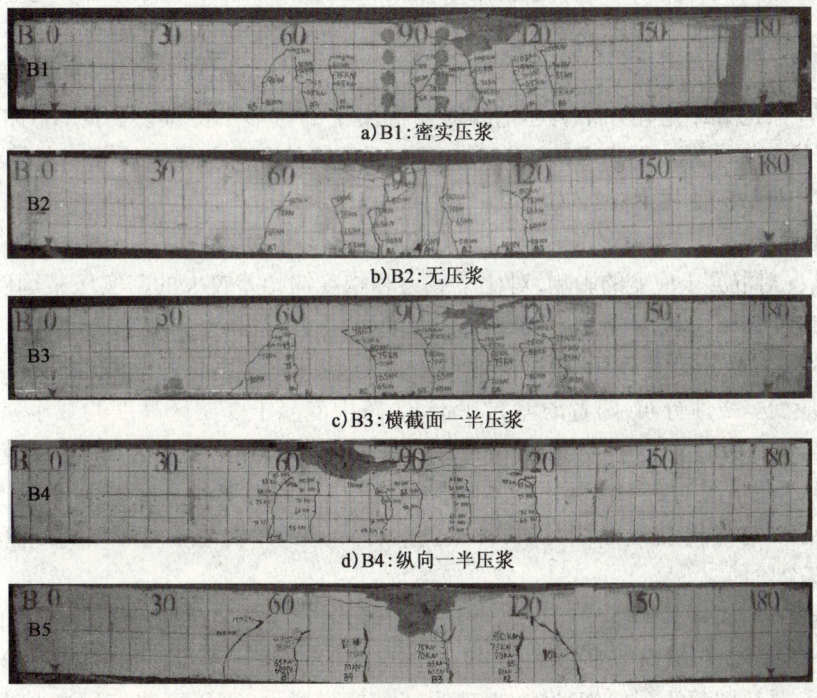

a) B1：密实压浆

b) B2：无压浆

c) B3：横截面一半压浆

d) B4：纵向一半压浆

e) B5：跨中局部无压浆

图 5　裂缝分布

上述统计表明，无压浆及局部无压浆导致构件裂缝分布和开展规律改变，裂缝数量减少，间距增大，极限状态时最大裂缝宽度变大。究其原因，可用无压浆导致钢绞线与混凝土之间的黏结退化或失效解释。混凝土开裂引起受拉应变能损失，有效的黏结能够减少能量的损失，裂缝周边混凝土剩余拉应变较大，进而在较小的荷载增量将可能产生新裂缝，从而导致裂缝数量增多，间距减少。相反，黏结力退化或失效，将导致开裂能量损失大，混凝土剩余拉应变小，裂缝周边不易出现新裂缝，这将导致荷载下构件裂缝数较少，间距较大。

2. 挠度变形

试验梁荷载—跨中挠度曲线如图6所示。各试验梁的荷载挠度曲线均具有两个较为明显的临界点：开裂点和屈服点，将荷载挠度曲线分为三个不同的阶段。

开裂之前，各试验梁荷载挠度曲线基本重合。这说明该阶段孔道压浆情况对试验梁刚度影响很小。这是因为开裂之前试验梁的刚度基本由混凝土截面控制，而压浆缺陷导致的截面削弱影响很小。

开裂至屈服阶段，开裂之后各试验梁的荷载挠度曲线曲率均有一定程度的降低，但不同压浆状况降低程度不同。B3和B5的荷载挠度曲线曲率与B1基本一致，而B2和B4的荷载挠度曲线曲率减少量明显大于B1。这表明开裂导致试验梁刚度退化，其退化程度与无压浆段的位置和长度密切相关。无压浆段越长刚度退化越明显，弯剪段无压浆时引起的刚度退化大于纯弯段无压浆的情况。

屈服之后，各试验梁的荷载变形行为比较接近。此时，各试验梁的荷载挠度曲线基本接近水平，较小荷载增长将导致位移迅速增加，直至混凝土压碎破坏。混凝土压碎后，试验梁承载力迅速降低，但尚能继续承载。卸载后，试验梁挠度部分恢复，部分裂缝闭合。

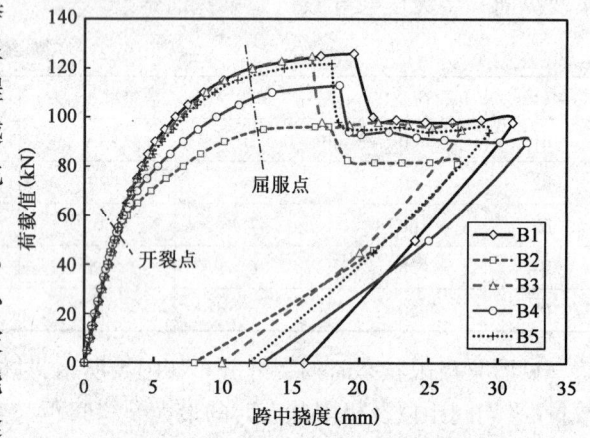

图6 荷载—跨中挠度曲线

可见，不密实压浆对构件刚度的影响主要集中在开裂至屈服阶段。不同的压浆类型对构件抗弯刚度具有不同的影响，其影响程度决定于该缺陷压浆是否引起了钢绞线与混凝土间的变形不协调。B3梁，其孔道横向的一半压浆尚能提供给预应力筋与混凝土之间的有效黏结。B5梁，在跨中局部区域无压浆，该区域为纯弯段，无压浆的黏结退化并未引起钢绞线与混凝土的变形不协调。为此，B3和B5梁在开裂后的刚度退化与B1梁基本一致。对于B2和B4梁，通长无压浆的和弯剪段无压浆引起钢绞线与混凝土间的不协调变形，其开裂后的刚度退化较为明显。

3. 跨中混凝土应变

为明确压浆情况对混凝土应变的影响，对比承载力和刚度均相差较大的密实压浆构件B1与不压浆构件B2跨中混凝土应变分布，如图7所示。加载初期，构件上缘受压，下缘受拉，混凝土应变沿梁高呈线性分布。混凝土开裂后，受拉区应变片破坏，受拉区应变无法采集，受压区应变依然呈线性分布。荷载作用下，B1与B2跨中混凝土应变呈线性分布，两者的差异在于B2跨中混凝土受压区高度的减小速率明显快于B1。可见，压浆情况不影响跨中混凝土应变的线性分布形式，但对荷载作用下受压区高度的变化影响较大。

为进一步分析压浆情况对跨中混凝土受压区高度变化的影响，各试验梁荷载-跨中混凝土受压区高度曲线，如图8所示。与荷载-挠度曲线类似，各试验梁的荷载-跨中混凝土受压区高度曲线被开裂点和屈服点分为明显的三个阶段。

开裂之前，各试验梁跨中混凝土受压区高度基本相等，随着荷载的增长，受压区高度略有减少。开裂至屈服阶段，无压浆的B2和纵向一半压浆的B4受压区高度减少十分迅速，B1、B3和B5受压区高度缓慢变小。屈服之后，受压混凝土形成塑性铰，表现为荷载轻微增加，受压区高度迅速减少。极限状态时，B2和B4受压区高度较矮，而B1、B3和B5相对较高。

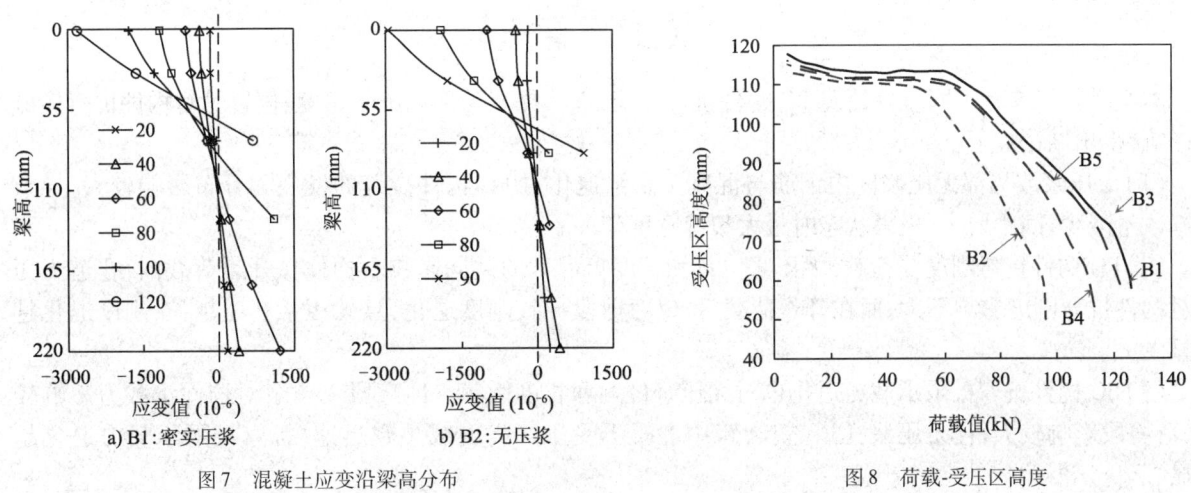

a) B1：密实压浆　　　　　　b) B2：无压浆

图 7　混凝土应变沿梁高分布　　　　　　　　图 8　荷载-受压区高度

随着荷载的增加，无压浆和纵向一半无压浆构件跨中混凝土受压区高度减小迅速，极限状态时，混凝土受压区高度较小。无黏结导致无压浆段内钢绞线拉力相等。当弯剪段无压浆段时，弯矩较大截面与弯矩较小截面钢绞线拉力相等，钢绞线与混凝土间的变形不协调，减少了弯矩较大等控制截面处钢绞线拉力，增大了弯矩较小截面钢绞线拉力。较小的钢绞线拉力需要较长的力臂平衡控制弯矩，引起截面中性轴上移，从而导致混凝土受压区高度减少。

4. 极限承载力和破坏特征

各试验梁的极限承载力如表 2 所示。B1、B3 和 B5 的抗弯承载力几乎相同，与试验梁刚度退化情况类似。横截面一半压浆、跨中局部无压浆对抗弯承载力的影响很小。这是因为横截面一半压浆能够提供良好的黏结；而跨中纯弯段各个截面弯矩相同，该区域无压浆不会引起钢绞线和混凝土变形不协调，仅孔道无压浆导致的截面损伤对构件抗弯承载力影响不大。

试 验 结 果 统 计　　　　　　　　　　　　　表 2

编　号	B1	B2	B3	B4	B5
P_y (kN)	120	95	120	110	120
P_u (kN)	126	96	125	113	122
Δ_y (mm)	12.12	12.99	12.18	13.60	13.48
Δ_u (mm)	19.55	16.73	16.51	18.51	17.95
u	1.61	1.29	1.36	1.36	1.33

注：Δ_y 为跨中屈服点挠度；Δ_u 为跨中极限挠度；u 为 Δ_u 和 Δ_y 的比值。

无压浆和纵向一半无压浆导致抗弯极限承载力的较大退化，与 B1 相比，B2 和 B4 的抗弯承载力分别下降 23.8% 和 10.3%。无黏结引起无压浆段内钢绞线与混凝土的不协调变形，从而导致跨中截面处钢绞线拉力较小。为此，相同的荷载作用下，对于拉力值较小的钢绞线就需要较长的力臂平衡荷载弯矩，从而引起截面重心上移，导致受压区混凝土高度减少，混凝土压应变增大，过早达到极限应变，导致抗弯极限承载力的降低。弯剪段无压浆越长，控制截面处钢绞线拉力减少越大，抗弯极限承载力退化越明显。

各试验梁的最终破坏均由梁顶部混凝土的压碎导致的。不密实压浆没有引起构件破坏形式的改变，但是对构件破坏时的延性有一定的影响。本文采用位移延性系数对各试验梁的延脆性进行评估，其定义为构件跨中极限挠度与屈服挠度的比值。各试验梁的跨中极限挠度、屈服挠度和位移延性系数见表 2 所示。较密实压浆的 B1 梁，其他不密实压浆构件的延性系数均较小。可见，不密实压浆将导致构件破坏时延性的退化。对于开裂后刚度退化和极限承载力均与 B1 梁相近的 B3 和 B5 梁，其延性退化的主要原因是构件进入屈服阶段后，在较大的应力和变形作用下，钢绞线与混凝土间黏结失效导致的。

四、结 语

本文进行了 5 片不同压浆情况 PC 构件抗弯性能试验,探究局部无压浆长度、位置等对构件抗弯性能的影响,得出结论如下:

(1)无压浆或局部无压浆区内钢筋与混凝土黏结退化对 PC 构件裂缝的发展和分布影响较大,导致裂缝数量减少,间距增大,极限状态时最大裂缝宽度变大。

(2)PC 构件抗弯刚度受荷载、无压浆位置和长度等因素的共同影响。构件在开裂荷载前,孔道无压浆对构件抗弯刚度影响不大;而在开裂荷载后,仅弯剪段导致刚度退化,且无压浆孔道越长,刚度退化越明显。

(3)PC 构件抗弯极限承载力退化也对无压浆位置和长度敏感。纯弯段无压浆对构件承载力影响较小,弯剪段影响较大,且无压浆孔道越长,跨中混凝土受压区高度减小越迅速,抗弯极限承载力退化越明显。

(4)不密实压浆对构件破坏形式影响较小,但引起构件破坏时的延性退化。

致谢

本篇论文是在全国优秀博士论文作者专项基金(201247)和湖南省自然科学杰出青年基金项目(14JJ1022)的资助下完成的,在此一并表示感谢。

参考文献

[1] Trejo D., Pillai R. G., Hueste M. B. D. 等. Parameters Influencing Corrosion and Tension Capacity of Post-Tensioning Strands[J]. ACI Materials Journal,2009,106(2):144-153.

[2] Woodward R. J., Cullington D. W., Lane J. S. Strategies for the management of posttensioned concrete bridges[C]. Current and Future Trends in Bridge Design, Construction and Maintenance Thomas Telford, London. ,2001:23-32.

[3] 刘其伟.实桥预应力孔道压浆调查和钢丝性能分析[J].桥梁建设,2006,(5):72-75.

[4] 朱坤宁,叶见曙.后张法箱梁孔道压浆密实程度调查[J].现代交通技术,2007,4(1):39-42.

[5] 吴文清,陈小刚,李波,等.预应力混凝土连续箱梁施工质量评价指标调查[J].建筑科学与工程学报,2009,26(3):42-48.

[6] 周先雁,王智丰,晏班夫.预应力管道压浆质量无损检测方法[J].中国公路学报,2011,24(6):64-71.

[7] Abraham O., Cote P. Impact-Echo ThickNess Frequency Profiles for Detection of Voids in Tendon Ducts[J]. ACI Structural Journal,2002,99(3):239-247.

[8] Muldoon R., Chalker A., Forde M. C. 等. Identifying voids in plastic ducts in post-tensioning prestressed concrete members by resonant frequency of impact – echo, SIBIE and tomography[J]. Construction and Building Materials,2007,21(3):527-537.

[9] Ata N., Mihara S., Ohtsu M. Imaging of ungrouted tendon ducts in prestressed concrete by improved SIBIE[J]. NDT & E International,2007,40(3):258-264.

[10] Ohtsu M., Alver N. Development of non-contact SIBIE procedure for identifying ungrouted tendon duct[J]. NDT & E International,2009,42(2):120-127.

[11] Fricker S., Vogel T. Site installation and testing of a continuous acoustic monitoring[J]. Construction and Building Materials,2007,21(3):501-510.

[12] Yamada M., Ohtsu M. Case studies on ungrouted tendon-duct in prestressed concrete models by SIBIE[J]. Construction and Building Materials,2010,24(12):2376-2380.

[13] Pillai R. G., Gardoni P., Trejo D. 等. Probabilistic Models for the Tensile Strength of Corroding Strands in Posttensioned Segmental Concrete Bridges[J]. Journal of Materials in Civil Engineering,2010,22

[14] Gardoni P., Pillai R. G., Hueste M. B. D., 等. Probabilistic Capacity Models for Corroding Posttensioning Strands Calibrated Using Laboratory Results[J]. Journal of Engineering Mechanics, 2009, 135(9): 906-916.

[15] Pillai R. G., Hueste M. D., Gardoni P. 等. Time-variant service reliability of post-tensioned, segmental, concrete bridges exposed to corrosive environments[J]. Engineering Structures, 2010, 32(9): 2596-2605.

[16] Minh H., Mutsuyoshi H., Niitani K. Influence of grouting condition on crack and load-carrying capacity of post-tensioned concrete beam due to chloride-induced corrosion[J]. Construction and Building Materials, 2007, 21(7): 1568-1575.

[17] Minh H., Mutsuyoshi H., Taniguchi H. 等. Chloride-Induced Corrosion in Insufficiently Grouted Posttensioned Concrete Beams[J]. Journal of Materials in Civil Engineering, ASCE, 2008, 20(1): 85-91.

131. 预应力次内力在梁格结构的体现

谭文韬 徐栋
(同济大学桥梁工程系)

摘 要 在桥梁上部结构中应用了大量预应力。如何求解及分析预应力次内力效应十分重要。本文利用梁格法分析预应力的次内力效应,并与单梁法进行了比较分析,研究预应力次内力在梁格结构的有关体现,最后得出相关结论。

关键词 预应力 次内力 梁格法

一、引 言

预应力技术在各国发展迅速,在工程结构中得到了广泛的应用。预应力混凝土连续梁在内外因素的综合作用下,结构因受到强迫的挠曲变形或轴向伸缩变形,在结构多余约束处产生多余的约束力,从而引起结构的附加内力,这部分附加内力称为结构次内力。预应力束的布设形式将直接影响结构的内力分布,如何准确考虑预加力引起的次内力,以便合理地选配预应力束筋,一直是工程设计人员非常重视的问题。

传统的平面杆系计算方法不能对结构的空间分析进行更详尽的研究,而梁格法是一种能较好地模拟原结构的空间结构分析方法,它具有基本概念清晰、易于理解和使用、计算代价较低等特点,因此在桥梁结构的空间设计中得到了广泛的应用。梁格法的基本思想是用等效梁格代替桥梁上部结构,将分散在板式或箱梁每一区段内的弯曲刚度和抗扭刚度集中于最邻近的等效梁格内,实际结构的纵向刚度集中于纵向梁格构件内,横向刚度集中于横向梁格构件内。

本文利用Wiseplus软件建立的单梁模型和梁格模型,求解梁格结构中预应力次内力分析分析单梁模型和梁格模型计算预应力次内力的差别,以及预应力次内力在梁格结构的有关体现。

二、次内力基本概念

在预应力混凝土超静定结构中,所施加的预应力而产生的附加内力,称为预应力次内力。可以从两个角度去认识预应力作用在超静定结构中引起的次内力。

其一,由于超静定结构受到预应力作用时将会产生变形的趋势,而这些变形趋势必将受到结构冗余杆件的约束,在这些冗余约束处产生了次反力,这些次反力在结构中引起的内力即为次内力。简而言之,可将次内力的产生这样表述:预应力作用——变形趋势受约束——次反力——次内力。

其二,将静定结构或超静定结构的静基本结构体系(即撤除多余约束后的结构构件)在预应力作用下产生的内力称为主内力,将预应力作用在整个结构中产生的结构内力称为综合内力。综合内力与主内力之差即为次内力,即:次内力=综合内力-主内力。因此,预应力结构的非预应力构件没有主内力,其次内力即为综合内力;静定结构的次内力为零,主内力即为综合内力。结合静定结构和超静定结构的受力特性,可以这样理解预应力作用引起的次内力:由于预应力的作用,结构中的冗余约束对结构的变形趋势产生附加约束,可以将这种约束作用视为类似于温度改变、支座沉陷、杆长误差或材料收缩的一种作用,它使得超静定结构在无外荷载作用时产生了原始内力。

在目前的荷载规范中,已经重视预应力效应作用,明确规定要考虑次内力影响。但是,在预应力作用下,对于平面杆系结构来说,次内力包括次弯矩、次轴力和次剪力;而对于空间结构而言,还包括次扭矩。可是目前的规范规定的预应力效应包括预加力产生的次弯矩、次剪力,而没有考虑次轴力、次扭矩的作用。对于结构两类极限状态设计有较重要影响的是预应力次弯矩。由于次内力是由约束作用产生的,所以次内力在预应力构件上的分布有一个重要的特点:次弯矩和次扭矩沿构件轴线的分布是线性的,次剪力和次轴力沿构件为常数分布。

三、模型介绍

建立单梁及梁格两类模型(图1、图2),均为等截面简支箱梁,梁宽24m,梁高1.6m,桥长为4跨30m连续梁。

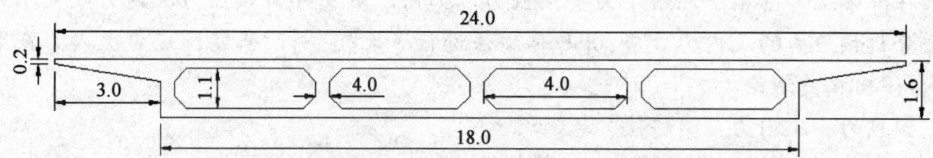

图1 横截面(尺寸单位:m)

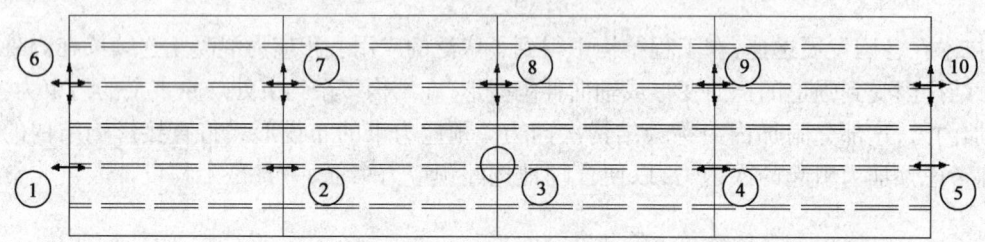

图2 梁格模型支座布置情况图

沿桥宽方向划分为对称的7条纵向梁格,梁格在横向的划分如图3所示

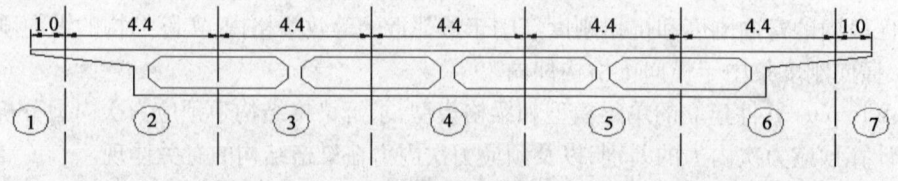

图3 梁格截面划分

梁格模型中,预应力均布置在腹板处。根据预应力布置在不同的纵向梁格,划分为以下模型,其中预应力束线型,特性,数量等参数都一致。

2-6纵梁模型:预应力束对称布置在2,6号纵梁上的梁格模型;

3-5纵梁模型:预应力束对称布置在3,5号纵梁上的梁格模型;

2-2纵梁模型:预应力束仅布置在2号纵梁上的梁格模型;

4-4纵梁模型:预应力束仅布置在4号纵梁上的梁格模型。

四、结果对比分析

1. 支座反力

其中梁格模型取编号2,3,4,7,8,9的支座为冗余约束,单梁模型取编号2,3,4的支座为冗余约束。求出的反力分布如表1,图4所示。

模型支座反力(单位:kN,向下为正方向) 表1

模型	左侧支座		右侧支座		左右侧支座合力	单梁模型	
	编号	支反力	编号	支反力		编号	支反力
2-6纵梁模型	1	-141.1	6	-143.6	-284.7	1	-264.0
	2	101.9	7	104.8	206.7	2	156.4
	3	78.7	8	77.8	156.6	3	215.7
	4	101.5	9	104.5	206.0	4	155.7
	5	-141.0	10	-143.5	-284.5	5	-263.7
				总计	0.1	总计	0.1
3-5纵梁模型	1	-125.3	6	-124.5	-249.8	1	-264.0
	2	61.0	7	59.9	120.9	2	156.4
	3	128.8	8	129.3	258.1	3	215.7
	4	60.7	9	59.6	120.3	4	155.7
	5	-125.2	10	-124.3	-249.5	5	-263.7
				总计	0.0	总计	0.1
2-2纵梁模型	1	-84.1	6	-164.6	-248.7	1	-264.0
	2	-68.6	7	186.9	118.3	2	156.4
	3	305.6	8	-44.5	261.1	3	215.7
	4	-68.5	9	186.2	117.7	4	155.7
	5	-84.4	10	-164.0	-248.4	5	-263.7
				总计	0.0	总计	0.1
4-4纵梁模型	1	-118.8	6	-116.1	-234.9	1	-264.0
	2	43.1	7	39.7	82.9	2	156.4
	3	151.6	8	152.8	304.4	3	215.7
	4	42.8	9	39.4	82.2	4	155.7
	5	-118.7	10	-115.9	-234.6	5	-263.7
				总计	0.0	总计	0.1

2. 次力矩

在求出支座反力后,去除冗余支座约束。在得到的基本静定结构上,施加次反力,对比分析不同梁格在2,3,4号纵向梁格单元(腹板)的次力矩,如表2、图5、表3、图6、表4、图7所示。由于梁格划分后,主要受力为5条纵梁(腹板单元),在与单梁模型对比时,选取单梁模型的1/5的力矩对比。

由于桥长为4跨30m连续梁,对称布置和受力,故只选取左边的两跨进行分析,如图1~图3所示。

2号纵向梁格单元的次力矩对比（括号内的百分比为各梁格模型与单梁模型的比值）　　表2

	2-6纵梁模型	3-5纵梁模型	2-2纵梁模型	4-4纵梁模型	单梁模型
支座1	0	0	0	0	0
支座2	-1322(-16.6%)	-1167(-26.3%)	-1054(-33.5%)	-1101(-30.5%)	-1584
支座3	-1694(-22.6%)	-1753(-19.9%)	-1882(-14.0%)	-1784(-18.5%)	-2188

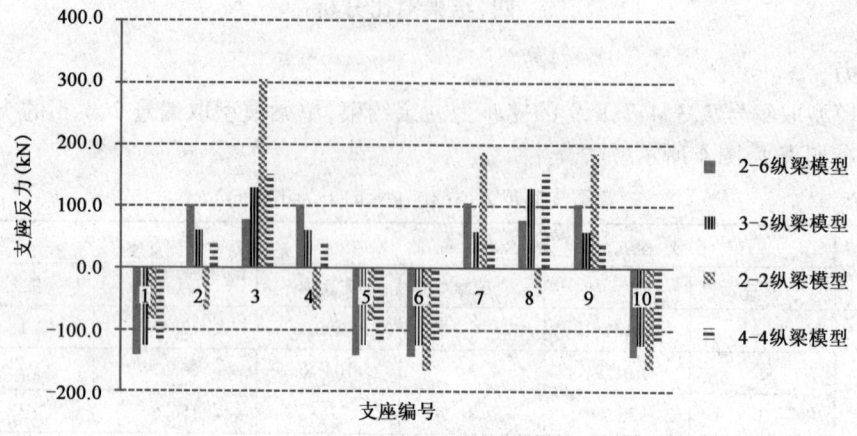

图4　梁格模型支座反力对比

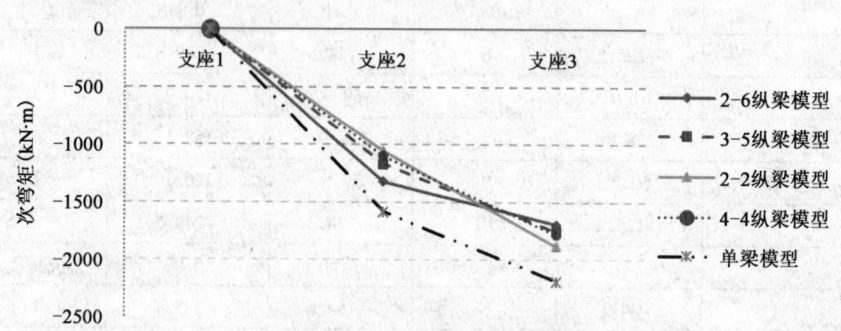

图5　2号纵向梁格单元的次力矩对比

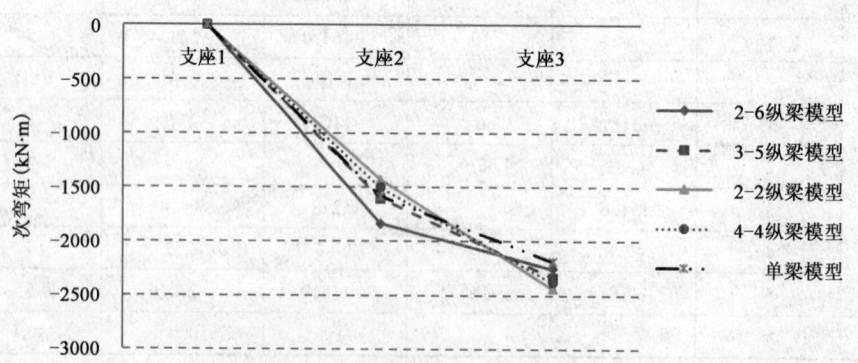

图6　3号纵向梁格单元的次力矩对比

3号纵向梁格单元的次力矩对比（括号内的百分比为各梁格模型与单梁模型的比值）　　表3

	2-6纵梁模型	3-5纵梁模型	2-2纵梁模型	4-4纵梁模型	单梁模型
支座1	0	0	0	0	0
支座2	-1836(15.9%)	-1600(1.0%)	-1426(-10.0%)	-1499(-5.4%)	-1584
支座3	-2257(3.2%)	-2338(6.9%)	-2437(11.4%)	-2381(8.8%)	-2188

4号纵向梁格单元的次力矩对比(括号内的百分比为各梁格模型与单梁模型的比值) 表4

	2-6纵梁模型	3-5纵梁模型	2-2纵梁模型	4-4纵梁模型	单梁模型
支座1	0	0	0	0	0
支座2	-1789(12.9%)	-1571(-0.8%)	-1565(-1.2%)	-1478(-6.7%)	-1584.4
支座3	-2266(3.6%)	-2355(7.6%)	-2357(7.7%)	-2401(9.7%)	-2188

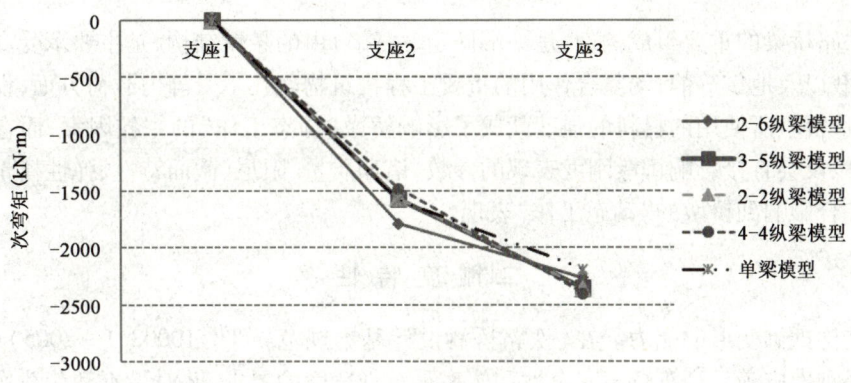

图7 4号纵向梁格单元的次力矩对比

五、结 语

(1)对于宽桥而言,单梁模型和梁格模型在求解计算结构(如支座反力)有一定的差别,主要由于单梁模型没考虑横向效应,分析不够精确。同单梁法相比,梁格法可以更加精确的分析各横向单元的预应力次力矩,可供工程师们运用。

(2)预应力筋的布置不同将影响到次力矩在桥梁结构腹板的分布,运用梁格法分析腹板纵梁的内力及次内力将更加精确,有利于合理利用预应力的次内力。

(3)虽然次内力的影响在设计中必须计及次内力中的"次"字,意喻此项内力是预应力超静定结构建立有效预应力的次生物。但应注意的是常常次内力在量级大小上并不次要,因此不能忽略它的存在。

参考文献

[1] 范立础.桥梁工程(上)[M].北京:人民交通出版社,2001.
[2] E.C.汉勃利.桥梁上部结构性能[M].北京:人民交通出版社,1982.
[3] 朱剑忠,等.对预应力次内力的正确认识及合理应用[J].结构工程师.2003,2:5-9.
[4] 孔祥福,等.预应力混凝土连续梁的次内力分析方法[J].建筑科学与工程学报2007,24(2):48-49.
[5] 刘红梅.超静定预应力混凝土结构的次内力分析[D].合肥:合肥工业大学,2007.

132. 既有铁路桥墩横向刚度特性与评价方法探讨

刘 楠

(西安铁路局工务检测所)

摘 要 铁路桥墩的刚度评价多是基于墩顶位移、振幅和自振频率等多重准则进行控制的。《铁路桥梁检定规范》的出版与使用对桥梁运营性能的发挥及安全工作起到了极为重要的意义,但随着新型桥梁结构的不断涌现,以及铁路运营条件的改变,既有评价方法的局限性正在日益显露,如部分桩基墩与大跨连续梁组合体系桥梁的运营性能已无法较好地通过使用《铁路桥梁检定规范》来进行准确评价。本文讨论的重点是通过分析对比结构动力学与经验公式之间的关系,将"广义质量"与"悬臂长度"引入桥墩的刚度评价体系中,并建议通过完成"定制式"的桥梁运营性能评价方法来从容应对新形势下铁路桥梁检定评估工作所将面临的挑战。

关键词 铁路桥墩 横向刚度 评价探讨

一、引 言

桥墩作为铁路桥梁的重要组成构件,是一端固定、一端自由的悬臂结构,是主要承受和传递源自于桥跨恒载、车辆活载以及地震等静、动复合作用的重要工程构筑物。在承受静力载荷方面,设计多遵循容许应力法,进而建造桥墩所使用的材料的强度就成了影响桥墩"静态工作"的主控因素;而在抵抗动力荷载方面,桥墩刚度以及会直接影响桥墩刚度表现的参数,诸如质量、阻尼、截面特性、弹性模量、基础约束、墩身高度等都会综合影响到桥墩的"动态工作"表现。

二、刚 度 特 性

刚度是指结构抵御变形的能力。在《铁路桥涵设计基本规范》(TB 10002.1—2005)中规定:墩台的纵向及横向水平刚度应满足列车行车安全性和旅客乘车舒适度的要求,并对最不利荷载作用下墩台的横向及纵向计算弹性水平位移进行控制:一是由墩台横向水平位移差引起的相邻结构物桥面处轴线间的水平折角,当跨度等于或大于40m时,不得超过1.0‰;二是墩台顶帽面顺桥方向的弹性水平位移应满足 $\Delta \leqslant 5\sqrt{L}$ 的规定(L 为桥梁跨度,Δ 为墩台顶帽处的水平位移)。在《铁路桥梁检定规范》(铁运函[2004]120号)(下称《桥检规》)中规定:铁路桥梁应具有足够的竖向及横向刚度,保证列车以规定的速度通过时,桥梁结构不出现激烈振动、防止车轮脱轨以及保证客车过桥的舒适性。基于运营性能的两个判别式为:行车安全限值——保证列车以规定的速度安全通过,桥梁结构必须满足的限值指标;通常值——桥梁在正常运用中的挠度或振幅实测值的上限、频率实测值的下限。尤其需要指出的是,桥墩横向水平位移的限值与桥墩横向振动幅值的限值是两个不同的概念。桥墩横向水平位移限值主要是从轨道方向不平顺的要求出发,属于轨道静力不平顺问题,主要是从保证列车运行安全和舒适度方面考虑的;桥墩横向振幅超限的原因不仅仅是轨道不平顺,是复杂的动力学问题,实测的数据资料显示,即使桥墩静力横向水平位移很小,只要车辆-轨道形成的规律性横向自激励振动频率与桥梁的横向有载频率接近时,就会产生较大的振动现象。因此,单靠控制桥墩墩顶的静力位移是无法解决桥梁共振等动力特性问题的,故桥墩刚度特性应采用墩顶静位移和桥墩横向自振频率双重条件进行合理控制。静位移指标依靠设计方案解决,动刚度条件(振幅和频率)则依靠运营阶段的实桥测试给出。本文讨论的目的既是帮助读者如何从合理使用规范到科学分析现象,最终得到有价值的试验数据,更希望是能为《桥检规》的修订完善提供思路。

三、刚 度 评 价

墩顶振动是桥墩抵抗外荷载作用的一类"条件反射",是结构受到外界激励后所产生的一种自适应表现。振幅的大小直接反映了桥墩的工作是否适宜周边各类工况环境的要求,活载类型、运行速度、激振频率等外环境是否与阻尼、质量、约束、截面等内环境相适应,此役可直接通过墩顶的振幅予以体现和诠释。自振频率是桥墩结构的一类本构特性,它自结构建造完成之后即以确定,但又不是终究不变的,它亦会受到材料弹模、结构阻尼、截面形式、边界约束等参数制约,会在结构服役过程中产生变化。就墩顶振幅和自振频率两项参数而言,前者是结构适应外界环境的表现,后者是结构自身的一种固有属性。在非共振条件下,两者的关系表现为墩顶振幅越大其自振频率越小,反之亦然。

获取墩顶振幅的方法简单、直接,得到的是内、外环境相互作用的结果;常用的获取桥墩自振频率的方法有车辆余振法、大地脉动法和力锤激振法。然而无论是使用何种方法获得的自振频率,设置于墩顶位置处传感器所采集的信号亦是一个蕴含着桥跨结构、桥面铺装、附属设施及桥墩自身在内的组合系统的自振频率特性,这即是实测到的运营铁路桥墩自振频率内所包含的真实信息,而不仅仅只是桥墩自身。

1. 基于结构动力学的评价方法

由结构动力学的知识可知,桥墩振动属有阻尼单自由度体系的自由振动,其自由振动的微分方程为:

$$M\ddot{y} + C\dot{y} + Ky = 0 \tag{1}$$

其自振频率为:

$$f = \frac{1}{2\pi}\sqrt{\frac{K}{M} - \frac{C^2}{4M^2}} \tag{2}$$

以上式中计算参数,M、C、K分别表示广义质量、阻尼和广义刚度。

在《铁路工程抗震设计规范》(GB 50111—2006)中,对梁式桥桥墩自振频率计算规定的特征方程为

$$([K] - \omega^2[M])\{x\} = 0 \tag{3}$$

自振频率为:

$$f = \frac{\omega}{2\pi} \tag{4}$$

以上式中计算参数$[K]$、$[M]$、$\{x\}$、ω分别表示桥墩体系刚度矩阵、桥墩体系质量矩阵、振型函数向量和自振圆频率。

由抗震规范在其附录D中给出的各类桥墩自振频率计算公式可以判定,桥墩的抗震性能检算依旧遵循桥墩的结构动力学反应特征,即在边界约束不变的条件下,桥墩自振频率与广义质量和悬臂长度成反比,与截面惯性矩和弹性模量成正比,其物理关系应体现为:

$$f \propto \frac{EI}{MH} \tag{5}$$

以上式中计算参数E、I、M、H分别表示弹性模量、惯性矩、广义质量和悬臂长度。

2. 基于《桥检规》的评价方法

目前,对铁路桥墩横向刚度进行评价的主要方法是:通过试验检测获取运营阶段工况条件下桥墩墩顶的横向振幅和桥墩的横向一阶自振频率,并且《桥检规》业已给出了相关的计算评价公式,如表1所示。该计算办法是基于样本统计学原理得出的,若两项试验数(振幅、频率)均满足《桥检规》所列限值要求,即评定为桥墩刚度满足运营使用要求。

墩顶横向振幅及桥墩横向自振频率通常值　　　　　　　表1

墩身构成	墩身尺寸特征	基础与地基土		墩顶横向振幅 $(A_{max})_{5\%}$ (mm)		横向自振频率 f (Hz)
		基础类型	地基土	$v \leqslant 60$km/h	$v > 60$km/h	
混凝土或石砌墩身	低墩 $H_1/B < 2.5$	扩大基础	岩石	$\dfrac{H}{30}$	$\dfrac{H}{25} + 0.1$	—
		沉井基础				
		桩基础		$\dfrac{H}{30} + 0.2$	$\dfrac{H}{25} + 0.4$	
		扩大基础	黏土或砂、砾			
	中高墩 $H_1/B \geqslant 2.5$	扩大基础	岩石	$\dfrac{H_1^2}{100B} + 0.2$		$\geqslant \dfrac{24\sqrt{B}}{H_1}$
		沉井基础				
		桩基础		$\dfrac{(H+\Delta h)^2}{100B} + 0.2$		$\geqslant \alpha_1 \dfrac{24\sqrt{B}}{H}$
		扩大基础	黏土或砂、砾	$\alpha_2 \left(\dfrac{H_1^2}{100B} + 0.2 \right)$		$\geqslant \alpha_3 \dfrac{24\sqrt{B}}{H_1}$

注:H为墩全高(自基底或桩承台底至墩顶)(m);H_1为墩高(自基顶或桩承台顶至墩顶)(m);B为墩身横向平均宽度(m);表中的α及Δh等参数均可通过规范查表取得。

通过分析表1的所述公式可知,对于低墩的横向自振频率,规范没有给出判定公式,原因一是通过既有方法较难获取低墩的低阶高频,二是低墩的墩顶振幅较小,很少会对梁体的振幅响应有较大贡献。对于中高墩的横向自振频率,计算公式中体现了惯性矩、悬臂长度和边界约束等影响因素,但仍未能很好贯彻结构动力学的基本精神,不光缺失了重要的质量条件,而且其对悬臂长度(H、H_1)的注释说明已不能满足对当前新建工程结构刚度评价的需要。

中高墩数量在铁路桥梁中所占比重较大、基础的形式也较多,亦应是我们关注的重点。扩大、沉井基础多埋置于冻结线以下,基底约束多依靠周边土压力实现,悬臂长度的变数不大;而桩基础形式则是许久以来,新线建设和病害桥墩加固中所最常用到的一类基础形式,具有大承载力、强约束力、高抵抗力等特点,如何评价桩基础桥墩的刚度特性是本文以下讨论的重点。

四、分析与探讨

立足结构动力学的角度分析,一是桩基础桥墩的最大特点就是不确定的"悬臂长度",以及由于时常变化了的桩身埋置深度而导致的边界约束条件的改变;二是桥跨结构的改变必然使得荷载转化为质量的部分对桥墩频率降低的趋势有所加剧。若依旧执行现行《桥检规》的评价方法,可以预测的工程结果可能是墩顶振幅很小、但桥墩自振频率依旧不能满足《桥检规》通常值的要求,不利于对结构的工况性能给出满意评价。

在新的国家建设时期,以梁式铁路桥为例,大跨连续梁、高墩、超长桩身、高桩承台等的实践与应用已大不同于2004年版《桥检规》颁布前的普速铁路桥梁状况,从铁路桥梁检定评估的日常工作当中不难发现,基于10年前或更早的样本为统计对象所归纳得到的桥墩刚度评定公式现已存在诸多局限。

1. 广义质量

通过调查早期服役混凝土简支梁与近期服役混凝土梁的特性,其上部结构对墩顶处质量特性拾取的改变是有较大区别和不同的,如表2所示。简支梁及连续梁工况如图1、图2所示。

部分桥跨结构质量状态调查表　　　　表2

序号	梁体图号	梁长(m)	跨度(m)	每孔梁质量(t)	换算梁线密度(t/m)
1	叁标桥1023	16.5	16.0	102.98	6.241
2	叁标桥2018	20.6	20.0	124.80	6.058
3	专桥2059	24.6	24.0	156.90	6.378
4	大(65)138	32.6	31.7	221.2	6.785
5	专桥2045	40.6	40.0	268.00	6.601
6	专桥2028	49.1	48.0	453.04	6.226
7	现浇连续梁	145.4	40.0+64.0+40.0	2512.1(中跨) 220.1(边跨)	39.251(中跨) 5.408(边跨)
8	现浇连续梁	209.7	56.0+96.0+56.0	5562.2(中跨) 771.4(边跨)	56.939(中跨) 13.569(边跨)

图1　简支梁工况示意图

图2 连续梁工况示意图

如表1所示，桥跨结构随跨度的增加，其换算梁体线密度也随之增加，当采用大跨混凝土连续梁时，换算得到的梁体线密度较简支梁而言会显著成倍增加，其恒载换算至墩顶的质量对墩顶处自振频率的获取会造成比较大的影响。

以上表所列桥墩与连续梁组合结构为例，试验得到的襄渝上行线某两座桥的墩顶横向振幅与自振频率如表3所示。

桥墩参数实测值与通常值对比表　　表3

跨度(m)	桥墩位置	墩顶振幅(mm)		自振频率(Hz)	
		实测值	通常值	实测值	通常值
40.0+64.0+40.0	中墩	0.899	1.329	1.465	2.353
	中墩	0.501	1.329	1.072	2.353
56.0+96.0+56.0	边墩	0.329	1.522	0.977	2.153

上式 $f \propto \sqrt{\dfrac{EI}{MH}}$ 集中反映了质量对自振频率的显著影响。墩身及换算至墩顶的桥跨结构质量的增加，势必导致桥墩自振频率的降低。由表2可知，对于大跨连续梁的桥墩结构而言，动力特性则表现为墩顶振幅很小，自振频率同样很小的"双小"局面，与既有规范所应反映出的两者关系形成了较大冲突，分析原因，质量因素对突破"原有局面"起到了很大的贡献作用。

2. 悬臂长度

在《桥检规》中，对于桩基础桥墩的墩顶振幅及自振频率的计算规定是综合考虑了在不同地基土条件下的墩全高（桩承台底至墩顶）、墩高（承台顶至墩顶）和墩身横向平均宽度等三项技术参数而给出的经验公式，它体现了"悬臂长度"对桥墩刚度影响的意义。但遗憾的是，公式中没有反映出由于桩身埋置深度发生变化而对桥墩刚度产生影响的贡献。

墩身高度、承台厚度及桩身长度共同组成了桥墩的总"悬臂长度"，而《桥检规》仅是将墩身高和承台厚列入，没有考虑不同的自由桩长对桥墩刚度的影响。在日常试验检测中，当有大量因自由桩长发生变化的桥墩在进行健康测试和刚度评定时，通过计算《桥检规》通常值，所得出的结论多是桥墩自振频率不满足要求，而墩顶振幅满足要求；或是均不满足要求。

试验得到的西康线某座桥的墩顶横向振幅与自振频率如表4所示，桩身外露如图3所示。

桥墩墩顶横向振幅实测值、通常值对比表　　表4

墩号	实测墩顶横向振幅最大值(mm)		《桥检规》通常值(mm)		自振频率实测值(Hz)	《桥检规》通常值(Hz)
	$v \leq 60$km/h	$v > 60$km/h	$v \leq 60$km/h	$v > 60$km/h		
8	0.937	1.420	2.116	2.276	1.563	1.734
9	0.634	1.069	1.908	2.060	1.563	1.836
10	0.604	1.005	1.839	1.988	1.563	1.875
11	0.656	0.748	1.710	1.853	1.563	1.953

图3 桩身外露示意图

试验得到的宁西线某座桥的墩顶横向振幅与自振频率如表5所示，桩身外露如图4所示。

桥墩墩顶横向振幅实测值、通常值对比表　　　表5

墩号	实测墩顶横向振幅最大值(mm)		《桥检规》通常值(mm)		自振频率实测值(Hz)	《桥检规》通常值(Hz)
	$v \leq 60$km/h	$v > 60$km/h	$v \leq 60$km/h	$v > 60$km/h		
8	2.994	2.024	2.231	2.372	1.464	1.516
9	2.199	1.779	2.231	2.372	1.562	1.516
10	2.672	2.054	2.109	2.246	1.464	1.563

图4 桩身外露示意图

试验得到的宝成线某座桥的墩顶横向振幅与自振频率如表6所示，桩身外露如图5所示。

桥墩墩顶实测值与通常值对比表　　　表6

墩号	墩顶振幅(mm)		自振频率(Hz)	
	实测最大值	《桥检规》通常值	实测最大值	《桥检规》通常值
2	1.976	1.201	1.562	2.525
3	1.801	1.252	1.562	2.460
4	1.667	1.304	1.660	2.398

图5 桥梁基础受到冲刷

以该桥 2 号墩为例,其桩身外露达 4.2~4.5m,通过计算该墩自振频率分别为通常值和实测值两种工况条件下的桩周土抗力,在同一埋置深度条件下的不同桩周土抗力对桥墩自振特性的影响关系如图 6 所示。

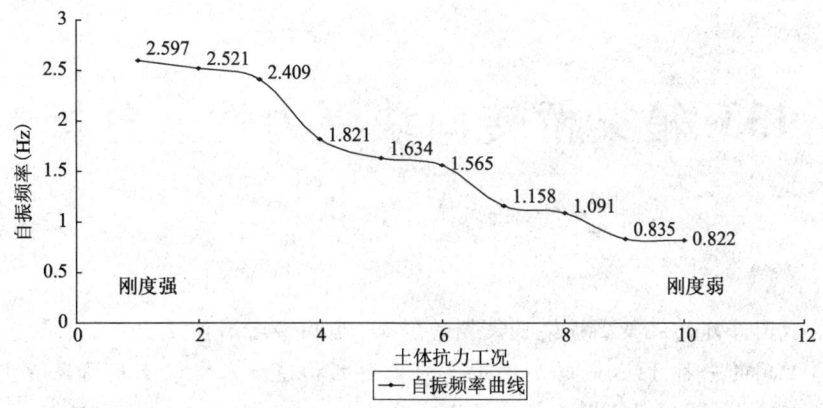

图 6　土体抗力与自振频率关系图

对于 2 号墩而言,由于河床下切所导致的桥墩承台及桩身外露在一定程度上弱化了桥墩的刚度,降低了桥墩的自振频率;由模拟工况数据可知,在桥墩基础竖直方向上,承台及桩周土抗力的显著减小是造成桥墩墩顶振幅超限的主因。在基础埋置深度一定的条件下,桥墩的刚度随着桩周土抗力的减小而降低,检算衰减曲线接近台阶型分布,且近地表土的抗力约束表现对桥墩的刚度起着主要作用。

由以上各典型案例可知,在利用《桥检规》计算墩顶振幅及桥墩自振频率通常值时,对于桩基础桥墩而言,H(自基底或桩承台底至墩顶)和 H_1(自基顶或桩承台顶至墩顶)两项参数的取值已无法有效反映当桩基受到冲刷或新设高桩承台时桥墩的动力响应行为,计算到的规范值没有考虑桩基外露或在高桩承台工况下对桥墩墩顶振幅及自振频率的影响。

五、结　语

对于大跨连续与桩基桥墩等组合结构而言,"广义质量"与"悬臂长度"的改变对现行《桥检规》的使用提出了新的挑战。在不同工况下,诸如低振幅、低频率,高振幅、高频率,高振幅、低频率等各类刚度表现各异,其在突破既有评价标准的同时,为我们处理该问题提出了新的课题。

翘首展望,列车运营条件和梁墩结构特性必将会随着未来铁路的发展而产生较大变革。《桥检规》中关于铁路桥墩墩顶振幅及自振频率的通常值的计算公式是基于较早前对各类服役桥梁进行试验并统计归纳后得到的经验公式,随着铁路建设规模的不断扩大,加之新技术、新工艺、新设备、新材料等的不断涌现和大量使用,也将对基于桩基桥墩与大跨连续梁等组合结构的运营性能检验带来诸多挑战。采用经典的基于结构动力学理论与经验的基于试验科学的检定评价方法应是未来铁路桥梁运营性能检测中所均应系统权衡的方法论,对于特殊桥梁结构的刚度评价与分析亦应采用"定制式"的分析方法,并要摒弃"形而上学"之思想的干扰。

参考文献

[1] 铁路桥梁检定规范(铁运函[2004]120 号)[S].北京:中国铁道出版社,2004.
[2] 铁路桥涵设计基本规范(TB 10002.1—2005)[S].北京:中国铁道出版社,2005.
[3] 铁路工程抗震设计规范(GB 50111—2006)[S].北京:中国计划出版社,2009.
[4] 铁道部第四勘测设计院.桥梁墩台[M].北京:中国铁道出版社,1997.
[5] Ladislav Fryba.铁路桥梁动力学[M].北京:科学出版社,2007.
[6] 李国豪.桥梁结构稳定与振动[M].北京:中国铁道出版社,2003.
[7] 刘楠,李朝华.宝成线 K191+997 枣林坝大桥检定评估报告[D].西安铁路局工务检测所,2012.
[8] 刘楠,王娟玲.宁西线 K164+484 两岔乡丹江特大桥检定评估报告[D].西安铁路局工务检测

所,2012.

[9] 刘楠,孙军平.西康线 K199+087 鹰咀岩旬河特大桥检定评估报告[D].西安铁路局工务检测所 2011.

133. 箱梁桥转向块受力性能分析

王伟 徐栋

(同济大学桥梁工程系)

摘 要 随着我国修建的混凝土桥梁服役期的增加,其病害逐渐体现出来,需要进行加固。体外预应力加固技术是最常用的一种方法,而转向块是其中重要的构造。本文以南充清泉寺大桥为依托,对肋式转向块进行实体有限元模拟分析,揭示了转向块的受力特性,并对其提出相关的建议。

关键词 体外预应力 转向块 有限元方法 应力状态

一、引 言

体外预应力混凝土桥梁因结构性能优越、施工便捷快速、耐久性能良好等优点,在国外得到了大量应用[1]。近年来,随着我国修建的混凝土桥梁使用时间的增加,许多桥梁都需要加固,因而我国体外预应力技术多用于加固旧桥。转向块是体外预应力技术最关键、最重要的构造之一,其设计好坏直接关系到结构的使用性能和耐久性能。

目前,常见的体外预应力转向块的形式有三种,包括块式、肋式和横隔板式。

横隔板式转向块结构和肋式转向块结构相似,均属于承压型,可以形成抵抗力筋张拉力分力的受压支柱,这一受压柱从预应力管道一直延伸至桥面,承载能力较大。但是体积较大,增加了恒载重量,加大了腹板平均厚度,模板构造较复杂。

块式转向块的特点是仅在底板根部设置很小的混凝土块,体积小,模板构造简单。但是其受力复杂、整体刚度较小以及承载力较小,配筋复杂。

二、工程概况及模型建立

南充清泉寺大桥,采用 C50 混凝土,体外预应力束采用每束 12ϕ^s15.24 低松弛高强度预应力钢绞线,钢绞线标准强度为 $\sigma_y^b = 1860$MPa,弹性模量 $E = 1.95 \times 10^5$MPa,控制张拉应力 $0.65\sigma_y^b = 1209$MPa。预留体外预应力管径为 168mm,转向块半径为 6m。转向块结构采用如图 1 所示的肋式转向块,其预应力布置如图 2 所示。

采用通用有限元软件 ANSYS 进行仿真分析,采用 8 节点六面体 solid45 单元对箱梁和转向块进行实体建模。研究对象取包含转向块的一段箱梁结构,箱梁节段长度去 4m,利用结构的对称性,取结构的一半为研究对象[2]。桥梁的纵向定义为 Z 方向,横桥向定义为 X 方向,竖向定义为 Y 方向。采用 C50 混凝土的材料参数,定义其弹性模量为 3.5×10^4MPa,泊松比采用 0.167,按照理想弹性材料来计算结构的应力。模型划分如图 3 所示,体外预应力管道区域用 0.05m 控制单元边长,其他区域采用 0.3m 控制单元边长。

在有限元模型中,体外预应力筋对转向块的作用力为体外预应力筋转向管道壁的均布面力,其合力等效于实际预应力筋对转向块作用的合力。在计算模型中,不考虑自重荷载对结构的影响。由于模型采用 1/2 桥宽结构,因此在桥面中轴线处的对称面上施加对称约束;考虑连续梁能够传递轴力、剪力、弯矩的情况,故在箱梁两端面上施加固结约束。

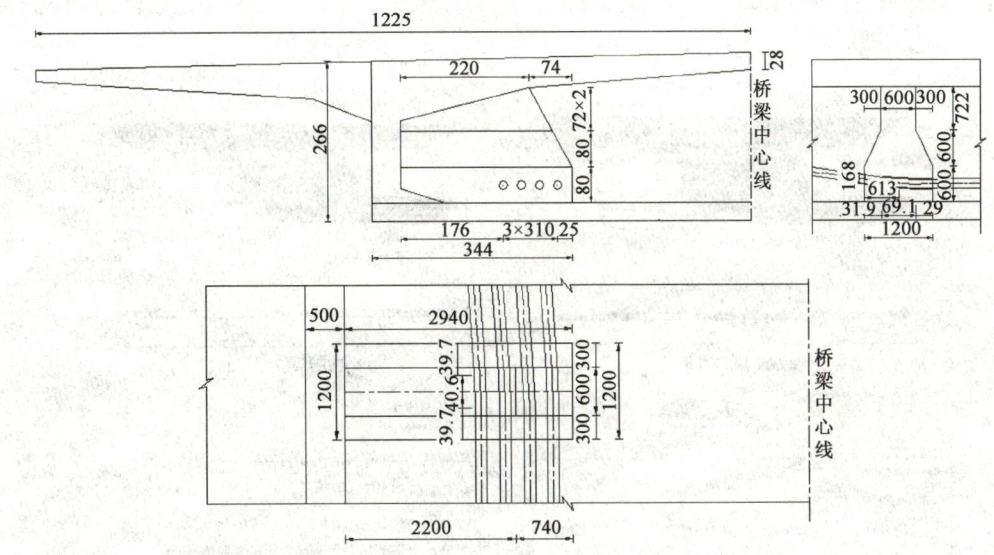

图1 转向块结构断面图(尺寸单位:mm)

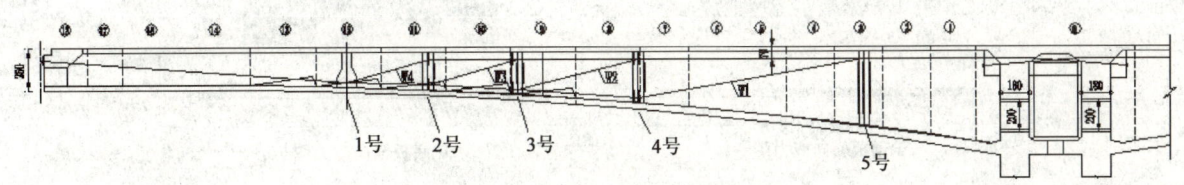

图2 转向块结构预应力布置图

三、计算结果及分析

由于转向块中的体外预应力筋的竖直分力有使得转向块从梁体中被拉脱的趋势,故应力分析应侧重于转向块的竖向应力和第一主拉应力[3];转向块体外预应力的横向分力有使得箱梁横向拉裂的趋势,故要关注顶、底板的横向拉应力;而且转向块和箱梁底部的连接处由于截面突变,相交截面会出现拉应力集中,故底板的竖向拉应力也应注意。

1. 竖向应力及主拉应力

图4a)为竖向应力云图,从图中可以看出转向块预应力管道上部混凝土受压,预应力管道下部混凝土受拉。上部混凝土压应力从与预应力束接触的孔道上缘向外逐渐扩散衰减,最大压应力出现在最靠近腹板的孔道上缘(约-3.3MPa)。在距离预应力孔道稍远处,混凝土压应力已基本分布均匀(约-0.4~-1.2MPa)。下部混凝土拉应力,最大拉应力出现在最外侧管道壁上(约3.05MPa),而预应力管道下方的混凝土应力为0.21~0.92MPa。

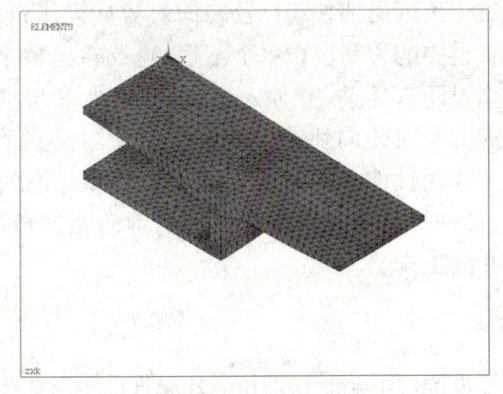

图3 有限元模型

图4b)为转向块主拉应力云图,除局部区域外,绝大部分区域的主拉应力均在1.2MPa以内。

2. 顶底板横向应力

图5为转向块箱梁顶底板横向应力云图。由于体外预应力钢筋的横向分力,使得梁体有横向拉裂的趋势。从图中可以看出,顶底板的横向拉应力最大值均出现在转向块与顶底板相交的边界处,向外逐渐减小,最大值分别为0.67MPa和0.64MPa。

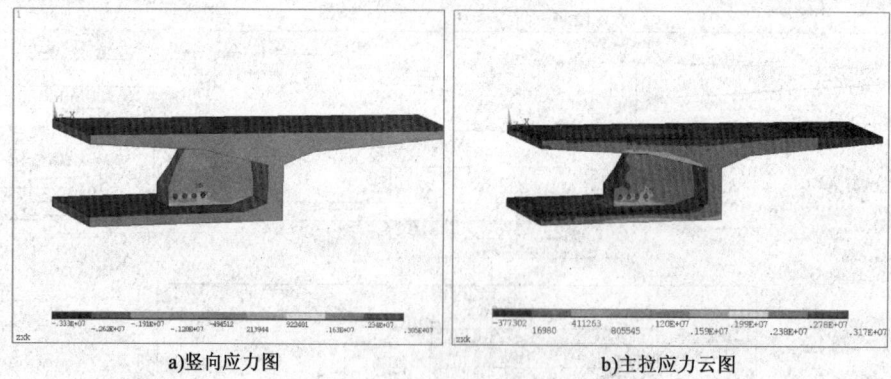

a) 竖向应力图　　　　　　　　b) 主拉应力云图

图4　转向块竖向应力和主拉应力云图

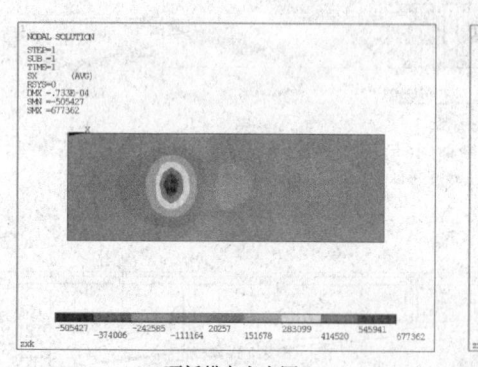 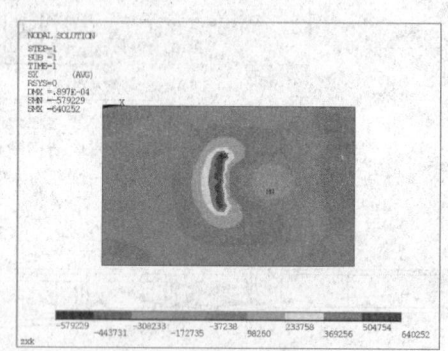

a) 顶板横向应力图　　　　　　　　b) 底板横向应力图

图5　顶底板横向应力图

3. 底板竖向应力

在转向块与底板相交处，由于体外预应力筋的竖向分力，使得底板和转向块相交处出现拉应力（图6），由于刚度突变，其边界处的拉应力最大，应力值为 0.34MPa。

根据以上分析可知，体外预应力孔道内壁为最不利的受力位置，转向孔道下部以受拉为主，为了防止混凝土出现局部裂缝以及转向块被从梁体拉脱，除了对管道中的力筋进行单个配筋，建议转向整个管道周围增设闭口环筋，并伸入梁体内，用来参与抵抗体外预应力筋对转向块产生的作用力及加强整个结构的整体作用性能。同时为了保证箍筋和环筋的正常工作，最好将箍筋和环筋与底板的钢筋相连接，以更好地共同工作。

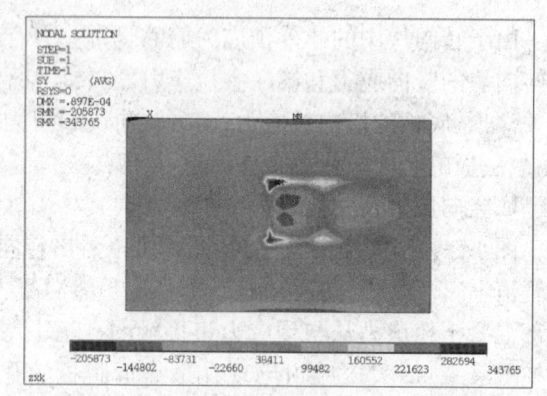

图6　底板竖向应力图

四、结　语

根据以上箱梁转向块的线弹性应力分析结果，可以得到以下结论：

（1）肋式转向块上部混凝土受压，下部混凝土受拉，且上部混凝土压应力分布较均匀。

（2）转向块最大拉应力和压应力出现在靠近腹板的转向管道处，该处最容易发生破坏，在该位置应该适当配筋。

（3）建议转向孔道周围增设环筋，并伸入梁体内，同时用箍筋连接转向块和箱梁腹板，以防止混凝土出现局部裂缝以及转向块被从梁体拉脱。

参考文献

[1] 费小申,陈可.体外预应力桥梁转向部位的局部应力分析[J].北京:公路交通科技.2012.
[2] 魏华.体外预应力结构关键部位受力分析及受拉压杆模型配筋计算研究[D].同济大学,2004.
[3] 卢春玲,李传习.体外预应力箱梁桥转向块配筋设计分析[J].中外公路,2008,28(6):122-126.
[4] 徐栋.桥梁体外预应力设计技术[M].北京:人民交通出版社.2008.

134. 刚架拱桥的深入研究与重大改进

蔡国宏

(交通运输部科学研究院)

摘 要 在调查研究近年来刚架拱桥科学研究和设计改进经验基础上,提出刚架拱桥改进设计意见,并建议设计和建造钢管混凝土刚架拱桥。

关键词 刚架拱桥 空间分析 局部应力 钢管混凝土

一、引 言

刚架拱桥是我国自主创新的桥型,具有结构合理、经济美观等优点。项海帆院士等在《中国桥梁史纲》中赞其为中国工程师自主创造的奇葩。刚架拱桥已逐渐成为中等跨径公路拱式桥梁的常用桥型。但早期设计的刚架拱桥,荷载标准偏低,耐久性考虑不足,在快速增长的重载交通面前出现不少病害,有的还很严重。对此桥梁精英们做了大量的科学研究,提出很多改进措施,并设计建造了一批改进型的刚架拱桥,使我很受鼓舞。作为刚架拱桥桥型的构思者和课题研究人员,深感有责任进行学习和总结,并结合自己的研究和体会,提出改进设计建议。相信刚架拱桥会以新的姿态,继续为交通事业做贡献。

二、刚架拱桥的原创和应用

刚架拱桥是交通部公路科学研究所与江苏省无锡县交通局和江苏省交通厅合作研究成功的新桥型。1976年在无锡试建了第一座跨径45m的单车道农用钢筋混凝土刚架拱桥——鸭城桥。1977年又在无锡建成了第一座跨径50m双车道公路钢筋混凝土刚架拱桥。

刚架拱桥由多片拱片、桥面系和横系梁组成,它把主拱与拱上结构联成整体,共同受力,外形像倒置的斜拉桥。在其拱片中除边弦杆以外的构件均有轴向压力。具有受力合理、造型简洁美观、施工简便、用料节省等优点。

1978年对跨径50m公路刚架拱桥——无锡志公桥的荷载试验表明,在最不利位置施加130%设计荷载时,桥梁受力状态良好,满足设计要求。

刚架拱桥于1979年通过交通部科技成果鉴定后,逐步取代当时普遍应用的双曲拱桥甚至桁架拱桥,得到较快推广应用。

1983年交通部公路科学研究所与湖南省交通规划设计院合作,按当时的桥梁规范及其荷载标准编制了《钢筋混凝土刚架拱桥定型设计图》,促进了该桥型在全国的应用。

但随着我国公路交通量和交通荷载的快速增长,早期修建的刚架拱桥逐步产生了不同程度的病害,有的还很严重。

针对刚架拱桥病害,业内精英们进行了大量深入的科学研究,提出了很多改进措施,并设计和建造了一批经改进设计的刚架拱桥,为改进和完善刚架拱桥设计与施工提供了宝贵的成果和经验,值得认真总结和推广。

刚架拱桥的适用跨径为 25~80m，实际应用中个别桥梁跨径已达 130m。最近在湖北恩施又采用转体施工建成一座跨径 132m 的刚架拱桥——老村河大桥。

三、从桥梁病害看定型设计图的不足

刚架拱桥的主要病害有：桥面及肋腋板开裂，甚至穿孔；横系梁竖向开裂，甚至脱落；实腹段下缘竖向裂缝；内外弦杆特别是外弦杆竖向裂缝；主节点、次节点结合部裂缝；主拱腿拱脚和斜撑下端裂缝。

病害的产生有其主、客观原因。交通量和超重车迅猛增加，无疑是其客观原因。但定型设计图本身也有不足，是其主观原因。定型设计图的主要不足是：

（1）采用 30 年前的设计荷载标准，虽能符合当时桥梁规范要求，但已不能满足现行设计荷载标准要求，更不能适应超载车辆重荷。

（2）杆件内力采用平面杆系有限元作计算，空间作用采用单一的弹性支承连续梁法横向分布系数作近似考虑，不仅拱片内力存在一定误差，而且未对桥面系和横系梁作空间内力计算。

（3）桥面系和横系梁截面尺寸偏小，配筋偏少，与拱片的联结不够牢固。

（4）大小节头未作局部应力计算，并据以配筋，偏薄弱。

（5）对疲劳和耐久性问题考虑不足。

四、刚架拱桥承载能力翻两番的启示

众多刚架拱桥出现病害，有的因病害严重而进行加固，这不得不令人思考：刚架拱桥这种桥型是否能适应重载交通的需要？

两座跨径 60m 刚架拱桥经简易加固后将承载能力提高 3 倍多，顺利通过 433t（4252kN）大件运输车的实践，使我们对这种桥型的改进发展充满信心。

广西百色澄碧河大桥和永乐大桥都是跨径 60m 刚架拱桥，原设计荷载为汽—20，挂—100，于 1994 年建成通车。1999 年因天生桥水电站建设需运送特大构件，牵引车和拖车全长 36.53m，总重高达 433t，需通过这两座桥，故需通过加固，使其承载能力在原设计基础上翻两番多。

加固前检测发现，桥梁跨中、横系梁和微弯板都有裂缝，缝宽一般都超过 0.2mm，个别最大裂缝宽 0.59mm，属于病害桥梁。

水利部天津水电勘察设计院和武汉长江加固技术有限公司对两座桥进行了加固设计和施工。

通过对桥梁进行强度和刚度校检，按特大构件荷载的计算内力确定缺筋量，进行加固设计。抗正弯矩采用粘贴钢板补强加固，抗负弯矩采用加大断面法和配筋加固，在桥面增加 10cm 厚的混凝土。加固后特大构件通过前，进行了荷载试验，分 4 级加载，最后一级为 433t。荷载试验成功后，7 个特大构件逐一顺利通过。

尽管外粘钢板的耐久性可能有所不足，但由此项四倍于原设计荷载的超重车成功过桥的实践，可以得到启示：如果新桥设计把主要构件的配筋量按加固钢板量换算并配置充足，并将桥面系、横系梁和大小节点予以加强，刚架拱桥这种桥型是能够抵抗超重车负荷的。

五、刚架拱桥空间结构分析研究

30 年前的"定型设计图"，限于当时条件，采用平面杆系有限元法加上活载横向分布系数，将空间结构作简化计算，横向分布系数采用弹性支承连续梁简化法计算。肋腋板则应用等刚度原则，将板换算成变截面双向板，用 SAP 空间板单元程序计算内力，考虑板的支承状态可能发生变化，而将计算结果乘以应力增大系数。对横系梁内力状态缺少了解，而按经验作设计。

东南大学、浙江大学和山东科技大学等对刚架拱桥的空间结构进行了深入研究，采用空间有限元建立空间结构分析模型，对全桥空间结构包括横系梁进行计算分析，得出以下认识：

（1）刚架拱桥横系梁内力计算和设计直接关系到结构的整体受力和安全，横系梁是影响全桥承载力

的重要因素,在设计施工中应足够重视。如果横系梁刚度小,数量少,配筋不足,施工中处理不当,都可能出现严重开裂甚至断裂。横系梁的病害,一方面会降低全桥结构整体性,使单片拱肋受力增大,另一方面会削弱肋腋板或微弯板的横向约束,使其受力状态变差。

(2)弹性支承连续梁法所得横向分布系数,虽能大体分配各拱片所承担的活载,但因未考虑横系梁的尺寸、数量和分布状况,以及桥梁跨径大小的影响,也未考虑活载作用下不同部位横向分布的差异,因而存在明显的局限性。按空间整体建模方法对25m、35m、45m及60m四种跨径的横向分布系数及其沿纵向变化规律作分析,结果表明,弹性支承连续梁法所得横向分布系数在跨中偏小,跨径越小,误差越大。而当将拱片间距按0.8倍减小后,二者接近。

六、按现行桥规对定型设计图的检验

陕西通宇公路研究所选择净跨30m刚架拱桥定型设计图为研究对象,根据现行桥梁规范,按公路—1级标准汽车荷载和新温度梯度曲线,采用大型结构分析有限元通用程序对各主要控制截面进行了极限状态复核验算。

验算结果表明,使用阶段中实腹段裂缝宽度超限且承载力储备不足;大节点负弯矩较大,设计中应考虑通长钢筋布置;温度变化引起的结构内力虽然都不大,但在拱顶和拱脚稍大,而且往往是同号叠加,设计中应予考虑。

七、优化设计和提高承载力研究

长安大学在分析研究刚架拱桥常见病害基础上,从设计参数优化入手,以一座9孔跨径30m改进型刚架拱桥设计为依托,对刚架拱桥的改进措施和极限承载力进行了研究,取得如下认识:

(1)在改进设计方面
①增大拱片尺寸,减小拱片中距,以提高结构刚度。
②加强各拱片之间横向联系,适当加大横系梁截面,减小其布置间距,采用现浇施工的连接措施。
③改进节点连接方式,采用现浇湿接头以提高整体性。
④桥面系改用带承托的单向支承桥面板,板的跨中厚15cm,端部厚25cm,并在板上铺设10cm厚沥青混凝土,以减少冲击振动作用。
⑤对主要受力构件依据空间结构分析计算结果,按现行桥梁规范作配筋设计,适当增加截面纵向钢筋及箍筋配筋率。

(2)在提高承载力研究方面

以有限元方法的空间稳定理论、非线性理论及统一理论下的单材料本构关系为基础,建立改进后依托工程及原定型设计图的有限元模型,然后分别针对单跨整桥和单跨边拱片,分析了第一类稳定问题,并以第一类稳定求解法作为上限,采用双重非线性方法,进行极限承载力分析研究。得出:

①不同加载状况下,单跨整桥改进设计的第一类稳定特征值比定型设计平均大63.4%。
②考虑双重非线性时,改进设计的极限承载力比定型设计提高16.99%,若同为跨中偏载加载时,改进设计的极限承载力比定型设计提高62.29%。
③桥梁极限破坏时,改进设计的跨中挠度远小于定型设计值。
研究结论:刚架拱桥经改进设计后,其极限承载力显著提高。

八、节点的研究与改进

辽宁大通公路工程有限公司和辽宁交通勘察设计院运用Algor有限元空间分析软件,对一座跨径50m刚架拱桥的大节点作计算分析,得知大节点主拉应力恒载时为1.1MPa,恒载+升温20℃为1.6MPa,恒载+升温20℃+汽-20(按大节点最不利加载)为2.2MPa,超过了C30混凝土抗拉设计强度2.01MPa。

山东科技大学利用有限元软件 ANSYS 对刚架拱桥单片拱片的大节点进行分析,以跨径 35m 刚架拱桥为例,建立了最不利拱片的整体分析模型,并引入横向分布系数分析单片拱片受力情况,粗略划分网格建立模型,同时取大节点部位 3m 区段,进行局部划分精细网格。由计算得知:大节点主拉应力自重时为 1.1MPa,自重+二期恒载为 1.35MPa,自重+二期恒载+活载为 8.65MPa(优化设计前)和 6.92MPa(优化设计将拱片由 5 片加至 6 片后),均远超过 C30 混凝土抗拉设计强度 2.01MPa。

该项研究还提出了在节点内置异型钢板加强节点的技术措施,经计算在内置 3 块钢板后,自重+二期恒载+活载主拉应力降低为 5.35MPa。

中国瑞林工程技术有限公司在两座跨径百米以上的甘肃太乐 1 号和 2 号大桥设计中,针对小节点截面上缘由于负弯矩在桥面混凝土面层中产生的拉应力,采取了释放该截面恒载弯矩,增加桥面面层内配筋的措施。具体做法是:在浇注桥面铺装层混凝土时,将小节点左右共约 15m 长度范围内预留 8cm 厚度混凝土暂不浇注,待全桥其余恒载基本完成后,再在该段缺口内布设 $\phi 12 - \phi 16mm$、间距 5cm 的纵向受力钢筋,此钢筋内恒载应力几乎为零,活载应力按计算控制在 30MPa 左右,从而可避免上缘混凝土开裂。对拱脚截面负弯矩也按此思路处理。实践表明这种做法有效。

九、改进设计工程实例

(1)广东龙川东江大桥新桥

主桥为 4 孔跨径 75m 改进型刚架拱桥,矢跨比 1/9,桥宽 10.25m。设计荷载为公路—I 级。其下游侧为一座相同跨径布置的刚架拱桥,参照 1984 年定型图设计,已不适应新的公路荷载标准。

新桥由广东省冶金建筑设计研究院和广州市勘察设计有限公司设计。与旧桥相比,做了以下重大改进:

全桥横向由 3 片宽 60cm 的拱片组成,3 片拱片底面由 10cm 厚钢筋混凝土板整体相连,在实腹段形成箱形截面,在主拱腿形成凹形截面。拱片间设横隔板,与拱肋一次浇注成整体结构。

在斜腿之间设直径 60cm 圆形截面的系杆。

桥面板改为横向带承托的整体钢筋混凝土板,横向板的跨中厚 15cm,承托处厚 40cm,桥面铺装层厚 8~20cm,横坡 1.5%。

以上改进增强了刚架拱桥的整体性并提高了整体刚度。在此基础上,按新桥规公路—I 级荷载标准,对全桥进行了详细的结构计算,适当增加全桥配筋数量,从而提高了全桥的强度。

该桥于 2009 年 4 月建成通车,至今运行状态良好。

(2)山东兖州泗河大桥

主桥为 9 孔跨径 30m 改进型刚架拱桥,桥宽 13m。设计荷载为公路—I 级。长安大学参与设计。

主要改进措施为:

①提高桥梁刚度:减小拱片中距,增大拱片结构尺寸。

②增强桥梁整体性:加大横系梁截面尺寸,减小横系梁布置间距,横系梁与拱肋的连接和大节点均采用现浇混凝土接头。

③增大桥梁强度:采用空间有限元程序计算结构内力,并按新桥规进行配筋。适当增加截面纵向钢筋配筋率,同时适当增加主拱腿等构件的箍筋配筋率。

④桥面系采用单向支承钢筋混凝土桥面板,其上铺设 10cm 厚沥青混凝土桥面,以减轻振动冲击。

该桥于 2008 年 3 月建成通车,至今状态良好。

(3)山西运城国道 209 线河津—临猗段跨线桥

该桥为跨径 50m 改进型刚架拱桥,矢跨比 1/8,桥宽 7m。设计荷载为公路—II 级。桥台采用地下连续墙基础。由中交公路规划设计院有限公司设计。

主要改进措施为:

采用空间分析法计算拱片横向分布系数,强化拱片配筋。

加大横系梁截面尺寸,改变横系梁与拱肋的连接方式,提高结构整体刚度和整体性。

加大拱肋截面尺寸,提高其竖向和横向抗弯刚度。

将拱顶钢板接头和大节点钢板接头改为现浇接头,杜绝钢板接头锈蚀问题,并提高结构整体性。

优化小节点现浇接头长度,保证预制构件联结牢固。

增加微弯板厚度,并根据横向加载计算进行配筋。

优化桥台基础结构方案,防止基础产生有害水平位移。

加强施工过程质量控制。

该桥于 2006 年 6 月建成通车,至今状态良好。

(4) 甘肃庆阳驿马镇太乐 1 号和 2 号桥

太乐 1 号桥和 2 号桥分别为单孔净跨 115m 和 125m 大跨度改进型刚架拱桥,矢跨比 1/6,桥宽 24m。由中国瑞林工程技术有限公司设计。

主要改进措施为:

拱肋采用抗弯抗扭刚度大的单箱三室截面。

上部结构全部是在劲性骨架上现浇的钢筋混凝土整体结构,整体性能良好。

桥梁分为上、下游两幅桥按转体施工工艺修建,施工质量和安全得到保证。

针对小节点和拱脚截面负弯矩在结构上缘产生拉应力,采取释放该截面恒载负弯矩,增加桥面层配筋等措施。

选择能确保拱脚不发生有害位移的下部构造。

2004 年 3 月对大桥进行的动静载试验表明,桥梁刚度、强度均满足设计要求。

十、改进设计建议

(1) 刚架拱桥设计理念,应以增强结构整体性,提高承载能力和耐久性为前提。考虑到交通量的增长和超载运输的现实,应适当提高安全储备,确保刚架拱桥适应现代公路交通的需要。

(2) 刚架拱桥设计的结构计算,应采用空间有限元程序,对于应力复杂的节点部位,还应采取精细网格的局部应力分析,提高计算精度,正确选择截面尺寸和配筋。

(3) 参照 30 年前定型设计图设计的刚架拱桥,按现行桥梁规范和交通现实衡量,设计荷载偏低,强度和刚度不足。新桥设计,应适当加大截面尺寸,并酌情加密拱片,提高配筋率。跨径较大时,可采用箱型截面。

(4) 桥面系不应再采用少筋混凝土结构,而应采用与拱片整体联结的钢筋混凝土板式结构,按最不利荷载内力配置足够钢筋。

(5) 横系梁的刚度、强度及其与拱片连接的牢固程度,对全桥整体性有重大影响,应按空间有限元程序算得的内力作横系梁设计和配筋。横系梁与拱片的连接不应采用钢板焊接接头,而应采用钢筋相互焊牢的现浇混凝土接头。对横系梁施加预应力有利于提高结构整体性。

(6) 重视提高刚架拱桥抗疲劳性能和耐久性能。

(7) 刚架拱桥属于有推力的超静定拱式体系,拱座位移对其受力十分不利。设计中应确保桥台的稳定性。多孔拱桥应作连拱设计计算,并设置稳定的单向推力墩。不提倡在软土地基修建拱桥。

(8) 钢管混凝土结构的抗压和抗弯性能均好,适宜用于拱式结构,当然也适于刚架拱桥。拱片构件和横系梁可采用钢管混凝土,桥面体系可采用钢-钢筋混凝土组合结构。施工时可先装配好钢结构部分,连接牢固后,按

图 1　甘肃省成州德贤大桥

一定程序配置钢筋并灌注混凝土。

十一、结　语

刚架拱桥经全面设计改进后,能显著提高承载力和耐久性,适应现代交通需要。

可以期待,钢管混凝土刚架拱桥,将有可能成为整体性能更好、承载能力更高且施工更简便的新一代刚架拱桥(图1)。

参考文献

[1] 交通部公路科学研究所,湖南省交通规划设计院.钢筋混凝土刚架拱桥定型设计图.1983.

[2] 侯发亮,许志坚.特大构件(4252kN)通过汽—20挂—100桥梁加固的设计与施工[C]//.2004桥梁病害诊治论坛—论文集.

[3] 李宏江,叶见曙,虞建成.伊家河刚架拱桥病害的结构分析[J].桥梁建设.2002(5).

[4] 余泉,项贻强,等.钢筋混凝土刚架拱桥横向联系的内力分析[J].公路交通科技.2006(2).

[5] 李冲.钢筋混凝土刚架拱桥受力机理与节点加强技术[D].山东科技大学.2010.

[6] 赵志刚.钢筋混凝土刚架拱桥病害与力学分析[J].黑龙江科技信息.2012(25).

[7] 祝婕.改进型钢筋混凝土刚架拱桥极限承载力研究[D].长安大学.2008.4.

[8] 陈宇新,王玉泉等.浅析钢筋混凝土刚架拱桥病害分析及加固设计(J).东北公路.2003(3).

[9] 方填三,肖硕刚,梅志军,等.大跨度刚架拱桥在黄土高原无基岩处的成功架设[J].桥梁.2008(1).

[10] 解冰,吕艳,谢源生.刚架拱桥的新型设计[J].公路.2005.(9).

[11] 陈虎成,刘明虎,陈晓东.刚架拱桥病害分析及上部和基础结构优化设计[J].桥梁建设.2010(4).

[12] 史强,宋运来.刚架拱桥病害分析及设计施工改进措施[J].公路交通科技(应用技术版).2008(6).

135　超大跨径活性粉末混凝土(RPC)拱桥试设计研究

罗　霞[1]　许春春[2]　黄卿维[1]　陈宝春[1]　韦建刚[1]　吴庆雄[1]

(1.福州大学土木工程学院;2.福建陆海工程勘察设计有限公司)

摘　要　本文以主跨为420m的重庆万州长江大桥的桥址为依托,进行了600m跨径的钢筋混凝土(RC)拱桥和活性粉末混凝土(RPC)拱桥的试设计,利用MIDAS软件建立空间有限元模型进行内力计算,依据公路圬工桥涵设计规范(JTGD61-2005)对RPC拱桥进行强度与稳定的验算。从拱圈截面刚度、内力与稳定、工程数量以及桥梁全寿命成本等方面,对这两种桥型的受力性能、施工性能和经济性能进行比较,分析RPC在超大跨径混凝土拱桥上应用的可行性,为我国桥梁向超大跨径发展奠定了技术基础。

关键词　超大跨径　活性粉末混凝土(RPC)　拱桥　试设计　施工

一、概　述

拱桥是一种以受压为主的结构,可采用抗压强度高、抗拉强度低、廉价的圬工材料修建,当地基条件较好时,这种由自重产生预压力的结构,具有很大的经济性。拱桥的适用跨径范围较大,从几十米发展到三四百米、甚至更大[1]。然而,以现有的钢筋混凝土(ReinforcedConcrete,简称RC)材料,拱桥向超大跨径发展比较困难。而且从施工的角度看,拱桥在主拱未完成合龙之前,需要依靠临时辅助设施或结构(如支架、拉索等)来支承。所以当拱桥的跨径增大,拱圈自重增加,施工费用与难度会急剧增大。因此,如何减轻拱圈自重成为超大跨径RC拱桥需要解决的首要问题[1-2]。

目前国内外一些大跨径 RC 拱桥采用高强混凝土来减轻其结构自重,例如:1992 建成的西班牙 Barqueta 桥,主跨270m,宽43m,主拱采用C75 混凝土,桥道系采用C60 混凝土[3];1997年建成的世界上最大跨径的 RC 拱桥——重庆万州长江大桥,其拱圈结构采用了C60 混凝土[4];2004 年建成的西班牙 Los Tilos 桥,主拱圈与拱上立柱均采用了 C75 的高强混凝土[5]。

然而,随着拱桥向超大跨径方向发展,应用高强混凝土的优越性已不明显,既而国外研究者提出了使用超高强混凝土的设想。例如:日本在 600m 跨径的 RC 拱桥的可行性研究中,拱圈采用了设计强度为 100~120MPa 的超高强混凝土;克罗地亚在432m 跨径的巴卡尔(Bakar)桥的设计构思和500m、750m、1000m 跨径的 RC 拱桥的研究中,提出采用超高强混凝土——活性粉末混凝土(Reactive Powder Concrete,简称 RPC)的设想[6-7]。

RPC 主要由水泥、硅灰、钢纤维、石英砂(粉)和高效减水剂等材料配制而成,通过提高组分的细度与活性,使材料内部的缺陷减小到最少,是一种高强度、高韧性、低孔隙率、高耐久性的混凝土。1997 年世界上第一座建成的 RPC 桥,它是加拿大舍布鲁克人行自行车桥,该桥的上部结构为后张空腹空间桥架,由 6 块预制的节段组成。桥面板和上、下弦杆均由 RPC 制成,其抗压强度达到了 350MPa;2000 年韩国建成的仙游桥,它是首座采用 RPC 建造的拱桥(人行桥),跨径为 120m,矢高为 15m,矢跨比为 1/8。拱肋截面采用"π"字形的等截面,高4.3m,宽1.3m。拱肋预制过程中,使用特殊的混凝土搅拌机,采取热水和蒸汽养护的措施,从而使得 RPC 的抗压强度能够达到 200MPa,并具有良好的工作性能[8-10]。

因此,本文将结合国内、外的超大跨径拱桥和 RPC 的研究成果,以主跨420m 的重庆万州长江大桥桥址为依托,进行了600mRC 拱桥和 RPC 拱桥试设计的初步分析,从拱圈截面刚度、内力与稳定、工程数量以及桥梁全寿命成本等方面,对这两种桥型的受力性能、施工性能和经济性能进行比较,分析 RPC 在超大跨径混凝土拱桥上应用的可行性。

二、背景工程

1. RC 拱桥总体布置

以重庆万州长江大桥的桥址为建设条件,进行矢跨比为1/6 的 RC 拱桥试设计。跨径为600m,矢高为100m,拱轴线采用悬链线,经优化后选取拱轴系数为 $m=1.64$。全桥采用的是 C80 混凝土,桥面系主梁采用了预应力混凝土刚构连续梁,拱上建筑左右对称布置,主梁跨径布置为 $7\times40m+90m+7\times40m$,其总体布置如图1所示。

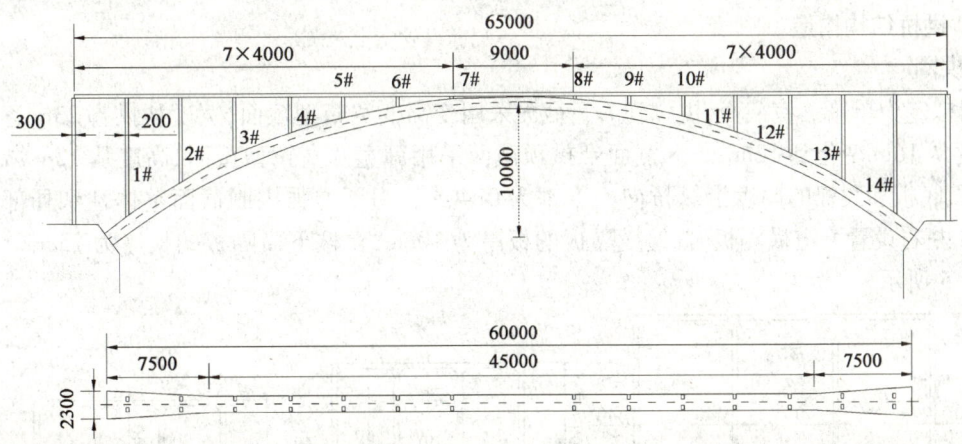

图1 RC 拱桥总体布置图(尺寸单位:cm)

2. RC 拱桥结构构造

(1)主拱圈

主拱圈拟定为单箱三室截面,拱脚到 L/8 截面采用变高变宽箱型截面,宽度从拱脚23m 逐渐减小到14.5m,高度从16m 变化到12m。L/8 截面到拱顶采用等宽变高箱型截面,高度从12m 减小到拱顶的10m。顶、底板和腹板的厚度沿纵桥向不变,且都为0.75m。为了增强拱圈截面整体性和局部屈曲稳定性,每隔5m左右设置一道横隔板,普通横隔板的板厚为20cm,立柱下横隔板的板厚为25cm。主拱圈具体构造如图2所示。

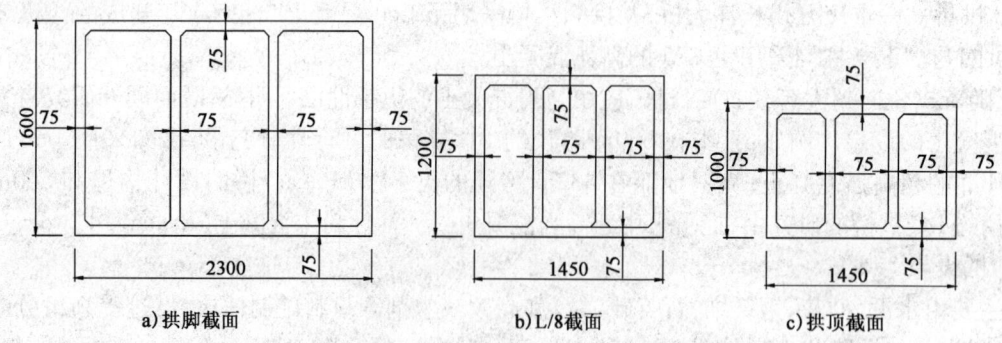

图2　RC拱桥试设计主拱圈截面构造(尺寸单位:cm)

(2)立柱和主梁

立柱采用矩形双立柱混凝土结构,截面尺寸为3.0m×2.0m,壁厚为0.3m,具体尺寸如图3所示。主梁采用单箱单室截面,纵向等截面布置,梁高2.5m,顶板宽17.4m,厚0.55m,底板宽9.8m,厚0.25m,腹板厚0.65m,具体尺寸如图4所示。

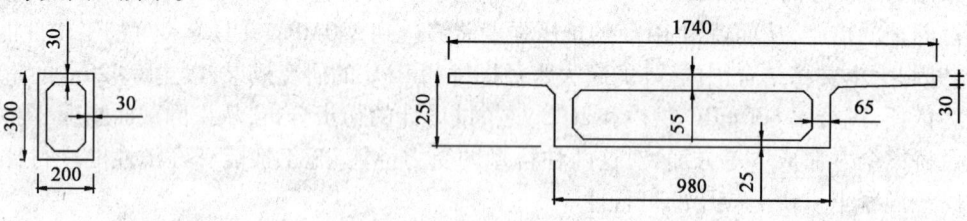

图3　立柱截面构造(尺寸单位:cm)　　　　图4　拱顶处截面构造(尺寸单位:cm)

三、RPC拱桥的试设计

1. RPC拱桥总体布置

为便于与RC拱桥比较分析,RPC拱桥的拱轴线也采用悬链线,经优化后选取拱轴系数为 m=2.14。全桥采用设计强度为200MPa的RPC(简称RPC200),拱上建筑左右对称布置,主梁跨径布置与RC拱桥一样。

2. RPC拱桥结构构造

(1)主拱圈

主拱圈拟定为单箱三室截面,拱脚到L/8截面采用变高变宽箱型截面,宽度从拱脚23m逐渐减小到14.5m,高度从16m变化到12m。L/8截面到拱顶截面采用等宽变高箱型截面,高度从12m减小到拱顶的10m。顶、底板和腹板的厚度沿纵桥向不变都为0.40m。为了增强拱圈截面整体性和局部屈曲稳定性,每隔5m左右设置一道横隔板,普通横隔板的板厚为10cm,立柱下横隔板的板厚为15cm。主拱圈具体构造如图5所示。

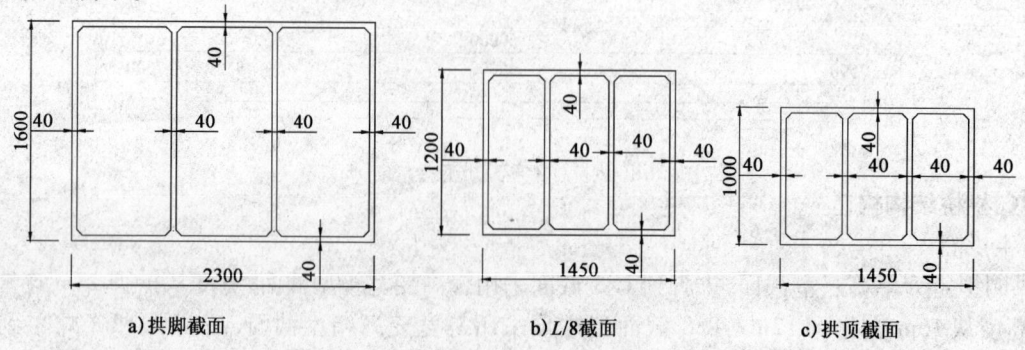

图5　RPC拱桥试设计主拱圈截面构造(尺寸单位:cm)

（2）立柱和主梁

立柱采用矩形双立柱混凝土结构，截面尺寸为 3.0m×2.0m，壁厚为 0.18m，具体尺寸如图 6 所示。主梁采用单箱单室截面，纵向等截面布置，梁高 2.5m，顶板宽 17.4m，厚 0.20m，底板宽 9.8m，厚 0.30m，腹板厚 0.25m，具体尺寸如图 7 所示。

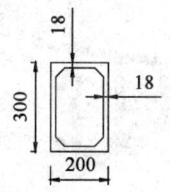

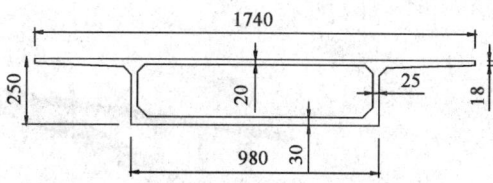

图6 立柱截面构造（尺寸单位:cm）　　　　　　　图7 拱顶处截面构造（尺寸单位:cm）

3. 施工方法[11,12]

主拱圈施工拟采用斜拉悬臂拼装方法施工。试设计中，以万洲长江大桥的地形条件作为假想架设地点，来考虑其施工方案，施工具体步骤如下：

（1）节段预制采用预制场短线法预制主拱圈，即预制台座应能保证半跨拱肋嵌合预制，保证预制节段尺寸准确，结合面嵌合好。

（2）安装缆索吊机，设计缆索吊塔主跨度为710m。分别在两交界墩设置临时斜扣索索塔，索塔高初定为50m。在安装主拱圈节段时，通过扣索调整节段坐标和结构内力状态，按斜拉桥的施工过程控制施工主拱圈。

（3）为了满足缆索吊机的吊装能力，需要对节段构件的重量进行了优化配置。对称节段长度（沿拱轴线）布置为 1×6.41m+11×7.5m+23×10m+1×5.18m，合龙段长度为 2.36m。全桥设计吊装节段为 73 段（边箱），最大节段吊装重量为 373t。

（4）在吊装过程中，由起重机起吊预制节段至预定位置，用箱内的体外索将拱肋连接起来，每架设一个节段用临时扣索拉住，当通过体外索连接的拱肋节段达到 3 个时，用斜拉索和背索将其拉住同时拆除临时扣索，然后继续下一组悬臂节段的拼装，施工示意图如图 8 所示。

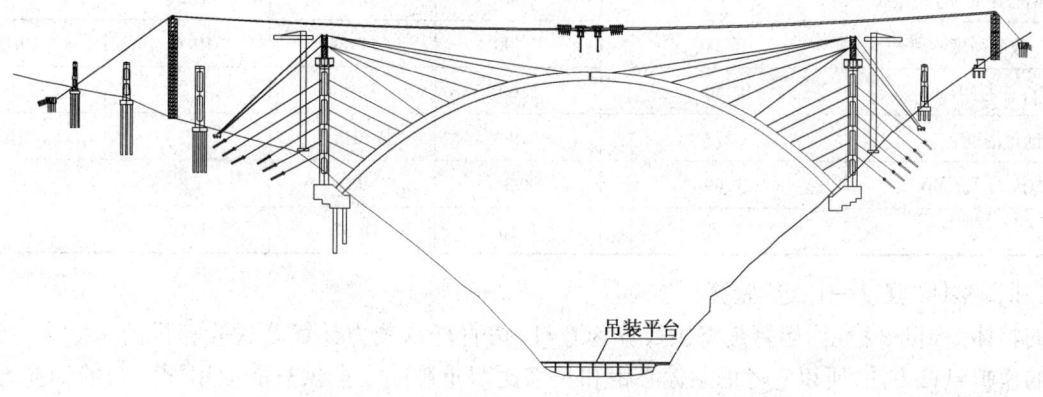

图8 RPC拱桥试设计斜拉悬臂施工示意图

四、RPC 拱桥的内力计算与分析[11-18]

1. 计算参数

试设计采用RPC200，根据文献[13]计算得到RPC200的弹性模量 $E_c = 4.5 \times 10^4$ MPa，峰值应变为 $\xi_0 = 0.00382$；参照公路钢筋混凝土及预应力混凝土桥涵设计规范（JTG D62-2004）[14]、日本超高强纤维补强混凝土结构设计与施工指南（案）[15]和钢纤维混凝土结构设计与施工规程[16]计算得出RPC200的抗压强度和抗拉强度设计值分别为：$f_{cd} = 53.28$ MPa，$f_{ft} = 7.45$ MPa。

2. 有限元模型

利用 MIDAS 软件建立 RPC 拱桥运营阶段的空间计算模型进行内力计算,见图9。在计算模型中,采用梁单元模拟全桥单元。有限元模型中不考虑承台和桩基础。全桥共有 784 个节点,740 个单元。

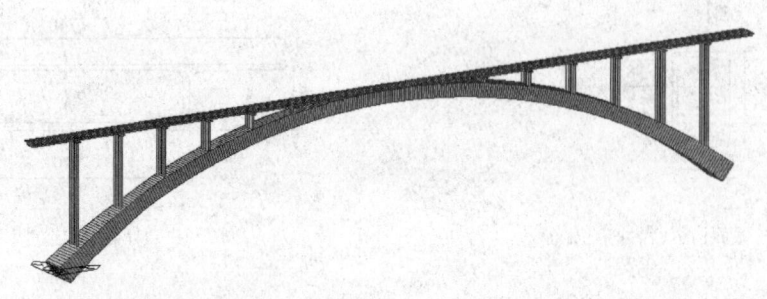

图9 RPC 拱桥有限元模型

3. 持久状况承载能力计算

(1)拱圈截面强度验算

试设计考虑了整体升降温、收缩、人群荷载、汽车荷载的影响,按公路桥涵通用设计规范(JTG D60—2004)[17]进行承载能力极限状态荷载组合以及根据公路圬工桥涵设计规范(JTG D61—2005)[18]进行拱圈控制截面的强度验算,结果表明,拱圈的截面抗力满足要求。表 1 为最不利荷载组合下拱圈关键截面强度验算结果。

最不利荷载组合下 RPC 拱圈关键截面强度验算结果　　表1

试设计方案	拱脚	$L/8$	$2L/8$	$3L/8$	拱顶
弯矩 $M(MN×m)$	1736	1077	235	846	609
轴力 $N(MN)$	863	769	717	666	507
偏心距 $e(m)$	2.01	1.40	0.33	1.27	1.20
截面高度	16.00	12.00	11.34	10.67	10.00
容许偏心距(m)	4.80	2.60	2.40	2.20	2.00
受压区截面面积(m^2)	27	19	21	17	16
截面抗力 $N_u(MN)$	1269	893	987	799	752
N_u/N	1.47	1.16	1.37	1.19	1.48

(2)拱圈整体"强度—稳定"验算

拱的整体"强度—稳定"验算是将拱换算为直杆,按直杆承载力计算公式验算拱的承载力。这是一个近似的模拟直杆方法,所以它考虑了偏心距和长细比双重影响。全拱只能取用同一个的轴向力、偏心距和截面。表 2 为试设计拱圈在裸拱和成桥状态下的稳定验算,结果表明 RPC 拱桥的纵向和横向稳定都满足规范要求。

稳定性验算结果　　表2

RPC 拱桥		$[N](kN)$	$N(kN)$	$K=N/[N]$
平面内	全桥	891460	722000	1.23
	裸拱	843829	494135	1.69
平面外	全桥	1098740	722000	1.52
	裸拱	1098.74	494.135	2.22

4. 持久状况正常使用极限状态计算

为了保证拱桥在活载作用下不至于有过大的变形,设计时要对其竖向变形加以验算。根据公路圬工桥涵设计规范(JTG D61—2005)[18]第5.1.11条规定,计算时取在一个桥跨范围内的正负挠度的绝对值之和的最大值不应大于计算跨径的1/1000。即$|\delta^+|+|\delta^-| \leq L/1000$。本文对1/8、1/4、3/8、拱顶截面的刚度进行验算,如表3所示。结果表明,最大正挠度绝对值$|\delta^+|$与最大负挠度绝对值$|\delta^-|$之和$|\delta^+|+|\delta^-|$远远小于允许挠度$[\delta]$,说明了该拱桥结构刚度大,抵抗变形的能力强。

刚度验算结果　　表3

截面号		1/8	1/4	3/8	拱顶
公路汽-Ⅰ级	$\|\delta^+\|$(cm)	0.92	2.14	1.52	2.56
	$\|\delta^-\|$(cm)	0.93	2.68	2.85	0.82
	$\|\delta^+\|+\|\delta^-\|$(cm)	1.85	4.82	4.37	2.38
	$[\delta]$(cm)	60			

五、RPC拱桥与RC拱桥的比较

1. 拱圈截面刚度比较

表4为RC拱桥和RPC拱桥的截面刚度比较结果。从表中可以看出,RPC拱桥的截面刚度较RC拱桥有不同程度的降低,RPC拱桥的拱脚的抗压刚度、面内抗弯刚度、面外抗弯刚度分别降低了65.36%、68.73%、67.33%;拱顶的抗压刚度、面内抗弯刚度、面外抗弯刚度分别降低了69.44%、72.23%、69.55%。

两种拱桥拱圈截面刚度比较　　表4

	项目	单位	RC拱桥(R)	RPC拱桥(P)	P/R
拱脚	全截面积	m²	78.74	42.46	55.19%
	面内惯矩 I_z	m⁴	2807	1629	58.04%
	面外惯矩 I_y	m⁴	4515	2567	56.85%
	抗压刚度 EA	N×10⁹	2992	1956	65.36%
	面内抗弯刚度 EI_z	N·m²×10⁹	106667	73310	68.73%
	面外抗弯刚度 EI_y	N·m²×10⁹	171572	115512	67.33%
拱顶	全截面积	m²	47.99	28.14	58.64%
	面内惯矩 I_z	m⁴	632.4	386.0	61.04%
	面外惯矩 I_y	m⁴	1062.0	622.8	58.73%
	抗压刚度 EA	N×10⁹	1823	1266	69.44%
	面内抗弯刚度 EI_z	N·m²×10⁹	24030	17371	72.23%
	面外抗弯刚度 EI_y	N·m²×10⁹	40358	28069	69.55%

注:面内惯矩I_z、面外惯矩I_y分别为整个截面换算成混凝土截面的面积的面内、外惯矩。

2. 拱圈内力与稳定性比较

表5为两种拱桥在全桥自重作用下的拱圈内力表。从表中可知,与RC拱比较,RPC拱桥拱圈截面在结构自重作用下的轴力有显著的减小,拱脚轴力减小了40%,弯矩减小了74%;拱顶轴力减小了42%,弯矩减小了34%。主要是因为试设计全桥采用RPC材料,重新优化了截面尺寸,大大降低了结构自重。表6为两种拱桥在使用阶段拱圈稳定性能的比较,从表中可以看出,对于纵向稳定(面内稳定)和横向稳

定(面外稳定)RPC拱圈都比RC拱圈大,说明RPC拱桥的稳定性较好。

两种拱桥在全桥自重作用下拱圈内力表 表5

设计方案		RC拱			RPC拱		
主要截面		拱脚	L/8	拱顶	拱脚	L/8	拱顶
全桥结构自重	N_s(kN)	-1038148	-922215.32	-627322	-628361	-558795	-363825
	M_s(kN·m)	-2143105	-646928.75	128423.1	-539773	-574468	84999.6

两种拱桥在使用阶段拱圈纵横向稳定性能比较 表6

设计方案	纵向稳定(面内稳定)		横向稳定(面外稳定)	
主要截面	RC拱桥	RPC拱桥	RC拱桥	RPC拱桥
长细比	56.12	54.12	60.86	59.61
稳定系数	1.03	1.4	1.07	1.81

3. 拱圈工程数量比较

RPC拱桥采用了超高强度的混凝土材料,因而采用很薄的拱圈截面形式,就能够满足结构的受力要求。由表7可以看出RPC拱桥的混凝土数量比RC拱桥减少了41.68%,大大减轻了拱圈的自重,使得RPC拱桥施工架设难度较RC拱桥显著降低。RPC拱桥采用悬臂施工,钢材用量826t,与采用劲性骨架施工的RC拱桥相比,钢材用量减少了71.62%。

两种拱桥拱圈工程数量表 表7

项目	RC拱桥(R)	RPC拱桥(P)	R/P
混凝土(m³)	47760	27855	0.58
钢材(t)	2910	826	0.28
自重(t)	122310	70464	0.58

4. 全寿命成本比较

对于一个完整的全寿命周期成本,应涵盖桥梁从最初规划建设到寿命期终止、拆除这一过程中产生的所有成本。可划分为3部分成本:建设期成本、营运期成本、拆除成本。具体成本构成如图10所示。

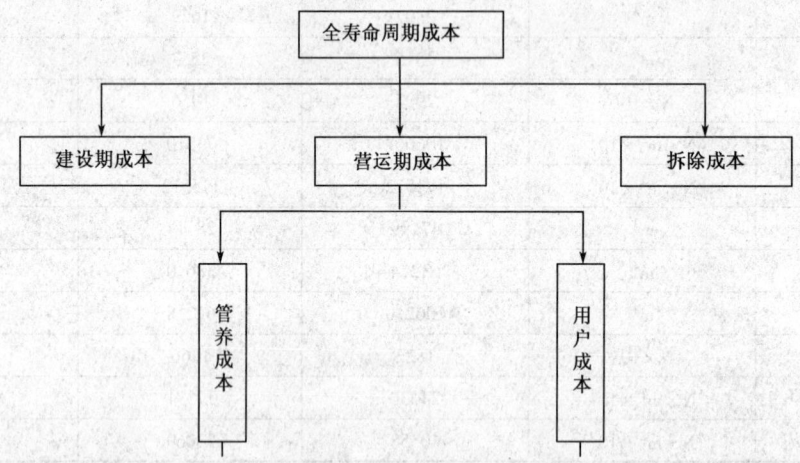

图10 桥梁寿命周期成本组成图

在桥梁全寿命周期成本分析中都需要计算将来的成本,而在不同时间的将来成本的不同,也就说货币具有时间价值。因此,为了比较桥梁全寿命周期成本,应当将桥梁将来发生的成本和效益转化在一个相同的时间域里,这个过程叫作成本的折现。因此本文定义全寿命各成本现值按式(1)计算:

$$P = F\left[\frac{1}{(1+\nu)^t}\right] \tag{1}$$

式中：P——将来成本现值；

F——从现在开始，经一段时间后的成本；

t——F 发生的年数；

v——折现率，取 3%。

采用上述方法，将计算得到的在同一时间上 RC 拱桥和 RPC 拱桥的 3 部分成本分别进行比较分析，其结果见表 8。

全寿命周期成本　　表 8

项目	RC 拱桥成本 S(万元)	RPC 拱桥成本 R(万元)	R/S
建设期成本	30920	38820	1.30
营运期成本	29725	15890	0.53
拆除成本	643	808	1.30
总价	92208	55518	0.60

从表中可以看出，RPC 拱桥建设期成本为 38820 万元，是一座 RC 拱桥的 1.26 倍，然而加上营运期成本、拆除成本的全寿命周期成本为 55518 万元，仅为 RC 拱桥的 0.60 倍。由于 RPC 具有优异的耐久性，桥梁设计使用周期可达 200 年，从全寿命周期可看出，需要建设两座 RC 桥才能达到相同的使用周期，而此时 RPC 桥的建设成本仅为 RC 桥的 0.63 倍，充分说明了 RPC 拱桥较 RC 拱桥具有更优的经济性能。

六、结　语

本文在我国现有 RC 拱桥技术的基础上，以万州长江大桥的桥址为依托，进行了 RC 拱桥和 RPC 拱桥试设计的初步分析。分析表明：

(1) RPC 拱桥的截面刚度较 RC 拱桥有不同程度的降低，RPC 拱桥的拱脚的抗压刚度、面内抗弯刚度、面外抗弯刚度分别降低了 65.36%、68.73%、67.33%；拱顶的抗压刚度、面内抗弯刚度、面外抗弯刚度分别降低了 69.44%；72.23%、69.55%。

(2) 与 RC 拱桥土相比，RPC 拱桥的主拱圈在自重作用下的内力也明显降低，其中拱脚轴力减小了 40%，弯矩减小了 74%；拱顶轴力减小了 42%，弯矩减小了 34%。拱圈自重减轻后，试设计桥可采用悬臂拼装法施工。

(3) RPC 拱桥的主拱圈的纵向稳定系数为 1.4，横向稳定系数为 1.81；而 RC 拱桥的主拱圈纵向稳定系数为 1.03，横向稳定系数为 1.07。

(4) 利用 RPC 的超高强度和超高性能，在设计时可以采用更薄的截面形式，从而有效地减轻拱圈的自重，与 RC 拱桥相比，主拱圈自重减少了 41.68%，钢材用量减少 71.62%。

(5) 分析、计算桥梁全寿命周期成本，结果表明，RPC 桥的建设成本为 RC 桥的 1.26 倍，加上营运期成本、拆除成本的全寿命周期成本为 RC 拱桥的 0.60 倍。

从上述的研究结果来看，建设超大跨径 RPC 拱桥从结构受力性能、施工性能和经济性能方面而言均是可行的，这将为我国桥梁向超大跨径发展奠定了技术基础。

参考文献

[1] 陈宝春,陈友杰.桥梁工程[M].北京:人民交通出版社.2013.

[2] 陈宝春.超大跨径混凝土拱桥的研究进展[C].中国:2006.199-204.

[3] 陈宝春.钢-混凝土组合拱桥技术[J].重庆交通大学学报(自然科学版).2011.(A2).

[4] 陈宝春,黄卿维.600m 跨径混凝土拱桥的试设计研究[J].中外公路.2006.26(1).

[5] 韦建刚,陈宝春.国外大跨度混凝土拱桥的应用与研究进展[J].世界桥梁.2009.(2).

[6] 陈昀明,陈宝春,吴炎海,等.432m 活性粉末混凝土拱桥的设计[J].世界桥梁.2005.(1):1-4.

[7] 王远洋,陈宝春.1000m 跨径混凝土拱桥研究[J].世界桥梁.2006.(1):1-3.

[8] Richard P, Cheyrezy M. Compostionof Reactive Powder Concretes[J]. Cement and Concrete Research. 1995.25(7):1501-1511.
[9] Graybeal B A. Characterization of the Behavior of Ultra-high Performance Concrete[D]. University of Maryland.2005.
[10] 安蕊梅,段树金.韩国首尔仙游人行拱桥[J].世界桥梁.2006.(3):8-10.
[11] 陈宝春,李生勇,余健,等.大跨度活性粉末混凝土拱桥试设计[J].交通科学与工程.2009.(1).
[12] 黄卿维,陈宝春.波形钢腹板—混凝土拱桥试设计研究[J].哈尔滨工业大学学报.2007.39.
[13] 吴炎海,何雁斌,杨幼华.活性粉末混凝土(RPC200)的力学性能[J].福州大学学报(自然科学版).2003.31(5):598-602.
[14] 中华人民共和国行业标准 JTG D62-2004 公路钢筋混凝土及预应力混凝土桥涵设计规范[S].北京.2004.
[15] 日本土木工程超高强度纤维补强混凝土研究小组委员会(JSCE).超高强度纤维补强混凝土结构设计与施工指南(案)[S].日本.
[16] 中国工程建设标准化协会标准.钢纤维混凝土结构设计与施工规程[S].1992.
[17] 中华人民共和国行业标准.JTG D60—2004 公路桥涵通用设计规范[S].2004.
[18] 中华人民共和国行业标准 JTG D61—2005 公路圬工桥涵设计规范[S].2005.

136. 国家工程建设标准《钢管混凝土拱桥技术规范》GB 50923—2013 介绍

陈宝春 韦建刚 吴庆雄

(福州大学土木工程学院可持续与创新桥梁福建省高校工程研究中心)

摘要 从1990年以来,钢管混凝土拱桥在我国的桥梁工程中得到广泛应用和大量的研究,已形成了初步的设计计算理论体系,积累了丰富的设计、施工和养护经验。通过总结这些理论与经验而形成的国家工程建设标准《钢管混凝土拱桥技术规范》GB 50923-2013已于2013年11月正式颁布,2014年6月1日起在全国实施。本文将对这规范中的主要内容以及相关编制背景进行介绍,以便在工程实践中更好地应用,同时也有利于下一步的修订,使之更加科学合理。

关键词 钢管混凝土 拱桥 规范 设计 施工 养护

一、引 言

自1990年以来,钢管混凝土拱桥在我国的桥梁工程建设中得到广泛应用。据不完全统计,截至2010年6月,我国跨径大于或等于50m的钢管混凝土拱桥已达327座[1]。经过20多年的工程经验积累和研究的不断深入,钢管混凝土拱桥的设计计算理论体系已基本形成,施工与养护技术也在不断进步,编制钢管混凝土拱桥相关规范的时机已经成熟。2010年福建省地方建设标准《钢管混凝土拱桥技术规程》DBJ/T13-136-2011[2]编制完成,2011年7月正式执行。2011年3月,《钢管混凝土拱桥技术规范》(以下简称《规范》)列入国家建设标准的制定任务。在所有参编单位的共同努力下,《规范》的编制历经了编制工作会议、征求意见、审查会、标委会审查暨强条委审查等阶段,2013年11月1日,住建部发布公告,批准《规范》为国家工程建设标准,编号为GB 50923—2013,自2014年6月1日起实施。本文将对《规范》进行介绍,以便更好地在实际工程中予以应用,使钢管混凝土拱桥的建设工作更加科学合理。

二、总体架构和通用部分

《规范》由14章和条文说明组成,可大致分为5个部分。

第一部分为通用部分,包含4个章节:1.总则、2.术语和符号、3.材料、4.基本规定;第二部分为钢管混凝土拱桥设计,包含3个章节:5.持久状况承载能力极限状态计算、6.持久状况正常使用极限状态计算、7.结构与构造(含2条强制性条文);第三部分为钢管混凝土拱桥施工,包含6个章节:8.钢管拱肋制作、9.焊接施工、10.防腐涂装施工、11.钢管拱肋架设、12.管内混凝土的浇注、13.其他构造施工;第四部分为第14章钢管混凝土拱桥养护;第五部分则为条文说明。

第一章总则中,综合了相关规范对公路桥梁与城市桥梁的规定,对钢管混凝土拱桥提出了"安全可靠、耐久适用、技术先进、经济合理"的要求,并规定适用内容为我国城市桥梁与公路桥梁中钢管混凝土拱桥的设计、施工与养护工作。第二章中的术语主要针对钢管混凝土拱桥专有的一些名词解释,而符号给出了本规范的所有符号意义。

在第三章"材料"中,钢材的分组和指标取值参考了《公路钢结构桥梁设计规范》[3]的规定,选取时考虑了钢管混凝土拱桥中钢管常用的钢号与板厚。而混凝土的材性指标来源于国家标准《混凝土结构设计规范》[4]。尽管目前钢管混凝土实际工程中管内混凝土以C40、C50为主,但考虑到规范编制的完备性、实际工程对材料要求的多样性以及与相应国标的衔接性,《规范》中引用了C35、C45、C55等不常用混凝土的材料指标。

钢管混凝土作为一种组合材料,应从受力性能、经济性等方面考虑钢材与混凝土两种材料之间的合理匹配,因此此章节中推荐了目前工程上常用的三种匹配;考虑到结构受力要求和经济性,给出了钢管最小外径和壁厚以及径厚比的规定;同时为了发挥钢管对混凝土的套箍作用,给出了约束效应系数设计值和含钢率的取值范围。

此外,针对钢管混凝土拱桥中(柔性)吊索和系杆索,根据我国钢管混凝土拱桥的工程实践经验,参照《公路斜拉桥设计细则》[5]中对斜拉索的要求,对其索体材料的技术要求提出了所应执行的规范或标准。

第四章的基本规定,以对设计计算的一般规定为主,也包含了施工和养护的一般规定。设计规定部分的一般规定,有极限状态类型、抗震设计原则、施工计算等,有关作用、结构计算的规定详见2.1节的介绍。

三、设 计 部 分

1. 设计基本规定

在作用方面,特别规定了与其他桥梁不同的拱肋冲击系数和温度荷载。

钢管混凝土拱肋的汽车荷载冲击系数,采用了根据文献[6]研究提出的计算公式:

$$\mu_0 = 0.05736 f_0 + 0.0748 \tag{1}$$

式中:f_0——钢管混凝土拱桥的一阶竖向频率,在无精确计算值时,可按$f_0 = 133/L$进行近似计算(L——钢管混凝土拱桥跨径,单位m)。

钢管混凝土拱肋在施工过程中先架设空钢管拱肋,然后灌注管内混凝土,截面刚度与强度是逐步形成的。当混凝土达到强度形成钢管混凝土结构时,受水泥水化热影响和环境温度的影响,已在钢管内和混凝土内累计了应力,因此空钢管的合龙温度不能视为钢管混凝土拱的基准温度,而应采用计算合龙温度作为基准温度,为此规程规定计算合龙温度T可由桥位的气温资料通过计算分析给出,也可按式(2)计算[7-8]:

$$T = T_{28} + \frac{D - 0.85}{0.2} + T_0 \tag{2}$$

式中:T_{28}——混凝土浇筑后28d的平均气温(单位℃);

D——钢管外径(m);

T_0——考虑管内混凝土水化热作用的附加升温值,为3~5℃,冬季取小值,夏季取大值,混凝土强度等级于C40时,在此基础上减1℃。

最高与最低有效温度可取当地最高与最低气温。

对于钢管混凝土拱肋截面整体压缩设计刚度与弯曲设计刚度,《规范》中采用了钢管刚度与折减的混凝土刚度迭加的计算方法,折减系数分别为1.0和0.6。

2. 持久状况承载能力极限状态计算

在此部分的规定中,将钢管混凝土拱的承载能力极限状态计算分为强度计算和稳定计算两部分。

(1)强度计算

强度计算应包括拱肋各组成构件的计算,《规范》主要规定了钢管混凝土构件的强度计算。对于其他组成部分,如哑铃形与桁式拱肋的钢腹板或腹杆、平联等应按钢结构进行强度验算。

对于钢管混凝土哑铃形截面,由于其截面高度较小,每根钢管混凝土分配到的内力除轴力外还有较大的弯矩,应考虑偏心矩对承载力削弱的不利影响,参照文献[9]的研究成果,给出了上下两肢相同时的内力分配简化算法。

对于钢管混凝土单圆管截面轴心抗压强度 N_0,目前有多个规范给出了相应计算公式,相关分析表明,由于这些计算方法均建立在大量的试验研究基础之上,所以计算结果相差不大。《规范》基于形式简单、参数适用范围广的特点而选用了《钢管混凝土结构技术规程》[10]的计算公式,如式(3)所示:

$$N_0 = (1.14 + 1.02\xi_0) \cdot (1 + \rho_c) \cdot f_{cd} A_c \quad (3)$$

式(3)中相关符号含义可详见文献[10]。

在轴心受压承载力的计算中,根据相关研究分析,提出了考虑脱黏影响时的承载力折减系数:

$$N'_0 = K_t N_0 \quad (4)$$

式中:K_t——钢管混凝土脱黏折减系数,拱顶截面取0.90,拱跨$L/4$截面取0.95,拱脚截面取1.00,中间各截面的系数取值可用线性插值法确定。

钢管混凝土拱肋以偏心受压为主,偏心率折减系数参照文献[11]的相关规定而取值。

(2)稳定计算

稳定计算主要有面外稳定和面内稳定。对于面外稳定,从结构失稳性质和计算方法适用性来考虑,规定进行分支点失稳计算,要求其弹性失稳特征值不小于4.0。

钢管混凝土拱的面内稳定以极值点失稳为主,根据相关研究成果,将拱肋等效成钢管混凝土梁柱进行整体稳定承载力的计算,单圆管拱肋、哑铃形拱肋和桁式拱肋可分别等效成单圆管构件、哑铃形构件和格构柱。等效梁柱的两端作用力为拱的$L/4$(或$3L/4$)截面处的弯矩与轴力[11-12]。

钢管混凝土单圆管、哑铃形和格构柱偏心受压构件稳定承载力计算公式均采用了偏心率折减系数与稳定系数相乘的形式,便于工程应用,如式(5)所示[13-16]:

$$\gamma_0 N_s \leq \phi \cdot \phi_e N_D \quad (5)$$

式中:ϕ——稳定系数;

ϕ_e——偏心率折减系数。

研究表明,钢管的初应力和初应变缩短了钢管混凝土的弹性阶段,提前进入弹塑性阶段,对稳定极限承载力有较大的影响[17]。所以,《规范》在拱肋结构整体稳定计算中,提出截面轴心受压承载力应乘以按下列公式计算得出的初应力度影响系数 K_p:

$$K_p = 1 - 0.24 am\beta \quad (6)$$

式中各符号含义可参见《规范》第5.3.12条规定。

此外,承载力极限状态的设计规定中,为降低应力幅提高安全性,根据我国近年的工程经验和事故教训,吊索计算中取用了3.0的安全系数,而系杆为总体受力构件,恒载所占的比例较大,活载引起的应力幅值较小,其疲劳问题没有吊杆突出,因此其安全系数或以比吊杆小为宜,取值为2.0。

3. 持久状况正常使用极限状态计算

在这部分中对钢管混凝土拱桥持久状况正常使用极限状态计算时的作用组合、预拱度、变形限值以及拱肋的钢管应力进行了规定。

大量工程实践表明,管内混凝土由于处于密闭养护状态,它的收缩徐变特性与普通混凝土有着较大的不同,目前研究结果表明,管内混凝土的收缩变形量较小,在变形计算中可以忽略不计[18],所以在计算预拱度时未考虑管内混凝土的收缩问题。

国内外已开展了大量的钢管混凝土徐变研究,认同度较高的徐变模式是 ACI209R 模式。但由于该计算方法较为烦琐,不便于应用,因此在的编制过程中开展了专项研究,分别采用 ACI209R 和《公路桥涵设计通用规范》[19]推荐的 CEB—FIP90 模式进行了多座钢管混凝土拱桥的徐变分析,研究结果表明两者的计算结果相差不大,考虑到使用习惯,因此《规范》建议仍然采用 CEB—FIP90 徐变系数模式。

正常使用极限状态中的一个重要指标是挠度,原相关规范 JTJ 022—85[20]和 JTJ023—85[21]对圬工拱桥和钢筋混凝土拱桥的挠度限值规定分别为跨径的 1/1000 和 1/800。我国新颁的《公路钢筋混凝土及预应力混凝土桥涵设计规范》JTG D62—2004 取消了拱桥挠度限值的规定;而《公路圬工桥涵设计规范》JTG D61—2005 则沿用原规范,规定"在一个桥跨范围的正负挠度的绝对值之和的最大值不应大于计算跨径的 1/1000"。本《规范》参照了此项规定对钢管混凝土拱桥拱肋挠度进行了限定。但需要指出的是,相关研究表明[22],挠度限值并不能有效地控制钢管混凝土拱桥的振动,对于有人行功能的桥梁,可通过舒适度指标来反映人体对振动的感觉。

为了在正常使用极限状态中控制钢管的应力处于弹性阶段,控制钢管局部的应力,使其不至于过大,限定持久状况下钢管混凝土拱肋的钢管应力的限值为 0.8 倍的屈服应力。大量的工程实践经验表明,若限制值取钢材的容许应力为计算指标,则该限制值将控制设计并导致钢材用量的急剧上升,失去钢管混凝土作为组合结构的意义,同时这种规定也背离极限状态法设计计算原则。

4. 结构与构造(强制性条文)

这部分主要对钢管混凝土拱桥各部分的构造参数取值、构造形式、节点构造等进行了规定和建议,并在吊索与系杆索、桥面系两小节中设置了两条强制性条文。

在结构形式部分,通过大量的已建桥梁实际应用情况统计分析,提出了钢管混凝土拱桥结构体系、矢跨比、中边跨比、单向推力墩等各项参数的设计建议值。对于主拱肋,则给出了几种较常见且较为合理的截面形式,腹腔内填有混凝土的传统哑铃形截面因易发生爆管事故,没有给出;混合式桁式应用较少也没有给出。同时对拱肋截面高度取值、拱轴线、截面节点构造参数、管节点参数等给出了取值范围建议。

从目前大量的调查分析以及工程实践经验发现,吊索与系杆索是中下承式钢管混凝土拱桥较为薄弱的关键受力环节,其使用寿命小于主结构且为易损构件,我国近年来发生的多起中、下承式拱桥的事故,吊索、系杆索破坏是其最主要的原因,而从目前的解决方法来看,更换吊杆索或系杆索是主要的手段。因此,为防止突发破坏事件的发生,提高钢管混凝土拱桥的安全性,增强实桥管养工作的可操作性,在《规范》的 7.4.1 制定了强制性条文:"钢管混凝土拱桥的吊索与系杆索必须具有可检查、可更换的构造与措施"。

在桥面系部分,从目前的工程实践经验以及基础理论研究来看,钢管混凝土拱桥桥面系采用整体性结构(如整体板梁桥面系、格子梁桥面系、U 肋加劲的钢箱梁等)不仅是发展趋势,同时也能改善整个桥梁的受力状况,还是防止偶然作用下或因局部构件破坏而产生严重破坏后果的重要保证。我国中、下承式拱桥过去多采用以横梁受力为主且无加劲纵梁的桥面系,已发生了多起吊索破坏后车辆、横梁和桥面板坠落的严重后果,加劲纵梁的增设,将极大地加强桥面系的整体牢固性,防止意外事故的发生;因此《规范》第 7.5.1 条设置强制性条文,规定"中、下承式拱桥的悬吊桥面系应采用整体性结构,以横梁受力为主的悬吊桥面系必须设置加劲纵梁";同时,为了进一步增强桥梁的整体稳健性,防止在意外情况发生时能够避免横梁落梁导致车毁人亡的情况,规定在设计计算中要保证该桥"应具有一对吊索失效后不落梁的能力"。

当前国际上结构安全设计理念已从过去以保证结构在设计荷载作用下不出现破坏为主,发展为还需保证结构具有足够的整体强健性,具有在偶然状况下避免发生灾难性破坏的能力。《规范》两条强制性条文的制定,既是对我国桥梁工程经验教训的总结,也是当前国际上结构安全性设计先进理念的重要体现。

四、施工与养护部分

随着近年来钢管混凝土拱桥在我国的迅速发展,其施工技术也得到不断地提高与完善。钢管混凝土拱桥上部结构施工的主要内容有钢管拱肋的制作、钢管拱肋安装(架设)、管内混凝土的浇注、桥面系和其他附属设施的施工等,因此,钢管拱肋的制作、安装质量与管内混凝土的灌注质量在钢管混凝土拱桥的施工中起重要作用,其施工误差控制与整体桥梁结构的质量安全息息相关。在《规范》的制定过程中,围绕钢管混凝土拱桥自身结构的特点,按照拱桥成型的顺序,对拱肋制作、焊接施工、防腐涂装施工、钢管拱肋架设、管内混凝土的浇筑以及其他构造的施工进行了较为详细的规定,制定了工艺流程、提出了施工建议,并在收集统计了大约30余种现行国家工程建设标准、行业标准以及相关研究文献的基础上,对各项施工限值进行了归纳、对比、分析,最终得出建议的误差限值,为本规范施工部分条文编制的科学性和可行性打下了良好的基础。

在养护部分,则参考了《城市桥梁养护技术规范》[23]和《公路桥涵养护规范》[24]的相关规定。但上述两本规范中,涉及钢管混凝土拱桥的内容不多,针对性与系统性明显不足。为此对我国较为典型的48座钢管混凝土拱桥的桥梁状况进行了实地调研,对病害按照钢管混凝土拱肋、吊杆和系杆、拱座和桥面系、吊杆横梁和纵梁,分别进行了统计和归纳,指出了钢管混凝土拱桥各重要部位所最有可能发生的病害,并针对钢管混凝土主拱、吊杆与系杆等结构与构件制订了相关的规定。

五、规范的主要特点

《规范》的技术特点主要体现在以下几个方面:①搜集、整理了350多座我国已建成的跨径在50m以上的钢管混凝土拱桥基础数据,在此基础上进行统计、分析得出的基本参数等数据在《规范》的许多条文中得到了应用;②以我国多年钢管混凝土结构研究成果为基础,针对脱黏、初应力、徐变、刚度、可靠度、温度等关键技术问题开展专项研究,结合拱桥受力特性,建立起了科学、合理且易于应用的钢管混凝土拱桥承载力设计计算体系,并开展了大量的桥例计算进行验证;③针对我国目前钢管混凝土拱桥在工程实践中出现的问题,以大量基础数据为依据,在设计条文的制定中强化钢管混凝土拱桥的构造设计要求,同时有针对性地提出了两条强制性条文;④开展了大量相关结构与桥梁工程规范条文的对比总结,结合大量工程实际经验和实桥养护情况调研,系统地提出了钢管混凝土拱桥施工和养护规定。

六、结　语

我国目前仍处于交通基础设施建设的高峰时期,钢管混凝土拱桥仍有着广阔的应用前景。因此,制订钢管混凝土拱桥的技术规范,对提高钢管混凝土拱桥结构计算分析的科学性、规范桥梁施工、提高工程质量、降低工程造价、延长桥梁使用寿命等方面是十分必要的。

为配合《规范》的实施,我们编写出版了《钢管混凝土拱桥设计计算方法与应用》[25],对设计计算规定的来源、使用条件等进行了详细的介绍。目前,正在编写《钢管混凝土拱桥计算示例》,精选了八个实桥应用《规范》进行设计计算,计划年内交由人民交通出版社出版。《钢管混凝土拱桥》也正在以《规范》为主要依据进行第三版的修订。此外,《规范》申请了英语版编写的计划,同时,《钢管混凝土拱桥》英语版的专著也在准备之中。

我们希望通过不断的理论研究与实践经验积累,在大家的帮助支持下,5年后能对此《规范》进行修订,使我国钢管混凝土拱桥的标准不断完善。

参考文献

[1] 陈宝春,刘福忠,韦建刚.327座钢管混凝土拱桥的统计分析[S].中外公路,2011,31(3).
[2] DBJ/T13-136—2011　钢管混凝土拱桥技术规程.福州:福建省住房与城乡建设厅,2011.
[3] 公路钢结构桥梁设计规范(总校稿),北京:交通运输部,2012.
[4] 中华人民共和国国家标准.GB 50010—2010　混凝土结构设计规范.北京:住房与城乡建设部,2010.

[5] 中华人民共和国行业标准. JTG/T D65-01—2007 公路斜拉桥设计细则. 北京:人民交通出版社,2007.
[6] 陈宝春. 钢管混凝土拱桥[M]. 2版. 北京:人民交通出版社,2007.
[7] 陈宝春,刘振宇. 日照作用下钢管混凝土构件温度场实测分析[J]. 公路交通科技,2008,25(12).
[8] 柯婷娴,陈宝春,刘振宇. 日照下钢管混凝土哑铃形拱肋截面的温度场有限元计算[D]. 长沙交通学院学报,2008,24(4).
[9] 陈宝春,肖泽荣,韦建刚. 钢管混凝土哑铃形偏压构件试验研究[J]. 工程力学,2005,22(2).
[10] DBJ/T13—51—2010 钢管混凝土结构技术规程. 福州:福建省建设厅,2010.
[11] 陈宝春,秦泽豹. 钢管混凝土(单圆管)肋拱面内极限承载力计算的等效梁柱法[J]. 铁道学报,2006,28(6).
[12] 韦建刚,陈宝春,吴庆雄. 钢管混凝土压弯拱非线性临界荷载计算的等效梁柱法[J]. 工程力学,2010,27(10).
[13] 陈宝春,盛叶. 钢管混凝土哑铃形轴压长柱极限承载力研究[J]. 工程力学,2008,25(4).
[14] 陈宝春,盛叶. 钢管混凝土哑铃形偏压柱试验研究[J]. 工程力学,2008,25(12).
[15] 陈宝春,欧智菁. 钢管混凝土格构柱极限承载力计算方法研究[J]. 土木工程学报,2008,41(1).
[16] 陈宝春,欧智菁. 钢管混凝土格构柱长细比影响试验研究[J]. 建筑结构学报,2006,27(4).
[17] 韦建刚,黄福云,陈宝春. 初应力对钢管混凝土单圆管拱极限承载力影响的研究[J]. 工程力学,2010,27(07).
[18] 王元丰. 钢管混凝土徐变[M]. 北京:科学出版社,2006.
[19] 中华人民共和国行业标准. JTG D60—2004 公路桥涵设计通用规范. 北京:人民交通出版社,2004.
[20] 中华人民共和国行业标准. JTJ 022—85 公路砖石及混凝土桥涵设计规范. 北京:人民交通出版社,1985.
[21] 中华人民共和国行业标准. JTJ 023—85 公路钢筋混凝土及预应力混凝土桥涵设计规范. 北京:人民交通出版社,1985.
[22] 陈宝春,韦建刚,王加迫. 钢管混凝土拱桥挠度限值研究[J]. 中国公路学报,2007,20(6).
[23] 中华人民共和国行业标准. CJJ 99—2003 城市桥梁养护技术规范. 北京:中国建筑工业出版社,2004.
[24] 中华人民共和国行业标准. JTG H11—2004 公路桥涵养护规范. 北京:人民交通出版社,2004.
[25] 陈宝春,韦建刚,吴庆雄. 钢管混凝土拱桥设计计算方法与应用[M]. 北京:中国建筑工业出版社,2014.

137. 高墩大跨径连续刚构桥车桥耦合动态响应研究

冯 洋 王凌波 宋一凡
(长安大学旧桥检测预加固技术交通行业重点实验室)

摘 要 高墩大跨径连续刚构桥由于其结构特点导致车桥耦合振动现象严重,本文利用桥梁专用有限元动态分析软件对桥梁动态响应进行分析,对比同工况下桥梁实测与计算动态响应,研究高墩大跨径连续刚构桥动力效应计算值的可靠性。以某高墩大跨径连续刚构桥为例,布置了一系列的动应变与动挠度的测点,实测车桥耦合振动动挠度、动应变值,对比了该连续刚构桥梁的动挠度、动应变有限元软件计算值,研究冲击系数出现差距的原因。结果表明桥梁车桥耦合振动计算结果与实测结果吻合良好,有限元分析结果准确、可靠,可供同类型桥梁的车桥耦合振动动态响应研究参考。

关键词 大跨度 高桥墩 车桥耦合振动 结构动力分析

一、引 言

随着国民经济及现代化交通运输事业的快速发展,大跨度桥梁的需求量日益增加,高墩大跨径连续刚构桥符合了桥梁建设的需要并日益显现它在这一领域的重要性。高墩大跨径连续刚构桥梁因结构形式的多种优点,在我国得到了广泛的应用。但高墩大跨径连续刚构桥的跨径增大且高墩的特性导致桥梁的车桥耦合振动现象比较明显,在设计与运营中得到广泛的关注。

李国豪教授研究了拱桥的车辆振动问题[3]以后,国内开始了对车桥耦合振动问题进行了较为深入的研究[1,2],分别提出了应用Darren Bell原理建立简支梁桥车桥耦合振动分析模型,应用数值分析方法对桥梁动力学微分方程组进行求解[4];应用虚功原理和模态叠加法建立振动方程,并结合桥面等级求得不平整桥面工况下连续梁桥车桥耦合振动问题[5];运用有限元方法结合路面平整度求得不同桥面平整度对大跨度钢管混凝土拱桥的振动问题的影响程度[6]等。而近年来汽车行驶速度的大幅提高,交通流量的显著增长,重载车辆的大量涌现,这些原因综合引起的高墩大跨径连续刚构桥梁的车桥耦合振动已经不可忽视。对于荷载重量加大,桥梁的车桥耦合振动现象越加明显,本文针对重车过桥引起的车桥耦合振动现象进行分析,对比有限元计算结果与现场实测结果,研究高墩大跨径连续刚构桥动力效应计算值的可靠性。

二、车桥耦合振动微分方程

1. 车桥耦合振动微分方程

将车桥看作两个子系统,分别建立振动微分方程。桥梁结构振动微分方程为:

$$M_q \ddot{Z}_q(t) + C_q \dot{Z}_q(t) + K_q Z_q(t) = P_q(t) \tag{1}$$

其中,M_q、C_q、K_q分别为桥梁结构的质量矩阵、阻尼矩阵和刚度矩阵;$Z_q(t)$、$\dot{Z}_q(t)$、$\ddot{Z}_q(t)$分别为桥梁结构的位移向量、速度向量和加速度向量;$P_q(t)$为车辆作用于桥梁的力向量。

2. 车辆振动微分方程

$$M_c \ddot{Z}_c(t) + C_c \dot{Z}_c(t) + K_c Z_c(t) = P_c(t) \tag{2}$$

其中,M_c、C_c、K_c分别为车辆的质量矩阵、阻尼矩阵和刚度矩阵;$Z_c(t)$、$\dot{Z}_c(t)$、$\ddot{Z}_c(t)$分别为车辆的位移向量、速度向量和加速度向量;$P_c(t)$为桥梁作用于车辆的力向量。

在车桥耦合振动分析中,作如下假定。

W 车轮与桥面始终保持接触,桥梁与轮组竖向位移相对值 $\Delta Z(t)$ 为:

$$\Delta Z(t) = Z_q(t) - Z_c(t) + r(x) \tag{3}$$

其中,$Z_q(t)$为桥梁上接触点位置的竖向位移,$Z_c(t)$为轮组的竖向位移 $r(x)$为接触点的桥面不平顺值。
接触面上作用力与反作用力相等,其值为

$$P_q(t) = -P_c(t) = C_1[\Delta \dot{Z}(t)] + K_1[\Delta Z(t)] \tag{4}$$

其中,C_1为轮组阻尼,K_1为轮组刚度,$\Delta \dot{Z}(t)$为桥梁与轮组竖向相对速度。

利用以上位移协调和力的平衡条件将车辆与桥梁的振动微分方程耦合起来,便可进行车桥耦合系统振动微分方程的求解。

三、依托工程与分析工况

桥梁跨径组成为75m+140m+75m高墩大跨径连续刚构桥,小桩号侧薄壁门式双柱墩墩高为49m,大桩号侧薄壁门式双柱墩墩高为45m,;主梁采用预应力混凝土箱梁,有限元模型示意图如图1所示。

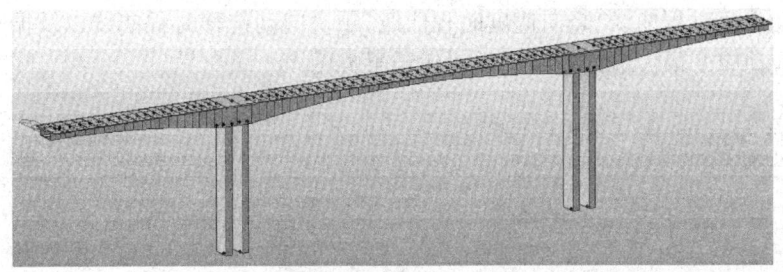

图 1 连续刚构桥有限元模型示意

本文基于车桥耦合振动数值分析方法,利用有限元通用软件,将车辆、桥梁分别进行建模,根据车辆模型特性以及车桥接触点位移协调条件来求解任意时刻车桥之间相互作用力,最终求得所测量的计算结果。

本文拟采用重量为35t重载汽车匀速驶过试验桥跨。载重汽车在无障碍条件下匀速通过试验桥跨,对动应变或动挠度进行计算与实桥测试。动力试验工况:

工况1:一辆试验车以20km/h匀速通过全桥;

工况2:一辆试验车以30km/h匀速通过全桥;

工况3:一辆试验车以40km/h匀速通过全桥;

工况4:三辆试验车以30km/h匀速通过全桥,出发时间为0s、10s、20s。

四、测试断面选取

在中跨跨中断面Ⅰ-Ⅰ布置动应变测点与动挠度测点,记录分析主梁在载重车辆匀速通过时的振动响应,在中孔的1/8截面Ⅱ-Ⅱ和边孔的1/6截面Ⅲ-Ⅲ布设竖桥向和横桥向的加速度传感器,识别桥梁竖桥向与横桥向前3阶整体振动的动力特性参数,测点布置见图2。

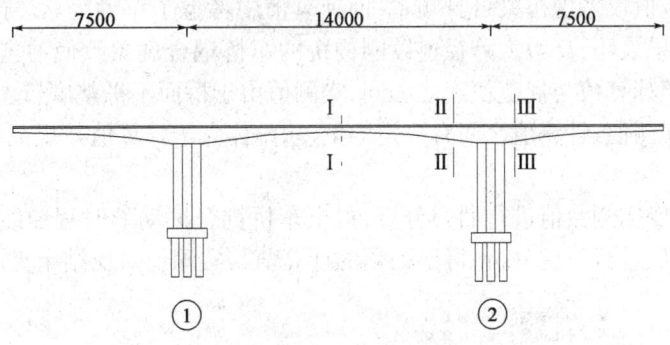

图 2 测试断面示意(尺寸单位:cm)

五、自振特性分析

振型是车桥耦合振动分析中重要的因素。通过环境试验与载重车辆的匀速行驶激励,实测桥梁动力响应时程,把实测频率与有限元计算频率进行对比,通过所得结构频率进行对比,得到计算与实测的频率对比见图3。

自振频率对比结果显示计算得到的自振频率实测值一般处于自振频率计算值上下浮动,对比结果显示实测频率与计算频率吻合,有限元计算结果可靠,准确性良好。

六、动态响应分析

1. 跨中截面动挠度、动应变

桥梁结构在移动车辆荷载作用下会产生振动、冲击等动力反应,此时桥梁各部位产生动态应变和动态变形。动力试验通过测量应变和挠度动态响应实现冲击系数的测试。本文中跨跨中断面Ⅰ-Ⅰ的竖向动位移时程曲线、动应变时程曲线、竖向速度时程曲线、顺桥向动位移时程曲线以及振动模态与理论分析进行对比，动力响应动应变最大值出现时刻的对比结果见图4。

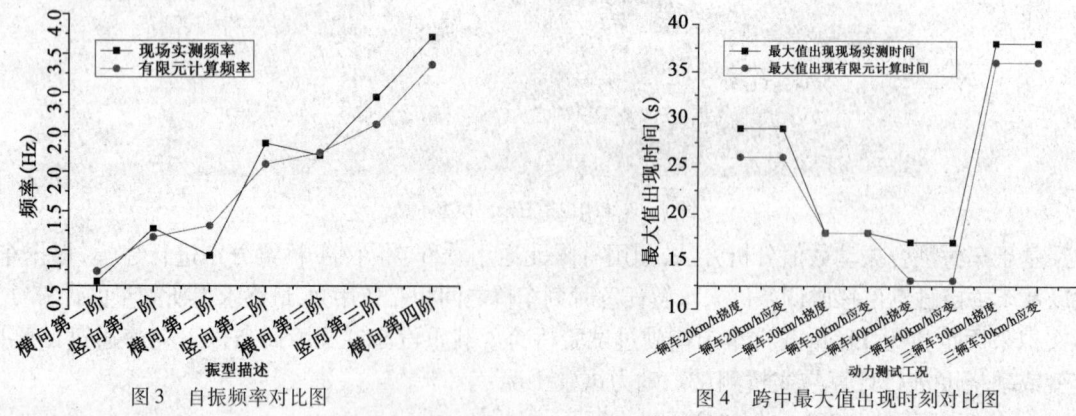

图3　自振频率对比图　　　　　　　　　　　图4　跨中最大值出现时刻对比图

动力响应动应变最大值出现时刻的对比结果显示：最大值出现时刻趋势相同，但由于现场跑车车速不能做到完全的匀速，且有一定的意外的因素干扰，所以导致部分的时刻实测值与计算的结果相差3秒左右。结果表明：最大值出现位置的计算值与实测值趋势一致，从而表明了时程曲线计算值与实测值吻合。对比一辆车30km/h与三辆车30km车辆重量较大时，桥梁车桥耦合振动有限元计算结果计算结果较为准确。

2. 冲击系数

通过对跨中挠度应变冲击系数、跨中正弯矩冲击系数的影响进行回归分析，对车辆冲击各因素的共同影响进行回归分析，冲击系数对比结果见图5。

由于桥面不平整度较差、现场不能保持车辆匀速与环境干扰等原因，冲击系数实测值与计算值有一定的偏差；冲击系数规范值仅考虑桥梁自身频率，而计算值中考虑了车辆因素，导致规范值为恒定、而计算值出现上下浮动。结果表明：高墩大跨径连续刚构桥的车桥耦合现象致使冲击系数实测值、计算值与规范值有一定的偏差，但计算值与规范值规律相同，实测值由于桥面不平整度较差，车辆减振设备年久失修，综合导致冲击系数实测值、计算值之间有一定的偏差，整体大于计算值与规范值。

3. 振幅对比

通过对跨中挠度应变实测数值进行回归分析，得出车桥耦合振动的时程曲线，取动态时程曲线最大值与静态时程曲线最大值进行对比分析，得出振幅的计算值与实测值对比结果见图6。

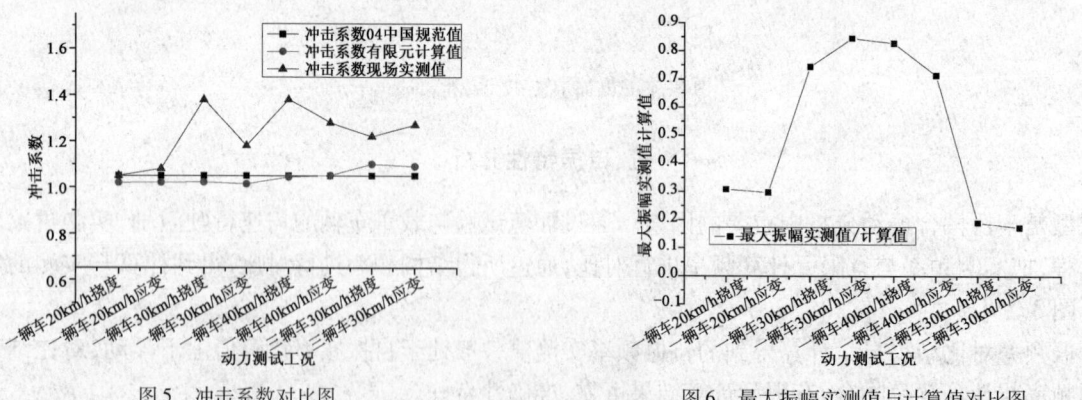

图5　冲击系数对比图　　　　　　　　　　　图6　最大振幅实测值与计算值对比图

结果表明：由于实际桥梁整体刚度不同，车桥耦合现象在高墩大跨径连续刚构桥中根据车速的不同、车辆数的不同引起的动力响应也是不同的，但引起桥梁振动的振幅最大值呈现规律性变化。

七、结　语

（1）自振特性计算结果显示，计算得到的自振频率实测值一般处于自振频率计算值上下浮动，对比显示实测频率与计算频率吻合,自振特性计算结果与实测结果完全一致,有限元计算结果可靠,准确性好。

(2)动力效应计算结果显示:动应变最大值出现位置的计算值与实测值走势一致,高墩大跨径连续刚构桥的车桥耦合现象致使冲击系数与规范值有一定的偏差。车桥耦合现象在高墩大跨径连续刚构桥中根据车速的不同、车辆数的不同引起的动力响应也是不同的,同时引起桥梁振动的振幅最大值呈现规律性变化。

(3)桥梁振动的振幅最大值的规律性变化表明,车速越高引起振幅最大值差异发生变化,同时上桥的车辆越多对振幅最大值差异反而有一定的削弱,重车作用下桥梁车桥耦合振动有限元结算结果较为准确。

参考文献

[1] 蒋培文,贺拴海,宋一凡,等.大跨径连续梁多工况车桥耦合振动规律分析[J].武汉理工大学学报. 2011,33(7):62-67.

[2] 蒋培文,贺拴海,宋一凡,等.简支梁车桥耦合振动及其影响因素[J].长安大学学报(自然科学版). 2013,33(1):59-66.

[3] 李国豪.拱桥振动问题[J].同济大学学报,1956(3).

[4] 肖新标,沈火明.移动荷载作用下桥梁的系统仿真[J].振动与冲击,2005,24(1):121-123.

[5] 刘华,叶见曙,张涛.连续梁在行驶车辆作用下的动态反应[J].交通运输工程学报,2006,6(2): 26-30.

[6] 严志刚,盛洪飞,陈彦江.桥面平整度对大跨度钢管混凝土拱桥车辆振动的影响[J].中国公路学报, 2004,17(4):41-44.

[7] 南宏,林丽霞,钱永久,等.双链式悬索桥车桥耦合振动研究[J].兰州交通大学学报,2010,29(1): 95-99.

138. 冲刷后群桩基础水平承载力计算研究

戴国亮[1,2] 何泓男[1] 龚维明[1,2]

(1. 东南大学土木工程学院;
2. 东南大学混凝土及预应力混凝土结构教育部重点实验室)

摘 要 基于江苏如东某工程的四桩承台基础的试桩结果,采用 Group 和 LPile 计算,并与实测结果对比,验证 Group 中 p-multiplier 折减因子取值的合理性,并预测了不同冲刷深度下群桩的水平承载特性,前排桩位移响应较大,防护设计应特别重视。考虑冲刷后剩余砂土应力历史,采用等效单桩法提出了一个简化的群桩水平承载力计算公式。

关键词 群桩 水平承载力 冲刷 等效单桩 应力历史 Group LPile

一、引 言

桩基础因其承载力高、沉降量较小等特点被广泛应用于大型桥梁工程、港口工程、海上风电基础、海上平台基础等工程中,其中水流冲刷严重影响桩基的承载性状。桩基在水流等作用下发生腐蚀破坏,桩周土体在水流等形成的涡流中不断被掏空,导致桩周产生冲刷坑,从而降低桩基的承载力,使得桩基失效,这将直接关系到桥梁、港口、平台等的安全。部分学者研究了冲刷对桩基水平承载性能的影响,Tang-Hu[1]将海洋平台群桩简化为单桩,采用 FLAC3D 计算桩基受水平作用下的变形特性,认为冲刷对单桩的水平承载力有极大的影响,Li Fen[2]等考虑了冲刷坑形态、桩径、桩顶边界等因素对软黏土中单桩水平受力的影响。Lin Cheng[3]等考虑了冲刷后剩余砂土的应力历史,对水平受荷桩基进行了研究,认为砂土由正常固结状态到超固结状态后,土体对桩基的水平土抗力变大,忽略砂土应力变化将导致水平受荷桩设计保守。Bennett[4]等考虑群桩基础桩土共同作用,采用等效单桩(GEP)模型对群桩基础水平受力进行分析,探讨了冲刷深度和桩顶边界对桩顶变形、桩身弯矩、剪力等的影响。

Mostafa[5]采用PLAXIS有限元软件和LPILE程序来研究在不同土层条件下整体冲刷和局部冲刷对水平受荷桩的影响,并对土体类型、冲刷深度、冲刷坑尺寸等因素进行了分析。以往的研究在进行群桩水平承载力等效单桩计算时并没有考虑冲刷引起的砂土应力改变,使得计算有较大误差。本文基于江苏如东某工程的四桩承台基础试桩结果,采用Group进行计算分析,验证群桩效应系数取值的合理性,并基于等效单桩模型采用LPile计算群桩的水平承载力进行对比分析,并提出一个考虑冲刷后剩余砂土的应力历史,基于等效单桩法的群桩水平承载力计算公式,为工程设计提供一定参考。

二、试验概况

江苏如东某工程的场地表层为新近吹填的海砂层,场地高程为+10.0m,试桩采用大直径钢筋混凝土灌注桩,为高承台桩,露出地面1.7m,四桩承台基础参数如表1所示,试桩及承台平面布置如图1所示。

四桩承台基础参数   表1

试桩编号	尺寸(m×m×m)	承台顶部高程(m)	底部高程(m)	桩长(m)	桩径(m)	试桩桩顶高程(m)	桩底高程(m)
P1~P4	7.1×7.1×1.2	+11.7	+12.9	58.9	1.4	+12.9	-46.0

试桩区主要地层地质柱状图如图2所示,土层主要物理力学指标见表2。

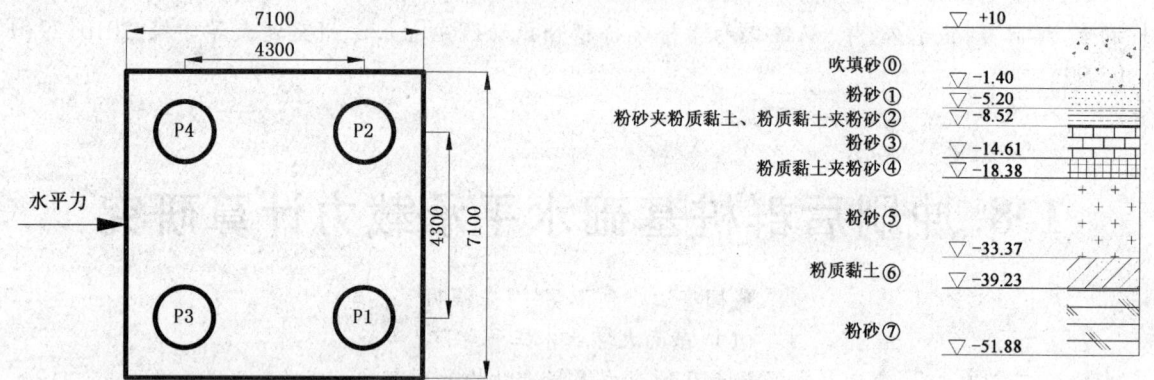

图1 试桩及承台布置(尺寸单位:mm)　　　　　　图2 地质柱状图

土层主要物理力学指标   表2

土层	天然重度 γ (kN/m³)	孔隙比 e	压缩模量 E_s (MPa)	黏聚力 c (kPa)	内摩擦角 ϕ (°)
⓪	17.5	0.832	133	8	31.8
①	19.5	0.746	15.0	7	32.7
②	17.4	0.838	8.40	11	33.4
③	19.3	0.757	12.3	7	32.8
④	18.9	0.891	4.63	21	8.3
⑤	19.0	0.839	15.1	8	31.8
⑥	18.6	0.995	5.03	20	5.7
⑦	19.2	0.788	12.0	8	31.2

三、计算推导

群桩的水平承载力的计算主要有群桩效率系数法、p-y曲线折减法、弹性理论法、地基系数折减法和等效单桩法(GEP),本文重点分析等效单桩法的计算。Mokwa和Duncan[6]针对带承台的群桩基础提出了等效单桩法。GEP 法是将群桩基础想象成一个超大的等效直径的单桩。首先计算出单桩的 p-y 曲线，然后利用 P-multiplier 法考虑群桩效应得到等效单桩的 p-y 曲线，计算表达式如下：

$$P_{GEP} = P_{Single} \sum_{i=1}^{N} f_i \quad (1)$$

式中：P_{GEP}——等效单桩桩周土反力；

P_{Single}——群桩基础中基桩的桩周土反力；

f_i——群桩中 i 桩的折减因子；

N——桩数。

在计算单桩桩周土反力时，Lin Cheng[3] 等认为冲刷引起剩余砂土应力历史改变，即从正常固结状态变为超固结状态，如果仍采用冲刷前的土体参数进行单桩水平承载力计算将使得结果偏于保守，于是推导了冲刷后砂土的有效重度、相对密实度、内摩擦角的计算，并基于 Reese[7] 的 p-y 曲线进行了修正，得到单桩的极限土抗力计算公式。

对于浅层土，地表下 z 处的极限土抗力：

$$P_u = \gamma' z \left[\frac{K_0 z \tan\phi' \sin\beta}{\tan(\beta-\phi')\cos\alpha} + \frac{\tan\beta}{\tan(\beta-\phi')}(d + z\tan\beta\tan\alpha) + K_0 z \tan\beta(\tan\phi'\sin\beta - \tan\alpha) - K_a d \right] \quad (2)$$

对于深层土，地表下 z 处的极限土抗力：

$$P_u = K_a d \gamma' z (\tan^8\beta - 1) + K_0 d \gamma z \tan\phi' \tan^4\beta \quad (3)$$

式中：P_u——极限土抗力；

γ'——冲刷后土的有效重度；

z——地表下计算点深度；

K_0——静止土压力系数；

ϕ'——冲刷后土的内摩擦角；

β——被动破坏角；

$\beta = 45 + \frac{\phi'}{2}$；

α——楔形角度；

$\alpha = \frac{\phi'}{2}$；

K_a——最小主动土压力系数，$K_a = \tan^2\left(45 - \frac{\phi'}{2}\right)$；

d——桩径。

根据 API[8] 规范，某一给定深度 z 处的砂土 p-y 曲线公式为：

$$P = AP_u \tanh\left(\frac{Kz}{AP_u} y\right) \quad (4)$$

式中：P——深度 z 处的土抗力；

A——考虑循环荷载或短期静载状态的系数，对于循环荷载，$A = 0.9$；

K——地基反力的初始模量。

y 为桩侧向位移。

结合式(1)(4)，群桩基础在冲刷之后的水平承载力为：

$$P_{GEP} = P \sum_{i=1}^{N} f_i = AP_u \tanh\left(\frac{Kz}{AP_u} y\right) \sum_{i=1}^{N} f_i \quad (5)$$

由式(5)可得群桩的荷载——位移曲线。

四、数 值 分 析

Group 可以很有效地分析群桩基础在竖向和水平受力下的承载特性，LPile 是一种采用 p-y 曲线法的程序,用以分析水平受荷桩,通过非线性水平荷载位移曲线求解梁柱的差分方程,可得到桩基的变形、弯矩、剪力以及桩侧土反力分布。

Group 建模时,每排桩的折减因子 f_i 采用 Brown[8] 根据 29 组不同土质情况、桩间距和桩径的群桩和单桩试验,得出的一组 $p\text{-}y$ 曲线折减因子,见图 3。桩间距与桩径的比值为 3,则前排桩折减因子 $f_1 = 0.82$,后排桩折减因子 $f_2 = 0.67$,则采用 GEP 法等效单桩的 P 乘子为 $\sum_{i=1}^{4} f_i = 0.82 \times 2 + 0.67 \times 2 = 2.98$。LPile 计算等效单桩时,单桩的桩径与群桩基桩桩径相同,等效单桩的刚度 EI 取基桩的 4 倍。

Group、LPile 及现场实测对应的荷载——位移曲线见图 4,由图可知,随着荷载的增加,承台水平位移均呈非线性增加。Group 曲线与 LPile 曲线几乎重合,且在相同水平荷载作用下,位移均略高于现场实测数值,两者差值随着荷载的增大而减少,如 $F = 1600 kN$ 时,误差在 26%,$F = 2800 kN$ 时,误差在 11.6%。现场实测数据与数值模拟结果存在一定的误差,这可能是因为 Group 和 LPile 在计算时有一定的简化。误差在可控范围内,因此 Group 中折减因子的取值有一定的合理性,可以用于分析冲刷作用下群桩的水平承载特性。

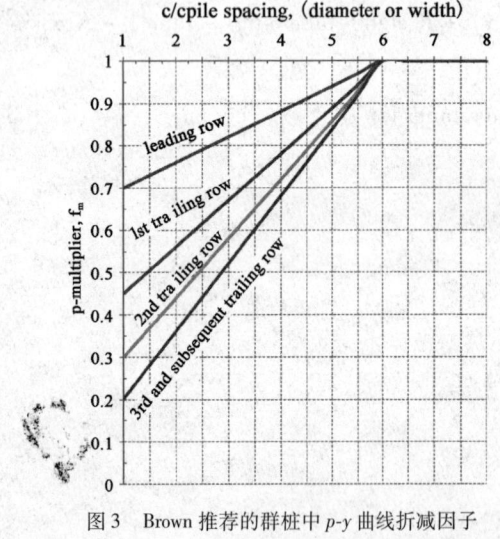

图 3　Brown 推荐的群桩中 $p\text{-}y$ 曲线折减因子

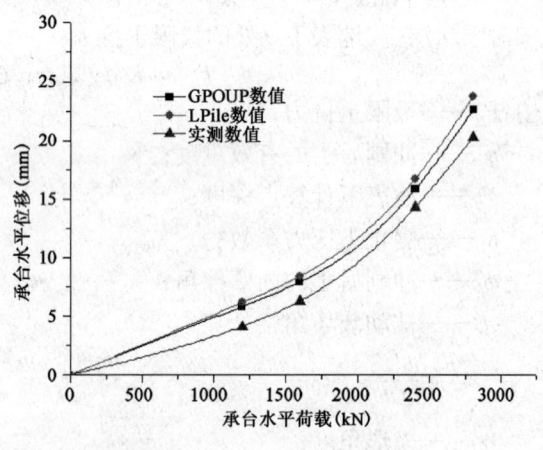

图 4　荷载—位移曲线图

用 Group 分析 0、2、4m 冲刷深度下群桩的 $p\text{-}y$ 曲线,对各基桩在冲刷作用下沿桩身的位移变化进行比较,由于同一排桩的受力相同,故只比较沿水平力方向的不同基桩,即试桩 P2 与 P4,结果如图 5-图 7 所示。

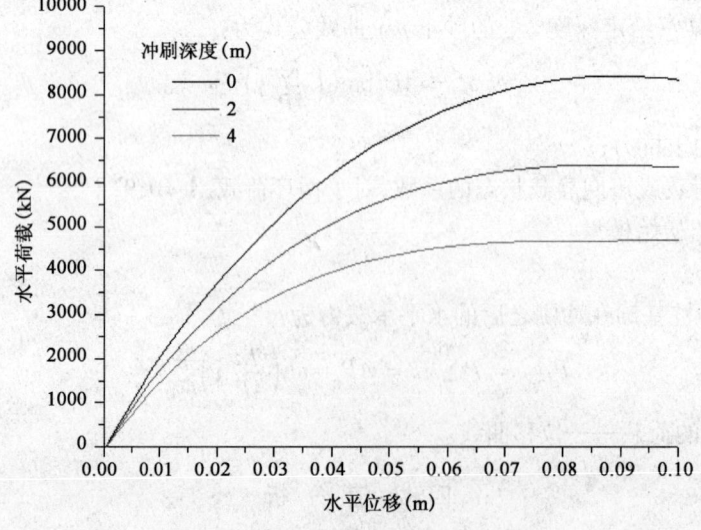

图 5　不同冲刷深度下桩长 18m 处 $p\text{-}y$ 曲线

图 5 为不同冲刷深度下桩长 18m 处 $p\text{-}y$ 曲线,随着冲刷深度的增加,极限土抗力在不断下降,冲刷深度为 2m 时,极限土抗力减少 23.5%,冲刷深度为 4m 时,极限土抗力减少 43.4%,随着冲刷深度的不断增加,土对群桩的约束逐渐降低,其抗力主要由群桩本身的抗侧刚度确定。

图 6 和图 7 分别是前排桩 P2 与后排桩 P4 在不同冲刷深度下的桩身位移沿桩长分布曲线。随着冲刷深度的增加,桩顶部位移呈非线性增加,相对于未冲刷时,冲刷深度 2m 时增加 71.5%,冲刷深度 4m 时增加 175.3%。桩身位移影响深度也不断增加,P2 在未冲刷时的影响深度为 9.42m,冲刷深度 4m 时变为 13.55m。此外,在同一冲刷深度下前排桩与后排桩的位移响应也不相同,前排桩的位大于后排桩,如未冲刷时深度 6.48m 处,P2 的位移为 3.71mm,而 P4 的位移为 4.06mm,前排桩的位移影响深度大于后排桩,P2 为 9.42m,P4 为 10.6m,因此,在群桩设计时,对于前排基桩的冲刷防护程度应大于后排基桩。

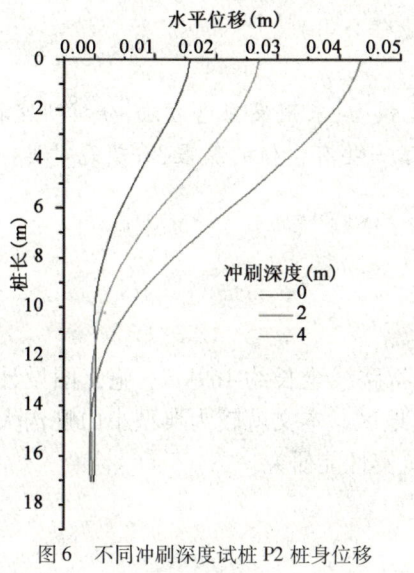

图 6 不同冲刷深度试桩 P2 桩身位移

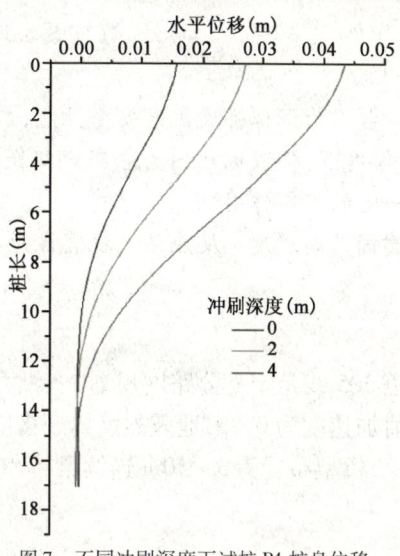

图 7 不同冲刷深度下试桩 P4 桩身位移

五、结 语

冲刷会显著降低群桩桩周土抗力,在计算群桩水平承载力时可考虑剩余砂土的应力历史,并采用等效单桩法进行,计算公式的适用性需要进一步实例验证。Group 和 LPile 软件可用于分析群桩水平承载特性,其中 Group 采用 P-multiplier 折减因子进行分析,计算结果与实测结果相近,可用于预测分析冲刷前后群桩水平承载特性变化。随着冲刷深度增加,群桩极限土抗力减小,基桩桩顶位移不断增大,前排基桩相比后排基桩位移响应与影响深度均较大,在冲刷防护设计时,应足够考虑前后排桩的不同受力特性。

参考文献

[1] Tang Hu. Investigation of the scouring effect on lateral load capacity of offshore platform's pile foundation [D]. Wuhan: Wuhan University of Technology, 2012.

[2] Li Fen, Han Jie, Lin Cheng. Effect of scour on the behavior of laterally loaded single piles in marine clay [J]. Marine Georesources&Geotechnology, 2013, 31: 271-289.

[3] Lin Cheng, Bennett C. R., Han Jie, et al. Scour effects on the response of laterally loaded piles considering stress history of sand [J]. Computers and Geotechnics, 2010, 37: 1008-1014.

[4] BennettC. R., Lin Cheng, Han Jie. Evaluation of behavior of a laterally loaded bridge pile group under scour conditions [J]. Structures Congress, 2009: 290-299.

[5] Mostafa Y. E. Effect of local and global scour on lateral response of single piles in different soil conditions [J]. Engineering, 2012, 4: 297-306.

[6] MokwaR. L. and DuncanJ. M. Investigation of the resistance of pile caps and integralabutments to lateral loading [C]. Final Contract Report to Virginia Transportation Research Council, 2000.

[7] API. Recommended practice for planning, designing and constructing fixed off shore platforms-load and resistance factor design[S]. 1993.

[8] BrownD. A., Morrison C. and ReeseL. C. Lateral Load Behavior of Pile Groups in Sand[J]. Journal of Geotechnical Engineering, 1988, 114(11): 1261-1276.

139. 高烈度区桥梁抗震性能研究

韩 健

（宁夏公路勘察设计院有限责任公司）

摘 要 为保证桥梁抗震安全性能，本文建立桥梁有限元模型，采用反应谱方法，分析研究在E1与E2地震作用下，桥墩桩柱内力分布规律及配筋取值，并取得了一些有价值的结果，希望能对类似桥梁工程起到一定的借鉴作用。

关键词 高烈度 反应谱 抗震性能

一、工程概况

省道305线是宁夏公路网规划"三纵九横"中的"第六横"，路线全长约169km。施工图设计路线地震动峰值加速度为0.4g，地震烈度属于Ⅸ度区，整体属不稳定地区。本文就较为典型小山岘沟大桥作为研究对象，桥型布置为3×40m连续梁桥，对该3跨桥梁进行抗震性能研究。

二、分析过程

按《公路桥梁抗震设计细则》JTG/TB02—2013中的规定，小山岘沟大桥属于B类桥梁[1]，采用E1、E2地震作用种地震动水平进行抗震设防。主桥相应的性能目标确定为：遭受E1地震作用时，主桥桥墩以及各桥墩桩基础基本不发生损伤或不需要修复可继续使用；遭受E2地震作用时，应保证不致倒塌或产生严重结构损伤，经加固修复后仍可继续使用。

1. 反应谱分析

根据《公路桥梁抗震设计细则》，E1、E2地震作用下地震响应系数曲线，用作该桥反应谱地震反应分析，如图1所示。

2. 动力模型

采用有限元程序，建立桥梁的动力空间计算模型。主梁、墩柱均采用空间的梁单元[2-4]。对于主梁与桥墩盖梁或桥台的连接，在桥台和过渡墩处采用LNR型橡胶支座，在连续墩处采用HDR型高阻尼隔震橡胶支座，采用双线性恢复力模型模拟。对桩基础，将承台视为刚体，等效为一质点并赋予质量，桩基采用6个方向的土弹簧进行模拟，计算模型见图2。

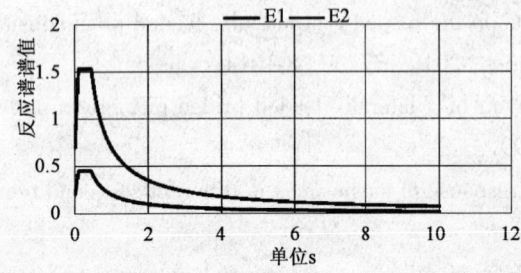

图1 地震动加速度反应谱曲线

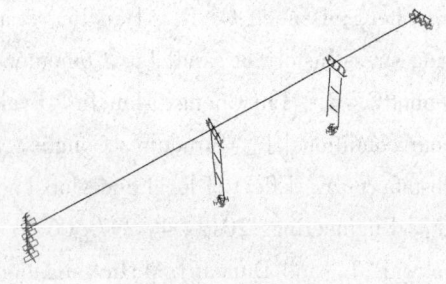

图2 线性空间动力计算模型

三、反应谱分析结果

采用反应谱分析时,取前 500 阶,按 CQC 方法进行组合。顺桥向地震输入下,各桥墩墩底截面为地震反应控制截面;横桥向地震输入下,双柱墩墩顶、墩底截面为地震反应控制截面。表 1 至表 8 给出的各控制截面内力均为地震作用引起的内力反应。

1. E1 地震作用下结构地震响应

在 E1 地震作用输入下,得到各桥墩关键截面地震响应(表 1、表 2)、以及各桥墩桩基础最不利截面地震响应(表 3、表 4)。

各桥墩关键截面地震响应(纵向输入)　　表 1

地震输入	墩号	截面位置	截面地震内力		
			轴力(kN)	剪力(kN)	弯矩(kN·m)
纵桥向	1 号	墩底	2.58×10^2	5.05×10^2	6.92×10^3
	2 号	墩底	2.18×10^2	5.02×10^2	6.83×10^3

各桥墩关键截面地震响应(横向输入)　　表 2

地震输入	墩号	截面位置	截面地震内力		
			轴力(kN)	剪力(kN)	弯矩(kN·m)
横桥向	1 号	墩顶	8.90×10^2	5.84×10^2	7.78×10^2
		墩底	3.05×10^3	8.71×10^2	2.54×10^3
	2 号	墩底	9.41×10^2	5.90×10^2	8.55×10^2
		墩底	3.17×10^3	8.46×10^2	2.49×10^3

各桥墩桩基础最不利截面地震响应(纵向输入)　　表 3

地震输入	墩号	最不利单桩地震内力		
		轴力(kN)	剪力(kN)	弯矩(kN·m)
纵桥向	1 号	2.49×10^3	4.36×10^2	8.60×10^2
	2 号	2.35×10^3	4.39×10^2	6.97×10^2

各桥墩桩基础最不利截面地震响应(横向输入)　　表 4

地震输入	墩号	最不利单桩地震内力		
		轴力(kN)	剪力(kN)	弯矩(kN·m)
横桥向	1 号	2.81×10^3	5.99×10^2	1.44×10^3
	2 号	2.71×10^3	5.61×10^2	1.06×10^3

2. E2 地震作用下结构地震响应

在 E2 地震作用输入下,得到各桥墩关键截面地震响应(表 5、表 6)、以及各桥墩桩基础最不利截面地震响应(表7、表8)。

各桥墩关键截面地震响应(纵向输入)　　表5

地震输入	墩号	截面位置	截面地震内力		
			轴力(kN)	剪力(kN)	弯矩(kN·m)
纵桥向	1号	墩底	8.78×10^2	1.72×10^3	2.35×10^4
	2号	墩底	7.42×10^2	1.71×10^3	2.32×10^4

各桥墩关键截面地震响应(横向输入)　　表6

地震输入	墩号	截面位置	截面地震内力		
			轴力(kN)	剪力(kN)	弯矩(kN·m)
横桥向	1号	墩顶	3.03×10^3	1.99×10^3	2.64×10^3
		墩底	1.04×10^4	2.96×10^3	8.62×10^3
	2号	墩底	3.20×10^3	2.01×10^3	2.91×10^3
		墩底	1.08×10^4	2.88×10^3	8.46×10^3

桥墩桩基础单桩最不利截面地震响应(纵向输入)　　表7

地震输入	墩号	最不利单桩地震内力		
		轴力(kN)	剪力(kN)	弯矩(kN·m)
纵桥向	1号	8.48×10^3	1.48×10^3	2.93×10^3
	2号	8.00×10^3	1.49×10^3	2.37×10^3

各桥墩桩基础单桩最不利截面地震响应(横向输入)　　表8

地震输入	墩号	最不利单桩地震内力		
		轴力(kN)	剪力(kN)	弯矩(kN·m)
横桥向	1号	9.54×10^3	2.04×10^3	4.89×10^3
	2号	9.22×10^3	1.91×10^3	3.61×10^3

四、结构抗震性能验算

桥墩、桩基的初始屈服弯矩为截面最外层钢筋首次屈服时对应的弯矩,等效屈服弯矩如图3所示。

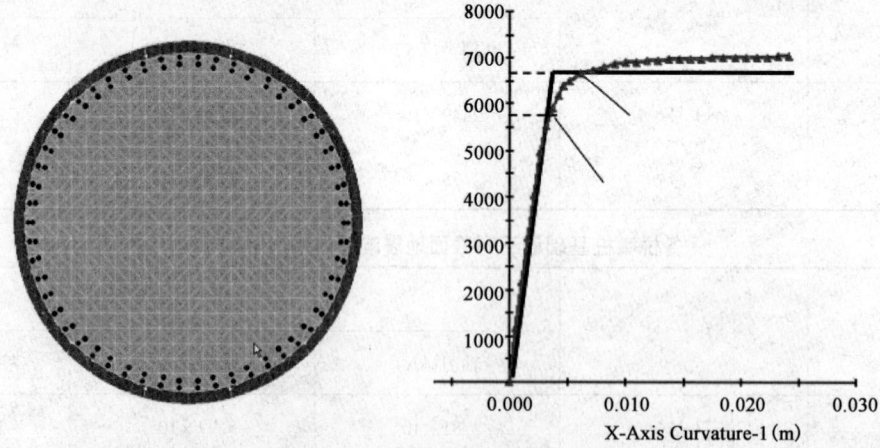

图3　截面等效屈服弯矩计算示意

在进行强度验算时,根据在恒载和地震作用下的轴力组合对连续箱梁各桥墩与最不利受力桩的控制截面进行 $M\text{-}\phi$ 分析,得出各控制截面的初始屈服弯矩和等效屈服弯矩。根据分析结果,E1地震作用下,桩基和桥墩在弹性范围里工作,其地震反应小于初始屈服弯矩;E2地震作用下,桥墩、桩基础在弹性范围内工作,桩基和桥墩地震反应小于等效屈服弯矩。得到各桥墩和桩基的建议配筋率如表9所示。

各桥墩和桩基础的建议配筋率　　　　表9

截面	墩号	截面位置	最小配筋率(%)
桥墩墩柱	1号	墩顶	1.00
		系梁	1.00
		墩底	2.90
	2号	墩顶	1.00
		系梁	1.00
		墩底	2.90
桩基	1号	承台以下3倍桩径范围	1.78
	2号	承台以下3倍桩径范围	1.54

五、结　语

(1)E1和E2地震作用:在纵、横桥向地震输入下,按照最小配筋率,所有墩柱关键截面及桩基础最不利单桩截面地震弯矩小于其初始屈服弯矩,截面保持为弹性工作状态。

(2)桥墩墩柱配筋率在承台上3倍柱径范围内最大;桥墩桩基础配筋率在承台下3倍桩径范围最大。这对桥梁抗震延性设计有指导意义。

参考文献

[1] 中华人民共和国行业标准.JTG/T B02—2013 公路桥梁抗震设计细则[S].北京:人民交通出版社,2014.

[2] 王青桥.桥梁桩基础抗震设计方法比较研究[D].上海:同济大学桥梁工程系,2009.

[3] 刘杰伟,王兴斌,潘健,等.桩群中设置斜桩对其工作性质影响的研究[J].昆明理工大学学报:理工版,33(1):56—59.

[4] 郝文化.Ansys土木工程应用实例[M].北京:中国水利水电出版社,2005.

140. 混凝土桥梁温度作用模式及效应规律研究

梁立农[1]　肖龙峰[2]　肖金梅[2]

(1.广东省公路规划勘察设计院股份有限公式；2.华南理工大学土木与交通学院)

摘　要　介绍中外几种典型的桥梁设计规范中有关混凝土桥梁温度作用的规定与国内实测温度梯度作用模式,并以广东省内数座连续梁实桥为工程背景,对其模式和效应规律进行研究。主要规律为:在同一温度梯度作用下,截面上缘温度自应力与梁高成正比,次应力与梁高成反比,而总温度应力与梁高及跨径关系不大,顶缘温度应力可近似表达为$0.29T_1$(T_1:顶缘温度);截面下缘温度自应力、次应力和总应力与梁高均成反比等等。

关键词　混凝土桥梁　中外规范　温度梯度　温度应力

一、引　言

桥梁结构处于自然环境中,不可避免会受到外界环境温度变化的影响。主要包括:季节温差、日照温差和骤然降温,对结构的影响分别为均匀温度作用和正温度梯度及负温度梯度作用。在均匀温度作用下,桥梁结构内部将产生均匀变形,若变形被约束,则会在结构内部形成温度应力。在温度梯度作用下,结构截面各高度处的纵向变形是不一样的,但由于受到平截面变形假定的约束,将在每个截面内部产生自相平衡的与温度梯度大小相应的自应力,同时截面转角变形如受到边界条件的约束将产生超静定内力引起的次应力。理论分析及实验研究表明:在预应力混凝土梁桥特别是超静定结构体系中,温差应力可以达到甚至超过活载产生的应力,已被认为是混凝土桥梁产生裂缝的主要原因之一[1]。桥梁结构温度应力的分析主要取决于温度场即温度模式的选取,由于地理位置、气候等原因,不同国家规范中的温度模式不同。如何正确理解、评价、借鉴不同国家的温度模式,如何认识截面高度、跨径和结构体系等影响对温度应力的影响,对于桥梁工程师来说,具有重要的工程实用价值。

二、中外规范对温度作用的规定

中外各国混凝土桥梁典型的有效均匀温度标准值如表1。

中外规范混凝土桥梁有效均匀温度标准值的规定(℃) 表1

中国 JTG D60—2004[2]			美国 AASHTO[3]			日本规范[5]			英国 BS5400[4]	
地区	标准值	幅度	地区	标准值	幅度	地区	标准值	幅度	地区	标准值
严寒	$-23\sim34$	57	寒冷	$-18\sim27$	45	寒冷	$-15\sim35$	50	T_t 在 20~45℃	$T_e = 24.14 + \dfrac{T_t - 20}{1.4}$
寒冷	$-10\sim34$	44								
温热	$-3(0)\sim34$	37(34)	温和	$-12\sim27$	39	普通	$-5\sim35$	40	T_t 在 $-2\sim-50$℃	$T_e = 24.14 + \dfrac{T_t + 1.85}{1.58}$

注:表中括弧内数值适用于昆明、南宁、广州、福州地区,T_t 为遮阴大气气温,T_e 为有效温度。

有效均匀温度标准值的上下限与桥梁所在地区气候有关,而均匀温度温差值还与体系形成时温度有关,中外各国对这一作用的规定原则基本上是一致的。其中中国、美国、日本三国仅分地区规定了标准值,而英国温度标准值是与气候相关的一个表格(本文用函数代替),因此,英国规范适用性更好,有利于精细化分析。中外各国混凝土桥梁典型的竖向温度梯度如表2。

中外规范有关温度梯度的规定 表2

序号	国家	温度模式 图示	温度模式 数学表达式	参数取值							备注
1	中国 JTG D60—2004[2]		梁高 $h<400$mm 时: $A = h-100$; 梁高 $h\geqslant400$mm 时: $A = 300$mm	温度铺装		T_1(℃)	T_2(℃)				负温度值按照表中的规定乘以 -0.5
				混凝土铺装		25	6.7				
				50mm 沥青铺装		20	6.7				
				100mm 沥青铺装		14	5.5				
2	美国 AASHTO[3]		梁高 $h<400$mm 时: $A = h-100$; 梁高 $h\geqslant400$mm 时: $A = 300$mm 除非进行了具体的现场调查,否则温度值 T_3 应取为0,但不得超过3℃	温度分区	素混凝土桥面铺装		50mm 沥青铺装		100mm 沥青铺装		负温度值按照表中的规定乘以 -0.5
					T_1	T_2	T_1	T_2	T_1	T_2	
				1	30	7.8	24	7.8	17	5	
				2	25	6.7	20	6.7	14	5.5	
				3	23	6	18	6	13	6	
				4	21	5	16	5	12	6	

续上表

序号	国家	温度模式 图示	温度模式 数学表达式	参 数 取 值	备注
3	新西兰混凝土设计规范[1]	(图示：顶板1200mm，底板200mm，T_1，T_y，1.5℃)	$T_1 = (32 - 0.2h_0)$℃ 式中：h_0 为沥青厚度。 $T_y = T_0\left(\dfrac{Y}{1200}\right)^5$℃	从顶板沿梁高向下的1200mm的范围内按5次抛物线变化，顶板的最大温差为32℃；从底板沿梁高的200mm范围内按直线变化，底板的最大温差为1.5℃	此为箱梁温度模式，T梁温度模式详见规范
4	日本规范[5]	(图示：顶板厚度范围5℃)	顶板厚度范围内5℃，顶板以下为0℃	$T_0 = 5$℃，温度分布在桥面和其他部分内部认为是均匀的。	已废止的中国JTJ—85规范曾做出类似规定
5	英国BS5400[4]	BS5400 升温模式	$h_1 = 0.3h \le 0.15m$ $h_2 = 0.3h \ge 0.10m$ 且 $\le 0.25m$ $h_3 = 0.3h \ge 0.1m +$ 铺装层厚度(m)	$H(m)$ ≤0.2 0.4 0.6 ≥0.8 | T_1 8.5 12.0 13.0 13.5 | T_2 3.6 3.0 3.0 3.0 | T_3 0.5 1.5 2.0 2.5 注：此为100mm铺装的升温模式	其他铺装厚度下的升温模式详见规范
5	英国BS5400[4]	BS5400 降温模式	$h_1 = h_4 = 0.2h \le 0.25m$ $h_2 = h_3 = 0.25h \le 0.20m$	$H(m)$ ≤0.2 0.4 0.6 0.8 1.0 ≥1.5 | T_1 2.0 4.5 6.5 7.6 8.0 8.4 | T_2 0.5 1.4 1.8 1.7 1.5 0.5 | T_3 0.5 1.0 1.5 1.5 1.5 1.0 | T_4 1.5 3.5 5.0 6.0 6.3 6.5 注：此为100mm铺装的降温模式	其他铺装厚度下的降温模式详见规范
6	澳大利亚桥梁设计规范[1]	(图示：顶板300mm，T_1，T_2，$(h-300)/2$)	顶板300mm范围内，按照直线变化，$T_1 = 24$℃，$T_2 = 6$℃；顶板$(h-300)/2$范围内，按照直线变化	$T_1 = 24$℃，$T_2 = 6$℃	温度梯度沿着梁高呈折线变化，顶板最大温差24℃

从上表可看出，除日本规范外，规范中新西兰采用了指数函数，其余规范用折线代替指数函数，以方便使用，顶板温度场分布高度一般为40cm（日本为整个顶板厚度），但新西兰为1.2m；影响温度应力最重要的顶缘温度 T_1 与铺装类型及地区类别相关性很大，升温 T_1 在12～30℃的大范围内取值，降温 T_1 在 -6～-15℃取值，相差达2.5倍，顶缘温差值 T_1 最高的是美国1区和新西兰规范，最低的是日本规范，中国公路规范与美国规范2区的温度模式一样，纬度较高的英国BS5400规范和美国3区接近。由于美国规范将全国划分为4个区，区域的温差最大达到9℃，因此其适用性更好；中国南北气候差异大，与其他国家气候也不同，单纯套用某个国家规范的某个区是不合适的，而将温度梯度进行分区会更符合中国实际

情况。

三、国内实测温度梯度模式分析

近 40 年以来,国内工程界对混凝土箱梁桥在太阳辐射作用下的温度分布特性、影响因素和分析方法做了许多研究工作。并开展了一系列的现场观测试验,对试验数据进行回归分析,得到了许多实测温度梯度作用模式。表 3 中分别列出了国内部分研究者实测得到的温度梯度模式。

国内部分桥梁根据实测温度提出的梯度模式　　表 3

序号	研究人员	温度模式		参数取值	工程背景
		图示	数学表达式		
1	汪剑、方志[6]		$T_y = 19.5 e^{-4y}$ ℃	竖向温差曲线符合幂指数分布规律,$T_0 = 19.5$℃底板下边缘没有温度梯度,10cm 混凝土桥面铺装	湖南衡阳东洋渡湘江大桥,跨径布置 45m + 98m + 150m + 150m + 98m + 45m 的预应力混凝土箱梁桥
2	朱俊[7]		$T_y = 25 e^{-6y}$ ℃	竖向温差曲线符合幂指数分布规律,$T_0 = 25$℃底板下边缘没有温度梯度,无桥面铺装	润扬大桥南接线丹徒互通主线桥,跨径布置为 19m + 6 × 22m + 19m 的等高度预应力连续箱梁桥
3	胡丹[8]		升温工况: $h_1 = 0.2$m,$h_2 = 0.8$m $h_3 = 0.4$m 降温工况: $h_1 = 0.3$m,$h_2 = 0.7$m $h_3 = 0.4$m	竖向温差曲线符合折线分布规律,升温工况:$T_1 = 15$℃,$T_2 = 5$℃,$T_3 = 3$℃;降温工况:$T_1 = -5$℃,$T_2 = -2$℃,$T_3 = -3$℃	黑龙江富绥松花江大桥,跨径布置为 85m + 6 × 150m + 85m 的预应力连续箱梁桥

由上表看出,混凝土桥面顶板温度场比较符合指数函数变化规律,指数系数为 4 ~ 6,顶缘温度为 19.5 ~ 25℃,部分回归模式增设了底板温度场,对比表 2 和表 3,新西兰规范温度梯度模式和实测模式类似,中国公路规范温度梯度模式和实测模式接近。

四、中外温度梯度作用效应分析

各国的温度梯度模式有差异,其作用反应也会有差异。现通过对表 4 中不同体系、不同跨径、不同梁高、不同截面形式的 5 种梁式桥支点截面计算温度应力来分析其规律,并与英国 BS5400 规范和日本规范计算值进行对比。计算中假定截面变形符合平截面假定。温度自应力按下式计算:

$$\sigma_{自}(y) = E[\alpha T(y) - (\varepsilon_0 + \psi y)] \tag{1}$$

$$\psi = \frac{\alpha}{I} \int_h T(y) b(y) (y - y_c) dy \tag{2}$$

$$\varepsilon_0 = \frac{\alpha}{A} \int_h T(y) b(y) dy - \psi \cdot y_c \tag{3}$$

式中:$\sigma_{自}(y)$——距下缘高度 y 处的温度自应力,拉为正;
ε_0——y = 0 处的应变值,拉为正;

ψ ——单元梁段挠曲变形后的曲率,顺时针为正,$E_c = 3.45 \times 10^4 \mathrm{MPa}$,线膨胀系数为 $\alpha_1 = 1 \times 10^{-5}/\mathrm{K}$。

5 种混凝土连续梁支点横截面尺寸 表4

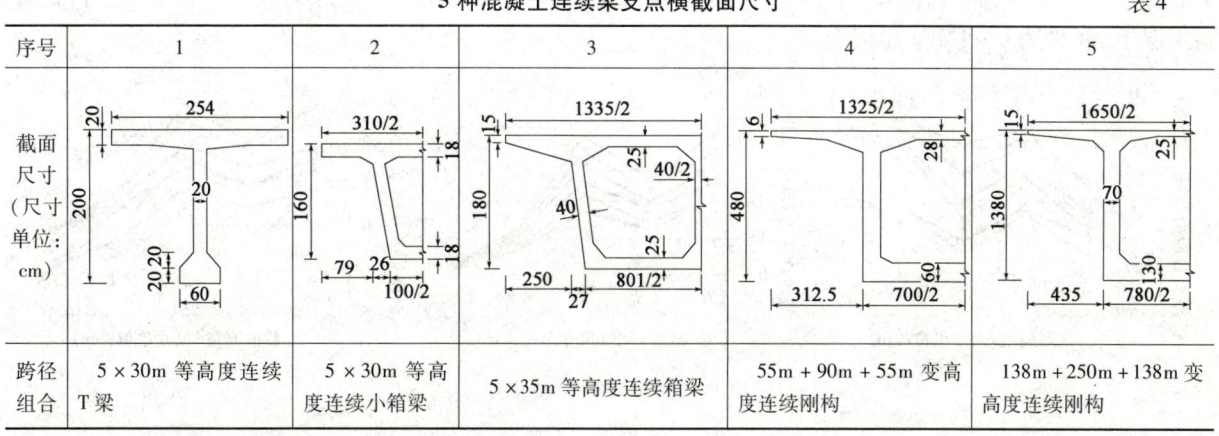

序号	1	2	3	4	5
截面尺寸(尺寸单位:cm)					
跨径组合	5×30m 等高度连续T梁	5×30m 等高度连续小箱梁	5×35m 等高度连续箱梁	55m+90m+55m 变高度连续刚构	138m+250m+138m 变高度连续刚构

按上式采用中国规范、日本规范、英国 BS5400 规范求出截面自应力,并通过 midas 分别建模分析,得出其支点次应力和总应力,其结果如图1~图4。

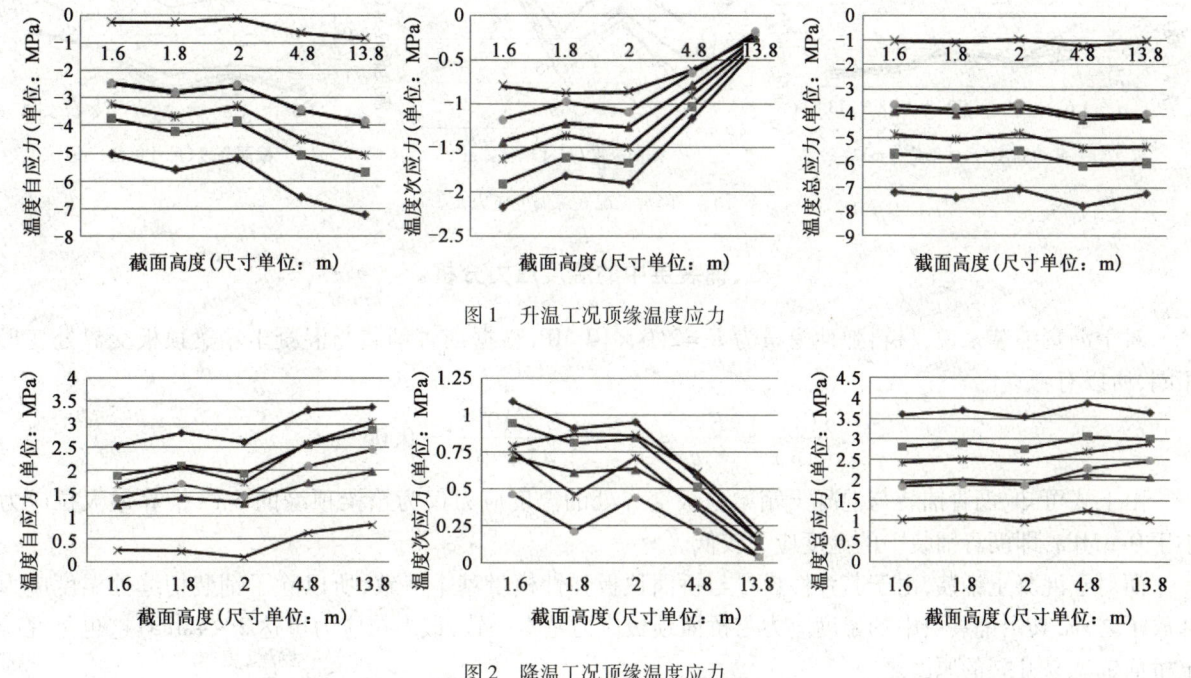

图1 升温工况顶缘温度应力

图2 降温工况顶缘温度应力

由图1、图2可知,升温与降温工况下的顶板上缘温度应力具有相同的规律:同一温度梯度作用下,温度自应力与梁高成正比,温度次应力与梁高成反比,而温度总应力与梁高及跨径关系不大;在不同的温度梯度作用下,温度应力与温度梯度模式有关,特别是与模式中的顶缘温度 T_1 值相关,T_1 越大,则温度应力越大,顶缘温度应力可近似表达为 $0.29T_1$;中国公路新旧规范的温度应力差异很大,顶缘升温压应力差异在混凝土铺装时达到 6MPa 左右,在沥青铺装时达到 3MPa 左右,顶缘降温拉应力差异在混凝土铺装时达到 2.5MPa 左右,在沥青铺装时达到 1MPa 左右;温度应力与铺装及厚度密切相关,就中国规范来说,沥青铺装比混凝土铺装在上缘压应力可小 3MPa 左右。说明沥青具有隔热保温作用,能保护上部结构免受正(负)的温度梯度的影响。但如果想利用沥青铺装来降低设计温度梯度,则在设计中应考虑到上部结构施工之后,可能直到数月后才铺设沥青桥面,另外,在后期桥面运营养护中,沥青层厚度可能变化,在大修时,桥面层可能完全被更换等工况。

由图3、图4可知,同一温度梯度作用下,除英国规范外温度自应力、次应力和总应力与梁高及跨径成反比;在不同温度梯度作用下,温度应力与温度梯度模式有关,当下缘有温度场时,顶缘与底缘的温度应力减小,当顶缘温度 T_1 减小时,底缘温度应力减小,而且下缘温度应力比上缘小很多,对于中小跨径连续梁底缘温度应力仅为顶缘的20%~40%。除英国规范外,在升温工况下,底缘为0~3MPa拉应力,在降温工况下,底缘为0~1MPa压应力。

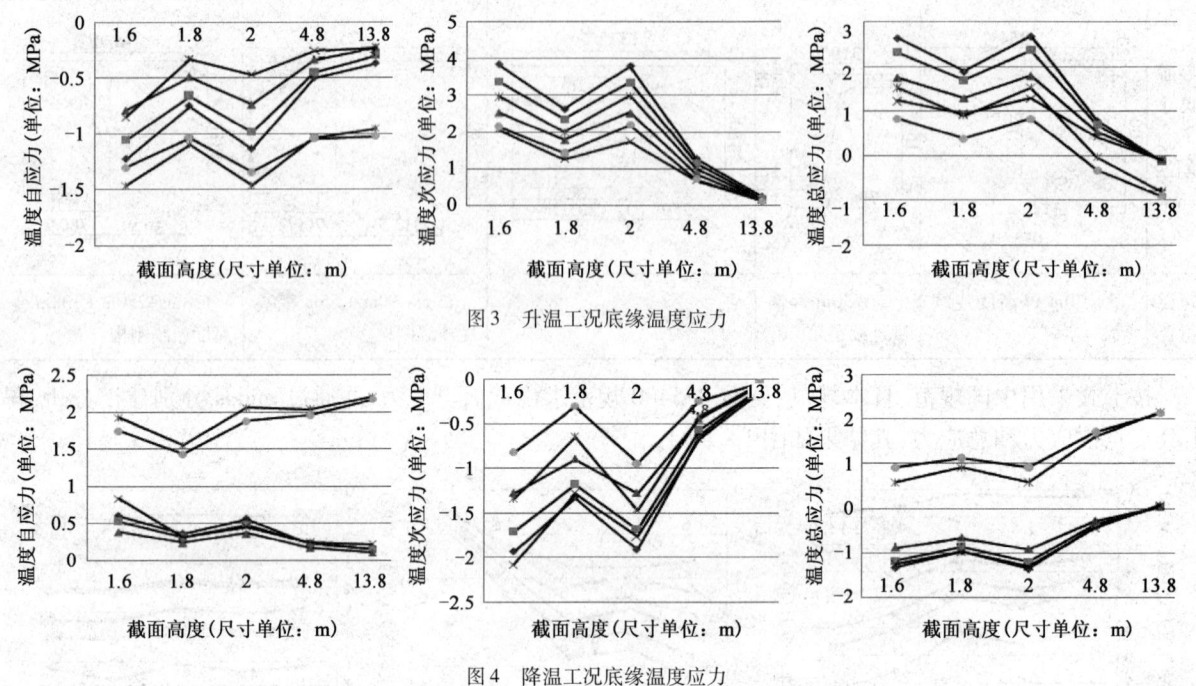

图3 升温工况底缘温度应力

图4 降温工况底缘温度应力

五、铺装层中的温度应力分析

对于沥青铺装来说,材料弹性模量为 $E = 2.0 \times 10^3 \mathrm{MP}$,根据沥青铺装与混凝土箱梁顶板交界处变形相同,所以有:

$$\frac{\sigma(y)}{\sigma_c(y)} = \frac{E\varepsilon}{E_c\varepsilon} = \frac{E}{E_c} = \frac{2 \times 10^3}{3.45 \times 10^4} = 0.06$$

由上式可知,沥青铺装与混凝土箱梁顶板交界处的温度应力仅为箱梁顶缘的6%,推算最大拉应力小于0.3MPa,即沥青铺装中的温度应力较低。

而对于混凝土铺装,由于其弹性模量与桥面顶板弹性模量基本一致,所以除了铺装切缝处温度应力释放了之外,其余铺装层中的温度应力与桥面顶板应力基本一致,最大拉应力可达3~4MPa,这也是混凝土桥面铺装易开裂的原因之一。

六、结 语

通过上述的对比分析与计算,可得出以下结论:

(1)中国、美国、日本三国规范的有效均匀温度仅分地区规定了标准值,而英国温度标准值是与气候相关的一个表格,因此,英国规范适用性更好,有利于精细化设计。

(2)中国公路规范与美国规范2区的温度模式一样,纬度较高的英国BS5400规范和美国3区接近。由于美国规范将全国划分为四个区,区域的温差最大达到9℃,因此其适用性更好;中国南北气候差异大,与其他国家气候也不同,单纯套用某个国家规范的某个区是不合适的,而将温度梯度进行分区会更符合中国实际情况。

(3)连续梁顶缘温度自应力与梁高成正比,温度次应力与梁高成反比,而温度总应力与梁高及跨径关系不大。

(4) 温度应力与温度梯度模式有关,特别是与顶缘温度 T_1 值相关,T_1 越大,则温度应力越大,顶缘温度应力可近似表达为 $0.29T_1$。

(5) 中国新旧规范的温度应力差异很大。顶缘升温压应力沥青铺装时差异达 3MPa,混凝土铺装时差异达 6MPa。

(6) 除英国规范外,底缘温度自应力、次应力和总应力与梁高及跨径成反比。对于中小跨径连续梁底缘温度应力仅为顶缘的 20%~40%。

(7) 沥青铺装中的温度应力较低,最大拉应力小于 0.3MPa。而混凝土铺装中的最大拉应力可达 3~4MPa,是混凝土桥面铺装易开裂的原因之一。

参考文献

[1] 刘兴法.混凝土结构的温度应力分析[M].北京:人民交通出版社,1991.

[2] 中华人民共和国交通部.JTG D60—2004 公路桥涵设计通用规范[S].北京:人民交通出版社,2004.

[3] American Association of State Highway and Transportation officials. AASHTO LRFD Bridge Design Specifications[M]. 3rd ED. Washington, D. C, 2004.

[4] 英国标准协会.BS5400 英国规范:1999K 钢桥、混凝土桥及结合桥[M].西安:西安交通大学出版社,1978.

[5] 日本道路协会,道路桥示方书·同解说[M].丸善株式会社出版事业部,2001.

[6] 汪剑,方志.混凝土箱梁日照温差的试验研究[A].第十六届全国桥梁学术论文集[C].北京:人民交通出版社,2003.

[7] 朱俊.钢筋混凝土连续箱梁日照温度场及沥青摊铺温度场研究[D].南京:东南大学硕士学位论文,2005.

[8] 胡丹.季冻区大跨混凝土箱梁温度场分布及温度裂缝控制措施研究[D].北京:北京建筑工程学院硕士学位论文,2012.

IV 管理养护、检测与加固

141. 港珠澳大桥桥梁工程运营期维养理念与设计

李国亮 刘明虎 孟凡超 吴伟胜 张革军 张 梁

(中交公路规划设计院有限公司)

摘 要 为保证结构在运营期间处于良好的使用状态，港珠澳大桥以"以人为本"为理念，对桥梁结构的维养通道和设施进行了精细设计。主梁内部设置检查车、人行道，外部设置检查车；塔内设置楼梯、爬梯、电梯、平台，塔外设置吊台；桥墩按一定比例设置墩顶检修平台；斜拉索采用机器人、爬车进行检查、维养。各检修通道和设施构成了港珠澳大桥桥梁工程的空间维养网络，为维养人员提供轻松、便捷、全面的工作环境和条件，为大桥的正常使用提供了基础保障。

关键词 桥梁 运营期 检修 维养 通道 设施 设计

一、概 述

近年来，我国桥梁建设事业突飞猛进，凭借一批世界级高水平的桥梁工程跻身世界桥梁强国之列。为保证结构处于良好的技术状态，桥梁结构在运营阶段需要良好的检查、维修、养护。随着工程界对维养工作认识的加深，维养设计日益受到重视，我国正逐步摆脱过去"重建轻养"的落后观念，向"建养并重、以养促建"方向良性发展[1]。2013年6月，交通运输部印发了《关于进一步加强公路桥梁养护管理的若干意见》，强调了维养工作的重要性，并要求各地努力确保桥梁安全运行。

港珠澳大桥跨越珠江口伶仃洋海域，是连接香港、广东珠海、澳门的超级跨海通道，是一项"桥、隧、岛"一体化多专业综合集群工程，包括：主体工程、香港界内跨海桥梁、内地与港澳口岸、内地与港澳连接线四大部分。主体工程桥梁长约22.9km，包括非通航孔桥和3座通航孔桥：青州航道桥(主跨458m双塔钢箱梁斜拉桥)、江海直达船航道桥(主跨2×258m三塔独柱中央索面钢箱梁斜拉桥)、九洲航道桥(主跨268m双塔独柱中央索面斜拉桥)。

港珠澳大桥建设标准高、投资规模大、交通功能重要，大桥在全寿命期内必须保持安全、畅通、舒适的使用功能，内地与港澳公众及业主对大桥出现事故的可接受度很低，因此大桥的维养工作尤为重要[2]。鉴于此，在设计阶段将维养设计置于与主体结构同等重要的地位，对维养理念、策略进行了大量的研究工作，在维养设计上实现了大桥全范围覆盖的"可视、可达"，能够将维养人员快捷地运送至结构的各部位[3]，对同类型桥梁有一定借鉴意义。

二、维养设计理念及基本原则

公元前5世纪，古希腊智者学派代表普罗泰哥拉提出"以人为本"观点，认为"人是万物的尺度"；文艺复兴时期，欧洲人文主义者发展了"以人为本"，提倡尊重人、解放人，用以反对"以神为本"。随后的数百年间，"以人为本"的含义随着时代的发展在不断演变。现代的"以人为本"，是指尊重、满足人的需求，这一理念被广泛应用于工业、民用、基础设施项目的建设上。它不仅是一种价值观念，同时也是一种思维方式，要求设计者要正确地理解使用者的需求，并在设计中尽最大可能地满足使用者的需求。

港珠澳大桥桥梁工程在维养设计中，坚持"以人为本"理念，根据大桥各部位的重要性、耐久性等特性和要求，确定各部位所需要的维养工作，进而明确维养人员对维养通道和设施的需求，从而在设计阶段予以考虑和实现。

通过分析，确定大桥维养基本原则如下：

(1) 充分保证主体结构的通达率；重要构件全面可达，次要构件基本可达。

(2) 紧急事件发生时,能够快速到达。

(3) 对重要构件实现"可检查、可维护、可加强、可控制、可持续"。

(4) 对于可更换、需定期养护部件,应提供足够的操作空间、操作平台。

(5) 尽量减少运营阶段养护人员的维养工作量,提供轻松、便捷的工作环境和条件。

三、检修维养通道总体规划

大桥检修维养通道总体规划如下:

(1) 主梁全线通过梁内检查车、梁外检查车实现快捷可达,梁内检查车轨道兼作人行道;检修通道的布置在全线范围内尽可能顺畅,同时确保无盲区、无死角;箱梁内布置除湿设备。

(2) 索塔包括塔内维养、塔外维养,塔内设置楼梯、爬梯、电梯、平台形成塔内维养通道,塔外设置检修吊机和平台。

(3) 斜拉索采用爬索机器人和检修爬车分别进行检查和维养。

(4) 支座、阻尼装置、伸缩装置等通过梁外检查车、墩顶检修平台形成维养通道。

(5) 次要构件可通过专用桥检车、检修船舶等进行检查和维养。

四、维养通道及设施设计

1. 主梁

主梁在外部设置梁外检查车,在内部设置检查车,梁内检查车轨道兼作人行道。主梁的梁内横隔板、横肋板在检修通道处均设置孔洞,检修通道在其检修范围内纵向贯通,无检查车的箱室通过腹板上的人孔联通。主梁外部预留检查车轨道(图1)。

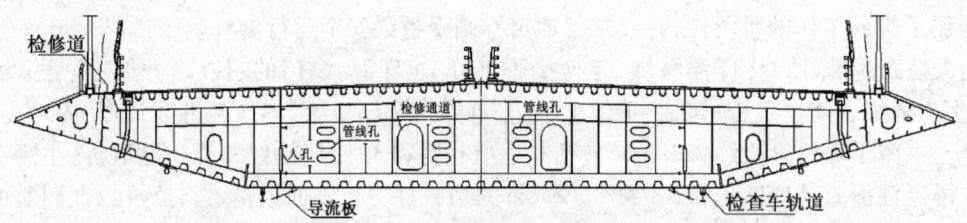

图1 主梁维养通道横断面布置(以青州航道桥为例示出)

全线检查车的布置如表1所示。

检 查 车 布 置　　　　表1

位 置	数量(台)	功 能
青州航道桥中跨	1	直线同步行走
青州航道桥边跨	4	直线同步行走、回转
江海直达船航道桥	1	直线同步行走、回转过墩(过塔)
跨越崖13-1气田管线桥	1	直线同步行走、回转过墩、跨越伸缩缝、高爬坡(8%坡度)
非通航孔桥等宽段	7	直线同步行走、回转过墩、跨越伸缩缝;每3联布置一台检查车,检测范围约2km
非通航孔桥变宽段	2	直线同步行走、回转过墩、跨越伸缩缝、适应变宽梁段

梁外检查车(图2)采用7000型航空铝合金,全自动液压控制。直线行走可以检测大部分区域,利用横向轨道变轨可对桥墩以外的区域进行检查,利用桁架上的升降小车可对箱梁高度方向的腹板和翼缘进行检查。梁外检查车平时停靠于索塔和过渡墩旁,停靠时应使用手轮实现驻车制动,并用钢索固定于索塔和过渡墩预埋件。维养人员可由过渡墩处的检修平台进到过渡墩顶,从墩顶栏杆门进入检查车桁架。

梁内检查车(图3)为由车架及行走机构等组成的电瓶车,内设照明、空调、供氧和工具箱等人性化系统,具有重量轻、速度快、舒适性好等特点。检查车的行驶系统包括动力系统、制动系统、转向与减振系统。梁内检查车轨道全线贯通,轨道采用槽钢,并在轨道两端设置防出轨挡块。在梁内检查车槽钢轨道的下翼缘板上面铺设 G253/40/100W 钢格栅板,形成贯穿于主梁的人行通道。

图2 梁外检查车

图3 梁内检查车

2. 索塔

索塔内部采用楼梯、爬梯、电梯、平台形成塔内维养通道(图4),下文以青州航道桥为例予以介绍。

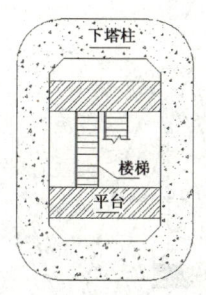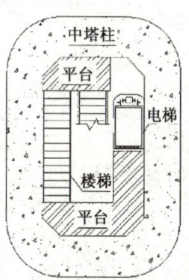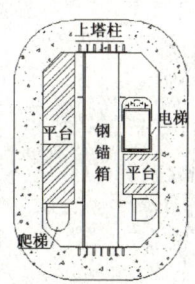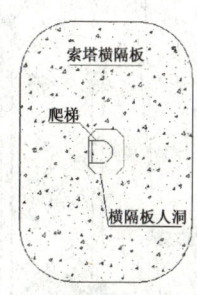

图4 塔柱内部维养通道及设施布置

(1)下塔柱、中塔柱设置了楼梯,楼梯顺桥向布置,坡度按1:1控制。楼梯按3m间距设置平台,平台宽度为900~1000mm。所有楼梯、平台均设置栏杆,栏杆高约1m。

(2)上塔柱由于中部的锚箱将空间隔断、无法设置楼梯,故设置了爬梯。爬梯内侧净宽600mm,踏棍间距250mm。爬梯按3m间距设置平台,平台宽度为850~1000mm。爬梯设置护笼。

(3)中塔柱、上塔柱设置电梯。轿厢净尺寸700mm(宽)×1000mm(深)×2100mm(高),额定载重量630kg。中塔柱按不大于11m间距设置停站,上塔柱按5m间距设置停站。电梯停站平台宽1m,电梯在边跨侧开门。

(4)塔柱横隔板预留人洞,其内设置爬梯。

(5)钢结形撑内设置爬梯,结形撑与塔柱之间设置通道。

(6)下横梁顶板设置了人孔,该人孔与下横梁底板之间设置楼梯通道;下横梁与塔柱之间设有通道(图5)。

(7)塔柱在主梁桥面检修道处设有供人员进出塔柱的通道,并设置活门。

(8)塔冠平台用于维养设备存放、维养人员休息,横向内侧女儿墙留设可活动的链门、作为钢结形撑外侧的维养通道。塔冠底板预留人孔,其内设置爬梯作为塔柱与塔冠之间的通道。(图6)

塔外维养主要包括塔柱外部维养及钢结形撑外部维养,如下:

(1)塔柱外维养通过塔外吊台实现(图7、图8)。塔外吊台抱箍在塔柱上,吊台与塔柱之间设置滚轮或导轨;吊台通过钢丝绳悬吊于塔顶吊机,塔顶吊机上下牵吊台。塔外吊台具有避让斜拉索和结形撑的功能。

(2)青州航道桥钢结形撑外部维养通过钢结形撑伸缩吊台实现。钢结形撑伸缩吊台为具有可回转、可伸缩的悬臂式平台;吊台通过钢丝绳悬吊于结形撑顶部的吊机上,吊机上下牵吊台;吊机附着于结形撑顶部的爬升轨道上、可沿轨道上下行走。维养工作完毕后,拆除、存储吊机、吊台等设备,留待下次使用(图7)。

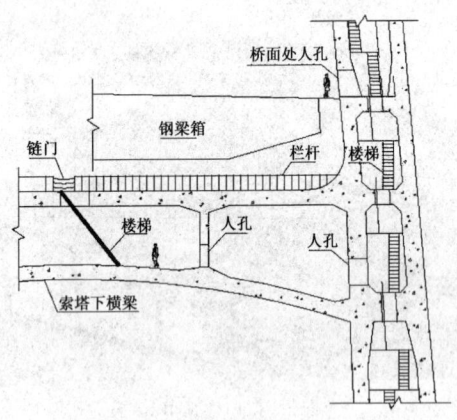
图 5 下横梁与塔柱节点处维养通道布置

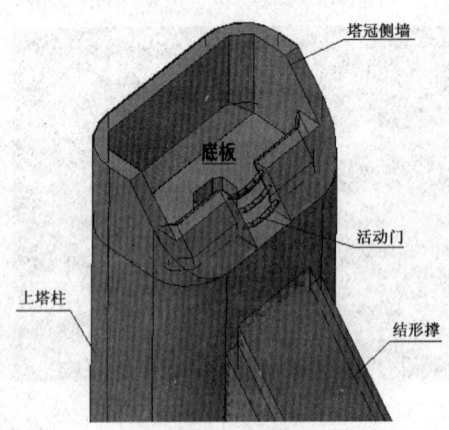
图 6 塔冠维养通道布置

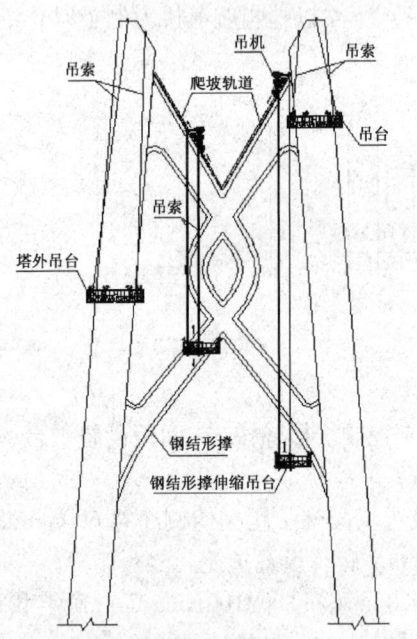
图 7 青州航道桥塔外维养设施布置示意

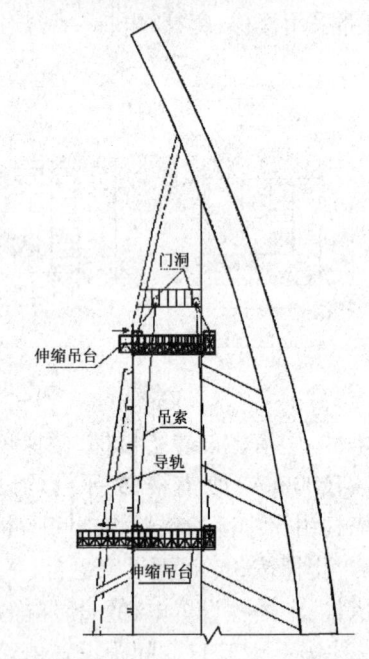
图 8 江海直达船航道桥塔外维养设施布置示意

3. 斜拉索

(1)检查。采用安装摄像头的、可沿斜拉索附着式爬走的机器人(图9),对斜拉索进行外表面整索全方位的摄像,对摄像资料进行分析,检查拉索的使用状态。

(2)维修。采用支承于斜拉索的检修爬车将维养人员运送到位,进行维修(图10)。

图 9 斜拉索爬索机器人

图 10 斜拉索检修爬车

4. 桥墩

桥墩为永久性的混凝土结构,其耐久性较好,维养工作量较小。桥墩上部的检查、维养通过墩顶检修平台和梁外检查车配合实现,桥墩下部的维养通过检修船舶实现。

5. 其余附属构件

维养人员乘坐梁外检查车靠近桥墩可对墩顶的支座进行检查(图11),在检查车桁架与阻尼装置相对应的位置设置较低栏杆或栏杆门,便于对阻尼器的检修与维护。

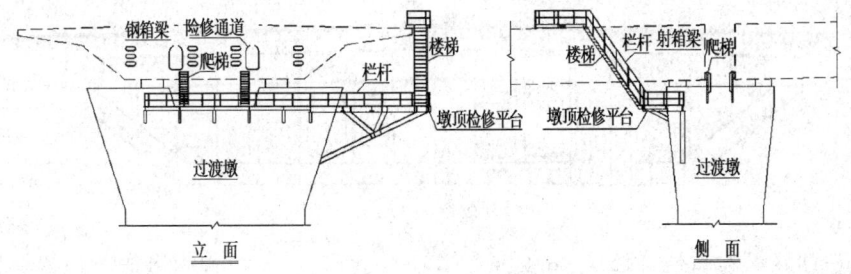

图11 墩顶维养通道示意

对于索塔下横梁处的支座、阻尼装置,维养人员亦可通过桥面处人洞进入塔柱→通过塔柱与下横梁之间的人洞进入下横梁→通过下横梁内部的楼梯到达下横梁顶。

伸缩缝装置在桥面即可进行维养,亦可通过维养通道到达过渡墩顶进行。

五、结　语

港珠澳大桥桥梁工程在"以人为本"的设计理念指导下,根据对各构件维养需求的分析,通过设置孔洞、平台、检查车、楼梯、爬梯、电梯、吊台、机器人、爬车等在内的设施形成了全线通达、空间立体的维养通道,为后期的维养创造良好的工作条件,为大桥的正常使用提供了保障。

参考文献

[1] 袁国清,李威.公路桥梁养护检查和监控体系建设的思考[J].公路交通科技,2013.12.
[2] 刘正光.香港桥梁设计及工程管理[M].清华大学出版社,2008.
[3] 中交公路规划设计院有限公司.港珠澳大桥项目营运及维护准则[R].2009.12.
[4] 中华人民共和国行业标准(JTG H11—2004).公路桥涵养护规范.北京:人民交通出版社,2004.
[5] 中华人民共和国行业标准(JTG H10—2009).公路养护技术规范.北京:人民交通出版社,2009.

142. 港珠澳大桥钢箱梁梁外检查车创新设计

孟凡超[1]　常志军[1]　熊劲松[2]　皇甫维国[2]　刘明虎[1]　张革军[1]

(1.中交公路规划设计院有限公司;2.成都市新筑路桥机械股份有限公司)

摘　要　港珠澳大桥是连接香港、珠海、澳门的大型跨海通道,主桥采用钢箱梁和钢箱组合梁结构。为确保钢箱梁营运的耐久性,针对钢箱梁结构形式、后期检查以及维养方式进行了分析,设计了港珠澳大桥钢箱梁梁外专用检查车。本文就梁外检查车变轨过墩或塔、过伸缩缝、变宽行走、高爬坡、动力系统以及安全性设计进行了分析论证,并根据港珠澳大桥的实际工况进行了足尺模拟试验分析,对结构的可行性、操作的便捷性、安全性等进行了验证,从而保证梁外检查车在港珠澳大桥钢箱梁外部实现可达、可检、可维的作用。

关键词　梁外检查车　变轨过墩　过伸缩缝　变宽行走　高爬坡　安全性　模拟试验

一、引 言

港珠澳大桥 DB01 标设计范围从 K13+413 至 K29+237,全长 15.824km,包括:110m 非通航孔桥、跨越崖 13-1 气田管线桥(370m)、青州航道桥(1150m)和江海直达船航道桥(994m),全部桥梁采用整幅式钢箱梁。如图 1 所示。

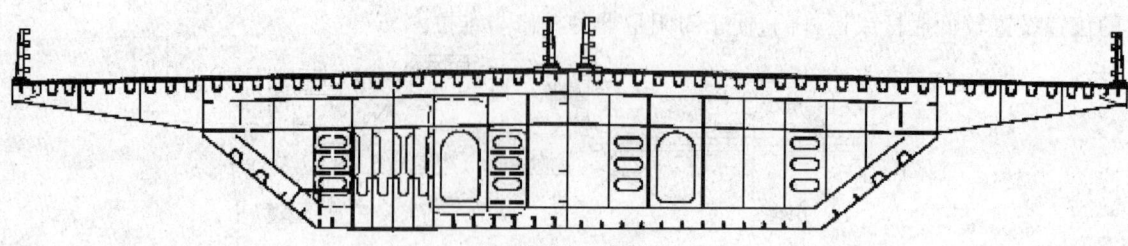

图 1 钢箱梁结构形式

钢结构桥梁长期暴露在自然环境中,同时承受着交变载荷,运营过程中可能出现钢结构腐蚀、焊缝疲劳缺陷、螺栓松动等现象,因此在桥梁设计时必须考虑后期养护。为保证港珠澳大桥安全运行的耐久性,针对不同范围的桥梁,结合其结构特点及后期养护需求,设计了不同类型的检查车。

二、总体设计

港珠澳大桥梁外检查车主要功能为:①作为对钢箱梁梁底、翼缘等各结构进行检查的平台;②作为对桥梁支座、伸缩缝进行检查、维养、更换的通道;③未来钢箱梁外表面再次涂装的平台。

DB01 标不同范围的桥梁有各自的特点,检查车设计时功能上首先要满足其需求:非通航孔桥为 6 跨一联,每 3 联设置一台检查车,检查车需要具备变轨过墩、过伸缩缝的功能;跨越崖 13-1 气田管线桥钢箱梁为变高截面设计,检查车需具备 8% 大爬坡的功能;与江海直达船航道桥相连的一联非通航孔桥为变宽截面设计,变宽最大范围达到 5.7m。DB01 标共设计了 5 种不同类型的检查车,分别用于不同范围桥梁的检查。检查车布置如表 1 所示。

梁外检查车布置及功能   表 1

位 置	数量(台)	功 能
青州航道桥中跨	1	直线同步行走
青州航道桥边跨	4	直线同步行走、回转
江海直达船航道桥	1	直线同步行走、回转过墩(过塔)
跨越崖 13-1 气田管线桥	1	直线同步行走、回转过墩、跨越伸缩缝、高爬坡(8% 坡度)
深水区非通航孔桥等宽段	7	直线同步行走、回转过墩、跨越伸缩缝
接江海直达航道桥变宽段	2	直线同步行走、回转过墩、跨越伸缩缝、适应变宽梁段
合计	16	

港珠澳大桥梁外检查车在功能设计方面的要求如下:

(1) 梁外检查车变轨过墩(塔),过伸缩缝,实现多联共用,减少检查车数量,降低成本。
(2) 直线行走及左右行走机构同步要求。
(3) 梁外检查车能变宽行走、高爬坡,最大轨距变宽量为 5.7m,最大爬坡为 8%。
(4) 检查车行车过程可平稳制动、工作时多种制动功能、停靠检修时驻车安全制动。
(5) 满足钢梁底部、翼缘的全面检修。
(6) 检查车结构件及电气元器件必须考虑海洋性气候条件下海风长时间侵蚀对工作性能的影响。
(7) 检查车必须具有可靠的安全保护装置,误操作报警以及风速报警保护装置。
(8) 检查车具有节能环保功能,采用锂电池组驱动及 PLC 逻辑动作控制。

三、变轨过墩设计

检查车过墩时需要在墩(塔)两侧各设置一横向轨道,通过轨道的布置和检查车驱动机构的旋转来实现。检查车过墩顺序如下:两驱动机构正常行走→两驱动机构分别在横向轨道和顺桥向轨道运行→两驱动机构均在顺桥向单侧轨道上向前运动→两驱动机构分别在顺桥向轨道和横向轨道运行→两驱动机正常行走(过墩完成)。

检查车通过回转驱动装置驱动旋转轨道(图2)由纵桥向转向为横桥向,反之亦可,旋转变轨后通过左右行走驱动装置的协调动作,进行检查车顺时针或逆时针转体,转体动作为可逆动作,实施逆向动作即实现检查车转体还原。梁外检查车设计了三种过墩方式进行比较。

(1)单轨轨道过墩布置方案,如图3所示。

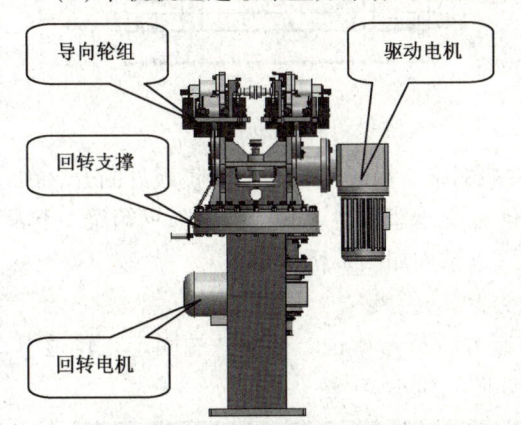

图2 转体驱动装置

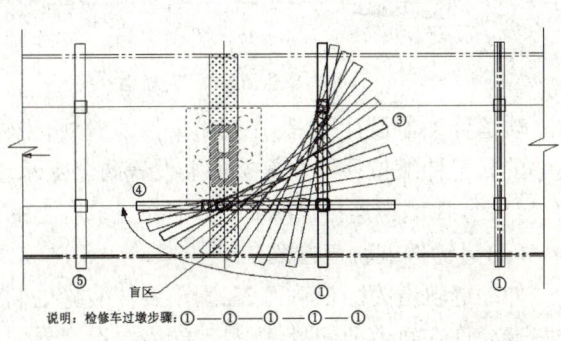

图3 单轨道过墩方案

(2)三轨道过桥墩方案

此方案考虑梁外检查车过墩时的稳定性,在主轨道的两侧增加两根轨道。即在过墩区两侧全部设置有三根轨道,如图4所示。

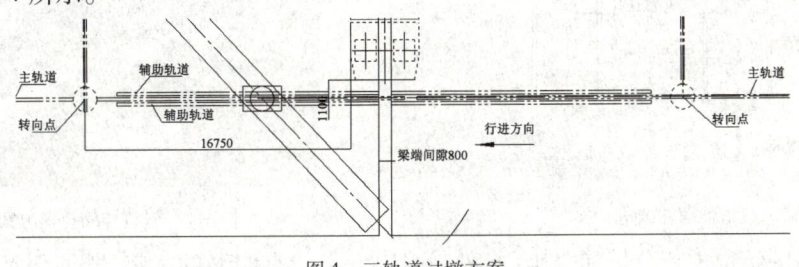

图4 三轨道过墩方案

(3)单轨道加双轨道过墩方案

此方案设计在桥墩的两侧布置两根轨道,桥墩处过渡区域布置三根轨道以保证检查车在过墩时的稳定性。检查车由旋转轨道变轨进入过渡区域内的三根轨道,然后再行走至桥墩两侧的双轨轨道如图5所示。

对以上三种过墩方案进行分析和对比:单轨过墩方案中,在过墩时梁外检查车两边的驱动机构都在一根轨道上,检查车容易产生摇晃,造成运行不稳定;三轨道过墩方案中,轨道布置复杂、工程量大,转向机构多,转动空间大,控制系统复杂。因此港珠澳大桥检查车过墩方式采用第三种方案,其轨道布置简单,转动空间小,控制系统简单,同时又保证过墩时检查车的稳定性和可靠性。

四、过伸缩缝设计

伸缩缝处钢箱梁是不连续的,为实现多联共用一台检查车,梁外检查车需要跨越伸缩缝。检查车轨道既要保证在伸缩缝处连续,又要保证轨道能够适应温度和活载引起的轨道在顺桥向的长度变化,结构上是通过伸缩轨道来实现的。伸缩轨道的方案设计如下：

(1) 过缝伸缩轨道方案一

伸缩轨道在一侧钢箱梁梁端的下部与轨道连接座固定，为固定端；在另一侧的钢箱梁梁端下部通过轨道伸缩器与轨道连接座相连，为滑动端。轨道伸缩器处两侧另设两根轨道，保证梁外检查车通过伸缩缝时的平顺性和稳定性，详细结构如图6。

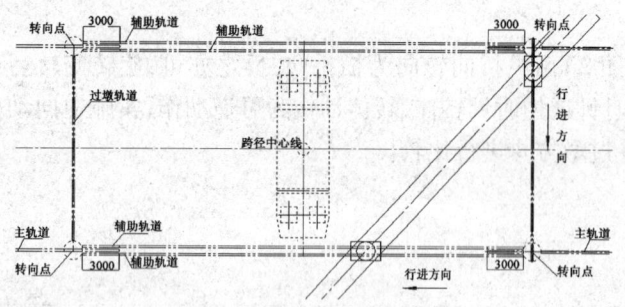

图5 单轨加双轨道过桥墩方案

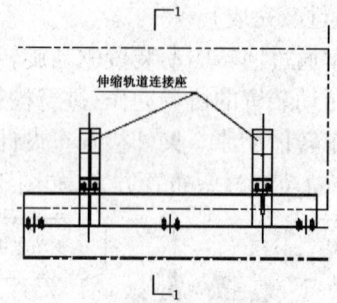

图6 过缝伸缩轨道方案一

轨道伸缩器设计原理：在钢箱梁伸缩缝处，主轨道在距梁端部第二横隔板与第三横隔板处断开，保证足够的轨道伸缩位移量。连接座上设置两个支承座，主轨道能在支承座上滑动。主轨道随钢箱梁一起移动，与导向H型钢连接，导向H型钢在支承座上的滑移面滑移。结构如图7所示。

(2) 过缝伸缩轨道方案二

伸缩缝轨道为一根轨道，在钢箱梁伸缩缝处轨道两侧各嵌入一折弯槽钢。槽钢一端固定在轨道上，另一端允许在轨道两侧滑动，滑动端需要设置导向块。结构如图8所示。

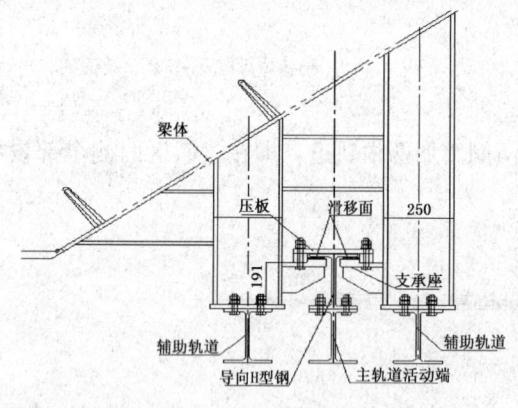

图7 轨道伸缩器结构

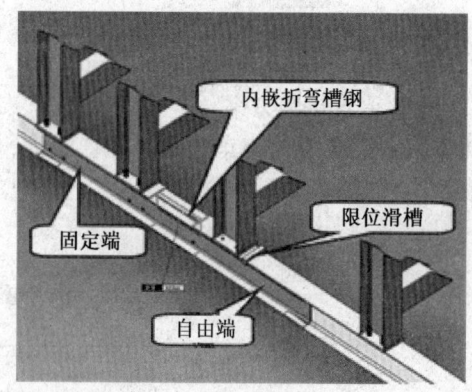

图8 过缝伸缩轨道方案二

对以上两方案的结构进行分析和对比：方案一相比方案二有明显的优势，既能保证检查车平顺通过伸缩缝，又保证过伸缩缝时检查车的稳定性，大大提高了检查车通过时的安全性，满足检查车连续行走的功能要求。

五、变宽行走设计

为了满足深水区非通航桥接江海直达船航道桥变宽段区域因钢箱梁截面变化引起的轨道变化，梁外检查车轨道布置设计了两种方式：一种为等轨距布置，一种为变轨距布置。

(1) 方案一：等轨距布置

采用等轨距布置时，需在梁体最宽处设置轨道连接座。钢箱梁梁体最大宽度位置，轨道连接座在梁体底部；钢箱梁梁体宽度较小位置，轨道连接座向翼缘靠近，详见图9。

(2) 方案二：变轨距布置

轨道连接座安装位置随钢箱梁横截面宽度变化而变化，而连接座与梁底部、翼缘相对位置不变，同时轨道间距随钢箱梁横截面变宽而增加，如图10所示。

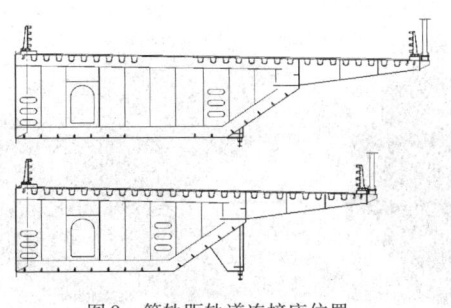

图9 等轨距轨道连接座位置

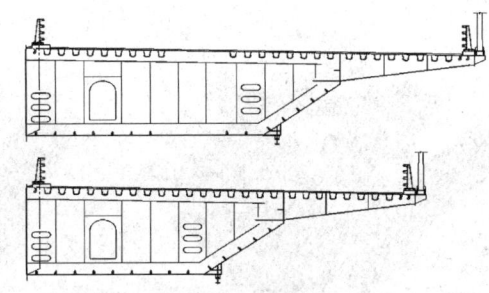

图10 变轨距轨道连接座位置

采用方案二轨道布置,检查车在顺桥向运动的同时,驱动悬挂系统需要能够在横桥向运动,即检查车采用变轨距行走。在结构上是通过采用可滑动回转连接座和活动龙门架来实现的。变轨距功能实现见示意图11。

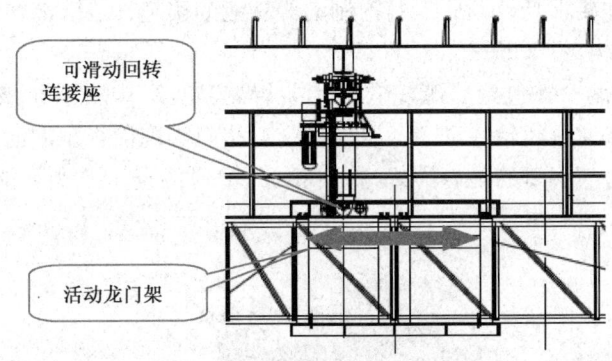

图11 变宽行走结构

方案一中,轨道连接座位置会随钢箱梁宽度减小而向梁体翼缘靠近,此时连接座悬臂较长,竖向悬臂长度不一,并且连接座与钢梁之间的接合面为斜面,连接座的制作、安装难度高。而变轨距方案的连接座制作相对简单,并且外观一致,只需要通过检查车的结构设计就可以实现,大大减轻了轨道制造和安装的难度。因此,梁外检查车变宽设计采用方案二。

六、高爬坡设计

跨越崖13-1气田管线桥为变高截面钢箱梁,其最大坡度达到7.3%,设计时按照8%的坡度来设计,如图12。跨越崖13-1气田管线桥处梁外检查车需具备高爬坡的功能。

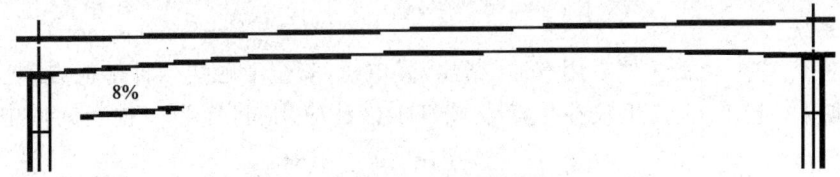

图12 跨越崖13-1气田管线桥桥型示意图

根据高爬坡的设计要求,行走系统的设计考虑了钢轮、钢轮外包聚氨酯和橡胶履带板等三种行走方式(分别见图13~图15),并作了相应的对比分析,具体计算结果见表2。

行走轮方案对比　　　　　表2

指标 项目	动摩擦 F_2(N)	坡道阻力 F_3(N)		惯性力 F_4(N)	风阻 F_5(N)	最小驱动力 F(N)		附着力 F_1(N)	打滑条件	
		2%	8%			2%	8%		2%	8%
钢轮	2548	2549	10150	1083	7218	13398	20991	19050	不打滑	打滑
钢轮外包 聚氨酯	8918	2549	10150	1083	7218	19768	27361	44100	不打滑	不打滑
履带板	19110	2549	10150	1083	7218	29960	37553	76196	不打滑	不打滑

| 图 13 钢轮驱动 | 图 14 钢轮外包聚氨酯驱动 | 图 15 履带板驱动 |

从上面的计算可以得出,钢轮驱动不能满足港珠澳大桥检查车高爬坡的驱动要求。理论分析和后期试验表明,钢轮外包聚氨酯和履带式车轮均满足设计要求,附着力好,稳定性相当,对轨道的损伤小,但是履带轮结构复杂,对空间及尺寸要求高,不利于回转、制动等功能的实施,因此,港珠澳大桥梁外检查车行走驱动采用钢轮外包聚氨酯结构。

检查车的驱动机构主要由钢轮外包聚氨酯轮式行走装置、齿轮箱、电机所组成,结构如图16所示。行走时由电机驱动齿轮箱工作,通过齿轮传动,带动聚氨酯轮,从而实现检查车的前进及后退。采用钢轮外包聚氨酯橡胶轮式行走装置,与钢轨的附着力好,稳定相好,增强检查车的爬坡能力,同时减小对轨道涂层的损伤。

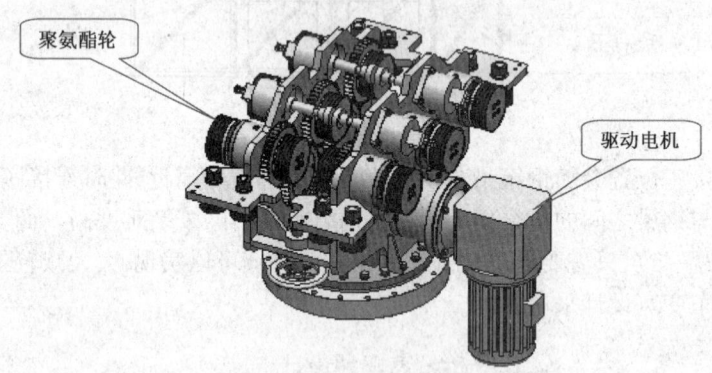

图 16 聚氨酯轮驱动装置

七、动力系统设计

1. 三种动力系统

国内已有的检查车中,电源主要采用汽油(柴油)发电机、安全滑触线两种供电方式。随着电池技术的飞速发展,电池组供电在国防、工农业生产领域有了广泛应用,将作为一种新的供电方式被应用和推广。

 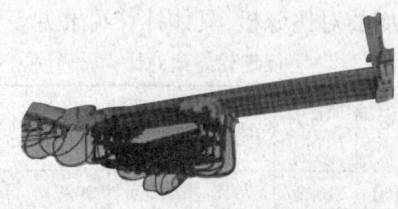 

| 图 17 发电机 | 图 18 安全滑触线 | 图 19 锂电池组 |

2. 三种动力系统比较

梁外检查车的最大检修距离为2000m左右,对电源系统采用发电机、滑触线、锂电池供电方案对比如表3所示。

电源方案比较　　　　　　　　　　　　　　　　　表3

比较项目	锂电池方案	发电机方案	滑触线方案
投资	初期投资相对较高	相对较低	因运行距离远,初期投资高
固定位置	检查车任意位置	检查车任意位置	固定在钢箱梁外部
操作的方便性	简单,只需合上空气开关	比较简单,需先接通点火开关,再调节风门大小,正常后合上自带的空气开关	复杂,电源靠桥墩位置的配电箱供给,在回转轨道和变轨运行时,需要重复拔插电源,非常耗时而且容易出现危险
可靠性	高,电池在放电过程中,电压衰减小,而且逆变器工作范围较大,输出电压、频率精度高	相对较高,电压输出波动较小	滑触线易膨胀,炭刷易磨损,造成接触不良;受环境的影响较大,易造成接触不良
安全性	较高,电池单体有过流、过热保护,电池组内部有保护单元和散热通道,并通过BMS进行充放电智能管理	相对较低,汽油和柴油均属于易燃物品,存在安全隐患	相对较高,通过绝缘材料覆盖
环保性	对环境无污染	运行时,噪声大、污染大	对环境无污染
维护保养	根据检查车运行情况,每月运行一两次,根据电量情况适时充电,符合电池组的维护保养原则	相对较小,需要定期更换润滑油,清洁或更换空滤和润滑油过滤器的滤芯	维护保养的工作量及成本相对较大,需定期检查滑触线和电刷,因为电刷容易磨损,需定期更换

通过比较分析,三种供电方案都有其各自的特点。比较而言,锂电池方案具有操作简单、运行风险小、安全可靠性高、后期维护保养简单、对环境无污染等优点,虽然其初期投资较高,经综合比较后,还是决定采用此方案。

八、安全性设计

1. 梁外检查车安全措施

(1) 风速检测报警保护

为了保护人身安全,检查车禁止在设定的风速以上运行,当风速超过设定值时,风速报警仪(图20)检测出此时的风速,通过报警仪发出声光信号,并且传递信号给主控制器切断检查车的运行信号,停止工作。

(2) 行车危险保护

钢箱梁底部铺设有横向轨道、竖向轨道、辅助轨道和旋转轨道,为防止轨道两端忘记设置机械挡块的风险,保证检修工作的安全,在检查车左右两侧行走机构前端装有危险检测开关,当检测到行走机构开始脱离轨道时立即自动停车。

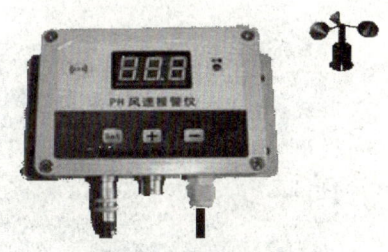

图20　风速报警仪

(3) 限位保护

在旋转轨道两端都设有机械限位,为了防止行走机构与机械限位发生摩擦、碰撞,损坏涂层和机械结构,在摩擦和碰撞前停止检查车运行。

2. 制动系统安全措施

为了确保驻车停靠时的安全性,设有三种制动方式:电机制动、电磁阀制动和手动制动。

(1)电机制动采用自带抱闸功能的电动机,在断电情况下对电机输出轴进行抱轴,见图21。

(2)电磁制动阀安装在驱动箱壁板上,位于行走轨道两侧,当行走停止时,系统断电,电磁制动阀在阀体内制动弹簧力作用下,通过活塞杆顶推摩擦片与轨道腹板摩擦制动;行走时,在电磁力作用下压缩制动弹簧,使制动活塞缩回,从而使摩擦片脱开轨道,见图22(电磁制动)。

(3)手动制动是转动手轮,通过丝杠顶推摩擦盘,使摩擦盘压迫轨道底面,通过摩擦盘的制动片与轨道底面摩擦制动,以用于驻车时使用。见图22(手动制动)。

图21 电机抱闸装置图

图22 电磁制动和手动制动装置

3. 电控系统安全措施

(1)接地故障保护

利用剩余电流实现接地故障保护,在总电源进线处加装漏电保护器,防止人身触电事故及漏电引起的电气火灾和电气设备损坏事故。

(2)驱动电机保护

电机作为检查车行走驱动和回转驱动,需要对其进行保护,以使电机正常安全运行。电机用成熟的变频器技术进行控制和保护,对电机的过载、过流、欠压、缺相等进行保护。

九、厂 内 试 验

港珠澳大桥梁外检查车采用了新材料、新技术、新能源,为验证检查车各项设计功能,建造了模拟实际工况的专项课题研究试验场,如图23所示。

图23 梁外检查车试验场

梁外检查车在进行调试操作时应当考虑两种工况,一种空载下的运行情况,一种是满载工况下的运行情况,其中满载工况下需要检测的项目见表4。

试验检测项目 表4

检测项目	检测内容
聚氨酯钢轮/橡胶履带轮行走	检测驱动轮是否打滑;对轨道的损伤程度等
锂电池电源	测试检查车续航时间
检查车爬坡行走	检测爬坡时是否打滑,以及输出动力是否足够等
铝合金桁架承载	检测桁架满荷载挠度与数值模拟的差别
检查车一般行走	检测检查车行走时是否平稳;行走时速度调速能力可控性
驱动旋转轨道	检测旋转轨道旋转的操作性能
检查车制动	检测检查车制动能力,制动距离及制动可靠性
跨越伸缩缝	检测检查车在通过伸缩缝时的稳定性
检查车变宽行走	检测检查车在变宽段行走的稳定性和自适应性

十、结 语

港珠澳大桥钢箱梁梁外检查车是根据港珠澳大桥的结构特点进行针对性创新设计的专用检查车,该检查车充分考虑了梁外检查车结构的安全性、耐久性、环保性、维养作业的适应性和便捷性,还考虑了该设备类似于机电设备需要专用实验平台进行模拟检测、试验和出厂前的调试,进一步验证了检查车用于实桥的可靠性和可行性。

该检查车的使用对桥梁寿命及承载能力的定期研究预测、桥梁病害的检查及维修具有重要意义,为桥梁长期安全使用提供了有力保证。

143. 港珠澳大桥钢箱梁梁内检查车创新设计

常志军[1] 孟凡超[1] 熊劲松[2] 胥 俊[2] 吴伟胜[1] 张 梁[1]

(1 中交公路规划设计院有限公司;2.成都市新筑路桥机械股份有限公司)

摘 要 港珠澳大桥是连接香港、珠海、澳门的大型跨海通道,主桥采用钢箱梁和钢混组合梁结构。为确保钢箱梁营运的耐久性,针对钢箱梁内部的结构形式、后期检查、可能出现的病害以及维养方式进行了分析,设计了港珠澳大桥钢箱梁梁内专用检查车。本文就梁内检查车结构、过伸缩缝、快速通过密封门、安全性设计进行了分析论证,并根据港珠澳大桥的实际工况进行了足尺模拟试验分析,对结构的可行性、操作的便捷性、安全性等进行了验证。

关键词 梁内检查车 过伸缩缝 密封门 安全性 模拟试验

一、引 言

港珠澳大桥 DB01 标设计范围从 K13+413 至 K29+237,全长 15.824km,包括:110m 非通航孔桥、跨越崖 13-1 气田管线桥(370m)青州航道桥(1150m)和江海直达船航道桥(994m),全部桥梁采用整幅式钢箱梁,如图 1 所示。为防止大桥在运营中可能出现的病害,在钢箱梁两个人孔内部设置梁内检查车,对钢箱梁内部进行检查与维护。

国内外一些现有的桥梁内部也设有梁内检查车,如图 2 所示,但是这种简易构造无法适应港珠澳大桥箱梁内部高温、缺氧的特殊工作环境。

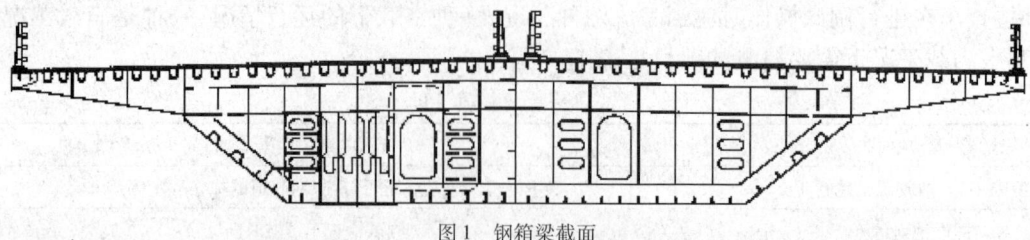

图1 钢箱梁截面

根据港珠澳大桥所处自然环境潮湿,桥梁内部又处于高温密封环境的特点,对梁内检查车进行了针对性的设计,使其具有智能过伸缩缝、密封门,安全性好,速度快,舒适性高等特点。梁内检查车整体结构如图3所示。

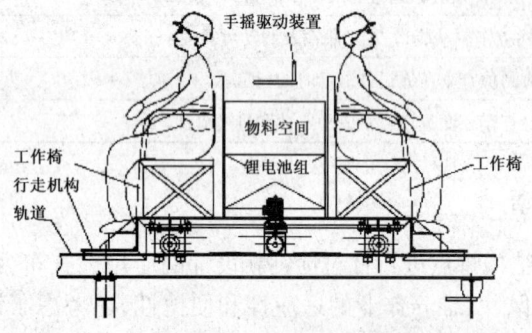

图2 现有的钢箱梁内部检查车　　　　　　　图3 港珠澳梁内检查车

港珠澳大桥梁内检查车在功能设计方面的要求如下：

(1)总体要求:满足钢箱梁内检查作业的功能要求,外观美观大方,行驶平稳,操作灵活,舒适可靠,绿色环保。

(2)能智能通过伸缩缝,实现多联共用检查车,减少检查车数量,降低成本。

(3)无须停车,智能通过密封门。

(4)梁内检查车能适应钢箱梁高温、缺氧工况。

二、梁内检查车过伸缩缝设计

港珠澳梁内检查车在非通航孔桥为3联设置一台,每台检修范围约2km,这就要求梁内检查车能够平稳、快速、安全的通过桥梁伸缩缝,结构上是通过伸缩轨道来实现的。伸缩轨道结构设计有两种方案：

(1)方案一:伸缩轨道采用两条126mm×53mm×5.5mm槽钢对扣的方式,在正常行走时主轨道为外侧的槽钢,过伸缩缝时轨道为内侧的槽钢。轨道伸缩区域位于钢箱梁梁体内。如图4所示。

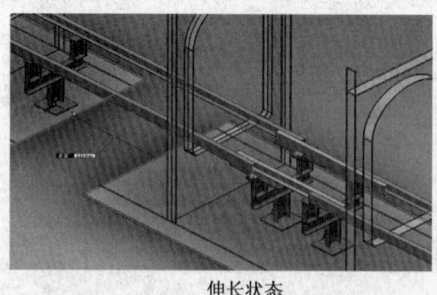
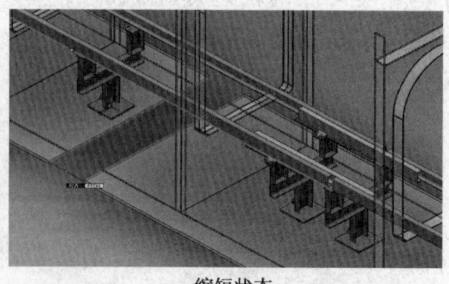

图4 伸缩轨道方案一

伸缩轨道一端固定于一侧钢箱梁内部的横隔板上,为固定端;另一端通过轨道伸缩器连接于相邻箱梁上,伸缩轨道可在轨道伸缩器上随着钢箱梁自身运动而自由滑动,为滑动端;轨道伸缩器上设置的耐磨板(聚四氟乙烯)起润滑作用。轨道伸缩器设置在钢箱梁内部,结构如图5所示。

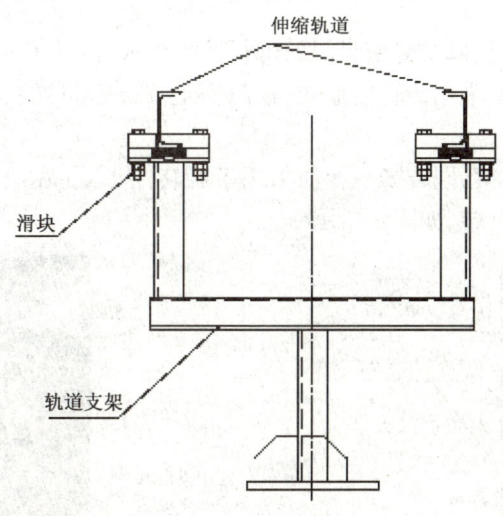

图 5 轨道伸缩器结构图

（2）方案二：轨道采用两条 126mm×53mm×5.5mm 槽钢。当梁内检查车通过伸缩缝时，由齿轮、齿条驱动伸缩轨道形成相连接的轨道系统，从而使梁内检查车顺利通过。轨道伸缩区域位于钢箱梁伸缩缝处。如图 6 所示。

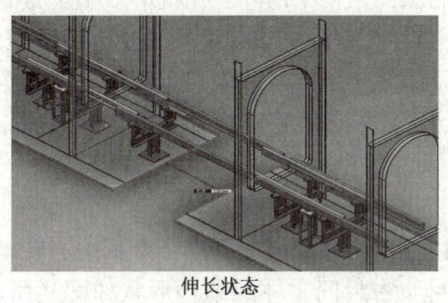

图 6 伸缩轨道方案二

方案一和方案二在固定轨道设计上是一致的，区别在于轨道伸缩器有所不同。方案一将轨道伸缩器置于钢梁内，保证了检查车在通过轨道伸缩器时的安全性。方案二将轨道伸缩器置于伸缩缝处，若要保证安全性，需要加强横向稳定性设计，同时需要在梁内设置驱动机构，通过齿轮齿条传动带动伸缩轨道。方案二相比方案一结构复杂，且传动机构多容易出现伸缩轨道与固定轨道连接错位，故选择方案一作为设计方案。

三、钢箱梁梁端密封门设计

钢箱梁外部采用重防腐涂装，钢箱梁内部采用涂层加除湿系统的防护方案。钢箱梁横隔板上设置了人孔，为了保证除湿系统的效果和钢箱梁内空气的湿度保持在设计范围内，必须在钢箱梁端隔板人孔位置设置密封门。梁内检查车的轨道设置在钢箱梁人孔位置，密封门需要具备在检查车通过时能够自动开启，检查车通过后能够自动关闭的功能。

钢箱梁人孔高度是 1920mm，宽度是 1100mm，密封门大小根据人孔尺寸设计。密封门设计具体要求如下：

（1）密封门与梁体人孔之间要密封。
（2）密封门能实现自动开启和关闭。
（3）密封门的开启和关闭不能与梁内检查车轨道干涉。
（4）密封门在断电的情况下能实现人工开启和关闭。
（5）密封门关闭后能自锁。

1. 密封门方案选择

针对港珠澳大桥的实际情况,以及对密封门的密封性能要求,设计了两种方案进行比较:

方案一:全自动密封门方案,采用旋转门形式,在门框上安装密封橡胶条,采用电机驱动齿轮传动从而驱动密封门旋转,如图7所示。

方案二:遥控开闭密封门方案,同方案一相似采用了旋转门形式,在门框上安装了密封橡胶条,采用外购平开门机遥控驱动密封门旋转,如图8所示。

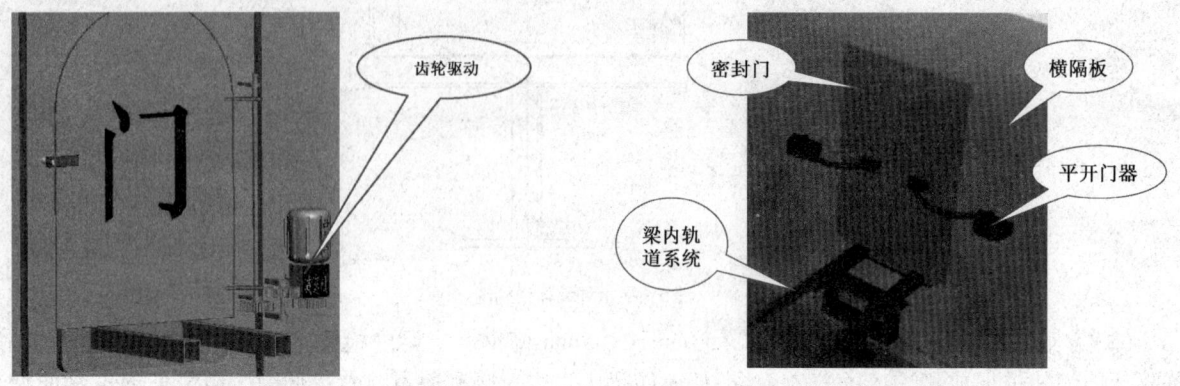

图7 密封门方案一　　　　　　　　图8 密封门方案二

密封门两个方案均能满足钢箱梁密封的要求,都能保证钢箱梁内除湿系统的效果。方案一采用电机驱动,电机在经减速箱减速后由齿轮驱动旋转轴开闭密封门;在门框边缘设置了锁定装置锁紧密封门,保证密封效果;方案二采用DETIC公司生产的平开门机驱动密封门,在钢箱梁内部就能够在梁内检查车上遥控开闭密封门;同时在密封门附近设置了手动开关,用于遥控开关失效时使用。方案二相比方案一使用更便捷,可靠性更高,故选方案二。

2. 密封门结构设计

密封门主体由两个能开启及关闭的门扇与槽钢门柱组成,每个门扇可以绕合页中心转动。门扇靠近边缘处安装了密封橡胶,在密封门关闭时能更好地密封。密封门主体的结构形状如图9所示,密封门密封原理如图10所示。

在临近密封门横隔板处设置手动按钮,当遥控器没电时可使用手动按钮开启密封门。密封门从钢箱梁内外均可手动开启、关闭。

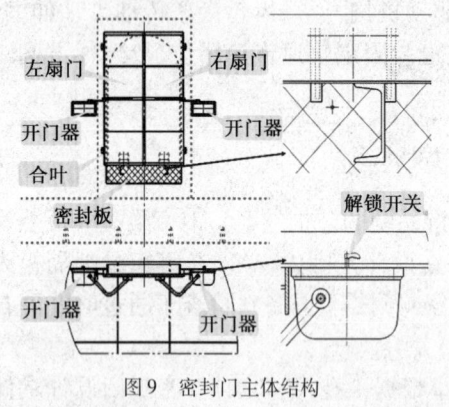 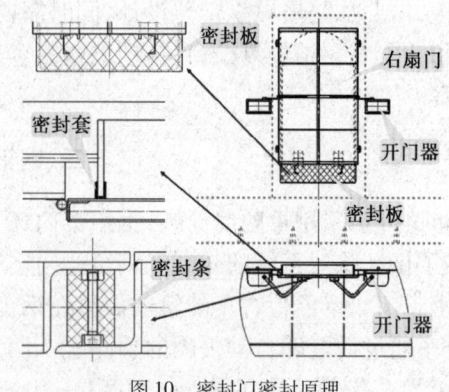

图9 密封门主体结构　　　　　　　　图10 密封门密封原理

四、梁内检查车结构设计

1. 底盘系统设计

底盘是电动车最重要的组成部分,其作用是支承、安装发动机及各部件、总成,形成车辆的整体造型,并接受和传递发动机的动力,使小车产生运动,保证车辆的正常行驶。底盘通常由传动系、行驶系、转向系和制动系四部分组成。港珠澳大桥梁内检查车为直线行走,只需对传动系、行驶系和制动系等进行设计。

(1) 传动系

车辆发动机所发出的动力靠传动系传递到驱动车轮,电传动系统在牵引过程中将各种电能转变成机械能驱动整车运行,同时在制动过程中也可以将整车的机械能转变成电能,实现能量的再生。港珠澳大桥梁内检查车的传动系主要由电动机、变速器、主减速器和驱动轮等组成,采用轮轨式行走方式,根据实际工况做出了有针对性的设计,并具有良好的动力性和经济性。

(2) 行驶系

行驶系的主要功用是接受发动机经传动系传来的转矩,并通过驱动轮与轨道间的附着作用,产生轨道对小车的牵引力,以保证整车正常行驶。梁内桥检查车采用轮式行驶系统,该电动车行驶系统由车架、车桥、悬架和车轮组成。

梁内检查车的车架采用高强度铝合金材料,以满足小车总布置、足够的刚度和强度、轻量化及提供车辆稳定性的要求。如图11所示。

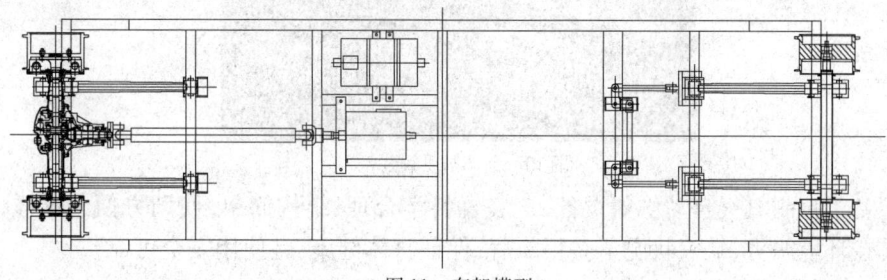

图11 车架模型

车桥采用意大利进口后桥,具有品质稳定、噪声小、耐疲劳、使用寿命长、无极变速的特点;电机输入花键处装有耐高温油封、透气孔,产品不会有漏油现象;输出半轴与安装制动毂位连于一体,设计理念先进。如图12所示。

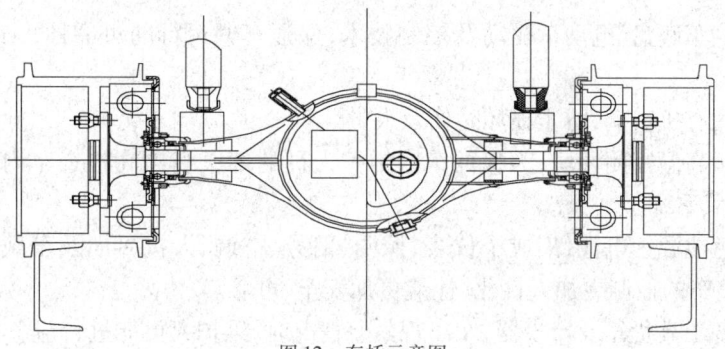

图12 车桥示意图

悬挂系统采用麦弗逊式独立悬架系统+整体独立悬挂,可节省保养整修工,减少前束定位变化两个弹簧分散受力,减少振荡。

梁内检查车采用钢轮外包聚氨酯的行走方式完全可以满足其使用要求,并且增加了检查车的行驶时的安全性、稳定性和舒适性,同时避免了橡胶车轮易老化、寿命短的缺点。

(3) 制动系

制动系统作用是使行驶中的小车按驾驶员的要求进行强制减速甚至停车,使已停驶的小车在各种道路条件下稳定驻车,使在轨道上小车速度保持稳定。港珠澳大桥采用的是电磁制动+四轮液压碟刹的双制动系统。

2. 电源

梁内检查车在钢箱梁内运行,且要过密封门,为了不污染环境和产生噪音,必须使用车载电源。鉴于锂离子电池作为动力源的多种优点,设计了两组48V、120A.h锂离子电池组,一组给驱动系统供电,一组给电子电器设备供电。梁内检查车随车配置了两台48V、30A的充电器,可以对锂电池组进行方便、快捷的智能充电。

3. 控制方案

采用美国科蒂斯交流控制器,通过先进的控制软件保证了电机在不同的模式下,都能平稳运行,包括全速运行和大扭矩状态下的再生制动,零速以及扭矩控制。

4. 空调与供氧系统(图13)

为了提高桥梁维护人员在检查小车内工作环境的舒适性,本车配备了一体式的电驱动直流变频汽车空调,具有变频、功耗低、制冷效果好、噪声小等特点。

图13　空调与供氧装置

同时车内配备了自制氧气自动供氧设备,该装置科学合理,结构简单,使用方便。这样,不仅保证车内桥梁维护人员在环境恶劣、缺氧状况下获得氧气,保证身体健康,且使用安全可靠。

五、港珠澳大桥梁内检查车结构安全性设计

(1)车身覆盖采用玻璃纤维制作,轻质高强、电绝缘性好、耐腐蚀性能好,能保证人员在检查小车内检查时的安全。

(2)采用成熟的汽车底盘、电动车驱动及控制技术,保证车辆运行的可靠性;采用独立驻车系统,防止驻车时沿轨道滑动。

(3)挡风玻璃采用有机玻璃,防止损坏时伤及人员。

(4)桥梁内部处于高温密闭环境,为保证车内维护人员的健康和提高检查车内工作环境的舒适性,车内配备有空调与供氧系统。

(5)电控系统绿色能源锂电池,集成了仪表、照明、信号、空调、人机界面及车载电子设备等,并具有自动制动功能,使得整车的控制更加人性化,性能更加安全、可靠。

(6)检查车还配备工具货箱及警报器,在出现紧急情况时,维护人员能进行应急处理。

六、港珠澳大桥梁内检查车制造厂内试验

港珠澳大桥梁内检查车采用了新材料、新技术、新能源,为验证梁内检查车各项设计功能,建造了模拟实际工况的专项课题研究试验场,通过试验验证检查车的可行性和可靠性,如图14示。

图14　梁内检查车试验场

梁内检查车在行走时,需要检测的项目见表1。

试验检测项目　　　　　　　　　　　　　　表1

检测项目	检测内容
聚氨酯轮行走	检测驱动轮是否打滑;对轨道的损伤程度等
锂电池电源	测试检查车续航时间
检查车行走	检测检查车行走时是否平稳;行走时速度调速能力可控性
检查车制动	检测检查车制动能力、制动距离及制动可靠性
跨越伸缩缝	检测检查车在通过伸缩缝时的稳定性
密封门	检测密封门遥控及按钮开启、关闭性能,以及失电情况下手动开启、关闭

七、结　语

根据港珠澳大桥钢箱梁内部的特殊工作环境,对梁内检查车需具备的功能进行研究,设计出了狭小空间内直线行走检修需要的新型电动小车。该设计贯穿"以人为本"的设计理念,具有安全性好、速度快、舒适性高等特点,为对钢箱梁内部结构进行全面的检查、修理与维护提供可靠的运行平台。

梁内检查车的使用对桥梁寿命及承载能力的定期研究预测、桥梁病害的检查及维修具有重要意义,为桥梁长期安全使用提供了有力保证。

144. 港珠澳大桥浅水区桥梁维养通道系统设计

张　强　郑清刚　王东晖
(中铁大桥勘测设计院集团有限公司)

摘　要　港珠澳大桥浅水区桥梁维修养护通道在设计中在确保功能性、安全性的同时充分考虑了使用便捷性,进行人性化设计,贯彻了"需求引导设计"的设计理念和"可达、可维、高效"的设计要求,解决了常规维养方案难以满足海上长桥工程需要的难题。

关键词　港珠澳大桥　维养通道　设计

一、引　言

港珠澳大桥连接香港、珠海和澳门,是世界上规模最大的海上桥梁。大桥维养设施和通道需要满足常规的功能性、安全性要求之外,还要经受风大浪急的海上环境的考验。检查设施及通道的设计在充分吸收采纳国际先进、成熟的跨海通道建设理念及技术的基础上,因地制宜,提出最优设计方案,满足运营期间检查维护、保障结构安全和交通安全的需要,以及120年的设计使用寿命和项目营运要求。

二、工程背景

港珠澳大桥东起香港大屿山,经香港水域,沿23DY锚地北侧向西穿越珠江口铜鼓航道、伶仃西航道、青州航道、九洲航道,止于珠海/澳门口岸人工岛,总长约35.6km,其中香港段长约6km,粤港澳三地共同建设的主体工程长约29.6km;主体工程采用桥隧组合方案,其中隧道约6.7km,桥梁约22.9km,其中靠近珠海侧6.6km范围为浅水区桥梁,包括九洲航道桥(图1)、浅水区非通航孔桥、珠澳口岸人工岛连接桥,以及珠澳口岸人工岛大桥管理区互通立交。落珠澳大桥立面布置如图2所示。

图1 港珠澳大桥九洲航道桥效果图

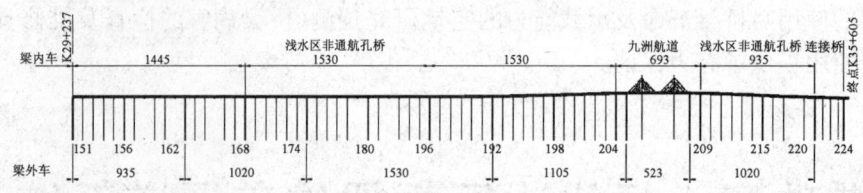

图2 港珠澳大桥立面布置(尺寸单位:m)

三、维养通道设计原则和标准

1. 设计原则

1) 预防为主,防治结合

依据《公路桥涵养护规范(JTG H11—2004)》,公路桥涵的养护工作应遵循"预防为主,防治结合"的原则。依据这一原则,港珠澳大桥的维养通道设计,首先应能够满足对桥面、主梁、墩身、主塔以及附属结构等部位的定期检查,在检查中发现病害,及时处置,以免病害扩展,达到"预防为主,防治结合"的目的。

2) 维养通道设计应满足"可达、可维、高效"的要求

维养通道的设计应以桥面养护为中心,以承重部件为重点,加强全面养护,本项目维养通道设计中提出了"可达、可维"的设计原则,就是确保主体结构、附属结构任何部位都可以借助维养通道到达,并且能够通过维养设施展开检查、维护工作。对于港珠澳大桥这一海上长桥,如果按照常规的作业模式,由于维养作业的效率低,部分工作无法在有效的工作时间内完成,因此,维养通道的设计必须能够提高作业效率,"可达、可维"的同时还要"高效"。

3) 养护作业应尽量降低对交通影响

港珠澳大桥连接内地和香港、澳门,是三地之间人员交流、物资输送的重要通道,发生交通拥堵所带来的负面的经济和社会影响显著,因此养护作业应降低对交通的影响,尽量保持交通顺畅。

4) 养护作业应注意环境保护

大桥位于中华白海豚保护区,为了保持该水域的生态环境,养护作业应注意环境保护。

2. 设计标准

（1）设计荷载。检查设施及通道计算考虑的荷载有以下三种：

①结构自重。检查设施及通道结构自重，平台结构包括预留预埋件、承重结构构件、防护栏杆及平台上设备重量；爬梯结构包括预留预埋件、爬梯杆件、格栅板及防护栏杆重；其余检查设施均计自重。

②风荷载。风荷载按照《公路桥梁抗风设计规范》计算。系数参考《持续气象观测及风参数专题研究总报告（四年度）》，地表分类：A类，地表粗糙度系数 $\alpha = 0.1$；静阵风系数取1.38；桥址基准风速 V_{S10} = 47.2m/s；有车风按照桥面 $VZ = 25$m/s。

③人群荷载。对于平台、爬梯等可供检修人员使用的设施，需要计算人群荷载。荷载标准按照《公路桥涵设计通用规范》（JTG D60—2004）取值。

（2）设计标准。检查设施及通道需要满足以下要求：

①检查设施使用要求。检查设施在自重、风荷载和人群荷载作用下，承载力满足要求。同时检查设施的设计，充分考虑结构布置合理性，方便检修人员的操作使用。

②主体结构安全性要求。主体结构通过加强，在附加的检查设施荷载作用下，承载力满足要求。

四、维养通道设计

1. 梁内维养通道

为满足组合梁内检修作业需要，梁内通长设置了步道式检修通道。同时考虑到组合梁长逾6km，内部设备较多，检修维养工作量巨大，为了节约维养工作人员行走时间、改善工作环境，解决检修器具运输的问题，在箱内设置了可驾驶并设有空调设施的梁内检查小车（图3、图4）。

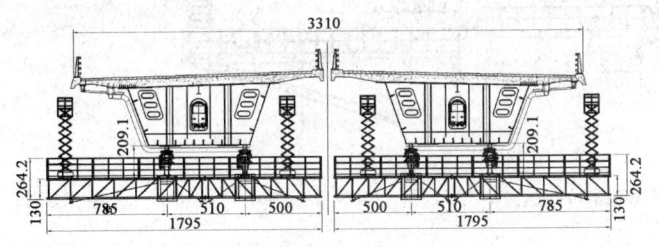 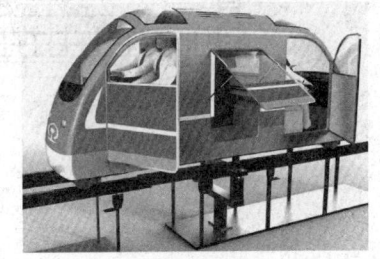

图3　梁内检查车和梁外检查车断面布置（尺寸单位：cm）　　图4　梁内小车效果图

梁内每1500m作为一个检查区间，每个检查区间左右幅梁内各设置一台检查小车，全桥共设置10台梁内检查车。梁内检查车为由车架及行走机构等组成的电瓶车，设计承载能力800kg，可以承担自重、维护检查人员、器具物品等荷载。梁内检查车配备8块磷酸铁锂电池，用于给小车驱动系统以及空调、照明提供电源，此外梁内检查小车还配置刹车和驻车系统、转向和减振系统。

梁内检查小车可以在一联主梁内走行，也可以通过梁端密封门和伸缩缝进入下一联主梁，在梁端伸缩处设有伸缩轨道。当梁内检查车运行接近梁端密封门时，利用遥控或者横隔板上设置的按钮打开密封门；检查车通过后，利用遥控或者按钮关闭密封门，检查车继续向前运行。

梁内检修完成后，将梁内检修车停靠于设置有墩顶检修平台的桥墩处，以便于下次检修时，检修人员乘坐桥梁巡检车快速抵达检修车停靠位置，通过墩顶平台进入组合梁，再乘坐梁内检修车快速抵达检修位置。

梁内检查车设有照明、空调和供氧设施等，具有重量轻、速度快、舒适性好、可通过伸缩缝的特点，能够帮助维修人员完成对主梁内壁及梁内设备的检查和维护，提高了作业效率。

2. 梁外维养通道

浅水区非通孔桥每个断面上布置两辆检查车，分别悬挂在两幅梁梁底，用于检查桥面板底部及侧面、主梁腹板及底板。梁外检查车均为全自动控制，采用转轨过墩、中间直线行走的方式，具有跨越伸缩缝的功能，靠近墩身可对支座进行维护，可以实现无盲区检查。由于组合梁桥墩宽度的限制，检查车过墩时，轨道外移、车体由横向转为纵向以避开墩身。浅水区非通航孔桥每2～3联设置一套梁外检查车。

九洲航道桥由于钢主梁宽度和桥墩宽度的不同,梁外检查车在主跨及次边跨采用伸缩过墩,桁架伸缩能满足全桥变宽要求;边跨85m梁借助非通航孔桥梁外检查车转轨过墩,完成对桥面板底部及侧面、主梁腹板及底板的检查。

根据组合梁的结构形式,梁外检查车采用锂电池驱动的悬挂式吊车方案,即驱动机构通过履带倒置于H型钢轨道上,桁架梁与驱动机构通过门架连接在一起,在电机的驱动下运行。

检修人员可以通过将检查车停靠至墩顶平台,借助平台上下检查车。紧急情况下无法靠近平台时,也可以利用检查车自带的升降小车,升至桥面高度,到达桥面。

3. 墩顶检修平台

非通航孔桥墩顶检修平台设置在主梁检查车分界处,每2~3联在交接墩顶布置一处。在组合梁挑臂外侧设置平台和斜梯,以方便检修养护人员到达墩顶平台。九洲航道桥边墩(204、209号墩),在两幅主梁的中间梁缝设置斜梯,供检修人员从中间进入墩顶检修平台。

两联梁之间梁缝80cm宽,检修养护人员可以从墩顶平台直接进入梁端打开梁端密封门,然后进入梁内检查小车对主梁进行检查,也可以从墩顶检修平台(图5)直接进入梁外检查小车,对主梁进行检查。

墩顶检修平台(图5)既可以用于对墩顶设备维修养护作业,同时也是检修人员进入梁内检查车、梁外检查车的通道。

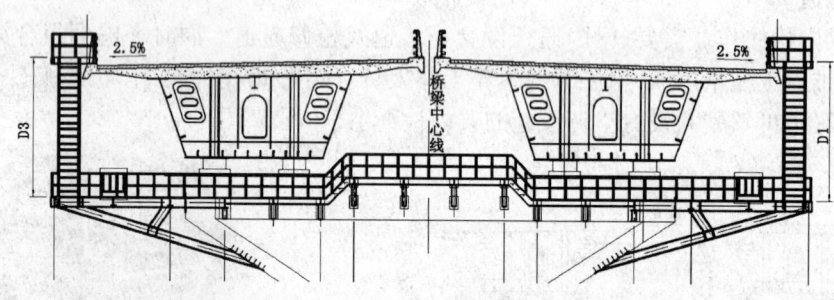

图5 墩顶平台(尺寸单位:cm)

4. 主塔维养通道

九洲航道桥钢立柱内设有升降梯、楼梯和爬梯。受到钢立柱构造尺寸的约束,仅在钢立柱自梁底以下至钢—混结合段设置升降梯,检修人员经由桥面处钢立柱侧面的维修门进入主塔,搭乘升降梯下至钢—混结合段,对结合段进行全面检查。根据钢立柱内各节段构造尺寸,在钢立柱全长范围内设置楼梯和爬梯,间距3m左右设置平台一处,方便维修养护。

钢塔柱外侧通过设置在塔顶的吊架,利用外挂平台对桥面以上塔柱进行检修;桥面以下塔柱,通过设置在梁底的吊架,利用外挂平台进行检修。

五、结 语

港珠澳大桥浅水区桥梁由梁内检查车、梁外检查车、墩顶检修平台、主塔内外部检修通道组成的维养通道系统的设计,充分考虑结构的可达、可维,提高了维养作业效率,为后期运营管理和日常维护创造了有利条件。

参考文献

[1] 强士中.桥梁工程[M].北京:高等教育出版社,2004.
[2] 林元培.斜拉桥[M].北京:人民交通出版社,1993.
[3] 刘新华.桥梁性能与维护策略及成本关系研究[D].长沙:湖南大学,2007.
[4] 杜江,韩大建.考虑成本和寿命的桥梁维护策略优化方法[J].华南理工大学学报(自然科学版),2008-03.

145. 基于干涉雷达的桥梁快速评估方法研究

任 远[1] 佟兆杰[1] 黄 侨[1] 李连友[2] 汪 淼[2]

(1. 东南大学交通学院；2. 中国路桥工程有限责任公司)

摘 要 为了减小桥梁的安全风险，筛选出需要进行特殊检查或详细检查的桥梁，本文提出了一种基于现有定期检查结果和干涉雷达获取的力学特征参数的桥梁评估方法。首先介绍了干涉雷达的测量原理，通过现场实桥检测探讨了干涉雷达的适用性，研究了利用干涉雷达进行静、动态特征参数快速获取的方法，并给出了快速评估流程图。最后将上述方法用于实桥的快速评估中，证明了该方法的适用性。

关键词 干涉雷达 快速评估 位移 频率 阻尼比

一、引 言

近年来随着对桥梁养护管理工作的日趋重视，一些新型技术逐步应用于桥梁的检测、监测中。其中干涉雷达检测技术可监测结构的动位移，能实现对桥梁多个关键点位移的同步测量，可进行非触摸式远程监测，测量过程不受环境的影响等，诸多优点引起了人们的关注。文献[1]在对比既有远距离桥梁检测设备性能中，对干涉雷达在桥梁整体特征的数据获取能力方面给予了很高的评价。目前，干涉雷达已在桥梁静态位移[2]、主梁频率[2]、桥塔变形[3]、斜拉索频率[4]等检测中得到应用。

随着我国桥梁建设的迅速发展，桥梁的安全维护问题越来越突出，学者们开始探索桥梁的快速评估方法，有些学者试图通过动力响应、裂缝特征等指标进行桥梁的快速评估，但这些指标由于影响因素多而难以用于实桥评定中。本文基于干涉雷达检测技术，探索一种以静态位移为主要指标的混凝土梁桥快速评估方法。

二、干涉雷达变形测量原理简介

干涉雷达是基于步进连续波技术和干涉测量技术而开发的地面雷达。其中，步进连续波技术是用来提高其径向分辨率，即每隔多远距离干涉雷达可以识别出不同的两个目标。干涉测量技术是通过测量目标物反射回的电磁波的相位差来进行结构变形的观测，即物体表面变形的测量。干涉雷达测量的基本原理由式(1)给出：

$$d_r = -\frac{\lambda}{4\pi}\Delta\phi \tag{1}$$

式中：λ——雷达波的波长；

$\Delta\phi$——雷达波的相位差。

当测点发生变形时，干涉雷达接收到的相位发生了变化，干涉雷达通过比较相位的差异来得出结构的变形。

由于干涉雷达获取的变形值为结构物与雷达之间连线上的径向变形值，因而在竖向变形获取中，还需利用几何坐标进行换算，如图1所示。从图中可看出，干涉雷达在进行变形测量时，一般位于桥下且靠近桥墩的位置，获取的变形为桥下仪器与测点连线上的变形值。

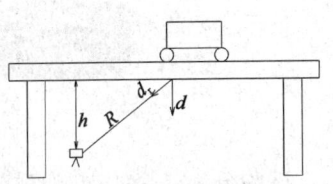

图1 干涉雷达竖向变形换算示意图

当测点变形较小时，其竖向变形的计算公式如下：

$$d = d_r \times \frac{R}{h} \tag{2}$$

式中：d_r——结构的径向变形；

R——干涉雷达到测量点的径向距离;
h——测量点与干涉雷达之间的高差。

三、干涉雷达变形测量的精度检验

在静态测量中,干涉雷达由于其适用条件和测量精度的问题,使其在桥梁静态测量中的应用受到了一定的限制。对于干涉雷达的测量精度,文献[4]对意大利IDS公司生产的IBIS-S型干涉雷达进行了室内试验,认为其室内测量精度可以小于0.02mm。但由于桥梁变形测量时一维向分辨率以及大气环境因素的影响,干涉雷达的实桥静态测量精度要低于室内测量精度。文献[2]中的干涉雷达实桥测量结果,由于一维向分辨率的影响,其与精密水准的最大偏差达到了2.15mm,对应的相对误差为17%。此外,由于干涉雷达的测值是桥梁的径向变形,当测量点与仪器间的夹角较小时,存在测量结果失真的可能。除了上述影响干涉雷达静态测量的因素外,对于采用非合成孔径技术的干涉雷达因只具有一维向分辨率,难以同时获取横桥向各梁的变形,从而影响其在桥梁静态测量中的应用。

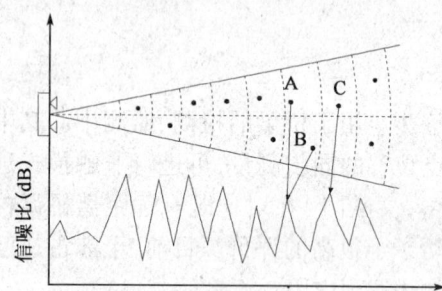

图2 干涉雷达一维向分辨率示意图

所谓一维向分辨率,是指干涉雷达在变形测量过程中只能识别到仪器不同径向距离的点位的变形,而不能识别到仪器相同点位的变形,如图2所示。图2中A和C两点到干涉雷达的径向距离不等,其位于干涉雷达所识别的两个不同的径向单元内,因而干涉雷达能够同时观测到A和C的变形情况。但是A和B两点到仪器的径向距离接近,其位于干涉雷达所识别的同一径向单元内,因而干涉雷达识别出的变形值是包含两点变形情况的一个综合值。在动态测量中,由于关心的是桥梁的振动情况而非准确的变形信息,因而一维向分辨率的影响并不明显。但在静态测量中,尤其是偏载工况下测量桥梁的变形时,这种由一维向分辨率问题带来的测量精度的下降将不能忽略。

为了进一步了解干涉雷达在混凝土桥梁变形测量中的适用性,将其应用于一座预应力混凝土连续T形梁桥的单车偏载试验中。永定河桥(图3)位于河北省廊坊市,桥梁全长454.9m,上部结构为3联6×25m预应力先简支后连续T形梁,下部结构采用柱式墩台,钻孔灌注桩基础。此次试验对该桥边跨跨中进行了单车偏载试验,分别采用干涉雷达和高精度精密水准对边跨边梁的变形进行了测量。

a)永定河桥总体图　　b)加载图　　c)干涉雷达测量图
图3 桥梁总体图以及变形测量图

试验分为4个工况,通过改变加载位置、仪器测量位置的方式来检验干涉雷达在不同情况下的测量性能,并与计算值进行比较,如表1所示。前三个工况下干涉雷达与精密水准的测量结果吻合很好,其相对误差的均值为0.022,标准差为0.051。因而可以认为在测试条件良好的情况下,干涉雷达可以获取准确的多点测量结果。而工况Ⅳ中干涉雷达与精密水准的测量结果发生了较大的偏差,主要是由于干涉雷达在相邻跨进行边跨位移测量时(图4),雷达波受到桥墩的干扰所致,因而在实桥测量时要注意桥墩的影响。

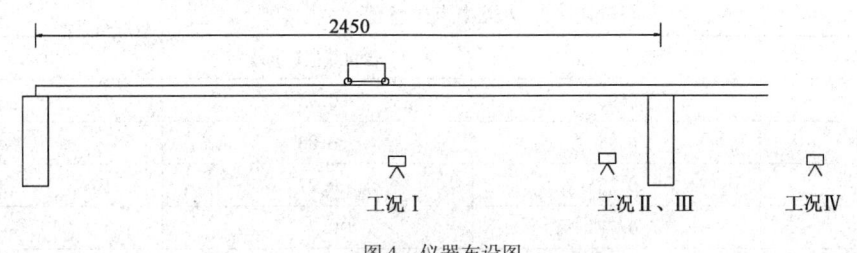

图4 仪器布设图

干涉雷达和精密水准测量结果对比 表1

工况	测点	精密水准①(mm)	干涉雷达②(mm)	计算值(mm)	校 验 系 数	(①-②)/①
工况Ⅰ	边跨跨中	2.66	2.69	4.096	0.66	-0.01
工况Ⅱ	边跨跨中	2.91	2.70	4.096	0.71	0.07
	边跨3/4L	1.57	1.48	2.405	0.62	0.06
工况Ⅲ	边跨跨中	2.54	2.62	3.384	0.77	-0.03
工况Ⅳ	边跨跨中	2.77	2.42	4.096	0.68	0.13
	边跨3/4L	1.96	1.18	2.405	0.81	0.40

四、基于干涉雷达技术的桥梁快速评估方法研究

桥梁定期检查主要是通过表观检查并辅以一些检测设备进行。但是由于检测人员的经验、仪器设备的精度及适用性等方面的影响,使得桥梁定期检查后的评估结果离散性较大。特别是当桥梁发生一定损伤后,这种评定结果的离散性会更为明显。为了更加准确的评定桥梁的技术状况,在定期检查、评定的基础上,增加反映桥梁力学特征的位移、频率和阻尼比指标,并与反映桥梁耐久性能的表观缺损指标共同评判桥梁的技术状况,为确定桥梁是否需要做进一步的特殊检查或详细检查提供依据。其中,桥梁位移、频率和阻尼比三个指标都可通过干涉雷达技术快速获取。

1. 快速评估指标的选取与确定

位移、频率和阻尼比三个指标都是《公路桥梁荷载试验规程》(征求意见稿)中规定的桥梁荷载试验检测指标,其检测结果在一定程度上反映了桥梁的整体刚度、支座约束以及结构开裂等情况。其中结构频率和阻尼比可通过动载试验得到,在一些快速评估方法中用于间接地反映桥梁结构的承载能力。在此,将结构位移、频率和阻尼比作为定期检查结果的一个补充,用于确定待检桥梁是否需要进一步的特殊检查。其中,频率和阻尼比作为动力指标,无论从测试方法还是评定标准上,《公路桥梁荷载试验规程》(征求意见稿)都有较为详细的规定,这里主要介绍桥梁位移数据的检测和处理方法。

桥梁结构的有限元整体刚度方程可以写成如下形式:

$$[K]\{\delta\} = \{R\} \tag{3}$$

式中:$[K]$——整体刚度矩阵;

$\{\delta\}$——节点位移;

$\{R\}$——节点荷载。

当$[K]$一定时,$\{\delta\}$与$\{R\}$成正比。对于损伤不严重的桥梁,可认为桥梁的整体刚度一定,受力状况近似满足叠加原理。因而,可通过轻载试验下的结构响应来反演荷载试验下的结构响应,从而减少加载车辆,节省桥梁检测时间。当不希望阻断桥上交通时,亦可以采用慢速行车方式,即准静载的试验方式来检测桥梁位移值,文献[6]从理论和试验证明了轻载和准静载试验得到的位移结果的一致性。本文采用用干涉雷达对4座桥梁单车偏载下准静载试验和轻载试验得到的位移值进行检测和比较(表2)。由表2可知,轻载试验和准静载试验测得的边梁跨中变形值非常接近,精度很高。

边梁中点位移值　　　　　　　　　　　　　　　表2

桥梁名称	轻载值(mm)	准静载值(mm)	相对误差(%)
马武营桥	0.92	0.95	-3.3
东马武营桥	0.85	0.83	2.4
团结桥	0.76	0.77	-1.3
太平桥	0.71	0.74	-4.2

平均相对误差：-1.6

在实际工程中，因混凝土材料的非线性、设计模型与计算模型的差异以及非受力构件的影响（护栏的影响）等原因，中小跨径桥梁在轻载下的受力行为与满载下的受力行为并不完全符合比例关系，因而不能将轻载下的受力行为完全按照线性比例来推演满载下的受力行为，需要通过数理统计的方法来得到两者间的关系。本文采用文献[7]中给出的轻载与满载作用下位移校验系数的比例关系。表3为预应力混凝土梁桥位移校验系数差值范围表，绝对误差 $\Delta_a = \xi - \xi_n$，相对误差 $\Delta_r = (\xi - \xi_n)/\xi_n \times 100\%$。其中 ξ 为满载下的位移校验系数，ξ_n 为轻载下的位移校验系数，而 η 为荷载试验的加载效率。当使用轻载或准静载试验得到了主梁位移后，通过文献[7]给出的修正公式，来反推满载下结构的校验系数，以此来进行结构评定。

预应力混凝土梁桥位移校验系数差值范围　　　　表3

加载效率	Δ_a 范围	Δ_r 范围	$\Delta_r - \eta$ 回归方程
0.75~0.84	0~0.05	3%~7%	$\Delta_r = 279.02 - 495.75\eta + 236.82\eta^3$
0.65~0.74	0.04~0.08	6%~12%	$\Delta_r = 86.4 - 569.7\eta^2 + 584.9\eta^3$
0.55~0.64	0.05~0.09	10%~14%	$\Delta_r = 13.67 - 78.659\eta^2 + 121.9\eta^3$
0.45~0.54	0.065~0.13	13%~17%	$\Delta_r = 21.03 - 51.02\eta^2 + 29.6\eta^3$
0.3~0.44	0.09~0.16	17%~22%	$\Delta_r = 15.36 - 9.7\eta^2 + 95.5\eta^3$

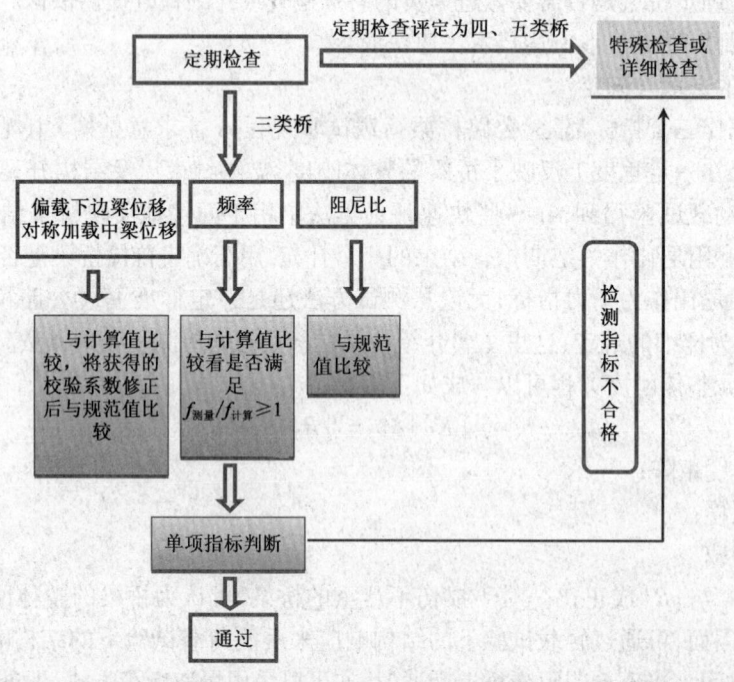

图5　基于干涉雷达的桥梁快速评估流程图

2. 桥梁快速评估方法研究

采用定期检查和干涉雷达获取的力学参量共同评价桥梁。其中定期检查为《公路桥涵养护规范》

（JTG H11—2004）或《公路桥梁技术状况评定标准》（JTG/T J21—2011）中的相关内容。而干涉雷达获取的位移、频率和阻尼比参数可参照上节的方法得到。位移作为反映桥梁结构刚度信息的参量，具有反映桥梁整体以及桥梁构件刚度信息的作用，可用于补充人工检查所不能识别的整体刚度。频率作为可以反映主梁刚度及约束状况的参量，一定程度上可以反映支座的使用情况。阻尼比作为一种表征桥梁开裂的参数，可用于不便于检测的混凝土桥梁的开裂状况的描述。在采用这三种指标对桥梁技术状况进行评定时，由于三种指标所反映的桥梁技术状况信息不同，因而只要一种指标出现问题，就应对桥梁进行特殊检查或详细检查。反之，若三项指标和定期检查结果均能满足要求则可不进行特殊检查。各项指标的具体评定标准参照《公路桥梁荷载试验规程》（征求意见稿）和《公路桥梁承载能力检测评定规程》（JTG/T J21—2011）中的相关规定。

基于干涉雷达的快速评估流程如下：当定期检查的结论为四、五类桥梁时，根据《公路桥涵养护规范》（JTG H11—2004）的规定，则需对桥梁进行特殊检查。如果定期检查的结果为三类及以上，则可通过干涉雷达获取桥梁的位移、频率和阻尼比数据做进一步的快速判断。如果通过则可不进行特殊检查，如果其中一项指标不通过则建议进行特殊检查或者更为详细的检查以找出原因。基于干涉雷达的桥梁快速评估流程如图5所示。

五、干涉雷达在桥梁快速评估中的应用

本文采用上述桥梁快速评估方法对6座多梁式梁桥进行了技术状况评定，其检测结果如表4所示。其中位移校验系数考虑轻载试验位移结果引入修正系数（参考了文献[7]中公式进行修正）。由表4可知，有两座桥的阻尼比超过限值，需启用详细检查，在详细检查中发现结构性裂缝，验证该桥梁快速评估方法的可行性。

检测桥梁评价结果汇总　　　　　　　　　　　　　　　　　　　　表4

桥梁名称	满载下位移校验系数	频率比	阻尼比	定期检查结果	评判结果描述
第十里桥	0.69	1.38	0.011	一类	通过
永定河桥	0.74	1.08	0.012	一类	通过
团结桥	0.32	1.06	0.021	三类	通过
马武营桥	0.35	1.24	0.029（超限）	三类	阻尼比超限，需启用详细检查详细检查中发现结构裂缝
东马武营桥	0.33	1.25	0.027（超限）	三类	阻尼比超限，需启用详细检查详细检查中发现结构裂缝
半截河桥	0.39	1.33	0.014	一类	通过

六、结　　语

本文有如下研究结论：

（1）采用干涉雷达进行混凝土梁桥位移测量精度较高，经实桥检验其位移测量精度与高精度的精密水准精度相当。

（2）当干涉雷达在桥下进行变形观测时，需要注意桥墩的影响，桥墩可能造成测量结果的失真。

（3）基于干涉雷达的快速评估方法可以快速地测得桥梁的位移、频率和阻尼比等重要信息，并通过上述指标对定期检查结果为三类的桥梁进行复核，从而更加准确的判断桥梁的技术状况，筛选出需要进行特殊检查或详细检查的桥梁。

参考文献

[1] Vaghefi, K., Renee C. Oats, Devin K. Harris, et al. Evaluation of Commercially Available Remote Sen-

- sors for Highway Bridge Condition Assessment[J]. Journal of Bridge Engineering, 2012, 17(6): 886-895.
- [2] M. Pieraccini, F. Parrini, M. Fratini, et al. Static and dynamic testing of bridges through microwave interferometry[J]. NDT and E International, 2007, 40(3): 208-214.
- [3] Ma Wengang, Huang Qiao, Chen Xiaoqiang, et al. Mechanical performance evaluation of a new type of cable – stayed beam – arch combination bridge based on field tests[J]. Journal of Southeast University, 2012, 28(1):64-72.
- [4] Su D, Nagayama T, Sun Z, et al. An interferometric radar for displacement measurement and its application in civil engineering structures[C]. Sensors and Smart Structures Technologies for Civil, Mechanical, and Aerospace Systems, San Diego, CA, United states, 2012.
- [5] 中华人民共和国交通运输部.公路桥梁荷载试验规程-征求意见稿[S].北京,2012.
- [6] 王凌波,胡大琳,蒋培文.拟静态位移法评定梁式桥承载力[J].长安大学学报,2010.
- [7] 常丁.基于轻荷载试验梁桥承载力快速评定研究[D].长安大学,2010.
- [8] 中华人民共和国行业标准.JTG H11—2004 公路桥涵养护规范[S].北京:人民交通出版社,2004.
- [9] 中华人民共和国行业标准.JTG H11—2012 公路桥涵养护规范[S]-送审稿.北京,2012.
- [10] 中华人民共和国行业标准.JTG/T J21—2011 公路桥梁技术状况评定标准[S].北京:人民交通出版社,2011.
- [11] 中华人民共和国行业标准.JTG/T J21—2011 公路桥梁承载能力检测评定规程[S].北京:人民交通出版社,2011.

146. 圬工拱圈增大截面面积加固承载能力验算方法研究

倪 玲 杨 峰

(贵州省交通规划勘察设计研究院股份有限公司)

摘 要 目前我国大量圬工拱桥进入加固期。然而大批的加固任务与承载能力计算方法的不完善,使承载力计算方法的研究成为加固领域急需解决的问题。文章以增大截面面积加固法加固圬工拱圈的受力特点为依据,提出一套承载能力验算方法。

关键词 加固 圬工拱圈 承载能力验算 初应力 偏心距控制

一、引 言

圬工拱桥具有受力简单优越、造型美观古朴、技术难度小、施工方便、可就地取材、造价低廉等优点。我国大量古桥、仿古桥梁及等级较低的道路桥梁常采用圬工拱桥。目前,在所需加固的桥梁中,圬工拱桥占据相当一部分。拱圈是拱桥的主要受力构件,也是加固的重点。由于自身特点,圬工拱桥一般采用增大截面面积加固法进行拱圈加固。

增大截面法加固圬工拱圈一般采用锚喷素混凝土的施工方法。施工时,先将锚筋植入老拱圈内,然后喷射专门的喷射混凝土,通过锚筋的抗拉拔和抗新老层剪力,使组合截面形成整体共同受力。实验证明,按要求布置足够的锚筋能够保证新老拱圈共同协调受力。运用增大截面法加固后的拱圈截面为组合截面,但它与新建组合截面在受力上存在差异。

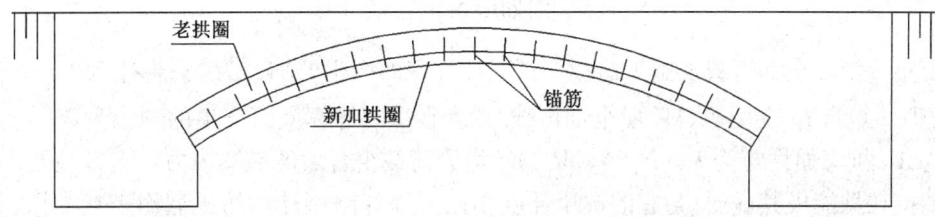

图1 拱圈加固示意图

二、受力特点

增大截面法加固后的拱圈截面是由老拱圈及新加拱圈共同组成的组合截面,其受力特殊性有以下几点:

1. 老拱圈存在初应力

老拱圈在加固前的运营期承担着拱桥的荷载,且加固前不可能对老拱圈完全卸载,所以新拱圈施工完毕参与受力时,老拱圈已聚集有一定的初应力。于是两者共同受力后,新拱圈应变从零开始增加而老拱圈应变由这个初应力引起的初应变逐渐递增。新拱圈的应变滞后于老拱圈。一般情况下,原拱圈承载能力不足进入加固阶段时应力应变已经较高,而新拱圈相对于老拱圈年轻,通常加固后拱圈达到承载力极限时新拱圈尚未达到其极限强度,新拱圈材料没有被充分利用。但是,当新老拱圈材料不同且老拱圈极限压应变远高于新拱圈时,也不排除新拱圈先达到承载能力极限的少数情况。

2. 分阶段受力应分阶段验算

根据《公路桥梁加固设计规范》(JTG/TJ22—2008)对增大截面面积加固法受力阶段划分的规定,将受力过程划分为两个阶段:第一阶段:新拱圈达到强度标准值之前(新拱圈混凝土处于养生阶段时),老拱圈承担未卸载的原桥恒载、新加拱圈自重及施工荷载。第二阶段:新拱圈达到强度标准值后(新拱圈混凝土养生完毕),新老组合截面共同承担全部恒载及可变荷载。在加固的第一阶段可能出现的荷载全部由老拱圈承担,这对运营多年承载力降低的旧拱圈无疑是个考验。所以对一、二阶段分别进行验算是非常必要的。

3. 圬工材料在抗拉上应受到限制

圬工拱桥的主拱圈由素混凝土、石块、砖块等抗压能力强大而抗拉能力薄弱的材料构成,所以新建和加固桥梁都应严格控制拱圈拉应力。

三、增大截面加固法承载能力验算方法的现状

至今,增大截面法加固拱桥承载力验算方法主要有容许应力法、《公路圬工桥涵设计规范》(JTG D61-2005)提供的方法以及《公路桥梁加固设计规范》(JTG/T J22-2008)提供的承载力验算方法。由于现行规范已经修改成基于可靠度理论的承载力验算方法,容许应力法不再适用。而《公路圬工桥涵设计规范》提供的承载力验算仅适用于组合截面无初应力状态。《公路桥梁加固设计规范》给出的增大截面法加固受压组合构件承载力验算方法非常巧妙地解决了初应力问题,但只是针对钢筋混凝土截面而言,对于圬工拱桥则不适用。作者以无初应力下的组合截面极限状态设计为基础,针对圬工拱圈抗拉性能上的限制以及老拱圈存在初应力的特点进行分析,推导增大截面面积加固圬工拱圈的承载力验算方法。

四、计算基本假定

(1)平截面假定。
(2)加固后新老拱圈紧密结合、共同变形、无相对错动。

五、对偏心距的控制

假设受力第一阶段全部恒载及施工荷载在拱圈计算截面产生的轴力为 N_1、弯矩为 M_1,老拱圈截面面积为 A_1、抗弯惯性矩为 I_1;受力第二阶段全部恒载、活载在拱圈计算截面产生的轴力为 N_2、弯矩为 M_2,组合截面面积为 A_2、抗弯惯性矩为 I_2。N_1、N_2、M_1、M_2 均为荷载组合后的拱圈内力。

圬工拱圈抗拉性能极其虚弱,与它的抗压强度相比可以忽略不计。圬工截面一旦受拉,其构件是非常脆弱的。为保守起见本计算方法不允许加固后的组合截面出现拉应力。则:

$$\sigma_{拉} = \frac{N_2}{A_2} - \frac{M_2}{I_2}y = 0$$

$$\therefore \frac{N_2}{A_2} = \frac{M_2}{I_2}y$$

$$\therefore \frac{N_2}{M_2} = \frac{A_2}{I_2}y$$

$$\therefore e_2 = \frac{M_2}{N_2} = \frac{I_2}{A_2 y}$$

上式为组合截面拉应力产生的临界状态。控制加固后截面偏心距使拱圈不产生拉应力,于是得出:

$$e_2 \leqslant \frac{I_2}{A_2 y} \tag{1}$$

公式(1)是圬工拱桥能否采用锚喷素混凝土增大截面加固的判别式。如果偏心距 e_2 大于公式(1)的限定,建议改用粘贴纤维布、粘贴钢板等提高抗拉性能显著的方法进行加固。

六、分阶段验算圬工拱圈

1. 受力第一阶段

受力第一阶段是指拱桥新加拱圈的混凝土正在养生尚未达到强度时。此时参与受力的截面只有旧拱圈,旧拱圈承担的荷载有老桥未卸掉的恒载、新拱圈自重以及在此阶段的施工临时荷载。第一阶段拱圈的承载力验算采用常规的受压构件承载力验算公式:

$$\gamma_0 N_1 \leqslant \phi_1 A_1 f_{d1} \tag{2}$$

式中:γ_0——结构重要性系数。取值按《公路桥涵设计通用规范》(JTG D60—2004)表 1.0.9 规定的结构设计安全等级采用,对应于设计安全等级一级、二级和三级分别取 1.1,1.0 和 0.9;

f_{d1}——老拱圈材料的抗压强度设计值,应依照老桥评估报告取值或根据实验得出,不能照搬老桥设计资料;

ϕ_1——偏心距对受压构件的影响系数,见《公路圬工桥涵设计规范》(JTG D61—2005)中第 4.0.6 条。

第一阶段在新老拱圈结合面的初始应变:

$$\varepsilon_1 = \left(\frac{N_1}{A_1} + \frac{M_1}{I_1}y_1\right)/E_1 \tag{3}$$

式中:E_1——老拱圈材料弹性模量,由于老拱圈材料在病害中弹性模量将会改变,所以老拱圈弹性模量取值按评估结论选取或根据实验得出;

y_1——老拱圈截面形心位置到新老拱圈结合面的距离。

2. 受力第二阶段

第二阶段是新拱圈养生完毕并达到强度以后,此时组合截面共同承担第二阶段的全部恒载以及所有活载。

在第一阶段老拱圈就已经蓄积了一个初始应变 ε_1，根据小偏心受压构件的破坏机理，假定组合拱圈达到承载能力极限时老拱圈截面受压较大区先达到极限压应变 ε_{u1}，也就是此时新拱圈材料没有达到其极限压应变。根据组合截面各材料之间紧密结合、共同变形并符合平截面假定原则，新拱圈与老拱圈结合面上同一点在第二阶段产生的应变增量应相等，如图2所示。老拱圈受压边缘达到极限压应变时，可计算出结合面上这一点的应变增量 ε_2，这个应变增量等于新拱圈在这一点的应变值 ε_2'（新拱圈初始应变为0），通过应变可计算得出应力从而得出新拱圈轴力，此轴力就是组合截面达承载力极限状态时新拱圈提供的抗力即承载力。

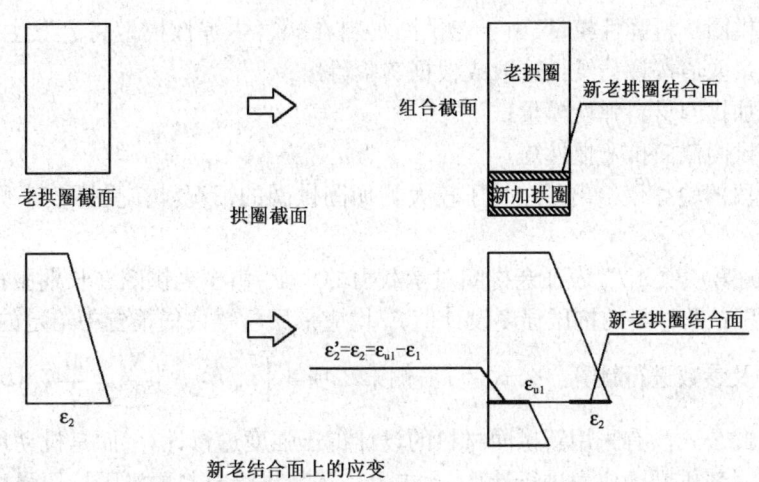

图2 新老结合面上的应变示意图

前面已给出第一阶段在新老拱圈的结合面上造成的初应变式(3)：

$$\varepsilon_1 = \left(\frac{N_1}{A_1} + \frac{M_1}{I_1}y_1\right)/E_1$$

则老拱圈截面受压较大侧达到极限压应变时，新老拱圈的结合面上在第二阶段的应变增量为：

$$\varepsilon_2 = \varepsilon_{u1} - \varepsilon_1 = \varepsilon_{u1} - \left(\frac{N_1}{A_1} + \frac{M_1}{I_1}y_1\right)/E_1$$

考虑新老拱圈变形协调，符合平截面假定，所以组合截面达承载能力极限状态时，结合面上新拱圈应变量为：

$$\varepsilon_2' = \varepsilon_2 = \varepsilon_{u1} - \varepsilon_1 = \varepsilon_{u1} - \left(\frac{N_1}{A_1} + \frac{M_1}{I_1}y_1\right)/E_1 < 0.0033$$

由于本方法假定老拱圈受压较大区先达到极限压应变为组合截面的承载能力极限状态，即假定组合截面达承载力极限时新拱圈材料尚未达承载力极限。为验证假设的正确性对新拱圈混凝土此时的应变值 ε_2' 进行效验。如果应变值 $\varepsilon_2' \geq$ 混凝土的极限压应变 $\varepsilon_{cu} = 0.0033$ 则假设不成立，本方法失效；如果应变值 $\varepsilon_2' <$ 混凝土的极限压应变 $\varepsilon_{cu} = 0.0033$ 则假设成立继续下一步验算。

由于一般情况下，新加拱圈厚度与原拱圈截面相比较小，于是将偏心造成新加截面厚度上应变不一忽略不计，且忽略不计对整体受力来说偏安全所以：

$$\sigma_2' = \varepsilon_2' E_2 = \varepsilon_{u1} E_2 - \left(\frac{N_1}{A_1} + \frac{M_1}{I_1}y_1\right)E_2/E_1 \tag{4}$$

得出第二阶段承载能力验算公式：

$$\gamma_0 N_2 \leq \phi_2 [A_1 f_{d1} + A_2 \sigma_2'] = \phi_2 \left[A_1 f_{d1} + A_2\left(\varepsilon_{u1} E_2 - \left(\frac{N_1}{A_1} + \frac{M_1}{I_1}y_1\right)E_2/E_1\right)\right] \tag{5}$$

式中：ε_1——第一阶段旧拱圈在新老拱圈结合面上的初始应变；

ε_2 ——第二阶段组合截面达承载能力极限状态时(老拱圈截面受压较大侧达极限压应变)老拱圈截面在新老拱圈结合面上的相对于第一阶段应变增量;

ε_2' ——第二阶段组合截面达承载能力极限状态时(老拱圈截面受压较大侧达极限压应变)新加截面在新老拱圈结合面上的应变值;

ε_{u1} ——老拱圈材料的极限压应变,由实验得出或查规范可得;

σ_1 ——第一阶段老拱圈上新老拱圈结合面处的初应力;

σ_2' ——第二阶段组合截面达到承载能力极限状态时(老拱圈截面受压较大侧达极限压应变)新拱圈上新老拱圈结合面处的应力;

E_1 ——老拱圈材料弹性模量,由于老拱圈材料在病害中弹性模量将会发生改变,所以老拱圈弹性模量取值按评估结论选取或根据实验得出;

E_2 ——新加拱圈材料弹性模量;

I_1 ——老拱圈截面抗弯惯性矩。

文章第二阶段的验算仅给出了在受压较大侧加固拱圈的情况。在受压较小侧加固拱圈的验算基本原理与之相同。

公式(5)右侧第一项 $A_1 f_{d1}$ 表征老拱圈对承载力的贡献,由于老拱圈在长期服役过程中产生了病害等不利影响,截面积 A_1 及材料的抗压强度设计值 f_{d1} 均应采用桥梁评估报告中给定的数值,不能采用老桥设计文件中的尺寸及参数进行计算。公式(5)右侧第二项 $A_2\left[\varepsilon_{u1}E_2 - \left(\dfrac{N_1}{A_1} + \dfrac{M_1}{I_1}y_1\right)E_2/E_1\right]$ 则表征新拱圈对承载力的贡献。此公式没有采用新拱圈材料的设计抗压强度进行计算,而是机动地利用组合截面达到承载能力极限状态时新拱圈的应力进行计算,此应力小于新拱圈材料的极限抗压强度。由此解决了组合截面老拱圈初应力的影响。

七、结　语

(1)从公式(5)可以看出,新拱圈应力 σ_2' 的值取决于第一阶段在老拱圈造成的初应变 ε_1 , ε_1 越小 σ_2' 越大,则加固后拱圈的极限承载能力越大。足可看出加固前尽可能地对原桥进行卸载对加固效果非常有利。

(2)针对各桥的具体受力、病害等情况来选择合适的加固方法是非常必要的,本方法根据材料特性对偏心距进行了控制,不满足要求时应采用其他方法进行加固。

(3)从分阶段验算措施及公式(5)看出,采用增大截面面积加固法加固的拱桥,其老拱圈的承载潜力及状态是非常重要的。所以在桥梁的使用过程中,应对老桥进行定期的检测、保养及评估,在合适的时候较早进行加固,将更大地提高拱桥加固后的承载能力及桥梁寿命。

(4)本方法假定老拱圈材料达到承载能力极限时新拱圈材料尚未到达极限强度,并通过新拱圈应变值对此假定进行验证。在桥梁加固中,此假定符合绝大多数实际情况,对于少数假定不成立的情况,本方法失效。

参考文献

[1] 中华人民共和国行业标准. JTG/T J22—2008　公路桥梁加固设计规范[M]. 北京:人民交通出版社,2008.

[2] 袁伦一,鲍卫刚,李扬海.《公路圬工桥涵设计规范》(JTG D61—2005)应用算例[M]. 北京:人民交通出版社,2005

[3] 中华人民共和国行业标准. JTG D60—2004　公路桥涵设计通用规范[M]. 北京:人民交通出版社,2004.

[4] 蒙云,卢波. 桥梁加固与改造. 北京:人民交通出版社,2004.

147. 基于模糊数学理论条件下的铁路混凝土桥梁状态评估方法探讨

刘 楠

(西安铁路局工务检测所)

摘 要 本文的论述涉及一种既有铁路混凝土桥梁劣化状态的模糊综合评价方法。其核心思想是：以既有铁路混凝土桥梁劣化状态及质量评定所遵循的各类规范为评价依据，在设备服役过程中，引入模糊评价理论，对既有铁路混凝土桥梁的劣化状态进行量化打分，并采用层次分析法确定指标权重，最后通过模糊综合评价得出设备服役过程状态的影响潜值。研究与应用的结果表明该方法具有指标全面、评价准确、操作方便、主观影响小等显著特点，具有较强的推广前景。

关键词 模糊数学 铁路桥梁 状态评估

一、研究背景

在现有铁路规范条件下执行的既有桥隧建筑物评定标准中，有关对桥梁结构物的状态评定是以组成部件为单位开展病害检查登记的，通过完成对桥梁组成部件功能状态的评定，来实现桥梁结构物状态的质量等级划分，该方法旨在注重单元构件的质量状态评定，长期以来，在桥梁设备建筑物维护的安全管理中发挥了积极有效的作用。然而，实践证明，该评定方法在执行管理当中仍存有较多不足，一是评定标准中缺失对整座桥梁的宏观表现评价，不利于以整座桥梁为单位进行质量评定与控制；二是对组成桥梁整体结构的单个部件之间的权重关系没有统一划分，不能科学反应各类部件之间的耦合工作关系；三是个别评判项目缺乏量化指标，为计算机数据库管理带来诸多不便；四是缺少部分动态质量评定标准，为桥梁设备的动态质量控制带来短板。

二、研究方法

研究该评定方法的目的是针对桥梁的劣化服役状态问题，提供一种针对既有铁路钢筋混凝土桥梁劣化状态的模糊综合评价方法。为了实现上述目的，其采用的方法是：以既有铁路桥梁劣化及质量评定所遵循的各类规范为评价依据，在核心步骤即桥梁劣化状态评定中引入模糊评价理论，即：结合模糊数学思想对桥梁的劣化指标进行量化，采用层次分析法(AHP)确定指标权重，并通过模糊综合评价得出劣化状态的影响潜值。以既有铁路桥梁的劣化服役状态为评价主体，从桥面、梁体、支座、墩台及桥渡5个部分进行定量评价，利用模糊数学理论提高了评价结果的准确性，使各项评价指标的潜值更接近于实际工况；AHP法确定权重，提高了权重分配的客观性，真实地反映了各指标的重要性程度。利用本方法可作如下分析和评价：一是既有铁路钢筋混凝土桥梁劣化状态程度对比分析；二是不同铁路钢筋混凝土桥梁劣化状态程度对比分析。

三、核心理论

一种既有铁路混凝土桥梁劣化状态的模糊综合评价方法。

其方法是：以既有铁路桥梁劣化及质量评定所遵循的各类规范为评价依据，在设备服役过程中，引入模糊评价理论，对既有铁路混凝土桥梁的劣化状态进行量化，采用层次分析法确定指标权重，并通过模糊综合评价得出服役过程状态影响潜值；其特征是：在桥梁服役过程中，对桥面、梁体、支座、墩台及桥渡5个组成部分的质量状态评价；其指标是：建立递推型判断标度 $V_1 = \{0.2, 0.4, 0.6, 0.8, 1.0\}$，它们分别代表很差、较差、一般、较好、很好5个等级；建立与非型判断标度 $V_2 = \{1, 0\}$，它们代表有、无两个定性指标。对于定量评价指标分值,根据判断矩阵标度计算出单因子评价结果,再根据特尔斐专家评估法确定;对于定性评价指标分值则直接采用与非法确定。

1. 确立评价集

评价集(评价桥梁安全运营的各类多态影响集合)是由评判者对评判对象可能的各种结果所组成的集合,设有 m 种决断所构成的评判集,通常用 V 表示:

$$V = \{v_1, v_2 \cdots v_i\} \tag{1}$$

各元素 $v,(i=1,2,\cdots m)$ 代表各个可能的评判结果,模糊综合评判的目的,就是在综合考虑所有影响因素后,从评价集中得出最佳评价结果。

2. 确立因素集

因素集(桥梁运营安全多态影响集合内的各属元素)是影响评判对象的各种因素所构成的集合,设有 n 种因素所构成的因素集,通常用 U 表示:

$$U = \{u_1, u_2 \ldots u_i\} \tag{2}$$

各元素 $u,(i=1,2,\cdots n)$ 代表对评判事物有影响的因素,这些因素通常具有不同程度的模糊性,评判集内某一评判指标的因素指标向量为:

$$v_j = \{u_{1j}, u_{2j}, \cdots, u_{nj}\}^T, j = (1, 2, \cdots, m) \tag{3}$$

把第 j 个评判指标的第 i 个因素指标值计为因素指标特征值矩阵 f_{ij},得到 m 个评判指标的 n 个因素指标特征值矩阵 F

$$F = \begin{bmatrix} F_1 \\ F_2 \\ \cdots \\ F_n \end{bmatrix} = \begin{bmatrix} f_{11} & f_{12} & \cdots & f_{1m} \\ f_{21} & f_{22} & \cdots & f_{2m} \\ \cdots & \cdots & \cdots & \cdots \\ f_{n1} & f_{n2} & \cdots & f_{nm} \end{bmatrix} \tag{3}$$

3. 隶属度

单独从一个因素出发进行评判,确定评判对象对 V 的隶属程度(桥梁安全运营状态与各影响集合的制约隶属规律函数)。

$$R = \{u_{i1}, u_{i2} \ldots u_{im}\} \tag{5}$$

将各单因素评判集按各单因素模糊集的隶属函数式可分别换算出各单因素的隶属度 r_{ij},将矩阵 F 变为对应的隶属度矩阵 R。

$$R = \begin{bmatrix} R_1 \\ R_2 \\ \cdots \\ R_n \end{bmatrix} = \begin{bmatrix} r_{11} & r_{12} & \cdots & r_{1m} \\ r_{21} & r_{22} & \cdots & r_{2m} \\ \cdots & \cdots & \cdots & \cdots \\ r_{n1} & r_{n2} & \cdots & r_{nm} \end{bmatrix} \tag{6}$$

为了在不同情况下统一综合考虑,同一个 U 需要进行归一化计算,即:

$$r_{ij} = \frac{r_{ij}}{\sum_{j=1}^{n} r_{ij}} (i=1,2\ldots,m) \text{ 满足条件:} \sum_{j=1}^{n} r_{ij}^0 = 1$$

于是,可得 V 到 U 上的关系 R^0。

$$R^0 = \begin{bmatrix} R_1^0 \\ R_2^0 \\ \cdots \\ R_n^0 \end{bmatrix} = \begin{bmatrix} r_{11}^0 & r_{12}^0 & \cdots & r_{1m}^0 \\ r_{21}^0 & r_{22}^0 & \cdots & r_{2m}^0 \\ \cdots & \cdots & \cdots & \cdots \\ r_{n1}^0 & r_{n2}^0 & \cdots & r_{nm}^0 \end{bmatrix} \tag{7}$$

4. 确立权重集

一般地各因素所评定的对象的影响是不一致的,为了反映各因素的重要程度,对各元素 $u_i(i=1,2,\cdots n)$ 应赋予相应的权数 $k_i(i=1,2,\cdots n)$。故因素权重(存在与某影响集合内各元素的彼此关系)的分

配可视为 U 上的模糊集,记为:

$$K = \{k_1, k_2 \cdots k_n\} \in F(U) \tag{8}$$

其中 k_i 表示各因素 u_i 的权重,它们满足归一化条件: $\sum_{i=1}^{n} k_i = 1$

5. 模糊综合评判

m 个判定也并非都是绝对的肯定和否定,因此综合受的评判可以看作 V 上的模糊集,记为

$$B = \{b_1, b_2 \cdots b_m\} \in F(V) \tag{9}$$

其中 b_j 放映了第 j 个评判在评判总体 V 中所占的地位。

假定一个 U 与 V 之间的模糊关系 $R = (r_{ij})_{n \times m}$,以及一个权重分配 $K = \{k_1, k_2, \ldots k_n\} \in F(U)$ 则输出一个模糊评判

$$B = K \times R \tag{10}$$

于是

$$B = \{b_1, b_2, \cdots b_m\} = \{k_1, k_2, \cdots k_n\} \times \begin{bmatrix} r_{11} & r_{12} & \cdots & r_{1m} \\ r_{21} & r_{22} & \cdots & r_{2m} \\ \cdots & \cdots & \cdots & \cdots \\ r_{n1} & r_{n2} & \cdots & r_{nm} \end{bmatrix} \tag{11}$$

在广义模糊运算下 B 的各元素:

$$b_j = (k_1 \times r_{1j}) \times (k_2 \times r_{2j}) \cdots (k_n \times r_{nj})(j = 1, 2, \cdots m) \tag{12}$$

四、实 施 方 案

本方法根据既有铁路混凝土桥梁劣化的影响程度,将评价指标分为 4 个层次,共 247 个因子,分为定性和定量两类,如图 1 所示。第一层次因子 $A = \{$既有铁路混凝土桥梁劣化状态评定集合$\}$,第二层次 $B_i = \{i = 1,2,3,4,5\}$,第二层次由第三层次因子约束,第三层次因子 $C_{ij} = \{i = 1,2,\cdots,5; j = 1,2,\cdots m\}$,第三层次由第四层次因子约束,第四层次因子 $D_{ijk} = \{i = 1,2,\cdots,5; j = 1,2,\cdots,m; k = 1,2,\cdots,n\}$。详细集合如表 1、表 2 所示。

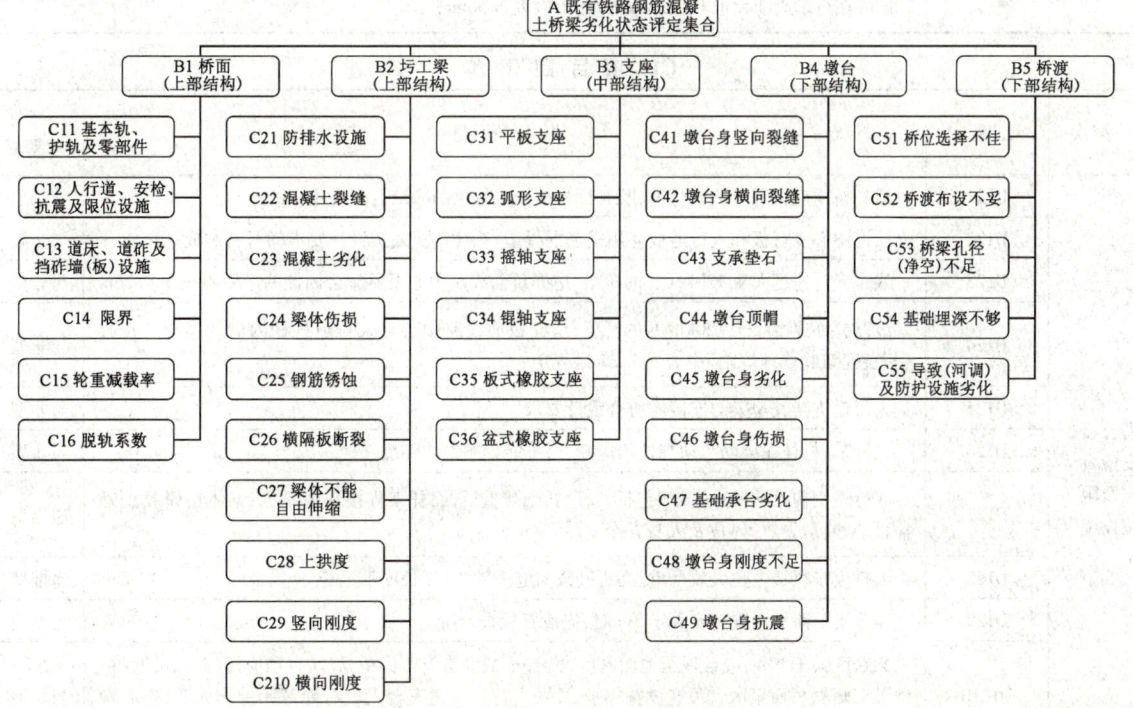

图 1　既有铁路混凝土桥梁劣化状态评定模型图

C11 项目因素集

表1

第三层次	第四层次	指 标 项 目	指标类型
C11 基本轨 护轨及 零部件	D111	桥上线路静态几何尺寸及动态轨检指标符合规定要求	递推型
	D112	桥梁长大于50m的有砟桥面应铺设护轨(行驶速度大于120km/h及以上区段,桥梁长度在50m及以下的有砟桥,可不铺设)	与非型
	D113	跨越铁路、重要公路、城市交通要道的立交桥应铺设护轨	与非型
	D114	既有线有砟桥上护轨,当位于Ⅲ型混凝土轨枕地段时应采用比基本轨低一级的钢轨;当位于Ⅱ型混凝土轨枕地段应采用比基本轨低一级或低二级的钢轨,新建或改建有砟桥上护轨应采用与基本轨同类型或低一级的钢轨	与非型
	D115	在有砟桥上,护轨与基本轨头部间净距净距为500mm,允许误差为+10、-5mm	递推型
	D116	护轨顶面不应高出基本轨顶面5mm,也不应低于25mm	与非型
	D117	新建或改建桥梁,当为有砟桥面时,其护轨铺设应采用新Ⅲ型混凝土桥枕	与非型
	D118	护轨应伸出桥台挡砟墙以外,直轨部分长度不应小于6m,弯轨部分沿线路中心线的长度不小于1.9m,梭头尖端超出台尾的长度不小于2.0m,其顶部应切成不陡于1:1的斜面并联结密贴,梭头尖端悬出轨枕的长度不得大于5mm	与非型
	D119	既有砟桥面,当护轨下组装通长铁垫板时,铁垫板下可设厚度不小于4mm的橡胶垫板,固定通长铁垫板的螺栓扭矩不应小于80Nm,扣板螺栓的扭矩为40~60Nm,新型扣板式螺栓扭矩应为30~50Nm	递推型
	D1110	自动闭塞区间,护轨应安装绝缘装置,当桥上线路中心设有应答器时,护轨应在应答器处断开	与非型
	D1111	每个护轨接头安装4个螺栓,每侧安装2个,螺母安装在线路中心一侧,在伸缩调节器处应采用一端带长圆孔的夹板	与非型
	D1112	连接螺栓折断、锈蚀、拔出、扣压力不足,桥枕劈裂等	递推型
	D1113	护轨爬行严重时,应安装防爬器	与非型
	D1114	桥上线路中线与混凝土梁跨设计中线的偏差,在行车速度小于120km/h区段,不应大于70mm,在行车速度大于120km/h区段,不应大于50mm	与非型

C12 项目因素集

表2

第三层次	第四层次	指 标 项 目	指标类型
C12 人行道 安检抗 震及限 位设施	D121	道砟桥面应设置双侧人行道,既有桥为单侧人行道的应结合大修逐步改造	与非型
	D122	轨道中心步行板和人行道板应用钢筋混凝土、花纹钢板或按设计要求的材料制成	与非型
	D123	线路允许速度大于120km/h的桥梁,道砟桥面线路中心至避车台内侧的净距不小于4.25m	与非型
	D124	线路允许速度小于120km/h的桥梁,道砟桥面线路中心至人行道栏杆内侧的净距应符合《桥隧建筑物修理规则》中表3.1.22之规定	与非型
	D125	人行道支架及与梁的连接应符合设计要求	与非型
	D126	人行道、栏杆在梁的活动端处均应断开,不能影响梁体伸缩	与非型
	D127	人行道钢构设施严重失修(包括栏杆、托架严重锈蚀、托架焊接强度不足、梁体预埋U型螺栓松动、断裂失效等)危及人身安全	递推型
	D128	人行道步行板劣化失效严重、沥青砂浆勾缝失效,搭接长度不足等	递推型
	D129	当路堤及路堑边坡高度大于3m时,应设置检查台阶	与非型
	D1210	梁跨度大于10m,墩台顶至地面高度大于3m或经常有水的桥梁,墩台顶应设围栏、吊篮(桥墩设双侧),桥面至墩台顶应设置梯子,并在人行道或避车台上设有能开闭的出入孔,空心墩应安装相应的检查设备	与非型

表 2

第三层次	第四层次	指标项目	指标类型
C12 人行道 安检抗 震及限 位设施	D1211	设有单侧人行道的桥梁应沿桥梁全长每隔30m左右在人行道栏杆外侧设一个避车台。设有双侧人行道的单线桥,应在两侧人行道外侧按间隔30m左右交错设置一个;设有双侧人行道的双线桥或多线桥,应在每一侧各相距30m左右设置一个	与非型
	D1212	安全检查设施严重失修,危及人身安全(包括各种桥梁检查作业车、吊篮、围栏、检查梯、检查门等)	递推型
	D1213	抗震设防烈度7度及以上地区的桥梁,以及6度地区的重要桥梁(指特大桥、大桥、中桥以及7度地区的墩台高度大于10m和8度地区墩台高度大于5m的小桥),均应设置防落梁设施	与非型
	D1214	抗震设防烈度7度地区的桥梁,梁体应设置横向支挡,在支挡结构与梁体间宜设置缓冲材料;抗震设防烈度8度地区的桥梁,桥梁的墩台顶帽支承垫石应适当加宽,梁体应设置纵向支挡,加强梁与梁之间的联系,桥梁支座不宜采用摇轴、辊轴支座,同时还要满足7度要求;抗震设防烈度9度地区的桥梁,桥梁上部应采用横向连接可靠、整体性能良好的结构形式,上部结构宜采用竖向限位措施,同时还要满足8度要求;抗震设防烈度为6度的A类、B类、C类桥梁按7度采取防落梁装置及抗震措施(A、B、C类桥见《铁路工程抗震设计规范》之规定选取实施)	递推型
	D1215	防落梁措施应具备适当的强度及变形能力,不影响桥梁支座等其他构件的正常使用及维护,正常使用时,对桥梁转角及位移不产生附加约束,构造简单、便于更换	递推型

其他判断集合形式与C11、C12构架形式相同,在此略去。评价指标的量化采用建立备择集,再进行隶属度计算,通过AHP法来确定指标权重,进而建立综合模型对桥梁劣化状态程度进行计算。其中36个三级指标通过247个四级指标计算得到,5个二级指标通过36个三级指标计算得到,1级综合指标通过5个二级指标计算得到。对同一层次的各元素关于上一层中某一准则的重要性进行两两比较。构造两两比较判断矩阵。建立递阶层次结构后,上下层元素间的相互关系就被确定了。以上一层次的元素B_k作为准则,其对下一层次元素A_1、A_2、$\cdots A_n$有支配作用。AHP法采用两两比较的方法来得到准则B_k下各元素的权重,即比较A_i与A_j对B_k的影响程度。其中以a_{ij}表示,对于n个元素来说,我们得到两两比较的判断矩阵$A=a_{ij}$,其中a_{ij}表示因素i和因素j相对于目标的重要值,构造判断矩阵的形式如下:

$$(a_{ij})_{n \times n} = \begin{bmatrix} a_{11} & \cdots & a_{1n} \\ \vdots & a_{ij} & \vdots \\ a_{n1} & \cdots & a_{nn} \end{bmatrix} \tag{13}$$

该方法使用1~9的比例标度来度量a_{ij},如表3所示。

判断矩阵标度及其含义 表 3

序号	重要等级	标度(a_{ij}赋值)
1	两个因素相比,具有同样重要性	1
2	两个因素相比,前者比后者稍重要	3
3	两个因素相比,前者比后者明显重要	5
4	两个因素相比,前者比后者强烈重要	7
5	两个因素相比,前者比后者极端重要	9
6	两个因素相比,前者比后者稍不重要	1/3
7	两个因素相比,前者比后者明显不重要	1/5
8	两个因素相比,前者比后者强烈不重要	1/7
9	两个因素相比,前者比后者极端不重要	1/9

由判断矩阵计算彼此比较元素对于该准则的相对权重,在计算出判断矩阵最大特征根对应的特征向量后,最后完成对判断矩阵的一致性检验。

五、评价举例

1. 桥梁概况

陇海线上行 K1358+986 格牙大桥(图2)位于建河——元龙区间。孔跨式样 1-24m + 8-32m + 1-24m 预应力钢筋混凝土梁,全长 321.7m。桥上铺设 P60 型钢轨,无缝线路,道砟桥面钢筋混凝土 II 型桥枕;护轨为 P50 型。桥上线路位于直线段,线路纵坡 12.5‰。该桥采用铸钢摇轴支座,固定端设在宝鸡侧。全部 10 孔梁均采用预应力混凝土双片式 T 形梁,1 号墩为桩基础、2~8 号墩为沉井基础、9 号墩为扩大基础,墩身均采用圆形截面布置,两侧为耳墙式桥台。

图2 格牙大桥全景图

2. 权重计算

采用所述方法得到陇海上行线 K1358+986 格牙大桥桥的指标权重:

A = (0.0879,0.2687,0.2966,0.2966,0.0500);

B1 = (0.0921,0.0569,0.0921,0.0888,0.3349,0.3349);

B2 = (0.0272,0.0745,0.0745,0.1435,0.1435,0.0310,0.1435,0.0745,0.1435,0.1435);

B3 = (1.0000);

B4 = (0.0378,0.1137,0.0395,0.0395,0.1137,0.2141,0.1137,0.2141,0.1137);

B5 = (0.1633,0.0733,0.1633,0.4365,0.1633)。

3. 层次评价

(1)第四层次评价

D11x = (0.6,1.0,1.0,0.8,1.0,1.0,0.0,0.8,1.0,1.0,0.6,1.0,1.0);

D12x = (1.0,1.0,1.0,1.0,1.0,1.0,0.8,0.6,1.0,1.0,1.0,0.2,1.0,0.8,0.8);

D13x = (1.0,0.8,0.2,0.8,0.8,0.6,0.8,1.0,1.0);

D14x = (0.0,1.0,1.0,缺省);

D15x = (0.0,0.0,0.6);

D16x = (0.0,0.8,缺省,缺省,缺省);

D21x = (1.0,0.6,0.4,0.2,缺省,0.2,0.6,0.4,0.8,0.8,0.4,0.4);

D22x = (缺省,缺省,0.6,0.8,0.8,0.8,0.8);

D23x = (0.6,1.0,0.8,0.8,0.8,0.6,0.6);

D24x = (1.0,1.0,0.8,0.6,0.8,1.0,0.8);

D25x = (0.8,0.8,0.6,0.8,0.8,1.0,0.8,0.6,0.6);

D26x = (缺省,缺省,0.6,缺省,0.8,0.8,0.6);

D27x = (0.8,0.8,0.6,0.8,1.0);

$D28_x = (0.8, 0.6, 0.8, 0.8, 0.6)$;
$D29_x = (1.0, 缺省, 缺省, 缺省, 缺省, 0.8, 0.8, 0.6, 0.6, 0.6, 0.8)$;
$D210_x = (1.0, 1.0, 缺省, 缺省, 缺省, 缺省, 0.8, 0.8, 0.8, 0.8, 0.8, 0.8)$;
$D31_x = (缺省, 缺省, 缺省, 缺省, 缺省)$;
$D32_x = (缺省, 缺省, 缺省, 缺省, 缺省)$;
$D33_x = (1.0, 0.8, 0.8, 0.6, 1.0, 0.6)$;
$D34_x = (缺省, 缺省, 缺省, 缺省, 缺省)$;
$D35_x = (缺省, 缺省, 缺省, 缺省, 缺省, 缺省)$;
$D37_x = (缺省, 缺省, 缺省, 缺省, 缺省, 缺省, 缺省)$;
$D41_x = (0.8, 0.8, 1.0, 0.8, 1.0, 0.8, 1.0, 0.8)$;
$D42_x = (0.8, 0.8, 1.0, 1.0, 0.8)$;
$D43_x = (1.0, 0.8, 0.8, 1.0)$;
$D44_x = (0.6, 0.8, 0.6, 0.8, 0.6, 0.6, 1.0)$;
$D45_x = (0.8, 0.8, 0.8, 0.8, 0.8, 0.8, 0.8, 1.0, 1.0)$;
$D46_x = (1.0, 1.0, 1.0, 1.0)$;
$D47_x = (1.0, 1.0, 1.0, 1.0, 1.0)$;
$D48_x = (1.0, 1.0, 1.0, 1.0, 1.0, 0.8, 0.8, 0.8, 1.0)$;
$D49_x = (1.0, 0.8, 1.0, 缺省)$;
$D51_x = (缺省, 缺省, 缺省, 缺省)$;
$D52_x = (缺省, 缺省, 缺省)$;
$D53_x = (缺省, 缺省, 缺省)$;
$D54_x = (1.0, 1.0, 1.0, 0.8)$;
$D55_x = (缺省, 缺省, 缺省, 缺省)$。

(2) 第三层次评价

$C11 = (0.11373)$; $C12 = (0.04312)$; $C13 = (0.03822)$; $C14 = (0.09360)$; $C15 = (0.23604)$
$C16 = (0.26976)$; $C21 = (0.00647)$; $C22 = (0.01566)$; $C23 = (0.01524)$; $C24 = (0.01751)$
$C25 = (0.03278)$; $C26 = (0.08155)$; $C27 = (0.06520)$; $C28 = (0.04802)$; $C29 = (0.22829)$
$C210 = (0.26223)$; $C33 = (0.8000)$; $C41 = (0.04811)$; $C42 = (0.04866)$; $C43 = (0.11178)$
$C44 = (0.08818)$; $C45 = (0.03392)$; $C46 = (0.03458)$; $C47 = (0.20350)$; $C48 = (0.27556)$
$C49 = (0.04959)$; $C54 = (0.41468)$。

(3) 第二层次评价

$B1 = (6.95596)$; $B2 = (20.79926)$; $B3 = (23.72800)$; $B4 = (26.60324)$; $B5 = (4.88940)$。

(4) 第一层次评价

$A = 82.97586$。

依据上述计算结果，最后结论确定方法为：

① 对于定量指标：采用现场采集数据的方法，根据确定评价因素集，结合专家评估法对评价指标进行隶属度计算，并依照特尔菲法原则，最终获取评价指标的可靠隶属度关系。

② 对于定性指标：根据现场调查采集到的实际样本，结合评价因素集的与非型评价办法，给出桥梁劣化的客观表现。

六、结　语

通过完成对铁路混凝土桥梁劣化状态评定方法的研究，实现了对铁路桥梁宏观表征的定量评估，为既有桥梁评定评估规范的改进和完善提供了新的思路，检查评定得到的信息数据有益于集成化、系统化、

参考文献

[1] 徐威. 既有铁路混凝土桥梁状态评定方法研究[D]. 成都, 西南交通大学. 2005.
[2] 王永平, 张宝银, 张树仁. 桥梁使用性能模糊评价专家系统[J] 中国公路学报, 1996, 9(3).
[3] 郭红仙, 任双宝, 钱家茹. 北京地区钢筋混凝土简支梁桥结构综合评估系统[J]. 清华大学学报(自然科学版), 2002, 42(6).
[4] 许书柏. 层析分析法原理[M]. 天津, 天津大学出版社, 1998.
[5] 刘娟. 构件权重调整与桥梁综合评估技术研究[D]. 济南, 山东科技大学, 2006.
[6] 蒋神杰. 模糊综合评价在桥梁检测中的应用研究[D]. 合肥, 合肥工业大学, 2007.
[7] 李鸿吉. 模糊数学基础及实用算法方法[M]. 北京, 科学出版社, 2005.

148. 桥梁全寿命周期安全隐患预控探讨

张小葵 田海龙

(湖南省高速公路管理局)

摘 要 本文对中国桥梁近年安全事故比例进行了统计,对赵州桥能存在至今进行了分析,并以湖南矮寨特大悬索桥为例,对桥梁设计与安全隐患进行了论述,亦以一些中外典型桥梁的安全事故为典型,对桥梁安全隐患预控要点进行了探讨

关键词 公路 桥梁 设计 建设 养护 安全隐患预控

一、中国桥梁近年安全事故概况

据统计,自从1997年以来,全国发生24起比较重大的桥梁坍塌事故。14起是由于规划设计不合理或是施工期导致安全事故,占58.3%,10起发生在营运管理期,由于超载而导致安全事故,占41.7%,因此对桥梁全寿面周期安全隐患预控探讨具有比较重要的意义。

二、中国古桥赵州桥之长寿及当代桥梁安全预控思考

中国四大名桥之首赵州桥距今已有1396年历史,是世界上现存的最古老、跨径最大的敞肩圆弧拱桥。它横跨洨水南北两岸,建于隋朝大业年间(605—618年),经历了10次水灾,8次战乱和多次地震,自建成至今共修缮8次。著名桥梁专家茅以升先生说,先不管桥的内部结构,仅就够它能存在1300多年就说明了一切。

这座大桥寿命如此之长,给今天的桥梁工程管理者带来严肃思考。

三、桥梁设计与安全隐患预控

桥梁设计是安全的基础,如果桥型选择不当,或是受力计算错误,如关键部位安全系数选用不当,指标计算错误等问题,工程安全就会先天不足。一个安全的工程,首先来源于对其使用功能以及地质地貌等条件客观科学的了解。

赵州桥结构新奇,造型美观,全长50.82m,宽9.6m,跨度为37.02m,是一座由28道独立拱卷组成的单孔弧形大桥(图1)。在大桥洞顶左右两边拱肩里,各砌有两个圆形小拱,用以加速排洪,并比实肩拱桥

减少桥身重量700t,节省石料260多立方米,这在中国古代建桥史上是个创举。美国建筑学家伊丽莎白·莫克在她于1949年出版的《桥梁建筑艺术》评价该桥"结构如此符合逻辑和美丽,使大部分西方古桥,在对照之下,显得笨重和不明确"。正因为它的泄洪设计此巧妙,而桥身自重又能合理地减轻,为这座古桥的长寿打下了先天基础。

桥梁设计中,选定安全的桥型后,对关键部位的安全系数需要进行合理的选定和结构受力计算。通常安全系数比较慎重的选定是在1.4~1.6之间。如果低于此系数,可能因为各种不可预见原因而造成安全隐患。而如果高于此系数,则用钢量等材料成本相应增加,不经济。同时设计中应该把握,设计基准期不等于结构寿命期,而整体结构寿命期也不等于各部分设计寿命期,因此安全系数的选定以及荷载受力计算应该按照结构细节予以区分。

例如:位于加拿大的圣劳伦斯河之上的Quebec Bridge,作为当时世界上最长跨度的钢悬臂桥,第一次设计时,把大桥的主跨由490m延伸至550m,以此节省建造桥墩基础的成本。1907年8月29日,突然倒塌,19000t钢材和86名建桥工人落入水中,只有11人生还。而其原因是大桥设计时桥梁重量计算不精确,大桥杆件发生失稳。

再如,湖南矮寨特大悬索桥,桥面设计高程与地面高差达330m左右。桥型方案为钢桁加劲梁单跨悬索桥,主跨为1176m,居世界第三、亚洲第一。在设计初期为隧道方案,通过实地考察,发现该区域岩溶发育,溶洞居多,后改为悬索桥方案,从而为工程的安全打下了基础(图2)。

图1　赵州桥

图2　湖南矮寨特大悬索桥

四、桥梁建设与安全风险评估隐患预控

安全风险评估控与预防制,是桥梁建设期安全隐患预控的重要手段。

对设计与施工都必须做出符合实际的风险评估,寻找工程中的关键危险源,针对危险源制定对应的措施,风险评估还应该随着工程进展实施动态管理。设计阶段如上所述主要评估地质情况以及桥型选择等。

桥梁施工阶段安全风险评估具体包含建设规模、地质条件、气候环境、地形地貌、桥位特征,以及施工工艺成熟度与施工工艺复杂性,事故救援的可展开性以及施工质量检测与监控九大项。

如果桥梁重大安全事故按桥型划分,其中拱桥占事故比例35%;在桥梁高处坠落事故分布中,模板支架拱架工程占同类事故的26%,上部构造架设占25%;在桥梁坍塌事故分布中,模板支架拱架工程占同类事故的27%。

综上所述,故(钢)拱桥是所有桥型中风险等最高的桥梁,尤其山区建设中的大跨度钢拱桥,其拱架工程与上部结构风险较高,通常应按极致风险制定安全隐患的预控对策。

桥梁安全风险评估,应随着工程进展进行动态危险源辨析并制定对策,应对施工作业随工程动态按分项工程—单位工程—主要工序—作业内容(方法、程序、机具设备、材料以及环境)为主线进行详细分解。

桥梁工程首次进行风险隐患评估时,应采用头脑风暴法为妥,可以以调查问卷方式为主将桥梁进一步进行专项安全分值评估,按照一般危险源和重大危险源展开,建立工程典型性重大危险源评价指标体系,应用风险矩阵法对风险进行等级划分,并制定相应的控制办法与操作规程。而风险评估与预防最关键之处是需要考虑细则并把握结构重点。如上文所论述的QuebecBridge,1913年,重新开始建设,然而不幸的是悲剧再次发生,1916年9月,中间跨度最长的一段桥身在被举起过程中突然掉落塌陷,13名工人被夺去了生命。事故的原因是举起过程中一个支撑点的材料指标不到位造成的。

五、桥梁养护与安全隐患预控

高速公路每公里成本已经到达6000万以上,甚至上亿。其中桥隧比已经达到30%甚至过半的比例。而桥梁事故在运营期发生的比例也在40%以上,因此桥梁养护安全隐患预控同样很重要。

桥梁养护应与设计、科研以及工程技术密切相连。一座大桥,应该在设计寿命上予以细化,针对不同的构件提出不同的使用基准期以及制定养护措施。比如钢拱桥,设计上应明确提出可更换部件与不可更换部件的有效寿命以及更换或养护措施。各重要结构应具备可检可换可控以及可持续性,桥上应设置检修通道或装置,养护部门对重要构件进行日常检查观测维修更换。

如,四川小南门拱桥,主桥是中承式钢筋混凝土肋拱桥,中部为180m范围内为钢筋混凝土连续桥面,该桥修建时是国内跨径最大的钢筋混凝土拱桥。因此该桥在运营期内的垮塌事故,虽已时过境迁,但是依旧令人叹息。2001年11月7日,该桥拱体和桥面预制板的4对8根钢吊杆断裂,造成大桥桥面垮塌。该桥运营期间,在温度、车辆制动力以及冲动荷载作用下,桥面漂移体系存在较大的水平位移,其短吊杆下端处于反复受剪状态。使得吊杆护筒和筒内砂浆断裂,钢绞线受大气和雨水直接侵蚀而发生腐蚀(断裂处50%以上钢绞线为陈旧性断裂),最终北岸上游N5号吊杆在横梁顶门处断裂,造成桥面整体垮塌。

除此,结构复杂的特大桥梁,应按使用基准期建立桥梁健康档案,记录桥梁运营期以及结构健康检查的全过程。一旦发现结构部件已经达到破坏极限,应予以重视。

如,美国I-35W密西西比河大桥,2007年8月1日,该桥突然倒塌。8人死亡,79人受伤。源于养护机构对桥梁结构重要的研究报告未予重视。1990年,美国联邦政府因该桥支座有严重腐蚀,将该桥定为"结构缺陷"。2001年,明尼苏达大学土木系又提出该桥纵梁已经扭曲变形,桁架已疲劳,但是发现之后均未引起有关部门重视。最终该大桥在交通高峰时间发生倒塌事故。

六、结　语

公路桥梁建设作为国家基础设施建设,成本高投入大,安全问题涉及人民生命与国家稳定。提高桥梁科研与工程建设管理水平,加强安全隐患的预控是桥梁工作者永恒的课题。

参考文献

[1] 范立础.大型桥梁工程设计施工新理念—发展与问题.同济大学课件,2010.
[2] 刘忠伟.燕赵古桥.北京:科学出版社,2009.
[3] 大型公路桥梁工程安全生产重大危险源及事故隐患防治技术研究.交通部西部交通建设科研,2013,1.
[4] 吴国光.建好管好养好高速公路.湖南红网访谈,2014,2.

149. 浙江嘉绍大桥机电工程建设与运营实践

陶永峰

(浙江嘉绍跨江大桥投资发展有限公司)

摘　要　本文介绍了浙江嘉绍大桥概况及特点、机电工程建设的目标及系统组成、机电系统运营管理的总结。机电工程建设的目标是为嘉绍大桥的运营管理提供行车安全、出众出行、桥梁安全、景观特色等服务。为实现这个目标,在嘉绍大桥的索塔、钢箱梁、混凝土箱梁柱、桥面等特定位置有针对性地布设了相应专业机电设备,加强对这些重要结构部位的监控、监测及控制,及时发现安全隐患,防止人为破坏,实现对大桥的全方位有效管控,确保大桥的自身安全及行车安全。同时,本文介绍了在大桥运营管理中发现的问题、采取的措施及运营管理的回顾与反思。

关键词 嘉绍大桥 机电工程 建设运营

一、引 言

嘉绍大桥是世界最长最宽的多塔斜拉桥,大桥于 2008 年底正式动工,历时 4 余年时间建设,于 2013 年 7 月 19 日零点正式通车。与绍诸高速、上三高速公路、乍嘉苏高速公路、杭甬高速公路等便捷地连接起来,大大缩短上海与绍兴以及浙江南部和中部地区等地的车程,对促进长江三角洲经济一体化和产业结构调整升级具有重大意义。

二、项目概况及特点

嘉绍大桥项目是《国家高速公路网规划》中沈阳至海口国家高速公路常熟至台州并行线的重要组成部分;也是浙江省公路水路交通建设规划纲要"两纵、两横、十八连、三绕、三通道"中的第二个通道。项目全线采用八车道高速公路标准建设,嘉绍大桥设计速度为 100km/h;大桥通航等级为:主通航孔 3000 吨级,边通航孔 1000 吨级,北副通航孔 500 吨级;汽车荷载等级:公路-Ⅰ级,设计基准期 100 年。

1. 大桥主桥结构

主桥采用六塔斜拉桥结构,主航道桥采用六塔独柱双幅四索面钢箱梁斜拉结构(图1),总长 2680m,总宽度达 55.6m。

图 1 嘉绍大桥主桥段平面直观图

2. 大桥特点

(1)地处钱塘江(图2),与南美亚马孙河、南亚恒河并列为"世界三大强涌潮河流"。

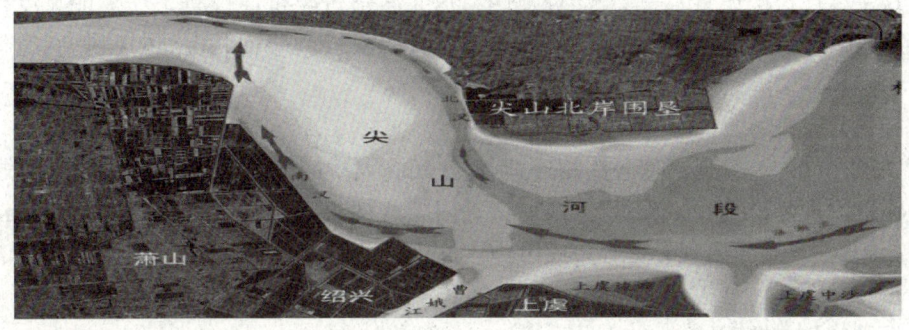

图 2 嘉绍大桥地处钱塘江流段

(2)河床宽浅,潮强流急,涌潮汹涌,主槽摆幅大,冲刷深,自然条件复杂。
(3)主梁温度应力,主梁跨中设置刚性铰。

(4) 桥梁景观设计独特"剑指苍穹"。
(5) 全桥基本实现无盲区监管。

三、机电工程建设思路及目标

根据嘉绍大桥的特点,结合大桥建成通车后的运营管理需求,机电工程建设要实现智能远控、全桥监控、安全可靠、优质服务等目标,并最终落实在全桥掌控、优质服务上,具体内容包括:①为行车安全服务的机电系统;②为桥梁自身安全及行车舒适的机电系统。

紧紧围绕这个目标,我们在嘉绍大桥的索塔、钢箱梁、混凝土箱梁柱、桥面等不同位置有针对性地布设了一些专业的机电设备,机电设备采集图像和数据实时上传嘉绍大桥监控中心,监控工作人员通过监控软件及监控墙的视频图像,加强对这些重要结构部位的监控、监测及控制,及时发现安全隐患,防止人为破坏,有效实现对大桥的全方位管控,确保大桥的自身安全及行车安全。

实施方案是在嘉绍大桥桥面设置摄像机、气象检测器、能见度检测器、紧急电话及广播系统、微波检测器、门架式和车道式情报板等设备;索塔、箱梁内设置电梯及其内线电话、塔内照明和检修插座、除湿系统、检修车等;全桥更是设置桥梁结构安全监测巡检管理系统;夜间景观及照明系统;在嘉绍大桥27#墩处双回路35kV变电站,引出4条10kV供电回路,保障了大桥机电设备的可靠供电。

四、机电系统的组成

嘉绍大桥往绍兴方向约2km处的滨海北收费站附近设置了嘉绍大桥监控中心,负责嘉绍大桥的监控营运管理。根据管理需求,监控中心内设置的设备包括:闭路电视监视设备、液晶大屏系统、综合控制台、计算机系统硬件和软件、监控、收费软件、供配电及其电力监控系统等。嘉绍大桥监控中心负责采集嘉绍大桥监控设备图像及数据,并对采集的信息进行处理,采取相应的控制策略。

1. 闭路电视监视系统

闭路电视监视系统用于对桥梁全方位直观、实时的视频监控,观测桥面交通运行状况及桥梁航道、索塔塔身等其他重要部位的安防善,并对特殊事件通过事件检测系统进行自动识别确认后报警,为救灾排患提供第一手信息。

嘉绍大桥监控摄像机布设方案如下:

在嘉绍大桥桥面两侧,均以250m间距连续面市固定标清摄像机85套,桥中央分隔带间隔1km布设遥控摄像机10套,在六个主塔两侧分别设置一套索塔全景遥控摄像机,用于对索塔下桥面进行监视,同时针对嘉绍大桥航道的监控共设置18套航道摄像机,以实现对嘉绍大桥桥面及航道交通状况的无盲区监视。

2. 桥梁环境监测系统

在嘉绍大桥主桥段桥面设置了一套气象检测器,在北岸引桥段桥面设备了一套能见度检测器,能够精确、及时地监测桥梁周边的气象和桥面环境气象状况,对能见度、路面状况、风速风向、空气温湿度、雨量等要素进行自动监测。

3. 交通监控诱导系统

由于嘉绍大桥两端均与普通高速公路相连,因此在实施大桥的交通诱导时必须将两站收费站纳入整体考虑。大桥南北岸两侧,桥面的上下行方向均设置门架式情报板,在主桥桥面的上下行方向又分别设置了车道式情报板,一旦桥面出现异常气象或事件、可由监控室发布信息改变车道信号灯,实现对桥面交通流的控制。

4. 紧急电话及应急广播系统

为应对桥面违章停车观光、桥面行人、应急救援、大桥的安全保卫等突发状况,根据嘉绍大桥运营管理的要求,在桥面、X托架上设置有线广播系统,对违章停留、非法破坏等突发状况进行实时广播,实际使用效果十分明显,具体方案如下:

嘉绍大桥全长10.137km,除全桥面两侧均分42台紧急电话外,桥面还分布了298只有线广播喇叭,主要分为主桥段和引桥段两个部分。因其监管的力度要求互有差别,主桥段布设100W扬声器88套,引桥段布设30W扬声器218套,对全桥桥面进行全面覆盖,对任何一处违章停留、作业等,都能进行远程广播。另外,主桥段X托架上还分布了12套航道水面广播。

5. 照明系统

参考交通运输部颁布的《公路照明技术条件》,按大桥段平均照度值大于等于20LX,总亮度平均度大于等于0.5,纵向均匀度0.7,眩光限制5。

桥梁行车照明方案:结合桥梁面的有效宽度及主体工程的结构设计要求,桥梁安全行车照明采用12m单臂单挑高压钠照明路灯,悬挑1.5m,灯具仰角15度,由于受桥梁主体结构条件所限,经与主体设计部门协调,路灯沿桥梁纵向间距设为28~38m,对称设置在外侧护栏基础处。嘉绍大桥江面宽阔,临近大海,受海洋性气候影响较大,容易频繁出现雾区,为此于路灯布置间隔一致设置雾灯,沿道路两侧安装在路灯灯杆上,距路灯底盘法兰约1.3m,雾灯的安装角度可二元调节,保证驾驶员获得最佳视觉效果。

照明控制与节能,嘉绍大桥照明控制方式务手动和远程自动控制两种,同时配置了智能调压调光节能设备(照明调控装置)。各照明控制装置包含配电单元和二次控制设备,并提供标准通信接口(RS485串口智能控制模块),通过电力监控设施可实现远程自动控制,各照明灯应配置单灯短路保护熔断器。

6. 桥梁供配电系统

大桥用电设备包括:道路照明、雾灯诱导照明、交通监控设备、箱梁(主塔)内部照明及插座、主塔电梯、桥梁检修车、除湿机、航空灯等。

其中交通监控设备为二类负荷,对其进行低压双电源备用;航空灯、电力监控设备、桥梁结构监测设备为一级负荷,对其配备UPS电源;其余设备为三类负荷,其中心变电站纳入地方环网中,保证了大桥用电设备的可靠性。

嘉绍大桥南岸桥头18#墩附近已建成一所35/10kV大桥专用变电站,专供大桥施工及运营用电,此变电站建设为35kV双电源供电方式,供电可靠性很强,保证了大桥机电系统设备运营用电需求。

嘉绍大桥为分幅桥梁,且距离又较远,故方案从35kV大桥变引出四路10kV电源,左右幅2个回路为大桥供电。其中,西侧两个回路分别为路灯、雾灯回路,箱梁检修、外场监控以及景观照明回路,东侧两个回路分别为路灯、雾灯回路,箱梁检修回路、外场监控以及主桥动力回路。本系统供电距离较长,35kV大桥变的四回路出线,同时减小电网故障造成的影响,分别在Z4号墩的路灯回路和Z3号墩的检修回路设置RM6环网柜对主干电缆进行分段保护,同时在35kV大桥变的六路出线回路及分段环网柜出线回路设置零序互感器,并纳入电力监控系统中。

7. 应急救援体系

浙江嘉绍大桥是浙江省公路水路交通建设规划纲要"两纵、两横、十八连、三绕、三通道"中的第二个通道。所处区域有大雾等频繁的恶劣天气,钱塘江江面桥更是受冰冻雨雪影响,这些不利因素容易诱发各种紧急灾害事件。为应对嘉绍大桥上的自然灾害、交通事故,以及人为破坏等突发、偶发性事件,根据紧急事件应急救援的处理需求,在大桥公司设置嘉绍大桥应急指挥中心,便于交通应急指挥,同时充分利用工程提供的视频监控、应急广播、气象检测等设备,做好安全防范和预警。为切实做好应对嘉绍大桥突发紧急事件的人力、物力、交通运输、医疗卫生及通信保障等准备工作,大桥通车之后运营管理单位与当地政府组织在嘉绍大桥上进行了应急救援联合演习,并完善了喜绍大桥的应急救援预案,实现紧急状况下各政府部门与嘉绍大桥管理单位的有效联运。

五、系统建设与运营总结

鉴于嘉绍大桥的特殊性和重要性,如何确保大桥自身的安全和桥面行车安全,运营管理中如何实现对大桥的安全管控,我们在建设和运营管理过程中不断摸索和总结。嘉绍大桥建成通车后,我们对嘉绍大桥机电运营情况进行了总结和回顾,认为在桥面上加大摄像机密度,同时配合宁波海视的事件检测方案是非常成功的;桥面照明效果良好并且灯具故障率很低;桥面设置的视频与广播高强密度,第一时间能驱离桥面违章停车效果挺好;环境检测系统提供的气象等数据为应对灾害天气提供提前预警,由监控中心值班人员通知路政交警、应急救援队及时做好相关准备工作;机电系统的正常运行为大桥的日常运营管理工作提供了便捷的服务。同时,我们也发现存在紧急电话及广播系统故障率较高的问题,这个问题给行车安全带来了巨大安全隐患。为解决这些问题,我们拟定采取以下针对性措施:

对于紧急电话及广播系统故障率较高,监控中心日常工作中发现事故报警通过紧急电话的报警非常少,故障存在高而不确定性,什么时候发生事故时,就地紧急电话也存在故障的可能,所以采取措施:一方面加强设备日常巡检,主动发现故障及时进行维护;另一方面,在紧急电话处增加标识条"嘉绍应急电话:监控中心的电话号码",通过管理增强服务意识,方便驾乘人员在碰到紧急电话故障时,可以直接联系上嘉绍大桥监控中心。

从目前使用的实际效果来看,由于建设期间在联合设计时,管理决策的角度就是从运营实践出发,给现时的嘉绍大桥日常运营管理提供了很大便利。在全桥覆盖的监控网基础上,通过电子巡逻和事件检测等科技手段,能在最短时间内发现桥面事故和隐患,进一步大桥监控工作人员将通过应急广播系统喊话,若违章依靠车辆会及时劝离,若事故车辆,则提醒驾驶员进行第一步安全措施等。

浙江嘉绍大桥的机电工程的建设和运营,很好地诠释大桥机电工程的建设需要从实际运营的需求出发,才能为大桥的自身安全和行车安全提供全面、优质的基础,所以现在我们需要在运营管理过程中不断学习、探索、总结和优化,充分理解和享受在机电工程建设和运营实践工作中带来了成果。

参考文献

[1] Qnr. cn. 高速公路机电工程设计、施工与运营相关问题的探讨. 2009.12.
[2] 吴涛. 东海大桥运营期养护管理研究与实践. 城市道桥与防洪. 1998.
[3] 陶永峰. 嘉绍大桥物联网技术应用与展望. 城市建设理论研究. 2014.3.
[4] 宋卫国、钱焜. 嘉绍大桥建设及营运情况汇报. 2013.
[5] 刘春成,龙正聪. 湖南高速矮寨特大悬索桥机电工程建设与运营实践. 2013.
[6] 戴峰. 从营运管理角度谈高速公路机电工程建设. 重庆高速公路股份有限公司.

150. 港珠澳大桥桥梁工程钢结构防腐施工首制件质量控制

杨振波 杨海山 师华 魏九桓 胡立明

(中航百慕新材料技术工程股份有限公司)

摘要 本文介绍了港珠澳大桥桥梁工程的腐蚀环境特点、钢结构涂层体系设计和涂层性能要求,在防腐涂装领域的国内首创点以及关键技术;并且从人、机、料、法、环五个维度,介绍了港珠澳大桥CB02-F2标段首制件防腐施工质量控制实施过程;叙述了如何将涂装技术、施工工艺与先进的管理方法相结合,从而确保港珠澳大桥涂装施工的质量、HSE及工程进度。

关键词 桥梁 防腐 首制件 质量控制

一、引言

钢结构防腐工程量虽然仅占港珠澳大桥桥梁工程建设的很小比例,但它不仅影响到待涂装工件的涂装质量、成本等,还对钢结构成品件的交验、安装施工、成桥通车工期等都有直接的影响。涂料行业有"三分料,七分工"的说法,涂装过程出现的问题会促使整个大桥流水施工的停滞,造成不可挽回的损失。

首制件是近年国外工程建设施工中发展的一种先进工艺控制手段与管理方法。国内以往仅仅对结构工程件进行首制件认可制,由于港珠澳大桥桥梁工程钢结构涂装无论是工程量还是质量要求上都可谓史上最高,项目国内外首次在钢结构防腐涂装领域实施首制件制作及评审,即在大桥进入正式施工前,对标准钢构件进行涂装施工预演,从而发现技术、工艺中存在的问题和不足以及潜在的风险,为防腐涂装施工提供技术工艺参数、注意事项、材料和设备使用的可靠性、有效性,为未来大桥钢箱梁防腐涂装批量生产提供有效的依据。

本文通过介绍港珠澳大桥防腐涂装工程 CB02-F2 标段首制件,如何使先进的管理方法与理念与技术相结合,从人员管理(人);涂装厂房与机械设备(机);材料设计选用与检测(料);施工工艺与流程(法);安全、环境与职业健康(环)五个维度进行控制,对我国防腐施工技术与管理能力的提高,改变国内防腐涂装脏、乱、差的现象,与国外工程先进水平接轨,具有现实的意义。

二、工程腐蚀环境特点与钢结构涂层体系设计

港珠澳大桥位于广东省珠江口外的伶仃洋海域,属亚热带海洋性气候,根据 ISO12944-2《色漆和清漆钢结构的防腐蚀保护涂层体系第 2 部分:环境分类》,港珠澳大桥桥梁工程所处的大气腐蚀环境为高盐度的沿海和近海地区,属于最高腐蚀等级的 C5-M 类型。高温、高湿、高盐度以及汽车尾气中的硫、氮等化合物会对大桥的钢结构造成严重的腐蚀。

根据[1] JT/T722—2008《公路桥梁钢结构防腐涂装技术条件》,对于 C5-M 状况下,25 年防护寿命的长效防护体系,钢结构外表面一般采用"热喷锌铝 + 封闭漆 + 环氧中间漆 + 氟碳面漆"的设计体系。国内的许多跨海大桥,如厦漳跨海大桥、青岛海湾跨海大桥等都采用了上述钢结构防护体系。

港珠澳大桥桥梁工程钢结构重点部位涂层体系设计 表1

部位	涂装体系及用料	最低干膜厚度	场地
钢箱梁外表面	二次表面喷砂除锈	$Sa2_{1/2}$级,$Rz30-70\mu m$	工厂
	环氧富锌底漆2道	$2 \times 50\mu m$	工厂
	环氧云铁中间漆2道	$2 \times 100\mu m$	工厂
	氟碳面漆2道	$2 \times 40\mu m$	工厂
钢箱梁内表面	二次表面喷砂除锈	$Sa2_{1/2}$级,$Rz30-70\mu m$	工厂
	环氧富锌底漆1道	$80\mu m$	工厂
	环氧厚浆漆1道	$120\mu m$	工厂

港珠澳大桥桥梁工程钢结构重点部位涂层体系的设计方案见表1。该体系与以往跨海桥梁工程的最大不同点,主要是采用了环氧富锌底漆来取代热喷锌铝涂层。就底漆的防护性能而言,热喷锌铝涂层(含封闭)是优于环氧富锌底漆[2]。根据 JT/T722,表1 的体系通常用于 C4 或 C5-I 这些较弱一些的腐蚀环境。

之所以采用这样的设计,是由于港珠澳大桥项目作为一个举世瞩目的国际工程,特别关注于 HSE 体系。由于热喷锌铝过程中,会产生大量的"锌"、"铝"、"氧化锌"、"氧化铝"蒸汽。"锌与氧化锌"蒸汽可能使工人得"锌热病";而长期吸入金属铝粉或氧化铝粉尘更会引起肺部病变,使工人受到"铝肺"这种职业病的危害。所以在防护体系的底涂层选择中,港珠澳大桥采用了"环氧富锌底漆"来取代"热喷锌铝"涂层。

为了执行严格的 HSE 标准,在涂料的性能要求上,港珠澳大桥也在国内首次提出了针对性的要求。在桥梁涂装工业漆应用领域,溶剂型涂料的使用仍处于主流地位。该类型涂料以其涂层性能好,施工方便,可冬季低温下施工等优点,在重防腐领域还很难被水性涂料、无溶剂涂料所取代。但是,溶剂型涂料的 VOC(挥发性有机化合物)造成环境的污染已成为全球关注的重点问题。而国内涂料行业领域,除了

在建筑涂料、木器涂料等少数领域之外,对于工业漆的VOC,特别是桥梁领域用溶剂型涂料的VOC指标,还没有相应的国家规范。

而港珠澳大桥国内首次对防腐涂料的VOC、重金属等环保性指标进行了具体规定,详见表2。

港珠澳大桥桥梁工程用涂料的环保性指标要求　　　　表2

序号	涂料品种	项目	技术指标
1	环氧富锌、环氧云铁/厚浆、玻璃鳞片漆	VOC含量	<350g/l
	氟碳面漆、聚氨酯面漆		<420g/l
2	环氧富锌、无机富锌防锈防滑、环氧云铁/厚浆、玻璃鳞片漆、环氧磷酸锌、氟碳面环氧富锌底漆1道漆、聚氨酯面漆	铅含量	≤1000ppm
		汞含量	≤1000ppm
		镉含量	≤100ppm
		铬含量	≤1000ppm
		多溴联苯	≤1000ppm
		多溴二苯醚	≤1000ppm
3	氟碳面漆、聚氨酯面漆	游离HDI/TDI	<0.4%

三、港珠澳大桥涂装工程的创新点

港珠澳大桥桥梁工程钢结构防腐涂装项目,有别于国内众多桥梁工程,在确保工程质量的同时,必须兼顾HSE的高标准要求。因此,项目在建设过程中,提出了多个创新点:

(1) 国内的杭州湾跨海大桥、青岛海湾大桥等大型桥梁的通航孔桥采用钢箱梁制作,而非通航孔桥为混凝土箱梁构造。而港珠澳大桥桥梁工程全长22.9km,通航孔及非通航孔桥将全部采用钢箱梁结构,总用钢梁将达到42.5万吨。由于混凝土箱梁可不涂装,但钢结构必须进行防腐保护,这也使港珠澳大桥桥梁工程的防腐施工工程量创下了中国乃至世界桥梁史之最。

(2) 通常在进行桥梁钢结构防腐涂装时,底漆、中间漆及第一道面漆均在工厂进行涂装。而最后一道面漆则是在钢梁吊装到桥址现场以后,对磕碰处及焊缝处进行补涂,然后进行一次全面涂覆,可确保最终的涂装质量与效果。

由于港珠澳大桥所处的地理位置正好位于中华白海豚保护区,为了防止最后一道面漆在涂覆过程中污染相关海域,从而影响白海豚生存环境。项目要求底、中、面三道涂层必须在工厂一次完成,钢梁吊装到桥址现场后,仅进行涂层损伤处与焊缝处的补涂,这样可最大程度的减少施工过程中涂料的污染。但由于没有最后一道面漆的通涂,会减少面涂层的整体性以及保护及涂装效果。这就要求对传统的涂装工艺进行变革,采用新的工艺。

(3) 港珠澳大桥在HSE方面的高要求,严格规定在工程建设中,必须采用降低能耗、改善环境、提高工效、保障施工人员健康的工艺,这样涂装厂房及涂装环境是制约其要求的关键环节。而以往国内桥梁防腐工程,防腐分包队伍通常是借用相关方的厂房,但这些厂房的设计是根据相关方自身需求定制的,往往不能满足这些桥梁防腐在施工过程中高效率、高质量的要求。这也使以往桥梁防腐施工的涂装环境较差,严重影响工人的健康及造成环境污染。

而港珠澳项目国内首次将涂装厂房设计及安装连同其报价,交由防腐分包队伍根据招标文件要求实施,从而确保各类除湿加温系统、通风除尘系统、漆雾过滤系统最终形成的环境条件与港珠澳大桥工程量匹配,达到国家标准要求。

(4) 项目国内首次对防腐涂料的VOC指标进行了规定。严格意义的VOC指标,既包括涂料中的VOC,也包括施工过程中添加的VOC。这就要求必须采用高固体含量的涂料;同时在施工过程中,必须少添加涂料稀释剂以及清洗用的稀释剂。涂料的VOC低,固含量高,必然导致涂料的黏度增加,施工难度加大,特别是氟碳面漆规定涂装工艺为 $2\times40\mu m$。以往工程中,为了确保 1 道涂装厚度为 $40\ \mu m$ 左右,在采用高压无气喷涂设备施工时,稀料的添加量往往超过 8%,而不考虑 VOC 的要求。但在港珠澳项目中,这样做已经违背了 HSE 的要求,必须采用新工艺来解决这个问题。

除上述几个创新点,港珠澳大桥管理局也希望防腐施工队伍主动采用一些新技术,确保质量与 HSE 同步,让港珠澳项目成为防腐涂装领域的一座里程碑。

四、首制件涂装质量控制

1. 人员管理(人)

同以往工程类似,港珠澳大桥防腐涂装工程 CB02-F2 标段首先成立一个项目管理团队,由项目经理,技术总工,项目副经理,质量管理工程师,试验检测管理人员,计划进度及界面管理人员,技术人员,HSE 管理人员,财务预算人员及其他人员组成。有别于以往工程,项目专门设置了项目总协调人,由可充分调动公司资源的承包人副总经理及以上级别人员担任,主要负责与发包人进行项目重大事宜的沟通以及与第三方的外部协调工作,解决工程中出现的非技术性问题,确保工程顺利实施。

国内以往防腐涂装工程,仅有少数特种工种如高空作业、电工、焊接等有执业资格要求。而对于专门从事喷漆涂装作业的具体操作施工人员确没有相应要求。喷漆涂装是一个劳动力密集工种,技术工人的技术水平决定了大桥的最终涂装质量与防腐寿命。涂装工国家职业资格认证已经启动,国内汽车等行业已经要求喷漆工需取证上岗作业,这是涂装行业未来发展的趋势,项目部也要求重点喷漆岗位持证上岗,走在了桥梁涂装行业前沿。

2. 涂装厂房与机械设备(机)

港珠澳大桥在 HSE 方面的高要求,严格规定在工程建设中,必须采用改善环境、提高工效、保障施工人员健康的工艺,这样涂装厂房及涂装环境是制约其要求的关键环节。项目国内首次将涂装厂房及设备安装连同其报价,交由防腐分包队伍根据招标文件要求实施,从而确保各类除湿加温系统、通风除尘系统、漆雾过滤系统最终形成的环境条件与港珠澳大桥工程质量要求匹配。CB02-F2 标段的涂装厂房与机械设备的建设如下所示。

(1)厂房布置

标段二次涂装厂房(分段喷砂房、喷漆房)采用了车库式一喷两涂的形式,即一间喷砂房,两间喷涂房。喷砂房、喷漆房并列布置,设备为后置机房。工件分段喷砂结束后,从喷砂房转移至喷漆房。

(2)喷砂系统(图1)

喷砂系统是表面清理的关键设备,由一次储砂量超过 300t 的储砂箱与 8 台一机双腔多枪自动连续加砂喷砂机组成,单台喷砂机由两个料仓组成,喷砂作业时下料仓保压,上料仓加砂,加满砂后,上料仓保压,下料仓封闭阀会自动落下,上料仓的磨料会自动落到下料仓去,两个料仓由料位器自动控制。所有喷砂机均配有无线遥控装置、24V 打砂灯。在喷砂房墙上安装有快卸接口模板,该板上配有打砂管输出接口、照明接口、操作人员呼吸面具接口。所有喷砂机电源采用集中控制。本系统采用目前国际上最先进技术,可比常规设备提高效率 20%。每小时喷砂面积可达 $18m^2$ 以上。

图1 喷砂系统

(3)钢砂输送回收处理系统

该回砂系统由地漏、皮带输送机、斗式提升机、丸尘分离器、局部除尘系统、真空吸砂系统组成,其原理为:对于地面上的钢砂磨料,利用人工或扫砂车将其推至地漏;对于留在箱梁内部或分段内的钢砂磨料大部分采用人工回收,底部残留部分采用真空吸砂机的方式进行回收,由真空吸砂机吸出的钢砂由储砂筒放至皮带输送机;然后由地漏下的皮带输送机将地面钢砂及真空吸砂机收集的磨料送至斗式提升机,进入尘丸分离器并进行局部除尘;在进行尘丸分离时,会有大量粉尘通过除尘机将其抽出,局部除尘采用二级除尘,第一级为旋风除尘,可除去70%灰尘,第二级为滤筒除尘,最后排放的空气可达99.9%的净化。最终经筛选分离的磨料进入储砂箱以待下次循环喷砂使用。

(4)喷砂时的通风除尘系统

按设计要求,涂装工场在进行喷砂作业时,其内部的通风条件为每小时换气次数10次,且要求排放口的排放浓度小于100mg/m³。系统须配置滤筒除尘器。喷砂间与机房相连接的墙壁上安装吸风口。在喷砂作业时除尘器开动。经过除尘器处理后的洁净空气中60%~70%由循环风管再入房内循环使用,以降低能耗。

(5)漆雾及有机废气处理系统

在进行喷漆作业时,喷漆间内的换气次数约为每小时8次。在喷漆间靠近侧置机房布漆雾过滤器,漆雾过滤器设备含室体,漆雾过滤毡,活性炭过滤,每台漆雾过滤器过滤面积的大小将根据过滤效率进行选用,经此处理后须经有机废气处理设备处理,达标后排放。

(6)除湿系统

主要由压缩机、制冷系统、转轮、加热系统、风机和电控箱等组成,采用压缩机制冷除湿和转轮除湿一体化技术,使设备可适用于一年四季,并保证出风口的低湿度及长时间运行。

(7)送风风管系统

喷砂间的全室除尘通风和喷漆间的喷漆通风均采用强制抽风,使工作区域内形成负压,在整个涂装工场垂直面上无气流短路现象。提高除尘、排除有机废气效率。所有风管均为独立管道引入涂装工场内。

(8)涂装工场照明系统

涂装房内照明均采用亮度高,色温接近太阳光的250-400W金属卤素灯。除喷砂间装置普通灯外,其余均装备隔爆型防爆灯具。各涂装房照度必须满足500勒克斯,且照明度均匀。

3. 材料设计选用与检测(料)

港珠澳大桥桥梁工程选用的主要涂料品种为环氧富锌底漆、环氧云铁中间漆及氟碳面漆[3],详细的性能指标要求见表3,其他使用的涂料还包括无机富锌防锈防滑漆、环氧玻璃鳞片漆、环氧磷酸锌、聚氨酯面漆。

港珠澳大桥要求涂料供应方必须提供执行JT/T722-2008《公路桥梁钢结构防腐涂装技术条件》以及招标文件规定的权威第三方检测报告。在施工过程中,涂料供应商除了提供产品合格证、出厂检验报告、产品说明书以外,还要求监理与施工方对到厂的每批涂料进行现场的三方见证取样送第三方进行复检。因此,在首制件制作过程中,CB02-F2标段结合首制件工程量编制涂料采购计划,提交总包方审核采购,然后三方见证对每批涂料进场按规定进行抽样复检,送已批复的检测单位进行检验,检测合格后用于首制段涂装施工。

复检项目包含:富锌底漆的附着力、金属锌含量、干燥时间、不挥发分含量;环氧云铁中间漆、无机防滑、玻璃鳞片漆的附着力、干燥时间、不挥发分含量;氟碳面漆的氟含量、附着力、不挥发分含量、干燥时间、耐冲击性。

4. 施工工艺与流程(法)

图2为CB02-F2标段首制件工作流程图,可以有效指导整个流程有序可靠的实施。详细的控制流程如下:

1)喷砂前的准备

(1)盐分检测及墩位处理

首先将首制节段B642采用平板车运至存梁厂进行盐分检测,并采用高压淡水对梁段的内外表面进行了清洗。在施工环境条件满足施工要求时,采用环保型自动回收喷砂机对钢箱梁6个墩位进行喷砂除锈处理,检测合格后涂装第一道富锌底漆。

港珠澳大桥桥梁工程用主要涂料品种性能要求　　表3

序号	品种	项　　目	技 术 参 数	试 验 方 法
1	环氧富锌底漆	容器中状态	均匀无异常	目测
		不挥发分含量(重量)	≥80%	GB/T1725
		不挥发分中金属锌含量	≥80%	HG/T3668
		表干时间	≤30min	GB/T1728
		附着力(拉开法)	≥5MPa	GB/T5210
		耐冲击性	50cm	GB/T1732
		VOC含量	<350g/l	GB 18581
2	环氧云铁中间漆	容器中状态	均匀无异常	目测
		不挥发分含量(重量)	≥80%	GB/T1725
		表干时间	≤4h	GB/T1728
		附着力(拉开法)	≥5MPa	GB/T5210
		耐冲击性	50	GB/T1732
		VOC含量	<350g/l	GB 18581
3	氟碳面漆	容器中状态	均匀无异常	目测
		溶剂可溶物氟含量	≥24%	HG/T3792
		不挥发分含量(重量)	≥65%	GB/T1725
		表干时间	≤1h	GB/T1728
		附着力(拉开法)	≥5MPa	GB/T5210
		耐冲击性	50cm	GB/T1732
		人工加速老化	3000h	GB/T1865
		VOC含量	<420g/l	GB 18581

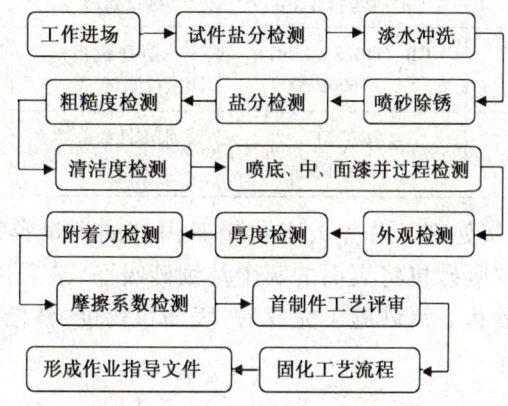

图2　CB02-F2标段首制件工作流程图

(2)表面净化处理

进行梁段的内外表面喷砂前的清洁及除油污施工,并对梁段的自由边、飞溅、焊缝等处理情况进行检查,发现问题及时通知制作方进行处理,复查合格后梁段转运至喷砂房。

(3)脚手架搭设及泄水槽保护

脚手架的搭设采取固定脚手架与移动脚手架相结合,在喷砂房,钢箱梁内全部采用固定脚手架,箱梁外在钢砂回收系统地坑处采用固定脚手架,两侧采用移动式脚手架;在喷涂房,为防止碰撞产生火花,箱梁内的脚手架采取门式脚手架+木跳板,门式脚手架底部与箱梁接触区域全部用柔性橡皮包扎,箱梁外全部采用可移动楼梯式脚手架,底部滚轮是橡胶带刹车式的万向滚轮,可以有效地保证脚手架的稳定性。

为防止下斜腹板 U 肋在喷砂时钢砂进入,U 肋端头使用封堵板将其密封保护;泄水槽等镀锌件采用帆布外衣对其进行包扎保护。

2)二次喷砂除锈

(1)环境条件及压缩空气检查

首制件上道工序报检合格后转运至喷砂房。检测喷砂房环境条件(环境温度、相对湿度、露点、梁段基体温度等)、空气压力及空气洁净度,均满足技术规范(表4、表5)。开启通风除尘、除湿设备,将施工厂房的环境条件控制在技术规范规定的范围内。

环境条件检测记录　　　　　　　　　　　　　　　　　　　　　表4

检测项目	检验规定	检验方法	实测值
环境温度	5~38℃	干湿温度计	27℃
相对湿度	低于80%	用干湿温度计和计算表	59%
钢板表面温度	高于露点温度3℃	红外测温仪	29℃
空气露点	/	露点对照表	18℃

压缩空气质量检查记录表　　　　　　　　　　　　　　　　　　　表5

检测项目	检验规定	检验方法	实测值
空气压力	压力≥0.5MPa	监测压力表	0.75MPa
压缩空气清洁度	干燥清洁无杂质	用洁净干燥白纸,相距200mm,对着出气口吹3分钟,检查白纸表面应无油迹、水迹	清洁

(2)二次喷砂除锈及清砂

环境条件、空气压力和清洁度检测结果满足喷砂施工要求后,开始进行喷砂施工,具体要求及检验结果如表6所示。

喷砂除锈质量要求及检验结果　　　　　　　　　　　　　　　　表6

检验项目	质量要求	检验标准	检验方法	实测值
清洁度	$Sa2_{1/2}$级	GB/T8923.1-2011	图谱对照	$Sa2_{1/2}$级
粗糙度	$Rz30~70\mu m$	GB/T13288.1-2011 GB/T6062-2009	比照样块粗糙度测试仪测量	$Rz30~70\mu m$
盐分	$Cl^- \leq 7.0 Mg/cm^2$	GB/T 18570.9	水溶性盐电导率测量法	内表面 2.4/Mgcm² 外表面 1.8/Mgcm²

喷砂完毕后,进行清砂、清灰处理。首先人工将箱梁内部的大量存砂清理干净,然后用压缩空气将残存的砂子吹净,再用真空吸砂机将表面的灰尘及细砂吸净,最后用铲砂车将箱梁外部的钢砂铲运至自动收砂系统,回收至砂箱。清砂施工完成后,表面粗糙度、清洁度报检,合格后方能将首制件转运至喷涂房。

3)涂料涂装

(1)涂料配制与调控

配置专职涂料领用员和调配工,并在质检员及涂料供应商技术服务人员的指导监督之下进行配料,通过多方控制,有效的避免了涂料调配时可能出现的偏差及错误。

(2)预涂及端口的保护

对首制节段构件粗糙表面、不平整焊缝表面、板边、弯角、过焊孔、流水孔、其他孔眼以及喷涂不易的死角处进行环氧富锌底漆手工预涂。并安排专人对首制梁段对接环焊缝区域、纵向结构嵌补区域、内小车轨道端头采用胶带纸进行阶梯保护,保护区域满足大节段拼装施工要求。

(3)摩擦面的涂装及保护

首制节段各个部位保护完成后,采用空气喷涂机对摩擦面喷涂无机富锌防锈防滑涂料,漆膜固化后采取三夹板进行遮挡保护,避免其他涂料对其污染。

(4)内外表面环氧富锌底漆涂装

开启通风除尘、除湿设备,将施工厂房的环境条件控制在技术规范规定的范围内。预涂处理完成后,用压缩空气吹净钢箱梁表面的灰尘,然后,将箱梁内底板用塑料布铺设保护,最后使用高压无气喷涂机对节段内外表面喷涂环氧富锌底漆。每道底漆涂装前,均对上道涂层缺陷修复彻底、清理干净,使表面无灰尘,并采取先预涂再喷涂的工艺。

(5)桥面防护及环氧磷酸锌底漆涂装

待桥面的路缘石、立柱垫板采取胶带纸保护完成后,采用高压无气喷涂机喷涂环氧磷酸锌底漆。

(6)泄水槽环氧中间漆涂装

首先对泄水槽的镀锌层进行脱脂、拉毛处理,测量、记录镀锌层厚度后,将泄水槽周边用胶带纸进行保护,然后采用高压无气喷涂机喷涂环氧中间漆,待检测合格进入下道工序前对泄水槽涂层进行防护。

(7)外表面环氧云铁中间漆涂装

首先对底漆涂层缺陷修补、磨平,待报检合格后,将表面灰尘除净采用高压无气喷涂机喷涂环氧云铁中间漆。

(8)内表面环氧厚浆漆涂装

对内表面底漆涂层进行修补和清理,清理完毕并报检合格后,对内表面不易喷涂的部位进行预涂,再采取高压无气喷涂机进行环氧厚浆漆的涂装。

(9)外表面氟碳面漆的涂装

首先对中间漆的涂层清理修磨,表面灰尘除净并报检合格后,采用高压无气喷涂机进行氟碳面漆的喷涂。

4)重点工序控制措施

(1)梁段表面清理工序控制

①钢结构表面锐角边磨圆及焊缝缺陷检查:钢箱梁交接时对钢箱梁结构焊缝缺陷及清磨情况进行自查,当发现问题时,立即通知钢结构制造单位进行处理。

②可溶性盐分的控制:可溶性盐分的控制主要分梁段清洗前、梁段清洗后、梁段喷砂后三个阶段,这三个阶段对盐分含量进行全面监测,保证梁段盐分含量在可控范围内。

③油污的检查:箱梁表面的油污须作为控制重点,将其表面清洗干净、彻底,防止磨料污染,影响涂装施工质量。

(2)喷砂施工控制

①喷砂施工顺序遵循先下后上、先里后外、先难后易的原则。

②对于焊缝、自由边等部位喷砂顺序遵循先焊缝、后自由边。

③对于狭小、难喷部位重点喷砂、检查,并适当增加喷砂次数。

(3)预涂质量的控制

预涂是涂装施工质量的关键,在这道工序前期必须准备充分。

①施工人员选择经验丰富、技术娴熟的预涂工人。

②根据具体施工部位,合理选择预涂工具。

(4)喷涂质量控制

①喷涂施工中,控制预涂涂层的厚度,在焊缝处采用刷涂工艺,避免预涂范围过大。

②控制每种涂料第一道涂层的漆膜厚度及与预涂搭接部位的覆盖范围。

(5)涂层厚度的控制

①根据梁段的施工面积制定配料定额,即通过涂料的用量,控制涂层的干膜厚度。

②在涂料喷涂施工过程中采用湿膜卡随时对膜厚进行监测,并及时调整。

③对喷涂施工人员进行专门的涂料技术参数、调配、使用知识的培训与交底,使之熟悉掌握涂料性能。

④采用"双90"原则(90%的测量值不得低于规定干膜厚度,其余10%的测量值不能低于规定膜厚的90%)进行涂层厚度的最终控制。

(6)外观的控制

①钢箱梁面漆涂装前,对喷枪难以喷涂到位的阴角部位进行预涂,其他部位采取喷涂施工,这样大大减少了预涂工作留下的刷痕,使得外观更加平整、美观。

②在每一道涂料喷涂干燥后测量漆膜厚度,将图层较薄或较厚部位进行标记,为第二道涂料喷涂施工提供参考。

③重点加强施工人员喷涂流挂、收枪工艺的技术培训,确保涂层外观质量。

5)安全、环境与职业健康(环)

项目部设置专门的 HSE 管理组织机构,责任层层落实到位;项目施工前进行涂装作业危险源与环境因素辨识,制定防范控制措施;编制报审 HSE 涂装专项方案及应急预案;组织全员进 HSE 教育培训,加强全体人员的管理及操作指导,提高职能人员的防范意识和技术水平;根据 HSE 相关管理制度加强现场管理。

五、结　语

(1)港珠澳大桥国内外首次在钢结构防腐涂装领域实施首制件制作及评审,体现建设方对防腐涂装质量的关注又上了一个新的台阶。

(2)通过 CB02-F2 标段首制件涂装施工,验证了首制件施工工艺方案、施工工艺流程、HSE 专项方案的合理性,最终首制件质量经评审后合格。

(3)从"人、机、料、法、环"五个维度进行首制件流程梳理,并进行相应的质量与工艺控制,摸索出适合本工程钢箱梁涂装施工工艺,质量及 HSE 控制措施,并经过完善、改进、优化,为防腐涂装施工提供技术工艺参数、注意事项、材料和设备使用的可靠性、有效性,为未来大桥钢箱梁防腐涂装批量生产提供依据。

参考文献

[1] 李运德,张亮等.桥梁防腐标准及防腐涂层配套体系设计[J].涂料技术与文摘,2008,(11):25-31.
[2] 杨振波,师华.现代桥梁结构防腐涂装技术现状及发展趋势[J].上海涂料,2012,50(7):35-40.
[3] 孟凡超,吴伟胜,刘明虎,等.港珠澳大桥桥梁耐久性设计创新[J].预应力技术,2010,83(6):11-27.

151. 四氟型高耐候自洁性氟碳漆在桥梁防护上的应用

刘　伟　白华栋　商汉章

(中航百慕新材料技术工程股份有限公司)

摘　要　本文论述了四氟型高耐候自洁性氟碳漆的主要技术特点以及四氟型高耐候自洁性氟碳漆在桥梁防护上的应用。

关键词　四氟型　自洁性　氟碳漆　技术特点　桥梁　应用

一、引言

四氟型FEVE氟碳涂料的超耐候性能特别适用于桥梁混凝土、钢结构、建筑外墙等需要高耐久性的防腐涂层体系的面涂层。由本公司参与编写的3个交通行业标准JT/T722-2008《公路桥梁钢结构防腐涂装技术条件》、JT/T694-2007《悬索桥主缆系统防腐涂装技术条件》、JT/T695-2007《混凝土桥梁结构表面涂层防腐技术条件》都把四氟碳涂层作为长效重防腐配套涂层体系的面层，相关产品也成功应用于杭州湾跨海大桥混凝土索塔、天兴州公铁两用桥钢桁架梁、海斯顿垃圾处理设备等项目，并取得了良好的经济效益和社会效益。

在国内大气环境污染形势越来越严峻的大背景下，一些大型建筑物的表面不可避免地会受到空气中的粉尘、雨水的沾染而出现雨痕状污染，严重影响了建筑物的美观，为此每年定期要动用大量的水资源来对这些建筑物表面进行清洗处理，增加了桥梁维护的成本。因此一些桥梁建设单位的负责人对桥梁混凝土及桥梁钢结构表面防护用涂料的防污效果提出了要求。

二、防污涂料的市场现状

目前提高涂层的防污性能主要有3类方法：第1种，降低漆膜表面能，提高漆膜与水、油的接触角，使得污物难以附着；第2种，通过添加亲水化助剂，使得漆膜表面产生亲水性基团，降低漆膜与水接触角，使得油性污物附着不牢，容易被雨水冲刷掉；第3种，通过添加光催化剂的方法，分解漆膜表面污染物。第1种方法虽然理论研究不少，但能够实现类似"荷叶效应"防污效果并能长期保持的市场化产品还没有，第3种方法的防污效果比较明显，但是光催化作用对有机成膜物有很大的破坏性，即使四氟型FEVE氟碳涂料也难以避免；而第2种方法通过添加合适的亲水化剂可以使涂膜迅速形成亲水化表面，赋予涂层自洁性，避免雨痕发生，并能够长期保持[1]。

三、四氟型高耐候自洁性氟碳漆的主要技术特点

自从FEVE氟涂料在我国诞生以来，各种宣传和报道反复提到，FEVE氟涂料具有低表面能，从而具有优异的防污性能。笔者用国内、外知名FEVE氟树脂生产厂家的树脂制备成高光白漆，进行户外的大气曝晒试验。结果表明：各种FEVE的防污性能都很差，并不比对照样丙烯酸聚氨酯好。

如果漆膜的表面能低于污染物，理论上污染物就很难吸附在漆膜表面。有机氟高聚物的表面张力是高聚物中最低的，纯有机氟树脂如聚四氟乙烯(PTFE)的低表面能性质早已为人熟知。而四氟型FEVE氟树脂是一种有机氟改性聚氨酯树脂，氟含量一般在26%以下，当加有各种填料并与固化剂成膜后，其涂层氟含量还会大大降低，因此FEVE的防污性能不能与纯氟树脂的防污性能相提并论，四氟型FEVE氟树脂涂膜与水的接触角一般在80°~90°，更容易产生污染。如果配方不做专门调整，从长期防污性角度讲，甚至还不如丙烯酸涂料和丙烯酸聚氨酯涂料。长期曝晒后，丙烯酸类涂料漆膜会粉化，粉化的漆膜有自清洁作用[2]。

本公司通过在四氟型FEVE氟碳涂料中加入适量的氟化硅氧烷亲水化助剂成功制备出了四氟型高耐候自洁性氟碳漆。富集在氟碳涂膜表面的亲水化剂具有很高的水解性，能够在很短时间内形成亲水性表面，并能长期保持。亲水化剂的加入明显赋予涂膜表面亲水性，大大降低了四氟型FEVE氟树脂漆膜与水的接触角(可以达到40°左右)，具有优异的自清洁功能，同时对涂膜的耐候性无影响。

1. 涂膜自清洁的原理

涂料的自清洁功能是指已附着于涂膜表面的污渍能被雨水冲洗干净的功能。普通涂料通常不具备自清洁功能，因为普通涂料的涂膜表面一般是憎水的(涂膜与水的接触角大于70°)，雨水不会渗透到污渍和涂膜之间，而是呈聚集状的水滴沿污渍表面流下，最终产生雨痕状污染。而自清洁涂料的涂膜表面是亲水的，雨水容易渗透到污渍和涂膜之间，吸附在涂膜表面的污渍脱离涂膜并浮在水膜表面，而被雨水冲洗干净，从而避免了雨痕状污染，达到了自清洁效果。如图1所示。

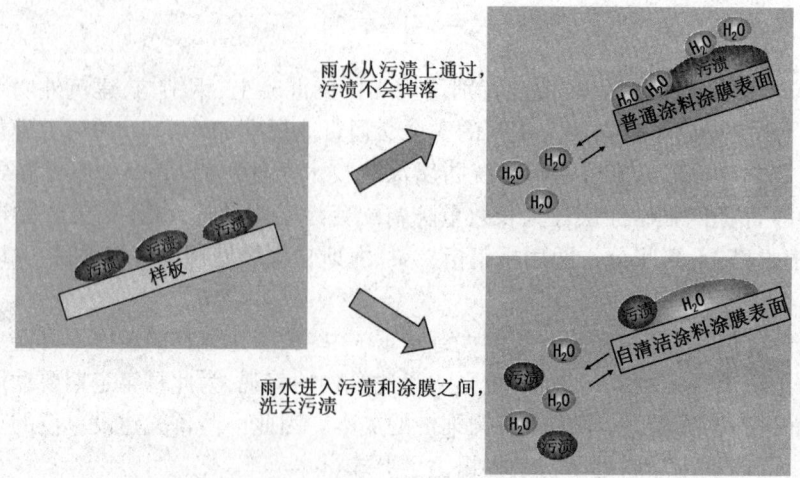

图1 自清洁涂料的自清洁机理

2. 性能对比

自清洁涂料与普通涂料最大的区别在于涂膜与水的接触角不同。涂膜与水的接触角越小，则涂膜表面越容易被水润湿，同时水也越容易渗透到污渍和涂膜之间，显示出自清洁效果。

由于实际使用环境以及施工环境的不同，一般认为涂料涂膜与水的接触角小于70°时，涂膜就具有自清洁功能。本公司研制的四氟型高耐候自洁性氟碳漆涂膜与水接触角能达到40°左右（图2），具有优异的自清洁性能。而普通涂料涂膜与水接触角均在70°以上（图3），不具备自清洁功能。

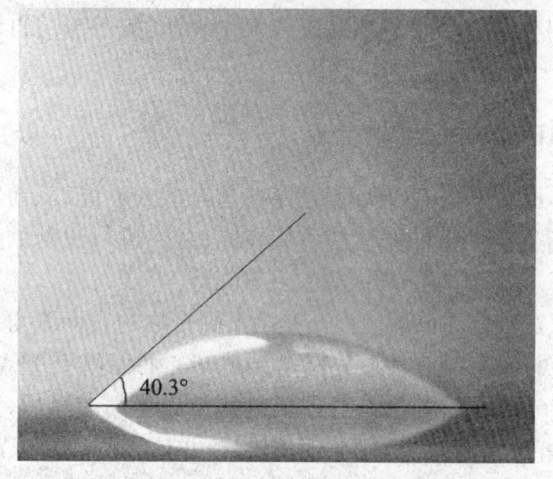

图2 自清洁涂料涂膜与水接触角　　　　　　　　图3 普通涂料涂膜与水接触角

另外，对于采用同一种四氟型氟树脂的两种涂料来说，自清洁涂料的耐候性与非自清洁涂料的耐候性区别不大，但自清洁涂料的耐沾污性能更好。图4和图5为海南省万宁市曝晒场采集的数据。

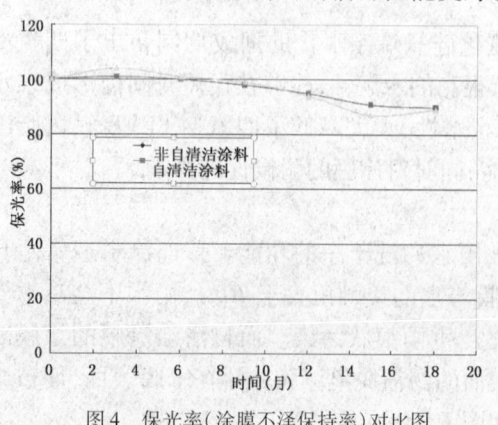
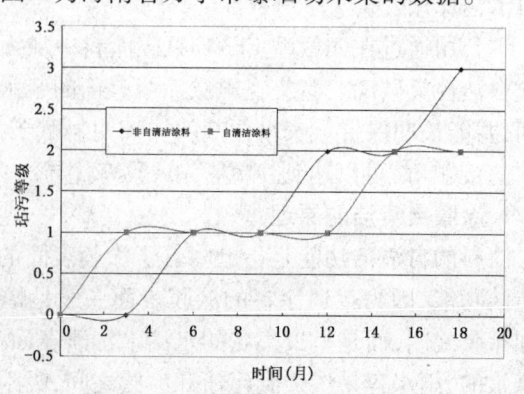

图4 保光率（涂膜不泽保持率）对比图　　　　　　图5 沾污性能对比图（等级载高，防污性越差）

四、四氟型高耐候自洁性氟碳漆的应用

四氟型高耐候自洁性氟碳漆以其优异的耐候性能和自清洁功能,正在逐渐被业主接受,并且成功应用到桥梁、大型露天钢结构等领域中。例如 2011 年完工的北京京新上地斜拉桥主塔涂装(图6),以及 2009 年的河北唐山国丰钢厂煤气储罐涂装(图7)等都得到了良好的应用[3]。

图6 北京京新上地斜拉桥主塔涂装

图7 河北唐山国丰钢厂煤气储罐涂装

北京京新上地斜拉桥主塔区混凝土涂层设计方案如表1所示。

北京京新上地斜拉桥主塔区混凝土涂层设计方案　　　表1

部　位	涂层体系	材料名称	干膜厚度(μm)
混凝土桥塔	底层	环氧封闭漆	渗透混凝土内部,表面颜色均匀(不计入总厚度,但需≤50)
	中间层	环氧云铁中间漆	150
	面层	丙烯酸聚氨酯面漆	40
		FEVE 四氟型自洁氟碳面漆	40
	涂层总干膜平均厚度		230
预埋件处理	底层	环氧富锌底漆	80
	中间层	环氧云铁中间漆	150
	面层	丙烯酸聚氨酯面漆	40
		FEVE 四氟型自洁氟碳面漆	40
	涂层总干膜平均厚度		310
其他要求		混凝土表面缺陷(错台、蜂窝、麻面)等需采用腻子修复平整	

五、结　语

在巩固四氟型 FEVE 氟碳涂料用于桥梁混凝土及钢结构等需要长效重防腐防护领域地位的前提下,顺应市场的需求,本公司开发出了具有优异自清洁功能的四氟型高耐候自洁性氟碳漆,使其应用的领域进一步扩大。本公司经过部分工程的实际应用,其自清洁效果明显,施工性能良好。相信未来随着氟碳树脂、助剂合成技术的发展,以及涂料研发工作者的不懈努力,具有更多特殊功能的氟碳涂料将进入市场,氟碳防腐涂层体系必将得到越来越广泛的应用,取得更大的经济效益和社会效益。

参考文献

[1] 李运德,徐永祥,师华,等.常温固化 FEVE 氟碳涂膜表面亲水性研究[J].涂料工业,2009,39(2):46.

[2] 李运德,杨振波,黄玖梅.常温固化氟碳涂料在桥梁领域的应用[J].电镀与涂饰,2008,27(1):49-53.

[3] 张亮,商汉章,高然,等.4F 型自清洁氟碳涂料的制备与应用[C].//中国公路学会与桥梁结构工程分会.2013 年全国桥梁学术会议论文集.北京:人民交通出版社,2013.

152. 港珠澳大桥混凝土结构120年使用寿命的耐久性保障体系

范志宏[1]　王胜年[1]　李克非[2]　苏权科[3]　董桂洪[1]

(1. 中交四航工程研究院有限公司水工构造物耐久性技术交通运输行业重点实验室；
2. 清华大学；3. 港珠澳大桥管理局)

摘　要　跨越伶仃洋海域的港珠澳大桥提出了120年使用寿命的建设目标，如何提高外海、高温、高湿环境下大型集群工程的混凝土结构耐久性是工程建设面临的重大挑战之一。混凝土结构的耐久性保障是一项系统工程，不仅需要合理的耐久性设计、严格的施工管理，也需要运营期的科学维护。针对港珠澳大桥工程特点，本文介绍了混凝土结构耐久性预评估、基于长期性能的耐久性和防腐蚀措施设计、耐久性施工质量控制以及后期耐久性维护等方面的研究和成果，建立了港珠澳大桥主体工程混凝土耐久性的保障体系。

关键词　混凝土　耐久性　设计　评估　维护

一、概　述

港珠澳大桥跨越珠江口伶仃洋海域，是连接香港、珠海、澳门的大型跨海通道工程，其主体工程由水下沉管隧道、海中人工岛、海中桥梁等3种主要结构组成，工程设计使用年限120年，是中国交通建设史上技术最复杂、环保要求最高、建设要求最高的工程之一。

由于港珠澳大桥工程所处的伶仃洋海域，具有气温高、湿度大、海水含盐度高的特点，受海水、海风、盐雾、潮汐、干湿循环等众多因素影响，混凝土结构的腐蚀环境严酷，耐久性问题突出。处于如此严酷的环境条件下，同时又具有多种结构形式和严格的耐久性要求的跨海集群工程混凝土结构，在国际上也是罕见的，相应的耐久性设计、施工控制方面的经验与成果较少，因此针对港珠澳大桥的具体耐久性要求，开展混凝土结构的耐久性方面研究，形成满足120年使用寿命的保障技术体系，是工程建设过程中需要解决的关键技术问题之一。

从结构全寿命周期考虑，结构将经历设计、建造、运营维护和修复等过程，而耐久性保障措施贯穿于结构全寿命周期，是一个复杂的系统工程。依据国内外的东海大桥、杭州湾大桥、青岛海湾大桥、昂船洲大桥和厄勒海峡大桥等跨海桥梁工程建设经验，都是通过采用海工高性能混凝土、规定最小保护层厚度、采取附加防腐蚀措施和严格施工管控、并且明确后期维护管理制度等措施，是工程实现百年使用寿命的耐久性目标的基本思路[1-3]。

二、混凝土结构耐久性设计

混凝土结构耐久性设计的基本原则是：在材料和设计施工水平能够达到的前提下，从材料性能和构件构造上最大限度地提高结构的耐久性水平，同时对腐蚀风险较高的重要构件关键部位应采取合适的附加防腐措施。

1. 基于实际环境和长期性能的混凝土结构耐久性设计

国内外大多数工程还是依据规范规定的材料组成如水胶比、胶凝材料用量、保护层厚度等来确定耐久性控制指标，即所谓"判断—符合"方法，这些耐久性控制指标与设计年限之间只是假定的符合关系，没有确实的定量联系。

港珠澳大桥混凝土结构的耐久性设计，采用定量设计的方法，以钢筋表面氯离子浓度累积达到锈蚀

临界值为耐久性极限状态,以菲克第二定律的扩散模型来表征氯离子的侵蚀过程:

$$C_{cr} = C_0 + (C_s - C_0)\left[1 - \mathrm{erf}\frac{x}{2\cdot\sqrt{D\cdot t}}\right] \tag{1}$$

港珠澳大桥耐久性设计采用概率分析理论,以华南地区长达20多年的海洋暴露试验和海港实体工程调查分析为基础,将暴露试验和工程调查样本数据进行统计分析,解析上述模型中关键参数的统计分布特征,建立基于可靠度理论的耐久性设计方法,确定与设计使用年限相对应的耐久性设计指标。

由于港珠澳大桥与设于湛江港的华南暴露试验站环境基本相同,与华南海港工程环境相似(表1),因此,应用上述暴露试验和实体工程耐久性样本数据进行耐久性设计是可行的。

华南暴露试验站与港珠澳大桥环境条件对比 表1

环境条件	港珠澳大桥	华南暴露试验站
年平均气温(℃)	22.3~23.1	23.5
最热月7月平均气温(℃)	28.4~28.8	28.9
最冷月1月平均气温(℃)	14.8~15.9	15.5
年平均相对湿度(%)	77~80	85
海水中Cl^-含量(g/L)	10.76~17.0	15.05
海水pH值	7.50~8.63	7.84~8.18

(1)表面氯离子浓度

在海洋环境中,海水中的氯离子通过不同机理在混凝土表面沉积,表面氯离子浓度不仅与具体暴露部位有关,而且和混凝土本身的特性以及暴露时间有关。

对于表面氯离子浓度的统计规律分析采用了331个暴露试验样本数据,得出表面浓度服从对数正态分布。综合考虑现有的统计模型,混凝土表面氯离子浓度概率模型表示为:

$$C_s(t) = A\left(\frac{w}{b}\right)\frac{bt}{1+bt} \tag{2}$$

式中:w/b——混凝土的水胶比;

A——表面浓度回归系数;

b——时间参数。

(2)临界氯离子浓度

钢筋在混凝土中锈蚀的临界氯离子浓度与混凝土的保护层厚度、胶凝材料品种、水胶比和环境的通氧条件及相对湿度等因素有关。参考大量的实测数据(暴露试验数据样本80个,工程调查数据样本58个),针对港珠澳大桥混凝土配合比具体情况(双掺粉煤灰、磨细矿渣粉),对不同海洋环境暴露区域,分别研究了临界氯离子浓度的概率统计模型。得出大气区的临界氯离子浓度为对数正态分布,均值为0.85%,标准差为0.13%;浪溅区、水变区和水下区临界氯离子浓度为Beta分布。

(3)氯离子扩散系数

混凝土的氯离子扩散系数与混凝土水胶比、胶凝材料的品种以及环境条件等有关。研究表明,氯离子扩散系数的表观回归值随混凝土暴露时间的增长而降低,符合指数衰减规律:

$$D(t) = D_i\left(\frac{t_i}{t}\right)^n \tag{3}$$

式中:D_i——经历环境作用时间t_i后测得的氯离子扩散系数;

n——衰减系数。

港珠澳大桥混凝土结构耐久性设计用的氯离子扩散系数的衰减规律(由衰减系数n来表征)根据长期暴露试验的数据回归(95个数据样本)得到。华南长期暴露试验数据分析证明,混掺粉煤灰、粒化高炉矿渣粉的混凝土具有最优的抗氯离子渗透性能。针对此配合比特点,对于氯离子扩散系数及衰减指数进行概率统计分析,衰减指数 n 为正态分布,浪溅区均值为0.47,标准差为0.0286。

(4)耐久性设计结果

在上述关键参数的概率统计规律确定的前提下,使用近似概率方法进行了主要耐久性控制参数的设计,确定了针对具体可靠指标水平($\beta=1.3$)和构件具体暴露部位的分项系数,从而建立了耐久性设计的近似概率(分项系数方法)设计方法。定量计算了"使用年限—保护层厚度—氯离子扩散系数"的三元关系,确定了设计使用年限为120年的混凝土构件保护层厚度和氯离子扩散系数对应关系(图1)。

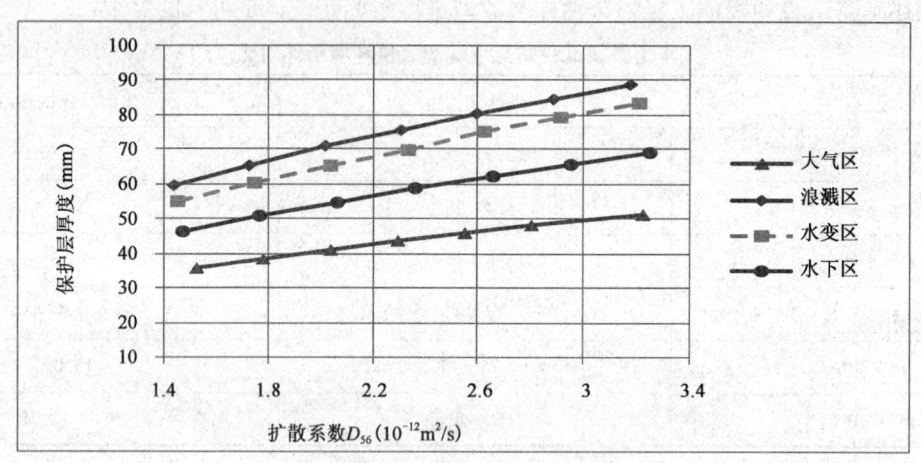

图1 120年使用年限保护层厚度和理论氯离子扩散系数关系

2. 基于综合防护技术的混凝土结构附加防腐蚀措施设计

理论上采用海工高性能混凝土与足够的混凝土保护层厚度,混凝土结构可以达到120年使用寿命。但是考虑保护层厚度的施工偏差、混凝土材料性能的波动、环境和荷载的影响等不利因素,尚需要按照构件的重要程度、维护的难易程度、所处的环境部位,采用有效的附加防腐蚀措施,使其具有一定的耐久性安全储备。

何种构件、什么部位采用何种外加防腐措施,需要根据不同腐蚀环境混凝土构件腐蚀风险、不同外加防腐蚀措施的适用条件和全寿命周期成本综合考虑。

(1)港珠澳大桥主体混凝土结构腐蚀风险评估

通过定量分析港珠澳大桥不同腐蚀区域的环境指数(S_p)和混凝土结构的耐久指数(T_p),比较环境指数和耐久性指数之间的关系来评价港珠澳大桥主体混凝土结构的腐蚀风险。当 $T_p \geq S_p$ 时,港珠澳大桥混凝土结构在120年免维修期内因钢筋腐蚀引起耐久性下降的风险很小,T_p-S_p 的差值越正,腐蚀风险越小,耐久性安全储备越大。

耐久指数(T_p)通过综合考虑分析影响港珠澳大桥混凝土结构耐久性多方面因素,计算后获得的。环境指数(S_p)用于评定港珠澳大桥各部位的环境条件,由结构所处的环境条件及所要求的免维修期而定。

根据腐蚀风险计算结果,只要满足设计要求,可保证港珠澳大桥混凝土结构达到预期的120年使用寿命,但是分析结果也表明,除水下区的混凝土构件的 T_p-S_p 较大外,大气区、浪溅区和水变区的 T_p-S_p 值较小,一旦混凝土原材料或施工质量控制出现偏差,就会导致 T_p-S_p 的值小于零,不能满足工程耐久性目标,因此还需采取必要的外加防腐措施以降低腐蚀风险,提高耐久性安全储备。

(2)海工混凝土防腐蚀技术

混凝土外加防腐措施可分为两大类。一类通过阻止或延缓氯离子渗透进钢筋表面达到保护钢筋的目的,例如硅烷浸渍、混凝土涂层等;另一类通过提高钢筋的抗腐蚀性能延缓钢筋开始腐蚀时间或者降低钢筋腐蚀速率,如不锈钢钢筋、阴极保护以及环氧涂层钢筋等(表2)。

海洋环境混凝土结构可采取的外加防腐蚀措施　　　　表2

防腐措施	防腐原理	适用条件	保护效果及优点	缺点
涂层	混凝土表层形成隔绝层,是氯离子难以侵入	可用于海洋环境大气区、浪溅区和水位变动区	保护年限10—20年,施工简便	改变混凝土外观,涂层易受外界作用而损坏
硅烷浸渍	渗入混凝土毛细孔中,使毛细孔壁憎水,使水分和所携带的氯化物难以渗入	可用于海洋环境大气区和浪溅区	保护年限20年,施工简便,不影响混凝土外观,重涂容易	不适合水位变动区、水下区等混凝土表面潮湿部位
阻锈剂	在钢筋表面形成一层保护膜,抑制、阻止、延缓了钢筋腐蚀的电化学过程	混凝土内掺或者外涂,可用于各种混凝土部位	适用于氯离子不可避免存在或进入混凝土内的结构	防护效果和保护年限难确定,易从混凝土其他性能产生不良影响
环氧涂层钢筋	钢筋外表面包裹环氧涂层,隔绝侵蚀介质,避免钢筋锈蚀	可用于各种混凝土构件	保护年限25年以上	减小钢筋握裹力,涂层易损,施工质量控制要求高
阴极保护	外加电场,使钢筋电位极化,即使存在氯离子,钢筋腐蚀反应也不能发生	可用于各种混凝土构件一般施工期预设钢筋电连接,后期通电保护	对重要构件可实施长效保护,保护年限可达50年以上	成本较高,施工技术及后期维护要求高

不同环境区域所采用的外加防腐蚀措施不同,这是由外部环境对结构物侵蚀的程度和不同外加防腐蚀措施的特点共同决定的。港珠澳大桥混凝土结构不同部位具体采用何种措施,需结合各部位的工况条件,考虑外加防腐蚀措施的效果、施工可行性以及全寿命周期成本。

(3)防腐蚀措施全寿命成本分析

由于不同的防腐技术有不同的技术特点和适用性,选择经济适宜的防腐蚀方法对整个工程的使用状态和寿命至关重要。为选择经济适宜的防腐蚀方法,基于全寿命经济分析的概念建立了防腐蚀工程经济评价体系。

港珠澳大桥混凝土结构物处于恶劣环境下,初期施加外加防腐蚀措施可以对混凝土结构起到安全预防的作用,进一步增加结构的耐久性安全裕度。通过对不同外加防腐措施的技术特点、经济效益和混凝土构件腐蚀风险三者之间综合分析,提出港珠澳大桥主体混凝土结构附加防腐蚀措施为:桥梁大气区混凝土结构采用硅烷浸渍防腐蚀措施;桥梁浪溅区和水位变动区混凝土结构采用外层不锈钢筋或环氧涂层钢筋加硅烷浸渍联合的外加防腐蚀措施,不锈钢和环氧涂层钢筋视构件采取预制和现浇不同工艺区别对待;对于处于深水环境下的沉管侧面和顶面外壁,以混凝土自防水为主,管段接头区域采用聚脲涂层,敞开与暗埋段采取硅烷浸渍防腐;浪溅区、水位变动区和大气区构件实施钢筋电连接,为后期可能采用阴极保护技术做好准备。

三、混凝土结构耐久性施工质量控制

由于施工过程中尚存在许多不确定因素,还需根据工程特点,提出混凝土耐久性施工质量控制措施,将结构出现初始缺陷的可能性降到可控范围之内,确保耐久性设计目标在实施工中得以实现。

1. 混凝土质量控制技术

从施工角度考虑,混凝土耐久性施工质量控制包括原材料控制、耐久性混凝土配合比设计与调整、混凝土生产、浇注和养护过程控制等多方面的内容。

根据港珠澳大桥施工特点,研究了施工阶段混凝土耐久性质量控制技术,按照耐久性设计指标要求,研究满足120年设计使用寿命要求的混凝土性能试验及检验、生产施工质量控制措施、耐久性质量检验与验收标准等系统技术,结合大掺量掺合料混凝土成熟度对性能影响、沉管混凝土容重控制、保护层厚度

控制、现场水胶比控制及耐久性质量检验等工程应用技术研究,形成用于指导港珠澳大桥混凝土施工的《港珠澳大桥耐久性质量控制技术规程》。

2. 特殊构件混凝土裂缝控制技术

港珠澳大桥沉管结构受大截面、大体量、结构形式及施工工艺复杂等因素影响,容易因温度、收缩以及约束等原因而在施工阶段就出现危害性裂缝。危害性裂缝的出现不仅会影响结构的外观,还会大大促进有害物质侵蚀混凝土的速度的程度,从而更快地导致混凝土结构破坏,削弱沉管混凝土结构整体的耐久性。因此沉管预制施工过程中必须采取合理有效的措施防止有害裂缝的产生。

针对港珠澳大桥全断面浇筑沉管管段大体积混凝土的控裂难题,采用数学仿真分析技术,研究了工厂化预制工艺下各施工阶段可能影响沉管混凝土质量、控裂的因素,提出有针对性的管节预制工艺、温控及监测措施;并且利用现场小尺寸模型试验、足尺模型试验全面检验原材料、配合比、混凝土施工工艺等的可靠性,对仿真分析、施工工艺、控裂措施进行再优化设计,最终形成沉管节段裂缝控制的施工技术规程。

3. 施工期混凝土结构耐久性动态评估和控制

耐久性设计中规定的指标需要通过施工过程来实现。一方面对施工期耐久性测试数据和相关工程试验、检验数据进行概率统计分析,研究实体工程耐久性相关的各参数概率分布,对照耐久性设计指标,评估耐久性设计目标在实体工程中的实现程度,针对材料和施工因素对耐久性设计目标的影响,进一步修正和完善耐久性施工质量控制措施,指导后续生产;另一方面,对实体构件开展跟踪检测,评估实际构件在服役环境下的耐久性寿命,初步掌握即将交付使用的结构或构件能否满足设计目标。

(1) 基于现场数据的质量控制技术

收集整理工地试验室的混凝土性能数据及原材料数据,建立混凝土原材料性能指标和硬化后混凝土性能的对应关系,使用质量控制图和 Pearson 和 Spearman 相关性统计分析理论,分析室内标准养护下混凝土性能与各种原材料的关键技术指标的量化相关性,从而实现对混凝土原材料和混凝土耐久性质量动态控制。

质量指标统计分析方法

使用质量控制图进行指标量值的分析。质量控制图(管理图)以质量特征值为纵坐标,时间或取样顺序为横坐标,且标有中心线及上、下控制线,是能够动态地反映结构性能变化的一种链条状图形。中心线为所考察数据的平均值,上、下控制线分别位于中心线两侧的 3σ 距离处。中心线及上、下控制线分别用 CL(central line)、UCL(upper control line)、LCL(lower control line)表示,如图2所示。中心线两侧 2σ 距离处的控制线称为警戒线,分别用 U'Cl 和 L'CL 表示。

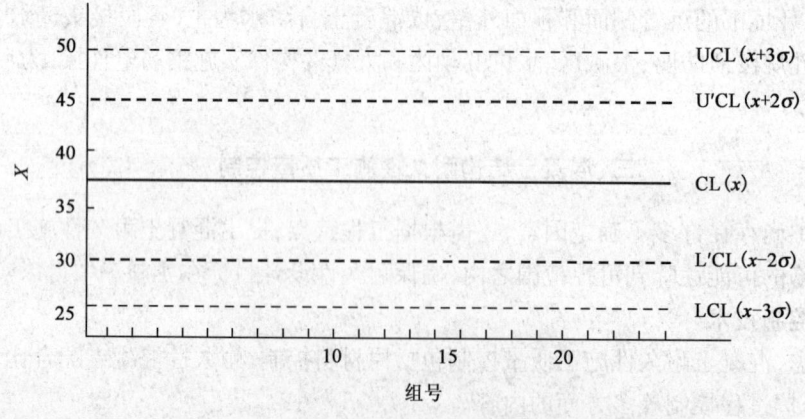

图2 港珠澳大桥耐久性质量指标控制图

对于质量指标控制图,使用统计学中的皮尔逊(Pearson)相关系数和 Spearman 相关系数进行质量控制指标和基本影响因素之间的相关性研究。皮尔逊相关系数,通常用 ρ 表示,是用来度量两个变量 X 和

Y 之间的线性相关程度,ρ 的取值范围在 $[-1,+1]$ 之间,不同的系数取值对应了质量控制指标和影响因素之间的相关关系的强弱。

Spearman 相关系数是一个非参数性质(与分布无关)的统计参数,用来度量两个变量之间联系的强弱。Spearman 相关系数作为变量之间单调联系强弱的度量,是对 Pearson 线性相关系数的补充。

以标准养护条件下 28d 龄期的氯离子扩散系数作为混凝土耐久性质量控制的指标,分析各种影响因素与实验室测试值之间的相关性。

根据氯离子扩散系数以及所使用的原材料的检测数据,使用 Pearson 和 Spearman 统计原理,计算扩散系数与水泥的技术指标的相关系数,见图 3。

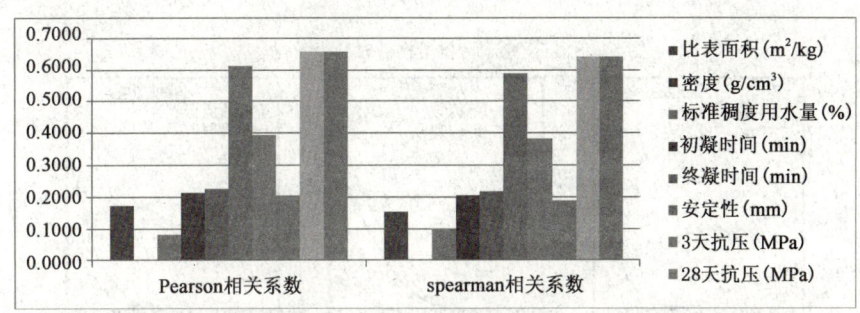

图 3　氯离子扩散系数(28d)与水泥指标相关系数绝对值

图 3 表示了氯离子扩散系数和水泥主要性能指标的相关关系,可以看出 28d 氯离子扩散系数与水泥的凝结时间、安定性、抗压强度、抗折强度等技术指标都存在明显的负相关性,而与密度、比表面积无明显相关关系。

根据类似分析,粉煤灰的细度、三氧化硫含量,矿粉烧失量、7d/28d 活性指数,细集料的含泥率为混凝土耐久性的质量控制关键原材料指标。

混凝土实体构件的质量控制中,如果发现氯离子扩散系数质量异常、未达到相应的质量检验标准,则需要根据上述的原材料的敏感影响因素进行混凝土原材料层次的质量排查,调取相应的原材料数据,比对分析后确定原材料调整策略,具体流程见图 4。

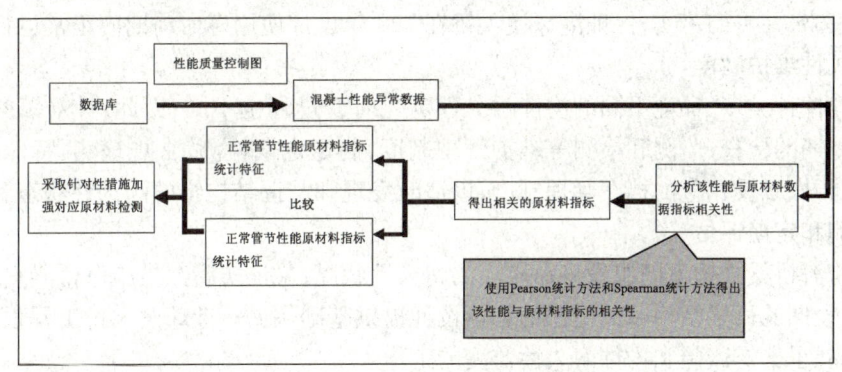

图 4　氯离子扩散系数(28d)耐久性质量控制流程

(2)实体构件的耐久性评估

根据设计阶段建立的跨海大桥工程结构耐久性评估模型,考虑现场混凝土检测数据、现场构件检测数据以及结构真实的防腐蚀附加措施,使用全概率法对各种混凝土构件的耐久性可靠水平进行了时变分析。分析结果将作为结构全寿命周期维护设计与耐久性再设计的基本依据。

基于耐久性评估模型,钢筋混凝土保护层厚度对结构使用寿命有重要的影响,是耐久性评估模型的关键参数。以港珠澳大桥沉管隧道结构为例,目前采集了大量混凝土保护层厚度数据,其中沉管隧道内墙主筋保护层厚度 6386 组、外墙主筋保护层厚度 6571 组。依据采集到的实体构件保护层厚度数据,结合该类构件的所处环境条件、采用的附加防腐蚀措施,采用设计阶段建立的耐久性寿命预测的全概率模型,分析不同构件对应不同使用年限的失效概率,如图5、图6所示。

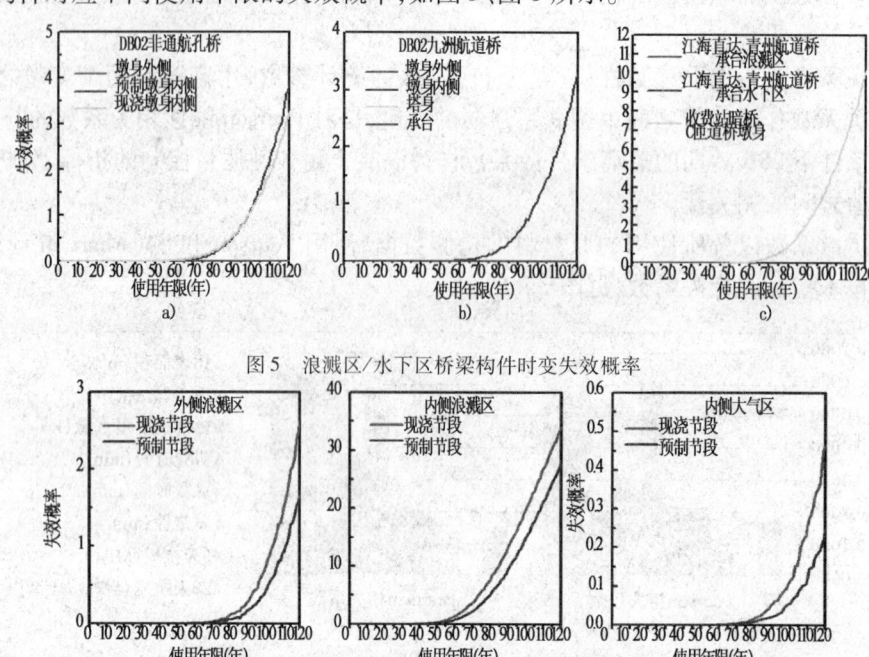

图5 浪溅区/水下区桥梁构件时变失效概率

图6 沉管隧道时变失效概率

按照设计要求,耐久性失效概率应不大于10%(对应可靠指标$\beta = 1.3$)。对于评估结果不满足预期的情况,应加大数据采集数量进行再次分析;对于边界值不满足预期,尤其是最小值不满足预期的情况应考虑进行局部补强措施。

四、混凝土结构营运期耐久性维护

影响工程耐久性的不确定因素很多,尽管施工已建造出满足设计初期目标的建筑物,但是由于材料、环境、荷载、气候等因素的影响,都会对工程结构耐久性产生影响。所以,工程投入使用之前,应制定运营期的耐久性维护策略,并贯彻落实,保证港珠澳大桥在120年设计使用寿命周期内正常运行。

1. 营运期耐久性维护制度

港珠澳大桥构件种类多,环境不同的构件耐久性劣化时变过程也不同,因此,针对不同的构件,制定贯穿于整个服役周期的检查、监测和检测等维护管理制度,制定定期检测、常规检测、特殊检测以及终期检测的检测项目、频次以及相应的档案管理制度,以适时发现和掌握结构物的耐久性状态和变化情况。

2. 耐久性监测和定期评估

为及时获得跨海桥梁结构不同服役寿命阶段的耐久性状况,验证防腐蚀措施对桥梁整体结构耐久性的保护效果,为服役期的桥梁结构耐久性评估和再设计提供基础数据。港珠澳大桥工程根据典型结构形式与服役环境,开展了暴露试验和构件耐久性监测的工作。

(1)工程原位暴露试验

暴露试验站建于港珠澳大桥西人工岛,总面积150㎡,设置有大气区、浪溅区、水变区和水下区4个典型腐蚀分区。现场暴露试验主要包括混凝土暴露试验和钢结构暴露试验两部分。混凝土暴露试验部分主要针对承台、墩身、沉管、箱梁等典型构件,通过成型不同种类的暴露试件并放置到暴露站内,定期测试获取不同时间的混凝土力学性能、耐久性状况,提供实际海洋环境下混凝土表面氯离子浓度和氯离子扩散系数随时间的衰减规律,是运营期混凝土耐久性评估的关键支撑数据。按照预定计划,需成型混凝土试件2000余组,最长测试周期为120年。

(2)实体构件耐久性监测

暴露试验测试间隔长、难以如实反映外部交通荷载对实体构件的影响,因此港珠澳大桥在混凝土构件中预埋 ECI-2 型耐久性监测传感器,实现对混凝土结构耐久性的实时监测。全桥共设置 13 个监测点,涵盖主塔、承台、桥墩、混凝土箱梁和沉管在内的所有混凝土构件。为了实时监测混凝土保护层中氯离子浓度及其深度分布,在每个监测点等间距预埋安装 4 个 ECI-2 耐久性监测传感器,以实现保护层中不同深度氯离子浓度的实时监测,得出氯离子浓度深度分布,判断大桥混凝土结构的耐久性状况和预测剩余使用寿命。

通过暴露试件连续测试分析和传感器耐久性监测,可以获得混凝土结构不同服役寿命阶段的耐久性状况,以及混凝土氯离子扩散系数、表面氯离子浓度等耐久性关键技术参数的变化规律,从而可以完善设计阶段建立的混凝土结构耐久性寿命预测模型,为工程设施后期维护、耐久性再设计提供更准确的数据资料,实现对工程耐久性的动态评估。

3. 耐久性再设计

跨海桥梁混凝土构件的耐久性再设计基于耐久性设计理论,但是与施工图阶段的耐久性设计不同,耐久性再设计的对象是现有的具体结构构件,其结构材料已经确定,环境作用也相对确定,主要针对耐久性评估没有达到预期水平的情况。再设计需要使用目前现有的耐久性补强技术,结合混凝土构件在使用期中的维护技术及监测数据,使用全寿命成本分析的方法合理选择维修维护措施,以及考虑使用周期中正常维护措施的合理搭配。

制定不同构件的耐久性再设计预案,通过定期耐久性检测、监测和评估,掌握不同结构构件的耐久性状态,如果结构的耐久性状态出现明显劣化,相应指标超出了预案的范围,则需要进行运营状态的耐久性再设计,通过启动预案的耐久性防护措施(如局部采取防腐蚀措施、提早更换涂层、启动阴极保护等),来实现对明显劣化的构件实施耐久性补强,确保在正常使用情况下的预定服役寿命周期内不发生危及安全的耐久性损伤。

五、结　语

港珠澳跨海集群工程结构形式复杂,工程建设难度大,腐蚀环境严酷,120 年设计使用寿命的实现是一项贯穿于设计、施工和维护等各阶段的系统问题,通过基于实际环境和长期性能的混凝土结构耐久性设计、不同结构形式的混凝土结构施工质量控制和实体结构耐久性评估及再设计等方面的系统研究,形成一套港珠澳大桥混凝土结构的耐久性设计施工和维护体系,通过可靠的设计、控制施工质量和科学持续的运营维护,就能保证港珠澳大桥实现 120 年的使用寿命目标的实现。

参考文献

[1] 张宝胜,干伟忠,陈涛.杭州湾跨海大桥混凝土结构耐久性解决方案[J].土木工程学报,2006,6:72-77.
[2] 黄毅,孙建渊,黄士柏.跨海大桥全寿命耐久性设计与施工技术[J].华东交通大学学报,2007,4:21-24.
[3] 周长严,董锋,张修亭.青岛海湾大桥桥梁混凝土耐久性设计方案研究[J].海岸工程,2007,12:68-71.

153. 外海埋置式全预制桥梁墩台安装止水关键技术

陈儒发　谭昱

(广东省长大公路工程有限公司)

摘　要　受复杂海洋环境因子影响,跨海长线桥梁建设面临诸多难题,承台墩身全预制的装配化施工技术更具挑战。采用钢套箱方案,配以分离式托盘柔性止水技术,实现预制承台与桩基的水下连接是一种全新工艺。研究表明:双峰GINA止水带压缩可实现钢套箱与预制承台间止水。托盘在顶升压缩GINA止水带后可实现托盘与预制墩台底面间水平止水;0.4MPa的胶囊压力可实现托盘与桩基护筒间竖向止水;二者共同间接实现预留孔与钢护筒间止水。多重止摆措施与监测技术可确保预留孔混凝土浇筑质量。该工艺结构简单,止水可靠,作业效率高、资源消耗低、具有很好的推广使用价值。

关键词 港珠澳大桥 预制墩台 吊装 托盘 止水 止摆 监测

一、引　言

港珠澳大桥非通航孔桥基础采用双排6根钢管复合桩基础,承台及墩身采用工厂化全预制。为降低基础阻水率,承台埋置于海床面以下。部分深水区非通航孔桥预制墩台安装采用装配式整体钢套箱方案,配以分离式托盘柔性止水技术,达到实现埋置施工的目的。

承台及墩身全预制整体吊装工艺在国内尚属首例,预制构件与钢管复合桩基础的水下连接是该工艺的关键环节。常规止水方法,可采用大型钢围堰配合封底混凝土,或大直径钢圆筒围堰等工艺,为安装施工提供干作业环境,两者投入的围堰规模及重量都很大,施工周期没有明显优势。此外,前者需耗费大量封底混凝土,资源消耗高;后者需投入大直径钢圆筒施沉设备,且存在钢圆筒变形风险大及拔出难度高。鉴于以上两种止水方法的缺陷,本文着重介绍一种创新施工方法,既分离式托盘柔性止水新技术,实现承台与桩基钢护筒止水;并配备有装配式整体钢套箱,实现承台面以上止水。

二、总体思路

承台墩身采用工厂化全预制,分为整体式和分节式预制墩台两种构造类型,见图1。最重构件达2854t。

a) 整体式预制墩台　　　　　　　　b) 分节式预制墩台

图1　预制墩台结构类型

整体式钢套箱直接安装在预制承台上,形成稳定的结构体系,采用3200t大型浮吊整体吊装,见图2。

结构体系支撑于外围四根复合桩钢管替打段顶部设置的三维调节装置上,其结构示意图,见图3。墩台调位并完成止水作业后,焊接预制承台预留孔内剪力键(剪力键连接预留孔内预埋板与桩基钢护筒),进行桥轴线上两个预留孔施工,待预留孔后浇混凝土强度达设计强度80%后进行体系转换,将承重体系转换至剪力键及已完成预留孔施工的两根钢管复合桩基础上,拆除悬吊系统,进行其余4个预留孔施工,即完成预制墩台与钢管复合桩的连接。

施工区域水深4.5~7.0m,属不规则半日潮混合潮型,最高潮位2.51m,最低潮位-1.28m,实测涨潮最大垂线平均流速为77~82cm/s,落潮最大垂线平均流速为70~136cm/s。实测最大有效波高(H_s)3.64m,周期(T)为5.3s。受季风、通航影响,施工区涌浪较大。

图2　3200t浮吊整体吊装

该工艺涉及多元止水结构,包括钢套箱与预制承台面间止水、预留孔与桩基钢护筒间止水。后者采用分离式托盘柔性止水技术,通过在承台预留孔底部设置环形托盘,将其转换为托盘内置胶囊与钢护筒间竖向止水、托盘顶面与承台底面间水平止水。该技术规避了桩基护筒沉桩垂直度误差造成的止水缺陷风险。难点在于止水部位多,且整个结构体系直面风、浪、流多重外力作用,止摆难度大。

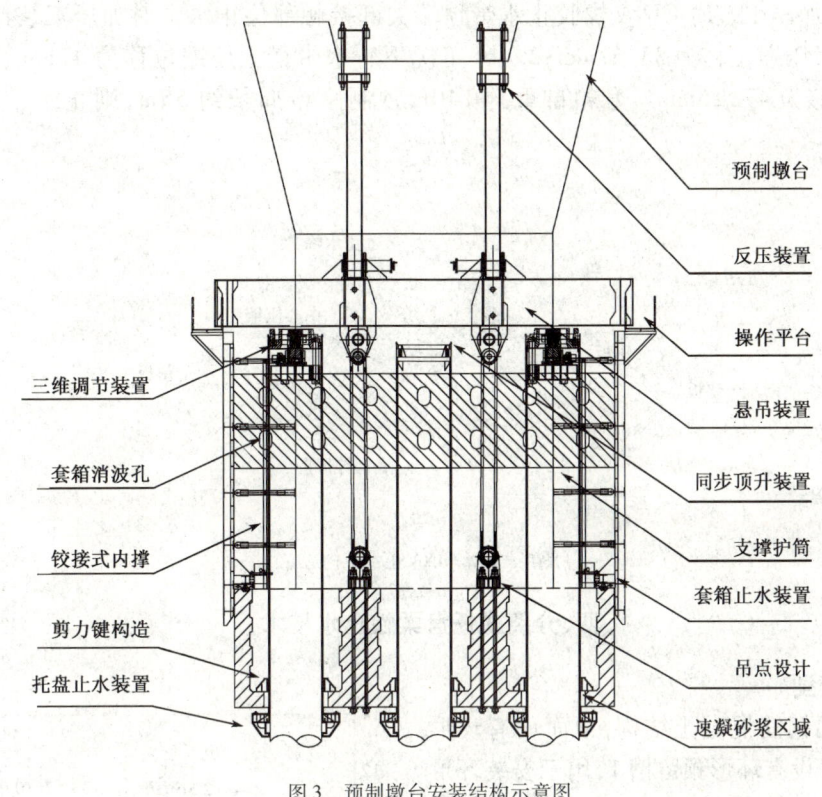

图 3　预制墩台安装结构示意图

三、装配式整体钢套箱设计与止水

1. 钢套箱设计

钢套箱为整体式设计,结构平面图,见图 4。套箱内壁设有环绕式牛腿,安装采用浮吊整体吊装,环绕式牛腿锚固在预制承台混凝土牛腿上,见图 5。套箱内撑与预制墩身接触的位置设置可调节螺杆,使钢套箱与墩身接触紧密,钢管前段设置薄橡胶皮,防止内撑损伤墩身混凝土。根据预制墩台墩帽构造,套箱短边内撑竖杆与斜杆采用铰接形式。钢套箱拆除起吊时,内撑自由下落,逐步靠在钢套箱内壁上。

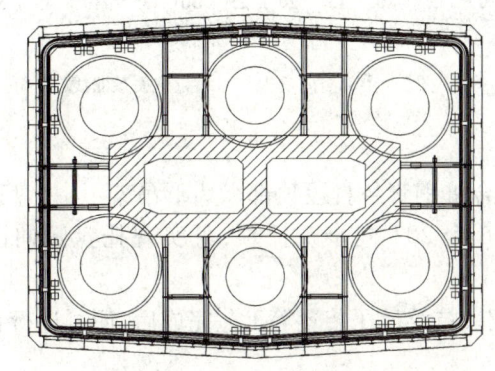

图 4　整体式钢套箱安装平面图

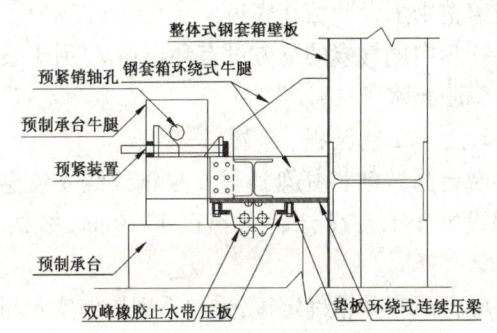

图 5　整体式钢套箱止水与单点锚固构造

套箱壁板外围潮差范围内设有类椭圆形消波孔(图 3),两端圆弧直径为 35cm,两半圆圆心间距 15cm。

2. 钢套箱止水

套箱环绕式牛腿下方固定有一圈环绕套箱内壁的压梁，压梁下方安装有一圈环绕套箱内壁的双峰GINA止水带，见图5。

双峰GINA止水带构造，见图6。GINA橡胶止水带尖部的竖向反力与压缩位移关系曲线如图7所示，其竖向反力为加压工装时GINA橡胶止水带顶端尖部接触部位止水带对加压工装产生的反力。2t工况下止水带最大压缩位移为33.67mm；2.46t工况下止水带最大压缩位移为47mm；2.5t工况下止水带最大压缩位移为47.26mm。套箱自重约140t，预制承台周长约55m，则止水带上分布荷载约2.5t/m。

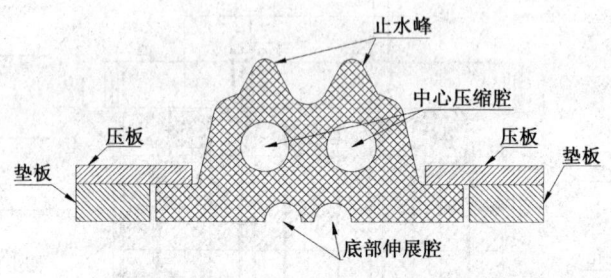

图6 双峰GINA止水带构造

四、分离式托盘柔性止水技术

1. 托盘设计模型

环形托盘选用钢筋混凝土结构，顶面设有环形GINA止水带，内壁设有环形预留槽1，用于安装环形气囊，在环形托盘上内部设有连接气囊的充气管道，充气管道从预制承台的预留孔伸出连接气源[图8，为显示构造细节，图8b)未按比例绘制]；在环形托盘的顶面均匀布置4个高度限位装置，防止托盘水平晃动，以及环形托盘在提升过程中倾斜造成一侧止水带过渡压缩。托盘内径取复合桩钢管直径 $D + 2 \times 2cm$，径向宽度取值考虑最不利情况下(复合桩钢管紧贴于承台预留孔底口一侧)，环形GINA止水带可以覆盖整个承台预留孔底口。

托盘内侧气囊的下方设有环形槽2，用于安装有遇水膨胀止水条。

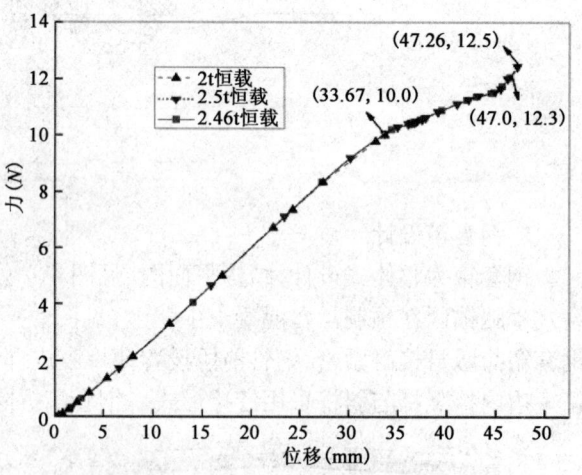

图7 尖部竖向反力与压缩位移关系曲线

2. 止水工艺流程

墩台吊装前将托盘通过6根钢绞线安装悬挂于各复合桩钢管替打段顶部六边形吊架上，托盘顶面高程设置于承台设计底高程以下20cm，吊架六角设有6个20T同步千斤顶，可实现托盘竖向同步顶升。

墩台吊装并精确定位，采取系列措施实现墩台止摆，安装抗浮反压装置等工艺完成后，便可进行止水操作。

同步千斤顶加压顶升托盘，压缩托盘顶面与承台底面间的GINA止水带，实现托盘顶面与承台底面间的水平止水。

托盘顶升完成并锁定压力后，将环形胶囊充气至0.4MPa，实现托盘与桩基护筒间的竖向止水。

膨胀橡胶条遇水 7h 膨胀率达 200%，实现环形托盘与桩基钢护筒间的竖向密封,在环形胶囊失效状态下,可直接浇筑水下砂浆而无须水下封堵,为施工提供可靠保障。

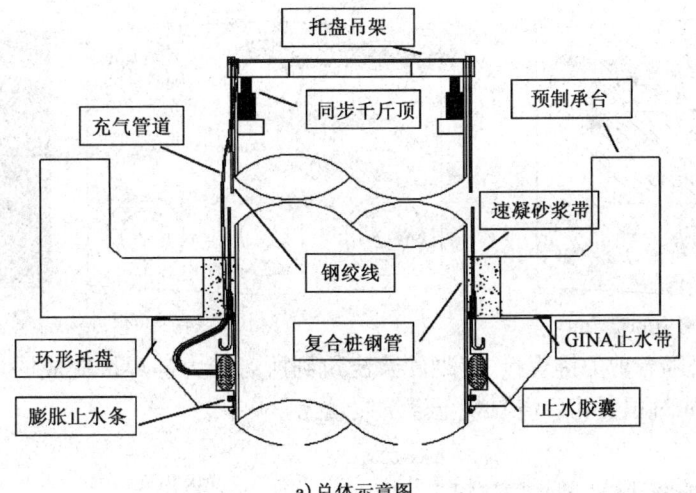

a) 总体示意图

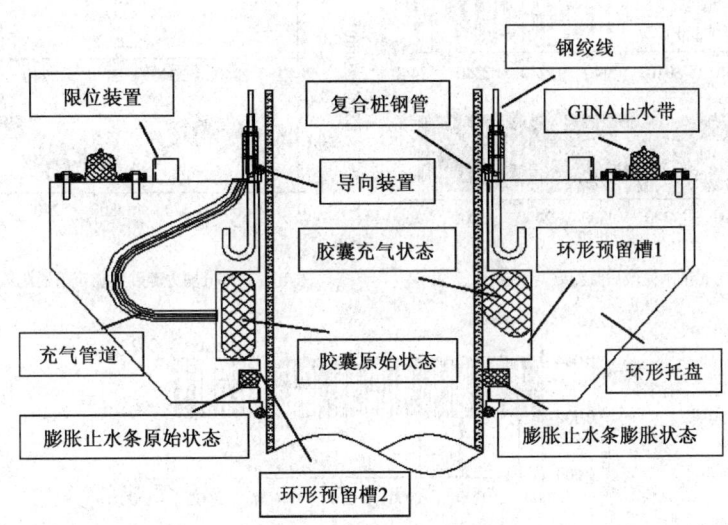

b) 托盘细部构造图

图 8　分离式托盘柔性止水结构示意图

五、体系止摆与监测

吊装完成后,整个结构受风、浪、流多重外力直接作用,体系止摆是止水可靠性的关键控制因子。结构体系与基础间的相对位移大小决定预留孔后浇混凝土施工质量,需严格监测相对位移值,确保预留孔后浇混凝土不出现微观缺陷。

1. 体系止摆

预制墩台完成精确调位即可顶紧预留孔内设置的水下千斤顶抱紧桩基钢护筒(图9),实现第一次体系止摆。接着进行体系加固,护筒间焊接平联管形成稳定体系,减弱钢护筒单点支撑带来的挠动。连接套箱内壁与外围四根桩基钢护筒,增强结构体系与基础间的约束。

2. 止摆监测

(1) 张弦式位移传感器监测技术

完成套箱抽水后,在不同工况下,采用张线式位移传感器(SW-10),监测预制承台面处桩基护筒与预制承台间的相对位移。该设备主要用于多向地震模拟振动台试验中,用来测量模型相对于基础、相对于台面以及楼层间的相对位移参量。也可以用于各种高柔结构、大型桥梁位移测量试验中。测点布置见图10。

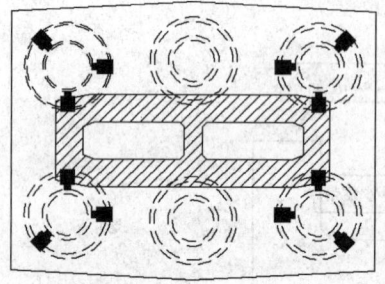
图9 预留孔水下千斤顶布置

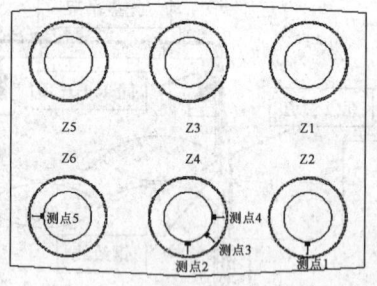
图10 张弦式位移传感器测点布置

由图11数据可知,随着剪力键焊接、速凝砂浆浇筑到所有剪力键焊接完成的过程中,相对位移值逐渐减小,终值0.0042mm对预留孔后浇混凝土浇筑质量无影响。

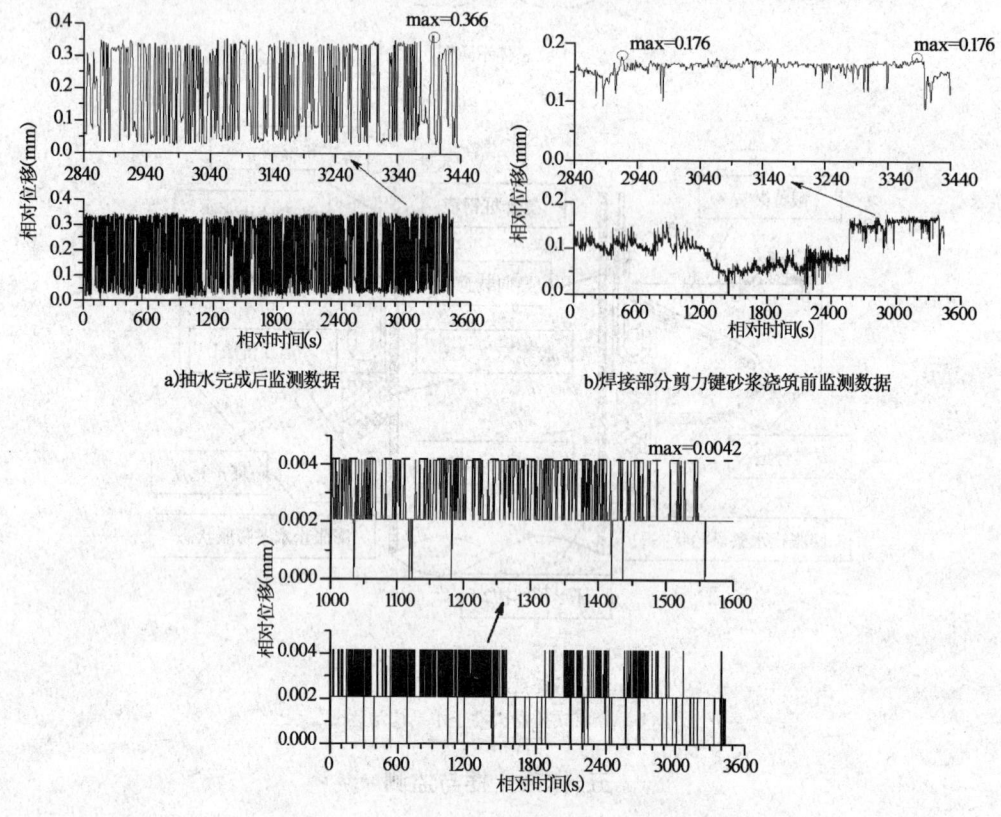
a) 抽水完成后监测数据

b) 焊接部分剪力键砂浆浇筑前监测数据

c) 完成剪力键焊接后浇孔混凝土施工前监测数据

图11 不同工况下监测数据

(2) 加速度传感器监测技术

采用加速度传感器监测预制承台和桩基钢护筒的自振值,加速度传感器独立安装在预制墩身及桩基钢护筒上,运用3G数据传输技术,远程全过程采集抽水完成后至预留孔后浇混凝土施工前整个施工过程中预制承台与桩基护筒的自振值。结果显示,监测数据终值亦处于微米级,进一步证实结构体系受风、浪、流多重外力直接作用下,预留孔后浇混凝土施工质量能够得以保证。

六、关键过程控制

(1) 托盘与桩基护筒间采用胶囊止水,桩基护筒在成桩施工时间长,护筒外壁滋生坚硬海蛎子,需在托盘下放之前进行彻底清理,确保桩基护筒外壁光滑,以免影响止水效果,甚至刺穿胶囊导致止水失效。

(2) 套箱在抽水过程中,浮力会逐渐增加,悬吊系统钢丝绳伸长量减小,导致预制承台上浮与桩基产生相对位移,并且 GINA 止水带压缩程度减小,影响止水效果,故需设置约束悬吊系统钢丝绳收缩的反压装置。

(3) 托盘内径取值大于桩基护筒外径 4cm,托盘顶升压缩 GINA 止水带后,受涌浪作用,托盘产生晃动,抽水完成后需尽快检查同步千斤顶压力值,确定压力值稳定情况下,立即采用钢楔块塞住托盘内缘与桩基钢护筒之间的间隙,以免托盘晃动导致 GINA 止水带受损影响止水效果。

(4) 水下止摆千斤顶在抽水完成后,需逐一检查是否抱紧桩基钢护筒,确保前期剪力键的焊接质量。

(5) 由测摆数据显示,若抽水完成后即进行速凝砂浆浇筑工序,由于体系自振值较大,速凝砂浆易产生微细裂纹,失去了速凝砂浆带长期可靠止水作用。故需在速凝砂浆浇筑前,焊接部分剪力键,进一步减小体系自振。

七、结　语

通过对装配式整体钢套箱方案及分离式托盘柔性止水技术的研究和应用得出如下结论:

(1) 双峰 GINA 止水带依靠套箱自重压缩变形可实现预制承台与钢套箱间的止水,钢套箱整体式结构设计及铰接式内撑设计对套箱在外海环境条件下的安装与拆除效率大大提高。

(2) 分离式托盘柔性止水技术对钢管复合桩精度要求大大降低,有效避免了由于沉桩误差造成的整体式止水方案[1-2]止水失效的风险。

(3) 结构体系多重止摆措施及监测技术确保了预留孔后浇混凝土的浇筑质量及结构耐久[3-4]。

(4) 该工艺将单墩安装时间压缩至 40d,相比钢围堰及大直径钢圆筒方案单墩成本节约显著,其推广应用前景广阔。

参考文献

[1] 孟凡超,刘晓东,徐国平.港珠澳大桥主体工程总体设计[A].第十九届全国桥梁学术会议论文集[C].北京:人民交通出版社,2010:78-82.

[2] 港珠澳大桥管理局.港珠澳大桥主体工程桥梁埋置承台足尺模型工艺试验专用技术标准.2011.9.

[3] 袁玉杰,刘洪涛,何晓静.等.海洋结构物波浪动力响应研究[C].2009 年度海洋工程学术会议论文集,2009.

[4] 王胜年,苏权科,等.港珠澳大桥混凝土结构耐久性设计原则与方法[J].土木工程学报,2014.47(6):1-7.

[5] Flow resistance in the Great Belt,The Biggest strait between the North Sea and the Baltic Sea. Estuarine,Coastal and Shelf Science. 2010,87(2):325—332.

154. BIM 技术在桥梁领域中发展的思考

石雪飞　黄　睿
(同济大学桥梁工程系)

摘　要　本文对 BIM 技术在桥梁领域中的专业化应用做了探索性的研究。论文探讨了工程中的信息要素,给出了建筑信息建模(BIM)的概念并分析了 BIM 应用价值,指出了 BIM 平台化、系统化、自动化、集成化和标准化的含义。其次本文总结了当前 BIM 技术在工民建领域的应用情况以及相应的落实思路。然后结合桥梁工程的特点,以芜湖二桥和长春伊通河斜拉桥两个实际研究项目为依托,着重在成本估算、精细施工和管养运维方面论述了桥梁领域中 BrIM 可能实现的应用，并提出相应的系统流程，最后论文对 BrIM 的应用做了思考和总结。

关键词 建筑信息建模（BIM） 桥梁信息建模（BrIM） 全生命周期 平台化 系统化

一、BIM 概述

信息模型的核心是"信息"，所有的工作将围绕相关信息展开。工程中的信息有以下三个方面：实体信息要素、过程信息要素、特性信息要素。建筑信息建模（BIM）是在计算机基础上，利用数字化方法，对建筑工程项目全周期（设计、施工、运营）中的信息进行建模的过程。BIM 建模的整体思路是：首先进行信息识别，并把握住信息的质量要求，然后进行信息的采集、处理和利用，最后实现 BIM 模型的建立。

BIM 模型中的信息必须要满足一定的质量要求，这是整个 BIM 模型发挥价值的根本，也是 BIM 模型质量要求的基础。总的来说，BIM 模型中的信息需要满足精准性、一致性、完整性、唯一性、及时性、可用性的要求。

BIM 的实施，通过产生高质量的信息数据、有效交流项目信息与数据，必然会提高桥梁工程中的工作质量，提高项目参与者的效率，节约材料、人力和资金，实现可持续发展。BIM 的应用价值体现在参数化、可视化、加快进度、节约成本、提高质量五个方面。

识别桥梁工程中所涉及的信息是困难的，而要做到模型中的信息真正地完全实现上文中提出的要求也面临着巨大挑战。建立一个能满足需要的 BIM 模型，就意味着要做到 BIM 的专业化，BIM 专业化的含义包含平台化、系统化、集成化、自动化、标准化五个方面的含义。BIM 技术专业化的技术路径和不断发展，取决于上述五个方面的平衡发展。

二、建筑工程中的 BIM 应用

在我国，建筑信息模型正处在一个高速发展的时期。在世界范围内，在过去的近十年时间内，BIM 技术的标准已经在许多国家得到建立，BIM 的理论和技术的发展十分迅速。BIM 在工民建领域中的应用如下。

碰撞检查：在电脑中提前预警工程项目中各不同专业（结构、暖通、消防、给排水、电气桥架等）在空间上的碰撞冲突。

安全分析：针对的是建筑使用者的安全分析，如防护系统分析、人员疏散分析等，并不是针对建筑物结构受力安全进行分析。

成本估算：在建筑正式开工之前，针对建筑不同的设计、施工方案进行的施工成本估算。

进度分析：在建筑正式开工之前，针对建筑不同的设计、施工方案进行的施工进度分析。

绿色建筑：即可持续建筑，是指建筑全生命周期中对环境破坏性最小、对资源利用率最高、对人体健康最有益。

BIM 在建筑工程中现场施工的应用：建筑施工过程中 BIM 的综合应用，主要包括施工成本动态分析、施工进度动态模拟、精细施工模拟、现场施工指导和设计变更中的应用。

建筑管养运维中的应用：定期检查建筑外观、日常建筑管理、受力分析等。

三、桥梁领域中可能的 BrIM 应用

BrIM 在桥梁工程领域中可能的应用，有两方面的含义：一是需要有较为成熟的平台，二是必须可以形成相应的系统流程。桥梁工程相对于建筑工程而言有以下的特点：

（1）在桥梁领域，以桥梁结构设计为主，涉及其他专业比较少。

（2）桥梁的构件形状比较复杂、配筋比较复杂。

（3）桥梁的受力行为比较复杂、施工过程对受力有很大影响。

（4）桥梁的使用环境比较恶劣、耐久性问题更加严重。

BrIM 可以部分借鉴工民建领域中的 BIM 应用,但由于桥梁工程本身具有的一些特点,使得 BrIM 的应用有一定独特性:BrIM 在桥梁工程中的应用需要从结构 3D 建模出发,对于复杂的构件和配筋尤其要注意;要注重 BrIM 与受力分析的结合,并在模型中整合受力信息;模型中要特别注意完善结构的施工信息;BrIM 全生命周期应用的必要性更加显著。

1. BrIM 在成本估算中的应用

BrIM 在桥梁工程领域中的应用主要体现在两个方面,一是在桥梁施工前对各个设计、施工方案进行成本估算,选择合适的施工方案,二是生成更加精确的施工各阶段的工程量、费用等数据,提供更为精确的采购建议。但是由于桥梁工程的特殊性,我们必须要在现有的基础上继续进行开发:需要快速高效地建立各种施工方案、各种结构形式的成本模型,并且需要形成适合我国国情的优化算法。

2. BrIM 在精细施工中的应用

BrIM 在精细化施工中有着重要的作用,可以有效地提高工程质量,并且加快进度、节约成本。具体来说,在精细施工中,BrIM 可以用来进行施工设计、施工线形监控和施工受力监控等。

(1)施工设计

在桥梁工程施工设计中,对于结构的局部以及一些重要构件等,可以利用 BrIM 进行精细化的结构优化和施工过程设计,为桥梁的施工提供方便,有效降低施工中的错误。

利用 BrIM 工具可以实现施工中的模板设计。直接利用桥梁结构的三维模型,采用抽壳等方式,就会快速便捷地生成桥梁施工模板的三维模型。除此之外,可以利用 BrIM 对桥梁构件的结构下料进行无缝设计,确保构件形状的准确。在芜湖二桥钢筋优化的实例中,充分体现了 BrIM 的价值。

芜湖二桥的引桥采用的是体外预应力的方案,在引桥墩顶块设有横隔板,预应力需锚固在横隔板上,有必要对此部位进行施工的精细化设计。

首先是需要解决横隔板中钢筋碰撞问题。横隔板作为重要的受力构件,其内部配有大量的钢筋。对于设计图纸中明显碰撞的普通钢筋,可以在位置附近进行微调,从而避免碰撞,一般微调幅度不超过一根钢筋的直径(图1)。

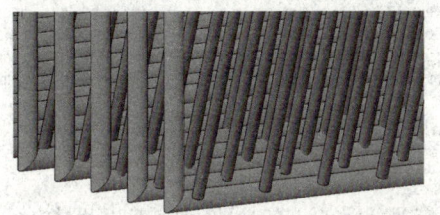

图1 普通钢筋碰撞微调

设计图纸中钢筋与预埋导管碰撞,可以在碰撞位置将普通钢筋弯起,并设置井字形补强钢筋,以及相应的平台钢筋(图2)。

在针对横隔板钢筋的碰撞问题进行优化之后,我们利用 NavisWorks 等工具,给出横隔板钢筋施工时施放顺序的设计(图3)。

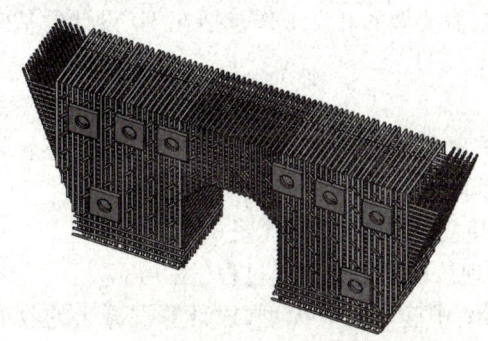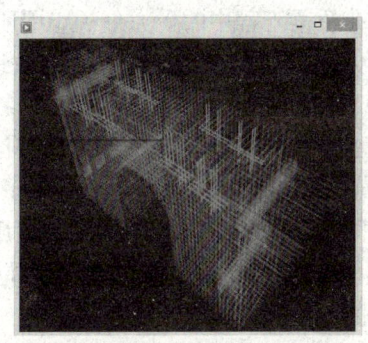

图2 横隔板钢筋整体优化图　　　　　　　图3 横隔板钢筋施工过程视频

(2) 施工线形监控

桥梁结构物施工中的线形保证是一个非常重要的工作,在现场施工中,可以利用 BrIM 工具,对施工线形进行监控。

芜湖二桥采用短线法施工,在短线法施工过程中,各种误差的积累效应显著,避免误差累计的办法是建立数据库对误差进行全局分析。因此开发了施工管理系统,进行测量定位控制和误差调整控制(图4)。

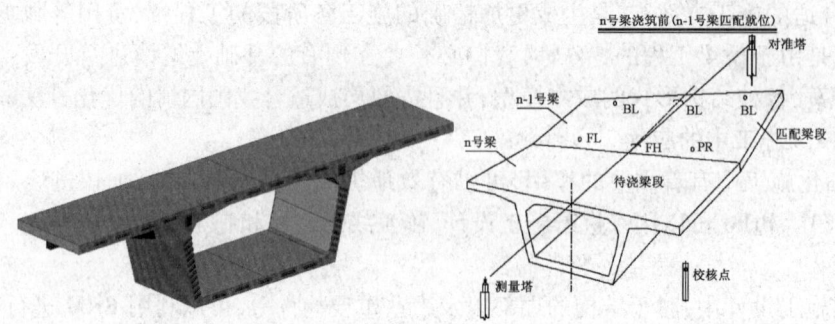

图4 芜湖二桥节段梁模型及测点布置

BrIM 模型中包含有桥梁线型的理论数据和现场数据(图5),各参与方根据具体情况上传并调取相关信息,将理论线形、几何信息与现场线形、几何信息对比显示,可进行高效的现场施工指导,保证桥梁的线形。

梁端位置	预制台座内		预制台座内		休整台座上		存梁台座上(固定位置)				
时间段	脱模前	脱模后	匹配就位	匹配后一天	调离后	调离后三天	调离后六天	调离后九天	调离后十六天	调离后三十三天	调离后三十天
测量时间	2014.7.13	2014.07.14	2014.07.15	2014.07.16	2014.07.19	2014.07.22	2014.07.25	2014.07.28	2014.08.04	2014.08.21	2014.08.15
环境温度	32	28	26	25	30	36	38	30	29	28	29
h1	0.0083	0.0063	0.0044	0.0022	-0.0224	-0.0212	0.0040	0.0041	0.0058	0.0058	0.0040
h2	0.0115	0.0102	0.0097	0.0082	-0.0213	-0.0202	0.0093	0.0099	0.0103	0.0111	0.0097
h3	0.0062	0.0042	0.0047	0.0032	-0.0307	-0.0296	0.0043	0.0046	0.0051	0.0065	0.0041
h4	0.0072	0.0069	0.0054	0.0039	-0.0160	-0.0153	0.0060	0.0062	0.0064	0.0070	0.0062
h5	0.0123	0.0119	0.0116	0.0103	-0.0136	-0.0130	0.0124	0.0127	0.0128	0.0130	0.0127
h6	0.0087	0.0081	0.0088	0.0076	-0.0209	-0.0202	0.0096	0.0097	0.0097	0.0110	0.0096
h7	0.0072	0.0084	0.0059	0.0048	-0.0105	-0.0099	0.0072	0.0073	0.0077	0.0077	0.0074

图5 施工线型监控部分现场测量数据

(3) 施工受力监控

桥梁的受力行为比较复杂、施工过程对受力有很大影响,有必要在施工过程中对受力情况进行监控。通过结构静力性能试验,得出桥梁的受力性能,包括应力与变形信息。在桥梁中预埋应力传感器,进行结构的应力监测,将实测应力分布整合入 BrIM 模型。在桥梁中预埋位移传感器,进行结构的变形监测,将实测结构变形整合入 BrIM 模型。利用 BrIM 模型,可判别桥梁混凝土以及钢筋的受力是否安全,判别施工缺陷,并可做到对桥梁的长期跟踪监测。在桥梁生命周期后续阶段,可以利用 BrIM 模型进行考虑施工过程的空间结构分析,可将实测应力与计算应力对比,判别桥梁结构的性能。

BrIM 在桥梁工程中的受力分析应用还是相当不成熟的,需要做的开发工作包括在3D设计的基础上组织信息数据以及在3D模型上更加有效地显示信息方面。

3. BrIM 在管养运维中的应用

管养运维中 BrIM 应用包括3D可视化建模、施工过程重现和力学性能分析三个方面。在长春轻轨斜拉桥的运营阶段,利用 BrIM 有效地解决了桥塔裂缝计算的问题。

首先根据该桥的施工图和竣工图,利用 AutoCAD,追溯建立主塔三维模型(图6)。

然后利用 NavisWorks 进行主塔施工的过程重现动态重现该桥主塔的施工过程(图7)。

最后根据主塔的三维空间信息、施工过程信息,在 Ansys 中建立计算模型,以计算混凝土的收缩应力。根据计算结果,我们可以清晰地判断裂缝产生的原因。

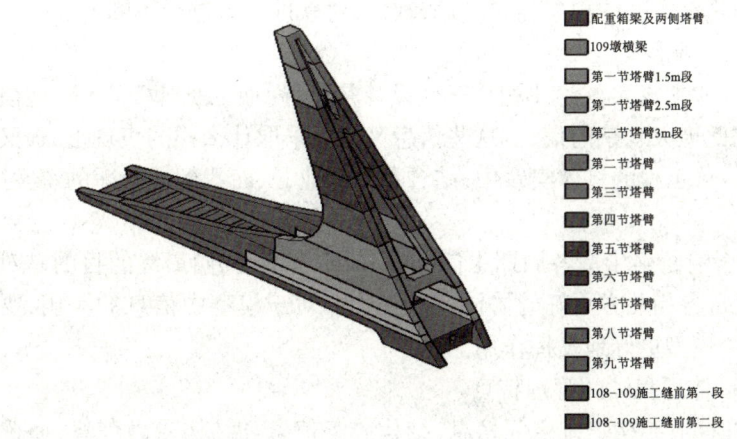

图6 主塔三维模型

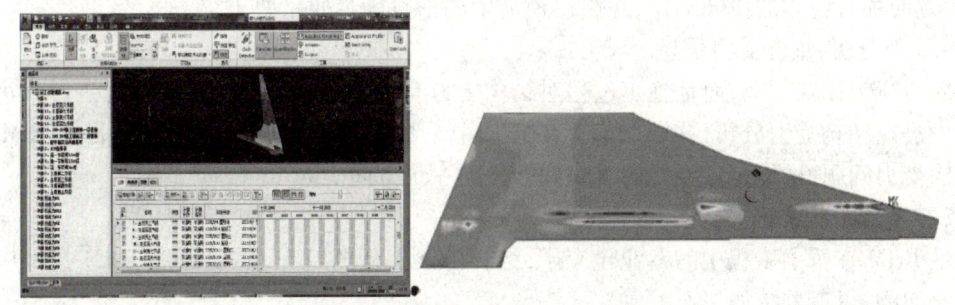

图7 主塔施工过程与受力分析

四、BrIM 技术应用的思考

针对 BrIM 在桥梁工程中的应用,需要考虑的是 BrIM 在桥梁领域中能做什么和怎么去做的问题。解决了这个问题,就实现了 BrIM 技术在桥梁领域中的应用。

1. BrIM 的应用范围

根据上述的探索研究,总结出 BrIM 在桥梁领域中的应用有以下几方面。

(1)桥梁工程中的 BrIM 应用与建筑工程领域中的 BIM 应用相同的部分:BrIM 可以借鉴工民建中 BIM 的应用。BIM 往往涉及多专业的协同,对三维建模要求较高;而尽管桥梁工程中主要包括桥梁结构,很少涉及其他专业,但桥梁中有复杂的构件和配筋,对于结构三维建模同样有着较高的要求。

(2)桥梁中 BrIM 的应用主要是记录桥梁全寿命的信息:桥梁的使用环境恶劣,故对其耐久性要求较高,因此更有必要开展桥梁全生命周期的 BrIM 工作。BrIM 模型应包含桥梁全生命周期中的结构空间信息、施工信息和受力信息。

(3)建管养的一体化应用:由于 BrIM 应用是贯穿桥梁工程全周期的,并且桥梁施工过程对结构受力有影响,所以有必要对建设过程进行把握,掌握相关施工情况,并进行运营期的分析,在技术层面上实现建设与管养过程的结合。

2. BrIM 的应用开发

正如上文所述,桥梁工程中的 BrIM 与建筑工程中的 BIM 应用的基本理念是相通的,所涉及的信息以及对信息的要求也是一致的。但是由于桥梁工程本身的特殊性,往往 BrIM 的着重点和 BIM 并不完全相同。在 BrIM 的应用开发中,下述一些问题是需要研究的。

(1)BrIM 的应用开发是否需要从 3D 建模软件自身的开发开始

桥梁中存在复杂的构件和配筋,对于结构的三维建模要求较高,那么这是否说明 BrIM 的落实必须要从 3D 建模软件的自身开发开始呢?实际上现有的 3D 建模软件已经基本满足一般的建模需求,也许对于软件开发而言,需要做的是在实践中积累经验、吸取教训,对软件平台进行不断升级。

(2) 桥梁全寿命信息的表现形式

桥梁全生命周期的信息非常庞大,在实质上,三维设计是先导,而数据库是 BrIM 建模的关键。那么在 BrIM 模型中如何储存如此庞大复杂的信息,这些信息又需要采取什么样的表现形式,又要如何使用这些信息?这个问题需要在桥梁工程的具体实践中,结合各个专业,从而找到最合适的答案。

(3) 信息的应用方法

BrIM 建模的成果是包含有桥梁生命各周期中信息的 BrIM 模型,我们最终的目的是对该模型中的信息进行利用,从而有助于项目各相关方更好的协同完成工作。对于模型中信息的应用,要形成一定的方法并达成共识,从而让 BrIM 模型更好地发挥作用。

(4) 综合集成开发平台,体现我国的管理特点

桥梁工程涉及的信息往往有结构三维空间信息、结构施工信息和结构受力信息,而桥梁项目的参与方也是为数众多、关系复杂的。在 BrIM 的应用中,有必要结合我国的管理特点,综合集成开发 BrIM 的应用平台,从而方便项目各方的协同工作,并使得模型中的信息满足质量要求。

(5) 进行受力分析,整合受力信息

桥梁的受力行为比较复杂,而且施工过程对结构受力有很大影响。这就要求对施工过程进行合理设计、在 BrIM 中进行结构受力分析,并要在模型中合理记录桥梁的施工和受力信息。目前 BIM 并不能完美地处理结构受力问题,这也是需要我们研究和开发的一个方向。

3. BrIM 技术应用的推进方式

为了满足 BrIM 在桥梁工程中的专业化应用,结合桥梁工程的特点,需要研究 BrIM 技术应用的推进方式。对于此问题,思考总结如下:

(1) 各相关方的协同应用

在桥梁领域中推广 BrIM 应用,必须要实现桥梁各参建单位对 BrIM 的独立应用和协同工作。

(2) 建立 BrIM 数据库

在 BrIM 中,三维设计是先导,数据库的建立是关键。只有建立合适的 BrIM 数据库,才能在桥梁领域中推广 BrIM 技术的应用。

(3) 成立专业咨询公司

BrIM 作为桥梁工程领域发展的方向,当发展到一定程度时,也许会需要有专业咨询公司来统一指导创建和维护 BrIM 模型,推动桥梁工程行业的发展。

五、结　语

随着社会的不断发展,桥梁的工程建设会越来越多。桥梁信息建模作为桥梁工程的一个发展潮流,越来越受到更多人的关注。本文对 BIM 技术在桥梁领域中的专业化应用做了探索性的研究思考,现对文章的主要内容总结如下。

(1) 概述

论文首先总结出工程领域中的信息要素及其质量要求,而后给出了建筑信息建模(BIM)的概念并分析了 BIM 的应用价值。文章提出了 BIM 在工程中的专业化应用的基础是 BIM 的平台化、系统化、自动化、集成化和标准化。

(2) 介绍 BIM 在工民建领域的应用

当下 BIM 技术在工民建领域的应用如火如荼,本文分别从碰撞检测、安全分析、成本估算、进度分析、绿色建筑、现场施工和管养运维方面,简略介绍了 BIM 在工民建领域中的应用现状。

(3) 对桥梁领域中 BrIM 可能的应用进行探索

由于桥梁工程本身的特殊性,本文重点结合桥梁工程的特点和实际的桥梁工程项目,着重论述了桥梁工程领域中 BrIM 可能实现的应用。本文选取了芜湖二桥和长春伊通河斜拉桥作为实际研究项目,对

于 BrIM 在成本估算、精细施工和管养运维中的应用方面,进行了详细的论述,并提出相关的系统流程。

(4) 对 BrIM 技术应用的思考

在本文最后,对 BrIM 在桥梁领域中的应用进行了思考,进一步探索并总结了 BrIM 技术的应用范围、应用开发以及应用推进方式等问题。

随着新技术、新材料的不断研发,桥梁信息建模(BrIM)理论正在不断创新,模型的质量也在不断提高。BrIM 是桥梁工程发展的潮流,那么我们就有必要把握现在发展的前沿,掌握最新科技,为现在的桥梁工程项目服务。

155. 中外桥梁养护管理制度对比研究

许国杰[1]　张建东[2]　傅中秋[1]　刘朵[2]　吉伯海[1]

(1. 河海大学土木与交通学院;2. 江苏省交通科学研究院股份有限公司)

摘　要　根据桥梁养护管理的内容,从桥梁管理体系和桥梁管理系统两个方面,对比了中国、荷兰、美国、日本的桥梁养护管理差异,包括桥梁养护管理资质体系、养护费用和决策方法、桥梁管理系统的框架和功能等。对比表明,我国的桥梁养护管理与国外存在着差距,相关的养护管理制度仍需进一步完善,尤其在养护企业市场竞争机制、资金使用优化、养护决策依据科学化以及提升管理系统功能等方面,需要进一步提升我国桥梁养护管理水平。

关键词　桥梁养护管理资质体系　费用管理　桥梁管理系统

一、引　言

随着我国交通基础设施投资规模的不断扩大,我国桥梁建设迅猛发展。据统计,截至 2013 年末,全国公路总里程达 435.62 万 km,公路桥梁达 73.53 万座,比上年末增加 2.19 万座。其中,特大桥梁 3075 座、546.14 万 m,大桥 67677 座、1704.34 万 m。然而交通运输业的蓬勃发展导致桥梁负荷剧增,桥梁病害问题突出,桥梁安全形势严峻。随着服役年限的增长,在役桥梁的养护是当前桥梁领域面临的重要工作。目前我国已进入桥梁新建与维护改造并重的第二阶段[1]。由于我国桥梁养护管理的研究工作起步晚,相关维护养护技术尚不完善。

荷兰、美国、日本等国家的桥梁建设高峰为 20 世纪 50~70 年代。随着桥梁倒塌事故的不断发生,荷兰、美国、日本开始高度重视桥梁养护与检测,纷纷制订各国的桥梁养护规范,养护管理体系也日趋完善。我国桥梁养护管理发展相对缓慢,2004 年才制订首部单独的桥涵养护规范,同时桥梁养护管理组织体系、桥梁管理系统、检测养护制度等方面都与国外存在差距[2]。通过与荷兰、美国、日本的桥梁养护管理体系进行对比,寻找中国养护管理工作的不足,为今后养护管理工作的进步提供参考。

二、桥梁养护管理内容

桥梁养护管理(BMM)是从管理层面研究桥梁养护问题的学科,研究桥梁养护管理活动及规律的科学。其研究内容为桥梁养护管理理念、桥梁养护资源管理、桥梁养护质量控制与安全控制等。桥梁养护管理由管理主体和管理客体构成。前者由一系列的桥梁养护职能机构组成,后者主要分为人力、设备、材料、资金、时间、信息共六个因素,其中前四项是有形资源,两项是无形资源[3]。

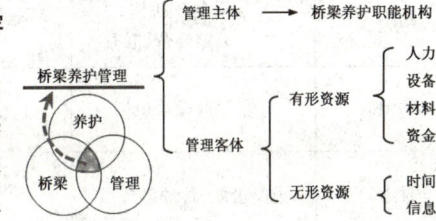

图 1　桥梁养护管理概念与组成

桥梁养护管理(BMM)总目标是以有限的资源,取得最好的养护效果。为确保桥梁始终处于正常工作状态,桥梁管理部门进行检查、检测、评估、维修加固、资料档案管理以及相关制度规章建设等工作。经过检测人员检测发现桥梁整体结构或部件面临失效时,必须及时采取措施,对桥梁部件进行维修或者更换[4]。维修更换后,桥梁构造物性能得到了不同的提升,提升后的性能或低于初始性能,或等同于初始性能,甚至可能高于初始性能[5],如图2所示。

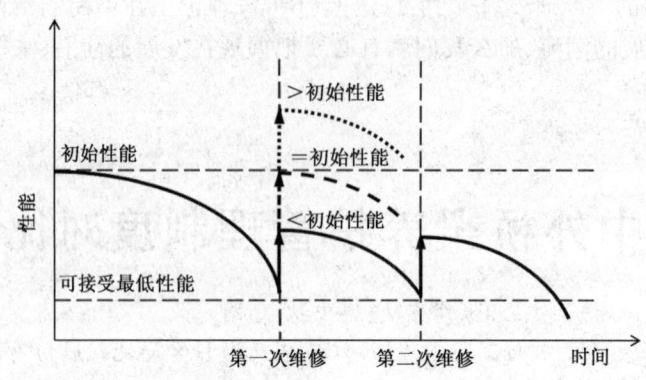

图2 维修目标性能基本概念图

三、桥梁养护管理体系对比

1. 桥梁养护管理资质要求

我国公路桥梁养护管理实行"统一领导,分级管理"。各级公路管理机构负责其管辖内的桥梁养护管理的具体组织工作,收费道路由其经营部门负责养护。荷兰国家基础设施的养护管理工作主要由公共工程与水管理总司(Rijkswaterstaat)负责管理。美国桥梁养护管理制度概括为"谁建桥,谁负责",由于建设单位对桥梁状况比较熟悉,由其负责桥梁养护管理的总体规划也比较合理[6]。而在日本,桥梁管理部门根据其管理权限,负责权限内的桥梁的日常保养和维修加固。

总的来说,中国、荷兰、美国、日本的桥梁养护管理工作都是由各国相关交通运输部门负责组织。但是,荷兰、美国、日本的桥梁养护管理工作市场化程度更高。例如美国现在主要实行弗吉尼亚州交通厅建立的一种新型承包性质养护管理模式——养护服务中心[7];日本日常养护部分既有政府部门成立专业机构负责和外包外,其余项目,如检测、加固维修、新建重建、应急抢险等均对外发包。同时,日本的桥梁养护企业资质也相对完善,交通管理部门定期对桥梁养护企业进行资质评定与审核。对于从业单位业绩情况,相互通报。据了解,日本国土交通省按照检测、设计、加固、新建和重建等不同内容分别设置资质,每个资质设4个等级。凡是符合条件的企业均可申请并获得资质,对于发生重大问题的从业单位、实施退出机制[8]。

桥梁养护管理部门与管理制度　　　　表1

国　家	养护管理部门	管　理　原　则	市场化程度	竞争机制
中国	公路管理机构、收费公路经营部门	统一领导,分级管理	小修工程对外承包并逐渐外包大中修工程	根据养护单位以往业绩择优使用
美国	桥梁建设单位	谁建桥,谁负责	养护服务中心承包性质养护模式	州交通厅公开评估养护结果对外通报
日本	道路公团、管理事务所	根据管理权限负责相应管理工作	除日常养护外均对外发包	养护结果互相通报实施企业退出机制

目前国内没有制定桥梁养护企业资质、检测人员资质方面相关制度,缺乏对已有的养护企业和检测人员的审核与管理。但是,我国各级桥梁管养单位和监管单位高度重视桥梁养护技术人员的培训工作,不断提升桥梁养护技术水平和专业化程度。各国桥梁检测人员培训制度对比见表2。

桥梁检测人员培训制度对比 表2

国家	培训制度	培训时间	培训规范	组织单位	结业考试
中国	定期培训制度	16学时	《公路桥涵养护规范》《城市桥梁养护技术规范》	管养单位监管单位	无考试
美国	NHI检测培训制度	80学时讲义培训和实地培训	《公路桥梁技术状况评价与承载能力评定手册》、《桥梁技术状况评价手册》、《桥梁检查维护手册》	地方交通局专业公司	考试合格后通过
日本	/	无明确规定	《道路构造物点检规范》	各级桥梁养护检查管理机构	—

2. 养护费用和决策方法

桥梁管理决策主要解决"用多少钱，用在哪里"的问题，是指在保持运营水准的前提下，基于众多可行的维护方案，比较确定最经济与最有效的方案。桥梁养护管理的最终目的就是分析如何进行养护资金的投入，提高现有桥梁养护资金的使用效益。荷兰、美国等国家采用费用-效益比的方法来优化维护决策[9]，如图3所示。

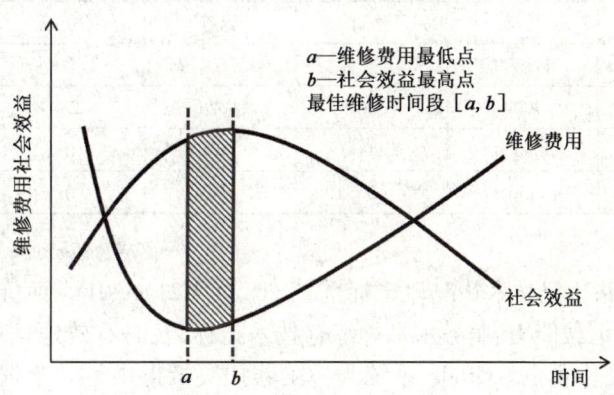

图3　维修费用-社会效益趋势图

荷兰、美国、日本对经费性能和收益管理较为严格，甚至包括基础设施维护费用。尽管我国桥梁养护经费投入总额较大，但与桥梁数量相对应，养护资金仍然短缺。我国的桥梁养护资金主要来源于国家财政拨款；荷兰的桥梁养护资金来源跟我国相似，实行中央财政制；美国的桥梁养护资金来源主要是社会集资，发行公路债券是其一种重要的方式；日本的养护资金主要来源于公路收费。

四、桥梁管理系统对比

桥梁管理系统(Bridge Management System，简称BMS)，协助桥梁管理部门制订适合于本部门政策、长期规划和可用资金的最优维护策略的工具。桥梁管理系统是关于桥梁基本数据、桥梁检测、状态评估、结构退化预测、维护对策和计划及经济分析的计算机信息系统。桥梁数据库中存储主要来自桥梁检测的桥梁信息，管理系统通过系统分析的方法，对检测结果进行评估，得出桥梁的当前状况，并对结构的将来状况、维修对策及相关费用进行预测分析，同时考虑个别桥梁和整体路网的需求，提出的维护计划方案供决策者参考[10-11]。

桥梁管理系统最早出现在美国，其研发Pontis桥梁管理

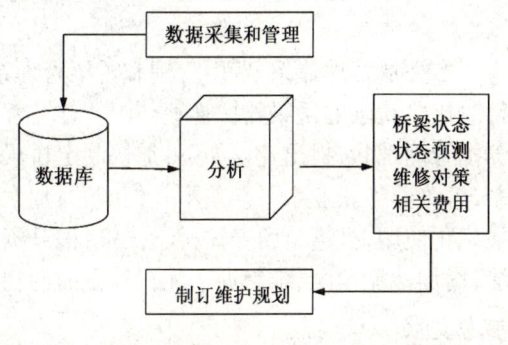

图4　桥梁管理系统示意图

系统是目前最先进的桥梁管理系统；荷兰于1985年研发了欧洲第一个桥梁管理系统——DISK；日本目前使用的是2006年鹿岛建设公司和大阪区域规划研究所共同研发的RPIBMS桥梁管理系统；我国第一代桥梁管理系统CBMS由交通运输部于1992年研发使用，目前使用较广的版本是CBMS 3000。

1. 系统结构模式

桥梁管理系统结构模式主要有两级结构模式或三级结构模式，荷兰的DISK系统采用三级结构模式，美国的Pontis系统二级结构模式，而日本的RPIBMS系统采用一级结构形式。

2. 数据录入和登录形式

桥梁管理系统数据的录入形式有三种，分别是台式电脑、便携式移动设备和两种设备皆可。RPIBMS和Pontis的录入形式为台式电脑与便携式移动终端设备皆可，而CBMS和DISK只能通过台式电脑录入。Pontis和CBMS可通过网页形式登陆系统，而RPIBMS和DISK则不能通过网页登陆。

3. 存储数据

美国的Pontis桥梁管理系统的存储数据量最大，仅桥梁存储数就达到500000座，远远大于其他三个系统。荷兰的DISK系统存储数据则相对更为全面，包括隧道、挡土墙等数据信息。截至至2011年各国桥梁管理系统数据见表3。

桥梁管理系统存储数据表　　　　　　　　　　　　　　　表3

国家	系统	桥梁	涵洞	隧道	挡土墙	其他	总和
中国	CBMS	196000	/	0	0	0	196000
荷兰	DISK	4000	600	14	20	161	4795
美国	Pontis	500000	250000	0	0	0	750000
日本	RPIBMS	750	0	0	0	0	750

4. 技术指标

CBMS系统应用《公路桥梁技术状况评定标准》(JTG/T H21-2011)评价模型，能够有效、准确地反映桥梁的结构技术状况、承载能力、服务水平等综合技术指标，及时有效地发现问题，编制桥梁养护维修计划并提出桥梁养护的工作重点。CBMS系统为桥梁养护决策提供科学依据，合理安排养护资金，节约养护成本，但是仍缺少性能预测、维修优化等方面的功能。荷兰、美国桥梁管理系统研发年代较早、更新换代更快，整体功能更强大[12]。各个桥梁管理系统的具体功能见表4。

桥梁管理系统功能统计　　　　　　　　　　　　　　　表4

国家	系统	技术状况	承载能力	维护优化	预测功能	风险评估
中国	CBMS	√	√	○	○	○
荷兰	DISK	√	√	○	○	√
美国	Pontis	√	√	√	√	√
日本	RPIBMS	√	○	○	√	○

注：√—系统拥有此功能；○—系统没有此功能

五、结　语

本文从资质体系、费用管理和桥梁管理系统三方面，对中国、荷兰、美国、日本的桥梁养护管理体系进行对比。我国的桥梁养护管理与国外存在着差距，相关的养护管理制度仍需进一步完善。针对我国桥梁养护管理现状，提出建议如下：加快制定桥梁养护企业资质制度，规范养护行业市场，引入竞争和审核机制，解决养护企业水平参差不齐的问题；加大桥梁养护资金投入，合理分配养护资金，确保有限资金得到最优化使用，推进公路养护科学决策，提升资产管理水平、推进科学养护；优化桥梁管理系统，提升系统功能，增加性能预测、维修资金优化等方面的功能。

参考文献

[1] 陈惟珍. 现代桥梁养护与管理[M]. 2010.

[2] 于晓光. 国内、外桥梁养护检测规范对比[J]. 世界桥梁, 2012, 40(2): 59-62.
[3] 熊文. 桥梁养护管理对策研究[D]. 长安大学, 2004.
[4] 曹明兰. 桥梁维修全寿命经济分析与优化的理论框架研究[D]. 哈尔滨工业大学, 2007.
[5] 秦权. 基于时变可靠度的桥梁检测与维修方案优化[J]. 公路, 2002, (9): 17-25.
[6] 曹明旭, 张宇峰, 朱从明, 等. 中美桥梁养护规范的对比研究[J]. 黑龙江交通科技, 2009.
[7] 罗为. 高速公路养护管理市场化研究[D]. 长安大学, 2005.
[8] 桂志敬, 花蕾, 宋建勇, 等. 桥在东瀛[J]. 中国公路, 2013, (4): 67-73.
[9] 侯向丽, 张虹, 马树才, 等. 费用效益分析法在桥梁加固、重建决策中的应用[J]. 辽宁大学学报(自然科学版), 2007, 34(2): 124-127.
[10] 李昌铸; 刘治军. 我国公路桥梁管理系统(CBMS)的开发与推广应用[J]. 公路交通科技, 1999, (z1): 23-26.
[11] 罗伦英. 桥梁管理系统研究与应用[D]. 湖南大学, 2010.
[12] 梁铮, 曹明兰. 国内外桥梁管理系统发展综述[J]. 建筑管理现代化, 2007, (4): 54-56.

156. 基于地基变形法的沉管隧道纵向抗震分析方法

久保田真　陳復興　滝本孝哉

(CIVIC Consulting Engineers 株式会社日本)

摘　要　本文依托港珠澳大桥沉管隧道咨询工作,根据日本抗震分析经验,采用基于地基变形法的沉管隧道纵向抗震分析方法,建立了适合工程结构特点的剪力键、管节间接头、节段式接头、结构及地基的计算模型,并对沉管隧道纵向进行了地震响应分析、确认地震荷载作用时的结构安全可靠性。基于地基变形法的沉管隧道纵向抗震分析方法具有物理意义明确、计算易收敛和考虑影响因素全面等特点,可为类似工程提供参考。

关键词　沉管隧道　剪力键　管节间接头　节段式接头　行波效应　地震响应

一、引　言

港珠澳大桥沉管隧道总长6700m,沉管段总长5664m,共分为33节,标准管段长180m、宽37.95m、高11.40m,标准管节180m由8个22.5m长预制节段通过纵向预应力束连接而成。基槽底高程最深处约-45m、隧道顶板至原始海床的回淤厚度达23m的纵向长度约3km,且隧道两端均位于海中填筑完成的人工岛上,隧道工程设计使用寿命120年[1]。

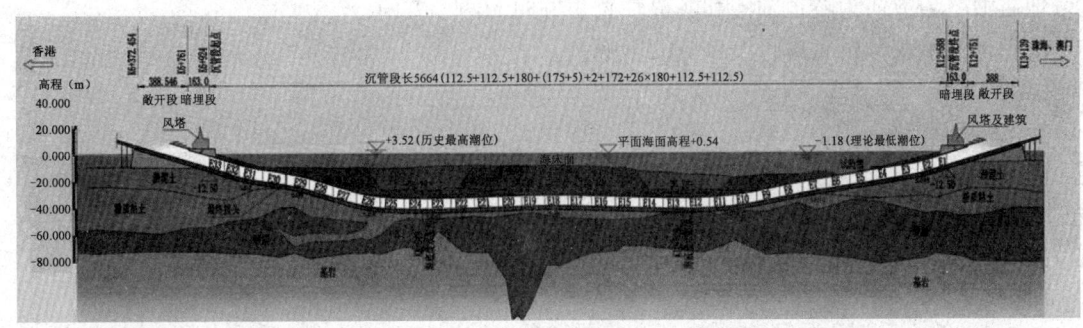

图1　港珠澳沉管隧道纵断面图

沉管隧道所处地层主要由第四系覆盖层,燕山期花岗岩、震旦系混合片岩及混合花岗岩等基岩风化层组成。覆盖层按沉积年代、沉积环境区间划分为①层为全新世海相沉积物,岩性为淤泥、淤泥质黏土和中砂;②层为晚更新世晚期陆相沉积物,局部桥段缺失,层厚较薄,岩性主要为可塑黏土及中密粉细砂;③层为晚更新世中期海相冲积物,岩性主要为可塑~硬塑黏土、粉质黏土含粉细砂、局部夹薄层粉细砂,下部为中密~密实粉细砂、中砂、局部夹薄层黏性土;④层为晚更新世早期河流相冲积物,主要由硬塑的黏土、中密~密实砂类土组成。由地震安评分析知本工程场地基岩水平加速度峰值如表1所示。

项目基岩加速度峰值　　　　　　　　　　　　　　　　表1

超越概率	120年						60年		
	63%	10%	5%	4%	3%	2%	63%	10%	2%
加速度值 gl(cm/s²)	52.9	147.5	190.7	205.6	225.7	256.1	34.5	111.9	206.2

由于沉管隧道的重要性及在水下的特殊性,一旦遭到破坏,将造成灾难性的后果以及不可估量的损失,并且难以修复。因此,沉管隧道作为特殊设防类建筑应进行专项抗震分析,必要时需采取相应抗减震措施。

结合日本近年来在重大地下工程中抗震研究的成果及实践验证[3,4],提出对港珠澳特长、深埋沉管隧道采用基于地基变形法的抗震分析方法。

二、计算模型

纵向数值分析包括沉管隧道区间结构(E1~E33)、接头和剪力键。同时,为了保证过渡段与沉管之间的相对变形的计算精度,计算模型考虑过渡段。

1. 原理及假定

沉管隧道纵向静力计算主要是分析管节接头和节段接头的非线性效应,并考虑地基的不均匀刚度对结构和接头的影响。沉管隧道纵向动力计算是通过表层地基的地震响应分析抽出隧道断面重心位置的地基响应位移波,采用三维有限元计算得到隧道~地基相互作用的弹簧刚度值,然后基于弹性地基梁模型对隧道进行地震响应时程分析。具体的计算原理及假定如下:

(1)管节结构为线弹性材料,采用梁单元模拟,地层采用地基弹簧模拟,地层变形满足温克假定。

(2)管节接头采用多段非线性弹簧模拟 GINA 和剪力键传力垫层,节段接头处考虑两混凝土接触面摩擦力的抗剪作用。

(3)节段接头处采用非线性弹簧模拟接触面受压和由于接头张开引起的预应力钢束受拉。

(4)管节法向地基弹簧用只受压的线性弹簧单元模拟,切向地基弹簧采用双向多线性弹簧单元来模拟。

(5)水土荷载计算采用水土分算原则。

(6)地震时各控制断面间的弹簧刚度值按线性插值方法求得。

(7)地基效应分析时采用能考虑地基非线性特性的"等效线性分析法"。

(8)地震波入射方向为隧道轴向和隧道轴直角方向的两个方向。

(9)地基地震响应分析考虑行波效应的影响。

2. 模型化

(1)接头的模型化

通过6个自由度方向的弹簧来模拟接头的力学特性。接头通过竖向和水平剪力键来实现传力,纵向模型中剪力键模拟为刚度无穷大的弹簧。此外,剪力键之间设有橡胶垫层。

K_X,　X方向轴向拉伸/压缩弹簧刚度
K_Y,　Y方向剪切弹簧刚度

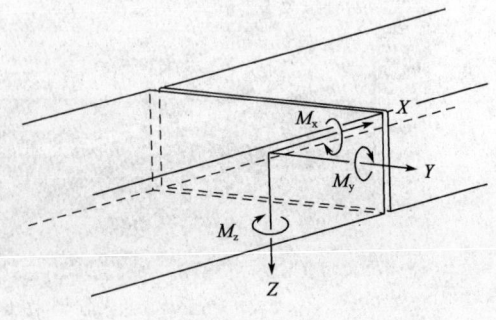

图2

K_Z,Z 方向剪切弹簧刚度

$K_{\theta X}$,绕 X 轴的回转弹簧刚度

$K_{\theta Y}$,绕 Y 轴的转动弹簧刚度

$K_{\theta Z}$,绕 Z 轴的转动弹簧刚度

①管节间接头

管节间接头用转动弹簧模拟,其转动弹簧刚度计算如下。

$$\delta = \delta_o - \theta(y + B/2 - y_o) \tag{1}$$

$$Nw = \oint_S (a \times \delta^5 + b \times \delta^4 + c \times \delta^3 + d \times \delta^2 + e \times \delta + f) \times \mathrm{d}s \tag{2}$$

$$M = \oint_S (a \times \delta^5 + b \times \delta^4 + c \times \delta^3 + d \times \delta^2 + e \times \delta + f) \times y \times \mathrm{d}s \tag{3}$$

$$K_\theta = M/\theta \tag{4}$$

其中:Nw 为水压接合时的轴力(kN);s 为 GNIA 轴线长(m);δ 为转动角度 θ 时的 GINA 压缩量(m);δ_o 为水压接合时的压缩量(m);θ 为转动角度(deg);y 为积分点的 Y 坐标(m);B 为管体高度或宽度(m);y_o 为中性轴高度(m);a,b,c,d,e,f 为力—压缩量曲线公式参数,根据 GINA 止水带硬度选用不同的具体数值。

②节段间接头

如图3和图4所示,节段式接头用转动弹簧和轴向弹簧模拟,其转动弹簧刚度计算考虑预应力钢绞线剪断和不剪断两种情况,可分为刚性接头和半刚性接头模型。

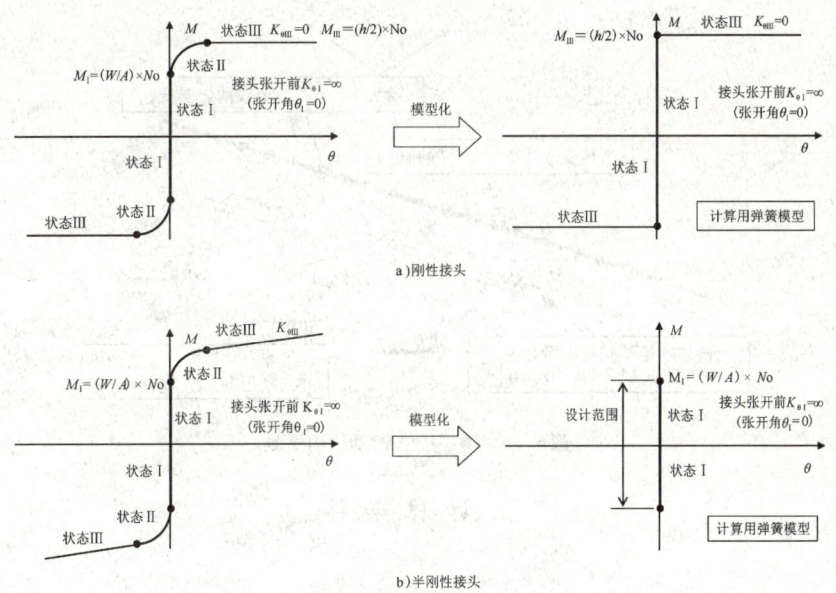

图3 节段间接头的转动弹簧模型

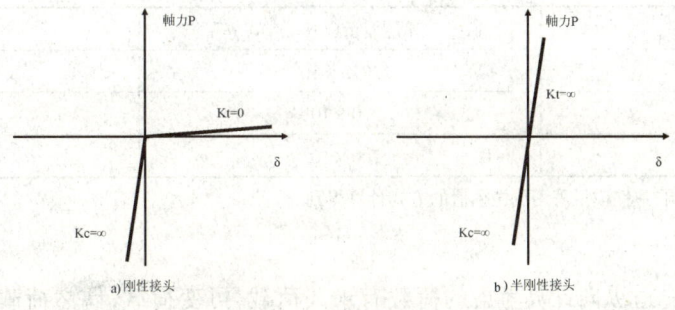

图4 节段间接头的轴向弹簧模型

(2) 管节结构

沉管隧道管节结构简化为二维线弹性梁,基于弹性地基梁模型,其静力和地震响应分析模型分别如图5和图6所示。

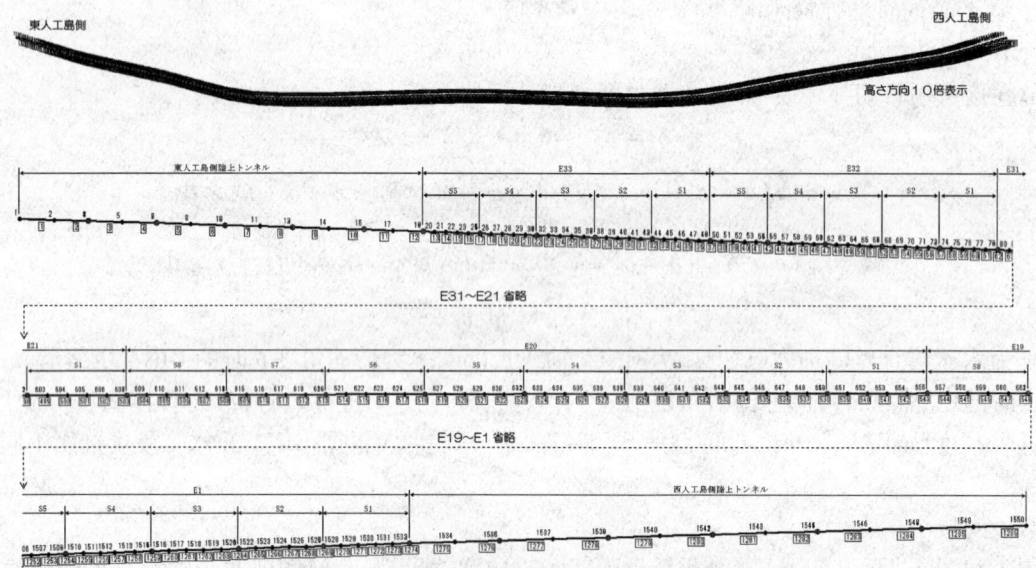

图5 静力分析时的结构模型

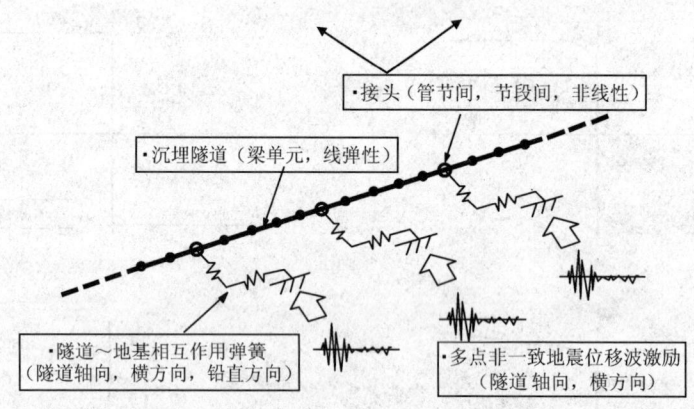

图6 地震响应分析时的结构模型

三、计 算 条 件

1. 材料参数

沉管隧道主体结构材料参数如表2所示,地基参数如表2所示。

结构材料参数　　　　　　　　　　　表2

名　称	弹性模量(kN/m^2)	泊　松　比
混凝土	2.872×10^7	0.17
铁筋	2.0×10^8	0.2
预应力钢束	2.0×10^8	0.2

注:混凝土考虑到龄期影响,弹性模量采用线性插值的方式计算得到。

2. 荷载

如表2所示,沉管隧道纵向计算考虑的荷载有永久荷载,可变荷载,偶然荷载。此外,还要考虑长期固结沉降和施工误差的影响。

荷 载 情 况   表2

类 型	名 称	简 称	说 明
永久荷载	结构自重	SW	结构计算时采用最大容重值计算荷载
	回淤荷载	EPV	结构计算时采用最大容重值计算荷载
	二期恒载	BC	包括压舱混凝土重量,结构计算时采用最大容重值计算荷载
	静水压力	WP	考虑最高水位和最低水位两种情况
	徐变收缩	CS	混凝土的徐变和收缩通过降温来模拟
	回填荷载	RPV	结构计算时采用最大容重值计算荷载
	浮力	BU	结构计算时采用最小容重值计算荷载
	侧墙负摩擦	DD	结构两侧荷载引起的结构侧墙向下摩擦力
	航道作用影响	CL	远期航道疏浚引起的荷载作用
	岛头荷载	IL	岛头岛壁结构及岛上建筑物引起的作用
可变荷载	交通荷载	VH	
	整体升温	TUR	均匀温度,整体升温15℃
	整体降温	TUD	均匀温度,整体降温15℃
	地震(ODE)	ODE	运营设计地震荷载
	梯度温度	TG	
偶然荷载	沉船荷载	SS	
	地震(MDE)	MDE	最大设计地震荷载

计算考虑以下3种极限状态:
(1)正常使用极限状态(SLS)
(2)承载力极限状态(ULS,基本荷载组合)
(3)承载力极限状态(ALS,偶然作用组合)

四、计算结果及分析

沉管隧道结构纵向受力分析包括静力和地震响应计算,其中地震响应包括表层地基的地震响应和隧道地震响应。下面给出一些典型结果,并进行简单分析。

1. 表层地基的地震响应

基于二维有限元模型对表层地基进行地震响应分析,同时考虑地基非线性特性和相位差的影响,地震波入射方向为隧道轴向和隧道轴直角方向的两个方向。边界条件、行波效应的考虑方法、有限元模型和地震波形分别如图7~图10所示,计算结果如图11和图12所示。

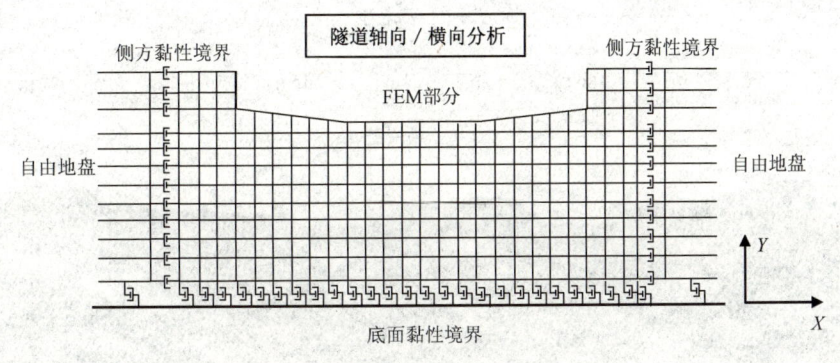

图7 边界条件

隧道重心处的最大地基位移值分布(运营设计地震(ODE))如图18所示。从计算结果来看,运营设计地震下的隧道纵向位移不考虑行波效应的情况明显大于考虑行波效应的情况；行波效应的相位差传播方向（东人工岛到西人工岛，西人工岛到东人工岛）对隧道位移影响的差异不显著。

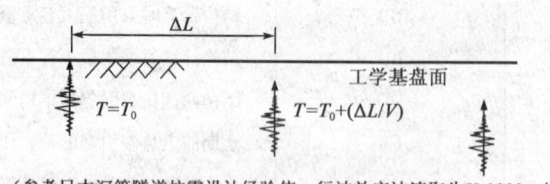

（参考日本沉管隧道抗震设计经验值，行波效应波速取为$V=1000m/s$）

图8　行波效应的考虑方法

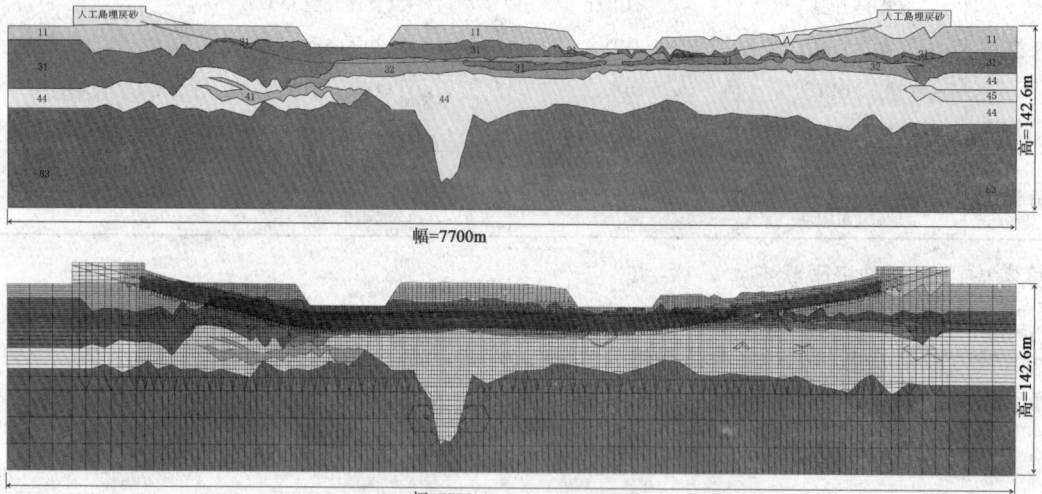

图9　二维有限元模型

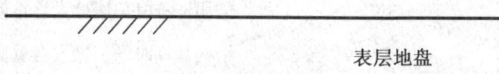

图10　地震波

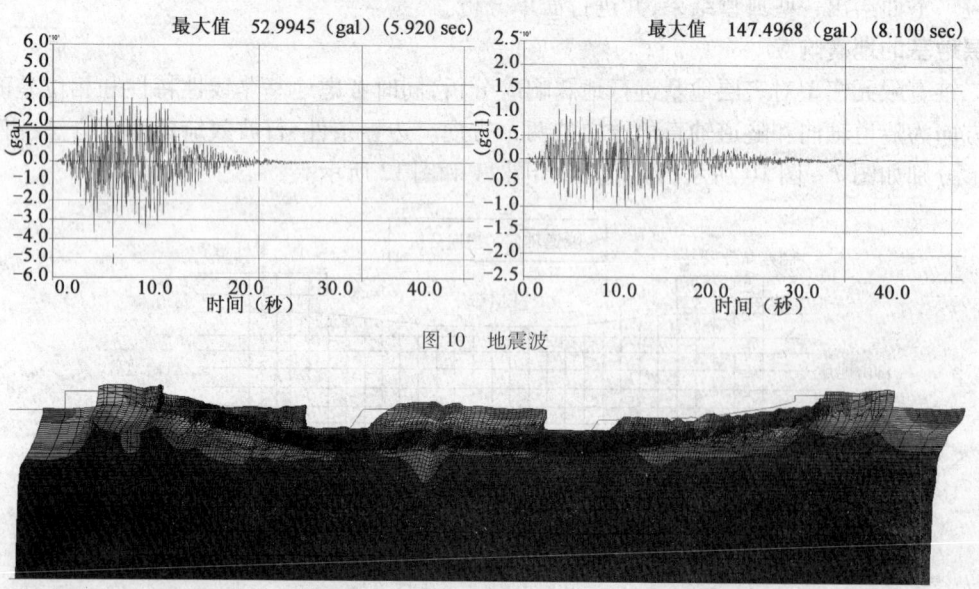

图11　最大地基变形云图（运营设计地震（ODE），不考虑行波效应时）

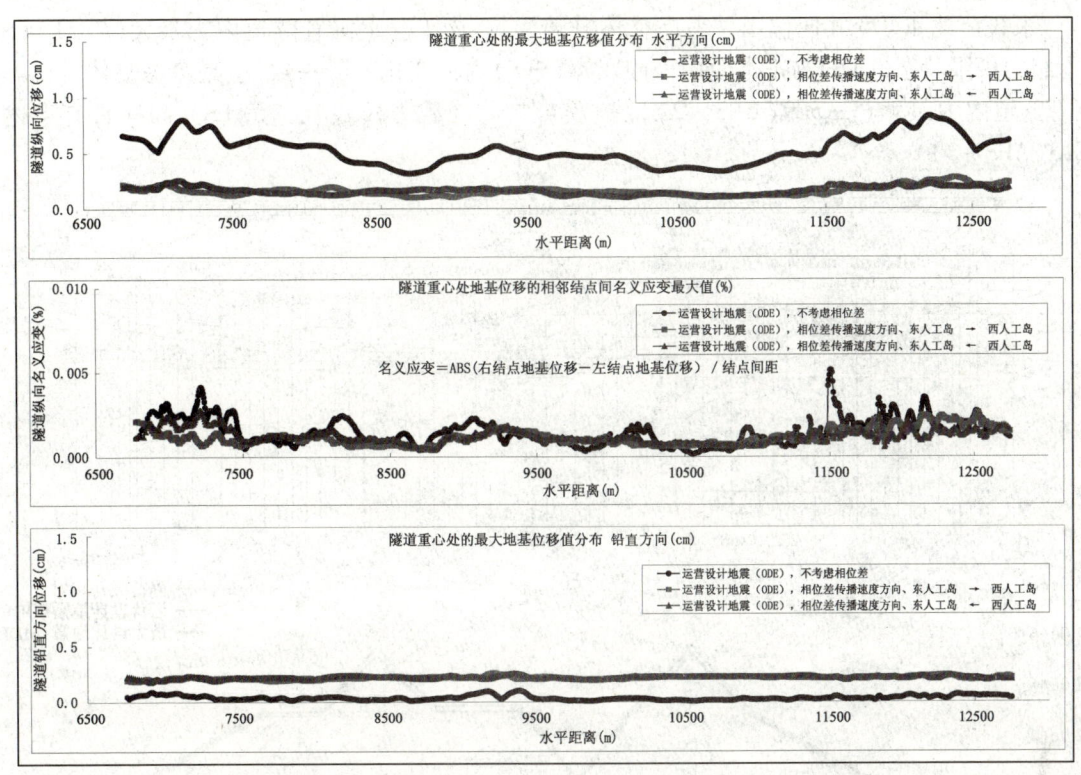

图 12 隧道重心处的最大地基位移值分布（隧道纵向解析、运营设计地震（ODE））

2. 地震时隧道—地基相互作用弹簧刚度计算

基于三维有限元模型对地震时隧道—地基相互作用弹簧刚度进行分析。有限元模型如图 13 所示，计算结果如图 14 和图 15 所示，从计算结果来看，地层变化对弹簧刚度影响显著。

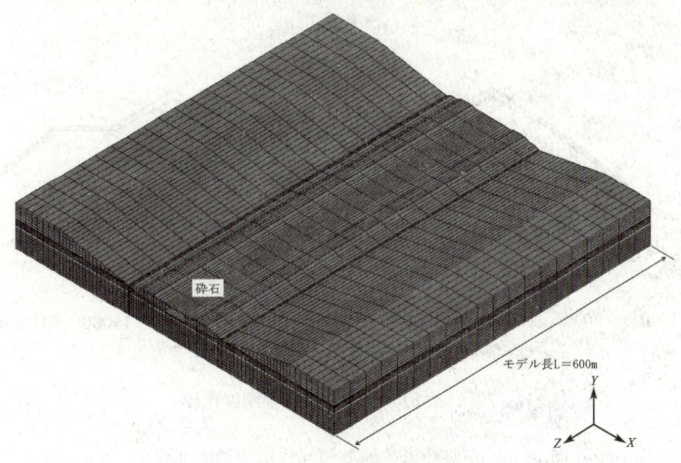

图 13 三维有限元模型

3. 沉管隧道结构纵向受力计算

沉管隧道结构纵向受力分析基于弹性地基梁模型，具体计算方法是在静力计算结果的基础上进行地震响应分析。

典型静力计算结果如图 16 所示，从计算结果分析来看，ULS-2 的永久荷载＋交通荷载条件下沉管隧道内力和变形最大；可变荷载中梯度温度（冬季）对沉管隧道内力影响显著，但对变形影响较小；偶然荷载中的沉船荷载对沉管隧道局部内力贡献明显；地基固结变形荷载对沉管隧道内力和变形影响十分显著。

设计荷载下的沉管隧道地震响应计算结果如图 17 所示。从计算结果分析来看，正常使用极限状态

(SLS)下,永久荷载和可变共同作用并考虑整体升温影响,该工况下沉管隧道内力最大(CASE3(SLS-2a));承载力极限状态(ULS)与正常使用极限状态(SLS)内力变化趋势一致,也是考虑整体升温影响的工况沉管隧道内力最大(CASE9(ULS-2));地震影响的承载力极限状态(ALS)同样具有上述规律(CASE13(ALS-3))。

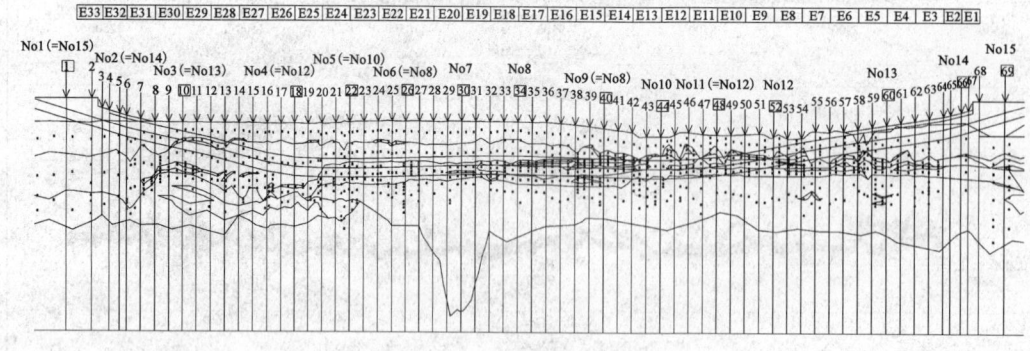

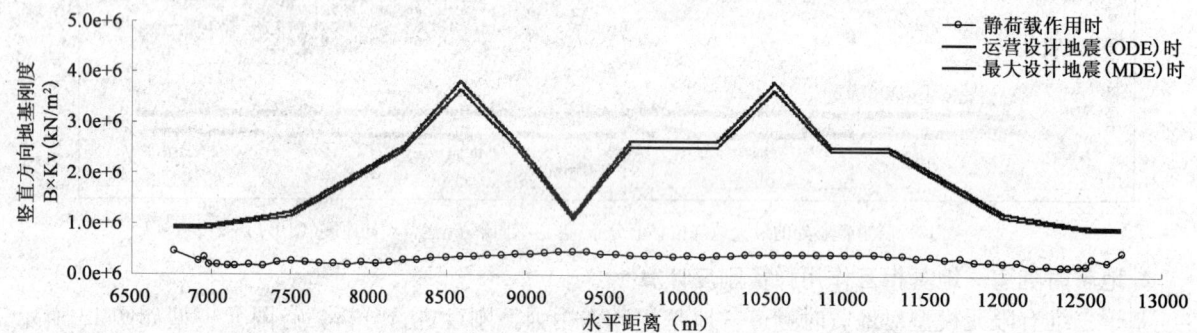

a) 竖向动刚度与静刚度比较

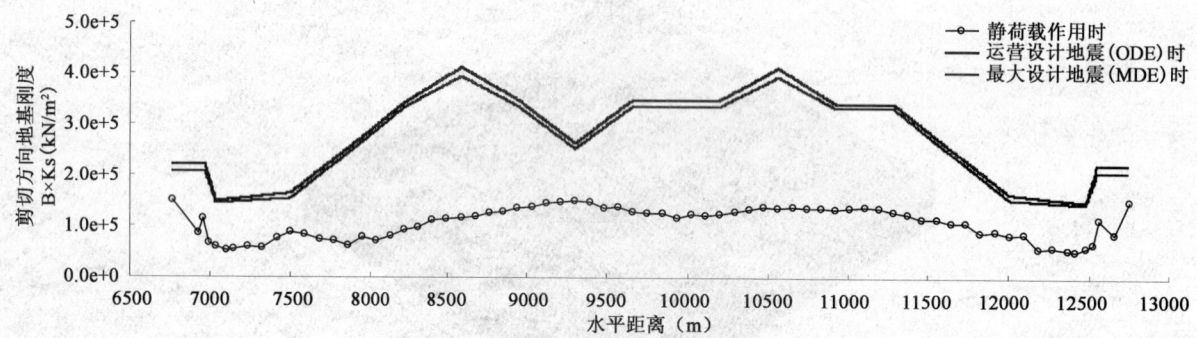

b) 水平动刚度与静刚度比较

图14 地震时隧道-地基相互作用弹簧刚度变化

五、结　语

本文在研究港珠澳大桥沉管隧道纵向受力的基础上,给出了剪力键、管节间接头、节段式接头、结构及地基的计算模型和相关参数,并进行了影响因素分析。其主要内容如下:

(1)运营设计地震下的隧道纵向位移不考虑行波效应的情况明显大于考虑行波效应的情况。

(2)行波效应的相位差传播方向(东人工岛到西人工岛,西人工岛到东人工岛)对隧道位移影响的差异不显著。

(3)地层变化对地震时隧道-地基相互作用弹簧刚度影响显著。

(4)梯度温度、整体温度、地基固结变形和沉船荷载的对沉管隧道纵向受力影响显著,设计中必须予以重视。

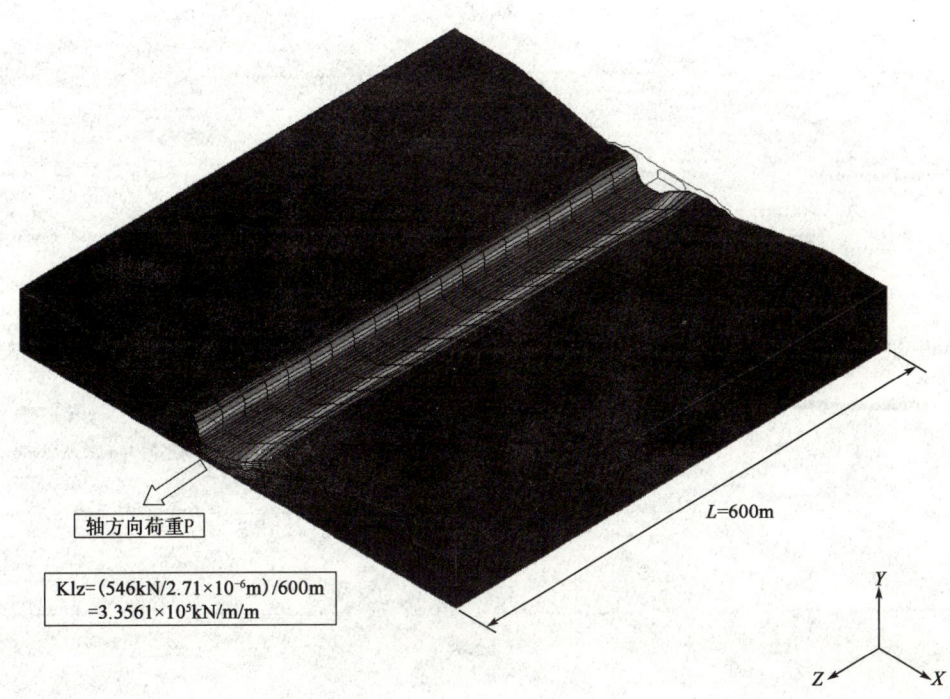

图15 计算点 No8の变形云图（隧道纵向）

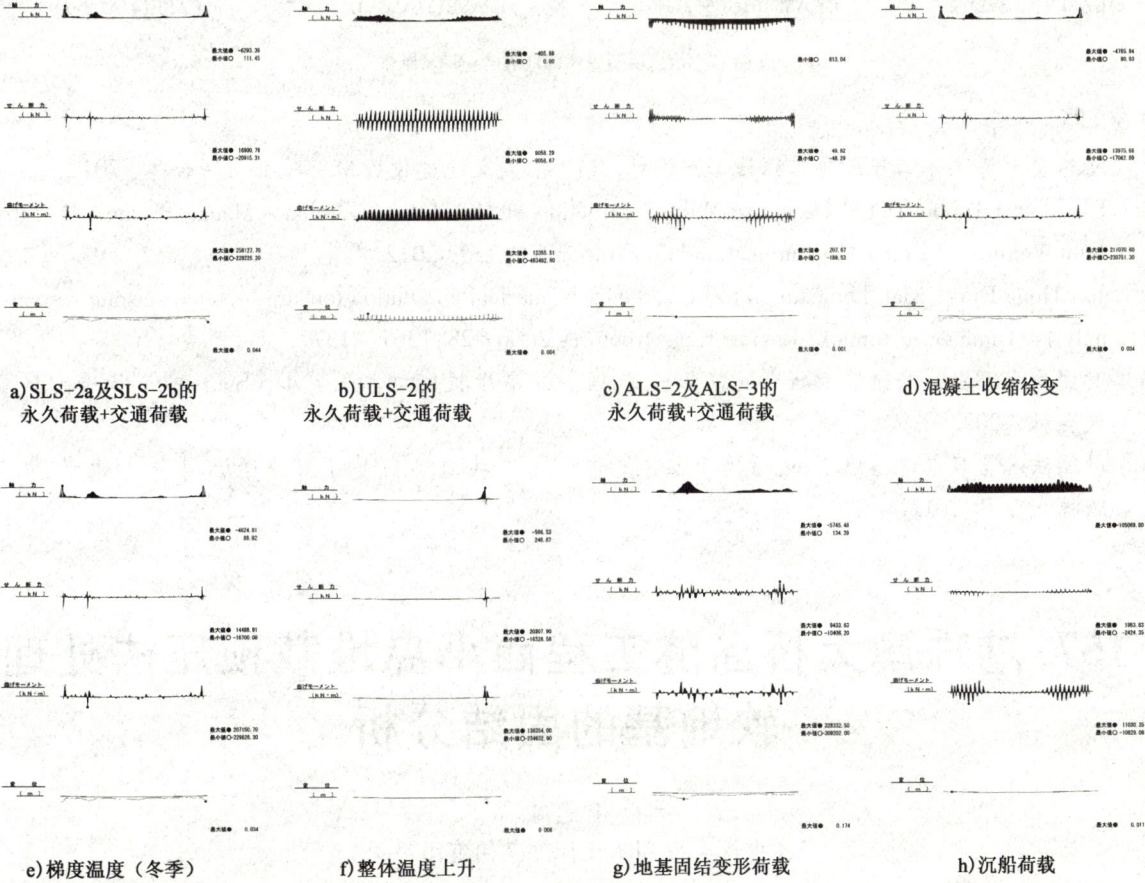

图16 沉管隧道纵向的静力计算结果

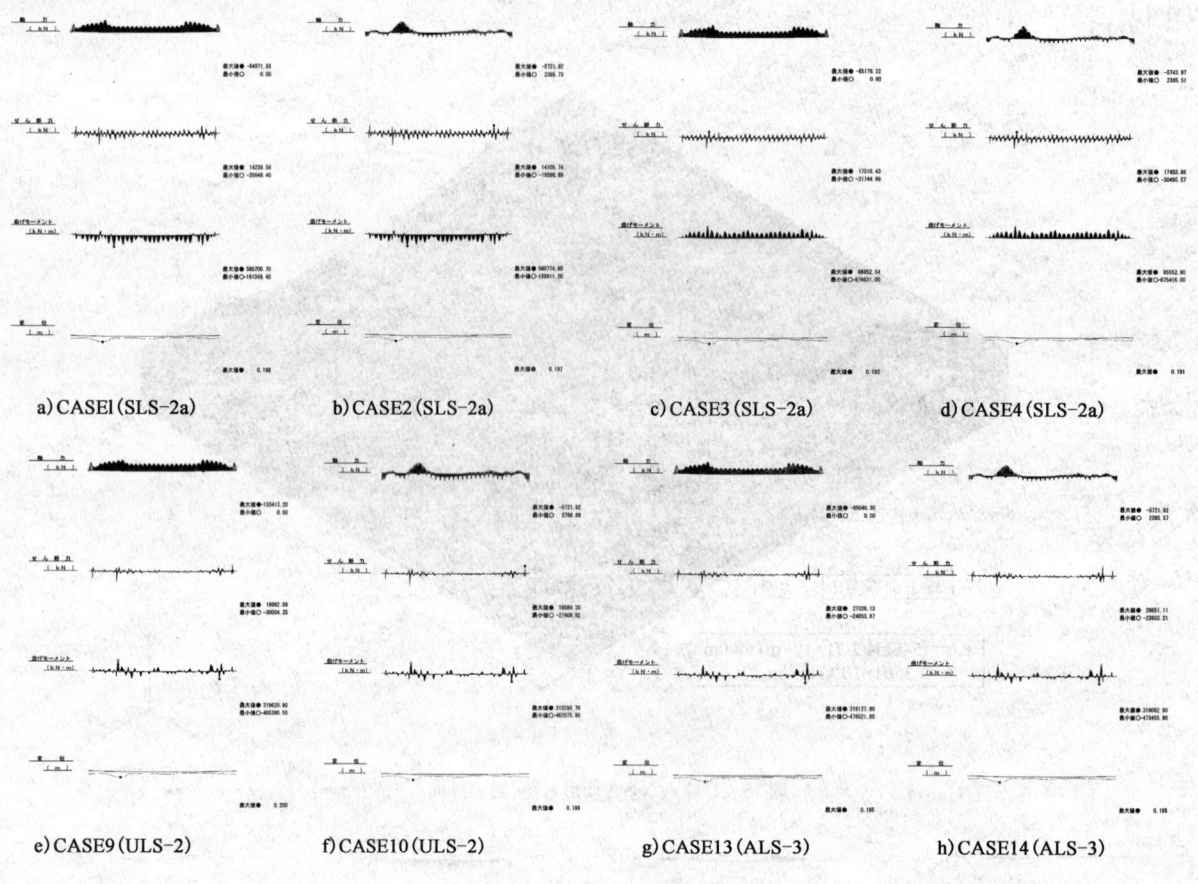

图17 沉管隧道纵向的地震响应计算结果

参考文献

[1] 港珠澳大桥主体工程岛隧工程施工图设计[R]. 中国交通建设股份有限公司联合体, 2012.
Island and Tunnel Detail Design of Main Contruction of Hongkong – Zhuhai – Macao Bridge [R]. Bridge Joint Venture of China Communications Constrution CO. Ltd, 2012.

[2] Jun Hong Ding, Xian Long Jin, Yi Zhi Guo etc. Numerical simulation for large – scale seismic response analysis of immersed tunnel. Engineering Structures 2006; 28:1367 – 1377.

[3] 財団法人 沿岸開発技術研究センター. 沉埋トンネル技術マニュアル[S]. 東京:大光社印刷株式会社, 2002.

[4] 社団法人 日本道路協会. 道路橋示方書・同解説「Ⅰ共通編 Ⅳ下部構造編」[M]. 東京:丸善出版株式会社, 2012.

157. 港珠澳大桥岛隧工程西小岛堆载预压法处理软地基的固结分析

肖志海

(中铁大桥勘测设计院集团有限公司)

摘 要 堆载预压是软土地基处理的方法之一。堆载预压法即堆载预压排水固结法,该方法通过在场地加载预压,使土体中的孔隙水沿排水板排出,逐渐固结,地基发生沉降,同时强度逐步提高。但由于前期理论计算采取的室内试验方法,该方法在试验制样过程中,对软土的扰动较大,而且样品较小,反映不出实际情况,故固结系数与实际相差比较大。故有必要结合实际对其进行修正。

关键词 堆载预压法 固结系数 双曲线法

一、引 言

土的固结系数是计算地基沉降变形和进行地基加固设计的关键参数,但前期作为设计依据的室内固结试验所取得的值往往与实际出入较大。本文针对港珠澳岛隧工程西小岛的开挖换填+联合堆载预压法的软土地基处理,根据地基沉降监测数据采取双曲线法推算地基最终沉降值,是否达到设计要求的固结度,为进行下步工序:基坑开挖,现浇隧道暗埋段提供依据。并根据太沙基理论反推固结系数,以及针对实际工程情况,分析减小监测频率对结果的影响程度,为东岛的堆载预压法处理软土地基监测方案和监测结果分析提供帮助。

二、工 程 概 况

1. 简介

港珠澳大桥连接香港、内地和澳门地区,是集桥梁、海底隧道、人工岛于一体的超级综合集群项目。主体工程采用桥隧组合方案,起自香港大屿山石散石湾,止于珠海/澳门口岸人工岛,总长约35.6km,穿越伶仃西航道和铜鼓航道段约6.7km采用隧道方案,其余路段约22.9km采用桥梁方案。为实现桥隧转换和设置通风井,主体工程隧道两端各设置一个海中人工岛,东人工岛东边缘距粤港分界线约366m,西人工岛东边缘距伶仃西航道约2000m,两人工岛最近边缘间距约5584m。

2. 地基处理设计

西人工岛分为西大岛和西小岛,用钢圆筒隔开。西小岛岛头朝向东岛,中间隧道连接,岛内地基处理设计采取开挖至-16m,回填中粗砂-5m,降水至-6m,陆上施打塑料排水板,再回堆载中粗砂到+5m,埋设降水井,降水预压至固结度满足80%的设计要求,残余沉降小于500mm,停止抽水,卸载,插打PHC桩和高压旋喷桩处理地基,然后现浇沉管隧道暗埋段。

根据水下检测与监测组的监测结果,西小岛后期卸载前沉降已经稳定,但工区的加固检测报告中的CJ26的沉降数据与周报有出入,故对CJ26沉降标重点进行分析。

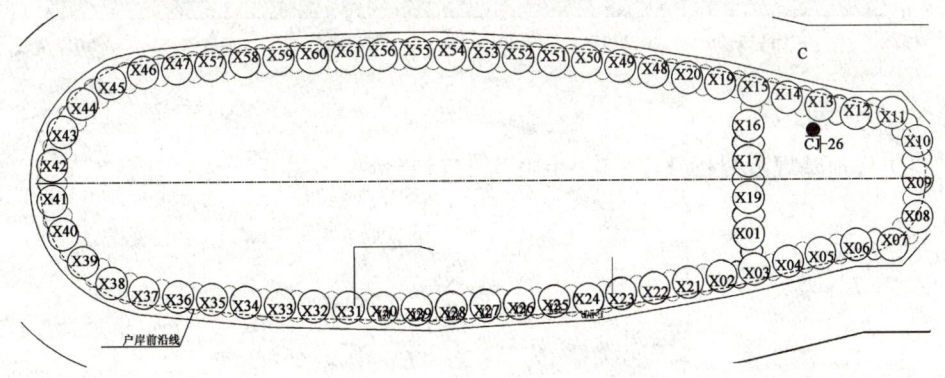

图1 西人工岛平面图(圆点为CJ26沉降标)

3. 地质情况

根据工程地质勘察报告第二册《西人工岛地质勘测报告》,CJ26所在位置大致为钻孔ITCB003处,自上而下其地质层分述如下:

①1 淤泥:灰色,流塑状,高塑性,平均标贯击数$N<1$,底层到-10.29m,被挖除。

①2 淤泥:灰色,流塑状,高塑性,平均标贯击数$N<1$,高程-10.29~-16.29m,被挖到-16m高程,

厚度为 0.29m。

①3 淤泥质黏土：褐灰色，流塑～软塑，中塑性。平均标贯击数 $N=1.8$ 击，高程 $-16.29 \sim -27.29$m，厚度为 11m。

②1-1 粉质黏土：灰黄色，可塑状，局部软塑状，中塑性。平均标贯击数 $N=5.6$ 击，标高 $-27.29 \sim -30.29$m，厚度为 3m。

③3-1 粉质黏土：褐灰色，灰黄色，黏质土为主，可塑～硬塑状，局部软塑状。平均标贯击数 $N=8.8$ 击，高程 $-30.29 \sim -33.29$m，厚度为 3m。

③2 粉质黏土夹砂：褐灰色，灰黄色，黏质土为主，可塑～硬塑状，局部软塑状。平均标贯击数 $N=13.0$ 击，高程 $-33.29 \sim -43.79$m，厚度为 10.5m。

④5 粗砂：灰色，灰黄色，稍密状～中密状，混黏性土。平均标贯击数 $N=41.5$ 击，作为不透水层考虑。

三 沉降推算

根据实测的沉降—时间数据，推算最终沉降量，计算固结度和残余沉降量的常用方法有三点法，双曲线法，Asaoka 法。三点法有设定压缩系数为常量的局限性，且起点位置和三点时间间隔因经验选取不同会导致偏差较大；Asaoka 法适用于小变形沉降计算，不符合此处情况；而施工监测频率基本是一天一次，数据较为充分，故双曲线法更能准确真实的推算出固结度和最终沉降。

依据 1~22 期《西人工岛监测周报》(2011.9.4~2012.2.6) 监测的 CJ26 数据，绘制沉降～时间关系如下：

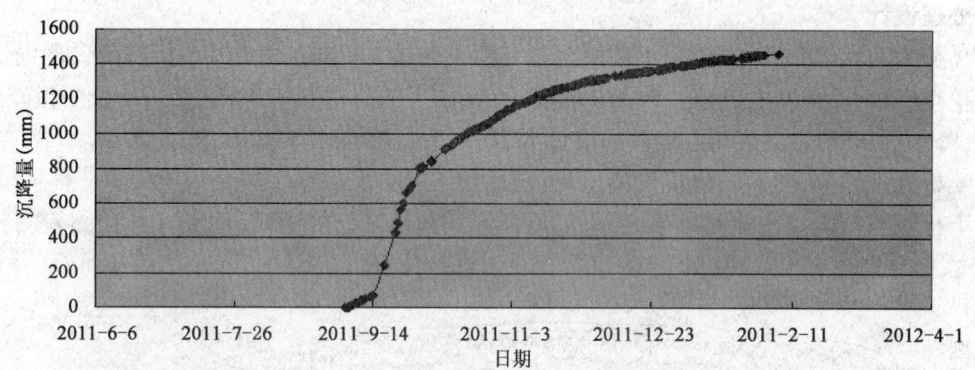

图 2 沉降—时间曲线图

依据《港口工程地基规范》JTS 147-1—2010，最终沉降量推导如下：

$$s_\infty = s_0 + \frac{1}{\beta} \tag{1}$$

$$s_t = s_0 + \frac{t}{\alpha + \beta t} \tag{2}$$

式中：s_∞——地基的最终沉降量；

s_0——满级加载时，即 $t=0$（假定）时的地基沉降量；

s_t = 某时刻的地基沉降量；

α、β——与地基及荷载有关的常数。

根据(2)式得：$\alpha + \beta t = \dfrac{t}{s_t - s_0}$，可用图解法求出。

西小岛 2011.10.10 完成满级加载，当时沉降量为 910mm，2012.02.06 监测沉降为 1463mm，依据《西人工岛监测周报》数据,用最小二乘法拟合,绘制出的时间曲线如下：

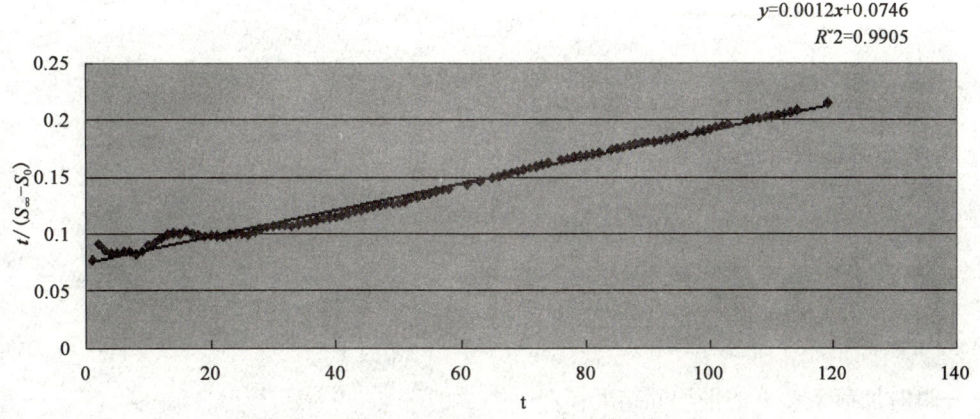

图3　$t/(S_\infty - S_0)$时间曲线图(间隔1天)

拟合曲线相关度为0.9905,拟合结果可信。
$S_0 = 910$mm,$\alpha = 0.0746$,$\beta = 0.0012$；
故：$S_\infty = 1743.3$mm,固结度为83.9%,残余沉降为280.3mm,达到设计要求的80%固结度和残余沉降小于500mm的要求。这与工区的加固监测报告推算的1778mm沉降量相差仅2%左右,数据闭合,可信。

由于东、西人工岛处于海上,离岸较远,监理测量人员进入现场受风浪、天气等影响较大,且同时要兼顾两岛后续工程的检测和监测,任务量大,达到天天监测的频率比较困难。故拟对东岛实现20%的监测频率,抽取西小岛一星期一次的监测数据,用双曲线法再次求解,验证是否可行,结果如下：

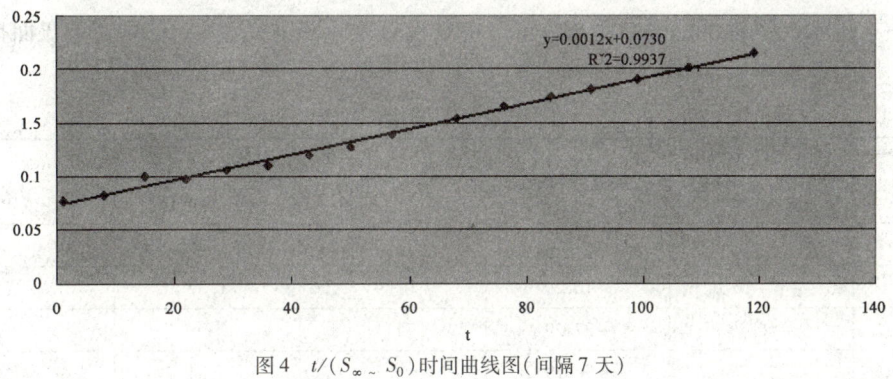

图4　$t/(S_\infty - S_0)$时间曲线图(间隔7天)

由图中可得,$\beta = 0.012$,与一天一次监测所拟合的值是吻合的,同样求得的最终沉降量和固结度等均是相等的,可以得到一星期一次的频率监测是可行的,但是监测人员要注意满级加载时,即$t=0$的监测,力求数据真实、准确,因为对结果影响较大。

四、固结系数的修正

根据已推出来的固结度和相应的时间,采用太沙基的沙井固结理论,地基的平均固结系数计算如下：

$$U_{rz} = 1 - (1 - U_z)(1 - U_r) \tag{3}$$

$$U_r = 1 - \exp\left[-\frac{8C_h t}{F(n)d_e^2}\right] \tag{4}$$

$$U_z = 1 - \frac{8}{\pi^2}\exp(-\frac{\pi^2 T_v}{4}) \tag{5}$$

$$T_v = \frac{C_v t}{H^2} \tag{6}$$

$$F(n) = \frac{n^2}{n^2-1}\ln(n) - \frac{3n^2}{4n^2-1} \tag{7}$$

$$n = \frac{d_e}{d_w} \tag{8}$$

式中:U_{rz}——瞬时加荷条件下的平均固结度;

U_z——瞬时加荷条件下地基的竖向平均固结度;

U_r——瞬时加荷条件下地基的径向平均固结度;

T_v——时间因素;

C_v——竖向固结系数(cm^2/s),由表(1)加权平均求得,为 $4.46 \times 10^{-3} cm^2/s$;

C_h——径向固结系数(cm^2/s),由表(1)加权求平均得,为 $4.79 \times 10^{-3} cm^2/s$;

t——固结时间(s),时间 2011.10.10 ~ 2012.02.06,为 120 天等于 1.0368E7s;

d_e——竖向排水体径向排水范围的等效直径(cm),西小岛塑料排水板间距 1.0m,正方形布置,故等于 $1.128 l = 112.8cm$;

d_w——竖向排水体等效换算直径(cm),对塑料排水板取 $\frac{2(b+\delta)}{\pi}$,采用的是 D 型塑料排水板,其中 b 为宽度 10cm,为厚度 0.5cm;

H——不排水层至排水层竖向距离(cm),排水板打入 -33m 高程,-33m 以上双面排水,以下到砂层为单面排水,则由表(1)换算的 H 为 1929cm。

CJ26 各土层固结系数表 表1

土 层	顶高程(m)	底高程(m)	厚度 H(m)	水平固结系数 ($10^{-3} cm^2/s$)	竖向固结系数 ($10^{-3} cm^2/s$)
①1		挖除			
①2	挖至 -16.0	-16.29	0.29	1.82	1.25
①3	-16.29	-27.29	11	2.98	1.4
②1-1	-27.29	-30.29	3	3.84	6.2
③3-1	-30.29	-33.29	3	6.1	5.94
③2	-33.29	-43.79	10.5	6.67	6.84

注:由工程地质勘察报告第二册《西人工岛地质勘测报告》整理。

用上述公式算得固结系数基本趋于1,固结系数明显偏大,这与其他研究文献中(如参考文献2)的实际固结系数要大于室内试验的固结系数1到2个数量级的结论相矛盾。并且本工程室内固结试验的径向固结系数与水平固结系数大致相等,但室内固结系数本因样本小,不能较好反映实际的土层宏观结构,以及试验采用竖向排水等原因,径向固结系数理应要小很多。且经计算,修正系数大致为0.106,修正后的固结系数与参考文献(1)中同样是广州地区的沿海某机场的淤泥径向固结系数大致是一样的,为 $0.3 \sim 0.5 \times 10^{-3} cm^2/s$。

另涂抹因子和井阻因子等经计算,比较小,不足以对数量级产生影响。室内试验法因取样扰动和后期结果处理通常采用图解法和经验配合法,人为因素较大,与实际出入较大,有修正的必要。

五、结论和存在的问题

1. 结论

(1) 双曲线法推算最终沉降在准确监测满级加载的情况下,适当减小监测频率,其结果依然可信,对减轻监理监测量,合理调用人力、设备等资源具有积极意义。

(2) 室内固结试验所得出的结果与实际出入较大,在未得到现场试验的情况下,利用西小岛的监测数据推算固结系数的修正系数,为后期工程(如东岛软基处理、西小岛沉管过渡段地基处理等)的监测提供。

(3) 室内加固试验受取样扰动,样本小,以及后期结果处理方法的不同,人为因素较大,再加上取样困难,周期较长,成本较高,宜采取室内固结试验及现场试验(如孔压静力触探 CPTU 等)和工程经验结合。

2. 存在的问题

固结系数在实际中是一个随着应力变化而呈非线性变化,本文最后的推算是基于太沙基理论,隐含固结系数不变的条件,推算方法尚可优化,相关文献也对不同应力的固结系数变化做出了研究。另外现场试验如孔压静力触探 CPTU 等方法确定固结系数以及与室内试验的比较也有待深入,需收集更多相关数据,以作佐证。

参考文献

[1] 孙昊月,王清,叶永红,等.堆载预压处理软土地基中的固结系数反分析计算方法[J].煤炭技术,2010,2.
[2] 胡荣华,余海忠,张明,等.确定软土固结系数方法的研究[J].铁道建设,2010.4.
[3] 王建兰,李仁明.软土地基固结系数确定方法探讨[J].山西建筑,2007,5.
[4] 港珠澳主体工程岛隧工程工程地质勘察报告第二册(共七册)《西人工岛地质勘测报告》.
[5] 港珠澳主体工程岛隧工程施工图设计第三篇第二册第四分册《软基处理工程》.
[6] 《港珠澳大桥主体工程岛隧工程施工图设计第三篇人工岛第二册西人工岛第五分册岛体结构》.
[7] 《港口工程地基规范》JTS 147-1—2010.
[8] 高大钊.土力学与基础工程[M].北京:中国建筑工业出版社,1998.